Fachberater-Handbücher

Herausgegeben vom
Deutschen Steuerberaterinstitut e.V. (DStI)

Fachberater für Sanierung und Insolvenzverwaltung (DStV e.V.)

Herausgegeben von

Prof. Rolf Rattunde

Rechtsanwalt und Notar in Berlin, Fachanwalt für Insolvenz- und Steuerrecht, Insolvenzverwalter, Honorarprofessor an der Hochschule für Technik und Wirtschaft Berlin

bearbeitet von

Katrin Amberger, Stephanie Bschorr, Marc Fritze,
Dr. Peter Gramsch, Alexandra Hermanns, Jan Kallies,
Martin Lambrecht, Torsten Martini,
Prof. Dr. Frank Reinhardt, Valentin Schmid,
Prof. Dr. Stefan Smid, Jesko Stark, Dirk Streuber,
Dr. Silke Wehdeking, Thomas Witt

mit Beiträgen von

Prof. Dr. Axel Pestke

Rechtsanwalt und Fachanwalt für Steuerrecht,
Hauptgeschäftsführer des Deutschen Steuerberaterverbandes e. V., Berlin

2., neu bearbeitete und erweiterte Auflage

ERICH SCHMIDT VERLAG

Bibliografische Information der Deutschen Nationalbibliothek
Die Deutsche Nationalbibliothek verzeichnet diese Publikation in der Deutschen Nationalbibliografie; detaillierte bibliografische Daten sind im Internet über dnb.d-nb.de abrufbar.

Weitere Informationen zu diesem Titel finden Sie im Internet unter
ESV.info/978 3 503 14101 2

1. Auflage 2011
2. Auflage 2012

ISBN 978 3 503 14101 2
ISSN 1868-4041

Alle Rechte vorbehalten
© Erich Schmidt Verlag GmbH & Co. KG, Berlin 2012
www.ESV.info

Dieses Papier erfüllt die Frankfurter Forderungen
der Deutschen Nationalbibliothek und der Gesellschaft für das Buch
bezüglich der Alterungsbeständigkeit und entspricht sowohl den
strengen Bestimmungen der US Norm Ansi/Niso Z 39.48-1992
als auch der ISO-Norm 9706.

Gesetzt aus der Candida 9/11.

Satz: multitext, Berlin
Druck und buchbinderische Verarbeitung: Hubert & Co., Göttingen

Geleitwort

Das Berufsbild des Steuerberaters ist in den vergangenen Jahren zunehmend vielschichtiger und komplexer geworden. Die Mandanten fragen heute weit mehr als die klassische Beratung in steuerlichen Angelegenheiten nach. Dabei treten Steuerberater auch in den Wettbewerb mit anderen Berufsgruppen. Die Spezialisierung als Fachberater ist hier eine intelligente Strategie, um sich mit klarem Profil am Markt zu positionieren.

Die berufsständischen Organisationen Bundessteuerberaterkammer (BStBK) und Deutscher Steuerberaterverband e.V. (DStV) haben deshalb Konzepte entwickelt, die es Kollegen erleichtern, zu einer ausgewiesenen Spezialisierung zu gelangen. Dabei sind Kammer und Verband arbeitsteilig vorgegangen: Die BStBK hat sich des Bereichs der Vorbehaltsaufgaben und der DStV des Bereichs der so genannten vereinbaren Leistungen angenommen. Maßstab und Orientierung für die Fachberaterkonzepte waren und sind die bewährten Fachanwaltschaften der Rechtsanwälte.

Zu den am stärksten nachgefragten Spezialisierungen aus dem Bereich der vereinbaren Leistungen gehört der „Fachberater für Sanierung und Insolvenzverwaltung (DStV e.V.)". Der DStV verfolgt mit dieser Spezialisierung sehr erfolgreich das Ziel, insbesondere die betriebswirtschaftliche Kompetenz des Steuerberaters stärker in den Dienst insolvenzgefährdeter Unternehmen zu stellen. Ein wesentlicher Bestandteil der Beratung ist dabei vor allem der Bereich der Sanierungsberatung. Um diesen Aufgaben gerecht zu werden, sehen die Fachberaterrichtlinien des Verbandes zu dieser Spezialisierung auch profunde juristische Kenntnisse, insbesondere im Bereich des materiellen Insolvenzrechts und des Insolvenzverfahrensrechts, vor.

Die Ergebnisse einer DStV-Umfrage unter den bislang anerkannten Fachberatern (DStV e.V.) ergaben für das Fachberaterkonzept des DStV erfreulicherweise hervorragende Noten. Für mehr als die Hälfte der Befragten haben sich die Erwartungen an den Fachberater (DStV e.V.), u.a. hinsichtlich der Mandantenzahlen und Kanzleiumsätze, bereits heute erfüllt. Im Oktober 2011 konnte der DStV auf dem 34. Deutschen Steuerberatertag in Düsseldorf schließlich die 1.000. Fachberater-Urkunde überreichen!

Geleitwort

Der Verband sieht sich damit in seiner bisherigen Arbeit bestätigt und wird auch weiter das Fachberaterkonzept weiterentwickeln und an die Bedürfnisse und Erwartungen der Berufsangehörigen anpassen.

Ein wichtiger Schritt in diese Richtung ist die vom Fachinstitut des DStV, dem Deutschen Steuerberaterinstitut e.V. (DStI), herausgegebene Schriftenreihe „Fachberater-Handbücher". Die von renommierten Autoren verfassten Bände dieser Schriftenreihe bieten dem Fachberater maßgeschneiderte Unterstützung in allen Praxisfragen im Rahmen seiner jeweiligen Spezialisierung. Fachberater können damit auf adäquate Literatur – speziell für ihre Belange – zugreifen und eine bestehende Lücke in der Fachliteratur wurde geschlossen. Ich bin überzeugt, diese Schriftenreihe wird auch künftig einen wichtigen Beitrag für die erfolgreiche Tätigkeit als Fachberater und somit für die Entwicklung der Fachberaterkonzepte insgesamt leisten.

Berlin, im April 2012

StB/WP Dipl.-Kfm. Hans-Christoph Seewald
Präsident des Deutschen Steuerberaterverbandes

Vorwort zur 2. Auflage

Nach zahlreichen spektakulären Großinsolvenzen der letzten Jahre (Arcandor, Märklin, Schiesser) oder Beinahe-Zusammenbrüchen (Merckle, Schaeffler, Opel) begann Anfang des Jahres 2010 in der Fachöffentlichkeit eine Diskussion darüber, inwieweit das geltende deutsche Insolvenzrecht, gleichwohl erst seit rund einer Dekade in Kraft, die in es gesetzte Hoffnung, Unternehmenssanierungen gegenüber der Rechtslage nach Konkursordnung wesentlich zu erleichtern, erreicht hat oder ob es einem Reorganisationsverfahren weichen, zumindest aber in wesentlichen Punkten geändert werden sollte. Die bisherigen Erfahrungen mit der Insolvenzordnung haben gezeigt, dass das geltende Recht der frühzeitigen Sanierung insolvenzbedrohter Unternehmen zahlreiche Hindernisse in den Weg legt. Dies war der Grund dafür, dass in der Vergangenheit einige Unternehmen ihren Sitz nach Großbritannien verlegt haben, da sie sich von der Anwendung des dortigen Rechts Vorteile im Hinblick auf ihre Sanierung versprachen. Gleichwohl diese Entwicklung dem deutschen Insolvenzrecht nicht, wie zunächst befürchtet, den Todesstoß versetzte, hat der Ende Juni 2010 vorgelegte Diskussionsentwurf des Gesetzes zur weiteren Erleichterung der Sanierung von Unternehmen (ESUG) diese Diskussion aufgegriffen. Das Gesetz wurde am 13.12.2011 im Bundesgesetzblatt verkündet. Seine wesentlichen Regelungen sind am 01.03.2012 in Kraft getreten. Einzelne Teile, die Gerichtsorganisation und das Statistikgesetz betreffend, treten wegen der notwendigen Organisationsmaßnahmen der öffentlichen Hand erst zum 01.01.2013 in Kraft. Das Gesetz bringt, ohne die InsO durch die zeitweise diskutierte Herausnahme des Rechts der Unternehmensreorganisation zum reinen Torso verkommen zu lassen, bedeutende Änderungen im Recht der Unternehmensinsolvenz. Der Paradigmenwechsel ist teilweise stärker als der zwischen Konkurs- und Insolvenzordnung: Stärkung der Gläubigerautonomie über einen erhöhten Einfluss auf die Verwalterauswahl und Einführung eines Schutzschirmverfahrens zur Förderung des Rechts der Eigenverwaltung. Das Insolvenzplanrecht wurde modifiziert: erstmalig lässt es Eingriffe in Gesellschafterrechte zu, Rechtsmittel werden eingedämmt, salvatorische und Nachzüglerklauseln in Insolvenzplänen zugelassen, Probleme des geltenden Insolvenzplanrechts behutsam angepasst. All dies waren Forderungen aus der Praxis und es ist

Vorwort zur 2. Auflage

zu hoffen, dass der Insolvenzplan nunmehr auch zahlenmäßig aus seinem Schattendasein tritt. Die Insolvenz des eingetragenen Kaufmanns Anton Schlecker und dessen inländischer Tochtergesellschaften (insbesondere die nunmehr zum zweiten Male sich im Insolvenzverfahren befindende Tochter „Ihr Platz") dürfte die letzte nennenswerte Insolvenz gewesen sein, auf die das neue Recht noch keine Anwendung fand.

Bereits der auch zwölf Jahre nach Inkrafttreten der Insolvenzordnung umgangssprachlich immer noch gebräuchliche Begriff des Konkurses (von lat. concursus: der Zusammenlauf, nämlich der Gläubiger zwecks Vermögensverteilung) implizierte im Rahmen der alten Rechtslage die wesentliche Bedeutung des Konkursverfahrens als Verfahren der Vermögensversilberung durch Gesamtvollstreckung in das schuldnerische Vermögen zwecks anteiliger Gläubigerbefriedigung.

Der mit Inkrafttreten der Insolvenzordnung beabsichtigte Paradigmenwechsel hin zu einem Gesamtvollstreckungsverfahren, das nicht zwangsläufig zur volkswirtschaftlich schädlichen Zerschlagung des Unternehmens führt, sondern als gleichwertige Alternative die anteilige Gläubigerbefriedigung auch aus künftigen Erlösen des Unternehmens und damit den Unternehmenserhalt zulässt, findet bereits im Begriff der Insolvenz (von lat. insolvens, nicht einlösend, nämlich den Schuldschein) Ausdruck. Die wirtschaftliche Situation des Schuldners wird beim Namen genannt ohne vorzugeben, dass diese zwangsläufig durch eine Vernichtung seiner Unternehmung gelöst werden muss.

Wenn damit aber gleichzeitig feststeht, dass das notleidende Unternehmen als solches mit Eröffnung des Insolvenzverfahrens nicht zwangsläufig aufhören muss zu existieren, so eröffnet dies dem Steuerberater neben der laufenden steuerlichen Beratung des wirtschaftlich „gesunden" Mandanten ein weiteres Geschäftsfeld: die Begleitung der Restrukturierung seines Mandanten im Insolvenzverfahren, eine vereinbare Tätigkeit im Sinne des § 57 Abs. 3 StBerG. Gerecht werden kann er dieser Aufgabe nur, wenn er über ein profundes Wissen im Insolvenzrecht verfügt. Er gerät ansonsten gegenüber dem gerichtlich bestellten Insolvenzverwalter notwendigerweise ins Hintertreffen und unter Umständen gleichwegs in die Haftungsfalle. Der Steuerberater taucht nunmehr auch erstmalig namentlich im Gesetz auf, nämlich im Zusammenhang mit dem neu eingeführten sog. Schutzschirmverfahren, § 270b InsO.

Die Fachberaterrichtlinien des Deutschen Steuerberaterverbandes sehen für den Fachberater für Sanierung und Insolvenzverwaltung (DStV e.V.) besondere theoretische Kenntnisse im Bereich des materiellen Insolvenzrechts, des Insolvenzverfahrensrechts und der betriebswirtschaftlichen Grundlagen der Sanierungs- und Insolvenzverwaltungstätigkeit vor.

Der Bereich des materiellen Rechts umfasst z.B. die Insolvenzgründe, die Wirkungen der Eröffnung des Insolvenzverfahrens, Stellung und Aufgabe des (vorläufigen) Insolvenzverwalters und Fragen der Aus- und Absonderung sowie die Aufrechnung im Insolvenzverfahren.

Das Insolvenzverfahrensrecht umfasst Fragen des Insolvenzeröffnungsverfahrens, des eröffneten Insolvenzverfahrens, die Besonderheiten der Planinsolvenz und schließlich die Besonderheiten des Verbraucherinsolvenzverfahrens und der Sonderinsolvenzen, z.B. über den Nachlass.

Zu den betriebswirtschaftlichen Grundlagen gehören Voraussetzungen und Wirkungen der Unternehmenszerschlagung, der übertragenden Sanierung und schließlich – als Königsdisziplin – der Unternehmensreorganisation durch Insolvenzplan.

Beherrscht der Steuerberater all dies, befähigt ihn dies darüber hinaus nicht nur zu einer qualifizierten Beratung seines Mandanten in der Unternehmenskrise mit dem Ziel der Insolvenzvermeidung. Er erfüllt damit auch die fachlichen Anforderungen, die der Gesetzgeber der Insolvenzordnung in § 56 Abs. 1 InsO an die Person des Insolvenzverwalters stellt, das dritte mögliche Betätigungsfeld des Steuerberaters in der Unternehmenskrise.

Das aus mehr als 15 Fachleuten bestehende Autorenteam, unter ihnen Insolvenzverwalter, Hochschulprofessoren, Fachanwälte für Insolvenz- und Steuerrecht, Wirtschaftsprüfer, Steuerberater, Dipl.-Kaufleute und Dipl.-Volkswirte behandelt in diesem Werk aber nicht nur den Pflichtinhalt nach den Richtlinien des Deutschen Steuerberaterverbandes, sondern stellt auch die Bezüge zu anderen Rechtsgebieten her, die üblicherweise in Insolvenzen eine Rolle spielen. Dies sind namentlich das Arbeits- und Sozialrecht, das Gesellschaftsrecht und das Insolvenzstrafrecht.

Die Autoren der Teilbereiche sind jeweils ausgewiesene Experten des durch sie verantworteten Bereichs. Insgesamt soll das Werk einen umfassenden Überblick über alle Teilaspekte des Insolvenzrechts bieten und die Einarbeitung in die Materie durch Beispiele und Übersichten erleichtern. Rechtsprechung und Literatur sind bis einschließlich Februar 2012 berücksichtigt.

Mein Dank gilt meinen Mitarbeiterinnen Nadine Dymke, Ariane Huwe (LL.M.), Silvia Giese (LL.B.) und Bedia Bulut für die Durchsicht der Manuskripte und meinem Sozius und Mitautor Torsten Martini, der die Gesamtverantwortung trug und den „Brückenkopf" zum Verlag bildete. Besonderer Dank gebührt dem Hauptgeschäftsführer des Deutschen Steuerberaterverbandes e.V., Herrn Prof. Dr. Pestke, der für das Kapitel über die berufs- und haftungsrechtlichen Besonderheiten verantwortlich zeichnet.

Last but not least danke ich dem Erich Schmidt Verlag und hier insbesondere der Verlagsleiterin Steuern, Frau Dr. Claudia Teuchert-Pankatz. Ohne ihren fortwährenden Einsatz, ihre Unterstützung und ihre Geduld mit dem Herausgeber und den Autoren wäre auch das Erscheinen der vorliegenden zweiten Auflage unmöglich gewesen.

Berlin, im Februar 2012 Rolf Rattunde

Inhaltsübersicht

Geleitwort	V
Vorwort zur 2. Auflage	VII
Inhaltsverzeichnis	XIII
Verzeichnis der Autoren	LVII
Abkürzungsverzeichnis	LIX
Abbildungsverzeichnis	LXIX

Einleitung
Das Fachberaterkonzept des DStV
(Pestke)   1

Teil 1
Unternehmenskrise und außergerichtliche Sanierung   9

Kapitel 1	Unternehmenskrise *(Reinhardt)*	11
Kapitel 2	Krisenbewältigung *(Lambrecht)*	51
Kapitel 3	Ansatzpunkte betriebswirtschaftlicher Sanierung *(Lambrecht)*	84
Kapitel 4	Das Sanierungskonzept nach IDW S 6 *(Reinhardt/Lambrecht)*	126

Teil 2
Materielles Insolvenzrecht   137

Kapitel 1	Insolvenzgründe *(Schmid)*	139
Kapitel 2	Das Amt des vorläufigen Insolvenzverwalters *(Hermanns)*	192
Kapitel 3	Das Amt des Insolvenzverwalters *(Streuber)*	208
Kapitel 4	Sicherung und Verwaltung der Masse *(Streuber)*	263
Kapitel 5	Aussonderung *(Smid/Gramsch)*	295
Kapitel 6	Absonderung *(Smid/Gramsch)*	309
Kapitel 7	Aufrechnung *(Smid/Gramsch)*	339
Kapitel 8	Abwicklung von Vertragsverhältnissen *(Smid/Gramsch)*	348
Kapitel 9	Verwertung und Verteilung der Masse *(Smid)*	387

Kapitel 10 Insolvenzgläubiger *(Streuber)* 397
Kapitel 11 Insolvenzanfechtung *(Smid/Gramsch)* 435

Teil 3
Insolvenzverfahrensrecht 511

Kapitel 1 Insolvenzeröffnungsverfahren *(Martini)* 513
Kapitel 2 Regelinsolvenzverfahren *(Martini)* 533
Kapitel 3 Die übertragende Sanierung *(Lambrecht)* 570
Kapitel 4 Insolvenzplanverfahren *(Fritze)* 587
Kapitel 5 Vereinfachtes Insolvenzverfahren *(Martini)* 623
Kapitel 6 Restschuldbefreiung der natürlichen Person *(Martini)* ... 648
Kapitel 7 Eigenverwaltung *(Wehdeking)* 656
Kapitel 8 Sonderinsolvenzen *(Hermanns)*....................... 702

Teil 4
Rechnungslegung in der Insolvenz 717

Kapitel 1 Interne Rechnungslegung *(Amberger)* 719
Kapitel 2 Externe Rechnungslegung in der Insolvenz *(Schmid)* ... 727

Teil 5
Steuern in Sanierung und Insolvenz 759

Kapitel 1 Verfahrensfragen *(Bschorr)* 761
Kapitel 2 Umsatzsteuer *(Bschorr)* 809
Kapitel 3 Ertragsteuern *(Schmid)* 841

Teil 6
Gesetzesübergreifende Bezüge 951

Kapitel 1 Arbeits- und Sozialrecht *(Witt)* 953
Kapitel 2 Gesellschaftsrecht *(Amberger)* 1041
Kapitel 3 Strafrecht und Strafverfahrensrecht *(Martini)* 1126

Teil 7
Die Rolle des Steuerberaters in der Krise des Mandanten
(Schmid) 1167

Teil 8
Sonderaspekte 1189

Kapitel 1 Die Verwertung von Immobilien im Insolvenzverfahren
(Kallies) 1191
Kapitel 2 Die internationale Zuständigkeit *(Stark)* 1219

Teil 9
**Der Fachberater für Sanierung und Insolvenzverwaltung (DStV e.V.)
– berufs-, haftungs- und versicherungsrechtliche Aspekte**
(Pestke) 1243

Anhang: Fachberaterrichtlinien mit Anlage 2 1277
Literaturverzeichnis 1287
Stichwortverzeichnis 1301

Inhaltsverzeichnis

Geleitwort		V
Vorwort zur 2. Auflage		VII
Inhaltsübersicht		XI
Verzeichnis der Autoren		LVII
Abkürzungsverzeichnis		LIX
Abbildungsverzeichnis		LXIX

Einleitung
Das Fachberaterkonzept des DStV
(Pestke) 1

1.	Motive und Hintergrund	1
2.	Anforderungen an die DStV-Fachberater (allgemein)	3
2.1	Theoretische Kenntnisse	3
2.1.1	Lehrgang	3
2.1.2	Klausuren	3
2.2	Praktische Erfahrungen	3
2.3	Verfahren zur Verleihung von Fachberaterbezeichnungen (DStV e.V.)	4
2.3.1	Zuständigkeiten	4
2.3.2	Anträge	4
2.3.3	Durchführung von Fachgesprächen	5
2.3.4	Kontinuierliche Fortbildung und Erlöschen der Befugnis zum Führen der Bezeichnung	5
3.	Anerkennung der DStV-Fachberater durch die Rechtsprechung	6
4.	Zahlenmäßige Entwicklung und Ausblick	8

Teil 1
**Unternehmenskrise
und außergerichtliche Sanierung** 9

Kapitel 1	Unternehmenskrise *(Reinhardt)*	11
1.	Der Steuerberater als Berater in der Unternehmenskrise	11

1.1	Krisenberatung als Teil der betriebswirtschaftlichen Beratung	11
1.2	Anforderungen an Steuerberater in der Krisenberatung	12
2.	*Der Krisenbegriff*	13
2.1	Der Krisenbegriff aus betriebswirtschaftlicher Sicht	13
2.2	Der Krisenbegriff aus rechtlicher Sicht	14
3.	*Bedeutung der Krisenberatung für die Steuerberatungspraxis*	15
3.1	Bedeutung vor dem Hintergrund der Insolvenzstatistik	15
3.2	„Normalität" krisenhafter Entwicklungen in Unternehmen	18
3.3	Hinweis- und Aufklärungspflichten in der Unternehmenskrise	20
4.	*Typologie der Unternehmenskrise*	25
4.1	Verlauf und Wahrnehmung einer Unternehmenskrise	25
4.2	Ursachen einer Unternehmenskrise	32
5.	*Krisenfrüherkennung im Umfeld der Steuerberatung*	35
5.1	Generelle Bedeutung der Krisenfrüherkennung	35
5.2	Möglichkeiten zur Krisenfrüherkennung durch Steuerberater	41
5.3	Krisenfrüherkennung durch Kredit- und Finanzierungsinstitute	48
Kapitel 2	**Krisenbewältigung** *(Lambrecht)*	51
1.	*Außergerichtliche Sanierung*	51
1.1	Sanierungsfähigkeit	52
1.2	Vor- und Nachteile einer außergerichtlichen Sanierung	53
1.3	Ablauf der Sanierung	58
1.3.1	Lagefeststellung und Lagebeurteilung	58
1.3.1.1	Schaffung einer Datenbasis und Plausibilisierung der Zahlen	59
1.3.1.2	Finanzwirtschaftliche Analyse	60
1.3.1.3	Erfolgswirtschaftliche Analyse	63
1.3.1.4	Branchenvergleich	64
1.3.1.5	Mitarbeiterbefragungen	64
1.3.1.6	SWOT-Analyse	65
1.3.1.7	Portfolio-Analyse	66
1.3.1.8	Szenariotechnik	68
1.3.1.9	Zero-Base-Budgeting	69
1.3.1.10	Analyse des Unternehmensumfeldes	70
1.3.2	Planung und Entschluss	70
1.3.2.1	Sicherung der Liquidität	71
1.3.2.2	Stabilisierung und Verbesserung der Ergebnissituation	77
1.3.2.3	Beseitigung der Produkt- und Absatzkrise, zukünftige Wettbewerbsfähigkeit	78
1.3.3	Handlungsanweisungen	79
1.3.4	Kontrolle	79

1.4	Kommunikation in der Krise	79
2.	Gerichtliche Sanierung	80
Kapitel 3	**Ansatzpunkte betriebswirtschaftlicher Sanierung** (Lambrecht)	84
1.	Vorbemerkung	84
2.	Leistungswirtschaftliche Maßnahmen	85
2.1	Management	86
2.1.1	Personelle Veränderungen im Management	87
2.1.2	Strukturelle und operative Veränderungen im Management	88
2.1.3	Neue Organisationsstruktur des Unternehmens	88
2.2	Kosten	89
2.2.1	Einkauf, Materialwirtschaft	89
2.2.1.1	Einkaufspreis	90
2.2.1.2	Auswahl des richtigen Lieferanten	90
2.2.1.3	Normierung der Produkte	91
2.2.1.4	Just-in-Time/Verringerung der Lagerbestände	91
2.2.2	Prozesse	92
2.2.2.1	Prozessorganisation	92
2.2.2.2	Zeitmanagement	93
2.2.2.3	„Lean Management"	94
2.2.3	Qualitätskosten	95
2.2.4	Vertrieb	95
2.2.5	Outsourcing	96
2.2.6	Ergänzende Ausführungen zum Problem der Fixkosten	98
2.3	Arbeitnehmer	99
2.3.1	Personalstruktur	100
2.3.2	Effizienzsteigerung beim Personal	100
2.3.3	Personalabbau	101
2.3.4	Kosten des Personalabbaus	103
2.4	Produkt	104
2.4.1	Image als Mehrwert	104
2.4.2	Produktstückkosten	105
2.4.3	Deckungsbeitragsrechnung	106
2.5	Kunden	108
2.6	Umsatz	109
2.6.1	Sortimentsausweitung	109
2.6.2	Preiserhöhung oder Preissenkung?	109
3.	Finanzwirtschaftliche Maßnahmen	110
3.1	Analyse der Finanzsituation	110
3.2	Sanierungsbeiträge einzelner Beteiligter	112
3.2.1	Anteilseigner	112
3.2.2	Banken	113
3.2.3	Lieferanten	114
3.2.4	Finanzverwaltung	116
3.2.5	Kunden	116

3.3	Finanzierung in der Krise	117
3.3.1	Eigenkapital	117
3.3.1.1	Kapitalherabsetzung	117
3.3.1.2	Kapitalerhöhung	118
3.3.1.3	Debt-Equity-Swap	119
3.3.2	Mezzanine-Kapital	120
3.3.3	Fremdkapital	121
3.3.3.1	Neufinanzierung	121
3.3.3.2	Besicherung von Krediten	122
3.3.4	Liquidation von Vermögenswerten	122
4.	*Strategische Maßnahmen*	124
5.	*Übertragung auf eine Auffanggesellschaft*	124
Kapitel 4	**Das Sanierungskonzept nach IDW S 6** *(Reinhardt/Lambrecht)*	126
1.	*Rechtliche Anforderungen an Sanierungskonzepte*	126
2.	*Inhalt*	128
3.	*Auswirkungen auf die Praxis*	132
4.	*Kritik*	133
5.	*Zukunft des IDW S 6 – Überarbeitung bzw. Neufassung*	135

Teil 2
Materielles Insolvenzrecht 137

Kapitel 1	**Insolvenzgründe** *(Schmid)*	139
1.	*Einführung*	139
2.	*Zahlungsunfähigkeit*	140
2.1	Gesetzliche Definition	140
2.2	Zahlungseinstellung als widerlegbare Vermutung für Zahlungsunfähigkeit	141
2.3	Einzelne Merkmale der Zahlungsunfähigkeit	143
2.3.1	Dauer der Zahlungsunfähigkeit – Abgrenzung zur Zahlungsstockung	143
2.3.2	Größe der relevanten Liquiditätslücke	144
2.4	Konkrete Prüfung der Zahlungsunfähigkeit	147
2.4.1	Ermittlung durch Liquiditätsbilanz und Liquiditätsplan	148
2.4.2	Aufstellung der Liquiditätsbilanz	148
2.4.2.1	Zu berücksichtigende liquide Mittel	149
2.4.2.2	In der Liquiditätsbilanz zu berücksichtigende Zahlungsverpflichtungen	150
2.4.2.3	Verbundene Unternehmen und Cashpooling	153
2.4.2.3.1	Beherrschte und beherrschende Unternehmen	153
2.4.2.3.2	Cashpooling	154
2.4.2.4	Ableitung des Finanzplanes	154
2.4.3	Nachweis der Zahlungsunfähigkeit im Anfechtungsprozess	155

3.	Überschuldung	157
3.1	Übersicht	157
3.2	Historie	158
3.3	Von der Unterbilanz zur insolvenzrechtlichen Überschuldung	159
3.3.1	Unterbilanz	159
3.3.2	(Handels-)bilanzielle Überschuldung	160
3.3.3	Rechnerische Überschuldung	161
3.3.4	Rechtliche Überschuldung	161
3.4	Methoden zur Feststellung einer rechtlichen Überschuldung	161
3.4.1	Die Zeit vom 17.10.2008 bis 31.12.2013	161
3.4.2	Funktionsweise der modifizierten oder „neuen zweistufigen" Methode	162
3.4.3	„Alternativer" zweistufiger Überschuldungsbegriff	163
3.4.4	Erstellung der Fortführungsprognose	164
3.4.5	Geschäftsleiterpflichten im Rahmen der Überschuldungsprüfung	167
3.4.6	Ansatz und Bewertung in der Überschuldungsbilanz	168
3.4.6.1	Allgemeine Bewertungsgrundsätze	168
3.4.6.2	Ansatz und Bewertung von Aktivposten im Überschuldungsstatus	170
3.4.6.3	Ansatz und Bewertung von Passivposten in der Überschuldungsbilanz	179
3.4.7	Stichtag und Gliederung	187
4.	*Drohende Zahlungsunfähigkeit*	188
4.1	Übersicht	188
4.2	Zielsetzung	188
4.3	Feststellung der drohenden Zahlungsunfähigkeit	189
4.3.1	Prognosezeitraum	189
4.3.2	Wahrscheinlichkeitsmaßstab	190
4.3.3	Einzubeziehende Zahlungsverpflichtungen	190
4.4	Abgrenzung zur Überschuldung	191
Kapitel 2	**Das Amt des vorläufigen Insolvenzverwalters** *(Hermanns)*	192
1.	*Allgemeines*	192
1.1	Normzweck	193
1.2	Bestellung des vorläufigen Insolvenzverwalters	193
1.3	Bestellung eines vorläufigen Gläubigerausschusses	195
1.4	Aufsicht durch das Insolvenzgericht	197
1.5	Zwangsbefugnisse	197
1.6	Beendigung der vorläufigen Verwaltung	199
1.7	Haftung	200
1.8	Vergütung	201
1.9	Rechnungslegung	201
1.10	Steuerrechtliche Pflichten	202

2.	Der vorläufige Verwalter ohne Verwaltungs- und Verfügungsbefugnis.................................	202
2.1	Allgemeines	202
2.2	Zustimmungsvorbehalt	203
2.3	Begründung von Masseverbindlichkeiten	204
2.4	Bestimmung der Rechte und Pflichten im Einzelfall ...	204
3.	Der vorläufige Verwalter mit Verwaltungs- und Verfügungsbefugnis.................................	204
3.1	Allgemeines	204
3.2	Betriebsfortführung	206

Kapitel 3 Das Amt des Insolvenzverwalters *(Streuber)* 208

1.	*Amt und Beruf*	208
1.1	Amt	208
1.2	Beruf	211
2.	*Voraussetzungen des Amtes*........................	218
3.	*Auswahlentscheidung des Insolvenzgerichts*	223
4.	*Wahl eines anderen Insolvenzverwalters durch die erste Gläubigerversammlung*................................	230
5.	*Aufgaben und Pflichten*	233
5.1	Katalog typischer Aufgaben	233
5.2	Massesicherung	235
5.3	Widerruf von Lastschriften	236
5.4	Erfüllung der Aufzeichnungs- und Buchführungspflichten	241
5.5	Beachtung öffentlich-rechtlicher Pflichten	242
6.	*Sonderverwalter*....................................	243
7.	*Aufsicht über den Insolvenzverwalter*................	245
8.	*Entlassung des Insolvenzverwalters und Beendigung des Amtes*...	248
9.	*Haftung des Insolvenzverwalters*.....................	251
9.1	Haftung gegenüber den Verfahrensbeteiligten	251
9.2	Verletzung insolvenzspezifischer Pflichten	252
9.3	Haftung wegen Nichterfüllung von Masseverbindlichkeiten nach § 61 InsO	257
9.4	Kausalität, Verschulden und Schaden.................	260

Kapitel 4 Sicherung und Verwaltung der Masse *(Streuber)* 263

1.	*Insolvenzmasse*	263
1.1	Ist-Masse	263
1.2	Soll-Masse	267
1.3	Neuerwerb	269
2.	*Sicherung der Insolvenzmasse*.......................	271
2.1	Inbesitznahme	272
2.2	Zwangsmaßnahmen	276
2.3	Herausgabeverlangen gegenüber Dritten	278

2.4	Siegelung	279
3.	*Verwaltung der Insolvenzmasse*	279
3.1	Verwahrung und Verwaltung	280
3.2	Verzeichnis der Massegegenstände und Gläubiger sowie Vermögensübersicht	281
3.3	Freigabe	285
3.4	Aufnahme von Aktiv- und Passivprozessen	290
3.5	Handels- und steuerrechtliche Rechnungslegung	293
Kapitel 5	**Aussonderung** (Smid/Gramsch)	295
1.	*Geltendmachung massefremder Rechte: die Aussonderung*	295
1.1	Funktion des Aussonderungsrechts	295
1.2	Übersicht über die einzelnen Aussonderungsrechte	296
1.2.1	Allgemeines	296
1.2.2	Beispiele	297
2.	*Schuldrechtliche Aussonderungsansprüche*	298
3.	*Kommissionsgeschäfte*	299
4.	*Treuhandverhältnisse*	300
4.1	Übersicht	300
4.2	Aussonderungsanspruch des Sicherungsgebers in der Insolvenz des Sicherungsnehmers	303
5.	*Dingliche Aussonderungsansprüche*	304
5.1	Eigentum an beweglichen und unbeweglichen Sachen	304
5.2	Einfacher Eigentumsvorbehalt	304
5.2.1	Dogmatische Begründung	305
5.3	Ansatz des BGH	306
5.3.1	Bindungswirkung des § 107 Abs. 2 InsO	307
5.4	Erweiterter und verlängerter Eigentumsvorbehalt	308
Kapitel 6	**Absonderung** (Smid/Gramsch)	309
1.	*Abgesonderte Befriedigung gesicherter Gläubiger*	309
1.1	Funktion der Absonderung	309
1.2	Die einzelnen Absonderungsrechte	309
1.2.1	Pfandrechte	310
1.2.1.1	Grundpfandgläubiger (§ 49 InsO)	310
1.2.1.2	Rechtsgeschäftliches, Pfändungspfandrecht und gesetzliches Pfandrecht (§ 50 InsO)	310
1.2.1.3	Sonstige Absonderungsberechtigte (§ 51 InsO)	311
1.2.2	Sicherungseigentum	312
1.2.2.1	Allgemeines	312
1.2.2.2	Sicherungseigentum als besitzloses Pfandrecht	312
1.2.2.3	Die Sicherungsabrede	313
1.2.2.4	Erwerb des Sicherungseigentums	314
1.2.2.5	Sicherungseigentum im Insolvenzverfahren und in der Einzelzwangsvollstreckung	314
1.2.2.5.1	Sicherungseigentum im Insolvenzverfahren	315

XIX

1.2.2.5.2	Sicherungseigentum in der Zwangsvollstreckung	315
1.2.2.5.2.1	Die herrschende Meinung	316
1.2.2.5.2.2	Andere Ansicht in der Literatur	316
1.2.2.5.2.3	Fazit	317
2.	*Verwertung des Absonderungsgutes*	318
2.1	Allgemeines	318
2.2	Verwertung (grundpfandrechtsbelasteter) unbeweglicher Sachen	319
2.3	Nutzung und Verwertung beweglichen Sicherungsgutes	322
2.3.1	Ausschließliche Verwertungsbefugnis des Insolvenzverwalters	323
2.3.1.1	Verwertungsbefugnis	323
2.3.1.2	Veräußerung durch Insolvenzverwalter	325
2.3.1.3	Verwertungserlös bei Freigabe	326
2.3.1.4	Ersatzabsonderung	327
2.3.1.5	Verwertung durch Gebrauch des Nutzungspotentials	328
2.3.1.6	Schutz vor Verwertungsverzögerungen	329
3.	*Anspruch des Absonderungsberechtigten auf Erlösauskehr*	330
3.1	Verfahrenskostenbeiträge der gesicherten Mobiliarpfandgläubiger	331
3.2	Kompensation entstandener Kosten	333
4.	*Die Massezugehörigkeit sicherungszedierter Forderungen*	333
4.1	Sicherungspool	333
4.2	Reichweite zulässiger Verfügungen über das publizitätslose Pfandrecht	335
4.2.1	§ 166 Abs. 2 InsO als Schutzgesetz	335
4.2.2	Befreiende Wirkung einer Leistung des Drittschuldners an den Sicherungszessionar?	335
4.3	Abkehr von der „Sicherheitenpoolentscheidung"?	337
Kapitel 7	**Aufrechnung** *(Smid/Gramsch)*	339
1.	*Die Grundnorm des § 94 InsO*	339
2.	*Reichweite und Grenzen der Aufrechnungsbefugnis im eröffneten Insolvenzverfahren*	341
2.1	Eintritt der Aufrechnungslage im Insolvenzverfahren (§ 95 InsO)	341
2.1.1	Gegenforderung noch nicht fällig	341
2.1.2	Aufschiebend bedingte Forderungen	342
2.1.3	Fehlende Gleichartigkeit	343
2.2	Grenzen der Aufrechnungsbefugnis im eröffneten Verfahren	343
2.2.1	Allgemeine Aufrechnungsverbote	343
2.2.2	Insolvenzrechtliche Aufrechnungsverbote aus § 96 InsO	343
2.2.2.1	Gegenseitigkeit entsteht nach Eröffnung (§ 96 Abs. 1 Nr. 1 InsO)	344

2.2.2.2	Erwerb der Gegenforderung nach Eröffnung (§ 96 Abs. 1 Nr. 2 InsO)	344
2.2.2.3	Erwerb der Gegenforderung durch anfechtbare Rechtshandlung (§ 96 Abs. 1 Nr. 3 InsO)	345
2.2.2.4	Gegenforderung gegen das freie Vermögen des Schuldners (§ 96 Abs. 1 Nr. 4 InsO)	346
2.2.2.5	Privilegierung der Inter-Bankenverrechnung (§ 96 Abs. 2 InsO)	346
2.3	Unwirksamkeit von Konzernverrechnungsklauseln	347
Kapitel 8	**Abwicklung von Vertragsverhältnissen** *(Smid/Gramsch)*	**348**
1.	*Grundlagen des Insolvenzvertragsrechts der §§ 103 ff. InsO*	348
1.1	Allgemeines	348
1.2	Dogmatische Grundlagen	349
1.3	Kein „alles oder nichts" bei teilbaren Leistungen (§ 105 InsO)	351
1.3.1	Normzweck des § 105 InsO	351
1.3.2	Anwendungsbereich von § 105 Satz 1 InsO	352
1.3.3	Anwendungsbereich von § 105 Satz 2 InsO	354
1.4	Unabdingbarkeit der §§ 103–118 InsO	355
2.	*Das Wahlrecht des Insolvenzverwalters nach § 103 InsO*	355
2.1	Tatbestandliche Voraussetzungen von § 103 InsO	355
2.1.1	Gegenseitiger Vertrag	355
2.1.1.1	Verträge im Synallagma	356
2.1.1.2	Verträge ohne Synallagma	357
2.1.2	Nicht vollständig erfüllt	357
2.2	Ausübung des Wahlrechts durch den Insolvenzverwalter	358
2.2.1	Entstehung und Grenzen des Wahlrechts	358
2.2.2	Erfüllungswahl als Willenserklärung	359
2.2.3	Befugnis des anderen Teils	362
2.2.3.1	Aufforderung zur Erklärung	362
2.2.3.2	Folgen des Schweigens des Verwalters: Kein Wiederaufleben von Erfüllungsansprüchen	364
2.3	Rechtsfolgen der Wahlrechtsausübung	364
2.3.1	Erfüllungswahl	364
2.3.1.1	Aufrechnung	364
2.3.1.2	Pfändung, Abtretung	365
2.3.1.3	Teilleistungen	365
2.3.1.3.1	Teilweise Vorleistung des Schuldners	365
2.3.1.3.2	Teilweise Vorleistung des Gläubigers	366
2.3.1.3.3	Umfang	366
2.3.2	Nichterfüllungswahl	367
2.3.2.1	Schadensersatzanspruch des anderen Teils (§ 103 Abs. 2 Satz 1 InsO)	367
2.3.2.2	Anmeldung zur Tabelle	367

2.3.2.3	Umfang des Schadensersatzanspruchs	368
2.3.3	Erfüllungsanspruch gegen den Schuldner nach Abschluss des Verfahrens	368
3.	*Sonderregelungen für Fixgeschäfte und Finanzleistungen (§ 104 InsO)*	369
3.1	Tatbestandliche Voraussetzungen von § 104 Abs. 1 InsO – Fixgeschäfte	369
3.2	Tatbestandliche Voraussetzungen von § 104 Abs. 2 InsO – Finanzleistungen	369
3.3	Rechtsfolgen	370
4.	*Sonderregelungen bei vorgemerkten Ansprüchen (§ 106 InsO)*	370
4.1	Tatbestandliche Voraussetzungen des § 106 Abs. 1 InsO	370
4.1.1	Gesicherter Anspruch	370
4.1.2	Eintragung der Vormerkung	371
4.1.3	Vormerkungsgleiche Sicherungen	372
4.1.3.1	Vorkaufsrechte	372
4.1.3.2	Hypothekengläubiger	373
4.2	Regelung des § 106 Abs. 1 Satz 2 InsO	374
5.	*Sonderregelungen bei unter Eigentumsvorbehalt abgeschlossenen Verträgen (§ 107 InsO)*	375
5.1	Insolvenz des Vorbehaltsverkäufers (§ 107 Abs. 1 InsO)	375
5.2	Insolvenz des Vorbehaltskäufers (§ 107 Abs. 2 InsO)	376
6.	*Sonderregelungen bei Dauerschuldverhältnissen, Miete, Pacht, Darlehen, Dienstverhältnis (§§ 108–112 InsO)*	376
6.1	Tatbestandliche Voraussetzungen	376
6.1.1	Allgemeines	376
6.1.2	Einzelne Schuldverhältnisse	378
6.1.2.1	Miet- und Pachtverträge über unbewegliche Gegenstände und Räume	378
6.1.2.2	Dienstverhältnisse (§ 108 Abs. 1 Satz 1, 2. Alt. InsO)	379
6.1.2.3	Finanzierte Verträge über sonstige Gegenstände (§ 108 Abs. 1 Satz 2 InsO)	379
6.1.2.4	Darlehensverträge (§ 108 Abs. 2 InsO)	380
6.2	Rechtsfolgen der §§ 108–112 InsO	380
6.2.1	Fortbestand nach § 108 Abs. 1 InsO	380
6.2.1.1	Miet-, Pacht- und Leasingverträge	381
6.2.1.1.1	Insolvenz des Vermieters bzw. Verpächters	381
6.2.1.1.2	Insolvenz des Leasingsgebers	382
6.2.1.1.3	Insolvenz des Mieters bzw. Pächters	382
6.2.1.2	Dienstverträge	383
6.2.2	Ansprüche für die Zeit vor Verfahrenseröffnung (§ 108 Abs. 3 InsO)	383
6.3	Unabdingbarkeit	384
7.	*Sonstige Verträge*	384

Kapitel 9 Verwertung und Verteilung der Masse *(Smid)* 387

1.	Verwertung der Insolvenzmasse	387
1.1	Pflicht des Verwalters zur Verwertung der Masse	387
1.2	Ermessen des Verwalters bei der Wahl der Verwertungsform	387
1.3	Formen der Masseverwertung	388
1.4	Gewährleistung	388
1.5	Verbot spekulativer Maßnahmen	389
2.	Verteilung der Teilungsmasse an die Gläubiger	389
2.1	Schlussverteilung	390
2.1.1	Teilungsmasse	390
2.1.2	Allgemeine Regelungen	390
2.1.3	Zustimmung zur Schlussverteilung	391
2.2	Zuständigkeit	391
2.3	Abschlagsverteilungen	392
2.4	Verteilungsverzeichnis	393
2.5	Berücksichtigung bestrittener Forderungen	394
2.6	Berücksichtigung der Ausfallforderung absonderungsberechtigter Gläubiger	395
2.6.1	Besitzpfandgläubiger	395
2.6.2	Absonderungsberechtigte Gläubiger in Fällen des § 166 InsO	395
2.7	Berücksichtigung aufschiebend bedingter Forderungen	395
2.8	Berücksichtigung solcher Gläubiger, die nachträglich die Voraussetzungen ihrer Berücksichtigungsfähigkeit nachweisen	396

Kapitel 10 Insolvenzgläubiger *(Streuber)* 397

1.	Gläubigergruppen	397
1.1	Einfache nicht nachrangige Insolvenzgläubiger	397
1.2	Nachrangige Insolvenzgläubiger	401
1.3	Absonderungsberechtigte Gläubiger	402
1.4	Aussonderungsberechtigte Gläubiger	404
1.5	Massegläubiger	405
2.	Forderungsverfolgung im Insolvenzverfahren	406
2.1	Forderungsanmeldung	406
2.2	Prüfungstermin	410
2.3	Widerspruch gegen angemeldete Ansprüche	411
2.4	Forderungsfeststellungsprozess	413
2.5	Widerspruch des Insolvenzschuldners	416
2.6	Verfolgung des Rechts auf abgesonderte Befriedigung .	417
3.	Gläubigerversammlung und (vorläufiger) Gläubigerausschuss	418
3.1	Gläubigerversammlung	419
3.2	Gläubigerausschuss	428
3.3	Vorläufiger Gläubigerausschuss im Insolvenzeröffnungsverfahren	432

Kapitel 11	**Insolvenzanfechtung** *(Smid/Gramsch)*	435
1.	*Grundlagen der insolvenzrechtlichen Anfechtung der §§ 129 ff. InsO*	435
1.1	Allgemeines	435
1.2	Ausübung des Anfechtungsrechts	438
1.2.1	Anfechtungsberechtigter	438
1.2.2	Anfechtungsgegner und mittelbare Zuwendungen	438
1.3	Gemeinsame Tatbestandsmerkmale der Anfechtungstatbestände	439
1.3.1	Rechtshandlung	439
1.3.2	Gläubigerbenachteiligung	441
1.3.3	Maßgeblicher Zeitpunkt der Vornahme der Rechtshandlung	446
1.3.3.1	Mehraktige Rechtshandlungen	446
1.3.3.2	Unterlassen	447
1.3.3.3	Bedingte und befristete Rechtshandlungen	447
1.3.4	Kausalität zwischen Rechtshandlung und Gläubigerbenachteiligung	447
1.3.5	Darlegungs- und Beweislast	448
1.4	„Anfechtungsfreies" Bargeschäft nach § 142 InsO	448
1.4.1	Wertäquivalenz zwischen Leistung und Gegenleistung .	449
1.4.1.1	Allgemeines	449
1.4.1.2	Bewertung von Dienstleistungen	450
1.4.1.3	Verlängerter Eigentumsvorbehalt	450
1.4.2	Maßgeblichkeit der Parteivereinbarung	450
1.4.3	Zeitliche Verknüpfung	451
2.	*Anfechtung wegen kongruenter Deckung (§ 130 InsO)* .	451
2.1	Normzweck und Normstruktur	451
2.1.1	Normzweck	451
2.1.2	Normstruktur	452
2.2	Normvoraussetzungen	454
2.2.1	Kongruente Deckung	454
2.2.2	Zeitraum und weitere Voraussetzungen	456
2.2.2.1	Zeitraum	456
2.2.2.2	Weitere Voraussetzungen	456
2.2.3	Kenntnis des Gläubigers	457
2.2.3.1	Kenntnis der Zahlungsunfähigkeit oder des Eröffnungsantrages	457
2.2.3.2	Kenntnis entsprechender Umstände (§ 130 Abs. 2 InsO)	458
2.2.3.3	Zurechnung fremden Wissens	458
2.3	Beweislast	459
2.3.1	Regelfall	459
2.3.2	Ausnahme	460
3.	*Anfechtung wegen inkongruenter Deckung (§ 131 InsO)*	460
3.1	Normzweck und Normstruktur	460
3.1.1	Normzweck	460
3.1.2	Normstruktur	460

3.2	Normvoraussetzungen	461
3.2.1	Inkongruente Deckung	461
3.2.2	Zeitraum und weitere Voraussetzungen	469
3.2.2.1	Zeitraum	469
3.2.2.2	Weitere Voraussetzungen	469
3.2.3	Kenntnis beim Gläubiger	469
3.3	Beweislast	470
4.	*Anfechtung wegen unmittelbar gläubigerbenachteiligender Rechtshandlungen (§ 132 InsO)*	471
4.1	Normzweck und Normstruktur	471
4.2	Normvoraussetzungen	471
4.2.1	Rechtsgeschäfte und gleichgestellte Rechtshandlungen	472
4.2.2	Unmittelbare Gläubigerbenachteiligung	473
4.2.3	Zeitraum und weitere Voraussetzungen	473
5.	*Anfechtung wegen vorsätzlicher Gläubigerbenachteiligung (§ 133 InsO)*	474
5.1	Normzweck und Normstruktur	474
5.1.1	Normzweck	474
5.1.2	Normstruktur	474
5.2	Normvoraussetzungen	475
5.2.1	Rechtshandlung/entgeltlicher Vertrag	475
5.2.1.1	Rechtshandlung (§ 133 Abs. 1 InsO)	475
5.2.1.2	Entgeltlicher Vertrag (§ 133 Abs. 2 InsO)	476
5.2.2	Zeitraum und weitere Voraussetzungen	476
5.2.2.1	Zeitraum	476
5.2.2.2	Weitere Voraussetzungen	477
5.2.3	Kenntnis des Gläubigers	477
5.2.3.1	Gläubigerbenachteiligungsvorsatz des Schuldners	477
5.2.3.2	Kenntnis beim Anfechtungsgegner	478
5.3	Beweislast	479
5.3.1	Gläubigerbenachteiligungsvorsatz – Inkongruenz als Indiz	480
5.3.2	Kenntnis des Gläubigerbenachteiligungsvorsatzes – Inkongruenz als Indiz	481
5.3.3	Erhöhte Anforderungen an den Beweis bei Kongruenz	481
5.3.4	Vermutung der Kenntnis (§ 133 Abs. 1 Satz 2 InsO)	482
5.3.5	Beweislastumkehr (§ 133 Abs. 2 Satz 2 InsO)	482
6.	*Anfechtung wegen unentgeltlicher Leistung (§ 134 InsO)*	483
6.1	Normzweck und Normstruktur	483
6.2	Normvoraussetzungen	483
6.2.1	Leistung des Schuldners	484
6.2.2	Unentgeltlichkeit	485
6.2.2.1	Gemischte Schenkung	486
6.2.2.2	Erfüllung eigener (nicht bestehender) Schuld	487
6.2.2.3	Erfüllung betagter bzw. aufschiebend bedingter Schuld	488
6.2.2.4	Tilgung fremder Schuld	489

6.2.2.5	Sicherung fremder und eigener Schuld	489
6.2.2.6	Nachträgliche Vergütung	490
6.2.3	Ausschluss der Anfechtbarkeit nach § 134 Abs. 2 InsO	491
6.2.4	Zeitraum	492
6.3	Beweislast	493
7.	*Anfechtung im Zusammenhang mit Gesellschafterdarlehen (§ 135 InsO)*	493
7.1	Die Kapitalerhaltungsregeln nach altem Recht	493
7.1.1	Allgemeines zur Kapitalerhaltungssystematik	493
7.1.2	Die Anfechtungstatbestände des § 135 InsO a.F.	495
7.1.2.1	Allgemeines	495
7.1.2.2	Das kapitalersetzende Darlehen und ihm gleichgestellte Forderungen	496
7.1.2.2.1	Darlehen eines Gesellschafters	496
7.1.2.2.2	Gewährung oder Stehenlassen eines Gesellschafterdarlehens	497
7.1.2.2.3	Gleichgestellte Forderung	499
7.1.2.3	Eigenkapitalersetzende Gesellschafterleistung – die Krise	500
7.1.2.4	Sanierungsprivileg	502
7.1.2.5	Kleinbeteiligungsprivileg	504
7.1.2.6	Erfasste Gesellschaftsformen	504
7.2	Rechtsprechungsregeln	504
7.3	Beweislast	506
7.4	Die Anfechtung nach § 135 InsO n.F.	506
7.4.1	Anfechtung nach § 135 Abs. 1 Nr. 1 und 2 InsO	507
7.4.2	Anfechtung nach § 135 Abs. 2 InsO	507
7.4.3	Eigenkapitalersetzende Gebrauchsüberlassung (§ 135 Abs. 3 InsO)	508
7.4.3.1	Gegenstand, der für die Fortführung von erheblicher Bedeutung ist	509
7.4.3.2	Ausgleichszahlung	510
7.4.4	Sanierungs- und Kleinbeteiligungsprivileg (§ 135 Abs. 4 InsO)	510

Teil 3
Insolvenzverfahrensrecht 511

Kapitel 1	**Insolvenzeröffnungsverfahren** *(Martini)*	513
1.	*Zweck*	513
2.	*Insolvenzantrag*	514
2.1	Allgemeines	514
2.2	Zulässigkeitsvoraussetzungen	514
2.2.1	Gerichtliche Zuständigkeit	515
2.2.2	Glaubhaftmachung und rechtliches Interesse im Falle des Gläubigerantrages	518
2.2.3	Voraussetzung des Schuldnerantrages	518
2.2.4	Insolvenzfähigkeit	519

2.2.4.1	Natürliche Person	519
2.2.4.2	Juristische Personen (§ 11 Abs. 1 Satz 1, 2. Alt. InsO)	520
2.2.4.3	§ 11 Abs. 2 InsO	520
3.	*Bestellung eines Sachverständigen*	521
4.	*Anordnung von Sicherungsmaßnahmen*	522
4.1	Voraussetzungen	522
4.2	Rechtsfolgen	523
5.	*Arten von Sicherungsmaßnahmen*	523
5.1	Allgemeines	523
5.2	Bestellung eines vorläufigen Insolvenzverwalters	524
5.2.1	Bestellung eines sog. „starken" vorläufigen Insolvenzverwalters	525
5.2.1.1	Allgemeines	525
5.2.1.2	Masseverbindlichkeiten	526
5.2.1.3	Aufhebung der Sicherungsmaßnahmen (§ 25 InsO)	527
5.2.2	Bestellung eines sog. „schwachen" vorläufigen Insolvenzverwalters	528
5.3	Untersagung und Einstellung der Zwangsvollstreckung in das bewegliche Vermögen	530
5.4	Vorläufige Postsperre	530
5.5	Zwangsmaßnahmen	530
6.	*Einsetzung eines vorläufigen Gläubigerausschusses*	531
7.	*Beendigung des Insolvenzeröffnungsverfahrens*	532
Kapitel 2	**Regelinsolvenzverfahren** *(Martini)*	533
1.	*Vorbemerkung*	533
2.	*Verfahrensbeteiligte*	535
2.1	Schuldner	535
2.1.1	Natürliche und juristische Personen	535
2.1.2	Gesellschaften ohne Rechtspersönlichkeit	536
2.1.3	Erben und Gütergemeinschaft	536
2.2	Insolvenzgericht – Zuständigkeit	537
2.3	Insolvenzverwalter	538
2.3.1	Person und Aufsicht	538
2.3.2	Haftung	541
2.4	Insolvenzgläubiger	542
2.4.1	Allgemeines	542
2.4.2	Nachrangige Insolvenzgläubiger	543
2.4.3	Organisation	544
2.5	Massegläubiger	545
2.5.1	Massekosten	545
2.5.2	Masseschulden	545
3.	*Eröffnung des Insolvenzverfahrens*	547
3.1	Insolvenzgrund	547
3.2	Massekostendeckung	547
3.3	Formalien der Verfahrenseröffnung	548

3.3.1	Inhalt und Form des Eröffnungsbeschlusses	548
3.3.2	Bestellung des Insolvenzverwalters	549
3.3.3	Terminsbestimmungen	551
4.	*Wirkungen der Verfahrenseröffnung*	551
4.1	Schuldnerbezogene Wirkungen	551
4.1.1	Auskunfts- und Mitwirkungspflichten	551
4.1.2	Berufsrechtliche Beschränkungen	552
4.1.3	Auflösung insolventer Gesellschaften	553
4.2	Massebezogene Auswirkungen	553
4.2.1	Beschlagnahme des Schuldnervermögens	553
4.2.2	Übergang der Verwaltungs- und Verfügungsbefugnis	553
4.2.3	Vollstreckungsverbot und Rückschlagsperre	554
4.2.3.1	Umfang und Folgen des Vollstreckungsverbotes	554
4.2.3.2	Rückschlagsperre	556
4.2.4	Freigabe von Gegenständen aus der Insolvenzmasse	556
4.2.5	Rechtserwerb nach Eröffnung des Insolvenzverfahrens	557
5.	*Aufgaben und Pflichten des Insolvenzverwalters*	559
6.	*Gegenseitige Verträge in der Insolvenz*	559
7.	*Bereinigung der Masse*	561
7.1	Aussonderung	561
7.2	Absonderung	562
7.3	Aufrechnung	562
8.	*Feststellung der Insolvenzforderungen*	563
9.	*Verwertung und Verteilung der Masse*	564
9.1	Masseverwertung	564
9.1.1	Grundlagen	564
9.1.1.1	Besitzergreifung und Inventarisierung	564
9.1.2	Verwertung vor dem Berichtstermin	565
9.1.3	Betriebsfortführung oder Stilllegung	565
9.2	Verteilung an die Gläubiger	566
10.	*Beendigung des Insolvenzverfahrens*	566
10.1	Aufhebung nach Schlussverteilung	566
10.2	Einstellung	566
10.2.1	Einstellung mangels Masse	566
10.2.1.1	Regelungsziel	566
10.2.1.2	Regelungsgegenstand	566
10.2.1.3	Folgen	567
10.2.2	Einstellung wegen Wegfalls des Eröffnungsgrundes	567
10.2.3	Einstellung nach Anzeige der Masseunzulänglichkeit	568
10.2.4	Einstellung mit Zustimmung der Gläubiger	568
Kapitel 3	**Die übertragende Sanierung** *(Lambrecht)*	570
1.	*Einleitung*	570
2.	*Gegenstand der übertragenden Sanierung*	571
3.	*Rechtswirkungen*	574
4.	*Kaufpreisgestaltung*	575

5.	Ablauf Verkaufsprozess	576
6.	Steuerliche Erwägungen	578
7.	Arbeitnehmer in der übertragenden Sanierung	578
8.	Gläubigermitbestimmung	578
9.	Erwerb vom Insolvenzverwalter	579
10.	Kaufvertrag	580
10.1	Inhalte	580
10.2	Formvorschriften	580
10.3	Kaufvertragsmuster einer übertragenden Sanierung (ohne Beschäftigungs- und Qualifizierungsgesellschaft)	581
11.	Weitere Transaktionsstrukturen	584
11.1	Share Deal nach Gründung einer Auffanggesellschaft durch den Insolvenzverwalter	584
11.2	Share Deal nach Durchführung eines Insolvenzplanverfahrens	584
12.	Gegenüberstellung von übertragender Sanierung und Insolvenzplanverfahren	585
Kapitel 4	**Insolvenzplanverfahren** *(Fritze)*	586
1.	Grundlagen	586
1.1	Zweck des Insolvenzplanverfahrens	586
1.2	Voraussetzungen eines Insolvenzplanverfahrens und Überblick über die gesetzlichen Regelungen	589
1.3	Exkurs: Kombination mit Eigenverwaltung	590
2.	Planinitiative	591
2.1	Vorlageberechtigung	591
2.2	Einreichungszeitpunkt	592
2.3	Insolvenzplanarten	592
2.4	Plankonkurrenz	594
3.	Inhalt des Insolvenzplans	595
3.1	Darstellender Teil	595
3.2	Gestaltender Teil	597
3.3	Einteilung der Gläubiger in Gruppen	600
3.4	Plananlagen	602
4.	Verfahren	603
4.1	Überblick über den Ablauf des Verfahrens	603
4.2	Gerichtliches Vorverfahren	604
4.3	Erörterung und Abstimmung in der Gläubigerversammlung/in den anberaumten Gerichtsterminen	605
4.4	Obstruktionsverbot und weitere Zustimmungsfiktionen	608
4.5	Gerichtliche Überprüfung und Bestätigung des Insolvenzplans	610
4.6	Aufhebung des Verfahrens und Planüberwachung	611
5.	Wirkungen des Insolvenzplans	613
5.1	Allgemeine Wirkungen	613

5.2	Wiederaufleben des Verfahrens	613
5.3	Eröffnung eines neuen Insolvenzverfahrens	613
5.4	Massekredite	614
6.	*Besonderheiten*	615
6.1	Konzerne und internationale Fälle	615
6.2	Massearmut, Kosten, Rechtsmittel	616
6.3	Steuerrecht und Insolvenzplanverfahren	617
6.4	Reformdiskussion	621
Kapitel 5	**Vereinfachtes Insolvenzverfahren** *(Martini)*	622
1.	*Vorbemerkung*	622
1.1	Allgemeine Ziele des Insolvenzverfahrens	622
1.2	Statistische Bedeutung	623
1.3	Ziele des Verbraucherinsolvenzverfahrens/Schuldturmproblematik	623
1.4	Reform	624
2.	*Abgrenzung zum Regelinsolvenzverfahren*	625
2.1	Natürliche Person	626
2.2	Keine frühere selbstständige wirtschaftliche Tätigkeit	626
2.2.1	Begriff der selbstständigen Tätigkeit	626
2.2.2	Wirtschaftliche Tätigkeit	626
2.2.3	Frühere selbstständige wirtschaftliche Tätigkeit	627
2.2.3.1	Nicht überschaubare Vermögensverhältnisse	627
2.2.3.2	Keine Forderungen aus Arbeitsverhältnissen	627
2.3	Rechtsprechung	628
3.	*Verfahrensablauf*	629
3.1	Außergerichtliches Schuldenbereinigungsverfahren	629
3.1.1	Normzweck	629
3.1.2	Außergerichtlicher Einigungsversuch	629
3.1.3	Bescheinigung einer geeigneten Person oder Stelle	630
3.1.4	Scheiternsfiktion	630
3.1.5	Rechtsprechung	631
3.2	Gerichtliches Schuldenbereinigungsverfahren	631
3.2.1	Normzweck	631
3.2.2	Voraussetzungen	631
3.2.3	Inhalt des Schuldenbereinigungsplans	632
3.2.4	Verfahren	632
3.2.5	Rechtsfolgen	634
3.3	Vereinfachtes eröffnetes Insolvenzverfahren	634
3.3.1	Erfolglosigkeit des gerichtlichen Schuldenbereinigungsverfahrens	634
3.3.2	Feststellung des Insolvenzgrundes	634
3.3.3	Deckung der Verfahrenskosten	634
3.3.4	Verfahrenseröffnung	634
3.3.5	Verfahrensablauf	635
3.3.5.1	Eröffnungsbeschluss	635
3.3.5.2	Bestellung des Treuhänders	635

3.3.5.3	Forderungsanmeldung	635
3.3.6	Insolvenzmasse	635
3.3.6.1	Arbeitseinkommen/Sozialleistungen	636
3.3.6.2	Hausrat	636
3.3.6.3	Mietsicherheit/Genossenschaftsanteile	636
3.3.6.4	Bankkonto/Sparguthaben	636
3.3.6.5	Lebensversicherungen/Altersbezüge	637
3.3.7	Abweichungen gegenüber der Regelinsolvenz	637
3.3.7.1	Veröffentlichungen	638
3.3.7.2	Entfallen des Berichtstermins	638
3.3.7.3	Anfechtung von Rechtshandlungen	638
3.3.7.4	Eingeschränktes Verwertungsrecht	639
3.3.7.5	Vereinfachte Verteilung	639
3.3.7.6	Zeitliche Erweiterung der Rückschlagsperre	639
3.3.8	Verfahrensabschluss und Sperrwirkung	640
4.	*Stundung der Verfahrenskosten*	640
4.1	Voraussetzungen	640
4.2	Gewährung	641
4.3	Wirkung und Umfang	642
4.4	Beiordnung eines Rechtsanwalts	642
4.5	Aufhebung	642
4.6	Rechtsprechung	643
5.	*Sonderfragen*	643
5.1	Selbstständigkeit in der Verbraucherinsolvenz	643
5.2	Steuerliche Pflichten des Treuhänders	644
6.	*Reform der Verbraucherinsolvenz und der Restschuldbefreiung*	645
6.1	Verkürzung der Wohlverhaltensperiode	645
6.2	Änderungen im Bereich der Versagung der Restschuldbefreiung	645
6.3	Abschaffung des gerichtlichen Schuldenbereinigungsverfahrens	645
6.4	Sonstige Änderungen	646
Kapitel 6	**Restschuldbefreiung der natürlichen Person** *(Martini)*	647
1.	*Voraussetzungen*	647
1.1	Antrag	647
1.2	Abtretungserklärung (§ 287 Abs. 2 InsO)	648
1.3	Anhörung der Gläubiger und des Treuhänders im Schlusstermin	649
1.4	Fehlen von Versagungsgründen	649
1.5	Sperrfrist	650
2.	*Ankündigung der Restschuldbefreiung*	651
3.	*Bestellung des Treuhänders*	651
4.	*Obliegenheiten*	651
5.	*Entscheidung über die Restschuldbefreiung*	652

5.1	Vorzeitige Beendigung ohne Restschuldbefreiung	652
5.2	Vorzeitige Erteilung der Restschuldbefreiung	652
5.3	Regelfristige Erteilung	653
5.4	Wirkungen der Restschuldbefreiung	653
5.5	Widerruf der Restschuldbefreiung	654
Kapitel 7	**Eigenverwaltung** *(Wehdeking)*	655
1.	*Grundlagen der Eigenverwaltung*	655
1.1	Systematik der Eigenverwaltung	655
1.2	Aufgabe der Eigenverwaltung und Intentionen des Insolvenzrechtsreformgesetzgebers	656
1.2.1	Möglichkeit einer gerichtlich kontrollierten Reorganisation und Sanierung	657
1.2.1.1	Überkommene Rechtslage	657
1.2.1.2	Eigenständiges Sanierungsverfahren („Schutzschirmverfahren") nach § 270b InsO	658
1.2.2	Anreiz zur Eigenantragstellung	660
1.2.3	Nutzung des schuldnerischen Sachverstandes	662
1.2.4	Kostenvorteile gegenüber dem Regelinsolvenzverfahren	663
1.3	Vorbilder der deutschen Eigenverwaltung	664
1.4	Eigenverwaltung und Reorganisation	665
1.5	Modell von Formen der Eigenverwaltung im deutschen Recht	666
2.	*Materielle Voraussetzungen*	666
2.1	Eröffnungsantrag des Schuldners	667
2.1.1	Verfahrensrechtliche Anforderungen an den Antrag	667
2.1.2	Antragsberechtigung	668
2.1.3	Maßgebender Zeitpunkt für den Antrag	669
2.2	Fremdantrag eines Gläubigers	670
2.3	Nachteile und Verfahrensverzögerung	670
2.3.1	Nachteile	671
2.3.1.1	Natürliche Personen	672
2.3.1.2	Juristische Personen und Personen- und Personenhandelsgesellschaften	672
2.4	Sonderfälle	674
2.4.1	Eingetragene Genossenschaften	674
2.4.2	Finanzdienstleistungsunternehmen	675
3.	*Entscheidung des Gerichts*	675
3.1	Absehen von vorläufigen Verfügungsverboten und Bestellung eines vorläufigen Sachwalters	675
3.2	Entscheidung über Anordnung oder „Versagung" der Anordnung der Eigenverwaltung mit Eröffnung des Insolvenzverfahrens	675
3.2.1	Ablehnender Beschluss	675
3.2.2	Stattgebender Beschluss	676
3.2.3	Begründung des Anordnungs- und Ablehnungsbeschlusses	677
3.2.3.1	Anordnungsbeschluss	677

3.2.3.2	Ablehnungsbeschluss	678
3.3	Rechtsmittel	678
3.4	Nachträgliche Anordnung der Eigenverwaltung	679
3.4.1	Antrag auf Eigenverwaltung	680
3.4.2	Antrag der Gläubigerversammlung	681
3.4.3	Entscheidung des Gerichts	681
4.	*Allgemeine Wirkung des Eröffnungsbeschlusses bei Anordnung der Eigenverwaltung*	682
4.1	Insolvenzbeschlag des schuldnerischen Vermögens	682
4.2	Fortdauer des Insolvenzbeschlags des schuldnerischen Vermögens bei nachträglicher Anordnung der Eigenverwaltung	683
4.3	Befugnisse des Schuldners zur Masseverwaltung	683
4.4	Einsetzung eines Sachwalters	684
4.5	Registerrechtlicher Insolvenzvermerk	684
4.6	Anhängige Prozesse („automatic stay")	685
5.	*Aufhebung der Eigenverwaltung*	685
5.1	Antrag der Gläubigerversammlung	685
5.2	Gläubigerantrag	685
5.3	Schuldnerantrag	686
5.4	Entscheidung des Insolvenzgerichts	687
6.	*Rechtsstellung und Aufgabenverteilung zwischen Schuldner und Sachwalter*	688
6.1	Rechtsstellung und Befugnisse des Schuldners	688
6.1.1	Rechtsstellung	688
6.1.2	Befugnisse und Pflichten des Schuldners	688
6.1.2.1	Führung der Geschäfte	689
6.1.2.2	Mitwirkungsbefugnisse des Sachwalters	689
6.1.2.3	Wahlrecht des Schuldners	690
6.1.2.4	Lebensführung des Schuldners	691
6.1.2.5	Insolvenzspezifische Aufgaben des Schuldners	691
6.1.2.6	Vorlage eines Insolvenzplans	693
6.1.2.7	Mitwirkungspflichten	694
6.2	Rechtsstellung und Befugnisse des Sachwalters	695
6.2.1	Auswahl des Sachwalters	695
6.2.2	Rechte und Pflichten des Sachwalters	695
6.2.2.1	Insolvenzanfechtung/Gesamtschaden	696
6.2.2.2	Tabellenführung und Prüfungspflichten	696
6.2.2.3	Beratungsaufgaben des Sachwalters	697
6.2.2.4	Aufsichts- und Überwachungs- und Berichtspflichten	698
6.2.2.5	Mitwirkungsrechte	699
6.2.2.6	Zustimmungsbedürftigkeit	700
6.2.3	Insolvenzgerichtliche Aufsicht und Haftung	701
Kapitel 8	**Sonderinsolvenzen** *(Hermanns)*	702
1.	*Nachlassinsolvenzverfahren*	702
1.1	Regelungszweck	702

1.2	Anwendungsbereich	703
1.2.1	In subjektiver Hinsicht – verschiedene Stadien des Eintritts des Todes	703
1.2.1.1	Tod vor Stellung des Insolvenzantrages	703
1.2.1.2	Tod im Insolvenzeröffnungsverfahren	703
1.2.1.3	Tod im eröffneten Insolvenzverfahren	703
1.2.2	In objektiver Hinsicht – erfasste Verbindlichkeiten	704
1.2.2.1	Erblasserverbindlichkeiten	704
1.2.2.2	Erbfallverbindlichkeiten	704
1.2.2.3	Nachlasserbenverbindlichkeiten	704
1.3	Rechtliche Grundlagen	705
1.3.1	Erbrechtliche Grundlagen	705
1.3.2	Insolvenzrechtliche Grundlagen	707
1.3.2.1	Zulässigkeitsvoraussetzungen	707
1.3.2.1.1	Örtliche Zuständigkeit	707
1.3.2.1.2	Antragsberechtigte/Antragspflicht	707
1.3.2.1.3	Antragsfrist	709
1.3.2.2	Eröffnungsgründe	710
1.3.2.2.1	Überschuldung des Nachlasses	710
1.3.2.2.2	Zahlungsunfähigkeit des Nachlasses	711
1.3.2.2.3	Drohende Zahlungsunfähigkeit	711
1.3.2.3	Rechtsfolgen der Eröffnung eines Nachlassinsolvenzverfahrens	711
1.3.2.4	Besondere Regelungen im Nachlassinsolvenzverfahren	712
1.3.2.4.1	§ 321 InsO	712
1.3.2.4.2	§ 323 InsO	712
1.3.2.4.3	§ 324 InsO	713
1.3.2.4.4	Besonderheiten bei der Insolvenzanfechtung	713
1.3.2.4.5	Besonderheiten bei Lebensversicherungen	714
1.3.2.4.6	Besonderheiten bei der Fortführung eines Handelsgeschäftes	714
2.	*Insolvenzverfahren über das Gesamtgut einer fortgesetzten Gütergemeinschaft*	715
3.	*Insolvenzverfahren über das gemeinschaftlich verwaltete Gesamtgut einer Gütergemeinschaft*	715

Teil 4
Rechnungslegung in der Insolvenz 717

Kapitel 1	**Interne Rechnungslegung** *(Amberger)*	719
1.	*Das System der Rechnungslegung im Insolvenzverfahren*	719
2.	*Insolvenzrechtliche Rechnungslegung*	720
2.1	Aktuelle Entwicklung	720
2.1.1	Gesetz zur Verbesserung und Vereinfachung der Aufsicht im Insolvenzverfahren (GAVI)	720
2.1.2	Rechnungslegungshinweise des IDW e.V.	722

2.2	Verzeichnis der Massegegenstände (§ 151 InsO)	722
2.3	Gläubigerverzeichnis (§ 152 InsO)	723
2.4	Vermögensübersicht (§ 153 InsO)	723
2.5	Schlussrechnung (§ 66 InsO)	723
2.5.1	Schlussrechnung	724
2.5.2	Schlussbericht	724
2.5.3	Schlussverzeichnis	725
2.5.4	Gerichtliche Prüfung	725
2.5.5	Prüfung durch den Gläubigerausschuss	726
2.6	Schlussrechnung bei vorheriger Anzeige der Masseunzulänglichkeit	726
Kapitel 2	**Externe Rechnungslegung in der Insolvenz** *(Schmid)*	**727**
1.	*Einführung und Abgrenzung*	*727*
1.1	Einführung	727
1.2	Ziele der externen Rechnungslegung	727
1.3	Abgrenzung zur internen Rechnungslegung im Insolvenzverfahren	728
2.	*Umfang der externen Rechnungslegungspflicht*	*729*
2.1	Handelsrechtliche Buchführungspflicht	729
2.1.1	Zeitlicher und sachlicher Umfang	729
2.1.2	Anforderungen an die Buchführung	733
2.2	Handelsrechtliche Abschlüsse	734
2.2.1	Insolvenzrechnungslegung und Liquidationsrechnungslegung	734
2.2.2	Letzter Jahresabschluss der werbenden Gesellschaft vor Insolvenzeröffnung	736
2.2.3	Eröffnungsbilanz auf den Zeitpunkt der Verfahrenseröffnung	739
2.2.4	Jahresabschlüsse für Geschäftsjahre, die während des Insolvenzverfahrens enden	743
2.2.5	Handelsrechtliche Schlussbilanz	744
2.3	Konzernrechnungslegung in der Insolvenz	746
2.4	Jahresabschlussprüfung in der Insolvenz	747
2.5	Feststellung	749
2.6	Handelsrechtliche Offenlegungspflichten	749
2.7	Externe Rechnungslegung in der Insolvenz nach steuerrechtlichen Vorschriften	750
2.8	Reduzierung des Pflichtenumfangs insbesondere bei Masseunzulänglichkeit	754

Teil 5
Steuern in Sanierung und Insolvenz 759

Kapitel 1	**Verfahrensfragen** *(Bschorr)*	**761**
1.	*Insolvenzsteuerrecht „versus" Steuerrecht*	*761*
2.	*Verfahrensrechtliche Stellung der Beteiligten*	*762*
2.1	Stellung des Schuldners nach der Verfahrenseröffnung	762

2.2	Steuerrechtliche Stellung des Insolvenzverwalters	763
2.2.1	Steuererklärungspflichten für die Zeit des Insolvenzverfahrens	765
2.2.2	Steuererklärungen für die Zeit vor Insolvenzeröffnung	766
2.2.3	Dauer der Insolvenz, Pflichten des Insolvenzverwalters	766
2.3	Stellung des vorläufigen Insolvenzverwalters	767
2.4	Stellung des Treuhänders und Sachwalters	769
2.5	Haftung des Insolvenzverwalters für Steuerschulden	769
2.5.1	Haftung des Insolvenzverwalters	769
2.5.2	Haftung des vorläufigen Insolvenzverwalters	772
2.6	Stellung der Finanzverwaltung	773
2.6.1	Das Finanzamt als Gläubiger	773
2.6.2	Auskünfte des Finanzamtes an den Insolvenzverwalter	774
3.	*Wirkungen der Insolvenzeröffnung im Besteuerungsverfahren*	775
3.1	Steuerermittlungsverfahren	775
3.2	Steuerfestsetzungsverfahren/Feststellungsverfahren	776
3.3	Erstattungsansprüche	779
3.4	Rechtsbehelfsverfahren	780
3.5	Finanzgerichtsverfahren	781
3.6	Vollstreckungsverfahren	783
4.	*Durchsetzung von Steuerforderungen im Insolvenzverfahren*	784
4.1	Qualifizierung von Steuern als Insolvenzforderung oder Masseverbindlichkeit	784
4.2	Anmeldung und Feststellung von Insolvenzforderungen	787
4.2.1	Anmeldung zur Tabelle	787
4.2.2	Anerkennung oder Widerspruch im Prüfungstermin	788
4.2.3	Feststellungsbescheid nach § 251 Abs. 3 AO	791
4.2.4	Beitreibung nach Insolvenzbeendigung	792
4.3	Durchsetzung von Masseverbindlichkeiten	793
4.3.1	Massereichtum	793
4.3.2	Massearmut	794
4.4	Durchsetzung von Steuern aus insolvenzfreier Tätigkeit/Neuerwerb	794
4.5	Aufrechnung	796
4.5.1	Aufrechnung von Vorauszahlungsschulden	801
4.5.2	Aufrechnung mit Erstattungszinsen	802
4.5.3	Aufrechnung mit Säumniszuschlägen	802
4.5.4	Aufrechnung mit Haftungsforderungen	802
4.5.5	Aufrechnung bei Neuerwerb	803
4.5.6	Aufrechnung unter Berücksichtigung des Umsatzsteuer-Saldierungsprinzips	803
4.5.7	Aufrechnung Vorsteuer aus Vergütung des (vorläufigen) Insolvenzverwalters	804
4.5.8	Aufrechnung von Umsatzsteuer- und Vorsteuerberichtigungsansprüchen nach § 17 UStG	805

4.5.9	Aufrechnung mit Sondervorauszahlungen bei Dauerfristverlängerung	806
4.5.10	Aufrechenbarkeit des Vergütungsanspruchs nach Rechnungsberichtigung	806
4.5.11	Aufrechnung nach Quotenauszahlung	806
4.5.12	Aufrechnung von Kraftfahrzeugsteuern	807
4.5.13	Aufrechnung von Grunderwerbsteuer	807
4.5.14	Aufrechnung gegen Anspruch auf Eigenheimzulage	807
4.5.15	Aufrechnung Körperschaftsteuerguthaben im Sinne von § 37 Abs. 1 Satz 1 KStG	807
4.5.16	Aufrechnung mit im Insolvenzplan erlassener Forderung	808
4.5.17	Aufrechnung im Rahmen der Nachtragsverteilung	808
Kapitel 2	**Umsatzsteuer** *(Bschorr)*	809
1.	*Unternehmereigenschaft in der Insolvenz und verfahrensrechtliche Fragen*	809
2.	*Umsatzsteuerforderungen als Insolvenzforderungen/ Masseverbindlichkeiten*	810
3.	*Umsatzsteuer bei Neuerwerb/Freigabe*	817
4.	*Umsatzsteuerliche Organschaft*	818
4.1	Voraussetzungen und Rechtsfolgen	818
4.2	Insolvenz der Organgesellschaft	819
4.3	Insolvenz des Organträgers	820
4.4	Insolvenz des Organträgers und der Organgesellschaft	821
4.5	Rechtsfolgen bei Beendigung der Organschaft	821
5.	*Vorsteuer im Insolvenzverfahren*	824
6.	*Vorsteuerberichtigung nach § 17 UStG*	825
7.	*Vorsteuerberichtigung nach § 15a UStG*	826
8.	*Umsatzsteuerkorrektur*	828
9.	*Umsatzsteuer/Vorsteuer bei nicht vollständig erfüllten Verträgen*	829
9.1	Umsatzsteuerkorrektur nach § 17 Abs. 2 Nr. 2 UStG	829
9.2	Vorsteuerberichtigung nach § 17 Abs. 2 UStG	831
10.	*Sicherungsverwertung*	832
10.1	Verwertung durch den Insolvenzverwalter	833
10.2	Verwertung durch den Sicherungsnehmer	835
10.3	Verwertung durch den Insolvenzschuldner nach Freigabe	837
10.4	Verwertung außerhalb des Insolvenzverfahrens	837
11.	*Geschäftsveräußerung im Ganzen*	838
Kapitel 3	**Ertragsteuern** *(Schmid)*	841
1.	*Körperschaftsteuer*	841
1.1	Grundlagen	841
1.2	Wechselwirkungen zwischen Körperschaftsteuer und Einkommensteuerunter dem Regime der Abgeltungsteuer	843

1.3	Verlustrück- und -vortrag, Mindestbesteuerung	847
1.4	Untergang von Verlustvorträgen, § 8 c KStG	849
1.4.1	Grundlagen	849
1.4.2	Regelungsinhalt	851
1.4.3	Sanierungsklausel	854
1.4.3.1	Begriff des Beteiligungserwerbs	855
1.4.3.2	Begriff der Sanierung	855
1.4.3.3	Erhaltung der wesentlichen Betriebsstrukturen	858
1.4.3.4	Ausschluss der Anwendung der Sanierungsklausel	862
1.5	Gesellschafterdarlehen in Krise und Insolvenz	863
1.5.1	Einführung	863
1.5.2	Gesellschaftsrechtliche Grundlagen	863
1.5.3	Rechtslage vor Einführung des MoMiG	864
1.5.4	Situation nach dem MoMiG	865
1.5.5	Bilanzielle Behandlung der Gesellschafterdarlehen	865
1.5.6	Einfluss von Sanierungsmaßnahmen	865
1.5.6.1	Verzicht auf Gesellschafterdarlehen	865
1.5.6.2	Forderungsverzicht mit Besserungsversprechen	869
1.5.6.3	Rangrücktritt	872
1.6	Pensionsrückstellungen in Krise und Insolvenz	875
1.6.1	Grundlagen	875
1.6.2	Verzicht auf Pensionszusagen	875
1.6.3	Widerruf von Pensionszusagen	878
1.6.4	(Teil-)verzicht auf noch nicht erdiente Anwartschaftsrechte	879
1.6.5	Abfindung einer Pensionsanwartschaft	880
1.7	Ertragsteuerliche Behandlung von Sanierungsgewinnen	883
1.7.1	Grundlagen	883
1.7.2	BMF-Schreiben vom 27.03.2003	884
1.8	Körperschaftsteuer in der Insolvenz	889
1.8.1	Grundlagen	889
1.8.2	Körperschaftsteuer als Insolvenzforderung oder als Masseverbindlichkeit	889
1.8.3	Besonderer Gewinnermittlungszeitraum gemäß § 11 KStG	893
1.8.4	Körperschaftsteuerrechtliche Organschaft	894
1.8.4.1	Insolvenz der Organgesellschaft	895
1.8.4.2	Insolvenz des Organträgers	897
1.8.4.3	Gleichzeitige Insolvenz von Organträger und Organgesellschaft	897
2.	*Einkommensteuer*	898
2.1	Grundlagen	898
2.2	Steuersubjekt der Einkommensteuer	898
2.3	Verluste und Verlustnutzung	899
2.3.1	System der steuerlichen Berücksichtigung von Verlusten	899
2.3.2	Einschränkungen der Verlustberücksichtigung	900

2.4	Steuerliche Auswirkungen von Forderungsverzicht und Rangrücktritt． ．	901
2.4.1	Überblick ．	901
2.4.2	Natürliche Personen – Einzelunternehmer ． ． ． ． ． ． ． ． ． ． ．	902
2.4.2.1	Forderungsverzicht durch Drittgläubiger ． ． ． ． ． ． ． ． ． ． ． ． ．	902
2.4.2.2	Forderungsverzicht mit Besserungsschein ． ． ． ． ． ． ． ． ． ． ．	905
2.4.2.3	Rangrücktritt． ．	906
2.4.3	Gesellschafter von Kapitalgesellschaften ． ． ． ． ． ． ． ． ． ． ． ．	908
2.4.3.1	Grundlagen． ．	908
2.4.3.2	Verlust von Gesellschafterdarlehen – altes Recht ． ． ． ． ． ．	909
2.4.3.3	Verlust von Gesellschafterdarlehen – neues Recht ． ． ． ． ．	912
2.4.3.4	Rangrücktrittserklärungen und Verzicht mit Besserungsschein ．	914
2.4.4	Gesellschafter von Personenhandelsgesellschaften ． ． ． ． ．	915
2.4.4.1	Steuerrechtliche Behandlung von Forderungen eines Gesellschafters gegen die Personengesellschaft – Grundsätze ．	915
2.4.4.2	Forderungsverzicht des Gesellschafters gegenüber der Personengesellschaft ．	916
2.4.4.3	Rangrücktritt und Besserungsschein ． ． ． ． ． ． ． ． ． ． ． ． ． ． ．	918
2.5	Einkommensteuerliche Folgen der Insolvenzeröffnung ．	920
2.5.1	Trennung von Insolvenzforderungen und Masseschulden ．	921
2.5.1.1	Einkommensteuerliche Umsetzung der insolvenzrechtlichen Vermögenssphären ． ． ． ． ． ． ． ． ． ． ． ． ． ． ． ． ． ． ．	921
2.5.1.2	Insolvenzrechtliches Begründetsein von Einkommensteuerschulden ．	923
2.5.1.3	Einkommensteuern als Masseverbindlichkeit ． ． ． ． ． ． ． ． ．	925
2.5.2	Aufteilung der Einkommensteuerschuld ． ． ． ． ． ． ． ． ． ． ． ． ．	929
2.5.3	Einkommensteuer-Vorauszahlungen und Abschlusszahlungen． ．	931
2.5.4	Ehegattenveranlagung ．	932
2.5.5	Auflösung stiller Reserven ．	934
2.5.6	Einkommensteuerfragen im Zusammenhang mit Personengesellschaften． ．	936
2.5.6.1	Insolvenz der Personengesellschaft ． ． ． ． ． ． ． ． ． ． ． ． ． ． ． ．	936
2.5.6.2	Beteiligung des Insolvenzschuldners an einer Personengesellschaft ．	938
2.5.6.3	Betriebsaufgabe und Betriebsveräußerung in der Insolvenz． ．	938
2.5.7	Restschuldbefreiung und Sanierungsgewinne ． ． ． ． ． ． ． ． ．	940
3.	*Gewerbesteuer*． ．	942
3.1	Grundlagen． ．	942
3.2	Gewerbesteuerliche Verlustvorträge und Sanierungsgewinne ．	943
3.3	Gewerbesteuerpflicht in der Insolvenz ． ． ． ． ． ． ． ． ． ． ． ． ． ．	945
3.4	Ermittlung des Gewerbeertrages in der Insolvenz ． ． ． ． ．	945
4.	*Lohnsteuer* ．	946

4.1	Grundlagen	946
4.2	Insolvenz des Arbeitnehmers	947
4.3	Insolvenz des Arbeitgebers	948
4.4	Lohnsteuerfragen im Zusammenhang mit Insolvenzgeldzahlungen	949

Teil 6
Gesetzesübergreifende Bezüge 951

Kapitel 1	**Arbeits- und Sozialrecht** *(Witt)*	953
1.	*Einführung*	953
2.	*Sanierung und Kündigungsschutz*	954
2.1	Allgemeiner Kündigungsschutz	954
2.1.1	Räumlicher Anwendungsbereich	954
2.1.1.1	Betriebe mit bis zu fünf Arbeitnehmern	955
2.1.1.2	Betriebe mit mehr als fünf und bis zehn Arbeitnehmern	955
2.1.1.3	Betriebe mit mehr als zehn Arbeitnehmern	955
2.1.1.4	Feststellung der Anzahl der beschäftigten Arbeitnehmer	956
2.1.2	Persönlicher Anwendungsbereich	956
2.1.3	Dringende betriebliche Gründe	957
2.1.3.1	Die unternehmerische Entscheidung	957
2.1.3.2	Eingeschränkte gerichtliche Kontrolle	958
2.1.3.3	Unternehmerische Entscheidung: Betriebsstilllegung	960
2.1.3.4	Kündigung als letztes Mittel	960
2.1.3.4.1	Freier Arbeitsplatz	960
2.1.3.4.2	Freier gleichwertiger Arbeitsplatz	961
2.1.3.4.3	Freier nicht gleichwertiger Arbeitsplatz	961
2.1.4	Sozialauswahl	963
2.1.4.1	Vergleichbarkeit der Arbeitnehmer	963
2.1.4.1.1	Arbeitnehmer in demselben Betrieb	963
2.1.4.1.2	Tatsächliche Einsetzbarkeit auf einem anderen Arbeitsplatz	963
2.1.4.1.3	Rechtliche Einsetzbarkeit auf einem anderen Arbeitsplatz	964
2.1.4.1.4	Weitere Vergleichbarkeitsmerkmale	964
2.1.4.2	Feststellung der sozialen Schutzbedürftigkeit	965
2.1.4.2.1	Betriebszugehörigkeit	965
2.1.4.2.2	Lebensalter	966
2.1.4.2.3	Unterhaltspflichten	966
2.1.4.2.4	Schwerbehinderung	966
2.1.4.2.5	Ermittlung der Sozialdaten	967
2.1.4.2.6	Gewichtung der Sozialdaten	967
2.1.4.3	Leistungsträgerregelung	968
2.1.4.4	Erhaltung einer ausgewogenen Personalstruktur	968
2.1.4.5	Punkteschema in Tarifvertrag oder Betriebsvereinbarung	970
2.1.4.6	Punkteschema des Arbeitgebers	970
2.1.4.7	Fehlerhafte Sozialauswahl bei Verwendung eines Punkteschemas	971

2.1.5	Kündigung aufgrund Interessenausgleichs mit Namensliste	972
2.1.5.1	Betriebsänderung	972
2.1.5.2	Namensliste	972
2.1.5.3	Vermutung: betriebsbedingter Grund	973
2.1.5.4	Herabsetzung des Prüfungsmaßstabes der Sozialauswahl	974
2.1.5.5	Wesentliche Sachlagenänderung	976
2.1.5.6	Interessenausgleich mit Namensliste und Betriebsratsanhörung	976
2.2	Besonderer Kündigungsschutz	977
2.2.1	Kündigungsschutz aufgrund des Betriebsverfassungsgesetzes	977
2.2.2	Schwerbehinderte Menschen	978
2.2.3	Elternzeit	979
2.2.4	Mutterschutz	980
2.3	Kündigungsform	980
2.4	Kündigungsbegründung	981
2.5	Kündigung durch Vertreter	981
2.6	Kündigungszugang	982
2.7	Kündigungsfristen	983
2.7.1	Grundkündigungsfrist	983
2.7.2	Verlängerung der Grundkündigungsfrist	984
2.7.3	Abweichung durch Tarifvertrag	984
2.8	Massenentlassungsanzeige	985
2.8.1	Voraussetzung	985
2.8.2	Beteiligung des Betriebsrates	985
2.8.3	Inhalt der Anzeige	985
2.8.4	Folgen einer unterlassenen oder unwirksamen Anzeige	986
2.8.5	Folgen einer wirksamen Massenentlassungsanzeige	986
2.9	Wirksamkeit einer Kündigung und Kündigungsschutzklage	986
3.	*Sanierung und Mitbestimmung des Betriebsrates*	987
3.1	Betriebsratsanhörung vor Kündigung	987
3.1.1	Form und Umfang	988
3.1.2	Fristbeginn und Fristende	990
3.2	Interessenausgleich	991
3.2.1	Unternehmensgröße	991
3.2.2	Rechtzeitige Unterrichtung des Betriebsrates	991
3.2.3	Gang der Verhandlungen	992
3.2.4	Gegenstand eines Interessenausgleiches	992
3.2.5	Mitbestimmungspflichtige Betriebsänderungen	993
3.2.5.1	Einschränkung und Stilllegung des Betriebes oder von Betriebsteilen	993
3.2.5.1.1	Betriebsstilllegung	993
3.2.5.1.2	Betriebseinschränkung	993
3.2.5.2	Verlegung des Betriebs oder von wesentlichen Betriebsteilen	994

3.2.5.3	Zusammenschluss mit anderen Betrieben oder Betriebsspaltung	994
3.2.5.4	Grundlegende Änderungen von Betriebsorganisation, Betriebszweck oder Betriebsanlagen	995
3.2.5.5	Neue Arbeitsmethoden und Fertigungsverfahren	995
3.2.6	Verstoß gegen das Mitbestimmungsrecht	995
3.2.6.1	Nachteilsausgleich	995
3.2.6.2	Ordnungswidrigkeit	996
3.2.6.3	Unterlassung der Betriebsänderung	996
3.3	Sozialplan	996
3.3.1	Ausnahmen von der Erzwingbarkeit	996
3.3.2	Gegenstand eines Sozialplans	997
3.3.2.1	Abfindungsregelungen	998
3.3.2.1.1	Betriebszugehörigkeit	999
3.3.2.1.2	Bruttomonatsverdienst	999
3.3.2.1.3	Weitere soziale Gesichtspunkte	999
3.3.2.2	Transfersozialpläne	1000
4.	*Sanierung und Betriebsübergang*	1000
4.1	Betriebsübertragung durch Rechtsgeschäft	1000
4.2	Übergang der Arbeitsverhältnisse	1000
4.3	Fortgeltung von Tarifverträgen und Betriebsvereinbarungen	1001
4.4	Haftung von altem und neuem Inhaber	1002
4.5	Kündigungsverbot	1002
4.6	Umgehungsverbot	1003
4.7	Unterrichtungspflicht und Widerspruchsrecht	1003
4.7.1	Unterrichtungspflicht	1003
4.7.1.1	Zeitpunkt des Betriebsüberganges	1004
4.7.1.2	Grund des Überganges	1004
4.7.1.3	Rechtliche, wirtschaftliche und soziale Folgen des Überganges	1004
4.7.1.4	Maßnahmen für Arbeitnehmer	1005
4.7.1.5	Person des neuen Inhabers	1005
4.7.2	Widerspruchsrecht	1005
4.7.3	Vorliegen eines Betriebs- und Betriebsteilübergangs	1006
4.7.3.1	Art des betreffenden Unternehmens oder Betriebes	1007
4.7.3.2	Etwaiger Übergang der materiellen Betriebsmittel	1007
4.7.3.3	Wert der immateriellen Aktiva im Zeitpunkt des Übergangs	1007
4.7.3.4	Übernahme von Arbeitnehmern	1008
4.7.3.5	Übergang der Kundschaft	1008
4.7.3.6	Grad der Ähnlichkeit der Tätigkeiten vor und nach dem Übergang	1009
4.7.3.7	Dauer einer eventuellen Unterbrechung der Tätigkeit	1009
4.7.3.8	Weitere Merkmale	1009
4.8	Transfergesellschaft als Sanierungselement	1009
4.8.1	Transfergesellschaft statt Kündigung	1009
4.8.2	Transfergesellschaft und Betriebsübergang	1010

5.	Sanierung und die besonderen arbeitsrechtlichen Regelungen in der Insolvenz	1012
5.1	Geltungsbereich	1012
5.2	Insolvenzeröffnung als Kündigungsgrund	1012
5.3	Kündigungsfrist und Unkündbarkeit	1013
5.3.1	Abkürzung der Kündigungsfristen	1013
5.3.2	Aufhebung einer Unkündbarkeit	1013
5.3.3	Anwendungsbereich	1014
5.3.4	Schadensersatzanspruch des Gekündigten	1014
5.4	Wettbewerbsverbote	1015
5.5	Betriebsverfassungsrecht in der Insolvenz	1015
5.5.1	Interessenausgleich	1016
5.5.2	Nachteilsausgleich	1016
5.5.3	Straffung des Interessenausgleichverfahrens	1017
5.5.3.1	Verkürzung des Verhandlungsweges	1017
5.5.3.2	Zustimmung zur Betriebsänderung durch das Arbeitsgericht	1017
5.5.3.2.1	Sinn des § 122 InsO	1017
5.5.3.2.2	Unterrichtung des Betriebsrates	1018
5.5.3.2.3	Die Drei-Wochen-Frist	1018
5.5.3.2.4	Anrufung des Arbeitsgerichts	1019
5.5.3.2.5	Eingeschränkte Rechtsmittelmöglichkeit	1019
5.5.3.2.6	Abwägung der gegenseitigen Interessen	1019
5.5.4	Sozialplan in der Insolvenz	1020
5.5.4.1	Absolute Obergrenze	1020
5.5.4.2	Relative Obergrenze	1020
5.5.4.3	Sozialplanforderungen als Masseverbindlichkeit	1021
5.5.4.4	Verbot von Leistungsklage und Zwangsvollstreckung	1021
5.5.4.5	Widerruf insolvenznaher Sozialpläne	1021
5.5.4.6	Widerruf insolvenzferner Sozialpläne und anderer Betriebsvereinbarungen	1022
5.6	Massenkündigung im Insolvenzverfahren	1022
5.6.1	Interessenausgleich mit Namensliste	1024
5.6.1.1	Betriebsänderung	1024
5.6.1.2	Vermutung: betriebsbedingter Grund	1024
5.6.1.3	Herabsetzung des Überprüfungsmaßstabes und Einschränkung der Überprüfung der Sozialauswahl	1024
5.6.1.4	Spätere Änderung der Sachlage	1025
5.6.1.5	Spätere Änderung der Sachlage und Wiedereinstellungsanspruch	1025
5.6.1.6	Vermutung: keine Kündigung wegen Betriebsübergang	1026
5.6.2	Beschlussverfahren zum Kündigungsschutz	1027
5.6.2.1	Betriebsänderung	1027
5.6.2.2	Betriebe mit Betriebsrat	1027
5.6.2.3	Betriebe ohne Betriebsrat	1028
5.6.2.4	Verfahren vor dem Arbeitsgericht	1028
5.6.2.4.1	Zuständigkeit und Beteiligte	1028
5.6.2.4.2	Feststellungen des Arbeitsgerichtes	1029

5.6.2.4.3	Eingeschränkte Rechtsmittelmöglichkeit	1029
5.6.2.5	Keine Betriebsratsanhörung vor Verfahrenseinleitung	1029
5.6.2.6	Kündigung und Beschlussverfahren	1030
5.6.2.7	Bindungswirkung der Entscheidung des Arbeitsgerichtes	1031
5.7	Betriebsveräußerung in der Insolvenz	1031
5.7.1	Anwendung des § 613a BGB	1031
5.7.1.1	Keine Haftung des Erwerbers für Insolvenzforderungen	1031
5.7.1.2	Personalabbau durch Sanierungskonzept	1032
6.	*Sozialrecht in der Insolvenz*	1033
6.1	Insolvenzgeld	1033
6.2	Anspruchsberechtigte Personen	1033
6.2.1	Arbeitnehmer	1033
6.2.2	GmbH-Geschäftsführer	1033
6.2.3	Vorstand einer Aktiengesellschaft	1034
6.3	Inlandsbeschäftigung	1034
6.4	Insolvenzereignis	1034
6.4.1	Insolvenz des Arbeitgebers	1034
6.4.2	Insolvenzereignisse	1035
6.4.2.1	Eröffnung des Insolvenzverfahrens	1035
6.4.2.2	Abweisung des Eröffnungsantrages mangels Masse	1035
6.4.2.3	Vollständige Beendigung der Betriebstätigkeit ohne Insolvenzverfahren	1035
6.4.2.3.1	Einstellung der Betriebstätigkeit	1035
6.4.2.3.2	Kein Insolvenzantrag	1036
6.4.2.3.3	Offensichtliche Masselosigkeit	1036
6.4.3	Insolvenzgeldzeitraum	1036
6.4.4	Arbeitsentgelt	1037
6.4.5	Antragsfrist	1038
6.5	Anspruchsausschluss	1038
6.5.1	Arbeitsentgeltansprüche wegen oder nach Beendigung des Arbeitsverhältnisses	1038
6.5.2	Angefochtene und anfechtbar erworbene Arbeitsentgeltansprüche	1039
6.5.3	Leistungsverweigerungsrecht des Insolvenzverwalters	1039
6.6	Höhe des Insolvenzgeldes	1039
6.7	Vorschuss auf das Insolvenzgeld	1040
6.8	Vorfinanzierung des Insolvenzgeldes zur Aufrechterhaltung des Geschäftsbetriebes	1040
Kapitel 2	**Gesellschaftsrecht** *(Amberger)*	1041
1.	*Einleitung*	1041
2.	*Insolvenzfähigkeit*	1041
2.1	Allgemeines	1041
2.2	Juristische Personen	1042
2.2.1	Entstehen	1042
2.2.2	Sonderfälle	1043
2.2.2.1	Vorgründungsgesellschaft	1043

2.2.2.2	Vor-Gesellschaft	1043
2.2.2.3	GmbH & Co. KG	1044
2.2.2.4	AG	1044
2.2.2.5	KGaA	1045
2.2.2.6	OHG	1045
2.2.2.7	Partnerschaftsgesellschaft	1045
2.2.2.8	GbR	1046
2.2.2.9	Nicht rechtsfähiger Verein	1046
2.2.2.10	Ausländische Kapitalgesellschaften	1046
2.2.2.11	Konzern	1046
2.2.3	Ende der Insolvenzfähigkeit	1047
3.	*Insolvenzantragsrecht und Insolvenzantragspflicht*	1047
3.1	Antragsrecht	1047
3.2	Antragspflicht	1048
4.	*Einfluss des Insolvenzverfahrens auf die interne Organisation der Gesellschaft*	1049
4.1	Übergang des Verwaltungs- und Verfügungsrechts auf den Verwalter (§ 80 InsO)	1049
4.2	Konsequenzen der Insolvenzeröffnung für den Rechtsträger	1049
4.2.1	Auflösung der Gesellschaft	1049
4.2.2	Beendigung der Rechtsfähigkeit	1049
4.2.3	Sonderfall GmbH & Co. KG	1050
4.3	Einfluss auf die Gesellschafter und Organe	1050
4.4	Finanzverfassung	1051
4.5	Besonderheiten bei börsennotierter Aktiengesellschaft	1051
5.	*Gesellschaftsrechtsspezifische Ansprüche – Insolvenzmasse*	1052
5.1	Einleitung	1052
5.1.1	Allgemeines	1052
5.1.2	Gesellschaftsgründung	1053
5.2	Kapitalaufbringung bei Eintragung der GmbH (§§ 19 ff., 5 ff. GmbHG)	1053
5.2.1	Stammkapital	1054
5.2.1.1	GmbH (§ 5 GmbHG)	1054
5.2.1.2	Besonderheiten der Unternehmergesellschaft (§ 5a GmbHG)	1054
5.2.2	Mindesteinlage (§ 7 Abs. 2 GmbHG)	1055
5.2.2.1	Leistung der Einlage	1055
5.2.2.2	Versicherung des Geschäftsführers (§§ 8 Abs. 2, 7 Abs. 2 GmbHG)	1057
5.2.2.3	Voreinzahlung	1057
5.2.3	Sachgründung (§§ 7 Abs. 3, 5 Abs. 4 GmbHG)	1058
5.2.3.1	Sacheinlage	1058
5.2.3.2	Sachübernahme	1058
5.2.4	Sacheinlage, verdeckte	1059
5.2.4.1	Vorliegen einer verdeckten Sacheinlage	1059

5.2.4.2	Rechtsfolgen	1060
5.2.4.2.1	Rechtsfolgen vor Inkrafttreten des MoMiG bzw. für die Unternehmergesellschaft	1061
5.2.4.2.2	Rechtslage nach Inkrafttreten des MoMiG (§ 19 Abs. 4 GmbHG)	1062
5.2.4.2.3	Scheitern der Eintragung	1064
5.2.4.2.4	Haftung des Steuerberaters bei Fehlberatung	1064
5.2.5	Hin- und Herzahlen (§ 19 Abs. 5 GmbHG)	1064
5.2.5.1	Vorliegen eines Hin- und Herzahlens	1065
5.2.5.2	Gleichgestellte Dritte	1066
5.2.5.3	Rechtsfolge	1066
5.2.5.3.1	Sonderfall § 19 Abs. 5 GmbHG	1066
5.2.5.3.2	Regelfall ohne Eingreifen von § 19 Abs. 5 GmbHG/ Rechtslage vor Inkrafttreten des MoMiG	1067
5.2.6	Cash-Pool	1068
5.2.7	Kapitalerhöhung	1069
5.2.8	Vorratsgesellschaft/Mantelkauf	1071
5.2.9	Verjährung/Verzinsung des Anspruchs auf die Einlageleistung	1073
5.2.9.1	Verjährung	1073
5.2.9.2	Verzinsung (§ 20 GmbHG)	1073
5.2.10	Folgen der Nichteinzahlung/Kaduzierung (§§ 21 ff. GmbHG)	1073
5.2.10.1	Kaduzierung des Gesellschaftsanteils (§ 21 GmbHG)	1074
5.2.10.1.1	Säumnis des Gesellschafters (§ 21 Abs. 1 Satz 1 GmbHG)	1074
5.2.10.1.2	Androhung der Kaduzierung (§ 21 Abs. 1 Satz 1 GmbHG)	1074
5.2.10.1.3	§ 21 Abs. 1 Satz 2 GmbHG	1074
5.2.10.1.4	§ 21 Abs. 1 Satz 3 GmbHG	1074
5.2.10.1.5	Erklärung des Ausschlusses (§ 21 Abs. 2 GmbHG)	1074
5.2.10.1.6	Folgen der Kaduzierung	1075
5.2.10.2	Inanspruchnahme der Rechtsvorgänger (§ 22 GmbHG)	1075
5.2.10.3	Verwertung des Anteils (§ 23 GmbHG)	1075
5.2.10.4	Haftung des Ausgeschlossenen (§ 21 Abs. 3 GmbHG)	1076
5.2.10.5	Ausfallhaftung der Mitgesellschafter (§ 24 Satz 1 GmbHG)	1076
5.2.10.6	Keine Befreiung von den Rechtsfolgen der §§ 21 ff. GmbHG, § 25 GmbHG	1076
5.2.11	Weitere Ansprüche im Zusammenhang mit der Einlageforderung	1076
5.3	Kapitalerhaltung nach Eintragung der GmbH	1077
5.3.1	Auszahlungsverbot (§ 30 GmbHG)	1077
5.3.1.1	Unterbilanz	1077
5.3.1.2	Überschuldung	1078
5.3.1.3	Bedeutung der Gegenleistung	1078
5.3.1.4	Auszahlung	1079
5.3.1.5	Leistung an den Gesellschafter	1079

5.3.1.6	Ausnahme Rückzahlung von Gesellschafterdarlehen, § 30 Abs. 1 Satz 3 GmbHG n. F. – Änderungen durch das MoMiG	1079
5.3.1.7	Beweislast	1079
5.3.2	Rückerstattungsanspruch (§ 31 GmbHG)	1080
5.3.2.1	Auszahlungsverbot (§ 30 Abs. 1 GmbHG)	1080
5.3.2.2	Erstattungspflicht (§ 31 Abs. 1 GmbHG)	1080
5.3.2.3	Anspruch der Gesellschaft	1081
5.3.2.4	Gutgläubigkeit (§ 31 Abs. 2 GmbHG)	1081
5.3.2.5	Sonderfälle	1081
5.3.2.6	Verjährung – 10 Jahre ab Auszahlung (§ 31 Abs. 5 GmbHG)	1082
5.3.2.7	Sonstiges	1082
5.3.2.8	Haftung der Mitgesellschafter subsidiär (§ 31 Abs. 3 GmbHG)	1082
5.3.2.9	Ansprüche gegen den Geschäftsführer	1082
5.4	Eigenkapitalersatz (§§ 32a ff. GmbHG a. F.)	1083
5.4.1	Gesetz zur Modernisierung des GmbH-Rechts und zur Bekämpfung von Missbräuchen (MoMiG)	1083
5.4.2	Rechtslage vor Inkrafttreten des MoMiG	1084
5.4.2.1	Geltungsbereich	1085
5.4.2.2	Gesellschafterdarlehen	1086
5.4.2.2.1	Darlehen – Stehenlassen eines Darlehens	1086
5.4.2.2.2	Gesellschafter	1086
5.4.2.3	Krise	1087
5.4.2.3.1	Insolvenzrechtliche Krise	1087
5.4.2.3.2	Kreditunwürdigkeit	1087
5.4.2.4	Fortbestehen der Krise, ansonsten endet die Verstrickung	1088
5.4.2.5	Kleingesellschafterprivileg/Sanierungsprivileg	1088
5.4.2.6	Rechtsfolgen	1088
5.4.2.6.1	Anspruch analog §§ 30, 31 GmbHG	1088
5.4.2.6.2	Anspruch nach §§ 32a ff. GmbHG a.F. i.V.m. § 135 InsO a.F.	1089
5.4.2.6.3	Sonstige Folgen	1089
5.4.2.7	Vom Gesellschafter besicherte Darlehen eines Dritten (§§ 32a Abs.2, 32b GmbHG a. F.)	1090
5.4.2.7.1	Eigenkapitalersetzendes Darlehen	1090
5.4.2.7.2	Bestellung einer Sicherheit für ein Drittdarlehen	1090
5.4.2.7.3	Rechtsfolgen	1091
5.4.3	Rechtslage nach Inkrafttreten des MoMiG	1092
5.4.3.1	Kleingesellschafterprivileg	1092
5.4.3.2	Sanierungsgesellschafter	1093
5.4.3.3	Stehenlassen von Darlehen/Neugesellschafter/ausgeschiedener Gesellschafter	1093
5.4.3.4	Abtretung des Darlehens	1093
5.4.3.5	Eigenkapitalersetzende Nutzungsüberlassung quasi abgeschafft	1093

5.4.3.6	Rechtsfolgen	1094
5.4.3.7	Vom Gesellschafter besicherte Darlehen eines Dritten	1094
5.4.3.8	Eigenkapitalersatz von Geschäftsführergehältern	1095
5.5	Handelndenhaftung vor Eintragung im Handelsregister	1095
5.5.1	Einleitung	1095
5.5.2	Vorgründungsgesellschaft	1096
5.5.3	Vor-GmbH	1097
5.5.4	Haftung des Geschäftsführers gemäß § 11 Abs. 2 GmbHG bei Handeln für die spätere GmbH oder Vor-GmbH	1097
5.5.4.1	Handelnder	1097
5.5.4.2	Im Namen der Gesellschaft	1098
5.5.4.3	Geltendmachung in der Insolvenz	1098
5.5.4.4	Ende des Anspruchs	1098
5.5.4.5	Ersatzansprüche des organschaftlichen Vertreters	1098
5.5.5	Gründerhaftung – Ansprüche der Gesellschaft aus Innenhaftung	1099
5.5.5.1	Vorbelastungshaftung analog §§ 9, 19 GmbHG – Kapitalaufbringung	1099
5.5.5.1.1	Eintragung ins Handelsregister	1099
5.5.5.1.2	Anwendbarkeit von §§ 19 ff. GmbHG	1100
5.5.5.1.3	Haftungsumfang	1100
5.5.5.1.4	Beweislast	1101
5.5.5.1.5	Verjährung	1101
5.5.5.1.6	Geschäftsführerhaftung	1101
5.5.5.1.7	Vor-Aktiengesellschaft	1101
5.5.5.2	Verlustdeckungshaftung bei Nichteintragung der GmbH	1101
5.5.5.2.1	Vermögenslosigkeit der Vor-GmbH	1101
5.5.5.2.2	Fehlender Geschäftsführer/nur ein Gläubiger	1102
5.5.5.2.3	Einpersonen-Vor-GmbH	1102
5.5.5.3	Aufgabe der Gründungsabsicht	1102
5.5.5.4	Auswirkungen des MoMiG auf die Vor-GmbH	1103
5.5.6	Haftung der Gründungsgesellschafter gegenüber Gläubigern im Außenverhältnis	1103
5.5.7	Haftung des organschaftlichen Vertreters nach § 64 Satz 1 GmbHG	1103
5.6	Haftung bei Gründung einer Aktiengesellschaft (§ 46 AktG)	1104
5.6.1	Verantwortlichkeit für die Richtigkeit und Vollständigkeit der Angaben (§ 46 Abs. 1 Satz 1 AktG)	1104
5.6.2	Verantwortlichkeit für die Eignung der das Geld entgegen nehmenden Stelle (§ 46 Abs. 1 Satz 2, 1. HS AktG)	1104
5.6.3	Verantwortlichkeit für die freie Verfügbarkeit der Einlagen (§ 46 Abs. 1 Satz 2, 2. HS AktG)	1104
5.6.4	Haftung für die Einlagen, Sachübernahmen und Gründungsaufwand (§ 46 Abs. 2 AktG)	1104
5.6.5	Haftung für Mitgesellschafter (§ 46 Abs. 4 AktG)	1104

5.6.6	Haftungsausschluss (§ 46 Abs. 3 AktG)	1104
5.6.7	Haftung der tatsächlich an der Gesellschaft wirtschaftlich Beteiligten (§ 46 Abs. 5 AktG)	1105
5.6.8	Haftung Dritter (§ 47 AktG)	1105
5.6.9	Verjährung (§ 51 AktG)	1105
5.7	Existenzvernichtungshaftung nach Eintragung der GmbH (§ 826 BGB)	1105
5.7.1	Voraussetzungen	1106
5.7.1.1	Eingriff	1106
5.7.1.2	Existenzvernichtend	1106
5.7.1.3	Zumindest Eventualvorsatz	1106
5.7.1.4	Anspruchsgegner	1107
5.7.1.5	Mittelbare Gesellschafter	1107
5.7.1.6	Umfang des Anspruchs	1107
5.7.1.7	Verjährung	1107
5.7.1.8	Geltendmachung durch den Insolvenzverwalter	1107
5.7.2	Fälle	1107
5.7.3	Gleichzeitige Verletzung von § 266 Abs. 1 StGB (Untreue)	1108
5.8	Innenhaftung des Geschäftsführers	1108
5.8.1	Innenhaftung des Geschäftsführers (§ 43 GmbHG)	1108
5.8.1.1	Sorgfaltsmaßstab	1109
5.8.1.2	Weisungsgebundenheit (§ 37 Abs. 1 GmbHG)	1109
5.8.1.3	Weisungsunabhängige Haftung	1110
5.8.1.4	Entlastung/Vergleich	1110
5.8.1.5	Mehrere Geschäftsführer/Delegation	1110
5.8.1.6	Beweislast	1111
5.8.1.7	Verjährung	1111
5.8.2	Haftung des Geschäftsführers nach § 64 Satz 1 GmbHG/§ 130a Abs. 2 HGB	1112
5.8.2.1	Einleitung	1112
5.8.2.1.1	Anspruchsinhaber	1113
5.8.2.1.2	Anspruchsgegner	1113
5.8.2.2	Insolvenzreife	1114
5.8.2.3	Kenntnis von der Insolvenzreife	1114
5.8.2.4	Zahlungen	1114
5.8.2.4.1	Zahlung von einem Bankkonto	1116
5.8.2.4.2	Zahlung auf ein Bankkonto	1116
5.8.2.5	Sorgfaltspflichtverletzung	1117
5.8.2.6	Zahlungen an Gesellschafter nach § 64 Satz 3 GmbHG	1118
5.8.2.7	Verschulden	1119
5.8.2.8	Umfang des Ersatzanspruchs	1119
5.8.2.9	Verjährung	1120
5.8.3	Haftung des Vorstands einer AG wegen Sorgfaltspflichtverletzung (§ 93 AktG)	1120
5.8.4	Haftung des Vorstands einer AG wegen Zahlungen nach Insolvenzreife (§ 93 Abs. 2 Satz 1 AktG)	1120
5.8.5	Exkurs: Inanspruchnahme des Steuerberaters	1120

5.8.6	Haftung nach § 823 Abs. 2 BGB i.V.m. sonstigen Schutzgesetzen	1121
5.9	Außenhaftung des Geschäftsführers	1122
5.9.1	Haftung wegen Insolvenzverschleppung (§ 823 Abs. 2 BGB i.V.m. § 15a InsO)	1122
5.9.1.1	Antragsgegner	1122
5.9.1.2	Insolvenzreife	1122
5.9.1.3	Unterlassener Insolvenzantrag	1122
5.9.1.4	Verschulden	1123
5.9.1.5	Anspruchsinhaber	1123
5.9.1.6	Schaden	1123
5.9.1.6.1	Neugläubiger	1123
5.9.1.6.2	Altgläubiger	1124
5.9.2	Haftung nach § 823 Abs. 2 BGB i.V.m. § 14 Abs. 1 Nr. 1 sowie einem Schutzgesetz (StGB)	1124
5.9.3	Haftung nach § 826 BGB	1125
6.	*Folgen für die Gesellschaft nach Beendigung der Insolvenz*	1125
Kapitel 3	**Strafrecht und Strafverfahrensrecht** *(Martini)*	1126
1.	*Vorbemerkung*	1126
2.	*Strafrecht Allgemeiner Teil*	1127
2.1	Grundlagen der Strafbarkeit	1127
2.1.1	Handlung	1127
2.1.2	Gesetzlichkeitsprinzip	1128
2.1.3	Bestimmtheitsgrundsatz	1129
2.1.4	Rückwirkungs- und Analogieverbot	1129
2.1.5	Täterschaft und Teilnahme	1130
2.1.6	Vorsatz, Fahrlässigkeit und Schuld	1132
2.2	Rechtsfolgen der Tat	1132
2.2.1	Strafen	1132
2.2.2	Maßnahmen	1134
2.2.3	Nebenfolgen	1134
3.	*Grundfragen des Strafverfahrensrechts*	1134
3.1	Quellen des Strafverfahrensrechts	1134
3.2	Aufnahme strafrechtlicher Ermittlungen	1135
3.3	Abschluss strafrechtlicher Ermittlungen	1135
3.4	Ergebnis strafrechtlicher Ermittlungen	1135
3.5	Besondere Verfahrensarten	1136
3.5.1	Strafbefehlsverfahren (§§ 407 ff. StPO)	1136
3.5.2	Beschleunigtes Verfahren (§§ 417 ff. StPO)	1137
3.6	Rechtsbehelfe	1137
3.7	Gesetz zur Regelung der Verständigung im Strafverfahren	1138
4.	*Ausgewählte Straftatbestände*	1138
4.1	Insolvenzverschleppung (§ 15a Abs. 4, 5 InsO)	1138
4.1.1	Allgemeines	1138

4.1.2	Täterkreis	1138
4.1.3	Objektiver Tatbestand	1140
4.1.4	Subjektiver Tatbestand	1141
4.1.5	Rechtswidrigkeit und Schuld	1141
4.1.6	Täterschaft und Teilnahme	1142
4.2	Bankrott (§§ 283 StGB)	1142
4.2.1	Allgemeines	1142
4.2.2	Täterkreis	1142
4.2.3	Objektiver Tatbestand	1143
4.2.3.1	§ 283 Abs. 1 Nr. 1 StGB	1143
4.2.3.2	§ 283 Abs. 1 Nr. 2 StGB	1144
4.2.3.3	§ 283 Abs. 1 Nr. 3 StGB	1144
4.2.3.4	§ 283 Abs. 1 Nr. 4 StGB	1145
4.2.3.5	§ 283 Abs. 1 Nr. 5 StGB	1145
4.2.3.6	§ 283 Abs. 1 Nr. 6 StGB	1145
4.2.3.7	§ 283 Abs. 1 Nr. 7 StGB	1146
4.2.3.8	§ 283 Abs. 1 Nr. 8 StGB	1146
4.2.3.9	§ 283 Abs. 2 StGB	1146
4.2.4	Subjektiver Tatbestand	1147
4.2.5	Besonders schwerer Fall des Bankrotts	1147
4.3	Verletzung der Buchführungspflicht (§ 283b StGB)	1147
4.4	Gläubigerbegünstigung (§ 283c StGB)	1148
4.4.1	Allgemeines	1148
4.4.2	Täterkreis	1148
4.4.3	Objektiver Tatbestand	1148
4.4.4	Subjektiver Tatbestand	1149
4.4.5	Täterschaft und Teilnahme	1149
4.5	Schuldnerbegünstigung (§ 283d StGB)	1149
4.5.1	Allgemeines	1149
4.5.2	Täterkreis	1149
4.5.3	Objektiver Tatbestand	1149
4.5.4	Subjektiver Tatbestand	1150
4.5.5	Besonders schwerer Fall der Schuldnerbegünstigung	1150
4.6	Betrug (§ 263 StGB)	1150
4.6.1	Allgemeines	1150
4.6.2	Täterkreis	1151
4.6.3	Objektiver Tatbestand	1151
4.6.4	Subjektiver Tatbestand	1153
4.6.5	Besonders schwerer Fall des Betrugs	1153
4.7	Kreditbetrug (§ 265b StGB)	1154
4.7.1	Allgemeines	1154
4.7.2	Täterkreis	1154
4.7.3	Objektiver Tatbestand	1154
4.7.4	Subjektiver Tatbestand	1155
4.7.5	Täterschaft und Teilnahme	1155
4.8	Untreue (§ 266 StGB)	1155
4.8.1	Allgemeines	1155
4.8.2	Objektiver Tatbestand	1155
4.8.2.1	Missbrauchstatbestand	1156

4.8.2.2	Treuebruchtatbestand	1157
4.8.3	Subjektiver Tatbestand	1157
4.8.4	Täterschaft und Teilnahme	1157
4.8.5	Besonders schwerer Fall der Untreue	1158
4.9	Vorenthalten und Veruntreuen von Arbeitsentgelt (§ 266a StGB)	1158
4.9.1	Allgemeines	1158
4.9.2	Täterkreis	1158
4.9.3	Objektiver Tatbestand	1158
4.9.3.1	Vorenthalten von Arbeitnehmerbeiträgen (§ 266a Abs. 1 StGB)	1158
4.9.3.2	Vorenthalten von Arbeitgeberbeiträgen (§ 266a Abs. 2 StGB)	1159
4.9.3.3	Einbehalten sonstiger Lohnbestandteile (§ 266a Abs. 3 StGB)	1159
4.9.4	Subjektiver Tatbestand	1160
4.9.5	Täterschaft und Teilnahme	1160
4.9.6	Besonders schwerer Fall	1160
4.9.7	Strafausschließung	1160
4.10	Pfandkehr (§ 289 StGB)	1160
4.11	Verstrickungsbruch (§ 136 Abs. 1 StGB)	1161
4.12	Falsche Versicherung an Eides statt (§ 156 StGB)	1161
4.13	Steuerhinterziehung (§ 370 AO)	1162
4.13.1	Allgemeines	1162
4.13.2	Objektiver Tatbestand	1162
4.13.3	Subjektiver Tatbestand	1163
4.13.4	Besonders schwerer Fall	1163
4.14	Weitere Straftatbestände	1163
5.	*Strafrechtliche Risiken von Verfahrensbeteiligten*	1164
5.1	Allgemeines	1164
5.2	Insolvenzverwalter	1164
5.2.1	Allgemeine Schädigungsverbote	1164
5.2.2	Spezifische insolvenzrechtliche Pflichten	1165
5.2.3	Weitere strafrechtliche Risiken	1165
5.3	Kreditinstitute	1165
5.4	Sanierungs- und Steuerberater	1166
5.5	Firmenbestatter	1166

Teil 7
Die Rolle des Steuerberaters in der Krise des Mandanten
(Schmid) 1167

1.	*Vorbemerkung und Abgrenzung*	1169
2.	*Das Steuerberatungsmandat im Vorfeld der Krise*	1169
2.1	Pflichten des Steuerberaters vs. berufsrechtliche Grenzen	1169
2.1.1	Im Vollmandat	1169
2.1.2	Spezialmandat Sanierungsberatung	1174
2.2	Honorarvereinbarung und Honorarsicherung	1176

2.2.1	Honorarvereinbarung	1176
2.2.2	Honorarsicherung	1177
3.	*Das Steuerberatermandat nach eingetretener Insolvenz*	1180
3.1	Einführung	1180
3.2	Mandatsbeendigung	1180
3.3	Mandatserteilung durch den Insolvenzverwalter	1181
3.4	Auskunftsanspruch des Insolvenzverwalters	1182
3.5	Zurückbehaltungsrecht des Steuerberaters im eröffneten Insolvenzverfahren	1183
4.	*ESUG – Kurze Darstellung und Ausblick*	1186

Teil 8
Sonderaspekte 1189

Kapitel 1 Die Verwertung von Immobilien im Insolvenzverfahren (Kallies) 1191

1.	*Einleitung*	1191
2.	*Rechtsmacht zum Verkauf*	1195
2.1	Verkauf durch den Insolvenzverwalter	1195
2.2	Verkauf durch den vorläufigen Insolvenzverwalter (Sequester)	1196
2.3	Verkauf durch den Treuhänder (Verbraucherinsolvenzverfahren)	1197
2.4	Auswirkungen des § 160 InsO	1198
2.5	Zwangsverwaltungs- und Zwangsversteigerungsverfahren	1199
3.	*Angaben zum Kaufgegenstand und seiner Beschaffenheit*	1200
4.	*Kaufpreis und Umsatzsteuer*	1201
5.	*Kaufpreisfälligkeitsvoraussetzungen*	1202
5.1	Vertragswirksamkeit	1202
5.2	Eigentumsvormerkung und § 878 BGB	1203
5.3	Vorkaufsrechte	1204
5.4	Heimfall nach ErbbauRG	1205
5.5	Sicherung der Lastenfreiheit im Grundbuch	1206
5.6	Genehmigungen und Zustimmungserfordernisse	1206
6.	*Abstimmungen mit Grundpfandgläubigern beim Verkauf*	1207
6.1	Aus dem Kaufpreis ablösbare Belastungen	1207
6.2	Den Kaufpreis übersteigende Belastungen, Massebeteiligung, Haftungsfreistellung	1208
6.2.1	Massebeteiligung	1208
6.2.2	Haftungsfreistellung	1208
6.3	Anspruch auf Löschung nachrangiger Grundpfandrechte	1209
7.	*Haftung für Rechts- und Sachmängel*	1209
7.1	Abgrenzung zu Beschaffenheitsangaben	1209

7.2	Verbraucher oder Unternehmer im Sinne des Gesetzes	1210
7.3	Keine Privilegierung bei Haftungsausschlüssen	1210
7.4	Keine Zurechnung von Gemeinschuldnerwissen	1211
7.5	Haftung für öffentliche Lasten	1211
7.6	Haftung der Insolvenzmasse und des Verwalters	1212
8.	*Regelungen zur Übergabe des Kaufgegenstandes*	1213
8.1	Harmonisierung mit Aufhebung der Zwangsverwaltung	1213
8.2	Übergang von Miet- und Pachtverträgen	1214
8.3	Sonderkündigungsrechte	1214
8.4	Überleitung von Mietsicherheiten	1215
8.5	Wohngeldrückstände	1216
9.	*Vollmachten in Kaufverträgen*	1218
Kapitel 2	**Die internationale Zuständigkeit** *(Stark)*	1219
1.	*Einführung und Abgrenzung*	1219
2.	*Insolvenzverfahren mit Auslandsbezug zu einem Mitgliedstaat der Europäischen Union*	1221
2.1	Anwendungsbereiche	1221
2.1.1	Zeitlicher Anwendungsbereich	1221
2.1.2	Sachlicher Anwendungsbereich	1221
2.1.3	Persönlicher Anwendungsbereich	1222
2.1.4	Räumlicher Anwendungsbereich	1222
2.2	Internationale Zuständigkeit gemäß Art. 3 EuInsVO – Mittelpunkt der hauptsächlichen Interessen (COMI)	1223
2.2.1	Rechtsprechung nationaler Gerichte	1224
2.2.1.1	Mind-of-Management-Theorie	1224
2.2.1.2	Business-Activity-Theorie	1225
2.2.2	Rechtsprechung des EuGH	1225
2.2.3	Stellungnahme	1229
2.3	Ortsveränderung des COMI oder unzulässiges „forum shopping"	1231
2.4	Konzerninsolvenzrecht?	1235
2.5	Bindungswirkung, Art. 16 EuInsVO	1236
2.5.1	Grundsätze	1236
2.5.2	„Eröffnung eines Insolvenzverfahrens" im Sinne von Art. 16 EuInsVO	1236
2.5.3	Wirkung der Anerkennung	1238
2.6	Territorialinsolvenzverfahren (Sekundär- und Partikularinsolvenzverfahren)	1238
3.	*Insolvenzverfahren mit Auslandsbezug zu Drittstaaten außerhalb der Europäischen Union*	1240
3.1	Anwendungsbereich	1240
3.2	Mittelpunkt der selbstständigen Tätigkeit, § 3 Abs. 1 Satz 2 InsO	1240
3.3	Bindungswirkung, § 343 InsO	1241
3.4	Einstellung des Geschäftsbetriebes im Zuge der Antragstellung	1241

3.5	Konzerninsolvenzrecht?	1242
4.	UNCITRAL-Modal Law on Cross-Border Insolvency	1242

Teil 9
Der Fachberater für Sanierung und Insolvenzverwaltung (DStV e.V.) – berufs-, haftungs- und versicherungsrechtliche Aspekte
(Pestke) 1243

1.	Einführung	1245
2.	Besondere Ausgestaltung des Fachberaters	1247
3.	Einsatzgebiete des Fachberaters	1248
3.1	Jahresabschlusserstellung und laufende Beratung	1248
3.2	Risikomanagement-Beratung	1249
3.3	Krisenberatung	1249
3.4	Außergerichtliche Sanierungsberatung	1250
3.5	Insolvenzverwaltung mit dem Ziel der insolvenzrechtlichen Sanierung	1250
3.5.1	Insolvenzeröffnungsverfahren	1251
3.5.2	Insolvenzverfahren	1251
3.5.3	Aufgaben des Insolvenzverwalters allgemein	1252
3.6	Insolvenzverwaltung mit dem Ziel der Abwicklung	1253
3.7	Mitwirkung in Gläubigerausschüssen	1253
4.	Berufsrechtliche Aspekte der Tätigkeit des Fachberaters	1253
4.1	Zulässigkeit der vom Fachberater entfalteten Tätigkeiten nach dem StBerG	1253
4.1.1	Jahresabschlusserstellung und laufende Beratung	1253
4.1.2	Risikomanagement-Beratung	1253
4.1.3	Krisenberatung	1253
4.1.4	Außergerichtliche Sanierungsberatung	1254
4.1.5	Insolvenzverwaltung als insolvenzrechtliche Sanierung	1254
4.1.6	Insolvenzverwaltung als Abwicklung	1254
4.2	Vergütung der vom Fachberater entfalteten Tätigkeiten	1254
4.2.1	Jahresabschlusserstellung und laufende Beratung	1254
4.2.2	Risikomanagement-Beratung	1254
4.2.3	Krisenberatung	1254
4.2.4	Außergerichtliche Sanierungsberatung	1255
4.2.5	Insolvenzverwaltung als insolvenzrechtliche Sanierung	1255
4.2.6	Insolvenzverwaltung als Abwicklung	1256
4.3	Werbemöglichkeiten für die vom Fachberater entfalteten Tätigkeiten	1256
4.4	Zulässigkeit der vom Fachberater entfalteten Tätigkeiten nach dem RDG	1257
4.4.1	Jahresabschlusserstellung und laufende Beratung	1257
4.4.2	Risikomanagement-Beratung	1257
4.4.3	Krisenberatung	1257
4.4.4	Außergerichtliche Sanierungsberatung	1258
4.4.5	Insolvenzverwaltung als insolvenzrechtliche Sanierung	1259
4.4.6	Insolvenzverwaltung als Abwicklung	1259

4.5	Umschlagen einer Insolvenzverwaltertätigkeit in eine (unzulässige) gewerbliche Tätigkeit des Steuerberaters? .	1260
4.5.1	Gewerblichkeit durch die Gestaltung der Kanzlei	1260
4.5.2	Gewerblichkeit durch die Verwaltung gewerblicher Mandantenunternehmen	1260
4.6	Interessenkollisionen oder widerstreitende Interessen? .	1261
5.	*Haftungsrechtliche Aspekte der Tätigkeit des Fachberaters*..	1261
5.1	Jahresabschlusserstellung und laufende Beratung	1261
5.2	Risikomanagement-Beratung	1262
5.3	Krisenberatung.................................	1262
5.4	Außergerichtliche Sanierungsberatung	1263
5.5	Tätigkeit als Insolvenzverwalter	1263
5.5.1	Zivilrechtliche Haftung	1263
5.5.2	Haftung nach Steuerrecht	1263
5.6	Haftungsverschärfung bei Fachberatern für Sanierung und Insolvenzberatung in den vorgenannten Gebieten?	1264
6.	*Versicherungsrechtliche Aspekte der Tätigkeit des Fachberaters*..	1264
6.1	Versicherungsschutz für vereinbare Tätigkeiten allgemein......................................	1264
6.2	Jahresabschlusserstellung und laufende Beratung	1265
6.3	Risikomanagement-Beratung	1265
6.4	Krisenberatung.................................	1265
6.5	Außergerichtliche Sanierungsberatung	1265
6.6	Tätigkeit als Insolvenzverwalter	1266
7.	*Tätigkeit des Fachberaters in Gläubigerausschüssen* ...	1266
7.1	Allgemein......................................	1267
7.2	Vereinbare Tätigkeit	1268
7.3	Vergütungsmodalitäten..........................	1268
7.4	Frage der Rechtsberatung	1268
7.5	Haftungsrisiken	1269
7.6	Versicherungsschutz	1269
8.	*Tätigkeit des Fachberaters als Insolvenzverwalter*	1270
8.1	Rechtsgrundlagen der Bestellung zum Insolvenzverwalter..	1270
8.2	Aufnahme des Fachberaters in Vorauswahllisten	1271
8.3	Auswahl des Fachberaters als Insolvenzverwalter durch das Insolvenzgericht	1271
8.4	Auswahl des Fachberaters durch den vorläufigen Gläubigerausschuss	1272
8.5	Weitere Einsatzmöglichkeiten	1273
8.6	Spätere Reformen	1275
9.	*Zukunft des Fachberaters*	1275

Anhang: Fachberaterrichtlinien mit Anlage 2 1277
Literaturverzeichnis 1287
Stichwortverzeichnis..................................... 1301

Verzeichnis der Autoren

Prof. Rolf Rattunde
Rechtsanwalt und Notar, Fachanwalt für Insolvenz- und Steuerrecht in Berlin, Insolvenzverwalter, Honorarprofessor für Insolvenzrecht an der Hochschule für Technik und Wirtschaft in Berlin

Katrin Amberger
Rechtsanwältin und Zwangsverwalterin in Berlin

Stephanie Bschorr
Rechtsanwältin und Steuerberaterin in Berlin

Marc Fritze, M.A.
Rechtsanwalt und Fachanwalt für Insolvenzrecht in Berlin, Insolvenzverwalter, Lehrbeauftragter der Universität Heidelberg

Dr. Peter Gramsch
Rechtsanwalt und Fachanwalt für Insolvenzrecht in Kiel

Alexandra Hermanns
Rechtsanwältin und Fachanwältin für Insolvenzrecht in Berlin; Insolvenzverwalterin

Jan Kallies
Rechtsanwalt und Notar in Berlin

Martin Lambrecht
Dipl.-Kaufmann, Dipl.-Volkswirt, Rechtsanwalt in Düsseldorf, Insolvenzverwalter, Lehrbeauftragter für Insolvenzrecht der Hagen Law School

Torsten Martini
Rechtsanwalt und Fachanwalt für Insolvenzrecht in Berlin, Insolvenzverwalter, Lehrbeauftragter der Hochschule für Wirtschaft und Recht Berlin, Lehrbeauftragter für Insolvenzrecht der Hagen Law School

Verzeichnis der Autoren

Prof. Dr. Axel Pestke
Rechtsanwalt und Fachanwalt für Steuerrecht, Hauptgeschäftsführer des Deutschen Steuerberaterverbandes e.V., Berlin

Prof. Dr. Frank Reinhardt[*]
Steuerberater und vereidigter Buchprüfer in Isernhagen

Valentin Schmid
Wirtschaftsprüfer und Steuerberater in Berlin

Prof. Dr. Stefan Smid
Universitätsprofessor in Kiel

Jesko Stark
Rechtsanwalt in Berlin

Dirk Streuber
Rechtsanwalt in Halle/Saale

Dr. Silke Wehdeking
Insolvenzverwalterin in Kiel

Thomas Witt
Rechtsanwalt in Berlin

---

[*] Der Autor ist Fachberater für Sanierung und Insolvenzverwaltung (DStV e.V.).

Abkürzungsverzeichnis

a. A.	anderer Ansicht
a. a. O.	am angegebenen Ort
a. E.	am Ende
a. F.	alte Fassung
a. M.	anderer Meinung
Abb.	Abbildung
abgedr.	abgedruckt
Abs.	Absatz
Abschn.	Abschnitt
AcP	Archiv für die civilistische Praxis
AEUV	Vertrag über die Arbeitsweise der Europäischen Union
AfA	Absetzung für Abnutzung
AG	Amtsgericht
AG	Aktiengesellschaft
AGB	Allgemeine Geschäftsbedingungen
AktG	Aktiengesetz
Alt.	Alternative
amtl. Begr.	amtliche Begründung
ÄndG	Änderungsgesetz
AnfG	Gesetz über die Anfechtung von Rechtshandlungen eines Schuldners außerhalb des Insolvenzverfahrens
Anm.	Anmerkung
AnwBl.	Anwaltsblatt
AO	Abgabenordnung
ArbG	Arbeitsgericht
ArbnErfG	Arbeitnehmererfindungsgesetz
ARGE	Arbeitsgemeinschaft
Art.	Artikel
AStG	Außensteuergesetz
AuA	Arbeit und Arbeitsrecht
AÜG	Arbeitnehmerüberlassungsgesetz
AV	Anlagevermögen
AVB	Allgemeine Versicherungsbedingungen

Abkürzungsverzeichnis

Az.	Aktenzeichen
B.	Beschluss
BaFin	Bundesaufsicht für Finanzdienstleistungsaufsicht
BAföG	Bundesausbildungsförderungsgesetz
BAG	Bundesarbeitsgericht
BAGE	Entscheidungen des Bundesarbeitsgerichts
BAKinso	Bundesarbeitskreis Insolvenzgerichte
BauGB	Baugesetzbuch
BayObLG	Bayerisches Oberstes Landesgericht
BayVGH	Bayerischer Verwaltungsgerichtshof
BB	Betriebsberater
BBB	BeraterBrief Betriebswirtschaft
BBK	Zeitschrift zu Buchführung, Bilanzierung und Kostenrechung
BBKM	BeraterBrief Kanzleimanagement
BBodSchG	Bundes-Bodenschutzgesetz
BCG	Boston Consulting Group
Bd.	Band
BeckRS	BeckRechtsprechung
BEEG	Gesetz zum Elterngeld und zur Elternzeit
BerHG	Beratungshilfegesetz
BetrAVG	Gesetz zur Verbesserung der betrieblichen Altersvorsorge
BetrVG	Betriebsverfassungsgesetz
BFH	Bundesfinanzhof
BFH/NV	Sammlung der Entscheidung des BFH/ nicht veröffentlich
BGB	Bundesgesetzbuch
BGBl.	Bundesgesetzblatt
BGH	Bundesgerichtshof
BGHSt	Entscheidungen des Bundesgerichtshofs in Strafsachen
BGHZ	Entscheidungen des Bundesgerichtshofs in Zivilsachen
BMF	Bundesministerium der Finanzen
BNotO	Bundesnotarordnung
BOStB	Berufsordnung der Bundessteuerberaterkammer
BQG	Beschäftigungs- und Qualifizierungsgesellschaft
BRAK-Mitt.	Mitteilungen der Bundesrechtsanwaltskammer
BRAO	Bundesrechtsanwaltsordnung
BR-Drucks.	Bundesratsdrucksache
BSG	Bundessozialgericht
BStBl	Bundessteuerblatt
BStBK	Bundessteuerberaterkammer
BT	Bundestag
BT-Drucks.	Bundestagsdrucksache
BtMG	Betäubungsmittelgesetz
BTO	Bundestarifordnung
Buchst.	Buchstabe
BUrlG	Bundesurlaubsgesetz

Abkürzungsverzeichnis

BVerwG	Bundesverwaltungsgesetz
BVerfG	Bundesverfassungsgericht
BVerfGE	Entscheidungen des Bundesverfassungsgerichts
BVerwGE	Entscheidungen des Bundesverwaltungsgerichts
BvS	Bundesanstalt für vereinigungsbedingte Sonderaufgaben
BZRegG	Bundeszentralregistergesetz
bzw.	beziehungsweise
COMI	center of main interest
DATEV eG	IT-Dienstleister für Steuerberater, Wirtschaftsprüfer und Rechtsanwälte
DB	Der Betrieb
dbr	der betriebsrat
DBW	Die Betriebswirtschaft
Dbzgl.	diesbezüglich
DepotG	Depotgesetz
ders.	derselbe
d. h.	das heißt
DiskE	Diskussionsentwurf
DNotZ	Deutsche Notar-Zeitschrift
dppm	defective parts per million
DRiG	Deutsches Richtergesetz
DRiZ	Deutsche Richterzeitung
DStJG	Deutsche Steuerjuristische Gesellschaft
DStR	Deutsches Steuerrecht
DStRE	Deutsches Steuerrecht - Entscheidungsdienst
DStV e.V.	Deutscher Steuerberaterverband e.V.
DStZ	Deutsche Steuer-Zeitung
DSWR	Datenverarbeitung, Steuern, Wirtschaft, Recht
DtZ	Deutsch-Deutsche Rechtszeitschrift
DZWiR	Deutsche Zeitschrift für Wirtschafts- und Insolvenzrecht
e.V.	eingetragener Verein
EBIT	earnings before interest and taxes
EDV	Elektronische Datenverarbeitung
EFG	Entscheidungen der Finanzgerichte
EG	Europäische Gemeinschaft
EGBGB	Einführungsgesetz zum Bürgerlichen Gesetzbuch
EGGmbHG	Einführungsgesetz zum Gesetz betreffend die Gesellschaften mit beschränkter Haftung
EGGVG	Einführungsgesetz zum Gerichtsverfassungsgesetz
EGInsO	Einführungsgesetz zur Insolvenzordnung
EGStGB	Einführungsgesetz zum Steuergesetzbuch
EGStPO	Einführungsgesetz zur Strafprozessordnung
Einf.	Einführung
EMRK	Europäische Menschenrechtskonvention
ErbbauRG	Erbbaurechtsgesetz

Abkürzungsverzeichnis

ErbbauVO	Erbauverordnung
ErbStG	Erbschaftsteuer- und Schenkungsteuergesetz
ErbStR	Erbschaftsteuerrecht
EStDV	Einkommensteuer-Durchführungsverordnung
EStG	Einkommensteuergesetz
EStR	Einkommensteuer-Richtlinien
ESUG	Gesetz zur weiteren Erleichterung der Sanierung von Unternehmen
etc.	et cetera
EU	Europäische Union
EUGH	Europäischer Gerichtshof
EuInsVO	Europäische Insolvenzverordnung
E. v.	Erlass vom
evtl.	eventuell
EWiR	Entscheidungen zum Wirtschaftsrecht
EWIV	Europäische Wirtschaftliche Interessenvereinigung
EWR	Europäischer Wirtschaftsraum
f.	folgende
FA	Fachanwalt
FamRZ	Zeitschrift für das gesamte Familienrecht
FAZ	Frankfurter Allgemeine Zeitung
FD-InsR	Fachdienst Insolvenzrecht
ff.	fortfolgende
FG	Finanzgericht
FGG	Finanzgerichtsgesetz
FGO	Finanzgerichtsordnung
Fn.	Fußnote
FN-IDW	IDW Fachnachrichten
FR	Finanz-Rundschau, Ertragssteuerrecht
GAVI	Gesetz zur Verbesserung und Vereinfachung der Aufsicht im Insolvenzverfahren
GBO	Grundbuchordnung
GbR	Gesellschaft bürgerlichen Rechts
GenG	Genossenschaftsgesetz
GewStDV	Gewerbesteuer-Durchführungsverordnung
GewStG	Gewerbesteuergesetz
GewStRL	Gewerbesteuer-Richtlinien
GG	Grundgesetz
ggf.	gegebenenfalls
GmbH	Gesellschaft mit beschränkter Haftung
GmbH & Co. KG	Gesellschaft mit beschränkter Haftung & Compagnie Kommanditgesellschaft
GmbHG	Gesetz betreffend die Gesellschaften mit beschränkter Haftung
GmbHR	Die GmbH-Rundschau
grds.	grundsätzlich
GrEStG	Grunderwerbsteuergesetz

GrStG	Grundsteuergesetz
GRuR	Gewerblicher Rechtsschutz und Urheberrecht
GStB	Gestaltende Steuerberatung
GuT	Fachzeitschrift für „Gewerbemiete und Teileigentum"
GuV	Gewinn- und Verlustrechnung
GVG	Gerichtsverfassungsgesetz
GVO	Grundstücksverkehrsordnung
HB	Handelsblatt
Hess.	Hessen
h. L.	herrschende Lehre
h. M.	herrschende Meinung
HGB	Handelsgesetzbuch
HBeglG	Haushaltsbegleitgesetz
Hrsg.	Herausgeber
HS	Halbsatz
i. A.	im Auftrag
IBR	Immobilien- und Baurecht
i. d. F.	in der Fassung
i. d. R.	in der Regel
i. E.	im Einzelnen
i. H. v.	in Höhe von
i. V. m.	in Verbindung mit
IDW	Institut der Wirtschaftsprüfer
IDW PS	IDW Prüfungsstandards
IDW RH HFA	IDW Rechnungslegungshinweise
IDW RS HFA	IDW Stellungnahmen zur Rechnungslegung
IDW S	IDW Standards
Insbüro	Zeitschrift für das Insolvenzbüro
InsVZ	Zeitschrift für Insolvenzverwaltung und Sanierungsberatung
InsO	Insolvenzordnung
InsO-E	Entwurf der Insolvenzordnung
InsVV	Insolvenzrechtliche Vergütungsverordnung
InVo	Insolvenz und Vollstreckung
InvZulG	Investitionszulagengesetz
IPO	Initial Public Offering
IStR	Internationales Steuerrecht
i. S. v.	im Sinne von
JGG	Jugendgerichtsgesetz
JR	Juristische Rundschau
JURA	Juristische Ausbildung
JurBüro	Das Juristische Büro
jurisPR-InsR	jurispraxisreport-Insolvenzrecht
JuS	Juristische Schulung
JZ	Juristenzeitung
Kap.	Kapitel

Abkürzungsverzeichnis

Kap-Gesellschaften	Kapitalgesellschaften
KG	Kommanditgesellschaft
KGaA	Kommanditgesellschaft auf Aktien
KO	Konkursordnung
KonTraG	Gesetz zur Kontrolle und Transparenz im Unternehmensbereich
KÖSDl	Kölner Steuerdialog
krit.	kritisch
KrW-/AbfG	Kreislaufwirtschafts- und Abfallgesetz
KSchG	Kündigungsschutzgesetz
KSI	Krisen-, Sanierungs- und Insolvenzberatung
KStG	Körperschaftsteuergesetz
KStR	Körperschaftsteuer-Richtlinien
KTS	Zeitschrift für Insolvenzrecht
KWG	Gesetz über das Kreditwesen
LAG	Landesarbeitsgericht
LG	Landgericht
lit.	litera
LPartG	Gesetz über die eingetragene Lebenspartnerschaft
LSG	Landessozialgericht
LSK	Leitsatzkartei des deutschen Rechts
lt.	laut
Ltd.	Limited
LuftFzgG	Gesetz über Rechte an Luftfahrzeugen
m. a. W.	mit anderen Worten
(m.) Anm.	(mit) Anmerkung(en)
MDR	Monatszeitschrift des Deutschen Rechts
m. E.	meines Erachtens
m. w. N.	mit weiteren Nachweisen
MaRisk	Mindestanforderungen an das Risikomanagement
MarkenG	Markengesetz
MDE	Minderung der Erwerbsfähigkeit
MIICA	Model International Insolvency Cooperation Act
Mio.	Million
MitbestG	Mitbestimmungsgesetz
MittBayNot	Mitteilungen des Bayrischen Notarvereins
MoMiG	Gesetz zur Modernisierung des GmbH-Rechts und zur Bekämpfung von Missbräuchen
MuSchG	Mutterschutzgesetz
n. F.	neue Fassung
NJOZ	Neue Juristische Online-Zeitschrift
NJW	Neue Juristische Wochenschrift
NJW-RR	Neue Juristische Wochenschrift – Rechtsprechungsreport
Nr.	Nummer
NRW	Nordrhein-Westfalen
NStZ	Neue Zeitschrift für Strafrecht

NV	Nicht Veröffentlicht
n. v.	nicht veröffentlicht
NVwZ	Neue Zeitschrift für Verwaltungsrecht
NVwZ-RR	Neue Zeitschrift für Verwaltungsrecht – Rechtsprechungsübersicht
NWB	Neue Wirtschafts-Briefe
NZA	Neue Zeitschrift für Arbeitsrecht
NZA-RR	Rechtsprechungsreport Arbeitsrecht
NZBau	Neue Zeitschrift für Baurecht und Vergaberecht
NZG	Neue Zeitschrift für Gesellschaftsrecht
NZI	Neue Zeitschrift für das Recht der Insolvenz und Sanierung
NZM	Neue Zeitschrift für Miet- und Wohnungsrecht
o. ä.	oder ähnliches
o. g.	oben genannt
OFD	Oberfinanzdirektion
OHG	offene Handelsgesellschaft
OLG	Oberlandesgericht
OWiG	Gesetz über Ordnungswidrigkeiten
PAO	Patentanwaltsordnung
PartGG	Partnerschaftsgesellschaftsgesetz
PM	Pressemitteilung
PPS	Produktionsplanung und -steuerung
PSVaG	Pensions-Sicherungs-Verein Versicherungsverein auf Gegenseitigkeit
RBerG	Rechtsberatungsgesetz
rd.	rund
RDG	Gesetz über außergerichtliche Rechtsdienstleistungen
RegE	Regierungsentwurf
RFH	Reichsfinanzhof
RG	Reichsgericht
RGSt	Entscheidungen des Reichsgerichts in Strafsachen
RGZ	Entscheidungen des Reichsgerichts in Zivilsachen
rkr.	rechtskräftig
RL	Richtlinie
RM	Risikomanagement
Rn.	Randnummer
RNotZ	Rheinische Notar-Zeitschrift
RPfleger	Der Deutsche Rechtspfleger
RPflG	Rechtspflegergesetz
Rspr.	Rechtsprechung
RStBl.	Reichssteuerblatt
Rz	Randzeichen
s.	siehe
S.	Seite
s. o.	siehe oben

Abkürzungsverzeichnis

s. u.	siehe unten
SchRG	Gesetz über Rechte an eingetragenen Schiffen und Schiffsbauwerken
SchVG	Schuldverschreibungsgesetz
SEPA	Single Euro Payments Area
SGB	Sozialgesetzbuch
sog.	sogenannte
SOKA	Sozialkasse
SpuRt	Zeitschrift für Sport und Recht
st.	ständige
StB	Der Steuerberater
StBerG	Steuerberatungsgesetz
Stbg	Die Steuerberatung
StBGebV	Steuerberatergebührenverordnung
StGB	Strafgesetzbuch
StPO	Strafprozessordnung
str.	strittig
StuB	Steuern und Bilanzen
StuW	Steuer und Wirtschaft
StV	Strafverteidiger
Tz.	Textziffer
u. a.	unter anderem
u. ä.	und ähnliche
UA	Unterabschnitt
u. U.	unter Umständen
UmwG	Umweltgesetz
UNCITRAL	United Nations Commission on International Trade Law
UR	Urkunde
UR	Umsatzsteuer-Rundschau
URG	Unternehmensreorganisationsgesetz
UrhG	Urhebergesetz
Urt.	Urteil
USt	Umsatzsteuer
UStB	Der Umsatzsteuer-Berater
UStG	Umsatzsteuergesetz
usw.	und so weiter
UV	Umlaufvermögen
v.	von/vom
VAG	Versicherungsaufsichtsgesetz
var.	Variable
Var.	Variante
Verf.	Verfasser/Verfahren
VersR	Versicherungsrecht
vGA	verdeckte Gewinnausschüttung
vgl.	vergleiche
VOB/B	Vergabe- und Vertragsordnung für Bauleistungen

vs.	versus
VVG	Versicherungsvertragsgesetz
VwGO	Verwaltungsgerichtsordnung
VZ	Verzeichnis
WEG	Wohnungseigentumsrecht
WiB	Wirtschaftliche Beratung
WiSt	Wirtschaftswissenschaftliches Studium
Wistra	Zeitschrift für Wirtschafts- und Steuerstrafrecht
WiStrG	Wirtschaftsstrafgesetz
WM	Zeitschrift für Wirtschafts- und Bankrecht
WPg	Die Wirtschaftsprüfung
WpHG	Wertpapierhandelsgesetz
WPK	Wirtschaftsprüferkammer
WPO	Wirtschaftsprüferordnung
WuB	Kommentierende Entscheidungssammlung zum Wirtschafts- und Bankrecht
z. B.	zum Beispiel
ZfbT	Zeitschrift für betriebswirtschaftliche Forschung
ZfiR	Zeitschrift für Immobilienrecht
ZGR	Zeitschrift für Unternehmens- und Gesellschaftsrecht
ZHR	Zeitschrift für das gesamte Handels- und Wirtschaftsrecht
ZInsO	Zeitschrift für das gesamte Insolvenzrecht
ZIP	Zeitschrift für Wirtschaftsrecht
zit.	zitiert
z. T.	zum Teil
ZPO	Zivilprozessordnung
zutr.	zutreffend
ZVG	Gesetz über die Zwangsversteigerung und die Zwangsverwaltung
ZVI	Zeitschrift für Verbraucher- und Privat-Insolvenzrecht
ZWE	Zeitschrift für Wohnungseigentumsrecht
zzgl.	zuzüglich
ZZP	Zeitschrift für Zivilprozess

Abbildungsverzeichnis

Abb. 1: Unternehmensinsolvenzen in Deutschland zwischen 2002 und 2011 16
Abb. 2: Unternehmensinsolvenzen in Deutschland im Jahr 2011 gruppiert nach Umsatzgrößen 17
Abb. 3: Unternehmensinsolvenzen in Deutschland im Jahr 2011 gruppiert nach Rechtsformen 18
Abb. 4: Unternehmenskrisen in Abhängigkeit von Unternehmenswachstum und Alter der Organisationsstruktur 19
Abb. 5: Krisenverlauf aus finanz- und erfolgswirtschaftlicher Perspektive 26
Abb. 6: Krisenverlauf und Krisenstadien 29
Abb. 7: Zusammenhang zwischen Krisenverlauf und Handlungsspielraum 32
Abb. 8: Übersicht endogener Krisenursachen 33
Abb. 9: „Krisenspinne" nach Hauschildt 36
Abb. 10: Früherkennungssysteme 38
Abb. 11: Systematik von Kennzahlen zur Jahresabschlussanalyse ... 40
Abb. 12: Exemplarische Auswahl von Krisensymptomen 43
Abb. 13: Exemplarische Checkliste zur Krisenbeurteilung 44
Abb. 14: Anknüpfungspunkte für den Steuerberater in der Krisenfrüherkennung 47
Abb. 15: Typische Inhalte von Financial Covenants 50
Abb. 16: Kennzahlen zur Vermögens- und Kapitalstruktur 61
Abb. 17: Kennzahlen zur Liquiditätsstruktur 62
Abb. 18: Erfolgswirtschaftliche Analyse 63
Abb. 19: SWOT-Analyse 66
Abb. 20: BCG-Portfolio-Analyse 67
Abb. 21: Szenariotrichter 69
Abb. 22: Berechnung des Cashflows als rückblickende Analyse 72
Abb. 23: Break-Even-Point 85
Abb. 24: Mehrstufige Deckungsbeitragsrechnung (Beispiel) 106
Abb. 25: Prüfungsschema Zahlungsunfähigkeit 147

Abbildungsverzeichnis

Abb. 26: Überschuldung – 18.10.2008 – 31.12.2013 – „modifizierte" oder „neue" zweistufige Prüfung 163
Abb. 27: Überschuldung – 01.01.1999 – 17.10.2008 – zweistufige (alternative) Prüfung 164
Abb. 28: Ausstehende Einlagen im Überschuldungsstatus 171
Abb. 29: Immaterielle Vermögensgegenstände im Überschuldungsstatus.. 172
Abb. 30: Firmenwert im Überschuldungsstatus................... 173
Abb. 31: Handelsrechtliche Bilanzierungshilfen im Überschuldungsstatus.. 174
Abb. 32: Sachanlagen im Überschuldungsstatus 174
Abb. 33: Finanzanlagen im Überschuldungsstatus................ 175
Abb. 34: Eigenanteile im Überschuldungsstatus................... 175
Abb. 35: RHB-Stoffe im Überschuldungsstatus 176
Abb. 36: Unfertige Erzeugnisse im Überschuldungsstatus 176
Abb. 37: Fertige Erzeugnisse im Überschuldungsstatus 177
Abb. 38: Forderungen im Überschuldungsstatus 177
Abb. 39: Rechnungsabgrenzungsposten im Überschuldungsstatus .. 178
Abb. 40: Sonderposten mit Rücklagenanteil im Überschuldungsstatus.. 179
Abb. 41: Sonderposten für Zuschüsse/Zulagen im Überschuldungsstatus.. 180
Abb. 42: Laufende Pensionen im Überschuldungsstatus 181
Abb. 43: Unverfallbare Anwartschaften im Überschuldungsstatus... 181
Abb. 44: Verfallbare Anwartschaften im Überschuldungsstatus 181
Abb. 45: Interessenausgleich/Sozialplan im Überschuldungsstatus .. 183
Abb. 46: Rückstellungen für ungewisse Verbindlichkeiten im Überschuldungsstatus.............................. 184
Abb. 47: Abwicklungskosten im Überschuldungsstatus............. 184
Abb. 48: Gesellschafterdarlehen im Überschuldungsstatus 185
Abb. 49: Einlage des stillen Gesellschafters im Überschuldungsstatus.. 186
Abb. 50: Zeitliche Rückwirkung der Anfechtungstatbestände der InsO 436
Abb. 51: Schematischer Überblick über die Anfechtungstatbestände der InsO 437
Abb. 52: Normstruktur § 130 InsO 454
Abb. 53: Normstruktur § 131 InsO 461
Abb. 54: Normstruktur § 132 InsO 471
Abb. 55: Normstruktur § 133 InsO 475
Abb. 56: Normstruktur § 134 InsO 484
Abb. 57: Duales Haftungssystem des Eigenkapitalersatzes.......... 494
Abb. 58: Normstruktur § 135 InsO a. F. 495
Abb. 59: Normstruktur § 135 InsO n. F. 506
Abb. 60: Zielkonflikte des Insolvenzverfahrens 535
Abb. 61: Rangfolge Massekosten – Insolvenzforderungen........... 546
Abb. 62: (stark vereinfacht): Die Aufrechnung in der Insolvenz 563
Abb. 63: Forderungsgeltendmachung vor und in der Insolvenz 563

Abb. 64: Objektliste (Auszug) des Industriesachverständigen GoIndustry Deutschland GmbH	572
Abb. 65: Zusammenfassung der Liquidations- und Fortführungswerte	573
Abb. 66: Rechnungslegungspflichten	719
Abb. 67: Übersicht zum Verfahrensablauf	793
Abb. 68: Abgrenzung Insolvenzforderung/Masseverbindlichkeit	815
Abb. 69: Folgen für die Organschaft im Falle der Insolvenz	821
Abb. 70: Prüfungsschema	828
Abb. 71: Umsatzsteuer im Falle von § 103 InsO	831
Abb. 72: Verzicht auf Pensionsansprüche	878
Abb. 73: Schulderlass beim 4 III-Rechner	904
Abb. 74: Insolvenzrechtliche Einteilung von Einkommensteuerschulden	923
Abb. 75: Punkteschema	971
Abb. 76: Verlängerte Kündigungsfristen	984
Abb. 77: Massenentlassungsanzeigepflicht	985
Abb. 78: Betriebseinschränkung	994
Abb. 79: Mindestumfang Personalabbau für erzwingbaren Sozialplan	997
Abb. 80: Abgrenzung Vorgründungsgesellschaft, Vor-Gesellschaft, Gesellschaft	1042
Abb. 81: Unterschiede GmbH – Unternehmergesellschaft	1055
Abb. 82: Verdeckte Sacheinlage	1064
Abb. 83: Hin- und Herzahlen	1068
Abb. 84: Cash-Pool	1069
Abb. 85: Abschaffung des Eigenkapitalersatzes	1092
Abb. 86: Gesellschafter besicherte Darlehen eines Dritten	1095
Abb. 87: Haftung bei Vorgründungsgesellschaft, Vor-Gesellschaft und Gesellschaft	1096
Abb. 88: Haftung nach § 64 Satz 1 GmbHG	1113
Abb. 89: Sorgfaltspflichtverletzung i.S.v. § 64 Satz 2 GmbHG	1118
Abb. 90: Sonstige Ansprüche	1122
Abb. 91: Systematik des Betrugstatbestandes	1151
Abb. 92: Zurückbehaltungsrecht des Steuerberaters	1186
Abb. 93: Insolvenz mit Auslandsberührung	1221
Abb. 94: Internationale Zuständigkeit gemäß Art. 3 EuInsVO	1231
Abb. 95: Territorialinsolvenzverfahren	1239
Abb. 96: Internationale Zuständigkeit gemäß § 335 InsO	1241

Einleitung
Das Fachberaterkonzept des DStV

1. Motive und Hintergrund

Die Bedeutung der Spezialisierung im steuerberatenden Beruf nimmt zu. Betriebswirtschaftliche Beratungsaufgaben drängen nach vorn.[1] Diese Erkenntnis hat den Deutschen Steuerberaterverband (DStV) veranlasst, ein Fachberaterkonzept für betriebswirtschaftliche Tätigkeitsfelder des Steuerberaters zu entwickeln (vgl. § 57 Abs. 3 StBerG). Der „Fachberater für Sanierung und Insolvenzverwaltung (DStV e.V.)" ist Teil dieses umfassenden Konzepts. Betreut ein Steuerberater ein Unternehmen, das sich in wirtschaftlicher Schieflage befindet, ist Wissen über die dann notwendigen Schritte und Handlungsmöglichkeiten besonders wichtig. Steuerberater, die die Zusatzqualifikation „Fachberater für Sanierung und Insolvenzverwaltung (DStV e.V.)" erworben haben, verfügen über dieses Wissen in besonderem Maße. Letzteres soll im Folgenden vor dem Hintergrund des DStV-Fachberaterkonzepts näher dargelegt werden.

Im Jahre 2006 hat der Vorstand des DStV sog. Fachberaterrichtlinien für vereinbare Tätigkeiten des Steuerberaters beschlossen (aktuelle Fassung unter www.dstv.de, Rubrik „Fachberater").

Dabei ging er aus von

- der zunehmenden Komplexität wirtschaftlicher Vorgänge,
- der damit einhergehenden gestiegenen Nachfrage nach spezialisierter Beratung,
- der damit verbundenen Möglichkeit zur Spezialisierung,
- den positiven Erfahrungen der Rechtsanwälte und der ratsuchenden Bevölkerung mit Fachanwaltschaften neben Tätigkeitsschwerpunkten,
- der übereinstimmenden Auffassung von der zunehmenden Bedeutung bestimmter Sachgebiete neben den Vorbehaltsaufgaben des Steuerberaterberufs,
- der Rechtsprechung des Bundesverfassungsgerichts zur Berufsfreiheit und
- der traditionell liberalen Verbandsauffassung zur Werbung.

---

[1] Der letzte Praxenvergleich des DStV belegt, dass die Umsätze im Bereich der betriebswirtschaftlichen Beratung um 8 % gestiegen sind, während der vorletzte Praxenvergleich nur eine Steigerung von 3 % auswies (vgl. PM 24/10 v. 11.10.2010).

Einleitung: Das Fachberaterkonzept des DStV

Er war sich bewusst, dass
- Steuerberater heute einem verstärkten Wettbewerb von außen ausgesetzt sind,
- die Konkurrenten verstärkt Fortbildung betreiben und Spezialisierungshinweise benutzen und
- deshalb auch Steuerberater über solche Qualifikationen und Darstellungsmöglichkeiten verfügen sollten.

Er handelte in der Absicht,
- eine hohe Qualität und eine bundeseinheitliche Wiedererkennbarkeit für Spezialisierungshinweise zu gewährleisten,
- dem Beratung suchenden Publikum guten Rat und Orientierung zu geben,
- die den Kammern eröffneten Regelungsmöglichkeiten zu Vorbehaltsaufgaben (§ 86 Abs. 4 Nr. 11 StBerG) um ein vergleichbares Angebot im Bereich der vereinbaren Tätigkeiten zu ergänzen und
- die von Steuerberatern betreuten Tätigkeitsfelder auszuweiten.

Mit seinen Beschlüssen hat der DStV-Vorstand eine positive Entwicklung angestoßen.

Mittlerweile gibt es Regelungen über acht verschiedene Fachberaterbezeichnungen des DStV und mehr als 1.000 Fachberater.[2]

Außer für das in diesem Handbuch behandelte Fachgebiet Sanierung und Insolvenzverwaltung gibt es Fachberater (DStV e.V.) auch für:
- Unternehmensnachfolge,
- Testamentsvollstreckung und Nachlassverwaltung,
- Vermögens- und Finanzplanung,
- Rating,
- Controlling und Finanzwirtschaft,
- Internationale Rechnungslegung und
- Mediation.

Die im Fachberaterkonzept des DStV erfassten speziellen betriebswirtschaftlichen Beratungsgebiete stellen in wirtschaftlich erfolgreichen Zeiten, in besonderem Maße aber auch in Zeiten, in denen die Auswirkungen einer weltweiten Finanz- und Wirtschaftskrise aufzuarbeiten sind, ein vom Markt benötigtes und nachgefragtes Beratungsangebot dar.

74 % der bisher bestellten Fachberater (DStV e.V.) würden ihren Berufskolleginnen und -kollegen den Erwerb einer solchen Fachberaterbezeichnung empfehlen.[3]

---

2 Vgl. *Pestke*, Die Steuerberaterbranche heute und im Jahr 2020 – eine Vorbereitung, Stbg 2011, 486, 490 sowie www.dstv.de, Rubrik „Fachberater/Register" (www.dstv.de/fuer-die-praxis/fachberater/fachberater-register).
3 Pressemitteilung des DStV, PM 23/10 v. 11.10.2010.

2. Anforderungen an die DStV-Fachberater (allgemein)

2.1 Theoretische Kenntnisse

2.1.1 Lehrgang

Fachberater (DStV e.V.) können alle nach § 3 StBerG zur unbeschränkten Hilfeleistung in Steuersachen befugten natürlichen Personen werden. 2

Erforderlich sind dafür besondere theoretische Kenntnisse, § 1 Abs. 3 Nr. 1 DStV-Fachberaterrichtlinien. Solche liegen vor, wenn sie auf dem betreffenden Fachgebiet erheblich das Maß dessen übersteigen, das üblicherweise durch die berufliche Ausbildung und praktische Erfahrung im Beruf vermittelt wird, § 2 Abs. 1 Satz 2 DStV-Fachberaterrichtlinien.

Der Nachweis der besonderen theoretischen Kenntnisse auf dem jeweiligen Fachgebiet wird durch die erfolgreiche Teilnahme an einem Fachlehrgang erbracht, der bestimmte Voraussetzungen erfüllt, § 2 Abs. 1 Satz 1 DStV-Fachberaterrichtlinien.

Der Fachlehrgang muss – ohne Berücksichtigung der Leistungskontrollen – eine Mindestdauer von 120 Zeitstunden in allen relevanten Bereichen des Fachgebiets umfassen. Für jeden Fachberatertypus sind bestimmte fachgebietsbezogene Lehrgangsinhalte vorgeschrieben, § 2 Abs. 3 DStV-Fachberaterrichtlinien.

Der Lehrgang des betreffenden Veranstalters bedarf der Akkreditierung durch den DStV.

2.1.2 Klausuren

Die Befugnis zum Führen der Bezeichnung eines „Fachberaters (DStV e.V.)" setzt weiterhin voraus, dass die erfolgreiche Teilnahme an dem beschriebenen Fachlehrgang durch mindestens zwei unter Aufsicht angefertigte schriftliche Klausurarbeiten, die sämtlich bestanden sind, mit einer Gesamtbearbeitungszeit von mindestens 270 Minuten nachgewiesen wird, § 2 Abs. 4 DStV-Fachberaterrichtlinien. 3

Die Prüfungsaufgaben werden von dem jeweiligen Veranstalter gestellt; Voraussetzung für die Anerkennung der Prüfungsaufgaben ist aber, dass eine Hochschule im Sinne des Hochschulrahmengesetzes dem DStV vorab bestätigt, dass zur Lösung der Prüfungsaufgaben besondere theoretische Kenntnisse im Sinne der Fachberaterrichtlinien erforderlich sind, § 2 Abs. 6 Sätze 1 und 2 DStV-Fachberaterrichtlinien.

Die Bewertung der Arbeiten wird unter der verantwortlichen Leitung der Hochschule und unter der Beteiligung des Veranstalters durchgeführt, § 2 Abs. 6 Satz 3 DStV-Fachberaterrichtlinien. Dies bietet zusätzliche Gewähr dafür, dass der Prüfung eine objektive Bedeutung beigemessen werden kann.

2.2 Praktische Erfahrungen

Bei den Fachberaterbezeichnungen (DStV e.V.) geht es nicht nur um die erfolgreiche Teilnahme an einer Fortbildungsveranstaltung. Es ist vielmehr auch der Nachweis praktischer Erfahrungen erforderlich, um die Bezeichnung führen zu dürfen. 4

Praktische Erfahrungen hat der Bewerber durch von ihm persönlich bearbeitete Fälle auf dem Fachgebiet unter Beweis zu stellen. Nur, wenn insoweit keine Zweifel bestehen, kann auf ein Fachgespräch verzichtet werden. Bestehen Zweifel, wird zu einem Fachgespräch geladen.

Die Zahl der nachzuweisenden Fälle variiert:

Nachzuweisen sind zwei Fälle, die der Antragsteller persönlich in dem jeweiligen Fachgebiet bearbeitet hat, wenn der Antragsteller vor der Antragstellung durchgängig mindestens drei Jahre lang eine Tätigkeit als Person nach § 3 StBerG ausgeübt hat oder fünf Fälle, die der Antragsteller als Person nach § 3 StBerG persönlich in dem jeweiligen Fachgebiet bearbeitet hat, wenn der Antragsteller vor der Antragstellung nicht durchgängig mindestens drei Jahre lang eine Tätigkeit als Person nach § 3 StBerG ausgeübt hat.

Was unter einem „Fall" im Sinne der DStV-Fachberaterrichtlinien zu verstehen ist, ergibt sich aus der die jeweilige Fachberaterbezeichnung regelnden Anlage zu den DStV-Fachberaterrichtlinien; als „Fall" kommen z. B. eine Beratung, eine Gutachtertätigkeit oder eine sonstige Tätigkeit auf dem jeweiligen Fachgebiet in Betracht. Unter einem „Fall" ist dabei ein einheitlicher Lebenssachverhalt einigen Umfangs zu verstehen. Der Begriff geht damit über das hinaus, was z. B. die anwaltliche Praxis und Rechtsprechung unter einem „Fall" verstehen.

Was als eine „persönliche" Bearbeitung anzusehen ist, richtet sich danach, ob der Bewerber als Angehöriger eines Berufs nach § 3 StBerG eigenverantwortlich, gleich ob als Angestellter oder Selbstständiger, und überwiegend (gemessen am Anteil der zu erbringenden Leistungen) mit einer Sache befasst war, der eigenständiges Gewicht zukommt. Ob die in den DStV-Fachberaterrichtlinien genannten Voraussetzungen vorliegen – darüber im Einzelfall zu entscheiden, ist Sache des DStV-Fachausschusses, auf den im Folgenden nun eingegangen wird.

2.3 Verfahren zur Verleihung von Fachberaterbezeichnungen (DStV e.V.)
2.3.1 Zuständigkeiten

5 Bundeseinheitlich zuständig sowohl für die Verleihung der Fachberaterbezeichnungen (DStV e.V.) als auch für die Entscheidung über die Akkreditierungsanträge interessierter Lehrgangs-Veranstalter ist ein speziell geschaffenes Gremium, der Fachberaterausschuss des DStV nach § 4 Abs. 1 Satz 2 DStV-Fachberaterrichtlinien.

Der Fachausschuss setzt sich aus einem Mitglied des Präsidiums des DStV oder des DStI und je einer qualifizierten Person aus jedem Fachgebiet zusammen, § 4 Abs. 1 Satz 3 DStV-Fachberaterrichtlinien. Die qualifizierten Personen sollen Inhaber der jeweiligen Fachberaterbezeichnung (DStV e.V.) oder in gleichwertiger Weise ausgewiesen sein, § 4 Abs. 1 Satz 4 DStV-Fachberaterrichtlinien.

2.3.2 Anträge

6 Anträge auf Anerkennung als Fachberater (DStV e.V.) sind beim DStV einzureichen, § 4 Abs. 1 Satz 1 DStV-Fachberaterrichtlinien. Hierfür gibt es ein

besonderes Formular im Internet unter www.dstv.de. Dort finden sich auch erläuternde Hinweise zu den Antragsvoraussetzungen. Es sind aussagefähige Unterlagen vom Bewerber beizufügen.

Der Antragsteller muss die Richtigkeit und Vollständigkeit seiner Angaben an Eides statt versichern, § 3 Abs. 2 Satz 4 DStV-Fachberaterrichtlinien.

Jedem Antragsteller dürfen höchstens zwei Fachberaterbezeichnungen (DStV e. V.) verliehen werden, § 4 Abs. 4 DStV-Fachberaterrichtlinien.

2.3.3 Durchführung von Fachgesprächen

Zum Nachweis der besonderen theoretischen Kenntnisse oder der praktischen Erfahrungen führt der Fachausschuss nach § 4 Abs. 2 DStV-Fachberaterrichtlinien ein mindestens dreiviertelstündiges, höchstens einstündiges Fachgespräch mit dem Antragsteller. Auf das Gespräch kann verzichtet werden, wenn die Kenntnisse und Erfahrungen bereits nach dem Gesamteindruck der vorgelegten Zeugnisse und Unterlagen festgestellt werden können. Bei der Ladung zum Fachgespräch sind Hinweise auf die Bereiche zu geben, die Gegenstand des Fachgesprächs sein werden. Das Fachgespräch ist zu protokollieren und soll sich inhaltlich an den in der Praxis in dem jeweiligen Bereich überwiegend vorkommenden Fällen orientieren.

2.3.4 Kontinuierliche Fortbildung und Erlöschen der Befugnis zum Führen der Bezeichnung

Wer die Bezeichnung „Fachberater (DStV e. V.)" führen möchte, muss jährlich auf dem entsprechenden Fachgebiet mindestens an einer Fortbildungsveranstaltung dozierend oder hörend teilnehmen oder auf diesem Gebiet wissenschaftlich publizieren. Die Gesamtdauer der Fortbildung darf zehn Zeitstunden nicht unterschreiten. Teilweise werden von den Lehrgangs-Veranstaltern Fortbildungsseminare angeboten (z. B. am Rande Deutscher Steuerberatertage), denkbar und ausreichend ist aber auch der Besuch sonstiger Fortbildungsveranstaltungen auf dem Fachgebiet. Dafür bedarf es keiner besonderen Akkreditierung des Veranstalters oder der Veranstaltung, es kann sich jedoch empfehlen, im Vorfeld mit dem DStV zu klären, ob der Besuch einer bestimmten, ins Auge gefassten Fortbildungsveranstaltung als Pflichtfortbildung auf dem Fachgebiet im Sinne der Fachberaterrichtlinien anerkannt werden kann.

Die Pflicht zur Fortbildung besteht erstmals ab dem auf die Lehrgangsbeendigung folgenden Jahr (maßgeblich ist die letzte planmäßige Unterrichtseinheit) und ist dem DStV unaufgefordert bis zum 31. 03. eines Jahres für das vorangegangene Jahr nachzuweisen, § 5 DStV-Fachberaterrichtlinien.

Wird der Antrag auf Anerkennung als Fachberater (DStV e. V.) nicht in demselben Jahr gestellt, in dem der Lehrgang nach § 2 Abs. 1 Satz 1 DStV-Fachberaterrichtlinien endet, ist gleichfalls ab dem Kalenderjahr, das auf die Lehrgangsbeendigung folgt, Fortbildung der beschriebenen Art und des beschriebenen Umfanges nachzuweisen, § 4 Abs. 3 DStV-Fachberaterrichtlinien.

Erlöschensgründe für die Berechtigung des Führens der Fachberaterbezeichnungen des DStV sind in § 7 DStV-Fachberaterrichtlinien geregelt.

Dazu gehört insbesondere der Fall, dass der erforderliche Nachweis über kontinuierliche Fortbildung nicht oder nicht rechtzeitig erbracht wird.

3. Anerkennung der DStV-Fachberater durch die Rechtsprechung

9 Zunächst war umstritten, ob privat verliehene Qualifizierungshinweise wie die Fachberaterbezeichnungen des DStV von den Berufsangehörigen geführt werden dürfen.[4]

Die Bundessteuerberaterkammer (BStBK) und der DStV haben dann aber in Bezug auf die vom DStV vergebenen Fachberaterbezeichnungen für vereinbare Tätigkeiten im Frühjahr 2008 zu einer übereinstimmenden Auffassung gefunden.[5] Die Bundeskammerversammlung der BStBK hat diese Auffassung auf ihrer Sitzung am 31.03.2008 bestätigt.

Danach ist das Führen der vom DStV verliehenen Bezeichnung zu Werbezwecken berufsrechtlich zulässig, wenn sie nicht als Zusatz zur Berufsbezeichnung „Steuerberater" erfolgt. Dies ist der Fall, wenn die vom DStV verliehene Fachberaterbezeichnung von der Berufsbezeichnung und dem Namen des Steuerberaters räumlich deutlich abgesetzt wird – bei Geschäftspapieren zum Beispiel in der Seitenleiste oder in der Fußleiste. Handelt es sich um die Geschäftsunterlagen mehrerer Berufsangehöriger, von denen nur einer die Bezeichnung führt, muss in der Fußleiste bzw. in der Seitenleiste mit deutlichem Abstand bei der Nennung der Fachberaterbezeichnung der Name des Berufsangehörigen hinzugefügt werden. Beispiele für die mögliche Gestaltung von Briefköpfen und Visitenkarten sind unter www.dstv.de einsehbar.

Der DStV hat sich im Rahmen dieser Übereinkunft des Weiteren bereit erklärt, das nach der Fachberaterbezeichnung in Klammern gesetzte Kürzel „DStV" durch den Zusatz „e.V." zu ergänzen. Die Bezeichnung lautet demgemäß nunmehr „Fachberater für ... (DStV e.V.)" und macht so die Verleihung durch eine private Institution deutlich. Damit wird eine wettbewerbsrechtlich erhebliche Verwechselung mit amtlich verliehenen Bezeichnungen vermieden.

Diese gemeinsame Auffassung von BStBK und DStV ist zwischenzeitlich auch gerichtlich und höchstrichterlich bestätigt worden. Mit Urteil vom 12.11.2008 hat das Finanzgericht Rheinland-Pfalz[6] entschieden, dass Steuerberater die Fachberaterbezeichnungen für vereinbare Tätigkeiten führen dürfen, wenn sie diese räumlich von der Berufsbezeichnung absetzen. Steuerberater sind danach berechtigt, die vom DStV verliehenen Fachberaterbezeichnungen für vereinbare Tätigkeiten (DStV e.V.) nicht nur in Praxisbroschüren, Internetauftritten und ähnlichen Medien, sondern auch auf dem Briefbogen zu führen. Voraussetzung ist lediglich, dass diese Bezeichnungen räumlich deutlich von der Berufsbezeichnung abgesetzt sind.

---

4 Vgl. ablehnend u.a. *Heilgeist*, HB v. 04.04.2007, 18, befürwortend hingegen *Pestke*, Private Qualifizierungshinweise und Grundgesetz – Zur Vereinbarkeit der DStV-Fachberaterbezeichnungen mit § 43 Abs. 2 StBerG, Stbg 2007, 224, 233–246.
5 Stbg 2008, 222.
6 FG Rh-Pf., Urt. v. 12.11.2008 – 2 K 1569/08, Stbg 2009, 28ff. mit Anm. *Pestke*.

3. Anerkennung der DStV-Fachberater durch die Rechtsprechung

Der Bundesfinanzhof[7] und sogar das Bundesverfassungsgericht[8] haben dies bestätigt. Inzwischen ist dieses Konzept auch in die neu gefasste Berufsordnung der Bundessteuerberaterkammer eingeflossen (§ 9 Abs. 3 und 4 BOStB n. F.)[9]

§ 9 Abs. 3 BOStB n. F. lautet:

„(3) Andere Bezeichnungen als amtlich verliehene Berufs-, Fachberater- und Fachanwaltsbezeichnungen, akademische Grade und staatliche Graduierungen, z. B. Hinweise auf absolvierte Fortbildungen, dürfen von Steuerberatern nur geführt werden, wenn eine klare räumliche Trennung von der zusammenhängenden Angabe des Namens und der Berufsbezeichnung „Steuerberater" besteht. Bezeichnungen nach Satz 1 sind unzulässig, soweit sie die Gefahr einer Verwechselung mit Fachberaterbezeichnungen im Sinne des § 86 Abs. 4 Nr. 11 StBerG begründen oder sonst irreführend sind."

§ 9 Abs. 4 BOStB n.F. lautet:

„(4) Wer Bezeichnungen als Hinweis auf besondere Qualifikationen verwendet, muss im benannten Gebiet entsprechende theoretische Kenntnisse und praktische Erfahrungen nachweisen können."

Eine jüngere, allerdings noch nicht rechtskräftige Entscheidung des LG Freiburg[10] hat Möglichkeiten einer Abgrenzung von Berufsbezeichnungen und Zusatzbezeichnungen auch bei kleinformatigen Werbeträgern (wie z.B. Visitenkarten) dargestellt.

Die Wirtschaftsprüferkammer hat erklärt, dass auch sie das Führen der DStV-Fachberaterbezeichnungen durch Wirtschaftsprüfer und vereidigte Buchprüfer grundsätzlich für zulässig hält.[11]

Zur Befugnis von Rechtsanwälten, die DStV-Fachberaterbezeichnungen zu führen, sei auf den Beitrag von Reibel verwiesen.[12]

---

7 BFH, Urt. v. 23.02.2010 – VII R 24/09, DStR 2010, 895–896 mit Anm. *Hund*, und Stbg 2010, 225 mit Anm. *Pestke*.

8 BVerfG, B. v. 09.06.2010 – 1 BvR 1198/10, AnwBl 2010, 621–624; DStR 2010, 1694–1695 mit Anm. *Hund*; *Pestke/Michel*, Kurzbericht zu BVerfG vom 09.06.2010, 1 BvR 1198/10, BB 2010, 1694, Stbg 2010, 370 f.

9 BOStB in der Fassung v. 08.09.2010, DStR 2010, 2659.

10 LG Freiburg, Urt. v. 01.06.2011 – StL 2/11 – 3 StV 115/09, DStR 2011, 1482 m. Anm. *Rechner* – Zertifizierter Rating-Analyst.

11 Schreiben der WPK v. 27.03.2009. Siehe auch *Krumbiegel*, Zulässigkeit des Führens der Bezeichnung „Fachberater (DStV)" durch Wirtschaftsprüfer und vereidigte Buchprüfer, DB 2007, 2582 ff.

12 *Reibel*, Fachberaterbezeichnungen im Bereich Sanierung und Insolvenz – Eine zulässige Spezialisierung auch für Rechtsanwälte?, KSI 2008, 32–36; kritischer bezüglich der Führung der Bezeichnung „FB für …" durch Rechtsanwälte allerdings BFH, Urt. v. 23.02.2010 – VII R 24/09, DStR 2010, 895–896 und BVerfG, B. v. 09.06.2010 – 1 BvR 1198/10, AnwBl 2010, 621–624.

4. Zahlenmäßige Entwicklung und Ausblick

10 Die Berufsangehörigen, die DStV-Fachberaterbezeichnungen führen dürfen, werden in einem speziellen Register im Internet aufgeführt.[13]
Mit Stand vom 31.03.2012 waren insgesamt 1.148 Fachberater (DStV e.V.) anerkannt, und zwar:

- Fachberater für Unternehmensnachfolge (DStV e.V.) 518,
- Fachberater für Sanierung und Insolvenzverwaltung (DStV e.V.) 454,
- Fachberater für Testamentsvollstreckung und Nachlassverwaltung (DStV e.V.) 113,
- Fachberater für Vermögens- und Finanzplanung (DStV e.V.) 34,
- Fachberater für Rating (DStV e.V.) 18,
- Fachberater für Controlling und Finanzwirtschaft (DStV e.V.) 11.

Der DStV hat im Jahre 2010 eine Umfrage unter den seinerzeit schon bestellten Fachberatern (DStV e.V.) durchgeführt. Wie bereits erwähnt, gaben dabei 74 % der Befragten an, dass sie ihren Berufskolleginnen und -kollegen den Erwerb einer Zusatzqualifikation Fachberater (DStV e.V.) empfehlen würden. Gleichzeitig belegt der vom DStV durchgeführte Praxenvergleich, wie ebenfalls bereits dargelegt, dass der Honoraranteil aus vereinbaren Tätigkeiten im Vergleich zu dem Honoraraufkommen aus Vorbehaltsaufgaben zunimmt.[14] In Literatur und Praxis findet das Fachberaterkonzept ein positives Echo[15], insbesondere auch mit Blick auf die Möglichkeit, Fachberater punktuell zu Spezialfragen hinzuzuziehen.[16] Der positive Trend bei den DStV-Fachberatern dürfte also anhalten. Eine besondere Aufmerksamkeit wird dabei gewiss auch zukünftig der Bereich Sanierung und Insolvenzverwaltung erfahren, da jeder Steuerberater, der Unternehmen betreut, in den Sog entsprechender Fragestellungen gezogen werden kann, wenn jene in wirtschaftliche Schwierigkeiten geraten.

---

13 www.dstv.de, Rubrik „Fachberater".
14 Pressemitteilung 24/10 des DStV v. 11.10.2010 zum DStV-Praxenvergleich (www.dstv.de, Rubrik „Presse").
15 *Winter,* Fachberater – Die Mandanten müssen noch anbeißen, SteuerConsultant 10/2011, 42–45; *Beckmann,* Das bringt der Fachberater, Steuerberater Magazin 2010, 38–43; *Berg* u.a., Umfrage: Was bringt der Fachberater?, Steuerberater Magazin 2009, 26–28; *Hamatschek,* Fachberater als Chance nutzen – Starten Sie Ihre eigene Marketingkampagne, Kanzleiführung professionell 2009, 169–172; *Hartmann/Hübner,* Vom Steuerberater zum Fachberater, steuerberater intern, Beilage zur Ausgabe 4/2008; *Mansmann,* Ein zartes Pflänzchen wächst heran – Der Fachberater schlägt Wurzeln – vor allem im Steuerberater-Marketing, Steuerberater Magazin 2009, 22–25; *Schettgen,* Zusatzqualifikationen für Steuerberater immer wichtiger, SteuerConsultant 2007, 62–63; *Schlippe,* Die Spezialisten unter den Spezialisten, Steuerberater Magazin 2008, 8–17.
16 *Seewald,* Stbg 2011, 143 (am Ende des Berichts über den 3. Dt. Syndikus-StB-Tag).

Teil 1

**Unternehmenskrise
und außergerichtliche Sanierung**

Kapitel 1
Unternehmenskrise

1. Der Steuerberater als Berater in der Unternehmenskrise
1.1 Krisenberatung als Teil der betriebswirtschaftlichen Beratung

Angehörige der steuerberatenden Berufe (im Folgenden auch verallgemeinert als „Steuerberater" bezeichnet) werden nicht nur in Zeiten konjunktureller Abschwungsphasen in besonderem Maße mit der Beratung von Unternehmen in der Krise befasst. Die Krisenberatung ist vor dem Hintergrund bestehender Mandatsbeziehungen bewusst oder unbewusst Teil des üblichen Beratungsgeschäftes. Unternehmenskrisen sind Phänomene, die im Rahmen eines völlig „normalen" Unternehmensentwicklungsprozesses immer wieder auftreten. Dies gilt ungeachtet der Praxiserfahrung, dass sich Entscheidungsträger und ihre Berater häufig erst bei einer zuspitzenden Krisensituation konkret mit den Konsequenzen einer Unternehmenskrise befassen. Im ungünstigsten Fall wird dem Steuerberater eine Krise bei einem Mandatsunternehmen erst dann bewusst, wenn fällige Honorarforderungen nicht reguliert werden. Ungünstige Unternehmensentwicklungen werden häufig allzu leichtfertig als temporäre Erscheinungen beurteilt, die sich im Zeitablauf quasi von selbst regulieren.

Im Schrifttum wird darauf hingewiesen, dass die Beratung von Unternehmen in der Krise ein erfolgversprechendes, eigenständiges Beratungsfeld sei. „Die systematische/oder punktuelle Überwachung des mandatierten Unternehmens oder aber eines seiner Geschäftspartner im Hinblick auf Krisenanzeichen ist ein eigenständiges Beratungs- und Betätigungsfeld für Steuerberater außerhalb der klassischen Steuerberatung, das eine nähere Betrachtung lohnt."[17] Hierzu ist festzustellen, dass Fragen der Krisenfrüherkennung vor dem Hintergrund der Anforderungen, die auch die Rechtsprechung an eine gewissenhafte Berufsausübung im Rahmen eines Dauermandatsverhältnisses stellt, nicht als fakultative Beratungsleistung angesehen werden kann. Mitnichten handelt es sich bei der Krisenberatung um ein eigenständiges Beratungs- und Betätigungsfeld außerhalb der klassischen

---
17 *Römermann*, Beratungsfeld Krise: Was Steuerberater daraus machen können, Stbg 2008, 459.

Steuerberatung. Sie ist vielmehr zweifelsfrei der betriebswirtschaftlichen Beratung, ein originäres Betätigungsfeld des Steuerberaters, zuzurechnen.[18]

1.2 Anforderungen an Steuerberater in der Krisenberatung

12 Die allgemeine Erwartungshaltung an Berater in der Unternehmenskrise ist hoch. Mandanten erwarten insbesondere in krisenhaften Phasen eine effektive Unterstützung bei der Lösung ihrer betrieblichen Fragestellungen, die nicht selten auch in die Privatsphäre der Entscheidungsträger hineinreichen. Kredit- und Finanzierungsinstitute erwarten, dass Steuerberater aufgrund der Intensität ihrer Mandatsbeziehung gerade in Krisenzeiten für ein hohes Maß an Transparenz sorgen. Steuerberater schließlich halten die Krisenberatung grundsätzlich für ein Geschäftsfeld, für das sie aufgrund ihrer fachlichen Fähigkeiten und engen Mandatsbindung in besonderer Wiese geeignet sind. Zweifelsohne lässt die Nähe zum Mandanten Steuerberater für die Beratung in der Krise prädestiniert erscheinen.[19] Vielfach dürfte die Erwartungshaltung gleichwohl unrealistisch sein. Auch wenn die Krisenberatung letztlich ein Dauerthema in der Steuerberatung ist, fehlt es in der Praxis nicht selten an einer reflektierten Analyse dessen, was Steuerberater in Zeiten der Krise ihres Mandatsunternehmens leisten müssten, tatsächlich leisten können und – nicht zuletzt im Hinblick auf eigene Haftungsrisiken – möglichst unterlassen sollten.

Unzweifelhaft nimmt der Steuerberater als Experte und Autorität gerade in der Beratung von Dauermandaten nicht unerheblichen Einfluss auf unternehmerische Entscheidungen. Diese Vertrauensstellung ist mit Verantwortung verbunden, die gerade bei der Beratung von Mandatsunternehmen in der Krise besonders deutlich wird. Die Krisenberatung erfordert insbesondere Kenntnisse über

- Verlauf und Ursachen von Unternehmenskrisen,
- Möglichkeiten zur Früherkennung von Unternehmenskrisen,
- geeignete organisatorische Maßnahmen zur Krisenfrüherkennung in der Beratungspraxis und
- haftungsrechtliche Implikationen der Krisenberatung.

Die Beratung in der Unternehmenskrise setzt in aller Regel interdisziplinäres Wissen voraus. Es ist kaum vorstellbar, dass das erforderliche kaufmännische, technische und rechtliche Wissen ohne den Rückgriff auf ein entsprechend qualifiziertes Netzwerk verfügbar ist. Die methodische Kompetenz im Arbeiten in leistungsfähigen interdisziplinären Netzwerken ist häufig entscheidend für eine erfolgreiche Beratung von Unternehmen in der

---

18 Zum Anforderungsprofil des Steuerberaters vgl. Bundessteuerberaterkammer K.d.ö.R. (Hrsg.), Berufsrechtliches Handbuch. Berufsrechtlicher Teil I, 5.11 Anforderungsprofil des Steuerberaters.
19 Die Mandatsnähe des Steuerberaters wird jedoch mitunter im Umfeld der Krisenberatung auch skeptisch beurteilt, wenn dem Steuerberater aus seinem Dauermandatsverhältnis heraus nicht die erforderliche Objektivität und Neutralität zugebilligt wird.

Krise.[20] Eine besondere Eignung des Steuerberaters ist sicherlich in allen kaufmännischen Belangen auch in der Unternehmenskrise zu sehen. Darüber hinaus könnten Steuerberater aufgrund ihrer Mandatsnähe auch einen wichtigen Beitrag zur Früherkennung von Unternehmenskrisen und damit zur Einleitung von Turnaroundmaßnahmen leisten. Erforderliche Detailkenntnisse über leistungswirtschaftliche Grundlagen wie marktspezifische und/oder technische Geschäftsprozesse, die in aller Regel die Grundlage einer erfolgreichen Sanierung oder Reorganisation sind, können nicht ohne weiteres unterstellt werden. Gerade die Beratung von Unternehmen in der Krise erfordert im Bereich der Rechtsberatung eine Spezialisierung, die qualifizierten Experten übertragen werden sollte. Steuerberater können in diesem Bereich gleichwohl häufig eine vorbereitende, auf kaufmännische Belange ausgerichtete Zuarbeit leisten.

2. Der Krisenbegriff

2.1 Der Krisenbegriff aus betriebswirtschaftlicher Sicht

In Politik- und Geschichtswissenschaften, der Medizin, der Rechts- und Kunstwissenschaft sowie der Volks- und Betriebswirtschaftslehre findet der Begriff der „Krise" Verwendung; das inhaltliche Verständnis des Begriffes geht gleichwohl weit auseinander. Der Terminus „Krise", abgeleitet aus dem altgriechischen „krisis", beschreibt eine kritische oder präziser lebensbedrohliche Entwicklungsphase einer Krankheit oder die entscheidende Zuspitzung einer Handlungssituation im antiken Drama. Die Unternehmenskrise kann vor diesem Hintergrund im weitesten Sinne als eine Entwicklung beschrieben werden, bei der eine Verfehlung der Unternehmensziele eintritt, die zu einer existenzbedrohenden Gefährdung des Unternehmens führt. Aus betriebswirtschaftlicher Sicht ist die Unternehmenskrise damit das Ergebnis eines ungewollten Prozesses in dessen Verlauf sich die Erfolgspotentiale nachhaltig ungünstig entwickeln. Die Fehlentwicklungen sind dabei so gravierend, dass der Fortbestand des Unternehmens in Frage steht, wenn die unternehmerische Tätigkeit in unveränderter Weise fortgeführt wird. Neben der existenzbedrohlichen Gefährdung, die von einer Unternehmenskrise ausgeht, muss aber auch das Merkmal der Möglichkeit zu einer positiven Wendung gegeben sein. Daher ist der unabwendbare Zusammenbruch eines Unternehmens nicht mehr als Unternehmenskrise zu beschreiben, weil die Chance zur positiven Wende nicht besteht.[21] Terminologisch kann der unabwendbare Zusammenbruch eher mit dem in der Krisenforschung auch verwendeten Begriff der „Katastrophe" beschrieben werden. Umgekehrt stellen die Verfehlung von Unternehmenszie-

---

20 Zur Vorteilhaftigkeit des Arbeitens in interdisziplinären Netzwerken im Rahmen der Krisen- und Sanierungsberatung vgl. *Wöber/Siebenlist*, Sanierungsberatung für Mittel- und Kleinbetriebe, 61 ff.

21 Zum Krisenbegriff vgl. stellvertretend für viele *Maus*, in: Schmidt/Uhlenbruck, Die GmbH in der Krise, Sanierung und Insolvenz, Rn. 1.1 ff.; WP-Handbuch 2008, Band. II, 411; *Hauschildt*, Die Feststellung der Unternehmenskrise, KSI 2008, 5; *Hausschild*, Typologien der Unternehmenskrisen im Wandel, DBW 2006, 7 f.; *Seefelder*, Unternehmenssanierung, 74.

len oder Diskontinuitäten in der Unternehmensentwicklung aufgrund mangelnder Steuerung und Kontrolle durch die Unternehmensführung per se noch keine Krise dar, wenn das Merkmal der Existenzgefährdung nicht hinzutritt.[22] In Abgrenzung zur Unternehmenskrise kann eine solche Situation terminologisch als „Störung" bezeichnet werden, die im Regelfall eine zeitlich begrenzte Dysfunktionalität im Rahmen des Unternehmensgeschehens beschreibt, von der aber noch keine Existenzgefährdung des Unternehmens ausgeht. Häufig ist es allerdings nur schwer möglich, Verfehlungen von Unternehmenszielen oder Diskontinuitäten ex ante im Hinblick auf ihre Existenzbedrohlichkeit zu beurteilen.

14 Vor dem Hintergrund eingetretener Insolvenzantragsgründe wird auch von der objektiven Krisenfeststellung gesprochen. Mithin wird damit der Zustand beschrieben, in dem das Eigenkapital in Folge erfolgswirtschaftlicher Prozesse aufgezehrt wurde (Überschuldung) und/oder die Zahlungsunfähigkeit (verstanden als die Unfähigkeit fällige Zahlungsverpflichtungen zu erfüllen oder zukünftig erfüllen zu können) als Ergebnis finanzwirtschaftlicher Prozesse, eingetreten ist. Das Vorliegen der sog. Insolvenzreife erfordert die Stellung eines Insolvenzantrages. Mit dem Antrag auf Eröffnung des Insolvenzverfahrens endet jedoch die Unternehmenskrise in dem hier verstandenen Sinne.[23] Sämtliche Aktivitäten, die nach Stellung eines Insolvenzantrages unternommen werden, sei es nun die Zerschlagung des Unternehmens oder dessen Sanierung im Ganzen oder in Teilen, ist nicht mehr dem Krisenmanagement zuzurechnen sondern bereits Gegenstand des Insolvenz- oder Sanierungsmanagements.

2.2 Der Krisenbegriff aus rechtlicher Sicht

15 Neben der betriebswirtschaftlichen Ausdeutung wird der Krisenbegriff vor allem auch in der Rechtswissenschaft und Rechtsprechung verwendet. In dem inzwischen außer Kraft gesetzten § 32a Abs. 1 GmbH a.F., war die „Krise der Gesellschaft" (konkret der GmbH) definiert als der Zeitpunkt, in dem die Gesellschafter als ordentliche Kaufleute der Gesellschaft Eigenkapital zugeführt hätten. In einzelnen Gesetzen finden sich zwar Merkmale die einer Krise zugeordnet werden können, wenn der Begriff des „Risikos" oder die Formulierung „den Fortbestand der Gesellschaft gefährdenden Entwicklungen" verwendet werden (§§ 289 Abs. 1, 315 Abs. 1, 317 Abs. 2, 322 HGB, § 91 Abs. 2 AktG). Aber insbesondere der Risikobegriff ist nicht mit einer existenzgefährdenden Bedrohung gleichzusetzen.

Die Rechtsprechung des BGH sieht in der Krise das Vorstadium zur Insolvenz.[24] Unter Bezugnahme auf § 32a GmbHG a.F. hat die Rechtsprechung als

---

22 Vgl. *Hess*, Sanierungshandbuch, 5.
23 Anders *Hess*, Sanierungshandbuch, 5, der auch nach Eintritt der Insolvenzantragsgründe bis zum Abschluss der Insolvenzabwicklung vom Fortbestehen der Krise ausgeht, wobei er von einer Unternehmenskrise auch erst als dem Endstadium eines existenzbedrohlichen Prozesses spricht.
24 Die Kreditunwürdigkeit ist dem Stadium der Überschuldung (Insolvenzreife) vorgelagert. Vgl. BGH, Urt. v. 23.02.2004 – II ZR 207/01, NZI 2005, 284.

Krisenmerkmal die Kredit- bzw. Überlassungsunwürdigkeit herausgearbeitet. Kreditunwürdigkeit liegt immer dann vor, wenn ein Unternehmen von Dritter Seite im Falle eines konkreten Kapitalbedarfs keine Kredite mehr zu marktüblichen Konditionen erhält und ohne Kapitalzuführung liquidiert werden müsste. Dabei ist auf die Sichtweise eines objektiven Dritten abzustellen. Kreditunwürdigkeit wird auch bei Unterkapitalisierung angenommen, die dadurch gekennzeichnet ist, dass durch Verluste mehr als der Hälfte des Stammkapitals aufgezehrt wurde. Die Feststellung der Kreditunwürdigkeit und damit auch die Festlegung des genauen Eintritts der Krise ist allerdings in der Praxis nur schwer zu treffen.[25] Das erkennt offenbar auch der BGH wenn er ausführt, dass „der genaue Zeitpunkt des Eintritts einer finanziellen Krise ... für die Betroffenen selbst nicht eindeutig und für Außenstehende noch schwerer zu erkennen ..."[26] sei.

Die Krise, verstanden als Stadium der Kreditunwürdigkeit, ist tatbestandlich klar von der Insolvenzreife abzugrenzen und dieser zeitlich vorgelagert.[27] Diese manifestiert sich in den Insolvenzantragsgründen der §§ 17 bis 19 InsO. Die Strafvorschrift des § 283 Abs. 1 StGB knüpft an das Vorliegen der Insolvenzantragsgründe der §§ 17 bis 19 InsO an, wobei die Strafbarkeit nach § 283 Abs. 6 StGB nur eintritt, wenn der Täter (Schuldner) seine Zahlungen eingestellt hat oder ein Insolvenzantrag eröffnet oder mangels Masse abgelehnt worden ist. Es bleibt festzuhalten, dass ein allgemeingültiger Krisenbegriff weder vom Gesetzgeber noch durch die Rechtsprechung entwickelt wurde.

3. Bedeutung der Krisenberatung für die Steuerberatungspraxis

3.1 Bedeutung vor dem Hintergrund der Insolvenzstatistik

Um die Bedeutung der Beratung in der Unternehmenskrise durch Steuerberater würdigen zu können, bietet es sich an, zunächst die Unternehmenskrisen zu betrachten, die schlussendlich in der Insolvenz der Unternehmen geendet haben. Da sämtlichen Unternehmensinsolvenzen eine Unternehmenskrise vorausgegangen sein muss, ist deren Anzahl und Struktur bereits ein erster Indikator für die Bedeutung der Krisenberatung durch Steuerberater.

Die Entwicklung der Unternehmensinsolvenzen der Jahre 2000 bis 2011 zeigt die nachfolgende Abbildung:[28]

---

25 Zum Begriff der Kreditunwürdigkeit vor dem Hintergrund der BGH Rechtsprechung vgl. ausführlich *Müller/Weller*, Der Krisenbegriff innerhalb der Rechnungslegung, KSI 2007, 160.

26 BGH, Urt. v. 06.04.2000 – IX ZR 422/98, NZI 2000, 306.

27 *Müller/Weller*, Der Krisenbegriff innerhalb der Rechnungslegung, KSI 2007, 160.

28 Zahlenmaterial entnommen aus Verband der Vereine Creditreform e.V., Insolvenzen Neugründungen Löschungen, Jahresbericht 2011.

Teil 1   Unternehmenskrise und außergerichtliche Sanierung

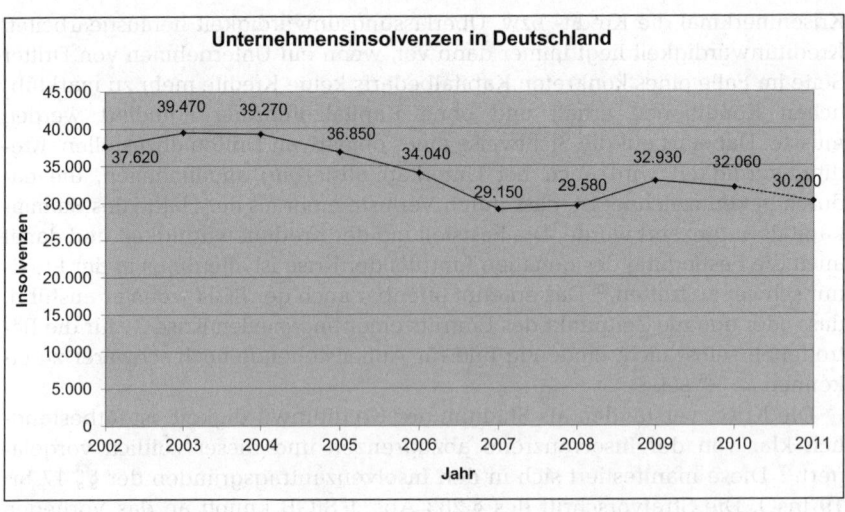

Abb. 1: Unternehmensinsolvenzen in Deutschland zwischen 2002 und 2011

Nach einer konjunkturell bedingt rückläufigen Entwicklung der Unternehmensinsolvenzen in den Jahren 2006 und 2007, ist die Anzahl der Insolvenzen in den Jahren 2008 und 2009 wieder signifikant angestiegen (Basis sind eröffnete und mangels Masse abgelehnte Insolvenzverfahren).[29] Insbesondere in Folge der Finanzmarkt- und Wirtschaftskrise sind die Unternehmensinsolvenzen im Jahr 2009 gegenüber dem Vorjahr um über 11 % gestiegen. Dieser ungünstige Trend setzte sich auch im ersten Halbjahr 2010 gegenüber dem Vergleichszeitraum 2009 mit einer Erhöhung der Unternehmensinsolvenzen um 2 % fort. Im zweiten Halbjahr hat sich die Anzahl unternehmerischer Insolvenzverfahren allerdings deutlich rückläufig entwickelt, so dass für das Gesamtjahr 2010 mit 32.060 Unternehmensinsolvenzen erstmals wieder eine rückläufige Entwicklung zu verzeichnen war.[30] Auch für das Jahr 2011 lässt sich mit geschätzt 30.200 Unternehmensinsolvenzen eine weiter rückläufige Tendenz erkennen. Bei der Analyse des Insolvenzgeschehens einerseits und der konjunkturellen Entwicklung andererseits ist stets zu berücksichtigen, dass die Insolvenzstatistik ein klassischer Spätindikator ist, der der allgemeinen konjunkturellen Entwicklung in zeitlicher Hinsicht nachläuft.

17   Eine für den Berufsstand der Steuerberater aufschlussreiche Analyse der Unternehmensinsolvenzen bezogen auf die Umsatzgröße und die Rechtsform der in Insolvenz geratenden Unternehmen zeigt, dass bei der klassischen Klientel der Steuerberater eine besonders hohe Insolvenzneigung erkennbar ist.

Annähernd jede vierte Insolvenz betrifft ein Unternehmen mit einem Umsatz von weniger als 100.000 € (sog. „Mikrobetriebe"). Seit mehreren Jahren ist der relative Anteil dieser Unternehmensgröße an der Anzahl der Unter-

---

29 Für etwa ein Viertel aller gestellten Insolvenzanträge kommt es aufgrund von Masselosigkeit nicht zur Eröffnung eines Insolvenzverfahrens.
30 Zu dieser Schätzung vgl. Verband der Vereine Creditreform e.V., Insolvenzen, Neugründungen, Löschungen, Jahresbericht 2010.

nehmensinsolvenzen stetig gewachsen. Der Anteil der in Insolvenz geratenen Unternehmen mit einem Jahresumsatz von 5 Mio. € und mehr, betrug im Jahr 2011 etwa 5,3 %. 90 Unternehmen mit einem Jahresumsatz von über 50 Mio. € mussten im Jahr 2011 einen Insolvenzantrag stellen. Im Umkehrschluss betrug der Anteil der Unternehmen mit einem Jahresumsatz von weniger als 5 Mio. € im Jahr 2011 insgesamt 94,7 % der in Insolvenz geratenen Unternehmen.

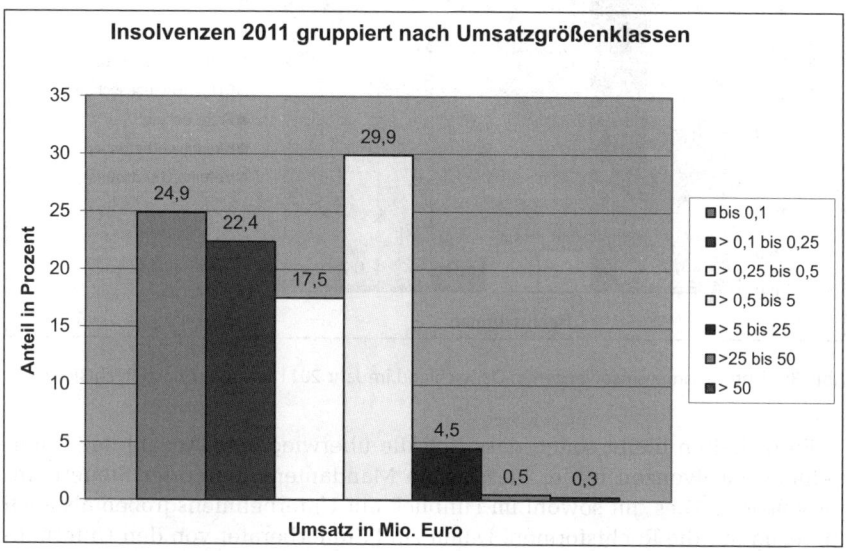

Abb. 2: Unternehmensinsolvenzen in Deutschland im Jahr 2011 gruppiert nach Umsatzgrößen

Knapp ein Drittel aller Unternehmensinsolvenzen betraf im Jahr 2011 sog. „junge Unternehmen". Dabei handelt es sich um Unternehmen, bei denen innerhalb von vier Jahren nach der Gründung ein Insolvenzantrag gestellt wurde.

In Bezug auf die Rechtsform weist die Insolvenzstatistik den höchsten Anteil bei Kleingewerbetreibenden aus. Dies sind Gewerbetreibende, die gemäß § 1 Abs. 2 HGB keinen nach Art und Umfang in kaufmännischer Weise eingerichteten Geschäftsbetrieb erfordern und für die keine Eintragung im Handelsregister erfolgt war. 2011 wurden 45,8 % aller Insolvenzanträge von dieser Unternehmensgruppe gestellt (2010 betrug der Anteil noch 46,7 %). Sowohl die Kleingewerbetreibenden als auch die in der Rechtsform der GmbH geführten Unternehmen – mit einem Anteil von 40,0 % (2010 betrug der Anteil noch 38,6 %) – haben im Vergleich zu den übrigen Unternehmensformen einen überproportional hohen Anteil am Insolvenzgeschehen.[31]

---

[31] Die Insolvenzgefährdung einer Rechtsform lässt sich über die Insolvenzquote feststellen. Die Insolvenzquote für die Rechtsform der GmbH (142 Insolvenzen je 10.000 Unternehmen) und für die der Rechtsform AG (143 Insolvenzen je 10.000 Unternehmen) liegen deutlich über der gesamtwirtschaftlichen Insolvenzquote von etwa 100 Insolvenzen je 10.000 Unternehmen. Vgl. auch das Zahlenmaterial des Verband der Vereine Creditreform e.V., Insolvenzen, Neugründungen, Löschungen, Jahresbericht 2011.

Teil 1 Unternehmenskrise und außergerichtliche Sanierung

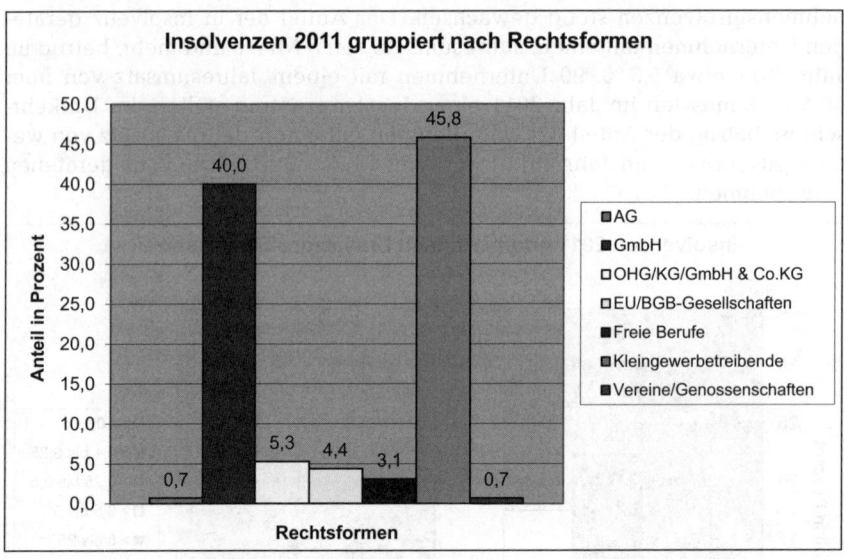

Abb. 3: Unternehmensinsolvenzen in Deutschland im Jahr 2011 gruppiert nach Rechtsformen

Festzuhalten bleibt somit, dass sich die überwiegende Anzahl der Unternehmensinsolvenzen in der klassischen Mandantenklientel der Steuerberater vollzieht. Dies gilt sowohl im Hinblick auf Unternehmensgrößen als auch in Bezug auf die Rechtsformen. Damit sind Steuerberater von den Unternehmensinsolvenzen in zweifacher Weise betroffen. Zum einen sind sie als Berater häufig in der vorinsolvenzlichen Phase mit der Krisenberatung befasst und zum anderen sind sie von insolvenzbedingten Mandatsverlusten auch wirtschaftlich betroffen. Beide Auswirkungen legen es nahe, sich mit der Beratung in der Unternehmenskrise als der der Insolvenz zeitlich vorangehenden Phase eingehend auseinanderzusetzen.

3.2 „Normalität" krisenhafter Entwicklungen in Unternehmen

18 Das Insolvenzgeschehen gibt zwar einen deutlichen Hinweis auf die Relevanz der Krisenberatung für Steuerberater, geht jeder Insolvenz doch letztlich eine Unternehmenskrise voraus, die Bedeutung der Beratung in der Unternehmenskrise ist gleichwohl deutlich weiter zu fassen. Nicht jede Unternehmenskrise nimmt schlussendlich einen „mortalen" Verlauf und endet in der Insolvenz.

Unternehmenskrisen sind typischerweise keine einmaligen Phänomene sondern Teil eines durchaus „normalen" Entwicklungsprozesses. So bietet die Beratungspraxis immer wieder Beispiele für den Eintritt von krisenhaften Entwicklungen in Abhängigkeit von Unternehmensexpansionen und Alter der Unternehmensorganisation. Ein bereits Anfang der 70'er Jahre von Greiner entwickeltes Modell setzt an Schlüsselereignissen in der Unternehmensentwicklung von der Gründung über verschiedene Wachstumsphasen des Unter-

Kapitel 1 Unternehmenskrise

nehmens an.[32] Ausgehend von der Altersstruktur eines Unternehmens und seinem Größenwachstum, werden exemplarisch Unternehmenskrisen dargestellt, die typisch für bestimmte Wachstumsphasen eines Unternehmens sind. Erste Erkenntnis dieser an den Phasen der Unternehmensentwicklung anknüpfenden Krisenbetrachtung ist, dass die Unternehmenskrise kein einmaliges Phänomen darstellt und zu einer durchaus normalen Wachstumsentwicklung eines Unternehmens gehört. Gerade in mittelständisch geprägten Unternehmen kann der Zusammenhang von Unternehmenswachstum und Krisensituationen auch in der Praxis besonders gut beobachtet werden.

Phase 1 (Führungskrise): Das Unternehmen zeichnet sich durch eine überschaubare Organisation aus. Die Entscheidungswege sind direkt, es besteht ein unmittelbarer Kontakt zwischen der Unternehmensführung und den Mitarbeitern. Kurze Entscheidungswege bedingen kurze Reaktionszeiten, die sich im Markterfolg niederschlagen. Das Unternehmen wächst und wird im weiteren Wachstum erst durch auftretende Mängel in der Unternehmensführung behindert. Die Notwendigkeit eine größere Anzahl von Mitarbeiter koordinativ zu führen wird erkannt, so dass ein weiteres Wachstum möglich wird.

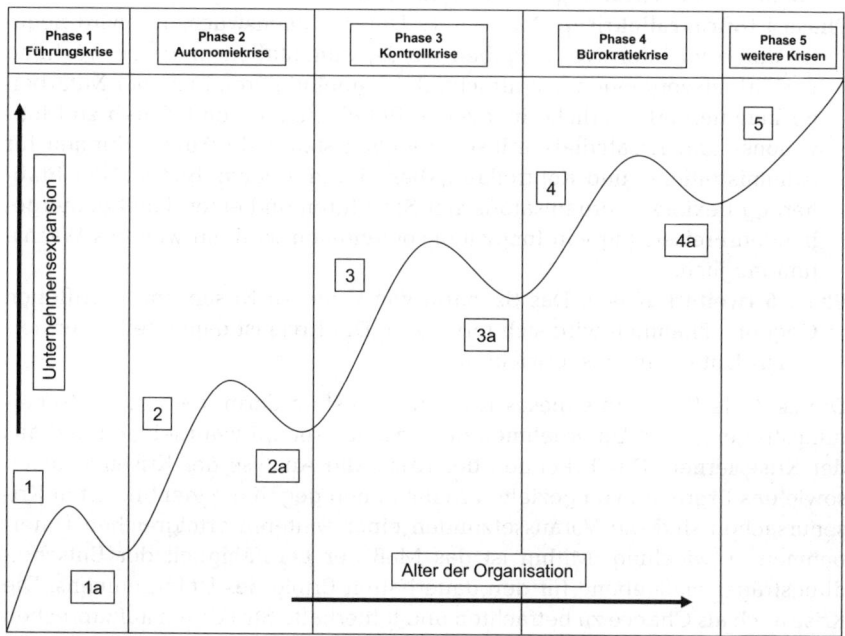

Abb. 4: Unternehmenskrisen in Abhängigkeit von Unternehmenswachstum und Alter der Organisationsstruktur

---

[32] *Greiner,* Evolution and revolution as organizations grows. In Harvard Business Review 1972, 41 ff.

Phase 2 (Autonomiekrise): Das weitere Anwachsen des Geschäftsvolumens führt dazu, dass die Entscheidungsträger den Bezug zum Tagesgeschäft zunehmend verlieren gleichwohl aber in das Tagesgeschehen eingreifen. Eine zweite Hierarchiestufe konnte im Unternehmen nicht etabliert werden, weil das Vertrauen ausschließlich auf eigene Fähigkeiten beschränkt ist. Offenkundig wird in dieser Phase eine Zunahme bei Kundenreklamationen und der Anstieg der Fehlerrate bei Mitarbeitern. Die Beeinträchtigungen hieraus werden überwunden, wenn das Management lernt, das Tagesgeschäft zu delegieren.

Phase 3 (Kontrollkrise): Das weitere Wachstum ist geprägt von mangelhaften Arbeitsabläufen. Unkoordinierte Arbeitsprozesse im operativen und administrativen Geschäft verursachen geringere Wirkungsgrade durch erhöhte Leer- und Durchlaufzeiten. Zudem ergeben sich höhere Fehlerquoten bei den Mitarbeitern. Insgesamt steigen die Kosten deutlich an, was die Wettbewerbsfähigkeit des Unternehmens nachhaltig beeinträchtigt. Erst mit der Erkenntnis zur Einführung und Durchsetzung koordinierter und logistisch optimierter Arbeitsprozesse ist ein weiteres Wachstum und damit die Überwindung der Krise möglich.

Phase 4 (Bürokratiekrise): Das weitere Unternehmenswachstum wird negativ durch zu intensive Vorgaben zur Dokumentation und Überwachung von Arbeitsvorgängen beeinträchtigt. Mangelnde Freiräume der Mitarbeiter hemmen erforderliche innovative Entwicklungen und führen zu Motivations- und Kreativitätsverlust. Erheblich steigende Aufwendungen für Administrations- und Kontrollaufgaben sind die Folge. Erst mit der Etablierung flexiblerer organisatorischer Strukturen und einer damit einhergehenden Freisetzung von Innovationspotentialen wird ein weiteres Wachstum möglich.

Phase 5 (weitere Krise): Das Szenario von weiteren Krisen und ergriffenen Gegenmaßnahmen wird sich fortsetzen. Die Krise ist damit Teil einer normalen Unternehmensentwicklung.

Die zentrale Erkenntnis dieses Konzeptes besteht darin, dass die Entscheidungsträger in den Unternehmen die Krise überhaupt wahrnehmen und aus der Krise lernen. Das Erkennen der Krise, die Analyse der Krisenursachen sowie das Ergreifen von gezielten Maßnahmen gegen die identifizierten Krisenursachen sind die Voraussetzungen einer weiteren erfolgreichen Unternehmensentwicklung. Mithin ist das Maß der Lernfähigkeit der Entscheidungsträger maßgebend für den dauerhaften Erfolg des Unternehmens. Die Krise auch als Chance zu betrachten und fehlerhafte Strukturen aufzubrechen und zu verändern wird bei diesem Krisenverständnis besonders deutlich.

3.3 Hinweis- und Aufklärungspflichten in der Unternehmenskrise

19 Auch wenn die Beratung in der Unternehmenskrise fraglos zum Standardgeschäft in der Steuerberatung gehören sollte, spielen Fragen der Krisenfrüherkennung im Praxisalltag eher eine untergeordnete Rolle. Auch die Kenntnisse zu Krisenursachen und Krisenverläufen als Grundvoraussetzung

einer konzeptionell erfolgversprechenden Unternehmensreorganisation[33] sind häufig nur latent präsent. Dieser Zustand ermutigt offensichtlich auch Stimmen in der Literatur in der Krisenberatung ein eigenständiges, außerhalb der klassischen Steuerberatung angesiedeltes Geschäftsfeld zu erblicken, das es auch aus Honorarerwägungen heraus zu erschließen gilt.

Dass es sich bei der Krisenberatung allerdings nicht um eine fakultative Beratungsleistung handelt und dass das Verkennen von Krisensignalen bei Mandatsunternehmen, verbunden mit dem Nichteinleiten konsequenter Gegenmaßnahmen, nicht nur als eine qualitativ ungenügende Beratungsleistung zu werten ist, ergibt sich ganz deutlich vor dem Hintergrund möglicher zivil- und strafrechtlicher Risiken, denen sich Steuerberater in erhöhtem Maße aussetzen, wenn sie Unternehmen in krisenhaften Situationen beraten.

Steuerberater sind bereits aufgrund der allgemeinen vertraglichen Grundsätze ihres Dauerauftragsverhältnisses dem Mandanten gegenüber verpflichtet, dessen wirtschaftliche Entwicklung zu beobachten und in diesem Zusammenhang frühzeitig auf absehbare krisenhafte Entwicklungen hinzuweisen.[34] Die typische Dauermandatierung und die damit verbundenen erhöhten Anforderungen zwingen Steuerberater gleichsam in die Krisenberatung, um Mandanten vor Schaden zu bewahren. So ist nicht nur zu erwarten, dass Steuerberater Indizien für die Insolvenzantragsgründe erkennen, sondern sie haben die Mandanten im Krisenfall über die strafbewehrten Einberufungs-, Anzeige- und Mitteilungspflichten bis hin zur Insolvenzantragstellung proaktiv aufzuklären und hinzuweisen.[35]

Auch wenn der Umfang der Aufklärungspflichten des Steuerberaters im Schrifttum unterschiedlich weit gefasst wird, muss davon ausgegangen werden, dass die erhöhten Anforderungen, die das Modernisierungs- und Missbrauchsbekämpfungsgesetz (MoMiG) insbesondere an Geschäftsführer im Hinblick auf ihre Pflichten in der Unternehmenskrise mit sich gebracht hat, gleichsam zu Aufklärungspflichten des Beraters werden. Dies gilt insbesondere vor dem Hintergrund der umfangreichen Informationspflichten des Steuerberaters, die als Nebenpflichten im Zusammenhang mit der Auftragsabwicklung entstehen. Der BGH bejaht in ständiger Rechtsprechung Aufklärungs- und Hinweispflichten des Steuerberaters auch außerhalb des Steuerrechts, wenn bei Buchführungsarbeiten oder der Jahresabschlusserstellung Gefahren erkennbar werden, die der Mandant selbst nicht erkannt hat.[36] Die Aufklärungs- und Hinweispflicht gegenüber dem Geschäftsführer einer GmbH greift immer dann, wenn der Vertrag mit der GmbH über die laufende Buchführung und die Erstellung von Jahresabschlüssen als Vertrag mit Schutzwirkung zu Gunsten Dritter (hier des GmbH-Geschäftsführers) zu

---

33 Zur Bedeutung vgl. auch IDW Standard: Anforderungen an die Erstellung von Sanierungskonzepten (S 6), Rn. 58 ff.
34 Zu den Pflichten vgl. OLG Düsseldorf, Urt. v. 05.03.2002 – 23 U 82/01, BeckRS 2002, 30244469.
35 Zur grundsätzlichen Belehrungsbedürftigkeit der Mandanten von Steuerberatern vgl. exemplarisch BGH, Urt. v. 12.02.2004 – IX ZR 246/02, DStR 2004, 2221; BGH, Urt. v. 23.01.2003 – IX ZR 180/01, NJW-RR 2003, 1574; BGH, Urt. v. 18.12.1997 – IX ZR153/96, NJW 1998, 1486.
36 BGH, Urt. v. 21.07.2005 – IX ZR 6/02, DStR 2006, 160.

werten ist (§ 328 BGB analog i.V.m. §§ 280 Abs. 1, 611, 675 BGB). Wird dies bejaht, so dürften die Aufklärungs- und Hinweispflichten im exemplarischen Fall einer GmbH folgende Bereiche umfassen:

- Sanierungspflicht, § 43 Abs. 1 GmbHG,
- Buchführungspflicht §§ 238 ff. i.V. m. Bankrottdelikten §§ 283 ff. StGB,
- Haftung für Sozialabgaben, § 823 Abs. 2 BGB i.V. m. § 266a StGB,
- Beachtung von Drittrechten, § 328 BGB,
- Steuerliche Haftung, § 69 AO,
- Einlagenrückgewähr, §§ 30 ff. GmbHG,
- Risiken bei Kapitalmaßnahmen, §§ 55 ff. HGB,
- Insolvenzanfechtung, § 129 ff. InsO,
- Masseerhaltungspflicht des Geschäftsführers, § 64 GmbHG,
- Insolvenzantragspflicht, § 15a InsO.

21 Aus den Hinweis- und Belehrungspflichten lässt sich gleichwohl nicht das initiative Tätigwerden des Steuerberaters in der Funktion als Sanierungsberater ableiten. Die Sanierungsberatung durch den Steuerberater erfordert vielmehr eine gesonderte Beauftragung.[37]

Das Risiko des Steuerberaters Verfehlungen im Hinblick auf möglicherweise bestehende Aufklärungs- und Hinweispflichten zu begehen, ist maßgeblich dadurch bestimmt, wie intensiv ein späterer Insolvenzverwalter die Rolle des Beraters in der vorinsolvenzlichen Phase im Hinblick auf mögliche Insolvenz- und insolvenzbegleitende Delikte untersucht.[38] Die einschlägigen Literaturbeiträge zur Steuerberaterhaftung für Insolvenzverschleppungsschäden lassen vermuten, dass die Inanspruchnahme von Steuerberatern in der vorinsolvenzlichen Phase zunehmend stärker in den Fokus rückt.[39] Die Prüfung der Geschäftsführerhaftung und damit zusammenhängend eine mögliche Haftungsverlagerung auf den Steuerberater nach den Grundsätzen des Vertrages mit Schutzwirkung zugunsten Dritter könnte für Insolvenzverwalter auch zur Vermeidung eigener Haftungsrisiken geboten sein.

Der Umfang der Aufklärungs- und Hinweispflichten wird in Rechtsprechung und Schrifttum unterschiedlich weit gefasst. Insbesondere Hinweispflichten im Hinblick auf das Vorliegen von Insolvenzantragsgründen waren

---

37 Zu den Mindeststandards, die an eine Sanierungsberatung grundsätzlich zu stellen sind vgl. auch OLG Celle, Urt. v. 23. 10. 2003 – 16 U 199/02, NJW 2003, 3638.
38 Vom Insolvenzverwalter als „Risikofaktor" für den Berufsstand von Steuerberatern und Wirtschaftsprüfern spricht *Fuchsen*, Risiken des Steuerberaters bei der Jahresabschlusserstellung in Krisenfällen des Mandanten, KSI 2010, 256.
39 Vgl. stellvertretend *Wagner*, Der Steuerberater in der Zwickmühle – Die Wahl zwischen Mandatsniederlegung oder Beihilfe zur Insolvenzverschleppung, ZInsO 2009, 449; *Ehlers*, Das Haftungspotenzial gegenüber Beratern in der Unternehmenskrise, NZI 2008, 211; *Zugehör*, Haftung des Steuerberaters für Insolvenzverschleppungsschäden, NZI 2008, 652; *Wagner/Zabel*, Insolvenzverschleppungshaftung nach § 64 II GmbHG wegen Überschuldung – Anreicherung der Masse durch Haftungsverlagerung auf den Steuerberater, NZI 2008, 660; *Schmittmann*, Vorsicht Falle: Haftung des Steuerberaters der Schuldnerin für den Erstattungsanspruch gegen den Geschäftsführer aus § 64 II GmbHG, ZInsO 2008, 1170.

mehrfach Gegenstand der Rechtsprechung.[40] So hat das OLG Schleswig-Holstein in einer Entscheidung aus dem Jahre 1993 entschieden, dass der Hinweis auf eine Überschuldung und ein daher möglicherweise einzuleitendes Insolvenzverfahren außerhalb des eigentlichen Bereiches der steuerlichen Beratung im Sinne des § 33 StBerG liegt.[41] Das OLG sieht in der Überprüfung der Überschuldung eine originäre, nicht delegierbare Verpflichtung des Geschäftsführers.[42] Im Schrifttum wird hingegen die Auffassung vertreten, dass – ausgehend von einer anzunehmenden Nebenpflicht aus dem Steuerberatungsvertrag – der Steuerberater verpflichtet ist, den Geschäftsführer einer GmbH ausdrücklich und gesondert auf eine bilanzielle Überschuldung hinzuweisen. Zum Teil wird auch die Auffassung vertreten, dass ein Steuerberater eine sog. „psychische Beihilfe" zur Insolvenzverschleppung leistet, wenn er die laufende Finanzbuchhaltung seines Mandanten weiter abwickelt, obgleich eine erkannte bilanzielle Überschuldung vorliegt und der Steuerberater dies auch in seiner Abschlussbescheinigung, verbunden mit dem Zusatz einer gebotenen Überschuldungsprüfung, zum Ausdruck gebracht hat. Dieser Auffassung zur Folge wäre eine Mandatsniederlegung durch den Steuerberater bei erkannter Insolvenzreife des Mandatsunternehmens geboten. Das LG Koblenz[43] hat mit seiner Entscheidung vom 22.07.2009 diese extensive Auffassung relativiert. Mit Verweis auf die fortbestehende Verpflichtung Bücher zu führen und steuerliche Pflichten zu erfüllen, stellt es keine Pflichtverletzung des Steuerberaters dar, die Bücher eines insolvenzreifen Unternehmens fortzuführen und Jahresabschlüsse anzufertigen. Die Rechtsprechung und namentlich die Entscheidung des LG Koblenz betreffen jedoch stets Fälle, in denen dem Geschäftsführer die insolvenzreife Situation bewusst war (sog. „wissender Geschäftsführer"). Als durch die Rechtsprechung ungeklärt müssen daher unverändert alle die Fälle angesehen werden, bei denen sich der Geschäftsführer über die Insolvenzreife nicht bewusst ist (sog. „nicht wissender Geschäftsführer"). Ausgehend von der ergangenen Rechtsprechung und den kontroversen Auffassungen in der Literatur zum Umfang der Hinweis- und Aufklärungspflichten des Steuerberaters im Hinblick auf das Vorliegen einer bilanziellen Überschuldung, unterscheidet Pestke folgende Fälle:[44]

- Der Geschäftsführer erkennt die bilanzielle Überschuldung nicht. Hier besteht die Verpflichtung zum Hinweis auf die bilanzielle Überschuldung als Nebenpflicht aus dem Steuerberatungsvertrag.

---

40 Die Aufklärungs- und Hinweispflichten des Steuerberaters werden insbesondere im Zusammenhang mit dem Vorliegen einer Überschuldungslage diskutiert. Ausgangspunkt ist dabei das Vorliegen einer bilanziellen Überschuldung, die von einer insolvenzrechtlich erheblichen Überschuldungssituation im Sinne des § 19 Abs. 2 InsO zu unterscheiden ist. Die bilanzielle Überschuldung wird dabei häufig als Ausgangspunkt für eine insolvenzrechtlich relevante Überschuldungssituation im Sinne des § 19 Abs. 2 InsO gesehen.
41 OLG Schleswig-Holstein, Urt. v. 28.05.1993 – 10 U 13/92, Stbg 1994, 183.
42 Der BGH hat mit seiner Entscheidung v. 24.02.1994 – IX ZR 126/93, n.v., dem OLG-Urteil nicht widersprochen.
43 LG Koblenz, Urt. v. 22.07.2009 – 15 O 397/08, DStRE 2010, 647, nicht rechtskräftig.
44 Vgl. *Pestke*, Haftung des Steuerberaters für Insolvenzverschleppungsschäden, Stbg 2009, 512 ff.; ausführlich auch DStV e.V. (Hrsg.), Der Steuerberater in der Insolvenz des Mandanten, Stbg Beilage 7/2010.

- Der Geschäftsführer erkennt die bilanzielle Überschuldung, ist sich jedoch über eine möglicherweise bestehende insolvenzrechtlich relevante Überschuldungssituation und damit seiner daraus folgenden Verpflichtung nicht bewusst. In diesem Fall wird im Schrifttum überwiegend von einer Hinweis- und Belehrungspflicht zum Erstellen eines insolvenzrechtlichen Überschuldungsstatus verbunden mit einer Belehrung über Insolvenzantragspflichten ausgegangen. Höchstrichterlich ist dieser Fall noch nicht geklärt.
- Der Geschäftsführer erkennt die prekäre Lage der GmbH und ist sich der Rechtslage bei einer bestehenden insolvenzrechtlichen Überschuldung bewusst. Hier bedarf es keiner Hinweise und Belehrungen des Steuerberaters bezüglich der insolvenzrechtlichen Rechtslage.
- Der Geschäftsführer erkennt die insolvenzrechtlich erhebliche Überschuldungslage, verhält sich diesbezüglich jedoch untätig. Auch in diesem Fall besteht keine Hinweis- oder Belehrungspflicht des Steuerberaters. Strittig ist jedoch, ob das Mandat vom Steuerberater niederzulegen ist, um strafrechtliche und zivilrechtliche Konsequenzen vermeiden zu können. Auch wenn das LG Koblenz eine Pflicht zur Niederlegung des Mandats verneint, so muss festgehalten werden, dass eine höchstrichterliche Entscheidung noch aussteht.

22 Insgesamt ist vor dem Hintergrund der haftungsrechtlichen Risiken, dem Anspruch nach einer professionelle Berufsausübung und einem proaktiven Beratungsansatz festzuhalten, dass Steuerberater eher von einer umfangreicheren Hinweis- und Belehrungspflicht in der Krisenberatung ausgehen sollten.[45]

Letztlich wird es im Rechtsstreit vor allem darauf ankommen, gerichtsfest zu dokumentieren, dass eine Belehrung der handelnden Organe stattgefunden hat. Ob und in wie weit von einem „wissenden Geschäftsführer" ausgegangen werden kann, wird sich möglicherweise in einem gerichtlichen Verfahren vollständig anders darstellen, als dies vom Steuerberater zunächst erwartet wird. Zumindest muss der Steuerberater damit rechnen, dass die Organe seines vormaligen Mandats, ob bewusst oder unbewusst, bestrebt sein werden, sich ggf. auch zu Lasten des Steuerberaters zu exkulpieren.

---

[45] Einen Ansatzpunkt für eine eher extensive Hinweis- und Belehrungspflicht bietet auch die Verlautbarung der Bundessteuerberaterkammer v. 12./13.04.2010 zu den Grundsätzen für die Erstellung von Jahresabschlüssen. Diese Verlautbarung ist inhaltlich weitgehend mit dem „IDW S 7: Grundsätze für die Erstellung von Jahresabschlüssen" abgestimmt, und regelt die allgemeinen und besonderen Anforderungen bei der Erstellung von Jahresabschlüssen durch Steuerberater ohne Beurteilungen, mit Plausibilitätsbeurteilungen und Erstellungen mit umfassenden Beurteilungen. Die Verlautbarung regelt bei zweifelhaften Wertansätzen und Darstellungen im Jahresabschluss das Erfordernis des Steuerberaters entsprechende Hinweise in Bescheinigung und Erstellungsbericht zu geben. Zudem ist der Auftraggeber über Mängel schriftlich zu informieren. Vgl. Tz. 29 – Tz. 31 der BStBK VL-JA 04/2010, Beihefter 16/2010 DStR 2010. Zu den Haftungsrisiken von Steuerberatern bei der Abschlusserstellung im Zusammenhang mit der Verlautbarung der BStBK zu den Grundsätzen für die Erstellung von Jahresabschlüssen vgl. auch *Fuchsen,* Risiken des Steuerberaters bei der Abschlusserstellung in Krisenfällen des Mandanten, KSI 2010, 256 ff.

Dem Steuerberater ist daher grundsätzlich das Anfertigen aussagekräftiger Aktenvermerke zur Belehrung der Geschäftsführer, deren Zustellung an die Mandanten auch nachgewiesen werden kann, sowie das Abfassen aussagefähiger Jahresabschlussberichte mit eindeutigen Hinweisen auf das Vorliegen einer bilanziellen Überschuldung sowie der sich daraus ggf. ergebenden Verpflichtungen für die Geschäftsführer anzuraten. Das weitere Tätigwerden für eine insolvenzreife Gesellschaft, sollte – wenn überhaupt – angesichts einer noch ausstehenden höchstrichterlichen Entscheidung nur vor dem Hintergrund einer nochmaligen Belehrung des Geschäftsführers zu seinen Insolvenzantragspflichten erfolgen. Zudem erscheint der Hinweis angebracht, dass die Beratungstätigkeit nach erfolgter Belehrung des Geschäftsführers erfolgt ist und lediglich eine Unterstützung bei den auch in der Insolvenzreife fortbestehenden handelsrechtlichen und steuerlichen Pflichten darstellt.[46]

4. Typologie der Unternehmenskrise
4.1 Verlauf und Wahrnehmung einer Unternehmenskrise

Im Schrifttum besteht im Grundsatz Konsens darüber, dass die Unternehmenskrise gewissermaßen „nicht über Nacht" eintritt, sondern dass sie das Ergebnis eines, mitunter auch schleichenden, Prozesses ist. Ein plötzliches und damit unerwartetes Auftreten von Krisensituationen ist in der Praxis eher selten anzutreffen. Wenn es zutrifft, was empirische Studien über Krisen- und Erfolgsursachen von Unternehmen zu belegen scheinen, dass die meisten Unternehmenskrisen auf strategische Schwächen zurückzuführen sind, dann müssten sie im Grundsatz vorhersehbar und auch beherrschbar sein.[47] Die Realität zeigt aber deutlich, dass dies ganz offenkundig nicht der Fall ist. Ein wesentlicher Grund hierfür besteht fraglos in der begrenzten Rationalität der unternehmerischen Entscheidungsträger im Erkennen und Wahrnehmen krisenhafter Entwicklungen. Häufig werden Unternehmenskrisen als plötzliche, möglicherweise auch unabwendbare Ereignisse dargestellt, die sich aufgrund ungünstiger unternehmensexterner Rahmenbedingungen ergeben. Tatsächlich besteht gerade bei mittelständischen Unternehmen nicht selten eine strategische Abhängigkeit auf der Kundenseite, die im Fall eines plötzlichen Nachfrageausfalls ein sofortiges Krisenszenario nach sich zieht. Ob solche Abhängigkeiten aufgrund der real existierenden Fertigungs- und Dienstleistungsstrukturen in globalisierten Märkten und Wertschöpfungsketten zumindest temporär überhaupt vermeidbar sind, mag dahin stehen. Geschäftsmodelle, die sog. Klumpenrisiken auf Angebots oder Nachfrageseite zulassen, tragen jedoch bereits im Grundsatz strategische Risiken in sich.

---
[46] Zu einem Musterinformationsschreiben des Steuerberaters an einen Geschäftsführer einer GmbH, bei deren betriebswirtschaftlicher Auswertung eine bilanzielle Überschuldung erkennbar wird vgl. DStV e.V. (Hrsg.), Der Steuerberater in der Insolvenz des Mandanten, Stbg Beilage 7/2010, 27 f.
[47] Vgl. *Gleißner*, Der Einsatz von Ratingprognosen in der Krisendiagnose, Krisennavigator 2004, 104.

Teil 1 Unternehmenskrise und außergerichtliche Sanierung

Unternehmenskrisen, die scheinbar schlagartig auftreten, sind im Regelfall letztlich auf strategische Defizite zurückzuführen.[48] Häufig werden aber strategische Defizite nur deshalb nicht virulent, weil beispielsweise ein positives gesamtwirtschaftliches oder branchenspezifisches Umfeld keinen für die Entscheidungsträger konkreten Handlungsdruck erzeugt. Das Auftreten eines negativen, häufig von externer Seite ausgelösten Impulses, lässt dann nur noch ein für alle erkennbares Krisenszenario entstehen. Das vermeidlich plötzliche Auftreten der Krise ist damit letztlich nur eine Frage der Wahrnehmung durch die unternehmerischen Entscheidungsträger.

24 Auch wenn in der einschlägigen Literatur unterschiedliche Sichtweisen und Abgrenzungen des Krisenverlaufes beschrieben werden, so besteht doch allgemeiner Konsens dahingehend, dass eine Unternehmenskrise regelmäßig verschiedene Stadien durchläuft.[49] Hauschildt differenziert bei der Analyse von Krisenverläufen die finanz- und erfolgswirtschaftliche Perspektive und grenzt diese von der Perspektive der Wahrnehmung durch die Entscheidungsträger ab.[50]

Das Institut der Wirtschaftsprüfer e.V. hat mit dem Standard S 6 „Anforderungen an die Erstellung von Sanierungskonzepten", die verschiedenen Stadien einer Krise unter einer finanz- und erfolgswirtschaftlichen Perspektive behandelt.[51] Hauschildt spricht in diesem Zusammenhang auch von einer objektiven Sichtweise, weil in Abgrenzung zur individuellen Wahrnehmung einer krisenhaften Entwicklung durch die Entscheidungsträger die Krise und ihr Verlauf anhand äußerer Merkmale bestimmbar ist.[52] Im IDW Standard S 6 lassen sich die nachfolgenden Krisenstadien differenzieren:

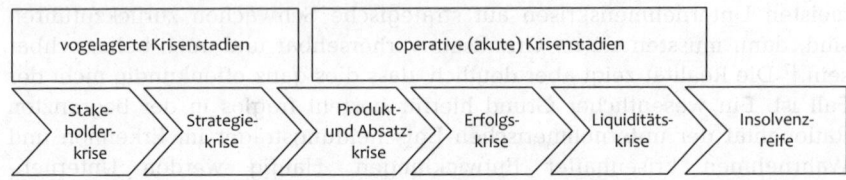

Abb. 5: Krisenverlauf aus finanz- und erfolgswirtschaftlicher Perspektive

Die Darstellung deutet bereits an, dass die einzelnen Krisenstadien in einer zeitlogischen Abfolge auftreten. Dabei spitzen sich Unternehmenskrisen in Bezug auf die Bedrohlichkeit für den Unternehmensfortbestand im Zeitablauf zu. Ergriffene Turnaround- oder Sanierungsmaßnahmen sind nur dann geeignet

---

48 So auch *Töpfer*, Krisenmanagement. Verlauf, Bewältigung und Prävention von Krisen, WiSt 2009, 180 sowie *Müller*, Krisenmanagement in der Unternehmung, 1986, 25 ff.
49 Vgl. exemplarisch auch *Machelett/Simmert*, Sofortmaßnahmen in Krisensituationen, KSI 2010, 25 ff.; *Kistner*, in: Problematische Firmenkundenkredite, 28 ff.
50 Vgl. *Hauschildt*, Die Feststellung der Unternehmenskrise, KSI 2008, 5 f.
51 Der Fachausschuss Sanierung und Insolvenz (FAS) des IDW hat am 07.09.2011 einen Entwurf zur Neufassung des IDW Standards: Anforderungen an die Erstellung von Sanierungskonzepten verabschiedet. Mit diesem Entwurf wurden insbesondere Klarstellungen und ein deutlicherer Bezug zwischen den Anforderungen des Standards und der BGH-Rechtsprechung vorgenommen.
52 Vgl. *Hauschildt*, Die Feststellung der Unternehmenskrise, KSI 2008, 5 f.

eine Insolvenz abzuwenden, wenn Ursachen für die Unternehmensentwicklung in den jeweils vorgelagerten Krisenstadien identifiziert und behoben wurden (Turnaroundmaßnahmen umfassen üblicherweise alle krisenabwendenden Aktionen, die bis zur Liquiditätskrise ergriffen werden. Von Sanierungsmaßnahmen wird häufig ab Eintritt der Liquiditätskrise gesprochen.[53]

Die **Stakeholderkrise** wird beschrieben als Krisenstadium in dem dauerhafte Konflikte unter den Stakeholdern (Unternehmensleitung, Gesellschafter, Arbeitnehmer, Kreditinstitute und andere Gläubiger) auftreten, die sich insbesondere auf das Führungsverhalten negativ auswirken und damit Entscheidungen blockieren. Das Führungsverhalten ist durch Blockaden und Nachlässigkeiten geprägt. Das Unternehmensleitbild hat sich wegen veränderter Rahmenbedingungen überholt oder wird im Unternehmen nicht mehr „gelebt". Kennzeichnend ist, dass die Unternehmenskultur in Frage steht und die Leistungsbereitschaft der Belegschaft nachhaltig schwindet. Dieses Umfeld begünstigt dolose Handlungen und erhöht dadurch die Gefahr von Täuschungen und Vermögensschädigungen.

Die **Strategiekrise** ist insbesondere durch eine unzureichende Orientierung des Unternehmens auf seine Kunden gekennzeichnet. Ausgangspunkt ist häufig eine mangelnde Analyse der relativen Marktstellung des Unternehmens im Hinblick auf seine Wettbewerbspositionierung. Bestimmend sind dabei die Branchenstruktur mit ihren Akteuren, die Verhaltensweisen und Geschäftspraktiken ebenso wie zu beobachtende Markttendenzen zur horizontalen und vertikalen Kooperation und Interaktion unter den Marktteilnehmern. Zudem wird die Wettbewerbsfähigkeit nachhaltig durch marktstrategische Entscheidungen bestimmt. Das Ergebnis strategischer Fehldispositionen sind ein nicht marktkonformes Produktportfolio oder ineffiziente Verfahrenstechniken, unangemessene Investitions- und Deinvestitionsentscheidungen, falsch angelegte Diversifikationen und Kooperationen bis hin zu Fehlern bei der Standortwahl. Ihren erkennbaren Niederschlag findet die Strategiekrise insbesondere im Verlust von Marktanteilen. Von einer strategischen Krise kann somit immer dann gesprochen werden, wenn langfristig wirkende Erfolgsfaktoren (Erfolgspotenziale) gestört oder zerstört werden und damit die Wettbewerbsfähigkeit des Unternehmens nachhaltig ungünstig beeinflusst wird.

Als Folge einer Strategiekrise kann sich eine **Produkt- und Absatzkrise** entwickeln. Äußeres Anzeichen dieses Krisenstadiums ist ein starker Rückgang der Nachfrage nach den Hauptumsatz- und Erfolgsträgern, der nicht lediglich durch saisonale oder temporäre Nachfrageausfälle bedingt ist. Steigende Vorratsbestände und eine damit einhergehende erhöhte Kapitalbindung sind kennzeichnend für diese Krisenphase. Die Produktionskapazitäten werden nicht mehr angemessen ausgelastet und es kommt in der Folge zu Ergebnisrückgängen. Die Ursachen dieser Entwicklung können in unzureichenden Vertriebskonzepten, in falschen Entscheidungen zur Produkt- und Preispolitik, Qualitätsproblemen, Problemen der Liefertreue und falsch angelegten Marketingkonzepten begründet sein. In dieser Phase der Unternehmenskrise wird die nachlassende Marktwirkung des Geschäftsmodells deutlich. Alleinstellungsmerkmale werden von den Kunden nicht mehr erkannt.

---

53 Vgl. auch *Rosenzweig*, Unternehmensberater im Turnaroundprozess richtig einsetzen, KSI 2009, 210.

Die **Erfolgskrise** stellt sich gewissermaßen zwangsläufig ein, wenn nicht in einer der vorherigen Krisenstadien ein wirksames Gegensteuern erfolgt ist. Das Realisieren von Verlusten und der Verzehr des Eigenkapitals bis hin zur Gefahr des Eintritts einer Überschuldungssituation sind äußere Anzeichen der Ertragskrise. Konsequenz der sinkenden Eigenkapitalquote ist, dass das Unternehmen zunehmend kreditunwürdig wird. Die Zahlungsfähigkeit kann dann im Regelfall nur noch im Wege von Kapitalzuführung, ggf. auch unter Änderung der bisherigen Gesellschafterstruktur, aufrechterhalten werden.

Die sich häufig als unmittelbare Folge der Ertragskrise einstellende **Liquiditätskrise** indiziert ein erhöhtes Insolvenzrisiko des Unternehmens. Diese Eskalationsphase der Unternehmenskrise kann auch zum „Sekundentod" des Unternehmens führen. Die Liquiditätskrise beschreibt eine Phase in der die akute Gefahr der Zahlungsunfähigkeit besteht oder die Zahlungsunfähigkeit bereits eingetreten ist. Besonders in diesem Krisenstadium offenbaren sich krisenverschärfende Finanzierungsstrukturen. Mangelnde Fristenkongruenz zwischen Kapitalbindung und Kapitalbereitstellung bzw. -freisetzung (im Regelfall durch zu kurzfristige Finanzierungslaufzeiten), Klumpenrisiken in der Fälligkeitsstruktur von Finanzierungen aber auch heterogene Interessenlagen bei Fremdkapitalgebern (häufig bedingt durch eine unterschiedliche Absicherung vor allem von Kredit- und Finanzierungsinstituten) erweisen sich auch im Rahmen von Sanierungsbemühungen als problematisch.

Die **Insolvenzreife** tritt schließlich bei einer sich zuspitzenden Liquiditätskrise ein, wenn das Unternehmen zahlungsunfähig wird oder im Fall einer negativen Fortführungsprognose aufgrund erforderlicher Umbewertungen im aufzustellenden Überschuldungsstatus die Vermögenswerte die Schulden nicht mehr decken.

Zur Abgrenzung der einzelnen Krisenstadien ist anzumerken, dass eine Abgrenzung von Stakeholderkrise und Strategiekrise zwar methodisch begründbar ist, in der Praxis aber kaum trennscharfe Kriterien auszumachen sind. Dies ist vor allem darauf zurückzuführen, dass die Entscheidungsprozesse zwischen den Stakeholdern von Dritten in aller Regel nur schwer beurteilt werden können. Häufig wird daher auch allgemeiner von einer Strategiekrise gesprochen. Auch die Entkopplung der Ertragskrise von der diesem Krisenstadium vorangehenden Produkt- und Absatzkrise wird in weiten Teilen des Schrifttums aufgrund einer gewissen Unschärfe bei der Abgrenzung der Krisenstadien nicht vorgenommen.[54] Das Krisenstadium wird daher auch häufig nur als Ertragskrise oder operative Krise bezeichnet.[55] Dass eine Unternehmenskrise tatsächlich immer sämtliche Krisenstadien durchläuft, muss allerdings dann relativiert werden, wenn exogene „Schockereignisse" auftreten. So war gerade in Folge der Finanzmarkt- und Wirtschaftskrise festzustellen, dass sich Unternehmen ohne erkennbare Strategiedefizite einer akuten Erfolgs- und Liquiditätskrise ausgesetzt sahen.

---

54 Zu dieser vereinfachten Abgrenzung einzelner Krisenphasen vgl. exemplarisch auch *Schellberg*, Sanierungsmanagement, 2. Zur Abgrenzung der Ertragskrise vgl. ausführlich *Loeber/Weniger*, Die Bewältigung der Ertragskrise, KSI 2007, 120 ff.

55 Vgl. auch *Bickhoff/Blatz* et al., Die Unternehmenskrise als Chance, 9; *Rosenzweig*, Implementierungsstrategie als Erfolgsfaktor im Turnaround-Prozess, KSI 2007, 101 f.

Kapitel 1 Unternehmenskrise

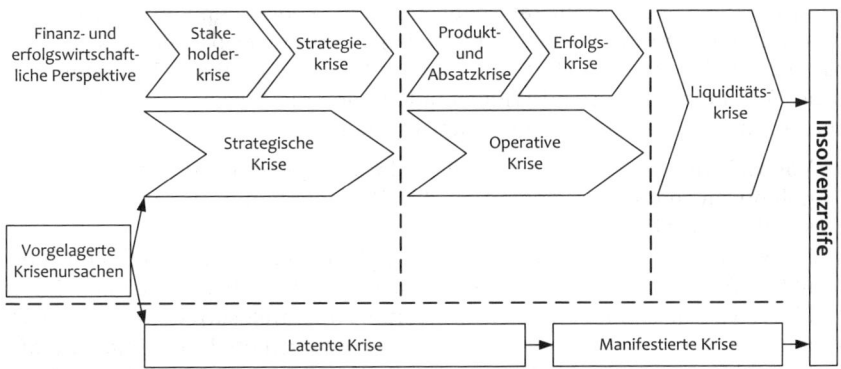

Abb. 6: Krisenverlauf und Krisenstadien

Der finanz- und erfolgswirtschaftlichen Betrachtung kann die Perspektive der subjektiven Wahrnehmung der Krise durch die Stakeholder gegenübergestellt werden. Wird in der Krise primär auf die Problematik der Wahrnehmung von Krisensignalen abgestellt, so wird typologisch zwischen der Phase der latenten und der manifestierten Krise differenziert.

Die Phase der latenten Krise ist dadurch gekennzeichnet, dass der Unternehmensleitung die Krise grundsätzlich bewusst ist. Die Krise ist gleichwohl noch nicht so weit vorangeschritten, dass sie für die übrigen Stakeholder (mit gewissen Einschränkungen bei den Kontrollgremien und den Mitarbeitern) bereits erkennbar wäre. Die Symptome der strategischen und operativen Krisenphase lassen sich durch eine gezielte Informationsabschottung noch für eine gewisse Zeit verbergen. Je länger die operative Krise jedoch andauert, desto bewusster und erkennbarer wird die Krise allerdings auch für die übrigen Stakeholder. Von der manifestierten Krise wird gesprochen, wenn die Krise auch den außenstehenden Stakeholdern, vor allem den Kredit- und Finanzierungsinstituten und übrigen Gläubigern, bewusst wird. In der Phase der Liquiditätskrise dürfte dies unstreitig der Fall sein.[56]

Wird der Krisenverlauf als ein Wahrnehmungsproblem der Stakeholder betrachtet (subjektive Krisenfeststellung), so ist festzustellen, dass diese insbesondere wegen ihres individuellen Informationsstandes die Krise in Bezug auf Frühzeitigkeit unterschiedlich wahrnehmen und die jeweilige Sichtweise auch Verzerrungen unterliegt. Die Unternehmensleitung (Management), die über das für das Unternehmen maßgebliche Wissen über Märkte, Technik, Organisation und Finanzdaten verfügen müsste, sollte grundsätzlich in der Lage sein, frühzeitig krisenhafte Fehlentwicklungen festzustellen und Ände-

---

[56] Grundsätzlich gilt, dass die Unternehmenskrise über die einzelnen Phasen hinweg bis hin zu Insolvenzreife objektiv immer deutlicher erkennbar wird. Vlg. auch *Bales/Brinkmann*, Sanierung von Unternehmen durch Kreditinstitute, 2007, 12. Evertz/Krystek beschreiben ein Phasenmodell der Unternehmenskrise, das neben der Wahrnehmung von Krisensignalen auch die Beherrschbarkeit der Krise betrachtet. Sie unterscheiden die „potentielle", „latente", „akutbeherrschbare" und „akutnicht beherrschbare" Unternehmenskrise. Vgl. *Evertz/Krystek* (Hrsg.): Restrukturierung und Sanierung von Unternehmen, 2010, 22 ff.

rungsprozesse einzuleiten. Tatsächlich führen – abgesehen von einer niemals auszuschließenden fachlichen Unfähigkeit – vor allem psychologische Faktoren zu Wahrnehmungsstörungen bei der Krisenbeurteilung. Folgende typische Verhaltensweisen und Widerstände gegen die Einsicht der Krisensituation können in der Praxis beobachtet werden:

- Vorerfahrungen und Vorausurteile aufgrund gelernter fest etablierter Regelungsmechanismen verzerren die Wahrnehmung für neuartige Zustände und Informationen.
- Es besteht eine Neigung zur Uneinsichtigkeit, wenn sich ein tatsächlich geübtes Verhalten in der Vergangenheit als erfolgreich bewährt hat. Erfolg führt zu Sorglosigkeit und diese wiederum zur „Erfolgsarroganz", die im Regelfall mit einer geringeren Lern- und Änderungsbereitschaft einhergeht.
- Es ist ein häufig zu beobachtendes Bedürfnis von Entscheidungsträgern festzustellen, bereits getroffene Entscheidungen rechtfertigen zu wollen und nach Bestätigung ihrer Entscheidungen zu streben. Insbesondere in Konfliktsituationen getroffene Entscheidungen sollen nicht in Frage gestellt werden, auch wenn sich diese Entscheidungen als nicht oder nicht mehr rational erweisen. Das Ausweichen auf „Nebenkriegsschauplätze" ist sodann eine typische Verhaltensweise, um das zentrale Problem zu umgehen oder zu verdrängen.

Diese Verhaltensweisen und Grundeinstellungen führen dazu, dass die Entscheidungsträger der Unternehmensleitung kritische Krisenimpulse entweder unbewusst übersehen, verdrängen, vergessen oder bewusst verzerren. Die Handlungsweisen können von der bewussten Gestaltung von Sachverhalten und Informationen bis hin zu massiven Manipulationen, insbesondere im Bereich des Rechnungswesens, reichen. Das Ausmaß, in dem die Entscheidungsträger den beschriebenen Wahrnehmungsverzerrungen unterliegen, ist durchaus unterschiedlich. Mitunter kann bereits von den aufbauorganisatorischen Strukturen und dem von der obersten Unternehmensführung verfolgten Führungsstil auf die Gefährdung einer verzerrten Krisenwahrnehmung geschlossen werden. Die in mittelständischen und insbesondere in Familienbetrieben häufig vorherrschenden „Ein-Mann-Regimente" verbunden mit einem autokratischen Führungsstil des Geschäftsführers oder Unternehmensleiters sind besonders anfällig für das hier beschriebene Problem. Unternehmensorganisationen mit einer etablierten zweiten Führungsebene und einem stärker kommunikativen aber ergebnisorientierten Führungsstil sind allein aufgrund stärker rückkoppelnder Entscheidungsprozesse weniger anfällig für die Gefahren, die sich aus der Verdrängung oder Verzerrung von Krisensignalen ergeben.

Neben der Unternehmensleitung selbst können auch andere Stakeholder wie Kredit- und Finanzierungsinstitute oder Geschäftspartner den beschriebenen Einflüssen unterliegen, auch wenn aufgrund individueller Eigeninteressen eine höhere Rationalität im Umgang mit Krisensignalen unterstellt werden kann. Auch der das Unternehmen begleitende Steuerberater gerät vor dem Hintergrund seiner Mandatierung und den geschäftlichen Eigeninteressen nicht selten in die Gefahr, Krisensignale eines Mandatsunternehmens verzerrt wahrzunehmen. Die „Beratung mit zu engem Schulterschluss" zum Mandanten gefährdet mitunter eine professionelle, kritische Grundhaltung insbesondere dann, wenn auch finanzielle Abhängigkeiten oder sonstige enge persönliche Beziehungen zur Unternehmensleitung bestehen. Gerade in Zeiten einer sich abzeichnenden Unternehmenskrise ist aber eine reflektierende Beratung zwingend erforderlich, auch wenn sie Konflikte mit der Unternehmensführung mit sich bringt. Die Gefahr des Mandatsverlustes wird häufig in Phasen einer krisenhaften Entwicklung überschätzt, während mögliche zivil- und strafrechtlichen Risiken, die die Beratung von Unternehmen in der Krise für den Steuerberater mit sich bringen kann, bei diesen nur eine untergeordnete Rolle spielen.

Die Sensibilität zur Wahrnehmung von Krisensignalen durch die Mitarbeiter als eine weitere bedeutende Stakeholdergruppe wird vielfach verkannt. Zwar besteht aus Gründen der Loyalität zum Unternehmen, dem Gedanken zur eigenen Existenzsicherung und mitunter aus einem gewissen Gruppenzwang heraus auch bei dieser Gruppe die Gefahr einer verzerrten Wahrnehmung von Krisensignalen, die Praxis zeigt aber, dass ein verändertes Führungsverhalten der Vorgesetzten als Signal im Rahmen der Strategiekrise bereits sehr frühzeitig wahrgenommen wird. Ob diese Signale richtig gedeutet und interpretiert werden, ist allerdings nicht unbedingt zu unterstellen. Gleichwohl bietet sich hier vor allem für den Steuerberater ein konkreter Ansatzpunkt, um aus Gesprächen mit Mitarbeitern seines Mandatsunternehmens Krisensignale frühzeitig aufzuspüren. Autokratische Führungsstrukturen begrenzen und behindern diese Aktivitäten jedoch mitunter.

Der Verlauf einer Unternehmenskrise ist immer auch dadurch gekennzeichnet, dass sich der Handlungsspielraum im Rahmen des Krisenmanagements über die einzelnen Krisenphasen bzw. Krisenstadien bis hin zur Annäherung an die Insolvenzreife verringert.[57] Während die Stakeholder- oder auch Strategiekrise noch als uneingeschränkt bekämpfbar und damit überwindbar angesehen wird, ist der Handlungsspielraum zur Bekämpfung der Krise im Verlauf der operativen Krisenstadien bedeutend geringer. Bei eingetretener Liquiditätskrise besteht für die Entscheidungsträger zumeist keine Entscheidungsfreiheit mehr, da eine erforderliche Zuführung finanzieller Mittel Kapitalmaßnahmen voraussetzt, die häufig auch Eingriffe in die Eigentümerstruktur zur Folge haben. Der Zusammenhang zwischen Krisenverlauf und Handlungsspielraum ist für die Entscheidungsträger in den Unternehmen aber auch für die mit der Krise befassten Berater von entscheidender Bedeutung.

Verbunden mit dem sich im Ablauf der Unternehmenskrise vermindernden Handlungsspielraum, ergibt sich eine umgekehrte Entwicklung des im Rahmen des Krisenmanagements zu betreibenden Restrukturierungsaufwandes. Dabei wird davon ausgegangen, dass in einer frühen Phase der Unternehmenskrise notwendige Veränderungen noch mit vergleichsweise geringem Aufwand herbeigeführt werden können. Dieser Verlauf erscheint zunächst auch plausibel, ist aber, soweit ersichtlich, empirisch nicht belegt.

---

57 Exemplarisch für diese Einschätzung *Töpfer*, Krisenmanagement. Verlauf, Bewältigung und Prävention von Krisen, WiSt 2009, 181 f.; *Krüger*, Wettbewerbsfähigkeit als Kriterium nachhaltiger Fortführungsfähigkeit (nFFF); Vortragsunterlage zum Vortrag anlässlich des 7. Expertendialogs des BDU-Fachverbands Sanierungs- und Insolvenzberatung in Bonn am 10.03.2006.

Teil 1 Unternehmenskrise und außergerichtliche Sanierung

So fragt sich, ob unter dem Begriff „Restrukturierungsaufwand" ausschließlich monetäre Größen verstanden werden sollen oder ob auch die Intensität der Restrukturierungsmaßnahmen erfasst wird. Unbestritten dürfte der Zusammenhang zwischen Krisenverlauf und dem bestehenden Handlungsdruck zum Ergreifen von Maßnahmen sein, die geeignet sind den Krisenverlauf aufzuhalten.[58]

Der Zusammenhang wird in der nachfolgenden Abbildung dargestellt.

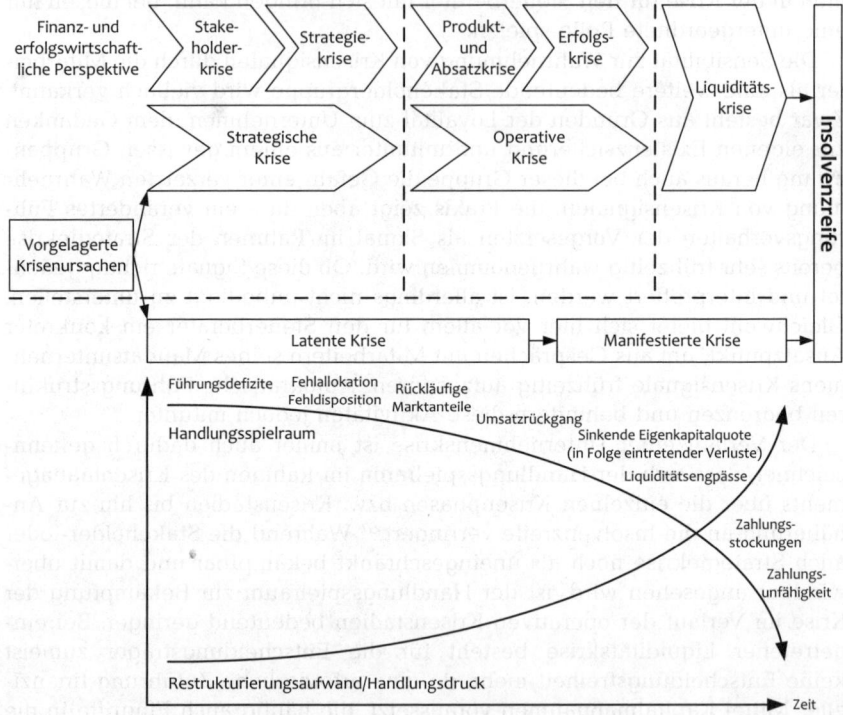

Abb. 7: Zusammenhang zwischen Krisenverlauf und Handlungsspielraum

4.2 Ursachen einer Unternehmenskrise

27 Die Kenntnis der Ursachen einer Unternehmenskrise ist Voraussetzung für deren Bekämpfung. Üblicherweise wird zwischen endogenen, also unternehmensinternen und exogenen, also unternehmensexternen Krisenursachen differenziert.[59] Kennzeichnend für unternehmensexogene Ursachen ist,

---

58 Zum Zusammenhang von Krisenstadien und Handlungsspielraum sowie dem Handlungsdruck vgl. exemplarisch *Bantleon/Schorr*, Risikosteuerung mittels Kostenstrukturmanagement, KSI 2007, 151; *Ifftner*, Praxiserfahrungen zur Rolle der Banken im Restrukturierungsprozess, KSI 2008, 270.

59 *Pfitzer*, Sanierungsprüfung in IDW, WP-Handbuch 2008, Band II, Abschnitt F, 440 ff.; *Crone/Werner*, Handbuch modernes Sanierungsmanagement, 9 ff.; *Hess*, Sanierungshandbuch, 49 ff.; *Maus*, in: Schmidt/Uhlenbruck, Die GmbH in der Krise, Sanierung und Insolvenz, 1.11 bis 1.15; *Schwager*, Dolose Handlungen als Krisenursachen in KMU – Aufarbeitung und Krisenbewältigung, KSI 2008, 259.

dass die Entscheidungsträger keinen direkten Einfluss auf sie nehmen können. Zu nennen sind hier exemplarisch:

- Negative konjunkturelle Entwicklung (auch sinkende Kaufkraft in relevanten Märkten), Rezessionen,
- Schrumpfende, gesättigte Märkte,
- Hohe Wettbewerbsintensität,
- Branchenspezifische Überkapazitäten,
- Veränderung von Markteintrittsbarrieren durch gesetzliche Regelungen und Verordnungen (Marktregulierung und Deregulierung),
- Negative Einflüsse aus steuer- und sozialpolitischen Maßnahmen mit Einfluss auf die Wettbewerbsposition (auch im internationalen Vergleich),
- Etablierung von Substitutionsprodukten,
- Technologiesprünge, verkürzte Produkt- und Entwicklungszyklen,
- Veränderte Wertschöpfungsketten in Folge der weiteren Globalisierung,
- Negative Auswirkungen aus Wechselkursveränderungen und währungspolitischen Maßnahmen,
- Versorgungsschwierigkeiten und Rohstoffverknappungen,
- Streiks bei Lieferanten oder Kunden,
- Naturkatastrophen,
- Politische Krisen, militärische Auseinandersetzungen.

Exogen bestimmte Krisenursachen lösen bei Unternehmen zunächst einen strategischen Anpassungsdruck aus. Das Management ist gefordert auf die Krisenursachen angemessen zu reagieren. Unterbleiben solche Anpassungsmaßnahmen, erfolgen sie nicht rechtzeitig oder wirken sie nicht ausreichend stark, so ist die Unternehmenskrise vorgezeichnet.

Ursachen, die in der Ausrichtung und Tätigkeit des Unternehmens selbst angelegt sind, werden als endogene Krisenursachen bezeichnet. Hauschildt hat im Rahmen einer Clusteranalyse, die Ergebnisse einer empirischen Untersuchung zu den endogenen Krisenursachen gruppiert und zusammengefasst. Danach ergeben sich folgende Krisenursachen und Gruppierungen:[60]

Gruppierung von Krisenursachen	
Ia. Person des Unternehmens - Ein-Mann-Regiment, - Starres Festhalten an früher erfolgreichen Konzepten, - Nepotismus, Ämterpatronage, - Unangemessener patriarchalischer Führungsstil, - Unkündbarkeit, Krankheit, Tod, - Unzureichende Erfahrung und Qualifikation, - Fehlendes Engagement. **Ib. Führungsfehler** - Zentralistischer Führungsstil, mangelnde Delegation,	- Koordinationsmängel, ineffektive Kommunikation, - Fehlende Kontrolle, Konfliktscheu, - Entscheidungsschwäche/Politik der vollendeten Tatsachen, - Hohe Fluktuation des Managements, - Führungssysteme. **IIa. Überhastete Expansion** - Fanatisches Streben nach Umsatzerhöhung oder Marktanteilsausweitung, - Aufbau von Leerkapazitäten, *(Fortsetzung nächste Seite)*

Abb. 8: Übersicht endogener Krisenursachen

---

60 Vgl. *Hauschildt*, in: Hauschildt/Leker, Krisendiagnose durch Bilanzanalyse, 2000, 9.

- Unkritisches externes Wachstum,
- Zu früher Start mit nicht fertig entwickelten Produkten

IIb. Organisation
- Unübersichtliche und starre Organisation/fehlende Flexibilität,
- Fehlen organisatorischer Anpassung,
- Zu großspurige Umstrukturierungen,
- Rechtsformnachteile,
- Ineffizienter Verwaltungsapparat,
- Überproportional steigende Organisations- und Verwaltungsaufwendungen.

IIc. Mangelhaftes Planungs- und Kontrollsystem
- Fehlen eines konsolidierten Abschlusses,
- Defekte in Kostenrechnung und Kalkulation,
- Mangelhafte Erfolgsaufschlüsselung (nach Sparten, Produkten, Kundengruppen, Filialen etc.),
- Fehlende Finanzplanung, Schwächen im Rechnungswesen,
- Mangelhafte Projektplanung,
- Fehlen eines Controllingsystems.

IId. Mängel im Personalwesen
- Fehlende Personalplanung und -entwicklung, überhöhte Personalkosten,
- Hohe Fluktuation,
- Qualifikations- und Motivationsdefizite,
- Schnelle Entlassung unbequemer Mitarbeiter,
- Konflikte mit Arbeitnehmern,
- Scheu vor Belegschaftsabbau,
- Konfliktscheu und mangelnde Härte bei Verhandlungen über Löhne, Gehälter, Sozialleistungen, Sozialpläne, Sachbezüge,
- Unsachgemäße Sparsamkeit bei leistungsfähigen Mitarbeitern.

IIIa. Mängel im Absatzbereich
- Umzeitgemäße Produkteigenschaften, zu hohe/zu niedrige Qualität,
- Zu breites/zu schmales Programm, kein bewusstes Produktportfolio,
- Unzureichende Marktpositionierung, kein Aufbau eines Markennamens,
- Falsche Preispolitik,
- Keine Wertsicherung, keine Gleitpreise,
- Mängel des Vertriebsweges,
- Hohe Produkthaftungsrisiken,
- Ineffektiver oder ineffizienter Marketing-Mix,
- Abhängigkeit von wenigen Abnehmern.

IIIb. Mängel im Investitionssektor und in der Forschung und Entwicklung
- Fehlendes Investitionskalkül,
- Fehleinschätzung des Investitionsvolumens,
- Koordinationsmängel bei der Investitionsabwicklung,
- Zu frühe/zu späte Investition,
- Unterlassen von Investitionen (Investitionsmüdigkeit/unzweckmäßige Investitionshektik),
- Zu geringe F+E-Tätigkeit, keine Portfoliopflege,
- Planlose Produktentwicklung,
- F+E ohne Konzeption,
- Detailbesessenheit,
- Mangelnde Sachkontrolle/zu starke Kontrolle,
- Starres Budgetdenken.

IIIc. Mängel im Produktionsbereich
- Veraltete/zu neue, noch unerprobte Technologie,
- Hoher Produktionsausschuss,
- Qualitätsdefizit wg. mangelhafter Qualitätskontrolle,
- Überkapazitäten,
- Mangelhafte Fertigungssteuerung bei zersplitterter Produktion,
- Zu starre Bindung an eine einzige Produktfamilie/sprunghafter Wechsel der Produktion,
- Unwirtschaftliche Eigenfertigung statt Fremdbezug.

IIId. Mängel in der Beschaffung und Logistik
- Starre Bindung und Abhängigkeit an Lieferanten und Rohstoffquellen,
- Probleme aus dem Umgang mit Lieferanten,
- Politische und Währungsrisiken bei Rohstoffimport,
- Qualitätsprobleme,
- Unzureichende Omptimierung der Beschaffungsprozesse und der Lagerhaltung,
- Großlager am falschen Standort,
- Bau statt Miete von Gebäuden,
- Verquickung von Beschaffung mit Gewinnverwendung.

IV. Mangel an Eigenkapital
- Keine Möglichkeit des Verlustausgleichs,
- Überschätzung der Rücklagen,
- Mangelnde Fristenkongruenz im Langfristbereich,
- Hohe Zinsbelastung,
- Niedrige Kreditwürdigkeit.

(Fortsetzung Abb. 8)

Werden die Krisenursachen weiter strukturiert, so können vier Krisensegmente differenziert werden:

- personengeprägte Ursachen,
- institutionelle Ursachen,
- erfolgswirtschaftliche Ursachen,
- finanzwirtschaftliche Ursachen.

Diese Ursachensegmente werden von Hauschildt[61] auch in Form der sog. „Krisenspinne" (siehe Abb. 9, Seite 36) dargestellt.

Jede einzelne Krisenursache muss für sich genommen noch nicht zwangsläufig eine Unternehmenskrise oder Insolvenzgefährdung zur Folge haben, gleichwohl kann in der Kombination verschiedener Krisenursachen eine durchaus existenzgefährdende Bedrohungslage des Unternehmens erwachsen, die den Krisenverlauf in Gang setzen kann.

Studien, zum kausalen Zusammenhang zwischen Krisenursachen einerseits und Unternehmenszusammenbrüchen andererseits basieren neben wissenschaftlichen Ansätzen verstärkt auch auf empirischen Studien von Unternehmensberatungsgesellschaften und Kreditinstituten.[62] Diesen Studien ist gemein, dass Ursachen, die in der Person des unternehmerischen Entscheidungsträgers bzw. dem Management begründet sind, einen hohen Stellenwert einnehmen. Somit werden Unternehmenskrisen überwiegend endogenen Krisenursachen zugeschrieben. Es erscheint auch eine gesicherte Erkenntnis, dass Unternehmenskrisen in der Regel keinen monokausalen Zusammenhang zu nur einer Krisenursache aufweisen. Vielmehr ist es im Regelfall das Zusammentreffen häufig schon längerfristig strukturell angelegter endogener Krisenursachen, die durch einen negativen äußeren Impuls (exogene Krisenursache) die Krise manifestiert. Die Krise tritt also ein, sobald das Unternehmen auf veränderte Umwelteinflüsse nicht mehr angemessen reagieren kann. Auffällig ist, dass die von einer Unternehmenskrise betroffenen Entscheidungsträger den Zusammenhang zwischen den Krisenursachen und der Unternehmenskrise dahingehend wahrnehmen, dass insbesondere exogene Krisenursachen ursächlich für die Unternehmenskrise sind, während externe Beobachter die Verantwortung der Krisensituation mehrheitlich beim Unternehmer bzw. Management sehen. Dies spricht auch eindeutig dafür, dass die Perspektive der Wahrnehmung einer Unternehmenskrise von zentraler Bedeutung ist.

5. Krisenfrüherkennung im Umfeld der Steuerberatung
5.1 Generelle Bedeutung der Krisenfrüherkennung

Wenn es gelingt Krisen frühzeitig zu erkennen, dann ergeben sich aufgrund der vorhandenen Handlungsspielräume noch konkrete Möglichkeiten zur Überwindung einer Unternehmenskrise. Die ökonomische Bedeutung der

---

61 Vgl. *Hauschildt*, in: Hauschildt/Leker, Krisendiagnose durch Bilanzanalyse, 6.
62 KPMG-Studie, Kreditinstitute und Unternehmensrestrukturierung, Berlin 1999; Studie der Euler Hermes Kreditversicherungs AG/ZIS aus September 2006 zur Einschätzung von 125 deutschen Insolvenzverwaltern zu den häufigsten Krisenursachen.

Teil 1 Unternehmenskrise und außergerichtliche Sanierung

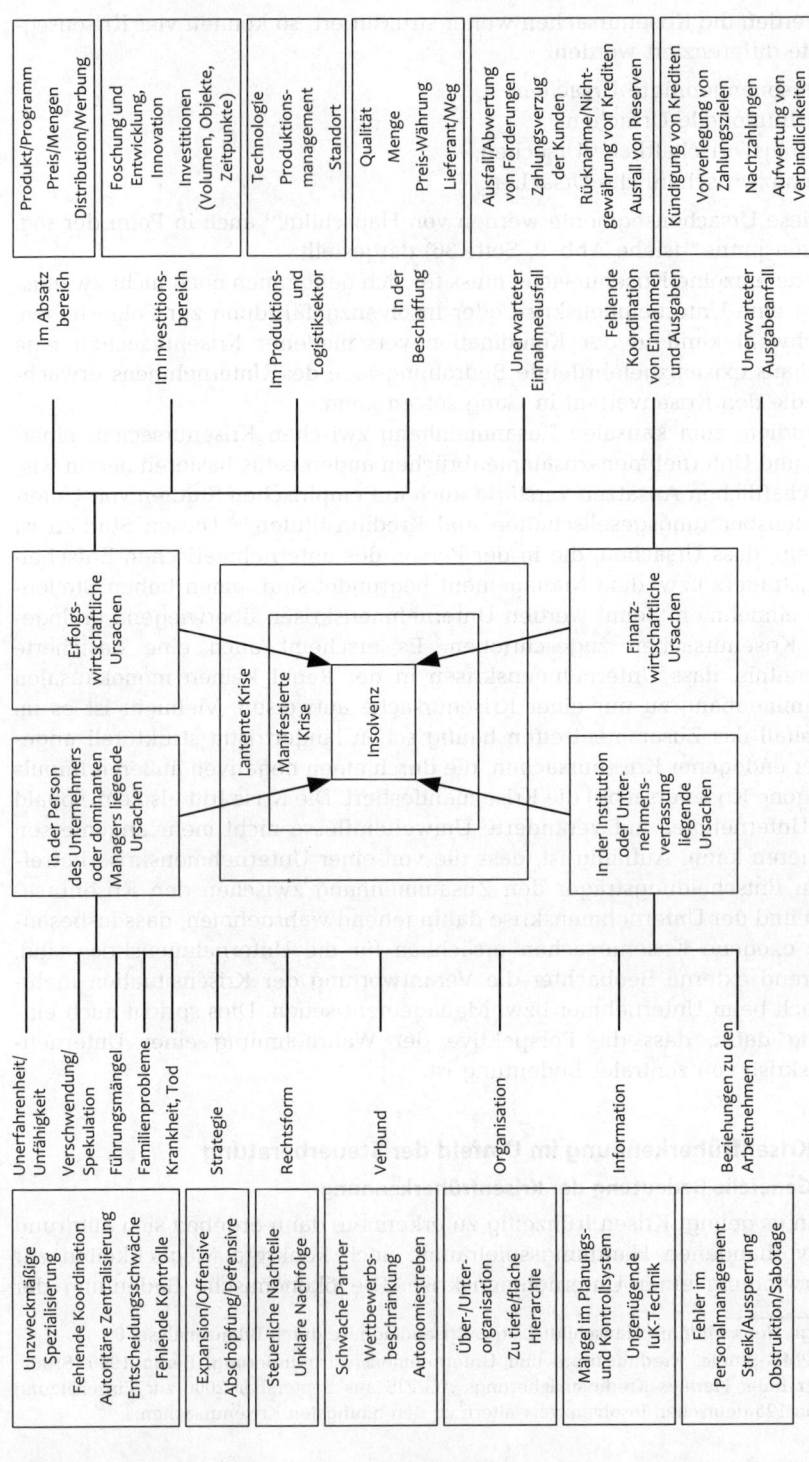

Abb. 9: „Krisenspinne" nach Hauschildt

Kapitel 1 Unternehmenskrise

Krisenfrüherkennung besteht normalerweise darin, dass der Handlungsspielraum abnimmt, je später eine Krise erkannt wird.

Tatsächlich treten Unternehmenskrisen – wie bereits dargestellt – nicht vollständig unvorhersehbar auf. Vielmehr gibt es Frühindikatoren, die es normalerweise erlauben, Strukturbrüche und Krisen vor ihrem eigentlichen Eintreten wahrzunehmen und bereits geeignete Gegenmaßnahmen einzuleiten.

Das frühzeitige oder besser das rechtzeitige Erkennen von Risiken und die Beurteilung der Tragweite von Risiken in Bezug auf deren Eintrittswahrscheinlichkeit sowie die Auswirkung für das Unternehmen insgesamt, ist die wesentliche Aufgabe des Risikomanagements eines Unternehmens. Die Gesamtheit aller organisatorischen Regelungen und Maßnahmen zur Risikoerkennung und zum Umgang mit den Risiken, die aus der unternehmerischen Betätigung resultieren, wird dem Risikomanagement zugeordnet.[63] Grundlage eines Risikofrüherkennungssystems ist zunächst ein ausreichendes Risikobewusstsein und eine hinreichende Kommunikationsbereitschaft der Entscheidungsträger aber auch der operativ tätigen Mitarbeiter.

Die Bestandteile eines Frühwarnsystems umfassen die:

- Identifizierung von allgemeinen und unternehmensspezifischen Risikofeldern, die fortwährend zu überwachen und zu analysieren sind;
- Risikokommunikation, also die Ausgestaltung von Berichtswegen über Risikosignale bis hin zur Unternehmensleitung, wobei Schwellenwerte für die Eskalation zur nächst höheren Hierarchiestufe zu definieren sind;
- Zuordnung von Verantwortlichkeiten und Aufgaben über die Hierarchieebenen des Unternehmens hinweg (zur Prüfung des Risikofrüherkennungssystems vgl. ausführlich IDW PS 340).

Zumeist werden Fragen der Risikofrüherkennung im Zusammenhang mit Großunternehmen diskutiert. Während es zum Aufbau eines Risikomanagementsystems eine rechtsform-spezifische gesetzliche Verpflichtung für börsennotierte Aktiengesellschaften (§ 91 Abs. 2 AktG) seit in Kraft treten des Gesetzes zur Kontrolle und Transparenz im Unternehmensbereich (KonTraG) gibt, existieren vergleichbare Verpflichtung für Unternehmen anderer Rechtsformen und unterschiedlicher Größenklassen nicht. Von einer Ausstrahlwirkung der aktienrechtlichen Verpflichtung auf andere Rechtsformen in Abhängigkeit von Größe und Unternehmensstruktur ist allerdings auszugehen, zumal es zu den Pflichten eines ordentlichen Geschäftsleiters gehört, unternehmerische Dispositionen vor dem Hintergrund der damit verbundenen Risiken zu treffen.[64] Die konsequente Selbstinformation im Drittinteresse ist schlussendlich die beste Insolvenzprophylaxe.

Der Aufwand zur Konzeptionierung sowie die Kosten zur Implementierung von Risikofrühwarnsystemen werden aber in der Praxis für kleinere und mittelgroße Gesellschaften trotz der unbestrittenen Notwendigkeit als zu hoch eingeschätzt. Weit verbreitet ist die Einschätzung, dass sich ein Risikomanage-

---

63 Vgl. IDW PS 340, Die Prüfung des Risikofrüherkennungssystems nach § 317 Abs. 4 HGB, Tz. 2. Zum ganzheitlichen Risikomanagement vgl. auch *Sommerfeld*, Konzeption eines ganzheitlichen integrierten Risikomanagements, KSI 2008, 18 ff.

64 Vgl. auch *Maus*, in: Schmidt/Uhlenbruck, Die GmbH in Krise, Sanierung und Insolvenz, Rn. 1.114.

ment, namentlich ein Risikofrüherkennungssystem, für kleinere und mittelgroße Unternehmen nicht lohne. Dem ist die Insolvenzstatistik entgegenzuhalten, die belegt, dass kleine und mittelgroße Unternehmen stärker insolvenzgefährdet sind. Zudem werden Maßnahmen des Risikomanagements auch für kleine und mittelgroße Unternehmen allein deshalb zunehmend bedeutsam, weil sich auch die Kreditinstitute im Rahmen ihrer Ratinganalysen eingehend mit den Risiken ihrer Kreditkunden beschäftigen und die Kreditvergabe von den Ergebnissen dieser Analysen abhängen.[65] Tatsächlich scheint es so zu sein, dass der Rückgriff auf ein funktionierendes Risikofrüherkennungssystem durch Entscheidungsträger zwar grundsätzlich gewünscht wird, aber die Bereitschaft zur Etablierung eines solchen Systems eher gering ist. Dabei erweist es sich als problematisch, dass Aufgaben der Risikofrüherkennung nur bedingt delegierbar sind; sie bleiben immer eine Aufgabe der Unternehmensleitung. Risikomanagement im Allgemeinen und Risikofrüherkennung im Besonderen sind auch eine Frage der grundsätzlichen Unternehmensphilosophie und Unternehmenskultur und damit Ausfluss einer unternehmerischen Grundhaltung. Risikofrüherkennung ist damit letztlich keine Frage der Unternehmensgröße, auch wenn der zu betreibende Aufwand sinnvollerweise an die Unternehmensgröße und -struktur angepasst werden muss. Auch die Aussagekraft und Akzeptanz von Risikofrüherkennungssystemen muss dynamisch an der Unternehmensstruktur ausgerichtet sein, wenn deren Wirksamkeit sichergestellt werden soll.

33 Systeme zur Risikofrüherkennung lassen sich insbesondere nach dem Grad der zur Verfügung stehenden Informationen in operative und strategische Früherkennungssysteme oder auch Frühwarnsysteme differenzieren.[66]

	Operative Früherkennung	Strategische Früherkennung
Information	wohl-strukturiert; eher quantitativ; geringer Interpretationsbedarf	schlecht-strukturiert; eher qualitativ; großer Interpretationsbedarf
Durchführung	gut delegierbar	schlecht delegierbar
Ergebnis	signifikante Abweichungen	schwache Signale

Abb. 10: Früherkennungssysteme

Früherkennungssysteme, die nicht auf bereits realisierten Sachverhalten und damit auf nicht quantifizierten eher schlecht strukturierten Daten beruhen, basieren zumeist auf dem Konzept der sog. „Schwachen Signale" („weak signals"), dass insbesondere mit dem Namen Igor Ansoff in Verbin-

---

[65] Zur Bedeutung des Risikomanagements auch in Mittelstandsunternehmen vgl. *Rautenstrauch/Wurm*, Stand des Risikomanagements in deutschen KMU – Ergebnisse empirischer Untersuchungen im Mittelstand, KSI 2008, 106 ff. Auch *Troßmann/Baumeister*, Risikokalkulation im Mittelstand, KSI 2008, 212 f.

[66] Vgl. *Krystek/Müller-Stewens*, Frühaufklärung für Unternehmen, 10 ff.; *Rosenzweig*, Strategische Frühwarnung: Umfeldveränderungen rechtzeitig erkennen und nutzen, KSI 2008, 12 ff., *Wilden*, in: Buth/Hermanns, Restrukturierung, Sanierung, Insolvenz, § 3 Rn. 14 ff.

dung gebracht wird und auf Ergebnissen der Diffusionstheorie basiert.[67] Die Grundüberzeugung der strategischen Früherkennung geht davon aus, dass im Grundsatz Ereignisse nicht plötzlich eintreten, auch wenn sie für die betroffenen Entscheidungsträger überraschend auftreten. Damit haben Ereignisse oder auch Diskontinuitäten eine Entwicklungsgeschichte, die auf ihr mögliches Eintreten hinweisen. Diese schwachen Signale gilt es möglichst frühzeitig aufzuspüren, da mit zunehmender Konkretisierung die Manövrierfähigkeit des Unternehmens, verstanden im Sinne einer aktiven Ausrichtung auf die sich anbahnenden Ereignisse, im Zeitablauf abnimmt. Im Mittelpunkt der strategischen Früherkennung steht daher das Erkennen und Auswerten von eher schlechten oder unstrukturierten Daten aus dem Unternehmensumfeld aber auch aus dem Unternehmen selbst. Die Früherkennung ist gleichsam als „strategisches Radar des Unternehmens" zu verstehen.[68] Die schwachen Signale sind regelmäßig in hohem Maße interpretationsbedürftig. Das Aufspüren („scanning"), Analysieren und Beurteilen („monitoring") dieser schwachen Signale bereitet insbesondere deshalb Probleme, weil einfache Ursache-Wirkungs-Zusammenhänge im Regelfall nicht bestehen und schwache Signale im Zeitablauf bei unterschiedlicher konjunktureller Entwicklung auch nicht in gleicher Weise auftreten oder wahrnehmbar werden.[69] Je stärker sich Unternehmen quasi „mit sich selbst beschäftigen", desto mehr nimmt die Fähigkeit ab, unternehmensexterne, schwache Signale wahrzunehmen. Schwache Signale bedürfen stets einer qualifizierten Interpretation durch Entscheidungsträger, die diese deuten müssen. Die Delegation der Risikofrüherkennung auf der Basis schwacher Signale ist somit nicht oder nur schlecht möglich.

Im Gegensatz zur strategischen Früherkennung setzt die operative Früherkennung auf wohlstrukturierten, quantitativ ausgerichteten Daten auf. Sie ist im Gegensatz zur strategischen Früherkennung eher kurzfristig angelegt. Dies setzt voraus, dass Sachverhalte und Umweltzustände, die zur Früherkennung herangezogen werden, bereits realisiert wurden. In zeitlicher Hinsicht setzt die operative Früherkennung damit später an. Basisdaten für operative Früherkennungssysteme liefert vor allem das Rechnungswesen, aber auch verfügbare Marktdaten und Daten aus dem Bereich der Produktionsplanung und -steuerung werden im Rahmen operativer Früherkennungssysteme verarbeitet. Früherkennung wird dabei zumeist mit Hilfe von Kennzahlen auf der Basis von „hard-facts" betrieben, die bereits aus dem Controlling bekannt sind. Abweichungsanalysen im Rahmen von Zeitreihenbetrachtungen oder Soll-Ist-Vergleiche sollen bei Über- oder Unterschreiten definierter Schwellenwerte Hinweise auf Krisensignale geben.[70]

34

---

67 Vgl. *Ansoff*, Anaging Surprise and Discontinuity – Strategic Response to Weak Signals, ZfbF 1976, 129 ff.
68 Vgl. *Konrad*, Strategische Früherkennung: eine kritische Analyse des „Weak signals"-Konzeptes, 49 f.
69 Vgl. *Liebl*, Schwache Signale und Künstliche Intelligenz im strategischen Issue Management, 6 ff.; *Konrad*, Strategische Früherkennung: eine kritische Analyse des „Weak signals"-Konzept, 55 ff.
70 Zur Bandbreite der kennzahlenorientierten operativen Frühaufklärung vgl. *Krystek/Müller-Stewens*, Frühaufklärung für Unternehmen, 45 ff.

Im Mittelpunkt stehen üblicherweise Kennzahlen, die auf der Basis des Jahresabschlusses gewonnen werden. Dabei fokussiert sich die Diskussion insbesondere auf die Frage der Eignung der Kennzahlen zur Krisenfrüherkennung. In der Praxis werden systematische Analysen von Jahresabschlüssen auf der Basis von Kennzahlen vielfach seltener angewendet als dies gemeinhin zu erwarten wäre. Die Interpretationsschwierigkeiten in Bezug auf die Aussagekraft der Vielzahl möglicher Kennzahlen mögen dafür ursächlich sein.[71]

35 Eine Systematik zur Bandbreite der im Rahmen der Jahresabschlussanalyse einzubeziehenden Kennzahlen zeigt die nachfolgende Abbildung 11.[72]

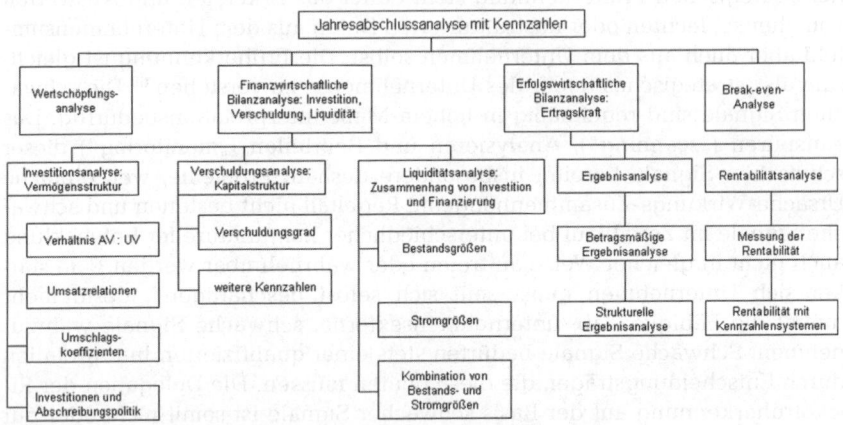

Abb. 11: Systematik von Kennzahlen zur Jahresabschlussanalyse

Die Eignung dieser Kennzahlen oder Kennzahlensysteme für die Krisendiagnose ist zwar wegen ihres Vergangenheits- und Stichtagsbezugs mitunter umstritten, eine Signalwirkung wird aber insbesondere Kennzahlen zur Verschuldung und Liquidität beigemessen. Dies ergibt sich vor dem Hintergrund der Insolvenzantragsgründe, auch wenn ein unter der Prämisse des „going-concern" aufgestellter handelsrechtlicher Jahresabschluss selbstverständlich nicht ohne weiteres geeignet ist, Aussagen über die Zahlungsfähigkeit und Überschuldung zuzulassen. Eine Indikation im Hinblick auf eine mögliche Krisengefährdung wird bei der Eigenmittelquote, dem Verschuldungsgrad, den Liquiditätsgraden, EBIT, der Zinsdeckungsquote sowie dem Cash-Flow vermutet.[73] In der Literatur werden auch verschiedene diskrimi-

---

[71] So auch *Kahl*, Erfahrungswerte für die bilanzorientierte Unternehmensüberwachung, KSI 2008, 79.
[72] Vgl. *Coenenberg*, Jahresabschluss und Jahresabschlussanalyse.
[73] *Kahl*, Erfahrungswerte für bilanzorientierte Unternehmensüberwachung, KSI 2008, 79 f.; Zum Zusammenhang von Eigenkapital und Insolvenzgefährdung vgl. *Gude*, Eigenkapital als Schutz gegen Insolvenzanfälligkeit deutscher Unternehmen, KSI 2008, 124 ff.; zur Krisendiagnose mit Bilanzkennzahlen vgl. ausführlich *Hauschildt/Leker*, Krisendiagnose durch Bilanzanalyse; Erichsen, Krisenprävention mit Checklisten und Kennzahlen, KSI 2007, 171; zu den grundsätzlichen Mängeln der klassischen Kennzahlenanalyse im Hinblick auf eine zuverlässige Krisenfrüherkennung vgl. auch *Wilden*, in: Buth/Hermanns, Restrukturierung Sanierung Insolvenz, 52.

nanzanalytische Verfahren zur Früherkennung von Krisenentwicklungen bei Unternehmen diskutiert. Praktische Bedeutung kommt der multivariaten Diskriminanzanalyse bei Kreditversicherern und im Bankensektor zu.[74]

In Österreich haben seit Inkrafttreten des Unternehmensreorganisationsgesetzes (URG) am 01.01.1997 die Eigenmittelquote und die effektive Verschuldung als Kennzahlen besondere Bedeutung erlangt. Das Reorganisationsverfahren steht Unternehmen offen, die der Sanierung bedürfen aber nach österreichischem Insolvenzrecht weder überschuldet noch zahlungsunfähig sind. Auch wenn es sich beim Reorganisationsverfahren um ein freiwilliges Verfahren handelt, ergeben sich nicht unerhebliche haftungsrechtliche Konsequenzen für die verantwortlichen Organe prüfungspflichtiger juristischer Personen sowie Personengesellschaften bei denen kein persönlich haftender Gesellschafter mit Vertretungsbefugnis eine natürliche Person ist, sofern ein Reorganisationsverfahren nicht eingeleitet wird und es in der Folge zu einer Insolvenz kommt, obwohl die Eigenmittelquote weniger als 8 % (§ 23 URG) und zugleich die Schuldentilgungsdauer mehr als 15 Jahre (§ 24 URG) beträgt. Die Ermittlung der gesetzlich definierten Frühwarnkennzahlen „Eigenmittelquote" und „Entschuldungsdauer" (dynamischer Verschuldungsgrad) gehören in den Abschluss- und Prüfungsberichten der Steuerberater und Wirtschaftstreuhänder seit in Kraft treten des URG in Österreich zum Standard. Die Analyse der Eigenkapitalquoten deutscher Unternehmen im Jahr 2010 sind von der Creditreform im Rahmen einer Analyse zur Finanzierungsstruktur im Mittelstand ausgewertet worden. Danach weisen etwa 31 % der Mittelstandsunternehmen eine Eigenkapitalquote von weniger als 10 % auf. Etwa 27 % der Mittelstandsunternehmen weisen eine Eigenkapitalquote von über 30 % auf.[75]

Insgesamt erscheint es sinnvoll, im Rahmen der Risikofrüherkennung auf eine Kombination langfristig-qualitativer und kurzfristig-operativer Maßnahmen zu setzen.

5.2 Möglichkeiten zur Krisenfrüherkennung durch Steuerberater

Unstreitig liegt es im primären Verantwortungsbereich und im Selbstverständnis der Unternehmensleitung sich mit der Thematik der Krisenfrüherkennung auseinanderzusetzen. Die Praxis zeigt jedoch, dass gerade bei kleinen und mittelgroßen Unternehmen in diesem Bereich erhebliche Defizite bestehen.[76] Dem steuerlichen Berater kommt an dieser Stelle eine wichtige Rolle zu. Gemeinhin wird die Auffassung vertreten, der Steuerberater sei aufgrund seiner Nähe zum Mandatsunternehmen prädestiniert für die Früherkennung von Unternehmenskrisen. "Steuerberater sind die Berater, die dem Mandanten typischerweise von allen Berufen auf Dauer am nächsten

36

---

[74] Zu den Möglichkeiten und Grenzen diskriminanzanalytischer Verfahren sowie von Modellansätzen der neuronalen Netz-Analyse vgl. *Wilden*, in: Buth/Hermanns, Restrukturierung Sanierung Insolvenz, 53 ff.
[75] Vgl. Verband der Vereine Creditreform e.V., Insolvenzen Neugründungen Löschungen, Jahresbericht 2010, mit dem Hinweis, dass zahlreiche Mittelstandsunternehmen auch im Rezessionsjahr 2009 noch Gewinne erzielt und zur Eigenkapitalstärkung genutzt haben.
[76] Vgl. *Erichsen*, Krisenprävention mit Checklisten und Kennzahlen. KSI 2007, 171.

sind. Sie haben die „Hand am Puls" des Mandanten"[77] An den externen Berater verbindet sich zugleich die Erwartung, Schwachstellen des Mandatsunternehmens schneller zu erkennen und konsequenter analysieren zu können, als dies durch den Entscheidungsträger im Mandatsunternehmen vermutlich der Fall wäre.[78] Aber auch mögliche Konsequenzen des Unterlassens von Beratungshinweisen des Steuerberaters in der Unternehmenskrise machen deutlich, dass Krisenfrüherkennung bereits schon aus Gründen des Selbstschutzes durch den Steuerberater bei seinen Mandatsunternehmen betrieben werden sollte. Möglicherweise wird dem Steuerberater im Rahmen der Risikofrüherkennung aber auch eine Kompetenz zugeschrieben, der er häufig nur in Ansätzen gerecht werden kann. So ist in der Beratungspraxis festzustellen, dass ein gezieltes Tätigwerden des Steuerberaters in Fragestellungen der Unternehmenskrise erst dann erfolgt, wenn die Unternehmenskrise bereits im vollen Gange ist und auch für Außenstehende erkennbar wird. Dies könnte darauf hindeuten, dass Maßnahmen einer systematischen Krisenfrüherkennung für Mandatsunternehmen von Steuerberatern nicht oder nur ansatzweise ergriffen werden.

37 Entscheidend ist, dass die im Rahmen der Krisenfrüherkennung identifizierten Symptome bzw. Indikatoren einer Krise zutreffend gedeutet und in der Beratung Maßnahmen zum Gegensteuern in der Krise abgeleitet werden. In Abbildung 11 werden den oben identifizierten Krisenstadien exemplarisch Krisensymptome zugeordnet, wobei die Zuordnung der Krisensymptome zu den Krisenstadien durchaus als fließend zu betrachten sind.[79]

38 Die prinzipiellen Möglichkeiten des Steuerberaters im Rahmen der Krisenfrüherkennung für die betreuten Mandatsunternehmen sind vor allem durch das Auftragsverhältnis zwischen Steuerberater und Mandant sowie den fachlichen und organisatorischen Voraussetzungen in der Steuerberatungspraxis bestimmt.

Das Auftragsverhältnis bietet zunächst den äußeren Rahmen für die prinzipiellen Möglichkeiten einer Krisenfrüherkennung durch den Steuerberater. Besteht die Beauftragung in klar abgegrenzten, nur anlassbezogen abzuwickelnden Beratungsleistungen, so sind die Möglichkeiten des Beraters zur Früherkennung von Unternehmenskrisen sehr begrenzt. Bei Dauermandaten, die insbesondere die laufende Buchführung, die Erstellung des Jahresabschlusses, die Steuerdeklarationsberatung und auch betriebswirtschaftliche Beratungsleistungen mit einschließt, ist ein regelmäßiger Kontakt mit dem Mandatsunternehmen erforderlich. Die Möglichkeiten, einen Beitrag zur Früherkennung von Unternehmenskrisen zu leisten, sind damit in diesen Fällen weitergehender.

---

77 Vgl. *Römermann*, Beratungsfeld Krise: Was Steuerberater daraus machen können. Stbg 2008, 459.
78 Zur generellen Eignung externer Berater im Rahmen der Krisenfrüherkennung vgl. *Seefelder*, Unternehmenssanierung, 78.
79 Zu Krisensymptomen bzw. Indikatoren vgl. auch *Werner/Crone*, Handbuch modernes Sanierungsmanagement, 9 ff.; IDW S 6, Anforderungen an die Erstellung von Sanierungskonzepten, Tz. 54 ff.

Kapitel 1 Unternehmenskrise

Stakeholderkrise	Strategiekrise	Produkt- und Absatzkrise	Erfolgskrise	Liquiditätskrise
Dauerhafte Konflikte zwischen den Stakeholdern (dies sind insbesondere Mitglieder der Unternehmensleitung und der Überwachungsorgane, Gesellschafter, Arbeitnehmer und ihre Vertretungen, Banken und andere Gläubiger)	Keine oder eine nicht mehr zeitgerechte (überalterte) Unternehmensstrategie	Beginnende Absatzschwierigkeiten, Auftragsrückgänge	Verschlechterung der Bilanzkennzahlen - Rückläufige Eigenkapitalquote - Steigende Fremdkapitalquote - Sinkende Umsatzrentabilität - Ausweis von Jahresfehlbeträgen - Ausweis von Bilanzverlusten oder negativem Eigenkapital	Zahlungsschwierigkeiten
Führungs- und Fachkräfte verlassen das Unternehmen	Fehlende Unternehmenskultur, fehlende Unternehmensleitbilder	Ausbleiben von Großaufträgen	Anwendung „kreativer" Bilanzierungsmethoden	Stundungsabreden
Negativ verändertes Betriebsklima	Fehlende Selbstkritik/fehlendes "sich in Frage stellen"	Rückgang des Neukundengeschäftes	Neubewertung von Vermögenswerten (Aufdeckung von stillen Reserven)	Änderung der eigenen Zahlungsweise (z.B. vermehrte Forderungen der Lieferanten nach Vorkasse)
Durchsetzungsdefizite des Managements gegenüber Mitarbeitern	Fehlende Investitionsbereitschaft, insbesondere in neue Technologien	Zunehmender Wechsel von Bestandskunden zu Wettbewerbern	Anstieg der sonstigen betrieblichen Erträge durch Realisierung stiller Reserven (Verkauf von nicht betriebsnotwendigem Vermögen)	Änderung des Zahlungsverhaltens (z.B. keine Skontoausnutzung, nicht Einhaltung von Zahlungszielen)
Dominanz von Individual- und Ressortinteressen	Fehlende oder mangelnde Innovationskraft, sinkende Wettbewerbsfähigkeit	Rückläufige Marktanteile	Ausweis von Bilanzierungshilfen	Zahlungsstockungen
Zunehmende Vermeidung von Kontakten der Mitarbeiter zu den Führungskräften	Kontinuierlicher Rückgang der Abschreibungen	Umsatzrückgang im Kerngeschäft	Auflösung von Rücklagen	Vollständige Ausnutzung von Banklinien
Abnahme der Leistungsbereitschaft und zunehmende Nachlässigkeiten der Mitarbeiter	Fehlende Forschungs- und Entwicklungstätigkeit, Überalterung des Produktportfolios	Verstärktes Einfordern von Rabatten seitens der Kunden, Gewährung von Preisnachlässen	Veränderung bei Ansatz- und Bewertungswahlrechten - Erhöhung von Festwerten - Veränderung der Abschreibungsmethodik oder der Nutzungsdauern	Überziehung von Kreditlinien
Erhöhte Marketingaktivitäten, um Schwächen im Leistungsprogramm zu kompensieren	Rückgängige Aktivitäten im Bereich der Marktforschung	Lageraufbau (verbunden mit erhöhter Kapitalbindung)	Anstieg der Lieferantenforderungen und - verbindlichkeiten bei ansteigenden Kunden- und Lieferantenzielen	Erhöhung der Verbindlichkeiten aus Lieferungen und Leistungen
Höhere Krankenstände	Rückgang der Produktakzeptanz im Markt	Unterauslastung der Produktionskapazitäten, auftragsbedingte Stillstandzeiten	Nutzung des Sale and lease back	Anstieg der Kreditorenlaufzeit
Verzögerte Informationsversorgung aus dem Bereich des Rechnungswesens	Know-how-Verluste durch Personalfluktuation	Verstärktes Auftreten von Qualitätsmängeln und Zunahme von Mängelrügen	Verstärkte Anwendung von Leasingkonstruktionen (Off-Balance-Effekte)	Negativer oder unzureichender Cash Flow
Häufung von Störungen im Produktionsprozess	Unklare Unternehmens- und Personalführung, Kommunikationsdefizite	Verschlechterung des Cash Flow	Erhöhte Forderungsausfälle	Geringe Investitionstätigkeit, Investitionsstau
Verzögerung bei der Auslieferung von Waren	Abnehmende Kundenzufriedenheit, erste Verluste wesentlicher Kunden (Wechsel zu Wettbewerbern), Zunahme von Beschwerden	Fallende Produktivität	Verstärkte Ausnutzung der Banklinien	Leistungskürzungen (z.B. Streichung von Urlaubs- oder Weihnachtsgeld oder Zuschlägen)
Erhöhte Organisations- und Verwaltungsaufwendungen	Zunahme des Marktwiderstandes, der sich an verstärkten Forderungen nach Zugeständnissen zeigt		Rückgang der Skontierträge	Akute Probleme bei der Kapitalbeschaffung
Negative Berichterstattung in den Medien	Einforderung zusätzlicher Sicherheiten für bestehende Kredite oder Ablehnung der Vergabe von Neukrediten		Einführung von Kurzarbeit oder Entlassungen	Kündigung von Kreditlinien, Aufkündigung von Lieferkontrakten
	Zunehmende Intensität im Zusammenhang mit Bankgesprächen		Weichende Kapitalbeschaffungsmöglichkeiten	
	Geringes oder unkontrolliertes Unternehmenswachstum		Reduzierte Deckungsbeiträge umsatzstarker Produkte	
	Abnahme der Lagerumschlagshäufigkeit			

Abb. 12: Exemplarische Auswahl von Krisensymptomen

Über die Möglichkeiten zur Unterstützung des Beraters bei der Früherkennung von Risiken und Krisensymptomen entscheidet in der Beratungspraxis schlussendlich auch die Intensität der Mandatsbeziehung im Praxisalltag. Schon aus Gründen der Arbeitsökonomie erscheint es nicht möglich, die Kontakte zu den Mandanten mit gleicher Intensität zu pflegen. Der Umfang der Beratungstätigkeit verbunden mit dem daraus resultierenden Honorarvolumen, die Komplexität der jeweiligen Geschäftsfelder aber auch der emotionale Zugang zu den Mandanten sind im Regelfall zu heterogen. Grundsätzlich empfiehlt es sich, eine grobe Gruppierung zur Krisengefährdung der Mandate zu entwickeln. Dabei kann eine Segmentierung der Mandate im Hinblick auf ihre Anfälligkeit in Bezug auf exogene und endogene Krisenursachen vorgenommen werden. Darauf aufbauend bietet sich der Einsatz eines Kurzchecks zur Krisenneigung des Mandats mit Hilfe einer

Checkliste an.[80] Ein solcher Kurzcheck ließe sich auch im Rahmen routinemäßiger Grundsatzgespräche institutionalisieren. Das Thema Krisenprävention sollte stets routinemäßig in die laufende Beratung einfließen und auch anlässlich jährlicher Bilanzbesprechungen intensiviert werden.

39

Beurteilung der erfolgswirtschaftlichen Entwicklung   ja   nein

Wurden wesentliche Teile des Betriebsvermögens veräußert?   ☐   ☐

Wachsen die Aufwendungen schneller als der Umsatz?   ☐   ☐

Ist der Margenverfall größer als fünf Prozentpunkte?   ☐   ☐

Ist die Umsatzrendite um mehr als die Hälfte gesunken?   ☐   ☐

Entwickelt sich der Cash Flow in den letzten Jahren negativ?   ☐   ☐

Haben sich die Lagerbestände um mehr als 15 Prozent erhöht?   ☐   ☐

Liegen Erkenntnisse aus einer Erfolgsquellenanalyse vor?   ☐   ☐

In welchen Abhängigkeiten stehen Umsatz und Ertrag?

In welchen Abhängigkeiten stehen Liquidität und Ertrag?

Beurteilung der Liquiditätsentwicklung   ja   nein

Entwickelt sich das Zahlungsverhalten des Unternehmens negativ?   ☐   ☐

Sind Anfragen zur Bonität ihres Unternehmens gestiegen?   ☐   ☐

Sind die Verbindlichkeiten bei Banken und Lieferanten gestiegen?   ☐   ☐

Welchen Einfluss haben die Lagerhaltung, die Einkaufs- und Verkaufsbedingungen und das Mahn- und Inkassowesen auf die Liquidität?

Beurteilung der individuellen Risikoabsicherung des Entscheidungsträgers   ja   nein

Verfügen Sie negben Ihrem Unternehmen noch über Vermögenswerte, die Ihnen im Falle der Insolvenz Ihres Unternehmens verbleiben?   ☐   ☐

Verfügen Sie im Falle der Insolvenz Ihres Unternehmens über alternative Einkommensquellen, um einen reduzierten Lebensstandard zu unterhalten?   ☐   ☐

Werden Ihr Ehegatte und Ihre Kinder im Falle der Insolvenz Ihres Unternehmens in die Haftung genommen?   ☐   ☐

Wenn Sie im eigenen Haus oder in der eigenen Wohnung leben, verbleibt Ihnen diese Immobilie im Falle der Insolvenz Ihres Unternehmens?   ☐   ☐

Ist Ihre Altersversorgung von der erfolgreichen Fortsetzung Ihrer unternehmerischen Tätigkeit abhängig?   ☐   ☐

Können Ihre Kinder auch dann noch eine Ausbildung machen, z.B. das Abitur oder ein Studium, wenn Ihr Unternehmen insolvent werden würde?   ☐   ☐

Abb. 13: Exemplarische Checkliste zur Krisenbeurteilung

---

80 Vgl. zur Anwendung von Checklisten im Rahmen der Krisenfrüherkennung auch *Erichsen*, Krisenprävention mit Checklisten und Kennzahlen. KSI 2007, 171 ff.

Haben Sie einen Risikocheck durch einen erfahrenen Berater durchführen lassen?	☐	☐
Wurde eine optimale Risikovorsorge für das Auftreten von Krisen beim Unternehmen geschaffen?	☐	☐
Verfügt das Unternehmen über einen angemessenen Versicherungsschutz für die durch seine Tätigkeiten typischen Risiken?	☐	☐
Ist die Finanzbuchhaltung und das Berichtswesen so organisiert, dass negative Tendenzen zeitnah zu erkennen sind?	☐	☐

(Fortsetzung Abb. 13)

Die Einbeziehung von Fragen der Krisenfrüherkennung stößt nicht selten auf Barrieren im Mandatsunternehmen. Dies liegt üblicherweise weniger an mangelndem Wissen um die Risiken, die mit der unternehmerischen Tätigkeit per se verbunden sind. Vielmehr tritt darin die Neigung der Entscheidungsträger zum Verzerren, Verleugnen und Verdrängen krisenhafter Entwicklungen hervor. Vielfach ist zu erleben, dass gerade Fragestellungen der Frühwarnung vor Unternehmenskrisen deshalb nicht auf fruchtbaren Boden treffen, weil aufgrund des in der Vergangenheit realisierten Geschäftserfolgs keine Notwendigkeit für Veränderungen gesehen wird. Bereits erkennbare ungünstige Veränderungen im Unternehmen selbst oder im Unternehmensumfeld werden emotional solange verdrängt bis der „Leidensdruck" als Wirkungsschwelle schlicht zu hoch wird. Hier ist der Steuerberater gefordert, das Thema der Krisenfrüherkennung sensibel aber dennoch nachdrücklich vorzutragen und ausreichend zu dokumentieren.

In wie weit der Steuerberater bei der strategischen Frühwarnung vor Unternehmenskrisen mitwirken kann, hängt vor allem von seinen Detailkenntnissen der Mandatsunternehmen ab. Das Aufspüren und Ausdeuten der schwachen Signale über aufziehende Trends und Diskontinuitäten sowie die sich daraus möglicherweise ableitenden perspektivischen Markt- und Produktveränderungen mit Auswirkungen auf die Wettbewerbsposition des Mandantenunternehmens ist bei entsprechender Interessenlage oder auch Spezialisierung sicher in Grenzen möglich aber doch eher unwahrscheinlich. Voraussetzung für eine strategische Früherkennung auf der Basis schwacher Signale ist eine tiefgehende Einbindung des Beraters in die Unternehmensinterna des Mandanten. Die systematische Auseinandersetzung mit möglichen risikobehafteten Zukunftsszenarien und Geschäftsmodellen wird viele Entscheidungsträger in der klassischen Klientel des Steuerberaters bereits selbst überfordern. Ob eine proaktive Beratung auf fruchtbaren Boden trifft, muss daher auch eher bezweifelt werden, zumal dem Steuerberater eine Kernkompetenz auf diesem Gebiet eher nur in begrenztem Maß eingeräumt wird. Aus der Sicht des Beraters ist selbstverständlich auch zu prüfen, ob es ökonomisch überhaupt zielführend ist, ein so tiefgehendes markt- und unternehmensspezifisches know how vor dem Hintergrund des eigenen Honorar- und Zeitmanagements aufzubauen.[81]

---

[81] Die Spezialisierung von Steuerberatern auf bestimmte Branchen oder Berufsgruppen bietet eine ideale Grundlage zur systematischen Krisenfrüherkennung.

Sich abzeichnende Krisenursachen, die abseits des Rechnungswesens beim Mandatsunternehmen dem strategischen Bereich zuzuordnen sind, können allerdings bei entsprechend tiefgehender Befassung mit dem Mandatsunternehmen durch den Steuerberater erkennbar sein. Gespräche mit der Geschäftsleitung aber auch mit Mitarbeitern und Marktpartnern (insbesondere Kreditinstituten) können Anhaltspunkte für krisenhafte Entwicklungen in der Frühphase bieten. Auch Erkenntnisse, die sich aus externen Betriebs- oder Branchenvergleichen in Bezug auf die Positionierung des Mandatsunternehmens ergeben, können wertvolle Hinweise für die Früherkennung von Risiken geben.

42   Unstreitig stellt die operative Krisenfrüherkennung auf der Basis von Kennzahlen – insbesondere des Rechnungswesens – die zentrale Grundlage für den Steuerberater dar. Um eine sinnvolle Krisenfrüherkennung auf der Basis von Kennzahlen durchzuführen, ist es erforderlich, diese Kennzahlen zeitnah und methodisch konsistent zu ermitteln. Sicher kann jede noch so differenziert ermittelte Kennzahl im Rahmen eines Jahresabschlussberichtes sechs oder mehr Monate nach Schluss des Geschäftsjahres nur noch bedingt als Frühwarnindikator dienen. Die monatliche oder auch quartalsmäßige Ermittlung von Kennzahlen und deren Interpretation im Zeitvergleich erscheint sinnvoll, damit eine Frühwarnfunktion unterstellt werden kann. Dies setzt allerdings auch organisatorische und technische Vorkehrungen in der Steuerberatungspraxis sowie Abstimmungen mit dem Mandantenbetrieb voraus.[82]

Was die methodische Konsistenz der Ermittlung von Kennzahlen angeht, so ist diese für Analysezwecke unabdingbar. Häufig ist die Begrenzung auf einige wenige einschlägige Kennzahlen hilfreich. Von Bedeutung ist insbesondere auch die korrekte unterjährige Verbuchung und Kontenzuordnung, um aussagekräftige Kennzahlen zu ermitteln.[83]

Wenn die laufende Buchführung auch zur Bildung von Kennzahlen herangezogen wird, so sollte sichergestellt sein, dass die in der Buchhaltung beschäftigten Mitarbeiter auch über deren Bedeutung informiert sind und diese im Zweifel auch interpretieren können. Die Analyse sollte eher anhand weniger aber auf das Mandatsunternehmen angepasster Kennzahlen erfolgen, um eine Fokussierung auf wesentliche Kernaussagen zu erreichen. Eine Plausibilisierung und Rückmeldung monatlich ermittelter Kennzahlen hat dann auch eine deutliche Qualitätsverbesserung in der sich anschließenden Beratungsleistung zur Folge.

Neben der Ermittlung von Kennzahlen erscheinen unterjährig auch Cash-Flow-Berechnungen zur Krisenfrüherkennung besonders geeignet. Dabei können Mittelbindungs- und -freisetzungseffekte im laufenden Geschäftsbe-

---

82 Auch *Römermann* erkennt Defizite bei der unterjährigen Ermittlung geeigneter Kennzahlen aus dem Rechnungswesen in der Steuerberatungspraxis. Vgl. *Römermann*, Beratungsfeld Krise, Was Steuerberater daraus machen können, Stbg 2008, 459. Zur Bedeutung organisatorischer Strukturen für die Krisenfrüherkennung vgl. auch *Wellensiek/Schluck-Amend*, in: Schmidt/Uhlenbruck, Die GmbH in Krise, Sanierung und Insolvenz, Rn. 1.91 ff.

83 Zum notwendigen Branchenbezug von Kennziffern und Bilanzrelationen vgl. *Kahl*, Erfahrungswerte für die bilanzorientierte Unternehmensüberwachung, KSI 2008, 81.

trieb zusammen mit einer Analyse der Offenen-Posten und der Cash-Positionen bereits als Indikatoren für Fehlentwicklungen dienen. Auch das Erkennen von Veränderungen im Verhalten der Geschäftspartner eines Mandantenunternehmens ist im Rahmen der Buchhaltungsarbeiten erkennbar, sofern das Personal entsprechend geschult ist. Das veränderte Zahlungsverhalten bekannter Geschäftspartner, auch verbunden mit Umfirmierungen, Wechsel der Firmenanschrift, Scheckrückgaben und Rücklastschriften lassen sich als Warnsignale verstehen, die im Rahmen von Mandantengesprächen interpretiert und beurteilt werden müssen.[84]

Insgesamt bleibt festzuhalten, dass der Steuerberater einen wichtigen Beitrag zur Krisenfrüherkennung leisten kann und im Eigeninteresse auch muss. Den Begrenzungsrahmen für eine effiziente Krisenfrüherkennung setzen dabei das Auftragsverhältnis sowie die fachlichen und organisatorischen Voraussetzungen der Steuerberatungspraxis. Den Beitrag, den Steuerberater in der Krisenfrüherkennung für ihre Mandanten leisten können, lässt sich in Bezug auf den Konkretisierungsgrad der Krisenanzeichen, den Reaktions- sowie Gestaltungsspielraum in Hinblick auf das proaktive Einleiten geeigneter Anpassungs- oder Gegenmaßnahmen wie folgt darstellen:

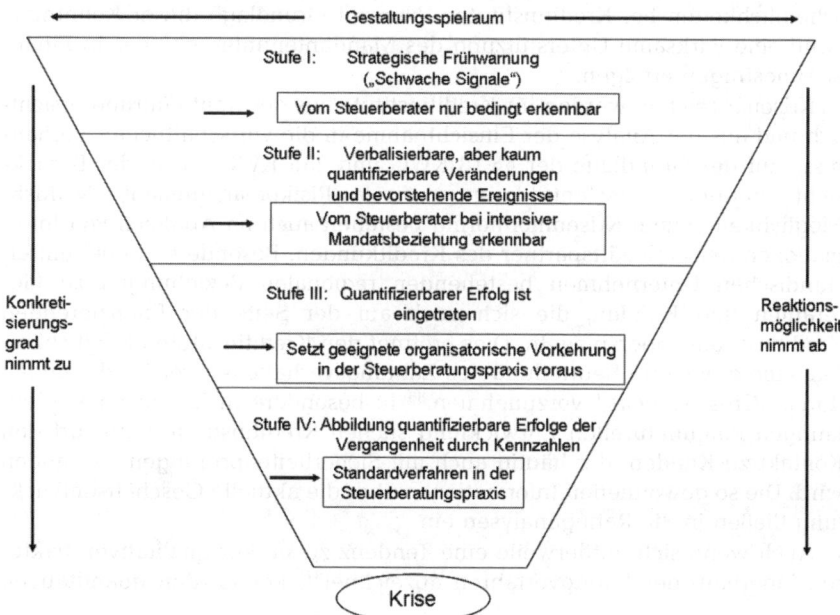

Abb. 14: Anknüpfungspunkte für den Steuerberater in der Krisenfrüherkennung

---

84 Vgl. dazu ausführlich *Erichsen*, Erkennung von Veränderungen im Verhalten wichtiger Geschäftspartner, KSI 2008, 74 ff.; *Erichsen*, Risikoreduzierung durch Rating eigener Kunden und Lieferanten, KSI 2009, 177 ff.; vgl. auch *Gude*, Am Vorabend der Zahlungsunfähigkeit, KSI 2009, 133.

5.3 Krisenfrüherkennung durch Kredit- und Finanzierungsinstitute

44 Krisenfrüherkennung ist nicht nur ein Thema der unternehmerischen Entscheidungsträger und damit auch für deren steuerliche Berater. Vielmehr haben aus unterschiedlichen Motiven heraus auch die Stakeholder im Unternehmensumfeld (Mitarbeiter, Aufsichtsgremien, Geschäftspartner, Kredit- und Finanzierungsinstitute und Abschlussprüfer) ein erhebliches strategisches Interesse an der Risikoeinschätzung des Unternehmens.

Die Identifizierung von Frühwarnindikatoren für sich abzeichnende Unternehmenskrisen und einer damit möglicherweise bestehenden Gefährdung des Kreditengagements stehen neben den Anforderungen an eine risikoabhängige Verpflichtung zur Eigenkapitalunterlegung im Kreditgeschäft auch bei den Ratingverfahren der Kreditinstitute im Vordergrund. Insoweit sind auch die Kredit- und Finanzierungsinstitute aufgrund ihrer häufig exponierten Gläubigerposition nachhaltig an der Aufklärung möglicher krisenhafter Entwicklungen ihrer Kundenunternehmen interessiert.[85] Die in der Folge der Finanzmarkt- und Wirtschaftskrise zu beobachtende restriktivere Kreditvergabepraxis erfordert auch von Steuerberatern Kenntnisse über die Wirkungsweise der Ratingverfahren und damit der Analyse von Kreditausfallwahrscheinlichkeiten bei Kreditinstituten. Nur auf Grundlage dieser Kenntnisse kann eine wirksame Unterstützung des Mandantenunternehmens in Finanzierungsfragen erfolgen.

Krisenanzeichen werden für Kreditinstitute aus der Kontoführung ersichtlich und aus der Analyse der Einsichtnahme in die wirtschaftlichen Verhältnisse auf der Grundlage der §§ 18 KWG und 25a KWG i.V.m. der Berücksichtigung der Mindestanforderungen an das Risikomanagement – MaRisK. Möglichkeiten zum Krisenmonitoring bestehen auch im Abgleich von Informationen der Geschäftspartner des Kreditkunden. Besonders die bei mittelständischen Unternehmen bestehenden regionalen Beziehungen zu Lieferanten und Kunden, die sich auch auf der Seite der finanzierenden Kreditinstitute widerspiegeln. Dies eröffnet den Kreditinstituten Möglichkeiten, eine erweiterte Beurteilung des Zahlungsverhaltens ihrer Kreditkunden durch „Cross-Checks" vorzunehmen.[86] Insbesondere in Zeiten einer rückläufigen konjunkturellen Entwicklung suchen Kreditinstitute vermehrt den Kontakt zu Kunden, der häufig auch mit Sicherheitenprüfungen verbunden wird. Die so gewonnenen Informationen über die aktuelle Geschäftsentwicklung fließen in die Ratinganalysen ein.

45 Auch wenn sich mittlerweile eine Tendenz zu stärker qualitativen Faktoren innerhalb der Ratingverfahren abzeichnet[87], kommt den quantitativen

---

[85] Zur Bedeutung und Möglichkeiten von Kreditinstituten zur Krisenfrüherkennung vgl. *Wittig*, in: Schmidt/Uhlenbruck, Die GmbH in Krise, Sanierung und Insolvenz, Rn. 1.134 ff.

[86] Zu den Möglichkeiten der Kreditinstitute Krisenfrüherkennung auf der Grundlage der bankmäßigen Geschäftsbeziehung zu betreiben (durch Analyse der Kontoführung, Abwicklung des Zahlungsverkehrs und Informationsverhalten des Schuldners) vgl. ausführlich *Wilden*, in: Buth/Hermanns, Restrukturierung Sanierung Insolvenz, 65 ff.

[87] Vgl. zu dieser Entwicklung *Müller*, Bedeutung qualitativer Faktoren im Mittelstandsrating. KSI 2008, 155 ff.; auch *Koch/Woywode*, Ratingfalle für den Mittelstand, KSI 2009, 249 ff.

Kennzahlen unverändert eine zentrale Bedeutung bei der Ermittlung der Kreditausfallwahrscheinlichkeit zu. Eine kennzahlenorientierte Analyse des Mandantenunternehmens muss daher unverändert in eine zielgerichtete proaktive Beratung durch den Steuerberater einbezogen werden.[88] In diesem Zusammenhang ist auch eine Beratung zielführend, die basierend auf der Unternehmensplanung, Veränderungen der Vermögens-, Finanz- und Ertragslage und deren Auswirkungen auf das Rating in Form von Ratingprognosen simulativ berücksichtigt (z. B. Auswirkungen von Investitionsentscheidungen oder Leasingkonstruktionen). Eine zielgerichtete Kommunikation mit den finanzierenden Kreditinstituten ist auf dieser Basis wesentlich professioneller möglich.

Die von Kreditinstituten verwendeten Ratingverfahren wirken regelmäßig prozyklisch rückwärtsgerichtet, d. h. eine positive Analyse führt zu einem positiven Signal in Bezug auf die Kreditvergabe; vice versa. Vermehrt lässt sich feststellen, dass auf der Basis angeforderter Quartals- und Halbjahreszahlen sowie qualitativer Markteinschätzungen die Ratingbeurteilungen auf der Basis der Jahresabschlüsse aktualisiert werden. Zentrale Anknüpfungspunkte für die Kreditbeurteilung ist neben dem operativen Ergebnis vor allem die aktuelle Auftragslage, verbunden mit der Frage nach der Auftragsreichweite. Im Fokus der Analysen steht auch die Verbindlichkeitsstruktur des Unternehmens. Von überragender Bedeutung ist dabei die Fälligkeitsstruktur der Verbindlichkeiten und deren Besicherung. Besonders kritisch werden auch Mittelbindungen durch den Aufbau von Forderungs- oder Vorratsbeständen beurteilt.

Das Einfordern zusätzlicher Informationen zur Krisenfrüherkennung während der Kreditlaufzeit basiert auch bei Finanzierungen in Mittelstandsunternehmen immer öfter auf Grundlage vertraglicher Nebenabreden sog. „Financial Covenants".[89] Mit diesen Klauseln in den Kreditverträgen ist es den Kreditinstituten möglich, Einfluss auf unternehmerische Entscheidungen dahingehend zu nehmen, dass bestimmte definierte Kriterien und Verhaltensweisen beim Kreditkunden eingehalten werden. Zugleich bieten diese Klauseln eine Möglichkeit zur Nachbesicherung und vorzeitigen Fälligstellung von Krediten. Die Aufrechterhaltung der Kreditbeziehung wird somit von der Einhaltung bestimmter erweiterter Kriterien abhängig gemacht. Das Nichteinhalten vereinbarter Financial Covenants wird als Krisenindikator gewertet und bietet die Möglichkeit das Kreditrisiko zu begrenzen.[90] Die Inhalte von Financial Covenants sind vielfältig. Dabei kann es sich um allgemeine Reportingverpflichtungen handeln, die über die Standardanforderungen hinausreichen. Häufig werden Kennzahlen zur Eigenkapitalausstattung (ermittelt durch eine fest definierte Eigenkapitalquote), Zielkorridore für Vorratsbestände, Liquiditätsklauseln (z. B. als Anforderung, dass kurzfristig liquidierbare Vermögenswerte die kurzfristig fällig werdenden Verbindlich-

---

88 Zum Erfordernis von Ratingprognosen vgl. auch *Gleißner/Schaller*, Krisendiagnose und Krisenmanagement, KSI 2009, 153 ff.

89 Zur Bedeutung der Financial Covenants vgl. auch *Mausbach*, Financial Covenants als Disziplinierungsmechanismus in Krisenzeiten, KSI 2009, 255 ff.; *Obermüller*, Insolvenzrecht in der Bankpraxis, Rn. 1154.

90 Vgl. auch *Wilden*, in: Buth/Hermanns, Restrukturierung, Sanierung, Insolvenz, 74.

keiten um ein festgelegtes Maß übersteigen müssen) und Gleichbehandlungsbedingungen mit anderen Kreditinstituten fixiert. Typische Financial Covenants können sich inhaltlich wie folgt darstellen:[91]

Der Kreditnehmer wird dafür Sorge tragen, dass während der Laufzeit des Kredites bei den finanziellen Verhältnissen des Kreditnehmers zu jeder Zeit folgende Anforderungen eingehalten werden:			
Eigenkapitalausstattung (Net Worth)	Verschuldungsgrad (Gearing)	Zinsdeckung (Interest Cover)	Liquidität (Current Ratio)
Das Eigenkapital darf einen Betrag von 3 Mio. Euro nicht unterschreiten.	Die Eigenkapitalquote im Jahresabschluss oder Zwischenabschluss darf 25% nicht unterschreiten.	In den jeweils letzten 12 Monaten darf das Ergebnis der gewöhnlichen Geschäftstätigkeit vor Zinsaufwand nicht geringer sein als das 1,5 fache des Zinsaufwandes.	Die kurzfristig realisierbaren Mittel müssen die kurzfristigen Verbindlichkeiten um das 1,5 fache übersteigen.
Exakte Definition	Exakte Definition	Exakte Definition	Exakte Definition
Information			
Die Einhaltung der vorgenannten Anforderungen wird der Kreditnehmer der Bank anteilsmäßig durch die Vorlage seiner betriebswirtschaftlichen Auswertung, halbjährlich durch die Vorlage einer Zwischenbilanz und jährlich durch den testierten Jahresabschluss nachweisen.			
Kontinuität (Stetigkeit)			
Der Kreditnehmer ist verpflichtet, für die von ihm gem. vorstehender Regelung beizubringenden Zahlenwerke seine bei Abschluss dieses Kreditvertrages zuletzt angewandten Bilanzierungs- und Bewertungsmethoden während der Laufzeit des Kredites beizubehalten.			
Maßnahmen der Risikobegrenzung			
Der Kreditnehmer und die Bank sind darüber einig, dass bei Verletzung der vorstehend vereinbarten Anforderungen an seine finanziellen Verhältnisse eine erhöhte Risikobewertung der Ansprüche gegen den Kreditnehmer gerechtfertigt ist. In diesem Fall ist die Bank berechtigt, die Bestellung (Verstärkung) von bankmäßigen Sicherheiten für diesen Kredit zu verlangen. Kommt der Kreditnehmer seiner Verpflichtung zur Bestellung (Verstärkung) von Sicherheiten nicht innerhalb der von der Bank dafür gesetzten angemessenen Frist nach, ist die Bank zur fristlosen Kreditkündigung aus wichtigem Grund berechtigt.			

Abb. 15: Typische Inhalte von Financial Covenants

Der Steuerberater wird auch durch diese erhöhten Anforderungen von dritter Seite zur unterjährigen Analyse, zur Krisenfrüherkennung und Krisenprävention seines Mandatsunternehmens angehalten, wird er doch häufig mit der Ermittlung der geforderten Kennzahlen und dem Reporting betraut werden.

---

91 In Anlehnung an *Wittig*, in: Schmidt/Uhlenbruck, Die GmbH in der Krise, Sanierung und Insolvenz, Rn. 1.155.

Kapitel 2
Krisenbewältigung

1. Außergerichtliche Sanierung

Für die Frage der außergerichtlichen Sanierung[92] kommt es auf den Zeitpunkt an, in dem der Berater hinzutritt. Befindet sich das Unternehmen „nur" in einer strategischen Krise, wird sich die Sanierung auf strategische Fragen ausrichten müssen. Im Fall der Ergebniskrise sind die Erfolgspotentiale und die Kostenstrukturen zu prüfen.

Oftmals wird der Berater aber erst in der Liquiditätskrise gerufen. Hier, in Insolvenznähe oder bereits bei Insolvenzreife, ist der insolvenzerfahrene Berater gefragt, der die Insolvenz als Sanierungsoption begriffen hat, aber deren Vermeidung ebenso versucht. Eine solche Liquiditätskrise ist erst dann bewältigt, wenn die Insolvenzgefahr oder gar die Insolvenzreife – Vorliegen der Insolvenzgründe Zahlungsunfähigkeit und/oder Überschuldung[93] – beseitigt sind. Bei der Überschuldung sind die für die Insolvenzreife irrelevante bilanzielle und die insolvenzrechtliche Überschuldung zu unterscheiden. An die insolvenzrechtliche Überschuldung knüpfen die straf- und zivilrechtlichen Konsequenzen für die Leitungsorgane von Gesellschaften mit beschränktem Haftkapital an; die Geltendmachung erfolgt erst im eröffneten Insolvenzverfahren.[94] Kommt es zu keinem Insolvenzverfahren, werden die Haftungsnormen nicht relevant. Insofern gilt: Gelingt die außergerichtliche Sanierung, wird niemand nach etwaigen insolvenzrechtlichen Vergehen fragen, gelingt sie jedoch nicht, setzt sich die Geschäftsführung massiver strafrechtlicher und zivilrechtlicher Verantwortlichkeit aus. Insofern wird kein seriöser Berater der Geschäftsführung über den Zeitpunkt der Insolvenzantragspflicht hinaus zur unveränderten Fortsetzung des Geschäftsbetriebs raten können. Liegen die Voraussetzungen der Insolvenzantragspflicht[95] vor,

47

---

92 Der Begriff der „außergerichtlichen Sanierung" bildet die Abgrenzung zum Insolvenzverfahren als gerichtlich gesteuertes Verfahren.
93 Teil 2, Kap. 1, Rn. 313 ff., 347 ff.
94 Zur Zahlungsunfähigkeit und Überschuldung s. Teil 2, Kap. 1, Rn. 310 ff., 347 ff.; zu den haftungsrechtlichen Konsequenzen s. Teil 6, Kap. 2, Rn. 2113 ff., Teil 6, Kap. 3, Rn. 2445 ff.
95 Zu den hierfür geltenden Bestimmungen und Fristen nach § 15a InsO, § 64 GmbHG etc. s. Teil 6, Kap. 2, Rn. 2132 ff.

ist der Insolvenzantrag bei verantwortlicher Geschäftsführung unumgänglich. Jeder Berater ist dabei auf seine ebenfalls drohende Haftung aus möglicher Beihilfe und Anstiftung zu Insolvenzdelikten, insbesondere Beihilfe und Anstiftung zur Insolvenzverschleppung, sowie die daraus auch folgende zivilrechtliche Haftung hinzuweisen.

48 Das Insolvenzrecht bietet hervorragende konzeptionelle und instrumentelle Sanierungsmöglichkeiten, weshalb eine Sanierung in der Insolvenz oft ein guter, schneller Weg ist, einen Geschäftsbetrieb zu erhalten und wieder wettbewerbsfähig zu machen. Die Möglichkeiten werden in der Praxis zu selten erkannt und genutzt. Genannt seien hier beispielhaft nur die übertragende Sanierung und der Insolvenzplan[96] sowie die Sonderrechte des Verwalters insbesondere nach den Vorschriften §§ 103 ff.[97], 120 ff.[98] InsO. Soweit aber eine betriebswirtschaftliche Sanierung zum Erfolg führen kann, sollte und muss diese versucht werden. Die Chancen einer außergerichtlichen Sanierung[95a] hängen auch davon ab, ob die wirtschaftlichen Probleme mit den betriebswirtschaftlichen Mitteln, dem Verhandlungsgeschick der Geschäftsleitung mit den Stakeholdern[99] und den zur Verfügung stehenden frischen Mitteln zu lösen sind oder ob es der Möglichkeiten in der Insolvenz, insbesondere der Sonderrechte des Insolvenzverwalters, bedarf.

49 Scheitert die vorinsolvenzliche Sanierung, indem die Insolvenzantragspflicht mit ihren Konsequenzen für das Unternehmen, die Geschäftsführung, aber auch die Berater eintritt, können die betriebswirtschaftliche Analyse und Sanierung in der Insolvenz fort- und umgesetzt werden.

Im Nachfolgenden sollen die Sanierungsfähigkeit sowie die Vor- und Nachteile außergerichtlicher Sanierung diskutiert werden. An die Phasen einer Sanierung wird sich die Darstellung der leistungs- und finanzwirtschaftlichen Sanierungsmöglichkeiten anschließen. Dabei kann es jedoch an dieser Stelle weniger um eine langfristig neue Ausrichtung des Unternehmens auf neue Märkte und nachhaltige Wettbewerbsfähigkeit gehen als vielmehr um die Beseitigung der akuten Krise in Form der drohenden oder bereits eingetretenen Insolvenzreife.

1.1 Sanierungsfähigkeit

50 Die Krisenbewältigung setzt die Sanierungsfähigkeit des Unternehmens voraus. Diese ist gegeben, wenn ein Unternehmen „mit den vorhandenen Mitteln innerhalb einer vorgegebenen Zeit aus der gegenwärtigen Krise in eine tragfähige sowie beherrschbare Position überführt werden kann."[100] Umfassender als diese Definition ist die Verlautbarung S 6 des Instituts der Wirt-

---

96 S. Teil 3, Kap. 4, Rn. 1153 ff.
97 S. Teil 2, Kap. 8, Rn. 715 ff.
98 Insolvenzarbeitsrecht, Teil 6, Kap. 1, Rn. 1925 ff.
95a Der Begriff der „außergerichtlichen Sanierung" bildet die Abgrenzung zum Insolvenzverfahren als gerichtlich gesteuertes Verfahren.
99 Ein mittlerweile gängiger Begriff für alle am Unternehmen Interessierten wie u.a. Arbeitnehmer, Lieferanten, Gläubiger, Gesellschafter.
100 *Groß*, Grundsatzfragen der Unternehmenssanierung, DStR 1991, 1572.

schaftsprüfer (IDW), dem Standard für Sanierungsgutachten.[101] Danach ist ein Unternehmen sanierungsfähig, wenn es
- fortführungsfähig,
- nachhaltig renditefähig und
- nachhaltig wettbewerbsfähig

ist.

Die Fortführungsfähigkeit stützt sich dabei auf die gesicherte Zahlungsfähigkeit im laufenden und folgenden Geschäftsjahr sowie den Nachweis der Überschuldungsvermeidung in diesem Zeitraum. Fortführungsfähigkeit bedeutet also der Nichteintritt der insolvenzauslösenden Tatbestände bis zum Ende des folgenden Geschäftsjahres. Aufgrund der Abhängigkeit der Überschuldung gemäß § 19 Abs. 2 Satz 1 InsO in der derzeit geltenden Fassung von der Zahlungsfähigkeit ist die Fortbestehensprognose stets Zahlungsfähigkeitsprognose.[102] Ist das Unternehmen (wieder) bis auf weiteres zahlungsfähig[103], droht die Insolvenz nicht mehr.

51

Die Renditefähigkeit verlangt eine branchenübliche Rendite sowie Kapitaldienstfähigkeit, so dass das Unternehmen für Eigen- und Fremdkapitalgeber wieder attraktiv wird. Die Wettbewerbsfähigkeit verlangt eine langfristig gefestigte Marktposition. Zur lange Zeit geforderten Sanierungswürdigkeit verlangt der IDW S 6 keine Aussage mehr, da die Antwort auf die Frage der Sanierungswürdigkeit nach Auffassung des IDW rein subjektiv geprägt ist und dem Ziel des Standards, nur objektive oder zumindest objektivierbare Kriterien zugrunde zu legen, nicht gerecht würde. Die Erwähnung der Sanierungswürdigkeit in den Mindestanforderungen an das Risikomanagement (MaRisk) der Bundesanstalt für Finanzdienstleistungsaufsicht (BaFin)[104] war wohl auf ein redaktionelles Versehen zurückzuführen und ist mittlerweile entfallen. Die Sanierungswürdigkeit ist für einen Berater nicht objektiv zu bemessen. Die beteiligten Stakeholder verfolgen oftmals unterschiedliche und nicht immer objektivierbare Interessen. Daraus folgen unterschiedliche Einschätzungen des Ziels einer Sanierung, letztlich zum Teil subjektive Werturteile über die Vor- und Nachteile.

52

1.2 Vor- und Nachteile einer außergerichtlichen Sanierung

Wer als Leitungsorgan eines Krisenunternehmens entscheiden muss, ob er einen Insolvenzantrag stellt, um das Unternehmen in der Insolvenz zu sanieren, oder ob er es außerhalb der Insolvenz („außergerichtlich") versucht, wird die Vor- und Nachteile abwägen müssen. Vorteile einer außergerichtlichen Sanierung sind die fehlende Publizität und die Flexibilität möglicher Lösungen; weitere genannte Vorteile wie „geringere Kosten" und „kürzere Verfahrens-

53

---

101 Institut der Wirtschaftsprüfer (IDW) S. 6, Anforderungen an die Erstellung von Sanierungskonzepten, veröffentlicht WPg Supplement 3/2010, 109 ff.; dazu ausführlich in Teil 1, Kap. 4. Das IDW hat den Entwurf einer Neufassung (IDW ES 6) vorgelegt.
102 WP-Handbuch 2008, Band II, Abschnitt F., Rn. 6.
103 Zur Abgrenzung der Zahlungsunfähigkeit von der bloßen, nicht zur Insolvenzantrag verpflichtenden Zahlungsstockung s. Teil 2, Kap. 1, Rn. 318.
104 Rundschreiben 15/2009 (BA) v. 14.08.2009.

Teil 1 Unternehmenskrise und außergerichtliche Sanierung

dauer"[105] dürfen angesichts zum Teil immenser Beratungskosten im insolvenznahen Bereich und mit Blick auf die Schnelligkeit einer übertragenden Sanierung oder eines gut vorbereiteten Insolvenzplans bezweifelt werden. Die Insolvenz hat den Nachteil, dass sie stets publik wird und die Krise zunächst oftmals noch verschärft. Dem gegenüber stehen die Vorteile der Sonderrechte in der Insolvenz, die eine Sanierung gegebenenfalls erst ermöglichen und den Versuch einzelner Gläubiger, Vorteile zu Lasten anderer Gläubiger zu erlangen, vereitelt, so dass Vertrauen von Seiten der Beteiligten in die Arbeit eines fähigen Insolvenzverwalters besteht. Genau hier lag lange Zeit das Kernproblem: Die Leitungsorgane, Gesellschafter und Gläubiger hatten bislang keinen Einfluss auf die Auswahl des Insolvenzverwalters. Diese Auswahl ist jedoch die „Schicksalsfrage des Konkurses"[106]. Mit dem Inkrafttreten des Gesetzes zur weiteren Erleichterung der Sanierung von Unternehmen (ESUG) am 01.03.2012[107] hat sich dies weitreichend geändert: Erfüllt das insolvente Unternehmen zwei der drei nachfolgenden Merkmale hinsichtlich Umsatz (9 680 000 €), Bilanzsumme (4 840 000 €) und/oder Arbeitnehmerzahl (fünfzig), ist durch das Insolvenzgericht gemäß § 22a InsO ein vorläufiger Gläubigerausschuss zu bestellen. Gemäß § 56a Abs. 1 InsO ist diesem vorläufigen Gläubigerausschuss vor Bestellung eines vorläufigen Insolvenzverwalters Gelegenheit zu geben, sich zu den Anforderungen an die Person zu äußern. Von einem einstimmigen Vorschlag des Gläubigerausschusses darf das Gericht gemäß § 56a Abs. 2 InsO grundsätzlich nicht abweichen.[108] Soweit sich die Gläubiger bei der Verwalterwahl einig sind, ist die Achillesferse der Sanierung in der Insolvenz für Unternehmen, die zwei der drei genannten Merkmale erfüllen, beseitigt. Es ist davon auszugehen, dass die gestärkte Gläubigermitbestimmung bei der Verwalterauswahl auch auf kleinere Verfahren ausstrahlt, da der gesetzgeberische Wille unverkennbar ist.

54 Im Falle des Insolvenzantrags wird das Insolvenzgericht bei einem laufenden Geschäftsbetrieb eine vorläufige Insolvenzverwaltung anordnen. Diese wird unter www.insolvenzbekanntmachungen.de, dem Portal zur elektronischen Veröffentlichung von Insolvenzmitteilungen, bekanntgemacht. Zu diesem Zeitpunkt wird also publik, dass sich das Unternehmen in wirtschaftlichen Schwierigkeiten befindet, Altforderungen nicht mehr bedient werden und es unter – wenn auch vorläufiger – Insolvenzverwaltung steht. Damit wissen sämtliche Lieferanten und Dienstleister, Kunden und Mitarbeiter sowie die Mitbewerber von den Schwierigkeiten des Unternehmens.

55 Die Lieferanten wissen, dass der vorläufige Insolvenzverwalter alle bis dahin offenen Rechnungen zunächst nicht mehr begleichen wird, sie also auf Forderungen „sitzenbleiben", auf die sie allenfalls eine – oftmals mickrige – Quote erhalten. Sie sorgen sich um regelmäßig unter Eigentumsvorbehalt gelieferte Waren und verlangen diese heraus. Eine Vielzahl von Gesprächen des

---

105 U. a. *Uhlenbruck*, in: Schmidt/Uhlenbruck, Die GmbH in Krise, Sanierung und Insolvenz, Rn. 2.1.
106 So bereits *Jaeger*, in: Jaeger, KO, § 78 Anm. 7.
107 BGBl. I 2011, 2582.
108 Näher hierzu Teil 2, Kap. 2, Rn. 413 ff.

vorläufigen Insolvenzverwalters wird notwendig, um die Lieferanten von der Betriebsfortführung in der Insolvenz zu überzeugen und eine Weiterbelieferung zu erreichen. Nicht selten geschieht dies nur gegen Vorkasse, was das ohnehin liquiditätsschwache Unternehmen weiter belastet. Gleiches gilt für die Dienstleistungsunternehmen, die sofort mit der Einstellung der Leistung drohen und Vorkasse, zumindest aber eine Zahlungszusage[109] des vorläufigen Insolvenzverwalters, verlangen. Die Kunden hingegen zweifeln am Fortbestand des Unternehmens und schauen nach alternativen Anbietern. Dies greifen die Mitbewerber auf, die diese Zweifel wohl zusätzlich schüren und aktiv an bestehende Kundenverbindungen des insolventen Unternehmens herantreten. Je nach Produkt kann dies eine Fortführung vereiteln: Wer kauft noch ein Auto von einem Unternehmen, von dem er nicht weiß, ob das Unternehmen morgen noch Ersatzteile liefern wird? Noch schwieriger ist die Erlangung neuer Aufträge im langfristigen Projektgeschäft, wenn der Auftraggeber nicht sicher wissen kann, ob das Projekt jemals fertiggestellt werden wird.

Schwierigkeiten ergeben sich auch bei den Mitarbeitern. Die guten Mitarbeiter werden sich aus Sorge um die Zukunft nach neuen Beschäftigungsverhältnissen umschauen – wenn sie das Unternehmen nicht bereits in der Krise aus eigener Zukunftsangst verlassen haben. Die Zukunftsangst ist der Motivation abträglich, sich für den Fortbestand des Unternehmens besonders zu engagieren. Auch hier wird es auf die Person des (vorläufigen) Insolvenzverwalters ankommen. Von ihm hängt es ab, ob er den Mitarbeitern die nötige Sicherheit und damit Motivation vermitteln kann und die Belegschaft so zusammenhält. Übrigens ist das oftmals unterschätzte soziale Bewusstsein der Spitzenkräfte – diese sind nicht zu verwechseln und nicht (immer) identisch mit den Führungskräften – oftmals der wichtigste Aspekt, dass diese in der Krise an Bord bleiben und gemeinsam mit dem Insolvenzverwalter das Schicksal zu wenden versuchen. Denn gehen erst die Knowhow-Träger des Unternehmens, kann eine sinnvolle Rettung kaum mehr gelingen, zumal damit auch der Wert des Unternehmens für eine Veräußerung zusammenbrechen wird. Diese Knowhow-Träger stellen einen wesentlichen Teil des Goodwills dar, der im Übrigen auch oftmals der einzig belastungsfreie Vermögenswert[110] eines Unternehmens in der Krise ist und damit für die mögliche Quote der unbesicherten Gläubiger entscheidend sein kann. 56

Der vorläufige Insolvenzverwalter übernimmt die Regie im Unternehmen. Dies geschieht per Beschluss des Insolvenzgerichts, das die vorläufige Insolvenzverwaltung anordnet. Selbst wenn es die sog. Verwaltungs- und Verfügungsbefugnis noch nicht übergeht und es sich damit nur um einen schwachen vorläufigen Insolvenzverwalter gemäß § 21 Abs. 2 Satz 1 Nr. 2, 2. Alt. InsO handelt[111], übernimmt dieser faktisch die Kontrolle, da sämtliche Vermögensverfügungen unter seinem Zustimmungsvorbehalt stehen. Die Ge- 57

---

109 Zur Frage der Wirksamkeit von Zahlungszusagen durch den vorläufigen Insolvenzverwalter, insbesondere den Unterschied zwischen dem starken und schwachen vorläufigen Insolvenzverwalter Teil 3, Kap. 1, Rn. 1018 ff.
110 Das liegt faktisch daran, dass sich der Goodwill nicht rechtlich bestimmt fassen und damit auch nicht besichern lässt. Unter Goodwill sind nicht immaterielle Vermögenswerte wie Patente etc. zu subsumieren, was (leider) häufig geschieht.
111 Dazu ausführlich in Teil 3, Kap. 1, Rn. 1027 ff.

schäftsführung kann ohne seine Zustimmung nicht mehr agieren. Sie verliert die Kontrolle über das Unternehmen. Setzt das Gericht einen sog. starken vorläufigen Insolvenzverwalter ein[112], wird der Kontrollverlust rechtlich manifestiert: Die Verwaltungs- und Verfügungsbefugnis über das Vermögen des schuldnerischen Unternehmens geht auf den vorläufigen Insolvenzverwalter über, § 21 Abs. 2 Satz 1 Nr. 2, 1. Alt., § 22 Abs. 1 Satz 1 InsO. Die Geschäftsführung kann auf die Sanierung des Unternehmens und das weitere Schicksal rechtlich keinen Einfluss mehr nehmen. Es wird darauf ankommen, welche Meinung der vorläufige Insolvenzverwalter von der Geschäftsführung hat, ob er diese in die Betriebsfortführung und Sanierung einbindet.

58 Dies geschah bislang vor dem Hintergrund, dass ein Amtsrichter ohne Mitspracherecht der Gläubiger oder gar der Geschäftsführung und Gesellschafter diese Person, den (vorläufigen) Insolvenzverwalter auswählen konnte. Ob ein fähiger Insolvenzverwalter das Unternehmen fortführt, jede Sanierungsmöglichkeit nutzt und auch ein Insolvenzplanverfahren beherrscht, oder ob ein unfähiger Verwalter aus Angst vor einer etwaigen Haftung aus der Betriebsfortführung den Betrieb unmittelbar faktisch stilllegt und nach der Eröffnung des Insolvenzverfahrens zerschlägt, lag allein in den Händen eines Insolvenzrichters und liegt dort noch für Unternehmen, die nicht zwei der drei genannten Größenmerkmale für Umsatz, Bilanzsumme oder Arbeitnehmerzahl erreichen. Dass der starke vorläufige Verwalter zur Fortführung des Betriebes gemäß § 22 Abs. 1 Satz 2 Nr. 2 InsO verpflichtet ist, bleibt eine zahnlose Norm. Einer faktischen Betriebsstilllegung mangels Zahlungszusagen durch den vorläufigen Insolvenzverwalter an Stromversorger, Lieferanten etc. wird kaum etwas entgegenzusetzen sein.

59 Schon vor Inkrafttreten des ESUG mit dem klaren Willen des Gesetzgebers, die Mitbestimmung der Gläubiger in dieser entscheidenden Verfahrensfrage, der Verwalterauswahl, zu stärken, haben jedoch mehr und mehr Insolvenzrichter eine Mitsprache der Gläubiger und anderer Beteiligter des Insolvenzverfahrens vor der Auswahl des (vorläufigen) Insolvenzverwalters ermöglicht und sich zumindest Vorschläge ergebnisoffen angehört. Bei einigen wenigen Gerichten ist die Mitsprache von Verfahrensbeteiligten gar institutionalisiert, um das Verfahren kalkulierbarer zu machen. Vorreiter war hier das Amtsgericht Detmold mit dem nach ihm benannten „Detmolder Modell".[113]

60 Ein Unternehmer, der um diesen Kontrollverlust und die Konsequenzen der Veröffentlichung weiß, wird das Insolvenzverfahren nicht als willkommene Sanierungsoption sehen. Ist der Zeitpunkt der Insolvenzantragspflicht ohnehin schon überschritten, wird dem Geschäftsführer auch die Strafdrohung bei Insolvenzverschleppung nicht mehr schrecken, befindet er sich doch schon mittendrin. Ohne ein Insolvenzverfahren wird er strafrechtlich nicht zur Verantwortung gezogen werden.[114] Eine Verurteilung wegen der Bankrottdelikte in §§ 283, 283a–d StGB scheidet aus, da objektive Bedin-

---

112 Dazu Teil 3, Kap. 1, Rn. 1021 ff.
113 *Busch*, Die Bestellung des Insolvenzverwalters nach dem „Detmolder Modell", DZWIR 2004, 353.
114 Vgl. *Uhlenbruck*, in: Schmidt/Uhlenbruck, Die GmbH in Krise, Sanierung und Insolvenz, Rn. 2.1.

gung der Strafbarkeit ist, dass „der Täter die Zahlungen eingestellt hat oder über sein Vermögen das Insolvenzverfahren eröffnet oder der Eröffnungsantrag mangels Masse abgewiesen worden ist", § 283 Abs. 6 StGB. Der Geschäftsführer wird also alles tun, ein Insolvenzverfahren zu vermeiden.

Die Ängste des Geschäftsführers, der nicht selten zugleich Gesellschafter ist, vor dem Kontrollverlust und der Publizität sowie der Angst, sein Unternehmen in der Insolvenz zu verlieren, sind durch den Berater ernst zu nehmen. Die Insolvenz ist – solange Insolvenzreife und damit die Insolvenzantragspflicht nicht besteht – zu vermeiden, wenn das betriebswirtschaftliche Instrumentarium zur Rettung ausreicht. Die Hoffnung des Gesetzgebers, mit dem Insolvenzantragsgrund der „drohenden Zahlungsunfähigkeit" eine frühzeitige Einleitung eines sanierenden Insolvenzverfahrens zu ermöglichen, musste in der Vergangenheit aus diesen Gründen erfolglos bleiben. Ob das ESUG hieran etwas ändern wird, bleibt abzuwarten. Es besteht angesichts der Änderungen gerade und auch in den Regelungen der Eigenverwaltung jedoch begründete Hoffnung, dass die Insolvenz zukünftig als Chance erkannt wird. Erkennt der Berater, dass das Unternehmen mit dem gewöhnlichen betriebswirtschaftlichen Instrumentarium nicht zu sanieren ist bzw. die Zeit nicht ausreicht und das Unternehmen auf kurze Sicht insolvent werden wird, sollte er mit seinem Mandanten die Möglichkeiten eines sanierenden Insolvenzverfahrens erörtern und den Mandanten von diesem Schritt überzeugen. *61*

Der Insolvenzantrag und die Betriebsfortführung in der Insolvenz sind vorzubereiten. Zur Vorbereitung des Insolvenzantrags gehört die unbedingte Beachtung des § 13 InsO, der mit Inkrafttreten der geänderten InsO verlangt, dass bei nicht eingestelltem Geschäftsbetrieb bestimmte Forderungen in der Übersicht der Gläubiger besonders kenntlich zu machen sind; außerdem sind Angaben zur Bilanzsumme, zu den Umsatzerlösen und der durchschnittlichen Arbeitnehmerzahl der vorangegangenen Geschäftsjahre zu machen. Der Zusammenhang mit der bereits erwähnten Regelung in § 22a InsO, der die obligatorische Bestellung eines vorläufigen Gläubigerausschusses durch das Insolvenzgericht bei Erfüllung bestimmter Merkmale vorsieht, ist erkennbar. *62*

Die Betriebsfortführung in der Insolvenz kann ebenso bereits vorbereitet werden. So sind u.a. Liquiditätspläne unter Insolvenzbedingungen und Listen mit notwendigen Zahlungszusagen nach Anordnung der vorläufigen Insolvenzverwaltung zu erstellen, um dem sodann bestellten Insolvenzverwalter bereits notwendige Unterlagen zur Verfügung stellen zu können. Soweit die Sanierung in der Insolvenz mittels Eigenverwaltung vorgenommen werden soll, gilt dies vergleichbar, wenngleich statt des vorläufigen Insolvenzverwalters ein Sachwalter an Bord kommt.

Unmittelbar vor der Antragstellung sollte die Geschäftsführung mit den wesentlichen Gläubigern, u.a. der finanzierenden Bank, dem Betriebsrat als Vertreter der Arbeitnehmer, dem wichtigsten Lieferanten zusammentreten und das Vorhaben erläutern. Hierbei sollten die Informationen und die Planung bereits so konkret sein, dass die Gläubiger Vertrauen in das Vorhaben gewinnen können. Vertrauen setzt Transparenz und Plausibilität voraus. Ist das Problem und die geplante Lösung verstanden, werden die Gläubiger die

Teil 1   Unternehmenskrise und außergerichtliche Sanierung

Sanierung auch in der Insolvenz mittragen. Für die Bestellung des Gläubigerausschusses sind Gläubiger vorzuschlagen bzw. auch solche Personen, die erst mit Verfahrenseröffnung Gläubiger werden, § 21 Abs. 2 Nr. 1a i.V.m. §§ 67 Abs. 2, 69ff. InsO. Es sollte sich dabei um die Gläubiger handeln, die bereits informiert sind. Im Insolvenzantrag wäre sogleich auch zu erklären, dass die jeweiligen Gläubiger bereits ihr Einverständnis mit der Bestellung in den vorläufigen Gläubigerausschuss gegeben haben.[115]

Im Ergebnis ist die Tür zu einer geplanten Insolvenz, die die bisherigen Nachteile der massiven Unsicherheit über die Person des Verwalters und der ersten Schritte vermeidet, weit geöffnet. Darin eingeschlossen ist die Eigenverwaltung, die den Kontrollverlust der Geschäftsführung vermeidet. Der verbleibende Nachteil der Publizität des Insolvenzverfahrens könnte in der Zukunft mit den ersten Erfolgen von geplanten Insolvenzverfahren in den Hintergrund treten.

Im Nachfolgenden soll jedoch die außergerichtliche Sanierung Gegenstand sein, da die Insolvenz aller Neuerung zum Trotz natürlich vermieden werden sollte, wo sie zu vermeiden ist.

1.3 Ablauf der Sanierung

63   Der Sanierungsberater wird meist zu einem Zeitpunkt in das Unternehmen gerufen, in dem bereits erhebliche Zahlungsschwierigkeiten bestehen: Fällige Zahlungen werden geschoben, Gläubiger vertröstet, Lieferanten um Geduld gebeten, Auslieferungen an Kunden finden mangels ausreichendem Material nur noch verzögert statt. Die Bank hat bereits wegen der überzogenen Linien um ein Gespräch gebeten, die Mitarbeiter sind nervös, weil Lohn- und Gehaltszahlungen unpünktlich erfolgen. Die Unternehmenskrise ist also bereits zu einer existenziellen Bedrohung geworden, die Sanierung daher konsequent und straff vergleichbar einem militärischen Führungsprozess zu organisieren: Lagefeststellung und -beurteilung, hieraus Ableitung der Planung und des Entschlusses, sodann klare Handlungsanweisungen und Kontrolle der Umsetzung.

Dieser Prozess muss wiederum fortlaufend durchdacht und bei einer veränderten Lage angepasst werden. Die Feststellung einer veränderten Lage muss gegebenenfalls zu einer veränderten Planung und einem neuen Entschluss, in der Folge zu geänderten Handlungsanweisungen führen. Die stetige und konsequente Umsetzung der Handlungsanweisung ist wiederum zu kontrollieren.

1.3.1 Lagefeststellung und Lagebeurteilung

64   Die Lagefeststellung entspricht der ungetrübten Analyse des Ist-Zustandes. Nur auf dieser Basis wird eine Planung des Soll-Zustands möglich. So schreibt das Handbuch für Wirtschaftsprüfer[116], dass der für ein Sanierungsgutachten erforderliche Soll-Ist-Vergleich „zunächst die Beschreibung des

---

115   Im Detail zur Vorbereitung einer Insolvenz Teil 2, Kap. 2, Rn. 414.
116   WP-Handbuch 2008, Band II, Abschnitt F, Sanierungsprüfung, Rn. 2.

Ist-Objekts" beinhalten muss. Erst die folgende Planung führt zum Soll-Objekt, dem Leitbild des sanierten Unternehmens.

1.3.1.1 Schaffung einer Datenbasis und Plausibilisierung der Zahlen

Wer sich mit Krisenunternehmen befasst, weiß, dass in der Buchhaltung oft ein heilloses Chaos herrscht: Eingangs- und Ausgangsrechnungen sind nicht erfasst, Warenbestände ebenso wenig wie gestellte Sicherheiten bekannt, die Kontobewegungen nicht aktuell gebucht und die vorhandene Liquidität nicht ad hoc bekannt. Kostenstellen sind regelmäßig nicht eingerichtet, Kosten werden nicht in Gemein- und Einzelkosten getrennt erfasst, Deckungsbeiträge vollkommen unbekannt. Die verfügbaren Daten und Unterlagen sind nicht vollständig und obendrein unzuverlässig. 65

Oftmals muss für eine solide Lagefeststellung daher zunächst eine verlässliche Buchhaltung und ein funktionierendes Controlling aufgebaut werden – dies jedoch unter enormen Zeitdruck, da die Insolvenzantragspflicht mit der Drei-Wochen-Frist (vgl. § 15a InsO) wie ein Damoklesschwert über der Situation schwebt. Fehlt es an dem notwendigen Datenmaterial, können die unternehmerischen Teilbereiche nicht ausreichend genau analysiert werden. Einfach gesagt: Nur Schwachstellen, die bekannt sind, kann man beseitigen. Eine betriebswirtschaftliche Analyse und Steuerung benötigt eine verlässliche Datenbasis, an der es schon in wirtschaftlich stabilen Unternehmen regelmäßig mangelt. In Krisenunternehmen ist dieser Mangel oft (mit-)ursächlich für die Situation. Kennt das Unternehmen beispielsweise die Kosten nicht im Detail nach Kostenarten und Kostenstellen, kann es keine produkt- oder kundenbezogenen Deckungsbeiträge berechnen, werden steigende Rohstoffkosten nicht im Verkaufspreis berücksichtigt. Ist die Buchhaltung nicht aktuell, fallen Zahlungsverzögerungen bei Kunden nicht oder zu spät auf; zugleich besteht kein Überblick bei den Verbindlichkeiten und die möglicherweise bereits eingetretene Zahlungsunfähigkeit wird nicht erkannt, was angesichts der scharfen Haftungsfolgen für das Management fatal sein kann. 66

Die Unfähigkeit des Managements, eine solche Datenbasis in der Vergangenheit zu schaffen und zu nutzen sowie das fehlende qualifizierte Personal in diesem Bereich führen oftmals zwingend zur Notwendigkeit externer Hilfe, insbesondere von sanierungserfahrenen Beratern. Diese bringen die benötigten personellen Ressourcen sowie das Expertenwissen für den Aufbau eines verlässlichen Controllings und – aufgrund der Ferne zum Unternehmen – die notwendige Objektivität ein.[117] 67

Sobald eine solide Datenbasis geschaffen ist, sind die Informationen – z. B. Umsatz je Produkt(-gruppe) oder je Mitarbeiter, Liquidität 1., 2. und 3. Grades etc. – für die mit Entscheidungen befassten Mitarbeiter zugänglich zu machen. Die Zahlen und die Darstellung müssen nachvollziehbar und jederzeit plausibilisierbar sein. Grafische Darstellungen wie die Gegenüberstellung von Umsatz, Fix- und variablen Kosten, fälliger Verbindlichkeiten und vorhandener liquider Mittel etc. sind hilfreich; Kuchendiagramme mit Ver- 68

---

[117] Zum Ganzen auch WP-Handbuch 2008, Band II, Abschnitt F, Sanierungsprüfung, Rn. 13.

teilung der Umsätze über Märkte bzw. Kundengruppen, Kurven mit der Entwicklung der Waren- und Auftragsbestände etc. helfen, schnellstmöglich einen Überblick über die Lage und Lageentwicklung zu erhalten. Die klassische, schulmäßig durchgeführten Kostenarten-, Kostenstellen- und Kostenträgerrechnung, also Transparenz in der Kostenstruktur, sind der Ausgangspunkt zum Angriff auf die Kosten.

Es ist bei der Analyse der Zahlen stets darauf zu achten, dass Daten des Unternehmens nie unkritisch und unplausibilisiert übernommen werden.

69 Darüber hinaus sind eine eingehende Dokumentation der tatsächlichen Abläufe und deren Analyse notwendig. So sind – nur beispielhaft – die Prozesse des Wareneinkaufs, Durchlaufzeiten in der Produktion, die Vertriebsorganisation eingehend zu beleuchten. Die Instrumentarien der Produktionsplanung und -steuerung (PPS) weisen oftmals erhebliches Optimierungspotential auf, die einen umfassenderen Beratungsansatz als nur die betriebswirtschaftliche und juristische Sicht notwendig machen. Die Einbindung von Ingenieuren und Konstrukteuren zu einem frühen Zeitpunkt kann in einer umfassenden Beratung sinnvoll oder gar notwendig sein.

1.3.1.2 Finanzwirtschaftliche Analyse

70 Nachdem eine Zahlenbasis geschaffen wurde, beginnt die Feststellung der finanzwirtschaftlichen Lage des Unternehmens. Zunächst und vorrangig muss die Frage nach den vorhandenen Mitteln und den fälligen Verbindlichkeiten gestellt werden. Dies lässt einen sofortigen Schluss auf die Frage der Zahlungsfähigkeit im Sinne des Insolvenzrechts zu. Reichen die liquiden Mittel nicht aus, um die fälligen Verbindlichkeiten zu bedienen, ist die insolvenzrechtliche Zahlungsunfähigkeit zu prüfen.[118] Ist das Unternehmen noch im insolvenzrechtlichen Sinne zahlungsfähig, kann eine eingehende Untersuchung des wirtschaftlichen Ist-Zustandes beginnen.

71 Die Entwicklung des Unternehmens in der Vergangenheit ist anhand diverser Kennzahlen zu ermitteln und darzustellen. Die Jahresabschlussanalyse mittels Kennzahlen[119] bietet neben dem Blick in die Vergangenheit zugleich die Möglichkeit der Analyse der Unternehmensentwicklung, wenn diese parallel über mehrere Jahre zurück ermittelt wird. Beispielhaft sollen nachfolgend einige Kennzahlen genannt werden:

---

118 Hier detailliert Teil 2, Kap. 1, Rn. 313 ff.
119 Teil 1, Kap.1, Rn. 42.

Zur Vermögensstruktur:

$$\frac{\text{Anlagevermögen}}{\text{Gesamtvermögen}} \times 100 = \textit{Anlageintensität [\%]}$$

$$\frac{\text{Umlaufvermögen}}{\text{Gesamtvermögen}} \times 100 = \textit{Umlaufintensität [\%]}$$

$$\frac{\text{Kumulierte Abschreibungen auf das Sachanlagevermögen}}{\text{Sachanlagevermögen zu historischen Anschaffungs- bzw. Herstellungskosten}} \times 100 = \textit{Anlagenabnutzungsgrad [\%]}$$

Zur Kapitalstruktur:

$$\frac{\text{Nettoinvestitionen in das Sachanlagevermögen}}{\text{Sachanlagevermögen zu historischen Anschaffungs- bzw. Herstellungskosten}} \times 100 = \textit{Investitionsquote [\%]}$$

$$\frac{\text{Jährliche Abschreibungen auf das Sachanlagevermögen}}{\text{Sachanlagevermögen zu historischen Anschaffungs- bzw. Herstellungskosten}} \times 100 = \textit{Abschreibungsquote [\%]}$$

$$\frac{\text{Eigenkapital}}{\text{Gesamtkapital}} \times 100 = \textit{Eigenkapitalquote [\%]}$$

$$\frac{\text{Fremdkapital}}{\text{Gesamtkapital}} \times 100 = \textit{Fremdkapitalquote (Anpassungsgrad) [\%]}$$

$$\frac{\text{Fremdkapital}}{\text{Eigenkapital}} \times 100 = \textit{Verschuldungsgrad [\%]}$$

Abb. 16: Kennzahlen zur Vermögens- und Kapitalstruktur[120]

---

120 *Lambrecht*, Grundlagen des Jahresabschlusses und der Jahresabschlussanalyse, 109.

74 Die Entwicklung der Eigenkapitalquote zeigt die Belastungen der Gesellschaft aus der Vergangenheit und die in aller Regel in Krisenfällen gesunkene Fähigkeit, weitere Verluste zu verkraften. Im Falle einer bilanziellen Überschuldung ist unverzüglich auch die Frage einer insolvenzrechtlichen Überschuldung zu klären, wenngleich die insolvenzrechtliche Überschuldung als Insolvenzgrund in der derzeitigen Fassung ihre Schärfe verloren hat. Ein nicht durch Eigenkapital gedeckter Fehlbetrag ist allenfalls ein Indiz für eine insolvenzrechtliche Überschuldung[121], löst aber entsprechend Prüfungspflichten aus. Hat das Unternehmen eine positive Fortführungsprognose, ist es insolvenzrechtlich nicht überschuldet.[122] Die Geschäftsführung muss demnach prüfen, ob eine positive Fortführungsprognose besteht, mithin die Zahlungsfähigkeit im laufenden und folgenden Geschäftsjahr aufrecht erhalten werden kann.[123]

75 Die Kennzahlen zur Liquiditätsstruktur stellen die Zahlungsfähigkeit oder auch -unfähigkeit transparent dar:

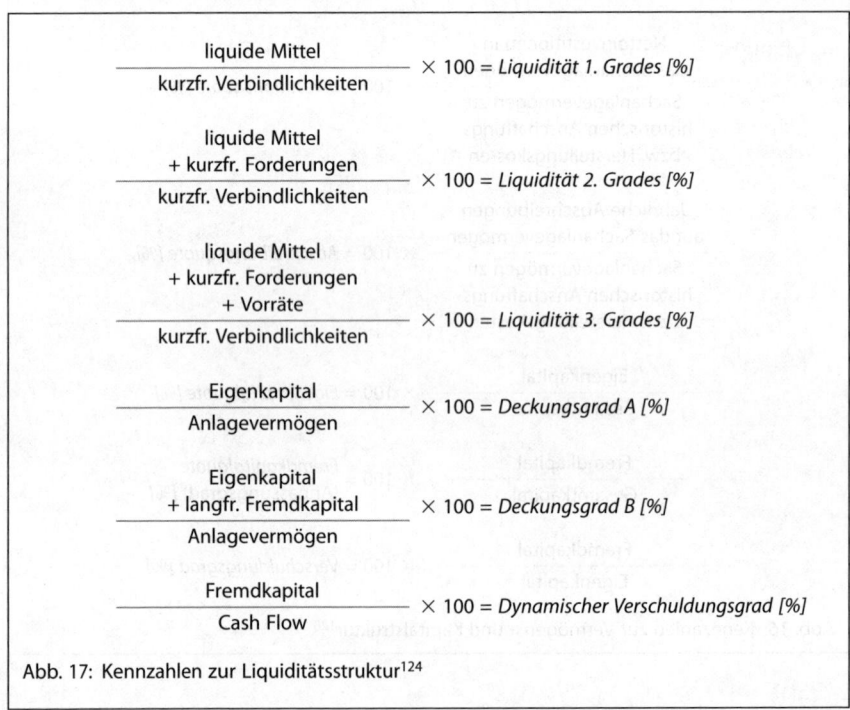

Abb. 17: Kennzahlen zur Liquiditätsstruktur[124]

---

[121] *Hass/Hossfeld*, in: Gottwald, Insolvenzrechts-Handbuch, § 92 Rn. 68; *Gogger*, in: Gogger, Insolvenzgläubiger-Handbuch, 2. Teil, 45.
[122] Dazu im Einzelnen Teil 2, Kap. 1, Rn. 357 ff.
[123] Zur Überschuldungsprüfung: Teil 2, Kap. 1, Rn. 310.
[124] *Lambrecht*, Grundlagen des Jahresabschlusses und der Jahresabschlussanalyse, 110.

Ist die Liquidität 1. Grades kleiner als 100 (%), ist das Unternehmen hinsichtlich eines Teils der kurzfristigen Verbindlichkeiten nicht zahlungsfähig; Hoffnung besteht, wenn die Liquidität 2. Grades größer ist als 100 (%), da es dann auf die Fristigkeiten der kurzfristigen Forderungen zu den kurzfristigen Verbindlichkeiten ankommt. Gehen die Zahlungen auf eigene Forderungen vor Fälligkeit der Verbindlichkeiten ein, werden die Mittel zum Zeitpunkt der Fälligkeit der Verbindlichkeiten ausreichen. Die Liquidität 3. Grades ist nur dann relevant, wenn der Umschlag der Vorräte zur Liquiditätsbeschaffung im Zeitpunkt der Fälligkeit der Verbindlichkeiten ausreicht – immer zuzüglich der anderen Mittel (Liquide Mittel und kurzfristige Forderungen). Die Liquiditätsgrade bringen also die zukünftige Zahlungsfähigkeit zum Ausdruck, wenngleich sie mangels einer genauen Bestimmung der jeweiligen Fristigkeiten hierfür nur einen Anhaltspunkt bieten. 76

Die übrigen Kennzahlen zeigen die Finanzierung des Unternehmens, wobei der dynamische Verschuldungsgrad aufzeigt, um wie viel die Verbindlichkeiten den Mittelzufluss übersteigen, anders ausgedrückt: Wie schnell das Unternehmen in der Lage ist, aus seinem Cashflow die bestehenden Verbindlichkeiten zu tilgen.

1.3.1.3 Erfolgswirtschaftliche Analyse

Für die Analyse des Erfolgs soll durch Kennzahlen u.a. die Ertragskraft des Unternehmens dargestellt werden. Beispielhaft sollen hier folgende Kennzahlen genannt werden: 77

$$\frac{\text{Personalaufwand}}{\text{Gesamtleistung}} \times 100 = \textit{Personalaufwandquote [\%]}$$

$$\frac{\text{Materialaufwand}}{\text{Gesamtleistung}} \times 100 = \textit{Materialaufwandquote [\%]}$$

$$\frac{\text{Abschreibung auf Sachanlagen}}{\text{Gesamtleistung}} \times 100 = \textit{Abschreibungsquote [\%]}$$

$$\frac{\text{Jahresüberschuss}}{\text{Eigenkapital}} \times 100 = \textit{Eigenkapitalrentabilität [\%]}$$

$$\frac{\text{Jahresüberschuss}}{\text{Umsatz}} \times 100 = \textit{Umsatzrentabilität [\%]}$$

$$\frac{\text{Jahresüberschuss} + \text{Fremdkapitalzinsen}}{\text{Eigenkapital} + \text{Fremdkapital}} \times 100 = \textit{Gesamtkapitalrenditabilität [\%]}$$

$$\frac{\text{Umsatz}}{\text{Gesamtkapital}} \times 100 = \textit{Kapitalumschlag [\%]}$$

Abb. 18: Erfolgswirtschaftliche Analyse[125]

---

[125] *Lambrecht*, Grundlagen des Jahresabschlusses und der Jahresabschlussanalyse, 111 f.

78   Da sich die Kennzahlen regelmäßig auf den Jahresabschluss stützen, haben sie den Nachteil, vergangenheitsbezogen zu sein und der Wahrheitsgehalt leidet unter den bilanzpolitischen Möglichkeiten. Daher sind die Zahlen stets zu plausibilisieren.

79   Sämtliche Kennzahlen können dazu genutzt werden, einen Branchenvergleich zu ziehen. Zugleich sind Kennzahlen angesichts des hohen Abstraktionsgrades – sie umreißen eine komplexe Situation mit einer Zahl – stets nur ein Anhaltspunkt, können jedoch keine fundierte Lösung vermitteln.

1.3.1.4 Branchenvergleich

80   Die dargestellten Kennzahlen können wie weitere Kennzahlen (Umsatz pro Mitarbeiter, durchschnittliche Personalkosten pro Mitarbeiter, Werbekosten bezogen auf den Umsatz etc.) mit Branchenzahlen verglichen werden. Branchenverbände, Ratingagenturen, Unternehmensberatungen u.a. halten heute Branchenzahlen zu den unterschiedlichsten Branchen vor, die zum Vergleich herangezogen werden können. Der Branchenvergleich ermöglicht, Problemfelder des Unternehmens zu ermitteln und Wettbewerbsnachteile, aber auch -vorteile transparent zu machen.

1.3.1.5 Mitarbeiterbefragungen

81   Niemand kennt das Unternehmen so gut wie seine Mitarbeiter. Die Kenntnisse der Mitarbeiter über Schwächen und Verbesserungspotentiale sind systematisch zu nutzen. Positiver Effekt einer konstruktiven Einbindung der Mitarbeiter in den Prozess ist, dass er auf höhere Akzeptanz stößt. Natürlich drohen aber Betriebsblindheit und das Risiko, dass Mitarbeiter eigene Fehler oder gar die Überbesetzung von Stellen kaum offen darlegen werden. Die Mitarbeiterbefragung kann daher nur ergänzendes Werkzeug sein. Die Durchführung der Mitarbeiterbefragung kann dabei auf verschiedenen Wegen erfolgen, naheliegend sind u.a. Fragebögen, Workshops und Einzelgespräche.

82   Während Fragebögen auch die anonyme Meinungsäußerung von Mitarbeitern zulassen, ist dies bei Einzelgesprächen und Workshops nicht der Fall. Bei Fragebögen sind ehrlichere Antworten zu erwarten, da der Teilnehmer keine negativen Reaktionen – Revanche von Kollegen, Karriereknick – befürchten muss, zugleich geht aber die Möglichkeit einer fruchtbaren Diskussion oder das in Einzelgesprächen denkbare Verteidigen einer streitbaren Meinung verloren. Insofern sind die Wege, die die Kenntnisse der Mitarbeiter systematisch berücksichtigen, zu kombinieren. Durch das „Management by walking around"[126], also intensive und aufmerksame Gespräche mit Mitarbeitern, lernen Sanierungsberater das Unternehmen schnell von innen kennen.

83   Die Einbindung der Mitarbeiter sollte zu einem sichtbaren Ergebnis führen, das an alle Mitarbeiter kommuniziert wird. Nur so wird dem Verdacht,

---

126 So *Faulhaber/Landwehr/Grabow*, Turnaround-Management in der Praxis, 41.

es handele sich lediglich um eine Beruhigungspille für die Mitarbeiter in den harten Zeiten der Sanierung und der Resignation aufgrund des Gefühls der Hilflosigkeit oder gar des Ausgeliefertseins, entgegengewirkt. Mitarbeiter, deren Einsatz für die Sanierung offensichtlich anerkannt wird, werden sich für das Unternehmen in der Krise verstärkt einsetzen. Zudem sollte stets ein betriebliches Vorschlagswesen mit Honorierung von Vorschlägen in Form von Geldprämien etc. eingeführt werden, soweit dies noch nicht vorhanden ist. Ein solches Vorschlagswesen sollte bei der Unternehmensführung aufgehängt sein, um den Mitarbeitern die Bedeutung auch organisatorisch aufzuzeigen.

Zugleich dürfen die Ergebnisse der Mitarbeiterbefragung nicht ohne Plausibilisierung übernommen werden. Für Kritikpunkte können neben der sachlichen Berechtigung auch persönliche Befindlichkeiten oder andere Vorstellungen aus der Vergangenheit ursächlich sein. So können richtige Restrukturierungsschritte aus der Vergangenheit zu Kritik aus den Reihen der Mitarbeiter bei der Befragung führen. *84*

Stets zu beachten ist die frühzeitige Einbindung des Betriebsrates, unabhängig vom möglicherweise sogar bestehenden kodifizierten Mitwirkungsrecht.[127]

1.3.1.6 SWOT-Analyse

Die SWOT-Analyse stammt aus dem strategischen Management. Dabei werden die internen Stärken (Strengths) und Schwächen (Weaknesses) den externen Chancen (Opportunities) und Risiken (Threats) gegenübergestellt. Mit den Begriffen „extern" und „intern" wird bereits deutlich, dass die SWOT-Analyse die Chancen und Risiken als Konsequenzen der Umwelt auffasst, die Stärken und Schwächen als Unternehmenseigenschaften begreift. Chancen und Risiken können sich z.B. aus Veränderungen am Markt infolge technologischer oder auch rechtlicher Rahmenbedingungen ergeben. Die Stärken und Schwächen ergeben sich hingegen aus den operativen Fähigkeiten des Unternehmens. *85*

In einer akuten Unternehmenskrise ist zwar weniger die Frage einer neuen Strategie zu stellen als die Sicherstellung des kurzfristigen Überlebens. Dennoch kann die SWOT-Analyse für Entscheidungen in der Krise helfen: Gibt es Produkte, für die eine Investition der knappen Mittel aufgrund externer Risiken nicht mehr lohnt? Gibt es interne Stärken, die mit den Chancen des Marktes harmonieren und auf die daher die knappen Mittel konzentriert werden sollten?

---

[127] So z. B. in § 87 BetrVG.

Teil 1 Unternehmenskrise und außergerichtliche Sanierung

86 Folgende Strategien – hier auf die Krise abgestellt – können sich ergeben:

extern	intern Stärken	Schwächen
Chancen	Verfolgen der Chancen, die mit den Stärken des Unternehmens genutzt werden können; Konzentration der Mittel auf diesen Markt.	Grundsätzlich Schwächen beseitigen, um Chancen zu nutzen; Anknüpfungspunkt sind hier evtl. nicht wettbewerbsfähige Kosten.
Risiken	Risiken mit den Stärken des Unternehmens begegnen.	In der Krise sollten Schwachstellen, die auch noch durch Risiken bedroht sind, abgeschnitten werden. Kein Einsatz der knappen Mittel mehr in dieses Unternehmensfeld.

Abb. 19: SWOT-Analyse

87 Ein häufiger Fehler der SWOT-Analyse ist, dass externe Chancen und interne Stärken oder auch externe Risiken und interne Schwächen verwechselt werden. Zugleich legt die SWOT-Analyse diesen Unterschied offen, da oftmals externe Chancen als interne Stärken wahrgenommen werden, was sie aber nicht sind. Die Stärken und Schwächen sind stets im Vergleich zu den Wettbewerbern festzustellen.

88 Die SWOT-Analyse ist nur eine Zustandsbeschreibung. Prioritäten und Gewichtungen lassen sich nicht ablesen. Die Chancen/Risiken und Stärken/Schwächen fließen ungewichtet ein. Entscheidend ist, dass vor der SWOT-Analyse ein Sollzustand bestimmt wird, an dem die Teilnehmer der SWOT-Analyse ihre Beurteilung ausmachen können. Ohne Maßstab ist nicht festzulegen, ob es sich um eine Stärke oder Schwäche handelt. Bildlich gesprochen: Ist es eine Stärke der Ameise, dass sie ein Reiskorn tragen kann, oder ist die Ameise schwach, weil es nur ein Reiskorn ist, das sie trägt? Die Analyse kann sich auf das Unternehmen, einzelne Betriebsbereiche, Abteilungen oder ein Produkt beziehen.

Die Stärken-Schwächen-Analyse kann und sollte durch den unmittelbaren Vergleich von Stärken und Schwächen zum stärksten Wettbewerber in Bezug auf bestimmte Parameter wie Marktanteil, Finanzsituation, Infrastruktur und Kosten ermittelt werden.

1.3.1.7 Portfolio-Analyse

89 Wie auch die SWOT-Analyse ist auch die Portfolio-Analyse ein Instrument der strategischen, also langfristigen Unternehmensführung und bezieht sich auf den Produktlebenszyklus. In der Krise kann die Portfolio-Analyse dahingehend genutzt werden, dass ein Produktlebenszyklus stärker verkürzt wird, indem einigen Produkten mit Blick auf die knappen Mittel die weitere Unterstützung entzogen wird, andere Produkte mit den freiwerdenden Mitteln hingegen stärker gefördert werden. Mittel- und langfristig lassen sich Strategien für die zukünftigen Produkt- und Marktsegmente ermitteln.

Grundsätzlich geht die von der Unternehmensberatung Boston Consulting 90
Group (BCG) entwickelte Portfolio-Analyse von einer Matrix-Betrachtung
aus, in der das Produkt bezogen auf das Marktwachstum und seinen Marktanteil abgebildet wird:

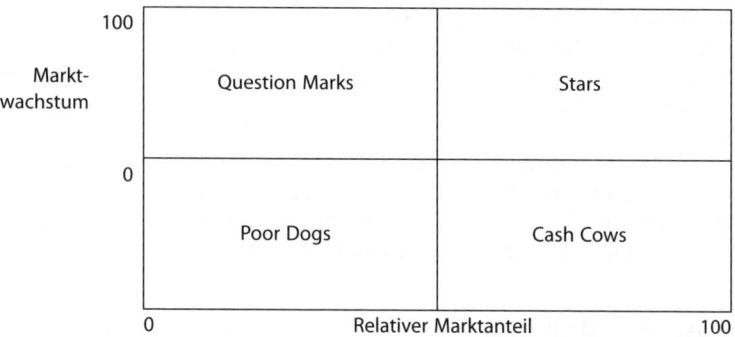

Abb. 20: BCG-Portfolio-Analyse

Der relative Marktanteil berechnet sich aus dem Umsatz des Geschäftsbereichs in Bezug auf den Umsatz des Marktführers, d. h. es wird das Verhältnis vom eigenen Umsatz zum Marktanteil des führenden Wettbewerbers ermittelt.

Das (prozentuale) Marktwachstum wird ermittelt durch die Differenz zwischen dem Umsatz im Marktsegment heute zum Umsatz in der Vorperiode in Bezug auf den Umsatz der Vorperiode (multipliziert mit 100 zur prozentualen Darstellung). Dieses zeigt die Marktattraktivität des Marktsegmentes.

Die Matrix geht davon aus, dass der Umsatz und der Deckungsbeitrag 91
eines Produkts von der Einführungs- über die Wachstums- bis zur Reifephase im Zeitablauf stetig steigen und erst gegen Ende in der Sättigungsphase – dann ggf. rapide – abnehmen.

Das einzelne Produkt wird entsprechend seinem Marktanteil und seinem 92
Wachstum in der Matrix platziert. Die Größe des Punktes in der Matrix kann in Abhängigkeit vom Umsatz o.ä. für eine Relativierung der ansonsten nur auf die zwei Merkmale Wachstum und relativer Marktanteil gestützten Darstellung sorgen.[128] Aus der Lage des Produkts in der Matrix folgt die Beurteilung:

- Question Marks (Fragezeichen) sind Produkte, deren Entwicklung noch nicht klar ist. Es handelt sich z. B. um Neuentwicklungen, die sich in der Einführungsphase befinden. Daher bewegen sie sich oft in einem Markt mit starkem Wachstum, aber noch geringem Marktanteil. Die Normstrategie ist im Normalfall die Entwicklung der Produkte zu Stars. In der Krise stellt sich die Frage, inwiefern die Mittel hierfür ausreichen. Die Priorität im Liquiditätsengpass haben die Stars und Cash Cows, die bereits für Zuflüsse sorgen, wenngleich dies langfristig mangels neuer Produkte den Unternehmenserfolg gefährdet.

---

128 Zur BCG-Portfolio-Analyse: Teil 1, Kap. 2, Rn. 89 f.

Teil 1   Unternehmenskrise und außergerichtliche Sanierung

- Poor Dogs (Arme Hunde) sind die Problemfälle im Produktportfolio. Sie sind bereits in der Normstrategie zu eliminieren, in der Krise gilt das ganz besonders. Jegliche weitere Mittelverwendung für diese Produkte ist zu unterlassen. Die Geschäftsbereiche sind einzustellen.
- Stars (Sterne) sind die Zukunft des Unternehmens: Sie haben einen hohen Marktanteil in einem wachsenden Markt, führen also in aller Regel zu relevanten Liquiditätszuflüssen, wobei in Stars noch stetig zu investieren ist, um ihre Marktposition abzusichern. Soweit Mittel für Investitionen vorhanden sind, sollten diese für die Stars des Produktportfolios verwendet werden.
- Cash Cows (Melkkühe) sind die Produkte in einem reifen Markt mit einem relevanten Marktanteil, die nunmehr ohne zusätzliche Investitionen „gemolken" werden können. Dies entspricht der Normstrategie im gesunden Unternehmen und gilt natürlich auch in der Krise.

1.3.1.8 Szenariotechnik

93   Mit der Szenariotechnik sollen die Auswirkungen der Zukunft auf das Unternehmen in gesellschaftlicher, wirtschaftlicher und technischer Hinsicht abgebildet werden. Dabei soll die Entwicklung beschrieben und analysiert werden, sowohl in qualitativer als auch in quantitativer Form. Ereignisse und daraus folgende Verzweigungen werden dargestellt und alternative Zukunftsbilder projiziert. Die Szenario-Technik umfasst nach dem Konzept von *Geschka/Reibnitz*[129] 8 Schritte:

1. Strukturieren und Definieren des Untersuchungsgegenstandes
2. Identifizieren und Strukturieren der wichtigsten Einflussfaktoren
3. Ermittlung kritischer Deskriptoren und Aufstellen von Projektionen und Annahmen
4. Bilden und Auswählen alternativer konsistenter Annahmenbündel
5. Entwickeln und Interpretieren der ausgewählten Umfeldszenarien
6. Analysieren der Auswirkungen signifikanter Trendbruchereignisse
7. Ausarbeiten von Szenarien bzw. Ableiten von Konsequenzen
8. Konzipieren von Maßnahmen und Planungen

94   In der Unternehmenskrise können mittels der Szenariotechnik die Einflussfaktoren und die Auswirkungen auf den Sanierungsablauf transparent gemacht werden. Die möglichen alternativen Abläufe verdeutlichen die Ausgangslage des Unternehmens und zeigen die Sanierungsaussichten unter Berücksichtigung der Einflussfaktoren.

---

129 *Geschka/Reibnitz*, Die Szenariotechnik – ein Instrument der Zukunftsanalyse und der strategischen Planung, in: Töpfer/Afheldt, Praxis der strategischen Unternehmensplanung, 131 ff.; *diess.*, Einführung in die Szenariotechnik, http://www.geschka.de/fileadmin/download/Szenario_Einfuehrung.pdf.

Kapitel 2 Krisenbewältigung

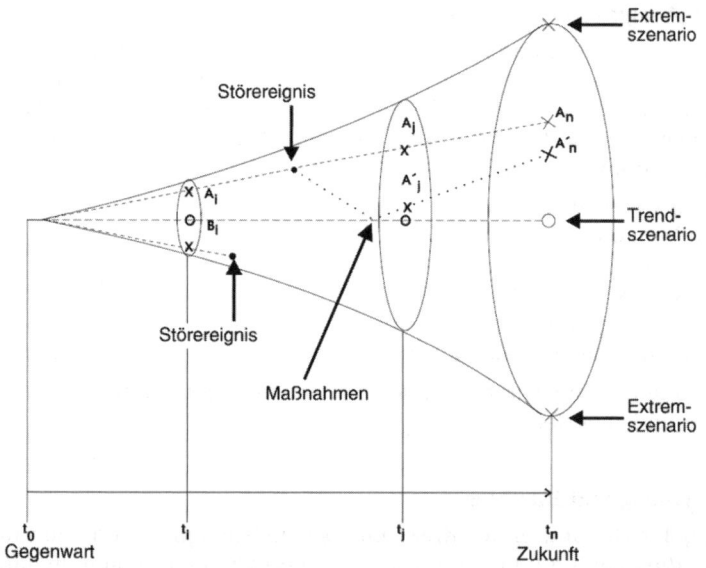

Abb. 21: Szenariotrichter[130]

1.3.1.9 Zero-Base-Budgeting

Das Zero-Base-Budgeting ist ein Analyseinstrument, das auf die Senkung der Gemeinkosten im Unternehmen zielt.[131] Gedankenansatz des Zero-Base-Budgeting ist es, alle Kostenverursachungsbereiche grundlegend in Frage zu stellen. Die Abteilungen, Unternehmensbereiche oder gar das Unternehmen werden in der Planung quasi neu errichtet; das bisherige Budget wird nicht beachtet. Gegenstand sind grundsätzlich alle Gemeinkostenbereiche. Die Verantwortlichen der Bereiche sind gehalten, sämtliche in ihren Bereichen entstehende Gemeinkosten zu legitimieren. Es ist darzustellen, ob die bisherigen Aktivitäten für den Unternehmenserfolg notwendig waren. Das Verfahren ist allerdings zeit- und arbeitsintensiv. Zeit und Arbeit sind Ressourcen, die in der Unternehmenskrise nur sehr begrenzt zur Verfügung stehen und anderweitig gebunden sind.[132] Dennoch sollte das Zero-Base-Budgeting wenn möglich in der Krise herangezogen werden, um Einsparpotentiale offen zu legen.

95

---

130 *Geschka/Hammer*, Die Szenariotechnik in der strategischen Unternehmensplanung, in: Hahn/Taylor, Strategische Unternehmensplanung; Reibnitz, Szenariotechnik.
131 Dazu ausführlich *Konetzny*, http://www.mkonetzny.de/aufsatz/nbb.htm.
132 *Konetzny*, http://www.mkonetzny.de/aufsatz/nbb.htm; *Meyer-Piening*, Zero-Base-Budeting als Planungs- und Führungsinstrument, in: Franz , RKW-Handbuch Führungstechnik und Organisation, Kennzahl 2072.

1.3.1.10 Analyse des Unternehmensumfeldes

96 Teil der Lagefeststellung muss stets die Analyse des Unternehmensumfeldes sein. Die Lage ist gekennzeichnet durch interne, unternehmenseigene Merkmale, als auch durch externe Faktoren. Dies kam bereits bei der SWOT-Analyse ebenso wie in der Szenariotechnik zum Tragen. Das Unternehmensumfeld wird geprägt durch[133]

- gesamtwirtschaftliche und
- branchenabhängige Entwicklungen,
- demographische Entwicklungen,
- technologischen Fortschritt,
- Veränderungen in der Politik sowie
- gesellschaftlichen Wandel.

Das Unternehmensumfeld bildet den notwendigen Rahmen der Lagefeststellung und -beurteilung.

1.3.2 Planung und Entschluss

97 Die Lagefeststellung in der Krise muss schnellstmöglichst erfolgen und fließend in die Planung und den Entschluss übergehen um sodann in darauf folgenden Handlungsanweisungen an alle Beteiligten zu münden. Die zur Verfügung stehende Zeit für die Lagefeststellung und -beurteilung ist davon abhängig, wie weit die Krise bereits fortgeschritten ist. Ist Zahlungsunfähigkeit bereits eingetreten, verbleiben ab dem Zeitpunkt des Eintritts maximal drei Wochen zu deren Beseitigung. Die Prioritäten der Planung sind demnach auf die Phase der Krise abzustellen.[134] Zunächst ist zur Abwendung der Insolvenz die Liquiditätskrise zu überwinden; ihr voraus ging die Ergebniskrise, die durch entsprechende Maßnahmen zur Umsatzsteigerung und Kostenreduktion anzugehen ist. Die Produkt- und Absatzkrise muss abschließend langfristig durch Innovation und Schaffung sowie Eroberung neuer Märkte beseitigt werden. Dies bestimmt den Entschluss.

98 Eine Sanierung gelingt umso eher, je früher die Sanierung eingeleitet wird. Spätestens mit der insolvenzrechtlichen Zahlungsunfähigkeit[135] und der damit einhergehenden Insolvenzantragspflicht werden die Zeit und die Mittel oftmals kaum reichen, eine Sanierung ohne Insolvenz zu bewerkstelligen. Es ist wie mit der Luft zum Atmen beim Tauchen: Wer bereits mit dem Kopf unter Wasser ist und keine Luft mehr hat, wird keine weitere Strecke mehr tauchen können – es sei denn, er bekommt frische Luft zugeführt.

99 Vom Eintritt der Zahlungsunfähigkeit gemäß § 17 Abs. 2 Satz 1 InsO bis zum Insolvenzantrag dürfen bei einer juristischen Person oder einer Gesellschaft ohne Rechtspersönlichkeit allenfalls drei Wochen verstreichen, was nach der Rechtsprechung der Zeit entspricht, die ein Unternehmen benötigt, sich liquide Mittel oder eine Stundung bzw. einen Verzicht zur Abwendung

---

133 Vgl. WP-Handbuch 2008, Band II, Abschnitt F., Rn. 278.
134 Teil 1, Kap. 2, Rn. 96.
135 Teil 2, Kap. 1, Rn. 313 ff.; es kommt nicht darauf an, ob das Unternehmen gar nichts mehr zahlen kann, sondern ob es – vereinfachend und verkürzt – 90 % der fälligen Verbindlichkeiten spätestens innerhalb der nächsten 3 Wochen zahlen kann.

der Zahlungsunfähigkeit zu verschaffen.[136] Diese drei Wochen, die § 15a Abs. 1 Satz 1 InsO zwischen Insolvenzreife und -antrag einräumt, setzen jedoch ernsthafte Sanierungsbemühungen und eine realistische Sanierungsaussicht voraus. Ab Eintritt der Zahlungsunfähigkeit verschärft sich die Krise regelmäßig rapide: Lieferanten stellen auf Vorkasse um, gute Mitarbeiter gehen angesichts der zusätzlichen Belastungen in der Krise, Banken stellen Kredite fällig bzw. reduzieren Kreditlinien, Finanzämter und Sozialversicherungsträger beginnen mit Vollstreckungsmaßnamen.

1.3.2.1 Sicherung der Liquidität

Die Unternehmenskrise gipfelt und endet in der Liquiditätskrise. Bilanzielle Überschuldung ist zu diesem Zeitpunkt regelmäßig schon seit geraumer Zeit eingetreten, liquidierbare Vermögenswerte liquidiert, die Finanzierungsquellen erschöpft. Um eine außergerichtliche Sanierung noch stemmen zu können, ist es notwendig, die Zahlungsfähigkeit dennoch aufrecht zu erhalten: Es müssen zu jedem Zeitpunkt genug liquide Mittel zur Bedienung nahezu sämtlicher fälligen Verbindlichkeiten zur Verfügung stehen. Hier wird deutlich, dass ab einem bestimmten Zeitpunkt eine außergerichtliche Sanierung nicht mehr gelingen kann und der Insolvenzantrag mit der Hoffnung auf Sanierung in der Insolvenz der letzte und notwendige Ausweg ist.   100

Die außergerichtliche Sanierung bedingt Liquidität. Erster Schritt ist daher stets eine präzise Liquiditätsplanung unter Einbeziehung aller liquiden Mittel und Vermögenswerte, die unter Aufrechterhaltung des Betriebes liquidierbar sind. Hinzu kommt die gesicherte Mittelbeschaffung durch Kredite oder Gesellschaftereinlagen. Der Liquiditätsabfluss muss ebenso geplant und überwacht werden. Liquiditätszu- und -abflüsse sind mit den jeweiligen Fälligkeiten gegenüberzustellen. Zahlungen sind nur zu leisten, sofern dies zur Aufrechterhaltung des Geschäftsbetriebs und zur Bedienung fälliger Verbindlichkeiten notwendig ist, um die Zahlungsunfähigkeit gemäß § 17 Abs. 2 Satz 1 InsO abzuwenden. Die Zu- und Abflüsse müssen auf nachvollziehbaren und realistischen Prämissen und Wahrscheinlichkeit sowohl bezüglich der Höhe als auch des Zeitpunkts beruhen.[137] Es dürfen nicht Hoffnung und faktische Zahlungsverzögerung regieren nach dem Motto: Erst wenn der Gläubiger in der „Meckerliste" oben steht oder die 3. Mahnung auslöst, bedienen wir ihn und planen auch auf dieser Grundlage. Eine fällige Verbindlichkeit, die ernsthaft eingefordert ist, ist zu bezahlen. Andernfalls drohen die Konsequenzen der Insolvenzverschleppung.   101

Die Stabilisierung des Unternehmens setzt also primär die Sicherstellung der Zahlungsfähigkeit voraus. Dies wiederum verlangt eine klare Festsetzung von Prioritäten: Welche Leistungen des Unternehmens sind vorrangig sicherzustellen, welche Lieferanten sind Schlüssellieferanten, welche Ver-   102

---

136 BGH, Urt. v. 24.05.2005 – IX ZR 123/04, DStR 2005, 1616.
137 Die z.T. getroffene Unterscheidung zwischen der Analyse der „statischen" und „dynamischen" Liquidität ist lediglich theoretisch nützlich, in der Praxis der Unternehmenssanierung zählt allein die Frage der verfügbaren Liquidität zur benötigten Liquidität im betrachteten Zeitraum. Zur Unterscheidung vgl. *Maus,* in: Schmidt/Uhlenbruck, Die GmbH in Krise, Sanierung und Insolvenz, Rn. 1.68.

bindlichkeiten sind bereits in einem Stadium der anwaltlichen Durchsetzung? Soweit bereits anwaltliche Zahlungsaufforderungen, Mahnbescheide oder Klagezustellungen vorliegen, hat sich die Krise oft so sehr manifestiert, dass ein Ausbruch hieraus kaum gelingen wird. Mahnbescheide, Zahlungsklagen und anwaltliche Zahlungsaufforderungen in größerem Umfang deuten regelmäßig auf bereits eingetretene Zahlungsunfähigkeit hin.

103 Notwendig ist die Betrachtung der Zahlungsflüsse (Cashflows).

Die Berechnung des Cashflows, die vom Jahresergebnis ausgeht, ist ein Analyseinstrument und aus der Unternehmensbewertung bekannt. Solche Berechnungen, die den Cashflow – wie mit der nachfolgenden Formel dargestellt – ermitteln, gehen zurück auf die Vergangenheit und eignen sich allenfalls, um Schlüsse aus der Vergangenheit auf die Zukunft zu ziehen. Sie helfen jedoch zu verstehen, wie das Unternehmen in die Krise geraten ist. Insofern erfüllt eine solche Cashflow-Betrachtung zunächst den Zweck, eine Antwort auf die Frage der aktuellen Liquiditätsnot zu liefern. Gleichzeitig zeigen solche Cashflow-Berechnungen, wie z. B. erhebliche Jahresfehlbeträge durch liquiditätswirksame Maßnahmen zur Erhaltung der Zahlungsfähigkeit – zugleich aber oft zukunftsschädlich – aufgefangen wurden. So kann beispielsweise die massive Zurückhaltung bei Investitionen dazu führen, dass die Liquidität trotz erheblicher Verluste zunächst zur Betriebsaufrechterhaltung ausreicht.[138]

	Jahresergebnis
+	Abschreibungen
+	Δ Rückstellungen
=	Brutto-Cashflow
±	Δ Vorräte
±	Δ Erhaltene Anzahlungen
±	Δ Forderungen
±	Δ Rechnungsabgrenzungsposten
±	Anlagenabgang zu Buchwerten
=	Operativer Cashflow
–	Investitionen
=	Netto Cashflow

Abb. 22: Berechnung des Cashflows als rückblickende Analyse

104 Zur Sicherung der Liquidität in der Krise bedarf es einer anderen, zukunftsgerichteten Planung. Hierbei sind die Zahlungsströme für die nächsten Wochen und Monate vom aktuellen Liquiditätsstand ausgehend zu erfassen. Die fälligen Verbindlichkeiten müssen (im Wesentlichen)[139] bezahlt werden können, dies gilt auch für zukünftig fällig werdende Verbindlichkeiten unter Berücksichtigung der bis dahin neu zufließenden Gelder durch Forderungseinzug, zugesagte Neukreditierung oder Gesellschaftermittel. Die Verbindlichkeiten sind nach Fälligkeiten den zu diesem Zeitpunkt jeweils verfügbaren Mitteln gegenüberzustellen.

---

138 Dazu auch ein Beispiel in *Faulhaber/Landwehr/Grabow*, Turnaround-Management in der Praxis, 107.
139 Dazu soeben in der Fußnote zu Rn. 98; zur Abgrenzung zur bloßen Zahlungsstockung und Unwesentlichkeit ausführlich Teil 2, Kap. 1, Rn. 309 ff.

Beispiel

Liquiditätsplan in der Krise

Datum	01.06.	08.06.	15.06.	22.06.	29.06.
Liquide Mittel	100.000	70.000	50.000	30.000	0
Verfügbare Linien	50.000	50.000	50.000	50.000	30.000
Forderungseingang	40.000	60.000	60.000	45.000	45.000
Anzahlungen	10.000	10.000	0	5.000	0
Verfügbare Mittel gesamt	200.000	190.000	160.000	130.000	75.000
Fällige Verbindlichkeiten	80.000	90.000	80.000	100.000	80.000
Über-/Unterdeckung	+ 120.000	+ 100.000	+ 80.000	+ 30.000	− 5.000

Bei den verfügbaren Mitteln sind die vorhandenen liquiden Mittel einschließlich verfügbarer Linien und vollliquide, nicht betriebsnotwendige Vermögenswerte zu berücksichtigen. Liquide Mittel sind Guthaben in der Kasse und auf den Geschäftskonten. Verfügbare Linien sind die eingeräumten, noch offenen Kreditlinien. Vollliquide, nicht betriebsnotwendige Vermögenswerte sind in der Regel Wertpapiere. Hinzu kommen die bis dahin eingehenden Gelder aus dem Forderungseinzug. Die zu diesem Zeitpunkt fälligen Verbindlichkeiten sind aus diesen Mitteln zu decken. Soweit dies gelingt, besteht keine Zahlungsunfähigkeit.

In der oben dargestellten Planung[140] reichen diese Mittel erstmals am 29.06. nicht mehr aus, um sämtliche fälligen Verbindlichkeiten zu bedienen. Es kommt zu einer Unterdeckung, die zwangsläufig dazu führt, dass fällige Verbindlichkeiten geschoben werden. Wird die Unterdeckung durch eine Überschreitung der eingeräumten Kreditlinien bei den Banken ausgeglichen, muss bewusst sein, dass diese ungenehmigte Überziehung in der Rückführung sofort fällig ist, also bei den fälligen Verbindlichkeiten zu berücksichtigen ist.[141] Insofern würde nur die Gläubigerposition getauscht, nicht aber die Höhe der fälligen Verbindlichkeiten beeinflusst. Zusätzlich wird die Krise durch eine Irritation der Bank verschärft. Bei Verzögerungen von Zahlungen an Lieferanten reagieren diese alsbald mit Lieferstopps. Ab dem 29.06. kann also ein Teil der fälligen Verbindlichkeiten nicht bezahlt werden. Hier ist die Frage der Zahlungsunfähigkeit zu stellen, der Beginn der Drei-Wochen-Frist des § 15a InsO steht im Raume.[142]

Im Beispiel ist ausdrücklich der „Forderungseingang" zugrunde gelegt. Ob weitere Forderungen fällig sind, ist irrelevant. Beim Forderungseingang sind Erwartungswerte zugrunde zu legen, die aus der Vergangenheit ermittelt werden. Fällige Forderungen, die nicht beglichen werden, nützen nichts, denn sie stehen nicht zur Zahlung fälliger Verbindlichkeiten zur Verfügung, allenfalls, wenn eine Aufrechnung oder Abtretung gegen Aufrechnung mög-

---

140 S. oben Abbildung zur Liquiditätsplanung in der Krise, Rn. 104.
141 Teil 2, Kap. 1, Rn. 316.
142 Die Prüfung der insolvenzrechtlichen Zahlungsunfähigkeit ist in dieser Situation geradezu zwingend. Ob diese bejaht werden muss oder Gründe dagegen sprechen, ist rechtlich unter Berücksichtigung der BGH-Rechtsprechung eingehend zu prüfen. Dazu ausführlich Teil 2, Kap. 1, Rn. 319 ff.

lich ist. Bei der zufließenden Liquidität hingegen zu berücksichtigen sind Anzahlungen.

108 In der Liquiditätsplanung sind solche Zahlungen schwieriger zu erfassen, die erst zu einer späteren Belastung und zu einem späteren Erlöschen der Verbindlichkeit führen: Schecks sind ein gängiges Beispiel. Der ausgestellte Scheck wird dem Konto erst Tage später belastet, erst bei der endgültigen Gutschrift auf dem Empfängerkonto wird der Gläubiger seine Forderung als erloschen betrachten. Insofern ist eine konsequente Linie bei solchen Zahlungen zu verfolgen, indem die Liquidität bereits bei Beginn des Zahlungslaufs in Abzug gebracht wird, konsequenterweise auch die dagegenstehende Verbindlichkeit – immer unter der Voraussetzung, dass der Scheck sicher eingelöst wird. Alles andere würde die Geschäftsführung auch strafrechtlich zu verantworten haben.[143]

109 Bei der Prognose der Forderungseingänge sind nicht nur die Erfahrungswerte der Buchhaltung relevant, sondern auch Informationen aus dem Vertrieb, der Konstruktion, der Fertigung und der Logistikabteilung. Der Vertrieb verhandelt Anzahlungen und Zahlungstermine, die Konstruktion muss die Projekte entwerfen, die Fertigung kann sodann Aussagen zum Auslieferungstermin treffen, den die Logistikabteilung einhalten können muss. Zugleich muss die Beschaffung die benötigen Mittel und den Zeitpunkt ihrer Fälligkeit – ggf. werden aufgrund der prekären Unternehmenslage schon Anzahlungen verlangt – bekanntgeben und einhalten. Nur bei einem Zusammenspiel der Abteilungen mit realistischen Informationen kann eine solide Finanzplanung gelingen.[144]

110 Zu den fälligen Verbindlichkeiten gehören insbesondere Löhne und Gehälter zum jeweiligen Fälligkeitszeitpunkt einschließlich der vertraglichen bzw. tariflichen Sonderleistungen wie Weihnachts- und Urlaubsgeld.

111 Um die Liquiditätskrise zu beseitigen, sind verschiedene, hier nicht abschließend aufgeführte Maßnahmen sowohl auf Seiten der verfügbaren Liquidität als auch auf Seiten der Fälligkeit der Verbindlichkeiten denkbar:

112 ▪ Verhandlungen mit Gläubigern über die Fälligkeit ihrer Forderungen. Zahlungszielverlängerungen und Stundungen heben die Fälligkeit auf. Eingeräumte Stundungen müssen dabei stets schriftlich dokumentiert sein, um rechtssicher Berücksichtigung finden zu können. Für die Verhandlungen sollten die Kreditoren ggf. nach Größenklasse, Bedeutung der Belieferung im Produktionsprozess etc. gestaffelt werden, um die Verhandlungen entsprechend der Relevanz führen zu können.[145] Es ist zu berücksichtigen, dass mit der Bitte um Stundung den Lieferanten die prekäre Situation des Unternehmens bekannt wird, was wiederum dazu führen kann, dass die Lieferanten Vorkasse umstellen oder gar Lieferstopps verhängen und sich damit die Krise verschärft.

---

143 Naheliegend ist in diesem Fall eine Strafbarkeit wegen Betruges gemäß § 263 StGB.
144 Vgl. dazu auch *Faulhaber/Landwehr/Grabow*, Turnaround-Management in der Praxis, 51 f.
145 *Faulhaber/Landwehr/Grabow*, Turnaround-Management in der Praxis, 69, 88; sie sprechen vergleichbar der Einordnung von der Produkten der Bedeutung nach von ABC-Größenklassen.

- Liquidierbare, nicht betriebsnotwendige Vermögenswerte sollten umgehend liquidiert werden. Sie dürfen jedoch vor dem Hintergrund einer potentiellen Haftung gegenüber Gläubigern und Gesellschaftern keinesfalls verramscht werden.   113
- Liquidierbare, betriebsnotwendige Vermögensgegenstände können ggf. im Rahmen eines Sale-and-Lease-back-Verfahrens „flüssig" gemacht werden. Damit steigt aber die Ergebnis- und Liquiditätsbelastung in der Zukunft. Dies ist sehr genau abzuwägen. Handelt es sich nur um eine zeitweise Liquiditätslücke bei solidem Auftragsbestand und guten Ergebnisaussichten in der Zukunft, kann das Sale-and-Lease-back-Verfahren helfen. Handelt es sich hingegen um eine substantielle Ergebniskrise, verschafft dies nur kurzzeitig Luft.[146]   114
- Forderungen können im Rahmen eines Factorings verkauft werden, wobei dies bei einem Unternehmen in der Krise nur selten gelingen wird. Wird das Unternehmen insolvent, werden die Forderungen möglicherweise schlagartig weniger wert, da Drittschuldner gegebenenfalls mit Gegenansprüchen wie Schadensersatzforderungen aus Lieferausfällen etc. aufrechnen können. Dieses Risiko können Factoringgesellschaften kaum kalkulieren, so dass sie nicht mehr zu einer Vorfinanzierung der Forderungen einer Gesellschaft in der Krise bereit sind.   115
- Der Forderungseinzug ist zu beschleunigen. Es ist oftmals erstaunlich, wie sehr der Forderungseinzug auch bei Unternehmen in der Liquiditätskrise im Argen liegt. Da werden standardisierte Buchungs- und Mahnläufe gefahren, obwohl ein einziger Anruf des Geschäftsführers bei einem langjährigen Geschäftspartner die Zahlung auslösen könnte. Die Beschleunigung muss ggf. mit der Einräumung von Skonti etc. unterstützt werden. Auch hier gilt jedoch, dass solche Maßnahmen die Zukunft belasten und nur dort anzuraten sind, wo lediglich eine kurzfristige Liquiditätskrise zur Abwendung der Zahlungsunfähigkeit behoben werden muss. Vernichtet die Einräumung der Skonti die Zukunftsfähigkeit, da die Marge diese Skonti nicht hergibt, sollte eher früher als später über den Weg der Sanierung in der Insolvenz nachgedacht werden.   116
- Selbstverständlich ist die vollständige Ausnutzung der Zahlungsziele. Die Nichtnutzung eingeräumter Skonti verschlechtert die Marge, da die Einkaufspreise für Waren um die nichtgenutzten Skonti höher liegen, verschafft aber einige Wochen Luft, auf die es in der Krise ankommen kann. Auch hier gilt das bereits Gesagte, dass dies nicht die Zukunftsfähigkeit vernichten darf, so dass die Maßnahme nur ein letztes Aufbäumen wäre.   117

---

146 Die Konsequenzen konnten bei der Karstadt Warenhaus GmbH beobachtet werden, deren Vorstand die Betriebsimmobilien zur Liquiditätsgewinnung veräußert und sodann zurückgemietet hat, aber die betriebswirtschaftlichen Probleme nicht beheben konnte. Nachdem die neu zugeflossene Liquidität ebenfalls verbrannt war, musste das Unternehmen Insolvenz anmelden (AG Essen, Az. 160 IN 107/09) – jedoch ohne Betriebsimmobilien, womit es auch in der Insolvenz deutlich schwieriger zu sanieren war.

Teil 1 Unternehmenskrise und außergerichtliche Sanierung

118 ■ Notwenige Investitionen können möglicherweise anstatt durch Kauf durch Leasing vorgenommen werden. Hierbei ist jedoch Vorsicht geboten: Bestehen bereits erhebliche Zweifel an der zukünftigen Zahlungsfähigkeit, so dass man mit der Nichtzahlung zukünftiger Leasingraten rechnen muss, dies also „billigend in Kauf nimmt", könnte später der Vorwurf des (Eingehungs-)Betrugs erhoben werden. Die Geschäftsleitung hätte sich möglicherweise gemäß § 263 StGB strafbar gemacht.

119 ■ Sofern Investitionen geschoben werden können, sollte dies geschehen. Für Investitionen gilt in der Liquiditätskrise ein vollständiger Stopp, sofern die ordentliche Betriebsfortführung dadurch nicht gefährdet wird. Dies gefährdet zwar die Zukunftsfähigkeit, aber bei Eintritt der Zahlungsunfähigkeit wäre an eine Zukunft ohnehin nicht zu denken. Insofern gilt hier Zahlungsfähigkeit vor Zukunftsfähigkeit.

120 ■ Warenbestände und Vorratsvermögen sind soweit wie möglich abzubauen. Dies kann auch durch Sonderverkaufsaktionen erfolgen. Es darf jedoch nicht zu Versorgungsmängeln und dadurch bedingt zu Verzögerungen in der Produktion kommen, da auf diese Weise Kunden nachhaltig verärgert und ggf. sogar Konventionalstrafen für verspätete Lieferungen ausgelöst werden. Eine ABC-Analyse der lagernden Produkte nach Wichtigkeit kann hier einen Überblick verschaffen. In Betracht gezogen werden kann auch die Einrichtung von Konsignationslagern, die einerseits der Entlastung der Liquiditätssituation dienen, indem die Waren erst bei Entnahme bezahlt werden, andererseits auch die Abgrenzung der Waren im Insolvenzfall für den Lieferanten einfacher machen als beispielsweise ein Eigentumsvorbehalt.

121 ■ Bei den Arbeitnehmern gelten Einstellungsstopp und ggf. Kurzarbeit, wobei Kurzarbeit bei lohnintensiven Betrieben schnell teuer werden kann, da die Sozialabgaben vollständig abzuführen sind und damit die relative Kostenbelastung pro Arbeitsstunde sogar steigt. Zugleich sollten Überstunden mit den oftmals tariflich vereinbarten Überstundenzuschlägen vermieden werden.

122 ■ Bislang freiwillige Leistungen an Arbeitnehmer sowie ggf. Leistungen auf der Grundlage von Betriebsvereinbarungen wie Weihnachts- und Urlaubsgeld sind auszusetzen bzw. zumindest zu verschieben. Hierbei ist der Betriebsrat zwingend – auch rechtlich notwendigerweise – einzubinden. Über Betriebsvereinbarungen kann nur gemeinsam mit dem Betriebsrat eine Einigung herbeigeführt werden. Tarifvertragliche Leistungen sind nur mit den Gewerkschaften verhandelbar, da nur die Gewerkschaften Vertragspartei und damit über den Inhalt verfügungsberechtigt sind. Wird eine betrieblich oder tarifvertraglich vereinbarte Leistung nicht vertraglich ausgesetzt oder zumindest verschoben, ist sie fällig und zu leisten. Zu berücksichtigen sind bei einer Verschiebung oder Aussetzung die erheblichen Auswirkungen auf die Motivation der Arbeitnehmer, was zu Produktivitätseinbrüchen und erhöhtem Krankenstand führen kann. Es ist stets gesondert zu prüfen, ob die Nichtzahlung von Löhnen und Gehältern auch von Lohnsteuern und von Sozialversicherungsbeiträgen entbindet, denn eine persönliche Haftung und Strafbarkeit der Geschäftsführung für diese Abgaben zumindest in Höhe der Arbeitnehmerbeiträge – diese sind

Fremdgeld! – kann auch dann gegeben sein, wenn keine Zahlung an die Mitarbeiter erfolgt ist.[147]

- Auf der Gesellschafterseite ist die Zuführung von Mitteln in Form von Kapitalerhöhungen und Gesellschafterdarlehen zu diskutieren.

123

Werden fällige Verbindlichkeiten nur noch nach bestimmter Reihenfolge bzw. Dringlichkeit bedient – Lieferanten mit Lieferstopp zuerst, nach Position in der „Meckerliste" etc. –, deutet dies darauf hin, dass insolvenzrechtliche Zahlungsunfähigkeit bereits vorliegt. Der oft gehörte Einwand, dass Verbindlichkeiten bislang doch noch alle bezahlt worden seien, hilft darüber nicht hinweg. Es kommt nicht darauf an, ob Verbindlichkeiten überhaupt noch bezahlt werden, sondern, ob diese bei Fälligkeit bezahlt werden können. Werden erst zum Zeitpunkt der insolvenzrechtlichen Zahlungsunfähigkeit die obenstehenden Maßnahmen eingeleitet, ist es in aller Regel zu spät. Die Maßnahmen sind bei einem absehbaren Liquiditätsengpass auf diesen Zeitpunkt hin zu planen.

124

Die Liquiditätsplanung muss fortlaufend aktualisiert werden und auf jedes Ereignis, das zu einer Abweichung führt, angepasst werden. Neben der selbstverständlich täglich aktualisierten Erfassung der Kontenstände sind auch sämtliche andere betroffene Abteilungen gefordert, taggenau Informationen weiterzugeben. Wenn beispielsweise eine Warenbestellung durch den Einkauf erfolgt, ist die vereinbarte Fälligkeit der Verbindlichkeit umgehend zu erfassen. Ebenso sind gewährte Stundungen unmittelbar bei den fälligen Verbindlichkeiten zu berücksichtigen.

125

Das Liquiditätsmanagement ist auf der Leitungsebene anzusiedeln. Das heißt nicht, dass die Geschäftsleitung selbst die Excel-Listen führen soll, aber die Berichterstattung und die Verantwortlichkeiten sind daran zu orientieren. Jede zukünftige Liquiditätsbelastung – hier im vorangehenden Beispiel durch eine Auftragserteilung im Einkauf – darf nur nach Maßgabe durch die Geschäftsleitung erfolgen. Es gilt stets: Die Geschäftsleitung haftet![148]

126

Ergänzend sei noch deutlich gesagt, dass Beratern, die bei insolvenzrechtlicher Zahlungsunfähigkeit zum Weitermachen ermuntern, der Vorwurf der Beihilfe und Anstiftung zur Insolvenzverschleppung droht; zugleich müssen sie mit einer zivilrechtlichen Inanspruchnahme durch den Insolvenzverwalter rechnen, sollte die außergerichtliche Sanierung scheitern.[149]

127

1.3.2.2 Stabilisierung und Verbesserung der Ergebnissituation

Nach Beseitigung der akuten Liquiditätskrise muss sich das Unternehmen umgehend darum bemühen, die Ergebnissituation zu verbessern bzw. überhaupt

128

---

147 Zum Vorenthalten und Veruntreuen von Arbeitsentgelt s. Teil 6, Kap. 3, Rn. 2563 ff.
148 Zur Innen- und Außenhaftung des Geschäftsführers s. Teil 6, Kap. 2, Rn. 2384 ff., Rn. 2432 ff.
149 *Faulhaber/Landwehr/Grabow,* Turnaround-Management in der Praxis, 53, kritisieren die „Weisheit der seit 1999 geltenden Insolvenzordnung und deren Interpretation durch wirtschaftsunkundige Richter" und führen dann aus, wie man den „Drahtseilakt" schafft, 54 ff. Wäre die Sanierung im Beispielsfall gescheitert, wären die Folgen für alle Beteiligten fatal gewesen. Zur in dieser Situation sicherlich sinnvolleren Sanierung in der Insolvenz vgl. Teil 3, Kap. 4, Rn. 1153 ff.

positive Ergebnisse zu erzielen. So erwarten dies insbesondere die finanzierenden Banken, um Vertrauen in eine weitere Kreditvergabe oder Aufrechterhaltung der Kreditlinien zu haben. Hierbei gilt der einfache Grundsatz „Umsatz hoch, Kosten runter." Die Fokussierung auf deckungsbeitragsstarke Produkte[150] und Kunden[151], die Kontrolle sämtlicher Kosten vom Einkauf[152] über die Fertigungsprozesse[153], der Logistik[154] und den Vertrieb[155]. Qualitätskosten[156], mögliches Outsourcing[157] und daraus folgende personelle Maßnahmen[158] sind zu beleuchten.

1.3.2.3 Beseitigung der Produkt- und Absatzkrise, zukünftige Wettbewerbsfähigkeit

129 Notwendig für den Sanierungsprozess in der zweiten Stufe war die Herstellung betrieblicher Transparenz: Eine genaue Analyse des Absatzes, aufgeteilt nach Kundengruppen, Regionen, ebenso wie präzise Erfassung der Kosten, differenziert nach Kostenstellen, Kostenarten, Kostenträgern. Hinzu kommt die Analyse der Stärken und Schwächen, Risiken und Chancen (SWOT), des Produktportfolios und verschiedener Zukunftsszenarien. Diese Informationen müssen genutzt werden, um die Produkt- und Absatzkrise dauerhaft zu beseitigen. Entwicklungen müssen angestoßen werden, um die Wettbewerbsfähigkeit für die Zukunft sicherzustellen. Der mit der Wahrnehmung der Krise geschaffene Veränderungswille in der Belegschaft muss genutzt werden, um dieses Ziel zu erreichen. Die Sanierung ist abgeschlossen, wenn mit wettbewerbsfähigen Produkten auf einem zukunftsfähigen Markt stabile Ergebnisse erzielt werden.

130 Alle Produkte, die zugehörigen Märkte und die Preis- und Absatzmodalitäten müssen auf den Prüfstand. Jedes Produkt ist auf seinen Deckungsbeitrag, die Möglichkeiten einer Steigerung seiner Marge und seine Zukunftsfähigkeit[159] zu untersuchen. Dies geht einher mit der Festlegung einer Strategie für die Zukunft. Am Ende beruht jedes sinnvolle Sanierungskonzept auf einer neuen, zukunftsfähigen Strategie. Grundsätzlich stehen drei verschiedene, übergeordnete Strategien zur Verfügung:[160]

- Wachstumsstrategie, unterteilt in
  - Marktdurchdringung,
  - Marktentwicklung,

---

150 Teil 1, Kap. 3, Rn. 168 ff.
151 Teil 1, Kap. 3, Rn. 222 ff.
152 Teil 1, Kap. 3, Rn. 162 ff.
153 Teil 1, Kap. 3, Rn. 171 ff.
154 Teil 1, Kap. 3, Rn. 161 ff.
155 Teil 1, Kap. 3, Rn. 181 ff.
156 Teil 1, Kap. 3, Rn. 192.
157 Teil 1, Kap. 3, Rn. 184 ff.
158 Teil 1, Kap. 3, Rn. 192 ff.
159 Es wird oft von einem Produktlebenszyklus von der Wachstums- über die Reifephase bis zur Sättigungsphase ausgegangen, wobei in der Sättigungsphase mit einen Rückgang des Absatzes und der Margen zu rechnen ist, vgl. Teil 1, Kap. 2, Rn. 91.
160 Zum Ganzen *Ansoff*, Management-Strategie, 132 ff.

- Produktentwicklung und
- Diversifikation.
- Stabilisierungsstrategie, die auf die Bewahrung des Ist-Zustandes abzielt, und
- Schrumpfungsstrategie, die insbesondere bei der Herausnahme von Produkten aus dem Sortiment in Betracht kommt.

Da es hier um insolvenznahe Krisen, damit um akute existenzbedrohende Krisen geht, sollte für Fragen der langfristigen Strategie auf andere Werke[161] zurückgegriffen werden.

1.3.3 Handlungsanweisungen

Die Mitarbeiter müssen klare Handlungsanweisungen erhalten, damit der Sanierungsprozess wie geplant eingeleitet und umgesetzt wird. Dabei soll den Mitarbeitern nicht die Pflicht zum eigenen Denken abgenommen werden, sondern vielmehr sind Aufträge so zu erteilen, dass dem Mitarbeiter im Rahmen seiner speziellen Fähigkeiten lagebezogener Handlungsspielraum bleibt. Der Mitarbeiter erhält in seinem Auftrag lediglich das Ziel für seine Position, nicht aber den Weg dorthin. So bleibt ihm bei klarer Zielvorgabe die Möglichkeit, eigene Fähigkeiten und problemlösende Kreativität einzubringen.[162] Dabei ist eine klare Sprache und unmissverständliche Ausdrucksweise ein Merkmal fähiger Führungspersönlichkeiten.[163] Die Handlungsanweisungen müssen auf den Entschluss der Führung, der wiederum auf der Lagefeststellung und -beurteilung beruht, zurückgehen.

131

1.3.4 Kontrolle

Die Umsetzung der Handlungsanweisungen und die Ergebnisse sind fortlaufend zu kontrollieren. Hierfür ist das – ggf. neu geschaffene – Berichtswesen heranzuziehen. Sollten sich die Ergebnisse nicht erwartungsgemäß zeigen, ist umgehend eine neue Lagefeststellung notwendig, die in einer veränderten oder neuen Planung mit einem neuen Entschluss und entsprechenden Handlungsanweisungen mündet. Zur Kontrolle sind die Planungen auf Grundlage des fortentwickelten Berichtswesens einschließlich relevanter Kennzahlen heranzuziehen.

132

1.4 Kommunikation in der Krise

Ohne einen Konsens im Stakeholderkreis mit entsprechender Opferbereitschaft wird eine Krise außergerichtlich nicht zu bewältigen sein. Daher ist stets zu prüfen, wann mit einzelnen Stakeholdern gesprochen wird. Bei der Wahl des Zeitpunkts kann es erhebliche Unterschiede geben: Während beispielsweise der Betriebsrat und die finanzierenden Banken möglichst früh an

133

---

161 Z.B. *Ansoff*, Management-Strategie.
162 Dies unterscheidet das Auftrags- vom Befehlsprinzip. Letzteres zwingt den Untergebenen in ein starres Korsett, in dem ihm eine Reaktion auf geänderte Abläufe nicht möglich ist.
163 *Groß*, Sanierung durch Fortführungsgesellschaften, 156 ff.

den Verhandlungstisch zu holen sind, um nicht das Vertrauen der Belegschaft und der Banken zu verlieren, kann dies bei Lieferanten anders sein: Hier droht mit einer Information die Umstellung auf Vorkasse oder gar die Einstellung jeglicher Belieferung. Somit kann eine frühe Kommunikation die Krise schlagartig verschärfen. Kunden, die von Liquiditätsproblemen ihres Lieferanten erfahren, schauen sich ggf. nach alternativen Bezugsquellen um. Im langfristigen Projektgeschäft versiegen die Aufträge, weil man das Risiko des Ausfalls der Gesellschaft und damit das Risiko, dass ein Projekt nicht fertiggestellt werden könnte, nicht eingehen will.

134 Inhalt der Gespräche sind zum einen die Lage der Gesellschaft sowie die Zukunftsaussichten und die eingeleiteten bzw. noch einzuleitenden Maßnahmen. Hierbei sind insbesondere diejenigen Maßnahmen, die den Gesprächspartner betreffen, sowie der weitere Ablauf darzulegen. Die drohende Insolvenz in den Raum zu stellen, ist ein sehr scharfes Schwert, mit dem äußerst vorsichtig umgegangen werden sollte. Sanierungsbemühungen verschleißen mit der Zeit. Werden fortlaufend Gespräche z. B. zur Tilgungsaussetzung gesucht, ist die Geduld und Bereitschaft der Beteiligten irgendwann erschöpft.[164] Für die Gespräche ist Vertrauen zwischen den Beteiligten notwendig, dass in der Vergangenheit oder spätestens durch die vorherrschende Situation beschädigt wurde. Entweder gelingt es der Geschäftsführung, dieses Vertrauen wiederzugewinnen oder ein Austausch einzelner oder aller Personen wird zur Herstellung einer Gesprächsbasis notwendig.[165]

2. Gerichtliche Sanierung

135 Alternativ zur außergerichtlichen Sanierung ist die Sanierung unter Inanspruchnahme der insolvenzrechtlichen Möglichkeiten, die – da die Einleitung des Verfahrens über einen Antrag beim zuständigen Insolvenzgericht (§§ 2, 3 InsO) – in Abgrenzung durch dargestellten außergerichtlichen Sanierung hier gerichtliche Sanierung genannt wird.

Die gerichtliche Sanierung beginnt unmittelbar mit der Einsetzung des vorläufigen Insolvenzverwalters durch das Insolvenzgericht[166], da dieser das Unternehmen zunächst zusammenhält und operativ weiterführt, indem Vollstreckungsmaßnahmen aufgrund der gerichtlichen Anordnung in aller Regel eingestellt werden müssen (§ 21 Abs. 2 Satz 1 Nr. 3 InsO)[167], die Lohn- und Gehaltszahlungen mittels der Insolvenzgeldvorfinanzierung[168] sowie Lieferungen und Dienstleistungen durch Dritte durch den vorläufigen Insolvenzverwalter sichergestellt werden.[169]

136 Im vorläufigen Insolvenzverfahren muss sich der vorläufige Insolvenzverwalter umgehend einen Überblick über die Zahlungsflüsse verschaffen. Wichtiger als die Ertragssituation ist, ob die Einzahlungen die Auszahlungen übersteigen und damit eine Weiterführung des Betriebs möglich ist. Nur,

---

164 Vgl. auch WP-Handbuch 2008, Band II, Abschnitt F., Rn. 75.
165 Dazu Teil 1, Kap. 3, Rn. 152 ff.
166 Teil 3, Kap. 1, Rn. 1015 ff.
167 Teil 2, Kap. 2, Rn. 402 ff.; Teil 3, Kap. 1, Rn. 1032.
168 Teil 6, Kap. 1, Rn. 2041.
169 Dazu Teil 2, Kap. 4.

wenn der vorläufige Insolvenzverwalter die Lieferanten und Dienstleistungsunternehmen, die mit dem insolventen Unternehmen weiterarbeiten, bezahlen kann, wird er das Unternehmen weiterführen können. Der (vorläufige) Insolvenzverwalter muss daher unverzüglich und sodann fortlaufend eine Liquiditätsplanung erstellen, die sich nicht allein auf Hoffnungswerte stützen kann, sondern auf plausibilisierten Werten beruhen muss. Andernfalls kann er schnell in die persönliche Haftung gemäß § 61 InsO geraten. Die Exkulpation nach § 61 Satz 2 InsO, nach der er nicht haftet, wenn der Verwalter bei der Begründung der Verbindlichkeit nicht erkennen konnte, dass die Masse voraussichtlich zur Erfüllung nicht ausreichen würde, wird ihm nur in engen Grenzen gelingen.[170]

Berücksichtigt werden muss, dass der (vorläufige) Insolvenzverwalter oftmals nicht einen geordnet laufenden Geschäftsbetrieb vorfindet, sondern zunächst einmal eine adäquate Organisation herstellen muss. Aus diesem Grunde räumt die Rechtsprechung dem Verwalter einen zeitlichen Vorlauf ein, um sich diesen Überblick zu verschaffen, bevor er in die strenge Haftung gerät. Unabhängig davon sollte der (vorläufige) Insolvenzverwalter bei der Erteilung von Zahlungszusagen die spätere Zahlung sicherstellen, möchte er nicht Haftungsprozesse und – vielleicht noch schlimmer – seinen Ruf im Markt riskieren.

137

Die Liquiditätsplanung erfährt im vorläufigen Insolvenzverfahren eine Vielzahl von Änderungen zum Geschäftsbetrieb außerhalb der Insolvenz: Altschulden müssen nicht mehr bedient werden, Leasingraten[171] und Mieten[172] werden nur unter engen Voraussetzungen gezahlt, die Löhne und Gehälter durch das Insolvenzgeld (vor-)finanziert.[173] Die Liquiditätsplanung wird im vorläufigen Verfahren bestimmt durch – vereinfacht – die variablen Kosten (Materialkosten, Strom etc.), denen die Einnahmen aus dem Verkauf der Produkte gegenüberstehen. Je stärker die Kostenpositionen Löhne und Gehälter, Leasing und Mieten in einem Unternehmen eine Rolle spielen, desto einfacher ist die Betriebsführung im vorläufigen Verfahren. Dass es hiervon Ausnahmen geben kann, ist selbstredend: So kann bei einem reinen Dienstleistungsunternehmen durch den Wegfall der Lohn- und Gehaltskosten durch das Insolvenzgeld eine Betriebsfortführung als einfach erscheinen, in einer Werbeagentur hingegen wegen des sofortigen Abwanderns der führenden kreativen Köpfe, die sich durch die Insolvenz negativ beeinflusst sehen und zudem umgehend Angebote von Mitbewerbern erhalten, dennoch

138

---

[170] Teil 3, Kap. 2, Rn. 1050.
[171] Die Notwendigkeit der Zahlung von Leasingraten nach einer Anordnung gemäß § 21 Abs. 2 Nr. 5 InsO war zunächst streitig; mangels Rechtsgrundlage besteht kein Anspruch des Leasinggebers für die Nutzung vor Eröffnung des Verfahrens als Masseverbindlichkeit, vgl. BGH, Urt. v. 08.03.2012 – IX ZR 78/11, ZInsO 2012, 779; *Sinz/Hiebert*, § 21 Abs. 2 Nr. 5 InsO – Nutzung ohne Gegenleistung zulässig?, ZInsO 2011, 798.
[172] Hier ist das Kündigungsrecht des Vermieters je nach Vertrag und Notwendigkeit der Weiterführung des Mietobjekts und der alternativen Vermietbarkeit durch den Vermieter entscheidend, vgl. § 112 InsO.
[173] Teil. 6, Kap. 2, Rn. 2091.

nahezu unmöglich werden oder zumindest einen erheblichen Aufwand durch Halteprämien[174] etc. bedeuten.

139 Des Weiteren gibt es Betriebe, bei denen die Einführung einer ordnungsgemäßen Buchhaltung und Erfassung sämtlicher Zahlungen in den Büchern die Kosten erheblich ansteigen ließ. Man mag an dieser Stelle angesichts der offenkundigen Gesetzeswidrigkeit des bisherigen Tuns laut ausrufen „So nicht!", darf jedoch mit dem Ziel der Sanierung vor Augen den Blick für die Realitäten nicht verlieren. In einem landwirtschaftlichen Betrieb ist es eben nicht „unüblich", dass die Arbeiter im Sommer das Geld unmittelbar aus der – eigentlich nicht existenten – Kasse erhalten. Diese Kosten sind aber in der Krise zu berücksichtigen. Ob damit ggf. im Wettbewerb, der ebenso handelt wie der Betrieb früher und damit die Kosten geringer halten kann, eine Sanierung scheitern muss, sei hier dahingestellt.

140 Im eröffneten Insolvenzverfahren muss der Insolvenzverwalter zu Vollkosten planen, da sowohl die Leasingraten und Mietzinsforderungen als auch die Löhne und Gehälter – um nur die wesentlichen Positionen zu nennen – zu begleichen sind. Diese Forderungen begründen ab der Eröffnung des Insolvenzverfahrens gemäß § 55 Abs. 1 Nr. 1 InsO Masseverbindlichkeiten, die zu zahlen sind – andernfalls droht die erwähnte Haftung.

Die Belastung mit Vollkosten ab Eröffnung ist der Grund dafür, warum die übertragende Sanierung als ein Sanierungsweg im Insolvenzverfahren oftmals unmittelbar mit der Eröffnung des Insolvenzverfahrens umgesetzt wird.[175] Der Insolvenzverwalter sollte bis zur Eröffnung einen gesicherten Überblick über das Unternehmen erlangt haben und den Sanierungsweg – übertragende Sanierung oder Insolvenzplanverfahren[176] – im Auge haben und sodann konsequent verfolgen.

141 Mit der Eröffnung des Insolvenzverfahrens steht dem Insolvenzverwalter eine Vielzahl von Sonderrechten zur Verfügung, die er zur Sanierung des Unternehmens einsetzen kann. Hierzu zählen insbesondere das Recht, bei beidseitig nicht (vollständig) erfüllten Verträgen gemäß § 103 Abs. 2 InsO die Erfüllung abzulehnen.[177] Er kann gemäß § 109 Abs. 1 Satz 1 InsO ein Mietverhältnis über einen unbeweglichen Gegenstand – die zwischenzeitlich zu große Gewerbeimmobilie, die nicht mehr genutzten Lagerflächen etc. – mit der gesetzlichen Frist von drei Monaten kündigen; auf die vertragliche Laufzeit kommt es dabei nicht an.[178] Arbeitsverhältnisse können ebenfalls mit einer längsten Frist von drei Monaten (§ 113 Satz 1, 2 InsO) gekündigt werden,[179] Sozialpläne werden in ihrer Höhe begrenzt (§ 123 Abs. 1, 2 Satz 2 InsO).[180]

---

174 Die Zahlung von Prämien bei Verbleib kann natürlich nur in den Grenzen des Zulässigen geschehen, was aber bei Erhalt des Unternehmens und damit des Goodwills, der später in der Sanierung für die Gläubiger verwertet werden kann, gerechtfertigt sein kann.
175 Dazu ausführlich Teil 3, Kap. 3, Rn. 1121.
176 Teil 3, Kap. 3, Rn. 1121; Teil 3, Kap. 4, Rn. 1153.
177 Teil 2, Kap. 8, Rn. 716.
178 Teil 2, Kap. 8, Rn. 768.
179 Teil 6, Kap. 1, Rn. 2044.
180 Teil 6, Kap. 1, Rn. 2062.

Durch die Sonderrechte werden Unternehmen sanierbar, deren außergerichtliche Sanierung am Widerstand einer einvernehmlichen Verhandlungslösung – z.B. der frühzeitigen Auflösung eines nachteiligen Liefervertrages oder eines langlaufenden, aber nicht mehr benötigten Mietvertrag – gescheitert ist. *142*

Die Frage, ob Gewinn erwirtschaftet wird, d.h. ob die Erträge die Aufwendungen übersteigen, ist für den Insolvenzverwalter nachrangig und gewinnt erst mit der zu beurteilenden Sanierungsfähigkeit des Unternehmens an Bedeutung.[181] Die Sanierungsfähigkeit setzt nach den Verlautbarungen des IDW die nachhaltige Renditefähigkeit, mithin Gewinnerzielung,[182] voraus. Die Wiederherstellung einer Renditefähigkeit wird durch die Sonderrechte des Insolvenzverwalters erheblich vereinfacht. *143*

Ein konsequentes Sanierungskonzept muss in der Existenzkrise des Unternehmens die Chancen und Risiken sowie die Realisierbarkeit der außergerichtlichen und der gerichtlichen Sanierung aufzeigen und gegeneinander abwägen. Dabei spielen zukünftig die seit dem 01.03.2012 mit dem Gesetz zur weiteren Erleichterung der Sanierung von Unternehmen (ESUG)[183] in Kraft getretenen Verbesserungen des Insolvenzverfahrens eine entscheidende Rolle. *144*

---

181 Teil 1, Kap. 2, Rn. 50.
182 Teil 1, Kap. 2, Rn. 50.
183 BGBl. I 2011, 2582.

Kapitel 3
Ansatzpunkte betriebswirtschaftlicher Sanierung

1. Vorbemerkung

145 Nach *Gutenberg*[184] sind als Sanierung alle Maßnahmen zu verstehen, die im Gefüge eines Unternehmens entstandene Schwächen beseitigen und neue Potenziale aufbauen. Mithin hat er Sanierung deutlich weiter gefasst als dies mit dem heutigen, oftmals krisenorientierten Sanierungsbegriff geschieht. Im Sanierungsprozess selbst wird regelmäßig unterschieden zwischen der leistungswirtschaftlichen Sanierung und der finanzwirtschaftlichen Sanierung eines Unternehmens. Danach richtet sich auch die folgende Darstellung.

146 (Insolvenz-)Rechtlich ist es entscheidend, die Insolvenzreife oder die drohende Insolvenzreife zu beseitigen und eine Fortführungsfähigkeit herzustellen. Für die Gesellschafter wird obendrein eine zukünftige Rendite- und Wettbewerbsfähigkeit Ziel der Sanierung sein. Daher sind die Fortführungsfähigkeit, Wettbewerbs- und Renditefähigkeit Teilaspekte der Sanierungsfähigkeit, wie sie die Verlautbarungen des Instituts der Wirtschaftsprüfer zu Sanierungsgutachten (IDW S 6) zugrunde legen.

147 Eine Sanierung muss in der Umsetzung konsequent und radikal sein, um zum Erfolg zu führen.[185] Erkannte Probleme müssen in Maßnahmen münden, die mit aller Konsequenz und gegen alle Widerstände um- und durchgesetzt werden. Das bedeutet nicht, dass man sich alle Beteiligten – Arbeitnehmer, Banken etc. – zu Gegnern machen sollte, im Gegenteil: Die gute Kommunikation und Vermittlung der schwierigen Lage öffnet Türen bei allen Beteiligten für eine erfolgreiche Sanierung. Zugleich darf der Sanierer den Konflikt nicht scheuen, wenn die Lösung den Konflikt erfordert. Es gilt, die Führungskräfte vom steinigen Weg der Sanierung zu überzeugen und Führungskräfte, die sich partout der Sanierung verweigern, auszutauschen – was selbstredend bei einer Geschäftsleitung, die zugleich Auftraggeber ist, nicht gelingen wird. Ist die Geschäftsführung der Auftraggeber aber nicht zu den notwendigen Schritten bereit, wird ein Berater prüfen müssen, ob er das Mandat niederlegt, um nicht später den Misserfolg verantworten zu müssen.

---
184 *Gutenberg*, in: Handwörterbuch der Betriebswirtschaftslehre, Bd. 1, Sp. 1739 ff.
185 *Faulhaber/Landwehr*, Turnaround-Management in der Praxis, 30.

Bei der leistungswirtschaftlichen Sanierung darf es keine unantastbaren Bereiche geben. Alles – jeder Bereich, jeder Prozess, jedes Produkt – muss auf den Prüfstand.[186] Die finanzwirtschaftliche Sanierung muss Beiträge aller – Gesellschafter, Gläubiger, Arbeitnehmer – einfordern, um außergerichtlich vermittelbar zu sein.

2. Leistungswirtschaftliche Maßnahmen

Jede leistungswirtschaftliche Sanierung lässt sich auf die einfache Formel zusammenfassen:

Umsatz hoch, Kosten runter.

Reicht der Umsatz aus, um die Kosten zu decken und von der Differenz – dem Gewinn – zu leben, d.h. Entnahmen und Zukunftsinvestitionen auch für nicht buchhalterisch erfasste Wertverluste[187] zu tätigen, dann ist die leistungswirtschaftliche Sanierung geschafft. Sichtbar werden die Abhängigkeiten von Umsatz, Fix- und variablen Kosten mit Blick auf den Gewinn am – hier vereinfachten – Bild des Break-Even-Points:

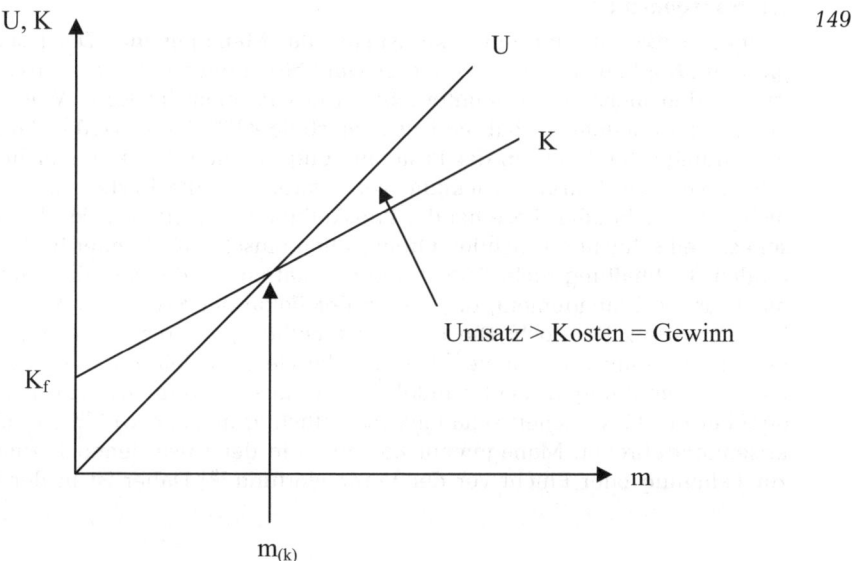

Abb. 23: Break-Even-Point[188]

---

186 *Faulhaber/Landwehr*, Turnaround-Management in der Praxis, 31f., sprechen von „Schutzschirmfalle".

187 Darunter können sowohl technischer Fortschritt als auch notwendige Produktinnovationen fallen, bei denen vielleicht die Forschung & Entwicklung als Kosten erfasst werden, nicht jedoch die notwendigen Investitionen in die zukünftige Betriebsausstattung wie z.B. neue Maschinen und in hochqualifizierte Mitarbeiter.

188 *Lambrecht*, Grundlagen Jahresabschlusses und Jahresabschlussanalyse, 115.

150 Daraus folgen die möglichen Maßnahmen, um in die Gewinnzone zurückzukehren:

- Senkung der Fixkosten,
- Reduzierung der variablen Kosten,
- Erhöhung der Verkaufsmengen (bei gleichbleibenden Preisen),
- Erhöhung des Verkaufserlöses pro Einheit.

151 Nachfolgend werden die Ansatzpunkte zur Umsatzentwicklung und zur Kostensenkung dargestellt. Eine Checkliste stellt dies jedoch nicht dar. Zu vielfältig sind die Konstellationen, zu individuell betriebsinterne Zahnrädchen, die ineinander laufen müssen. Eine Senkung der Kosten ist oftmals einfacher und kurzfristiger zu erreichen als eine Erhöhung des Umsatzes. Bei der Frage nach dem „richtigen" Management werden zunächst Ansatzpunkte zur Kostensenkung dargestellt und sodann Umsatzpotential von Produkt und Kunden benannt. In einem Sanierungsprozess sind diese Fragen schon aus Zeitgründen regelmäßig parallel anzustoßen – vorausgesetzt, die entsprechenden Ressourcen stehen zur Verfügung.

2.1 Management

152 Erster Ansatzpunkt der Sanierung ist stets das Management. „Der Fisch beginnt am Kopf zu stinken"[189] – dieser wohl hinlänglich bekannte Ausspruch trifft in den meisten Krisenunternehmen das Problem im Kern: Wer, wenn nicht das Management, hat die Krise verschuldet?[190] Sei es, weil es langfristige strategische Fehler in der Positionierung in einem Markt gemacht oder schlichtweg die Marktentwicklung verschlafen hat, die Kostenentwicklung nicht überwacht oder diese bei der Preiskalkulation nicht berücksichtigt hat, sei es, weil schlicht die richtige Organisation einschließlich einer funktionierenden Buchhaltung nicht früh genug geschaffen wurde. Natürlich gilt dies nicht für ein Management, das erst in der Folge der Krise oder kurz zuvor bestellt wurde. Dennoch: Die insolvenzrechtliche, zivilrechtliche und strafrechtliche Verantwortlichkeit[191] liegt bei der Geschäftsleitung. Diese darf Sanierungsbemühungen nicht schuldhaft unterlassen, wenn sie sich nicht gegenüber der Gesellschaft schadensersatzpflichtig machen will.[192] Bei einem krisenunerfahrenen Management kommt es in der Krise dennoch zum Teil zur Lähmung oder Flucht vor der Verantwortung.[193] Daher ist in der Krise

---

189 Auch „Der Fisch stinkt vom Kopf her." Das Sprichwort stammt wohl aus der Übersetzung des englischen Sprichworts „The rot starts at the top". Bei Fischen hängt dies zusammen mit dem leichter verderblichen Hirn, womit die Parallele zum Management damit weiter führt als das auf den ersten Blick scheinbar schlichte Bild.
190 Nicht als Frage, sondern als Feststellung u. a. auch *Baur*, Sanierungen – Wege aus Unternehmenskrisen, 33 ff.; *Krystek*, Unternehmenskrisen, 32 ff.
191 § 15a InsO, § 64 GmbHG, § 92 AktG, §§ 283 ff. StGB, vgl. dazu Teil 6, Kap. 2.
192 WP-Handbuch 2008, Bd. II, Abschnitt F, Rn. 8; *Schmidt*, in: Schmidt/Uhlenbruck, Die GmbH in der Krise, Sanierung und Insolvenz, Rn. 1.20, 11.92 f.
193 *Faulhaber/Landwehr*, Turnaround-Management in der Praxis, 26 f.

stets zu prüfen, ob die Geschäftsführung durch krisenerfahrene Manager ersetzt oder zumindest interimistisch[194] ergänzt wird.

2.1.1 Personelle Veränderungen im Management

Eine Sanierung erfordert einschneidende Maßnahmen, die das Krisenunternehmen zwangsläufig stark verändern. Dazu bedarf es eines durchsetzungsfähigen Managements, das offen für neue Ideen ist. Ist dies beim alten Management, das eben oft Krisenverursacher ist, nicht der Fall, muss dieses aus dem Unternehmen raus, frische Kräfte müssen hinein. Ist das Management selbst der Auftraggeber, wird dies schwierig. Sind dies hingegen die Gesellschafter oder die Banken etc. wird der Austausch durchsetzbar sein. In Krisenfällen ist der Einsatz von krisen- und sanierungserfahrenen Interimsmanagern, die kurzfristig bereit stehen, naheliegend. Die Veränderung in der Geschäftsführung kann auch der Wiederherstellung des Vertrauens, das bei den Arbeitnehmern, Kunden, Lieferanten und Banken verloren gegangen ist, dienen. Allerdings gilt dies nur, wenn der Austausch nachvollziehbar durch fähige und seriöse Manager erfolgt. Ansonsten könnten die Beteiligten darin einen Versuch der bisherigen Geschäftsführung sehen, sich aus der Verantwortung – und Haftung – zu stehlen. Der Austausch ist frühzeitig zu kommunizieren, die Qualifikation der neuen Führungskräfte umgehend zu belegen.

153

Der Austausch von Führungskräften umfasst nicht allein die Geschäftsführung, muss also nicht nur die Spitze betreffen. Es kann auch die zweite, dritte Führungsebene oder die Meister in der Fertigung einschließen, wenn dort notwendige Qualifikationen nicht vorhanden sind. So ist beispielsweise der Bereich Controlling/Buchhaltung, dem in der Krise die sensible Liquiditätsplanung obliegt, fachlich erstklassig und möglichst krisenerfahren zu besetzen. Oftmals muss erst ein funktionsfähiges Controlling geschaffen werden.[195] Ein kritischer Erfolgsfaktor sind auch die Abteilungsleiter, die unmittelbar auf die Mitarbeiter ihres Bereichs einwirken und diese durch die Krise führen müssen.

154

Auf der handwerklichen Ebene im Betrieb ist die Qualität der Führungskräfte, der Meister, von entscheidender Bedeutung. Die Fertigungsqualität, die Leistungsbereitschaft der Mitarbeiter und die Weitergabe von Wissen und Erfahrung gehen von diesen Vorbildern auf der unteren Führungsebene aus. Sind die Meister nicht in der Lage, sich neuen, marktgerechteren Produkten zuzuwenden oder arbeiten sie – was nicht selten der Fall ist – sogar dagegen, sind sie auszutauschen. Dies kann bei einer starken Vernetzung langgedienter Arbeitnehmer im Betrieb und Betriebsrat sowie bei den Gewerkschaften nur gegen erhebliche Widerstände möglich sein. Gleichzeitig vermitteln solche Maßnahmen für alle Mitarbeiter unmissverständlich die Botschaft, dass es für alle darum geht, den notwendigen Wandel mitzutragen – oder zu gehen. Führungskräfte müssen hier als Vorbild vorangehen. Die-

155

---

194 Kabst/Thost/Isidor, Interim Management. Auf dem Weg zur Selbstverständlichkeit, 1. Auflage (2010). Auch und gerade für Krisenszenarien – ist heute ein anerkannter und gängiger Weg, kurzfristig entsprechendes Knowhow in ein Unternehmen zu holen.
195 Dazu bereits in Teil 1, Kap. 2, Rn. 65.

jenigen, die die Maßnahmen in der Krise nicht mittragen können oder wollen, sind daher – wenn möglich[196] – freizusetzen. Die Köpfe sind entscheidend für den Erfolg oder Misserfolg der Sanierung und Restrukturierung und maßgeblich für die Zukunftsfähigkeit eines Unternehmens.

2.1.2 Strukturelle und operative Veränderungen im Management

156 Nicht nur personell ist das Management zu verändern. Es kann sich die Notwendigkeit zeigen, die Struktur des Managements umzugestalten und die operativen Aufgaben neu zuzuweisen.

So kann es sinnvoll sein, einen Geschäftsführer mit alleiniger Restrukturierungs-/Sanierungsaufgabe – vielfach Chief Restructuring Officer (CRO) genannt[197] – in die Geschäftsführung aufzunehmen. Der CRO, der auch insolvenz(plan)erfahren sein sollte, kümmert sich allein um die Restrukturierung und Sanierung des Unternehmens, ohne mit sonstigen Tagesaufgaben belastet zu sein. Er entlastet zum einen die Geschäftsführung, die sich weiterhin um das Tagesgeschäft kümmern kann, und bringt zum anderen Expertenwissen in das Unternehmen ein.

157 Operativ muss das Management krisenorientierte Steuerungsinstrumente einführen und persönlich überwachen; dies betrifft insbesondere das Liquiditätsmanagement und, die Debitoren- und Kreditorenbuchhaltung. Das Unternehmen in der Nähe der Insolvenzreife muss diverse Klippen umschiffen. Die Geschäftsführung, die dieses Boot in schwerer See steuert, sollte über die Klippen genauestens informiert sein, denn es droht nicht nur der Untergang des Schiffes selbst, sondern die Geschäftsführung könnte mit ihm untergehen, haftet sie doch bei einem Scheitern des Unternehmens ggf. persönlich.[198]

158 Geradezu zwingend ist die Informationstechnologie (IT) zu prüfen. Sie dient der Steuerung des Unternehmens, sei es über die Steuerung technischer Prozesse, die Ermittlung von Zahlen aus der Buchhaltung und Steuerung von Zahlungsströmen, die Organisation des Personaleinsatzes, Überwachung des Auftragsbestandes und die zeitoptimale Bearbeitung. Die gesamte IT sollte dabei die Prozesse vernetzen, so die Führung des Unternehmens umfassend informieren und auf dieser Grundlage Entscheidungen ermöglichen.

2.1.3 Neue Organisationsstruktur des Unternehmens

159 Das häufig genutzte Begriffspaar Restrukturierung und Sanierung lässt erkennen, dass einem Unternehmen oftmals im Rahmen einer Sanierung eine neue Struktur gegeben werden muss, sowohl in rechtlicher als auch betrieblicher Hinsicht. Eine neue Struktur kann die Anpassung der gesamten be-

---

[196] Zu den oftmals der Restrukturierung entgegenstehenden Kosten des Personalabbaus s. unten Rn. 205 ff.
[197] Die Bezeichnung ist heute üblich und dient insbesondere der Abgrenzung zu den anderen gängigen Bezeichnungen für Geschäftsführungsorgane Chief Executive Officer (CEO) und Chief Financial Officer (CFO).
[198] Zu den Haftungstatbeständen vgl. Teil 6, Kap. 2, Rn. 2113 ff.

trieblichen Organisation an die Marktgegebenheiten bedeuten, wenn dies in der Vergangenheit versäumt wurde und in die Krise geführt hat. Dazu muss zunächst die bestmögliche Organisationsstruktur am Reißbrett entworfen werden. Hierbei ist zu unterscheiden zwischen der internen Organisation der Betriebsabläufe und der externen Organisation wie der Zahl der Zulieferer, der bearbeiteten Regionen (Vertriebsnetz) und der Kommunikation mit Kunden. Die Kommunikation zwischen den Abteilungen muss sichergestellt sein. Der Vertrieb muss dem Einkauf mitteilen, wenn ein Auftrag eingeht, um rechtzeitig die Zulieferung von Teilen in die Fertigung sicherzustellen. Zugleich muss die Produktionsabteilung den Personal- und den Maschineneinsatz bei der Konstruktion und der Fertigung planen – Selbstverständlichkeiten, die in vielen Unternehmen nicht selbstverständlich sind. Ob für den jeweiligen Betrieb dazu ein Liniensystem, ein Funktionssystem, Stabliniensystem, eine Sparten- oder Matrixorganisation[199] am besten geeignet ist, lässt sich nur am jeweiligen Fall beurteilen.

Mit einer neuen Organisation geht fast zwangsläufig eine Neuverteilung der Aufgaben bei den Führungskräften bis hin zur Geschäftsleitung einher. Insoweit kann auf das bereits Gesagte verwiesen werden. 160

2.2 Kosten

Die Kosten sind, wie bereits im Zusammenhang mit der Lagefeststellung und 161 -beurteilung dargelegt, nach Kostenarten, Kostenstellen und Kostenträgern zu differenzieren, um mit der notwendigen Transparenz Maßnahmen zur Kostenreduzierung vornehmen zu können.

2.2.1 Einkauf, Materialwirtschaft

Althergebrachte Kaufmannssprüche belegen die Bedeutung des Einkaufs: 162 „Im Einkauf liegt der Segen" oder „Was man mit dem Munde erspart, muss man mit den Händen nicht erarbeiten." Umso günstiger der Einkauf erfolgt, desto höher ist die Marge bei ansonsten unveränderten Bedingungen. Kauft die Konkurrenz das Fertigungsmaterial günstiger ein, sind in der Produktion erhebliche Anstrengungen nötig, um den Nachteil wettzumachen. Am Beispiel wird dies deutlich: Geht man von einem Materialkostenanteil von 65 % aus, sind bei 10 % höheren Materialeinkaufspreisen bei den übrigen Kosten Einsparungen von knapp 15 % notwendig, was bei tarifvertraglich geltenden Löhnen für den eigenen Betrieb und die Konkurrenz die Sachlage verschärft. Die Produktivität müsste dann bedeutend höher liegen, was angesichts anzunehmender Effizienzanstrengungen auch bei der Konkurrenz fraglich ist. Ist der Preis am Markt durch den Wettbewerb ein Datum (fix), ist die Marge geringer. Damit stehen weniger Mittel für Investitionen zur Verfügung. Der Prozentsatz der notwendigen Ersparnis steigt weiter an. Bei Krisenunternehmen stets und unverzüglich der Einkauf zu überprüfen. Materialkosten können bei der Neuorganisation des Einkaufs regelmäßig erheblich gesenkt werden. Abhängig vom Materialkostenanteil am Endprodukt wirkt dieser

---

[199] Eine knappe Darstellung dazu in *Wöhe/Döring*, Einführung in die Allgemeine Betriebswirtschaftslehre.

Hebel stärker oder schwächer. In Produktionsbetrieben machen Materialkosten einen großen Teil der Gesamtkosten aus, so dass sich Einsparungen hier besonders stark auf das Ergebnis auswirken, während sie in Dienstleistungsbetrieben eher zu vernachlässigen sind; nicht jedoch in dem Sinne, dass nicht auch in Dienstleistungsbetrieben in der Krise jedes Einsparpotential – eben auch im Materialeinkauf – genutzt werden sollte.

2.2.1.1 Einkaufspreis

163   Zum verhandelten Einkaufspreis gehören nicht nur der richtige Einstandspreis, sondern ebenso

- Zahlungsziele,
- Transportkosten,
- Garantien/Gewährleistungen,
- zu stellende Sicherheiten.

164   So kann ein anderes Zahlungsziel erhebliche Auswirkungen auf die Wettbewerbsfähigkeit haben, denn Zahlungsziele finanzieren den Warenumschlag. Beträgt ein Zahlungsziel 90 Tage und der Warenumschlag 30 Tage, kann das Unternehmen diese Waren dreifach umschlagen, bevor es die Ware zahlen muss. Bei margenschwachen Geschäften kann dies den Unterschied zwischen führenden Unternehmen und dem Restmarkt bedeuten: Während die schwache Konkurrenz die Marge einfach verdient, verdient das beste Unternehmen am Markt diese vielfach. Dies kann wiederum auf die Preise für die Kunden umgelegt werden, der Umsatz steigt und damit die Einkaufsmacht – der Abstand zur Konkurrenz vergrößert sich.

165   Bei den Kosten für den Einkauf sind vom Unternehmen zu stellende Sicherheiten zu berücksichtigen. Sicherheiten lösen Kosten aus oder binden Liquidität. Verlangen Lieferanten Bürgschaften einer Bank oder die im Auslandsgeschäft üblichen Avale, dann binden diese Sicherheiten Liquidität. Diese muss nämlich entweder bei dem Sicherheitengeber hinterlegt werden oder es erfolgt eine Anrechnung auf die bestehenden Kreditlinien. Daneben fallen Bankgebühren für diese Leistungen an, die bei einem margenschwachen Geschäft erhebliche bedeutung haben können und bei der Bewertung des Angebotes eines Lieferanten zu berücksichtigen sind.

2.2.1.2 Auswahl des richtigen Lieferanten

166   Bei der Entscheidung für einen Lieferanten ist zudem zu berücksichtigen, ob er

- den terminlich richtigen Anlieferungszeitpunkt,
- die richtige, auf die Betriebsabläufe abgestimmte Menge,
- die geforderte Qualität und
- die Liefersicherheit

bietet. Ein günstiger Lieferant, der nicht liefert, wird schnell teuer, denn er gefährdet nicht nur die eigene Liefertreue gegenüber den Kunden. Das kostet im besten Fall „nur" Vertrauen, löst im schlechteren Fall erhebliche Konventionalstrafen aus. Der unpünktliche Lieferant führt zu erheblichen Stillstandskosten wie nichtausgelastete Produktionsmaschinen und unterbeschäftigte Arbeiter.

Die Märkte für benötigtes Material können höchst unterschiedlich sein. Bei der Analyse der Märkte sind

- die Zahl der Anbieter,
- das Konkurrenzverhalten der Anbieter,
- die Entwicklungen auf den Märkten, insbesondere bei Rohstoffmärkten

zu prüfen

Ist etwa der Weltmarktanteil für das Teil A im asiatischen Raum bei 60 %, in den USA bei 30 % und in Deutschland bei 10 %, bezieht das Unternehmen aber das Teil A stets aus Deutschland oder zumindest von einem deutschen Importeur, stellt sich unmittelbar die Frage, ob nicht ein Einkauf im Ausland Vorteile bringen müsste.[200] Dabei vermag die Qualität oder der benötigte Service vor Ort bei einigen Spezialteilen relevant oder gar ausschlaggebend sein. Bei der Vielzahl der Bauteile ist sie es aber entweder nicht oder sie kommt in ausreichendem Maße aus anderen Ländern. Auch die Notwendigkeit eines bislang beauftragten Zwischenhändlers oder Importeurs muss auf den Prüfstand. Ein Direktbezug kann die Marge, die dieser Zwischenhändler verdient, einsparen, wenn der Zwischenhändler nicht durch größere Einkaufsmengen oder exklusiven Zugang zu einem Produkt Vorteile mitbringt.

2.2.1.3 Normierung der Produkte

Für einen kostensensiblen Einkauf von Material ist die Einkaufsmenge relevant. Diese bestimmt die eigene Verhandlungsposition. Damit wird die Standardisierung bzw. Normung von Produkten relevant, um auf diesem Wege die zu beschaffene Menge zu erhöhen und Mengenvorteile zu erhalten. Mit dem Beispiel der Automobilindustrie macht es eben einen Unterschied, ob der von einem Zulieferer kommende Autoschlüssel nur auf eine Baureihe passt oder auf sämtliche Baureihen des Autoherstellers. Damit einhergehend sollte die Zahl der Lieferanten möglichst klein gehalten werden, was nicht nur die Menge bei einem Lieferanten erhöht, sondern zugleich Kosten z.B. in der Verwaltung, bei der Buchhaltung und der Wareneingangskontrolle vermeidet. Die Normung der Produkte ist auch bei den Prozessen[201] und den Produkten[202] Gegenstand, was zeigt, dass sich die Ansatzpunkte für Effizienzsteigerungen überschneiden, ergänzen bzw. sich gegenseitig bedingen.

2.2.1.4 Just-in-Time/Verringerung der Lagerbestände

Vor einem Einkauf von neuem Material ist das noch vorhandene Vorratsvermögen zu prüfen. Dies setzt ein funktionierendes Warenwirtschaftssystem voraus. Lässt sich der Lagerbestand abbauen, wird gebundene Liquidität für die Sanierung frei.[203] Der Abbau von Vorratsvermögen kann jedoch dazu führen, dass bei Fehlern in der Just-in-Time-Belieferung Kosten durch Stillstand in der Fertigung entstehen. Hinzu kommen kaum messbare Kosten wie der Verlust

---
200 *Faulhaber/Landwehr*, Turnaround-Management in der Praxis, 152 ff.
201 S. Rn. 171 ff.
202 S. Rn. 208 ff.
203 WP-Handbuch 2008, Bd. II, Abschnitt F., Rn. 364.

des Kundenvertrauens auf pünktliche Lieferung oder die Verfügbarkeit der Produkte. Wenn Produkte nicht verfügbar sind, lädt das den Kunden dazu ein, sich bei der Konkurrenz zu erkundigen. Insofern stehen der Abbau der Lagerbestände und die Einführung einer Just-in-Time-Belieferung im Widerstreit mit der Produktionssicherheit auf der Grundlage vorhandener Bestände.

170 Der Einkauf ist eng an die Produktionsabläufe zu binden. Die eingesetzte EDV muss daher zwingend alle Bereiche vernetzen, ggf. auch die Lieferanten einbinden. Eine gut funktionierende EDV lässt ein dezentralisiertes und bedarfsgerechtes Bestellwesen zu, so dass in der jeweiligen Kostenstelle, die den Materialbedarf hat, eine entsprechende Bestellung ausgelöst werden kann. Dies darf natürlich nicht zu einem unkoordinierten Bestellwesen oder gar Schaffung von Lagerbeständen führen, was sich jedoch über die Zuweisung von Verantwortung für Kosten verhindern lässt. Die Verhandlungen über Preise hingegen sollten möglichst zentral erfolgen, um Größenvorteile und etwaige Standardisierungen nutzen zu können.

2.2.2 Prozesse

171 Bestimmend für die Wettbewerbs- und damit Überlebensfähigkeit eines Unternehmens ist auch die effiziente Gestaltung der Prozesse. Die Krise eines Unternehmens liegt häufig darin begründet, dass die Kosten nicht mehr auf die Verkaufspreise umgelegt werden können, weil der Markt dies nicht zulässt. Ursächlich hierfür kann sein, dass die Konkurrenz günstiger anbietet oder die Kunden nicht mehr die entsprechende Zahlungsbereitschaft haben. Ist der Verkaufspreis somit nicht nach oben flexibel und kann er nicht abhängig von den Produktionskosten erhöht werden, müssen zwangsläufig die Produktionskosten angepasst und wettbewerbsfähig gestaltet werden – oder das Unternehmen geht unter. Da die Differenz zwischen den Produktionskosten und dem Verkaufspreis auch die Marge bestimmt, sollten diese stets geringstmöglich sein. Bei einem bestimmten Marktpreis des Produkts kommt jeder Effizienzgewinn in den Prozessen einer Erhöhung der Marge gleich. Bei starkem Wettbewerb nutzen Konkurrenten Effizienzgewinne oft zur Preissenkung, womit die Wettbewerbsfähigkeit konkurrenzfähige Prozesse voraussetzt. Der Kreis zur Wahrnehmung des Marktpreises als Kostenobergrenze[204] schließt sich.

2.2.2.1 Prozessorganisation

172 Die Herstellung eines Produkts oder die Erbringung einer Dienstleistung läuft immer in bestimmten Prozessen ab. Die Prozessorganisation wird durch die zu erledigende Aufgabe bestimmt. Hat ein Betrieb mehrere Aufgaben, beispielsweise die Herstellung unterschiedlicher Produkte, ergeben sich verschiedene Anforderungen an die Produktionsstruktur. Dabei kommt es wiederum darauf an, ob die Produkte später zusammenzuführen sind oder eigenständige Märkte bedienen. Von der Komplexität der jeweiligen Aufgabe und der Frage, ob dabei sämtliche Teilaufgaben im Betrieb selbst erledigt

---

204 Diese Kosten müssen als kalkulatorische Kosten verstanden werden und zudem die Unternehmervergütung berücksichtigen.

werden oder ob ein Zukauf von Leistungen erfolgt, hängt die Zahl der Fertigungsstellen ab. Fertigungstiefe bezeichnet dabei die Anzahl der hintereinander angeordneten Fertigungsstellen. Die Anordnung der einzelnen Fertigungsstellen muss die Prozessabläufe und den Materialfluss effizient gestalten, d.h. Aufgaben sind in der Reihenfolge ihrer Erledigung anzuordnen, Transport- und Laufwege kurz zu halten und notwendige Lager am Ort des Bedarfs einzurichten.

Bei der Organisation der betrieblichen Prozesse nimmt die Bedeutung der Informationstechnik (IT) stetig zu. Ohne entsprechende IT sind eine bestmögliche Prozessorganisation mit der Integration von Vertrieb, Produktionsplanung/Konstruktion, Fertigung sowie dazugehörige Beschaffungsvorgänge, ggf. kombiniert mit einer Vielfalt von Kundenspezifika, sowie die zielgerechte Auslieferung nicht denkbar.[205] Die Prozesse müssen den wandelnden Kundenwünschen folgen und flexibel gehalten werden. Die Anpassung der Fertigungsverfahren aufgrund technologischen Fortschritts und der Rahmenbedingungen, z.B. durch gesetzliche Änderungen, müssen möglich bleiben. Gleichzeitig soll ein hoher Standardisierungs- und Automatisierungsgrad erreicht werden. Somit scheinen flexible Fertigungsorganisationen wie die Werkstattfertigung auf der einen Seite starren, aber oftmals personalkostengünstigen Fertigungsformen wie der Serien- oder gar Fließfertigung gegenüberzustehen. Es ist jedoch eine Kombination der Fertigungsformen möglich ist. So kann beispielsweise ein Grundgerüst des Produkts normiert in Serie gefertigt werden, während die kundenindividuelle Anpassung später als Werkstattfertigung erfolgt.[206]

173

Schwachstellen der Fertigungsprozesse sind regelmäßig

174

- eine unangepasste Fertigungsstruktur: Werkstattfertigung anstatt Serien- oder Fließfertigung,
- zu hohe Fertigungstiefe,
- unangepasste Abläufe hinsichtlich der zu erledigenden Aufgabe,
- Schwund (vorsätzlich als auch produktionsbedingt: unzweckmäßige Formgebung),
- mangelnde Qualitätskontrolle sowie
- technologischer Rückstand: Verminderung des Personaleinsatzes, Rüstzeiten.

Die Umstellung eines Prozesses bei laufender Produktion benötigt immer präziseste, generalstabsmäßige Planung. Die Unterbrechungen in der Produktion sind so kurz wie möglich zu halten. Bei der Vereinbarung von Lieferterminen sind etwaige Verzögerungen durch die Umgestaltung der Prozesse zu berücksichtigen. Soweit es saisonale Schwankungen bei den Produkten gibt, ist der Umbau auf die umsatzschwachen Monate zu legen.

175

2.2.2.2 Zeitmanagement

Das Zeitmanagement der Prozesse betrifft den Produktionsvorlauf, -durchlauf, -nachlauf. Als Produktionsvorlauf ist dabei u.a. die Entwicklungszeit

176

---

205 *Kern*, Industrielle Produktionswirtschaft, 320 ff.
206 *Faulhaber/Landwehr*, Turnaround-Management in der Praxis, nennen diesen Punkt im Fertigungsprozess „Variantenbestimmungspunkt (Freeze-Point)", 197.

von Bedeutung. Die Durchlaufzeit bezeichnet die Zeitspanne von der ersten Materialbeschaffung für einen Auftrag bis zur Übergabe der Produkte an den Vertriebsbereich.[207] Schwachstellen des Zeitmanagements innerhalb des Produktionsprozesses wirken sich in einer Unterbeschäftigung der Anlagen, der Nichteinhaltung von Lieferterminen (Liefertreue), einem zu hohen Bestand in Eingangs-, Zwischen- und Ausgangslagern sowie zusätzlichen Rüstzeiten aus. Die Produktionsabläufe müssen daher zeitlich exakt geplant und während der Durchläufe auf Einhaltung der Zeiten kontrolliert werden. Bei der Planung müssen Engpässe, ungewöhnliche Personalausfälle etc. berücksichtigt werden. Ein Produktionscontrolling findet heute im Wesentlichen EDV-gestützt statt. Dabei werden Vorgabezeiten ebenso wie Störzeiten erfasst und analysiert. Schwachstellen wie Engpässe sind umgehend zu beseitigen. Zu den Maßnahmen gehören u.a. die Engpassbeseitigung durch Erweiterungs- oder Austauschinvestitionen in größere, schnellere, technologisch reifere Maschinen und die Schulung von Mitarbeitern zur Minimierung der Rüstzeiten.

2.2.2.3 „Lean Management"

177 Ein geläufiges, zunehmend auch inflationär genutztes Stichwort für effiziente (frei übersetzt: schlanke) Prozesse ist „Lean Management" bzw. „Lean Production".[208]

„Lean Management" bedeutet, dass

- jeder Manager die Prinzipien kennt und sie jeden Tag durch Beispiel lebt,
- jeder Prozess fortlaufend solange in der besten bekannten Form durchgeführt wird, bis ein besserer Ablauf gefunden wird,
- jeder Prozess dann stattfindet, wenn er benötigt wird, nicht früher, nicht später,
- jedes Problem sofort und vom Auslöser her bekannt ist und systematisch abgestellt wird und
- jeder Mitarbeiter dem Manager und den Prinzipien folgt.

178 Der Begriff „Lean Production" erscheint dabei im Deutschen zu eng, da sich das „Lean"-Prinzip nicht allein an den Produktionsbereich richtet, sondern jeden Bereich des Unternehmens betreffen kann. Zunächst wird das Management auf Lean-Prozesse sensibilisiert und ggf. ein Lean-Verantwortlicher installiert. Es werden alle angewandten Prozesse dokumentiert und sodann auf Verschlankung geprüft und bewertet. Der Transformationsprozess zu einem schlankeren Betrieb muss Problemfelder und Engpässe berücksichtigen und Termine, Verantwortlichkeiten und Zwischenziele definieren. Entsprechend dem Prinzip, dass die besten Prozesse stets und solange – aber auch nur solange – angewendet werden, bis ein besserer Prozess gefunden ist, endet der Lean-Prozess nicht mit Erreichen des Ziels, sondern die Suche nach Verbesserungsmöglichkeiten beginnt von vorn. Die fortlaufende Suche nach Verbesserungen wird im Japanischen mit dem Begriff „Kaizen" belegt.[209] Es ist jegliche

---

[207] Zum Ganzen: WP-Handbuch 2008, Bd. II, Abschnitt F., Rn. 360.
[208] Ausführliche Ausführungen zu Lean Management in *Pfeiffer/Weiss*, Lean Management.
[209] Einen Überblick über Lean und Kaizen bietet *Brunner*, Japanische Erfolgskonzepte.

Tätigkeit in den Prozessen zu vermeiden, die nicht der Schaffung von Werten dient, kurz gefasst: Verschwendung.

In die stetige Suche nach Verbesserungen der Prozesse und Vermeidung von Verschwendung müssen alle Mitarbeiter eingebunden sein. Der Prozess startet mit der Schulung und dem Coaching von Managern und Team-Leitern und muss später jedem Mitarbeiter nahegebracht werden. Die Führungskräfte müssen Lean vorleben, die Mitarbeiter müssen jeden Prozess, bei dem sie eingebunden sind, auf mögliche Verschlankung untersuchen und Probleme unmittelbar lösen. Jeder Mitarbeiter muss eingebunden sein, da die Probleme am einzelnen Arbeitsplatz entstehen. Dazu bedarf es der Überwindung interner Widerstände, ob aus menschlicher Neigung zu eingetretenen Pfaden geboren oder aus Angst vor Veränderungen. Dies kann nur durch eine ehrliche Kommunikation und Transparenz der Ziele gelingen. *179*

2.2.3 Qualitätskosten

Qualitätskosten umfassen ein weites Feld, das hier nur überblicksartig dargestellt werden soll. Qualitätskosten entstehen zum einen dadurch, dass die Qualität durch Prozesse gewährleistet wird: Kontrollen während der Fertigung, eine Endabnahme, ggf. Qualitätsbeauftragte, Zertifizierung der Produkte etc. Zum anderen sind unter den Begriff solche Kosten zu fassen, die erst aus Mängeln resultieren und zur Wahrung der eigenen Qualitätsansprüche oder zur Beseitigung von Mängelrügen durch Kunden aufgewendet werden müssen. Ebenso kann die Verfehlung gesetzlicher Normen zu Qualitätskosten führen. Es entstehen Kosten der Nachbearbeitung oder für den Austausch fehlerhafter Teile, Imageschäden, Delisting bei Kunden und ggf. Durchlauf neuer Listing-Verfahren. *180*

Die Qualitätskontrolle kann auch per Kennzahlen bzw. Kennwerten erfolgen. So werden in Produktionsbetrieben interne Werte wie eine Untergrenze für „defective parts per million (dppm)" vorgegeben, deren Einhaltung zum Qualitätsziel gesetzt wird.

2.2.4 Vertrieb

Der Vertrieb ist die Schnittstelle zum Kunden bzw. zum relevanten Markt. Das beste Produkt wird sich nicht durchsetzen, wenn es dem Vertrieb nicht gelingt, die Vorzüge dieses Produkts am Markt zu kommunizieren und das Produkt beim Kunden unterzubringen. Der Vertrieb muss das Ohr des Unternehmens am Markt sein, um veränderte Kundenwünsche aufzunehmen und im Unternehmen an den geeigneten Stellen platzieren zu können. *181*

Bei seiner Tätigkeit verursacht der Vertrieb Kosten, angefangen bei den dort beschäftigten Mitarbeitern über Reisekosten und Spesen bis zu Werbeausgaben. Wenngleich die Bindung zum Kunden existenziell ist, kann der Vertrieb nicht aus den Maßnahmen zur Kostensenkung und Effizienzsteigerung ausgenommen werden. Der Vertrieb ist auf die richtige Vertriebsstrategie und angemessene Kosten zu prüfen. Die Vertriebsanstrengungen können nach Kundengruppen, Regionen oder Produkt höchst unterschiedlich sein – berechtigt oder unberechtigt. Für eine solche Entscheidung können Kenn- *182* zahlen wie Vertriebskosten pro Kunde, Kunden pro Vertriebsmitarbeiter, Umsatz pro Vertriebsmitarbeiter die benötigte Transparenz schaffen. Vertriebskosten sind demnach Kunden, Regionen oder Produkten zuzuordnen. Sodann sind Kunden, Regionen oder Produkte nach Umsätzen einzustufen. Kunden und Regionen, die die Vertriebskosten nicht decken, sind zu hinterfragen. Umsatzverluste durch das Aufgeben von Kunden und Regionen sind hinzunehmen, wenn dadurch eine Steigerung des Jahresüberschusses erreicht wird. Eine Schlüsselung wie ABC-Kunden und ABC-Regionen, möglicherweise zusammengefasst in einer Matrixdarstellung, können zur Konzentration auf Kunden und Regionen führen.

183 Die Mitarbeiter des Vertriebs müssen am Erfolg – aber auch am Misserfolg – partizipieren. Kein Bereich eignet sich so sehr für die Zahlung von Boni bzw. Provisionen wie der Vertrieb. Hierbei sollten die Boni und Provisionen aber eine langfristige Komponente enthalten, um nicht den kurzfristigen Absatz mit Kunden(ent)täuschungen zu fördern und so dem Unternehmen auf lange Sicht zu schaden. Darüber hinaus sollte nicht der reine Umsatz, sondern der Erfolg prämiert werden. Erhöht der Vertrieb den Umsatz durch Preissenkungen, also auf Kosten der Marge, so ist das nur dann gewünscht, wenn der Gesamterfolg dadurch steigt. D.h. der Margenverlust pro Produkt muss durch die Steigerung der Absatzzahlen mehr als ausgeglichen werden. Die Provision muss konsequenter Weise nicht (nur) am Umsatz, sondern am Ertrag festgemacht werden.[210] Die richtige Gestaltung von Bonussystemen erweist sich als äußert komplex und muss zudem arbeitsrechtliche Fragen berücksichtigen.[211]

Ergänzend sei darauf hingewiesen, dass der Vertrieb mit dem Einkauf, der Konstruktion und der Fertigung vollständig vernetzt sein muss. Nur so kann ein Auftrag unmittelbar in die Folgeprozesse münden. Dabei muss der administrative Aufwand für den Vertrieb, der seine Zeit im Kundenkontakt nutzen soll, gering gehalten werden.[212]

2.2.5 Outsourcing

184 Der Begriff „Outsourcing" steht für die Beauftragung Dritter zur Durchführung von Teilaufgaben, die bislang im eigenen Betrieb erledigt wurden. Die Leistung wird also zukünftig eingekauft. Entscheidend sind regelmäßig Spezialisierung und Kostenersparnis. Dabei lassen sich Dienstleistungen ebenso outsourcen wie die Fertigung von Vorprodukten. Während der Kostenvergleich für die „Make-or-buy"-Entscheidung bei Dienstleistungen wie Pförtnerdiensten, Lohnbuchhaltung und Transportdiensten einfach ist, kann sich die Entscheidung in der Produktion von Gütern als wesentlich komplizierter darstellen: Im ersten Schritt stellt sich bereits die Frage, ob das benötigte Teil überhaupt am Markt erhältlich ist. Ist dies nicht der Fall, heißt das nicht, dass man es nicht fremdproduzieren lassen könnte. Es bedarf dann der genauen Definition und Angebotseinholung sowie einer genauen Kalkulation der Ei-

---

210 *Faulhaber/Landwehr*, Turnaround-Management in der Praxis, 186.
211 Dazu beispielsweise BAG, Urt. v. 27.10.2007 – 10 AZR 825/06, BB 2008, 166.
212 Zum Ganzen anschaulich *Faulhaber/Landwehr*, Turnaround-Management in der Praxis, 177 f.

genproduktion einschließlich der richtigen Schlüsselung von Gemeinkosten. Trägt der Teil zur Deckung der Gemeinkosten mittels eigener Wertschöpfung bei, fällt diese Wertschöpfung bei dem Outsourcing weg, was zu berücksichtigen ist.

Neben dem reinen Preisvergleich sind bei der Frage eines Outsourcing weitere Aspekte zu berücksichtigen: Handelt es sich um Kern-Knowhow des Unternehmens, das man keinesfalls nach außen geben will? Dann verbietet sich ein Outsourcing, was die entsprechende Herausgabe von Produktionsdetails verlangt, denn der Zulieferer könnte dieses Wissen für die Herstellung von Produkten für Mitbewerber nutzen. Wer hier an eine vertragliche Sicherheit glaubt, sollte sich einmal die Handhabung von Verträgen und geistigem Eigentum[213] im asiatischen Raum anschauen.[214] Unterliegt der Bereich besonderen, z. B. nachfragebedingten Produktionsschwankungen? Dies spricht für ein Outsourcing, da das Unternehmen in diesem Fall keine Produktionskapazitäten dauerhaft für Tätigkeiten bindet, die nur zeitweise anfallen. Auch das Vorhalten entsprechender Arbeitskräfte kann entfallen und stattdessen bei Bedarf ein Abruf der Leistung just in time beim Zulieferer erfolgen. 185

Vergleichsangebote zu eigenen Leistungen einzuholen kann auch deshalb sinnvoll sein, weil in diesen Angeboten Schwachstellen erkennbar werden. Das Gespräch mit einem Logistikunternehmen über den Transport von Waren innerhalb des Unternehmens kann zu internen Verbesserungen führen, auch wenn die Dienstleistung später nicht in Anspruch genommen wird.[215] 186

Outsourcing bietet sich auch dort an, wo das Unternehmen Kräfte für Tätigkeiten bindet, die deutlich außerhalb der Kernkompetenz liegen. Die Fertigung solcher Teile steht von der Losgröße her, der damit bedingten Umrüstung der Anlagen und der zeitlichen Verteilung über das Jahr oftmals in keinem Verhältnis zur Gesamtproduktion und Wertschöpfung. Die fortschreitende Spezialisierung und Arbeitsteilung der Wirtschaft führt regelmäßig zu Kostenvorteilen durch den Zukauf der Waren von Unternehmen, die aufgrund der Losgrößen, Lernkurven- und sonstiger Skaleneffekte diese günstiger produzieren können. 187

Ist ein Outsourcing aus Gründen des Knowhow-Transfers oder aus fertigungstechnischen Gründen nicht möglich, kann die höhere Auslastung eine Lösung zur Kostenreduktion sein. Mit der höheren Auslastung verteilen sich die Fixkosten für die Kostenstelle auf eine höhere Stückzahl. Damit sinken die Gesamtstückkosten. Produkte, die bislang nur für die interne Verwendung gefertigt wurden, könnten beispielsweise am Markt angeboten werden, wenn diese Produkte marktgängig sind. Eine weitere Möglichkeit liegt in der Übernahme von Fertigungsaufträgen für Dritte auf den Fertigungsstraßen. In beiden Fällen würde ein Verkaufspreis oberhalb der variablen 188

---

213 Gängiger ist mittlerweile der englische Begriff „Intellectual Property".
214 Zur Produktpiraterie in China s. Faz v. 06.01.2006, http://www.faz.net/s/
RubEC1ACFE1EE274C81BCD3621EF555C83C/
Doc~EDD72C4AA43E642AC8A9918DDE25ABB0A~ATpl~Ecommon~Scontent.html;
Handelsblatt v. 23.03.2004, http://www.handelsblatt.com/unternehmen/mittelstand_aktuell/plagiate-behindern-in-china-die-mittelstaendler;722986.
215 *Faulhaber/Landwehr*, Turnaround-Management in der Praxis, 161.

Stückkosten bereits genügen, da in diesem Falle ein Deckungsbeitrag zu den Fixkosten geleistet würde. Dabei dürfen natürlich keine Mitbewerber „subventioniert" werden, weil diese nicht mit den (vollen) Fixkosten belastet werden.

2.2.6 Ergänzende Ausführungen zum Problem der Fixkosten

189 Neben den Löhnen und Gehältern, die größtenteils Fixkosten darstellen und denen aufgrund der Bedeutung nachfolgend ein gesondertes Kapitel gewidmet ist, gibt es weitere relevante Fixkosten, also Kosten die das Unternehmen unabhängig vom aktuellen Absatz seiner Produkte belasten. Hier sind insbesondere Mieten und Pachten zu nennen. Wenn nun zum Teil ausgeführt wird, dass „es in einer Turnaround-Situation keine Fixkosten gibt"[216], da man auch Verhandlungen z.B. mit Vermietern und Verpächtern führt, ist das vor dem Hintergrund, dass sämtliche Kostenbereiche auf Einsparpotentiale zu prüfen und ggf. zu verhandeln sind, richtig. Die Verhandlungsmacht auf Unternehmensseite ist jedoch oftmals gering. Kaum ein Gläubiger ist bereit, von seiner Forderung abzurücken, wenn nicht alle anderen Gläubiger in gleichem Maße mitziehen. Dem Argument, dass die Position, die er aufgibt, anderen Gläubigern zugutekommt, ist wenig entgegenzuhalten. Zudem kann sich der Vertragspartner auf einen bestehenden Vertrag und den Rechtsgrundsatz „Pacta sunt servanda"[217] berufen.

190 Bei Miet- bzw. Pachtverträgen über Immobilien kommt eine Mietzinssenkung allenfalls bei Sonderimmobilien, die der Vermieter nicht in anderer Weise am Markt unterbringen kann, in Betracht. Bei jedem anderen Mietgegenstand wird der Vermieter die drohende Insolvenz seines Mieters häufig damit beantworten, dass er das Objekt dann anderweitig vermieten wird. Handelt es sich um einen langlaufenden Mietvertrag und ist der Mietzins unter dem Marktniveau, wird der Vermieter hieran sogar ein evidentes Interesse haben. Ist der Mietzins über dem Marktniveau, könnte das Unternehmen auf Zugeständnisse hoffen, hat aber eben keinerlei Verhandlungsmacht. Möglicherweise stehen sogar weiterreichende Interessen im Raum, wenn das Objekt z.B. einem Immobilienfonds gehört, der seine Bewertung auf die abgeschlossenen Mietverträge stützt. In solchen – heute gängigen – Fällen wird der Vermieter aufgrund der Relevanz für die Fondsbewertung kaum zu zielführenden Gesprächen bereit sein.

191 Stellen Fixkosten, deren Abbau rechtlich nicht möglich oder zu teuer ist, die weitere Existenz des Unternehmens in Frage bzw. führen diese Kosten das Unternehmen absehbar in die Insolvenz, ist eine Sanierung in der Insolvenz vorzubereiten. Beidseitig nicht vollständig erfüllte Verträge (§ 103 InsO), Mietverträge (§ 109 InsO) und Arbeitsverträge können leichter und kostengünstiger beendet werden. Kann ein Vermieter ohne Insolvenz beispielsweise auf die Fortsetzung bis zum Laufzeitende bestehen bzw. alternativ eine Abstandszahlung in Höhe der Miete für die Restlaufzeit verlangen, kann ein Insolvenzverwalter oder – jetzt durch die Stärkung der Eigenver-

---

216 *Faulhaber/Landwehr*, Turnaround-Management in der Praxis, 138.
217 Lat., Verträge sind zu erfüllen.

waltung durch das ESUG – der eigenverwaltende Schuldner, den Mietvertrag gemäß § 109 Abs. 1 Satz 1 InsO mit einer Frist von drei Monaten kündigen. Die Ansprüche aus der ursprünglichen Vertragslaufzeit ab dem Kündigungszeitpunkt stellen dann lediglich Insolvenzforderungen dar und belasten das Unternehmen nicht mehr. Ein langlaufender Liefervertrag eines Warenlieferanten, der für das Unternehmen aufgrund veränderter Marktkonditionen gegenüber Mitbewerbern nachteilig ist, kann gemäß § 103 Abs. 2 Satz 1 InsO quasi „mit einem Federstrich" beseitigt werden.

2.3 Arbeitnehmer

Neben den Materialkosten stellen die Personalkosten in Unternehmen den wesentlichen Kostenfaktor dar. Konsequenterweise bestehen im Personalbereich oftmals erhebliche Kosteneinspar- bzw. Wertschöpfungspotentiale. So liegen nach Kern[218] im industriellen Bereich der Anteil der Personalkosten zwischen 21 % (Durchschnitt für Holz bearbeitende Industrie) und 43 % (Durchschnitt für den Bergbau) des Umsatzes. Bei Dienstleistungsbetrieben kann sich der Anteil der Personalkosten 100 % annähern. Dennoch sollten die Arbeitnehmer nicht als schlichte Kostenposition aufgefasst werden. Es würde der Tatsache, dass es um Menschen geht, nicht gerecht. Zudem werden ein menschlicher Umgang und soziale Verantwortung eines Unternehmens regelmäßig zu erhöhter Einsatzbereitschaft und in Krisenzeiten auch erhöhter Leidensbereitschaft mit dem Unternehmen führen.

Von Seiten der Geschäftsleitung wird die Klage über zu hohe Personalkosten häufig zuerst ertönen. Richtig daran ist, dass Krisenunternehmen regelmäßig zu hohe Personalkosten im Vergleich zum Wettbewerb aufweisen. Dies kann von einem schlichten Personalüberhang herrühren, wenn beispielsweise auf Umsatzrückgänge nicht oder nicht schnell genug reagiert wurde. Zusätzlich verhindert das rigide Arbeitsrecht entsprechende Maßnahmen. Ursächlich kann auch eine überkommene, unangemessene Entgeltstruktur oder -höhe sein. Schwieriger festzustellen, aber ebenso relevant kann eine geringere Arbeitseffizienz der einzelnen Mitarbeiter sein. Eine demotivierte Belegschaft mit hohem Krankenstand kann schnell zu einem existenziellen Problem des Unternehmens werden.

Dennoch darf die Geschäftsführung in Sanierungsfällen nicht die soziale Verantwortung aus den Augen verlieren. Der Hinweis auf zu hohe Personalkosten ist oft berechtigt, jedoch sind zunächst alle anderen Maßnahmen zur Kostensenkung und Umsatzsteigerung zu nutzen. Einsparungen im Einkauf können sich schnell wesentlich stärker auswirken als ein Verzicht der Arbeitnehmer beispielsweise auf Weihnachtsgeld, also 1/13 Ihres Jahresgehalts. Bei einem Lohn- und Gehaltskostenanteil von 30 % würde sich diese Einsparung von knapp 8 % mit lediglich 2,4 % auf die Gesamtkosten auswirken, während z. B. Einsparungen im Einkauf, die leicht 20–30 % betragen, bei einem Materialkostenanteil von 50–60 % erheblich relevanter sind. Zudem verliert mit jedem gekündigten Mitarbeiter nicht nur ein Mensch seine Existenzgrundlage, sondern mit diesem Mitarbeiter verliert das Unterneh-

---

218 *Kern*, Industrielle Produktionswirtschaft (4'), 165.

men Wissen, andere Arbeitnehmer verlieren einen Teil ihres sozialen Gefüges. Kündigungen führen zu einer massiven Verunsicherung der gesamten Belegschaft, leider zu oft zusätzlich noch geschürt durch Gewerkschaften und Betriebsräte. Diese Angst kann zu Leistungsabfall und einem zunehmenden Krankenstand führen. All dies soll nicht heißen, dass die Personalkosten nicht ein wichtiger Ansatzpunkt für Einsparungen sind, aber diese sind mit Augenmaß vorzunehmen sowie sensibel und frühzeitig zu kommunizieren. Ein verständiger Betriebsrat, der in vielen Unternehmen anzutreffen ist, wird eine sinnvolle Sanierung mittragen und für die Unternehmensführung ein guter, für die Mitarbeiterbelange zentraler Ansprechpartner in der schwierigen Sanierungsphase sein.

2.3.1 Personalstruktur

195 Anstatt einer Bemängelung der absoluten Personalkosten sind die Belegschaftsstärke und -struktur, die Qualifikationen und das Entlohnungssystem bis zur Organisation der Einsatzzeiten zu analysieren. Notwendige Veränderungen verlangen in allen Bereichen eine Analyse der künftigen Arbeitsanforderungen. Dabei ist der Personalbedarf quantitativ und qualitativ mit den zukünftigen Anforderungen in Überstimmung zu bringen.[219] Es ist inkonsequent, nur Personal abzubauen, nicht aber die Prozesse darauf anzupassen. Weniger Personal kann die auf die alte, größere Personenzahl und -struktur abgestellten Prozesse nicht stemmen, ohne sich schnell überfordert zu fühlen. Selbst wenn dies nur subjektiv so erscheint, ist diese Sicht menschlich. Eine neue Struktur und Organisation vermeidet diese Sichtweise. Andernfalls fallen teure Überstunden an, die Unzufriedenheit und der Krankenstand steigen.[220] Daher ist im ersten Schritt Klarheit über die neuen Prozesse und den Personalbedarf zu erlangen, bevor Entscheidungen hinsichtlich der Personalstruktur und -stärke getroffen werden.

2.3.2 Effizienzsteigerung beim Personal

196 Bei der neuen Personalstruktur sind Effizienzsteigerungen beim zukünftigen Personaleinsatz zu berücksichtigen. Effizienzsteigerungen können mit einer Mehrbelastung der Arbeitnehmer einhergehen, was jedoch angesichts der Krise und der Sicherung der Arbeitsplätze zugemutet werden kann und muss. Maßnahmen sind beispielsweise die Verlängerung der Arbeitszeit ohne Lohnausgleich sowie Änderungen im Entlohnungssystem und Schaffung von Leistungsanreizen – natürlich stets im Rahmen des geltenden Arbeitsrechts. Der richtige Einsatz des Personals, d. h. funktionierendes Personalmanagement, ist stets Voraussetzung für einen effizienten Personaleinsatz. Sowohl die Vermeidung von Überstunden, die Zusatzkosten auslösen, als auch von Leerlauf sind Ziel des richtig geplanten Personaleinsatzes. Betriebe, in denen viele Überstunden anfallen, weisen ebenso Schwächen in der Personalplanung auf wie solche, die einen Personalüberhang – auch in einzelnen Schichten – haben. Letzter ist allerdings schneller existenzgefähr-

---

219 WP-Handbuch 2008, Bd. II, Abschnitt F., Rn. 397.
220 Ähnlich auch *Faulhaber/Landwehr*, Turnaround-Management in der Praxis, 148.

dend, weil die Kosten der Überstunden weniger ins Gewicht fallen als Leerlauf. Aber auch Kosten für Überstunden erhöhen die Stückkosten. Überstunden sollten daher nur ein kurzfristiges Mittel sein, um Leistungsspitzen im Jahr aufzufangen, nicht jedoch, um dauerhaft anfallende Arbeit zu bewältigen.

In vielen Branchen ist das Verhältnis von Umsatz zu Mitarbeiter(n) bekannt. Somit besteht ein Anhaltspunkt für eine Zielgröße im Branchenvergleich. Es lässt sich so eine Soll-Stellen-Struktur,[221] und ein erstrebenswerter Zielumsatz pro Mitarbeiter im Branchenvergleich ermitteln. Insofern lässt sich durch Maßnahmen der Umsatzerhöhung, die möglicherweise schon kurzfristig greifen, ein inkonsequenter und teurer Personalabbau mit kurz darauf erfolgender Wiedereinstellung vermeiden. Mit dem Branchenvergleich wird auch das zahlenmäßige Verhältnis von Angestellten und gewerblichen Arbeitnehmern transparent. Hieraus lässt sich die Effizienz der Verwaltung ersehen. 197

Da Effizienz – kurz ausgedrückt – das Verhältnis von Ertrag zu Aufwand ist, lässt sich die Effizienz des Personaleinsatzes schlichtweg durch die Senkung der Personalkosten, also des Personalaufwandes erhöhen, wenn der Ertrag gleich bleibt. Neben den bereits genannten Maßnahmen sind weitere Maßnahmen denkbar: Anpassung bislang übertariflicher Lohn- und Gehaltszahlungen auf das Tarifniveau, Streichung oder zumindest Verringerung des Urlaubs- und Weihnachtsgeldes sowie Abbau von Leistungszulagen. Führt dies jedoch erwartungsgemäß zu einem Einbruch der Motivation und Leistungsbereitschaft und zu einer Zunahme des Krankenstandes, ist nichts gewonnen. 198

2.3.3 Personalabbau

Bei personellen Überkapazitäten aufgrund eines Rückgangs des Umsatzes ist ein Personalabbau unvermeidbar. Zunächst sind natürlich Überstunden abzubauen. Bei einem Krisenunternehmen ist jedoch eher Unterbeschäftigung zu erwarten. Treffen Unterbeschäftigung und Überstunden aufeinander, ist dies auf eine schlechte Personaleinsatzplanung zurückzuführen. Die Personaleinsatzplanung ist in diesem Falle unverzüglich zu verändern – und die Stelle des Verantwortlichen zugleich neu zu besetzen. Ebenfalls bei Unterbeschäftigung naheliegend ist die Einführung von Kurzarbeit. Allerdings ist Kurzarbeit bei Betrieben mit einer hohen Personalkostenquote relativ teuer, da die Sozialversicherungsbeiträge des Arbeitgebers überproportional zum Tragen kommen und die Arbeitsstunde damit relativ teurer wird. Hinzu kommen die von Betriebsräten mit der Einführung von Kurzarbeit geforderten Aufstockungen der Kurzarbeitsgelder oder die Vereinbarung einer Sperrzeit für betriebsbedingte Kündigungen. 199

Der direkte Personalabbau kann in Form von Altersteilzeit, Aufhebungsverträgen, Einzelkündigungen oder einer Massenentlassung[222] vorgenommen werden. Auch der Einsatz von Transfergesellschaften ist denkbar.[223] Bei 200

---
221 So WP-Handbuch 2008, Bd. II, Abschnitt F., Rn. 422.
222 Arbeitsrechtliche Maßnahmen s. Teil 6, Kap. 1, Rn. 1956.
223 S. Teil 6, Kap. 1, Rn. 2038 ff.

einem Personalabbau geht schnell die Erfahrung als maßgeblicher Wert eines Unternehmens verloren. Die richtige Auswahl der freizusetzenden Mitarbeiter ist daher entscheidend. Ist der Personalabbau beendet, muss der Betrieb sowohl von den Kenntnissen als auch von der Altersstruktur her zukunftsfähig sein.

201 Bei Kündigungen sind die gesetzlichen Vorschriften zu beachten – von den Kündigungsfristen über die Mitbestimmungsrechte des Betriebsrates und den Interessenausgleich bis hin zu den Regelungen zur Massenentlassung. Gemäß Betriebsverfassungsgesetz (BetrVG) sind soziale Gesichtspunkte – u. a. Alter, Dauer der Betriebszugehörigkeit, Anzahl der Unterhaltsberechtigten – bei der Auswahl der Arbeitnehmer (§ 102 Abs. 3 Nr. 1 BetrVG) zu beachten. Allerdings sind hierbei gemäß § 1 Abs. 3 Satz 2 KSchG solche Arbeitnehmer nicht einzubeziehen, deren Weiterbeschäftigung im berechtigten Interesse des Unternehmens liegt.[224] Bereits dieser kurze Abriss über die zu beachtenden Regelungen aus verschiedenen Gesetzen (BetrVG, MitbestG, KSchG u. a.) zeigt, dass Personalmaßnahmen ohne fundierte juristische Begleitung durch einen im Arbeitsrecht erfahrenen Rechtsanwalt wenig sinnvoll sind. Fehler bei Kündigungen können vor den Arbeitsgerichten für das Unternehmen schnell teuer werden.

202 Die Zahl der Arbeitnehmer kann nur so weit reduziert werden, dass die betrieblichen Aufgaben noch erledigt werden können. Bei der Planung muss die notwendige Kopfzahl einschließlich Urlaubs- und Krankheitszeiten präzise ermittelt werden. Hierbei ist die im Rahmen der Sanierung und Restrukturierung geänderte Organisation des Unternehmens und die Verschlankung der Prozesse zu berücksichtigen. Das Personal darf keinesfalls dauerhaft über Gebühr belastet werden, will das Unternehmen keine hohe Fluktuation und einen unverhältnismäßig hohen Krankenstand riskieren. Dauerhaft anfallende Überstunden sind Zeichen einer Unterbesetzung oder schlechten Personaleinsatzplanung. Eine summarische Prüfung der angemessenen Soll-Belegschaft kann anhand von Kennzahlen erfolgen, denen sodann die Branchenzahlen als Vergleichsgröße gegenübergestellt werden. Auf diese Weise lässt sich ein erster Anhaltspunkt für eine wettbewerbsübliche Personalkostenquote und – je nachdem, wie präzise die Branchenzahlen sind – sogar für die Soll-Stellen-Struktur ermitteln. Betriebsspezifische Besonderheiten müssen jedoch berücksichtigt werden, wenngleich diese nicht als leichte Rechtfertigung für einen Personalüberhang oder eine schlechte Organisation des Unternehmens akzeptiert werden dürfen.

203 Am individuellen betrieblichen Bedarf ausgerichtet ist die sog. Stellenplanmethode. Bei dieser Methode wird der künftige Personalbedarf aus den Stellenplänen und -beschreibungen des restrukturierten Unternehmens ermittelt.[225] Wie das Zero-Budgeting[226] bei den Gemeinkosten die Rechtfertigung sämtlicher Kosten verlangt, ist für die Aufstellung jeder einzelnen Stelle zu hinterfragen, ob diese zwingend notwendig ist, um die betriebli-

---

224 Vgl. Teil 6, Kap. 1, Rn. 1955 ff.
225 WP-Handbuch 2008, Bd. II, Abschnitt F., Rn. 412; *Borns*, RKW-Handbuch Personalplanung, 108 ff.
226 Dazu Teil 1. Kap. 2, Rn. 95.

chen Aufgaben zu erfüllen. Die Stellenplanung darf nicht abstrakt Rechtfertigung für die Belegschaftsplanung sein. Insbesondere die Kennzahlenmethode kann wiederum die Grundlage für eine Diskussion bilden, wenn die betriebliche Stellenplanung einzelner Abteilungen erheblich von den üblichen Strukturen in der Branche abweicht.

Für Arbeitsbereiche mit verlässlichen Vorgabezeiten kann der Personalbedarf nach folgender Formel berechnet werden,[227] 204

$$\text{Einsatzbedarf} = \text{Arbeitsmenge} \times \text{Zeitbedarf pro Arbeitsgang} / \text{Arbeitszeit pro Arbeitskraft}$$

wobei Urlaubs- und Krankheitszeiten bei der Arbeitszeit pro Arbeitskraft zu berücksichtigen sind.

2.3.4 Kosten des Personalabbaus

In die Liquiditätsplanung sind die Kosten der Personalmaßnahmen aufzunehmen. Ein Sozialplan, der mit dem Betriebsrat im Rahmen eines Interessenausgleichs auszuhandeln ist, kann die Achillesferse einer Sanierung werden, da er – außerhalb der Insolvenz[228] – grundsätzlich erhebliche Kosten auslösen kann. Mögliche Kosten des Personalabbaus sind u. a. 205

- Abfindungen,
- Ausgleichszahlungen für Aufhebungsvereinbarungen,
- Ausgleichszahlungen für frühzeitige Pensionierungen,
- Abgeltung noch bestehender Urlaubsansprüche,
- Kosten für sog. „Outplacement-Beratung".

Die Berechnung der Zahlungen, insbesondere der Abfindungen, ist abhängig von den individuellen Vereinbarungen oder den Regelungen im Sozialplan. Üblich ist die Festlegung einer am Monatsgehalt orientierten Bemessung, die Faktoren wie Betriebszugehörigkeit, Lebensalter und Unterhaltsverpflichtungen berücksichtigen kann. Im Ergebnis kann überschlägig ein halbes bis ganzes Monatsgehalt pro Jahr der Betriebszugehörigkeit angenommen werden, um die Belastung des Unternehmens für den Personalabbau zu berechnen. 206

Ein Sozialplan ist bei bestimmten Größenordnungen des Personalabbaus erzwingbar, vgl. § 112a BetrVG. Die Notwendigkeit eines Interessenausgleichs regelt sich nach den Bestimmungen in § 17 KSchG.[229] 207

Die Verpflichtung, einen Interessenausgleich mit dem Betriebsrat zu versuchen, wird durch ansonsten mögliche Nachteilsausgleichszahlungen gemäß § 113 BetrVG untermauert. Zudem drohen Ordnungsstrafen gemäß § 121 BetrVG.

---

227 Zum Ganzen *Borns*, RKW-Handbuch Personalplanung, 104 ff.; ein Beispiel zur Berechnung findet sich auch in WP-Handbuch 2008, Bd. II, Abschnitt F., Rn. 417 f.
228 Für einen Sozialplan in der Insolvenz gilt gemäß der Regelung in § 123 Abs. 1, 2 InsO eine Obergrenze von 2½ Monatsverdiensten der von einer Entlassung betroffenen Arbeitnehmer und ein Drittel der Masse, die ohne einen Sozialplan für die Verteilung an die Insolvenzgläubiger zur Verfügung stünde; vgl. dazu auch Teil 6, Kap. 1, Rn. 2008 ff.
229 S. Teil 6, Kap. 1, Rn. 1925 ff.

Teil 1   Unternehmenskrise und außergerichtliche Sanierung

In der Insolvenz werden diese Vorschriften eingeschränkt (vgl. § 20ff. InsO), der Personalabbau damit vereinfacht. Hinzu kommt, dass der Sozialplan vom Umfang her auf ein Massedrittel und zweieinhalb Monatsgehälter begrenzt ist, § 123 Abs. 1 und 2 InsO.[230] Ist also eine Sanierung nur mit einem Personalabbau umsetzbar, kann das Unternehmen aber die Kosten des Personalabbaus nicht (mehr) stemmen, kann der Weg einer Sanierung über die Insolvenz zielführend sein.

2.4 Produkt

208   Das Produkt muss den Bedürfnissen des Marktes, mithin den Ansprüchen der Kunden, genügen bzw. diese übererfüllen. Das Produkt hat also auf der einen Seite den Markt als Bezugspunkt. Zugleich muss ein Produkt aber auch marktpreisgerecht zu produzieren sein – die andere Seite. Das Angebot und die Nachfrage bestimmen den Preis des Produkts. Die Angebotssituation wird dabei geprägt durch die Produzentenstruktur, die wiederum abhängig ist vom Produkt: Global vs. regional, viele Anbieter vs. Monopol. Die Nachfrage wird wiederum geprägt durch die Struktur der Nachfrager und deren Zahlungsbereitschaft. Die Kosten der Herstellung müssen unter diesem Marktpreis liegen. Je weiter sie das tun, desto höher ist die Marge für das Unternehmen.

2.4.1 Image als Mehrwert

209   Ist das Produkt geprägt von Faktoren wie Markenbewusstsein, regionaler Treue der Kunden etc., führt dies gegebenenfalls zu einer höheren Zahlungsbereitschaft für das Produkt bei ansonsten objektiv gleichen Produkteigenschaften konkurrierender Produkte. Merkmale eines Produkts, die dieses nicht hinsichtlich seiner Nutzungsfähigkeit von Wettbewerbsprodukten abgrenzen, können somit die Marge erhöhen – oder eben auch negativ beeinflussen. Die Automobilindustrie bietet hierfür Beispiele, vergleicht man beispielsweise das Preisniveau eines VW Golf mit dem eines OPEL Astra. Die Imageänderung eines Produkts kann demnach Einfluss auf die zukünftige Wettbewerbsfähigkeit haben. In der Sanierung spielen damit nicht nur harte Fakten, die durch mathematisch präzise Kennzahlen belegt werden können, eine Rolle, sondern durchaus auch Änderungen der Markenstrategie und der Platzierung eines Produkts im Markt. Die Einführung eines zeitgemäßen Marketings oder die Verbindung eines scheinbar überkommenen Produkts mit zeitgemäßen Bedürfnissen können ein erster Schritt sein. Hierzu beitragen kann ein Wechsel der Werbeagentur (oder sogar die erstmalige Beauftragung einer solchen).

210   Eingewandt werden kann, dass Markenänderungen und Öffentlichkeitsarbeit oftmals teuer sind und Geld in der Krise nicht üppig zur Verfügung steht. Marketingaufwendungen sind als weiche Faktoren nicht ohne weiteres zu rechtfertigen, weil ihnen selten ein messbarer Nutzen gegenübersteht. Es wird dem Betriebsrat nur schwer zu vermitteln sein, dass 10% der Belegschaft entlassen werden müssen, um Personalkosten in Höhe von 500.000 € einzusparen, wenn gleichzeitig eine neue Imagekampagne unter Beauftra-

---

230 Dazu im Detail Teil 6, Kap. 1, Rn. 2063.

gung einer Werbeagentur für diesen Betrag geplant wird. Es gilt jedoch: Gerade in der Krise ist Werbung wichtig.

Diese Überlegungen spielen bei Produkten hingegen, die sich traditionell nur über den Preis verkaufen, keine Rolle. Hier übt der Markt den Kostendruck auf das Unternehmen aus. In diesem Falle ist ein Produkt, das der Norm dieser Produkte im Markt entspricht, so kostengünstig wie möglich herzustellen. 211

2.4.2 Produktstückkosten

Die Kosten eines Produkts sind definiert über die Herstellungskosten. Die Herstellungskosten ergeben sich aus den Materialkosten, den Kosten der Fertigung, jeweils als Einzelkosten und zugeschlüsselte Gemeinkosten, den Vertriebs- und Verwaltungskosten sowie ggf. noch Logistikkosten. Ansatzpunkte für eine Senkung der Produktstückkosten sind: 212

- die Reduzierung der Komplexitätskosten,
- die Verringerung der Fertigungskosten sowie
- die Einsparung von Materialkosten.[231]

Komplexitätskosten ergeben sich aus der Sortimentsvielfalt und aus der Zahl der Bauteile und Baugruppen je Produkt. Beides bestimmt regelmäßig die Fertigungstiefe und -breite. Allerdings muss mit einem zunehmenden Sortiment nicht zugleich die Zahl der Bauteile und -gruppen steigen, wenn man verschiedene Produkte auf der Basis gleicher Teile aufbaut.[232] Mit der Zahl der Gleichteile über die Produkte hinweg reduziert sich zugleich der Verwaltungsaufwand in der Beschaffung und Lagerung, die Beschaffungskosten sinken aufgrund der größeren Beschaffungslose und Umrüstzeiten in der Fertigung entfallen. Je später die Variantenbestimmung im Produktionsprozess[233] erfolgt, desto geringer sind die Komplexitätskosten. 213

Materialkosten machen oftmals einen Großteil der Produktkosten aus. Ansatzpunkte sind hierbei nicht nur der eigentliche Materialpreis, der bereits im Kapitel Einkauf[234] Gegenstand der Erörterung war, sondern auch die Verhinderung von Schwund und die Reduzierung von Verschnitt in der Fertigung, was Teil effizienter Prozesse und Lean Management ist. 214

Die Reduzierung der Komplexität kann zu einer Verringerung der Fertigungskosten führen, wenn die Lernkurve und Spezialisierung der Mitarbeiter sich auf eine effizientere Bearbeitung auswirken. Im Übrigen wird hinsichtlich der Fertigungskosten auf die Ausführungen zu den Arbeitnehmern verwiesen.[235] 215

---

231 Vgl. *Faulhaber/Landwehr*, Turnaround-Management in der Praxis, 197.
232 Beispielhaft dafür ist die sog. Plattformstrategie in der Automobilindustrie, http://www.handelsblatt.com/auto/technik/was-plattformstrategie-bei-autos-bedeutet; 1059943
233 *Faulhaber/Landwehr* nennen dies „Variantenbestimmungszeitpunkt" bzw. „Freeze-Point", vgl. Turnaround-Management in der Praxis, 197.
234 S. oben unter Rn. 162 ff.
235 S. oben unter Rn. 192 ff.

2.4.3 Deckungsbeitragsrechnung

216 Die Deckungsbeitragsrechnung, die eine funktionierende Kostenrechnung voraussetzt, ist ein einfaches, effektives Mittel zur Prüfung der Existenzberechtigung von Produkten in einem Unternehmen und zugleich Entscheidungsinstrument in der kurzfristigen Produktionsplanung. Der Deckungsbeitrag ist der Beitrag, den ein Produkt zur Deckung der Fixkosten leistet. Dabei wird der Stückdeckungsbeitrag (db) zunächst als Differenz zwischen dem Verkaufspreis des Produkts (p; Stückerlös) und den variablen Stückkosten (kv) verstanden.[236]

$$db = p - kv$$

Zum einen dient der Stückdeckungsbeitrag zur Entscheidungsfindung in der kurzfristigen Produktionsplanung, wenn vorhandene Produktionsengpässe optimal ausgenutzt werden sollen. Werden mehrere Produkte gefertigt, ist der bestmögliche Deckungsbeitrag im Engpass anzustreben. Bei unterschiedlichen Bearbeitungszeiten sind diese zu berücksichtigen, so dass es zu einem Deckungsbeitrag pro Engpassbelastungseinheit kommt.[237]

In der Krise kann die Deckungsbeitragsrechnung dazu genutzt werden, sich auf die Fertigung der Produkte zu konzentrieren, die den höchsten Deckungsbeitrag liefern. Der Betrieb ist gegebenenfalls sogar entsprechend zu verkleinern.

217 Zum anderen ist die Entscheidung für oder gegen ein Produkt abhängig von seinem Beitrag zur Deckung der Fixkosten. Die Fixkosten sind dazu den einzelnen Produkten, sodann Produktgruppen, den Bereichen und dem Unternehmen als Ganzes zuzuordnen. Die mehrstufige Deckungsbeitragsrechnung ermittelt die Beiträge, die ein Produkt zu den einzelnen Fixkostenstufen leistet. Die mehrstufige Deckungsbeitragsrechnung ist wie folgt aufgebaut:[238]

Unternehmensbereich	I			II		
Produktgruppen	I.1		I.2	II.1	II.2	
Produktarten	I.1.1	I.2.1	I.2.2	II.1.1	II.2.1	II.2.2
Umsatzerlöse	500	800	200	800	500	500
– var. Kosten Produkt	200	500	100	300	100	200
Deckungsbeitrag I	300	300	100	500	400	300
– fixe Kosten Produkt	100	100	150	200	200	100
Deckungsbeitrag II	200	200	–50	300	200	200
– fixe Kosten Gruppe	50	180		100	150	
Deckungsbeitrag III	150	–30		200	250	
– fixe Kosten Bereich	50			150		
Deckungsbeitrag IV	370					
– fixe Kosten Unternehmen	50					
Betriebsergebnis	320					

Abb. 24: Mehrstufige Deckungsbeitragsrechnung (Beispiel)

---

236 *Wöhe/Döring*, Einführung in die Allgemeine Betriebswirtschaftslehre.
237 *Wöhe/Döring*, Einführung in die Allgemeine Betriebswirtschaftslehre.
238 Zur mehrstufigen Deckungsbeitragsrechnung s. auch einfache Darstellung mit Beispiel in *Wöhe/Döring*, Einführung in die Allgemeine Betriebswirtschaftslehre.

Kapitel 3 Ansatzpunkte betriebswirtschaftlicher Sanierung

Ein Produkt, das nicht einmal seine eigenen variablen Stückkosten deckt, ist nicht weiter zu produzieren. Die Herausnahme eines Produkts kann jedoch für einen Bereich oder gar das gesamte Unternehmen fatal sein, wenn es einen Deckungsbeitrag zu den Fixkosten leistet. Die Entscheidung für oder gegen ein Produkt fällt in dieser Betrachtung auf der Stufe des Deckungsbeitrags II. Ist dieser positiv, leistet das Produkt einen positiven Deckungsbeitrag zu den fixen Kosten der Produktgruppe. Ist dieser hingegen negativ, „schadet" das Produkt dem Ergebnis der Produktgruppe und ist aus der Produktion herauszunehmen – vorausgesetzt, seine produktartbezogenen Fixkosten lassen sich abbauen.[239] Das Schicksal der Produktgruppe wiederum entscheidet sich auf der Stufe des Deckungsbeitrags III. Ist dieser negativ, ist die gesamte Produktgruppe aus dem Produktionsprogramm zu entfernen, wiederum unter der Voraussetzung, dass sich die Fixkosten der Produktgruppe abbauen lassen. 218

Im Beispiel würde die Streichung der Produktart I.2.2 zu einer Ergebnisverbesserung der Produktgruppe I.2 führen, damit würde die ganze Produktgruppe I.2 im Ergebnis positiv werden und einen positiven Deckungsbeitrag III zu den Bereichs-Fixkosten leisten können. Damit würde auch der Deckungsbeitrag IV des Unternehmensbereichs I besser ausfallen. Der Unternehmensbereich II ist hingegen durchweg positiv. Nochmals sei darauf hingewiesen, dass die Ergebnisverbesserung infolge der Deckungsbeitragsbetrachtung stets die Abbaubarkeit der Fixkosten auf der entsprechenden Stufe voraussetzt.

Natürlich ist die Deckungsbeitragsrechnung nicht starr zu betrachten. Zunächst sind Maßnahmen zur Verbesserung eines Produkts mittels Umsatzerhöhung oder Kostensenkung zu prüfen, bevor man ein Produkt aus der Produktion nimmt. Mit der Herausnahme geht u.a. Knowhow verloren und es entstehen erhebliche Schließungskosten, primär bei dem dann notwendigen Personalabbau. 219

Die Deckungsbeitragsrechnung erfasst zudem nur harte Fakten, nicht jedoch weiche Faktoren wie die Bedeutung eines Produkts als Image- oder Technologieträger. So ist es denkbar, dass das Image eines Unternehmens an einem Produkt hängt, das für sich keinen positiven Deckungsbeitrag liefert, aber das Image des Unternehmens derart prägt und erhöht, dass sich für alle anderen Produkte höhere Preise durchsetzen lassen. Beispielhaft hierfür kann der Weg von Volkswagen gelten, mit dem VW Phaeton ein Fahrzeug im Oberklasse-Segment zu platzieren. Unabhängig von der Frage, ob dieses Produkt einen positiven Deckungsbeitrag zur Produktgruppe bzw. zum Unternehmensbereich PKW geleistet hat, hat die Volkswagen AG mit diesem 220

---

239 *Wöhe/Döring*, Einführung in die Allgemeine Betriebswirtschaftslehre, bringt hierzu das Beispiel die Kündigung eines Leasingvertrags für eine produktspezifische Anlage. Gerade dieses Beispiel eignet sich jedoch eher zur Darstellung der Schwierigkeiten, da Leasingverträge für produktspezifische Anlagen oftmals langfristig vertraglich bindend sind und der Laufzeit der geplanten Amortisationszeit der Anlage entsprechen. In vielen Krisenunternehmen sind gerade langlaufende Leasingverträge ein Sargnagel, der nur durch die Insolvenz und das Sonderrecht des Insolvenzverwalters zur Ablehnung der Erfüllung (§ 103 Abs. 2 InsO) gezogen werden kann. Es kann ohne die Belastung zur Erholung des todgeglaubten Unternehmens kommen.

Produkt einen Imagewandel hin zum Automobilhersteller von Oberklasse- bzw. Premiumfahrzeugen eingeleitet.

221 Die Betrachtung von Deckungsbeiträgen kann sich nicht nur auf Produktgruppen und Produkte beziehen, sondern kann sich auch auf Kunden und Vertriebsregionen erstrecken. In diesem Falle sind die Kosten entsprechend auf die neuen Bezugsgrößen auszurichten. So muss nach den variablen Kosten pro Kunde, den fixen Kosten der Kundengruppe, den fixen Kosten der Vertriebsregion etc. gefragt werden. Auf diese Weise lassen sich Deckungsbeiträge einzelner Kundengruppen oder Vertriebsregionen ermitteln. Im Ergebnis wird dann deutlich, ob bestimmte Kunden weiterhin beliefert und Vertriebsregionen weiterhin betreut werden sollten.[240]

2.5 Kunden

222 Es ist schon so oft gesagt worden, dass man es nicht mehr lesen will – und dennoch kann es nicht häufig genug vorgetragen werden: Es geht nur um den Kunden. Der Kunde muss die Produkte des Unternehmens kaufen. Ob das Produkt gut oder schlecht ist, entscheidet keine Testzeitschrift, sondern allein der Markt. Auf diesem Markt kommt die Zahlungsbereitschaft der Kunden zum Ausdruck, denen das Unternehmen mit der Kostenstruktur gerecht werden muss, will es eine auskömmliche Marge erwirtschaften. Dabei ist der Kostendruck durch Mitbewerber und die Bedürfnisse der Kunden – ob künstlich geweckt oder natürlich vorhanden – entscheidend.

223 Die Kunden sind der Schlüssel zu mehr Umsatz. Damit ist an dieser Stelle nicht die einfache Formel gemeint, dass mehr Kunden mehr Umsatz bedeuten – was im Übrigen bei erheblichem Preisdruck im Markt nicht zwingend der Realität entspricht. Beispielhaft seien nur die Kosten und Margen im Mobilfunkmarkt genannt. Vielmehr ist an dieser Stelle auf die Zahlungsbereitschaft der Kunden einzugehen. Sie ist der Schlüssel zu einer höheren Marge: So kann eine Vereinfachung von Produkten stattfinden, wenn der Kunde bestimmte Merkmale gar nicht wünscht. Neben dem Effekt, dass Material- und Fertigungskosten eingespart werden, kann sich die Zahlungsbereitschaft des Kunden erhöhen, wenn er das Produkt als genau für seine Zwecke passend wahrnimmt. Dementsprechend weisen solche Märkte den größten Preisdruck auf, auf denen sich vollkommene Substitute gegenüberstehen. Die gefährlichsten Konkurrenten sind demnach diejenigen, deren Produkte den eigenen Produkten am ähnlichsten sind.[241]

224 Die Kunden sind nicht nur hinsichtlich ihrer Bedürfnisse zu analysieren, was sich zudem kaum mit harten Fakten belegen lässt, sondern auch anhand objektiver Merkmale wie Umsatz, Deckungsbeitrag, gefragte Produkte. Sie können anhand solcher Merkmale auch sortiert und bewertet werden.[242] Die Analyse ermöglicht später eine Kundengruppierung z. B. in A, B und C-Kunden und eine entsprechende Fokussierung. In der Unternehmenskrise müssen die knappen Mittel gezielt auf die Gewinnung und Pflege der wichtigen

---
240 Ein Beispiel hierzu findet sich bei *Faulhaber/Landwehr,* Turnaround-Management in der Praxis, 179 ff.
241 WP-Handbuch 2008, Bd. II, Abschnitt F., Rn. 316.
242 WP-Handbuch 2008, Bd. II, Abschnitt F., Rn. 296.

Kunden verwendet werden. Kommt es beispielsweise in der Produktion bereits zu Verzögerungen, weil notwendige Produktionsmittel nicht mehr pünktlich zugekauft werden können, kann die Liefertreue gegenüber den wichtigen Kunden ein entscheidendes Kriterium für den Einsatz der Mittel sein. Allerdings bleibt die Gliederung in Kunden nach dem Ist-Zustand unvollständig, wenn zukünftige Potentiale ignoriert werden.[243]

2.6 Umsatz

Während der vorhergehende Absatz auf den einzelnen Kunden und dessen Zahlungsbereitschaft bzw. dessen Wert für das Unternehmen abstellte, soll nachfolgend der Umsatz als unternehmensbezogene Größe und mit Blick auf die Märkte als Gesamtheit der Kunden betrachtet werden. 225

Der Jahresüberschuss eines Unternehmens ergibt sich aus dem Umsatz abzüglich der Kosten. Bei gleichbleibenden Kosten steigt mit dem Umsatz das Jahresergebnis. Insofern sind die Kosten nur die eine Stellschraube der leistungswirtschaftlichen Sanierung, der Umsatz die andere. Es ist hierbei abhängig vom Markt, in dem sich das Unternehmen bewegt, ob sich eine kurz- bis mittelfristige Erhöhung des Umsatzes realisieren lässt. In einem Wachstumsmarkt wird dies eher gelingen als in einem stagnierenden oder gar schrumpfenden Markt. Mit Massenprodukten kann dies über eine Ausweitung der Märkte oder die Gewinnung neuer Kunden gegebenenfalls eher gelingen als im Projektgeschäft mit wenigen Großprojekten, die eine lange Vorlaufzeit haben. Die Lagefeststellung kann mit ihren Instrumenten der SWOT- und Portfolio-Analyse wertvolle Hinweise geben.

2.6.1 Sortimentsausweitung

Während bei den Kosten die Einschränkung der Sortimentsvielfalt zur Komplexitäts- und damit Kostenreduktion naheliegend ist, scheint die Idee der „Sortimentsausweitung" in eklatantem Widerspruch dazu zu stehen. Hier ist auf den späten Variantenbestimmungspunkt[244] hinzuweisen und, eine Analyse der Deckungsbeiträge gefordert. Es ist denkbar, dass einzelne Produkte zwingend aus dem Sortiment zu nehmen sind, anderen Produkte hingegen ohne relevanten Fixkostenanstieg bei Deckung ihrer variablen Kosten hinzugenommen werden könnten. Wenn lediglich die variablen Kosten mit der neuen Linie proportional steigen und das neue Produkt einen über diese variablen Kosten hinausgehenden Preis erzielt, kann es einen Deckungsbeitrag zu einer bereits vorhandenen Produktgruppe leisten und diese ggf. rentabel machen.[245] 226

2.6.2 Preiserhöhung oder Preissenkung?

Es stellt sich stets auch die Frage von Preiserhöhungen oder -senkungen, wenn es um die Beseitigung der Krisenursachen mittels marktgerechter Produktplatzierung und Umsatzsteigerung geht. Eine Preiserhöhung kann zu ei- 227

---
243 WP-Handbuch 2008, Bd. II, Abschnitt F., Rn. 301.
244 Dazu bereits oben unter Teil 1, Kap. 3, Rn. 212 ff.
245 S. oben Teil 1, Kap. 3, Rn. 216 ff.

ner Umsatzsteigerung führen, wenn die Zahlungsbereitschaft der Kunden bislang nicht ausgereizt war und es infolge der Preiserhöhung nicht zum Absatzeinbruch kommt. Ebenso kann eine Preissenkung zu einer Umsatzsteigerung führen, wenn der Umsatzverlust durch die Preissenkung mehr als wettgemacht wird durch steigende Absatzzahlen. Ziehen die Konkurrenten bei einer Preissenkung jedoch umgehend mit, ist dieser Schritt – insbesondere in der Krise – fatal: Die Stückzahlen bleiben gleich bei schwindender Marge. Die richtige Preisstrategie hängt damit von der Preissensitivität des relevanten Marktes ab und steht in engem Zusammenhang mit der Konkurrenzsituation. Die Zahlungsbereitschaft kann ebenso wie die Konkurrenzsituation alleiniger Faktor sein, so dass beispielsweise eine Preiserhöhung über die Zahlungsbereitschaft hinaus – wenngleich ohne jegliche Konkurrenz, zum Absatzeinbruch führen kann.

3. Finanzwirtschaftliche Maßnahmen

228 Anders als die leistungswirtschaftliche Sanierung zielt die finanzwirtschaftliche Sanierung nicht auf das operative Geschäft des Unternehmens, sondern auf dessen Finanzierung ab. Sie hat – einfach gesagt – die Gesundung des Unternehmens auf dem Papier zum Ziel: Die in der Krise in Mitleidenschaft gezogene Bilanz – Anstieg der Verbindlichkeiten, Schrumpfung des (belastungsfreien) Anlage- und Umlaufvermögens, mangelnde liquide Mittel – soll stabilisiert werden. Das Eigenkapital soll gestärkt bzw. erst wieder geschaffen und Liquidität im ausreichenden Maß für eine dauerhafte Zahlungsfähigkeit mobilisiert werden. Dabei gilt, dass die Sicherung oder Wiederherstellung der Zahlungsfähigkeit durch ausreichende Liquidität vordringlich ist, da die bilanzielle Überschuldung bei sichergestellter Zahlungsfähigkeit insolvenzrechtlich irrelevant bleibt.[246] Das soll nicht darüber hinwegtäuschen, dass die Sicherung der Liquidität oftmals von ausreichendem Eigenkapital abhängig sein wird, denn in diesem Falle werden Banken eher bereit sein, (weitere) Liquidität zur Verfügung zu stellen.

Die finanzwirtschaftliche Sanierung hat – in der Priorität dieser Reihenfolge – die Aufgaben,

- die dauerhafte Zahlungsfähigkeit sicherzustellen sowie
- eine tragfähige Kapitalstruktur herzustellen.

229 Aber es gilt stets: **Eine finanzwirtschaftliche Sanierung ohne die Umsetzung von leistungswirtschaftlichen Maßnahmen ist sinnlos.** Das Unternehmen muss leistungswirtschaftlich zukunftsfähig sein, sonst bleibt die finanzwirtschaftliche Sanierung ein Strohfeuer.

3.1 Analyse der Finanzsituation

230 Am Anfang der finanzwirtschaftlichen Sanierung steht die Analyse der Finanzsituation. Operative Verluste und Wertberichtigungen bzw. Abschreibungen bei Anlage- oder Umlaufvermögen, bringen Unternehmen bilanziell in eine Schieflage.[247] Der Blick in den letzten Jahresabschluss ist ein Blick

---

246 Zur insolvenzrechtlichen Überschuldung vgl. Teil 2, Kap. 1, Rn. 347 ff.
247 Vgl. *Brühl/Göpfert*, Unternehmensrestrukturierung, 194.

in die Vergangenheit und daher für den aktuellen Status wenig aufschlussreich. Ist ein aktueller Jahresabschluss vorhanden, mag dieser ein Anhaltspunkt für die Situation sein. Der Jahresabschluss nach HGB weist aufgrund des beabsichtigten Gläubigerschutzes regelmäßig stille Reserven auf der Aktivseite und ggf. eine zu hohe Bewertung von Rückstellungen auf der Passivseite auf. Es ist daher eine Krisenbilanz[248] mit einer Neubewertung der Aktivseite und Prüfung und ggf. Ergänzung der Passivseite zu erstellen – unabhängig von der Rechtsfrage der insolvenzrechtlichen Überschuldung gemäß § 19 Abs. 2 InsO, jedoch dem Überschuldungsstatus vergleichbar. Erst die Krisenbilanz bringt die notwendige Transparenz für eine finanzwirtschaftliche Sanierung. Das Zahlenmaterial stützt sich in aller Regel allein auf die Buchhaltung, sofern diese überhaupt oder ausreichend ordentlich vorhanden ist. Die Werte der Buchhaltung sind aber gesetzlich bestimmt und entsprechen oftmals nicht den tatsächlichen Werten. Letztere sind jedoch von entscheidender Bedeutung.

Die Bewertung der Vermögenswerte und der Verbindlichkeiten im Krisenstatus richten sich bei dem Ziel der Fortführung des Unternehmens beim Anlage- und Umlaufvermögen nach den Fortführungswerten. Als Fortführungswert ist grundsätzlich der Rekonstruktionswert zu verstehen,[249] wobei dieser am Marktwert festzumachen ist. Auf der Passivseite sind sämtliche faktisch vorhandenen Belastungen zu berücksichtigen: Zum einen bislang unterbliebene Passivierungen wie Pensionszusagen und Altlastenbeseitigungskosten[250], zum anderen auch Belastungen aus den Maßnahmen der notwendigen leistungswirtschaftlichen Sanierung wie Kosten für Sozialpläne, Abfindungen bei Einzelkündigungen, Rückstellungen für Ersatzinvestitionen. 231

Mögliche Ansatzpunkte für eine finanzwirtschaftliche Sanierung ergeben sich aus der Prüfung der einzelnen Positionen des Krisenstatus. Das Eigenkapital ist bekanntlich nichts anderes als die rechnerische Differenz zwischen dem vorhandenen Vermögen und den Verbindlichkeiten (einschließlich Rückstellungen). Konsequenterweise kann es durch die Mittelzuführung von außen erhöht werden, denn die Verbindlichkeiten bleiben in diesem Falle gleich, während das Aktivvermögen steigt. Gelingt es, die Verbindlichkeiten zu vermindern, erhöht sich das Eigenkapital bei unverändertem Vermögen ebenfalls. Zur Schaffung von Liquidität aus gebundenem Vermögen – buchhalterisch also einem Aktivtausch – bestehen verschiedene Möglichkeiten: Die massive Verstärkung des Forderungseinzugs oder Veräußerung der Forderungen (echtes oder unechtes Factoring)[251], die Veräußerung nicht benötigten Vermögens zur Liquiditätsbeschaffung[252] etc. 232

---

248 Der Begriff Überschuldungsbilanz bzw. Überschuldungsstatus soll terminologisch der Prüfung nach § 19 Abs. 2 InsO vorbehalten werden. Das WP-Handbuch, Bd. II, Abschnitt F., Rn. 463, spricht von „Sanierungsstatus", was der Verfasser jedoch für euphemistisch hält, da die Sanierung das Ziel, nicht jedoch der Ausgangspunkt ist.
249 WP-Handbuch 2008, Bd. II, Abschnitt F., Rn. 465.
250 WP-Handbuch 2008, Bd. II, Abschnitt F., Rn. 465.
251 Dies setzt voraus, dass keine Globalzession solche Maßnahmen verhindert.
252 Dies setzt voraus, dass das Vermögens auch nicht als Sicherheit dient und nach den geltenden Kreditverträgen veräußert werden kann.

Ziel ist die Schaffung einer tragfähigen Eigenkapitalbasis. Zudem muss eine ausreichende Liquidität bereitstehen, um fällige und künftig fällige Forderungen zu bedienen.[253]

3.2 Sanierungsbeiträge einzelner Beteiligter

Systematisch lassen sich die Maßnahmen nach den Beteiligten differenzieren.

3.2.1 Anteilseigner

233 Auf Seite der Anteilseigner sind folgende Maßnahmen zur Wiederherstellung von Eigenkapital denkbar:

- Zuführung frischen Kapitals von außen (Erhöhung/Wiederherstellung des Eigenkapitals);
- Gewährung von Gesellschafterdarlehen, wobei diese hinsichtlich der Beseitigung einer Überschuldung mit einem qualifizierten Rangrücktritt versehen sein müssen;
- qualifizierter Rangrücktritt hinsichtlich in der Vergangenheit bereits gewährter Gesellschafterdarlehen.

234 Die Zuführung frischen Kapitals – sei es in Form von Eigenkapital oder als Gesellschafterdarlehen – ist eine taugliche Maßnahme, um einen Liquiditätsengpass zu beheben. Dabei beseitigt das Gesellschafterdarlehen nur dann eine etwaige bilanzielle Schieflage, wenn zugleich ein qualifizierter Rangrücktritt erfolgt. Die Bereitschaft von dritter Seite, etwa Banken, frische Mittel in das Unternehmen zu geben, wird auch von der bilanziellen Situation abhängen. Insofern kann auch der nachträgliche Rangrücktritt bei bestehenden Gesellschafterdarlehen dem Unternehmen Luft für eine Neufinanzierung durch Dritte verschaffen.

235 Ob die Eigenkapitalerhöhung mittels frischer Mittel mit einer zunächst stattfindenden Kapitalherabsetzung verbunden wird, hängt von der bilanziellen Situation im Einzelnen ab. Besteht negatives Eigenkapital, bietet es sich an, zunächst die Buchsituation der faktischen Situation anzupassen. Die Kapitalherabsetzung mit anschließender Kapitalerhöhung wird auch doppelstufige Sanierung genannt.[254]

236 Jegliche Eigenkapitalmaßnahmen erfordern die Zustimmung der Gesellschafter. Dieser Satz mag selbstverständlich erscheinen. Er weist jedoch auf das Problem hin, dass bei zerstrittenen oder einzelnen illiquiden Gesellschaftern, die durch die Kapitalmaßnahme um den Verlust ihres Stimmenanteils fürchten, weil sie sich nicht finanziell beteiligen können, eine solche notwendige Maßnahme scheitern kann.

237 Bei einer Aktiengesellschaft bedarf es für entsprechende Kapitalmaßnahmen der Einberufung einer Hauptversammlung. Die Frist zur Einberufung beträgt gemäß § 123 Abs. 1 Satz 1 AktG „dreißig Tage vor dem Tage der

---

253 Vgl. auch *Brühl/Göpfert*, Unternehmensrestrukturierung, 195.
254 Vgl. dazu *Hirte*, in: Kölner Schrift zur InsO; *Schild/Ehlermann*, in: Grotherr, Handbuch internationale Steuerplanung, 1253 ff.

Versammlung". Im frühen Stadium der Krise mag dies unproblematisch sein, im Fall bereits eingetretener Insolvenzreife bestehen mit Blick auf die Drei-Wochen-Antragsfrist erhebliche Zweifel an der Umsetzbarkeit.[255]

3.2.2 Banken

Die Banken sind in der Regel umfangreich engagiert und zugleich besichert. Mit dem Bekanntwerden der Krise geben die Banken die Engagements an die hausinterne Sanierungs- bzw. die Abwicklungsabteilung weiter, wobei die genauen Kriterien für eine Abgabe des Engagements bankintern festgelegt werden.[256] Dies ist durch § 25a KWG i.V.m. mit den konkretisierenden Ausführungen der sog. MaRisk, der Mindestanforderungen an das Risikomanagement, vorgegeben. Die MaRisk sind mit Rundschreiben 15/2009 (BA) der BaFin vom 14.08.2009 veröffentlicht worden. Sie wurden mit Rundschreiben der BaFin 11/2010 (BA) vom 15.12.2010 aktualisiert. Mit der Abgabe in die spezialisierten Abteilungen geht einerseits der Vorteil einher, dort mit Mitarbeitern zu tun zu haben, die solche Krisensituationen kennen; andererseits verliert das Unternehmen die ihm bekannten Ansprechpartner, die das Unternehmen eingehend kennen. 238

Auf Seite der Gläubigerbanken kommen folgende Maßnahmen in Betracht: 239

- Verzicht auf die Kündigung von Krediten bzw. deren Fälligstellung; Stillhalten,
- Tilgungsaufschub, Stundung,
- Verzicht auf Zinszahlungen,
- (Teil-)Verzicht auf Kreditforderungen,
- Rangrücktrittsvereinbarung,
- Freigabe von Sicherheiten,
- Bewilligung neuer Kredite,[257]
- Bürgschaften gegenüber anderen Finanzierern, insbesondere Lieferanten.

Teilweise veräußern Banken ihre Kreditforderungen z.B. an Finanzinvestoren, die dann in die Verhandlungen eintreten.[258] Dadurch wird die Situation eienrseits erschwert, weil die Finanzinvestoren keinerlei Verbundenheit zum Unternehmen aus langjähriger Geschäftsbeziehung haben, andererseits verfolgen Finanzinvestoren ein transparentes Interesse: Sie wollen eine vertretbare Rendite erzielen, die sich aus der Differenz von Forderungskaufpreis und Quote der Sanierungslösung ergibt. Schwierigkeiten ergeben sich, wenn die Finanzinvestoren nicht bekannt oder nicht ansprechbar sind. Wenn Forderungen in mehreren Tranchen an verschiedene Finanzinvestoren verkauft wurden, die ihrerseits wiederum die Forderungen teilweise oder ge- 240

---

255 *Schneider/Verhoeven*, Vorfinanzierung einer Barkapitalerhöhung, ZIP 1982, 644 ff.; *Lutter/Hommelhoff/Timm*, Finanzierungsmaßnahmen zur Krisenabwehr in der Aktiengesellschaft, BB 1980, 744.
256 *Meyer*, in: Hommel/Knecht/Wohlenberg, Handbuch Unternehmensrestrukturierung, 923.
257 Hierzu unten Rn. 270 ff.
258 Vgl. auch *Brühl/Lerche*, in: Brühl/Göpfert, Unternehmensrestrukturierung, 194.

samt weiterveräußern, wird die Kenntnis der aktuellen Finanzierungsgläubiger schwinden.

241 Ein Forderungsverzicht ist dann zu erreichen, wenn die Bank erkennt, dass die künftigen freien Mittel nicht mehr ausreichen, den Kapitaldienst – Zins und Tilgung – vollständig zu leisten. Damit liegt der wirtschaftliche Wert der Forderung unter dem Buchwert.[259] Hinzu kommen muss jedoch die nicht ausreichende Besicherung der Bank. Ist sie ausreichend besichert, wird sie die Kredite fällig stellen und die Sicherheiten verwerten.

242 Wenn „nur" die Beseitigung der insolvenzrechtlichen Überschuldung erreicht werden soll, wird die Bank anstatt eines (Teil-)Verzichts eher einen qualifizierten Rangrücktritt vereinbaren, da dies nicht die vollständige Aufgabe der Rechtsposition bedeutet, die Verbindlichkeit jedoch ebenfalls nicht mehr für die Überschuldungsbilanz berücksichtigt werden muss.[260] Ein qualifizierter Rangrücktritt setzt voraus, dass der Gläubiger erst nach der Befriedigung sämtlicher anderer Gesellschaftsgläubiger und bis zur Beseitigung der Krise auch nicht vor den Einlagenrückgewähransprüchen sein Geld erhält. Der Gläubiger erhält in der Insolvenz damit nur einen etwaigen Liquidationsüberschuss (vgl. § 199 InsO) und wird somit während der Krise dem statutarischen Kapital gleich behandelt.[261] Der qualifizierte Rangrücktritt ist präzise und den Vorgaben der Rechtsprechung gemäß zu formulieren, will sich die Geschäftsführung nicht wegen ansonsten fortdauernder Überschuldung Haftungsgefahren aussetzen.[262]

243 Die Freigabe von Sicherheiten kommt bei einer Übersicherung der Bank in Betracht. Sie kann hierzu darüber hinaus bereit sein, wenn sie erkennt, dass dies dem Unternehmen die notwendige Luft zum dauerhaften Überleben gibt und damit das Risiko von Kreditausfällen sinkt. Hierbei ist z. B. an die Aufgabe der Globalzession zu denken, wodurch die Forderungen für das Unternehmen verfügbar werden. Das Unternehmen kann sie dann z. B. im Rahmen eines Factorings liquide machen.

3.2.3 Lieferanten

244 Lieferanten sind in der Krise mehrfach betroffen: Zum einen müssen sie Abschreibungen auf ihre offenen Forderungen hinnehmen, zum anderen fällt möglicherweise ein Kunde weg, der bislang einen Teil des Umsatzes, in manchen Fällen einen Großteil, ausmachte. Lieferanten sind zumeist durch Eigentumsvorbehalte, auch in verlängerter und erweiterter Form, besichert. Jedoch sind diese Sicherheiten in der Krise oft nicht das Papier wert, auf dem sie stehen. Der einfache Eigentumsvorbehalt geht durch Verarbeitung[263]

---

259 *Brühl/Lerche,* in: Brühl/Göpfert, Unternehmensrestrukturierung, 197.
260 BGH, Urt. v. 08. 01. 2001 – II ZR 88/99, WM 2001, 317.
261 BGH, Urt. v. 08. 01. 2001 – II ZR 88/99, ZIP 2001, 235, 237; *Spahlinger/Fischer,* in: Brühl/Göpfert, Unternehmensrestrukturierung, 319.
262 *Spahlinger/Fischer,* in: Brühl/Göpfert, Unternehmensrestrukturierung, 319.
263 Hier ist die Regelung in § 947 Abs. 1 BGB theoretisch relevant; praktisch wird sich ein konkretes Miteigentum an einer Sache durch den Lieferanten kaum belegen lassen, zumal sich in einem Produktionsbetrieb regelmäßig dessen Alleineigentum aus § 947 Abs. 2 BGB ergeben wird.

und/oder Weiterveräußerung der Ware unter. Der verlängerte Eigentumsvorbehalt wird mit Eingang des Geldes beim Krisenunternehmen wertlos, verlangt zudem nach einer nachvollziehbaren Buchführung. Der erweiterte Eigentumsvorbehalt lässt sich oftmals kaum auf eine bestimmte Sache konkretisieren und bleibt damit sachenrechtlich irrelevant.

Die Lieferanten haben je nach Größe und Bedeutung des Unternehmens als Kunde sowie der fragwürdigen Werthaltigkeit der Sicherheiten ein originäres Interesse am Überleben ihres Kunden. Dies kann für Verhandlungen mit den Lieferanten genutzt werden. Folgende Maßnahmen sind denkbar: 245

- Zahlungsaufschub/Stundung,
- Verlängerung der Zahlungsziele,
- Forderungs(teil)verzicht.

Weitere Maßnahmen, die zum Teil genannt werden,[264] wie die Umwandlung von Schulden in Eigenkapital (Debt-Equity-Swap) oder die Umwandlung kurzfristiger Lieferantenkredite in langfristige Darlehen, sind bei größeren Unternehmen denkbar, nicht aber bei familiengeführten, kleinen mittelständischen Unternehmen.

Während bei Lieferanten mit Stundungen zu rechnen ist, gilt dies nicht für Verzichte. Die Lieferanten werden zu einem Verzicht nur dann bereit sein, wenn alle Gläubiger, zumindest alle Lieferanten-Gläubiger, in gleichem Maße verzichten. Ansonsten würde ihr einzelner Verzicht den anderen zugutekommen. Aber auch hierbei kann es unterschiedliche Interessen geben. Ein unbesicherter Lieferant, dessen einziger Kunde das Krisenunternehmen ist, wird eher zu Zugeständnissen bereit sein als ein vollständig besicherter Lieferant, dessen Umsatzanteil aus dem Krisenunternehmen gering ist. Konsequenterweise können Gespräche gezielt mit den erstgenannten Lieferanten gesucht werden, da die Zeit knapp ist und die Ressourcen der Verhandlungsführer begrenzt sind. 246

Stundungen sind für die Frage der insolvenzrechtlichen Überschuldung irrelevant, da im Überschuldungsstatus die gesamten Verbindlichkeiten zu passivieren sind, unabhängig von ihrer Fälligkeit. Relevant für die Passivierung wäre nur ein qualifizierter Rangrücktritt. Für die Zahlungsunfähigkeit hingegen ist die Stundung von wesentlicher Bedeutung, da bei der Frage der Zahlungsunfähigkeit die verfügbaren liquiden Mittel den fälligen Forderungen – die sich durch die Stundung reduzieren – gegenübergestellt werden. Die Stundung führt zur Vereinbarung eines neuen Fälligkeitszeitpunktes, d.h. die aktuelle Fälligkeit wird aufgehoben und die Verbindlichkeit erst später wieder fällig. 247

Um bei Lieferanten Verzichte zu erreichen, sind Besserungsscheine o.ä. in Betracht zu ziehen, um augenblickliche Liquiditätsschwierigkeiten zu überbrücken. Jedoch muss bei späteren Nachzahlungen die zukünftige Liquiditätsbelastung berücksichtigt werden. Das gerade aus der Krise herauskommende Unternehmen muss die Lasten aus der Vergangenheit stemmen. 248

---

264 Nachfolgende Beispiele bei WP-Handbuch 2008, Bd. II, Abschnitt F., Rn. 470.

3.2.4 Finanzverwaltung

249 Verhandlungen mit der Finanzverwaltung gestalten sich als besonders schwierig. Dies liegt zum einen an den Personen, die auf der Gegenseite verhandeln: Die Beamten der Finanzverwaltung verhandeln nicht über eigenes Geld und das Schicksal ihres eigenen Unternehmens, sondern über ein letztlich abstraktes Fiskalinteresse. Dabei ist der Rechtfertigungsdruck des Beamten gegenüber seinen Vorgesetzten bei einem etwaigen Entgegenkommens gegenüber dem Steuerschuldner deutlich höher als bei einer Insolvenz desselben. Zum anderen schränken enge Vorschriften die Verhandlungsspielräume der Finanzverwaltung ein.[265]

Denkbares Entgegenkommen der Finanzbehörden ist:

- die Anpassung von Steuervorauszahlungen,
- Vollstreckungsaufschub,
- Steuerstundung und
- Steuererlass.[266]

250 Der zum Teil[267] genannte Steuererlass ist allenfalls im Insolvenzplanverfahren erreichbar. Außerhalb eines geregelten Insolvenzverfahrens ist die Steuerverwaltung – ggf. mit Ausnahme von Fällen mit politischer Tragweite – nicht zu einem Steuererlass bereit und im Übrigen auch nur unter sehr engen gesetzlichen Voraussetzungen befugt. Hinzu kommt, dass die Zuständigkeiten für Steuerarten nicht sämtlich bei der Finanzverwaltung liegen, sondern z.B. mit Blick auf die Gewerbesteuer auch bei den Gemeinden liegen können. Welche Schwierigkeiten sich daraus bei Filialbetrieben ergeben können, wurde im Fall der Karstadt-Insolvenz Gegenstand der Berichterstattung in der Presse.[268]

3.2.5 Kunden

251 Kein „Opfer", aber ein Entgegenkommen können auch Kunden zeigen, indem sie Forderungen des Krisenunternehmens frühzeitig begleichen und Zahlungsziele nicht ausschöpfen. Möglicherweise sind Kunden sogar bereit, Abschlagzahlungen zu leisten und damit Produkte vorzufinanzieren. Dies kommt insbesondere dort in Betracht, wo ein starkes Abhängigkeitsverhältnis zum Krisenunternehmen besteht. In der Automobilbranche könnte beispielsweise der Ausfall eines Zulieferers für die auf Just-in-Time-Prozesse abgestellte Fertigung fatal sein.

252 Einem konzentrierten Forderungseinzug kommt in der Krise enorme Bedeutung zu. In den Außenständen liegen oftmals erhebliche Liquiditätspotentiale. Forderungen, die trotz Fälligkeit nicht bedient werden, sind mit hohem Durchsetzungsdruck einzutreiben.[269]

---

265 Vgl. z.B. Sanierungserlass des Bundesministeriums für Finanzen v. 27.03.2003, Gz. IV A 6 – S 2140 – 8/03.
266 Zur Steuerstundung und Steuererlass vgl. BMF-Sanierungserlass, Fn. 151.
267 Beispielsweise WP-Handbuch 2008, Bd. II, Abschnitt F., Rn. 473.
268 http://www.zeit.de/wirtschaft/unternehmen/2010-05/karstadt-steuern-kommune.
269 Vgl Teil 1, Kap. 1, Rn. 11 ff.

3.3 Finanzierung in der Krise

Die Kapitalstruktur sollte nicht nur auf die Maximierung des Unternehmenswertes ausgerichtet sein, sondern Aspekte wie Krisenfestigkeit und Unabhängig berücksichtigen. Ebenso spielen steuerliche Aspekte eine wichtige Rolle. So reduzieren Finanzierungskosten wie Fremdkapitalzinsen als Betriebsausgaben die Steuerlast, womit sich bei einem höheren Verschuldungsgrad die ertragsteuerliche Belastung des Unternehmens vermindert (sog. Tax Shield).[270] In der Krise hingegen ist Eigenkapital als Verlustpuffer notwendig. Die Fremdkapitallast kann bei rückläufigen Umsätzen und in der Folge schwindenden Gewinnen schnell erdrückend werden. Zudem hängen die Fremdkapitalkosten von der Bonität des Kreditnehmers ab, die sich auch am Eigenkapital festmacht. Dies steht im Zusammenhang mit den regulatorischen Rahmenbedingungen für Banken, die je nach Risiko des Kredits ein bestimmtes Eigenkapitalvolumen unterlegen müssen („Basel II"[271], ab 2013 treten die verschärften Regelungen von „Basel III"[272] in Kraft).

253

3.3.1 Eigenkapital

Als Eigenkapitalgeber kommen die bisherigen Gesellschafter oder neue Gesellschafter infrage. Als neue Gesellschafter kommen insbesondere auf Krisensituationen spezialisierte Finanzinvestoren in Betracht, die nach ihren Regularien und ihren Prüfungsprozessen auf die Beteiligung an Krisenunternehmen eingerichtet sind. Die Aufnahme frischen Eigenkapitals über die Börse[273] kommt aus zeitlichen Gründen, mit Blick auf die Kosten und die gegenwärtige Situation nicht in Betracht. Insbesondere ein IPO[274] scheidet aus.

254

Mit neuen Gesellschaftern geht automatisch ein Stück unternehmerische Unabhängigkeit verloren. Insbesondere Finanzinvestoren verlangen in der Regel die Kapitalmehrheit,[275] so dass damit ein vollständiger Verlust der Unabhängigkeit eintritt.[276]

3.3.1.1 Kapitalherabsetzung

Mit der (vereinfachten) Kapitalherabsetzung (§§ 58 ff. GmbHG, §§ 222 ff., 229 ff. AktG), auch Kapitalschnitt genannt, wird die bilanzielle Darstellung der Realität angepasst.[277] Das nominelle Stamm- bzw. Grundkapital wird dem tatsächlichen Stamm- bzw. Grundkapital, das in der Vergangenheit

255

---

270 *Brühl*, in: Brühl/Göpfert, Unternehmensrestrukturierung, 161.
271 *Brühl*, in: Brühl/Göpfert, Unternehmensrestrukturierung, 157.
272 Vgl dazu http://www.bundesfinanzministerium.de/nn_39814/DE/BMF__Startseite/Service/Glossar/B/022__Basel__III.html
273 So vorgeschlagen von *Brühl*, in: Brühl/Göpfert, Unternehmensrestrukturierung, 167.
274 Initial Public Offering, engl., Erstemission von Anteilen an der Börse.
275 Hier wird regelmäßig von „Buy out" gesprochen, was im Englischen wortwörtlich das Herauskaufen (von Altgesellschaftern), also den Eigentümerwechsel bezeichnet.
276 Hierauf weist auch *Brühl*, in: Brühl/Göpfert, Unternehmensrestrukturierung, 171, hin, wenn er auf die vertraglichen Vereinbarungen Bezug nimmt.
277 So auch *Reger*, in: Hommel/Knecht/Wohlenberg, Handbuch Unternehmensrestrukturierung, 810.

durch die eingetretenen Verluste reduziert oder gar aufgezehrt wurde, angepasst. Die Kapitalherabsetzung wird in Sanierungsfällen regelmäßig mit einer anschließenden Kapitalerhöhung zur Wiederherstellung einer tragfähigen Eigenkapitalbasis verbunden.[278] Regelmäßig kommt in Sanierungsfällen nur die vereinfachte Kapitalherabsetzung in Betracht, da die Vorschriften der ordentlichen Kapitalherabsetzung – z. B. die Sicherheitsleistung gemäß § 225 Abs. 1 Satz 1 AktG oder die Gläubigerbefriedigung gemäß § 58 Abs. 1 Nr. 2 GmbHG – nicht mehr erfüllt werden können. Gerade für diesen Fall ist die vereinfachte Kapitalherabsetzung eingeführt worden, die den ansonsten rigiden Gläubigerschutz einschränkt: Den Gläubigern wird in dem Fall, dass das Eigenkapital bereits aufgezehrt ist, nichts mehr genommen, was sie ansonsten schützen würde. Die Verlustauffangfunktion des Eigenkapitals ist bereits verbraucht.

256 Die Kapitalherabsetzung ändert den wirtschaftlichen Wert des tatsächlich vorhandenen Eigenkapitals nicht, da – wie bereits ausgeführt – das Eigenkapital lediglich die Differenz zwischen Vermögen und Verbindlichkeiten zum Ausdruck bringt. Es wird lediglich das eingetragene Eigenkapital verändert – und damit der Nennbetrag der Anteile; ggf. werden Anteile auch zusammengelegt. Dabei darf mit der vereinfachten Kapitalherabsetzung das nominelle Stammkapital auch unter den Mindestbetrag des Stamm- bzw. Grundkapitals herabgesetzt werden, wenn zugleich eine Kapitalerhöhung auf zumindest diesen Mindestbetrag beschlossen wird.[279]

3.3.1.2 Kapitalerhöhung

257 Die Kapitalerhöhung dient der Zuführung frischer Eigenmittel der Gesellschafter. In der Krise muss aus genannten Gründen regelmäßig vorab eine Kapitalherabsetzung erfolgen, um zunächst das Nennkapital der tatsächlichen bilanziellen Eigenkapitalsituation anzupassen. Ist vor der Kapitalerhöhung eine Kapitalherabsetzung erfolgt, schafft dies die Voraussetzung zur Aufnahme neuer Gesellschafter mit frischem Kapital. Ein neuer Gesellschafter hat auf diese Weise die Möglichkeit, mit einer durch ihn getragenen Eigenkapitalerhöhung den größtmöglichen Beteiligungsanteil zu erlangen. Anders ausgedrückt: Ein neuer Gesellschafter erhält bei einem herabgesetzten Nennwert mehr Anteile bei gleichem frischen Eigenkapitalvolumen von außen.[280]

258 Die Kapitalerhöhung kann gegen Bareinlage oder gegen Sacheinlage erfolgen. Nur die Bareinlage führt dem Unternehmen unmittelbar liquide Mittel zu. Bei der vereinfachten Kapitalherabsetzung, die typischerweise in oder

---

[278] Bei den Kapitalmaßnahmen handelt es sich lediglich um eine Korrektur der Passivseite der Bilanz ohne jeden Einfluss auf die Liquidität des Unternehmens. So aber *Reger*, in: Hommel/Knecht/Wohlenberg, Handbuch Unternehmensrestrukturierung, 810, wenn dieser schreibt, dass „diese Kapitalherabsetzung geeignet [sei], schnell dringende Liquiditätsprobleme zu beseitigen." Später hingegen korrigiert *Reger* (811) die Aussage indirekt, wenn er schreibt, dass mit der Maßnahme ein „Mittelab- bzw. zufluss nicht verbunden" ist.
[279] *Spahlinger/Fischer*, in: Brühl/Göpfert, Unternehmensrestrukturierung, 317.
[280] *Brühl/Lerche*, in: Brühl/Göpfert, Unternehmensrestrukturierung, 199.

nach einer Krise erfolgt (vgl. § 229 Abs. 1 AktG) und die regelmäßig mit einer auf diesen Zeitpunkt rückwirkenden Kapitalerhöhung verbunden wird, verlangt das Gesetz die Bareinlage (§ 235 Abs. 1 Satz 2 AktG).

Es wird sich – abhängig von der Gesellschafterstruktur – bei kleineren und mittleren Unternehmen regelmäßig das Problem stellen, dass die Gesellschafter „ihrem" Unternehmen bereits sämtliche verfügbaren Mittel zur Verfügung gestellt haben und ggf. umfänglich privat für Verbindlichkeiten über Bürgschaften, Grundschulden auf privaten Grundstücken etc. haften. In diesem Falle stehen die Gesellschafter in der Regel nicht mehr mit frischem Kapital zur Verfügung. *259*

3.3.1.3 Debt-Equity-Swap

Zur Stärkung des Eigenkapitals kommt auch ein Debt-Equity-Swap[281], bei dem Fremdkapital in Eigenkapital gewandelt wird, in Betracht. Dabei wird eine Kapitalerhöhung durchgeführt, bei der der Gläubiger seine Forderung als Sacheinlage einbringt.[282] Die Forderung wird dabei entweder an die Gesellschaft abgetreten (§ 398 BGB) und erlischt daraufhin aufgrund Konfusion oder es wird ein Erlassvertrag gemäß § 397 Abs. 1 BGB geschlossen. Äußerst problematisch ist die Bewertung der Forderung, da sich diese gegen ein Krisenunternehmen richtet und somit nicht mehr den Nennwert als Wert für sich beanspruchen kann. Dies gilt insbesondere dann, wenn die Gesellschaft überschuldet ist.[283] *260*

Der wirtschaftliche Wert muss zumindest der Sacheinlageforderung entsprechen. Gilt die Sacheinlage nicht als in ordnungsgemäßer Höhe erbracht, bleibt ein Nachforderungsanspruch als sog. Differenzhaftung bestehen, dem die bisherigen Gläubiger und jetzigen Neugesellschafter ausgesetzt sind. Scheitert die Sanierung, wird dieser Anspruch von einem Insolvenzverwalter geltend gemacht. Eine Differenzhaftung greift nicht, wenn keine nominelle Kapitalerhöhung durchführt wird, sondern der Gläubiger seine Forderung lediglich als Kapitalrücklage (§ 272 Abs. 2 Nr. 4 HGB) einbringt.[284] *261*

Die früher bestehende Gefahr, dass ein Gläubiger im Falle, dass er Anteile bei drohender oder eingetretener Zahlungsunfähigkeit zum Zwecke der Sanierung erwirbt, mit seiner übrigen Forderung den sog. Eigenkapitalersatzregeln unterworfen wird, ist mit der Abschaffung dieser Regelungen und der Regelung in § 39 Abs. 4 Satz 2 InsO entschärft worden.[285] *262*

Der Debt-Equity-Swap an sich ist jedoch lediglich geeignet, die Eigenkapitalbasis zu stärken und eine etwaige Überschuldung zu verringern oder zu beseitigen, da sich die Verbindlichkeiten reduzieren. Liquidität erhält das Unternehmen dadurch nicht. *263*

---

281 Auch „Debt for Equity Swap" oder „Debt to Equity Swap".
282 BGH, Urt. v. 21.03.1998 – II ZR 238/87, BGHZ 104, 33, 43.
283 BGH, Urt. v. 26.03.1984 – II ZR 14/84, BGHZ 90, 370; BGH, Urt. v. 21.02.1994 – II ZR 60/93, BGHZ 125, 141.
284 *Hass/Schreiber/Tschauner*, in: Hommel/Knecht/Wohlenberg, Handbuch Unternehmensrestrukturierung, 846.
285 Zur Problematik von Gesellschafterdarlehen und deren Rückgewährung in der Krise vgl. § 39 Abs. 1 Nr. 5, § 135 InsO und Teil 2, Kap. 11, Rn. 961.

Mit dem ESUG erhält nun auch die Durchführung eines Debt-Equity-Swaps im Insolvenzplanverfahren Einzug in die Insolvenzordnung. Die Gesellschafter können Beteiligte eines Insolvenzplans mit eigener Gruppe (§ 222 Abs. 1 Nr. 4 InsO), ihre Gesellschafteranteile den Regelungen des gestaltenden Teils unterworfen werden (§ 225a InsO).

3.3.2 Mezzanine-Kapital

264 Mezzanine-Kapital stellt weder Fremd- noch Eigenkapital, sondern vielmehr eine Zwischenposition dar. Daher rührt auch der Begriff „Mezzanine", der aus dem Italienischen stammt und in der Architektur ein Zwischengeschoss zwischen zwei Hauptstockwerken bezeichnet.

265 Erscheinungsformen von Mezzanine-Finanzierungen sind:

- Stille Beteiligungen (atypisch, typisch),
- Nachrangdarlehen,
- Genussscheine/Genussrechte, ggf. mit Wandlungs- bzw. Optionsrecht.

Folgende Merkmale sind dabei kennzeichnend:

- Verzicht auf Sicherheiten,
- Nachrangigkeit gegenüber anderen Gläubigern, aber:
- Vorrang gegenüber Eigenkapitalgebern,
- höhere Verzinsung als für Fremdkapital üblich,
- Langfristigkeit.

Je nach Gewicht der einzelnen Merkmale hat das Kapital mehr Eigenkapital- oder Fremdkapital-Charakter.

266 Auf Mezzanine-Kapital ist im Zusammenhang mit einer akuten Unternehmenskrise kaum zu hoffen. Es stellt eine sehr schwache unternehmerische Beteiligungsform dar, die wie Eigenkapital haftet, aber den Eigenkapitalgebern nicht dieselben Rechte verschafft. In der akuten Unternehmenskrise ist Mezzanine daher uninteressant, denn wer sich in der Krise an einem Unternehmen beteiligt, möchte regelmäßig auch die Kontrolle darüber erlangen.[286] Etwas anderes kann aus Sicht von Banken gelten, die sich an einem Unternehmen keinesfalls beteiligen, aber zusätzliche Liquidität zur Verfügung stellen wollen. Insbesondere Genussrechtsmodelle stellen eine Alternative zum Forderungsverzicht und zur Aufgabe von Sicherheiten dar.[287]

267 Der Vorteil von Mezzanine-Kapital in Form von Genussrechtsmodellen ist die Flexibilität, da die Gestaltung nicht gesetzlich normiert ist. Genusskapital wird auf der Grundlage eines schuldrechtlichen Vertrages zur Verfügung gestellt und räumt dem Genusskapitalgeber z. B. ein Recht auf Ausschüttungen bei zukünftigen Gewinnen als gewinnabhängige Verzinsung ein. Damit ist auch die Nähe zum Eigenkapital dargelegt. Zugleich hat der Genusskapitalgeber aber keine Rechte als Gesellschafter, sondern bleibt Gläubiger. Wandel- oder Optionsgenussrechte räumen ein späteres Recht auf Wandlung der Genussrechte in Gesellschaftsanteile bzw. bei den Optionsgenussrechten auf Erwerb von Gesellschaftsanteilen ein. Mit diesem Wandlungs- bzw. Op-

---

286 Dazu soeben unter Rn. 257 ff.
287 *Brühl/Lerche*, in: Brühl/Göpfert, Unternehmensrestrukturierung, 201.

tionsrecht kann ein zusätzlicher Wert generiert werden, nämlich dann, wenn der Ausübungspreis für das Wandlungs- oder Optionsrecht geringer ist als der aktuelle Wert des Anteils.

Greifen Banken auf das Genussrechtsmodell zurück, zahlen sie für die Genussrechte in der Regel nicht bar, sondern bringen dafür ungesicherte Kreditforderungen ein.[288] In der Krise weisen die ungesicherten Kreditforderungen nicht mehr ihren Nennwert als Wert auf, weshalb die Ausführungen zum Erwerb von Gesellschaftsanteilen gegen Forderungen (Debt-Equity-Swap) auch bei dem Erwerb von Genussrechten gelten: Der Nennwert der Genussrechte liegt unter dem Nennwert der Forderungen, die dafür aufgebracht werden. Das Agio als Differenz soll wirtschaftlich die zusätzlich gewährten Options- bzw. Wandlungsrechte begründen, also quasi den Preis hierfür darstellen.[289]

268

3.3.3 Fremdkapital

Neben dem Eigenkapital und eigenkapitalähnlichen Mezzanine-Finanzierung kommt in der Krise auch die Neubeschaffung von Drittmitteln zur Schließung der Liquiditätslücke in Betracht. Dabei ist zu berücksichtigen, dass Fremdkapital die Überschuldungssituation grundsätzlich verschärft. Hingegen führt neues Fremdkapital in Form liquider Mittel dazu, eine bestehende Zahlungsunfähigkeit und damit die Krise zu beseitigen.

269

3.3.3.1 Neufinanzierung

Entschließen sich die Banken des Unternehmens dazu, den Sanierungsprozess finanziell zu begleiten, werden sie gegebenenfalls auch neue Mittel zur Verfügung stellen. Als sog. Sanierungskredite gelten zum einen die originäre Vergabe frischer Mittel, jedoch auch die Neukreditierung in Form von Prolongationen ausgelaufener Kredite oder die Erhöhung bestehender Kreditlinien.[290]

270

Ein Risiko besteht bei der Neukreditierung, wenn diese als untauglicher Sanierungsversuch oder Scheinsanierung beurteilt wird. Sie gilt in diesem Falle als sittenwidrig und löst ggf. nicht nur Schadensersatzansprüche Dritter aus, sondern sämtliche Kreditabsprachen sind insgesamt wegen der Sittenwidrigkeit nichtig. In der Folge sind Sicherheiten zurück zu gewähren und der Kredit ist nur auf der Grundlage eines Bereicherungsanspruchs zurückzufordern – in der Insolvenz eine schlichte Insolvenzforderung, die zur Tabelle anzumelden ist.[291]

271

Eine Sanierung wird durch die Kreditinstitute in Kenntnis dieser Rechtslage nur begleitet werden, wenn ein belastbares Sanierungskonzept vorge-

272

---

288 *Brühl/Lerche*, in: Brühl/Göpfert, Unternehmensrestrukturierung, 202.
289 *Brühl/Lerche*, in: Brühl/Göpfert, Unternehmensrestrukturierung, 202.
290 *Meyer*, in: Hommel/Knecht/Wohlenberg, Handbuch Unternehmensrestrukturierung, 927.
291 *Meyer*, in: Hommel/Knecht/Wohlenberg, Handbuch Unternehmensrestrukturierung, 927 f.

legt wird.[292] Dies wiederum war Anlass der Wirtschaftsprüfer, Anforderungen an Sanierungsgutachten aus ihrer Sicht in einem eigenen Prüfungsstandard festzulegen, der mit dem IDW S 6 geschaffen wurde.[293] Wenngleich der Standard keine rechtliche Verbindlichkeit hat, so entfaltet er zumindest eine faktische Bindungswirkung in der Weise, dass Banken heute regelmäßig für die Vergabe von Sanierungskrediten Sanierungsgutachten verlangen, die den Vorgaben des IDW S 6 entsprechen.

3.3.3.2 Besicherung von Krediten

273   Die Vereinbarung neuer Sicherheiten darf sich nur auf den Sanierungskredit beziehen und nicht Altverbindlichkeiten mitumfassen. Letzteres wäre insolvenzrechtlich anfechtbar, wohingegen die Besicherung des Sanierungskredits wegen ihres Charakters als „Bargeschäft" diesem Risiko nicht unterliegt (vgl. § 142 InsO).

274   Eine weitere Möglichkeit der Besicherung von Sanierungskrediten besteht in Form von Bürgschaften der öffentlichen Hand. Hierbei ist es jedoch eine Frage der zur Verfügung stehenden Zeit, ob diese gelingt. Während die Mittel recht schnell zur Verfügung stehen müssen, sind die behördeninternen Abläufe und Regeln nicht auf eine solche Dringlichkeit ausgelegt.

275   Neben der Anfechtbarkeit der neuerlichen Sicherheitenbestellung birgt die Bestellung weiterer Sicherheiten gerade für Altkredite Risiken. So kann die nachträgliche Besicherung in der Krise sittenwidrig gemäß § 138 BGB und damit nichtig sein. Allein die Tatsache, dass nachträglich Sicherheiten vereinbart werden, führt nicht zu Sittenwidrigkeit. Weitere Umstände wie die Knebelung des Kreditnehmers, die Vermögensverlagerung zu Lasten anderer Gläubiger, die Verleitung zum Vertragsbruch etc. müssen hinzutreten.[294]

3.3.4 Liquidation von Vermögenswerten

276   Zur Beseitigung einer akuten Zahlungsunfähigkeit oder zumindest drohenden Zahlungsunfähigkeit muss auf der Aktivseite Liquidität geschaffen werden, um fällige Verbindlichkeiten bedienen zu können. Illiquide Vermögenswerte, die für die Aufrechterhaltung des Geschäftsbetriebs nicht notwendig sind, sind umgehend liquide zu machen, d.h. zu verkaufen.

Gegenstände, die betriebsnotwendig sind, können zur Liquiditätsgewinnung genutzt werden, indem sie verkauft und sodann über den Nutzungszeitraum zurückgemietet werden (Sale-and-Lease-back). Aber Vorsicht ist geboten: Hier wird die Kapitalbindung gegen eine langfristige Kostenbelas-

---

292 BaFin, Rundschreiben 18/2005, BTO 1.2.5.
293 Institut der Wirtschaftsprüfer (IDW) S 6, Anforderungen an die Erstellung von Sanierungskonzepten, veröffentlicht WPg Supplement 3/2010, 109 ff.; im Frühjahr/Sommer 2012 soll der IDW S 6 teilweise reformiert werden; eine Entwurfsfassung (ES 6) ist in der Diskussion.
294 *Schmidt/Uhlenbruck*, Die GmbH in Krise, Sanierung und Insolvenz, Rn. 1.287 ff.; *Meyer*, in: Hommel/Knecht/Wohlenberg, Handbuch Unternehmensrestrukturierung, 925.

tung und zukünftige Liquiditätsabflüsse getauscht. Die Kapitalbindung im Anlagevermögen führte zu nicht liquiditätswirksamen Abschreibungen, das Sale-and-Lease-Back führt zu einem Kapitalzufluss, dann zu einem verstetigten Kapitalabfluss in Form der Mietzahlungen. Das Verfahren kommt für Mobilien als auch Immobilien in Betracht.

Das Umlaufvermögen ist ebenfalls auf Notwendigkeit hin zu prüfen und ggf. abzubauen.

Die Optimierung des Forderungseinzugs ist stets umgehend zu prüfen. Nichtliquide, weil nicht fällige, aber bereits vorhandene Forderungen können mittels Factoring liquidiert werden. Beim Factoring werden Forderungen aus Lieferungen und Leistungen vor Fälligkeit an den sog. Factor verkauft.[295] Je nachdem, ob der Factor das Ausfallrisiko des Drittschuldners übernimmt oder nicht, spricht man von – bei Übernahme des Ausfallrisikos – echtem oder – wird dieses nicht übernommen – unechtem Factoring. Der Factor übernimmt regelmäßig auch die Debitorenbuchhaltung und den Forderungseinzug einschließlich der gerichtlichen Durchsetzung. Dem Vorteil aus dem sofortigen Liquiditätszufluss steht der Nachteil der z.T. hohen Kosten des Factorings gegenüber. Diese setzen sich zusammen aus Zinsen sowie einer Gebühr für die Übernahme der Dienstleistungen und des Ausfallrisikos. Die Zinsen und die Gebühr richten sich nach der Bonität des Unternehmens und seiner Drittschuldner.[296] Factoring wird in der akuten Unternehmenskrise kaum möglich sein.[297] Schon die Zeit für die nötigen Prüfungsprozesse des Factors wird kaum ausreichen, zumal die Forderungen bereits lange vor der akuten Unternehmenskrise als Sicherheit verwendet wurden, z.B. in Form einer Globalzession an eine Bank für eine gewährte Kreditlinie. Darüber hinaus wird kaum ein Factor bereit sein, in einer akuten Unternehmenskrise einen Factoring-Vertrag zu begründen, weiß er doch darum, dass die Forderungen im Falle der Insolvenz des Unternehmens massiv an Wert verlieren werden, da die Drittschuldner ggf. mit (insolvenzbedingten) Gegenansprüchen[298] aufrechnen könnten.

Ein vor der Krise durchgeführtes Factoring erweist sich in der Krise aus zweierlei Gründen als nachteilig: Zum einen ist die Liquidität aus dem Forderungsbestand bereits vereinnahmt, die Forderungsbeträge werden nicht mehr zufließen; zum anderen stehen die Forderungen nicht mehr als Sicherheit für eine weitere Finanzierung zur Verfügung.

Bei jeglicher Verfügung über Vermögenswerte des Unternehmens in der Krise müssen die insolvenzrechtlichen Anfechtungsvorschriften (§§ 129 ff.

---

295 Vgl. zum Ganzen *Brühl*, in: Brühl/Göpfert, Unternehmensrestrukturierung, 174.
296 *Brühl*, in: Brühl/Göpfert, Unternehmensrestrukturierung, 174 f., der wiederum auf *Perridon/Steiner*, Fianzwirtschaft, 446 f. verweist.
297 Dem entgegen hält *Brühl*, in: Brühl/Göpfert, Unternehmensrestrukturierung, 180, gerade in der Krise Factoring für ein gutes Instrument, kurzfristig Liquidität zu schöpfen.
298 In der Insolvenz könnten z.B. bisherige Abnehmer aus der Verletzung der Weiterbelieferung Schadensersatzansprüche oder Zurückbehaltungsrechte haben, die sie sodann der Forderung des Unternehmens bzw. des Factors entgegenhalten, vgl. auch § 404 BGB.

InsO),[299] aber auch die Haftungstatbestände für die Geschäftsführer[300] berücksichtigt werden. Sind die Verträge beidseitig noch nicht vollständig abgewickelt, hat ein Insolvenzverwalter das Erfüllungswahlrecht (§ 103 InsO).[301]

4. Strategische Maßnahmen

279 Zum Teil wird ausgeführt, dass ein „wesentlicher Schritt zur Absicherung eines Sanierungskonzepts (…) die Erarbeitung einer tragfähigen Geschäftsstrategie"[302] ist. Das ist einerseits richtig, wenn die Sanierung das langfristige Überleben des Unternehmens sicherstellen soll. Andererseits zielt die Sanierung in diesem Teil dieses Handbuchs auf die Beseitigung der Insolvenzreife und die kurzfristige Sicherstellung des Überlebens. Die Umsetzung einer Geschäftsstrategie braucht Zeit, die in der akuten Krise nicht vorhanden ist. Fragen einer neuen Geschäftsstrategie müssen daher an anderer Stelle behandelt werden. Im Übrigen gilt: Taugt das Produkt des Unternehmens nichts und wird es schlichtweg nicht mehr von den Kunden nachgefragt, wird in einer akuten Krise für eine neue Strategie mit dem Ziel neuer Produkte und der Entwicklung neuer Märkte schlichtweg der notwendige Atem – die Liquidität und Kreditwürdigkeit – fehlen. Eine Sanierung muss dann scheitern; die Liquidation ist die Folge.

5. Übertragung auf eine Auffanggesellschaft

280 In der Praxis versuchen Berater teilweise vor der Insolvenz, eine Auffanggesellschaft bereit zu stellen und darauf den laufenden Geschäftsbetrieb zu übertragen. Die Bildung einer Sanierungsgesellschaft und sodann die Übertragung des Betriebs auf diesen neuen, gesunden Rechtsträger ist jedoch nur aus der Insolvenz heraus als sog. übertragende Sanierung gefahrlos möglich. Außerhalb der Insolvenz stellt dies einen existenzvernichtenden Eingriff dar, zudem haftet der neue Betrieb nach §§ 25 HGB, 75 AO für die Altverbindlichkeiten. Das Personal geht nach § 613a BGB auf den neuen Geschäftsbetrieb über, der hiernach auch für die rückständigen Arbeitnehmeransprüche haftet. Zudem sehen sich die Geschäftsleiter strafrechtlichen Fragen u.a. nach §§ 283 ff. StGB, insbesondere im Falle der Übertragung von Vermögenswerten als Beiseiteschaffen im Sinne des § 283 Abs. 1 Nr. 1 StGB[303] und als Verminderung des Vermögensstandes gemäß § 283 Abs. 1 Nr. 8 StGB sowie der Untreue gemäß § 266 StGB gegenüber. Für die Berater, die zu so einem Vorgehen raten, sind diese Normen über die Anstiftung und Beihilfe gemäß §§ 26, 27 StGB strafrechtlich relevant.

281 Aus der Insolvenz heraus ist die übertragende Sanierung hingegen ein schneller und risikoloser Weg, einen Geschäftsbetrieb und dessen Arbeitsplätze zu erhalten. Ob dies über die Zwischenschaltung einer Beschäfti-

---

299 S. Teil 2, Kap. 11, Rn. 869.
300 S. Teil 6, Kap. 2, Rn. 2401.
301 S. Teil 2, Kap. 8, Rn. 701.
302 WP-Handbuch 2008, Bd. II Abschnitt F., Rn. 303.
303 BGH, B. v. 04.09.1979 – 5 StR 461/79; *Tiedemann*, Insolvenzstraftaten aus der Sicht der Kreditwirtschaft, ZIP 1983, 513 ff.

Kapitel 3 Ansatzpunkte betriebswirtschaftlicher Sanierung

gungs- und Qualifizierungsgesellschaft (BQG)[304] geschieht, um Personal abzubauen, oder das Personal vollständig auf dem direkten Weg nach § 613a BGB übergeht bzw. noch in der insolventen Gesellschaft gekündigt wird und gekündigt übergeht, ist Frage des Erwerberkonzepts.[305]

---

[304] Zum Teil auch Transfer- und Qualifizierungsgesellschaft (TQG) genannt.
[305] Teil 6, Kap. 1, Rn. 2088 ff.

Kapitel 4
Das Sanierungskonzept nach IDW S 6

282 Banken verlangen bei Krisenunternehmen heute vor einer weiteren Finanzierung ein Sanierungskonzept. Dies hat seinen Grund in § 25a Abs. 1, 2 KWG und den „Mindestanforderungen an das Risikomanagement" (MaRisk) der BaFin. Die MaRisk, die mit Rundschreiben 18/2005 der BaFin bekanntgegeben wurden und die „Mindestanforderungen an das Kreditgeschäft" (MaK) ersetzen, konkretisieren die Vorschrift. Problemkredite bzw. Not leidende Kredite sollen mittels organisatorisch gesonderter Intensivbetreuung in den Banken bearbeitet werden. Im Rahmen der Risikosteuerung ist die Neuvergabe von Krediten an bestimmte Voraussetzungen geknüpft. Hierzu gehört die Sanierungsaussicht, die durch ein schlüssiges Sanierungskonzept dargelegt werden muss.

283 Das Institut der Wirtschaftsprüfer e. V. (IDW) hat mit dem IDW S 6 seine Berufsauffassung zu der Erstellung von Sanierungskonzepten dargelegt. Dabei löst der IDW S 6 „Anforderungen an die Erstellung von Sanierungskonzepten" die Verlautbarung des FAR 1/1991 „Anforderungen an Sanierungskonzepte" ab.

284 Die nachfolgende Darstellung orientiert sich an der Veröffentlichung des IDW in den Fachnachrichten des IDW Nr. 11/2009, S. 578 ff., um die Anforderungen möglichst genau wiederzugeben. Für ein Sanierungskonzept und seine Übereinstimmung mit dem IDW S 6 sind stets die Veröffentlichungen des IDW zugrunde zu legen und von den Wirtschaftsprüfern und vereidigten Buchprüfern zu beachten. Abschließend werden die Bestrebungen des IDW zur Überarbeitung bzw. Neufassung des IDW S 6 wiedergegeben.[306]

1. Rechtliche Anforderungen an Sanierungskonzepte

285 Die Anforderungen an Sanierungskonzepte[307] ergeben sich aus der Rechtsprechung, die zur Gewährung oder Prolongation von Problemkrediten er-

---

306 Entwurf einer Neufassung IDW-Standard: Anforderung an die Erstellung von Sanierungskonzepten (IDW ES 6 n. F.), Stand 07. 09. 2011, WPg Supplement 4/2011, S. 56 ff., FN-IDW 11/2011, S. 698 ff.

307 Vgl. zum Ganzen *Hornig/Schienstock*, Sanierungskonzepte nach IDW S 6, KSI 2011, 220 ff.

Kapitel 4 Ansatzpunkte betriebswirtschaftlicher Sanierung

gangen ist,[308] da die Banken sich nur durch deren Beachtung vor späteren Vorwürfen der Nichtigkeit der Kreditgewährung oder der Sicherheitenbestellung, etwaigen Anfechtungsrisiken (§§ 129 ff. InsO) und ggf. sogar Schadensersatzansprüchen aus §§ 823 Abs. 2, 826 BGB wegen Insolvenzverschleppung schützen können. Die MaRisk fordern daher vor der Gewährung oder Prolongation von Sanierungskrediten belastbare Sanierungskonzepte.

Eine zentrale Entscheidung des BGH[309] zu Sanierungskonzepten erging im Jahr 1997. Dort führte der BGH aus:

„Ein ... Sanierungsversuch setzt nämlich mindestens ein in sich schlüssiges Konzept voraus, das von den erkannten und erkennbaren tatsächlichen Gegebenheiten ausgeht und nicht offensichtlich undurchführbar ist.".

Einige Jahre später äußert sich der BGH[310] erneut im Zusammenhang mit den Anforderungen an den Sanierungszweck im Sinne von § 32a Abs. 3 Satz 3 GmbHG[311], und zwar dass

„neben dem im Regelfall als selbstverständlich zu vermutenden Sanierungswillen ... die Gesellschaft objektiv sanierungsfähig ist und die für ihre Sanierung konkret in Angriff genommenen Maßnahmen zusammen objektiv geeignet sind, die Gesellschaft in überschaubarer Zeit durchgreifend zu sanieren."

Das OLG Köln[312] griff die vorgehend zitierte Rechtsprechung des BGH auf und ergänzt diese zum Sanierungsprivileg beim Gesellschafterdarlehen wie folgt:

„Auf die lediglich subjektive Motivation des Sanierers kann es nach dem Gesetzeszweck schon deshalb nicht entscheidend ankommen, weil andernfalls die schutzwürdigen Interessen der übrigen Gesellschaftsgläubiger in ihrer Wertigkeit nur von dessen Behauptung, er verfolge Sanierungsabsichten, abhingen und deren Befriedigungschancen allein in seiner Hand lägen. Regelmäßig kann die vorzunehmende ex-ante-Prognose nur auf der Grundlage eines dokumentierten Sanierungskonzepts relevant sein, das zugleich den Nachweis für den subjektiven Sanierungszweck ... liefert. Jedoch hängt die Privilegierung der Sanierungsleistungen nicht von dem tatsächlichen Eintritt des Sanierungskonzepts ab (BGH, NJW 2006, 1283 ff.)".

Etwas anderes hinsichtlich der subjektiven Seite gilt bei der Subsumtion des § 133 Abs. 1 InsO oder des § 826 BGB, wenn es um die Frage der inkongruenten Deckung und der damit indizierten Benachteiligungsabsicht oder der Schädigungsabsicht des Schuldners geht. Da hier Absicht, mithin

286

---

308 BGH, Urt. v. 21.11.2005 – II ZR 277/03, ZIP 2006, 279; OLG Köln, Urt. v. 24.09.2009 – 18 U 134/05, ZInsO 2010, 238.
309 BGH, Urt. v. 04.12.1997 – IX ZR 47/97, ZIP 1998, 251.
310 BGH, Urt. v. 21.11.2005 – II ZR 277/03, ZInsO 2006, 148.
311 Mit dem MoMiG, dem Gesetz zur Modernisierung des GmbH-Rechts und zur Bekämpfung von Missbräuchen, ist die Norm gestrichen worden; ein Sanierungsprivileg findet sich heute in § 39 Abs. 4 Satz 2 InsO.
312 OLG Köln, Urt. v. 24.09.2009 – 18 U 134/05 ZInsO 2010, 238.

ein Wille des Schuldners entscheidend ist, kommt es auch nach Ansicht des BGH nicht auf die objektive Geeignetheit des Sanierungskonzepts an, sondern darauf, ob der Schuldner – also hier subjektiv – nachvollziehbar zur Einschätzung kommen konnte, er werde Gläubiger nicht benachteiligen.[313]

287 Für die Frage, ob das Sanierungskonzept tauglich ist oder nicht, führt das OLG Köln aus:

"Das Vorliegen eines tauglichen Sanierungskonzeptes ist keine Rechts-, sondern eine Tatsachenfrage, die in der Beweisaufnahme geklärt werden muss."

Die zitierte Rechtsprechung führt bereits erwähntes Urteil des BGH aus dem Jahr 1997[314] fort, so dass heute aus der Gesamtschau die Struktur eines Sanierungskonzepts abgeleitet werden kann:[315]

(1) Ausgangspunkt des Gutachtens ist die erkannte und erkennbare tatsächliche Lage, insbesondere auch im Vergleich zur Wirtschaftsbranche;
(2) Der Lagefeststellung liegen die erforderlichen Buchhaltungsunterlagen zugrunde;
(3) Das Gutachten beurteilt die Vermögens-, Finanz- und Ertragslage zutreffend und erfasst und analysiert die Ursache der Krise zutreffend;
(4) Das Unternehmen ist objektiv sanierungsfähig.
(5) Die Sanierungsmaßnahmen sind zu beschreiben und in ihrer Gesamtheit objektiv geeignet, die Gesellschaft nachhaltig zu sanieren, ggf. mit Planverprobungsrechnungen zu quantifizieren.[316]
(6) Die Umsetzung der Sanierungsmaßnahmen hat bereits sachgerecht begonnen.

Diese Bestandteile sind im Sanierungskonzept nach IDW S 6 sämtlich aufgegriffen. Sie gelten auch für kleine und mittlere Unternehmen (KMU), wobei der Umfang der Tätigkeit der Größe des Unternehmens und der zur Verfügung stehenden Zeit anzupassen ist.[317] Die Bestandteile sollen im Folgenden überblicksartig dargestellt werden.

2. Inhalt

288 „Kernbestandteile" eines Sanierungskonzepts sind nach dem IDW S 6

---

313 Weber, Anforderungen an den Inhalt von Sanierungskonzepten nach der Rechtsprechung insbesondere des Bundesgerichtshofes, ZInsO 2011, 904 ff., 906 mit Verweis auf BGH, Urt. v. 26.03.1984, ZIP 1984, 572 ff.
314 BGH, Urt. v. 04.12.1997 – IX ZR 47/97, WM 1998, 248 ff.
315 Vgl. dazu Weber, Anforderungen an den Inhalt von Sanierungskonzepten nach der Rechtsprechung insbesondere des Bundesgerichtshofes, ZInsO 2011, 904 ff. (904); ebenso Pohl, Kann IDW S 6 Marktstandard werden?, ZInsO 2011, 207, 209 ff.
316 Planverprobungsrechnungen nennt die Rechtsprechung nicht, so jedoch zu recht Weber, Anforderungen an den Inhalt von Sanierungskonzepten nach der Rechtsprechung insbesondere des Bundesgerichtshofes, ZInsO 2011, 904 ff. (905, 907).
317 BGH, Urt. v. 03.12.1997 – IX ZR 47/97, WM 1998, 248 ff., 250; Weber, Anforderungen an den Inhalt von Sanierungskonzepten nach der Rechtsprechung insbesondere des Bundesgerichtshofes, ZInsO 2011, 904, 905.

Kapitel 4   Ansatzpunkte betriebswirtschaftlicher Sanierung

- die Beschreibung von Auftragsgegenstand und -umfang (Tz. 20–27)[318],
- die Darstellung der wirtschaftlichen Ausgangslage (Tz. 28–57),
- die Analyse von Krisenstadium und -ursachen (Tz. 58–82),
- das Leitbild des sanierten Unternehmens (Tz. 83–122),
- die Maßnahmen zur Bewältigung der Unternehmenskrise,
- ein integrierter Unternehmensplan (Tz. 124–141),
- die Berichterstattung und zusammenfassende Schlussbemerkung (Tz. 142ff.)[319]

Die Darstellung der Krisenstadien in Kapitel 1[320] und der Krisenbewältigung in Kapitel 2 zeigen bereits eine ähnliche Struktur, die bei Sanierungsfällen nahe liegt. Der IDW-Standard geht als Ziel von einem vollständig sanierten Unternehmen aus, das nicht nur eine positive Fortführungsprognose aufweist, sondern auch nachhaltig wettbewerbs- und renditefähig ist,[321] während in Kapitel 2 dieses Handbuchs allein auf die Beseitigung der akuten Krise abgestellt wird, mithin auf die Beseitigung der drohenden oder bereits eingetretenen Zahlungsunfähigkeit. Die Beseitigung der akuten Krise ist im zweistufigen Sanierungskonzept des IDW S 6 lediglich die 1. Stufe, während die 2. Stufe die Wettbewerbs- und Renditefähigkeit wieder herstellt.

Das Sanierungskonzept muss je nach Stadium der Krise alle durchlaufenden Krisenstadien bewältigen.[322] Ein Sanierungskonzept nach IDW S 6 greift also weiter. Der IDW S 6 verlangt ausdrücklich, dass ein Sanierungskonzept, das „auftragsgemäß nur einzelne Teile" bearbeitet, auf die „nicht behandelten Problembereiche (...) ausdrücklich hinweisen muss."[323]

Die einzelnen Inhalte folgen den bereits erwähnten Kernbestandteilen. Eingangs muss demnach stets der Auftrag nach Gegenstand und Umfang definiert werden. Bei dem Auftrag soll auch festgelegt werden, unter welchen Voraussetzungen der Ersteller des Sanierungskonzepts einer Überlassung der Arbeitsergebnisse an Dritte zustimmt. Daneben müssen der Zugang zu allen wesentlichen Geschäftsunterlagen und ein umfassendes Auskunftsrecht vereinbart sein.[324] Wenn im Auftrag eine Schlussbemerkung vorgesehen ist,[325] dann sollte nach den Vorgaben des IDW S 6 ausdrücklich vereinbart werden, „dass eine (...) Schlussbemerkung nur zusammen mit dem Erstellungsbericht an Dritte weitergegeben werden darf."[326] Die Klärung des Auftragsumfangs, der verfügbaren Informationen und Unterlagen sowie die Untersagung einer isolierten Nutzung einzelner Bestandteile oder der Schlussbemerkung ohne Genehmigung ist aus Haftungsgründen unverzichtbar.

---

318 Im Entwurf IDW WS 6 haben sich die Textziffern zum Teil verschoben, ohne jedoch inhaltliche Änderungen zu erfahren.
319 IDW Fachnachrichten Nr. 11/2009, S. 579.
320 Vgl. Teil 1, Kap. 1, Rn. 18.
321 IDW Fachnachrichten Nr. 11/2009, S. 580; zu diesem Begriffen bereits Teil 1, Kap. 2.
322 IDW Fachnachrichten Nr. 11/2009, S. 581.
323 IDW Fachnachrichten Nr. 11/2009, S. 581.
324 IDW Fachnachrichten Nr. 11/2009, S. 581.
325 Im Entwurf IDW ES 6 ist dies nun obligatorisch, vgl. Tz. 150 ff. zur Berichterstattung.
326 IDW Fachnachrichten Nr. 11/2009, S. 582.

292 Nach der Festlegung des Auftrags ist nach den Vorgaben des IDW S 6 das Unternehmen darzustellen und zu analysieren. Hierbei werden sowohl Basisinformationen wie die rechtlichen und organisatorischen als auch die finanzwirtschaftlichen, leistungswirtschaftlichen und personalwirtschaftlichen Verhältnisse dargelegt.[327] Die Analyse erstreckt sich von der Betrachtung des Umfeldes über der Branchenentwicklung bis hin zu den spezifischen Unternehmensverhältnissen.[328] Mögliche Instrumente zur Analyse werden in Kapitel 2 dargestellt.[329] Ebenso wurde bereits darauf hingewiesen, dass die Informationen, die man aus dem Unternehmen erhält, auf Richtigkeit geprüft, zumindest aber plausibilisiert werden müssen – so auch die Vorgabe des IDW S 6.[330]

293 Die Analyse der Krisenursachen geht nach dem IDW S 6 auf die erfolgte Beurteilung des Unternehmens und seiner Krisenentwicklung zurück.[331] Allgemeine Angaben wie Managementfehler sollen hierbei jedoch keinesfalls ausreichen. Vielmehr sollen die kritischen Bereiche eingegrenzt und sodann einer kritischen Ursachenanalyse unterzogen werden.[332]

294 Bei den notwendigen Aussagen zur Unternehmensfortführung sind – spätestens in der Liquiditätskrise – ein Liquiditätsstatus zu erstellen und Aussagen zur Frage der Zahlungsunfähigkeit nach § 17 InsO zu treffen. Der IDW S 6 verweist diesbezüglich auf den IDW PS 800.

295 Zur Frage der Überschuldung gemäß § 19 InsO ist Stellung zu nehmen, wenn entsprechende Indizien hierfür vorliegen. Dies ist insbesondere in der Erfolgs- und Liquiditätskrise der Fall. Der IDW S 6 geht in seiner Darstellung noch vom „alten" Überschuldungsbegriff aus, der bei der Frage der Überschuldung nach den Wertansätzen unterscheidet.[333] Natürlich ist bei einem Sanierungskonzept die geltende Rechtslage zugrunde zu legen.[334]

296 Zu unterscheiden ist die Frage der Fortbestehensprognose für die Überschuldung gemäß § 19 InsO von der Frage der Fortführung nach § 252 Abs. 1 Nr. 2 HGB. Nach dieser Vorschrift richtet sich die handelsrechtliche Bewertung. Dabei ist nicht allein eine liquiditätsorientierte Prognose ausschlaggebend, sondern sämtliche rechtlichen und tatsächlichen Gegebenheiten, die einer weiteren Unternehmenstätigkeit entgegenstehen könnten.[335]

297 Das Sanierungskonzept nach IDW S 6 ist auszurichten am „Leitbild des sanierten Unternehmens". Das Leitbild „umschreibt die Konturen eines Unternehmens, das in wirtschaftlicher Hinsicht mindestens eine nachhaltige durchschnittliche branchenübliche Umsatzrendite und Eigenkapitalquote auf-

---

327 IDW Fachnachrichten Nr. 11/2009, S. 583.
328 IDW Fachnachrichten Nr. 11/2009, S. 584.
329 Vgl. Teil 1, Kap. 2, Rn. 89 ff.
330 IDW Fachnachrichten Nr. 11/2009, S. 582 f.
331 IDW Fachnachrichten Nr. 11/2009, S. 587.
332 IDW Fachnachrichten Nr. 11/2009, S. 587.
333 Vgl. IDW Fachnachrichten Nr. 11/2009, S. 588: „Die Wertansätze in einem zu erstellenden Überschuldungsstatus hängen von dem Ergebnis der Fortbestehensprognose ab."
334 Vgl. dazu auch Teil 1, Kap. 2.
335 IDW Fachnachrichten Nr. 11/2009, S. 588.

weist."[336] Als „Eckdaten" für die Beschreibung des Geschäftsmodells nennt der IDW S 6

- die wesentlichen Geschäftsfelder,
- die angestrebte Wettbewerbsposition bzw. angestrebten Wettbewerbsvorteile für den Kunden,
- die hierfür erforderlichen besonderen Ressourcen und Fähigkeiten,
- die langfristigen Zielvorstellungen und Grundstrategien des Unternehmens sowie
- die zu beachtenden gemeinsamen Wertvorstellungen.[337]

Bei dem Leitbild des sanierten Unternehmens sind die Unternehmenspotentiale (Produkt- und Absatzprogramm, Belegschaft etc.) ebenso wie die Wettbewerbsvorteile und -strategien des zukünftigen Unternehmens darzulegen. Das sanierte Unternehmen muss „wieder attraktiv für Eigen- und Fremdkapitalgeber" werden.[338] Die in Betracht kommenden Strategien – Kosten-/Preiswettbewerb, Qualitäts-/Leistungswettbewerb etc. – sind zu erläutern.

298

Hintergrund für die Notwendigkeit dieser Ausführungen ist die Annahme im IDW S 6, dass eine Sanierungsfähigkeit der Gesellschaft nur dann positiv bestätigt wird, wenn zukünftig

- die Fortführungsfähigkeit im Sinne des § 252 Abs. 1 Nr. 2 HGB,
- die Wettbewerbsfähigkeit und
- die Renditefähigkeit

sichergestellt sind.

Das Sanierungskonzept nach IDW S 6 stellt auf die „stadiengerechte Bewältigung der Unternehmenskrise" ab und führt zu den einzelnen Stadien beispielhaft mögliche Strategien und Maßnahmen zur Überwindung der Krise auf: Dabei geht das IDW von einer Zweistufigkeit der Maßnahmen aus: Die erste Stufe ist die Sicherung der Fortführungsfähigkeit, was eine positive Fortführungsprognose und damit die Aufrechterhaltung der Zahlungsfähigkeit voraussetzt. Die zweite Stufe ist sodann die Sicherstellung zukünftiger Wettbewerbs- und Renditefähigkeit.

299

Zur Überwindung der Insolvenz nennt der IDW S 6 das Insolvenzplanverfahren, zur Vermeidung der Insolvenz und Überwindung der Liquiditätskrise die in Kapitel 2 beschriebenen Maßnahmen.[339] Weitere Ausführungen erfolgen zur Erfolgs-, Produkt- und Absatzkrise sowie zur Strategiekrise und Stakeholderkrise.[340] Das Sanierungskonzept nach IDW S 6 verlangt demnach konkrete Aussagen zu den notwendigen Maßnahmen.

Die „Integrierte Sanierungsplanung" umfasst die zahlenmäßige Planung und rechnerische Verprobung des Sanierungsablaufs. Hierdurch wird zugleich die Finanzierbarkeit der Sanierung dargestellt.[341] Teil der integrierten

300

---

336 IDW Fachnachrichten Nr. 11/2009, S. 588.
337 IDW Fachnachrichten Nr. 11/2009, S. 588.
338 IDW Fachnachrichten Nr. 11/2009, S. 589.
339 Teil 1, Kap. 2, Rn. 70 ff.
340 IDW Fachnachrichten Nr. 11/2009, S. 591 ff.
341 IDW Fachnachrichten Nr. 11/2009, S. 593.

Sanierungsplanung sind die Ergebnisse der Problem- und Verlustbereiche sowie die Effekte der Maßnahmen auf künftige Ergebnis-, Finanz- und Vermögensentwicklung.[342] Folglich ist der integrierte Sanierungsplan als Ergebnis-, Finanz- und Vermögensplan zu erstellen. Dieser greift wiederum auf betriebliche Teilpläne einzelner Bereiche zurück. Die kritischen Prämissen der Planung sind dabei offenzulegen. Die Planung ist ggf. um Alternativrechnungen zu ergänzen.[343] Die Darstellung verschiedener Szenarien (z. B. base case, best case, worst case) erscheint wegen der Unwägbarkeiten einer komplexen Planung sinnvoll. Die planungsrelevanten Parameter können für die Adressaten des Sanierungskonzepts auf diese Weise transparent gemacht werden, was für die Risikoeinschätzung von Bedeutung ist.

301 Darüber hinaus sind die Ergebnisse um Kennzahlen zu erweitern, „die das Urteil der Sanierungsfähigkeit stützen."[344]

302 Über die Durchführung des Auftrags hat der Wirtschaftsprüfer schriftlich zu berichten. In diesem Bericht kann eine Schlussbemerkung mit einer zusammenfassenden Beurteilung darüber enthalten sein, ob das Unternehmen voraussichtlich sanierungsfähig ist.[345] Der IDW S 6 sieht für die zusammenfassende Schlussbemerkung Musterformulierungen vor, die jedoch dem jeweiligen Einzelfall anzupassen sind. Zwar waren die Berichterstattung und zusammenfassende Schlussbemerkung bisher keine Pflicht, werden mithin nicht als Kernbestandteile erfasst, sind jedoch faktisch in jedem Sanierungsgutachten enthalten und zur Vollständigkeit unabdingbar.[346]

3. Auswirkungen auf die Praxis

303 Es wurde bereits dargelegt, dass die Banken aus rechtlichen Gründen für die Neuvergabe von Krediten in der Krise eine dokumentierte Sanierungsfähigkeit des Unternehmens zugrunde legen müssen. Ohne ein schlüssiges Sanierungskonzept wird kein ordnungsgemäß handelndes Kreditinstitut zu einer weiteren Finanzierung bereit sein. Als Sanierungskonzept wird heute in aller Regel ein Konzept nach den Vorgaben des IDW S 6 gefordert, da die Bank und deren Entscheidungsträger auf diese Weise dokumentieren können, dass Standards von Wirtschaftsprüfern zugrunde gelegt wurden. Damit entfaltet das Sanierungskonzept nach IDW S 6 faktische Bindungswirkung, wenngleich – mangels legislativer Kompetenz des IDW – keine Pflicht zu dessen Anwendung besteht. Ein Sanierungskonzept könnte also hiervon ohne weiteres abweichen und dennoch den rechtlichen Anforderungen genügen. Ob das Sanierungskonzept nach IDW S 6 den Anforderungen der Rechtsprechung genügt, wurde vereinzelt bezweifelt,[347] muss jedoch weithin als anerkannt

---

342 IDW Fachnachrichten Nr. 11/2009, S. 593.
343 IDW Fachnachrichten Nr. 11/2009, S. 594.
344 IDW Fachnachrichten Nr. 11/2009, S. 594.
345 IDW Fachnachrichten Nr. 11/2009, S. 595, zukünftig obligatorisch.
346 Vgl. *Hornig/Schienstock*, Sanierungskonzepte nach IDW S 6, KSI 2011, 221.
347 *Pohl*, Kann IDW S 6 Marktstandard werden? , ZInsO 2011, 207 ff.

gelten.[348] Das reine „Branding" als „IDW S 6-Gutachten" oder „angelehnt an IDW S 6" wird nicht genügen. Vielmehr wird jedes einzelne Sanierungsgutachten im Zweifel vor Gericht der Überprüfung, ob den Anforderungen der Rechtsprechung – nicht etwa dem Anforderungen des IDW S 6 – genügt wurde, standhalten müssen.

Das Sanierungsgutachten nach IDW S 6 ist heute jedenfalls Marktstandard.[349] In jedem Sanierungsfall spielt es eine Rolle, sobald die Gewährung neuer Mittel durch Banken im Raum steht. Dabei wird – wie oben ausgeführt – zwar regelmäßig eine weichere Formulierung gewählt („in Anlehnung an ..."), jedoch ändert dies nichts am Erwartungshorizont der Kreditgeber.

Der IDW S 6 gibt „nur" die Berufsauffassung des Instituts der Wirtschaftsprüfer wieder. Insofern gilt der Standard als Berufsstandard unmittelbar nur für Wirtschaftsprüfer. Dennoch ist er für sämtliche Sanierungsberater bei einer entsprechenden Vorgabe der Banken heute faktisch bindend. Wenngleich die Banken zum Teil mit weicheren Formulierungen wie „an einem dem Sanierungskonzept des IDW S 6 orientiertem Gutachten" arbeiten, wird das Sanierungskonzept für eine Akzeptanz den Anforderungen genügen müssen. Letztlich dient eine entsprechende Qualität des Sanierungsgutachtens auch dem Schutz des Sanierungsberaters, setzt er sich andernfalls möglicherweise Schadensersatzansprüchen aus, wenn Sanierungskredite oder Sicherheitengewährungen vor Gericht später erfolgreich angegriffen werden, weil das Gutachten den Anforderungen nicht genügt.[350]

304

4. Kritik

Am IDW S 6 wird verschiedentlich Kritik laut. Die schärfste Kritik ist natürlich die, die dem IDW S 6 die Tragfähigkeit als Sanierungskonzept im Lichte der zitierten Rechtsprechung aberkennt. So vertritt Pohl[351] die Auffassung, dass *„die Anwendung von IDW S 6 auf die Erstellung von Sanierungsgutachten nicht sicherstellt, dass in jedem Fall die rechtlichen Mindestanforderungen des BGH an Sanierungsgutachten erfüllt werden."* Er begründet dies damit, dass nach IDW S 6 keine – wie es der BGH verlangt – zwingend eindeutige Aussage des Gutachters zur Sanierungsfähigkeit des Unternehmens erforderlich ist, sondern dies „nur als Kann-Bestimmung" vorgesehen ist. Der Einwand greift jedoch zu kurz: Eine Bank wird eine eindeutige Aussage zur Sanierungsfähigkeit verlangen, bevor sie einen Sanierungskredit ge-

305

---

348 Statt vieler: *Hornig/Schienstock*, Sanierungskonzepte nach IDW S 6, KSI 2011, 221: „Der im Jahr 2009 vom IDW verabschiedete Standard IDW S 6 berücksichtigt insoweit die vom BGH im Jahr 2005 erweiterten Anforderungen an Sanierungskonzepte nach hier vertretener Auffassung vollumfänglich."

349 *Pohl*, ZInsO 2011, S. 207 ff., beantwortet dies in seinem Aufsatz „Kann IDW S 6 Marktstandard werden" zwar negativ, verwechselt dabei aber die rechtliche Angreifbarkeit unzulänglicher Gutachten mit der weitgehenden Akzeptanz des Standards als „Leitfaden".

350 In der Regel wird das Unternehmen das Gutachten beauftragen, die kreditgewährende Bank mithin nicht Auftraggeberin und so allenfalls mittelbar einbezogen. Würde die Bank selbst als Auftraggeberin agieren, unterläge sie möglicherweise erhöhten Anfechtungsrisiken gemäß § 133 InsO, vgl. *Pohl*, ZInsO 2011, 208.

351 *Pohl*, Kann IDW S 6 Marktstandard werden?, ZInsO 2011, 207, 211.

währt. Insofern regelt die Erwartungshaltung der Marktteilnehmer diese scheinbare, jedoch in der Praxis irrelevante Schwäche. Der Entwurf IDW ES 6 greift diese Kritik auf und macht die Schlussbemerkung zum Bestandteil des Gutachtens, vgl. Tz. 192 n.F.

306 Weiterer oft geäußerter Kritikpunkt ist die zu hohe Standardisierung der Aussagen zu wirtschaftlichen Problemen des Unternehmens.[352] Damit einher geht, dass es an Maßnahmen mangelt, die auf das Unternehmen zugeschnitten sind: Nur eine individuelle, konkrete Analyse der Probleme lässt präzise Maßnahmen zu. Dies ist jedoch keine Schwäche des Standards selbst, sondern der gutachterlichen Praxis. Wie aus der Darstellung der möglichen Sanierungsmaßnahmen erkennbar wurde, ist die Lagefeststellung und -beurteilung zwingende Voraussetzung für einen Entschluss zu entsprechenden Maßnahmen. Dass die Banken dabei keine „Zahlenfriedhöfe" wünschen, sondern „eine strategische Ausrichtung des Konzepts"[353] ist angesichts der Notwendigkeit einer integrierten Unternehmensplanung, die transparent und plausibel darlegen muss, dass das Unternehmen fortführungsfähig ist, verwunderlich: Ein Zahlenfriedhof trifft begrifflich nur dann zu, wenn Zahlen erscheinen, die irrelevant sind. Eine noch so schöne Strategie ersetzt aber kein solides Fundament, dessen Beton nur ein präzises, schlüssiges Rechenwerk sein kann.

Weitere Kritikpunkte sind u.a.

- zu umfassender Konzeptumfang,
- damit zu lange Erstellungszeiten,
- Vielzahl von Prämissen für die Positivaussage zur Sanierungsfähigkeit,
- in der Praxis kaum zu erwartende Negativaussagen in Konzepten,
- die Anforderungen des IDW S 6 auf der Stufe II (nachhaltige Rendite- und Wettbewerbsfähigkeit) sind zu weitgehend und so nicht vom BGH gefordert,
- vorgesehene Sanierungsmaßnahmen im Konzept entfalten Covenant-Charakter und behindern eine flexible Umsetzung.

307 Mit Sanierungsgutachten nach dem IDW S 6 wurde ein lukrativer Markt geschaffen. Insbesondere Wirtschaftsprüfer kennen das Unternehmen oftmals bereits aus zurückliegenden Beratungen oder Prüfungsaufträgen gut und können mit dem Sanierungskonzept in der Krise weitere Honorare erzielen. Entscheidend ist dabei, dass gerade in der Krise für das Unternehmen keine Zeit verbleibt, sich ergebnisoffen Berater zu suchen und diesen die notwendige Zeit zu geben, sich einzuarbeiten. In diesem Falle befindet sich das Unternehmen für die Honorarverhandlungen mit bereits eingearbeiteten Wirtschaftsprüfern in einer denkbar schlechten Verhandlungsposition. Allerdings sind die Erstellung eines Sanierungskonzepts und die Tätigkeit als Abschlussprüfer unvereinbar,[354] sodass sich die sanierungsberatende Wirtschaftsprüfungsgesellschaft für eine spätere Abschlussprüfung ausschließt.

---

352 Ergebnis eines Banken-Workshops von *Hornig/Schienstock*, Sanierungskonzepte nach IDW S 6, KSI 2011, 222.
353 Weitere Aussage im Banken-Workshop von *Hornig/Schienstock*, Sanierungskonzepte nach IDW S 6, KSI 2011, 222.
354 IDW Fachnachrichten Nr. 11/2009, S. 582.

Kapitel 4   Ansatzpunkte betriebswirtschaftlicher Sanierung

Bedeutender Nachteil eines Sanierungskonzepts nach IDW S 6 ist der geforderte Umfang, der auch über von der Rechtsprechung geforderte Inhalte hinausgeht, wobei auch diese Anforderungen schon erheblich sind. Mit dem Umfang geht ein Zeitbedarf einher, der gerade mit Blick auf die relevante Drei-Wochen-Frist in Insolvenzsituationen kritisch ist.

5. Zukunft des IDW S 6 – Überarbeitung bzw. Neufassung

Nachdem der IDW S 6 zunehmend in die Kritik geraten ist, arbeitet das Institut der Wirtschaftsprüfer derzeit an einer Neufassung des Standards. Ein Entwurf (IDW ES 6) wurde veröffentlicht (Stand: 07. 09. 2011), war jedoch bis zur Drucklegung dieses Handbuchs nicht verabschiedet. Begründet wird die Neufassung des Standards mit dem *„Anliegen einiger Anwender ..., einzelne Klarstellungen vorzunehmen."* Angesichts der Kritik wird in dem Entwurf ein deutlicherer Bezug zwischen den Anforderungen des Standards und der BGH-Rechtsprechung hergestellt.[355] So stellt der IDW ES 6 nunmehr explizit einige Passagen der BGH-Rechtsprechung und des Urteils des OLG Kölns heraus, um an diese anknüpfen zu können bzw. dem Anwender Hinweise zu den wörtlichen Anforderungen der Rechtsprechung an die Hand zu geben.

308

---

[355] So die einleitenden Motive des Fachausschuss Sanierung und Insolvenz (FAS) des IDW.

Teil 2
Materielles Insolvenzrecht

Kapitel 1
Insolvenzgründe

1. Einführung

Gemäß § 16 InsO setzt die Eröffnung eines Insolvenzverfahrens das Vorliegen eines Insolvenzgrundes oder genauer eines Eröffnungsgrundes voraus. Dies sind namentlich Zahlungsunfähigkeit (§ 17 InsO), Überschuldung (§ 19 InsO) und drohende Zahlungsunfähigkeit (§ 18 InsO). Eine sachgerechte Definition der Insolvenzgründe ist in mehrerlei Hinsicht von herausragender Bedeutung:

In rechtlicher Hinsicht markiert das Vorliegen eines Insolvenzgrundes den Zeitpunkt, ab dem massiv in die Rechtsposition von Gläubiger und Schuldner eingegriffen wird.[356] Dem Schuldner wird die Verfügungsmöglichkeit über sein Vermögen entzogen, andererseits wird den Gläubigern die Möglichkeit der Individualvollstreckung genommen und durch die Gesamtvollstreckung nach den Verfahrensvorschriften der Insolvenzordnung ersetzt.

In wirtschaftlicher Hinsicht markiert das Vorliegen eines Insolvenzgrundes den Punkt, von dem an ein Unternehmen vom Markt genommen oder zumindest von der freien d. h. selbstbestimmten Marktteilnahme suspendiert wird und – wenn überhaupt – erst nach Ordnung der wirtschaftlichen Verhältnisse, z.B. im Rahmen eines Insolvenzplanverfahrens oder einer übertragenden Sanierung zurückkehren darf.

Dabei rückt die Insolvenzordnung neben der bisher aus der Konkursordnung vorherrschenden starken Orientierung auf die Interessen der Gläubiger den Erhalt des Unternehmens in den Fokus.[357]

Unter Berücksichtigung dieser mehrdimensionalen Aufgabenstellung muss eine sachgerechte Definition der Insolvenzgründe die Frage nach dem unter Berücksichtigung all dieser Interessen „richtigen" Zeitpunkt der Auslösung des Insolvenzverfahrens beantworten.

Während die Zahlungsunfähigkeit der allgemeine Insolvenzgrund für sämtliche Rechtsformen ist, tritt die Überschuldung als weiterer Insolvenzgrund für juristische Personen, diesen gleichgestellte Rechtsformen (GmbH & Co. KG, GmbH & Co. oHG, etc) sowie nicht rechtsfähige Vereine hinzu.

---
356 Vgl. *Uhlenbruck/Gundlach,* in: Gottwald, Insolvenzrechts-Handbuch, § 6 Rn. 1.
357 Vgl. § 1 Satz 1 letzter HS InsO.

Besonderheiten gelten bei Genossenschaften. Bei einer Genossenschaft ist die Überschuldung gemäß § 98 GenG nur in bestimmten dort definierten Fällen Grund für die Eröffnung des Insolvenzverfahrens, insbesondere wenn die Nachschüsse bis zu einer bestimmten Haftsumme begrenzt oder Nachschüsse ausgeschlossen sind. Mit Einführung der Insolvenzordnung ist über das Vermögen eines Nachlasses nunmehr auch neben der Überschuldung die Zahlungsunfähigkeit und in bestimmten Fällen[358] die drohende Zahlungsunfähigkeit Eröffnungsgrund.

311 Während bei natürlichen Personen und nicht haftungsbeschränkten Personenvereinigungen kein Zwang zur Insolvenzantragstellung bei Vorliegen eines Insolvenzgrundes besteht, sind juristische Personen oder denen gleichgestellte haftungsbeschränkte Gesellschaften gemäß § 15a InsO verpflichtet, bei Vorliegen von Zahlungsunfähigkeit oder Überschuldung ohne schuldhaftes Zögern, spätestens aber drei Wochen nach Eintritt des Ereignisses einen Insolvenzantrag zu stellen. Die Nichtbeachtung dieser Verpflichtung ist für die zur Antragstellung verpflichteten Organe mit schwerwiegenden Sanktionen (Strafbarkeit, Haftungsfolgen) verknüpft.

312 Mit Inkrafttreten der Insolvenzordnung zum 01.01.1999 wurde die drohende Zahlungsunfähigkeit als weiterer Insolvenzauslöse-Tatbestand eingeführt und damit einer Forderung der Kommission für Insolvenzrecht entsprochen. Eine Besonderheit dieses Insolvenzgrundes liegt darin, dass auf ihn nur ein Eigenantrag des Schuldners, nicht aber ein Fremdantrag, gestützt werden kann. Durch die Möglichkeit einer Antragstellung bereits dann, wenn die Zahlungsunfähigkeit noch nicht eingetreten ist, sondern erst droht, soll dem gesetzgeberischen Ziel, eine möglichst frühe Insolvenzauslösung zu erreichen, entsprochen werden.

2. Zahlungsunfähigkeit
2.1 Gesetzliche Definition

313 Die Zahlungsunfähigkeit ist im Insolvenzverfahren von erheblicher Relevanz; zum einen aufgrund der Tatsache, dass sie der häufigste Grund für die Eröffnung eines Insolvenzverfahrens ist. Zum anderen erlangt sie Bedeutung im Rahmen der Insolvenzanfechtung gemäß §§ 129 ff. InsO. Schließlich spielt die Zahlungsunfähigkeit bei der Haftung des Geschäftsführers wegen der Verletzung gesetzlicher Insolvenzantragspflichten nach § 64 GmbHG eine Rolle.[359]

Gemäß § 17 Abs. 2 InsO ist der Schuldner zahlungsunfähig, wenn er nicht in der Lage ist, die fälligen Zahlungspflichten zu erfüllen. Zahlungsunfähigkeit ist in der Regel anzunehmen, wenn der Schuldner seine Zahlungen eingestellt hat, § 17 Abs. 2 Satz 2 InsO.

Mit der 1999 in Kraft getretenen Insolvenzordnung hat der Gesetzgeber den Begriff der Zahlungsunfähigkeit erstmals gesetzlich definiert. Bis dahin existierte lediglich eine von der Rechtsprechung herausgearbeitete Definition der Zahlungsunfähigkeit. Danach war Zahlungsunfähigkeit das auf dem Mangel an Zahlungsmitteln beruhende voraussichtlich dauernde Unvermö-

---
358 Vgl. § 320 Abs. 2 InsO.
359 Vgl. *Staufenbiel*, Update Zahlungsunfähigkeit, InsbürO 2011, 446.

gen eines Schuldners oder Schuldnerunternehmens, seine sofort zu erfüllenden Geldschulden im Wesentlichen zu berichtigen.[360] Nach der Begründung zum Regierungsentwurf der Insolvenzordnung sollte im Rahmen der erstmaligen gesetzlichen Definition die in der Rechtsprechung und Literatur bis dahin für die Zahlungsunfähigkeit gültige Definition im Grundsatz weiter anwendbar sein.[361] Allerdings enthält der Gesetzestext nicht die Tatbestandsmerkmale der Dauer, Wesentlichkeit und des ernsthaften Einforderns.

Trotz Betonung der Kontinuität gegenüber der bisherigen von der Literatur und Rechtsprechung erarbeiteten Definition der Zahlungsunfähigkeit herrschte zunächst weitgehend Unklarheit darüber, wie der Tatbestand der Zahlungsunfähigkeit im Einzelnen auszulegen und konkret zu messen ist. Fraglich war vor allem, ob der Verzicht auf die Erwähnung des Tatbestandsmerkmals der Wesentlichkeit nun bedeuten sollte, dass selbst kleinste Liquiditätsunterdeckungen schon zur Insolvenzantragspflicht führen oder ob es hier eine tolerierbare Obergrenze geben soll. Weiter war unklar, ob nunmehr jede auch nur ganz kurzfristig anhaltende Unterdeckung zum Insolvenzantrag zwingen sollte bzw. wie viel Zeit dem Schuldner zugestanden werden kann, um eine aufgetretene Unterdeckung zu beseitigen, da im Gesetzeswortlaut das Merkmal der Dauerhaftigkeit nicht erwähnt war. *314*

Weiter war unklar, ob der Wegfall des Merkmals des „ernsthaften Einforderns" dazu führt, dass nunmehr allein auf die zivilrechtliche Fälligkeit einer Verbindlichkeit abzustellen ist oder ob noch weitere Handlungen der Gläubiger erforderlich sind, um sie bei der Feststellung einer Zahlungsunfähigkeit mit einzubeziehen.

Der BGH hat in jüngster Zeit[362] in mehreren Entscheidungen zur Klärung der vorstehend aufgeworfenen Fragen beigetragen, allerdings sind dabei wiederum neue Fragen aufgeworfen worden.

2.2 Zahlungseinstellung als widerlegbare Vermutung für Zahlungsunfähigkeit

Nach § 17 Abs. 2 Satz 2 InsO wird Zahlungsunfähigkeit i. d. R. angenommen, wenn der Schuldner seine Zahlungen eingestellt hat, d. h. in diesem Fall wird das Vorliegen der Zahlungsunfähigkeit widerlegbar vermutet. Zahlungseinstellung ist das nach außen hervortretende Verhalten eines Schuldners, in dem sich typischerweise ausdrückt, dass er nicht mehr in der Lage ist, seine fälligen Zahlungspflichten zu erfüllen. Dies muss für die beteiligten Verkehrskreise klar zu Tage treten.[363] *315*

Dies kann entweder durch eine eigene Erklärung des Schuldners zum Ausdruck gebracht werden oder durch das äußere Verhalten des Schuldners

---

360 Vgl. *Uhlenbruck*, in: Schmidt/Uhlenbruck, Die GmbH in Krise, Sanierung und Insolvenz, Rn. 561 m.w.N.
361 Vgl. BundestagsDrucks. 1/92 bei *Uhlenbruck*, Das neue Insolvenzrecht, 316.
362 Vgl. BGH, Urt. v. 24.05.2005 – IX ZR 123/04, DB 2005 1787; BGH, Urt. v. 12.10.2006 – IX ZR 228/03, DB 2006, 2683.
363 Vgl. BGH, Urt. v. 14.02.2008, ZIP 2008, 706, 707; BGH, Urt. v. 12.10.2007 – IX ZR 228/03, DB 2006, 2683.

oder andere nach außen in Erscheinung tretenden Indizien begründet sein.[364]

316 Die tatsächliche Nichtzahlung eines erheblichen Teils der fälligen Verbindlichkeiten reicht für den Tatbestand der Zahlungseinstellung aus.[365] Das gilt selbst dann, wenn noch beträchtliche Verbindlichkeiten bezahlt werden, die jedoch im Verhältnis zu den fälligen Gesamtschulden nicht den wesentlichen Teil ausmachen. Die Zahlungseinstellung darf wie die Zahlungsunfähigkeit nicht nur ganz kurzfristig bestehen. Sie muss länger als drei Wochen anhalten.[366] Die Zahlungseinstellung wird dadurch beseitigt, dass der Schuldner seine Zahlungen an die Gesamtheit der Gläubiger wieder aufnimmt. Die Bezahlung muss alle fälligen Verbindlichkeiten umfassen, also auch diejenigen, die nach Zahlungseinstellung fällig geworden sind.[367]

Was eigene Erklärungen des Schuldners angeht, wird jedoch zu untersuchen sein, ob tatsächlich die nachhaltige Unfähigkeit, die Zahlungen zu leisten, eingestanden wird oder ob die Bezahlung von bestimmten Forderungen verweigert wird, z. B. weil begründete Einwendungen gegen die Berechtigung der Forderungen erhoben werden.[368]

317 Trotz der Zahlung einzelner kleinerer Verbindlichkeiten ist Zahlungseinstellung anzunehmen, wenn wesentliche Verbindlichkeiten nicht bezahlt werden können.[369]

Eine Zahlungseinstellung kann auch aus einem einzelnen, aber auch aus einer Gesamtschau mehrerer von der Rechtsprechung entwickelter Beweisanzeichen gefolgert werden. Sind derartige Indizien vorhanden, bedarf es darüber hinaus keiner weiteren Feststellungen zur genauen Höhe der bestehenden Verbindlichkeiten des Schuldners. Insbesondere ist es dann nicht mehr erforderlich, eine Unterdeckung von mindestens 10 % darzulegen.[370]

Es obliegt dem Tatrichter, in einer Gesamtwürdigung der festgestellten Indizien die Zahlungseinstellung auf diese Weise festzustellen.[371]

Indizien für das Vorliegen der Zahlungseinstellung sind vor allem:

- Wechselproteste,
- Nichtzahlung von Löhnen und Gehältern,
- Schließung der Verkaufsstellen oder sonstigen Geschäftsräume,
- Absetzen des Schuldners oder Geschäftsführers der Schuldnerin ins Ausland,
- Abgabe der eidesstattlichen Versicherung,
- Versuch eines außergerichtlichen Vergleichs, soweit das Vergleichsangebot mit einer Erklärung, nicht zahlen zu können verbunden ist.[372]

---

364 Vgl. *Eilenberger*, in: MüKo-InsO, § 17 Rn. 5.
365 Vgl. BGH, Urt. v. 21.06.2007 – IX ZR 231/04, DB 2007, 2138.
366 Vgl. BGH, Urt. v. 21.06.2007 – IX ZR 231/04, DB 2007, 2138.
367 Vgl. IDW PS 800, Rn. 14.
368 Vgl. *Uhlenbruck*, in: Schmidt/Uhlenbruck, Die GmbH in Krise, Sanierung und Insolvenz, Rn. 540; IDW PS 800, Rn. 14.
369 Vgl. *Uhlenbruck*, in: Uhlenbruck, InsO, § 17, Rn. 12.
370 BGH, Urt. v. 30.06.2011 – IX ZR 134/10, BB 2011, 2131.
371 BGH, Urt. v. 30.06.2011 – IX ZR 134/10, BB 2011, 2131.
372 Vgl. *Uhlenbruck*, in: Schmidt/Uhlenbruck, Die GmbH in Krise, Sanierung und Insolvenz, Rn. 5.38.

2.3 Einzelne Merkmale der Zahlungsunfähigkeit

2.3.1 Dauer der Zahlungsunfähigkeit – Abgrenzung zur Zahlungsstockung

Von der Zahlungsunfähigkeit als Insolvenzgrund ist die (kurzfristige und insoweit unschädliche) Zahlungsstockung zu unterscheiden.[373]

318

Nach der Begründung zum Gesetzesentwurf der Insolvenzordnung[374] sollte es sich von selbst verstehen, dass ein Schuldner, dem in einem bestimmten Zeitpunkt liquide Mittel fehlen – etwa weil eine erwartete Zahlung nicht eingegangen ist –, der sich die Liquidität aber kurzfristig wieder beschaffen kann, nicht zahlungsunfähig ist. Weiter wird in der Begründung zum Regierungsentwurf darauf hingewiesen, dass eine ausdrückliche Aufnahme des Kriteriums einer „andauernden" Unfähigkeit zur Erfüllung der Zahlungspflichten ins Gesetz befürchten lassen würde, dass die ohnehin verbreitete Neigung „eine über Wochen oder gar Monate fortbestehende Illiquidität zur rechtlich unerheblichen Zahlungsstockung zu erklären"[375] weitere Nahrung erhielte. Der Gesetzgeber wollte somit zwar einerseits kurzfristige Zahlungsstockungen nicht als Zahlungsunfähigkeit ansehen. Die maximale Dauer, in der eine solche Zahlungsstockung toleriert werden darf, d. h. noch nicht als Zahlungsunfähigkeit anzusehen ist, wurde jedoch nicht festgelegt, sondern lediglich klargestellt, dass es sich nur um kurze Zeiträume handeln könne.

Ausgehend von der Gesetzesbegründung entspann sich in der Literatur eine rege Diskussion um die Frage, wie lange nun die konkrete Dauer einer noch unschädlichen Zahlungsstockung tatsächlich sein darf.[376] Weitgehende Einigkeit bestand dahingehend, dass nach der Insolvenzordnung eher eine Verkürzung des noch unter dem Regime der Konkursordnung als zulässig angesetzten Zeitraumes von einem bis mehreren Monaten zu erwarten sei.[377]

Mit seiner Entscheidung vom 24.05.2005[378] setzt der BGH nun den Zeitraum einer tolerierbaren Zahlungsstockung mit dem Zeitraum gleich, den eine kreditwürdige Person benötige, um sich die notwendigen finanziellen Mittel zu leihen. Dafür sei ein Zeitraum von drei Wochen erforderlich, aber auch ausreichend.[379]

Das bedeutet, dass der Geschäftsführer einer Kapitalgesellschaft wenn er erkennt, dass eine Liquiditätslücke zu einem bestimmten Tag vorliegt, sorgfältig und gewissenhaft prüfen muss, ob innerhalb der nächsten drei Wochen sämtliche Gläubiger voll befriedigt werden können. Solange er davon ausgehen kann, handelt es sich nur um eine Zahlungsstockung, die keine Zahlungsunfähigkeit im insolvenzrechtlichen Sinne darstellt.

---

373 Vgl. *Smid*, Praxishandbuch Insolvenzrecht, § 3 Rn. 51.
374 Vgl. *Uhlenbruck*, Das neue Insolvenzrecht, 316.
375 Vgl. *Uhlenbruck*, Das neue Insolvenzrecht, 316.
376 Vgl. zum Meinungsbild *Uhlenbruck*, in: Uhlenbruck, InsO, § 17 Rn. 9.
377 Vgl. *Pape*, in: Kübler/Prütting/Bork, Insolvenzordnung, § 17 Rn. 8 f.
378 Vgl. BGH, Urt. v. 24.05.2005 – IX ZR 123/04, DB 2005, 1787.
379 Vgl. zum BGH, Urt. v. 24.05.2005 ausführlich *Smid*, Praxishandbuch Insolvenzrecht, § 3 Rn. 52 ff.

Dem gegenüber vertritt das Institut der Wirtschaftsprüfer[380] die Auffassung, dass in begründeten Ausnahmefällen auch ein längerer Zeitraum denkbar ist, z. B. wenn es dem Schuldner innerhalb der drei Wochen zwar nicht gelingt, die gesamte Liquiditätslücke zu schließen, aber nur noch ganz geringfügige Unterdeckungen verbleiben.

2.3.2 Größe der relevanten Liquiditätslücke

319 Da das Gesetz die Zahlungsunfähigkeit als den Zustand definiert, in dem der Schuldner nicht in der Lage ist, seine fälligen Zahlungspflichten zu erfüllen, ist zu fragen, ob tatsächlich alle fälligen Zahlungspflichten noch erfüllbar sein müssen oder ob kleinere Liquiditätslücken noch hinnehmbar sind.

Der Wortlaut des § 17 InsO verzichtet auf eine zahlenmäßige Festlegung eines bestimmten Bruchteils der fälligen Zahlungspflichten, der nicht mehr erfüllbar sein muss, um die Zahlungsunfähigkeit anzunehmen. In der Begründung zum Regierungsentwurf heißt es dazu:

„Insbesondere erscheint es nicht gerechtfertigt, Zahlungsunfähigkeit erst anzunehmen, wenn der Schuldner einen bestimmten Bruchteil der Gesamtsumme seiner Verbindlichkeiten nicht mehr erfüllen kann."[381]

Hieraus schließt der BGH jedoch nicht, dass eine zahlenmäßige Vorgabe unzulässig sei, sondern lediglich, dass der Gesetzgeber durch den bewussten Verzicht der Festlegung einer Grenze eine Flexibilisierung erreichen wollte.[382] Die „zahlenmäßige" Grenze legt der BGH in dem genannten Urteil[383] auf 10 % fest. Dabei bezieht sich die genannte prozentuale Grenze auf den Bruchteil der fälligen Verbindlichkeiten, der durch die vorhandenen Zahlungsmittel nicht mehr abgedeckt wird.[384]

320 Allerdings wird diese Grenze flexibel im Sinne einer widerlegbaren Vermutungsregel ausgestaltet: Beträgt die innerhalb von drei Wochen nicht mehr zu beseitigende Liquiditätslücke weniger als 10 % der fälligen Gesamtverbindlichkeiten, ist regelmäßig von Zahlungsfähigkeit auszugehen, es sei denn, es ist bereits absehbar, dass die Lücke demnächst mehr als 10 % erreichen wird. Beträgt die Liquiditätslücke der Schuldnerin 10 % oder mehr, ist dagegen regelmäßig von Zahlungsunfähigkeit auszugehen, sofern nicht ausnahmsweise mit an Sicherheit grenzender Wahrscheinlichkeit zu erwarten ist, dass die Liquiditätslücke demnächst vollständig oder fast vollständig geschlossen wird und dem Gläubiger ein Zuwarten nach den besonderen Umständen des Einzelfalls zuzumuten ist.[385] Das bedeutet, dass bei Vorliegen einer Unterdeckung von weniger als 10 % gleichwohl Zahlungsunfähigkeit gegeben sein kann, nämlich dann, wenn aufgrund von auf vorliegenden Tatsachen begründeten Erwartungen davon auszugehen ist, dass sich der Niedergang des schuldnerischen Unternehmens fortsetzen wird. Bei der

---

380 Vgl. IDW PS 800, Rn. 8 f.
381 Vgl. *Uhlenbruck*, Das neue Insolvenzrecht, 316.
382 Vgl. BGH, Urt. v. 24. 05. 2005 – IX ZR 123/04, DB 2005, 1787.
383 Vgl. BGH, Urt. v. 24. 05. 2005 – IX ZR 123/04, DB 2005, 1787.
384 Nachfolgend wird in diesem Zusammenhang auch kurz von einer „Liquiditätslücke" gesprochen.
385 Vgl. BGH, Urt. v. 12. 10. 2006 – IX ZR 228/03, DB 2006, 2683.

Frage der Eröffnung eines Insolvenzverfahrens muss das Insolvenzgericht im Rahmen seiner Amtsermittlungspflicht das Vorliegen solcher Umstände prüfen. Soweit ein Insolvenzverwalter das Vorliegen der Zahlungsunfähigkeit seinerseits im Rahmen von Anfechtungsklagen oder Geschäftsführerhaftungsklagen vorträgt, trifft ihn insoweit die Beweislast.[386]

Umgekehrt trägt insbesondere das handelnde Organ einer Gesellschaft in der Krise die Beweislast dafür, dass bei Vorliegen einer Unterdeckung von 10 % oder mehr Umstände vorliegen, die mit an Sicherheit grenzender Wahrscheinlichkeit erwarten lassen, dass die Liquiditätslücke innerhalb kurzer Zeit beseitigt werden kann und dies den Gläubigern nach den Umständen des Einzelfalls zuzumuten ist.

321

Nicht ausdrücklich beantwortet wird in diesem Zusammenhang die Frage, wie zu verfahren ist, wenn ein Unternehmen zwar am Ende des noch als Zahlungsstockung tolerierbaren Drei-Wochen-Zeitraums eine Unterdeckung von weniger als 10 % aufweist, diese jedoch in absehbarer Zeit nicht beseitigen kann, z. B. bleibt die Unterdeckung erhalten und schwankt zwischen 2 und 7 %. Hier wird den hinzutretenden weiteren Umständen eine erhebliche Bedeutung beizumessen sein. Insbesondere ist eine sorgfältige Prognose vorzunehmen, um herauszufinden, wie die weitere Entwicklung des Unternehmens sein wird. Zeigt die weitere Entwicklung anhand einer sorgfältigen und sich auf objektiv nachvollziehbare Umstände stützenden Prognose, dass die Liquiditätslücke dauerhaft nicht zu beseitigen sein wird, so liegt Zahlungsunfähigkeit vor.[387] So führt der BGH in dem bereits zitierten Urteil vom 24. 05. 2005[388] ebenfalls aus, dass ein Unternehmen, das dauerhaft eine – wenn gleich geringfügige – Liquiditätslücke aufweist, nicht erhaltenswürdig erscheint.

Es ist somit festzuhalten, dass auch bei Liquiditätslücken von unter 10 % nach den Vorgaben des BGH im Urteil vom 24. 05. 2005 [389] Zahlungsunfähigkeit gegeben sein kann. Dies ist neben dem vorstehend geschilderten Fall, dass eine (wenn auch unter 10 % liegende) Liquiditätslücke dauerhaft bestehen bleibt, auch dann der Fall, wenn aufgrund von konkreten Tatsachen die Erwartung begründet erscheint, dass sich der Niedergang des Schuldnerunternehmens fortsetzen wird.[390] Als Beispiel für solche Tatsachen mag der dem Urteil zugrunde liegende Sachverhalt dienen. Dort wurde trotz einer Unterdeckung von weniger als 10 % (genau: 9,2 %) aufgrund einer negativen Zukunftsprognose, die auf unstreitigen Tatsachen beruhte, vom Vorliegen einer Zahlungsunfähigkeit ausgegangen. So hatte sich der Beklagte selbst gegenüber den Kunden dahingehend geäußert, dass, wenn diese ihre Forderungen nicht um 35 % reduzieren würden, die Schuldnerin schließen und Konkurs anmelden müsste. Weiterhin war nach dem Sachverhalt damit zu rechnen, dass auf der Passivseite weitere Verbindlichkeiten hinzukommen würden, hinge-

322

---

386 Vgl. BGH, Urt. v. 24. 05. 2005 – IX ZR 123/04, DB 2005, 1787.
387 Vgl. *Hölzle*, Zahlungsunfähigkeit – Nachweis und Kenntnis im Anfechtungsprozess, ZIP 2006, 101, 103.
388 Vgl. BGH, Urt. v. 24. 05. 2005 – IX, ZR 123/04, DB 2005, 1787.
389 Vgl. BGH, Urt. v. 24. 05. 2005 – IX ZR 123/04, DB 2005, 1787.
390 Vgl. BGH, Urt. v. 24. 05. 2005 – IX ZR 123/04, DB 2005, 1787, unter II.4.lit. b der Urteilsbegründung.

gen auf der Aktivseite in absehbarer Zeit nicht mit erheblichen zusätzlichen Einnahmen zu rechnen war.

Aus dem dem Urteil zugrunde liegenden Sachverhalt wird deutlich: Es wird zukünftig auch im Rahmen der Zahlunfähigkeitsprüfung regelmäßig eine Fortführungsprognose erforderlich werden.

323 Dies verdeutlicht der BGH nochmals mit seinem Urteil vom 12.10.2006.[391] Dort wird ausgeführt, dass bei Liquiditätslücken von weniger als 10 % von Zahlungsunfähigkeit auszugehen ist, wenn absehbar ist, dass die Lücke demnächst mehr als 10 % erreichen wird. Dies kann als vereinfachte Zusammenfassung dessen gewertet werden, dass Umstände gegeben sind, die den weiteren Niedergang des Schuldnerunternehmens absehbar erscheinen lassen.

324 Beträgt hingegen die Deckungslücke am Ende des Drei-Wochen-Zeitraumes 10 % oder mehr, so soll nach der Rechtsprechung des BGH regelmäßig von Zahlungsunfähigkeit auszugehen sein.[392] Dabei gilt für die Widerlegung der jeweiligen Vermutung, dass je weiter der konkret vorliegende Wert vom genannten 10 %-Grenzwert entfernt liegt, umso höhere Anforderungen an die Widerlegung der jeweiligen Vermutung zu stellen sind. Eine Widerlegung der Vermutung der Zahlungsunfähigkeit soll bei Deckungslücken von mehr als 10 % nur dann möglich sein, wenn mit an Sicherheit grenzender Wahrscheinlichkeit die Lücke vollständig oder fast vollständig geschlossen werden kann und den Gläubigern ein weiteres Zuwarten zuzumuten ist.[393] Offen bleibt dabei, welche konkreten Umstände ggf. ein Zuwarten der Gläubiger zumutbar erscheinen lassen. Nach der hier vertretenen Auffassung wird es hier wiederum auf die Zukunftsprognose des Unternehmens ankommen: Ist nach den objektiv vorliegenden und auf plausiblen Annahmen fußenden Aussagen der Unternehmensplanung, insbesondere der Liquiditätsplanung des Unternehmens absehbar, dass das Unternehmen eine positive Fortführungsaussicht – auch im Sinne der Widerherstellung der Ertragsfähigkeit – hat, so dürfte dies ein Umstand sein, der für eine Zumutbarkeit eines weiteren Zuwartens der Gläubiger spricht. Denn die Gläubiger wären durch das weitere Zuwarten im Ergebnis besser gestellt, da sie die vollständige Befriedigung ihrer Forderungen zu erwarten hätten. Auch hierbei ist darauf hinzuweisen, dass die Dauer und Sicherheit des Gesundungsprozesses sowie die Wahrscheinlichkeit der Planannahmen im konkreten Einzelfall im Verhältnis zur Größe der vorhandenen Liquiditätslücke und der erforderlichen Zeitspanne, diese zu beseitigen, gesehen werden müssen.

Es zeigt sich, dass sowohl im Falle des Unterschreitens der 10 %-Grenze als auch im Falle des Überschreitens der 10 %-Grenze zur Entkräftung der dann geltenden Vermutungsregelungen eine weitere Prognose anzustellen ist. Offen bleibt jedoch, wie lang der entsprechende (weitere) Prognosezeitraum anzusetzen ist. Nach Auffassung des Instituts der Wirtschaftsprüfer[394]

---

391 Vgl. BGH, Urt. v. 12.10.2006 – IX ZR 228/03, DB 2006, 2683.
392 Vgl. BGH, Urt. v. 12.10.2006 – IX ZR 228/03, DB 2006, 2683.
393 Vgl. BGH, Urt. v. 12.10.2006 – IX ZR 228/03, DB 2006, 2683; BGH, B. v. 19.07.2007 – IX ZB 36/07, ZInsO 2007, 939.
394 Vgl. IDW PS 800 Beurteilung eingetretener oder drohender Zahlungsunfähigkeit bei Unternehmen, Rn. 26, WPg 2009, Supplement 2.

kann dieser Zeitraum bis zu drei Monate, u. U. auch bis längstens sechs Monate betragen.

In der nachfolgenden Übersicht wird eine zusammenfassende Darstellung der Prüfungsschritte bei der Prüfung der Dauer und der Wesentlichkeit im Rahmen der Zahlungsunfähigkeitsprüfung gegeben:

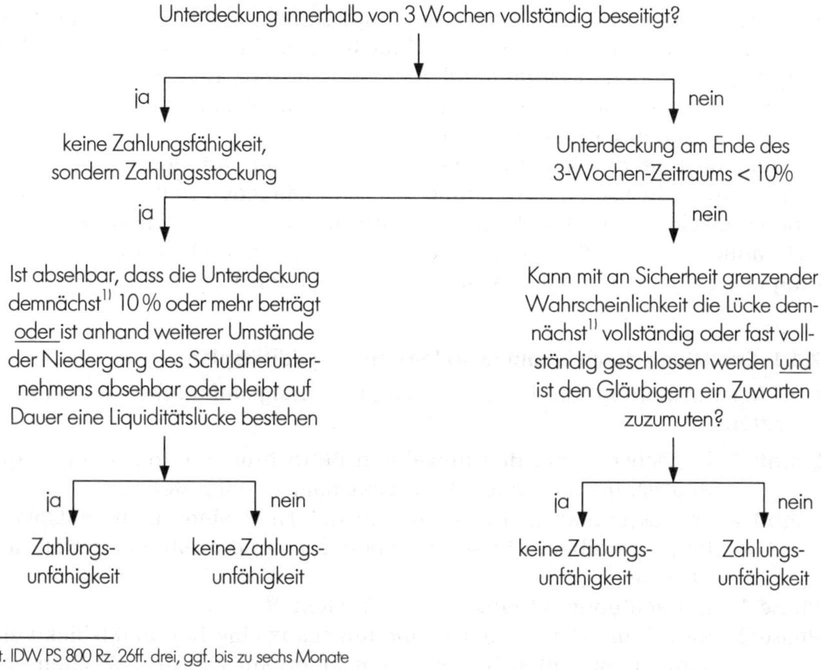

325

```
                    Unterdeckung innerhalb von 3 Wochen vollständig beseitigt?

         ja ↓                                              ↓ nein
   keine Zahlungsfähigkeit,                        Unterdeckung am Ende des
   sondern Zahlungsstockung                        3-Wochen-Zeitraums < 10%

         ja ↓                                              ↓ nein

Ist absehbar, dass die Unterdeckung              Kann mit an Sicherheit grenzender
demnächst¹⁾ 10% oder mehr beträgt                Wahrscheinlichkeit die Lücke dem-
oder ist anhand weiterer Umstände                nächst¹⁾ vollständig oder fast voll-
der Niedergang des Schuldnerunter-               ständig geschlossen werden und
nehmens absehbar oder bleibt auf                 ist den Gläubigern ein Zuwarten
Dauer eine Liquiditätslücke bestehen             zuzumuten?

      ja ↓         ↓ nein                          ja ↓            ↓ nein
   Zahlungs-    keine Zahlungs-                keine Zahlungs-    Zahlungs-
   unfähigkeit  unfähigkeit                    unfähigkeit        unfähigkeit
```

---
¹⁾ lt. IDW PS 800 Rz. 26ff. drei, ggf. bis zu sechs Monate

Abb. 25: Prüfungsschema Zahlungsunfähigkeit

2.4 Konkrete Prüfung der Zahlungsunfähigkeit

Das Erfordernis zur Prüfung der Frage, ob zu einem bestimmten Zeitpunkt Zahlungsunfähigkeit vorliegt, ergibt sich nicht nur, wenn vom Organ oder Berater eines Krisenunternehmens die Frage, ob gegenwärtig Zahlungsunfähigkeit vorliegt, zu prüfen ist (ex ante-Betrachtung). Oft wird auch im Rahmen einer ex post-Betrachtung, z. B. bei der Führung eines Anfechtungsprozesses, zu einem späteren Zeitpunkt geprüft, wann bei einem Unternehmen Zahlungsunfähigkeit eingetreten ist. Da es sich – unabhängig davon, ob ex ante oder ex post geprüft wird – um denselben Tatbestand handelt, gelten auch dieselben Grundsätze im Rahmen der konkreten Herangehensweise. Lediglich für den Fall der ex-post-Betrachtung im Rahmen von Anfechtungsprozessen hat der BGH mit Urteil vom 12. 10. 2006[395] Sonderregeln entwickelt.[396]

326

---
395 Vgl. BGH, Urt. v. 12. 10. 2006 – IX ZR 228/03, DB 2006, 2683.
396 Vgl. dazu unten.

Im Rahmen von ex-post-Betrachtungen ist darauf hinzuweisen, dass bei der Beurteilung der prognostischen Elemente der Zahlungsunfähigkeitsprüfung der Erkenntnisstand über die zukünftige Unternehmensentwicklung im jeweiligen (in der Vergangenheit liegenden) Betrachtungszeitpunkt zugrunde zu legen ist.[397] Dieser Auffassung ist zwar grundsätzlich zuzustimmen. Jedoch ist darauf hinzuweisen, dass im Rahmen von nachträglichen Prüfungen, ab wann ggf. Zahlungsunfähigkeit bei einem Unternehmen vorgelegen hat, z. B. im Rahmen von Gutachten im Zusammenhang mit Haftungsprozessen gegen Organmitglieder oder sonstige Beteiligte, regelmäßig keine Prognoserechnungen zu den jeweils zu untersuchenden Zeitpunkten in der Vergangenheit verfügbar gemacht werden können.

Zumindest bei der Ableitung der kurzfristig zu erwartenden Zahlungseingänge wird teilweise eine Ableitung des zu einem jeden Zeitpunkt zu erwartenden tatsächlichen kurzfristigen Mittelzuflusses aus dem festgestellten „Ist" anhand der Buchhaltungsunterlagen im Rahmen der retrograden Prüfung der Zahlungsunfähigkeit für zulässig gehalten.[398]

2.4.1 Ermittlung durch Liquiditätsbilanz und Liquiditätsplan

327 Üblicherweise erfolgt die Ermittlung einer Zahlungsunfähigkeit in mehreren Schritten:

Schritt 1 Zunächst ist auf den gewählten Betrachtungszeitpunkt ein Liquiditätsstatus oder eine „Liquiditätsbilanz" aufzustellen.

Schritt 2 Die Liquiditätsbilanz ist sodann mit Hilfe eines Liquiditätsplanes fortzuschreiben. Der so entstehende Prognosezeitraum zerfällt in 2 Phasen:

Phase 1: Betrachtungszeitpunkt + drei Wochen[399]

Phase 2: Soweit im Rahmen der Liquiditätsbilanz eine Liquiditätslücke entstanden ist und sich diese nicht innerhalb von drei Wochen vollständig schließen lässt, ist der Prognosezeitraum um drei bis sechs Monate[400] zu verlängern.

2.4.2 Aufstellung der Liquiditätsbilanz

328 In der Liquiditätsbilanz sind die verfügbaren liquiden Mittel den zu berücksichtigenden fälligen Zahlungsverpflichtungen zum Stichtag gegenüber zu stellen.

---

397 Vgl. WP-Handbuch 2008, Bd. II, 872.
398 Vgl. *Stauffenbiel/Hoffmann*, Die Ermittlung des Eintritts der Zahlungsunfähigkeit, ZInsO 2008, 891, 892.
399 Die Phase 1 ergibt sich aus der Rechtsprechung des BGH, vgl. BGH, Urt. v. 24.05.2005 – IX ZR 123/04, DB 2005, 1787, um im 1. Schritt zu überprüfen, ob ggf. eine unschädliche Zahlungsstockung vorliegt.
400 Vgl. IDW PS 800 Rn. 26 ff., vgl. auch Rn. 301 ff.

2.4.2.1 Zu berücksichtigende liquide Mittel

Dies sind zunächst die am Stichtag vorhandenen Barmittel (Kassenbestände), Guthaben bei Kreditinstituten, Schecks in der Kasse. Ebenso zählen nach herrschender Meinung vertraglich vereinbarte und ungekündigte, noch nicht vollständig ausgeschöpfte Kreditlinien zu den liquiden Mitteln.[401]

329

Nach Auffassung des BGH[402] zählen zu den berücksichtigenden liquiden Mitteln neben den vorhandenen Bankguthaben etc. auch die „... innerhalb von drei Wochen flüssig zu machenden Mittel ...".[403] Dies wird in der Literatur als bewusste Vermengung von Stichtags- und Zeitraumbetrachtung kritisiert.[404] Denn wenn man diese Aussage des BGH so interpretiert, dass den vorhandenen liquiden Mitteln die innerhalb der nächsten drei Wochen zu erwartenden Zahlungseingänge, insbesondere aus bestehenden Forderungen, hinzuzuzählen und diese dann den bestehenden Verbindlichkeiten gegenüberzustellen sind, bliebe unberücksichtigt, dass in dem ins Visier genommenen Drei-Wochen-Zeitraum nicht nur liquide Mittel aus dem Einzug von Forderungen oder durch sonstige Einzahlungen hinzukommen, sondern auch liquide Mittel durch Bezahlung fälliger Verbindlichkeiten verbraucht werden und weitere fällige Verbindlichkeiten neu entstehen. Dadurch wäre es dem schuldnerischen Unternehmen möglich, permanent eine Liquiditätslücke gleichsam einer „Bugwelle" vor sich herzuschieben.[405] Der insoweit in der Literatur geäußerten Kritik[406] ist zuzustimmen. In der Liquiditätsbilanz sind ausschließlich die vorhandenen liquiden Mittel zu berücksichtigen; zu erwartende Zahlungszuflüsse sind dagegen nicht in die Liquiditätsbilanz, sondern in der sich daran anschließenden Finanzplanung zu berücksichtigen.[407]

Die hier vertretene Auffassung bedeutet, dass die „Deckungslücke" durch den Finanzplan vollständig fortgeschrieben wird, so dass sich bei Übereinstimmung von Planung und Ist eine gegebene Liquiditätslücke in ihrer Entwicklung durch die Berücksichtigung der zu- und abgehenden liquiden Mittel sowie der zu- und abgehenden fälligen Verbindlichkeiten vollständig fortschreiben lässt.

Anhand der Liquiditätsplanung lässt sich dann ablesen, wie groß die am Ende des Drei-Wochen-Zeitraumes zu erwartende Liquiditätslücke sein wird.

---

401 Vgl. *Harz/Baumgartner/Konrad*, Kriterien der Zahlungsunfähigkeit und der Überschuldung, ZInsO 2005, 1304, 1306.
402 Vgl. BGH, Urt. v. 12.10.2006 – IX ZR 228/03, DB 2006, 2683.
403 Vgl. BGH, Urt. v. 12.10.2006 – IX ZR 228/03, DB 2006, 2683, unter III.1. lit. a der Urteilsbegründung.
404 Vgl. *Wolf/Kurz*, Die Feststellung der Zahlungsunfähigkeit: Was sind 100 % bei Berücksichtigung eines Schwellenwerts?, DStR 2006, 1339; *Bork*, Zahlungsunfähigkeit, Zahlungsstockung und Passiva II., ZIP 2008, 1749.
405 Vgl. *Wolf/Kurz*, Die Feststellung der Zahlungsunfähigkeit: Was sind 100 % bei Berücksichtigung eines Schwellenwerts?, DStR 2006, 1339; *Bork*, Zahlungsunfähigkeit, Zahlungsstockung und Passiva II., ZIP 2008, 1749.
406 Vgl. *Hölzle*, Zahlungsunfähigkeit – Nachweis und Kenntnis im Anfechtungsprozess, ZIP 2007, 613, vgl. *Bork* (siehe Fn. zuvor)
407 Vgl. IDW PS 800, Rn. 37.

2.4.2.2 In der Liquiditätsbilanz zu berücksichtigende Zahlungsverpflichtungen

330 Im zweiten Schritt bei der Erstellung der Liquiditätsbilanz ist dem Bestand an liquiden Mitteln der am selben Stichtag vorhandene Bestand an fälligen Zahlungsverpflichtungen gegenüberzustellen. Nach dem durch Rechtsprechung und Literatur entwickelten überkommenen Zahlungsunfähigkeitsbegriff nach der Konkursordnung sollte es sich bei den zu berücksichtigenden Verbindlichkeiten nur um die ernstlich eingeforderten Verbindlichkeiten handeln. Aus der Tatsache, dass weder im Wortlaut des § 17 InsO noch in der Entwurfsbegründung das Merkmal des „ernsthaften Einforderns" erwähnt wurde, wurde in der Literatur weitgehend geschlossen, dass es nach der Insolvenzordnung nur noch auf die zivilrechtliche Fälligkeit einer Verbindlichkeit ankäme und nicht mehr darauf, ob ein Gläubiger sein Zahlungsbegehren im Sinne eines ernsthaften Einforderns darüber hinaus betont.[408] Dieser Auffassung ist der BGH jedoch mit Beschluss vom 19.07.2007[409] entgegengetreten. Danach sei aufgrund der erklärten Absicht des Gesetzgebers in der Begründung zum Regierungsentwurf an der überkommenen Definition des Begriffs der Zahlungsunfähigkeit festhalten zu wollen, abzuleiten, dass auch an dem Erfordernis des "ernsthaften Einforderns" festzuhalten sei. Der Fälligkeitsbegriff des § 17 Abs. 2 InsO sei somit nicht dem allgemeinen Fälligkeitsbegriff des Zivilrechts gleichzusetzen. Deshalb sei eine Forderung erst dann im Sinne des § 17 Abs. 2 InsO fällig, wenn eine Gläubigerhandlung feststeht, aus der sich der Wille, vom Schuldner Erfüllung zu verlangen, im Allgemeinen ergibt. Allerdings sei nach wie vor nicht zu verlangen, dass der Gläubiger sein Zahlungsverlangen regelmäßig oder auch nur ein einziges Mal wiederhole. Vielmehr reiche für das ernstliche Einfordern regelmäßig die Übersendung einer Rechnung aus.[410]

331 Der Ansicht des BGH, es käme auch nach Einführung der InsO noch auf ein ernstliches Einfordern an, wird in wesentlichen Teilen der Literatur nicht gefolgt.[411] Gleichwohl hat der BGH, zuletzt mit Urteil vom 14.05.2009[412] grundsätzlich an diesem Merkmal festgehalten. Allerdings wird im genannten Urteil eine wesentliche Relativierung vorgenommen: Das Merkmal des ernsthaften Einforderns diene lediglich dem Zweck, solche Forderungen auszunehmen, die rein tatsächlich – also auch ohne rechtlichen Bindungswillen oder erkennbare Erklärung – gestundet sind.

Letztlich reduzieren sich durch diese Klarstellung die durch die Reaktivierung des Merkmals des ernstlichen Einforderns entstandenen Zweifelsfragen in der praktischen Anwendung auf die Fälle, in denen unklar ist, ob von einer die Fälligkeit hinausschiebenden Stundung auszugehen ist oder nicht. Denn bereits vor den zitierten Entscheidungen des BGH[413] bestand Einigkeit, dass zwischen Gläubiger und Schuldner getroffene Stundungsabreden

---

408 Vgl. *Pape*, in: Kübler/Pütting/Bork, InsO, § 17 Rn. 6.
409 Vgl. BGH, B. v. 19.07.2007 – IX ZB 36/07, ZIP 2007, 1666.
410 Vgl. BGH, B. v. 19.07.2007 – IX ZB 36/07, ZIP 2007, 1666.
411 Vgl. *Uhlenbruck*, in: Schmidt/Uhlenbruck, Die GmbH in Krise, Sanierung und Insolvenz, 418; IDW PS 800 Tz 30.
412 BGH, Urt. v. 14.05.2009 – IX ZR 63/08, DB 2009, 1346.
413 Vgl. BGH, B. v. 19.07.2007 – IX ZB 36/07, ZIP 2007, 1666; BGH, Urt. v. 14.05.2009 – IX ZR 63/08, DB 2009, 1346.

– die auch konkludent getroffen sein können – dazu führen, dass die entsprechende Verbindlichkeit in der Liquiditätsbilanz nicht anzusetzen ist. Für die Praxis ist somit festzuhalten, dass größte Vorsicht bei der Berücksichtigung von Verbindlichkeiten, die angeblich rein tatsächlich – also ohne rechtlichen Bindungswillen oder erkennbare Erklärung – gestundet sein sollen, angezeigt ist.

So ist beispielsweise bei Verbindlichkeiten, deren Fälligkeit durch eine Kündigung des Schuldners selbst herbeigeführt wurde, und bei denen der Schuldner selbst angekündigt hat, er werde die Verbindlichkeiten demnächst begleichen, ein weiteres ernsthaftes Einfordern seitens des Gläubigers entbehrlich.[414] Ebenso verhält es sich, wenn sich die Fälligkeit einer Forderung alleine durch eine kalendermäßige Bestimmung des Fälligkeitszeitpunktes ergibt.[415] 332

In seinem Urteil vom 14.02.2008[416] betont der BGH, dass bei der Annahme, ein Gläubiger habe stillschweigend in eine spätere oder nachrangige Befriedigung seiner Forderung eingewilligt, Zurückhaltung geboten sei. Insbesondere Verbindlichkeiten gegenüber Gläubigern, die nicht sofort klagen oder vollstrecken, weil sie dies ohnehin für aussichtslos halten oder nicht den sofortigen Zusammenbruch des Schuldners verantworten wollen, stehen der Annahme einer Zahlungsunfähigkeit nicht entgegen. 333

Bei der praktischen Durchführung einer Zahlungsunfähigkeitsprüfung ist im Rahmen der Aufstellung der Liquiditätsbilanz zunächst in einem ersten Schritt der Bestand an im zivilrechtlichen Sinne fälligen Verbindlichkeiten festzustellen. Dieser ergibt sich entweder aufgrund gesetzlicher Regelungen oder aufgrund davon abweichender vertraglicher Vereinbarungen. Soweit der Gläubiger ein Zahlungsziel, z. B. im Rahmen von Warenlieferungen gewährt, tritt die Fälligkeit erst mit Verstreichen der Zahlungsfrist ein. Ausnahmsweise kann sich die Fälligkeit auch aus einer einseitigen Parteierklärung, z. B. durch ausdrückliche Fälligstellung oder durch Kündigung eines Darlehens, ergeben.[417] Ebenso sollen nach Auffassung des IDW[418] nicht ausdrücklich genehmigte Überziehungen von Kontokorrentkrediten nach Maßgabe der allgemeinen Geschäftsbedingungen der Banken als fällig gelten, auch wenn das Kreditinstitut die Inanspruchnahme stillschweigend duldet. Dies könnte jedoch unter Berücksichtigung der neueren Rechtsprechung des BGH zum ernsthaften Einfordern anders zu beurteilen sein. Insbesondere in den Fällen einer sogenannten „geduldeten Überziehung", die sich über einen längeren Zeitraum erstreckt bzw. durch mehrfaches Wiederholen des Überziehens der genehmigten Kreditlinie, ohne dass dies vom Kreditinstitut beanstandet wurde, auszeichnet, könnte von einer Nichtgeltendmachung der fälligen Verbindlichkeit trotz nicht vorhandenem rechtlichen Bindungswillen des Gläubigers ausgegangen werden. Gleichwohl wird hier der Auffassung des IDW gefolgt und von einer Fälligkeit nicht genehmigter Über- 334

---

414 Vgl. BGH, Urt. v. 14.05.2009 – IX ZR 63/08, DB 2009, 1346.
415 Vgl. BGH, Urt. v. 14.05.2009 – IX ZR 63/08, DB 2009, 1346.
416 Vgl. BGH, Urt. v. 14.02.2008 – IX ZR 38/04, DB 2008, 925.
417 Vgl. IDW PS 800, Rn. 31.
418 Vgl. IDW PS 800, Rn. 31.

ziehungen ausgegangen. Dies gebietet sich bis zu einer höchstrichterlichen Entscheidung zu dieser Frage schon aus Vorsichtsgründen.

In Raten zu tilgende Verbindlichkeiten sind nur mit ihren jeweiligen nach den getroffenen Zahlungsplänen fällig werdenden Raten zu berücksichtigen.[419]

335   Verbindlichkeiten aus Steuern werden nach den steuergesetzlichen Bestimmungen fällig. Sind die Verbindlichkeiten mit einem Rechtsbehelf angegriffen, bleiben die Steuerverbindlichkeiten gleichwohl fällig, es sei denn, die Finanzbehörde gewährt Aussetzung der Vollziehung.[420] Dies steht jedoch in einem gewissen Widerspruch zu der im Vordringen befindlichen Meinung, wonach vorläufig vollstreckbare Zahlungstitel nicht zur Zahlungsunfähigkeit führen sollen, solange der materielle Bestand der Forderung nicht rechtskräftig festgestellt ist.[421]

Steht dem Schuldner eine Einrede gegen die geltend gemachte Forderung zu, z. B. Verjährung, ist ebenfalls nicht von einer Fälligkeit im vorstehenden Sinne auszugehen.

336   Nicht anzusetzen sind Verbindlichkeiten, für die ein Auszahlungsverbot besteht, z. B. §§ 30, 31 GmbHG i. d. F. bis zum 31.10.2008. Ebenso sollten nach herrschender Meinung bis zur Einführung des MoMiG fällige Zahlungsverpflichtungen an Gesellschafter aufgrund von eigenkapitalersetzenden Leistungen keine Zahlungsunfähigkeit auslösen, d. h. derartige Verbindlichkeiten sollten nicht als Verbindlichkeiten im Rahmen der Liquiditätsbilanz anzusetzen sein.[422] Nachdem jedoch durch die Änderungen des GmbH-Gesetzes im Rahmen des MoMiG Gesellschafterdarlehen in der Insolvenz der Gesellschaft als Fremdkapital zu qualifizieren sind und damit keinem Auszahlungsverbot mehr unterliegen, sind fällige Verbindlichkeiten zukünftig entsprechend zu berücksichtigen.[423]

337   Soweit die Fälligkeit nach den vorgenannten Gesichtspunkten festgestellt wurde, ist in einem weiteren Schritt zu prüfen, ob vom Gläubiger eine Stundungserklärung im rechtlichen oder aber in dem vom BGH wohl verstandenen wirtschaftlichen Sinne[424] abgegeben wurde. Ob von einer Stundung auszugehen ist, richtet sich dabei nach den Umständen des Einzelfalls unter Beachtung des vom BGH postulierten Grundsatzes, dass hier vorsichtig vorzugehen ist. Zutreffend weist das IDW[425] darauf hin, dass der Nachweis, dass eine Forderung nicht fällig ist, auf jeden Fall dem Schuldner obliege. Die Stundung ist dann anzunehmen, wenn der Gläubiger in eine spätere bzw.

---

419 *Uhlenbruck,* in: Schmidt/Uhlenbruck, Die GmbH in Krise, Sanierung und Insolvenz, 418.
420 *Uhlenbruck,* in: Schmidt/Uhlenbruck, Die GmbH in Krise, Sanierung und Insolvenz, 419.
421 *Uhlenbruck,* in: Schmidt/Uhlenbruck, Die GmbH in Krise, Sanierung und Insolvenz, 422 m.w.N.
422 BGH, Urt. v. 07.12.1992 – II ZR 125/91, DStR 1993, 175.
423 *Uhlenbruck,* in: Schmidt/Uhlenbruck, Die GmbH in Krise, Sanierung und Insolvenz, 417.
424 BGH, Urt. v. 14.05.2009 – IX ZR 63/08, DB 2009, 1346.
425 IDW PS 800, Tz. 32.

nachrangige Befriedigung seiner Forderung eingewilligt hat bzw. sich die Einwilligung aus den gesamten Umständen ergibt.[426]

2.4.2.3 Verbundene Unternehmen und Cashpooling

Besonderheiten bei der Prüfung der Zahlungsunfähigkeit ergeben sich auch bei Unternehmen, die in einem Unternehmensverbund integriert sind. 338

2.4.2.3.1 Beherrschte und beherrschende Unternehmen

Ist das Krisenunternehmen Teil eines Beherrschungsvertrages, so ist fraglich, ob z. B. beim herrschenden Unternehmen Mittel, die beim Tochterunternehmen verfügbar sind und auf die aufgrund des bestehenden Beherrschungsverhältnisses durch das beherrschende Unternehmen zugegriffen werden könnte, im Rahmen der Zahlungsunfähigkeitsprüfung zu berücksichtigen sein können. Dies ist nach der hier vertretenen Auffassung nicht der Fall. Diese Mittel zählen nicht zum Bestand der liquiden Mittel des beherrschenden Unternehmens. Beabsichtigt das Unternehmen, die liquiden Mittel der Tochtergesellschaft den eigenen liquiden Mitteln zuzuführen, so ist dies eine Maßnahme, die sich im Finanzplan abbildet und die ggf. innerhalb kurzer Zeit zur Beseitigung der Überschuldung führen kann, so dass im Ergebnis zum Betrachtungszeitpunkt lediglich eine Zahlungsstockung vorliegt. In diesem Zusammenhang ist jedoch zu beachten, dass der Zugriff auf die liquiden Mittel der Tochtergesellschaft regelmäßig eine entsprechende Ausgleichsforderung der Tochter entstehen lässt. Wird mit der Tochtergesellschaft keine entsprechende Stundungsvereinbarung getroffen, so entstehen im Maße der Zuführung von liquiden Mitteln im Finanzplan weitere fällige Verbindlichkeiten. 339

Handelt es sich beim Krisenunternehmen um ein abhängiges Unternehmen, das Teil eines Beherrschungs- oder Gewinnabführungsvertrages ist, so steht dem abhängigen Unternehmen nach § 302 AktG ein Anspruch gegenüber dem anderen Vertragsteil zu, wonach jeder während der Vertragsdauer entstehende Jahresfehlbetrag auszugleichen ist. Die Verlustausgleichspflicht des beherrschenden Unternehmens gegenüber dem beherrschten Unternehmen führt in der Praxis regelmäßig dazu, dass bei Solvenz des herrschenden Unternehmens eine Insolvenz des beherrschten Unternehmens nicht eintritt. Zwar statuiert das Aktiengesetz grundsätzlich nur die Ausgleichspflicht von Jahresfehlbeträgen, d.h. soweit eine liquiditätsmäßige Unterdeckung des beherrschten Unternehmens eintritt, die (noch) nicht zu einem Jahresfehlbetrag führte oder geführt hat, ist rechtlich noch kein Ausgleichsanspruch gegenüber dem herrschenden Unternehmen entstanden. Gleichwohl würde sich im Rahmen einer Insolvenz der Verlustausgleichsanspruch ohnehin realisieren, so dass regelmäßig die Insolvenz seitens des herrschenden Unternehmens durch entsprechende Ausstattung des beherrschten Unternehmens mit finanziellen Mitteln vermieden wird. 340

Bei der Zahlungsunfähigkeitsprüfung in derartigen Konstellationen werden geplante Ausstattungszahlungen im Rahmen der Liquiditätsplanung der

---
426 IDW PS 800, Tz. 32.

Krisengesellschaft zu berücksichtigen sein. Dabei ist die Wahrscheinlichkeit der Zahlung auch unter Berücksichtigung der eigenen Liquiditätslage des herrschenden Unternehmens zu würdigen.

2.4.2.3.2 Cashpooling

341 Im Rahmen von Cashpoolingsystemen schließen sich mehrere in einem Unternehmensverbund befindliche Unternehmen dergestalt zusammen, dass das Cashmanagement der im Cashpool zusammengeschlossenen Unternehmen zentral von einer Clearinggesellschaft für alle Unternehmen übernommen wird. Praktisch bedeutet dies, dass Banksalden der einzelnen im Cashpool einbezogenen Gesellschaften tagesgleich durch entsprechende Belastung oder Gutschrift auf dem Konto der Cashpool-Clearinggesellschaft bei den anderen Cashpoolunternehmen glattgestellt werden, so dass am Ende des Banktages deren Banksaldo 0 € beträgt. Forderungen, die ein ins Cashpooling einbezogenes Unternehmen gegenüber der Clearinggesellschaft hat, zählen nicht zu den liquiden Mitteln bei der Aufstellung der Liquiditätsbilanz[427], es sei denn, es handelt sich bei der Cashpooling-Clearinggesellschaft um ein Kreditinstitut im Sinne des KWG. Umgekehrt sind Verbindlichkeiten, die eine Gesellschaft gegenüber der Konzern-Clearinggesellschaft ausweist, solange als nicht fällig zu behandeln, wie nach den geschlossenen Vereinbarungen nicht von einer Fälligkeit auszugehen ist.[428]

2.4.2.4 Ableitung des Finanzplanes

342 Ergibt sich im Rahmen der Aufstellung der Liquiditätsbilanz eine Unterdeckung, so ist diese wie bereits unter Rn. 319 ff. dargestellten Grundsätzen in zwei Planungsphasen fortzuschreiben. Die Phase 1 betrifft den Zeitraum der nächsten drei Wochen. Kann innerhalb von drei Wochen die Liquiditätslücke geschlossen werden oder nahezu vollständig geschlossen werden, ist lediglich von einer Zahlungsstockung auszugehen. Besteht am Ende des Drei-Wochen-Zeitraums die Liquiditätslücke fort, so ist die Planung weiterzuführen, um prüfen zu können, ob sich die Liquiditätslücke schließen lässt oder ob sie fortbesteht und sich ggf. sogar weiter erhöht. Dieser weitere Planungszeitraum wird nach herrschender Meinung mit drei bis sechs Monaten[429] angenommen.

In der Finanzplanung werden – ausgehend vom Unternehmensplan – die wahrscheinlich zu erwartenden Liquiditätszuflüsse und Liquiditätsabflüsse vollständig dargestellt. Dabei sind auch geplante Maßnahmen zur Verbesserung der Liquiditätssituation zu berücksichtigen, soweit die Realisierbarkeit der Maßnahmen mit hinreichender Wahrscheinlichkeit gegeben ist.

Im Rahmen des üblichen Planungsverfahrens von Finanzplänen wird jedoch lediglich die Veränderung der liquiden Mittel dargestellt. D. h. ein Anfangsbestand an liquiden Mitteln wird über die Planungsperiode fortentwickelt, in dem die Erhöhung der liquiden Mittel durch Zuflüsse, z.B. aus

---
427 WP-Handbuch, 875.
428 WP-Handbuch, 875.
429 IDW PS 800, Tz 43.

Umsatzerlösen oder aus Darlehensaufnahmen o. ä. den Abflüssen für die Bezahlung von Verbindlichkeiten etc. gegenübergestellt wird.

Hierdurch ist jedoch eine Fortschreibung der nach den oben stehenden Grundsätzen ermittelten „Liquiditätslücke" nicht gewährleistet. Deshalb muss die Finanzplanung im Sinne einer Liquiditätsplanung noch um ein weiteres Element ergänzt werden: Die Entwicklung der fälligen Verbindlichkeiten muss ebenfalls fortgeschrieben werden. Dabei besteht ein Zusammenhang zwischen der Liquiditätsplanung und der Fortschreibung der fälligen Verbindlichkeiten. Denn eine Veränderung der liquiden Mittel, z. B. durch Bezahlung einer fälligen Verbindlichkeit, führt zur Abnahme der entsprechenden fälligen Verbindlichkeiten. Gleichzeitig werden sich die fälligen Verbindlichkeiten durch Erhalt von Lieferungen oder nach dem Tilgungsplan fällig werdenden Kreditraten erhöhen. Um die vom BGH[430] geforderte Beurteilung, ob sich die Liquiditätslücke nach drei Wochen vergrößert bzw. verkleinert hat oder gleich geblieben ist, vornehmen zu können, muss somit auch die Fortschreibung der fälligen Verbindlichkeiten gewährleistet sein.

2.4.3 Nachweis der Zahlungsunfähigkeit im Anfechtungsprozess

Voraussetzung für die Anfechtung gemäß §§ 129 ff. InsO ist u.a., dass der Schuldner zum Zeitpunkt der Vornahme des benachteiligenden Rechtsgeschäfts zahlungsunfähig war bzw. der andere Teil hiervon Kenntnis hatte. Es obliegt dem Insolvenzverwalter, diese Tatbestandsmerkmale in einem Anfechtungsprozess darzulegen und zu beweisen. Insbesondere aufgrund der Tatsache, dass die Zeitpunkte des bloßen Zahlungsengpasses, der Zahlungsstockung und der Zahlungsunfähigkeit oftmals nicht eindeutig voneinander abzugrenzen sind und geordnete buchhalterische Unterlagen in den meisten Fällen fehlen, gelten nach aktueller Rechtsprechung des BGH zugunsten des Insolvenzverwalters im Hinblick auf die Darlegungslast zur Zahlungsunfähigkeit erleichterte Anforderungen.[431] In den vorstehenden Abschnitten wurde dargestellt, dass zur Prüfung der Frage, ob Zahlungsunfähigkeit vorliegt, üblicherweise von einem Liquiditätsstatus oder einer Liquiditätsbilanz auszugehen ist. Die Liquiditätsbilanz ist, sollte sie eine Unterdeckung der fälligen Verbindlichkeiten durch die vorhandenen liquiden Mittel ausweisen, um eine zweistufige Prognoserechnung zu ergänzen.

Der BGH[432] lässt von diesem aufwendigen und komplizierten Verfahren zumindest im Insolvenz-Anfechtungsprozess eine Ausnahme zu.

343

In dem genannten Urteil aus dem Jahre 2006[433] stellt der BGH zunächst allgemein fest, dass eine Liquiditätsbilanz nicht erforderlich ist, wenn anderweitig festgestellt werden kann, dass der Schuldner einen wesentlichen Teil seiner fälligen Verbindlichkeiten nicht bezahlen konnte. Davon ist im An-

344

---

430 BGH, Urt. v. 24.05.2005 – IX ZR 123/04, DB 2005, 1787.
431 Vgl. *Staufenbiel,* Update Zahlungsunfähigkeit, InsbürO 2011, 446. 450; *Krüger/Wigand,* Die Zahlungsunfähigkeit im Anfechtungs- und Haftungsprozess, ZInsO 2011, 314 ff,
432 BGH, Urt. v. 12.10.2006 – IX ZR 228/03, DB 2008, 925; BGH, Urt. v. 21.07.2007 – IX ZR 231/04, WM 2007, 1616 Rn. 27; BGH, Urt. v. 30.06.2011 – IX ZR 134/10, BB 2011, 2131.
433 BGH, Urt. v. 12.10.2006 – IX ZR 228/03, DB 2008, 925.

fechtungsprozess auszugehen. Soll im Anfechtungsprozess nachgewiesen werden, dass zu einem bestimmten (vor Insolvenzeröffnung liegenden) Zeitpunkt Zahlungsunfähigkeit bestanden hat, so genügt es, wenn der Insolvenzverwalter nachweist, dass fällige Verbindlichkeiten im fraglichen Zeitpunkt bestanden haben, die bis zur Verfahrenseröffnung nicht mehr beglichen wurden. Dann soll regelmäßig von einer Zahlungsunfähigkeit zu diesem Zeitpunkt auszugehen sein.

Etwas anderes gelte nur dann, wenn aufgrund konkreter Umstände, die sich nachträglich geändert haben, damals angenommen werden konnte, der Schuldner werde rechtzeitig in der Lage sein, die Verbindlichkeiten zu erfüllen.

Der Nachweis kann damit vom Insolvenzverwalter denkbar einfach geführt werden. Denn es wird in der Regel ausreichend sein, wenn die zur Insolvenztabelle angemeldeten Forderungen auf ihre Fälligkeit hin überprüft werden. Die früheste Fälligkeit markiert dann den Zeitpunkt der Zahlungsunfähigkeit.

345 Unklar bleibt in diesem Zusammenhang, ob die dargestellte vereinfachte Nachweismethode ausschließlich im Anfechtungsprozess gilt oder grundsätzlich in allen Fällen der Ex-post-Analyse einer Zahlungsunfähigkeit bei später tatsächlich eingetretener Insolvenz verwendbar ist. Hierfür spricht die weit gehaltene Aussage im genannten BGH-Urteil, dass eine Liquiditätsbilanz nicht erforderlich ist, wenn anderweitig festgestellt werden kann, dass der Schuldner einen wesentlichen Teil seiner fälligen Verbindlichkeiten nicht bezahlen konnte. Die Allgemeinheit dieser Aussage spricht dafür, dass die Methode auch in anderen Fällen, z. B. bei der Überprüfung von Schadensersatzansprüchen gegen die Organe der insolventen Gesellschaft, verwendet werden kann.[434]

Weiter bleibt unklar, ob die festgestellten fälligen und nicht bis zur Insolvenzverfahrenseröffnung beglichenen Verbindlichkeiten eine bestimmte Mindestquote im Sinne einer Wesentlichkeitsprüfung, wie bei der Prüfung der Abgrenzung von einer Zahlungsstockung, erreichen müssen. Zwar spricht die bereits vorstehend zitierte Passage des BGH-Urteils von einer anderweitigen Feststellung, dass der Schuldner einen „wesentlichen Teil" seiner fälligen Verbindlichkeiten nicht bezahlen konnte. Hieraus könnte geschlossen werden, dass die fälligen und nicht bis zur Verfahrenseröffnung nicht mehr beglichenen Verbindlichkeiten zusammengenommen die vom BGH bereits früher postulierte 10 %-Grenze[435] ausmachen müssen. Allerdings ist die vom BGH verwandte 10 %-Grenze nicht als absolute Grenze zu verstehen, sondern als flexible Grenze. So können auch Liquiditätslücken von weniger als 10 % zur Zahlungsunfähigkeit führen, wenn sich die anfangs kleinere Lücke im zeitlichen Verlauf weiter ausweitet und schließlich zum endgültigen Zusammenbruch des Unternehmens führt.[436]

---
434 So im Ergebnis auch *Staufenbiel,* InsbürO 2011, 446, 451.
435 BGH, Urt. v. 24. 05. 2005 – IX ZR 123/04, DB 2005, 2683.
436 Vgl. aber OLG Frankfurt/M., Urt. v. 03. 02. 2010 – 4 U 184/09, ZInsO 2010, 1328 ff.: Die fälligen Verbindlichkeiten müssen 10 % oder mehr der Gesamtverbindlichkeiten ausmachen, a. A. BGH, Urt. v. 30. 06. 2011 – IX ZR 134/10, BB 2011, 2131.

Kapitel 1 Insolvenzgründe

Nach der hier vertretenen Auffassung ist deswegen auf die früheste feststellbare Fälligkeit abzustellen unabhängig davon, wie die absolute oder relative Höhe dieser Verbindlichkeit war.[437] 346

Hierfür spricht auch, dass der BGH sogar bereits von einer Zahlungseinstellung einem „mehr" gegenüber der Zahlungsunfähigkeit ausgeht, wenn nur eine – allerdings wesentliche – Verbindlichkeit nicht bezahlt wird.[438]

Der in der vorgenannten Art geführte Nachweis der Zahlungsunfähigkeit kann jedoch widerlegt werden: Wenn aufgrund von konkreten Umständen, die sich nachträglich geändert haben, im Zeitpunkt der Fälligkeit der entsprechenden Verbindlichkeiten angenommen werden konnte, der Schuldner werde rechtzeitig in der Lage sein, die Verbindlichkeiten zu erfüllen, kann die Annahme der Zahlungsunfähigkeit widerlegt werden. Solche Umstände können z. B. das nachträgliche Scheitern eines zunächst aussichtsreichen Sanierungsversuches sein.[439] Möglicherweise kommen aber auch weitere Umstände wie z.b. unerwartete, verzögerte Zahlungseingänge oder der Ausfall von wesentlichen Schuldnern in Frage.

Schließlich ist eine Liquiditätsbilanz gleichfalls entbehrlich, wenn eine Zahlungseinstellung die gesetzliche Vermutung der Zahlungsunfähigkeit begründet. Zur Feststellung der Zahlungseinstellung ist ausreichend, wenn sich Letztere aus der Gesamtschau mehrerer darauf hindeutender, in der Rechtsprechung entwickelter Beweisanzeichen ergibt.[440]

3. Überschuldung

3.1 Übersicht

Der Tatbestand der Überschuldung tritt für juristische Personen und Personengesellschaften, bei denen keine natürliche Person voll haftender Gesellschafter ist, als weiterer Eröffnungsgrund neben die Zahlungsunfähigkeit. Die Überschuldung soll für derartig haftungsbeschränkte Schuldner sicherstellen, dass in dem Moment, in dem der den Gläubigern zur Verfügung stehende Haftungsfonds, also das Eigenkapital, aufgebraucht ist, die notwendigen Maßnahmen eingeleitet werden, um die Gläubiger zu schützen.[441] Regelmäßig wird die Überschuldung vor der Zahlungsunfähigkeit eintreten und soll somit den Zeitpunkt der Auslösung des Insolvenzverfahrens vorverlegen.[442] 347

Für Genossenschaften besteht bei Überschuldung gemäß § 98 GenG nur dann Insolvenzantragspflicht, wenn die Mitglieder Nachschüsse bis zu einer Haftsumme zu leisten haben und die Überschuldung ein Viertel des Gesamtbetrages der Haftsummen aller Mitglieder übersteigt oder die Mitglieder 348

---

437 Insofern zutreffend Hanseatisches OLG, Urt. v. 24. 07. 2009 – 1 U 23/09, ZInsO 2009, 698.
438 Insofern zutreffend Hanseatisches OLG, Urt. v. 24. 07. 2009 – 1 U 23/09, ZInsO 2009, 698.
439 *Hölzle*, Zahlungsunfähigkeit – Nachweis und Kenntnis im Anfechtungsprozess, ZIP 2007, 613, 617.
440 Vgl. Abschnitt 2.2 „Zahlungseinstellung als widerlegbare Vermutung für Zahlungsunfähigkeit", BGH, Urt. v. 30. 06. 2011 – IX ZR 134/10, BB 2011, 2131ff. m.w.N.
441 *Drukarczyk*, in: MüKo-InsO, § 19, Rn. 1.
442 *Schmidt*, in: Schmidt/Uhlenbruck, Die GmbH in Krise, Sanierung und Insolvenz, Rn. 849.

keine Nachschüsse zu leisten zu haben oder die Genossenschaft aufgelöst ist. Gemäß § 320 InsO ist die Überschuldung weiter Eröffnungsgrund für das Insolvenzverfahren über einen Nachlass.

3.2 Historie

349 Der Überschuldungstatbestand ist seit Jahrzehnten Gegenstand ununterbrochener Diskussion. Bis zum Inkrafttreten der Insolvenzordnung war die Überschuldung in den jeweiligen rechtsformspezifischen Einzelgesetzen (z. B. § 64 Abs. 1 Satz 2 GmbHG, § 92 Abs. 2 Satz 2 AktG, § 130a Abs. 1 Satz 1 HGB) geregelt. Mit der Einführung der Insolvenzordnung erhielt die Überschuldung rechtsformübergreifend in § 19 Abs. 2 InsO eine Legaldefinition. Die Ausgestaltung des Überschuldungsbegriffes war ein wesentlicher Diskussionspunkt im Gesetzgebungsprozess der Insolvenzordnung.[443] Der vom Gesetzgeber am Ende in die Insolvenzordnung übernommene Überschuldungsbegriff war vorläufiger Schlusspunkt einer jahrzehntelangen Diskussion in der Literatur, bei der unterschiedlichste Methoden wie z. B. die Ableitung nach handelsrechtlichen Bilanzierungs- und Bewertungsgrundsätzen bis hin zu mehrstufigen Verfahren kontrovers diskutiert wurden. Eine herrschende Meinung bildete sich erst mit dem Urteil des BGH vom 13.07.1992[444] heraus. Der BGH entschied sich in dem genannten Urteil für die sog. modifizierte zweistufige Prüfungsmethode. Diese wurde bis zum Inkrafttreten der Insolvenzordnung im Wesentlichen im Sinne einer herrschenden Meinung anerkannt. In der Insolvenzordnung distanzierte sich der Gesetzgeber jedoch von diesem Überschuldungsbegriff und übernahm den sog. zweistufigen „alternativen" Überschuldungsbegriff in die Insolvenzordnung. In § 19 Abs. 2 InsO hieß es nun:

„Überschuldung liegt vor, wenn das Vermögen des Schuldners die bestehenden Verbindlichkeiten nicht mehr deckt. Bei der Bewertung des Vermögens des Schuldners ist jedoch die Fortführung des Unternehmens zugrunde zu legen, wenn diese nach den Umständen überwiegend wahrscheinlich ist."

Diese Definition hatte Bestand vom 01.01.1999 (Inkrafttreten der Insolvenzordnung) bis zum 17.10.2008. Zum 17.10.2008 wurde § 19 Abs. 2 Satz 1 InsO durch das Finanzmarktstabilisierungsgesetz neu gefasst. Nur wenige Tage danach, nämlich zum 01.11.2008 trat eine weitere Änderung des § 19 Abs. 2 InsO in Kraft. Dabei handelte es sich um eine Anpassung im Rahmen der Modernisierung des GmbH-Rechts durch das MoMiG.[445] Durch diese Änderungen erhielt § 19 Abs. 2 InsO ab 01.11.2008 folgende Fassung:

„Überschuldung liegt vor, wenn das Vermögen des Schuldners die bestehenden Verbindlichkeiten nicht mehr deckt, es sei denn, die Fortführung des Unternehmens ist nach den Umständen überwiegend wahrscheinlich. Forderungen auf Rückgewähr von Gesellschafterdarlehen oder aus Rechtshandlungen, die einem solchen Darlehen wirtschaftlich entsprechen, für

---
443 Vgl. WP-Handbuch 2008, Bd. II, 879 m.w.N.
444 Vgl. BGH, Urt. v. 13.07.1992 – II ZR 269/91, DB 192, 2022.
445 Gesetz zur Modernisierung des GmbH-Rechts und zur Bekämpfung von Missständen.

die gemäß § 39 Abs. 2 zwischen Gläubiger und Schuldner der Nachrang im Insolvenzverfahren hinter den in § 39 Abs. 1 Nr. 1 bis 5 bezeichneten Forderungen vereinbart worden ist, sind nicht bei den Verbindlichkeiten nach Satz 1 zu berücksichtigen."

Zu dieser Prognose hat sich jüngst das Hanseatische OLG geäußert[446] und entschieden, dass dem Geschäftsführer bei der zu erstellenden Fortführungsprognose ein gewisser Beurteilungsspielraum zuzubilligen sei. Insbesondere komme es dabei nicht auf nachträgliche Erkenntnisse, sondern auf die damalige Sicht eines ordentlichen Geschäftsleiters an. Die Darlegungslast bezüglich der Fortführungsprognose liegt allerdings beim Geschäftsführer.[447]

Doch damit nicht genug. Da die Regelung des Finanzmarktstabilisierungsgesetzes befristet ist (vgl. Art. 7 Abs. 2 des Finanzmarktstabilisierungsgesetzes), tritt am 01.01.2014 die ursprüngliche Fassung des § 19 Abs. 2 Satz 1 InsO wieder in Kraft.

350

Die Änderung durch das Finanzmarktstabilisierungsgesetz beinhaltet faktisch eine Reanimierung des mit Inkrafttreten der InsO überkommenen modifizierten zweistufigen Überschuldungsbegriffes. Der Gesetzgeber sah sich im Rahmen der im zweiten Halbjahr 2008 zutage getretenen Wirtschafts- und Finanzkrise in der Not, durch eine Änderung des Überschuldungsbegriffes anderenfalls massenhaft befürchtete Insolvenzfälle zu verhindern.

3.3 Von der Unterbilanz zur insolvenzrechtlichen Überschuldung

Neben den zurzeit relevanten gesetzlichen Überschuldungsbegriffen existiert eine Vielzahl von verwandten Begriffen sowie weiteren Überschuldungsbegriffen, die zur besseren Klarheit nachfolgend kurz charakterisiert werden sollen:

351

3.3.1 Unterbilanz

Von einer Unterbilanz wird regelmäßig im Zusammenhang mit Bilanzen von juristischen Personen, die ein gezeichnetes Kapital ausweisen, gesprochen, d.h. in der Regel bei Kapitalgesellschaften. Eine Unterbilanz liegt vor, wenn das gezeichnete Kapital durch Verluste angegriffen ist. Das ist dann der Fall, wenn die Verluste der laufenden und ggf. vorangegangenen Perioden die Summe aus Gewinnvorträgen und Rücklagen übersteigen.[448] Zum Teil wird auch vertreten, dass eine Unterbilanz gegeben sei, wenn Verluste in so großem Maße aufgelaufen sind, dass diese als Korrekturposten zum Kapital auf der Aktivseite der Bilanz ausgewiesen werden müssen.[449] Folgt man diesem Verständnis des Begriffs der Unterbilanz, ergibt sich jedoch eine Überlagerung mit dem Begriff einer handelsrechtlichen Überschuldung oder kurz einer bilanziellen Überschuldung, so dass hier unter der Unterbilanz der Angriff des gezeichneten Kapitals durch Verluste verstanden wird.

352

---

446 Hanseatisches OLG, Urt. v. 25.06.2010 – 11 U 133/06, BeckRS 2010, 18600.
447 BGH, Urt. v. 18.10.2010 – II ZR 151/09, ZIP 2010, 2400.
448 Vgl. *Smid*, in: Leonhardt/Smid/Zeuner, InsO, § 19 Rn. 17.
449 Vgl. *Gottwald*, Insolvenzrechts-Handbuch, § 6 Rn. 31.

Bei Personengesellschaften und Einzelkaufleuten kann nach dem hier verstandenen Begriffsinhalt eine Unterbilanz dann nicht vorliegen, wenn für diese nur variable Kapitalkonten geführt werden, da auf den variablen Kapitalkonten solange Verluste belastet werden, wie die Konten noch einen positiven Bestand ausweisen und erst nach dem vollständigen Verbrauch des Eigenkapitals werden die weiteren Verluste auf der Aktivseite ausgewiesen. Es kann jedoch auch bei Personengesellschaften, insbesondere bei der beliebten Rechtsform der GmbH & Co. KG zum Ausweis einer Unterbilanz kommen, nämlich dann, wenn nach den gesellschaftsvertraglichen Regelungen vorgesehen ist, dass Festkapitalkonten geführt werden und Verluste auf Verlustvortragskonten erfasst werden.[450]

Wie sich aus den vorstehenden Ausführungen ergibt, wird von einer Unterbilanz regelmäßig im Zusammenhang mit Bilanzen, die nach handelsrechtlichen Grundsätzen aufgestellt und bewertet sind, gesprochen.

Ist die Unterbilanz so weit fortgeschritten, dass bei einer Aktiengesellschaft die Hälfte des Grundkapitals oder bei einer GmbH die Hälfte des Stammkapitals verbraucht sind, so ist nach § 92 Abs. 1 AktG bzw. § 49 Abs. 3 GmbHG unverzüglich eine Hauptversammlung bzw. eine Gesellschafterversammlung einzuberufen.[451] Man spricht in diesem Zusammenhang auch von einer qualifizierten Unterbilanz.[452] „Es handelt sich insofern um gesetzliche Frühwarnmechanismen"[453], die den entsprechenden Gremien die Kenntnisnahme und ein Eingreifen in der Unternehmenskrise ermöglichen sollen. Vor diesem Hintergrund ist auch generell der Begriff der Unterbilanz zu verstehen: Werden in den handelsrechtlichen Jahresabschlüssen Verluste ausgewiesen, die das Eigenkapital angreifen, liegt regelmäßig ein starkes Anzeichen für die Notwendigkeit der intensiven Befassung mit der Lage des Unternehmens vor. Dies gilt für die Geschäftsführung im besonderen Maße im Hinblick auf die Überprüfung der wirtschaftlichen Lage des Unternehmens, schlimmstenfalls einer bereits bestehenden Insolvenzantragspflicht.

3.3.2 (Handels-)bilanzielle Überschuldung

353 Von einer bilanziellen Überschuldung wird im Allgemeinen gesprochen, wenn das Eigenkapital in einer nach handelsrechtlichen Grundsätzen aufgestellten Bilanz vollständig verbraucht ist.

Heutzutage besteht weitgehend Einigkeit, dass eine nach handelsrechtlichen Grundsätzen aufgestellte Bilanz kein geeignetes Mittel zur Feststellung einer Überschuldung im insolvenzrechtlichen Sinne ist.[454] Diese Auffassung ist ohne Zweifel zutreffend, da – ohne hier auf weitere Einzelheiten eingehen zu wollen – die handelsrechtliche Rechnungslegung letztlich ein Kompromiss aus einem Bündel unterschiedlichster Zielsetzungen (Eigeninformation des Kauf-

---

450 Vgl. in diesem Zusammenhang auch IDW RS HFA 7 Tz. 31 ff.
451 Entsprechende Regelungen finden sich auch für die Genossenschaft (§ 33 GenG sowie für die Europäische Gesellschaft SE sowie für die KGaA, vgl. *Förschle/Hoffmann*, in: Budde/Förschle/Winkeljohann, Sonderbilanzen, 652 f.
452 Vgl. *Uhlenbruck*, in: Uhlenbruck, InsO, § 19 Rn. 25.
453 Vgl. *Smid*, in: Leonhardt/Smid/Zeuner, InsO, § 19 Rn. 17.
454 Vgl. ausführlich *Uhlenbruck*, in: Uhlenbruck, InsO, § 19 Rn. 15 f.

mannes, Gläubigerinformation, Ausschüttungsbemessungsfunktion, Steuerbemessungsfunktion, etc.) darstellt und darüber hinaus von Prinzipien geprägt ist, die dazu führen, dass nicht der wahre Vermögensstand des bilanzierenden Kaufmannes ausgewiesen wird (insbesondere durch das Vorsichts- und Niederstwertprinzip).

3.3.3 Rechnerische Überschuldung

Rechnerische Überschuldung liegt vor, wenn das Vermögen des schuldnerischen Unternehmens bei Ansatz von Liquidationswerten die Schulden nicht mehr deckt.[455] Das bedeutet, dass Ansatz und Bewertung von Vermögensgegenständen und Schulden bei der Prüfung, ob eine Überschuldung vorliegt, unter dem Blickwinkel der Stilllegung des Unternehmens erfolgen. Abgesehen davon, dass auch hier Ansatz und Bewertung streitanfällig sind, z.B. weil eine Annahme über Liquidationsgeschwindigkeit (planvolle Abwicklung oder schnelle „Zerschlagung") getroffen werden muss[456], wird kritisiert, dass diese Methode tendenziell zu einer schnelleren Überschuldung von in hohem Umfang fremdfinanzierten Unternehmen führen würde und die Position der Gläubiger außer Betracht bliebe.[457] So wird auch die „rechnerische Überschuldung" im Sinne einer einstufigen Prüfung zu Liquidationswerten nicht als geeignetes Mittel zur Überprüfung einer Überschuldung im insolvenzrechtlichen Sinne angesehen. Eine Ausnahme hierzu bildet lediglich die Nachlassinsolvenz, bei der eine Prüfung der Überschuldung einstufig als rechnerische Überschuldung für zutreffend angesehen wird.[458]

354

3.3.4 Rechtliche Überschuldung

Unter dem Begriff der rechtlichen Überschuldung wird nachfolgend der nach der Insolvenzordnung gültige Überschuldungsbegriff im Sinne des § 19 Abs. 2 InsO in der jeweils gültigen Fassung verstanden. Dafür ist einerseits der Zeitraum vom in Kraft treten der Insolvenzordnung, also vom 01.01.1999 bis zum 17.10.2008 sowie ab dem 01.01.2014 auf der einen Seite sowie für die Zeit vom 17.10.2008 bis 31.12.2013 – also unter Beachtung der Modifikationen durch das Finanzmarktstabilisierungsgesetz – auf der anderen Seite zu unterscheiden.

355

3.4 Methoden zur Feststellung einer rechtlichen Überschuldung
3.4.1 Die Zeit vom 17.10.2008 bis 31.12.2013

Aufgrund der bestehenden Mängel einstufiger Prüfungsverfahren besteht im Schrifttum ein relativ breiter Konsens dahingehend, dass der gesetzliche Überschuldungsbegriff sowohl statische als auch prognostische (dynamische) Elemente enthält.[459] Nach wie vor umstritten ist jedoch die Frage, welchen

356

---
455 *Uhlenbruck/Gundlach*, in: Gottwald, Insolvenzrechts-Handbuch, § 6 Rn. 27.
456 Vgl. hierzu *Uhlenbruck*, in: Uhlenbruck, InsO, § 19 Rn. 6f.
457 Vgl. *Drukarczyk*, in: MüKo-InsO, § 19 Rn. 23ff.
458 Vgl. *Smid*, in: Leonhardt/Smid/Zeuner, InsO, § 19 Rn. 11 m.w.N.
459 Vgl. *Schmidt*, in Schmidt/Uhlenbruck, Die GmbH in Krise, Sanierung und Insolvenz, 437 m.w.N.

Stellenwert das „dynamische Element" im Rahmen der Überschuldungsprüfung haben soll: Ist es lediglich eine der eigentlichen Überschuldungsprüfung vorgelagerte Frage, in der zu klären ist, unter welcher Annahme Ansatz und Bewertung im Rahmen der insolvenzrechtlichen Überschuldungsbilanz zu erfolgen haben? Oder handelt es sich bei der Prognose um ein gleichwertiges Tatbestandselement in der von Peter Ulmer und Karsten Schmidt verstandenen Weise?[460] In der vom 18.10.2008 bis zum 31.12.2013 gültigen Fassung der Insolvenzordnung hat sich der Gesetzgeber für die von Ulmer und Schmidt entwickelte modifizierte oder „neue zweistufige" Methode[461] entschieden, da man in Zeiten der Wirtschafts- und Finanzkrise andernfalls befürchtete, dass unter Liquiditätsgesichtspunkten überlebensfähige Unternehmen beim Festhalten am gesetzlich definierten Begriff der Insolvenzordnung, wie er seit 01.01.1999 gültig war, gezwungen sein könnten, Insolvenz anzumelden. Dies erfolgte, obwohl in der Gesetzesbegründung zur Insolvenzordnung noch ausdrücklich die bis dahin von der Rechtsprechung für zutreffend gehaltene „modifizierte" oder „neue zweistufige" Methode abgelehnt worden war.

3.4.2 Funktionsweise der modifizierten oder „neuen zweistufigen" Methode

357 Die Frage nach dem Bestehen einer Überschuldung bedeutet, dass zu prüfen ist, ob das Vermögen noch die bestehenden Verbindlichkeiten deckt. D. h., es handelt sich stets um eine bilanzartige Gegenüberstellung von Vermögen und Schulden.

„Zweistufigkeit" bedeutet in diesem Zusammenhang, dass in einem ersten Prüfungsschritt untersucht wird, ob die Fortführung des Unternehmens nach den Umständen überwiegend wahrscheinlich ist.[462] Ist danach von einer Fortführung auszugehen, erübrigen sich weitere Prüfungsschritte.[463] Die große Besonderheit der „neuen zweistufigen" Methode ist, dass für den Fall, dass die Frage nach der Fortführungsfähigkeit des Unternehmens positiv beantwortet werden kann, keine „bilanzmäßige" Gegenüberstellung von Vermögen und Schulden mehr nötig ist. Es wird allein auf die Tatsache abgestellt, dass die Liquidität ausreichend sein wird, um das Unternehmen fortzuführen. D.h. ergibt sich aus den Planungsrechnungen, dass die Liquidität für die Unternehmensfortführung ausreichend sein wird, kann eine Überschuldung nicht mehr vorliegen. Kann hingegen keine positive Fortführungsprognose gestellt werden, so ist in einer zweiten Stufe eine Überschuldungsbilanz unter Liquidationsgesichtspunkten aufzustellen. Ergibt sich bei der Aufstellung dieser Überschuldungsbilanz eine Überschuldung, ist Insolvenzantragspflicht nach § 15a InsO für die dort genannten Rechtsträgerty-

---

460 Vgl. *Ulmer*, Konkursantragspflicht bei Überschuldung der GmbH und Haftungsrisiken bei Konkursverschleppung, KTS 1981, 469, 473; *Schmidt*, Konkursgründe und präventiver Gläubigerschutz, AG 1978, 334, 336.
461 Vgl. BGH, Urt. v. 13.07.1992 – II ZR 269/91, DB 1992, 2022.
462 Vgl. insoweit § 19 Abs. 2 Satz 1, 2. HS InsO.
463 In diesem Zusammenhang von „Zweistufigkeit" zu sprechen, ist eigentlich nicht zutreffend, da bei einer positiven Fortführungsprognose tatsächlich die Überschuldungsprüfung mit diesem Schritt abgeschlossen ist und damit einstufig bleibt.

pen gegeben. Ist bei Berücksichtigung von Liquidationswerten trotz negativer Fortführungsprognose (noch) keine Überschuldung gegeben, besteht auch (noch) keine Insolvenzantragspflicht gemäß § 15a InsO.[464]
Die Vorgehensweise bei der Prüfung verdeutlicht die nachfolgende Übersicht:

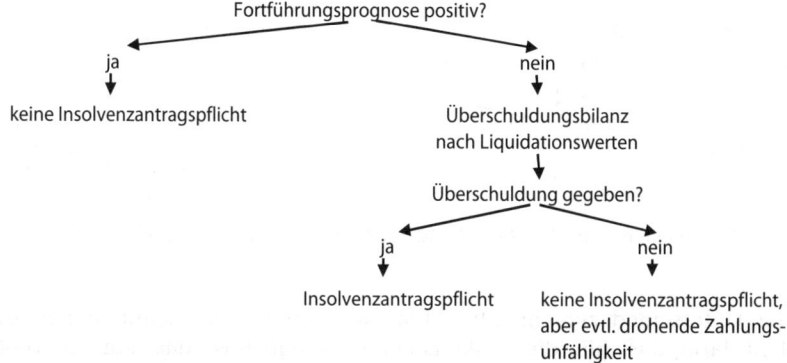

Abb. 26: Überschuldung – 18.10.2008 – 31.12.2013 – „modifizierte" oder „neue" zweistufige Prüfung

Kurz gesagt: Ein Unternehmen, das eine positive Fortführungsprognose aufweist, kann nicht überschuldet sein.

3.4.3 „Alternativer" zweistufiger Überschuldungsbegriff

Dieser Begriff ist für die Zeit vom 01.01.1999 bis 17.10.2008 sowie für die Zeit ab 01.01.2014 (falls die gegenwärtige Regelung nicht erneut verlängert wird) relevant. Im Gegensatz zur modifizierten zweistufigen Methode hat hier das prognostische Element nur eine untergeordnete Rolle: In einer ersten Stufe wird wiederum geprüft, ob mit überwiegender Wahrscheinlichkeit mittelfristig von der Fortführung des Unternehmens auszugehen ist. Das Ergebnis dieser Prognose bestimmt jedoch im Weiteren lediglich Ansatz und Bewertung im Rahmen der auf jeden Fall zu erstellenden Überschuldungsbilanz: Ist die Fortführungsprognose positiv, so ist hiervon bei der Bewertung im Überschuldungsstatus auszugehen, d.h. es sind Fortführungswerte anzusetzen. Ist die Fortführungsprognose hingegen negativ, sind Liquidationswerte anzusetzen. Die geschilderten Zusammenhänge verdeutlicht das nachstehende Schaubild auf Seite 164.

358

---

[464] Der Fachausschuss Recht des Instituts der Wirtschaftsprüfer spricht in seiner Stellungnahme FAR 1/1996 in diesem Zusammenhang von „drohender Überschuldung". Da jedoch das Vorliegen einer negativen Fortführungsprognose nichts anderes bedeute, als die Aussage, dass mit überwiegender Wahrscheinlichkeit innerhalb des betrachteten Prognosezeitraumes keine ausreichende Liquidität zur Fortführung des Unternehmens zur Verfügung stehen wird, ist insoweit mit hoher Wahrscheinlichkeit vom Vorliegen des Tatbestandes der drohenden Zahlungsunfähigkeit, der zwar nicht zur Insolvenzantragstellung verpflichtet, jedoch berechtigt, auszugehen.

Teil 2 Materielles Insolvenzrecht

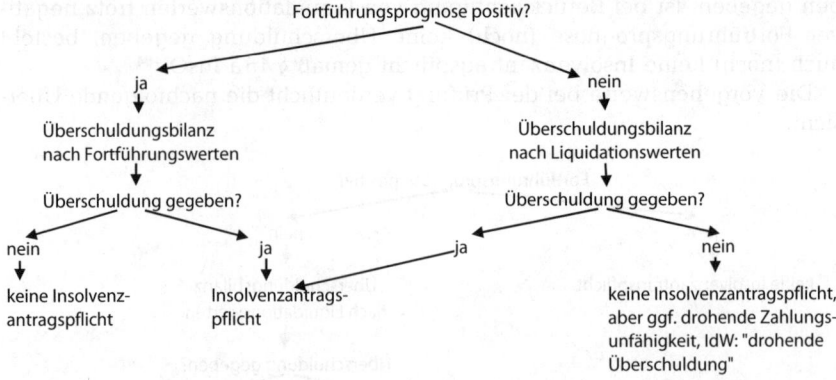

Abb. 27: Überschuldung – 01.01.1999 – 17.10.2008 – zweistufige (alternative) Prüfung

Der Unterschied zum modifizierten zweistufigen Überschuldungsbegriff besteht darin, dass hier die Fallkonstellation möglich ist, dass ein Unternehmen zwar eine positive Fortführungsprognose aufweist, trotzdem jedoch keine ausreichenden Aktiva besitzt, um die Schulden zu decken. Ein Unternehmen mit positiver Fortbestehensprognose würde somit trotzdem gezwungen sein, Insolvenzantrag zu stellen.

Man mag hierzu im Einzelnen trefflich diskutieren können, ob dies unter rechts- und wirtschaftspolitischen Gesichtspunkten sinnvoll ist oder nicht.[465] Beide Methoden haben gemeinsam, dass in fast allen Fällen eine Fortführungsprognose zu erstellen ist.[466] Die Fortführungsprognose hat somit unabhängig davon, welche Methode anzuwenden ist, erhebliches Gewicht.

3.4.4 Erstellung der Fortführungsprognose

359 Nach der Auffassung des Instituts der Wirtschaftsprüfer ist die Fortführungsprognose das qualitative wertende Gesamturteil über die Lebensfähigkeit des Unternehmens in der vorhersehbaren Zukunft bzw. über dessen Verwertungsaussichten.[467] Eine positive Fortführungsprognose setzt voraus, dass der Schuldner subjektiv den Willen zur Fortführung des Unternehmens hat und sich dies auch objektiv aus einer schlüssigen und realisierbaren Ertrags- und Finanzplanung ergibt.[468] Ergibt sich anhand der Finanzplanung, dass im Prognosezeitraum keine finanzielle Unterdeckung besteht, ist für die Zwe-

---

[465] Vgl. hierzu statt vieler Schmidt, in: Schmidt/Uhlenbruck, Die GmbH in Krise, Sanierung und Insolvenz, 437 ff. m.w.N.

[466] Ausnahme: lässt sich ohne Weiteres feststellen, dass die Gesellschaft alle Verbindlichkeiten aus einem Zerschlagungserlös begleichen könnte, soll selbst nach der Neufassung des § 19 InsO nach dem Finanzmarktstabilisierungsgesetz eine Fortführungsprognose nicht mehr erforderlich sein, Schmidt, in: Schmidt/Uhlenbruck, Die GmbH in Krise, Sanierung und Insolvenz, 445.

[467] Vgl. IDW FAR 1/96 WPg 1997, 22.

[468] Vgl. BFH, Urt. v. 18.10.2010 – II ZR 151/09, DStR 2010, 130.

cke der Überschuldungsprüfung von der Fortführung der Unternehmenstätigkeit auszugehen.

Der Ausgangspunkt der Finanzplanung ist ein aktuelles, schlüssiges und realisierbares Unternehmenskonzept.[469] Das Unternehmenskonzept ist die verbale Beschreibung der wesentlichen Unternehmensstrategien und Zielvorstellungen.[470] Die verbalen Aussagen des Unternehmenskonzeptes sind zu quantifizieren und in eine Ergebnisplanung sowie in eine Finanzplanung umzusetzen.[471] Im Rahmen des Unternehmenskonzeptes und dessen Umsetzung in der Finanzplanung ist zunächst auf die am Stichtag vorhandenen Rahmenbedingungen aufzubauen. Darüber hinaus sind geplante Maßnahmen, insbesondere Sanierungsmaßnahmen zu berücksichtigen, wenn ihre Durchführung realistisch erscheint. Dies beinhaltet insbesondere auch Maßnahmen, die von der Zustimmung von Dritten, z. B. von Gläubigern abhängig sind, wenn nach den Gesamtumständen mit überwiegender Wahrscheinlichkeit mit einer Erteilung der Zustimmung zu rechnen ist.[472] Subjektive Erwartungen, Hoffnungen oder nicht rechtlich bindende Absichtserklärungen der Geschäftsführung oder der Anteilseigner sind hingegen im Sinne einer objektiven Prognose[473] regelmäßig nicht zu berücksichtigen. 360

Kein völlig geschlossenes Meinungsbild existiert hinsichtlich des in Betracht zu ziehenden Prognosezeitraumes. Während nach dem Fachausschuss Recht des IDW[474] der Zeitraum ab dem Stichtag der Überschuldungsbilanz mindestens zwölf Monate umfassen soll, geht die überwiegende insolvenzrechtliche Literatur davon aus, dass der Planungszeitraum sich mindestens bis zum Ende des auf das laufende Jahr folgenden Geschäftsjahres erstrecken soll. Die Bandbreite möglicher Prognosezeiträume reicht von nur sechs Monaten bis zu zwei bis drei jährigen Planungszeiträumen.[475] 361

Obwohl die Frage nach einer in Zeiteinheiten ausgedrückten Empfehlung für die Länge des zugrunde zu legenden Prognosezeitraumes aus praktischer Sicht überaus wichtig ist, darf man gleichwohl nicht verkennen, dass im Wortlaut der Insolvenzordnung keine Beschränkung der Überlebensfähigkeit des Unternehmens auf einen bestimmten Zeitraum erkennbar ist. Dort heißt es lediglich, dass die Fortführung des Unternehmens nach den Umständen überwiegend wahrscheinlich ist. Vor diesem Hintergrund ist Karsten Schmidt zuzustimmen[476], der deutlich macht, dass bei einer mittelfristig angelegten Prognose auch nach Ablauf des Prognosezeitraums die Überlebensfähigkeit gegeben sein muss. 362

Dies spricht für eine Annäherung an den Prognoseansatz, der im Rahmen der handelsrechtlichen Jahresabschlussaufstellung bei der Überprüfung der 363

---

469 Vgl. *Hölzle,* Nachruf – Wider die Überschuldungs-Dogmatik in der Krise, ZIP 2008, 2003, 2005, IDW FAR 196 WPG 1997 22.
470 Vgl. IDW FAR 1/96 WPg 1997, 22.
471 Vgl. WP-Handbuch 2008, Band II, 885.
472 Vgl. IDW FAR 1/96 WPg 1997, 22.
473 Vgl. *Uhlenbruck/Gundlach,* in: Gottwald, Insolvenzrechts-Handbuch, § 6 Rn. 42.
474 Vgl. IDW FAR 1/96, WPg 1997, 22.
475 Vgl. *Uhlenbruck,* in: Uhlenbruck, InsO, § 19 Rn. 29.
476 Vgl. *Karsten Schmidt,* Überschuldung und Insolvenzantragspflicht nach dem Finanzmarktstabilisierungsgesetz, DB 2008, 2467, 2470.

sog. „going-concern-Prämisse" nach § 252 Abs. 1 Nr. 2 HGB anzustellen ist. Denn im Rahmen der Aufstellung des handelsrechtlichen Jahresabschlusses ist eine ganz ähnliche Prognoseentscheidung zu treffen: Nach § 252 Abs. 1 Nr. 2 HGB ist bei der Bewertung (der Vermögensgegenstände und Schulden im Jahresabschluss) von der Fortführung der Unternehmenstätigkeit auszugehen, sofern dem nicht tatsächliche oder rechtliche Gegebenheiten entgegenstehen. Auch hier wird nach herrschender Meinung eine auf der Unternehmensplanung basierende Prognoserechnung zur Klärung der Frage erstellt, ob die Liquidität des Unternehmens zukünftig ausreichend sein wird, um die Fortführung der Unternehmenstätigkeit sicherzustellen. In den entsprechenden berufsständischen Verlautbarungen des Berufsstandes der Wirtschaftsprüfer[477] wird betont, dass für eine positive Prognose erforderlich ist, dass die Liquidität, gerechnet ab dem Abschlussstichtag, mindestens für zwölf Monate aufrechterhalten bleibt und darüber hinaus bis zum Abschluss der Aufstellung des Jahresabschlusses keine fundierten Anhaltspunkte dafür vorliegen, dass die Annahme der Fortführung der Unternehmenstätigkeit zu einem nach diesem Zeitraum liegenden Zeitpunkt nicht mehr aufrecht zu erhalten sein wird. Vereinfacht ausgedrückt bedeutet dies, dass bei der Überprüfung der going-concern-Prämisse im handelsrechtlichen Jahresabschluss nicht nur die Liquidität im Prognosezeitraum ausreichend sein muss, sondern dass auch nach Ende des Prognosezeitraumes keine Umstände erkennbar sein dürfen, die darauf schließen lassen, dass die Liquidität zu einem späteren Zeitpunkt nicht mehr vorhanden sein wird.

Diese Maßstäbe müssen – so im Ergebnis auch *Karsten Schmidt* – auch bei der insolvenzrechtlichen Fortbestehensprognose gelten.

Hierzu steht nicht im Widerspruch, dass unter insolvenzrechtlichen Gesichtspunkten weder erforderlich ist, dass das Unternehmen eine gewisse Mindestrentabilität erreicht[478] noch dass das Unternehmen über Ertragskraft verfügt.[479] Denn auch, wenn ein Unternehmen mittel- bis langfristig nur dadurch überleben kann, dass die Gesellschafter es mit entsprechenden Leistungen subventionieren, weil es über keine ausreichende Ertragskraft verfügt, ist dieses Unternehmen nicht zur Stellung eines Insolvenzantrages gezwungen, so lange die Erbringung entsprechender Gesellschafterleistungen in der Zukunft weitergeführt wird.

Die Fortführung des Unternehmens muss „überwiegend wahrscheinlich" sein. Das Kriterium der überwiegenden Wahrscheinlichkeit war schon in der bisher gültigen Fassung der Insolvenzordnung enthalten. Nach der Begründung zum Regierungsentwurf war davon auszugehen, dass die Fortführung dann überwiegend wahrscheinlich ist, wenn sie nach den Umständen wahrscheinlicher ist als die Stilllegung.[480]

In diesem Zusammenhang ist zu konstatieren, dass die Eintrittswahrscheinlichkeit von unterschiedlichen Planungsvarianten regelmäßig nicht im

---

477 Vgl. IDW PS 270, WPg 2003, 775 Tz. 8.
478 Vgl. WP-Handbuch 2008, Bd. II, 13. Auflage, 886.
479 Vgl. *Uhlenbruck*, in: Schmidt/Uhlenbruck, Die GmbH in Krise, Sanierung und Insolvenz, 477.
480 Vgl. Begründung zum Regierungsentwurf, abgedruckt bei *Uhlenbruck*: Das neue Insolvenzrecht, 320.

Sinne einer mathematisch berechenbaren Wahrscheinlichkeit ausgedrückt werden kann. Vor diesem Hintergrund wird die überwiegende Wahrscheinlichkeit eher als juristisches Beweismaß im Sinne einer vergleichenden und nicht quantifizierbaren Hypothesenwahrscheinlichkeit verstanden.[481]

3.4.5 Geschäftsleiterpflichten im Rahmen der Überschuldungsprüfung

Die handelnden Organe eines Unternehmens im Sinne des § 15a InsO, also von Unternehmen für die der Insolvenzgrund Überschuldung zur Antragstellung verpflichtet, sind im Hinblick auf ihre straf- und haftungsrechtliche Verantwortung gut beraten,

364

- die Tatsache, dass rechtzeitig eine Überschuldungsprüfung durchgeführt wurde,
- die Vorgehensweise bei der Durchführung der Prüfung,
- die Ergebnisse der Überschuldungsprüfung,
- die daraus abgeleiteten Entscheidungen

sorgfältig zu dokumentieren und abzusichern, denn sie tragen die Darlegungs- bzw. Beweislast dafür, dass keine Überschuldung vorgelegen hat.[482] Im Gegensatz dazu liegt die Beweis- und Darlegungslast dafür, dass eine Überschuldung vorlag, bei der Gesellschaft bzw. bei dem für die Gesellschaft tätig werdenden Insolvenzverwalter.[483] Zusammengefasst lassen sich somit folgende Empfehlungen für den Geschäftsführer bzw. ein handelndes Organ einer Unternehmung im Sinne des § 15a InsO geben:

- Der Geschäftsführer hat ständig den Geschäftsverlauf und die Lage der Gesellschaft zu beobachten und bei Anzeichen von negativen Entwicklungen (z. B. wesentliche Verluste, Unterbilanz, Wegbrechen wesentlicher Kunden oder Märkte, Kündigung von Darlehen oder sonstigen Krediten, Auftreten von Liquiditätsengpässen etc.) zu überprüfen, ob eventuell eine Überschuldung vorliegen könnte. („Pflicht zur ständigen Selbstbeobachtung").
- Die Überschuldungsprüfung beginnt regelmäßig mit einer Fortbestehensprognose. Die Fälle, in denen offenkundig darauf verzichtet werden kann, weil sich bereits zu Zerschlagungswerten eine Überdeckung der Aktiva über die Schulden ergibt, sind selten und unwahrscheinlich.
- Die Fortbestehensprognose setzt ein aktuelles, schlüssiges und realisierbares Unternehmenskonzept voraus, das in einer Unternehmensplanung, die in einer konkreten, zahlenmäßig ausgedrückten Finanzplanung mündet, auszudrücken ist. Der Planungshorizont sollte sich mindestens bis zum Ende des auf das laufende Geschäftsjahr folgende Geschäftsjahr erstrecken.

---
[481] Vgl. *Uhlenbruck,* in: Schmidt/Uhlenbruck, Die GmbH in Krise, Sanierung und Insolvenz, 480.
[482] Vgl. *Uhlenbruck,* in: Schmidt/Uhlenbruck, Die GmbH in Krise, Sanierung und Insolvenz, 480.
[483] Vgl. *Uhlenbruck,* in: Schmidt/Uhlenbruck, Die GmbH in Krise, Sanierung und Insolvenz, 480.

- Sollte sich ergeben, dass nach Ende des konkreten Planungshorizontes Anhaltspunkte für eine danach eintretende Illiquidität vorliegen, kann nicht von einer Fortführungsfähigkeit des Unternehmens ausgegangen werden.
- Die Prognose, ihre Ergebnisse und die daraus abgeleiteten Entscheidungen sind zu dokumentieren.
- Bei Unklarheiten ist fachkundiger Rat von Dritten einzuholen.
- Die Aktualität der Prognose ist im weiteren Verlauf ständig zu überprüfen. Ggf. sind Anpassungen vorzunehmen.

3.4.6 Ansatz und Bewertung in der Überschuldungsbilanz

365 Nachdem die Fortbestehensprognose gestellt wurde, kann entschieden werden, wie die einzelnen Vermögensgegenstände und Schulden in der Überschuldungsbilanz anzusetzen und zu bewerten sind. Dabei ist eine Berücksichtigung unter der Annahme der Unternehmensfortführung nur für Zeiträume zwischen dem 01.01.1999 und dem 17.10.2008 bzw. ab dem 01.01.2014 denkbar, da in der gültigen Fassung des § 19 InsO nach dem Finanzmarktstabilisierungsgesetz die Aufstellung der Überschuldungsbilanz bei positiver Fortführungsaussicht nicht erforderlich ist.

3.4.6.1 Allgemeine Bewertungsgrundsätze

366 Zunächst ist festzuhalten, dass das Ergebnis der Fortbestehensprognose nicht nur die Bewertung von Vermögensgegenständen und Schulden in der Überschuldungsbilanz prägt, sondern ggf. auch deren Ansatz. Grundsätzlich erfolgt der Ansatz von Zeitwerten. Das handelsrechtliche Anschaffungskosten-Imparitäts- und Realisationsprinzip gilt nicht. Hingegen ist auch in der Überschuldungsbilanz das Vorsichtsprinzip zu beachten. Denn gerade im Bereich der Schätzung eventueller stiller Reserven besteht die Gefahr, dass durch allzu optimistische Schätzungen eine Überschuldung nicht erkannt wird.[484]

Zu beachten ist jedoch das Stichtagsprinzip, d.h. bei der Wertermittlung ist auf den Stichtag der Überschuldungsbilanz abzustellen. Durch den Ansatz von Zeitwerten können insbesondere auch die Anschaffungs- und Herstellungskosten von Vermögensgegenständen überschritten werden.

367 Auch in der Überschuldungsbilanz gilt nach herrschender Meinung der Grundsatz der Einzelwertung. D.h. Vermögensgegenstände und Schulden sind einzeln zu bewerten.[485] Allerdings ist es zulässig, Unternehmensteile, die z.B. insgesamt veräußert werden sollen, mit dem dafür zu erwartenden Gesamtwert anzusetzen.[486]

368 Die Gültigkeit des Einzelbewertungsgrundsatzes in der Überschuldungsbilanz ist nicht unumstritten. Denn immer dann, wenn ein Unternehmen oder eine Teileinheit eines Unternehmens in der Lage ist, nachhaltig Liquiditätsüberschüsse zu erwirtschaften, wird sich – von möglichen Ausnahme-

---
484 Vgl. IDW FAR 1/96 WPp 1997, 22.
485 Vgl. WP-Handbuch 2008, Bd. II, 888.
486 Vgl. *Uhlenbruck*, in: Uhlenbruck, InsO, § 19 Rn. 25.

fällen abgesehen – regelmäßig ein positiver Unternehmenswert für das gesamte Unternehmen bzw. die Unternehmenseinheit ergeben. Denn die gängigen Verfahren zur Unternehmensbewertung ermitteln den Unternehmenswert als einen auf den Betrachtungszeitpunkt abgezinsten Wert der zukünftig erwirtschaftbaren Periodenüberschüsse bzw. Cash flows.[487] Der Ansatz, der sich hieraus ergibt, ist betriebswirtschaftlich nicht von der Hand zu weisen: Ein Unternehmen, das einen positiven Unternehmenswert aufweist, kann auch nicht überschuldet sein, denn ein positiver Unternehmenswert setzt einen Gegenwartswert der zukünftigen Ertragsüberschüsse > Null bei gegebener Liquidität voraus.[488]

In rechtlicher Hinsicht sind einem solchen Ansatz jedoch gewichtige Argumente entgegenzuhalten: Vor allem wurde darauf hingewiesen, dass nach dem Willen des Bundestages im Gesetzgebungsverfahren zum Ausdruck gebracht worden sei, dass man sich bei der Bewertung nicht allein auf die Zukunftserwartungen verlassen sondern die haftende Vermögenssubstanz erfassen wollte.[489]

Es erscheint möglich, dass die Diskussion um eine ertragswertorientierte und damit gesamtheitliche Betrachtung bei der Überschuldungsprüfung durch die Wiedereinführung des modifizierten zweistufigen Überschuldungsbegriffes durch das Finanzmarktstabilisierungsgesetz neue Nahrung erhält. Die Ansätze sind zwar nicht identisch, fußen jedoch auf sehr ähnlichen Grundannahmen, nämlich, dass ein Unternehmen, das positive Liquiditätsüberschüsse (modifizierte oder neue zweistufige Prüfungsmethode) oder positive Ertragsüberschüsse (ertragswertorientierte Vermögensbewertung im Überschuldungsstatus) zu erzielen im Stande ist, nicht überschuldet sein kann.

Das Mengengerüst der anzusetzenden Vermögensgegenstände und Schulden soll aus einer zeitnahen Handelsbilanz abgeleitet werden.[490] Eine Inventur wird jedoch regelmäßig nicht für notwendig gehalten.[491]

Der Überschuldungsstatus dient allein dem Zweck, die wirklichen Werte zu ermitteln, die im Insolvenzfall tatsächlich für die Befriedigung der Gläubiger zur Verfügung stehen.[492] Daraus wird abgeleitet, dass im Überschuldungsstatus solche Vermögensgegenstände anzusetzen sind, die sich im Vermögen des Schuldners befinden und für eine Befriedigung der Gläubiger zur Verfügung stehen. Dabei ist unerheblich, ob sie bisher in der Buchführung erfasst waren oder nicht oder ob sie dort mit einem Wert ausgewiesen werden konnten oder nicht.[493] Gegenstände, die der Aussonderung unterliegen, z. B. ein zur Reparatur übergebener Gegenstand, der im Eigentum des Auftraggebers steht, werden deshalb nicht berücksichtigt. Vermögensgegenstände und Schulden, die hingegen erst durch die Insolvenzverfahrenseröff-

369

---

487 Vgl. IDW S. 1 i.d.F. 2008 Rn. 4, WPg 2008 Supplement 3.
488 Vgl. *Spliedt*, Überschuldung trotz Schuldendeckung?, DB 1999, 1941.
489 Vgl. *Uhlenbruck*, in: Schmidt/Uhlenbruck, Die GmbH in der Krise, Sanierung und Insolvenz, 484 m.w.N.
490 Vgl. WP-Handbuch 2008, Bd. II, 890.
491 Vgl. WP-Handbuch 2008, Bd. II, 890, a.A. IDW FAR 1/96, WPg 1997, 22.
492 Vgl. BGH, Urt. v. 13.07.1992 – II ZR 269/91, DB 1992, 2022, 2025.
493 Vgl. *Drukarczyk*, in: MüKo-InsO, § 19 Rn. 87.

nung selbst begründet werden (z. B. auf der Aktivseite Anfechtungsansprüche, auf der Passivseite Verfahrenskosten) werden nach herrschender Meinung nicht berücksichtigt.[494] Eine Saldierung der Ansätze der Vermögensgegenstände, die mit Absonderungsrechten belastet sind, mit den entsprechenden Verbindlichkeiten findet nicht statt.[495]

Bei positiver Fortbestehensprognose sind die Vermögensgegenstände und Schulden grundsätzlich mit dem Betrag anzusetzen, der ihnen als Bestandteil eines Gesamtkaufpreises des Unternehmens bei konzeptgemäßer Fortführung beizulegen wäre.[496]

Diese Definition eines „konzeptgemäßen Fortführungswertes" erinnert an die Definition des steuerlichen Teilwertes, § 6 Abs. 1 Nr. 1 Satz 3 EStG, wonach der Teilwert der Betrag ist, den ein Erwerber des ganzen Betriebes im Rahmen des Gesamtkaufpreises für das einzelne Wirtschaftsgut ansetzen würde. Dabei ist davon auszugehen, dass der Erwerber den Betrieb fortführt. Der steuerrechtliche Teilwert ist zu schätzen, weil seine Ableitung in der Praxis, wollte man die Definition wortgetreu umsetzen, mit vertretbarem Aufwand kaum möglich ist.[497]

In der praktischen Durchführung der Bewertung wird regelmäßig zunächst darauf abzustellen sein, ob der betreffende Vermögensgegenstand für die weitere Fortführung des Unternehmens notwendig ist oder nicht. Für betriebsnotwendige Güter würde ein gedachter Erwerber unter Annahme der Fortführung bereit sein, bis zu den Wiederbeschaffungskosten für diesen Vermögensgegenstand aufzuwenden. Vor diesem Hintergrund werden die Wiederbeschaffungskosten regelmäßig als Wertobergrenze angesehen.[498] Soll hingegen der betreffende Vermögensgegenstand im Rahmen des geplanten Unternehmenskonzeptes nicht verwendet werden, so sind regelmäßig Einzelverwertungserlöse zu berücksichtigen.[499]

Bei negativer Fortbestehensprognose sind die Vermögensgegenstände und Schulden dagegen grundsätzlich unter Liquidationsgesichtspunkten zu ihren voraussichtlichen Veräußerungswerten anzusetzen. Dabei ist die voraussichtliche Liquidationsgeschwindigkeit und Liquidationsintensität zu berücksichtigen.

3.4.6.2 Ansatz und Bewertung von Aktivposten im Überschuldungsstatus

370 Nachfolgend werden häufig in einem Überschuldungsstatus zu beurteilende Vermögens- und Schuldposten erläutert. Dabei wird im Wesentlichen dem handelsrechtlichen Bilanzgliederungsschema gefolgt. Am Anfang ist bei der

---

494 Vgl. WP-Handbuch 2008, Bd. II, 890, unter Berufung auf das Stichtagsprinzip.
495 Vgl. *Drukarczyk.* in MüKo-InsO, § 19 Rn. 88, weiter differenzierend: *Schmidt/Uhlenbruck,* Die GmbH in Krise, Sanierung und Insolvenz, 485.
496 Vgl. IDW FAR 1/96, WPg 1997, 22.
497 Vgl. *Glanegger,* in: Schmidt, EStG, § 6, Rn. 216 ff.
498 Vgl. *Uhlenbruck,* in: Schmidt/Uhlenbruck, Die GmbH in Krise, Sanierung und Insolvenz, 484.
499 Insoweit wenig hilfreich: WP-Handbuch 2008, Bd. II, 892, wo von den fortgeführten Buchwerten unter Aufdeckung etwaiger stiller Reserven die Rede ist, da es ja gerade darum geht festzustellen, wie hoch die stillen Reserven sind.

Kapitel 1   Insolvenzgründe

Besprechung eines jeden Vermögens- oder Schuldpostens eine kleine Tabelle vorangestellt, in der Ansatz und Bewertung jeweils bei Fortführung und Liquidation stichwortartig dargestellt sind. Zum Teil sind in den Tabellen in Klammerzusätzen Abkürzungen angegeben, die Hinweise auf weiterführende Literatur bzw. Nachweise zu den in der Tabelle wiedergegebenen Anmerkungen enthalten.[500]

Ausstehende Einlagen

bei Fortführung		bei Liquidation	
Ansatz	Bewertung	Ansatz	Bewertung
ja	Nennwert ggf. unter Berücksichtigung angemessener Wertberichtigungen	ja	Nennwert, ggf. unter Berücksichtigung angemessener Wertberichtigungen

Abb. 28: Ausstehende Einlagen im Überschuldungsstatus

Ausstehende Einlagen sind sowohl bei Annahme der Fortführung, wie auch bei Annahme der Liquidation zu aktivieren. Die Bewertung erfolgt mit dem Wert der voraussichtlich realisiert werden kann, d. h. sofern aufgrund unzureichender Vermögensverhältnisse der Gesellschafter mit einer Einzahlung nicht zu rechnen ist, muss eine angemessene Abwertung, ggf. auf „Null" vorgenommen werden.[501] Dies gilt grundsätzlich für Kapitalgesellschaften, aber auch für Kommanditgesellschaften, soweit die Pflichteinlagen nicht vollständig geleistet wurden. Hier ist sorgfältig zu prüfen, ob es sich um eine ausstehende Pflichteinlage oder um eine Außenhaftung des Kommanditisten nach § 171 HGB handelt. Denn die Außenhaftung, besteht gegenüber den Gläubigern der Gesellschaft aber nicht gegenüber der Gesellschaft selbst. Nur für den Sonderfall der Eröffnung eines Insolvenzverfahrens ordnet § 93 InsO an, dass während der Dauer des Verfahrens das den Gesellschaftsgläubigern zustehende Recht auf Inanspruchnahme des Kommanditisten aufgrund seiner Haftung nach § 171 Abs. 1 HGB durch den Insolvenzverwalter oder Sachverwalter ausgeübt wird. Das bedeutet für den Überschuldungsstatus, dass ein Ansatz der nach Verfahrenseröffnung vom Insolvenzverwalter geltend zu machenden Haftungsansprüche nur insoweit erfolgen kann, als es sich gleichzeitig um gesellschaftsvertragliche Pflichteinlagen des Kommanditisten handelt. Darüber hinausgehende erweiterte Außenhaftungsbeträge sind im Überschuldungsstatus nicht zu aktivieren.

---

500   Die in der Tabelle verwandten Abkürzungen haben folgende Bedeutung:
 (U) = vgl. *Uhlenbruck*, InsO, § 19, Rn. 39 ff.
 (FAR) = vgl. Stellungnahme FAR 1/1996 des Instituts der Wirtschaftsprüfer in Deutschland e.V., WPg 1997, 22 ff.
 (F/H) = vgl. *Förschle/Hoffmann*, in: Budde/Förschle/Winkeljohann, Sonderbilanzen, 673 ff.
 (B/U) = vgl. *Braun/Uhlenbruck*, Unternehmensinsolvenz, 292 ff.
 WPH = WP-Handbuch 2008, Bd. II, 892 ff.
 S/U = *Schmidt/Uhlenbruck*, Die GmbH in Krise Sanierung und Insolvenz, 490 ff.
 G = *Uhlenbruck/Gundlach*, in: Gottwald, Insolvenzrechts-Handbuch, § 6 Rn. 46 ff.
501   Vgl. WP-Handbuch 2008, Band II, 892.

372 **Immaterielle Vermögensgegenstände**
Konzession gewerbliche Schutzrechte (z. B. Patente, Marken-Urheber-Verlagsrechte, Handelsmarken, Warenzeichen etc.) und ähnliche Werte, z. B. Nutzungsrechte und Werte (z. B. Know-how, Kundendaten, Geheimverfahren, ungeschützte Erfindungen etc.) sowie Lizenzen an solchen Rechten und Werten:

bei Fortführung		bei Liquidation	
Ansatz	Bewertung	Ansatz	Bewertung
ja, soweit für Dritte verwertbar (FAR, S/U)	konzeptgemäßer Fortführungswert (FAR)	ja, soweit selbständig verwertbar (WPH, S/U)	vorsichtig, geschätzte realisierbare Erlöse (F/K)

Abb. 29: Immaterielle Vermögensgegenstände im Überschuldungsstatus

Der Ansatz von immateriellen Vermögensgegenständen der vorgenannten Art ist unabhängig davon zulässig, ob es sich um erworbene immaterielle Werte oder um selbst geschaffene immaterielle Werte handelt. Gleichwohl ist darauf hinzuweisen, dass die Bewertung bei selbst geschaffenen immateriellen Vermögensgegenständen ungleich schwieriger ist als bei erworbenen immateriellen Vermögensgegenständen, da hier zumindest irgendwann einmal ein Marktwerttest stattgefunden hat. Vor allem bei der Unternehmensfortführung bereitet die Ableitung des Wertes, den ein gedachter Erwerber bei Kauf des gesamten Unternehmens dem einzelnen Vermögensgegenstand zuordnen würde („konzeptgemäßer Fortführungswert")[502] besondere Schwierigkeiten. Deswegen wird im Zusammenhang mit dem Ansatz und der Bewertung derartiger Vermögensgegenstände im Überschuldungsstatus zu besonderer Vorsicht geraten.[503] Dabei ist das Erfordernis einer „Verwertbarkeit" jedoch nicht dahingehend zu verstehen, dass grundsätzlich eine Einzelverwertbarkeit des jeweiligen Immaterialwertes durch Veräußerung gegeben sein muss.[504] Die Verwertung kann ebenso durch eine Ausbeute des Wertes durch Einsatz im eigenen fortgeführten Geschäftsbetrieb erfolgen. Gleichwohl können natürlich im Rahmen einer Einzelverwertung erzielbare Werte, die z. B. durch konkrete vorliegende Angebote nachgewiesen sind, nicht nur im Liquidationsfall sondern auch im Fortführungsfall als Anhaltspunkt für eine Wertermittlung herangezogen werden. Weitere Anhaltspunkte können sich aus Kostenschätzungen für eine Wiederherstellung der entsprechenden Immaterialwerte oder im Rahmen von Ertragswertüberlegungen ergeben. Hier ist jedoch ebenfalls Vorsicht geboten: Ertragswerte können regelmäßig nur für das gesamte Unternehmen oder für größere Unternehmenseinheiten ermittelt werden. Ein „Einzelertragswert" für einen bestimmten immateriellen Vermögensgegenstand ist i. d. R. nur in besonders gelagerten Konstellationen denkbar. Z. B. erscheint dies möglich, wenn ein Unternehmen sich mit der Entwicklung eines neuen Verfahrens beschäftigt, für das konkrete Vermarktungsaussichten bestehen. Anhand der entsprechenden Planungsrechnungen, die selbstverständlich hin-

---
502 Vgl. IDW FAR 1/96, WPg 1997, 22.
503 Vgl. *Uhlenbruck*, in: Schmidt/Uhlenbruck, Die GmbH in Krise, Sanierung und Insolvenz, 496.
504 Vgl. *Uhlenbruck*, in: Schmidt/Uhlenbruck, Die GmbH in Krise, Sanierung und Insolvenz, 496.

reichend plausibel und wahrscheinlich sein müssen, kann dann ein Ertragswert für das entwickelte Verfahren ermittelt werden.

Lassen sich für einen Immaterialwert keine vernünftigen Anhaltspunkte für eine Wertbemessung finden, kann dies schon als Umstand gewertet werden, der im Zweifel gegen eine Aktivierung spricht.

Firmenwert 373

bei Fortführung		bei Liquidation	
Ansatz	Bewertung	Ansatz	Bewertung
ja, soweit konkrete Verwertungsmöglichkeit besteht (FAR, a.A.. F/H)	vorsichtig geschätzter Erlös (WPH)	ja, in Ausnahmefällen, soweit mit Unternehmen/ Unternehmensteil veräußerbar (G)	vorsichtig geschätzter Erlös (WPH)

Abb. 30: Firmenwert im Überschuldungsstatus

Die Frage der Aktivierung eines Firmenwertes im Überschuldungsstatus ist nach wie vor umstritten. Weitgehende Einigkeit besteht hinsichtlich der Tatsache, dass es letztlich nicht darauf ankommt, ob der Firmenwert selbst geschaffen ist oder entgeltlich erworben wurde.[505] Weiter wird darauf hingewiesen, dass es vor allem darauf ankäme, dass die Veräußerbarkeit des Unternehmens als Ganzes oder eines entsprechenden Teils des Unternehmens realisierbar ist.[506] Es wird gefordert, dass eine nachweisbare und konkrete Veräußerungsmöglichkeit besteht.[507]

Eine Aktivierung des Firmenwertes auf der Basis einer Ertragsbewertung[508] wird hingegen überwiegend kritisch gesehen.[509] Vor dem Hintergrund, dass mit den durch das Finanzmarktstabilisierungsgesetz erfolgten Änderungen derzeit ohnehin ein Überschuldungsstatus bei Annahme der Fortführung entfällt,[510] muss die Frage der Aktivierung eines Firmenwertes derzeit nur im Zusammenhang mit einer Beurteilung der Überschuldung nach der alternativen zweistufigen Methode gesehen werden. Hierbei ist der überwiegenden Auffassung im Schrifttum zuzustimmen, dass eine Aktivierung nur dann in Betracht kommt, wenn eine konkrete Veräußerungsaussicht

---

505 Vgl. *Uhlenbruck*, in: Schmidt/Uhlenbruck, Die GmbH in Krise, Sanierung und Insolvenz, 495, a. A. *Förschle/Hoffmann*, in: Budde/Förschle/Winkeljohann, Sonderbilanzen, 674 f., die nur einen derivativen Firmenwert als aktivierungsfähig ansehen, weil dieser durch eine Markttransaktion bestätigt worden sei, was für den originären Firmenwert nicht gelte, dessen Ansatz deshalb aus Vorsichtsgründen zu unterbleiben habe.
506 Vgl. WP-Handbuch 2008, Bd. II, 894.
507 Vgl. WP-Handbuch 2008, Bd. II, 894.
508 D. h. genaugenommen durch Subtraktion der Werte sämtlicher Vermögensgegenstände von einem auf Ertragswertbasis ermittelten Unternehmenswert, wodurch der Firmenwert als Residualgröße entsteht.
509 Vgl. WP-Handbuch 2008, Bd. II, 895; *Uhlenbruck*, in: Uhlenbruck, InsO, § 19 Rn. 40; befürwortend *Spliedt*, Überschuldung trotz Schuldendeckung?, DB 1999, 1941, 1946 m. w. N.
510 In dessen konsequenter Logik aber ein Firmenwert nach der Ertragswertmethode wohl zu berücksichtigen wäre oder genauer gesagt, schon berücksichtigt ist, da bei gegebener Fähigkeit zur Erzielung von Liquiditätsüberschüssen (und damit langfristig auch Ertragsüberschüssen) eine Überschuldung ohnehin schon nicht angenommen wird, zutreffend insoweit die Schlussfolgerung in WP-Handbuch 2008, Bd. II, 895.

für das Unternehmen oder einen entsprechenden Teil davon besteht und insofern auch eine einigermaßen sichere Einschätzung des erzielbaren Erlöses möglich ist. Würde darüber hinaus ein ertragswertorientierter Firmenwertansatz zugelassen, würde ein wesentlicher Unterschied zwischen der modifizierten zweistufigen Methode und der alternativen zweistufigen Methode nivelliert werden, was ausdrücklich nicht in der Absicht des Gesetzgebers lag.

374 **Handelsrechtliche Bilanzierungshilfen**

bei Fortführung		bei Liquidation	
Ansatz	Bewertung	Ansatz	Bewertung
nein	–	nein	–

Abb. 31: Handelsrechtliche Bilanzierungshilfen im Überschuldungsstatus

Handelsrechtliche Bilanzierungshilfen, das sind z. B. Aufwendungen für die Ingangsetzung und Erweiterung des Geschäftsbetriebes oder ein aktiver Abgrenzungsposten für latente Steuern, dienen der Verbesserung des Bilanzbildes und besitzen in handelsrechtlicher Hinsicht nicht den Charakter eines Vermögensgegenstandes. Da sie weder bei Fortführung noch bei Liquidation des Unternehmens einen Wertzufluss an das Unternehmen erwarten lassen, entfällt ein Ansatz im Überschuldungsstatus. Die Bedeutung der handelsrechtlichen Bilanzierungshilfen, die ohnehin schon in der Praxis relativ gering war, wird durch die weitergehende Einschränkung der Ansatzfähigkeit durch das Bilanzrechtsmodernisierungsgesetz weiter abnehmen.

375 **Sachanlagen**

bei Fortführung		bei Liquidation	
Ansatz	Bewertung	Ansatz	Bewertung
ja	konzeptgemäßer Fortführungswert	ja	voraussichtlicher Veräußerungserlös

Abb. 32: Sachanlagen im Überschuldungsstatus

Im Rahmen der Ableitung des Fortführungswertes von Sachanlagen können sich im konkreten Einzelfall durchaus Schwierigkeiten ergeben. Der Fortführungswert wird nämlich oft mit dem fortgeschriebenen Buchwert unter Auflösung stiller Reserven gleichgesetzt.[511] Da der Fortführungswert dem Wert entspricht, den ein gedachter Erwerber bei Erwerb des gesamten Unternehmens dem einzelnen Vermögensgegenstand zuordnen würde, sind regelmäßig Wiederbeschaffungszeitwerte maßgeblich. Für unbebaute Grundstücke kann auf die von den entsprechenden Gutachterausschüssen zusammengestellten Bodenrichtwerte zurückgegriffen werden. Bei bebauten Grundstücken kommt eine Wertermittlung in Anlehnung an die Wertermittlungsverordnung von Grundstücken in Betracht.

Für die persönliche Zuordnung von Vermögensgegenständen wird bei Auseinanderfallen von rechtlichem und wirtschaftlichem Eigentum in Fortführungsfällen regelmäßig auf das wirtschaftliche Eigentum abzustellen sein.[512]

---
511 Vgl. WP-Handbuch 2008, Band II, 892.
512 Vgl. WP-Handbuch 2008, Band II, 896.

Für den Fall von Leasingverträgen ist im Liquidationsfall zu differenzieren. Wenn der Vermögensgegenstand, der vom schuldnerischen Unternehmen als Leasingnehmer genutzt wird, und für den aufgrund der Gestaltung des Leasingvertrages das wirtschaftliche Eigentum beim Leasingnehmer liegt, führt dies im Liquidationsfall dazu, dass der Leasinggeber den Leasinggegenstand wieder an sich nimmt und darüber hinaus bei nicht vollständiger Erfüllung des Vertrages Schadenersatzansprüche geltend machen kann. Unter diesen Voraussetzungen kann der entsprechende Leasinggegenstand nicht aktiviert werden.

Bei Gebäuden auf fremdem Grund und Boden ist im jeweiligen Einzelfall zu untersuchen, ob nach den getroffenen Abreden und nach dem jeweiligen Fortführungs- oder Verwertungskonzept eine Weiternutzung des Bauwerkes auf unbestimmte Zeit erfolgen wird und ob bei Beendigung des Nutzungsverhältnisses vom Grundstückseigentümer eine Entschädigung zu zahlen ist und wenn ja, wie hoch diese ausfällt. Andererseits ist es auch denkbar, dass das Bauwerk nach Beendigung des Nutzungsverhältnisses entfernt werden muss und hierfür entsprechend Wertabschläge bzw. Rückstellungen einzuplanen sind. Der Wert kann – ausgehend vom handelsrechtlichen Buchwert – somit um evtl. stille Reserven (für den Fall, dass bei Beendigung des Nutzungsverhältnisses ein Abfindungsanspruch besteht) zu erhöhen oder mit dem Buchwert zu übernehmen sein (i.d.R. bei konzeptgemäßer Fortführung) oder aber mit Wertabschlägen zu versehen sein, die ggf. noch mit einer Rückstellung für entstehende Abrisskosten einhergehen.

Finanzanlagen 376

bei Fortführung		bei Liquidation	
Ansatz	Bewertung	Ansatz	Bewertung
ja	Ertragswert, ggf. Kurswert Ausleihungen: Rückzahlungswert	ja	voraussichtlicher Veräußerungserlös, ggf. Kurswert

Abb. 33: Finanzanlagen im Überschuldungsstatus

Soweit für die entsprechenden Finanzanlagen ein Börsen- oder Marktpreis existiert, wird regelmäßig dieser anzusetzen sein und zwar sowohl im Fortführungs- wie auch im Liquidationsfall. Handelt es sich um Beteiligungen, die nicht notiert werden und für die auch ansonsten kein Marktpreis, z.B. aus Verkäufen oder Verkaufsangeboten herzuleiten ist, ist der Ertragswert anzusetzen.

Eigene Anteile 377

bei Fortführung		bei Liquidation	
Ansatz	Bewertung	Ansatz	Bewertung
ja, wenn zu erwarten ist, dass entsprechende Veräußerungserlöse erzielbar sind (U, a.A., F/H)	voraussichtlicher Veräußerungserlös	i.d.R. nein	–

Abb. 34: Eigenanteile im Überschuldungsstatus

Teil 2 Materielles Insolvenzrecht

Die Ansatzfähigkeit von eigenen Anteilen ist umstritten. Denn letztlich stellen die eigenen Anteile einen Korrekturposten zum Eigenkapital des Unternehmens dar, so dass sich im Hinblick auf eine Liquidation im Rahmen einer Insolvenz regelmäßig kein positiver Wert ergeben kann. Im Fortführungsfall scheint dagegen ein Ansatz grundsätzlich möglich.[513]

Ein Ansatz setzt voraus, dass im Rahmen der konzeptgemäßen Fortführung des Unternehmens die Veräußerung der eigenen Anteile konkret geplant ist und wahrscheinlich durchgeführt werden kann. Liegt diese Voraussetzung nicht vor, sollte von einem Ansatz Abstand genommen werden.

378 **Vorräte**
Roh-, Hilfs- und Betriebsstoffe

bei Fortführung		bei Liquidation	
Ansatz	Bewertung	Ansatz	Bewertung
ja	Wiederbeschaffungskosten (WPH, a.A, F/H)	ja	voraussichtlicher Veräußerungserlös

Abb. 35: RHB-Stoffe im Überschuldungsstatus

Während für Roh-, Hilfs- und Betriebsstoffe der Ansatz in der Überschuldungsbilanz sowohl im Fortführungs- wie auch im Liquidationsszenario dem Grunde nach unstreitig vorzunehmen ist, wird über den zutreffenden Wertansatz, insbesondere im Fortführungsfall kontrovers diskutiert. Während Uhlenbruck[514] sowie Förschle/Hoffmann[515] sich gegen den Ansatz der Wiederbeschaffungskosten aussprechen, wird die Bewertung der Roh-, Hilfs- und Betriebsstoffe zu Wiederbeschaffungskosten im WP-Handbuch[516] für zutreffend gehalten. Der zweiten Auffassung wird hier gefolgt. Denn im Rahmen der Fortführung des Unternehmens bemisst sich der Wert, den ein gedachter Erwerber unter der Annahme der Unternehmensfortführung bei einem Erwerb des gesamten Unternehmens zuordnen würde nach den Aufwendungen, die er für eine Wiederbeschaffung (die im Rahmen der Fortführung der Produktion notwendig wäre) aufzuwenden hätte.

Im Rahmen der Liquidation ist der zu erwartende Veräußerungserlös anzusetzen.

379 **Unfertige Erzeugnisse**

bei Fortführung		bei Liquidation	
Ansatz	Bewertung	Ansatz	Bewertung
ja	realisierbare Veräußerungspreise des fertiggestellten Erzeugnisses ./. restliche Fertigstellungskosten (WPH)	ja	voraussichtlicher Veräußerungserlös des unfertigen Produktes evtl. Schrottwert (WPH)

Abb. 36: Unfertige Erzeugnisse im Überschuldungsstatus

---
513 Vgl. zutreffend *Uhlenbruck*, in: Uhlenbruck, InsO, § 19 Rn. 43.
514 Vgl. *Schmidt/Uhlenbruck*, Die GmbH in Krise, Sanierung und Insolvenz, 506 f.
515 In *Budde/Förschle/Winkeljohann*, Sonderbilanzen, 672.
516 Vgl. WP-Handbuch 2008, Bd. II, 897 f.

Soweit das Unternehmen fortgeführt wird, ist es zulässig, den voraussichtlich erzielbaren Veräußerungspreis abzüglich der noch restlichen Fertigstellungskosten anzusetzen. Denn bei Fortführung des Unternehmens kann der Produktionsprozess fortgesetzt werden und die unfertigen Erzeugnisse werden noch zu fertigen Erzeugnissen weiter verarbeitet. Der insoweit bei der späteren Veräußerung zu erzielende Gewinn wird in diesem Fall als stille Reserve im Rahmen der Überschuldungsbilanz aufgedeckt. Im Liquidationsfall hängt der konkret anzusetzende Wert vom zu berücksichtigenden Liquidationskonzept ab. Sieht dieses z.b. eine Ausproduktion vor, kann im Einzelfall auch der Fertigstellungswert abzüglich der noch voraussichtlich anfallenden Herstellungskosten angesetzt werden. Regelmäßig wird jedoch im Liquidationsfall der im Rahmen einer Veräußerung der unfertigen Erzeugnisse noch zu erzielende Wert, im Zweifel der Schrottwert, zu berücksichtigen sein.

Fertige Erzeugnisse 380

bei Fortführung		bei Liquidation	
Ansatz	Bewertung	Ansatz	Bewertung
ja	realisierbare Veräußerungspreise	ja	realisierbare Veräußerungspreise

Abb. 37: Fertige Erzeugnisse im Überschuldungsstatus

Forderungen 381

bei Fortführung		bei Liquidation	
Ansatz	Bewertung	Ansatz	Bewertung
ja	Nominalwert unter Berücksichtigung von angemessenen Wertberichtigungen	ja	Nominalwert unter Berücksichtigung von angemessenen Wertberichtigungen

Abb. 38: Forderungen im Überschuldungsstatus

Soweit es sich bei den Forderungen um solche aus dem üblichen Geschäftsverkehr (z.B. Forderungen aus Lieferungen und Leistungen, kurzfristige Steuererstattungsansprüche gegenüber dem Finanzamt, etc.) handelt, sind diese zu ihrem Nennwert unter Berücksichtigung angemessener Wertberichtigungen für Ausfallrisiken und ggf. unter Abzinsung bei langfristigen unverzinslichen Forderungen anzusetzen.

Nicht zu den aktivierungsfähigen Forderungen gehören Forderungen, die erst nach Verfahrenseröffnung entstehen können, z.B. aus Insolvenzanfechtungsklagen,[517] Forderungen aufgrund der Haftung der persönlich haftenden Gesellschafter (vgl. §§ 128, 161 Abs. 2 HGB i.V.m. § 93 InsO).[518]

Hingegen können Ansprüche der Gesellschaft gegen organschaftliche Vertreter, z.B. gemäß § 43 GmbHG oder gemäß § 31 Abs. 1 GmbHG angesetzt werden. Diese Ansprüche setzen nicht die Eröffnung eines Insolvenz-

---
517 Vgl. *Uhlenbruck*, in: Uhlenbruck, InsO, § 19 Rn. 45.
518 Vgl. *Uhlenbruck*, in: Uhlenbruck, InsO, § 19 Rn. 45.

verfahrens voraus. Dagegen sind Ansprüche aus Insolvenzverschleppungshaftung, z. B. aus § 64 Satz 1 GmbHG als insolvenzbedingte Forderungen nicht anzusetzen.[519]

Streitig ist die Ansatzfähigkeit von Forderungen aufgrund der Abgabe einer harten Patronatserklärung durch eine Muttergesellschaft. Diese sollen aktivierungsfähig sein, wenn sie zugunsten aller Gläubiger und nicht nur zu Gunsten einzelner oder eines einzigen Gläubigers abgegeben werden.[520] Zutreffend ist in diesen und ähnlich gelagerten Fällen auf den Gehalt der Erklärung abzustellen: Verpflichtet sich der die Erklärung Abgebende in einer solchen Art und Weise, dass der Gesellschaft unzweifelhaft ein (ggf. einklagbarer) Anspruch auf Erbringung der entsprechenden Leistung zusteht, ist der entsprechende Posten im Überschuldungsstatus zu aktivieren.[521] Dabei ist es weiter erforderlich, dass dem Erklärenden für die Erbringung der Leistung kein Anspruch auf eine entsprechende Gegenleistung zusteht. Ansonsten würde der Anspruch aus der Patronatserklärung durch eine gleichhohe Verbindlichkeit neutralisiert werden.

382 **Rechnungsabgrenzungsposten**

bei Fortführung		bei Liquidation	
Ansatz	Bewertung	Ansatz	Bewertung
ja, (F/H)	wohl Buchwert	i.d.R. "nein", aber Ausnahme, wenn Rückerstattung oder Anrechnung auf Verbindlichkeit möglich ist	Anrechnungsbetrag

Abb. 39: Rechnungsabgrenzungsposten im Überschuldungsstatus

Rechnungsabgrenzungsposten werden auf der Aktivseite der Handelsbilanz angesetzt, wenn Ausgaben vor dem Bilanzstichtag getätigt wurden, die Aufwand für eine bestimmte Zeit nach dem Bilanzstichtag darstellen. Sie haben nicht den Charakter eines Vermögensgegenstandes, sondern dienen lediglich der periodengerechten Erfolgsabgrenzung. Sie stellen „bereits bezahlten Aufwand" für die Zukunft dar. Im Rahmen der Unternehmensfortführung ist ihnen mithin ein Wert beizumessen, in der Regel der handelsrechtliche Buchwert. Im Rahmen der Liquidation erfolgt jedoch regelmäßig keine Rückerstattung. Ausnahme: Disagio-Beträge werden anteilig auf den ausstehenden Kreditbetrag bei vorzeitiger Tilgung verrechnet. In Höhe dieses Anrechnungsbetrages kann auch im Liquidationsfall ein Ansatz im Überschuldungsstatus erfolgen. Im Übrigen ist ein Ansatz nur möglich, wenn ausnahmsweise mit einer Rückerstattung des vorausgezahlten Aufwandes zu rechnen ist. Anzusetzen ist dann der voraussichtliche Zahlungseingang.

---

519 Vgl. *Uhlenbruck*, in: Uhlenbruck in Schmidt/Uhlenbruck, Die GmbH in Krise, Sanierung und Insolvenz, 508.
520 Vgl. *Uhlenbruck*, in: Uhlenbruck, InsO, § 19 Rn. 46.
521 Vgl. WP-Handbuch 2008, Bd. II, 903.

3.4.6.3 Ansatz und Bewertung von Passivposten in der Überschuldungsbilanz

Als Passivposten in der Überschuldungsbilanz sind alle Verbindlichkeiten auszuweisen, die im Fall der Eröffnung des Insolvenzverfahrens aus der Insolvenzmasse bedient werden müssen und die nicht erst durch die Eröffnung des Insolvenzverfahrens selbst ausgelöst werden.[522] Der Zeitwert der zu berücksichtigenden Verbindlichkeiten ist regelmäßig mit deren Nennwert identisch.[523] Da maßgeblich ist, mit welchem Wert die entsprechenden Verbindlichkeiten gegenüber der Insolvenzmasse geltend gemacht werden können,[524] sind betagte Verbindlichkeiten mit dem entsprechend abgezinsten Betrag zu passivieren.[525]

Das in der handelsrechtlichen Rechnungslegung ausgewiesene Eigenkapital wird in der Überschuldungsbilanz nicht ausgewiesen, da es keinen Schuldposten darstellt, sondern den Haftungsfonds, dessen Vorhandensein durch die Gegenüberstellung von Aktiv- und Passivposten gerade ermittelt werden soll.

Sonderposten mit Rücklageanteil

bei Fortführung		bei Liquidation	
Ansatz	Bewertung	Ansatz	Bewertung
nein, kann aber grundsätzlich zu Steuerrückstellungen führen	–	nein, kann aber grundsätzlich zu Steuerrückstellungen führen	–

Abb. 40: Sonderposten mit Rücklagenanteil im Überschuldungsstatus

Der in der handelsrechtlichen Rechnungslegung ausgewiesene Sonderposten mit Rücklageanteil[526] beinhaltete rechnerisch eine Wertdifferenz der Bilanzansätze eines Vermögens- bzw. Schuldpostens zwischen dem handelsrechtlichen Wert und dem steuerrechtlichen Wert. Denn nach der bis zu der Einführung des Bilanzrechtsmodernisierungsgesetz geltenden sogenannten umgekehrten Maßgeblichkeit mussten bestimmte niedrigere Wertansätze, die ausnahmsweise nach steuerlichen Sondervorschriften zulässig waren, auch in die Handelsbilanz übernommen werden, um steuerrechtlich von entsprechenden Wahlrechten Gebrauch machen zu dürfen. Dies durfte auch in der Gestalt abgebildet werden, dass statt beispielsweise den Aktivwert eines Sachanlagegutes durch Vornahme einer entsprechenden steuerlichen Sonderabschreibung zu mindern, ein passiver Korrekturposten in Höhe der insoweit in der Handelsbilanz nicht vorgenommenen direkten Abschreibung des Wirtschaftsgutes auf der Passivseite der Bilanz als Sonderposten mit Rücklageanteil ausgewiesen wurde. Betriebswirtschaftlich wurde der Sonderposten mit Rücklageanteil als Mischposten zwischen Eigen- und Fremdkapital charakterisiert, da er eine latente Steuerbelastung beinhaltete. War

---

522 Vgl. *Pape*, in: Kübler/Prütting/Bork, InsO, § 19 Rn. 63.
523 Vgl. *Drukarczyk*, in: MüKo-InsO, § 19 Rn. 90.
524 Vgl. *Drukarczyk*, in: MüKo-InsO, § 19 Rn. 90.
525 Vgl. *Pape*, in: Kübler/Prütting/Bork, InsO, § 19, Rn. 63.
526 Vgl. Der Ausweis eines Sonderpostens mit Rücklageanteil wird zukünftig nach den Vorschriften des Bilanzrechtsmodernisierungsgesetzes nicht mehr zulässig sein.

hingegen bei der Auflösung des entsprechenden Sonderpostens mit Rücklageanteil nicht mit entsprechenden höheren Steuerbilanzergebnissen zu rechnen, war der Sonderposten mit Rücklageanteil allein dem Eigenkapital zuzurechnen. Dem folgt auch die Behandlung in der Überschuldungsbilanz: Ein Ansatz als Schuldposten kommt regelmäßig nicht in Frage. Sind jedoch tatsächlich im Rahmen der konzeptgemäßen Fortführung oder der konzeptgemäßen Liquidation Steuerlasten durch die Auflösung des Sonderpostens zu erwarten, sind diese zu passivieren. Dabei ist allerdings zu bedenken, dass regelmäßig in Krisen- und Insolvenzsituationen erhebliche Verlustvorträge bestehen und darüber hinaus aktive latente Steuern, die durch die Bildung von Rückstellungen, die nicht in die Steuerbilanz übernommen werden dürfen, verursacht werden können, gegenzurechnen sind.[527]

385 **Sonderposten für Investitionszuschüsse und Zulagen**

bei Fortführung		bei Liquidation	
Ansatz	Bewertung	Ansatz	Bewertung
nein, es sei denn, es ist mit einer Rückforderung zu rechnen (WPH)	–	nein, es sei denn, es ist mit einer Rückforderung zu rechnen (WPH)	–

Abb. 41: Sonderposten für Zuschüsse/Zulagen im Überschuldungsstatus

Ein weiterer aus der Handelsbilanz regelmäßig zwischen dem Eigenkapital und dem Fremdkapital auszuweisender Sonderposten ist der Sonderposten für erhaltene Investitionszuschüsse und -zulagen für Vermögensgegenstände des Anlagevermögens. Nach herrschender Meinung besteht in der Handelsbilanz ein Bilanzierungswahlrecht für den Fall, dass ein Zuschussgeber zur Anschaffung oder Herstellung eines Anlagegutes einen entsprechenden Zuschuss gewährt oder für den Fall, dass das Unternehmen Investitionszulagen, insbesondere nach dem InvZulG für ein Anlagegut erhalten hat. In diesem Fall dürfen die erhaltenen Zulagen und Zuschüsse entweder vom aktiven Wert des Anlagegutes abgezogen werden und verkürzen damit die Anschaffungskosten und die entsprechende Abschreibungsbemessungsgrundlage. Alternativ ist auch ein Ausweis in einem gesonderten Passivposten zulässig, der über die Nutzungsdauer des bezuschussten Vermögensgegenstandes nach und nach aufgelöst wird. Der Charakter dieses Postens in der Überschuldungsbilanz ist davon abhängig, ob nach den entsprechenden Zuschussbedingungen oder den gesetzlichen Grundlagen für die Gewährung der Investitionszulage bei einer konzeptgemäßen Fortführung des Unternehmens bzw. einer Liquidation des Unternehmens mit einer Rückforderung der erhaltenen Fördermittel zu rechnen ist. Denn oftmals sehen die entsprechenden Zulagen- und Zuschussbedingungen bestimmte Behaltens-, Verbleibens-, oder Verwendungsauflagen vor. Wird gegen die Auflagen verstoßen, kann unter Umständen die entsprechende Zuwendung zurückgefordert werden. Für den Fall, dass mit einer Rückforderung zu rechnen ist, muss der entsprechende Rückforderungsbetrag in der Überschuldungsbilanz passiviert werden. Regelmäßig wird die Gefahr einer Rückforderung im Fortführungs-

---

527 Vgl. *Förschle/Hoffmann*, in: Budde/Förschle/Winkeljohann, Sonderbilanzen, 677 f.

fall geringer sein, als im Liquidationsfall. In diesem Zusammenhang ist darauf hinzuweisen, dass eine Rückforderung grundsätzlich unabhängig davon denkbar ist, ob von dem vorstehend beschriebenen Ausweiswahlrecht zur Bildung eines entsprechenden passiven Sonderpostens Gebrauch gemacht wurde oder nicht. Mit anderen Worten, im Buchwert entsprechender Anlagegüter können in früheren Perioden erhaltene Zuschüsse und Zulagen „versteckt" sein. Auch in diesem Fall ist für die zu erwartende Rückzahlung ggf. ein entsprechender Schuldposten aufzunehmen.[528]

Rückstellungen für Pensionen 386
laufende Pensionen

bei Fortführung		bei Liquidation	
Ansatz	Bewertung	Ansatz	Bewertung
ja, soweit kein Kürzungsvorbehalt (S/U)	Barwert	ja, soweit kein Kürzungsvorbehalt	Barwert

Abb. 42: Laufende Pensionen im Überschuldungsstatus

unverfallbare Anwartschaften

bei Fortführung		bei Liquidation	
Ansatz	Bewertung	Ansatz	Bewertung
ja, soweit kein Kürzungsvorbehalt (S/U)	Barwert, der erdienten Teilansprüche (S/U), WPH)	ja, soweit kein Kürzungvorbehalt	Barwert ohne Kürzung um die noch nicht erbrachte Gegenleistung

Abb. 43: Unverfallbare Anwartschaften im Überschuldungsstatus

verfallbare Anwartschaften 387

bei Fortführung		bei Liquidation	
Ansatz	Bewertung	Ansatz	Bewertung
ja, es sei denn Versorgungszusage ist/wird sicher gekündigt (U)	Barwert der erdienten Teilansprüche (S/U, WPH)	nein (WPH, a.A.wohl U.)	–

Abb. 44: Verfallbare Anwartschaften im Überschuldungsstatus

Bei der Behandlung von Pensionsverpflichtungen ist grundsätzlich zwischen laufenden Pensionen sowie Anwartschaften auf zukünftige Pensionen, die wiederum in verfallbare und unverfallbare Anwartschaften zu unterscheiden sind, zu differenzieren. Laufende Pensionen betreffen Verpflichtungen gegenüber ehemaligen Arbeitnehmern, bei denen der Versorgungsfall bereits eingetreten ist, d.h. die Arbeitnehmer erbringen keine Arbeitsleistung mehr und empfangen lediglich noch die Altersruhegeldzahlungen. Im handelsrechtlichen Jahresabschluss sind für diese Leistungen, für die aus Sicht des Unternehmens keine Gegenleistung mehr zu erwarten ist, Rückstellungen in

---

[528] Vgl. insoweit auch WP-Handbuch 2008, Bd. II, 896, wo jedoch offensichtlich eine entsprechende Kürzung des Wertansatzes des entsprechenden Anlagegutes bevorzugt wird.

Höhe des Barwertes der zukünftigen Leistungen zu bilden. Der Wert ist nach versicherungsmathematischen Grundsätzen unter Berücksichtigung der entsprechenden biometrischen Grundlagen zu ermitteln und kapitalmarktgerecht abzuzinsen.

Dagegen ist nach handelsrechtlichen Grundsätzen für die Anwartschaften noch aktiv beschäftigter Arbeitnehmer eine Rückstellung in Höhe der Differenz des Barwertes der zukünftigen Pensionsleistung abzüglich des Barwertes der zukünftigen Gegenleistung anzusetzen.[529] Nach den zukünftig zu beachtenden Vorschriften des Bilanzrechtsmodernisierungsgesetzes ist darauf hinzuweisen, dass Rückstellungen zukünftig mit realitätsnahen Zinssätzen abzuzinsen sind, wodurch sich tendenziell eine Erhöhung gegenüber den bisher üblichen steuerrechtlich geprägten Teilwerten, die mit überhöhten Abzinsungsprozentsätzen zu einer tendenziellen Unterbewertung des Betrages der notwendigen Pensionsrückstellungen geführt haben, ergibt.

Ob und inwieweit im Fall der wirtschaftlichen Notlage eines Unternehmens noch eine Kürzung von betrieblichen Versorgungszusagen arbeitsrechtlich zulässig ist, ist umstritten.[530] Soweit eine entsprechende Kürzung zulässig und tatsächlich beabsichtigt ist, ist dies auch beim Ausweis in der Überschuldungsbilanz zu berücksichtigen. Laufende Pensionen und unverfallbare Anwartschaften sind in der Überschuldungsbilanz anzusetzen, unabhängig davon, ob diese unter Annahme der Fortführung oder der Liquidation erstellt wird. Hieran ändert auch die Einstandspflicht des Pensionssicherungsvereins (PSVaG) nichts, da dieser zwar im Insolvenzfall in die Verpflichtung des Arbeitgebers, die dieser nicht mehr erfüllt, eintritt, die Ansprüche der Arbeitnehmer gegen den Arbeitgeber jedoch nach § 9 Abs. 2 BetrAVG auf den Pensionssicherungsverein mit der Verfahrenseröffnung übergehen. Die Verpflichtung entfällt somit nicht, sondern es findet lediglich ein Gläubigerwechsel statt. Für verfallbare Pensionsanwartschaften entfällt eine Passivierungsverpflichtung nur dann, wenn die Pensionszusage gekündigt ist oder mit einer Kündigung demnächst zu rechnen ist.[531] Auch bei den verfallbaren Pensionsanwartschaften geht die herrschende Meinung davon aus,[532] dass eine Passivierung nur dann unterbleiben kann, wenn die Pensionszusage gekündigt wird. Im Übrigen hat ein Ausweis mit dem Teilwert der Anwartschaft zu erfolgen.

Aus praktischer Sicht ist bei der Behandlung von Pensionsverpflichtungen im Überschuldungsstatus darauf hinzuweisen, dass eine umfangreiche rechtliche Prüfung, inwieweit tatsächlich im konkreten Einzelfall Kürzungen aufgrund der Krisen- bzw. Insolvenzsituation zulässig sind, i. d. R. nur in Fällen von wesentlicher Bedeutung möglich sein wird. Bestehen Zweifel, ob eine Kürzung im Einzelfall rechtlich zulässig ist, ist vom Bestehen der vollen Pensionsverpflichtung auszugehen.

---

529 Hierzu und zu weiteren handelsrechtlich anerkannten Bewertungsverfahren, vgl. WP-Handbuch 2006, Bd. I, 312f.
530 Vgl. *Uhlenbruck,* in: Schmidt/Uhlenbruck, Die GmbH in Krise, Sanierung und Insolvenz, 522f. m.w.N.
531 Vgl. *Uhlenbruck,* in: Schmidt/Uhlenbruck, Die GmbH in Krise, Sanierung und Insolvenz, 523.
532 Vgl. *Uhlenbruck,* in: Uhlenbruck, InsO, § 19 Rn. 60.

Der wesentliche Bewertungsunterschied zwischen laufenden Pensionen einerseits und verfallbaren wie unverfallbaren Anwartschaften andererseits besteht darin, dass, soweit damit zu rechnen ist, dass die Arbeitnehmer in der Zukunft noch Gegenleistungen zur Erdienung der Pension erbringen, der Wert dieser Gegenleistungen vom gesamten Barwert der Pensionsverpflichtung abzuziehen ist. Es wird damit nur der bis zum Betrachtungszeitpunkt bereits erdiente Teil der Pension zurückgestellt. Muss hingegen von der Beendigung des Unternehmens ausgegangen werden, weil keine positive Fortbestehensprognose gestellt werden kann, müsste konsequenter Weise der Barwert ohne die vorstehend geschilderte Kürzung für die noch nicht erbrachten Gegenleistungen zurückgestellt werden. Dies ist aus praktischer Sicht jedoch in den meisten Fällen kaum kurzfristig möglich, da hierfür eine Neuberechnung der Pensionsverpflichtungen erforderlich wäre. Da hierfür regelmäßig versicherungsmathematische Gutachten erforderlich sind, deren Fertigung einige Zeit in Anspruch nimmt, ist dies in den meisten Fällen nicht zu leisten. Darüber hinaus weist Uhlenbruck[533] darauf hin, dass der ungekürzte Ausweis dieser Anwartschaften bei Annahme der Liquidation streitig ist.

Nicht gefolgt wird hier jedoch ausdrücklich der von *Uhlenbruck*[534] vertretenen Auffassung, verfallbare Pensionsanwartschaften seien selbst im Liquidationsfall und dort selbst dann zu passivieren, wenn die Ansprüche voraussichtlich auf einen Erwerber des Betriebes nach § 613a Abs. 1 BGB übergehen. Soweit in der dem Liquidationsszenario unterstellten Planung eine Fortsetzung der Arbeitsverhältnisse nicht vorgesehen ist, verfallen die Anwartschaften nach dem Betriebsrentengesetz. Eine Passivierung der entsprechenden Pensionsrückstellungen ist deswegen nicht erforderlich.[535]

Interessenausgleich, Sozialplan 388

bei Fortführung		bei Liquidation	
Ansatz	Bewertung	Ansatz	Bewertung
ja, soweit bereits vereinbart, beschlossen oder im Unternehmenskonzept vorgesehen (WPH)	vereinbarter oder beabsichtigter Betrag	ja, soweit bereits beschlossen oder vereinbart oder durch Liquidation zu erwarten	vereinbarter oder voraussichtlich zu erwartender Betrag

Abb. 45: Interessenausgleich/Sozialplan im Überschuldungsstatus

Die Verpflichtung zu Leistungen aus einem Sozialplan entsteht in rechtlicher Hinsicht mit der Vereinbarung des Sozialplanes zwischen dem Unternehmen und dem Betriebsrat. Ist kein Betriebsrat vorhanden, so ist auch ein Sozialplan nach den Vorschriften der §§ 111 ff. BetrVG nicht möglich.[536] In solchen Fällen werden daher entsprechende Rückstellungen nur in Ausnahmefällen zum Tragen kommen, nämlich dann, wenn zwar gegenwärtig noch kein Betriebsrat vorhanden ist, die Gründung eines solchen jedoch (ggf. im Rahmen der Durchführung eines Sanierungskonzeptes durch die Unternehmenslei-

---

533 Vgl. *Uhlenbruck*, in: Uhlenbruck, InsO, § 19 Rn. 60.
534 Vgl. *Uhlenbruck*, in: Uhlenbruck, InsO, § 19 Rn. 60.
535 Vgl. WP-Handbuch 2008, Bd. II, 915.
536 Vgl. WP-Handbuch 2008, Bd. II, 913.

tung selbst) initiiert wurde, d.h. der Sozialplan Teil des Unternehmenskonzeptes ist. Darüber hinaus ist jedoch darauf hinzuweisen, dass bei beabsichtigten Maßnahmen, insbesondere entsprechendem Arbeitnehmerabbau für den Fall, dass kein Betriebsrat vorhanden ist, zwar die §§ 111 ff. BetrVG nicht zum Tragen kommen, die betroffenen Arbeitnehmer jedoch oft erfolgreich mit einzelnen Klagen Abfindungen für den Verlust ihres Arbeitsplatzes erstreiten. Insbesondere im Fortführungsfall ist besonders kritisch zu prüfen, ob eventuell vorgesehene Personalabbaumaßnahmen arbeitsrechtlich angreifbar sind, so dass Rückstellungen (ggf. Sammelrückstellungen) für die bestehenden Prozessrisiken erforderlich sind. Bei der Annahme der Liquidation sind ebenfalls Sozialplanrückstellungen zu bilden, soweit die entsprechenden Sozialpläne bereits beschlossen sind oder im Rahmen der konzeptgemäßen Liquidation damit zu rechnen ist, dass entsprechende Verpflichtungen entstehen werden. Keinesfalls kann aufgrund der Liquidation unterstellt werden, dass entsprechende Verbindlichkeiten nicht zum Tragen kommen.[537] Bei der Bewertung kann auf die in § 123 InsO enthaltenen Vorgaben zurückgegriffen werden.

389 **Sonstige Rückstellungen für ungewisse Verbindlichkeiten und drohende Verluste**

bei Fortführung		bei Liquidation	
Ansatz	Bewertung	Ansatz	Bewertung
ja	wahrscheinlicher Erfüllungsbetrag	ja	wahrscheinlicher Erfüllungsbetrag

Abb. 46: Rückstellungen für ungewisse Verbindlichkeiten im Überschuldungsstatus

Abwicklungskosten

bei Fortführung		bei Liquidation	
Ansatz	Bewertung	Ansatz	Bewertung
ja, soweit gemäß Unternehmenskonzept Unternehmensteile abgewickelt werden	wahrscheinlicher Betrag	nein	–

Abb. 47: Abwicklungskosten im Überschuldungsstatus

Soweit Abwicklungskosten durch das Insolvenzverfahren selbst verursacht sind (Gerichtskosten, Kosten des Insolvenzverwalters) wird eine Berücksichtigung nach herrschender Meinung abgelehnt.[538] Bei Annahme der Unternehmensfortführung ist jedoch zu unterscheiden: Kosten, die durch die konzeptgemäße Fortführung im Rahmen der planmäßigen Abwicklung von einzelnen Betrieben oder Betriebsteilen oder durch die Veräußerung einzelner Vermögensgegenstände entstehen (z.B. Gutachterkosten) sind zurückzustellen.[539]

---

537 Vgl. WP-Handbuch 2008, Bd. II, 913.
538 Vgl. *Uhlenbruck/Gundlach*, in: Gottwald, Insolvenzrechts-Handbuch, § 6 Rn. 64; *Uhlenbruck*, in: Uhlenbruck, InsO, § 19, Rn. 55, WP-Handbuch 2008, Bd. II, 912.
539 Vgl. WP-Handbuch 2008, Bd. II, 912 f.

Gesellschafterdarlehen

bei Fortführung		bei Liquidation	
Ansatz	Bewertung	Ansatz	Bewertung
ja, es sei denn, es ist ein Rangrücktritt erklärt	Rückzahlungsbetrag	ja, es sei denn, es ist ein Rangrücktritt erklärt	Rückzahlungsbetrag

Abb. 48: Gesellschafterdarlehen im Überschuldungsstatus

Die Behandlung von Gesellschafterdarlehen ist durch das zum 01.11.2008 in Kraft getretene Gesetz zur Modernisierung des GmbH-Rechts und zur Bekämpfung von Missbräuchen (MoMiG) gegenüber der bis dahin geltenden Rechtslage deutlich vereinfacht worden. Der Übersichtlichkeit halber erfolgt zunächst eine Darstellung der derzeit gültigen Regelung und im Anschluss daran in Form eines Exkurses die vor Inkrafttreten des MoMiG zu beachtenden Grundsätze, die weiterhin für Altfälle zu beachten sind.

Gesellschafterdarlehen ab dem 01.11.2008

Im Zuge des MoMiG hat der Gesetzgeber die Regelungen zum Eigenkapitalersatz, hier insbesondere die §§ 32a und b GmbHG aufgehoben und die Behandlung der Rückzahlung von Gesellschafterdarlehen und vergleichbaren Leistungen in die Insolvenzordnung, dort insbesondere in § 135 InsO verlagert. Gemäß § 39 Abs. 1 Nr. 5 InsO wird die Rückforderung von Gesellschafterdarlehen (soweit sie nicht unter § 39 Abs. 5 InsO fallen) generell den nachrangigen Insolvenzforderungen zugeordnet.

Für die Frage der Behandlung der entsprechenden Darlehensforderungen oder wirtschaftlich gleichgestellten Vorgängen in der Überschuldungsbilanz ordnet § 19 Abs. 2 Satz 2 InsO an, dass diese grundsätzlich in der Überschuldungsbilanz zu passivieren sind, es sei denn, zwischen Gläubiger und Schuldner wurde der Nachrang im Insolvenzverfahren hinter die in § 39 Abs. 1 Nr. 1–5 InsO bezeichneten Forderungen vereinbart. D.h. nunmehr genügt ein (einfacher) Rangrücktritt in der vorstehend beschriebenen Art und Weise, um eine Passivierungspflicht im Überschuldungsstatus zu beseitigen. Dies gilt sowohl für den Fortführungsfall als auch für den Liquidationsfall. Ist eine Passivierung vorzunehmen, weil kein Nachrang vereinbart wurde, ist der Rückzahlungsbetrag anzusetzen.[540] Die vorstehende Regelung gilt nicht nur für die GmbH sondern für alle Gesellschaften, bei denen keine natürliche Person Vollhafter ist. Die Tatsache, dass die Gesellschafterdarlehensforderungen nachrangig gemäß § 39 Abs. 1 Nr. 5 InsO sind, hat auf die Abbildung in der Überschuldungsbilanz keinen Einfluss. Somit gelten für die Behandlung in der Überschuldungsbilanz auch keine besonderen Regelungen für Gesellschafterdarlehensforderungen von nicht geschäftsführenden Gesellschaftern, die mit 10 % oder weniger am Haftkapital beteiligt sind und die von der generellen Nachrangigkeit nach § 39 Abs. 5 InsO ausgenommen sind. Auch deren Darlehensforderungen sind in der Überschuldungsbilanz zu passivieren, es sei denn, es wurde ein Rangrücktritt ausgesprochen.[541]

---
540 Vgl. *Kleindieck*, in: Lutter/Hommelhoff, GmbHG, Anhang zu § 64 Rn. 32.
541 Vgl. *Uhlenbruck*, in: Schmidt/Uhlenbruck, Die GmbH in Krise Sanierung und Insolvenz, 530.

392 Exkurs: Überblick über die Rechtslage bis zum Inkrafttreten des MoMiG

Die bis zum Inkrafttreten des MoMiG geltende Rechtslage bleibt für Altfälle, also für Insolvenzverfahren, die vor dem Inkrafttreten des MoMiG eröffnet worden sind, weiter relevant.[542] Rückgewähransprüche auf Gesellschafterdarlehen waren schon nach altem Recht in der Überschuldungsbilanz als Passivposten aufzunehmen, auch wenn sie als kapitalersetzend im Sinne der §§ 32a, b zu qualifizieren waren.[543] Zur Vermeidung der Passivierungspflicht war auch nach altem Recht eine Rangrücktrittserklärung des Gesellschafters erforderlich. Allerdings musste es sich nach der Rechtsprechung des BGH um eine sogenannte „qualifizierte Rangrücktrittserklärung" handeln. Dabei musste der Rangrücktritt so erklärt sein, dass die Forderungen erst nach Befriedigung sämtlicher Gesellschaftsgläubiger und bis zur Abwendung der Krise auch nicht vor sondern nur zugleich mit den Einlagenrückgewähransprüchen der Mitgesellschafter geltend gemacht werden konnten. Dabei waren die Details der genau zu wählenden Formulierung des Rangrücktritts umstritten.[544] Somit galt nach altem Recht für die Überschuldungsbilanz, dass Verbindlichkeiten aus kapitalersetzenden Gesellschafterdarlehen zumindest unter Zugrundelegung der Rechtsprechung des BGH nur dann nicht zu passivieren waren, wenn ein Rangrücktritt erklärt wurde und es sich um eine qualifizierte Rangrücktrittsvereinbarung handelte. Obwohl im Schrifttum stark dafür plädiert wurde, dass auch einfache Rangrücktrittsvereinbarungen für eine Nichtpassivierung ausreichend sein sollten,[545] war diese Frage bis zuletzt umstritten.

393 Einlage des stillen Gesellschafters

bei Fortführung		bei Liquidation	
Ansatz	Bewertung	Ansatz	Bewertung
ja (S/U)	Nennbetrag, soweit nicht durch Verlustbeteiligung verbraucht	ja	Nennbetrag, soweit nicht durch Verlustbeteiligung verbraucht

Abb. 49: Einlage des stillen Gesellschafters im Überschuldungsstatus

Gemäß § 236 Abs. 1 HGB ist die Einlage des stillen Gesellschafters Insolvenzforderung in der Insolvenz über das Vermögen des Inhabers des Handelsgeschäftes, soweit dieser den Betrag des auf ihn entfallenden Anteils am Verlust übersteigt. Durch die Eröffnung des Insolvenzverfahrens über das Vermögen des Inhabers wird die stille Gesellschaft aufgelöst. Es ist ein Ab-

---

542 Vgl. *Orlikowski-Wolf*, Auswirkungen der Abschaffung des Eigenkapitalersatzrechts, Übergangsregelungen und Abgrenzung zu Finanzplankrediten, GmbHR 2009, 902; BGH, Urt. v. 26.01.2009 – II ZR 260/07, GmbHR 2009, 427.
543 Vgl. *Uhlenbruck*, in: Uhlenbruck, InsO, § 19 Rn. 69 m.w.N.
544 Vgl. *Klein*, Rangrücktrittsvereinbarungen – ein Update nach der Stellungnahme des IDW, GmbHR 2006, 249.
545 Vgl. *Haas*, Eigenkapitalersetzende Gesellschafterdarlehen und Feststellung der Überschuldung oder Zahlungsunfähigkeit, NZI 1999 209; *Altmeppen*, Zur Frage, ob eigenkapitalersetzende Gesellschafterleistungen im Überschuldungsstatus zu passivieren sind und zur Haftung des Geschäftsführers einer GmbH, ZIP 2001, 240; *Uhlenbruck*, in: Uhlenbruck, InsO, § 19 Rn. 72.

schluss auf diesen Tag aufzustellen und (ggf. unter Berücksichtigung der Teilnahme des Stillen an den bis dahin eingetretenen Verlusten) sein Guthaben zu ermitteln.[546]

Für die Behandlung in der Überschuldungsbilanz ist danach zu differenzieren, ob und wenn ja, in welcher Art und Weise eine Verlustbeteiligung des stillen Gesellschafters vereinbart wurde: Besteht keine Verlustbeteiligung, so ist die Einlage des Stillen in voller Höhe zu passivieren. Besteht eine Verlustbeteiligung und war zwischen dem stillen Gesellschafter und dem Inhaber des Handelsgewerbes vereinbart, dass die Verluste laufend gegen die Einlage gebucht wurden, sind die festgestellten und durchgebuchten Verluste von der geleisteten Einlage abzuziehen und nur der Differenzbetrag ist in der Überschuldungsbilanz zu passivieren. Die noch nicht durchgeführte (und auch noch nicht durchführbare) Verlustaufrechnung im Sinne des § 236 HGB wirkt sich im Rahmen der Erstellung der Überschuldungsbilanz noch nicht aus.[547]

3.4.7 Stichtag und Gliederung

Grundsätzlich kann eine Überschuldungsbilanz auf jeden beliebigen Stichtag erstellt werden.[548] Die konkrete Wahl eines Stichtages hängt von den Umständen ab, unter denen das zuständige Organ zu prüfen hat, ob eine Überschuldung vorliegt oder unter denen im Rahmen einer Ex-Post-Betrachtung z.B. im Rahmen von Haftungsprozessen das Bestehen oder Nichtbestehen einer Überschuldung von Bedeutung ist. Soweit die zuständigen Unternehmensorgane in der Krise das Vorliegen einer Überschuldung prüfen, ist darauf hinzuweisen, dass der aufgestellte Überschuldungsstatus nur eine Zeitpunktbetrachtung darstellt. D.h. auch wenn festgestellt sein sollte, dass (noch) keine Überschuldung besteht, ist in regelmäßigen Abständen eine wiederholte Prüfung vorzunehmen. Der Rhythmus, in dem dies zu erfolgen hat, hängt von den Umständen des Einzelfalls ab, insbesondere, welche Dynamik das Unternehmensumfeld hat und wie tief die Krise bereits fortgeschritten ist.

394

In der Praxis haben sich Stichtage auf das jeweilige Ende eines Monats bewährt, da hier regelmäßig leichter auf die Daten aus der Buchhaltung zurückgegriffen werden kann, als bei untermonatlichen Stichtagen.

Für die Gliederung einer Überschuldungsbilanz ist keine bestimmte Form vorgesehen, jedoch haben sich in der Praxis handelsbilanzähnliche Gliederungen bewährt. Häufig wird – geschuldet der Tatsache, dass regelmäßig bei der Ableitung einer Überschuldungsbilanz von einer zeitnah aufgestellten Handelsbilanz ausgegangen wird – der jeweilige Handelsbilanzwert mit dem Wert in der Überschuldungsbilanz verglichen und Abweichungen entsprechend erläutert.

---

546 Vgl. *Hopt*, in: Baumbach/Hopt, HGB, § 236 Rn. 1.
547 Vgl. *Uhlenbruck*, in: Schmidt/Uhlenbruck, Die GmbH in Krise, Sanierung und Insolvenz, 539.
548 Vgl. *Förschle/Hoffmann*, in: Budde/Förschle/Winkeljohann, Sonderbilanzen, 668.

4. Drohende Zahlungsunfähigkeit

4.1 Übersicht

395 Mit der Schaffung des Insolvenzgrundes „drohende Zahlungsunfähigkeit" kam der Gesetzgeber bei Einführung der neuen Insolvenzordnung einem Vorschlag der Kommission für Insolvenzrecht nach. Gemäß § 18 Abs. 2 InsO droht der Schuldner zahlungsunfähig zu werden, wenn er voraussichtlich nicht in der Lage sein wird, die bestehenden Zahlungspflichten im Zeitpunkt der Fälligkeit zu erfüllen. Der Insolvenzgrund gilt rechtsformübergreifend, steht also für natürliche und juristische Personen sowie für Personengesellschaften zur Verfügung.[549] Im Fall der drohenden Zahlungsunfähigkeit ist gemäß § 18 Abs. 1 InsO nur der Schuldner antragsberechtigt. Ein Fremdantrag kann auf diesen Insolvenzgrund somit nicht gestützt werden. Das Antragsrecht wird bei juristischen Personen und Gesellschaften ohne Rechtspersönlichkeit weiter dahingehend eingeschränkt, dass der Antrag entweder von allen Mitgliedern des zuständigen Vertretungsorgans bzw. allen persönlich haftenden Gesellschaftern und Abwicklern gestellt werden muss, zumindest aber von den vertretungsberechtigten Organmitgliedern. Dies dient nach der Begründung zum Gesetzesentwurf der Vermeidung von nicht ausreichend abgestimmten oder gar missbräuchlichen Insolvenzanträgen.

4.2 Zielsetzung

396 Das Hauptziel der Einführung des zusätzlichen Insolvenzgrundes „drohende Zahlungsunfähigkeit", bestand vor allem darin, die Chancen einer Sanierung zu erhöhen, in dem der Antrag zu einem frühen Zeitpunkt, in dem eben noch nicht Zahlungsunfähigkeit oder Überschuldung eingetreten ist, gestellt werden kann.[550] Der Schuldner kann den Antragsgrund insbesondere dann nutzen, wenn er beabsichtigt, zusammen mit dem Insolvenzantrag einen Insolvenzplan einzureichen.[551] Darüber hinaus wird darauf hingewiesen, dass der Tatbestand der drohenden Zahlungsunfähigkeit auch eine Lücke insbesondere im Bereich der natürlichen Person als Insolvenzschuldner füllt. Während Kapitalgesellschaften und denen gleichgestellte Personenhandelsgesellschaften bereits einen Antrag bei dem Vorliegen der einer Zahlungsunfähigkeit meist zeitlich vorausgehenden Überschuldung zu stellen haben, ist eine Antragstellung bei natürlichen Personen erst möglich, wenn Zahlungsunfähigkeit eingetreten ist. Dies ist jedoch oft für die Durchführung von Sanierungsbemühungen zu spät, da diese nach Eintritt der Zahlungsunfähigkeit aufgrund des weit vorangeschrittenen Verfalls des Schuldnervermögens wenig aussichtsreich sind. Hier ermöglicht der Tatbestand der drohenden Zahlungsunfähigkeit eine deutlich frühere Einleitung der sanierungsorientierten Handlungen im Rahmen eines Insolvenzverfahrens.[552]

---

[549] Vgl. *Smid*, in: Leonhardt/Smid/Zeuner, InsO, § 18 Rn. 2.
[550] Vgl. *Pape*, in: Kübler/Prütting/Bork, InsO, § 18 Rn. 3.
[551] Vgl. *Smid*, in: Leonhardt/Smid/Zeuner, InsO, § 18 Rn. 12.
[552] Vgl. *Smid*, in: Leonhardt/Smid/Zeuner, InsO, § 18 Rn. 3 f.

Trotz der einleuchtenden Zielsetzung wird beklagt, dass der Insolvenzgrund der drohenden Zahlungsunfähigkeit in der Praxis bislang nur wenig Bedeutung erlangt hat.[553] Vor dem Hintergrund der Tatsache, dass mit der Einleitung des Insolvenzverfahrens der Schuldner seiner Verfügungsmacht über sein Vermögen enthoben wird und er damit die Kontrolle für die weitere Entwicklung aus der Hand gibt, ist dies auch nicht wirklich verwunderlich.[554]

4.3 Feststellung der drohenden Zahlungsunfähigkeit

Nach der Auffassung des Instituts der Wirtschaftsprüfer[555] ist vom Vorliegen drohender Zahlungsunfähigkeit auszugehen, wenn nach der Finanzplanung absehbar ist, dass die Zahlungsmittel zur Erfüllung der fällig werdenden Zahlungsverpflichtungen nicht mehr ausreichen und dies durch finanzpolitische Dispositionen und Kapitalbeschaffungsmaßnahmen nicht mehr ausgeglichen werden kann. Zur Klärung der Frage, ob drohende Zahlungsunfähigkeit vorliegt, ist mithin eine Finanzplanung aufzustellen.[556] Soweit moniert wird, dass die Erstellung der Finanzplanung im Sinne einer Zahlungsunfähigkeitsprognose die Aufstellung von Planbilanzen und Plangewinn- und Verlustrechnungen erfordere[557] ist darauf hinzuweisen, dass dies keine rechtliche Vorgabe sondern lediglich Notwendigkeit im Rahmen der Erstellung einer handwerklich ordentlichen Finanzplanung ist. Im Übrigen wird auch zur Ableitung der Finanzplanung auf den vorstehenden Abschnitt zur Fortbestehensprognose verwiesen, soweit nicht nachfolgend besondere Ausführungen gemacht werden.

397

4.3.1 Prognosezeitraum

In der Literatur wird die Frage diskutiert, welcher Prognosehorizont der Finanzplanung zugrunde zu legen ist. Ausgangspunkt ist dabei in der Regel der Hinweis zur Begründung des Gesetzesentwurfs, wonach in die Prognose der Gesamtzeitraum bis zur Fälligkeit aller bestehenden Verbindlichkeiten mit einzubeziehen ist.[558] Dies können im Zweifel extrem lange Zeiträume sein, so dass der Begründung nicht uneingeschränkt gefolgt wird.[559] Es werden Prognosezeiträume von 1 bis 2 Jahren vorgeschlagen.[560] Es sind jedoch keine Gründe erkennbar, warum für die Prognose der drohenden Zahlungsunfähigkeit andere Zeithorizonte anzusetzen sein sollen, als bei der Fortbe-

398

---

553 Vgl. *Uhlenbruck/Gundlach,* in: Gottwald, Insolvenzrechts-Handbuch, § 6 Rn. 17; vgl. auch Übersicht bei *Greil/Herden,* Drohende Zahlungsunfähigkeit und Fortbestehensprognose, Zugleich Rechtfertigung eines Insolvenzeröffnungstatbestandes, ZInsO 2011, 109, 110f.
554 Vgl. *Uhlenbruck/Gundlach,* in: Gottwald, Insolvenzrechts-Handbuch, § 6, Rn. 17.
555 Vgl. IDW PS 800, Rn. 16, WPg 2009, Supplement 2.
556 Vgl. *Uhlenbruck,* in: Uhlenbruck, InsO, § 18 Rn. 6f.
557 Vgl. *Uhlenbruck,* in: Uhlenbruck, InsO, § 18 Rn. 6f.
558 Vgl. *Uhlenbruck,* Das neue Insolvenzrecht, 318.
559 Vgl. *Drukarczyk,* in: MüKo-InsO, § 18 Rn. 50.
560 Vgl. *Uhlenbruck/Gundlach,* in: Gottwald, Insolvenzrechts-Handbuch, § 6 Rn. 19.

stehensprognose im Rahmen der Überschuldungsprüfung. Diese erstreckt sich bis zum Ende des folgenden Geschäftsjahres.

4.3.2 Wahrscheinlichkeitsmaßstab

399 Nach dem Wortlaut des Gesetzes liegt drohende Zahlungsunfähigkeit vor, wenn der Schuldner voraussichtlich nicht in der Lage sein wird, die bestehenden Zahlungspflichten im Zeitpunkt der Fälligkeit zu erfüllen. Hieraus wird geschlossen, dass die Wahrscheinlichkeit des Eintritts der Zahlungsunfähigkeit wahrscheinlicher sein muss, als der Nichteintritt.[561] Ob dies in der Praxis so genau gemessen werden kann, dass eine mathematisch berechenbare Mindestwahrscheinlichkeit von 50 % nachweislich überschritten wird[562], muss bezweifelt werden, denn denkbare Verläufe möglicher zukünftiger Unternehmensentwicklungen weisen praktisch eine unüberschaubare Anzahl von Möglichkeiten auf, denen keine Wahrscheinlichkeiten im mathematisch statistischen Sinne zugeordnet werden können. Mithin wird ein Antrag wegen drohender Zahlungsunfähigkeit gerechtfertigt sein, wenn mehr Gründe für als gegen den Eintritt der Zahlungsunfähigkeit sprechen.

4.3.3 Einzubeziehende Zahlungsverpflichtungen

400 Nach dem Wortlaut des Gesetzes droht Zahlungsunfähigkeit, wenn der Schuldner voraussichtlich nicht in der Lage sein wird, die bestehenden Zahlungspflichten im Zeitpunkt der Fälligkeit zu erfüllen. In diesem Zusammenhang wird die Frage gestellt, ob es sich bei den vom Gesetz gemeinten Zahlungspflichten um diejenigen handelt, die im Zeitpunkt der Antragstellung bestehen oder auch um diejenigen Zahlungspflichten, die erst zukünftig entstehen. Der Wortlaut des Gesetzes lässt beide Interpretationen zu. Die Literatur tendiert wohl zu der Auffassung, dass noch nicht begründete Zahlungsverpflichtungen bei der Feststellung der drohenden Zahlungsunfähigkeit nicht zu berücksichtigen seien.[563] Dies wird zum Teil auf Schwierigkeiten, die durch eine im anderen Fall ausufernde Finanzplanungsrechnung befürchtet werden, gestützt.[564] Dieser einschränkenden Auffassung wird hier nicht gefolgt. Eine zukünftig eintretende Zahlungsunfähigkeit kann durch jedwede im zukünftigen Zeitpunkt nicht mehr erfüllbare Zahlungsverpflichtung ausgelöst werden, egal, ob sie zum Gegenwartszeitpunkt bereits Bestand hatte oder nicht. Entscheidend ist, dass sich aus der Finanzplanung des Unternehmens oder des Schuldners ergibt, dass mit hinreichender Wahrscheinlichkeit zu einem in der Zukunft liegenden Zeitpunkt die zu diesem Zeitpunkt bestehenden Verbindlichkeiten nicht vollständig beglichen werden können. Eine andere Interpretation wäre auch gemessen am Zweck des Insolvenzgrundes der drohenden Zahlungsunfähigkeit, nämlich der Ermöglichung einer Insolvenzantragstellung zu einem möglichst frühen Zeitpunkt,

---

561 Vgl. WP-Handbuch 2008, Bd. II, 879.
562 Vgl. insoweit *Drukarczyk*, in: MüKo-InsO, § 18, Rn. 32 f.
563 Vgl. *Uhlenbruck*, in: Uhlenbruck, InsO, § 18, Rn. 5.
564 Vgl. *Burger/Schellberg*, Die Auslösetatbestände im neuen Insolvenzrecht, BB 1995, 261.

zu dem bereits absehbar ist, dass zukünftig Zahlungsunfähigkeit mit überwiegender Wahrscheinlichkeit eintreten wird, nicht vertretbar. In die Betrachtung mit einzubeziehen sind somit nicht nur die bereits vorhandenen Verbindlichkeiten sondern auch solche, die demnächst rechtlich oder wirtschaftlich entstehen.[565]

4.4 Abgrenzung zur Überschuldung

401 Der Tatbestand der drohenden Zahlungsunfähigkeit überschneidet sich mit dem Tatbestand der Überschuldung gemäß § 19 Abs. 2 InsO. Für Rechtsträger, bei denen auch die Überschuldung einen Insolvenzgrund darstellt, würde die drohende Zahlungsunfähigkeit in verschiedenen Fallkonstellationen mit der Überschuldung einhergehen. Denn im Rahmen der Überschuldungsprüfung ist eine Fortbestehensprognose anzustellen. Wie im vorstehenden Abschnitt dargestellt, basiert die Fortbestehensprognose auf einer Finanzplanung. Die Fortbestehensprognose ist positiv, wenn im Prognosezeitraum keine Zahlungsunfähigkeit eintritt und nach Ende des Prognosezeitraumes, der der konkreten Finanzplanung zugrunde gelegt wird, keine Umstände absehbar sind, die zu einem danach liegenden Zeitpunkt die Zahlungsunfähigkeit wahrscheinlich erscheinen lassen.

Eine negative Fortführungsprognose wird also regelmäßig inhaltlich mit dem Vorliegen einer drohenden Zahlungsunfähigkeit gleichzusetzen sein. Unterschiede könnten sich in zeitlicher Hinsicht ergeben, wenn die Prüfung der drohenden Zahlungsunfähigkeit einen anderen Planungshorizont hätte, als die Fortbestehensprognose, was nach der hier vertretenen Auffassung jedoch nicht der Fall ist.[566] Unter der Gültigkeit des Finanzmarktstabilisierungsgesetzes beschränkt sich der Tatbestand der drohenden Zahlungsunfähigkeit somit für Schuldner, die auch dem Insolvenzgrund Überschuldung unterliegen, auf die Fälle, in denen bei Bewertung zu Liquidationswerten keine Überschuldung vorliegt, gleichwohl jedoch eine negative Fortbestehensprognose zu stellen ist.[567]

402 Fallkonstellationen, bei denen nach Überschuldungsprüfung eine positive Fortführungsprognose zu stellen ist, im Rahmen der Prüfung der drohenden Zahlungsunfähigkeit jedoch eine negative Prognose, weil der Prognosezeitraum im Rahmen der Prüfung der drohenden Zahlungsunfähigkeit länger ist als der Prognosezeitraum im Rahmen der Prüfung der Überschuldung, wie von *Drukarczyk*[568] angenommen, können nach der hier vertretenen Auffassung wegen der Identität der Prognosezeiträume nicht eintreten.

---

565 Vgl. WP-Handbuch 2008, Bd. II, 878 f.
566 Vgl. anderer Ansicht offenbar *Drukarczyk*, in: MüKo-InsO, § 18, Rn. 56.
567 Vgl. *Drukarczyk*, in: MüKo-InsO, § 18, Rn. 55 f.
568 Vgl. *Drukarczyk*, in: MüKo-InsO, § 18, Rn. 55 f.

Kapitel 2
Das Amt des vorläufigen Insolvenzverwalters

1. Allgemeines

403 Das Insolvenzgericht kann gemäß § 21 Abs. 1, Abs. 2 Nr. 1 InsO bereits vor der Eröffnung des Insolvenzverfahrens einen vorläufigen Insolvenzverwalter zur Sicherung der künftigen Insolvenzmasse bestellen. Durch das Gesetz zur Erleichterung der Sanierung von Unternehmen (ESUG) wurde die Überschrift des § 21 InsO von „Sicherungsmaßnahmen" in „Anordnung vorläufiger Maßnahmen" geändert.

404 Ein Beschluss, durch den eine der in § 21 Abs. 2 Nr. 2 InsO vorgesehenen Verfügungsbeschränkungen angeordnet und ein vorläufiger Insolvenzverwalter bestellt wird, ist gemäß § 23 InsO öffentlich bekanntzumachen. Die öffentliche Bekanntmachung erfolgt gemäß § 9 InsO durch eine zentrale und länderübergreifende Veröffentlichung im Internet unter der Domain www.insolvenzbekanntmachungen.de. Er ist dem Schuldner, Personen, die Verpflichtungen gegenüber dem Schuldner haben, und dem vorläufigen Insolvenzverwalter zuzustellen. Die Anordnung einer vorläufigen Verwaltung wird zudem im Handels-, Genossenschafts-, Partnerschafts- oder Vereinsregister eingetragen. Ferner erfolgt eine Eintragung der Verfügungsbeschränkung im Grundbuch, im Schiffsregister, im Schiffsbauregister und im Register über Pfandrechte an Luftfahrzeugen.

405 Zur Sicherung des schuldnerischen Vermögens und zur Ermöglichung der Fortführung eines Unternehmens kann das Gericht Vollstreckungsschutz für das bewegliche Vermögen des Schuldners gemäß § 21 Abs. 2 Nr. 3 InsO anordnen. Für unbewegliche Gegenstände kommt ein Antrag des vorläufigen Verwalters auf einstweilige Einstellung der Zwangsvollstreckung in unbewegliches Vermögen des Schuldners in Betracht, § 30d Abs. 4 ZVG.

406 Gemäß § 21 Abs. 2 Nr. 5 InsO kann das Gericht zudem Eingriffe in Aus- und Absonderungsrechte von Gläubigern dergestalt ermöglichen, dass Gegenstände, die im Falle der Eröffnung des Verfahrens von § 166 InsO (Verwertung beweglicher Gegenstände, an denen ein Absonderungsrecht besteht) erfasst würden oder deren Aussonderung verlangt werden könnte, vom Gläubiger nicht verwertet oder eingezogen werden dürfen und dass solche Gegenstände zur Fortführung des Unternehmens des Schuldners einge-

setzt werden können, soweit sie hierfür von erheblicher Bedeutung sind. In diesem Fall ist ein durch die Nutzung eingetretener Wertverlust durch laufende Zahlungen an den Gläubiger auszugleichen. Die Verpflichtung zu Ausgleichszahlungen besteht jedoch nur, soweit der durch die Nutzung entstehende Wertverlust die Sicherung des absonderungsberechtigten Gläubigers beeinträchtigt. Zieht der vorläufige Insolvenzverwalter eine zur Sicherung eines Anspruchs abgetretene Forderung anstelle des Gläubigers ein, so gelten die §§ 170, 171 InsO (Verteilung des Erlöses, Kostenbeiträge) entsprechend. Diese durch das Gesetz zur Vereinfachung des Insolvenzverfahrens eingeführte Regelung, die für alle nach dem 01.07.2007 eröffneten Verfahren Anwendung findet, dient dem Zweck der Zusammenhaltung des schuldnerischen Vermögens zur Erhaltung der Sanierungschancen und bestmöglichen Verwertung von Vermögensgegenständen.[569]

1.1 Normzweck

Im bisherigen deutschen Konkurs-, Vergleichs- und Gesamtvollstreckungsrecht ist § 22 InsO, Rechtsstellung des vorläufigen Verwalters, ohne Vorbild. Die Regelung dient der Normierung einer von Rechtsprechung und Literatur bereits unter Geltung der Konkursordnung entwickelten Praxis.[570]

407

Zweck der Regelung ist es insbesondere, dem Schuldner bzw. Dritten masseschädigende Vermögensverschiebungen zum Nachteil der Gläubiger schon vor der Eröffnung des Verfahrens unmöglich zu machen.[571] Weiterhin ist es Aufgabe des vorläufigen Verwalters die Vermögensverhältnisse des Schuldners zu erkunden.[572] Als weiterer Zweck wird das Interesse des Schuldners an der Bestandserhaltung seines Vermögens angeführt, da über einen Insolvenzantrag noch nicht entschieden wurde.[573]

1.2 Bestellung des vorläufigen Insolvenzverwalters

Die Bestellung des vorläufigen Insolvenzverwalters erfolgt nach § 21 Abs. 1, Abs. 2 Nr. 1 InsO durch das Insolvenzgericht. § 21 Abs. 1 InsO enthält eine Art Generalklausel, welche es dem Gericht ermöglicht, die Maßnahmen zu treffen, die im jeweiligen Einzelfall erforderlich sind, um eine Verschlechterung der Vermögenslage des Schuldners zu verhindern.[574] § 21 Abs. 2 InsO führt beispielhaft die wichtigsten Maßnahmen auf.

408

Die Bestellung eines vorläufigen Insolvenzverwalters setzt zunächst das Vorliegen eines ordnungsgemäß gestellten und voraussichtlich zulässigen Antrages auf Insolvenzverfahrenseröffnung voraus. Die Zulässigkeitsprüfung wird dabei auf den Ausschluss missbräuchlicher bzw. offensichtlich rechts-

---

569 *Schmerbach*, in: FK-InsO, § 21, Rn. 236.
570 *Kind*, in: Braun, InsO, § 22 Rn. 1; *Haarmeyer*, in: MüKo-InsO, § 22, Rn. 4 ff.
571 *Thiemann*, in: Leonhardt/Smid/Zeuner, InsO, § 21 Rn. 50.
572 *Becker*, in: Insolvenzrecht, § 15, Rn. 698.
573 *Pohlmann*, 50 Rn. 94 f.; *Unterbusch*, 65.
574 *Schmerbach*, in FK-Inso, § 21, Rn. 9.

Teil 2 Materielles Insolvenzrecht

widriger Anträge beschränkt.[575] Es gilt der Amtsermittlungsgrundsatz, § 5 Abs. 1 Satz 1 InsO.

409 Dem Gericht kommt kein Ermessensspielraum zu, ob es überhaupt eine Entscheidung über den Erlass einer Sicherungsmaßnahme trifft. Das Gericht steht vielmehr unter Entscheidungszwang. Eine Anordnung hat demnach zwingend zu erfolgen, wenn sie erforderlich erscheint.[576] Bei der Wahl des erforderlichen Sicherungsmittels entscheidet das Gericht nach pflichtgemäßem Ermessen.[577] Das Ermessen wird begrenzt durch das allgemein zu beachtende Gebot der Verhältnismäßigkeit. Das Sicherungsmittel muss zur Erreichung des Sicherungszwecks geeignet, notwendig und das relativ mildeste Mittel sein.[578]

410 § 21 Abs. 2 Nr. 1 InsO verweist bezüglich der Auswahl des vorläufigen Insolvenzverwalters auf § 56 InsO. Zum vorläufigen Insolvenzverwalter ist demnach eine für den jeweiligen Einzelfall geeignete, insbesondere geschäftskundige und von den Gläubigern und dem Schuldner unabhängige natürliche Person aus dem Kreis aller zur Übernahme von Insolvenzverwaltungen bereiten Personen zu bestellen. Grundvoraussetzung für die Bestellung ist eine fundierte wirtschaftliche und rechtliche Ausbildung. § 56 Abs. 1 InsO wurde durch das ESUG dahingehend ergänzt, dass nach Nr. 1 die erforderliche Unabhängigkeit nicht schon dadurch ausgeschlossen ist, dass die Person vom Schuldner oder Gläubiger vorgeschlagen wird. Mit dieser Neuregelung wird klargestellt, dass Vorschläge für die Person des vorläufigen Verwalters ausdrücklich zulässig sind und nicht, wie bisher in der Praxis überwiegend gehandhabt, per se zu einer Disqualifizierung dieser Person für das Amt des vorläufigen Verwalters führen. Auch wenn die Person den Schuldner vor dem Eröffnungsantrag in allgemeiner Form über den Ablauf eines Insolvenzverfahrens und dessen Folgen beraten hat, führt dies nach § 56 Abs. 1 Nr. 2 InsO nicht zu einer die Bestellung ausschließenden fehlenden Unabhängigkeit. Im Gesetzgebungsverfahren für das ESUG war ferner eine Ziffer 3 geplant, wonach auch der Verfasser eines Insolvenzplanes als unabhängig gelten soll. Aus der Streichung dieser Regelung durch den Rechtsausschuss ist jedoch nicht abzuleiten, dass der Planersteller nie unabhängig sei, vielmehr müsse dies im Einzelfall geklärt werden.[579]

411 Der vorläufige Insolvenzverwalter muss die Übernahme des Amtes erklären, da auch eine Ablehnung möglich ist.[580] Er erhält gemäß § 56 Abs. 2 InsO eine Urkunde über seine Bestellung, die er bei Beendigung seines Amtes an das Gericht zurückreichen muss.

---

575 *Haarmeyer*, in: MüKo-InsO, § 21, Rn. 15 f.
576 *Thiemann*, in: Leonhardt/Smid/Zeuner, InsO, § 21, Rn. 12; *Smid*, Struktur und systematischer Gehalt des deutschen Insolvenzrechts in der Judikatur des IX Zivilsenats des Bundesgerichtshofs, DZWIR 2004, 6.
577 BGH, B. v. 01.12.2005 – IX ZB 208/05, ZInsO 2006, 267; Smid, Struktur und systematischer Gehalt des deutschen Insolvenzrechts in der Judikatur des IX Zivilsenats des Bundesgerichtshofs, DZWIR 2004, 6.
578 *Haarmeyer*, in: MüKo-InsO, § 21, Rn. 23.
579 BT-Drucks. 17 (6) 131 neu 21.10.2011, 37.
580 *Schmerbach*, in: FK-InsO, § 21, Rn. 75; OLG Düsseldorf, B. v. 26.10.1992 – 3 W 383/92, ZIP 1993, 135.

Kapitel 2   Das Amt des vorläufigen Insolvenzverwalters

Die Rechtsstellung des vorläufigen Insolvenzverwalters ist in § 22 InsO detailliert normiert. Das Insolvenzgericht kann dem vorläufigen Verwalter zudem die Zustellungen übertragen, § 8 Abs. 3 InsO. Gegen die Anordnung einer vorläufigen Verwaltung steht dem Schuldner das Rechtsmittel der sofortigen Beschwerde zu, § 21 Abs. 1 Satz 2 InsO.   *412*

1.3 Bestellung eines vorläufigen Gläubigerausschusses

Das Gesetz zur weiteren Erleichterung der Sanierung von Unternehmen (ESUG), welches zum 01.03.2012 in Kraft trat, ermächtigt das Gericht auch einen vorläufigen Gläubigerausschuss einzusetzen, §§ 21 Abs. 1, 2 Nr. 1a, 22a InsO. Diesem kommen u.a. weitreichende Vorschlagsrechte bei der Bestellung des bei Verfahrenseröffnung einzusetzenden Insolvenzverwalters zu, § 56a InsO. Durch die Bestellung eines vorläufigen Gläubigerausschusses soll der Einfluss der Gläubiger auf die Verfahrensabwicklung bereits unmittelbar nach dem Eröffnungsantrag[581] beginnen.[582]   *413*

Die Einsetzung des vorläufigen Gläubigerausschusses sollte zeitnah nach dem Vorliegen eines Eröffnungsantrages erfolgen. Zu diesem Zweck sollten mit dem Eröffnungsantrag bereits Personen benannt werden, die als Mitglieder des Gläubigerausschusses in Betracht kommen und deren Einverständniserklärung beigefügt werden, § 22a Abs. 2, 4 InsO. Die Neuregelungen können in der Praxis für die Insolvenzgerichte zu Problemen führen, wenn beispielsweise Auskünfte vom Schuldner nicht ordnungsgemäß erteilt werden. Erforderlich ist eine optimale Vorbereitung des Insolvenzantrages, so ist dem Antrag des Schuldners zwingend ein Verzeichnis der Gläubiger und Drittschuldner beizufügen, § 13 Abs. 1 InsO. Wird die Einsetzung eines vorläufigen Gläubigerausschusses beantragt oder ein Antrag auf Eigenverwaltung gestellt, sind gemäß § 13 Abs. 1 InsO in den Verzeichnissen der Gläubiger die höchsten Forderungen, die höchsten gesicherten Forderungen, die Forderungen der Finanzverwaltung, die Forderungen der Sozialversicherungsträger sowie die Forderungen aus betrieblicher Altersversorgung zwingend besonders kenntlich zu machen. Dem Verzeichnis und den Angaben zu den Forderungen der zuvor aufgeführten Gläubigergruppen ist eine Erklärung beizufügen, dass die Angaben richtig und vollständig sind. Ein Verstoß gegen diese Formvorschriften dürfte den Eröffnungsantrag unrichtig machen, was eine mit Strafe bedrohte Verletzung der Pflicht zur Stellung eines Eröffnungsantrages, § 15a InsO, nach sich ziehen könnte.   *414*

Die Bestellung eines vorläufigen Gläubigerausschusses hat zwingend zu erfolgen, wenn der Schuldner im vorangegangenen Geschäftsjahr mindestens zwei der drei in § 22a Abs. 1 Nr. 1–3 InsO aufgeführten Merkmale erfüllt hat: *415*

- Nr. 1 sieht als Schwellenwert eine Bilanzsumme nach Abzug eines auf der Aktivseite ausgewiesenen Fehlbetrages im Sinne des § 268 Abs. 3 HGB von mindestens 4.840.000 € vor,

---

581 So wird seit Inkrafttreten des ESUG der Insolvenzantrag bezeichnet, § 13 InsO.
582 BT-Drucks. 17 (6) 21 Abs. 2, 21.10.2011, 33.

Teil 2 Materielles Insolvenzrecht

- Nr. 2 fordert Umsatzerlöse in den letzten zwölf Monaten vor dem Abschlussstichtag von mindestens 9.680.000 € und
- Nr. 3 verlangt die Beschäftigung von mindestens fünfzig Arbeitnehmern im Jahresdurchschnitt.

Für die Insolvenzgerichte wird die Überprüfung dieser Angaben in der Praxis erhebliche Probleme aufwerfen. Die erforderlichen Angaben beziehen sich auf das vorangegangene Geschäftsjahr, unklar ist beispielsweise, was ist, wenn eine Bilanz für das vorangegangene Geschäftsjahr nicht vorliegt.

416 Sind die Schwellenwerte des § 22a Abs. 1 Nr. 1–3 InsO nicht erfüllt, besteht die Möglichkeit, dass das Gericht im Rahmen seiner Ermessensentscheidung dennoch einen vorläufigen Gläubigerausschuss bestellt.[583] Gemäß § 22a Abs. 2 InsO erfordert dies einen entsprechenden Antrag des Schuldners, des vorläufigen Insolvenzverwalters oder eines Gläubigers. Die Einsetzung kommt nicht in Betracht, wenn der Geschäftsbetrieb des Schuldners bereits eingestellt ist, die Einsetzung eines vorläufigen Gläubigerausschusses im Hinblick auf die zu erwartende Insolvenzmasse unverhältnismäßig ist oder die mit der Einsetzung des vorläufigen Gläubigerausschusses verbundene Verzögerung zu einer nachteiligen Vermögenslage des Schuldners führt, § 22a Abs. 3 InsO. Die Regelung des § 22a Abs. 2 InsO kann in der Praxis insbesondere auch für Schuldner relevant werden, die nicht unternehmerisch tätig sind.

417 Ein Rechtsmittel gegen die Ablehnung bzw. Nichtbestellung eines vorläufigen Gläubigerausschusses sieht das Gesetz nicht vor.

418 Die Zusammensetzung des vorläufigen Gläubigerausschusses soll gemäß §§ 21 Abs. 2 Nr. 1a, 67 Abs. 2 InsO aus folgenden Gläubigergruppen bestehen:

- absonderungsberechtigte Gläubiger, §§ 49–51 InsO,
- Insolvenzgläubiger mit den größten Forderungen,
- Kleingläubiger und
- Arbeitnehmer.

Der Gläubigerausschuss sollte aus drei bis fünf Personen bestehen.

419 Die Regelungen zum Gläubigerausschuss in §§ 69 bis 73 InsO gelten für den vorläufigen Gläubigerausschuss wegen der Verweisung in § 21 Abs. 2 Nr. 1a InsO entsprechend. Die Mitglieder des vorläufigen Gläubigerausschusses treffen insbesondere die originären Aufgaben der Unterstützung und Überwachung des vorläufigen Insolvenzverwalters sowie die Buchprüfung.

420 Darüber hinaus kommt ihm gemäß § 56a InsO eine erhebliche Mitwirkung bei der Verwalterbestellung zu. Hier sieht der Gesetzgeber drei Varianten vor:

- Abs. 1 InsO normiert ein Anhörungsrecht vor Bestimmung des Verwalters dergestalt, dass dem vorläufigen Gläubigerausschuss Gelegenheit zu geben ist, vor der Bestellung eines Insolvenzverwalters sich zu den Anforderungen, die an den Verwalter zu stellen sind, und zur Person des Verwalters zu äußern, soweit dies nicht offensichtlich zu einer nachteiligen Veränderung der Vermögenslage des Schuldners führt.

---
583 BT-Drucks. 17 (6) 22a, 21.10.2011, 33.

- Abs. 2 räumt dem vorläufigen Gläubigerausschuss die Möglichkeit ein, einen einstimmigen Vorschlag zur Person des Verwalters abzugeben. Das Insolvenzgericht darf von diesem Vorschlag nur abweichen, wenn die vorgeschlagene Person für die Übernahme des Amtes als Insolvenzverwalter nicht geeignet ist. Das Gericht hat bei der Auswahl des Verwalters die vom vorläufigen Gläubigerausschuss beschlossenen Anforderungen an die Person des Verwalters zugrunde zu legen.
- Abs. 3 InsO räumt dem vorläufigen Gläubigerausschuss schließlich die Möglichkeit ein, in seiner ersten Sitzung einstimmig eine andere Person als die Bestellte zum Insolvenzverwalter zu wählen. Dies gilt für die Fälle, in denen das Gericht mit Rücksicht auf eine nachteilige Veränderung der Vermögenslage des Schuldners von einer Anhörung des vorläufigen Gläubigerausschusses nach § 56a Abs. 1 InsO abgesehen hatte.

§ 21 Abs. 2 Nr. 1 InsO verweist auf § 56a InsO. Mithin gelten die Regelungen zur Beteiligung des vorläufigen Gläubigerausschusses bei der Verwalterbestellung auch für das Eröffnungsverfahren. Die Umsetzung der Beteiligungsrechte des vorläufigen Gläubigerausschusses wird die Insolvenzgerichte in der Praxis vor erhebliche Umsetzungsprobleme stellen. *421*

Das Amt des vorläufigen Gläubigerausschusses endet mit Eröffnung des Insolvenzverfahrens, da § 21 Abs. 2 Nr. 1a InsO nicht auf §§ 67 Abs. 1, 68 InsO verweist. *422*

Die Vergütung erfolgt pauschal nach § 17 Abs. 2 InsVV. *423*

1.4 Aufsicht durch das Insolvenzgericht

Gemäß § 21 Abs. 2 Nr. 1 InsO gilt die Vorschrift des § 58 InsO auch für den vorläufigen Verwalter. Der Insolvenzverwalter steht unter der Aufsicht des Insolvenzgerichts. Es findet zu diesem Zeitpunkt mit Ausnahme des Sonderfalles der Einsetzung eines vorläufigen Gläubigerausschusses regelmäßig keine Überwachung durch Gläubiger statt, sodass das Insolvenzgericht dann das einzige Kontrollorgan ist. Demzufolge kommt dem Gericht eine (verglichen mit der Situation beim endgültigen Verwalter) gesteigerte Aufsichtspflicht zu.[584] *424*

1.5 Zwangsbefugnisse

Gemäß § 22 Abs. 3 InsO hat der vorläufige Insolvenzverwalter besondere Befugnisse. Nach Satz 1 ist er berechtigt, die Geschäftsräume des Schuldners zu betreten, um dort Nachforschungen anzustellen. Von diesem Nachforschungsrecht sind alle tatsächlichen und rechtlichen Verhältnisse umfasst, die mit der beantragten Insolvenz bzw. der Fortführung des Geschäftsbetriebes in Zusammenhang stehen. Für Wohnräume gilt die Vorschrift nur, sofern in diesen auch ein Teil des Geschäftsbetriebes stattfindet.[585] Insoweit wird *425*

---

584 *Schmerbach*, in: FK-InsO, § 21, Rn. 82.
585 *Uhlenbruck*, in: Uhlenbruck, InsO, § 22, Rn. 211, *Kirchhof*, in: HK, § 22, Rn. 63; nach a. A. bedarf es zum Betreten von Wohnräumen zusätzlich einer richterlichen Anordnung gemäß § 758a Abs. 1, 1 ZPO, so z. B. *Mönning*, in: Nerlich/Römermann, InsO, § 22, Rn. 244.

das Grundrecht aus Art. 13 GG (Unverletzlichkeit der Wohnung) eingeschränkt. Allerdings stellt die Norm gleichzeitig eine Anordnung im Sinne von Art. 13 Abs. 2 GG dar, wodurch der Eingriff verfassungsrechtlich gerechtfertigt ist.

Gemäß § 22 Abs. 3 Satz 2 InsO darf der vorläufige Verwalter Bücher und Geschäftspapiere des Schuldners einsehen. Dies gilt auch für EDV-Datenträger. Die Einsichtnahme hat grundsätzlich dort stattzufinden, wo sich die entsprechenden Sachen befinden.[586] Sofern die Unterlagen im Rahmen strafrechtlicher Ermittlungen beschlagnahmt wurden, kann der vorläufige Verwalter Einsicht verlangen.[587]

426 Um diese Befugnisse zwangsweise durchzusetzen bedarf es einer Anrufung des Insolvenzgerichtes. Die Anordnung ist zugleich Vollstreckungstitel im Sinne von § 794 Abs. 1 Nr. 3 ZPO.

427 Nach §§ 21 Abs. 3, 22 Abs. 3, 97 bis 99 InsO hat der Schuldner dem vorläufigen Verwalter alle erforderlichen Auskünfte zu erteilen. Die Auskunftspflicht umfasst alle Tatsachen, die in Zusammenhang mit der beantragten Insolvenz stehen. Dies gilt wegen der Verweisung auf § 97 Abs. 1 Satz 2 InsO selbst dann, wenn diese Tatsachen geeignet sind, eine Ordnungswidrigkeiten- oder strafrechtliche Verfolgung herbeizuführen. Der Schuldner hat den vorläufigen Verwalter zudem bei der Erfüllung von dessen Aufgaben zu unterstützen. Weiterhin hat der Schuldner eine Bereitschaftspflicht aus § 97 Abs. 3 Satz 1 InsO, sodass er sich zwecks Auskunftserteilung jederzeit zur Verfügung stellen muss.

428 Die Auskunftspflicht gilt auch für den organschaftlichen Vertreter eines schuldnerischen Unternehmens. Ist der Schuldner keine natürliche Person, so gelten gemäß § 101 InsO die §§ 97–99 InsO entsprechend für die Mitglieder des Vertretungs- oder Aufsichtsorgans und die vertretungsberechtigten persönlich haftenden Gesellschafter des Schuldners. Die Regelungen der §§ 97 Abs. 1, 98 InsO gelten außerdem entsprechend für Personen, die nicht früher als zwei Jahre vor dem Eröffnungsantrag aus einer der vorgenannten Stellung ausgeschieden sind. Verfügt der Schuldner über keinen Vertreter, gilt dies auch für die Personen, die an ihm beteiligt sind. § 97 Abs. 1 Satz 1 InsO gilt entsprechend für Angestellte und frühere Angestellte des Schuldners, sofern diese nicht früher als zwei Jahre vor dem Eröffnungsantrag ausgeschieden sind.

429 Gemäß § 98 InsO kann das Insolvenzgericht, wenn es zur Herbeiführung wahrheitsgemäßer Aussagen erforderlich erscheint, anordnen, dass der Schuldner zu Protokoll an Eides Statt versichert, er habe die von ihm verlangte Auskunft nach bestem Wissen und Gewissen richtig und vollständig erteilt. Das Gericht kann den Schuldner nach § 98 Abs. 2 InsO zwangsweise vorführen und nach Anhörung in Haft nehmen lassen.

430 Das Gericht kann zudem gemäß § 99 InsO durch Beschluss anordnen, dass, soweit dies erforderlich erscheint, um nachteilige Rechtshandlungen des Schuldners aufzuklären oder zu verhindern, bestimmte oder alle Postsendungen für den Schuldner dem vorläufigen Verwalter von den Post-

---

586 *Kirchhof*, in: HK, § 22, Rn. 65.
587 *Uhlenbruck*, in: Uhlenbruck, InsO, § 22, Rn. 212.

dienstleistern zuzuleiten sind. Die Anordnung ergeht nach Anhörung des Schuldners, sofern dadurch nicht wegen besonderer Umstände des Einzelfalls der Zweck der Anordnung gefährdet wird. Der vorläufige Verwalter ist berechtigt, die ihm zugeleiteten Sendungen zu öffnen. Sendungen, deren Inhalt nicht die Insolvenzmasse betrifft, hat der vorläufige Verwalter dem Schuldner unverzüglich zuzuleiten. Für die übrigen Sendungen steht dem Schuldner ein Einsichtsrecht zu, § 99 Abs. 2 InsO.

1.6 Beendigung der vorläufigen Verwaltung

Regelmäßig endet die vorläufige Verwaltung mit der Eröffnung des Insolvenzverfahrens, § 27 InsO, dann treten die Sicherungsmaßnahmen automatisch außer Kraft.[588] Endet die vorläufige Verwaltung mit der Rücknahme des Insolvenzantrages, der Erledigung bzw. der Abweisung des Insolvenzantrages werden die Sicherungsmaßnahmen durch gesonderten Beschluss aufgehoben. Die Sicherungsmaßnahmen können aber auch jederzeit im Eröffnungsverfahren, z.B. bei Wegfall des Sicherungsbedürfnisses, aufgehoben werden, § 25 InsO. Wird eine vorläufige Verwaltung aufgehoben, bei der die Verfügungsbefugnis auf den vorläufigen Verwalter übergegangen war, ist dem vorläufigen Verwalter gemäß § 25 Abs. 2 InsO zunächst die Möglichkeit einzuräumen, aus dem Vermögen des Schuldners die entstandenen Kosten zu berichtigen und Masseverbindlichkeiten zu erfüllen. Die Bekanntmachung der Aufhebung erfolgt entsprechend § 23 InsO.

Gemäß §§ 21 Abs. 2 Nr. 1, 59 InsO ist auch eine vorzeitige Entlassung aus wichtigem Grund möglich. Gemäß § 59 Abs. 1 Satz 2 InsO kann die Entlassung von Amts wegen oder auf Antrag des Verwalters geschehen (eine Entlassung auf Antrag der Gläubigerversammlung kommt beim vorläufigen Verwalter nicht in Betracht, da im Eröffnungsverfahren noch keine Gläubigerversammlung existiert).

Ein solcher wichtiger Grund liegt beispielsweise vor, wenn der vorläufige Verwalter seine Pflichten schuldhaft nicht erfüllt oder sich als ungeeignet erweist. Denkbare Entlassungsgründe sind weiterhin Interessenkollisionen, Überlastung und Unerreichbarkeit.[589]

Die Entlassung ist stets ultima ratio. Eine Entlassung auf Grund eines bösen Scheins oder bloßer Verdachtsmomente ist nicht zulässig.[590]

Auch nach Beendigung der vorläufigen Verwaltung bleiben die Maßnahmen des vorläufigen Verwalters analog § 34 Abs. 3 Satz 3 InsO wirksam.[591]

Mit Beendigung seines Amtes trifft den vorläufigen Verwalter entsprechend § 66 InsO die Pflicht, Rechnung zu legen.

---

588 *Kirchhof*, in: HK, § 21 Rn. 56.
589 *Schmittmann*, Rechtsprechungsübersicht zur Entlassung des (vorläufigen) Insolvenzverwalters von Amts wegen, NZI 2004, 239.
590 LG Halle, B. v. 22.10.1993 – 2 T 247/93, ZIP 1993, 1739 (nicht rechtskräftig).
591 *Schröder*, in: HmbK, § 22, Rn. 210; *Kirchhof*, in: HK, § 22, Rn. 74.

1.7 Haftung

433 Für den vorläufigen Verwalter gelten nach § 21 Abs. 2 Nr. 1 InsO die Haftungsvorschriften der §§ 60–63 InsO entsprechend. Er haftet somit sowohl dem Schuldner, als auch den Gläubigern.

Bei Verstößen gegen den Sicherungszweck der vorläufigen Verwaltung bleiben die vorgenommenen Rechtshandlungen gegenüber Dritten zunächst einmal wirksam. Dies gebietet der Grundsatz des Verkehrsschutzes. Dies gilt jedoch nicht für solche Handlungen, die dem Insolvenzzweck für einen verständigen Menschen offensichtlich entgegenstehen (z.B. Schenkungen aus dem Schuldnervermögen). In diesen Fällen ist das Vertrauen des Rechtsverkehrs nicht mehr als schutzwürdig zu erachten.[592]

434 Gemäß § 60 InsO ist der vorläufige Verwalter allen Beteiligten zum Schadensersatz verpflichtet, wenn er die ihm nach der Insolvenzordnung obliegenden Pflichten verletzt. Beteiligte sind: der Schuldner, die späteren Insolvenzgläubiger und die aus- und absonderungsberechtigten Gläubiger.[593] Maßstab ist die Sorgfalt eines ordentlichen und gewissenhaften (vorläufigen) Insolvenzverwalters.[594]

435 Grundsätzlich ist der vorläufige Verwalter mit Verwaltungs- und Verfügungsbefugnis den Personen, denen gegenüber er Masseverbindlichkeiten begründet hat, im Falle der späteren Nichterfüllbarkeit dieser Masseverbindlichkeiten, gemäß § 61 InsO zum Schadensersatz verpflichtet, es sei denn, er kann sich exkulpieren, § 61 Satz 2 InsO. Diese Beweislastumkehr verschärft im Vergleich zu § 60 InsO die Haftung. Allerdings ist zu beachten, dass der vorläufige Verwalter oftmals Entscheidungen sehr kurzfristig treffen muss, insbesondere ehe er einen Überblick über die wirtschaftlichen Verhältnisse des Schuldners hat. In diesem Fall muss der vorläufige Verwalter die voraussichtliche Liquidität schätzen. Dementsprechend kann die erforderliche Sorgfalt, die er nach § 276 Abs. 2 BGB i.V.m. § 61 Satz 2 InsO zu beachten hat, gemindert werden.[595]

Ebenfalls in Betracht kommt die allgemeine deliktische Haftung aus §§ 823ff. BGB.

436 Für das Verschulden seiner Hilfskräfte haftet der vorläufige Verwalter gemäß § 60 Abs. 2 InsO nur, wenn ihm ein Auswahl- oder Überwachungsverschulden trifft. Diese Haftungserleichterung gegenüber § 278 BGB trägt der Tatsache Rechnung, dass der vorläufige Verwalter zu Beginn seiner Tätigkeit nicht weiß, inwiefern etwaige mangelnde Fähigkeiten der Belegschaft für die Krisensituation verantwortlich sind.[596]

437 Für die Verletzung steuerrechtlicher Pflichten des vorläufigen Verwalters gilt § 69 AO als lex specialis zu den insolvenzrechtlichen Haftungsvorschriften.

---

592 *Haarmeyer*, in: MüKo-InsO, § 22 Rn. 26; *Unterbusch*, 67.
593 *Thiemann*, in: Leonard/Smid/Zeuner, InsO, § 22 Rn. 171.
594 *Haarmeyer*, in: MüKo-InsO, § 22 Rn. 209.
595 *Kirchhof*, in: HK, § 22, Rn. 81.
596 *Thiemann*, in: Leonhardt/Smid/Zeuner, InsO, § 22 Rn. 180.

1.8 Vergütung

Der Vergütungsanspruch des vorläufigen Insolvenzverwalters ergibt sich aus §§ 21 Abs. 2 Nr. 1 i.V.m. 63 Abs. 1 InsO. Die Vergütung richtet sich nach § 11 InsVV. Für die Festsetzung der Vergütung ist das Insolvenzgericht zuständig.[597] Dabei richtet sich die Höhe gemäß § 11 Abs. 3 InsVV nach Art, Dauer und Umfang der Tätigkeit. Der Vergütungsanspruch wird fällig mit der Beendigung der vorläufigen Verwaltung.[598] Erforderlich ist ein Antrag des vorläufigen Verwalters. 438

Zur Berechnung der Vergütung ist § 1 InsVV entsprechend den Maßgaben des § 11 InsVV anwendbar.

Die Regelvergütung besteht gemäß § 11 InsVV in einem Viertel der Regelvergütung des Verwalters nach § 2 InsVV. Ausgangspunkt für die Bestimmung der Bemessungsgrundlage ist der Verkehrswert des verwalteten Vermögens, wobei mit zukünftigen Aus- und Absonderungsrechten belastete Gegenstände mit einzubeziehen sind, soweit der vorläufige Verwalter bzgl. dieser Rechte tatsächlich in einigem Umfang tätig geworden ist.[599] Maßgebend ist der Wert zur Beendigung des vorläufigen Insolvenzverfahrens.[600]

Die Mindestvergütung bestimmt sich nach § 2 Abs. 2 InsVV und beträgt 1.000 €.[601] Zuschläge richten sich nach § 3 InsVV.

Die Verjährung des Vergütungsanspruchs des vorläufigen Insolvenzverwalters ist bis zum Abschluss des eröffneten Insolvenzverfahrens gehemmt.[602]

Durch das ESUG wurde mit § 26a InsO eine Regelungslücke für die Festsetzung der Vergütung des vorläufigen Verwalters im Falle der Nichteröffnung eines Insolvenzverfahrens geschlossen. Strittig war, wer in diesem Fall für die Festsetzung der Vergütung funktionell zuständig ist. § 26a Abs. 1 InsO regelt nunmehr, dass das Insolvenzgericht die Vergütung und Auslagen des vorläufigen Verwalters gegen den Schuldner durch Beschluss festsetzt. Der Beschluss ist dem vorläufigen Verwalter und dem Schuldner zuzustellen. Gegen den Beschluss stehen dem vorläufigen Verwalter und dem Schuldner die sofortige Beschwerde zu, § 26a Abs. 2 InsO. Insbesondere bei einer Abweisung des Eröffnungsantrages mangels Masse besteht die Gefahr, dass der vorläufige Verwalter seinen Vergütungsanspruch gegen den Schuldner nicht durchsetzen kann. Der Gläubiger als Antragsteller haftet in einem solchen Fall nicht für die Vergütung des vorläufigen Verwalters, ebenso besteht keine Ausfallhaftung der Landeskasse.[603] 439

1.9 Rechnungslegung

Gemäß §§ 21 Abs. 2 Nr. 1 i.V.m. 66 Abs. 1 InsO ist der vorläufige Verwalter zur Rechnungslegung verpflichtet. Dabei hat er regelmäßig eine Einnah- 440

---

597 AG Köln, B. v. 21.01.2000 – 72 IK 69/99, ZIP 2000, 419.
598 LG Göttingen, B. v. 01.02.2001 – 10 T 1/01, NZI 2001, 219.
599 BGH, B. v. 11.10.2007 – IX ZB 15/07, DZWIR 2008, 117.
600 BGH, B. v. 14.12.2000 – IX ZB 105/00, ZIP 2001, 296.
601 BGH, B. v. 13.07.2006 – IX ZB 104/05, NZI 2006, 515.
602 BGH, B. v. 22.09.2010 – IX ZB 195/09.
603 *Schmerbach*, in: FK-InsO, § 21 Rn. 14.

men-/Überschussrechnung und einen umfassenden Bericht über seine Verwaltungstätigkeit zu erstellen.[604] Strittig ist, ob die Rechnungslegung auch bei einer nur kurzen vorläufigen Verwaltung und bei einer Nichteröffnung notwendig ist.[605]

Die Rechnungslegung schuldet der vorläufige Verwalter jedoch nicht der in § 66 InsO benannten Gläubigerversammlung, da diese in diesem Zeitpunkt nicht existiert. Stattdessen bezieht sich die Analogie auf § 66 Abs. 2 InsO, sodass der vorläufige Verwalter gegenüber dem Insolvenzgericht zur Rechnungslegung verpflichtet ist.[606] Anders bei Bestellung eines vorläufigen Gläubigerausschusses nach § 22a InsO. Es wird vertreten, dass der vorläufige Verwalter darüber hinaus auch dem Schuldner zur Rechnungslegung verpflichtet sein kann, sofern der Schuldner dies verlangt.[607]

Sofern vorläufiger und endgültiger Verwalter identisch sind, darf das Gericht auf eine gesonderte Schlussrechnung für die vorläufige Verwaltung verzichten. Stattdessen muss der Verwalter diese Schlussrechnung mit der Schlussrechnung zum Verfahrensabschluss verbinden.[608]

1.10 Steuerrechtliche Pflichten

441 Der vorläufige Verwalter ist mit Übergang der Verwaltungs- und Verfügungsbefugnis als Vermögensverwalter im Sinne des § 34 Abs. 3 AO anzusehen und tritt damit in die steuerrechtliche Stellung des Schuldners ein. Er hat folglich dafür zu sorgen, dass die Steuern aus dem verwalteten Vermögen entrichtet werden. Dabei beziehen sich seine steuerrechtlichen Pflichten jedoch nur auf die im zeitlichen und inhaltlichen Zusammenhang mit der von ihm entfalteten Tätigkeiten.[609]

2. Der vorläufige Verwalter ohne Verwaltungs- und Verfügungsbefugnis

2.1 Allgemeines

442 Die Bestellung eines vorläufigen Verwalters ohne Verwaltungs- und Verfügungsbefugnis ist in der insolvenzrechtlichen Praxis bisher der Regelfall.[610]

Wird ein vorläufiger Verwalter bestellt, ohne dass dem Schuldner ein allgemeines Verfügungsverbot auferlegt wird, spricht die Praxis zumeist von einem „schwachen" vorläufigen Verwalter. Gemäß § 22 Abs. 2 Satz 1 InsO bestimmt das Insolvenzgericht dessen Rechte und Pflichten. Diese Pflichten dürfen gemäß § 22 Abs. 2 Satz 2 InsO nicht über die Pflichten eines vorläufigen Verwalters mit Übergang der Verwaltungs- und Verfügungsbefugnis hinausgehen.

---

604 *Pohlmann*, 122, Rn. 248; ausführlich zur Rechnungslegung in Teil 4, Kap. 1, Rn. 1405 ff. und Kap. 2, Rn. 1424 ff.
605 Ausführliche Darstellung des Streitstandes in *Schmerbach*, in FK-InsO, § 21 Rn. 165 ff.
606 *Pohlmann*, 122, Rn. 249.
607 *Bähner*, Die Prüfung der Schlußrechnung des Konkursverwalters, KTS 1991, 347.
608 *Thiemann*, in: Leonhardt/Smid/Zeuner, InsO, § 22 Rn. 193; a. A. *Haarmeyer*, MüKo-InsO, § 22 Rn. 204.
609 *Maus*, Umsatzsteuerrechtliche Folgen der Sicherheitenverwertung in der Insolvenz, ZIP 2000, 339 ff.
610 *Thiemann*, in: Leonhardt/Smid/Zeuner, InsO, § 22 Rn. 73.

Der schwache vorläufige Verwalter tritt nicht an die Stelle des Schuldners. Es handelt sich stattdessen um ein Zusammenwirken zwischen dem Schuldner und dem vorläufigen Verwalter. Eine lediglich pauschale Bestimmung der Pflichten des schwachen vorläufigen Verwalters ist nicht zulässig.[611]

Sofern das Gericht lediglich einen Verwalter bestellt hat, ohne ein Verfügungsverbot zu erlassen oder die Wirksamkeit von Verfügungen von der Zustimmung des vorläufigen Verwalters abhängig zu machen, fungiert der vorläufige Verwalter nur als überwachender Berater des Schuldners. Dabei soll er das Gericht insbesondere über vermögensschädigende Handlungen des Schuldners informieren, damit dieses weitere Sicherungsmaßnahmen anordnen kann.[612] Weiterhin obliegt ihm die Aufzeichnung der Vermögensmasse, die Erstellung einer Inventarliste (§ 151 InsO analog) und ggf. die Veranlassung der Siegelung der künftigen Massegegenstände durch einen Gerichtsvollzieher (§ 150 InsO analog).[613] 443

Ob der schwache vorläufige Verwalter berechtigt ist, Sanierungs- und Übernahmeverhandlungen mit Gläubigern zu führen, ist umstritten.[614] Nicht befugt ist der schwache vorläufige Verwalter zur Führung von Prozessen und Kündigung von Arbeitsverhältnissen.[615] Eine Unterbrechung anhängiger Rechtsstreitigkeiten gemäß § 240 ZPO tritt nicht ein.

Auch ohne, dass das Gericht dies ausdrücklich festlegt, gehört es zur Grundaufgabe des vorläufigen Verwalters ohne Verwaltungs- und Verfügungsbefugnis, das Schuldnervermögen zu sichern und zu erhalten, das schuldnerische Unternehmen mit dem Schuldner fortzuführen sowie die Massekostendeckung und die Sanierungsaussichten zu prüfen.[616] 444

2.2 Zustimmungsvorbehalt

Das Insolvenzgericht kann sämtliche Verfügungen des Schuldners gemäß § 21 Abs. 2 Nr. 2, 2. Alt InsO an die Zustimmung des vorläufigen Verwalters binden. In diesem Fall bedürfen alle Verfügungen des Schuldners der Zustimmung des vorläufigen Verwalters. Gemäß § 24 InsO finden die §§ 81, 82 InsO Anwendung, sodass eine Verfügung ohne Zustimmung des vorläufigen Verwalters gemäß § 81 InsO absolut unwirksam ist. Allerdings genügt zur Wirksamkeit der Begründung einer Verbindlichkeit auch die nachträgliche Genehmigung des vorläufigen Verwalters.[617] Leistungen an den Schuldner führen grundsätzlich nicht zur Befreiung, § 82 InsO. 445

Das Gericht kann auch bestimmen, dass sich der Zustimmungsvorbehalt nur auf bestimmte Arten von Verfügungen bezieht, sog. bestimmter Zustimmungsvorbehalt.

---

611 BGH, Urt. v. 18.07.2002 – IX ZR 195/01, ZIP 2002, 1625.
612 *Unterbusch*, 119.
613 *Uhlenbruck*, in: Uhlenbruck, InsO, § 22 Rn. 9.
614 Dafür: *Beck*, in: Beck/Depré, Praxis der Insolvenz, § 5 Rn. 153; dagegen: *Uhlenbruck/ Vuia*, in: Gottwald, Insolvenzrechts-Handbuch, § 14 Rn. 29.
615 *Uhlenbruck*, in: Kölner Schrift zur InsO, Kap. 6 Rn. 10.
616 *Uhlenbruck*, in: Kölner Schrift zur InsO, Kap. 6, Rn. 10; *Delhaes*, Im Überblick: Der vorläufige Insolvenzverwalter, NZI 1998, 102; Vgl. § 22 Abs. 1, 2, Nr. 1–3 InsO.
617 *Beck*, in: Beck/Depré, Praxis der Insolvenz, § 5 Rn. 140 f.

2.3 Begründung von Masseverbindlichkeiten

446 Der schwache vorläufige Verwalter ist nicht berechtigt, im Eröffnungsverfahren Masseverbindlichkeiten (§ 55 Abs. 2 InsO) zu begründen. Allerdings kann ihn das Insolvenzgericht im Einzelfall durch Beschluss dazu ermächtigen, es ordnet dann sog. Einzelermächtigungen an.[618]

Auch ohne eine ausdrückliche Ermächtigung kann es im Einzelfall erforderlich sein, dass der vorläufige Verwalter Verbindlichkeiten begründet, so z.b. um bestehende Versicherungen aufrecht zu erhalten, indem er dem Fortbestehen des Versicherungsverhältnisses zustimmt, jedoch eine Zahlung nicht sofort erfolgt. Die so eingegangene Verbindlichkeit stellt eine einfache Insolvenzforderung im Sinne von § 38 InsO dar.[619] Unter Umständen stellt sich hier jedoch eine Haftungsproblematik für den vorläufigen Verwalter.

2.4 Bestimmung der Rechte und Pflichten im Einzelfall

447 Das Gericht hat neben der Möglichkeit der Anordnung einer vorläufigen Verwaltung vielfältige Möglichkeiten die Reichweite der Sicherungsmaßnahmen nach § 21 Abs. 1 InsO zu bestimmen.

Denkbar sind:

- Ermächtigung zur Begründung einzelner Masseverbindlichkeiten (bis zur Grenze des § 22 Abs. 2 Satz 2 InsO), sog. Einzelermächtigungen.[620]
- Anordnung einer partiellen Verwaltungs- und Verfügungsbefugnis oder Verbotes bezogen auf einzelne Vermögensgegenstände und nicht das ganze Vermögen.[621]
- Anordnung, dass Verfügungen des Schuldners nur für einzelne, besonders wichtige Vermögensgegenstände der Zustimmung des vorläufigen Verwalters bedürfen.

3. Der vorläufige Verwalter mit Verwaltungs- und Verfügungsbefugnis

3.1 Allgemeines

448 Man spricht vom sog. „starken" vorläufigen Verwalter, wenn dem Schuldner ein allgemeines Verfügungsverbot auferlegt wird (§ 21 Abs. 2 Nr. 1, 1. Alt. InsO) und gleichzeitig ein vorläufiger Verwalter bestellt wird (§ 22 Abs. 1 Satz 1 InsO). In diesem Fall tritt der vorläufige Verwalter – genau wie der endgültige Verwalter – in die Rechtsstellung des Schuldners ein, die Verwaltungs- und Verfügungsbefugnis geht auf ihn über.[622] Dies ist zwingende Konsequenz, da es andernfalls keinen Verfügungsberechtigten mehr geben würde.[623]

---

618 *Hauser/Hawelka*, Neue Masseverbindlichkeiten und Gefährdung der „Kaug"-Vorfinanzierung durch die InsO, ZIP 1998, 1261.
619 *Thiemann*, in: Leonard/Smid/Zeuner, § 22 Rn.47.
620 *Kirchhof*, in: HK, § 22 Rn. 52.
621 BGH, Urt. v. 18.07.2002 – IX ZR 195/01, ZIP 2002, 1625.
622 *Kind*, in: Braun, InsO, § 22 Rn. 5; *Uhlenbruck*, in: Kölner Schrift zur InsO, Kap. 6, Rn. 3.
623 So z.B. *Pape*, in: Kübler/Prütting/Bork, InsO, § 23 Rn. 1; Ausnahmen bei *Schmerbach*, in: FK, § 21, Rn. 66 f.

Kapitel 2   Das Amt des vorläufigen Insolvenzverwalters

Die Kompetenzzuweisung erfolgt in diesem Fall direkt durch Gesetz: Der   449
starke vorläufige Verwalter hat die Aufgabe das Schuldnervermögen zu sichern und zu erhalten, das schuldnerische Unternehmen fortzuführen (oder ggf. mit Zustimmung des Gerichts zu schließen) sowie die Massekostendeckung und die Sanierungsaussichten zu prüfen.[624] Weiterhin ist es die Pflicht des vorläufigen Verwalters, fällige Forderungen des Schuldners einzuziehen. Mit Zustimmung des Gerichts kann er gemäß § 21 Abs. 1 Satz 2 Nr. 5 InsO auch sicherungshalber abgetretene Forderungen einziehen.[625]

Der starke vorläufige Verwalter handelt aus eigenem Recht und erhält die   450
gleiche verfügungsrechtliche Position wie der endgültige Verwalter.[626] Allerdings ist er nicht zur Verwertung der Massegegenstände berechtigt, da die Verwertung dem Verfahren nach Insolvenzeröffnung vorbehalten ist, weil erst nach Eröffnung feststeht, dass der Insolvenzgrund tatsächlich gegeben ist.[627] Eine Ausnahme bilden Notverkäufe, z. B. der Verkauf verderblicher Ware.[628]

Der vorläufige Verwalter mit Verfügungs- und Verpflichtungsbefugnis hat   451
zur Erfüllung seiner Sicherungs- und Erhaltungspflicht das schuldnerische Vermögen unverzüglich in Besitz zu nehmen. Dies gilt auch für Vermögensgegenstände, die sich zu diesem Zeitpunkt im Besitz eines Dritten befinden.[629] Infolgedessen wird der vorläufige Verwalter unmittelbarer Fremdbesitzer, der Schuldner mittelbarer Eigenbesitzer. Falls der Schuldner die Herausgabe des Vermögens verweigert, ist der vorläufige Verwalter zur Betreibung der Herausgabevollstreckung gemäß §§ 883 ff. ZPO berechtigt.[630] Sofern jedoch davon ausgegangen werden kann, dass der Schuldner jederzeit zur Herausgabe der Gegenstände bereit ist, kann der vorläufige Verwalter die Massegegenstände auch in dessen Besitz belassen.[631]

Für die Verfügungsbeschränkungen des Schuldners gelten gemäß § 24   452
Abs. 1 InsO die §§ 81, 82 InsO entsprechend, mit der Folge das Verfügungen des Schuldners über Massegegenstände unwirksam sind. Allein verfügungsberechtigt ist der vorläufige Verwalter. Die im Eröffnungsverfahren von einem starken vorläufigen Insolvenzverwalter begründeten Verbindlichkeiten gelten gemäß § 55 Abs. 2 InsO als Masseverbindlichkeiten. Dies gilt auch für Verbindlichkeiten aus Dauerschuldverhältnissen, sofern der Verwalter die Gegenleistung zu Gunsten der Masse angenommen hat[632] (z. B. Miete für Gewerberäume). Leistungen an den Schuldner führen nicht zur Befreiung von der Leistungspflicht, § 82 InsO.

In § 240 Satz 2 ZPO wird ausdrücklich bestimmt, dass rechtshängige Pro-   453
zesse, die die Insolvenzmasse betreffen, unterbrochen werden, sobald die Verfügungs- und Verpflichtungsbefugnis auf den vorläufigen Verwalter

---

624 Vgl. § 22 Abs. 1, 2, Nr. 1–3 InsO.
625 Vgl. *Uhlenbruck*, in: Kölner Schrift zur InsO, Kap. 6 Rn. 33.
626 *Haarmeyer*, in: MüKo-InsO, § 22 Rn. 23.
627 *Uhlenbruck*, in: Kölner Schrift zur InsO, Kap. 6 Rn. 3.
628 BGH, B. v. 14.12.2000 – IX ZB 105/00, NJW 2001, 1496.
629 *Pohlmann*, 60, Rn. 117.
630 *Uhlenbruck/Vuia*, in: Gottwald, Insolvenzrechts-Handbuch, § 14 Rn. 146.
631 OLG Hamburg, Urt. v. 14.12.1995 – 10 U 103/94, ZIP 1996, 386.
632 *Pape*, in: Pape/Uhlenbruck/Voigt-Salus, Insolvenzrecht, Kap. 20 Rn. 51.

übergeht. Gemäß § 24 Abs. 2 InsO kann der Verwalter diese Prozesse in entsprechender Anwendung der §§ 85 Abs. 1 Satz 1, 86 InsO aufnehmen, er ist allerdings nicht berechtigt, die Aufnahme endgültig abzulehnen. Passivprozesse zu Lasten der Insolvenzmasse können während des Insolvenzeröffnungsverfahrens von keiner der Parteien aufgenommen werden.[633]

3.2 Betriebsfortführung

454 Der starke vorläufige Verwalter ist gemäß § 22 Abs. 1 Satz 2 Nr. 2 InsO verpflichtet, den schuldnerischen Betrieb fortzuführen, sofern der Schuldner den Betrieb nicht schon vorher eingestellt hat. Nach der Gesetzessystematik soll die Betriebsfortführung gegenüber der Stilllegung grundsätzlich vorrangig sein. Entscheidend ist, dass durch eine Betriebsfortführung der vermögensrechtliche status quo erhalten werden kann.

Der vorläufige Verwalter hat sich im Rahmen einer Betriebsfortführung mit der Liquiditätsplanung und Liquiditätsbeschaffung sowie –sicherung, beispielsweise durch Aufnahme eines Massekredites, zu befassen. Die Fortführungstätigkeit umfasst die Bestandserfassung, d.h. die Erfassung des Anfangsbestandes des schuldnerischen Vermögens bei Anordnung der vorläufigen Verwaltung und bei deren Beendigung. Aus- und Absonderungsrechte sind dabei gesondert zu erfassen, so dass Erlöse aus der Betriebsfortführung den jeweiligen Sicherungsgläubigern zugeordnet werden können.

455 Der starke vorläufige Verwalter ist vollumfänglich berechtigt, alles zu tun, was zur Unternehmensfortführung notwendig ist, solange seine Maßnahmen wirtschaftlich sind.[634] Forderungen darf er nur erfüllen, soweit diese erforderlich und zweckmäßig sind, was insbesondere bei Lieferungen und Leistungen zur Betriebsfortführung anzunehmen ist.[635]

Auch die Arbeitgeberfunktion geht kraft Gesetzes auf den vorläufigen Verwalter über.[636] Um den Betrieb fortzuführen kann der vorläufige Verwalter eine Insolvenzgeldvorfinanzierung gemäß § 188 SGB III einrichten, regelmäßig geschieht dies unter Einbeziehung eines Kreditinstitutes. Durch eine Insolvenzgeldvorfinanzierung werden Mittel zur Bezahlung der Belegschaft bereits vor der Eröffnung des Insolvenzverfahrens bereitgestellt und dadurch eine weitere Tätigkeit der Belegschaft sichergestellt.

Der vorläufige Verwalter ist zwar nicht zur Verwertung der Masse berechtigt, im Rahmen der Betriebsfortführung kann er jedoch unter kaufmännischen Gesichtspunkten Anlage- und Umlaufvermögen veräußern, wenn es sich bei den verkauften Gegenständen um abgeschriebene, nicht mehr voll verwertbare oder nicht mehr benötigte Güter handelt.[637]

456 Die Stilllegung des Unternehmens gemäß § Abs. 22 Abs. 1 Satz 2 Nr. 2 InsO ist die absolute Ausnahme und erfordert eine sonst drohende erhebli-

---
633 *Uhlenbruck*, in: Kölner Schrift zur InsO, Kap. 6, Rn. 37.
634 *Schröder*, in: HmbK, § 22 Rn. 57.
635 *Schröder*, in: HmbK, § 22 Rn. 59; *Kirchhof*, Begründung von Masseverbindlichkeiten im vorläufigen Insolvenzverfahren, ZInsO 2004, 57.
636 *Vallender*, Die Anordnung der vorläufigen Insolvenzverwaltung, DZWIR 1999, 265; *Moll*, in: Kübler/Prütting/Bork, InsO, § 113, Rn. 15.
637 *Uhlenbruck*, in: Kölner Schrift zur InsO, Kap. 6, Rn. 35.

che Vermögensminderung. Die Stilllegung bedarf der Zustimmung des Insolvenzgerichtes, § 22 Abs. 1 Satz 2 Nr. 2 InsO.

Sonderfall: Antrag auf Eigenverwaltung
Wird mit dem Eröffnungsantrag des Schuldners ein Antrag auf Eigenverwaltung, §§ 270 ff. InsO, gestellt, regelt der mit dem ESUG neu eingeführte § 270a InsO, dass das Gericht von der Anordnung eines allgemeinen Verfügungsverbotes oder eines Zustimmungsvorbehaltes absehen soll, wenn der Antrag auf Eigenverwaltung nicht offensichtlich aussichtslos ist. Anstelle eines vorläufigen Insolvenzverwalters wird in diesem Fall ein vorläufiger Sachwalter bestellt, auf den die §§ 274, 275 InsO anzuwenden sind, § 270a Abs. 1 InsO.

457

Kapitel 3
Das Amt des Insolvenzverwalters

458 Der zentrale Akteur des Insolvenzverfahrens ist der Insolvenzverwalter. Die mit der Verfahrenseröffnung für den Schuldner beendete Verwaltungs- und Verfügungsbefugnis muss für die Dauer des Verfahrens durch den Insolvenzverwalter wahrgenommen werden, um im Gläubigerinteresse eine bestmögliche sachkundige Verwertung der Insolvenzmasse – sei es durch Sanierung, Veräußerung im Ganzen oder Liquidation – zu erreichen. Er ist derjenige, der die Gestaltung und Abwicklung des Verfahren prägt; von seinen Handlungen hängt maßgeblich der Erfolg des Insolvenzverfahrens in dem wohlverstandenen Sinn ab, die mit seiner Durchführung beabsichtigten Ziele zu verwirklichen.

1. Amt und Beruf
1.1 Amt

459 Der Insolvenzverwalter wird vom Insolvenzgericht nach § 27 Abs. 1 Satz 1 InsO durch unanfechtbaren[638] und einer Begründung nicht bedürfenden Beschluss bestellt.[639] Gewöhnlich erfolgt die Bestellung regelmäßig im Eröffnungsbeschluss unter Benennung des Namens und der (Geschäfts-)Anschrift des Insolvenzverwalters. Seine Handlungsmacht erhält der Insolvenzverwalter aufgrund gesetzlicher Ermächtigung unmittelbar durch ein staatliches Gericht, wodurch seine Tätigkeit hoheitlich geprägt wird und er zu einem besonderen Rechtspflegeorgan wird.[640] Für die Übertragung des Amtes reicht der Beschluss indes nicht aus, vielmehr bedarf es der Annahme des Amtes durch den Auserwählten,[641] zum Beispiel durch schlüssiges Handeln.

---

638 BVerfG, B. v. 03.08.2004 – 1 BvR 135/00, 1 BvR 1086/01, ZIP 2004, 1649.
639 *Graeber*, in: MüKo-InsO, § 56 Rn. 99; a.A. *Lüke*, in: Kübler/Prüting/Bork, InsO, § 56 Rn. 63; *Wieland*, Verfassungsrechtliche Fragen der Auswahl des Insolvenzverwalters, ZIP 2005, 233, 238; *Hess*, in: Hess, InsO, § 56 Rn. 8; *Smid*, Auswahl und Bestellung des Insolvenzverwalters durch das Insolvenzgericht als Rechtsfrage betrachtet, DZWiR 2001, 485, 496.
640 *Dehlhaes*, in: Nerlich/Römermann, InsO, § 56 Rn. 8.
641 *Uhlenbruck*, in: Uhlenbruck, InsO, § 56 Rn. 89.

Zur Amtsübernahme besteht keine Pflicht. Wird das Amt abgelehnt, soll das Insolvenzgericht unverzüglich informiert werden. Nimmt der Auserwählte das Amt aber an, kann er sich von diesem nicht mehr ohne weiteres befreien, er ist (zunächst) zur Amtsführung verpflichtet. Der Insolvenzverwalter könnte allenfalls einen Entlassungsantrag nach § 59 Abs. 1 Satz 2 InsO stellen, dem das Insolvenzgericht jedoch nur folgen wird, wenn ein wichtiger Grund vorliegt (hierzu Rn. 524 ff.).

Zum Nachweis der Legitimation und zur Rechtssicherheit händigt das Insolvenzgericht dem Insolvenzverwalter eine Urkunde über seine Bestellung aus, die er bei Beendigung seines Amtes zurückzugeben hat (§ 56 Abs. 2 InsO). Im Fall des Untergangs erhält der Insolvenzverwalter eine neue Bestellungsurkunde. Die gewöhnlich mit dem Eröffnungsbeschluss verbundene Bestellung des Insolvenzverwalters wird nach §§ 30 Abs. 1 Satz 1, 9 InsO[642] im Internet unter www.insolvenzbekanntmachungen.de öffentlich bekanntgemacht. 460

Vor der Verfahrenseröffnung wird der (spätere) Insolvenzverwalter oftmals als Sachverständiger zur Feststellung der Tatsachen, ob Insolvenzgründe vorliegen und ausreichend Masse vorhanden ist (§§ 5 Abs. 1 Satz 2, 16 ff., 26 Abs. 1 InsO), oder als vorläufiger Insolvenzverwalter (§§ 21 Abs. 2 Nr. 1, 22 InsO) tätig. Das Insolvenzgericht ist aber nicht verpflichtet, den im Eröffnungsverfahren beauftragten Sachverständigen oder den vorläufigen Insolvenzverwalter zum Insolvenzverwalter zu berufen, auch wenn naheliegende Gründe der Verfahrenseffizienz und Kosten hierfür sprechen; einen Vertrauensschutz des Sachverständigen oder des vorläufigen Insolvenzverwalters im Sinne eines automatischen Nachfolgeanspruchs kennt das Gesetz nicht.[643] 461

Mit der Bestellung und Amtsannahme wird der Insolvenzverwalter – nach der von der herrschenden Meinung in Rechtsprechung[644] und Schrifttum[645] vertretenen Amtstheorie – Inhaber eines eigenen privaten Amtes, das er fremdnützig auszuüben hat.[646] Auf ihn geht das Recht des Insolvenzschuldners über, das zur Insolvenzmasse zählende Vermögen zu verwalten und hierüber zu verfügen (§ 80 Abs. 1 InsO). Dabei bleiben die Partei- und Prozessfähigkeit des Insolvenzschuldners von der Berufung des Insolvenzverwalters ebenso unberührt, wie die Stellung der Organe einer juristischen Person; die Organe nehmen fortan nur noch die Kompetenzen wahr, die 462

---

642 I.V.m. der Verordnung zu öffentlichen Bekanntmachungen in Insolvenzverfahren im Internet v. 12.02.2002 (BGBl. I, 677) in der ab dem 01.07.2007 geltenden Fassung (BGBl. I, 509).
643 *Graeber*, Die Vorauswahl des Insolvenzverwalterkandidaten, NJW 2004, 2715, 2716.
644 BGH, Urt. v. 26.01.2006 – IX ZR 282/03, ZInsO 2006, 260; BGH, Urt. v. 04.06.1996 – IX ZR 261/95, WM 1996, 1411; BGH, B. v. 27.10.1983 – I ARZ 334/83, BGHZ 88, 331.
645 *Lüke*, in: Kübler/Prütting/Bork, InsO, § 80 Rn. 38 a.E.; *Eickmann*, in: HK, § 56 Rn. 24; *Häsemeyer*, Insolvenzrecht, Rn. 15.06; *Weber*, Zur Problematik der Prozeßführung des Konkursverwalters, KTS 1955, 102 ff.; *Henckel*, in: Jaeger, InsO, § 6 Rn. 7, 168.
646 *Smid*, Auswahl und Bestellung des Insolvenzverwalters durch das Insolvenzgericht als Rechtsfrage, DZWIR 2001, 485.

nicht die Insolvenzmasse betreffen.[647] Der Insolvenzverwalter übt sein Amt grundsätzlich unabhängig vom Willen des Schuldners, des Insolvenzgerichtes sowie der weiteren Verfahrensbeteiligten mit der Folge aus, dass seine Handlungen für und gegen den Insolvenzschuldner wirken.[648] Er handelt als „Partei kraft Amtes" im eigenen Namen für und gegen den Insolvenzschuldner. In verwaltungsbehördlichen[649] oder gerichtlichen Verfahren agiert er unter seinem Namen und zum Beispiel mit der Bezeichnung „Steuerberater X als Insolvenzverwalter über das Vermögen der Y-GmbH".

Neben der schon vom Reichsgericht[650] vertretenen Amtstheorie sind die beiden Vertretertheorien (der Insolvenzverwalter als Vertreter der Gläubigergemeinschaft einerseits und als Vertreter des Schuldners andererseits) sowie die (modifizierte) Organtheorie zu erwähnen. Der Ansicht, der Verwalter sei Vertreter der Gläubiger,[651] wird wohl nicht mehr gefolgt; die Auffassung, der Verwalter sei Vertreter des Schuldners,[652] führt ebenfalls zu rechtlichen Komplikationen.[653] Gleiches gilt für die (modifizierte) Organtheorie,[654] die den Verwalter als Organ der Insolvenzmasse sieht. Auch wenn dem Theorienstreit große praktische Bedeutung für das Verständnis der Rechtsstellung des Insolvenzverwalters zukommt,[655] dürfte er dennoch zugunsten der Amtstheorie zu entscheiden sein.

463 Nach der gesetzlichen Konzeption ist nur ein Insolvenzverwalter zu bestellen.[656] Entgegen der im früheren § 79 KO vorgesehenen Möglichkeit, mehrere jeweils selbstständige und gleichberechtigte Konkursverwalter zu ernennen, wenn die Verwaltung verschiedener Geschäftszweige zu bewältigen ist, sah der Bundesgesetzgeber dafür keinen Anlass mehr. Begründet wurde dies mit der Erfahrung aus der Praxis, wonach es sich auch für große Unternehmen bewährt habe, nur einen Verwalter zu bestellen, der sich eines entsprechenden Mitarbeiterstabes bedienen könne. Zugleich sollen Schwierigkeiten vermieden werden, die Zuständigkeiten mehrerer Verwalter untereinander abzugrenzen.[657]

---

647 *Lüke,* in: Kübler/Prütting/Bork, InsO, § 80 Rn. 10; *Uhlenbruck,* in: Uhlenbruck, InsO, § 80 Rn. 4; vgl. BGH, Urt. v. 21.04.2005 – IX ZR 281/03, WM 2005, 1084.
648 BGH, Urt. v. 26.01.2006 – IX ZR 282/03, LSK 2006, 350070; BGH, Urt. v. 04.06.1996 – IX ZR 261/95, WM 1996, 1411, 1412; BGH, B. v. 27.10.1983 – I ARZ 334/83, NJW 1984, 739.
649 So im Steuerverwaltungsverfahren, wenn dem Insolvenzverwalter die die Insolvenzmasse betreffenden Bescheide bekanntgegeben werden.
650 RG, Urt. v. 21.02.1928 – VII 369/27, RGZ 120, 189, 192.
651 *Hellmann,* Konkursrecht, 632.
652 *Hüßtege,* in: Thomas/Putzo, ZPO, § 51 Rn. 28a.
653 *Smid,* Praxishandbuch Insolvenzrecht, Rn. 86.
654 *Schmidt,* Der Konkursverwalter als Gesellschaftsorgan und als Repräsentant des Gemeinschuldners, KTS 1984, 345; *Erdmann,* Praktische Konsequenzen der Behandlung des Konkursverwalters als Organ der Konkursmasse, KTS 1967, 87 ff.
655 *Smid,* in: Leonhardt/Smid/Zeuner, InsO, § 80 Rn. 23–29.
656 *Delhaes,* in: Nerlich/Römermann, InsO, § 56 Rn. 27; *Lüke,* in: Kübler/Prütting/Bork, InsO § 56 Rn. 31; *Klopp/Kluth,* in: Gottwald, Insolvenzrechts-Handbuch, § 22 Rn. 13; *Uhlenbruck,* in: Uhlenbruck, InsO, § 56 Rn. 29; a.A. *Smid,* Praxishandbuch Insolvenzrecht, Rn. 34.
657 Vgl. BR-Drucks. 1/92, S. 127 (zu § 65 RegE).

1.2 Beruf

Für die Übernahme des Amtes eines Insolvenzverwalters bedarf es der Bereitschaft, die damit verbundenen Tätigkeiten beruflich auszuüben.[658] Hierfür sind nicht unerhebliche organisatorische Vorbereitungen zu treffen: Der Insolvenzverwalter muss einen an den an ihn vergebenen Verfahren ausgerichteten Büroapparat unterhalten, der neben dem erforderlichen Inventar über ausreichende Ressourcen geschulten Personals verfügt, um die zuweilen sehr komplexen zivil-, arbeits-, handels-, gesellschafts-, steuer- und verwaltungsrechtlichen Aufgaben zu erfüllen. Er muss mit seinem Team fachlich und technisch in der Lage sein, sofort nach Verfahrenseröffnung das Vermögen des Schuldners zu sichern, zu erhalten und vor Minderungen zu bewahren und sogleich alle Chancen einer Sanierung, Gesamtveräußerung oder Liquidation auszuloten. Zudem muss er in kurzer Zeit die Finanz- und Lohnbuchhaltung des schuldnerischen Unternehmens übernehmen, unter Umständen das Unternehmen einstweilen fortführen, Liefer- und Abnahmefristen einhalten, erforderlichenfalls Warenbestellungen auslösen, notwendige Personalmaßnahmen (auch zur Arbeitsplatzerhaltung) treffen und das Direktionsrecht ausüben, laufende öffentlich-rechtliche Pflichten des Schuldners erfüllen, zu denen neben ordnungs- und umweltrechtlicher Belange[659] freilich die im Insolvenzverfahren weiter zu erledigenden Umsatzsteuervoranmeldungen, Lohnsteueranmeldungen und Meldungen zur Sozialversicherung gehören. Da eine diesen Aufgaben genügende apparative und personelle Büroinfrastruktur nicht von heute auf morgen errichtet und aufrecht erhalten werden kann, bedarf es zu ihrer Etablierung eines nicht unerheblichen Kapitaleinsatzes, um die laufenden Betriebsausgaben, zu denen auch die Prämien einer Vermögensschadenhaftpflichtversicherung zählen, zu decken.

464

Das Bundesverfassungsgericht[660] sieht in der geschäftsmäßigen Erledigung von Insolvenzverwaltungen die Ausübung eines dem Schutz des Art. 12 GG unterliegenden eigenständigen Berufes mit einem vom Gesetzgeber im Rahmen der Insolvenzordnung fixierten Berufsbild.[661] Nach der Rechtsprechung des Bundesverfassungsgerichts unterfallen dem Berufsbegriff im Sinne von Art. 12 Abs. 1 GG nicht nur Tätigkeiten, die sich in bestimmten, traditionellen oder sogar rechtlich festgehaltenen „Berufsbildern" darstellen, sondern auch die vom Einzelnen frei gewählten untypischen Betätigungen, aus denen sich wiederum neue, feste Berufsbilder ergeben können.[662] Seine

465

---

658 Vgl. zum historischen Berufsbild des Konkursverwalters *Uhlenbruck*, Aus- und Abwahl des Insolvenzverwalters, KTS 1989, 229, 241; *Uhlenbruck*, Das Bild des Insolvenzverwalters, KTS 1998, 1 ff.; *Levy*, Konkursrecht, 32.
659 BVerwG, Urt. v. 23.09.2004 – 7 C 22.03, NJW 2005, 379; BVerwG, Urt. v. 22.10.1998 – 7 C 38.97, NJW 1999, 1416.
660 BVerfG, B. v. 30.03.1993 – 1 BvR 1045/89, 1 BvR 1381/90, 1 BvL 11/90, ZIP 1993, 838; BVerfG, Urt. v. 03.08.2004 – 1 BvR 135/00, 1 BvR 1086/01, ZIP 2004, 1649; BVerfG, Urt. v. 23.05.2006 – 1 BvR 2530/04, ZIP, 2006, 1355.
661 BVerfG, B. v. 09.02.2005 – 1 BvR 2719/04, ZIP 2005, 537.
662 Vgl. BVerfG, Urt. v. 11.06.1958 – 1 BvR 596/56, BVerfGE 7, 377, 397; BVerfG, Urt. v. 10.05.1988 – 1 BvR 482/84 und 1166/85, BVerfGE 78, 179, 192; BVerfG, Urt. v. 29.10.1997 – 1 BvR 780/87, BVerfGE 97, 12, 33.

Einschätzung über das Berufsbild eines Insolvenzverwalters begründet es im Wesentlichen damit, dass sich angesichts der Entwicklung in den letzten Jahrzehnten die Tätigkeit von Insolvenzverwaltern nicht mehr als bloße Nebentätigkeit der Berufsausübung von Rechtsanwälten, Steuerberatern oder Kaufleuten angesehen werden könne, vielmehr die Betätigung als Insolvenzverwalter zu einem eigenständigen spezialisierten Beruf[663] geworden sei, der – sei es als alleiniger Beruf oder neben einem anderen Beruf – vielen Personen maßgeblich zur Schaffung und Aufrechterhaltung der Lebensgrundlage diene. Sichtbar werde diese Entwicklung, indem sich Rechtsanwälte zum Fachanwalt für Insolvenzrecht fortbilden und Kanzleien in erheblichem Umfang geschultes Personal vorhalten, um den Arbeitsanfall bei Großinsolvenzen bewältigen zu können – es habe sich insoweit ein neuer „Markt" gebildet, der Erwerbschancen in einem Wirtschaftssektor eröffnet, zu dem die Entscheidung eines Amtsrichters die Tür öffnet.[664] Zu Recht wird heute, wie in anderen europäischen Ländern auch, die Tätigkeit als Insolvenzverwalter als eigenständiger Beruf verstanden, unabhängig davon, welche Wege oder Motive zu dieser Berufswahl führten.

466 Der Bundesgerichtshof[665] beurteilt Insolvenzverwaltungen als treuhänderische Tätigkeit, die weder eindeutig dem Beruf des Wirtschaftsprüfers oder vereidigten Buchprüfers noch dem des Steuerberaters oder Rechtsanwalts zuzuordnen sei, zumal der Zugang zum Amt des Insolvenzverwalters nicht von der erfolgreichen Ablegung einer Prüfung und einer anschließenden allgemeinen Bestellung abhänge. Ist der Insolvenzverwalter zugleich Steuerberater, Wirtschaftsprüfer, vereidigter Buchprüfer oder Rechtsanwalt, unterliegt er mit seiner Tätigkeit als Insolvenzverwalter zwar grundsätzlich der jeweiligen Berufsordnung (im Falle der Mehrfachqualifikation allen in Frage kommenden Berufsordnungen, weshalb er im Einzelfall den Vorschriften der strengsten Berufsordnung folgen muss), da die Insolvenzordnung keine mit den berufsrechtlichen Organisationsstrukturen der Wirtschaftsprüferordnung, des Steuerberatungsgesetzes und der Bundesrechtsanwaltsordnung vergleichbaren Regelungen enthält. Weil aber die Insolvenzverwaltung nach den jeweiligen Berufsordnungen mit dem Beruf des Wirtschaftsprüfers, Steuerberaters und Rechtsanwalt vereinbar ist (§ 2 Abs. 3 WPO, § 57 Abs. 3 StBerG, § 3 BRAO), müssen die Regelungen der Berufsordnungen unter Berücksichtigung ihres Zwecks und mit Bedacht auf entgegenstehende Rechtspositionen und Ordnungsvorschriften bereichsspezifisch ausgelegt und angewendet werden.

467 Der Bundesfinanzhof[666] sah und sieht in der Tätigkeit eines Konkurs-, Zwangs-, Vergleichs-, Gesamtvollstreckungs- und Insolvenzverwalters eine vermögensverwaltende Tätigkeit im Sinne des § 18 Abs. 1 Nr. 3 EStG, die

---

663 *Henssler*, Das Berufsbild des Insolvenzverwalters im Wandel der Zeit, ZIP 2002, 1053; ebenso BGH, B. v. 19.12.2007 – IV AR (VZ) 7/07, NJW-RR 2008, 717.
664 BVerfG, E. v. 03.08.2004 – 1 BvR 135/00, 1 BvR 1086/01, ZIP 2004, 1649.
665 BGH, Urt. v. 12.10.2004 – WpSt (R) 1/04, EWiR 2005, 449.
666 BFH, Urt. v. 15.12.2010 – VIII R 50/09, BStBl. II 2011, 506; BFH, Urt. v. 12.12.2001 – XI R 56/00, BStBl. II 2002, 202; BFH, Urt. v. 11.05.1989 – IV R 152/86, BStBl. II 1989, 729; BFH, Urt. v. 05.07.1973 – IV R 127/69, BStBl. II 1973, 730; BFH, Urt. v. 29.03.1961 – IV 404/60 U, BStBl. III 1961, 306.

zur Erzielung von Einkünften aus sonstiger selbstständiger Arbeit führt, und keine freiberufliche Tätigkeit im Sinne des § 18 Abs. 1 Nr. 1 EStG. Dabei lässt es der BFH dahinstehen, ob der Verwalter zugleich Steuerberater, Rechtsanwalt oder Wirtschaftsprüfer ist, denn die Tätigkeit eines Insolvenzverwalters wäre für diese nach dem jeweiligen gesetzlichen Leitbild nicht berufstypisch.[667] Ebenso wenig wie die Bestellung eines Zwangsverwalters durch das Vollstreckungsgericht gemäß §§ 150 ff. ZVG[668] auf bestimmte Berufsgruppen beschränkt sei, dürften nicht nur Rechtsanwälte oder Angehörige anderer freier Berufe wie etwa Steuerberater[669] den Beruf des Insolvenzverwalters ausüben, sondern jede natürliche Person, die entsprechend § 56 Abs. 1 InsO für den jeweiligen Einzelfall geeignet, insbesondere geschäftskundig und von den Gläubigern und dem Schuldner unabhängig ist.[670] Allein der Umstand, dass die Tätigkeit als Verwalter mit dem Berufsbild eines Katalogberufs nach § 18 Abs. 1 Nr. 1 EStG nach den berufsrechtlichen Vorschriften vereinbar sei, mache sie nicht zu einer freiberuflichen; entscheidend sei vielmehr der Charakter der tatsächlich ausgeübten Tätigkeit. Die tatsächlich von einem Insolvenzverwalter ausgeübte Tätigkeit sei kaufmännisch-praktisch geprägt, auch wenn besondere Wirtschafts- und Rechtskenntnisse verwertet werden.[671] Die Einordnung der Tätigkeiten des Insolvenzverwalters zur sonstigen selbstständigen Arbeit im Sinne des § 18 Abs. 1 Nr. 3 EStG und nicht zur rechtsanwalts- oder steuerberatertypischen Tätigkeit sei ferner deshalb geboten, weil es andernfalls zu einer nicht begründbaren Ungleichbehandlung zwischen hauptberuflichen Insolvenzverwaltern aus dem Kreis der freien Berufe im Sinne von § 18 Abs. 1 Nr. 1 EStG einerseits und solchen käme, die nicht diesen Berufen angehören.[672] Aus der Bewertung als vermögensverwaltende Tätigkeit im Sinne des § 18 Abs. 1 Nr. 3 EStG, die an sich zur Erzielung von Einkünften aus sonstiger selbstständiger Arbeit führt, schlussfolgerte der BFH überdies, dass unter den Voraussetzungen der sogenannten Vervielfältigungstheorie auch eine (Um-) Qualifikation als Einkünfte aus Gewerbebetrieb möglich sei.[673] Denn die Verwaltertätigkeit könne nach den Gesamtumständen einen Gewerbebetrieb im Sinne des § 2 Abs. 1 Satz 2 GewStG i. V. m. § 15 Abs. 2 EStG dar-

---

667 BFH, Urt. v. 15.12.2010 – VIII R 50/09, BStBl. II 2011, 506; BFH, B. v. 14.07.2008 – VIII B 179/07, BFH/NV 2008, 1874; BFH, Urt. v. 02.10.1986 – V R 99/78, BStBl. II 1987, 147; BFH, Urt. v. 03.10.1985 – V R 106/78, BStBl. II 1986, 213; a.A. noch RFH, Urt. v. 28.07.1938 – IV 75/38, RStBl. 1938, 809 zur Konkursverwaltung durch einen Rechtsanwalt als anwaltstypische Tätigkeit.
668 Gesetz über die Zwangsversteigerung und die Zwangsverwaltung vom 20.05.1898, RGBl. 1898, 369, 713.
669 FG Düsseldorf, Urt. v. 18. 11. 2009 – 7 K 3041/07, EFG 2010, 495.
670 BFH, Urt. v. 15.12.2010 – VIII R 50/09, BStBl. II 2011, 506.
671 BFH, Urt. v. 12.12.2001 – XI R 56/00, BStBl. II 2002, 202.
672 BFH, Urt. v. 15.06.2010 – VIII R 10/09, DStRE 2010, 1027; BFH, Urt. v. 15.06.2010 – VIII R 14/09, DStRE 2010, 1163 zur Zuordnung der Tätigkeit von Berufsbetreuern zu den Einkünften im Sinne des § 18 Abs. 1 Nr. 3 EStG;
673 BFH, Urt. v. 12.12.2001 – XI R 56/00, BStBl. II 2002, 202 mit kritischer Anmerkung *Frystatzki*, Ertragsteuerberater 2005, 308; die hiergegen erhobene Verfassungsbeschwerde hatte das BVerfG nicht zur Entscheidung angenommen, BVerfG, B. v. 05.03.2003 – 1 BvR 437/02; DStZ 2003, 394.

stellen, wenn sie im Kern nicht mehr auf der eigenen persönlichen Arbeitskraft des Berufsträgers beruhe, sondern einen Umfang annimmt, der die ständige Beschäftigung mehrerer (vergleichbar qualifizierter) Angestellter oder die Einschaltung von Nachunternehmern erfordert und jene nicht nur untergeordnete vorbereitende Arbeiten erledigen. Werde die Tätigkeit als Gewerbebetrieb qualifiziert, „infiziere" sie regelmäßig die Tätigkeiten der mit dem Verwalter in einer Berufsausübungsgemeinschaft verbundenen Mitunternehmer, die ihrerseits keine Insolvenzverwaltungen übernehmen (sog. Infektions- oder Abfärbetheorie).

468 Die BFH-Entscheidung vom 12.12.2001 zur Qualifikation der Einkünfte aus Gewerbebetrieb hatte einige Kritik erfahren[674], zumal den Urteilsgründen entnommen werden konnte, dass die nicht vervielfältigungsfähigen, höchstpersönlichen Tätigkeiten des Verwalters erstinstanzlich womöglich nicht ausreichend vorgetragen wurden, der BFH jedoch an die Tatsachenfeststellungen des erstinstanzlichen Finanzgerichtes Bremen gebunden war. Dennoch hielten der BFH und mit ihm die Instanzrechtsprechung an dieser seinerzeit nicht neuen und schon vom Reichsfinanzhof entwickelten Rechtsauffassung einstweilen fest.[675] Der VIII. Senat des BFH, auf den infolge geänderter Geschäftsverteilung die alleinige Zuständigkeit für die Besteuerung der Einkünfte aus selbstständiger Arbeit und damit die Auslegung des § 18 EStG übergegangen ist, hatte zunächst in zwei jüngeren Entscheidungen[676] die vom IV. Senat geprägte Rechtsprechung zur Gewerbesteuerpflicht der Berufsbetreuer und Verfahrenspfleger aufgegeben und deren Einnahmen den Einkünften aus sonstiger selbstständiger Arbeit im Sinne des § 18 Abs. 1 Nr. 3 EStG zugerechnet. Er stellte dabei darauf ab, dass die in dieser Vorschrift genannten Regelbeispiele berufsbildtypisch durch eine selbstständige fremdnützige Tätigkeit in einem fremden Geschäftskreis sowie durch Aufgaben der Vermögensverwaltung geprägt sind und die Bestellung der berufsmäßigen Verfahrenspfleger wegen ihrer speziellen Kenntnisse in Verfahren erfolgt, die besondere Sachkunde erfordern. Dabei erklärte er ausdrücklich, dass sich die von § 18 Abs. 1 Nr. 3 EStG erfassten gruppenähnlichen Tätigkeiten nicht in der bloßen Vermögensverwaltung erschöpfen, sondern zusätzliche Aufgaben umfassen, die sich bei einer universal angeordneten Betreuung von der vermögensbetreuenden Tätigkeit in einer Vielzahl von Fällen kaum trennen lassen.

---

674 *Durchlaub*, BRAK-Mitt. 2/2002, 62–63; *Pluta*, AnwBl. 6/2002, 3; *Grasshof*, Gewerbliche Tätigkeit eines Rechtsanwalts als Insolvenzverwalter, DStR 2002, 355; *Durchlaub*, ZInsO 2002, 319; *Maus*, ZInsO 2002, 251; *Stahlschmidt*, BB 2002, 1727; *Strahl*, BB 2002, 603; *Welsch*, DZWIR 2002, 114.
675 BFH, B. v. 14.07.2008 – VIII B 179/07, BFH/NV 2008, 1874 unter Hinweis auf BVerfG, B. v. 15.01.2008 – 1 BvL 2/04, DB 2008, 1243; FG Köln, Urt. v. 13.08.2008 – 4 K 3303/06, EFG 2009, 669; FG Düsseldorf, Urt. v. 21.01.2010 – 14 K 575/08, ZIP 2010, 533; zuvor RFH, Urt. v. 08.03.1939 – VI 568/38, RStBl. 1939, 577; RFH, Urt. v. 03.02.1943 – VI 264/42, RStBl. 1943, 434; BFH, Urt. v. 13.05.1966 – VI 63/64, BStBl. III 1966, 489; BFH, Urt. v. 25.11.1970 – I R 123/69, BStBl. II 1971, 239; BFH, Urt. v. 11.08.1994 – IV R 126/91, BStBl. II 1994, 936.
676 BFH, Urt. v. 15.06.2010 – VIII R 10/09, DStRE 2010, 1027; BFH, Urt. v. 15.06.2010 – VIII R 14/09, DStRE 2010, 1163.

Hiernach wandte sich der VIII. Senat des BFH mit den Entscheidungen 469 vom 15.12.2010 und 26.01.2011 dem Berufsbild des Insolvenzverwalters zu und erkannte nach erneuter Prüfung entgegen der bisherigen Rechtsprechung, dass die den Einkünften aus sonstiger selbstständiger Arbeit im Sinne des § 18 Abs. 1 Nr. 3 EStG zuzurechnende Insolvenzverwaltertätigkeit nicht wegen der Beteiligung qualifizierter Mitarbeiter an der Abwicklung der einzelnen Insolvenzverfahren als gewerbliche Tätigkeit im Sinne des § 15 Abs. 1 EStG zu beurteilen sei.[677] Weder die historische noch die wörtliche noch die systematische Auslegung der Normen ließen erkennen, dass der Gesetzgeber die Zulässigkeit des Einsatzes fachlich vorgebildeter Mitarbeiter für Berufe im Sinne von § 18 Abs. 1 Nr. 1 und Nr. 3 EStG in einer nach Art der Tätigkeit unterschiedlichen Weise beurteilt sehen wollte. Die danach gebotene entsprechende Anwendung des § 18 Abs. 1 Nr. 1 Sätze 3 und 4 EStG für Tätigkeiten im Sinne von § 18 Abs. 1 Nr. 3 EStG entspräche auch dem Gebot verfassungskonformer Auslegung. Denn ein nach dem Maßstab des Art. 3 Abs. 1 des Grundgesetzes sachlich begründetes Differenzierungsmerkmal für eine Ungleichbehandlung zwischen einem Freiberufler, der nach § 18 Abs. 1 Nr. 1 Sätze 3 und 4 EStG qualifizierte Mitarbeiter steuerunschädlich beschäftigen kann, und einem Insolvenzverwalter oder anderen Vermögensverwalter im Sinne von § 18 Abs. 1 Nr. 3 EStG sei nicht ersichtlich. Voraussetzung sei jedoch, dass der Berufsträger trotz des Einsatzes fachlich vorgebildeter Mitarbeiter weiterhin seinen Beruf leitend und eigenverantwortlich ausübe, indem er nicht nur die Grundzüge der Organisation und der dienstlichen Aufsicht festlege, sondern darüber hinaus seine Tätigkeit durch Planung, Überwachung und Kompetenz zur Entscheidung in Zweifelsfällen gekennzeichnet und die Teilnahme des Berufsträgers an der praktischen Arbeit in ausreichendem Maße gewährleistet sei. Nur unter diesen Voraussetzungen trage die Arbeitsleistung des Berufsträgers typischerweise den erforderlichen „Stempel der Persönlichkeit".

Bei der Feststellung und Würdigung der Tatsachen, ob und inwieweit die 470 Tätigkeit des einzelnen Insolvenzverwalters in diesem Sinne höchstpersönlich prägend und nicht vervielfältigungsfähig sei, gäben nach der aktuellen Auffassung des BFH die Regelungen der InsO den Maßstab vor. Dabei eröffne das Leitbild der Insolvenzverwaltung als kaufmännisch-praktische Tä-

---

[677] BFH, Urt. v. 15.12.2010 – VIII R 50/09, BStBl. II 2011, 506 (im Wesentlichen inhaltsgleich mit den BFH-Urteilen v. 15.12.2010 – VIII R 37/09, ZIP 2011, 1329; v. 15.12.2010 – VIII R 12/10; v. 15.12.2010 – VIII R 13/10 und v. 26.01.2011 – VIII R 29/08; hierzu *Olbing*, AnwBl. 3/2011, VIII; *Crezelius*, Aktuelle Steuerrechtsfragen in Krise und Insolvenz, NZI 2011, 437; *Buhmann*, Anmerkung zum Urteil des BFH vom 15.12.2010, Az.: VIII R 50/09 (Keine Gewerbesteuerpflicht für anwaltliche Insolvenzverwalter), BRAK-Mitt 2011, 163 – 168; *Siebenhüter*, Anmerkung zur Entscheidung des BFH vom 15.12.2010, Az.: VIII R 50/09 (Insolvenzverwaltung: gewerbesteuerpflichtig?), EStB 2011, 131 – 132; *Hallerbach*, Einkünftequalifikation und Einkünfteermittlung - Aktuelle Probleme bei der Besteuerung von Freiberuflern, StuB 2011, 250 – 255; *Kopp*, Insolvenzverwalter: BFH gibt Vervielfältigungstheorie auf, NJW 2011, 1560 – 1563. *Schmittmann*,, Insolvenzverwaltertätigkeit und gewerbliche Einkünfte, StuB 2011, 385 – 386; *Siemon*, Der Insolvenzverwalter ist nicht gewerbesteuerpflichtig - Das Ende der Vervielfältigungstheorie, ZInsO 2011, 764 – 769; vgl. auch *Smid*, Praxishandbuch Insolvenzrecht, § 9 Rn. 10.

tigkeit unter Verwertung besonderer Wirtschafts- und Rechtskenntnisse einen umso größeren Spielraum für die Beschäftigung von Mitarbeitern, je mehr es eben um einfachere kaufmännisch-praktische Tätigkeiten gehe. Umso mehr jedoch die Verwaltertätigkeit Grundentscheidungen für die Gestaltung des Insolvenzverfahrens erfordere, für die besondere Wirtschafts- und Rechtskenntnisse notwendig sind, desto eher sei höchstpersönliche Tätigkeit des Berufsträgers gefragt. Mit Blick auf dieses Leitbild sei mithin zu beurteilen, inwieweit typische Insolvenzverwaltertätigkeiten[678] durch den jeweils bestellten Insolvenzverwalter höchstpersönlich vorzunehmen sind oder im Rahmen eigenverantwortlicher und leitender Tätigkeit auf qualifizierte Mitarbeiter übertragen werden können. So zeige die insolvenzrechtliche Vergütungsordnung, dass es für einen Insolvenzverwalter regelmäßig unmöglich sei, alle kaufmännischen Einzelakte persönlich auszuüben, weshalb sie im Rahmen der Vergütungsbemessung ausdrücklich die Übertragung einzelner Geschäfte auf Dritte gestatte.[679] Der berufstypische Kernbereich der Insolvenzverwaltertätigkeit sei im Wesentlichen durch die Organisation der Verfahrensabwicklung gekennzeichnet, der eine Übertragung von Einzelgeschäften unter Genehmigungsvorbehalt des Insolvenzverwalters nicht entgegensteht, so dass es für die Abgrenzung von zulässiger Mitarbeiterbeschäftigung und gebotener höchstpersönlicher Berufsausübung entscheidend sei, ob Organisation und Abwicklung des Insolvenzverfahrens insgesamt den „Stempel der Persönlichkeit" des in das Amt des Insolvenzverwalters Berufenen zeige. Der Insolvenzverwalter handele in diesem Sinne höchstpersönlich, wenn er beispielsweise die Entscheidungen trifft, *ob* ein Anfechtungsprozesses zu führen oder ein nach § 240 ZPO unterbrochener Prozess aufzunehmen ist, *ob* die Arbeitsverhältnisse der Mitarbeiter zu beenden sind und *ob* es zu einer bestimmten Art der Masseverwertung kommt. Im Wesentlichen höchstpersönlich sind zudem die zentralen Aufgaben des Insolvenzverwalters zu erfüllen, wie die Berichtspflichten gegenüber Insolvenzgericht, Gläubigerversammlung und Gläubigerausschuss, wie die Pflicht zur Erstellung eines Insolvenzplans auf Beschluss der Gläubigerversammlung oder zur Legung der Schlussrechnung. Hingegen dürfe der Insolvenzverwalter mit Blick auf § 18 Abs. 1 Nr. 3 EStG die Tätigkeiten entsprechend § 18 Abs. 1 Nr. 1 Satz 3 EStG auf qualifizierte Hilfspersonen delegieren, welche das „Wie" der Aufgabenerfüllung umfassen, wie z. B. die anwaltliche Führung eines Prozesses, die Abgabe der Erklärungen zur Beendigung und Abwicklung der Arbeitsverhältnisse oder die Übertragung der Masseverwertung auf Dritte. Damit verbietet sich der (unreflektierte) Rückschluss von der Anzahl der beschäftigten (gleich) qualifizierten Mitarbeiter oder der Vielzahl von Bestellungen durch verschiedene Amtsgerichte auf die Art und Weise der Aufgabenerfüllung durch den Insolvenzverwalter. Vielmehr sei der Insolvenzverwalter selbst bei einer Mehrzahl beschäftigter qualifizierter Personen im einkommensteuerlichen Sinne höchstpersönlich tätig, wenn er über das „Ob" der einzelnen Maßnahmen in jedem der von ihm betreuten Verfahren entscheidet. Zudem gebiete der Charakter der Insolvenzverwaltung nicht die

---

[678] Hierzu FG Rheinland-Pfalz, Urt. v. 21.06.2007 – 4 K 2063/05, EFG 2007, 1523.
[679] *Smid*, Der Kernbereich der Insolvenzverwaltung, DZWIR 2002, 265.

Kapitel 3   Das Amt des Insolvenzverwalters

ständige persönliche Anwesenheit des Verwalters an einem Kanzleistandort, weil die ihm vorbehaltenen Organisations- und Abwicklungsentscheidungen gerade auch mit modernen Kommunikationsmitteln herbeigeführt werden können.

Einhergehend mit der vorstehend skizzierten Entwicklung der höchstrichterlichen Rechtsprechung statuiert unter anderem der Verband der Insolvenzverwalter Deutschlands e.V. Berufsgrundsätze, wonach der gerichtlich bestellte Insolvenzverwalter in jeder Funktion im Rahmen des Insolvenzverfahrens als der unabhängige, objektive, zur Sachlichkeit verpflichtete, geschäftskundige und leistungsbereite Wahrer der Interessen aller am Insolvenzverfahren Beteiligten verstanden wird, der einen von der Verfassung geschützten eigenständigen Beruf frei ausübt.[680] Der Verband der Insolvenzverwalter Deutschlands e.V.[681] sowie die sogenannte Uhlenbruck-Kommission[682] vertreten die Auffassung, dass Insolvenzverwalter grundsätzlich nur der sein kann, der über das notwendige theoretische Wissen in Form eines rechtswissenschaftlichen, wirtschaftswissenschaftlichen oder anderen Hochschulabschlusses mit wirtschaftswissenschaftlicher Ausrichtung sowie über besondere insolvenzrechtliche und betriebswirtschaftliche Kenntnisse verfügt, der über mehrere Jahre praktische Erfahrungen in einem Insolvenzverwalterbüro gesammelt hat, der die erforderliche personelle und apparative Büroinfrastruktur für eine professionelle und qualitätssichernde Insolvenzverwaltung vorweisen kann und der sich ständig fortbildet. Neben der fachlichen Expertise gehören ein hohes Maß an Sozialkompetenz, Entscheidungsfreude und Konfliktfähigkeit zum Berufsbild des Insolvenzverwalters. Überdies kann qualitativ hochwertige Insolvenzverwalterarbeit nur geleistet werden, wenn der Insolvenzverwalter und seine Mitarbeiter ständig und schwerpunktmäßig mit Insolvenzverwaltungen befasst sind.[683] Zudem wird der Standpunkt[684] vertreten, die Entscheidung für den Beruf des Insolvenzverwalters sei eine „endgültige", zumindest nicht mehr ohne weiteres reversibel, da sie erhebliche Konsequenzen nach sich ziehe. Auch könne der Insolvenzverwalter nicht auf Dauer mit Kollegen in Berufsausübungsgemeinschaften zusammenarbeiten, die weiterhin im klassischen Steuer- oder Rechtsberatungsumfeld als Steuerberater, Rechtsanwalt oder Wirtschaftsprüfer tätig sind, weil hierdurch seine Unabhängigkeit gefährdet sein könnte. Andererseits ist der Markt der Insolvenzverwaltungen hart umkämpft und verlangt Einsteigern nicht wenig Geduld, Ausdauer und Standfestigkeit ab.

471

---

680   Vgl. § 1 der vom Verband der Insolvenzverwalter e.V. aufgestellten Berufsgrundsätze.
681   Vgl. § 3 der vom Verband der Insolvenzverwalter e.V. aufgestellten Berufsgrundsätze.
682   Vgl. Empfehlungen der Kommission zur Vorauswahl und Bestellung von InsolvenzverwalterInnen sowie Transparenz, Aufsicht und Kontrolle im Insolvenzverfahren („Uhlenbruck-Kommission"), ZIP 2007, 1432 sowie das Verwalterbild des Gravenbrucher Kreises, abrufbar unter www.gravenbrucher-kreis.de.
683   Vgl. hierzu *Graeber*, Auswahl und Bestellung des Insolvenzverwalters, DZWiR 2005, 178, 186.
684   *Kind*, in: Braun, InsO, 2004, § 56 Rn. 23 ff.

2. Voraussetzungen des Amtes

472 Das Gesetz gibt in § 56 InsO Maßstäbe vor, die für die Bestellung des Insolvenzverwalters zu beachten sind. Es ist eine für den jeweiligen Einzelfall geeignete, insbesondere geschäftskundige und von den Gläubigern und dem Schuldner grundsätzlich unabhängige natürliche Person zu bestellen. Diese Auswahlkriterien gelten auch für den vorläufigen Insolvenzverwalter (vgl. § 21 Abs. 2 Nr. 1 InsO), den Sachwalter im Verfahren der Eigenverwaltung (vgl. § 274 Abs. 1 InsO) und den Treuhänder (vgl. § 313 Abs. 1 Satz 2 InsO).

473 In das Amt eines Insolvenzverwalters kann nach dem Gesetzeswortlaut nur eine natürliche Person berufen[685] werden, womit juristische Personen und Personengesellschaften ausscheiden. Das Motiv des Gesetzgebers[686] wird mit Blick auf §§ 60 bis 62 InsO deutlich: Der Insolvenzverwalter soll sich *in persona* nicht seinen Pflichten entziehen können und höchstpersönlich mit seinem Vermögen für infolge von Pflichtverletzungen eingetretene Schäden den Insolvenz- und Massegläubigern haften. Würde eine GmbH, Unternehmergesellschaft (haftungsbeschränkt) oder gar eine britische private company limited by shares (Ltd.) mit wenigen Euro Haftkapital zum Insolvenzverwalter bestellt werden können, bestünde die allfällige Gefahr, dass hinter dem Schild der limitierten Haftung die gesetzlichen Pflichten vernachlässigt oder gar gezielt umgangen werden, Interessenkollisionen unentdeckt bleiben und die Verfahrensbeteiligten Schaden nehmen.

474 Die zum Insolvenzverwalter zu bestellende Person muss für das konkrete Amt geeignet sein. Hierunter werden persönliche und fachliche Voraussetzungen verstanden, die für den jeweiligen Einzelfall maßgeblich sind. Das Auswahlkriterium der Eignung ist mit Blick auf die Verfahrensziele der Insolvenzordnung, namentlich die bestmögliche Befriedigung der Gläubiger, hin zu konkretisieren.[687]

475 Zu den persönlichen Voraussetzungen werden Zuverlässigkeit und Integrität, persönliche Erreichbarkeit und geordnete wirtschaftliche Verhältnisse gezählt.[688] Befindet sich der Bewerber in Vermögensverfall oder droht ihm ein solcher, was nicht notwendigerweise die Einleitung oder Eröffnung eines Insolvenzverfahrens über sein Vermögen erfordert, liegt ein absoluter Grund vor, ihn nicht zu bestellen oder eine erfolgte Bestellung in jedem Verfahrensstadium aufzuheben. Vorstrafen wegen der Begehung von Vermögens-, Urkunds-, Amts-, Aussage- und Steuerdelikten oder von Straftaten gegen die öffentliche Ordnung, das Leben und die körperliche Unversehrtheit und Freiheit stellen regelmäßig einen absoluten Grund für die Nichtbestellung dar.[689] Die korrespondierenden berufsrechtlichen Vorschriften der Steuerberater, Wirtschaftsprüfer und Rechtsanwälte sowie die hierzu ergehende Rechtsprechung geben durchaus die Maßstäbe für die Beantwortung der Frage vor, wann in diesen Fällen die Bestellung zu versagen oder zu revidieren ist.

---

685 *Eickmann*, in: HK, § 56 Rn. 2.
686 Vgl. BT-Drucks. 12/2443, S. 127; 12/7302, S. 161.
687 *Vallender*, Steine statt Brot, NJW 2004, 3614, 3615.
688 Vgl. § 3 der vom Verband der Insolvenzverwalter e.V. aufgestellten Berufsgrundsätze.
689 Vgl. zu Informationspflichten und zur Amtshaftung BGH, B. v. 31.01.2008 – III ZR 161/07, NZI 2008, 241.

Kapitel 3 Das Amt des Insolvenzverwalters

Der Insolvenzverwalter muss geschäftskundig sein, und zwar konkret bezogen auf das von ihm zu übernehmende Amt. Die erhebliche rechtliche und wirtschaftliche Komplexität der Insolvenzverwaltung bedingt hohe fachliche Anforderungen an den Bewerber. Allein der Abschluss eines juristischen, wirtschaftswissenschaftlichen oder gar anderweitigen (Fach-)Hochschulstudiums bewirkt mangels Erfahrung nicht, einen Bewerber als geschäftskundig anzusehen. Andererseits kann der Abschluss eines einschlägigen (Fach-)Hochschulstudiums nicht zur unabdingbaren Voraussetzung für das Amt erhoben werden. Entscheidend dürfte sein, ob der Bewerber über den Grad an juristischer und betriebswirtschaftlicher Bildung und Erfahrung verfügt, um ihn für das Amt insgesamt geeignet erscheinen zu lassen. Hierzu gehören neben den besonderen theoretischen Kenntnissen des materiellen Insolvenz- und Insolvenzverfahrensrechts auch ein ausgeprägtes betriebswirtschaftliches Verständnis sowie ein bestimmtes Maß an Erfahrungswissen. Freilich können berechtigt geführte Ausweise wie die eines „Fachberater für Sanierung und Insolvenzverwaltung (DStV e.V.)" oder „Fachanwalt für Insolvenzrecht" die Befähigung für das Amt ebenso indizieren, wie einschlägige Publikationen und auf Berufserfahrung deutende nachvollziehbare Referenzen. Es darf aber nicht der Blick darauf verstellt werden, dass das Insolvenzgericht den Verwalter in Kenntnis seiner Person, seiner fachlichen Kompetenz und seiner individuellen Fähigkeiten im Vergleich zu anderen Prätendenten bestellt, und nicht wegen der bloßen Teilnahme an einer beruflichen Fortbildungsmaßnahme und eines damit verbundenen Titelerwerbs. Der Verband der Insolvenzverwalter e.V. hält in seinen Berufsgrundsätzen[690] den Nachweis einer mindestens dreijährigen praktischen umfassenden insolvenzspezifischen Tätigkeit in einem Insolvenzverwalterbüro für erforderlich, um die Berufserfahrung zu demonstrieren, sowie in besonders gelagerten Fällen weitere Zusatzqualifikationen, wie praktische Erfahrungen mit Betriebsfortführungen, vertiefte Kenntnisse, Erfahrungen und Expertise in einzelnen Branchen oder Rechtsgebieten und im Zusammenhang mit grenzüberschreitenden Insolvenzverfahren (wozu auch besondere Fremdsprachenkenntnisse zählen können). Schließlich versteht es sich für die Frage der Geschäftskundigkeit von selbst, dass sich der Insolvenzverwalter ständig fortbildet. 476

Die Eignung des Aspiranten setzt ferner voraus, dass er persönlich erreicht wird (wozu unter Umständen eine regelmäßige Ortsnähe erforderlich sein kann), in besonderem Maß leistungsbereit ist und über eine leistungsfähige Eigenorganisation verfügt, die neben geeigneter und dem aktuellen Stand der Technik genügender Büroausstattung eine ausreichende Anzahl qualifizierter Mitarbeiter offenbart. Wird dem Bewerber ein neues Amt angetragen, muss er nach seinen zeitlichen Möglichkeiten objektiv zur Übernahme in der Lage sein, insbesondere wenn er mit laufenden Verfahren belastet ist, andernfalls lehnt der solide Insolvenzverwalter ab. Schließlich sind angesichts der mit der Insolvenzverwaltung latent verbundenen Haftungsrisiken der Abschluss und das Aufrechterhalten einer angemessenen Vermögensschadenhaftpflichtversicherung ein Eignungskriterium. 477

---

690 Vgl. § 3 der vom Verband der Insolvenzverwalter e.V. aufgestellten Berufsgrundsätze.

478 Der Kandidat muss unabhängig von den Gläubigern und dem Insolvenzschuldner sein. In jedem Fall sollte er alles unterlassen, was berechtigte Zweifel an seiner Unabhängigkeit begründen oder nähren könnte. Wie vormals die Richtlinien des Arbeitskreises für Insolvenzrecht im Deutschen Anwaltverein[691] weisen die Berufsgrundsätze und die Grundsätze ordnungsgemäßer Insolvenzverwaltung (GOI) des Verband der Insolvenzverwalter e. V.[692] sowie die Empfehlungen der sogenannten „Uhlenbruck-Kommission"[693] auf Tatbestände hin, bei deren Vorliegen ein (absoluter) Ablehnungsgrund besteht; danach soll die Unabhängigkeit nicht mehr gegeben sein, wenn

- der Insolvenzverwalter und Schuldner nahestehende Personen im Sinne des § 138 InsO sind,
- der Insolvenzverwalter, eine ihm nahestehende Person im Sinne von § 138 InsO oder eine mit ihm zur gemeinsamen Berufsausübung verbundene Person persönlich Gläubiger oder Drittschuldner des Schuldners ist,
- der Insolvenzverwalter oder eine mit ihm zur gemeinsamen Berufsausübung verbundene Person innerhalb von vier Jahren vor dem Antrag auf Eröffnung des Insolvenzverfahrens den Schuldner oder eine ihm nahestehende Person mittelbar oder unmittelbar vertreten oder beraten hat,
- ein verfahrensbeteiligter Großgläubiger, Kreditversicherer oder anderer institutioneller Gläubiger von dem Insolvenzverwalter oder einer mit ihm zur gemeinsamen Berufsausübung verbundenen Person ständig in Insolvenzrechtsangelegenheiten, z. B. auch durch die Übernahme von Poolverwaltungen, betreut wird.

479 Hingegen sollen nach § 56 Abs. 1 Satz 3 InsO, der aufgrund des am 13. 12. 2011 verkündeten Gesetzes zur weiteren Erleichterung der Sanierung von Unternehmen vom 07.12. 2011 (ESUG) mit Wirkung ab dem 01. 03. 2012 Geltung entfaltet,[694] die Umstände, dass die zum Insolvenzverwalter zu bestellende Person vom Schuldner oder von einem Gläubiger vorgeschlagen wurde oder den Schuldner vor dem Eröffnungsantrag in allgemeiner Form über den Ablauf eines Insolvenzverfahrens und dessen Folgen beraten hat, die erforderliche Unabhängigkeit nicht schon ausschließen. Bislang war ein derartiges Vorschlagsrecht in der Insolvenzordnung nicht ausdrücklich niedergelegt, auch wenn eine Anregung überwiegend als für die Verwalterauswahl unschädlich angesehen wurde. Angesichts abweichender Auffassungen einzelner Gerichte soll durch die neue Vorschrift klargestellt werden, dass derartige Vorschläge zulässig sind und den Vorgeschlagenen nicht *per se* für das Amt disqualifizieren. Dahinter steht das Motiv des Gesetzgebers, die Gläubigerautonomie bei der Bestellung des Verwalters zu stärkerer Geltung zu verhelfen, indem die Einflussmöglichkeiten der Gläubiger auf die Auswahl des aus ihrer Sicht am besten geeigneten Verwalters erweitert wer-

---

691 Vgl. Verhaltensrichtlinien für als Insolvenzverwalter tätige Rechtsanwälte, DRiZ 1993, 192.
692 Abrufbar unter www.vid.de.
693 Empfehlungen der „Uhlenbruck-Kommission", NZI 2007, 507, 509.
694 BGBl. I 2011, 2582.

den.[695] Daneben soll nicht jede Art von Kontakt vor dem Eröffnungsantrag zwischen dem Schuldner und dem vorgeschlagenen Verwalter Zweifel an dessen Unabhängigkeit hervorrufen. Allein die vorangegangene allgemeine Beratung des Schuldners, welche der Vermittlung allgemeiner Informationen über den Verlauf des Insolvenzverfahrens, über dessen Auswirkungen auf den Schuldner und über die Möglichkeiten der Sanierung dient, soll ihn nicht als künftigen Insolvenzverwalter disqualifizieren. Da das Kriterium der Eignung des Verwalters stets in objektiver Weise zu berücksichtigen ist, darf das Gericht bei der Verwalterauswahl von den Vorschlägen aber auch abweichen. Denn in jedem Einzelfall bleibt das Gericht verpflichtet, die konkreten Umstände zu würdigen, die in der Person des Verwalters liegen und dessen Unabhängigkeit beeinträchtigen könnten. Mithin darf das Vorschlagsrecht weder dazu führen, dass der Vorgeschlagene generell zu bestellen ist, noch dazu, ihn prinzipiell als ungeeignet anzusehen.[696] Die Intention des Gesetzgebers liegt in der Verdeutlichung, dass derartige Umstände künftig nicht zu einer schnellen, affektiv-pauschalen Ablehnung der betreffenden Person führen sollen.

Ob freilich dieses Ziel in der Praxis erreicht werden kann, wird abzuwarten bleiben. In seiner Stellungnahme vom 15.04.2011 zeigte der Bundesrat[697] auf die latente Ungewissheit, ob der Aspirant zuvor weitergehend als allgemein beratend tätig geworden ist, so dass seine Unabhängigkeit als gefährdet angesehen werden muss. Zudem sei die Gefahr einer vom späteren Verwalter nicht offenbarten Interessenkollision groß. Denn wer bereits zuvor beratend tätig geworden ist, wird später als Insolvenzverwalter kaum ein Interesse an der Prüfung haben, ob die Zahlung der Beratungsvergütung womöglich anfechtbar ist. Zudem bestünde die ernstzunehmende Gefahr, dass ein zum Insolvenzverwalter bestellter ehemaliger Berater eigene Beratungsfehler nicht erkennt und dadurch Sanierungsmöglichkeiten vertan werden. Mithin kann ein vorprogrammierter Interessenkonflikt eintreten, welcher der eigentlichen Absicht des Gesetzgebers zuwiderlaufen würde.

Neben der gesetzlichen Neuregelung soll der Umstand, dass der Anwärter auf das Insolvenzverwalteramt für Gläubiger des Schuldners oder andere Beteiligte bereits in anderen Sachen tätig gewesen war, für sich allein ebenfalls keine Zweifel an der Unabhängigkeit begründen, jedoch dem Insolvenzgericht angezeigt werden. Gleiches soll gelten, wenn der Bewerber, eine ihm nahestehende oder zur gemeinsamen Berufsausübung verbundene Person bereits Sachverständiger oder (vorläufiger) Verwalter in einem Verfahren ist, dessen Subjekt mit der insolvenzschuldnerischen Gesellschaft verflochten ist (Konzerninsolvenz). Andererseits sollen die über § 4 InsO in §§ 406 Abs. 1 Nr. 1 ZPO i.V.m. §§ 41, 42 ZPO genannten Tatbestände, soweit nicht vorstehend schon erfasst, weitere der Berufung eines Bewerber entgegenstehende Gründe darstellen.[698] Danach hat der Bewerber die Übernahme

---
695 RegE. ESUG, BR-Drucks. 127/11, S. 35 sowie RegE ESUG, BT-Drucks. 17/5712, S. 37.
696 RegE. ESUG, BR-Drucks. 127/11, S. 35 sowie RegE ESUG, BT-Drucks. 17/5712, S. 37.
697 Stellungnahme vom 15.04.2011 des Bundesrates, BR-Drucks. 127/11 (Beschluss), S. 6.
698 *Graeber*, Die Unabhängigkeit des Insolvenzverwalters gegenüber Gläubigern und Schuldnern – Eine „fundamentale" Anforderung an Verwalter fremden Vermögens, NZI 2002, 345, 346; kritisch *Braun*, NZI Editorial zu Heft 1/2002, VI.

des Amts abzulehnen, wenn seine Unabhängigkeit und Neutralität ernsthaft bedroht ist oder er sich befangen fühlt. Dabei ist er verpflichtet, bereits anlässlich seiner Bestellung zum Sachverständigen oder vorläufigen Insolvenzverwalter im Insolvenzeröffnungsverfahren oder anlässlich der (beabsichtigten) Eröffnung des Verfahrens, spätestens jedoch in seinem Bericht zum Wahltermin oder in weiteren Berichten auf vorstehende Umstände unmissverständlich hinzuweisen,[699] damit die Gläubiger und das Insolvenzgericht in Kenntnis dieser Umstände über seine Bestellung bzw. Bestätigung zum Insolvenzverwalter des konkreten Verfahrens entscheiden können. Genügt er dieser Hinweispflicht nicht, kann er sich Schadenersatzansprüche aussetzen.

482 Das Merkmal der Unabhängigkeit findet seine Bedeutung nicht nur bei der Berufung eines Bewerbers in das Verwalteramt. Der Insolvenzverwalter hat seine Unabhängigkeit in jeder Lage des Verfahrens zu gewährleisten. Hierzu gehört, dass er, seine nahen Angehörigen (insbesondere wenn sie ebenfalls Berufsträger sind) oder die mit ihm zur gemeinsamen Berufsausübung verbundenen Berufsträger während des Insolvenzverfahrens keine anwaltliche oder steuerberatende Tätigkeit für den Insolvenzschuldner oder für Personen übernehmen, die als gesetzliche Vertreter, Gesellschafter, Treuhänder und -geber oder Verwandte in Beziehung zum Insolvenzschuldner stehen. Überhaupt sollte der Insolvenzverwalter alles vermeiden, was den Anschein einer über das Insolvenzverfahren hinausgehende Nähe zum Insolvenzschuldner und seinem Geschäftskreis hervorruft. Für den Insolvenzverwalter verbietet es sich, sich an Unternehmen direkt oder indirekt zu beteiligen, die in irgendeiner Weise der Verwertung des insolvenzschuldnerischen Unternehmens dienen. Offerten (auch von Dritten unterbreitet) über Entgelte jeder Art, die im Zusammenhang mit verfahrensbedingten Leistungen stehen und nicht der Insolvenzmasse zukommen sollen, sind vom Insolvenzverwalter zurückzuweisen, will er sich nicht in ein Zwielicht begeben. Aus gleichem Grund muss er verhindern, dass solche Angebote an seine Mitgesellschafter, Mitarbeiter, Angehörigen und andere nahestehende Personen herangetragen und in die Tat umgesetzt werden. Schließlich sollte er keine Mandanten der eigenen Kanzlei in Bezug auf das Insolvenzverfahren beauftragen und keine zur Masse gehörenden Sachen oder Rechte erwerben.

483 Eng mit der Unabhängigkeit ist ein besonderes Maß an Objektivität der Verwaltertätigkeit verbunden. Als Inhaber eines durch Hoheitsakt verliehenen Amtes hat der Insolvenzverwalter die Interessen aller Verfahrensbeteiligten allein nach objektiven Kriterien zu wahren. Er ist gut beraten, sein Handeln ausschließlich an den Maßstäben der Sachlichkeit und Vernunft auszurichten. Polemik, überzogene Rhetorik und nicht belegbare Mutmaßungen sollte er bei jeder Verlautbarung vermeiden. Sein Verhalten im Verfahren gestaltet er bestenfalls nüchtern, transparent und dokumentiert es in Berichten und mündlichen Erläuterungen. Hingegen ist er nicht allgemein verpflichtet, die immer wieder vorkommenden Sachstandanfragen zu beantworten oder Rechtsauskünfte zu erteilen; er kann auf die Gerichtsakten, die im Internet recherchierbaren öffentlichen Bekanntmachungen sowie ein etwaiges eigenes Gläubigerinformationssystem verweisen.

---

699 BGH, Urt. v. 24. 01. 1991 – IX ZR 250/89, NJW 1991, 40.

3. Auswahlentscheidung des Insolvenzgerichts

Kommen nach den vorstehend beschriebenen Auswahlkriterien mehrere Personen für das Verwalteramt in Betracht, hat das Insolvenzgericht, und zwar der nach § 18 Abs. 1 Nr. 1 RPflG funktionelle zuständige Richter, unter ihnen eine Wahl zu treffen. Die Auswahl des geeigneten Insolvenzverwalters ist eine Ermessensentscheidung, welche vom Insolvenzrichter unter gegebenenfalls erforderlicher Beachtung der Gläubigerbeteiligungsrechte des § 56a InsO unabhängig, frei und pflichtgemäß auszuüben ist. Mit dem (weiten) Auswahlermessen des Insolvenzrichters ist die Verpflichtung zu dessen sachgerechter Ausübung verbunden. Jeder Bewerber um das Insolvenzverwalteramt muss eine faire Chance erhalten, entsprechend seiner in § 56 Abs. 1 InsO vorausgesetzten Eignung berücksichtigt zu werden.[700]

484

Dabei spielt von den in § 56 Abs. 1 Satz 1 InsO genannten Voraussetzungen die Frage der Eignung eines Prätendenten eine besondere Rolle. Denn die Bestimmung einer bestimmten Person zum Insolvenzverwalter durch den Insolvenzrichter ist für den Verlauf des weiteren Verfahrens und damit für die Gläubiger von schicksalhafter Bedeutung, auch wenn über einen etwaig nach § 22a InsO zu bestellenden vorläufigen Gläubigerausschuss Einfluss auf die Verwalterperson genommen und später in der Gläubigerversammlung eine andere Person zum Insolvenzverwalter gewählt werden kann (vgl. § 57 InsO). Bis dahin werden vom (vorläufigen) Insolvenzverwalter oftmals Fakten geschaffen, auf welche die Gläubiger keinen entscheidenden Einfluss nehmen können und die womöglich irreversibel sind. So ist der Insolvenzverwalter unmittelbar nach Eröffnung des Verfahrens gehalten, Chancen und Risiken einer Sanierung, einer Gesamtveräußerung oder eines Insolvenzplanes auszuloten, das Vermögen zu sichern und gegebenenfalls das schuldnerische Unternehmen einstweilen fortzuführen, um Verwertungschancen aufrechtzuerhalten.

485

Üblicherweise wählen die Insolvenzgerichte den (späteren) Insolvenzverwalter aus einem Kreis zur Amtsübernahme bereiter Rechtsanwälte, Steuerberater, Wirtschaftsprüfer und Betriebswirte aus, die grundsätzlich in der Lage sind, die mit einem Insolvenzverfahren typischerweise verbundenen Probleme in den Griff zu bekommen. Naheliegend ist aber, dass nicht jeder Anwärter aufgrund seiner Qualifikation oder seines Organisationsgrades für jedes Insolvenzverfahren mit den jeweiligen Besonderheiten und Schwierigkeiten geeignet sein kann. Sicherlich kann der Insolvenzrichter die Eignung für ein konkretes Verfahren anhand seiner individuellen Erfahrung mit einer Person beurteilen. Diese Herangehensweise führt aber sehr schnell zu einer Praxis der Auswahl „bekannter und bewährter Verwalter", die nicht nur für Neubewerber nachteilig wirken kann und wegen der Gefahr der Bevorzugung „angenehmer" Verwalter kritisch hinterfragt wird.[701] Demgegenüber ist es legitim, einen Verwalter zu berufen, mit dem das Insolvenzgericht in vergleichbaren Fällen jahrelang gute Erfahrungen gemacht hat,[702] zumal die

486

---
700 BVerfG, B. v. 23.05.2006 – 1 BvR 2539/04, ZIP 2006, 1355.
701 *Wieland*, Verfassungsrechtliche Fragen der Auswahl des Insolvenzverwalters, ZIP 2005, 233.
702 *Pape*, Verwalterbestellung wie gehabt – nichts verändert sich, ZInsO 2004, 1126, 1127.

Interessen der Gläubiger und des Schuldners im Mittelpunkt stehen. Der die Entscheidung treffende Richter darf und soll sich auch auf das kollektive Gedächtnis „seines" Gerichtes verlassen können, da es bei der Wahrnehmung fremder Vermögensinteressen ausschlaggebend ist, ob er davon ausgehen kann, dass der in Aussicht genommene Verwalter zur ordnungsgemäßen Erledigung der ihm anvertrauten Aufgaben in der Lage sein[703] und (wegen der Gefahr unnötiger Kosten und Zeitverlustes) die Akzeptanz der Gläubiger in der ersten Gläubigerversammlung finden wird.[704]

487 Der Bestellung einer Person zum Insolvenzverwalter nach §§ 56 Abs. 1, 56a InsO geht gewöhnlich ihre Beauftragung im Insolvenzeröffnungsverfahren zur Anfertigung eines Gutachtens zu den Eröffnungsgründen (§ 5 Abs. 1 Satz 2 InsO, § 404 Abs. 1 Satz 1 ZPO) oder die Berufung in das Amt des vorläufigen Insolvenzverwalters (§ 21 Abs. 2 Satz 1 Nr. 1, § 56 Abs. 1 InsO) voraus. Wird das Insolvenzverfahren eröffnet, bestellt das Insolvenzgericht in aller Regel den vorherigen Gutachter oder vorläufigen Insolvenzverwalter. Die im Insolvenzeröffnungsverfahren in aller Eile[705] zu treffende Entscheidung über die Person des Gutachters oder vorläufigen Verwalters präjudiziert gewissermaßen die nachfolgende Bestellung zum Insolvenzverwalter, ohne dass ein subjektives Recht auf die nachfolgende Bestellung zum Insolvenzverwalter besteht. In dieser Drucksituation sind umfangreiche Ermittlungen des Insolvenzgerichts, die die Eignung der in Frage kommenden Personen zum Gegenstand haben, selbst die Eignung aufklärende Gespräche mit potentiellen Verwaltern nicht möglich. Der Insolvenzrichter muss in der Kürze der ihm zur Verfügung stehenden Zeit auf Aufzeichnungen, mithin auf Listen oder Dateien zurückgreifen dürfen, in denen verfügbare und geeignete Insolvenzverwalter geführt werden.

488 Das Führen solcher (offenen) Auswahllisten (Vorauswahllisten) wird allgemein akzeptiert und für zulässig[706] und auch notwendig[707] gehalten. Hingegen wurden vom Bundesverfassungsgericht sogenannte geschlossene Listen (closed shops), in denen die Zahl der aufgenommenen Bewerber begrenzt ist und in die neue Bewerber nur bei Ausscheiden einer bereits geführten Person aufgenommen werden, als gegen den Grundsatz der Chancengleichheit verstoßend angesehen und für rechtswidrig befunden.[708] Das Bundesverfassungsgericht unterstrich deutlich, dass die Prätendenten für die Bestellung zum Insolvenzverwalter in einem konkreten Verfahren aus Art. 3 Abs. 1 GG ein subjektives Recht auf willkürfreie Entscheidung des Insolvenzgerichts ha-

---
703 *Smid*, Praxishandbuch Insolvenzrecht, § 9 Rn. 49.
704 *Wild*, Versagung der Ernennung des gewählten Konkursverwalters durch das Konkursgericht gemäß § 80 KO, KTS 1982, 63.
705 *Smid*, „Rechtsschutz" gegen Insolvenzrichter, DZWIR 2004, 359.
706 BVerfG, B. v. 03. 08. 2004 – 1 BvR 135/00, NZI 2004, 574; *Römermann*, Die Zukunft der Insolvenzverwalterbestellung, ZInsO 2004, 937; *Frind*, Die begründete, plausible, unverbindliche Vorauswahl-Liste zur Bestellung von Insolvenzverwaltern, ZInsO 2004, 897; *Graeber*, Auswirkungen der Entscheidung des BVerfG zur Vorauswahl des Insolvenzverwalters auf die Insolvenzgerichte, NZI 2004, 546; *Vallender*, Steine statt Brot, NJW 2004, 3614; *Wieland*, Verfassungsrechtliche Fragen der Auswahl des Insolvenzverwalters, ZIP 2005, 233.
707 BVerfG, B. v. 03. 08. 2009 – 1 BvR 369/08, NZI 2009, 641.
708 BVerfG, B. v. 23. 05. 2006 – 1 BvR 2530/04, NZI 2006, 453.

ben. Dies bedeute angesichts der Eilbedürftigkeit der Entscheidung[709] nicht, dass aus der offenen Auswahlliste eine Bestenauslese vorgenommen werden dürfe. Vielmehr seien die Interessen der Gläubiger und des Schuldners des konkreten Insolvenzverfahrens maßgebend, weshalb sich die Ermessensausübung anhand sachgerechter Kriterien zu orientieren habe, die durch die Fachgerichte zu entwickeln seien. Deshalb dürfe sich ein dem Insolvenzverfahren vorgelagertes allgemeines Vorauswahlverfahren nicht nur auf das Erstellen einer einfachen (geschlossenen) Liste mit den Kontaktdaten der Bewerber beschränken, sondern müsse auch die Erhebung, Verifizierung und Strukturierung der Daten gewährleisten, die nach der Einschätzung des jeweiligen Insolvenzrichters für die Feststellung der Eignung eines Bewerbers im konkreten Fall maßgebend sind und eine sachgerechte Ermessensausübung ermöglichen.[710] Die Gestaltung einer solchen Vorauswahlliste ist den Fachgerichten überlassen, die aber zu berücksichtigen haben, dass nicht jeder generell für eine Verwaltertätigkeit befähigte Bewerber auch für jede Art von Verfahren geeignet ist,[711] weshalb innerhalb solcher Listen differenzierte Anforderungen niedergelegt sein können.[712] In der Folge stellte der Bundesgesetzgeber durch die Ergänzung des § 56 Abs. 1 Satz 1 InsO a. E. die Unzulässigkeit geschlossener Listen klar und trug mit § 56 Abs. 1 Satz 2 InsO, wonach ein Bewerber seine Bereitschaft zur Übernahme von Insolvenzverwaltungen auf bestimmte Verfahren beschränken darf, der Möglichkeit differenzierter Vorauswahllisten Rechnung, wollte aber ansonsten das Auswahlverfahren zunächst keinen weiteren einfachgesetzlichen Einschränkungen unterwerfen.[713]

Wird ein Bewerber bei der Entscheidung über die Bestellung zum Sachverständigen, (vorläufigen) Insolvenzverwalter, Sachwalter oder Treuhänder nicht berücksichtigt, steht ihm nach der Rechtsprechung des Bundesverfassungsgerichts[714] gleichwohl keine Rechtsschutzmöglichkeit mit dem Ziel der Anfechtung dieser Entscheidung und Gewährung vorläufigen Rechtsschutz[715] zur Seite. Auch wenn die Auswahlentscheidung nicht zur Rechtsprechung im materiellen Sinne zählt, kann der Bewerber die Bestellung einer anderen Person weder verhindern noch anfechten, obschon er für den Anspruch auf sachgerechte Ermessensentscheidung ein legitimes Interesse 489

---

709 Nachdrücklich auf diesen Zeitaspekt hinweisend: *Smid*, Auswahl und Bestellung des Insolvenzverwalters als Rechtsfrage betrachtet, DZWiR 2001, 485, 494.
710 BVerfG, B. v. 23.05.2006 –1 BvR 2530/04, NZI 2006, 453; BVerfG, B. v. 03.08.2009 – 1 BvR 369/08, NZI 2009, 641.
711 *Gerhardt*, in: Jaeger, InsO, Band 2, § 56 Rn. 54 ff.
712 BVerfG, B. v. 03.08.2009 – 1 BvR 369/08, NZI 2009, 641.
713 Vgl. BT-Drucks. 16/3227, S. 10.
714 BVerfG, B. v. 23.05.2006 – 1 BvR 2530/04, NZI 2006, 453; *Höfling*, Insolvenzverwalterbestellung – Rechtsschutz durch Konkurrentenklage?, NJW 2005, 2341; vgl. hierzu *Pape*, Die Qual der Insolvenzverwalterauswahl: Viel Lärm um wenig, NZI 2006, 665; *Uhlenbruck*, Zur Vorauswahl und Bestellung des Insolvenzverwalters, NZI 2006, 489, *Vallender*, Rechtsschutz gegen die Bestellung eines Konkurrenten zum Insolvenzverwalter, NJW 2006, 2597; *Römermann*, Bestellung von Insolvenzverwaltern – Die verpasste Chance des BVerfG, ZIP 2006, 1332.
715 Vgl. zur Frage der Suspension *Smid*, „Rechtsschutz" gegen den Insolvenzrichter, DZWiR 2004, 359–367.

an einem uneingeschränkten, weitreichenden Rechtsschutz hat. Den Konflikt der wechselseitig konkurrierenden Interessen des Staates, der Gläubiger, des Schuldners und der Prätendenten löst das Bundesverfassungsgericht mit Blick auf die Ziele des Insolvenzverfahrens. Die Regelung des § 56 Abs. 1 InsO dient der sachgerechten Durchführung des Insolvenzverfahrens und damit der Wahrung der Interessen der Gläubiger sowie des Schuldners; sie ist nicht zu dem Zweck geschaffen, Insolvenzverwaltern die berufliche Betätigung zu ermöglichen[716] und schafft daher für sich genommen keine subjektiven Rechte hinsichtlich der Bestellung zum Insolvenzverwalter. Die Verwirklichung der in § 1 InsO normierten Ziele erfordert ein effektives und schnelles Insolvenzverfahren, bei dem Verzögerungen, Komplikationen und Kosten infolge gerichtlicher Auseinandersetzungen um die Person des Amtsträgers hinderlich sind, zumal im Fall des Obsiegens des übergangenen Konkurrenten erneut eine anfechtbare Auswahlentscheidung zu treffen wäre, was zu weiteren Verschleppungen führen würde. Selbst bei einer dann endgültigen Auswahlentscheidung zugunsten des Anfechtenden wären weitere Hemmnisse zu befürchten, weil die Überleitung des Verfahrens vom bisherigen Amtsträger auf ihn mit einem nicht unerheblichen Zeit- und Arbeitsaufwand[717] einhergehen und die Gefahr weiterer Komplikationen, insbesondere des Informationsverlustes in sich bergen würde. Gleiches wäre zu befürchten, wenn den nicht berücksichtigten Mitbewerbern vorläufiger Rechtsschutz eingeräumt werden würde. Bis zur Entscheidung in der Hauptsache könnte das eigentliche Insolvenzverfahren nicht effektiv durchgeführt werden, was mit dem Ziel einer zügigen Verfahrensabwicklung nicht in Einklang gebracht werden kann. Das Bundesverfassungsgericht billigt dem übergegangenen Prätendenten aber Rechtsschutzmöglichkeiten zu, die den Verlauf des Insolvenzverfahrens nicht beeinträchtigen können, insbesondere die Erhebung einer Amtshaftungsklage nach Art. 35 GG i.V.m. § 839 BGB oder einen auf Feststellung der Rechtswidrigkeit einer Insolvenzverwalterbestellung wegen fehlerhafter Ausübung des Auswahlermessens gerichteten Antrag, für den ein Rechtsschutzinteresse vorliegen kann, wenn die Auswahlentscheidung diskriminierenden Charakter trägt.[718]

490 In Fortsetzung seiner Rechtsprechung[719] zur (Vor-)Auswahl der Sachverständigen, vorläufigen Insolvenzverwalter und Insolvenzverwalter verwies das Bundesverfassungsgericht darauf, dass eine Ablehnung der Aufnahme in eine Vorauswahlliste verfassungsrechtlich nicht zu beanstanden sei, wenn der Bewerber wegen Zweifel an seiner Unabhängigkeit als generell ungeeignet angesehen werde.[720] Ebenso wenig hat ein Prätendent einen An-

---

716 Vgl. *Smid*, Auswahl und Bestellung des Insolvenzverwalters durch das Insolvenzgericht als Rechtsfrage betrachtet, DZWiR 2001, 485, 494; *Frind*, Die begründete, plausible, unverbindliche Vorauswahl-Liste zur Bestellung von Insolvenzverwaltern, ZInsO 2004, 897.
717 *Hess/Ruppe*, Auswahl und Einsetzung des Insolvenzverwalters und die Justiziabilität des Nichtzugangs zur Insolvenztätigkeit, NZI 2004, 641, 645.
718 BVerfG, B. v. 23.05.2006 – 1 BvR 2530/04, NZI 3006, 453.
719 Vgl. *Laws*, Gelistet, aber doch nie bestellt – was ist zu tun?, ZInsO 2006, 1123; *Frind*, 25 Fragen und Antworten zur Praxis der Verwalter-Vorauswahl, ZInsO 2008, 655.
720 BVerfG, B. v. 12.07.2006 – 1 BvR 1493/05, LSK 2006, 390519.

spruch darauf, im gleichen Verhältnis wie seine Mitbewerber zum Insolvenzverwalter bestellt zu werden, da damit nicht sichergestellt werden kann, dass eine mit Blick auf die Eigenheiten des konkreten Verfahrens und die spezielle Eignung der Bewerber sachgerechte und damit pflichtgemäße Ermessensausübung erfolgt; das Bundesverfassungsgericht machte vielmehr deutlich, dass mangelnde Präsenz vor Ort und negative Erfahrungen aus früheren Verfahren durchaus Kriterien der Ermessenentscheidung sein können.[721] Indes muss jeder Bewerber in eine Vorauswahlliste eingetragen werden, der die grundsätzlich zu stellenden Anforderungen an eine generelle, von der Typizität des einzelnen Insolvenzverfahrens gelöste Eignung für das erstrebte Amt im Rahmen eines Insolvenzverfahrens erfüllt, wobei es nicht sachwidrig sei, einen Bewerber ohne praktische Erfahrungen jedoch mit ausreichendem theoretischem Wissen zum Insolvenzverwalter in einfach gelagerten Verfahren, namentlich im Bereich von Verbraucherinsolvenzen, auszuwählen. Verfassungsrechtlich unproblematisch ist es aber auch, die fachliche Eignung von Bewerbern vom Nachweis praktischer Erfahrungen durch Tätigkeiten in Insolvenzverfahren abhängig zu machen, zumal diese praktischen Erfahrungen nicht nur solche Personen erwerben können, die bei einem Insolvenzverwalter angestellt sind oder waren, sondern auch Selbstständige, die mit einem Insolvenzverwalter zusammenarbeiten und für diesen unter seiner Aufsicht und Verantwortung federführend tätig waren.[722] In einer weiteren Entscheidung[723] hält das Bundesverfassungsgericht eine pauschal formulierte Forderung nach einer persönlichen Anwesenheit des Insolvenzverwalters an mindestens zwei Tagen pro Woche angesichts moderner Kommunikationsmittel als Aufnahmekriterium in eine Vorauswahlliste unter Umständen für verfassungsrechtlich bedenklich. Zugleich sieht es das Kriterium der höchstpersönlichen Aufgabenwahrnehmung als Aspekt der persönlichen Eignung in bestimmten Verfahren als zulässig an.

Die vorstehend beschriebenen Vorgaben des Bundesverfassungsgerichts setzten eine reformpolitische Diskussion über die Anforderungen an das Amt des Insolvenzverwalters, die Kriterien der Auswahl und das Auswahlverfahren in Gang. Neben dem Verband der Insolvenzverwalter e.V.[724] verlautbarten die sogenannte Uhlenbruck-Kommission,[725] der Gravenbrucher Kreis[726] und der Bundesarbeitskreis Insolvenzgerichte e.V. (BAKinso)[727] Empfehlungen zur Vorauswahl und Auswahl von Insolvenzverwaltern. Diese Vor-

491

---

721 BVerfG, B. v. 12.07.2006 – 1 BvR 1469/05, LSK 2006, 390520; BVerfG, B. v. 03.08.2009 – 1 BvR 369/08, LSK 2009, 370631.
722 BVerfG, B. v. 19.07.2006 – 1 BvR 1351/06, FD-InsR 2006, 191372.
723 BVerfG, B. v. 03.08.2009 – 1 BvR 369/08, LSK 2009, 370631.
724 Abrufbar unter www.vid.de.
725 Empfehlungen der Kommission zur Vorauswahl und Bestellung von InsolvenzverwalterInnen sowie Transparenz, Aufsicht und Kontrolle im Insolvenzverfahren („Uhlenbruck-Kommission"), ZIP 2007, 1432; vgl. hierzu Frind, Wenn der Schwanz versucht, mit dem Hund zu wedeln, ZInsO 2006, 1250; Haarmeyer, Ein erster Schritt zur qualitätsorientierten Verwalterauswahl, ZInsO 2007, 729; Uhlenbruck/Mönning, Listing, Delsitig und Bestellung von Insolvenzverwaltern, ZIP 2008, 157.
726 Verwalterbild des Gravenbrucher Kreises (www.gravenbrucher-kreis.de).
727 Beschlüsse des BAKinso, ZInsO 2007, 256.

schläge mündeten in verschiedene Gesetzesentwürfe, die zum Beispiel die Bestellung eines vorläufigen Gläubigerausschusses, dem ein Anhörungs- und Vorschlagsrecht für die Wahl des Insolvenzverwalters zugebilligt werden soll, vorsehen.[728] Zudem gibt es Vorschläge zur Qualitätssicherung,[729] die ihrerseits Merkmale für die Verwalterauswahl geben könnten, sowie zur quantitativen Limitierung (!) der Insolvenzverwalterauswahl und Vorauswahllisten,[730] zumal die in ständig wachsender Zahl auf die Vorauswahllisten kommenden Bewerber um eine womöglich nicht proportional mitwachsende Zahl von Verfahren konkurrieren.

492 Mit dem am 13.12.2011 verkündeten Gesetz zur weiteren Erleichterung der Sanierung von Unternehmen vom 07.12.2011 (ESUG) wurden die Vorschläge zur Modifizierung der Verwalterauswahl durch die ab dem 01.03.2012 wirkende Änderung der Insolvenzordnung teilweise umgesetzt.[731] Aufgrund eines neu eingefügten § 22a Abs. 1 InsO ist das Insolvenzgericht nunmehr verpflichtet, einen sogenannten vorläufigen Gläubigerausschuss einzusetzen, wenn der Schuldner bzw. das schuldnerische Unternehmen im vorangegangenen Geschäftsjahr mindestens zwei der drei nachstehend benannten Größenmerkmale erfüllte: (1.) mindestens 4.840.000 € Bilanzsumme nach Abzug eines aktivisch ausgewiesenen Fehlbetrages im Sinne des § 268 Abs. 3 HGB, (2.) mindestens 9.860.000 € Umsatzerlöse in den zwölf Monaten vor dem Abschlussstichtag und (3.) Beschäftigung von mindestens 50 Arbeitnehmer im Jahresdurchschnitt. Ferner soll das Insolvenzgericht nach § 22a Abs. 2 InsO auf Antrag des Schuldners, des vorläufigen Insolvenzverwalters oder eines Gläubigers einen vorläufigen Gläubigerausschuss einsetzen, wenn für die Tätigkeit im vorläufigen Gläubigerausschuss bereite Personen benannt werden. Hingegen darf ein derartiger vorläufiger Gläubigerausschuss nicht eingesetzt werden, wenn der Geschäftsbetrieb des Schuldners eingestellt oder die Einsetzung des vorläufigen Gläubigerausschusses in Ansehung der zu erwartenden Insolvenzmasse unverhältnismäßig oder angesichts der mit der Einsetzung verbundenen Verzögerung zu einer nachteiligen Veränderung der schuldnerischen Vermögenslage führen würde (vgl.

---

728 Entwurf eines Gesetzes zur weiteren Erleichterung der Sanierung von Unternehmen (ESUG), RegE. ESUG, BR-Drucks. 127/11, S. 35 sowie RegE ESUG, BT-Drucks. 17/5712, S. 37 Entwurf eines Gesetzes zur Verbesserung und Vereinfachung der Aufsicht in Insolvenzverfahren (GAVI), BT-Drucks. 16/7251; vgl. auch ZInsO 2008, 367.

729 *Haarmeyer*, Die Zertifizierung von Unternehmens-Insolvenzverwaltern nach den Richtlinien des DIAI, NZI 2007, 635; *Haarmeyer*, Die gute Insolvenzverwaltung, ZInsO 2007, 169; *Hess*, Die Thesen des DIAI zur Zertifizierung des Unternehmens-Insolvenzverwalters durch Rating – „Junk Science", ZIP 2007, 1042; *Bergner*, Das Kreuz mit der Zertifizierung, NZI 2007, 642.

730 BAKinso, ZInsO 2007, 256, 257; *Frind*, Die atmende Liste – Qualitätsorientierte Bedarfsbegrenzung ohne closed shop bei der Verwalter-Vorauswahl-Liste, ZInsO 2007, 515; krit. *Uhlenbruck/Mönning*, Listing, Delisting und Bestellung von Insolvenzverwaltern, ZIP 2008, 157, 159; *Laws*, Gelistet, aber doch nie bestellt – was ist zu tun?, ZInsO 2006, 1123, 1126; *Graeber*, Auswahl und Bestellung des Insolvenzverwalters, DZWiR 2005, 178, 186; *Vallender*, Wie viele Verwalter braucht das Land?, NZI 2005, 473, 476; *Messner*, Das Ende der Qual bei der Verwalterauswahl, DRiZ 2006, 326, 330.

731 BGBl. I 2011, 2582.

§ 22a Abs. 3 InsO, wegen der Einzelheiten zur Einsetzung des vorläufigen Gläubigerausschusses s. Rn. 866a ff.).

Aufgabe dieses für große Schuldnerunternehmen einzusetzenden vorläufigen Gläubigerausschusses ist es unter anderem, zur Stärkung der Gläubigerautonomie Beteiligungsrechte in gebündelter Form dahingehend auszuüben, dass es zur Bestellung eines für das (Groß-) Verfahren bestmöglich geeigneten Insolvenzverwalters kommt. Spiegelbildlich ist das Insolvenzgericht gemäß des ebenfalls neu eingefügten § 56a Abs. 1 InsO verpflichtet, vor der Bestellung des Insolvenzverwalters dem vorläufigen Gläubigerausschuss Gelegenheit zur Stellungnahme zu den Anforderungen und der Person des zu bestellenden Insolvenzverwalters zu geben. Zwar war schon nach der bisherigen Rechtslage die Einbindung der Gläubiger in die Verwalterauswahl zulässig.[732] Gleichwohl soll nach dem Willen des Gesetzgebers in allen Fällen, in denen nach den §§ 21 Abs. 2 Nr. 1a, 22a InsO ein vorläufiger Gläubigerausschuss bestellt wird, die aktive und eigenverantwortliche Beteiligung der Gläubiger bei der Wahl des aus ihrer Sicht geeigneten Verwalters gefördert werden. Dabei soll dem Ausschuss nicht nur Gelegenheit gegeben werden, sich zu den individuellen Anforderungen an die Eignung des Insolvenzverwalters und zu dessen Person zu äußern. Vielmehr soll es der vorläufige Gläubigerausschuss grundsätzlich in der Hand haben, ungeachtet einer etwaig existenten Vorauswahlliste eine bestimmte Person als Verwalter durch einstimmigen Vorschlagsbeschluss für das Insolvenzgericht bindend zu benennen (§ 56a Abs. 2 Satz 1 InsO). Der Gesetzgeber hegt insoweit die Erwartung, von einem paritätisch besetzten vorläufigen Gläubigerausschuss (vgl. §§ 21 Abs. 2 Nr. 1a, 67 Abs. 2 InsO) würden geeignete, ausgewogene und allseits interessengerechte Vorschläge zum Anforderungsprofil und zur Person des Verwalters vorgelegt werden. Vorsorglich wurde in den Gesetzesmaterialien darauf hingewiesen, dass nur nach Recht und Gesetz zulässige Vorschläge zum Anforderungsprofil und zur Verwalterperson, insbesondere nach den zu § 56 Abs. 1 Satz 1 InsO von der Rechtsprechung entwickelten Kriterien, beachtlich seien, auch wenn sie einstimmig beschlossen worden sind. Andernfalls ist das Insolvenzgericht ermächtigt, von den insoweit unzulässigen Vorschlägen des vorläufigen Gläubigerausschusses abzuweichen. Zudem wird durch das Anhörungs- und Vorschlagsrecht des vorläufigen Gläubigerausschusses nach § 56a Abs. 1 und 2 InsO das Recht der Gläubigerversammlung, im eröffneten Verfahren endgültig über die Verwalterperson zu entscheiden (§ 57 InsO; hierzu sogleich) nicht beschränkt. Damit verbindet der Gesetzgeber die Erwartung, dass sich jeder vorläufige Gläubigerausschuss dessen bewusst sein und keine Person vorschlagen werde, bei der mit einer Abwahl durch die erste Gläubigerversammlung gerechnet werden muss.[733]

493

---

[732] Zum Beispiel nach dem sogenannten Detmolder Modell, welches die Beteiligung wesentlicher Gläubiger, der Geschäftsführung und der Arbeitnehmervertretungen bei der Auswahl des (vorläufigen) Insolvenzverwalters vorsah; hierzu *Busch*, Die Bestellung des Insolvenzverwalters nach dem „Detmolder Modell", DZWiR 2004, 353; *Rechel*, Die Aufsicht des Insolvenzgerichts, 102.

[733] RegE. ESUG, BR-Drucks. 127/11, S. 36 sowie RegE ESUG, BT-Drucks. 17/5712, S. 38.

494 Der Gesetzgeber wollte mit der neuerlichen Reform der Insolvenzordnung nicht aus den Augen verlieren, dass jedes Insolvenzeröffnungsverfahren zugleich ein Eilverfahren ist und der Beschleunigungsmaxime von Rechts wegen alle Aufmerksamkeit gewidmet werden muss.[734] Angesichts dessen schränkt § 56a Abs. 1 InsO die neuen Beteiligungsrechte des vorläufigen Gläubigerausschusses für den Fall ein, dass es zu einer nachteiligen Veränderung der Vermögenslage des Schuldners kommt. Was hierunter mit Blick auf die Massesicherungs- und -verwertungspflichten und Anfechtungsmöglichkeiten im Einzelnen zu verstehen ist, wird die hierzu sicherlich ergehende Rechtsprechung noch zeigen. Der amtlichen Begründung des Regierungsentwurfs ist zu entnehmen, dass dieser Ausnahme gegenwärtig kaum eine praktische Bedeutung zugemessen wird, da die Konsultation eines bereits gebildeten vorläufigen Gläubigerausschusses nur einen geringen Zeitaufwand verursache und die mit der Einsetzung des vorläufigen Gläubigerausschusses verbundene Verzögerung bereits im Rahmen des neuen § 22c InsO berücksichtigt worden sei.[735] Dem Ausgleich zu der gleichzeitig zu stärkenden Gläubigerautonomie soll die Norm des § 56a Abs. 3 InsO dienen, wonach im Falle der gleichwohl nach § 56a Abs. 1 InsO unterbliebenen Beteiligung des vorläufigen Gläubigerausschusses bei der Bestellung des Insolvenzverwalters der Ausschuss ermächtigt wird, in seiner ersten Sitzung einstimmig eine andere Person als die von Gericht bestellte zum Insolvenzverwalter zu wählen. Wegen der sogleich darzustellenden Befugnis der ersten Gläubigerversammlung zur Wahl eines anderen Insolvenzverwalters gemäß § 57 InsO wurde es für entbehrlich gehalten, ein Rechtsmittel gegen die Bestellung des Verwalters durch den vorläufigen Gläubigerausschuss zu statuieren.

4. Wahl eines anderen Insolvenzverwalters durch die erste Gläubigerversammlung

495 Das Amt des vom Insolvenzgericht nach §§ 56 Abs. 1 Satz 1, 56a Abs. 2 InsO berufenen Insolvenzverwalters kann von relativ kurzer Dauer sein, wenn in der ersten Gläubigerversammlung, die auf seine Bestellung folgt, eine andere Person als Insolvenzverwalter gewählt und hiernach vom Insolvenzgericht bestellt wird. Diese in § 57 InsO vorgesehene Möglichkeit ist Ausdruck der in der Gläubigerversammlung sich manifestierenden Gläubigerautonomie und greift nicht in die Rechte des abgewählten Verwalters ein, da sie zum Berufsbild des Insolvenzverwalters gehört; vielmehr ist wegen der großen rechtlichen und wirtschaftlichen Bedeutung des Insolvenzverfahrens eine Beteiligung aller Gläubiger an dessen Abwicklung geboten.[736] Demnach wird das der ersten Gläubigerversammlung zugewiesene Recht, eine andere Person zum Insolvenzverwalter zu bestellen, nicht durch die Ermäch-

---

734 BVerfG, B. v. 23.05.2006 – 1 BvR 2530/04, NZI 2006, 453; *Smid*, „Rechtsschutz" gegen Insolvenzrichter, DZWIR 2004, 359; *Frind*, Die Gläubigermitbestimmung bei der Verwalterauswahl und das „Zeitkorridor-Problem", ZInsO 2011, 757.
735 RegE. ESUG, BR-Drucks. 127/11, S. 36 sowie RegE ESUG, BT-Drucks. 17/5712, S. 38.
736 BVerfG, B. v. 09.02.2005 – 1 BvR 2719/04, LSK 2005, 170164; BGH, Urt. v. 14.10.2004 – IX ZB 114/04, LSK 2004, 480318.

tigung des vorläufigen Gläubigerausschusses, im Falle des § 56a Abs. 3 InsO abweichend vom Insolvenzgericht durch einstimmigen Beschluss einen anderen Insolvenzverwalter zu bestellen, eingeschränkt.[737]

Welche Motive oder Gründe der Abwahl zugrunde liegen, ist unbeachtlich. Entscheidend ist allein, dass die qualifizierte Mehrheit nach § 57 Satz 2 InsO die Abwahl trägt. Allerdings steht das Recht der Abwahl nur der ersten auf die Verwalterbestellung nach § 56 InsO folgenden Gläubigerversammlung zu, danach nicht mehr. Es bleibt dann nur noch die Abberufung des Insolvenzverwalters nach § 59 Abs. 1 Satz 2 InsO, wenn ein wichtiger Grund vorliegt. Für die Abwahl ist die erste Gläubigerversammlung im Berichtstermin (§ 156 InsO) deshalb geeignet, weil der Insolvenzverwalter in ihr seine Erkenntnisse über das Unternehmen und seine Vorstellung über die weitere Verfahrensentwicklung darzulegen hat. Ist die erste Gläubigerversammlung mit diesen Vorstellungen nicht einverstanden, kann sie die Konsequenzen durch die Abwahl des Insolvenzverwalters ziehen, ohne sich hierfür rechtfertigen oder den Insolvenzverwalter wegen der beabsichtigten Abwahl anhören zu müssen. 496

Die Abwahl des Insolvenzverwalters ist zwingend mit der Neuwahl eines anderen geeigneten und übernahmebereiten Insolvenzverwalters verbunden. Eine isolierte Abwahl des bisherigen Insolvenzverwalters ohne Wahl eines Nachfolgers ist unzulässig, da das Insolvenzverfahren nicht verwalterlos fortgesetzt werden kann. Für die Abwahl bedarf es eines oder mehrerer Anträge mit namentlicher Benennung des neu zu wählenden Kandidaten. Durch die in § 57 Satz 2 InsO geforderte qualifizierte Mehrheit soll vermieden werden, dass Großgläubiger nicht die Entscheidung über die Abwahl dominieren können. Liegen mehrere Anträge mit jeweils anderen Kandidaten vor, ist hierüber nacheinander abzustimmen.[738] Findet kein Antrag die erforderliche Mehrheit, bleibt der bisherige Insolvenzverwalter im Amt und ist damit zugleich durch die erste Gesellschafterversammlung bestätigt.[739] 497

Erreicht hingegen ein Antrag die notwendige Mehrheit, führt das nicht zum sofortigen Verwalterwechsel, wie § 57 Satz 3 InsO zeigt: Vielmehr ist das Insolvenzgericht verpflichtet, den bisherigen Verwalter durch Beschluss aus seinem Amt zu entlassen und den Neugewählten zu bestellen. Gegen die Wahlentscheidung der Gläubigerversammlung kann sich das Insolvenzgericht nur stellen, wenn die gewählte Person für das Amt ungeeignet ist, wobei hier die gleichen Kriterien gelten, wie für die Bestellung nach § 56 Abs. 1 Satz 1 InsO; in diesem Fall ist die Bestellung mittels zu begründenden[740] Beschluss zu versagen. Liegt der Versagungsgrund des § 57 Satz 3 InsO nicht vor, wird der Neugewählte mit Erlass des Gerichtsbeschlusses und Annahme des Amtes zum künftigen Insolvenzverwalter. Das Gericht händigt ihm seine Bestellungsurkunde aus, während der abberufene Verwalter die Ausfertigung seiner Urkunde nach § 56 Abs. 2 Satz 2 InsO zurückzugeben hat. 498

---

737 RegE. ESUG, BR-Drucks. 127/11, S. 36 sowie RegE ESUG, BT-Drucks. 17/5712, S. 38.
738 *Hössl*, in: FK, § 57 Rn. 11.
739 *Delhaes*, in: Nerlich/Römermann, InsO, § 57 Rn. 5.
740 *Smid*, in: Leonhardt/Smid/Zeuner, InsO, § 57 Rn. 9.

Teil 2   Materielles Insolvenzrecht

499   Der abberufene Insolvenzverwalter hat gegen den Abberufungsbeschluss keinen Rechtsbehelf, da hierfür gemäß § 6 Abs. 1 InsO im Gesetz kein Rechtsmittel vorgesehen und mit seiner Abberufung keine Verletzung seiner Rechte verbunden ist.[741] Ebenso wenig kann die Wahl eines anderen Insolvenzverwalters in der ersten Gläubigerversammlung im Verfahren nach § 78 Abs. 1 InsO perpetuiert werden, da die in § 57 Satz 3 und 4 InsO genannten Regelungen abschließenden Charakter haben und auch im Fall der Masseunzulänglichkeit gelten.[742] Denn anders als mit der sofortigen Beschwerde gegen seine Abberufung nach § 59 Abs. 2 InsO würde ein Antrag des bisherigen Insolvenzverwalters nach § 78 Abs. 1 InsO nicht das Ziel verfolgen, sein in Art. 12 Abs. 1 GG geschütztes Recht in der Weise zu verteidigen, eine seine Berufsausübung behindernde oder gefährdende Diskriminierung abzuwehren.[743] Ein Antrag des Insolvenzverwalters nach § 78 Abs. 1 InsO könnte nur das Ziel verfolgen, sich gegen die Gläubigerautonomie zu stellen und einen ihm nicht zustehenden Anspruch auf Bestellung zum Insolvenzverwalter durchzusetzen respektive zu verteidigen.[744] Ein Antrag des Insolvenzverwalters nach § 78 Abs. 1 InsO soll nur der Wahrnehmung der gegenüber den Insolvenzgläubigern obliegenden Schutzpflichten dienen, weshalb es auf der Hand liegt, dass infolge der Abwahl des bisherigen Insolvenzverwalters mit der Pflicht zum Schutz der gemeinsamen Interesse der Insolvenzgläubiger auch seine prozessuale Befugnis endet, hierauf anzutragen.[745]

500   Den mit ihren Anträgen in der Gläubigerversammlung unterlegenen Gläubigern sowie dem Schuldner stehen ebenfalls keine Rechtsmittel zur Seite. Der von der Gläubigerversammlung neugewählte Verwalter hat ebenfalls kein Rechtsmittel gegen den seine Bestellung nach § 57 Satz 3 InsO versagenden Beschluss.[746] Indes ist für jeden Insolvenzgläubiger nach § 57 Satz 4 InsO das Rechtsmittel der sofortige Beschwerde gegen die nach § 57 Satz 3 InsO versagende Entscheidung statthaft, für die er ein Rechtsschutzbedürfnis hat, wenn er für die Wahl des Kandidaten gestimmt hat, dessen Bestellung das Insolvenzgericht ablehnt.[747]

---

741   BVerfG, B. v. 09.02.2005 – 1 BvR 2719/04, LSK 2005, 170164; BGH, Urt. v. 07.10.2004 – IX ZB 128/03, LSK 2004, 480337.
742   BGH, B. v. 17.07.2003 – IX ZB 530/02, LSK 2003, 400301; BGH, Urt. v. 07.10.2004 – IX ZB 128/03, LSK 2004, 480337.
743   *Smid*, Neue Fragen des deutschen und internationalen Insolvenzrechts,19; *Görg*, Gerichtliche Korrektur von Fehlentscheidungen der Gläubiger im Insolvenzverfahren, DZWIR 2000, 364; verweist zutreffend darauf, dass der abgewählte Insolvenzverwalter nicht seine Interessen mit einem Antrag nach § 78 InsO durchsetzen kann; vgl. ferner *Lüke*, Kein Bedarf an Insolvenzverwaltern, ZIP 2000, 485; *Kesseler*, Rechtsschutz des „übergangenen" Insolvenzverwalters, ZIP 2000, 1565, 1573 ff.; dagegen *Lüke*, Verwalterbestellung – im grundrechtsfreien Raum?, ZIP 2000, 1574.
744   Vgl. BVerfG v. 23.05.2006 – 1 BvR 2530/04, LSK 2006, 290448.
745   *Graeber*, Die Wahl des Insolvenzverwalters durch die Gläubigerversammlung nach § 57 InsO, ZIP 2000, 1465.
746   *Uhlenbruck*, in: Uhlenbruck, InsO, § 57 Rn. 23.
747   *Delhaes*, in: Nerlich/Römermann, InsO, § 57 Rn. 12; a.A. *Hössl*, in: FK, § 57 Rn. 11.

5. Aufgaben und Pflichten

Die Aufgaben und Pflichten des Insolvenzverwalters orientieren sich an den Zielen des Insolvenzverfahrens. Unmittelbar nach der Bestellung wird der Insolvenzverwalter gewöhnlich mit einer Fülle von Aufgaben und Pflichten konfrontiert, die er oftmals unverzüglich zu erledigen hat.[748] Die ihm obliegenden Aufgaben hat der Insolvenzverwalter höchstpersönlich zu erfüllen und zu verantworten.[749] Dies betrifft grundsätzlich die ihm von der Insolvenzordnung aufgegebenen originären Pflichten; so hat er die Berichtspflichten nach §§ 58 Abs. 1 Satz 2, 156 Abs. 1 InsO in eigener Person gegenüber dem Insolvenzgericht und vor der Gläubigerversammlung zu erfüllen und den Gläubigern Rede und Antwort zu geben, womit die Entsendung eines Vertreters oder gar Boten ausgeschlossen ist.[750] Hinsichtlich der Aufgaben, für deren Erledigung das Gesetz keine höchstpersönlichen Handlungen des Insolvenzverwalters vorsieht, kann er sich auf die Entscheidung beschränken, ob und gegebenenfalls wie er eine bestimmte Maßnahme ausführt. Den Vollzug der Maßnahmen muss er nicht zwingend höchstpersönlich herbeiführen; ihm ist es gestattet, Dritte, insbesondere fachlich versierte Experten zu beauftragen. So kann der Insolvenzverwalter, auch wenn er selber Rechtsanwalt ist, andere Rechtsanwälte[751] mit der Sachbearbeitung und mit der Führung von Prozessen mandatieren[752] oder Steuerberater mit der Erfüllung der steuerlichen Pflichten der Insolvenzschuldnerin beauftragen. Ebenso ist es dem Insolvenzverwalter nicht verwehrt, Assistenten zur Erledigung von nachgeordneten Hilfstätigkeiten wie das Anfertigen von Korrespondenzen etc. zu beschäftigen oder Sozien zur Erledigung von Aufgaben einzuschalten.[753]

501

5.1 Katalog typischer Aufgaben

Zu den in zahlreichen Einzelvorschriften der Insolvenzordnung genannten Aufgaben und Pflichten, die der Insolvenzverwalter unter Beteiligung von qualifiziertem Hilfspersonal zu erfüllen hat, gehören typischerweise

502

- Zustellungen an die Verfahrensbeteiligten (Schuldner, Antragsteller, Gläubiger) vorzunehmen (§ 8 Abs. 3 InsO),
- die Masse in Besitz zu nehmen (§ 148 InsO),

---

748 Vgl. auch die Zusammenstellung *Nauman*, in: Kölner Schrift zur Insolvenzordnung, 438 (Rn. 17 ff.).
749 Vgl. zu sogenannten „Akquisitionsverwaltern", „Grauverwaltern" oder „Schattenverwaltern" *Vallender*, Wie viele Verwalter braucht das Land?, NZI 2005, 473, 476, a. A. *Voigt-Salus/Pape*, in: Mohrbutter/Ringstmeier, Handbuch der InsVerw, § 21 Rn. 85.
750 *Smid*, in: Leonhardt/Smid/Zeuner, InsO, § 156, Rn. 2.
751 Vgl. hierzu im anderen Kontext BGH v. 16.04.2007 – AnwZ (B) 31/06, NJW 2007, 2125, 2126.
752 BGH, Urt. v. 23.03.2006 – IX ZB 134/05, ZInsO 2006, 491; BGH, B. v. 11.11.2004 – IX ZB 48/04, LSK 2004, 510583; BAG, B. v. 28.04.2003 – 2 AZB 78/02, LSK 2003, 460465.
753 BGH, B. v. 05.07.2007 – IX ZB 305/04, ZIP 2007, 1958, wonach sich die Vergütung des Insolvenzverwalter nach InsVV nicht deshalb mindert, weil er seine Sozietät oder Sozien beauftragt; der Umstand, dass der Insolvenzverwalter mittelbar an den genannten Sozietätseinnahmen partizipieren mag, ändert hieran nichts.

Teil 2   Materielles Insolvenzrecht

- das Gläubigerverzeichnis aufzustellen (§ 152 Abs. 1 InsO),
- das Verzeichnis über die Insolvenzmasse und die Verbindlichkeiten des Schuldners anzufertigen und das Inventar zu bewerten (§ 153 Abs. 1 InsO) sowie gegebenenfalls die eidesstattliche Versicherung des Schuldners über die Vollständigkeit der Vermögensübersicht herbeizuführen (§ 153 Abs. 2 InsO),
- die Verzeichnisse zur Einsicht der Beteiligten in der Geschäftsstelle des Insolvenzgerichts niederzulegen (§ 154 InsO),
- die Insolvenztabelle zu führen (§ 175 Abs. 1 InsO), die angemeldeten Forderungen zu prüfen (§ 176 InsO) und gegebenenfalls Widerspruch zu erheben,
- vorkonkursliche Rechtshandlungen zu prüfen und gegebenenfalls anzufechten (§§ 129 ff. InsO),
- dem Insolvenzgericht (§ 58 Abs. 1 Satz 2 InsO) und der (ersten) Gläubigerversammlung über die Ursachen der Krise und den gegenwärtigen Stand der Verhältnisse des Insolvenzschuldners zu berichten (§ 156 Abs. 1 InsO),
- an weiteren Gläubigerversammlungen teilzunehmen, insbesondere an Prüfungsterminen (§§ 176 ff. InsO) sowie am Schlusstermin (§ 197 InsO),
- die Aufstellung eines Insolvenzplanes nach Beschluss der Gläubigerversammlung (§§ 157, 218 InsO),
- die Verwertung der Insolvenzmasse vorzunehmen (§§ 159 ff. InsO),
- Massearmut oder Masseunzulänglichkeit anzuzeigen (§§ 207 Abs. 3, 208 Abs. 1 Satz 1 InsO),
- die handels- und steuerrechtliche Rechnungslegungs- und Buchführungspflichten zu erfüllen (§ 155 InsO),
- die Schlussrechnung sowie erforderlichenfalls Zwischenrechnung zu legen (§ 66 InsO).

Neben diesen im Gesetz ausdrücklich erwähnten Aufgaben und Pflichten bestehen weitere Obliegenheiten. Hierzu zählt die Entscheidung über die Erfüllung oder Beendigung gegenseitiger Verträge und über die Herausgabe von Gegenständen wegen geltend gemachter Pfandrechte oder Aussonderungsrechte, die Erfüllung vorab zu berichtigender Ansprüche (Masseverbindlichkeiten), die unverzügliche Umsetzung der Beschlüsse der Gesellschafterversammlung, die Masse im Falle der Liquidation bestmöglich zu verwerten und hierzu geeignete Verwerter auszuwählen oder die fachlich kompetenten Organe der schuldnerischen Körperschaft mit der Verwertung zu beauftragen und zu überwachen. Zur Verwirklichung der Beschlüsse der Gesellschafterversammlung kann es ebenso gehören, organisatorische Entscheidungen zu treffen, um das schuldnerische Unternehmen im Ganzen zu veräußern, oder zur Durchführung eines Insolvenzplanes das Unternehmen mit dem vorhandenen Personal (vgl. § 60 Abs. 2 InsO) einstweilen fortzuführen. Überdies hat der Insolvenzverwalter die nach § 240 ZPO unterbrochenen Gerichtsverfahren erforderlichenfalls fortzuführen, in die er als „Partei kraft Amtes" auf der Aktiv- oder Passivseite eintritt. Dabei kann er sich – wie jede andere Person auch – durch Rechtsanwälte und vor den Finanzgerichten zudem durch Steuerberater, Wirtschaftsprüfer oder vereidigte Buchprüfer (§ 62 Abs. 1 FGO) vertreten lassen.

Da mit der Eröffnung des Insolvenzverfahrens den Organen der schuldnerischen Gesellschaft nach § 80 Abs. 1 InsO die Befugnis entzogen wird, mit Wirkung für und gegen das schuldnerische Unternehmen zu handeln, ist der Insolvenzverwalter, der an ihre Stelle tritt (§ 80 Abs. 2 InsO), nicht selten mit der Aufgabe konfrontiert, zumindest zunächst den Betrieb der schuldnerischen Gesellschaft fortzusetzen, und sei es nur mit dem Ziel der alsbaldigen und masseschonenden Schließung. Mit der temporären Betriebsfortführung ist die Erfüllung von Pflichten verbunden, die sich naheliegend aus anderen Gesetzen ergeben, als der Insolvenzordnung. So ist der Insolvenzverwalter anlässlich einer Betriebsfortführung regelmäßig gehalten, Bescheinigungen zur Vorlage bei der Bundesagentur für Arbeit zu erteilen, damit die Arbeitnehmer auf die rückständigen Arbeitsvergütungsansprüche der letzten drei Monate ihren Nettolohn von der Arbeitsverwaltung ausgezahlt erhalten. Er muss über die Fortsetzung der Arbeitsverhältnisse entscheiden und gegebenenfalls Kündigungen unter Beachtung des § 113 InsO aussprechen sowie Freistellungen erklären. Besteht ein Betriebsrat, muss der Insolvenzverwalter mit ihm unverzüglich Verhandlungen wegen belastender Betriebsvereinbarungen, eines Sozialplans und Nachteilsausgleichs aufnehmen (§§ 120–128 InsO, §§ 111–113 BetrVG). 503

5.2 Massesicherung

Der Insolvenzverwalter hat Maßnahmen zur Sicherung der Masse zu ergreifen. Hierzu muss er den Betrieb und die Geschäftsräume des Schuldners aufsuchen, um dort Nachforschungen jeder Art anzustellen und die beweglichen und leicht flüchtigen Sachen, insbesondere Fahrzeuge sowie alle weiteren Gegenstände des beweglichen Anlagevermögens, die für sich eigenständige Werte verkörpern, in Besitz nehmen und zu sichern. Die vollstreckbare Ausfertigung des Eröffnungsbeschlusses ist dabei Vollstreckungstitel (vgl. §§ 27, 148 Abs. 2 InsO), so dass sich der Insolvenzverwalter erforderlichenfalls der Hilfe des Gerichtsvollziehers bedienen kann. Zu den beweglichen Sachen gehören natürlich die Geschäftsbücher, Akten, Unterlagen und elektronische Daten des schuldnerischen Unternehmens, die es gegebenenfalls mittels Zugangscodes und Passwörter verfügbar zu machen, zu sichern und mitzunehmen gilt. Gehören Grundstücke und grundstücksgleiche Rechte (zum Beispiel Erbbaurechte) und sonstige eingetragene Rechte zur Insolvenzmasse, muss der Insolvenzverwalter diese dem Gericht zwecks Eintragung des Insolvenzvermerks anzeigen oder die Eintragung beim Grundbuchamt oder Registergericht selbst veranlassen (§§ 32, 33 InsO). 504

Zudem wird er zu prüfen haben, welche Miet-, Pacht- und Dienstverträge sofort gekündigt oder mittels Aufhebungsvertrag beendet werden müssen, um die Masse zu entlasten (vgl. § 55 Abs. 1 Nr. 2 InsO), dies gilt auch gegenüber Mitgliedern von Organen (Geschäftsführer, Vorstand etc.) der insolvenzschuldnerischen Gesellschaft. Gegenüber Strom-, Gas- und Wasserversorgungsunternehmen sollte der Insolvenzverwalter vom Ablehnungsrecht nach § 103 Abs. 2 Satz 1 InsO Gebrauch machen und den Abschluss neuer Versorgungsverträge verlangen, wozu die Versorgungsunternehmen wegen ihrer marktbeherrschenden Stellung in aller Regel verpflichtet sind (Kon- 505 traktionszwang). Findet der Verwalter Lebensversicherungsverträge mit widerruflichen Bezugsrechten vor, müssen diese sofort widerrufen werden, da andernfalls bei Eintritt der Bezugsberechtigung die Versicherungsleistung (Kapital oder Rente) nicht in die Insolvenzmasse fällt, sondern an den Begünstigten.

5.3 Widerruf von Lastschriften

506 Der (vorläufige) Insolvenzverwalter war bis zum Jahr 2010 gehalten, pauschal sämtlichen Lastschriften von den Geschäftskonten des Insolvenzschuldners unverzüglich zu widersprechen, mit denen vor Eröffnung des Insolvenzverfahrens Zahlungen vorgenommen werden sollten. Der Widerspruch bzw. die Versagung der Genehmigung der Lastschriften kann schnell zu erheblichem Liquiditätszufluss der Masse führen, ohne dass der Verwalter erst die Masse belastende Anfechtungsprozesse führen muss. Denn mit der Erteilung einer Einziehungsermächtigung für sein Bankkonto verschafft der Schuldner dem Gläubiger nicht das Recht, über das Konto zu verfügen, weshalb es für die Rechtswirksamkeit der Belastungsbuchung der Genehmigung des Schuldners bedarf. Solange er die Belastungsbuchung nicht ausdrücklich oder konkludent genehmigt hat, kann der Schuldner die Lastschrift durch seinen Widerspruch rückgängig machen, wobei der Widerspruch nichts anderes bedeutet, als dass die Genehmigung versagt wird (sog. Genehmigungstheorie). Der IX. Zivilsenat des BGH kam in seiner Entscheidung vom 04.11.2004[754] zu der Erkenntnis, den Widerspruch gegen die Lastschriften durch den Insolvenzverwalter als insolvenzspezifische Pflicht[755] zu qualifizieren und deshalb für rechtmäßig zu erklären, auch wenn sachliche Einwendungen gegen die eingezogene Forderung nicht erhoben werden (können). Der IX. Zivilsenat meinte zwar, dass der Insolvenzverwalter grundsätzlich an die vom Schuldner getroffenen Abreden über eine Einzugsermächtigung gebunden sei und in die bei Verfahrenseröffnung bestehende Rechtslage eintrete. Allerdings habe der Insolvenzverwalter weitergehende Rechte zum Widerspruch, als der Schuldner zuvor innehatte. Da der Gläubiger auch nach der Gutschrift auf seinem Konto und der Belastungsbuchung auf dem Schuldnerkonto immer noch (mangels Genehmigung des Schuldners) lediglich einen schuldrechtlichen Anspruch auf Erfüllung seiner Forderung habe und dieser Anspruch nunmehr auf die Genehmigung der Belastungsbuchung gerichtet sei, gehe mit Eröffnung des Insolvenzverfahrens die

---

[754] BGH, Urt. v. 04.11.2004 – IX ZR 22/03, LSK 2004, 510559; vgl. auch *Welsch*, Die Verpflichtung des vorläufigen Insolvenzverwalters zur Genehmigung von Lastschrifteinzügen, DZWIR 2006, 221ff.; *Stritz*, Lastschriften im Insolvenz(eröffnungs)verfahren, DZWIR 2005, 18ff.; *Feuerborn*, Der Widerspruch gegen Lastschriften durch den (vorläufigen) Insolvenzverwalter, ZIP 2005, 604ff.; *Nobbe/Ellenberger*, Unberechtigte Widersprüche des Schuldners im Lastschriftverkehr, sittliche Läuterung durch den vorläufigen Insolvenzverwalter, WM 2006, 1885ff.; *Spliedt*, Lastschriftwiderspruch – Masse und Insolvenzverwalterhaftung aus dem „Nichts"?, ZIP 2005, 1260ff.; KG, Urt. v. 23.11.2004 – 7 U 73/04, LSK 2005, 150210, m. Anm. *Rattunde*, jurisPR-InsR 16/2005 Anm. 2.

[755] *Rattunde/Berner*, Widerruf von Banklastschrifteinzügen durch den Insolvenzverwalter, DZWIR, 2003, 185.

dem Schuldner zustehende Möglichkeit des Widerspruchs gegen im Einzugsermächtigungsverfahren vorgenommene Belastungsbuchungen auf den Insolvenzverwalter über. Nach Eröffnung des Insolvenzverfahrens dürfe der Insolvenzverwalter jedoch keine Belastungsbuchung mehr genehmigen, da eine bis dahin noch nicht erfolgte Zahlung nicht mehr wirksam werden kann (§ 81 Abs. 1 Satz 1 InsO). Der Insolvenzverwalter ist daher berechtigt und verpflichtet, einer Lastschrift die Genehmigung zu versagen, wenn dies dazu dient, eine Befriedigung der Forderung des Gläubigers mit Einziehungsermächtigung zu verhindern.

Diese Sichtweise führte zu nicht interessengerechten Ergebnissen, wenn der Insolvenzverwalter allen noch nicht genehmigten Lastschriften pauschal und unabhängig davon widersprach, ob gegen die dem Einzug zugrunde liegende Forderung eine sachlich berechtigte Einwendung bestand: Erfolgte der Widerspruch einerseits innerhalb der Frist von sechs Wochen nach der Belastungsbuchung, in der die Bank des Insolvenzschuldners die Lastschrift im Interbankenverhältnis zurückreichen konnte, wurden die dem Gläubiger bereits gutgeschriebenen Beträge wieder zur Insolvenzmasse gezogen, unabhängig davon, ob die Voraussetzungen einer Insolvenzanfechtung nach §§ 129 ff. InsO vorlagen. War andererseits zum Zeitpunkt des Widerspruchs des Insolvenzverwalters die Frist zur Rückgabe der Lastschrift gegenüber der Gläubigerbank bei Widerspruch des Insolvenzverwalters bereits verstrichen, so war der Leidtragende die Bank des Insolvenzschuldners, die dann versuchen musste, den Lastschriftbetrag im Wege der ungerechtfertigten Bereicherung nach § 812 Abs. 1 Satz 1, 2. Var. BGB beim Gläubiger geltend zu machen. 507

Mit zwei am 20.07.2010[756] verkündeten Entscheidungen haben der IX. und XI. Zivilsenat des BGH einheitliche Rechtsgrundsätze zur Insolvenzfestigkeit einer mittels Einzugsermächtigungslastschrift bewirkten Zahlung entwickelt und zugleich ihre Differenzen in der Rechtsprechung beigelegt. Der XI. Zivilsenat[757] entschied, dass es der Kreditwirtschaft unter der Geltung des neuen Zahlungsverkehrsrechts der §§ 675 c ff. BGB, mit dem das Lastschriftverfahren erstmals gesetzlich geregelt wird, nunmehr freistünde, in ihren Allgemeinen Geschäftsbedingungen eine von der Genehmigungstheorie abweichende Parteivereinbarung zu treffen. Autorisiere der Zahlungspflichtige mit der dem Gläubiger erteilten Einzugsermächtigung zugleich seine Bank, die Zahlung auszuführen, sei die Belastungsbuchung auf seinem Konto von Anfang an wirksam. Bei einer solchen rechtlichen Ausgestaltung der Einzugsermächtigungslastschrift nach dem Vorbild des zwischenzeitlich eingeführten SEPA-Lastschrift-Verfahrens hätten alle auf diesem Wege bewirkten Zahlungen auch dann Bestand, wenn nach der Belastungsbuchung das Insolvenzverfahren über das Vermögen des Zahlungspflichtigen eröffnet wird beziehungsweise im Insolvenzeröffnungsverfahren entsprechende Sicherungsmaßnahmen angeordnet werden. Das dem Zahler nach § 675 x BGB zustehende Recht, binnen acht Wochen nach der Belastungsbuchung von seiner Bank Erstattung des Zahlbetrages verlangen zu können, falle nicht in 508

---

756 BGH, Urt. v. 20.07.2010 – XI 236/07, DZWiR 2010, 430; BGH, Urt. v. 20.07.2010 – IX ZR 37/09, DZWiR 2010, 428.
757 BGH, Urt. v. 20.07.2010 – XI 236/07, DZWiR 2010, 430.

die Insolvenzmasse, so dass der (vorläufige) Insolvenzverwalter insoweit keine Verfügungsbefugnis hierüber erlange. Aber auch in den Fällen, in denen die rechtliche Ausgestaltung der Einzugsermächtigungslastschrift noch nicht dem Vorbild des neueren SEPA-Lastschrift-Verfahrens entspricht, kann gleichwohl eine konkludente Genehmigung der Lastschrift weitergehend als bisher anerkannt werden. Der XI. Zivilsenat verweist darauf, dass bei regelmäßig wiederkehrenden Zahlungen, beispielsweise aus Dauerschuldverhältnissen, laufenden Geschäftsbeziehungen oder zur Steuervorauszahlung, je nach den Umständen des Einzelfalls eine konkludente Genehmigung in Betracht kommen kann, wenn der Schuldner dem Einzug nach Ablauf einer angemessenen Prüffrist nicht widerspricht, er einen früheren Einzug jedoch bereits genehmigt hatte und das Konto im unternehmerischen Geschäftsverkehr geführt wird. Der IX. Zivilsenat[758] sekundierte diese Entscheidung, indem er erkannte, dass der Insolvenzverwalter bzw. Treuhänder in Insolvenzverfahren über das Vermögen natürlicher Personen nicht mehr schematisch allen noch nicht durch den Schuldner genehmigten Lastschriften widersprechen dürfe. Er müsse vielmehr die Grenzen des pfändungsfreien Schuldnervermögens („Schonvermögen", vgl. § 850l ZPO) beachten und dem Schuldner Gelegenheit zur Entscheidung geben, welche Lastschriften aus dem „Schonvermögen" bedient sein sollen. Solange die Lastschriften nur das pfändungsfreie „Schonvermögen" betreffen, sei allein dem Schuldner die Entscheidung über die Genehmigung vorbehalten und ein schematischer Widerspruch des Insolvenzverwalters unzulässig.

509 Diese Rechtsprechung hat der BGH mit weiteren Entscheidungen, die sich mit Einzelfragen zur (konkludenten) Genehmigung von Lastschrifteinzügen beschäftigten, ausgebaut. So erkannte der BGH darauf, dass es bei Personenidentität zwischen Zahlungspflichtigem und Zahlungsempfänger im Einzugsermächtigungsverfahren einer (zusätzlichen) Genehmigung der Lastschrift nicht bedarf, da der Zahlungsvorgang bereits mit (vorheriger) Zustimmung des Kontoinhabers erfolgt und deswegen von vornherein wirksam ist.[759] Ansonsten kann die nach § 684 Satz 2 BGB zu erteilende Genehmigung einer Lastschrift im Einzugsermächtigungsverfahren nicht gegenüber dem Lastschriftgläubiger erklärt werden, sondern muss gegenüber der Zahlstelle (Schuldnerbank) zum Ausdruck gebracht werden.[760] Für die Beantwortung der Frage, ob eine konkludente Genehmigung einer im Einzugsermächtigungslastschriftverfahren vorgenommenen Kontobelastung vorliegt, sei der durch normative Auslegung zu ermittelnde objektive Erklärungswert des Verhaltens des Kontoinhabers maßgeblich,[761] für welchen die spätere Befolgung eines Widerspruchs des (vorläufigen) Insolvenzverwalters über das Vermögen des Kontoinhabers durch die Bank nicht maßgeblich sei.[762] Eine durch schlüssiges Verhalten konkludent erteilte Genehmigung einer

---

[758] BGH, Urt. v. 20.07.2010 – IX ZR 37/09, DZWiR 2010, 428.
[759] BGH, Urt. v. 10.05.2011 – XI ZR 391/09, ZIP 2011, 1460.
[760] BGH, Urt. v. 13.10.2011 – IX ZR 115/10, ZIP 2011, 2206; BGH, Urt. v. 11.04.2006 – XI ZR 220/05, BGHZ 167, 171.
[761] BGH, Urt. v. 01.03.2011 – XI ZR 320/09, NJW 2011, 1434.
[762] BGH, Urt. v. 27.09.2011 – XI ZR 215/10, WM 2011, 2041; BGH, Urt. v. 26.07.2011 – XI ZR 197/10, NJW 2011, 2715.

Lastschrift kann im unternehmerischen Geschäftsverkehr beispielsweise darin zu sehen sein, dass der Schuldner in Kenntnis von im Einzugsermächtigungsverfahren erfolgenden Abbuchungen durch konkrete Einzahlungen oder Überweisungen erst ausreichende Kontodeckung sicherstellt, ohne welche die kontoführende Bank die Lastschriften nicht ausgeführt hätte, so dass die Bank dadurch die Überzeugung gewinnen durfte, die Lastschriftbuchungen würden Bestand haben.[763] Nichts anderes gilt, wenn der Schuldner seinen Zahlungsverkehr unter Berücksichtigung des Kontostandes mit seinem Kreditinstitut abstimmt und danach für die erforderliche Kontodeckung sorgt.[764] Auch könne im unternehmerischen Geschäftsverkehr die Tatsache, dass ein Kontoinhaber nicht eingelöste Lastschriften durch konkrete, nachträgliche Überweisungen ausgleicht, im Einzelfall für eine konkludente Genehmigung der zuvor gebuchten Lastschriften sprechen, durch deren Widerruf sich der Schuldner auf leichterem Weg hätte Liquidität verschaffen können.[765] Der BGH geht im unternehmerischen Verkehr sogar so weit, bei im Rahmen von laufenden Geschäftsbeziehungen erfolgendem Einzug fortlaufender Forderungen in unterschiedlicher Höhe mittels Einzugsermächtigungslastschrift eine konkludente Genehmigung einer Lastschriftbuchung in Betracht zu ziehen, wenn sie sich innerhalb einer Schwankungsbreite von bereits zuvor genehmigten Lastschriftbuchungen bewegt oder diese nicht wesentlich über- oder unterschreitet.[766] Andererseits enthält allein der Umstand, dass der Schuldner in Kenntnis einer Belastungsbuchung aus einer Einzugsermächtigung sein Konto über einen Monat ohne Widerspruch gegen die Abbuchung weiternutzt, als schlichte Ausübung der Weisungsrechte aus dem Girovertrag für sich keinen zusätzlichen Erklärungswert; die kontoführende Bank kann daraus ohne Hinzutreten weiterer Umstände auch bei einem Geschäftskonto nicht die Billigung der Lastschriftbuchung durch den Kontoinhaber entnehmen.[767]

Aber auch im Verhältnis zu Verbrauchern konkretisierte der BGH seine Rechtsprechung weiter. Er verweist darauf, dass grundsätzlich in Bezug auf Verbraucher bei wiederkehrenden und im Wesentlichen gleichbleibenden Forderungen aus Dauerschuldverhältnissen auf Seiten der Zahlstelle die berechtigte Erwartung entstehen kann, dass eine Belastungsbuchung Bestand haben soll, wenn der Schuldner in Kenntnis eines erneuten Lastschrifteinzugs, der sich im Rahmen des zuvor bereits Genehmigten bewegt, gegen diesen nach einer angemessenen Überlegungsfrist keine Einwendungen erhebt. Eine derartige Annahme sei vor allem deshalb gerechtfertigt, weil die Zahlstelle beim Einzugsermächtigungsverfahren in der derzeitigen rechtlichen Ausgestaltung zwar einerseits – für den Kontoinhaber erkennbar – auf seine rechtsgeschäftliche Genehmigungserklärung angewiesen ist, um die Buchung wirksam werden zu lassen, das Verfahren aber andererseits darauf ausgelegt ist, dass der Kontoinhaber keine ausdrückliche Erklärung abgibt.

510

---
763 BGH, Urt. v. 25.10.2011 – XI ZR 368/09, ZIP 2011, 2398; BGH, Urt. v. 26.10.2010 – XI ZR 562/07, ZIP 2010, 2407; BGH, Urt. v. 23.11.2010 – XI ZR 370/08, ZIP 2011, 9.
764 BGH, Urt. v. 26.07.2011 – XI ZR 36/10, NZI 2011, 679.
765 BGH, Urt. v. 25.01.2011 – XI ZR 171/909 WM 2011, 454.
766 BGH, Urt. v. 27.09.2011 – XI ZR 328/09, ZIP 2011, 2400.
767 BGH, Urt. v. 23.11.2010 – XI ZR 370/08, ZIP 2011, 9.

Deshalb seien in einer solchen Situation an eine Genehmigung durch schlüssiges Verhalten keine zu hohen Anforderungen zu stellen. Wie bei einem Unternehmer sei es bei einem Verbraucher für eine konkludente Genehmigung zunächst erforderlich, dass der Kontoinhaber den die Belastungsbuchung ausweisenden Kontoauszug bzw. eine entsprechende elektronische Kontomitteilung erhalten hat. Und wie bei einem Unternehmer komme es auch bei einem Verbraucher auf die Umstände des Einzelfalls an, um die Frage beantworten zu können, ab welchem Zeitraum nach Erhalt des Kontoauszugs bzw. der Kontomitteilung die kontoführende Bank von einer konkludenten Genehmigung der darauf ersichtlichen Lastschriftabbuchungen ausgehen könne. Im Gegensatz zum Unternehmer könne die kontoführende Bank bei einem Verbraucher aber nicht ohne weiteres davon ausgehen, der Verbraucher würde die Kontobewegungen zeitnah nachvollziehen und prüfen. Hierfür bedürfe es konkreter und erkennbarer Anhaltspunkte, weshalb erst nach einer angemessenen Überlegungsfrist die Annahme zulässig sei, der Verbraucher werde keine Einwendungen gegen die aus dem Kontoauszug ersichtlichen Buchungen geltend machen. In der Regel könne die Bank aber spätestens bei mindestens zwei Monate zurückliegenden Abbuchungen davon ausgehen, der Verbraucher werde keine Einwendungen erheben, wenn er bei monatlichen und im Wesentlichen gleich hohen Lastschriftabbuchungen bereits Kontoauszüge über bzw. die Mitteilung von zwei Folgeabbuchungen erhalten hat.[768]

511   Ist unter Beachtung der vorstehenden Grundsätze nicht von der (konkludenten) Genehmigung einer im Einzugsermächtigungsverfahren eingereichten Lastschrift auszugehen, kann die Lastschrift vom (vorläufigen) Insolvenzverwalter widerrufen werden. Dabei ist der Widerspruch des Schuldners für die Zahlstelle (Schuldnerbank) auch dann beachtlich, wenn dem Gläubiger vom Schuldner ein Abbuchungsauftrag erteilt worden war.[769] Wurde der Widerspruch gegen die Lastschrift erhoben, ist er als einseitiges, empfangsbedürftiges Gestaltungsrecht stets unwiderruflich.[770] Hatte der Schuldner zuvor die Lastschrift indes ausdrücklich, konkludent oder aufgrund der in den allgemeinen Geschäftsbedingungen der Geldinstitute enthaltenen Genehmigungsfiktion genehmigt, ist der (vorläufige) Insolvenzverwalter nicht mehr zum Widerspruch der Belastungsbuchung berechtigt. Widerspricht er dennoch und kommt es zur Rückbuchung zu Lasten des Gläubigers, kann sich der (vorläufige) Insolvenzverwalter gemäß § 826 BGB schadenersatzpflichtig machen, da er eine gesicherte Rechtsposition des Gläubigers beeinträchtigt.[771] Weitere Voraussetzung eines solchen Schadenseratzanspruchs ist

---

[768] BGH, Urt. v. 03.05.2011 – XI ZR 152/09, ZIP 2011, 1252 (sowie die im Wesentlichen inhaltsgleichen BGH-Urteile v. 03.05.2011 – XI ZR 155/09 und v. 03.05.2011 – XI ZR 362/09).

[769] BGH, Urt. v. 13.10.2011 – IX ZR 115/10, ZIP 2011, 2206 unter Aufgabe der im Urt. v. 19.10.1978 – II ZR 96/77, BGHZ 72, 343 ff. noch vertretenen Auffassung, wonach ein Widerspruch im Abbuchungsauftragsverfahren für die Zahlstelle nicht bindend sei.

[770] BGH, Urt. v. 14.02.1989 – XI ZR 141/88, ZIP 1989, 492; BGH, Urt. v. 13.10.2011 – IX ZR 115/10, ZIP 2011, 2206.

[771] BGH, Urt. v. 20.07.2010 – IX ZR 37/09, DZWiR 2010, 428; BGH, Urt. v. 13.10.2011 – IX ZR 115/10, ZIP 2011, 2206.

aber, dass der (vorläufige) Insolvenzverwalter mit Schädigungsabsicht handelt, mithin in eine gesicherte Rechtposition in einer gegen die guten Sitten verstoßenden Weise eingreifen wollte.[772]

5.4 Erfüllung der Aufzeichnungs- und Buchführungspflichten

Der Insolvenzverwalter hat in Bezug auf die Insolvenzmasse (ungeachtet der sich aus § 66 InsO ergebenden insolvenzrechtlichen Rechnungslegungspflicht) die handels- und steuerrechtlichen Rechnungslegungs- und Buchhaltungspflichten zu erfüllen[773], während die (übrigen) handels- und steuerrechtlichen Pflichten des Schuldners zur Buchführung und Rechnungslegung unberührt bleiben (§ 155 Abs. 1 InsO). Zunächst hat der Verwalter für die Masse gemäß §§ 238 ff. HGB – natürlich soweit es die handelsrechtlichen Rechnungslegungspflichten vorschreiben – einen vollständigen Jahresabschluss (Schlussbilanz, Gewinn- und Verlustrechnung gegebenenfalls mit Lagebericht und Anhang) auf den Tag vor der Eröffnung des Insolvenzverfahrens als abschließendes Rechenwerk des werbenden Unternehmens aufzustellen, da mit der Eröffnung des Insolvenzverfahrens ein neues Geschäftsjahr beginnt (§ 155 Abs. 2 Satz 1 InsO). Sodann sind eine handelsrechtliche Eröffnungsbilanz, bezogen auf den Tag der Eröffnung des Insolvenzverfahrens, unter Beifügung eines erläuternden Berichts und hiernach die gesetzlich vorgeschriebenen handelsrechtlichen Zwischen- und Schlussbilanzen nebst Gewinn- und Verlustrechnungen, Anhängen und Lageberichten bis zum Abschluss des Insolvenzverfahrens anzufertigen, wobei die gesetzlich vorgesehenen rechtsform- und unternehmensgrößenbezogenen Erleichterungen bestehen. Die handelsrechtlichen Jahresabschlüsse sind im elektronischen Bundesanzeiger zu veröffentlichen. Während der Dauer des Insolvenzverfahrens sind etwaige Offenlegungs- und Prüfungspflichten zu beachten, wie § 155 Abs. 3 InsO zeigt.

512

Aus der sich nach §§ 238 ff. HGB ergebenden kaufmännischen Buchführungspflicht resultiert die nach § 140 AO bestehende steuerrechtliche Buchführungspflicht, die der Insolvenzverwalter ebenfalls zu erfüllen hat.[774] Dabei ordnet § 251 Abs. 2 AO den Primat des Insolvenzrechts über das Steuerrecht an[775], womit die steuerlichen Verpflichtungen des Insolvenzverwalters nur soweit reichen, wie es die Erfüllung der ihm obliegenden Verpflichtungen aus der Insolvenzordnung erfordert. Der Umfang der vom Insolvenzverwalter kraft seines Amtes zu erfüllenden Pflichten richtet sich beispielsweise danach, ob das Unternehmen fortgeführt oder stillgelegt wird. Insbesondere hat der Insolvenzverwalter bezogen auf die Insolvenzmasse die steuerlichen Buchführungspflichten nach §§ 140, 141 AO sowie die Steuererklärungspflichten des Schuldners durch Abgabe der gesetzlich vorgegebenen Steueranmeldungen und -erklärungen zu erfüllen, was freilich die Fortführung bzw. (Wieder-)Einrichtung einer geordneten Finanz- und Lohnbuchführung voraussetzt. Art und

513

---

772 BGH, Urt. v. 13.10.2011 – IX ZR 115/10, ZIP 2011, 2206.
773 *Andres*, in: Nerlich/Römermann, InsO, § 155 Rn. 34; *Frotscher*, in: Gottwald, Insolvenzrechts-Handbuch, § 22 Rn. 80.
774 *Gerbers*, in: Braun, InsO, § 155 Rn. 10.
775 *Smid*, Praxishandbuch Insolvenzrecht, § 10 Rn. 4.

Umfang der anzufertigenden Gewinnermittlungen und einzureichenden Steuererklärungen orientieren sich nach der Rechtsform und betrieblichen Verfassung des Schuldners: So kommen Einkommensteuer-, Körperschaftsteuer-, Gewerbesteuer- und Umsatzsteuererklärungen in Betracht. Natürlich hat der Insolvenzverwalter alle weiteren nach den Steuer- und Zollvorschriften abzugebenden Erklärungen und Anmeldungen einzureichen, unrichtig erkannte Steuererklärungen im Sinne des § 153 AO (auch des Insolvenzschuldners) zu korrigieren sowie die steuerlichen Aufbewahrungspflichten zu beachten. Zudem ist der Insolvenzverwalter über das Vermögen einer Personenhandelsgesellschaft gegenüber den Gesellschaftern zur Vorlage der steuerlichen Jahresabschlüsse (gegebenenfalls gegen Erstattung der Kosten) verpflichtet.[776] Ferner ist der Insolvenzverwalter Adressat etwaiger steuerlicher Außenprüfungen nach §§ 193 ff. AO sowie etwaiger Festsetzungen von Verspätungszuschlägen nach § 152 AO und Zwangsmitteln nach §§ 328 ff. AO.

5.5 Beachtung öffentlich-rechtlicher Pflichten

514 Zu den Aufgaben des Insolvenzverwalters gehört die Befolgung der öffentlich-rechtlichen Pflichten des Schuldners, insbesondere der ordnungs- und umweltrechtlichen Vorschriften.[777] Nicht selten findet der Insolvenzverwalter im schuldnerischen Betrieb haarsträubende ökologische Zustände der Betriebsmittel und Grundstücke vor, die wegen der damit verbundenen Gefahren und Aufwendungen eine Sanierung und Fortführung des Unternehmens wirtschaftlich oftmals undurchführbar machen. Hinzu kommt, dass der Insolvenzverwalter als Besitzer und die tatsächliche Sachherrschaft Ausübender (§ 80 Abs. 1 InsO) regelmäßig Gefahr läuft, von den Ordnungsbehörden wegen der Beseitigung der Störungen, Kontaminationen, Abfälle und Schäden und der damit einhergehenden Kosten in Anspruch genommen zu werden. Das Bundesverwaltungsgericht[778] hält es für zulässig, den Insolvenzverwalter zum Beispiel als Verantwortlichen nach § 4 Abs. 3 Satz 1 BBodSchG oder nach § 11 Abs. 1 i.V.m. § 3 Abs. 6 KrW-/AbfG, und zwar als Inhaber der tatsächlichen Gewalt, so zur Sanierung verunreinigter Böden und Gewässer heranzuziehen, dass dauerhaft keine Gefahren, erhebliche Nachteile oder Belästigungen für den Einzelnen oder die Allgemeinheit entstehen, und die Verantwortlichkeit als persönliche Verpflichtung des Insolvenzverwalters, mithin als Masseverbindlichkeit im Sinne des § 55 Abs. 1 Nr. 1 InsO anzusehen. Dabei stellt das Bundesverwaltungsgericht allein auf die ordnungsrechtlichen Normen ab, die bestimmen, unter welchen Voraussetzungen eine Störung der öffentlichen Sicherheit (Gefahr) vorliegt, wie dieser Störung zu begegnen ist und wer dafür in Anspruch genommen werden kann. Kann demnach der Insolvenzverwalter als für den Zustand ordnungsrechtlich Verantwortlicher zur Beseitigung herangezogen werden, handelt es sich um eine persönliche Pflicht, die nach § 55 Abs. 1 Nr. 1 InsO als Masseverbindlichkeit zu erfüllen ist. Trifft die Ordnungspflicht als Verhaltensverantwort-

---

776 BGH, Urt. v. 16.09.2010 – IX ZR 121/09, DStR 2010, 2346.
777 *Pape*, Die Altlastenproblematik im Konkurs, KTS 1993, 551, 552.
778 BVerwG, Urt. v. 23.09.2004 – 7 C 22.03, LSK 2004, 470370.

lichkeit hingegen den Schuldner, begründet sie nur eine Insolvenzforderung im Sinne des § 38 InsO.[779]

Das Bundesverwaltungsgericht macht aber auch deutlich, dass der Insolvenzverwalter nach der Freigabe des belasteten Grundbesitzes wegen des damit verbundenen Verlustes der tatsächlichen Gewalt nicht mehr als Verantwortlicher verpflichtet werden kann. Es geht sogar so weit, die Freigabe des ordnungsrechtlich betroffenen Gegenstands als Pflicht des Insolvenzverwalters im Sinne des § 60 InsO für den Fall anzusehen, in dem jener die Masse nur belastet, kein Gewinn aus seiner Verwertung zu erwarten ist und das Ziel, eine möglichst hohe Quote für die Insolvenzgläubiger zu erreichen, verfehlt wird. Zugleich weist es daraufhin, dass die Freigabeerklärung unter Umständen ordnungsrechtlich gleichwohl ins Leere gehen kann.[780] 515

6. Sonderverwalter

Die Bestellung eines Sonderverwalters wird einhellig[781] als zulässig angesehen, auch wenn sich im Gesetzestext keine ausdrückliche[782] Regelungen darüber findet. Die den Sonderinsolvenzverwalter betreffende Vorschrift des Regierungsentwurfs zur Insolvenzordnung (§ 77 RegE-InsO) wurde gestrichen,[783] weil der Rechtsausschuss sie mit der Begründung für überflüssig hielt, die Bestellung eines Sonderinsolvenzverwalters sei auch ohne eine ausdrückliche Regelung möglich.[784] Der BGH wendet die §§ 56 bis 66 InsO im Grundsatz auf den Sonderinsolvenzverwalter an.[785]   516

Die Berufung eines Sonderverwalters setzt voraus, dass der Verwalter tatsächlich oder rechtlich verhindert ist, sein Amt auszuüben. Faktische Gründe, die den Insolvenzverwalter an der Amtsführung hindern, sind zum Beispiel länger anhaltende Erkrankungen oder vorübergehende Ortsabwesenheit des Insolvenzverwalters, insbesondere wenn unaufschiebbare Verfahrenshandlungen vorgenommen werden müssen. Die Verhinderung zur Amtsausübung aus Rechtsgründen kann eintreten, wenn dem Insolvenzver-

---

779 BVerwG, Urt. v. 22.07.2004 – 7 C 17.03, LSK 2004, 420408; offen gelassen in BVerwG, Urt. v. 22.10.1998 – 7 C 38.97, LSK 1999, 070087.
780 Vgl. BVerwG, Urt. v. 22.10.1998 – 7 C 38.97, BVerwGE 107, 299, 303.
781 BGH, B. v. 05.02.2009 – IX ZB 187/08, DZWiR 2009, 298; BGH, B. v. 29.05.2008 – IX ZB 303/05, NZI 2008, 485; BGH, B. v. 25.01.2007 – IX ZB 240/05, NZI 2007, 284; BGH, B. v. 01.02.2007 – IX ZB 45/05, NZI 2007, 237; BGH, B. v. 02.03.2006 – IX ZB 225/04, NZI 2006, 474, 475; BGH, Urt. v. 17.11.2005 – IX ZR 179/04, ZIP 2006, 36; *Graf/Wunsch*, Bestellung eines Sonderverwalters bei drohendem Interessenkonflikt des Insolvenzverwalters, DZWIR 2002, 177 ff.; *Lüke*, in: Kübler/Prütting/Bork, InsO, § 56 Rn. 32; *Graeber*, in: MüKo-InsO, § 56 Rn. 114; *Uhlenbruck*, in: Uhlenbruck, InsO, § 56 Rn. 31.
782 Vgl. aber § 92 Satz 2 InsO, der einen neu zu bestellenden Insolvenzverwalter für den Fall bestimmt, dass Gesamtschadensersatzansprüche gegen den Insolvenzverwalter zu verfolgen sind.
783 BT-Drucks. 12/2443, S. 20.
784 BT-Drucks. 12/7302, S. 162.
785 BGH, B. v. 05.02.2009 – IX ZB 187/08, DZWiR 2009, 298; BGH, B. v. 29.05.2008 – IX ZB 303/05, NZI 2008, 485.

walter im Einzelfall nach § 181 BGB verwehrt ist, wirksam für die Insolvenzmasse zu handeln.[786]

517 Ein praktisch bedeutender Grund für die Bestellung eines Sonderinsolvenzverwalters ist die Prüfung und Verfolgung[787] von Gesamtschadenersatzansprüchen der Gläubigergemeinschaft nach § 92 Satz 1 InsO gegenüber dem Insolvenzverwalter, die aus masseschmälernden Pflichtverletzungen resultieren. Ebenso kann die Durchsetzung von Rückzahlungsansprüchen gegen den Insolvenzverwalter Anlass für die Berufung eines Sonderverwalters sein.[788] Die Bestellung eines Sonderverwalters darf aber nicht zu unzulässigen (verdeckten) Aufsichtsmaßnahmen führen; die reguläre Aufsicht, deren Instrumente abschließend in §§ 58, 59 InsO normiert sind, über einen Insolvenzverwalter, der seine aus der Insolvenzordnung folgenden Pflichten verletzt, obliegt allein dem Insolvenzgericht, dessen Eingreifen der einzelne Insolvenzgläubiger oder der Schuldner nicht erzwingen kann.[789]

Mit der Bestellung des Sonderverwalters wird der amtierende Insolvenzverwalter nicht entlassen. Er ist weiter an seine ihm übertragenen Aufgaben und Pflichten gebunden und hat diese vollumfänglich zu erfüllen. Der Sonderverwalter handelt hingegen eigenständig in dem ihm übertragenen Aufgabenkreis, er ist dort vollwertiger Insolvenzverwalter mit allen Befugnissen und Pflichten. Die Auswahl des Sonderverwalters erfolgt nach Maßgabe der in § 56 InsO niedergelegten Kriterien, wobei etwaige Interessenkollisionen mit dem Insolvenzverwalter in die Auswahlentscheidung einzubeziehen sind. Die Amtsdauer des Sonderverwalters hängt von der Erfüllung der ihm obliegenden Aufgaben ab.

518 Nach Auffassung des BGH[790] steht den einzelnen Verfahrensbeteiligten kein Antrags- und Beschwerderecht hinsichtlich der Bestellung eines Sonderinsolvenzverwalters zu. Hingegen wird vor allem in der Literatur[791] ein solches Antrags- und Beschwerderecht einzelner Verfahrensbeteiligter teilweise befürwortet, insbesondere wenn es um die Geltendmachung eines Gesamtschadens im Sinne von § 92 InsO geht. Der BGH[792] tritt dieser Auffassung mit dem Argument entgegen, dass die Konzeption der Insolvenzordnung kein Antrags- oder Beschwerderecht des einzelnen Gläubigers in Bezug auf die nach § 92 InsO erforderlichen Maßnahmen vorsehe. Da die

---

786 *Smid*, Praxishandbuch Insolvenzrecht, § 9 Rn. 67.
787 BGH, Urt. v. 22.04.2004 – IX ZR 128/03, DZWiR 2004, 336.
788 BGH, Urt. v. 17.11.2005 – IX 179/04, ZIP 2006, 36.
789 BGH, B. v. 25.09.2008 – IX ZA 23/08, NZI 2008, 753; BGH, B. v. 21.09.2006 – IX ZB 128/05, LSK 2007, 130152; BGH, B. v. 13.06.2006 – IX ZB 136/05, NZI 2006, 593.
790 BGH, B. v. 16.12.2010 – IX ZB 238/09, ZInsO 2011, 131; BGH, B. v. 05.02.2009 – IX ZB 187/08, DZWiR 2009, 298; BGH, B. v. 25.01.2007 – IX ZB 240/05, NZI 2007, 284; BGH, B. v. 01.02.2007 – IX ZB 45/05, NZI 2007, 237; BGH, B. v. 02.03.2006 – IX ZB 225/04, NZI 2006, 474.
791 *Müller*, in: Jaeger, InsO, Band 2, § 92 Rn. 45; *Lüke*, Der Sonderinsolvenzverwalter, ZIP 2004, 1693, 1697; *Bork*, in: Kübler/Prütting/Bork, InsO § 56 Rn. 79; *Graeber/Pape*, Der Sonderverwalter im Insolvenzverfahren, ZIP 2007, 991, 998; *Kind*, in: Braun, InsO, § 56 Rn. 11; *Frege*, Abgrenzungsfragen im Recht zur Sonderinsolvenzverwaltung, ZInsO 2008, 1130f.
792 BGH, B. v. 05.02.2009 – IX ZB 187/08, DZWiR 2009, 298; BGH, B. v. 16.12.2010 – IX ZB 238/09, ZInsO 2011, 131.

Entlassung und Neuwahl des Insolvenzverwalters im Gesetz ausdrücklich geregelt sei, wobei der einzelne Insolvenzgläubiger keinen bestimmenden Einfluss habe, die Wahl eines anderen Insolvenzverwalters der Gläubigerversammlung nach § 57 Satz 1 InsO obliege, an deren Entscheidung der einzelne Gläubiger nur beteiligt sei, die Entlassung des Insolvenzverwalters von Amts wegen oder auf Antrag des Verwalters, des Gläubigerausschusses oder der Gläubigerversammlung nach § 59 Abs. 1 Satz 2 InsO erfolge und der einzelne Gläubiger auch hier kein Antragsrecht habe, er allenfalls die Entlassung des Verwalters anregen dürfe, könne für die auf die Durchsetzung eines auf Gesamtschadenersatz gerichteten Anspruchs zielende Bestellung eines Sonderinsolvenzverwalters nichts anderes gelten, als für die Abwahl oder die Abberufung eines Insolvenzverwalters. Ginge es um die eigene Befriedigung, mute das Gesetz dem einzelnen Insolvenzgläubiger zu, die Aufhebung des Insolvenzverfahrens abzuwarten, wenn es ihm nicht gelingt, eine Mehrheit in der Gläubigerversammlung zu erreichen. Die Insolvenzgläubiger können nur als Gesamtheit, also über die Gläubigerversammlung oder den Gläubigerausschuss, Einfluss auf die Amtsführung des Verwalters nehmen und insbesondere dessen Entlassung beantragen (§ 59 InsO).

Ebenso steht nach Ansicht des BGH[793] dem Insolvenzverwalter gegen die Bestellung eines Sonderverwalters kein eigenständiges Beschwerderecht zu, da das Interesse der Verfahrensbeteiligten an einer alsbaldigen Klärung der gegen den Insolvenzverwalter erhobenen Vorwürfe sowie an einer zügigen Abwicklung des Insolvenzverfahrens es gebiete, von der Einräumung eines gesonderten Beschwerderechts abzusehen. Gleiches gelte für den Fall, dass der Wirkungskreis des Sonderverwalters im Hinblick auf seine bisherige Tätigkeit und seine durchgeführten Ermittlungen einer weiteren Konkretisierung bedarf.[794]

Freilich haben die Gläubiger entsprechend § 57 InsO das Recht, in der ersten Gläubigerversammlung nach Bestellung des Sonderinsolvenzverwalters eine andere Person als die vom Insolvenzgericht eingesetzte zu wählen. Andernfalls würde in diesem zentralen Bereich die vom Gesetz gewollte Gläubigerautonomie ausgehöhlt werden. Die Gläubigerversammlung hat dagegen nicht die Befugnis, die Aufhebung der gerichtlichen Anordnung einer Sonderinsolvenzverwaltung zu beschließen, da dies in den eigenen Aufgabenbereich der gerichtlichen Aufsicht fällt.[795]

7. Aufsicht über den Insolvenzverwalter

Der Insolvenzverwalter unterliegt während der Dauer seines Amtes der Rechts- und Fachaufsicht durch das Insolvenzgericht (§ 58 Abs. 1 Satz 1 InsO). Gegenstand der insolvenzgerichtlichen Aufsicht ist die Prüfung der

519

---

[793] BGH, B. v. 01.02.2007 – IX ZB 45/05, ZIP 2007, 547; BGH, B. v. 25.01.2007 – IX ZB 240/05, ZIP 2007, 548.
[794] BGH, B. v. 17.12.2009 – IX ZB 178/08, NZI 2010, 301; BGH, B. v. 17.12.2009 – IX ZB 179/08, ZIP 2010, 641.
[795] *Smid*, Praxishandbuch Insolvenzrecht, § 9 Rn. 74.

Ordnungs- und Rechtmäßigkeit[796] und der wirtschaftlichen Zweckmäßigkeit[797] der Handlungen des Insolvenzverwalters, auch wenn dem Insolvenzverwalter für die von ihm einzuleitenden Maßnahmen ein Ermessen[798] eingeräumt ist, von welchem er (gegebenenfalls in Abstimmung mit der Gläubigerversammlung) in pflichtgemäßer Weise Gebrauch machen kann. Die Aufsicht über die Zweckmäßigkeit der Handlungen des Insolvenzverwalters muss sich darauf beschränken, grob unzweckmäßige massemindernde Maßnahmen zu verhindern.[799] Die Art und Weise der Aufsicht üben der Insolvenzrechtspfleger oder der Insolvenzrichter nach pflichtgemäßen Ermessen aus und ermitteln hierzu von Amts wegen (§ 5 Abs. 1 Satz 1 InsO). Sie können nach § 58 Abs. 1 Satz 2 InsO jederzeit einzelne Auskünfte oder einen Bericht über den Sachstand und die Geschäftsführung vom Insolvenzverwalter verlangen und sich ergänzend der in § 5 Abs. 1 Satz 2 InsO genannten Mittel bedienen, insbesondere Urkunden und Akten vorlegen lassen, Zeugen vernehmen und Sachverständige beauftragen. Zu den Kontrollhandlungen des Insolvenzgerichtes gehören ferner die Prüfung der Kassen, Bankkonten, Belege und Zahlungen, die Prüfung der Verzeichnisse, Buchführung, Bilanzen, Gewinn- und Verlustrechnungen, Schlussrechnungen und Verteilungsverzeichnisse einschließlich der hierzu angefertigten elektronischen Daten sowie die Einholung von Auskünften durch Dritte. Jeder einzelne Gläubiger aber auch jeder sonstige Beteiligte kann freilich dem Insolvenzgericht Hinweise und Anregungen geben, um Aufsichtsmaßnahmen zu ergreifen; eine damit verbundene Verpflichtung zur Vornahme bestimmter Handlungen besteht für das Insolvenzgericht jedoch ebenso wenig, wie es nicht zu vorbeugender Überwachung verpflichtet ist.[800] Die Prüfungshandlungen dürfen nicht dazu dienen, den Insolvenzverwalter in seiner pflichtgemäßen Amtsführung zu behindern.

520 Neben der insolvenzgerichtlichen Überwachung und unabhängig davon steht der Insolvenzverwalter unter der Aufsicht der Gläubigerorgane. Hierdurch wird die Aufsichtspflicht des Insolvenzgerichtes jedoch nicht eingeschränkt oder suspendiert. Die Gläubigerversammlung ist nach § 79 InsO berechtigt, vom Insolvenzverwalter einzelne Auskünfte und einen Bericht über den Sachstand und die Geschäftsführung zu verlangen sowie – wenn ein Gläubigerausschuss nicht bestellt ist – den Geldverkehr und -bestand des Verwalters prüfen zu lassen. Überdies kann die Gläubigerversammlung nach § 68 Abs. 1 Satz 1 InsO einen Gläubigerausschuss einsetzen, dessen Mitglieder nach § 69 Satz 1 InsO den Insolvenzverwalter bei seiner Geschäftsführung unterstützen und überwachen. Hierzu haben sie sich über die Geschäfte zum Beispiel durch Einsichtnahme in die Bücher und Geschäfts-

---

796 *Eickmann*, in: HK, § 58 Rn. 3; *Häsemeyer*, Rn. 6.32; *Uhlenbruck*, in: Uhlenbruck, InsO, § 58 Rn. 1; vgl. zur Amtshaftung BGH, B. v. 31.01.2008 – III ZR 161/07, ZIP 2008, 466.
797 A.A. *Uhlenbruck*, in: Uhlenbruck, InsO, § 58 Rn. 3; *Delhaes*, in: Nerlich/Römermann, InsO, § 58 Rn. 5.
798 *Kind*, in: Braun, InsO, § 58 Rn. 1.
799 *Lüke*, in: Kübler/Prütting/Bork, InsO, § 58 Rn. 11; *Eickmann*, in: HK, § 58 Rn. 3; Uhlenbruck in: Uhlenbruck, InsO, § 58 Rn. 3.
800 BGH, B. v. 16.12.2010 – IX ZB 238/09, ZInsO 2011, 131; BGH, B. v. 05.02.2009 – IX ZB 187/08, DZWiR 2009, 298.

papiere sowie Prüfung des Geldverkehrs und -bestands zu unterrichten. Aber auch der einzelne Insolvenzgläubiger kann den Insolvenzverwalter durch Einsicht in die Akten des Insolvenzgerichts (§ 4 InsO i. V. m. § 299 ZPO) sowie Teilnahme an Gläubigerversammlungen kontrollieren, auch wenn ihm ein weitergehendes Informationsrecht außerhalb der Gläubigerversammlung nicht zusteht.

Das Insolvenzgericht darf im Rahmen seiner Aufsicht Prüfungsergebnisse des Gläubigerausschusses oder einzelner Insolvenzgläubiger verwerten und zur Grundlage seiner Aufsichtsmaßnahmen machen. Besteht infolge der vom Insolvenzgericht gewonnenen Erkenntnisse konkreter Anlass, die Amtsführung des Insolvenzverwalters zu beanstanden, ist das Insolvenzgericht verpflichtet, gegen den Insolvenzverwalter mittels geeigneter und verhältnismäßiger Aufforderung zu bestimmten Handeln, Dulden oder Unterlassen einzuschreiten. Die Intervention des Insolvenzgerichts ist aber auf die unmittelbare Beseitigung von Missständen oder Pflichtwidrigkeiten beschränkt; zu darüber hinaus gehenden Anordnungen, die womöglich von eigenen Zweckmäßigkeitserwägungen getragen sind, ist das Insolvenzgericht nicht befugt. Die Aufsicht des Insolvenzgerichts dauert über die Beendigung des Amtes des Insolvenzverwalters fort, bis dieser sämtliche auch mit der Verfahrensbeendigung verbundenen Pflichten vollständig erfüllt hat (nachwirkende Amtspflicht)[801], zu denen die Vorlage der (Teil-) Schlussrechnung, die Herausgabe des nach Verteilung verbleibenden Überschusses (§ 199 InsO) und Rückgabe der Bestallungsurkunde (§ 56 Abs. 2 Satz 2 InsO) gehören.[802] Das in § 58 InsO ausgestaltete aufsichtsrechtliche Verfahren sieht nach seiner gesetzlichen Ausgestaltung gegen die einzelnen Anordnungen kein förmliches Rechtsmittel,[803] sondern nur den verfassungsrechtlich ausreichenden Rechtsbehelf der Rechtspflegererinnerung (vgl. § 11 Abs. 2 RPflG) vor.[804]

521

Ist das Insolvenzgericht zu rechtmäßigen Aufsichtsmaßnahmen veranlasst und kommt der Insolvenzverwalter den Anordnungen nicht nach, kann das Insolvenzgericht zur Durchsetzung nach § 58 Abs. 2 InsO die Verhängung eines Zwangsgeldes bis zu 25.000 € mündlich oder schriftlich androhen und im Falle beharrlicher Weigerung des Insolvenzverwalters mittels Beschluss festsetzen. Dabei können mehrere, für dieselbe Pflichtverletzung verhängte Zwangsgelder zusammengerechnet den Betrag von 25.000 € überschreiten.[805] Da das Zwangsgeld ein Beugemittel ist, darf es nicht (mehr) angedroht, festgesetzt oder vollstreckt werden, wenn das damit verfolgte Ziel bereits erreicht ist. Da § 58 Abs. 2 Satz 3 InsO das Rechtsmittel der sofortigen Beschwerde nur gegen die Festsetzung des Zwangsgeldes vorsieht, steht dem Insolvenzverwalter gegen die richterliche Anordnung einzelner Aufsichtsmaßnahmen kein isolierter Rechtsbehelf zur Seite (vgl. § 6 Abs. 1

522

---

801 BGH, Urt. v. 04.12.2003 – IX ZR 222/02, WM 2004, 295, 297.
802 BGH, B. v. 14.04.2005 – IX ZB 76/04, NZI 2005, 391; *Rechel*, Die Aufsicht des Insolvenzgerichts, 167.
803 BGH, B. v. 01.10.2002 – IX ZB 53/02, ZIP 2002, 2223.
804 BGH, B. v. 03.02.2011 – IX ZB 213/08; juris; BVerfG, B. v. 26.11.2009 – 1 BvR 339/09, WM 2010, 218.
805 BGH, B. v. 14.04.2005 – IX ZB 76/04, NZI 2005, 391; vgl. auch BT-Drucks. 12/7302 S. 161.

InsO). Verfügt hingegen der Rechtspfleger Aufsichtsmaßnahmen, kann der Insolvenzverwalter hiergegen nach § 11 Abs. 2 RPflG Erinnerung und im Fall der Festsetzung des Zwangsgeldes sofortige Beschwerde (§ 58 Abs. 2 Satz 3 InsO i. V. m. § 11 Abs. 1 RPflG) einlegen.

523 Zu anderen Zwangsmaßnahmen, insbesondere zur Verhängung von Beugehaft oder Ersatzvornahme, ist das Insolvenzgericht gesetzlich nicht ermächtigt.[806] Widersetzt sich der Insolvenzverwalter beharrlich den insolvenzgerichtlichen Aufsichtsmaßnahmen und lässt er sich nicht durch die Androhung, Verhängung und Vollstreckung von Zwangsgeld(ern) beeindrucken, kann das Insolvenzgericht den Insolvenzverwalter nach § 59 Abs. 1 Satz 1 InsO aus wichtigem Grund aus seinem Amt entlassen.[807] Dabei stehen die Androhung, Festsetzung und Vollstreckung eines Zwangsgeldes nach § 58 Abs. 2 Satz 1 InsO und die Amtsenthebung nach § 59 Abs. 1 Satz 1 InsO nicht in einem Stufenverhältnis zueinander. Zwar ist wie bei jeder Aufsichtsmaßnahme die Verhältnismäßigkeit zu wahren, jedoch bedarf es für die Entlassung des Insolvenzverwalters aus wichtigem Grund nicht der vorherigen (erfolglosen) Zwangsgeldfestsetzung oder -vollstreckung.

8. Entlassung des Insolvenzverwalters und Beendigung des Amtes

524 Das Insolvenzgericht kann (zugleich im Rahmen der ihm gesetzlich zugewiesenen Aufsicht und Zwangsmittel) den Insolvenzverwalter aus wichtigem Grund aus dem Amt entlassen (§ 59 Abs. 1 Satz 1 InsO). Die Entlassung des Insolvenzverwalters aus wichtigem Grund ist in jeder Lage des Insolvenzverfahrens jederzeit möglich und neben der Abwahl in der ersten Gläubigerversammlung nach Bestellung (§ 57 InsO) und seinem Tod die einzige Möglichkeit, das Amt vorzeitig enden zu lassen. Die Entlassung aus dem Amt bedarf immer der Entscheidung des Insolvenzgerichtes. Sie ist probates Mittel, um künftige Pflichtverletzungen und zu Lasten der Gläubiger gehende Schäden zu vermeiden sowie bereits eingetretene Schäden beseitigen zu lassen. Als Zwangsmittel ist die Entlassung aus wichtigem Grund anzudrohen.

525 Die Entlassung kann nach § 59 Abs. 1 Satz 2 InsO von Amts wegen oder auf Antrag des Verwalters, des Gläubigerausschusses oder der Gläubigerversammlung erfolgen. Das Insolvenzgericht darf im Rahmen seiner Aufsichtspflichten aufgrund eigenen Entschlusses die Entlassung des Insolvenzverwalters von Amts wegen betreiben. Zudem können die Gläubigerversammlung oder der Gläubigerausschuss einen Entlassungsantrag stellen, über den zuvor ein wirksamer Beschluss nach den gesetzlichen Vorschriften (§ 72 InsO und § 76 Abs. 2 InsO) herbeigeführt werden muss. Der Insolvenzverwalter kann ebenfalls auf seine Amtsenthebung antragen, wobei die Erklärungen über die „Niederlegung des Amtes" oder „Kündigung" als Antrag aufzufassen sind, da dem Insolvenzverwalter kein Gestaltungsrecht mit der Folge zusteht, ohne Einschaltung des Insolvenzgerichtes das Amt enden zu lassen.[808] Freilich hat der Schuldner kein Antragsrecht, jedoch ist ein von ihm gestellter Antrag als

---

806 BGH, B. v. 17. 12. 2009 – IX ZB 175/08, DZWiR 2010, 207.
807 AG Bonn, B. v. 05. 09. 2001 – 98 IN 196/99, DZWiR 2002, 82.
808 Vgl. Begr. zu § 70 RegE., BR-Drucks. 1/92, S. 128.

Anregung für eine Tätigkeit des Insolvenzgerichts von Amts wegen zu verstehen.[809]

Unabhängig davon, wer die Entlassung des Insolvenzverwalters begehrt, hat das Insolvenzgericht stets zu prüfen, ob ein wichtiger Grund die Entlassung rechtfertigt. Das Insolvenzgericht kann dem Antrag stattgeben und die Entlassung beschließen oder den Antrag zurückweisen. Im Fall des Eigenantrags des Insolvenzverwalters können eine zur Amtsunfähigkeit führende Erkrankung des Verwalters oder dessen begründete Besorgnis, das Amt nicht mehr vorbehaltlos gegenüber Beteiligten ausüben zu können, wichtige Gründe darstellen.

526

Ein wichtiger Grund ist regelmäßig gegeben, wenn der Insolvenzverwalter in schwerwiegender Weise oder wiederholt seine Pflichten verletzt, sich für das konkrete Verfahren als ungeeignet oder unzuverlässig zeigt oder das Vertrauensverhältnis zu ihm nachhaltig gestört ist. Was im konkreten Einzelfall einen wichtigen Grund für die Amtsentlassung darstellen kann, war in der Vergangenheit sowohl in der wissenschaftlichen Literatur als auch in der Rechtsprechung streitig. Die Frage, welches Maß eine Pflichtverletzung erreichen muss, um die Entlassung des Insolvenzverwalters begründen zu können, war ebenso von Interesse wie die Fragen, ob wegen der besonderen Treuestellung des Verwalters schon der „böse Schein"[810] einer Pflichtwidrigkeit die Entlassung des Insolvenzverwalters rechtfertigen kann oder die begründete Besorgnis[811], der Verwalter biete keine Gewähr für eine geeignete Erfüllung seiner Aufgaben, oder konkrete Verdachtsgründe für Verfehlungen schwerster Art[812] oder erst die Feststellung der die Pflichtwidrigkeit begründenden Umstände zur vollen Überzeugung des Insolvenzgerichts.[813] Gleiches galt für die Frage, ob beträchtliche Störungen des Verhältnisses zwischen Insolvenzverwalter und Insolvenzgericht oder Insolvenzverwalter und Gläubigergemeinschaft oder erhebliche Zweifel an der Neutralität und Unabhängigkeit des Verwalters[814] einen wichtigen Grund geben können.

Der Bundesgerichtshof[815] hat mit Blick auf den Schutz der Berufsausübungsfreiheit des Insolvenzverwalters nach Art. 12 GG und die Unschuldsvermutung nach Art. 6 Abs. 2 EMRK die Maßstäbe näher bestimmt, welche die Entlassung eines Insolvenzverwalters nach § 59 Abs. 1 Satz 1 InsO begründen. Hiernach ist ein Insolvenzverwalter zu entlassen, wenn sein Ver-

---

809 *Eickmann*, in: HK, § 59 Rn. 8; *Graeber*, in: MüKo-InsO, § 59 Rn. 37; *Lüke*, in: Kübler/Prütting/Bork, InsO, § 59 Rn. 11; *Uhlenbruck*, in: Uhlenbruck, InsO, § 59 Rn. 15; *Blersch*, in: Blersch/Goetsch/Haas, BK-InsO 2008, § 59 Rn. 9.
810 LG Halle, E. v. 28.01.1994 – 2 T 284/93, ZIP 1994, 572; AG Halle, E. v. 15.11.1993 – 50 N 18/91, ZIP 1993, 1912; AG Halle, E. v. 13.10.1993 – 50 N 15/92, ZIP 1993, 1743.
811 *Uhlenbruck*, in: Uhlenbruck, InsO, § 59 Rn. 12; *Smid*, in: Leonhardt/Smid/Zeuner, InsO, § 59 Rn. 4 f.
812 *Hess/Weis/Wienberg*, InsO, § 59 Rn. 12; *Kind*, in: FK-InsO, § 59 Rn. 10; *Kind*, in: Braun, InsO, § 59 Rn. 8.
813 LG Halle, E. v. 22.10.1993 – 2 T 247/93, ZIP 1993, 1739; *Eickmann*, in: HK, 3. Aufl. § 59 Rn. 10; *Pape*, Zur Abberufung eines Gesamtvollstreckungsverwalters, EWiR 1993, 1203, 1204.
814 OLG Zweibrücken, 31.05.2000 – 3 W 94/00, EWiR 2001, 169 m. Anm. *Pape*; LG Göttingen, B. v. 07.06.2000 – 10 T 48/00, NZI 2000, 438; *Häsemeyer,*, §33 Rn. 6.
815 BGH, Urt. v. 08.12.2005 – IX ZB 308/04, juris-PR InsR 7/2006 m. Anm. *Wehdeking*.

bleiben im Amt unter Berücksichtigung der schutzwürdigen Interessen des Verwalters die Belange der Gesamtgläubigerschaft und die Rechtmäßigkeit der Verfahrensabwicklung objektiv nachhaltig beeinträchtigen würde. Beruhe eine Störung des Vertrauensverhältnisses zwischen Insolvenzverwalter und Insolvenzgericht lediglich auf persönlichem Zwist, reiche dieser Umstand nach Auffassung des BGH für die Entlassung des Insolvenzverwalters nicht aus. Hat die Störung ihren Grund in dem Verwalter vorgeworfenen Pflichtverletzungen, müssen diese grundsätzlich erwiesen sein. Dabei ist nicht jede Pflichtverletzung, die einen Schadenersatzanspruch gegen den Insolvenzverwalter begründen könnte, zugleich ein wichtiger Entlassungsgrund; eine solche Pflichtverletzung muss in ihren Auswirkungen auf das Verfahren und die berechtigten Belange der Beteiligten erheblich sein, wobei das Insolvenzgericht alle Umstände des Einzelfalles abzuwägen habe. Die Tatsachen, die den Entlassungsgrund bilden, müssen zur vollen Überzeugung des Insolvenzgerichts nachgewiesen sein, die Beeinträchtigung der Belange der Gläubiger und die Rechtmäßigkeit des Verfahrens muss feststehen. Nur ausnahmsweise könne bereits das Vorliegen konkreter Anhaltspunkte für die Verletzung wichtiger Verwalterpflichten für eine Entlassung genügen, wenn der Verdacht im Rahmen zumutbarer Amtsermittlung nicht ausgeräumt und nur durch die Entlassung die Gefahr größerer Schäden für die Masse noch abgewendet werden kann. Ob weitere Ausnahmen für die Fälle anzuerkennen sind, in denen der Insolvenzverwalter den „bösen Schein" einer Befangenheit oder Interessenkollision gesetzt hat oder der Verdacht von gegen die Masse gerichteten Straftaten besteht, hat der Bundesgerichtshof unentschieden gelassen. In diesen Fällen wird eine Gefährdung überwiegender öffentlicher Interessen sowie der Grundrechte der Gläubiger aus Art. 14 Abs. 1 Satz 1 GG erforderlich sein, um den Schutz der Berufsausübungsfreiheit des Insolvenzverwalters und die Unschuldsvermutung zurücktreten zu lassen.

Vor der Entscheidung des Insolvenzgerichts über die Entlassung aus dem Amt ist nach § 59 Abs. 1 Satz 3 InsO der Insolvenzverwalter anzuhören. Die Anhörung ist geboten, weil mit der beabsichtigten Entlassung in die Berufsstellung des Insolvenzverwalters eingegriffen wird. Die Frist, innerhalb der Insolvenzverwalter gehört wird, muss angemessen sein, kann nach den Umständen des Einzelfalls aber kurz bemessen sein, insbesondere wenn irreparable oder schwere Schäden drohen.

Die Entscheidung des Insolvenzgerichts über die Entlassung ergeht durch zu begründenden Beschluss. Funktionell zuständig sind der Insolvenzrechtspfleger oder der Insolvenzrichter (vgl. § 18 RPflG). Wird dem Antrag stattgegeben, ist gleichzeitig ein neuer geeigneter und übernahmebereiter Insolvenzverwalter zu bestellen. Gegen den stattgebenden Beschluss hat der entlassene Insolvenzverwalter das Rechtsmittel der sofortigen Beschwerde (§ 59 Abs. 2 Satz 1 InsO). Gegen den ablehnenden Beschluss kann der Insolvenzverwalter ebenfalls sofortige Beschwerde erheben, wenn damit seinem eigenen Antrag nicht gefolgt wird, ansonsten steht dem Gläubigerausschuss oder, wenn die Gläubigerversammlung den Antrag gestellt hat, jedem Insolvenzgläubiger die sofortige Beschwerde zu (§ 59 Abs. 2 Satz 2 InsO).

Wird der Insolvenzverwalter entlassen, bleiben seine bisherigen Verfahrenshandlungen mit Wirkung für und gegen die Masse bestehen; der neubestellte Insolvenzverwalter kann sie berichtigen, soweit sie von Rechts wegen noch reversibel sind. Der abberufene Insolvenzverwalter ist nach § 56 Abs. 2 Satz 2 InsO verpflichtet, die Ausfertigung(en) seiner Bestellungsurkunde an das Insolvenzgericht zurückzugeben, (Teil-) Schlussrechnung zu legen (§ 66 Abs. 1 InsO) sowie die Masse an den Amtsnachfolger herauszugeben. Die Erfüllung dieser nachwirkenden Pflichten[816] kann auch nach der Entlassung des Insolvenzverwalters mittels Androhung, Festsetzung und Vollstreckung eines Zwangsgeldes durchgesetzt werden.[817] Der weichende Verwalter hat – auch bei pflichtwidriger Amtführung – einen vollen Vergütungsanspruch für seine Tätigkeit, gegen den der nachfolgende Verwalter aber unter Umständen mit Schadenersatzansprüchen aufrechnen kann.

527

9. Haftung des Insolvenzverwalters

Der Insolvenzverwalter haftet für infolge eigener Pflichtverletzungen während der Ausübung seines Amtes bei Dritten eintretende Schäden. Die ordnungsgemäße Erfüllung der dem Insolvenzverwalter obliegenden Aufgaben und Pflichten soll spiegelbildlich durch die persönliche Haftung des Insolvenzverwalters sichergestellt werden. Neben den insolvenzspezifischen Haftungstatbeständen der §§ 60, 61 InsO kommen weitere Haftungstatbestände in Betracht, wie zum Beispiel wegen Verschuldens bei Vertragsabschluss nach § 311 Abs. 3 Satz 2 BGB, aus Garantieerklärungen, aus der Verletzung übernommener vertraglicher Verpflichtungen, aus deliktischem Handeln (§ 823 BGB) oder aus § 69 AO.[818]

528

9.1 Haftung gegenüber den Verfahrensbeteiligten

Die Haftung des Insolvenzverwalters nach § 60 Abs. 1 Satz 1 InsO besteht gegenüber allen Beteiligten, denen gegenüber der Verwalter insolvenzspezifische Amtspflichten zu erfüllen hat[819], insbesondere den Insolvenzgläubi-

529

---

816 BGH, Urt. v. 04.12.2003 – IX ZR 222/02, WM 2004, 295, 297.
817 BGH, B. v. 14.04.2005 – IX ZB 76/04, NZI 2005, 391; *Rechel*, Die Aufsicht des Insolvenzgerichts, S. 167; BT-Drucks. 12/7302, S. 161.
818 BAG, Urt. v. 06.10.2011 – 6 AZR 172/10, NJW 2011, 3739; zur Konkurrenz zwischen § 69 AO und § 60 InsO vgl. BGH, Urt. v. 01.12.1988 – IX ZR 61/88, NJW 1989, 303 ff. m. Anm. *Wellensiek*, EWiR § 82 KO 1/89, 389; *Lüke*, in: Kübler/Prütting/Bork, InsO, § 60 Rn. 51 ff.; *Vallender*, Die Rechtsprechung des Bundesgerichtshofs zur Konkursverwalterhaftung, ZIP 1997, 345, 348.
819 BGH, E. v. 04.12.1986 – IX ZR 47/86, BGHZ 99, 151; *Lüke*, in: Kübler/Prütting/Bork, InsO, § 60 Rn. 13; *Abeltshauser*, in: Nerlich/Römermann, § 60 Rn. 16; *Häsemeyer*, Rn. 6.37; *Uhlenbruck*, in: Uhlenbruck, InsO, § 60 Rn. 9 ff.; *Gerhardt*, Neue Probleme der Insolvenzverwalterhaftung, ZInsO 2000, 574, 579 ff.; *Vallender*, Die Rechtsprechung des Bundesgerichtshofs zur Konkursverwalterhaftung, ZIP 1997, 345, 346 ff.

gern,[820] den Massegläubigern, dem Schuldner,[821] unter Umständen dessen Gesellschaftern[822] und den Aussonderungs-[823] und Absonderungsberechtigten.[824] Gegenüber dem Bürgen[825] einer als Insolvenzforderung angemeldeten Hauptforderung obliegen dem Insolvenzverwalter keine Pflichten: Denn eine Pflichtverletzung kann aufgrund dadurch entstehender Masseunzulänglichkeit zwar zu einer Inanspruchnahme des Bürgen führen, dies ist jedoch nur ein durch den Schaden in der Person des Insolvenzgläubigers vermittelter Nachteil. Nach § 61 InsO haftet der Insolvenzverwalter den Massegläubigern, wenn aufgrund einer von ihm vorgenommenen Rechtshandlung Masseverbindlichkeiten begründet worden sind, die aus der Insolvenzmasse nicht oder nicht voll erfüllt werden können, sofern der Insolvenzverwalter bei Vornahme der Rechtshandlung erkennen konnte, dass die Masse voraussichtlich zur Erfüllung nicht ausreichen werde. Da die Massegläubiger auch Beteiligte im Sinne von § 60 InsO sein können, kann die Haftung des Verwalters ihnen gegenüber auf zwei insolvenzspezifischen Anspruchsgrundlagen bestehen; die Haftung nach § 61 InsO schließt diejenige nach § 60 InsO nicht aus, beiden stehen nebeneinander.[826]

9.2 Verletzung insolvenzspezifischer Pflichten

530 Die Vorschriften der §§ 60, 61 InsO sanktionieren die Verletzung solcher Pflichten, die dem Insolvenzverwalter in Ausfüllung seines Amtes nach den Vorschriften der Insolvenzordnung obliegen.[827] Diese Pflichten sind in zahlreichen Einzelvorschriften konkretisiert. Dazu gehören nicht solche Pflichten, die ihn wie jeden Vertreter fremder Interessen gegenüber Dritten treffen, sowie im Allgemeinen Pflichten, die dem Insolvenzverwalter als Verhandlungs- oder Vertragspartner eines Dritten auferlegt sind.[828] Eine Haftung nach § 60 InsO kann nur dann begründet sein, wenn diesem Dritten gegenüber besondere, insolvenzspezifische Pflichten bestehen, deren Erfüllung durch die Verletzung der anderen Pflichten gefährdet wird.[829]

531 Der Sorgfaltsmaßstab, an dem der Insolvenzverwalter sein Handeln messen lassen muss, ist nach § 60 Abs. 1 Satz 2 InsO die „Sorgfalt eines ordent-

---

820 BGH, Urt. v. 24.01.1991 – IX ZR 250/89, NJW 1991, 982; BAG, Urt. v. 06.10.2011 – 6 AZR 172/10, NJW 2011, 3739.
821 BGH, Urt. v. 10.07.2008 – IX ZR 118/07, ZIP 2008, 1685; BGH, Urt. v. 29.05.1979 – VI ZR 104/78, BGHZ 74, 316.
822 BGH, Urt. v. 22.01.1985 – VI ZR 131/83, ZIP 1985, 423; *Abeltshauser*, in: Nerlich/Römermann, InsO, § 60 Rn. 17.
823 BGH, Urt. v. 01.12.2005 – IX ZR 115/01, ZIP 2006, 194; BGH, Urt. v. 05.03.1998 – IX ZR 265/97, ZIP 1998, 655.
824 BGH, Urt. v. 02.12.1993 – IX ZR 241/92, ZIP 1994, 140.
825 BGH, Urt. v. 11.10.1984 – IX ZR 80/83, ZIP 1984, 1506.
826 BGH, Urt. v. 01.12.2005 – IX ZR 115/01 – ZIP 2006, 194 m. Anm. *Pape*, EWiR § 82 KO Heft 1, 2006, S. 179.
827 Amtliche Begründung zu § 72 RegE-InsO, BT-Drucks. 12/2443, S. 129.
828 BGH, Urt. v. 10.07.2008 – IX ZR 118/07, ZIP 2008, 1685; BGH, Urt. v. 26.06.2001 – IX ZR 209/98, DZWIR 2001, 463.
829 BGH, Urt. v. 25.01.2007 – IX ZR 216/05, DZWIR 2007, 295 mit Anm. *Lieder*; BGH, Urt. v. 24.01.2008 – IX ZR 201/06, ZIP 2008, 608.

lichen und gewissenhaften Insolvenzverwalters". Diese an sich auf Tautologie hinauslaufende Bestimmung erinnert nicht von ungefähr an die in § 347 Abs. 1 HGB niedergelegte „Sorgfalt eines ordentlichen Kaufmanns" oder an die von einen Geschäftsführer geforderte „Sorgfalt eines ordentlichen Geschäftsmannes" (§ 43 Abs. 1 GmbHG) oder an die „Sorgfalt eines ordentlichen und gewissenhaften Geschäftsleiters" (§ 93 Abs. 1 Satz 1 AktG oder § 34 Abs. 1 Satz 1 GenG); ihn trifft die Sorgfalt eines beruflichen Sachwalters fremder Vermögensinteressen.[830] Die Ähnlichkeit der Diktion darf aber nicht darüber hinwegtäuschen, dass die Sorgfaltsmaßstäbe des Handels- und Gesellschaftsrechts nicht unverändert auf den Insolvenzverwalter übertragen werden können. Natürlich sind die Besonderheiten zu beachten, die sich aus den Aufgaben und der Tätigkeit des Insolvenzverwalters ergeben. Nicht selten findet der Insolvenzverwalter ungeordnete persönliche, wirtschaftliche und rechtliche Verhältnisse des Schuldners vor, die neben den Problemen, die sich direkt aus der Insolvenz ergeben, es ihm erschweren, schnell einen Überblick zu gewinnen. Der Insolvenzverwalter benötigt eine gewisse Einarbeitungszeit, um Unternehmen, Inhaber, Mitarbeiter und Geschäftszweig mit ihren spezifischen Eigenheiten kennenzulernen. Regelmäßig muss er die Buchführung und Geschäftspapiere aufbereiten, zusammenführen und ordnen, die in der Krise vernachlässigt wurden. Zudem ist er gleichzeitig mit der Massesicherung befasst. Deshalb übt der Insolvenzverwalter sein Amt oftmals unter erheblich schwierigeren Umständen aus als der Geschäftsleiter eines wirtschaftlich soliden Unternehmens. Überdies ist zu berücksichtigen, dass sich der Sorgfaltsmaßstab im allgemeinen liquidierenden Verfahren anders darstellt, als bei einer (einstweiligen) Unternehmensfortführung mit dem Ziel der übertragenden Sanierung oder Durchführung eines Insolvenzplanverfahrens.

Die wohl wichtigste Aufgabe des Insolvenzverwalters gegenüber den Insolvenzgläubigern und dem Insolvenzschuldner ist es, in Erfüllung des Verfahrensziels nach § 1 Satz 1 InsO die gemeinschaftliche und möglichst umfassende Befriedigung der Gläubiger herbeizuführen sowie dem Schuldner, soweit relevant, die Gelegenheit zur weitgehenden Enthaftung und Restschuldbefreiung (§ 1 Satz 2 InsO) zu verschaffen. Deshalb ist der Insolvenzverwalter gegenüber den Insolvenzgläubigern nach § 159 InsO zur Einsammlung und Verwertung der Masse[831] mit dem Ziel verpflichtet, eine weitreichende und gleichmäßige Befriedigung aller Insolvenzgläubiger zu erreichen. Hierzu gehört es, die Masse zunächst ordnungsgemäß und bestmöglich zu verwahren und gegebenenfalls zu versichern.[832] Der Insolvenzverwalter haftet für Masseschmälerungen, die dadurch eintreten, dass Massegegenstände unter Wert veräußert werden, wenn ein besseres Angebot vorlag, sowie für die Minderung der Quote, wenn er Forderungen anerkennt, die nicht begründet sind. Zur Vermeidung dessen hat der Insolvenzverwalter die handels- und steuerrechtlichen Pflichten zur Buchführung und Rechnungslegung nach § 155 Abs. 1 Satz 2 InsO makelfrei zu erfüllen, um 532

---
830 BGH, E. v. 28.10.1993 – IX ZR 21/93, ZIP 1993, 1886.
831 BGH, Urt. v. 22.02.1973 – VI ZR 165/71, NJW 1973, 1198.
832 BGH, Urt. v. 29.09.1988 – IX ZR 39/88, NJW 1989, 1034.

zu prüfen, ob die Finanzverwaltung oder andere Körperschaften und Anstalten des öffentlichen Rechts (Krankenkassen, Bundesagentur für Arbeit) womöglich zu hohe Forderungen zur Tabelle anmelden. Freilich gehört es zu den Pflichten des Insolvenzverwalters, Ansprüche gegenüber Dritten geltend zu machen und rechtzeitig prozessual zu verfolgen, insbesondere bei guten Erfolgsaussichten und solventen Drittschuldnern, um sie nicht verjähren zu lassen.[833] Ein Pflichtverstoß wird aber vorliegen, wenn er bei unzureichender Masse und fragwürdigen Erfolgsaussichten gleichwohl einen Prozess führt.[834]

533 Gegenüber dem Insolvenzschuldner kann sich eine Haftung des Insolvenzverwalters ergeben, wenn er ihm durch die Verletzung insolvenzspezifischer Pflichten einen Einzelschaden zufügt. So hat der Insolvenzschuldner ungeachtet der Möglichkeit der Restschuldbefreiung nach §§ 286 ff. InsO, die unter bestimmten Voraussetzungen versagt werden, ein vitales Interesse an einer möglichst umfassenden, sorgfältigen und ertragsreichen Masseverwertung, da ihn nach Aufhebung des Insolvenzverfahrens die Insolvenzgläubiger wegen ihrer nicht befriedigten Ansprüche unbeschränkt in Anspruch nehmen können. Angesichts dessen kann eine voreilige Unternehmensveräußerung eine zum Schadenersatz verpflichtende Pflichtverletzung begründen.[835] Den Insolvenzschuldner betreffende Pflichtverletzungen können ferner eintreten, wenn der Insolvenzverwalter über das Vermögen des Schuldners verfügt, welches nicht der Zwangsvollstreckung unterliegt, denn insoweit verstößt er ebenfalls gegen seine Verpflichtung zur ordnungsgemäßen Verfahrensabwicklung.[836] Die handels- und steuerrechtlichen Pflichten zur Buchführung und Rechnungslegung nach § 155 Abs. 1 Satz 2 InsO obliegen dem Insolvenzverwalter sowohl gegenüber dem Fiskus und den Insolvenzgläubigern[837] als auch gegenüber dem Schuldner.[838] Deshalb ist der Verwalter dem Schuldner gegenüber verpflichtet, einen ihm zugegangenen Steuerbescheid, der die Masse betrifft, auf seine Richtigkeit zu überprüfen und Einspruch einzulegen, falls er auf falschen Besteuerungsgrundlagen beruht.[839] Dagegen gehört es nicht zu den insolvenzspezifischen Pflichten des Insolvenzverwalters, dem Schuldner außerhalb der Verwertung der Insolvenzmasse Vorteile, zum Beispiel Steuervorteile[840], zu verschaffen oder dessen Interessen bei der Durchsetzung nicht insolvenzbefangener Ansprüche gegenüber Drittschuldnern wahrzunehmen. So soll es genügen, wenn der Insolvenzverwalter die erforderlichen Unterlagen bereitstellt, damit der Schuldner (oder sein Gesellschafter) die steuerlichen oder sonstigen nicht in-

---

833 BGH, E. v. 28.10.1993 – IX ZR 21/93, ZIP 1993, 1886.
834 *Abeltshauser,* in: Nerlich/Römermann, InsO, § 60 Rn. 24.
835 BGH, Urt. v. 22.01.1985 – VI ZR 131/83, ZIP 1985, 423 m. Anm. *Kübler,* EWiR § 82 KO Heft 3, 1985, 313.
836 *Brandes,* in: MüKo-InsO, §§ 60, 61 Rn. 65.
837 *Abeltshauser,* in: Nerlich/Römermann, InsO, § 60 Rn. 23.
838 BGH, Urt. v. 10.07.2008 – IX ZR 118/07, ZIP 2008, 1685; BGH, Urt. v. 29.05.1979 – VI ZR 104/78, BGHZ 74, 316; krit. *Uhlenbruck,* in: Uhlenbruck, InsO, § 60 Rn. 12: keine Pflicht zur Verschaffung von Steuervorteilen.
839 *Brandes,* in: MüKo-InsO, 2. Aufl. §§ 60, 61 Rn. 65.
840 BGH, Urt. v. 10.07.2008 – IX ZR 118/07, ZIP 2008, 1685.

solvenzbefangenen Angelegenheiten, die nicht vom Insolvenzverwalter zu erledigen sind, im eigenen Interesse selber regelt. Der Insolvenzverwalter kann aber wegen der Unrichtigkeit einer Verdienstbescheinigung haften.[841]

Gegenüber den aussonderungsberechtigten Gläubigern hat der Insolvenzverwalter die Aufgabe, die Ist-Masse durch Aussonderung nicht vom Insolvenzbeschlag betroffener Rechte in die Soll-Masse zu überführen,[842] deren dinglichen Rechte zu beachten und an der Herausgabe der auszusondernden Gegenstände mitzuwirken.[843] Dabei handelt es sich um eine spezifisch insolvenzrechtliche Pflicht, so dass der Verwalter objektiv pflichtwidrig handelt, wenn er der Insolvenzmasse Werte einverleibt, die ihr wegen des Bestehens von Aussonderungsrechten eines Dritten nicht gebühren. Zwar können die Aussonderungsberechtigten gehalten sein, die von einem Aussonderungsrecht erfassten Gegenstände dem Insolvenzverwalter mitzuteilen (arg. § 28 Abs. 2 InsO). Voraussetzung der Pflichtverletzung ist aber, dass dem Insolvenzverwalter die Aussonderungsrechte positiv bekannt sind, wobei es ihm nicht zugemutet werden soll, ohne konkreten Nachweis zeitraubende Nachforschungen anzustellen.[844] Will der aussonderungsberechtigte Gläubiger sein Aussonderungsrecht verfolgen, muss er innerhalb einer angemessenen Frist glaubhaft machen und gegebenenfalls nachweisen, dass ein bestimmter Gegenstand aus der Masse in seinem Eigentum steht, wobei er die Eigentumsvermutung des § 1006 BGB zu widerlegen hat. Ist dem Insolvenzverwalter aber ein bestehendes Aussonderungsrecht bekannt, haftet er nach § 60 Abs. 1 InsO, wenn er dieses schuldhaft verletzt; er darf mit einem solchen Recht behaftete Gegenstände nicht verwerten.

534

Die absonderungsberechtigten Gläubiger sind nach §§ 165 ff. InsO Verfahrensbeteiligte, wodurch die Pflichten des Insolvenzverwalters ihnen gegenüber geprägt werden. Er ist daher bereits dazu verpflichtet, Gegenstände an denen Absonderungsrechte bestehen, nach § 148 Abs. 1 InsO in seinen unmittelbaren Besitz zu überführen[845], aufzubewahren und zu sichern, und zwar auch in tatsächlicher Hinsicht, weshalb er Schäden von einem mit Grundpfandrechten belasteten Haus abzuwenden und Feuerversicherungsprämien[846] zu zahlen hat. Nach Auffassung des BGH[847] haftet der Insolvenzverwalter dem Sicherungszessionar einer Kaufpreisforderung dafür, dass wegen einer vom Verwalter unterlassenen Kündigung eines Mietvertrages der Käufer den Kaufpreis für das verkaufte Haus gemindert und die zedierte Forderung dadurch an Wert verloren hat. Führt der Insolvenzverwalter

535

---

841 BSG, E. v. 12.02.1980 – 7 RAr 106/78, ZIP 1980, 348; BSG, E. v. 25.03.1982 – 10 RAr 7/81, ZIP 1982, 1336.
842 *Gerhardt*, Neue Probleme der Insolvenzverwalterhaftung, ZInsO 2000, 574, 579; *Brandes*, in: MüKo-InsO, §§ 60, 61 Rn. 54.
843 BGH, Urt. v. 05.03.1998 – IX ZR 265/97, LSK 1998, 290147; *Lüke*, in: Kübler/Prütting/Bork, InsO, § 60 Rn. 15.
844 BGH, Urt. v. 09.05.1996 – IX ZR 244/95, ZIP 1996, 1181; OLG Köln, E. v. 14.07.1982 – 2 U 20/82, ZIP 1982, 1107.
845 OLG Hamburg, Urt. v. 14.12.1995 – 10 U 103/94, LSK 1996, 220282.
846 BGH, E. v. 29.09.1988 – IX ZR 39/88, LSK 1989, 160065.
847 BGH, Urt. v. 02.03.2006 – IX ZR 55/04, DZWIR 2006, 302 m. krit. Anm. *Spliedt*, jurisPR-InsR 18/2006 Anm. 3.

pflichtwidrig Erlöse aus der Veräußerung von Sicherungsgut nicht an den Sicherungsnehmer ab, so führt dies ebenfalls zur Haftung.[848] Informiert hingegen der Insolvenzverwalter den absonderungsberechtigten Gläubiger über die beabsichtigte Veräußerung des vom Absonderungsrecht betroffenen Gegenstands an einen Dritten (§ 168 Abs. 1 InsO) und erklärt der Gläubiger daraufhin seine Bereitschaft, den Gegenstand selbst zu übernehmen (§ 168 Abs. 3 InsO), muss der Verwalter den Gläubiger im Regelfall nicht erneut informieren, bevor er den Gegenstand auf ein verbessertes Angebot an den Dritten veräußert.[849] Denn Zweck der Mitteilungspflicht nach § 168 Abs. 1 Satz 1 InsO ist es, im Hinblick auf das Verwertungsrecht des Verwalters (§ 166 InsO) das Interesse des absonderungsberechtigten Gläubigers zu wahren, eine Veräußerung der Sache unter Wert zu verhindern und einen möglichst hohen, der gesicherten Forderung nahe kommenden Verwertungserlös zu erzielen, wofür im Regelfall eine einmalige Information des Gläubigers über die beabsichtigte Veräußerung genügt.

536   Gegenüber den Massegläubigern haftet der Insolvenzverwalter nach § 60 Abs. 1 Satz 1 InsO, wenn er sie durch Verletzung insolvenzspezifischer Pflichten schädigt, auch wenn den Massegläubigern der Ausfall gerade infolge einer Masseverkürzung durch den Insolvenzverwalter entsteht. So kommt eine Haftung des Insolvenzverwalters in Betracht, wenn er gegen die sich aus § 53 InsO ergebende Pflicht zur vorrangigen Befriedigung von Masseverbindlichkeiten verstößt, oder wenn er schuldhaft nicht erkannte, dass im Zeitpunkt der Zahlung anderer Masseverbindlichkeiten Masseunzulänglichkeit bereits eingetreten war oder mit der Folge drohte, dass ein anderer Massegläubiger mit seinen Forderungen ganz oder teilweise ausfällt oder wenn er fällige und einredefreie Masseverbindlichkeiten nicht gleichmäßig und anteilig bedient.[850] Mithin trifft den Verwalter die insolvenzspezifische Pflicht, vor Befriedigung einzelner Massegläubiger zu prüfen, ob die Masse ausreicht, um alle Masseforderungen zu bedienen. Sind mehrere Masseverbindlichkeiten einredefrei fällig, darf er sie nur allenfalls in Höhe der nach § 209 Abs. 1 InsO zu erwartenden Quote anteilig befriedigen, wenn ihm einstweilen die vollständige Bezahlung nicht möglich ist.[851] Die Vorschrift des § 60 InsO führt aber nicht zur persönlichen Haftung des Insolvenzverwalters für Vergütungsansprüche eines Zwangsverwalters, denn die Insolvenzordnung begründet für ihn keine Verpflichtung, bei Beantragung einer Zwangsverwaltung die Interessen des Zwangsverwalters an der Deckung seines Vergütungs- und Auslagenersatzanspruchs zu berücksichtigen.[852] Der Insolvenzverwalter bedient sich nur eines gesetzlich geregelten gerichtlichen Verfahrens, um Ansprüche der Insolvenzmasse zwangsweise durchzusetzen, so dass ihn keine Verpflichtung trifft, das Verfahren nur mit Rück-

---

848 BGH, Urt. v. 02.12.1993 – IX ZR 241/92, ZIP 1994, 140.
849 BGH, B. v. 22.04.2010 – IX ZR 208/08, NZI 2010, 525.
850 BGH, Urt. v. 06.05.2004 – IX ZR 48/03, ZInsO 2004, 609; BAG, Urt. v. 06.10.2011 – 6 AZR 172/10, NJW 2011, 3739.
851 BGH, Urt. v. 21.10.2010 – IX ZR 220/09, ZIP 2010, 2356; BAG, Urt. v. 25.01.2007 – 6 AZR 559/06, BAGE 121, 112.
852 BGH, Urt. v. 10.12.2009 – IX ZR 220/08, DZWiR 2010, 201.

sicht auf die Erfüllbarkeit eventueller Kostenerstattungsansprüche des Gegners zu führen.[853]

9.3 Haftung wegen Nichterfüllung von Masseverbindlichkeiten nach § 61 InsO

Überdies haftet der Insolvenzverwalter gegenüber Massegläubigern nach § 61 Satz 1 InsO, wenn aufgrund einer von ihm vorgenommenen Rechtshandlung Masseverbindlichkeiten begründet worden sind, die aus der Insolvenzmasse nicht oder nicht voll erfüllt werden können. Unter der Begründung einer Verbindlichkeit sind nicht nur eine Neuverbindlichkeiten zu verstehen, sondern auch Schulden, die nach Wahl der Erfüllung eines gegenseitigen Vertrages (§ 103 Abs. 1 InsO) oder infolge einer nicht herbeigeführten Beendigung von Dauerschuldverhältnissen entstehen. Demnach ist der Schadenersatzanspruch aus § 61 Satz 1 InsO ein Individualanspruch, der wegen pflichtwidriger Begründung von Masseverbindlichkeiten zur Haftung des Insolvenzverwalters führt. Für die Schadenersatzpflicht des Insolvenzverwalters genügt es bereits, wenn er nicht mehr in der Lage ist, die Masseschulden aus der Masse bei Fälligkeit durch Zahlung zu erfüllen. Die Vorschrift legt jedoch keine insolvenzspezifischen Pflichten für die Zeit nach der Begründung der Verbindlichkeit fest[854], denn es soll (nur) ein gegenüber den allgemeinen Gefahren eines Vertragsabschlusses erhöhtes Risiko des Vertragspartners (Massegläubigers), die ihm gebührende Gegenleistungen nicht zu erhalten, gemildert werden.[855] Mithin ist es Grundgedanke der Regelung des § 61 InsO, die Interessen von Massegläubigern zu schützen, die aufgrund einer Unternehmensfortführung mit der Masse in Kontakt gekommen sind und deren Vermögen gemehrt oder ihr einen sonstigen Vorteil verschafft haben; die Bereitschaft, der Masse „Kredit" zu gewähren, soll dadurch erhöht werden, dass das Ausfallrisiko der Gläubiger durch eine persönliche Haftung des Verwalters gemindert wird.[856] Deshalb wird eine Haftung für Verbindlichkeiten aus gesetzlichen Schuldverhältnissen oder Einstandspflichten der Masse, die nur mittelbar auf einer Rechtshandlung des Insolvenzverwalters beruhen, durch § 61 InsO nicht begründet. Überdies bezieht sich die besondere Pflicht des Insolvenzverwalters, sich zu vergewissern, ob er zur Erfüllung der von ihm begründeten Forderungen mit Mitteln der Masse in der Lage sein wird, nur auf die primären Erfüllungsansprüche und nicht auf Sekundäransprüche.[857]

537

Angesichts dessen ist für eine Haftung des Insolvenzverwalters nach § 61 InsO beispielsweise kein Raum, wenn die Entscheidung eines Arbeitnehmers, in einem aufgrund einer Verwalterkündigung geführten Kündigungs-

538

---

853 Vgl. BGH, Urt. v. 01.12.2005 – IX ZR 115/01, LSK 2006, 070698.
854 *Gerhardt*, Neue Probleme der Insolvenzverwalterhaftung, ZInsO 2000, 574, 582; *Laws*, Insolvenzverwalter – Haftung wegen Nichterfüllung von Masseverbindlichkeiten nach § 61 InsO, MDR 2003, 787, 792; *Kaufmann*, Die Verschärfung der Haftung nach § 61 InsO durch die Rechtsprechung, InVo 2004, 128, 129.
855 BT-Drucks. 12/2443 zu § 72, S. 129; eingehend BGH, Urt. v. 06.05.2004 – IX ZR 48/03, ZInsO 2004, 609.
856 BGH, Urt. v. 10.12.2009 – IX ZR 220/08, DZWiR 2010, 201.
857 BGH, B. v. 25.09.2008 – IX ZR 235/07, ZInsO 2008, 1206.

schutzprozess einen Vergleich mit Abfindungsregelung zu schließen, auf einer eigenverantwortlichen, in Kenntnis aller Tatsachen und Risiken getroffenen Beurteilung der Sach- und Rechtslage und damit auf einem bewussten Handeln auf eigenes Risiko beruht.[858] Eine Haftung des Insolvenzverwalters ist jedenfalls dann ausgeschlossen, wenn die Parteien des Kündigungsschutzprozesses eine großzügige Widerrufsfrist für beide Parteien vereinbart hatte, um ihnen Gelegenheit zu geben, den Erfolg von Veräußerungsbemühungen, Restrukturierungen oder anderen Verwertungshandlungen abzuwarten, von denen nach der Erklärung des Insolvenzverwalters vor Abschluss des Vergleiches die Erfüllbarkeit der Abfindung als Masseverbindlichkeit abhängt. In einem derartigen Fall verwirklicht sich das dem Arbeitnehmer vor Vergleichsabschluss bekannte Zahlungsrisiko, der es vor Ablauf der Vergleichswiderrufsfrist in der Hand hat zu widerrufen, weshalb er insoweit nicht schutzwürdig ist.[859]

539 Da der Insolvenzverwalter nach Begründung einer Masseverbindlichkeit die Bezahlung dieser Verbindlichkeiten sicherzustellen hat, wird eine Schadenersatzpflicht nach § 61 Satz 1 InsO nicht dadurch ausgeschlossen, dass der Masse noch Ansprüche gegen Dritte in einer Höhe zustehen, die die Masseforderungen rechnerisch übersteigen. Denn wenn der Insolvenzverwalter die (temporäre) Masseunzulänglichkeit anzeigt und die vorhandenen offenen Forderungen der Masse gegen Dritte nicht ohne Weiteres durchsetzbar sind, liegt bereits ein Ausfallschaden nach § 61 InsO vor.[860] Forderungen der Masse gegen Dritte sind dann nicht mehr ohne weiteres durchsetzbar, wenn eine freiwillige Erfüllung dieser Ansprüche wegen Weigerung der Dritten ausgeschlossen ist und nur noch die prozessuale Verfolgung dieser Ansprüche bleibt - die Massegläubiger müssen sich nicht auf den Ausgang eines möglicherweise langwierigen Rechtsstreits über ungewisse Ansprüche vertrösten lassen.

540 Die Haftung des Insolvenzverwalters ist nach § 61 Satz 2 InsO ausgeschlossen, sofern er bei der Begründung der Verbindlichkeit nicht erkennen konnte, dass die Masse voraussichtlich nicht zur Erfüllung ausreichen werde. „Voraussichtlich" bedeutet, dass der Eintritt der Masseunzulänglichkeit weniger wahrscheinlicher sein muss als der Nichteintritt.[861] Insbesondere bei Betriebsfortführungen[862] setzt sich der Insolvenzverwalter erheblichen Haftungsrisiken nach § 61 Satz 1 InsO aus, weshalb er das Geschäft nur so lange weiterführen darf, wie neu einzugehende Masseverbindlichkeiten voll durch Liquidität gedeckt sind. Der Haftungsausschluss greift, wenn der Insolvenzverwalter bei der Eingehung der Verbindlichkeit nicht erfassen konnte, dass

---

858 OLG Düsseldorf, Urt. v. 26.03.2004 – 16 U 216/02, OLGR Düsseldorf 2004, 259.
859 BAG, Urt. v. 06.10.2011 – 6 AZR 172/10, NJW 2011, 3739.
860 BGH, Urt. v. 17.12.2004 – IX ZR 185/03, ZIP 2005, 311; BGH, Urt. v. 06.05.2004 – IX ZR 48/03, LSK 2004, 270486; BGH, Urt. v. 25.03.1975 – VI ZR 75/73, BeckRS 1975, 30389887; BGH, Urt. v. 10.05.1977 – VI ZR 48/76, WM 1977, 847, 848; *Laws*, Insolvenzverwalter – Haftung wegen Nichterfüllung von Masseverbindlichkeiten nach § 61 InsO, MDR 2003, 787, 789.
861 Amtliche Begründung zu § 72 RegE-InsO, BT-Drucks. 12/2443, S. 129.
862 Vgl. BGH, E. v. 04.12.1986 – IX ZR 47/86, BGHZ 99, 151; OLG Nürnberg, E. v. 15.01.1986 – 4 U 1334/85, ZIP 1986, 244.

die liquide Masse voraussichtlich zur Erfüllung nicht ausreichen werde. Der Insolvenzverwalter kann sich demnach durch den ihm obliegenden Nachweis entlasten, dass entweder zum maßgeblichen Zeitpunkt objektiv von einer zur Erfüllung der Verbindlichkeit ausreichenden liquiden Masse auszugehen war oder er die Unzulänglichkeit nicht erkennen konnte.[863] Hierzu wird er – in Ansehung an die von ihm verlangte Sorgfalt eines ordentlichen und gewissenhaften Handelnden – eine plausible, laufend zu aktualisierende Liquiditätsrechnung einrichten müssen, um rechtzeitig feststellen zu können, wann er die aus der Masse zu berichtigenden Verbindlichkeiten nicht mehr tilgen kann; hierin ist die sich aus § 61 InsO ergebende insolvenzspezifische Pflicht des Verwalters zu sehen.[864] Die Liquiditätsrechnung wird ihre Grundlage in einer Prognose darüber haben müssen, welche liquiden Mittel gegenwärtig verfügbar sind, welche realistischen Chancen für die Einziehung ausstehender Forderungen bestehen, welche Forderungen bei welchen Verbindlichkeiten künftig noch entstehen werden und wie sich das Geschäft während der Fortführung entwickeln wird.[865] Dabei wird jede einzelne Forderung hinsichtlich ihrer Verwirklichung in absehbarer Zeit nach strengen Maßstäben präzise durch den Insolvenzverwalter zu bewerten sein, so dass bei Vorliegen vernünftiger Zweifel davon betroffene Zahlungsansprüche keinen Eingang in die Liquiditätsrechnung nehmen können. Vom Insolvenzverwalter wird eine Planrechnung über alle gegenwärtigen und künftig zu erwartenden Einnahmen und Ausgaben verlangt, die sich auch über Zahlungseingänge zu bestimmten Zeitpunkten verhält. Diese Planrechnung muss ständig aktuell gehalten werden, weshalb alle Positionen regelmäßig kritisch dahin zu untersuchen sind, ob sie den ursprünglichen Erwartungen noch gerecht werden und ob sie neu zu bewerten sind. Der Verwalter muss bei Begründung jeder Neuverbindlichkeit eine positive Prognose nach vorstehenden Prinzipien feststellen, will er sich nicht der Haftung aussetzen. Liegt eine positive Prognose über die gegenwärtige und künftige Liquidität der Planrechnung zugrunde, wird er im Fall der dennoch eintretenden Masseunzulänglichkeit den ihm obliegenden Beweis für den Haftungsausschluss nach § 61 Satz 2 InsO führen können.[866]

Der BGH[867] beschränkt den nach § 61 Satz 2 InsO verlangten Nachweis auf die Erkenntnismöglichkeiten des Insolvenzverwalters im Zeitpunkt der Begründung der Ansprüche. Maßgebend sei grundsätzlich, wann der Rechtsgrund gelegt ist, wobei dieser Zeitpunkt in der Regel der Vertragsschluss sei. Folglich könne sich der Verwalter entlasten, wenn er zum Zeitpunkt der Begründung der Masseverbindlichkeit einen – aus damaliger Sicht – auf zutreffenden Anknüpfungstatsachen beruhenden und sorgfaltsgemäß erstellten Liquiditätsplan vorweisen kann, der eine Erfüllung der fälligen Masseverbindlichkeit erwarten ließ. Erweise sich diese Prognose im Nachhinein als falsch, dürfe dies nicht dazu führen, dem Verwalter die Darlegungs-

---

863 BGH, Urt. v. 17.12.2004 – IX ZR 185/03, ZIP 2005, 311.
864 BGH, Urt. v. 06.05.2004 – IX ZR 48/03, LSK 2004, 270486.
865 *Lüke*, in: Kübler/Prütting/Bork, InsO, § 61 Rn. 7.
866 BGH, Urt. v. 17.12.2004 – IX ZR 185/03, ZIP 2005, 311.
867 BGH, Urt. v. 17.12.2004 – IX ZR 185/03, ZIP 2005, 311.

und Beweislast für die Ursachen einer von der Prognose abweichenden Entwicklung aufzuerlegen. Allerdings habe er darzulegen und zu beweisen, dass er eine bestimmte Entwicklung aus der Sicht *ex ante* nicht bedenken musste oder anders einschätzen durfte. Ist diese Einschätzung des Verwalters aus der Perspektive *ex ante* zutreffend oder nicht vorwerfbar unrichtig, haftet er auch dann nicht, wenn sich die Ursachen für die Abweichungen von der Liquiditätsplanung später nicht aufklären lassen. Insbesondere ist es dann unerheblich, warum einzelne Verbindlichkeiten bei Fälligkeit nicht bezahlt worden sind.

9.4 Kausalität, Verschulden und Schaden

542 Wie für jeden Schadenersatzanspruch erforderlich muss die Pflichtwidrigkeit des Insolvenzverwalters adäquat (zurechenbar) kausal für den dem Massegläubiger entstandenen Schaden sein[868], so dass solche Schäden nicht zu ersetzen sind, die nach der normalen Lebensanschauung eines objektiven, informierten Dritten völlig außerhalb der Erfahrung und Erwartung liegen. Für das Verschulden genügt leichteste Fahrlässigkeit, die nach § 276 BGB vorliegt, wenn vom Insolvenzverwalter die im Verkehr erforderliche Sorgfalt außer Acht gelassen wird. Sein Handeln wird am Sorgfaltsmaßstab eines ordentlichen und gewissenhaften Insolvenzverwalters, mithin eines beruflichen Sachwalters fremder Vermögensinteressen[869] gemessen, so dass sich spekulatives Handeln verbietet. Das Verschulden entfällt nicht dadurch, dass die Gläubigerversammlung oder der Gläubigerausschuss ihre Zustimmung zum Handeln des Insolvenzverwalters erklärt;[870] die Zustimmung kann jedoch Indiz dafür sein, dass der Insolvenzverwalter die Gläubiger ausreichend informierte und damit seinen Sorgfaltspflichten genügte.[871]

543 Der Insolvenzverwalter hat nach § 278 BGB grundsätzlich auch für das Verschulden der Personen einzutreten, deren er sich zur Erfüllung seiner Verbindlichkeit bedient[872], wobei diese Zurechnung durch § 60 Abs. 2 InsO modifiziert wird: Soweit der Insolvenzverwalter zur Erfüllung der ihm obliegenden Pflichten Angestellte des Schuldners im Rahmen ihrer bisherigen Tätigkeit einsetzen muss und diese Angestellten nicht offensichtlich ungeeignet sind, hat er ein Verschulden dieser Personen nicht nach § 278 BGB zu vertreten, sondern ist nur für deren Überwachung und für Entscheidungen von besonderer Bedeutung verantwortlich. Diese Einschränkung berücksichtigt, dass der Insolvenzverwalter bei einer Unternehmensinsolvenz auf die Mitarbeit der Angestellten angewiesen ist, da er die vielfältigen Pflichten

---

868 *Uhlenbruck*, in: Uhlenbruck, InsO, § 60 Rn. 28; *Eickmann*, in: HK, § 60 Rn. 10; *Gerhardt*, in: Jaeger, InsO, Band 2, § 60 Rn. 115.
869 BGH, E. v. 28.10.1993 – IX ZR 21/93, ZIP 1993, 1886.
870 BGH, Urt. v. 22.01.1985 – VI ZR 131/83, r + s 1985, 144; *Uhlenbruck*, in: Uhlenbruck, InsO, § 60 Rn. 32; *Gerhardt*, in: Jaeger, InsO, Band 2, § 6 Rn. 144, 148; *Eickmann*, in: HK, 4. Aufl. 2006, § 60 Rn. 14; *Kind*, in: Braun, InsO, § 60 Rn. 19.
871 BGH, Urt. v. 04.12.1986 – IX ZR 47/86, NJW 1987, 844; OLG Nürnberg, E. v. 15.01.1986 – U 1334/85, ZIP 1986, 244.
872 BGH, E. v. 17.01.1985 – IX ZR 59/84, LSK 1985, 200075; BGH, Urt. v. 29.05.1979 – VI ZR 104/78, BGHZ 74, 316.

nicht alle persönlich erledigen kann, zumal ihm anfangs die tatsächlichen, wirtschaftlichen und rechtlichen Verhältnisse regelmäßig unbekannt sind. So ist er bei einem produzierenden Unternehmen auf die Facharbeiter, die technischen Leiter oder das Verkaufspersonal angewiesen. Gleiches gilt für Übernahme der Erfüllung der Buchführungs- und Rechnungslegungspflichten; auch hier wird der Insolvenzverwalter zumindest zu Beginn der Verwaltung auf die dort beschäftigten Personen zurückgreifen müssen. Allerdings darf er keine Angestellten einsetzen, die sich erkennbar als unfähig zur Erledigung ihrer Aufgaben zeigen oder erwiesen haben. Ist er – aus welchen objektiven Gründen auch immer – auf die vormals beim Schuldner beschäftigten Personen angewiesen, hat er deren Verschulden nicht zu vertreten, sofern sie nur nicht offensichtlich ungeeignet sind; seine persönliche Haftung ist in diesen Fällen auf deren Überwachung und für Entscheidungen von besonderer Bedeutung beschränkt.

Die auf einer gesetzlichen Haftung beruhenden Schadensersatzansprüche nach § 60 Abs. 1 Satz 1 InsO[873] und nach § 61 Satz 1 InsO[874] sind regelmäßig auf den Ersatz des sogenannten negativen Interesses gerichtet, womit der Geschädigte so zu stellen ist, wie er stehen würde, wenn der Insolvenzverwalter die Pflichtverletzung nicht begangen hätte (§ 249 Abs. 1 BGB). Der Anspruch auf Ersatz des sogenannten Vertrauensschadens ist damit auf die Herstellung des Zustandes gerichtet, der ohne das Fehlverhalten bestehen würde, weshalb die Frage zu beantworten ist, wie sich die Vermögenslage des Geschädigten entwickelt hätte, wenn sich der Insolvenzverwalter pflichtgemäß verhalten hätte.[875] Ein etwaiges Mitverschulden des Geschädigten ist nach § 254 BGB zu berücksichtigen, was zur Haftungsminderung oder gar zum Haftungsausschluss führen kann. Der Geschädigte muss die Tatsachen vortragen und beweisen, aus denen sich der Schaden ergibt. Schädigt der Insolvenzverwalter einen Massegläubiger, liegt regelmäßig ein Einzelschaden vor, der schon während des Insolvenzverfahrens durch den Massegläubiger geltend gemacht werden kann. Neben der Haftung des Insolvenzverwalters kommt auch die Haftung der Mitglieder des Gläubigerausschusses nach § 71 InsO in Betracht, wobei letztere zugleich Geschädigte sein können. In diesen Fällen besteht gesamtschuldnerische Haftung, während im Innenverhältnis ein gesamtschuldnerischer Mitverschuldensausgleich (§§ 426, 254 BGB) stattfinden kann. 544

Die Schadenersatzansprüche, die auf einer Pflichtverletzung des Insolvenzverwalters beruhen, verjähren gemäß § 62 Satz 1 InsO innerhalb der regelmäßigen Verjährungsfrist des § 195 BGB von drei Jahren, spätestens in drei Jahren von der Aufhebung oder der Rechtskraft der Einstellung des Insolvenzverfahrens an (§ 62 Satz 2 InsO). Die regelmäßige Verjährungsfrist be- 545

---

873 BGH, Urt. v. 25.01.2007 – IX ZR 216/05, ZIP 2007, 539; BGH, Urt. v. 17.06.1998 – XII ZR 206/96, WM 1998, 1787, 1788; BGH, Urt. v. 27.09.2001 – IX ZR 281/00, NJW 2002, 825, 826; BGH, Urt. v. 17.10.2003 – V ZR 84/02, NJW-RR 2004, 79, 81.

874 BAG, Urt. v. 06.10.2011 – 6 AZR 172/10, NJW 2011, 3739; BAG, Urt. v. 25.01.2007 - 6 AZR 559/06, BAGE 121, 112; zurückgehend auf BGH, Urt. v. 06.05.2004 – IX ZR 48/03, DZWIR 2004, 338.

875 BAG, Urt. v. 06.10.2011 – 6 AZR 172/10, NJW 2011, 3739 unter Hinweis auf BGH, Urt. v. 14.10.1971 – VII ZR 313/69, BGHZ 57, 137.

ginnt mit dem Schluss des Jahres, in dem der Anspruch entstanden ist und der Gläubiger von den den Anspruch begründenden Umständen und der Person des Schuldners Kenntnis erlangt oder ohne grobe Fahrlässigkeit erlangen müsste; die Kenntnis des Schuldners des Schadenersatzanspruch dürfte mit Kenntnis über die Person des Insolvenzverwalters vorliegen. Die Verjährung wird unter anderem durch Klageerhebung gehemmt (§ 204 Abs. 1 Nr. 1). Der Schadenersatzanspruch ist nach den geltenden allgemeinen Grundsätzen vor dem Gericht zu verfolgen, für den der Rechtsweg eröffnet ist. Die Frage nach dem zulässigen Rechtsweg beurteilt sich – falls eine ausdrückliche Zuweisung des Gesetzgebers fehlt – nach der Natur des Rechtsverhältnisses, aus dem der Klageanspruch hergeleitet wird.[876] Deshalb ist zum Beispiel für eine Schadensersatzklage gegen den Insolvenzverwalter wegen der Begründung einer arbeitsrechtlichen Masseverbindlichkeit, die hernach nicht aus der Masse erfüllt werden kann, der Rechtsweg zu den Arbeitsgerichten gegeben.[877] Hingegen ist eine Klage auf Schadensersatz gegen den Insolvenzverwalter wegen eines Delikts im Gerichtsstand der unerlaubten Handlung (§ 32 ZPO) zu erheben.[878] Zu den Pflichten des Insolvenzverwalters zählt es, eine Vermögensschadenhaftpflichtversicherung zur Begründung eines ordnungsgemäßen und hinreichenden Versicherungsschutzes abzuschließen und aufrechtzuerhalten. Die Versicherung sollte dabei Schäden aus einer auf die Verfahrenszwecke bezogenen Betriebsfortführung decken.

---

876 BGH, B. v. 19.12.1996 – III ZB 105/96, NJW 1998, 909.
877 BGH, B. v. 16.11.2006 – IX ZB 57/06, DZWiR 2007, 209.
878 OLG Celle v. 24.11.1987 – 16 U 99/87, m. Anm. *Lüke* EWiR § 82 KO 5/88, 601.

Kapitel 4
Sicherung und Verwaltung der Masse

Vom Insolvenzverfahren wird das gesamte pfändbare Vermögen erfasst, welches dem Schuldner zum Zeitpunkt der Verfahrenseröffnung gehört und welches er während des Verfahrens neu erwirbt. Diese Insolvenzmasse gilt es vom Insolvenzverwalter sofort zu sichern, an sich zu nehmen, zu verwahren und solange zu verwalten, bis die Entscheidung über die Verwertung des schuldnerischen Vermögens gefallen ist. 546

1. Insolvenzmasse

Die Insolvenzordnung definiert die Insolvenzmasse in § 35 Abs. 1 InsO. Sowohl das gesamte pfändbare Vermögen des Schuldners, welches ihm zur Zeit der Eröffnung des Verfahrens gehört und über welches er verfügen kann, als auch das Vermögen, welches er während des Verfahrens erlangt (Neuerwerb), werden als Insolvenzmasse beschlagnahmt. Die beim Schuldner auffindbare Insolvenzmasse (Ist-Masse) hat der Insolvenzverwalter, auf den mit Eröffnung des Verfahrens nach § 80 Abs. 1 InsO die Verfügungs- und Verwaltungsbefugnis übergeht, zunächst zu sichern und an sich zu nehmen. Sodann hat er die sogenannte Soll-Masse zu bilden, um das den Gläubigern haftende Vermögen festzustellen und die Gegenstände auszusondern, die dem Insolvenzschuldner nicht gehören. 547

1.1 Ist-Masse

Die Gesamtheit aller Vermögensgegenstände, die der Insolvenzverwalter beim Schuldner vorfindet und die er nach § 148 Abs. 1 InsO in Besitz und Verwaltung zu nehmen hat, stellt die Ist-Masse[879] dar. Diese Ist-Masse ist vom Umfang des der Beschlagnahme zunächst unterfallenden Vermögens geprägt: Das gesamte zum Zeitpunkt der Eröffnung des Insolvenzverfahrens pfändbare Vermögen des Schuldners einschließlich aller in seinem Besitz befindlichen Sachen und der von ihm genutzten Grundstücke oder Gebäude gelten mit Wirksamkeit des Eröffnungsbeschlusses (§ 27 InsO) als beschlag- 548

---
[879] *Uhlenbruck*, in: Uhlenbruck, InsO, § 35 Rn. 5; *Henckel*, in: Jaeger, InsO, § 35 Rn. 101.

Teil 2   Materielles Insolvenzrecht

nahmt.[880] Die Beschlagnahme der Ist-Masse erfolgt durch die Bekanntmachung und Verwendung des Eröffnungsbeschlusses als einen von einem zuständigen Insolvenzgericht erlassenen, staatlichen Hoheitsakt. Der Eröffnungsbeschluss bildet die Rechtsgrundlage für ein Verfügungsverbot des Schuldners, denn mit der Beschlagnahme verliert der Schuldner die Verfügungs- und Verwaltungsbefugnis über sein Vermögen, auch wenn er materiell-rechtlich weiter Rechtsträger seines Vermögens bleibt.[881] Der Begriff der Ist-Masse wird damit von der Sicherungsfunktion des Eröffnungsbeschlusses im Interesse aller Verfahrensbeteiligter geformt. Der Insolvenzverwalter hat auf der Grundlage des Eröffnungsbeschlusses die ihm obliegenden Sicherungsaufgaben gegenüber jedermann wahrzunehmen, und zwar auch gegenüber den dinglich berechtigten Gläubiger, die Herausgabeansprüche wegen angeblich in der Ist-Masse befindlicher Gegenstände erheben. Diese Sicherungsaufgabe hat der Insolvenzverwalter solange zu erfüllen, bis nach einer Prüfung der Sach- und Rechtslage die dingliche Berechtigung zweifelsfrei feststeht, um unberechtigte Abgänge aus der den Gläubigern zugewiesenen Haftungsmasse zu verhindern. Vom Insolvenzbeschlag sind also vorerst auch die Sachen und Rechte Dritter erfasst, die mit diesen aussonderungsberechtigt sind.

549   Die Reichweite der insolvenzgerichtlichen Beschlagnahme wird von den zivilprozessualen Vorschriften der Individualzwangsvollstreckung bestimmt, wie § 36 Abs. 1 Satz 1 InsO zeigt. Der insolvenzgerichtlichen Beschlagnahme unterfallen demnach alle Gegenstände, die auch im Falle der Einzelvollstreckung erreichbar wären, wie bewegliche Sachen, Grundstücke, grundstücksgleiche Rechte (z. B. Erbbaurechte, Grundschulden, Hypothekenforderungen, auch Eigentümerhypotheken und Eigentümergrundschulden, nicht aber beschränkte persönliche Dienstbarkeiten nach §§ 1090ff. BGB wegen § 1092 Abs. 1 Satz 1 BGB i.V.m. § 851 ZPO)[882], der schuldnerische Betrieb, gewerbliche Schutzrechte, Bankguthaben, Wertpapiere und Forderungen aller Art gegenüber Dritten. Insbesondere fallen in das dem Insolvenzbeschlag unterliegende Vermögen alle Ansprüche, die dem Schuldner nicht höchstpersönlich geschuldet sind. Ebenso vom Insolvenzbeschlag erfasst werden alle Ansprüche des Schuldners, deren Übertragung nicht ausgeschlossen ist (§§ 851 ZPO, 399, 400 BGB), weshalb es bei Vergütungsansprüchen von Angehörigen schweigepflichtiger Berufe (Steuerberater, Rechtsanwälte, Ärzte etc.) darauf ankommt, ob der Schutzzweck des jeweiligen gesetzlichen aber relativ wirkenden Abtretungsverbotes erfasst ist oder nicht.[883] Ansprüche auf Erstattung von Prozesskosten[884] können ebenso zur Insolvenzmasse gehören

---

880   Lwowski/Peters, in: MüKo-InsO, § 35 Rn. 20; *Henckel*, in: Jaeger, InsO, § 35 Rn. 2; *Kroth*, in: Braun, InsO, § 80 Rn. 7.
881   *Kroth*, in: Braun, InsO, § 80 Rn. 11; *Uhlenbruck*, in: Uhlenbruck, InsO, § 35 Rn. 2; *Lwowski/Peters*, in: MüKo-InsO, § 35 Rn. 22; *Henckel*, in: Jaeger, InsO, § 35 Rn. 3.
882   BGH, Urt. v. 23.05.1962 – V ZR 187/60, NJW 1962, 1392.
883   BGH, B. v. 17.02.2005 – IX ZB 62/04, NJW 2005, 1505; BGH, B. v. 16.10.2003 – IX ZB 133/03, NJW-RR 2004, 54; BGH, Urt. v. 25.03.1999 – IX ZR 223/97, InVo 1999, 205; vgl. BFH, B. v. 01.02.2005 – VII B 198/04, BStBl. 2005 II S. 422.
884   BGH, Urt. v. 01.02.2007 – IX ZR 178/05, ZIP 2007, 1020.

und dem Insolvenzbeschlag unterliegen, wie Steuererstattungsansprüche[885] oder Freistellungsansprüche gegen Dritte, wobei letztere im Insolvenzfall in einen Zahlungsanspruch umgewandelt werden (vgl. § 45 InsO). Zudem können Ansprüche des Schuldners auf Leistungen aus bestimmten Versicherungsverträgen nach Maßgabe des § 36 Abs. 1 Satz 2 InsO i.V.m. §§ 850b Abs. 1, 850c ZPO zum verwertbaren Vermögen und damit zur beschlagnahmefähigen Insolvenzmasse gehören.[886] Beschlagnahmefähig, da nach § 859 Abs. 2 ZPO pfändbar, ist auch der Erbteil[887] sowie übertragbare (anerkannte oder rechtshängig gemachte) Pflichtteilsansprüche (vgl. § 852 Abs. 1 ZPO).

Geleistete Einlagen der Gesellschafter einer insolventen Personenhandelsgesellschaft sind ebenfalls Teil der durch die Beschlagnahme gebildeten Insolvenzmasse.[888] Da nach § 859 Abs. 1 Satz 1 ZPO der Anteil an Personengesellschaften pfändbar[889] ist, unterliegt jener dem Insolvenzbeschlag ebenso. Auch die Firma des Schuldners im handelsrechtlichen Sinn des § 17 HGB kann dem Insolvenzbeschlag[890] unterliegen, soweit dem - insbesondere bei natürlichen Personen - nicht namensrechtliche Belange des Persönlichkeitsschutzes (insbesondere wegen des Familiennamens)[891] entgegenstehen. Nutzungsbefugnisse aus Miet-, Pacht- und Leasingverträgen[892] sind ebenfalls beschlagnahmefähig, jedoch kann außer der weiteren Nutzung durch den Verwalter (vgl. §§ 148 InsO ff.) keine anderweitige Verwertung dieser Nutzungsrechte erfolgen, da zuvor regelmäßig die Unübertragbarkeit dieser Rechte vertraglich vereinbart wurde. Dem Schuldner aufgrund von Überlassungsverträgen (Lizenzen) hingegebene Software fällt im Rahmen der vertraglichen Vereinbarungen bzw. des Urheberrechts in die Insolvenzmasse. Ferner sind sonstige Vermögensrechte nach § 857 Abs. 1 ZPO pfändbar und beschlagnahmefähig. Hierunter werden Rechte aller Art verstanden, die einen Vermögenswert dergestalt verkörpern, dass die Pfandverwertung zur Befriedigung des Geldanspruchs des Gläubigers führen kann,[893] wie zum Beispiel die einem Milcherzeuger zustehende Anlieferungs-Referenzmenge nach der Milchabgabenverordnung wegen des mit ihr verbundenen Markt-

550

---

885 BGH, B. v. 12.01.2006 – IX ZB 239/04, ZIP 2006, 340.
886 BGH, Urt. v. 03.12.2009 – IX ZR 189/08, DZWiR 2010, 160; BGH, B. v. 15.11.2007 – IX ZB 34/06, ZInsO 2008, 40; vgl. aber auch BGH, B. v. 19.03.2009 – IX ZA 2/09, ZInsO 2009, 915 für eine Todesfallversicherung, die nicht in die Insolvenzmasse fällt.
887 *Henckel*, in: Jaeger, InsO, § 35 Rn. 3; *Kroth*, in: Braun, § 80 Rn. 11; *Smid*, in: MüKo-ZPO, § 859 Rn. 15.
888 *Lwowski/Peters*, in: MüKo-InsO, § 35 Rn. 179 ff.; *Uhlenbruck*, in: Uhlenbruck, InsO, § 35 Rn. 104.
889 *Smid*, in: MüKo-ZPO, § 859 Rn. 3.
890 BGH, Urt. v. 14.12.1989 – I ZR 17/88, ZIP 1990, 388 m. Anm. *Lepsien*, EWiR § 6 KO Heft 1, 1990, 491; OLG Koblenz, B. v. 17.10.1991 – 6 U 982/91, ZIP 1991, 1440 m. Anm. *Ackmann*, EWiR § 6 KO, Heft 2, 1991, 1105; OLG Düsseldorf, B. v. 26.10.1988, ZIP 1989, 457 m. Anm. *Schulz*, EWiR § 1 KO, Heft 2, 1989, 489.
891 *Andres*, in: Nerlich/Römermann, InsO, § 35 Rn. 76; *Uhlenbruck*, Die Firma als Teil der Insolvenzmasse, ZIP 2000, 401; vgl. auch FG Düsseldorf Urt. v. 24.03.1992 – 16 K 138/88 U, ZIP 1992, 635 m. Anm. *Grub*, EWiR § 1 KO, Heft 1, 1992, 581.
892 *Henckel*, in: Jaeger, InsO, § 35 Rn. 44; *Lwowski/Peters*, in: MüKo-InsO, § 35 Rn. 461 f.
893 BGH, B. v. 05.07.2005 – VII ZB 5/05, NJW 2005, 3353.

wertes.[894] Zur Insolvenzmasse gehören gemäß § 36 Abs. 2 InsO die Geschäftsbücher des Schuldners, auch wenn gesetzliche Pflichten zur Aufbewahrung von Unterlagen (z. B. nach §§ 147, 147a AO) hiervon unberührt bleiben, sowie die Sachen, die an sich nach § 811 Abs. 1 Nr. 4 und 9 ZPO nicht der Zwangsvollstreckung unterliegen, wie landwirtschaftliches Gerät, Vieh und Erzeugnisse und die zum Betrieb einer Apotheke gehörenden unentbehrlichen Geräte, Gefäße und Waren.

551   Die Arbeitskraft des Schuldners unterliegt nicht dem Insolvenzbeschlag, da sie kein Teil des schuldnerischen Vermögens ist. Mithin kann der Insolvenzverwalter den Schuldner (ungeachtet seiner nach § 295 Abs. 1 Nr. 1 InsO bestehenden Obliegenheit, eine angemessene und zumutbare Erwerbstätigkeit auszuüben, will er eine Restschuldbefreiung nicht gefährden) nicht zur Aufnahme einer Arbeit zwingen. Ebenso wenig wird sogenanntes verschleiertes Arbeitseinkommen im Sinne des § 850h ZPO vom Insolvenzbeschlag erfasst, da dieses Einkommen der Schuldner persönlich tatsächlich nicht erlangt. Allerdings kann der Insolvenzverwalter in entsprechender Anwendung des § 850h Abs. 2 Satz 1 ZPO (vgl. § 36 Abs. 1 Satz 2 InsO) fiktives Arbeitseinkommen zur Masse ziehen, wenn der Insolvenzschuldner einem Dritten in einem ständigen Verhältnis Arbeiten gegen eine unverhältnismäßig geringe Vergütung leistet, wobei der Eröffnungsbeschluss wie ein Pfändungs- und Überweisungsbeschluss im Individualvollstreckungsverfahren wirkt.[895] Freilich gehören zur Ist-Masse Ansprüche des Schuldners auf rückständiges – und wegen der Beschlagnahme des sogenannten Neuerwerbs auch künftiges – Arbeitseinkommen, soweit es der Pfändung nach §§ 850ff. ZPO unterliegt, alle öffentlich-rechtlichen oder privatrechtlichen Ansprüche auf Sozial- oder Ersatzleistungen wie zum Beispiel eine kombinierte Alters- und Berufsunfähigkeitsrente,[896] wenn diese nach § 850i ZPO der Pfändung unterworfen sind, oder auch Ansprüche des Schuldners auf rückständiges Altersruhegeld, nicht jedoch Ansprüche, die dem Unterhaltsbedarf des Schuldners dienen.[897]

552   Urheberrechtliche Verwertungsbefugnisse des Schuldners gelangen gemäß §§ 112, 113 UrhG nur mit seiner Zustimmung in die verwertbare Masse. Überdies sind bloße Befugnisse und Gestaltungsrechte der Pfändung nicht zugänglich.[898] Hierunter werden Handlungsmöglichkeiten verstanden, deren Ausübung dem Bürger zwar durch die Rechtsordnung garantiert wird, die gerade deswegen aber nicht als verkehrsfähige, pfändbare Rechte ausgestaltet sind.[899] Gemeint sind beispielsweise das Recht, einen Vertrag zu schließen oder zu kündigen, die Möglichkeit, eine Forderung abzutreten, das Recht, eine Erbschaft anzunehmen oder auszuschlagen, oder Anfechtungsrechte nach dem AnfG auszuüben. Deshalb sind Befugnisse und Gestal-

---

894 BGH, B. v. 20.12.2006 – VII ZB 92/05, MDR 2007, 485; BGH, Urt. v. 28.09.2006 – IX ZR 98/05, ZIP 2006.
895 BAG, Urt. v. 12.03.2008 – 10 AZR 148/07, ZIP 2008, 979.
896 BGH, Urt. v. 15.07.2010 – IX ZR 132/09, NZI 2010, 777, BGH, Urt. v. 03.12.2009 – IX ZR 189/08, DZWiR 2010, 160.
897 Zu Ausbildungsförderungsansprüchen vgl. § 11 Abs. 1 BAföG.
898 Smid, in: MüKo-ZPO, § 857 Rn. 9.
899 BGH, B. v. 20.12.2006 – VII ZB 92/05, MDR 2007, 485.

tungsrechte, die auf die Begründung oder Aufhebung der Mitgliedschaft an Altersversorgungswerken gerichtet sind, nach der Auffassung des BGH[900] unpfändbar und unterliegen damit nicht der Beschlagnahme.

Nach § 36 Abs. 3 InsO fallen Sachen, die zum gewöhnlichen Hausrat gehören und im Haushalt des Schuldners gebraucht werden, nicht in die Insolvenzmasse, wenn ohne weiteres ersichtlich ist, dass durch ihre Verwertung nur ein Erlös erzielt werden würde, der zu dem Wert außer Verhältnis steht. Nicht zur Ist-Masse gehört auch ein vom Drittschuldner auf Anordnung eines Insolvenzgerichts auf ein vom vorläufigen Insolvenzverwalter eingerichtetes Anderkonto gezahlter Geldbetrag, wenn dieses Treuhandkonto nach Insolvenzeröffnung als Hinterlegungskonto aufrechterhalten wird; dieses Guthaben verbleibt im Treuhandvermögen des Insolvenzverwalters.[901] Ebenso wenig fallen Zahlungen, die auf ein von einem Rechtsanwalt als Insolvenzverwalter oder Treuhänder eingerichtetes Anderkonto eingehen, in das Schuldnervermögen oder in die Masse; diese stehen ausschließlich dem Anwalt zu.[902]

Für Entscheidungen, ob eine Gegenstand nach den Vorschriften der §§ 850, 850a, 850c, 850e, 850f Abs. 1, §§ 850g bis 850l, 851c und 851d ZPO der Zwangsvollstreckung unterliegt, ist nach § 36 Abs. 4 InsO das Insolvenzgericht zuständig, wobei anstelle eines Gläubigers der Insolvenzverwalter antragsberechtigt ist. Hingegen ist nach Auffassung des BGH[903] und des BAG[904] ein Rechtsstreit darüber, ob ein Recht zur Insolvenzmasse gehört oder beschlagnahmefrei bleibt, vor dem Prozessgericht und nicht vor dem Insolvenzgericht auszutragen. Eine Billigkeitsprüfung nach § 850b Abs. 2 ZPO, bei der alle in Betracht kommenden Umstände des Einzelfalls zu würdigen sind, obliegt dem Insolvenzgericht, wenn der Insolvenzverwalter beantragt, bedingt pfändbare Bezüge des Schuldners für pfändbar zu erklären, um sie wie Arbeitseinkommen zur Masse zu ziehen; streiten Insolvenzverwalter und Schuldner aber um die Massezugehörigkeit von bedingt pfändbaren Einkünften des Schuldners oder ist die Frage der Pfändbarkeit im Rahmen eines Anfechtungsprozesses zu beantworten, muss die Billigkeitsentscheidung vom Prozessgericht getroffen werden.[905]

1.2 Soll-Masse

Infolge der nach § 80 Abs. 1 InsO auf den Insolvenzverwalter übergegangenen Verwaltungs- und Verfügungsbefugnis hat er die Aufgabe, aus der durch den Insolvenzbeschlag erfassten Vermögensmasse (Ist-Masse) zunächst durch Erfüllung der Aussonderungsrechte die zu verwertende Soll-

---

900 BGH, Urt. v. 10.01.2008 – IX ZR 94/06, ZIP 2008, 417; vgl. Gesetz zum Pfändungsschutz der Altersvorsorge v. 26.03.2007 (BGBl. I, 368) sowie die amtliche Begründung, BT-Drucks. 16/886, S. 7.
901 BGH, Urt. v. 20.09.2007 – IX ZR 91/06, ZIP 2007, 2279.
902 BGH, Urt. v. 18.12.2008 – IX ZR 192/07, ZIP 2009, 531.
903 BGH, Urt. v 25.10.1984 – IX ZR 110/83, ZIP 1984, 1501, BGH, Urt. v. 10.01.2008 – IX ZR 94/06, ZIP 2008, 417.
904 BAG, Urt. v. 31.07.2007 – 3 AZR 446/05, NZA-RR 2008, 32.
905 BGH, Urt. v. 03.12.2009 – IX ZR 189/08, DZWiR 2010, 160.

Masse herzustellen. Hierzu muss der Insolvenzverwalter die an ihn herangetragenen Aussonderungsansprüche im Sinne des § 47 InsO im Einzelnen prüfen. Ist ein erhobener Aussonderungsanspruch berechtigt, hat der Verwalter den betreffenden Vermögensgegenstand zu isolieren und herauszugeben. Des Weiteren hat er dem Schuldner alle Sache herauszugeben, die unter Beachtung des § 36 InsO wegen ihrer Pfändungsfreiheit (vor allem nach § 811 ZPO) nicht dem Insolvenzbeschlag unterliegen. Zudem hat der Insolvenzverwalter durch alle ihm nach der Insolvenzordnung zur Verfügung stehenden Instrumente die Soll-Masse (zum Beispiel durch Ausübung von Anfechtungsrechten gemäß §§ 129 ff. InsO) unter Berücksichtigung des Neuerwerbs mit dem Ziel festzustellen, das den Gläubigern haftende Vermögen gemäß § 159 InsO alsbald zur Verwertung zu bringen.[906] Der durch die Verwertung der Soll-Masse erzielte Erlös stellt die der Verteilung unter den Gläubigern dienende Teilungs-Masse dar.

Zur Soll-Masse gehören die der Absonderung nach §§ 49 ff. InsO unterliegenden Sachen und Rechte, denn der Insolvenzverwalter verwertet nach §§ 165 ff. InsO grundsätzlich auch die absonderungsbehafteten Vermögensbestandteile des Schuldners. In diesem Zusammenhang ist die Regelung des § 91 Abs. 1 InsO zu verstehen, wonach Rechte an den Gegenständen der Insolvenzmasse nach der Eröffnung des Insolvenzverfahrens nicht wirksam erworben werden können, auch wenn keine Verfügung des Schuldners und keine Zwangsvollstreckung für einen Insolvenzgläubiger zugrunde liegt.[907] Diese Vorschrift dient ebenso wie das in § 89 InsO enthaltene allgemeine Vollstreckungsverbot der Sicherung der vom Insolvenzverwalter zu bergenden und herzustellenden Soll-Masse. Natürlich meint § 91 Abs. 1 InsO nur die Erwerbshandlungen, an denen der Insolvenzverwalter in Ausübung seines Amtes nicht beteiligt ist, weshalb zum Beispiel die Herausgabe eines Aussonderungsgutes an den Berechtigten davon nicht erfasst ist.

555 Ausgehend von der Ist-Masse fallen in die Soll-Masse im Eigentum des Schuldners stehende Immobilien aller Art (Grundstücke, Erbbaurechte[908], Wohnungs- und Teileigentum) und bewegliche Sachen, auch wenn sie Bruchteilseigentum sind. Zum Eigentum an beweglichen Sachen gehört ebenso das Vorbehaltseigentum in der Insolvenz des Vorbehaltsverkäufers. Ferner kommt es für die Bildung der Soll-Masse nicht darauf an, ob ein besitzloses Mobiliarpfandrecht an den beweglichen Sachen begründet worden ist. Zur Soll-Masse zählen die dem Schuldner gehörenden Ansprüche gegen Dritte, soweit diese übertragbar und die hierzu vom Dritten zu erbringenden Leistungen nicht höchstpersönlicher Natur sind. Markenrechte fallen mit Blick auf §§ 27 Abs. 1, 29 Abs. 3 MarkenG ebenso in die Sollmasse wie Patente, wenn ihre Verwertungsabsicht verlautbart wird[909], sowie Urheber-

---

906 *Henckel*, in: Jaeger, InsO, § 35 Rn. 7; *Andres*, in: Nerlich/Römermann, InsO, § 35 Rn. 4; *Uhlenbruck*, in: Uhlenbruck, InsO, § 35 Rn. 5; *Bäuerle*, in: Braun, InsO, § 35 Rn. 1; *Lwowski/Peters*, in: MüKo-InsO § 35 Rn. 19.
907 Vgl. aber § 91 Abs. 2 InsO.
908 Unter Beachtung der §§ 5, 8 ErbbauRVO, vgl. *Andres*, in: Nerlich/Römermann, InsO, § 35 Rn. 26; *Uhlenbruck*, in: Uhlenbruck, InsO, § 35 Rn. 41.
909 *Henckel*, in: Jaeger, InsO, § 35 Rn. 12 f.; *Lwowski/Peters*, in: MüKo-InsO, § 35 Rn. 297.

rechte bei Einwilligung des Urhebers.⁹¹⁰ Zur Soll-Masse gehören Diensterfindungen der Arbeitnehmer des Schuldners, wenn der Schuldner sie vor Eröffnung des Verfahrens unbeschränkt für die Masse in Anspruch genommen hat (vgl. §§ 6, 7 Abs. 1 ArbnErfG). Die im schuldnerischen Unternehmen liegenden Kundenbeziehungen, die sich in Abonnentenverzeichnissen, Kundenlisten oder Adressdatenbanken ausdrücken können, gehören nach § 36 Abs. 2 Nr. 1 InsO in die Soll-Masse, da sie vom Insolvenzverwalter verwertbar sind.⁹¹¹ Hingegen können Patienten- oder Mandantenstämme von Arztpraxen oder Steuerberater- und Rechtsanwaltskanzleien nur mit Zustimmung des schuldnerischen Berufsträgers verwertet werden.⁹¹² Gegenstände des gewöhnlichen Hausrats des Schuldners werden nach § 36 Abs. 3 InsO i.V.m. § 812 ZPO nur dann zur Soll-Masse zählen, wenn ohne weiteres ersichtlich ist, dass durch ihre Verwertung ein Erlös erzielt werden würde, der zu dem Wert in einem angemessenen Verhältnis steht. Hingegen werden andere Gegenstände als Hausratsgegenstände von § 36 Abs. 3 InsO nicht erfasst, auch wenn die Befürchtung des geringen Wertes auf sie zutreffen sollte.

1.3 Neuerwerb

Nach § 35 Abs. 1 InsO gehört zur Insolvenzmasse grundsätzlich außerdem das gesamte Vermögen, welches der Schuldner während der Dauer des Insolvenzverfahrens hinzuerlangt. Die Einbeziehung des Neuerwerbs zur Insolvenzmasse hat für natürliche Personen erhebliche praktische Bedeutung⁹¹³, wenn diese während „ihres" Insolvenzverfahrens Einkünfte aus selbstständiger oder nichtselbstständiger beruflicher Tätigkeit erzielen, aus denen sich unter Beachtung der §§ 850 ff. ZPO pfändbare Beträge ergeben. Denn die Konzeption der Insolvenzordnung will den Gläubigern mit der Hinzurechnung des Neuerwerbs zur Insolvenzmasse einerseits bestmögliche gemeinschaftliche Befriedigungschancen⁹¹⁴ eröffnen (§ 1 Satz 1 InsO), andererseits bietet sie den natürlichen Personen mit der Restschuldbefreiung nach §§ 286 ff. InsO die Aussicht auf einen wirtschaftlichen Neubeginn (§ 1 Satz 2 InsO), den Weg zu einem *fresh start*.

556

Das vom Gesetzgeber verfolgte Ziel, mit der Einbeziehung des Neuerwerbs in die Insolvenzmasse eine bestmögliche gemeinschaftliche Befriedigung der Gläubiger zu erreichen, steht in einem gewissen Spannungsfeld zu dem gleichzeitig verfolgten Ziel, dem redlichen Schuldner Gelegenheit zur Restschuldbefreiung zu geben. Sicherlich wird es bei den unter § 304 Abs. 1 Satz 1

557

---

910 *Lwowski/Peters*, in: MüKo-InsO § 35 Rn. 346; *Andres*, in: Nerlich/Römermann, InsO, § 35 Rn. 71.
911 OLG Saarbrücken, Urt. v. 08.11.2000 – 1 U 513/00-115, ZIP 2001, 164.
912 *Eickmann*, in: HK, § 35 Rn. 20; a.A. *Uhlenbruck*, in: Uhlenbruck, InsO, § 35 Rn. 55; *Lwowski/Peters*, in: MüKo-InsO, § 35 Rn. 155.
913 Für Gesellschaften oder juristischer Personen als Insolvenzschuldner hat der Neuerwerb keine Bedeutung: vgl. amtliche Begründung zu § 42 RegE-InsO, BT-Drucks. 12/2443, 122; *K. Schmidt*, Insolvenzordnung und Gesellschaftsrecht, ZGR 1998, 633, 637 f.; *Lwowski/Peters*, in: MüKo-InsO, § 35 Rn. 6.
914 Vgl. amtliche Begründung zum RegE-InsO, BT-Drucks.12/2443, S. 108.

InsO fallenden Verbraucherinsolvenzverfahren und den nach § 304 Abs. 1 Satz 2 InsO zu führenden Kleinverfahren regelmäßig zu einem Abschluss des Insolvenzverfahrens im Wege der §§ 308 ff. InsO kommen, so dass der Zugriff der Gläubiger auf das dem Neuerwerb unterliegende Arbeitseinkommen des Schuldners nach Maßgabe des § 287 InsO zeitlich beschränkt ist. Hiervon werden jedoch nicht die Insolvenzschuldner erfasst, die nicht unter die Kleinverfahrensregelung des § 304 InsO subsumiert werden können, und zwar all diejenigen, die als natürliche Personen im erheblichen Umfang wirtschaftlicher Tätigkeit nachgehen. Typischerweise zählen hierzu Ärzte, Steuerberater, Rechtsanwälte und andere Freiberufler sowie alle weiteren selbstständig Tätige. Für diesen mittelständischen Personenkreis könnte wegen des in die Soll-Masse einbezogenen Neuerwerbs ein über ihr Vermögen eröffnetes Insolvenzverfahren nicht nur bezüglich eines etwaig drohenden Verlustes ihrer Berufszulassung tragisch sein. Denn grundsätzlich würde das Insolvenzverfahren solange nicht zum Abschluss gebracht werden können, wie durch den Neuerwerb weitere werthaltige Masse entsteht. Selbst eine Verfahrensbeendigung im Wege eines Insolvenzplans wäre angesichts § 245 Abs. 1 Nr. 1 InsO problematisch, da die Gläubiger geltend machen können, bei Fortdauer der Beschlagnahme der pfändbaren Erwerbseinkünfte des Schuldners besser gestellt zu sein als bei Beendigung des Verfahrens durch Bestätigung eines Planes nach § 258 InsO. Damit würde der Neuerwerb ein lebenslanges Insolvenzverfahren für diese Schuldner mit sich bringen, ohne dass ihnen die Möglichkeit einer Restschuldbefreiung effizient offenstehen würde, was wiederum dem in § 1 Satz 2 InsO erklärten Ziel des Gesetzgebers widerspräche.[915] Um diese während der ersten Jahre der Geltung der Insolvenzordnung offenbar gewordene Interessenkollision zu beseitigen, ordnet der Gesetzgeber in dem geänderten § 196 Abs. 1 InsO die Schlussverteilung an, sobald die Verwertung der Insolvenzmasse mit Ausnahme eines laufenden Einkommens beendet ist. Hierdurch kann es zur Aufhebung des Verfahrens nach § 200 Abs. 1 InsO und zur Restschuldbefreiung auch für diesen Personenkreis kommen. Wird dem Schuldner im laufenden Insolvenzverfahren nach Ablauf der Abtretungserklärung sodann Restschuldbefreiung erteilt, entfällt der Insolvenzbeschlag für den Neuerwerb ab dem Zeitpunkt des Ablaufs der Abtretungserklärung.[916] Bis zur Rechtskraft der Entscheidung über die Restschuldbefreiung, die wegen eines Rechtsbehelfs noch nicht eintreten kann, hat der Insolvenzverwalter den pfändbaren Neuerwerb aber noch einzuziehen und für die Masse zu sichern; wird der Beschluss über die Restschuldbefreiung dann rechtskräftig erteilt, hat er den eingezogenen Neuerwerb, der danach nicht in die Masse gefallen ist, an den Schuldner wieder auszukehren.[917]

558 Zum Neuerwerb des § 35 Abs. 1, 2. HS InsO zählen nicht nur reine Tätigkeitseinkünfte. Als Neuerwerb kommen auch diejenigen nach Eröffnung des Insolvenzverfahrens hinzutretenden Vermögenswerte in Betracht, die, wären sie bereits bei Eröffnung des Verfahrens vorhanden gewesen, gleichfalls

---

915 Vgl. hierzu *Grub/Smid*, Verbraucherinsolvenz als Ruin des Schuldners – Strukturprobleme des neuen Insolvenzrechts, DZWIR 1999, 2 ff.
916 BGH, B. v. 03.12.2009 – IX ZB 247/08, NJW 2010, 2283.
917 BGH, B. v. 03.12.2009 – IX ZB 247/08, NJW 2010, 2283.

dem Vermögen des Schuldners hätten zugerechnet werden müssen. Nach der Rechtsprechung des BGH[918] gehören dabei Forderungen, die der Schuldner nach Eröffnung des Insolvenzverfahrens erlangt, in vollem Umfang und nicht nur in Höhe des nach Abzug der Ausgaben verbleibenden Gewinns zur Insolvenzmasse. Und der BFH[919] zählt zum Neuerwerb einen vom Schuldner während des Insolvenzverfahrens im Zusammenhang mit einer freiberuflichen Tätigkeit erlangten Umsatzsteuervergütungsanspruch, wenn er nicht vom Insolvenzverwalter freigegeben worden ist, und zwar auch bei Nutzung und Verwertung ausschließlich unpfändbarer Gegenstände des Vermögens des Schuldners.

Neuerwerbe sind ebenso Vermögenszuflüsse infolge von Schenkungen, Ehescheidungen[920], Erbschaften[921] oder Vermächtnissen. Dies gilt selbst für eine Erbschaft, die der Schuldner nach Ankündigung der Restschuldbefreiung, jedoch vor Aufhebung des Insolvenzverfahrens macht.[922] Allerdings steht auch nach Eröffnung des Insolvenzverfahrens ausschließlich dem Schuldner gemäß § 83 Abs. 1 Satz 1 InsO die Entscheidung über Annahme oder Ausschlagung der Erbschaft zu, denn das Recht, sich hierüber zu erklären, fällt nicht in die Insolvenzmasse.[923] Hat der Schuldner aber die Annahme der Erbschaft erklärt, kann er sie wegen § 1943 BGB nicht mehr ausschlagen, weshalb von diesem Zeitpunkt an der Nachlass zur Insolvenzmasse gehört, aus der die Nachlassgläubiger und die Eigengläubiger des Erben (Erbengläubiger) zu befriedigen sind, sofern nicht eine Trennung der Vermögensmassen durch Beantragung der Nachlassverwaltung oder eines Nachlassinsolvenzverfahrens (vgl. §§ 1975 ff. BGB) erfolgt. Gleiches gilt bei angeordneter Testamentsvollstreckung.[924]

559

2. Sicherung der Insolvenzmasse

Der Insolvenzverwalter hat nach der Eröffnung des Insolvenzverfahrens das zur Insolvenzmasse gehörende Vermögen in Besitz und Verwaltung zu nehmen. Seine primäre Aufgabe ist es, die Gegenstände der Ist-Masse zu sichern.[925] Er ist demnach verpflichtet, das der Pfändung unterliegende Ver-

560

---

918 BGH, B. v. 18.05.2004 – IX ZB 189/03, NZI 204, 444; BGH, B. v. 20.03.2003 – IX ZB 388/02, NZI 2003, 389, 392.
919 BFH, Urt. v. 15.12.2009 – VII R 18/09, DStRE 2010, 491; vgl. hierzu aber BFH, Urt. v. 07.04.2005 – V R 5/04 m. Anm. *Rattunde* jurisPR-InsR 15/2005, Anm. 5, wonach im Falle der Aufnahme neuer Erwerbstätigkeit durch den Schuldner während des Insolvenzverfahrens, vermittels der er durch seine Arbeit und mit Hilfe von nach § 811 Nr. 5 ZPO unpfändbaren Gegenständen steuerpflichtige Leistungen erbringt, die hierfür geschuldete Umsatzsteuer nicht nach § 55 Abs. 1 Nr. 1 InsO zu den Masseschulden zählt; siehe auch BFH, 17.03.2010 – XI R 2/08, ZIP 2010, 1405.
920 Infolge Zugewinnausgleichs nach § 1378 Abs. 3 Satz 1 BGB unter Beachtung des § 852 ZPO.
921 BGH, Urt. v. 11.05.2006 – IX ZR 42/05, DZWiR 2006, 506.
922 BGH, B. v. 15.07.2010 – IX ZB 229/07, DZWiR 2010, 426.
923 *Smid*, in: MüKo-ZPO, § 857 Rn. 9.
924 BGH, Urt. v. 11.05.2006 – IX ZR 42/05, DZWiR 2006, 506.
925 BGH, Urt. v. 18.04.2002 – IX ZR 161/01, ZIP 2002, 1043.

mögen *unverzüglich* in Besitz zu nehmen und zunächst zu verwalten.[926] Die hierfür erforderliche Legitimation gibt § 80 Abs. 1 InsO, wonach als Wirkung der Verfahrenseröffnung das Verwaltungs- und Verfügungsrecht des Schuldners für das zur Insolvenzmasse gehörende Vermögen auf den Insolvenzverwalter übergeht. Die Ermächtigungsgrundlage zur Inbesitznahme der Insolvenzmasse stellt hingegen § 148 Abs. 1 InsO dar.

2.1 Inbesitznahme

561 Die praktische Ergreifung des Besitzes basiert nicht auf gesetzlicher Fiktion, wie es der Wortlaut des § 80 Abs. 1 InsO vermuten lassen könnte, sondern mittels Erlangung der tatsächlichen Gewalt (§ 854 BGB) durch den Insolvenzverwalter.[927] Der Verwalter muss sich also selbst und unverzüglich in die Sachherrschaft über die zur Insolvenzmasse gehörenden Gegenstände bringen, indem er sie an sich nimmt. Andernfalls trifft den Insolvenzverwalter eine Schadensersatzpflicht, die bei Annahme eines gesetzlich fingierten Besitzerwerbs mangels Pflichtverletzung nie eintreten könnte.[928] Von der grundsätzlichen Pflicht zur Besitzergreifung sind alle Gegenstände der Ist-Masse erfasst, also körperliche Gegenstände aller Art, insbesondere Urkunden, die zur Ist-Masse gehörende Forderungen oder Rechte verbriefen (Wertpapiere, Schecks, Wechsel, Sparkassenbücher, Hypotheken-, Grundschuld- oder Rentenschuldbriefe, Geschäftspapiere, Buchführungsunterlagen). Zu den zu sichernden Sachen gehören ebenso die elektronischen Daten des schuldnerischen Unternehmens, die es mittels Zugangscodes und Passwörter verfügbar zu machen, auf Datenträger zu sichern und mitzunehmen gilt. Auch Gegenstände der Ist-Masse, die an sich nach § 36 InsO nicht zur Soll-Masse gehören, hat der Insolvenzverwalter zunächst in Besitz zu nehmen, wie insbesondere Sachen, an denen Dritte Aussonderungsrechte (§ 47 InsO) geltend machen können sowie die nach Maßgabe der § 36 Abs. 1 i.V.m. § 811 ZPO unpfändbaren Sachen des Schuldners; der Besitz ist dann dem Aussonderungsberechtigten respektive dem Schuldner einzuräumen. Der Insolvenzverwalter kann aber darauf verzichten, ohnehin wertlose Gegenstände in Besitz zu nehmen, und darf Sachen freigeben, deren Besitz die Masse belasten würde, ohne einen die Belastung wirtschaftlich rechtfertigenden Wert zu verkörpern.

562 Rechtsfolge der Inbesitznahme der beschlagnahmten Vermögensgegenstände durch den Insolvenzverwalter ist, dass der Schuldner seinen unmittelbaren Besitz an diesen Gegenständen verliert und mittelbarer Besitzer im Sinne des § 868 BGB wird, während der Insolvenzverwalter unmittelbaren Fremdbesitz gemäß § 872 BGB erlangt. Hinsichtlich der mit einem Absonderungsrecht versehenen Gegenstände hat der Insolvenzverwalter das Recht, die Inbesitznahme zu unterlassen, insbesondere ist er nicht zur Anstrengung eines Herausgabeprozesses verpflichtet.[929] Wird das Insolvenzverfahren be-

---

926 Amtliche Begründung zu § 167 RegE-InsO, BT-Drucks. 12/2443, 170.
927 *Füchsl/Weishäupl*, in: MüKo-InsO, § 148 Rn. 24; *Andres*, in: Nerlich/Römermann, InsO, § 148 Rn. 29.
928 BGH, Urt. v. 19.06.2008 – IX ZR 84/07, ZIP 2008, 1736.
929 OLG Hamburg, Urt. v. 14.12.1995 – 10 U 103/94, ZIP 1996, 386.

endet, hat der Insolvenzverwalter dem Schuldner den Besitz an den Sachen wieder zurückzugewähren, wobei den Schuldner eine Rücknahmepflicht trifft.[930]

Kann der Insolvenzverwalter die körperlichen Gegenstände wegen ihrer Beschaffenheit nicht sogleich in seinen Gewahrsamsbereich verbringen, hat er sie in geeigneter Art und Weise vor Fremdzugriff zu sichern, indem er ihre Wegnahme durch Installation von Sperren und dergleichen verhindert. Waren- und Lagerbestände sowie die Betriebs- und Geschäftsausstattung hat der Insolvenzverwalter ebenfalls durch erfolgversprechende Maßnahmen effektiv zu sichern, insbesondere durch Herausgabe aller Schlüssel, Codekarten, Passwörter etc.; sinnvoller Weise wechselt er vorhandene Sicherungsmittel wie Türschlösser und dergleichen von vornherein aus. Überdies kann er die Inbesitznahme der Masse durch Siegelung nach § 150 InsO publik machen. Auch wenn die Siegelung für das Gros der Unternehmensinsolvenzverfahren kaum Bedeutung haben mag, kann sie im Einzelfall sinnvoll sein, um den Insolvenzverwalter vor Vorwürfen des Verlustes schnell flüchtig werdender wertvoller Gegenstände (z. B. Pretiosen oder Wertpapiere in Tresoren) abzusichern. Die Beauftragung einer zur Anbringung von Siegeln gesetzlich ermächtigten Person – der Insolvenzverwalter selber ist hierzu nicht befugt – liegt im pflichtgemäßen Ermessen des Insolvenzverwalters, weshalb eine absolute Pflicht zur Siegelung nicht besteht.[931] Die Zuständigkeit für die Siegelung richtet sich nach Landesrecht; bundesweit können ansonsten die Gerichtsvollzieher Siegelungen vornehmen. Das Protokoll über eine Siegelung oder Entsiegelung hat der Insolvenzverwalter gemäß § 150 Satz 2 InsO auf der Geschäftsstelle zur Einsicht der Beteiligten niederzulegen.

563

Bei massezugehörigen Grundstücken, grundstücksgleichen Rechten, Schiffen, Schiffsbauwerken und Luftfahrzeugen kann der Insolvenzverwalter zur Ausschaltung der Möglichkeit des Gutglaubenserwerbs die Eintragung des Insolvenzvermerks in das betreffende Grundbuch bzw. Register beantragen, soweit dies nicht bereits von Amts wegen geschehen ist (§§ 32, 33 InsO). Des Weiteren hat der Insolvenzverwalter eine die Insolvenzmasse gefährdende Unrichtigkeit des Grundbuchs oder anderer Register unverzüglich beseitigen zu lassen. Massezugehörige Vermögensbestandteile wie Immaterialgüterrechte, die der Inbesitznahme nicht zugänglich sind, werden ebenfalls durch Eintragungen eines Insolvenzvermerkes kenntlich gemacht (vgl. § 29 Abs. 3 Satz 1 MarkenG)[932] und gesichert. Findet der Verwalter Lebensversicherungsverträge mit widerruflichen Bezugsrechten vor, müssen diese sofort widerrufen werden, da andernfalls bei Eintritt der Bezugsberechtigung die Versicherungsleistung (Kapital oder Rente) nicht in die Insolvenzmasse fällt, sondern an den Begünstigten. Bei selbstständig tätigen Schuldnern hat der Insolvenzverwalter oder Treuhänder grundsätzlich das gesamte zur Insolvenzmasse gehörende Vermögen sofort in Besitz und Verwaltung zu nehmen, insbesondere

---

930 *Andres*, in: Nerlich/Römermann, InsO, § 148 Rn. 30.
931 *Maus*, in: Uhlenbruck, InsO, § 150 Rn. 2; zum Verfahren vgl. *Holzer*, in: Kübler/Prütting/Bork, InsO, § 150 Rn. 4.
932 *Uhlenbruck*, in: Uhlenbruck, InsO § 33 Rn. 2.

hat er bereits entstandene sowie künftige Vergütungsansprüche des Schuldners gegen Dritte bei Fälligkeit sofort einzuziehen.[933]

564 Zur Massesicherung gehört es, nach der Prüfung der Geschäftsunterlagen und Bankauszüge Lastschriften von den Geschäftskonten des Insolvenzschuldners unverzüglich zu widersprechen, mit denen vor Eröffnung des Insolvenzverfahrens Zahlungen vorgenommen werden sollten, da der Widerspruch schnell zu erheblichem Liquiditätszufluss der Masse führen kann, ohne dass der Verwalter erst die Masse belastende Anfechtungsprozesse führen muss. Der BGH[934] qualifizierte den Widerspruch gegen die Lastschriften durch den Insolvenzverwalter deshalb als insolvenzspezifische Pflicht. Er verwies aber darauf,[935] dass unter der Geltung des Zahlungsverkehrsrechts der §§ 675c ff. BGB das dem Zahler nach § 675x BGB zustehende Recht, binnen acht Wochen nach der Belastungsbuchung von seiner Bank Erstattung des Zahlbetrages verlangen zu können, nicht in die Insolvenzmasse falle, so dass der (vorläufige) Insolvenzverwalter insoweit keine Verfügungsbefugnis hierüber erlange. Aber auch in den Fällen, in denen die rechtlichen Ausgestaltung der Einzugsermächtigungslastschrift noch nicht dem Vorbild des SEPA-Lastschrift-Verfahren entspricht, kann je nach den Umständen des Einzelfalls ein konkludente Genehmigung der Lastschrift in Betracht kommen, so dass ein pauschaler Widerspruch sämtlicher Lastschriften, mit denen vor Eröffnung des Insolvenzverfahrens Zahlungen vorgenommen werden sollten, nicht (mehr) die erwünschte Wirkung zeigen muss. Insbesondere wenn der Schuldner bei regelmäßig wiederkehrenden Zahlungen (z. B. aus Dauerschuldverhältnissen oder laufenden Geschäftsbeziehungen) dem Einzug nach Ablauf einer angemessenen Prüffrist nicht widerspricht, er einen früheren Einzug jedoch bereits genehmigt hatte und das Konto im unternehmerischen Geschäftsverkehr geführt wird, kann eine konkludente Genehmigung durch schlüssiges Verhalten vorliegen.[936] Ebenso muss der Insolvenzverwalter bedenken, dass er in Insolvenzverfahren über das Vermögen natürlicher Personen nicht mehr schematisch allen (vermeintlich) noch nicht durch den Schuldner genehmigten Lastschriften widersprechen kann, da hinsichtlich der konkludenten Genehmigung ähnliche Maßstäbe wie im ge-

---

933 BGH, B. v. 20.03.2003 – IX ZB 388/02, NJW 2003, 2167.
934 BGH, Urt. v. 04.11.2004 – IX ZR 22/03, DZWIR 2005, 80; vgl. auch *Welsch*, Die Verpflichtung des vorläufigen Insolvenzverwalters zur Genehmigung von Lastschrifteinzügen, DZWIR 2006, 221 ff.; *Stritz*, Lastschriften im Insolvenz(eröffnungs)verfahren, DZWIR 2005, 18 ff.; *Feuerborn*, Der Widerspruch gegen Lastschriften durch den (vorläufigen) Insolvenzverwalter, ZIP 2005, 604 ff.; KG v. 23.11.2004 – 7 U 73/04 m. Anm. *Rattunde*, jurisPR-InsR 16/2005 Anm. 2.; *Rattunde/Berner*, Widerruf von Banklastschrifteinzügen durch den Insolvenzverwalter, DZWIR, 2003, 185.
935 BGH, Urt. v. 20.07.2010 – XI ZR 236/07, DZWiR 2010, 430; BGH, Urt. v. 20.07.2010 – IX ZR 37/09, DZWiR 2010, 428.
936 BGH, Urt. v. 20.07.2010 – XI ZR 236/07, DZWiR 2010, 430; BGH, Urt. v. 01.03.2011 – XI ZR 320/09, NJW 2011, 1434; BGH, Urt. v. 27.09.2011 – XI ZR 215/10, WM 2011, 2041; BGH, Urt. v. 26.07.2011 – XI ZR 197/10, NJW 2011, 2715; BGH, Urt. v. 25.10.2011 – XI ZR 368/09, ZIP 2011, 2398; BGH, Urt. v. 26.10.2010 – XI ZR 562/07, ZIP 2010, 2407; BGH, Urt. v. 23.11.2010 – XI ZR 370/08, ZIP 2011, 9; BGH, Urt. v. 26.7.2011 – XI ZR 36/10, NZI 2011, 679; BGH, Urt. v. 25.01.2011 – XI ZR 171/909 WM 2011, 454; BGH, Urt. v. 27.09.2011 – XI ZR 328/09, ZIP 2011, 2400.

schäftlichen Verkehr anzulegen sind.[937] Zudem muss der Insolvenzverwalter die Grenzen des pfändungsfreien Schuldnervermögens („Schonvermögen", vgl. § 850l ZPO) beachten und dem Schuldner Gelegenheit zur Entscheidung geben, welche Lastschriften aus dem „Schonvermögen" bedient sein sollen.[938]

Der Schuldner ist dem Insolvenzverwalter gemäß § 97 InsO verpflichtet, über alle das Verfahren betreffenden Verhältnisse Auskunft[939] zu geben und den Verwalter bei der Erfüllung von dessen Aufgaben zu unterstützen.[940] Durch die vom Schuldner verlangte Auskunft kann der Insolvenzverwalter Informationen erhalten, um beispielsweise das pfändbare Einkommen der Schuldnerin oder anfechtbare Rechtshandlungen und damit die Insolvenzmasse zutreffend zu ermitteln. Lässt der Schuldner die erforderliche Mitwirkung vermissen, kann der Insolvenzverwalter gemäß § 98 InsO die insolvenzgerichtliche Anordnung der Abnahme der Versicherung an Eides statt des Schuldners anregen, ferner ihn zwangsweise vorführen und nach Anhörung in Haft[941] nehmen lassen, wenn die Voraussetzungen des § 98 Abs. 2 InsO gegeben sind. Um für die Gläubiger nachteilige Rechtshandlungen des Schuldners aufzuklären oder zu verhindern, kann der Insolvenzverwalter erforderlichenfalls die Anordnung des Insolvenzgerichts nach § 99 Abs. 1 Satz 1 InsO beantragen, wonach konkret zu benennende Unternehmen bestimmte oder alle Postsendungen für den Schuldner dem Verwalter zuzuleiten haben (Postsperre). Dabei kann sich die Postsperre auf Verteidigerpost erstrecken.[942] Der Verwalter ist dann berechtigt, die ihm zugeleiteten Sendungen zu öffnen und an sich zu nehmen, wobei Sendungen, deren Inhalt nicht die Insolvenzmasse betrifft, dem Schuldner unverzüglich zuzuleiten sind, während die übrigen Sendungen der Schuldner einsehen kann (§ 99 Abs. 2 InsO).

565

Die Inbesitznahme der Ist-Masse gehört zu den insolvenzspezifischen Aufgaben des Insolvenzverwalters. In überschaubaren Insolvenzverfahren wird der Insolvenzverwalter keine besonderen Schwierigkeiten damit haben. Allerdings steht der Insolvenzverwalter in Großverfahren (zum Beispiel die große Warenhauskette mit Dutzenden Verkaufshäusern, der europaweit agierende Baukonzern, die Wohnungsbaugesellschaft mit Hunderten von Wohnungen) vor dem Problem, dass der Insolvenzverwalter *de facto* weder in eigener Person noch durch eigenes Personal in der Lage ist, die tatsächliche Sachherrschaft über die Massegegenstände zu ergreifen. Zudem üben in der Insolvenz der juristischen Person oder der Personen- und Personenhandelsgesellschaft die gesetzlichen Organe und Vertreter den Gewahrsam über die Vermögensgegenstände aus. In diesen Fällen muss sich der Insolvenzverwalter der organschaftlichen Vertreter zwecks Erlangung und Aus-

566

---

937 BGH, Urt. v. 03.05.2011 – XI ZR 152/09, ZIP 2011, 1252 (sowie die im Wesentlichen inhaltsgleichen BGH-Urteile v. 03.05.2011 – XI ZR 155/09 und v. 03.05.2011 – XI ZR 362/09).
938 BGH, Urt. v. 20.07.2010 – IX ZR 37/09, DZWiR 2010, 428.
939 BGH, B. v. 11.02.2010 – IX ZB 126/08, DZWiR 2010, 262.
940 BAG Urt. v. 23.06.2004 – 10 AZR 495/03, ZIP 2004, 1974.
941 BGH, Urt. v. 17.02.2005 – IX ZB 62/04, NJW 2005, 1505.
942 BVerfG, B. v. 06.11.2000 – 1 BvR 1746/00, WM 2001, 748.

übung des Besitzes an der Insolvenzmasse bedienen, die ihrerseits nach §§ 98, 101 InsO mitwirkungspflichtig sind.

567 In grenzüberschreitenden europäischen Insolvenzverfahren darf der Insolvenzverwalter des Hauptinsolvenzverfahrens nach Art. 18 Abs. 1 EuInsVO im Gebiet eines anderen europäischen Mitgliedstaats alle Befugnisse ausüben, die ihm nach dem Recht des Staates der Verfahrenseröffnung zustehen, solange in dem anderen Staat nicht ein weiteres Insolvenzverfahren eröffnet oder eine gegenteilige Sicherungsmaßnahme auf einen Antrag auf Eröffnung eines Insolvenzverfahrens hin ergriffen worden ist. Vorbehaltlich der Bestimmungen in Art. 5 und 7 EuInsVO darf der deutsche Insolvenzverwalter die zur Masse gehörenden Gegenstände aus dem Gebiet des Mitgliedstaats entfernen, in dem sie sich befinden. In Fällen der Eröffnung eines Partikularinsolvenzverfahrens nach § 354 InsO oder eines Sekundärinsolvenzverfahrens gemäß § 356 InsO ist der deutsche Insolvenzverwalter ebenfalls berechtigt und verpflichtet, die im Inland befindlichen Massegegenstände in Besitz zu nehmen. Überdies ist der Schuldner gemäß § 97 Abs. 2 InsO verpflichtet, dem Insolvenzverwalter eine Auslandsvollmacht zu erteilen, wenn er diese im Ausland zur Durchsetzung der ihm nach dem deutschen Recht zustehenden Wegnahmebefugnis benötigt.[943]

2.2 Zwangsmaßnahmen

568 Der Insolvenzverwalter kann nach § 148 Abs. 2 InsO die Herausgabe beweglicher Sachen, die sich im Gewahrsam des Schuldners befinden, auf Grund einer vollstreckbaren Ausfertigung des Eröffnungsbeschlusses im Wege der Zwangsvollstreckung durchsetzen. Widersetzt sich der Schuldner der Inbesitznahme der zur Ist-Masse gehörenden und in seinem Gewahrsam befindlichen Gegenständen, kann der Insolvenzverwalter sich der nach der ZPO vorgesehenen Vollstreckungsmaßnahmen bedienen (§§ 883–885 ZPO), wobei die vollstreckbare Ausfertigung (§§ 724 ff. ZPO) des Eröffnungsbeschlusses der Vollstreckungstitel[944] im Sinne des § 794 Abs. 1 Nr. 3 ZPO ist, der dem Schuldner nach § 8 InsO zugestellt wurde. Dieser Vollstreckungstitel ist auch hinreichend bestimmt, da angesichts § 35 InsO alle Vermögensgegenstände der Ist-Masse vom Insolvenzbeschlag erfasst sind. Der Insolvenzverwalter muss aber gemäß § 883 ZPO einen Gerichtsvollzieher mit der Vollstreckungsmaßnahme beauftragen.

569 Insbesondere berechtigt der Eröffnungsbeschluss den Insolvenzverwalter sowie den von ihm beauftragten Gerichtsvollzieher zum Betreten der schuldnerischen Wohnung, um Gegenstände der Insolvenzmasse ausfindig zu machen und in Besitz zu nehmen. Zwar genügt ein Zivilurteil nach der Rechtsprechung des BVerfG[945] nicht den Voraussetzungen des Art. 13 Abs. 2 GG. Nach dem Willen des Gesetzgebers[946] bedarf es aber keiner zusätzlichen

---

943 BGH, B. v. 18.09.2003 – IX ZB 75/03, NZI 2004, 21.
944 BGH, B. v. 21.09.2006 – IX ZB 127/05, ZIP 2006, 2008.
945 BVerfG, B. v. 03.04.1979 – 1 BvR 994/76, NJW 1979, 1539; in BVerfG, B. v. 16.06.1981 – 1 BvR 1094/80, NJW 1981, 2111 ebenso entschieden für Wohnungsdurchsuchungen durch Vollziehungsbeamten nach § 287 AO.
946 Amtliche Begründung zu § 167 RegE-InsO, BT-Drucks. 12/2443, 170.

richterlichen Anordnung, vielmehr stellt der Eröffnungsbeschluss die erforderliche Anordnung dar. Grund und Legitimation des Zutrittsrechts des Verwalters ist die in § 97 InsO niedergelegte Mitwirkungspflicht des Schuldners. Mittels der vollstreckbaren Ausfertigung des Eröffnungsbeschlusses kann der Verwalter auch eine vom Schuldner genutzte Wohnung in Besitz nehmen. Der Vermieter kann aber, gleich ob ein mit dem Schuldner begründetes Wohnraummietverhältnis vor oder nach Eröffnung des Insolvenzverfahrens beendet wurde, den Insolvenzverwalter nur dann auf Herausgabe der Wohnung in Anspruch nehmen, wenn dieser sie in Besitz genommen hat oder daran für die Masse ein Recht beansprucht.[947]

Da die zwangsweise Umsetzung der Befugnisse des Insolvenzverwalters nach den für die Durchführung von Zwangsvollstreckungsmaßnahmen geltenden Bestimmungen der ZPO zu erfolgen hat, gilt der Schuldner gemäß § 739 ZPO als Gewahrsamsinhaber, wenn auf Grund von § 1362 BGB zu vermuten ist, dass ihm bewegliche Sachen im Besitz seines Ehegatten oder im Mitbesitz beider Ehegatten gehören. Gleiches gilt nach § 8 Abs. 1 LPartG für eingetragene Lebenspartnerschaften.[948] Lebt der Schuldner in einer Wohngemeinschaft, stellen sich für den Insolvenzverwalter und den von ihm beauftragen Gerichtsvollzieher die gleichen Probleme, die auch in der Einzelzwangsvollstreckung auftreten. Dennoch wurde vom Gesetzgeber ein besonderer Durchsuchungsbeschluss in diesem Zusammenhang für entbehrlich erachtet.[949] 570

Der Schuldner kann sich gegen die Art und Weise der Zwangsvollstreckung gemäß § 148 Abs. 2 Satz 2 InsO mit der Erinnerung nach § 766 ZPO zur Wehr setzen. Nach § 148 Abs. 2 Satz 2 InsO entscheidet über Einwendungen des Schuldners gegen das Verfahren der Zwangsvollstreckung nicht das nach § 766 ZPO zuständige Vollstreckungsgericht, sondern das Insolvenzgericht. Diese ausschließliche Gerichtszuständigkeit steht vor dem Hintergrund, dass die Vollstreckung freilich dem Zusammentragen der Insolvenzmasse dient und deshalb das Insolvenzgericht sachnäher ist. Ferner kann dem Schuldner, wenn er eine natürliche Person ist, im eröffneten Insolvenzverfahren bei Vollstreckungsmaßnahmen des Insolvenzverwalters auf Antrag Vollstreckungsschutz nach § 765a ZPO gewährt werden, soweit dies zur Erhaltung von Leben und Gesundheit des Schuldners erforderlich ist.[950] Auch hier entscheidet das Insolvenzgericht. Gegen die Entscheidung des Insolvenzgerichts ist entgegen § 6 Abs. 1 InsO das Rechtsmittel der sofortigen Beschwerde nach § 793 ZPO gegeben, da sich der Rechtmittelzug nach allgemeinen vollstreckungsrechtlichen Vorschriften richtet, wenn das Insolvenzgericht kraft besonderer Zuweisung funktional als Vollstreckungs- 571

---
947 BGH, Urt. v. 19. 06. 2008 – IX ZR 84/07, ZIP 2008, 1736.
948 *Füchsl/Weishäupl*, in: MüKo-InsO, § 148 Rn. 69; *Uhlenbruck*, in: Uhlenbruck, InsO, § 148 Rn. 21.
949 Vgl. hierzu die ursprünglich beabsichtigte Regelung des § 167 Abs. 3 RegE-InsO und die zugehörige Beschluss-Empfehlung des Rechtsausschuss, BT-Drucks. 12/7302, S. 174.
950 BGH, B. 16. 10. 2008 – IX ZB 77/08, DZWiR 2009, 127.

gericht entscheidet.[951] Für die Prüfung, ob die Sache vom Insolvenzbeschlag erfasst, zur Soll-Masse gezogen und daher nicht vom Schuldner an den Insolvenzverwalter herauszugeben ist, ist aber nicht das Insolvenzgericht, sondern das Prozessgericht zuständig.[952]

2.3 Herausgabeverlangen gegenüber Dritten

572 Ist nicht der Insolvenzschuldner im Besitz massezugehöriger Gegenstände, sondern ein Dritter und verweigert jener die Herausgabe, benötigt der Insolvenzverwalter einen auf den streitigen Herausgabeanspruch konkret gerichteten Vollstreckungstitel, um sein Herausgabebegehren zwangsweise durchzusetzen. Der Eröffnungsbeschluss genügt hierzu nicht.[953] Der Insolvenzverwalter muss also den Dritten auf Herausgabe der geforderten Unterlagen im regulären zivilprozessualen Verfahren in Anspruch nehmen.

573 Wegen der dem Insolvenzschuldner gehörenden Geschäftsunterlagen stehen Steuerberatern und Rechtsanwälten keine Zurückbehaltungsrechte zu. Auch soll der Steuerberater oder Rechtsanwalt seine Handakten (vgl. zum richtigen Verständnis die genaue Definition des Begriffs der Handakte in § 66 Abs. 2 StBerG und § 50 Abs. 4 BRAO) herauszugeben haben.[954] Allerdings ist der vormalige Steuerberater oder Rechtsanwalt nach der Rechtsprechung des BGH[955] nicht verpflichtet, die Daten und Unterlagen an den Insolvenzverwalter herauszugeben bzw. zu übertragen (zum Beispiel auf eine andere Beraternummer bei der DATEV eG), die sein aufgrund des Mandatsverhältnis vertraglich geschuldetes Arbeitsergebnis enthalten, wenn der Steuerberater oder Rechtsanwalt wegen infolge der Insolvenz offen gebliebener Vergütungsansprüche sein Zurückbehaltungsrecht in ansonsten zulässiger Weise geltend macht. Denn nach der zutreffenden Auffassung des BGH ist es dem Insolvenzverwalter verwehrt, das vertraglich geschuldete Arbeitsergebnis honorarfrei zur Masse ziehen. Soweit es sich hingegen um vom Steuerberater oder Rechtsanwalt eingegebene Daten handelt, die ihm vom Insolvenzschuldner zum Zwecke der Geschäftsbesorgung zur Verfügung gestellt worden waren, kann der Insolvenzverwalter die Zustimmung zur Datenübertragung oder -herausgabe gemäß §§ 675 Abs. 1, 667, 1. Var. BGB beanspruchen. Gleiches gilt, sofern die vom Schuldner gelieferten Daten und Unterlagen lediglich erst ausgewertet und für die noch zu leistende eigentliche Buchführung geordnet und rechnerisch aufbereitet wurden, denn in diesem Fall handelt es sich noch nicht um das vertraglich geschuldete Arbeitsergebnis.

---

951 BGH, B. v. 21.09.2006 – IX ZB 127/ 05, DZWiR 2006, 80; BGH, B. v. 12.01.2006 – IX ZB 239/ 04, ZIP 2006, 340; BGH, B. v. 05.02.2004 – IX ZB 97/ 03, WM 2004, 834; BGH, B. v. 06.05.2004 – IX ZB 104/04, ZIP 2004, 1379.
952 BGH, Urt. v. 10.01.2008 – IX ZR 94/06, ZIP 2008, 417; BGH, Urt. v 25.10.1984 – IX ZR 110/83, ZIP 1984, 1501, AG Duisburg, B. v. 09.05.2000 – 60 IK 23/99, ZInsO 2000, 346.
953 OLG Düsseldorf, Urt. v. 12.03.1982 – 24 U 81/82, ZIP 1982, 471.
954 BGH, Urt. v. 30.11.1989 – III ZR 112/88, ZIP 1990, 48.
955 BGH, Urt. v. 11.03.2004 – IX ZR 178/03, ZIP 2004, 1267; BGH, Urt. v. 17.02.1988 – IVa ZR 262/86, ZIP 1988, 442; BGH, Urt. v. 25.10.1988 – XI ZR 3/88, NJW 1989, 1216.

Gegenüber dem vorläufigen Insolvenzverwalter, der später nicht zum Insolvenzverwalter bestellt wurde, hat der vom Gericht nach §§ 56 Abs. 1, 27 Abs. 1 InsO bestellte Insolvenzverwalter nicht nur einen materiell-rechtlichen Herausgabeanspruch, vielmehr tituliert der Eröffnungsbeschluss dessen Recht zum Besitz der Masse gegen den vorläufigen Insolvenzverwalter. Der bisherige vorläufige Insolvenzverwalter nimmt weder materiell-rechtlich noch prozessual als Besitzer der Masse gegenüber dem Insolvenzverwalter eine bessere Stellung ein. Deshalb kann der Insolvenzverwalter die vollstreckbare Ausfertigung des Eröffnungsbeschlusses auf den bisherigen vorläufigen Verwalter umschreiben lassen, indem er die materiell-rechtlichen Voraussetzungen durch den zugehörigen insolvenzgerichtlichen Beschluss nachweist. Gleiches gilt, wenn der bisherige Insolvenzverwalter nach § 57 InsO abgewählt oder nach § 59 InsO seines Amtes enthoben wurde. In diesen Fällen erlangt der neue Insolvenzverwalter mit dem seine Bestellung verfügenden Beschluss einen Herausgabetitel. 574

2.4 Siegelung

Der Insolvenzverwalter kann gemäß § 150 Satz 1 InsO zur Sicherung der Sachen, die zur Insolvenzmasse gehören, durch den Gerichtsvollzieher oder eine andere dazu gesetzlich ermächtigte Person Siegel anbringen lassen. Es liegt auf der Hand, dass diese Maßnahme in der Unternehmensinsolvenz, aber auch im Falle des über das Vermögen natürlicher Personen eröffneten Insolvenzverfahrens nur ausnahmsweise sinnvoll sein kann. So empfiehlt sich die Siegelung etwa bei der Insolvenz von Juwelierbetrieben, um dem Insolvenzverwalter den Beweis zu ermöglichen, einen bestimmten in den Räumen befindlichen Bestand vorgefunden zu haben, und um Einwendungen auszuschließen, er habe z.B. wertvollen Schmuck gegen Nachtauslagen ausgetauscht. 575

3. Verwaltung der Insolvenzmasse

Mit der Sicherung der Masse obliegt es dem Insolvenzverwalter, das schuldnerische Vermögen bis zur Entscheidung über die weitere Verwertung zu verwahren und zu verwalten. Die Verwaltungstätigkeit erstreckt sich auf die Verwahrung der Massegegenstände, die Anfertigung des Masse- und Gläubigerverzeichnisses (§§ 151, 152 InsO) nebst Bewertung der Massegegenstände sowie die Anlegung der Vermögensübersicht (§ 153 Abs. 1 InsO), die Niederlegung der Verzeichnisse zur Einsicht der Beteiligten (§ 154 InsO), die Prüfung und Anfechtung vorkonkurslicher Rechtshandlungen (§§ 129 ff. InsO), die Verfolgung von Ansprüchen des Schuldners, die Führung von Aktiv- und Passivprozessen (§§ 85, 86 InsO) die Erfüllung der handels- und steuerrechtlichen Rechnungslegungs- und Buchführungspflichten (§ 155 InsO) sowie die Vorlage der Schlussrechnung sowie erforderlicher Zwischenrechnung (§ 66 InsO). 576

Teil 2 Materielles Insolvenzrecht

3.1 Verwahrung und Verwaltung

577 Die Anlage und die Verwahrung von Geldern, Wertpapieren und Kostbarkeiten ist originäre Aufgabe des Verwalters. Die dem Insolvenzbeschlag unterliegenden Gelder des Schuldners werden in aller Regel von den schuldnerischen Konten abgezogen und auf offene, für das konkrete Verfahren separat eingerichtete Treuhandkonten (Anderkonten)[956] des Insolvenzverwalters bei inländischen Kreditinstituten überwiesen. Dabei ist das Anderkonto als Sonderkonto unter Angabe des betreffenden Insolvenzverfahrens anzulegen und zu führen;[957] die Anlage von Geldern auf Privatkonten (auch Unterkonten) des Insolvenzverwalters oder Dritter ist rechtswidrig[958] und kann den Tatbestand der Untreue nach § 266 StGB verwirklichen. Bargeldguthaben, Schecks und auf Geldzahlung gerichtete Forderungen werden ebenfalls auf das Anderkonto eingezahlt bzw. eingezogen. Wertpapiere in Form vom Aktien, Schatzbriefen etc. werden gegebenenfalls auf einem gesonderten Depotkonto des Verwalters solange verwahrt, bis deren Verwertung maximale Erlöse verspricht.

578 Nach § 149 InsO können der Gläubigerausschuss, die Gläubigerversammlung oder alternativ das Insolvenzgericht bestimmen, bei welcher Stelle und zu welchen Bedingungen Geld, Wertpapiere und Kostbarkeiten hinterlegt oder angelegt werden sollen. Damit soll sichergestellt werden, dass besonders „flüchtige" Massegegenstände in geeigneter Weise geschützt werden.[959] Allerdings dürfen nicht die Augen davor verschlossen werden, dass vielfach der Insolvenzverwalter solche Wertgegenstände kaum noch im nennenswerten Umfang antreffen wird. Gleichwohl sollen der Gläubigerausschuss, die Gläubigerversammlung oder das Insolvenzgericht durch einen entsprechenden Beschluss auf diesen Aufgabenbereich des Insolvenzverwalters Einfluss nehmen können.[960] Dabei meint § 149 Abs. 1 Satz 1 InsO keine Hinterlegung im Sinne des § 372 BGB, weshalb die Auswahl nicht auf öffentliche Stellen wie Sparkassen oder die nach der Hinterlegungsordnung handelnden Amtsgerichte beschränkt ist.[961] Hinterlegungsfähig im Sinne des § 149 InsO sind neben Geld alle Formen von Wertpapieren, die vermögenswerte Rechte des Schuldners ausweisen, wie zum Beispiel Sparbücher, Versicherungsscheine, Hypotheken- und Grundschuldbriefe, Aktien, Kuxe, Zwischenscheine, Zinsscheine, Gewinnanteilsscheine, Erneuerungsscheine, Zertifikate, Genussscheine, Inhaberschuldverschreibungen, Orderschuldverschreibungen, Optionsscheine etc. sowie Kostbarkeiten wie wertvoller[962] Schmuck, Uhren oder Kunstgegenstände.

579 Im Rahmen der Masseverwaltung hat der Insolvenzverwalter zu prüfen, welche Dauerschuldverhältnisse, insbesondere Miet- und Pachtverträge so-

---

956 *Füchsl/Weishäupl*, in: MüKo-InsO, § 149 Rn. 6.
957 BGH, Urt. v. 19.05.1988 – III ZR 38/87, ZIP 1988, 1136.
958 Vgl. *Smid*, Bankenhaftung aus der Führung von offenen Treuhandkonten und Anderkonten bei treuwidrigen Verfügungen des Insolvenzverwalters, ZIP 2006, 1973 zu der damit verbundenen Haftung der Banken.
959 Amtliche Begründung zu § 168 RegE-InsO, BT-Drucks. 12/2443, 171.
960 Beschlussempfehlung des Rechtsausschusses, BT-Drucks. 12/7302, 174.
961 *Uhlenbruck*, in: Uhlenbruck, InsO, § 149 Rn. 10.
962 RG, Urt. v. 29.09.1922 – VII 684/21, RGZ 105, 204.

Kapitel 4 Sicherung und Verwaltung der Masse

fort gekündigt oder mittels Aufhebungsvertrag beendet werden müssen, um die Masse zu entlasten (vgl. § 55 Abs. 1 Nr. 2 InsO). Damit werden regelmäßig Aufgaben der anderweitigen Unterbringung von Massegut verbunden sein, es sei denn, der Verwalter konnte schon die Verwertung herbeiführen. Ansonsten wird er für ausreichenden Versicherungsschutz des von ihm in Besitz genommen Grundbesitzes sorgen müssen, um die Massegegenstände gegen Risiken wie Einbruch, Feuer, Blitzschlag, Sturm etc. abzusichern. Außerdem treffen ihn die Verkehrssicherungspflichten. Gegenüber Strom-, Gas- und Wasserversorgungsunternehmen sollte der Insolvenzverwalter vom Ablehnungsrecht nach § 103 Abs. 2 Satz 1 InsO Gebrauch machen und den Abschluss neuer Versorgungsverträge verlangen, wozu die Versorgungsunternehmen wegen ihrer marktbeherrschenden Stellung verpflichtet sind (Kontraktionszwang).

3.2 Verzeichnis der Massegegenstände und Gläubiger sowie Vermögensübersicht

Zur Dokumentation der Ist- und Sollmasse hat der Insolvenzverwalter nach § 151 Abs. 1 Satz 1 InsO ein Verzeichnis der einzelnen Gegenstände der Insolvenzmasse aufzustellen. Dieses Verzeichnis dient der Prüfung durch das Insolvenzgericht (vgl. § 196 Abs. 1 InsO), ob die spätere Masseverwertung vollständig erfolgt ist. Das Masseverzeichnis bildet zusammen mit dem nach § 152 InsO aufzustellenden Gläubigerverzeichnis die Grundlage für die Vermögensübersicht (§ 153 InsO), die den Insolvenzgläubigern eine Beurteilung der Vermögenslage des Schuldners ermöglichen soll. In dieser Vermögensübersicht werden die Gegenstände und die Verbindlichkeiten des Schuldners ähnlich wie in einer (Eröffnungs-)Bilanz freilich mit den tatsächlichen Liquidations- oder Fortführungswerten zusammengefasst und gegenübergestellt werden. In das Masseverzeichnis sind nicht nur alle gegenwärtigen Massegegenstände vollständig aufzunehmen, sondern mit Blick auf § 35 Abs. 1, 2. Halbs. InsO auch der in die Masse fließende Neuerwerb, weshalb es fortlaufend zu aktualisieren ist. Das Verzeichnis kann auf der Grundlage eines bereits vorhandenen Inventars gemäß § 240 HGB erstellt werden, wobei jenem mit gesunder Skepsis begegnet werden muss. Es empfiehlt sich, zugleich den angetroffenen Zustand der schuldnerischen Vermögensgegenstände, insbesondere des schuldnerischen Unternehmens, anschaulich fotografisch zu dokumentieren, so dass dem Insolvenzgericht und den Gläubigern ein zutreffendes Bild vermittelt werden kann. 580

In das Masseverzeichnis sind nicht nur die einzelnen Massegegenstände aufzunehmen, die sich im Besitz des Schuldners befinden, sondern auch die, die Dritte in den Händen halten. Des Weiteren sind Ansprüche, die sich aus den Vorschriften über die Insolvenzanfechtung ergeben können, in das Masseverzeichnis einzutragen.[963] Alle massezugehörigen Vermögensbestandteile sind durch Angabe konkreter Merkmale individualisierbar zu bezeichnen, indem Kennzeichen, Maschinen-, Geräte- und Fahrgestellnummer oder Grundbuchbezeichnung nebst zugehöriger Belastungen benannt werden. 581

---
[963] Amtliche Begründung zu § 170 RegE-InsO, BT-Drucks. 12/2443, 171.

Streuber

Zudem sind die Vermögensbestandteile zu signieren, an denen Absonderungsrechte nach §§ 50, 51 InsO bestehen (können).

582 Der Insolvenzverwalter hat die einzelnen Massegegenstände zu bewerten. Die Bewertung soll den Gläubigern die wirtschaftliche Beurteilung ihrer Befriedigungschancen ermöglichen. Sie sollen in der Lage sein, die Vor- und Nachteile einer Zerschlagung oder Fortführung des schuldnerischen Unternehmens aufgrund validen Datenmaterials zu prüfen, um eine wirtschaftlich sinnvolle Entscheidung im Rahmen des § 157 InsO fällen zu können. Deswegen ist der Liquidationswert (Zerschlagungswerte) eines jeden Gegenstandes[964], bezogen auf den Zeitpunkt der Verfahrenseröffnung anzugeben, der sich in dem bei einer Verwertung der Masse im Wege der Veräußerung zu erzielenden Erlös voraussichtlich spiegelt. Bewegliche Sachen, die sich nicht im Besitz des Verwalters befinden, sind ebenfalls zu bewerten, denn regelmäßig wird der Verwalter die Herausgabe dieser Sachen verlangen können; ansonsten kann der Verwalter nach §§ 809, 811 BGB verlangen, dass ihm die Besichtigung der Sache gestattet wird. Bei Forderungen, die rechtlich zweifelhaft oder wirtschaftlich schwer einbringlich sind, müssen vom Nennwert Abschläge vorgenommen werden.

583 Zudem hat der Insolvenzverwalter im Masseverzeichnis zusätzlich Fortführungswerte und Einzelveräußerungswerte anzugeben, wenn die Möglichkeit der Fortführung des Unternehmens besteht und diese zu einer abweichenden Bewertung von Vermögensgegenständen führt. Dabei darf der Insolvenzverwalter nicht die Entscheidung der Gläubiger über den Fortgang des Verfahrens vorwegnehmen.[965] In den Fortführungswerten zeigt sich eine Gesamtbewertung des Unternehmens unter Berücksichtigung der in Zukunft zu erwirtschaftenden Ertragsüberschüsse (aufgrund derer allein eine Fortführung unter Berücksichtigung der Gläubigerrechte in Betracht kommen kann).[966] Deshalb ist es regelmäßig schwierig, aber auch belanglos, nach der Vorstellung des Gesetzgebers in § 151 Abs. 2 Satz 2 InsO für jeden Einzelgegenstand neben dem Zerschlagungswert auch noch einen Fortführungswert anzugeben. Die Gläubiger interessieren primär keine Buchwerte oder Wiederbeschaffungswerte im Sinne des § 6 EStG, vielmehr geht es ihnen um die sachgerechte Bewertung unter Beachtung des going-concern-Prinzips, da nur der daraus abgeleitete Wert ihre Entscheidung über die bestehenden Befriedigungsaussichten ermöglichen kann. Um dem Gesetz zumindest dem Sinn und Zweck nach zu genügen, kann es sich empfehlen, die bei einer etwaigen Unternehmensfortführung in ihrer betrieblichen Einheit gebundenen Massegegenstände zusammenfassend zu bewerten und diesem Wert die

---

964 *Möhlmann*, Die Ausgestaltung der Masse- und Gläubigerverzeichnisse sowie der Vermögensübersicht nach neuem Insolvenzrecht, DStR 1999, 163.
965 Amtliche Begründung zu § 170 RegE-InsO, BT-Drucks. 12/2443, 171.
966 Vgl. hierzu die Verlautbarung des IDW: Anforderungen an die Erstellung von Sanierungskonzepten (IDW S 6), IDW Verlautbarungen zur Sanierung und Insolvenz: IDW S 6, Stellungnahme FAR 1/1996, IDW PS 800, IDW RH HFA 1.010, IDW RH HFA 1.011, IDW RH HFA 1.012, IDW, Institut der Wirtschaftsprüfer, Düsseldorf, IDW-Verlag, Sonderdruck, 4. Aufl. 2010; *Höffner*, Fortführungswerte in der Vermögensübersicht nach § 153 InsO, ZIP 1999, 2088, 2089.

Summe der Zerschlagungswerte der gleichen Massegegenstände gegenüberzustellen.

Zur Bewertung kann sich der Insolvenzverwalter eines Sachverständigen bedienen, wenn besondere Schwierigkeiten zu erwarten sind, § 151 Abs. 2 Satz 3 InsO. Auch wenn das Gesetz die Hinzuziehung eines Sachverständigen als Ausnahme darzustellen scheint, kann dessen Beauftragung fast als Regelfall beschrieben werden, weil der Verwalter wegen der Bestimmung des konkreten Wertes einzelner Gegenstände wenig Sachkenntnis haben wird. Dies nicht nur, weil einzelne Massegegenstände hinsichtlich der Zerschlagungswerte wegen der Schwankungen zum Beispiel des Gebrauchtwaren- oder Metallschrottmarktes schwierig zu bewerten sind, sondern auch, weil Unternehmensbewertungen unter Zugrundelegung eines going-concerns-Aspekts eine erhebliche Komplexität offenbaren können. 584

Dem Masseverzeichnis ist das Gläubigerverzeichnis gegenüber zustellen. Dieses Gläubigerverzeichnis ist nicht mit der nach § 175 InsO anzufertigenden Insolvenztabelle zu verwechseln; in letztere trägt der Verwalter die nach § 174 InsO angemeldeten Forderungen ein. In das vom Insolvenzverwalter unter Zuhilfenahme der Geschäftspapiere und des Schuldners selbst[967] aufzustellende Gläubigerverzeichnis sind neben den (einfachen) Insolvenzgläubigern, die ihre Forderung nicht oder noch nicht angemeldet haben, auch die absonderungsberechtigten Gläubiger aufzunehmen, die keine persönlichen Ansprüche gegen den Schuldner erheben (können). Denn das Gläubigerverzeichnis dient wie das Masseverzeichnis der Vermittlung eines möglichst vollständigen Überblicks über die vorhandenen Verbindlichkeiten und das für die Gläubigerbefriedigung zur Verfügung stehende Vermögen.[968] Deshalb sollten bei der Registrierung der Verbindlichkeiten auch etwaige Mitverpflichtete oder Regresspflichtige beachtet werden. 585

Die Gläubiger sind mit Namen, Anschrift, Grund und Betrag ihrer Forderungen anzugeben und nach § 152 Abs. 2 Satz 1 InsO in verschiedenen Gruppen zu kategorisieren, und zwar als Insolvenzgläubiger nach § 38 InsO, nachrangige Insolvenzgläubiger nach § 39 InsO sowie absonderungsberechtigte Gläubiger. Bei den absonderungsberechtigten Gläubigern, denen der Schuldner auch persönlich haftet und die insoweit quotale Befriedigung verlangen können, als sie bei der abgesonderten Befriedigung ausfallen (vgl. § 52 InsO), ist der Ausfall zu schätzen und in das Verzeichnis aufzunehmen. Ferner ist bei den absonderungsberechtigten Gläubigern der Gegenstand, an dem das Absonderungsrecht besteht, zu bezeichnen. Nach § 152 Abs. 3 InsO ist das Gläubigerverzeichnisses um die Angabe der Aufrechnungslagen zu vervollständigen. Denn die Aufrechnungsbefugnis gibt dem Aufrechnenden ein Recht zur abgesonderten Befriedigung an der eigenen Forderung, was es erforderlich macht, es einem Absonderungsrecht entsprechend zu beachten. Die Höhe der Masseverbindlichkeiten, die bei der Verfahrenseröffnung noch nicht feststeht, ist vom Verwalter zu schätzen.[969] Die Auskunfts- und Mitwirkungspflichten des Schuldners bzw. der organschaftlichen Vertreter zur Aufstellung des Gläubigerverzeichnisses ergeben sich aus §§ 97, 101 InsO. 586

---
967 OLG Celle v. 13.03.1973 – 8 W 67/73, KTS 1973, 200.
968 Amtliche Begründung zu § 171 RegE-InsO, BT-Drucks. 12/2443, 171.
969 Amtliche Begründung zu § 171 RegE-InsO, BT-Drucks. 12/2443, 171.

587 Unter Verwendung des Masse- und Gläubigerverzeichnisses hat der Insolvenzverwalter auf den Zeitpunkt der Eröffnung des Insolvenzverfahrens eine geordnete Vermögensübersicht anzufertigen, in der die Gegenstände der Insolvenzmasse und die Verbindlichkeiten des Schuldners aufgeführt und einander gegenübergestellt werden. Die Werte der Massegegenstände sind analog § 151 Abs. 2 InsO einzustellen, die Verbindlichkeiten sind nach Maßgabe der § 152 Abs. 2 Satz 1 InsO zu gliedern. Da das Gesetz in § 153 Abs. 1 Satz 1 InsO von einer „geordneten Übersicht" spricht, können die Vermögensgegenstände und Verbindlichkeiten ähnlich einer Bilanz zusammengefasst und gespiegelt werden[970], wobei die handels- und steuerrechtlichen Bilanzvorschriften den Verwalter nicht binden, aber ein Leitbild sein können. Jedenfalls muss die Vermögensübersicht als Erkenntnisgrundlage für die zu fällenden Entscheidungen der Gläubiger über die weitere Gestaltung des Verfahrens eine rasche Beurteilung der Vermögenslage erlauben und Aufschluss über die zu erwartenden Quote geben.[971] Deshalb verbieten sich auch hier Buchwerte oder dergleichen; es sind die im Masseverzeichnis anzugebenden Werte in die Vermögensübersicht zu übernehmen. Gemäß § 153 Abs. 2 InsO kann das Insolvenzgericht auf Antrag des Verwalters oder eines Gläubigers dem Schuldner nach Aufstellung des Vermögensübersicht aufgeben, die Vollständigkeit eidesstattlich zu versichern. Angesichts der besonderen Bedeutung der Vermögensübersicht für den Erfolg des Insolvenzverfahrens beinhaltet die Norm des § 153 Abs. 2 InsO ein spezielles Verfahren zur Abgabe der eidesstattlichen Versicherung des Schuldners, um auf ihre Richtigkeit und Vollständigkeit hinzuwirken. Deswegen kann der Schuldner die Abgabe der eidesstattlichen Versicherung nicht mit dem Hinweis auf die Unrichtigkeit oder Unvollständigkeit der vom Insolvenzverwalter angefertigten Vermögensübersicht verweigern; er ist vielmehr zur Korrektur und Vervollständigung nach seinem Erkenntnishorizont gehalten, um das gesetzgeberische Ziel, eine den tatsächlichen Verhältnissen entsprechende Vermögensübersicht den Gläubigern vorlegen zu können, zu verwirklichen.[972]

588 Das Verzeichnis der Massegegenstände, das Gläubigerverzeichnis und die Vermögensübersicht dienen der Unterrichtung der am Verfahren beteiligten Personen zur Vorbereitung des Berichtstermins nach § 156 InsO. Deshalb sind das Masseverzeichnis, das Gläubigerverzeichnis sowie die Vermögensübersicht spätestens eine Woche vor dem Berichtstermin in der Geschäftsstelle des Insolvenzgerichts zur Einsicht der Beteiligten niederzulegen (§ 154 InsO). Zugleich stellen diese Verzeichnisse die konkrete Art dar, wie der Insolvenzverwalter Auskunft zu geben hat. In die Verzeichnisse können Vorläufigkeitsvermerke aufgenommen werden. Ein Anspruch auf Übersendung der Verzeichnisse ist nach dem Wortlaut des Gesetzes ausgeschlossen.

---

970 *Möhlmann*, Die Ausgestaltung der Masse- und Gläubigerverzeichnisse sowie der Vermögensübersicht nach neuem Insolvenzrecht, DStR 1999, 163, 168; amtliche Begründung zu § 172 RegE-InsO, BT-Drucks. 12/2443, 172.
971 BGH, B. v. 21.10.2010 – IX ZB 24/10, ZIP 2010, 2306.
972 RegE-InsO, BT- Drucks 12/2443, 172; BGH, B. v. 21.10.2010 – IX ZB 24/10, ZIP 2010, 2306 unter Hinweis auf Rechtsprechung und Kommentierungen zur Rechtslage nach der KO.

3.3 Freigabe

Der Übergang der Verwaltungs- und Verfügungsbefugnis über das schuldnerische Vermögen nach § 80 Abs. 1 InsO gibt dem Insolvenzverwalter zugleich die Freiheit, massezugehörige Gegenstände freizugeben. In der Insolvenzordnung finden sich nur an zwei Stellen Hinweise auf das Recht des Insolvenzverwalters zur Freigabe: Für die Insolvenz natürlicher Personen existiert mit § 35 Abs. 2 Satz 1 InsO eine ausdrückliche Vorschrift über eine Freigabebefugnis des Insolvenzverwalters. Daneben kann § 32 Abs. 3 InsO entnommen werden, dass Massegegenstände vom Insolvenzverwalter freigegeben werden dürfen. Die Legitimation hierfür, von der auch der Gesetzgeber ausgeht[973], liegt auf der Hand. Wenn zur Masse Gegenstände gehören, die wertlos sind oder nur den zu erwartenden Veräußerungserlös übersteigende Kosten verursachen, besteht für die Gläubiger ein rechtlich schutzwürdiges Interesse an der Freigabe dieser Gegenstände. Sowohl der BGH[974] als auch das BVerwG[975] sehen deshalb den Insolvenzverwalter als berechtigt an, in Insolvenzverfahren über das Vermögen natürlicher und juristischer Person sowie Gesellschaften ohne Rechtspersönlichkeit einzelne Gegenstände aus der Masse freizugeben. Sie rechtfertigen das Freigaberecht mit dem Ziel des Insolvenzverfahrens, die Gläubiger des Schuldners gemeinschaftlich bestmöglich durch Verwertung seines Vermögens und Verteilung des Erlöses zu befriedigen.[976] Deshalb bestünde regelmäßig dort ein rechtlich schutzwürdiges Bedürfnis, dem Verwalter die Möglichkeit der Freigabe einzuräumen, wo zur Masse Gegenstände gehören, die wertlos sind oder Kosten verursachen, welche den zu erwartenden Veräußerungserlös womöglich übersteigen. Insbesondere wertausschöpfend belastete oder erheblich kontaminierte Grundstücke können hierunter fallen. Denn es wäre mit dem Zweck der Gläubigerbefriedigung nicht zu vereinbaren, wenn der Insolvenzverwalter in solchen Fällen gezwungen wäre, Gegenstände, die nur noch geeignet sind, das Schuldnervermögen zu schmälern, allein deshalb in der Masse zu behalten, weil sie anfangs dazu gehörten.

Die Freigabe erfolgt durch einseitige empfangsbedürftige Willenserklärung des Insolvenzverwalters gegenüber dem Insolvenzschuldner. Die Freigabeerklärung ist grundsätzlich nicht formbedürftig[977], sie kann also mündlich, textlich (§ 126b BGB), schriftlich, durch schlüssiges Verhalten oder in notarieller Urkunde erklärt werden. Aus Gründen der Beweismittelvorsorge erklärt der (vorläufige) Insolvenzverwalter die Freigabe nicht mündlich, sondern in schriftlicher Form. Denn mit der Freigabe sind womöglich beacht-

---

973 Amtliche Begründung zu Art. 1 Nr. 12, BT-Drucks. 1672/51 für ein Gesetz zur Vereinfachung des Insolvenzverfahrens.
974 BGH, Urt. v. 26.01.2006 – IX ZR 282/03, ZInsO 2006, 260; BGH, Urt. v. 02.02.2006 – IX ZR 46/05, ZIP 2006, 583; BGH, Urt. v. 21.04.2005 – IX ZR 281/03, DZWIR 2005, 387; BGH Urt. v. 05.07.2001, – IX ZR 327/99, ZIP 2001, 1469.
975 BVerwG, Urt. v. 23.09.2004 – 7 C 22.03, DZWIR 2005, 25.
976 Vgl. amtliche Begründung zum RegE-InsO, BT-Drucks.12/2443, S. 108.
977 BGH, Urt. v. 24.07.2003 – IX ZR 333/00, WM 2003, 1948.

liche Steuerfolgen verbunden. Nach Auffassung des BFH[978] führt die Freigabe sicherungsübereigneter Gegenstände zu einem steuerbaren und steuerpflichtigen Umsatz und damit zur Entstehung einer Umsatzsteuerverbindlichkeit. Diese Umsatzsteuer ist unter Umständen nach § 55 Nr. 1 InsO Masseschuld; erfolgt die Freigabe aber vor Verfahrenseröffnung, wird die später bei Verwertung des Sicherungsgutes anfallende Umsatzsteuer einfache Insolvenzforderung. Wäre die Freigabe vor Eröffnung des Verfahrens nicht beweisbar, besteht die Gefahr, dass das Finanzamt die Freigabe vor Verfahrenseröffnung als nicht erwiesen ansieht und bei der Verwertung des Sicherungsguts (durch den Schuldner oder Sicherungsnehmer) die Umsatzsteuer als Masseschuld festsetzt. Diese Festsetzung kann noch nach Beendigung des Insolvenzverfahrens erfolgen und zu einer persönlichen Inanspruchnahme des Verwalters führen (vgl. § 69 AO).

591 Eine notariell beurkundete Freigabeerklärung wird erforderlich sein, wenn die Aufhebung oder die Veränderung eines Rechts formbedürftig ist, wie im Grundbuchverkehr nach §§ 19, 29 GBO. Wegen des ihm nach § 32 Abs. 2 Satz 2 InsO zugebilligten Rechts zur Stellung von Eintragungsanträgen beim Grundbuchamt, kann er die öffentlich beglaubigte Freigabemitteilung direkt dorthin richten. Der Erklärungsempfänger muss die öffentlich beglaubigte Ausfertigung der Urkunde erhalten.[979] Wegen der Kostenlast sollte der Verwalter den Antrag beim Grundbuchamt nur in Ausnahmefällen selbst stellen; besser ist es, wenn er die dem Empfänger ohnehin in notariellen Form zu übergebende Freigabeerklärung überlässt, damit dieser selbst den Eintragungsantrag stellt. Alternativ besteht nach § 32 Abs. 3 InsO die Möglichkeit, das Insolvenzgericht zu ersuchen, für ihn und das Gericht kostenneutral beim zuständigen Registergericht oder Grundbuchamt den Vollzug der Freigabe zu bewirken.

592 Die Freigabeerklärung ist gegenüber dem Schuldner und bei juristischen Personen oder bei insolvenzfähigen Rechtssubjekten ohne eigene Rechtspersönlichkeit (Personengesellschaften) gegenüber den jeweils zur Vertretung berufenen Personen abzugeben.[980] Auf den Zugang kann nicht verzichtet werden, da die Freigabeerklärung als einseitige Willenserklärung zwingend empfangsbedürftig ist, um Rechtswirkungen auszulösen. Deshalb empfiehlt sich, die Freigabeerklärung nicht nur einfach schriftlich, sondern gegen Empfangsbekenntnis, am sichersten durch förmliche Zustellung zu bewirken (§ 132 BGB). Sind die Empfänger nicht erreichbar, kann die öffentliche Zustellung der Freigabeerklärung nach § 203 ZPO beantragt werden. Da es für die Rechtswirksamkeit der Freigabeerklärung auf deren Zugang beim Erklärungsempfänger ankommt, haben ein späterer Widerruf gemäß § 130 Abs. 1 Satz 2 BGB oder eine Irrtumsanfechtung nach den §§ 119 ff. BGB regelmäßig kaum Aussicht auf Erfolg. Als einseitige empfangsbedürftige Willenserklärung ist die Freigabeerklärung zugleich bedingungsfeindlich: sie kann nicht

---

978 BFH v. 19.07.2007 – V B 222/06, BStBl. 2008 II, 163; BFH v. 04.06.1987 – V R 57/79, ZIP 1987, 1134; vgl. auch BMF-Schreiben v. 01.10.2010, IV D 3 – S 7015/10/10002 (Umsatzsteuer-Anwendungserlass).
979 BayVGH, B. v. 11.12.1979 – 118 VIII/76, KTS 1983, 462, 467 f. m. Anm. *Kölsch*.
980 BGH, Urt. v. 07.12.2006 – IX ZR 161/04, NZI 2007, 173.

befristet[981] oder mit Bedingungen versehen einseitig erklärt werden. Der Verwalter kann jedoch mit dem anderen Teil die Freigabe unter bestimmten Bedingungen *vereinbaren*, zum Beispiel, dass er eine Erlösbeteiligung vorbehält. Alternativ kommt die Ermächtigung des Schuldners zum Einzug massezugehöriger Forderungen und zur damit verbundenen Prozessführung im Wege der gewillkürten Prozessstandschaft für den Verwalter in Betracht[982]. Einen Rechtsanspruch darauf, dass der Insolvenzverwalter Vermögensgegenständen aus der Insolvenzmasse freigibt, haben Schuldner und Dritte freilich nicht.

Der Verwalter kann jeden Gegenstand aus der Soll-Masse freigeben. Insbesondere sind freizugeben wertlose Vermögensgegenstände, wie uneinbringliche Forderungen, wertlose Anlagen oder Vermögenswerte in Ländern, die deutsche inländische Insolvenzverfahren mit der Folge nicht anerkennen, dass nur der Schuldner selbst diese Werte zur Masse ziehen könnte. Aus der Berechtigung zur Freigabe kann dem Insolvenzverwalter eine insolvenzspezifische Pflicht zur Freigabe erwachsen, wenn einzelne Vermögensbestandteile für die Masse (finanziell) schädliche Konsequenzen haben könnten. Hier ist insbesondere an wertlose, mit Grundpfandrechten über den Wert hinaus belastete und mit hochgiftigen Abfällen und Bodenverunreinigungen versehene Grundstück zu denken, zu deren immissionsschutz- und abfallrechtlichen Sanierung der Verwalter infolge behördlicher Anordnungen herangezogen werden kann. Folge der Freigabe ist, dass der Insolvenzbeschlag erlischt und der Schuldner die Verfügungsbefugnis zurück erhält; weitere Folge ist, dass ein nach § 240 ZPO eingetretene Unterbrechung eines Verfahren endet, wenn der Verwalter die Freigabe des vom Schuldner rechtshängig gemachten Anspruchs erklärt.[983] Gibt ein Insolvenzverwalter oder Treuhänder einen dem Schuldner gehörenden Gegenstand aus der Insolvenzmasse frei, unterliegt dieser als sonstiges Vermögen des Schuldners gleichwohl weiter dem Vollstreckungsverbot des § 89 Abs. 1 InsO.[984]

593

Vor dem Hintergrund des zur Insolvenzmasse gehörenden Neuerwerbs wird der Insolvenzverwalter durch § 35 Abs. 2 Satz 1 InsO ferner ermächtigt, Vermögen, welches der Schuldner aus nach Verfahrenseröffnung ausgeübter Tätigkeit erlangt, freizugeben. Sinn und Zweck der Regelung liegt darin, den Schuldner zu einer selbstständigen Erwerbstätigkeit zu motivieren und zugleich eine Gefährdung der Masse zu verhindern. Nicht selten versuchen Schuldner, die vor der Eröffnung des Verfahrens eine selbstständige Tätigkeit ausgeübt hatten, diese Tätigkeit mit oder ohne Kenntnis oder Duldung des Insolvenzverwalters fortzusetzen oder eine neue Tätigkeit zu beginnen. Dieses legitime Interesse des Schuldners an der Schaffung einer neuen wirtschaftlichen Existenz durch Fortsetzung oder Neuaufnahme einer gewerblichen oder freiberuflichen Tätigkeit gilt es, für die Gläubiger fruchtbar zu

594

---

981 BGH, Urt. v. 07.12.2006 – IX ZR 161/04, NZI 2007, 173.
982 BGH, Urt. v. 19.03.1987 – III ZR 2/86, ZIP 1987, 793 m. Anm. *Marotzke*, EWiR § 51 ZPO, Heft 1, 1987, 725.
983 BGH, Urt. v. 21.04.2005 – IX ZR 281/03, DZWIR 2005, 387.
984 BGH, B. v. 12.02.2009 – IX ZB 112/06, DZWiR 2009, 333; vgl. aber auch BGH, Urt. v. 14.01.2010 – IX ZR 93/09, DZWiR 2010, 244.

machen; es bringt aber auch ein Problem mit sich. Die Einkünfte, die ein selbstständig tätiger Schuldner nach der Insolvenzeröffnung erzielt, gehören als Neuerwerb in vollem Umfang ohne Abzug für beruflich bedingte Ausgaben zur Insolvenzmasse.[985] Mit anderen Worten: nicht nur der Gewinn fällt in die Insolvenzmasse, sondern die gesamten Einnahmen, da die Vergütungsansprüche gegen Dritte nicht als wiederkehrend zahlbare Vergütungen für persönlich geleistete Arbeiten oder Dienste im Sinne von § 850i ZPO anzusehen sind. Um deswegen die selbstständig tätigen Schuldner nicht in die Illegalität zu verlieren und ihnen die Perspektive einer selbstständigen Tätigkeit außerhalb des Insolvenzverfahrens zu eröffnen, ist der Insolvenzverwalter nach § 35 Abs. 2 Satz 1 InsO berechtigt, die „Freigabe" des Vermögens zu erklären, welches einschließlich der dazu gehörenden Vertragsverhältnisse der fortgesetzt oder neu ausgeübten selbstständigen Tätigkeit gewidmet ist.[986]

595   Die Option der Freigabe ist unter einem weiteren wichtigen Gesichtspunkt zu sehen: Der Insolvenzverwalter hat typischerweise ein Interesse daran, den durch eine selbstständige Tätigkeit erzielten Neuerwerb für die Masse zu vereinnahmen. Er ist jedoch nicht daran interessiert, die Masse mit durch den Neuerwerb in vielfältiger Form begründeten Verbindlichkeiten zu belasten. Von Bedeutung ist für die Beteiligten mithin, wie sich die nach Verfahrenseröffnung fortgesetzte oder neu aufgenommene selbstständige Tätigkeit des Schuldners wegen der damit einzugehenden Verbindlichkeiten auf das Insolvenzverfahren auswirkt. Nach Auffassung des BFH[987] gehören beispielsweise diejenigen Umsatzsteuerverbindlichkeiten, die dadurch begründet werden, dass der Schuldner während des über sein Vermögen eröffneten Insolvenzverfahrens eine neue selbstständige Erwerbstätigkeit aufnimmt und in deren Rahmen er durch seine Arbeit sowie mit Hilfe von nach § 811 Nr. 5 ZPO unpfändbaren Gegenständen steuerpflichtige Leistungen erbringt, nicht zu den nach § 55 Abs. 1 Nr. 1 InsO zu zählenden Masseschulden. Vermag abgesehen davon der nach Eröffnung des Insolvenzverfahrens selbstständig tätige Schuldner die aus seiner selbstständigen Tätigkeit herrührenden Verbindlichkeiten nicht zu erfüllen, haben die sogenannten Neugläubiger – also die Gläubiger, die nach Verfahrenseröffnung mit dem Schuldner Geschäftsbeziehungen eingegangen sind – grundsätzlich kein rechtlich geschütztes Interesse an der Eröffnung eines weiteren Insolvenzverfahrens, solange das (erste) Insolvenzverfahren nicht abgeschlossen ist.[988] Denn für ein weiteres Insolvenzverfahren ist deshalb kein Raum, weil das gesamte vom Schuldner nach Eröffnung des Insolvenzverfahrens erworbene Vermögen einschließlich aller Einkünfte aus einer selbstständigen Tätigkeit gemäß § 35 Abs. 1 InsO in die Insolvenzmasse des bereits eröffneten Verfahrens fällt und dem Schuldner nur das unpfändbare Vermögen (§ 36 InsO) bleibt, welches jedoch nicht Grundlage eines weiteren Insolvenzverfahrens

---

985 BGH, B. v. 20. 03. 2003 – IX ZB 388/02, NZI 2003, 390.
986 Amtliche Begründung für ein Gesetz zur Vereinfachung des Insolvenzverfahrens, BT-Drucks. 16/3227, S. 17.
987 BFH, Urt. v. 07. 04. 2005 – V R 5/04, ZIP 2005, 1376.
988 BGH, B. v. 03. 07. 2008 – IX ZB 182/07, NZI 2008, 609; BGH, B. v. 18. 05. 2004 – IX ZB 189/03, WM 2004, 1589.

sein kann.[989] Den Neugläubigern böte sich damit keine Haftungsmasse. Anders ist es aber, wenn den Neugläubigern infolge einer auf § 35 Abs. 2 InsO gestützten Freigabe die durch die selbstständige Tätigkeit des Schuldners erzielten Einkünfte und das insoweit freigegebene Vermögen, welches der selbstständigen Tätigkeit gewidmet ist, zur Verfügung steht. Handelt es sich hierbei um pfändbares Vermögen, gibt es insoweit eine „neue" Haftungsmasse, die nur der Befriedigung der Neugläubiger dient, so dass auch ein gesondertes zweites Insolvenzverfahren rechtlich möglich ist.[990]

Duldet hingegen der Insolvenzverwalter die Aufnahme oder Fortführung einer gewerblichen Tätigkeit durch den Insolvenzschuldner und macht er von dem ihm nach § 35 Abs. 2 InsO eingeräumten Freigaberecht keinen Gebrauch, werden die durch den Neuerwerb begründeten Verbindlichkeiten zu Masseverbindlichkeiten, wobei es unbeachtlich ist, ob der Schuldner diese Verbindlichkeiten mittels nach § 811 Abs. 1 Nr. 5 ZPO unpfändbarer Gegenstände begründete. Damit wird deutlich, dass die nach § 35 Abs. 2 Satz 1 InsO zu treffende Entscheidung und abzugebende Erklärung eine insolvenzspezifische Pflicht des Insolvenzverwalters im Sinne des § 60 Abs. 1 InsO ist, deren Verletzung zu Schadenersatzansprüchen der Gläubiger gegen den Verwalter führen kann. Der Insolvenzverwalter hat für diese Entscheidung abzuwägen, ob der Behalt des Neuerwerbs in der Masse für diese vorteilhaft ist. Er muss genau prüfen, ob und in welchem Umfang er den Neuerwerb, den der Schuldner erzielt, freigibt. Nach den Buchstaben des Gesetzes ist eine teilweise Freigabe des Netto-Neuerwerbs des Schuldners möglich, so dass zum Beispiel ein bestimmter monatlicher oder vierteljährlicher Geldbetrag aus den Umsatzerlösen zur Masse gezogen werden kann. Gegenüber einer vollständigen Freigabe der für die selbstständige Tätigkeit erforderlichen Gegenstände kann die teilweise Freigabe den Vorzug haben, dass die massezugehörigen Vermögensgegenstände der Verwertungsbefugnis der (Alt-) Gläubiger nicht vollständig entzogen werden, was bei einem (erneuten) Scheitern der selbstständigen Erwerbstätigkeit von Interesse sein kann.[991] Zugleich will der Gesetzgeber mit §§ 35 Abs. 2 Satz 2, 295 Abs. 2 InsO die Gleichbehandlung der selbstständig tätigen und der abhängig beschäftigten Schuldnern fördern, indem es dem selbstständig tätigen Schuldner obliegt, die Insolvenzgläubiger durch Zahlungen an den Insolvenzverwalter so zu stellen, wie wenn er ein angemessenes Dienstverhältnis eingegangen wäre. Damit lassen sich die mit der Beurteilung des wirtschaftlichen Erfolges und der mit der Ermittlung des Gewinns aus der selbstständigen Tätigkeit verbundenen Probleme ohne großen Verwaltungs- und Kontrollaufwand lösen.

Auf Antrag des Gläubigerausschusses oder, wenn ein solcher nicht bestellt ist, der Gläubigerversammlung ordnet das Insolvenzgericht gemäß § 35 Abs. 2 Satz 3 InsO die Unwirksamkeit der Freigabeerklärung des Insolvenzverwalters nach § 35 Abs. 2 Satz 1 InsO an. Hierdurch sollen die Rechte der Gläubiger gewahrt werden können. Deshalb ist der Insolvenzverwalter nach § 35 Abs. 3 Satz 1 InsO verpflichtet, seine Freigabeerklärung dem Gericht

---

989 BGH, B. v. 09.06.2011 – IX ZB 175/10, ZInsO 2011, 1349.
990 BGH, B. v. 09.06.2011 – IX ZB 175/10, ZInsO 2011, 1349.
991 Smid/Leonhardt, in: Leonhardt/Smid/Zeuer, InsO § 35 Rz. 41.

gegenüber anzuzeigen. Die in § 35 Abs. 3 Satz 2 InsO vorgesehene öffentliche Bekanntmachung der Freigabeerklärung hat für den Insolvenzverwalter die Bedeutung, den Nachweis führen zu können, hinsichtlich des Vermögens aus der selbstständigen Tätigkeit endgültig und unbedingt auf seine Verwaltungs- und Verfügungsbefugnis verzichtet zu haben.[992] Die öffentliche Bekanntmachung informiert den Geschäftsverkehr, dass die Insolvenzmasse nicht für die Verbindlichkeiten aus der selbstständigen Tätigkeit des Schuldners haftet. Das Insolvenzgericht sorgt über das länderübergreifende elektronische Informations- und Kommunikationssystem für die öffentliche Bekanntmachung gemäß § 9 InsO im Internet unter www.insolvenzbekanntmachungen.de.

3.4 Aufnahme von Aktiv- und Passivprozessen

598 Zu den Verwaltungsaufgaben des Insolvenzverwalters gehört das Führen von Aktiv- und Passivprozessen nach §§ 85, 86 InsO. Durch die Eröffnung des Insolvenzverfahrens tritt kein Wechsel in der Inhaberschaft des beschlagnahmten Vermögens ein; der Schuldner bleibt nach wie vor materiell mit seinen Ansprüchen berechtigt und mit seinen Verbindlichkeiten verpflichtet. Mit dem Übergang der Verwaltungs- und Verfügungsbefugnis auf den Insolvenzverwalter endet aber seine Prozessführungsbefugnis hinsichtlich der Masse. Unabhängig davon, ob der Schuldner bislang auf der Aktiv- oder Passivseite stand, werden anhängige Erkenntnisverfahren aller Art nach § 240 ZPO[993] unterbrochen, womit verhindert werden soll, dass der Schuldner nach Verfahrenseröffnung noch auf diese Prozesse Einfluss nimmt. Dies gilt auch in den Fällen, in denen der Schuldner als mit Eigeninteresse agierender Prozessstandschafter handelte.

599 Nach § 85 Abs. 1 Satz 1 InsO kann der Insolvenzverwalter Rechtsstreitigkeiten über das zur Insolvenzmasse gehörende Vermögen, die zur Zeit der Eröffnung des Insolvenzverfahrens für den Schuldner anhängig sind, als Aktivprozesse in der Lage aufnehmen, in der sie sich befinden. Der Insolvenzverwalter kann dabei das Verfahren in jeder Lage des Verfahrens aktivieren, gleich ob der Prozess soeben erst seinen Anfang nahm oder weit fortgeschritten ist, eine Beweisaufnahme bereits erfolgte, der Rechtsstreit sich im Rechtsbehelfsverfahren befindet oder – bis zum Eintritt der formellen Rechtskraft – eine verfahrensabschließende Entscheidung getroffen wurde. Er muss aber den Prozess in der Lage fortsetzen, in dem er sich bei Verfahrensunterbrechung befindet; er ist an die bisherige Prozessführung des Schuldners gebunden, weshalb er alle Prozesshandlungen, insbesondere Anerkenntnisse, Geständnisse, Verzichtserklärungen sowie etwaige Frist- und Terminversäumnis hinnehmen muss. Er kann aber nach §§ 129, 132 InsO Rechtshandlungen und rechtlich relevante Unterlassungen anfechten, wenn durch sie

---

992 BGH, B. v. 20.03.2003 – IX ZB 388/02, NZI 2003, 390.
993 BGH, B. v. 14.08.2008 – VII ZB 3/08, DZWiR 2008, 524; BGH, B. v. 29.06.2005 – XII ZB 195/04, NZI 2006, 128; wegen §§ 88 ff. InsO anders bei Zwangsvollstreckungsverfahren in Bezug auf Pfändungsmaßnahmen und auf das Verfahren zur Erteilung der Vollstreckungsklausel: BGH, B. v. 28.03.2007 – VII ZB 25/05, BGHZ 172, 16; BGH, B. v. 12.12.2007 – VII ZB 108/06, NJW 2008, 918.

der Schuldner ein Recht verlor oder nicht mehr geltend machen kann. Über die Aufnahme des Verfahrens hat der Verwalter deshalb nach pflichtgemäßem Ermessen unter Beachtung der Ziele des Insolvenzverfahrens zu entscheiden.

Die Verfahrensaufnahme erfolgt durch den Insolvenzverwalter gemäß § 250 ZPO mittels bestimmenden und an den Gegner zuzustellenden Schriftsatzes, aus dem sich die Absicht des Verwalters ergibt, den Prozess aufzunehmen.[994] Ein Mangel hieran wird durch rügeloses Einlassen der Gegenseite geheilt. Mit der Zustellung des das Verfahren aktivierenden Schriftsatzes beim Gegner wird die Aufnahme wirksam. Hat das Gericht bereits eine rechtzugbeendende Entscheidung (z. B. Endurteil) getroffen, welches aber noch nicht formell rechtskräftig ist, ist die Aufnahme gegenüber dem Gericht zu erklären, dessen Entscheidung angefochten werden soll, während das Rechtsmittel bei dem Gericht einzulegen ist, welches nach der jeweiligen Verfahrensordnung hierfür anzurufen ist. Die Aufnahme kann nach Vollmachterteilung durch den Prozessbevollmächtigten des Insolvenzverwalters erklärt werden.

600

Mit der Aufnahme des Prozesses verfügt der Verwalter über alle prozessualen Handlungsmöglichkeiten. Er kann den Prozess grundsätzlich so führen, wie er ihn in Ausübung seines Amtes für sinnvoll hält. Insbesondere kann er alle Angriffs- und Verteidigungsmittel vorbringen, die dem Schuldner aufgrund der Prozesslage zugestanden haben, er kann die Klage ändern (§ 264 ZPO) oder zurücknehmen (§ 269 ZPO), die Klage objektiv und subjektiv erweitern, Rechtsbehelfe und -mittel einlegen, das Verfahren durch Prozessvergleich beenden oder die Erledigung des Rechtsstreits in der Hauptsache erklären (§ 91a ZPO). Beendet der Verwalter den Prozess durch eine der genannten Erklärungen ohne Urteil, endet damit auch die Rechtshängigkeit mit Wirkung für und gegen den Schuldner. Aber auch alle anderen Prozesshandlungen und Verfahrensentwicklungen eines „regulären" Prozess sind möglich.[995] Die Kosten des vom Verwalter aufgenommenen Aktivprozesses stellen Masseverbindlichkeiten nach § 55 Abs. 1 Nr. 1 InsO dar, und zwar aufgrund des Grundsatzes der Einheit der Kostenentscheidung auch für die vor Aufnahme angefallenen Kosten.[996]

601

Nimmt der Verwalter den Rechtsstreit nicht auf, können nach § 85 Abs. 2 InsO sowohl der Schuldner als auch der Gegner den Rechtsstreit reaktivieren. Eine besondere Form der Erklärung über die Ablehnung der Prozessaufnahme sieht nach § 85 Abs. 2 InsO nicht vor, weshalb der Verwalter sie mündlich oder schriftlich abgeben kann. Neben ausdrücklicher Erklärung kommt schlüssiges Verhalten[997] gegenüber dem Prozessgericht und außergerichtlich gegenüber dem Gegner in Betracht. Mit der Ablehnung bringt der Insolvenzverwalter zum Ausdruck, dass die Masse an dem streitbefangenen Recht nicht mehr interessiert ist, womit die Ablehnung der Aufnahme

602

---

994 BGH, B. v. 09.12.1998 – XII ZB 148/98, ZIP 1999, 75.
995 Vgl. OLG Frankfurt/M., Urt. v. 16.03.1999 – 5 U 191/98, NZI 1999, 366.
996 OLG Hamburg, B. v. 13.05.1974 – 8 W 79/74, JurBüro 1974, 904.
997 BGH, Urt. v. 24.07.2003 – IX ZR 333/00, WM 2003, 1948.

regelmäßig einer Freigabe des streitbefangenen Rechts gleichkommt[998] und der Schuldner dadurch die Prozessführungsbefugnis zurückerhält. Der Schuldner oder der Gegner können nach der Ablehnung durch den Verwalter den Prozess fortsetzen; obsiegt sodann der Schuldner, bleibt der erstrittene Gegenstand beschlagnahmefrei, verliert er indes, sind die Prozesskosten weder Masseverbindlichkeiten noch Insolvenzforderungen. Etwas anderes als eine Freigabe kann sich allerdings aus den Umständen ergeben, insbesondere wenn die Auslegung der Erklärung des Verwalters ergibt, das streitige Recht gleichwohl nicht aus der Masse freigeben zu wollen, etwa wenn die Erklärung, den Prozess (zunächst) nicht aufnehmen zu wollen, mit dem Angebot auf ein *pactum de non petendo* verbunden ist.[999] Entfällt der Massebezug des streitigen Rechts während des Insolvenzverfahrens, ohne dass der Insolvenzverwalter die Freigabe erklärt hat, ist die Unterbrechung des Rechtsstreits nicht automatisch beendet; es bedarf der Aufnahme nach den für das Insolvenzverfahren geltenden Vorschriften.[1000] Wird die Aufnahme des Verfahrens nach Ablauf einer angemessenen Zeit durch den Verwalter verzögert, so gilt es über § 85 Abs. 1 Satz 2 InsO das in § 239 Abs. 2 bis 4 ZPO beschriebene Verfahren zu beschreiten, womit die Fortsetzung des Prozesses erzwungen werden kann.

603 Anders ist die Rechtslage hinsichtlich der Passivprozesse, die vor Verfahrenseröffnung gegen den Schuldner angestrengt waren. Zwar können auch diese Verfahren sowohl vom Insolvenzverwalter als auch vom Gegner aufgenommen werden, allerdings nach § 86 Abs. 1 InsO nur, wenn sie die Aussonderung eines Gegenstands aus der Insolvenzmasse, die abgesonderte Befriedigung oder eine Masseverbindlichkeit betreffen. Der auch Teilungsmassestreit genannte Passivprozess des § 86 InsO ist sauber vom Verfahren der Forderungsverfolgung durch den einfachen oder nachrangigen Insolvenzgläubiger zu trennen,[1001] denn nach § 87 InsO können Insolvenzgläubiger ihre Forderungen nur nach den Vorschriften der §§ 174 ff. InsO verfolgen (Schuldenmassestreit). Nur wenn der (spätere) Schuldner vom Kläger mit der Behauptung eines Rechts prozessual in Anspruch genommen wird, welches dem Kläger mit der Eröffnung des Insolvenzverfahrens ein Recht auf Aussonderung, abgesonderte Befriedigung oder Befriedigung aus der Masse als Massegläubiger[1002] einräumen würde, findet § 86 InsO Anwendung. Auf die vorherigen Parteirollen der Prozessparteien kommt es nicht an, auch wenn regelmäßig der Schuldner Beklagter oder Widerbeklagter gewesen sein wird. Überdies kann sich ein zunächst als Aktivprozess geführter Rechtsstreit in einen Passivprozess verwandeln, wenn eine zugunsten des Schuldners erstinstanzlich ausgeurteilte Leistung zwischenzeitlich vom Gegner erbracht

---

998 BGH, Urt. v. 07.12.2006 – IX ZR 161/04, NZI 2007, 173.
999 BGH, Urt. v. 27.11.1968 – VIII ZR 204/66, KTS 1969, 97, 99.
1000 BGH, Urt. v. 11.02.2010 – VII ZR 225/07, DZWiR 2010, 292.
1001 BGH, B. v. 27.10.2003 – II ZA 9/02, NJW-RR 2004, 136.
1002 Vgl. BGH, Urt. v. 18.03.2010 – I ZR 158/07, ZIP 2010, 948 zur analogen Anwendung des § 86 Abs. 1 Nr. 3 InsO bei einem gegen den Insolvenzschuldner gerichteten gesetzlichen Unterlassungsanspruch wegen Verletzung eines gewerblichen Schutzrechts des Klägers oder wegen eines Wettbewerbsverstoßes (Aufgabe von BGH, Urt. v. 21.10.1965 – Ia ZR 144/63, GRUR 1966, 218).

wurde und nach Aufhebung des erstinstanzlichen Urteils in der Rechtsmittelinstanz über ihre Rückerstattung gestritten wird (§ 717 Abs. 2 Satz 2 ZPO).[1003] Spiegelbildlich kann sich der erstinstanzliche Passivprozess in einen Aktivprozess kehren, wenn der Schuldner erstinstanzlich zur Leistung verurteilt worden ist, diese zunächst erbrachte und in der Berufungsinstanz darum gefochten wird, ob der Gläubiger die Leistung behalten oder in die Masse zurückzugewähren hat.

Auch der durch die Eröffnung des Insolvenzverfahrens unterbrochene Teilungsmassestreit kann sowohl durch den Verwalter als auch durch den Gegner aufgenommen werden. Die Aufnahme des Prozesses durch den Gegner kann sofort erfolgen, was den soeben bestellten Insolvenzverwalter schnell zu einer Reihe von Prozessen führen kann, wobei er durch die Vollstreckungsbeschränkung des § 90 Abs. 1 InsO etwas geschützt wird. Ebenso wie im Aktivprozess kann die Aufnahme des Passivprozesses nicht formlos erfolgen, sondern ist nach § 250 ZPO durch den Insolvenzverwalter mittels bestimmenden und an den Gegner zuzustellenden Schriftsatzes zu erklären, aus dem sich deutlich seine Absicht zur Prozessaufnahme ergibt.[1004] Lehnt der Insolvenzverwalter es ab, den Passivprozess aufzunehmen, kann die Erklärung in der Regel schon deshalb keine „Freigabe" des streitbefangenen Gegenstandes bedeuten, weil es um die Abwehr eines gegen die Masse gerichteten Anspruchs geht, die Masse also nicht Inhaberin des Anspruchs, sondern Anspruchsgegnerin ist.[1005] Nimmt der Gegner den Passivprozess nach § 86 Abs. 1 InsO zulässig auf, kann der Verwalter nach § 86 Abs. 2 InsO es vermeiden, dass die Verfahrenskosten der Masse als Masseverbindlichkeiten zur Last fallen, indem er den mit der Klage geltend gemachten Anspruch sofort mit der Kostenfolge des § 93 ZPO anerkennt; die Verfahrenskosten sind dann nur noch Insolvenzforderungen.

604

3.5 Handels- und steuerrechtliche Rechnungslegung

In Bezug auf die Insolvenzmasse ist es – ungeachtet der sich aus § 66 InsO ergebenden insolvenzrechtlichen Rechnungslegungspflicht – weitere Verwaltungsaufgabe des Insolvenzverwalters, die handels- und steuerrechtliche Rechnungslegungs- und Buchhaltungspflichten zu erfüllen, wie § 155 Abs. 1 InsO zeigt. Davon unberührt bleiben die übrigen handels- und steuerrechtlichen Pflichten des Schuldners. Soweit es die handelsrechtliche Rechnungslegungspflichten vorschreiben, hat der Insolvenzverwalter für die Masse gemäß §§ 238 ff. HGB einen vollständigen Jahresabschluss (Schlussbilanz sowie Gewinn- und Verlustrechnung gegebenenfalls mit Lagebericht und Anhang) auf den Tag vor der Eröffnung des Insolvenzverfahrens als abschließendes Rechenwerk der werbenden Gesellschaft aufzustellen, da mit der Eröffnung des Insolvenzverfahrens ein neues Geschäftsjahr beginnt (§ 155 Abs. 2 Satz 1 InsO). Hieran anknüpfend ist eine handelsrechtliche Eröffnungsbilanz, bezogen auf den Tag der Eröffnung des Insolvenzverfahrens,

605

1003 BGH, Urt. v. 12.02.2004 – V ZR 288/03, ZIP 2004, 769; BGH, Urt. v. 14.04.2005 – IX ZR 221/04, ZIP 2005, 952, 953.
1004 BGH, B. v. 09.12.1998 – VII ZB 148/98, ZIP 1999, 75.
1005 BGH, Urt. v. 07.12.2006 – IX ZR 161/04, NZI 2007, 173.

unter Beifügung eines erläuternden Berichts anzufertigen. Im weiteren sind die gesetzlich vorgeschriebenen handelsrechtlichen Zwischen- und Schlussbilanzen nebst Gewinn- und Verlustrechnungen, Anhänge und Lageberichte bis zum Abschluss des Insolvenzverfahrens zu besorgen, wobei die gesetzlich vorgesehenen rechtsform- und unternehmensgrößenbezogenen Erleichterungen bestehen. Die handelsrechtlichen Jahresabschlüsse sind im elektronischen Bundesanzeiger zu veröffentlichen. Während der Dauer des Insolvenzverfahrens sind etwaige Offenlegungs- und Prüfungspflichten zu beachten (§ 155 Abs. 3 InsO).

606 Neben den sich nach §§ 238 ff. HGB ergebenden kaufmännischen Buchführungspflichten sind die aus § 140 AO resultierenden steuerrechtlichen Buchführungspflichten vom Insolvenzverwalter zu erledigen. Mit § 251 Abs. 2 AO wird aber der Primat des Insolvenzrechts über das Steuerrecht angeordnet, womit die steuerlichen Verpflichtungen des Insolvenzverwalters nur soweit reichen, wie es die Erledigung der ihm obliegenden Aufgaben aus der Insolvenzordnung erfordert. Der Umfang der vom Insolvenzverwalter kraft seines Amtes zu erfüllenden Pflichten richtet sich beispielsweise danach, ob das Unternehmen fortgeführt oder stillgelegt wird. Der Insolvenzverwalter hat bezogen auf die Insolvenzmasse die steuerliche Buchführungspflichten nach §§ 140, 141 AO sowie die Steuererklärungspflichten des Schuldners durch Abgabe der gesetzlich vorgegebenen Steueranmeldungen und -erklärungen zu erfüllen, was freilich die Fortführung bzw. (Wieder-) Einrichtung einer geordneten Finanz- und Lohnbuchführung voraussetzt. Art und Umfang der anzufertigenden Gewinnermittlungen und einzureichenden Steuererklärungen orientieren sich nach der Rechtsform und betrieblichen Verfassung des Schuldners: so kommen Einkommensteuer-, Körperschaftsteuer-, Gewerbesteuer- und Umsatzsteuererklärungen in Betracht. Natürlich hat der Insolvenzverwalter alle weiteren nach den Steuer- und Zollvorschriften abzugebenden Erklärungen und Anmeldungen einzureichen, unrichtig erkannte Steuererklärungen im Sinne des § 153 AO (auch des Insolvenzschuldners) zu korrigieren sowie die steuerlichen Aufbewahrungspflichten zu beachten. Zudem ist der Insolvenzverwalter über das Vermögen einer Personenhandelsgesellschaft gegenüber den Gesellschaftern zur Vorlage der steuerlichen Jahresabschlüsse (gegebenenfalls gegen Erstattung der Kosten) verpflichtet.[1006] Ferner ist der Insolvenzverwalter Adressat etwaiger steuerlicher Außenprüfungen nach §§ 193 ff. AO sowie etwaiger Festsetzungen von Verspätungszuschlägen nach § 152 AO und Zwangsmitteln nach §§ 328 ff. AO.

1006 BGH, Urt. v. 16. 9. 2010 – IX ZR 121/09, DStR 2010, 2346.

Kapitel 5
Aussonderung

1. Geltendmachung massefremder Rechte: die Aussonderung

1.1 Funktion des Aussonderungsrechts

§ 47 Satz 1 InsO bestimmt, dass derjenige kein Insolvenzgläubiger ist, der aufgrund eines dinglichen oder persönlichen Rechts geltend machen kann, dass ein bestimmter Gegenstand nicht zur Insolvenzmasse gehört. Das Insolvenzverfahren lässt solche Rechte Dritter unberührt. Ausschließlich die Insolvenzmasse haftet den Insolvenzgläubigern eines Schuldners (sog. Soll-Masse).[1007] Nicht zur Insolvenzmasse gehören – wie die §§ 35, 36 Abs. 1 InsO zeigen – schuldnerfremde Gegenstände und pfändungsfreie Gegenstände des Schuldners.

607

Voraussetzung der Aussonderung ist das Vorliegen eines Sondervermögens, das von der den Insolvenzgläubigern haftenden Masse unterschieden werden kann und muss.[1008] Der Wortlaut des § 47 Satz 1 InsO stellt klar, dass nur Gegenstände, die rechtlich nicht zur Insolvenzmasse (§§ 35–37 InsO) gehören, einem Aussonderungsanspruch unterliegen; umgekehrt ist die Aussonderung als Verteidigung massefremder Rechte zu verstehen.[1009] Die Aussonderungsberechtigten sind somit auch keine Insolvenzgläubiger. Das Gesetz „schafft" in § 47 InsO keinen besonderen insolvenzrechtlichen Aussonderungsanspruch, sondern erkennt (Satz 2) die „außerhalb" des Insolvenzverfahrens bestehenden Ansprüche insoweit als „außerhalb" des Insolvenzverfahrens durchsetzbar an, wie dies durch die insolvenzrechtliche Haftungsordnung richtig ist. Das Eigentum des Schuldners an einer Sache ist daher nicht immer entscheidend, sondern auch Treuhand- oder Geschäftsbesorgungsverhältnisse. Ferner kann der Schuldner sein unpfändbares Vermögen aussondern. Bei den aussonderungsberechtigten Gläubigern handelt es sich daher nicht um Gläubiger, denen Vermögen des Gemeinschuldners zur gemeinschaftlichen Befriedigung zugewiesen ist. Sie erhalten Befriedigung durch Herausgabe des auszusondernden Rechts, anders die

608

1007 *Smid*, in: Leonhardt/Smid/Zeuner, InsO, § 47 Rn. 1.
1008 Überzeugend *Stürner*, 80.
1009 *K. Schmidt*, Unterlassungsklage und deliktischer Ersatzanspruch im Konkurs. Eine Untersuchung am Beispiel des Patentverletzungsstreits, ZZP 90 (1977), 38 ff.

absonderungsberechtigten Gläubiger[1010], die auf den – vom Insolvenzverwalter zu erzielenden – Verwertungserlös des Sicherungsguts (abzgl. Kostenbeteiligung) verwiesen sind. Das bedeutet aber nicht zwingend eine sofortige Rückgabe des Aussonderungsgutes. So hat das OLG Braunschweig[1011] darauf erkannt, dass Aussonderungsberechtigte, die durch eine vorläufige Anordnung des Insolvenzgerichts gemäß § 21 Abs. 2 Satz 1 Nr. 5 InsO an der Durchsetzung des Herausgabeverlangens gehindert werden, gegebenenfalls erst nach drei Monaten eine Zahlung eines Nutzungsentgeltes verlangen können (vgl. § 169 Satz 2 InsO). Wird in diesem Zeitraum das Aussonderungsgut weiter genutzt, soll nach Ansicht des OLG Braunschweig vom Aussonderungsberechtigten ein Wertersatz verlangt werden können. In dem eröffneten Verfahren sei dieser Anspruch Masseforderung nach § 55 InsO.

1.2 Übersicht über die einzelnen Aussonderungsrechte

609 Welche Rechte zur Aussonderung berechtigen, ergibt sich nicht aus § 47 InsO. Das Gesetz stellt nur klar, dass derjenige nicht zu dem Kreis der Insolvenzgläubiger (vgl. § 38 InsO) gehört, der aufgrund eines dinglichen oder persönlichen Rechts geltend machen kann, dass ein bestimmter Gegenstand nicht zur Insolvenzmasse gehört. Der Anspruch auf Aussonderung eines dem Gemeinschuldner nicht gehörenden Gegenstandes aus der Masse bestimmt sich somit nach den außerhalb des Insolvenzverfahrens geltenden Gesetzen (vgl. § 47 Satz 2 InsO). Voraussetzung ist somit ein dingliches oder persönliches Recht an einem massebezogenen Gegenstand, mithin an einem solchen, der sich bei Insolvenzeröffnung im Besitz des Gemeinschuldners befindet (sog. Ist-Masse). Durch die Aussonderung dessen wird die Ist-Masse im Folgenden zur Soll-Masse bereinigt.

1.2.1 Allgemeines

610 Aussonderungsfähig sind nur individuell bestimmbare Sachen und Rechte, da der Ursprung der Aussonderung in der Ausübung dinglicher Rechte liegt.[1012] Die Aussonderung setzt somit voraus, dass die Gegenstände – dem sachenrechtlichen Bestimmtheitsgrundsatz folgend – hinreichend zu spezifizieren sind.[1013] Ausnahmen gelten nach der Rechtsprechung des BGH[1014] für die Fälle, dass von dritter Seite Zahlungen auf eine Forderung erfolgten, die nicht dem Kontoinhaber, sondern dem Treugeber zustanden.

Bei vertretbaren und verbrauchbaren Sachen erfordert ein Aussonderungsrecht, dass diese Sachen sich noch unterscheidbar in der Masse befinden. Ist

---

1010 Häsemeyer, Rn. 11.02.
1011 OLG Braunschweig, Urt. v. 31.03.2011 – 1 U 33/10, ZIP 2011, 1275.
1012 Das Aussonderungsrecht der InsO entspricht dabei weitgehend dem KO.
1013 RG, Urt. v. 01.10.1907 – Rep. VII 524/06, RGZ 67, 166, 167 f.; Urt. v. 02.12.1918 – Rep. VI 296/18, RGZ 94, 191, 194; Urt. v. 19.02.1920 – Rep. VI 184/19, 98, 143, 144 f.; BGH, Urt. v. 08.03.1972 – VIII ZR 40/71, BGHZ 58, 257, 258.
1014 Der IX. Zivilsenat verweist dabei u. a. auf die Entscheidungen BGH, Urt. v. 19.11.1992 – IX ZR 45/92, ZIP 1993, 213, 214; BGH, Urt. v. 08.02.1996 – IX ZR 151/95, WM 1996, 662, 663.

Kapitel 5 Aussonderung

beispielweise infolge Vermischung durch den Schuldner Miteigentum an den (Waren) Beständen nach § 948 BGB entstanden, setzt das Aussonderungsrecht die Bestimmbarkeit des Miteigentumsanteils voraus; ist diese nicht gewährleistet, kann der Gläubiger weder einen Anspruch auf Aussonderung noch einen Masseanspruch geltend machen.[1015] Bei einem Sachinbegriff wie einem Warenlager gilt, dass es als solches nicht der Aussonderung unterliegt, wohl aber die einzelnen darin befindlichen Sachen, sofern und soweit sie nach dem sachenrechtlichen Bestimmtheitsgrundsatz unterschieden werden können.

1.2.2 Beispiele

Zur Aussonderung sind insbesondere berechtigt:[1016]   611

- Der Vermieter einer Sache, sofern infolge wirksamer Mietvertragskündigung das vormalige Recht des Gemeinschuldners zum Besitz nach § 986 Abs. 1 BGB weggefallen ist. Der Herausgabeanspruch kann dabei auch schuldrechtlicher Art sein, etwa § 556 Abs. 1 BGB für den Vermieter gegen den Mieter, § 695 BGB für den Hinterleger gegen den Hinterlegungsempfänger. Zu beachten ist indes, dass die Kündigung wegen vorinsolvenzlich getroffener vertraglicher Abreden eines besonderen Kündigungsrechts wegen Insolvenz des Mieters (sog. insolvenzbedingte Lösungsklausel) im Insolvenzfall wegen § 119 InsO nicht mehr möglich ist. Ein Aussonderungsanspruch besteht aber, wenn der Mietvertrag bereits vor Verfahrenseröffnung wirksam gekündigt wurde.
- Gleiches gilt für den Verpächters in der Insolvenz des Pächters sowie
- für den Leasinggeber in der Insolvenz des Leasingnehmers. Dem Insolvenzverwalter steht nach § 103 Abs. 1 InsO ein Wahlrecht zu, den Leasingvertrag fortzuführen und die restlichen Leasingraten zu zahlen oder Nichterfüllung zu wählen.[1017] Ein Aussonderungsanspruch des Leasinggebers besteht nur, wenn der Leasingvertrag bereits wirksam gekündigt war oder der Insolvenzverwalter Nichterfüllung gewählt hat. Handelt es sich aber um einen Leasingvertrag mit Kaufoption oder liegt sonst ein Fall des Übergangs des wirtschaftlichen Eigentums auf den Leasingnehmer vor, so wird man auch dem Verwalter ein Auslösungsrecht zugestehen müssen;
- In der Insolvenz des Leasinggebers hat der Leasingnehmer nach herrschender Meinung keinen Aussonderungsanspruch, da dem Leasinggeber Volleigentum und nicht nur eine Form des Sicherungseigentums zusteht.[1018]
- Der Verleiher kann seine Sache nach § 604 BGB zurückfordern, mithin aussondern.
- Hat der Gläubiger eine Sache beim Schuldner in Verwahrung gegeben (§ 688 BGB), kann er sie ebenso aussondern.

1015 RG, Urt. v. 05.11.1918 – Rep. II 143/18, RGZ 112, 102, 103f.
1016 *Smid*, in: Leonhardt/Smid/Zeuner, InsO, § 47 Rn. 15.
1017 *Obermüller/Hess*, Rn. 856.
1018 *Uhlenbruck*, in: Uhlenbruck, InsO, § 47 Rn. 92; *Prütting*, in: Kübler/Prütting/Bork, InsO, § 47 Rn. 53; a. M.: *Canaris*, Bankvertragsrecht, Rn. 1786.

- Der Inhaber eines dinglichen Vorkaufsrechts gemäß § 1094 BGB ist im über das Vermögen des Grundstückseigentümers eröffneten Insolvenzverfahren aussonderungsberechtigt, nicht aber der Inhaber eines persönlichen Vorkaufsrechts nach § 504 BGB, das nur eine Insolvenzforderung (§ 38 InsO) begründet; dem § 1094 BGB nachgebildet ist das Vorkaufsrecht nach den § 14 RSiedlG (Heimfallanspruch des Ausgebers der Heimstätte).[1019]
- Begrenzte dingliche Rechte wie der Nießbrauch gemäß §§ 1030 ff. BGB[1020] und das Vorrecht des Erbbauberechtigten auf Erneuerung des Erbbaurechts gemäß § 31 ErbbauRG[1021] begründen ebenfalls Aussonderungsrechte.
- Der Erbschaftsanspruch gemäß § 2018 BGB in dem über das Vermögen des Erbschaftsbesitzers eröffneten Insolvenzverfahren begründet ebenfalls einen Aussonderungsanspruch, der sich auch auf die aus Mitteln der Erbschaft erworbenen Sachen (§ 2019 Abs. 1 BGB) und die aus ihr gezogenen Nutzungen erstreckt, soweit der Erbschaftsbesitzer daran Eigentum erworben hat (§ 2020 BGB).
- Ebenso steht dem Nacherben wegen der Erbschaftsgegenstände und deren Surrogate im über das Vermögen des Vorerben eröffneten Verfahren mit Eintritt der Nacherbfolge gemäß §§ 2139, 2111, 2130 BGB ein Aussonderungsrecht zu.[1022]
- In der Insolvenz über das Vermögen einer AG können gezeichnete Aktien ausgesondert werden, wenn sie vollständig bezahlt, die Urkunden ausgefertigt und für den Berechtigten in Verwahrung genommen worden sind.[1023]
- Erfinder- und Urheberrechte können ebenfalls Aussonderungsrechte begründen.[1024]

2. Schuldrechtliche Aussonderungsansprüche

612 Nicht nur dingliche Herausgabeansprüche begründen Aussonderungsrechte. Auch schuldrechtliche Herausgabeansprüche können im Wege der Aussonderung geltend gemacht werden, sofern sie auf die Herausgabe massefremder Gegenstände gerichtet sind. Dies gilt insbesondere für Ansprüche auf Herausgabe des Miet- bzw. Pachtgegenstandes. Entscheidend dabei ist, dass sie nicht über die Geltendmachung der Massefremdheit des verlangten Rechts hinausreichen.[1025] Weitergehende Ansprüche, z. B. mietvertragliche Räumungsansprüche,[1026] sind dagegen reine Insolvenzforderungen (vgl. § 38 InsO).

1019 BGH, Urt. v. 21.03.1969 – V ZR 104/67, KTS 1970, 44.
1020 *Uhlenbruck*, in: Uhlenbruck, InsO, § 47 Rn. 66; *Prütting*, in: Kübler/Prütting/Bork, InsO, § 47 Rn. 42.
1021 RG, Urt. v. 19.02.1920 – Rep. VI 184/19, RGZ 98, 143, 145.
1022 *Uhlenbruck*, in: Uhlenbruck, InsO, § 47 Rn. 74; *Prütting*, in: Kübler/Prütting/Bork, InsO, § 47 Rn. 68.
1023 RG, Urt. v. 22.10.1918 – Rep. II 158/18, RGZ 94, 61, 64.
1024 *Haarmeyer/Wutzke/Förster*, Handbuch zur Insolvenzordnung, Kap. 5 Rn. 252.
1025 *Smid*, in: Leonhardt/Smid/Zeuner, InsO, § 47 Rn. 9.
1026 BGH, Urt. v. 05.07.2001 – IX ZR 327/99, BGHZ 148, 252.

Auch ein Anspruch auf Zahlung von Geld kann der Aussonderung unterliegen.[1027] Eine Summe Geldes an sich kann nach allgemeiner Auffassung aber nicht der Aussonderung unterliegen.[1028] Anders dagegen die Vertreter der Theorie von der sog. Wertvindikation,[1029] nach der das Aussonderungsrecht sich auch auf den Wert gewechselten oder eingezahlten Geldes erstrecken soll, wenn der Wert noch unterscheidbar in der Masse vorhanden ist. Dem ist nicht zu folgen, da hierdurch systemwidrig Inhaber des Vindikationsanspruchs gegenüber anderen Insolvenzgläubigern bessergestellt werden.[1030]   613

Ein Aussonderungsanspruch besteht auch für Rechte, die noch individualisierbar in der Masse ausgemacht werden können. Der dem Schuldner gegen einen Dritten zustehende Anspruch auf Rückerstattung einer schuldnerfremden Sache unterliegt der ausgesonderten Befriedigung[1031], etwa wenn der Dritte unmittelbarer Besitzer und der Schuldner mittelbarer Besitzer der Sache ist.[1032] Die ausgesonderte Befriedigung greift auch für jeden Anspruch des Schuldners gegen einen Dritten, wenn der Anspruch dem Schuldner nicht zusteht, z.B. ein Zahlungsanspruch.   614

3. Kommissionsgeschäfte

Bei Verträgen für fremde Rechnung gilt in Bezug auf die Aussonderungsberechtigung folgendes: 615

- Bei Kommissionsgeschäften gemäß § 392 Abs. 2 HGB ist wie folgt zu unterscheiden: Der Kommitent ist in dem über das Vermögen des Kommissionärs eröffneten Insolvenzverfahren solange zur Aussonderung berechtigt, wie noch keine Übereignung stattgefunden hat.[1033] Bei Veräußerung des Kommissionsgutes besteht in diesem Fall ein Aussonderungsrecht an der noch ausstehenden Kaufpreisforderung. Wurde jedoch die Gegenleistung vom Kommissionär vor Verfahrenseröffnung eingezogen, geht das Aussonderungsrecht unter. Auch in dem über das Vermögen des Einkaufskommissionärs eröffneten Insolvenzverfahren greift § 392 Abs. 2 HGB ein.[1034] Dabei ist zu beachten, dass § 392 Abs. 2 HGB eine nicht analogiefähige Sonderregelung darstellt, die keine Anwendung auf andere Geschäftsbesorgungsverhältnisse findet.[1035] Der Kommissionär hat das Recht, die Ansprüche aus dem Ausführungsgeschäft, namentlich auf Übergabe der Ware, Mängelgewährleistung oder Schadensersatz wegen Leistungsstörungen, auszusondern. Wurde bereits vor Eröffnung des In-

---

1027 BGH, Urt. v. 15.11.1988 – XI ZR 11/88, ZIP 1989, 118, 119.
1028 BGH, Urt. v. 11.10.1967 – I b ZR 144/65, WM 1968, 242, 246 f.
1029 *Pinger*, in: Westermann, Sachenrecht, § 30 V 3, 193 ff.
1030 *Liesecke*, Das Bankguthaben in Gesetz und Rechtsprechung, WM 1975, 214, 217; *Baldus*, in: MüKo-BGB, § 985 Rn. 17.
1031 BGH, Urt. v. 09.10.1958 – II ZR 22/57, WM 1958, 1417, 1419.
1032 RG, Urt. v. 16.02.1909 – Rep. VI 194/08.
1033 RG, Urt. v. 01.12.1897 – Rep. I 278/97, RGZ 40, 85 87; Urt. v. 19.02.1914 – Rep. VII 448/13, RGZ 84, 216.
1034 *Smid*, in: Leonhardt/Smid/Zeuner, InsO, § 47 Rn. 43.
1035 *Uhlenbruck*, in: Uhlenbruck, InsO, § 47 Rn. 77; Hess, InsO, § 47 Rn. 263.

solvenzverfahrens an den Kommissionär geliefert, stehen dem Kommittenten nur schuldrechtliche Ansprüche zu, die er als Insolvenzforderungen (§ 38 InsO) zur Tabelle anzumelden hat.
- Ebenfalls ist der Kommittent in der Insolvenz des Einkaufskommissionärs oder der des Sammelverwahrers bei der Einkaufskommission von Wertpapieren zur Aussonderung an dem Sammelbestand berechtigt, wenn er jedenfalls Miteigentum hieran erlangt hat. In diesem Fall hat der Kommissionär dem Kommittenten gemäß § 18 DepotG unverzüglich nach Ausführung des Auftrags ein Stückeverzeichnis zu übersenden.[1036] Wurden die Stücke durch den Vertragspartner des Einkaufskommissionärs noch nicht geliefert, steht dem Kommittenten am Anspruch auf Lieferung der Vorrang[1037] gemäß § 32 Abs. 3, 4 DepotG zu. In diesem Fall wird aus den Lieferungsansprüchen und den in der Masse vorhandenen Wertpapieren eine Sondermasse gebildet.
- Anwendung findet § 392 Abs. 2 HGB ebenfalls im Insolvenzverfahren über das Vermögen des Spediteurs. Damit können dessen Forderungen gegen den Frachtführer vom Versender ausgesondert werden.[1038] Aussonderungsfähig sind auch in Erfüllung des Ausführungsgeschäfts dem Kommissionär begebene Wechsel oder Schecks, mithin sog. Ansprüche aus dem Papier.[1039]

616
- In der Insolvenz über das Vermögen des verdeckten bzw. stillen Stellvertreters steht dem Auftraggeber kein Aussonderungsrecht, sondern nur ein schuldrechtlicher Anspruch auf Übereignung zu.[1040]

4. Treuhandverhältnisse
4.1 Übersicht
617 Bei Treuhandverhältnissen gilt folgendes:
- Im Falle einer uneigennützigen Verwaltungstreuhand ist der Treugeber in der Insolvenz des Treuhänders zur Aussonderung gemäß § 47 InsO berechtigt. Anders als beim Anderkonto ist nach der Rechtsprechung des BGB die Publizität des Treuhandkontos nicht zwingend erforderlich.[1041] Sind Forderungen nicht in der Person des Treuhänders, sondern unmittelbar in der Person des Treugebers entstanden[1042], erstreckt sich das Treuhandverhältnis auch auf die ihnen zugrunde liegenden von dritter Seite eingegangenen Zahlungen, soweit das Konto offen ausgewiesen bzw. sonst nachweisbar ausschließlich zur Aufnahme von treuhänderisch ge-

---

1036 Smid, in: Leonhardt/Smid/Zeuner, InsO, § 47 Rn. 44.
1037 Zur Neufassung von § 32 DepotG durch Art. 51 EGInsO vgl. die Amtl. Begr. zu Art. 49 RegEEGInsO, BT-Drucks. 12/3803, 96.
1038 RG, Urt. v. 03.01.1918 – Rep. VI 239/17, RGZ 92, 8, 11.
1039 RG, Urt. v. 26.01.1896 – Rep. I 477/97, RGZ 41, 4; Schmidt, Handelsrecht, 4. § 30.
1040 RG, Urt. v. 05.11.1918 – Rep. VII 202/18, RGZ 94, 305, 308; Urt. v. 06.03.1930 – Rep. VI 296/29, RGZ 127, 344; BGH, Urt. v. 15.11.1988 – IX ZR 11/88, ZIP 1989, 118, 121.
1041 BGH, Urt. v. 01.07.1993 – IX ZR 251/92, ZIP 1993, 1185.
1042 BGH, Urt. v. 24.06.2003 – IX ZR 75/0, DZWIR 2003, 510 = ZIP 2003, 1613 = BGHZ 155, 227, 231.

bundenen Fremdgeldern bestimmt ist.[1043] Allerdings wird in der Judikatur[1044] nunmehr danach gefragt, ob dies auch dann gilt, wenn in einem überschaubaren Zeitraum nach Beendigung des Treuverhältnisses „Irrläufer" ebenfalls noch als Treugut zu behandeln sind und nicht zum Eigengut des Treunehmers werden. Der BGH hat bislang für Treuhandverhältnisse die Unmittelbarkeit der Drittzahlungen verlangt.[1045] Der III. Zivilsenat hat die treuhänderische Bindung des Kontos auch auf im unmittelbaren zeitlichen Rahmen nach Beendigung des Treuverhältnisses eingehende Gutschriften erstreckt.[1046]

- Bei Sonderkonten in Form treuhänderisch eingerichteter Konten, z.B. Anderkonten[1047], steht dem Treugeber ein Aussonderungsrecht zur Seite.[1048] Die Umstände, unter denen die Gutschriften auf dem Anderkonto zustande gekommen sind, sind hierfür unerheblich.[1049] Nach Nr. 15.2 der Geschäftsbedingungen für Anderkonten wird in der Insolvenz des Treuhänders eine Mitverfügungsbefugnis von Konteninhaber und Insolvenzverwalter begründet, so dass das Kreditinstitut über Bestehen des Anderkontos, Kontostand etc. Auskunft zu erteilen hat.[1050] Erbringt der Insolvenzverwalter den Nachweis, dass das Anderkonto zur Masse gehört, begründet dies die Befugnis des Kreditinstituts, auch ohne Zustimmung des Inhabers an die Masse auszuzahlen. Von einer inländischen Bank beschaffte Wertpapiere, die dem Kunden in Wertpapierrechnung auf dessen Depotkonto gutgeschrieben worden sind, werden von der Bank für den Kunden treuhänderisch verwahrt, da sie für den Kunden Treuhandeigentum erwirbt.[1051] Dem Kunden steht ein Aussonderungsrecht zu. Im Insolvenzverfahren über das Vermögen des Depotinhabers übt dessen Insolvenzverwalter die Rechte gegenüber dem Kreditinstitut aus.[1052]

- Nach der Judikatur des BGH[1053] muss ein Treuhandkonto, das den Berechtigten in der Insolvenz zur Aussonderung gemäß § 47 InsO berechtigt, nicht zwingend als solches publik sein. Ein Aussonderungsrecht nach § 47 InsO kommt in der Insolvenz des Treuhänders an Geldern auf Konten unter der Voraussetzung nicht in Betracht, dass der Treuhänder diese Konten auch für eigene Zwecke nutzt, wie der BGH bereits im Jahr 2003 entschieden hat.[1054] Die Nutzung von Konten, auf denen Fremdgelder gebucht sind, um eigene Zwecke des Treuhänders zu verfolgen, lässt in dem

---

1043 BGH, Urt. v. 24.06.2003 – IX ZR 120/02, ZIP 2003, 1404.
1044 BGH, Urt. v. 07.07.2005 – III ZR 422/04, DZWIR 2005, 472 = ZIP 2005, 1465.
1045 BGH, Urt. v. 24.06.2003 – IX ZR 75/01, DZWIR 2003, 510 = ZIP 2003, 1613 = BGHZ 155, 227, 231.
1046 BGH, Urt. v. 07.07.2005 – III ZR 422/04, DZWIR 2005, 472 = ZIP 2005, 1465.
1047 St. Rspr. BGH, Urt. v. 16.12.1970 – VIII ZR 36/69, KTS 1971, 198.
1048 *Obermüller*, Insolvenzrecht in der Bankpraxis, Rn. 2.85.
1049 *Uhlenbruck*, in: Uhlenbruck, InsO, § 47 Rn. 40.
1050 *Obermüller*, Insolvenzrecht in der Bankpraxis, Rn. 2.90.
1051 BGH, Urt. v. 07.04.1959 – VIII ZR 219/57, WM 1959, 686, 687f.
1052 *Smid*, in: Leonhardt/Smid/Zeuner, InsO, § 47 Rn. 35.
1053 BGH, Urt. v. 01.07.1993 – IX ZR 251/92, ZIP 1993, 1185, gründend auf RGZ 84, 214, 216; RGZ 91, 12, 14.
1054 BGH, Urt. v. 24.06.2003 – IX ZR 120/02, ZIP 2003, 1404.

über sein Vermögen eröffneten Insolvenzverfahrens ein Aussonderungsrecht an dem verbliebenen Guthaben auf dem Konto auch insoweit entfallen, als es zum Zeitpunkt des Eröffnungsbeschlusses noch vorhanden ist.[1055]

- Stellt der Werkunternehmer nach § 17 Nr. 4 VOB/B eine Bürgschaft zur Ablösung des Gewährleistungseinbehalts, steht ihm ein Aussonderungsrecht an der Bürgschaftsurkunde zu.[1056] Er ist zwar mit seiner vor Eröffnung des Insolvenzverfahrens über das Vermögen des Bürgschaftsgläubigers begründeten Werklohnforderung Insolvenzgläubiger im Sinne des § 38 InsO und ist damit auf die Rechtsdurchsetzung im Insolvenzverfahren verwiesen. Hat er aber die Bürgschaft vor Eröffnung des Insolvenzverfahrens begeben und der Besteller die Zahlung verweigert, stand dem die Bürgschaft begebenden Werkunternehmer bereits vor Eröffnung des Insolvenzverfahrens der Anspruch auf Rückgabe der Bürgschaftsurkunde zu, da der Werkunternehmer die Bürgschaft nur unter der auflösenden Bedingung begibt, dass der Besteller seiner Pflicht zur Werklohnzahlung durch „effektive Auszahlung" des Sicherungseinbehalts nachkommt. Der Werkunternehmer erlangt daher den Rückgabeanspruch mit Eintritt der auflösenden Bedingung. Die Bürgschaft stellt sich daher wirtschaftlich als massefremdes Sicherungsgut dar und sie gehört rechtlich ebenso wenig wie das treuhänderisch übergebene Sicherungsgut in das Vermögen des Insolvenzschuldners. Der auf die Herausgabe der Bürgschaftsurkunde gerichtete Anspruch des Werkunternehmers ist daher zwar als Bereicherungsanspruch persönlicher (schuldrechtlicher) Natur; er begründet aber ein Aussonderungsrecht des Sicherungsgebers in dem über das Vermögen des Sicherungsnehmers eröffneten Insolvenzverfahren. Der Werkunternehmer als Sicherungsgeber ist daher dazu befugt, „außerhalb des Insolvenzverfahrens" die Herausgabe der Bürgschaftsurkunde zu verlangen und dies klagweise durch eine gegen den Insolvenzverwalter gerichtete Leistungsklage zu verfolgen.

- Nach LAG München[1057] soll ein nur widerrufliches Bezugsrecht der Ehefrau eines Arbeitnehmers an einer Direktlebensversicherung auf ihren Mann in der Insolvenz des Arbeitgebers den Insolvenzverwalter des Arbeitgebers nicht hindern, die Versicherung zu kündigen und den Rückkaufswert zur Masse zu ziehen. Dies soll auch dann gelten, wenn die Versicherungsprämien durch einen Direktabzug vom Bargehalt des Arbeitnehmers aufgebracht worden waren. Auch hierbei stammten die Prämien nicht unmittelbar aus dem Vermögen des Arbeitnehmers und seien deswegen kein aussonderungspflichtiges Treugut. Zum Schutz der Alterssicherung der Arbeitnehmerehefrau wird daher[1058] vorgeschlagen, bei derartigen Gehaltsumwandlungen den Arbeitnehmer stets als Treugeber zu behandeln, weil dessen Treugeberstellung hier durch die Vertragsgestal-

---

1055 BGH, Urt. v. 10.02.2011 – IX ZR 49/10, ZIP 2011, 777 (Phoenix).
1056 Smid, Anm. zu Brandenburg. OLG, Urt. v. 01.09.1998 – 11 U 252/97, DZWIR 1999, 254.
1057 LAG München, Urt. v. 22.07.1987 – 4 Sa 60/87- ZIP 1988, 1070 (rechtskräftig).
1058 Anm. Gottwald, EWiR 1988, 1011.

tung und den offenkundigen Lohnabzug ausreichend erkennbar sei; diese Meinung lässt sich freilich aus dem Gesetz nicht rechtfertigen.

- Reservefonds, wie besonders vom Arbeitgeber zur Erfüllung seiner Versorgungspflichten eingerichtete Unterstützungs- und Pensionskassen, können nur dann vom Verwalter nicht zur Pfändungsmasse gezogen werden, wenn sie sich vom schuldnerischen Vermögen unterscheiden und einer eigenen Verwaltung unterliegen.[1059] Dies gilt auch für Versicherungsverträge, die vom Arbeitgeber für den Arbeitnehmer als Bezugsberechtigten abgeschlossen wurden.

- Zahlt ein Vermieter die nach § 551 BGB zu zahlende Kaution seines Mieters auf einem Treuhandkonto ein, kann der Mieter im über das Vermögen des Vermieters eröffneten Insolvenzverfahren Aussonderung verlangen. Anders dagegen, wenn der Vermieter die Mietkaution nicht vorschriftsmäßig auf einem gekennzeichneten eigenen Konto anlegt. Die Mietkaution ist dann ununterscheidbar in das Vermögen des Vermieters gelangt. In einem solchen Fall besteht kein Aussonderungsrecht. Legt der Vermieter später, z. B. in der Krise, dann doch noch ein eigenes Konto an, soll dies nach einem Rechtsentscheid des BayObLG[1060] selbst dann als aussonderungspflichtiges Treuhandkonto anzusehen sein, wenn das Treugut entgegen dem Unmittelbarkeitsprinzip nicht direkt aus dem Vermögen des Treugebers geflossen ist. Dem ist der BGH – zu Recht – entgegengetreten; denn der Mieter hat die Möglichkeit, vom Vermieter den Nachweis zu verlangen, dass die Kaution gesetzeskonform angelegt worden ist. Solange dieser Nachweis nicht erbracht ist, hat der Mieter die Befugnis, die geschuldeten Mietzahlungen in Höhe des Kautionsbetrages im Rahmen eines Zurückbehaltungsrechts zu verweigern. Daher steht dem Mieter vor der Insolvenz des Vermieters ein hinreichendes Instrumentarium zu Gebote, die Durchsetzung der vertraglichen Pflichten des Vermieters zu erzwingen. Einer über den dinglichen Gehalt des § 47 InsO hinausreichenden Erweiterung von Aussonderungsrechten im Falle der Vermieterinsolvenz bedarf es nicht.[1061]

4.2 Aussonderungsanspruch des Sicherungsgebers in der Insolvenz des Sicherungsnehmers

In dem über das Vermögen des Treunehmers eröffneten Insolvenzverfahren gilt, dass ein Aussonderungsrecht des Treugebers begründet ist, wenn die Massefremdheit des Treuguts auf die wirtschaftliche Zugehörigkeit zum Vermögen des Treugebers zurückzuführen ist.[1062] Dem Sicherungsgeber steht in dem über das Vermögen des Sicherungsnehmers auch dann ein Aussonderungsrecht zu, wenn die Sache dem Sicherungsnehmer übereignet

---

1059 Kilger/Schmidt, KO, § 43 Anm. 10.
1060 BayObLG, B. v. 08.04.1988 – RE-Miet 1/88 – ZIP 1988, 789 = EWiR § 46 KO 2/88, 703 m. Anm. *Eckert*.
1061 BGH, Urt. v. 20.12.2007 – IX ZR 132/06, NJW 2008, 1152.
1062 *Smid*, in: Leonhardt/Smid/Zeuner, InsO, § 47 Rn. 30.

wurde.[1063] Mit Eröffnung des Insolvenzverfahrens über das Vermögen des Sicherungseigentümers wird der Sicherungsgeber daher als Eigentümer behandelt; denn der Sicherungsgegenstand soll nach der Sicherungsabrede bis zur Erfüllung der in der Sicherungsabrede festgesetzten Schuld nicht endgültig in das Vermögen des Sicherungsnehmers übergehen. Die eigentliche Zuordnung des Eigentums zum Vermögen des Sicherungsgebers bleibt daher mit der Folge bestehen, dass ihm ein Aussonderungsanspruch zusteht. Der Sicherungsgeber hat allerdings keinen Anspruch auf Herausgabe des Sicherungsgutes, dessen Besitzer er ja ist, sondern kann allein im Wege der Feststellungsklage die Feststellung begehren, dass das Sicherungsgut nicht zur Insolvenzmasse gehört. Voraussetzung hierfür ist nicht die Wirksamkeit der Sicherungsübereignung, da gerade auch im Falle der unwirksamen Sicherungsübereignung das Sicherungsgut massefremd ist.

5. Dingliche Aussonderungsansprüche

619 Dingliche Aussonderungsansprüche sind in erster Linie Eigentumsrechte. Sie können aber auch aus Treuhandverhältnissen und Verträgen für fremde Rechnung erwachsen.

5.1 Eigentum an beweglichen und unbeweglichen Sachen

620 Prototyp des Aussonderungsanspruchs ist der Herausgabeanspruch des Eigentümers nach § 985 BGB in Bezug auf bewegliche Sachen. Bei unbeweglichen Sachen steht dem wirklichen Eigentümer ein Aussonderungsrecht zu, wenn der Schuldner materiell zu Unrecht als Bucheigentümer eingetragen ist. Dem materiell berechtigten Eigentümer[1064] steht wegen der fälschlichen Eintragung des Schuldners als nur formalberechtigten Eigentümer ein gegen den Verwalter geltend zu machender Grundbuchberichtigungsanspruch gemäß § 894 BGB zu, der auch nach § 899 BGB gesichert werden kann.[1065] Der Aussonderungsanspruch des dinglich Vorkaufsberechtigten richtet sich nicht auf das Grundstück, sondern auf Bewilligung der Umschreibung des Grundstücks; derjenige des Nießbrauchers oder des Erbbauberechtigten richtet sich auf den Nießbrauch oder das Erbbaurecht.[1066]

5.2 Einfacher Eigentumsvorbehalt

621 Wie auch schon zur Geltung der KO soll auch nach der InsO dem Vorbehaltsverkäufer in der Insolvenz des Vorbehaltskäufers ein Aussonderungsrecht zustehen. Dies gilt aber nur bei dem sog. einfachen Eigentumsvorbehalt, nicht bei dessen Verlängerungs- und Erweiterungsformen.

1063 RG, Urt. v. 09.04.1929 – Rep. VII 536/28, RGZ 124, 73; Urt. v. 02.03.1918 – Rep. V 329/17, RGZ 92, 281; Urt. v. 26.11.1917 – Rep. IV 308/17, RGZ 91, 277, 280.
1064 Smid, in: Leonhardt/Smid/Zeuner, InsO, § 47 Rn. 49.
1065 Andres, in: Nerlich/Römermann, InsO, § 47 Rn. 14.
1066 Smid, in: Leonhardt/Smid/Zeuner, InsO, § 47 Rn. 50.

Kapitel 5   Aussonderung

5.2.1 Dogmatische Begründung

Nach allgemeiner Auffassung[1067] entspricht die rechtliche Position des Eigentumsvorbehaltsverkäufers wertungsmäßig derjenigen, der eine im Eigentum eines Dritten stehende Sache beim Schuldner hinterlegt, durch ihn verwahren lässt, ihm vermietet oder geliehen[1068] hat, und diese nun aus der Ist-Masse herausverlangt. Dies entspricht auch der Auffassung des Reformgesetzgebers.[1069] Ziel der insolvenzrechtlichen Aussonderung ist der Schutz des Eigentums des die Sache herausverlangenden Dritten unter den Bedingungen der Insolvenz des Schuldners.[1070] Dies muss dann auch für den Eigentumsvorbehaltsverkäufer gelten, weil er sachenrechtlich Eigentümer bleibt.[1071] Folgerichtig bejaht die h. M. auch für den nachträglich vertragswidrig erklärten Eigentumsvorbehalt ein Aussonderungsrecht.[1072] 622

Nach h. L.[1073] kann der durch den einfachen Eigentumsvorbehalt gegen die Insolvenz des Käufers gesicherte Verkäufer demgegenüber auch im eröffneten Insolvenzverfahren die Kaufsache im Allgemeinen aussondern, d. h. ihre Herausgabe außerhalb des Insolvenzverfahrens verlangen. Voraussetzung der Aussonderung ist das Vorliegen eines von der den Insolvenzgläubigern haftenden Masse unterschiedlichen Sondervermögens.[1074] Er kann daher, ohne den Beschränkungen des § 87 InsO zu unterliegen, Herausgabeklage gegen den Verwalter erheben und aus einem Herausgabetitel die Zwangsvollstreckung nach den §§ 883 ff. ZPO in die Masse betreiben.[1075] Um diese Klage vorzubereiten wird der Aussonderungsberechtigte regelmäßig darauf verwiesen sein, vom Insolvenzverwalter Auskunft über die herauszugebenden Gegenstände zu erhalten. Denn im Falle der Erfüllungswahl durch den Insolvenzverwalter hat der Eigentumsvorbehaltskäufer den Leistungsanspruch gemäß § 433 Abs. 2 BGB gegen die Masse, § 55 Abs. 1 Nr. 2 623

1067 RG, B. v. 16.01.1908 – Rep. IV 436/07, RGZ 67, 345, 347; Urt. v. 04.04.1933 – Rep. VII 21/33, RGZ 140, 223, 226; BGH, Urt. v. 21.05.1953 – IV ZR 192/52, BGHZ 10, 69, 72; Urt. v. 01.07.1970 – VIII ZR 24/69, BGHZ 54, 214, 218; *Uhlenbruck*, in: Uhlenbruck, InsO, § 47 Rn. 17 ff.; *Gottwald/Adolphsen*, in: Gottwald, Insolvenzrechts-Handbuch, § 43 Rn. 6; *Müller*, Sachenrecht, Rn. 2445; *Honsell*, in: Staudinger, BGB, § 455 Rn. 49; *Stracke*, Das Aus- und Absonderungsrecht des Vorbehaltseigentümers im Konkurs des Vorbehaltskäufers, KTS 1973, 102; *Zeuner*, in: Smid, GesO, § 12 Rn. 20; *Happ/Huntemann*, Gläubiger in der Gesamtvollstreckung, § 16 Rn. 6; *Westermann*, in: MüKo-BGB, § 455 Rn. 84.
1068 *Häsemeyer*, Rn. 11.05.
1069 Zur Problematik vgl. *Gottwald/Petersen*, in: Kölner Schrift zur InsO, S. 805 ff., 813 ff.
1070 *Serick*, Mobiliarsicherheiten im Diskussionsentwurf zur Reform des Insolvenzrechts – Möglichkeiten der Enteignung von Vorbehaltslieferanten zum Nulltarif, ZIP 1989, 409, 413; *Stracke*, Das Aus- und Absonderungsrecht des Vorbehaltseigentümers im Konkurs des Vorbehaltskäufers, KTS 1973, 102.
1071 *Müller*, Sachenrecht, Rn. 2432.
1072 BGH, Urt. v. 09.07.1975 – VIII ZR 89/74, BGHZ 64, 395; Urt. v. 25.10.1978 – VIII ZR 206/77, NJW 1979, 213, 214.
1073 Vgl. statt vieler *Mönning*, in: FS Uhlenbruck, 239, 243; *Pape/Uhlenbruck/Voigt-Salus*, Insolvenzrecht, Rn. 531, 543 ff.; *Kupka*, Die Behandlung von Vorbehaltskäufen nach der Insolvenzrechtsreform, InVo 2003, 213, 219.
1074 Überzeugend *Stürner*, 80.
1075 *Smid*, in: Leonhardt/Smid/Zeuner, InsO, § 47 Rn. 4.

InsO; eines Auskunftsanspruchs bedarf es insoweit nicht, da es ihm dann im Streitfall obliegt, die Lieferung der betreffenden Ware nachzuweisen. Welche Bestände sich noch in der Ist-Masse befinden, ist dann gleichgültig und kann mit einer Auskunftsklage nicht verfolgt werden.

5.3 Ansatz des BGH

624 Vom Ergebnis entspricht dies auch der Rechtsprechung des BGH – nur die Begründung ist eine andere. Der Vorbehaltsverkäufer sei nach Auffassung des für das Insolvenzrecht zuständigen IX. Zivilsenats[1076] für den dem Käufer gewährten Warenkredit[1077] deshalb besonders schutzwürdig, weil ihm „regelmäßig" nur das vorbehaltene Eigentum als Sicherungsmittel zu Gebote stünde. Daher werde ihm durch die „Gewährung" eines Aussonderungsrechts und nicht bloß eines Absonderungsrechts besonderer Schutz zuteil (wobei der Senat sich darüber ausschweigt, durch wen[1078]). Dieser Begründungsansatz ist indes wenig überzeugend; denn regelmäßig steht auch dem Geldkreditgeber kein anderer werthaltiger Sicherungsgegenstand zur Verfügung. Geht man somit von der „Schutzwürdigkeit" von Vorbehaltsverkäufer und finanzierender Bank aus, sind jedenfalls solche Unterschiede nicht auszumachen, die eine Ungleichbehandlung ohne weitere Erwägungen rechtfertigen könnten. Hinter der „Abwägung" der unterschiedlichen Schutzwürdigkeit von Vorbehaltsverkäufer und finanzierender Bank steht letztlich die Analyse der unterschiedlichen rechtlichen Stellung der Beteiligten: Hält man das Dogma von der Aussonderungskraft der Vorbehaltseigentums aufrecht, liegt der tragende Grund der Entscheidung vom 27.03.2008 in der Auslegung der Erklärung der Beteiligten – des Vorbehaltsverkäufers, des Vorbehaltskäufers und der finanzierenden Bank. Die Bank wollte nicht in den Kaufvertrag zwischen der Lieferantin F-AG und dem Händler eintreten; sie, der kreditnehmende Händler und die F-AG wollten der Bank eine Kreditsicherheit an den gelieferten Fahrzeugen verschaffen. Der IX. Zivilsenat hat nichts anderes ausgeführt als dass die Bank bekommen habe, was sie wirtschaftlich erhalten wollte und rechtlich „verdient" hat. Der rechtsdogmatische Begründungsversuch der vorliegenden Entscheidung mit dem dort vertretenen „Abtretungsmodell" ist aus den angeführten sachenrechtlichen Gründen schlechthin wenig überzeugend. Im Ergebnis verdient der BGH Zustimmung.

625 Deutlich wird indes auch, dass es sich auch beim einfachen Eigentumsvorbehalt – zumindest wirtschaftlich betrachtet – um ein Kreditsicherungsmittel handelt. Der Gesetzgeber hat seine rechtliche Form als ausschlaggebenden Gesichtspunkt für seine Zuordnung unter das Aussonderungsrecht angesehen: Denn die Sache ist wegen des Eigentumsvorbehalts dem Schuldner/Käufer nie übereignet worden und daher nie in das seinen Gläubigern haftende Schuldnervermögen gelangt, sieht man die Lieferung des Besitzes

---

1076 BGH, Urt. v. 27.03.2008 – IX ZR 220/05, ZIP 2008, 842.
1077 So ausdrücklich der BGH im Urt. v. 27.03.2008 – IX ZR 220/05, ZIP 2008, 842, 845.
1078 Zu der Schutzfunktion der Qualifikation des Eigentumsvorbehaltsverkäufers als Aussonderungsberechtigten ausdrücklich der BGH, Urt. v. 27.03.2008 – IX ZR 220/05, ZIP 2008, 842, 846.

an der Eigentumsvorbehaltssache nicht als Akt an, mit dem die Sache in den Haftungsverband des Schuldners gelangt.

5.3.1 Bindungswirkung des § 107 Abs. 2 InsO

Im Rahmen der Insolvenz über das Vermögen des Vorbehaltskäufers steht dem Insolvenzverwalter im eröffneten Verfahren ein Wahlrecht zu, ob er den Kaufvertrag erfüllt oder Nichterfüllung wählt (anders bei der Insolvenz des Vorbehaltsverkäufers, siehe § 107 Abs. 1 InsO). Bis zum Berichtstermin räumt § 107 Abs. 2 InsO dem Insolvenzverwalter daher die Möglichkeit ein, Erfüllung des Kaufvertrages in der Insolvenz des Vorbehaltskäufers zu wählen.[1079] Innerhalb dieses Zeitraumes ist der Vorbehaltseigentümer daran gehindert, die Herausgabe der in seinem Eigentum stehenden Sache zu verlangen. Das (einfache) Vorbehaltseigentum bindet die Kaufsache somit im Falle der vor Eröffnung des Insolvenzverfahrens über das Vermögen des Käufers erfolgten Lieferung temporär an die Masse, und zwar bis zum Berichtstermin (also der ersten Gläubigerversammlung, die gegebenenfalls bis zu drei Monate nach Erlass des Eröffnungsbeschlusses abgehalten werden kann, vgl. § 29 Abs. 1 Nr. 1 InsO).   626

Vor diesem Hintergrund stellt sich die Frage, ob der Eigentumsvorbehaltsverkäufer dazu berechtigt ist, vor Ablauf der Erklärungsfrist des Insolvenzverwalters aus § 107 Abs. 2 InsO rechtlich wirksam vom Vertrag zurückzutreten. § 119 InsO hilft hier nicht, weil es sich bei der Ausübung des Rücktritts um eine dem Verkäufer gesetzlich zustehende Befugnis handelt und § 119 InsO lediglich die Unwirksamkeit bestimmter, insolvenzabhängiger vertraglicher Lösungsklauseln anordnet. Nach *Marotzke*[1080] entspricht dieser Konflikt wertungsmäßig solchen zwischen Vermieter, Pächter und der Masse, denn wie auch bei einem Miet- bzw. Pachtverhältnis hat der Eigentumsvorbehaltsverkäufer der Masse das Nutzungspotenzial der Sache zur Verfügung gestellt, um die Erwirtschaftung des Kaufpreises zu ermöglichen.[1081] Der temporäre Schutz des der Masse überlassenen Nutzungspotenzials, den § 112 InsO im Hinblick auf Miet- und Pachtsachen verhängt, erstreckt sich dabei in der Insolvenz des Leasingnehmers auch auf das Leasinggut; dies lege es nahe, diesen Schutz auch auf die Nutzung der aufgrund Eigentumsvorbehaltskaufvertrages in die Masse gelangten Wirtschaftsgüter zu erstrecken.[1082] Insofern spricht vieles dafür, dass bis zum Berichtstermin bzw. einer etwaig zuvor erklärten Ablehnung der Erfüllung des   627

[1079] *Smid*, in: Leonhardt/Smid/Zeuner, InsO, § 11 RdNr. 26 ff.; *Uhlenbruck*, in: Uhlenbruck, InsO, § 107 RdNr. 7. *Landfermann*, Die Rechtsstellung der dinglich gesicherten Gläubiger im künftigen Insolvenzverfahren, KTS 1987, 381, 400 hat von einem „Zugriffstop" gesprochen; vgl. auch *Gottwald/Adolphsen*, in: Kölner Schrift zur InsO, 1043, 1083; verkürzt demgegenüber *Klasmeyer/Elsner/Ringstmeier*, in: Kölner Schrift zur InsO, 837, 849 (Rn. 58).

[1080] *Marotzke*, in: HmbK, § 107 Rn. 31.

[1081] *Uhlenbruck*, in: Uhlenbruck, InsO, § 107 Rn. 7, 9.

[1082] *Marotzke*, in: HmbK, § 107 Rn. 31, spricht von einer „analogen" Anwendung des § 112 InsO.

Kaufvertrages durch den Insolvenzverwalter die in § 112 InsO enthaltene Wertung einen Rücktritt des Eigentumsvorbehaltsverkäufers ausschließt.[1083]

5.4 Erweiterter und verlängerter Eigentumsvorbehalt

628 Der sogenannte erweiterte Eigentumsvorbehalt, der vorliegt, wenn das Eigentum an der Kaufsache nicht bereits mit der Erfüllung der Kaufpreisforderung, sondern erst nach Tilgung weiterer Verbindlichkeiten übergeht[1084], als auch der verlängerte Eigentumsvorbehalt, bei dem die Sicherheit auf künftige Vermögenswerte erstreckt wird, die an die Stelle des Vorbehaltsguts treten[1085], begründen keine Befugnis des Vorbehaltsverkäufers zur Aussonderung, sondern allein zur abgesonderten Befriedigung, da diese Eigentumsvorbehaltsformen strukturell dem Sicherungseigentum gleichstehen und daher Pfandfunktionen haben.

Dies leitet zur Behandlung der Absonderungsrechte über, die dem folgenden Kapitel vorbehalten ist.

1083 *Marotzke*, Der Eigentumsvorbehalt im neuen Insolvenzrecht, JZ 1995, 803, 813; *Marotzke*, in: HmbK, § 107 Rn. 31 und § 112 Rn. 19; *Schlegel*, Eigentumsvorbehalt und Sicherungsübereignung – unüberwindbare Hindernisse einer Betriebsfortführung durch den vorläufigen Insolvenzverwalter?, DZWIR 2000, 94, 100; wegen der entgegen stehenden h. M. vgl. allein *Balthasar*, in: Nerlich/Römermann, InsO, § 112 RdNr. 16.
1084 *Gottwald/Adolphsen*, in: Gottwald, Insolvenzrechts-Handbuch, § 43 Rn. 25.
1085 *Gottwald/Adolphsen*, in: Kölner Schrift zur InsO, 1043, 1048 (Rn. 17).

Kapitel 6
Absonderung

1. Abgesonderte Befriedigung gesicherter Gläubiger
1.1 Funktion der Absonderung

Eine § 47 InsO entsprechende Norm, aus der unmittelbar hervorgeht, wer zur Absonderung berechtigt ist, existiert in der InsO nicht. Die InsO enthält in § 49 InsO einen Verweis auf das Gesetz über die Zwangsverwaltung und Zwangsversteigerung (ZVG) bei der abgesonderten Befriedigung aus unbeweglichen Gegenständen sowie in § 50 InsO Sonderregelungen für die abgesonderte Befriedigung von Pfandgläubigern bzw. in § 51 InsO denen gleichgestellte Gläubiger. Die rechtliche Bedeutung des § 49 InsO erschließt sich jedoch durch eine Abgrenzung zur Aussonderung nach § 47 InsO. Anders als bei der Aussonderung unterfällt der Gegenstand oder das Recht, an dem ein Absonderungsrecht besteht, der Insolvenzmasse. Der Absonderungsberechtigte hat somit keinen Herausgabeanspruch, sondern nur ein Recht auf vorzugsweise Befriedigung aus dem aus der Verwertung des Gegenstands oder Rechts stammenden Erlös. Die grundsätzliche Verwertungsbefugnis liegt dabei beim Insolvenzverwalter (§§ 165 ff. InsO). Der Gläubiger erhält dann den Verwertungserlös abzüglich Kostenbeteiligung (§ 171 InsO). Die bestehen bleibende Zugehörigkeit zur Insolvenzmasse zeigt sich etwa daran, dass ein Überschuss, der bei der Verwertung des von dem Absonderungsrecht betroffenen Gegenstandes nach Befriedigung des Berechtigten verbleibt, der Masse gebührt.[1086]

1.2 Die einzelnen Absonderungsrechte

Die einzelnen Absonderungsrechte sind in §§ 49–51 InsO abschließend aufgezählt. Es handelt sich dabei um Pfandrechte und pfandrechtsgleiche Rechte, beispielsweise Sicherungseigentum.

1086 Vgl. BGH, Urt. v. 13.10.1959 – VIII ZR 186/58, NJW 1959, 2251.

Teil 2   Materielles Insolvenzrecht

1.2.1   Pfandrechte

1.2.1.1   Grundpfandgläubiger (§ 49 InsO)

631   Nach § 49 InsO steht den Grundpfandgläubigern ein Recht auf abgesonderte Befriedigung zu, die ein Recht auf Befriedigung aus unbeweglichen Gegenständen, die zur Masse gehören, eingeräumt bekommen haben.[1087] Dies ist bei Grund-, Rentenschulden, Hypotheken sowie Reallasten der Fall (§§ 1105, 1113, 1191, 1199 BGB).[1088]

1.2.1.2   Rechtsgeschäftliches, Pfändungspfandrecht und gesetzliches Pfandrecht (§ 50 InsO)

632   Die §§ 50 f. InsO regeln, welche Pfandrechte und pfandrechtsgleichen Rechte an beweglichen Sachen, Forderungen und Rechten den Inhaber dazu berechtigen, sich aus dem Verwertungserlös „abgesondert" von den Insolvenzgläubigern zu befriedigen.[1089] Außerhalb des Insolvenzverfahrens ist der Sicherungsnehmer gegenüber dem Schuldner als Eigentümer oder Inhaber der verpfändeten Sache oder des Rechts bei Pfandreife zur Verwertung berechtigt. Nach Eröffnung des Insolvenzverfahrens über das Vermögen des Schuldners ist dies anders; die §§ 50 f. InsO regeln, in welchem Verhältnis die gesicherten Gläubiger mit der Befriedigung aus der Sicherheitenverwertung zur Verwertung der Soll-Masse und der Befriedigung der Insolvenzgläubiger gemäß § 38 InsO stehen. Die Verwertungsbefugnis liegt beim Insolvenzverwalter; der Gläubiger genießt jedoch bei der Verteilung des Erlöses einen Vorrang gegenüber den ungesicherten Insolvenzgläubigern.[1090]

§ 50 InsO unterscheidet rechtsgeschäftlich, durch Pfändung erlangte und gesetzliche Pfandrechte.

- Der klassische Fall des Absonderungsrechts ist das rechtsgeschäftlich bestellte Pfandrecht. Weil die wirksame Begründung eines Vertragspfandrechts die Besitzerlangung gemäß § 1205 BGB voraussetzt, ist seine Bedeutung indes zugunsten der in § 51 Nr. 1 InsO erfassten Kreditsicherungsformen geringer geworden. Weil aber die Vertragspfandgläubiger unmittelbarer Besitzer des Pfandes sind, kommt die Verwertungsbefugnis des Verwalters ebenso wenig zum Zuge wie die Inanspruchnahme von Verfahrenskostenbeiträgen des Pfandnehmers. Die Verpfändung kann sich daher wirtschaftlich für den Sicherungsnehmer als attraktiv erweisen. Die Publizitätspfandrechte nach § 50 InsO entstehen nach Maßgabe der hierfür einschlägigen bürgerlich-, handels- oder zivilprozessrechtlichen Regelungen.[1091] Der IX. Zivilsenat des BGH[1092] hat darauf erkannt, dass der Gläubiger an Gewinnforderungen aus einer Beteiligung an einer Ge-

---

1087   BGH, B. v. 02.12.2010 – IX ZB 61/09, ZIP 2011, 180 zum Verzicht auf das Absonderungsrecht aus § 49 InsO.
1088   *Depré*, in: Leonhardt/Smid/Zeuner, InsO, § 49 Rn. 4.
1089   *Lohmann*, in: HK, § 50 Rn. 1.
1090   Amtl. Begr. zu § 57 RegEInsO, BT-Drucks. 12/2443, 125.
1091   *Smid*, in: Leonhardt/Smid/Zeuner, InsO, § 50 Rn. 5.
1092   BGH, Urt. v. 14.01.2010 – IX ZR 78/09, ZIP 2010, 335.

sellschaft bürgerlichen Rechts kein Pfandrecht erwirbt, wenn der Gesellschafter diese monatlich entstehenden Forderungen verpfändet hat. Hat der Gesellschafter den Gesellschaftsanteil selbst verpfändet, soll nichts anderes gelten.
- Ferner begründet das Pfändungspfandrecht gemäß § 50 Abs. 1 InsO ein Absonderungsrecht. Der Gläubiger erwirbt gemäß § 804 ZPO ein Pfändungspfandrecht, wenn ein Gegenstand zum Zweck der Befriedigung des Gläubigers im Wege der Zwangsvollstreckung sichergestellt und der Verfügungsbefugnis des Schuldners entzogen wird. Es entsteht dadurch ein materielles Pfandrecht, welches dem rechtsgeschäftlichen Pfandrecht des Abs. 1, 1. Fall entspricht. Hat der Gläubiger schuldnerfremde Sachen gepfändet, wird das Pfändungspfandrecht entsprechend § 185 Abs. 2 BGB mit Erwerb des Eigentums an der Sache durch den Schuldner erworben.[1093] Das Pfändungspfandrecht muss jedoch bereits zum Zeitpunkt der Eröffnung des Insolvenzverfahrens bestanden haben, d. h. Titelzustellung und Pfändungsbeschluss müssen vor dem Veräußerungsverbot vorgelegen haben. § 50 Abs. 1, 2. Fall InsO sieht zugunsten dieser Gläubiger vor, dass ein Pfändungspfandrecht auch zur Absonderung berechtigt. Bei einem im letzten Monat vor dem Eröffnungsantrag oder nach diesem Antrag entstandenen Pfändungspfandrecht ist jedoch die Rückschlagsperre des § 88 InsO zu berücksichtigen. Das Pfändungspfandrecht erlischt, wenn die Zwangsvollstreckung gemäß § 766 ZPO für unzulässig erklärt worden ist. Durch den Gerichtsvollzieher gepfändetes Geld ist an den Absonderungsberechtigten auszukehren. Gepfändete Sachen sind dem Verwalter zur Verwertung gemäß §§ 166 ff. InsO auszuhändigen.
- Schließlich kann auch das gesetzliche Pfandrecht ein Absonderungsrecht begründen, namentlich das Pfandrecht des Vermieters[1094], des Verpächters nach §§ 559, 581, 585 BGB, das Pfandrecht des Pächters bei Mitverpachtung des Inventars, § 592 BGB, des Gastwirts bei Beherbergungsverträgen, § 704 BGB, des Werkunternehmers, § 647 BGB, des Sicherungsberechtigten bei Hinterlegung, §§ 232 f. BGB, des Kommissionärs am Kommissionsgut, §§ 397 ff. HGB, des Lagerhalters am Lagergut, § 475 b HGB und des Frachtführers am Frachtgut wegen konnexer Forderungen gemäß § 441 HGB, des Spediteurs gemäß §§ 453, 464 HGB. Vergütungsberechtigte der Haverei haben gemäß §§ 755, 726 HGB ein Pfandrecht am Schiff, da ihnen die Rechte von Schiffsgläubigern wegen der von dem Schiff und der Fracht zu entrichtenden Beträge zustehen.[1095]

1.2.1.3 Sonstige Absonderungsberechtigte (§ 51 InsO)
Schlussendlich ordnet § 51 InsO an, dass die dort genannten Gläubigergruppen ebenfalls absonderungsberechtigt sind. Absonderungsberechtigt sind danach diejenigen Gläubiger, denen

---

1093 K. Schmidt, Zur Anwendung des § 185 BGB in der Mobiliarvollstreckung, ZZP 87 (1974), 316; BGH, Urt. v. 05.07.1971 – II ZR 176/68, BGHZ 56, 339.
1094 Lohmann, in: HK, § 50 Rn. 22.
1095 Henckel, in: Jaeger, InsO, § 50 Rn. 73.

Teil 2 Materielles Insolvenzrecht

- vorinsolvenzlich vom Schuldner besitzlose Mobiliarpfandrechte eingeräumt worden sind, namentlich die Sicherungsübereignung – § 51 Nr. 1 InsO,
- bestimmte Zurückbehaltungsrechte an einer Sache wegen Verwendungen auf diese zustehen – § 51 Nr. 2 InsO,
- nach dem HGB ein Zurückbehaltungsrecht (§§ 369–372 HGB) zusteht – § 51 Nr. 3 InsO sowie
- Bund, Länder, Gemeinden und Gemeindeverbände an zoll- und verbrauchssteuerpflichtigen Waren – § 51 Nr. 4 InsO.

Von besonderer Bedeutung ist dabei das Sicherungseigentum, das nachstehend näher dargestellt wird.

1.2.2 Sicherungseigentum
1.2.2.1 Allgemeines

634 Nach § 51 Nr. 1 InsO ist ein Gläubiger absonderungsberechtigt, dem der Schuldner zur Sicherung eines Anspruchs eine bewegliche Sache übereignet oder ein Recht abgetreten hat. Die InsO setzt diese Sicherungsmittel als bestehend voraus und stellt sie den Pfandrechten gleich. Unter welchen Voraussetzungen Sicherungseigentum oder eine Sicherungszession begründet werden, regelt die InsO indes nicht. Bis zum Inkrafttreten der InsO war das funktional als Pfandrecht zu beurteilende Sicherungseigentum ein allein in handels- bzw. steuerrechtlichen Bilanzvorschriften (vgl. § 246 Abs. 1 Satz 2 HGB und § 39 Abs. 2 Nr. 1 Satz 2 AO) anerkanntes Rechtsinstitut, wobei nach allgemeiner Auffassung jedoch kein eigenständiger sachenrechtlicher Typus geschaffen wurde. Erstmals mit Verankerung in der InsO hat der Gesetzgeber deutlich gemacht, dass das Sicherungseigentum indes dem numerus clausus der Sachenrechte zuzuordnen ist.

1.2.2.2 Sicherungseigentum als besitzloses Pfandrecht

635 Auch wenn der Wortlaut „Sicherungseigentum" nahelegt, dass Volleigentum i.S.v. § 903 BGB übertragen wird, so ist das Sicherungseigentum der Sache nach weniger Volleigentum, sondern besitzloses Pfandrecht.[1096]

Sicherungsübereignung bedeutet, dass der Sicherungsgeber sein Eigentum auf den Sicherungsnehmer nach § 930 BGB überträgt, um diesen wegen einer Forderung gegen den veräußernden Sicherungsgeber zu sichern.[1097] Zugleich schließen Sicherungsnehmer und Sicherungsgeber eine Sicherungsvereinbarung, welche die wechselseitigen Pflichten und Befugnisse, insbesondere Besitzrecht, Nutzungsbefugnis, Verwaltung des Sicherungsgutes sowie dessen Verwertung, festlegt.[1098] Die Form der Begründung des Sicherungseigentums unterscheidet sich jedoch von der eines Pfandrechts; um dem Sicherungsgeber den Besitz an der Sache zu belassen und ihm deren

---

1096 *Hess*, InsO, § 51 Rn. 2; Serick, Eigentumsvorbehalt und Sicherungsübertragung, § 5 III 2 b; *Hartmann*, in: Baumbach/Lauterbach/Albers/Hartmann, ZPO, § 771 Rn. 26.
1097 *Bassenge*, in: Palandt, § 930 Rn.13, Rn. 1; *Vieweg/Werner*, Sachenrecht, § 12 Rn. 1, 20.
1098 *Bassenge*, in: Palandt, § 930 Rn. 15.; *Smid*, Kreditsicherheiten, § 4 Rn. 7; *Wiegand*, in: Staudinger, BGB, Anh. zu §§ 929 ff. Rn. 214; *Wieling*, Sachenrecht, § 18 3 c.

wirtschaftliche Nutzung zu erlauben, wird die Übertragung des Sicherungsrechts rechtstechnisch in einer Form vorgenommen, die der Übertragung des (Voll-)Eigentums entspricht.[1099] So vollzieht sich die Übereignung regelmäßig nach §§ 929 Satz 1, 930 BGB, was darüber hinaus den Vorteil hat, dass die Refinanzierung des Sicherungsnehmers für Dritte i. d. R. nicht bekannt wird.[1100] Auch wenn somit auf den ersten Blick der Sicherungsnehmer qua § 930 BGB Volleigentum erwirbt, so schränkt die Sicherungsabrede die Ausübung dieser Stellung nach außen hin ein.[1101] Dies spricht dafür, das Sicherungseigentum als besitzloses Mobiliarpfandrecht zu behandeln. Dies entspricht auch regelmäßig dem Willen der Parteien, die eine dauernde Zuordnung der Eigentümerbefugnisse zum Sicherungsnehmer nicht beabsichtigen. Denn die Parteien verfolgen bei der Sicherungsübereignung denselben wirtschaftlichen Zweck wie bei der Verpfändung. Die Parteien, die sich für die Sicherungsübereignung anstelle der Verpfändung entscheiden, wollen nicht die Akzessorietät, sondern um die Publizität in Form der Pfändungsanzeige und der Übergabe des Pfandes vermeiden (§§ 1280, 1205 Abs. 2 BGB).[1102] Eine Durchbrechung des numerus clausus der Sachenrechte erfolgt dadurch nicht, weil das Rechtsinstitut der Sicherungsübereignung im Gesetz selbst angelegt ist und somit nicht durch die Gestaltungsfreiheit der Parteien begründet wurde.

Im Übrigen finden auf das Sicherungseigentum – soweit es nicht die Eigenschaft des Sicherungseigentums als besitzloses Mobiliarpfand betrifft – die allgemeinen Regelungen über das Eigentum Anwendung. So kann sich der Insolvenzverwalter zugunsten der Masse insbesondere auf die Eigentumsvermutung des § 1006 BGB gegen ein vom Sicherungseigentümer geltend gemachtes Recht berufen.[1103] Der Sicherungsnehmer kann – außerhalb der Insolvenz des Sicherungsgebers – als Sicherungseigentümer von einem Dritten die Sache nach § 985 BGB herausverlangen (vorbehaltlich der Einwendungen aus der Sicherungsabrede, die der Dritte dem Sicherungseigentümer nach § 986 Abs. 2 BGB aus abgeleitetem Recht zum Besitz entgegenhalten kann). Dass das Sicherungseigentum als besitzloses Pfandrecht angesehen wird, ändert nichts am Bestehen eines Anspruchs aus § 985 BGB; denn der Herausgabeanspruch des § 985 BGB setzt nicht zwingend voraus, das Recht des Sicherungseigentümers als Vollrechtseigentum zu beschreiben, so dass § 985 BGB aufgrund des Rechtsgedankens des § 1227 BGB Anwendung findet.[1104]

1.2.2.3 Die Sicherungsabrede

Die Sicherungsabrede regelt im Innenverhältnis zwischen Sicherungsgeber und Sicherungsnehmer dessen rechtliches Dürfen in Bezug auf den Siche-

---

1099 Zum nach außen nicht erkennbaren Besitzwechsel vgl. *Wiegand*, in: Staudinger, BGB, Anh. zu §§ 929 ff. Rn. 4.
1100 *Oechsler*, in: MüKo-BGB, Anhang nach §§ 929–936 Rn. 2.
1101 *Kindl*, in: Bamberger/Roth, BGB, § 930, Anh. Rn. 19.
1102 BGH, Urt. v. 23. 09. 1981 – VIII ZR 242/80, NJW 275, 276.
1103 BGH, Urt. v. 09. 05. 1996 – IX ZR 244/95, ZIP 1996, 1181.
1104 *Damrau*, in: MüKo-BGB, § 1227 Rn. 1 ff.

rungsgegenstand. Sie ist rein schuldrechtlicher Art und kann demzufolge nur inter partes wirken, mithin nur die Parteien der Sicherungsabrede und nicht Dritte binden, es sei denn, diese werden aus ihr berechtigt. Zweiseitige schuldrechtliche Verträge können grundsätzlich keinen wirksamen Verpflichtungen zu Lasten Dritter begründen.[1105]

Einzig § 404 BGB verschafft der Sicherungsabrede eine dingliche Wirkung.[1106] So ist nach § 404 BGB ein Dritter, der das Sicherungsgut vom Sicherungseigentümer erwirbt, unmittelbar an die Sicherungsabrede gebunden.[1107] Von daher scheidet auch ein gutgläubiger Erwerb der Sache ohne die aus der Sicherungsabrede folgenden Beschränkungen aus.[1108] Etwas anderes würde nur für den Fall gelten, dass der Sicherungsnehmer fälschlich ein anderes Besitzmittlungsverhältnis (aus Verwahrungsvertrag, Leihe, Miete) behauptet als dasjenige aus dem – tatsächlich bestehenden – Sicherungsvertrag. Somit schützt § 404 BGB den Sicherungsgeber.[1109]

1.2.2.4 Erwerb des Sicherungseigentums

638 Ein Dritter kann vom Sicherungseigentümer nicht (lastenfreies) Eigentum an der Sache erwerben. Vielmehr erwirbt er Sicherungseigentum, nämlich ein besitzloses Pfandrecht an der Sache. Dieser Erwerb vollzieht sich nach § 931 BGB durch die Abtretung des Herausgabeanspruchs aus der Sicherungsabrede. Das Urteil des IX. Zivilsenats des BGH vom 16. 11. 2006[1110], in dem der Sicherungseigentümer dem Besitzmittler der Sache diese nach § 929 Satz 2 BGB zu übereignen versucht hat, spricht nicht dagegen. Ein gutgläubiger lastenfreier Erwerb der sicherungsübereigneten Sache ist vorbehaltlich des § 935 BGB allein unter den Voraussetzungen der §§ 934 und 936 BGB möglich.

1.2.2.5 Sicherungseigentum im Insolvenzverfahren und in der Einzelzwangsvollstreckung

639 Im Insolvenzverfahren und – außerhalb des Insolvenzverfahrens – in der Einzelzwangsvollstreckung erfährt das Sicherungseigentum eine unterschiedliche Behandlung. Mithin ist die Rechtsstellung des Sicherungsnehmers zum Teil eine ganz andere. Der Sicherungsnehmer erhält nicht stets die Stellung des gesicherten Gläubigers als Volleigentümer der Sache. Seine Rechtsposition wird in dem über das Vermögen des Schuldners eröffneten Insolvenzverfahren eingeschränkt.

1105 Vgl. *Janoschek*, in: Bamberger/Roth, BGB, § 328 Rn. 5.
1106 Vgl. auch *Wiegand*, in: Staudinger, BGB, Anh. zu §§ 929 ff. Rn. 60, der eine gewisse „Verdinglichung" der Sicherungsabrede feststellt.
1107 *Roth*, in: MüKo-BGB, § 398 Rn. 23.
1108 *Roth*, in: MüKo-BGB, § 404 Rn. 1.
1109 *Oechsler*, in: MüKo-BGB, §§ 929-936 Rn. 46.
1110 BGH, Urt. v. 16. 11. 2006 – IX ZR 135/05, ZIP 2006, 2390 ff.

1.2.2.5.1 Sicherungseigentum im Insolvenzverfahren

In der Insolvenz ergeben sich in Bezug auf das Sicherungseigentum Besonderheiten.[1111] Es ist zwischen der Insolvenz des Sicherungsnehmers und derjenigen des Sicherungsgebers zu differenzieren:

640

- In der Insolvenz des Sicherungsnehmers steht dem Sicherungsgeber nach ganz h. M. ein Aussonderungsrecht nach § 47 InsO zu[1112], sofern die gesicherte Forderung befriedigt ist oder er ihre Erfüllung Zug um Zug gegen die Aussonderung anbietet.[1113] Man gesteht dem Sicherungsgeber in dieser Konstellation ein Aussonderungsrecht zu, weil es mit der rechtlichen Stellung des Sicherungsnehmers als eines Treuhänders nicht zu vereinbaren wäre, wenn das Sicherungsgut trotz Tilgung der gesicherten Forderung dem Zugriff seiner Gläubiger zur Verfügung stünde.[1114]
- In der Insolvenz des Sicherungsgebers steht dem Sicherungsnehmer ein Absonderungsrecht zu; er wird im Insolvenzverfahren gemäß § 51 Nr. 1 InsO wie ein Pfandgläubiger behandelt. Pfandrechte verschaffen dem Berechtigten Verwertungsrechte, also die Befugnis, durch Veräußerung des Gegenstandes den Erlös zur Tilgung der gesicherten Forderung zu verwenden[1115], wobei die §§ 166 ff. InsO eine Verwertung durch den Insolvenzverwalter anordnen und den Absonderungsberechtigten auf den Anspruch auf Erlösherausgabe gemäß § 170 InsO verweisen.[1116] Der Bundesgerichtshof[1117] leitet aus dieser gesetzlichen Konstruktion ab, dass die Verwertung durch den Absonderungsberechtigten in dem über das Vermögen des Schuldners und Sicherungsgebers eröffneten Insolvenzverfahren rechtswidrig ist und demzufolge Schadenersatzansprüche der Masse nach sich ziehen kann.[1118]

1.2.2.5.2 Sicherungseigentum in der Zwangsvollstreckung

Im Rahmen der Einzelzwangsvollstreckung stellt sich die Frage, welcher Rechtsbehelf dem Sicherungseigentümer zustehen soll, wenn Gläubiger des Sicherungsgebers in das Sicherungsgut vollstrecken.

641

1111 *Serick*, Eigentumsvorbehalt und Sicherungsübertragung, § 1 III 2.
1112 *Bassenge*, in: Palandt, § 930 Rn. 36; *Wiegand*, in: Staudinger, BGB, Anh. zu §§ 929 ff. Rn. 251; *Baur/Stürner*, Sachenrecht, § 57 Rn. 39; vgl. *Ganter*, in: MüKo-InsO, § 47 Rn. 375 ff.
1113 *Wiegand* in: Staudinger, BGB, Anh, zu §§ 929 ff. Rn. 251; *Baur/Stürner*, Sachenrecht, § 57 Rn. 39.
1114 *Reinicke/Tiedke*, Kreditsicherung, Rn. 588.
1115 *Sosnitzka*, in: Bamberger/Roth, BGB, § 1204 Rn. 1; *Damrau*, in: MüKo-BGB, § 1204 Rn. 1; *Wiegand*, in: Staudinger, BGB, § 1204 Rn. 3.
1116 *Landfermann*, in: HK, § 166 Rn. 2, 6; *Uhlenbruck*, in: Uhlenbruck, InsO, § 166 Rn. 1.
1117 BGH, Urt. v. 23.04.2009 – IX ZR 65/08, ZIP 2009, 1075; BGH, Urt. v. 20.02.2003 – IX ZR 81/02, ZIP 2003, 632.
1118 BGH, Urt. v. 20.11.2003 – IX ZR 259/02, DZWIR 2004, 205 ff.

1.2.2.5.2.1 Die herrschende Meinung

642 Die h. M. behandelt hier das Sicherungseigentum wie Volleigentum. Sie gesteht dem Sicherungsnehmer als Eigentümer des Sicherungsgutes die Drittwiderspruchsklage gemäß § 771 ZPO zu, da auch das Sicherungseigentum materiell-rechtlich als voll wirksames Eigentum anzusehen sei.[1119] Schon das Reichsgericht hat hierzu geurteilt, dass der fiduziarische Charakter des durch Sicherungsübereignung erworbenen Eigentums die Anwendbarkeit des § 771 ZPO nicht hindere und die Übereignung nach § 930 BGB „volles bürgerlichrechtliches Eigentum, an dessen dinglicher Wirksamkeit durch Vereinbarungen der Beteiligten nichts geändert werden kann", begründe.[1120] Wenn von Sicherungseigentum die Rede sei, könne nicht darauf geschlossen werden, es sei mit „geringerer dinglicher Kraft begabt" als „anderes Eigentum".[1121]

Ebenso gesteht die h. M. dem Sicherungsgeber – bis zur Verwertungsreife – ebenfalls die Drittwiderspruchsklage nach § 771 ZPO gegen die Zwangsvollstreckungshandlungen zu, die Gläubiger des Sicherungsnehmers in die sicherungsübereignete Sache durchführen[1122], weil der Sicherungsgeber im Verhältnis zum Sicherungsnehmer als Inhaber des Vollrechts angesehen wird.[1123] Das Sicherungsgut gehört nämlich nicht zur allgemeinen Haftungsmasse des Sicherungsnehmers, dessen Gläubiger darauf nicht zugreifen können, bevor es nicht der Sicherungsnehmer selbst kann. Es kommt dabei insbesondere nicht darauf an, ob der Sicherungsgeber die gesicherte Forderung befriedigt hat.[1124] Daraus ergibt sich zumindest vordergründig ein „Systembruch"[1125], wenn man mit der h. M. annimmt, dass der Sicherungsgeber bei der Sicherungsübereignung sein Eigentum auf den Sicherungsnehmer übertragen haben soll.

1.2.2.5.2.2 Andere Ansicht in der Literatur

643 Diesen Systembruch aufgreifend, erscheint es konsequent, mit der Gegenmeinung die Drittwiderspruchsklage des Sicherungsnehmers gegen Zwangsvollstreckungsmaßnahmen der Gläubiger des Sicherungsgebers abzulehnen. Diese Ansicht stellt auf den Charakter des Sicherungseigentums als besitzloses Pfandrecht ab, sodass der Sicherungseigentümer nur die

---

1119 BGHZ, 12, 232, 234; BGHZ 73, 141, 146; BGHZ 80, 299; *Baur/Stürner*, § 57 Rn. 32; Oechsler in: MüKo-BGB, §§ 929-936 Rn. 54.
1120 RG, Urt. v. 09.04.1929 – VII 536/28, RGZ 124, 73 f.
1121 RG, Urt. v. 09.04.1929 – VII 536/28, RGZ 124, 74.
1122 BGH, Urt. v. 28.06.1978 – VIII ZR 60/77, BGHZ, 72, 141, 146; BGH, Urt. v. 12.05.1992 – VI ZR 257/91, BGHZ 118, 201, 206/207; *K. Schmidt*, in: MüKo-ZPO, § 771 Rn. 28; *Wiegand*, in: Staudinger, BGB, Anh. zu §§ 929 ff. Rn. 250.
1123 *K. Schmidt*, in: MüKo-ZPO, § 771 Rn. 28.
1124 *Bassenge*, in: Palandt, § 930 Rn. 34; *Rosenberg/Gaul/Schilken*, § 41 VI 4 b bb.
1125 So zur reichsgerichtlichen Judikatur bereits 1930: *Kernert*, Stellung des Sicherungseigners gegenüber Zwangsvollstreckungen der Gläubiger des Übereigners und in dessen Konkurs, Leipziger rechtswiss. Studien Heft 54, 35 et passim, der von einem Verstoß gegen die juristische Systematik schreibt.

Klage auf vorzugsweise Befriedigung aus § 805 ZPO erheben könne.[1126] Dies hätte zur Folge, dass die gepfändete Sache verwertet wird und der erzielte Erlös dem Sicherungseigentümer zufällt.

1.2.2.5.2.3 Fazit

Wendet man mit der a. M. § 805 ZPO anstelle der Drittwiderspruchsklage an, so behandelte man das Sicherungseigentum in der in der in das Vermögen des Sicherungsgebers betriebenen Zwangsvollstreckung ebenso wie in der Insolvenz. Der Sicherungsnehmer wäre indes erheblich schlechter gestellt, weil er nicht mehr frei über das Sicherungsgut bestimmen kann, insbesondere in Bezug auf die Verwertung. Dies würde die Bedeutung des Sicherungseigentums als Kreditsicherungsmittel erheblich schmälern. Dass dieser Lösungsweg über § 805 ZPO den Sachproblemen nicht hinreichend gerecht wird, hat auch W. Henckel[1127] betont. Geschütztes Recht im Sinne von § 771 ZPO ist die Rechtsstellung des Darlehensgebenden Sicherungseigentümers aus dem Darlehensvertrag.

644

Die Zwangsvollstreckung des Gläubigers des Sicherungsgebers in die sicherungsübereignete Sache führt bei Berücksichtigung einer vorrangigen Berechtigung des Sicherungsnehmers aufgrund seines Mobiliarpfandrechts dazu, dass mit Verwertung der Sache und Auskehr des Erlöses an den Sicherungsnehmer die Darlehensforderung des Sicherungsnehmers gemäß § 362 Abs. 1 BGB erfüllt, mithin vorfällig getilgt würde.[1128] Dies ist in zweierlei Hinsicht nachteilig – zum einen ist die Sicherheit dahin und der Sicherungsgeber könnte, anders als von den Vertragsparteien gedacht, mit der Sache nicht weiter wirtschaften. Weiterhin müsste der Sicherungsnehmer eine vorfällige Darlehenstilgung hinnehmen, ohne die Konditionen mit dem Darlehensnehmer aushandeln zu können. Daher ist es richtig, dem Sicherungsnehmer gegen die in die sicherungsübereignete Sache vom Gläubiger des Sicherungsgebers betriebene Zwangsvollstreckung die Drittwiderspruchsklage gemäß § 771 ZPO einzuräumen.[1129] Dies aber – entgegen der h. M. – nicht um dem Schutz einer Volleigentumsposition des Sicherungsnehmers Willen, sondern um den Schutz der Rechte des Sicherungseigentümers aus der Darlehensbeziehung zum Schuldner. Dem Sicherungsnehmer steht die Verwertungshoheit zu; er soll über den Zeitpunkt der Verwertung des Sicherungsgutes entscheiden können.[1130] In der Einzelvollstreckung soll ihm keine andere Verwertungsart aufgedrängt werden, als ihm nach dem Siche-

---

1126 *K. Schmidt*, in: MüKo-ZPO, § 771 Rn. 29. *Baumbach/Lauterbach/Albers/Hartmann*, ZPO, 67. Aufl. 2009, § 771 Rn. 26; *K. Schmidt*, in: MüKo-ZPO, § 771 Rn. 29.
1127 *Henckel*, in: Festschrift für Zeuner, 1994, 193.
1128 *Vieweg/Werner*, Sachenrecht, § 12 Rn. 36.
1129 BGH, Urt. v. 04.02.1954 – IV ZR 164/53, BGHZ 12, 232, 234; BGH, Urt. v. 13.05.1981 – VIII ZR 117/80, BGHZ 80, 296, 299; BGH, Urt. v. 12.05.1992 – VI ZR 257/91, BGHZ 118, 201, 206 f.; *Zöller/Herget*, ZPO, § 771 Rn. 14; *Musielak/Lackmann*, ZPO, § 771, Rn. 18; *Wieczorek/Schütze/Salzmann*, ZPO, § 771 Rn. 43; *Reinicke/Tiedtke*, Kreditsicherung, Rn. 724.
1130 *Henckel* in: Festschrift für Zeuner, 1994, 193, 213, 214.

rungsvertrag zukommt.[1131] Anders wird dies erst dann, sobald über das Vermögen des Sicherungsgebers das Insolvenzverfahren eröffnet ist. Weil nach § 41 Abs. 1 InsO die bis dahin noch nicht fällige Forderungen des Sicherungsnehmers gegen den insolventen Sicherungsgeber mit Verfahrenseröffnung fällig gestellt werden[1132], steht es dem Sicherungsnehmer jetzt nicht mehr frei, das Darlehen „stehen zu lassen".

2. Verwertung des Absonderungsgutes
2.1 Allgemeines

645 Die §§ 165 ff. InsO geben dem Insolvenzverwalter die ausschließliche Befugnis, Gegenstände, an denen Absonderungsrechte bestehen, zu nutzen und zu verwerten. Ist die Eigenverwaltung des Schuldners angeordnet, nimmt nach § 282 Abs. 1 Satz 1 InsO der Schuldner die Befugnisse nach §§ 165 ff. InsO bzw. den §§ 30d ff. ZVG wahr.

646 Die Rechtfertigung für die damit einhergehenden Belastungen der absonderungsberechtigten Gläubiger setzt bei deren Beziehung zu dem insolventen Unternehmen an. Dass die gesicherten Gläubiger zur Finanzierung dadurch herangezogen werden, dass sie Kostenbeiträge zu leisten haben bzw. von dem an sie auszukehrenden Verwertungserlös die Kostenbeiträge in Abzug gebracht werden, um die Kosten des Insolvenzverfahrens zu finanzieren, beruht darauf, dass anderenfalls die ungesicherten Gläubiger die Belastungen der Verwertung des Absonderungsgutes zu tragen hätten. Gleiches gilt für die Überantwortung von Nutzungs- und Verwertungsbefugnissen hinsichtlich des Sicherungsgutes auf den Insolvenzverwalter. Die gesicherten Gläubiger haben nämlich im Vorfeld der Insolvenz auf den Insolvenzschuldner in einer Weise durch dessen Kreditierung Einfluss genommen, die wegen der Art der publizitätslosen Besicherung der Kredite den anderen Gläubigern nicht erkennbar werden konnte.[1133]

Die Rechtfertigung des Kostenbeteiligungsmodells folgt aus der aus der Abwicklung der Sicherungsabreden durch den Insolvenzverwalter folgenden finanziellen Belastung der Masse: Der Insolvenzverwalter muss den Bestand von Sicherheiten rechtlich prüfen. Es bedarf dabei auch rein tatsächlicher Aufwendungen. Dies verursacht der Masse Kosten, die – was nach den Sicherungsabreden regelmäßig der Fall ist – in dem über das Vermögen des Schuldners eröffneten Insolvenzverfahrens die Masse zu tragen hat. Damit gehen diese Kosten, die durch die Realisierung der Sicherheiten verursacht werden und damit dem Interesse der Absonderungsberechtigten dienen, zu Lasten der Teilungsmasse. Indem sie die Teilungsmasse schmälern, fallen sie den ungesicherten Insolvenzgläubigern zur Last, was ungerecht wäre.

647 Ist die Eigenverwaltung des Schuldners angeordnet, werden nach § 282 Abs. 1 Satz 2 InsO Kosten der Feststellung der Gegenstände und der Rechte an diesen nicht erhoben. Der Gesetzgeber[1134] geht davon aus, dass dem

---
1131 *Baur/ Stürner*, Sachenrecht, § 57 Rn. 32.
1132 *Lwowski/Bitter*, in: MüKo-InsO, § 41 Rn.13.
1133 *Smid*, Kreditsicherheiten, § 2 Rn. 14 ff.
1134 Amtl. Begr. zu § 343 RegEInsO, BT-Drucks. 12/2443, 226.

Schuldner die Rechtslage bekannt sein sollte. Das erscheint angesichts des Umstandes, dass die Schuldner vielfach die Rechtslage selbst nicht einschätzen können und daher die rechtlichen Schwierigkeiten, die infolge einer Verwertung von Sicherungsgut auftreten, häufig nicht ohne Inanspruchnahme fachkundigen Rats überschauen können, realitätsfremd.[1135]

2.2 Verwertung (grundpfandrechtsbelasteter) unbeweglicher Sachen[1136]

Aufgrund ihrer Werthaltigkeit wirtschaftlich am bedeutendsten sind die Grundpfandrechte. Sie gewähren dem Gläubiger keinen Herausgabeanspruch auf die Immobilie; vielmehr erhält er einen Anspruch auf Duldung der Zwangsvollstreckung in die Immobilie des Schuldners, der ihm außerhalb des Insolvenzverfahrens die Befugnis zur Verwertung des Grundstücks gewährt. Die Funktion des Insolvenzrechts, die Gleichbehandlung der Gläubiger zu gewährleisten, macht es erforderlich, dieses Zugriffsrecht mit der Universalexekution in das schuldnerische Vermögen zu harmonisieren; der durch Grundpfandrechte gesicherte Gläubiger ist daher als Absonderungsberechtigter am Verfahren beteiligt (vgl. §§ 67 Abs. 2 Satz 1, 170, 217 InsO).[1137] Aufgrund der Sanierungsfunktion des Insolvenzverfahrens[1138] ist für die Verfahrensdauer sein Verwertungsrecht dadurch beschränkt, dass die Verwertungsrechte der Absonderungsberechtigten beim Insolvenzverwalter gebündelt werden.[1139] Grundsätzlich bleiben aber nach § 49 InsO die Gläubiger, denen ein Recht auf Befriedigung aus Gegenständen zusteht, die der Zwangsvollstreckung in das unbewegliche Vermögen unterliegen (unbewegliche Gegenstände), nach Maßgabe des ZVG zur abgesonderten Befriedigung berechtigt.

648

Der Insolvenzverwalter hingegen ist nach allgemeinen Grundsätzen (§ 80 Abs. 1 InsO) – ungeachtet der auch im eröffneten Insolvenzverfahren bestehenden Verwertungsbefugnis des Grundpfandgläubigers gemäß § 165 InsO – befugt, alle massezugehörigen unbeweglichen Gegenstände zu verwerten.[1140] Dem Verwalter steht folglich neben dem Grundpfandgläubiger das Recht zu, den mit einem Absonderungsrecht belasteten unbeweglichen Gegenstand im Wege der Zwangsversteigerung oder der Zwangsverwaltung zu verwerten. Aufgrund der geänderten Fassung des ZVG wird deutlich, dass der Verwalter nunmehr aufgrund „eigenen", auf die Durchsetzung der Ansprüche auf Zahlung von Kostenpauschalen gerichteten Pflichtrechts[1141] am Zwangsversteigerungsverfahren beteiligt ist. § 10 Abs. 1 Nr. 1a Satz 2 ZVG schließt eine entsprechende Verfahrensbeteiligung des Insolvenzschuldners

649

1135 *Pape*, in: Kölner Schrift zur InsO, 919 ff., Rn. 42 ff.
1136 *Niesert*, Das Recht der Aus- und Absonderung nach der neuen Insolvenzordnung, InVo 1998, 144 ff.
1137 Amtl. Begr. zum RegEInsO, Allg. 4. c), BT-Drucks. 12/2443, 86 f.
1138 *Smid*, in: Leonhardt/Smid/Zeuner, InsO, § 1 Rn. 38 ff.
1139 *Depré*, in: Leonhardt/Smid/Zeuner, InsO, § 165 Rn. 2, 3; *Gerbers*, in: Braun, InsO, § 165 Rn. 1.
1140 *Raab*, Probleme bei der Immobilienverwertung aus der Sicht des Insolvenzverwalters, DZWIR 2006, 234 ff.
1141 *Smid*, in: Leonhardt/Smid/Zeuner, InsO, § 56 Rn. 1.

im Falle der Anordnung der Eigenverwaltung (§ 270 InsO) aus, weil die Geltendmachung der Kostenpauschale auf den Fall der Bestellung eines Verwalters beschränkt wird.

In Verfahren der Klein- oder Verbraucherinsolvenz hat der dort die Stelle des Insolvenzverwalters einnehmende Treuhänder gemäß § 313 Abs. 3 InsO nicht die Befugnis, solche Gegenstände zu verwerten. Die Verwertungsbefugnis verbleibt bei den absonderungsberechtigten Gläubigern.

650 Die Einleitung eines Zwangsversteigerungsverfahrens[1142] kann für den Insolvenzverwalter wirtschaftlich interessant sein. Zwar steht – wie dargestellt – auch dem Gläubiger das Recht zu, die Verwertung im Wege der Zwangsversteigerung oder der Zwangsverwaltung zu betreiben (vgl. § 49 InsO). Dessen Verwertungsrecht ist indes durch die auf der Grundlage des Art. 20 EGInsO erfolgten Änderungen des ZVG erheblich eingeschränkt.[1143] Der Insolvenzverwalter, der auf Grund von § 172 ZVG die Zwangsversteigerung betreibt, kann nämlich verlangen, dass das Grundstück auch in der Weise ausgeboten wird, dass im geringsten Gebot – abgesehen von den Kosten des Verfahrens (vgl. § 10 g Abs. 1 ZVG) – nur die Ansprüche aus § 10 Abs. 1 Nr. 1 ZVG berücksichtigt werden. Von diesem Recht wird der Insolvenzverwalter insbesondere dann Gebrauch machen, wenn sich andernfalls wegen der hohen Belastungen des Grundstücks kein Bieter in der Zwangsversteigerung finden würde.

§ 10 Abs. 1 Nr. 1a ZVG (Art. 20 Nr. 1 EGInsO) erlaubt es, dass aus dem Verwertungserlös Feststellungskosten als zur Insolvenzmasse gehörende Ansprüche beglichen werden. Damit wird das Recht der Verwertung massezugehöriger Immobilien dem der Verwertung beweglicher Sachen angenähert.[1144]

Die Feststellungskosten werden aus dem Anteil des Verwertungserlöses erhoben, der sich auf das Grundstückszubehör bezieht.[1145] Der Verwalter hat allerdings oft Probleme zu klären, ob die beim Schuldner vorgefundenen beweglichen Sachen rechtlich als Zubehör einzuordnen sind und die Voraussetzung des § 1120 BGB vorliegt, dass die Zubehörstücke ins Eigentum des Schuldners gelangt sind.

Nach § 30d Abs. 1 ZVG i. d. F. des Art. 20 Nr. 4 EGInsO kann der Insolvenzverwalter die vorläufige Einstellung laufender Zwangsversteigerungs-

---

1142 Eingehend zum Verfahren *Muth*, Die Zwangsversteigerung auf Antrag des Insolvenzverwalters ZIP 1999, 945 ff.; *Schmidt*, Das (neue) Spannungsverhältnis zwischen Insolvenzverwalter und Grundpfandgläubiger, InVo 1999, 73 ff.

1143 Die ursprünglich geplante Aufnahme dieser Regelungen in die InsO (§§ 187 bis 190 RegEInsO) und eine damit verbundene Zuständigkeitsverlagerung auf das Insolvenzgericht wurden abgelehnt, siehe Beschl.-Empf. des Rechtsausschusses zu §§ 187 bis 190, BT-Drucks. 12/7302, 176.

1144 Amtl. Begr. zu Art. 20 RegEEGInsO, BT-Drucks. 12/3803, 68; Marotzke, Die dinglichen Sicherheiten im neuen Insolvenzrecht, ZZP Bd. 109 (1996), 429, 458 ff., nach seiner Ansicht fehlt es jedoch an einer § 171 Abs. 2 Satz 3 entsprechenden Vorschrift über die Tragung einer evtl. anfallenden Umsatzsteuerlast (Marotzke, Die dinglichen Sicherheiten im neuen Insolvenzrecht, ZZP Bd. 109 (1996), 429, 465 ff.).

1145 So die Amtl. Begr. zu Art. 20 RegEEGInsO.

verfahren zur Sicherung der Masse und zur Ermöglichung einer Sanierung unter folgenden Voraussetzungen beantragen:[1146]

- nach § 30d Abs. 1 Satz 1 Nr. 1 ZVG, wenn im Insolvenzverfahren der Berichtstermin nach § 29 Abs. 1 Nr. 1 InsO noch bevorsteht;
- nach § 30 d Abs. 1 Satz 1 Nr. 2 ZVG, wenn das Grundstück nach dem Ergebnis des Berichtstermins nach § 29 Abs. 1 Nr. 1 InsO im Insolvenzverfahren für eine Fortführung des Unternehmens oder für die Vorbereitung der Veräußerung eines Betriebs oder einer anderen Gesamtheit von Gegenständen benötigt wird, was zum einen voraussetzt, dass ein entsprechender Beschluss der Gläubigerversammlung gemäß § 158 InsO gefällt worden ist, zum anderen, dass der Betrieb nicht auch auf einem anderen Grundstück fortgeführt werden könnte. Regelmäßig werden die Voraussetzungen des § 30d Abs. 1 Satz 1 Nr. 2 ZVG vorliegen; im Zweifelsfall ist
  – gegebenenfalls im Wege der Einholung von Sachverständigengutachten
  – hierüber Beweis zu erheben;
- nach § 30 d Abs. 1 Satz 1 Nr. 3 ZVG, wenn durch die Versteigerung die Durchführung eines vorgelegten Insolvenzplans gefährdet würde. Voraussetzung hierfür ist, dass entweder der Verwalter oder aber auch der Schuldner einen Insolvenzplan vorgelegt haben (§ 218 InsO);
- oder schließlich nach § 30d Abs. 1 Satz 1 Nr. 4 ZVG, wenn „in sonstiger Weise" durch die Versteigerung die angemessene Verwertung der Insolvenzmasse wesentlich erschwert würde, was insbesondere dann der Fall sein kann, wenn der Insolvenzverwalter eine aussichtsreichere Verwertung (es ist hier insbesondere an die erwähnte übertragende Sanierung zu denken) voraussichtlich durchzuführen imstande ist. Der Antrag ist an das Vollstreckungsgericht zu richten. Nach § 30d Abs. 1 Satz 2 ZVG ist der Antrag des Insolvenzverwalters abzulehnen, wenn die einstweilige Einstellung dem betreibenden Gläubiger unter Berücksichtigung seiner wirtschaftlichen Verhältnisse nicht zuzumuten ist (vgl. hierzu auch § 153b Abs. 1 ZVG).

Die einstweilige Einstellung gemäß § 30d Abs. 1 bis 3 ZVG ist auf Antrag des Gläubigers aufzuheben, wenn

- die Voraussetzungen für die Einstellung fortgefallen sind (§ 30f ZVG),
- die Auflagen nach § 30e ZVG nicht beachtet werden,
- der Insolvenzverwalter, im Falle des § 30d Abs. 2 ZVG der Schuldner, der Aufhebung zustimmt,
- das Insolvenzverfahren auf Antrag des Gläubigers beendet ist.

Die einstweilige Einstellung nach § 30d Abs. 4 ZVG ist gemäß § 30f Abs. 2 ZVG auf Antrag des Gläubigers aufzuheben, wenn der Antrag auf Eröffnung des Insolvenzverfahrens zurückgenommen oder abgewiesen wird.[1147]

Die Regelung des § 30e ZVG entspricht derjenigen der §§ 169, 172 InsO. *651* Danach ist die einstweilige Einstellung mit der Auflage anzuordnen, dass

---
[1146] Dazu Amtl. Begr. zu § 187 RegEInsO, BT-Drucks. 12/2443, 176 und Beschl.-Empf. des Rechtsausschusses zu Art. 20 Nr. 2 bis 3 c, BT-Drucks. 12/7303, 108.
[1147] *Smid*, Kreditsicherheiten, § 16 Rn. 47.

dem betreibenden Gläubiger für die Zeit nach dem Berichtstermin nach § 29 Abs. 1 Nr. 1 ZVG laufend die geschuldeten Zinsen binnen zwei Wochen nach Eintritt der Fälligkeit aus der Insolvenzmasse gezahlt werden. Ist das Versteigerungsverfahren schon vor der Eröffnung des Insolvenzverfahrens nach § 30d Abs. 4 ZVG einstweilig eingestellt worden, so ist die Zahlung von Zinsen spätestens von dem Zeitpunkt an anzuordnen, der drei Monate nach der ersten einstweiligen Einstellung liegt. Wird das Grundstück für die Insolvenzmasse genutzt, so ordnet das Gericht auf Antrag des betreibenden Gläubigers weiter die Auflage an, dass der entstehende Wertverlust von der Einstellung des Versteigerungsverfahrens an durch laufende Zahlungen aus der Insolvenzmasse an den Gläubiger auszugleichen ist. Dies gilt nicht, soweit nach der Höhe der Forderung sowie dem Wert und der sonstigen Belastung des Grundstücks nicht mit einer Befriedigung des Gläubigers aus dem Versteigerungserlös zu rechnen ist.[1148] Dies gilt auch für die Einstellung nach § 153b ZVG, vgl. § 153b Abs. 2 ZVG.

2.3 Nutzung und Verwertung beweglichen Sicherungsgutes

652 Der gesicherte Gläubiger ist vor und in der sog. wirtschaftlichen Krise seines Schuldners noch weitgehend frei in der Verwertung des Sicherungsgutes. Zeitpunkt, Art und ggf. Umfang der Verwertung bestimmen sich allein nach der Sicherungsabrede bzw. ergänzend dem materiellen Recht. Die Regelungen der InsO über die Absonderung, mithin die in den §§ 165 ff. InsO enthaltenen Bestimmungen über die Verwertung, greifen erst mit Eröffnung des Insolvenzverfahrens ein. Im vorläufigen Insolvenzverfahren könnte durch Anordnung von Sicherungsmaßnahmen gemäß § 21 InsO durch das Insolvenzgerichts die Verwertungsmöglichkeit des Gläubigers beschränkt sein, so z.B. durch eine Anordnung nach § 21 Abs. 2 Satz 1 Nr. 5 InsO, wonach dem gesicherten Gläubiger im vorläufigen Verfahren eine Herausgabe des Sicherungsgutes verwehrt wird, damit der Gemeinschuldner das Sicherungsgut noch nutzen kann.

Der gesicherte Gläubiger sollte in der Krise seines Schuldners

- sich unverzüglich informieren, ob ein vorläufiges Insolvenzverfahren anhängig oder gar das Insolvenzverfahren bereits eröffnet ist und welchen Inhalt die insolvenzgerichtlichen Beschlüsse genau haben, z.B. unter www.insolvenzbekanntmachungen.de,
- sodann prüfen, ob die Voraussetzungen für eine Verwertung oder zumindest für ein Herausgabeverlangen vorliegen und dies ggf. durchsetzen.

Für den Gläubiger ist die vorinsolvenzliche, selbst durchgeführte Verwertung zumeist attraktiver[1149], da er die bei einer Verwertung im eröffneten

---

1148 Vgl. die Amtl. Begr. zu § 188 RegEInsO, BT-Drucks. 12/2443, 176 f., der als Vorlage für § 30e ZVG diente, Beschl.-Empfehlung des Rechtsausschusses zu Art. 20 Nr. 2 bis 3c, BT-Drucks. 12/7303, 108; *Marotzke*, Die dinglichen Sicherheiten im neuen Insolvenzrecht, ZZP Bd. 109 (1996), 429, 452 ff.

1149 *Gundlach/Frenzel/Schmidt*, Die Einflussnahme auf die Kostenbeteiligungspflicht eines Absonderungs-berechtigten gem. §§ 170, 171 InsO, NZI 2002, 530.

Verfahren zu zahlenden, obligatorischen Kostenbeiträge nach § 171 InsO spart; zudem vermeidet er die Belastung mit der Umsatzsteuer.[1150] Auch ist eine Verwertungsvereinbarung zwischen Gläubiger und Schuldner denkbar, wonach der Schuldner die Verwertung durchführt. Das Absonderungsrecht des Gläubigers geht dadurch nicht unter. Regelmäßig bietet sich dies an, wenn der Schuldner über bessere Verwertungsmöglichkeiten als der Gläubiger verfügt.

Gibt der Schuldner das Sicherungsgut nicht freiwillig heraus, obwohl er dazu verpflichtet ist, steht dem Gläubiger nur die Möglichkeit der Herausgabeklage zu. Die eigenmächtige Wegnahme des Sicherungsgutes gegen den Willen des Schuldners kann ggf. strafrechtliche Konsequenzen nach sich ziehen (§§ 123, 303, 240 StGB), und zwar selbst dann, wenn der Herausgabeanspruch materiell-rechtlich besteht.

2.3.1 Ausschließliche Verwertungsbefugnis des Insolvenzverwalters

Im eröffneten Insolvenzverfahren liegt die Verwertungsbefugnis an beweglichen Sachen und an Forderungen, an denen Sicherungsrechte für absonderungsberechtigte Gläubiger bestellt sind, ausschließlich beim Insolvenzverwalter (§ 166 InsO).[1151] 653

2.3.1.1 Verwertungsbefugnis

Der Gesetzgeber hat dem Insolvenzverwalter die Verwertungsbefugnis übertragen, um sowohl die Verwertung der Masse zu erleichtern, besonders im Wege übertragender Sanierung, als auch die Chancen einer Sanierung zu erhöhen.[1152] Den absonderungsberechtigten Gläubigern wird durch die Statuierung des Verwertungsrechts des Insolvenzverwalters am Absonderungsgut der Zugriff auf die wirtschaftliche Einheit des schuldnerischen Unternehmens verwehrt.[1153] Dies ist – indes nur aufgrund ausdrücklicher gerichtlicher Anordnung – auch schon im vorläufigen Insolvenzverfahren möglich, soweit das Sicherungsgut von erheblicher Bedeutung für die Fortführung des schuldnerischen Unternehmens ist (vgl. § 21 Abs. 2 Satz 1 Nr. 5 InsO). 654

Die Verwertung von Absonderungsgegenständen unter Verstoß gegen § 166 InsO im eröffneten Verfahren durch Absonderungsberechtigte ist rechtswidrig und zieht ggf. Schadensersatzansprüche der Masse nach sich.[1154] Gerade weil der Gläubiger bei einer vorinsolvenzlichen Eigenverwertung die ansonsten anfallenden Kostenbeiträge erspart (siehe oben), sollte er diese zumindest in Erwägung ziehen. Für eine solche spricht auch der Umstand, dass es regelmäßig nicht der Insolvenzanfechtung unterliegt, wenn sich der Absonderungsberechtigte vor Verfahrenseröffnung in der kri- 655

1150 Vgl. LG Stuttgart, Urt. v. 24.02.2004 – 7 O 502/03, ZIP 2004, 1117.
1151 *Hess*, in: Hadding/Hopt/Schimansky, Die neue Insolvenzordnung, 101 ff.
1152 *Smid*, Kreditsicherheiten, 2004, § 2 Rn. 6.
1153 *Mönning*, in: Festschrift für Uhlenbruck, S. 239 ff.
1154 BGH, Urt. v. 20.11.2003 – IX ZR 259/02, DZWIR 2004, 205 ff.

tischen Zeit das Absonderungsgut vom Schuldner verschaffen lässt und vor Verfahrenseröffnung verwertet.[1155]

656 Nach Verfahrenseröffnung verbleibt es indes bei der Verwertungsbefugnis des Insolvenzverwalters, was der BGH in seiner Judikatur auch deutlich herausgestellt hat: Während es in seiner Entscheidung vom 23.09.2004[1156] um die Verwertung des Sicherungsgutes durch den Sicherungsnehmer vor Eröffnung des Insolvenzverfahrens über das Vermögen des Sicherungsgebers ging, hatte der BGH einer weiteren Entscheidung ausgeführt, dass der Fall, in dem der Absonderungsberechtigte den Besitz an sicherungsübereigneten Gegenständen vor Eröffnung des Verfahrens erlangt und erst nach Eröffnung Verwertungshandlungen durchführt, im Gesetzgebungsverfahren nicht bedacht worden sei. Der BGH hält es mit den Zielen der Insolvenzordnung für unvereinbar, wenn aufgrund einer Verwertung durch den Absonderungsberechtigten im eröffneten Insolvenzverfahren die Insolvenzmasse belastet werde. Es stehe dem Insolvenzverwalter gegen die absonderungsberechtigte Bank zu Gunsten der Masse ein Schadenersatzanspruch zu, sofern § 170 Abs. 2 InsO nicht anwendbar wäre; der Schadenersatzanspruch gründe sich auf die §§ 129, 130 Abs. 1 Satz 1 Nr. 1, 143 Abs. 1 Satz 2 InsO, §§ 819 Abs. 1, 814 Abs. 4, 292 Abs. 1, 989 BGB. Durch die dem Insolvenzverwalter nach § 167 InsO obliegenden Pflichten, dem absonderungsberechtigten Gläubiger auf dessen Verlangen Auskunft über den Zustand der Sache zu erteilen oder ihm zu gestatten, die Sache zu besichtigen, werden diese geschützt.[1157]

Dadurch erhält der Insolvenzverwalter die Möglichkeit, durch eine gemeinsame Verwertung zusammengehöriger, aber für unterschiedliche Gläubiger belasteter Gegenstände einen höheren Verwertungserlös zu erzielen.[1158] Es liegt auf der Hand, dass eine übertragende Sanierung des Unternehmens hierdurch nicht unerheblich erleichtert wird und der Insolvenzverwalter von langwierigen Verhandlungen mit den absonderungsberechtigten Gläubigern entlastet wird.

657 Voraussetzung für das Verwertungsrecht des Insolvenzverwalters ist gemäß § 166 Abs. 1 InsO, dass sich das Sicherungsgut in seinem Besitz und nicht im Besitz des Sicherungsnehmers befindet. Dies ist bei Absonderungsrechten zumeist der Fall; denn das Verwertungsrecht beruht damit darauf, dass Gläubiger eines besitz- und somit publizitätslosen Sicherungsrechts die Stellung von absonderungsberechtigten Gläubigern haben (§ 51 InsO). Die Voraussetzung für die Anwendung des § 166 Abs. 1 InsO kann nach Maßgabe des § 50 InsO aber auch für gepfändete Sachen und für mit einem Vermieterpfandrecht belastete Sachen zutreffen.[1159]

1155 BGH, Urt. v. 02.06.2005 – IX ZR 181/03, DZWIR 2006, 29 ff.; BGH, Urt. v. 23.09.2004 – IX ZR 25/03, DZWIR 2005, 123 ff.; BGH, Urt. v. 29.03.2007 – IX ZR 27/06, ZIP 2007, 1126.
1156 BGH, Urt. v. 23.09.2004 – IX ZR 25/03, DZWIR 2005, 123 ff.
1157 *Smid*, in: Leonhardt/Smid/Zeuner, InsO, § 16; *Lwowski*, in: MüKo-InsO, § 167 Rn. 3.
1158 *Smid*, in: Leonhardt/Smid/Zeuner, InsO, § 166 Rn. 3; *Gerbers*, in: Braun, InsO, 2004, § 166 Rn. 3.
1159 *Smid*, Kreditsicherheiten, § 2 Rn. 33, 34.

Entscheidend ist nur, dass der Verwalter Besitzer des Sicherungsgutes ist, unmittelbarer Besitz i.S.v. § 854 Abs. 1 BGB ist nicht zwingend erforderlich. Hat der Schuldner beispielsweise Sicherungsgut an Dritte vermietet oder verpachtet, ist der Verwalter zwar nicht unmittelbarer Besitzer. Er erlangt aber durch den Erlass des Eröffnungsbeschlusses vom Schuldner dessen mittelbaren Besitz[1160] (§ 868 BGB). Auch der mittelbare Besitz des Verwalters rechtfertigt dessen durch die Verfahrenseröffnung begründetes Verwertungsrecht immer dann, wenn er in einer Kette von Besitzmittlungsverhältnissen näher am unmittelbaren Besitz steht als der Sicherungsgläubiger.[1161]

Hat der Schuldner einem Kommissionär vorinsolvenzlich das Sicherungsgut zur Kommission übergeben, ist der Kommissionär Besitzer des Gutes. Grundsätzlich wäre er seitens des Sicherungseigentümers einem Herausgabeanspruch gemäß § 985 BGB ausgesetzt. Dieser Anspruch führt aber nicht dazu, dass er das Verwertungsrecht des Verwalters vereitelt: Der Verwalter hat gegen den Kommissionär einen eigenen, das Kommissionsgut betreffenden Herausgabeanspruch, da die Kommission mit Eröffnung des Insolvenzverfahrens gemäß §§ 115, 116 InsO erlischt. Gegenüber dem Sicherungseigentümer gilt aber die Kommission gemäß § 115 Abs. 2 Satz 2 InsO als fortbestehend, so dass der Kommissionär dem Verwalter auf Verlangen den unmittelbaren Eigenbesitz am Sicherungsgut zu verschaffen hat.[1162]

Wer als gesicherter Gläubiger die alleinige Verwertungsbefugnis durch den Insolvenzverwalter ausschalten möchte, muss daher entweder vor Verfahrenseröffnung verwerten oder andere Sicherungen als den verlängerten oder erweiterten Eigentumsvorbehalt wählen. So böte es sich z.B. für den Warenlieferanten an, Bargeschäfte (vgl. § 142 InsO) mit seinem Kunden von Lagerflächen aus vorzunehmen, die er zuvor auf dem Betriebsgrundstück des Kunden angemietet hat.

2.3.1.2 Veräußerung durch Insolvenzverwalter

Verwertet der Insolvenzverwalter das Sicherungsgut, so hat er – nach Abzug des obligatorischen Kostenbeitrages – nach den §§ 170, 171 InsO den restlichen Erlös an den Gläubiger auszukehren.[1163] Seinen damit korrespondierenden Zahlungsanspruch kann der Sicherheitengläubiger im Zweifelsfall vor dem Prozessgericht im Wege einer allgemeinen Leistungsklage geltend machen. 658

Vor der geplanten Verwertung hat der Insolvenzverwalter gemäß § 168 InsO dem absonderungsberechtigten Gläubiger mitzuteilen, auf welche Weise der Gegenstand veräußert werden soll. Er hat zugleich dem Gläubiger Gelegenheit zu geben, ihn binnen einer Woche auf eine andere, für den Gläubiger günstigere Möglichkeit der Verwertung des Gegenstands hinzu- 659

1160 *Smid*, Kreditsicherheiten, § 2 Rn. 6, 7; *Bork*, in: Festschrift für Gaul, 71 ff., 75; *Ringstmeier*, in: Beck/Depré, Handbuch der Insolvenz, § 9 Rn. 111; dagegen z.B. *Mönning*, in: Festschrift für Uhlenbruck, 242.
1161 *Smid*, Kreditsicherheiten, § 2 Rn. 7.
1162 *Smid*, Kreditsicherheiten, § 2 Rn. 7.
1163 *Smid*, Kreditsicherheiten, § 2 Rn. 8–13.

weisen.[1164] Verstößt der Insolvenzverwalter hiergegen, steht dem Absonderungsberechtigten ein Nachteilsausgleichsanspruch zu. Nach OLG Celle[1165] soll § 168 InsO sogar dann anwendbar sein, wenn das Sicherungsgut im Wege freiwilliger öffentlicher Versteigerung verwertet wird.

660 Nach der Rechtsprechung des BGH[1166] hat auch der nach Ausscheiden des früheren Insolvenzverwalters bestellte Insolvenzverwalter die Pflicht, sich über die geschäftlichen Verhältnisse der Insolvenzschuldnerin und die Vorgänge zu informieren, die bis zu seinem Amtsantritt geherrscht haben, wozu ihm Auskunftsansprüche gegen den vorzeitig aus dem Amt Entlassenen sowie aus den §§ 97, 98 InsO gegen den Schuldner bzw. die Organe der schuldnerischen Gesellschaft zustehen. Soweit es sich um Vorgänge unter der vorläufigen Verwaltung handelt, kommt es nach zutreffender Ansicht des BGH insbesondere nicht darauf an, ob ein vorläufiger Insolvenzverwalter mit oder ohne Verfügungsbefugnis gehandelt hat. In diesen Konstellationen nimmt der vorläufige Insolvenzverwalter nämlich Überwachungsaufgaben wahr, die es sicherstellen, dass die Geschäftstätigkeit des schuldnerischen Unternehmens dokumentiert wird. Vor dem Hintergrund dieser Erfassung hat der neue Insolvenzverwalter nicht das Recht, gegenüber dem gesicherten Gläubiger die Auskunft zu verweigern. Damit trägt er aber nicht das Risiko wegen einer regelmäßig unzureichenden Dokumentation seines Vorgängers. Vielmehr darf er eine „Negativauskunft" in dem Sinne erteilen, dass er dem absonderungsberechtigten Gläubiger mitteilt, dass sich bestimmte Vorgänge, der Verbleib von Absonderungsgut usw. aufgrund der bis zu seinem Amtsantritt unordentlich geführten Verwaltung nicht ermitteln lassen. Der Insolvenzverwalter muss allerdings nachvollziehbar vortragen und ggf. unter Beweis stellen, dass Unterlagen nicht zu beschaffen und Auskünfte nicht zu ermitteln seien. Auch mit dieser Negativauskunft ist dem Absonderungsberechtigten im Übrigen gedient. Denn er kann dann (kein Fall des § 92 InsO) gegen den entlassenen früheren Insolvenzverwalter Schadenersatzansprüche gemäß § 60 InsO geltend machen.

2.3.1.3 Verwertungserlös bei Freigabe

661 Obgleich der Insolvenzverwalter zur Verwertung befugt ist, kann er gemäß § 168 Abs. 3 InsO das seiner Verwertungsbefugnis unterstellte bewegliche Sicherungsgut an den Absonderungsberechtigten zur Verwertung freigeben. Regelmäßig gibt der Insolvenzverwalter das Sicherungsgut nur gegen Zahlung eines an einem fiktiven Erlös berechneten Kostenbeitrages frei. Erzielt der Gläubiger in der Folgezeit dann einen höheren Erlös, erhöht sich zwar nicht der Kostenbeitrag; er muss sich aber den gesamten Erlös auf seine Forderung (und nicht nur den seinerzeit bei Bemessung des Kostenbeitrages vermuteten) anrechnen lassen.[1167]

1164 OLG Celle, Urt. v. 20.01.2004 – 16 U 109/03, ZIP 2004, 725.
1165 OLG Celle, Urt. v. 20.01.2004 – 16 U 109/03, DZWIR 2004, 243, 245 mit Anm. *Gundlach/N. Schmidt*, DZWIR 2004, 245.
1166 BGH, Urt. v. 04.12.2003 – IX ZR 222/02, ZIP 2004, 326.
1167 BGH, Urt. v. 03.11.2005 – IX ZR 181/04, ZIP 2005, 2214; so auch die h.L.: *Lwowski*, in: MüKo-InsO, § 168 Rn. 65; *Smid*, in: Leonhardt/Smid/Zeuner, InsO, § 168 Rn. 14; *Uhlenbruck*, in: Uhlenbruck, InsO, § 168 Rn. 10.

2.3.1.4 Ersatzabsonderung

Wenngleich die InsO in § 48 InsO nur die Ersatzaussonderung kennt, ist – unter bestimmten Voraussetzungen – analog § 48 InsO auch das Institut der Ersatzabsonderung anerkannt.[1168] Voraussetzung einer Ersatzabsonderung ist jedenfalls stets die unberechtigte Verfügung über das Sicherungsgut. Im Rahmen von Veräußerungs- oder Einziehungsermächtigungen durch den gesicherten Gläubiger ist dabei zu beachten, dass, solange diese dem Schuldner gegenüber nicht widerrufen sind, der Schuldner rechtmäßig über das Sicherungsgut verfügt.

662

- Der Grundpfandgläubiger ist zur Ersatzabsonderung an dem noch unterscheidbar in der Masse vorhandenen erzielten Erlös berechtigt, wenn der Insolvenzverwalter durch eine nicht genehmigte Veräußerung rechtswidrig Zubehör enthaftet hat, §§ 1121, 1122 Abs. 2, 1135 BGB.[1169]
- Der BGH hat in einem Verfahren, in dem der Sicherungszessionar die dem Schuldner vorkonkurslich erteilte Einziehungsbefugnis widerrufen hatte, ein Absonderungsrecht des Sicherungszessionars am Erlös der vom vorläufigen Verwalter eingezogenen sicherungszedierten Forderung anerkannt. Denn dem Sicherungszessionar steht dann gegen den vorläufigen Verwalter ein Anspruch nach § 816 Abs. 2 BGB auf Auskehr des Erlöses zu, den dieser aufgrund der Einziehung der Forderungen erlangt hat. Nach Widerruf der Einziehungsermächtigung ist auch der vorläufige Verwalter nicht mehr zur Einziehung berechtigt gewesen – anders wäre dies aufgrund insolvenzgerichtlicher Anordnung nach § 21 Abs. 2 Nr. 5 InsO n. F., die dem Sicherungszessionar freilich den Erlösauskehranspruch gemäß § 170 Abs. 1 InsO gewährt. Da der Sicherungszessionar grundsätzlich ausschließlich zur Inempfangnahme, Einziehung bzw. weiteren Verfügung über die sicherungszedierte Forderung nach der durch die Kündigung aufgehobenen Einziehungsermächtigung des Schuldners befugt war, stellt sich folgerichtig die Frage, welche Wirkungen die Leistung des Drittschuldners auf das Anderkonto des vorläufigen Insolvenzverwalters hatte. Der Drittschuldner war in dem vom BGH entschiedenen Fall wegen der dem Insolvenzverwalter zustehenden Einziehungsbefugnis gutgläubig, was die befreiende Wirkung seiner Leistung nach § 407 Abs. 1 BGB zur Folge hat. Das ändert nichts daran, dass die damit dem Anderkonto zugeflossene Vermögensmehrung sich als ungerechtfertigte Bereicherung darstellt, die nach § 816 Abs. 2 BGB auszugleichen ist. Der IX. Zivilsenat stützt diesen Anspruch darauf, dass nach Eröffnung des Insolvenzverfahrens über das Vermögen des Schuldners der dann als Insolvenzverwalter eingesetzte frühere vorläufige Verwalter verpflichtet gewesen wäre, die eingezogenen Forderungen zur Erfüllung des zugunsten der Klägerin entstandenen Ersatzabsonderungsrechts gemäß § 48 InsO an diese auszukehren. Der BGH hat damit die Voraussetzungen eines Ersatzabsonderungsrechts als vorliegend angesehen, da der vorläufige Verwalter unrechtmäßig über den Sicherungsgegenstand verfügt habe.

1168 *Holzer*, in: Kübler/Prütting/Bork, InsO, § 48 Rn. 26 f.; *Bäuerle*, in: Braun, InsO, § 48 Rn. 39; *Uhlenbruck*, in: Uhlenbruck, InsO, § 48 Rn. 30.
1169 *Smid*, in: Leonhardt/Smid/Zeuner, InsO, § 48 Rn. 18.

■ Der Ersatzabsonderung ist jedenfalls für diejenigen Fälle der Boden entzogen, in denen der Insolvenzverwalter Besitzer des Sicherungsgutes ist, arg. § 166 InsO[1170], und zwar auch für den Fall, dass der Absonderungsberechtigte eine günstigere Form der Verwertung nach § 168 InsO nachgewiesen hat. Denn dadurch wird die Verwertung des Absonderungsgutes durch den Insolvenzverwalter nicht im Sinne von § 48 InsO unrechtmäßig.

2.3.1.5 Verwertung durch Gebrauch des Nutzungspotentials

663 Gerade bei der Betriebsfortführung, aber auch bei der sogenannten „Ausproduktion" ist der Insolvenzverwalter darauf angewiesen, bestimmte Gegenstände, z. B. Produktionsmaschinen, zu nutzen. Sind diese Gegenstände mit Absonderungsrechten belastet, wird der Insolvenzverwalter (zunächst) von deren Verwertung absehen und diese zur Produktion nutzen. Dem Sicherheitengläubiger drohen in diesem Fall Nachteile aus einem durch die Nutzung resultierenden Wertverlust des Sicherungsgutes. Den Ausgleich zwischen dem Sicherungsinteresse des Gläubigers und dem Interesse des Schuldners bzw. der übrigen Gläubiger an der Unternehmensfortführung schafft § 172 Abs. 1 InsO. Danach hat der Insolvenzverwalter den durch die Nutzung des Sicherungsgutes entstehenden Wertverlust von der Eröffnung des Insolvenzverfahrens an durch laufende Zahlungen an den Gläubiger auszugleichen.[1171] Es handelt sich bei diesem Nachteilsausgleichsanspruch um eine Masseverbindlichkeit.

Bestehen Sicherungsrechte an Rohstoffen oder Halbfertigprodukten, ist der Insolvenzverwalter gemäß § 172 Abs. 2 InsO berechtigt, diese Sachen zu verbinden, zu vermischen und zu verarbeiten (§§ 946 ff. BGB), soweit dadurch die Sicherung des absonderungsberechtigten Gläubigers nicht beeinträchtigt wird. Dies ist dann der Fall, wenn das Sicherungseigentum nicht untergeht. Hierzu muss er gegebenenfalls mit dem Gläubiger die hierfür erforderlichen Abreden treffen. Soweit sich in einem derartigen Fall das Recht des von der Verbindung, Vermischung oder Verarbeitung[1172] betroffenen Gläubigers an einer anderen Sache fortsetzt, ist der Gläubiger allerdings zur Freigabe der neuen Sicherheit insoweit verpflichtet, als sie den Wert der bisherigen Sicherheit übersteigt.

Die Höhe der Ausgleichsverpflichtung hat sich gemäß § 172 Abs. 1 Satz 1 InsO am Wertverlust zu orientieren. Dabei ist auch zu berücksichtigen, welche Vorteile ggf. der absonderungsberechtigte Gläubiger daraus zieht, dass das Sicherungsgut aufgrund von Wartungsmaßnahmen etc. nicht der Verwahrlosung anheim fällt und dadurch Wertverluste erleidet.[1173]

1170 Smid, in: Leonhardt/Smid/Zeuner, InsO, § 48 Rn. 19.
1171 Smid, Kreditsicherheiten, § 2 Rn. 104.
1172 Klasmeyer/Elsner/Ringstmeier, in: Kölner Schrift zur InsO, 1083, 1092, Rn. 35 ff.; Mönning, in: Festschrift für Uhlenbruck, 259 ff.
1173 Zum Absonderungsrecht Smid, Kreditsicherheiten, insbes. §§ 2, 7.

2.3.1.6 Schutz vor Verwertungsverzögerungen

Neben den Regelungen der §§ 167 und 168 InsO ergänzt § 169 InsO die privilegierte Rechtsstellung der Absonderungsberechtigten. Der Absonderungsberechtigte erhält einen Zinsanspruch zur Verhinderung bzw. finanzieller Kompensation einer Verwertungsverzögerung durch den Insolvenzverwalter. Diese Regelung soll den Nachteil kompensieren, den der absonderungsberechtigte Gläubiger daraus erleidet, dass er die Verwertungsbefugnis verliert und damit auf den Verwertungsvorgang und -zeitpunkt letztlich keinen Einfluss mehr hat.[1174]

664

Zu beachten ist, dass gemäß § 169 Satz 1 InsO die Zinszahlungspflicht erst vom Berichtstermin an beginnt. Denn erst im Berichtstermin ergehen entsprechende Beschlüsse der Gläubigerversammlung, die den Insolvenzverwalter legitimieren bzw. an die Stelle der Masseverwertung andere Maßnahmen der Insolvenzverwaltung treten lassen. Dabei darf der Berichtstermin aber höchstens drei Monate nach der Verfahrenseröffnung liegen.[1175] Dies deswegen, weil der Gläubiger auch bei einer Eigenverwertung nicht sofort den Erlös vereinnahmen könnte, sondern hierfür auch Zeit benötigte. Insoweit gewährt die InsO dem Insolvenzverwalter eine – wenn auch auf drei Monate befristete – Möglichkeit der kostenfreien Nutzung des Sicherungsgutes.

665

Vom Berichtstermin an greift aber auch keine automatische Verzinsungspflicht. Denn es gehört nicht zu den Rechten des Sicherungsgläubigers, dass er von der Insolvenzmasse die Bewahrung der Werthaltigkeit des Sicherungsgutes verlangen kann. Aus der Insolvenzmasse ist an den Sicherungsgläubiger nur insoweit zu zahlen, wie ihm Schutz vor einer Verzögerung der Verwertung gewährleistet wird, Satz 3 des § 169 InsO.[1176] Ist das Sicherungsgut beispielsweise in Gänze nicht verwertungsfähig, entfällt die Verzinsungspflicht, so etwa bei Spezialgeräten, die nur für die von dem Schuldner betriebene Produktion einsatzfähig waren, aufgebrauchten Maschinen, Mobiliar, das in dieser Form nicht gebraucht wird etc.

Beweisbelastet für das Vorliegen der Voraussetzungen des Ausnahmetatbestandes des § 169 Satz 3 InsO ist nach allgemeinen Beweisverteilungsgrundsätzen der Insolvenzverwalter.[1177] Weil die Verzinsungspflicht einen Entschädigungscharakter hat[1178] und der Vollbeweis des Fehlens einer Verwertungsmöglichkeit für den Insolvenzverwalter regelmäßig mit erheblichen Schwierigkeiten verbunden ist, kommt ihm die Beweiserleichterung des § 287 ZPO zugute. Das Prozessgericht entscheidet daher unter Würdigung aller Umstände nach freier Überzeugung, ob und in welchem Umfang eine Verzögerung der Verwertung auf insolvenzspezifischen oder nicht insolvenzspezifischen Ursachen beruht hat. Hieraus folgt, dass Sicherungsgut durchschnittlicher Beschaffenheit und folglich gewöhnlicher Verwertungsfähigkeit

---

1174 Krit. *Grub*, Die Zinspflicht nach § 169 InsO – eine wirtschaftlich und rechtlich unsinnige Regelung, DZWIR 2002, 441 ff.
1175 BT-Drucks. 12/2443, 88.
1176 BGH, Urt. v. 16.02.2006 – IX ZR 26/05, ZIP 2006, 814.
1177 BGH, Urt. v. 16.06.1983 – VII ZR 370/82, BGHZ 87, 393, 399 f.
1178 BGH, Urt. v. 20.02.2003 – IX ZR 81/02, BGHZ 154, 72, 86 f.

wegen jeder Verzögerung der Verwertung eine Verzinsungspflicht begründet.

Die Höhe des Zinssatzes ergibt sich aus den vertraglichen Vereinbarungen zwischen Gläubiger und Schuldner. Verzinst wird der Wert des Gegenstandes. Sind Zinsen als Hauptleistung nicht geschuldet oder liegt der vereinbarte Zinssatz unter 4 %, ist im Rahmen des § 169 InsO in Anlehnung an den gesetzlichen Zinssatz des § 246 BGB eine Mindestverzinsung von 4 % geschuldet.

Wegen des Grundsatzes der Gläubigergleichbehandlung ist die Entscheidung bedenklich, mit der vom BGH[1179] darauf erkannt worden ist, dass die Anrechnungsvorschrift des § 367 Abs. 1 BGB bei der Verwertung von Gegenständen, an denen Absonderungsrechte bestehen, auch für die seit der Eröffnung des Insolvenzverfahrens laufenden Zinsen gelten soll.

3. Anspruch des Absonderungsberechtigten auf Erlösauskehr

666 Dem Sicherungsnehmer steht gegen den Insolvenzverwalter kein Herausgabeanspruch, beispielsweise nach § 985 BGB, zu. Insoweit verdrängen die insolvenzrechtlichen Regelungen zum Absonderungsrecht und dessen Realisierung § 985 BGB sowie den Inhalt der Sicherungsabrede. An die Stelle des Herausgabeanspruchs tritt im eröffneten Insolvenzverfahren der Anspruch aus § 170 Abs. 1 Satz 2 InsO auf Erlösauskehr.[1180]

Damit scheidet auch eine Übereignung vom Sicherungsnehmer an einen Dritten nach § 931 BGB aus, da diese die Abtretung des – nicht bestehenden – Herausgabeanspruchs voraussetzt. Soweit – von einer Mindermeinung in der Literatur – zur KO ein besonderer konkursrechtlicher Herausgabeanspruch aus § 127 Abs. 2 KO abgeleitet wurde, ist jedenfalls mit der Regelung des § 166 InsO jetzt außer Frage, dass ein solcher Anspruch nicht existiert.[1181]

Wie bereits dargestellt, macht sich der Sicherungsnehmer, der gegen die Verwertungsregularien der §§ 165 ff. BGB verstößt, ggf. schadensersatzpflichtig. Nach der Rechtsprechung des BGH sind diese Regelungen Schutzgesetze im Sinne von § 823 Abs. 2 BGB.[1182] So schuldet der Absonderungsberechtigte bei eigenmächtiger Verwertung jedenfalls die Kosten der Feststellung des Absonderungsrechts und haftet daher auf die Feststellungspauschale.[1183]

1179 BGH, Urt. v. 17.02.2011 – IX ZR 83/10, ZIP 2011, 579.
1180 *Smid*, Kreditsicherheiten, § 2 Rn. 8.
1181 *Schwemer*, Regelungen zur Überwindung der Massearmut in der Insolvenz, WM 1999, 1155.
1182 BGH, Urt. v. 20.11.2003 – IX ZR 259/0, ZIP 2004, 42, DZWIR, 2004, 205, 207 mit Anm. *Notthoff*; vgl. *Smid*, DZWIR 2004, 265, 270.
1183 BGH, Urt. v. 20.11.2003 – IX ZR 259/02, DZWIR, 2004, 205; vgl. BGH, Urt. v. 23.09.2004 – IX ZR 25/03, DZWIR 2005, 123; krit. *Smid*, DZWIR 2005, 89, 94 f.

3.1 Verfahrenskostenbeiträge der gesicherten Mobiliarpfandgläubiger

Der absonderungsberechtigte Mobiliarpfandgläubiger schuldet für die vom Insolvenzverwalter vorgenommene Verwertung obligatorische Kostenbeiträge.[1184] Dies gilt sowohl für Gläubiger von Forderungen, die durch Immobiliarsicherheiten gesichert sind als auch für Gläubiger, für deren Forderungen Mobiliarsicherheiten bestellt sind.[1185] Diese Gläubiger haben einen Beitrag zu den Verfahrenskosten leisten[1186], die bei der Feststellung und Verwertung dieser Sicherheiten anfallen.[1187] Der Insolvenzverwalter entnimmt gemäß § 170 Abs. 1 InsO nach der Verwertung aus dem Erlös die Kosten der Feststellung und der Verwertung des Gegenstands vorweg für die Insolvenzmasse und kehrt den verleibenden Rest an den Gläubiger aus.[1188] Überlässt der Insolvenzverwalter dem Gläubiger das Sicherungsgut zur Verwertung, schuldet der Gläubiger gemäß § 170 Abs. 2 InsO einen Verfahrenskostenbeitrag in Höhe der Kosten der Feststellung sowie des Umsatzsteuerbetrages.

667

Der Absonderungsberechtigte schuldet nach dem Veranlassungsprinzip nur für die der Masse wirklich entstandenen Kosten. Nur diese sind vom auszukehrenden Erlös in Abzug zu bringen.[1189] Für eine – rechtmäßige – vorinsolvenzliche Verwertung schuldet der (spätere) Absonderungsberechtigte dagegen keine Kostenbeiträge, solange der Gläubiger (sicherungs)vertraglich zur Verwertung, beispielsweise zur Einziehung von Forderungen beim Drittschuldner, berechtigt war.[1190] Dies ist auch im Ergebnis richtig, solange das Sicherungsgut bzw. die sicherungsweise abgetretenen Forderungen nicht in die Insolvenzmasse eingebunden sind, worauf der BGH abstellt.[1191] Anders ist dies bei einer eigenmächtigen Einziehung nach Eröffnung des Insolvenzverfahrens durch den Absonderungsberechtigten. Nur wenn der Insolvenzverwalter, auf den gemäß § 166 Abs. 2 Satz 1 InsO das Einziehungs- und Verwertungsrecht übergegangen ist,[1192] dem Absonderungsberechtigten die Forderung gemäß § 170 InsO zur Verwertung im eigenen Namen überlassen hat, ist die Verwertung durch den Absonderungsberechtigten rechtmäßig. Sofern dies nicht erfolgt ist, handelt der Absonderungsberechtigte objektiv rechtswidrig. Er schuldet der Masse jedenfalls die Feststellungspauschale, weil er mit seiner Verwertungsmaßnahme in die Soll-Masse eingegriffen hat.

668

1184 *Zimmermann*, Rechtsposition, Handlungsalternativen und Kostenbeiträge der absonderungsberechtigten Bank im Rahmen der InsO, NZI 1998, 57 ff.

1185 *Mönning* in: Festschrift für Uhlenbruck, S. 248 ff. m.w.N. vgl. im Übrigen *Drukarczyk*, Kreditverträge, Mobiliarsicherheiten und Vorschläge zu ihrer Reform im Konkursrecht, KTS 1983, 183 ff. sowie *Drukarczyk/Duttle/Rieger*, Mobiliarsicherheiten.

1186 Vgl. *Stürner*, in: Kübler/Prütting/Bork, InsO, § 170 Rn. 52 f.; Lwowski in: MüKo, InsO, § 170 Rn. 1.

1187 *Gottwald*, in: Leipold, Insolvenzrecht im Umbruch, 2005.

1188 *Smid*, Kreditsicherheiten, § 2 Rn. 8–13.

1189 BGH, Urt. v. 20.11.2003 – IX ZR 259/02, ZIP 1994, 42; BGH, Urt. v. 11.06.2002 – IX ZR 262/01, ZInsO 2002, 826 (Kosten bei Kündigung des Lebensversicherungsvertrages durch den Verwalter).

1190 BGH, Urt. v. 09.11.1978 – IX ZR 54/77, BGHZ 72, 308, 312.

1191 BGH, Urt. v. 06.04.2000 – IX ZR 422/98, BGHZ 144, 192, 197.

1192 BGH, Urt. v. 20.02.2003 – IX ZR 817/02, WM 2003, 694, 695.

669 Erzielt der rechtswidrig verwertende Absonderungsberechtigte einen geringeren Erlös als denjenigen, den der Insolvenzverwalter ggf. hätte erzielen können, stellt sich die Frage, ob hieraus Schadensersatzansprüche erwachsen. Nach der Rechtsprechung des BGH schuldet er in diesem Fall den Differenzbetrag der Masse als Schadensersatz. Dies überzeugt indes nicht vollständig; denn die Masse wird bei einer eigenmächtigen Verwertungshandlung des Absonderungsberechtigten weder mit höheren Verwertungskosten belastet noch entgeht ihr ein Differenzbetrag zwischen einem möglicherweise zu erzielenden und dem tatsächlich vom gesicherten Gläubiger erzielten Erlös. Entscheidender dürfte dagegen die Erwägung des IX. Zivilsenats des BGH sein, der ausführt „der eigenmächtig vorgehende Gläubiger handele insoweit auf eigene Gefahr". Bei einer von ihm initiierten ungünstigen Verwertung beeinträchtigte er nämlich das Quoteninteresse der übrigen Gläubiger, weil beispielsweise die restliche Forderung des Absonderungsberechtigten bei bestmöglicher Verwertung geringer wäre, er aber so gemäß § 52 InsO einen höheren Ausfall als im Falle der Verwertung durch den Insolvenzverwalter zur Tabelle anmeldet.

670 Mit den Feststellungskosten nach § 171 Abs. 1 InsO werden die Kosten

- der tatsächlichen Ermittlung (des Auffindens des Gegenstands),
- der Feststellung des Absonderungsrechts und
- die Prüfung etwaiger Kollisionslagen mit Sicherungsrechten Dritter

abgegolten. Sie sind im Rahmen der Verrechnung nach § 170 InsO vom Insolvenzverwalter pauschal mit 4% des Verwertungserlöses anzusetzen. Anders als bei den Verwertungskosten findet bei einem etwaigen Mehr- oder Minderaufwand keine Anpassung statt.

671 Schwieriger und im Detail streitig ist indes, welche Kostenbestandteile zu den Verwertungskosten zählen. Im Allgemeinen werden mit den Verwertungskosten nach § 171 Abs. 2 InsO

- die Kosten der Bewertung des Sicherungsgutes,
- die Kosten des Transports zum Verwertungsort,
- die Kosten des vom Verwalter ggf. zu beauftragenden Verwerters[1193],
- die Abrechnung über den Erlös sowie
- Umsatzsteuer (§ 171 Abs. 2 Satz 3 InsO)[1194],

abgegolten. Abzugrenzen sind diese Kosten von den – nicht ansatzfähigen – allgemeinen Kosten der Verfahrensabwicklung. Abzugsfähig sind ferner auch nur die für die Verwertung erforderlichen Kosten. Nach § 171 Abs. 2 InsO sind zur Vermeidung weitläufiger Rechtsstreitigkeiten zwischen dem absonderungsberechtigten Gläubiger und dem Insolvenzverwalter die Verwertungskosten pauschal mit 5 % des Verwertungserlöses anzusetzen. Bei einer erheblichen Über- oder Unterschreitung dieser Pauschale sind die tatsächlichen Kosten in Ansatz zu bringen. Eine gemischte Berechnung, bestehend aus Pauschale und tatsächlichen Kosten, ist dagegen nicht zulässig.[1195]

1193 BGH, Urt. v. 22.09.2005 – IX ZR 65/04, ZInsO 2005, 1103.
1194 Mit Nachw. Smid, Kreditsicherheiten, § 2 Rn. 31.
1195 BGH, Urt. v. 22.02.2007 – IX ZR 112/06, ZIP 2007, 686

3.2 Kompensation entstandener Kosten

Die Verfahrenskostenbeiträge sollen nach dem „Veranlassungsprinzip" dazu dienen, den Abfluss zu kompensieren, den die freie Masse dadurch erleidet, dass aus ihr die Kosten getragen werden, die bei der Feststellung und bei der Verwertung von Gegenständen mit Absonderungsrechten entstehen.[1196]

672

4. Die Massezugehörigkeit sicherungszedierter Forderungen

4.1 Sicherungspool

Erhebliche praktische Bedeutung haben Poolabreden zwischen mehreren Sicherungsnehmern, im Rahmen derer die Poolmitglieder die Aus- und Absonderung ihrer Sicherheiten gemeinsam vornehmen bzw. über den Insolvenzverwalter gemeinsam vornehmen lassen. Ausgangspunkt ist dabei die in praxi häufig anzutreffende Schwierigkeit, gegenüber dem Insolvenzverwalter beispielsweise die konkrete dingliche Berechtigung nachzuweisen, z. B. bei einem Warenlager aufgrund von Zu- und Abgängen. Der Sicherungsnehmer muss – gegebenenfalls in einem Herausgabeprozess[1197] – beweisen, dass das Recht an dem Sicherungsgegenstand ihm, und keinem anderen zusteht. Ein Sicherheitenpool,[1198] der alle – also 100 % – Sicherheiten bzw. dingliche Rechte aller Aus- oder Absonderungsberechtigten umfasst, verschafft den Inhabern dieser Rechte daher Beweiserleichterungen[1199], mit denen sie die Konkretisierung des Gegenstandes ihres Rechts gegenüber dem Insolvenzverwalter erreichen können.

673

Solche Sicherungspools, in denen die Gläubiger ihre Sicherheiten einbrachten, waren bis zum Zeitpunkt des Inkrafttretens der Insolvenzordnung Anfang 1999 die typische Form der Rechtsdurchsetzung dinglich berechtigter Gläubiger im Konkursverfahren, nicht zuletzt auch deswegen, weil sie aus der Sicht der Konkursverwalter ein wichtiges Instrument darstellten, um die Durchführung des Verfahrens zu erleichtern.[1200] Mittels Sicherheitenabgrenzungsverträgen[1201] konnte die gebotene Verteilung außerhalb des Insolvenzverfahrens vorgenommen werden.

Dies wurde mit Inkrafttreten der InsO erschwert. Wie dargestellt, unterfällt das Absonderungsgut, sei es eine bewegliche Sache oder eine sicherungszedierte Forderung, der sog. Soll-Masse. Damit ist das Sicherungsgut der Verwertungsbefugnis des Insolvenzverwalters gemäß § 166 Abs. 2 InsO unterworfen.[1202] Dies führt zwingend zur Anwendbarkeit des § 91 InsO[1203],

674

[1196] BGH, Urt. v. 20.11.2003 – IX ZR 259/02, ZIP 2004, 42; hierzu eingehend *Smid*, DZWIR 2004, 265, 270.

[1197] *Kilger/K. Schmidt*, KO, Anm. 5b).

[1198] Eingehend *Smid*, Kreditsicherheiten, 2004, § 17; anders *Berner*, Sicherheitenpools der Lieferanten und Banken.

[1199] *Ringstmeier*, in: Beck/Depré, Handbuch der Insolvenz, § 9 Rn. 78.

[1200] *Lwowski*, in: MüKo-InsO, § 166 Rn. 201 ff.

[1201] *Gottwald/Adolphsen*, in: Gottwald, Insolvenzrechts-Handbuch, § 44 Rn. 15.

[1202] BGH, Urt. v. 23.04.2009 – IX ZR 19/08, ZIP 2009, 960; auf die Offenlegung durch den Absonderungsgläubiger kommt es nicht an, vgl. BGH, B. v. 11.07.2002 – IX ZR 262/01, ZIP 2002, 1630.

[1203] Unklar *Blersch*, in: Blersch/Goetsch/Haas, BK-InsO § 91 Rn. 3.

der den Rechtserwerb an Massegegenständen ausschließt. Diese Vorschrift erfasst selbstverständlich nicht den Rechtserwerb an den Gegenständen, die vom Insolvenzverwalter aus der Ist-Masse an Berechtigte herauszugeben sind, mithin nicht die Aussonderungsberechtigten; erfasst werden indes die Absonderungsberechtigten, da § 91 Abs. 1 InsO die Funktion hat, die Verwertung der den Gläubigern haftenden (Soll-) Masse durch den Insolvenzverwalter zu sichern. Die Beschränkung der Verfügungsbefugnis der Absonderungsberechtigten durch § 91 Abs. 1 InsO ist zwingendes Gegenstück zu der sowohl verfahrensrechtlich als auch materiell-rechtlich begründeten „Einbeziehung" am Absonderungsgut.

675 Nach § 91 Abs. 1 InsO können Rechte an den der Soll-Masse unterfallenden Gegenständen nach Insolvenzeröffnung nicht mehr wirksam erworben werden.[1204] Daraus folgt, dass die Absonderungsberechtigten ohne Mitwirkung des Insolvenzverwalters nicht mehr rechtlich wirksam „außerhalb" des Insolvenzverfahrens einen Verwertungspool bilden können. Im Vergleich zu der bisherigen Rechtslage wird die Tätigkeit des Insolvenzverwalters nur vordergründig erleichtert; denn nach neuem Recht muss er qua Mitwirkung an der Poolbildung seinen Ansprechpartner erst mit aus der Taufe heben. Das aber darf der Insolvenzverwalter wohl bei Drohung persönlicher Haftung nicht. Für die Anwendbarkeit des § 91 Abs. 1 InsO ist es daher im Ergebnis ausschlaggebend, dass zwischen dem Berechtigten und dem für die Summe der Berechtigten die Summe aller Sicherheiten geltend machenden „Pool" – also dem Treuhänder oder der Gesamthand – ein insolvenzrechtlich verbotenes Verfügungsgeschäft stattfindet.

Einen nach § 91 Abs. 1 InsO unwirksamen Rechtserwerb kann der Verwalter dadurch heilen, dass er nachträglich genehmigt.[1205] Dabei liegt auf der Hand, dass dieser Akt der Genehmigung besonderer Gründe bedarf, um eine haftungsrechtlicher Inanspruchnahme gemäß § 60 Abs. 1 InsO des Insolvenzverwalters zu vermeiden, etwa, wenn durch den Pool gesicherter Gläubiger eine Betriebsfortführung finanziert wird, durch die eine – den Wert des Unternehmens sichernde – übertragende Sanierung gewährleistet wird, um nur einen Gesichtspunkt zu nennen.

Der IX. Zivilsenat des BGH hat in einer in der Literatur[1206] viel diskutierten Entscheidung[1207] betont, dass die Poolabrede nicht zu einem Pfandrechtserwerb führe. Der Erwerb von der Sicherungszessionarin über die Poolabrede sei vor dem Hintergrund möglicher Gläubigerbenachteiligung auch nicht als „neutral" anzusehen, da die sicherungszedierte Forderung Teil der Masse geblieben ist. Ebenso wie Konzernverrechnungsklauseln nach der Rechtsprechung des BGH[1208] nicht zum Erwerb der Aufrechnungsbefugnis – zum Er-

---

1204 Zum Ganzen eingehend *Smid*, Kreditsicherheiten, 2004, § 17 Rn. 21.
1205 *Smid*, in: Leonhardt/Smid/Zeuner, § 91 Rn. 6; *Kuhn/Uhlenbruck*, InsO, § 15 Rn. 4.
1206 *Smid*, Struktur und systematischer Gehalt des deutschen Insolvenzrechts in der Judikatur des IX. Zivilsenats des BGH (V), DZWIR 2007, 43; *Berner*, Die Krise des Sicherheitenpools, KTS 2006, 359 ff.; *Leiner*, Die Sicherungszession in der Krise, ZInsO 2006, 460 ff.
1207 BGH, Urt. v. 02.06.2005 – IX ZR 181/03, DZWIR 2006, 29 ff.
1208 BGH, Urt. v. 15.07.2004 – IX ZR 224/03, DZWIR 2005, 119.

werb eines Absonderungsrechts an der eigenen Forderung[1209] – führen, gelte dies sinngemäß auch für Poolabreden.

4.2 Reichweite zulässiger Verfügungen über das publizitätslose Pfandrecht

Wie dargestellt, steht § 91 Abs. 1 InsO wirksamen Verfügungen von Schuldner oder gesichertem Gläubiger über den Gegenstand, an dem das besitzlose Pfandrecht aufgrund Sicherungsübereignung oder Sicherungszession besteht, in dem über das Vermögen des Sicherungsgebers eröffneten Insolvenzverfahren entgegen. Es stellt sich insoweit die Frage, welche Verfügungen über das Pfandrecht selbst zulässig sind.   676

4.2.1 § 166 Abs. 2 InsO als Schutzgesetz

Die Einziehung einer Forderung durch den Sicherungszessionar ist jedenfalls im eröffneten Insolvenzverfahren rechtswidrig und begründet Schadensersatzansprüche der Masse, da § 166 Abs. 2 InsO als Schutzgesetz iSv § 823 Abs. 2 BGB anzusehen ist.[1210]   677

Darüber hinaus stellt sich aber im Zusammenhang mit der Beurteilung der Zahlung durch den Drittschuldner die Frage, ob dieser noch einmal an die Masse zu leisten verpflichtet ist – was insbesondere für diejenigen Fälle von Interesse ist, in denen sich eine Insolvenz des Sicherungszessionars abzeichnet. Der BGH[1211] löst diesen Konflikt durch eine Abwägung der schutzwürdigen Interessen der Masse mit denen des Drittschuldners, insbesondere unter Rekurs auf die in § 407 BGB zum Ausdruck kommende Wertung. Danach kann der Drittschuldner nicht mehr mit befreiender Wirkung an den Sicherungszessionar leisten, wenn ihm die Eröffnung des Insolvenzverfahrens über das Vermögen seines ursprünglichen Gläubigers bekannt und ihm darüber hinaus bewusst ist, dass die Abtretung lediglich zu Sicherungszwecken erfolgte. Die Kenntnis der Eröffnung des Insolvenzverfahrens leitet der IX. Zivilsenat aus einer entsprechenden Anwendung des § 82 Abs. 1 Satz 1 InsO ab. Danach leistet ein Gläubiger in die Masse mit befreiender Wirkung, wenn ihm die Eröffnung des Insolvenzverfahrens nicht bekannt und auch nicht grob fahrlässig unbekannt geblieben ist. Auch insofern ist es überzeugend, wenn der IX. Zivilsenat diese Vorschrift entsprechend zur Behandlung der hier vorliegenden Situation einer Leistung des Drittschuldners an den Sicherungszessionar anwendet.

4.2.2 Befreiende Wirkung einer Leistung des Drittschuldners an den Sicherungszessionar?

Der BGH[1212] hatte im folgenden über die Frage zu entscheiden, wie ein Fall zu behandeln ist, in dem der Drittschuldner nicht mehr mit befreiender Wir-   678

1209 *Häsemeyer*, Rn. 18.64 ff.
1210 BGH, Urt. v. 23.04.2009 – IX ZR 65/08, NJW 2009, 2304; siehe auch NJW-Spezial-16-2009 517.
1211 BGH, Urt. v. 23.04.2009 – IX ZR 65/08, NJW 2009, 2304.
1212 BGH, Urt. v. 23.04.2009 – IX ZR 19/08, ZIP 2009, 960.

kung an den Sicherungszessionar zu leisten rechtlich imstande ist, weil ihm die Eröffnung des Insolvenzverfahrens über das Vermögen seines ursprünglichen Gläubigers bekannt ist und er ebenfalls die Abtretung lediglich zu Sicherungszwecken kennt. Vorliegend war die Forderung vom Sicherungszessionar an den Drittschuldner abgetreten worden.

Zunächst galt es dabei der Frage nachzugehen, ob die Abtretung der an die Sicherungszessionarin zedierten Forderung an den Drittschuldner überhaupt in dem über das Vermögen des Zedenten eröffneten Insolvenzverfahren wirksam stattfinden kann. Dies wäre unproblematisch, wenn es sich nicht um eine Sicherungs-, sondern um eine Vollzession handelt. Problematisch ist es indessen, ob die „Weiterzession" einer sicherungszedierten Forderung in dem über das Vermögen des Zedenten eröffneten Insolvenzverfahren rechtlich möglich ist; denn der Zweitzessionar kann zwar jedenfalls durch die „Weiterzession" keine Vollinhaberschaft an der Forderung erwerben, weil der Erstzessionar selbst diese Vollinhaberschaft durch die Sicherungszession gerade nicht erworben hatte. Er hatte allein ein Verwertungsrecht an der Forderung, das als besitzloses Pfandrecht im Sinne von § 51 Nr. 1 InsO zu qualifizieren ist, erworben. Die Forderung selbst gehört unter dieser Voraussetzung zur Soll-Masse (§ 35 Abs. 1 InsO). Daraus folgerte der IX. Zivilsenat des BGH in der sog. Konsortialpoolentscheidung[1213], dass die vorkonkurslich bei der Poolführerin liegende Sicherungszession – also das Verwertungs-/Pfandrecht an einer dem Schuldner gehörenden Forderung – in der kritischen Zeit nicht mehr unanfechtbar auf eine am Pool beteiligte Bank übertragen werden konnte. Vorliegend geht der BGH nun aber davon aus, dass grundsätzlich ein Dritter an der massezugehörigen Forderung durch Weiterzession des besitzlosen – aus einer Sicherungszession erlangten – Pfandrechts auf ihn ein Absonderungsrecht in dem über das Vermögen des Zedenten eröffneten Insolvenzverfahrens erlangen könne; § 91 Abs. 1 InsO, den der BGH in der Konsortialpoolentscheidung noch zitiert hatte, soll insofern keine Rolle spielen; dies knüpft z.T. an die Judikatur des BGH zur treuhänderischen Haltung von Grundpfandrechten in der Insolvenz des Schuldners an.[1214]

679   Diese Entscheidung kommt in seinen praktischen Wirkungen den Interessen der beteiligten Kreditgeber des Schuldners im Rahmen einer Refinanzierung oder auch einer Umschuldung z. B. im Rahmen von Sanierungsbemühungen entgegen. Aus der Sicht der Gläubigergemeinschaft (der haftenden Masse) in dem über das Vermögen des Sicherungszedenten eröffneten Insolvenzverfahren sind deren Folgen letztlich neutral; denn in dem vom BGH 2005 entschiedenen Konsortialpoolfall führte die „Weiterzession" dazu, dass die zuvor anfechtbar erlangte Absonderungsbefugnis wegen des Erwerbs des besitzlosen Pfandrechts an der sicherungszedierten Forderung sich plötzlich als eine unanfechtbare Verrechnungslage dargestellt hätte, wäre nicht dieser Erwerbsvorgang selbst der Insolvenzanfechtung unterworfen worden. Dies aber ist im vorliegenden Fall ebenso vom BGH von vornherein abgelehnt worden; an die

---

1213 BGH, Urt. v. 02. 06. 2005 – IX ZR 181/03, DZWIR 2006, 29 ff.
1214 BGH, B. v. 13. 11. 2008 – IX ZB 201/06, Grundeigentum 2009, 260 (Insolvenzverfahren: Pfändung mithaftender Mieten oder Pachten durch einen absonderungsberechtigten Grundpfandgläubiger).

Stelle der Verrechnung wäre nämlich bei dem Erwerb der gegen ihn selbst gerichteten Forderung durch den Drittschuldner Konfusion mit der Konsequenz eingetreten, dass die Masse ihre Befugnis, die Forderung gegen den Drittschuldner geltend zu machen, eingebüßt hätte. Dies ist aber nicht der Fall. Da der Drittschuldner nur ein besitzloses Pfandrecht an der eigenen Forderung erwirbt, bleibt deren Inhaberschaft unangetastet weiter in der Masse.

4.3 Abkehr von der „Sicherheitenpoolentscheidung"?

Die Sicherheitenpoolentscheidung begegnete bekanntlich ebenso nachdrücklicher wie nicht immer berechtigter Kritik.[1215] Auch war aus den Reihen des IX. Zivilsenats des BGH sogar zu hören, diese Entscheidung sei durch die Globalzessionsentscheidung vom 29.11.2007 „überholt"; andere gingen davon aus, dies sei durch die Entscheidung des IX. Zivilsenats aus dem Februar 2008[1216] geschehen, mit der der Senat festgestellt hatte, eine durch § 91 Abs. 1 InsO unwirksame masseschmälernde Verfügung könne auch darin liegen, dass durch Abtretung einer Grundschuld die Nichtvalutierungseinrede der Masse verloren geht. Ausschlaggebend dafür sei, ob die Nichtvalutierungseinrede als Vermögensgegenstand des Schuldners zum Zeitpunkt der Eröffnung des Insolvenzverfahrens vorgelegen hat. Daher kann die Grundschuld zwar abgetreten und ein Gläubigerwechsel bewirkt werden. Der Bestand der Masse, wie er sich aufgrund einer Nichtvalutierungseinrede darstellt, wird dadurch aber gemäß § 91 Abs. 1 InsO nicht beeinträchtigt. In dieser Entscheidung hat der BGH § 91 Abs. 1 InsO nicht für anwendbar erachtet. Denn die Schuldnerin war mit der späteren Beklagten wirksam (außerhalb der Anfechtungsfristen) dahingehend übereingekommen, dass in den Sicherungszweck der Grundschuld die Ansprüche der Beklagten aufgenommen worden sind. Die zitierten Urteile aus dem April 2009 sind vor dem Hintergrund der rechtsdogmatischen Qualifikation von Sicherungseigentum und Sicherungszession als besitzlose Mobiliarpfandrechte in der Tat geeignet, die Reichweite des § 91 Abs. 1 InsO genauer zu bestimmen:

680

Der Sache nach laufen diese neuen Entscheidungen des BGH auf folgende Konsequenzen hin:

- Wegen § 91 Abs. 1 InsO kann über die massezugehörige Forderung des Schuldners gegen Dritte im eröffneten Insolvenzverfahren nicht verfügt werden.
- § 91 Abs. 1 InsO verbietet auch den Erwerb „neuer" besitzloser oder vertraglicher Besitzpfandrechte an der massezugehörigen Forderung, die nicht zuvor bereits begründet worden sind.

[1215] *Griesbeck*, Taugt die Globalzession noch als Sicherheit beim Konsortialkredit?, ZIP 2008, 1813 ff.; *Berner*, Die Krise des Sicherheitenpools, KTS 2006, 359 ff.; *Leiner*, Die Sicherungszession in der Krise , ZInsO 2006, 460 ff.; *Leithaus*, Verrechnung von Zahlungseingängen auf debitorischem Kontokorrent bei Vorliegen eines Sicherheitenpools, NZI 2005, 592; *Jacobi*, Der latente Widerspruch zwischen kongruenter Globalzession und inkongruentem AGB-Pfandrecht, ZIP 2006, 2351 ff.
[1216] BGH, Urt. v. 21.02.2008 – IX ZR 255/06, ZIP 2008, 703.

- Der Erwerb besitzloser Pfandrechte an massezughörigen Forderungen ist im eröffneten Insolvenzverfahren grundsätzlich nicht ausgeschlossen. Denn wie sich bereits aus der Rechtsnatur des besitzlosen Pfandrechts, das einem Gläubiger zusteht, ergibt, ist dieses Pfandrecht nicht Teil der Masse in dem über das Schuldner eröffneten Insolvenzverfahren, da es ja gerade dem Gläubiger ein Absonderungsrecht gewährt.
- Wird ein in anfechtbarer Art und Weise erworbenes Absonderungsrecht erst durch den in kritischer Zeit oder nach Eröffnung des Insolvenzverfahrens vollzogenen Erwerb des besitzlosen Pfandrechts vom Gläubiger seitens eines Erstsicherungseigentümers oder Erstsicherungszessionars erworben, wird damit grundsätzlich gegen § 96 Abs. 1 InsO verstoßen; auch dieser Erwerb unterliegt dann den rechtlichen Schranken des Insolvenzverfahrens.

Kapitel 7
Aufrechnung

1. Die Grundnorm des § 94 InsO

Wer Schuldner einer Hauptforderung, aber zugleich auch Gläubiger einer Gegenforderung ist, kann mit seiner Gegenforderung gegen die Hauptforderung nach Maßgabe der §§ 387 ff. BGB aufrechnen. Voraussetzung ist das Bestehen einer Aufrechnungslage und die Abgabe einer Aufrechnungserklärung. Aufrechnung ist dabei von der kontokorrentmäßigen Verrechnung (vgl. § 355 HGB) zu unterscheiden. Letzterer liegt regelmäßig eine sog. Kontokorrentabrede zugrunde, wonach in bestimmten Zeitabständen die wechselseitigen Ansprüche aus der Geschäftsbeziehung saldiert werden und dann nur noch in Gestalt des sog. Aktivsaldos ein Anspruch der einen oder der anderen Partei besteht. Mit bzw. gegen diesen Anspruch kann dann aufgerechnet werden. 681

Eine Aufrechnungslage besteht – verkürzt dargestellt – unter folgenden Voraussetzungen: 682

- Gegenseitigkeit der Forderungen,
- Gleichartigkeit der Forderungen,
- wirksame und fällige Gegenforderung (= die eigene Forderung des Insolvenzgläubigers),
- erfüllbare Hauptforderung, mithin nicht zwingend fällig, sowie
- kein Aufrechnungsausschluss, z. B. durch Aufrechnungsverbote.

Eine Aufrechnung setzt ferner eine Aufrechnungserklärung voraus (§ 388 BGB). Sie ist eine einseitige und empfangsbedürftige Willenserklärung. Als Gestaltungsrecht ist sie nach § 388 Satz 2 BGB bedingungsfeindlich. Sie unterliegt keiner Form[1217] und kann daher sowohl schriftlich als auch mündlich, auch noch im Prozess, einschließlich des Revisionsprozesses[1218], abgegeben werden. Wie jede einseitige Willenserklärung kann sie nach Zugang beim Empfänger, mithin beim Aufrechnungsgegner, nicht mehr widerrufen werden. Nach § 389 BGB bewirkt die Aufrechnung, dass die Forderungen 683

1217 Vgl. *Haarmeyer/Wutzke/Förster*, Handbuch Insolvenzordnung, § 7, Rn.53; BGH, Urt. v. 12. 10. 1983 – VIII ZR 19/82, ZIP 1983, 1473.
1218 Vgl. BGH, Urt. v. 12. 10. 1983 – VIII ZR 19/82, NJW 1984, 357, 358.

– soweit sie sich decken – als in dem Zeitpunkt erloschen gelten, in welchem die Aufrechnungslage entstand.[1219]

684 Dieser Systematik folgt im Grundsatz auch die Aufrechnung in der Insolvenz. Ausdrücklich heißt es in § 94 InsO, dass ein zum Zeitpunkt der Eröffnung des Insolvenzverfahrens bestehendes Aufrechnungsrecht durch die Verfahrenseröffnung nicht berührt wird. Die Eröffnung des Insolvenzverfahrens nimmt dem Gläubiger somit nicht die Aufrechnungsbefugnis. Es gelten indes die allgemeinen Aufrechnungsausschlüsse. Zudem gelten – gerade weil der Aufrechnende damit auf die Masse zugreifen kann – auch besondere insolvenzrechtliche Aufrechnungsausschlüsse.[1220]

Die Aufrechnungserklärung ist nach der Eröffnung des Insolvenzverfahrens gegenüber dem Insolvenzverwalter abzugeben, da gemäß § 80 InsO die Verwaltungs- und Verfügungsbefugnis auf diesen übergegangen ist. Weil durch die Aufrechnung die gegenseitigen Forderungen erlöschen, muss der zur Aufrechnung Berechtigte seine Forderung im Insolvenzverfahren nicht zwingend zur Tabelle anmelden. Es steht ihm aber frei, dies (zunächst) zu tun und ggf. erst im Verfahren die Aufrechnung zu erklären, weil die Anmeldung nicht bedeutet, dass der Berechtigte auf sein Recht zur Aufrechnung verzichtet hat.[1221] Soweit eine Aufrechnung nicht zulässig war, ist die Aufrechnungserklärung unwirksam, d. h. die Forderung bleibt Bestandteil der Pfändungsmasse.

Da die fristgerechte Forderungsanmeldung durch den Gläubiger keine Kosten nach sich zieht, empfiehlt es sich, stets die eigene (Gegen)Forderung zunächst zur Tabelle anzumelden. Nimmt der Insolvenzverwalter dann den Gläubiger wegen einer der Masse zustehenden Forderung in Anspruch, kann insoweit immer noch die Aufrechnung erklärt werden. Ist die Gegenforderung größer als die Hauptforderung der Masse, verbleibt dann für die restliche Gegenforderung zumindest die Quote. Wird stattdessen gleich aufgerechnet, ohne zuvor die Gegenforderung zur Tabelle anzumelden, kann dies im Verlaufe einer Auseinandersetzung mit dem Insolvenzverwalter über die Wirksamkeit der Aufrechnung in Vergessenheit geraten. Zudem wird der Gläubiger qua Forderungsanmeldung Beteiligter im Verfahren, so dass ihm die allgemeinen Informations- und Einsichtsrechte zustehen.

Zu prüfen ist im Rahmen des § 94 InsO, ob tatsächlich schon vor Insolvenzeröffnung eine Aufrechnungslage bestand. Nach der Rechtsprechung des BGH ist dies beispielsweise bei dem Auseinandersetzungs- bzw. Abfindungsanspruch des ausgeschiedenen Gesellschafters und Gegenansprüchen der Gesellschaft nicht der Fall, wenn der Ausschluss mit der Eröffnung des Insolvenzverfahrens über das Vermögen des auszuschließenden Gesellschaf-

---

[1219] Dies ist nicht der Fall, wenn es sich um Schuldverschreibungsforderungen handelt, für die die allgemeinen Regelungen des Gesetzes betr. die gemeinsamen Rechte der Besitzer von Schuldverschreibungen im Konkurs (SchVKG) v. 04.12.1899 gelten.

[1220] BGH, Urt. v. 02.02.1972 – VIII ZR 152/70, NJW 1972, 633; BGH, Urt. v. 02.06.2005 – IX ZR 263/03, ZIP 2005, 1521.

[1221] *Haarmeyer/Wutzke/Förster*, Handbuch Insolvenzordnung, § 7, Rn. 53; *Uhlenbruck*, in: Uhlenbruck, InsO, § 94 Rn. 41; *Smid*, Struktur und systematischer Gehalt des deutschen Insolvenzrechts in der Judikatur des IX. Zivilsenats des Bundesgerichtshofs (II), DZWIR 2004, 265, 269 ff.

ters begründet wird[1222] oder der Gesellschafter satzungsgemäß automatisch mit Eröffnung des Insolvenzverfahrens über sein Vermögen ausscheidet. Die Zulässigkeit der Aufrechnung richtet sich dann nach den §§ 95 f. InsO (siehe unten).

2. Reichweite und Grenzen der Aufrechnungsbefugnis im eröffneten Insolvenzverfahren

Ausgehend von der vorstehend aufgezeigten Grundsystematik ergeben sich folgende Besonderheiten in Bezug auf Reichweite und Grenzen der Aufrechnungsbefugnis: 685

2.1 Eintritt der Aufrechnungslage im Insolvenzverfahren (§ 95 InsO)

§ 95 InsO ergänzt die Grundnorm des § 94 InsO und erweitert sie. Die eingetretene Insolvenz lässt nicht nur eine bestehende Aufrechnungslage unberührt; nach § 95 InsO wird darüber hinaus derjenige geschützt, der vorinsolvenzlich darauf vertrauen durfte, dass er später wird aufrechnen können.[1223] Solange dabei die Hauptforderung des Schuldners nicht vor der Gegenforderung des Insolvenzgläubigers fällig wird, ermöglicht § 95 InsO eine Aufrechnung, sobald die Hauptforderung erfüllbar ist.[1224] Drei Fallkonstellationen werden somit von § 95 InsO erfasst, nämlich 686

- die bei Eröffnung des Insolvenzverfahrens noch nicht fälligen Gegenforderungen des Insolvenzgläubigers,
- die bei Eröffnung des Insolvenzverfahrens aufschiebend bedingte Forderungen und
- die auf unterschiedliche Währungen oder Rechnungseinheiten lautenden Forderungen.

Von dem Vorgenannten zu unterscheiden ist der Fall, in dem das Aufrechnungshindernis im Laufe des Insolvenzverfahrens entfällt und sich dann Gegenforderung und Hauptforderung aufrechenbar gegenüberstehen. Hier ist der andere befugt, die Aufrechnung gegenüber dem Insolvenzverwalter im Rahmen des Insolvenzverfahrens zu erklären;[1225] denn die Aufrechnungslage bestand schon vorinsolvenzlich.

Im Einzelnen gilt nach § 95 InsO folgendes:

2.1.1 Gegenforderung noch nicht fällig

Tritt die Fälligkeit der Gegenforderung zwar nach Verfahrenseröffnung, aber vor Eintritt der Fälligkeit der Hauptforderung ein, entsteht eine Aufrechnungslage und § 95 Abs. 1 Satz 1 InsO erlaubt auch dann dem Insolvenzgläubiger die Aufrechnung mit seiner Gegenforderung gegen die Hauptfor- 687

[1222] BGH, Urt. v. 29.06.2004 – IX ZR 147/03, DZWIR 2004, 517.
[1223] Begr. zu § 107 RegE (BR-Drucks. 1/92 S. 140/141), auch abgedruckt in *Uhlenbruck*, Das neue Insolvenzrecht, S. 410 f.
[1224] *Steder*, in: Weisemann/Smid, Handbuch Unternehmensinsolvenz, § 10.
[1225] *Steder*, in: Weisemann/Smid, Handbuch Unternehmensinsolvenz, § 10.

derung der Masse.[1226] Wird dagegen erst die Hauptforderung fällig und später die Gegenforderung, verbietet § 95 Abs. 1 Satz 3 InsO eine Aufrechnung.

Eine Aufrechnungsmöglichkeit über § 95 Abs. 1 Satz 1 InsO besteht nach der Rechtsprechung des BGH auch bei einer Aufrechnung mit der Forderung aus einer gesellschaftsrechtlichen Auseinandersetzungsbilanz.[1227] Der BGH lehnt eine erweiternde Auslegung des § 95 Abs. 1 Satz 3 InsO in den Konstellationen ab, in denen die Passivforderung ohne weiteres Zutun der Parteien zum Entstehen gelangt. Dies ist dann der Fall, wenn ein Gesellschafter satzungsgemäß mit Eröffnung des Insolvenzverfahrens übers sein Vermögen ausscheidet, nicht dagegen wenn das Ausscheiden noch von einer Kündigung abhängt.

688 Zu beachten ist, dass der BGH in der Vergangenheit in der Anwendung des § 95 Abs. 1 Satz 3 InsO bei der Aufrechnung mit Gegenforderungen der Gesellschaft gegen den Abfindungsanspruch des ausgeschiedenen Gesellschafters restriktiv ist, so im Fall des Ausscheidens eines ARGE Gesellschafters aus dieser.[1228] Es stellte sich in dem vom BGH zu entscheidenden Fall u.a. die Frage, inwieweit die verbliebenen Gesellschafter bzw. die ARGE selbst, gegen den Auseinandersetzungsanspruch des insolvenzbedingt Ausgeschiedenen mit eigenen Ansprüchen, hier Verlustausgleichsansprüchen, aufrechnen konnten oder ob dies durch § 95 Abs. 1 Satz 3 InsO ihnen verwehrt war. Wenngleich die Ansprüche der ARGE auf Verlustausgleich zeitlich später fällig wurden, hat der BGH die Verrechnung des Abfindungsanspruchs mit ARGE-eigenen Ansprüchen gleichwohl für zulässig erachtet. § 95 InsO sei – so der BGH – nicht anwendbar, weil es an einer dem Kontokorrent vergleichbaren „Unselbständigkeit" der jeweils als Rechnungsposten eingestellten Gesellschafterforderungen fehle. Es gelte der „Vorrang der innergesellschaftsrechtlichen Abrechnung", wie er in § 84 Abs. 1 InsO zum Ausdruck komme. Diese Rechtsprechung dürfte – worauf *Cranshaw*[1229] zu Recht hinweist – im Ergebnis nicht nur bei der BGB-Gesellschaft, sondern auch bei Personenhandelsgesellschaften und deren Gestaltungsformen mit juristischen Personen als Komplementärin Anwendung finden.

2.1.2 Aufschiebend bedingte Forderungen

689 Eine Aufrechnung mit oder gegen eine aufschiebend bedingte Forderung ist an sich wegen der fehlenden Fälligkeit nicht möglich (siehe oben). § 95 Abs. 1 InsO behandelt indes die aufschiebend bedingte Forderung wie die noch nicht fällige und lässt die Aufrechnung mit Eintritt der Bedingung zu. Zu beachten ist aber, dass auflösend bedingte Forderungen dagegen nicht

---
1226 BGH, Urt. v. 22.09.2005 – VII ZR 117/03, ZIP 2005, 1972 m. Anm. *Vogel*, EWiR § 95 InsO,Heft 1, 2006, 405; *Steder*, in: Weisemann/Smid, Handbuch Unternehmensinsolvenz, § 10; *Kroth*, in: Braun, InsO, § 95 Rn. 10.
1227 BGH, Urt. v. 29.06.2004 – IX ZR 147/03, ZIP 2004, 1608.
1228 So im Falle eines insolvenzbedingt ausgeschiedenen ARGE-Gesellschafters in der Auseinandersetzungsbilanz: BGH, Urt. v. 14.12.2006 – IX ZR 194/05, ZIP 2007, 383.
1229 *Cranshaw*, Auseinandersetzung der BGB-Gesellschaft bei Insolvenz eines Gesellschafters, jurisPR-InsR 10/2007 Anm. 3.

erfasst werden, da § 95 Abs. 1 Satz 2 InsO zwar auf §§ 41, 45 InsO, nicht aber auf § 42 InsO verweist.

2.1.3 Fehlende Gleichartigkeit

Schlussendlich erleichtert § 95 Abs. 2 InsO die Aufrechnung in den Fällen, die an sich an der fehlenden Gleichartigkeit scheiterten, weil Haupt- und Gegenforderung unterschiedliche Währungen oder Rechnungseinheiten betreffen. 690

2.2 Grenzen der Aufrechnungsbefugnis im eröffneten Verfahren

Durch die Aufrechnungsmöglichkeit bleibt dem aufrechnenden Insolvenzgläubiger erspart, einerseits seine Leistung in die Masse erbringen zu müssen und andererseits mit seiner Forderung auf die Quote verwiesen zu werden. Der Aufrechnungsberechtigte erhält somit eine dem absonderungsberechtigten Gläubiger vergleichbare Stellung. Hieraus leiten sich auch die wertungsmäßigen Grenzen der Aufrechnungsmöglichkeit in der Insolvenz ab: Ist die Insolvenzforderung aus Sicht des Gläubigers bereits durch die Eröffnung des Insolvenzverfahrens bis auf die zu erwartende Quote entwertet, kann er auch mit dieser Gegenforderung nicht mehr aufrechnen. Ließe man die Aufrechnung zu, würde die Gegenforderung aufgewertet werden.[1230] 691

Die Grenzen der Aufrechnungsbefugnis ergeben sich einerseits aus allgemeinen Aufrechnungsverboten sowie aus den besonderen Aufrechnungsverboten des § 96 InsO.

2.2.1 Allgemeine Aufrechnungsverbote

Sämtliche, außerhalb der InsO geregelten Aufrechnungsverbote gelten auch im Insolvenzverfahren, namentlich die Aufrechnungsverbote 692

- bei einredebehafteter Forderung gemäß § 390 BGB
- bei vorsätzlichen unerlaubten Handlungen gemäß § 393 BGB,
- gegen unpfändbare Forderungen (§ 394 BGB),
- gegen Forderungen öffentlich-rechtlicher Körperschaften (§ 395 BGB),
- wegen Aufrechnungen gegen die Einlageforderungen von Gesellschaften gemäß §§ 19 Abs. 2 GmbHG[1231], §§ 66 Abs. 1 Satz 2, 278 Abs. 3 AktG[1232], § 22 Abs. 5 GenG, §§ 26, 53, 85 Abs. 2 VAG,
- aus Vertrag, z. B. durch die Klausel „cash on delivery".

2.2.2 Insolvenzrechtliche Aufrechnungsverbote aus § 96 InsO

§ 96 InsO normiert darüber hinaus insolvenzrechtliche Aufrechnungsverbote und ordnet die Unzulässigkeit der Aufrechnung in bestimmten, dort enumerativ aufgeführten Konstellationen an. Dabei schützt § 96 Abs. 1 Nr. 1, 2, 4 InsO die Masse vor „aushöhlenden" nachträglichen Verrechnungen, wäh- 693

1230 BGH, Urt. v. 29.06.2004 – IX ZR 195/03, DZWIR 2004, 519.
1231 BGH, Urt. v. 13.10.1954 – II ZR 182/53, NJW 1954, 1842; BGHZ 15, 52, 56.
1232 RG, Urt. v. 22.10.1918 – II 158/18, RGZ 94, 62.

rend § 96 Abs. 1 Nr. 3 InsO der Masse Schutz vor bereits erfolgten Aufrechnungen gewährt.[1233]

2.2.2.1 Gegenseitigkeit entsteht nach Eröffnung (§ 96 Abs. 1 Nr. 1 InsO)

694 Nach § 96 Abs. 1 Nr. 1 InsO ist die Aufrechnung unzulässig, wenn ein Insolvenzgläubiger erst nach Eröffnung des Insolvenzverfahrens etwas zur Insolvenzmasse schuldig geworden ist. Wählt der Insolvenzverwalter beispielsweise Erfüllung nach § 103 Abs. 1 InsO, so kann der Insolvenzgläubiger nach § 96 Abs. 1 Nr. 1 InsO gegen den Erfüllungsanspruch des Insolvenzverwalters nicht mit seiner vorinsolvenzlichen Gegenforderung aufrechnen, weil er – durch Ausübung des Wahlrechts – erst nach Eröffnung etwas zur Masse schuldig geworden ist.[1234] Das gleiche gilt für eine von einem Kreditinstitut vorgenommene Verrechnung innerhalb des Kontokorrentverhältnisses nach Erlass des Verfügungsverbotes.[1235]

Erwirbt der Schuldner eine Forderung auf Rückvergütung der Umsatzsteuer in der Zeit nach Verfahrenseröffnung, wird auch diese Forderung vom Insolvenzbeschlag gemäß § 35 Abs. 1 InsO erfasst und gehört zur Masse. Da Verfügungen über diese Forderung nach § 91 Abs. 1 InsO ausgeschlossen wären, greift § 96 Abs. 1 Nr. 1 InsO unproblematisch.[1236]

Zu beachten ist in diesem Zusammenhang auch, dass § 96 Abs. 1 Nr. 1 InsO von § 110 Abs. 3 InsO verdrängt wird. Nach § 110 Abs. 3 InsO ist der Mieter oder Pächter in der Insolvenz des Vermieters bzw. Verpächters befugt, gegen die Miet- oder Pachtzinsforderung für den in § 110 Abs. 1 InsO bezeichneten Zeitraum mit einer Forderung aufzurechnen. Das gilt für solche Miet- und Pachtzinsforderungen, die erst nach der Verfahrenseröffnung entstehen.[1237] Dies ist allerdings zeitlich begrenzt, als der Mieter oder Pächter nur gegen die Miet- oder Pachtzinsforderung für den zur Zeit der Verfahrenseröffnung laufenden Kalendermonat (soweit die Verfahrenseröffnung bis zum 15. d. M. erfolgte) oder wenn die Verfahrenseröffnung nach dem 15. d. M. erfolgte, auch noch für den folgenden Kalendermonat mit einer Forderung aufrechnen kann, die ihm gegen den Vermieter als Gemeinschuldner zusteht.

2.2.2.2 Erwerb der Gegenforderung nach Eröffnung (§ 96 Abs. 1 Nr. 2 InsO)

695 Nach § 96 Abs. 1 Nr. 2 InsO ist die Aufrechnung unzulässig, wenn ein Insolvenzgläubiger seine Forderung erst nach der Eröffnung des Verfahrens von

---

[1233] BGH, Urt. v. 02.06.2005 – IX ZR 263/03, NZI 2005, 553.
[1234] Vgl. zu § 55 Satz 1 Nr. 1 und § 17 KO: BGH, Urt. v. 21.11.1991 – IX ZR 290/90, ZIP 1992, 48.
[1235] OLG Stuttgart, Urt. v. 04.02.1994 – 2 U 93/93, ZIP 1994, 798 m. Anm. *Paulus*, EWiR § 55 KO, Heft 1, 1994, 697; AG Königswinter, Urt. v. 06.12.1995 – 3 C 440/95, ZIP 1996, 243 m. Anm. *Uhlenbruck*, EWiR § 55 KO, Heft 1, 1996, 131.
[1236] BFH, Urt. v. 15.12.2009 – VII R18/09, ZIP 2010, 635.
[1237] *Steder*, in: Weisemann/Smid, Handbuch Unternehmensinsolvenz, § 10.

einem anderen Gläubiger[1238] erworben hat. Dabei kommt es nicht darauf an, ob die erworbene Forderung bereits bei Verfahrenseröffnung bestanden hat oder nicht. Der Erwerb in Kenntnis der Insolvenzeröffnung per se schließt die Aufrechnungsmöglichkeit aus, da der Gläubiger bei Erwerb der Gegenforderung gerade nicht darauf vertrauen konnte, dass er seine Forderung qua Aufrechnung durchsetzen werde. Gleiches gilt, wenn der Gläubiger zwar bereits vor der Eröffnung Schuldner desjenigen war, über dessen Vermögen das Verfahren eröffnet wurde, aber danach eine Forderung erlangte, ihm jedoch wegen der Kenntnis der drohenden Zahlungsunfähigkeit vorgeworfen werden kann, nur deshalb die Forderung erworben zu haben.[1239]

2.2.2.3 Erwerb der Gegenforderung durch anfechtbare Rechtshandlung (§ 96 Abs. 1 Nr. 3 InsO)

Nach § 96 Abs. 1 Nr. 3 InsO ist die Aufrechnung unzulässig, wenn ein Insolvenzgläubiger die Möglichkeit der Aufrechnung durch eine anfechtbare Rechtshandlung erlangt hat. Inzidenter wird somit bei der Prüfung der Aufrechnung die Anfechtbarkeit nach den §§ 129 ff. InsO zu untersuchen sein. Weil gemäß § 390 BGB eine Aufrechnung mit einer einredebehafteten Forderung nicht möglich ist, wird der Insolvenzverwalter in diesen Fällen der Aufrechnung die Einrede der Anfechtbarkeit nach den §§ 129 ff. InsO entgegenhalten.[1240] Das Anfechtungsrecht der Masse muss er in diesen Fällen nicht geltend machen, da die Aufrechnung nach § 96 Abs. 1 Nr. 3 InsO ausgeschlossen ist.[1241]

696

Zu beachten ist, dass eine Aufrechnungsmöglichkeit nicht in anfechtbarer Weise erlangt ist, wenn das Sicherungsgut an den Sicherungsnehmer zu einem überhöhten Kaufpreis verkauft und anschließend verrechnet wurde.[1242]

Dagegen sind von Kreditinstituten im Rahmen des Kontovertrages vorgenommene Verrechnungen mit eigenen Kreditforderungen nur dann zulässig und fallen nicht dem Verdikt der Unzulässigkeit nach § 96 Abs. 1 Nr. 3 InsO anheim, wenn die Kreditforderungen vor Kenntnis der Bank von der Zahlungseinstellung begründet worden sind; ansonsten wären sie anfechtbar.[1243] Nach *Canaris*[1244] soll dabei schon dann die bankeigene Verrechnung unzulässig sein, wenn – wie häufig – das Kreditinstitut in Kenntnis der sich abzeichnenden Krise veranlasst hat, dass der Kunde Zahlungseingänge auf das

697

1238 Für den Rückfall der sicherungszedierten Forderung verneint *Kessler* dies in dem über das Vermögen des Sicherungsgebers eröffneten Insolvenzverfahren (Sicherungszessionen und das Aufrechnungsverbot nach § 96 Abs. 1 Nr. 2 InsO, ZInsO 2001, 148 ff.).
1239 Vgl. LG Gera, Urt. v. 05.05.1994 – 4 O 292/93, DtZ 1994, 253.
1240 *Kuhn/Uhlenbruck*, InsO, § 53 Rn. 7; *Uhlenbruck* in: Uhlenbruck, InsO, § 96 Rn. 24.
1241 *Steder*, in: Weisemann/Smid, Handbuch Unternehmensinsolvenz, § 10. Zum österreichischen Recht *Pechmann*, Fälle der unzulässigen Aufrechnung, S. 15 ff.
1242 BGH, Urt. v. 22.07.2004 – IX ZR 270/03, DZWIR 2005, 121; Vgl. BGH, Urt. v. 02.06.2005 – NZR 263/03, ZIP 2005, 1521 m. Anm. *Beutler/Weissenfels*, EWiR § 96 InsO Heft 1, 2006, 21.
1243 BGH, Urt. v. 02.02.1972 – VIII ZR 152/70, NJW 1972, 633; BGHZ 58, 108, 113.
1244 *Canaris*, Bankvertragsrecht, Rn. 498.

bei ihr geführte debitorische Konto leitet.[1245] Auch wenn Canaris damit den Anwendungsbereich des § 96 Abs. 1 Nr. 3 InsO deutlich weiter als der BGH fasst, überzeugt dies; denn § 96 Nr. 3 InsO will verhindern, dass Aufrechnungslagen im Vorfeld der Eröffnung des Insolvenzverfahrens „künstlich" herbeigeführt werden.[1246] § 140 Abs. 3 InsO, der Befristungen im Sinne von § 163 BGB erfasst, soll nach Auffassung des BGH auch im Rahmen des § 96 Abs. 1 Nr. 3 InsO für die Anfechtbarkeit und die daraus folgende Unzulässigkeit von Aufrechnungen maßgeblich sein. Unter Rückgriff auf seine frühere Judikatur[1247] geht der Senat davon aus, dass es nicht auf den Zeitpunkt der Zulässigkeit der Aufrechnung, sondern auf den Zeitpunkt ankommt, zu dem die spätere Forderung entstand und damit das Gegenseitigkeitsverhältnis begründet wurde.[1248]

Der VII. Senat des BFH[1249] hat darauf erkannt, dass bei Vorliegen der Voraussetzungen der §§ 130 oder 131 InsO das Aufrechnungs- bzw. Verrechnungsverbot des § 96 Abs. 1 Nr. 3 InsO auch in dem Fall greift, in dem mit Insolvenzforderungen des Finanzamts gegen einen aus der Honorarzahlung an einen vorläufigen Insolvenzverwalter resultierenden Vorsteuervergütungsanspruch des Insolvenzschuldners aufgerechnet werden soll.

2.2.2.4 Gegenforderung gegen das freie Vermögen des Schuldners (§ 96 Abs. 1 Nr. 4 InsO)

698 Nach § 96 Abs. 1 Nr. 4 InsO ist die Aufrechnung unzulässig, wenn ein Insolvenzgläubiger, dessen Forderung aus dem freien Vermögen des Schuldners zu erfüllen ist, etwas zur Insolvenzmasse schuldet. Dies rechtfertigt sich aus der Trennung von freiem, nicht dem Insolvenzbeschlag unterliegenden Vermögen des Schuldners und der Insolvenzmasse.

2.2.2.5 Privilegierung der Inter-Bankenverrechnung (§ 96 Abs. 2 InsO)

699 § 96 Abs. 2 InsO erweitert indes die Aufrechnungsbefugnis in der Insolvenz des Schuldners. Danach ist Abs. 1 nicht anwendbar, wenn die Verrechnung unter den dort genannten Voraussetzungen spätestens am Tage der Eröffnung des Insolvenzverfahrens erfolgt. Diese Regelung bezieht sich auf Zahlungs- und Abrechnungsvorgänge im Inter-Bankenverkehr und geht zurück auf die Richtlinie 98/26/EG des Europäischen Parlaments und des Rates vom 19.05.1998 über die Wirksamkeit von Abrechnungen in Zahlungs- sowie Wertpapierliefer- und -abrechnungssystemen. Art. 3 Abs. 1 dieser Richtlinie ordnet an, dass auch im Falle der Eröffnung eines Insolvenzverfahrens über das Vermögen eines Dritten Zahlungs- bzw. Überweisungsaufträge und Auf-

---

1245 AG Königswinter, Urt. v. 06.12.1995 – 3 C 440/95, ZIP 1996, 243 m. Anm. *Uhlenbruck*, EWiR § 55 KO Heft 1, 1996, 131; *Kuhn/Uhlenbruck*, InsO, § 55 Rn. 18; *Uhlenbruck*, in: Uhlenbruck, InsO, § 96 Rn. 29.
1246 *Baur/Stürner*, Insolvenzrecht, Rn. 16.15; vgl. auch *Brandes*, in: MüKo-InsO-2001, § 96 Rn. 32 ff.
1247 BGHZ 159, 388, 395 ff.; BGH, Urt. v. 11.11.2004 – IX ZR 237/03, ZIP 2005, 181, 182.
1248 BGH, Urt. v. 11.02.2010 – IX ZR 104/07, ZIP 2010, 682.
1249 BFH, Urt. v. 02.11.2010 – VII R 6/10, ZIP 2011, 181.

rechnungen (netting) rechtlich verbindlich bleiben, sofern die Zahlungs- bzw. Überweisungsaufträge vor dem Zeitpunkt der Verfahrenseröffnung in das „System" eingebracht worden sind oder, bei Einbringung nach Verfahrenseröffnung, die Verrechnungsstelle, die zentrale Vertragspartei oder die Clearingstelle nachweist, keine Kenntnis von der Verfahrenseröffnung gehabt zu haben.[1250]

2.3 Unwirksamkeit von Konzernverrechnungsklauseln

Wenngleich nach § 94 2. Fall InsO die Aufrechnung in der Insolvenz auch bei vereinbarter Aufrechnung zulässig ist, bleiben sog. Konzernverrechnungsklauseln umstritten. Mittels solcher Klauseln wird das Gegenseitigkeitserfordernis als Aufrechnungsvoraussetzung abbedungen. Dabei soll jedes Konzernmitglied berechtigt sein, mit eigenen sowie mit Forderungen anderer Konzernmitglieder gegen Forderungen Dritter aufzurechnen. Während zur KO derartige Klauseln nach h. M. als nicht konkursfest angesehen wurden, spricht der Wortlaut der Regelung in § 94 2. Fall InsO zunächst dafür, dass eine rechtsgeschäftlich vereinbarte vorinsolvenzliche Aufrechnungslage insolvenzfest ist. Der BGH hat demgegenüber unter Rekurs auf die Motive des Gesetzgebers zu § 94 InsO betont, dass sich gegenüber der Rechtslage vor Inkrafttreten der InsO nichts geändert habe[1251], die sich auf eine Konzernverrechnungsklausel stützende Aufrechnung sei entsprechend § 96 Abs. 1 Nr. 2 InsO unzulässig. Dies ergebe sich auch aus Art. 33 Nr. 17 EGInsO, der die Vereinbarung eines Konzernvorbehalts durch § 449 Abs. 3 BGB für nichtig erkläre.

700

1250 Vgl. *Smid*, in: Leonhardt/Smid/Zeuner, InsO, § 96 Rn. 20; *Obermüller*, in: Festschrift für Uhlenbruck, S. 365 ff.
1251 BGH, Urt. v. 15. 07. 2004 – IX ZR 224/03, ZIP 2004, 1764; BGH, Urt. v. 13. 07. 2006 – IX ZR 152/04, FD-InsR 2006, 194833.

Kapitel 8
Abwicklung von Vertragsverhältnissen

1. Grundlagen des Insolvenzvertragsrechts der §§ 103 ff. InsO
1.1 Allgemeines

701 § 103 InsO regelt das Schicksal von bei Insolvenzeröffnung beiderseitig nicht vollständig erfüllten gegenseitigen Verträgen. Die Regelungen der §§ 103 ff. InsO durchbrechen dabei im Interesse der Insolvenzmasse den Grundsatz pacta sunt servanda. Der Insolvenzverwalter erhält die Befugnis, die Erfüllung des Vertrages zu wählen. Dieses Wahlrecht erinnert an ein einseitiges Gestaltungsrecht. Dessen Ausübung hat zur Folge, dass der andere Teil seine Einrede gemäß § 320 BGB einbüßt, aber aufgrund der Erfüllungswahl als Massegläubiger gemäß § 55 Abs.1 Nr. 2 InsO Erfüllung verlangen kann.

Wählt der Verwalter Erfüllung, kann er die Leistung des Vertragspartners zur Masse verlangen, muss aber dessen Gegenleistungsanspruch als Masseforderung erfüllen. Lehnt der Verwalter die Erfüllung ab, steht dem Vertragspartner des Schuldners ein Schadensersatzanspruch als Insolvenzforderung gemäß § 38 InsO zu.

Das Wahlrecht des Insolvenzverwalters dient der Erweiterung seiner Befugnisse: Obwohl der andere Teil nur die Stellung eines Insolvenzgläubigers hat, darf der Insolvenzverwalter durch die Erfüllungswahl die vollständige Erfüllung des gegenseitigen Vertrages herbeiführen.[1252] Der Masse nachteilige Entscheidungen des Insolvenzverwalters sind regelmäßig nicht nach den §§ 119 ff. BGB anfechtbar.[1253]

Die §§ 104 ff. InsO schränken indes das insolvenzverwalterliche Wahlrecht ein bzw. modifizieren es; daher sind diese Sondervorschriften, die nachfolgend abgehandelt werden, vom Berater stets im Blick zu halten.

Dem vorläufigen Verwalter steht das Wahlrecht nicht zu; selbst dann nicht, wenn er zum vorläufigen starken Verwalter bestellt wurde und damit die Verwaltungs- und Verfügungsbefugnis auf ihn übergegangen ist.[1254]

1252 *Marotzke*, in: HK, § 103 Rn. 2.
1253 *Adam*, Die Korrektur masseschädigender Handlungen des Insolvenzverwalters bei der ungerechtfertigten Begünstigung von Gläubigern, DZWIR 2000, 89.
1254 *Wegener*, in: Uhlenbruck, InsO, § 103 Rn. 99; *Ahrendt*, in: HmbK, § 103 Rn. 2.

Vorsicht ist auf Seiten des Vertragspartners geboten, wenn der vorläufige 702
Verwalter Erklärungen zur Vertragsdurchführung bzw. -fortsetzung abgibt;
denn nach Verfahrenseröffnung ist er – allerdings in den Grenzen von § 242
BGB – an seine Erklärungen nicht gebunden und kann die von ihm selbst
herbeigeführten Folgen ggf. anfechten. Daher erklären sich vorläufige Verwalter regelmäßig nicht zu solchen Verträgen bzw. behalten sich ausdrücklich ihre Rechte nach den §§ 103 ff. InsO vor. Wird der Vertragspartner
gleichwohl mit einem Erfüllungs- oder Nichterfüllungsverlangen des vorläufigen Verwalters konfrontiert, bleibt ihm als einzige Sicherheit nur eine persönliche Erklärung des Verwalters, mithin eine eigene Haftungsübernahme.
Da zwar regelmäßig der vorläufige auch zum endgültigen Verwalter bestellt
wird, dies aber kein Automatismus ist, sollte die – vom Verwalter persönlich
und nicht in seiner Eigenschaft als vorläufiger Insolvenzverwalter – abzugebende Erklärung kumulativ

- einen Verzicht auf eine spätere Anfechtung[1255],
- einen Verzicht auf eine nach Verfahrenseröffnung anderslautende Entscheidung nach den §§ 103 ff. InsO und
- für den Fall der Nichtbestellung zum endgültigen Verwalter einen Freihalteanspruch gegen den späteren Verwalter

enthalten. Ist der Verwalter hierzu nicht bereit und soll gleichwohl der Vertrag in diesem Stadium fortgesetzt werden, sollte der Leistungsaustausch
den Vorgaben des § 142 InsO entsprechen, damit eine spätere Anfechtung
zumindest erschwert wird.

1.2 Dogmatische Grundlagen

Nach der ursprünglich vom BGH vertretenen Auffassung ließ die Verfah- 703
renseröffnung den gegenseitigen Vertrag unberührt. Erst die Ablehnung des
Erfüllungsverlangens gestaltete den Vertrag um (sog. Erlöschenstheorie).[1256]
Wählte der Verwalter Erfüllung, so ging damit keine Veränderung der gegenseitigen Ansprüche einher. Dementsprechend hatte der Verwalter vom
Schuldner vor Insolvenzeröffnung vorgenommene Verfügungen über den
Gegenleistungsanspruch gelten zu lassen. Auch die Aufrechnung mit einer
Insolvenzforderung durch den Vertragspartner war hiernach möglich. Des
Weiteren sollte der Verwalter die Erfüllung bzw. Ablehnung nur mit Wirkung
für den gesamten Vertrag erklären können. Hatte der Vertragspartner bereits vor Verfahrenseröffnung teilweise geleistet, so stand ihm auch für diese
Teilleistung ein Anspruch gegen die Masse zu.[1257] Die Ergebnisse dieser

---

[1255] Wenngleich ein Verzicht des vorläufigen Insolvenzverwalters auf das Anfechtungsrecht nicht möglich und damit grds. unwirksam ist, vgl. BGH, Urt. v. 15.12.2005 – IX ZR 156/04, ZIP 2006, 431, muss dies nicht zwingend für den Verwalter persönlich gelten; selbst wenn dies so wäre, schufe der Verwalter damit aber jedenfalls schutzwürdiges Vertrauen, so dass eine spätere Anfechtung nach § 242 BGB ausschiede.
[1256] Zur älteren Praxis noch BGH, Urt. v. 05.05.1977 – VII ZR 85/76, BGHZ 68, 379, 380 m.w.N.; BGH, Urt. v. 10.05.1979 – VII ZR 30/78, BGHZ 78, 258, 271; zur Erfüllungsablehnung auch BGH, Urt. v. 29.01.1987 – IX ZR 205/85, NJW 1987, 1702.
[1257] BGH, Urt. v. 01.07.1981 – VIII ZR 168/80, BGHZ 81, 90, 91; BGH, Urt. v. 21.04.1982 – VIII ZR 142/81, BGHZ 83, 359, 363; BGH, Urt. v. 30.01.1986 – IX ZR 79/85, BGHZ 97, 87, 90.

Rechtsprechung wurden als katastrophal für die Masse bezeichnet.[1258] Der Verwalter konnte die Erfüllung ohne Gefahr für die Masse nur dann wählen, wenn er sicher sein konnte, dass der Schuldner sich jeglicher Verfügung über den Gegenanspruch enthalten hatte, keine Aufrechnungslage bestand und der Vertragspartner nicht vorgeleistet hatte.

704 Eingeleitet durch die sog. „Panzerbrücken-Entscheidung"[1259] des VIII. Senats, der darauf aufmerksam machte, dass die gegenseitigen Erfüllungsansprüche bereits mit Verfahrenseröffnung erlöschen, zog der IX. Senat[1260] schließlich die Schlussfolgerung, dass nicht der Ablehnung der Erfüllung, sondern der Erfüllungswahl des Verwalters eine gestaltende Wirkung zukomme. Bereits die Eröffnung des Insolvenzverfahrens führe hiernach zu einer Umgestaltung des Vertrages, nämlich dahingehend, dass die gegenseitigen Ansprüche erlöschen. Verweigert der Verwalter die Erfüllung des Vertrages, bleibt es bei der durch die Verfahrenseröffnung geschaffenen Lage. Wählt der Verwalter Erfüllung, so leben die Ansprüche wieder auf. In der Konsequenz bedeutet dies, dass Verfügungen des Schuldners über den ursprünglichen Gegenleistungsanspruch vor der Insolvenz nicht auch für den durch Erfüllungswahl wiederauflebenden Anspruch gelten. Eine Aufrechnungslage wird nur insoweit aufrechterhalten, wie der Vertragspartner bereits vor der Insolvenz vorgeleistet hat.[1261]

705 Obwohl der BGH zunächst explizit von einem Erlöschen der gegenseitigen Erfüllungsansprüche sprach, deutete sich bereits in den Entscheidungen vom 04.05.1995[1262] und 27.02.1997[1263] an, dass hiermit nur die fehlende Durchsetzbarkeit der wechselseitigen Forderungen gemeint war. Mit der Entscheidung vom 25.04.2002[1264] hat der BGH sodann ausdrücklich die „Erlöschenstheorie" aufgegeben. Die Verfahrenseröffnung bewirke keine materiell-rechtliche Umgestaltung des gegenseitigen Vertrages. Aufgrund der beiderseitigen Nichterfüllungseinreden der Vertragspartner (§ 320 BGB) habe sie lediglich nur zur Folge, dass die Vertragspartner ihre noch ausstehenden Erfüllungsansprüche, soweit es sich nicht um Ansprüche für die Gegenleistung für bereits erbrachte Leistungen handelt, nicht durchsetzen können.[1265] Mit der Erfüllungswahl des Verwalters werde den Ansprüchen die Rechtsqualität von originären Masseverbindlichkeiten und Masseforderungen beigelegt. Obwohl die Ansprüche mit Erfüllungswahl nunmehr nicht neu entstehen, ergeben sich aufgrund des Qualitätssprunges keine Unterschiede zur „Erlöschenstheorie" für die Möglichkeit der Aufrechnung gegen den Gegenleistungsanspruch der Masse und der Beachtlichkeit von vor der

---

1258 *Kreft*, in: MüKo-InsO, § 103 Rn. 10.
1259 BGH, Urt. v. 14.12.1983 – VIII ZR 352/82, BGHZ 89, 189, 195; ebenso BGH, Urt. v. 21.12.1983 – VIII ZR 256/82, WM 1984, 288.
1260 BGH, Urt. v. 11.02.1988 – IX ZR 236/87, BGHZ 103, 250, 252.
1261 BGH, Urt. v. 04.05.1995 – IX ZR 256/93, BGHZ 129, 336; BGH, Urt. v. 27.02.1997, BGHZ 135, 25 ff.
1262 BGH, Urt. v. 04.05.1995 – IX ZR 256/93, BGHZ 129, 336, 340.
1263 BGH, Urt. v. 27.02.1997 – IX ZR 5/96, BGHZ 135, 25, 27.
1264 BGH, Urt. v. 25.04.2002 – IX ZR 313/99, BGHZ 150, 353, 359.
1265 Seither st. Rspr: BGH, Urt. v. 27.05.2003 – IX ZR 51/02, BGHZ 155, 87, 90; Urt. v. 17.11.2005 – IX ZR 162/04, NJW 2006, 915, 916.

Eröffnung vorgenommenen Verfügungen über den Gegenleistungsanspruch durch den Schuldner.[1266] Es soll gewährleistet werden, dass die Gegenleistungen für die von der Masse erbrachten Aufwendungen ungeschmälert der Masse zugute kommen.[1267]

1.3 Kein „alles oder nichts" bei teilbaren Leistungen (§ 105 InsO)

§ 103 InsO führt mit dem Wahlrecht des Verwalters letztlich letztlich zu einer „alles oder nichts" Entscheidung. Bei teilbaren Leistungen durchbricht § 105 InsO jedoch zugunsten der Insolvenzmasse dieses Prinzip.

706

1.3.1 Normzweck des § 105 InsO

Die in § 105 InsO enthaltene Sonderregelung dient dem Schutz der Masse. Sie soll bei teilbaren Leistungen nicht durch Altverbindlichkeiten belastet werden.[1268] Ziel war es, dem Insolvenzverwalter bei Verträgen über teilbare Leistungen, insbesondere über die fortlaufende Lieferung von Waren oder Energie, die Möglichkeit zu geben, für die Zukunft unter Beibehaltung der bisherigen Sonderkonditionen Erfüllung verlangen zu können, ohne dadurch auch für die Vergangenheit zur vollen Erfüllung verpflichtet zu werden.[1269] Dadurch wird dem Grundsatz entsprochen, Masseverbindlichkeiten von Insolvenzforderungen danach abzugrenzen, ob sie vor oder nach Verfahrenseröffnung entstanden sind.[1270] Gläubiger, welche in Teilen vorgeleistet haben, werden wie solche behandelt, die vollständig vorgeleistet haben. Insoweit wird auch die Gläubigergleichbehandlung gefördert.[1271] Wählt der Insolvenzverwalter Erfüllung, so erwachsen die Schadensersatzansprüche des Vertragspartners zu Erfüllungsansprüchen, deren Befriedigung gemäß § 55 InsO vorab aus der Masse verlangt werden kann. Diese Handhabung bedeutet zugleich, dass die Erfüllungswahl des Verwalters auf die vorinsolvenzlich erbrachten Teilleistungen keine gestaltende Auswirkung hat.[1272] Der Vertragspartner muss den Anspruch auf die Gegenleistung für seine Leistungen aus der Vergangenheit also als Insolvenzgläubiger geltend machen, und zwar unabhängig davon, ob der Verwalter für die Zukunft die Erfüllung wählt

707

1266 Kreft, in: MüKo-InsO, § 103 Rn. 13; Bork, Einführung Insolvenzrecht, Rn. 156 a.
1267 Kreft, in: MüKo-InsO, § 103 Rn. 13.
1268 Kreft, in: MüKo-InsO, § 105 Rn. 1.
1269 Amtl. Begr. zu § 119 RegEInsO, BT-Drucks. 12/2443, 146; krit. Marotzke, in: HK, § 105 Rn. 5: Die Vorschrift sei nicht geeignet, dieses Ziel zu erreichen, da dem anderen Teil die § 320 BGB in Bezug auf die gesamte, auch vorkonkurslich erbrachten Gegenleistungen zustehe. Diese Auffassung dürfte allerdings mittlerweile zumindest in der Praxis durch die Entscheidung des LG Rostock, Urt. v. 26.09. 2007 – 4 O 235/07, ZIP 2007, 2379 unberücksichtigt bleiben, in welcher die entspr. Einrede ausgeschlossen wird.
1270 OLG Rostock, Urt. v. 05.11. 2001 – 3 U 168/99, ZIP 2001, 2145; Schumacher, in: MüKo-InsO, § 85 Rn. 20.
1271 BGH, Urt. v. 22.02. 2001 – IX ZR 191/98, ZInsO 2001, 708; Breitenbücher, in: Graf-Schlicker, InsO-Komm, § 105 Rn. 1; krit. Häsemeyer, Rn. 20.27, der die Vertragskalkulation des anderen Teils zerstört und den durch das funktionelle Synallagma gewährleisteten Schutz unterlaufen sieht.
1272 Zur Aufrechnungslage BGH, Urt. v. 04.05. 1995 – IX ZR 256/93, BGHZ 129, 336.

oder diese ablehnt. Durch § 105 Satz 1 InsO wird dem anderen Teil die Möglichkeit genommen, im Falle der Erfüllungswahl durch den Verwalter die Erfüllung der auf die vor Eröffnung des Insolvenzverfahrens erbrachte Leistung entfallenden Gegenleistungen mittels der Einrede des nichterfüllten Vertrages zu erzwingen.

Satz 2 des § 105 InsO normiert ein Rückforderungsverbot für bereits erbrachte Leistungen. Dadurch soll gewährleistet werden, dass der andere Teil seine durch Satz 1 der Vorschrift geschwächte Rechtsstellung nicht dadurch verbessern kann, dass er die Rückgabe von ihm erbrachter Leistungen aus der Insolvenzmasse verlangt.[1273] Insoweit sollen die Rechtsfolgen eines vertraglichen oder gesetzlichen Rücktrittsrechts des anderen Teils ausgehebelt werden, das diesem bei Nichterfüllung seiner Forderung zustehen könnte.[1274]

Die in § 105 InsO enthaltenen Regelungen sind zwingend. Dessen Satz 1 kann nicht dadurch umgangen werden, dass die Parteien vereinbaren, bei Erfüllungswahl rückständige Leistungen aus der Masse zu befriedigen.[1275] Befriedigung aus der Masse kann auch nicht durch Berufung auf § 320 BGB erzwungen werden.[1276] Wird vereinbart, eine dingliche Einigung unter die auflösende Bedingung der Verfahrenseröffnung oder Zahlungseinstellung zu stellen, um § 105 Satz 2 InsO zu umgehen, ist auch diese Vereinbarung nach § 119 InsO nichtig.[1277]

1.3.2 Anwendungsbereich von § 105 Satz 1 InsO

708 Wählt der Verwalter Erfüllung eines Vertrages, auf den hin der andere Teil bereits teilweise geleistet hat, führt diese Teilleistung nicht etwa dazu, dass der andere Teil wegen der gesamten Gegenleistung eine Masseforderung gemäß § 55 Abs. 1 Nr. 2 InsO hat; vielmehr ist die Vertragsabwicklung hinsichtlich der Gegenleistung entsprechend „aufzuteilen", § 105 Satz 1 InsO. Die in der Vorschrift genannte Teilbarkeit bezieht sich dabei auf den konkreten Vertragsgegenstand und betrifft nicht die Frage, ob die Leistung von einer Partei vollständig bewirkt wurde.[1278] Der Gesetzgeber hatte vor allem das oben dargestellte Problem der Beibehaltung von Sonderkonditionen bei Versorgungsverträgen im Auge.[1279] Mittlerweile wird bei der Teilbarkeit aber ein weitaus extensiveres Verständnis zugrunde gelegt: Nach nunmehr verbreitetem Verständnis liegt Teilbarkeit vor, wenn sich die bereits erbrachte Teilleistung feststellen und bewerten lässt.[1280] Dabei bringt die Fest-

---

1273 *Wegener*, in: Uhlenbruck, InsO, § 105 Rn. 4.
1274 RegE InsO BT-Drucks. 12/2443, 146.
1275 *Andres*, in: Andres/Leithaus, InsO, § 105 Rn. 7.
1276 LG Rostock, Urt. v. 26.09.2007 – 4 O 235/07, ZIP 2007, 2379.
1277 *Balthasar*, in: Nerlich/Römermann, InsO, § 105 Rn. 12.
1278 Bsp. Kaufvertrag in *Kreft*, in: MüKo-InsO, § 105 Rn. 7: Vertragsgegenstand ist die Sache, Leistung die Übergabe und Eigentumsverschaffung. Steht nur die Übergabe noch aus, ist § 105 nicht anwendbar.
1279 Amtl. Begr. zu § 119 RegE-InsO, BT-Drucks. 12/2443, 146.
1280 BGH, Urt. v. 25.04.2002 – IX ZR 313/99, BGHZ 150, 353, 359; *Wegener*, in: FK-InsO, § 105 Rn. 7; *Wegener*, in: Uhlenbruck, InsO, § 105 Rn. 9; *Kreft*, in: MüKo-InsO, § 105 Rn. 14; abl. Kesseler, Die Insolvenz des Bauträgers, RzotZ 2004, 177, 204.

stellung einer erbrachten Teilleistung selten Probleme mit sich. Wie die Leistung zu bewerten und damit im Sinne von § 105 Satz 1 InsO aufzuteilen ist, lässt sich anhand des materiellen Rechts ableiten. Hier ist insbesondere auf das Kaufrecht, dort auf die Regelungen des Kaufrechts über die Minderung des Kaufpreises bei der Lieferung mangelhafter Waren (§ 441 BGB) und das Rechts der Werkvertragskündigungen gemäß § 649 BGB hinzuweisen.[1281] Ob nach bürgerlichem Recht (vgl. § 266 BGB) Teilleistungen ausgeschlossen sind,[1282] die von den Parteien erbrachten Teilleistungen als einheitliches („echtes") Sukzessivschuldverhältnis mit zeitlich gestreckten Lieferungen einer vorab bestimmten Menge[1283] oder als (zeitlich unbestimmtes) Dauerschuldverhältnis vereinbart waren, ist unerheblich. Es kommt auch nicht darauf an, ob die Teilleistungen gleichartig sind.[1284]

Teilbarkeit im Sinne von § 105 Satz 1 InsO liegt vor bei den im Folgenden im Überblick angegebenen Vertragstypen:

- bei allen Versorgungsverträgen, z. B. über Energie-[1285], Wasser- oder auch Milchlieferungen[1286];
- bei Werkverträgen, soweit das Werk in sich abgrenzbar ist, insbesondere bei Bauleistungen[1287];
- Kauf-[1288] und Werklieferungsverträge[1289];
- Leistungen aus Miet-, Lizenz-[1290] und Versicherungsverträgen[1291].

Auch Darlehensverträge, in denen der Schuldner Darlehensnehmer ist (s. § 108 Abs. 2 InsO) sind nach § 105 InsO teilbar, so dass bei Erfüllungswahl Rückzahlungsforderungen Masseschulden sind.[1292] Noch nicht abschließend geklärt und insbesondere mit Blick auf Bauleistungen problematisch ist die Frage, ob § 105 InsO auch die Umsatzsteuer erfasst oder ob es diesbezüglich nur auf den steuerrechtlichen Entstehungszeitpunkt ankommt.[1293] Auch wenn es auf den ersten Blick für die Masse interessant sein dürfte, insbesondere in den Vertragskonstellationen Erfüllung zu wählen, wenn der Gemeinschuldner die Arbeiten nahezu vollständig erbracht hat, ist Vorsicht geboten. Umsatzsteuerlich könnte die Erfüllungswahl dazu führen, dass die gesamte

---

[1281] BGH, Urt. v. 26.10.2000 – IX ZR 227/99, ZinsO 2001, 71, 72; ggf. durch Sachverständigengutachten: BGH, Urt. v. 25.04.2002 – IX ZR 313/99, BGHZ 150, 353, 359.
[1282] *Kreft*, in: MüKo-InsO, § 105 Rn. 13.
[1283] Zur Unterscheidung *Emmerich*, in: MüKo-BGB, Bd. 2, Vor § 275 Rn. 374 ff.
[1284] *Balthasar*, in: Nerlich/Römermann, InsO, § 105 Rn. 7.
[1285] Zuletzt LG Rostock, Urt. v. 26.09.2007 – 4 O 235/07, ZIP 2007, 2379, 2380.
[1286] BGH, Urt. v. 27.02.1997 – IX ZR 5/96, BGHZ 135, 25.
[1287] Grundsatzentscheidung BGH, Urt. v. 25.04.2002 – IX ZR 313/99, BGHZ 150, 353; zu diesbezügl. Mängelansprüchen siehe *Rohrmüller*, Erfüllungswahl des Insolvenzverwalters – Auswirkung auf Mängelansprüche für Bauleistungen, die vor der Insolvenzeröffnung noch vom Auftragnehmer erbracht wurden?, NZBau 2007, 145, 148 f.
[1288] *Wegener*, in: Uhlenbruck, InsO, § 105 Rn. 18; siehe auch BGH, Urt. v. 25.04.2002 – IX ZR 313/99, BGHZ 150, 353, 359 zur Unterscheidung Leistung und Bewirkung.
[1289] BGH, Urt. v. 22.02.2001 – IX ZR 191/98, BGHZ 147, 28.
[1290] LG Mannheim, Urt. v. 27.06.2003 – 7 O/02, DZWIR 2003, 479.
[1291] OLG Düsseldorf, Urt. v. 05.07.2005 – I-4 U 133/04, NJW-RR 2006, 494.
[1292] Str., siehe *Wegener*, in: Uhlenbruck, InsO, § 105 Rn. 23 m.w.N.
[1293] Vertiefend zu den steuerrechtlichen Folgen *Kroth*, in: Braun, InsO, § 105 Rn. 15 ff.

Teil 2 Materielles Insolvenzrecht

Leistung des Gemeinschuldners als Lieferung nach § 3 Abs. 1 UStG mit der Folge angesehen werden könnte, dass die Umsatzsteuerpflicht Masseverbindlichkeit nach § 55 Abs. 1 Nr. 1 InsO ist.

710 Mit Blick auf die unterschiedliche Rechtsnatur der dargestellten Vertragstypen bestätigt sich, dass eine Teilleistung nach § 105 InsO fast immer der Fall sein wird.[1294] Unteilbarkeit liegt in Fällen vor, in denen ein Dritter die Leistung nicht fertig stellen kann, weil die Leistung nur höchstpersönlich erbracht werden kann[1295], so zum Beispiel bei der Anfertigung eines Gemäldes. Der Künstler hat persönlich zu leisten. Zuvor erbrachte Teilleistungen seien insoweit nicht berechenbar.[1296] Auch wenn z. B. im Rahmen eines Kaufvertrages mehrteilige, zusammengehörige Unikate, etwa mehrere Bände eines antiquarischen Werkes, geschuldet werden, ist diese Leistung unteilbar.[1297] § 105 InsO kann außerdem durch zwingendes und daher vorrangiges Recht, z. B. in Bezug auf Urlaubsguthaben durch das BUrlG ausgeschlossen sein.[1298] Diese Kasuistik verdeutlicht, dass eine unteilbare Leistung nur in Ausnahmefällen vorliegen wird.

Im Übrigen dürfen beide Seiten ihre jeweiligen Teilleistungen nicht einheitlich erbracht haben, der andere Teil muss vielmehr vorgeleistet haben. Haben beide Vertragspartner schon Leistungen erbracht, ist von § 105 InsO nur der überschießende Teil erfasst.[1299]

1.3.3 Anwendungsbereich von § 105 Satz 2 InsO

711 Wie dargelegt, verfolgt § 105 Satz 2 InsO den Zweck, dem Vertragspartner durch Beschränkung seiner Rücktrittsrechte die Möglichkeit zu nehmen, seine durch Satz 1 der Vorschrift geschwächte Rechtsstellung dadurch zu kompensieren, dass er von ihm vorgeleistete Vermögenswerte aus der Insolvenzmasse zurückfordern kann. Dabei werden die in Betracht kommenden Rücktrittsrechte nicht per se ausgeschlossen. Nur die auf eine Rückforderung von Vermögenswerten aus der Insolvenzmasse gehenden Rechtsfolgen des Rücktritts sind ausgeschlossen.[1300]

Wortlaut und systematische Stellung des § 105 Satz 2 InsO lassen darauf schließen, dass sich der Rückforderungsausschluss lediglich auf bereits erbrachte Teilleistungen bezieht. Das ist aber nicht der Fall: Vielmehr hat der andere Teil auch dann, bzw. dann erst recht keinen Anspruch auf Rückforderung aus der Insolvenzmasse, wenn er vollständig vorgeleistet hat.

1294 *Wegener*, in: FK-InsO, § 105 Rn. 7; *Kreft*, in: MüKo-InsO, § 105 Rn. 14.
1295 *Thode*, Erfüllungs- und Gewährleistungssicherheiten in innerstaatlichen und grenzüberschreitenden Bauverträgen, ZfIR 2000, 165, 181; *Wegener*, in: Uhlenbruck, InsO, § 105 Rn.11 m. w. N.
1296 *Kreft*, in: MüKo-InsO, § 105 Rn. 22; ähnlich BGH, Urt. v. 21.10.1976 – VII ZR 335/75, BGHZ 67, 242, 248.
1297 Z. B. „Tafel-Service", siehe *Henckel*, Anm. zu BGH, Urt. v. 27.02.1997 – IX ZR 5/96, JZ 1998, 155, 157 f.
1298 BAG, Urt. v. 21.11.2006 – 9 AZR 97/06, ZIP 2007, 834.
1299 *Kroth*, in: Braun, InsO, § 105 Rn. 7.
1300 *Marotzke*, in: HK, § 105 Rn. 20.

1.4 Unabdingbarkeit der §§ 103–118 InsO

§§ 103 ff. InsO sind nicht abdingbar. Nach dem Gesetz sollen gegenseitige Verträge allein nach den Regelungen des sogenannten Insolvenzvertragsrechts abgewickelt werden. Insolvenzabhängige Lösungsklauseln, die einer Partei bei Insolvenz das Recht einräumen, sich vom Vertrag zu lösen, sind daher nach § 119 InsO unwirksam.[1301] Eine insolvenzabhängige Lösungsklausel liegt vor, wenn einer Partei für den Fall der Zahlungseinstellung, des Insolvenzantrages oder der Insolvenzeröffnung das Recht eingeräumt wird, sich vom Vertrag zu lösen.[1302] Die Vereinbarung einer Vertragsstrafe nur für den Fall, dass der Vertragspartner im späteren Insolvenzverfahren des die Strafe Versprechenden mit der Quote abgespeist wird, soll nichtig sein, wenn der als Strafe vereinbarte Betrag den Schaden des Vertragspartners übersteigt.[1303] Dies soll auch für Schadenspauschalierungsvereinbarungen gelten.[1304]

712

Nicht insolvenzabhängige Lösungsklauseln sind dagegen nach herrschender Auffassung zulässig, auch wenn sie im Ergebnis das Wahlrecht des Insolvenzverwalters beseitigen. Hierunter versteht man solche Klauseln, die an Zeitpunkte vor Verfahrenseröffnung anknüpfen.[1305]

713

Gemäß § 119 InsO sind Vereinbarungen, durch die eine Anwendung des § 106 InsO im Voraus ausgeschlossen oder beschränkt wird, unwirksam. Beachtlich ist, dass der Schutz des § 119 InsO in diesem Fall nicht der Masse, sondern dem einzelnen Gläubiger zugute käme. Daher wird zu Recht die Frage aufgeworfen, ob diesbezüglich eine teleologische Reduktion des § 119 InsO geboten sei.[1306]

714

2. Das Wahlrecht des Insolvenzverwalters nach § 103 InsO

Wie dargestellt, bewirkt die Eröffnung des Insolvenzverfahrens, dass Ansprüche aus einem

715

- gegenseitigen Vertrag,
- der noch nicht vollständig erfüllt ist,

ihre Durchsetzbarkeit bis zur Ausübung des Wahlrechts durch den Verwalter verlieren.

2.1 Tatbestandliche Voraussetzungen von § 103 InsO

2.1.1 Gegenseitiger Vertrag

Gegenseitige Verträge im Sinne von § 103 InsO sind alle diejenigen Schuldverhältnisse, deren Verpflichtungen in einem Abhängigkeitsverhältnis zuei-

716

1301 BGH, Urt. v. 27.05.2003 – IX ZR 51/02, BGHZ 155, 87, 95.
1302 BGH Urt. v. 27.05.2003 – IX ZR 51/02, BGHZ 155, 87, 95.
1303 *Müller*, in: Jaeger, InsO, § 17 Rn. 206; *Marotzke*, in: HK, § 103 Rn. 88.
1304 *Tintelnot*, in: Kübler/Prütting/Bork, InsO, § 119 Rn. 12.
1305 *Kreft*, in: MüKo-InsO, § 119 Rn. 19 f., 22.
1306 BGH, Urt. v. 26.11.2003 – IV ZR 6/03, ZIP 2004, 176; *Marotzke*, in: HK, § 106 Rn. 38; *Berscheid*, in: Uhlenbruck, InsO, § 106 Rn. 44.

nander stehen (Synallagma)[1307], soweit nicht ein Fall der §§ 104 ff. InsO – insbes. kein Dauerschuldverhältnis bzw. Auftrags- oder Geschäftsbesorgungsvertrag – vorliegt. Eine objektive Gleichwertigkeit von Leistung und Gegenleistung ist nicht erforderlich, sondern nur die wechselseitige Bedingtheit von Leistung und Gegenleistung.[1308] Ob Verpflichtungen in einem Gegenseitigkeitsverhältnis zueinander stehen, entscheidet der Parteiwille.[1309]

2.1.1.1 Verträge im Synallagma

717 Insbesondere gehören hierzu Kauf-, Tausch-, Werk- und Werklieferungsverträge.

- Beim Kauf unter Eigentumsvorbehalt findet die Sondervorschrift des § 107 Abs. 1 InsO nur in der Insolvenz des Vorbehaltsverkäufers Anwendung. Für die Insolvenz des Vorbehaltskäufers gilt § 103 InsO. Die Sondervorschrift des § 107 Abs. 2 InsO bezieht sich nur auf die Frist zur Erklärung über die Ausübung des Wahlrechtes des hierzu aufgeforderten Verwalters.
- Auch Miet- und Pachtverträge über bewegliche Sachen unterfallen § 103 InsO.
- Auf Leasingverträge über bewegliche Sachen findet § 103 InsO Anwendung, soweit es sich nicht um einen Fall der Sondervorschrift des § 108 Abs. 1 Satz 2 InsO handelt.
- Der BGH[1310] hat § 103 InsO auf Ansprüche eines Geschäftsführers auf Karenzentschädigung aus vertraglichem Wettbewerbsverbot gemäß §§ 75, 75a HGB nach Kündigung durch den Insolvenzverwalter für anwendbar erachtet.

Weiterhin gehören zu den gegenseitigen Verträgen im Sinne der Vorschrift auch verzinsliche Darlehen, bei denen die Valuta fest zugesagt und noch nicht (vollständig) ausbezahlt wurden[1311], Frachtverträge, Lizenzverträge, Reiseverträge, entgeltliche Verwahrungs- und Lagerverträge.[1312] Vergleiche und Wettbewerbsabreden begründen gegenseitige Rechte und Pflichten und sind daher ebenfalls als gegenseitige Verträge zu qualifizieren.[1313] Für Energielieferungsverträge gilt § 103 InsO insoweit, als dass nur der mit Erfüllungsverlangen abgerufene Rest der Teilleistung als Masseschuld zu befriedigen ist.[1314] Für die bereits vor Insolvenzeröffnung erbrachte Teilleistung gilt § 105 InsO.

1307 RG, Urt. v. 29.12.1906 – Rep. VI. 176/06, RGZ 65, 46 f.; *Heinrichs*, in: Palandt, Einf. v. § 320 Rn. 5.
1308 RG, Urt. v. 17.02.1913 – Rep. IV. 556/12, RGZ 81, 364, 365.
1309 *Balthasar*, in: Nerlich/Römermann, InsO, § 103 Rn. 8.
1310 BGH, B. v. 08.10.2009 – IX ZR 61/06, ZIP 2009, 2204.
1311 *Balthasar*, in: Nerlich/Römermann, InsO, § 103 Rn. 12; *K. Schmidt*, Darlehen, Darlehensversprechen und Darlehenskrediteröffnung im Konkurs, JZ 1976, 756 ff.
1312 Ausf. Auflistung bei *Huber*, in: MüKo-InsO, § 103 Rn. 67 ff.
1313 BGH, Urt. v. 09.11.2006 – IX ZR 285/03, NZI 2007, 101; BGH, Urt. v. 12.12.1991 – IX ZR 178/91, BGHZ 116, 319, 330; BGH, Urt. v. 27.02.1974 – VIII ZR 206/72, WM 1974, 369, 370.
1314 *Huber*, in: MüKo-InsO, § 103 Rn. 70.

Kapitel 8   Abwicklung von Vertragsverhältnissen

2.1.1.2 Verträge ohne Synallagma

§ 103 Abs. 1 InsO gilt nicht für Verträge, die nur einer Partei Leistungspflichten auferlegen (einseitig verpflichtende Verträge) oder bei denen die Pflichten der Beteiligten nicht im Gegenseitigkeitsverhältnis (unvollkommen zweiseitige Verträge) zueinander stehen. Dies sind etwa Leihe, unverzinsliche Darlehen, Bürgschaft und Schenkung. Die Schenkung ist auch dann nicht synallagmatisch, wenn sie unter einer Auflage gemacht wird.[1315] Wird eine Bürgschaft aufgrund einer Gegenleistung des Schuldners zugesagt, kann es sich bei ihr um einen gegenseitigen Vertrag handeln.[1316] Für den Auftrag, der ebenfalls Leistungspflichten begründet, die nicht im Gegenseitigkeitsverhältnis zueinander stehen[1317], gilt § 115 InsO. Weiterhin findet § 103 Abs. 1 InsO keine Anwendung auf Verträge, die keine einklagbaren Verbindlichkeiten begründen, wie Spiel, Wette und Differenzgeschäfte.

718

Auf nichtige Verträge findet § 103 InsO schon mangels des Bestehens eines Vertrages, dessen Erfüllung verlangt werden könnte, keine Anwendung.[1318] Ob die Vorschrift auf bereicherungsrechtliche Rückgewährschuldverhältnisse anzuwenden ist, wenn die rechtsgrundlosen Leistungen selbst noch herausgegeben werden können, ist höchstrichterlich noch nicht entschieden.[1319] Einschränkungen gelten im Insolvenzrecht jedenfalls bei einer Rückabwicklung über die Saldotheorie; denn die Saldotheorie bietet keine Grundlage dafür, Forderungen, die ohne Saldierungsmöglichkeit Insolvenzforderungen wären, zu „verdinglichen" oder gar in den Rang einer Masseforderung zu erheben.[1320]

719

2.1.2 Nicht vollständig erfüllt

Voraussetzung des Wahlrechts ist die Erfüllbarkeit des Vertrages[1321], unabhängig davon, ob der Verwalter die Unerfüllbarkeit schuldhaft herbeigeführt hat oder ob sie sich aus der Insolvenzlage selbst ergibt. Das Schuldverhältnis darf im Übrigen von keiner Partei bei Verfahrenseröffnung vollständig erfüllt sein. Abzustellen ist dabei nicht auf die Leistungshandlung, sondern den Eintritt des Leistungserfolgs.[1322] Entscheidend ist dabei der Erfüllungsbegriff des § 362 BGB.

720

1315 RG, Urt. v. 19.02.1918 – Rep. VII. 407/17, RGZ 92, 227, 228.
1316 RG, Urt. v. 28.10.1907 – Rep. VI. 80/07, RGZ 66, 425; RG, Urt. v. 23.02.1914 – Rep. VI. 557/13, RGZ 84, 228.
1317 *Sprau*, in: Palandt, Einf. v. § 662 Rn. 1.
1318 BGH, Urt. v. 02.12.2004 – IX ZR 200/03, BGHZ 161, 241, 251; BGH, Urt. v. 20.12.2001 – IX ZR 401/99, BGHZ 149, 326, 334.
1319 Dafür *Huber*, in: MüKo-InsO, § 103 Rn. 86; offen gelassen *Breitenbücher*, in: Graf-Schlicker, InsO, § 103 Rn. 5.
1320 Vgl. BGH Urt. v. 02.12.2004 – IX ZR 200/03, ZInsO 2005, 90 ff.; krit. *Marotzke*, in: HK, § 103 Rn. 13.
1321 *Berscheid*, in: Uhlenbruck, InsO, § 103 Rn. 58.
1322 *Wegener*, in: Uhlenbruck, InsO, § 103 Rn. 57 ff.

2.2 Ausübung des Wahlrechts durch den Insolvenzverwalter

2.2.1 Entstehung und Grenzen des Wahlrechts

721 Der Schuldner ist nach Eröffnung des Insolvenzverfahrens nicht mehr berechtigt, die eingegangenen Verpflichtungen zu erfüllen, da ihm die Verfügungsbefugnis nach § 80 InsO von Gesetzes wegen entzogen und auf den Verwalter übertragen wird. Auch im Hinblick auf das Schicksal gegenseitiger Verträge geht die die Rechtszuständigkeit vom Schuldner auf den Verwalter über.

722 Das Wahlrecht des § 103 Abs. 1 InsO wird erst durch die förmliche Eröffnung des Insolvenzverfahrens gemäß § 27 InsO begründet.[1323] Der vorläufige Verwalter gemäß § 21 Abs. 2 Nr. 1 InsO hat daher noch kein Wahlrecht.[1324] Dies gilt auch für den vorläufigen Verwalter nach § 22 Abs. 1 InsO („starker vorläufiger Verwalter"). Soweit der vorläufige Verwalter seine Zustimmung zur Fortsetzung eines Vertrages gibt, ist dies nach § 103 Abs. 1 InsO nicht relevant, selbst wenn vorläufiger und endgültiger Verwalter personenidentisch sind. Es schließt sein Wahlrecht als Verwalter nicht aus[1325] und begründet keine nach § 55 Nr. 1 InsO zu bedienende Masseverbindlichkeit.[1326]

Der „Massebezug" der Entscheidung des Verwalters hat Bedeutung vor dem Hintergrund seiner sich aus § 61 InsO für die Erfüllung von Masseverbindlichkeiten ergebenden Haftung: Der Verwalter hat seine Entscheidung, ob ein Vertrag erfüllt werden soll, davon abhängig zu machen, mit welcher Entscheidung eine optimale Gläubigerbefriedigung zu gewährleisten ist.

723 Das Wahlrecht des Verwalters soll durch den Grundsatz der Rechtsausübung nach Treu und Glauben (§ 242 BGB) begrenzt sein.[1327] Eine eigene Grenze des Wahlrechts des Verwalters stellt § 242 BGB indessen nicht dar.[1328] Es werden entweder Fälle erfasst, in denen bereits nach speziellerem materiellen Recht das Wahlrecht des Verwalters zweifelhaft ist, oder es wird damit einfach zum Ausdruck gebracht, dass der Verwalter sich bei der Ausübung des Wahlrechts an den Interessen der Gläubigergemeinschaft[1329] zu orientieren hat.

1323 *Balthasar*, in: Nerlich/Römermann, InsO, § 103 Rn. 38; *Berscheid*, in: Uhlenbruck, InsO, vor § 103 Rn. 2 a. E.
1324 BGH, Urt. v. 08.11.2007 – IX ZR 53/04, NZI 2008, 36, 37; Urt. v. 30.01.1986 – IX ZR 79/85, BGHZ 97, 87, 90, ZIP 1986, 448 m. Anm. *Kilger*, EWiR 1986, 387; OLG Schleswig, Urt. v. 03.04.1985 – 9 U 159/84, ZIP 1985, 820 m. Anm. *Gerkan*, EWiR 1985, 407; *Huber*, in: MüKo-InsO, § 103 Rn. 150.
1325 LG Köln, Urt. v. 16.03.1988 – 10 O 346/87, ZIP 1988, 931 m. Anm. *Johlke*, EWiR 1988, 805.
1326 *Berscheid*, in: Uhlenbruck, InsO, § 103 Rn. 62 ff.
1327 RG, Urt. v. 22.03.1933 – II 406/32, RGZ 140, 156, 162; *Huber*, in: MüKo-InsO, § 103 Rn. 203 f.
1328 BGH, Urt. v. 23.10.2003 – IX ZR 165/02, ZInsO 2003, 1138, 1139 f.; BGH, Urt. v. 25.02.1983 – V ZR 20/82, NJW 1983, 1619; OLG Dresden, Urt. v. 24.01.2002 – 13 U 2215/01, ZIP 2002, 815, 817.
1329 OLG Karlsruhe, Urt. v. 12.07.1990 – 11 U 8/90, ZIP 1990, 1143 m. Anm. *Pape*, EWiR 1990, 1007.

Der Verwalter ist bei seiner Entscheidung über die Fortführung von gegenseitigen Verträgen nicht frei, sondern ist an die Interessen der Gläubigergemeinschaft gebunden.[1330] Er hat die Pfändungsmasse optimal zu gestalten – soweit er gegen diesen Grundsatz verstößt, macht er sich gegenüber der Gläubigergemeinschaft schadensersatzpflichtig. So hat das OLG Karlsruhe[1331] entschieden, dass ein Verwalter bei einer Erfüllungsablehnung grundsätzlich rechtmäßig handelt, wenn die Nichterfüllung im Interesse der Gläubiger liegt. Ein Schadensersatzanspruch gegen den Verwalter und die Masse kann daher nur ausnahmsweise unter der Voraussetzung entstehen, dass die Ablehnung gegen Treu und Glauben verstößt. Sofern ein Gläubigerausschuss bestellt ist (§§ 69, 160 InsO), stellt sich die Ausübung des Wahlrechts durch den Verwalter gegebenenfalls als ein genehmigungspflichtiges Geschäft dar. Es hat aber nur haftungsrechtliche Folgen,[1332] wenn der Verwalter es versäumt, die Genehmigung einzuholen. Die nicht genehmigte Erklärung bleibt hingegen wirksam.[1333]

724

2.2.2 Erfüllungswahl als Willenserklärung

Die Gestaltungserklärung setzt eine einseitige, empfangsbedürftige Willenserklärung des Verwalters voraus, auf die die Regeln der Willenserklärung Anwendung finden.[1334] Sie kann konkludent auch dadurch erfolgen[1335], dass der Verwalter aus der Masse vertraglich geschuldete Leistungen erbringt[1336] oder er in der Bauhandwerkerinsolvenz den Restwerklohn verlangt und sich einem Zurückbehaltungsrecht des anderen Teils widersetzt.[1337] Eine Erklärung des Verwalters, dass er nicht in bestehende Verträge eintritt bzw. diese vorsorglich kündigt, ist als Ablehnung zu begreifen. Veräußert der Verwalter ein Warenlager des Insolvenzschuldners im Wege des Ausverkaufs, so ist im Zweifel noch nicht anzunehmen, dass er damit Erfüllung nach § 103 Abs. 1 InsO gegenüber dem Vorbehaltslieferanten wählt.[1338] Teilt der Verwalter mit, er werde nur unter Abänderung des vom Insolvenzschuldner geschlossenen Vertrages erfüllen, liegt darin ein Angebot auf Abschluss eines neuen Ver-

725

1330 BGH, Urt. v. 04.05.1995 – IX ZR 256/93, BGHZ 129, 336, 340.
1331 OLG Karlsruhe, Urt. v. 12.07.1990 – 11 U 8/90 – ZIP 1990, 1143 m. Anm. *Pape*, EWiR 1990, 1007.
1332 *Müller*, in: Jäger, InsO, § 17 Rn. 130.
1333 RG, Urt. v. 25.04.1906 – Rep. I. 614/05, RGZ 63, 203, 213; *Marotzke*, in: HK, § 103 Rn. 40.
1334 BGH, Urt. v. 08.01.1998 – IX ZR 131/97, ZIP 1998, 298; OLG Naumburg, Urt. v. 04.02.2004 – 5 U 129/03, ZInsO 2004, 1145.
1335 BGH, Urt. v. 01.07.1981 – VIII ZR 168/80, BGHZ 81, 90, 92.
1336 RG, Urt. v. 28.11.1888 – Rep. V. 125/88, RGZ 22, 107, 109; Urt. v. 03.10.1919 – III 543/18, RGZ 96, 292, 295; BGH, Urt. v. 03.12.1954 – V ZR 96/53, BGHZ 15, 333f.; *Huber*, in: MüKo-InsO, § 103 Rn. 156.
1337 OLG Celle, Urt. v. 23.05.2000 – 16 U 208/99 m. Anm. *Schmitz*, EWiR 2000, 641.
1338 BGH, Urt. v. 08.01.1998 – IX ZR 131/97, ZIP 1998, 298; a.A. noch OLG Celle, Urt. v. 28.10.1987 – 3 U 11/87, WM 1987, 1569 m. Anm. *Graf v. Lambsdorff*, EWiR 1988, 177.

trages (§ 145 BGB), das zugleich bedeutet, dass er die Erfüllung des vor der Insolvenz geschlossenen Vertrages ablehnt.[1339]

726 Der BGH[1340] hat darauf erkannt, dass dem vom Grundstückkaufvertrag mit dem späteren Insolvenzschuldner wegen eines Rechtsmangels zurücktretenden Käufer in dem über das Vermögen des Verkäufers später eröffneten Insolvenzverfahren kein Zurückbehaltungsrecht gegenüber dem vom Insolvenzverwalter geltend gemachten Anspruch auf Löschung einer Auflassungsvormerkung zusteht.[1341] Das Zurückbehaltungsrecht, das vom zurücktretenden Käufer geltend gemacht wird, folgt dabei nach zutreffender Feststellung des BGH nicht aus § 55 Abs. 1 Nr. 2 i.V.m. § 103 Abs. 1 InsO. Erklärt der Verwalter in eigener Person den Rücktritt vom Vertrag, so bedeutet dies nicht auch zugleich die Erfüllungswahl hinsichtlich des Rückabwicklungsverhältnisses.[1342] Dies wäre – so der IX. Zivilsenat – nur dann der Fall, wenn der Insolvenzverwalter aufgrund der Umgestaltung des Vertragsverhältnisses vom anderen Teil eine die dem Vertragspartner bewirkte Leistung zurück verlangen würde. Dies aber ist jedenfalls nicht der Fall, wenn der Vertragsgegner den Rücktritt erklärt hat. Auch in diesem Fall kommt eine Erfüllungswahl durch den Insolvenzverwalter nur unter der Voraussetzung in Betracht, dass er Leistungen zurückgewährt beansprucht, die zuvor vom Schuldner an den Vertragsgegner erbracht worden waren. Damit kommt es darauf an, worum es sich beim Grundbuchberücksichtigungsanspruch mit dem Ziel der Löschung der den Beklagten eingeräumten Auflassungsvormerkung handelt. Ausschlaggebend ist in diesem Zusammenhang, dass Kaufpreisanspruch und der Anspruch auf Eintragung einer Vormerkung miteinander nicht synallagmatisch verknüpft sind. Vielmehr handelt es sich bei der Vormerkung um ein unselbstständiges Recht, mit dem der Anspruch des Käufers auf Übereignung der Immobilie gesichert wird. Daher ist es zutreffend, wenn der IX. Zivilsenat bemerkt, die Vormerkung sei lediglich eine „Durchgangserscheinung", die im Prozess des schuldrechtlichen Eigentumsverschaffungsanspruchs und seiner Erfüllung durch die Begründung des dinglichen Rechts ihre Bedeutung habe. Als bloßes Sicherungsrecht ist die Vormerkung anders als ein Anwartschaftsrecht keine Vorstufe der Auflassung. Sie ist lediglich dazu geeignet, die Erfüllbarkeit des Anspruchs zu sichern. Im Übrigen zwingt sie den Verkäufer nicht zur Auflassung, wie der BGH eindrucksvoll ausführt. Der Rücktritt der Beklagten vom Kaufvertrag mit der Schuldnerin hat dazu geführt, dass die gesicherte Forderung nach Eigentumsverschaffung nicht mehr weiter existiert[1343]; folglich ist die zur Sicherung dieses Anspruchs belegte Vormerkung „erloschen" – sie hat keinen Sicherungszweck mehr zu erfüllen. Folglich wird das Grundbuch unrichtig, da die der gesicherten Forderung akzessorische Vormerkung weiterhin im

---

1339 BGH, Urt. v. 10.08.2006 – IX ZR 28/05, ZIP 2006, 1736; Urt. v. 22.06.1989 – IX ZR 279/88, WM 1989, 1524 m. Anm. *Paulus*, EWiR 1990, 589.
1340 BGH, Urt. v. 22.01.2009 – IX ZR 66/07, ZIP 2009, 428.
1341 BGH, Urt. v. 22.01.2009 – IX ZR 66/07, ZIP 2009, 428.
1342 BGH, Urt. v. 22.01.2009 – IX ZR 66/07, ZIP 2009, 428.
1343 BGH, Urt. v. 26.11.1999 – V ZR 432/98, BGHZ 143, 175, 179.

Grundbuch steht (vgl. § 894 BGB).[1344] Sie entfaltet im Übrigen keinerlei dingliche Wirkung mehr.

Als weiteren Sonderfall hat der BGH[1345] die Behandlung von Stromabnahmeverträgen angesehen; dort soll das Schweigen des Verwalters auf eine Aufforderung des Versorgungsunternehmens bei gleichzeitigem Weiterbezug des Stroms noch nicht als Erfüllungserklärung zu werten sein.[1346] Es kommt im Übrigen auf den Empfängerhorizont an. Es ist zu untersuchen, wie der Erklärungsempfänger die abgegebene Erklärung nach Treu und Glauben unter Berücksichtigung der Verkehrssitte verstehen durfte. Ein Erklärungsbewusstsein des Verwalters ist daher nicht zwingend erforderlich,[1347] da er das Erklärungsrisiko zu tragen hat, weil andernfalls der Vertragspartner einer durch nichts zu rechtfertigenden Unsicherheit ausgeliefert wäre.[1348] Jedoch muss er bei genügender Beachtung der im Verkehr erforderlichen Sorgfalt erkannt haben können, welchen Inhalt seine Erklärung aus der Sicht des Empfängers[1349] gehabt haben könnte. Meint der Verwalter, § 103 Abs. 1 InsO sei deshalb nicht anwendbar, weil nach seinem Dafürhalten der Vertrag bereits durch den Insolvenzschuldner vollständig erfüllt worden sei, ist dies nicht als Erfüllungswahl zu qualifizieren.[1350] Versucht der Verwalter, dem Vertragspartner einen Kredit zur Finanzierung der Vertragserfüllung zu beschaffen, liegt auch darin noch kein Verhalten, aus dem auf die Erfüllungswahl zu schließen wäre.[1351] Mahnungen des Verwalters gegenüber dem Vertragspartner sind dagegen als Erfüllungswahl auszulegen.[1352] Dem Verwalter verbleibt im Übrigen lediglich ein Anfechtungsrecht nach § 119 Abs. 1 2. Fall BGB.[1353]

727

Wird die Erfüllung eines Vertrages durch den Verwalter ausdrücklich abgelehnt oder schweigt der Verwalter, so hat dieses Verhalten allein noch keinen Einfluss auf den Bestand des Vertrages.[1354] Es bleibt bei den durch die Eröffnung des Verfahrens eingetretenen Folgen. Es obliegt dem Vertragspartner zu entscheiden, ob er seine Forderung als Insolvenzforderung anmeldet oder im Anschluss an das Verfahren seine Forderung gegenüber dem Schuldner selbst wieder geltend zu machen. Nimmt der Vertragspartner als Insolvenzgläubiger am Verfahren teil, kommt es ab diesem Zeitpunkt zu einer materiellrechtlichen Umgestaltung des Vertrages. Der Vertragspartner kann jedenfalls keine Befriedigung seiner Forderung als Masseschuld verlangen.

728

1344 BGH, Urt. v. 15.12.1972 – V ZR 76/71, BGHZ 60, 46, 50.
1345 BGH, Urt. v. 01.07.1981 – VIII ZR 168/80, BGHZ 81, 90.
1346 Anders dagegen OLG Köln, Urt. v. 16.11.1979 – 6 U 69/79, ZIP 1980, 100 m. krit. Anm. *Kübler*; eingehend *Henckel*, ZZP 84 (1971), 461, 462.
1347 OLG Naumburg, Urt. v. 04.02.2004 – 5 U 129/03, ZInsO 2004, 1145.
1348 OLG Zweibrücken, Urt. v. 02.06.1971 – 2 U 160/70, KTS 1972, 116, 119.
1349 *Müller*, in: Jaeger, InsO, § 17 Rn. 117.
1350 BGH, Urt. v. 10.10.1962 – VIII ZR 203/61, KTS 1962, 248; LG Düsseldorf, Urt. v. 13.03.1959 – 5 O 222/58, KTS 1959, 63.
1351 OLG Celle, Urt. v. 14.12.1967 – 7 U 11/67, WM 1968, 491.
1352 OLG Hamm, Urt. v. 06.12.1976 – 17 U 104/76, NJW 1977, 768.
1353 *Müller*, in: Jaeger, InsO, § 17 Rn. 120.
1354 BGH, Urt. v. 27.05.2003 – IX ZR 51/02, BGHZ 155, 87, 90.

729 Die Erklärung nach § 103 Abs. 1 InsO ist bedingungsfeindlich.[1355] Lehnt der Verwalter die Erfüllung ab, liegt allein die allgemeine insolvenzrechtliche Lage vor; für einen Widerruf ist daher kein Raum. Gestaltet die Erfüllungswahl die Rechtsstellung des Vertragspartners, handelt es sich dabei um eine Gestaltungshandlung des Verwalters, die nach allgemeinen Regeln[1356] unwiderruflich ist.[1357]

Die Erklärung ist an keine Form gebunden, d. h. sie kann sowohl schriftlich, mündlich als auch stillschweigend und konkludent[1358] erfolgen. Sie ist daher von der Form des zugrunde liegenden Vertrages unabhängig[1359]; im Zusammenhang mit § 311b Abs. 1 BGB folgt dies schon daraus, dass die Erklärung einseitig abgegeben wird.[1360] Die Ausübung des Wahlrechts ist im Allgemeinen an eine Frist nicht gebunden[1361], vgl. aber § 103 Abs. 2 Satz 2 InsO.

2.2.3 Befugnis des anderen Teils
2.2.3.1 Aufforderung zur Erklärung

730 § 103 Abs. 2 Satz 2 InsO bestimmt allgemein, dass der Vertragsgegner den Verwalter zur unverzüglichen Erklärung über die Ausübung seines Wahlrechts auffordern kann. Für den Eigentumsvorbehaltskauf trifft § 107 Abs. 2 InsO eine gesonderte Regelung. Diese Regelungen tragen der misslichen Lage Rechnung, in der sich der Vertragspartner befindet: Er kann zwar aufgrund der Eröffnung des Verfahrens damit rechnen, dass er die Gegenleistung nicht mehr wird erbringen müssen, muss ggf. aber dazu in der Lage bleiben.[1362] Bis zur Erklärung des Verwalters herrscht also ein Schwebezustand.[1363] Die Befugnis, dem Verwalter die Erklärung abzuverlangen, folgt aus den insoweit durch die Eröffnung des Insolvenzverfahrens nicht beeinträchtigten Fürsorgepflichten, die bereits der Schuldner gegenüber seinem Vertragspartner hatte und die nun auch der Verwalter vermöge seiner Verwaltungsbefugnis wahrzunehmen hat. Sie sind allgemein vertragsrechtlicher Natur und daher nach § 103 Abs. 2 InsO auch im Insolvenzverfahren zu beachten; sie werden lediglich durch § 107 Abs. 2 InsO in der Insolvenz des Vorbehaltskäufers bis zum Berichtstermin aufgeschoben. Der Vertragspartner kann daher den durch das Schweigen des Verwalters verursachten

---

1355 BGH, Urt. v. 11.02.1988 – IX ZR 36/87, ZIP 1988, 322; BGH, Urt. v. 12.02.1958 – V ZR 185/56, WM 1958, 430, 432.
1356 *Berscheid*, in: Uhlenbruck, InsO, § 103 Rn. 64.
1357 OLG Hamburg, Urt. v. 26.05.1952 – 6 U 50/52, MDR 1952, 754; Müller in: Jaeger, InsO, § 17 Rn. 119.
1358 OLG Naumburg, Urt. v. 12.03.1996 – 1 U 210/95, InVo 1996, 127; *Müller*, in: Jaeger, InsO, § 17 Rn. 116.
1359 *Huber*, in: MüKo-InsO, § 103 Rn. 154.
1360 *Müller*, in: Jaeger, InsO, § 17 Rn. 116.
1361 *Balthasar*, in: Nerlich/Römermann, InsO, § 103 Rn. 43.
1362 Dass dies unsinnige Aufwendungen verursacht und dass der Vertragspartner daher ein Interesse an der Beendigung des Schwebezustandes hat, wird bei Müller, in: Jaeger, InsO, § 17 Rn. 152 verkannt.
1363 *Balthasar*, in: Nerlich/Römermann, InsO, § 103 Rn. 44.

Schwebezustand dadurch beenden, dass er den Verwalter auffordert, mitzuteilen, ob der Vertrag weiter erfüllt, oder die Vertragserfüllung abgelehnt wird.

Der nach § 103 Abs. 2 Satz 1 InsO aufgeforderte Verwalter hat sich dann „unverzüglich", also im Sinne von § 121 Abs. 1 BGB ohne schuldhaftes Zögern zu erklären, nicht aber sofort.[1364] Die Länge der Frist, die dem Verwalter damit eingeräumt wird, hängt davon ab, wie viel Zeit der Verwalter braucht, um die Vor- und Nachteile der Erfüllung dieses Vertrags für die Insolvenzmasse beurteilen zu können[1365]; häufig wird er sich dazu einen ersten Überblick über die Möglichkeiten einer zeitweiligen Fortführung der Geschäfte des Schuldners verschaffen müssen. § 103 Abs. 2. Satz 2 InsO lässt dem Verwalter jedenfalls die Zeit, die dafür erforderlich ist, dass er eine ggf. erforderliche Zustimmung des Gläubigerausschusses bzw. der Gläubigerversammlung gemäß § 160 InsO zur Erfüllungswahl einzuholen im Stande ist.[1366] Die Entscheidung des Verwalters kann auch dann gefordert werden, wenn die Erfüllungszeit noch nicht eingetreten ist; dies brauchte im Gesetzestext nicht besonders zum Ausdruck gebracht zu werden.[1367] Der Fall, dass ein Kaufvertrag durch Lieferung der Kaufsache unter Eigentumsvorbehalt teilweise erfüllt ist, wird in § 107 Abs. 2 InsO besonders geregelt.

Erklärungen beider Vertragsparteien behalten ihre Gültigkeit. Fristen[1368] laufen ohne Berücksichtigung des Eröffnungsbeschlusses weiter, so z. B. eine Nachfristsetzung gemäß §§ 281 Abs. 1, 323 Abs. 1 BGB des Vertragspartners, soweit diese nicht bereits vor der Erklärung des Verwalters abgelaufen war. Allerdings kann der Verwalter eine angemessene Verlängerung der Fristsetzung verlangen.[1369]

Musteranschreiben eines Gläubigervertreters
Sehr geehrter Herr xy,
ich zeige an, die rechtlichen Interessen der xy GmbH zu vertreten. Eine mich legitimierende Vollmacht füge ich bei. Zwischen meiner Mandantin und der Gemeinschuldnerin besteht der in Kopie beigefügte Kaufvertrag. Ich habe Sie unter Verweis auf § 103 Abs. 2 Satz 2 InsO aufzufordern, sich in Ihrer Eigenschaft als Insolvenzverwalter über das Vermögen der Gemeinschuldnerin unverzüglich darüber zu erklären, ob Erfüllung verlangt oder Nichterfüllung gewählt wird.
Mit freundlichen Grüßen

1364 *Wegener*, in: Uhlenbruck, InsO, § 103 Rn. 129.
1365 *Balthasar* in: Nerlich/Römermann, InsO, § 103 Rn. 45.
1366 *Tintelnot*, in: Kübler/Prüttig/Bork, InsO, § 103 Rn. 72.
1367 Amtl. Begr. zu § 117 RegEInsO, BT-Drucks. 12/2443, 145.
1368 *Müller*, in: Jaeger, InsO, § 17 Rn. 201.
1369 *Berscheid*, in: Uhlenbruck, InsO, § 103 Rn. 76; *Balthasar*, in: Nerlich/Römermann, InsO, § 103 Rn. 52.

2.2.3.2 Folgen des Schweigens des Verwalters: Kein Wiederaufleben von Erfüllungsansprüchen

733 Erklärt sich der Verwalter nicht unverzüglich, verliert er das Recht, auf der Erfüllung zu bestehen (§ 103 Abs. 2 Satz 3 InsO). Sein Schweigen bedarf keiner Auslegung. Der ursprüngliche Leistungsanspruch des Gläubigers kann nunmehr als Schadensersatzanspruch geltend gemacht werden (§ 103 Abs. 2 Satz 1 InsO).

2.3 Rechtsfolgen der Wahlrechtsausübung

2.3.1 Erfüllungswahl

734 Wählt der Verwalter die Erfüllung eines Vertrages, werden die gegenseitigen Ansprüche zu Masseforderungen und Masseverbindlichkeiten aufgewertet. Der Vertragspartner ist verpflichtet, zur Masse zu leisten.[1370] Dadurch kommt er von seiner Verpflichtung zur Leistung frei. Den Verwalter trifft die Pflicht, aus der Masse die Gegenleistung zu erbringen, § 55 Abs. 1 Nr. 2 InsO.

Durch die Erfüllungswahl tritt der Insolvenzverwalter anstelle des Schuldners in den Vertrag ein. Für den Inhalt des Schuldverhältnisses ist die Rechtslage bei Insolvenzeröffnung maßgeblich, weil der Insolvenzverwalter für die Masse grundsätzlich nicht mehr und keine anderen Rechte beanspruchen kann, als sie dem Schuldner zustehen.[1371] Hat der Schuldner, über dessen Vermögen das Insolvenzverfahren eröffnet wurde, eine Nachfrist zur Erfüllung gesetzt und ist diese Frist abgelaufen, kann der Verwalter nur noch zwischen Rücktritt oder Schadenersatz wegen Nichterfüllung wählen. Fallen der Verwalter oder der Vertragspartner nachträglich in Verzug, gelten die allgemeinen Bestimmungen des BGB; es werden also gegebenenfalls Verzugszinsen als Masseverbindlichkeiten geschuldet[1372]; gleiches gilt für Vertragsstrafen.[1373]

2.3.1.1 Aufrechnung

735 Hat der Gläubiger aufgrund einer Teilerfüllung eine Insolvenzforderung gegen den Schuldner und erklärt der Verwalter die Erfüllungswahl, kann der Gläubiger mit seiner Insolvenzforderung nicht gegen die Ansprüche aufrechnen, die der Masse vertragsgemäß zustehen.[1374] Dieses Ergebnis folgt aus dem Sinn und Zweck des § 103 InsO, der darin liegt, die Gleichbehandlung aller Gläubiger zu gewährleisten. Die Masse soll auch die Gegenleistung für die Leistungen ungeschmälert durch Aufrechnungen mit vor Insolvenzeröffnung erbrachten Leistungen erhalten.[1375] Könnte der Vertrags-

---

[1370] *Tintelnot*, in: Kübler/Prüttig/Bork, InsO, § 103 Rn. 74 f.
[1371] BGH, Urt. v. 10. 08. 2006 – IX ZR 28/05 – NJW 2006, 2119, 2220; *Huber*, in: MüKo-InsO, § 103 Rn. 164 f.; *Wegener*, in: Uhlenbruck, InsO, § 103 Rn. 105.
[1372] *Balthasar*, in: Nerlich/Römermann, InsO, § 103 Rn. 52.
[1373] *Müller*, in: Jaeger, InsO, § 17 Rn. 206.
[1374] BGH, Urt. v. 20. 10. 2005 – IX ZR 145/04, NJW-RR 2006, 188.
[1375] BGH, Urt. v. 20. 12. 2001 – IX ZR 401/99, NJW 2002, 1050, 1053; Urt. v. 21. 11. 1991 – IX ZR 290/90, NJW 1992, 507, 508; *Kreft*, in: MüKo-InsO, § 103 Rn. 42.

partner gegenüber dem Gegenleistungsanspruch mit einer nicht voll werthaltigen Insolvenzforderung aufrechnen, wäre er gegenüber den anderen Gläubigern begünstigt.[1376]

2.3.1.2 Pfändung, Abtretung

Mit dem Erfüllungsverlangen des Verwalters verliert eine vor Verfahrenseröffnung erfolgte Pfändung oder Abtretung, soweit sie Leistungen betrifft, welche die Masse erst nach Eröffnung erbringen wird, ihre Wirkung, § 91 Abs. 1 InsO.[1377]

Bedingt begründete Rechte werden im Unterschied zu künftigen Rechten im Insolvenzfall als bereits bestehend behandelt. Wurden sie vor Insolvenzeröffnung erworben, fallen sie nicht in die Masse.[1378] Die Abtretung eines vor Insolvenz vereinbarten aufschiebend bedingten Rückzahlungs- oder Rückgewähranspruchs ist daher insolvenzfest, selbst wenn die Bedingung erst nach der Insolvenzeröffnung eintritt.[1379]

2.3.1.3 Teilleistungen

2.3.1.3.1 Teilweise Vorleistung des Schuldners

Das Wahlrecht des Insolvenzverwalters bezieht sich allein auf den noch von keiner Seite erfüllten Vertragsteil.[1380] Ist die Vorleistung vom späteren Insolvenzschuldner dagegen teilweise vor Eröffnung des Insolvenzverfahrens geleistet worden, kann der Insolvenzverwalter einen Anspruch auf den der Vorleistung entsprechenden Teil der vertraglich vereinbarten Gegenleistung geltend machen, ohne dass es einer Erfüllungswahl bedarf. Die Erfüllungswahl des Insolvenzverwalters verschafft der Insolvenzmasse somit nur einen zusätzlichen durchsetzbaren Anspruch auf die durch die Vorleistung nicht abgedeckte Gegenleistung des Vertragspartners. Eine Masseverbindlichkeit gegenüber dem Vertragspartner entsteht in diesem Fall hinsichtlich der restlich zu erbringenden Leistung.[1381] Diese Aufspaltung des Vertragsverhältnisses hat zur Folge, dass das Aufrechnungsverbot des § 96 Abs. 1 Nr. 1 InsO nur eingeschränkt zur Anwendung kommt. Da der Gegenleistungsanspruch für die vom Schuldner vor Verfahrenseröffnung erbrachte Vorleistung nicht von der Erfüllungswahl des Insolvenzverwalters erfasst wird, bleibt er in seiner rechtlichen Qualität gleich. Es kommt zu keinem die Aufrechnung ausschließenden „Qualitätssprung". Der Vertragspartner kann daher gegen die-

---

1376 *Balthasar*, in: Nerlich/Römermann, InsO, § 103 Rn. 56; *Andres*, in: Andres/Leithaus, InsO, § 103 Rn. 32.
1377 BGH, Urt. v. 09.03.2006 – IX ZR 55/04, NZI 2006, 350; BGH, Urt. v. 25.04.2002 – IX ZR 313/99, NZI 2002, 375, 376.
1378 BGH, Urt. v. 30.11.1977 – VIII ZR 26/76, NJW 1978, 642, 643; *Uhlenbruck*, in: Uhlenbruck, § 91 Rn. 18.
1379 BGH, Urt. v. 27.05.2003 – IX ZR 51/02 – NZI 2003, 491, 492; *Lind*, Der Darlehensvertrag in der Insolvenz des Darlehensgebers, ZInsO 2004, 580, 583.
1380 BGH, Urt, v. 27.02.1997 – IX ZR 5/96, ZIP 1997, 688, 689.
1381 *Kreft*, in: MüKo-InsO, § 103 Rn. 51; *Scherer*, Teilweise Vorleistungen in der Insolvenz, NZI 2004, 113, 114.

sen Anspruch mit vor Insolvenzeröffnung erworbenen Forderungen aufrechnen.[1382] Aus denselben Gesichtspunkten bleiben auch Abtretungen und Verpfändungen wirksam, soweit der Schuldner vor Verfahrenseröffnung Vorleistungen erbracht hat.[1383]

2.3.1.3.2 Teilweise Vorleistung des Gläubigers

738 Leistet der Gläubiger teilweise vor, ist das Vertragsverhältnis ebenfalls aufzuspalten. Soweit der Gläubiger vorgeleistet hat, muss der entsprechende Gegenanspruch nicht aus der Insolvenzmasse befriedigt werden. Ähnlich wie bei einer teilweisen Vorleistung des Gemeinschuldners wird der Anspruch des Vertragspartners auf die Gegenleistung für die teilweise Vorleistung durch die Erfüllungswahl des Insolvenzverwalters nicht berührt. Der Sinn der Erfüllungswahl besteht wesentlich darin, dem Insolvenzverwalter für die Masse diejenigen noch ausstehenden Leistungen des Vertragspartners zu den bisherigen Vertragsbedingungen zu verschaffen, auf die er ohne die Erfüllungswahl keinen durchsetzbaren Anspruch hätte. Der Gegenleistungsanspruch für die Vorleistung des Gläubigers kann daher nur als einfache Insolvenzforderung geltend gemacht werden.[1384] Nur für die weiteren Leistungen des Vertragspartners und die entsprechende Gegenansprüche bewirkt die Erfüllungswahl eine Aufwertung zu Masseverbindlichkeiten und Masseforderungen. Wegen des auf seine bereits erbrachten Leistungen entfallenden Erfüllungsanspruches steht dem Gläubiger im Hinblick auf seine noch ausstehenden Leistungsverpflichtungen weder ein Zurückbehaltungsrecht nach § 273 Abs. 1 BGB noch die Einrede des erfüllten Vertrages nach § 320 BGB zu.[1385] Durch die teilweise Vorleistung des Gläubigers begibt sich dieser des Schutzes des Synallagmas ebenso wie jeder Gläubiger, der vollständig vorleistet.[1386]

2.3.1.3.3 Umfang

739 Die Erfüllungswahl erfasst alle Ansprüche aus dem Vertrag.[1387] Darauf, ob vor oder nach Eröffnung des Verfahrens vom anderen Teil Leistungen teilweise erbracht worden sind, kommt es nicht an. Dies ist der gesetzliche Regelfall. Wählt der Verwalter nach § 103 InsO Erfüllung, hat er aus der Masse die gesamte Hauptleistung, Gewährleistungsansprüche, Nebenpflichten und

---

1382 BGH, Urt. v. 04. 05. 1995 – IX ZR 256/93, NJW 1995, 1966, 1967; *Balthasar*, in: Nerlich/Römermann, InsO, § 103 Rn. 57; *Wegener*, in: Uhlenbruck, InsO, § 103 Rn. 152.
1383 BGH, Urt. v. 04. 05. 1995 – IX ZR 256/93, NJW 1995, 1966, 1967; *Balthasar*, in: Nerlich/Römermann, InsO, § 103 Rn. 59; *Wegener*, in: Uhlenbruck, InsO, § 103 Rn. 152.
1384 BGH, Urt. v. 27. 02. 1997 – IX ZR 5/96, ZIP 1997, 688, 689; *Kreft*, in MüKo-InsO, § 103 Rn. 47; *Scherer*, Teilweise Vorleistungen in der Insolvenz, NZI 2004, 113, 117.
1385 BGH, Urt. v. 07. 03. 2002 – IX ZR 457/99, NJW 2002, 2313, 2315; Urt. v. 20. 12. 2001 – IX ZR 401/99, NJW 2002, 1050, 1053; *Kreft*, in: MüKo-InsO, § 103 Rn. 47; *Berscheid*, in: Uhlenbruck, InsO, § 105 Rn. 24; *Tintelnot*, in: Kübler/Prütting/Bork, InsO, § 103 Rn. 6; a. A. *Marotzke*, in: HK, § 103 Rn. 53 ff.
1386 *Scherer*, Teilweise Vorleistungen in der Insolvenz, NZI 2004, 113, 117.
1387 *Tintelnot*, in: Kübler/Prütting/Bork, InsO, § 103 Rn. 75.

Ersatzverpflichtungen zu erfüllen.[1388] Umgekehrt hat auch der andere Teil vollständig zu erfüllen.

2.3.2 Nichterfüllungswahl

Wählt der Insolvenzverwalter Nichterfüllung, so kann keine der Vertragsparteien Erfüllung verlangen. Es verbleibt somit bei der mit Verfahrenseröffnung eintretenden Rechtslage, wonach die noch offenen Ansprüche ihre Durchsetzbarkeit verlieren.

740

2.3.2.1 Schadensersatzanspruch des anderen Teils (§ 103 Abs. 2 Satz 1 InsO)

Statt des Erfüllungsanspruchs hat der Vertragspartner einen Schadensersatzanspruch wegen Nichterfüllung, der eine Insolvenzforderung wird. Hierbei handelt es sich nicht um einen speziell aus der InsO ergebenden Schadensersatzanspruch, sondern um einen solchen bürgerlich-rechtlichen Charakters, der auf die Nichterfüllung des noch bestehenden Vertrages zurückzuführen ist[1389]; praktische Auswirkung hat diese Streitfrage jedoch nicht[1390]. Dieser Schadensersatzanspruch steht gemäß § 103 Abs. 2 Satz 1 InsO dem Vertragspartner im Falle der Ablehnung der Erfüllung des Vertrages zu, der sich als einfache Insolvenzforderung gemäß § 38 InsO darstellt. Der Schadensersatzanspruch wegen Nichterfüllung umfasst auch mögliche Gewährleistungsrechte[1391]; daneben kommt die Einbeziehung eines bereits vor der Eröffnung entstandenen selbstständigen Verzugsschadens in Betracht[1392], aber auch eine durch die Ablehnung verwirkte Vertragsstrafe. Wird die Vertragsstrafe jedoch gerade deswegen vereinbart, um eine Erfüllungsablehnung durch den Verwalter auszuschließen, so soll eine derartige Abrede aufgrund der zwingenden Natur des § 103 InsO nichtig sein.[1393] Auch der entgangene Gewinn ist als Rechnungsposten einzustellen.[1394]

741

2.3.2.2 Anmeldung zur Tabelle

Dieser Anspruch muss vom Vertragspartner gesondert nach § 174 Abs. 1 InsO angemeldet werden. Es spielt keine Rolle, dass ihm von Gesetzes wegen eine Forderung zusteht und diese dem Verwalter auch bekannt ist. Sie muss nur dann berücksichtigt werden, wenn der Gläubiger sie in den insolvenzrechtlichen Formen geltend macht. Gegebenenfalls trifft den Verwalter aber die Pflicht, den Gläubiger auf die Notwendigkeit einer bes. Anmeldung seiner Schadenersatzforderung hinzuweisen.

742

1388 *Tintelnot*, in: Kübler/Prütting/Bork, InsO, § 103 Rn. 76.
1389 *Müller*, in: Jaeger, InsO, § 17 Rn. 171 m. w. N.
1390 BGH, Urt. v. 05. 05. 1977 – VII ZR 85/76, BGHZ 68, 379, 380.
1391 BGH, Urt. v. 16. 01. 1986 – VII ZR 138/85, BGHZ 96, 392, 396.
1392 *Müller*, in: Jaeger, InsO, § 17 Rn. 204.
1393 *Müller* in: Jaeger, InsO, § 17 Rn. 206.
1394 Offen gelassen bei *Berscheid*, in: Uhlenbruck, InsO, § 103 Rn. 88; abl. *Tintelnot*, in: Kübler/Prütting/Bork, InsO, § 103 Rn. 98; *Andres*, in: Andres/Leithaus, InsO, § 103 Rn. 34.

2.3.2.3 Umfang des Schadensersatzanspruchs

743 Der Schadensersatzanspruch des Vertragspartners umfasst das Erfüllungsinteresse, wobei maßgeblicher Zeitpunkt für die Schadensberechnung derjenige der Erklärung des Verwalters gegenüber dem Vertragspartner ist. Die Berechnung des Schadensersatzes erfolgt nach §§ 249 ff. BGB. Der Vertragspartner ist so zu stellen, als wäre der Vertrag ordnungsgemäß erfüllt worden. Mit Blick auf die §§ 38, 45 InsO ist der Anspruch nach seinem Schätzwert in Geld zu bemessen, da es sich um eine Insolvenzforderung handelt. Der Verwalter hat den positiven Schaden zu ersetzen. Ein Mitverschulden des Vertragspartners ist daher gemäß § 254 BGB zu berücksichtigen. In internationalen Vertragsbeziehungen kann dies nach dem jeweils anzuwendenden Recht anders sein. Der Nichterfüllungsschaden richtet sich nicht auf entgangenen Gewinn, der nur zur Tabelle angemeldet werden kann, wenn der Anspruch vor Insolvenz entstanden war.[1395]

Bei der Bemessung des Schadensersatzes wegen Nichterfüllung ist zu berücksichtigen, dass der Vertragspartner der Masse die noch ausstehende Gegenleistung nicht aufdrängen darf, was im Übrigen für ihn sinnlos wäre, da seine Forderung nur quotal befriedigt wird.[1396] Nach § 103 Abs. 2 Satz 1 InsO kann der andere Teil Rückabwicklung soweit nicht verlangen, wie die von ihm vor Insolvenzeröffnung gelieferten Waren ins Eigentum des Schuldners übergegangen sind; der Schaden richtete sich daher ohnehin nach der abgeschwächten Differenztheorie[1397]; der andere Teil hat daher nur Anspruch auf den Geldwert der vorab erbrachten Leistung.

2.3.3 Erfüllungsanspruch gegen den Schuldner nach Abschluss des Verfahrens

744 Die Meinung, die der Ablehnungserklärung des Verwalters gestaltende Wirkung beimisst, kommt zum Ergebnis, der andere Teil könne nach Abschluss des Verfahrens vom Schuldner (im Rahmen des § 200 InsO) nur einen Schadensersatzanspruch geltend machen. Die Antwort auf die Frage, ob diese Annahme richtig sein kann, darf nicht mit Fragen eines Vollstreckungsschutzes oder einer Restschuldbefreiung nach Abschluss des Verfahrens vermengt werden, da sie den Inhalt der Leistungspflichten betrifft, die vom Verfahrensabschluss beeinflusst werden: Die subjektive Unmöglichkeit, die Leistung zu erbringen, fällt mit Abschluss des Verfahrens fort. Auch insofern ist entgegen der h. M. davon auszugehen, dass der Vertragspartner nach Beendigung der durch das Insolvenzverfahren begründeten Schranken seinen Leistungsanspruch gegen den Schuldner wieder verfolgen kann, was auch mit der hier geteilten Prämisse widerspruchsfrei zu begründen ist.[1398] Während des laufenden Insolvenzverfahrens kann der Vertragspartner nach Erfüllungsablehnung durch den Verwalter zwar nicht auf das beschlagfreie Vermögen des Schuldners zugreifen; bietet der Schuldner ihm aber daraus

---

1395 *Tintelnot*, in: Kübler/Prütting/Bork, InsO, § 103 Rn. 98.
1396 Überzeugend *Müller*, in: Jaeger, InsO, § 17 Rn. 173; vgl. aber auch *Musielak*, Die Erfüllungsablehnung des Konkursverwalters zur Auslegung des § 17 Abs. 1 der Konkursordnung, AcP 179, 189, 200 ff.
1397 *Müller*, in: Jaeger, InsO, § 17 Rn. 173.
1398 *Müller*, in: Jaeger, InsO, § 17 Rn. 159.

Zug um Zug Erfüllung an, wird der Vertragspartner die Gegenleistung als Neuerwerb des Schuldners schuldig.

3. Sonderregelungen für Fixgeschäfte und Finanzleistungen (§ 104 InsO)

Für Fixgeschäfte und Finanzleistungen[1399] schließt das Gesetz in § 104 InsO zwingend die Erfüllungswahl des Verwalters zwingend aus; es ordnet damit der Sache nach die Nichterfüllung dieser Verträge an. Nicht zuletzt soll dadurch dem Insolvenzverwalter die Möglichkeit genommen werden, zu Lasten der Masse spekulative Geschäfte zu tätigen.   745

3.1 Tatbestandliche Voraussetzungen von § 104 Abs. 1 InsO – Fixgeschäfte

Voraussetzung ist   746

- ein Liefervertrag
- über Waren,
- die einen Markt- oder Börsenpreis haben,
- zu einem fixen Termin, der indes nach Eröffnung des Insolvenzverfahrens liegen muss.

Wie bei der Grundnorm des § 103 InsO muss der Liefervertrag von beiden Seiten noch nicht vollständig erfüllt sein. Er muss die Lieferung von Waren zum Gegenstand haben, mithin von beweglichen, vertretbaren Sachen. Das Merkmal des Markt- oder Börsenpreises ist dabei weit auszulegen; nicht erforderlich ist ein Handel der Ware am amtlichen, geregelten Markt. Es ist ausreichend, wenn sich der Marktpreis qua Sachverständigengutachten oder Durchschnittsberechnungen ermitteln lässt.[1400] Zuletzt muss es sich um ein Fixgeschäft im Sinne von §§ 323 Abs. 2 Nr. 2 BGB/§ 376 HGB handeln. Das Geschäft muss mit der pünktlichen Lieferung stehen oder fallen.[1401]

3.2 Tatbestandliche Voraussetzungen von § 104 Abs. 2 InsO – Finanzleistungen

Von § 104 Abs. 2 InsO werden   747

- Verträge über Finanzleistungen,
- die einen Markt- oder Börsenpreis haben,
- zu einem fixen Termin, der indes nach Eröffnung des Insolvenzverfahrens liegen muss,

erfasst.

Wenngleich der Begriff der Finanzleistung nicht legaldefiniert ist und vom Gesetzgeber zudem uneinheitlich verwendet wird[1402], handelt es sich hierbei

---
1399 Mit Umsetzung der Finanzsicherheiten-Richtlinie (BGBl. I, 502) v. 05.04.2004 ersetzte der Gesetzgeber den bisherigen Begriff der „Finanztermingeschäfte" durch „Finanzleistung", um insbesondere auch Kassageschäfte vom Anwendungsbereich des § 104 InsO zu erfassen, vgl. *Wimmer*, Entwurf eines Gesetzes zur Umsetzung der Finanzsicherheiten-Richtlinie, ZIP 2003, 1563, 1565.
1400 *Jahn*, in: MüKo-InsO, § 104 Rn. 34.
1401 BGH, Urt. v. 17.01.1990 – VIII ZR 292/88 – NJW 1990, 2065.
1402 *Jahn*, in: MüKo-InsO, § 104 Rn. 39 ff.

im Kern um derivative Finanzinstrumente, wie z. B. Fest-, Swap- und Optionsgeschäfte.[1403] Beispielhaft führt § 104 Abs. 2 Satz 2 InsO die Kerntypen der wichtigsten Finanzleistungen auf. Diese Aufzählung ist indes nicht abschließend.

3.3 Rechtsfolgen

748 Die Rechtsfolgen sind im Kern die gleichen wie bei der Nichterfüllungswahl nach § 103 InsO. Mit Insolvenzeröffnung erlöschen die Erfüllungsansprüche. Sie wandeln sich in Schadensersatzansprüche wegen Nichterfüllung um. Es handelt sich gemäß § 103 Abs. 3 Satz 3 InsO um Insolvenzforderungen, mit denen gemäß §§ 94 f. InsO aufgerechnet werden kann.

4. Sonderregelungen bei vorgemerkten Ansprüchen (§ 106 InsO)

749 Ansprüche auf Rechte an Grundstücken sind auf Verlangen des Vertragspartners aus der Masse zu erfüllen, wenn der Anspruch durch eine Vormerkung gesichert ist (§ 106 InsO). § 106 InsO geht als lex specialis dem Wahlrecht des Verwalters aus § 103 InsO bei gegenseitigen, noch nicht von beiden Seiten vollständig erfüllten Verträgen vor.[1404]

Ein durch Vormerkung gesicherter Anspruch muss voll aus der Insolvenzmasse erfüllt werden. Auch wenn der gesicherte Anspruch aus einem gegenseitigen, von beiden Seiten noch nicht vollständig erfüllten Vertrag herrührt, hat der Insolvenzverwalter nicht die Möglichkeit, die Erfüllung des Vertrages aus der Insolvenzmasse abzulehnen. Die Vormerkung behält auf diese Weise auch im Insolvenzverfahren uneingeschränkt ihren Wert[1405] und verschafft seinem Inhaber die einem Aussonderungsberechtigten vergleichbare Stellung[1406]; der Vormerkungsberechtigte kann damit im Ergebnis seinen Anspruch so durchsetzen, als ob über das Vermögen des Schuldners nicht das Insolvenzverfahren eröffnet wäre. Die Vormerkung macht den gesicherten Anspruch somit insolvenzfest.[1407]

4.1 Tatbestandliche Voraussetzungen des § 106 Abs. 1 InsO
4.1.1 Gesicherter Anspruch

750 Da die Vormerkung streng akzessorisch an den gesicherten Anspruch gebunden ist,[1408] ist Voraussetzung zunächst ein gesicherter Anspruch. Dieser muss grundbuchrechtlich eintragungsfähig sein, wie z. B. als Eigentum,

---

1403 *Jahn*, in: MüKo-InsO, § 104 Rn. 49.
1404 *Kroth*, in: Braun, InsO, § 106 Rn. 6; seit Aufgabe der Erlöschenstheorie durch den BGH wird auch von einer Ergänzung des § 103 gesprochen, siehe *Ott/Vuia*, in: MüKo-InsO, § 106 Rn. 21 m. w. N.
1405 Amtl. Begr. zu § 120 RegEInsO, BT-Drucks. 12/2443, 146.
1406 *Gerhardt*, Zur Anfechtbarkeit eines durch Vormerkung gesicherten Anspruchs im Konkurs, ZIP 1988, 749, 750; *Ott/Vuia*, in: MüKo-InsO, § 106 Rn. 1.
1407 *Breitenbücher*, in: Graf-Schlicker, InsO-Komm, § 106 Rn. 1; *Wegener*, in: Uhlenbruck, InsO, § 106 Rn. 25.
1408 *Wegener*, in: Uhlenbruck, InsO, § 106 Rn. 9.

Hypothek, Grundschuld oder Nießbrauch[1409]. Weil auch künftige oder bedingte Rechte durch Eintragung einer Vormerkung gemäß § 883 Abs. 1 Satz 2 BGB sicherungsfähig sind[1410], ist auch ein formgültiges Angebot auf Abschluss eines Grundstückskaufvertrages sicherungsfähig.[1411] Ein formungültiger Grundstückskaufvertrag ist hingegen nicht insolvenzfest.[1412] Auch schuldrechtliche Ansprüche wie aus Miete oder Pacht genügen nicht.[1413] Besteht der gesicherte Anspruch zu Unrecht oder ist er, z.B. durch Erfüllung erloschen, kann der Insolvenzverwalter Löschung der Vormerkung und Eintragung eines Widerspruchs verlangen.[1414] Bei einem Grundstücksverkauf ist der Auflassungsanspruch selbstverständlich nicht bereits erfüllt, wenn die Auflassungsvormerkung ins Grundbuch eingetragen ist. Denn eine vollständige Erfüllung setzt gemäß § 873 BGB außerdem die Eigentumsverschaffung im Wege der grundbuchlichen Eintragung des Erwerbers[1415] voraus.

4.1.2 Eintragung der Vormerkung

Die Eintragung der Vormerkung wird aufgrund Bewilligung (§§ 885 BGB, 19, 29 GBO, 895 ZPO) oder einstweiliger Verfügung (§§ 885 BGB, 941, 942 Abs. 2 ZPO, 38 GBO) vorgenommen. Für im Rahmen einstweiliger Verfügung erlangte Zwangsvormerkungen ist allerdings die Rückschlagsperre des § 88 InsO zu beachten, da es sich um eine Maßnahme der Zwangsvollstreckung handelt.[1416] Die Eintragung der Vormerkung muss grundsätzlich vor der Eröffnung des Insolvenzverfahrens rechtswirksam vorgenommen worden sein. Die Voraussetzungen für die Eintragung der Vormerkung richten sich nach § 885 BGB. Werden diese Voraussetzungen nicht erfüllt, ist die Vormerkung gemäß §§ 80f. InsO unwirksam.[1417] Zu Gunsten des Erwerbers greifen die §§ 878, 893 BGB i.V.m. § 91 Abs. 2 InsO ein. Die Wirkungen nach § 106 Abs. 1 InsO werden für rechtsgeschäftlich begründete Vormerkungen auch dann ausgelöst, wenn die Eintragung der Vormerkung erst nach der Eröffnung erfolgt ist, sie aber vom Schuldner vor der Eintragung bewilligt und der Eintragungsantrag gestellt wurde.[1418]

751

Ist die Eintragung erfolgt, nachdem im Insolvenzeröffnungsverfahren gemäß § 21 Abs. 2 Nr. 2 InsO ein vorläufiges richterliches Veräußerungs- und Verfügungsverbot erlassen worden ist, wird die Vormerkung nicht insolven-

752

1409 *Wegener*, in: Uhlenbruck, InsO, § 106 Rn. 11.
1410 BGH, Urt. v. 14.09.2001 – V ZR 231/00, NJW 2002, 213; *Kroth*, in: Braun, InsO § 106 Rn. 3; für künftige Ansprüche zuletzt BGH, Urt. v. 09.03.2006 – IX ZR 11/05, NJW 2006, 2408.
1411 BGH, Urt. v. 14.09.2001 – V ZR 231/00, NJW 2002, 213.
1412 BGH, Urt. v. 15.05.1970 – V ZR 20/68, BGHZ 54, 56; *Hess*, in: Hess, InsO, § 106 Rn. 10.
1413 *Wegener*, in: FK-InsO, § 106 Rn. 3.
1414 *Kroth*, in: Braun, InsO, § 106 Rn. 3.
1415 RG, Urt. v. 08.05.1926 – V 239/25, RGZ 113, 403, 405.
1416 BayObLG Beschl. v. 15.06.2000 – 2Z BR 46/00, NJW-RR 2001, 47.
1417 *Ott/Vuia*, in: MüKo-InsO, § 106 Rn. 14.
1418 BGH, Urt. v. 10.02.2005 – IX ZR 100/03, NZI 2005, 331, 332; *Breitenbücher*, in: Graf-Schlicker, InsO, § 106 Rn. 2; *Gerhardt*, Zur Anfechtbarkeit eines durch Vormerkung gesicherten Anspruchs im Konkurs, ZIP 1988, 749, 753.

zfest. Ist aber der Antrag auf Eintragung vor Eröffnung des Insolvenzverfahrens und vor Erlass der Verfügung gemäß § 21 Abs. 2 Nr. 2 InsO gestellt worden, kommt § 878 BGB mit der Folge zum Zuge, dass die Vormerkung den gesicherten Anspruch insolvenzfest macht.[1419]

753 Im einstweiligen Rechtsschutz ist der Zeitpunkt der Eintragung und nicht des einstweiligen Rechtsschutzes ausschlaggebend[1420], außerdem ist die Rückschlagsperre des § 88 InsO zu beachten.

Vormerkungen, die zwar als solche bezeichnet werden, aber lediglich der Rangwahrung und nicht der Anspruchssicherung dienen, sind von der Vorschrift nicht erfasst. Dies gilt z.B. für die Amtsvormerkung nach §§ 18 Abs. 2, 76 Abs. 1 GBO.[1421]

754 **Musteranschreiben eines Gläubigervertreters**

Sehr geehrter Herr xy,

ich zeige an, die rechtlichen Interessen xy GmbH zu vertreten. Eine mich legitimierende Vollmacht füge ich bei.

Ausweislich des in Kopie beigefügten notariellen Kaufvertrages vom … (UR-Nr. … des Notars … in …) hat meine Mandantin von der Gemeinschuldnerin das im Kaufvertrag näher bezeichnete Grundstück erworben. Zugunsten meiner Mandantin ist im Grundbuch von … eine Vormerkung auf Verschaffung des Eigentums eingetragen. Eine Kopie des Grundbuchauszuges liegt an. Namens und im Auftrag meiner Mandantin verlange ich unter Verweis auf § 106 Abs. 1 Satz 1 InsO Befriedigung aus der Insolvenzmasse.

Mit freundlichen Grüßen

4.1.3 Vormerkungsgleiche Sicherungen

755 Folgende Rechte werden vormerkungsgleich behandelt:

4.1.3.1 Vorkaufsrechte

756 Nach § 1098 Abs. 2 BGB hat das dingliche Vorkaufsrecht die Wirkung einer Vormerkung.[1422] Auf das Vorkaufsrecht ist § 106 Abs. 1 Satz 1 InsO nicht anwendbar. Ein gegenseitiger Vertrag besteht zum Zeitpunkt der Eröffnung des Verfahrens zwischen Gemeinschuldner und Vorkaufsberechtigten nämlich nicht. Anders ist dies nur zu beurteilen, wenn das Vorkaufsrecht vor Eröffnung des Insolvenzverfahrens ausgeübt wurde, weil in diesem Fall ein Übereignungsanspruch besteht. Beim freihändigen Verkauf durch den Verwalter greift § 1098 Abs. 1 Satz 2 BGB ein, wonach das Vorkaufsrecht noch

---

1419 *Ott/Vuia*, in: MüKo-InsO, § 106 Rn. 14.
1420 OLG Frankfurt/M., Urt. v. 15.10.1982 – 22 O 9/82, ZIP 1983, 351; zu § 9 Abs. 1 Satz 3 GesO auch OLG Dresden, Urt. v. 14.09.1995 – 7 U 695/95, OLG-NL 1996, 100; OLG Jena, B. v. 12.12.1995 – 6 W 291/95, RPfleger 1996, 211; *Hess*, in: Hess, InsO, § 106 Rn. 17.
1421 *Wegener*, in: Uhlenbruck, InsO, § 106 Rn. 19.
1422 *Westermann*, in: MüKo- BGB, Bd. 6, § 1098 Rn. 6.

ausgeübt werden kann. Bei der Veräußerung im Wege der Zwangsversteigerung entsprechend § 165 InsO ist die Ausübung des Vorkaufsrechts dagegen ausgeschlossen.[1423] Der Insolvenzverwalter kann auf diese Weise die Ausübung des Vorkaufsrechts verhindern.[1424]

Nach Verfahrenseröffnung kann der Berechtigte sein Vorkaufsrecht ausüben, wenn das Grundstück durch den Schuldner vor Eröffnung veräußert wurde und der Insolvenzverwalter nach § 103 InsO gegenüber dem Dritten Erfüllung wählt. Dies gilt auch, wenn der Vertrag mit dem Dritten schon erfüllt war, der Dritte durch eine Vormerkung gesichert oder durch § 878 BGB eine insolvenzfeste Rechtsposition erworben hatte.[1425] Lehnt der Verwalter hingegen im Falle des § 103 InsO die Erfüllung des Vertrages mit dem Dritten ab, erlischt das Vorkaufsrecht.[1426] Kann der Verwalter dagegen die Erfüllung des Kaufvertrages gegenüber dem Käufer noch ablehnen, entfaltet das dingliche Vorkaufsrecht keine Vormerkungswirkung gegen die Masse, die nicht Dritter ist. Die Organtheorie kommt insoweit zu einem anderen Ergebnis, da sie die Masse gegenüber dem Insolvenzschuldner als Dritten ansehen muss.[1427] Übt der Vorkaufsberechtigte das Vorkaufsrecht nach Eröffnung des Verfahrens aus, kann er nicht besser gestellt werden als der ursprüngliche Vertragspartner des Gemeinschuldners; es greift in vollem Umfang § 106 Abs. 1 Satz 1 ein.[1428]

757

Gemäß § 512 BGB ist das obligatorische Vorkaufsrecht nicht insolvenzfest; dies gilt auch im Falle des freihändigen Verkaufs durch den Verwalter.[1429] Etwas anderes gilt nur in dem Fall, dass zum Zeitpunkt der Verfahrenseröffnung der Käufer eine Vormerkung erworben hat oder § 878 BGB eingreift.[1430]

4.1.3.2 Hypothekengläubiger

Der Anspruch des Hypothekengläubigers gegen den Eigentümer auf Bewilligung der Löschung vor- oder gleichrangiger Hypotheken im Falle der Vereinigung von Grundpfandrecht und Eigentum gemäß § 1179a Abs. 1 Satz 3 BGB ist insolvenzfest. Denn er gilt von Gesetzes wegen in der Weise gesichert, als sei zu seinem Gunsten eine Vormerkung eingetragen[1431], selbst wenn er erst nach Eröffnung des Insolvenzverfahrens entsteht.[1432]

758

Aufgrund der insolvenzfesten Vormerkung kann der Gläubiger verlangen, mit seiner Forderung außerhalb des Insolvenzverfahrens befriedigt zu werden. Die durch Vormerkung gesicherten Ansprüche können im ordentlichen Prozesswege – also nicht nach § 174 Abs. 1 InsO durch Forderungsanmel-

759

1423 *Kroth*, in: Braun, InsO, § 106 Rn. 13.
1424 *Wegener*, in: FK-InsO, § 106 Rn. 8.
1425 *Berscheid*, in: Uhlenbruck, InsO, § 106 Rn. 29.
1426 *Ott/Vuia*, in: MüKo-InsO, § 106 Rn. 16c.
1427 So zutr. *Jaeger/Lent*, KO, § 24 Rn. 4; anders *Jaeger/Henckel*, KO, § 24 Rn. 6.
1428 *Jaeger/Henckel*, KO, § 24 Rn. 7; anders dagegen BGH, Urt. v. 26.01.1973 – V ZR 2/71, BGHZ 60, 275, 293 ff.
1429 *Westermann*, in: MüKo-BGB, § 512 Rn. 3.
1430 *Jaeger/Henckel*, KO, § 24 Rn. 10.
1431 *Wolfsteiner*, in: Staudinger, BGB, § 1179a Rn. 4.
1432 OLG Köln, Urt. v. 22.12.2004 – 2 U 103/04, ZIP 2005, 1038.

dung – gegen den Verwalter verfolgt und gegebenenfalls im Wege der Individualvollstreckung vollstreckt werden. Der Vormerkungsberechtigte kann daher auch während des Insolvenzverfahrens gegen den Insolvenzverwalter Klage erheben und auch wegen des vorgemerkten Anspruchs vollstrecken.[1433] Der Verwalter hat den schuldrechtlichen Übereignungsanspruch aus der Masse zu erfüllen, sofern er durch Vormerkung gesichert ist.[1434] Dem Verwalter stehen aber gegen den vorgemerkten Anspruch alle Einwendungen zur Seite, die dem Schuldner als Verpflichteten außerhalb des Insolvenzverfahrens zugestanden hätten.[1435]

Nach § 883 Abs. 2 BGB sind Verfügungen des (nach Verfahrenseröffnung gemäß § 80 InsO zuständigen) Verwalters gegenüber dem Vormerkungsberechtigten unwirksam, soweit sie den vorgemerkten Anspruch zu vereiteln geeignet sind oder ihn beeinträchtigen können.[1436]

4.2 Regelung des § 106 Abs. 1 Satz 2 InsO

760 Der durch Vormerkung gesicherte Anspruch bleibt auch dann insolvenzfest, wenn dem Gläubiger aus dem Vertrag weitere Erfüllungsansprüche zustehen. Hinsichtlich des nicht gesicherten Anspruchs findet § 103 InsO Anwendung: Nur wenn der Insolvenzverwalter Erfüllung wählt, muss er den ungesicherten Anspruch aus der Masse befriedigen.[1437] Lehnt der Insolvenzverwalter die Erfüllung der nicht vormerkungsrechtlich gesicherten Ansprüche ab, kann der Vormerkungsberechtigte insoweit Schadensersatzansprüche wegen Nichterfüllung gemäß § 103 InsO geltend machen.[1438]

761 Bei Bauträgerverträgen kommt es auf diese Weise zur Aufspaltung des Vertrages in einen insolvenzfesten Teil, der den vormerkungsgesicherten Grundstückskauf betrifft, und in einen anderen Teil, der die Herstellung des Gebäudes betrifft und dem Wahlrecht des Verwalters unterliegt.[1439] Zur Wertbestimmung des Grundstücks kann nach §§ 133, 157 BGB eine ergänzende Vertragsauslegung vorgenommen oder es können die §§ 316, 315 BGB herangezogen werden.[1440] Wurde mit der Bebauung vor der Bauträgerinsolvenz bereits teilweise begonnen, so ist der Wert des Grundstückes zuzüglich des Wertes der Bebauung maßgeblich. Insofern sichert die Vormerkung auch teilweise vorgenommene Bauleistungen.[1441]

1433 *Berscheid*, in: Uhlenbruck, InsO, § 106 Rn. 33.
1434 *Ott/Vuia*, in: MüKo-InsO, § 106 Rn. 18; *Häsemeyer*, Die Grenzen der Konkursbeständigkeit vorgemerkter Ansprüche, NJW 1977, 737 ff.; *Gerhardt*, Zur Anfechtbarkeit eines durch Vormerkung gesicherten Anspruchs im Konkurs, ZIP 1988, 749, 750.
1435 *Jaeger/Henckel*, KO, § 24 Rn. 28.
1436 *Berscheid*, in: Uhlenbruck, InsO, § 106 Rn. 34.
1437 *Ott/Vuia*, in: MüKo-InsO, § 106 Rn. 24.
1438 *Goetsch*, in: Blersch/Goetsch/Haas, BK-InsO, § 106 Rn. 24.
1439 OLG Koblenz, Urt. v. 10.07.2006 – 12 U 711/05 – NJW-RR 2007, 964; zuvor grundlegend OLG Stuttgart, Urt. v. 18.08.2003 – 5 U 62/03 – ZInsO 2004, 1087, 1089 – NZB zurückgewiesen durch Beschl. des BGH v. 25.03.2004 – VII ZR 254/2003 – IBR 2004, 321.
1440 *Berscheid*, in: Uhlenbruck, InsO, § 106 Rn. 39; *Balthasar*, in: Nerlinger/Römermann, InsO, § 106 Rn. 18.
1441 *Berscheid*, in: Uhlenbruck, InsO, § 106 Rn. 39.

Kapitel 8   Abwicklung von Vertragsverhältnissen

Trotz der Aufspaltung des Vertrages bleibt die Verpflichtung des Verkäufers, das Eigentum an dem Grundstück rechtsmangelfrei zu verschaffen, unverändert. Diese Pflicht hat nach § 80 Abs. 1 InsO nunmehr der Verwalter zu erfüllen, da sich diese Verpflichtung zur mangelfreien Eigentumsverschaffung bereits aus dem materiellen Recht (§ 433 Abs. 1 Satz 2, § 435 BGB) ergibt, gilt dies ohne weiteres auch für den Insolvenzverwalter. Wegen der Mängelfreiheit der Sache greift daher § 106 InsO und nicht § 103 InsO.[1442]   762

5. Sonderregelungen bei unter Eigentumsvorbehalt abgeschlossenen Verträgen (§ 107 InsO)

Hat der Schuldner vor Insolvenzeröffnung eine bewegliche Sache unter Eigentumsvorbehalt verkauft, so ist gemäß § 107 InsO auf Verlangen des Vertragspartners der durch das Anwartschaftsrecht gesicherte Anspruch zu erfüllen. Neben den ausdrücklich in der Norm erwähnten Kaufverträge unterfallen ihr auch Werklieferungsverträge (§ 651 BGB). Es ist dabei zwischen der Insolvenz des Vorbehaltsverkäufers und der Insolvenz des Vorbehaltskäufers zu unterscheiden: 763

5.1 Insolvenz des Vorbehaltsverkäufers (§ 107 Abs. 1 InsO)

Voraussetzung ist, dass der Schuldner   764

- vor Insolvenzeröffnung
- eine bewegliche Sache
- unter Eigentumsvorbehalt verkauft und
- den Besitz an ihr auf den Erwerber übertragen hat.

§ 107 Abs. 1 InsO bewirkt im Falle der Verkäuferinsolvenz, dass das Anwartschaftsrecht des Vorbehaltskäufers insolvenzfest ist, mithin nicht durch die Insolvenz des Vorbehaltsverkäufers zunichte gemacht wird.[1443] Die Vorschrift bestimmt, dass der Käufer die Erfüllung des Kaufvertrages verlangen kann, wenn vor der Eröffnung des Insolvenzverfahrens der Schuldner eine bewegliche Sache unter Eigentumsvorbehalt verkauft und dem Käufer den Besitz an der Sache übertragen hat. Der eindeutige Wortlaut der Vorschrift stellt auf den (schuldrechtlichen) Verkauf ab. Daher genügt für die Anwendbarkeit der Norm eine schuldrechtliche Vereinbarung eines Eigentumsvorbehalts und die Besitzübertragung. Im Falle der Lieferung einer mangelhaften Sache durch den Schuldner sichert § 107 InsO allein den Vollrechtserwerb des anderen Teils: Anders als bei § 106 InsO[1444] werden Nacherfüllungsansprüche nicht erfasst.[1445] Demgegenüber ordnet § 107 Abs. 1 Satz 2 InsO an, dass weitere Pflichten aus dem Vertrag (Nebenpflichten) dem Wahlrecht des Insolvenzverwalters unterliegen.[1446]   765

1442 BGH, Urt. v. 09.03.2006 – IX ZR 55/04, ZIP 2006, 859; Breitenbücher, in: Graf-Schlicker, InsO, § 106 Rn. 8.
1443 Amtl. Begr. zu § 121 RegEInsO, BT-Drucks. 12/2443, 146.
1444 Zeuner, in: Leonhardt/Smid/Zeuner, InsO, § 106 Rn. 7.
1445 Breitenbücher, in: Graf-Schlicker, InsO, § 107 Rn. 5.
1446 Zeuner, in: Leonhardt/Smid/Zeuner, InsO, § 107 Rn. 7.

5.2 Insolvenz des Vorbehaltskäufers (§ 107 Abs. 2 InsO)

766 § 107 Abs. 2 InsO betrifft den Fall der Insolvenz des Vorbehaltskäufers. Hat der Schuldner eine bewegliche Sache unter Eigentumsvorbehalt gekauft und Besitz an ihr erworben, so wird der Verkäufer im eröffneten Insolvenzverfahren den Verwalter zur Ausübung seines Wahlrechts auffordern. Anders als bei § 103 Abs. 2 Satz 2 InsO muss der Insolvenzverwalter auf die Aufforderung des Verkäufers hin die Erklärung erst unverzüglich nach dem Berichtstermin abgeben.[1447] Das ist sachgerecht, weil die Gläubiger erst im Berichtstermin über die Art der Abwicklung des Verfahrens entscheiden, § 157 InsO. Grund dieser Regelung ist nicht dabei aber der Schutz des Anwartschaftsrechts des Schuldners. Vielmehr wird durch die Regelung der sächliche Bestand des Vermögens des Schuldners und damit im Falle einer Betriebsfortführung die organisatorische Einheit des Unternehmens gesichert.

767 Der Eigentumsvorbehaltskäufer kann dies auch nicht dadurch unterlaufen, dass er Herausgabe begehrt. Denn nach § 21 Abs. 2 Satz 1 Nr. 5 InsO kann das Insolvenzgericht anordnen, dass solche Gegenstände, die im Fall der Eröffnung des Verfahrens von § 166 InsO erfasst würden oder deren Aussonderung verlangt werden könnte, vom Gläubiger (vorerst) nicht verwertet oder eingezogen werden dürfen, wenn sie für die Fortführung des Unternehmens von erheblicher Bedeutung sind. Laufende Zahlungen an den Gläubiger sollen einen durch die Nutzung eingetretenen Wertverlust ausgleichen. Soweit sie Gegenstände, die der Gläubiger im Wege der Aussonderung herausverlangen kann, betreffen, zielt die Regelung auf unter Eigentumsvorbehalt gelieferte Waren. Nach Eröffnung des Insolvenzverfahrens bleibt dem Insolvenzverwalter bekanntlich eine Frist bis zu 3 Monaten – nämlich bis zum Zeitpunkt, zu dem ein Berichtstermin abzuhalten ist, um über die Wahl der Erfüllung des Kaufvertrages und damit die Herbeiführung der Bedingung über den Eigentumserwerb an den gelieferten Sachen zu entscheiden.

6. Sonderregelungen bei Dauerschuldverhältnissen, Miete, Pacht, Darlehen, Dienstverhältnis (§§ 108–112 InsO)

6.1 Tatbestandliche Voraussetzungen

6.1.1 Allgemeines

768 § 108 InsO enthält eine von § 103 InsO abweichende Regelung für bestimmte Schuldverhältnisse. Nach § 108 Abs. 1 Satz 1 InsO dauern Dienstverhältnisse sowie Miet- und Pachtverhältnisse über unbewegliche Gegenstände oder Räume nach Eröffnung des Insolvenzverfahrens unabhängig davon fort, ob es sich um die Mieter- oder Vermieterinsolvenz handelt. Die in dieser Norm genannten Schuldverhältnisse sind mithin nicht von dem in § 103 InsO geregelten Wahlrecht des Insolvenzverwalters umfasst. An die Stelle des Verwalterwahlrechts treten spezielle Kündigungs- und Rücktritts-

---

1447 *Obermüller/Hess*, InsO, Rn. 798.

rechte (vgl. §§ 109, 113), die das Fortbestehen des Vertragsverhältnisses über die Verfahrenseröffnung hinaus voraussetzen.[1448]

§ 108 Abs. 1 Satz 2 InsO erstreckt das Wahlrecht des Verwalters auch auf Miet- und Pachtverträge über bewegliche Sachen und Rechte, die der Schuldner als Vermieter oder Verpächter abgeschlossen hat, sofern der Vertragsgegenstand einem finanzierenden Dritten zur Sicherheit übertragen wurde. Diese Regelung erfasst Finanzierungsleasingverträge, in deren Rahmen der Erwerb des Leasinggutes durch eine vom Leasinggeber eingeschaltete Bank als Drittem finanziert wird. Dies trägt den besonderen Anforderungen des Finanzierungsleasinggeschäfts Rechnung.

Der mit dem Gesetz zur Vereinfachung des Insolvenzverfahrens vom 13. 04. 2007[1449] eingefügte § 108 Abs. 2 InsO schließt das Wahlrecht des Insolvenzverwalters nach § 103 InsO für ein vom Schuldner als Darlehensgeber eingegangenes Darlehensverhältnis aus, sofern das vereinbarte Darlehen an den Darlehensnehmer ausgezahlt worden ist. Dies soll in der Insolvenz des Kreditgebers drohenden Zahlungsschwierigkeiten des Darlehensnehmers vorbeugen.

§ 108 Abs. 3 InsO stellt die Masse von Ansprüchen aus Miet-, Pacht und Dienstverhältnissen aus der Zeit vor Verfahrenseröffnung frei.

Zu beachten ist, dass im Interesse der Gleichbehandlung der Insolvenzgläubiger § 103 InsO indes solange auf Miet- und Pachtverträge über unbewegliche Sachen anzuwenden ist, wie die Mietsache noch nicht überlassen wurde.[1450] Der BGH hat hierzu seine modifizierte Rechtsprechung zu § 103 InsO, wonach Ansprüche aus gegenseitigen beiderseits nicht vollständig erfüllten Verträgen mit Verfahrenseröffnung ihre Durchsetzbarkeit verlieren, mittlerweile auch auf Miet- und Pachtverträge übertragen.[1451] Daraus folgt, dass mit der Verfahrenseröffnung sowohl der Anspruch des Mieters auf den Besitz der Mietsache, als auch der Anspruch des Vermieters auf Zahlung des Mietzinses nicht mehr durchsetzbar ist. Das Mietverhältnis selbst erlischt nicht. Dies gilt in der Mieter- wie der Vermieterinsolvenz.[1452] Der Mieter hat mit Eröffnung des Insolvenzverfahrens die Mietsache herauszugeben. Behält der Mieter die Mietsache nach Verfahrenseröffnung, kann der Vermieter für diesen Zeitraum nicht die Zahlung des Mietzinses verlangen. Der BGH spricht dem Vermieter in der Mieterinsolvenz für diesen Zeitraum einen Anspruch auf Entschädigung entsprechend § 546a BGB in Höhe des vereinbarten Mietzinses zu. Grundsätzlich handele es sich hierbei um eine Insolvenzforderung. Nutzt der Verwalter ohne Erfüllungswahl die Mietsache weiter für die Masse durch gezielte Besitzergreifung und unter Ausschließung des

---

[1448] BT-Drucks. 12/2443, S. 146.
[1449] BGBl. I 2007, 509.
[1450] BGH Urt. v. 05. 07. 2007 – IX ZR 185/06, NJW 2007, 3715 ff.; krit. Anm. von *Dahl/Schmitz*, NZI 2007, 713, 716 f.
[1451] BGH, Urt. v. 01. 03. 2007 – IX ZR 81/05, NJW 2007, 1594.
[1452] *Eckert*, Mietverträge über bewegliche Sachen in der Schwebephase zwischen Eröffnung des Insolvenzverfahrens und Ausübung des Insolvenzverwalterwahlrechts, NZM 2007, 829 ff.

Vermieters, so ist der Anspruch auf Nutzungsentschädigung ein Masseanspruch (§ 55 Abs. 1 Nr. 1 InsO).[1453]

770 § 108 Abs. 1 InsO spricht ausdrücklich nur von unbeweglichen Gegenständen. Daher unterfallen Miet- und Pachtverträge über bewegliche Sachen und Verträge über bewegliche Wirtschaftsgüter im Leasingbereich[1454] der Regelung des § 103 InsO, sofern diese nicht nach § 108 Abs. 1 Satz 2 InsO drittfinanziert sind und das Leasinggut an den Finanzier zu Sicherheit übertragen worden ist.

6.1.2 Einzelne Schuldverhältnisse

771 § 108 InsO betrifft bestimmte Dauerschuldverhältnisse, namentlich alle Miet- und Pachtverhältnisse über unbewegliche Gegenstände oder Räume, Leasingverhältnisse der in § 108 Abs. 1 Satz 2 InsO bezeichnete Art, Dienstverhältnisse sowie Darlehen gemäß § 108 Abs. 2 InsO. Es kommt nicht darauf an, ob der Schuldner den Vertrag als Mieter/Pächter oder Vermieter/Verpächter bzw. Dienstberechtigter oder Dienstverpflichteter abgeschlossen hat (§ 108 Abs. 1 Satz 1 InsO) oder im Falle finanzierter Miet- und Pachtverträge über bewegliche Sachen oder Rechte als Vermieter bzw. Verpächter eingegangen ist (§ 108 Abs. 1 Satz 2 InsO). Für Darlehensverhältnisse ist das Verwalterwahlrecht nur dann ausgeschlossen, wenn der Schuldner Darlehensgeber ist und das vereinbarte Darlehen bereits ausgezahlt ist (§ 108 Abs. 2 InsO).

6.1.2.1 Miet- und Pachtverträge über unbewegliche Gegenstände und Räume

772 Nach § 535 BGB kennzeichnet die entgeltliche Gebrauchsüberlassung von Sachen oder Rechten den Miet- oder Pachtvertrag.[1455] § 108 Abs. 1 Satz 1 InsO erfasst neben Haupt- auch Zwischen- und Untermietverträge, nicht aber wegen ihrer Unentgeltlichkeit die Leihe gemäß § 598 BGB.

773 § 108 Abs. 1 Satz 1 InsO verlangt für die Fortdauer des Vertragsverhältnisses mit Wirkung für die Insolvenzmasse nicht, dass in der Insolvenz des Vermieters bzw. Verpächters der Vertragsgegenstand dem anderen Teil bei Verfahrenseröffnung bereits überlassen wurde. Nach herrschender Lehre kommt es daher in der Insolvenz des Vermieters- bzw. Verpächters allein darauf an, dass zum Zeitpunkt der Verfahrenseröffnung das Miet- bzw. Pachtobjekt bereits existiert.[1456] Gleichgültig ist demgegenüber, ob vor Verfahrenseröffnung die Übergabe des Miet- oder Pachtobjekts an den anderen Teil erfolgt ist.[1457]

1453 BGH, Urt. v. 01.03.2002 – IX ZR 81/05, NJW 2007, 1594, 1595 f.
1454 *Michalski/Ruess*, Rechtsfolgen der Insolvenz des Leasinggebers bei im Wege des Factoring veräußerten Leasingforderungen, NZI 2000, 250.
1455 BGH, Urt. v. 05.11.1997 – VIII ZR 55/97, NJW 1998, 595.
1456 *Eckert*, in: MüKo-InsO, § 108 Rn. 64; *Berscheid*, in: Uhlenbruck, InsO, § 108 Rn. 24, 27; *Balthasar*, in: Nerlich/Römermann, InsO, § 108 Rn. 9; *Franken/Dahl*, Mietverhältnisse in der Insolvenz, Rn. 175.
1457 *Balthasar*, in: Nerlich/Römermann, InsO, § 108 Rn. 9; Uhlenbruck, InsO, § 108 Rn. 27.

Kapitel 8 Abwicklung von Vertragsverhältnissen

War das Mietobjekt bei Verfahrenseröffnung weder überlassen noch hergestellt, so beispielsweise in Fällen der Reißbrettvermietung oder/und wenn ein Bauträger gleichzeitig Vermieter eines von ihm noch zu errichtenden Gebäudes ist, bedarf es nach einer vom BGH vertretenen teleologischen Reduktion des § 108 Abs. 1 InsO für die Fortgeltung des Vertragsverhältnisses mit Wirkung für die Insolvenzmasse in der Insolvenz des Vermieters einer Überlassung der Mietsache vor Eröffnung des Insolvenzverfahrens.[1458]

6.1.2.2 Dienstverhältnisse (§ 108 Abs. 1 Satz 1, 2. Alt. InsO)

§ 108 Abs. 1 Satz 1, 2. Alt. InsO betrifft Verträge im Sinne von § 611 BGB. Aufträge und Geschäftsbesorgungsverträge werden von den §§ 115f. InsO erfasst. Ob das Dienstverhältnis zum Zeitpunkt der Eröffnung des Insolvenzverfahrens bereits angetreten wurde, ist unerheblich.[1459] Wegen der Insolvenzfestigkeit von Dienstverträgen können diese nur durch Kündigung gemäß § 113 InsO oder Anfechtung beendet werden.

774

6.1.2.3 Finanzierte Verträge über sonstige Gegenstände (§ 108 Abs. 1 Satz 2 InsO)

§ 108 Abs. 1 Satz 2 InsO erweitert den Geltungsbereich des Satzes 1 der Vorschrift auf Miet- und Pachtverhältnisse, die der Insolvenzschuldner als Vermieter oder Verpächter eingegangen ist und die sonstige Gegenstände betreffen, die einem ihre Anschaffung oder Herstellung finanzierenden Dritten zur Sicherheit übertragen wurden. Dadurch werden Finanzierungsleasingverträge in der Insolvenz des Leasinggebers insolvenzfest, um die Grundlage für Refinanzierungen zu erhalten.[1460] Diese Regelung umfasst sowohl Miete und Pacht[1461] beweglicher Sachen als auch (Formulierung: „sonstige Gegenstände") Miete oder Pacht von Rechten, wie zum Beispiel Software.[1462]

775

Dabei ist zu beachten, dass allein solche Leasingverträge über bewegliche Wirtschaftsgüter und Rechte insolvenzfest sind, bei denen ein vom Leasinggeber zwischengeschalteter Dritter, regelmäßig eine Bank, die Anschaffung des Leasinggutes durch einen Kredit finanziert hat und das Leasingobjekt der finanzierenden Bank sicherungsübereignet worden ist. Die Sicherungsübereignung oder – im Falle des Rechtsleasings – Abtretung muss wirksam erfolgt sein. Dies setzt eine dem Bestimmtheitsgebot entsprechende Bezeichnung des Leasinggutes voraus.[1463] Ist die Sicherungsübereignung unwirksam, findet § 103 InsO Anwendung.

1458 BGH, Urt. v. 05.07.2007 – IX ZR 185/06, NZI 2007, 713.
1459 *Berscheid*, Die Kündigung von Arbeitsverhältnissen nach § 133 InsO (Teil 1), ZInsO 1998, 115, 116.
1460 Vgl. BT-Drucks. 13/4699, 6.
1461 BT-Drucks. 13/4699, 6; *Schmid-Burgk/Ditz*, Die Refinanzierung beim Leasing nach der Insolvenzrechtsreform, ZIP 1996, 1123, 1125.
1462 BT-Drucks. 13/4699, 6; *Schmid-Burgk/Ditz*, Die Refinanzierung beim Leasing nach der Insolvenzrechtsreform ZIP 1996, 1123, 1125.
1463 *Peters*, Refinanzierung beim Mobilienleasing und Insolvenz des Leasinggebers, ZIP 2000, 1759, 1762.

776 Um unter § 108 Abs. 1 Satz 2 InsO gefasst werden zu können, muss der Kredit gerade der Finanzierung der Anschaffung oder Herstellung des konkreten Leasingobjektes dienen. Dies ist der Fall, wenn ein zeitlicher und sachlicher Zusammenhang zwischen Anschaffung bzw. Herstellung des Leasingobjekts und der Drittfinanzierung besteht.[1464] Daher ist ein unspezifizierter Betriebsmittelkredit ebenso wenig ausreichend wie die Finanzierung des Leasinggutes durch den Leasinggeber selbst ohne die Einschaltung eines Dritten.[1465] In diesen Fällen kommt § 103 InsO zum Zuge. Nachträgliche Änderungen in der Finanzierung, etwa beim Wechsel der refinanzierenden Bank, lassen dagegen die Anwendbarkeit des § 108 Abs. 1 Satz 2 InsO unberührt.[1466]

6.1.2.4 Darlehensverträge (§ 108 Abs. 2 InsO)

777 Wurden die Valuta vor Eröffnung des Insolvenzverfahrens dem Darlehensnehmer mit Auszahlung zur Verfügung gestellt, schließt § 108 Abs. 2 InsO die Anwendbarkeit des § 103 InsO aus. Ein vor Verfahrenseröffnung noch nicht vollzogenes Darlehensverhältnis unterfällt dem Wahlrecht des Insolvenzverwalters.[1467] Die Auszahlung einer Restdarlehenssumme kann der Verwalter über das Vermögen des Darlehensgebers nach § 103 InsO verweigern.[1468]

Hauptanwendungsbereich der Norm ist das in der Insolvenz eines Finanzdienstleisters gewährte Darlehen, aber auch Privatdarlehen (etwa bei management buy out Verträgen). Sachdarlehen werden nach dem Wortlaut der Vorschrift ebenfalls erfasst. Voraussetzung ist nach der Gesetzesbegründung, dass das Darlehen verzinslich ist. Auf ein unverzinsliches Darlehen ist mangels gegenseitiger Leistungspflichten § 108 Abs. 2 InsO nicht anwendbar. Daher besteht auch kein Bedürfnis, ein solches Darlehensverhältnis insolvenzfest zu machen.[1469] Auch der Kontokorrentkredit unterfällt nach dem Willen des Gesetzgebers nicht dem Anwendungsbereich von § 108 Abs. 2 InsO, sondern richtet sich weiterhin nach §§ 115 f. InsO.[1470]

6.2 Rechtsfolgen der §§ 108–112 InsO
6.2.1 Fortbestand nach § 108 Abs. 1 InsO

778 Nach § 108 Abs. 1 InsO bestehen die dort genannten Vertragsverhältnisse über die Verfahrenseröffnung fort. Die Beendigung des Vertragsverhältnis-

---

1464 *Peters*, Refinanzierung beim Mobilienleasing und Insolvenz des Leasinggebers ZIP 2000, 1759, 1763.
1465 *Balthasar*, in: Nerlich/Römermann, InsO, § 108 Rn. 13.
1466 *Schmid-Burgk/Ditz*, Die Refinanzierung beim Leasing nach der Insolvenzrechtsreform, ZIP 1996, 1123, 1125; *Peters*, Refinanzierung beim Mobilienleasing und Insolvenz des Leasinggebers, ZIP 2000, 1759, 1764; *Tintelnot*, in: Kübler/Prütting/Bork, InsO, § 108 Rn. 21.
1467 BT-Drucks. 16/3227, 19.
1468 *Freitag*, Der Darlehensvertrag in der Insolvenz, ZIP 2004, 2368, 2371.
1469 *Eckert*, in: MüKo-InsO, § 108 Rn. 211.
1470 BT-Drucks. 16/3227, 19; krit. *Marotzke*, Klartext: Vorsicht, Elefanten!, ZInsO 2006, 300, 301.

ses erfolgt nach den in §§ 109, 111–113 InsO normierten Kündigungs- bzw. Rücktrittsrechten. Diese treten an die an die Stelle des Wahlrechts des Insolvenzverwalters gemäß § 103 InsO. Soweit die Verträge fortbestehen, können die zu erfüllenden Ansprüche als Masseverbindlichkeiten nach § 55 Abs. 1 Nr. 2, 2. Alt. InsO geltend gemacht werden. Werden die Masseverbindlichkeiten aus fortbestehenden Verträgen vom Insolvenzverwalter nicht erfüllt, so sind die sich hieraus ergebenden Schadensersatzansprüche des anderen Teils Masseverbindlichkeiten.[1471] Schadensersatzansprüche aus vorzeitiger Beendigung des Vertrages durch Ausübung des Kündigungs- und Rücktrittsrechte nach den §§ 109 ff. InsO durch den Verwalter sind dagegen als Insolvenzforderungen im Sinne von § 38 InsO zu qualifizieren, vgl. §§ 109 Abs. 1 Satz 2, 113 Satz 3 InsO. Dies gilt selbstverständlich auch für Ansprüche des anderen Teils für die Zeit vor Verfahrenseröffnung.[1472]

6.2.1.1 Miet-, Pacht- und Leasingverträge

Die – vorbehaltlich einer Insolvenzanfechtung – vor Eröffnung zwischen dem Schuldner und dem anderen Teil vereinbarten Konditionen gelten fort.   779

6.2.1.1.1 Insolvenz des Vermieters bzw. Verpächters

In dem über das Vermögen des Vermieters bzw. Verpächters eröffneten Insolvenzverfahren wird aus der Insolvenzmasse als Masseverbindlichkeit gemäß § 55 Abs. 1 Nr. 2, 2.Alt. InsO sowohl die Gebrauchsgewährung, der Erhalt sowie die Herstellung eines zum vertragsgemäßen Gebrauch als auch geeigneten Zustandes[1473] als auch die Erfüllung von mit der Gebrauchsüberlassung in Zusammenhang stehenden Nebenpflichten, allen voran die Versorgung mit Wasser und Strom, geschuldet. Die Masse haftet zudem auf die Erfüllung von Gewährleistungsansprüchen aus §§ 536 ff. BGB, und zwar selbst dann, wenn die Mietsache vor Verfahrenseröffnung mangelhaft war.[1474] Für Maßnahmen zur Gefahrenabwehr oder zur Erhaltung der Mietsache haftet die Masse im Rahmen eines Aufwendungsersatzanspruchs im Sinne von § 536a Abs. 2 BGB nur unter der Voraussetzung, dass die Maßnahmen unerlässlich waren.[1475]   780

Der Insolvenzverwalter kann zur Masse die Zahlung des Mietzinses sowie der Nebenkosten verlangen. Gleiches gilt für akzessorische Sicherheiten und eine vor Verfahrensbeginn vereinbarte Kaution.[1476] Der Insolvenzverwalter kann das Mietobjekt freigeben, um die Masse von Verbindlichkeiten freizuhalten.[1477] Dies hat jedoch den Verlust des Anspruchs der Insolvenzmasse auf Mietzinszahlungen für die Zukunft zur Folge.   781

1471 *Berscheid,* in: Uhlenbruck, InsO, § 108 Rn. 31.
1472 BGH, Urt. v. 03. 04. 2003 – IX ZR 163/02, ZInsO 2003, 412.
1473 BGH, Urt. v. 03. 04. 2003 – IX ZR 163/02, ZInsO 2003, 412.
1474 BGH, Urt. v. 03. 04. 2003 – IX ZR 163/02, ZInsO 2003, 412.
1475 BGH, Urt. v. 20. 01. 1993 – VIII ZR 22/92, NJW-RR 1993, 522.
1476 *Eckert,* in: MüKo-InsO, § 108 Rn. 81.
1477 *Wegener,* in: FK-InsO, § 108 Rn. 6.

6.2.1.1.2 Insolvenz des Leasinggebers

782 Wird das Insolvenzverfahren über das Vermögen des Leasinggebers eröffnet, wird die Erfüllung der typischen Leasinggeberpflichten aus der Masse geschuldet. Diese umfassen neben der zeitbezogenen Gebrauchsgewährung die vom Schuldner vertraglich übernommenen Zusatzpflichten wie etwa Wartung oder sonstige Serviceleistungen.[1478] Ist im Rahmen eines Finanzierungsleasingvertrages eine Abtretung der kaufrechtlichen Gewährleistungsansprüche des Leasinggebers gegen den Hersteller oder Lieferanten an den Leasingnehmer abgetreten worden und sind damit die mietrechtlichen Gewährleistungsrechte wirksam ersetzt, haftet die Masse für Sachmängel des Leasingobjekts nach allgemeinen Grundsätzen nicht.

Eine im Leasingvertrag zugunsten des Leasingnehmers vorgesehene Kaufoption führt, macht der Berechtigte zum Zeitpunkt der Verfahrenseröffnung von ihr Gebrauch, dazu, dass der durch die Option zustande gekommene und noch nicht erfüllte Kaufvertrag unabhängig von dem fortgeltenden Leasingvertrag dem Verwalterwahlrecht nach § 103 InsO unterfällt.[1479]

6.2.1.1.3 Insolvenz des Mieters bzw. Pächters

783 Grundsätzlich[1480] sind die nach Eröffnung des Insolvenzverfahrens über das Vermögen des Mieters oder Pächters anfallenden Miet- oder Pachtzinsen sowie die Nebenkosten aus der Insolvenzmasse zu erbringen, § 55 Abs. 1 Nr. 2 InsO. Gleiches gilt für miet- oder pachtvertragliche Nebenpflichten, die ebenfalls aus der Masse zu erfüllen sind, wie insbesondere die Obhutspflicht hinsichtlich der Miet- bzw. Pachtsache sowie die Pflicht zur Rückgabe nach Ablauf der Vertragslaufzeit.[1481] Indes sind Betriebskostennachforderungen des Vermieters, die sich auf einen Abrechnungszeitraum vor Eröffnung des Insolvenzverfahrens beziehen, Forderungen gemäß § 38 InsO. Dies gilt auch dann, wenn der Vermieter erst nach der Insolvenzeröffnung oder nach dem Wirksamwerden der Enthaftungserklärung des Insolvenzverwalters gemäß § 109 Abs. 1 Satz 2 InsO die Abrechnung erteilt hat.[1482]

784 Wählt der Insolvenzverwalter nicht die Erfüllung eines Mietvertrages über bewegliche Sachen, ist er entsprechend § 546 BGB zur Herausgabe verpflichtet. Kommt er dieser Verpflichtung nicht nach, steht dem Vermieter nach § 546a BGB für die Dauer der Vorenthaltung als Entschädigung die vereinbarte Miete zu. Da die Herausgabepflicht des Verwalters im Rahmen der Verwaltung der Masse besteht, stellt sich § 546a BGB als Masseverbindlichkeit im Sinne von § 55 Abs. 1 Nr. 1 InsO dar.[1483] Insoweit kommt es auf ein Verschulden des Insolvenzverwalters nicht an, weil ein Verschulden des Mieters für den Anspruch nach § 546a BGB nicht vorausgesetzt ist.

1478 BGH, Urt. v. 25.10.1989 – VIII ZR 105/88, ZIP 1990, 180.
1479 BGH, Urt. v. 25.10.1989 – VIII ZR 105/88, ZIP 1990, 180; *Tintelnot*, in: Kübler/Prütting/Bork, InsO, § 108 Rn. 6.
1480 BGH, Urt. v. 21.12.2006 – IX ZR 66/05, ZIP 2007, 340, *Tetzlaff*, jurisPR-InsR 8/2007 Anm. 3; *Tetzlaff*, jurisPR-InsR 17/2007 Anm. 1.
1481 BGH, Urt. v. 10.01.1983 – VIII ZR 304/81, NJW 1983, 1049.
1482 BGH, Urt. v. 13.04.2011 – VIII ZR 295/10, ZIP 2011, 924.
1483 BGH, Urt. v. 01.03.2007 – IX ZR 81/05, ZIP 2007, 778.

Kapitel 8 Abwicklung von Vertragsverhältnissen

Die mietvertragliche Räumungspflicht und die damit in Zusammenhang stehenden Pflichten des Mieters oder Pächters sind demgegenüber regelmäßig als Insolvenzforderungen im Sinne von § 38 InsO zu qualifizieren. Hierzu zählt namentlich die Pflicht des Mieters bzw. Pächters, die Mietsache bei Vertragsende in einem nach dem Vertrag geschuldeten Zustand zurückzugeben und diesen ggf. herzustellen[1484], weil diese Rückgabe- und Wiederherstellungspflicht bereits vor Verfahrenseröffnung vertraglich begründet worden ist.[1485] Dies gilt auch für Schönheitsreparaturen, die nur unter der Voraussetzung Masseverbindlichkeiten begründen, dass Abnutzungen der Mietsache nach Verfahrenseröffnung verursacht worden sind.[1486]

785

In dem über das Vermögen des Leasingnehmers eröffneten Insolvenzverfahren schuldet die Insolvenzmasse die nach Eröffnung fällig werdenden Leasingraten.

6.2.1.2 Dienstverträge

Lohnansprüche, die im Zeitraum nach Verfahrenseröffnung aufgrund des fortbestehenden Dienstvertrages fällig werden, sind Masseforderungen nach § 55 Abs. 1 Nr. 2 InsO.[1487] Bei vorzeitiger insolvenzbedingter Beendigung des Dienstverhältnisses gilt dies nach § 113 Abs. 1 Satz 3 InsO nicht für hieraus begründete Schadensersatzforderungen, die als Insolvenzforderungen zu qualifizieren sind. Der wegen Beendigung des Arbeitsverhältnisses entstehende Abgeltungsanspruch für nicht mehr gewährten Urlaub nach § 7 Abs. 4 BUrlG ist Masseverbindlichkeit.[1488] Ansprüche aus in Form eines Blockmodells geleisteter Altersteilzeit sind nach Erbringung der Arbeitsleistung vor oder nach Verfahrenseröffnung aufzuteilen[1489]. Die in der Arbeitsphase für die Zeit nach Verfahrenseröffnung erarbeiteten Ansprüche sind Masseforderungen, während die für die Zeit davor erarbeiteten Ansprüche Insolvenzforderungen darstellen.[1490] Masseforderungen sind danach sowohl das fortzuzahlende hälftige Arbeitsentgelt als auch der Aufstockungsbetrag.

786

6.2.2 Ansprüche für die Zeit vor Verfahrenseröffnung (§ 108 Abs. 3 InsO)

Ansprüche des anderen Teils aus der Zeit vor Eröffnung des Verfahrens sind gemäß § 108 Abs. 3 InsO Insolvenzforderungen gemäß § 38 InsO. Sind während des Eröffnungsverfahrens Verbindlichkeiten begründet worden, stellt § 108 Abs. 3 InsO keine Ausnahmeregelung zu § 55 Abs. 2 InsO dar. Nach § 55 Abs. 2 InsO sind von einem vorläufigen Insolvenzverwalter mit Verwaltungs- und Verfügungsbefugnis („starker Insolvenzverwalter", § 22 Abs. 1

787

1484 BGH, Urt. v. 05.07.2001 – IX ZR 327/99, ZIP 2001, 1469.
1485 BGH, Urt. v. 05.07.2001 – IX ZR 327/99, ZIP 2001, 1469; Berscheid, in: Uhlenbruck, InsO, § 55 Rn. 56.
1486 BGH, Urt. v. 05.07.2001 – IX ZR 327/99, ZIP 2001, 1469.
1487 BAG, Urt. v. 19.04.2005 – 9 AZR 647/03, ZIP 2005, 457.
1488 BAG, Urt. v. 05.12.2002 – 2 AZR 571/01, ZIP 2003, 1169.
1489 BAG, Urt. v. 19.10.2004 – 9 AZR 647/03, ZIP 2005, 457.
1490 BAG, Urt. v. 19.10.2004 – 9 AZR 647/03, ZIP 2005, 457.

Teil 2 Materielles Insolvenzrecht

InsO) begründete Verbindlichkeiten Masseverbindlichkeiten.[1491] Ansprüche aus Miet- und Pachtverhältnissen für die Zeit des Eröffnungsverfahrens sind daher Masseschulden

Für Ansprüche aus Dienst- und Arbeitsverträgen gilt für die Zeit vor Verfahrenseröffnung: Nimmt der vorläufige starke Insolvenzverwalter die Arbeitsleistung entgegen, werden also die Arbeitnehmer nicht freigestellt, so sind die nach § 187 SGB III auf die Bundesagentur für Arbeit übergegangenen Entgeltansprüche (Insolvenzgeld) Insolvenzforderungen, § 55 Abs. 3.[1492]

6.3 Unabdingbarkeit

788 § 108 InsO enthält zwingendes Recht. Vereinbarungen, die die Anwendung von § 108 InsO ausschließen oder beschränken, sind gemäß § 119 InsO unwirksam. So ist etwa eine in einem Mietvertrag getroffene Regelung, die für den Fall der Eröffnung des Insolvenzverfahrens ein Kündigungsrecht aus wichtigem Grund vorsieht, unwirksam.[1493] Die in § 112 InsO normierte Kündigungssperre dient der Verhinderung von Lösungsklauseln. Demgegenüber steht nach Ansicht des V. Zivilsenats des BGH[1494] die Kündigungssperre des § 112 InsO dem Erlöschen einer Dienstbarkeit, die zur Sicherung eines aus einem Mietvertrag folgenden Nutzungsrecht an dem belastenden Grundstück bestellt worden ist, nicht entgegen.[1495]

7. Sonstige Verträge

789 Nicht in den Anwendungsbereich des § 103 InsO fallen:

- Darlehensverträge in der Insolvenz des Darlehensnehmers (§ 116 InsO)[1496], wobei in der Insolvenz des Darlehensgebers § 103 InsO bezüglich Darlehens- und Krediteröffnungsvertrag[1497] eingreift.
- Dienstverträge. Für sie gelten die Sonderregelungen der §§ 113, 124 ff. InsO.[1498]

1491 BGH, Urt. v. 18.07.2002 – IX ZR 195/01, ZIP 2002, 1625; BAG, Urt. v. 23.06.2004 – 10 AZR 495/03, ZIP 2004, 1974; ebenso *Bork*, § 55 Abs. 2 InsO, § 108 Abs. 2 InsO und der allgemeine Zustimmungsvorbehalt, ZIP 1999, 781, 782; *Eckert*, in: MüKo-InsO, § 108 Rn. 187; *Marotzke*, in: HK, § 108 Rn. 41; *Tintelnot*, in: Kübler/Prütting/Bork, InsO, § 108 Rn. 28; a. A. *Niesert*, Das Recht der Aus- und Absonderung nach der neuen Insolvenzordnung, InVo 1998, 85, 88; *Berscheid*, Reformvorschläge zur Erweiterung der Befugnisse des vorläufigen Insolvenzverwalters und zur Mehrung der Insolvenzmasse, NZI 1999, 6, 8; *Wiester*, Zur Vorfinanzierung von Insolvenzgeld im Insolvenzeröffnungsverfahren, NZI 1999, 397.
1492 Vgl. BAG, Urt. v. 03.04.2001 – 9 AZR 301/00, NZA 2002, 90.
1493 Vgl. OLG Hamm, Urt. v. 07.03.2001 – 30 U 192/00, NZI 2002, 162.
1494 BGH, B. v. 07.04.2011 – V ZB 11/10, ZIP 2011, 1063.
1495 Vgl. auch *Böker*, Mietsicherungs- und Mieterdienstbarkeit, 92 ff.
1496 *Balthasar*, in: Nerlich/Römermann, InsO, § 103 Rn. 24.
1497 *Tintelnot*, in: Kübler/Prütting/Bork, InsO, § 103 Rn. 19.
1498 *Tintelnot*, in: Kübler/Prütting/Bork, InsO, § 103 Rn. 26.

- Der Rahmenvertrag beim Factoring gemäß § 116 InsO, während bereits vereinbarte Forderungsankäufe unter § 103 InsO fallen.[1499] Geschäftsbesorgungsverträge[1500] bzw. typengemischte Verträge, soweit sie durch Elemente der Geschäftsbesorgung geprägt sind.[1501]
- Gesellschaftsverträge[1502] (vgl. die Spezialregelung des § 118 InsO), insbesondere in Bezug auf den Erwerb von Mitgliedschaftsrechten an einer GmbH oder AG; weder die Aktienübernahme noch die Übernahme einer Stammeinlage stellt sich als gegenseitiger Vertrag dar.[1503] Denn die Einräumung von Aktionärsrechten steht zur Zahlung der Einlage in keinem synallagmatischen Verhältnis.[1504] Der Forderung des Verwalters der insolventen AG auf Leistung der Einlage steht daher kein Gegenanspruch auf Aushändigung der Aktien gegenüber, da sich der Bezugsberechtigte zur Gegenleistung nicht für die Aktie, sondern für die Mitgliedschaft verpflichtet.[1505] Nebenleistungsverpflichtungen der Aktionäre, der Gesellschafter einer GmbH oder von Genossenschaftsmitgliedern unterfallen, soweit sie mitgliedschaftsrechtlicher[1506] Natur sind, nicht § 103 Abs. 1 InsO.
- Kommissionsverträge[1507] – jedoch kommt § 103 InsO in Betracht, wenn der Kommittent vor Insolvenzeröffnung nach §§ 384 Abs. 3, 400 HGB das Recht der Inanspruchnahme des Kommissionärs auf Erfüllung des Geschäftes erworben hat, die Kommission oder das vermittelte Geschäft aber noch nicht beiderseits erfüllt ist.[1508] In der Insolvenz des Kommissionärs findet dagegen § 103 Anwendung.[1509]
- Der Maklervertrag[1510], soweit sich der Makler nicht zur Herbeiführung eines bestimmten Erfolges verpflichtet und für dessen Herbeiführung einzustehen hat[1511].

1499 Huber, in: MüKo-InsO, § 103 Rn. 71; Balthasar, in: Nerlich/Römermann, InsO, § 103 Rn. 21.
1500 BGH, Urt. v. 06.07.2006 – IX ZR 121/05, BB 2006, 2101 f.
1501 Zutr. Tintelnot, in: Kübler/Prütting/Bork, InsO, § 103 Rn. 16.
1502 RG, Urt. v. 21.02.1912 – Rep. I. 134/11, RGZ 78, 303; LG Köln Urt. v. 26.02.2003 – 91 O 116/02, SpuRt 2003, 161; Huber, in: MüKo-InsO, § 103 Rn. 114; Wegener, in: Uhlenbruck, InsO, § 103 Rn. 56.
1503 RG, Urt. v. 20.10.1911 – Rep. II. 68/11, RGZ 77, 152, 156 f.
1504 RG, Urt. v. 03.04.1912 – Rep. I. 178/11, RGZ 79, 174, 177.
1505 Henckel, in: Jaeger, InsO, § 17 Rn. 36 ff.; Huber, in: MüKo-InsO, § 103 Rn. 95.
1506 Zur Unterscheidung von individualrechtlichen Nebenpflichten BGH, Urt. v. 09.06.1960 – II ZR 164/58, NJW 1960, 1858.
1507 Huber, in: MüKo-InsO, § 103 Rn. 74; Balthasar, in: Nerlich/Römermann, InsO, § 103 Rn. 23.
1508 Huber, in: MüKo-Inso, § 103 Rn. 74
1509 Huber, in: MüKo-Inso, § 103 Rn. 74; Tintelnot, in: Kübler/Prütting/Bork, InsO, § 103 Rn. 17.
1510 BGH, Urt. v. 20.09.1974 – IV ZR 52/73, NJW 1974, 2277; Wegener, in: Uhlenbruck, InsO, § 103 Rn. 39.
1511 Huber, in: MüKo-Inso, § 103 Rn. 77.

Teil 2 Materielles Insolvenzrecht

- Schiedsverträge, wobei § 103 InsO nach zutreffender, in Literatur[1512] und Rechtsprechung[1513] vertretener Auffassung nicht solche Schiedsabreden suspendiert, die der Schuldner im Rahmen von Verträgen mit Gläubigern vor Insolvenzeröffnung getroffen hat.[1514] Die Schiedsabrede ist weder ein gegenseitiger Vertrag im Sinne des § 103 InsO, noch ein Auftrag im Sinne des § 115 InsO.[1515] Der Verwalter kann sich nicht durch die Ablehnung der Erfüllung eines mit einer Schiedsabrede verknüpften gegenseitigen Vertrages von den in der Schiedsabrede getroffenen Festlegungen lösen; zur Entscheidung von Streitigkeiten bleibt m.a.W. nach allg. schiedsgerichtlichen Grundsätzen das vereinbarte Schiedsgericht unter Ausschluss des ordentlichen Rechtswegs zuständig. Ansprüche aus Insolvenzanfechtung werden von der Schiedsabrede allerdings nicht erfasst. Der Rückgewähranspruch aus Insolvenzanfechtung ergibt sich nämlich nicht aus dem vom Schuldner geschlossenen Schiedsvertrag, sondern aus einem selbstständigen Recht des Insolvenzverwalters.[1516]
- Tarifverträge.[1517]
- In der Insolvenz eines Versicherers tritt an die Stelle des § 103 InsO die Spezialnorm des § 16 VVG. Grundsätzlich enden Versicherungsverhältnisse in der Insolvenz des Versicherers mit Ablauf eines Monats nach Verfahrenseröffnung. Anderes gilt für die in § 77b VAG genannten Versicherungen (u. a. Lebensversicherungen). Diese erlöschen mit Eröffnung des Insolvenzverfahrens. In der Insolvenz des Versicherungsnehmers gilt § 103 InsO, soweit es sich – wie regelmäßig – um einen beiderseitig nicht vollständig erfüllten gegenseitigen Vertrag handelt. Seit Aufgabe der Erlöschenstheorie durch den BGH gilt auch für Versicherungsverträge, dass die gegenseitigen Ansprüche ihre Durchsetzbarkeit verlieren, dass Vertragsverhältnis selbst aber bestehen bleibt. Der Versicherungsvertrag wird durch Eröffnung des Insolvenzverfahrens nicht (mehr) automatisch in ein Abwicklungsverhältnis überführt.[1518] Will der Insolvenzverwalter den Rückkaufwert zur Insolvenzmasse ziehen, bedarf es nunmehr einer Kündigung gemäß § 168 Abs.1 VVG.[1519]

1512 *Berscheid*, in: Uhlenbruck, InsO, § 103 Rn. 53.
1513 BGH, Beschl. v. 20.11.2003 – III ZB 24/03, ZInsO 2004, 88 m.w.N.; RG, Urt. v. 08.07.1932 – VII 49/32, RGZ 137, 109, 111; BGH, Urt. v. 28.02.1957 – VII ZR 204/56, BGHZ 24, 15; LG Paderborn, Urt. v. 08.08.1980 – 2 O 218/80, ZIP 1980, 967.
1514 *Marotzke*, in: HK, § 103 Rn. 12; ausf. zu Schiedsabreden im Insolvenzverfahren: *Kück*, Schiedsgerichtsvereinbarungen und Schiedsabreden im Insolvenzverfahren, ZInsO 2006, 11.
1515 BGH, Beschl. v. 20.11.2003 – III ZB 24/03, ZInsO 2004, 88.
1516 BGH, Beschl. v. 20.11.2003 – III ZB 24/03, ZInsO 2004, 88.
1517 BAG, Urt. v. 07.06.1984 – 2 AZR 602/82, ZIP 1984, 1517 m. Anm. *Hanau*, EWIR 1985, 193.
1518 So noch BGH, Urt. v. 04.03.1993 – IX ZR 169/92, NJW 1993, 1994, 1995.
1519 Zur alten Regelung des § 165 Abs.1 VVG: *Elfring*, Die Verwertung verpfändeter und abgetretener Lebensversicherungsansprüche in der Insolvenz des Versicherungsnehmers, NJW 2005, 2192, 2193; *Elfring*, Versicherungsverträge im Insolvenzrecht, BB 2004, 617, 619; offen gelassen in BGH, NJW 2005, 2231, 2232.

Kapitel 9
Verwertung und Verteilung der Masse

1. Verwertung der Insolvenzmasse
1.1 Pflicht des Verwalters zur Verwertung der Masse

§ 159 InsO bestimmt, dass der Insolvenzverwalter nach dem Berichtstermin (§§ 156, 157 InsO) unverzüglich das zur Insolvenzmasse gehörende Vermögen zu verwerten hat, soweit die Beschlüsse der Gläubigerversammlung nicht entgegenstehen. Diese Anordnung einer Verwertungspflicht zieht die Konsequenz aus den Beschlüssen der Gläubiger über die Art und Weise der Abwicklung des Verfahrens im Berichtstermin. Eine gesetzliche Typisierung der Verwertungsformen sieht die InsO nicht vor; der Insolvenzverwalter hat vielmehr nach seinem pflichtgemäßen Ermessen die zur Umsetzung der von der ersten Gläubigerversammlung gefassten Beschlüsse geeigneten Maßnahmen zu treffen. Dabei hat er im Rahmen der weiteren Verwaltung der Insolvenzmasse zu berücksichtigen, in welcher Weise ihm die Verwaltung und Verwertung der Masse aufgegeben worden ist. Er hat daher das Unternehmen stillzulegen und die Massegegenstände einzeln zu verwerten, eine Verwertung im Ganzen durch übertragende Sanierung vorzunehmen oder einen Sanierungs-, Schuldenregulierungs- oder Liquidationsplan auszuarbeiten.

790

1.2 Ermessen des Verwalters bei der Wahl der Verwertungsform

Es liegt im Ermessen des Verwalters, die geeignete Verwertungsart festzulegen.[1520] Dabei hat er kaufmännische Gesichtspunkte zu berücksichtigen. Der Verwalter hat danach für die optimale Masseverwertung, d. h. die Erzielung des höchstmöglichen Ertrages mit möglichst geringem Aufwand zu sorgen.[1521] Zur zeitnahen Verwertung der Masse stehen dem Verwalter der

791

1520 *Smid/Nellesen*, Acht Thesen zum Verhältnis der Aufgaben von Insolvenzgericht und Insolvenzverwalter zu den verfahrensrechtlichen Befugnissen des Schuldners im neuen Insolvenzverfahren, InVo 1998, 113, 115; *Dithmar*, in: Braun, InsO, § 159 Rn. 3; *Uhlenbruck*, in: Uhlenbruck, InsO, § 159, Rn. 3; *Balthasar*, in: Nerlich/Römermann, InsO, § 159 Rn. 6; *Görg*, in: MüKo-InsO, § 159 Rn. 6.
1521 *Heni*, Konkursabwicklungsprüfung, S. 187 ff.; *Görg*, in: MüKo-InsO, § 159 Rn. 6; *Dithmar*, in: Braun, InsO, § 159 Rn. 3.

Teil 2   Materielles Insolvenzrecht

Räumungsverkauf[1522] sowie freihändige oder öffentliche Versteigerungen[1523] zur Verfügung. Da Gewährleistungsansprüche gegen den Verwalter hierdurch gemäß § 445 BGB ausgeschlossen werden, empfehlen sich öffentliche Versteigerungen gebrauchter Sachen.[1524] Die Verwertung von Grundstücken erfolgt durch freihändigen Verkauf oder auf Antrag des Verwalters im Wege der Zwangsversteigerung (vgl. § 165 InsO). Dabei bewirkt der auf Antrag des Verwalters erlassene Anordnungsbeschluss des Vollstreckungsgerichts nicht (erneut) die Beschlagnahme des Grundstücks. Der Beschluss spricht kein Veräußerungsverbots (vgl. §§ 173 Satz 1, 23, 24 ZVG) aus.[1525] Daher kann der Verwalter bis zum Beginn der Versteigerung weiterhin über das Grundstück verfügen.[1526]

1.3 Formen der Masseverwertung

792   Die Verwertung durch übertragende Sanierung kann durch Veräußerung des dem Betriebe dienenden beweglichen und unbeweglichen Vermögens der Schuldnerin („assets") erfolgen oder durch Anteilsverkauf erfolgen.[1527] Die InsO geht ausdrücklich – vgl. etwa § 162 InsO – von der übertragenden Sanierung als Verwertungsform aus.[1528] Die übertragende Sanierung im Insolvenzverfahren wird durch Regelungen, die eine Haftungsprivilegien zugunsten des Erwerbers anordnen, flankiert. Vorschriften, die bei der Unternehmensübertragung die Verbindlichkeiten auf den Erwerber übergehen lassen, greifen im eröffneten Insolvenzverfahren nicht ein[1529] (vgl. § 75 AO – Freistellung von der Haftung für Steuerverbindlichkeiten, §§ 25 HGB, 613a BGB i.V.m. Art. 232 § 5 EGBGB).

1.4 Gewährleistung

793   Für die Verwertung im Wege der freihändigen Veräußerung von Massegegenständen trifft die Masse (§ 55 Abs. 1 Nr. 1 InsO) und ggf. den Insolvenzverwalter (§ 61 InsO) gegenüber dem Erwerber im Allgemeinen die kaufrechtliche Gewährleistungshaftung. Dies gilt bei der Zerschlagung des schuldnerischen Unternehmens und der Veräußerung einzelner Massegenstände ebenso wie beim Verkauf „des Unternehmens" oder „des Betrie-

---

1522   *Tappmeier*, Wettbewerbsrechtliche Probleme des Konkurswarenverkaufs, ZIP 1992, 679ff.; *Dithmar*, in: Braun,InsO, § 159 Rn. 4; *Ott/Vuia*, in: MüKo-InsO, § 80 Rn. 119.
1523   *Balthasar*, in: Nerlich/Römermann, InsO, § 159 Rn. 8; *Dithmar*, in: Braun, InsO, § 159 Rn. 4.
1524   *Smid*, in: Leonhardt/Smid/Zeuner, InsO, § 159 Rn.5.
1525   *Smid*, in: Leonhardt/Smid/Zeuner, InsO, § 159 Rn. 6.
1526   *Mohrbutter*, Konkurs- und Zwangsversteigerung, KTS 1958, 81, 82; *Gerhardt*, Grundpfandrechte im Insolvenzverfahren, Rn. 224; *Wegener*, in: FK, § 165 Rn. 4; *Lwowski/Peters*, in: MüKo-InsO, § 165 Rn. 131; *Uhlenbruck*, in: Uhlenbruck, InsO, § 165 Rn. 8; *Gottwald/Adolphsen*, in: Gottwald, Insolvenzrechts-Handbuch, § 42 Rn. 93.
1527   *Smid*, in: Leonhardt/Smid/Zeuner, InsO, § 159 Rn. 8.
1528   Allg. amtl. Begr. des RegEInsO, BT-Drucks. 12/2443, 94.
1529   BGH, Urt. v. 14.04.1988 – II ZR 313/87, BGHZ 104, 151, 153 (Nichtanwendbarkeit von § 25 HGB und § 419 BGB, wobei § 419 BGB zum 01.01.1999 gem. Art. 33 Nr. 16 EGInsO aufgehoben worden ist).

bes".[1530] Dies gilt auch für die Veräußerung solcher Gesellschaftsanteile, die zur Masse gehören.[1531] Daher empfiehlt es sich für den Verwalter, Gewährleistungsansprüche vertraglich ausschließen. Dies ist nur dann zulässig, wenn der Insolvenzverwalter – der ja anders als ein veräußernder Unternehmensinhaber regelmäßig nicht in vollem Umfang branchenkundig sein wird – den Erwerber belehrt bzw. wenn er ihm die Gelegenheit zur Prüfung des Kaufgegenstandes eingeräumt hat.[1532]

1.5 Verbot spekulativer Maßnahmen

Spekulative Geschäfte sind dem Insolvenzverwalter untersagt. Darin unterscheidet sich seine Stellung von derjenigen des Kaufmannes. Dies zeigt insbes. die Vorschrift des § 104 InsO zur Behandlung von Finanztermingeschäften; das Verbot beschränkt sich aber nicht auf die dort genannten Fälle. Daraus folgt[1533], dass der Verwalter nicht verpflichtet ist, unter Eingehung kaufmännischer Risiken z. B. ein sicheres Kaufangebot wegen des schuldnerischen Unternehmens auszuschlagen, um eine unsichere, eventuell ertragreichere Exspektanz weiterzuverfolgen.[1534] Wählt er den „sichereren" Weg, können daraus keine Haftungsfolgen nach § 60 InsO abgeleitet werden.[1535]

Der Verwalter ist nicht verpflichtet, die Gegenstände höchstpersönlich zu verwerten, sondern kann sich dabei professioneller Verwerter bedienen.

Die Pflicht zur Verwertung massezugehöriger Gegenstände erstreckt sich gemäß § 166 Abs. 1 InsO auch auf solche Sachen, an denen besitzlose Pfandrechte (Sicherungseigentum) bestehen bzw. an solchen Forderungen und Rechten, die sicherungszediert sind, § 166 Abs. 2 InsO.

2. Verteilung der Teilungsmasse an die Gläubiger

Die Verteilung des Erlöses, der im Wege der Verwertung der Masse durch die Insolvenzverwaltung erzielt wird, gehört zu den zentralen Aufgaben der Insolvenzverwaltung. Denn auf diese Weise wird die – wenigstens teilweise – Befriedigung der Gläubiger erreicht, die § 1 Satz 1 InsO zum Ziel hat. Verfahren und Maßstäbe bei der Verteilung haben dafür Sorge zu tragen, dass die Gleichbehandlung der Gläubiger gewahrt wird. Der Insolvenzverwalter hat kein Ermessen bei der Art der Verteilung; er darf insbesondere vor dem Prüfungstermin nicht Zahlungen zur Befriedigung von Insolvenzgläubigern leisten. Voraussetzung für die Durchführung von Abschlagsverteilungen ist,

---

1530 *Smid*, Praxishandbuch Insolvenzrecht, § 24 Rn. 6; *Kammel*, Ausgewählte Probleme des Unternehmenskaufs aus der Insolvenz, NZI 2000, 102, 105 f.; *Stengel/Scholderer*, Aufklärungspflichten beim Beteiligungs- und Unternehmenskauf, NJW 1994, 158, 159.
1531 BGH, Urt. v. 29.09.1999 – VIII ZR 232/98, NZI 2000, 73.
1532 *Stengel/Scholderer*, Aufklärungspflichten beim Beteiligungs- und Unternehmenskauf, NJW 1994, 158; *Smid*, Praxishandbuch Insolvenzrecht, § 24 Rn. 6; *Keller*, Aktuelle Haftungsrisiken bei Mantelkauf, Mantelverwendung und Vorratsgründung, DZWIR 2005, 133 ff.
1533 *Dithmar*, in: Braun, InsO, § 159 Rn. 3; allg. *Görg*, in: MüKo-InsO, § 159 Rn. 7.
1534 Vgl. aber BGH, Urt. v. 22.01.1985 – VI ZR 131/83, ZIP 1985, 423.
1535 *Smid*, in: Leonhardt/Smid/Zeuner, InsO, § 159 Rn. 7.

dass zuvor der 1. Prüfungstermin (§ 176 InsO) abgehalten worden ist. Erst dann steht eine Anzahl von Gläubigern festgestellter Forderungen fest, so dass der Verwalter nach §§ 189 ff. InsO das Verteilungsverzeichnis gemäß § 188 InsO aufstellen und auf dessen Grundlage die Verteilung durchführen kann.

2.1 Schlussverteilung

2.1.1 Teilungsmasse

796 Gegenstand der Verteilung an die ungesicherten Insolvenzgläubiger ist die sog. Teilungs-Masse.[1536] Darunter ist der Erlös zu verstehen, der bei der Verwertung der Gegenstände der Soll-Masse erzielt wird.[1537] Von der Teilungsmasse sind die Erlöse zu unterscheiden, die aus der Verwertung beweglichen Sicherungsgutes (sicherungsübereigneter Sachen oder sicherungszedierter Forderungen) erzielt werden, dessen Verwertung dem Insolvenzverwalter nach § 166 Abs. 1 und Abs. 2 InsO obliegt.[1538] Die Befriedigung der absonderungsberechtigten Gläubiger erfolgt aus dem als Sondermasse separiertem Verwertungserlös gemäß §§ 170, 171 InsO.[1539] Mit anderen Worten stellt sich die Teilungsmasse als der Barerlös dar, der nach Ausschüttung gemäß §§ 170, 171 InsO und nach der Befriedigung der Masseverbindlichkeiten („vorab") gemäß § 53 InsO zur Verteilung zur Verfügung steht.

2.1.2 Allgemeine Regelungen

797 Nach § 196 Abs. 1 InsO erfolgt die Schlussverteilung, sobald die Verwertung der Insolvenzmasse mit Ausnahme eines laufenden Einkommens beendet ist.[1540] Abgeschlossen ist die Verwertung des schuldnerischen Vermögens, wenn alle Vermögenswerte zu Geld gemacht worden sind und nurmehr unverwertbare Massegegenstände übrig bleiben.[1541] Liegen noch verwertbare Gegenstände vor, steht dies der Schlussverteilung entgegen[1542], weil damit der gesamtvollstreckungsweise Zugriff der Gläubiger auf das schuldnerische Vermögen noch nicht beendet ist.[1543] § 196 Abs. 1 InsO[1544] ordnet an, dass die Schlussverteilung erfolgen kann, sobald die Insolvenzmasse ohne Berücksichtigung des laufenden Einkommens verwertet ist bzw. der Schuldner den Betrag nach § 314 Abs. 1 InsO bezahlt hat. Damit wird erreicht, dass § 35 InsO in dem hier vertretenen Sinne teleologisch reduziert wird: Als In-

---

1536 *Holzer*, in: Kübler/Prütting/Bork, InsO; § 148 Rn. 3ff.; *Onusseit*, in: Kübler/Prütting/Bork, InsO, § 159 Rn. 4; *Uhlenbruck*, in: Uhlenbruck, InsO, § 35 Rn. 6f.
1537 *Smid*, Praxishandbuch Insolvenzrecht, § 7 Rn. 11.
1538 Zum Ganzen *Smid*, Kreditsicherheiten, § 1 Rn. 9 et passim.
1539 *Smid*, Kreditsicherheiten, § 2 Rn. 15.
1540 *Uhlenbruck*, in: Uhlenbruck, InsO, § 196 Rn. 3.
1541 *Holzer*, in: Kübler/Prütting/Bork, § 196 Rn. 6; *Hess*, in: InsO, § 196 Rn. 3.
1542 *Westphal*, in: Nerlich/Römermann, InsO, § 196 Rn. 4.
1543 *Smid*, in: Leonhardt/Smid/Zeuner, InsO, § 196 Rn. 2.
1544 Gesetz zur Änderung der InsO und anderer Gesetze, BT-Drucks. 14/5680, Art. 1 Nr. 13; vgl. ferner *Uhlenbruck*, in: Uhlenbruck, InsO, § 196 Rn. 3.

Kapitel 9 Verwertung und Verteilung der Masse

solvenzmasse ist dann nur zu verstehen, was bis zur Verwertung der Masse bis auf das laufende Arbeitseinkommen zu verwerten ist.[1545] Sind noch Feststellungsprozesse anhängig, hindert dies die Schlussverteilung nicht.[1546] Gleiches gilt für anhängige Aktivprozesse.[1547]

2.1.3 Zustimmung zur Schlussverteilung

Die Zustimmung zur Schlussverteilung ergeht durch Beschluss des Insolvenzgerichts.[1548] Der Beschluss ist dem Verwalter zuzustellen. Bei der Prüfung des Verteilungsplans steht dem Gericht keine Befugnis zur Zweckmäßigkeitskontrolle zu.[1549] Eine Schlussverteilung soll dann nicht durchgeführt werden, wenn sich herausstellt, dass in größerem Umfang Masse vorhanden ist, so dass eine Nachtragsverteilung nicht gerechtfertigt erscheint.[1550] Ggf. kann, wenn sich nachträglich Gründe zur Versagung der Zustimmung ergeben, die erteilte Zustimmung widerrufen werden.[1551] In Ermangelung besonderer gesetzlicher Zulassung ist ein Rechtsmittel gegen den Zulassungsbeschluss des Insolenzgerichts nicht gegeben (§ 6 Abs. 1 InsO). Allerdings ist die Erinnerung gemäß § 11 Abs. 2 RPflG möglich, wenn durch den Rechtspfleger entschieden worden ist.[1552]

798

2.2 Zuständigkeit

Nach § 187 InsO hat der hierfür gemäß Abs. 3 der Vorschrift zuständige Insolvenzverwalter nach dem allgemeinen Prüfungstermin die Verteilung der Teilungsmasse vorzunehmen (§ 187 Abs. 1 InsO). Die Durchführung der Verteilung steht im pflichtgemäßen Ermessen des Verwalters.[1553] Dabei hat der Insolvenzverwalter namentlich sicherzustellen, dass bestehende Masseverbindlichkeiten erfüllt werden können.[1554] Die ordnungsgemäße Abwicklung der Abschlagsverteilungen gehört zu seinen Amtspflichten, deren Erfüllung

799

1545 *Smid*, in: Leonhardt/Smid/Zeuner, InsO, 3. Aufl. § 196 Rn. 3.
1546 *Füchsl/Weishäupl*, in: MüKo-InsO, § 196 Rn. 3; *Uhlenbruck*, in: Uhlenbruck, InsO, § 196 Rn. 5; *Kießner*, in: Braun, InsO, § 196 Rn. 14.
1547 *Füchsl/Weishäupl*, in: MüKo-InsO, § 196 Rn. 3; *Uhlenbruck*, in: Uhlenbruck, InsO, § 196 Rn. 5; vgl. ferner *Kießner*, in: Braun, InsO, § 196 Rn. 10.
1548 *Uhlenbruck*, in: Uhlenbruck, InsO, § 196 Rn. 7; *Kießner*, in: Braun, InsO, § 196 Rn. 23; *Mäusezahl*, in: Graf-Schlicker, InsO, § 196 Rn. 5.
1549 *Westphal*, in: Nerlich/Römermann, InsO, § 196 Rn. 26; *Uhlenbruck/Delhaes*, Konkurs- und Vergleichsverfahren, Rn. 909; *Baade*, KTS 1958, 165, 166.
1550 *Richert*, Der Zwangsvergleichsvorschlag nach konkursgerichtlicher Genehmigung der Schlussverteilung, NJW 1961, 2150, 2151; vgl. *Uhlenbruck*, in: Uhlenbruck, InsO, § 196 Rn. 12.
1551 OLG Stuttgart, B. v. 22.01.1991 – 8 W 218/90, ZIP 1991, 1154; *Hess*, InsO, § 196 Rn. 8; *Holzer*, in: Kübler/Prütting/Borg, InsO, § 196 Rn. 19.
1552 *Smid*, in: Leonhardt/Smid/Zeuner, InsO, § 196 Rn. 10.
1553 *Füchsl/Weishäupl*, in: MüKo-InsO, § 187 Rn. 11; *Kießner*, in: Braun, § 187 Rn. 6.
1554 *Mäusezahl*, in: Graf-Schlicker, InsO, § 187 Rn. 3; *Füchsl/Weishäupl*, in: MüKo-InsO, § 187 Rn. 9.

der insolvenzgerichtlichen Aufsicht (§ 58 Abs. 1 InsO) unterliegt[1555] und deren Verletzung Schadenersatzpflichten des Verwalters nach sich ziehen kann.[1556] Ist eine Verteilung unter Abwägung aller erheblichen Umstände möglich, kann sich der Verwalter schadenersatzpflichtig machen und den berechtigten Gläubigern auf den Ersatz ihres Zinsverlustschadens haften, wenn er die Verteilung pflichtwidrig unterlässt.[1557] Der Verwalter hat gemäß § 187 Abs. 3 Satz 2 InsO vor jeder Verteilung die Zustimmung des Gläubigerausschusses einzuholen.[1558] Dabei beschränkt sich die Prüfungsbefugnis des Gläubigerausschusses darauf, ob überhaupt eine Verteilung stattfinden darf.[1559] Weisungen kann der Gläubigerausschuss dem Verwalter wegen der Vornahme von Verteilungen im Übrigen nicht erteilen.[1560] Die Gläubigerversammlung hat keine Mitwirkungsbefugnis.[1561]

Der Verwalter nimmt die Verteilung entweder durch Auszahlung oder in den Fällen der §§ 189–191 InsO durch Zurückhaltung der Beträge vor.[1562] Auf die Auszahlung ist § 270 Abs. 1 BGB nicht anwendbar.[1563] Es handelt sich um eine Holschuld der Gläubiger am Sitz der Insolvenzverwaltung gemäß § 269 Abs. 1 BGB.[1564] Mit der Auszahlung werden alle berücksichtigten Forderungen gleichmäßig getilgt;[1565] §§ 366 ff. BGB kommen nicht zur Anwendung.[1566]

2.3 Abschlagsverteilungen

800 Regelmäßig sind gemäß § 187 Abs. 2 InsO Abschlagsverteilungen durchzuführen.[1567] Um eine Abschlagsdividende an die Insolvenzgläubiger zahlen zu können, bedarf es hinreichender Barmittel in der Masse. § 187 Abs. 2 Satz 1 InsO spricht davon, dass die Abschlagsverteilungen stattfinden können, sooft Barmittel in „hinreichendem" Umfang vorhanden sind.[1568] Das schützt den Verwalter davor, unwirtschaftliche Abschlagsverteilungen durchführen zu

---

1555 *Hess*, § 187 Rn. 29; K/P-*Holzer*, § 187 Rn. 14 f.; *Mäusezahl*, in: Graf-Schlicker, InsO, § 187 Rn. 3; krit. *Westphal*, in: Nerlich/Römermann, InsO, § 187 Rn. 17.
1556 *Westphal*, in: Nerlich/Römermann, InsO, § 187 Rn. 20 f.; *Füchsl/Weishäupl*, in: MüKo-InsO, § 187 Rn. 14.
1557 *Füchsl/Weishäupl*, in: MüKo-InsO, § 187 Rn. 14.
1558 *Smid*, in: Leonhardt/Smid/Zeuner, InsO, § 187 Rn. 7.
1559 *Füchsl/Weishäupl*, in: MüKo-InsO, § 187 Rn. 12; *Mäusezahl*, in: Graf-Schlicker, InsO, § 187 Rn. 6.
1560 *Füchsl/Weishäupl*, in: MüKo-InsO, § 187 Rn. 12; *Uhlenbruck*, in: Uhlenbruck, InsO, § 187 Rn. 10.
1561 Vgl. *Füchsl/Weishäupl*, in: MüKo-InsO, § 187 Rn. 11 ff.
1562 *Füchsl/Weishäupl*, in: MüKo-InsO, § 187 Rn. 20; Hess, InsO, § 187 Rn. 11.
1563 *Smid*, in: Leonhardt/Smid/Zeuner, InsO, § 187 Rn.9.
1564 *Füchsl/Weishäupl*, in: MüKo-InsO, § 187 Rn. 20; *Uhlenbruck*, in: Uhlenbruck, InsO, § 196 Rn. 16.
1565 *Füchsl/Weishäupl*, in: MüKo-InsO, § 187 Rn. 21; *Uhlenbruck*, in: Uhlenbruck, InsO, § 196 Rn. 16.
1566 *Füchsl/Weishäupl*, in: MüKo-InsO, § 187 Rn. 21; *Uhlenbruck*, in: Uhlenbruck, InsO, § 196 Rn. 16.
1567 Amtl. Begr. zu § 215 RegEInsO, BT-Drucks. 12/2443, 186.
1568 *Smid*, in: Leonhardt/Smid/Zeuner, InsO, § 187 Rn. 4.

müssen, die im Verhältnis zur auszuschüttenden Dividende übermäßig hohe Transaktionskosten verursachen.[1569] § 187 Abs. 2 Satz 2 InsO trägt der besonderen rechtlichen Stellung der nachrangigen Insolvenzgläubiger gemäß § 39 InsO Rechnung: Die nachrangigen Insolvenzgläubiger sollen bei Abschlagszahlungen noch nicht berücksichtigt werden, da sie nur im Falle der vollen Befriedigung der übrigen Insolvenzgläubiger überhaupt Zahlungen aus der Masse beanspruchen können.[1570]

Für eine Abschlagsverteilung bestimmt gemäß § 195 Abs. 1 Satz 1 InsO der Gläubigerausschuss auf Vorschlag des Insolvenzverwalters den zu zahlenden Bruchteil. Für den Fall, dass ein Gläubigerausschuss nicht bestellt ist, ordnet § 195 Abs. 1 Satz 2 InsO an, dass der Verwalter den Bruchteil bestimmt.[1571] Nach § 195 Abs. 2 InsO hat der Verwalter den Bruchteil den berücksichtigten Gläubigern mitzuteilen.[1572]

2.4 Verteilungsverzeichnis

Nach § 188 InsO hat der Insolvenzverwalter vor einer jeden Verteilung ein Verzeichnis der Forderungen aufzustellen, die bei der Verteilung zu berücksichtigen sind. Das Verzeichnis ist auf der Geschäftsstelle zur Einsicht der Beteiligten niederzulegen.[1573] Durch die Aufnahme in das Verzeichnis wird die Forderung nicht materiell anerkannt.[1574] Der Verwalter zeigt dem Gericht die Summe der Forderungen und den für die Verteilung verfügbaren Betrag aus der Insolvenzmasse an; das Gericht hat die angezeigte Summe der Forderungen und den für die Verteilung verfügbaren Betrag öffentlich bekannt zu machen.[1575]

801

Soweit in einem Verteilungsverzeichnis Insolvenzgläubiger nach §§ 189–191 InsO keine Berücksichtigung finden, wird ihre Gleichbehandlung mit den berücksichtigten Gläubigern gemäß § 192 InsO gesichert.[1576]

Nach § 194 Abs. 1 InsO können Gläubiger gegen das Verzeichnis Einwendungen erheben, die bis zum Ablauf einer Woche nach dem Ende der in § 189 Abs. 1 InsO vorgesehenen Ausschlussfrist bei dem Insolvenzgericht[1577] zu erheben sind. Eine Entscheidung des Gerichts, durch die Einwendungen zurückgewiesen werden, ist dem Gläubiger und dem Insolvenzverwalter nach § 194 Abs. 2 Satz 1 InsO zuzustellen. Gegen den Beschluss steht dem Gläubiger gemäß § 194 Abs. 2 Satz 2 InsO die sofortige Beschwerde zu. Nach § 194 Abs. 3 Satz 1 InsO ist eine Entscheidung des Gerichts, durch die eine Berichtigung des Verzeichnisses angeordnet wird, dem Gläubiger und

---

1569 *Westphal*, in: Nerlich/Römermann, InsO, § 187 Rn. 9; *Holzer*, in: Kübler/Prütting/Bork, InsO, § 187 Rn. 17.
1570 *Smid*, in: Leonhardt/Smid/Zeuner, InsO, § 187 Rn.5.
1571 *Smid*, in: Leonhardt/Smid/Zeuner, InsO, § 195 Rn. 3.
1572 *Smid*, in: Leonhardt/Smid/Zeuner, InsO, § 195 Rn. 6, 7.
1573 *Smid*, in: Leonhardt/Smid/Zeuner, InsO, § 188 Rn. 5.
1574 BAG, Urt. v. 22.02.1973 – AZR 472/72, KTS 1973 269, 270; *Westphal*, in: Nerlich/Römermann, InsO, § 188 Rn. 3.
1575 *Smid*, in: Leonhardt/Smid/Zeuner, InsO, § 188 Rn. 8.
1576 *Smid*, in: Leonhardt/Smid/Zeuner, InsO, § 188 Rn. 4.
1577 *Smid*, in: Leonhardt/Smid/Zeuner, InsO, § 194 Rn. 7.

dem Verwalter zuzustellen und in der Geschäftsstelle zur Einsicht der Beteiligten niederzulegen. Gemäß § 194 Abs. 3 Satz 2 InsO steht dem Verwalter und den Insolvenzgläubigern gegen den Beschluss die sofortige Beschwerde zu.

2.5 Berücksichtigung bestrittener Forderungen

802 § 189 Abs. 1 InsO sieht vor, dass ein Insolvenzgläubiger, dessen Forderung nicht festgestellt ist und für dessen Forderung ein vollstreckbarer Titel oder ein Endurteil nicht vorliegt, spätestens innerhalb einer Ausschlussfrist von zwei Wochen nach der öffentlichen Bekanntmachung dem Insolvenzverwalter nachzuweisen hat, dass und für welchen Betrag die Feststellungsklage erhoben oder das Verfahren in dem früher anhängigen Rechtsstreit aufgenommen ist. § 189 InsO betrifft diejenigen Insolvenzforderungen (§ 38 InsO), die nicht nach § 178 Abs. 1 InsO festgestellt worden sind.[1578] Dies ist der Fall, wenn gegen sie durch den Verwalter oder einen anderen Insolvenzgläubiger durch Bestreiten Widerspruch erhoben worden ist. Führt dieser Gläubiger den Nachweis rechtzeitig, wird gemäß § 189 Abs. 2 InsO der auf die Forderung entfallende Anteil bei der Verteilung zurückbehalten, solange der Rechtsstreit anhängig ist. Diesen Nachweis erbringt der Gläubiger durch Vorlage einer Bestätigung des Prozessgerichts wegen des Eingangs der Klagschrift bzw. des die Aufnahme bewirkenden Schriftsatzes.[1579] Adressat des Nachweises ist der Insolvenzverwalter.[1580] Wird der Nachweis nicht rechtzeitig geführt, sieht § 189 Abs. 3 InsO vor, dass die Forderung bei der Verteilung nicht berücksichtigt wird.

Die Berücksichtigung der von § 189 Abs. 1 InsO erfassten bestrittenen Insolvenzforderung erfolgt nicht durch Ausschüttung einer Dividende, da dies die Gefahr nach sich ziehen würde, dass der Verwalter vom Insolvenzgläubiger im Falle dessen Unterliegens im Feststellungsprozess den ausgeschütteten Betrag zurückverlangen müsste und die Masse dessen Insolvenzrisiko zu tragen hätte. Daher ordnet § 189 Abs. 2 InsO an, dass die Berücksichtigung der eingeklagten bestrittenen Insolvenzforderung dadurch erfolgt, dass der auf diese Forderung entfallende Betrag vom Verwalter bis zum Ausgang des Rechtsstreits zurückzubehalten sei. Obsiegt der Insolvenzgläubiger, ist der zurückbehaltene Betrag an ihn auszuschütten; unterliegt er, fällt er zur Verteilung an die zu berücksichtigenden Gläubiger in die Masse zurück.[1581] Die gilt auch für bestrittene titulierte Forderungen; diese werden nur durch die Zurückhaltung des Abschlagsbetrages berücksichtigt, wenn der Widersprechende nach § 179 Abs. 2 InsO Klage erhoben hat.[1582]

1578 *Smid*, in: Leonhardt/Smid/Zeuner, InsO, § 189 Rn. 2.
1579 *Smid*, in: Leonhardt/Smid/Zeuner, InsO, § 189 Rn. 3.
1580 *Holzer*, in: Kübler/Prütting/Bork, InsO, § 189 Rn. 9; *Westphal*, in: Nerlich/Römermann, InsO, § 189 Rn. 8; *Füchsl/Weishäupl*, in: MüKo-InsO, § 189 Rn. 5.
1581 *Smid*, in: Leonhardt/Smid/Zeuner, InsO, § 189 Rn. 7.
1582 *Smid*, in: Leonhardt/Smid/Zeuner, InsO, § 189 Rn. 8.

2.6 Berücksichtigung der Ausfallforderung absonderungsberechtigter Gläubiger

2.6.1 Besitzpfandgläubiger

Eine dem § 189 InsO strukturell vergleichbare Regelung trifft § 190 InsO für die Berücksichtigung absonderungsberechtigter Gläubiger. Die absonderungsberechtigten Gläubiger gemäß §§ 49 ff. InsO nehmen nur insofern an der Verteilung der Masse teil, wenn sie entweder auf ihre, sie zur abgesonderten Befriedigung berechtigende Sicherheit verzichten oder bei deren Verwertung einen Ausfall erleiden, § 52 InsO.[1583] Sie können nur dann an Abschlagsverteilungen teilnehmen, wenn diese Voraussetzungen nachgewiesen werden. Ein Gläubiger, der zur abgesonderten Befriedigung berechtigt ist – also regelmäßig der Besitzpfandgläubiger nach den §§ 1204 ff. BGB – hat spätestens innerhalb der in § 189 Abs. 1 InsO vorgesehenen Ausschlussfrist dem Insolvenzverwalter nachzuweisen, dass und für welchen Betrag er auf abgesonderte Befriedigung verzichtet hat oder bei ihr ausgefallen ist.[1584] Wird der Nachweis nicht rechtzeitig geführt, so wird die Forderung bei der Verteilung nicht berücksichtigt. § 190 Abs. 2 InsO lässt es zur Berücksichtigung bei einer Abschlagsverteilung genügen, wenn der Gläubiger spätestens innerhalb der Ausschlussfrist dem Verwalter nachweist, dass die Verwertung des Gegenstands betrieben wird, an dem das Absonderungsrecht besteht, und den Betrag des mutmaßlichen Ausfalls glaubhaft macht. Den Nachweis des Ausfalls führt der Sicherungsnehmer gegenüber dem Verwalter durch Vorlage von Kaufverträgen usf., denen der Verwalter die Unterdeckung der gesicherten Forderung entnehmen kann.[1585] In diesem Fall wird der auf die Forderung entfallende Anteil bei der Verteilung zurückbehalten. Sind die Voraussetzungen des § 190 Abs. 1 InsO bei der Schlussverteilung nicht erfüllt, so wird der zurückbehaltene Anteil für die Schlussverteilung frei.

803

2.6.2 Absonderungsberechtigte Gläubiger in Fällen des § 166 InsO

Demgegenüber trifft § 190 Abs. 3 InsO für den Fall des § 166 InsO, in dem allein der Verwalter zur Verwertung des Gegenstands berechtigt ist, an dem das Absonderungsrecht besteht, eine Sonderregelung. In diesem Fall sind die Regelungen der Abs. 1 und 2 des § 190 InsO nicht anwendbar.[1586] Bei einer Abschlagsverteilung hat der Verwalter, wenn er den Gegenstand noch nicht verwertet hat, den Ausfall des Gläubigers zu schätzen und den auf die Forderung entfallenden Anteil zurückzubehalten.

804

2.7 Berücksichtigung aufschiebend bedingter Forderungen

Eine aufschiebend bedingte Forderung wird gemäß § 191 Abs. 1 Satz 1 InsO bei einer Abschlagsverteilung mit ihrem vollen Betrag berücksichtigt, wobei der auf die Forderung entfallende Anteil gemäß § 191 Abs. 1 Satz 2 InsO bei

805

1583 *Smid*, Kreditsicherheiten, § 12 Rn. 1 ff.
1584 *Smid*, in: Leonhardt/Smid/Zeuner, InsO, § 190 Rn. 1.
1585 *Smid*, in: Leonhardt/Smid/Zeuner, InsO, § 190 Rn. 4.
1586 *Smid*, in: Leonhardt/Smid/Zeuner, InsO, § 190 Rn. 11.

der Verteilung zurückbehalten wird.[1587] Nach § 191 Abs. 2 InsO wird bei der Schlussverteilung eine aufschiebend bedingte Forderung nicht berücksichtigt, wenn die Möglichkeit des Eintritts der Bedingung so fernliegt, dass die Forderung zur Zeit der Verteilung keinen Vermögenswert hat. In diesem Fall wird ein gemäß § 191 Abs. 1 Satz 2 InsO zurückbehaltener Anteil für die Schlussverteilung frei.[1588]

2.8 Berücksichtigung solcher Gläubiger, die nachträglich die Voraussetzungen ihrer Berücksichtigungsfähigkeit nachweisen

806 § 192 InsO sieht vor, dass Gläubiger, die bei einer Abschlagsverteilung nicht berücksichtigt worden sind und die Voraussetzungen der §§ 189, 190 InsO nachträglich erfüllen, bei der folgenden Verteilung aus der restlichen Insolvenzmasse vorab einen Betrag erhalten, der sie mit den übrigen Gläubigern gleichstellt.

1587 *Smid*, in: Leonhardt/Smid/Zeuner, InsO, § 191 Rn. 2.
1588 *Smid*, in: Leonhardt/Smid/Zeuner, InsO, § 191 Rn. 3.

Kapitel 10
Insolvenzgläubiger

Am Insolvenzverfahren nehmen verschiedene Gläubigergruppen in unterschiedlicher Form teil. Die einfachen (nichtnachrangigen) Insolvenzgläubiger, die sich von nachrangigen Insolvenzgläubigern, den absonderungs- und aussonderungsberechtigten Gläubigern sowie den Massegläubigern systematisch unterscheiden, werden zur gemeinsamen Rechtsverfolgung und Haftungsverwirklichung des schuldnerischen Vermögens zusammengefasst. Die Teilnahme der Insolvenzgläubiger am Verfahren ist speziell ausgestaltet: Ihre jeweiligen Ansprüche gegen den Insolvenzschuldner werden in einem besonderen gemeinsamen Prüfungsverfahren festgestellt, sie vertreten ihre Interessen in der Gläubigerversammlung sowie im Gläubigerausschuss und gestalten hierdurch den weiteren Ablauf des Insolvenzverfahrens, alles mit dem Ziel der gemeinschaftlichen anteiligen Befriedigung durch Verwertung der Insolvenzmasse oder Sanierung des schuldnerischen Unternehmens.

807

1. Gläubigergruppen
1.1 Einfache nicht nachrangige Insolvenzgläubiger

Zu den Insolvenzgläubigern zählen nach § 38 InsO die persönlichen Gläubiger des Schuldners, die einen zur Zeit der Eröffnung des Insolvenzverfahrens begründeten Vermögensanspruch gegen den Schuldner haben. Der Begriff des Insolvenzgläubigers dient der Bestimmung der Personen, die im Insolvenzverfahren als forderungsberechtigt anzusehen sind und die zur Verwirklichung ihrer Forderungen an der gemeinschaftlichen Befriedigung aus der Insolvenzmasse nach den Vorschriften über das Insolvenzverfahren teilnehmen können (§ 87 InsO). Insolvenzgläubiger sind damit die Personen, die ihre Forderungen im Feststellungs- und Verteilungsverfahren der §§ 176 ff., 187 ff. InsO verfolgen können, einerlei, ob es sich um privat- oder öffentlich-rechtliche Ansprüche handelt und ob der einzelne Gläubiger In- oder Ausländer[1589] ist.

808

[1589] Vgl. Art. 39 EUInsVO (Verordnung (EG) Nr. 1346/2000 des Rates v. 29.05.2000 über Insolvenzverfahren) für deren Geltendbereich.

Insolvenzgläubiger im Sinne des § 38 InsO sind nur die persönlichen Gläubiger des Schuldners, mithin die Gläubiger, die nicht ein vorrangiges Recht auf ausschließliche Befriedigung an einzelnen Massegegenständen nach §§ 47 ff. InsO haben. Gläubiger rein dinglicher Ansprüche sind ebenso wenig Insolvenzgläubiger, wie Massegläubiger nach § 53 InsO oder Gläubiger, die nach Eröffnung des Insolvenzverfahrens einen Anspruch gegen den Insolvenzschuldner erlangen, ohne dass es sich hierbei um eine Masseverbindlichkeit handelt.[1590] Hingegen können absonderungsberechtigte Gläubiger im Sinne der §§ 49 ff. InsO zugleich Insolvenzgläubiger nach § 38 InsO sein, auch wenn sie aus der Insolvenzmasse nur für den Betrag eine verhältnismäßige Befriedigung erlangen können, für den sie nach erfolgter abgesonderter Befriedigung ausfallen oder verzichten.

809 Vom Begriff des Insolvenzgläubigers werden nur Personen erfasst, die über einen vermögensrechtlichen Anspruch gegen den Schuldner verfügen, der aus dem haftenden Vermögen erfüllt werden kann. Denn die Insolvenzgläubiger sind auf die Teilnahme am Insolvenzverfahren mit der Folge beschränkt, dass sie an dem durch die Verwertung der Insolvenzmasse erzielten Erlös quotal partizipieren. Unter vermögensrechtliche Ansprüche sind geldwerte Rechte zu verstehen, die aus dem Vermögen des Schuldners beitreibbar sind. Forderungen, die nicht auf die Zahlung von Geld gerichtet sind oder die nicht nach § 45 InsO in Geldwert umgewandelt werden können, sind keine als Insolvenzforderungen verfolgbaren Rechte. Hierzu zählen zum Beispiel gegen den Schuldner gerichtete Unterlassungsansprüche (die beispielsweise auf Unterlassung des Gebrauchs gewerblicher Schutzrechte oder Namensrechte gerichtet sind oder die infolge Eigentums- und Besitzstörung entstehen), Auskunftsansprüche, bestimmte familienrechtliche Ansprüche (zum Beispiel Anerkennung der Vaterschaft), Ansprüche auf Vornahme unvertretbarer Handlungen im Sinne von § 888 ZPO (zum Beispiel zur Anfertigung eines wissenschaftlichen oder künstlerischen Werkes) oder Mitgliedsrechte der Teilhaber einer Gesellschaft, an welcher der Insolvenzschuldner beteiligt ist.[1591] Gestaltungsrechte wie Anfechtung, Rücktritt oder Kündigung sind an sich keine Ansprüche im Sinne des § 194 Abs. 1 BGB. Diese Gestaltungsrechte geben einer Person aufgrund Gesetz oder Vertrag aber die Macht, eine bestehende Rechtslage zu verändern, so dass aus ihrer Ausübung durchaus Insolvenzforderungen erwachsen können.

810 Die Forderung muss zum Zeitpunkt des Erlasses des Eröffnungsbeschlusses nach Maßgabe der §§ 41 ff. InsO bereits in der Weise begründet gewesen sein, dass der Rechtsgrund ihrer Entstehung schon bestand.[1592] Unbeachtlich ist deshalb, ob die Forderung erst später fällig wird (vgl. § 41 Abs. 1 InsO), unverzinslich (vgl. § 41 Abs. 2 InsO), auflösend oder aufschiebend bedingt (vgl. §§ 42, 77 Abs. 3, 95 Abs. 1 Satz 1, 191 InsO)[1593] oder bezifferbar ist.

1590 So durch Begründung einer Forderung infolge einer durch den Insolvenzverwalter nach § 35 Abs. 2 Satz 1 InsO freigegebenen selbstständigen Tätigkeit des Insolvenzschuldners, vgl. BGH, B. v. 09.06.2011 – IX ZB 175/10, ZInsO 2011, 1349.
1591 Wegen der Einlage des stillen Gesellschafters vgl. aber BGH, E. v. 21.03.1983 – II ZR 139/82, ZIP 1983, 561.
1592 BGH, B. v. 06.12.2007 – IX ZR 215/06, ZIP 2008, 183.
1593 *Eickmann*, in: HK, § 42 Rn. 5.

Kapitel 10 Insolvenzgläubiger

Wiederkehrende Ansprüche können nach § 46 InsO kapitalisiert geltend gemacht werden. Aus den §§ 41, 42 InsO wird deutlich, dass es für die Qualifizierung eines Anspruchs als Insolvenzforderung nicht so sehr darauf ankommt, ob er vor Eröffnung des Insolvenzverfahrens *durchsetzbar* entstanden ist. Entscheidend ist vielmehr, dass der Schuldgrund vor der Eröffnung des Insolvenzverfahrens entstanden ist. Demnach sind keine Insolvenzforderungen sondern Masseforderungen die Miet- oder Pachtzinsansprüche des Vermieters oder Verpächters auf die nach Verfahrenseröffnung fällig werdenden Zinsen (§ 108 InsO), während Ansprüche des Vermieters auf Erstattung der Kosten, die anlässlich der Rückgabe der Mietsache entstehen, Insolvenzforderungen darstellen.[1594]

Zu den Insolvenzforderungen zählen grundsätzlich alle vor Eröffnung des Insolvenzverfahrens entstandenen privatrechtlichen Primäransprüche aus Kauf-, Tausch-, Darlehens-[1595], Miet-[1596], Pacht-, Werk-, Dienst-, Arbeits-, Reise-, Mäkler- oder Geschäftsbesorgungsvertrag sowie sonstigen schuldrechtlichen Verträgen. Insolvenzforderungen sind weiter vor Verfahrenseröffnung versprochene Abfindungsansprüche des Arbeitnehmers (zum Beispiel infolge eines Kündigungsschutzrechtsstreits), Ansprüche aus schuldrechtlichem Versorgungsausgleich[1597], Ansprüche wegen ungerechtfertigter Bereicherung (§§ 812 ff. BGB), Schadenersatzansprüche wegen unerlaubter Handlungen (§§ 823 ff. BGB) oder Verletzung dinglicher Rechte (§§ 989 ff. BGB) oder Prozesskostenerstattungsansprüche. Ebenso Insolvenzforderungen sind sogenannte Sekundäransprüche, wie vor Verfahrenseröffnung entstandene Ersatzansprüche wegen Leistungsstörungen infolge Verzug, Unmöglichkeit, Schlecht- und Minderleistung oder Pflichtverletzung, während nach Eröffnung des Insolvenzverfahrens solche Ansprüche nicht mehr entstehen können bzw. nach § 39 Abs. 1 Nr. 1 und 2 InsO als nachrangige Insolvenzforderungen behandelt werden.

Insolvenzgläubiger ist auch der, wer vermögensrechtliche Ansprüche verfolgt, für die der Schuldner gesamtschuldnerisch haftet. Ist der Schuldner neben einem anderen gesamtschuldnerisch zur selben Leistung verpflichtet, kann der Insolvenzgläubiger nach § 43 InsO den ganzen Betrag seines Anspruchs, den er zur Zeit der Verfahrenseröffnung fordern konnte, bis zu seiner vollen Befriedigung geltend machen. Hingegen können der neben dem Insolvenzschuldner weiter haftende Gesamtschuldner oder der Bürge des Insolvenzschuldners gemäß § 44 InsO ihre Forderungen, die sie durch eine Befriedigung des Gläubigers künftig gegen den Schuldner erwerben könnten (sogenannte Rückgriffsansprüche, vgl. §§ 422 Abs. 1, 426 Abs. 2, 774 Abs. 1 BGB), im Insolvenzverfahren des Schuldners nur dann geltend machen, wenn der Gläubiger seine Forderung nicht anmeldet (sog. Verbot der Doppelanmeldung). Dabei ist der infolge der Tilgung einer Insolvenzforderung entstehende Rückgriffsanspruch gegen den Schuldner ebenfalls eine Insolvenzforderung, und zwar unabhängig davon, ob er zum Beispiel aus der

811

812

[1594] BGH, Urt. v. 06.11.1978 – VIII ZR 179/77, NJW 1979, 310.
[1595] Wegen eigenkapitalersetzender Darlehen vergleiche aber § 39 Abs. 1 Nr. 4 InsO.
[1596] BGH, Urt. v. 13.04.2011 – VIII ZR 295/10, ZIP 2011, 924.
[1597] BGH, B. v. 13.10.2011 – IX ZB 80/10, ZInsO 2011, 2184.

Vereinbarung über die Bestellung einer Grundschuld, aus den Vorschriften über die berechtigte oder unberechtigte Geschäftsführung ohne Auftrag (§§ 677 ff. BGB) oder aus Bereicherungsrecht (§§ 812 ff. BGB) hergeleitet wird oder ein Forderungsübergang vorliegt.[1598]

813 Vor Verfahrenseröffnung entstandene Ansprüche aus einem öffentlich-rechtlichen Abgabenschuldverhältnis sind ebenfalls Insolvenzforderungen, wie zum Beispiel Straßenausbaubeiträge[1599] oder öffentlich-rechtliche Benutzungs- und Verwaltungsgebühren.[1600] Die Entstehung von Steuerforderungen richtet sich auch nach der Eröffnung des Insolvenzverfahrens nach § 38 AO und damit nach steuerrechtlichen Vorschriften.[1601] Indes wird die Frage, wann ein Anspruch im Sinne des § 38 InsO begründet ist, ebenso nach insolvenzrechtlichen Grundsätzen beantwortet, so dass eine Steuerforderung immer dann Insolvenzforderung ist, wenn der ihr zugrundeliegende zivilrechtliche Tatbestand, der zur Entstehung des Steueranspruchs führt, vom Schuldner bereits vor der Verfahrenseröffnung verwirklicht worden ist.[1602] Dabei ist der Zeitpunkt der Steuerentstehung unerheblich.[1603] Welche Anforderungen im Einzelnen an die erforderliche vollständige Tatbestandsverwirklichung im Zeitpunkt der Insolvenzeröffnung zu stellen sind, richtet sich nach den jeweiligen Vorschriften des Steuerrechts. So sind beispielsweise Einkommen- und Körperschaftsteueransprüche im Sinne des § 38 InsO begründet, sobald sie entsprechend § 2 Abs. 7 Satz 2 EStG und § 7 Abs. 3 Satz 2 KStG entstanden sind. Lohnsteueransprüche sind begründet, wenn der Bruttoarbeitsvergütungsanspruch begründet worden ist. Umsatzsteueransprüche sind im Sinne des § 38 InsO begründet, wenn sie bei einem Ist-Versteuerer Umsätze betreffen, die vor Verfahrenseröffnung vereinnahmt wurden, und bei einem Soll-Versteuerer für Lieferungen und Leistungen, die vor Verfahrenseröffnung bereits ausgeführt waren. Kommt es zur vollständigen Tatbestandsverwirklichung bereits vor Verfahrenseröffnung, handelt es sich um eine Insolvenzforderung, erfolgt die vollständige Tatbestandsverwirklichung erst nach Verfahrenseröffnung, liegt unter den Voraussetzungen des § 55 InsO eine Masseverbindlichkeit vor.

814 Wesentliches Merkmal des geltenden Insolvenzrechtes ist die grundsätzliche Gleichrangigkeit, Gleichberechtigung und Gleichbehandlung aller (ungesicherten) Insolvenzgläubiger, um (gegenüber der früheren Konkursordnung) mehr Verteilungsgerechtigkeit zu schaffen und die Quotenaussichten

---

1598 BGH, B. v. 06.12.2007 – IX ZR 215/06, ZIP 2008, 183.
1599 OVG Weimar, B. v. 27.09.2006 – 4 EO 1283/04, ZIP 2007, 880; OVG Magdeburg, B. v. 11.03.2003 – 1 L 268/02, NVwZ-RR 2004, 135, 136; *Vehslage*, Die Behandlung von Beitragsforderungen im Insolvenzverfahren, NVwZ 2003, 776, 777.
1600 *Schütte/Horstkotte/Rohn/Schubert*, Die öffentliche Körperschaft als Insolvenzgläubiger, S. 56.
1601 BFH, Urt. v. 17.04.2007 – VII R 27/06, BStBl. II 2009, 589; BFH, Urt. v. 22.05.1979 – VIII R 58/77, NJW 1980, 87.
1602 BFH, Urt. v. 16.01.2007 – VII R 7/06, BStBl. II 2007, 745; BFH, Urt. v. 16.11.2004 – VII R 75/03, BStBl. II 2006, 193; BFH, Urt. v. 05.10.2004 – VII R 69/03, BStBl. II 2005, 195; BFH, Urt. v. 01.08.2000 – VII R 31/99, BFHE 193, 1; BFH, Urt. v. 17.12.1998 – VII R 47/98, BFHE 188, 149.
1603 BFH, B. v. 30.04.2007 – VII B 252/06, BFHE 217, 212; BFH, B. v. 01.04.2008 – X B 201/07, BFH/ NV 2008, 925.

der einfachen Insolvenzgläubiger zu verbessern. Unbeachtlich ist deshalb grundsätzlich, aus welchem Rechtsgrund die Forderung gegen den Insolvenzschuldner erhoben wird, unbeachtlich ist ferner, ob der Gläubiger Lieferant, Arbeitnehmer, Darlehensgeber oder Rechtssubjekt der öffentlichen Hand ist. Insbesondere kennt das gegenwärtig geltende Insolvenzrecht kein Fiskusprivileg, auch wenn trotz der Erfahrungen mit der vormaligen Konkursordnung immer wieder Bestrebungen festzustellen sind, den Grundsatz der Gläubigergleichbehandlung zugunsten der öffentlichen Kassen aufzuweichen.[1604] Von diesem Grundsatz der *par condicio creditorum* existieren nur wenige gesetzlich normierte Ausnahmen: für die nachrangigen Insolvenzgläubiger nach § 39 InsO, für die Gläubiger im Sinne des § 32 Abs. 1 DepotG,[1605] für die Arbeitnehmer wegen ihrer Ansprüche als Erfinder gemäß § 27 ArbnErfG oder für die Gläubiger eines im Rahmen eines Insolvenzplanverfahrens gegebenen Sanierungsdarlehens (§§ 264, 229 InsO). Die allgemeine Gläubigergleichbehandlung kann aber nur soweit reichen, wie die einzelnen Gläubiger aufgrund ihrer vorkonkurslichen Rechtspositionen materiell-rechtlich als Gleiche anzusehen sind. Hierdurch unterscheiden sich die Insolvenzgläubiger von den nachrangigen Insolvenzgläubigern, den aus- und absonderungsberechtigten Gläubigern sowie von den Massegläubigern.

1.2 Nachrangige Insolvenzgläubiger

Den Insolvenzgläubigern des § 38 InsO sind die in § 39 Abs. 1 InsO genannten Insolvenzgläubiger nachrangig. Die Nachrangigkeit bedeutet, dass diese Insolvenzgläubiger auf ihre Forderungen erst dann Befriedigung erfahren, wenn die „regulären" Insolvenzgläubiger auf den Nominalwert ihrer angemeldeten Forderungen eine Ausschüttung in voller Höhe erhalten haben und hiernach weiter zu verteilende Insolvenzmasse vorhanden ist. Aufgrund dessen nehmen die nachrangigen Insolvenzgläubiger am Insolvenzverfahren erst dann teil und finden bei der Verteilung Berücksichtigung, wenn sie gemäß § 174 Abs. 3 Satz 1 InsO zur Anmeldung dieser Forderungen aufgefordert werden. Im Einzelnen handelt es sich um Forderungen wegen der seit der Eröffnung des Verfahrens laufenden Zinsen und Säumniszuschläge[1606] auf (Haupt-) Forderungen der Insolvenzgläubiger (§ 39 Abs. 1 Nr. 1 InsO), wegen der Kosten der Verfahrensteilnahme (§ 39 Abs. 1 Nr. 2 InsO), wegen Geldstrafen, Geldbußen, Ordnungsgelder und Zwangsgelder sowie solcher Nebenfolgen einer Straftat oder Ordnungswidrigkeit, die zu einer Geldzahlung verpflichten (§ 39 Abs. 1 Nr. 3 InsO),[1607] wegen einer unentgeltlichen Leistung des Schuldners (§ 39

815

[1604] Vgl. Art. 3 des Gesetzesentwurfes v. 01.09.2010 der Bundesregierung für ein Haushaltsbegleitgesetz 2011, BMF v. 27.08.2010, II A 1 – H 1120/10/10014, BT-Drucks. 17/3030 v. 27.09.2010; hierzu Smid, DZWiR 2010, 397.

[1605] *Henckel*, in: FS Uhlenbruck, 2000, S. 19 ff.; zur Beschlagnahme nach § 76 AO *Bähr/Smid*, InVo 2000, 401, 407.

[1606] BSG, E. v. 18.12.2003 – B 11 AL 37/03 R, ZInsO 2004, 350; zur Einordnung der Säumnis- und Verspätungszuschläge *Buhmann/Woldrich*, ZInsO 2004, 1238.

[1607] OLG Karlsruhe, Urt. v. 10.07.2009 – 14 U 107/08; m. Anm. *Martini*, Nachrangigkeit von Ansprüchen aus Wertersatzverfall nach dem Strafgesetzbuch, jurisPR-InsR 22/2009 Anm. 2.

Abs. 1 Nr. 4 InsO)[1608] sowie eines Gesellschafters der Insolvenzschuldnerin wegen der Rückgewähr eines kapitalersetzenden Darlehens (§ 39 Abs. 1 Nr. 5 InsO).[1609] Ebenso nachrangig sind nach § 39 Abs. 2 InsO Forderungen, für die zwischen Gläubiger und Schuldner durch Rangrücktrittsvereinbarungen der Nachrang im Insolvenzverfahren ausgemacht worden sind. Kommt es zur Berücksichtigung der nachrangigen Insolvenzgläubiger, werden ihre Forderungen in der Reihenfolge des § 39 Abs. 1 bis 3 InsO berichtigt.

816 In den wenigsten Fällen werden die Insolvenzgläubiger nachrangiger Forderungen bei einem allgemein liquidierenden Insolvenzverfahren mit Befriedigungsmöglichkeiten rechnen können. Regelmäßig genügt der Erlös des liquidierten Vermögens nicht einmal aus, um die nichtnachrangigen Insolvenzgläubiger gemäß § 38 InsO adäquat zu befriedigen. Einige Bedeutung erlangen die in § 39 InsO erwähnten nachrangigen Insolvenzgläubiger aber bei einer beabsichtigten Sanierung des Unternehmensträgers. Die Beachtung der nachrangigen Insolvenzgläubiger steht dabei nicht so sehr vor dem Hintergrund, sie an der Verteilung eines Erlöses teilhaben zu lassen, sondern sie in das Sanierungskonzept eines Insolvenzplans gemäß §§ 217 ff. InsO einzubinden. Blieben diese nachrangigen Insolvenzgläubiger in einem Insolvenzplanverfahren unbeteiligt, könnten sie von dessen Wirkungen nicht erfasst werden, so dass sich das sanierte Unternehmen nach Abschluss des Verfahrens alsbald mit den nachrangigen Insolvenzforderungen aus der Zeit des Verfahrenslaufs konfrontiert sähe. Dieser Umstand würde sanierungshindernd wirken, da sich die Kreditoren der Sanierung kaum zur Mitfinanzierung der nachrangigen Insolvenzforderungen bewegen lassen würden, die ihrerseits zur Privilegierung der nachrangigen Insolvenzforderungen führen würde.

1.3 Absonderungsberechtigte Gläubiger

817 Zu den absonderungsberechtigten Gläubigern gehören – ohne Insolvenzgläubiger im Sinne des § 38 InsO sein zu müssen – die Gläubiger, die abgesonderte Befriedigung aus dem bei der Verwertung ihres Sicherungsgutes erzielten Erlöses beanspruchen können. Sie nehmen am Insolvenzverfahren teil, wenn und soweit ihr Sicherungsgut in die Insolvenzmasse fällt, weil die Verwertung gemäß §§ 159, 165 ff. InsO primär dem Insolvenzverwalter obliegt. Absonderungsberechtigte Gläubiger sind die Grundpfandgläubiger[1610] nebst den Gläubigern der auf dem Grundbesitz ruhenden öffentlich-rechtlichen Lasten[1611] (§ 49 InsO), die durch rechtsgeschäftliches oder gesetzliches

---

[1608] BGH, Urt. v. 13.03.2008 – IX ZR 117/07, ZIP 2008, 975; BGH, Urt. v. 19.04.2007 – IX ZR 79/05, ZIP 2007, 1118; BGH, Urt. v. 11.12.2003 – IX ZR 336/01, ZIP 2004, 671.

[1609] S. zur Frage der Darlehensgewährung durch Gesellschafter und Dritte nach Inkrafttreten des Gesetzes zur Modernisierung des GmbH-Rechts und zur Bekämpfung von Missbräuchen v. 23.10.2008 (MoMiG – BGBl. I, 2026) am 01.11.2008 die Entscheidungen des BGH im Urt. v. 17.02.2011 – IX ZR 131/10, ZIP 2011, 575 m. w. N. sowie im B. v. 15.11.2011 – II ZR 6/11, juris.

[1610] Vgl. hierzu Smid, Kreditsicherheiten, § 2 Rn. 3, § 16.

[1611] BGH, Urt. v. 18.02.2010 – IX ZR 101/09, NZI 2010, 482 (zur Grundsteuer sowie den in § 10 Abs. 1 ZVG genannten Rechten).

Pfandrecht oder Pfändungspfandrecht gesicherten Gläubiger (§ 50 Abs. 1 InsO), die durch Sicherungseigentum (§ 51 Nr. 1 InsO)[1612] und verlängerten[1613] oder erweiterten[1614] Eigentumsvorbehalt[1615] gesicherten Gläubiger, Gläubiger sicherungszedierter Forderungen,[1616] Gläubiger mit einem Zurückbehaltungsrecht (§§ 369 ff. HGB) an massezugehörigen Sachen (§ 51 Nr. 2 und 3 InsO) sowie der Fiskus, soweit ihm zoll- und steuerpflichtige Sachen nach gesetzlichen Vorschriften als Sicherheit für öffentliche Abgaben dienen (§ 51 Nr. 4 InsO). Nicht zu den absonderungsberechtigten Gläubigern gehört jedoch der unter einfachem Eigentumsvorbehalt liefernde Verkäufer.[1617]

Verfügt der absonderungsberechtigte Gläubiger zugleich über persönliche Forderungen gegen den Schuldner, die durch in die Insolvenzmasse fallende Sicherungsgüter gesichert sind, nimmt er mit diesen gesicherten Forderungen in vollem Umfang als Insolvenzgläubiger am Insolvenzverfahren teil. Die für die Insolvenzforderungen eingeräumten Sicherheiten führen nicht zu einem Vorrang gegenüber den ungesicherten Insolvenzforderungen, gewähren aber einen bevorrechtigten Zugriff auf den Erlös der Verwertung des Sicherungsgutes, indem der die Verwertung des Sicherungsgutes nach §§ 165 ff. InsO herbeiführende Insolvenzverwalter den Verwertungserlös an den absonderungsberechtigten (Insolvenz-)Gläubiger auszukehren hat (§ 170 Abs. 1 Satz 2 InsO). Reicht der Verwertungserlös nicht für die vollständige Befriedigung des Gläubigers, fällt er also mit dem Rest aus, nimmt er mit seiner Restforderung wie jeder andere (ungesicherte) Insolvenzgläubiger gemäß § 38 InsO am weiteren Verfahren teil (§ 52 Satz 2 InsO). Kommt es zur quotalen Befriedigung der Insolvenzgläubiger, wird er wegen seiner Restforderung gleichrangig berücksichtigt.

818

1612 BGH, Urt. v. 17.07.2008 – IX ZR 96/96, NJW 2008, 3142; BGH, Urt. v. 29.03.2007 – IX ZR 27/06, ZIP 2007, 1126; BGH, Urt. v. 23.09.2004 – IX ZR 25/03, DZWIR 2005, 123; zu den umsatzsteuerlichen Folgen und zur sogenannten Doppelumsatztheorie vgl. BFH, B. v. 19.07.2007 – VB 222/06, ZIP 2007, 1998.

1613 Ein verlängerter Eigentumsvorbehalt wird vereinbart, um dem Verkäufer die Surrogate zu sichern, die nach der Verarbeitung (§ 950 BGB), Verbindung (§§ 946, 947 BGB) und berechtigter Weiterveräußerung (§§ 929, 185 BGB) des Kaufgegenstands an die Stelle der unter Eigentumsvorbehalt gelieferten Ware treten. Für den Fall der Weiterveräußerung wird die künftige Kaufpreisforderungen abgetreten; im Fall der Verarbeitung und Verbindung werden sogenannte Verarbeitungsklauseln vereinbart, durch die der Veräußerer zumindest Miteigentümer an der neu hergestellten Ware wird.

1614 Unter einem erweiterten Eigentumsvorbehalt wird eine Vereinbarung verstanden, wonach der Erwerber erst Eigentümer der Sache werden soll, wenn neben der vollständigen Kaufpreiszahlung noch weitere oder sämtliche Forderungen aus der Geschäftsverbindung mit dem Verkäufer getilgt sind (sog. „Kontokorrent-, Geschäftsverbindungs- oder Saldovorbehalt"), soweit nicht § 449 Abs. 3 BGB eingreift.

1615 *Andres*, in: Nerlich/Römermann, InsO, § 47 Rn. 23 ff., 27 ff.; *Gottwald/Adolphsen*, in: Kölner Schrift zur InsO, S. 1043, 1047, 1048; *Ganter*, in: MüKo-InsO, §§ 49-52 Rn. 28.

1616 BGH, B. v. 05.07.2007 – IX ZR 160/06; mit Anm. *Cranshaw*, Lizenzentgelte in der Insolvenz des Lizenzengebers, jurisPR-InsR 24/2007, Anm. 1; BGH, Urt. v. 02.06.2005 – IX ZR 181/03, DZWiR 2006, 29; zur Globalzession vgl. BGH, B. v. 29.11.2007 – IX ZR 30/07, ZIP 2008, 183.

1617 *Andres*, in: Nerlich/Römermann, InsO, § 47 Rn. 16.

Regelmäßig haben die absonderungsberechtigten Gläubiger einen erheblichen Einfluss auf die Abwicklung des Insolvenzverfahrens. Da sie gemäß §§ 49, 50 Abs. 1, 51 InsO nach Maßgabe der §§ 28 Abs. 2, 165, 166 ff., 173 InsO aus den Sicherungsgegenständen bevorrechtigt befriedigt werden, wird bei weitgehender Besicherung (zum Beispiel infolge umfangreich aufgenommener Kredite) nicht selten das gesamte verwertbare Vermögen des Schuldners erfasst. Dies hat – wie noch gezeigt werden wird – im Insolvenzverfahren freilich Konsequenzen für die nicht gesicherten einfachen Insolvenzgläubiger, die bei einer Verwertung der Insolvenzmasse auf ihre Ansprüche allenfalls geringe Quoten erwarten können.

1.4 Aussonderungsberechtigte Gläubiger

819 Nicht zu den Insolvenzgläubigern zählen Personen, die sich auf Grund außerhalb des Insolvenzverfahrens geltender Gesetze wegen eines dinglichen oder persönlichen Rechts darauf berufen können, dass ein Gegenstand nicht zur Insolvenzmasse gehört (§ 47 InsO). Aussonderungsberechtigte Gläubiger nehmen am Insolvenzverfahren nicht deshalb teil, weil ihnen gemeinsam mit anderen die Insolvenzmasse (in der Form ihres Substanzwertes) zur gemeinschaftlichen Befriedigung zugewiesen wird. Vielmehr beansprucht der aussonderungsberechtigte Gläubiger Gegenstände, die massefremd sind und dem Insolvenzschuldner nicht gehören. Solche Gegenstände können dem Insolvenzschuldner aufgrund von Verwahrungs- und Nutzungsverträgen (Hinterlegung, Verwahrung, Leihe, Miete)[1618], eines Werkvertrages[1619] oder im Zusammenhang von Geschäftsbesorgungs- und Treuhandverträgen[1620] (aus dem Vermögen des Treugebers) überlassen worden sein. Aussonderungsberechtigt sind auch die unter (einfachem) Eigentumsvorbehalt liefernde Vertragspartner des Insolvenzschuldners. Können die der Aussonderung unterliegenden Gegenstände von der Insolvenzmasse beweisbar und hinreichend unterschieden und bestimmt werden,[1621] sind sie vom Insolvenzverwalter an den aussonderungsberechtigten Gläubiger herauszugeben.[1622] Verweigert der Insolvenzverwalter die Herausgabe, kann der aussonderungsberechtigte Gläubiger ihn im Wege der Leistungsklage direkt auf Herausgabe (§§ 985, 1007 BGB) oder im Wege der Drittwiderspruchsklage (§ 771 BGB) in Anspruch nehmen. Hierin liegt der wesentlichen Unterschied zu den absonderungsberechtigten Gläubigern, die auf den grundsätzlich vom Insolvenzver-

---

1618 BGH, Urt. v. 20.12.2007 – IX ZR 132/06, ZIP 2008, 469.
1619 Brandenburgisches OLG, Urt. v. 01.09.1998 – 11 U 252/97, DZWIR 1999, 254, wegen eines dem Werkunternehmer zustehenden Aussonderungsrechts an einer nach § 17 VOB/B übergebenen Bürgschaftsurkunde zur Ablösung zunächst zurückgehaltener Sicherheitseinbehalte.
1620 BGH, Urt. v. 10.02.2011 – IX ZR 49/10, ZIP 2011, 777; BGH, Urt. v. 07.07.2005 – III ZR 422/04, ZIP 2005, 1465; BGH, Urt. v. 24.06.2003 – IX ZR 120/02, ZIP 2003, 1404.
1621 BGH, Urt. v. 23.09.2010 – IX ZR 212/09, ZIP 2010, 2009; BGH, Urt. v. 20.12.2007 – IX ZR 132/06, ZIP 2008, 469; BGH, Urt. v. 24.06.2003 – IX ZR 75/01, DZWIR 2003, 510; BGH, Urt. v. 08.02.1996 – IX ZR 151/95, NJW 1996, 1543; BGH, Urt. v. 19.11.1992 – IX ZR 45/92, DNotZ 1993, 384.
1622 Vgl. auch BGH, Urt. v. 08.06.2005 – IV ZR 30/04, ZIP 2005, 1373 m. Anm. *Blank/Petersen*, EWiR 2005, 801.

Kapitel 10 Insolvenzgläubiger

walter zu bewirkenden Verwertungserlös des Sicherungsgutes angewiesen sind.

Ebenso gehören zu den aussonderungsberechtigten Gläubigern jene, die infolge einer unberechtigten Veräußerung schuldnerfremden Gutes durch den Schuldner oder durch den Insolvenzverwalter gemäß § 48 InsO einen Anspruch auf Abtretung des Rechts auf die Gegenleistung erlangen, soweit dieses noch aussteht (Ersatzaussonderung).[1623] Ist die Gegenleistung bereits in die Masse eingegangen, kann er sie vom Insolvenzverwalter verlangen, soweit sie noch unterscheidbar vorhanden ist.

1.5 Massegläubiger

Von den Insolvenzgläubigern nach §§ 38, 39 InsO sind streng die Massegläubiger zu unterscheiden, die zuvor aus der Insolvenzmasse zu bedienen sind (§ 53 InsO). Wer Massegläubiger ist, bestimmt sich nach §§ 54, 55 InsO: Zu den Masseverpflichtungen zählen die Kosten des Insolvenzverfahrens sowie die sonstigen Masseverbindlichkeiten. Massekosten sind nach § 54 InsO die anfallenden Gerichtsgebühren, die Vergütung und die Auslagen des Insolvenzverwalters, des vorläufigen Insolvenzverwalters sowie der Mitglieder des Gläubigerausschusses. Nach § 55 Abs. 1 Nr. 1 InsO entstehen sonstige Masseverbindlichkeiten infolge von Rechtshandlungen des Insolvenzverwalters oder in anderer Weise durch die Verwaltung, Verwertung und Verteilung der Insolvenzmasse, ohne zu den Kosten des Insolvenzverfahrens zu gehören.[1624] Hinzukommen nach Verfahrenseröffnung auch die von einem vorläufigen Insolvenzverwalter begründeten Verpflichtungen (§ 55 Abs. 2 InsO), soweit auf den vorläufigen Verwalter die Verfügungsmacht übergegangen ist (§ 22 Abs. 1 InsO). Als oktroyierte Masseverbindlichkeiten werden Ansprüche aus zweiseitigen Verträgen bezeichnet, die der Entscheidungsbefugnis des Insolvenzverwalters entzogen sind, etwa weil er wegen noch nicht abgelaufener Kündigungsfristen aus Mietverträgen weiter verpflichtet bleibt oder Arbeitnehmer noch nach Eröffnung des Insolvenzverfahrens fortbeschäftigen muss; denn Ansprüche aus Dauerschuldverhältnissen bestehen nach § 108 Abs. 1 InsO mit Wirkung für die Insolvenzmasse fort. Masseverbindlichkeiten sind ferner Ansprüche aus ungerechtfertigter Bereicherung der Masse (§ 55 Abs. 1 Nr. 3 InsO).

Für die Massegläubiger gilt die Bestimmung des § 87 InsO, die den Insolvenzgläubigern die Forderungsverfolgung nur nach den Vorschriften der Insolvenzordnung gestattet, nicht. Vielmehr sind die Massegläubiger in der Lage, im Rahmen des § 90 InsO ihre – titulierten – Forderungen auch im Wege der Individualzwangsvollstreckung in die Masse durchzusetzen.

820

[1623] BGH, Urt. v. 23.09.2010 – IX ZR 212/09, ZIP 2010, 2009; BGH, Urt. v. 08.05.2008 – IX ZR 229/06, ZIP 2008, 1127.
[1624] BFH, Urt. v. 27.07.2011 – VI R 9/11, ZInsO 2011, 2186 m. Anm. Roth; BFH, Urt. v. 24.02.2011 – VI R 21/10, BStBl. II 2011, 520.

2. Forderungsverfolgung im Insolvenzverfahren

821 Mit der Eröffnung nehmen die Insolvenzgläubiger gemeinsam am Insolvenzverfahren teil, um ihre Ansprüche summarisch geltend zu machen (sogenannte Konzentrationsmaxime). An die Stelle der individuellen Rechtsverfolgung tritt die kollektive Rechtsdurchsetzung durch Verwertung des schuldnerischen Vermögens oder Sanierung des Schuldners. Folge dessen ist, dass nach § 80 Abs. 1 InsO das Recht des Schuldners, das zur Insolvenzmasse gehörende Vermögen zu verwalten und hierüber zu verfügen, auf den Insolvenzverwalter übergeht, schwebende Gerichtsverfahren nach § 240 ZPO zunächst unterbrochen werden und die Zwangsvollstreckungsmaßnahmen der einzelnen Insolvenzgläubiger in die Insolvenzmasse oder in das sonstige Vermögen des Schuldners während der Dauer des Insolvenzverfahrens unzulässig sind (§ 89 Abs. 1 InsO). Die Insolvenzgläubiger können ihre Forderungen nur noch nach den Vorschriften über das Insolvenzverfahren verwirklichen (§ 87 InsO).

2.1 Forderungsanmeldung

822 Wesentliches Element der Forderungsverfolgung im eröffneten Insolvenzverfahren ist für die Insolvenzgläubiger das Verfahren der Forderungsanmeldung nach §§ 174 ff. InsO. Bedeutung hat die Forderungsanmeldung, als mit ihr verbindlich das Bestehen und die Höhe des Anspruches des Insolvenzgläubigers festgestellt werden, mit dem er am weiteren Verfahren teilnimmt. Die Feststellung der zur Tabelle angemeldeten Forderung wirkt nach § 178 Abs. 3 InsO gegenüber dem Insolvenzverwalter und allen anderen Insolvenzgläubigern wie ein rechtskräftiges Urteil, und zwar nicht nur während des Insolvenzverfahrens, sondern auch für die Zeit danach. Freilich steht das Recht, eine angemeldete Forderung zu bestreiten, neben dem Insolvenzverwalter und dem Schuldner auch jedem Insolvenzgläubiger zu, bewirkt aber bei erfolgloser Ausübung des Widerspruchsrechts ebenso die Rechtskraftwirkung einer Forderungsfeststellung gegenüber dem Bestreitenden.[1625]

823 Das Insolvenzgericht hat mit dem Eröffnungsbeschluss die Insolvenzgläubiger zur Forderungsanmeldung aufzufordern (§§ 27, 28 InsO) und den Prüfungstermin (§ 29 InsO) festzusetzen, zu dem es die Beteiligten zu laden hat. Seine Forderungen hat der Insolvenzgläubiger des § 38 InsO schriftlich beim Insolvenzverwalter anzumelden, § 174 Abs. 1 Satz 1 InsO. Dabei sind der (Rechts-) Grund und der Betrag der Hauptforderung sowie die vor der Verfahrenseröffnung angefallenen Kosten und Zinsen im Einzelnen konkret anzugeben. Die Forderungen der nachrangiger Insolvenzgläubiger nach § 39 InsO sind nur dann anzumelden, wenn das Insolvenzgericht – womöglich erst zu einem späteren Zeitpunkt – gemäß § 174 Abs. 3 InsO besonders zur Anmeldung dieser Forderungen aufgefordert hat, wobei auf den Nachrang hinzuweisen und die dem Gläubiger zustehende Rangstelle zu bezeichnen ist.

[1625] Vgl. amtl. Begründung in BT-Drucks. 1/92, S. 185; BGH, Urt. v. 04.10.1984 – IX ZR 159/83, LSK 1985, 050043; BGH, E. v. 21.02.1991 – IX ZR 133/90, BGHZ 113, 381.

Der Anmeldung sollen die Urkunden, aus denen sich die Forderung ergibt (zum Beispiel Verträge, Bestellungen, Rechnungen, Lieferscheine, Abnahmeprotokolle, Mahnungen, Zinsberechnungen), in Ablichtung beigefügt werden. Gestattet der Insolvenzverwalter nach § 174 Abs. 4 InsO ausdrücklich die Anmeldung durch Übermittlung eines elektronischen Dokuments (beispielsweise über ein im Internet aufrufbares Gläubigerinformationssystem), sollen die Urkunden, aus denen sich die Forderung ergibt, unverzüglich nachgereicht werden. Ferner sollen die Tatsachen mitgeteilt werden, aus denen sich nach Einschätzung des Gläubigers ergibt, dass dem angemeldeten Anspruch eine vorsätzlich begangene unerlaubte Handlung des Schuldners zugrunde liegt (§ 174 Abs. 2 InsO). Diese Regelungen entsprechen den wesentlichen Anforderungen, die zivilprozessual an eine (Leistungs-) Klage gerichtet werden. Nur wenn der Insolvenzgläubiger die zur Prüfung erforderlichen Unterlagen beifügt, versetzt er den Insolvenzverwalter und die weiteren Insolvenzgläubiger in die Lage, über die Berechtigung des erhobenen Anspruchs zu erkennen. Kann der Insolvenzverwalter wegen der fehlenden Belege die Forderung zunächst nicht anerkennen und erhebt der Insolvenzgläubiger Feststellungsklage, läuft er Gefahr, die dadurch anfallenden Prozesskosten nach Erledigung des Rechtsstreits tragen zu müssen, weil er den Rechtsstreit durch die mangelhafte Substantiierung veranlasst hat.[1626]

824

Nicht selten verfügt der Insolvenzgläubiger bereits vor Verfahrenseröffnung über einen Vollstreckungstitel, mit dem er vergeblich versuchte, seine Ansprüche durchzusetzen. Kommt es dann zur Eröffnung des Insolvenzverfahrens und meldet der Insolvenzgläubiger wohl oder übel seine Forderungen zur Tabelle an, kann sich die Frage stellen, ob er die vollstreckbare Ausfertigung des Vollstreckungstitels, mit der er für die Dauer des Insolvenzverfahrens wegen § 89 InsO ohnehin keine Vollstreckungsmaßnahmen wirksam veranlassen kann, dem Insolvenzverwalter einzureichen hat. Regelmäßig verlangen Insolvenzverwalter im Forderungsfeststellungsverfahren die Übergabe des Titels im Original respektive der vollstreckbaren Ausfertigung, wobei als Motiv überwiegend die Vermeidung einer erneuten Titulierung der angemeldeten Forderungen durch Eintragung in die Insolvenztabelle auszumachen ist. Nach dem Wortlaut des § 174 Abs. 1 InsO sind die Urkunden, aus denen sich die Forderung ergibt, im Abdruck, das heißt in Ablichtung oder Durchschrift, beizufügen. Eine darüber hinausgehende Vorlagepflicht besteht anlässlich der Forderungsanmeldung auch nach Auffassung des BGH[1627] nicht. Zu Recht weist der IX. Zivilsenat daraufhin, dass dem Insolvenzverwalters und den übrigen Insolvenzgläubigern im Rahmen der Forderungsanmeldung die Möglichkeit der Prüfung der angemeldeten Forderung eröffnet werden soll, damit sie gegebenenfalls von ihrer Widerspruchsbefugnis (§ 178 Abs. 1 InsO) Gebrauch machen können. Hierzu genügen Ablichtungen der in Betracht kommenden Belege, weshalb die Vorlage von Originalurkunden keine zwingende Voraussetzung für die Feststellung einer Forderung zur Tabelle ist. Nach Auffassung des BGH

825

1626 OLG Hamm, B. v. 12.10.1998 – 30 U 61/98, BeckRS 1998, 09310.
1627 BGH, Urt. v. 01.12.2005 – IX ZR 95/04, DZWiR 2006, 125; Anm. *Smid*, jurisPR-InsR 7/2006 Anm. 3.

kann eine erneute Titulierung einer bereits titulierten Forderung im Verlauf des Insolvenzverfahrens dadurch vermieden werden, dass das Insolvenzgericht die spätere Erteilung des vollstreckbaren Tabellenauszugs von der Vorlage der vollstreckbaren Ausfertigung des vorkonkurslichen Titels zum Zwecke seiner Entwertung abhängig macht.

826 Der Insolvenzgläubiger kann sich im Verfahren der Forderungsanmeldung anwaltlich oder durch nach § 10 Abs. 1 Satz 1 Nr. 1 RDG registrierte Personen, die Inkassodienstleistungen erbringen, vertreten lassen. Mehrere Insolvenzgläubiger sollen aus Gründen der Kostenersparnis für ihre gleichartigen Forderungen sogenannte Sammelanmeldungen vornehmen lassen können, wobei dem Bestimmtheitserfordernis einer solchen Anmeldung nur dann entsprochen wird, wenn der Sammelanmeldung die den einzelnen Insolvenzgläubigern jeweils zustehenden Forderungen zum Zwecke der Prüfung und Feststellung einwandfrei individualisiert entnommen werden kann.[1628]

827 Die Anmeldung hemmt gemäß § 204 Abs. 1 Nr. 10 BGB die Verjährung der Forderung. Mithin muss der Insolvenzgläubiger zur Vermeidung des Verjährungseintritts außer der ordnungsgemäßen Forderungsanmeldung keine weiteren Schritte unternehmen, insbesondere muss er keine Klage erheben oder den Erlass eines Mahnbescheids beantragen. Allerdings hat er bei der Benennung des Rechtsgrunds der angemeldeten Forderungen einige Sorgfalt zu beobachten. In einem vom BGH[1629] entschiedenen Fall hatte die Bundesrepublik Deutschland durch die Bundesanstalt für vereinigungsbedingte Sonderaufgaben (BvS) in einem Insolvenzverfahren verschiedene Forderungen auf Rückzahlung geleisteter Darlehen zur Tabelle angemeldet. Zwischenzeitlich entschied die Kommission der Europäischen Gemeinschaften, dass die von der Bundesrepublik an die Insolvenzschuldnerin vergebene Beihilfen, zu denen die fraglichen Darlehen gehörten, mit dem gemeinsamen Markt unvereinbar seien, woraus sich die Nichtigkeit der Darlehensverträge ergab. Der Insolvenzverwalter hatte die angemeldeten Forderungen der Bundesrepublik mit der Begründung bestritten, es handle sich um nachrangige Forderungen im Sinne des § 39 Abs. 1 Nr. 5 InsO. Nachdem weitere Verhandlungen scheiterten, erhob die Bundesrepublik gegen den Insolvenzverwalter Klage und begehrte die Feststellung, dass ihr in Höhe der Darlehen nebst Zinsen Insolvenzforderungen sowie nachrangige Insolvenzforderungen wegen der nach Eröffnung des Insolvenzverfahrens aufgelaufenen Zinsen zustünden. Der BGH hielt die Klage für unzulässig, soweit mit ihr die Feststellung der Darlehenrückzahlungsansprüche und Zinsen als Insolvenzforderungen begehrt wurden. Zur Begründung verwies er darauf, dass die Feststellung nach Grund, Betrag und Rang der Forderungen nur in der Weise begehrt werden könne, wie die Forderung in der Anmeldung oder im Prüfungstermin bezeichnet worden sind (§ 181 InsO). Die Anmeldung zur Tabelle sei Sachurteilsvoraussetzung, weshalb eine Feststellungsklage ohne Anmeldung unzulässig wäre. Der Grund für das vorrangig zu betreibende Anmeldungs- und Prüfungsverfahren läge darin, dass das Feststellungsurteil

---

[1628] *Eickmann,* in: Gottwald, Insolvenzrechts-Handbuch, § 63 Rn. 5.
[1629] BGH, Urt. v. 05.07.2007 – IX ZR 221/05, DZWiR 2008, 103.

gegenüber dem Insolvenzverwalter und allen Gläubigern wirkt (§ 183 Abs. 1 InsO); diese müssten ebenso wie der Verwalter selbst zunächst Gelegenheit erhalten, die angemeldete Forderung zu prüfen und gegebenenfalls zu bestreiten. Maßgebend für diese Prüfung sei der Sachverhalt, der in der Anmeldung angegeben worden ist (§ 174 Abs. 1 Satz 1, Abs. 2 InsO). Dieser Sachverhalt (der „Grund" des Anspruchs) bestimme, soweit die Forderung als anerkannt in die Tabelle eingetragen wird, den Umfang der Rechtskraft der Eintragung gegenüber den Gläubigern (§ 183 InsO) und, soweit die Forderung bestritten wird, den Umfang der Rechtskraft des im Feststellungsprozess ergehenden Urteils. Deswegen müsse der Anspruchsgrund bei der Anmeldung zur Tabelle angegeben werden. Wird er nach der insolvenzrechtlichen Prüfung geändert, so bedürfe es einer neuen Anmeldung; ohne sie sei eine auf den anderen Anspruchsgrund gestützte Feststellungsklage ebenso unzulässig wie eine Klage ohne jede Anmeldung. Da die Bundesrepublik ihre Forderungen als Darlehensforderungen angemeldet hatte, ihr tatsächlich aber Bereicherungsansprüche nach §§ 812 ff. BGB gegen die Schuldnerin zustünden, weil die zwischen den Parteien vereinbarten Darlehen gegen das Durchführungsverbot des Art. 88 Abs. 3 Satz 3 EG-Vertrag verstießen und damit nach § 134 BGB nichtig gewesen seien, beruhen die der Feststellungsklage zugrunde liegenden Forderungen auf einem anderen Sachverhalt und sind rechtlich wesentlich anders zu beurteilen, als die angemeldeten. Die Bundesrepublik war deshalb gehalten, wegen der bereicherungsrechtlichen Rückzahlungsansprüche eine Neuanmeldung zur Tabelle vorzunehmen, was auch nach Ablauf der Frist des § 28 Abs. 1 Satz 1 InsO möglich ist (§ 177 InsO).[1630] Eine andere Frage ist, ob durch die erste, auf die Darlehensrückzahlungsansprüche gestützte Forderungsanmeldung auch die Verjährung für die bereicherungsrechtlichen Ansprüche gehemmt werden konnte.

Zur Insolvenztabelle können nur Forderungen angemeldet werden, die sich für die Berechnung der Quote eignen, da nur dann die insolvenzrechtlich gebotene gleichmäßige Gläubigerbefriedigung möglich ist. Nicht auf Geld gerichtete Forderungen oder Forderungen, deren Geldbetrag unbestimmt ist, sind deshalb nach § 45 InsO mit dem Wert geltend zu machen. Hierunter fallen zum Beispiel Ansprüche auf Nacherfüllung, Nachbesserung, Mängelbeseitigung sowie auf Rückgewähr von Gegenständen infolge abgegebener Rücktrittserklärungen. Für eine Tabellenanmeldung eines Anspruchs auf Zug-um-Zug-Leistung sieht der BGH keine gesetzliche Grundlage, zumal ein solcher Antrag der Struktur des Insolvenzverfahrens mangels einer den §§ 756, 765 ZPO entsprechenden Verfahrensweise nicht genügt.[1631] Der Insolvenzverwalter hat jede angemeldete Forderung mit den in § 174 Abs. 2 und 3 InsO genannten Angaben in eine Tabelle einzutragen. Hiernach ist die Tabelle mit den Anmeldungen sowie den beigefügten Urkunden in der Geschäftsstelle des Insolvenzgerichts niederzulegen, damit die Beteiligten Einsicht nehmen können. Hat ein Insolvenzgläubiger eine

828

1630 BGH, B. v. 15.12.2005 – IX ZB 135/03, WM 2006, 778, 779.
1631 BGH, Urt. v. 23.10.2003 – IX ZR 165/02, ZIP 2003, 2379 m. Anm. von *Holzer*, Zur Anmeldung von Zug-um-Zug-Leistungen zur Insolvenztabelle, EWiR 2004, 191.

Forderung aus einer vorsätzlich begangenen unerlaubten Handlung angemeldet, ist der Schuldner durch das Insolvenzgericht auf die Rechtsfolgen des § 302 InsO (Nichtberücksichtigung bei etwaiger Restschuldbefreiung) sowie die Möglichkeit des Widerspruchs hinzuweisen.

2.2 Prüfungstermin

829 Die von den Insolvenzgläubigern zur Tabelle angemeldeten Forderungen werden in einem Prüfungstermin anlässlich einer nach § 29 Abs. 1 Nr. 2 InsO anzuberaumenden Gläubigerversammlung geprüft (§ 176 InsO). Neben den Insolvenzgläubigern sind der Schuldner und der Insolvenzverwalter durch das Insolvenzgericht zu laden, welches den Prüfungstermin leitet. Die Insolvenzgläubiger können sich im Termin vertreten lassen. Die Prüfung und Feststellung der Insolvenzforderungen im Prüfungstermin dient der Bestimmung des Verteilungsschlüssels nach § 188 InsO.

830 Geprüft werden alle zur Tabelle angemeldeten Ansprüche hinsichtlich ihres Grundes, Betrages sowie darauf, ob es sich um Insolvenzforderungen nach § 38 InsO oder um nachrangige Forderungen gemäß § 39 InsO handelt. Ferner ist zu bestimmen, ob Vorrechte nach den §§ 264 bis 266 InsO im Folgeinsolvenzverfahren oder gemäß § 32 DepotG bestehen. Der Insolvenzverwalter hat die angemeldeten Forderungen unter Beachtung der von den Gläubigerin gegebenen Informationen und Unterlagen im Termin zu prüfen und im Falle eines Widerspruchs einzeln zu erörtern (§ 176 InsO). Die Erörterung der bestrittenen Ansprüche dient der Aufklärung der im Termin anwesenden Gläubiger über die Gründe, die zum Bestreiten der Forderung führen. Hierzu erhält jeder Insolvenzgläubiger rechtliches Gehör. Nach § 177 Abs. 1 Satz 1 InsO sind im Prüfungstermin auch die Forderungen zu prüfen, die nach dem Ablauf der Anmeldefrist (vgl. § 28 InsO) angemeldet worden sind, es sei denn, der Insolvenzverwalter oder ein Insolvenzgläubiger widerspricht dieser Prüfung. Wird eine Forderung erst nach dem Prüfungstermin angemeldet, so hat das Insolvenzgericht auf Kosten des Säumigen entweder einen besonderen Prüfungstermin zu bestimmen oder die Prüfung im schriftlichen Verfahren anzuordnen. Gleiches gilt für nachträgliche Anmeldungen nach Ablauf der Anmeldefrist, deren Prüfung im Termin widersprochen wurde, und für spätere Änderungen der Anmeldung. So können auch für eine bereits zur Tabelle festgestellte Forderung nachträglich angemeldete Tatsachen, aus denen sich nach Einschätzung des Gläubigers zum Beispiel ergibt, dass ihr eine vorsätzlich begangene unerlaubte Handlung des Schuldners zugrunde liegt, in die Tabelle eingetragen werden.[1632]

831 Wird weder im Prüfungstermin noch im schriftlichen Verfahren (§ 177 InsO) ein Widerspruch vom Insolvenzverwalter oder von einem Insolvenzgläubiger erhoben oder wird ein bereits erhobener Widerspruch (zum Beispiel durch Rücknahme nach Erörterung) nachträglich beseitigt ist, gilt die angemeldete Forderung als festgestellt – ein Widerspruch des Schuldners steht der Feststellung der Forderung indes nicht entgegen (§ 178 Abs. 1 InsO). Das Gesetz knüpft an die Abwesenheit eines Widerspruchs des Insol-

---

1632 BGH, Urt. v. 17.01.2008 – IX ZR 220/06, DZWIR 2008, 216.

venzverwalters oder eines Insolvenzgläubigers die gesetzliche Fiktion der Forderungsfeststellung; es genügt der Umstand, dass sich niemand zu der jeweiligen Forderung äußert, so dass es nicht positiver Äußerungen wie Zustimmungserklärungen oder dergleichen bedarf. Wurde kein Widerspruch erhoben, scheidet ein nachträgliches Bestreiten der angemeldeten Forderung aus. Für jede angemeldete Insolvenzforderung trägt das Insolvenzgericht demnach in die Tabelle ein, ob und inwieweit die Forderung ihrem Betrag und ihrem Rang nach festgestellt ist und gegebenenfalls, wer der Feststellung widersprochen hat. Der Widerspruch des Schuldners ist ebenfalls einzutragen, auch wenn er damit die Feststellung nicht verhindern kann. Zudem ist auf Wechseln und Schuldurkunden die Forderungsfeststellung zu vermerken (§ 178 Abs. 2 InsO).

Rechtfolge der Eintragung in die Tabelle ist, dass die festgestellten Forderungen mit ihrem Betrag und ihrem Rang wie durch ein rechtskräftiges Urteil tituliert gegenüber dem Insolvenzverwalter, dem Schuldner (soweit sein Vermögen dem Insolvenzverfahren unterliegt) und allen anderen Insolvenzgläubigern wirken (§ 178 Abs. 3 InsO). Der Insolvenzgläubiger erhält mit der Beurkundung durch das Insolvenzgericht einen Rechtstitel. Überdies geraten mit der Feststellung zur Tabelle gemäß § 240 ZPO unterbrochene Prozesse wieder in Gang, und zwar auch insoweit, als in ihnen Fragen zu klären waren, die keinen Vermögenswert (vgl. §§ 35, 38 InsO) oder nur Kosten betrafen. Denn die nach § 178 Abs. 3 InsO wirkende Rechtskraft führt einerseits zur Unzulässigkeit weiterer Verfahren zwischen den Parteien über denselben Streitgegenstand und hindert andererseits in schon rechtshängigen Verfahren eine abweichende Entscheidung, so dass die Eintragung in die Insolvenztabelle zur Erledigung des Rechtsstreits führt.[1633] Indes wirkt gegenüber Dritten, die nicht am Insolvenzverfahren als Insolvenzgläubiger beteiligt sind, die Feststellung der Forderung und Eintragung in die Insolvenztabelle ebenso wenig, wie in einem gewöhnlichen Prozess ohne Beteiligung Dritter.

832

2.3 Widerspruch gegen angemeldete Ansprüche

Die Insolvenzgläubiger und der Insolvenzverwalter können die Berechtigung angemeldeter Forderungen durch Erhebung des Widerspruchs bestreiten (§ 178 Abs. 1 Satz 1 InsO). Der Widerspruch kann bereits vor dem Prüfungstermin erhoben werden. Dabei kann sich der Widerspruch gegen die Anspruchsberechtigung, den Rechtsgrund, die Höhe oder das geltend gemachte Vorrecht (vgl. §§ 38, 39 InsO) richten. Der Gesetzestext verlangt keine inhaltliche Begründung des Widerspruchs, so dass es genügen würde, den Widerspruch an sich zu erheben. Freilich ist es angesichts der mit der Erhebung des Widerspruchs verbundenen Konsequenzen sachdienlich, die Gründe für das Bestreiten mitzuteilen.

Vielfach ist Tabellenauszügen zu entnehmen, dass der Insolvenzverwalter angemeldete Forderungen „vorläufig bestreite", obgleich die Insolvenzordnung eine solche Form des Bestreitens nicht kennt. Ein solcher Widerspruch

833

[1633] BGH, B. v. 02.02.2005 – XII ZR 233/02, LSK 2005, 250124.

Teil 2   Materielles Insolvenzrecht

des Insolvenzverwalters wirkt im gleichen Maß wie ein „endgültiges Bestreiten"; es werden die gleichen Rechtsfolgen ausgelöst.[1634] Sicherlich kann das „vorläufige Bestreiten" den Sinn haben, gegenüber dem betroffenen Gläubiger zu signalisieren, für die Prüfung der Forderung noch Zeit zu benötigen. Einer sogleich erhobenen Feststellungsklage könnte der Insolvenzverwalter dann mit einem sofortigen Anerkenntnis oder Rücknahme des Widerspruchs begegnen, was für den klagenden Insolvenzgläubiger die Kostenfolge der §§ 91a, 93 ZPO nach sich ziehen würde. Ratsam wird es deshalb sein, dem Insolvenzverwalter eine angemessene Frist zur abschließenden Erklärung über die angemeldete Forderungen zu geben.

834   Bestreitet der Insolvenzverwalter angemeldete Forderungen, übt er seine ihm nach dem Gesetz zugewiesene Befugnis zur Masseverwaltung aus (§ 80 Abs. 1 InsO). Damit verbunden ist die Ermächtigung zur Rechtsverfolgung für die Masse auch angesichts der nach Beendigung des Insolvenzverfahrens wiedereintretenden unbeschränkten Haftung des Schuldners (§ 201 InsO). Freilich hat zudem der Schuldner die Möglichkeit, angemeldete Forderungen mittels Widerspruch nach § 184 InsO zu bestreiten, was später mangels Vollstreckungstitels die Zwangsvollstreckung aus dieser Forderung nach Aufhebung des Verfahrens verhindert (§ 201 Abs. 2 InsO). Hiervon unabhängig ist aber das Rechtsschutzinteresse des Insolvenzverwalters, unrechtmäßige oder zweifelhafte Forderungen im Prüfungstermin bestreiten zu dürfen, wobei es unbeachtlich ist, ob die weitere Forderungsverfolgung im und nach Beendigung des Insolvenzverfahrens überhaupt Aussicht auf Erfolg hat. In diesem Zusammenhang weist der BFH[1635] ausgehend von der Amtstheorie[1636] zutreffend daraufhin, dass der Insolvenzverwalter die Stellung eines im eigenen Namen und im Interesse aller am Insolvenzverfahren Beteiligten, also sowohl der Gläubiger als auch des Schuldners, handelnden Amtstreuhänders einnimmt und für sein Handeln allen Beteiligten verantwortlich ist (vgl. § 60 InsO). Da zum Beispiel die Eintragung einer Steuerverbindlichkeit in die Tabelle in ihren Rechtswirkungen einer Steuerfestsetzung gleichkommt, gegen die grundsätzlich ein Rechtsbehelf nicht mehr gegeben ist, gehört es zu den Befugnissen des Insolvenzverwalters und gleichzeitig zu seinen haftungsrechtlich bewährten Pflichten, gegen einen Feststellungsbescheid, mit dem die Finanzverwaltung die Aufnahme einer Steuerforderung zur Tabelle und damit ihre Titulierung begehrt, Rechtsbehelfe einzulegen. Der BFH hebt deutlich hervor, es könne dem Insolvenzverwalter „schwerlich ein Interesse daran abzusprechen sein, im Prüfungstermin Forderungen, deren Rechtmäßigkeit er in Zweifel zieht, auch dann entgegen zu treten, wenn ihre Realisierbarkeit im und nach Beendigung des Verfahrens nahezu aussichtslos erscheint". Denn andernfalls müsste der Insolvenzverwalter „sehenden Auges" hinnehmen, dass mit dem Tabelleneintrag sowohl zum etwaigen Nachteil der Gläubiger als auch dem des Insolvenzschuldners

---

1634 BGH, B. v. 09.02.2006 – IX ZB 160/04, ZInsO 2006, 320 m. Anm. *Smid*, jurisPR-InsR 17/2006 Anm. 2.
1635 BFH, Urt. v. 30.11.2004 – VII R 78/03, ZIP 2005, 954.
1636 BGH, Urt. v. 26.01.2006 – IX ZR 282/03, ZInsO 2006, 260; BGH, Urt. v. 04.06.1996 – IX ZR 261/95, WM 1996, 1411, 1412; BGH, E. v. 27.10.1983 – I ARN 334/83, BGHZ 88, 331.

ein Vollstreckungstitel geschaffen werden würde. Zu Recht verweist der BFH des Weiteren darauf, dass es sich zwar zum Zeitpunkt der Einlegung von Rechtsbehelfen unter Umständen abzeichnen mag, eine Quote nicht ausschütten zu können. Ob sich eine solche Einschätzung bei Abschluss des Insolvenzverfahrens bewahrheitet, sei indes für jedermann ungewiss, weshalb das Rechtschutzbedürfnis des Insolvenzverwalters nicht in Abrede gestellt werden könne. Ebenso wenig kann das Rechtsschutzbedürfnis mit dem Hinweis darauf versagt werden, der Insolvenzschuldners habe die Möglichkeit zum Bestreiten nach § 189 InsO, denn damit schützt der Insolvenzschuldner nur sich, nicht aber das gemeinsame Interesse der Insolvenzgläubiger, welches der Insolvenzverwalter aber zu wahren hat.

Wird die Forderung durch den Insolvenzverwalter oder einen im Prüfungstermin anwesenden Insolvenzgläubiger („endgültig") bestritten, ist der Widerspruch durch das Insolvenzgericht (Rechtspfleger) in die Tabelle einzutragen (§ 178 Abs. 2 InsO). Dem Insolvenzgläubiger, dessen Forderung bestritten wurde, bleibt es gemäß § 179 Abs. 1 InsO überlassen, die Feststellung seiner Forderung gegen den Bestreitenden auf dem Gerichtsweg zu betreiben. Die streitige Forderung nimmt dann zunächst nicht an der Verteilung nach §§ 187 ff. InsO teil (gegebenenfalls wird aber der auf diese Forderung entfallende Anteil bei der Verteilung zurückbehalten, vgl. § 189 InsO). Das Insolvenzgericht erteilt dem Gläubiger, dessen Forderung bestritten worden ist, nach § 179 Abs. 3 Satz 1 InsO einen beglaubigten Auszug aus der Tabelle. Hat der Insolvenzverwalter die Forderung bestritten, kann der Insolvenzgläubiger gegen ihn Feststellungsklage erheben (§ 180 Abs. 1 InsO) oder – wenn der anmeldende Gläubiger bereits vorkonkurslich Leistungsklage gegen den späteren Insolvenzschuldner erhoben hatte – diese Klage auf eine Feststellungsklage gegen den bestreitenden Insolvenzverwalter gemäß § 264 Nr. 1 und 3 ZPO umstellen (§ 180 Abs. 2 InsO). Liegt für die bestrittene Forderung bereits ein vollstreckbarer Schuldtitel oder ein Endurteil vor, schafft der Widerspruch den Titel indessen nicht aus der Welt; der existente Titel ist „stärker" als das einfache Bestreiten durch den Verwalter oder einen konkurrierenden Insolvenzgläubiger mittels Widerspruch. Es obliegt dann dem Bestreitenden, den Widerspruch zu verfolgen (§ 179 Abs. 2 InsO); in diesem Fall erhält auch der Bestreitende einen beglaubigten Tabellenauszug. 835

2.4 Forderungsfeststellungsprozess

In dem nach §§ 179, 180 InsO zu führenden Forderungsfeststellungsprozess des Insolvenzgläubigers, dessen angemeldete Forderungen widersprochen wurde, ist die gesetzliche Sonderregelung über die gerichtlichen Zuständigkeit für diese Rechtsstreitigkeiten zu beachten. Ist der Rechtsweg zu den ordentlichen Gerichten eröffnet, bestimmt § 180 Abs. 1 Satz 2 InsO das Amtsgericht des Insolvenzverfahrens bzw. (streitwertabhängig) dessen übergeordnetes Landgericht als das erstinstanzlich zuständige Gericht. Für die Bestimmung des Streitwertes der Feststellungsklage gelten die allgemeinen zivilprozessrechtlichen Regelungen, die gemäß § 182 InsO mit Rücksicht auf die Aussichten des Gläubigers, in der Schlussverteilung berücksichtigt zu 836 werden, modifiziert werden. Wenn mit einer quotenmäßigen Befriedigung nicht zu rechnen ist, wird der Streitwert auf die geringste Wertstufe des Kosten- und Gebührenrechts festgesetzt.[1637] Sind die ordentlichen Gerichte nicht zuständig, belässt es § 185 InsO bei der Zuständigkeit der die jeweilige Forderung betreffenden Fachgerichte oder Verwaltungsbehörden.

837 Die Zulässigkeit der vom Insolvenzgläubiger zu erhebenden Klage auf Feststellung seiner Forderung zur Insolvenztabelle ist nicht von der vorherigen Durchführung eines Verfahrens der obligatorischen außergerichtlichen Streitschlichtung im Sinne des § 15a EGZPO abhängig.[1638] Der Sachantrag ist auf die Feststellung der angemeldeten Forderung zur Insolvenztabelle nach Grund, Betrag und Rang (§ 181 InsO) zu richten. „Grund" des Anspruchs, dessen Feststellung begehrt wird, ist der in der Anmeldung angegebene Sachverhalt;[1639] wird gegenüber dem Prozessgericht ein anderer Anspruchsgrund für die festzustellende Insolvenzforderung benannt, der nicht bei der Anmeldung angegeben wurde, ist die Klage unzulässig.[1640] Denn der Umfang der gerichtlichen Feststellung der streitigen Forderung richtet sich nach § 181 InsO, so dass die Feststellung nach Grund, Betrag und Rang der Forderung nur in der Weise begehrt werden kann, wie die Forderung in der Anmeldung oder im Prüfungstermin bezeichnet worden ist. Damit darf das Prozessgericht mit seinem Feststellungsurteil nicht über den qualitativen und quantitativen Umfang der streitbehafteten Forderungsanmeldung sowie des Feststellungsantrages hinausgehen. Aus § 181 InsO folgt zugleich, dass sowohl die vorherige Forderungsanmeldung zur Insolvenztabelle als auch deren Prüfung sowie ihr Bestreiten durch Widerspruch zwingende Sachurteilsvoraussetzung sind. Die auf Feststellung gerichtete Klage ist deshalb dann unzulässig, wenn die Klageforderung im Insolvenzverfahren weder angemeldet, noch geprüft und bestritten worden ist.[1641] Diese Sachurteilsvoraussetzung ist von Amts wegen durch das Prozessgericht zu prüfen, was aber nicht bedeutet, dass es hierzu von Amts wegen selbstständig ermittelt. Vielmehr wird das Verfahren vor dem Prozessgericht gemäß § 179 Abs. 1 InsO von der Dispositionsmaxime beherrscht, weshalb die Parteien – primär der die Feststellung begehrende Insolvenzgläubiger – alle Zulässigkeitsvoraussetzungen darzulegen und die erforderlichen Nachweise zu benennen haben. Zur zulässigen Klage des Insolvenzgläubigers gehören damit Erklärungen zu den vorgenannten Sachurteilsvoraussetzungen. Unterlässt er diesen Vortrag und legt zum Beispiel der beklagte Insolvenzverwalter noch in der Revisionsinstanz vor dem BGH seinerseits dar, es sei keine Anmeldung zur Tabelle und Prüfung erfolgt oder kein Widerspruch erhoben worden, muss das Revisionsgericht die Klage als unzulässig verwerfen.

838 Auch im Feststellungsprozess nach § 180 InsO bedarf es nach der Auffassung des BGH[1642] nicht der Vorlage des Originaltitels respektive der voll-

---

1637 Vgl. BGH, B. v. 12.11.1992 – VII ZB 13/92, LSK 1993, 140141.
1638 BGH, Urt. v. 09.06.2011 – IX ZR 213/10, ZIP 2011, 1687.
1639 BGH, Urt. v. 27.09.2001 – IX ZR 71/00, ZIP 2001, 2099.
1640 BGH, Urt. v. 05.07.2007 – IX ZR 221/05, DZWiR 2008, 103.
1641 BAG, Urt. v. 16.06.2004 – 5 AZR 521/03, ZIP 2004, 1867; BGH, Urt. v. 23.10.2003 – IX ZR 165/02, DZWIR 2004, 200.
1642 BGH, Urt. v. 01.12.2005 – IX ZR 95/04, DZWiR 2006, 125; Anm. *Smid*, jurisPR-InsR 7/2006 Anm. 3.

streckbaren Ausfertigung, da der Forderungsnachweis im Feststellungsrechtsstreit nicht an die Instrumentarien des Urkundsbeweises gebunden ist. Vielmehr könne der Nachweis des Bestehens der Forderung mit sämtlichen Beweismitteln geführt werden, die nach der ZPO zugelassen sind. Soweit der Insolvenzverwalter oder ein anderer Insolvenzgläubiger der Feststellung der angemeldeten Forderung zur Tabelle nur deswegen widerspricht, weil das Original der entsprechenden Urkunde nicht vorgelegt wurde, ist nach Meinung des IX. Zivilsenats des BGH in einem derartigen Fall der Klage auf Feststellung deshalb stattzugeben, weil das Bestehen der Forderung in diesem Fall auch nicht inzidenter bestritten worden ist; der BGH sieht in einem lediglich auf die Nichtvorlage der Urkunde gestützten Widerspruch kein erhebliches Bestreiten gegenüber der angemeldeten Forderung, auch wenn der anmeldende Gläubiger einen Widerspruch des Insolvenzverwalters oder anderer Insolvenzgläubiger provoziert. Vielmehr wies der BGH daraufhin, dass sich der Insolvenzverwalter bei Nichtvorlage von Originalurkunden im Prüfungsverfahren mit den angemeldeten Forderungen in der Sache auseinanderzusetzen hat. Daher kann sich der Insolvenzverwalter wegen der Frage des Bestehens der Forderung nicht nach § 138 Abs. 4 ZPO pauschal mit Nichtwissen erklären, sondern muss sich aus den Geschäftsunterlagen des Schuldners über zugrunde liegende Vorgänge unterrichten und notfalls den Schuldner befragen. Werden dem Insolvenzverwalter jedenfalls Fotokopien der Belege (vgl. § 174 Abs. 1 Satz 2 InsO) für die konkret bezeichneten Forderungen vorgelegt, stellt sein Widerspruch nach § 138 Abs. 3 ZPO ein Zugeständnis des klägerischen Begehrens auf Feststellung der Forderung dar, wenn er die Forderung im Übrigen nicht substantiiert bestreitet.

Gelangt das Prozessgericht zu der Erkenntnis, dass der zur Tabelle angemeldete Anspruch dem Grunde, der Höhe und dem Rang nach besteht (§ 181 InsO) oder aber ein Widerspruch begründet ist, wirkt das rechtskräftige Urteil gegenüber dem Insolvenzverwalter und allen Insolvenzgläubigern (§ 183 Abs. 1 InsO), wobei die Wirkung des anspruchsbestätigenden Urteils in der Beseitigung des Widerspruchs liegt, andernfalls in der Bestätigung des Widerspruchs.[1643] Der obsiegenden Partei obliegt es nach § 183 Abs. 2 InsO – soweit erforderlich – beim Insolvenzgericht die Berichtigung der Tabelle herbeizuführen. In beiden Fallgruppen kommt es erst durch die Eintragung in die Tabelle gemäß §§ 183 Abs. 2, 178 Abs. 3 InsO zur Wirkung des streitentscheidenden Urteils gegenüber dem Insolvenzverwalter und allen Insolvenzgläubigern; bei dieser Wirkung einer an sich rein beurkundenden Tätigkeit des Insolvenzgerichts handelt es sich um eine durch Zweckmäßigkeitserwägungen gerechtfertigte, auf § 178 Abs. 3 InsO beruhende Besonderheit.[1644] Obsiegt der den Feststellungsprozess betreibende widersprechende Insolvenzgläubiger und erlangt die Masse hieraus einen Vorteil, sind dessen Kosten aus der Masse zu erstatten sind (§ 183 Abs. 3 InsO), der dann allerdings seinen prozessuale Kostenerstattungsanspruch gegen den unterliegenden Gegner abzutreten haben dürfte.

[1643] BGH, Urt. v. 29.05.2008 – IX ZR 45/07, ZIP 2008, 1441.
[1644] BGH, Urt. v. 13.06.2006 – IX ZR 15/04, ZIP 2006, 1410 mit Anm. *Köster/Willmer*, Zur Rechtskraftwirkung des InsO § 178 Abs 3, EWiR 2006, 627.

2.5 Widerspruch des Insolvenzschuldners

839 Nach § 178 Abs. 1 Satz 2 InsO kann auch der Insolvenzschuldner angemeldeten Forderungen widersprechen. Sein Widerspruch verhindert aber nicht die Feststellung der Forderung. Die Wirkung seines Widerspruchs ist vielmehr auf die Zeit nach der Beendigung des Insolvenzverfahrens angelegt: Ein Bestreiten des Schuldners hindert den Insolvenzgläubiger an der spätere Verfolgung seiner Forderung dadurch, dass er keinen Tabelleneintrag als Vollstreckungstitel erhält (§ 201 Abs. 2 Satz 1 InsO).

Für eine natürliche Person als Insolvenzschuldner, die einen Rechtschuldbefreiungsantrag nach §§ 286 ff. InsO gestellt hat, kann überdies das Bestreiten von Forderungen aus vorsätzlich begangener unerlaubter Handlung von elementarem Interesse sein, da diese Ansprüche nach § 302 Nr. 1 InsO von der Restschuldbefreiung ausgenommen sind.[1645] Deshalb sieht § 175 Abs. 2 InsO die Belehrung des Schuldners darüber vor, dass er der Anmeldung einer Forderung aus vorsätzlich begangener unerlaubter Handlung widersprechen kann. Ebenso kann der Schuldner für eine bereits zur Tabelle festgestellte Forderung einer nachträglichen Anmeldung von Tatsachen, aus denen sich nach Einschätzung des Gläubigers eine Haftung wegen vorsätzlich begangener unerlaubter Handlung des Schuldners ergäbe und zu deren Eintragung in Insolvenztabelle der Insolvenzverwalter verpflichtet ist, widersprechen, wenn der Bestand der Forderung von einer Vorsatztat nicht abhängt.[1646] Nach § 184 Abs. 1 InsO kann der Insolvenzgläubiger Klage auf Feststellung der Forderung gegen den Schuldner erheben, wenn jener sie mit dem Widerspruch bestritten hat. Verfügt der Insolvenzgläubiger für die widersprochene Forderung bereits über einen vollstreckbaren Schuldtitel oder ein Endurteil, so obliegt es grundsätzlich dem Insolvenzschuldner, binnen einer Frist von einem Monat, die mit dem Prüfungstermin oder im schriftlichen Verfahren mit dem Bestreiten der Forderung beginnt, den Widerspruch durch Klageerhebung zu verfolgen und dies dem Insolvenzgericht nachzuweisen (§ 184 Abs. 2 Satz 4 InsO). Nach fruchtlosem Ablauf dieser Frist gilt der Widerspruch als nicht erhoben (§ 184 Abs. 2 Satz 2 InsO), so dass in analoger Anwendung des § 183 Abs. 2 InsO die Tabelle unrichtig wird und das Insolvenzgericht die Wirkungslosigkeit des Widerspruchs feststellen kann. Versäumt der Schuldner ohne Verschulden den Prüfungstermin, wird ihm mit der auf § 186 Abs. 1 InsO gestützten Wiedereinsetzung in den vorigen Stand die Möglichkeit eingeräumt, angemeldete Forderungen nachträglich zu bestreiten. Hat der Schuldner jedoch nicht die Forderung an sich, sondern nur den Anspruchsgrund der vorsätzlich begangenen unerlaubten Handlung mit seinem Widerspruch bestritten und ist die Forderung vollstreckbar tituliert, nicht aber der Anspruchsgrund im Vorprozess rechtskräftig festgestellt worden, ist der Insolvenzgläubiger gehalten, daraufhin auf Feststellung des Rechtsgrundes der unerlaubten Handlung Klage zu er-

---

1645 Allerdings wird eine ohne den Hinweis auf den Rechtsgrund der vorsätzlich begangenen unerlaubten Handlung angemeldete Forderung von der Restschuldbefreiung erfasst, und zwar auch dann, wenn die unterbliebene oder unvollständige Anmeldung nicht auf einem Verschulden des Gläubigers beruht, BGH, Urt. v. 16.12.2011 – IX ZR 24/10, WM 2011, 271.

1646 BGH, Urt. v. 17.01.2008 – IX ZR 220/06, DZWIR 2008, 216.

heben, will er die Rechtsfolge des § 302 Nr. 1 InsO – die Ausnahme der Forderung von der Restschuldbefreiung – erreichen. In einem solchen Fall ist es nicht Sache des Schuldners, seinen Widerspruch im Klagewege weiter zu verfolgen, sondern des Insolvenzgläubigers, den seinen Anspruch rechtfertigenden Rechtsgrund der vorsätzlich begangenen unerlaubten Handlung (erstmals) rechtskräftig feststellen zu lassen.[1647]

Der Insolvenzverwalter ist nicht verpflichtet, sich einem Widerspruch des Schuldners anzuschließen; er handelt unabhängig vom Schuldner kraft der ihm zugewiesenen Verwaltungsbefugnis. Beachtet der Insolvenzverwalter aber einen berechtigt erhobenen Widerspruch des Schuldners nicht und ermöglicht damit die (quotale) Befriedigung einer unbegründeten Insolvenzforderung aus dem Verwertungserlös der Insolvenzmasse, kann er sich Schadenersatzansprüchen nach § 60 Abs. 1 Satz 1 InsO ausgesetzt sehen.

840

2.6 Verfolgung des Rechts auf abgesonderte Befriedigung

Verfügt der Insolvenzgläubiger zugleich über eine in die Insolvenzmasse fallende Sicherheit, weil ihm zum Beispiel in nicht anfechtbarer Weise ein Grundpfandrecht[1648] (Grundschuld, Hypothek) oder ein Besitzpfandrecht bestellt, eine Forderung sicherheitshalber abgetreten oder Sicherungseigentum eingeräumt wurde, so nimmt er am Insolvenzverfahren nicht nur als Insolvenzgläubiger wegen einer mit dem Ausfall bedrohten persönlichen Forderung gegen den Schuldner teil (§ 52 InsO), sondern unabhängig davon auch als Sicherheitengläubiger.[1649] Ebenso sind Gläubiger am Insolvenzverfahren beteiligt, die ein Absonderungsrecht am massezugehörigen Gegenstand erheben, ohne über eine Forderung zu verfügen, für die der Insolvenzschuldner persönlich haftet. Bestreitet der Insolvenzverwalter die Stellung eines zur Absonderung berechtigten Gläubigers im Insolvenzverfahren, kann der Absonderungsberechtigte losgelöst von der Frage, ob er persönliche Forderungen gegen den Insolvenzschuldner erhebt, das Bestehen seines Absonderungsrechts im Wege der Feststellungsklage gegen den Insolvenzverwalter oder Treuhänder feststellen lassen.[1650]

841

Denn neben der Forderungsanmeldung nach §§ 174 ff. InsO sieht § 28 Abs. 2 Satz 1 InsO vor, dass die Gläubiger im Eröffnungsbeschluss aufzufordern sind, dem Insolvenzverwalter unverzüglich mitzuteilen, welche Sicherungsrechte sie an beweglichen Sachen oder an Rechten des Schuldners in Anspruch nehmen. Dabei soll der Gegenstand der Sicherheit, die Art und der Entstehungsgrund des Sicherungsrechts sowie der dadurch gesicherter Anspruch bezeichnet werden (§ 28 Abs. 2 Satz 2 InsO). Diese Information dient der Orientierung des Insolvenzverwalters sowie der (anderen) Insolvenzgläubiger über das Bestehen etwaiger Sicherungsrechte, die zur abgesonderten Befriedigung berechtigen, um sie im Rahmen der späteren Verwertung und Verteilung zu berücksichtigen. Die Bekanntgabe nach § 28

1647 BGH, Urt. v. 02. 12. 2010 – IX ZR 41/10, ZIP 2011, 39.
1648 Vgl. zum Umfang des Haftungsverbandes der Grundpfandrechte BGH, Urt. v. 09. 11. 2006 – IX ZR 133/05, DZWIR 2007, 159.
1649 OLG Nürnberg, B. v. 17. 11. 2006 – 3 U 1793/06, ZIP 2007, 642.
1650 OLG Nürnberg, Urt. v. 25. 09. 2006 – 3 U 1793/06, ZIP 2007, 643.

Abs. 2 Satz 1 InsO dient ferner der Ermittlung des Stimmrechts des absonderungsberechtigten Gläubigers gemäß § 74 InsO. Infolge der Mitteilung nimmt der absonderungsberechtigte Gläubiger in dieser Stellung am Verfahren teil. Selbst wenn der absonderungsberechtigte Insolvenzgläubiger seine Forderung gegen den Insolvenzschuldner ohne weitere Vorbehalte zur Insolvenztabelle anmeldet, kann darin kein (konkludenter) Verzicht mangels eindeutigen Verzichtswillen auf sein ihm gewährtes Absonderungsrecht gesehen werden, auch wenn er bei Anmeldung der Forderung die Frage, ob eine abgesonderte Befriedigung unter gleichzeitiger Anmeldung des Ausfalls beansprucht werde, mit „Nein" beantwortet.[1651]

842 Unterlässt der absonderungsberechtigte Gläubiger aber die Mitteilung und erlangt deswegen der Insolvenzverwalter keine Kenntnis vom Bestehen des Absonderungsrechts, muss der Absonderungsberechtigte die sich daraus ergebenden Folgen hinnehmen, wie § 28 Abs. 2 Satz 3 InsO dem Grunde nach zeigt. Zwar ist es wenig wahrscheinlich, dass es im Falle von Besitzpfandrechten oder Grundpfandrechten (wegen der Publizität der Grundbucheintragung) infolge unterlassener Mitteilung zum Eintritt eines Schadens kommen kann. Jedoch ist ein Schadenseintritt im Falle besitzloser Mobiliarsicherheiten, wie zum Beispiel beim Sicherungseigentum, durchaus denkbar. So können die vom absonderungsberechtigten Gläubiger zu tragenden Folgen der unterlassenen Mittelung darin zu sehen sein, dass der Insolvenzverwalter die nach § 169 InsO geschuldeten Zinsen oder den nach § 172 InsO zum Wertverlustausgleich zu zahlenden Betrag zunächst nicht an den Gläubiger abführt und später – nach Erlangung der Kenntnis über das Absonderungsrecht – wegen eines etwaigen zwischenzeitlichen Eintritts der Masseunzulänglichkeit hierzu nicht mehr in der Lage ist. Zugleich würde eine Inanspruchnahme des Insolvenzverwalters durch den Absonderungsberechtigten auf Schadenersatz in aller Regel an dessen fehlenden Verschulden scheitern. Gleiches gilt für den Fall, in dem der Insolvenzverwalter mangels Kenntnis vom Bestehen des Absonderungsrechts aus dem Erlös der Verwertung des Absonderungsgegenstandes keine Sonderteilungsmasse bildet und den Absonderungsberechtigten nicht befriedigt (vgl. § 170 Abs. 1 Satz 2 InsO), weshalb Letzterer nach Verteilung der Teilungsmasse ebenfalls mangels Verschuldens des Insolvenzverwalters seinen Schaden nicht nach § 60 InsO erfolgreich geltend machen kann.

3. Gläubigerversammlung und (vorläufiger) Gläubigerausschuss

843 Die Interessen der Insolvenzgläubiger können im eröffneten Insolvenzverfahren neben dem Insolvenzgericht und dem Insolvenzverwalter von zwei weiteren Organen wahrgenommen werden: von der Gläubigerversammlung (§ 74 InsO) und einem (auch vorläufig) eingesetzten Gläubigerausschuss (§ 67 InsO). Für das Insolvenzeröffnungsverfahren ist mit dem ab dem 01.03.2012 geltenden Gesetz zur weiteren Erleichterung der Sanierung von Unternehmen (ESUG)[1652] die Einsetzung eines vorläufigen Gläubiger-

---
1651 OLG Nürnberg, B. v. 17.11.2006 – 3 U 1793/06, ZIP 2007, 642.
1652 BGBl. I 2011, 2582.

ausschusses vorgesehen, wenn das schuldnerische Unternehmen eine bestimmte Größenordnung zeigt. Die Abstimmung der Beteiligten im vorläufigen Gläubigerausschuss, in der Gläubigerversammlung und im Gläubigerausschuss dient der Verwirklichung der Gläubigerautonomie. Mit der Ausübung der Beteiligungsrechte in diesen Gremien erfährt die Gläubigerautonomie ihre konkrete Ausgestaltung mit dem Ziel der Überwachung der Verwaltung der Masse, da in ihnen die Überzeugung der Personen gebildet wird, deren Vermögenswerte auf dem Spiel stehen und die deshalb die Folgen von Fehlern zu tragen haben.[1653] Diese Verantwortung können weder das Insolvenzgericht als Hüterin der Rechtmäßigkeit des Verfahrens noch der Insolvenzverwalter als unabhängiger Wahrer der Interessen aller Beteiligten übernehmen. Nach dieser Konzeption hat ein eingesetzter vorläufiger Gläubigerausschuss die wichtige Aufgabe zu erfüllen, dem Insolvenzgericht einen Anforderungskatalog für die Auswahl eines für das Verfahren geeigneten Insolvenzverwalters vorzustellen und Vorschläge zur Verwalterperson zu unterbreiten bzw. eine andere Person zum Insolvenzverwalter zu wählen (§ 56a InsO). Der Gläubigerversammlung kommt die vornehmliche Bedeutung zu, über die Strategie der künftigen Verfahrensabwicklung nach § 157 InsO zu entscheiden. Des Weiteren ist die Entscheidung der Gläubigerversammlung respektive des Gläubigerausschusses für besonders bedeutsame Rechtsgeschäfte einzuholen (vgl. §§ 158 ff. InsO).[1654] Schließlich ist die Gläubigerversammlung nach § 79 InsO berechtigt, vom Insolvenzverwalter einzelne Auskünfte und einen Bericht über den Sachstand und die Geschäftsführung zu verlangen, und kann überdies den Geldverkehr und -bestand des Insolvenzverwalters prüfen lassen, wenn ein Gläubigerausschuss nicht bestellt wurde.

3.1 Gläubigerversammlung

Angesichts dessen, dass die Gläubigerversammlung der Verwirklichung der Gläubigerautonomie dient, können Beteiligte der Gläubigerversammlung alle (einfachen) Insolvenzgläubiger sowie alle absonderungsberechtigten (Insolvenz-)Gläubiger des Insolvenzschuldners sein, während die Massegläubiger nach §§ 53 ff. InsO von der aktiven Teilnahme an der Gläubigerversammlung ausgeschlossen sind, wie § 74 Abs. 1 Satz 2 InsO zeigt.[1655] In den gesetzlich angeordneten Fällen (vgl. § 29 Abs. 1 Nr. 1 und 2, § 66, § 241 Abs. 1 InsO), auf Antrag nach § 75 Abs. 1 InsO und im Übrigen nach eigenem pflichtgemäßen Ermessen beruft das Insolvenzgericht die Gläubigerver-

844

1653 Vgl. amtliche Begründung zum RegE-InsO, BT-Drucks. 12/2443, S. 79.
1654 Es soll nicht verhehlt werden, dass in der Rechtswirklichkeit in aller Regel keine oder nur wenige Gläubiger in der Gläubigerversammlung erscheinen, da eine Teilnahme nur unter ganz bestimmten wirtschaftlichen Voraussetzungen überhaupt sinnvoll ist und den damit verbundenen Aufwand rechtfertigt. Hinzu kommt, dass der Einfluss der dinglich gesicherten (Haupt-)Gläubiger eine erfolgversprechende Einwirkung der (einfachen) Insolvenzgläubiger auf den Verfahrensablauf nahezu unbeachtlich macht. Überdies wird wegen der Geringfügigkeit der Masse ein Gläubigerausschuss überwiegend nicht bestellt.
1655 Vgl. amtliche Begründung zum RegE-InsO, BT-Drucks. 12/2443, S. 79

sammlung ein. Die Einberufung der Gläubigersammlung können nach § 75 Abs. 1 InsO außerdem beantragen:

- der Insolvenzverwalter (§ 75 Abs. 1 Nr. 1 InsO),
- der Gläubigerausschuss (§ 75 Abs. 1 Nr. 2 InsO),
- mindestens fünf absonderungsberechtigte Gläubiger oder nicht nachrangige Insolvenzgläubiger, deren Absonderungsrechte und Forderungen nach der Schätzung des Insolvenzgerichts zusammen ein Fünftel der Summe erreichen, die sich aus dem Wert aller Absonderungsrechte und den Forderungsbeträgen aller nicht nachrangigen Insolvenzgläubiger ergibt (§ 75 Abs. 1 Nr. 3 InsO),
- oder ein oder mehrere absonderungsberechtigte Gläubiger oder nicht nachrangige Insolvenzgläubiger, deren Absonderungsrechte und Forderungen nach der Schätzung des Gerichts zwei Fünftel der in Nummer 3 bezeichneten Summe erreichen (§ 75 Abs. 1 Nr. 4 InsO).

845   Dabei ist es in den Fällen eines Einberufungsverlangens von absonderungsberechtigten (Insolvenz-) Gläubigern gemäß § 75 Abs. 1 Nr. 3 und 4 InsO nach der Rechtsprechung des BGH[1656] unbeachtlich, ob die Forderungen bereits festgestellt oder bestritten wurden, weshalb sowohl Insolvenzgläubiger die Einberufung einer Gläubigerversammlung beantragen können, deren Forderungen noch nicht festgestellt wurden, als auch solche, deren Forderungen (endgültig) bestritten worden sind. Denn das Recht, einen Antrag auf Einberufung der Gläubigerversammlung zu stellen, hängt nicht von der vorangegangenen Prüfung der Forderung oder des Stimmrechts der Insolvenzgläubiger bzw. Absonderungsberechtigten durch den Insolvenzverwalter oder der übrigen Gläubiger ab, sondern allein von der Prüfung durch das Insolvenzgericht, die auf der Grundlage einer Schätzung vorgenommen wird.[1657] Jeder Gläubiger, der seine Forderung im eröffneten Insolvenzverfahren zur Tabelle angemeldet hat, soll auf die Entscheidung der Gläubigerversammlung einwirken können,[1658] weshalb nur in dem Fall, in dem rechtskräftig festgestellt wird, dass dem vermeintlichen Gläubiger die von ihm angemeldete Forderung nicht zusteht, die Antragsbefugnis zum Wegfall kommt. Gegen die Ablehnung seines Antrags auf Einberufung einer Gläubigerversammlung steht dem Antragsteller nach § 75 Abs. 3 InsO die sofortige Beschwerde zu, auch wenn die Ablehnung darauf gestützt worden ist, nach der Schätzung des Gerichts sei das Quorum verfehlt.[1659]

Die Gläubiger sind zur Gläubigerversammlung zu laden, und zwar gemäß § 74 Abs. 2 InsO durch öffentliche Bekanntmachung (§ 9 InsO) des Zeitpunkts, des Orts und der Tagesordnung der Gläubigerversammlung im Internet.[1660] Die Mitteilung der Tagesordnung dient den Gläubigern der Vor-

---

1656 BGH, B. v. 14.10.2004 – IX ZB 114/04, ZIP 2004, 2339.
1657 BGH, B. v. 21.12.2006 – IX ZB 138/06, DZWiR 2007, 215.
1658 Vgl. die damit einhergehende Entscheidung des BGH v. 07.12.2006 – IX ZB 1/04, ZIP 2007, 647, wonach jeder Gläubiger, der seine Forderung im eröffneten Insolvenzverfahren zur Tabelle angemeldet hat, auf die Vergütungsentscheidung des Insolvenzgerichts einwirken können soll.
1659 BGH, B. v. 21.12.2006 – IX ZB 138/06, DZWiR 2007, 215.
1660 www.insolvenzbekanntmachungen.de.

bereitung der Versammlung und damit der Wahrnehmung ihres rechtlichen Gehörs. Der Inhalt der Tagesordnung wird durch die Aufgaben der Gläubigerversammlung bestimmt und ist wenigstens schlagwortartig öffentlich bekanntzumachen, weshalb eine in der Bekanntmachung mitgeteilte Paragraphenkette, die noch mit dem Zusatz „gegebenenfalls" versehen ist, nicht genügt.[1661] Wird indes ein Beschluss gefasst, dessen Gegenstand nicht ordnungsgemäß in der anlässlich der Ladung bekanntzugebenden Tagesordnung angekündigt war, ist er von Gesetzes wegen nichtig und bedarf deswegen keiner förmlichen oder klarstellenden Aufhebung,[1662] es sei denn, alle Beteiligten waren anwesend und haben keinen Widerspruch erhoben.

Zu den Aufgaben der (ersten) Gläubigerversammlung gehört es, den vom Gericht eingesetzten bzw. vom vorläufigen Gläubigerausschuss gemäß § 56a Abs. 3 InsO gewählten Insolvenzverwalter und den Gläubigerausschuss zu bestätigen oder neu zu wählen (§§ 57 Satz 1, 68 Abs. 1 Satz 2, Abs. 2 InsO). Des Weiteren legt die Gläubigerversammlung fest, wie weit die Berichts- bzw. Rechnungslegungspflicht (§ 79 InsO) des Insolvenzverwalters im Rahmen des ihm Zumutbaren bestehen, wobei regelmäßig die Darstellung der Entwicklung der Vermögenssituation des Insolvenzschuldners bis zur Verfahrenseröffnung und der gegenwärtigen wirtschaftlichen Situation unter Vorlage des Masseverzeichnisses, des Inventars und der Bilanz erwartet werden kann.[1663] Zur Vorbereitung der nach § 157 InsO zu treffenden zentralen Entscheidung über die Stilllegung oder einstweilige Fortführung des schuldnerischen Unternehmens nimmt die Gläubigerversammlung den Bericht des Insolvenzverwalters entgegen. Der Gläubigerversammlung hat der Insolvenzverwalter Rechnung zu legen, wobei sie dem Verwalter aufgeben kann, zu bestimmten Zeitpunkten während des Verfahrens Zwischenrechnung zu legen (§ 66 Abs. 1 und 3 InsO). Überdies hat die Gläubigerversammlung die Aufgabe, alle weiteren Entscheidungen von zentraler Bedeutung, zu denen die Beauftragung des Insolvenzverwalters zur Ausarbeitung eines Insolvenzplanes (§ 218 Abs. 2 InsO) sowie – bei Absenz eines Gläubigerausschusses – die Erteilung der vom Insolvenzverwalter einzuholenden Zustimmung zur Vornahme besonders bedeutsamer Rechtshandlungen (§ 160 Abs. 1 Satz 2 InsO) gehören, zu fällen. In diesen zu treffenden Entscheidungen verwirklicht sich die Gläubigerautonomie. Ist hingegen die Gläubigerversammlung nicht beschlussfähig, trifft das Insolvenzgericht nach pflichtgemäßem Ermessen Maßnahmen zur Fortsetzung des Verfahrens.

846

Über § 4 InsO kommen die Bestimmungen der ZPO (§§ 136–144, 156) über die Verhandlungsleitung und die gerichtsverfassungsrechtlichen Vorschriften über die Ausübung der Ordnungsgewalt in der Sitzung (§§ 176–

847

1661 BGH, B. v. 21.07.2011 – IX ZB 128/10, ZIP 2011, 1626; BGH, B. v. 20.03.2008 – IX ZB 104/07, DZWiR 2008, 259.
1662 BGH, B. v. 21.07.2011 – IX ZB 128/10, ZIP 2011, 1626 m.w.N. auch zur Gegenauffassung, wonach die klarstellende Feststellung der Nichtigkeit des Beschlusses in analoger Anwendung des § 78 Abs. 2 InsO zulässig sei; *Delhaes,* in: Nerlich/Römermann, InsO, § 74 Rn. 9; anders noch RG v. 30.01.1934 – VII 294/33, RGZ 143, 263, 266.
1663 Erreichen die Gläubigerversammlung und der Insolvenzverwalter keinen Konsens über den Umfang der Berichtspflichten, können die Gläubiger das Insolvenzgericht mit der Anregung anrufen, Aufsichtsmaßnahmen gemäß §§ 58ff. InsO zu verhängen.

183 GVG) zur entsprechenden Anwendung. Das Insolvenzgericht (Rechtspfleger oder Insolvenzrichter) eröffnet und leitet die Versammlung (§ 76 Abs. 1 InsO i.V.m. § 136 Abs. 1 ZPO), es sorgt für die umfassende Erörterung, erteilt und entzieht das Wort, lässt Anträge stellen, gibt Hinweise, stellt Fragen und vertagt, beendet und wiedereröffnet die Gläubigerversammlung. Hiervon ausgehend nimmt das Insolvenzgericht die Aufgaben der Sitzungspolizei wahr (§ 176 GVG), weshalb es bei ungebührlichem oder störendem Verhalten Verwarnungen aussprechen sowie die Festsetzung von Ordnungsgeldern oder die Verhängung von Ordnungshaft anordnen kann (§ 178 GVG).[1664] Die Sitzung ist grundsätzlich nichtöffentlich, da sie nur die Belange der Gläubiger bzw. der übrigen zugelassenen Verfahrensbeteiligten einschließlich des Verwalters betrifft (arg. § 169 GVG), weshalb das Gericht durch Einlasskontrollen die Teilnahme nicht befugter Personen zu verhindern hat.

848 Die Abstimmung der Gläubiger in der Gläubigerversammlung über gemeinsame Beschlüsse verläuft im allgemeinen liquidierenden Verfahren (vgl. §§ 76ff. InsO) grundlegend anders als in dem als Sanierungsverfahren vorgesehenen Insolvenzplanverfahren (vgl. §§ 235ff. InsO). Im allgemeinen liquidierenden Verfahren entscheidet nach § 76 Abs. 2 InsO die Mehrheit der von den abstimmenden Gläubigern repräsentierten Forderungsbeträge, wobei im Falle der absonderungsberechtigten Gläubiger, denen der Schuldner nicht persönlich haftet, der Wert ihres Absonderungsrechts an die Stelle des Forderungsbetrages tritt.[1665] Dabei gewähren nach § 77 Abs. 1 Satz 1 InsO nur die Forderungen ein Stimmrecht, die im Sinne der §§ 174ff. InsO ordnungsgemäß zur Tabelle angemeldet und weder vom Insolvenzverwalter noch von einem stimmberechtigten Gläubiger bestritten worden sind, während nachrangige Gläubiger (§ 39 InsO) mangels in der Regel wirtschaftlichen Wertes nicht stimmberechtigt sind. Stimmrechte haben demnach zunächst die Gläubiger bereits festgestellter und anerkannter Forderungen, soweit sich im Prüfungstermin oder schriftlichen Verfahren kein Widerspruch mehr erhebt (§ 178 InsO) oder lediglich der Insolvenzschuldner widerspricht (§ 184 InsO). Aber auch die Gläubiger, deren Forderungen bestritten werden, erhalten über § 77 Abs. 2 Satz 1 InsO Stimmrecht, wenn sich der Insolvenzverwalter und die erschienenen stimmberechtigten Gläubiger in der Gläubigerversammlung über das Stimmrecht einigen.

849 Kommt es nicht zu dieser Einigung, entscheidet das Insolvenzgericht, welches seine Entscheidung auf Antrag des Insolvenzverwalters oder eines in der Gläubigerversammlung erschienenen Gläubigers ändern kann (§ 77 Abs. 2 Satz 2 und 3 InsO). Das Insolvenzgericht entscheidet über das Stimmrecht jeweils für die anstehende Gläubigerversammlung, wobei entweder der Richter oder der Rechtspfleger funktionell zuständig ist, wie § 18 Abs. 3 RPflG zeigt.[1666] Hat die Entscheidung des Rechtspflegers über die Gewährung des Stimmrechts auf das Ergebnis einer Abstimmung Auswirkung,

---

1664 Leitet der Rechtspfleger die Gläubigerversammlung, kann er nur Geldstrafen verhängen (§ 4 Abs. 2 Nr. 2 RPflG, Art. 104 Abs. 2 GG).
1665 Amtliche Begründung zu § 88 RegE-InsO, BT-Drucks. 12/2443, S. 133.
1666 Vgl. AG Mönchengladbach, B. v. 31.10.2000 – 32 IN 53/00, LSK 2001, 050057 sowie amtl. Begr. zu Art. 14 Nr. 5 RegE EGInsO, BT-Drucks. 12/3803, S. 64ff.

kann der Richter auf Antrag eines Gläubigers oder des Insolvenzverwalters das Stimmrecht abschließend[1667] neu festsetzen und die Wiederholung der Abstimmung anordnen, wobei der Antrag nur bis zum Schluss des Termins gestellt werden kann, in dem die Abstimmung stattgefunden hat (§ 18 Abs. 3 Satz 2 RPflG).[1668] Wird das Insolvenzgericht zur Entscheidung über das Stimmrecht angerufen, hat es die Abstimmungsberechtigung als Vorfrage zur gerichtlichen Stimmrechtsentscheidung festzustellen.[1669] Hiernach muss das Insolvenzgericht entscheiden, ob und in welchem Umfang das Stimmrecht eingeräumt wird. Angesichts der regelmäßig gegebenen Eilbedürftigkeit der von der Gläubigerversammlung nach § 157 InsO zu fassenden Beschlüsse kann Maßstab der Stimmrechtsentscheidung nur sein, welche Auswirkungen die Versagung des Stimmrechts haben kann. Das Stimmrecht wird trotz Bestreitens dem Insolvenzgläubiger im vollem Umfang zu erteilen sein, der seine Forderungen durch einen Titel legitimieren kann (arg. § 179 Abs. 2 InsO). Verfügt der Gläubiger nicht über einen Titel, kann er aber seinen Anspruch durch Vorlage von Urkunden glaubhaft machen (§ 4 InsO i. V. m. §§ 294, 415 ff. ZPO), darf das Stimmrecht ebenfalls nicht versagt werden und muss im Allgemeinen in voller Höhe erteilt werden. Hingegen ist über die Stimmrechtserteilung ablehnend zu entscheiden, wenn eine Forderung angemeldet worden ist, deren Bestand aus jedem in Betracht kommenden rechtlichen Grunde ausgeschlossen ist. Im Übrigen kommt die Erteilung eines Stimmrechts im reduzierten Umfang in Betracht. Da gegen die Entscheidung des Insolvenzgerichts nach § 77 Abs. 2 InsO eine sofortige Beschwerde grundsätzlich nicht statthaft ist,[1670] ist vom Insolvenzgericht die sorgfältige Prüfung und Abwägung seiner Entscheidung gefordert. Es kann aber gemäß § 77 Abs. 2 Satz 3 InsO seine Entscheidung auf den Antrag des Verwalters oder eines in der Gläubigerversammlung erschienenen Gläubigers ändern.

Einige Bedeutung kommt bei der Abstimmung in der Gläubigerversammlung den absonderungsberechtigten (Insolvenz-)Gläubigern zu. Die absonderungsberechtigten Grundpfandgläubiger als auch die Inhaber besitzloser Mobiliarsicherheiten, die zugleich Insolvenzgläubiger im Sinne des § 38 InsO sind, werden über §§ 165, 166 InsO sowie § 30d ZVG in das Insolvenzverfahren dadurch eingebunden, dass die Befugnis zur Verwertung der Sicherheiten beim Insolvenzverwalter liegt. Einher damit geht ihre Einbeziehung in die Gläubigerversammlung (§§ 74 Abs. 1 Satz 1, 77, 76 Abs. 2 InsO), wodurch sie auf den Gang des Verfahrens direkten Einfluss nehmen können.[1671] Es kann zu einer Konzentration der Stimmrechtsmacht auf Seiten absonderungsberechtigter Großgläubiger kommen, so dass sie auf die in der Gläubigerversammlung zum Ausdruck kommende Gläubigerautonomie unmittelbar mit der Folge einwirken, dass die nicht dinglich gesicherten „einfachen" Insolvenzgläubiger in ihrem Mitbestimmungs- und Mitgestaltungs-

850

[1667] BGH, B. v. 21.12.2006 – IX ZB 138/06, NZI 2007, 723, 724.
[1668] BGH, B. v. 20.05.2010 – IX ZB 223/07, NZI 2010, 648.
[1669] BGH, B. v. 23.10.2008 – IX ZB 235/06, DZWiR 2009, 165.
[1670] BGH, B. v. 20.05.2010 – IX ZB 223/07, NZI 2010, 648.
[1671] Vgl. amtliche Begründung zum RegE-InsO, BT-Drucks. 12/2443, S. 80.

recht drohen bedrängt oder gar verdrängt zu werden. Denn verfügt ein absonderungsberechtigter Großgläubiger gemäß § 76 Abs. 2 InsO über ein überproportional hohes Stimmrecht oder verständigen sich die absonderungsberechtigten Großgläubiger untereinander, können sie mit ihrer Stimmrechtsmacht das Verfahren entscheidend in ihrem Interesse gestalten. Eine solche Übermacht kann in der Auswahl eines anderen Insolvenzverwalters zum Ausdruck kommen, der in der ersten Gläubigerversammlung gemäß § 57 Satz 1 InsO an Stelle des bisherigen Insolvenzverwalters gewählt werden kann. Eine von absonderungsberechtigten Großgläubigern gemeinsam dominierte Gläubigerversammlung könnte damit einen ihr genehmen Insolvenzverwalter einsetzen, der zu der von ihr nach § 157 InsO zu beschließenden Art und Weise der Verfahrensgestaltung geeignet zu sein erscheint. Da der Insolvenzverwalter die zentrale und entscheidende Figur des Insolvenzverfahrens ist, wurde bereits kurze Zeit nach Inkrafttreten der Insolvenzordnung im Jahre 2001 die Vorschrift des § 57 InsO zwar dahingehend geändert, dass fortan neben der Mehrheit der Forderungssummen der gemäß § 76 Abs. 2 InsO abstimmenden Gläubiger zusätzlich eine Kopfmehrheit der abstimmenden Gläubiger für die Wahl eines neuen Insolvenzverwalters erforderlich ist. Für alle anderen Entscheidungen der Gläubigerversammlungen ist aber nach wie vor die Mehrheit nach § 76 Abs. 2 InsO maßgeblich.

851 Allerdings kann auf der Grundlage des § 78 Abs. 1 InsO ein Beschluss der Gesellschafterversammlung durch das Insolvenzgericht aufgehoben werden, wenn er dem gemeinsamen Gläubigerinteresse[1672] widerspricht und ein absonderungsberechtigter Gläubiger, ein nicht nachrangiger Insolvenzgläubiger oder der Insolvenzverwalter in der Gläubigerversammlung hierauf anträgt.[1673] Die Regelung des § 78 Abs. 1 InsO dient dazu, dem Missbrauch einer Mehrheit der Gläubigerversammlung ein probates Mittel entgegenzusetzen.[1674] Die Gläubiger bilden keine interessenkonforme Gemeinschaft; sie verfolgen auf der Basis ihrer jeweiligen Erkenntnis ihre rechtlichen und wirtschaftlichen Interessen vielfach nach voneinander abweichenden Strategien. Die Einsichten über die optimale gleichmäßige Befriedigung aller Gläubiger stehen regelmäßig im Kontrast zu dem durchaus verständlichen Interesse der einzelnen Gläubiger, vorrangig ihren eigenen Ansprüche bestmöglich zur Erfüllung zu verhelfen. So können zum Beispiel im Rahmen einer Entscheidung nach § 157 InsO über die Strategie des Insolvenzverfahrens die Interessen der absonderungsberechtigten Gläubiger unter Umständen auf eine schnelle Liquidierung des schuldnerischen Unternehmens und damit einhergehend auf eine rasche Verwertung des Sicherungsgutes hinauslaufen, während die einfachen nicht gesicherten Insolvenzgläubiger ihre Befriedigungschancen eher dadurch gewahrt sehen, wenn das schuldnerische Unterneh-

---

1672 *Ehricke*, in: MüKo-InsO, § 78 Rn. 1 ff.
1673 Vgl. BGH, B. v. 12.06.2008 – IX ZB 220/07, DZWiR 2008, 423 für den Fall der Bestimmung eines Erbbaurechtsvertrages, wonach der Grundstückseigentümer bereits aufgrund der Eröffnung eines Insolvenzverfahrens über das Vermögen des Erbbauberechtigten den Heimfall des Erbbaurechts verlangen dürfe, ohne den Heimfall nicht vergüten zu müssen.
1674 Amtliche Begründung zu § 89 RegE-InsO, BT-Drucks. 12/2443, S. 134.

men saniert, fortgeführt und gegebenenfalls veräußert wird, da sie dann möglicherweise eine Quote auf ihre Ansprüche erzielen, die sie bei einer Liquidation der mit den Sicherungsrechten versehenen Massegegenstände nicht erreichen würden. Dabei kann eine Verwertung des Vermögens des Schuldners in Ganzen zugleich im Interesse der Sicherheitengläubiger sein. Ebenso ist aber auch denkbar, dass bei einer übertragenden Sanierung der Wert der Sicherheiten aus der Sicht der Absonderungsberechtigten zu niedrig angesetzt wird. Wiederum will womöglich ein Teil der gesicherten oder ungesicherten Gläubiger das Risiko einer Unternehmenssanierung und -fortführung nicht tragen, während der andere Teil an der Aufrechterhaltung der Geschäftsbeziehungen durch Unternehmensfortsetzung oder übertragende Sanierung interessiert ist. § 78 Abs. 1 InsO will deshalb den Interessenkonflikten sowie der Gefahr einer (auch zufälligen) Dominanz einzelner Gläubiger in der Gläubigerversammlung bei der Entscheidungsfindung begegnen, indem die Minderheit das Insolvenzgericht zur Überprüfung und etwaigen Korrektur der Mehrheitsentscheidung anrufen kann.[1675]

Als der kleinste gemeinsame Nenner ist das originäre Interesse aller Insolvenzgläubiger auf die bestmögliche Befriedigung ihrer Forderungen gerichtet, mithin auf die Realisierung einer höchstmöglichen Quote.[1676] Das ist der Ausgangspunkt aller weiteren gemeinsamen Interessen der Insolvenzgläubiger im Sinne des § 78 Abs. 1 InsO. Bei der Feststellung des gemeinsamen Interesses ist freilich zu beachten, dass nicht jede Benachteiligung einzelner Gläubiger durch einen Beschluss der Gläubigerversammlung Grundlage eines Antrages nach § 78 Abs. 1 InsO sein kann, denn die gesetzliche Konzeption der Beschlussfassung in der Gläubigerversammlung als Ausdruck der Gläubigerautonomie ist auf Mehrheitsentscheidung gegen den Willen einer Minderheit angelegt. Die Bestimmung des § 78 Abs. 1 InsO kann deshalb nicht dazu dienen, dass sich zum Beispiel die in der Mehrheit befindlichen Sicherheitengläubiger in jedem Fall den Quoteninteressen der ungesicherten Insolvenzgläubiger zu beugen haben. Denn damit wäre ihr Einfluss auf die Willensbildung in der Gläubigerversammlung hinsichtlich des maßgeblichen Punktes der zu verfolgenden Strategie der Verfahrensabwicklung nach § 157 InsO nachdrücklich beschränkt. Zudem wären sie gezwungen, gegebenenfalls Verluste bei der Verwertung ihrer Sicherheiten hinzunehmen.[1677] Die gesicherten Gläubiger sind ihrerseits nicht zu einem Sonderopfer zugunsten der ungesicherten Insolvenzgläubiger verpflichtet.

Diese widerstreitenden Interessen sind angemessen in einer Weise auszugleichen, dass jedes einzelne Interesse sich verwirklichen kann und beide zur Geltung kommen. Soll zum Beispiel die insolvenzgerichtliche Berichtigung der Beschlussfassung der Gläubigerversammlung nach § 78 Abs. 1 InsO zu einem Hinausschieben der Verwertung der Sicherheiten führen, müssen sich die gesicherten Gläubiger wegen der Gefährdung der bestmög-

---
[1675] Vgl. LG Berlin, B. v. 09.08.2000 – 86 T 480/00, DZWIR 2000, 478 ff.
[1676] *Delhaes,* in: Nerlich/Römermann, InsO, § 78 Rn. 5; *Lüke,* in: Kübler/Prütting/Bork, InsO, § 78 Rn. 6; *Muscheler/Block,* Abwahl des vom Gericht bestellten Insolvenzverwalters, ZIP 2000, 1474, 1478.
[1677] Vgl. AG Neubrandenburg v. 18.01.2000 – 21 IN 313/99, ZInsO 2000, 111 m. Anm. *Förster.*

lichen Verwertung ihrer Sicherheiten nur dann darauf einlassen, wenn ihre Rechtsposition in der durch die §§ 169 und 172 InsO vorgesehenen Weise gewahrt wird. Den gesicherten Gläubigern ist daher ein etwaiger Wert- und Zinsverlust, der durch die weitere Nutzung des Sicherungsgutes eintreten kann, aus der Masse vorab als Masseverbindlichkeit auszugleichen. Dabei muss die vollständige Befriedigung dieser Masseverbindlichkeit sichergestellt sein, da eine Haftungsinanspruchnahme des Insolvenzverwalters nach § 61 InsO mangels Kausalität und Verschulden bei einer insolvenzgerichtlichen Korrektur nach § 78 Abs. 1 InsO mit hoher Wahrscheinlichkeit ausscheidet, zumal sich die gesicherten Gläubiger ohnehin nicht auf einen solchen Sekundäranspruch, dessen wirtschaftliche Durchsetzung wiederum mit Risiken verbunden wäre, verweisen lassen müssen. Deshalb darf zum Schutz der Rechtsposition der gesicherten Gläubiger das Insolvenzgericht eine Korrekturentscheidung nach § 78 Abs. 1 InsO mit dem Ziel einer Betriebsfortführung nur dann fällen, wenn aus der vorhandenen Masse genügend Sicherheit für die vollständige Befriedigung etwaiger Ansprüche gemäß §§ 169, 172 InsO besteht.

854 Aber auch jeder andere Widerspruch eines Beschlusses der Gläubigerversammlung gegen die gemeinsamen Interessen der Insolvenzgläubiger kann Gegenstand des Verfahrens nach § 78 Abs. 1 InsO sein. Erforderlich ist nach dem Gesetzeswortlaut stets ein Antrag einer der hierzu befugten Personen, weshalb das Insolvenzgericht die „Interessenkonformität" des Beschlusses der Gläubigerversammlung nicht von Amts wegen überprüfen kann. Der Antrag ist noch in der Gläubigerversammlung zu stellen, in dem der anzufechtende Beschluss gefasst wurde. Antragsberechtigt sind absonderungsberechtigte Gläubiger, nicht nachrangige Insolvenzgläubiger sowie der Insolvenzverwalter. Der (bisherige) Insolvenzverwalter kann aber durch einen Antrag nach § 78 Abs. 1 InsO in der ersten Gläubigerversammlung nach seiner Bestellung nicht seiner Abwahl nach § 57 Abs. 1 InsO wirksam begegnen. Denn die Bestimmungen des § 57 Satz 3 und 4 InsO haben abschließenden Charakter und gelten auch im Fall der Masseunzulänglichkeit.[1678] Ein solcher Antrag des bisherigen Insolvenzverwalters würde weder dem nach § 78 Abs. 1 InsO postulierten gemeinsamen Interesse der Insolvenzgläubiger dienen noch das Ziel verfolgen, das in Art. 12 Abs. 1 GG geschützte Recht des Insolvenzverwalters in der Weise zu verteidigen, eine seine Berufsausübung behindernde oder gefährdende Diskriminierung abzuwehren.[1679] Ein diesbezüglicher Antrag des Insolvenzverwalters könnte nur das Ziel verfolgen, sich gegen die Gläubigerautonomie zu stellen und einen nicht existenten Anspruch auf Bestellung zum Insolvenzverwalter

---

[1678] BGH, B. v. 17.07.2003 – IX ZB 530/02, ZIP 2003, 1613; BGH, B. v. 07.10.2004 – IX ZB 128/03, DZWiR 2005, 124.

[1679] *Smid*, in: Smid, Neue Fragen des deutschen und internationalen Insolvenzrechts, S. 19; *Görg*, Gerichtliche Korrektur von Fehlentscheidungen der Gläubiger im Insolvenzverfahren, DZWIR 2000, 364, verweist zutreffend darauf, dass der abgewählte Insolvenzverwalter nicht seine Interessen mit einem Antrag nach § 78 InsO durchsetzen kann; vgl. ferner *Lüke*, Kein Bedarf an Insolvenzverwaltern, ZIP 2000, 485; *Kesseler*, Rechtsschutz des „übergangenen" Insolvenzverwalters, ZIP 2000, 1565, 1573 ff.; dagegen *Lüke*, Verwalterbestellung – im grundrechtsfreien Raum?, ZIP 2000, 1574.

durchzusetzen respektive zu verteidigen.[1680] Mit einem Antrag nach § 78 Abs. 1 InsO kann der Insolvenzverwalter nur den Schutz des gemeinsamen Interesses der Insolvenzgläubiger verfolgen, wobei die Pflicht zur Wahrung des gemeinsamen Interesses mit der Abwahl des bisherigen Insolvenzverwalters und damit die Antragsbefugnis des Insolvenzverwalters ihr Ende finden.[1681]

Ebenso wenig kann der nach § 272 Abs. 1 Nr. 1 InsO von der Gläubigerversammlung gefasste Beschluss, die Aufhebung der Eigenverwaltung beim Insolvenzgericht zu beantragen, im Verfahren nach § 78 Abs. 2 InsO angefochten werden. Nach Auffassung des BGH[1682] habe die Regelung des § 272 Abs. 1 Nr. 1 InsO ebenfalls abschließenden Charakter und es widerspräche Sinn und Zweck der gesetzlichen Regelungen, wenn das Insolvenzgericht auf Antrag eines überstimmten Gläubigers im Rahmen des § 272 InsO prüfen müsste, ob der nicht zu begründende Beschluss der Gläubigerversammlung, die Aufhebung der Eigenverwaltung zu beantragen, mit dem gemeinsamen Interesse der Insolvenzgläubiger im Einklang steht. Denn damit würde die Gläubigerversammlung im Nachhinein gezwungen werden, ihre Entscheidung gegenüber dem Insolvenzgericht zu rechtfertigen, obwohl nach der Konzeption der Insolvenzordnung nicht das Insolvenzgericht, sondern gerade die Gläubigerversammlung abschließend über die Anordnung der Eigenverwaltung zu entscheiden hat. Die im Rahmen der Insolvenzordnung beabsichtigte Stärkung der Gläubigerautonomie würde konterkariert werden, wenn über § 78 Abs. 1 InsO der mit dem ordnungsgemäß gefassten Beschluss der Gläubigerversammlung zum Ausdruck kommende Wille der Gläubiger durch das Insolvenzgericht angegriffen werden könnte. Auch das seit dem 01. 03. 2012 geltende Gesetz zur weiteren Erleichterung der Sanierung von Unternehmen (ESUG)[1683] änderte mit der Neufassung des § 272 Abs. 1 Nr. 1 InsO nichts an der gesetzgeberischen Grundentscheidung, die Gläubigerversammlung als das letztentscheidende Organ anzusehen.[1684]

Sieht das Insolvenzgericht das gemeinsame Interesse der Insolvenzgläubiger durch den angefochtenen Beschluss der Gläubigerversammlung verletzt, bestimmt es mittels begründeten Beschluss die Aufhebung. Die Aufhebung des Beschlusses ist nach § 9 InsO öffentlich bekanntzumachen. Gegen den Aufhebungsbeschluss kann jeder absonderungsberechtigten Gläubiger und nicht nachrangige Insolvenzgläubiger – nicht jedoch der Insolvenzverwalter – die sofortige Beschwerde erheben, während gegen die Ablehnung des Antrags auf Aufhebung dem Antragsteller ebenfalls die sofortige Beschwerde zusteht (§ 78 Abs. 2 InsO). Das Verfahren der sofortigen Beschwerde bestimmt sich nach § 6 InsO. Obgleich in der Insolvenzordnung keine Normen zur förmlichen Feststellung der Nichtigkeit eines Beschlusses der Gläubigerversammlung und zur Beschwerde bei Ablehnung dieser Fest-

855

1680 Vgl. BVerfG, B. v. 23. 05. 2006 – 1 BvR 2530/04, ZIP, 2006, 1355.
1681 *Graeber*, Die Wahl des Insolvenzverwalters durch die Gläubigerversammlung nach § 57 InsO, ZIP 2000, 1465.
1682 BGH, B. v. 21. 07. 2011 – IX ZB 64/10, DZWiR 2012, 35 m. Anm. *Bähr*, EWiR 2011, 651.
1683 BGBl. 2011, 2582.
1684 RegE ESUG, BT-Drucks. 17/5712 S. 19, 42; BGH, B. v. 21. 07. 2011 – IX ZB 64/10, DZWiR 2012, 35 m. Anm. *Bähr*, EWiR 2011, 651.

stellung enthalten sind, findet das in § 78 Abs. 2 InsO konzipierte Beschlussaufhebungsverfahren keine (analoge) Anwendung für die Feststellung der Nichtigkeit, da nichtige Beschlüsse *ipso iure* unwirksam und keiner besonderen Aufhebungsentscheidung bedürfen. Mithin kann die Nichtigkeit von jedermann zu jeder Zeit und in jedem Zusammenhang geltend gemacht werden.[1685]

3.2 Gläubigerausschuss

856 Neben der Gläubigerversammlung besteht nach §§ 67, 68 InsO die Möglichkeit, einen Gläubigerausschuss einzusetzen. Wie zuvor dargestellt, ist die Gläubigerversammlung mit ihren Einberufungs- und Abstimmungsvorschriften sowie der Unwägbarkeit ihrer Ergebnisse nicht immer ein geeignetes Instrument, den Interessen der Gläubiger insbesondere im eröffneten Verfahren einer Unternehmensinsolvenz und im Dialog mit dem Insolvenzverwalter effektiv zur Geltung zu verhelfen. Angesichts dessen sieht die Insolvenzordnung die Einrichtung eines Gläubigerausschusses vor.

857 Vornehme Aufgabe der Mitglieder des Gläubigerausschusses ist es, den Insolvenzverwalter bei seiner Geschäftsführung zu unterstützen und zu überwachen, indem sie sich über den Gang der Geschäfte informieren, die Bücher und Geschäftspapiere einsehen, den Geldverkehr und -bestand prüfen[1686] und sich nach § 260 BGB Rechnung legen lassen (§ 69 InsO). Zu den weiteren wichtigen Aufgaben des Gläubigerausschusses gehört es, im Falle anstehender, besonders bedeutender Rechtshandlungen über die Erteilung der vom Insolvenzverwalter grundsätzlich einzuholenden Zustimmung zu entscheiden, wenn er im Rahmen der ihm obliegenden Aufgaben Vermögensgegenstände des Schuldners zu verwerten beabsichtigt, die erhebliche Auswirkung auf den Bestand des von ihm verwalteten Vermögens haben (§ 160 Abs. 1 Satz 1 InsO). Hierunter fallen zum Beispiel die Stilllegung oder Veräußerung des Unternehmens vor dem Berichtstermin (§§ 158 Abs. 1, 156 InsO), die Vornahme von Verpflichtungsgeschäfte, welche auf die Veräußerung von Massegegenständen gerichtet sind, deren Veräußerung aber im Zeitpunkt des Vertragsschlusses noch nicht wirtschaftlich geboten ist, weiterhin unter Umständen das Erfüllungsverlangen des Verwalters (§ 103 InsO) oder die Abtretungen von Ansprüchen und Rechten. Der Zustimmung des Gläubigerausschusses bedürfen nach § 160 Abs. 2 Nr. 1 InsO ferner die Veräußerung des Unternehmens, eines Betriebs, eines Warenlagers im ganzen, die Veräußerung von Grundstücken und von Rechten auf den Bezug wiederkehrender Einkünfte sowie die Beteiligung des Schuldners an einem anderen Unternehmen, die der Herstellung einer dauernden Verbindung zu diesem Unternehmen dienen soll. Ebenfalls zustimmungspflichtig sind nach dem Sinn und Zweck des § 160 Abs. 2 Nr. 2 InsO die Aufnahme von Darlehen sowie die Übernahme fremder Verbindlichkeiten, wozu Schuldübernah-

---

1685 BGH, B. v. 21.07.2011 – IX ZB 128/10, ZIP 2011, 1626 m. w. N. auch zur Gegenauffassung, wonach die klarstellende Feststellung der Nichtigkeit des Beschlusses in analoger Anwendung des § 78 Abs. 2 InsO zulässig sei; BGH, B. v. 20.03.2008 – IX ZB 104/07, DZWiR 2008, 259.
1686 BGH, B. v. 29.11.2007 – IX ZB 231/06, DStR 2008, 679.

men im Sinne von §§ 414 ff. BGB, die Übernahme von Bürgschaften gemäß §§ 765 ff. BGB oder die dingliche Belastung von massezugehörigen Grundstücken zur Sicherung fremder Verbindlichkeiten gehören. Überdies bedarf es gemäß § 160 Abs. 2 Nr. 3 InsO der Entscheidung des Gläubigerausschuss über die Erteilung der Zustimmung für die Einleitung oder Fortsetzung (vgl. § 240 ZPO) von Rechtsstreitigkeiten mit erheblichem Streitwert sowie für die Beilegung oder Vermeidung solcher Rechtsstreitigkeiten mittels Vergleich oder Schiedsvertrag.

Bereits vor der ersten Gläubigerversammlung zum Berichtstermin (§ 156 InsO) kann das Insolvenzgericht nach freiem Ermessen[1687] gemäß § 67 Abs. 1 InsO einen vorläufigen Gläubigerausschuss einsetzen. Andernfalls kann die Gläubigerversammlung gemäß § 68 Abs. 1 Satz 1 InsO einen Gläubigerausschuss berufen, wenn das Insolvenzgericht noch keinen (vorläufigen) Gläubigerausschuss eingesetzt hatte, oder den schon eingerichteten Gläubigerausschuss nach § 68 Abs. 1 Satz 2 InsO abberufen. Ebenso kann die Gläubigerversammlung nach § 68 Abs. 2 InsO andere oder weitere Personen in den Gläubigerausschuss berufen. Dabei können auch Personen zu Mitgliedern des Gläubigerausschusses bestellt werden, die keine Gläubiger sind (§ 67 Abs. 3 InsO).

858

Der Gläubigerausschuss muss aus wenigstens zwei Personen bestehen, da er wie jedes andere Beratungs- und Entscheidungsgremium und mit Blick auf die in § 72 InsO geregelte Notwendigkeit einer einheitlichen Willensbildung schon rein begrifflich auf eine Mitwirkung durch mehrere Personen ausgerichtet ist.[1688] Dabei gibt § 67 Abs. 2 InsO Auswahlmaßstäbe für die in den Gläubigerausschuss einzuberufende Person vor, an die auch die Gläubigerversammlung gebunden ist, wenn sie den Gläubigerausschuss einsetzt.[1689] Hiernach sollen die absonderungsberechtigten Gläubiger, die Insolvenzgläubiger mit den höchsten Forderungen und die Kleingläubiger im Gläubigerausschuss vertreten sein. Ferner soll dem Ausschuss ein Vertreter der Arbeitnehmer angehören, wenn diese als Insolvenzgläubiger mit nicht unerheblichen Forderungen beteiligt sind. Diese Auswahlkriterien rechtfertigen sich aus der Funktion des Gläubigerausschusses als Instrument der Vertretung von Gläubigerinteressen und der Überwachung des Insolvenzverwalters. Neben natürlichen Personen können freilich juristische Personen des privaten und öffentlichen Rechts ebenso Mitglied im Gläubigerausschuss werden, denn sie sind Gläubiger und sollen desgleichen die Möglichkeit haben, im Gläubigerausschuss tätig zu werden; sie müssen sich aber durch

859

1687 *Delhaes*, in: Nerlich/Römermann, InsO, § 67 Rn. 3.
1688 BGH, B. v. 05. 03. 2009 – IX ZB 148/08, DZWiR 2009, 341; BGH, E. v. 11. 11. 1993 – IX ZR 35/93, ZIP 1994, 46; *Delhaes*, in: Nerlich/Römermann, InsO § 68 Rn. 4; *Obermüller*, Insolvenzrecht in der Bankpraxis, Rn. 1.413; *Voigt-Salus/Pape*, in: Mohrbutter/Ringstmeier, Handbuch der InsVerw, § 21 Rn. 291; kritisch hierzu *Klopp/Kluth*, in: Gottwald, Insolvenzrechts-Handbuch, § 21 Rn. 7.
1689 Bejahend *Uhlenbruck,*, InsO, § 68 Rn. 4; *Eickmann*, in: HK, § 67 Rn. 4, verneinend *Schmidt-Burgk*, in: MüKo-InsO, § 68 Rn. 7; Kind in: FK-InsO, 5. Aufl. § 68 Rn. 4; *Kübler/Prütting/Bork*, InsO, § 68 Rn. 10.

eine bestimmte natürliche Person vertreten lassen.[1690] Personen, bei denen Anlass zur Besorgnis der Befangenheit besteht, sollen nicht in den Gläubigerausschuss berufen werden.[1691] Nach § 73 Abs. 1 InsO erhalten die Mitglieder des Gläubigerausschusses für ihre Tätigkeit unter Beachtung des Tätigkeitsumfangs eine zeitabhängige Vergütung, deren Höhe sich nach §§ 17 f. InsVV bestimmt,[1692] sowie Erstattung angemessener Auslagen.

860 Die Beschlüsse des Gläubigerausschusses kommen nach § 72 InsO mit der Mehrheit der abgegebenen Stimmen zustande, wenn die Mehrheit der Mitglieder an der Beschlussfassung teilgenommen hat. Stimmverbote können bestehen, wenn über ein zwischen dem Insolvenzverwalter und einem Mitglied des Gläubigerausschusses bzw. einem von ihm repräsentierten Gläubiger zu schließendes Rechtsgeschäft oder einen zu führenden oder zu erledigenden Rechtsstreit abzustimmen ist.[1693] Zum Verfahren der Beschlussfassung hat der Gesetzgeber keine weiteren Regelungen getroffen. Freilich kann aus der Funktion des Gläubigerausschusses, den Insolvenzverwalter bei seiner Geschäftsführung zu unterstützen und zu überwachen (§ 69 Satz 1 InsO), abgeleitet werden, dass die Ausschusssitzungen aufgrund einer zuvor bekanntzugebenden Tagesordnungen durchgeführt werden und über die zustande gekommenen Beschlüsse Protokoll zu führen ist. Der Gesetzeswortlaut des § 72 InsO steht einer fernmündlichen oder schriftlichen Beschlussfassung im Umlaufverfahren nicht entgegen.

861 In der Praxis treffen der Gläubigerausschuss und der Insolvenzverwalter oftmals eine Vereinbarung über die pauschale Zustimmung zu bestimmten Rechtsgeschäften. Der BGH[1694] ging aber in einem von ihm unter der Geltung der Konkursordnung zu entscheidenden Rechtsstreit davon aus, dass sich der Insolvenzverwalter im Falle rechtswidrigen Verhaltens nicht mit dem Hinweis auf einen zustimmenden Beschluss von Gläubigerausschuss oder Gläubigerversammlung gemäß § 160 Abs. 2 InsO exkulpieren kann. Anderseits ist der Insolvenzverwalter nach §§ 157, 159 InsO sogar in Fällen für das Verfahren elementarer Entscheidungen der Gläubigerversammlung an diese gebunden. In diesen Konfliktfällen ist der Insolvenzverwalter unter Umständen zur Antragsstellung nach § 78 Abs. 1 InsO verpflichtet. Dabei ist danach zu differenzieren, ob durch Beschlüsse des Gläubigerausschusses oder der Gläubigerversammlung Dritte (Arbeitnehmer, Behörden etc.) in ihren Rechten beeinträchtigt werden oder gegen allgemeine Schutzgesetze verstoßen werden würde. Soll für die Masse ein wegen der rechtlichen oder

---

1690 BGH, E. v. 11.11.1993 – IX ZR 35/93, ZIP 1994, 46 m. Anm. *Lüke*, Schadensersatzanspruch gegen Mitglieder des Gläubigerausschusses, EWiR § 89 KO 1/94, 281.
1691 AG Göttingen v. 28.07.2009 – 71 IN 151/05 m. Anm. *Martini*, jurisPR InsR 5/2010 Anm. 4.
1692 Vgl. aber BGH, B. v. 08.10.2009 – IX ZB 11/08, DZWiR 2010, 110, wonach in einem masselosen (Verbraucher-) Insolvenzverfahren das Insolvenzgericht dem Mitglied des Gläubigerausschusses anstelle der geltend gemachten Vergütung nach Stundensätzen eine niedrigere Pauschalvergütung bewilligen kann, die sich an der Höhe der (Treuhänder-) Verwaltervergütung orientiert.
1693 BGH, Urt. v. 22.01.1985 – VI ZR 131/83, ZIP 1985, 423, m. Anm. *Kübler*, EWiR § 82 KO 3/85, 313.
1694 BGH, Urt. 22.01.1985 – VI ZR 131/83, ZIP 1985, 423, m. Anm. *Kübler*, EWiR § 82 KO 3/85, 313.

wirtschaftlichen Umstände eher fragwürdiger Prozess geführt werden, wird die (pauschale) Zustimmung des Gläubigerausschusses den Insolvenzverwalter nicht enthaften, wohl aber ein zustimmender Beschluss der Gläubigerversammlung, die auf Antrag des Insolvenzverwalters nach § 75 Abs. 1 InsO mit entsprechender Tagesordnung einberufen wurde, denn die Gläubigerversammlung darf auch unwirtschaftliche Entscheidungen fällen. Da die Kontrolle der Wahrung des gemeinsamen Interesses der Insolvenzgläubiger nach § 78 Abs. 1 InsO durch das Insolvenzgericht nicht von Amts wegen erfolgt, sondern einen bis zum Schluss der Gläubigerversammlung zu stellenden Gläubigerantrag voraussetzt, ist der Verwalter an den Beschluss gebunden, so dass er sich bei dessen Ausführung rechtmäßig und nicht einer Haftung nach § 60 InsO aussetzend verhält.

Nach § 70 InsO kann das Insolvenzgericht ein Mitglied des Gläubigerausschusses aus wichtigem Grund aus dem Amt entlassen, wobei die Entlassung von Amts wegen, auf Antrag des betreffenden Mitglieds des Gläubigerausschusses oder auf Antrag der Gläubigerversammlung erfolgen kann. Aus dem Regelungszusammenhang ergibt sich, dass die Mitglieder des Gläubigerausschusses damit der Aufsicht durch das Insolvenzgericht unterliegen. Hingegen hat der Insolvenzverwalter weder ein Antragsrecht noch ein Anhörungsrecht; er ist auch sonst durch die Entlassung eines Mitgliedes des Gläubigerausschusses nicht in seinen Rechten oder im Hinblick auf die von ihm verwaltete Insolvenzmasse betroffen.[1695]

862

Zwingende Voraussetzung einer Entlassung eines Ausschussmitglieds aus wichtigem Grund ist das Vorliegen eines Lebenssachverhalts, der geeignet ist, bei weiterer Mitarbeit des betreffenden Mitgliedes die Erfüllung der Aufgaben des Gläubigerausschusses nachhaltig zu erschweren oder unmöglich zu machen und die Erreichung der Verfahrensziele objektiv zu gefährden.[1696] Eine Störung des Vertrauensverhältnisses zu anderen Verfahrensbeteiligten, die keine Grundlage in einem objektiv pflichtwidrigen Verhalten des Gläubigerausschussmitglieds hat, rechtfertigt aber nicht dessen Entlassung, auch wenn der Verwalter und die Mehrheit von Gläubigerausschuss und Gläubigerversammlung kein Vertrauen mehr in die Bereitschaft der Beteiligten zur konstruktiven Zusammenarbeit haben und der Insolvenzverwalter sogar in anderer Sache Strafanzeige gegen das Mitglied des Gläubigerausschusses erstattet hat.[1697] Denn das Gesetz sieht die Aufgaben der Mitglieder des Gläubigerausschusses in ihrer Überwachungs- und Unterstützungsfunktion (§ 69 Satz 1 InsO), weshalb Kontrollmaßnahmen nicht selten zu Meinungsunterschieden führen, die mit einer Störung des Vertrauensverhältnisses einhergehen können. Der wichtige Grund kann aber auf wertneutralen Umständen wie Krankheit, fehlender fachlicher Eignung oder beruflicher Überlastung sowie auf einer schuldhaften Pflichtwidrigkeit beruhen.[1698] Begünstigt beispielsweise ein Ausschussmitglied einen Insolvenzgläubiger zum Nachteil der übrigen, kann

863

[1695] BGH, B. v. 17.07.2003 – IX ZB 448/02, LSK 2003, 470429.
[1696] BGH, B. v. 01.03.2007 – IX ZB 47/06, ZIP 2007, 781; BGH, B. v. 15.05.2003 – IX ZB 448/02, KTS 2003, 607.
[1697] BGH, B. v. 01.03.2007 – IX ZB 47/06, DZWiR 2007, 301.
[1698] *Klopp/Kluth*, in: Gottwald, Insolvenzrechts-Handbuch, § 21 Rn. 10; *Kind*, in: FK, 4. Aufl. § 70 Rn. 6; *Schmid-Burgk*, in: MüKo-InsO, § 70 Rn. 6.

ein solches pflichtwidriges Verhalten die Entlassung aus dem Amt rechtfertigen.[1699] Nutzt ein Steuerberater oder Rechtsanwalt in seiner Eigenschaft als Mitglied eines Gläubigerausschusses gewonnene Informationen zum einseitigen Vorteil eines zu den Gläubigern gehörenden Mandanten, kann ebenfalls ein wichtiger Grund zur Amtsentlassung gegeben sein, es sei denn, die Unterrichtung des Mandanten über im Gläubigerausschuss geäußerte, ihm nachteilige Tatsachenbehauptungen dienen ausschließlich dem Zweck, ihm eine Klärung bzw. Richtigstellung zu ermöglichen.[1700]

864 Die Tatsachen, die den Entlassungsgrund bilden, müssen zur vollen Überzeugung des Insolvenzgerichts nachgewiesen seien, wobei das Vorliegen konkreter Anhaltspunkte für die Verletzung von wichtigen Pflichten für eine Entlassung genügen kann, um dadurch die Gefahr größerer Schäden für die Masse abzuwenden.[1701] Bevor das Insolvenzgericht die Entlassungsentscheidung trifft, hat es das betreffende Mitglied des Gläubigerausschusses anzuhören. Der Beschluss über die Entlassung ist zu begründen. Das entlassene Mitglied kann gegen die Entscheidung sofortige Beschwerde erheben, dessen Verfahren sich nach § 6 InsO richtet.

865 Ungeachtet dessen haften die Mitglieder des Gläubigerausschusses gemäß § 71 InsO (nur) den absonderungsberechtigten Gläubigern und den Insolvenzgläubigern für schuldhaft begangene Pflichtverletzungen, insbesondere, wenn sie ihren Überwachungs- und Prüfungspflichten nicht mit der gebotenen Sorgfalt nachkommen.[1702] Die die Schadenersatzpflicht begründende Vorschrift des § 71 InsO rechtfertigt sich daraus, dass der Gläubigerausschuss den Interessen der Gläubiger dienen soll.[1703] Dabei kommt es nach den Buchstaben des Gesetzes bereits zur gesamtschuldnerischen Haftung aller Mitglieder des Gläubigerausschusses als Teile des Organs, wenn nur ein Mitglied seine Amtspflichten verletzt.

3.3 Vorläufiger Gläubigerausschuss im Insolvenzeröffnungsverfahren

866 Die vorstehend erörterten Organe der Gläubigerautonomie, die Gläubigerversammlung und der (vorläufige) Gläubigerausschuss, entfalten ihre Wirkungen erst im eröffneten Insolvenzverfahren. Allerdings sind regelmäßig bereits im Eröffnungsverfahren wesentliche Entscheidungen zu treffen, die für den weiteren Verlauf des Insolvenzverfahrens und damit für dessen Erfolg grundlegende Bedeutung zeitigen. Zu denken ist an die Bestellung des Insolvenzverwalters oder an vorläufige Maßnahmen, die eine spätere Unternehmensfortführung zum Zwecke der Sanierung ermöglichen, wie zum Bei-

---

1699 BGH, B. v. 15.05.2003 – IX ZB 448/02, ZIP 2003, 1259.
1700 BGH, B. v. 24.01.2008 – IX ZB 222/05, DZWiR 2008, 285; *Runkel*, Zur Entlassung eines Gläubigerausschussmitglieds, EWiR 2007, 57 f.; *Uhlenbruck*, Ausgewählte Pflichten und Befugnisse des Gläubigerausschusses in der Insolvenz, ZIP 2002, 1373, 1380.
1701 BGH, B. v. 01.03.2007 – IX ZB 47/06, DZWiR 2007, 301; vgl. auch BGH, B. v. 08.12.2005 – IX ZB 308/04, DZWIR 2006, 165.
1702 BGH, Urt. v. 08.05.2008 – IX ZR 54/07, ZIP 2008, 1243; OLG Rostock, E. v. 28.05.2004 – 3 W 11/04, ZInsO 2004, 814; OLG Rostock, Urt. v. 12.03.2007 – 3 U 45/06, ZIP 2007, 735.
1703 Amtliche Begründung zu § 82 RegE-InsO, BT-Drucks. 12/2443, S. 132.

Kapitel 10   Insolvenzgläubiger

spiel die Anordnung der Eigenverwaltung. Angesichts dessen ist es nur zweckdienlich, bereits in einem frühen Verfahrensstadium die Gläubiger an den zu treffenden Entscheidungen zu beteiligen und auch insoweit der Gläubigerautonomie zur Geltung zu verhelfen. Die frühzeitige Beteiligung der Gläubiger im Insolvenzeröffnungsverfahren[1704] oder gar die Errichtung eines vorläufigen Gläubigerausschusses im Insolvenzeröffnungsverfahren ist, auch wenn mancherorts praktiziert, in der Insolvenzordnung aber bislang nicht normiert gewesen. Deshalb hat der Gesetzgeber mit dem ab dem 01.03.2012 geltenden Gesetz zur weiteren Erleichterung der Sanierung von Unternehmen vom 07.12.2011 (ESUG)[1705] für Rechtssicherheit gesorgt und die Einsetzung eines vorläufigen Gläubigerausschusses in den Maßnahmenkatalog des § 21 Abs. 2 InsO aufgenommen.[1706]

Auf der Basis der neu eingefügten §§ 21 Abs. 2 Nr. 1a, 22a Abs. 1 InsO ist das Insolvenzgericht nunmehr gehalten, im Eröffnungsverfahren einen vorläufigen Gläubigerausschuss einzusetzen, wenn der Schuldner bzw. das schuldnerische Unternehmen im vorangegangenen Geschäftsjahr mindestens zwei der drei nachstehend benannten Größenmerkmale erfüllte: (1.) mindestens 4.840.000 € Bilanzsumme nach Abzug eines aktivisch ausgewiesenen Fehlbetrages im Sinne des § 268 Abs. 3 HGB, (2.) mindestens 9.860.000 € Umsatzerlöse in den zwölf Monaten vor dem Abschlussstichtag und (3.) Beschäftigung von mindestens 50 Arbeitnehmer im Jahresdurchschnitt. Die vorstehenden Schwellwerte zur Größenklasseneinordnung erinnern nicht von ungefähr an § 267 Abs. 1 HGB und sind mit ihnen wertmäßig identisch.[1707] Demnach soll nur für „Großinsolvenzen" die Einsetzung des vorläufigen Gläubigerausschusses durch das Insolvenzgericht verpflichtend sein, während für kleinere Unternehmen die Einsetzung des vorläufigen Gläubigerausschusses nicht zwingend ist, aber nach Ermessen des Gerichts gemäß § 22a Abs. 2 InsO erfolgen kann, wenn der Schuldner, der vorläufige Insolvenzverwalter oder ein Gläubiger hierauf anträgt und für die Tätigkeit im vorläufigen Gläubigerausschuss bereite Personen benannt werden. Von der Einsetzung des vorläufigen Gläubigerausschusses hat das Insolvenzgericht gemäß § 22a Abs. 3 InsO in allen Fällen jedoch abzusehen, wenn der Geschäftsbetrieb des Schuldners eingestellt oder die Einsetzung des vorläufigen Gläubigerausschusses in Ansehung der zu erwartenden Insolvenzmasse unverhältnismäßig ist oder angesichts der mit der Einsetzung verbundenen Verzögerung zu einer nachteiligen Veränderung der schuldnerischen Vermögenslage führt. In diesen Fällen soll ein unverhältnismäßiger Aufwand

867

1704 Zum Beispiel nach dem sogenannten Detmolder Modell, welches die Beteiligung wesentlicher Gläubiger, der Geschäftsführung und der Arbeitnehmervertretungen bei der Auswahl des (vorläufigen) Insolvenzverwalters vorsah; hierzu: *Busch*, Die Bestellung des Insolvenzverwalters nach den „Detmolder Modell", DZWiR 2004, 353.
1705 BGBl. 2011, 2582.
1706 RegE ESUG, BT-Drucks. 17/5712, S. 35.
1707 Stellungnahme vom 15.04.2011 des Bundesrates, BR-Drucks. 127/11 (Beschluss), S. 4, anders noch RegE ESUG, BT-Drucks. 17/5712, S. 36, der auf die Empfehlung vom 06.05.2003 der EG-Kommission zur Definition der kleinen und mittleren Unternehmen sowie der Kleinstunternehmen, AmtsBl L 124/36 v. 20.05.2003, zurückgreifen wollte.

an Zeit und Kosten durch die Einsetzung des vorläufigen Gläubigerausschusses vermieden werden, der sich zudem nachteilig auf das Vermögen des Schuldners auswirken könnte.[1708]

868 Der Schuldner oder der vorläufige Insolvenzverwalter sollen nach § 22a Abs. 4 InsO dem Insolvenzgericht Personen benennen, die als Mitglieder des vorläufigen Gläubigerausschusses in Betracht kommen. Mit dieser Norm soll die Verfahrensbeteiligung des sanierungswilligen und aktiv mitwirkungsbereiten Schuldners und damit insgesamt die Akzeptanz des Insolvenzverfahrens gestärkt werden, indem im Interesse einer erfolgreichen Sanierung auf dessen (Sonder-)Wissen und Branchenkenntnisse zurückgegriffen und ihm gestattet wird, einen weiteren eigenen Verfahrensbeitrag zu leisten. Zugleich soll damit die Auswahlentscheidung des Insolvenzgerichts beschleunigt werden. Gleichwohl ist das Insolvenzgericht nicht verpflichtet, den von Schuldner und vorläufigen Insolvenzverwalter unterbreiteten Personalvorschlägen in jedem Fall oder generell zu folgen. Es hat seine Auswahlentscheidung nach pflichtgemäßem Ermessen unter Beachtung der Bestimmung des § 21 Abs. 2 Nr. 1a InsO zu treffen. Dem vorläufigen Gläubigerausschuss sollen mithin die absonderungsberechtigten Gläubiger, die Insolvenzgläubiger mit den höchsten Forderungen, die Kleingläubiger sowie Vertreter der Arbeitnehmer angehören, wenn diese als Insolvenzgläubiger mit nicht unerheblichen Forderungen beteiligt sind. Wie § 21 Abs. 2 Nr. 1a InsO zeigt, können zu Mitgliedern des vorläufigen Gläubigerausschusses ferner auch Personen bestellt werden, die erst mit Eröffnung des Insolvenzverfahrens Gläubiger werden; damit hatte der Gesetzgeber unter anderem den Pensions-Sicherungs-Verein auf Gegenseitigkeit (PSVaG) im Blick.[1709] Im Übrigen finden nach § 21 Abs. 2 Nr. 1a InsO die Vorschriften der §§ 69 bis 73 InsO über die Aufgaben des im eröffneten Verfahren eingesetzten Gläubigerausschuss, die Entlassung einzelner Ausschussmitglieder, die Haftung, die Beschlussfassung und die Vergütung entsprechende Anwendung, so dass hierzu auf die unter Ziffer 3.2 gegebene Darstellung verwiesen werden darf.

1708 RegE ESUG, BT-Drucks. 17/5712, S. 36; Stellungnahme vom 15.04.2011 des Bundesrates, BR-Drucks. 127/11 (Beschluss), S. 4.
1709 RegE ESUG, BT-Drucks. 17/5712, S. 35.

Kapitel 11
Insolvenzanfechtung

1. Grundlagen der insolvenzrechtlichen Anfechtung der §§ 129 ff. InsO

1.1 Allgemeines

Mit den Mitteln der insolvenzrechtlichen Anfechtung hat der Gesetzgeber dem Insolvenzverwalter ein Instrumentarium an die Hand gegeben, mit dem er vorinsolvenzliche Vermögensverschiebungen zu Lasten der Insolvenzmasse rückgängig machen und den Bestand des haftenden Schuldnervermögens wieder herstellen kann.[1710] Vor Eröffnung eines Insolvenzverfahrens gilt grundsätzlich das Prioritätsprinzip hinsichtlich der Befriedigung von Ansprüchen. Im Insolvenzverfahren gilt gemäß § 1 InsO der Grundsatz der Gläubigergleichbehandlung und daraus folgend der Grundsatz der gleichmäßigen Befriedigung aller Insolvenzgläubiger[1711] und damit nicht mehr das Prioritätsprinzip. Durch die Insolvenzanfechtung wird dieser Grundsatz auf die Zeit vor Verfahrenseröffnung ausgedehnt. Einzelne Gläubiger, die aufgrund besseren Wissens oder anderer Umstände noch befriedigt werden, sollen unter bestimmten Voraussetzungen das Erhaltene zurückgewähren.

869

Wenngleich die Rechtsnatur der Insolvenzanfechtung umstritten ist, geht die h. M. von der sog. schuldrechtlichen Theorie[1712] aus. Danach kommt der Anfechtungserklärung keine dingliche oder unmittelbar rechtsgestaltende Wirkung zu, anders als z. B. der Irrtumsanfechtung (vgl. § 142 Abs. 1 BGB); vielmehr entsteht gemäß § 143 InsO mit Eröffnung des Insolvenzverfahrens ein schuldrechtlicher Anspruch auf Rückgewähr in die Masse; denn die insolvenzrechtliche Anfechtung führt nicht zu den §§ 119 ff. BGB und daher ist § 142 Abs. 1 BGB nicht anwendbar.[1713] Auf die Geltendmachung des Anfechtungsverlangens durch den Insolvenzverwalter kommt es für das Entstehen des Anspruches nicht an.[1714] Sie betrifft die Durchsetzung des Anspruchs,

870

1710 Vgl. *Kirchhof*, in: MüKo-InsO, vor § 129 Rn. 2.
1711 Vgl. auch KG Berlin, Urt. v. 18. 10. 1996 – 7 U 3001/96, KG-Rp Berlin 1997, 6.
1712 BGH, Urt. v. 11. 01. 1990 – IX ZR 27/89, ZIP 1990, 246, 247 f. = NJW 1990, 990, 991 m.
Anm. *Balz*, EWiR 1990, 257; BGH, Urt. v. 01. 12. 1988 – IX ZR 112/88, ZIP 1989, 48, 49;
Hirte, in: Uhlenbruck, InsO, § 129 Rn. 134 m.w.N.
1713 BGH, Urt. v. 14.10.2010 – IX ZR 160/08, ZIP 2010, 2460.
1714 BGH, Urt. v. 20. 03. 1997 – IX ZR 71/ 96, MDR 1997, 557, 558.

871

vorsätzliche Gläubigerbenachteiligung § 133 Abs. 1 InsO ■ Besicherung von Gesellschafterdarlehen § 135 Abs. 1 Nr. 1 InsO	unentgeltliche Leistung § 134 Abs. 1 InsO	vorsätzliche Gläubigerbenachteiligung § 133 Abs. 2 Nr. 2 InsO	Befriedigung von Gesellschafterdarlehen § 135 Abs. 1 Nr. 2 InsO	kongruente Deckung § 130 InsO ■ inkongruente Deckung § 131 Abs. 1 Nr. 2/3 InsO ■ unmittelbare Benachteiligung § 132 Abs. 1 Nr. 1 InsO	inkongruente Deckung § 131 Abs. 1 Nr. 1 InsO			
■ 10 Jahre vor Antrag	■ 4 Jahre vor Antrag	■ 2 Jahre vor Antrag	■ 1 Jahr vor Antrag	■ 3 Monate vor Antrag	■ 1 Monat vor Antrag	■ InsO Antrag	■ InsO Eröffnung	

Abb. 50: Zeitliche Rückwirkung der Anfechtungstatbestände der InsO

die zumeist im Prozess erfolgen wird. Für die Zulässigkeit und Begründetheit einer Anfechtungsklage gelten die allgemeinen zivilprozessualen Grundsätze.[1715] Der Gemeinsame Senat hatte in diesem Zusammenhang für Anfechtungsklagen, mit denen ein Rückgewähranspruch gegen einen Arbeitnehmer geltend gemacht wird, die Arbeitsgerichte für zuständig erachtet.[1716] Diese Entscheidung ist systematisch falsch. Der XI. Zivilsenat des BGH[1717] hat nun darauf erkannt, dass der Rechtsweg zu den ordentlichen Gerichten für die insolvenzrechtliche Anfechtungsklage gegen Sozialversicherungsträger eröffnet ist.

Es ist nicht erforderlich, dass der Kläger ausdrücklich oder wenigstens stillschweigend die Anfechtung erklärt oder sich jedenfalls auf diese Rechtsgrundlage beruft.[1718] Hat der Gläubiger z. B. die objektive Gläubigerbenachteiligung einer Zahlung bestritten, die über ein Bankkonto erfolgt ist, gehört zur Schlüssigkeit der Anfechtungsklage die Darlegung, dass die Zahlung aus einem Guthaben oder im Rahmen eines eingeräumten Kredits erbracht worden ist oder eine Kontoaufstellung darüber, dass der Kontostand die eingeräumte Kreditlinie nie überschritten hat.[1719]

1715 BGH, Urt. v. 20. 03. 1997 – IX ZR 71/96, ZIP 1997, 737, 739 f. (zur „Billigung" durch den VIII. Zivilsenat s. 740 a. E.); m. Anm. *Henckel*, EWiR 1997, 943; *Stürner/Bormann* LM 8/1997 § 106 KO Nr. 16 Bl. 1568, 1572; *Kaiser*, Erstreckung der Pfändung künftiger Girovertragsansprüche auf nach Sequestrationserlaß entstehendes Guthaben, WiB 1997, 775; Urteilsbespr. von *Eckardt*, Vorausverfügung und Sequestration, ZIP 1997, 957, 965 ff.
1716 Gemeinsamer Senat, ZIP 2010, 2418, B. v. 27.09.2010.
1717 BGH, B. v. 24.03.2011 – IX ZB 36/09, ZIP 2011, 683.
1718 BGH, Urt. v. 20. 03. 1997 – IX ZR 71/96, ZIP 1997, 737, 739 f.
1719 BGH, B. v. 27. 03. 2008 – IX ZR 210/07, NZA 2008, 550; BGH, B. v. 01. 02. 2007 – IX ZB 248/05, ZIP 2007, 601; BGH, Urt. v. 11. 01. 2007 – IX ZR 31/05, ZIP 2007, 435.

Kapitel 11 Insolvenzanfechtung

Anfechtungstatbestand	Zeitraum	Wirtschaftliche Lage des Schuldners	Kenntnis des Gläubigers	Beweislast
§ 130 InsO: kongruente Deckung				
§ 130 Abs. 1 Nr. 1	in den letzten drei Monaten vor Antragstellung	Zahlungsunfähigkeit	Kenntnis von Zahlungsunfähigkeit bzw. § 130 Abs. 2 InsO	grds. InsOVerwalter, aber: § 130 Abs. 3 InsO bei nahestehenden Personen
§ 130 Abs. 1 Nr. 2	nach Antragstellung		Kenntnis von Zahlungsunfähigkeit oder Antrag	dito
§ 131 InsO: inkongruente Deckung				
§ 131 Abs. 1 Nr. 1	im letzten Monat vor Antragstellung oder danach			InsOVerwalter
§ 131 Abs. 1 Nr. 2	im zweiten oder dritten Monat vor Antragstellung	Zahlungsunfähigkeit		InsOVerwalter
§ 131 Abs. 1 Nr. 3	im zweiten oder dritten Monat vor Antragstellung		Kenntnis von Gläubigerbenachteiligung bzw. § 131 Abs. 2 Satz 1 InsO	grds. InsOVerwalter, aber: § 131 Abs. 2 Satz 2 InsO bei nahestehenden Personen
§ 132 InsO: unmittelbare Benachteiligung				
§ 132 Abs. 1 Nr. 1	in den letzten drei Monaten vor Antragstellung	Zahlungsunfähigkeit	Kenntnis bzw. §§ 132 Abs. 3, 130 Abs. 2 InsO	grds. InsoVerwalter, aber: §§ 132 Abs. 3, 130 Abs. 3 InsO bei nahestehenden Personen
§ 132 Abs. 1 Nr. 2	nach Antragstellung		Kenntnis von Zahlungsunfähigkeit oder Antrag	dito
§ 133 InsO: vorsätzliche Benachteiligung				
§ 133 Abs. 1	in den letzten zehn Jahren vor Antragstellung oder danach		Kenntnis von Benachteiligungsvorsatz bzw. § 133 Abs. 1 Satz 2 InsO	InsOVerwalter
§ 133 Abs. 2	in den letzten zwei Jahren vor Antragstellung oder danach		Kenntnis der nahestehenden Person vom Benachteiligungsvorsatz	InsOVerwalter
§ 134: unentgeltliche Leistung				
§ 134 Abs. 1	in den letzten vier Jahren vor Antragstellung oder danach			InsOVerwalter
§ 135 InsO: Gesellschafterdarlehen				
§ 135 Abs. 1 Nr. 1	in den letzten zehn Jahren vor Antragstellung oder danach			InsOVerwalter
§ 135 Abs. 1 Nr. 2	im letzten Jahr vor Antragstellung oder danach			InsOVerwalter
§ 135 Abs. 2	im letzten Jahr vor Antragstellung oder danach			InsOVerwalter

Abb. 51: Schematischer Überblick über die Anfechtungstatbestände der InsO

Teil 2 Materielles Insolvenzrecht

872 Im Grundsatz sind die Anfechtungstatbestände der §§ 130 ff. InsO nebeneinander anwendbar[1720]; lediglich § 132 InsO ist als Auffangtatbestand nur subsidiär anwendbar und wird von den *leges speciales* der §§ 130 f. InsO verdrängt.[1721] Daher empfiehlt sich folgende Prüfungsreihenfolge:

1. §§ 130, 131 InsO
2. § 134 InsO
3. § 132 InsO
4. § 133 InsO

1.2 Ausübung des Anfechtungsrechts
1.2.1 Anfechtungsberechtigter

873 Die Ausübung des Anfechtungsrechts obliegt nach § 129 Abs. 1 InsO grundsätzlich dem Insolvenzverwalter (nicht dem vorläufigen)[1722], da die Verwaltungs- und Verfügungsbefugnis nach § 80 Abs. 1 InsO auf ihn übergegangen ist. Im Rahmen der sog. Eigenverwaltung nach § 270 InsO verbleibt zwar die Verfügungsbefugnis beim Schuldner, aber gleichwohl gemäß § 280 InsO die Anfechtungsberechtigung beim Sachwalter. Der Anfechtungsanspruch ist entgegen der früheren Judikatur des BGH[1723] abtretbar. Der BGH meint, dass durch die Abtretung des Anfechtungsanspruchs die Verwertung des Schuldnervermögens bzw. die Sammlung der Masse erleichtert werde.[1724]

Im Verbraucherinsolvenzverfahren nach den §§ 304 ff. InsO ist indes nicht der Treuhänder, sondern jeder einzelne Insolvenzgläubigern zur Anfechtung berechtigt (§ 313 Abs. 2 Satz 1 InsO). Indes kann die Gläubigerversammlung nach § 313 Abs. 2 Satz 2 InsO den Treuhänder oder einzelne Gläubiger mit der Anfechtung beauftragen.[1725] Abgesehen von dieser nur für das Verbraucherinsolvenzverfahren geltenden Regelung hat der einzelne Insolvenzgläubiger keine Anfechtungsmöglichkeit. Ihm verbleibt nur die Möglichkeit, sich an den Insolvenzverwalter zu wenden. Weigert dieser sich, kann der einzelne Gläubiger sich schlussendlich an das Insolvenzgericht wenden (§§ 58 f. InsO).

1.2.2 Anfechtungsgegner und mittelbare Zuwendungen

874 Anfechtungsgegner ist nicht zwingend der Schuldner, sondern der Empfänger der anfechtbaren Leistung.

875 Im Drei-Personen-Verhältnis gilt folgendes:
Anfechtbar sind auch mittelbare Zuwendungen. Dabei ist grundsätzlich nicht die Mittelsperson Anfechtungsgegner, sondern der (mittelbare) Leistungsempfänger, bei dem die Vermögensverschiebung aus der Masse end-

---

1720 *Haarmeyer/Wutzke/Förster,* Handbuch Insolvenzordnung, 633 Rn. 317; *Paulus,* in: Kübler/Prütting/Bork, InsO, § 129 Rn. 42; *Zeuner,,* Die Anfechtung in der Insolvenz, Rn. 6.
1721 *Henckel,* in: Kölner Schrift zur InsO, 813, 834 Rn. 47.
1722 *Nerlich,* in: Nerlich/Römermann, InsO, § 129 Rn. 25.
1723 RGZ 30, 71, 76; BGH, Urt. v. 10.02.1982 – VIII ZR 158/80, BGHZ 83, 102, 105.
1724 BGH, Urt. v. 17.02.2011 – IX ZR 91/10, ZIP 2011, 1114.
1725 Vgl. *Wagner,* Die Anfechtung im Verbraucherinsolvenzverfahren, ZIP 1999, 689 ff.

Kapitel 11 Insolvenzanfechtung

gültig verbleiben soll.[1726] Entscheidend ist letztlich eine wirtschaftliche Betrachtungsweise.[1727] Eine Anfechtbarkeit ergibt sich damit auch, wenn es sich um zwei rechtlich selbstständige Rechtsgeschäfte handelt, der Wille des Schuldners aber von Anfang an auf Zuwendung an den endgültigen Empfänger gerichtet war. Folgende Besonderheiten gelten:

- Sind sowohl der Dritte als Empfänger als auch der Schuldner insolvent, schließt die zeitlich vorhergehende Anfechtung der mittelbaren Zuwendung durch den Verwalter des Schuldners eine Schenkungsanfechtung durch den Verwalter des Dritten aus.[1728]
- Hat die Mittelsperson dagegen selbst einen Vorteil erlangt, so ist die Anfechtung auch gegen diese selbst geltend zu machen.[1729]
- Hat der Insolvenzschuldner aber nach Zahlungseinstellung oder Eröffnungsantrag mit einer Zwischenperson die Vereinbarung getroffen, dass dieser für ihn eine Zuwendung an einen Dritten bewirkt und damit zugleich unmittelbar das den Insolvenzgläubigern haftende Vermögen gemindert, so richtet sich die Anfechtung allein gegen den Dritten als Empfänger, soweit für diesen die Leistung als vom Insolvenzschuldner erkennbar war.[1730]
- Diese für die Fälle der Anweisung durch den Insolvenzschuldner anerkannte höchstrichterliche Rechtsprechung gilt gleichsam für den Fall, dass sich bei anweisungsgemäßer Begleichung einer Rechnung durch Überweisung auf ein Konto der Ehefrau des späteren Insolvenzschuldners der Anspruch in der Regel gegen diese richtet, wenn ihr der Eingang des Betrags als Leistung des späteren Insolvenzschuldners ersichtlich ist. Dabei stellt die Entgegennahme der Anweisung, künftig die Zahlungen auf ein anderes als das bisherige Konto zu leisten, nicht automatisch eine vorsätzliche Schädigung der späteren Insolvenzgläubiger dar.[1731]

Neben dem Empfänger der anfechtbaren Leistung kommen nach Maßgabe des § 145 InsO auch Einzel- oder Gesamtrechtsnachfolger als Anfechtungsgegner in Betracht.

1.3 Gemeinsame Tatbestandsmerkmale der Anfechtungstatbestände
1.3.1 Rechtshandlung

Anfechtbar sind nach § 129 Abs. 1 InsO gläubigerbenachteiligende Rechtshandlungen, die vor Eröffnung des Insolvenzverfahrens vorgenommen wurden. Sämtliche Anfechtungstatbestände erfordern daher eine Rechtshand-

876

1726 BGH, Urt. v. 29.11.2007 – IX ZR 121/06, WM 2008, 223; BGH, Urt. v. 17.01.1985 – IX ZR 29/84, NJW 1985, 1560.
1727 BGH, Urt. v. 05.12.1991 – IX ZR 271/90, ZIP 1992, 124, 126 m. Anm. *Gerhardt*, EWiR 1992, 219.
1728 BGH, Urt. v. 16.11.2007 – IX ZR 194/04, NZI 2008, 163, m. Anm. *Huber*, NZI 2008, 149.
1729 BGH, Urt. v. 09.05.1996 – IX ZR 50/95, ZIP 1996, 1178, 1180, m. Anm. *Gerhardt*, EWiR 1996, 723.
1730 BGH, Urt. v. 16.09.1999 – IX ZR 204/98, ZIP 1999, 1764.
1731 OLG Stuttgart, B. v. 19.01.2000 – 19 W 42/99, NZI 2000, 179.

lung, wobei gemäß § 129 Abs. 2 InsO ein Unterlassen dem gleichgestellt ist. Voraussetzung ist allerdings, dass das Unterlassen wissentlich und willentlich geschieht[1732], da es bei unbewussten oder fahrlässigen Unterlassungen an einer vom Begriff der Rechtshandlung umfassten notwendigen Willensbetätigung fehlt.[1733] Einer Rechtshandlung gleich stehen also z. B. das Unterlassen eines Widerspruchs gegen einen Mahnbescheid, das Eintretenlassen der Verjährung, einer Ersitzung oder einer Ausschlussfrist[1734] oder das Unterlassen einer Mängelrüge.[1735]

877 Eine Rechtshandlung ist jedes Handeln oder Unterlassen, das eine rechtliche Wirkung auslöst[1736], z.b.

- dingliche Verfügungen,
- Willenserklärungen als Bestandteil von schuldrechtlichen und dinglichen Rechtsgeschäften und rechtsgeschäftsähnlichen Handlungen[1737], z. B. Mahnungen, Mängelrügen gemäß § 377 HGB, Abtretungsanzeigen gemäß § 409 BGB,
- Realakte, wie Verarbeitung, Verbindung, Vermischung[1738], Besitzübertragung, Kontosperre[1739],
- Vollstreckungshandlungen,
- Einräumung eines Bezugsrechts für eine Lebensversicherung[1740],
- gerichtliche Vermögensauseinandersetzungen,
- andere auf Entscheidung eines Gerichts beruhende Vermögensverschiebungen[1741],
- Prozesshandlungen, sofern sie einen materiell-rechtlichen Gehalt haben, z.B. Anerkenntnis und Klagerücknahme[1742],
- Zahlung einer Geldstrafe.[1743]

Die anfechtbare Rechtshandlung muss wirksam sein, da sie ansonsten nicht gläubigerbenachteiligend wirken kann.[1744] Ausnahmsweise sind aber nichtige oder unwirksame Rechtshandlungen anfechtbar, wenn trotz der Nichtigkeit oder Unwirksamkeit eine Gläubigerbenachteiligung vorliegt. So hat der BGH die Anfechtung eines nach § 117 Abs. 1 BGB nichtigen Kaufvertrages mit dem Argument zugelassen, nichtige Rechtsgeschäfte, vor allem Scheingeschäfte, führten nicht selten zu einer Änderung der formalen Rechtslage – etwa einer Eintragung des Scheinerwerbs in das Grundbuch

---

1732 BGH, Urt. v. 24.10.1996 – IX ZR 284/96, ZIP 1996, 2080, 2081 m. w. N.
1733 *Hirte*, in: Uhlenbruck, InsO, § 129 Rn. 65.
1734 *Hirte*, in: Uhlenbruck, InsO, § 129 Rn. 65.
1735 *Zeuner*, Die Anfechtung in der Insolvenz, Rn. 25.
1736 *Obermüller/Hess*, 64 Rn. 301;
1737 BGH, Urt. v. 15.10.1975 – VIII ZR 62/74 , WM 1975, 1182; *Obermüller/Hess*, 64 Rn. 301.
1738 *Henckel*, in: Jaeger, InsO, § 29 Rn. 4, 169 ff.
1739 BGH, Urt. v. 12.02.2004 – IX ZR 98/03, ZInsO 2004, 342.
1740 BGH, Urt. v. 23.10.2003 – IX ZR 252/01, WM 2003, 2479, 2480.
1741 Amtl. Begr. zu § 144 RegEInsO, BT-Drucks. 12/2443, 157.
1742 *Holzer,*, Die Insolvenzanfechtung, WiB 1997, 729, 733.
1743 BGH, Urt. v. 14.10.2010 – IX ZR 16/10, ZIP 2010, 2358.
1744 *Holzer,*, Die Insolvenzanfechtung, WiB 1997, 729, 733 m. w. N.; *Hirte*, in: Uhlenbruck, InsO, § 129 Rn. 76.

oder einer Besitzübergabe – und damit zu Erschwerungen oder Gefährdungen des Gläubigerzugriffs.[1745] Damit fehle es nicht an einer Gläubigerbenachteiligung.[1746]

Grundsätzlich sind Rechtshandlungen nur als Ganzes anfechtbar.[1747] Etwas anderes gilt nur dann, wenn sich eine Rechtshandlung in einzelne, voneinander unabhängige Teile zerlegen lässt, was selten der Fall sein dürfte.[1748]

Zu beachten ist, dass die Anfechtbarkeit des schuldrechtlichen Kausalgeschäfts (z. B. Kaufvertrag nach § 433 BGB) regelmäßig auch die Anfechtbarkeit des Erfüllungsgeschäfts (z. B. Übereignung nach § 929 BGB) zur Folge hat. Ist das Kausalgeschäft, beispielsweise der Kaufvertrag, bereits erfüllt, genügt nicht bloß dessen Anfechtung; vielmehr ist auch das Erfüllungsgeschäft, also Übergabe und Übereignung, anzufechten.

1.3.2 Gläubigerbenachteiligung

Weitere Voraussetzung aller Anfechtungstatbestände ist die Gläubigerbenachteiligung. Dabei kommt es nicht auf die Benachteiligung eines einzelnen Gläubigers, sondern die Benachteiligung der Gläubiger in ihrer Gesamtheit an.[1749]

Eine Gläubigerbenachteiligung liegt vor, wenn die Aktivmasse durch die Rechtshandlung verkleinert wurde[1750] und die Befriedigungsmöglichkeiten der Gläubiger dadurch verkürzt, vermindert, erschwert oder verzögert werden.[1751] Eine Gläubigerbenachteiligung liegt somit stets vor, wenn die Insol-

---

1745 BGH, Urt. v. 11.07.1996 – IX ZR 226/94, ZIP 1996, 1516, 1518 m. Anm. *Huber*, EWiR 1996, 771.
1746 *Henckel*, in: Jaeger, InsO, § 129 Rn. 267.
1747 *Nerlich*, in: Nerlich/Römermann, InsO, § 129 Rn. 54.
1748 BGH, Urt. v. 11.11.1993 – IX ZR 257/92, ZIP 1994, 40, m. Anm. *Haas*, EWiR 1994, 169; Urteilsbespr. *Berger*, Zur Wirksamkeit von Lösungsklauseln für den Konkursfall, ZIP 1994, 173 ff.
1749 BGH, Urt. v. 23.09.1981 – VIII ZR 245/80, ZIP 1981, 1229, 1230 f.; BGH, Urt. v. 26.01.1983 – VIII ZR 254/81, ZIP 983, 334, 337; BGH, Urt. v. 11.05.1989 – IX ZR 222/88, ZIP 1989, 785 m. Anm. *Stürner/Münch*, EWiR 1989, 795 und *Obermüller*, WuB VI B § 30 Nr. 1 3.89; BGH, Urt. v. 19.03.1992 – IX ZR 14/91, ZIP 1992, 558; *Holzer*, Die Insolvenzanfechtung, WiB 1997, 729, 733; zur Frage der Möglichkeit der Anfechtung bei drohender oder eingetretener Masseunzulänglichkeit i. S. v. § 208 vgl. *Ahrendt/Struck*, Kein Anfechtungsrecht des Verwalters bei Masseunzulänglichkeit?, ZInsO 2000, 264.
1750 BGH, Urt. v. 19.01.2006 – IX ZR 154/03, ZIP 2006, 959; BGH, Urt. v. 07.02.2002 – IX ZR 115/99, NZI 2002, 255; *Henckel*, in: Jaeger, InsO, § 29 Rn. 60 ff., 116 ff.; RG, Urt. v. 05.11.1918 – Rep. VII. 202/18, RGZ 94, 305, 307; BGH, Urt. v. 23.09.1981 – VIII ZR 245/80, ZIP 1981, 1229, 1231; BGH, Urt. v. 19.03.1980 – VIII ZR 195/79, ZIP 1980, 346; BGH, Urt. v. 26.01.1983 – VIII ZR 254/81, ZIP 1983, 337.
1751 BGH, Urt. v. 29.11.2007 – IX ZR 121/06, ZIP 2008, 190; BGH, Urt. v. 24.11.1959 – VII ZR 220/57, WM 1960, 377, 379; BGH, Urt. v. 25.03.1964 – VIII ZR 280/62, WM 1964, 505, 506 f.; BGH, Urt. v. 23.09.1981 – VIII ZR 245/80, ZIP 1981, 1229; BGH, Urt. v. 26.01.1983 – VIII ZR 254/81, ZIP 1983, 337; BGH, Urt. v. 11.05.1989 – IX ZR 222/88, ZIP 1989, 785, 786 m. Anm. *Stürner/Münch*, EWiR 1989, 795 und Obermüller, WuB VI B. § 30 Nr. 1 KO 3.89; BGH, Urt. v. 11.11.1993 – IX ZR 257/92, ZIP 1994, 40, m. Anm. *Haas*, EWiR 1994, 169 und Obermüller, WuB VI. B. § 31 Nr. 1 KO 1.94; Amtl. Begr. zu § 144 RegEInsO, BT-Drucks. 12/2443, 157.

venzmasse verkürzt und damit verbunden die Insolvenzquote verringert wird. Verschlechtert sie sich nicht, weil beispielsweise eine als inkongruente Deckung anzusehende Zahlung nur zum Austausch zweier ungesicherter Gläubiger geführt hat, ist dies nicht anfechtungsrelevant.[1752] Dabei reicht allein der Gläubigerbenachteiligungsvorsatz beim Schuldner nicht aus, wenn die Rechtshandlung ansonsten die Masse nicht schmälert.[1753] In diesem Fall fehlt es an einer Gläubigerbenachteiligung.

879   Ob eine Gläubigerbenachteiligung vorliegt, ist allein nach wirtschaftlichen Gesichtspunkten im Einzelfall stets vor dem Blickwinkel einer Quotenverkürzung zu entscheiden.[1754] So ist die Eingehung von Verbindlichkeiten ist grundsätzlich gläubigerbenachteiligend.[1755] Wird beispielsweise die Insolvenzmasse objektiv geschmälert, aber wirkt sich dies deswegen nicht auf die Befriedigung der Gläubiger aus, weil die verbleibende Masse zu deren Befriedigung ausreicht, liegt keine Gläubigerbenachteiligung vor. Das gleiche gilt, wenn die Anfechtung die Befriedigungsmöglichkeit der Gläubiger in keiner Weise verbessern würde. Ebenfalls liegt keine Gläubigerbenachteiligung bei der Befriedigung eines persönlichen vorrangigen Gläubigers (vgl. § 38 InsO) vor, sofern die Masse zur Befriedigung der übrigen vorrangigen Gläubiger ausreicht. Wird gegen eine Forderung des Insolvenzschuldners aufgerechnet, die bereits zuvor an einen Dritten mit der Folge zur Sicherheit abgetreten wurde, dass an ihr ein Absonderungsrecht besteht, liegt ebenfalls keine Gläubigerbenachteiligung vor; denn es fehlt an einer Gläubigerbenachteiligung, wenn ein absonderungsberechtigter Gläubiger befriedigt wird.[1756]

So liegt bei der Begleichung einer ausgewogenen Schuld, beispielsweise die Zahlung eines für die Kaufsache angemessenen Kaufpreises, keine Benachteiligung vor, weil der Masse in Gestalt der Kaufsache ein entsprechender Gegenwert zufließt. Ein solcher Aktivtausch wirkt aber dann gläubigerbenachteiligend, wenn beispielsweise der Insolvenzschuldner zwar zunächst eine werthaltige Forderung als angemessene Gegenleistung erhält, diese dann jedoch im Rahmen einer einheitlichen Vereinbarung sofort wieder abtritt.[1757]

1752 OLG Dresden, Urt. v. 25. 02. 1999 – 4 U 455/98, ZInsO 1999, 239.
1753 *Häsemeyer*, Rn. 21.19.
1754 *Obermüller*, Insolvenzrecht in der Bankpraxis, 71 Rn. 1.295; *Haarmeyer/Wutzke/Förster*, Handbuch Insolvenzordnung, 638 Rn. 328; *Zeuner*, Die Anfechtung in der Insolvenz, Rn. 46; krit. *Henckel*, in: Jaeger, InsO, § 129 Rn. 8, der „wirtschaftliche Gesichtspunkte" nicht für subsumtionsfähige Normen hält, die Anfechtung sich nur nach den anfechtungsrechtlichen Rechtssätzen richten und die wirtschaftliche Betrachtungsweise lediglich Hilfsmittel zur Erfassung der subsumierbaren Tatsachen sein könne.
1755 BGH, Urt. v. 06. 04. 2006 – IX ZR 185/04, ZIP 2006, 1009; BGH, Urt. v. 27. 05. 2003 – IX ZR 169/02, ZIP 2003, 1506.
1756 BGH, Urt. v. 09. 11. 2006 – IX ZR 133/05, ZInsO 2006, 1321; krit. *Wazlawik*, Die gläubigerbenachteiligende Abtretung der Miet-/Pachtzinsforderungen an den Grundpfandgläubiger, NZI 2007, 320; OLG Köln, Urt. v. 12. 05. 1998 – 3 U 123/97, EWiR 1998, 753.
1757 LG Frankfurt, Urt. v. 20. 09. 1994 – 2-18 O 623/93, ZIP 1994, 1794, 1796.

Kapitel 11 Insolvenzanfechtung

Bei Bankgeschäften gilt folgendes: 880
- Gläubigerbenachteiligend ist die Verrechnung einer Gutschrift mit dem negativen Saldo eines Kontokorrentkontos, und zwar auch dann, wenn die Zahlung aus einer an eine Bank abgetretenen Forderung stammt und die ihr gestellte Sicherheit im Rahmen eines Sicherheitenpoolvertrages auch treuhänderisch für die kontoführende Bank gehalten wird.[1758]
- Gleiches gilt, wenn die Befriedigung eines Gläubigers durch Lastschrift auf einem debitorisch geführten Konto des Schuldners erfolgt.[1759]
- Bei einer Umbuchung von Zahlungseingängen von einem debitorischen Konto auf ein anderes, ebenfalls debitorisches Konto bei derselben Bank liegt eine Gläubigerbenachteiligung nur vor, wenn das Konto, dessen Schuldenstand durch die Umbuchung verringert wurde, über schlechtere Sicherungen verfügte als das Konto, dessen Schuldenstand dadurch erhöht wurde.[1760]
- Wird ein Termineinlagenkonto verpfändet, liegt eine Gläubigerbenachteiligung nur vor, wenn die vorausgegangene Verpfändung gemäß § 14 AGB Banken ebenfalls anfechtbar erfolgte.[1761]
- Tritt der Schuldner eine Forderung sicherungshalber an ein Kreditinstitut ab, werden die Gläubiger benachteiligt, wenn der Schuldner zunächst den von ihm vereinnahmten Betrag an das Kreditinstitut überweist.[1762]
- Hat der Sicherungsnehmer die dem Schuldner erteilte Einziehungsermächtigung nicht widerrufen, liegt eine Gläubigerbenachteiligung in der Weiterleitung der auf dem Schuldnerkonto eingegangenen Erlöse der wirksam erfüllten Forderungen an den Sicherungsnehmer.[1763]
- Das gleiche gilt, wenn die Bank dem Schuldner rät, von seinem bereits überzogenen Konto eine Pfändungsforderung zu erfüllen.[1764]

Nach § 129 Abs. 2 InsO steht ein Unterlassen einer Rechtshandlung 881
gleich; denn auch ein Unterlassen kann die Gläubiger benachteiligen. So beispielsweise, wenn ein Freistellungs-/Erstattungsanspruch zum Kapitalersatzrecht nicht geltend gemacht wird.[1765]

Einzelfälle: 882
Eine Gläubigerbenachteiligung liegt nicht vor:
- Der nicht persönlich haftende Gesellschafter begleicht die Verbindlichkeit einer Gesellschaft gegenüber deren Gläubiger auf deren Anweisung und

---

1758 BGH, Urt. v. 02.06.2005 – IX ZR 181/03, ZIP 2005, 1651; m. Anm. *Leiner*, Die Sicherungszession in der Krise, ZInsO 2006, 460.
1759 OLG Karlsruhe, Urt. v. 18.01.2007 – 12 U 185/06, NZI 2008, 188, m. Anm. *Schäfer*, Anfechtbarkeit der Prämienzahlungen eines Arbeitgebers auf eine zu Gunsten seiner Arbeitnehmer abgeschlossene Direktversicherung, NZI 2008, 151.
1760 BGH, Urt. v. 10.07.2008 – IX ZR 142/07, ZIP 2008, 1695.
1761 BGH, Urt. v. 17.06.2004 – IX ZR 124/03, ZIP 2004, 1509.
1762 BGH, Urt. v. 19.01.2006 – IX ZR 154/03, WM 2006, 915.
1763 BGH, Urt. v. 06.04.2006 – IX ZR 185/04, WM 2006, 1018.
1764 BGH, Urt. v. 28.02.2008 – IX ZR 213/06, ZIP 2008, 701.
1765 BGH, Urt. v. 22.12.2005 – IX ZR 190/02, NJW 2006, 908.

tilgt durch die Zahlung keine eigene Schuld gegenüber der Gesellschaft.[1766]
- Anweisungen durch die Gesellschaft sind als „Anweisung auf Kredit" zu beurteilen, wenn die Gesellschafter der KG aus ihrem Privatvermögen die Schuld der Gläubiger bezahlen. Sie führen im Gegensatz zu „Anweisungen auf Schuld" nur zu einem Gläubigertausch; an die Stelle des bisherigen Gläubigers tritt der Angewiesene als Gläubiger einer neuen Schuld.
- Eine Zahlung, die ein Schuldner des Insolvenzschuldners ohne Tilgungswirkung an einen Dritten erbringt, bewirkt keine Gläubigerbenachteiligung. Dies ist beispielsweise dann der Fall, wenn der Auftraggeber eine auf § 16 Nr. 6 VOB/B beruhende Zahlung an einen Gläubiger des Auftragnehmers vorgenommen hat, obwohl gegen diesen bereits ein allgemeines Veräußerungsverbot erlassen worden ist, da das insolvenzrechtliche Veräußerungsverbot nur das Vermögen in dem Bestand erfass, der bei seinem Erlass noch vorhanden ist.[1767] Ist ein Gegenstand bereits vorher aus dem Schuldnervermögen ausgeschieden, geht das Veräußerungsverbot ins Leere.
- Bei der Veräußerung eines über den Verkehrswert hinaus belasteten Grundstücks, da auch die Rückgewähr in die Insolvenzmasse nicht zu ihrer Anreicherung beitragen könnte.[1768]
- Verschiebung sonstiger wertloser Gegenstände durch den Schuldner.[1769]

Nach der Rechtsprechung des BGH soll in dem Verlust der Feststellungs- und Verwertungskosten keine Gläubigerbenachteiligung liegen, da die §§ 170, 181 InsO nur dem Ausgleich von Kosten dienten, die durch die Bearbeitung im Insolvenzverfahren entstünden.[1770] Dies ist schon deswegen nicht zwingend, weil der Insolvenzverwalter in jedem Fall das Bestehen des Absonderungsrechts feststellen muss. Weiterhin kann eine Verwertung zusammen mit anderen Gegenständen für die Masse günstiger sein.[1771]

883 Der BGH hatte die Zahlung des Arbeitgebers hinsichtlich des Arbeitnehmeranteils zur Sozialversicherung bislang als aus dessen Vermögen angesehen und daher als gläubigerbenachteiligend.[1772] Durch die Änderung des § 28e Abs. 1 Satz 2 SGB IV wollte der Gesetzgeber dem einen Riegel vorschieben und fingierte, dass der Sozialversicherungsbeitrag des Arbeitnehmers als aus dessen Vermögen geleistet gilt. Daraus wurde in der Literatur

---

1766 BGH, B. v. 16.10.2008 – IX ZR 147/07, ZInsO 2008, 1200.
1767 BGH, Urt. v. 17.06.1999 – IX ZR 176/98, NZI 1999, 313; vgl. auch BGH, Urt. v. 17.06.1999 – IX ZR 62/98, ZIP 1999, 1271.
1768 BGH, Urt. v. 20.10.2005 – IX ZR 276/02, WM 2006, 490; BGH, Urt. v. 05.12.1985 – IX ZR 165/84, WM 1986, 296; BGH, Urt. v. 23.02.1984 – IX ZR 26/83, ZIP 1984, 489, 491.
1769 BGH, Urt. v. 23.09.1981 – VIII ZR 245/80, ZIP 1981, 1229, 1230.
1770 BGH, Urt. v. 23.10.2004 – IX ZR 25/03, ZIP 2005, 40; BGH, Urt. v. 20.11.2003 – IX ZR 259/02, ZInsO 2003, 1137; BGH, Urt. v. 09.10.2003 – IX ZR 28/03, NZI 2004, 82.
1771 Vgl. *Gundlach/Frenzel/Schmidt*, Die Anfechtung der Besitzentziehung durch den Absonderungsberechtigten vor Insolvenzeröffnung, NZI 2002, 20, 21.
1772 BGH, Urt. v. 08.12.2005 – IX ZR 182/01, InVo 2006, 176; BGH, Urt. v. 25.10.2001 – IX ZR 17/01, WM 2001, 2398; zust. in der Lit. *Klöckner/Schädel*, Insolvenzanfechtung abgeführter Sozialversicherungsbeiträge – eine Rechtsprechungsübersicht, InVO 2006, 173.

Kapitel 11   Insolvenzanfechtung

gefolgert, dass es aufgrund dieser gesetzlichen Fiktion nunmehr hinsichtlich des Arbeitnehmeranteils zur Sozialversicherung an einer Gläubigerbenachteiligung fehle.[1773] Dem ist der IX. Zivilsenat des BGH – mit deutlichen Worten in Richtung des Gesetzgebers – jetzt entgegengetreten und hat mit Urteil vom 05.11.2009[1774] klargestellt, dass die Zahlung der Arbeitnehmeranteile zu den Gesamtsozialversicherungsbeiträgen weiterhin als Rechtshandlung des Arbeitgebers im Insolvenzverfahren über das Vermögen als mittelbare Zuwendung an die Einzugsstellen angefochten werden könne. Auch wenn die Zahlung des vom Beschäftigten zu tragenden Teils des Gesamtsozialversicherungsbeitrags als unmittelbar aus seinem Vermögen erbracht gilt und die Schuld des Arbeitgebers aus § 28e Abs. 1 Satz 2 SGB IV durch Drittzahlung des Arbeitnehmers gemäß § 267 BGB getilgt worden ist, fehlt es an einer Rechtshandlung des Arbeitnehmers. Daraus folge – so der BGH -, dass diese Zahlung auch nicht als zweiter Teil einer Leistungskette verstanden werden könne. Vielmehr habe der Arbeitgeber durch dieselbe Rechtshandlung teils für Rechnung des Arbeitnehmers auch dessen Bruttolohnanspruch erfüllt. Handelt es sich daher um eine mittelbare Zuwendung des Arbeitgebers an die Einzugstelle durch eine fiktiv unmittelbar aus dem Vermögen des Arbeitnehmers erbrachte Zahlung, erbringt der Arbeitgeber auch in einer derartigen Fallgestaltung ein eigenes Vermögensopfer. Dies führt zur Benachteiligung seiner Gläubiger gemäß § 129 Abs. 1 InsO. Dem ist zuzustimmen; denn objektiv wird die Masse des Arbeitgebers durch dessen Zahlung verkürzt. Das Vermögen des Arbeitnehmers ist letztlich nur zwischengeschaltet, ohne dass dieser einen wirtschaftlichen Vorteil erhält.[1775]

Sofern im jeweiligen Anfechtungstatbestand nicht ausdrücklich verlangt (vgl. § 132 Abs. 1 InsO), reicht eine mittelbare Gläubigerbenachteiligung aus.[1776] Mittelbar ist eine Gläubigerbenachteiligung, wenn zwar die anfechtbare Rechtshandlung selbst noch keinen Nachteil für die Gläubiger bedeutet, sie jedoch die Grundlage für eine weitere, die Gläubiger beeinträchtigende Handlung schafft.[1777] Dabei muss die weitere Handlung ihrerseits nicht zwingend durch die angefochtene Rechtshandlung verursacht sein.[1778] Anders bei einer unmittelbaren Gläubigerbenachteiligung; dort muss der

884

1773 *Meier*, Déjà-vu im Insolvenzrecht – Die Privilegierung der Sozialversicherungsträger durch die Neuregelung des § 28e I 2 SGB IV, NZI 2008, 140, 141; *Heydt*, Vermögenszuweisungsfiktion des § 28e Abs. 1 Satz 2 SGB IV n.F., Gläubigerbenachteiligung und Insolvenzanfechtung, ZInsO 2008, 178, 186; *Blank*, Der Coup im Bundestag: Die Neuregelung des § 28e Abs. Satz 2 SGB IV n.F., ZInsO 2008, 1, 5; *Dahl*, Der neue § 28e I 2 SGB IV und seine Auswirkung auf anhängige Verfahren, NZI 2008, 160, 160.
1774 BGH, Urt. v. 05.11.2009 – IX ZR 233/08, ZIP 2009, 2301.
1775 *Bräuer*, Ausschluss der Insolvenzanfechtung durch § 28e Abs. 1 Satz 2 SGB IV n.F.?, ZInsO 2008, 169, 178; *Bauer/Esser*, Die vermeintliche Privilegierung der Sozialversicherungsträger durch die Einführung des § 28e Abs. 1 Satz 2 SGB IV n.F., ZInsO 2008, 296; *Bauer*, Die schleichende Wiedereinführung von Insolvenzvorrechten zugunsten des Fiskus und der Sozialkassen schreitet voran, ZInsO 2008, 119.
1776 Amtl. Begr. zu § 144 RegEInsO, BT-Drucks. 12/2443, 157; zurückhaltend aber BGH, Urt. v. 05.12.1986 – IX ZR 165/84, ZIP 1986, 452.
1777 BGH, Urt. v. 11.11.1993 – IX ZR 257/92, BGHZ 124, 76, 79; *Bork*, Einführung Insolvenzrecht, Rn. 212; Amtl. Begr. zu § 144 RegEInsO, BT-Drucks. 12/2443, 157.
1778 BGH, Urt. v. 09.12.1999 – IX ZR 102/97, ZIP 2000, 238, 241.

Nachteil den Gläubigern bereits durch die Vornahme des Rechtsgeschäfts entstanden sein.[1779]

1.3.3 Maßgeblicher Zeitpunkt der Vornahme der Rechtshandlung

885 Nach § 140 Abs. 1 InsO gilt eine Rechtshandlung als in dem Zeitpunkt vorgenommen, in dem ihre rechtlichen Wirkungen eintreten. Dieser Zeitpunkt ist in mehrfacher Hinsicht relevant, nämlich für die Frage, ob die fragliche Handlung in den Anfechtungszeitraum fiel, für das Vorliegen bestimmter objektiver Tatbestandsvoraussetzungen, z. B. der Zahlungsunfähigkeit, und schlussendlich auch für das Vorliegen bestimmter subjektiver Tatbestandsvoraussetzungen, z. B. der Kenntnis des Anfechtungsgegners.

1.3.3.1 Mehraktige Rechtshandlungen

886 Bei Rechtshandlungen, die aus mehreren Teilen bestehen, beispielsweise bei mehraktigen Erwerbstatbeständen, gilt § 140 Abs. 2 InsO. Danach gilt die Rechtshandlung als mit dem letzten zur Wirksamkeit erforderlichen Teilakt als eingetreten. Diese Norm stellt letztlich die insolvenzrechtliche Entsprechung zu den §§ 878 BGB, 3 Abs. 3 SchRG, 5 Abs. 3 LuftFzgG dar. Ist die Einigungserklärung des Schuldners bindend und hat der andere Teil den Eintragungsantrag so gestellt, so kann ihn der nachmalige Insolvenzschuldner nicht mehr zurücknehmen (§ 13 Abs. 1 Satz 1 GBO). Zu diesem Zeitpunkt ist zwar materiell-rechtlich der Rechtserwerb noch nicht vollzogen, jedoch hat der andere Teil bereits eine derart gesicherte Rechtsposition inne, welche auch nach Eröffnung des Insolvenzverfahrens nicht mehr beeinträchtigt werden kann und soll[1780], denn der weitere Gang des Verfahrens bis zur Vollendung des Rechtserwerbs liegt nicht mehr im Einflussbereich der Vertragsparteien und ist beispielsweise nur noch von den Bearbeitungszeiten bei Gericht abhängig. § 140 Abs. 2 Satz 1 InsO trägt dem Rechnung, so dass insbesondere die Dauer des Eintragungsverfahrens beim Grundbuchamt nicht zu einer Schlechterstellung des Erwerbers führt, wenn er zwischenzeitlich etwa von der Zahlungsunfähigkeit des Schuldners Kenntnis erlangt.[1781] Dies gilt aber nur dann, wenn der Erwerber anwartschaftsrechtsähnlich eine derart gesicherte Rechtsposition erlangt hat.[1782] Dabei genügt es, dass der Eintragungsantrag gemäß § 15 GBO von einem Notar gestellt worden ist, weil dieser für alle Beteiligten tätig wird.[1783] Der Schuldner kann in diesem Fall nur für sich selbst den notariellen Antrag wieder zurücknehmen, nicht aber für den anderen Teil.

1779 *Hirte*, in: Uhlenbruck, InsO, § 129 Rn. 124; *Kirchhof*, in: MüKo-InsO, § 129 Rn. 113.
1780 Amtl. Begr. zu § 159 RegEInsO, BT-Drucks. 12/2443, 166 f.
1781 *Hirte*, in: Uhlenbruck, InsO , § 140 Rn. 11 f.; *Henckel*, in: Jaeger, InsO, § 140 Rn. 41 ff.
1782 BGH, Urt. v. 09. 01. 1997 – IX ZR 47/96, ZIP 1997, 423, 424 m. Anm. *Eckardt*, EWiR 1997, 1133, weitere Anm. *Scheid/Voigt*, WiB 1997, 469, 471; *Becker-Eberhard*, LM H. 6/1997 § 10 GesO Nr. 23 und *H. Mohrbutter*, WuB VI G. § 10 GesO 3.97.
1783 *Holzer*, Die Insolvenzanfechtung, WiB 1997, 729, 733 m. w. N.

Kapitel 11 Insolvenzanfechtung

Liegen die Voraussetzungen des § 140 Abs. 2 InsO nicht vor und wird der Rechtserwerb erst nach Eröffnung des Insolvenzverfahrens abgeschlossen, kommt nur eine Anfechtung nach § 147 InsO in Betracht.

1.3.3.2 Unterlassen

Liegt die anfechtbare Rechtshandlung in einem Unterlassen, so kommt es für die Bestimmung des Zeitpunkts darauf an, wann die Rechtsfolgen des Unterlassens nicht mehr durch eine Handlung abgewendet werden können.[1784] Es ist somit der Zeitpunkt entscheidend, an dem die unterlassene Rechtshandlung letztmalig noch hätte getätigt werden können.[1785]

887

1.3.3.3 Bedingte und befristete Rechtshandlungen

Bei einer bedingten oder befristeten Rechtshandlung bleibt nach § 140 Abs. 3 InsO der Eintritt der Bedingung oder des Termins außer Betracht; entscheidend ist der Abschluss der rechtsbegründenden Tatumstände.[1786] § 140 Abs. 3 InsO stellt die Entsprechung zu den §§ 41 f. InsO dar, nach denen bedingte und befristete Forderungen im Insolvenzverfahren schon vor Eintritt der Bedingung oder des Termins geltend gemacht werden können.[1787]

888

Für das Vermieterpfandrecht folgt aus der Regelung des § 140 Abs. 3 InsO, dass anfechtungsrechtlich auf den Zeitpunkt der Pfandrechtsentstehung, also auf die Einbringung der Sachen abzustellen ist.[1788] Nach § 140 Abs. 3 InsO bleibt der Eintritt einer Bedingung außer Betracht. Maßgebend sind vielmehr die für den Abschluss rechtsbegründenden Tatumstände. Maßgebliche Rechtshandlung für die Möglichkeit der Aufrechnung von Mietzinsansprüchen gegen Ansprüche auf Auszahlung von Guthaben aus Nebenkostenvorauszahlung ist der Abschluss des Mietvertrages.[1789]

1.3.4 Kausalität zwischen Rechtshandlung und Gläubigerbenachteiligung

Für die Anfechtbarkeit ist entscheidend, dass zwischen Rechtshandlung und Gläubigerbenachteiligung ein Kausalzusammenhang besteht, so dass die Gesamtheit der Gläubiger ohne die Rechtshandlung eine günstigere Befriedigungsmöglichkeit gehabt hätte.[1790] Bei der unmittelbaren Beeinträchti-

889

1784 Begr. § 159 RegEInsO, BT-Drucks. 12/2443, 166 f.
1785 *Hess,* in: Obermüller/Hess, 64 Rn. 303.
1786 Amtl. Begr. zu § 159 RegEInsO, BT-Drucks. 12/2443, 166 f; vgl. auch *Spliedt,* Aufrechnung und Anfechtung während des Eröffnungsverfahrens erwirtschafteter Ansprüche, DZWIR 2000, 418, 425.
1787 Amtl. Begr. zu § 159 RegEInsO, BT-Drucks. 12/2443, 166 f.
1788 BGH, Urt. v. 14.12 2006 – IX ZR 102/03, ZIP 2007, 191, 193, m. Anm. *Kühne,* Kapitalersatz und Konsortialkredite – Insolvenzausfallrisiko für Konsortialführer und Konsorten, NZI 2007, 561.
1789 BGH, Urt. v. 11.11.2004 – IX ZR 237/03, NZI 2005, 164, 165.
1790 BGH, Urt. v. 20.02.1980 – VIII ZR 48/79, ZIP 1980, 250, 252; BGH, Urt. v. 11.05.1989 – IX ZR 222/88, ZIP 1989, 785, 786; OLG Düsseldorf, Urt. v. 20.06.1986 – 6 U 78/84, ZIP 1985, 876; m. Anm. *Westermann,* EWiR 1985, 601.

Teil 2 Materielles Insolvenzrecht

gung ergibt sich dies bereits aus dem Inhalt der Rechtshandlung[1791], während bei einer mittelbaren Benachteiligung noch weitere, adäquat kausale Umstände hinzutreten müssen, die condition sine qua non für die Benachteiligung sind.[1792] Hypothetische Kausalverläufe können nach ständiger Rechtsprechung des BGH reale Ursachen nicht beseitigen, lassen somit nicht die Kausalität entfallen.[1793]

1.3.5 Darlegungs- und Beweislast

890 Der Anfechtungsberechtigte trägt die Darlegungs- und Beweislast für das Vorliegen einer Rechtshandlung oder eines Unterlassens, der Gläubigerbenachteiligung, der Kausalität und für das Vorliegen der jeweiligen Voraussetzungen zu den insoweit maßgeblichen Zeitpunkten.[1794] Dies ist regelmäßig der Insolvenzverwalter.

Lässt das Gesetz die mittelbare Gläubigerbenachteiligung genügen, so ist der Beweis der Gläubigerbenachteiligung bereits erbracht, wenn ein Gegenstand aus dem Vermögen des Insolvenzschuldners ohne entsprechende Gegenleistung in das Vermögen des Anfechtungsgegners verbracht worden ist. Dem Anfechtungsgegner obliegt dann der Nachweis, dass das der Masse verbliebene Vermögen zur Befriedigung aller Gläubiger ausreicht, es also an der Gläubigerbenachteiligung fehlt.[1795]

Weil die Beweisführung bezüglich der zum Teil erforderlichen subjektiven Voraussetzungen als sog. innere Tatsachen für den anfechtenden Insolvenzverwalter regelmäßig mit erheblichen Schwierigkeiten behaftet ist, sieht die InsO an verschiedenen Stellen, z. B. in § 130 Abs. 2, Abs. 3, § 131 Abs. 2, § 132 Abs. 3, § 133 Abs. 1 Satz 2, Abs. 2 Satz 2, § 134 Abs. 1 und § 137 Abs. 2 Satz 2 InsO Beweiserleichterungen vor. Darüber hinaus hat die Rechtsprechung weitere Beweiserleichterungen entwickelt, so bei der Absichtsanfechtung.

1.4 „Anfechtungsfreies" Bargeschäft nach § 142 InsO

891 Auch wenn Leistung und Gegenleistung sich entsprechen und keine unmittelbare Gläubigerbenachteiligung vorliegt, kann eine mittelbare Gläubigerbenachteiligung, die für viele Anfechtungstatbestände bereits ausreichend ist, nicht ausgeschlossen werden. Der Schuldner wäre somit in der wirtschaftlichen Krise gänzlich vom Geschäftsverkehr abgeschnitten.[1796] Dies verhindert § 142 InsO, indem die Anfechtung von sogenannten Bargeschäften auf die Fälle beschränkt wird, in denen der andere Teil nicht nur die

---

1791 BGH, Urt. v. 29. 04. 1986 – IX ZR 145/85, ZIP 1986, 787, 788.
1792 BGH, Urt. v. 19. 03. 1980 – VIII ZR 195/79, ZIP 1980, 346, 347.
1793 BGH, Urt. v. 07. 06. 1988 – IX ZR 144/87, ZIP 1988, 1060, m. Anm. *Brehm*, EWiR 1988, 847.
1794 BGH, Urt. v. 24. 10. 1962 – VIII ZR 126/61, LM § 37 KO Nr. 6 Bl. 539, 541.
1795 BGH, Urt. v. 11. 06. 1992 – IX ZR 147/91, ZIP 1992, 1008, m. Anm. *Häsemeyer*, EWiR 1992, 907.
1796 *Kirchhof*, in: MüKo-InsO, § 142 Rn. 1; Amtl. Begr. zu § 161 RegEInsO, BT-Drucks. 12/2443, 167.

Krise beim Schuldner, sondern auch dessen Gläubigerbenachteiligungsvorsatz kannte. Die amtliche Überschrift ist insofern missverständlich, als dass unter den genannten Voraussetzungen nicht nur Barzahlungen von der Anfechtbarkeit ausgeschlossen sind, sondern Überweisungen, Scheckzahlungen sowie die Bestellung dinglicher Sicherheiten gegen Gewährung eines Kredites.[1797] Die amtliche Begründung geht davon aus, dass bei Vorliegen eines Bargeschäftes weder eine kongruente Deckung noch eine inkongruente Deckung der Anfechtung unterliegt.[1798] Anfechtbar ist lediglich eine vorsätzliche Benachteiligung nach § 133 Abs. 1 InsO, da diese Vorschrift eine nur mittelbare Gläubigerbenachteiligung ausreichen lässt.

1.4.1 Wertäquivalenz zwischen Leistung und Gegenleistung
1.4.1.1 Allgemeines

Für die Leistung des Schuldners muss eine nach objektiven Kriterien[1799] zu bemessende, gleichwertige Gegenleistung in sein Vermögen gelangt sein. Der BGH bezeichnet dies als eine Vermögensumschichtung.[1800] Leistung und Gegenleistung müssen dabei grundsätzlich zum Zeitpunkt des Vertragsschlusses gleichwertig sein, es sei denn, dass die Vereinbarung von Tagespreisen o. ä. der Verkehrssitte entspricht.

892

Gleichwertig sind dabei Leistung und Gegenleistung, wenn sie – bewertet anhand objektiver Kriterien – in einem angemessenen Verhältnis zueinander stehen. Dass der eine Vertragspartner dabei versucht hat, den anderen „zu drücken", lässt nicht die Gleichwertigkeit entfallen, solange sich der Vertragspartner die Marktmechanismen zunutze macht. Ob ein angemessenes Verhältnis vorliegt, kann somit nur aufgrund einer umfassenden Prüfung des Einzelfalles beurteilt werden. Entspricht zur Sicherung übereignetes Anlagevermögen dem hierfür ausgereichten Darlehen, ist dies zweifelsohne angemessen. Angemessen ist dies auch noch, wenn der Wert der Sicherheit die Höhe des Kredits nicht wesentlich überschreitet.[1801] Bei beweglichen Sicherungsgegenständen liegt dabei der übliche Risikozuschlag bei etwa 50 % des Nennwertes des Darlehens.[1802] Unangemessen mag dies aber dann werden, wenn die Sicherheit nicht nur dem Rückzahlungsanspruch verhaftet ist, sondern darüber hinaus allen übrigen Forderungen des Sicherungsnehmers[1803], was verdeutlichen mag, dass es auf eine Einzelfallprüfung ankommt.

[1797] BGH, Urt. v. 26.01.1977 – VIII ZR 122/75, WM 1977, 254.
[1798] Amtl. Begr. zu § 161 RegEInsO, BT-Drucks. 12/2443, 167.
[1799] *Hirte*, in: Uhlenbruck, InsO, § 142 Rn. 7.
[1800] BGH, Urt. v. 09.06.2005 – IX ZR 152/03, ZIP 2005, 1245; *Kirchhof*, in: MüKo-InsO, § 142 Rn. 9; *Kreft*, in: HK, § 142 Rn. 7.
[1801] Vgl. *Hirte*, in: Uhlenbruck, InsO, § 142 Rn. 10.
[1802] *Kirchhof*, in: MüKo-InsO, § 142 Rn. 13c.
[1803] BGH, Urt. v. 12.11.1992 – IX ZR 237/91, NJW-RR 1993, 235; *Hirte*, in: Uhlenbruck, InsO, § 142 Rn. 10; *Obermüller*, Handbuch Insolvenzrecht, Rn. 1070.

1.4.1.2 Bewertung von Dienstleistungen

893 Bei Dienstleistungen wird die Beantwortung der Frage, wann eine gleichwertige Gegenleistung in das Vermögen des Schuldners fließt, schon wesentlich schwieriger, da die Dienstleistung als solche nicht zugunsten der Gläubigergesamtheit verwertet werden kann.

Hier ist zu fragen, ob die Diensterbringung oder Geschäftsbesorgung gegen eine angemessene Vergütung erfolgte. Relevant wird dies regelmäßig im Zusammenhang mit der Beauftragung von Beratern im Rahmen der Krise eines Unternehmens, z. B. Sanierern.[1804] Existieren gesetzliche Vergütungsregelungen, wie z. B. bei Rechtsanwälten das RVG, so spricht die Einhaltung der dort genannten Gebühren bereits für die Angemessenheit. Daraus folgt aber nicht, dass darüber liegende Honorare unangemessen sind. Vielmehr können auch Honorarvereinbarungen nach § 4 RVG getroffen werden, ohne das Privileg des Bargeschäftes zu verlieren.[1805] Entscheidend ist wiederum der Einzelfall.

1.4.1.3 Verlängerter Eigentumsvorbehalt

894 Zu beachten ist, dass beim sogenannten erweiterten Eigentumsvorbehalt keine gleichwertige Gegenleistung in die spätere Masse fließt, weil das Eigentum an der gelieferten Ware erst dann in das Eigentum des Schuldners übergeht, wenn sämtliche Ansprüche aus der Geschäftsverbindung ausgeglichen sind.[1806] Bezahlt der Schuldner in der Krise Warenlieferungen solcher Lieferanten, liegt keine privilegierte Bardeckung vor.

1.4.2 Maßgeblichkeit der Parteivereinbarung

895 Weitere Voraussetzung ist, dass die Gegenleistung für die Leistung des Schuldners erbracht worden ist, mithin eine vertragliche Verknüpfung zwischen Leistung und Gegenleistung vorliegt.[1807] Hierzu ist das dem Leistungsaustausch zugrunde liegende Kausalgeschäft zu betrachten. Selbst wenn objektiv Leistung und Gegenleistung gleichwertig sind, liegt kein Bargeschäft in den Fällen vor, in denen die Leistung des Schuldners nicht der Vereinbarung entspricht[1808]; denn es gibt keinen Anlass, solche Geschäfte des Schuldners zu privilegieren, die anders abgewickelt werden als vereinbart.[1809] Hat indes keiner der Parteien bislang etwas geleistet, so können sie nachträglich ihre Erfüllungsabreden ändern, ohne das Privileg des Barge-

---

1804 BGH, Urt. v. 11.06.1980 – VIII ZR 62/79, ZIP 1980, 618; BGH, Urt. v. 28.01.1988 – IX ZR 102/87, ZIP 1988, 324; *Hirte,* in: Uhlenbruck, InsO, § 142 Rn. 10.
1805 BGH, Urt. v. 11.06.1980 – VIII ZR 62/79, ZIP 1980, 618; *Henckel,* in: Jaeger, InsO § 142 Rn. 35.
1806 Zur Zulässigkeit solcher Kontokorrentvorbehalte in AGB vgl. BGH, Urt. v. 09.02.1994 – VIII ZR 176/92, NJW 1994, 1154; *Kirchhof,* in: MüKo-InsO, § 142 Rn. 13d.
1807 BGH, Urt. v. 07.03.2002 – IX ZR 223/01, ZIP 2002, 812.
1808 *Hirte,* in: Uhlenbruck, InsO, § 142 Rn. 6.
1809 BGH, Urt. v. 17.06.2004 – IX ZR 124/03, NJW-RR 2004, 1493; BGH, Urt. v. 30.09.1993 – IX ZR 227/92, ZIP 1993, 1653, 1655.

schäfts zu verlieren.[1810] Jede Änderung, die nach diesem Zeitpunkt eintritt, lässt das Bargeschäftsprivileg dagegen entfallen.

1.4.3 Zeitliche Verknüpfung

Als letztes Merkmal erfordert § 142 InsO, dass Leistung und Gegenleistung in einem engen zeitlichen Zusammenhang stehen müssen, allerdings ohne dass dies nur auf einen Zug um Zug Austausch begrenzt ist.[1811] Auch ist nicht stets erforderlich, dass der Schuldner vorgeleistet hat.[1812] Wann ein enger zeitlicher Zusammenhang vorliegt, kann nicht schematisch, sondern nur mit Rücksicht auf das zugrunde liegende Rechtsgeschäft entschieden werden, und zwar unter Berücksichtigung sowohl der Verkehrsanschauung als auch der Parteivereinbarung.[1813] Ausschlaggebend ist, dass dem Schuldner durch den Anfechtungsgegner kein Kredit gewährt wurde.[1814] Nach der Rechtsprechung des BGH liegt beispielsweise dann kein Bargeschäft vor, wenn das Honorar eines Rechtsanwaltes mehr als 30 Tage später vom Mandanten vergütet wird[1815], ebenso, wenn dem Schuldner für seine Leistung ein Zahlungsaufschub gewährt worden ist.[1816] Regelmäßig liegt die zeitliche Grenze bei zwei bis drei Wochen.[1817]

896

2. Anfechtung wegen kongruenter Deckung (§ 130 InsO)
2.1 Normzweck und Normstruktur
2.1.1 Normzweck

§ 130 InsO bewirkt eine Vorverlagerung des Grundsatzes der Gleichbehandlung aller Insolvenzgläubiger.[1818] Eine in der Krise des Schuldners vorgenommene Rechtshandlung ist nach Maßgabe des § 130 InsO selbst dann anfechtbar, wenn die hieraus erlangte Sicherung oder Befriedigung dem Gläubiger gebührt, mithin kongruent ist. Im Interesse der übrigen Gläubiger ist das Vertrauen eines einzelnen Gläubigers in den Erhalt der vertraglich geschuldeten Leistung bei Vorliegen der Tatbestandsmerkmale zumindest dann nicht schützenswert, wenn er Kenntnis von der wirtschaftlichen Krise seines Vertragspartners hatte. Von daher ist die Kenntnis in allen Anfechtungstatbeständen des § 130 InsO erforderlich.

897

1810 BGH, Urt. v. 30.09.1993 – IX ZR 227/92, ZIP 1993, 1653, 1656.
1811 BGH, Urt. v. 17.11.1958 – II ZR 224/57, WM 1959, 28; BGH, Urt. v. 21.12.1977 – VIII ZR 255/76, WM 1978, 133, 135; BGH, Urt. v. 26.01.1977 – VIII ZR 122/75, WM 1977, 254; BGH, Urt. v. 11.06.1980 – VIII ZR 62/79, ZIP 1980, 618.
1812 BGH, Urt. v. 10.05.2007 – IX ZR 146/05, ZIP 2007, 1162; BGH, Urt. v. 30.09.1993 – IX ZR 227/92, ZIP 1993, 1653.
1813 *Henckel,* in: Jaeger, InsO, § 142 Rn. 13.
1814 *Kreft,* in: HK, § 142 Rn. 5
1815 BGH, Urt. v. 06.12.2007 – IX ZR 113/06, DB 2008, 176; BGH, Urt. v. 13.04.2006 – IX ZR 158/05, ZIP 2006, 1261.
1816 BGH, Urt. v. 19.12.2002 – IX ZR 377/99, NZI 2003, 253.
1817 BGH, Urt. v. 21.05.1980 – VIII ZR 40/79, NJW 1980, 1961.
1818 *Dauernheim,* in: FK-InsO, § 130 Rn. 2.

Die Anforderungen an die Erfüllung dieses Tatbestandes sind gering, Ziel ist letztlich die Masseanreicherung. Somit wird dem Zweck des Anfechtungsrechts, masseverkürzende Manipulationen, welche bereits in der Krise, aber noch vor der formellen Verfahrenseröffnung vorgenommen worden sind, zu verhindern bzw. rückgängig zu machen, durch § 130 InsO verstärkt Rechnung getragen.[1819]

2.1.2 Normstruktur

898 § 130 InsO enthält zwei Anfechtungstatbestände, und zwar bei Vornahme einer gläubigerbenachteiligenden, kongruenten Deckungshandlung

- bei Zahlungsunfähigkeit und Kenntnis des Gläubigers in den letzten drei Monaten vor Stellung des Eröffnungsantrages (§ 130 Abs. 1 Nr. 1 InsO) sowie
- bei Zahlungsunfähigkeit und Kenntnis des Gläubigers von Zahlungsunfähigkeit oder Eröffnungsantrag nach Stellung des Eröffnungsantrags (§ 130 Abs. 1 Nr. 2 InsO).

Eine Ausnahme gilt für die sogenannte Margensicherheit (§ 130 Abs. 1 Satz 2 InsO). Diese wurde in Umsetzung der „Finanzsicherheiten-Richtlinie"[1820] in den Gesetzestext aufgenommen. Bestimmte Finanzsicherheiten im Sinne von § 1 Abs. 17 KWG werden von der Anfechtbarkeit ausgenommen, um eine europaweite Regelung für die Bereitstellung von Wertpapieren und Barguthaben als Sicherheit zu schaffen.[1821] Nicht darunter fallen Sicherungseigentum oder Globalzessionen von Lieferantenforderungen.[1822]

§ 130 Abs. 2 InsO stellt der Kenntnis der Zahlungsunfähigkeit oder des Eröffnungsantrags die Kenntnis entsprechender Umstände gleich, welche zwingend auf diese schließen lassen. § 130 Abs. 3 InsO schließlich kehrt die Beweislast für den Fall um, dass die gläubigerschädigende Handlung gegenüber einer dem Schuldner nahe stehenden Person (§ 138 InsO) vollzogen worden ist.

Weil nach § 18 Abs. 1 InsO der Schuldner auch schon bei drohender Zahlungsunfähigkeit Insolvenzantrag stellen kann[1823], wäre eine Anfechtung dann nur gemäß § 130 Abs. 1 Nr. 2 InsO denkbar. Das kann dazu führen, dass der anfechtungsrelevante Zeitpunkt nach § 130 Abs. 1 Satz 1 Nr. 2 InsO zeitlich vor dem der Nr. 1 liegt. Dies wurde in der Literatur teilweise für unvereinbar gehalten und daher eine Anfechtbarkeit in diesem Punkte abgelehnt.[1824] Das Gesetz ist jedoch an dieser Stelle eindeutig. Des Weiteren ist auch kein Grund ersichtlich, warum Gläubiger nach Antragsstellung noch

---

1819 Vgl. BGH, Urt. v. 21.11.1996 – IX ZR 148/95, ZIP 1997, 150, 153; m. Anm. *Johlke*, EWiR 1997, 229; BGH, Urt. v. 26.01.1983 – VIII ZR 257/81, ZIP 1983, 334, 335.
1820 RL 2002/47/EG v. 06.06.2002.
1821 *Rogge*, in: HmbK, § 130 Rn. 1.
1822 *Kirchhof*, in: MüKo-InsO, § 130 Rn. 5b, m. w. N.
1823 Dazu *Burger/Schellberger*, Zur Vorverlagerung der Insolvenzauslösung durch das neue Insolvenzrecht, KTS 1995, 563, 567.
1824 *Breutigam/Tanz*, Einzelprobleme des neuen Insolvenzanfechtungsrechts, ZIP 1998, 717, 719.

Kapitel 11 Insolvenzanfechtung

befriedigt werden sollten, obwohl sie von dem Antrag wussten. Richtigerweise verbleibt es auch in diesen Fällen bei der Anfechtungsmöglichkeit.
§ 130 InsO stellt auf den Begriff der Zahlungsunfähigkeit ab. Nach der Rechtsprechung des BGH ist für die Feststellung der Zahlungsunfähigkeit ausreichend, dass der Insolvenzschuldner nicht in der Lage ist, einen wesentlichen Teil seiner Schulden zu tilgen, wenn er auch einzelne, möglicherweise beträchtliche Verbindlichkeiten noch bedient.[1825] Bei der Prüfung, ob der Schuldner zahlungsunfähig ist, darf eine Forderung, die früher ernsthaft eingefordert war, nicht mehr berücksichtigt werden, wenn inzwischen ein Stillhalteabkommen – das keine Stundung im Rechtssinne enthalten muss – mit dem Gläubiger geschlossen wurde.[1826]

Vom Tatbestand des § 130 InsO werden als potentielle Anfechtungsgegner nur spätere Insolvenzgläubiger erfasst, d. h. solche Gläubiger, welche nach der Eröffnung des Insolvenzverfahrens einen begründeten Vermögensanspruch gegen die Insolvenzmasse gehabt hätten, hätte der Schuldner ihnen eine Deckung nicht bereits in einem Zeitraum von bis zu drei Monaten vor Stellung des Eröffnungsantrags gewährt oder ermöglicht.[1827] Hierzu gehören auch die nachrangigen Gläubiger im Sinne des § 39 InsO. Weiterhin gehören zu dem Kreis der Insolvenzgläubiger die absonderungsberechtigten Gläubiger, soweit deren persönliche Forderungen betroffen sind. Gemäß § 52 Satz 1 InsO sind Gläubiger, die abgesonderte Befriedigung beanspruchen können, Insolvenzgläubiger, soweit ihnen der Schuldner auch persönlich haftet.[1828]

Anfechtbar sind Rechtshandlungen, die eine Sicherung oder Befriedigung gewähren oder ermöglichen.

Im subjektiven Tatbestand stellt § 130 Abs. 1 Satz Nr. 1 InsO auf die Kenntnis der Zahlungsunfähigkeit und in Nr. 2 alternativ auf die Kenntnis des Eröffnungsantrags ab. § 130 Abs. 2 InsO enthält eine Beweiserleichterung, indem die Kenntnis der Zahlungsunfähigkeit oder des Eröffnungsantrags der Kenntnis von Umständen gleichsteht, die zwingend auf die Zahlungsunfähigkeit oder den Eröffnungsantrag schließen lassen.

§ 130 Abs. 3 InsO kehrt die Beweislast zugunsten des Insolvenzverwalters hinsichtlich der Kenntnis von Zahlungsunfähigkeit oder Eröffnungsantrag um, wenn die gläubigerschädigende Handlung gegenüber einer dem Insolvenzschuldner nahe stehenden Person (§ 138 InsO) vorgenommen worden ist.

[1825] BGH, Urt. v. 12.10.2006 – IX ZR 228/03, ZIP 2006, 2222, m. Anm. *Gundlach/Frenzel*, NZI 2007, 36; BGH, Urt. v. 18.11.2004 – IX ZR 299/00, ZInsO 2005, 439; BGH, Urt. v. 13.04.2000 – IX ZR 144/99, InVO 2000, 339.

[1826] BGH, Urt. v. 20.12.2007 – IX ZR 93/06, ZIP 2008, 420.

[1827] BGH, Urt. v. 20.11.2001 – IX ZR 48/01, ZIP 2002, 87, 89; *Zeuner*, Die Anfechtung in der Insolvenz, Rn. 86.

[1828] BGH, Urt. v. 29.03.2007 – IX ZR 27/06, ZIP 2007, 1126; *Kreft*, in: HK, § 130, Rn. 10; *Kirchhof*, in: MüKo-InsO, § 130 Rn. 18; *Rogge*, in: HmbK, § 130 Rn. 4; *Gundlach/Frenzel/Schmidt*, Die Anfechtbarkeit von Forderungseinziehungen durch den Sicherungsnehmer vor Insolvenzeröffnung, NZI 2004, 305.

2.2 Normvoraussetzungen

899 Die tatbestandlichen Voraussetzungen der Deckungsanfechtung nach § 130 Abs. 1 InsO sehen wie folgt aus:

	§ 130 Abs. 1 Satz 1 Nr. 1 InsO	§ 130 Abs. 1 Satz 1 Nr. 1 InsO
Rechtshandlung	kongruente Deckung	kongruente Deckung
Zeitraum	in den letzten drei Monaten vor dem Eröffnungsantrag	nach dem Eröffnungsantrag
wirtschaftliche Lage des Schuldners	Zahlungsunfähigkeit	unerheblich
Kenntnis des Gläubigers	Kenntnis des Gläubigers von Zahlungsunfähigkeit	Kenntnis des Gläubigers ■ von Zahlungsunfähigkeit ■ oder vom Eröffnungsantrag

Abb. 52: Normstruktur § 130 InsO

2.2.1 Kongruente Deckung

900 Die gläubigerbenachteiligende Rechtshandlung muss gemäß § 130 Abs. 1 InsO eine kongruente Deckung bewirkt haben. Darunter versteht man eine Sicherung oder Befriedigung, welche der Gläubiger dieser in dieser Form und zu diesem Zeitpunkt genauso beanspruchen durfte.[1829] Bargeschäfte gemäß § 142 InsO fallen nicht hierunter. Erfasst wird auch das Ermöglichen einer solchen Sicherung oder Befriedigung.

Zu einer kongruenten Deckung kann jede Rechtshandlung führen, die zu einer dem Gläubiger in der Art und zu der Zeit zustehenden Befriedigung durch Erfüllung oder ihr gleichstehende Surrogate führt, sofern nicht ein bloßes Verpflichtungsgeschäft vorliegt.[1830] Die Kongruenz zwischen Anspruch und Deckungsleistung ist im Interesse der Gläubigergleichbehandlung nach strengen Maßstäben zu beurteilen.

- Lediglich geringfügige Abweichungen von der nach dem Inhalt des Anspruchs typischen und gesetzmäßigen Erfüllung, die der Verkehrssitte (§§ 157, 242 BGB) oder Handelsbräuchen (§ 346 HGB) entsprechen, schaden nicht.[1831]
- Leistungen durch bargeldlose Überweisung und eigene Schecks sind kongruent, und zwar auch dann, wenn eine andere Zahlungsart vereinbart war. Die Bezahlung durch Scheck ist ebenso verkehrsüblich.[1832] Das gilt auch für Abbuchungen im Lastschriftverfahren aufgrund einer Einziehungsermächtigung des Schuldners.
- Sonstige Leistungen durch Dritte, weil erfahrungsgemäß Schuldner im Geschäftsverkehr nicht bereit sind, mehr oder etwas anderes zu gewähren als das, wozu sie rechtlich verpflichtet sind.[1833]

1829 Vgl. *Hirte*, in: Uhlenbruck, InsO, § 130 Rn. 7; *Zeuner*, Die Anfechtung in der Insolvenz, Rn. 89.
1830 *Hirte*, in: Uhlenbruck, InsO, § 130 Rn. 9 ff.
1831 *Kreft*, in: HK, § 130 Rn. 11.
1832 BGH, Urt. v. 02.02.2006 – IX ZR 67/02, BGHZ 166, 125.
1833 BGH, Urt. v. 09.01.2003 – IX ZR 85/02, ZIP 2003, 356; BGH, Urt. v. 08.10.1998 – IX ZR 337/97, ZIP 1998, 2008, 2011; BGH, Urt. v. 30.01.1997 – IX ZR 89/96, ZIP 1997, 513, 515.

Kapitel 11 Insolvenzanfechtung

- Verrechnungen: Gestattet die Bank bei Fortführung des Girovertrages und der Kontokorrentabrede dem Kunden, den durch die Verrechnungen vergrößerten Kreditrahmen in einem engen zeitlichen Zusammenhang erneut für eigene Zwecke in Anspruch zu nehmen, lässt sie also weiterhin Verfügungen des Kunden zu und hält auf diese Weise die Kreditlinie offen, so handelt sie vertragsgemäß und erhält damit kongruente Deckung.[1834] Unerheblich ist, ob der Kunde die gebotene Kreditlinie voll ausnutzt.[1835] Nach der Judikatur des BGH ist insoweit für die Abgrenzung einer kongruenten von einer inkongruenten Aufrechnungslage entscheidend, ob der Aufrechnende einen Anspruch auf Abschluss der Vereinbarung hatte oder nicht.[1836] Der IX. Zivilsenat des BGH[1837] hält an seiner bisherigen Rechtsprechung[1838] fest, wonach die Verrechnung von Gutschriften im ungekündigten Kontokorrent mit Überziehungskredit kongruent ist, soweit erneute Verfügungen des Schuldners über die Deckungsmasse zugelassen werden. Stehen den Gutschriften keine Belastungsbuchungen gegenüber, stellt sich die Verrechnung deshalb als inkongruente Deckung dar, weil die Erfüllung des Rückzahlungsanspruchs noch nicht verlangt werden konnte.[1839]
- Erstreckung des Frachtführerpfandrechts auf aus späteren Transporten auf Altforderungen aus früheren Transporten.[1840]
- Nach Rechtsprechung des BGH sind Globalzessionen kongruent.[1841] Der Umfang der in Zukunft auf die Bank übergehenden Forderungen ist dann – anders als bei Sicherheiten gemäß Nr. 13 bis 15 AGB-Banken – in abstrakter Form bereits rechtlich bindend festgelegt.
- Dagegen führt das sog. Werthaltigmachen globalzedierter Forderungen während der kritischen Zeit zu einer kongruenten Sicherung.[1842] Der

---

[1834] BGH, Urt. v. 21.06.2007 – IX ZR 231/04, ZInsO 2007, 816, 817; BGH, Urt. v. 13.01.2005 – IX ZR 457/00, ZIP 2005, 585; BGH, Urt. v. 25.01.2001 – IX ZR 6/00, WM 2001, 689; BGH, Urt. v. 25.02.1999 – IX ZR 353/98, WM 1999, 781.
[1835] BGH, Urt. 07.03.2002 – IX ZR 223/01, InVO 2002, 351.
[1836] BGH, Urt. v. 09.02.2006 – IX ZR 121/03, ZIP 2006, 818, 819; BGH, Urt. v. 05.04.2001 – IX ZR 216/98, ZIP 2001, 885, 888.
[1837] BGH, Urt. v. 07.07.2011 – IX ZR 100/10, ZIP 2011, 1576.
[1838] BGH, Urt. v. 07.03.2001 – IX ZR 223/01, BGHZ 150, 122; BGH, B. v. 06.04.2006 – IX ZR 107/05, Juris; BGH, Urt. v. 15.11.2007 – IX ZR 212/06, ZIP 2008, 235.
[1839] BGH, Urt. v. 11.10.2007 – IX ZR 195/04, ZIP 2008, 237.
[1840] BGH, Urt. v. 21.04.2005 – IX ZR 24/04, ZIP 2005, 992.
[1841] BGH, Urt. v. 29.11.2007 – IX ZR 30/07, NZI 2008, 89; m. zust. Anm. *Kammel/Staps*, Die Deckungsanfechtung von Globalzessionen, NZI 2008, 143; *Knees/Fischer*, Zur Unzulässigkeit von Kontokorrentverrechnungen bei vorhandener Globalzession, ZInsO 2008, 116; *Furche*, Die Globalabtretung in der Insolvenz, WM 2007, 1305; *Kuder*, ZIP 2008, 289, 295; *Blum*, Zur (Un-)Anfechtbarkeit der Globalzession, ZInsO 2007, 528, 531; krit. Anm. *Mitlehner*, ZIP 2008, 183, 189; *Runkel/Kuhlmann*, Kritische Anmerkungen zur bisherigen Diskussion über die Frage der Insolvenzfestigkeit der Globalzession, ZInsO 2007, 1094, 1097; *Jacoby*, Globalzession gerettet – Handlungsbedarf bleibt, ZIP 2008, 385; BGH, Urt. v. 26.06.2008 – IX ZR 144/05, ZInsO 2008, 801, 803.
[1842] BGH, Urt. v. 29.11.2007 – IX ZR 165/05, ZInsO 2008, 209.

IX. Zivilsenat des BGH[1843] hat darauf erkannt, dass erweiterte und verlängerte Eigentumsvorbehalte eine Anfechtung der vom Sicherungsgeber und Eigentumsvorbehaltskäufer an den Sicherungsnehmer und Eigentumsvorbehaltslieferanten abgetretenen, zukünftig entstehenden oder zukünftig werthaltig gemachten Forderungen nur als kongruente Deckung anfechtbar seien, wobei sich der IX. Zivilsenat auf das Globalsicherungszessionsurteil[1844] beruft.

Ermöglicht wird die kongruente Deckung z. B. durch das Anerkenntnis im Prozess.[1845] Der Gläubiger erlangt seine Sicherung oder Befriedigung nach einem Anerkenntnis des Schuldners im Prozess entweder dadurch, dass dieser freiwillig leistet oder der Gläubiger aus dem zu erlassenden Urteil oder dem Prozessvergleich die Zwangsvollstreckung betreibt. Diese Rechtshandlungen sind aber ihrerseits anfechtbar, weil der Schuldner entweder kongruent aus dem Anerkenntnis leistet oder – inkongruent – der Gläubiger Befriedigung im Wege der Zwangsvollstreckung erlangt. Anerkennt dagegen der Schuldner eine materiell nicht bestehende Schuld im Prozess und betreibt der Gläubiger aus dem Anerkenntnisurteil die Zwangsvollstreckung oder erfüllt der Schuldner freiwillig, liegt jeweils eine inkongruente Deckung vor.

Weiterhin wird eine Befriedigung in Fällen der anfechtbar geschaffenen Aufrechnungslage ermöglicht (§ 96 Abs. 1 Nr. 3 InsO). Nach dieser Norm ist die Aufrechnung unzulässig, wenn ein Insolvenzgläubiger die Möglichkeit der Aufrechnung durch eine anfechtbare Rechtshandlung erlangt hat.

2.2.2 Zeitraum und weitere Voraussetzungen

2.2.2.1 Zeitraum

901 Der anfechtungsrelevante Zeitraum für vor dem Eröffnungsantrag vorgenommene gläubigerbenachteiligende Rechtshandlungen beschränkt sich gemäß § 130 Abs. 1 Satz 1 Nr. 1 InsO auf drei Monate. Für die Anfechtung einer Rechtshandlung, welche nach Stellung des Eröffnungsantrags vorgenommen worden ist, regelt § 130 Abs. 1 Satz 1 Nr. 2 InsO keine Frist.

2.2.2.2 Weitere Voraussetzungen

902
- Weitere Voraussetzung der Insolvenzanfechtung bei kongruenter Deckung ist die Gläubigerbenachteiligung. Da § 130 InsO nichts anderes vorschreibt, genügt insoweit eine mittelbare Gläubigerbenachteiligung.[1846] Die Benachteiligung nachrangiger Insolvenzgläubiger im Sinne des § 39 InsO reicht ebenfalls für die Anfechtung aus, da diese vom Begriff des Insolvenzgläubigers in § 38 InsO erfasst sind, nicht jedoch die Benachteiligung von Massegläubigern.[1847]
- Ferner muss die Rechtshandlung kausal für die Gläubigerbenachteiligung gewesen sein.

1843 BGH, Urt. v. 17.03.2011 – IX ZR 63/10, ZIP 2011, 773.
1844 BGH, Urt. v. 29.11.2007 – IX ZR 30/07, BGHZ 174, 297.
1845 Vgl. Henckel, in: Kölner Schrift zur InsO, 813, 822 Rn. 23.
1846 Henckel, in: Kölner Schrift zur InsO, 821 Rn. 20.
1847 Vgl. Henckel, in: Kölner Schrift zur InsO, 821 Rn. 20.

- § 130 Abs. 1 Nr. 1 InsO setzt die Zahlungsunfähigkeit (§ 17 InsO) voraus. Diese muss zum Zeitpunkt der Rechtshandlung vorgelegen haben. In Nr. 2 ist eine Deckung nach Eröffnung anfechtbar. Dabei muss keine Zahlungsunfähigkeit vorliegen. Der Eröffnungsantrag kann auf §§ 17, 18 oder 19 InsO gestützt werden.
- Der Antrag auf Eröffnung eines Insolvenzverfahrens rechtfertigt die Anfechtung nach § 130 Abs. 1 Satz 1 Nr. 2 InsO dann, wenn ein Insolvenzverfahren tatsächlich eröffnet wird.[1848] Andernfalls kommt nur eine Anfechtung nach dem AnfG 1999 in Betracht. Unerheblich ist, wie viel Zeit zwischen Antrag und Eröffnung des Insolvenzverfahrens verstrichen ist. Die Anfechtbarkeit entfällt, wenn der Antrag zurückgenommen (§§ 4 InsO, 269 Abs. 1 ZPO), in der Hauptsache für erledigt erklärt (§§ 4 InsO, 91a ZPO) oder rechtskräftig abgelehnt wird.[1849] Derartige Anträge bilden keine Grundlage für eine Anfechtung, denn sie könnten von sich aus nicht zu einer Verfahrenseröffnung führen.[1850] Das Gesetz beschreibt in § 130 Abs. 1 Satz 1 Nr. 2 InsO den Eröffnungsantrag als einen von der Zahlungsunfähigkeit unabhängigen Zeitpunkt, ab dem die Anfechtung gerechtfertigt ist, sofern nur zum Zeitpunkt der Vornahme der Rechtshandlung die Zahlungsunfähigkeit vorliegt. Wird ein Insolvenzeröffnungsantrag mit der Bitte eingereicht, das Insolvenzgericht möge dessen Bearbeitung noch kurzfristig zurückstellen, ist er dennoch bereits mit der Einreichung wirksam gestellt.[1851]

2.2.3 Kenntnis des Gläubigers
2.2.3.1 Kenntnis der Zahlungsunfähigkeit oder des Eröffnungsantrages
In subjektiver Hinsicht setzt § 130 Abs. 1 InsO bei der Deckungsanfechtung

903

- Kenntnis des Gläubigers von der Zahlungsunfähigkeit (Nr. 1) bzw.
- der Zahlungsunfähigkeit oder des Eröffnungsantrages (Nr. 2) bei Vornahme der Rechtshandlung voraus.

Kenntnis im Sinne von § 130 Abs. 1 InsO bedeutet positives Wissen von Zahlungsunfähigkeit bzw. Antragstellung.[1852] Bloße Kenntnis der drohenden Zahlungsunfähigkeit oder einer Überschuldung reicht nicht aus. Ebenso reichen nicht fahrlässige, grob fahrlässige und bedingt vorsätzliche (Un-)Kenntnis.[1853]

1848 RG, Urt. v. 16.05.1916 – Rep. VII77/16, RGZ 88, 237.
1849 *Zeuner*, Die Anfechtung in der Insolvenz, Rn. 100.
1850 BGH, Urt. v. 20.11.2001 – IX ZR 48/01, ZIP 2002, 87, 88.
1851 BGH, Urt. v. 13.04.2006 – IX ZR 158/05, ZIP 2006, 1261.
1852 *Hirte*, in: Uhlenbruck, InsO, § 130 Rn. 51; *Henckel*, in: Jaeger, KO, § 130 Rn. 116.
1853 RG, Urt. v. 14.03.1919 – Rep. VII. 377/18, RGZ 95, 152 ff.; BGH, Urt. v. 15.01.1964 – VIII ZR 236/62, KTS 1964, 166, 169 (unveröff. Teil von BGHZ 41, 17 ff.); LG Augsburg, Urt. v. 21.06.1994 – 2 O 3500/93, LNR 1994, 16851; *Dauernheim*, in: FK, § 130 Rn. 34; *Henckel*, in: Jaeger, InsO, § 130 Rn. 117.

Teil 2 Materielles Insolvenzrecht

2.2.3.2 Kenntnis entsprechender Umstände (§ 130 Abs. 2 InsO)

904 § 130 Abs. 2 InsO stellt der Kenntnis im Sinne des Abs. 1 die Kenntnis von Umständen, welche zwingend auf die Zahlungsunfähigkeit oder den Eröffnungsantrag schließen lassen, gleich. Dies ist der Fall, wenn sich ein redlich und vernünftig Denkender der Einsicht nicht verschließen kann, dass der Schuldner zahlungsunfähig war oder ein Eröffnungsantrag gestellt worden ist.[1854] Die bloß theoretische Möglichkeit, der Schuldner erhalte noch irgendwoher Kredit, steht der Kenntnis seiner Zahlungseinstellung jedenfalls dann nicht entgegen, wenn eine Bank (der Gläubiger) ernsthaft die Rückzahlung eines Kredits von erheblicher Höhe verlangt.[1855]

An die Stelle der Kenntnis der Verfahrenseröffnung gemäß § 130 Abs. 1 Nr. 2 InsO kann auch die Kenntnis davon treten, dass ein Eröffnungsantrag gestellt worden ist. Die Kenntnis von Umständen, aus denen daraus geschlossen werden kann, dass ein Eröffnungsantrag gestellt worden ist, umfasst das Wissen bzw. das Schließen aus dem Anfechtungsgegner bekannten Tatsachen, dass eine als Eröffnungsantrag zu wertende Erklärung bei Gericht eingegangen ist. Dem Anfechtungsgegner muss nicht bekannt sein, ob der Antrag zulässig oder begründet ist. Bei mehreren Eröffnungsanträgen genügt die Kenntnis von einem der vorliegenden Anträge.[1856] Für das Kennen-Müssen bedarf es – wie im Rahmen des § 131 Abs. 2 InsO – grober Fahrlässigkeit bzw. positive Kenntnis.[1857]

2.2.3.3 Zurechnung fremden Wissens

905 Fremdes Wissen wird dem Anfechtungsgegner nach den allgemeinen zivilrechtlichen Regeln zugerechnet. Es kommt nicht darauf an, ob es sich beim Gläubiger um eine natürliche oder juristische Person handelt. Die Zurechnung erfolgt nach § 166 BGB, der sowohl auf den rechtsgeschäftlich bestellten, den gesetzlichen Vertreter oder ein Organ einer juristischen Person anwendbar ist.[1858] § 166 BGB greift auch im Falle der Unterbevollmächtigung und für den Vertreter ohne Vertretungsmacht, sofern der Vertretene das Geschäft genehmigt.[1859]

1854 *Henckel,* in: Jaeger, InsO, § 130 Rn. 121; *Kreft,* in: HK, § 130 Rn. 27; *Rogge,* in: HmbK, § 130 Rn. 20.
1855 BGH, Urt. v. 27.04.1995 – IX ZR 147/94, ZIP 1995, 929, amtl. Leitsatz 2.
1856 *Rogge,* in: HmbK, § 130 Rn. 28 f.
1857 *Henckel,* in: Jaeger, InsO, § 130 Rn. 120 f.; *Kirchhof,* in: MüKo-InsO, § 130 Rn. 34; Anm. zu OLG Dresden, Urt. v. 10.03.1998 – 14 U 1524/97 bei: *Holzer,* EWiR 1998, 781.
1858 H. M.; BGH, Urt. v. 24.01.1992 – V ZR 262/90, NJW 1992, 1099, 1100 m. w. N.; *Heinrichs,* in: Palandt, § 166 Rn. 2.
1859 BGH, Urt. v. 08.11.1991 – V ZR 260/90, NJW 1992, 899; *Heinrichs,* in: Palandt, § 166 Rn. 2.

Kapitel 11 Insolvenzanfechtung

Beispielhaft seien folgende Fallkonstellationen genannt:

> **Beispiele**
>
> - Die Kenntnis eines Gerichtsvollziehers, welcher in der Praxis häufig als erster von Zahlungsschwierigkeiten des zukünftigen Insolvenzschuldners Kenntnis erlangt, ist dem Gläubiger nicht zuzurechnen.[1860]
> - Die Kenntnis eines Vollziehungsbeamten des Finanzamts muss sich der Steuergläubiger ebenfalls nicht zurechnen lassen, wohl aber die des zuständigen Vollstreckungssachbearbeiters der zuständigen Finanzbehörde. Dies gilt im Falle einer (zulässigen) Delegierung der Durchführung der Vollstreckung auf ein an sich unzuständiges Finanzamt sowohl für den ersuchenden als auch den ersuchten Beamten.[1861] Zwar gilt die Körperschaft, für die der Vollziehungsbeamte tätig geworden ist, als Gläubigerin (§ 252 AO) und ist der Vollziehungsbeamte anders als der Gerichtsvollzieher hinsichtlich der Art und Weise und des Zeitpunkts der Vollstreckung weisungsabhängig. Der Beamte wird aber aufgrund gesetzlicher Ermächtigung (§§ 285 ff. AO) tätig und ist nicht mit (rechtsgeschäftlich erteilter oder kraft bürgerlichen Rechts gesetzlich begründeter) Vertretungsmacht ausgestattet, so dass auch eine analoge Anwendung des § 166 Abs. 1 BGB nicht in Betracht kommen kann.[1862] Sogar wenn der Vollziehungsbeamte gemäß § 292 Abs. 1 AO i.V.m. Abschnitt 25 Abs. 1 Satz 1 und 3 der allgemeinen Verwaltungsvorschriften wie der Gerichtsvollzieher (§ 753 ZPO) ermächtigt ist, Zahlungen des Schuldners mit Erfüllungswirkung entgegenzunehmen, handelt es sich um eine gesetzliche Aufgabenzuweisung kraft öffentlichen Rechts und nicht um eine in § 166 Abs. 1 BGB vorausgesetzte Vertretungsmacht.[1863]
> - Das Wissen eines Prozessbevollmächtigten[1864] bzw. des sachbearbeitenden Rechtsanwaltes[1865] ist dem Vollmachtgeber insoweit zuzurechnen, als dieser die Kenntnis im Rahmen des ihm erteilten Auftrages erhält, nicht aber die Kenntnis, welche andere in der Anwaltssozietät tätige Rechtsanwälte haben.[1866]
> - Die Kenntnis des Insolvenzschuldners selbst muss sich der Gläubiger nicht zurechnen lassen, wenn dieser als Vermieter seinen Mietern (Gläubigern) entgegen § 551 BGB durch Einrichtung eines gesonderten Mietkautionskontos erst nach dem Eröffnungsantrag einrichtet und dadurch ein Aussonderungsrecht schafft.[1867]
> - Die Kenntnis der Ehefrau, die mit der Abwicklung aller Geldgeschäfte des Ehemanns beauftragt ist und Kontovollmacht hat, wird hinsichtlich des Darlehensgeschäftes, das sie ohne Vollmacht abgeschlossen hatte, dem Ehemann zugerechnet.[1868]

2.3 Beweislast
2.3.1 Regelfall

Der Insolvenzverwalter trägt die Darlegungs- und Beweislast hinsichtlich sämtlicher objektiver und subjektiver Voraussetzungen der Anfechtbarkeit 906

1860 RG, Urt. v. 14.03.1919, Rep. VII. 377/18, RGZ 95, 152, 154; *Hirte*, in: Uhlenbruck, § 130 Rn. 62 m.w.N.
1861 OLG München, Urt. v. 27.04.1992 – 26 U 6853/93, ZIP 1992, 787.
1862 OLG München, Urt. v. 27.04.1992 – 26 U 6853/93, ZIP 1992, 787.
1863 *Henckel*, in: Jaeger, InsO, § 130 Rn. 139.
1864 BGH, Urt. v. 22.11.1990 – IX ZR 13/90, WM 1991, 152.
1865 OLG Celle, Urt. v. 20.03.1981 – 8 U 109/80, ZIP 1981, 467, 468.
1866 OLG Celle, Urt. v. 20.03.1981 – 8 U 109/80, ZIP 1981, 467, 468.
1867 BayObLG, Rechtsentscheid v. 08.04.1988 – RE-Miet 1/88, NJW 1988, 1796; m. Anm. *Eckert*, EWiR 1988, 703.
1868 BGH, Urt. v. 25.03.1982 – VII ZR 60/81, ZIP 1982, 670; *Henckel*, in: Jaeger, InsO, § 130 Rn. 133.

einer kongruenten Deckung, wobei die Regelung in § 130 Abs. 2 InsO ihm diese erleichtert.
Hat der Insolvenzschuldner die Zahlungsunfähigkeit nicht durch weitere Kreditaufnahme abgewendet, muss der Anfechtungsberechtigte nicht noch zusätzlich darlegen, dass dazu nicht die Möglichkeit bestand, wenn keine tatsächlichen Anhaltspunkte für die (subjektive) Bereitschaft und die (objektive) Aussicht des Schuldners festgestellt sind, kurzfristig Geldmittel in ausreichender Höhe zur Abwendung der Zahlungsunfähigkeit zu erlangen.[1869] Für die Zahlungsunfähigkeit ist es nach der Rechtsprechung BGH genügend, wenn der Insolvenzverwalter einen in bestimmten Punkten zwar lückenhaften Vortrag macht, auf der Grundlage allgemeiner Erfahrungen im Geschäftsverkehr jedoch die Ergänzung fehlender Tatsachen möglich ist.[1870] Erfährt der Anfechtungsgegner nach Kenntnis aber vor Vornahme der Rechtshandlung von Tatsachen, die für eine erneute Zahlungsfähigkeit sprechen, ist der Beweis erschwert.[1871]

2.3.2 Ausnahme

907 Eine Ausnahme von diesem Grundsatz sieht § 130 Abs. 3 InsO vor, der die Kenntnis von Zahlungsunfähigkeit oder Eröffnungsantrag gesetzlich fingiert, wenn es sich bei dem Anfechtungsgegner um eine nahe stehende Person im Sinne des § 138 InsO handelt. Diese Personen können einen Entlastungsbeweis führen.[1872]

3. Anfechtung wegen inkongruenter Deckung (§ 131 InsO)
3.1 Normzweck und Normstruktur
3.1.1 Normzweck

908 § 131 InsO regelt die Insolvenzanfechtung bei inkongruenter Deckung. Wie § 130 InsO wird dabei auch das Prioritätsprinzip durchbrochen und der Grundsatz der gleichmäßigen Befriedigung der Gläubiger vorverlagert. Gegenüber § 130 InsO geschieht dies sogar unter erleichterten Voraussetzungen, da ein Insolvenzgläubiger, der sich eine inkongruente, mithin eine ihm nicht gebührende Sicherung oder Befriedigung verschafft, weniger schutzwürdig ist.

3.1.2 Normstruktur

909 § 131 Abs. 1 InsO enthält drei Anfechtungstatbestände für inkongruente Deckungshandlungen, mithin Sicherungen oder Befriedigungen:

1869 BGH, Urt. v. 25.09.1997 – IX ZR 231/96, ZIP 1997, 1926 zur GesO.
1870 BGH, Urt. v. 12.07.2007 – IX ZR 210/04, ZIP 2007, 1913; BGH, Urt. v. 08.10.1998 – IX ZR 337/97, ZIP 1998, 2008.
1871 BGH, Urt. v. 27.03.2008 – IX ZR 98/07, ZIP 2008, 930.
1872 Amtl. Begr. zu § 145 RegEInsO, BT-Drucks. 12/2443, 157 f.

Kapitel 11 Insolvenzanfechtung

- § 131 Nr. 1 InsO – ohne weitere Voraussetzungen bei inkongruenter Deckung im letzten Monat vor dem Eröffnungsantrag oder nach diesem Antrag.
- § 131 Nr. 2 InsO – bei Zahlungsunfähigkeit des Schuldners innerhalb des zweiten oder dritten Monats vor dem Eröffnungsantrag.
- § 131 Nr. 3 InsO – bei Kenntnis des Anfechtungsgegners von der Benachteiligung anderer Gläubiger innerhalb des zweiten oder dritten Monats vor dem Eröffnungsantrag.

Vergleichbar wie bei § 130 Abs. 2 InsO steht die Kenntnis von Umständen, die zwingend auf eine Benachteiligung der Gläubiger schließen lassen, der Kenntnis der Gläubigerbenachteiligung gleich.[1873] Nach § 131 Abs. 2 Satz 2 InsO wird darüber hinaus widerlegbar die Kenntnis der Gläubigerbenachteiligungsabsicht vermutet, wenn der Anfechtungsgegner eine dem Schuldner nahe stehende Personen (§ 138 InsO) ist.

3.2 Normvoraussetzungen

Die tatbestandlichen Voraussetzungen der Deckungsanfechtung nach § 131 Abs. 1 InsO sehen wie folgt aus:

910

	§ 131 Abs. 1 Nr. 1 InsO	§ 131 Abs. 1 Nr. 2 InsO	§ 131 Abs. 1 Nr. 3 InsO
Rechtshandlung	inkongruente Deckung	inkongruente Deckung	inkongruente Deckung
Zeitraum	im letzten Monat vor dem Eröffnungsantrag oder danach	im zweiten oder dritten Monat vor dem Eröffnungsantrag	im zweiten oder dritten Monat vor dem Eröffnungsantrag
wirtschaftl. Lage des Schuldners	./.	Zahlungsunfähigkeit	./.
Kenntnis des Gläubigers	./.	./.	Kenntnis des Gläubigers von der Benachteiligung der Insolvenzgläubiger

Abb. 53: Normstruktur § 131 InsO

3.2.1 Inkongruente Deckung

Inkongruent ist eine Deckungshandlung, also eine Sicherung oder Befriedigung, die der Gläubiger nicht, nicht in der Art oder nicht zu der Zeit zu beanspruchen hatte.

911

Die Anfechtung nach § 131 InsO reagiert darauf, dass die Gewährung von inkongruenten Deckungen durch den Schuldner zugunsten einzelner Gläubiger den Verdacht nahe legt, einzelne Gläubiger sollten begünstigt werden bzw. der Schuldner verfüge nicht mehr über ausreichende Geldmittel. Allein die Inkongruenz der Deckung ist noch hinreichender Grund der Anfechtung.

1873 A. A. offensichtlich *Haarmeyer/Wutzke/Förster*, Handbuch Insolvenzordnung, 642 Rn. 337, die von „Kennen müssen" schreiben, dabei aber verkennen, dass es sich bei Abs. 2 Satz 1 wie bei § 130 Abs. 2 um einen neuen Haftungsmaßstab handelt, der mit „fahrlässiger Unkenntnis" nichts zu tun hat.

Teil 2 Materielles Insolvenzrecht

Hinzu muss ein bestimmter zeitlicher Rahmen kommen. Die besondere Suspektheit der Befriedigung oder Sicherung knüpft daran an, dass kurz darauf innerhalb eines Monats die Eröffnung des Insolvenzverfahrens beantragt wird oder dieses bereits eröffnet worden ist (§ 131 Abs. 1 Nr. 1). Der Anfechtende muss in diesem Fall nicht nachweisen, dass Zahlungsunfähigkeit (§ 17 InsO) eingetreten ist. Diesen Nachweis muss er nur erbringen, wenn die anfechtbare Rechtshandlung innerhalb eines Zeitraums von drei Monaten vor dem Eröffnungsantrag vorgenommen worden ist (§ 131 Abs. 1 Nr. 2 InsO). War dem Gläubiger im Zeitraum von zwei bis drei Monaten vor Stellung des Eröffnungsantrages bekannt, dass die Rechtshandlung die übrigen Gläubiger benachteilige, begründet dies ebenfalls die Inkongruenzanfechtung (§ 131 Abs. 1 Nr. 3 InsO).[1874]

912 Ergänzend ist darauf hinzuweisen, dass eine durch Zwangsvollstreckung im letzten Monat vor dem Antrag auf Eröffnung des Insolvenzverfahrens erlangte Sicherung (Pfändungspfandrecht, § 804 ZPO) an Gegenständen, die zum die Insolvenzmasse bildenden Vermögen gehören, bereits nach § 88 InsO (Rückschlagsperre) mit Eröffnung des Insolvenzverfahrens unwirksam wird, ohne dass es einer Anfechtung bedarf. Der Fall des § 131 Abs. 1 Nr. 1 InsO kommt daher im Wesentlichen dann zum Tragen, wenn der Gläubiger die ihm ermöglichte Sicherung oder Befriedigung ohne Zwang erlangt, der Schuldner, also etwa einem Anerkenntnisurteil freiwillig Folge leistet. In diesem Fall kann die Anfechtung (auch) des Anerkenntnisses Vorteile bringen, da dann in jedem Fall die darauf beruhende Erfüllungshandlung des Schuldners als inkongruente Deckung (Befriedigung) anfechtbar ist und u. U. sogar eine rechtsgrundlose Leistung vorliegt.[1875]

Im Übrigen ist auf die Darstellung zu § 130 InsO zu verweisen, insbesondere wegen der Fragen der Schaffung einer Aufrechnungslage. § 96 Abs. 1 Nr. 3 InsO erklärt eine Aufrechnung für ipso jure unwirksam, wenn die Aufrechnungslage (Möglichkeit der Befriedigung) durch eine wegen Inkongruenz anfechtbare Rechtshandlung geschaffen worden sein. Einer Anfechtung bedarf es dann nicht mehr. Die Herstellung der Aufrechnungslage führt zu einer inkongruenten Deckung, wenn der Aufrechnende vorher keinen Anspruch auf die Vereinbarung hatte, die die Aufrechnungslage entstehen ließ.[1876] Die Anfechtungsvorschriften werden so in den Tatbestand des § 96 Abs. 1 Nr. 3 InsO inkorporiert.[1877]

Ein gleichsam typischer Fall einer anfechtbar inkongruent geschaffenen Aufrechnungslage liegt vor, wenn sich ein Schuldner des Insolvenzschuldners die Forderung eines Gläubigers gegen den Insolvenzschuldner abtreten lässt, um dann mit dieser aufzurechnen. Die anfechtbare Rechtshandlung, durch die dem Schuldner die Befriedigung durch Aufrechnung ermöglicht wird, liegt in der Abtretung und dem dieser Abtretung zugrunde liegenden Rechtsgeschäft. § 96 Abs. 1 Nr. 3 InsO erfasst nach seinem Regelungszweck

---

1874 Henckel, in: Kölner Schrift zur InsO, 813, 829 Rn. 37.
1875 Henckel, in: Kölner Schrift zur InsO, 813, 827, 828 Rn. 35.
1876 BGH, Urt. v. 29.06.2004 – IX ZR 195/03, ZIP 2004, 1558; BGH, Urt. v. 05.04.2001 – IX ZR 216/98, BGHZ 147, 233, 240.
1877 So Paulus, Zum Verhältnis von Aufrechnung und Insolvenzanfechtung, ZIP 1997, 569, 576.

Kapitel 11   Insolvenzanfechtung

auch Fälle[1878], in dem ein Schuldner des Insolvenzschuldners aufrechnet, der erst durch die an ihn abgetretene Forderung zum Gläubiger des Insolvenzschuldners wird.

Die Aufrechnungslage erlangt auch derjenige Gläubiger inkongruent[1879], der gegenüber der Forderung des Schuldners aus einem gegenseitigen Vertrag mit einem abgetretenen Anspruch aufrechnet, der aus einem gegenseitigen Vertrag des Zedenten mit dem Schuldner stammt. Dies gilt zum Beispiel, wenn der spätere Schuldner ohne vorherige Verpflichtung im letzten Monat vor dem Eröffnungsantrag an einen Insolvenzgläubiger (Käufer) Gegenstände verkauft, die er einem anderen Gläubiger zur Sicherheit übereignet hatte. Die Insolvenzgläubiger werden durch die dadurch zugunsten des Käufers hergestellte Aufrechnungslage benachteiligt. Die Aufrechnung des Käufers gegen die Kaufpreisforderung ist dann gemäß § 96 Abs. 1 Nr. 3 i.V.m. § 131 Abs. 1 Nr. 1 InsO unwirksam.[1880] Dies gilt auch, wenn der Käufer von dem Schuldner Pflichten gegenüber Dritten übernimmt[1881] oder wenn der Wert der verkauften Ware nur deshalb weit überhöht angesetzt wird, um dem Schuldner die Schuld insoweit zu erlassen.[1882]

913

Inkongruent sind stets Sicherungen oder Befriedigungen, welche im Wege der Zwangsvollstreckung[1883] oder die zur Abwendung der Zwangsvollstreckung erlangt worden sind[1884], ebenso für Abwendungszahlungen wegen eines angedrohten Insolvenzantrages (Druckantrag).[1885] Der BGH sieht in einer Anfechtung bei der Pfändung von Geld eine inkongruente Deckung auch dann noch, wenn der Gerichtsvollzieher das in Besitz genommene Geld bereits an den Vollstreckungsgläubiger abgeliefert hat, die Verwertung also vollzogen ist.[1886] § 88 InsO greift in diesem Fall nicht, da der Gläubiger bereits Befriedigung erlangt hat.

914

Dagegen begründet die Zahlung nach Zustellung eines Vollstreckungsbescheides, wenn die Zwangsvollstreckung weder eingeleitet noch angedroht

---

1878 Paulus, Zum Verhältnis von Aufrechnung und Insolvenzanfechtung, ZIP 1997, 569, 576; Bork, Einführung Insolvenzrecht, Rn. 265 f.; Häsemeyer in: Kölner Schrift zur InsO, 645, 648 Rn. 7.
1879 BGH, Urt. v. 09.02.2006 – IX ZR 121/03, WM 2006, 816.
1880 BGH, Urt. v. 09.10. 2003 – IX ZR 28/03, ZInsO 2003, 1101.
1881 BGH, Urt. v. 02.06.2005 – IX ZR 263/03, ZIP 2005, 1521.
1882 BGH, Urt. v. 22.07.2004 – IX ZR 270/03, ZIP 2004, 1912.
1883 BGH, Urt. v. 23.03.2006 – IX ZR 116/03, NZI 2006 397, m. Anm. Eckardt, EwiR 2006, 537 und Anm. Zeuner, jurisPR-InsR 17/2006 Anm. 3; BGH, Urt. v. 08.12.2005 – IX ZR 182/01, ZInsO 2006, 94; BGH, Urt. v. 17.02.2004, IX ZR 318/01 – ZIP 2004, 669, 670; BGH, Urt. v. 22.01.2004 – IX ZR 39/03, NZI 2004, 206; BGH, Urt. v. 11.04.2002 – IX ZR 211/01, WM 2002, 1193; Hirte, in: Uhlenbruck, § 131 Rn. 20.
1884 BGH, Urt. v. 11.01.2007 – IX ZR 31/05, ZIP 2007, 435; BGH, Urt. v. 27.05.2003 – IX ZR 169/02, ZIP 2003, 1506, 1507; BGH, Urt. v. 15.05.2003 – IX ZR 194/02, ZIP 2003, 1304, 1304; BGH, Urt. v. 11.04.2002 – IX ZR 211/01, ZIP 2002, 1159, 1161; OLG Düsseldorf, Urt. v. 17.01.2008 – I 12 K 216/06, ZInsO 566.
1885 BGH, Urt. v. 08.12.2005 – IX ZR 182/01, ZInsO 2006, 94, 95.
1886 BGH, Urt. v. 09.09.1997 – IX ZR 14/97, ZIP 1997, 1929, 1930, m. Anm. Gerhardt, EWiR 1998, 37.

wurde[1887], die Inkongruenzanfechtung nicht. Dem gegenüber hat der BGH[1888] in einer Zahlung nach Androhung der Stellung einer Strafanzeige eine kongruente Deckung angenommen, was nicht unbedingt nachvollziehbar, aber in einer Linie mit oberlandesgerichtlicher Judikatur[1889] steht, nach der in einer Zahlung zur Abwendung einer in Aussicht gestellten Sperre der Versorgungsleistungen eine kongruente Deckung zu sehen sei. Dagegen ist die Leistung inkongruent, wenn der Schuldner beharrlich die Erbringung der Leistung verweigert, der Gläubiger – ohne eine letzte konkrete Frist zu setzen – den Schuldner letztmalig zur „umgehenden Leistung" auffordert und zugleich die Zwangsvollstreckung im Falle des Ausbleibens der Leistung androht.[1890]

915 Die Rechtsprechung des BGH bejaht das Vorliegen einer inkongruenten Befriedigung, wenn bei objektiver Betrachtung die bewirkte Leistung von derjenigen abweicht, die der Gläubiger nach Maßgabe des Schuldverhältnisses im Zeitpunkt der Leistung beanspruchen kann. Grundsätzlich ist für die Frage nach der Inkongruenz darauf abzustellen, was in einem Vertrag tatsächlich vereinbart worden ist und nicht, was hätte vereinbart werden können.[1891] Dabei ist eine Gesamtwürdigung des Sachverhalts bei wirtschaftlicher Betrachtungsweise maßgeblich.[1892] Ausschlaggebend ist, dass Leistung und Gegenleistung nicht durch Parteivereinbarung gedeckt sind, der Gläubiger also eine andere als die geschuldete Leistung erhält.[1893]

Dagegen liegt eine inkongruente Befriedigung durch eine Leistung, die der Gläubiger nicht zu beanspruchen hatte, nicht bereits in Fällen vor, in denen der Anspruch nicht entstanden ist, weil das Verpflichtungsgeschäft z. B. wegen Formmangels nichtig ist oder es sich um eine nicht einklagbare Naturalobligation handelt[1894]; hier ist auf die oben angesprochenen allgemeinen Grundsätze zurück zu kommen: Voraussetzung der Inkongruenzanfechtung ist, dass die schuldrechtliche Verpflichtung als solche überhaupt bestehen muss.[1895] Daher kommt eine Inkongruenzanfechtung auch dann nicht in Betracht, wenn Rechtsgeschäft nach § 134 BGB oder § 138 BGB nichtig ist.[1896]

1887 BGH, Urt. v. 07.12.2006 – IX ZR 157/05, ZIP 2007, 136, 137, m. Anm. *Fritsche*, DZWIR 2007, 167.
1888 BGH, Urt. v. 09.12.2004 – IX ZR 108/04, ZIP 2005, 314, 316.
1889 OLG Köln, B. v. 30.11.2006 – 1 U 86/06, NZI 2007, 176; OLG Köln, B. v. 02.11.2006 – 2 U 86/06, ZIP 2007, 137; zust. *Rogge*, in: HmbK, § 131 Rn. 15.
1890 Für den Fall der Auffüllung der Kasse: BGH, Urt. v. 20.11.2011 – IX ZR 8/10, ZIP 2011, 385.
1891 BGH, Urt. 02.04.1998 – IX ZR 232/96, ZIP 1998, 830, 835.
1892 OLG Dresden, Urt. v. 07.11.1996 – 16 U 662/96, DZWIR 2007, 168, m. Anm. *Pape*, WiB 1997, 647 und Anm. *Tappmeier*, EWiR 1997, 113.
1893 LG Heilbronn, Urt. v. 13.02.1996 – 6 O 2785/95, ZIP 1996, 601 m. Anm. *Tappmeier*, EWiR 1996, 469; siehe auch nachgehend OLG Stuttgart, Urt. v. 03.07.1996 – 1 U 41/96, ZIP 1996, 1621 m. Anm. *Pape*, EWiR 1996, 989; BGH, Urt. v. 30.04.1992 – IX ZR 176/91, ZIP 1992, 778 f. m. Anm. *Canaris*, EWiR 1992, 683.
1894 *Hirte*, in: Uhlenbruck, InsO, § 131 Rn. 4; *Nerlich*, in: Nerlich/Römermann, InsO, § 131 Rn. 16.
1895 *Eickmann*, in: HK, § 38 Rn. 17.
1896 Vgl. BGH, Urt. v. 18.02.1993 – IX ZR 129/92, NJW 1993, 1640, 1641 m. w. N.

Kapitel 11 Insolvenzanfechtung

Eine Befriedigung, die der Gläubiger im Sinne des § 131 InsO nicht zu beanspruchen hat, liegt beispielsweise vor, wenn der Forderung des Gläubigers eine dauernde Einrede (z.B. Verjährung) entgegensteht, die der Schuldner – aus welchen Gründen auch immer – nicht erhebt. In diesem Fall ist die Leistung nach § 131 Abs. 1 InsO anfechtbar.[1897] Gleiches gilt für aufgrund bürgerlich-rechtlicher Vorschriften, z. B. §§ 119, 123 BGB, anfechtbare Rechtsgeschäfte.[1898]

Beispiele inkongruenter Deckung: 916

Beispiele

- Befriedigung der Bank aus Eingängen auf dem Girokonto ihres insolventen Kunden[1899];
- Rückführung eines von der Bank bewilligten, ungekündigten Kredits in der Zeit der wirtschaftlichen Krise des Schuldners (Kunden) ist auch dann inkongruent, wenn sie durch Saldierung im Kontokorrent erfolgt[1900];
- Die Befriedigung, die eine Bank dadurch erlangt, dass sie für den Kunden eingehende Zahlungen mit ihrem noch nicht fälligen Anspruch auf Darlehensrückzahlung verrechnet, ist nicht inkongruent, wenn die Verrechnung mit dem Kunden vereinbart worden ist[1901], wohl aber Kontokorrentverrechnungen innerhalb von Kontokorrentkreditbeziehungen zwischen dem Insolvenzschuldner und seiner Bank; anfechtbare Rechtshandlung ist die im Zusammenhang mit der Kontokorrentvereinbarung getroffene antizipierte Verrechnungsabrede für die jeweiligen in das Kontokorrent einzustellenden zukünftigen Forderungen[1902];
- Gutschriften, soweit und solange die dem Schuldner eingeräumte Kontokorrentkreditlinie weder gekündigt noch überschritten ist, die Geschäftsbeziehung zwischen ihm und der Bank also äußerlich ordnungsgemäß verläuft[1903]; anders, wenn die Bank dem Schuldner nicht nur Gutschriften erteilte, sondern zugleich auch Lastschriften zuließ (Bargeschäft)[1904];
- eine vor Kündigung stattfindende Tilgung des Überziehungskredits, an welcher es bei jederzeitiger Zahlungsmöglichkeit fehlt[1905];
- Rückführung der Überziehung eines Kontokorrentkredits durch Verrechnung. Diese stellt aber eine kongruente Deckung dar, wenn die Bank die Deckung zum Zeitpunkt des Zahlungseingangs verlangen konnte[1906];
- Auf Anweisung des zahlungsunfähigen Zwischenmieters erfolgende Direktzahlung des Endmieters an den Vermieter. Die Zahlung bewirkt eine objektive Gläubigerbenachteiligung im Sinne von § 129 InsO.[1907]

1897 *Hirte*, in: Uhlenbruck, InsO, § 131 Rn. 4; *Kreft*, in: HK, § 131 Rn. 8.
1898 *Zeuner*, Die Anfechtung in der Insolvenz, Rn. 128; *Kreft*, in: HK, § 131 Rn. 8.
1899 *Hirte* in: Uhlenbruck, InsO, § 131 Rn. 5.
1900 BGH, Urt. v. 07.03.2002 – IX ZR 223/01, InVO 2002, 351.
1901 BGH, B. v. 11.02.2010 – IX ZR 42/08, ZIP 2010, 588 (Kongruenz bei Vorliegen von Verrechnungsvereinbarungen).
1902 OLG Brandenburg, Teilurt. v. 08.12.1999 – 7 U 247/97, ZIP 2000, 366.
1903 *Heublein*, Gutschriften in der Krise – insolvenzfester Glücksfall oder anfechtbare Scheindeckung?, ZIP 2000, 161, 166.
1904 BGH, Urt. v. 17.06.1999 – IX ZR 62/98, NZI 1999, 361; *Heublein*, Gutschriften in der Krise – insolvenzfester Glücksfall oder anfechtbare Scheindeckung?, ZIP 2000, 161, 171.
1905 BGH, Urt. v. 22.01.1998 – IX ZR 99/97, WM 1998, 569.
1906 BGH, Urt. v. 17.06.1999 – IX ZR 62/98, BB 1999, 1626.
1907 BGH, Urt. v. 20.01.2011 – IX ZR 58/10, ZIP 2011, 438.

- Zahlungen des späteren Insolvenzschuldners im Rahmen eines Vergleichs zur Aufhebung eines Zahlungsverbots oder einer Kontenpfändung und der dadurch bedingten Blockierung des Kontos nach fruchtlosen Vollstreckungsversuchen[1908];
- Annahme einer der Parteivereinbarung gleichwertigen, aber andersartigen Leistung erfüllungshalber[1909] oder an Erfüllung statt[1910], z. B. die Annahme von Waren statt Barzahlung oder abgetretenen Forderungen[1911];
- einvernehmliche Abänderung des der Erfüllungshandlung zugrunde liegende Verpflichtungsgeschäfts. Diese Vereinbarung ist zugleich mit der Erfüllungshandlung und in gleicher Weise wie diese anfechtbar[1912];
- Weitergabe eines Kundenschecks an den Gläubiger, selbst wenn der Gläubiger als Schecknehmer bezeichnet, der Insolvenzschuldner aber der Überbringer geblieben ist. Damit erhält der Gläubiger eine scheckgesicherte Forderung des Insolvenzschuldners gegen den Dritten[1913];
- wenn durch die Leistung des Schuldners an den Anfechtungsgegner der Anspruch des Insolvenzschuldners gegen seinen Schuldner erlischt[1914];
- Erfüllung der Verbindlichkeit des Schuldners auf dessen Anweisung durch einen Dritten auf Anweisung des Schuldners dessen Verbindlichkeit, ohne dass eine insolvenzfeste Vereinbarung zwischen Gläubiger und Schuldner vorgelegen hat[1915];
- Leistung auf noch nicht fällige, aufschiebend bedingte oder betagte Forderungen[1916];
- Eingang der Zahlung bei Überschreitung der dreitägigen Ausführungsfrist des § 676a Abs. 2 Nr. 2 BGB vor Fälligkeit[1917];
- Erfüllung eines noch nicht fälligen Freistellungsanspruchs eines neben dem Schuldner haftenden Gesamtschuldners[1918];
- direkte Zahlung gemäß § 16 Nr. 6 VOB/B an den Nachunternehmer[1919];
- Befriedigung aus einer durch Kontosperre gesicherten Gutschrift auf einem Konto, soweit die Kontosperre ihrerseits inkongruent war[1920];
- Zahlung auf den Werklohnanspruch des Anfechtungsgegners aufgrund einer Vereinbarung zwischen Auftraggeber und Schuldner;

1908 AG Bonn, Urt. v. 24.02.1999, 4 C 181/98 – ZIP 1999, 976, 977.
1909 BGH, Urt. v. 30.09.1993, IX ZR 227/92 – ZIP 1993, 1653, 1655.
1910 *Henckel*, in: Jaeger, InsO, § 131 Rn. 9; OLG Koblenz, Urt. 27.11.1997 – 11 U 1210/96, OlGR 1998, 170.
1911 *Hirte*, in: Uhlenbruck, InsO, § 131 Rn. 7 m.w.N.
1912 BGH, Urt. v. 30.09.1993 – IX ZR 227/92, NJW 1993, 3267, 3268.
1913 LG Heilbronn, Urt. v. 13.02.1996 – 6 O 2758/95, ZIP 1996, 601, m. Anm. *Tappmeier* EWiR 1996, 469 und nachgehend OLG Stuttgart, Urt. v. 03.07.1996 – 1 U 41/96, ZIP 1996, 1621, m. Anm. *Pape*, EWiR 1996, 989; vgl. auch BGH, Urt. v. 30.09.1993 – IX ZR 227/92, ZIP 1993, 1653, 1655, m. Anm. *Henckel*, EWiR 1994, 373.
1914 OLG Dresden, Urt. v. 11.11.1999 – 4 U 2045/99, ZIP 1999, 2161, 2165; dazu Anm. *Schmitz* EWiR 2000, 253.
1915 BGH, Urt. v. 10.05.2007 – IX ZR 146/05, NZI 2007, 456.
1916 *Henckel*, in: Jaeger, InsO, § 131 Rn. 23 ff.; *Hirte*, in: Uhlenbruck, InsO, § 131 Rn. 13
1917 BGH, Urt. v. 09.06.2005 – IX ZR 152/03, ZIP 2005, 1243, 1244, m. Anm. *Cranshaw*, jurisPR-InsR 14/2005 Anm. 5.
1918 BGH, Urt. v. 20.07.2006 – IX ZR 44/05, ZIP 2006, 1591, 1592.
1919 BGH, Urt. v. 09.01.2003 – IX ZR 85/02, NZI 2003, 197, 198; BGH, B. v. 06.06.2002 – IX ZB 425/99, ZInsO 2002, 766.
1920 BGH, Urt. v. 12.02.2004 – IX ZR 98/03, ZInsO 2004, 342, 344.

Kapitel 11 Insolvenzanfechtung

- Erfüllung durch einen Dritter auf Anweisung des Schuldners, ohne dass eine insolvenzfeste Vereinbarung zwischen Gläubiger und Schuldner vorgelegen hat[1921];
- mittelbare Zahlung, wenn der Schuldner mit einer Zwischenperson vereinbart, dass diese für ihn fällige Beiträge an einen Sozialversicherungsträger entrichtet[1922];
- bargeldlose Überweisung des Insolvenzschuldners, wenn der Gläubiger zu dem Zeitpunkt, in dem sein Anspruch gegen das Kreditinstitut auf Gutschrift des Geldeinganges entsteht, keine durchsetzbare Forderung gegen den Insolvenzschuldner hat[1923];
- grundloser Verzicht auf einen Nacherfüllungsanspruch[1924];
- nachträgliche Vereinbarung, die Schuld anders zu tilgen[1925];
- Auszahlung von nach § 815 ZPO gepfändeten und durch den Gerichtsvollzieher an den Gläubiger ausbezahltem Geld eine anfechtbare inkongruente Deckung[1926].

Dagegen ist die verkehrsübliche Zahlungsweise durch Überweisung, Anweisung oder Akzept, Wechsel oder Scheck (vgl. auch § 137 InsO) nicht nach § 131 Abs. 1 InsO anfechtbar.[1927] Die „andere" Leistung im Rahmen von Wahlschuldverhältnissen oder einer vorher vereinbarten Ersetzungsbefugnis des Schuldners stellt sich als kongruente Deckung dar.[1928]
Auch im Rahmen des § 131 Abs. 1 InsO greift § 142 InsO.

Eine Sicherung ist inkongruent, wenn der Gläubiger keinen besonderen Anspruch auf Sicherstellung hat.[1929] Der Befriedigungsanspruch an sich gibt noch keinen Anspruch auf Sicherung, da die Sicherung gegenüber der Befriedigung kein Minus, sondern ein Aliud darstellt.[1930]

917

918

1921 BGH, Urt. v. 21.04.2005 – IX ZR 24/04, WM 2004, 1033, 1034; BGH, Urt. v. 09.01.2003 – IX ZR 85/02, WM 2003, 398, 400; BGH, Urt. v. 08.10.1998 – IX ZR 337/97, WM 1998, 2345, 2348.
1922 BGH, Urt. v. 08.12.2005 – IX ZR 182/01, ZIP 2006, 290, 291, m. Anm. *de Bra*, FD-InsR 2006, 182312.
1923 BGH, Urt. v. 20.06.2002 – IX ZR 177/99, ZIP 2002, 1408; BGH, Urt. v. 30.04.1992 – IX ZR 176/91, BGHZ 118, 171, 176.
1924 BGH, Urt. v. 13.05.2004 – IX ZR 128/01, NZBau 2004, 504, 505.
1925 BGH, Urt. v. 29.09.2005 – IX ZR 184/04, WM 2005, 2193.
1926 BGH, Urt. v. 09.09.1997 – IX ZR 14/97, ZIP 1997, 1929; Anm. *Münzberg*, JZ 1998, 308; vgl. auch AG Duisburg, Urt. v. 16.03.1999 – 51 C 711/98, ZIP 1999, 668, m. Anm. *Holzer*, EWiR 2000, 91; AG Bonn, Urt. v. 24.02.1999 – 4 C 181/98, ZIP 1999, 976; anders *Paulus*, Der Anfechtungsprozess, ZInsO 1999, 242, 248 und *Dauernheim*, in: FK-InsO, § 131 Rn. 24; vgl. auch OLG Jena, Urt. v. 23.08.2000 – 2 U 92/00, ZIP 2000, 1734.
1927 *Hirte*, in: Uhlenbruck, InsO, § 131 Rn. 9 m.w.N.
1928 *Hirte*, in: Uhlenbruck, InsO, § 131 Rn. 11 m.w.N.
1929 *Hirte*, in: Uhlenbruck, InsO, § 131 Rn. 15.
1930 *Hirte*, in: Uhlenbruck, InsO, § 131 Rn. 20.

919 Beispiele für inkongruente Sicherungen:

> **Beispiele**
>
> - Wenn AGB so unbestimmt sind, dass sie in den Geschäftsbeziehungen zwischen Schuldner und Gläubiger keinen klagbaren Sicherungsanspruch geben[1931];
> - wenn aus einem vor der Krise erstrittenen Zahlungsurteil während der Krise eine Sicherheit im Wege der Zwangsvollstreckung erlangt wird[1932];
> - Sicherheitenbestellung nach Nr. 13 AGB Banken/Kreditgenossenschaften[1933] bzw. Nr. 22 AGB Sparkassen[1934]. Der sich daraus ergebende Anspruch ist zu unbestimmt, da die freie Wahlmöglichkeit unter den in Betracht kommenden Sicherungsmitteln dazu führt, dass die konkrete Sicherheit keinesfalls auch die geschuldete ist[1935];
> - Anspruch einer Bank gemäß Nr. 13 ihrer AGB auf Bestellung oder Verstärkung von Sicherheiten, wenn der Schuldner nur noch über ein einziges werthaltiges Sicherungsgut verfügt[1936];
> - Pfandrecht des Kreditinstituts, das aufgrund AGB-Banken Nr. 14 Abs. 1 an Zahlungseingängen für einen Kunden in den letzten drei Monaten vor dem Eröffnungsantrag gegen diesen entsteht[1937];
> - Sicherungsabtretung der einem Scheck zugrunde liegenden Forderung an die den Scheck einziehende Bank[1938];
> - Sicherungsübereignung der gesamten Betriebsausstattung des Unternehmens des Insolvenzschuldners im Rahmen eines sogenannten Poolvertrages, in dem mehrere beteiligte Gläubiger das Sicherungsgut treuhänderisch für alle Pool-Gläubiger zur Sicherung aller dem Insolvenzschuldner gewährten Darlehen halten, wenn im Sicherungsvertrag vereinbart wird, dass das übereignete Gut der Sicherung sämtlicher bestehender und zukünftiger Forderungen dienen soll[1939];
> - vorzeitige Erfüllung eines Werklohnanspruchs[1940];
> - nachträgliche Besicherung einer bestehenden Verbindlichkeit[1941];
> - Ausübung eines Vertragspfandrechts zur Sicherung von übernommenen Bürgschaften noch vor deren Fälligkeit[1942];
> - Vorpfändung, bei der die Hauptpfändung in den Anfechtungszeitraum fällt[1943];
> - das Werthaltigmachen globalzedierter Forderungen[1944].

1931 *Hirte*, in: Uhlenbruck, InsO, § 131 Rn. 15.
1932 BGH, Urt. v. 24.05.2007 – IX ZR 105/05, WM 2007, 1221; BGH, Urt. v. 18.03.2003 – IX ZR 166/02, ZIP 2003, 808, 809; BGH, Urt. v. 21.12.1960 – VIII ZR 204/59, WM 1961, 174.
1933 NJW 1993, 840 ff. m. Bespr. von *Aden*, Die neuen AGB-Sparkassen 1993, NJW 1993, 832 ff.
1934 NJW 1992, 3278 ff. m. Bespr. von *Hoeren*, Die neuen AGB-Banken, NJW 1992, 3263.
1935 BGH, Urt. v. 15.11.1960 – V ZR 35/59, WM 1961, 28; BGH, Urt. v. 02.07.1969 – VIII ZR 96/67, WM 1981, 150; BGH, Urt. v. 11.05.1995 – IX ZR 70/94, ZIP 1995, 1078, m. Anm. *Knothe*, EWiR, 1995, 873; *Hirte*, in: Uhlenbruck, InsO, § 131 Rn. 15; *Obermüller*, Insolvenzrecht in der Bankpraxis, 896, 897 Rn. 6.102; diff. *Eckardt*, Kreditsicherung versus Insolvenzanfechtung, ZIP 1999, 1417 ff. (insbes. zu Nr. 14 AGB-Bk/Nr. 21 AGB. Spk).
1936 BGH, Urt. v. 03.12.1998 – IX ZR 313/97, NZI 1999, 70.
1937 BGH, Urt. v. 07.03.2002 – IX ZR 223/01, BGHZ 150, 122.
1938 BGH, Urt. v. 08.03.2007 – IX ZR 127/05, ZIP 2007, 924, m. Anm. *Zeuner*, BGH, Anfechtbarkeit einer Sicherungsabtretung, DZWIR 2007, 382.
1939 BGH, Urt. v. 12.11.1992 – IX ZR 236/91, ZIP 1993, 279, m. Anm. *Onusseit*, EWiR 1993, 161.
1940 BGH, Urt. v. 10.05.2007 – IX ZR 146/05, ZIP 2007, 1162.
1941 BGH, Urt. v. 11.03.2004 – IX ZR 160/02, ZIP 2004, 1060, 1061; BGH, Urt. v. 05.04.2001 – IX ZR 216/98, ZIP 2001, 885.
1942 BGH, Urt. v. 18.12.2003 – IX ZR 9/03, ZIP 2004, 324, 325.
1943 BGH, Urt. v. 09.12.2006 – IX ZR 88/05, BeckRS 2006, 14320; BGH, Urt. v. 23.03.2006 – IX ZR 116/03, ZIP 2006, 916, 917.
1944 BGH, Urt. v. 29.11.2007 – IX ZR 30/07, ZIP 2008, 183.

Die zusätzliche Absicherung eines Frachtführerpfandrechts stellt sich als kongruent dar.[1945]

Nach § 88 InsO sind Sicherungen, die im letzten Monat vor dem Eröffnungsantrag oder danach durch Zwangsvollstreckung erlangt worden sind, mit Eröffnung des Insolvenzverfahrens unwirksam, ohne dass es einer Anfechtung bedürfte (sog. Rückschlagsperre).

920

3.2.2 Zeitraum und weitere Voraussetzungen

3.2.2.1 Zeitraum

Folgende Zeiträume sind bei den drei Anfechtungstatbeständen des § 131 InsO zu beachten:

- Letzter Monat vor dem Eröffnungsantrag (Nr. 1)
  Nach Abs. 1 Nr. 1 sind inkongruente Deckungen, welche einem Gläubiger im letzten Monat vor der Stellung des Eröffnungsantrages gewährt worden sind, ohne weitere Voraussetzungen anfechtbar.
- 2. und 3. Monat vor dem Eröffnungsantrag (Nr. 2 und Nr. 3)
  Bei Rechtshandlungen im zweiten oder dritten Monat vor dem Eröffnungsantrag, die dem Gläubiger eine inkongruente Deckung gewährt haben, gelten die Nrn. 2 und 3. Anders als die inkongruenten Deckungen im Monat vor dem Eröffnungsantrag ist aus der zeitlichen Komponente nicht mehr ohne weiteres die Vorhersehbarkeit und Unvermeidbarkeit der Insolvenz erkennbar, so dass hier weitere Tatbestandsvoraussetzungen hinzukommen müssen. Nach Nr. 2 ist zusätzlich die Zahlungsunfähigkeit des Schuldners erforderlich, während bei Nr. 3 der Anfechtungsgegner Kenntnis von der Benachteiligung der übrigen Gläubiger gehabt haben muss.

921

3.2.2.2 Weitere Voraussetzungen

Wie alle Anfechtungstatbestände der InsO erfordert auch § 131 InsO eine auf die anfechtbare Handlung zurückgehende Gläubigerbenachteiligung voraus, wobei eine mittelbare ausreicht. Wie sich aus § 129 Abs. 2 InsO ergibt, steht auch hier ein Unterlassen einer Rechtshandlung gleich.

922

3.2.3 Kenntnis beim Gläubiger

Eine subjektive Komponente ist bei den Anfechtungstatbeständen der § 131 Abs. 1 Nr. 1 und 2 InsO nicht erforderlich, indes bei Nr. 3. Dort ist Kenntnis des Anfechtungsgegners von der Benachteiligung der übrigen Gläubiger tatbestandliche Voraussetzung. Vergleichbar der Regelung in § 130 Abs. 2 InsO genügt nach § 131 Abs. 2 Satz 1 InsO dabei die Kenntnis von Umständen, welche zwingend auf die Benachteiligung schließen lassen.

Der Anfechtungsgegner kennt regelmäßig die Tatsachen, die die Inkongruenz begründen. Dies reicht nach der Rechtsprechung BGH für die Kennt-

923

[1945] BGH, Urt. v. 21.04.2005 – IX ZR 24/04, ZIP 2005, 992, 993; vgl. BGH, Urt. v. 18.04.2002 – IX ZR 219/01, NZI 2002, 485, 485.

nis der Inkongruenz aus.[1946] Ein solches „Inkongruenzbewusstsein" ist dann anzunehmen, wenn dem Anfechtungsgegner klar war, dass die gewährte Deckung „nicht, nicht in der Art oder nicht zu der Zeit" geschuldet war. Dies ist beispielsweise dann der Fall, wenn der Kunde dem Lieferanten erläutert, ihn zwar nicht bezahlen zu können, ihm aber Sicherungseigentum oder ein Grundpfandrecht anbieten kann, was sodann umgesetzt wird. Hier lässt bereits die vom Schuldner angebotene Sicherungsmaßnahme auf die Verschlechterung der Vermögenslage schließen.

Da der Begünstigte die Tatsachen, welche die Inkongruenz begründen, durchweg kennt und inkongruente Deckungshandlungen fast immer das haftende Vermögen des Schuldners schmälern, geht es hier vor allem um die Kenntnis der kritischen wirtschaftlichen Lage des Schuldners.[1947] Dabei ist die Inkongruenz ein nach § 286 ZPO zu würdigendes Beweisanzeichen für die Kenntnis des Gläubigers, wenn dieser bei Vornahme der Handlung wusste, dass der Schuldner sich in einer finanziell beengten Lage befand.[1948] Ausreichend ist es, wenn der Anfechtungsgegner aufgrund der ihm bekannt gewordenen Tatsachen die Liquiditäts- und Vermögenslage des Schuldners als so unzulänglich einschätzt, so dass er davon ausgeht, der Schuldner werde in absehbarer Zeit voraussichtlich nicht mehr in der Lage sein, seine Zahlungspflichten zu erfüllen.[1949] Letztlich ist es ausreichend, wenn der Anfechtungsgegner damit rechnet, dass der seine Gläubiger in absehbarer Zeit nicht mehr wird befriedigen können.[1950] Aus Sicht des Anfechtenden hilft dabei die Vermutungswirkung in Abs. 2.

3.3 Beweislast

924 Darlegungs- und beweisbelastet für das Vorliegen aller Tatbestandsvoraussetzungen ist regelmäßig der Insolvenzverwalter. Dies gilt auch für die Kenntnis von Umständen, die zwingend auf die Gläubigerbenachteiligung schließen lassen, die gemäß § 131 Abs. 2 Satz 1 InsO der Kenntnis der Benachteiligung gleichkommen.[1951]

Der Anfechtungsberechtigte muss indes nicht darlegen und beweisen, dass der Gemeinschuldner keine Möglichkeit mehr hatte, Kredit zu erhalten, um beispielsweise die Zahlungsunfähigkeit bei § 131 Abs. 1 Nr. 2 InsO darzulegen.[1952] Hier reicht eine sich an § 17 Abs. 2 Satz 1 InsO orientierende Darlegung, da anderenfalls der Schuldner vorinsolvenzlich die Verpflichtung gehabt hätte, sich im Interesse seiner Gläubiger um jedwede Kreditmöglichkeit zu bemühen. Dies wäre lebensfremd und widerspräche dem von der InsO verfolgten Ziel einer möglichst frühzeitigen Verfahrenseröffnung.[1953]

1946 BGH, Urt. v. 02.12.1999 – IX ZR 412/98, ZIP 2000, 82.
1947 *Kirchhof*, in: MüKo-InsO, § 129 Rn. 54.
1948 BGH, Urt. v. 18.12.2003 – IX ZR 199/02, ZIP 2004, 319, 322.
1949 Vgl. *Rogge*, in: HmbK, § 131 Rn. 39.
1950 *Henckel*, in: Kölner Schrift zur InsO, 813, 823.
1951 *Obermüller/Hess*, 76 Rn. 333.
1952 BGH, Urt. v. 25.09.1997 – IX ZR 231/96, ZIP 1997, 1926.
1953 BGH, Urt. v. 25.09.1997 – IX ZR 231/96, ZIP 1997, 1926, m. Anm. *Paulus*, EWiR 1998, 121.

Der Anfechtungsgegner kann die Vermutung des § 131 Abs. 2 Satz 1 InsO dadurch widerlegen, indem er darlegt und beweist, dass er die Umstände, aus denen objektiv auf eine Begünstigungsabsicht des Insolvenzschuldners zu schließen ist, nicht kannte, so beispielsweise wenn er annehmen durfte, der Insolvenzschuldner sei zahlungsfähig und somit auch in der Lage die übrigen Gläubiger zu befriedigen.[1954]

Ist Anfechtungsgegner eine dem Schuldner nahe stehenden Personen (§ 138 InsO), so kehrt § 131 Abs. 2 Satz 2 InsO die Beweislast um. Es wird vermutet, dass der Anfechtungsgegner die Benachteiligung kannte. Es ist dann an ihm, den Beweis des Gegenteils zu führen.

4. Anfechtung wegen unmittelbar gläubigerbenachteiligender Rechtshandlungen (§ 132 InsO)

4.1 Normzweck und Normstruktur

§ 132 InsO stellt im Verhältnis zu den §§ 130 f. InsO einen Auffangtatbestand dar. Er erfasst sämtliche Rechtsgeschäfte des Schuldners, die Insolvenzgläubiger unmittelbar benachteiligen und die nicht zu den Rechtshandlungen gehören, die einem Insolvenzgläubiger eine Sicherung oder Befriedigung gewähren oder ermöglichen, mithin von den §§ 130 f. InsO erfasst werden. Erfasst werden soll primär das Begründen von Verbindlichkeiten zugunsten Einzelner in der Krise, ohne dass der späteren Insolvenzmasse ein adäquater Gegenwert hierfür zukommt.[1955] § 132 InsO entspricht im Wesentlichen von seiner Struktur dem Tatbestand des § 130 InsO, wobei – anders als bei den §§ 130 f. InsO – bei § 132 InsO zwischen dem späteren Gemeinschuldner und dem Anfechtungsgegner keine rechtsgeschäftliche Beziehung bestanden haben muss. Insoweit spricht § 132 InsO vom „anderen Teil", während bei §§ 130 f. InsO vom „Insolvenzgläubiger" die Rede ist.

925

4.2 Normvoraussetzungen

	§ 132 Abs. 1 Nr. 1 InsO	§ 132 Abs. 1 Nr. 2 InsO
Rechtshandlung	unmittelbar benachteiligendes Rechtsgeschäft oder gleichgestellte Rechtshandlung (§ 132 Abs. 2 InsO)	unmittelbar benachteiligendes Rechtsgeschäft oder gleichgestellte Rechtshandlung (§ 132 Abs. 2 InsO)
Zeitraum	in den letzten drei Monaten vor dem Eröffnungsantrag	nach dem Eröffnungsantrag
wirtschaftliche Lage des Schuldners	Zahlungsfähigkeit	./.
Kenntnis beim Gläubiger	Kenntnis von Zahlungsunfähigkeit	Kenntnis von Zahlungsunfähigkeit oder Eröffnungsantrag

926

Abb. 54: Normstruktur § 132 InsO

[1954] BGH, Urt. v. 17.06.1999 – IX ZR 62/98, BB 1999, 1626.
[1955] *Kirchhof*, in: MüKo-InsO, § 132 Rn. 1.

Bei § 132 InsO ist zu beachten, dass die Anfechtung – anders als bei anderen Anfechtungstatbeständen in der InsO – nur

- Rechtsgeschäfte (und ihnen gleichgestellte Rechtshandlungen)
- des Schuldners erfasst,
- die unmittelbar gläubigerbenachteiligend wirken.

4.2.1 Rechtsgeschäfte und gleichgestellte Rechtshandlungen

927 Unter dem von § 132 InsO verwendeten Begriff des Rechtsgeschäft ist jedes materiell-rechtliche Rechtsgeschäft des Schuldners zu verstehen. Aber auch einseitige Rechtsgeschäfte, beispielsweise Kündigungen, werden hiervon umfasst. Entscheidend ist, dass das Rechtsgeschäft vom Schuldner vorgenommen wurde, wobei rechtsgeschäftliche Erklärungen Dritter diesem über §§ 164 ff. BGB zuzurechnen sind.

Ob auch rechtsgeschäftsähnliche Handlungen vom Begriff des Rechtsgeschäfts erfasst werden, ist noch nicht höchstrichterlich entschieden und wird in der Literatur nicht einheitlich beantwortet.[1956] Auch wenn die Wortlautauslegung dafür streitet, diese Frage zu verneinen, darf nicht verkannt werden, dass diese Frage vielfach offenbleiben kann, weil Handlungen dieser Art regelmäßig von § 132 Abs. 2 InsO erfasst werden dürften. Sinngemäß das Gleiche gilt bei Prozesshandlungen.[1957]

Ein reines Unterlassen wird dagegen im Grundsatz nicht von § 132 InsO erfasst.[1958] Etwas anderes gilt nur, wenn – ausnahmsweise – einem Unterlassen rechtsgeschäftliche Wirkung zukommt, so beim Schweigen auf ein kaufmännisches Bestätigungsschreiben.[1959]

928 Einem Rechtsgeschäft, das die Insolvenzgläubiger unmittelbar benachteiligt, steht nach § 132 Abs. 2 InsO jede andere Rechtshandlung des Schuldners im Sinne von § 129 InsO gleich, die dazu führt, dass

- der Schuldner ein Recht verliert oder nicht mehr geltend machen kann oder
- ein vermögensrechtlicher Anspruch gegen ihn erhalten oder durchsetzbar wird.[1960]

§ 132 Abs. 2 InsO soll Regelungslücken schließen, die nach überkommenem Konkursrecht insbesondere bei der Anfechtung von Unterlassungen im Bereich der besonderen Insolvenzanfechtung bestanden.[1961] Ziel des Gesetzgebers war es, dass solche Rechtshandlungen nicht lediglich unter den strengeren Voraussetzungen des § 133 InsO anfechtbar sind, soweit nicht eine erleichterte (objektivierte) Anfechtung nach § 134 InsO in Betracht kommt. Im Rahmen von Verbraucherinsolvenzverfahren kommt dieser Regelung erheb-

---

[1956] Dafür: *Nerlich*, in: Nerlich/Römermann, InsO § 132 Rn. 6; dagegen: *Dauerheim*, in: FK- InsO , § 132, Rn. 5.
[1957] Dafür: *Nerlich*, in: Nerlich/Römermann, InsO, § 132 Rn. 6; dagegen: *Dauerheim*, in: FK- InsO, § 132 Rn. 5.
[1958] *Dauerheim*, in: FK-InsO, § 132 Rn. 5.
[1959] *Paulus*, in: Kübler/Prütting/Bork, InsO, § 132 Rn. 4; *Rogge*, in: HmbK, § 132 Rn. 4.
[1960] *Fehl*, in: Beck/Depré, Handbuch der Insolvenz, § 9 Rn. 86 ff.
[1961] Begr. RegE zu § 147, BT-Drucks 12/2443, 159.

liche Bedeutung zu; gerade hier spielen Unterlassungen (der Schuldner steckt – bildlich gesprochen – den Kopf in den Sand) – eine große Rolle. Die Anfechtungsmöglichkeit solcher Unterlassungen des Schuldners kann dazu beitragen, eine erhebliche Minderung der Masse und damit eine Beeinträchtigung der Gläubigergemeinschaft abzuwehren (wenngleich im Rahmen des Verbraucherinsolvenzverfahrens nicht der Treuhänder, sondern jeder Insolvenzgläubiger berechtigt ist, § 313 Abs. 2 Satz 1 InsO).

4.2.2 Unmittelbare Gläubigerbenachteiligung

Die durch das Rechtsgeschäft des Schuldners oder die ihm gleichgestellte Rechtshandlung kausal verursachte Gläubigerbenachteiligung muss eine unmittelbare sein. Sie darf also nicht erst durch das Hinzutreten weiterer Umstände eintreten. 929

4.2.3 Zeitraum und weitere Voraussetzungen

Hier sind zwei Zeiträume zu unterscheiden, nämlich 930

- nach § 132 Abs. 1 Nr. 1 InsO ein in den letzten drei Monaten vor dem Antrag auf Eröffnung des Insolvenzverfahrens und
- nach § 132 Abs. 1 Nr. 2 InsO ein nach dem Antrag auf Eröffnung des Insolvenzverfahrens

vorgenommenes Rechtsgeschäft.

Bei Nr. 1 muss der Schuldner zur Zeit des Rechtsgeschäfts zahlungsunfähig gewesen sein und der andere Teil zu dieser Zeit die Zahlungsunfähigkeit gekannt haben. Bei Nr. 2 muss der andere Teil zur Zeit des Rechtsgeschäfts die Zahlungsunfähigkeit oder den Eröffnungsantrag gekannt haben.

Die weiteren Voraussetzungen für die Anfechtbarkeit sind entsprechend geregelt wie bei § 130 InsO, insbesondere über den Verweis in § 132 Abs. 3 InsO auf § 130 Abs. 2 und 3 InsO. Dadurch wird u.a. sichergestellt, dass auch bei § 132 InsO die Kenntnis der Umstände, die auf die Zahlungsunfähigkeit oder den Eröffnungsantrag schließen lassen, grundsätzlich der Kenntnis gleich steht;[1962] dies ist regelmäßig bei einem krisenbedingten Schlussverkauf der Fall, bei dem noch vorhandene Waren unter Wert veräußert werden (sog. Verschleuderungsanfechtung).[1963]

Hinsichtlich der Darlegungs- und Beweislast ergeben sich keine Besonderheiten; die Darlegungs- und Beweislast für die Voraussetzungen dieses Anfechtungstatbestandes liegt grundsätzlich beim Insolvenzverwalter, sofern ihm nicht über den Verweis in Abs. 3 auf § 130 Abs. 2 und 3 InsO Beweiserleichterungen zu Gute kommen.

[1962] Es handelt sich hier um eine Zwischenform zwischen Kenntnis und grober Fahrlässigkeit; str., vgl. *Nerlich*, in: Nerlich/Römermann, InsO, § 130 Rn. 69; Für die Beibehaltung der groben Fahrlässigkeit dagegen *Paulus*, in: Kübler/Prütting/Bork, Inso, § 130 Rn. 33; vgl. aber *ders.*, in WM 2000, 2225, 2228; *Fehl*, in: Beck/Depré, Handbuch der Insolvenz, § 9 Rn. 84 f.
[1963] *Gerhardt/Kreft*, Aktuelle Probleme der Insolvenzanfechtung, 132.

5. Anfechtung wegen vorsätzlicher Gläubigerbenachteiligung (§ 133 InsO)

5.1 Normzweck und Normstruktur

5.1.1 Normzweck

931 Kannte der Geschäftspartner des Insolvenzschuldners dessen Gläubigerbenachteiligungsvorsatz, ist der hierauf beruhende Rechtserwerb nicht schützenswert und nach § 133 InsO anfechtbar. Vor diesem Hintergrund ist es gerechtfertigt, dass nach § 133 Abs. 1 InsO Rechtshandlungen erfasst, welche bis zu zehn Jahre vor dem Antrag auf Eröffnung des Insolvenzverfahrens vorgenommen wurden. Abs. 2 normiert nach allgemeiner Auffassung dabei keinen eigenständigen Anfechtungstatbestand, sondern enthält lediglich eine Verschärfung für entgeltliche Verträge des Schuldners mit ihm nahe stehenden Personen.[1964] Anfechtbar sind bei § 133 InsO nur Rechtshandlungen des Schuldners.

5.1.2 Normstruktur

932 Nach § 133 Abs. 1 InsO ist eine Rechtshandlung des Schuldners anfechtbar, welche innerhalb eines Zeitraums von 10 Jahren vor Stellung des Eröffnungsantrages oder danach vorgenommen wurde, wenn der Schuldner zu dieser Zeit mit dem Vorsatz handelte, seine Gläubiger zu benachteiligen und der Anfechtungsgegner dies zum Zeitpunkt der Vornahme der Rechtshandlung wusste. Dabei reicht – kumulativ – das Wissen des Anfechtungsgegners von der drohenden Zahlungsunfähigkeit (§ 18 InsO) und der (objektiven) Gläubigerbenachteiligung auf Seiten des Anfechtungsgegners aus, da § 133 Abs. 1 Satz 2 in diesem Fall dessen Kenntnis vom Gläubigerbenachteiligungsvorsatz widerleglich vermutet.

Nach § 133 Abs. 2 InsO ist ein vom Schuldner mit einer ihm nahe stehenden Person (§ 138 InsO) geschlossener entgeltlicher Vertrag, durch den die Gläubiger unmittelbar benachteiligt werden, anfechtbar. Das gilt nur dann nicht, wenn er früher als zwei Jahre vor dem Eröffnungsantrag abgeschlossen wurde oder der Anfechtungsgegner keine Kenntnis vom Gläubigerbenachteiligungsvorsatz des Schuldners hatte. Dem Anfechtungsgegner obliegt dabei der Entlastungsbeweis.

[1964] *Kirchhof*, in: MüKo-InsO, § 133 Rn. 39 ff.; *Hirte*, in: Uhlenbruck, InsO, § 133 Rn. 33.

5.2 Normvoraussetzungen

	§ 133 Abs. 1 InsO	§ 133 Abs. 2 InsO
Rechtshandlung	Rechtshandlung	Entgeltlicher Vertrag mit nahe stehenden Personen
Zeitraum	in den letzten zehn Jahren vor dem Eröffnungsantrag oder danach	in den letzten zwei Jahren vor dem Eröffnungsantrag oder danach
wirtschaftliche Lage des Schuldners	./.	./.
Kenntnis des Gläubigers	Kenntnis vom Benachteiligungsvorsatz des Schuldners	Kenntnis vom Benachteiligungsvorsatz des Schuldners

Abb. 55: Normstruktur § 133 InsO

5.2.1 Rechtshandlung/entgeltlicher Vertrag

5.2.1.1 Rechtshandlung (§ 133 Abs. 1 InsO)

Anfechtbar sind nach § 133 Abs. 1 InsO nur Rechtshandlungen des Schuldners. Rechtshandlungen, die Gläubiger oder Dritte vornehmen, unterfallen nicht der Anfechtung nach § 133 InsO. Schuldnerische Rechtshandlungen meint dabei sämtliche Rechtshandlungen, beispielsweise einseitige, zweiseitige, entgeltliche wie unentgeltliche, Unterlassungen sowie Prozesshandlungen. So unterfällt beispielsweise die nachträgliche, nicht geschuldete Bestellung von Sicherheiten für eine Forderung § 133 InsO, es sei denn der Schuldner durfte sicher davon ausgehen, durch diese Maßnahme alle übrigen Gläubiger befriedigen zu können. Auch erfasst sind Zahlungen per Abbuchungsauftrags- und Einzugsermächtigungsverfahren.[1965]

Bei Zwangsvollstreckungsmaßnahmen gilt, dass sie grundsätzlich keine Rechtshandlung des Schuldners darstellen, sofern und soweit sie ohne oder gegen seinen Willen durchgeführt werden.[1966] Wirkt der Schuldner indes mit, beispielsweise durch Nichteinlegen eines Widerspruchs gegen einen Mahnbescheid, durch Nichteinlassung auf eine Klage, durch Geständnis, Anerkenntnis oder auch durch Benachrichtigung eines Gläubigers von der beabsichtigten Vollstreckung anderer Gläubiger, so unterliegt die Maßnahme der Anfechtung wegen vorsätzlicher Benachteiligung.[1967] Dies gilt auch bei Abwendungszahlungen oder Zahlungen um einer drohenden Zwangsvollstreckung, einem Insolvenzantrag oder einer Strafanzeige zu entgehen.[1968] Gleiches gilt auch, wenn der Schuldner dem Gerichtsvollzieher

---

[1965] BGH, Urt. v. 19.12.2002 – IX ZR 377/99, ZIP 2003, 488.
[1966] BGH, Urt. v. 23.03.2006 – IX ZR 116/03, ZIP 2006, 916; BGH, Urt. v. 10.02.2005 – IX ZR 211/02, ZInsO 2005, 260; BGH, Urt. v. 17.07.2003 – IX ZR 215/02, ZIP 2003, 1900; *Kirchhof,* in: MüKo-InsO, § 133 Rn. 9f.; *Rogge,* in: HmbK, § 133 Rn. 6.
[1967] BGH, Urt. v. 05.07.2007 – IX ZR 256/06, MDR 2007, 1450; BGH, Urt. v. 13.05.2004 – IX ZR 190/03, WM 2004, 1587; *Henckel,* in: Jaeger, InsO, § 133 Rn. 5; *Hirte,* in: Uhlenbruck, InsO, § 133 Rn. 8 m.w.N.
[1968] BGH, Urt. v. 10.02.2005 – IX ZR 211/02, ZIP 2005, 494; BGH, Urt. v. 17.07.2003 – IX ZR 215/02, ZIP 2003, 1900; BGH, Urt. v. 27.05.2003 – IX ZR 169/02, ZIP 2003, 1506.

Teilzahlungen anbietet und dieser daraufhin die Mobiliarvollstreckung aussetzt (§ 806b ZPO).[1969]

5.2.1.2 Entgeltlicher Vertrag (§ 133 Abs. 2 InsO)

935 Anfechtbar ist nach § 133 Abs. 2 InsO ein vom Schuldner mit einer ihm nahe stehenden Personen (§ 138 InsO) geschlossener entgeltlicher Vertrag, durch den die Insolvenzgläubiger unmittelbar benachteiligt werden.
Der Begriff des Vertrages ist dabei weit zu verstehen.[1970] Erfasst werden nicht nur rein schuldrechtliche Verträge, wie z. B. Kauf, Miete etc., sondern auch dingliche Rechtsgeschäfte, wie z. B. die Übereignung, Zession etc. und sogar gesellschaftsrechtliche Verträge.[1971] Ebenfalls unterfällt nach der Rechtsprechung des BGH[1972] auch der Abschluss eines güterrechtlichen Vertrages über den vorgezogenen Zugewinnausgleich gemäß § 1408 BGB dem Tatbestand der Vorsatzanfechtung gemäß § 133 Abs. 2 Satz 1 InsO. Ein Vertrag im bürgerlich-rechtlichen Sinne ist somit nicht zwingend erforderlich.[1973] Sogar reine Erfüllungsgeschäfte sind als entgeltliche Verträge fallen hierunter, da das Entgelt in der Schuldbefreiung liegt.[1974] Zwangsvollstreckungsakte werden grundsätzlich als nicht hiervor umfasst angesehen, da sie keine Verträge sind. Etwas anderes gilt nur bei einem kollusivem Zusammenwirken zwischen Anfechtungsgegner und Schuldner.[1975]
Entgeltlich ist ein Vertrag, wenn der Schuldner irgendeine Gegenleistung erhält.[1976] Ausreichend ist jeder wirtschaftliche Vorteil des Schuldners.[1977]

5.2.2 Zeitraum und weitere Voraussetzungen
5.2.2.1 Zeitraum

936 Hinsichtlich des anfechtungsrelevanten Zeitraums gilt folgendes:

- Vor Stellung des Eröffnungsantrags – § 133 Abs. 1 InsO
  Rechtshandlungen des Schuldners, die er vor dem Insolvenzantrag vorgenommen hat, sind nach Maßgabe des § 133 Abs. 1 Satz 1 InsO bis zu zehn Jahre zurück anfechtbar. Die Berechnung des Zeitraumes ergibt sich aus § 139 InsO.

1969 So jetzt ausdrücklich: BGH, Urt. v. 10.12.2009 – IX ZR 128/08, NZI 2010, 184; anders: OLG Frankfurt, Urt. v. 29.08.2005 – 16 U 11/05, ZInsO 2005, 1110; OLG Karlsruhe, Urt. v. 24.06.2008 – 8 U 186/07, ZIP 2008, 1687.
1970 In der Literatur wird der Begriff wird teilweise vertreten, dass der Begriff des Vertrages zumindest dann deckungsgleich mit dem Rechtshandlung ist, wenn diese in Übereinstimmung mit dem Willen des Anfechtungsgegners vorgenommen worden ist.
1971 *Kreft*, in: HK, § 133 Rn. 25; *Hirte*, in: Uhlenbruck, InsO, § 133 Rn. 36.
1972 BGH, Urt. 01.07.2010 – OX ZR 58/09, ZIP 2010, 1702.
1973 *Henckel*, in: Jaeger, InsO, § 133 Rn. 59; *Hirte*, in: Uhlenbruck, InsO, § 133 Rn. 34.
1974 BGH, Urt. v. 15.02.1990, IX ZR 149/88, ZIP 1990, 459, 460; *Henckel*, in: Jaeger, InsO, § 133 Rn. 59; *Hirte*, in: Uhlenbruck, InsO, § 133 Rn. 37.
1975 *Hirte*, in: Uhlenbruck, InsO, § 133 Rn. 37; *Nerlich*, in: Nerlich/Römermann, InsO, § 133 Rn. 57.
1976 *Nerlich*, in: Nerlich/Römermann, InsO § 133 Rn. 58; *Henckel*, in: Jaeger, InsO, § 133 Rn. 60.
1977 *Kirchhof*, in: MüKo-InsO, § 133 Rn. 41.

Kapitel 11 Insolvenzanfechtung

- Nach Stellung des Eröffnungsantrags – § 133 Abs. 1 InsO
  Rechtshandlungen, die der Schuldner nach Stellung des Insolvenzantrages vorgenommen hat, sind ohne eine Frist anfechtbar, indes nur bis zur Eröffnung des Insolvenzverfahrens, was sich aus § 129 Abs. 1 InsO ergibt.
- Entgeltlicher Vertrag mit nahe stehenden Personen – § 133 Abs. 2 InsO
  Bei einem entgeltlichen Vertrag mit einer dem Schuldner nahe stehenden Person wirkt die Anfechtungsmöglichkeit nur bis zu zwei Jahre vor dem Insolvenzantrag zurück. Die Berechnung des Zeitraumes ergibt sich aus § 139 InsO.

5.2.2.2 Weitere Voraussetzungen

Durch die anfechtbare Handlung müssen die Gläubiger objektiv benachteiligt worden sein (§ 129 Abs. 1 InsO), wobei bei § 133 Abs. 1 InsO eine mittelbare Gläubigerbenachteiligung genügt, während bei Abs. 2 eine unmittelbare Benachteiligung der Gläubiger erforderlich ist. Zudem muss die anfechtbare Rechtshandlung kausal für die Gläubigerbenachteiligung sein. 937

5.2.3 Kenntnis des Gläubigers

In subjektiver Hinsicht ist 938

- Gläubigerbenachteiligungsvorsatz des Insolvenzschuldners und
- Kenntnis hiervon beim Anfechtungsgegner

erforderlich.

5.2.3.1 Gläubigerbenachteiligungsvorsatz des Schuldners

Der Schuldner muss bei Vornahme der anfechtbaren Rechtshandlungen mit dem Vorsatz gehandelt haben, seine Gläubiger zu benachteiligen, und zwar sowohl bei Abs. 1 als auch bei Abs. 2. Anders als noch bei § 31 KO ist dabei keine Benachteiligungsabsicht, sondern nur ein Benachteiligungsvorsatz erforderlich. Dabei reicht sog. dolus eventualis[1978] aus. Dem Schuldner muss es nicht auf die Benachteiligung seiner Gläubiger ankommen; ausreichend, aber auch erforderlich ist, dass der Schuldner die Benachteiligung in Kauf nimmt, ohne sich hierdurch von seinem Vorhaben abhalten zu lassen.[1979] Der Schuldner muss die Benachteiligung als mögliche Folge seines Handelns erkennen und billigend in Kauf nehmen,[1980] wobei sie nicht zwingend Ziel 939

[1978] BGH, Urt. v. 18.04.1991 – IX ZR 149/90, ZIP 1991, 807, 808; BGH, Urt. v. 12.11.1992 – IX ZR 236/91, ZIP 1993, 276, 279 f., m. Anm. *Onusseit*, EWiR 1993, 161; BGH, Urt. v. 23.11.1995 – IX ZR 18/95, ZIP 1996, 83, 86, m. Anm. *Gerhardt*, EWiR 1996 § 10 GesO 1/96, 119 zur GesO; *Holzer*, Die Insolvenzanfechtung, WiB 1997, 729, 735.
[1979] BGH, Urt. v. 27.05.2003 – IX ZR 169/02, ZIP 2003, 1506; BGH, Urt. v. 18.04.1991 – IX ZR 149/90, ZIP 1991, 807, 808 zur KO.
[1980] BGH, Urt. v. 08.12.2005 – IX ZR 182/01, ZIP 2006, 290; BGH, Urt. v. 13.05.2005 – IX ZR 190/03, ZIP 2004, 1512; BGH, Urt. v. 13.07.1995 – IX ZR 81/94, ZIP 1995, 1364, m. Anm. *Gerhardt*, EWiR 1995, 845 zum AnfG 1879; BGH, Urt. v. 23.11.1995 – IX ZR 18/95, ZIP 1996, 83, 86, m. Anm. *Gerhardt*, EWiR 1996, 119 zur GesO.

oder sein Beweggrund sein muss.[1981] Hat der Schuldner sogar die Benachteiligung der Gläubiger vom Schuldner als Erfolg seines Handelns angestrebt (dolus directus), ist das subjektive Element allemal erfüllt.[1982] Auch wenn die amtliche Überschrift des § 133 InsO etwas anderes suggerieren mag, ist auf Vorsatzebene eine unlautere Handlung bzw. die Vorstellung einer solchen nicht tatbestandliche Voraussetzung.[1983]

Legt der Schuldner im Anfechtungsprozess schlüssig dar, dass nach seiner (damaligen, i.E. unzutreffenden) Auffassung eine Sanierung gelingen dürfte und sämtliche Gläubiger befriedigt werden können, so fehlt es am Gläubigerbenachteiligungsvorsatz und eine Anfechtung nach § 133 InsO scheidet aus.[1984]

Nimmt dagegen eine Bank Ratenzahlungen des Schuldners im Rahmen eines mit diesem vereinbarten Stillhalteabkommens an, weiß sie regelmäßig, dass der Schuldner weitere Gläubiger hat, die ggf. nicht bedient werden, und kennt somit den Gläubigerbenachteiligungsvorsatz des Schuldners.[1985]

Ist in einem Erbbaurechtsvertrag eine Klausel enthalten, wonach der Grundstückseigentümer bereits aufgrund der Eröffnung eines Insolvenzverfahrens über das Vermögen des Erbbauberechtigten den Heimfall des Erbbaurechts verlangen darf und dieser nicht zu vergüten ist, ist davon auszugehen, dass die Heimfallregelung gezielt für den Insolvenzfall getroffen wurde und dem Grundstückseigentümer einen Sondervorteil einräume, der zwangsläufig die Rechte der anderen Gläubiger schmälert. Daraus folgt der Benachteiligungsvorsatz des Schuldners und dem entsprechende Kenntnis des Grundstückseigentümers.[1986]

Die Feststellung der Gläubigerbenachteiligung ist im Einzelfall zu untersuchen und letztlich Tatfrage. Feste Regeln lassen sich insoweit nicht aufstellen.[1987]

5.2.3.2 Kenntnis beim Anfechtungsgegner

940 Der Anfechtungsgegner muss bei beiden Absätzen des § 133 InsO den Gläubigerbenachteiligungsvorsatz des Gläubigers kennen. Ein eigener Benachteiligungsvorsatz oder ein kollusives Zusammenwirken mit dem Schuldner ist nicht erforderlich.[1988] Anders als bei der Frage, ob eine Rechtshandlung

---

1981 BGH, Urt. v. 13.07.1995 – IX ZR 81/94, ZIP 1995, 1364, m. Anm. *Gerhardt*, EWiR 1995, 845 zum AnfG 1879; BGH, Urt. v. 18.04.1991 – IX ZR 149/90, ZIP 1991, 807, 808 zur KO; BGH, Urt. v. 23.11.1995, IX ZR 18/95 – ZIP 1996, 83, 86, m. Anm. *Gerhardt*, EWiR 1996, 119 zur GesO.
1982 BGH, Urt. v. 18.02.1993 – IX ZR 129/92, ZIP 1993, 521, 522, m. Anm. *Paulus*, EWiR 1993, 389, 390 und *Zoller*, WuB I F. 4. 3.93 zur KO.
1983 *Henckel*, in: Jaeger, InsO, § 133 Rn. 24 f.
1984 *Henckel*, in: Jaeger, InsO, § 133 Rn. 29; *Kirchhof*, in: MüKo-InsO, § 133 Rn. 15.
1985 BGH, Urt. v. 20.12.2007 – IX ZR 93/06, ZInsO 2008, 273.
1986 BGH, Urt. v. 19.04.2007 – IX ZR 59/06, ZIP 2007, 1120; BGH, B. v. 12.06.2008 – IX ZB 220/07, NZI 2008, 490.
1987 BGH, Urt. v. 26.03.1984 – II ZR 171/83, WM 1984, 625.
1988 BGH, Urt. v. 17.07.2003 – IX ZR 272/02, DZWIR 2003, 519; BGH, Urt. v. 11.11.1993 – IX ZR 257/92, ZIP 1994, 40, 43 f., m. Anm. *Haas*, EWiR 1994, 169 und. Urteilsbespr. v. *Berger*, Zur Wirksamkeit von Lösungsklauseln für den Konkursfall, ZIP 1994, 173 ff.

inkongruent ist, greifen keine derartigen Beweiserleichterungen ein. Erforderlich ist positive Kenntnis. Gleichwohl stellt eine inkongruente Deckung ein starkes Beweisanzeichen[1989] sowohl für eine Benachteiligungsabsicht des Schuldners als auch für deren Kenntnis durch den anderen Teil dar.[1990] Weiterhin sind Art und Ausmaß der Inkongruenz zu bewerten. Je geringer das Ausmaß der Inkongruenz desto geringer die Bedeutung als Beweisanzeichen.[1991] Erleichterte Beweisbedingungen sind auch bei Vermögensverschleuderungen anzunehmen.[1992]

Kenntnis des rechtsgeschäftlich bestellten oder gesetzlichen Vertreters des Anfechtungsgegners wird diesem über § 166 BGB zugerechnet.[1993] Der BGH[1994] meint, dass die subjektiven Voraussetzungen der Vorsatzanfechtung vom Tatrichter gemäß § 286 ZPO zu prüfen sind. Für die Wissenszurechnung bei der Absichtsanfechtung kommt es darauf an, dass der Anfechtungsgegner bzw. der Aufrechnende, der unter den Voraussetzungen des § 133 Abs. 1 Nr. 2 InsO die Aufrechnungslage erlangt, im Allgemeinen Kenntnis von den Umständen hat[1995], da ein eigener Benachteiligungsvorsatz des Anfechtungsgegners weder erforderlich noch ausreichend ist.[1996]

5.3 Beweislast

Grundsätzlich gilt, dass der Anfechtungsberechtigte bei § 133 Abs. 1 InsO das Vorliegen sämtlicher Tatbestandsmerkmale darzulegen und zu beweisen hat. Anders sieht dies bei § 133 Abs. 2 InsO aus: Dort hat der Anfechtungsberechtigte lediglich die Tatsachen darzulegen, aus denen sich die Merkmale der nahe stehenden Person im Zeitpunkt des Vertragsschlusses, des entgeltlichen Vertrages und der objektiven Gläubigerbenachteiligung ergeben. Der Abschluss des Vertrages innerhalb der gesetzlichen Frist sowie den Benachteiligungsvorsatz des Schuldners und die entsprechende Kenntnis des anderen Teils im Zeitpunkt des Vertragsschlusses werden sodann gemäß § 133 Abs. 2 Satz 2 InsO vermutet.

941

Aufgrund einer am Einzelfall orientierten Rechtsprechung[1997] ist eine Beantwortung der Verteilung der Beweislast nicht immer leicht. In der Rechtsprechung haben sich insoweit bestimmte Fallgruppen herausgebildet, in denen Beweiserleichterungen angenommen wurden. Dies betrifft sowohl die Frage, wann ein Gläubigerbenachteiligungsvorsatz als auch diejenige, wann Kenntnis hiervon bei Anfechtungsgegner vorliegt. Im Einzelnen:

1989 BGH, Urt. v. 08.12.2005 – IX ZR 182/01, ZInsO 2006, 94; BGH, Urt. v. 11.03.2004 – IX ZR 160/02, ZInsO 2004, 616; BGH, Urt. v. 18.12.2003 – IX ZR 45/03, NZI 2004, 449.
1990 *Kirchhof*, in: MüKo-InsO, § 133 Rn. 29; *Rogge*, in: HmbK, § 133 Rn. 33; *Nerlich*, in: Nerlich/Römermann, InsO, § 133 Rn. 47.
1991 *Hirte*, in: Uhlenbruck, InsO, § 133 Rn. 16; *Kirchhof*, in: MüKo-InsO, § 133 Rn. 29a.
1992 *Kirchhof*, in: MüKo-InsO, § 133 Rn. 32; *Rogge*, in: HmbK, § 133 Rn. 38.
1993 *Henckel*, in: Jaeger, InsO, § 133 Rn. 42, § 130 Rn. 123 ff.; *Hirte*, in: Uhlenbruck, InsO, § 133 Rn. 27.
1994 BGH, Urt. v. 08.10.2009 – IX ZR 173/07, ZIP 2009, 2253.
1995 BGH, Urt. v. 30.06.2011 – IX ZR 155/08, ZIP 2011, 1523.
1996 BGH, Urt. v. 09.01.1997 – IX ZR 47/96, ZIP 1997, 423.
1997 BGH, Urt. v. 08.12.2005 – IX ZR 182/01, ZInsO 2005, 94.

5.3.1 Gläubigerbenachteiligungsvorsatz – Inkongruenz als Indiz

942 Grundsätzlich gilt, dass eine inkongruente Deckung ein Beweisanzeichen für einen Benachteiligungsvorsatz darstellt.[1998] Dies gilt indes nicht ausnahmslos. Die Rechtsprechung durchbricht diesen Grundsatz immer dann, wenn andere Sachverhaltselemente geeignet sind, die objektiv vorliegende Inkongruenz zu kompensieren, was nachfolgend verdeutlicht werden soll:

- Soweit eine Anfechtung nach § 131 InsO in Betracht kommt, mithin bei einer inkongruenten Deckungshandlung, die bis zu drei Monate vor dem Antrag liegt, stellt die Inkongruenz kein Beweisanzeichen im Rahmen des § 133 InsO dar. Dessen bedarf es auch nicht, weil in diesen Fällen die Voraussetzungen des § 131 InsO ohnehin vorliegen, da es dort auf einen Gläubigerbenachteiligungsvorsatz des Schuldners nicht ankommt.
- Die Inkongruenz stellt weiterhin kein Beweisanzeichen für einen Gläubigerbenachteiligungsvorsatz dar, wenn aus anderen Umständen heraus der Benachteiligungsvorsatz des Schuldners fraglich ist, beispielsweise bei einem geringen Ausmaß der Inkongruenz.[1999]
- Das gleiche gilt bei einem schon begonnenen, schlüssigen Sanierungskonzept, welches ernsthafte Aussicht auf Erfolg versprach und im Rahmen dessen die angefochtene Rechtshandlung in unmittelbarem Zusammenhang stand.[2000] An das Sanierungskonzept sind dabei aber hohe Anforderungen zu stellen; die bloße Hoffnung, mittels frischem Kapitals oder sonstiger Sanierungsmaßnahmen eine Insolvenz abwenden zu können, reicht nicht.[2001] Dabei geht das OLG Hamm[2002] so weit, dass es die Zustimmung sämtlicher Gläubiger zu diesem Konzept fordert, um Sanierungshandlungen anfechtungsfrei durchführen zu können.[2003]
- Ebenso ist die Inkongruenz unbeachtlich, wenn sich der Insolvenzschuldner – die Rechtslage verkennend – irrig glaubt, bestimmte Leistungen erbringen[2004] oder ein vermeintlich vorrangiges Sicherungsrecht erfüllen zu müssen.[2005]

1998 BGH, Urt. v. 08.12.2005 – IX ZR 182/01, ZIP 2006, 290; BGH, Urt. v. 17.03.2003 – IX ZR 272/02, ZIP 2003, 1799; BGH, Urt. v. 11.05.1995 – IX ZR 170/94, NJW 1995, 2348, 2350; BGH, Urt. v. 12.11.1992 – IX ZR 236/91, ZIP 1993, 276, 278, m. Anm. *Onusseit*, EWiR 1993, 161; BGH, Urt. v. 15.12.1994 – IX ZR 18/94, ZIP 1995, 297, 299, m. Anm. *Johlke*, EWiR 1995, 281; BGH, Urt. v. 15.02.1990 – IX ZR 149/88, ZIP 1990, 459, 460; OLG Dresden, Urt. v. 07.11.1996 – 16 U 662/96, WiB 1997, 647, m. Anm. *Pape*, WiB 1997, 647; Anm. *Tappmeier*, EWiR 1997, 113.
1999 BGH, Urt. v. 02.02.1995 – IX ZR 147/93, NJW-RR 1995, 766, 767; BGH, Urt. v. 12.11.1992 – IX ZR 236/91, ZIP 1993, 276, 279f., m. Anm. *Onusseit*, EWiR 1993, 161.
2000 BGH, Urt. v. 12.11.1992 – IX ZR 236/91, ZIP 1993, 276, 279f., m. Anm. *Onusseit*, EWiR 1993, 161; OLG Dresden, Urt. v. 07.11.1996 – 16 U 662/96, WiB 1997, 647, 648, m. Anm. *Pape*, WiB 1997, 647 und *Tappmeier*, Rückgewähranspruch nach § 10 GesO, § 37 KO bei anfechtbar begründeter Aufrechnungslage, EWiR 1997, 113.
2001 BGH, Urt. v. 26.03.1984 – II ZR 171/83, NJW 1984, 1893, 1899.
2002 OLG Hamm, Urt. v. 16.04.1996 – 27 U 197/95, ZIP 1996, 1140; m. Anm. *Pape*, WuB VI. B. § 31 Nr. 1 KO 1.96.
2003 Vgl. auch BGH, Urt. v. 04.12.1997 – IX ZR 47/97, ZIP 1998, 248.
2004 BGH, Urt. v. 18.04.1991 – IX ZR 149/90, NJW 1991, 2144.
2005 BGH, Urt. v. 02.02.1995 – IX ZR 147/93, NJW-RR 1995, 766.

5.3.2 Kenntnis des Gläubigerbenachteiligungsvorsatzes – Inkongruenz als Indiz

Grundsätzlich gilt auch hier, dass die Inkongruenz nicht nur ein Beweisanzeichen für den Gläubigerbenachteiligungsvorsatz darstellt, sondern auch für dessen positive Kenntnis beim Anfechtungsgegner.[2006] Bei Rechtshandlungen, die innerhalb des von § 131 InsO erfassten Drei-Monats-Zeitraum erfolgten, gilt dies nicht; es gelten die gleichen Grundsätze wie vorstehend. Kennt der Anfechtungsgegner Umstände, die zwingend auf eine drohende Zahlungsunfähigkeit schließen lassen, ist regelmäßig zu vermuten, dass er auch die drohende Zahlungsunfähigkeit selbst kennt.[2007] Die Inkongruenz der Deckungshandlung indiziert indes dann nicht die Kenntnis des Anfechtungsgegners von einer (möglichen) Gläubigerbenachteiligung, wenn für den Anfechtungsgegner zum Zeitpunkt der Vornahme der anfechtbaren Handlung keine ernsthaften Zweifel an der Liquidität des Schuldners ersichtlich sind.[2008] Daraus ist jedoch nicht zu folgern, dass die Inkongruenz dann nicht indiziell wirkt, wenn die anfechtbare Handlung zeitlich wesentlich vor der materiellen Insolvenz des Schuldners oder aber nur seiner objektiv drohenden Zahlungsunfähigkeit erfolgte; denn eine längere Zeitspanne zwischen inkongruenter Rechtshandlung und Insolvenzantrag steht der Indizwirkung der Inkongruenz als solcher nicht entgegen; anderenfalls könnte sie beim Anfechtungstatbestand des § 133 InsO, der bis zu zehn Jahre vor Antragstellung zurückreicht, auch nicht herangezogen werden.[2009]

Diese Grundsätze gelten auch bei der Verschleuderung von Schuldnervermögen. Erwirbt der Anfechtungsgegner einen Vermögensgegenstand des Schuldners unter Wert, spricht dies für die Kenntnis des Benachteiligungsvorsatzes des Schuldners.

Im Drei-Personen-Verhältnis ist dabei zu beachten, dass die Kenntnis des Angewiesenen von der Inkongruenz der Deckung im Valutaverhältnis für sich allein kein Beweisanzeichen für die Kenntnis des Gläubigerbenachteiligungsvorsatzes des Schuldners begründet.[2010]

5.3.3 Erhöhte Anforderungen an den Beweis bei Kongruenz

So wie in einer inkongruenten Deckung ein Beweisanzeichen für das Vorliegen eines Gläubigerbenachteiligungsvorsatzes beim Schuldner und Kenntnis dessen beim Anfechtungsgegner zu sehen ist, verschärft eine kongruente Deckungshandlung die Anforderungen an den Nachweis des Gläubigerbenachteiligungsvorsatzes.[2011] Nach wie vor ist dabei zwar kein Unwerturteil

---

2006 BGH, Urt. v. 10.02.2005 – IX ZR 211/02, ZIP 2005, 494; BGH, Urt. v. 17.07.2003 – IX ZR 215/02, ZIP 2003, 1900; BGH, Urt. v. 11.05.1995 – IX ZR 170/94, NJW 1995, 2348, 2350; BGH, Urt. v. 30.09.1993 – IX ZR 227/92, ZIP 1993, 1653, 1655.
2007 BGH, Urt. v. 17.07.2003 – IX ZR 272/02, ZIP 2003, 1799.
2008 BGH, Urt. v. 21.01.1999 – IX ZR 329/97, NZI 1999, 152.
2009 Anm. *Kranemann*, EWiR 1999, 465, BGH, Urt. 21.01.1999 – IX ZR 329/97, ZIP 1999, 406; anders *Paulus*, ZInsO 1999, 242, 249; diff. *Kreft*, in: HK, § 133 Rn. 17 ff.
2010 BGH, Urt. v. 29.11.2007 – IX ZR 121/06, ZIP 2008, 190.
2011 *Kirchhof* in: MüKo-InsO, § 133 Rn. 33; *Bork*, Handbuch des Insolvenzanfechtungsrechts, Kap. 5 Rn. 42.

erforderlich,[2012] wohl aber, dass der Schuldner sich die Benachteiligung zumindest als möglich vorgestellt und sie im Ergebnis in Kauf genommen hat, ohne sich von seinem Handeln beeinflussen zu lassen.[2013] Bei einer kongruenten Deckungshandlung erhält der Gläubiger die Leistung dagegen zur rechten Zeit und in der rechten Art und Weise und erhält somit nur das, was er zu beanspruchen hat. Dann erschöpft sich der Wille des Schuldners nach Auffassung der Rechtsprechung in der Regel darin, seinen Verbindlichkeiten gerecht zu werden. Selbst wenn er sich dabei bewusst sein sollte, infolge der Erfüllung einer Verpflichtung nicht mehr alle Gläubiger befriedigen zu können, reicht dies regelmäßig nicht für die Annahme eines Gläubigerbenachteiligungsvorsatzes aus.[2014]

5.3.4 Vermutung der Kenntnis (§ 133 Abs. 1 Satz 2 InsO)

945 Wusste der Anfechtungsgegner, dass

- die Zahlungsunfähigkeit des Schuldners drohte und
- die Handlung die Gläubiger benachteiligte,

wird gemäß § 133 Abs. 1 Satz 2 InsO die Kenntnis des Anfechtungsgegners vom Gläubigerbenachteiligungsvorsatz des Schuldners vermutet. Es ist dann am Anfechtungsgegner, den Beweis des Gegenteils zu erbringen,[2015] was in aller Regel kaum möglich sein wird, da innere Tatsachen ohnehin dem Beweis schwer zugänglich sind.[2016] Erschwerend kommt hinzu, dass jedenfalls bei den Fallgruppen der Inkongruenz und der Verschleuderung von Schuldnervermögen, vieles dafür spricht, dass der begünstigte Gläubiger Kenntnis vom Benachteiligungsvorsatz des Schuldners gehabt hat, wenn die angefochtene Rechtshandlung (oder das Rechtsgeschäft) früher als drei Monate vor Stellung des Antrags auf Eröffnung des Insolvenzverfahrens vorgenommen worden ist. Diese normierte Fiktion hat der BGH dahin erweitert, dass diese Vermutung bereits dann eingreift, der Anfechtungsgegner Kenntnis der drohenden Zahlungsunfähigkeit hat.[2017]

5.3.5 Beweislastumkehr (§ 133 Abs. 2 Satz 2 InsO)

946 Wie dargestellt enthält § 133 Abs. 2 InsO keinen eigenständigen Anfechtungstatbestand, sondern bewirkt bei entgeltlichen Verträgen mit nahe stehenden Personen eine Beweislastumkehr zu Ungunsten des Anfechtungsgegners. Dies folgt nach allgemeiner Auffassung aus der Formulierung des Satzes 2 („Es sei denn ... "), so dass es am Anfechtungsgegner ist, den Nach-

---

2012 *Kirchhof*, in: MüKo-InsO, § 133 Rn. 13a; *Bork*, Handbuch des Insolvenzanfechtungsrechts, Kap. 5 Rn. 43; HamK/*Rogge*, § 133 Rn. 2.
2013 BGH, Urt. v. 08.12.2005 – IX ZR 182/01, ZInsO 2005, 94; BGH, Urt. v. 13.05.2004 – IX ZR 190/03, ZInsO 2004, 859.
2014 BGH, Urt. v. 18.04.1991 – IX ZR 149/90, NJW 1991, 2144, 2145; BGH, Urt. v. 14.07.1969 – VIII ZR 109/67, WM 1969, 1079, 1080.
2015 *Obermüller*, Insolvenzrecht in der Bankpraxis, 78, 79 Rn. 1.317; *Holzer*, Die Insolvenzanfechtung, WiB 1997, 729, 735.
2016 KS-*Henckel*, 838, 839 (Rn. 52).
2017 BGH, Urt. v. 20.11.2008 – IX ZR 188/07, ZIP 2009, 189.

weis zu führen, dass der Vertrag früher als zwei Jahre vor dem Eröffnungsantrag geschlossen wurde. Ebenso kehrt Abs. 2 Satz 2 die Beweislast hinsichtlich der Kenntnis des Benachteiligungsvorsatzes um. Dem Anfechtungsgegner obliegt insoweit der Entlastungsbeweis, dass er keine Kenntnis vom Vorsatz des Schuldners gehabt hat.

6. Anfechtung wegen unentgeltlicher Leistung (§ 134 InsO)
6.1 Normzweck und Normstruktur

Wer unentgeltlich etwas erlangt ist im Allgemeinen weniger schutzbedürftig als derjenige, der etwas entgeltlich erlangt. Diesem allgemeinen, so beispielsweise auch in § 39 Abs. 1 Nr. 4 InsO oder §§ 528, 816 Abs. 1, 822, 988 BGB zum Ausdruck kommenden Rechtsgedanken folgt § 134 InsO.[2018] Das Interesse des unentgeltlich Begünstigten, das Empfangene zu behalten, soll hinter dem Interesse der Gesamtgläubiger an einer Erhöhung der Insolvenzmasse zurücktreten.[2019] Der Anfechtungstatbestand des § 134 InsO dient somit nicht der Durchsetzung des Prinzips der Gleichbehandlung aller Gläubiger im Insolvenzverfahren[2020], sondern schützt die Masse und damit die Gesamtheit der Gläubiger (entgeltlich begründeter Rechte) gegen vorinsolvenzliche, unentgeltliche Verfügungen des Schuldners.

947

Nach § 134 Abs. 1 InsO ist eine unentgeltliche Leistung des Schuldners anfechtbar, es sei denn, sie ist früher als vier Jahre vor dem Antrag auf Eröffnung des Insolvenzverfahrens vorgenommen. Handelt es sich bei der Leistung um ein gebräuchliches Gelegenheitsgeschenk, so ist diese Leistung gemäß Abs. 2 nicht anfechtbar. Dies beurteilt sich anhand eines objektiven Maßstabes, so dass nur Geschenke geringen Wertes hiervon erfasst werden. Damit wollte der Gesetzgeber einer zu weiten Auslegung des Begriffs vorbeugen.[2021] Sowohl für das Vorliegen eines solchen Gelegenheitsgeschenkes als auch dafür, dass die Leistung früher als vier Jahre vor dem Antrag erbracht wurde, trägt der Anfechtungsgegner die Darlegungs- und Beweislast. Damit soll der Gefahr der betrügerischen Rückdatierung wie schon bei § 133 Abs. 2 Satz 2 InsO begegnet werden.[2022]

6.2 Normvoraussetzungen

§ 134 InsO lässt die Anfechtung von unentgeltlichen Leistungen des Schuldners ohne weitere subjektive Voraussetzungen in der Person des Schuldners, des Begünstigten oder eines sonstigen Dritten zu. Auf die wirtschaftliche Situation des Zuwendenden kommt es ebenfalls nicht an:

948

2018 BGH, Urt. v. 25. 05. 1992 – IX ZR 4/91, ZIP 1992, 1089, 1092, m. Anm. *Marotzke/Assmann*, EWiR 1992, 841; vgl. auch *Holzer*, WiB 1997, 729, 735; *Bork*, Handbuch des Insolvenzanfechtungsrechts, Kap. 6 Rn. 2.
2019 BGH, Urt. v. 28. 02. 1991 – IX ZR 74/90, ZIP 1991, 454, 456, m. Anm. *Gerhardt*, EWiR 1991, 331.
2020 *Hirte*, in: Uhlenbruck, InsO, § 134 Rn. 1.
2021 Amtl. Begr. zu § 149 RegEInsO, BT-Drucks. 12/2443, 160 f.; *Henckel*, in: Jaeger, InsO, § 134 Rn. 56.
2022 Amtl. Begr. zu § 149 RegEInsO, BT-Drucks. 12/2443, 160 f.

	§ 134 Abs. 1 InsO
Rechtshandlung	unentgeltliche Leistung des Schuldners, Ausnahme: § 134 Abs. 2 InsO
Zeitraum	bis zu vier Jahre vor dem Antrag auf Eröffnung des Insolvenzverfahrens
wirtschaftliche Lage des Schuldners	./.
Kenntnis des Gläubigers	./.

Abb. 56: Normstruktur § 134 InsO

§ 134 Abs. 1 InsO verlangt zunächst das Vorliegen einer unentgeltlichen Leistung des Schuldners. Diese kann gemäß § 129 Abs. 2 InsO grundsätzlich auch in einem Unterlassen liegen, z.B. dem Nichteinlegen eines Widerspruchs gegen einen Mahnbescheid oder die unterlassene Unterbrechung einer Verjährungs-, Ersitzungs- oder Ausschlussfrist. Der Begriff der „unentgeltlichen Leistung" erfasst neben rechtsgeschäftlichen Verfügungen im engen materiell-rechtlichen Sinne auch andere verfügungsähnliche Einwirkungen auf ein subjektives Recht zu Lasten des haftenden Vermögens des Schuldners.[2023] Leistungen im Sinne des § 134 InsO können also nicht nur die rechtsgeschäftliche Aufhebung, Übertragung, Belastung und sonstige inhaltliche Einwirkung auf ein bestehendes Recht mit unmittelbarer Wirkung sein[2024], sondern jede Aufgabe eines Vermögenswertes, ohne dass dem Schuldner ein entsprechender Gegenwert zufließt.[2025] Der Zweck des Anfechtungstatbestandes des § 134 InsO, entgeltlich begründete Rechte der nachmaligen Insolvenzgläubiger gegen Folgen unentgeltlicher Leistungen des späteren Insolvenzschuldners zu schützen, erfordert eine weite Auslegung.[2026]

6.2.1 Leistung des Schuldners

949 Der Begriff der Leistung in § 134 BGB ist weit zu verstehen. Erfasst sind nicht nur Schenkungen (damit auch das Schenkungsversprechen, die Erfüllung eines Schenkungsversprechens, auch die zwangsweise durchgesetzte)[2027], sondern sämtliche unentgeltlichen Leistungen, im Rahmen derer vom Schuldner zugunsten des Anfechtungsgegners ein Vermögenswert aufgegeben wird, ohne dass ein entsprechender Gegenwert an den Schuldner zurückfließt.

Bei reiner Wortlautauslegung stellt ein Verpflichtungsgeschäft keine Leistung dar; denn diese liegt regelmäßig in dem dinglichen Vollzug des schuld-

---

[2023] Amtl. Begr. zu § 149 RegEInsO, BT-Drucks. 12/2443, 160f.; *Henckel*, in: Kölner Schrift zu InsO, 813, 840; *Henckel*, in: Jaeger, InsO, § 134 Rn. 8.
[2024] So die gängige Definition des Verfügungsbegriffs, vgl. *Heinrichs*, in: Palandt, § 185 Rn. 2.
[2025] BGH, Urt. v. 19.04.2007 – IX ZR 79/05, ZIP 2007, 118; BGH, Urt. v. 09.11.2006 – IX ZR 258/03, NZI 2007, 101; *Zeuner*, Die Anfechtung in der Insolvenz, Rn. 210; *Hirte*, in: Uhlenbruck, InsO, § 134 Rn. 2.
[2026] BGH, Urt. v. 28.02.1991 – IX ZR 74/90, ZIP 1991, 454, 456, m. Anm. *Gerhardt*, EWiR 1991, 331.
[2027] *Henckel*, in: Jaeger, InsO, § 134 Rn. 38.

rechtlichen Kausalgeschäfts. Hinzu kommt, dass Gläubigern von Forderungen auf eine unentgeltliche Leistung des Schuldners gemäß § 39 Abs. 1 Nr. 4 InsO ein Nachrang zukommt, so dass es schon von daher seltener einer Anfechtung bedarf. Nur für den Fall der Quotenerwartung solcher nachrangiger Gläubiger stellt sich die Frage der Anfechtbarkeit zugunsten der nach § 39 Abs. 1 Nr. 5 InsO nachrangigen Gläubiger, die allein durch das Schenkungsversprechen benachteiligt sein könnten.[2028] Dieses Verständnis ist rein ergebnisorientiert und greift zu kurz.[2029] Neben der Frage, ob nicht die mit der dinglichen Erfüllung einer Verpflichtung gewollte Schuldbefreiung die Leistung zu einer entgeltlichen mache, stellt sich indes diejenige, ob die Durchsetzung eines Schenkungsversprechens im Wege der Zwangsvollstreckung eine unentgeltliche Leistung darstellt.[2030] Interpretiert man indes den Begriff der unentgeltlichen Leistung – in Anlehnung an § 39 Abs. 1 Nr. 4 InsO – weit, dürften auch Verpflichtungsgeschäfte von ihm erfasst werden. Für diese Auslegung spricht, dass im Bereicherungsrecht der §§ 812 ff. BGB der bereicherungsrechtliche Leistungsbegriff ebenfalls die Eingehung von Verbindlichkeiten erfasst.[2031] Daraus folgt, dass zwar Maßnahmen der Zwangsvollstreckung nicht dem Leistungsbegriff des § 134 InsO unterfallen, wohl aber Verpflichtungsgeschäfte, mithin ein Schenkungsversprechen.[2032] Vor dem Hintergrund dieses Auslegungsverständnisses stellt dann auch eine Provisionszahlung an einen Makler eine unentgeltliche Leistung dar, wenn die materiell-rechtlichen Voraussetzungen des § 653 Abs. 1 BGB eines Provisionsanspruchs gar nicht vorliegen.[2033]

6.2.2 Unentgeltlichkeit

Ferner muss die vom Schuldner vorgenommene Leistung unentgeltlich sein. Unentgeltlich ist eine Leistung, wenn abredegemäß der Verfügende einen Wert aus seinem Vermögen zugunsten eines anderen aufgibt, ohne dass der Empfänger eine ausgleichende Gegenleistung erbringt oder hierzu verpflichtet ist.[2034] 950

Prüfungsreihenfolge: Ob die Leistung entgeltlich oder unentgeltlich ist, wird von der Rechtsprechung in zwei Schritten ermittelt: 951

- Zunächst ist zu prüfen, ob der Schuldner bei rein objektiver Betrachtung einen adäquaten Gegenwert für seine Leistung erhalten hat. Dabei bleiben die subjektiven Vorstellungen der Parteien außer Betracht, da sie anderenfalls diesen Tatbestand dadurch umgehen könnten, indem sie der

---

2028 *Henckel*, in: Kölner Schrift zur InsO, 813, 840.
2029 *Henckel*, in: Jaeger, InsO, § 134 Rn. 37; *Henckel*, in: Kölner Schrift zur InsO, 813, 840.
2030 *Kirchhof*, in: MüKo-InsO, § 134 Rn. 11; *Hirte*, in: Uhlenbruck, InsO, § 134 Rn. 5.
2031 *Sprau*, in: Palandt, § 812 Rn. 3 f.
2032 So auch *Kirchhof*, in: MüKo-InsO, § 134 Rn. 6; *Kreft*, in: HK, § 134 Rn. 6; *Dauernheim*, in: FK-InsO, § 134 Rn. 6.
2033 LG Dresden, Urt. v. 20.04.1999 – 11 O 3552/98, ZIP 1999, 1364; Anm. *Paulus*, EWiR 1999, 745.
2034 BGH, Urt. v. 24.05.1993 – IX ZR 96/92, ZIP 1993, 1170, 1173, m. Anm. *Brehm/Berger*, EWiR 1993, 933; BGH, Urt. v. 25.05.1992 – IX ZR 4/91, ZIP 1992, 1089, 1091 f., m. Anm. *Marotzke/Assmann*, EWiR 1992, 841.

vom Schuldner gewährten objektiv wertlosen Leistung einen subjektiven Wert beimessen. Kommt man auf dieser Stufe bereits dazu, dass kein adäquater Gegenwert dem Zuwendenden (oder vereinbarungsgemäß einem Dritten) zugeflossen ist, ist, ist die Prüfung beendet – es liegt eine unentgeltliche Leistung vor; entscheidend ist allein, ob der Empfänger eine objektiv adäquate Gegenleistung erbracht hat oder nicht.[2035] So ist beispielsweise die Auszahlung von in betrügerischen Schneeballsystemen ausgewiesener Scheingewinne unentgeltlich, weil es objektiv an einer Gegenleistung der Anleger fehlt.[2036]

- Steht dagegen fest, dass der Schuldner bei objektiver Betrachtungsweise überhaupt einen Gegenwert erhalten hat oder ihm ein solcher versprochen wurde[2037], ist in einem zweiten Schritt zu untersuchen, ob die gewährte oder versprochene Gegenleistung von den Parteien tatsächlich als Entgelt angesehen wurde oder ob mit der Leistung des Schuldners gleichwohl Freigiebigkeit bezweckt war.[2038]

Vorstehendes Prüfungsschema ist jedoch nur auf Austauschverträge zugeschnitten und führte beispielsweise bei Vergleichsverträgen, die stets einen Forderungsverzicht enthalten, zur Annahme der Unentgeltlichkeit des Verzichts, was sinnwidrig wäre. Insofern ist anerkannt, ein derartiger Vergleich keine unentgeltliche Leistung darstellt.[2039] Problematisch sind indes folgende Fallgruppen:

6.2.2.1 Gemischte Schenkung

952 Die Schenkung nach §§ 516 ff. BGB und auch die Schenkung unter einer Auflage (§ 525 BGB) stellen einen Unterfall der unentgeltlichen Leistung dar. Problematisch ist die Behandlung der sogenannten gemischten Schenkung.

2035 BGH, Urt. v. 19.04.2007 – IX ZR 79/05, ZIP 2007, 1118; BGH, Urt. v. 30.03.2006 – IX ZR 84/05, ZIP 2006, 957, 958; m. Anm. *Henkel*, EWiR 2006, 469, u. Anm. *Zeuner*, jurisPR-InsR 17/2006 Anm. 1; BGH, Urt. v. 04.03.1999 – IX ZR 63/98, InVo 1999, 167, 168.

2036 BGH, Urt. v. 29.11.1991 – IX ZR 29/90, ZIP 1991, 35; m. Anm. *Ackmann*, EWiR 1991, 75; vorgehend OLG Nürnberg, Urt. v. 19.12.1989 – 1 U 3158/89, ZIP 1990, 463; BGH, Urt. v. 29.11.1991 – IX ZR 55/90 (unveröffentlicht, vgl. aber die Anm. in ZIP 1991, 35, 38 a.E.); vorgehend OLG Köln, Urt. v. 21.02.1990 – 16 U 105/89, ZIP 1990, 461; m. Anm. *Pape*, EWiR 1990, 389 und LG Köln, Urt. v. 29.08.1989, ZIP 1990, 391; m. Anm. *Johlke*, EWiR 1989, 1015 und Urteilsbespr. von *Henckel*, ZIP 1990, 137. Nach wie vor vertritt der BGH diese Auffassung. Während in vorherigen Entscheidungen der Rückzahlungsanspruch des Anfechtungsberechtigten an § 814 BGB scheiterte, hat er mit seiner Entscheidung v. 11.12.2008 – IX ZR 195/07 dessen Anwendung eine Absage erteilt und den Rückzahlungsanspruch im Kern durchgreifen lassen.

2037 *Häsemeyer*, Aktuelle Tendenzen in der Rechtsprechung zur Konkurs- und Einzelanfechtung, ZIP 1994, 418, 422, spricht von der „Entgelttauglichkeit" der Gegenleistung.

2038 BGH, Urt. v. 24.05.1993 – IX ZR 96/92, ZIP 1993, 1170, 1173; m. Anm. *Brehm/Berger* EWiR 1993, 933; BGH, Urt. v. 28.02.1991 – IX ZR 74/90, ZIP 1991, 454, 456; m. Anm. *Gerhardt*, EWiR 1991, 331; *Häsemeyer*, Aktuelle Tendenzen in der Rechtsprechung zur Konkurs- und Einzelanfechtung, ZIP 1994, 418, 422; *Hirte*, in: Uhlenbruck, InsO, § 143 Rn. 21; a.A., aber abzulehnen, *Henckel*, in: Jaeger, InsO, § 134 Rn. 20.

2039 BGH, Urt. v. 09.11.2006 – IX ZR 285/03, NSW-InsO, § 134, m. Anm. *Zeuner*, jurisPR-InsR 3/2007 Anm. 1.

Ein solches Rechtsgeschäft zeichnet sich dadurch entgeltliche als auch unentgeltliche Elemente aus, da die Parteien vereinbart haben, dass der Wert der Leistung des einen Teils den Wert der Gegenleistung des anderen Teils übersteigen soll. Ob eine gemischte Schenkung vorliegt, entscheiden dabei die subjektiven Vorstellungen der Parteien. Diese müssen sich der Wertdifferenz bewusst sein, da ansonsten eine Anwendung des § 134 InsO nicht und nur eine Anfechtung nach §§ 132 f. InsO in Frage kommt.[2040] So stellt beispielsweise ein Notverkauf unter Wert keine gemischte Schenkung dar. Zwar ist beiden Parteien die objektive Wertdifferenz bewusst; sie sehen sie aber nach Lage der Dinge als ausgeglichen an.[2041]

Bei gemischten Schenkungen gilt, dass sie grundsätzlich anfechtbar sind, wenn der Hauptzweck des Geschäfts auf Freigiebigkeit gerichtet ist.[2042] Wird sie angefochten, ist der Empfänger einer solchen aber im Grundsatz nicht verpflichtet, diese vollumfänglich zurückzugeben, da die Insolvenzmasse benachteiligend nur der unentgeltlich erlangte Wertüberschuss ist. Ist die Leistung insoweit in einen entgeltlichen und in einen unentgeltlichen Teil aufteilbar, so ist nur der unentgeltlich erlangte Teil zurück zu gewähren. Der andere Teil kann nur unter den Voraussetzungen der §§ 132 f. InsO zurückverlangt werden.[2043] Ist die Leistung dagegen unteilbar, so ist sie im Ganzen zurück zu gewähren, wenn der unentgeltliche Charakter des Geschäfts überwiegt oder ein Interesse der Gläubiger an der Rückgewähr gerade dieser Leistung besteht, andernfalls genügt die Zahlung des Differenzbetrages.[2044]

Bei einer verschleierten Schenkung, bei der ein Geschäft vorliegt, welches nur zum Schein der Entgeltlichkeit begründet wurde, um die Freigiebigkeit zu verdecken, gilt folgendes: Das vorgespiegelte entgeltliche Geschäft ist als Scheingeschäft anzusehen und fällt gemäß § 117 Abs. 1 BGB der Nichtigkeit anheim, während das gewollte Rechtsgeschäft nach § 134 InsO anfechtbar ist.[2045]

6.2.2.2 Erfüllung eigener (nicht bestehender) Schuld

Die Erfüllung eigener Schuld ist entgeltlich, wenn sie durch einen entgeltlichen Vertrag oder ein gesetzliches Schuldverhältnis begründet wurde und der Schuldner durch sie von ihr befreit wird, mithin der gegen den Schuldner gerichtete Anspruch erlischt. Dagegen ist die Erfüllung einer unentgeltlich begründeten Verbindlichkeit ebenso unentgeltlich, so beispielsweise bei „Erfüllung" einer Nichtschuld in Kenntnis ihres Nichtbestehens.[2046] Ob die

953

[2040] Vgl. *Henckel*, in: Jaeger, InsO, § 134 Rn. 20; m. w.N; vgl. *Hirte*, in: Uhlenbruck, InsO, § 134 Rn. 39.
[2041] *Hirte*, in: Uhlenbruck, InsO, § 134 Rn. 21.
[2042] *Hirte*, in: Uhlenbruck, InsO, § 134 Rn. 39.
[2043] *Henckel*, in: Jaeger, InsO, § 134 Rn. 28.
[2044] *Henckel*, in: Jaeger, InsO, § 134 Rn. 29; *Hirte*, in: Uhlenbruck, InsO, § 134 Rn 39.
[2045] Vgl. BGH, Urt. v. 24.05.1993 – IX ZR 96/92, ZIP 1993, 1170, 1173 = NJW-RR 1993, 1379, 1381, m. Anm. *Brehm/Berger*, EWiR 1993, 933; *Henckel*, in: Jaeger, InsO, § 134 Rn. 30.
[2046] *Henckel*, in: Jaeger, InsO, § 134 Rn. 13.

Begründung der – realiter nicht bestehenden Verbindlichkeit – dabei entgeltlich oder unentgeltlich gewollt war, spielt keine Rolle. Demzufolge ist die rückwirkende Zubilligung einer vertraglich ausgeschlossenen Überstundenabgeltung durch den Insolvenzschuldner unentgeltlich und damit nach § 134 InsO anfechtbar,[2047] ebenso die Zurverfügungstellung der Arbeitskraft eines Arbeitnehmers an einen Dritten, ohne dass der Empfänger dafür eine Gegenleistung zu erbringen hat.[2048]

Irrte der Schuldner hinsichtlich des Bestehens der Forderung, so ist seine Erfüllung als entgeltlich anzusehen, wenn die vom Schuldner angenommene Verbindlichkeit entgeltlich begründet wurde. Eine Anfechtung nach § 134 InsO scheidet dann aus – Schuldner bzw. Insolvenzverwalter steht in Fällen dieser Art ein Anspruch nach § 812 Abs. 1 Satz 1, 1. Fall BGB zu.[2049] Die Anerkennung einer unentgeltlich begründeten Schuld oder einer Nichtschuld ist unentgeltlich, wenn diese in Kenntnis ihres Nichtbestehens anerkannt wurde.[2050]

6.2.2.3 Erfüllung betagter bzw. aufschiebend bedingter Schuld

954 Bei der Erfüllung einer sog. betagten Forderung gilt folgendes: Eine betagte Forderung ist hinsichtlich ihrer Fälligkeit vom Ablauf einer Frist abhängig, sie besteht, ist noch nicht fällig, wird aber zu einem konkret bestimmten Termin fällig. Die Erfüllung einer solchen Schuld ist nur im Hinblick auf den Zwischenzins als unentgeltlich und damit anfechtbar anzusehen; denn dem Insolvenzschuldner entgegen Zinsen, da er nach § 272 BGB keinen Anspruch auf die Zahlung eines Zwischenzinses hat, während der Gläubiger die Möglichkeit erlangt, das Geld verzinslich anzulegen.[2051]

Die Erfüllung einer aufschiebend bedingten Verbindlichkeit ist dagegen insgesamt unentgeltlich, weil der Anspruch – solange die Bedingung noch nicht eingetreten ist – gemäß § 158 Abs. 1 BGB noch gar nicht besteht.[2052] Zu beachten ist dabei, dass der Bedingungseintritt nicht nachträglich die Anfechtbarkeit beseitigen[2053] kann, da der Bedingungseintritt nicht zurückwirkt.[2054] Für die Anfechtbarkeit des Erwerbs der Aufrechnungslage bei Bedingung oder Befristung wenigstens einer der gegenseitigen durch Rechtsgeschäft entstandenen Forderungen kommt es auf den Zeitpunkt an, zu dem die spätere Forderung entstanden und damit das Gegenseitigkeitsverhältnis begründet worden ist.[2055]

2047 LAG Hamm, Urt. v. 26.11.1997 – 14 Sa 1240/97, ZIP 1998, 920.
2048 BGH, Urt. v. 19.04.2007 – IX ZR 79/05, ZIP 2007, 1118; BGH, Urt. v. 11.12.2003 – IX ZR 336/01, ZIP 2004, 671.
2049 *Kirchhof*, in: MüKo-InsO, § 134 Rn. 24.
2050 *Henckel*, in: Jaeger, InsO, § 134 Rn. 4; *Hirte*, in: Uhlenbruck, InsO, § 134 Rn. 24.
2051 *Hirte*, in: Uhlenbruck, InsO, § 134 Rn. 24.
2052 *Henckel*, in: Jaeger, InsO, § 134 Rn. 11, der auf die Leistungskondiktion verweist.
2053 Missverständlich daher *Hirte*, in: Uhlenbruck, InsO, § 134 Rn. 24.
2054 *Heinrichs*, in: Palandt, § 159 Rn. 1 m.w.N.
2055 BGH, Urt. v. 11.02.2010 – IX ZR 104/07, ZIP 2010, 682.

6.2.2.4 Tilgung fremder Schuld

Die Tilgung fremder Schuld, die Schuldübernahme und auch die Erfüllungsübernahme sind grundsätzlich unentgeltlich und damit über § 134 InsO anfechtbar, wenn der Leistungsempfänger keine (objektiv) ausreichende Gegenleistung erbringt oder zu erbringen hat[2056], so beispielsweise dann, wenn die Gegenleistung in einer wertlosen Forderung besteht.[2057] Eine Drittzahlung stellt sich dann als unentgeltlich im Sinne von § 134 InsO dar, wenn der Schuldner des Leistungsempfängers im Zeitpunkt der Bewirkung der Leistung insolvenzreif war. Das Erlöschen einer Forderung, die gegen den Schuldner nicht durchsetzbar war, weil im Vermögen der begünstigten Person ein Insolvenzgrund gegeben war, stellt keine ausgleichende Gegenleistung für die Entgegennahme der Drittleistung dar.[2058] In diesem Zusammenhang hat der BGH entschieden, dass die in einem Schneeballsystem in anfechtungsrelevanter Zeit erfolgten Auszahlungen auf Scheingewinne sich objektiv als unentgeltliche Leistungen nach § 134 Abs. 1 InsO darstellen.[2059]

Anfechtungsgegner ist in Fällen dieser Art regelmäßig der Dritte, mithin der eigentliche Schuldner, und nicht der Gläubiger. Letzterer verliert er mit der Annahme der Leistung des Insolvenzschuldners seinen Anspruch gegen den Dritten verliert, während der Dritte von seiner Schuld frei wird.[2060] Nur in Fällen, in denen die getilgte Forderung des Gläubigers gegen den Schuldner wirtschaftlich wertlos ist, ist ausnahmsweise der Gläubiger als Zuwendungsempfänger einer unentgeltlichen Leistung als Anfechtungsgegner anzusehen.[2061]

Zu beachten ist, dass bei einer ausdrücklichen Vereinbarung zwischen Insolvenzschuldner und Vertragspartner, beispielsweise den Kaufpreis an einen Dritten zu zahlen, keine Tilgung fremder, sondern eine Tilgung eigener Schuld vorliegt, so dass sich der Anfechtungsanspruch ausschließlich gegen den Dritten richtet.[2062]

6.2.2.5 Sicherung fremder und eigener Schuld

Die Besicherung einer fremden Schuld, beispielsweise durch Übernahme einer Bürgschaft, Bestellung einer Hypothek, Grundschuld oder eines Pfandrechtes, Schuldbeitritt, Sicherungsübereignung, Sicherungszession oder Vereinbarung eines Eigentumsvorbehaltes, wird grundsätzlich als unentgeltlich

---

2056 *Hirte,* in: Uhlenbruck, § 134 Rn. 31; *Henckel,* in: Jaeger, InsO, § 134 Rn. 24.
2057 BGH, Urt. v. 03.03.2005 – IX ZR 441/00, ZIP 2005, 767, 768; BGH, Urt. v. 15.04.1964 – VIII ZR 232/62, BGHZ 41, 298, 302; *Wittig,* Die Bedeutung der „Schenkungsanfechtung" (§ 134 InsO) für das Kreditgeschäft, NZI 2005, 606, 612.
2058 BGHZ 174, 228, 231; BGH, Urt. v. 06.12.2007 – IX ZR 113/06, ZIP 2008, 232, 233.
2059 BGH, Urt. v. 22.04.2010 – IX ZR 163/09, ZIP 2010, 1253; BGH, Urt. v. 22.04.2010 – IX ZR 160/09, ZIP 2010, 1457 (beide „Phönix").
2060 BGH, Urt. v. 15.04.1964 – VIII ZR 232/62, BGHZ 41, 298, 302.
2061 BGH, Urt. v. 30.03.2006 – IX ZR 84/05, ZIP 2006, 957, 958; m. Anm. *Kayser,* Die Insolvenzanfechtung nach § 134 InsO – Ausweitung der Anfechtbarkeit von Drittleistungen?, WM 2007, 1; BGH, Urt. v. 15.04.1964 – VIII ZR 232/62, BGHZ 41, 298, 302; *Hirte,* in: Uhlenbruck, § 134 Rn. 18.
2062 BGH, Urt. v. 16.09.1999 – IX ZR 204/98, ZIP 1999, 1764.

angesehen, wenn der Sicherungsgeber hierzu nicht aufgrund einer entgeltlich begründeten Verbindlichkeit verpflichtet war.[2063]

Vorsicht ist indes bei Dreipersonenverhältnissen geboten, und zwar immer dann, wenn der Sicherungsnehmer vereinbarungsgemäß einem Dritten eine, die Hingabe der Sicherheit kompensierende Gegenleistung erbringt, so beispielsweise ein Darlehen.[2064] Zwar mag die Hingabe der Sicherheit aus der Perspektive des Sicherungsgebers unentgeltlich gewesen sein; aus der Sicht des Sicherungsnehmers war sie es nicht, so die Sicherheitengewährung nicht § 134 InsO unterfällt.[2065] Sinngemäß das Gleiche gilt bei Leistungen, die dem Schuldner an einen Dritten versprochen werden, an denen der Schuldner ein eigenes wirtschaftliches Interesse hat, mithin regelmäßig zwischen konzernangehörigen Gesellschaften.[2066] Gibt der Schuldner also für eine bereits entstandene Schuld freiwillig eine Sicherung, liegt aufgrund der bereits bestehenden Verbindlichkeit keine unentgeltliche Leistung vor.[2067]

Bei der Besicherung der eigenen Schuld kommt es auf den Inhalt der Sicherungsabrede an, da sie mit dem zu sichernden Geschäft als Einheit anzusehen ist.[2068] Die freiwillige Sicherung einer eigenen Schuld begründet auch dann keine unentgeltliche Leistung, wenn sie nach Entstehen der Forderung gewährt wird.[2069] Nur dann, wenn die gesicherte Schuld unentgeltlich begründet worden ist, kommt eine Anfechtung auch der Sicherung in Betracht.[2070] Auch hier gilt, dass bei wirtschaftlichem Interesse des Schuldners es regelmäßig an der Unentgeltlichkeit fehlt. Gibt der Insolvenzschuldner beispielsweise eine Gesellschaftersicherheit an ein Kreditinstitut, damit dieses „seiner" Gesellschaft Kredit gibt, ist die Sicherheitenhingabe entgeltlich.[2071]

6.2.2.6 Nachträgliche Vergütung

957 Wenngleich die bewusste Erfüllung realiter nicht bestehender Verbindlichkeiten als unentgeltlich angesehen wird, hatte der BGH im Rahmen der nachträglichen Vergütung von Diensten über die Anfechtbarkeit einer – arbeitsvertraglich nicht geschuldeten – „Weihnachtsgratifikation" für „überobligatorische Dienste" die Unentgeltlichkeit dieser Leistung und damit die

---

2063 *Henckel,* in: Jaeger, InsO, § 134 Rn. 26 m.w.N.
2064 BGH, Urt. v. 25.05.1992 – IX ZR 4/91, ZIP 1992, 1089, m. Anm. *Marotzke/Assmann,* EWiR 1992 § 3 AnfG 2/92, 841.
2065 BGH, Urt. v. 25.05.1992 – IX ZR 4/91, ZIP 1992, 1089; vgl. *Henckel,* in: Jaeger, InsO, § 134 Rn. 26.
2066 BGH, Urt. v. 19.03.1998 – IX ZR 22/97, ZIP 1998, 793.
2067 BGH, Urt. v. 22.07.2004 – IX ZR 183/03, ZIP 2004, 1819, 1821, m. Anm. *Holzer,* Zur Anfechtung nach InsO § 134, EWiR 2005, 29.
2068 *Henckel,* in: Jaeger, InsO, § 134 Rn. 4 m.w.N.; *Hirte,* in: Uhlenbruck, InsO, § 134 Rn. 18.
2069 BGH, Urt. v. 12.07.1990 – IX ZR 245/89, NJW 1990, 2626, 2626f.
2070 *Henckel,* in: Jaeger, InsO, § 134 Rn. 4 m.w.N.
2071 OLG Brandenburg, Urt. v. 22.01.1999 – 8 U 47/97, InVo 1999, 230.

Anfechtbarkeit verneint.[2072] Dort verhielt es sich so, dass der nachmalige Insolvenzschuldner aus seinem Privatvermögen die Gratifikation an einen Arbeitnehmer zahlte. Weil – so der BGH – arbeitsrechtlich Weihnachtsgratifikationen und ähnliche Leistungen Sonderzuwendungen mit Entgeltcharakter seinen, dürfe der Arbeitnehmer hinsichtlich des Behaltendürfens dieser Zuwendung nicht schlechter gestellt werden als andere, die ähnliche freiwillige Vergütungen kraft betrieblicher oder tarifvertraglicher Vereinbarung bzw. betrieblicher Übung erhalten oder erhalten haben. Dass der Zuwendende nicht Arbeitgeber war, ändere an der Entgeltlichkeit der Leistung nichts, weil bei der Interessenabwägung darauf abzustellen sei, dass der Insolvenzschuldner der „wirtschaftliche Alleininhaber" (Alleinaktionär) des Unternehmens gewesen sei.[2073]

Dies überzeugt nicht.[2074] Anders als zuvor vom BGH in einem ähnlichen Fall entschieden,[2075] war die Leistung vorliegend gerade nicht vereinbart und damit auch nicht geschuldet. Es handelt sich hierbei um den „klassischen" Fall der unentgeltlichen Zuwendung, bei der der Zuwendungsempfänger grundsätzlich nicht schützenswert ist. Im Übrigen kommt die mit der freiwilligen Gratifikation bezweckte Gegenleistung der Arbeitgeber und nicht dem Insolvenzschuldner zugute.

6.2.3 Ausschluss der Anfechtbarkeit nach § 134 Abs. 2 InsO

Besteht die unentgeltliche Leistung in einem gebräuchlichen Gelegenheitsgeschenk geringen Wertes, so schließt dies die Anfechtbarkeit aus.

958

Dieser Ausschlusstatbestand erfasst nur Schenkungen (§ 516 BGB) und keine sonstigen Zuwendungen. Gegenstand der Schenkung muss ein gebräuchliches Gelegenheitsgeschenk geringen Wertes sein.

Was gebräuchlich ist, richtet sich in erster Linie danach, was für Geschenke zu dem jeweiligen Anlass in der Gesellschaftsschicht üblich sind, der der Schuldner angehört,[2076] mithin solche, die nach der Verkehrssitte zu bestimmten Anlässen, z. B. Geburtstag, Namenstag, Verlöbnis, Hochzeit, Taufe, Konfirmation, Kommunion, Weihnachten, Ostern, üblich sind oder zu wohltätigen oder gemeinnützigen Zwecken erbracht werden.[2077]

Was geringwertig ist, richtet sich nach der Größe der jeweils verbleibenden Haftungsmasse. Ausgangspunkt ist dabei ein objektiver Maßstab und nicht die subjektiven Wertmaßstäbe des Schenker oder des Beschenkten, um

---

2072 BGH, Urt. v. 12.12.1996 – IX ZR 76/96, ZIP 1997, 247 = NJW 1997, 866 m. Anm. Huber, EWiR 1997 § 32 KO Heft 1, 1997, 267; vorgehend OLG Nürnberg, Urt. v. 07.03.1996 – 2 U 4130/95, ZIP 1996, 794, m. Anm. Wissmann, EWiR 1996 § 32 KO Heft 2, 1996, 567; vgl. auch LG Frankfurt a.M., Urt. v. 30.11.1995 – 2/23 O 207/95, ZIP 1996, 88, m. Anm. Uhlenbruck, § 32 KO Heft 1, 1996, 181 in einem ähnlichen Verfahren im Zusammenhang mit dem „Schneider"-Konkurs.
2073 BGH, Urt. v. 12.12.1996 – IX ZR 76/96, ZIP 1997, 247.
2074 So bereits Huber, EWiR 1992 § 32 KO Heft 1, 1997, 268.
2075 BGH, Urt. v. 25.05.1992 – IX ZR 4/91, ZIP 1992, 1089 = NJW 1992, 2421 m. Anm. Marotzke/Assmann, EWiR 1992 § 3 AnfG 2/92, 841.
2076 *Kreft,* in: HK, §134 Rn. 7.
2077 *Henckel,* in: Jaeger, InsO, § 134 Rn. 58; *Hirte,* in: Uhlenbruck, InsO, § 134 Rn. 47.

einer zu großzügigen Auslegung dieser Ausnahmevorschrift vorzubeugen.[2078] Im Interesse der Gläubiger ist dabei auch die Vermögenslage des Schuldners im Zeitpunkt der Schenkung zu berücksichtigen. Nutzt der Schuldner in kritischer Zeit die Gelegenheit für ein Geschenk, zu welchem er sich andernfalls nicht veranlasst gesehen hätte, um dem Beschenkten etwas zuzuwenden, was er sonst zur Befriedigung seiner Gläubiger oder für sich selbst hätte verwenden müssen, so ist dies nicht über § 134 Abs. InsO privilegiert, selbst wenn es objektiv geringwertig ist und zu einem üblichen Anlass erfolgt.[2079] Maßstab ist insoweit nach einer vom RG[2080] verwandten Formel der Standpunkt eines verständigen Wirtschafters in der Vermögenslage, in der sich der Schuldner zur Zeit der Schenkung befunden hat, für Geschenke an Personen, zu denen er in gleicher Beziehung gestanden hat. Spätere Vermögenslagen sind nur bei Voraussehbarkeit zu berücksichtigen.[2081]

6.2.4 Zeitraum

959 Weil nach § 134 Abs. 1 InsO nur entgeltliche Leistungen, die nicht länger als vier Jahre vor dem Eröffnungsantrag liegen, der Anfechtbarkeit unterliegen, kommt dem Zeitpunkt erhebliche Bedeutung zu. Nach § 140 Abs. 1 InsO gilt eine Rechtshandlung als in dem Zeitpunkt vorgenommen, in dem ihre rechtlichen Wirkungen eintreten.

Bei schuldrechtlichen Verpflichtungen, beispielsweise Schenkungsversprechen, gilt folgendes: Wie dargestellt, sind diese als unentgeltliche Leistung anfechtbar. Fällt aber nur die Erfüllung dieses Schenkungsversprechens in den maßgeblichen Zeitraum und das Schenkungsversprechen nicht, so fingiert § 140 Abs. 1 InsO, dass auch das zugrunde liegende Verpflichtungsgeschäft innerhalb des Anfechtungszeitraums abgeschlossen wurde; denn dessen rechtliche Wirkungen treten erst mit der Erfüllung ein. Dies ist immer dann relevant, wenn das dingliche Erfüllungsgeschäft nicht anfechtbar ist, weil es beispielsweise durch Zwangsvollstreckung erzwungen wurde, und das Verpflichtungsgeschäft aber vor Beginn des in § 134 Abs. 1 InsO festgelegten Zeitpunkts abgeschlossen wurde.

Bei mehraktigen Erwerbstatbeständen, so beim Eigentumserwerb von Immobilien, ist nach § 140 Abs. 2 InsO der Zeitpunkt maßgeblich, in dem der spätere Insolvenzschuldner dem Anfechtungsgegner eine dem Anwartschaftsrecht vergleichbare Rechtsposition verschafft hat. Hat der Insolvenzschuldner ein Grundstück schenkweise übertragen und sich darüber hinaus

---

2078 Amtl. Begr. zu § 149 RegEInsO, BT-Drucks. 12/2443, 160f.; a. A. *Henckel* (KS-Henckel, 813, 840 (Rn. 57)): weil die Anfechtbarkeit vier Jahre zurückreicht, ist nach der Begriff relativ zu bestimmen. Florierte das Unternehmen des nachmaligen Insolvenzschuldners im Zeitpunkt der unentgeltlichen Leistung, so erscheint auch ein großzügiges Geschenk seinerzeit noch (relativ) angemessen, wohingegen dies beim Eintritt der Krise oder unmittelbar vorher nicht mehr der Fall sein muss.
2079 *Henckel,* in: Jaeger, InsO, § 134 Rn. 60.
2080 RG, Urt. v. 09. 04. 1929 – VII 278/28, RGZ 124, 59, 60.
2081 RG, Urt. v. 09. 04. 1929 – VII 278/28, RGZ 124, 59, 60.

verpflichtet, den Erwerber von den auf dem Grundstück ruhenden Lasten zu befreien, wird die Schenkung erst mit Befriedigung der dinglichen Gläubiger vollzogen.[2082]
Die Berechnung der Frist richtet sich nach § 139 InsO.

6.3 Beweislast

Beweisbelastet für die Unentgeltlichkeit der Leistung[2083] sowie für die übrigen Tatbestandsmerkmale ist der Insolvenzverwalter. Behauptet der Anfechtungsgegner indes, dass die Leistung früher als vier Jahre vor dem Eröffnungsantrag lag, liegt die Beweislast bei ihm, wie sich schon aus der Formulierung des § 134 Abs. 1 InsO ergibt. Wie auch in § 133 Abs. 2 Satz 2 InsO soll dadurch betrügerischen Rückdatierungen vorgebeugt werden.[2084]

960

7. Anfechtung im Zusammenhang mit Gesellschafterdarlehen (§ 135 InsO)

§ 135 InsO wurde durch das Gesetz zur Modernisierung des GmbH-Rechts und zur Bekämpfung von Missbräuchen (MoMiG) umfassend geändert. Das MoMiG veränderte die bisherige Struktur des sog. Eigenkapitalersatzrechts. Die Unterscheidung zwischen eigenkapitalersetzenden und „normalen" Gesellschafterdarlehen fiel weg, ebenso die sogenannten Rechtsprechungsregeln analog §§ 30 ff. GmbHG a.f. außerhalb der Insolvenz. Die sog. „Novellenregeln" wurden nicht nur vereinfacht, sondern auch komplett in das Insolvenzrecht überführt. Dies hatte Auswirkungen auf § 135 InsO. Die Abs. 2 bis 4 sind durch das MoMiG neu hinzugekommen, während der jetzige Abs. 1 weitgehend § 135 InsO a. F. entspricht.

961

Nach Art. 103d EGInsO finden auf Insolvenzverfahren, die vor dem 01.11.2008 eröffnet worden sind, die bis dahin geltende Fassung der InsO Anwendung, so dass zunächst die Grundzüge des „alten" Eigenkapitalersatzrechts und nachfolgend § 135 InsO in seiner jetzigen Fassung dargestellt werden.

7.1 Die Kapitalerhaltungsregeln nach altem Recht
7.1.1 Allgemeines zur Kapitalerhaltungssystematik

§ 135 InsO a. F. ist im Zusammenhang mit den kodifizierten und z.T. richterrechtlich geprägten Kapitalerhaltungsregeln zu sehen. Im Kanon mit den §§ 32 a und b GmbHG a. F., 129 a, 172 a HGB a. F., 6 AnfG a. F. und den sog. Rechtsprechungsregeln (analoge Anwendung der §§ 30 ff. GmbHG außer-

962

2082 BGH, Urt. v. 04.03.1999 – IX ZR 63/98, NZI 1999, 188.
2083 BGH, Urt. v. 25.05.1992 – IX ZR 4/91, ZIP 1992, 1089, 1092, m. Anm. *Marotzke/Assmann*, EWiR 1992 § 3 AnfG Heft 2, 1992, 841.
2084 Amtl. Begr. zu § 149 RegEInsO, BT-Drucks. 12/2443, 160 f.

halb der Insolvenz) bildete § 135 InsO a. F. daher ein duales Haftungssystem für die Erhaltung des Eigenkapitals.[2085]

Voraussetzung	kapitalersetzendes Gesellschafterdarlehen oder gleichgestellte Handlungen	
	in der Insolvenz	außerhalb der Insolvenz
Rechtsfolge	§§ 32a, b GmbHG a.F. ■ Darlehenshingabe durch Gesellschafter ☐ Auszahlungssperre nach § 30 Abs. 1 GmbHG a. F. ☐ Nachrangigkeit gemäß § 32a Abs. 1 GmbHG a. F. ☐ Anfechtbarkeit nach § 135 Abs. 2 InsO a. F. ■ Sicherungshingabe durch Gesellschafter ☐ vorrangige Inanspruchnahme der Sicherheit nach § 32a Abs. 2 GmbHG a. F. ☐ Anfechtbarkeit nach § 135 Abs. 2 InsO a. F. ☐ Erstattungsanspruch nach § 32b Satz 1 GmbHG a. F.	Rechtsprechungsregeln analog §§ 30 ff. GmbHG a. F.

Abb. 57: Duales Haftungssystem des Eigenkapitalersatzes

Voraussetzung auf Tatbestandsseite ist stets die

■ eigenkapitalersetzende
■ Darlehenshingabe
■ durch einen Gesellschafter,

die auf Rechtsfolgenseite außerhalb der Insolvenz zur Anwendung der sog. Rechtsprechungsregeln und im Falle der Insolvenz zur Anwendung der §§ 32a und b GmbHG a.F. sowie zur Anfechtung nach § 135 InsO a. F. führt. Grundgedanke des Eigenkapitalersatzrechts ist dabei folgender: In der wirtschaftlichen Krise der Gesellschaft soll der Gesellschafter entweder Eigenkapital zuführen oder die Gesellschaft liquidieren bzw. Insolvenzantrag stellen (lassen). Gibt er in dieser Situation ein Darlehen (oder eine wirtschaftliche gleichwertige Leistung), so wird dieses wie Eigenkapital behandelt, daher spricht man von sog. eigenkapitalersetzenden Darlehen. Der Darlehensrückzahlungsanspruch wird damit wie statuarisches Eigenkapital

---

[2085] V. Gerkan, Das Recht des Eigenkapitalersatzes in der Diskussion, ZGR 1997, 173, 178; Uhlenbruck, in: Kölner Schrift zur InsO, S. 879, 894; Hommelhoff, Das Gesellschafterdarlehen als Beispiel institutioneller Rechtsfortbildung, ZGR 88, 460 ff.; Priester, in: Festschrift für Döllerer, S. 475, 482 f. In der Literatur werden teilweise die gesetzlichen Regelungen neben den Rechtsprechungsgrundsätzen als überflüssig erachtet; Altmeppen, Verschlimmbesserungen im Kapitalsatzrecht, ZIP 1996, 1455, teilweise wird andersherum der BGH-Rechtsprechung ein eigenständiger Anwendungsbereich abgesprochen.

behandelt und nur nachrangig berücksichtigt (§ 39 Abs. 1 Nr. 5 InsO). Gesetzgeberisches Ziel dieser Regelungen ist es letztlich, die regelmäßig viel zu geringe Kapitalausstattung der haftungsbeschränkten Gesellschaften zu kompensieren, um somit eine möglichst hohe Gläubigerbefriedigung in der Insolvenz zu erreichen.[2086] Dabei ist zu beachten, dass mit dem Verdikt der eigenkapitalersetzenden Gesellschafterleistung kein Unwerturteil verbunden oder diese gar rechtswidrig ist. Im Gegenteil – die eigenkapitalersetzende Gesellschafterleistung ist rechtmäßig und wirksam und wird daher bilanziell auch als die Gabe von Fremdkapital behandelt. Nur im Fall der Krise ergeben sich die oben dargestellten Rechtsfolgen mit der Einstufung der Gesellschafterforderungen als nachrangige Gläubiger, was regelmäßig einem Forderungsausfall gleichkommt.

7.1.2 Die Anfechtungstatbestände des § 135 InsO a.F.

7.1.2.1 Allgemeines

§ 135 InsO a.F. enthielt zwei Anfechtungstatbestände mit folgender Struktur: 963

	§ 135 Nr. 1 InsO a. F.	§ 135 Nr. 2 InsO a. F.
Rechtshandlung	Sicherung eigenkapitalersetzender Darlehen oder gleichgestellter Forderung	Befriedigung eigenkapitalersetzender Darlehen oder gleichgestellter Forderung
Zeitraum	in den letzten zehn Jahren vor dem Eröffnungsantrag oder danach	in dem letzten Jahr vor dem Eröffnungsantrag oder danach
wirtschafl. Lage des Schuldners	./.	./.
Kenntnis des Gläubigers	./.	./.

Abb. 58: Normstruktur § 135 InsO a. F.

Mit dem Tatbestandsmerkmal des kapitalersetzenden Darlehens bzw. gleich gestellter Forderungen ist die Verknüpfung § 32a GmbHG a. F.[2087], aber auch zu den §§ 129a und 172a HGB a.F. hergestellt.

Nach § 135 Nr. 1 InsO a. F. ist die Gewährung einer Sicherheit für die Forderung eines Gesellschafters auf Rückgewähr eines kapitalersetzenden Darlehens und nach § 135 Nr. 2 InsO a. F. ist die Befriedigung eines solchen Anspruchs anfechtbar. Dabei reicht es, dass der gesicherte Kredit bis zum Anfechtungszeitpunkt kapitalersetzend geworden ist.[2088] Der Begriff der Sicherheit ist dabei denkbar weit zu verstehen. Nach allgemeiner Auffassung wird dabei jede Rechtsposition erfasst, durch die der Anfechtungsgegner besser gestellt wird, als ein Insolvenzgläubiger, insbesondere also, wenn ihm

---

[2086] Zur Unterkapitalisierung allgemein vgl. *K. Schmidt*, Gesellschaftsrecht, § IX 4.
[2087] Die dem § 135 vorangehende Regelungen des § 32a KO bezog sich von seinem Wortlaut her noch direkt auf § 32a Abs. 1 und 3 GmbHG.
[2088] *Henckel*, in: Jaeger, InsO, § 135 Rn. 10; *K. Schmidt*, in: Scholz, GmbHG, §§ 32a, 32b Rn. 74.

ein Absonderungsrecht[2089] oder ein Eigentumsvorbehalt[2090] gewährt wird. Unter den Begriff der Befriedigung fällt dabei die Erfüllung des Rückzahlungsanspruchs nach § 362 Abs. 1 BGB und jedes Erfüllungssurrogat, beispielsweise die Leistung an Erfüllung statt, Auf- oder Verrechnung, Hinterlegung und Zwangsvollstreckung.[2091] Ebenso liegt eine Befriedigung des Gesellschafters vor, wenn das Darlehen auf seine Anweisung hin einem Dritten zurückgezahlt wird.[2092]

7.1.2.2 Das kapitalersetzende Darlehen und ihm gleichgestellte Forderungen

964 Anfechtbar ist nach § 135 InsO a. F. die Besicherung oder die Befriedigung eines sog. kapitalersetzenden Darlehens oder einer ihm gleichgestellten Forderung. Damit ist folgendes gemeint:

7.1.2.2.1 Darlehen eines Gesellschafters

965 Voraussetzung ist zunächst, dass das Darlehen (oder die ihm gleichstehende Leistung) von einem Gesellschafter der Gesellschaft begeben wird. Entscheidend ist die formale Gesellschafterstellung bei der Gewährung bzw. dem Stehenlassen des Darlehens.[2093] Der Zeitpunkt der Darlehensgewährung kann dabei auch mit der Begründung[2094] bzw. Beendigung[2095] des Gesellschaftsverhältnisses zusammenfallen, wobei ein Gesellschafter durch ein trickreiches Nacheinander beider Rechtshandlungen der Umqualifizierung in Eigenkapital nicht entgehen kann.[2096] Nach der Umqualifizierung eines Darlehens als eigenkapitalersetzend kann aber ein Gesellschafteraustritt an der Anwendbarkeit des § 135 InsO a.F. nichts mehr ändern.

Ebenfalls unter § 135 InsO a. F. fallen kann aber auch einem darlehensgebenden Gesellschafter gleich gestellte Dritte[2097], so beispielsweise der Treuhänder[2098], selbst bei der sog. uneigennützigen Treuhand.[2099] Der Treugeber hingegen ist nur dann Gesellschafter im Sinne dieser Norm, wenn er wirtschaftlich als Anteilseigner angesehen werden muss. In diesem Fall ist er für die Eigenkapitalzuführung durch den Treuhänder verantwortlich.[2100]

2089 *K. Schmidt,* in: Scholz, GmbHG, §§ 32 a, 32 b Rn. 74.
2090 *K. Schmidt,* in: Scholz, GmbHG, §§ 32 a, 32 b Rn. 74; *Henckel,* in: Jaeger, InsO, § 135 Rn. 10.
2091 *Henckel,* in: Jaeger, InsO, § 135 Rn. 11; *K. Schmidt,* in: Scholz, GmbHG, §§ 32 a, 32 b Rn. 71.
2092 *Henckel,* in: Jaeger, InsO, § 135 Rn. 11.
2093 *K. Schmidt,* in: Scholz, GmbHG, §§ 32 a, 32 b Rn. 33; *Lutter/Hommelhoff,* GmbHG, §§ 32 a/b Rn. 53.
2094 OLG Frankfurt, Urt. v. 23. 06. 1992 – 5 U 69/90, GmbHR 1993, 436, 438.
2095 BGH, Urt. v. 21. 09. 1981 – II ZR 104/80, BGHZ 81, 311, 316.
2096 *Lutter/Hommelhoff,* GmbHG, §§ 32 a/b Rn. 53.
2097 BGH, Urt. v. 02. 02. 2006 – IX ZR 67/02, ZIP 2006, 578/580, Anm. *Huber,* NZI 2006, 291.
2098 BGH, Urt. v. 19. 07. 1988 – II ZR 255/87, BGHZ 105.
2099 *Baumbach/Hueck,* GmbHG, § 32 a Rn. 23.
2100 BGH, Urt. v. 26. 11. 1979 – II ZR 104/77, BGHZ 75, 334, 335 f. = NJW 1980, 592; *Baumbach/Hueck,* GmbHG, § 32 a Rn. 23.

Belastet ein Gesellschafter seinen Geschäftsanteil mit einem Pfandrecht oder einem Nießbrauch, so bleibt er weiterhin Gesellschafter.[2101] Ggf. ist der Pfandgläubiger bzw. der Nießbrauchberechtigte als „gleich gestellt" anzusehen, was im Einzelfall u. a. danach zu entscheiden ist, ob er sich zusätzliche Befugnisse einräumen lässt, die es ihm ermöglichen, die Geschicke der Gesellschaft wie ein Gesellschafter zu bestimmen.[2102]

7.1.2.2.2 Gewährung oder Stehenlassen eines Gesellschafterdarlehens

Erforderlich ist ein Darlehen eines Gesellschafters an die Gesellschaft nach § 488 BGB bzw. ein Sachdarlehen nach § 607 BGB.[2103]

966

Nach allgemeiner Auffassung ist auch das sog. unechte Factoring, das nicht auf einen Forderungsankauf ausgerichtet ist, sondern auf eine zwischenzeitliche Kreditierung bis zum Einzug der erfüllungshalber abgetretenen Forderung der Gesellschaft, als Darlehen anzusehen. Der Grund liegt darin, dass der Gesellschaft das Risiko der Rückbelastung durch den Faktor verbleibt, was wirtschaftlich einer Darlehensgewährung gleichsteht.[2104] Die Darlehenseigenschaft bleibt auch dann erhalten, wenn es im Rahmen der Gründung einer stillen Gesellschaft in eine Einlage umgewandelt wird.[2105]

Weiterhin muss der Gesellschafter der Gesellschaft das Darlehen auch gewährt, also hingegeben haben. Dem gleichgestellt ist auch das Stehenlassen eines kündbaren oder zur Rückzahlung fälligen Darlehens.[2106] Dies kommt dann in Betracht, wenn der Gesellschafter der Gesellschaft ein als Fremdkapital gewährtes Darlehen belässt, obwohl diese mittlerweile in die Krise geraten, also etwa kreditunwürdig geworden ist, so dass ein fremder Dritter es gekündigt hätte. Eindeutig ist die Einordnung als Stehenlassen beim Vorliegen einer ausdrücklichen rechtsgeschäftlichen Abrede über das Belassen des Kredits, beispielsweise bei der Prolongation[2107] oder in Form von Stundungs- oder Fälligkeitsabreden[2108] oder Zurücknahme einer Darlehenskündigung.[2109]

2101 *Stodolkowitz*, in: MüKo-InsO, § 135 Rn. 73.
2102 BGH, Urt. v. 13.07.1992 – II ZR 251/91, BGHZ 119, 19; *Baumbach/Hueck*, GmbHG, § 32a Rn. 21.
2103 *Henckel*, in: Jaeger, InsO, § 135 Rn. 14.
2104 OLG Köln, Urt. v. 25.07.1986 – 22 U 311/85, ZIP 1986, 1585, 1586f.; *Stodolkowitz/ Bergmann*, in: MüKo-InsO, § 135 Rn. 18; *Scholz/K. Schmidt*, GmbHG, §§ 32a, 32b Rn. 124; *Baumbach/Hueck*, GmbHG, 32a Rn. 29.
2105 BGH, Urt. v. 08.11.2004 – II ZR 300/02, ZIP 2005, 82.
2106 BGH, Urt. v. 19.11.1984 – II ZR 84/84, ZIP 1985, 185; BGH, Urt. v. 06.05.1985 – II ZR 132/84, ZIP 1985, 1075; BGH, Urt. v. 21.03.1988 – II ZR 238/87, BGHZ 104, 33, 39; *K. Schmidt*, in: Scholz, GmbHG, §§ 32a, 32b Rn.47ff.; *Lutter/Hommelhoff*, §§ 32a/b Rn. 45ff..
2107 BGH, Urt. v. 26.11.1979 – II ZR 104/77, BGHZ 75, 334, 338 f; BGH, Urt. v. 21.09.1981 – II ZR 104/80, BGHZ 81, 311, 317f.; *K. Schmidt*, in: Scholz, GmbHG, §§ 32a, 32b Rn. 48ff.; *Rowedder*, in: Rowedder, GmbHG, § 32a Rn. 144.
2108 *Hachenburg/Ulmer*, GmbHG, § 32a Rn. 29; *Scholz/K. Schmidt*, GmbHG, §§ 32a, 32b Rn. 49; *Rowedder*, in: Rowedder, GmbHG, § 32a Rn. 144.
2109 BGH, Urt. v. 21.09.1981 – II ZR 104/80, BGHZ 81, 311, 31; *Baumbach/Hueck*, GmbHG, § 32a Rn. 43.

967   Schwieriger ist dagegen die Behandlung der Fälle eines nicht-vertraglichen Stehenlassens:
Ein eigenkapitalersetzendes Stehenlassen auf nicht-vertraglicher Grundlage setzt nach BGH zunächst voraus, dass der Gesellschafter die Krise erkennt, jedenfalls aber erkennen konnte.[2110] Dabei wird nach der Rechtsprechung des BGH die Kenntnisnahme regelmäßig (widerleglich) vermutet[2111], so dass der Gesellschafter im Prozess darlegen und beweisen muss, dass eine Kenntnisnahme seinerseits nicht möglich gewesen ist[2112], so etwa bei einer dem Gesellschafter nicht bekannten Täuschung durch geschönte Bilanzen.[2113] Dahinter steht die Überlegung, dass derjenige Gesellschafter, der über die Erbringung des auf ihn entfallenden Stammkapitals hinaus „seine" Gesellschaft finanziell unterstützt, sich um ihre wirtschaftliche Entwicklung zu kümmern hat (was auch ein Dritter, der echtes Fremdkapital zuführt, täte).[2114] Dem Gesellschafter obliegt es nach der Rechtsprechung des BGH schlicht, sicherzustellen, dass er regelmäßig über die wirtschaftliche Lage der Gesellschaft und damit auch über den eventuellen Eintritt der wirtschaftlichen Krise informiert ist.[2115] In Anlehnung an den zeitlichen Maßstab des § 15a Abs. 1 Satz 1 InsO (früher § 64 Abs. 1 GmbHG) wird den Gesellschaftern dabei regelmäßig eine etwa zwei- bis dreiwöchige Überlegungsfrist zugestanden[2116], bevor eine Umqualifizierung in Eigenkapital erfolgt. Eine rechtsgeschäftliche Finanzierungsabrede zwischen Gesellschaft und Gesellschafter ist nach BGH dagegen nicht erforderlich.[2117]

Neben der Erkennbarkeit der Krise ist weitere Voraussetzung ein Unterlassen, nämlich das stehen lassen, was voraussetzt, dass der Gesellschafter in der Lage war, auf den Eintritt der Krise wie ein fremder Dritter durch Kündigung des Kredits, Abzug der Mittel o. ä. zu reagieren.[2118] Das ist dann der Fall, wenn der gegebene Kredit zur Rückzahlung fällig oder ordentlich oder aus wichtigem Grund kündbar, beispielsweise wegen der Verschlechterung der wirtschaftlichen Verhältnisse, gewesen wäre.[2119] Auch wenn die jedem Gesellschafter obliegende Treuepflicht in einer derartigen Situation ihm gerade ein Stehenlassen gebietet, bleibt dies als eigenkapitalersetzend anzusehen.[2120]

2110 BGH, Urt. v. 19.09.1988 – II ZR 255/87, BGHZ 105, 168, 186 = NJW 1988; BGH Urt. v. 16.10.1989, II ZR 307/88,NJW 1990, 516; BGH, Urt. v. 18.11.1991 – II ZR 258/90, ZIP 1992, 177, 179; so auch *Lutter/Hommelhoff*, GmbHG, §§ 32a/b Rn. 46.
2111 BGH, Urt. v. 07.11.1994 – II ZR 270/93, BGHZ 127, 336.
2112 BGH, Urt. v. 07.11.1994 – II ZR 270/93, BGHZ 127, 336.
2113 BGH, Urt. v. 28.11.1994 – II ZR 77/93, NJW 1995, 457, 459.
2114 BGH, Urt. v. 09.03.1992 – II ZR 168/91, GmbHR 1992, 367.
2115 BGH, Urt. v. 07.11.1994, II ZR 270/93, BGHZ 127, 336.
2116 BGH, Urt. v. 19.12.1994 – II ZR 10/94, NJW 1995, 658, 659.
2117 BGH, Urt. v. 11.12.1995 – II ZR 128/94, ZIP 1996, 273, 275; anders z. T. in der Literatur, vgl. nur *Hachenburg/Ulmer*, GmbHG, § 32a Rn. 29, 30 f.
2118 BGH, Urt. v. 21.03.1988 – II ZR 238/87, BGHZ 104, 33, 39 = NJW 1988, 1841, 1842; *K. Schmidt*, in: Scholz, GmbHG, §§ 32a, 32b Rn. 46; *Baumbach/Hueck*, GmbHG, § 32a Rn. 39.
2119 *K. Schmidt*, in: Scholz, GmbHG, §§ 32a, 32b Rn. 48; *Baumbach/Hueck*, GmbHG, § 32a Rn. 42.
2120 *Lutter/Hommelhoff*, GmbHG, §§ 32a/b Rn. 45; *Baumbach/Hueck*, GmbHG, § 32a Rn. 42.

7.1.2.2.3 Gleichgestellte Forderung

Ebenso kann auch eine Sicherung oder Befriedigung einer der Rückgewähr eines Darlehens gleichgestellten Forderung eigenkapitalersetzend sein. Wie sich aus § 32a Abs. 3 Satz 1 GmbHG a. F. ergibt, wird eine Forderung einem Darlehensrückzahlungsanspruch gleichgestellt, wenn sie diesem wirtschaftlich entspricht. Damit sollte sichergestellt werden, dass neben den eigentlichen Darlehen im Sinne von §§ 488 und 607 BGB auch alle wirtschaftlich gleichwertigen Handlungen von dem Anfechtungstatbestand erfasst werden, um so eine Umgehung der Vorschrift zu vermeiden.[2121] Folgende, beispielhaft angeführte Leistungen sind der Darlehensgewährung gleichgestellt:

968

- Wirtschaftlich gleichwertig ist eine Handlung dann, wenn es sich um eine Kapitalüberlassung eines Gesellschafters an seine Gesellschaft zur zeitweisen Nutzung handelt.[2122] Eine solche eigenkapitalersetzende Nutzungsüberlassung entspricht wirtschaftlich einer darlehensgleichen Zuführung finanzieller Mittel nur in einem anderen rechtlichen Gewand.[2123]
- Ebenso gleich gestellt ist die Stundung einer Forderung[2124] und auch – wie sich aus § 32a Abs. 3 Satz 3 GmbHG a. F. ergibt – der Erwerb einer gestundeten Forderung. Dabei kann es sich handeln um Ansprüche auf Gewinnauszahlung, Geschäftsführervergütung oder solche aus nicht gesellschaftsrechtlichen Rechtsverhältnissen, wie einem Warenverkauf.[2125] Stundungscharakter hat auch die erfüllungshalber erfolgte Hingabe eines Wechsels im Sinne von § 364 Abs. 2 BGB[2126]; ebenso der Regressanspruch eines Gesellschafters, der einen Gesellschaftsgläubiger befriedigt hat.[2127]
- Auch eine Fälligkeitsvereinbarung zugunsten der Gesellschaft kann einem Darlehen gleich stehen, wenn darin eine zeitweise Überlassung eines Kapitalwerts zur Nutzung der Gesellschaft zu sehen ist.[2128]
- Auch die Gewährung einer sog. „harten" Patronatserklärung oder eine Verlustübernahmeerklärung ist einer Darlehensgewährung gleichzustellen.[2129]
- Die Überlassung von Anlagegegenständen zum Gebrauch der Gesellschaft (Miete, Pacht, Leasing etc.) ist nach der Rechtsprechung des BGH

2121 Vgl. Amtl. Begr. zu § 150 RegEInsO, BT-Drucks. 12/2443, 161.
2122 *K. Schmidt*, in: Scholz, GmbHG, §§ 32a, 32b Rn. 129 ff.
2123 *Baumbach/Hueck*, GmbHG, § 32a Rn. 28.
2124 *Stodolkowitz/Bergmann*, in: MüKo-InsO, § 135 Rn. 64; *K. Schmidt*, in: Scholz, GmbHG, §§ 32a, 32b Rn. 122.
2125 Gegen die Einbeziehung der Stundung von Lohnforderungen: LG Ingolstadt, Urt. v. 26.10.1998 – 2 S 765/98, dazu Anm. v. *Gerka*n, EWiR 1998 § 32a GmbHG Heft 4, 1998, 1135.
2126 *Hachenburg/Ulmer*, GmbHG, § 32a Rn. 93; *K. Schmidt*, in: Scholz, GmbHG, §§ 32a, 32b Rn. 122.
2127 *Henckel*, in: Jaeger, InsO, § 135 Rn. 7.
2128 *Baumbach/Hueck*, GmbHG, § 32a Rn. 31; *K. Schmidt*, in: Scholz, GmbHG, §§ 32a, 32b Rn. 123.
2129 OLG München, Urt. v. 23.08.2007 – 19 U 1887/04, Rn. 54, EWiR 2008, 147.

(sog. Lagergrundstück-Urteile)[2130] einer Darlehensgewährung gleich gestellt. Dabei wird der Gebrauchsgegenstand selbst nicht als Eigenkapital angesehen, sondern das der Gesellschaft gewährte Nutzungsrecht bzw. die Nutzungsmöglichkeit. Dieses muss der Gesellschaft in der Insolvenz bis zur vollständigen Liquidierung belassen werden. Analog zur Kreditunwürdigkeit kommt es bei der Gebrauchsüberlassung auf die sog. Überlassungsunwürdigkeit an.[2131] Überlassungswürdig ist eine Gesellschaft, wenn sie in der Lage gewesen wäre, sich zu dem in Frage stehenden Zeitpunkt den für den Kauf des überlassenen Gegenstandes erforderlichen Kredit zu besorgen und ein Dritte bereit gewesen wäre, einen entsprechenden Gegenstand der Gesellschaft an Stelle des Gesellschafters zu überlassen.[2132] Bei Insolvenzreife liegt damit unproblematisch keine Überlassungswürdigkeit mehr vor.[2133] Ist die Gesellschaft finanziell nicht mehr in der Lage ist, das vereinbarte Nutzungsentgelt zu bezahlen oder den Gebrauchsgegenstand angemessen zu erhalten, indiziert dies die Überlassungsunwürdigkeit.[2134] Bei einer Anfechtung nach § 135 InsO a.F. sind dann die innerhalb des für die Norm relevanten Zeitraums gezahlten Nutzungsentgelte zurückzuzahlen[2135], und zwar ohne dass es auf die Beeinträchtigung des Stammkapitals ankommt. Der Insolvenzverwalter selbst kann den überlassenen Gegenstand für die Masse nutzen oder Dritten überlassen[2136], ohne ein Entgelt zahlen zu müssen[2137].

7.1.2.3 Eigenkapitalersetzende Gesellschafterleistung – die Krise

969 Die reine Darlehensgewährung eines Gesellschafters macht ein Darlehen noch nicht zum eigenkapitalersetzenden Darlehen. Wie schon bei der eigenkapitalersetzenden Gebrauchsüberlassung dargestellt, muss dies zum Zeitpunkt der Krise der Gesellschaft im Sinne von § 32a Abs. 1 GmbHG a.F. geschehen. Danach befindet sich die Gesellschaft in dem Zeitpunkt in einer Krise, in dem ihr die Gesellschafter als ordentliche Kaufleute Eigenkapital zugeführt hätten. Das Vorhandensein einer Krise ist dabei nach objektiven Gesichtspunkten einer kaufmännisch ordnungsgemäßen Unternehmensfinanzierung zu beurteilen. Weil es in praxi sich als sehr schwierig heraus-

---

2130 BGH, Urt. v. 02.02.2006 – IX ZR 67/02, ZIP 2006, 578; BGH, Urt. v. 16.10.1989 – II ZR 307/88, BGHZ 109, 55, 58 f. = NJW 1990, 516; BGH, Urt. v. 11.07.1994 – II ZR 146/92, BGHZ 127, 1, 7 ff. = NJW 1994, 2349, 2350 f., m. Anm. *Altmeppen*, „Lagergrundstück III"; BGH, Urt. v. 11.07.1994 – II ZR 162/92, BGHZ 127, 17, 22 ff., 30 f. = NJW 1994, 2760, 2761 ff. „Lagergrundstück IV" und BGH, Urt. v. 16.06.1997 – II ZR 154/96, ZIP 1997, 1375 „Lagergrundstück V".
2131 BGH, Urt. v. 16.10.1989 – II ZR 307/88, BGHZ 109, 55, 62 f.; *Lutter/Hommelhoff*, GmbHG, §§ 32 a/b Rn. 142.
2132 BGH, Urt. v. 16.10.1989 – II ZR 307/88, BGHZ 109, 55, 62; BGH, Urt. v. 14.12.1992 – II ZR 298/81, NJW 1993, 392.
2133 BGH, Urt. v. 16.10.1989 – II ZR 307/88, BGHZ 109, 55, 60; *Lutter/Hommelhoff*, GmbHG, §§ 32 a/b Rn. 141.
2134 *Lutter/Hommelhoff*, GmbHG, §§ 32 a/b Rn. 142.
2135 BGH, Urt. v. 14.12.1992 – II ZR 298/81, NJW 1993, 392; OLG Hamm, Urt. v. 01.06.1992 – 8 U 252/91, GmbHR 1992, 754, 756.
2136 BGH, Urt. v. 11.07.1994 – II ZR 162/92, BGHZ 127, 17 „Lagergrundstück IV".
2137 BGH, Urt. v. 14.06.1993 – II ZR 252/92, NJW 1993, 2179.

stellte, diesen Zeitpunkt objektivierbar festzulegen, ist in Literatur und Rechtsprechung das Kriterium der Kreditwürdigkeit der Gesellschaft entwickelt worden.[2138] Kreditunwürdig ist eine Gesellschaft, wenn ihr ein außenstehender Dritter das konkrete Darlehen in Kenntnis der kreditrelevanten Umstände entweder gar nicht oder nur zu marktunüblichen Zinsen gewährt hätte.[2139] Der erhaltene Kredit hätte also wegen der angespannten wirtschaftlichen Lage der Gesellschaft zu marktüblichen Bedingungen nicht erlangt werden können, die Gesellschaft hätte ohne das Eingreifen ihres Gesellschafters liquidiert werden müssen. Dem Gesellschafter verbleiben in dieser Situation folglich nur zwei Möglichkeiten: entweder er führt er in dieser Situation (Eigen)kapital zu und die Gesellschaft damit aus der Krise oder er entscheidet sich für die Liquidation bzw. Insolvenz. Der Gesellschafter ist somit nicht zur Gabe von Kapital verpflichtet, schon gar nicht aus § 135 InsO a. F.[2140] Führt er aber in diesem Stadium Kapital zu, wird es im Falle des Scheiterns der Sanierung als Eigenkapital behandelt. Seine Forderung wird dann in der Insolvenz nach der Konzeption der § 39 Abs. 1 Nr. 5 GmbHG, 32 a Abs. 1 GmbHG a.f. als nachrangige Gläubigerforderung berücksichtigt.[2141]

Die Insolvenzgründe der Zahlungsunfähigkeit und der Überschuldung indizieren die Krise und damit die Kreditunwürdigkeit. Bei Zahlungsunfähigkeit ist die Kreditunwürdigkeit der Gesellschaft nicht mehr gesondert zu prüfen.[2142] Drohende Zahlungsunfähigkeit kann auf eine bereits vorhandene Kreditunwürdigkeit hindeuten.[2143] Bei eingetretener Überschuldung ist eine Darlehensgewährung stets als eigenkapitalersetzend anzusehen[2144], nicht dagegen zwingend beim Vorliegen einer Unterbilanz.[2145] Die Merkmale der Krise und das dann im Krisenverlauf eintretende der Kreditunwürdigkeit sind nicht mit der Insolvenzreife gleichzusetzen, da diese Merkmale zeitlich früher vorliegen.[2146] § 135 InsO a. F. setzt dabei nicht zwingend die Insolven-

970

2138 Grundlegend *Ulmer*, Festschrift für Duden, 661, 674; *Lutter/Hommelhoff*, GmbHG, §§ 32a/b Rn. 20; *Baumbach/Hueck*, GmbHG, § 32a Rn. 41 ff.; *K. Schmidt* in: Scholz, GmbHG, §§ 32a, 32b Rn. 38.
2139 BGH, Urt. v. 22.12.2005 – IX ZR 190/02, ZIP 2006, 243; BGH, Urt. v. 24.03.1980 – II ZR 213/77, BGHZ 76, 326, 330; BGH, Urt. v. 13.07.1981 – II ZR 256/79, BGHZ 81, 255; BGH, Urt. v. 19.07.1988 – II ZR 155/87, BGHZ 105, 184; OLG Hamm, Urt. v. 03.09.2007 – 8 U 52/07; *Baumbach/Hueck*, GmbHG, § 32a Rn. 48; *Lutter/Hommelhoff*, GmbHG, §§ 32a/b Rn. 21; *K. Schmidt*, in: Scholz, GmbHG, §§ 32a, 32b Rn. 38.
2140 So fälschlich *Hess/Weis*, Das neue Anfechtungsrecht, Rn. 537.
2141 *Noack*, Kapitalersatz, S. 195, 206f.; auch *K. Schmidt*,, in: Kölner Schrift zur InsO, 911, 920 (Rn. 22).
2142 BGH, Urt. v. 03.04.2006 – II ZR 332/05, Rn. 7, WM 2006, 1150; *Stodolkowitz/Bergmann*, in: MüKo-InsO, § 135 Rn. 48.
2143 *Stodolkowitz/Bergmann*, in: MüKo-InsO, § 135 Rn. 48.
2144 Ständige Rechtsprechung, vgl. BGH, Urt. v. 14.12.1959 – II ZR 187/57, BGHZ 31, 258, 271ff.; BGH, Urt. v. 26.11.1979 – II ZR 104/77, BGHZ 75, 334, 338; BGH, Urt. v. 03.04.2006 – II ZR 332/05, Rn. 7, WM 2006, 1150; OLG Hamm, Urt. v. 03.09.2007 – 8 U 52/07; auch *K. Schmidt*, in: Scholz, GmbHG, §§ 32a, 32b Rn. 39; *Baumbach/Hueck*, GmbHG, § 32a Rn. 49; *Hachenburg/Ulmer*, GmbHG, § 32a Rn. 54, 58.
2145 *Baumbach/Hueck*, GmbHG, § 32a Rn. 51; *Hachenburg/Ulmer*, GmbHG, § 32a Rn. 60; a. A. *Geßler*, ZIP 1981, 228, 232.
2146 BGH, Urt. v. 03.04.2006 – II ZR 332/05 Rn 7, WM 2006, 1150; BGH, Urt. v. 22.12.2005 – IX ZR 190/02, Rn. 15, ZIP 2006, 243/245; BGH, Urt. v. 23.02.2004 – II ZR 207/01, ZIP 2004, 1049/1052.

zreife voraus, sondern ist schon bei einer (vorgelagerten) Kreditunwürdigkeit anwendbar. Zumeist ist es jedoch einfacher, im Prozess die Insolvenzreife darzulegen, als die früher einsetzende Kreditunwürdigkeit, weswegen bei einer Anfechtung nach § 135 InsO a. F. oft auf Erstere abgestellt wird.

971 Auch ein sog. Finanzplankredit kann eine eigenkapitalersetzende Gesellschafterleistung darstellen.[2147] Hierbei handelt es sich um einlageähnliche Kredite, die von den Gesellschaftern von vornherein zur Erreichung des Unternehmenszwecks eingeplant waren. Die Finanzplankredite bilden keine eigenständige Kategorie des Eigenkapitalersatzrechts.[2148] Bei der Prüfung, ob sie eigenkapitalersetzend sind oder nicht, ist zwischen den valutierten und den (noch) nicht valutierten Krediten zu unterscheiden: Bereits valutierte Finanzplankredite wandeln sich bei Kriseneintritt automatisch in Eigenkapital, ohne dass es auf das Merkmal des Stehenlassens ankommt.[2149] Solche Kredite dürfen in der Krise der Gesellschaft nicht abgezogen werden.[2150] Es steht den Parteien aber frei, vor Ausbruch der Krise die Kredite der Gesellschaft zu entziehen. Anfechtbar ist eine solche Rückzahlung nur dann, wenn sie innerhalb der Anfechtungsfrist von einem Jahr vor Verfahrensantrag erfolgt. Valutiert der Kredit noch nicht, dann kommt es für die Frage, ob der Gesellschafter in der Krise oder im Insolvenzverfahren den zugesagten Kredit der Gesellschaft zur Verfügung zu stellen hat, auf den konkreten Inhalt der getroffenen Vereinbarungen an.[2151]

7.1.2.4 Sanierungsprivileg

972 Wie dargestellt, gelten in der Krise der Gesellschaft begebene (oder stehengelassene) Darlehen oder ihnen wirtschaftlich gleichgestellte Rechtshandlungen als eigenkapitalersetzend. Diese Regelung hält Gesellschafter häufig davon ab, sich zu diesem Zeitpunkt in der Gesellschaft zu engagieren, so dass sich diese Vorschriften zum Teil als Sanierungshindernis erweisen. Dies hat den Gesetzgeber zur Schaffung des sog. Sanierungsprivilegs in § 32a Abs. 3 Satz 3 GmbHG a. F. veranlasst. Danach finden die Eigenkapitalkapitalersatzregeln keine Anwendung auf Darlehen, die zum Zwecke der Gesellschaftssanierung begeben werden, wenn der Darlehensgeber zugleich Geschäftsanteil an der Gesellschaft erwirbt. Die in der Weise gewährten Darlehen sind bei einer letztendlich doch scheiternden Sanierung in der Insolvenz nicht nachrangig. Das Sanierungsprivileg befreit vom Eigenkapitalersatzrecht nach den Novellenregeln als auch nach den Rechtsprechungs-

---

2147 BGH, Urt. v. 21.03.1988 – II ZR 238/87, BGHZ 104, 33; *Stodolkowitz/Bergmann*, in: MüKo-InsO, § 135 Rn. 42; *K. Schmidt*, in: Scholz, GmbHG, §§ 32a, 32b Rn. 42; *Lutter/Hommelhoff,*, GmbHG, §§ 32a/b Rn. 169ff.
2148 BGH, Urt. v. 28.06.1999 – II ZR 272/98, ZIP 1999, 1263, dazu Anm. *Dauner-Lieb*, EWiR 1999 § 32a GmbHG Heft 5, 1999, 843; vgl. auch *Karsten Schmidt*, Finanzplanfinanzierung, Rangrücktritt und Eigenkapitalersatz, ZIP 1999, 1241; *Stodolkowitz/Bergmann*, in: MüKo-InsO, § 135 Rn. 50.
2149 BGH, Urt. v. 28.06.1999 – II ZR 272/98, BGHZ 142, 116, 120.
2150 *K. Schmidt*, in: Scholz, GmbHG, §§ 32a, 32b Rn. 42; *Lutter/Hommelhoff*, GmbHG, §§ 32a/b Rn. 17.
2151 BGH, Urt. v. 28.06.1999 – II ZR 272/98, BGHZ 142, 116, 120.

regeln.[2152] Ferner erstreckt sich das Sanierungsprivileg auch auf gesellschafterbesicherte Drittdarlehen, auf andere – dem Darlehen gleichgestellte – Rechtshandlungen und auch auf die anderen Gesellschaftsformen, auf die das Eigenkapitalersatzrecht anzuwenden ist.[2153]

Ein Sanierungsprivileg für Krisendarlehen per se schafft diese Norm nicht; privilegiert wird nur der Anteilserwerb durch einen Neugesellschafter in der Krise mit dem Ziel der Sanierung. Dabei ist es gleich, ob die Geschäftsanteile im Rahmen einer Kapitalerhöhung erworben werden und damit unter Zufügung neuem Eigenkapitals, oder durch Erwerb von einem Altgesellschafter und folglich keiner Zufügung von Eigenkapital an die Gesellschaft.[2154] Voraussetzung ist, dass der Erwerber erst durch diesen Erwerb in der Krise eine über die Kleinbeteiligungsgrenze hinausgehende Beteiligung erwirbt bzw. erreicht.[2155] Für Altgesellschafter gilt das Sanierungsprivileg indes nicht. Nicht erforderlich ist, dass der Darlehensgeber das Darlehen vor Anteilserwerb gewährt hat.[2156] Weil regelmäßig zu vermuten steht, dass ein neu in die Gesellschaft eintretender Gesellschafter das Darlehen zum Zweck der Sanierung gibt, müssen Anteilserwerb und Darlehensgewährung nicht in einem unmittelbaren Zusammenhang stehen.[2157]

Entscheidend ist weiterhin der Sanierungswille des Gesellschafters, weswegen sich eine Dokumentation der Sanierungseignung qua Sanierungskonzept[2158] des Vorhabens zwingend empfiehlt; denn der Insolvenzverwalter wird grundsätzlich von einem eigenkapitalersetzenden Gesellschafterdarlehen ausgehen, so dass es dem sanierenden Neugesellschafter obliegt, das Eingreifen dieser Sondervorschrift darzulegen und zu beweisen. Aus der Dokumentation der Sanierungseignung sich aus ex ante Sicht eines objektiven Dritten im Augenblick des Anteilserwerbs die Sanierungsfähigkeit der Gesellschaft ergeben.[2159] Ein Fehlschlagen der avisierten Sanierung lässt nicht die Sanierungsfähigkeit entfallen und steht somit auch nicht der Anwendbarkeit des Sanierungsprivilegs entgegen.[2160]

2152 BGH, Urt. v. 21.11.2005 – II ZR 277/03, Rn. 12, ZIP 2006, 279; *von Gerkan/Hommelhoff*, Kapitalsatzrecht, Rn. 4.22; *J.-S. Schröder*, in: HmbK, § 135 Rn. 60.
2153 *Von Gerkan/Hommelhoff*, Kapitalsatzrecht, Rn. 4.23 ff.; *J.-S. Schröder*, in: HmbK, § 135 Rn. 61.
2154 *Von Gerkan/Hommelhoff*, Kapitalsatzrecht, Rn. 4.33; Baumbach/Hueck, GmbHG, § 32a Rn. 19.
2155 *K. Schmidt*, in: Scholz, GmbHG, §§ 32a, 32b Rn. 195; *Baumbach/Hueck*, GmbHG, § 32a Rn. 19; *von Gerkan/Hommelhoff*, Kapitalsatzrecht, Rn. 4.33.
2156 OLG Düsseldorf, Urt. v. 19.12.2003 – I-17 U 77/03, ZIP 2004, 508/509 f.
2157 OLG Düsseldorf, Urt. v. 19.12.2003, I-17 U 77/03, ZIP 2004, 508/510 (hier lagen ca. 3 ½ Monate zwischen dem Anteilserwerb und der eigenkapitalersetzenden Rechtshandlung).
2158 BGH, Urt. v. 21.11.2005 – II ZR 277/03, Rn. 15, ZIP 2006, 279/281.
2159 BGH, Urt. v. 21.11.2005 – II ZR 277/03, Rn. 14, ZIP 2006, 279/281; OLG Düsseldorf, Urt. v. 19.12.2003, I-17 U 77/03, ZIP 2004, 508/510 f.; *Lutter/Hommelhoff*, GmbHG, § 32a/b Rn. 84; *J.-S. Schröder*, in: HmbK, § 135 Rn. 62; *von Gerkan/Hommelhoff*, Kapitalsatzrecht, Rn. 4.55 ff.; a.A. *K. Schmidt*, in: Scholz, GmbHG, §§ 32a, 32b Rn. 198.
2160 BGH, Urt. v. 21.11.2005 – II ZR277/03, ZIP 2006, 279/281.

7.1.2.5 Kleinbeteiligungsprivileg

973 Bei der GmbH gelten gemäß § 32a Abs. 3 Satz 2 GmbHG a. F. die Regelungen zum Eigenkapitalersatzrecht nicht für Gesellschafter mit einer Beteiligung von 10 % oder weniger, sofern der Gesellschafter nicht zugleich Geschäftsführer der GmbH ist (Kleinbeteiligungsprivileg).[2161]

7.1.2.6 Erfasste Gesellschaftsformen

974 Erstmals entwickelt und kodifiziert wurde das Eigenkapitalersatzrecht mit den §§ 32 a und b GmbHG a.F.. Ausgedehnt wurde dies dann im Zuge der GmbH-Novelle von 1980 mit den §§ 129a und 172a HGB a. F.[2162], die eine Verweisung auf die entsprechenden GmbH-Normen enthalten, auf Gesellschaften, bei denen kein persönlich haftender Gesellschafter eine natürliche Person ist, insbesondere also die typische GmbH & Co. KG, aber beispielsweise auch für die AG & Co. KG oder über die Verweisung des § 278 Abs. 2 AktG auf die GmbH & Co. KG aA. In der Folgezeit hatte der BGH entschieden[2163], dass die Regelungen des Eigenkapitalersatzrechts auch auf die AG[2164] Anwendung finden. Das Problem war dabei weniger die Frage der generellen Anwendung, sondern vielmehr die Frage, wann ein Aktionär einem GmbH-Gesellschafter gleich zu stellen ist, mithin wann eine unternehmerische Beteiligung angenommen werden kann. Der BGH hat die Schwelle bei einer Unternehmensbeteiligung bei der Sperrminorität von 25 % angesetzt, wobei diese ausdrücklich nicht als starre Grenze gezogen worden ist, sondern nur „regelmäßig" eine Indizwirkung für die Einordnung der unternehmerischen Beteiligung entfalten soll.[2165]

Auf Gesellschaften ohne Haftungsbeschränkungen sind die Grundsätze des Eigenkapitalersatzes nicht anwendbar.[2166] Damit entfällt die Anwendbarkeit bei der BGB-Gesellschaft, bei der OHG bezüglich natürlicher Personen und bei der KG hinsichtlich des Komplementärs, der eine natürliche Person ist.

7.2 Rechtsprechungsregeln

975 Neben den §§ 32a und b GmbHG a. F. und der Anfechtungsmöglichkeit über § 135 InsO a. F. kommt auch eine Darlehensrückzahlung nach den sog. Rechtsprechungsregeln in Betracht. Es handelt sich um von der Rechtsprechung ursprünglich entwickelte Grundsätze des Eigenkapitalersatzes, die

---

[2161] Vgl. Zeuner, Die Anfechtung der Insolvenz, Rn. 238.
[2162] BGBl. I, 836.
[2163] BGH, Urt. v. 26.03.1984 – II ZR 171/83, BGHZ 90, 381.
[2164] In der Literatur auch K. Schmidt, in: Scholz, GmbHG, §§ 32a, 32b Rn. 20; Kilger/Schmidt, KO § 32a Anm. 8 b; von Gerkan, Das Recht des Eigenkapitalersatzes in der Diskussion, ZGR 1997, 173, 189; von Gerkan/Hommelhoff, Kapitalersatz, Rn. 2.38 ff.
[2165] BGH, Urt. v. 09.05.2005 – II ZR 66/03, ZIP 2005, 1316.
[2166] BGH, Urt. v. 02.07.1990 – II ZR 139/89, BGHZ 112, 31, 39; a. A. nur K. Schmidt, ZIP 1991, 1; ders., Gesellschaftsrecht, § 18 III 4 a; ders., in: Scholz, GmbHG, §§ 32a, 32b, Rn. 19.

nach der Rechtsprechung des BGH auch nach der GmbH-Novelle von 1980 weiterhin Anwendung finden.[2167]

Anders als die §§ 32a und b GmbHG a.F. und der Anfechtungstatbestand des § 135 InsO a. F. setzen die Rechtsprechungsregeln kein Insolvenzverfahren voraus. Sie gelten unabhängig von der Eröffnung eines Insolvenzverfahrens.[2168] Unabhängig von der Eröffnung eines Insolvenzverfahrens über das Vermögen der Gesellschaft erzeugen sie analog §§ 30f. GmbHG ein Verbot der Rückzahlung von Gesellschafterdarlehen, soweit dadurch das zur Erhaltung des Stammkapitals erforderliche Vermögen angegriffen wird. Sie behandeln die eigenkapitalersetzenden Gesellschafterdarlehen wie echtes Eigenkapital und unterstellen es den allgemeinen Kapitalerhaltungsvorschriften der §§ 30, 31 GmbHG.[2169] Erfolgt somit eine Ausschüttung zur Rückzahlung eines Gesellschafterdarlehens, unterliegt der Gesellschafter der Rückzahlungsverpflichtung analog § 31 GmbHG. Anders als § 135 InsO a. F. schaffen die Rechtsprechungsregeln somit kein Anfechtungsrecht, sondern ein Rückforderungsrecht. Anders als bei § 135 a. F., bei dem die Rückzahlung erlaubt, aber anfechtbar ist, ist die Auszahlung bei Anwendung der Rechtsprechungsregeln per se rechtswidrig. Der Gesellschafter ist zur Rückzahlung verpflichtet und der Geschäftsführer einer GmbH haftet analog § 43 Abs. 3 GmbHG hierfür.[2170] 976

Anders als die §§ 30ff. GmbHG ist die Höhe der Rückzahlungsverpflichtung indes nicht auf die Stammkapitalziffer beschränkt, wenn das eigenkapitalersetzende Darlehen eine Überschuldung abdeckte. Gebunden ist das Gesellschafterdarlehen nur insoweit, als es benötigt wird, eine Unterbilanz der Gesellschaft oder eine darüber hinausgehende Überschuldung auszugleichen.[2171] Der Rückforderungsanspruch nach § 31 GmbHG und die Durchsetzungssperre nach § 30 GmbHG entfallen mithin erst dann, wenn die Rückzahlung an den Gesellschafter aus freiem, die Stammkapitalziffer übersteigenden Gesellschaftsvermögen möglich ist, vorher wird die kapitalersetzende Leistung zu Eigenkapital der Gesellschaft umqualifiziert.[2172] 977

Der Anspruch auf Rückzahlung nach den Rechtsprechungsregeln steht der Gesellschaft. Geltend machen kann ihn somit der Geschäftsführer, Insolvenzverwalter oder Liquidator. Er verjährt analog § 31 Abs. 5 GmbHG innerhalb von fünf Jahren ab Auszahlung.[2173] 978

2167 BGH, Urt. v. 22.12.2005 – IX ZR 190/02, ZIP 2006, 243; BGH, Urt. v. 26.03.1984 – II ZR 14/84, BGHZ 90, 370, 367f.; dem zustimmend auch *K. Schmidt*, in: Scholz, GmbHG, §§ 32a, 32b Rn. 70ff.; *Baumbach/Hueck*, GmbHG, § 32a Rn. 4, jeweils m. w. N.

2168 *Baumbach/Hueck*, GmbHG, § 32a Rn. 76; ausführlich *Janssen*, Die Rechtsprechung des BGH zu kapitalersetzenden Darlehen, JR 1995, 180, 184.

2169 Vgl. BGH, Urt. v. 24.03.1980 – II ZR 213/77, BGHZ 76, 326 = NJW 1980, 1524.

2170 Vgl. *K. Schmidt*, in: Scholz, GmbHG, §§ 32a, 32b Rn. 119; *Baumbach/Hueck*, GmbHG, § 32a Rn. 77; *Lutter/Hommelhoff*, GmbHG, §§ 32a/b Rn. 137f., jeweils m. w. N.

2171 BGH, Urt. v. 24.03.1980 – II ZR 213/77, BGHZ 76, 326, 335 = NJW 1980, 1524, 1526.

2172 BGH, Urt. v. 08.11.2004 – II ZR 300/02, ZIP 2005, 82/84; BGH, Urt. v. 19.09.2005 – II ZR 229/03, ZIP 2005, 2016.

2173 Vgl. *K. Schmidt*, in: Scholz, GmbHG, §§ 32a, 32b Rn. 84; *Baumbach/Hueck*, GmbHG, § 32a Rn. 78; *Lutter/Hommelhoff*, GmbHG, §§ 32a/b Rn. 131, jeweils m. w.N.

7.3 Beweislast

979 Die Verteilung der Darlegungs- und Beweislast folgt allgemeinen zivilprozessualen Grundsätzen. Derjenige, der eine für ihn günstige Regelung in Anspruch nehmen will, trägt grundsätzlich die Beweislast, mithin Gesellschaft bzw. der Insolvenzverwalter.[2174] Dies gilt auch bei der Fallgruppe des Stehenlassens eines Darlehens und für die erforderliche Finanzierungsentscheidung des Gesellschafters.[2175] Dabei kommen dem Insolvenzverwalter aber bestimmte Indizwirkungen zugute, wie etwa für die Frage der Kreditunwürdigkeit der Verlust von der Hälfte des Stammkapitals bei der GmbH und das Fehlen sonstiger Vermögensgegenstände.[2176]

Kommt es dagegen auf subjektive Merkmale an, beispielsweise auf die Kenntnis des Gesellschafters von bestimmten Umständen, so trägt der Gesellschafter indes hinsichtlich seiner Nichtkenntnis bzw. hinsichtlich der fehlenden Kenntnismöglichkeit die Darlegungs- und Beweislast.[2177] Auch für den nachträglichen Wegfall der Eigenkapitalbindung[2178] oder seiner Gesellschafterstellung[2179] ist der Gesellschafter beweispflichtig. Ist der Gesellschafter dagegen aus der Gesellschaft ausgeschieden, so kann er schlechterdings die Darlegungs- und Beweislast für deren weitere wirtschaftliche Entwicklung tragen, da er keinerlei Einsichtsmöglichkeit in die Finanzsituation der Gesellschaft mehr hat (vgl. § 51a GmbHG). In diesem Fall muss der Insolvenzverwalter die erforderlichen Jahresabschlüsse vorlegen und beweisen, dass sich die Verhältnisse der Gesellschaft nicht wieder verbessert haben.[2180]

7.4 Die Anfechtung nach § 135 InsO n. F.

980 § 135 InsO n. F. enthält drei Anfechtungstatbestände:

	§ 135 Abs. 1 Nr. 1 InsO	§ 135 Abs. 1 Nr. 2 InsO	§ 135 Abs. 2 InsO
Rechtshandlung	Sicherung einer Forderung eines Gesellschafters auf Darlehensrückzahlung	Befriedigung einer Forderung eines Gesellschafters auf Darlehensrückzahlung	Befriedigung einer gesellschafterbesicherten Darlehensforderung

Abb. 59: Normstruktur § 135 InsO n. F.

[2174] BGH, Urt. v. 28.09.1987 – II ZR 28/87, BB 1987, 2390 = NJW 1988, 824; *K. Schmidt*, in: Scholz, GmbHG, §§ 32a, 32b Rn. 57; *Baumbach/Hueck*, GmbHG, § 32a Rn. 62.

[2175] BGH, Urt. v. 06.05.1985 – II ZR 132/84, NJW 1985, 2791, 2792; *K. Schmidt*, in: Scholz, GmbHG, §§ 32a, 32b Rn. 57.

[2176] BGH, Urt. v. 14.12.1995 – II ZR 281/94, ZIP 1996, 275; vgl. auch BGH, Urt. v. 11.12.1995 – II ZR 128/94, ZIP 1996, 273; dazu *Pape*, ZIP 1996, 1409.

[2177] BGH, Urt. v. 17.02.1992 – II ZR 154/91, DB 1992, 981.

[2178] *Hachenburg/Ulmer*, GmbHG, § 32a Rn. 64a; *K. Schmidt*, in: Scholz, GmbHG, §§ 32a, 32b Rn. 57.

[2179] BGH, Urt. v. 14.11.1988 – II ZR 115/88, NJW 1989, 1219 = BB 1989, 242; *Lutter/Hommelhoff*, GmbHG, §§ 32a/b Rn. 90.

[2180] BGH, Urt. v. 11.05.1987 – II ZR 226/86, NJW 1988, 139; *Jaeger/Henckel*, KO, § 32a Rn. 47.

Kapitel 11 Insolvenzanfechtung

	§ 135 Abs. 1 Nr. 1 InsO	§ 135 Abs. 1 Nr. 2 InsO	§ 135 Abs. 2 InsO
Zeitraum	in den letzten zehn Jahren vor dem Eröffnungsantrag oder danach	in dem letzten Jahr vor dem Eröffnungsantrag oder danach	in dem letzten Jahr vor dem Eröffnungsantrag oder danach
Wirtschaftl. Lage des Schuldners	./.	./.	./.
Kenntnis des Gläubigers	./.	./.	./.

(Fortsetzung Abb. 59)

7.4.1 Anfechtung nach § 135 Abs. 1 Nr. 1 und 2 InsO

§ 135 Abs. 1 InsO ist im wesentlich inhaltsgleich mit dem alten gesamten 981 § 135 InsO a. F., da beide Fassungen die Anfechtbarkeit der Sicherung oder Befriedigung eines Anspruches eines Gesellschafters auf Rückgewähr eines Darlehens oder einer gleichgestellten Forderung (vgl. hierzu auch § 39 Abs. 1 Nr. 5 InsO) regeln.

Durch die Abschaffung der Regelungen zum Eigenkapitalersatzrecht kommt es jetzt nicht mehr auf die – in praxi mitunter diffizile – Frage an, ob ein Darlehen eigenkapitalersetzend war oder nicht. Von § 135 Abs. 1 InsO ist jetzt jedes Gesellschafterdarlehen erfasst. Im Übrigen kann auf die Ausführungen zu § 135 InsO a.f. verwiesen werden.

7.4.2 Anfechtung nach § 135 Abs. 2 InsO

Nach § 135 Abs. 2 InsO ist die Befriedigung eines gesellschafterbesicherten 982 Darlehens anfechtbar, wenn ein Gesellschafter für diesen Anspruch eine Sicherheit begeben hatte. Diese Regelung ist nicht neu; sie fand sich bisher in § 32b GmbHG a. F. und wurde hieraus übernommen.[2181]

Anfechtbar ist gemäß § 135 Abs. 2 InsO eine

- Rechtshandlung, mit der der Insolvenzschuldner einem Dritten für eine Forderung auf Rückgewähr eines Darlehens oder einer gleichgestellten Forderung Befriedigung gewährt hat,
- wenn die Befriedigung im letzten Jahr vor dem Antrag auf Eröffnung oder danach vorgenommen wurde und
- ein Gesellschafter für die Darlehensrückforderung eine Sicherheit stellte oder als Bürge haftete.

Der Begriff der Befriedigung ist dabei weitestgehend im Sinne einer Erfüllung zu verstehen, gleich ob durch Zahlung, Auf- oder Verrechnung; entscheidend ist, dass der Anspruch auf Darlehensrückzahlung durch Erfüllung erlischt. Wenngleich § 32b GmbHG a. F. noch von einem „zurückgezahlten" Darlehen sprach, war diese Auslegung auch schon seinerzeit anerkannt[2182]

[2181] Vgl. den Gesetzesentwurf der Bundesregierung v. 23.05.2007, 132.
[2182] Vgl. *Baumbach/Hueck*, GmbHG, § 32b Rn. 2; *K. Schmidt*, in: Scholz, GmbHG, §§ 32a, 32b Rn. 188.

und wurde jetzt vom Gesetzgeber durch Verwendung des Begriffs „Befriedigung" bestätigt.

983 Die Rechtsfolge einer Anfechtung nach § 135 Abs. 2 InsO entspricht der alten Rechtslage in § 32b Satz 1 GmbHG a. F.[2183] und findet sich jetzt in § 143 Abs. 2 InsO. Während üblicherweise bei einer Anfechtung der Anfechtungsgegner das aus der späteren Masse Erlangte wieder in diese zurückzugewähren hat (§ 143 Abs. 1 Satz 1 InsO), passt dies im Rahmen der Anfechtung nach § 135 Abs. 2 InsO nicht, da ansonsten der Darlehensgeber wieder zur Rückzahlung verpflichtet wäre. Nach § 143 Abs. 3 Satz 1 InsO hat im Falle einer Anfechtung nach § 135 Abs. 2 InsO der die Sicherheit gewährende Gesellschafter die dem Dritten gewährte Leistung der Insolvenzmasse zu erstatten.

Ist der Darlehensgeber noch nicht befriedigt, so hat er nach § 44a InsO zunächst Befriedigung aus der Gesellschaftersicherheit zu suchen, um erst danach in Bezug auf den ausgefallenen Betrag anteilsmäßige Befriedigung aus der Insolvenzmasse verlangen zu können.[2184] Korrespondierend dazu, steht dem Insolvenzschuldner ein Freistellungsanspruch gegen den die Sicherheit gewährenden Gesellschafter zu.

7.4.3 Eigenkapitalersetzende Gebrauchsüberlassung (§ 135 Abs. 3 InsO)

984 Als Folge der Abschaffung der Eigenkapitalersatzregelungen durch das MoMiG fiel damit auch die Rechtsfigur der sog. eigenkapitalersetzenden Nutzungsüberlassung weg. Dies war für den Gesetzgeber Anlass zur Schaffung des § 135 Abs. 3 InsO, in dem er die von der Rechtsprechung entwickelte Fallgruppe der eigenkapitalersetzenden Nutzungsüberlassung[2185] in abgewandelter Form normierte. Ohne diese Regelung hätte die Gefahr bestanden, dass dem Schuldner mit der Eröffnung des Insolvenzverfahrens die für die Betriebsfortführung notwendigen Gegenstände nicht mehr zur Verfügung stünden.[2186]

In Bezug auf den persönlichen Anwendungsbereich haben sich keine Änderungen zur vorherigen Rechtslage ergeben. Wie bei der Rückzahlung bzw. Besicherung des Darlehens unterfällt nur eine vom Gesellschafter bzw. ihm gleich gestellten Dritten stammende Nutzungsüberlassung dem § 135 Abs. 3 InsO.

Einschränkungen im Vergleich zur vormals geltenden Rechtslage ergeben sich einerseits in Bezug auf den Gegenstand der Überlassung und andererseits im Hinblick auf einen Ausgleichsanspruch des Gesellschafters. Im Einzelnen:

[2183] Vgl. den Gesetzesentwurf der Bundesregierung v. 23.05.2007, 132.
[2184] *Von Gerkan/Hommelhoff*, Kapitalersatz, Rn. 6.31.
[2185] Vgl. BGH, Urt. v. 02.02.2006 – IX ZR 67/02, ZIP 2006, 578; BGH, Urt. v. 16.10.1989 – II ZR 307/88, BGHZ 109, 55, 58 f. = NJW 1990, 516; BGH, Urt. v. 11.07.1994 – II ZR 146/92, BGHZ 127, 1, 7 ff. m. Anm. *Altmeppen*, „Lagergrundstück III"; BGH, Urt. v. 11.07.1994 – II ZR 162/92, BGHZ 127, 17, 22 ff., 30 f. „Lagergrundstück IV"; BGH, Urt. v. 16.06.1997 – II ZR 154/96, ZIP 1997, 1375 „Lagergrundstück V".
[2186] Beschlussempfehlung des Rechtsausschusses, BT- Drucks. 16/9737, 106.

7.4.3.1 Gegenstand, der für die Fortführung von erheblicher Bedeutung ist

Nach § 135 Abs. 3 Satz 1 InsO kann der Gesellschafter, der seiner Gesellschaft einen Gegenstand zur Nutzung überlassen hat, seinen Aussonderungsanspruch für den Zeitraum von max. einem Jahr nicht geltend machen, sofern der Gegenstand für die Fortführung des Unternehmens von erheblicher Bedeutung ist. Diese Systematik – zeitlich befristete Ausübungssperre eines Aussonderungsrechts bei einem Gegenstand von erheblicher Bedeutung – ist neu. Es kommt somit – anders als bei der Vorgängerregelung – nicht mehr auf den Zeitpunkt der Überlassung, sondern nur noch darauf an, dass

985

- ein Gesellschafter
- der Gesellschaft
- einen Gegenstand zur Nutzung überlässt,
- der für die Fortführung des schuldnerischen Unternehmens von erheblicher Bedeutung ist.

Der Begriff der erheblichen Bedeutung eines Gegenstandes ist derselbe wie bei § 21 Abs. 2 Satz 1 Nr. 5.[2187] Der Begriff wird weit verstanden. Gegenstände im Sinne dieser Norm sind daher nicht nur Sachen nach § 90 BGB, sondern auch Forderungen, Immaterialgüterrechte und sonstige Vermögensrechte.[2188] Von erheblicher Bedeutung für die Betriebsfortführung ist ein solcher Gegenstand bereits dann, sie ohne ihn nicht nur geringfügig gestört werden würde. Wie im Rahmen der Erwirkung einer Regelung nach § 21 Abs. 2 Satz 1 Nr. 5 InsO sind keine überhöhten Voraussetzungen an die Darlegung der erheblichen Bedeutung zu stellen. Nicht ausreichend ist es aber, wenn in Bezug auf die Betriebsfortführung mit allgemeinen Erschwernissen argumentiert wird.[2189]

Ist ein Gegenstand für die Unternehmensfortführung von erheblicher Bedeutung, ist der Gesellschafter mit seinem Aussonderungsrecht zeitlich begrenzt auf die Dauer des Insolvenzverfahrens, höchstens aber für ein Jahr ab der Eröffnung des Insolvenzverfahrens, ausgeschlossen. Da die meisten Regelinsolvenzverfahren länger als ein Jahr andauern, greift regelmäßig der Ausschluss von maximal einem Jahr. Diese zeitliche Begrenzung geht auf die Annahme des Gesetzgebers zurück, dass es bei einem sanierungsfähigen Unternehmen dem Insolvenzverwalter binnen eines Jahres gelingen müsste, eine Vereinbarung zu erreichen, die die Fortsetzung des schuldnerischen Unternehmens ermöglicht. Geschieht dies nicht, ist es nach Auffassung des Gesetzgebers sachgerecht, dass dann der Gesellschafter den Gegenstand qua Aussonderung herausverlangen kann.[2190] Durch diese Regelung fällt auch die bei der eigenkapitalersetzenden Nutzungsüberlassung vormalige Streitfrage hinsichtlich der Dauer der – seinerzeit sogar unentgeltlichen – Überlassungsverpflichtung des Gesellschafters weg.

[2187] Beschlussempfehlung des Rechtsausschusses, BT- Drucks. 16/9737, 107.
[2188] *Heinrichs,* in: Palandt, Überbl. vor § 90 Rn. 2.
[2189] Vgl. *Kirchhof,* Probleme bei der Einbeziehung von Aussonderungsrechten in das Insolvenzeröffnungsverfahren, ZInsO, 2007, 227, 229.
[2190] Beschlussempfehlung des Rechtsausschusses, BT-Drucks. 16/9739, S. 106 f.

7.4.3.2 Ausgleichszahlung

986 Während bislang bei einer Qualifizierung einer Nutzungsüberlassung als eigenkapitalersetzend der Gesellschafter der Gesellschaft bzw. dem Insolvenzverwalter den Gegenstand kostenlos zur weiteren Nutzung zu überlassen hatte, sieht § 135 Abs. 3 Satz 2 InsO nunmehr eine obligatorische Ausgleichszahlung vor. Der Gesellschafter erhält für die Nutzungsüberlassung nach Verfahrenseröffnung dieselbe Vergütung, die ihm davor tatsächlich zugeflossen ist, ein Sonderopfer – wie vormals – wird ihm nicht (mehr) abverlangt.[2191]

Die Ausgleichszahlung ist eine Masseverbindlichkeit. Sie ist die Kompensation für die Ausübungssperre des Aussonderungsrechts. Der Insolvenzverwalter hat sie daher auch in dem Fall zu zahlen, wenn er im Ergebnis an dem Vertragsverhältnis nicht mehr festhalten und von seinem Sonderkündigungsrecht Gebrauch machen will, aber gleichwohl den Gegenstand kurzfristig weiter nutzt.[2192]

Bei Berechnung der Ausgleichszahlung ist der Durchschnitt der im letzten Jahr vor Verfahrenseröffnung tatsächlich geleisteten Vergütung heranzuziehen; bei einer kürzeren Überlassungsdauer ist der Durchschnitt der in diesem Zeitraum tatsächlich geleisteten Zahlungen maßgeblich. Wurde keine Vergütung in der Zeit vor der Verfahrenseröffnung gezahlt, ist auch der Ausgleichsanspruch mit null anzusetzen, und zwar unabhängig davon, ob ausdrücklich keine Vergütung vereinbart oder eine vereinbarte nicht gezahlt, beispielsweise gestundet wurde.[2193] Maßgebend ist somit stets das vor Verfahrenseröffnung tatsächlich Geleistete. Durch diese Regelung soll der Gesellschafter für die Zeit nach Verfahrenseröffnung weder schlechter noch besser gestellt werden als in der Zeit davor.

7.4.4 Sanierungs- und Kleinbeteiligungsprivileg (§ 135 Abs. 4 InsO)

987 Die Regelung in § 135 Abs. 4 InsO verweist auf § 39 Abs. 4 und 5 InsO. Das ursprünglich nur für die GmbH in § 32a Abs. 3 Sätze 2 und 3 GmbHG a. F. normierte Kleinbeteiligungs- und Sanierungsprivileg ist jetzt – rechtsformneutral – in § 39 Abs. 4 und 5 InsO enthalten. Die bisher in § 32a Abs. 3 Satz 2 und 3 GmbHG a. F. enthaltenen Regelungen finden sich jetzt in den Abs. 4 und 5 von § 39 InsO. Auch bei der AG gilt beim Kleinbeteiligungsprivileg die 10%-Grenze, da der Gesetzgeber eine generelle Differenzierung zwischen GmbH und AG abgelehnt hat.[2194]

Das Sanierungsprivileg gilt auch für Personen, die vor dem Anteilserwerb aus dem Anwendungsbereich des Abs. 1 Nr. 5 a. F. heraus fielen, also weder Gesellschafter noch gleichgestellte Person waren oder vor dem Hinzuerwerb weiterer Anteile dem Kleinbeteiligtenprivileg nach Abs. 5 unterfielen. Auf den Eintritt der Krise kommt es jetzt nicht an; das Sanierungsprivileg greift jetzt erst ab dem Zeitpunkt der drohenden oder eingetretenen Zahlungsunfähigkeit bzw. der Überschuldung der Gesellschaft und bleibt bis zur nachhaltigen Sanierung bestehen.

2191 Beschlussempfehlung des Rechtsausschusses, BT-Drucks. 16/9739, 107.
2192 Beschlussempfehlung des Rechtsausschusses, BT-Drucks. 16/9739, 107.
2193 Beschlussempfehlung des Rechtsausschusses, BT-Drucks. 16/9739, 107.
2194 Amtl. Begr. MoMiG zu Art. 9 Nr. 5 lit. b, BT-Drucks. 16/6140, 56 f.

Teil 3
Insolvenzverfahrensrecht

Kapitel 1
Insolvenzeröffnungsverfahren

1. Zweck

Das Insolvenzeröffnungsverfahren (oder Insolvenzantragsverfahren) dient der Feststellung des Vorliegens eines oder mehrerer Insolvenzgründe, also 988

- Zahlungsunfähigkeit, § 17 InsO,
- Überschuldung, § 19 InsO,
- drohender Zahlungsunfähigkeit, § 18 InsO (im Falle des Eigenantrages)

und der Feststellung der Deckung der Verfahrenskosten durch das Gericht.

Es geht dem eigentlichen Insolvenzverfahren voran, beginnt mit Vorliegen eines Insolvenzantrages und endet durch

- Eröffnung des Insolvenzverfahrens,
- Rücknahme des Insolvenzantrages bzw. im Falle des Gläubigerantrages auch durch Erledigungserklärung,
- Zurückweisung mangels einer die Kosten des Verfahrens deckenden Masse.

Solange das Insolvenzeröffnungsverfahren andauert, steht demgemäß nicht fest, ob und ggf. wann ein Insolvenzverfahren eröffnet werden wird. Da jedoch erst das eröffnete Verfahren der Gläubigerbefriedigung dient, folgt daraus u. a., dass eine Verwertung des schuldnerischen Vermögens im Eröffnungsverfahren noch nicht zulässig ist. Im Eröffnungsverfahren kann allerdings die spätere Verwertung (falls die Liquidation des Unternehmens beabsichtigt ist) durch Sicherungsmaßnahmen gesichert werden, indem vermieden wird, dass das Vermögen bis zur Verfahrenseröffnung abhanden kommt. 989

Ausnahmsweise kommt eine Verwertung auch bereits vor Verfahrenseröffnung in Betracht, wenn die künftige Masse ansonsten vernichtet werden würde, beispielsweise die Veräußerung verderblicher Ware außerhalb des ordnungsgemäßen Geschäftsgangs.

Erst mit Eröffnung des Insolvenzverfahrens endet die Parteidisposition und das Verfahren geht in ein Verfahren von Amts wegen über.

Während des Insolvenzantragsverfahrens bedient sich das Gericht in der Regel der Hilfe eines Sachverständigen, der es bei seinen Aufgaben – Fest- 990 stellung des Insolvenzgrundes und der Massekostendeckung – unterstützt. Es wird darüber hinaus, sofern zu sicherndes Vermögen vorhanden ist, einen vorläufigen Insolvenzverwalter bestellen, der regelmäßig, aber nicht notwendig, mit Eröffnung des Insolvenzverfahrens zum Insolvenzverwalter bestellt wird. Auch der Sachverständige ist, jedenfalls in der Praxis, mit dem (vorläufigen) Insolvenzverwalter regelmäßig personenidentisch.

2. Insolvenzantrag

2.1 Allgemeines

991 Ein Insolvenzverfahren wird nicht von Amts wegen, sondern nur auf Antrag eines Gläubigers (Fremdantrag) oder des Schuldners (Eigenantrag), eröffnet, § 13 InsO. Darüberhinaus muss der Gläubiger, damit böswillige oder voreilige Anträge unterbleiben, seine Forderung und den Insolvenzgrund glaubhaft machen, § 14 Abs. 1 InsO. Bis zur Entscheidung über die Eröffnung unterliegt das Verfahren als quasi-kontradiktorisches Verfahren der Privatautonomie und der Disposition der das Verfahren mit dem Antrag betreibenden Gläubigers oder Schuldners, gleichwohl nach Vorliegen eines zulässigen Antrages das Gericht zur Amtsermittlung und zur Sicherung des Vermögens verpflichtet ist. Die am Verfahren beteiligten Parteien bestimmen zwar damit das „Ob" des Insolvenzverfahrens, nicht jedoch das „Wie". Mit Eröffnung des Insolvenzverfahrens endet die Privatautonomie: Das Insolvenzverfahren wird als ein gläubigerautonomes Amtsverfahren weiterbetrieben.

992 Besonders zum Ausdruck kommt diese Unterscheidung im Falle des Erlöschens der dem Insolvenzantrag zugrundeliegenden Forderung eines Gläubigers: Wird die dem Insolvenzantrag zugrundeliegende Forderung nach dem Insolvenzantrag gezahlt, wird der Gläubiger seinen Antrag sodann in der Regel für erledigt erklären, denn sein Ziel – die Befriedigung der Forderung – hat er erreicht. Das Amt des Sachverständigen oder/und des vorläufigen Insolvenzverwalters endet. Die Eröffnung eines Insolvenzverfahrens kommt selbst dann nicht (mehr) in Betracht, wenn der Sachverständige zwischenzeitlich festgestellt hatte, dass das betroffene Unternehmen insolvenzreif ist und die Massekosten gedeckt sind.

Kommt es zur Eröffnung des Insolvenzverfahrens und erklärt der Gläubiger seinen Insolvenzantrag erst dann für erledigt, wird das Insolvenzverfahren nunmehr als Amtsverfahren fortgeführt. Die Erledigungserklärung kommt zu spät. Sie ist prozessual unerheblich.

2.2 Zulässigkeitsvoraussetzungen

993 Die Zulässigkeit des Insolvenzantrages richtet sich nach den allgemeinen Prozessvoraussetzungen, § 4 InsO i. V. m. den Vorschriften der ZPO. Zulässigkeitsvoraussetzungen sind insbesondere:

- die örtliche und sachliche Zuständigkeit des Gerichts, § 2 f. InsO,
- das Antragsrecht des Antragstellers, §§ 13 Abs. 1 Satz 2, 15 InsO,
- die Parteifähigkeit des Antragstellers, § 50 ZPO,
- die Prozessfähigkeit des Antragstellers (§§ 51 ff. ZPO) bzw. seine ordnungsgemäße gesetzliche Vertretung,

- im Falle des Gläubigerantrages die Glaubhaftmachung der Forderung, des Eröffnungsgrundes sowie das rechtliche Interesse an der Verfahrenseröffnung, § 14 Abs. 1 InsO,
- beim Schuldnerantrag die Mitteilung von Tatsachen über wesentliche Merkmale des Eröffnungsgrundes[2195], sowie nunmehr seit dem 01.03.2012 aufgrund des ESUG die in § 13 Abs. 1 Satz 3f. InsO genannten Unterlagen und Angaben,
- beim Schuldnerantrag über das Vermögen einer juristischen Person bzw. Gesellschaft, der nicht von allen Mitgliedern des Vertretungsorgans bzw. allen persönlich haftenden Gesellschaftern gestellt wird, die Glaubhaftmachung des Eröffnungsgrundes, § 15 Abs. 2, 3 InsO,
- die Insolvenzfähigkeit des Schuldners.

Im Einzelnen:

2.2.1 Gerichtliche Zuständigkeit

Die gerichtliche Zuständigkeit regelt § 2 InsO: Gemäß § 2 Abs. 1 InsO ist für das Insolvenzverfahren das Amtsgericht zuständig, in dessen Bezirk ein Landgericht seinen Sitz hat. Es handelt sich um eine ausschließliche Zuständigkeit. § 2 Abs. 2 InsO lässt im Wege einer Ermächtigung abweichende Regelungen durch Landesgesetze zu. Gebrauch gemacht haben von dieser Ermächtigung Baden-Württemberg, Bayern, Berlin, Bremen, Hessen, Niedersachsen, Rheinland-Pfalz, Sachsen und Schleswig-Holstein. Eine stärkere Konzentration der Insolvenzverfahren und damit einhergehend ein höherer Grad an Spezialisierung der Richter und Rechtspfleger wurde im Gesetzgebungsverfahren des Gesetzes zur weiteren Erleichterung der Sanierung von Unternehmen (ESUG) diskutiert, dann aber ad acta gelegt. 994

Ausschließlichkeit der Zuständigkeit bedeutet, dass sie nicht durch Parteiabsprache geändert werden kann (§ 40 Abs. 2 ZPO i.V.m. § 4 InsO).

Unter den sachlich zuständigen Amtsgerichten bestimmt § 3 InsO das örtlich zuständige und zwar wiederum zwingend. Örtlich zuständig ist das Amtsgericht, in dessen Bezirk (gemeint ist wie in § 2 InsO der Landgerichtsbezirk) der Mittelpunkt der selbstständigen wirtschaftlichen Tätigkeit des Schuldners liegt (§ 3 Abs. 1 Satz 2 InsO). Wiederum sind, da es sich um eine ausschließliche Zuständigkeit handelt, Gerichtsstandsvereinbarungen und rügelose Einlassung unzulässig.

Die Bestimmung der örtlichen Zuständigkeit richtet sich in erster Linie nach dem Mittelpunkt der selbstständigen wirtschaftlichen Tätigkeit des Schuldners, § 3 Abs. 1 Satz 2 InsO. Nur, wenn der Schuldner keine selbstständig wirtschaftliche Tätigkeit (mehr) ausübt, ist gemäß Abs. 1 Satz 1 auf seinen allgemeinen Gerichtsstand abzustellen. Die örtliche Zuständigkeit hat das Gericht gemäß § 5 InsO von Amts wegen zu prüfen.[2196] Das heißt, dass das Gericht bei Anhaltspunkten für seine örtliche Unzuständigkeit nicht ungeprüft die Angaben des Antragstellers dem Antrag zugrundelegen darf, 995

2195 BGH, B. v. 12.12.2002 – IX ZB 426/02, NJW 2003, 1187.
2196 OLG Frankfurt am Main, B. v. 14.07.2005 – 14 UH 13/05, ZInsO 2005, 822; OLG Hamm, B. v. 24.06.1999 –, ZInsO 1999, 533.

sondern selbst Ermittlungen hierzu anstellen muss.[2197] Maßgeblicher Zeitpunkt für die Bestimmung der örtlichen Zuständigkeit ist der Antragseingang bei Gericht.[2198] Die einmal gegebene örtliche Zuständigkeit entfällt gemäß § 261 Abs. 3 Nr. 2 ZPO nicht durch eine nachträgliche Veränderung der die örtliche Zuständigkeit begründenden Umstände.[2199] Dies gilt auch für die internationale Zuständigkeit, wenn der Schuldner nach Antragstellung, aber vor Eröffnung des Insolvenzverfahrens, den Mittelpunkt seiner hauptsächlichen Interessen in das Gebiet eines anderen Mitgliedstaates der EU verlegt, in dem die Vorschriften der EuInsVO gelten.[2200]

Die Feststellung des Mittelpunkts der selbstständigen wirtschaftlichen Tätigkeit richtet sich nach den tatsächlichen Gegebenheiten. Unter einer selbstständigen wirtschaftlichen Tätigkeit versteht man ein nachhaltig auf Gewinnerzielung gerichtetes Handeln in nicht abhängiger Beschäftigung, ohne dass es darauf ankäme, ob tatsächlich ein Gewinn erzielt wird.[2201] Selbstständig handelt der Schuldner, wenn er im eigenen Namen, für eigene Rechnung und in eigener Verantwortung tätig wird. Eine Nebentätigkeit ist ausreichend, sofern diese nicht von völlig untergeordneter Bedeutung ist.[2202]

Die selbstständige wirtschaftliche Tätigkeit darf noch nicht beendet sein.[2203] Sie endet mit der Einstellung der werbenden nach außen gerichteten Tätigkeit des Schuldners.[2204]

Gericht oder bestellter Sachverständiger beurteilen dies anhand von Indizien, z. B. der Aufgabe des Geschäftslokals, der Beendigung der Arbeitsverhältnisse, der Abmeldung des Gewerbes und der Auflösung der laufenden Geschäftskonten. Abwicklungsmaßnahmen fallen nicht unter § 3 Abs. 1 Satz 2 InsO, da diese keine selbstständige wirtschaftliche Tätigkeit darstellen. Ist die werbende Tätigkeit des Unternehmens eingestellt, kann es seinen Mittelpunkt nicht mehr verlegen.[2205] Insbesondere reicht es zur Begründung der örtlichen Zuständigkeit nicht aus, dass der Geschäftsführer nach Einstellung des Geschäftsbetriebes und Aufgabe der Geschäftsräume die Geschäftsunterlagen an seinen Wohnsitz mitgenommen hat und dort verwahrt.[2206]

Der Mittelpunkt der selbstständigen wirtschaftlichen Tätigkeit liegt dort, wo unmittelbar Geschäfte geschlossen werden, vgl. § 21 Abs. 1 ZPO. Abzustellen ist auf den Ort der tatsächlichen Willensbildung, d. h. den Ort, an dem unternehmerische Leitentscheidungen getroffen und laufende Geschäftsführungsakte umgesetzt werden.[2207] Auch diese Frage beurteilen Ge-

---

2197 BGH, B. v. 13.12.2005 – X ARN 223/05, ZInsO 2006, 146. Dies gilt insbesondere in den sog. „Firmenbestattungsfällen", vgl. hierzu Teil 6, Kap. 3, Rn. 2585.
2198 BGH, B. v. 22.03.2007 - IX ZB 164/06, ZInsO 2007, 440.
2199 BGH, B. v. 22.03.2007 – IX ZB 164/06, ZInsO 2007, 440.
2200 BGH, B. v. 09.02.2006 – IX ZB 418/02, ZInsO 2006, 321.
2201 OLG Hamm, B. v. 24.06.1999 – 1 Sbd 16/99, ZInsO 1999, 533.
2202 KG, B. v. 16.11.2000 – 28 AR 136/99, ZInsO, 2001, 669.
2203 OLG Hamm, B. v. 24.06.1999 – I Sdb 16/99, ZInsO 1999, 533.
2204 BayObLG, B. v. 12.11.2002 – IZ AR 157/02, ZInsO 2003, 522.
2205 BayObLG, B. v. 25.07.2003 – IZ AR 72/03, NZI 2004, 88.
2206 Nachweise bei *Rüther*, in: HmbK, § 3 Rn. 12.
2207 OLG Brandenburg, Urt. v. 11.06.2002 – 11 U 185/01, ZInsO 2002, 767.

Kapitel 1 Insolvenzeröffnungsverfahren

richt und bestellter Sachverständiger in der Regel anhand von Indizien, wie dem Ort, an dem sich die Geschäftsräume und die Geschäftsunterlagen befinden, an denen die Gewerbeerlaubnis erteilt ist und an dem sich das zuständige Finanzamt befindet. Aus Gründen der Rechtssicherheit und Vorhersehbarkeit ist ebenso wie im Rahmen der Rechtsprechung des EUGH zum COMI[2208] auf die objektive Erkennbarkeit für die Gläubiger abzustellen.[2209]

Bei Konzerninsolvenzen (Stichwort: Arcandor) ist der Mittelpunkt der selbstständigen wirtschaftlichen Tätigkeit jeder Konzerngesellschaft für sich zu ermitteln, da jede insolvenzfähige Person oder Personenvereinigung einen eigenen Gerichtsstand hat.[2210] Eine einheitliche örtliche Zuständigkeit für alle Konzerngesellschaften kommt nur im Falle zentraler Lenkung der Tochterunternehmen durch die Konzernmutter in Betracht. Die allgemeine Konzernleitungsmacht der Muttergesellschaft reicht hingegen nicht aus.[2211]

996

Liegen die Voraussetzungen des § 3 Abs. 1 Satz 2 InsO nicht vor, richtet sich die örtliche Zuständigkeit nach dem allgemeinen Gerichtsstand des Schuldners, § 4 InsO i.V.m. § 12 ff. ZPO. Bei natürlichen Personen ist dies der Wohnsitz gemäß § 13 ZPO. Der allgemeine Gerichtsstand von juristischen Personen, nicht rechtsfähigen Vereinen sowie Gesellschaften ohne Rechtspersönlichkeit im Sinne des § 11 Abs. 2 Nr. 1 InsO wird durch ihren Sitz bestimmt, § 17 Abs. 1 Satz 1 ZPO. Dies gilt wegen ihrer eigenen Rechts- und Parteifähigkeit auch für die Außen-GbR.[2212] Im Falle der Sitzverlegung berührt dies die örtliche Zuständigkeit erst, wenn die Satzungsänderung in das Handelsregister eingetragen wurde, die insoweit konstitutiv wirkt (vgl. § 54 Abs. 3 GmbHG, § 45 Abs. 2 Satz 5, Abs. 4 Satz 3 AktG). Eine eingetragene Sitzverlegung kann jedoch wegen Verstoßes gegen § 4 Abs. 2 GmbHG unbeachtlich sein, wenn der Geschäftsbetrieb bereits eingestellt war und die Sitzverlegung nur zum Zwecke der Zuständigkeitserschleichung im Rahmen einer sogenannten „Firmenbestattung" erfolgt ist.[2213] Nach Löschung aus dem Handelsregister ist der letzte satzungsmäßige (eingetragene) Sitz zuständigkeitsbegründend, sofern die juristische Person der Gesellschaft noch über Vermögen verfügt und ihre Insolvenzfähigkeit damit fortbesteht.[2214] Fehlt ein Sitz, richtet sich der allgemeine Gerichtstand nach dem tatsächlichen Verwaltungssitz, § 17 Abs. 1 Satz 2 ZPO.

997

Hält sich das Gericht für örtlich unzuständig, hat es den Antragsteller hierauf gemäß § 139 ZPO hinzuweisen und ihm die Gelegenheit zu geben, den Antrag gemäß § 281 ZPO auf Verweisung an das zuständige Insolvenzge-

998

2208 Vgl. hierzu: EuGH, Urt. v. 02.05.2006 – Rs. C-341/04, ZInsO 2006, 484.
2209 *Kirchhoff*, in: HmbK, § 3 Rn. 9; *Frind*, Forum PINing?, ZInsO 2008, 363.
2210 BGH, Urteil v. 22.01.1998 – IX ZR 99/07, ZIP 1998, 477.
2211 OLG Brandenburg, Urt. v. 02.05.2006 – 11 U 185/01, ZInsO 2002, 767; *Rüther*, in: HmbK § 3 Rn. 15; a.A. *Kießner*, in: Braun, InsO, § 3 Rn. 19.
2212 BGH, Urt. v. 29.01.2001 – II ZR 331/00, BGHZ 146, 341.
2213 Zur Problematik der Firmenbestattung und der diesbezüglichen Neuregelung durch das MoMiG, vgl. *Rüther*, in: HmbK, § 3 Rn. 35 ff.
2214 BGH, B. v. 16.12.2004 – IX ZB 6/04, ZInsO 2005, 144; *Uhlenbruck*, in: Uhlenbruck, § 3 Rn. 11; *Rüther*, in: HmbK, § 3 Rn. 21.

richt zustellen. Wird ein solcher Antrag nicht gestellt, wird der Eröffnungsantrag als unzulässig zurückgewiesen, sofern der Antragsteller zuvor auf diese Rechtsfolge hingewiesen worden ist.

2.2.2 Glaubhaftmachung und rechtliches Interesse im Falle des Gläubigerantrages

999 Im Falle des Gläubigerantrages muss der Gläubiger mit den Mitteln der Zivilprozessordnung glaubhaft machen, dass ihm eine (Insolvenz-)Forderung gegen den Antragsgegner zusteht und dass ein Insolvenzgrund gegeben ist, § 14 Abs. 1 InsO. Das Gericht muss sich also davon überzeugen können, dass für beides eine überwiegende Wahrscheinlichkeit spricht. Vollbeweis ist nicht erforderlich. Die Glaubhaftmachung kann durch präsente Beweismittel erfolgen, z. B. durch Vorlage von Lieferscheinen, Rechnungen, Registerauszügen, Vollstreckungsprotokollen, schriftliche Zeugenaussagen, im Übrigen auch durch eidesstattliche Versicherungen, § 5 InsO i.V.m. § 294 ZPO.[2215]

Die Zulässigkeit des Gläubigerantrages setzt außerdem das rechtliche Interesse des Gläubigers an der Eröffnung des Insolvenzverfahrens voraus. Dieses fehlt ausnahmsweise, wenn der Gläubiger ein Absonderungsrecht hat, das seine Forderung zweifelsfrei umfassend sichert oder wenn er erkennbar missbräuchliche Zwecke verfolgt, z. B. einen zahlungsunwilligen, aber noch solventen Schuldner nur unter Druck setzen will.[2216]

1000 Art. 3 Nr. 1 des Haushaltsbegleitgesetzes 2011 hat eine Änderung des § 14 InsO gebracht:[2217] Danach wird ein Insolvenzantrag durch die Erfüllung der Forderung alleine nicht unzulässig, wenn binnen zwei Jahren zuvor bereits ein Antrag auf Eröffnung des Insolvenzverfahrens über das Vermögen gestellt worden war. Der Gesetzgeber wollte damit sog. „Stapelanträge" eindämmen, in denen wieder und wieder Insolvenzanträge gegen den Schuldner gestellt werden, dieser die Forderung bezahlt und es dann trotz folgender Erledigungserklärung des Gläubigers in kurzer Zeit zu einem erneuten Antrag kommt. Voraussetzung für die fortbestehende Zulässigkeit des Antrages ist, dass die sonstigen Zulässigkeitsvoraussetzungen vorliegen und der Gläubiger das Vorliegen eines zulässigen und begründeten Insolvenzantrages in den letzten zwei Jahren ebenfalls glaubhaft machen kann. Unzulässige oder unschlüssige Anträge zählen also nicht. Ein früherer Eigenantrag des Schuldners reicht aus.

2.2.3 Voraussetzung des Schuldnerantrages

1001 Stellt der Schuldner den Antrag selbst (sogenannter Eigenantrag), ist im Fall der juristischen Person oder der Gesellschaft ohne Rechtspersönlichkeit hierzu jedes Mitglied des Vertretungsorgans (Geschäftsführer oder Vorstand) bzw. jeder persönlich haftende Gesellschafter befugt, ferner der Abwickler

---

2215 Praxishinweise zum Gläubigerantrag (vor Inkrafttreten des ESUG) gibt *Schmerbach*, Der Gläubigerantrag im Regelinsolvenzverfahren, NZI 2003, 421 ff.
2216 AG Duisburg, B. v. 28.12.2001 – 62 IK 99/01, NZI 2002, 211.
2217 Instruktiv hierzu: *Gundlach/Rautmann*, Die Änderung des § 14 InsO durch das Haushaltsbegleitgesetz, NZI 2011, 317.

der sich in Liquidation befindlichen Gesellschaft. Eine Antragspflicht besteht nur bei Kapitalgesellschaften, bei Gesellschaften, für deren Verbindlichkeiten keine natürliche Person persönlich haftet und beim rechtsfähigen Verein (§ 92 Abs. 2 AktG, § 64 GmbHG, § 99 GenG, §§ 130a, 177a HGB, § 42 Abs. 2 BGB).[2218]

Für die natürliche Person besteht eine Insolvenzantragspflicht nicht. Auch die Obliegenheit, eine von Gläubigern beantragte Insolvenzeröffnung nicht willkürlich zu verzögern (§ 290 Abs. 1 Nr. 4 InsO), stellt keine „verkappte" Insolvenzantragspflicht für Privatpersonen dar.

2.2.4 Insolvenzfähigkeit

Insolvenzfähigkeit ist die Fähigkeit, Schuldner eines Insolvenzverfahrens zu sein. Sie tritt anstelle der Parteifähigkeit gemäß § 50 ZPO. Das Gesetz regelt in § 11 InsO abschließend, wer insolvenzfähig ist und über wessen Vermögen daher ein Insolvenzverfahren eröffnet werden kann. Ein Insolvenzverfahren kann eröffnet werden über das Vermögen: 1002

- jeder natürlichen Person,
- jeder juristischen Person,
- des nicht rechtsfähigen Vereins,
- von Gesellschaften ohne Rechtspersönlichkeit (OHG, KGaA, GbR, Partenreederei, EWIV),
- des Nachlasses, des Gesamtguts einer fortgesetzten Gütergemeinschaft, des Gesamtgut einer Gütergemeinschaft unter gemeinschaftlicher Verwaltung der Ehegatten,
- aufgelöster juristischer Personen oder Gesellschaften ohne Rechtspersönlichkeit, solange die Verteilung des Vermögens noch nicht vollzogen ist.

Über das Vermögen eines Bundes oder eines seiner Länder ist ein Insolvenzverfahren unzulässig, § 12 Abs. 1 Nr. 1 InsO. Ausnahmsweise kann nach § 12 Abs. 1 Nr. 2 InsO eine juristische Person des öffentlichen Rechts insolvenzfähig sein.

2.2.4.1 Natürliche Person

Die natürliche Person – also der Mensch in Bezug auf sein Vermögen – ist unbeschränkt insolvenzfähig. Auf ihre Geschäftsfähigkeit kommt es nicht an. Bei Geschäfts- oder Prozessunfähigkeit handelt für sie der gesetzliche Vertreter. Dabei handelt es sich nämlich um eine Frage der Insolvenzverfahrensfähigkeit, nicht der Insolvenzfähigkeit. 1003

> **Beispiel**
>
> Der minderjährige Schuldner ist als natürliche Person insolvenzfähig. Er ist jedoch nicht insolvenzverfahrensfähig und muss dadurch durch seine gesetzlichen Vertreter vertreten werden. Das ist eine Frage der Insolvenzverfahrensfähigkeit, die der Prozessfähigkeit nach §§ 51ff. ZPO entspricht.

2218 Hierzu: *Haarmeyer/Beck*, Die Praxis der Abweisung mangels Masse oder der Verlust der Ordnungsaufgabe des Insolvenzrechts, ZInsO 2007, 1065ff.

Die Insolvenzfähigkeit der natürlichen Person beginnt mit der Geburt und endet mit dem Tod. Tritt der Tod während des laufenden Insolvenzverfahrens ein, endet das Verfahren nicht. Vielmehr gelten sodann die besonderen Vorschriften über das Nachlassinsolvenzverfahren.[2219]

2.2.4.2 Juristische Personen (§ 11 Abs. 1 Satz 1, 2. Alt. InsO)

1004 Juristische Personen sind unbeschränkt insolvenzfähig. Zu den juristischen Personen zählen insbesondere:

- die AG,
- die KGaA,
- die GmbH,
- die eingetragene Genossenschaft,
- der rechtsfähige Verein,
- der VVaG,
- die rechtsfähige Stiftung,
- die in einem EU-Mitgliedstaat gegründeten rechtsfähigen Gesellschaften.

Der nicht rechtsfähige Verein im Sinne des § 54 BGB steht einer juristischen Person gleich, § 11 Abs. 1 Satz 2 InsO.

1005 Die Insolvenzfähigkeit beginnt mit der Entstehung: Eine in Vollzug gesetzte, gleichwohl wegen Mängeln bei der Errichtung fehlerhafte Gesellschaft, ist insolvenzfähig.[2220] Vorgründungsgesellschaften, Vorgründungsgenossenschaften oder Vorgründungsvereine sind bei fehlendem eigenen Vermögen als reine Innengesellschaften nicht insolvenzfähig. Erst bei Erwerb eigenen Vermögens und rechtsgeschäftlichem Auftreten nach außen werden sie zur BGB-Gesellschaft oder offenen Handelsgesellschaft und sind damit in dieser Form insolvenzfähig gemäß § 11 Abs. 2 Nr. 1 InsO.[2221]

1006 Die Insolvenzfähigkeit endet bei den juristischen Personen und den Gesellschaften ohne Rechtspersönlichkeit nach § 11 Abs. 3 InsO nicht bereits mit ihrer Auflösung, sondern erst mit ihrer Vermögenslosigkeit und – sofern eingetragen – der Löschung aus dem Register. Daher kann auch noch über das Vermögen einer bereits gelöschten Gesellschaft ein Insolvenzverfahren eröffnet werden, sofern nur noch Vermögen vorhanden ist.

2.2.4.3 § 11 Abs. 2 InsO

1007 Insolvenzfähig sind auch die in § 11 Abs. 2 Nr. 1 InsO genannten Gesellschaften ohne Rechtspersönlichkeit. Hervorzuheben ist hierbei die Insolvenzfähigkeit der zwischenzeitlich auch als parteifähig anerkannten Gesellschaft des bürgerlichen Rechts. Dies gilt allerdings nur, wenn es sich um eine Außengesellschaft handelt, die nach außen auftritt und eigenes Vermögen hat. Die reine Innen-BGB-Gesellschaft ist nicht insolvenzfähig.

2219 Hierzu: Teil 3, Kap. 8.
2220 BGH, B. v. 16.10.2006 – II ZB 32/05, ZInsO 2006, 1208.
2221 Näher zum Beginn der Insolvenzfähigkeit in den verschiedenen Gründungsstadien: Wehr, in: HmbK, § 11 Rn. 8 ff.

3. Bestellung eines Sachverständigen

Zwischen dem Insolvenzantrag und der Entscheidung des Gerichts über die Verfahrenseröffnung kann eine lange Zeitspanne vergehen, sei es, weil sich im Falle des Gläubigerantrages der Schuldner gegen die Eröffnung des Insolvenzverfahrens wehrt, sei es, weil die Sachlage schwierig und durch das Gericht noch zu ermitteln ist.

1008

In dieser Zeit muss die Masse vor Gefährdung geschützt werden. Sobald die Zulässigkeit des Insolvenzantrages feststeht, hat das Insolvenzgericht von Amts wegen daher alle Maßnahmen zu treffen, die erforderlich erscheinen, um eine für den Gläubiger nachteilige Veränderung der Vermögenslage zu verhüten, § 21 Abs. 1 InsO. Bis dahin erhält das Gericht die notwendigen Informationen vom Schuldner, der gemäß §§ 20, 97 InsO zur Auskunft verpflichtet ist, oder aber es ermittelt selbst. Das Gericht kann im Rahmen seiner Pflicht zur amtswegigen Ermittlung Zeugen vernehmen und insbesondere einen Sachverständigen bestellen.

Gleichwohl das Insolvenzgericht gemäß § 5 Abs. 1 InsO von Amts wegen alle Umstände zu ermitteln hat, die für das Insolvenzverfahren von Bedeutung sind, bedient es sich zur Feststellung des Insolvenzgrundes, der Deckung der Verfahrenskosten und häufig auch der Prüfung der Sanierungsaussichten regelmäßig der Hilfe eines Sachverständigen. Dies ist in § 5 Abs. 1 Satz 2, 2. Alt InsO ausdrücklich vorgesehen. In der Praxis wird dieser Gutachter – es sei denn, das Gericht ist im Falle eines vorläufigen Gläubigerausschusses verpflichtet, den durch diesen einstimmig Vorgeschlagenen bei Eignung zu bestellen (§ 56a Abs. 2 i.V.m. § 21 Abs. 2 Ziff. 1, 1a InsO) daran gehindert – im Falle notwendiger Sicherungsmaßnahmen auch zum vorläufigen Insolvenzverwalter und im Falle der Eröffnung des Insolvenzverfahrens auch zum Insolvenzverwalter bestellt. Notwendig ist dies jedoch nicht.

Der Sachverständige hat die in §§ 402 ff. ZPO geregelten Rechte. Die InsO kennt keine Sonderrechte. Insbesondere dürfen Sachverständige die Geschäftsräume des Schuldners nur mit dessen Zustimmung betreten.[2222]

1009

Es ist auch – gleichwohl bei einigen Gerichten gängige Praxis – unzulässig, den Sachverständigen zu ermächtigen, Auskünfte über den Schuldner bei Kreditinstituten einzuholen. Dadurch würde der Sachverständige zu einer „dritten Art" des vorläufigen Insolvenzverwalters. Wenn der Schuldner daher der Einholung von Auskünften über ihn durch den Sachverständigen nicht zustimmt und den Sachverständigen nicht vom Bankgeheimnis entbindet, muss das Gericht eine vorläufige Insolvenzverwaltung anordnen.

Der Schuldner ist auch dem Sachverständigen gegenüber jedoch gemäß §§ 20, 97 ff. InsO zur Auskunft verpflichtet. Dieser wird dadurch nicht nur zu einer „Sammelstelle" für schuldnerseitig erteilte Informationen, hat vielmehr eigene Ermittlungen anzustellen und darf sich nicht allein auf die Angaben des Schuldners verlassen.

Die Nichterfüllung der Auskunfts- und Mitwirkungspflichten kann durch Zwangsmittel, u. a. die Verhaftung des Schuldners, zwangsweise durchgesetzt werden. Betreibt die natürliche Person das Insolvenzantragsverfahren zwecks späterer Erteilung der Restschuldbefreiung, kann die Nichterfüllung

1010

[2222] BGH, B. v. 04.03.2004 – IX ZB 133/03, BGHZ 158, 212.

der Auskunfts- und Mitwirkungspflichten die Versagung der Restschuldbefreiung nach §§ 290, 295 InsO rechtfertigen.

1011 Seinen Auftrag erledigt der Sachverständige in der Regel durch Abgabe eines schriftlichen Sachverständigengutachtens. Im Falle einer falschen Gutachtenerstellung haftet der Sachverständige nach §§ 839a BGB.

Das Sachverständigengutachten ist regelmäßig Grundlage der gerichtlichen Entscheidung über die Eröffnung des Insolvenzverfahrens. Ist das Gutachten falsch, wird z. B. das Vorliegen eines Eröffnungsgrundes bejaht, kommt es regelmäßig zur Eröffnung des Insolvenzverfahrens mit dann einschneidenden Folgen für den Schuldner, die faktisch auch im Falle einer späteren Aufhebung der Eröffnungsentscheidung im Rahmen der sofortigen Beschwerde teilweise nicht mehr aufzufangen sind (z. B. im Falle einer zwischenzeitlichen Betriebsschließung).

4. Anordnung von Sicherungsmaßnahmen

1012 Gemäß § 21 Abs. 1 Satz 1 InsO hat das Insolvenzgericht alle Maßnahmen zu treffen, die erforderlich erscheinen, um bis zur Entscheidung über den Insolvenzantrag eine nachteilige Veränderung der Vermögenslage des Schuldners zu verhindern („Anordnung vorläufiger Maßnahmen").

In Abs. 2 nennt das Gesetz die wichtigsten Sicherungsmaßnahmen. Die mögliche Insolvenzmasse soll gegen Schuldner- und Gläubigerzugriffe einstweilen geschützt werden. In §§ 21–25 InsO hat der Gesetzgeber die möglichen Sicherungsmaßnahmen und insbesondere die Vorschriften über die vorläufige Insolvenzverwaltung umfangreich geregelt.

4.1 Voraussetzungen

1013 Solche Sicherungsmaßnahmen – in der Diktion des Gesetzes seit ESUG nunmehr „vorläufige Maßnahmen" – setzen einen zulässigen Insolvenzantrag voraus. Ausnahmsweise dürfen bei noch nicht abschließend geklärter Zulässigkeit wegen des Eilcharakters des Vorverfahrens bei überwiegender Wahrscheinlichkeit der Zulässigkeit Sicherungsmaßnahmen angeordnet werden.[2223]

Das Gericht muss abwägen. Die durch das Gericht anzuordnenden Maßnahmen müssen erforderlich erscheinen, um nachteilige Veränderungen in der Vermögenslage des Schuldners zu verhindern. Die Maßnahmen müssen jedoch nicht objektiv erforderlich sein, sondern nur erscheinen, d. h. die Erforderlichkeit der Maßnahme muss nicht feststehen, sondern aus Gerichtssicht nur überwiegend wahrscheinlich sein.

Alle Sicherungsmaßnahmen stehen also unter dem verfassungsrechtlichen Grundsatz der Verhältnismäßigkeit. Denn ebenso wie die Eröffnung des Insolvenzverfahrens selbst, stellen sie einen mehr oder minder schweren Eingriff in das durch Art. 14 GG geschützte Eigentumsrecht des Schuldners dar.

[2223] BGH, B. v. 22.03.2007 – IX ZB 164 06, ZInsO 2007, 440.

4.2 Rechtsfolgen

Während der Insolvenzantrag selbst und auch die Bestellung eines Sachverständigen insbesondere im Hinblick auf die Befugnis des Schuldners, über sein Vermögen zu verfügen, ohne Auswirkung sind, können Sicherungsmaßnahmen diese Befugnis in verschiedenen Arten beschränken oder ihm im extremsten Fall – namentlich im Falle der Anordnung einer sogenannten starken vorläufigen Insolvenzverwaltung mit Übergang der Verwaltungs- und Verfügungsbefugnis auf den vorläufigen Insolvenzverwalter – ganz entziehen. Die Möglichkeiten der durch das Gericht anzuordnenden Sicherungsmaßnahmen sind zahlreich und erlauben unzählige am Verhältnismäßigkeitsgrundsatz auszurichtende Maßnahmen.

1014

5. Arten von Sicherungsmaßnahmen

5.1 Allgemeines

In §§ 21–25 InsO regelt das Gesetz, unter welchen Voraussetzungen das Gericht welche Sicherungsmaßnahmen anordnen kann oder muss, welche Rechtsstellung im Falle der Anordnung der vorläufigen Insolvenzverwaltung ein vorläufiger Insolvenzverwalter hat, welche Wirkungen die angeordneten Maßnahmen haben und welche Rechtsfolgen die Aufhebung der Sicherungsmaßnahmen hat.

1015

Das Gericht kann insbesondere

1016

- einen vorläufigen Insolvenzverwalter bestellen, der wie der endgültige Insolvenzverwalter unter gerichtlicher Aufsicht steht und für Fehlverhalten haftet (§§ 58–66 InsO), § 21 Abs. 2 Nr. 1 InsO;
- dem Schuldner ein allgemeines Verfügungsverbot auferlegen (§ 21 Abs. 2 Nr. 2, 1. Alt InsO) oder anordnen, dass Verfügungen des Schuldners nur mit Zustimmung des vorläufigen Verwalters wirksam sind;
- Zwangsvollstreckungsmaßnahmen in das Vermögen des Schuldners untersagen oder einstweilen einstellen, soweit nicht unbewegliche Gegenstände betroffen sind[2224];
- eine vorläufige Postsperre anordnen (§ 21 Abs. 2 Nr. 4 InsO);
- anordnen, dass Gegenstände, die im eröffneten Verfahren durch den Gläubiger ausgesondert werden dürfen oder hinsichtlich derer der Insolvenzverwalter ein Verwertungsrecht hat, vom Gläubiger nicht verwertet oder eingezogen werden dürfen und vom Insolvenzverwalter zur Fortführung des Betriebes verwandt werden dürfen, soweit sie für die Betriebsfortführung von erheblicher Bedeutung sind;
- als ultimata ratio den Schuldner bzw. – wenn der Schuldner keine natürliche Person ist – dessen organschaftlichen Vertreter, zwangsweise vorführen und nach Anhörung in Haft nehmen lassen (§ 21 Abs. 3 InsO).

Die Bestellung eines Sachverständigen ist keine Sicherungsmaßnahme, sondern eine Maßnahme der Amtsermittlung nach § 5 InsO. Daher ist hier-

1017

2224 Gemeint ist hiermit die Vollstreckung nach ZVG, nicht jedoch z. B. die Herausgabevollstreckung in Wohn- oder Geschäftsräume des Schuldners, die nach allerdings strittiger Ansicht im Falle der einstweiligen Einstellung von Zwangsvollstreckungsmaßnahmen nicht mehr zulässig ist.

gegen auch keine Beschwerdemöglichkeit nach § 21 Abs. 1 Satz 2 InsO gegeben.[2225]

5.2 Bestellung eines vorläufigen Insolvenzverwalters[2226]

1018 Insbesondere in Insolvenzantragsverfahren von Unternehmen geschieht die Bestellung eines vorläufigen Insolvenzverwalters häufig, regelmäßig auf Anregung des zuvor bestellten Sachverständigen, häufig aber auch von Amts wegen durch das Gericht, wozu dieses verpflichtet ist, wenn die Notwendigkeit sichernder Maßnahmen besteht. Die rechtliche Stellung des vorläufigen Insolvenzverwalters gleicht insbesondere in Bezug auf Bestellung, Entlassung, Haftung und gerichtlicher Aufsicht der Stellung des Insolvenzverwalters.

Bestellt das Gericht (überhaupt) einen vorläufigen Insolvenzverwalter, so ist dieser berechtigt, die Geschäftsräume des Schuldners zu betreten und dort Nachforschungen anzustellen (§ 22 Abs. 3 Satz 1 InsO).

Der Schuldner hat ihm Einsicht in seine Geschäftsunterlagen zu gewähren (§ 22 Abs. 3 Satz 2 InsO), alle erforderlichen Auskünfte zu erteilen und den vorläufigen Insolvenzverwalter bei der Erfüllung seiner Aufgaben zu unterstützen, §§ 22 Abs. 2, Satz 3, 97 InsO.

Kommt der Schuldner diesen Pflichten nicht nach, können diese nach § 98 InsO erzwungen werden.

1019 Da jedenfalls in praxi die Person des vorläufigen Insolvenzverwalters und die des Insolvenzverwalters (soweit dieser mit Verfahrenseröffnung durch das Gericht bestellt wird) personenidentisch sind, stellt die rechtzeitige Bestellung einer fachkundigen Person zum vorläufigen Insolvenzverwalter die entscheidende Weichenstellung für das weitere Insolvenzantragsverfahren und regelmäßig aus den geschilderten Gründen auch für das dann folgende Insolvenzverfahren dar. Zwar darf der vorläufige Insolvenzverwalter von Rechts wegen noch nicht über Fragen der Einstellung des Geschäftsbetriebes entscheiden, hat im Gegenteil eine Betriebsfortführungspflicht, jedoch ist seine Bereitschaft, das Unternehmen fortzuführen bzw. das Unternehmen unter seiner Aufsicht fortführen zu lassen, lukrative Geschäfte abzuwickeln, Kunden zu halten, Sanierungschancen zu eruieren und Liquidität zu besorgen die entscheidende Weichenstellung für das weitere Insolvenzantragsverfahren und damit die Sanierungschancen des Unternehmens insgesamt.

1020 Die Anordnung der vorläufigen Insolvenzverwaltung wird nach § 23 InsO öffentlich bekannt gemacht. Spiegelbildlich gilt dies gemäß § 25 InsO auch im Falle der Aufhebung.

Wird eine vorläufige Insolvenzverwaltung bei einem im Register eingetragenen Schuldner angeordnet, ist diese in das Register einzutragen (§ 23 Abs. 2 InsO). Die Eintragung erfolgt auch in Grundbücher, Schiffsregister, Schiffsbauregister und das Register für Pfandrechte an Luftfahrzeugen in Braunschweig (§§ 23 Abs. 2, 3 i.V.m. 32, 33 InsO).

2225 BGH, B. v. 04.03.2004 – IX ZB 133/03, BGHZ 158, 212.
2226 Hierzu: Teil 2, Kap. 2.

Das Gericht ist im Übrigen in den Maßnahmen, die es anordnet, frei. Es kann Maßnahmen einzeln oder kombiniert anwenden. Legt es dem Schuldner ein Verfügungsverbot nach § 21 Abs. 2 Nr. 2, 1. Alt InsO auf (sog. „starker" vorläufiger Insolvenzverwalter), richten sich die Rechtsfolgen nach § 22 Abs. 1 InsO. Tut es dies nicht und ordnet einen Zustimmungsvorbehalt nach § 21 Abs. 2 Nr. 2, 2. Alt InsO an (sog. „schwacher" vorläufiger Insolvenzverwalter), muss es die Pflichten des vorläufigen Insolvenzverwalters im Einzelnen bestimmen, § 22 Abs. 2 Satz 1 InsO, wobei dessen Pflichten nicht über diejenigen eines starken hinausgehen dürfen.

5.2.1 Bestellung eines sog. „starken" vorläufigen Insolvenzverwalters

5.2.1.1 Allgemeines

Wird die Anordnung einer vorläufigen Insolvenzverwaltung durch ein allgemeines Verfügungsverbot flankiert (§§ 21 Abs. 2 Satz 2, 1. Alt, § 22 Abs. 1 InsO), so geht die Verwaltungs- und Verfügungsbefugnis wie im eröffneten Insolvenzverfahren auf den vorläufigen Insolvenzverwalter über. Er alleine kann anstelle des Schuldners über das Vermögen verfügen. Verfügungen des Schuldners, die hiergegen verstoßen, sind – ebenso wie bei Anordnung eines Zustimmungsvorbehalts – gemäß §§ 24 Abs. 1, 81 Abs. 1 InsO unwirksam. *1021*

> **Beispiel**
>
> Das Gericht hat einen vorläufigen „starken" Insolvenzverwalter bestellt und angeordnet, dass die Verwaltungs- und Verfügungsbefugnis auf diesen übergeht. Danach verkauft der Schuldner sein Auto an einen Dritten und übereignet es ihm. Der Verkauf als schuldrechtliches Geschäft ist wirksam, die Übereignung als Verfügung ist unwirksam. Der Dritte konnte nicht Eigentümer werden.

Der Übergang der Verwaltungs- und Verfügungsbefugnis auf den vorläufigen Insolvenzverwalter ist in diesem Fall zwingend, weil ansonsten die dem Schuldner entzogenen Befugnisse von niemandem wahrgenommen werden können.

Die umfassende Verwaltungs- und Verfügungsbefugnis des sog. „starken" vorläufigen Insolvenzverwalters gibt diesem allerdings kein Recht zur Verwertung der Masse, denn die Verwertung ist dem eröffneten Insolvenzverfahren vorbehalten, da erst dann feststeht, dass bei dem Unternehmen ein Insolvenzgrund tatsächlich vorliegt. Eine Ausnahme bilden Notverkäufe, der Verkauf verderblicher Ware usw.[2227] *1022*

Ganz im Gegenteil hat auch der vorläufige starke Insolvenzverwalter die Masse zu sichern und zu erhalten, § 22 Abs. 2 Nr. 1 InsO. Gehört zur Masse ein Unternehmen, so soll er das Unternehmen fortführen, bis über die Insolvenzeröffnung entschieden ist, § 22 Abs. 1 Satz 2 Nr. 2 InsO. Zur Stilllegung des Betriebes ist auch der starke vorläufige Insolvenzverwalter nicht berechtigt, es sei denn, dass das Gericht einer Stilllegung zustimmt, um eine erhebliche Verminderung des Vermögens zu vermeiden, § 22 Abs. 1 Satz 2 Nr. 2, letzter HS InsO. Denn die bloße Stilllegung des Unternehmens schafft in der

---

2227 BGH, B. v. 14.12.2000 – IX ZB 105/00, NJW 2001, 1496.

Regel irreversible Fakten. Sind erst einmal die besten Mitarbeiter abgesprungen, durch die Unterbrechung der Produktion Werte vernichtet worden oder Kunden zur Konkurrenz abgewandert und damit verloren, hat sich in der Regel die Aussicht auf Verkauf oder Sanierung des Unternehmens entscheidend verschlechtert. Die Betriebseinstellung stellt daher eine zentrale Frage der Insolvenz dar und die Entscheidung über sie obliegt daher aufgrund der Gläubigerautonomie der Gläubigerversammlung. Da diese aber erst im Berichtstermin hierüber entscheidet (§ 157 Satz 1 InsO), darf ihr nicht vorgegriffen werden.

5.2.1.2 Masseverbindlichkeiten

1023 Verbindlichkeiten, die ein starker vorläufiger Insolvenzverwalter begründet, treffen den Schuldner. Sie werden Masseverbindlichkeiten, wenn später das Insolvenzverfahren eröffnet wird, § 55 Abs. 2. Satz 1 InsO. Wäre dies anders geregelt und die durch den vorläufigen starken Insolvenzverwalter begründeten Verbindlichkeiten bloße Insolvenzforderungen gemäß § 38 InsO, wäre kaum ein Gläubiger bereit, mit dem vorläufigen starken Insolvenzverwalter Geschäfte abzuschließen. Neben den originär durch den vorläufigen starken Verwalter begründeten Verbindlichkeiten werden auch Ansprüche aus Dauerschuldverhältnissen Masseverbindlichkeiten, soweit der vorläufige Verwalter die Gegenleistung für die Masse in Anspruch genommen hat, § 55 Abs. 2 Satz 2 InsO.

Erfüllt der vorläufige starke Insolvenzverwalter die durch ihn begründeten Masseverbindlichkeiten nicht bzw. erfüllt er die Masseverbindlichkeiten aus Dauerschuldverhältnissen nicht, für die er die Gegenleistung in Anspruch genommen hat, droht ihm die persönliche Haftung gemäß § 21 Abs. 2 Nr. 1, 61 InsO.

1024 In der Praxis ist daher die sog. schwache vorläufige Insolvenzverwaltung die Regel, da durch die Anordnung eines Zustimmungsvorbehalts keine die Masse belastenden Masseverbindlichkeiten entstehen. Die starke vorläufige Verwaltung stellt eine Haftungsfalle für den vorläufigen Verwalter dar, der sich erst mit dem ihm bis dato regelmäßig unbekannten Unternehmen beschäftigen muss.

> **Beispiel**
>
> Bestellt der vorläufige starke Insolvenzverwalter nach seiner Bestellung Ware zur Betriebsfortführung, begründet er dadurch nach § 55 Abs. 2 Satz 1 InsO Masseverbindlichkeiten, die nach Verfahrenseröffnung aus der Masse zu zahlen sind. Kann eine Zahlung mangels Masse nicht erfolgen, haftet der vorläufige starke Verwalter hierfür nach § 61 Satz 1 InsO auf Schadensersatz, es sei denn (Beweislast bei ihm!), er konnte die Masseinsuffizienz bei Begründung der Verbindlichkeit nicht erkennen.

Daher wird regelmäßig nur ein schwacher vorläufiger Verwalter bestellt, der der Bestellung der Ware durch den Schuldner zustimmt. Im Falle der Nichterfüllung dieser Verbindlichkeit haftet er persönlich höchstens aus der Inanspruchnahme besonderen Vertrauens (culpa in contrahendo), nicht aber aus § 61 InsO.[2228]

[2228] Instruktiv hierzu: LG Trier, Urt. v. 23.03.2009 – 6 O 204/08, ZInsO 2009, 208.

Kapitel 1   Insolvenzeröffnungsverfahren

5.2.1.3 Aufhebung der Sicherungsmaßnahmen (§ 25 InsO)

Da Insolvenzanträge zurückgenommen oder für erledigt erklärt werden können und da des weiteren aus Gründen der Verhältnismäßigkeit die angeordneten Sicherungsmaßnahmen stets auf ihre Erforderlichkeit hin überprüft werden müssen, können diese auch aufgehoben werden. Die Aufhebung von sichernden Maßnahmen hat das Gesetz nur fragmentarisch geregelt. § 25 InsO erfasst die Aufhebung von Sicherungsmaßnahmen nach Ab- bzw. Zurückweisung, Rücknahme oder Erledigung des Insolvenzantrages ebenso wie die Aufhebung wegen Wegfalls des Sicherungserfordernisses, nicht jedoch den Fall der (automatischen) Beendigung der Sicherungsmaßnahmen durch die Verfahrenseröffnung.

1025

§ 25 InsO regelt zwei Teilaspekte: In Abs. 1 regelt diese Vorschrift die öffentliche Bekanntmachung der Aufhebung von Verfügungsbeschränkungen als Gegenpol zur Bekanntmachung der Anordnung gemäß § 23 InsO. In Abs. 2 regelt die Vorschrift die Berichtigung von Verbindlichkeiten aus dem Insolvenzeröffnungsverfahren bei der sogenannten starken vorläufigen Insolvenzverwaltung. Dadurch soll der Streit über die Erfüllung der entstandenen Verfahrenskosten und die vom starken vorläufigen Insolvenzverwalter begründeten Verbindlichkeiten nach Rückfall der Verfügungsbefugnis auf den Schuldner vermieden werden; die starke vorläufige Insolvenzverwaltung soll sachgerecht beendet werden.[2229]

Wurde eine starke vorläufige Insolvenzverwaltung angeordnet, so muss der vorläufige Insolvenzverwalter vor der Aufhebung seiner Bestellung aus dem von ihm verwalteten Vermögen die entstandenen Verfahrenskosten bezahlen und die begründeten Masseverbindlichkeiten erfüllen. § 25 Abs. 2 InsO kollidiert mit dem Grundsatz, dass Sicherungsmaßnahmen unverzüglich aufzuheben sind, sobald das Sicherungserfordernis weggefallen ist. Zur Lösung dieses Zielkonflikts werden in der Literatur unterschiedliche Lösungsmöglichkeiten vorgeschlagen, z.B. die Vorankündigung der Aufhebung der Sicherungsmaßnahmen durch das Gericht mit Fristsetzung, die Anordnung einer Nachtragsverteilung analog § 211 Abs. 3 InsO oder die Hinterlegung eines entsprechenden Betrages durch den Schuldner bei der Gerichtskasse unter Verzicht auf die Rücknahme zur Bezahlung der Masse, Kosten und begründeten Masseverbindlichkeiten.[2230]

1026

Unproblematisch ist die Anwendung des § 25 Abs. 2 InsO, wenn der vorläufige starke Insolvenzverwalter vor Aufhebung der Sicherungsmaßnahmen die Massekosten und die durch ihn begründeten Masseverbindlichkeiten kennt und die notwendige Liquidität vorhanden ist, um diese sofort bezahlen zu können. In diesem Fall kann er unverzüglich tätig werden. Problematisch wird aus Gründen der Verhältnismäßigkeit und des geschilderten Zielkonflikts die Anwendung dieser Vorschrift jedoch, wenn der vorläufige Insolvenzverwalter die Bezahlung dieser Kosten verzögert, sei es aus Nachlässigkeit oder sei es, weil er über die zur Bezahlung erforderlichen Mittel in der Insolvenzmasse nicht verfügt. In diesem Fall verfährt die Praxis häufig so, dass das Gericht das allgemeine Verfügungsverbot zu Lasten des Schuldners aufhebt und

---

2229 BGH, B. v. 26.10.2006 – IX ZB 163/05, ZInsO 2007, 34.
2230 Hinweise bei *Schröder*, in: HmbK, § 25 Rn. 5.

nur die Verfügungsbefugnis des vorläufigen Insolvenzverwalters für das verwaltete schuldnerische Barvermögen im erforderlichen Umfang anordnet bzw. aufrecht erhält.[2231]

Auf den sogenannten „schwachen" vorläufigen Insolvenzverwalter ist § 25 Abs. 2 InsO nicht analog anwendbar. Ausnahmsweise ist § 25 Abs. 2 InsO analog anzuwenden, soweit es um die Bezahlung von Masseverbindlichkeiten geht, die der vorläufige schwache Insolvenzverwalter aufgrund einer Einzelermächtigung begründet hat.[2232]

5.2.2 Bestellung eines sog. „schwachen" vorläufigen Insolvenzverwalters

1027 Aus genannten Gründen ist die Bestellung eines schwachen vorläufigen Insolvenzverwalters die Regel. Davon ist die Rede, wenn ein Zustimmungsvorbehalt nach § 21 Abs. 2 Nr. 2, 2. Alt InsO angeordnet wird. Verfügungen des Schuldners sind dann nur wirksam, wenn der vorläufige Verwalter ihnen zugestimmt hat.

Im Falle der schwachen vorläufigen Insolvenzverwaltung bestimmt das Gericht nach § 22 Abs. 2 Satz 1 InsO die Pflichten des vorläufigen Verwalters im Einzelnen. Welche Pflichten es ihm auferlegt, steht im Ermessen des Gerichts. Seine Pflichten dürfen jedoch nach § 22 Abs. 2 Satz 2 InsO über die des starken vorläufigen Verwalters nicht hinausgehen.

1028 Die fehlende Verfügungsbefugnis ist insbesondere bei Betriebsfortführungen und obstruktiven Schuldnern nachteilig. Um der Haftungsfalle der starken vorläufigen Verwaltung zu entgehen, kann sich der vorläufige Verwalter im Wege der Einzelermächtigung zu bestimmten Handlungen ermächtigen lassen.[2233]

Sollen eine Vielzahl von Ermächtigungen einzeln erteilt werden, kann der vorläufige Insolvenzverwalter eine Liste mit konkretisierten Einzelangaben erstellen und dem Gericht vorlegen.[2234]

1029 Streitig ist, ob Einzelermächtigungen ausscheiden und eine sogenannte vorläufige starke Insolvenzverwaltung anzuordnen ist, wenn für eine Betriebsfortführung eine unüberschaubare Vielzahl von Gläubigern benötigt wird und Ermächtigungen zugunsten einzelner Gläubiger möglicherweise dem Grundsatz der Gleichbehandlung der Gläubiger widersprechen. Nach der Rechtsprechung des BGH[2235] obliegt es dem vorläufigen Insolvenzverwalter nicht, vorrangig von sich aus für die volle Befriedigung von Gläubigern zu sorgen, die während des Eröffnungsverfahrens Leistungen an den Schuldner erbringen. Er soll vielmehr nach Möglichkeit eine Verminderung der künftigen Insolvenzmasse durch Erfüllung von Verbindlichkeiten des Schuldners verhindern. Dieser Rechtsprechung ist zuzustimmen, da der

---
2231 Vgl. Schröder in: HmbK, § 25 Rn. 6.
2232 BGH, Urt. v. 22.02.2007 – IX ZR 2/06, NZI 2007, 338.
2233 BGH, Urt. v. 18.07.2002 – IX ZR 195/01, BGHZ 151, 353.
2234 Vgl. hierzu die Hamburger Leitlinien zum Insolvenzeröffnungsverfahren, ZInsO 2004, 24; hierzu auch Kirchhoff, Begründung von Masseverbindlichkeiten im vorläufigen Insolvenzverfahren, ZInsO 2004, 57.
2235 BGH, Urt. v. 18.07.2002 - IX ZR 195/01, BGHZ 151, 353.

Kapitel 1   Insolvenzeröffnungsverfahren

Grundsatz der Gläubigergleichbehandlung im Insolvenzeröffnungsverfahren nicht gilt.[2236]

> **Beispiel**
>
> Der vorläufige Verwalter ohne Verfügungsbefugnis, der einen Baubetrieb fortführt, kann ohne Zustimmung des Schuldners kein Material einkaufen. Eine starke vorläufige Insolvenzverwaltung möchte er vermeiden, da er mangels Kooperation des Schuldners keinen Überblick über die Masseverbindlichkeiten gewinnen kann. Er kann sich daher vom Gericht im Beschlusswege ermächtigen lassen, Baumaterialien einzukaufen. Die aus diesen Bestellungen dem Lieferanten zustehenden Forderungen sind dann Masseverbindlichkeiten, bei deren Nichtzahlung der vorläufige Verwalter u. U. gemäß § 61 InsO haftet.

Dabei lässt die Praxis Gruppenermächtigungen („alle Energielieferungen") und Projektermächtigungen („alle Baumaterialien für das Bauvorhaben X") zu.

Dabei geht bei der Erteilung von Einzelermächtigungen die überwiegende Meinung davon aus, dass das Gericht prüfen und sich deshalb vom vorläufigen Insolvenzverwalter darlegen lassen muss, inwieweit die neu zu begründenden Verbindlichkeiten erfüllt werden können, um so Vermögensschäden bei künftigen Vertragspartnern möglichst zu vermeiden.[2237]

Diese Ansicht ist überzogen. Die Flankierung einer vorläufigen schwachen Insolvenzverwaltung mit einer oder mehrerer Einzelermächtigungen ist ein Minus, kein Aliud, gegenüber der Anordnung einer starken vorläufigen Insolvenzverwaltung. Bei Letzterer vertritt – soweit ersichtlich – niemand die Ansicht, dass eine Pflicht des Gerichts zur Prüfung einer Liquiditätsvorschau besteht. Es ist daher kaum einzusehen, warum eine solche gerichtliche Pflicht bei der weniger einschneidenden Maßnahme bestehen soll.[2238]   *1030*

Bis zum Inkrafttreten des ESUG bestand im Falle einer sog. schwachen vorläufigen Insolvenzverwaltung keine Möglichkeit des Gerichts, dessen Vergütung festzusetzen, wenn es z. B. zu einer Erledigungserklärung des Folgeantrages kommt und das Gericht dann die vorläufige Verwaltung sofort aufzuheben hatte. Zwar ließ dies den materiell-rechtlichen Vergütungsanspruch gegen den ehemaligen Schuldner unberührt. Diesen musste er aber zunächst gegen den ehemaligen Schuldner gerichtlich geltend machen. Daher wurde durch das ESUG der § 26a InsO neu geschaffen: Im Falle der Nichteröffnung eines Insolvenzverfahrens setzt das Gericht nunmehr Vergütung und Auslagen des ehemaligen vorläufigen Verwalters durch Beschluss fest. Dieser ist – seine Rechtskraft vorausgesetzt – Vollstreckungstitel gegen den ehemaligen Schuldner.   *1031*

2236 *Kirchhoff*, Begründung von Masseverbindlichkeiten im vorläufigen Insolvenzverfahren, ZInsO 2004, 57 ff.; *Martini/Horstkotte*, Die Einzelermächtigung – ein zusätzliches Haftungsrisiko?, ZInsO 2010, 750 ff.

2237 *Kirchhoff*, Begründung von Masseverbindlichkeiten im vorläufigen Insolvenzverfahren, ZInsO 2004, 57, 58 ff.; *Schröder*, HmbK, § 22 Rn. 94.

2238 Im Einzelnen: *Martini/Horstkotte*, Die Einzelermächtigung – ein zusätzliches Haftungsrisiko?, ZInsO 2010, 750 ff.

5.3 Untersagung und Einstellung der Zwangsvollstreckung in das bewegliche Vermögen

1032 Weder der Insolvenzantrag noch die Bestellung eines vorläufigen Insolvenzverwalters hindern die Einzelzwangsvollstreckung durch Gläubiger. Um ein vorzeitiges Auseinanderreißen des Vermögens zu verhindern, kann das Gericht daher nach § 21 Abs. 2 Nr. 3 InsO

- die Zwangsvollstreckung vorübergehend untersagen,
- bereits begonnene Zwangsvollstreckungsmaßnahmen einstweilen einstellen.

Zulässig ist eine solche Anordnung jedoch nicht in Bezug auf unbewegliches Vermögen. Die Zwangsversteigerung von Grundstücken kann also so nicht verhindert werden.

Eine isolierte Anordnung nach § 21 Abs. 2 Nr. 3 InsO bietet sich auch in der Insolvenz der natürlichen Person an, wenn Individualvollstreckungsmaßnahmen bevorstehen oder begonnen wurden, aber eine vorläufige Insolvenzverwaltung aus Verhältnismäßigkeitsgründen (z. B. weil sie regelmäßig zu einer Kontensperrung beim Schuldner führt) ausscheidet.

5.4 Vorläufige Postsperre

1033 Die Anordnung einer vorläufigen Postsperre nach § 21 Abs. 2 Nr. 4 InsO dient dazu, die Vermögenslage des Schuldners aufzuklären und eine nachteilige Veränderung des Schuldnervermögens zu verhindern. Sie ist im Insolvenzeröffnungsverfahren aufgrund des damit verbundenen Grundrechtseingriffs in das verfassungsrechtlich geschützte Postgeheimnis die Ausnahme.

Zwar ist der Begriff der Postsendung weit zu verstehen und umfasst daher

- Briefe,
- Pakete und Päckchen,
- Telefaxe, Telexe, Telegramme
- und auch E-Mails.

Ihr Nutzen ist jedoch seit dem Ende des Postmonopols geringer geworden, weil die durch das Gericht angeordnete Postsperre erfahrungsgemäß aufgrund der Vielzahl privater Postdienstleistungsunternehmen häufig missachtet wird.

Sie ist für den Bereich des E-Mail-Verkehrs darüber hinaus technisch kaum umsetzbar.

Daher und wegen des damit verbundenen Grundrechtseingriffs sollte daher von einer Postsperre im Eröffnungsverfahren nur ausnahmsweise Gebrauch gemacht werden.

5.5 Zwangsmaßnahmen

1034 Als ultima ratio kann das Gericht den Schuldner nach § 21 Abs. 3 InsO zwangsweise vorführen und nach Anhörung in Haft nehmen lassen. Ist der Schuldner keine natürliche Person, gilt entsprechendes für seine organschaftlichen Vertreter. Auch diese Maßnahme dient der Sicherung des Schuldnervermögens und ist von Beugemaßnahmen zur Durchsetzung der

Auskunfts- und Mitwirkungspflicht gemäß §§ 20 Abs. 1, 98 Abs. 2 InsO zu unterscheiden.

6. Einsetzung eines vorläufigen Gläubigerausschusses[2239]

Bereits nach bisherigem Recht konnte bereits im Eröffnungsverfahren ein vorläufiger Gläubigerausschuss eingesetzt werden, für den die Vorschriften der § 67 Abs. 2 InsO und §§ 69 bis 73 InsO entsprechend gelten. Von Großverfahren abgesehen, war dies der Ausnahmefall. 1035

Das ESUG bringt an dieser Stelle wesentliche Neuregelungen[2240]: Neben den erhöhten Anforderungen, die nunmehr § 13 InsO an Insolvenzanträge stellt, muss unter bestimmten Voraussetzungen möglichst sofort nach dem Eröffnungsantrag ein vorläufiger Gläubigerausschuss eingesetzt werden, wenn zwei der drei nachstehenden Merkmale im letzten Geschäftsjahr erfüllt sind: mindestens 4,84 Mio. € Bilanzsumme, 9,68 Mio. € Jahresumsatz und 50 Arbeitnehmer. All dies gilt nur bei laufendem Geschäftsbetrieb. Das Gericht darf von einer Bestellung dann nur absehen, wenn die damit verbundenen Kosten im Hinblick auf die geringe Masse unverhältnismäßig wären oder Verzögerungen drohen. Diese Verzögerung kann der Schuldner selbst vermeiden, indem er Mitglieder vorschlägt, die zur Übernahme bereit sind. Damit das Gericht bereits frühzeitig weiß, ob zwingend ein solcher Ausschuss zu bestellen ist, sind gemäß § 13 Abs. 1 InsO dem Eigenantrag des Schuldner nunmehr Verzeichnisse der Gläubiger und Schuldner beizufügen und gewisse Verbindlichkeiten ggf. kenntlich zu machen, § 13 Abs. 1, Satz 3 Nrn. 1–5 InsO. 1036

Ist der Geschäftsbetrieb bereits eingestellt oder mindestens zwei der drei genannten Merkmale sind nicht erfüllt, kann das Gericht ihn einsetzen, muss es aber nicht. Es soll ihn dennoch einsetzen, wenn Schuldner, Gläubiger oder der vorläufige Verwalter dies beantragen und Personen benennen, die als Mitglieder in Betracht kommen, § 22a Abs. 2 InsO. 1037

Dieser vorläufige Gläubigerausschuss kann ein „Anforderungsprofil" für den vorläufigen Insolvenzverwalter aufstellen, § 56a Abs. 1 i.V.m. § 21 Abs. 2 Satz 1 InsO, und – einstimmig! – eine Verwalterperson vorschlagen, § 56a Abs. 2 InsO. Einem solchen Vorschlag muss das Gericht folgen, es sei denn, der Vorgeschlagene ist nicht geeignet. Eine Nichtbestellung wäre zu begründen und diese Begründung zu veröffentlichen. 1038

Hat das Gericht einen vorläufigen Gläubigerausschuss eingesetzt, nicht aber bei der Verwalterauswahl beteiligt, so soll der Gläubigerausschuss den (vorläufigen) Insolvenzverwalter auswechseln können, § 56a Abs. 3 i.V.m. § 21 Abs. 2 Nr. 1 InsO. 1039

[2239] Einen Überblick über die wesentlichen Neuregelungen bietet *Rattunde*, Das neue Insolvenzrecht für Unternehmen, AnwBl. 2012, 414; vgl. auch *Frind*, Musterbeschlüsse für das Insolvenzgericht in regelhaft gemäß InsO-ESUG vorkommenden Verfahrenssituationen, ZInsO 2012, 386.

[2240] Inkrafttreten dieser Regelungen am 01.03.2012.

7. Beendigung des Insolvenzeröffnungsverfahrens

1040 Das Insolvenzeröffnungsantragsverfahren endet mit Rücknahme des Insolvenzantrages, Erledigungserklärung des Gläubigers und eo ipso mit Eröffnung des Insolvenzverfahrens. Etwaige Sicherungsmaßnahmen verlieren im Falle der Verfahrenseröffnung automatisch ihre Wirkung; es gilt nunmehr § 80 InsO. Im Falle der Antragsrücknahme oder der Erledigungserklärung sind die Sicherungsmaßnahmen durch das Gericht explizit aufzuheben.

Kapitel 2
Regelinsolvenzverfahren

1. Vorbemerkung

Die Eröffnung des Insolvenzverfahrens folgt dem Insolvenzantragsverfahren unmittelbar nach, wenn das Gericht vom Vorliegen eines oder mehrerer Insolvenzgründe überzeugt ist, die Kosten des Insolvenzverfahrens gedeckt sind und im Zeitpunkt der Eröffnungsentscheidung ein zulässiger Insolvenzantrag vorliegt. *1041*

Erst ab diesem Zeitpunkt erhält das in § 1 InsO geregelte Ziel des Insolvenzverfahrens – die gemeinschaftliche Gläubigerbefriedigung – seine konkrete Bedeutung und in Form der Vorschriften der Insolvenzordnung über den Verfahrensablauf seinen organisatorischen Rahmen. Der Insolvenzverwalter hat die Masse in Besitz zu nehmen, sie um bessere Rechte Dritter zu bereinigen und sie sodann vorbehaltlich entgegenstehender Beschlüsse der Gläubigerversammlung zu verwerten, damit der Verwertungserlös nach Abzug der Verfahrenskosten an die Gläubiger zur anteiligen Befriedigung ihrer Forderungen ausgekehrt werden kann. Aus dem bis dahin als Parteiverfahren betriebenen Insolvenzantragsverfahren wird ein Amtsverfahren zwecks Generalexekution des schuldnerischen Vermögens, wobei die Art der Befriedigung und Verwertung zu einem Großteil durch die Autonomie der Gläubiger bestimmt wird, deren Befriedigung die Durchführung des Verfahrens neben der Verfolgung weiterer Zwecke (insbesondere öffentlicher Interessen) dient.

Die Eröffnung des Insolvenzverfahrens, der damit beim Schuldner einhergehende Verlust der Verwaltungs- und Verfügungsbefugnis zu Gunsten des Insolvenzverwalters und die vorbehaltlich einer erhaltenden Sanierung des Unternehmens zumeist erfolgende Versilberung des schuldnerischen Vermögens stellen einen weitgehenden Eingriff in verfassungsmäßige Rechte (insbesondere Eigentum, Art. 14 GG, ggf. Berufsfreiheit, Art. 12 GG) dar. Ein solch weitgehender Eingriff ist nur möglich und zulässig, wenn das Gesetz einen Rechtsrahmen schafft, der sicherstellt, dass der Eingriff in die Schuldnerinteressen in einem geregelten Verfahren verläuft. Gleichzeitig müssen auch Schuldnerinteressen geschützt werden, deren Bedeutung die InsO z. B. mit den Instrumentarien der Eigenverwaltung, des Insolvenzplans, der Er- *1042*

Teil 3 Insolvenzrechtverfahrensrecht

möglichung der Restschuldbefreiung für natürliche Personen, der Möglichkeit außergerichtlicher Schuldenregulierung und neuerdings mit dem sog. Schutzschirmverfahren[2241] viel weitergehender in den Fokus gerückt hat als noch die Konkursordnung.[2242] Schließlich kann das Ziel der gleichmäßigen Gläubigerbefriedigung in der Insolvenz statt des systemimmanenten Prinzips des „wer zuerst kommt mahlt zuerst" der Einzelzwangsvollstreckung nur erreicht werden, wenn das Gesetz einen festen Rahmen vorgibt, der sicherstellt, dass in den Fällen, in denen der Schuldner wirtschaftlich nicht mehr in der Lage ist, die Gläubiger insgesamt bzw. insgesamt bei Fälligkeit zu bedienen, nicht nur derjenige Gläubiger an sein Geld kommt, der sich – möglicherweise aufgrund seiner Wirtschaftsmacht – Zeit- oder Sondervorteile verschafft.

Auf der anderen Seite betont die Insolvenzordnung den Gedanken der Gläubigerautonomie. Das Gesetz zur weiteren Erleichterung der Sanierung von Unternehmen (ESUG)[2243] hat tiefgreifende Änderungen gebracht. Abgesehen von dem bereits in § 1 InsO zum Ausdruck kommenden Spannungsverhältnis zwischen Gläubigerbefriedigung auf der einen und Unternehmenssanierung auf der anderen Seite sowie dem öffentlichen Interesse an der Durchführung eines Insolvenzverfahrens (insolvente Rechtsträger, die weiterhin am Markt reagieren, gefährden die Interessen der Allgemeinheit und damit u. U. auch des Gemeinwesens) dient das Insolvenzverfahren zuvörderst der Gläubigerbefriedigung, so dass es konsequent ist, wenn auch die Gesamtheit der Gläubiger stärker als noch zu Zeiten der Geltung der Konkursordnung weitgehende Möglichkeiten hat, in das Verfahren einzugreifen und mitzubestimmen, ob, ggf. wann und wie das schuldnerische Vermögen verwertet und sie aus dem Verwertungserlös befriedigt werden.

Diese Wertungs- und Interessenkonflikte bringen es mit sich, dass die Regelungen der Insolvenzordnung in Teilen zwingend und streng formalisiert sind (Wirkungen der Verfahrenseröffnung, Verfahrensablauf, Terminsbestimmungen), in anderen Teilen jedoch weitgehend flexibel und disponibel sind (Erhaltung oder Zerschlagung, Art und Form der Verwertung, Einflussnahme der Gläubiger).

2241 Eingehend hierzu: *Buchalik*, Das Schutzschirmverfahren nach § 270b InsO (incl. Musteranträge), ZInsO 2012, 349.
2242 Hierzu *Schmidt*, in: HmbK, § 1 Rn. 27.
2243 BGBl. 2011 I, 2582.

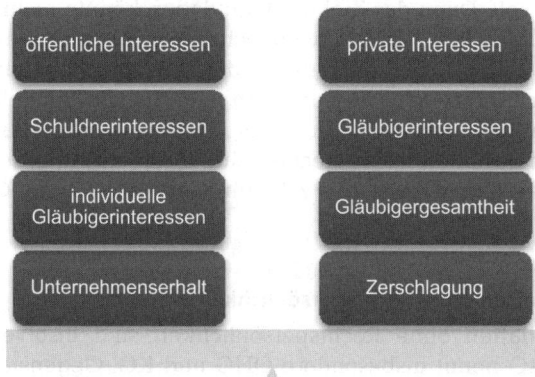

Abb. 60: Zielkonflikte des Insolvenzverfahrens

2. Verfahrensbeteiligte
2.1 Schuldner
2.1.1 Natürliche und juristische Personen

Gemäß § 11 InsO kann das Insolvenzverfahren über das Vermögen jeder natürlichen und jeder juristischen Person eröffnet werden.[2244] Vorbehaltlich der Sonderregelung in § 11 Abs. 2 Nr. 2 InsO und vorbehaltlich internationaler Regelungen, die die Wirkungen bestimmter Insolvenzverfahren abweichend vom Universalitätsprinzip auf das inländische Vermögen beschränken (Sekundärverfahren nach EuInsVO), erfasst das Insolvenzverfahren grundsätzlich das gesamte Vermögen des Schuldners (Prinzip der Universalinsolvenz, § 35 Abs. 1 InsO). Jede natürliche Person im Sinne des § 1 BGB ist insolvenzfähig. Das gleiche gilt für juristische Personen des Privatrechts, also Aktiengesellschaft, GmbH, Genossenschaft und rechtsfähigen Verein. Die juristische Person wird zwar durch die Insolvenzeröffnung aufgelöst (vgl. § 262 Abs. 1 Nr. 3 AktG, § 60 Abs. 1 Nr. 4 GmbHG, § 42 BGB), verliert aber nicht ihre Rechtspersönlichkeit, kann also weiterhin Subjekt eines Insolvenzverfahrens sein. Ihre Insolvenzfähigkeit endet erst mit vollständiger Vermögensverteilung.[2245]

1043

[2244] Näher zur Insolvenzfähigkeit: Teil 3, Kap. 1, Rn. 1002 ff.
[2245] Näher Teil 3, Kap. 1, Rn. 1006 ff.

Dem rechtsfähigen Verein ist der nicht rechtsfähige gleichgestellt (§ 11 Abs. 1 Satz 2 InsO). Auch juristische Personen des öffentlichen Rechts sind grundsätzlich insolvenzfähig, § 11 Abs. 1 Satz 1 InsO. Doch trifft § 12 InsO Sonderregelungen, um den Gesamtstaat und seine Gliedstaaten funktionsfähig zu halten. Bund und Länder sind daher nicht insolvenzfähig. Dies wäre auch nicht sinnvoll. Denn das Ziel der Liquidation könnte nicht erreicht werden. Die Diskussion über ein Insolvenzrecht für Staaten, ausgelöst durch die wirtschaftliche Krise Griechenlands in den letzten Monaten ist also, so rechtstheoretisch interessant sie auch sein mag, für die Bundesrepublik und seine Länder müßig. Juristische Personen, die der Landesaufsicht unterliegen (Stiftungen des öffentlichen Rechts), sind insolvenzfähig, sofern das Landesrecht dies bestimmt. Das gilt z. B. für Gemeinden und Gemeindeverbände.[2246]

2.1.2 Gesellschaften ohne Rechtspersönlichkeit

1044 Auch Gesellschaften ohne Rechtspersönlichkeit sind insolvenzfähig. § 11 Abs. 2 Nr. 1 InsO nennt insbesondere OHG und KG. Gegenstand des Insolvenzverfahrens ist das gesamte Vermögen der Personenhandelsgesellschaft. Es bleibt also beim Prinzip der Universalinsolvenz.

Im Gegensatz zur Rechtslage zu Zeiten der Konkursordnung ist auch die GbR insolvenzverfahrensfähig (§ 11 Abs. 2 Nr. 1 InsO). Dies gilt allerdings nur, wenn es sich um eine Außen-GbR handelt, nicht jedoch bei der reinen Innen-GbR. Hier gilt also nichts anderes als im Gesellschaftsrecht.

> **Beispiel**
>
> Die Malermeister A+B GbR, die als solche im Geschäftsverkehr auftritt, ist insolvenzfähig. Tritt im Geschäftsverkehr nur A als Einzelkaufmann auf, gleichwohl er im Innenverhältnis mit B eine GbR unterhält, Gewinne und Verluste also z. B. geteilt werden, ist diese Gesellschaft als reine „Innen-GbR" nicht insolvenzfähig.

2.1.3 Erben und Gütergemeinschaft

1045 Gemäß § 11 Abs. 2 Nr. 2 InsO können auch ein Nachlass und das Gesamtgut einer fortgesetzten Gütergemeinschaft Gegenstand des Insolvenzverfahrens sein, ferner das Gesamtgut einer Gütergemeinschaft, wenn es gemeinschaftlich verwaltet wird. Hier weicht der Gesetzgeber vom Prinzip der Universalinsolvenz ab. Es kommt zur Sonderinsolvenz. Im Nachlassinsolvenzverfahren ist der Erbe Schuldner und verfahrensbeteiligt. Das Verfahren beschränkt sich jedoch auf das ererbte Vermögen, was nicht ausschließt, dass ein weiteres Verfahren über das Privatvermögen des Erben eröffnet wird. Bei einer Gesamtgutinsolvenz schulden die Ehegatten in gesamthänderischer Verbundenheit. Das Verfahren beschränkt sich aber auf das Gesamtgut, was weitere Insolvenzverfahren über Sonder- und Vorbehaltsgut eines oder beider Ehegatten nicht ausschließt.

2246 Zur Diskussion der Insolvenzverfahrensfähigkeit von Staaten vgl. *Mayer*, Wie nähert man sich einem internationalen Insolvenzverfahren für Staaten?, ZInsO 2005, 454 ff.

Kapitel 2 Regelinsolvenzverfahren

2.2 Insolvenzgericht – Zuständigkeit[2247]

Innerhalb der Zuständigkeit des Insolvenzgerichts ist zwischen sachlicher, örtlicher und funktioneller Zuständigkeit zu unterscheiden. Sachlich zuständig für Insolvenzverfahren sind die Amtsgerichte, aber nur diejenigen, in deren Bezirk ein Landgericht seinen Sitz hat. Die Zuständigkeit erstreckt sich dann auf den gesamten Landgerichtsbezirk, § 2 Abs. 1 InsO. Die Zuständigkeit ist ausschließlich. Von ihr kann also durch Parteiabsprache nicht abgewichen werden (§ 4 InsO i. V. m. § 40 Abs. 2 ZPO). Im Gesetzgebungsverfahren des ESUG war eine Konzentration der Verfahren auf bestimmte Amtsgerichte ins Spiel gebracht worden, um eine Spezialisierung der Gerichte zu erreichen.[2248] Dies ist letztendlich am Widerstand einiger Bundesländer gescheitert. Geblieben ist eine Spezialisierungspflicht für Richter und Rechtspfleger, die mit Insolvenzsachen nur noch betraut werden sollen, wenn sie über belegbare Kenntnisse auf diesem Gebiet verfügen oder deren Erwerb alsbald zu erwarten ist.[2249] Offen ist, ob diese Spezialisierungspflicht auch dann gilt, wenn die Zuständigkeit für Insolvenzsachen schon vor Inkrafttreten des ESUG bestand. Nach dem Wortlaut ist dies nicht der Fall. Die Praxis wird zeigen, wie die Landesjustizverwaltungen hier verfahren. Es wäre jedenfalls wenig verständlich, dass Richter, die nachweislich seit geraumer Zeit bereits Insolvenzverfahren erfolgreich bearbeiten, dies in Zukunft ohne den Nachweis belegbarer Kenntnisse nicht mehr sollten. Hier würde man an die Stelle nachgewiesener praktischer Erfahrung – ähnlich wie in der Fachanwaltsausbildung – plötzlich den Nachweis (allein) theoretischer Kenntnisse treten und ausreichen lassen.

1046

Unter den sachlich zuständigen Amtsgerichten bestimmt § 3 InsO das örtlich zuständige. Örtlich zuständig ist das Amtsgericht, in dessen Bezirk der Mittelpunkt der selbstständigen wirtschaftlichen Tätigkeit des Schuldners liegt (§ 3 Abs. 1 Satz 2 InsO). Mit „Bezirk" ist hier der Bezirk des Landgerichts gemeint. Entscheidend ist der Zeitpunkt des Eingangs des Insolvenzantrages. In diesem Zeitpunkt muss die Tätigkeit des Unternehmens zumindest teilweise noch andauern, wofür Abwicklungsmaßnahmen nicht ausreichen. Nach Einstellung des Geschäftsbetriebes ist mithin § 3 Abs. 1 Satz 2 InsO unanwendbar.

In diesem Fall gilt § 3 Abs. 1 Satz 1 InsO. Danach ist entscheidend, in welchem Landgerichtsbezirk der Schuldner seinen allgemeinen Gerichtsstand hat, der sich wiederum aus §§ 2, 12 bis 17 ZPO ergibt.

Innerhalb des sachlich und örtlich zuständigen Gerichts ist funktionell der Rechtspfleger zuständig (§ 3 Nr. 2 lit. e RPflG), teilweise aber auch der Richter. Grundsätzlich ist der Richter zuständig bis zur Eröffnung des Insolvenzverfahrens. Danach ist der Rechtspfleger zuständig, der auch die Rechtsaufsicht über den Insolvenzverwalter führt. Insolvenzpläne sind ab dem

---

2247 Vgl. hierzu zunächst Teil 3, Kap. 1, Rn. 994 f.
2248 RegE ESUG, S. 4 zu, § 2 Abs. 2 Satz 1 E-InsO; die geplante Änderung wurde später fallengelassen: Stellungnahme des Rechtsausschusses vom 26.10.2011, BT-Drs. 17/7511, S. 3.
2249 § 22 Abs. 6 GVG bzw. § 11 Abs. 4 RPflG in der ab dem 01.01.2013 geltenden Fassung.

Teil 3 Insolvenzrechtverfahrensrecht

01.01.2013 dem Richter zugewiesen, § 18 Abs. 1 Nr. 2 RPflG[2250], der nach den Vorstellungen des Gesetzgebers in der nächsten Stufe der Insolvenzreform[2251] im Gegenzug die Verbraucherinsolvenzen komplett, also inkl. des Antragsverfahrens, an den Rechtspfleger abgeben soll. Das ist bemerkenswert, wenn man sich den Anteil von Insolvenzplänen an den Insolvenzen auf der einen Seite (3–5% aller Unternehmensinsolvenzen) und das Massenverfahren der Verbraucherinsolvenz auf der anderen Seite vergegenwärtigt. Sämtliche dem Rechtspfleger obliegenden Kompetenzen kann der Richter sich ganz oder teilweise vorbehalten, sie dann wieder dem Rechtspfleger übertragen und erneut an sich ziehen (§ 18 Abs. 2 RPflG), sog. Revokationsrecht.[2252]

2.3 Insolvenzverwalter[2253]
2.3.1 Person und Aufsicht

1047 Mit der Eröffnung des Insolvenzverfahrens bestellt das Insolvenzgericht den Insolvenzverwalter, § 56 InsO. Zum Insolvenzverwalter ist eine für den jeweiligen Einzelfall geeignete, insbesondere geschäftskundige und von den Gläubigern und dem Schuldner unabhängige natürliche Person zu bestellen, die aus dem Kreis aller zur Übernahme von Insolvenzverwaltungen bereiten Personen auszuwählen ist, § 56 Abs. 1 Satz 1 InsO.

1048 Das ESUG hat hier wesentliche Neuerungen gebracht:
Die nach § 56 Abs. 1 Satz 1 InsO erforderliche Unabhängigkeit wird nicht allein dadurch ausgeschlossen, dass der in Aussicht genommene Verwalter von Schuldner oder Gläubiger vorgeschlagen ist, § 56 Abs. 1 S. 3 Nr. 1 InsO. Ferner nicht dadurch, dass der in Aussicht Genommene den Schuldner vor dem Eröffnungsantrag in allgemeiner Form über den Ablauf eines Insolvenzverfahrens und dessen Folgen beraten hat. Letztgenannte Regelung ist bemerkenswert. Die wenigsten Schuldner erwarten eine Beratung in allgemeiner Form, sie möchten ihr Problem schildern und hoffen auf Handlungsempfehlungen. Ein solches Gespräch ist auch kaum möglich. Der Berater müsste ein solches Gespräch sofort abbrechen, sobald Fragen des Schuldners zu seiner wirtschaftlichen Situation gestellt werden, wenn er noch auf die Bestellung zum Verwalter hofft. Erläutert er nur den Ablauf eines Verfahrens und dessen Folgen, berät er auch nicht (das Gesetz spricht aber von „beraten"), sondern erläutert. Um hier auch nicht den Anschein der Ungeeignetheit wegen Besorgnis der Befangenheit zu erwecken, sollte derjenige, der auf die Bestellung zum Insolvenzverwalter hofft, derartige Gespräche von vornherein unterlassen.

2250 In der gem. Art. 10 ESUG ab dem 01.01.2013 geltenden Fassung.
2251 Referentenentwurf eines Gesetzes zur Verkürzung des Restschuldbefreiungsverfahrens, zur Stärkung der Gläubigerrechte und zur Insolvenzfestigkeit von Lizenzen, vgl. http://www.bmj.de/SharedDocs/Downloads/DE/pdfs/RefE_InsoII.pdf?__blob=publicationFile.
2252 Hierzu *Fuchs*, Die Zuständigkeitsverteilung zwischen Richter und Rechtspfleger im Insolvenzeröffnungs- und eröffeten Insolvenzverfahren, ZInsO 2001 1033ff.
2253 Näher: *Smid*, Das Amt des Insolvenzverwalters, Teil 2, Kap. 5, Rn. 607ff.

Völlig neu in das Gesetz eingefügt wurde § 56a InsO: Vor der Bestellung des Insolvenzverwalters hat das Gericht dem neu durch das ESUG kodifizierten vorläufigen Gläubigerausschuss Gelegenheit zu geben, sich zu den Anforderungen, die an den Verwalter zu stellen sind und zur Person des Verwalters zu äußern. Dies setzt natürlich voraus, dass ein solcher vorläufiger Gläubigerausschuss besteht. Das Gericht darf von einem einstimmigen Vorschlag nur bei offensichtlicher Ungeeignetheit des Vorgeschlagenen abweichen. Es muss sich dann aber im Rahmen der Anforderungen halten, die der vorläufige Gläubigerausschuss aufgestellt hat, § 56a Abs. 2 Satz 2 InsO.

Beispiel

Das schuldnerische Unternehmen mit Sitz in Frankfurt am Main hatte im Jahresdurchschnitt 60 Arbeitnehmer bei Umsatzerlösen von 10 Mio. € in den letzten 12 Monaten vor dem Abschlussstichtag. Der vorläufige Gläubigerausschuss ist damit zwingend, § 22a Abs. 1 InsO. Das Gericht muss diesem daher nunmehr die Gelegenheit geben, sich zu den Anforderungen, die an den Verwalter zu stellen sind und die Person des Verwalters, zu äußern, §56a Abs. 1 InsO. Schlägt es den bei diesem Gericht nicht gelisteten, aber bei einem anderen Gericht mit Unternehmensinsolvenzen seit Jahren tätigen Verwalter X vor, darf das Gericht diesen nicht ablehnen. Wer in München laufend als Unternehmensinsolvenzverwalter tätig ist, ist auch in Frankfurt geeignet.

Abwandlung

Der vorläufige Gläubigerausschuss nennt keinen Namen, stellt aber die Anforderung, dass der Verwalter sowohl über eine abgeschlossene juristische als auch betriebswirtschaftliche Ausbildung verfügen muss. Seine Sozietät soll ferner Standorte in allen größeren deutschen Städten unterhalten. Hieran muss sich das Gericht halten, gleichwohl die Anforderung mehrerer Standorte sich auf die Sozietät und nicht den Verwalter selbst bezieht. Dies dürfte aber trotz des Umstandes, dass nur eine natürliche Person zum Verwalter bestellt werden darf, zulässig sein.

Wurde die Anhörung aus Zeitgründen unterlassen, so kann der vorläufige Gläubigerausschuss in seiner ersten Sitzung einstimmig einen anderen Verwalter wählen, § 56a Abs. 3 InsO.

Zwingend ist der vorläufige Gläubigerausschuss nur bei einem laufenden Geschäftsbetrieb, der im letzten Geschäftsjahr wenigstens zwei der drei Schwellenwerte erfüllt: 4,84 Mio. € Bilanzsumme, 9,68 Mio. € Jahresumsatz und 50 Arbeitnehmer, § 22a Abs. 1 InsO. Auf Antrag des Schuldners, eines Gläubigers oder des vorläufigen Verwalters soll das Gericht auch in anderen Fällen einen solchen einsetzen, § 22a Abs. 2 InsO. Im Falle des zwingenden vorläufigen Gläubigerausschusses soll das Gericht von seiner Bestellung nur absehen können, wenn dessen Kosten im Hinblick auf eine geringe Insolvenzmasse unverhältnismäßig wären oder die Verzögerung riskant ist, § 22a Abs. 3 InsO. Der Schuldner kann diese Verzögerung vermeiden, wenn er selbst Mitglieder des vorläufigen Gläubigerausschusses vorschlägt, § 22a Abs. 4 InsO.

Damit das Gericht weiß, ob ein Gläubigerausschuss zwingend ist, muss der Eröffnungsantrag des Schuldners die nach § 13 Abs. 1 Satz 4 InsO erforderlichen Angaben enthalten.[2254]

Wirksam wird die Bestellung erst mit Annahme des Amtes durch den bestellten Verwalter. Zu bestellen ist außerhalb des § 56a InsO eine für den jeweiligen Einzelfall geeignete, insbesondere geschäftskundige und von den Gläubigern und dem Schuldner unabhängige natürliche Person (§ 56 InsO). Üblicherweise werden Berufsgruppen mit betriebswirtschaftlichen wie wirtschafts- und insolvenzrechtlichen Kenntnissen bestellt, überwiegend also Rechtsanwälte, aber auch Steuerberater und Wirtschaftsprüfer.[2255] Fehlt ein vorläufiger Gläubigerausschuss, hat das Gericht den jeweils geeignetsten Bewerber auszuwählen, der von Schuldner und Gläubigern unabhängig ist.[2256] Diese Unabhängigkeit wird weder dadurch berührt, dass der Verwalter vom Schuldner oder von Gläubigern vorgeschlagen worden ist oder dass der Verwalter den Schuldner im Vorfeld allgemein über den Ablauf eines Insolvenzverfahrens informiert hat, § 56 Abs. 4 Satz 3 InsO. Ein Recht auf Bestellung zum Insolvenzverwalter besteht – soweit nicht ein einstimmiger Vorschlag des vorläufigen Gläubigerausschusses vorliegt und der Bewerber nicht offensichtlich ungeeignet ist, nicht, sondern nur ein Recht auf fehlerfreie Ausübung des Auswahlermessens.[2257]

In der ersten Gläubigerversammlung, die auf die gerichtliche Bestellung folgt, kann diese einen neuen Insolvenzverwalter wählen. Dies ist Ausdruck der Gläubigerautonomie. Erforderlich ist eine Summen- und Kopfmehrheit der abstimmenden Gläubiger. Es soll vermieden werden, dass Großgläubiger Einfluss auf den Verwalter gewinnen. Das Gericht muss den so Gewählten bestellen, wenn er die Voraussetzungen des § 56 Abs. 1 InsO erfüllt. Eine Pflicht zur Bestellung besteht also nur dann nicht, wenn der Insolvenzverwalter für das Amt nicht geeignet ist.[2258] Die Gläubigerversammlung hat einen Beurteilungsspielraum[2259]

1049 Der Insolvenzverwalter steht unter gerichtlicher Aufsicht (§ 58 InsO). Das Gericht überprüft allerdings nur die Rechtmäßigkeit seines Tuns und Unterlassens, nicht seine Zweckmäßigkeit. Im Rahmen der Rechtsaufsicht kann es

---

2254 Hierzu *Frind*, Vorschläge für Musterbeschlüsse des Insolvenzgerichts in regelhaft gemäß InsO-ESUG vorkommenden Verfahrenssituationen, ZInsO 2012, 386, der dem Gericht empfiehlt, einen Sachverständigen mit der Begutachtung der Frage z. B. des Erreichens der Schwellenwerte zu beauftragen.

2255 Zur Insolvenzverwalterbestellung: *Gaier*, Verfassungsrechtliche Aspekte der Auswahl der Abwahl des Insolvenzverwalters, ZInsO 2006, 1177 ff; *Graeber*, Die Wahl des Insolvenzverwalters durch die Gläubigerversammlung nach § 57 InsO, ZIP 2000, 1465 ff.; *Henssler*, Das Berufsbild des Insolvenzverwalters im Wandel der Zeit, ZIP 2002, 1053 ff.; *Pape*, Die Qual der Insolvenzverwalterauswahl: Viel Lärm um Wenig, NZI 2006, 665 ff.; *Schuhmann*, Die Unabhängigkeit des Insolvenzverwalters, Festschrift für Geimer, 2002, 1043 ff.

2256 Vgl. *Prütting*, Die Unabhängigkeit des Insolvenzverwalters, ZIP 2002, 1965 ff.

2257 BVerfG, B. v. 23. 05. 2006 – 1 BvR 2530/04, NJW 2006, 2613.

2258 Hierzu: BGH, B. v. 22. 04. 2004 – IX ZB 154/03, ZIP 2004, 1113 f.

2259 *Gräber*, Die Wahl des Insolvenzverwalters durch die Gläubigerversammlung nach § 57 InsO, ZIP 2000, 1465, 1468 ff.

die Maßnahmen veranlassen, die es nach pflichtgemäßem Ermessen für notwendig hält, unter anderem jederzeit Auskünfte bzw. Berichte verlangen.

Das Amt des Insolvenzverwalters endet mit Aufhebung des Insolvenzverfahrens nach Verteilung der Masse, mit seiner Einstellung (§ 215 InsO) und bei Neuwahl des Verwalters nach § 57 InsO mit Annahme des neuen Verwalters. Aus wichtigem Grund ist eine Entlassung des Verwalters möglich (§ 59 InsO).

2.3.2 Haftung[2260]

Verstößt der Insolvenzverwalter gegen insolvenzrechtliche Pflichten, muss nicht nur das Insolvenzgericht im Wege der Rechtsaufsicht eingreifen, sondern er setzt sich auch der Gefahr einer Haftung gemäß §§ 60 ff. InsO aus. Da der Insolvenzverwalter kein öffentliches Amt wahrnimmt, handelt es sich nicht um eine Amtspflichtverletzung, sondern um eine Haftung aus Privatrecht. 1050

Gegenüber Beteiligten haftet der Insolvenzverwalter nach § 60 Abs. 1 InsO: Jeder Beteiligte, dem gegenüber eine insolvenzrechtliche Pflicht bestand, die der Insolvenzverwalter verletzt hat, kann von diesem Schadensersatz verlangen.

Der Verwalter haftet nur bei Verschulden und zwar für die Sorgfalt eines ordentlichen und gewissenhaften Insolvenzverwalters (§ 60 Abs. 1 Satz 2 InsO in Anlehnung an § 276 Abs. 2 BGB). Das Verschulden seiner Mitarbeiter wird dem Insolvenzverwalter über § 278 Satz 1 BGB zugerechnet.

Eine verschärfte Haftung trifft den Insolvenzverwalter gegenüber Massegläubigern. Begründet er eine Masseschuld, die er sodann nicht voll erfüllt, haftet er hierfür gemäß § 61 Satz 1 InsO. Dies gilt nur dann nicht, wenn der Insolvenzverwalter bei Begründung der Masseverbindlichkeiten nicht erkennen konnte, dass die Masse voraussichtlich nicht reichen würde (§ 61 Satz 2 InsO). Das Verschulden wird also vermutet. Der Verwalter muss sich exkulpieren. Im Rahmen der Begründung von Masseverbindlichkeiten aus einer Betriebsfortführung kann er dies nur durch Vorlage einer plausiblen Liquiditätsplanung und der Darlegung, dass diese laufend überprüft und aktualisiert wurde. Diese Haftung stellt, zumal der Insolvenzverwalter zur Unternehmensfortführung grundsätzlich verpflichtet ist, eine der schärfsten Haftungsfallen für diesen dar.[2261]

Die Haftung greift allerdings gemäß § 61 InsO dann nicht ein, wenn er die Nichterfüllbarkeit der Masseschuld bei deren Begründung nicht erkennen konnte. Eine Haftung nach dieser Vorschrift scheidet also aus, wenn die Masseverbindlichkeit bei Begründung dieser Verbindlichkeit noch ausgereicht hätte, die Masse allerdings in der Folge defizitär würde, z.B. weil der Verwalter sie anschließend vorwerfbar verkürzt hat. Hier kommt nur eine Haftung gemäß § 60 InsO in Betracht.[2262] Ferner soll § 61 InsO nur solche

---

2260 Hierzu: *Wank-Weinbeer*, Insolvenzverwalterhaftung unter besonderer Berücksichtigung der aktuellen BGH-Rechtsprechung, NZI 2005, 478 ff.
2261 *Pape*, Das Risiko der persönlichen Haftung des Insolvenzverwalters aus § 61 InsO, ZInsO 2003, 1013 ff.
2262 BGHZ 195, 108 ff.

Massegläubiger schützen, die im Zusammenhang mit ihrem Anspruch der Masse eine Gegenleistung erbringen, im Wesentlichen also solche Gläubiger, die einen Vertrag mit dem Verwalter geschlossen haben. Demnach besteht z.B. keine Haftung des Verwalters für Kosten, die anderen dadurch entstehen, dass der Verwalter trotz Massearmut grundlos Prozesse führt.[2263] Der Höhe nach ist die Haftung auf den Vertrauensschaden begrenzt. Das positive Interesse wird nicht ersetzt.[2264]

1051 Der Insolvenzverwalter wird sich in der Praxis üblicherweise durch eine Haftpflichtversicherung gegen derartige Risiken absichern.[2265]

Unabhängig von §§ 60 ff. InsO kann der Insolvenzverwalter schließlich nach allgemeinem Deliktrecht haften, insbesondere dann, wenn der Pflichtverstoß kein spezifisch insolvenzrechtlicher ist oder aber wenn er Dritte geschädigt hat, die nicht Verfahrensbeteiligte waren. Ferner kommt eine Haftung aus Garantie in Betracht sowie – zurückhaltend – unter dem Gesichtspunkt der Übernahme besonderen persönlichen Vertrauens.

> **Beispiel**
>
> Der die Masseinsuffizienz befürchtende Gläubiger verweigert die Belieferung des schuldnerischen Unternehmens trotz der Zusage des Verwalters, er werde dessen Forderungen aus der Masse begleichen und die Masse reicht dafür aus. Der Verwalter, der z. B. wegen einer Monopolstellung des Gläubigers nicht auf dessen Leistungen verzichten kann, garantiert dem Gläubiger seine Zahlungen. Kommt es dann zur Masseinsuffizienz, wird der Gläubiger prüfen, inwieweit sich der Verwalter persönlich – und nicht nur für die Masse – verpflichtet hat.

2.4 Insolvenzgläubiger[2266]
2.4.1 Allgemeines

1052 Insolvenzgläubiger sind die persönlichen Gläubiger des Schuldners, die einen zur Zeit der Eröffnung des Insolvenzverfahrens begründeten Vermögensanspruch gegen den Schuldner haben (§ 38 InsO). Persönlicher Gläubiger ist, wer in schuldrechtlicher Beziehung zum Schuldner steht. Die quotale Befriedigung der Gläubiger erfolgt durch Geldzahlung, sodass die Insolvenzforderung ein Vermögensanspruch sein muss, also auf Geldzahlung gerichtet oder jedenfalls in Geld umrechenbar. Der Vermögensbezug fehlt z.B. bei Ansprüchen auf Unterlassung oder unvertretbare Handlungen. Dies schließt jedoch nicht aus, dass wegen Verletzung einer Unterlassungspflicht Geldforderungen zur Insolvenztabelle angemeldet werden.[2267]

Bestanden haben muss der Anspruch bereits bei Eröffnung des Insolvenzverfahrens. Dabei reicht es jedoch aus, dass wenigstens der Rechtsgrund der Insolvenzforderung zu diesem Zeitpunkt *angelegt* war. Nicht sämtliche Anspruchsvoraussetzungen müssen bereits vorgelegen haben.

2263 BGHZ 161, 236 ff.
2264 BGH, Urt. v. 06.05.2004 – IX ZR 48/03, LMK 2004, 175.
2265 Vgl. *van Bühren*, Die Berufshaftpflichtversicherung des Insolvenzverwalters, NZI 2003, 465 ff.
2266 Näher *Smid*, Teil 2, Kap. 10, Rn. 807, passim.
2267 BGH, Urt. v. 10.07.2003 – IX ZR 119/02.

Kapitel 2 Regelinsolvenzverfahren

> **Beispiel**
>
> Der Schuldner schädigt den Gläubiger deliktisch vor Eröffnung des Insolvenzverfahrens. Der Schaden tritt beim Gläubiger jedoch erst nach Eröffnung des Insolvenzverfahrens ein. Es handelt sich um eine Insolvenzforderung.

Keine Insolvenzgläubiger sind Neugläubiger, also diejenigen, die Ansprüche erst nach Eröffnung des Insolvenzverfahrens erwerben. Da der mit Eröffnung des Insolvenzverfahrens eintretende Insolvenzbeschlag nur Verfügungen hindert (vgl. § 81 InsO), nicht jedoch Verpflichtungsgeschäfte, kann der Schuldner diese Verpflichtungen nicht erfüllen. Zur Teilnahme am Verfahren und zur Vollstreckung beim Schuldner berechtigen diese neuen Forderungen jedoch nicht. Faktisch gehen damit Neugläubiger leer aus. Jedenfalls müssen Sie jedoch bis zum Ende des Insolvenzverfahrens abwarten, um dann in möglicherweise neu erworbenes Vermögen zu vollstrecken und ein weiteres Insolvenzverfahren einzuleiten.

1053

Nicht fällige Forderungen gelten als fällig (§ 41 Abs. 1 InsO). Auflösend bedingte Forderungen werden wie unbedingte behandelt, solange die Bedingung nicht eingetreten ist (§ 42 InsO).

2.4.2 Nachrangige Insolvenzgläubiger

Innerhalb der Insolvenzgläubiger trifft § 39 InsO eine Sonderregelung für Insolvenzgläubiger, die nur nachrangig befriedigt werden. Nachrangige Insolvenzforderungen sind z. B. solche,

1054

- auf Zinsen für Insolvenzansprüche ab Insolvenzeröffnung
- wegen der Kosten, die dem Gläubiger durch die Teilnahme am Insolvenzverfahren entstehen, soweit sie nach Verfahrenseröffnung entstanden sind,
- auf Zahlung von Geldstrafen und ähnliches sowie Zwangsgelder.

Die Forderungen der nachrangigen Gläubiger werden erst nach denen der Insolvenzgläubiger gemäß § 38 InsO nach dem Wasserfallprinzip bezahlt. Für sie bleibt in der Regel kein Geld übrig, so dass sie nur dann angemeldet werden dürfen, wenn das Insolvenzgericht hierzu ausnahmsweise auffordert (vgl. § 174 Abs. 3 InsO). Das ist selten und erklärt sich entweder aus einer fehlerhaft bejahten Insolvenzreife bei Verfahrenseröffnung oder aber durch ein besonderes Geschick des Insolvenzverwalters, dessen Verwaltungs- und Verwertungsbemühungen auch den Nachranggläubigern zu ihrem Geld verhelfen.

> **Beispiel**
>
> Ausweislich des Eröffnungsgutachtens des späteren Verwalters bestehen Verbindlichkeiten im Rang des § 38 InsO von 10 Mio. € bei einer freien Vermögensmasse von 6 Mio. €. Nach Abzug der Verfahrenskosten verbleiben 5 Mio. € zur Verteilung, was einer Quote von 50% für die Gläubiger im Sinne des § 38 InsO führt. Die Nachranggläubiger gehen leer aus. Dem Verwalter gelingt es, ein mit 4 Mio. € taxiertes Grundstück für 12 Mio. € zu verkaufen, da er die fehlenden Baugenehmigungen erreichte. Folge: Vollbefriedigung für die Insolvenzgläubiger. Das Gericht fordert nunmehr auch zur Anmeldung der Nachrangforderungen auf, die bestenfalls ebenfalls vollständig befriedigt werden. Verbleibt dann noch ein Überschuss, fällt dieser nach Verfahrensbeendigung dem Schuldner anheim.

2.4.3 Organisation

1055 Die Gläubiger bilden in der Insolvenz des Schuldners eine Schicksalsgemeinschaft. Die Aufgabe des Prioritätsprinzips der Einzelzwangsvollstreckung bedingt ihre organschaftliche Verfassung im Insolvenzverfahren. Hier haben sie in ihrer Gesamtheit erheblichen Einfluss auf das Insolvenzverfahren.

Die Gesamtheit der Gläubiger wird durch Organe vertreten, nämlich die Gläubigerversammlung und – soweit ein solcher bestellt ist – den Gläubigerausschuss. Neu hinzugekommen ist der vorläufige Gläubigerausschuss nach § 22a InsO.[2268]

Mitglieder der Gläubigerversammlung sind Insolvenzgläubiger und absonderungsberechtigte Gläubiger. Die Gläubigerversammlung hat weitreichende Kompetenzen. Unter anderem

- setzt sie einen Gläubigerausschuss ein (§ 68 InsO),
- kann sie den Verwalter auswechseln (§ 57 InsO),
- kann sie den Verwalter zu Auskunft und Bericht auffordern (§ 79 InsO),
- entscheidet sie über Fortführung bzw. Stilllegung des schuldnerischen Unternehmens und die Frage, ob der Insolvenzverwalter einen Insolvenzplan ausarbeiten soll (§ 157 InsO),
- entscheidet sie über Rechtshandlungen des Verwalters von besonderer Bedeutung, sofern ein Gläubigerausschuss nicht bestellt ist (§ 160 Abs. 1 Satz 2 InsO).

Die Gläubigerversammlung entscheidet mit Mehrheit. Die Bemessung des Stimmrechts ergibt sich aus § 77 InsO.

1056 Neben der Gläubigerversammlung kann ferner ein Gläubigerausschuss eingesetzt werden, auch bereits vor der Konstitution der Gläubigerversammlung durch das Insolvenzgericht (§ 67 InsO). Diesem Ausschuss sollen die Absonderungsberechtigten und wichtige Insolvenzgläubiger angehören. Wird der Gläubigerausschuss bereits durch das Gericht bestellt, kann die Gläubigerversammlung später auf ihn verzichten, einzelne Mitglieder auswechseln, erstmalig einen Ausschuss einsetzen (§ 68 InsO) und auch solche Personen zu Mitglieder des Gläubigerausschusses machen, die nicht Gläubiger sind (§ 67 Abs. 3 InsO).

Sofern ein Gläubigerausschuss bestellt ist, entscheidet er:

- über die Frage der Fortführung, Stilllegung oder Veräußerung des Unternehmens, sofern die bereits vor dem Berichtstermin erfolgen soll (§ 158 Abs. 1 InsO),
- über Geschäfte des Insolvenzverwalters von besonderer Bedeutung (§ 160 InsO),
- über die Verteilung der Masse durch den Insolvenzverwalter und
- die Quote für Abschlagsverteilungen (§§ 187 Abs. 3 Satz 2, 195 Abs. 1 Satz 1 InsO).

Es hat ferner den Insolvenzverwalter bei seiner Arbeit zu unterstützen und zu überwachen (§§ 69, 261 Abs. 2, 262 InsO).

Auch die Beschlüsse innerhalb des Gläubigerausschusses bedürfen einer absoluten Mehrheit. Hier ist allerdings im Gegensatz zur Gläubigerver-

---

[2268] Hierzu *Rattunde*, Das neue Insolvenzrecht für Unternehmen, AnwBl. 2011, 144.

sammlung nur eine Kopfmehrheit erforderlich (§ 72 InsO). Der Gläubigerausschuss hat die Interessen aller Gläubiger wahrzunehmen. Das einzelne Mitglied, das auch Gläubiger ist, ist also dem Gemeinwohl verpflichtet, darf also nicht nur auf die Realisierung seiner eigene Forderungen schauen. Im Falle einer Interessenkollision entfällt das Stimmrecht.

Die Mitglieder des Gläubigerausschusses haben Anspruch auf Vergütung und Erstattung angemessener Auslagen (§ 73 InsO), sodass in der Praxis in masselosen Verfahren häufig auf die Einsetzung eines Gläubigerausschusses verzichtet wird, insbesondere dann, wenn der Insolvenzverwalter sich bereits außerstande sieht, die für Mitglieder des Gläubigerausschusses übliche Haftpflichtversicherung abzuschließen. Diese ist aber notwendig, weil die Mitglieder des Gläubigerausschusses gegenüber Insolvenzgläubigern und Absonderungsberechtigten haften (§ 71 InsO).

2.5 Massegläubiger

Die Massegläubiger werden gegenüber den Insolvenzgläubigern bevorzugt. Ihre Ansprüche sind vorab in vollem Umfang zu befriedigen (§ 53 InsO). Masseansprüche sind die Kosten des Insolvenzverfahrens und die sonstigen Masseverbindlichkeiten, also Schulden, die anlässlich oder während des Insolvenzverfahrens entstehen. Diese Ansprüche werden privilegiert behandelt, damit das Insolvenzverfahren überhaupt ordnungsgemäß abgewickelt werden kann. *1057*

2.5.1 Massekosten

Zu den Massekosten (oder Verfahrenskosten) gehören die sich nach dem Gerichtskostengesetz bemessenden Gerichtskosten für das Insolvenzverfahren sowie die Vergütung und Auslagen des Insolvenzverwalters sowie – soweit eine solcher bestellt ist – der Mitglieder des Gläubigerausschusses (§ 54 Nr. 2 InsO). Die Bemessung der Vergütung und Auslagen des Insolvenzverwalters richtet sich nach der Insolvenzrechtlichen Vergütungsverordnung (InsVV). Gericht, Verwalter und gegebenenfalls Gläubigerausschussmitglieder sind insoweit (auch) Massegläubiger. *1058*

2.5.2 Masseschulden

Im Gegensatz zu den bei Verfahrenseröffnung begründeten Forderungen der Gläubiger, die gemäß § 38 InsO Insolvenzforderungen sind, entstehen sonstige Masseverbindlichkeiten nach § 55 InsO *1059*

- durch Handlungen des Verwalters oder in anderer Weise durch Verwaltung, Verwertung und Verteilung der Insolvenzmasse (soweit es sich nicht um Verfahrenskosten nach § 54 InsO handelt),
  z. B. *Verwertungsaufträge des Insolvenzverwalters*;
- aus gegenseitigen Verträgen, soweit deren Erfüllung zur Masse verlangt wird,
  also Vertragserfüllungswahl nach § 103 InsO;

- oder für die Zeit nach Eröffnung des Insolvenzverfahrens erfolgen muss, sog. *oktroyierte Masseverbindlichkeiten*, z. B. *die Miete bis zum Ende der Kündigungsfrist*;
- durch eine ungerechtfertigte Bereicherung der Masse, z. B. *Fehlüberweisungen auf das Verwaltersonderkonto durch „Zahlendreher"*;
- durch Handlungen des vorläufigen Verwalters mit Verfügungsbefugnis, z. B. *Bestellungen des vorläufigen starken Insolvenzverwalters zur Betriebsfortführung*;
- dadurch, dass der vorläufige Insolvenzverwalter mit Verfügungsbefugnis Leistungen aus einem Dauerschuldverhältnis in Anspruch nimmt, z. B. *Nutzung von Leasingfahrzeugen durch den vorläufigen starken Insolvenzverwalter*.

Die Masseverbindlichkeiten sind nach dem Wasserfallprinzip nach den Massekosten gemäß § 54 InsO, aber vor den Insolvenzforderungen nach § 38 InsO, zu bedienen. Erst dann, wenn die Masseverbindlichkeiten in voller Höhe bezahlt sind, ist die Zahlung einer Insolvenzquote für die Insolvenzgläubiger denkbar.

1060 Die Insolvenzordnung hat, um das Manko der geringen Anzahl an Verfahrenseröffnungen nach Konkursordnung zu beheben, die Eröffnung eines Insolvenzverfahrens bereits dann zugelassen, wenn nur die Verfahrenskosten, nicht aber die Masseverbindlichkeiten gedeckt sind. Im Gegenzug wurde in § 211 InsO ein neuer Einstellungsgrund geschaffen, nämlich die Einstellung des Insolvenzverfahrens nach Anzeige der Masseunzulänglichkeit.

Stellt sich nach Verfahrenseröffnung heraus, dass nach Abzug der Verfahrenskosten die vorhandene Masse nicht ausreicht, um die Masseverbindlichkeiten nach § 55 InsO zu bedienen, so soll der Insolvenzverwalter die Masse dennoch weiter verwerten. Im Gegensatz zur Einstellung des Insolvenzverfahrens bei fehlender Massekostendeckung nach § 207 InsO (sog. „echte Mangels Masse") wird das Verfahren also nicht sofort eingestellt. Der Insolvenzverwalter soll seine Arbeit fortführen. Es findet ein „Konkurs im Konkurs" statt. Der Insolvenzverwalter hat gemäß § 208 InsO die Masseunzulänglichkeit anzuzeigen.

§ 54 InsO	Verfahrenskosten	Nr. 1 Gerichtskosten
		Nr. 2 Vergütung und Auslagen des (vorläufigen) Verwalter und ggf. der Mitglieder des Gläubigerausschusses
§ 55 InsO	Masseverbindlichkeiten	Nr. 1 Handlungen des Verwalters aus Verwaltung und Verwertung der Masse
		Nr. 2 gegenseitige Verträge
		Nr. 3 ungerechtfertigte Bereicherung der Masse
§ 38 InsO § 39 InsO	Insolvenzforderungen	§ 39 Nr. 1 InsO: Zinsen ab Verfahrenseröffnung
		§ 39 Nr. 2 InsO: Kosten durch Teilnahme am Verfahren
		§ 39 Nr. 3 InsO: Geldbußen, Zwangsgelder etc.

Abb. 61: Rangfolge Massekosten – Insolvenzforderungen

3. Eröffnung des Insolvenzverfahrens

Das Insolvenzverfahren wird eröffnet, sofern nach der Überzeugung des Gerichts mindestens ein Insolvenzgrund vorliegt, die Kosten des Insolvenzverfahrens gedeckt sind (bzw. im Falle der natürlichen Personen gemäß § 4a InsO gestundet sind) und im Zeitpunkt der Eröffnung des Insolvenzverfahrens noch ein zulässiger Insolvenzantrag vorliegt.

1061

3.1 Insolvenzgrund[2269]

Vorliegen muss im Zeitpunkt der Verfahrenseröffnung der für die jeweilige Rechtsform des Schuldners mögliche Insolvenzgrund, bei der natürlichen Person also der Insolvenzgrund der Zahlungsunfähigkeit, bei der juristischen Person die Insolvenzgründe der Zahlungsunfähigkeit oder Überschuldung sowie – bei beiden im Falle des Eigenantrages – der drohenden Zahlungsunfähigkeit.

1062

3.2 Massekostendeckung

Soweit nicht im Falle der natürlichen Personen die Kosten des Insolvenzverfahrens gemäß § 4a InsO gestundet werden, muss im Zeitpunkt der Verfahrenseröffnung feststehen, dass die Kosten des Insolvenzverfahrens gedeckt sind. Es war erklärtes Ziel der Insolvenzrechtsreform, die Zahl der Verfahrenseröffnungen gegenüber der alten Rechtslage zu erhöhen. Gedeckt sein müssen daher nur noch die Kosten des Insolvenzverfahrens selbst, jedoch nicht die im Insolvenzverfahren zwangsläufig entstehenden Masseverbindlichkeiten. Sind die Verfahrenskosten nicht gedeckt, ist der Eröffnungsantrag „mangels Masse" zurückzuweisen (§ 26 Abs. 1 Satz 1 InsO).

1063

Zu den Verfahrenskosten gehören die Gerichtskosten sowie Vergütung und Auslagen des Insolvenzverwalters. Das Gericht (bzw. für das Gericht der bestellte Sachverständige) muss im Rahmen einer Prognoseentscheidung herausfinden, ob die Kosten des Insolvenzverfahrens voraussichtlich gedeckt sein werden. Heranzuziehen hat er dazu das gesamte Vermögen des Schuldners. Dazu gehören auch Ansprüche, die erst später durchgesetzt werden können (z. B. Außenstände des Schuldners). Alternativ reicht es aus, dass ein Vorschuss auf die Verfahrenskosten geleistet wird (§ 26 Abs. 1 Satz 2 InsO). Einen solchen sogenannten „Massekostenvorschuss" erbringen häufig Gläubiger auf Anregung des Sachverständigen oder vorläufigen Insolvenzverwalters dann, wenn sie der Ansicht sind, die Eröffnung eines Insolvenzverfahrens lohne sich, da der Insolvenzverwalter erst nach Verfahrenseröffnung unbekanntes Vermögen zutage fördern und realisieren könne (insbesondere im Falle der Geltendmachung von Gesamtschadenansprüchen, gesellschaftsrechtlichen Ansprüchen, z. B. nach § 64 Satz 1 GmbHG, oder Ansprüchen aus Anfechtung gemäß §§ 129 ff. InsO). Darüber hinaus ist derjenige, der pflichtwidrig und schuldhaft einen Insolvenzantrag, zu dessen Stellen er gesetzlich verpflichtet ist, nicht stellt, § 26 Abs. 4 Satz 1 InsO, zur Leistung eines solchen Massekostenvorschusses verpflichtet. Besteht Streit über

---

2269 Näher *Schmid*, Teil 2, Kap. 1, Rn. 301 ff.

Pflichtwidrigkeit und Verschulden, trifft den mutmaßlichen Delinquenten die Beweislast für fehlendes Verschulden und Pflichtwidrigkeit. Zur Geltendmachung berechtigt sind der vorläufige Insolvenzverwalter und jeder, der einen vermögensrechtlichen Anspruch gegen den Schuldner hat. Die Regelung ist durch das ESUG neu in das Gesetz eingeführt worden. Ob sie tatsächlich zu einer weiteren Erleichterung der Eröffnung von Insolvenzverfahren führt, bleibt abzuwarten.[2270]

Sind die Verfahrenskosten nicht gedeckt, wird der Insolvenzantrag mangels Masse zurückgewiesen (§ 26 Abs. 1 Satz 1 InsO). Der Abweisungsbeschluss ist öffentlich bekanntzumachen. Darüber hinaus wird die Antragsabweisung mangels Masse von Amts wegen der zuständigen Staatsanwaltschaft mitgeteilt.[2271]

Bei Kapitalgesellschaften führt die Abweisung mangels Masse zur Auflösung, so dass hierüber dem Registergericht Mitteilung zu machen ist (§ 31 Nr. 2 InsO). Gleiches gilt für Handelsgesellschaften, bei denen keine natürliche Person persönlich haftet (§ 131 Abs. 1 Nr. 1 HGB). Ist die Gesellschaft schließlich vermögenslos, erfolgt ihre Löschung.

3.3 Formalien der Verfahrenseröffnung

3.3.1 Inhalt und Form des Eröffnungsbeschlusses

1064 Soweit und sobald das Insolvenzgericht vom Vorliegen eines oder mehrerer einschlägiger Insolvenzgründe überzeugt ist, eröffnet es das Insolvenzverfahren durch bekanntzumachenden Beschluss. Im Gegensatz zur Zulässigkeitsprüfung eines Gläubigerantrages, der im Hinblick auf Forderung und Insolvenzgrund nur voraussetzt, dass der Gläubiger diese gemäß § 294 ZPO glaubhaft macht, darf die Eröffnung des Insolvenzverfahrens nur erfolgen, wenn mindestens ein Eröffnungsgrund tatsächlich vorliegt. Es ist also Vollbeweis erforderlich.

Mit Eröffnung des Insolvenzverfahrens endet das als beschränktes Parteiverfahren betriebene Insolvenzeröffnungsverfahren. Es schließt sich das eigentliche Insolvenzverfahren als Amtsverfahren an. Eine Erledigungserklärung des Gläubigers oder eine Rücknahme des Insolvenzantrages ist jetzt nicht mehr möglich, § 13 Abs. 2 InsO.

1065 Form und Inhalt des Eröffnungsbeschlusses bestimmen §§ 27–29 InsO. Der Eröffnungsbeschluss hat zentrale Bedeutung für das Insolvenzverfahren. Er hat im Hinblick auf den Übergang der Verwaltungs- und Verfügungsbefugnis auf den Insolvenzverwalter gemäß § 80 InsO rechtsgestaltende Wirkung und darüber hinaus, z. B. nach § 28 InsO, verfahrensleitende Funktion.

Zuständig für den Erlass des Eröffnungsbeschlusses ist der Richter (§ 18 Abs. 1 Nr. 1 RPflG). Der zwingende Inhalt des Eröffnungsbeschlusses ergibt sich aus § 27 Abs. 2 InsO. Hierzu gehören auch Tag und die genaue Uhrzeit der Eröffnung. Aus dem Eröffnungsbeschluss muss sich auch der Insolvenzverwalter ergeben, der nach § 27 Abs. 1 Satz 1 InsO gleichzeitig mit Verfah-

---

2270 Hierzu: Zimmermann, § 26 Abs. 4 InsO – oder: Was das ESUG, der Gesetzgeber und Aristoteles Onassis gemeinsam haben, ZInsO 2012, 396.
2271 MiZi Nr. XII a-2.

renseröffnung bestellt wird. Nach herrschender Meinung kann seine Bestellung jedoch nachgeholt werden.[2272]

§§ 28 und 29 InsO regelt ergänzend die Inhalte des Eröffnungsbeschlusses: Nach § 28 InsO werden die Gläubiger im Eröffnungsbeschluss aufgefordert, ihre Forderungen anzumelden, und dem Verwalter mitzuteilen, welche Sicherungsrechte sie an Mobilien des Schuldners geltend machen. Die Drittschuldner werden aufgefordert, nicht mehr an den Schuldner zu leisten. Ferner bestimmt das Gericht im Eröffnungsbeschluss gemäß § 29 InsO den Termin, in dem der Insolvenzverwalter über den Fortgang des Verfahrens berichtet (sog. Berichtstermine) und einen weiteren Termin, in dem die angemeldeten Forderungen geprüft werden (sog. Prüfungstermin). Beide Termine, die verbunden werden können, stellen Gläubigerversammlungen dar, wobei dieser Begriff landläufig häufig gleichbedeutend für den Berichtstermin verwandt wird.

Wirksam wird der Eröffnungsbeschluss mit seinem Erlass und nicht erst mit Zustellung beim Schuldner. Der Eröffnungsbeschluss ist erlassen, wenn der Richter ihn unterzeichnet hat und er den inneren Geschäftsgang des Gerichts verlassen hat, z. B. durch Aufgabe zur Post, wobei bereits die telefonische Information des Insolvenzverwalters über die Verfahrenseröffnung ausreichend ist.[2273] Der Eröffnungsbeschluss ist dem Schuldner, den Gläubigern und den Drittschuldnern gemäß § 30 Abs. 2 InsO gemäß § 8 InsO zuzustellen. Ferner ist er gemäß §§ 30 Abs. 1, 9 InsO im Internet zu veröffentlichen. Ggf. erfolgen Eintragungen in Handels- und Genossenschaftsregister usf. und ggf. in das Grundbuch, §§ 31, 32 InsO. *1066*

3.3.2 Bestellung des Insolvenzverwalters

Im Eröffnungsbeschluss bestimmt das Gericht den Insolvenzverwalter, § 27 Abs. 1 Satz 1 InsO. Der Eröffnungsbeschluss muss Namen und Anschrift enthalten, § 27 Abs. 2 Nr. 2 InsO. Häufig erhält der Beschluss in der Praxis auch Telefon- und Telefax-Nummern sowie die E-Mail-Adresse des Verwalters. *1067*

Die Bestellung erfolgt nach § 56 Abs. 1 InsO: Zu bestellen ist eine für den jeweiligen Einzelfall geeignete, insbesondere geschäftskundige, unabhängige natürliche Person, die zur Übernahme des Amtes bereit ist.

Die Person des Insolvenzverwalters wird gerne als die „Schicksalsfrage des Konkurses" bezeichnet. Hier war seit Jahren vieles im Fluss. Die früher übliche Praxis geschlossener Verwalterlisten („closed shop"), also ein Verzeichnis von Personen, die wieder und wieder zu Verwaltern bestellt wurden, ohne dass neue Bewerber eine Chance hatten, ist heute kein gangbarer Weg mehr. Weder Gesetzgeber noch Praxis haben jedoch bislang eine Lösung gefunden, wie einerseits das Amt des Insolvenzverwalters möglichst vielen geeigneten Bewerbern offen stehen soll, andererseits sichergestellt werden kann, dass die Verfahren durch erfahrene Verwalter optimal verwal-

---

[2272] *Schröder*, in: HmbK, § 27 Rn. 15 m. w. N.
[2273] Dies ist in der Praxis insbesondere bei Fremdanträgen nicht ganz bedeutungslos, da häufig im unmittelbaren zeitlichen Zusammenhang mit der Eröffnung Erledigungserklärungen erfolgen, diese aber nach Verfahrenseröffnung nicht mehr möglich sind.

tet werden. Uferlose Listen, bei denen die Mehrzahl der Verwalter entweder kein oder nur ab und an völlig unlukrative Insolvenzverfahren erhalten („kaltes Delisting") sind ebenso keine Lösung wie die Beibehaltung der bisherigen starren Listen oder die Durchführung von Assessment-Centern für Verwalter, die bei anderen Gerichten seit Jahrzehnten erfolgreiche Insolvenzverwaltung betreiben. Die Bestellungspraxis ist aktuell von Gericht zu Gericht verschieden und ob, ggf. wann, es hier zu einer Vereinheitlichung kommt, z. B. durch eine Verkammerung des inzwischen selbstständigen Berufsbildes der Insolvenzverwalter, ist offen.[2274] Inwieweit das ESUG außerhalb der Verfahren, die von ihren Anforderungen her die Größenordnung des § 22a Abs. 1 InsO erfüllen, hier für Abhilfe sorgen wird, bleibt abzuwarten.

1068 Die Bestellung des Insolvenzverwalters erfolgt – Ausdruck der Gläubigerautonomie – nur vorübergehend bis zum Berichtstermin. In dieser hat die Gläubigerversammlung die Möglichkeit, einen anderen Insolvenzverwalter zu wählen. In der Praxis kommt es häufig überhaupt nicht zum Zustandekommen einer Gläubigerversammlung (nämlich dann, wenn überhaupt kein stimmberechtigter Gläubiger anwesend ist). In diesem Fall wird der bisherige Insolvenzverwalter durch das Gericht bestätigt. „Abwahlfälle" sind selten. Dies hat auch damit zu tun, dass in der Praxis bereits der vorläufige Verwalter oder nach Verfahrenseröffnung der Insolvenzverwalter faktisch endgültige und kaum reversible Entscheidungen treffen. Auch wenn das Gesetz vorsieht, dass erst die Gläubigerversammlung über die Fortführung oder Schließung des Geschäfts entscheidet (§ 157 Satz 1 InsO) und eine Stilllegung zuvor der Zustimmung des Gläubigerausschusses bedarf, wenn ein solcher bestellt ist (§ 158 Abs. 1 InsO), so entscheidet sich in der Praxis das Schicksal des Unternehmens bereits im vorläufigen Insolvenzverfahren. Der vorläufige Insolvenzverwalter, der für den Fall der Verfahrenseröffnung damit rechnen kann, auch zum Insolvenzverwalter bestellt zu werden, trifft in der Regel bereits vor Verfahrenseröffnung die wesentlichen Entscheidungen. Bestenfalls hat er einen Käufer, der das Unternehmen nach Verfahrenseröffnung übernimmt. Dann wird er bereits im Vorverfahren alle notwendigen Vorkehrungen treffen, um einen nahtlosen Übergang zu treffen. Oder er weiß, dass das Geschäft nicht zu retten ist und er es im eröffneten Verfahren nicht fortführen kann. Dann wird er bereits im Vorverfahren Freistellungen von Mitarbeitern vorbereiten, ein Abwicklungsteam zusammenstellen, Kündigungen vorbereiten usf. Wenn dann nach sechs Wochen bis drei Monaten (vgl. § 29 Abs. 1 Nr. 1 InsO) der Berichtstermin stattfindet, ist das Schicksal des Unternehmens längst besiegelt. Ein neu bestellter Insolvenzverwalter wäre in einem solchen Fall zumeist nur ausführendes Organ des abgewählten Insolvenzverwalters. Sein Handlungsspielraum ist durch die Entscheidungen seines Vorgängers im Amt stark eingeschränkt.

2274 Eingehend zum aktuellen Stand der Diskussion: BAKInsO e.V. v. 21.11.2008, ZInsO 2008, 1260.

3.3.3 Terminsbestimmungen

Im Eröffnungsbeschluss bestimmt das Gericht gemäß § 29 InsO den Termin, in dem der Insolvenzverwalter über den Fortgang des Verfahrens berichtet (sog. Berichtstermin) und einen weiteren Termin, in dem die angemeldeten Forderungen geprüft werden (sog. Prüfungstermin). Die Termine können miteinander verbunden werden. Wo dies sinnvoll ist, sollte hiervon zur Verfahrensbeschleunigung Gebrauch gemacht werden. 1069

Der Berichtstermin soll nicht später als sechs Wochen und darf nicht später als drei Monate nach Verfahrenseröffnung angesetzt werden. Der Prüfungstermin, in dem die Forderungen der Gläubiger geprüft werden, muss mindestens eine Woche und höchstens zwei Monate nach Ablauf der Frist zur Anmeldung der Forderungen liegen. Er kann nicht vor dem Berichtstermin liegen, da nur der endgültige Insolvenzverwalter die Forderungen prüfen kann.

4. Wirkungen der Verfahrenseröffnung

Die Eröffnung des Insolvenzverfahrens ist der entscheidende Zeitpunkt der organisierten Krise des Delinquenten. 1070

4.1 Schuldnerbezogene Wirkungen

Die Eröffnung des Insolvenzverfahrens hat zunächst Auswirkungen auf den Schuldner selbst. 1071

4.1.1 Auskunfts- und Mitwirkungspflichten

Die Insolvenzeröffnung begründet für den Schuldner eine Auskunftsverpflichtung über alle das Verfahren betreffenden Verhältnisse (§ 97 Abs. 1 InsO), also z. B. über Aktiva und Passiva, die Berechtigung geltend gemachter Forderungen, das Bestehen von Sicherungsrechten für Gläubiger, Anhaltspunkte für Rückgewähransprüche aus anfechtbaren Handlungen gemäß §§ 129 ff. InsO sowie hinsichtlich der Ursachen der Krise. Die Richtigkeit und Vollständigkeit der Auskünfte hat der Schuldner gegebenenfalls durch eidesstattliche Versicherung zu bekräftigen, § 98 Abs. 1 InsO. Ihn trifft darüber hinaus eine Mitwirkungspflicht: Er hat den Insolvenzverwalter bei seinen Aufgaben zu unterstützen (§ 98 Abs. 2, Abs. 3 Satz 2 InsO), z. B. in dem er ihm dabei hilft, die Masse in Besitz zu nehmen (Herausgabe von Schlüsseln oder Passwörtern zu EDV, Erteilung einer Vollmacht für den Zugriff auf Auslandsvermögen, insbesondere außerhalb des Geltungsbereichs der EuInsVO). 1072

Das Gesetz hält die Angaben des Schuldners für besonders wichtig, wie sich aus § 97 Abs. 1 Satz 2 InsO ergibt. Nicht selten kommt es jedoch im Vorfeld von Insolvenzen zu Straftaten des Schuldners. Daher sieht § 97 Abs. 1 Satz 3 InsO vor, dass Auskünfte, die der Schuldner erteilt, gegen ihn in einem Straf- oder Ordnungswidrigkeitenverfahren nicht verwendbar sind, es sei denn, dass er der Verwendung zustimmt.

Verweigert der Schuldner Auskunft oder Mitwirkung, entzieht er sich oder gefährdet er die Masse, kann er zwangsweise vorgeführt und inhaftiert werden, § 98 Abs. 2, Abs. 3 InsO. Ferner kann gemäß § 99 InsO eine Postsperre angeordnet werden, wenn Sie erforderlich erscheint, um nachteilige Handlungen des Schuldners aufzuklären oder eine Massegefährdung abzuwenden. Da die Anordnung einer Postsperre einen Eingriff in Art. 10 GG beinhaltet, kann der Schuldner hiergegen vorgehen. Eine solche Postsperre bezieht sich zwar nicht nur auf Post im herkömmlichen Sinne (also Briefe, Pakete und Päckchen), sondern auch auf Telefaxe und Emails. Insbesondere bei letzterem läuft sie allerdings weitestgehend leer, da kaum durchsetzbar, insbesondere wenn der Schuldner sein Email-Account bei einem ausländischen Anbieter unterhält, der sich erfahrungsgemäß um die durch ein deutsches Amtsgericht angeordnete Postsperre kaum schert.

Die den Schuldner treffenden Auskunfts- und Mitwirkungspflichten gelten bei der Insolvenz der juristischen Person auch für die Geschäftsführer bzw. Vorstandsmitglieder, aber auch für Mitglieder des Aufsichtsrats sowie ehemalige Organe (§ 101 Abs. 1 Satz 2 InsO). Bei der Insolvenz einer Gesellschaft ohne Rechtspersönlichkeit (§ 11 Abs. 2 InsO) sind nur die persönlich haftenden Gesellschafter betroffen (§ 101 Abs. 1 Satz 1 InsO). Angestellte haben stets nur Auskunft zu geben, eine Mitwirkungsverpflichtung trifft sie nicht (vgl. § 101 Abs. 2 InsO).

4.1.2 Berufsrechtliche Beschränkungen

1073 Insbesondere für Freiberufler, nämlich

- Ärzte, Zahnärzte, Psychologische Therapeuten (im Rahmen der Gesundheitsberufe) sowie
- Rechtsanwälte, Steuerberater und Wirtschaftsprüfer (im Bereich der rechts- und steuerberatenden Berufe),
- Architekten und Stadtplaner

hat die Eröffnung eines Insolvenzverfahrens einschneidende Wirkungen. Für die freien kammergebundenen Berufe gelten besondere Zulassungs- und Ausübungsregelungen, die teilweise den Widerruf der Zulassung im Falle des Vermögensverfalls zulassen. Bei Rechtsanwälten, Patentanwälten, Notaren und Steuerberater kann die Bestellung widerrufen werden, wenn diese in Vermögensverfall geraten (vgl. § 21 Abs. 2 Nr. 8 PAO, § 50 Abs. 1 Nr. 6 BNotO, § 46 Abs. 2 Nr. 4 StBerG) sowie bei Wirtschaftsprüfern, wenn sie nicht mehr in geordneten wirtschaftlichen Verhältnissen leben (§ 20 Abs. 2 Nr. 5 WPO). Mit der Eröffnung des Insolvenzverfahrens oder gar Zurückweisung des Insolvenzantrages mangels einer die Kosten des Insolvenzverfahrens deckenden Masse wird der Vermögensverfall vermutet.[2275] Daran ändert auch die Vorlage eines Insolvenzplans oder die Möglichkeit der Erlangung von Restschuldbefreiung in einem Insolvenzverfahren nichts.

Bei Ärzten ist der Vermögensverfall kein Grund, ihnen die Zulassung zu widerrufen. Anderes gilt für Architekten, da einige Bundesländer vorsehen,

---

2275 BGH, B. v. 20.11.2006 – NotZ 26/06, NJW 2007, 1287.

dass im Falle des Vermögensverfalles eine Streichung aus der Architektenliste erfolgt.

4.1.3 Auflösung insolventer Gesellschaften

Gesellschaften werden durch die Eröffnung des Insolvenzverfahrens aufgelöst: Kapitalgesellschaften (§ 262 Abs. 1 Nr. 3 AktG, § 60 Abs. 1 Nr. 4 GmbHG) ebenso wie Personengesellschaften (§ 728 Abs. 1 Satz 1 BGB, § 131 Abs. 1 Nr. 3 HGB). Die Auflösung ist gegebenenfalls im Handelsregister einzutragen. Dennoch besteht die Gesellschaft fort. Der Gesellschaftszweck wird allerdings überlagert durch das Insolvenzziel. Die Gesellschaftsorgane bleiben zwar im Amt, ihre Befugnisse erstrecken sich jedoch nicht mehr auf das Vermögen der Gesellschaft. Die Organe sind nur noch für gesellschaftsinterne Dinge zuständig, das insolvenzfreie Vermögen und solche Rechte und Aufgaben, welche die Gesellschaft im Insolvenzverfahren als Schuldnerin wahrnehmen kann bzw. muss.

1074

4.2 Massebezogene Auswirkungen
4.2.1 Beschlagnahme des Schuldnervermögens

Mit Verfahrenseröffnung erfolgt eine Beschlagnahme des Schuldnervermögens, das nunmehr den Gläubigern zur anteiligen Befriedigung haftungsrechtlich zugewiesen wird. Das Vermögen bleibt Eigentum des Schuldners, wird aber zugunsten der Gläubiger „verstrickt".

1075

4.2.2 Übergang der Verwaltungs- und Verfügungsbefugnis

Durch die Eröffnung des Insolvenzverfahrens geht das Recht des Schuldners, das zur Insolvenzmasse gehörende Vermögen zu verwalten und über es zu verfügen, auf den Insolvenzverwalter über, § 80 Abs.1 InsO. Es tritt also eine Trennung von Rechtsinhaberschaft auf der einen und Verwaltungs-/Verfügungsbefugnis auf der anderen Seite ein. Dies dient der Erreichung der Ziele des Insolvenzverfahrens, insbesondere der par creditio creditorum.

1076

Ergänzt wird § 80 durch die Folgevorschriften, die insbesondere Einwirkungen des Schuldners auf das Vermögen verhindern sowie Zugriffe von Einzelgläubigern auf das massebefangene Vermögen beschränken sollen, damit dieses der gleichmäßigen Befriedigung der Gläubigerschaft erhalten bleibt.

Maßgeblicher Zeitpunkt für den Übergang der Verwaltungs- und Verfügungsbefugnis ist der Erlass des Eröffnungsbeschlusses gemäß § 24 InsO. Auf die Rechtskraft des Beschlusses kommt es nicht an. Nach der herrschenden Amtstheorie handelt der Insolvenzverwalter im eigenen Namen und aus eigenem Recht mit Wirkung für die Masse und den Schuldner.[2276] Er ist also Partei kraft Amtes.

Mit Übergang der Verwaltungs- und Verfügungsbefugnis tritt der Insolvenzverwalter in die Rechte und Pflichten des Schuldners ein. Seine Rechte gehen nie weiter als die Rechte des Schuldners. Nur unter den Voraussetzungen der

1077

[2276] RG, Urt. v. 30.03.1892 – V 255/91; BGH, B. v. 22.01.1997 – I R 101/95, ZIP 1997, 797.

§§ 92, 93 InsO bestehen weitergehende Rechte, die der Schuldner nicht innehatte. Nach Übergang der Verwaltungs- und Verfügungsbefugnis hat der Insolvenzverwalter das Vermögen zu sichern, § 148 Abs. 1 InsO, und es gegen unzulässige Angriffe von außen zu verteidigen. Gibt der Schuldner Vermögenswerte nicht heraus, hat der Insolvenzverwalter nach §§ 883, 885 ZPO gegen ihn vorzugehen. Der Eröffnungsbeschluss in vollstreckbarer Ausfertigung ist Vollstreckungstitel, § 148 Abs. 2 Satz 1 InsO. Gegenüber Dritten ist dieser Herausgabeanspruch allerdings gerichtlich geltend zu machen: Hier hilft der Eröffnungsbeschluss dem Insolvenzverwalter nicht.

4.2.3 Vollstreckungsverbot und Rückschlagsperre

4.2.3.1 Umfang und Folgen des Vollstreckungsverbotes

1078 Der Ausschluss der Möglichkeit der Individualzwangsvollstreckung nach Eröffnung des Insolvenzverfahrens zählt zum Kernbestand des Insolvenzrechts. Das Ziel des Insolvenzverfahrens, nämlich die gemeinschaftliche Gläubigerbefriedigung, kann nur erreicht werden, wenn die Gläubiger während des Verfahrens an Individualzwangsvollstreckungsmaßnahmen gehindert sind. § 89 Abs. 1 InsO normiert daher ein allgemeines Vollstreckungsverbot für Insolvenzgläubiger. Dieses betrifft nicht nur Gegenstände der Masse, sondern auch sonstiges Vermögen des Schuldners.

§ 89 InsO ergänzt die Regelung in § 87 InsO, nach der die Insolvenzgläubiger ihre Forderungen nur in den insolvenzrechtlichen Verfahren durchsetzen dürfen. Jede Art der Einzelzwangsvollstreckung zugunsten eines Insolvenzgläubigers ist im eröffneten Verfahren unzulässig.[2277]

1079 Die Rechtsdurchsetzung durch absonderungsberechtigte Gläubiger wird von § 89 InsO nicht berührt, wie insbesondere die §§ 165, 166 ff. InsO zeigen. Bedarf es zur abgesonderten Befriedigung der Zwangsvollstreckung (§§ 49, 165 i. V. m. 865 ff. ZPO), steht diese dem Gläubiger zur Verfügung. Soweit er absonderungsrechtsbelastete bewegliche Sachen in Besitz hat und zur Selbstverwertung berechtigt ist, § 173 InsO, kommt § 89 InsO ebenfalls nicht zum Zug.

Nichtvermögensansprüche betreffen die Masse nicht. Die ihretwegen betriebene Zwangsvollstreckung unterfällt Abs. 1 im Allgemeinen nicht. Daher wird z. B. die Vollstreckung von Unterlassungsansprüchen, die keine Insolvenzforderungen sind, von § 89 InsO nicht erfasst.[2278]

1080 Auch nachrangige Insolvenzgläubiger im Sinne des § 39 InsO müssen das Vollstreckungsverbot beachten. Masseverbindlichkeiten sind gemäß § 53 InsO vorweg aus der Masse zu befriedigen. Für sie statuiert § 90 InsO einen begrenzten Vollstreckungsschutz: Einzelzwangsvollstreckungsmaßnahmen wegen Masseverbindlichkeiten, die ohne Zutun des Verwalters entstanden sind (oktroyierte Lohnforderungen von Arbeitnehmern) sind für die Dauer von sechs Monaten seit Verfahrenseröffnung nicht mehr zulässig. Die Zwangsvollstreckung durch Massegläubiger erfährt bei Anzeige der Masseunzulänglichkeit durch den Insolvenzverwalter eine Einschränkung. Zur

---

2277 Smid, in: Leonhardt/Smid/Zeuner, InsO, § 89, Rn. 3 m. w. N.
2278 KG, B. v. 17. 12. 1999 – 5 W 5591/99, NZI 2000, 228.

Vermeidung einer Entreicherung der Masse außerhalb der gesetzlichen Rangfolge durch Einzelzwangsvollstreckungsmaßnahmen einzelner Altmassegläubiger vor der Verteilung an die Massegläubiger statuiert § 210 InsO für diese Gläubiger ein Vollstreckungsverbot vom Zeitpunkt der Anzeige der Masseinsuffizienz. Ausgenommen von diesem Verbot sind die Gläubiger von Neumasseverbindlichkeiten im Sinne von § 209 Abs. 1 Nr. 2 InsO.

Verboten wird die Zwangsvollstreckung in die Insolvenzmasse im Sinne der Sollmasse. Die Zwangsvollstreckung ist aber auch dann unzulässig, wenn sie in das beschlagfreie Vermögen des Schuldners erfolgt.[2279] Zwar ist das beschlagfreie Vermögen aus zwangsvollstreckungsrechtlichen Gründen pfändungsfrei, soll aber auch deshalb vor dem Zugriff der Insolvenzgläubiger geschützt sein, um den Neugläubigern, soweit dies nach dem §§ 811, 850 ff. ZPO zulässig ist, einen Haftungsgegenstand zu belassen. Verboten ist die Zwangsvollstreckung für die gesamte Dauer des Insolvenzverfahrens. 1081

In gegenständlicher Hinsicht sind unzulässig: Zwangsvollstreckungsmaßnahmen wegen Geldforderungen, §§ 803 ff. ZPO, Maßnahmen nach §§ 883 ff. ZPO, soweit es um die Vollstreckung wegen vertretbarer Handlungen des Schuldners geht, nicht aber die Vollstreckung nach §§ 888, 890 ZPO. 1082

Arrest und Einstweilige Verfügung werden zwar nicht erwähnt, sind aber nach der Entstehungsgeschichte ebenfalls erfasst.[2280]

Ebenfalls ausgeschlossen ist die Gläubigeranfechtung nach dem AnfG.[2281]

§ 89 Abs. 2 Satz 1 InsO erklärt die Zwangsvollstreckung in künftige Forderungen auf Bezüge aus einem Dienstverhältnis des Schuldners und an deren Stelle tretende laufende Bezüge während der Dauer des Insolvenzverfahrens auch für solche Gläubiger für unzulässig, die keine Insolvenzgläubiger sind. 1083

Gemäß § 89 Abs. 2 Satz 2 InsO erkennt die Insolvenzordnung jedoch die zwangsvollstreckungsrechtlichen Privilegierungen gemäß §§ 850d, 850f ZPO an. Die Zwangsvollstreckung von Unterhalts- und qualifizierten Deliktsgläubigern ist also im Gegensatz zu § 89 Abs. 2 Satz 1 InsO zulässig. Voraussetzung ist, dass diese Gläubiger nach §§ 850d, 850f Abs. 2 ZPO in erweitertem Umfang auf das schuldnerische Vermögen zugreifen dürfen. Weitere Voraussetzung ist, dass die Unterhaltsansprüche nicht als Insolvenzforderung gemäß § 40 InsO zu qualifizieren sind.

Verstöße gegen das Vollstreckungsverbot des § 89 InsO hindern das Entstehen eines Pfändungspfandrechts an den zur Insolvenzmasse gehörenden Gegenständen. Der Pfändungsakt zieht keine materiellen Wirkungen nach sich.[2282] Die formelle Beschlagnahmewirkung führt aber zur öffentlich-rechtlichen Verstrickung, so dass der Vollstreckungsakt nicht nichtig, sondern lediglich anfechtbar ist. Die Anfechtung erfolgt durch Erinnerung gemäß § 766 ZPO. Bei einem verbotswidrigen Zugriff auf die Insolvenzmasse kann der Insolvenzverwalter Erinnerung einlegen. Richtet sich die Vollstreckungsmaß- 1084

2279 *Breuer*, in: MüKO-InsO § 89 Rn. 18.
2280 *Smid*, in: Leonhardt/Smid/Zeuner, § 89 InsO Rn. 14.
2281 *Smid*, in: Leonhardt/Smid/Zeuner, § 89 InsO Rn. 15.
2282 *Smid*, in: Leonhardt/Smid/Zeuner, § 89 InsO Rn. 30 m.w.N.

nahme gegen das insolvenzfreie Vermögen, so ist der Schuldner zur Einlegung der Erinnerung gemäß § 766 ZPO befugt.

4.2.3.2 Rückschlagsperre

1085 § 88 InsO ordnet an, dass die innerhalb der Frist dieser Vorschrift erworbenen Pfändungspfandrechte den durch sie gesicherten Insolvenzgläubigern keine Absonderungsrechte im Insolvenzverfahren geben. Eine Sicherheit, die ein Insolvenzgläubiger im letzten Monat vor dem Antrag auf Eröffnung des Insolvenzverfahrens oder nach diesem Antrag durch Zwangsvollstreckung an dem zur Insolvenzmasse gehörenden Vermögen des Schuldners erworben hat, wird mit Eröffnung des Insolvenzverfahrens unwirksam. Diese Vorschrift dient der Herbeiführung der Gläubigergleichbehandlung.[2283] § 88 InsO ergänzt im Ergebnis das Recht der Insolvenzanfechtung und bringt eine Erleichterung für den Insolvenzverwalter.

Die Vorschrift erfasst sämtliche Vollstreckungsmaßnahmen in das schuldnerische Vermögen, also in Gegenstände der Insolvenzmasse im Sinne der §§ 35 ff. InsO durch Insolvenzgläubiger, wenn diese durch die Vollstreckungsmaßnahme eine Sicherheit erlangt haben. Eine durch Zwangsvollstreckung erlangte Befriedigung wird nicht gemäß § 88 InsO unwirksam, unterliegt aber der Anfechtung wegen inkongruenter Deckung gemäß § 131 Abs. 1 Nr. 1 InsO.

1086 Die Monatsfrist des § 88 InsO berechnet sich nach § 139 InsO: Maßgeblicher Bezugspunkt für die Berechnung der Fristen ist danach der Tag, an dem der Antrag auf Eröffnung des Insolvenzverfahrens beim Insolvenzgericht eingegangen ist. Ausschlaggebend ist, dass es zu einer Eröffnung des Insolvenzverfahrens gekommen ist. Die Fristberechnung richtet sich nach dem BGB.

Soweit Vollstreckungsmaßnahmen ihre Wirksamkeit verlieren, geschieht dies rückwirkend seit Einleitung der Maßnahme. Wegen des Verstoßen gegen § 775 Nr. 2 ZPO entsteht kein Pfändungspfandrecht, jedoch ist die Maßnahme nicht nichtig.[2284] Das Vollstreckungsgericht ist zur Aufhebung der jeweiligen Maßnahme verpflichtet. Die besondere Zuständigkeit des Insolvenzgerichts gemäß § 89 Abs. 3 InsO greift nicht ein.

4.2.4 Freigabe von Gegenständen aus der Insolvenzmasse

1087 Abgesehen von der in § 35 Abs. 2 und 3 InsO für die Insolvenz der natürlichen Personen für einen Spezialbereich gesetzlich geregelten Möglichkeit der Freigabe ist die Möglichkeit des Insolvenzverwalters, zur Insolvenzmasse gehörende Gegenstände, die wertlos sind oder Kosten verursachen aus der Insolvenzmasse freizugeben und zwar durch einseitige empfangsbedürftige Willenserklärung gegenüber dem Insolvenzschuldner. Schon vor Inkrafttreten des Insolvenzverfahrensvereinfachungsgesetzes[2285] war der Ge-

---

2283 Smid, in: Leonhardt/Smid/Zeuner, § 88 InsO Rn. 1 m. w. N.
2284 Smid, in: Leonhardt/Smid/Zeuner, § 88 InsO Rn. 15 m. w. N.
2285 Gesetz zur Vereinfachung des Insolvenzverfahrens v. 13. 04. 2007, amtl. Begr. zu Artikel 1 Nr. 12, BT-Drucks. 1672-51.

setzgeber der Ansicht, der Insolvenzverwalter könne aufgrund seiner Verwaltungs- und Verfügungsbefugnis nach § 80 InsO nach pflichtgemäßen Ermessen (§ 60 InsO!) Vermögensbestandteile aus dem Insolvenzbeschlag zugunsten des Schuldners freigben. Abgesehen davon setzt § 32 Abs. 3 InsO die Freigabemöglichkeit voraus. Der neu eingefügte Abs. 2 hat daher nur klarstellende Funktion.

Der Insolvenzverwalter ist nicht Organ des schuldnerischen Unternehmens, sondern Inhaber eines privaten hoheitlich begründeten Amtes mit dem Inhalt der Abwicklung des Insolvenzverfahrens, so dass auch im Fall des über das Vermögen einer juristischen Person eröffneten Insolvenzverfahrens der Freigabe von Vermögensbestandteilen des schuldnerischen Unternehmensträgers an diesen, soweit diese dem Insolvenzbeschlag unterliegen, nichts im Wege steht. Dies hat der Bundesgerichtshof im Anschluss an die überwiegende Lehre anerkannt.[2286] 1088

Der Insolvenzverwalter kann jeden Gegenstand aus der Sollmasse freigeben. Die Freigabe ist eine einseitige empfangsbedürftige Willenserklärung, deren Widerruf gemäß § 130 Abs. 1 Satz 2 BGB oder deren Anfechtung wegen Irrtums nach dem § 119 ff. BGB regelmäßig ausgeschlossen ist.[2287] Formvorschriften existieren nicht, die Freigabe kann mündlich schriftlich oder in notarieller Urkunde erfolgen. Die Freigabeerklärung ist gegenüber dem Schuldner abzugeben, bei juristischen Personen oder insolvenzfähigen Subjekten ohne eigene Rechtspersönlichkeit gegenüber den jeweils zur Vertretung berufenen Personen. Notfalls kommt öffentliche Zustellung der Freigabeerklärung gemäß § 203 ZPO in Betracht. 1089

Die Rechtsfolge der Freigabe ist, dass der Schuldner bei laufendem Insolvenzverfahren Vermögen, das an sich dem Insolvenzbeschlag unterliegen würde, erwirbt. In der Regel wird ihn dies allerdings nur belasten, da der Verwalter schon aus Gründen der Vermeidung der eigenen Haftung nur solche Vermögensgegenstände freigeben wird, die er für wertlos hält oder die die Masse geradezu belasten.

Eine Freigabe kann auch modifiziert erklärt werden. Dann verzichtet der Verwalter nicht endgültig auf den Massegegenstand, sondern behält sich z. B. eine Erlösbeteiligung vor.

4.2.5 Rechtserwerb nach Eröffnung des Insolvenzverfahrens

Die Vorschrift über den Übergang der Verwaltungs- und Verfügungsbefugnis auf den Insolvenzverwalter mit Verfahrenseröffnung wird flankiert durch die Vorschriften der §§ 81, 82 InsO: 1090

§ 81 InsO befasst sich mit (der Unwirksamkeit von) Verfügungen des Schuldners nach Eröffnung des Insolvenzverfahrens. Solche Verfügungen sind grundsätzlich unwirksam, § 81 Abs. 1 Satz 1 InsO.

Verfügungen sind alle Rechtsgeschäfte, die unmittelbar auf ein Recht auf Begründung, Veränderung, Übertragung oder Aufhebung einwirken.[2288]

2286 BGH, Urt. v. 21.04.2005 – IX ZR 281/03, BGHZ 163, 32.
2287 *Höpfner*, Möglichkeiten des Insolvenzverwalters zur Rückgängigmachung oder wirtschaftlichen Kompensation der Freigabe, ZIP 2000, 1517, 1520.
2288 BGH; Urt. v. 17.03.1988 – IX ZR 79/87, NJW 1988, 1665.

Erfasst sind dingliche Rechtsgeschäfte, aber auch Gestaltungsrechte, Prozesshandlungen mit verfügendem Charakter, nicht aber die Entgegennahme empfangsbedürftiger Willenserklärungen. Verpflichtungsgeschäfte des Schuldners bleiben von § 81 InsO unberührt. Verpflichtet sich der Schuldner nach Verfahrenseröffnung über einen massezugehörigen Gegenstand, ist diese Verpflichtung zwar wirksam, kann jedoch wegen § 80 InsO durch ihn nicht erfüllt werden. Es besteht kein durchsetzbarer Anspruch gegen die Insolvenzmasse.

1091 § 81 Abs. 1 Sätze 2 und 3, Abs. 2, Abs. 3 Satz 2 InsO normieren Ausnahmen von dem Grundsatz, dass Verfügungen nach Insolvenzeröffnung unwirksam sind. Verfügungen, die der Schuldner unter Verstoß gegen § 81 InsO über das Vermögen vorgenommen hat, sind absolut unwirksam, nicht nichtig. Bei unwirksamen Verfügungen des Schuldners kann der Insolvenzverwalter diese allerdings gemäß § 185 Abs. 2 BGB analog mit ex-tunc-Wirkung genehmigen. Er wird dies tun, wenn die Genehmigung dem Insolvenzzweck dient, also im Interesse der Gläubigergesamtheit liegt. In der Regel wird dies nur dann der Fall sein, wenn die Genehmigung zu einer Mehrung der Masse führt.

> **Beispiel**
>
> Nach Eröffnung des Insolvenzverfahrens verkauft der Schuldner einen massezugehörigen PKW mit einem Wert von 1.000 € für 2.000 €. Der Kaufvertrag ist wirksam. Der Schuldner kann ihn allerdings nicht erfüllen, dem Erwerber also nicht das Eigentum verschaffen. Da der PKW jedoch über Wert verkauft wurde, wird der Insolvenzverwalter den Vertrag genehmigen, das Eigentum an den Erwerber übertragen und den Erlös zur Masse ziehen.

1092 Der gutgläubige Erwerber wird nur sehr eingeschränkt und unter den Voraussetzungen des § 81 Abs. 1 Satz 2 InsO geschützt. Ein gutgläubiger Erwerb beweglicher Sachen ist nicht möglich. Schutz genießt nur der Erwerber dinglicher Rechte an Grundstücken sowie an Schiffen, Schiffsbauwerken sowie Luftfahrzeugen. Er setzt allerdings einen unterbliebenen Eintrag des Insolvenzvermerks nach §§ 32 f. InsO und fehlende Kenntnis von der Verfügungsbeschränkung voraus.

1093 § 82 InsO bezweckt ebenfalls den Schutz der Masse. Danach bleiben Ansprüche der Masse bestehen, wenn der Drittschuldner in Kenntnis der Verfahrenseröffnung an den Schuldner geleistet hat. Der Leistende wird befreit, wenn er im Zeitpunkt der Leistung die Eröffnung des Verfahrens nicht kannte. Dies wird gemäß § 82 Satz 2 InsO vermutet, wenn er geleistet hat, bevor die Eröffnung des Insolvenzverfahrens öffentlich bekannt gemacht wurde.

> **Beispiel**
>
> Nach Verfahrenseröffnung, aber noch vor Veröffentlichung der Eröffnung, zahlt der Drittschuldner den geschuldeten Kaufpreis im guten Glauben an den Schuldner. Er wird wegen § 82 InsO von seiner Leistungspflicht befreit und muss nicht nochmals an den Insolvenzverwalter zahlen.

Kapitel 2 Regelinsolvenzverfahren

5. Aufgaben und Pflichten des Insolvenzverwalters[2289]

Mit Eröffnung des Insolvenzverfahrens und Annahme des Amtes durch den Insolvenzverwalter, die in der Regel stillschweigend durch seine Bestellung folgt, treffen den Insolvenzverwalter eine Vielzahl von Rechten und Pflichten:

1094

Er hat die Masse zu sichern, massezugehörige Gegenstände in Besitz zu nehmen, § 148 Abs. 1 InsO, sowie unzulässige Zugriffe auf das verwaltete Vermögen abzuwehren. Aus- und Absonderungsberechtigte muss er berücksichtigen, das heißt, Aussonderungsgut an die Berechtigten herausgeben, Absonderungsgut bei vorhandenem Verwertungsrecht verwerten und den Erlös abzüglich etwaiger Kostenpauschalen an den Gläubiger auszukehren.

Gemäß § 159 InsO hat er das zur Masse gehörende Vermögen unverzüglich zu verwerten und zwar unter Berücksichtigung der Gläubigerinteressen. Wie er verwertet, liegt in seinem pflichtgemäßen Ermessen. Er kann freihändig veräußern oder öffentlich versteigern lassen.

6. Gegenseitige Verträge in der Insolvenz[2290]

Die Eröffnung des Insolvenzverfahrens führt nicht automatisch zur Beendigung schwebender Geschäfte und sonstiger laufender Verträge. Dies wäre bereits mit dem Sanierungsgedanken der InsO nicht vereinbar. Vielmehr bleiben die Verträge unverändert bestehen, die noch nicht erfüllten Ansprüche sind aber nicht durchsetzbar.[2291] Der Insolvenzverwalter soll entscheiden können, ob er ungünstige Verträge beendet und günstige Verträge für die Masse sichert.

1095

Hierzu erhalten §§ 103 bis 118 InsO Vorschriften über die Fortsetzung oder Beendigung schwebender Geschäfte. Aus diesen Vorschriften ergibt sich, ob ein schwebendes Geschäft mit Verfahrenseröffnung fortbesteht, eo ipso endet oder ob der Insolvenzverwalter über die Fortführung oder Beendigung entscheiden kann. Ferner regeln sie, ob die Forderungen der Gläubiger des Schuldners Insolvenzforderungen im Sinne des § 38 InsO oder Masseverbindlichkeiten im Sinne des § 55 InsO darstellen.

Die genannten Vorschriften stellen eine gesetzliche Interessenabwägung dar, so dass gemäß § 119 InsO die Anwendung dieser Vorschriften im Vorhinein ausschließende Vereinbarungen unwirksam sind.

1096

Die Grundnorm zur Behandlung schwebender Geschäfte stellt § 103 Abs. 1 InsO dar: Bei einem zum Zeitpunkt der Eröffnung des Insolvenzverfahrens von Schuldner und Gläubiger beidseitig nicht (vollständig) erfüllten gegenseitigen Vertrag kann der Insolvenzverwalter wählen, ob er den Vertrag erfüllt oder die Erfüllung ablehnt, soweit nicht §§ 104 ff. InsO Sondervorschriften enthalten.

Lehnt er die Erfüllung ab, ist der Vertragspartner wegen seiner unerfüllten Forderungen Insolvenzgläubiger. Wählt er Erfüllung, wird der Vertrag im

---
[2289] Näher Teil 2, Kap. 3, Rn. 458 ff.
[2290] Näher Teil 2, Kap. 8, Rn. 708 ff.
[2291] Grundlegend BGH, Urt. v. 25.04.2002 – IX ZR 313/99, ZInsO 2002, 577; ständige Rechtsprechung seit BGH, Urt. v. 17.11.2005 – IX ZR 162/04, ZInsO 2006, 35.

vereinbarten vertraglichen Umfang im eröffneten Verfahren mit Wirkung für und gegen die Masse fortgeführt.

1097 Im Einzelnen setzt § 103 Abs. 1 InsO voraus:

- Einen gegenseitigen Vertrag (nicht aber einseitig verpflichtende Geschäfte wie Leihe, Bürgschaft oder unvollkommen zweiseitige Verträge wie Auftrag oder Geschäftsbesorgung),
- der bei Eröffnung von keiner Seite vollständig erfüllt ist,[2292]
- ohne dass eine trotz § 119 InsO zulässige abweichende Vereinbarung vorliegt.

§ 119 InsO verbietet Vereinbarungen, durch die im Vorhinein die Anwendung der §§ 103 bis 118 InsO ausgeschlossen oder beschränkt werden. Im Insolvenzverfahren sollen gegenseitige Verträge also allein nach den spezifischen insolvenzrechtlichen Vorschriften abgewickelt werden. Entscheidend ist, ob die Vereinbarung gerade an die Insolvenzeröffnung anknüpft bzw. gerade das Wahlrecht des Insolvenzverwalters einschränkt. Lösungsklauseln, die an Zeitpunkte vor Insolvenzeröffnung anknüpfen (z. B. Verzug oder Vertragsverletzungen) sind wirksam. Selbst wenn diese Lösungsklausel im Ergebnis das Wahlrecht des Insolvenzverwalters unterläuft, ist sie nach der Rechtsprechung des BGH[2293] wirksam, wenn

- sie nicht auf dieses Ziel gerichtet ist,
- beide Vertragsparteien den Vertrag beenden können,
- die Rechtsfolgen der Kündigung unabhängig davon eintreten, wer kündigt,
- die Rechtsfolgen der Kündigung innerhalb und außerhalb der Insolvenz nicht voneinander abweichen.

Lösungsklauseln für Verträge gemäß §§ 108 und 112 InsO sind stets unwirksam.

1098 Problematisch ist demgegenüber die Zulässigkeit von Lösungsklauseln, wenn einer der Parteien für den Fall der Zahlungseinstellung, eines Insolvenzantrages oder der Eröffnung des Insolvenzverfahrens das Recht erhält, sich vom Vertrag zu lösen (insolvenzabhängige Lösungsklausel).

Nach h. M. sind derartige Klauseln mit § 119 InsO vereinbar.[2294]

1099 Miet- und Pachtverhältnisse des Schuldners über unbewegliche Gegenstände sowie Dienstverhältnisse bestehen mit Wirkung für die Insolvenzmasse fort, § 108 Abs. 1 Satz 1 InsO. Ansprüche für die Zeit vor Verfahrenseröffnung können dabei nur als Insolvenzforderungen geltend gemacht werden, § 108 Abs. 3 InsO. Der Insolvenzverwalter kann, wenn der Schuldner Mieter oder Pächter ist, diese Vertragsverhältnisse mit verkürzter Frist kündigen, längstens mit einer Frist von drei Monaten zum Monatsende, auch wenn eine längere Frist oder ein Ausschluss der Kündigung vertraglich vereinbart wurde, § 109 Abs. 1 InsO. Dies gilt allerdings nicht in der Insolvenz des privaten Schuldners, soweit dessen von ihm selbst bewohnte Wohnung

---

2292 Hierzu grundlegend BGH, B. v. 18.12.2003 – IX ZR 50/03, ZInsO 2003, 751.
2293 BGH, Urt. v. 17.11.2005 – IX ZR 162/04, ZInsO 2006, 35; *Bärenz*, Zum Anwendungsbereich des § 119 InsO, EWiR 2006, 119.
2294 BGH, Urt. v. 29.09.1985 – VII ZR 19/85, ZIP 1985, 1509; Zum Streitstand *Ahrendt*, in: HmbK, § 119 Rn. 6ff.

betroffen ist. Der Vermieter oder Verpächter darf wegen Miet- oder Pachtrückständen, die vor dem Insolvenzantrag aufgelaufen sind, oder wegen einer Verschlechterung der Vermögensverhältnisse nicht kündigen, § 112 InsO.

Abweichend vom Grundsatz, dass die Eröffnung des Insolvenzverfahrens schwebende Verträge unberührt lässt, erlöschen Aufträge, die der Schuldner in Bezug auf die Insolvenzmasse erteilt hat, mit Verfahrenseröffnung automatisch, § 115 Abs. 1 InsO. § 115 InsO gilt nach § 116 Satz 1 und § 117 Abs. 2 InsO ebenso für Geschäftsbesorgungsverträge und Vollmachten. Dadurch soll sichergestellt werden, dass allein dem Insolvenzverwalter die Verwaltung der Masse obliegt. Daneben wird die Entstehung von Vergütungs- und Aufwendungsersatzansprüchen vermieden. 1100

§ 115 Abs. 2 InsO normiert eine Notgeschäftsführung, die über § 116 Satz 1 und § 117 Abs. 2 InsO einheitlich für Auftrag, Geschäftsbesorgungsvertrag und Vollmacht gilt. Zweck ist der Schutz der Insolvenzmasse vor Schäden durch das Unterlassen notwendiger Maßnahmen.[2295] Der Beauftragte ist verpflichtet, die zur Abwehr von Gefahren nötigen Tätigkeiten zu erledigen. Er erhält, da der Auftrag als fortbestehend fingiert wird, im Gegenzug die vereinbarte Gegenleistung aus der Masse.

Beispiel

Fortsetzung der Hausverwaltungstätigkeit bis zur Übernahme der Immobilienverwaltung durch den Insolvenzverwalter.

7. Bereinigung der Masse

Nach Eröffnung des Insolvenzverfahrens hat der Insolvenzverwalter die Masse unverzüglich in Besitz zu nehmen. Er hat nun die Aufgabe, das Vermögen zu bereinigen, indem er diejenigen Vermögensgegenstände, die im Eigentum eines Dritten stehen, an diesen herausgibt (sog. Aussonderung) oder die Rechte der absonderungsberechtigten Gläubiger z. B. durch Verwertung der absonderungsrechtsbelasteten Gegenstände realisiert. Aus der sog. Istmasse wird die Sollmasse. 1101

7.1 Aussonderung[2296]

Macht ein Gläubiger geltend, dass ein Gegenstand nicht zur Insolvenzmasse gehört, ist dieser nach § 47 InsO auszusondern. Die Aussonderungsgläubiger können ihre Rechte gegenüber dem Insolvenzverwalter unabhängig vom Insolvenzverfahren – d. h. außerhalb – geltend machen. Der Gläubiger muss darlegen und ggf. beweisen, dass ein Gegenstand nicht zum haftenden Vermögen gehört. Er kann dann Herausgabe verlangen. Hauptanwendungsfälle sind dingliche Rechte (Volleigentum) und bestimmte obligatorische Rechte (Herausgabeansprüche aus Miete und Leasing). Einzelne dingliche Rechtspositionen berechtigen nur zur Absonderung. Dazu gehören bestimmte Er- 1102

2295 BGH, Urt. v. 06.07.2006 – IX ZR 121/05, ZIP 2006, 1781.
2296 Eingehend hierzu Teil 2, Kap. 5, Rn. 607 ff.

weiterungsformen des Eigentumsvorbehalts, Sicherungsübereignung und Sicherungsabtretung.

7.2 Absonderung[2297]

1103 Gegenstände, die mit Pfandrechten oder sonstigen Sicherungsrechten belastet sind, gehören zur Sollmasse. Sicherungsrechte Dritter werden im Insolvenzverfahren als Absonderungsrechte berücksichtigt. Sie sind vom Absonderungsberechtigten oder dem Insolvenzverwalter zu verwerten und nach Verwertung abzurechnen. Die einzelnen Absonderungsrechte sind in §§ 49 bis 51 InsO geregelt. Zur abgesonderten Befriedigung berechtigen u. a.

- Mobiliarpfandrechte, § 50 InsO,
- Immobiliarpfandrechte, § 51 InsO,
- Sicherungseigentum und Sicherungsabtretung, § 51 Nr. 1 InsO,
- Erweiterter Eigentumsvorbehalt nach Eintritt des Erweiterungsfalls und das Surrogat des verlängerten Eigentumsvorbehalt, § 51 Nr. 1 InsO,
- Verwendungszurückbehaltungsrechte, § 51 Nr. 2 InsO.

Für die abgesonderte Befriedigung aus unbeweglichen Gegenständen gilt § 49 InsO: Der Gläubiger kann nach dem ZVG vorgehen, also u. a. die Zwangsverwaltung oder Zwangsversteigerung betreiben.

7.3 Aufrechnung[2298]

1104 Die Insolvenzordnung geht davon aus, dass die zivilrechtlichen Vorschriften über die Aufrechnung auch in der Insolvenz gelten. Daher normiert § 94 InsO, dass eine einmal gegebene Aufrechnungsmöglichkeit durch die Verfahrenseröffnung nicht berührt wird.

Die Folgevorschriften in §§ 95 und 96 InsO sind getragen vom Gedanken, eine vernünftige Balance zu finden zwischen dem Vertrauen des einmal aufrechnungsbefugten Gläubigers auf der einen und dem Gedanken einer möglichst weitgehenden Masseanreicherung auf der anderen Seite.[2299] Der dem Schutzzweck des § 91 InsO entsprechende § 96 InsO enthält in seinen Nrn. 1, 2 und 4 Aufrechnungsverbote. § 96 Abs. 1 Nr. 3 InsO enthält einen Sonderfall der Insolvenzanfechtung. § 95 InsO regelt den Fall des Eintritts der Aufrechnungslage nach Verfahrenseröffnung: Sind im Zeitpunkt der Verfahrenseröffnung die aufzurechnenden Forderungen oder eine von ihnen schon begründet, jedoch noch bedingt, nicht fällig oder nicht gleichartig, kann erst aufgerechnet werden, wenn das Aufrechnungshindernis behoben ist, § 95 Abs. 1 Satz 1 InsO. Die Aufrechnung durch den Gläubiger bleibt jedoch ausgeschlossen, wenn seine Forderung später fällig oder unbedingt wurde als die massezugehörige Hauptforderung. In diesem Fall besteht nämlich kein schutzwürdiges Interesse des Gläubigers: Er musste wegen der durchsetzbaren Forderung der Masse mit einer Inanspruchnahme rechnen.

[2297] Eingehend hierzu Teil 2, Kap. 6, Rn. 629 ff.
[2298] Eingehend hierzu Teil 2, Kap. 7, Rn. 681 ff.
[2299] *Martini*, Unzulässige Aufrechnung bei fehlender Fälligkeit wegen verwaltungsrechtlichen Suspensiveffekts, jurisPR-InsR 24/2009 Anm. 3.

Kapitel 2 Regelinsolvenzverfahren

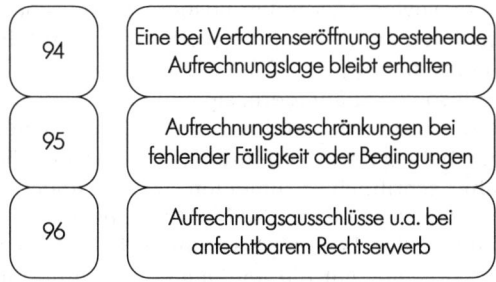

Abb. 62: (stark vereinfacht): Die Aufrechnung in der Insolvenz

8. Feststellung der Insolvenzforderungen

Außerhalb der Insolvenz realisiert der Gläubiger die Durchsetzung seines Anspruchs regelmäßig durch klageweise Geltendmachung: Gewinnt er, ist seine Forderung tituliert und er betreibt die Zwangsvollstreckung in das schuldnerische Vermögen. Wegen des Grundsatzes der Gläubigergleichbehandlung wird dieser Grundsatz in der Insolvenz aufgegeben. Soweit die Insolvenzmasse betroffen ist, tritt an die Stelle des Rechts zur klageweisen Geltendmachung das Recht zur Anmeldung der Forderung zur Insolvenztabelle, und soweit eine Insolvenzforderung betroffen ist, an die Stelle des Rechts zur Vollstreckung des titulierten Anspruchs das Recht, mit der festgestellten Forderung an der Verteilung des schuldnerischen Vermögens teilzunehmen.

1105

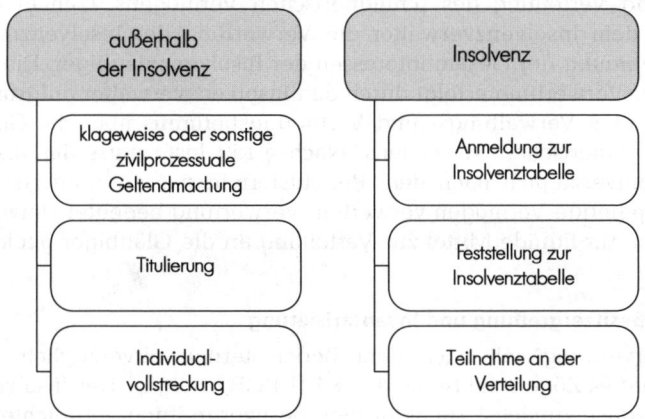

Abb. 63: Forderungsgeltendmachung vor und in der Insolvenz

§§ 174–186 InsO regeln die Anmeldung und Feststellung der Forderungen der Insolvenzgläubiger zur Insolvenztabelle. Zur Forderungsanmeldung sind berechtigt die Insolvenzgläubiger sowie die absonderungsberechtigten Gläubiger, soweit ihnen der Schuldner auch persönlich haftet.

Massegläubiger sowie Aussonderungsberechtigte sind keine Insolvenzgläubiger. Sie nehmen am Feststellungsverfahren nicht teil. Massegläubiger werden vorab befriedigt (§§ 53–55 InsO). Aussonderungsberechtigte gehören nicht zu den Insolvenzgläubigern, sie haben ihre Rechte gem. § 47 Satz 2 InsO außerhalb des Insolvenzverfahrens geltend zu machen.

Die Gläubiger haben nach Verfahrenseröffnung ihre Forderungen beim Insolvenzverwalter schriftlich anzumelden. Dabei haben sie Grund und Betrag der Forderungen anzugeben, § 174 Abs. 2 InsO. Die anspruchsbegründenden Unterlagen sollen beigefügt werden, § 174 Abs. 1 Satz 1 InsO.

Der Insolvenzverwalter hat die angemeldeten Forderungen in die Insolvenztabelle einzutragen und diese dann zur Vorbereitung des späteren Prüfungstermins beim Insolvenzgericht zur Einsichtnahme auszulegen, § 175 Abs. 1 InsO. Nachträgliche Anmeldungen sind gemäß § 177 InsO möglich. Die Anmelde- ist also keine Ausschlussfrist.

Geprüft werden die Forderungen in dem gemäß § 29 Abs. 1 Nr. 2 InsO zu terminierenden Prüfungstermin, § 176 InsO. Widersprechen weder Insolvenzverwalter noch Schuldner, gilt die Forderung als festgestellt, § 178 InsO. Bestreiten Verwalter oder Schuldner, kann der Gläubiger Feststellungsklage vor den ordentlichen Gerichten erheben, §§ 179 Abs. 1, 180 InsO.

9. Verwertung und Verteilung der Masse

9.1 Masseverwertung[2300]

9.1.1 Grundlagen

1106 Erstes Mittel der Gläubigerbefriedigung ist nach § 1 Satz 1 InsO die Verwertung und Verteilung des schuldnerischen Vermögens. Gemäß § 159 InsO obliegt dem Insolvenzverwalter die Verwertung der Insolvenzmasse unter Wahrnehmung der Gesamtinteressen der Insolvenzgläubiger. Die Durchführung der Verwertung erfolgt durch den Insolvenzverwalter aufgrund der ihm zustehenden Verwaltungs- und Verfügungsbefugnis über die Gegenstände des schuldnerischen Vermögens. Nach § 159 InsO muss der Insolvenzverwalter unverzüglich nach dem Berichtstermin das gesamte zur Insolvenzmasse gehörige Vermögen verwerten. Verwertung bedeutet Umwandlung in Geld, da nur liquide Mittel zur Verteilung an die Gläubiger geeignet sind.

9.1.1.1 Besitzergreifung und Inventarisierung

1107 Die Verwertung soll nach dem Berichtstermin unverzüglich, d.h. ohne schuldhaftes Zögern im Sinne des § 121 BGB erfolgen. Der Insolvenzverwalter ist jedoch zunächst zur sofortigen Besitzergreifung verpflichtet.[2301]

Sachen, die sich im Gewahrsam des Schuldners befinden, muss er gemäß § 148 InsO in Besitz nehmen, soweit diese der Pfändung unterliegen (vgl. § 811 ZPO). Erst diese Inbesitznahme ermöglicht ihm die Sicherung und Verwaltung zwecks späterer Verwertung oder anderweitiger Verfügung über das schuldnerische Vermögen. Auch Forderungen muss der Insolvenzver-

---
[2300] Näher hierzu Teil 2, Kap. 9, Rn. 790 ff.
[2301] BGH, Urt. v. 04.06.1996 – IX ZR 261/95, ZIP 1996, 1307.

walter zur Masse ziehen. § 148 Abs. 1 InsO gilt hierfür nicht. Bereits wegen der allgemeinen Wirkung der Eröffnung des Insolvenzverfahrens erlangt der Insolvenzverwalter Verfügungsbefugnis an Forderungen.
Sodann muss er ein Verzeichnis der Massegegenstände fertigen (§ 151 InsO) und ein Gläubigerverzeichnis erstellen (§ 152 InsO).

9.1.2 Verwertung vor dem Berichtstermin

Vor dem Berichtstermin darf der Insolvenzverwalter das Unternehmen nur ausnahmsweise verwerten, z. B. um verderbliche Waren zu veräußern oder weil das schuldnerische Vermögen, das er zu verwerten beabsichtigt, im Zeitpunkt der ersten Gläubigerversammlung bereits vernichtet worden wäre (an der Börse gehandelte Aktien). 1108

9.1.3 Betriebsfortführung oder Stilllegung

Die erst vom Insolvenzverwalter nach § 29 Abs. 1 Nr. 1 InsO mit dem Eröffnungsbeschluss einberufene Gläubigerversammlung entscheidet gemäß § 157 Abs. 1 Satz 1 InsO im Berichtstermin, ob das Unternehmen stillgelegt oder vorläufig fortgeführt werden soll. Zur Sicherung dieses aus der Gläubigerautonomie folgendem Recht der ersten Gläubigerversammlung legt § 22 Abs. 1 Nr. 2 InsO dem vorläufigen Insolvenzverwalter die Fortführung des schuldnerischen Unternehmens auf. Diese Vorschrift ist nur auf den starken vorläufigen Insolvenzverwalter anwendbar, gilt jedoch erst recht für den schwachen vorläufigen Insolvenzverwalter. Ab Eröffnung des Insolvenzverfahrens bis zum Berichtstermin begrenzt § 158 InsO die Befugnis des Verwalters zur Stilllegung. In diesem Zeitraum setzt diese Vorschrift dem Handeln des Insolvenzverwalters Grenzen, um einem späteren gläubigerautonomen Beschluss der Gläubigerversammlung nicht die Grundlage zu entziehen. Will der Insolvenzverwalter vor dem Berichtstermin das Unternehmen des Schuldners stilllegen oder veräußern, hat er die Zustimmung des Gläubigerausschusses einzuholen, wenn ein solcher bestellt ist. Als Notmaßnahme kann der Insolvenzverwalter bis zur Gläubigerversammlung das Unternehmen „einstweilen" stilllegen, muss jedoch darauf hinwirken, dass diese Entscheidung möglichst nicht unumkehrbar ist, was faktisch aufgrund der zum Erliegen kommenden leistungswirtschaftlichen Prozesse kaum möglich ist. Er wird dennoch das Unternehmen jedenfalls einstweilen stilllegen, wenn die Fortführung des Unternehmens erhebliche Nachteile für die Masse nach sich zöge, weil die erzielten Erlöse, die aus der Fortführung resultierenden zusätzlichen Kosten nicht decken würde. Ferner kann die Stilllegung auch aus schuldnerbezogenen Gründen geboten sein, weil für die Fortführung erforderliche Qualifikation, Zulassungen oder öffentlich-rechtliche Genehmigungen und Erlaubnisse fehlen.[2302] Bei einer Betriebsstilllegung vor Beschlussfassung durch die Gläubigerversammlung bedarf der Verwalter jedenfalls der Zustimmung des Gläubigerausschusses, §§ 67, 69, 72 InsO. Wenn ein solcher nicht bestellt ist, greift § 158 Abs. 2 Satz 1 InsO. Danach hat der Verwalter den Schuldner vor Stilllegung oder Veräußerung zu unter- 1109

2302 *Uhlenbruck,* in: Uhlenbruck, InsO, 158 Rn. 4; *Goerg,* in: MüKO-InsO, 158, Rn. 9.

richten. Ist ein Gläubigerausschuss bestellt, der im Beschluss nach § 158 Abs. 1 InsO fällt, hat er den Schuldner vor der Beschlussfassung des Gläubigerausschusses ebenfalls zu unterrichten.

9.2 Verteilung an die Gläubiger

1110 Hat der Insolvenzverwalter die Masse bereinigt, das Vermögen verwertet (oder das Unternehmen erhaltend saniert), gleicht er die Kosten des Insolvenzverfahrens aus und verteilt sodann den Übererlös an die Gläubiger zur anteiligen Befriedigung ihrer Forderungen.

10. Beendigung des Insolvenzverfahrens

1111 Das Insolvenzverfahren endet nach Verwertung und Verteilung nicht von Amts wegen. Vielmehr bedarf es eines rechtsgestaltenden Akts des Insolvenzgerichts. Die verschiedenen Arten der Verfahrensbeendigung regeln die §§ 207 ff. InsO.

10.1 Aufhebung nach Schlussverteilung

1112 Kam es zur Verteilung der vorhandenen restlichen Masse an die Gläubiger, ist die Verteilung vollzogen. Das Insolvenzverfahren wird aufgehoben. Die Aufhebung kommt allerdings nur in Betracht, wenn die Masseverbindlichkeiten voll bezahlt wurden und für die Insolvenzgläubiger eine Quote gezahlt werden konnte. Die InsO kennt daher noch andere Arten, das Insolvenzverfahren zu beenden:

10.2   Einstellung
10.2.1   Einstellung mangels Masse
10.2.1.1 Regelungsziel

1113 Es war eines der wesentlichen Reformziele, einen weit größeren Teil der Insolvenzverfahren zur Eröffnung zu bringen als dies im Geltungsbereich der Konkursordnung der Fall war. Das Fehlen einer rechtsstaatlichen Abwicklung, weil ein Insolvenzverfahren nicht eröffnet werden konnte, führte zu schweren Missständen: Vermögenslose Schuldner konnten weiterhin am Rechtsverkehr teilnehmen und andere schädigen, Haftungsansprüche gegen Organe und Gesellschafter blieben unentdeckt, Wirtschaftsstraftaten wurden nicht geahndet. Um dies zu vermeiden, sieht die InsO vor, dass ein Insolvenzverfahren bereits dann eröffnet werden kann, wenn die Massekosten voraussichtlich gedeckt sein werden. Da dies jedoch eine Prognoseentscheidung darstellt, die sich im Nachhinein als falsch herausstellen kann, regelt § 207 InsO, wie zu verfahren ist, wenn sich im Nachhinein herausstellt, dass diese Annahme falsch war.

10.2.1.2 Regelungsgegenstand

1114 Das Insolvenzverfahren ist gemäß § 207 Abs. 1 Satz 1 InsO einzustellen, wenn die Verfahrenskosten nicht gedeckt sind. Dies gilt nur dann nicht, wenn ein ausreichender Geldbetrag vorgeschossen wird oder – im Fall der Insolvenz der natürlichen Person – die Verfahrenskosten gestundet sind, § 207 Abs. 1 Satz 2 InsO.

Die Frage, ob die Verfahrenskosten gedeckt sind, richtet sich nach den gleichen Gesichtspunkten wie bei § 26 Abs. 1 Satz 1 InsO. Gedeckt sein müssen die Massekosten im Sinne des § 54 InsO, also die Gerichtskosten, die Vergütung und Auslagen des vorläufigen und endgültigen Insolvenzverwalters und der Mitglieder des Gläubigerausschusses. Ist dies nicht der Fall, ist das Verfahren masselos bzw. massekostenarm.

Davon zu unterscheiden ist die Masseunzulänglichkeit, die eintritt, wenn zwar die Massekosten gedeckt sind, aber nicht die sonstigen Verbindlichkeiten (§ 208 Abs. 1 InsO).

10.2.1.3 Folgen

Steht fest, dass die Massekosten nicht gedeckt sind und liegt auch weder ein Fall der Verfahrenskostenstundung nach § 4a InsO oder des Vorschusses nach § 207 Abs. 1 Satz 2 InsO vor, so gibt das Gericht dem Insolvenzverwalter zunächst die Möglichkeit, ordnungsgemäß Schlussrechnung zu legen und die vorhandenen Barmittel an die Beteiligten im Sinne von § 54 InsO zu verteilen. Sodann hat es die Gläubigerversammlung zu hören. Wenn bereits zur ersten Gläubigerversammlung zur Beschlussfassung über § 207 InsO geladen wurde, ist eine erneute Gläubigerversammlung entbehrlich.

1115

Die Einstellung erfolgt durch Beschluss, der gemäß § 215 Abs. 1 Satz 1 InsO öffentlich bekanntzumachen ist. Dagegen haben Gläubiger und Schuldner das Rechtsmittel der sofortigen Beschwerde, § 216 InsO.

Nach Einstellung des Verfahrens erhält der Schuldner das Recht zurück, über die Insolvenzmasse frei zu verfügen, § 215 Abs. 2 Satz 1 InsO. Das Amt des Insolvenzverwalters endet ebenso wie die Ämter der Mitglieder des Gläubigerausschusses. Zuvor hat der Verwalter jedoch noch die vorhandenen Barmittel zu verteilen und zwar anteilig an die Kostengläubiger in zwei Rangklassen. In Rangklasse 1 sind die Auslagen des Gerichts und des Verwalters zu berichtigen, in Rangklasse 2 die Kosten des Verfahrens (Gebühren und Vergütungsansprüche).

10.2.2 Einstellung wegen Wegfalls des Eröffnungsgrundes

Der schwerwiegende Eingriff, der mit Eröffnung des Insolvenzverfahrens in das Vermögen des Schuldners verbunden ist, ist nur solange gerechtfertigt, wie ein Insolvenzgrund noch vorliegt. Daher ist gemäß § 212 InsO das Insolvenzverfahren einzustellen, wenn die für den Rechtsträger maßgeblichen Insolvenzantragsgründe weggefallen sind. § 212 InsO ist analog anzuwenden, wenn bei Verfahrenseröffnung das Gericht irrtümlich davon ausging, dass ein Insolvenzgrund vorläge.[2303]

1116

Erforderlich ist eine nachhaltige Beseitigung des Eröffnungsgrundes, es muss also sichergestellt sein, dass die eingetretene Überschuldung und/oder

---

2303 *Weitzmann*, in: HambK § 212 Rn. 2 m.w.N.

die eingetretene Zahlungsunfähigkeit in absehbarer Zeit nicht wieder eintreten.[2304]

1117 Eine Verfahrenseinstellung kann nur auf formlosen Antrag des Schuldners bzw. dessen organschaftlicher Vertreter erfolgen. Der Antrag ist gemäß § 212 Satz 2 InsO nur zulässig, wenn das Fehlen der Eröffnungsgründe glaubhaft gemacht wird.

Nach gerichtlicher Prüfung der Zulässigkeit des Antrages erfolgt die Veröffentlichung der Einstellung des Verfahrens wegen Wegfalls des Eröffnungsgrundes nach § 214 Abs. 1 Satz 1 InsO im Wege der öffentlichen Bekanntmachung. Nun können die Insolvenzgläubiger binnen einer Woche schriftlich oder zu Protokoll der Geschäftsstelle Widerspruch erheben.

1118 Massegläubiger, dinglich gesicherte Gläubiger ohne persönliche Forderungen gegen den Schuldner und nachrangige Insolvenzgläubiger haben kein Widerspruchsrecht. Ferner sind vor der Entscheidung über die Einstellung des Insolvenzverfahrens der Antragsteller der Insolvenzverwalter und – falls ein solcher bestellt ist – der Gläubigerausschuss zu hören. Diese Anhörung dient der Beseitigung bestehender Zweifel über den Wegfall der Insolvenzgründe und des Rechtsschutzbedürfnisses des Schuldners. In diesem Zusammenhang kann das Gericht den Sachverhalt von Amts wegen gemäß § 5 Abs. 1 InsO ermitteln.

Mit der Wirksamkeit des Einstellungsbeschlusses fällt die Verwaltungs- und Verfügungsbefugnis an den Schuldner zurück.

10.2.3 Einstellung nach Anzeige der Masseunzulänglichkeit

1119 Die Einstellung des Verfahrens nach Anzeige der Masseunzulänglichkeit regelt § 211 InsO: Das Gericht stellt das Verfahren ein, nachdem der Insolvenzverwalter die Masse nach § 209 InsO verteilt hat, also die Massegläubiger (quotal) befriedigt hat.

Mit Einstellung des Verfahrens hat der Verwalter Schlussrechnung zu legen und das Verteilungsverzeichnis einzureichen. Das Gericht stellt das Insolvenzverfahren durch Einstellungsbeschluss ein, der gemäß § 215 Abs. 1 InsO öffentlich bekanntzumachen ist. Der Schuldner erhält das Recht zurück, über die Insolvenzmasse frei zu verfügen, § 215 Abs. 2 Satz 1 InsO. Werden nach Einstellung Gegenstände der Insolvenzmasse ermittelt, so ordnet das Gericht eine Nachtragsverteilung an. Davon kann abgesehen werden, wenn der auszuschüttende Betrag so gering ist, dass die an den einzelnen Gläubiger zu zahlende Quote so gering ist, dass sie im keinen Verhältnis zu den mit der Nachtragsverteilung verbundenen Kosten steht. In diesem Fall kann die Vergütung des Insolvenzverwalters oder der Auslagenanspruch erhöht werden.[2305]

10.2.4 Einstellung mit Zustimmung der Gläubiger

1120 Gleichwohl die Parteidisposition mit der Eröffnung des Insolvenzverfahrens endete und dieses nunmehr als Amtsverfahren weiterbetrieben wird, unter-

---

2304 LG Göttingen, B. v. 03.11.2008 – 10 T 119/08, ZInsO 2009, 38.
2305 *Weitzmann*, in: HambK, § 211, Rn. 5.

Kapitel 2 Regelinsolvenzverfahren

stellt § 213 InsO die Durchführung des Insolvenzverfahrens der Disposition der Gläubigergesamtheit, die in der Lage sind, einen „Insolvenzverzicht" zu erklären. Bringt der Schuldner nach Ablauf der Anmeldefrist die Zustimmung aller Insolvenzgläubiger bei, die Forderungen angemeldet haben, so ist das Insolvenzverfahren gemäß § 213 Abs. 1 Satz 1 InsO auf dessen Antrag einzustellen. Ausnahmsweise ist eine Einstellung auch bereits vor Ablauf der Anmeldefrist möglich, wenn außer den Gläubigern, deren Zustimmung der Schuldner beibringt, andere Gläubiger nicht bekannt sind. Im Fall streitiger Forderungen und der Forderungen absonderungsberechtigter Gläubiger entscheidet das Insolvenzgericht nach freiem Ermessen, inwieweit es einer Zustimmung dieser Gläubiger oder einer Sicherheitsleistung des Schuldners Ihnen gegenüber bedarf. Einstellungen nach § 213 InsO kommen praktisch nicht vor.

Das Einstellungsverfahren entspricht dem des § 212 InsO, also dem Fall der Einstellung wegen Wegfalls des Eröffnungsgrundes.

# Kapitel 3
Die übertragende Sanierung

1. Einleitung

1121 Die übertragende Sanierung[2306] ist nichts anderes als eine gewöhnliche Verwertung der Masse. Sie ist die Liquidation des Unternehmens über den Verkauf des Vermögens, aber – und dies ist der Unterschied – nicht als Einzelliquidation aller Vermögenswerte, sondern in der Gesamtheit eines Betriebsteils in der Hoffnung, auf diesem Wege den Goodwill des Geschäftsbetriebs erhalten und damit verwerten zu können sowie Masseverbindlichkeiten z. B. aus Auslauflöhnen zu vermeiden.

Die übertragende Sanierung ist ein schlichter Kaufvertrag gemäß §§ 433, 453 BGB. Insofern unterscheidet sich dieser Kaufvertrag nicht von dem Kauf des morgendlichen Brötchens beim Bäcker. Übertragende Sanierung wird neudeutsch oft als „Asset Deal" bezeichnet. Die Einfachheit macht die übertragende Sanierung als Sanierungslösung zum Erhalt des Geschäftsbetriebs attraktiv.

Der Begriff der übertragenden Sanierung leitet jedoch fehl, da es sich nicht um eine Sanierung im eigentlichen Sinne handelt. Das Unternehmen wird zerschlagen, liquidiert. Das Anlage- und Umlaufvermögen wird aus dem Rechtsträger herausverkauft. Zurück bleibt der insolvente Rechtsträger als leere Hülle,[2307] die abgewickelt wird. Letzteres gilt natürlich nur für eine juristische Person, während bei einer natürlichen Person im besten Falle sechs Jahre später die Restschuldbefreiung[2308] erfolgt. Aus diesem Grunde ist bei einer natürlichen Person als Rechtsträger nur der Insolvenzplan, der den Rechtsträger als solches saniert und erhält, als Sanierungsweg tunlich.[2309]

2306 Der Begriff wurde von Karsten Schmidt eingeführt; *Schmidt*, Organverantwortlichkeit und Sanierung im Insolvenzrecht der Unternehmen, ZIP 1980, 328 ff.
2307 *Priebe*, Übertragende Sanierung und Insolvenzplanverfahren, ZInsO 2011, 467, 469, spricht ähnlich von „entleerter Hülse".
2308 Teil 3, Kap. 6, Rn. 1266 ff.
2309 Dazu Teil 3, Kap. 4, Rn. 1153 ff.

2. Gegenstand der übertragenden Sanierung

Die übertragende Sanierung leitet ihren Begriff aus der Übertragung der Vermögenswerte auf einen neuen, gesunden Rechtsträger ab, der sodann den auf diesem Wege „sanierten" Geschäftsbetrieb fortsetzt. Die Übertragung der Vermögenswerte („Assets") umfasst das Anlage- und Umlaufvermögen (vgl. § 266 Abs. 2 HGB) sowie den Goodwill. Welche Sachen und Rechte in den Kaufvertrag einbezogen werden, ist Gegenstand der Verhandlungen zwischen dem Insolvenzverwalter und dem Übernehmer. Verbindlichkeiten und Gegenstände, die der Übernehmer nicht kaufen will, verbleiben bei der insolventen Gesellschaft und werden dann einzeln verwertet.[2310]

1122

Das bewegliche Anlagevermögen[2311] wird durch einen dazu beauftragten Industriesachverständigen inventarisiert, mit Fortführungs- und Liquidationswerten bewertet und in einem entsprechenden Gutachten aufgeführt (siehe Abbildung Seite 572).

1123

Regelmäßig weist das Gutachten am Beginn oder Ende eine Zusammenfassung nach Liquidations- und Fortführungswerten als freie Masse und unter Berücksichtigung der Drittrechte auf.

Das unbewegliche Anlagevermögen (Grundstücke und Immobilien) wird – sofern ein entsprechend aktuelles und objektives Gutachten nicht vorliegt – ggf. durch einen Sachverständigen begutachtet und bewertet.

Schwieriger ist die Bewertung bei Unternehmensbeteiligungen. Die „Shares", Anteile an den Tochterunternehmen, sind Vermögensgegenstände, die gewöhnlich veräußert werden können.

1124

Für das Umlaufvermögen kommt es auf die Plausibilität und Verlässlichkeit der Buchhaltung an. Es kann geboten sein, auch das Umlaufvermögen durch den Industriesachverständigen unverzüglich aufnehmen zu lassen. Insbesondere wenn es um die spätere Abgrenzung von Sicherungsrechten geht, kann die Aufnahme umgehend nach Anordnung der vorläufigen Insolvenzverwaltung und damit der Sicherung des Vermögens für die Gläubiger notwendig sein: Beispielsweise unterfallen die vorhandenen, noch nicht verarbeiteten Vorräte möglicherweise Eigentumsvorbehalten, die später bei Verarbeitung abzugelten sind.

Die richtige Erfassung des vorhandenen Anlage- und Umlaufvermögens sowie die Berücksichtigung von Drittrechten sind entscheidend für die übertragende Sanierung. Gegenstand der Übertragung kann nur das Vermögen sein, über das der Insolvenzverwalter verfügungsbefugt ist (vgl. § 80 Abs. 1 InsO). Stehen Gegenstände in Fremdeigentum und unterliegen gemäß § 47 InsO der Aussonderung[2312], kann der Insolvenzverwalter sie nicht veräußern, weil ihm die Rechtsmacht für die Übertragung fehlt. Typischerweise sind Leasing- und Mietgegenstände hier relevant. Werden diese für den Ge-

1125

2310 *Denkhaus/Demisch*, Unternehmenskauf aus der Insolvenz – Aktuelles und Bewährtes, InsVZ 2010, 243 ff., 243.
2311 Immaterialgüterrechte werden oft fälschlicherweise unter dem Goodwill subsumiert.
2312 Teil 2, Kap. 5; beachte, dass die Sicherungsübereignung insolvenzrechtlich nur als besitzloses Pfandrecht gilt und ein Absonderungsrecht begründet, vgl. Teil 2, Kap. 6, Rn. 635 ff.

4. Gesamt-Objektliste mit Einzelbewertung

Gutachten: Muster AG, 10000 Berlin
GoIndustry Deutschland GmbH
Datum: 01.01.2012

I Lfd.-Objekt-Nr.	II Menge Anzahl	III Einheit	IV Objektbeschreibung	V Standort	VI Liquidations-wert (netto)	VII Fortführungs-wert (netto)	VIII Währung	XIII Drittrechts-anspruch (Name)	XVIII interne Bemerkung	XIX Fremd-recht (Ja/Nein)
0001	1	Posten	Ladeneinrichtung Maßeinbau, Regale rundlaufend, ca. 21 lfdm, Glasböden, Säulenumbauung	Ladengeschäft	1,00	1.500,00	EUR		Sollte im Falle einer Verwertung vor Ort bleiben oder durch den Ladenbauer abgebaut werden	nein
0002	1	Posten	Ladeneinrichtung: 3 Einzelbedientische Freiform mit Steinplatte und Regalunterbau, 1 Tisch, 1 Kleines Regal	Ladengeschäft	100,00	200,00	EUR			nein
0003	3	Stück	Deckenlampen, Neonröhren mit Stoffbespannung	Ladengeschäft	60,00	120,00	EUR			nein
0004	3	Stück	Deckenlampen, abgeflachte Kugelform	Ladengeschäft	60,00	120,00	EUR			nein
0005	1	Stück	Videoüberwachungsanlage: 3 Domkameras, deckenbefestigt, 1 Festplattenrekorder, 1 TFT-Monitor, wandbefestigt	Ladengeschäft	150,00	300,00	EUR			nein
0006	2	Stück	Sessel, Goldlackierung, Samtbezug	Ladengeschäft	80,00	160,00	EUR			nein
0007	1	Stück	Wasserspender mit Wassergallone	Ladengeschäft	30,00	60,00	EUR	Musterfirma	Miete Musterfirma, Tel. 123456789	ja
0008	1	Stück	Kundenstopper, 2 Warenpräsentationsständer, 8 Bilderrahmen, 2 Stühle, 1 Wandtisch	Ladengeschäft	30,00	60,00	EUR			nein
0009	3	Stück	Blutdruckmessgeräte, verschiedene Ausführungen	Ladengeschäft	30,00	60,00	EUR			nein
0010	1	Posten	Kassensystem: 3 Kassenplätze mit Monitor, Betragsanzeige, Tastatur, Maus, Kassenlade, Scanner, Rezeptdrucker, 2 Server, 2 20"-TFT-Monitore, 1 Farblaserdrucker SAMSUNG, Modell CLP220N, 1 Desktop-PC, 19"-TFT-Monitor ASUS, Scanner HONEYWELL, 1 Laserdrucker KYOCERA, Modell FS-1120D	Ladengeschäft	600,00	3.000,00	EUR	Musterfirma	Leasing Musterleasingfirma	ja
0011	1	Stück	Automatiktür an Gebäude angepasst	Ladengeschäft	0,00	600,00	EUR		Gebäudebestandteil	nein
0012	1	Stück	EC-Cashgerät TELECASH, Geräte-ID 54392167	Ladengeschäft	25,00	50,00	EUR	Musterfirma	Miete Musterfirma, Tel. 123456789	ja
0013	2	Stück	Hocker, höhenverstellbar	Ladengeschäft	10,00	20,00	EUR			nein

Kapitel 4. - Objektliste
Seite 1 von 2

Abb. 64: Objektliste (Auszug) des Industriesachverständigen GoIndustry Deutschland GmbH

Kapitel 3 Die übertragende Sanierung

1.4 Gesamt-Liquidationswert
Der ermittelte Liquidationswert von Positionsnummer 0001 bis 0020 beträgt insgesamt

400,00 EUR plus Mehrwertsteuer

1.5 Gesamt-Fortführungswert
Der ermittelte Wert bei einer Betriebsfortführung vor Ort beträgt insgesamt

4.000,00 EUR plus Mehrwertsteuer

Die Aufteilung in Massevermögen und Vermögen mit Drittrechten findet sich nachfolgend.

1.6 Liquidationswert der freien Masse
Der ermittelte Liquidationswert der freien Masse beträgt insgesamt

400,00 EUR plus Mehrwertsteuer

1.7 Fortführungswert der freien Masse
Der ermittelte Fortführungswert der freien Masse beträgt insgesamt

4.000,00 EUR plus Mehrwertsteuer

1.8 Liquidationswert der Drittrechte
Der ermittelte Liquidationswert der Drittrechte beträgt insgesamt

0 EUR plus Mehrwertsteuer

1.9 Fortführungswert der Drittrechte
Der ermittelte Fortführungswert der Drittrechte beträgt insgesamt

0 EUR plus Mehrwertsteuer

Wenngleich wir diese Wertermittlung sorgfältig, unparteiisch und nach bestem Wissen und Gewissen durchgeführt haben, so erfolgt die Beratungstätigkeit trotzdem grundsätzlich ohne Gewähr.

Abb. 65: Zusammenfassung der Liquidations- und Fortführungswerte

schäftsbetrieb benötigt, wird der Erwerber entsprechende Verhandlungen mit dem Leasinggeber bzw. Vermieter führen müssen.

Aber auch frühere Verfügungen über Gegenstände, die dennoch Massebestandteil sind, sind relevant. So kann ein Drittrecht als Sicherungsrecht begründet worden sein, das bei der Verwertung zu berücksichtigen ist. Klassisches Beispiel ist die Sicherungsübereignung, die ein Absonderungsrecht des Sicherungsnehmers begründet und zum einen zur Beteiligung des Sicherungsnehmers bei der Verwertung (§§ 166f. InsO) und zum anderen zur Auskehr des hierfür erlösten Betrages[2313] an den Absonderungsberechtigten führt.

1126

[2313] Abzüglich der Feststellungs- und Verwertungskostenpauschale, vgl. § 171 InsO und Teil 2, Kap. 9, Rn. 790.

Ein weiteres Beispiel ist das Factoring, das gerade Unternehmen in Liquiditätsnot oftmals nutzen, um sich aus bereits erarbeiteten Forderungen Liquidität zu verschaffen. In diesem Falle ist die Forderung bereits „verkauft", die Liquidität abzüglich der Gebühr hierfür vereinnahmt, im Gegenzug die Forderung abgetreten und nicht mehr zugunsten der Masse liquidierbar.

1127   Stets frei von Drittrechten ist der Goodwill, der als Differenz aus dem bewerteten Anlage- und Umlaufvermögen und dem Kaufpreis bei dem Asset Deal verstanden wird. Da dieser weder vorab (ver-)pfändet noch sonst wie übertragbar ist, steht der Erlös aus dem Goodwill als freie Masse zur Verfügung.

1128   Hieraus folgt, dass die Allokation des Kaufpreises auf verschiedene Vermögenspositionen hochgradig relevant ist. Zum einen müssen die Sicherungsrechte und -interessen sowie die daraus folgenden Rechte der betroffenen Gläubiger, insbesondere auf Mitsprache bei der Verwertung (§§ 167 f. InsO), angemessen berücksichtigt werden. Zum anderen wird der Insolvenzverwalter bemüht sein, aus dem Verkauf eine Deckung der Verfahrenskosten, u.a. seiner Vergütung, als auch eine erquickliche Quote für die ungesicherten Gläubiger zu erzielen. Darüber hinaus spielen steuerliche Erwägungen des Käufers bei der Allokation des Kaufpreises eine Rolle, da beispielsweise unterschiedliche Abschreibungsmöglichkeiten für die verschiedenen Vermögenswerte bestehen.[2314]

3. Rechtswirkungen

1129   Die übertragende Sanierung ist, wie einleitend ausgeführt, ein schuldrechtlicher Kaufvertrag gemäß § 433 BGB mit anschließender dinglicher Übertragung der Gegenstände auf einen neuen Rechtsträger.

Nicht übertragen werden können Verträge mit Dritten, Lizenzen, behördliche Genehmigung u.ä., bei denen die Mitwirkung einer weiteren Partei zur Übertragung des Rechts notwendig ist. Der neue Rechtsträger kann ggf. in den Mietvertrag des insolventen Unternehmens eintreten, muss dazu aber rechtlich einen völlig neuen Mietvertrag mit dem Vermieter schließen. Möchte dieser nicht, wird der Betriebsübernehmer neue Geschäftsräume suchen müssen. Gleiches gilt für Lieferanten- und Kundenbeziehungen: Hatte der insolvente Rechtsträger einen günstigen Vertrag über die Lieferung von Rohstoffen, wird der Übernehmer diesen Vertrag nicht einfach fortführen können, da Vertragspartner der alte Rechtsträger ist und bleibt. Der Insolvenzverwalter kann die Erfüllung des Vertrags gemäß § 103 Abs. 2 Satz 1 InsO ablehnen, diesen aber nicht übertragen.[2315]

1130   Was hier zunächst als Nachteil beschrieben ist, ist zugleich der Vorteil der übertragenden Sanierung: Es ist ein Neustart mit bestehenden Strukturen und Kunden. Jeder Vertrag kann neu verhandelt, jede Kostenposition und jede Kundenverbindung geprüft werden. Daher bleibt oftmals das zu beobachtende Vorgehen, im Rahmen der Due Diligence bestehende Vertragsver-

---

2314 Hierzu unter 6., Rn. 1137.
2315 Zum Ganzen: *Bitter/Laspeyres*, Rechtsträgerspezifische Berechtigungen als Hindernis übertragender Sanierung, ZIP 2010, 1157 ff.

hältnisse umfassend zu prüfen, unverständlich.[2316] Vielmehr sollte die Energie darauf verwendet werden, welche Vertragsverhältnisse zu welchen Konditionen zukünftig abgeschlossen werden können, um das Unternehmen profitabel zu führen.

Da der neue Rechtsträger zum alten Rechtsträger nicht in Rechtsnachfolge steht, muss der neue Rechtsträger insbesondere auch alle notwendigen behördlichen Genehmigungen neu beantragen. Möglicherweise lassen sich hier mit der Behörde im Vorfeld Absprachen treffen, insbesondere wenn es sich um einen wichtigen Arbeitgeber handelt. Andererseits kann die Behörde auch gegenüber einem schon lange unliebsamen Betrieb die Gelegenheit nutzen und durch Verweigerung einer entsprechenden Genehmigung die Fortführung verhindern.

1131

Daraus ergibt sich ggf. die Notwendigkeit eines Insolvenzplanverfahrens als einzig möglicher Sanierungsweg in der Insolvenz. Handelt es sich bei dem insolventen Unternehmen um einen Filialbetrieb mit vielen Filialen mit unterschiedlichen Vermietern, wird die übertragende Sanierung schon faktisch daran scheitern, dass der Betriebsübernehmer nicht alle Mietverträge in kurzer Zeit neu verhandeln kann, zumal sich Vermieter mit bislang für das Unternehmen guten Mietverträgen einem Neuabschluss versperren könnten, sodass nur die schlechten Verträge ohne weiteres fortzuführen wären – was nicht im Interesse eines Investors sein wird. Auch für ein Unternehmen, das gewährte Lizenzen nutzt, wird der Insolvenzplan der gebotene Weg sein, da andernfalls der Lizenzgeber die Übertragung der Lizenz entweder gänzlich verweigern oder von einer Neuzahlung der Lizenzgebühr abhängig machen könnte.[2317]

4. Kaufpreisgestaltung

Während der Insolvenzverwalter oftmals vom reinen Verwertungsgedanken ausgeht und den möglichen Versteigerungserlös der einzelnen Gegenstände zugrunde legt, wobei der Liquidationswert die Untergrenze darstellt, also der Wert, der in der Einzelversteigerung der Gegenstände zu erzielen ist,[2318]

1132

2316 So raten beispielsweise *Morshäuser/Falkner*, NZG 2010, 881, 884, sogar dazu, „im Rahmen der Due Diligence insbesondere die Vertragsverhältnisse des insolventen Unternehmens genau anzusehen", wenngleich sie im Folgeabsatz selbst feststellen, dass die „Insolvenzsituation ... dazu genutzt werden (kann), die Vertragsverhältnisse ... neu zu gestalten ...".

2317 So konnte das Unternehmen Senator Entertainment AG (AG Charlottenburg – 105 IN 1774/04), das Filme wie „Lola rennt" und „Merry Christmas" in Lizenz in die deutschen Kinos brachte, nur im Insolvenzplanverfahren saniert werden, da eine übertragende Sanierung mit Übertragung der Lizenzen auf einen neuen Rechtsträger mangels Zustimmung der größtenteils amerikanischen Lizenzgeber unmöglich war; dazu *Fritze*, Sanierung von Groß- und Konzernunternehmen durch Insolvenzpläne, Der Fall Senator Entertainment AG, DZWIR 2007, 89–93.

2318 So auch *Morshäuser/Falkner*, Unternehmenskauf aus der Insolvenz, NZG 2010, 881, 886; ebenfalls *van Betteray/Gass*, Vorverträge, Asset Deals und Unternehmenskaufverträge in der Insolvenz, BB 2004, 2309, die zu Recht darauf hinweisen, dass die Entlastung durch (vermiedene) Masseverbindlichkeiten zu berücksichtigen ist.

Teil 3   Insolvenzverfahrensrecht

wird ein rational handelnder Interessent sein Angebot am möglichen Ertragswert des zukünftigen Unternehmens ausrichten.

1133   Hinsichtlich der Ermittlung des Ertragswerts stellt sich ein unübersehbares Problem: In der jüngeren Vergangenheit hat das Unternehmen in aller Regel Verluste geschrieben. Die Zukunft hingegen ist vollkommen ungewiss. Wie viele Kunden werden nach der übertragenden Sanierung mit dem Unternehmen weiterhin zusammenarbeiten? Können alle Lieferverträge, alle Leasingverträge und der Mietvertrag über die Betriebsimmobilie weitergeführt werden? Wenn ja, zu welchen Bedingungen? All diese Fragen beeinflussen die Ertragsplanung.

Letztlich ist der mögliche Verhandlungsspielraum abhängig von der Zahl der Interessenten für den Geschäftsbetrieb, ein hinsichtlich der Preisbildung geradezu schulmäßiger marktwirtschaftlicher Prozess von Angebot und Nachfrage.

5. Ablauf Verkaufsprozess

1134   Der Insolvenzverwalter wird die ersten Tage benötigen, um den Geschäftsbetrieb wegen der Wirrungen der Insolvenz zu stabilisieren. Er muss die Weiterbelieferung bzw. die Wiederaufnahme der Belieferung sicherstellen und die Arbeitnehmer informieren.

Währenddessen werden oftmals bereits die ersten Interessenten auf den Insolvenzverwalter zukommen. Ein strukturierter Verkaufsprozess sollte möglichst frühzeitig beginnen, da die Zeit oftmals begrenzt ist: Der Insolvenzverwalter wird berücksichtigen müssen, dass der Insolvenzgeldzeitraum, der ihm die Betriebsfortführung (nahezu[2319]) ohne Lohn- und Gehaltskosten ermöglicht, maximal drei Monate beträgt. Dies entspricht in der Regel dem Zeitraum der vorläufigen Insolvenzverwaltung.[2320]

1135   Mit der Eröffnung des Verfahrens arbeitet der Insolvenzverwalter zu Vollkosten – und haftet zugleich gemäß § 61 InsO für die nunmehr fortlaufend begründeten Masseverbindlichkeiten.[2321] Benötigt das Unternehmen frische Mittel, wird er bemüht sein, dass Unternehmen möglichst umgehend zu veräußern. Anders stellt es sich dar, wenn das Unternehmen durch die Sonderrechte des Insolvenzverwalters bereits wieder profitabel gemacht und dauerhaft fortgeführt werden kann.

Beginnt der Verkaufsprozess, wird der Insolvenzverwalter zunächst die vorhandenen Interessenten aufnehmen bzw. mögliche Interessenten kontaktieren. Nach Unterzeichnung einer Vertraulichkeitserklärung werden die Interessenten – die sog. Longlist – erste Unterlagen erhalten, um sich einen

---

2319   Die Bemessungsgrenze in dem Jahr 2012 beträgt für die alten Bundesländer 5.600 € und für die neuen Bundesländern 4.800 €, s. dazu Teil 6, Kap. 1, Rn. 2110; Liegen einzelne, in der Regel besonders qualifizierte und bedeutende Arbeitnehmer für das Unternehmen darüber, wird der Insolvenzverwalter diesen Arbeitnehmern regelmäßig die Differenz aus der Masse anbieten (müssen), um diese zu halten. Dies lässt sich vor dem Hintergrund des Sanierungsziels, das ohne diese Arbeitnehmer nicht zu erreichen ist, rechtfertigen.
2320   Über den Zusammenhang von Insolvenzgeldzeitraum und Zeitraum der vorläufigen Insolvenzverwaltung s. Teil 6, Kap. 1, Rn. 2103.
2321   Dazu Teil 2, Kap. 3, Rn. 529.

Kapitel 3 Die übertragende Sanierung

Überblick über das Unternehmen zu verschaffen. Sodann werden die Interessenten regelmäßig aufgefordert, bis zu einem festgelegten Datum ein indikatives Angebot abzugeben.

Die höchstbietenden Interessenten werden sodann in einer zweiten Runde – sog. Shortlist – mit weiteren Unterlagen, Gesprächen der Geschäftsführung etc. informiert sowie der Kaufvertrag verhandelt. Der erste Entwurf des Kaufvertrages kommt in aller Regel vom Insolvenzverwalter, der auch oftmals nur eingeschränkt verhandelbar ist. Der Interessent, der für die Gläubiger das beste Angebot abgibt, wird zum Zuge kommen.

1136

Das für die Gläubiger beste Kaufangebot richtet sich nicht allein nach dem genannten Kaufpreis, sondern auch nach Fragen wie der Zahl der übernommenen Mitarbeiter und Vertragsverhältnissen (insbesondere Mietverhältnissen). Erstgenanntes weniger aus sozialen Gründen, wie oft behauptet, sondern aus dem Grunde der Vermeidung von Masseverbindlichkeiten für Auslauflöhne (bzw. Auslaufmieten). So kann ein deutlich niedrigerer Kaufpreis verbunden mit der Übernahme sämtlicher Arbeitnehmer für die Gläubiger gegenüber einem höheren Kaufpreis bei Übernahme nur eines Teils der Mitarbeiter vorteilhaft sein.

Ob der Insolvenzverwalter für diesen – neudeutsch – „M&A-Prozess" (Mergers & Acquisitions) einen M&A-Berater, eine Unternehmensberatung, Investmentbank oder sonstigen Dienstleister beauftragt, hängt nicht zuletzt von der Verfahrensgröße ab. Da es sich um Masseverwertung handelt, ist es grundsätzlich originäre Aufgabe des Insolvenzverwalters, die durch die Regelvergütung abgegolten wird. Ab wann dies nicht mehr der Fall ist und die Vermarktung keine Regelaufgabe mehr darstellt, ist umstritten.[2322] In komplexen Bieterverfahren mit internationalen Interessenten ist davon auszugehen, dass der Verkaufspreis bei einer professionellen Vermarktung höher ausfallen wird, so dass die Beauftragung eines M&A-Beraters sodann auch im Interesse der Gläubiger sein wird. Die Kosten der Beauftragung sind jedoch stets dem potentiellen Mehrerlös gegenüber zu stellen. Eine pauschale Aussage, dass in Fällen mit internationalem Kontext die Bewältigung keine Regelaufgabe mehr darstellt,[2323] ist kritisch zu sehen, denn letztlich hätte nach diesem Kriterium – Beherrschung der englischen Sprache, ausreichende Größe der Kanzlei – schon die Auswahl des Insolvenzverwalters erfolgen müssen. Wenn es tatsächlich so wäre, dass nur ein M&A-Berater über das notwendige Fachwissen für die Verwertung eines Unternehmens im Rahmen eines Verkaufsprozesses verfügt,[2324] würde dies eher ein schlechtes Licht auf die bestellten Insolvenzverwalter werfen als eine taugliche Rechtfertigung zur Beauftragung von M&A-Beratern zu sein.

2322 Für komplexe Verfahren eine Beauftragung bejahend: *Denkhaus/Demisch*, Unternehmenskauf aus der Insolvenz – Aktuelles und Bewährtes, InsVZ 2010, 243 ff., 243.; *Bork*, Beauftragung von Dienstleistern durch den Insolvenzverwalter: Regelaufgabe oder besondere Aufgabe?, ZIP 2009, 1747 ff.

2323 So aber *Bork*, Beauftragung von Dienstleistern durch den Insolvenzverwalter: Regelaufgabe oder besondere Aufgabe?, ZIP 2009, 1747 ff., 1750.

2324 So aber *Denkhaus/Demisch*, Unternehmenskauf aus der Insolvenz – Aktuelles und Bewährtes, InsVZ 2010, 243 ff., 243.

6. Steuerliche Erwägungen

1137 Die Umsätze einer Geschäftsveräußerung im Ganzen, mithin der Erwerb eines Geschäftsbetriebes aus der Insolvenz, ist umsatzsteuerfrei, § 1 Abs. 1a UStG. Wann eine Geschäftsveräußerung im Ganzen in Abgrenzung zum Erwerbe einzelner Vermögenswerte vorliegt, kann nicht pauschal beantwortet werden.[2325] Nach einer neueren Entscheidung des BFH sind die Gesamtumstände zu würdigen und darauf abzustellen, ob wesentliche Betriebsteile als organisatorische Einheit die Fortführung des Unternehmens ermöglichen.[2326]

7. Arbeitnehmer in der übertragenden Sanierung

1138 Soweit im insolventen Rechtsträger Arbeitnehmer beschäftigt sind, gehen diese im Rahmen der Übertragung des Geschäftsbetriebs gemäß § 613a BGB grundsätzlich auf den neuen Rechtsträger über. Zur Nutzung von Transfergesellschaften bei notwendigem Personalabbau sowie weiteren Fragen wie Kündigungen nach Erwerberkonzept etc. wird auf die Ausführungen in Teil 6 Kapital 1 („Arbeits- und Sozialrecht") verwiesen.

8. Gläubigermitbestimmung

1139 Das Insolvenzverfahren dient nach § 1 InsO der bestmöglichen Befriedigung der Gläubiger. Diesen Zweck verfolgt die übertragende Sanierung. Insofern ist es nur konsequent, dass die Gläubiger im Entscheidungsprozess beteiligt werden. Dies ist im Fall der Veräußerung des Unternehmens bzw. eines Betriebs explizit geregelt, denn die übertragende Sanierung ist gemäß § 160 Abs. 2 Nr. 1 InsO ein besonders bedeutsames Rechtsgeschäft, zu dem der Insolvenzverwalter die Zustimmung des Gläubigerausschusses – ist ein solcher nicht bestellt: die Zustimmung der Gläubigerversammlung – einzuholen hat.

1140 Die Veräußerung des Unternehmens oder eines Betriebs an besonders Interessierte, wozu Personen gehören, die dem Schuldner nahestehen (§ 138 InsO), oder an absonderungsberechtigte Gläubiger ist nur mit Zustimmung der Gläubigerversammlung zulässig, § 162 InsO. Insofern hat die Gläubigerversammlung in diesem Fall eine zwingende Zuständigkeit.

1141 Verstößt der Insolvenzverwalter gegen die vorgenannten Vorschriften bleibt die Wirksamkeit seiner Handlung gemäß § 164 InsO unberührt, jedoch macht er sich möglicherweise gemäß § 60 InsO schadensersatzpflichtig, wenn sich herausstellt, dass eine bessere Verwertungsmöglichkeit bestand. Nur in dem Fall, dass der Insolvenzverwalter „evident insolvenzzweckwidrig" gehandelt hat, wäre die Handlung unwirksam, wobei dies auch nur dann gilt, wenn sich dem Erwerber Zweifel aufdrängen mussten, dass das Handeln des Insolvenzverwalters nicht im Einklang mit den Zwecken des Insolvenzverfahrens stand.[2327]

[2325] Priebe, Übertragende Sanierung und Insolvenzplanverfahren, ZInsO 2011, 467, 471.
[2326] BFH, Urt. v. 30.4.2009 – V R 4/07, DStR 2009, 1804 ff.; dazu: Priebe, Übertragende Sanierung und Insolvenzplanverfahren, ZInsO 2011, 467, 471.
[2327] BGH, Urt. v. 25.04.2002 – IX ZR 313/99, NZI 2002, 375.

Kapitel 3   Die übertragende Sanierung

In der Regel wird der Insolvenzverwalter im Kaufvertrag, den er dem Erwerber vorlegt, ein Vorbehalt der Zustimmung der Gläubigerversammlung aufnehmen, schon um sich selbst vor Haftung zu schützen.[2328] Dieser Vorbehalt wird von manchem Erwerber aber als Risiko gesehen, da die Rückabwicklung bei Nichtzustimmung zu einem Schaden führen könnte. So kann die Rückabwicklung aufgrund der verlorenen Zeit und des zudem resultierenden Chaos zur Betriebseinstellung führen, was wiederum Masseunzulänglichkeit nach sich ziehen könnte. In der Konsequenz müsste der Erwerber um die Rückerstattung des von ihm gezahlten Kaufpreises fürchten. Diesen Bedenken ist Rechnung zu tragen, indem entweder das Geld bis zur Zustimmung von der Masse separiert bleibt oder die Zahlung erst mit Zustimmung der Gläubigerversammlung oder des Gläubigerausschusses folgt. Letzteres wird bei dem Insolvenzverwalter jedoch nur dann durchzusetzen sein, wenn ein sicherer Nachweis der vorhandenen Mittel zur Zahlung erbracht ist.

1142

9. Erwerb vom Insolvenzverwalter

Sämtliche vorstehenden Ausführungen gehen von der Durchführung der übertragenden Sanierung im eröffneten Verfahren, d.h. von einem Erwerb des Geschäftsbetriebs vom Insolvenzverwalter aus. Erst der (endgültige) Insolvenzverwalter ist zur Verwertung der Masse befugt. Wie ausgeführt ist die übertragende Sanierung nichts anderes. Die Verwertung durch den vorläufigen Insolvenzverwalter ist – mit Ausnahme einer Notverwertung u.a. bei verderblicher Ware[2329] – nicht zulässig.[2330]

1143

Darüber hinaus sind auch die Haftungsnormen des § 25 HGB und des § 75 AO nur im Fall des Erwerbs vom Insolvenzverwalter im eröffneten Verfahren ausgeschlossen, wobei dies nach einer Entscheidung des OLG Stuttgart den vollständigen Erwerb des Geschäftsbetriebs vom Insolvenzverwalter meine, ein Teilerwerb hingegen die Anwendbarkeit nicht ausschließe.[2331] Ein vor Eröffnung des Insolvenzverfahrens abgeschlossener Erwerb sperrt jedenfalls die Anwendung der handels- und steuerrechtlichen Haftungsnormen für den Betriebsübernehmer nicht.[2332]

1144

Hat der Insolvenzverwalter ein Interesse daran, die übertragende Sanierung mit der Eröffnung des Insolvenzverfahrens wirksam werden zu lassen, wird er den Kaufvertrag aufschiebend bedingt mit der Bestellung seiner Per-

1145

2328   S. dazu Musterkaufvertrag § 10.
2329   Siehe dazu auch Teil 2, Kap. 2, Rn. 450.
2330   BGH, Urt. v. 20. 02. 2003 – IX ZR 81/02, NZI 2003, 259 f.; *Vallender*, Unternehmenskauf aus der Insolvenz, GmbHR 2004, 543, 544.
2331   OLG Stuttgart, B. v. 23. 03. 2010 – 8 W 139/10, NZG 2010, 628 ff.; *Priebe*, Übertragende Sanierung und Insolvenzplanverfahren, ZInsO 2011, 467, 472.
2332   *Morshäuser/Falkner*, Unternehmenskauf aus der Insolvenz, NZG 2010, 881, 886.

son zum Insolvenzverwalter schließen[2333], da er spätestens[2334] dann verwaltungs- und verfügungsbefugt wird.

10. Kaufvertrag

10.1 Inhalte

1146 Wie sich aus den vorhergehenden Darlegungen ergibt, kommt der Kaufvertrag eines Insolvenzverwalters zur Umsetzung einer übertragenden Sanierung letztlich mit wenigen Punkten aus:
- Was wird verkauft?
- Der Kaufpreis und wann wird er bezahlt?
- Keine Gewährleistung und keine Haftung

Der Kaufvertragsentwurf ist daher in aller Regel schlank. Die zu übertragenden Vermögensgegenstände dürfen jedoch nicht fahrlässig ungenau definiert werden, sondern bedürfen der genauen Benennung, schon allein, um später bei der Übereignung dem sachenrechtlichen Bestimmtheitsgebot gerecht zu werden. Es sollte jeder spätere Streit, welche Gegenstände denn nun der übertragenden Sanierung unterfielen, vermieden werden. Handelt es sich um eine Übertragung des Gesamtbetriebs, ist dies eher unproblematisch, da auch Sachgesamtheiten übertragen werden können.[2335] Anders ist dies hingegen bei der Übertragung eines Teilbetriebs.

Da der Insolvenzverwalter meist nur wenige Wochen zuvor den Betrieb übernommen hat und daher inhaltlich nicht so hinreichend genau kennt, dass er Garantien oder Gewährleistungen für den Zustand von Sachen und Rechten übernehmen könnte oder wollte, wird er dies zumeist verweigern und entsprechende Klauseln im Kaufvertrag nicht akzeptieren.[2336] Dies hängt auch damit zusammen, dass entsprechende Garantien Masseverbindlichkeiten gemäß § 55 Abs. 1 Nr. 1 InsO begründen würden, für die der Insolvenzverwalter bei Eintritt der Garantie und nicht mehr vorhandener Masse gemäß § 61 InsO persönlich haften könnte.

Es wird auf den Inhalt des Geschäftsbetriebes ankommen, ob über den schlichten Verkauf des Anlage- und Umlaufvermögens hinaus noch weitere Verhandlungspositionen – Übergang des Forderungseinzug von Altforderungen, Umgang mit „angearbeiteten" Aufträgen etc. – gegenständlich werden.

10.2 Formvorschriften

1147 Unbedingt zu beachten sind etwaige Formvorschriften, die über die Wirksamkeit des Kaufvertrags entscheiden können. Wird ein Grundstück als Vermögenswert und Teil der übertragenden Sanierung veräußert, schreibt

---

2333 Siehe dazu Musterkaufvertrag § 9.
2334 Bei Anordnung einer sog. starken vorläufigen Insolvenzverwaltung (Teil 2, Kap. 2, Rn. 448; Teil 3, Kap. 1, Rn. 1021) würde die Verwaltungs- und Verfügungsbefugnis schon vorher übergehen, was jedoch an den vorstehenden Ausführungen zum Verwertungsrecht nichts ändert.
2335 *Beckmann*, in: Staudinger BGB, N. Kauf, Rn. 58ff.
2336 So auch *Morshäuser/Falkner*, Unternehmenskauf aus der Insolvenz, NZG 2010, 881, 884.

§ 311b Abs. 1 BGB vor, dass dies in notarieller Form zu erfolgen hat und der Kaufvertrag bei Missachtung der vorgeschriebenen Form unwirksam ist. Gleiches gilt für die Übertragung von Gesellschaftsanteilen, z.B. an einer Tochtergesellschaft, die in den Kaufvertrag einbezogen wird, § 15 Abs. 4 GmbHG.

10.3 Kaufvertragsmuster einer übertragenden Sanierung (ohne Beschäftigungs- und Qualifizierungsgesellschaft)[2337]

Kaufvertrag 1148

zwischen

Herrn Rechtsanwalt Michael Müller, geschäftsansässig Kurfürstendamm 26a, 10719 Berlin, als (vorläufiger) Insolvenzverwalter über das Vermögen der Konkurs AG, Amtsgericht Charlottenburg, Az. 36k IN xx/xx,

– nachfolgend: Verkäufer –

und

Auffang AG, zukünftig firmierend unter Neue Konkurs AG, Musterstraße 1, 11111 Musterstadt, vertreten durch Herrn Max Maier als alleinvertretungsberechtigtes Vorstandsmitglied,

– nachfolgend: Käuferin –.

Präambel

Die Konkurs AG – nachfolgend: Gemeinschuldnerin – hat durch ihren Alleinvorstand Herrn Friedrich Faul beim Amtsgericht Charlottenburg am 02. 01. 2011 Antrag auf Eröffnung eines Insolvenzverfahrens über ihr Vermögen gestellt. Das Amtsgericht Charlottenburg hat durch Beschluss vom gleichen Tage, Az. 36k IN xx/xx, Herrn Rechtsanwalt Michael Müller zum vorläufigen Insolvenzverwalter bestellt.

Mit dem nachstehenden Kaufvertrag soll die Grundlage für eine übertragende Sanierung des Geschäftsbetriebs auf die Käuferin geschaffen werden. Dies vorausgeschickt vereinbaren die Parteien was folgt:

§ 1

Vertragsgegenstand

1. Der Verkäufer verkauft an die Käuferin alle Gegenstände des Anlagevermögens gemäß Anlage 1, soweit an diesen keine Rechte Dritter bestehen und sie „freie Masse" sind.

2. Der Verkäufer verkauft an die Käuferin die immateriellen Vermögenswerte der Gemeinschuldnerin, insbesondere

– ...

soweit keine Rechte Dritter oder sonstige Rechte der Übertragung entgegenstehen.

[2337] Das Kaufvertragsmuster stellt nur auszugsweise die Regelungen eines Kaufvertrags einer übertragenden Sanierung dar. Es kann keinesfalls ohne Berücksichtigung des konkreten Einzelfalls und eingehende juristische Beratung verwendet werden. Eine Vielzahl von Regelungen, die dem konkreten Fall zugrunde lagen und den Ablauf der Transaktion auf Seiten der Beteiligten sicherstellten, wurde aus dem Muster aus Gründen der Übersichtlichkeit entfernt.

3. Der Verkäufer verkauft an die Käuferin den Goodwill; hierunter fällt insbesondere ...

§ 2

Kaufpreis

1. Der Kaufpreis beträgt für den unter § 1

a) Ziffer 1. genannten Vertragsgegenstand netto €
b) Ziffer 2. genannten Vertragsgegenstand netto €
c) Ziffer 3. genannten Vertragsgegenstand netto €

insgesamt netto mithin €

2. Soweit der Verkauf eines einzelnen oder aller Vertragsgegenstände umsatzsteuerpflichtig ist, schuldet die Käuferin dem Verkäufer neben dem Kaufpreis für den Vertragsgegenstand die gesetzliche Umsatzsteuer in Höhe von zurzeit 19 % auf den Kaufpreis. Der Verkäufer stellt der Käuferin in diesem Falle unverzüglich nach Abschluss dieses Vertrages eine entsprechende, zum Vorsteuerabzug berechtigende Rechnung.

§ 3

Fälligkeit des Kaufpreises

Der unter § 2 genannten Kaufpreis ist fällig am ... und zu zahlen auf das Verwaltersonderkonto bei der

Berliner Bank,
BLZ 100 200 00, Konto 11111111
Konto-Bezeichnung: Konkurs AG / Michael Müller

§ 4

Eigentumsvorbehalt

Verkäufer und Käuferin sind sich über die Übertragung des Eigentums an den verkauften Gegenständen des Anlagevermögens gemäß § 1 Ziffer 1. einig. Die Einigung steht unter der aufschiebenden Bedingung der vollständigen Zahlung des Kaufpreises (Eigentumsvorbehalt).

§ 5

Gewährleistung, Freistellung von Rechten Dritter

1. Sollte der Verkäufer einen Gegenstand des Anlagevermögens gemäß § 1 Ziffer 1. nicht verkaufen und/oder übertragen können, so reduziert sich der Kaufpreis für den Vertragsgegenstand prozentual in dem Verhältnis, in dem der Liquidationswert der Sache gemäß Anlage 1 im Verhältnis zum Liquidationswert gemäß Anlage 1 aller Gegenstände gemäß § 1 Ziffer 1 steht. Weitergehende Rechte bestehen nicht, insbesondere ist ein Rücktritt vom übrigen Kaufvertrag ausgeschlossen.

2. Die Übertragung der verkauften Sachen und Rechte erfolgt unter Ausschluss jeglicher Gewährleistung; der Verkäufer haftet insbesondere nicht für sichtbare oder unsichtbare Sach- oder Rechtsmängel irgendwelcher Art, Vollständigkeit oder Brauchbarkeit für die von der Käuferin beabsichtigten Zwecke. Dies gilt auch für alle Ansprüche auf Schadensersatz. Die Unbrauchbarkeit der Sachen oder Rechten begründet nicht die Geltendmachung von Gewährleistungsansprüchen. Die Haftung des Verkäufers für Vorsatz bleibt vom Gewährleistungs- und Haftungsausschluss unberührt.

Kapitel 3 Die übertragende Sanierung

§ 6
Arbeitnehmer

Der Verkäufer hat die Käuferin auf die aus § 613a BGB erwachsenen Risiken hingewiesen.

§ 7
Vermögensgegenstände im Dritteigentum

Der Verkäufer weist die Käuferin ausdrücklich darauf hin, dass an den Gegenständen der Anlage 1 dort nicht genannte Drittrechte bestehen können. Der Käufer verpflichtet sich auf eigene Kosten, diese Rechte durch Herausgabe der betroffenen Gegenstände oder durch Abgeltung der Drittrechte abzulösen. Dabei stellt er den Verkäufer von allen daraus resultierenden Ansprüchen der Rechtsinhaber, Lieferanten bzw. sonstigen Gläubigern frei. Der Verkäufer bleibt berechtigt, die Aussonderung gegenüber den Lieferanten zu erklären und diese zur Abholung ihrer Waren aufzufordern. Hinsichtlich des Kaufpreises gilt die Regelung in § 5 Ziffer 1. dieses Vertrages.

§ 8
Geschäftsunterlagen, Mitwirkung im Insolvenzverfahren, Umfirmierung

1. Der Verkäufer übergibt der Käuferin die Geschäftsunterlagen, soweit sie in unmittelbarem Zusammenhang mit den verkauften Sachen und Rechten stehen und zu deren Nutzung bzw. Ausübung notwendig sind und soweit der Verkäufer nicht zu deren Archivierung und Aufbewahrung gesetzlich verpflichtet ist. Im Übrigen hat die Käuferin ein Akteneinsichtsrecht.

2. Der Käuferin nach Ziffer 1. übergebene Geschäftsunterlagen sind von dieser dem Verkäufer jederzeit zugänglich zu machen und zur Verfügung zu stellen, sofern diese Unterlagen oder Informationen im Rahmen der Abwicklung des Insolvenzverfahrens benötigt werden.

§ 9
Aufschiebende Bedingungen

Dieser Kaufvertrag steht unter den aufschiebenden Bedingungen

(1) der Eröffnung des Insolvenzverfahrens und

(2) der schriftlichen Bestätigung dieses Kaufvertrages durch den bestellten Insolvenzverwalter oder durch einen starken vorläufigen Insolvenzverwalter (§§ 21 Abs. 2 Nr. 2 1. Alt., 22 Abs. 1 Satz 1 InsO)

§ 10
Rücktrittsrecht

Der Verkäufer hat ein Rücktrittsrecht von diesem Vertrag für den Fall, dass die Gläubigerversammlung in seiner nächsten Sitzung diesem Vertrag widerspricht. Für den Fall der Ausübung des Rücktrittsrechts erfolgen die Rückübertragung der Kaufgegenstände sowie die Rückzahlung eines eventuell bereits gezahlten Kaufpreises. Weitere Ansprüche bestehen nicht.

§ 11
Salvatorische Klausel, Gerichtsstandvereinbarung

1. Sofern einzelne Bestimmungen dieses Vertrages unwirksam sind oder werden, so bleibt die Wirksamkeit des Vertrages im Ganzen und der übrigen Bestimmungen im Einzelnen davon unberührt. Die Parteien verpflichten sich, die unwirksamen Bestimmungen durch solche wirksamen Bestimmungen zu ersetzen, die dem Sinn und wirtschaftlichen Zweck des Vertrages entsprechen. Im Falle von Lücken des Vertrages gilt diejenige Bestimmung als vereinbart, die dem entspricht, was zwischen den Parteien vereinbart worden wäre, hätte man der Angelegenheit von vornherein bedacht.

2. Erfüllungsort und Gerichtsstand für Streitigkeiten aus oder im Zusammenhang mit diesem Vertrag ist Berlin.

Berlin, xx. xx. 2012

– Verkäufer –   – Käuferin –

11. Weitere Transaktionsstrukturen
11.1 Share Deal nach Gründung einer Auffanggesellschaft durch den Insolvenzverwalter

Alternativ zur oben beschriebenen Struktur ist es auch denkbar, dass der Insolvenzverwalter selbst eine Auffanggesellschaft gründet und die Gegenstände des Anlage- und Umlaufvermögens als Sacheinlage in diese Auffanggesellschaft einbringt. Er kann dann die Auffanggesellschaft in Form eines Share Deals – wobei die Shares von der Gemeinschuldnerin gehalten werden, die die Sacheinlage erbracht hat – veräußern. Das Geld fließt in die Masse, in der sich nach der Sacheinlage die Anteile für die neu gegründete Gesellschaft befinden.

Nachteilig für den Erwerber ist, dass er die Shares nicht planmäßig abschreiben kann, was bei einem Erwerb von Vermögensgegenständen als solches erfolgen könnte. Dies verändert die Kalkulationsgrundlage. Dieses oft angeführte Problem relativiert sich, wenn man bedenkt, dass die Sachanlagen in der Auffanggesellschaft abgeschrieben werden.

11.2 Share Deal nach Durchführung eines Insolvenzplanverfahrens

1149 Zum Teil wird auch der Share Deal nach Durchführung eines Insolvenzplanverfahrens unter dem Begriff „übertragende Sanierung" gefasst. Dies ist jedoch begrifflich überdehnt, da nicht der Rechtsträger wechselt, auch haben die Vermögensgegenstände nicht vorab den Rechtsträger gewechselt, sondern vielmehr besteht dieser – lediglich im Rahmen des Insolvenzplans reduziert – fort. Es wechselt lediglich der Gesellschafter, mithin der Eigentümer des Rechtsträgers. Insofern handelt es sich um eine Gestaltungsvariante des Insolvenzplanverfahrens.

1150 Die Möglichkeit, die Gesellschaft – besser: den Rechtsträger – erst mittels eines Insolvenzplans zu entschulden und sodann die Anteile zu veräußern,[2338] besteht ohne Weiteres, wobei dies bislang nur einvernehmlich mit den Gesellschaftern geschehen konnte. Maßnahmen gegen den Willen der Gesellschafter ließ die Insolvenzordnung bislang nicht zu. Dies ändert sich mit dem Inkrafttreten des Gesetzes zur weiteren Erleichterung der Sanierung von Unternehmen (ESUG) am 01.03.2012.[2339] Zukünftig können Gesellschafter den Wirkungen des gestaltenden Teils unterworfen werden und alle gesellschaftsrechtlich zulässigen Maßnahmen, insbesondere Kapitalschnitt und Kapitalerhöhung, durchgeführt werden, § 225a InsO.

Die Befriedigung der Gläubiger aus der Zahlung muss im gestaltenden Teil festgelegt werden, da der gestaltende Teil gerade zum Forderungsverzicht führt und die Gläubiger im Anschluss nur noch mittels festgelegter Insolvenzquote aus dem Plan partizipieren. Der Erlös aus der Anteilsveräußerung fließt grundsätzlich den Gesellschaftern zu, die die Anteile in ihrem Vermögen halten; dass dieser Erlös die Gläubiger erreicht, muss Regelungsinhalt des gestaltenden Teils sein.

1151

Zukünftig ist auch denkbar, einen Debt-Equity-Swap vorzusehen.

12. Gegenüberstellung von übertragender Sanierung und Insolvenzplanverfahren

Während das Insolvenzplanverfahren den Rechtsträger als solchen erhält, erhält die übertragende Sanierung den Betrieb als solches oder zumindest einen Teil davon. Der Rechtsträger selbst wird in der übertragenden Sanierung jedoch abgewickelt. Vorteile der übertragenden Sanierung gegenüber dem Insolvenzplanverfahren sind die Schnelligkeit der Umsetzung und die Einfachheit der Konstruktion. Nachteilig ist, dass Verträge nicht übergehen, Aufträge und Lizenzen damit ggf. verloren gehen und Verlustvorträge mit dem alten Rechtsträger untergehen. In kleinen und einfach gelagerten Fällen wird die übertragende Sanierung oftmals der Weg der Wahl sein; je größer das Unternehmen und rechtlich komplizierter das Geschäftsmodell ist, desto eher wird ein Insolvenzplanverfahren zur Sanierung notwendig sein.[2340]

1152

2338 So *Morshäuser/Falkner*, Unternehmenskauf aus der Insolvenz, NZG 2010, 881, 883.

2339 BGBl. I 2011, 2582.

2340 Ähnlich *Priebe*, Übertragende Sanierung und Insolvenzplanverfahren, ZInsO 2011, 467, 471, der typische Beispiele wie Großunternehmen, Filialisten und Lizenzinhaber nennt.

Kapitel 4
Insolvenzplanverfahren

1. Grundlagen
1.1 Zweck des Insolvenzplanverfahrens

1153 Das Insolvenzrecht zielt ab auf eine gleichmäßige und die bestmögliche Gläubigerbefriedigung.[2341] Hierfür stellt es verschiedene Verfahrensarten zur Verfügung. Den Kern bildet das sog. Regelinsolvenzverfahren (§§ 11 bis 216 InsO). Das Insolvenzplanverfahren (§§ 217 ff. InsO) knüpft hieran als eine weitere, sonstige Verfahrensart an.

Im Regelinsolvenzverfahren soll das gesamte Vermögen eines Insolvenzschuldners liquidiert und zur quotalen Verteilung an die Gläubiger herangezogen werden. Dies führt in der Regel dazu, dass das Unternehmen des Insolvenzschuldners zerschlagen wird. Es ist aber auch möglich, das Unternehmen bzw. einen Betrieb als asset im Wege einer sog. übertragenden Sanierung zu veräußern und auf einen neuen Rechtsträger zu übertragen, so dass zumindest betriebliche Einheiten erhalten bleiben (sog. „asset deal").[2342] Ein gängiges Instrument ist hier beispielsweise die Gründung einer Betriebsübernahmegesellschaft als sog. Auffanggesellschaft.[2343] Allerdings erfordert eine solche übertragende Sanierung die Übertragung aller betroffenen Rechtsverhältnisse und -güter. Dies stößt bei komplexen Unternehmen an Grenzen, insbesondere wenn eine Vielzahl von Verträgen mit Dritten betroffen ist. Zu denken ist z. B. an den Fall eines Filialisten mit Hunderten von Mietverträgen. Auch können essentielle Komponenten unübertragbar sein (z. B. Spiellizenz für die 1. Bundesliga, Patente, Lizenzen, öffentlich-rechtliche Genehmigungen usw.).

Die gerade beschriebenen Probleme können auch nicht dadurch vermieden werden, dass auf die umwandlungsrechtlichen Möglichkeiten – z. B. einer Abspaltung oder Ausgliederung (§ 123 Abs. 2 und 3 UmwG) – zurückgegriffen wird. Diese sind als Sanierungsinstrument regelmäßig ungeeignet, da zum einen die Gesellschafter(-versammlung) des Insolvenzschuldners zu-

---
2341 Stürner, in: MüKo-InsO, Einleitung, Rn. 1.
2342 Hier sind die §§ 162 ff. InsO zu beachten; vgl. zur übertragenden Sanierung auch beispielsweise die Darstellung bei Zirner, in: Sanierung in der Insolvenz, 2005.
2343 Vgl. Rhode, in: MAH Sanierung und Insolvenz, § 4 Rn. 136 ff.

stimmen müsste(n) und zum anderen die neue Gesellschaft weiterhin für Altverbindlichkeiten haftet (§§ 133 f., 135 UmwG).

Der Insolvenzplan stellt eine interessante Alternative dar. Die Besonderheit liegt darin, dass der schuldnerische Rechtsträger erhalten bleibt und anders als bei der übertragenden Sanierung keine Einzelübertragung von Wirtschaftsgütern und Rechten erfolgen muss, wenn sie zukünftig gebraucht werden. Der Rechtsträger selbst mit all seinen Eigenschaften und ihm zugeordneten Rechts- und Vermögensverhältnissen besteht fort. Freilich werden Ansprüche und Rechte der Gläubiger beschnitten, um die Insolvenzgründe (dauerhaft) zu beseitigen. Anders als im Regelverfahren kann dies auf den Einzelfall individuell angepasst festgelegt werden. Das Verfahren ist flexibel und kann von den Gläubigern mitbestimmt werden. 1154

Der Insolvenzplan als Instrument zum Erhalt des Schuldnerunternehmens wird in der InsO gleich in § 1 genannt und wurde auch als „Kern der Insolvenzrechtsreform" betitelt. Seine Einführung und Aufnahme in die InsO als Alternative zur Regelabwicklung war vom US-amerikanischen Vorbild einer Sanierung nach Chapter 11 Bankruptcy Code inspiriert. Dort können in einem äußerst schnellen Verfahren Unternehmen bzw. Gesellschaften saniert werden, indem die Gläubigerrechte quotal beschnitten und z.b. gegen Anteile an der insolventen Gesellschaft eingetauscht werden (sog. debt-to-equity-swap).[2344] Die Verluste der Gläubiger werden auf diese Weise durch Beteiligung an zukünftigen Chancen kompensiert. Darüber hinaus sollen so Fehlinvestitionen, die Zerschlagung von Firmenwerten sowie der Verlust von Arbeitsplätzen vermieden und der volkswirtschaftliche Schaden gegenüber einer Abwicklung des Unternehmens eingedämmt werden.[2345] Mit der Einführung des Insolvenzplanverfahrens wollte der Gesetzgeber auch in Deutschland eine marktkonforme Insolvenzbewältigung ermöglichen.[2346] Den Kern bildet die Idee, dass die Gläubiger selbstbestimmt eine für den Einzelfall passende Lösung finden, die jeweils die Schäden minimiert und zwischen allen Beteiligten ein Gleichgewicht herstellt. Denn die im Insolvenzrecht sonst übliche gleiche Quote für alle Gläubiger – par conditio creditorum – entspricht nicht per se den Bedürfnissen der einzelnen Gläubiger z.B. kann es für Lieferanten wichtiger sein, weiterhin langfristig einen Abnehmer für ihre Waren zu behalten, als einmalig eine Quotenzahlung zu realisieren. Sie könnten so evtl. aktuelle Verluste mit zukünftigen Gewinnen kompensieren. Gleiches kann für Leerstand fürchtende Vermieter oder die Mitarbeiter gelten. Die unterschiedlichen Sicherheiten der Gläubiger können individualisierte Berücksichtigung finden. Verschiedene finanzierende (Gläubiger-)Banken verfolgen möglicherweise komplett verschiedene Marktstrategien, so dass die eine evtl. aus dem Engagement aussteigen, die andere evtl. weiter investieren möchte. Letztendlich gilt es, die verschiedenen ökonomischen aber evtl. darüber hinaus gehenden ideellen oder strategischen Interessen so auszugleichen, dass zwischen allen

---

2344 *Knecht/Dresche*, in: Buth/Hermanns, Restrukturierung, Sanierung und Insolvenz, § 20, Rn. 41.
2345 Kritisch zur Anlehnung an das US-amerikanische Vorbild, da das dortige Recht eher den Insolvenzschuldner schützt, das deutsche Recht hingegen nach § 1 InsO ein Gläubigerschutzrecht darstellt, *Gogger*, in: Gogger, Insolvenzgläubiger-Handbuch, F I.
2346 Vgl. *Braun*, in: Gottwald, Insolvenzrechts-Handbuch, § 66 Rn. 2, m.w.N.

Beteiligten eine optimale Balance dergestalt geschaffen wird, dass eine weitere Verbesserung der einzelnen Positionen nur noch durch eine stärkere und nicht mehr akzeptable Verschlechterung von anderen erreicht werden könnte (sog. Pareto-Optimum). Dadurch kann der Insolvenzplan einen (ökonomischen) Mehrwert im Vergleich zum Gleichbehandlungsmechanismus des Regelverfahrens generieren. Um dies praktisch umsetzen zu können, gewährt das gerichtliche Insolvenzplanverfahren die Möglichkeit den Gläubigern bzw. (Plan-)Beteiligten unterschiedliche Rechte zu gewähren bzw. ihre Rechte zu beschneiden oder zu verändern und sogar einzelne Gläubiger bzw. Minderheiten zu überstimmen und die Wirkungen des Insolvenzplans gleichwohl gegenüber Allen in absoluter Weise durchzusetzen. Die bei außergerichtlichen Sanierungsverhandlungen sonst gefährlichen „Trittbrettfahrer" und „Akkordstörer", die durch erpresserisches Verhalten Einzelvorteile herauszuschlagen suchen oder Lösungen verhindern, können so ausgeschaltet werden. Diese Zwangsgewalt und Geschwindigkeit kann im Einzelfall erhebliche Vorteile gegenüber außergerichtlichen Verhandlungen bewirken.[2347]

Die Ähnlichkeit der Grundidee zum chapter-11-Verfahren nach amerikanischen Recht darf nicht darüber hinwegtäuschen, dass es eine ganze Reihe wesentlicher Unterschiede gibt: das dortige Verfahren ist regelmäßig schuldnergetrieben und dient diesem vor allem als Schutz vor seinen Gläubigern. Ihm steht zunächst exklusiv das Recht zu, einen Insolvenzplan vorzuschlagen, er behält grundsätzlich die Verfügungsbefugnis. Im deutschen Recht hingegen dominiert auch im Planverfahren der Gläubigerschutzgedanke und das Verfahren ist stark gerichtlich und von der Rolle des Insolvenzverwalters geprägt. Dies und die bislang mangelnde gesellschaftliche Akzeptanz einer Insolvenz per se gab vielfach Anlass das Insolvenzplanverfahren als „zu aufwändig", „zu bürokratisch" und „zu schwerfällig" zu betiteln und damit die geringe Anzahl von Planverfahren mitzuerklären. An einer Reihe berechtigter Kritikpunkte knüpfte die Insolvenzreformdiskussion an, die jetzt einen Ausfluss im ESUG erfahren und gerade auch das Insolvenzplanrecht verändert hat. Hierzu wird im Folgenden ausgeführt. Auf die weitergehenden Reformdiskussionen bzw. -pläne der Bundesregierung wird am Ende noch kurz eingegangen.

Eine ganze Reihe sehr erfolgreicher Insolvenzplanverfahren zeigt auf, dass bei geeigneten Fällen und mit der notwendigen Kompetenz Planverfahren (sehr) schnell, flexibel und erfolgreich durchgeführt werden können. Oftmals dürfte bereits die Möglichkeit, alternativ zum Regelverfahren ein Insolvenzplanverfahren durchführen zu können, Sanierungserfolge ermöglichen. Auch in der Folge der jüngsten konjunkturellen Probleme erklären Großunternehmer eine „Planinsolvenz" durchführen zu wollen, wenn sie einen Insolvenzantrag stellen. Für die Sanierungspraxis und die Beratung ist das Insolvenzplanverfahren gerade in wirtschaftlichen Krisenzeiten ein wichtiges Instrument.

[2347] Vgl. aktuelle Diskussion zum außergerichtlichen Sanierungsverfahren in: INDAT Report 01/2010, Schon begraben, oder wächst es noch heran? Das vorinsolvenzliche Sanierungsverfahren?, S. 8 ff.

1.2 Voraussetzungen eines Insolvenzplanverfahrens und Überblick über die gesetzlichen Regelungen

Die Einleitung des Insolvenzplanverfahrens setzt zunächst die formelle Insolvenzplanfähigkeit voraus. Dies bedeutet Insolvenzfähigkeit im Sinne der §§ 11 f. InsO und gilt für alle Schuldner eines (Regel-)Insolvenzverfahrens.[2348] Ein Insolvenzplan kann nicht in einem vereinfachten Verbraucherinsolvenzverfahren durchgeführt werden (§§ 304 ff., 312 Abs. 2 InsO). Verstirbt allerdings ein solcher Schuldner, ist hinsichtlich seines Nachlasses ein Insolvenzplan wiederum möglich, da der Nachlass als Sondervermögen insolvenz- und insolvenzplanfähig ist (§ 11 Abs. 2 Nr. 2, 1. Var. InsO). Gleiches gilt für das Gesamtgut einer fortgesetzten Gütergemeinschaft und einer solchen, die von Ehegatten gemeinschaftlich verwaltet wird (§ 11 Abs. 2 Nr. 2, 2. und 3. Var. InsO).

1155

Die gesetzlichen Regelungen des Insolvenzplanverfahrens befinden sich im sechsten Teil der Insolvenzordnung. Der Aufbau des Gesetzes ist im Wesentlichen am Ablauf eines Insolvenzplanverfahrens ausgerichtet:

- Der erste Abschnitt beschäftigt sich in den §§ 217 bis 234 InsO mit der Aufstellung und Einreichung des Plans, einschließlich seines Inhalts.
- Im zweiten Abschnitt (§§ 235 bis 253 InsO) wird das gerichtliche Verfahren samt Abstimmung in der Gläubigerversammlung, Bestätigung des Plans und die möglichen Rechtsmittel hiergegen geregelt.
- Der dritte Abschnitt (§§ 254 bis 269 InsO) bestimmt die Aufhebung des Insolvenzplans, die Wirkungen des Insolvenzplans sowie die Überwachung seiner Erfüllung.

Das ESUG hat jetzt eine Vielzahl von Änderungen bzw. Ergänzungen bewirkt. Mit seiner Zielrichtung die Sanierung von Unternehmen zu erleichtern war das Insolvenzplanverfahren zwingend im Fokus dieser Reform und viele seit der Einführung (bzw. z. T. bereits zuvor!) aufgetretenen und diskutierten Praxisprobleme wurden angegangen. Dies führte zu einer ganzen Reihe von Änderungen und Neuerungen, die im Einzelnen nachfolgend Erwähnung finden: Speziell im Planverfahren wurden Hemmnisse und Verzögerungen abgebaut. Dazu wurden Rechtsmittel gegen die Planbestätigungen moderat beschränkt. Belange Einzelner können nur noch außerhalb des Planbestätigungsverfahrens geltend gemacht werden, um Blockaden zu verhindern. Der Plan kann sofort wirksam werden und ist nicht mehr bis zur Entscheidung über das Rechtsmittel suspendiert. Es ist klargestellt worden, dass Rechtsmittel nur denen zustehen, die im Rahmen des Planverfahrens ihre Beschwerderechte ausgeschöpft haben. Weiterhin können noch nicht fällige Masseverbindlichkeiten nach Verfahrensaufhebung vom sanierten Unternehmen erfüllt werden, damit die Aufhebung des Insolvenzverfahrens nicht formal von der vollständigen Erfüllung der Masseverbindlichkeiten abhängig ist und eventuell verzögert wird. Damit wurde die bisher geübte Praxis, den Nachweis durch eine belastbare Liquiditätsplanung zu erbringen, legitimiert und das Verfahren vereinfacht. Es wurde auch eine Stärkung der Eigenverwaltung durch die gesetzliche Reform erreicht und zwar gerade auch im Hinblick auf eine Kombination von Eigenverwaltung und Insolvenzplan-

1156

2348 Vgl. *Uhlenbruck*, in: Gottwald, Insolvenzrechts-Handbuch, § 5 Rn. 1.

verfahren. Auch können jetzt die Gesellschafter der Schuldnergesellschaft in das Insolvenzplanverfahren einbezogen werden. Bisher waren diese nicht zwangsweise involviert, ein „debt-to-equity swap" war ohne Gesellschaftermitwirkung nicht möglich und auch bei deren Mitwirkung mangels Verzahnung von Gesellschaftsrecht und Insolvenzrecht problematisch. Zukünftig müssen die Gesellschafter Beiträge leisten oder Eingriffe dulden, wenn dies im Plan vorgesehen wird und entsprechende Beschlüsse zustandekommen. Dabei sollen dann voraussichtlich auch Regelungsmöglichkeiten für Konzerninsolvenz z. B. in Form von gesetzlichen Koordinationsmöglichkeiten, bei denen einerseits die rechtliche Einzelbetrachtung der Gesellschaften erhalten aber andererseits den betriebswirtschaftlichen Erfordernissen speziell bei Sanierungen Rechnung getragen wird, geprüft werden.

Im Detail ist weiter zu nennen, dass Insolvenzpläne jetzt ausdrücklich auch bei Masseunzulänglichkeit durchgeführt werden können. An die Stelle der nicht-nachrangigen Insolvenzgläubiger sollen dann zunächst die Massegläubiger treten. Ergänzend ist ein Vollstreckungsschutz für den Schuldner „gegen" die Gläubiger eingeführt worden, die ihre Forderungen bis zum Abstimmungstermin nicht angemeldet haben: Forderungen von Insolvenzgläubigern verjähren jetzt schneller.

1.3 Exkurs: Kombination mit Eigenverwaltung

1157 Die Eigenverwaltung (§§ 270 ff. InsO) stellt – ebenso wie der Insolvenzplan – eine sonstige Verfahrensart neben dem Regelinsolvenzverfahren dar. Sie zielt auf solche Fälle, in denen eine bessere Verwertung der Masse und Befriedigung der Gläubiger zu erwarten ist, wenn dem Insolvenzschuldner die Verfügungsbefugnis belassen wird. Eine solche Prognose erscheint beispielsweise gerechtfertigt, wenn der Insolvenzschuldner plötzlich hohe und nicht absehbare Forderungsausfälle erleidet und insofern quasi unverschuldet in die Insolvenz geraten ist. Anstatt dass sich ein Insolvenzverwalter über einen längeren Zeitraum selbst in die komplexen geschäftlichen Vorgänge einarbeitet, soll dadurch das umfangreiche Fachwissen des Insolvenzschuldners (bzw. seiner Geschäftsführung) gewinnbringend für die Gläubiger genutzt werden können. Auch soll die psychologische Hürde zum eigenen Insolvenzantrag genommen werden.[2349]

Ohne hier auf Details dieses Verfahrens einzugehen, dies ist dem Kapitel zur Eigenverwaltung vorbehalten, können die Befugnisse des Insolvenzschuldners bei einem Verfahren in Eigenverwaltung als eine sog. „kontrollierte Handlungsfreiheit" charakterisiert werden.[2350] Die Kontrolle wird hierbei nicht von einem Insolvenzverwalter, sondern dem sog. Sachwalter ohne Verfügungsbefugnisse ausgeübt (siehe insoweit § 274 Abs. 2 InsO).[2351] Wichtig ist hier, dass auch im Rahmen der Eigenverwaltung ein Insolvenzplan möglich ist.[2352]

2349 Vgl. RegE, BT-Drucks 12/2443, 222f.
2350 Vgl. *Gogger*, in: Gogger, Insolvenzgläubiger-Handbuch, 2. Aufl. 2004, 2. Teil, S. 149.
2351 *Wehdeking*, in: Leonardt/Smid/Zeuner, InsO, § 274, Rn. 4.
2352 *Pape/Uhlenbruck/Voigt-Salus*, Insolvenzrecht, Kap. 38, Rn. 60.

Kapitel 4 Insolvenzplanverfahren

In der Kombination von Insolvenzplan und Eigenverwaltung liegt gerade wegen der genannten psychologischen Momente ein hohes Potential, Unternehmen erfolgreich zu sanieren. Gerade bei Groß- und mit finanzkräftigen Gesellschaftern oder Finanziers ausgestattete Unternehmen können erfahrene Insolvenzverwalter als sogenannte Sanierungsexperten bzw. CRO eingestellt werden, die dann auf der Seite des Unternehmens einem Sachwalter gegenüberstehen und neben der betrieblichen auch die erforderliche insolvenzspezifische Kompetenz sicher stellen. Dadurch kann die Angst, einen eigenen Insolvenzantrag zu stellen und eine Sanierung durch ein Insolvenzplanverfahren zu versuchen, verringert werden. Aber auch die gesellschaftliche Akzeptanz des Insolvenzverfahrens kann dadurch erhöht und der Imageschaden im Markt vermindert werden. Gerade bei ganz großen Fällen der Vergangenheit wurde deshalb mit dieser Kombination operiert.

2. Planinitiative

Mit der Vorlage eines Insolvenzplans beim zuständigen Gericht wird das Insolvenzplanverfahren nach den §§ 217 ff. InsO in Gang gesetzt. Hierzu ist erforderlich, dass ein zur Vorlage Befugter s.u. (Punkt 2.1) den Plan einreicht, was zu unterschiedlichen Zeitpunkten erfolgen kann (Punkt 2.2). Dabei können verschiedene Insolvenzplanarten unterschieden werden (Punkt 2.3), die (theoretisch) auch miteinander konkurrieren können (Punkt 2.4).

2.1 Vorlageberechtigung

Zur Vorlage eines Insolvenzplans sind direkt befugt: der Insolvenzschuldner (§ 218 Abs. 1 InsO), der Insolvenzverwalter – beratend unterstützt u.a. durch Gläubigerausschuss und Schuldner (§ 218 Abs. 1 und 3 InsO) – und der Sachwalter im Fall der Eigenverwaltung (§ 284 Abs. 1 InsO). Sowohl der vorläufige Insolvenzverwalter[2353] als auch die einzelnen Gläubiger[2354] sind nicht berechtigt Insolvenzpläne einzureichen. Dies gilt auch für die Gläubigerversammlung. Ihr kommt jedoch ein indirektes Initiativrecht zu, d.h. sie kann den Verwalter bzw. bei einer Eigenverwaltung den Sachwalter oder den Schuldner mit der Ausarbeitung eines Insolvenzplans beauftragen (§§ 157, 218 Abs. 2, 284 Abs. 1 InsO). Dabei kann sie bestimmte Zielvorgaben machen (§ 157 Satz 2 InsO). Für die Ausarbeitung ist eine angemessene Frist anzunehmen (§ 218 Abs. 2 InsO). Eine solche dürfte, u.a. abhängig von der Größe des betreffenden Betriebes, zwischen einem Monat und drei Monaten anzusetzen sein. Der Inhalt kann aber nicht vorgegeben oder konkret bestimmt werden, so können auch nicht bereits fertig erarbeitete Pläne an z.B. den Sachwalter mit der Maßgabe, diesen einzureichen, übergeben werden. Vielmehr ist der Einreichende selbst der Planverfasser und hat im folgenden Verfahren als solcher auch Rechte (z.B. den Plan zu ändern oder ihn zurückzunehmen) und Pflichten (z.B. Nachbesserungen vorzunehmen).

Ist die Insolvenzschuldnerin eine juristische Person, bei der kein Gesellschafter bzw. Mitglied persönlich haftet, ist ihr Vertretungsorgan, im Falle ei-

1158

2353 *Smid/Rattunde,* Insolvenzplan, Rn. 3.6 ff.
2354 Vgl. *Eidenmüller,* in: MüKo-InsO, § 218 Rn. 99.

ner Gesellschaft ohne Rechtspersönlichkeit im Sinne von § 11 Abs. 2 Nr. 1 InsO, deren Gesellschafter zur Vorlage des Insolvenzplans berechtigt.[2355] Sofern der Plan nicht von allen persönlich haftenden Gesellschaftern gemeinsam vorgelegt wird, genügt auch die Vorlage durch die persönlich haftenden Gesellschafter, die nach dem Gesellschaftsvertrag vertretungsberechtigt sind. Hier gilt es jedoch zu beachten, dass – sofern dies auf mehrere zutrifft – alle gemeinsam handeln müssen, auch wenn dies im Einzelfall faktisch schwierig sein sollte.[2356]

2.2 Einreichungszeitpunkt

1159 Ab welchem Zeitpunkt die Planvorlage zulässig ist, unterscheidet sich zwischen den oben genannten vorlageberechtigten Personen. Während der Insolvenzverwalter einen Insolvenzplan erst mit Eröffnung des Verfahrens vorlegen kann – ein vorläufiger Verwalter ist nicht zur Vorlage berechtigt[2357] – steht es dem Insolvenzschuldner frei, dies bereits mit der Insolvenzantragstellung zu verbinden oder den Plan ab diesem Zeitpunkt jederzeit einzureichen.[2358] Der Sachwalter im Fall der Eigenverwaltung kann den Plan erst vorlegen, wenn er nach einem wirksamen Bestellungsbeschluss sein Amt angenommen und ihn die Gläubigerversammlung wirksam mit der Planausarbeitung beauftragt hat (§ 284 Abs. 1 Satz 1 InsO).[2359] Der späteste Einreichungszeitpunkt, sieht man von den o.g. Fristsetzungen bei Auftrag der Gläubigerversammlung als „interne" Zeitangabe ab, ist hingegen für alle Vorlageberechtigten gleichermaßen der Schlusstermin (§ 218 Abs. 1 Satz 3 InsO) bzw. bei Genossenschaften bis zum Abschluss des Nachschussverfahrens.[2360] Zwischen diesen frühesten und spätesten Zeitpunkten kann also jederzeit ein Insolvenzplan vorgelegt werden. Insbesondere der Schuldner hat dadurch eine ganze Reihe von taktischen Varianten ganz davon abgesehen, dass er nach einem gescheiterten Insolvenzplan ja auch einen weiteren Plan vorlegen könnte oder einen eingereichten zurückziehen kann, was natürlich grundsätzlich auch für den Insolvenzverwalter gilt.

2.3 Insolvenzplanarten

1160 Es lassen sich so je nach Planinitiative, Planzweck und Einreichungszeitpunkt verschiedene Insolvenzplanarten unterscheiden.

Knüpft man an die Planinitiative an und berücksichtigt die verschiedenen Vorlageberechtigten und Einreichungszeitpunkte, können folgende Insolvenzplanarten vorliegen:

2355 *Lüer,* in: Uhlenbruck, InsO, § 218, Rn. 11.
2356 § 18 Abs. 3 InsO analog; vgl. auch *Eidenmüller,* in: MüKo-InsO, § 218 Rn. 81 m.w.N.
2357 Genau genommen besteht das Vorlagerecht des Insolvenzverwalters ab dem Zeitpunkt, ab dem sein Amt beginnt. Dies ist, wenn der Verwalter nach einem wirksamen Bestellungsbeschluss seine Bestellung angenommen hat. Vgl. *Eidenmüller,* in: MüKo-InsO, § 218 Rn. 109.
2358 Vgl. *Eidenmüller,* in: MüKo-InsO, § 218 Rn. 110.
2359 Vgl. *Eidenmüller,* in: MüKo-InsO, § 218 Rn. 111.
2360 Vgl. *Eidenmüller,* in: MüKo-InsO, § 218 Rn. 112f.

Kapitel 4 Insolvenzplanverfahren

- „prepackaged plan": Dies ist ein Insolvenzplan, dessen Vorlage mit der Insolvenzantragstellung verbunden wird, der also bereits vor der Antragstellung vorbereitet wurde. Einen prepackaged plan kann nur der Insolvenzschuldner einreichen. Genau diese Art Pläne hatte auch das ESUG im Auge, soweit durch frühe Insolvenzanträge vorbereitete Sanierungen umgesetzt werden sollen, („Schutzschirmverfahren", § 270b InsO).
- Originärer Insolvenzplan: Als solcher wird ein Insolvenzplan bezeichnet, der vom Insolvenzschuldner oder -verwalter als originär Planberechtigte (direkt) eingereicht wird.[2361] Es kann nochmals zwischen originärem Schuldner- und originärem Verwalterplan unterschieden werden.
- Derivativer Insolvenzplan: Hierbei handelt es sich um einen Insolvenzplan des Insolvenzverwalters oder des Sachwalters bzw. Schuldners bei Eigenverwaltung, zu dessen Ausarbeitung er von der Gläubigerversammlung beauftragt wurde.[2362]

Anhand des Zwecks werden weiterhin unterschieden:

- Sanierungsplan: Diese Planart – die der Gesetzgeber schwerpunktmäßig im Auge hatte[2363] – zielt auf die Sanierung des Unternehmens und den Erhalt des Unternehmensträgers. Seine Anwendung setzt eine positive Fortbestehungsprognose des Unternehmens nach Durchführung der im Plan vorgesehenen Maßnahmen voraus.[2364]
- Übertragungsplan: Diese Planvariante beinhaltet einen asset deal, wie er auch im Regelinsolvenzverfahren möglich wäre. Es erfolgt eine Übertragung aller oder zumindest der betriebs- oder teilbetriebsnotwendigen Vermögensgegenstände auf eine Auffanggesellschaft. Im Vergleich zum Regelinsolvenzverfahren enthält der Übertragungsplan jedoch abweichende bzw. ergänzende Regelungen.[2365]
- Liquidationsplan: Durch einen Liquidationsplan wird die Verwertung und anschließende Verteilung abweichend von den gesetzlichen Bestimmungen im Regelinsolvenzverfahren festgelegt.[2366] Insbesondere können in einem solchen Plan flexible Abwicklungsmodalitäten eingeführt werden, indem z.B. das Vermögen auf verschiedene Gläubiger verteilt[2367] sowie die zeitliche Abfolge[2368] oder die Beteiligung von Sicherheitengläubiger abweichend geregelt wird.
- Sonstige Pläne: Hierunter fallen alle sonstigen Modifikationen zum Regelinsolvenzverfahren und insb. auch Mischformen der gerade genannten Planarten. Bisher galt dabei allerdings, dass sie stets zu einer Beendigung des Verfahrens führen mussten. Ein Plan, der lediglich das Regelinsolvenzverfahren begleiten sollte, – etwa durch Regelung, wer Gläubiger ist und

---

2361 Eidenmüller, in: MüKo-InsO, § 218, Rn. 24 ff.
2362 Eidenmüller, in: MüKo-InsO, § 218,Rn. 14.
2363 Smid/Rattunde, Insolvenzplan, Rn. 2.11.
2364 Brömmekamp, Utz/Radner, Bozidar, Die Anforderungen an die Erstellung von Sanierungskonzepten nach dem neuen IDW S 6, InsVZ 2010, Heft 4, 152 (153).
2365 Eidenmüller, in MüKo-InsO, § 217 Rn. 169.
2366 Smid/Rattunde, Insolvenzplan, Rn. 2.12.
2367 Vgl. Jaffé, in: FK-InsO, § 220, Rn. 9.
2368 Jaffé, in: FK-InsO, § 220, Rn. 9.

wer nicht – war nicht möglich. Zukünftig ist dies anders. Ein Plan kann dann auch die Abwicklung regeln, §§ 217, 258 Abs. 1 InsO.

2.4 Plankonkurrenz

1161 Es ist nun denkbar, dass inhaltlich konkurrierende Pläne z. B. vom Insolvenzschuldner und -verwalter als originäre Insolvenzpläne sowie zu einem späteren Zeitpunkt durch den Insolvenzverwalter/Sachwalter/Schuldner[2369] ein weiterer, derivater Insolvenzplan eingereicht wird. Wie eine solche Plankonkurrenz zwischen denkbar maximal drei konkurrierenden Insolvenzplänen aufgelöst werden soll, ist gesetzlich nicht geregelt und in der Literatur heftig umstritten.[2370] An einer klärenden Rechtsprechung mangelt es bislang. Dies ist darauf zurückzuführen, dass diese Thematik in der Praxis bisher nicht relevant war. Insgesamt gibt es ohnehin nur wenige Planverfahren (< 1% aller Insolvenzverfahren), von unerwünschten Plankonkurrenzen ist man daher bisher verschont. Im Gegeteil, es gibt zu wenige Pläne. Dies liegt daran, dass die Erstellung von Insolvenzplänen kompliziert und zeitaufwendig und somit auch kostspielig ist. Ein Kostenersatz für Schuldner und Gläubiger ist nicht vorgesehen. Regelmäßig wird nur ein Schuldner mit professioneller Beratung einen funktionsfähigen – ggf. weiter zu verhandelnden und zu modifizierenden – Plan einreichen können, der dann zur Abstimmung gelangt. Die Initiative zu einer „geplanten Insolvenz" als Sanierungsoption mit prepackaged plan ist in Deutschland noch zu selten. Regelmäßig ist es in der Praxis so, dass der Verwalter in geeigneten Verfahren in Abstimmung mit den relevanten Gläubigern (ggf. bereits als vorläufiger Verwalter) einen Plan initiieren, erarbeiten und dann vorantreiben wird.

Für den Fall mehrerer Insolvenzpläne soll nach einer Ansicht in der insolvenzrechtlichen Literatur das Recht des Verwalters zur Vorlage eines Planes aus eigener Initiative automatisch erlöschen, wenn ihm die Gläubigerversammlung einen Auftrag zur Planausarbeitung erteilt, ohne ihm hierbei explizit das Recht zu einem eigenen Plan einzuräumen.[2371] Zuweilen heißt es, das Gericht dürfe in einem solchen Fall den Schuldnerplan nicht zulassen bzw. müsse eine Zurückweisung wegen offensichtlicher Aussichtslosigkeit gemäß § 231 Abs. 1 Nr. 2 InsO prüfen. Auch wird vertreten, dass bei der Vorlage eines Schuldner- und eines Verwalterplans beide Pläne das Verfahren durchlaufen. Solange die eingereichten Pläne den gesetzlichen Bestimmungen Rechnung tragen, sollte keiner ausgeschlossen werden. Entweder würde dann einer der Pläne rechtskräftig und hinsichtlich des anderen Plans träte Erledigungswirkung ein oder das Gericht (!?) müsse zwischen den beiden Plänen wählen. Dabei sollte derjenige Plan mit der größten Zustimmung

---

[2369] Zur bisherigen Unzulässigkeit von sog. verfahrensleitenden Insolvenzplänenim fall „Phönix": BGH, B. v. 05. 02. 2009 – IX ZB 230/07.

[2370] *Braun*, in: Nerlich/Römermann, InsO, § 218, Rn. 48 f.; *Hess*, InsO, § 218, Rn. 4; *Gietl*, in: Handbuch Fachanwalt Insolvenzrecht, S. 876 Rn. 74 ff.; *Lüer*, in: Uhlenbruck, InsO, § 218, Rn. 7.; a. A. *Otte*, in: Kübler/Prütting/Bork, InsO, § 218, Rn. 30; *Flessner*, in: HK, § 218, Rn. 10; *Eidenmüller*, in: MüKo-InsO, § 218 Rn. 28 ff.; *Jaffé*, in: FK-InsO, § 218 Rn. 38 ff.

[2371] Vgl. *Eidenmüller*, in: MüKo-InsO, § 218 Rn. 28 f.

durch die Gläubiger bevorzugt werden. Es sollte in zeitlicher Abfolge zuerst über den Plan abgestimmt werden, der zuerst fehlerlos vorgelegt wurde. Nach anderer Meinung müsste das Gericht entscheiden, ob ein einheitlicher Erörterungs- und Abstimmungstermin bestimmt und in welcher Reihenfolge innerhalb dieses Termins abgestimmt würde bzw. das Gericht solle den Plan bestätigen, dem mehrere Gruppen zustimmen oder der die höhere Kopf- und Stimmenmehrheit erhalte.[2372]

3. Inhalt des Insolvenzplans

Die inhaltlichen Vorgaben sind in den §§ 219 bis 230 InsO geregelt. § 219 InsO legt fest, dass ein Insolvenzplan aus einem darstellenden Teil (Informationsteil) und einem gestaltenden Teil (Vollzugsteil) besteht und gegebenenfalls durch Anlagen zu ergänzen ist. Der darstellende und gestaltende Teil sind klar voneinander zu trennen, auch wenn sie inhaltlich voneinander abhängig sind bzw. sich aufeinander beziehen.[2373]

Der darstellende Teil soll die Beteiligten des Insolvenzverfahrens sowie das Gericht darüber informieren, welche Zielsetzungen der Plan hat und wie sie erreicht werden sollen.[2374] Die Insolvenzgläubiger sollen in die Lage versetzt werden, ihre Entscheidung über die Annahme oder Ablehnung des Insolvenzplans treffen zu können.[2375] Der gestaltende Teil regelt dabei konkret, wie sich die Rechtsstellung der Beteiligten durch den Plan ändert. Dem darstellenden Teil kommt also ein informativer, dem gestaltenden Teil ein rechtsgestaltender Charakter zu. Die Plananlagen haben für beide Teile eine erläuternde und ergänzende Funktion und sind nur in den aufgezählten Fallkonstellationen zwingend anzufügen.

Formal ist darauf zu achten, dass sechs schriftliche und handschriftlich unterschriebene Ausfertigungen des Insolvenzplans auf Deutsch bei Gericht eingereicht werden (§§ 234, 232 Abs. 1 Nr. 1 bis 3 InsO, § 184 GVG).

3.1 Darstellender Teil

Die gesetzlichen Voraussetzungen denen der darstellende Teil zu genügen hat, sind in § 220 InsO niedergelegt: Nach dem Grundsatz umfassender Gläubigerinformationen sind alle Sanierungsmaßnahmen, die bereits getroffen wurden und noch getroffen werden, in ihrer Abhängigkeit zueinander und mit ihren Auswirkungen auf die Beteiligten zu beschreiben.

Für Aufbau und Inhalt des darstellenden Teils als Sanierungskonzept kann hier grundsätzlich auf bekannte Standards zurückgegriffen werden:[2376] Die IDW Stellungnahme FAR 1/1991: Anforderungen an Sanierungskon-

1162

2372 Vgl. *Braun*, in: Unternehmensinsolvenz, S. 641 ff.; *Braun/Frank*, in: Braun, InsO, § 218 Rn. 12; *Eidenmüller*, in: MüKo-InsO, § 218 Rn. 190 ff.
2373 Vgl. *Eilenberger*, in: MüKo-InsO, § 219 Rn. 5.
2374 *Smid/Rattunde*, Insolvenzplan, Rn. 274 ff.
2375 *Gogger*, in: Insolvenzgläubiger-Handbuch, 2. Teil, F II 4 b, S. 119.
2376 Vgl. die IDW-Standards des Instituts der Wirtschaftsprüfer in Deutschland e.V., sowie die Verlautbarungen IDW S 2 (Anforderungen an Insolvenzpläne) und IDW S 6 (Anforderungen an die Erstellung von Sanierungskonzepten).

zepte kann als inhaltlich ausgewogene Praxisgrundlage gesehen werden. Die IDW-Standards S 2 und vor allem S 6 dürften allerdings eher als Prüfungsmaßstab zu verstehen sein. Beide fordern sehr umfangreiche detaillierte Darstellungen, die über die hier geforderten Beschreibungen regelmäßig hinausgehen dürften. Im darstellenden Teil im Insolvenzplan sollte eine Fokussierung auf die für den konkreten Fall wesentlichen Inhalte erfolgen, der Zweck ist die Information der Gläubiger. Eine zu umfangreiche und dadurch „verwässerte" Darstellung mindert die Lesbarkeit des Plans, seine Verständlichkeit und damit auch die Bereitschaft der Adressaten, sich zu beteiligen und letztlich zuzustimmen. Eine Überinformation wäre sogar geeignet abzulenken und ggf. die Entscheidung der Gläubiger zu manipulieren und damit als schädlich und evtl. sogar als unzulässig zu qualifizieren. Auf der anderen Seite muss der darstellende Teil so umfangreich und gehaltvoll sein, dass alle Beteiligten vollständig über alle relevanten Umstände des vorliegenden Falls informiert sind. Dadurch sollen und müssen sie in die Lage versetzt sein, qualifiziert über den Plan zu entscheiden. Fehlende oder fehlerhafte Informationen können zur Unwirksamkeit des Plans führen.[2377]

Der Plan muss hier die wirtschaftlichen Verhältnisse der Vergangenheit bis zum aktuellen Stand, die Ursachen der Krise, die Insolvenzsituation, evtl. verschiedene Sanierungsideen und ihre unterschiedlichen Folgen für die einzelnen Gläubiger sowie die konkret beabsichtigten (Sanierungs-)Maßnahmen und ihre Wirkungen für den Schuldner aber auch konkret für jeden Gläubiger und die Gründe für die Auswahl gerade dieser Maßnahmen erläutern. Bei Sanierungsplänen ist das Leitbild des sanierten Unternehmens zu beschreiben und die Sanierungsfähigkeit nachzuweisen. Insbesondere ist ein Quotenvergleich zum Regelinsolvenzverfahren – die sog. Vergleichsrechnung – anzustellen, um den Nachweis dafür zu erbringen, dass durch den Insolvenzplan keine Benachteiligung für alle oder einzelne Gläubiger im Vergleich untereinander oder im Verhältnis zum Regelverfahren eintritt.[2378] Nur dann verfügen die Beteiligten über ausreichende Informationen, um die Auswirkungen des Insolvenzplans abschätzen und entscheiden zu können, ob dies für sie günstiger ist als die Abwicklung im Regelinsolvenzverfahren.[2379] Sprachlich sollte der Text angemessen und auf die Empfänger zugeschnitten sein, um tatsächlich diese Aufgaben zu erfüllen. Aus all dem ergibt sich trotz oder gerade wegen der sehr knappen Vorgaben des Gesetzes eine komplexe Aufgabe. Dies gilt besonders vor dem Hintergrund, dass zwischen Insolvenzplänen für Einzelunternehmer (z. B. Zahnarztpraxen) und Industrieunternehmen (z. B. internationaler Stahlproduzent im Konzernverbund) und den Betroffenen (Kleingläubiger, Arbeitnehmer, Behörden, (intern. Investment-)Banken, Lieferanten, Wirtschaftsprüfer) große Erfahrungs- und Wahrnehmungsunterschiede liegen können, aber alle gleichermaßen „mitgenommen" werden müssen, wenn ein „positives Sanierungsklima" und eine Akzeptanz des Insolvenzplans erreicht werden sollen.

2377 *Smid/Rattunde*, Insolvenzplan, Rn. 9.19.
2378 *Thies*, in: HmbK-InsO, § 220, Rn.7; *Flessner*, in: HK-InsO, § 245, Rn. 7 ff.
2379 Vgl. *Gogger*, in: Insolvenzgläubiger-Handbuch, 2. Teil F II 4 a.

Der darstellende Teil ist auch deshalb so wichtig, weil der Planverfasser hier für seinen Plan werben kann, um einen Konsens zwischen den abstimmungsberechtigten Gläubigern herzustellen und so die benötigte Abstimmungsmehrheit zu erreichen.

3.2 Gestaltender Teil

Der Inhalt des gestaltenden Teils ist detaillierter geregelt und ergibt sich aus den §§ 221 bis 228 InsO. Durch den Inhalt des gestaltenden Teils wird in absoluter Weise in die Rechtsstellung der beteiligten Gläubiger eingegriffen. Dies gilt also auch für Gläubiger, die ihre Forderungen nicht angemeldet oder vom Plan keine Kenntnis haben ebenso wie für die, die gegen den Plan stimmen, wenn der Plan die erforderlichen Abstimmungsmehrheiten findet und wirksam wird. Auf die wichtige und ebenfalls hier geregelte Einteilung der Gläubiger in Gruppen, die sowohl den darstellenden, als auch den gestaltenden Teil betrifft, wird unten ausführlich gesondert eingegangen.

1163

Zu den am Planverfahren Beteiligten zählen die Insolvenzgläubiger, die absonderungsberechtigten Gläubiger sofern der Plan in ihre Rechte eingreift, die nachrangigen Insolvenzgläubiger sowie der Insolvenzschuldner, wenn seine Haftung nach Beendigung des Insolvenzverfahrens von den gesetzlichen Regelungen abweicht bzw. er den Betrieb weiterführen soll. Darüber hinaus konnte die Rechtsstellung weiterer Personen durch den Plan bisher nur geändert werden, sofern diese freiwillig teilnahmen.[2380] Dies gilt jetzt uneingeschränkt nur noch für Nicht-Gesellschafter also wirklich unbeteiligte Dritte. Ihnen gegenüber entfaltet der Insolvenzplan also keine absolute Wirkung, sondern nur insoweit sie zustimmen. Hierzu zählen z.B. Massegläubiger, Aussonderungsberechtigte, Auffang- und Transfergesellschaften, Mitschuldner, Bürgen, seit dem ESUG aber nicht mehr die Gesellschafter einer Kapitalgesellschaft.

Durch das ESUG ist jetzt die Möglichkeit des Einbezugs der Anteilseigner und des Erwerbs von Anteilen an der Gesellschaft gegen Forderungen ermöglicht worden (sog. „debt-to-equity-swap").[2381] Die Anteilsinhaber und Eigentümer können am Insolvenzplan beteiligt werden, sie erhalten eine eigene Abstimmungsgruppe und können ggf. dahingehend überstimmt werden, dass ihre Rechte beschränkt oder entzogen werden, um neue Eigentümer der Gesellschaft/des Schuldners zuzulassen. Sie sind auf eine Entschädigung verwiesen. Die Forderungen der Gläubiger können dabei gegen Anteile getauscht werden. Dabei sollen durch die Neuregelungen die normalerweise bestehenden enormen Risiken der Differenzhaftung, die zu Nachschußpflichten führen können, abgemildert bzw. beseitigt werden. Formal sollen die entsprechenden Beschlüsse der Gesellschafter, die für diese Maßnahmen notwendig sind und auch z.B. der Fortführungsbeschluss der Gesellschaft, usw., im Plan geregelt werden können, um die notwenigen Wirksamkeitsvoraussetzungen zu schaffen.

2380 Vgl. *Maus*, in: Kölner Schrift zur Insolvenzordnung, S. 931, 946.
2381 Vgl. hierzu auch die Ausführungen unter Rn. 1153 f.

Neben vielen rein redaktionellen Änderungen (überall ist jetzt, die Gesellschafter einbeziehend, von den am Plan „Beteiligten" statt von den „Gläubigern" die Rede), gibt es die genannten Hauptänderungen der Anteilsabgabe gegen Entschädigung mit der Begründung von Gesellschafter-/ Beteiligungsrechten durch Gläubiger, vgl. §§ 212, 225a, 235 Abs. 3, 238a, 252 Abs. 2 (am Ende), 254 IV, 254a Abs. 2, 3 InsO.

Der gestaltende Teil kann dementsprechend verschiedene inhaltliche Regelungen enthalten, wie beispielsweise jede Art von Willenserklärungen, Regelungen zu Verträgen, Regelungen zu Rechtstreitigkeiten. Die Gläubiger können z. B. Forderungen stunden oder (Teil-)Erlasse aussprechen[2382] oder es können Forderungen, sowie Materialgüterrechte übertragen werden.[2383] Solche Willenserklärungen können sich auch auf massefremde Gegenstände beziehen, wobei in diesen Fällen der betroffene Dritte seine Willenserklärung erklären und dem Plan beisteuern muss. Weiterhin können Regelungen aufgenommen werden, die alte Verträge modifizieren, neue Vertragskonditionen fixieren oder gar neue Verträge abschließen. Interessant und nützlich ist insoweit, dass im Insolvenzplan auch form- sowie grundbuchgerechte Willenserklärungen abgegeben werden können (§ 228 InsO) und dass der gestaltende Teil die Grundlage einer Zwangsvollstreckung bildet (§ 257 Abs. 1 Satz 1 InsO). Dies ist nicht nur ein zeitlicher Vorteil, sondern es werden auch Kosten gespart, da der Plan wie eine notarielle Urkunde bzw. ein vollstreckbares Urteil wirkt.[2384] Ebenso können Beschlüsse und Erlaubnisse der Gläubigerversammlung- bzw. des Gläubigerausschusses gemäß der §§ 157, 158 Abs. 1, 160, 162, 163 InsO und des Insolvenzgerichts, die direkt im Plan enthalten sein können und den Verwalter mit weiterreichenden Rechten ausstatten können vorgesehen werden. Das ESUG hat § 221 InsO nunmehr dahingehend ergänzt, dass der Plan eine Bevollmächtigung des Insolvenzverwalters vorsehen kann, damit dieser zur Umsetzung des Plans erforderliche Maßnahmen ergreifen bzw. umsetzen und ggf. erforderliche Korrekturen des Plans vornehmen kann.

Der rechtsgestaltende Charakter des gestaltenden Teils, ggf. sogar Grundlage einer Zwangsvollstreckung, erfordert, dass er hinreichend bestimmt formuliert ist.[2385] Dies ist mit den Ansprüchen und der Ausgestaltung eines Urteilstenors vergleichbar. Großes Augenmerk ist dabei insbesondere auf die Regelungen zu richten, die die Leistungen des Schuldners an die Gläubiger betreffen. D. h. wem was und wann gegenüber gezahlt bzw. erfüllt wird, muss präzise formuliert werden. Sog. Wahlklauseln, d. h. dass die Gläubiger zwischen verschiedenen Leistungen des Schuldners zur Erfüllung zu gegebener Zeit wählen, können vereinbart werden, Eventualklauseln sind hingegen unzulässig.[2386]

Eingriffe in existenzielle Arbeitnehmerrechte sind durch den Insolvenzplan nicht möglich. Über die allgemeinen Regelungen des Insolvenzarbeits-

---

[2382] Vgl. *Rattunde,* in: Leonhardt/Smid/Zeuner, Inso, § 221, Rn. 5ff.; *Smid/Rattunde,* Insolvenzplan, Rn. 5.67f.
[2383] Vgl. *Rattunde,* in: Leonhardt/Smid/Zeuner, Inso, § 228, Rn. 1.
[2384] Vgl. *Braun/Frank,* in: Braun, InsO, § 221, Rn. 5.
[2385] *Exner/Beck,* in: Praxis der Insolvenz, § 43, Rn. 22.
[2386] *Braun/Frank,* in: Braun, InsO, § 221, Rn. 6.

rechts hinaus kann ein Verwalter dennoch unter Beachtung entsprechender Fristen Arbeitnehmern kündigen, mit Tarifpartner verhandeln sowie freiwillige Vereinbarungen bezüglich eines Sozialplans oder Interessenausgleich entwickeln.[2387] Eingriffe in die Tarifautonomie, das Kündigungsschutzgesetz oder den Betriebsübergang gemäß § 613a BGB sind dabei ausgeschlossen. Hinsichtlich der Rechte von Arbeitnehmern kann im Plan lediglich eine Quotierung ihrer Insolvenzforderungen geregelt werden, sie sind insofern „normale" Insolvenzgläubiger.[2388] Sonderregelungen bestehen beim Planverfahren nach dem Gesetz zur Verbesserung der betrieblichen Altersversorgung (BetrAVG) für den Pensions-Sicherungs-Verein (PSVaG). Da er ggf. bei Insolvenz die Altersversorgung der Arbeitnehmer auffängt, ist er als Gläubiger zu werten und ihm stehen über die §§ 7, 9, 10 BetrAVG Sonderrechte einschließlich einem Beschwerderecht zu.[2389] Auch kann er besondere Rechte in der Nachfolgeinsolvenz geltend machen. Der PSVaG soll ggf. durch eine Regelung im Insolvenzplan für die Zukunft dahingehend entlastet werden, dass bei Verbesserung der wirtschaftlichen Lage des Schuldners die Altersvorsorge der Arbeitnehmer später wieder auf diesen zurückfallen soll. Der gestaltende Teil muss daher grundsätzlich eine Besserstellungsklausel zu Gunsten des PSVaG oder ggf. eine mit ihm verhandelte adäquate Regelung enthalten, die ihm diese oder andere kompensatorische Rechte zusichert, wenn nicht die Gefahr des Scheiterns drohen soll.[2390]

Weiterhin kann gemäß § 259 Abs. 3 InsO im Insolvenzplan geregelt werden, dass anhängige Rechtsstreitigkeiten durch den Verwalter für und gegen die Masse oder eine Gläubigergruppe (weiter-)geführt werden, so dass der Schuldner oder die Masse zukünftig weder mit den Vor- noch Nachteilen der Prozesse und eines Urteils belastet wird. Eine solche Regelung ist vor allem dann sinnvoll, wenn beispielsweise ein größerer Teil der (potentiellen) Masse derzeit nur als Anspruch vorhanden ist und ein Prozess geführt werden muss oder nur durch eine Insolvenzanfechtung erlangt werden kann. Um die Risiken wegen des ungewissen Prozessausgangs zu verteilen, kann beispielsweise ein Besserungsschein Teil der Vereinbarungen im Insolvenzplan sein.

Was die Gesellschafter betrifft, wurde bereits ausgeführt, dass diese früher nicht unmittelbar Betroffene im Sinne des Insolvenzplanverfahrens waren. Nur in dem Fall, dass sie persönlich haftende Gesellschafter sind, ist ihnen grds. eine Befreiung ihrer Haftung gleich dem Schuldner zugestanden (§ 227 Abs. 2 InsO). Soll hiervon abgewichen werden, z.B. dass die persönliche Haftung unter besonderen Voraussetzungen oder gar nicht entfällt sind gesonderte Regelungen aufzunehmen.[2391] Dabei können auch bereits aus der Gesellschaft ausgeschiedene Gesellschafter einbezogen werden.[2392] Jetzt können gemäß § 225a InsO auch die Anteilsinhaber in den Plan einbezogen werden. Ein solcher Eingriff im Rahmen eines Insolvenzplanverfah-

---

2387 *Rattunde*, in: Leonhardt/Smid/Zeuner, InsO, § 221, Rn. 3, 26.
2388 *Lüer*, in: Uhlenbruck/Hirte/Vallender, InsO, § 222 Rn. 23.
2389 *Lüer*, in: Uhlenbruck/Hirte/Vallneder, InsO, § 222 Rn. 34; *Schmahl*, in: MüKo-InsO, § 34, Rn. 62.
2390 Vgl. *Smid/Rattunde*, Insolvenzplan, S. 156 ff.
2391 Vgl. *Braun/Frank*, in: Braun, InsO, § 227, Rn. 7.
2392 Vgl. *Braun/Frank*, in: Braun, InsO § 222, Rn. 8.

rens berechtigt Vertragspartner nicht zur Ausübung von (schuldrechtlichen) Rechten aus sog. „Change-of-Control-Klauseln", § 225a Abs. 4 InsO. Auch können die (verbleibenden) Gesellschafter hieraus keine weitergehenden Rechte – z. B. Abfindungen – ableiten, § 225a Abs. 5 InsO. Geschieht dies nicht ausdrücklich, bleibt es wie bisher, d. h. die Gesellschafterebene bleibt unberührt. Werden sie einbezogen, wird für sie wenigstens eine Gruppe gebildet, § 222 Abs. 1 Nr. 4 InsO. Ihre Abstimmung bzw. ihre besonderen Rechte regeln sich nach §§ 244 Abs. 3, 245 Abs. 1 und 3, 246a InsO. Die Gestaltung ihrer Kompensation wird wesentliches Element sein, um Streit zu vermeiden bzw. den Plan notfalls mit Streitverfahren außerhalb des Plans und daraus resultierenden leistbaren Zahlungen – §§ 251 Abs. 3, 253 insb. Abs. 4 InsO – durch- und umsetzen zu können.

Soweit Anteilsrechte durch Gläubiger erworben werden, ist dies anders als z.b. bei einem Kapitalschnitt mit anschließender Kapitalerhöhung ohne die üblichen Risiken der Sacheinlage und eventueller Differenzhaftung möglich. Die Bewertung gilt als mit dem Planverfahren festgesetzt, § 254 Abs. 4 InsO.

Zuletzt ist es möglich und bei komplexen Sanierungen stets unumgänglich im gestaltenden Teil des Insolvenzplans Regelungen zu seiner Wirksamkeit und zur (unten im einzelnen beschriebenen) Planüberwachung und Krediten aufzunehmen. Beispielsweise kann die Wirksamkeit von Bedingungen oder von Beiträgen Dritter, die (lediglich) freiwillig in den Plan einbezogen sind, abhängig ausgestaltet werden.

3.3 Einteilung der Gläubiger in Gruppen

1164 Die Gläubiger sind gemäß §§ 222ff. InsO in Gruppen einzuteilen. Diese Gruppenbildung hat sachgerecht, d. h. objektiv nachvollziehbar und an äußere Kriterien geknüpft zu erfolgen. Fehler können zum Scheitern des Plans führen. Dies ist nach dem ESUG auch noch einmal in § 231 Abs. 1 Nr. 1 InsO als konkreter Grund für Beanstandungen angeführt. Die Gruppenbildung kann für das spätere Abstimmungsergebnis von wesentlicher Bedeutung sein. Besondere Sorgfalt ist also angezeigt. In Hinblick auf die Regelung des § 245 Abs. 1 Nr. 3 InsO kann es z.B. ratsam sein, eine ungerade Anzahl von Gruppen zu bilden.[2393] Zu beachten ist weiter, dass die im gestaltenden Teil des Insolvenzplans festgelegten Rechtswirkungen jeweils einheitlich für alle Gläubiger einer Gruppe geregelt sein müssen, ansonsten müssten die Betroffenen gesonderte Erklärungen abgeben, um Abweichungen zu akzeptierten.

Nach der InsO hat die Einteilung der Gläubiger je nach ihrer Rechtstellung zu erfolgen. Es kann dabei nach formalen und oder nach materiellen Kriterien unterschieden werden.[2394] So könnten z. B. für Kreditgläubiger (/-institute), Dienstleister, Vermieter, einfache Insolvenzgläubiger, Großgläubiger, Kleingläubiger, Arbeitnehmer, Institutionen wie z. B. Steuerforderungen, Forderungen der Bundesagentur für Arbeit, PSVaG sowie für Gläubiger

---

2393 Vgl. *Braun/Frank*, in: Braun, InsO, § 222, Rn. 13.
2394 Vgl. *Braun/Frank*, in: Braun, InsO, § 222, Rn. 7.

Kapitel 4 Insolvenzplanverfahren

mit Ausfallforderungen verschiedene Gruppen gebildet werden.[2395] Ferner können Gruppen für noch unbekannte oder nur potentielle Gläubiger gebildet werden.[2396] Es sind auch bedingte Gruppen zulässig, wobei aber bei der Abstimmung über den Plan klar sein muss, wer der Gruppe angehört.[2397] Nach der Änderung im ESUG, dass Gesellschafter einbezogen werden können, ist für diesen Fall ein Gruppe für die Gesellschafter bzw. beteiligte Personen zu bilden, § 222 Abs. 1 insb. Nr. 4 und Abs. 3 InsO.

Die Gruppeneinteilung ist dabei norm- und sachgerecht vorzunehmen und unterliegt gerade auch im Hinblick auf die Auswirkungen bei der Abstimmung über den Plan der gerichtlichen Kontrolle. Bei einem Verstoß ist der Plan zurückzuweisen oder nicht zu bestätigen, §§ 231, 250 Nr. 1 InsO. Unter einer sachgerechten Einteilung versteht man das Vorliegen objektiver und überprüfbarer Kriterien zur Gruppenbildung und -einteilung, die an die Gläubigereigenschaft und die verschiedenen wirtschaftlichen Interessen geknüpft sind.[2398] Kein sachgerechtes Kriterium bildet z. B. die Kategorisierung nach dem möglichen Abstimmungsverhalten.[2399] Auch dürfen innerhalb einer Gruppe keine rechtlich unterschiedlichen Forderungen zusammengefasst werden. Dementsprechend kann (bzw. muss sogar bei Vorliegen der Voraussetzungen) derselbe Gläubiger auch mit Teilen seiner Forderungen in verschiedenen Gruppen abstimmen (z. B. die Bank als Absonderungsgläubigerin mit werthaltigen Hypotheken in einer solchen Gruppe und als einfache Insolvenzgläubigerin mit ihren überschießenden nicht mit Sicherheiten unterlegten sonstigen Forderungen).

Im Gegensatz zum Regelverfahren, in dem Absonderungsberechtigte mit ihren vollständigen Forderungen an der Abstimmung teilnehmen (§ 77 Abs. 3 Nr. 2 InsO), nehmen sie im Planverfahren hingegen lediglich soweit teil, als ihnen eine persönliche Forderung gegen den Schuldner zusteht und sie aus ihrem Absonderungsrecht keine Befriedigung erhalten und sie mithin einfache Insolvenzgläubiger sind.[2400] Dies kann daraus resultieren, dass sie auf eine Befriedigung verzichtet haben oder dass zu erwarten ist, dass eine Befriedigung ausfällt. Mit dieser Ausfallforderung sind sie als „normale" ungesicherte persönliche Gläubiger in die Gruppe der normalen Insolvenzgläubiger einzuordnen. Da diese Forderung lediglich gegen den Insolvenzschuldner bei entsprechendem Erlass gemäß Insolvenzplan undurchsetzbar wird, bleiben akzessorische Sicherungsrechte bestehen.[2401] § 223 Abs. I Nr. 2 InsO bestimmt, dass bzgl. der dort genannten Sicherheiten und Finanzsicherheiten nach § 1 Abs. 17 KWG keine abweichenden Regelungen getroffen werden dürfen.[2402]

2395 Vgl. *Braun/Frank*, in: Braun, InsO, § 222, Rn. 8; *Maus*, in: Kölner Schrift zur Insolvenzordnung, S. 931, 947 f.
2396 *Braun*, in: Nerlich/Römermann, InsO, § 222, Rn. 115.
2397 *Eidenmüller*, in: MüKo-InsO, § 222, Rn. 40 f.
2398 Vgl. *Rattunde*, in: Leonhardt/Smid/Zeuner, InsO, § 222, Rn. 2.
2399 *Eidenmüller*, in: MüKo-InsO, § 222, Rn. 100.
2400 Vgl. *Uhlenbruck*, in: Uhlenbruck/Hirte/Vallender, InsO, § 76, Rn. 29.
2401 Vgl. *Braun/Frank*, in: Braun, Inso, § 227, Rn. 5.
2402 Siehe LG Berlin, B. v. 20. 10. 2004 – 86 T 578/04 – NZI 2005, 335.

Soweit Absonderungsberechtigte, werthaltige Sicherheiten haben, ist eine besondere Gruppe zu bilden, wenn in die Absonderungsrechte eingegriffen werden soll. Dann sind genaue Angaben zur Rechtsbeeinträchtigung zu machen, § 223 Abs. 2 InsO. Gemäß § 238 InsO sind im Erörterungs- und Abstimmungstermin diese Rechte und Eingriffe gesondert zu erörtern und zu beschließen, es muss insofern eine gesonderte Stimmliste oder Abteilung in der Stimmliste erstellt werden.

Bezüglich nachrangiger Gläubiger gilt dies entsprechend. Im systematischen Einklang damit legen die §§ 237 Abs. 2, 238 Abs. 2 InsO fest, dass in ihren Rechten nicht beeinträchtigte Gläubiger keine Stimmrechte erhalten. Zuletzt bestehen im Rahmen von § 116 Nr. 3 GenG und § 18a Abs. 1 SchVG weitere Besonderheiten für Genossenschafts- und Anleihengläubiger.

3.4 Plananlagen

1165 Dem Insolvenzplan müssen nach § 229 InsO eine Vermögensübersicht (Planbilanz), ein Ergebnisplan (Plan-GuV) und ein Finanzplan (Plan-Liquiditätsrechnung), für solche Zeiträume beigefügt werden, in denen eine Gläubigerbefriedigung aus Erträgen des fortgeführten Unternehmens erfolgen soll.[2403] Hierbei ist es zulässig auf Angaben aus dem darstellenden Teil zurückzugreifen.[2404] Eine Überprüfung dieser Bestandteile des Plans durch externe Wirtschaftsprüfer wird bei größeren Betrieben erforderlich sein. Zumeist wird dieses von involvierten Kreditinstituten auf Grund ihrer Prüfungspflicht gemäß § 47 KWG gefordert werden.

Das ESUG hat § 229 InsO dahingehend erweitert, dass alle benannten Gläubiger zu berücksichtigen sind, auch wenn sie ihre Forderungen nicht angemeldet haben, § 229 InsO letzter Satz. Zu den weiteren Plananlagen gehören gemäß § 230 InsO Zustimmungserklärungen des Insolvenzschuldners und der Gläubiger. Der Schuldner muss seine Bereitschaft zur Unternehmensfortführung auf Grundlage des Insolvenzplans ausdrücklich bekunden. Dies gilt dann nicht, wenn er selbst den Plan vorgelegt hat, da die Planvorlage als Willensbekundung ausreicht.[2405] Ist der Schuldner eine Gesellschaft, geht mit der Erklärung das Einverständnis der persönlich haftenden Gesellschafter einher, zukünftig weiter persönlich zu haften. Dies hat das ESUG in § 230 Abs. 1 Satz 2 InsO noch einmal für neu eintretende persönlich haftende Gesellschafter aufgenommen. Da bei juristischen Personen ein Fortführungsbeschluss notwendig ist, der eigentlich erst nachträglich gefasst werden kann, war eine solche Erklärung bei diesen praktisch nicht möglich. Es wurde daher mit einer entsprechenden Absichtserklärung oder vorsorglich bedingt gefassten Beschlüssen gearbeitet. Jetzt können im Plan alle zu seiner Umsetzung erforderlichen gesellschaftsrechtlichen Maßnahmen integriert werden, § 254a Abs. 2 InsO. Eine Zustimmungserklärung nach § 230 Abs. 2 InsO ist von jedem Gläubiger beizufügen, der Anteils- oder Mitgliedschaftsrechte sowie Beteiligungen übernimmt. Darunter versteht man den Erwerb von Gesellschafteranteilen, den Neuerwerb bei Gesellschaftsneu-

---

2403 Vgl. *Braun/Frank*, in: Braun, InsO, § 229, Rn. 1.
2404 Vgl. *Maus*, in: Kölner Schrift zur Insolvenzordnung, S. 931, 950.
2405 Vgl. *Rattunde*, in: Leonhardt/Smid/Zeuner, InsO, § 230 Rn. 2f.

gründung sowie jeder andere im Plan vorgesehene Anteilserwerb.[2406] Gleiches gilt für Inhaber von Absonderungsrechten.[2407] Auch wird vertreten, dass jede andere Art der Abgeltung außer der in Geld einer Erklärung bedarf.[2408] Nach § 230 Abs. 3 InsO muss ein Dritter eine Erklärung abgeben, sofern er gegenüber den Gläubigern Verpflichtungen übernimmt.

Eine darüber hinausgehende Ergänzung des darstellenden und gestaltenden Teils ist sinnvoll, wenn die betreffenden Informationen bzw. Regelungen einen großen Umfang aufweisen. In den Plananlagen befinden sich daher häufig Vermögensaufstellungen, (Plan-)Bilanzen, Vermögensübersicht nach § 153 InsO, Businesspläne, Erläuterungen etc. Zuletzt zählt zu den fakultativen Plananlagen auch eine vom Planverfasser zu erstellende Zusammenfassung des wesentlichen Inhalts. Diese kann nach §§ 235 Abs. 3 Satz 2, 252 Abs. 2 InsO versandt werden.

4. Verfahren

4.1 Überblick über den Ablauf des Verfahrens

Das Insolvenzplanverfahren durchläuft mehrere Phasen. Es beginnt formal mit der Einreichung eines Insolvenzplans beim zuständigen Insolvenzgericht. Die Zuständigkeit lag auch für Planverfahren nach Verfahrenseröffnung wie für das gesamte Verfahren üblich beim Rechtspfleger. Dies ist mit dem ESUG geändert. Nunmehr ist danach für Insolvenzplanverfahren der Insolvenzrichter zuständig, § 18 Abs. 1 Nr. 2 RPflG. Dort wird der eingereichte Insolvenzplan zunächst im Rahmen des gerichtlichen Vorverfahrens einer ersten Überprüfung unterzogen. Das Insolvenzgericht kann ihn dann entweder ablehnen oder annehmen. Nimmt es den Plan an, holt es ergänzend Stellungnahmen wichtiger Beteiligter und evtl. weiterer sachverständiger Stellen ein und legt ihn dann samt Anlagen und der eingeholten Stellungnahmen in der Geschäftsstelle zur Einsichtnahme nieder. Daran schließen sich der daraufhin terminisierte Erörterungs- und Abstimmungstermin an. Dieser Termin ist vom Gericht kurzfristig anzusetzen und öffentlich bekanntzumachen. Häufig wird er auf den gleichen Tag und direkt im Anschluss an den/einen Prüfungstermin anberaumt, um das Verfahren zu beschleunigen. Die am Plan Beteiligten sind gesondert zu laden. Während des Erörterungs- und Abstimmungstermins haben die Gläubiger die Möglichkeit, den Plan zu diskutieren, ggf. ändern zu lassen und dann zu entscheiden, ob die dem Plan zustimmen oder ihn ablehnen. Sofern eine zumindest mehrheitliche Zustimmung erfolgt, muss der Plan noch gerichtlich bestätigt werden. Mit Eintritt der Rechtskraft der gerichtlichen Bestätigung wird der Plan wirksam und das Insolvenzverfahren kann aufgehoben werden. Soweit dies vorgesehen ist, können im Anschluss daran die festgelegten vom Insolvenzschuldner zu erfüllenden Leistungen überwacht werden. Die gesetzlichen Regelungen finden sich teils noch im ersten („gerichtliches Vorverfahren", §§ 231 ff. InsO) aber hauptsächlich im zweiten Abschnitt (Annahme

---

2406 Vgl. *Braun*, in: Braun, InsO, § 230, Rn. 7.
2407 Vgl. *Braun*, in: Braun, InsO, § 230, Rn. 8.
2408 Vgl. *Braun*, in: Nerlich/Römermann, InsO, § 230, Rn. 12 ff.

und Bestätigung des Plans", §§ 235 ff. InsO; im dritten Abschnitt sind die Regelungen zur Aufhebung des Verfahrens und der evtl. späteren Überwachung zu finden, §§ 258 ff. InsO.

4.2 Gerichtliches Vorverfahren

1166 Nachdem der Insolvenzplan beim Insolvenzgericht eingereicht wurde, wird von Amts wegen über dessen Zulassung oder Zurückweisung entschieden, § 231 InsO. Das ESUG hat hier jetzt eine Soll-Frist von zwei Wochen für die gerichtliche Prüfung eingeführt, § 231 Abs. 1 InsO. Wenn der Plan formell in Ordnung ist und keine (groben) inhaltlichen Mängel aufweist, wird er akzeptiert. Insbesondere wenn der Plan bereits mit den Beteiligten im Vorfeld besprochen und abgestimmt wurde, wird eine schnelle Überleitung in die nächste Phase möglich sein. Andererseits können durch die gerichtliche Vorprüfung unsinnige oder sogar missbräuchliche, der Verschleppung des Verfahrens dienende Pläne, verhindert werden. Das eigentliche Regelinsolvenzverfahren wird somit selbst durch eine Einreichung eines Planes nicht übermäßig verzögert, es findet dann keine Aussetzung der Verwertung und Verteilung statt. Bei einer Zurückweisung des Plans ist die sofortige Beschwerde zulässiges Rechtsmittel. Wird der Plan zugelassen, gibt es kein Rechtsmittel, mit dem diese Entscheidung anfechtbar wäre. Denn die Zulassung an sich stellt keinen positiven Zulassungsbeschluss dar.[2409]

Die InsO gibt dem Gericht dabei keinen detaillierten Prüfungsmaßstab an die Hand. Jedoch kann man zum einen aus der Tatsache, dass die Prüfung zeitlich vor der eigentlichen Auseinandersetzung und der Entscheidung über den Plan durch die Gläubiger stattfindet, und zum anderen aus den generellen Grundsätzen der Verfahrensökonomie und -beschleunigung ableiten, dass in diesem Stadium nur eine „summarische" Prüfung vorzunehmen sein dürfte. Es kann nicht Aufgabe des Gerichts sein, die spätere Entscheidung der Gläubiger inhaltlich vorwegzunehmen oder gar durch Nichtzulassung des Planes von vornherein unmöglich zu machen. Zu prüfen sind daher insbesondere nach § 231 Abs. 1 Nr. 1 InsO formale Kriterien wie das Vorlagerecht, der Aufbau und die Vollständigkeit des Plans sowie die Einteilung der Gläubiger in Gruppen – so auch durch das ESUG explizit eingefügt – sowie die Erfüllbarkeit gemäß den gerichtsbenannten bzw. im Plan nebst Anlagen selbst genannten Tatsachen.[2410] Werden Mängel festgestellt, ist eine Frist zur Beseitigung durch das Gericht festzulegen.[2411] Sofern möglich, sind dabei die Mängel aufzulisten sowie Vorschläge zu ihrer Behebung zu nennen.[2412] Kommt der Planvorleger dem nicht nach oder ist eine Nachbesserung unmöglich, wird der Insolvenzplan zurückgewiesen.

1167 Wird der Plan durch den Insolvenzschuldner vorgelegt, kann allerdings ein verschärfter Prüfungsmaßstab gelten. Gemäß § 231 Abs. 1 Nr. 2 und 3 InsO soll ein Plan, der offensichtlich keine Aussicht auf Annahme durch die Gläubiger oder auf Bestätigung durch das Gericht hat, oder wenn die An-

---
2409 *Lüer*, in: Uhlenbruck, InsO, § 231, Rn. 41.
2410 *Wutzke*, in: Haarmeyer/Wutzke/Förster, Handbuch Insolvenzordnung, § 231 Rn. 7.
2411 *Braun*, in: Nerlich/Römermann, InsO, § 231 Rn. 5.
2412 *Braun/Frank*, in: Braun, InsO, § 231 Rn. 4.

Kapitel 4   Insolvenzplanverfahren

sprüche, die den Beteiligten nach dem gestaltenden Teil eines vom Schuldner vorgelegten Plans zustehen, offensichtlich nicht erfüllt werden können, nicht zugelassen werden. Wenn der Schuldner zuvor bereits schon einmal einen (letztlich nicht durchziehenden) Plan vorgelegt hatte, kann der Insolvenzverwalter beantragen, dass weitere Schuldnerpläne verhindert werden. Eine Verschleppung des Verfahrens durch ungeeignete Planvorlagen soll vermieden werden. Wirtschaftliche Aspekte darf das Gericht auch hier nur zurückhaltend prüfen. Sobald aber z. B. die Deckung der Massekosten im Insolvenzplan nicht berücksichtigt wurde, wenn die Nichterfüllbarkeit bereits rechnerisch feststeht oder das Existenzminimum des Schuldners in den Planrechnungen als anzusetzender Eigenbedarf unterschritten wurde, ist der Plan zurückzuweisen.[2413]

Das Gericht leitet bei Zulassung des Plans die nächsten Schritte ein: Zunächst werden dann gemäß § 232 InsO der Gläubigerausschuss, der Betriebsrat, der Sprecherausschuss der leitenden Angestellten und der Schuldner bzw. der Insolvenzverwalter über die Entscheidung des Gerichts informiert und sie erhalten den Plan mit einer gesetzten Frist – auch diese soll jetzt zwei Wochen betragen, § 232 Abs. 3 Satz 2 InsO, eingeführt durch das ESUG – zur Stellungnahme. Die Zuleitung an andere sachkundige Stellen ist gemäß § 232 Abs. 2 InsO möglich. Die Anfertigung der Stellungnahmen hat schriftlich zu erfolgen. Dem Planvorleger sind Kopien der Stellungnahmen zur Verfügung zu stellen, damit dieser eventuell seinen Planentwurf daran anpassen kann. Gemäß § 234 InsO ist der Plan mit seinen Anlagen nach Ablauf der Stellungnahmefrist auf der Geschäftsstelle zur Einsichtnahme niederzulegen. Einsicht nehmen können nur die im Insolvenzverfahren beteiligten Personen bzw. wenn der Plan weitere Beteiligte vorsieht auch diese („Verfahrensöffentlichkeit"). Dann geht das Insolvenzplanverfahren in seine nächste Phase über: Gemäß § 235 InsO wird ein Termin zur Erörterung- und Abstimmung bestimmt, der mit einem Hinweis auf den niedergelegten Plan und die Einsichtnahmemöglichkeit öffentlich bekanntzumachen ist. Die bekannten Gläubiger, der Insolvenzverwalter, der Schuldner, der Betriebsrat und der Sprecherausschuss der leitenden Angestellten sind gesondert zu laden, wobei ihnen eine Zusammenfassung des wesentlichen Inhalts des Insolvenzplans oder eine Abschrift des Plans nebst Anlagen zugesandt werden muss. Fehler bei diesen Formalitäten können als Verfahrensmängel dazu führen, dass der Plan später gerügt und nicht bestätigt und damit nicht wirksam wird, §§ 248, 250 ff. InsO. Sollte die Durchführung eines vorgelegten Insolvenzplans durch die Fortsetzung der Verwertung und Verteilung der Insolvenzmasse im laufenden Verfahren gefährdet sein, kann das Gericht eine Aussetzung anordnen, § 233 InsO.

1168

4.3 Erörterung und Abstimmung in der Gläubigerversammlung/ in den anberaumten Gerichtsterminen

Nach der Regelung des § 235 InsO soll die Erörterung und Abstimmung des bzw. über den Insolvenzplan in unmittelbarer Abfolge stattfinden. Um das

1169

2413 *Braun/Frank*, in: Braun, InsO, § 231 Rn. 5 f.

Verfahren zu beschleunigen, kann der Erörterungs- und Abstimmungstermin mit dem bzw. einem weiteren Prüfungstermin zusammengelegt werden, also diesem am selben Tag unmittelbar folgen, § 236 InsO. Er kann zugleich mit der Einholung der Stellungnahmen nach § 232 InsO anberaumt werden, wodurch das ESUG auch hier die Verfahrensbeschleunigung im Auge hat. Denn da „die Gläubiger" entscheiden sollen, muss vorab festgestellt werden, wer dies ist und über wen, wessen und welche Rechte im Plan Regelungen getroffen werden. Das Ergebnis eines vorherigen Prüfungstermins ist daher die wesentliche Grundlage und notwendige Bedingung für den Plan. Es ist auch die Basis zur Feststellung der Stimmrechte für die Abstimmung.[2414] Je nach Zeitpunkt der Einreichung des Insolvenzplans kann ein Prüfungstermin bereits stattgefunden haben (späte Einreichung) oder muss erst noch durchgeführt werden (frühe Einreichung, z. B. als prepackaged plan). In der Praxis werden außerdem selbst im fortgeschrittenen Stadium eines Verfahrens und wenn bereits ein Prüfungstermin stattgefunden hat, nachgemeldete Forderungen von Insolvenzgläubigern und evtl. bisher (vorläufig) bestrittene ungeklärte Forderungen zu berücksichtigen sein, wozu dann eben wie beschrieben ein weiterer Termin unmittelbar vor dem Erörterungs- und Abstimmungstermin angesetzt und durchgeführt wird.

Es ist dabei auch denkbar, dass sich erst in diesem Prüfungstermin herausstellt, welche Forderungen gegen den Insolvenzschuldner genau bestehen und inwieweit sie im Insolvenzplan zu berücksichtigen sind. Nicht selten hatte der Insolvenzschuldner den Überblick über seine Verbindlichkeiten verloren und gibt es Fehler in der Buchhaltung. Auch ist bei komplizierten Rechtsverhältnissen die konkrete Berechnung von Insolvenzforderungen manchmal schwierig, wenn z. B. Schäden aus Vertragsverletzung, künftige (Miet-)Mindereinnahmen o. ä. (z. T. fiktiv) berechnet werden müssen oder streitig sind. Nur kurz sei an dieser Stelle angemerkt, dass materiell im Insolvenzplan nicht nur die tatsächlich angemeldeten Forderungen zu berücksichtigen sind, sondern auch alle anderen. Denn die Wirkung des Plans erstreckt sich auf alle materiell existenten Forderungen und später müssen Quoten grds. auch an Gläubiger gezahlt werden, die sich nicht aktiv am Planverfahren beteiligt haben.[2415] Die Anmeldung und Feststellung wirkt sich für das (Abstimmungs-)Verfahren aus, weil diese Gläubiger in die Stimmliste aufgenommen werden können. Da zum Zeitpunkt der Anmeldung Bestand und Höhe manchmal ungewiss sind und nur schwer zu bestimmen oder sich gar nur schätzen lassen (siehe oben), sehen die §§ 237, 238, 77 und 239 InsO vor, dass für die angemeldeten, nicht nachrangigen und nicht bestrittenen Forderungen unabhängig von einer endgültigen Feststellung zur Tabelle Stimmrechte eingeräumt werden können. Werden diese bestritten, müssen sich die übrigen anwesenden stimmberechtigten Gläubiger und der Insolvenzverwalter hierzu einigen oder muss das Gericht eine Festsetzung vornehmen.[2416] Forderungsfeststellung zur Tabelle und Stimm-

---

2414 Vgl. *Hintzen*, in: MüKo-InsO, § 236 Rn. 1 f.
2415 Vgl. *Rattunde*, in: Leonhardt/Smid/Zeuner, InsO, § 254 Rn. 2 ff.
2416 Vgl. *Kind*, in: Braun, InsO, § 77 Rn. 8; Rn. 10.

Kapitel 4 Insolvenzplanverfahren

liste sind also voneinander unabhängig, weshalb auch verschiedene Termine (Prüfungstermin und Erörterungstermin) abgehalten werden. Da jetzt ggf. auch die an dem Schuldner Beteiligten in den Plan einbezogen werden können, sind diese in solchen Fällen auch zu laden, § 235 Abs. 3 InsO. Hier ist durch das ESUG eine praktikable Lösung für Publikumsgesellschaften implementiert worden. Die Stimmrechte der Beteiligten richtet sich nach § 238a InsO.

In welchem Maße der Insolvenzplan im Erörterungstermin tatsächlich besprochen und verhandelt werden muss, ist gesetzlich nicht normiert. Auf jeden Fall bietet sich dem Verfasser hier Raum, den Insolvenzplan darzustellen. Welche Fragen besprochen werden müssen und eventuelle Verhandlungen hängt vom Einzelfall ab. Je nach dem, zu welchem Ergebnis die Erörterungen geführt haben, gibt es verschiedene Möglichkeiten: Ist der Plan auf allgemeine Akzeptanz gestoßen und es müssen keine oder nur kleine Änderungen vorgenommen werden, so kann dies nach § 240 Satz 1 InsO sofort erfolgen und es kann abgestimmt werden. In welchem Umfang genau allerdings Änderungen erlaubt sind, ist problematisch. Ohne dass hierzu eine höchstrichterliche Rechtsprechung vorliegt, ist davon auszugehen, dass der Plan in seinem „Kern" bestehen bleiben muss. D. h. dass durchaus größere Änderungen als bloß redaktionelle Korrekturen möglich sind. Dies führt dazu, dass grundsätzlich bis zur Abstimmung über den Plan auch noch nachteilige Änderungen für bestimmte Personen vorgenommen werden können, folglich ein schützwürdiges Interesse bis zur Abstimmung nicht besteht.[2417] Gute Vorbereitung und persönliche Präsenz im Erörterungs- und Abstimmungstermin ist für die betroffenen Beteiligten daher u. U. von entscheidender Bedeutung.

Das Ergebnis der Erörterung und welche Stimmrechte den Gläubigern in der Abstimmung zustehen ist gemäß § 239 InsO von einem Urkundsbeamten der Geschäftsstelle festzuhalten. Eine erneute Prüfung eines geänderten Plans durch das Insolvenzgericht sieht das Gesetz nicht vor.[2418] Damit wird also der Erörterungstermin beendet und zum Abstimmungstermin übergeleitet. Mit seinem Beginn ist im Übrigen eine Rücknahme des Insolvenzplans ausgeschlossen.[2419]

Eingangs wurde bereits ausgeführt, dass die Erörterung und Abstimmung über den Insolvenzplan unmittelbar aufeinander folgen sollen und nach § 240 Satz 2 InsO besteht die Möglichkeit, direkt im Anschluss an den Erörterungstermin über den Insolvenzplan – auch wenn er wie beschrieben geändert wurde – abzustimmen. Es ist aber nach dieser Regelung auch möglich, den Termin zu unterbrechen und zu vertagen. Ein solches Vorgehen ist dem Planvorleger zu raten, wenn eine Zustimmung zu seinem jetzigen Plan unwahrscheinlich erscheint, er jedoch die Chance sieht, diese noch durch weitere Verhandlungen zu erwirken. Neben dem Planvorleger können auch die Gläubiger einen Vertagungsantrag stellen, sollten sie mehr Zeit haben

---

[2417] *Braun*, in: Braun, InsO, § 240 Rn. 3 ff.
[2418] *Braun*, in: Nerlich/Römermann, InsO, § 240, Rn. 3b; a. A., *Hintzen*, in: MüKo- InsO, § 240, Rn. 13; *Otte*, in: Kübler/Prütting/Bork, InsO, § 240 Rn. 3.
[2419] Vgl. *Hintzen*, in: MüKo-InsO, § 235 Rn. 33.

wollen, den Plan zu prüfen und z. B. nicht durch Änderungen im Termin „überrumpelt" zu werden, was bei komplexen Plänen der Fall sein könnte. Dann wäre ein neuer Termin zur Abstimmung anzuberaumen, wobei auf die Änderungen des Insolvenzplans gesondert hinzuweisen wäre § 241 Abs. 1 und 2 InsO. Auch hier ist wiederum ein Termin innerhalb eines Monats anzusetzen bzw. der Termin könnte auch im schriftlichen Wege erledigt werden, da lediglich die Abstimmung über den Insolvenzplan erfolgen wird, § 242 InsO.[2420] Die für eine solche schriftliche Abstimmung an die Gläubiger versandten Stimmzettel sind von diesen spätestens am Tag vor der Abstimmung bei Gericht einzureichen, um Berücksichtigung zu finden. Das ESUG sieht mit § 241 Abs. 2 InsO jetzt den entsprechenden Einbezug der „Beteiligten" vor.

Wie die Abstimmung konkret zu erfolgen hat, ist in den §§ 243 f. InsO geregelt. Demnach wird die Abstimmung für jede stimmberechtigte Gläubigergruppe gesondert durchgeführt. Eine gemeinschaftliche Abstimmung aller Gläubiger gemeinsam würde hingegen einen Bestätigungsversagungsgrund gemäß § 250 Nr. 1 InsO darstellen und ist unstatthaft. Bei der Abstimmung über einen Insolvenzplan ist gemäß § 244 Abs. 1 InsO – anders als bei einer gewöhnlichen Abstimmungen der Gläubigerversammlung – für eine Beschlussannahme nicht nur eine Summenmehrheit notwendig (§ 76 Abs. 2 InsO), sondern zudem die absolute Mehrheit nach Köpfen.[2421] Kommt in jeder Gruppe diese doppelte Mehrheit zustande, ist der Plan unproblematisch angenommen.[2422] § 244 Abs. 3 InsO regelt gleiches für die beteiligten Personen bei deren Einbezug in den Plan – eingeführt durch das ESUG.

4.4 Obstruktionsverbot und weitere Zustimmungsfiktionen

1170 Im Rahmen der Abstimmung über den Insolvenzplan kommt dem Obstruktionsverbot nach § 245 InsO eine wesentliche Bedeutung zu. Das Gesetz erfordert grds. die Zustimmung zum Plan in jeder Gruppe, damit er als angenommen gilt. Die §§ 245 ff. InsO sehen aber Zustimmungsfiktionen vor, wonach das Gericht feststellen kann, dass Gruppen als zustimmend gezählt werden, obwohl sie tatsächlich gegen den Plan oder nicht mitgestimmt haben.[2423]

Durch dieses sog. Obstruktionsverbot soll verhindert werden, dass Gläubiger den Plan verhindern können, obwohl ihnen durch den Plan kein Nachteil entsteht und die übrigen für den Plan sind.[2424] Es geht hier beispielsweise um unsachliche Gläubiger, die nur auf ihren eigenen Vorteil bedacht sind und den Plan durch ihr Stimmverhalten sabotieren möchten und evtl. im Vorfeld einen größeren Vorteil für sich zu verhandeln suchen. Vor einem solchen „erpresserischen" Verhalten sollen die anderen Gläubiger und der Schuldner geschützt werden. Gemäß § 245 InsO wird demnach die Zustimmung einer Gruppe fin-

---

2420 *Rattunde*, in: Leonhardt/Smid/Zeuner, InsO, § 241 Rn. 4, § 242 Rn. 1.
2421 Vgl. *Rattunde*, in: Leonhardt/Smid/Zeuner, InsO, § 244 Rdn. 4.
2422 *Hintzen*, in: MüKo-InsO, § 244, Rn. 7.
2423 Siehe *Lüer*, in: Uhlenbruck, InsO, § 245, Rn. 4ff.; *Sinz*, in: MüKo-InsO, § 246 Rn. 39; *Andres*, in: Andres/Leithaus, InsO, § 247, Rn. 2.
2424 Vgl. *Braun*, in: Braun, InsO, § 245, Rn. 1.

Kapitel 4 Insolvenzplanverfahren

giert, wenn die Gläubiger dieser Gruppe durch den Plan voraussichtlich nicht schlechter gestellt werden, als sie ohne einen Plan stünden, die Gläubiger dieser Gruppe angemessen an dem wirtschaftlichen Wert, der auf der Grundlage des Plans den Beteiligten zufließen soll, beteiligt werden und die Mehrheit der abstimmenden Gruppen dem Plan mit den erforderlichen Mehrheiten zugestimmt haben.[2425] Es wird also auf formeller Seite verlangt, dass mehr als die Hälfte der abstimmenden Gruppen für den Plan gestimmt haben und auf der materiellen Seite darf der Plan die betroffenen Gruppen nicht benachteiligen. Beides muss das Gericht prüfen, wenn es über die Zustimmungsfiktion entscheidet.[2426] Bzgl. der materiellen Schlechterstellung muss gewährleistet sein, dass weder eine Schlechterstellung bzgl. des Regelinsolvenzverfahrens gegeben ist, noch dass eine Schlechterstellung gegenüber den anderen Gläubigern durch den Plan eintritt.[2427] Die nach § 245 InsO erforderliche angemessene Beteiligung ist durch das ESUG jetzt neu gefasst und liegt vor, wenn gemäß Abs. 2 (1.) kein anderer Gläubiger mehr erhält, als ihm insgesamt zusteht, (2.) niemand, der im Verhältnis zum Betroffenen nachrangig ist, irgendetwas erhält und (3.) Gleichrangige nicht mehr erhalten und gemäß Absatz 3 bei Einbezug der Anteilsinhaber (4.) kein Gläubiger über seinen Anspruch hinaus wirtschaftliche Werte erhält und (5.) kein in der Gruppe gleichgestellter Anteilsinhaber bessergestellt wird als diese. Der betroffene Gläubiger oder Anteilsinhaber muss also mindestens so viel erhalten wie alle vergleichbaren Beteiligten; weiterhin darf ihm nicht auf Kosten anderer oder gar Nachrangiger ein verteilbarer Wert vorenthalten werden.[2428]

Auch § 246 InsO wurde durch das ESUG neu gefasst und ordnet nun eine Zustimmungsfiktion für alle Gruppen mit Nachrang hinter § 39 Abs. 1 Nr. 3 InsO an, wenn kein Insolvenzgläubiger durch den Plan besser gestellt wird als die Gläubiger dieser Gruppe, § 246 Nr. 1, bzw. wenn sich kein Beteiligter einer Gruppe an der Abstimmung beteiligt, Nr. 2. Dem liegt der Grundgedanke zu Grunde, dass nachrangige Insolvenzgläubiger grundsätzlich gar nichts erhalten (§ 39 InsO).[2429] Sofern sie nach dem Insolvenzplan dann doch etwas erhalten, und deshalb in eine eigene Gruppe eingeordnet sind, sollen sie unter den genannten Voraussetzungen nicht auch noch gegen den Plan stimmen und dadurch andere Gläubiger benachteiligen können.[2430] Das ESUG sieht jetzt mit dem neuen § 246a InsO desgleichen für die Anteilsinhaber vor.

1171

Eine weitere Zustimmungsfiktion – dieses Mal für den Insolvenzschuldner – ist in § 247 InsO vorgesehen. Grundsätzlich kann der Insolvenzschuldner nur im Abstimmungstermin – und nicht mehr zu Protokoll der Geschäftsstelle, Streichung durch das ESUG! – dem Plan widersprechen. Doch sein Widerspruch ist unbeachtlich, wenn ihm durch den Plan keine Nachteile erwachsen.[2431]

2425 Vgl. *Lüer*, in: Uhlenbruck/Hirte/Vallender, InsO, § 245, Rn. 4 ff.
2426 Vgl. *Rattunde*, in: Leonhardt/Smid/Zeuner, InsO, § 245, Rn. 2ff.
2427 Vgl. *Braun*, in: Insolvenzrechtshandbuch, § 68, Rn. 61 ff.
2428 Vgl. *Braun*, in: Nerlich/Römermann, InsO, § 245, Rn. 19 ff.
2429 Vgl. *Sinz*, in: MüKo-InsO, § 246, Rn.2.
2430 Vgl. *Rattunde*, in: Leonhardt/Smid/Zeuner, InsO, § 246, Rn. 1.
2431 Vgl. *Andres*, in: Andres/Leithaus, InsO, § 247, Rn. 3.

Problematisch war früher die Behandlung von gar nicht abstimmenden Gruppen. Es fehlte (außer für nachrangige Gläubiger, § 246 Abs. 3 InsO) eine gesetzliche Regelung. Diese Gruppen sollen nach vertretener Auffassung nicht in die Berechnung der Mehrheit einbezogen werden, da sie ihr Beschwerderecht gemäß § 251 InsO verwirkt hätten und eine Planverwirklichung nicht von diesen Gruppen abhängen dürfe; dies war aber streitig und es drohte Unsicherheit. Dies ist wie beschrieben durch das ESUG und die neue Fassung des § 246 InsO erledigt.

4.5 Gerichtliche Überprüfung und Bestätigung des Insolvenzplans

1172 Der Abstimmung über den Insolvenzplan durch die Gläubiger und ggf. der Zustimmung nachrangiger Gläubiger bzw. des Insolvenzschuldners folgt die gerichtliche Überprüfung des Plans nach § 248 InsO. Dabei prüft das Gericht den ordnungsgemäßen Ablauf des Verfahrens, das Vorhandensein der ordentlichen Mehrheit, ggf. das Vorliegen von Zustimmungsfiktionen und den Eintritt eventuell vorgesehener Bedingungen.[2432] Das Gericht wird nur dann die Bestätigung des Plans verkünden, wenn die im gestaltenden Teil festgelegten Bedingungen gemäß § 249 InsO erfüllt sind. Darüber hinaus überprüft das Gericht, ob Verfahrensfehler oder inhaltliche Unrichtigkeiten vorliegen und versagt die Bestätigung, wenn ein festgestellter Mangel nicht behoben werden kann oder nicht innerhalb einer gesetzten Frist behoben wird. Wesentliche Versagungsgründe sind unter anderem Fehler bei der Ladung zum Erörterung- und Abstimmungstermin (§ 231 InsO), fehlerhafte Gruppeneinteilung, geheime Nebenabreden sowie Manipulation oder unlauteres Handeln (§ 250 InsO).

Durch das ESUG ist ein umfangreicher neuer § 248a InsO eingefügt worden. Demnach sind auch Änderungen des Plans durch den (bevollmächtigten) Insolvenzverwalter nach § 221 Satz 2 InsO durch das Gericht zu bestätigen, freilich nicht ohne zuvor den Gläubigerausschuss zu befragen und die betroffenen Beteiligten zu hören. Bei Schlechterstellung hat der betroffene Beteiligte das Recht die Bestätigungsversagung zu beantragen.

Besondere Beachtung verdient in diesem Zusammenhang auch die Regelung des § 226 Abs. 3 InsO: Danach ist jede Vereinbarung mit einem Beteiligten, die diesem einen nicht vorgesehen Vorteil verschafft, nichtig. Durch diese Regelung werden Abkommen und Absprachen verhindert, in denen Zahlungen oberhalb der Quote geleistet werden sollen, um eine Zustimmung zum Plan, eine Stimmrechtsvollmacht oder ein Stillschweigen zu erkaufen.[2433] In einem bekannt gewordenen Fall wurde ein solcher „Stimmrechtskauf" vom BGH als nichtig im Sinne des § 226 Abs. 3 InsO und unlauter gemäß § 250 Nr. 2 InsO gewertet.[2434]

Darüber hinaus kann jeder einzelne Gläubiger gemäß § 251 InsO den Antrag auf Versagung der Bestätigung stellen, wenn er sich durch den Plan benachteiligt sieht. Voraussetzung ist jedoch jetzt, dass er spätestens im Ab-

---

2432 Vgl. *Braun,* in: Nerlich/Römermann, InsO, § 248, Rn. 2ff.
2433 Vgl. *Rattunde,* in: Leonhardt/Smid/Zeuner, InsO,§ 226, Rn. 8, 11.
2434 Vgl. BGH, B. v. 03.03.2005 – IX ZB 153/04 – ZIP 2005, 719; *Smid/Rattunde,* Insolvenzplan, S. 98ff.

stimmungstermin dem Plan schriftlich oder zu Protokoll widersprochen hat, er durch den Plan voraussichtlich schlechter steht als nach dem Regelinsolvenzverfahren und er dies auch glaubhaft gemacht hat. Das Gericht weist den Antrag ab, wenn im Plan für solche Fälle Mittel bereitgestellt werden. Dann ist ein Ausgleichsanspruch außerhalb des Plans zu klären, durch das ESUG neu gefasst, § 251 Abs. 2 und 3 InsO. Gegen die Entscheidung des Gerichts kann das Rechtsmittel der sofortigen Beschwerde nach § 253 InsO eingelegt werden. Auch § 253 InsO wurde durch das ESUG neu gefasst: Die Rechtsmittel sind jetzt erstens klar geregelt und zweitens restriktiv gefasst, um dem Plan eine bessere Umsetzungschance zu geben. Die sofortige Beschwerde ist nur statthaft, wenn der Beschwerdeführer im Termin widersprochen hat und auch selbst gegen den Plan gestimmt hat sowie glaubhaft macht, dass er eine Schlechterstellung erfährt, vgl. § 253 Abs. 2 InsO. Diese formale Verschärfung wirkt nur, wenn auf sie hingewiesen wurde, Abs. 3. Der Insolvenzverwalter hat im Streitfall die Möglichkeit beim zuständigen entscheidenden Landgericht eine Zurückweisung zu beantragen und zu erwirken, wenn die Vorrangigkeit des alsbaldigen Wirksamwerdens des Plans unter Berücksichtigung allgemeiner Nachteile bei Verzögerung zur Überzeugung des Gerichts gegenüber den Nachteilen des Beschwerdeführers überwiegen. Ihm ist ein Schaden aus der Masse zu ersetzen, Abs. 4. Die Voraussetzungen und Berechtigungen hierzu sind im Detail strittig. Nach Rechtskraft eines Versagungsbeschlusses besteht die Möglichkeit, einen neuen Insolvenzplan vorzulegen und das Planverfahren erneut zu durchlaufen. Dazu kann sich das Gericht Stellungnahmen des Gläubigerausschusses, Insolvenzverwalters und Insolvenzschuldners einholen. Mit der vom Gericht ausgesprochenen Bestätigung hingegen wird der Insolvenzplan wirksam, § 254 Abs. 1 Satz 1 InsO. Das ESUG hat § 254 InsO geändert, insb. Abs. 4 hinzugefügt, auf den bereits im Zusammenhang mit den Neuregelungen für Anteilsinhaber eingegangen wurde. Außerdem regelt jetzt statt der alten Sätze 2 u. 3 § 254a InsO die Wirkung für Rechte an Gegenständen. Der Beschluss des Gerichts über die Bestätigung bzw. Versagung der Bestätigung ist im Abstimmungstermin oder in einem alsbaldig zu bestimmenden Termin zu verkünden, § 252 InsO. Insolvenzgläubigern und absonderungsberechtigten Gläubigern ist eine Abschrift des Plans bzw. eine zusammenfassende Darstellung des Plans zu übermitteln, § 252 Abs. 2 InsO.

4.6 Aufhebung des Verfahrens und Planüberwachung

Sobald die durch das Gericht ausgesprochene Bestätigung Rechtskraft erlangt und nichts anderes im Plan vorgesehen ist (so jetzt ergänzt durch das ESUG), beschließt das Gericht auch die Aufhebung des Insolvenzverfahrens, § 258 Abs. 1 InsO. Denn mit rechtskräftiger Planbestätigung fallen die Insolvenzgründe weg. Zwischenzeitlich eingegangene Masseverbindlichkeiten sind jedoch noch auszugleichen. Dies obliegt grundsätzlich dem Insolvenzverwalter.[2435] In der Praxis stellte sich dabei das (theoretisch unlösbare) Problem, dass bei einem weiterlaufenden Geschäftsbetrieb permanent neue und

1173

2435 *Rattunde*, in: Leonhardt/Smid/Zeuner, InsO, § 258, Rn. 4.

erst später fällige Zahlungsverpflichtungen begründet werden und die zur Bezahlung erforderlichen Mittel erst im späteren Geschäftslauf zufließen werden. Praktikabel erschien es, dass der Insolvenzverwalter einen zur Abdeckung der anlaufenden Rechnungen hinreichenden Betrag zurückhielt, um nach Aufhebung des Verfahrens alle Ansprüche begleichen zu können oder dass durch die Liquiditätsplanung belegt wurde, dass alle Masseverbindlichkeiten beglichen werden können und dies der Insolvenzschuldner bestätigt. Dies ist jetzt durch die Neuregelung des § 258 Abs. 2 InsO geklärt: Der Verwalter hat die unstreitigen fälligen Masseverbindlichkeiten zu berichtigen und für die noch nicht fälligen und die streitigen Sicherheit zu leisten, für erstere kann er hierzu einen Finanzplan vorlegen, der die Erfüllbarkeit nachweist. Für den Fall strittiger Forderungen oder laufender Prozesse und auch wegen der eigenen Vergütung, Gerichtskosten usw. durfte der Verwalter jeher und auch weiterhin Gelder zurückstellen. Sollte später noch ein Restbetrag übrig bleiben, ist dieser dem Schuldner auszuzahlen.[2436]

Nach Aufhebung des Verfahrens erlangt der Schuldner seine Verfügungsbefugnis zurück und kann wieder eigenständig am Rechtsverkehr teilnehmen. Die Ämter des Insolvenzverwalters und des Gläubigerausschusses erlöschen, das Verfahren ist beendet, § 259 InsO. Durch das ESUG neu eingefügt wurden die §§ 259a und 259b InsO. Sie regeln einen Vollstreckungsschutz sowie die besondere Verjährungsfrist für nicht zur Insolvenztabelle angemeldete Forderungen. Sie sollen den Fortbestand und das Geschäft nicht stören und gewissermaßen reguliert werden.

Das vorgenannte Erlöschen der Ämter des Insolvenzverwalters und des Gläubigerausschusses tritt nicht ein, soweit im Insolvenzplan vorgesehene Verpflichtungen des Insolvenzschuldners weiterhin überwacht werden sollen, §§ 259 ff. InsO. Dazu muss es im gestaltenden Teil Regelungen geben. Die Ämter bleiben dann und ausschließlich für diese Überwachung bestehen.[2437] Die vorgesehene Planüberwachung ist zusammen mit dem Beschluss über die Verfahrensaufhebung bekanntzumachen, §§ 260 Abs. 3, 263 f. InsO. Die Stellung des überwachenden Insolvenzverwalters – auch „Sachwalter" genannt – ist ähnlich einem schwachen vorläufigen Insolvenzverwalter. Er muss dem Gericht und Gläubigerausschuss jährlich Bericht erstatten. Stellt er fest, dass der Insolvenzschuldner seine Verpflichtungen nicht erfüllt hat oder in Zukunft nicht erfüllen kann, hat er dies dem Gericht und dem Gläubigerausschuss – falls vorhanden, falls nicht: jedem einzelnen Gläubiger – mitzuteilen, §§ 261 Abs. 2, 262 InsO. Die Überwachung ist zu beenden und dies wiederum gemäß §§ 268 Abs. 2, 267 Abs. 3 InsO bekanntzumachen, sofern die im Insolvenzplan vorgesehenen Leistungspflichten durch den Insolvenzschuldner erfüllt wurden, deren Erfüllung gewährleistet ist oder drei Jahre seit Aufhebung des Verfahrens ohne Eröffnung eines neuen Insolvenzverfahrens vergangen sind.

[2436] *Kießner*, in: Braun, InsO, § 199, Rn. 6.
[2437] *Braun*, in: Nerlich/Römermann, InsO, § 259, Rn. 6.

5. Wirkungen des Insolvenzplans

5.1 Allgemeine Wirkungen

Ist die Bestätigung des Insolvenzplans rechtskräftig, werden die im gestaltenden Teil festgelegten Verpflichtungserklärungen, Willenserklärungen sowie Verfügungen für und gegen alle Beteiligten wirksam; die allgemeine und absolute Wirkung wird in § 254 Abs. 1 und im neuen § 254 b InsO statuiert, auch wenn sie dem Plan widersprochen haben (insofern klarstellend jetzt das ESUG). Soweit allerdings nicht die Masse oder der Insolvenzschuldner betroffen sind, bleiben Rechte und Pflichten bzgl. Drittsicherheiten unberührt, § 254 Abs. 2 InsO. Das bedeutet, dass die Rechte der Insolvenzgläubiger gegen Dritte bestehen bleiben, obwohl die Rechte gegen den Schuldner mit Bestätigung des Planes undurchsetzbar werden und quasi „untergehen".[2438] Auch Regressansprüche können nicht mehr gegen den Insolvenzschuldner geltend gemacht werden, dieser wird durch den Plan vollständig entschuldet. Wird ein Gläubiger allerdings weitergehend befriedigt, als es im Insolvenzplan vorgesehen ist, begründet dies für ihn keine Pflicht zur Rückgewähr des Erlangten, d.h. kein Anspruch für den Schuldner, § 254 Abs. 3 InsO.

1174

5.2 Wiederaufleben des Verfahrens

Kommt der Insolvenzschuldner seinen im Insolvenzplan festgelegten Verpflichtungen nicht nach, leben gemäß §§ 255 bis 257 InsO Forderungen der betroffenen Gläubiger wieder auf. In der Folge gelten vereinfachte Vollstreckungsvoraussetzungen. Dabei ist eine Frist von mindestens zwei Wochen zu gewähren. Ein eventuelles Verschulden oder Nichtverschulden des Schuldners ist hierbei unerheblich, da es sich bei den im Insolvenzplan festgelegten Fristen um Verzugsregelungen handelt.[2439] Die vereinfachten Vollstreckungsmöglichkeiten liegen darin, dass der Gläubiger ohne weiteres beweisen zu müssen, diesen Verzug glaubhaft (§ 294 ZPO) machen kann und darüber hinaus aber keine Beweise für Rückstand des Schuldners oder Bestand der Forderungen zu erbringen hat. Die Eintragung seiner Forderung in die Tabelle zusammen mit dem rechtskräftigen Insolvenzplan stellt einen vollstreckbaren Titel dar. Bestreitet der Schuldner eine Forderung oder handelt es sich um eine Ausfallforderung, ist zu berücksichtigen, dass die Höhe der Forderung noch nicht feststeht und eine Nach- oder Zurückzahlung erst erfolgt, sobald die Höhe der Forderung ermittelt wurde.[2440]

1175

5.3 Eröffnung eines neuen Insolvenzverfahrens

Bei Eröffnung eines neuen Insolvenzverfahrens über das Vermögen des Schuldners noch vor vollständiger Erfüllung aller Verpflichtungen aus dem Insolvenzplan, werden diese Gläubiger mit ihren Forderungen automatisch

1176

2438 *Lüer*, in: Uhlenbruck/Hirte/Vallender, InsO, § 254, Rn. 15; *Rattunde*, in: Leonhardt/Smid/Zeuner, InsO, § 254, Rn. 12.
2439 *Braun/Frank*, in: Braun, InsO, § 255, Rn. 6.
2440 Vgl. § 189, 190 InsO.

Gläubiger des neuen Insolvenzverfahrens.[2441] Im Plan vereinbarte Vorteile für den Schuldner und seine Schuldbefreiung entfallen.[2442] Die Forderungen der Gläubiger sind mit allen Nebenforderungen und Zinsen zu berücksichtigen, sofern noch keine Leistungen oder Teilleistungen erbracht worden sind.

Allerdings ist es möglich, im Insolvenzplan für einen solchen Fall der Eröffnung eines neuen Insolvenzverfahrens günstigere Regelungen für den Insolvenzschuldner festzulegen. Nachteilige Vereinbarungen sind hingegen nicht zulässig.

5.4 Massekredite

1177 Ist für den Geschäftsbetrieb eines Insolvenzschuldners eine Finanzierung erforderlich, kann ein Insolvenzverwalter während des laufenden Verfahrens einen sog. Massekredit aufnehmen, der als Masseverbindlichkeit den Insolvenzgläubigern im Insolvenzverfahren im Befriedigungsrang vorgeht. Wenn ein solcher Massekredit während des laufenden Verfahrens (noch) nicht vollständig zurückgezahlt werden kann – was in einem Insolvenzplanverfahren durchaus vorkommen könnte, da es ja auch gerade zu einer schnellen Beendigung des Verfahrens kommen soll – besteht die Notwendigkeit, diesen Vorrang auch nach Aufhebung des Insolvenzverfahrens aufrecht zu erhalten. Zudem kann es erforderlich sein, für die künftige Geschäftsentwicklung neue Kredite zu beschaffen. Der Insolvenzschuldner hat gerade wegen fehlender Mittel die Insolvenz beantragen und durchlaufen müssen und der Insolvenzplan dürfte regelmäßig die Verteilung aller verfügbaren Mittel vorsehen, soweit sie nicht unmittelbar für die Aufrechterhaltung des Betriebes benötigt werden. Darlehnsgeber werden aber ohne Sicherheit und ohne dagegenstehende Haftungsmasse keine neuen Kredite vergeben wollen und dabei das Risiko gehen, in einer ggf. folgenden Insolvenz gleich allen Insolvenzgläubigern behandelt zu werden und auszufallen. Die Bestellung von Sicherheiten ist regelmäßig ein großes Problem, da wie beschrieben das freie Vermögen verteilt wurde. Gemäß §§ 264 ff. InsO können daher im gestaltenden Teil des Insolvenzplans Kredite als Vorrangkredite eingeräumt bzw. zukünftige Kredite vorgesehen werden. Es kann sich dabei um weiterlaufende o.g. Massekredite handeln, um nach der Insolvenzverfahrensbeendigung neu aufzunehmende Kredite oder aber eben nur um einen Kreditrahmen, der dann bei Bedarf als Vorrangkrediteingeräumt und vom (ehemaligen) Insolvenzschuldner als Finanzierungsmöglichkeit genutzt werden kann. Der planüberwachende Sachwalter muss dann bei der Aufnahme solcher Kredite mitwirken, soll die gesetzliche Vorrangregelung wirksam werden. Die Überwachung hat dadurch für den Schuldner nicht nur nachteilige, da kontrollierende Funktion, sondern beinhaltet auch die Möglichkeit einer verbesserten Finanzierung, die den Neustart nach der Insolvenz unterstützen helfen soll.

2441 Lüer, in: Uhlenbruck, InsO, § 255, 19 f.
2442 Vgl. § 255 Abs. 2 InsO.

Kapitel 4   Insolvenzplanverfahren

6. Besonderheiten

Nach diesem Überblick über Planverfahren und -inhalt sind abrundend noch einige Besonderheiten und zu bereits benannten Problemen und Streitigkeiten bzw. weiteren Reformvorhaben auszuführen.

6.1 Konzerne und internationale Fälle

Ein spezielles Konzerninsolvenzrecht gibt es in Deutschland nicht. Vielmehr ist jede Gesellschaft in der Insolvenz einzeln zu betrachten. Als eigenständiger Rechtsträger ist sie separat insolvenzrechtsfähig und eine gesonderte Haftungsmasse für die Ansprüche „ihrer" Gläubiger. Zwar resultieren aus den Umständen, dass es sich um Schwestergesellschaften, Tochtergesellschaften, Muttergesellschaften o. ä. handelt potenzielle Ansprüche unter- bzw. gegeneinander aus Darlehen, Haftung, Anfechtung von Cashpool-Leistungen usw. Auf betriebliche Organisationsstrukturen aber nimmt das Insolvenzrecht keine Rücksicht. Jede Gesellschaft hat ihre eigenen Gläubiger und ihre eigene Vermögensmasse die streng nach den Regeln der Insolvenzordnung individuell abzuwickeln oder ggf. zu sanieren ist. In der Theorie wird schon lange gefordert, dass ein spezielles Konzerninsolvenzrecht eingeführt werden müsse, um den Besonderheiten dieser abhängigen Strukturen betrieblicher und finanzwirtschaftlicher Organisationen Rechnung tragen zu können und eine Sanierung zusammenhängender Gesellschaften zu ermöglichen. Denn tatsächlich könnte es Probleme geben, wenn eine Vielzahl verschiedener Insolvenzverwalter an verstreuten Insolvenzgerichten jeweils völlig unabhängig von und ohne Rücksicht aufeinander die jeweiligen Insolvenzverfahren abwickeln. Sofern sanierbare „Cluster" bestanden haben sollten, können diese so nicht erhalten werden. So wird etwa ein zentrales Gericht mit dem Zweck zur Benennung eines einheitlichen Insolvenzverwalters oder sogar die Zusammenfassung der Verfahren vorgeschlagen.

1178

Andererseits können hieraus aber auch Probleme folgen: denn möglicherweise erfolgt die Massemehrung oder Sanierung einzelner Gesellschaften und Betriebsteile auf Kosten anderer und möglicherweise gibt es dadurch Nachteile für Gläubiger, die zufällig oder bewusst gerade mit jenen Gesellschaften Verträge geschlossen haben. Nicht jede Konzerninsolvenz wird zu einer Sanierung aller Gesellschafter führen, die automatisch alle Gläubiger zufrieden stellt. Welcher Gläubiger, der bei der Liquidation „seiner" insolventen Gesellschaft eine höhere Quote erhalten hätte, würde freiwillig Gelder an andere abgeben wollen? In der Praxis hat man sich letztendlich damit beholfen, dass regelmäßig mehrere Gesellschaften in die Hand eines Insolvenzverwalters oder mehrerer Verwalter aus einer Kanzlei gegeben werden, damit eine Koordination der Verfahren erfolgen kann ohne die o.g. Probleme abschließend lösen zu können. Es gibt Argumente pro und contra. Allerdings sind echte Konzernstrukturen auch in der Praxis selten; meistens geht es „nur" um Betriebsaufspaltung oder einfache Holding- und Schwesterstrukturen.

In der Praxis selten sind bisher auch internationale Insolvenzfälle mit grenzübergreifenden Planverfahren. Oft sind zwar einzelne Vermögenswerte im Ausland belegen und es gibt z. B. Betriebe an ausländischen Standorten oder

1179

dort Tochterfirmen usw. Das aber tatsächlich parallel mehrere Insolvenzverfahren in verschiedenen Ländern eröffnet und miteinander koordiniert werden müssten, ist selten. Auf das gesonderte Kapitel zum internationalen Insolvenzrecht sei hierzu verwiesen. Speziell zu Insolvenzplänen ergeben sich dann im Geltungsbereich der EuInsVO bei Haupt- oder Partikularinsolvenzverfahren keine, bei Sekundärinsolvenzverfahren aber folgende Besonderheiten: Im letztgenannten kann der Insolvenzverwalter des Hauptverfahrens besondere Verfahrensrechte wahrnehmen und muss z. b. seine Zustimmung erteilen, wenn abweichend von der Liquidationsmaxime ein Sanierungsplan durchgeführt werden soll. Denn grundsätzlich sind Sekundärverfahren Liquidationsverfahren. Somit wären ohne ihn bestenfalls Liquidationspläne möglich. Die Regelungen in einem Insolvenzplan gelten grundsätzlich nur gegen die inländischen Gläubiger, wenn die ausländischen nicht eine gesonderte Zustimmung erteilen; insofern ergibt sich eine Durchbrechung der bisher ausgeführten absoluten Wirkung der Regelungen im Insolvenzplan. Gleiches gilt, wenn autonomes deutsches Insolvenzrecht anwendbar ist, wobei hier darüber hinaus auch besondere Abstimmungsregelungen beachtet werden müssen, die allen Gläubigern weitergehende Rechte als sonst einräumen, §§ 335 ff. InsO.

6.2 Massearmut, Kosten, Rechtsmittel

1180 Es war bisher umstritten, ob Insolvenzpläne auch bei massearmen Verfahren durchgeführt werden können. Die Gegner wendeten ein, dass dann der Sinn und Zweck der Gläubigerbefriedigung ohnehin nicht erreicht werden könne. Grds. sind Regelinsolvenzverfahren in solchen Fällen nach besonderen Regeln einzustellen, §§ 208 ff. und insbesondere 211 InsO. Für die Durchführung eines Insolvenzplanes bleibe daher kein Raum. Gleiches gelte bei fehlender Masse zur Kostendeckung, § 207 InsO. Allerdings ist nicht normiert, dass Insolvenzgläubiger zwingend Gelder aus einem Insolvenzplanverfahren erhalten müssen. Der Grundsatz gemäß § 217 InsO – so die Gegenmeinung – eröffnet bewusst eine frei gestaltbare Abweichung vom Regelverfahren. Ein Insolvenzplan sei daher mit abweichenden Regelungen der Befriedigung der Massegläubiger möglich, z. B. (anteilige) Verzichte derselben, wodurch Insolvenzgläubiger im Ergebnis möglicherweise sogar in solchen Fällen Quotenzahlungen erhalten könnten. Der Insolvenzplan könne z. B. auch Zuzahlungen von Beteiligten oder Dritten vorsehen, so dass gerade durch den Insolvenzplan hinreichend Masse zur Kostendeckung und Quotenzahlung eingenommen werden und sogar eine ansonsten evtl. erforderliche Verfahrensbeendigung mangels Masse überwunden werden könne. Der neue mit dem ESUG eingeführte § 210a InsO legt jetzt fest, dass ein Plan auch bei Masseunzulänglichkeit durchgeführt werden kann. Dann treten die Massegläubiger an die Stelle der nicht nachrangigen Insolvenzgläubiger und diese an die Stelle der nachrangigen.

1181 Die Kosten des Verfahrens richten sich nach dem Gerichtskostengesetz, das einen besonderen Gebührentatbestand für die Durchführung eines Insolvenzplans vorgesehen hat und der Insolvenzrechtlichen Vergütungsverordnung (InsVV), die einen Zuschlag für den Insolvenzverwalter im Falle der Durchführung eines Insolvenzplanes als Regelfall vorsieht. Ob und in welcher Höhe dieser zum Tragen kommt, hängt – wie immer – vom Einzelfall und dem konkreten Arbeitsmehraufwand des Verwalters, sowie der konkreten Berechnungsgrundlage ab. Es müssen für diese Kosten hinreichende Mittel zur Verfügung stehen und die Kosten müssen sowohl in der Liquiditätsplanung als auch in der Vergleichsrechnung des Insolvenzplanes Berücksichtigung finden.

Die InsO sieht allgemein und ebenso im Insolvenzplanverfahren nur in geringem Rahmen Rechtsmittel vor. Gegen Rechtspflegermaßnahmen besteht regelmäßig die befristete Rechtspflegererinnerung und der Richterentscheid gemäß §§ 11, 18 RPflG i.V.m. §§ 233, 237, 238, 240, 241, 268 InsO. Nur in den Fällen des § 233 Abs. 3 InsO (Zurückweisung des Plans) und § 253 InsO (Bestätigung des Plans) ist die sofortige Beschwerde zum Landgericht möglich, § 6 InsO. Die früher jederzeit mögliche Rechtsbeschwerde zum BGH ist wegen der Streichung des § 7 InsO nur zulässig, wenn das Landgericht sie wegen grundsätzlicher Bedeutung oder zur Sicherung einer einheitlichen Rechtsprechung zulässt, § 574 ZPO.

1182

Problematisch war u. U. im Einzelfall früher die Aktivlegitimation und die Begründung eines Beschwerderechts sowie die Verschränkungen der einzelnen Rechtsbehelfsmöglichkeiten. Vor allem aber der Gegensatz zwischen (extrem) langlaufender Rechtsmittel im „normalen" Rechtsweg und Insolvenzplanverfahren als „Eilverfahren" mit dem Ziel einer schnellen Sanierung eines am Markt tätigen lebenden Betriebes, konnten erhebliche Probleme heraufbeschwören. Durch das ESUG ist dem begegnet worden. Zu den eingefügten bzw. geänderten Regelungen der §§ 241, 251 und 253 InsO wurde oben bereits eingegangen. Im Ergebnis werden die Hürden für Beschwerdeführer höher, da sie zunächst alle formalen Einspruchsmöglichkeiten sofort nutzen müssen und materiell persönlich beschwert sein müssen, um überhaupt rechtsmittelberechtigt zu sein. Dann erlauben Ausgleichsklauseln im Plan für den Fall von Benachteiligungen und die Abwägungsbefugnis des Beschwerdegerichts zur Vorrangigkeit der Plandurchführung eine Rückstellung der Beschwerdeführer und einen ungestörten – vor allem zeitlich ungehemmten – Fortgang des Restrukturierungsprozesses. Damit erfolgt eine sachgerechte Ein- bzw. Unterordnung der Einzelbelange von Beschwerdeführern im Verhältnis zum überwiegenden Gesamtinteresse an einer Plandurchführung.

6.3 Steuerrecht und Insolvenzplanverfahren

Das materielle Insolvenzsteuerrecht kann und braucht hier nicht erörtert zu werden; es ist einem eigenen Kapitel vorbehalten. Genannt werden sollen hier aber die speziellen Bezüge des Steuerrechts zum Insolvenzplan. Steuerschulden können bereits vor der Insolvenzverfahrenseröffnung entstanden bzw. begründet worden sein oder aber sie entstehen erst im laufenden Insolvenzverfahren bzw. gerade auch erst durch die erfolgreiche Durchführung eines Insolvenzplans. Bei einer geplanten Sanierung und zur richtigen Berechnung der zu bezahlenden Masseschulden und der eventuellen Steuerschulden einer sanierten und aus der Insolvenz entlassenen Gesellschaft ist dies relevant. Anders als bei Regelinsolvenzverfahren, bei denen am Schluss

1183

eine Quote auf die Insolvenzforderung aus der zur Verfügung stehenden Masse gezahlt wird, muss hier die Quote zu einem viel früheren Zeitpunkt genau berechnet, in eine Liquiditätsrechnung eingeplant und den Gläubigern quasi „garantiert" und dann auch kurzfristig ausgezahlt werden.

Regelmäßig führen die Forderungsverzichte der Gläubiger bei bilanzierenden Unternehmen/Gesellschaften in Höhe der weggefallenen Verbindlichkeiten ertragssteuerlich zu einem Gewinn. Hierbei handelt es sich um reine Buchgewinne. Diese sog. Sanierungsgewinne lösen insolvenzrechtlich Masseverbindlichkeiten aus, so dass deren Behandlung zwingend im gestaltenden Teil des Insolvenzplans zu berücksichtigen ist. Bis 1999 (d.h. bis vor Einführung der InsO) waren Sanierungsgewinne gemäß § 3 Nr. 66 EStG a. F. gesetzlich steuerbefreit. Allerdings ist diese Regelung abgeschafft worden, so dass Sanierungsgewinne grundsätzlich der Steuerbarkeit ausgesetzt sind.

Deshalb hat im Rahmen der Gewinnermittlung die Frage über die Nutzung von – regelmäßig bestehenden – Verlusten bzw. Verlustvorträgen eine zentrale Bedeutung. Eine umfassende Darstellung kann an dieser Stelle nicht erfolgen, vielmehr sollen „nur" die relevanten Problemfelder skizziert werden. Steuerlich stehen hierbei Verlustabzugsbeschränkungen im Mittelpunkt, insbesondere die Mindestbesteuerung gemäß § 10d EStG. Die Grundsätze der Mindestbesteuerung gelten ertragssteuerlich umfassend für die Einkommensteuer, Körperschaftsteuer (§ 8 Abs. 1 KStG i. V. m. 2 Abs. 4 EStG) und die Gewerbesteuer (§ 10a GewStG). Wenn sich das Verlustvortragsvolumen oberhalb der Sockelbeträge der Mindestbesteuerung befindet, können in der Folge Verlustvorträge nur teilweise und zeitlich gestreckt genutzt werden. Die volkswirtschaftlichen Erwägungen des Gesetzgebers zur Mindestbesteuerung mögen hierbei dahingestellt bleiben. Festzuhalten bleibt aber, dass die Mindestbesteuerung innerhalb einer Sanierungssituation eine zusätzliche Liquiditätsbelastung darstellt und zwar eine kritische.

Für Kapitalgesellschaften wird die Beschränkung oder gar ein vollständiger Untergang von Verlustvorträgen durch Fälle des schädlichen Beteiligungserwerbs gemäß § 8c KStG verschärft. Ferner gilt die Regelung sowohl für gewerbesteuerliche Verlustvorträge (§ 10a Satz 10 GewStG) als auch für Zinsvorträge (§ 4h Abs. 5 Satz 3 EStG). Erleichterung konnte insoweit die im Jahr 2009 eingeführte Sanierungsklausel des § 8c Abs. 1a KStG verschaffen. Hiergegen eröffnete jedoch die EU-Kommission am 24. 02. 2010 ein beihilferechtliches Prüfverfahren, worauf bereits kurze Zeit später das BMF vorsorglich die Anwendung der Sanierungsklausel ausgesetzt hat. Ihren vorläufigen Höhepunkt fand die Entwicklung darin, dass die EU-Kommission in ihrer Negativentscheidung vom 26. 01. 2011 die Sanierungsklausel als europarechtswidrige Beihilfenregelung eingeordnet hat und § 8c Abs. 1a KStG offiziell kassiert worden ist. Die Rückforderungspraxis von insbesondere als europarechtlich unzulässig qualifizierten Beihilfen, ist im Allgemeinen als relativ streng zu bewerten. Ob hier in Einzelfällen „böse Überraschungen" auftreten können, kann momentan naturgemäß überhaupt nicht abgeschätzt werden. Gegen die Entscheidung der EU-Kommission verbleibt nur noch die von der Bundesregierung erhobene Nichtigkeitsklage vor dem EuGH. Der Ausgang bleibt nun mit großer Spannung abzuwarten.

Aber auch auf nationaler Ebene ist § 8c KStG hoch umstritten. Die sich zum Teil befremdlich auswirkenden Verlustverrechnungsbeschränkungen haben speziell innerhalb von Krise und Insolvenz, aufgrund der überschießenden Wirkung von § 8c KStG im Zusammenspiel mit der Mindestbesteuerung, in der Rechtsprechung und Literatur veritable verfassungsrechtliche Bedenken hervorgerufen.[2443] Exemplarisch ist hierbei zuletzt der 2. Senat des FG Hamburg zu nennen, welcher den § 8c KStG dem BVerfG zur Überprüfung nach Art. 100 GG vorgelegt hat.[2444]

Als Reaktion zu den verfassungsrechtlichen Zweifeln des BFH erging das BMF-Schreiben vom 19.10.2011[2445]. Danach soll in Fällen, wo es infolge des Zusammenwirkens der Mindestbesteuerung und eines tatsächlichen oder rechtlichen Grundes zu einem endgültigen Ausschluss der Verlustnutzungsmöglichkeit kommt, ein AdV-Antrag gemäß §§ 361 AO, 69 Abs. 2 FGO zu gewähren sein.[2446]

Über die grundsätzlich bestehende Steuerbarkeit von Sanierungsgewinnen kann nur das BMF-Schreiben vom 27.03.2003 hinweghelfen.[2447] Dieser sog. Sanierungserlass begegnet dem Problem, dass hier im Wege einer „Billigkeitsentscheidung" zu entscheiden ist. Dabei soll unabhängig von bestehenden Verlustverrechnungsbeschränkungen eine totale Verlustverrechnung stattfinden.[2448] Ein sodann ggf. verbleibender an sich steuerpflichtiger Gewinn, ist auf Antrag gemäß § 163 AO abweichend festzusetzen und soll mit dem Ziel des späteren Erlasses (§ 227 AO) zunächst unter Widerrufsvorbehalt ab Fälligkeit gestundet werden (§ 222 AO). Auf tatbestandlicher Ebene müssen folgende Voraussetzungen kumulativ gegeben sein: Schuldenerlass, Sanierungsbedürftigkeit, Sanierungsabsicht und Sanierungseignung. Ist dies der Fall, so sieht der Erlass auf Rechtsfolgenseite eine Ermessensreduzierung auf Null vor, d.h. die Finanzverwaltung hat einen Erlass zu gewähren. Dieser Anspruch darf aber nicht darüber hinwegtäuschen, dass bereits das kumulative Vorliegen der tatbestandlichen Voraussetzungen Probleme bereiten kann und zudem die Finanzverwaltung einen eigenen Beurteilungsspielraum hat, so dass auch eine abweichende Einschätzung möglich ist. Daher gilt es im Sinne der Planungssicherheit und zur Vermeidung von Haftungsrisiken möglichst frühzeitig, eine verbindliche Auskunft gemäß § 89 Abs. 2 AO bei der Finanzverwaltung einzuholen. Auch hier können sich wegen des in der Natur der Sache liegenden Eilcharakters einer Insolvenzplansanierung Friktionen in zeitlicher Hinsicht ergeben. Ein weiteres Manko des Sanierungserlasses ist, dass er sich nicht auf die Gewerbesteuer erstreckt. Für diese sind die Gemeinden zuständig. In der Praxis müssen für den Erlass

---

[2443] Vgl. BFH, B. v. 26.08.2010 – I B 49/10.
[2444] FG Hamburg, B. v. 04.04.2011 – 2 K 33/10; zur Verfassungsmäßigkeit des § 8c KStG ist ebenso ein weiteres Revisionsverfahren beim BFH unter dem Az.: I R 31/11 anhängig.
[2445] BMF-Schreiben v. 19.10.2011 – IV C 2 – S 2741/10/10002, DStR 2011, 2050.
[2446] Abschließende Aufzählung: § 8c KStG, Verlustuntergang gemäß § 12 Abs. 3 i.V.m. § 4 Abs. 2 Satz 2 UmwStG, Liquidation einer Körperschaft, Tod einer natürlichen Person.
[2447] BMF-Schreiben v. 27.03.2003 – IV A 6 – S 2140 – 8/03, BStBl. I 2003, 240.
[2448] *Maus*, in: Uhlenbruck, InsO, § 80 Rn. 39; *Loose/Maier*, in: Lüdicke/Sistermann, Unternehmensteuerrecht, § 17 Rn. 133.

Teil 3   Insolvenzrechtverfahrensrecht

der Gewerbesteuer gerade bei Großverfahren, wo das schuldnerische Unternehmen über bundesweite Betriebsstätten verfügt, eine Vielzahl von Auskunftsverfahren bzw. Verhandlungen geführt werden, was die Einschätzung/Handhabung der steuerlichen Folgen eines Insolvenzplans nicht gerade erleichtert.

Auch im Hinblick auf den Sanierungserlass, welcher schließlich de facto den einzig begehbaren Weg darstellt, lässt sich feststellen, dass Anwendung und Rechtsfolgen nicht abschließend bzw. sicher geklärt sind. Nach divergierender instanzgerichtlicher Rechtsprechung hat der 10. Senat des BFH den Sanierungserlass zumindest als eine dem Grundsatz der Gesetzmäßigkeit entsprechende Ermächtigungsgrundlage für Billigkeitsmaßnahmen anerkannt.[2449] Eine von den Gerichten und der Finanzverwaltung zu beachtende Verwaltungsvorschrift liegt also vor. Des Weiteren bleibt auch hier die Verfassungsmäßigkeit des Sanierungserlasses offen, womit sich der 8. Senat des BFH noch zu beschäftigen haben wird, bei dem gegenwärtig ein entsprechendes Revisionsverfahren anhängig ist.[2450] Der Ausgang ist auch hier ungewiss.

Vor dem Hintergrund der Kommissionsentscheidung zur Sanierungsklausel des § 8c Abs. 1a KStG verbleiben bis zu einer endgültigen Klärung, die momentan nicht absehbar ist, auch im Hinblick auf den Sanierungserlass neben den bisherigen Fragen weitere erhebliche Rechtsunsicherheiten in puncto Vereinbarkeit mit EU-Beihilfenrecht.[2451] Der Gesetzgeber ist insgesamt dringend gefordert. Steuerbegleitende Regelungen hat das ESUG leider nicht getroffen. Der Berater muss hier die weitere legislative/administrative Entwicklung sowie die Rechtsprechung genau beobachten. Es mag sein, dass die ertragssteuerliche Behandlung von Sanierungsgewinnen in Unternehmensinsolvenzen des Alltags, d.h. bei den sog. KMU's nicht gravierend im Brennpunkt stehen dürfte. Hier können zumeist auch ohne Sanierungserlass, Verluste unter den Voraussetzungen der Mindestbesteuerung vollständig genutzt werden bzw. es stellen sich innerhalb eines Insolvenzplans bei Körperschaften auf Kapital- und Anteilsebene keine Umstrukturierungen dar, welche die § 8c KStG Problematik virulent werden lassen. Der Umgang mit Sanierungsgewinnen hat also in erster Linie praktische Bedeutung bei großen Unternehmen. Allerdings können auch schon auf mittelständischer Ebene schnell die fiskalischen Parameter erreicht werden, welche die steuerlichen Folgen hinsichtlich einer Sanierung spürbar machen. Insofern greift eine dahingehende Relevanzbetrachtung, dass die vorbezeichneten Fragestellungen nur auf wenige spektakuläre Großinsolvenzen beschränkt seien, deutlich zu kurz.

Regelmäßig in Insolvenzverfahren aber natürlich besonders bei Insolvenzplänen ergeben sich steuerrechtlich Besonderheiten bei Konzernen und Or-

---

2449 BFH, Urt. v. 14.07.2010 – X R 34/10; gegen eine Steuerbefreiung von Sanierungsgewinnen FG München, Urt. v. 12.12.2007 – 1 K 4487/06, DStR 2008, 1687; a.A.: FG Köln, Urt. v. 24.04.2008 – 6 K 2488/06, BB 2008, 2666.
2450 AZ: BFH –VIII R 2/08.
2451 Vgl. hierzu bereits *Herrmann*, ZInsO 2003, 1069ff.; *Khan/Adam*, ZInsO 2008, 906; allgemein zu Insolvenzplänen und EU-Beihilfenrecht: *Heithecker/Fritze*, EuZW 2010, 817ff.

Kapitel 4 Insolvenzplanverfahren

ganschaften sowie aus Ergebnisabführungsverträge, die durch Insolvenz zunächst beendet aber bei einer Sanierung möglicherweise wieder eingeführt werden müssen. Im Insolvenzverfahren gehen die Buchhaltungs- und Rechnungslegungspflichten auf den Insolvenzverwalter über; die Insolvenzverfahrenseröffnung bedingt eine Eröffnungsbilanz, die Aufhebung des Insolvenzverfahrens einen Abschluss, da es sich um ein Rumpfgeschäftsjahr handelt. Mehrere Jahresabschlüsse sind erforderlich. Im Ergebnis gibt es eine ganze Reihe von maßgeblichen Beschäftigungsfeldern von Steuerexperten in Insolvenzplanverfahren, was Beratungsbedarf bzw. Betätigungsmöglichkeiten eröffnet.

6.4 Reformdiskussion

An mehreren Stellen sind Probleme erwähnt, die durch die Veränderungen durch das ESUG mittlerweile nur noch historischer Natur sind. der Die Tatsache, dass sich das Insolvenzplanverfahren bisher bei weitem noch nicht in der erwünschten Anzahl durchgesetzt hat sowie die bislang immer noch fehlende Akzeptanz der Insolvenz im Allgemeinen aber auch speziell des Insolvenzplanverfahrens als potentielle Sanierungsmöglichkeit in der Öffentlichkeit hatten neben den konkreten Rechts- und Praxisproblemen zu Reformdiskussionen bei Theoretikern, Praktikern und jüngst im Zuge der weltweiten Finanz- und Wirtschaftskrise und der z. T. daraus resultierenden spektakulären Unternehmensinsolvenzen auch bei der Legislative geführt. Maßgebliche Änderungen gerade auch im Insolvenzplanverfahren wurden formuliert und wie beschrieben durch das ESUG auch größtenteils umgesetzt. Seitens der Bundesregierung wurden weitere Reformen bereits angekündigt. Die Themen Konzerninsolvenzrecht, Steuern und auch die stets relevante Frage zur Person des Insolvenzverwalters sollen weiter bearbeitet werden. Diese weiteren angedachten Änderungen betreffen voraussichtlich das Insolvenzplanverfahren nicht so umfassend. Dabei sollen dann voraussichtlich auch Regelungsmöglichkeiten für Konzerninsolvenzen z. B. in Form von gesetzlichen Koordinationsmöglichkeiten, bei denen einerseits die rechtliche Einzelbetrachtung der Gesellschaften erhalten aber andererseits den betriebswirtschaftlichen Erfordernissen speziell bei Sanierungen Rechnung getragen wird, geprüft werden. Durch die hier bereits eingearbeiteten Änderungen des ESUG für den Insolvenzplan – gerade auch in Kombination mit der Eigenverwaltung – gab es bereits massive positive Veränderungen. Es bleibt zunächst abzuwarten, wie sich die Änderungen konkret bzw. das Insolvenzplanverfahren überhaupt weiter in der Praxis bewährt.

1184

Kapitel 5
Vereinfachtes Insolvenzverfahren

1. Vorbemerkung
1.1 Allgemeine Ziele des Insolvenzverfahrens

1185 Der Zweck des Insolvenzverfahrens ist in § 1 InsO legal definiert: Gemeinschaftliche Gläubigerbefriedigung durch Vermögensverwertung und dessen Verteilung oder gemeinschaftliche Gläubigerbefriedigung durch abweichende Regelung in einem Insolvenzplan, insbesondere zum Erhalt des Unternehmens.

Gemeinschaftliche Gläubigerbefriedigung meint die Zusammenfassung der Interessen aller Gläubiger durch möglichst gerechte Verteilung des aus dem Schuldnervermögen herrührenden Erlöses. Das Prioritätsprinzip der Einzelzwangsvollstreckung („Wer zuerst kommt, mahlt zuerst.") wird zugunsten des Gleichbehandlungsgrundsatzes aller Gläubiger aufgegeben. Eine Benachteiligung einzelner Gläubiger ist nach Eröffnung des Insolvenzverfahrens nur in den gesetzlich geregelten Fällen zulässig.

Erstes Mittel der Gläubigerbefriedigung ist nach Satz 1 die Verwertung des schuldnerischen Vermögens. Wo keine abweichende Regelung in einem Insolvenzplan getroffen wird, hat sie Vorrang. Ob das Vermögen im Ganzen verwertet wird, auch im Wege übertragender Sanierung, oder in Teilen, entscheidet der zu erwartende Erlös unter Berücksichtigung der Gläubigerautonomie.

Der Erhalt des schuldnerischen Unternehmens mit seinen Arbeitsplätzen kann zulässiges und erwünschtes Mittel zur Gläubigerbefriedigung sein. Selbstzweck ist er nicht. Insolvenzrecht bleibt Vollstreckungsrecht. Eine in § 1 Satz 1 des damaligen Regierungsentwurfs zur Insolvenzordnung vorgesehene Berücksichtigung der Schuldnerinteressen wurde nicht umgesetzt.

§ 1 Satz 2 InsO nennt als weiteren Verfahrenszweck für den Bereich der insolventen natürlichen Person die Restschuldbefreiung, also die Befreiung des Schuldners von seinen durch eine mögliche Insolvenzquote nicht zurückgeführten Verbindlichkeiten. Sie kann nach Maßgabe der §§ 286 ff. InsO notfalls auch gegen den Willen der Gläubiger durchgesetzt werden.

Neben der Befriedigungsfunktion der Gläubiger hat das Insolvenzverfahren auch eine Ordnungsfunktion. Insolvente Gesellschaften haben im Wirtschaftsleben nichts verloren. Sie schädigen potenziell andere Beteiligte des Wirtschaftslebens, die sich auf die wirtschaftliche Leistungsfähigkeit des insolventen Unternehmens verlassen. Es ist daher konsequent, wenn Insolvenzverfahren bei Massekostendeckung auch dann eröffnet werden, wenn von vornherein ersichtlich ist, dass eine Insolvenzquote nicht gezahlt wird.

1.2 Statistische Bedeutung

Die Zahl der Verbraucherinsolvenzen stieg seit 2001 stetig an. Im Jahre 2010 wurden von den deutschen Amtsgerichten rd. 110.000 Verbraucherinsolvenzen gemeldet. Für das vergangene Jahr 2011 liegen valide Zahlen noch nicht vor. Die Branche rechnet für das Jahr 2012 mit einem Rückgang auf ca. 103.000. Wie hoch auch immer der Rückgang genau ausfällt, bewegen sich die Fallzahlen nach wie vor auf einem sehr hohen Niveau. Dass sich hieran in absehbarer Zeit etwas ändern könnte, ist nicht zu erwarten. *1186*

1.3 Ziele des Verbraucherinsolvenzverfahrens/Schuldturmproblematik

Die Befreiung des redlichen Schuldners von seinen restlichen Verbindlichkeiten tritt durch § 1 Satz 2 InsO als eigenständiges drittes Ziel neben die Liquidation des Schuldnervermögens und die Erhaltung des schuldnerischen Geschäftsbetriebes mittels eines Insolvenzplans. Dadurch hat sich für die in Vermögensverfall geratene natürliche Person die Rechtslage gegenüber der Konkursordnung grundlegend geändert: Diese bot aufgrund der in § 164 Abs. 1 KO geregelten Nachhaftung für alle im Konkurs nicht befriedigten Verbindlichkeiten („freies Nachforderungsrecht der Gläubiger") keinen Anreiz zur Durchführung eines Konkursverfahrens. *1187*

Die nunmehr in § 201 Abs. 1 InsO geregelte Nachhaftung wird für natürliche Personen ergänzt durch die anschließende Möglichkeit, durch ein Restschuldbefreiungsverfahren nach Maßgabe der §§ 286 bis 303 InsO Befreiung von ihren Verbindlichkeiten zu erlangen.

Im Laufe des Gesetzgebungsverfahrens – der 9. Teil der Insolvenzordnung wurde erst während der Beratung im Bundestagsrechtsausschuss ausgearbeitet – schuf der Gesetzgeber zur Gerichtsentlastung ein mehrstufiges System. Dem Insolvenzverfahren wurde ein obligatorisches außergerichtliches Schuldenbereinigungsverfahren vorgeschaltet, dem im Falle seines Scheiterns ein gerichtliches Schuldenbereinigungsverfahren folgt. Scheitert auch dieses, folgt ein in wesentlichen Teilen gegenüber dem Regelinsolvenzverfahren vereinfachtes (und damit kostengünstigeres) Insolvenzverfahren und schließlich regelmäßig ein Restschuldbefreiungsverfahren. *1188*

Der mit Inkrafttreten der Insolvenzordnung 1999 erwartete Anstieg der Verbraucherinsolvenzen blieb zunächst aus, da der Gesetzgeber die Kostenfrage nur unzureichend geregelt hatte.

Die heutige zahlenmäßige Bedeutung hat das Verbraucherinsolvenzverfahren daher erst durch die Einführung der Verfahrenskostenstundung zum 01. 12. 2001 erhalten. Dessen Einführung führte zu einer Steigerung der Verbraucherinsolvenzverfahren um 60%. Zuvor war ein Großteil der gestellten Insolvenzanträge mangels Masse zurückgewiesen worden, soweit nicht einzelne Gerichte die Vorschriften über die Prozesskostenhilfe gemäß §§ 114 ff. ZPO analog anwandten.

1.4 Reform

1189   Die Justiz ist durch die hohe Zahl der Verbraucherinsolvenzen längst an ihre Kapazitätsgrenzen gestoßen, die Verfahrenskostenstundung hat zu einer erheblichen Belastung der Länderhaushalte geführt. Die als Filterfunktion gedachte Pflicht des Schuldners, ihn zunächst versuchen zu lassen, seine Schulden außergerichtlich zu bereinigen, hat ebenso versagt wie das dem vereinfachten Insolvenzverfahren vorgeschaltete gerichtliche Schuldenbereinigungsverfahren. Hinzu kommt die aus Sicht der Gläubiger und weiterer Verfahrensbeteiligter weitgehende Sinnlosigkeit eines trotz der Vereinfachungen noch streng formalisierten Verfahrens, das in der ganz überwiegenden Zahl der Fälle ohnehin nicht zu einer anteiligen Gläubigerbefriedigung führt.

Die Reform der Restschuldbefreiung ist folglich ein Dauerthema. Die Diskussion über eine Reform der Verbraucherinsolvenz hält seit 2003 an. Diskutiert wurden

- eine rein materiell-rechtliche Verjährungslösung
- sowie eine Zweiteilung des Insolvenzverfahrens in ein Verfahren mit Mindestquote und ein deutlich länger dauerndes Verfahren ohne Vollstreckungsschutz.

In der Diskussion der folgenden Jahre wurde die Konzeption, bei Vermögenslosigkeit des Schuldners und fehlender Befriedigungschance Restschuldbefreiung nur nach Durchführung eines Insolvenzverfahrens zu erreichen, das aus der Staatskasse finanziert werden muss, mehr und mehr in Frage gestellt. Es begann die Diskussion eines eigenständigen, vom Insolvenzverfahren abgekoppelten Entschuldungsverfahrens, das den Schuldnern offenstehen sollte, die zur Aufbringung der Kosten eines Insolvenzverfahrens nicht in der Lage sind.

1190   Dies mündete zunächst im Regierungsentwurf eines Entschuldungsgesetzes im August 2007, der im Wesentlichen folgendes vorsah:

- Verzicht auf den außergerichtlichen Einigungsversuch bei weniger als 20 Gläubigern oder bei einer zu erwartenden Quote von <5%;
- Zusammenlegung des außergerichtlichen und des gerichtlichen Schuldenbereinigungsversuchs;
- Einsetzung eines Treuhänders für den Fall der fehlenden Deckung der Verfahrenskosten, der die Aufgaben des Sachverständigen, des vorläufigen Verwalters und eines Schuldnerberaters übernimmt;
- Zurückweisung des Insolvenzantrages mangels Masse bei fehlender Verfahrenskostendeckung und Überleitung in das Entschuldungsverfahren;
- Wegfall der Verfahrenskostenstundung, Beteiligung des Schuldners an den Verfahrenskosten.

1191   Zwischenzeitlich wurden diese Überlegungen wieder ad acta gelegt. Dennoch ist die Reform der Verbraucherinsolvenz im Grundsatz bereits Gegenstand des Koalitionsvertrages von CDU, CSU und FDP für die 17. Legislaturperiode. Die Bundesministerin der Justiz umriss die Eckpunkte Ende

2011.[2452] Seit Dezember liegt nunmehr ein erster, mit den übrigen Ministerien nicht abgestimmter Referententwurf, vor[2453], der wesentliche Änderungen im Bereich der Verbraucherinsolvenz vorsieht.[2454]

2. Abgrenzung zum Regelinsolvenzverfahren

Grundtypus des Insolvenzverfahrens ist das insolvente Unternehmen, dessen Vermögenswerte entweder versilbert werden, um aus dem Erlös die Gläubiger anteilig zu befriedigen, oder das reorganisiert wird, damit das sodann sanierte Unternehmen aus künftigen Erlösen Zahlungen an seine Gläubiger leisten kann. 1192

Zahlenmäßig hat jedoch die Insolvenz der natürlichen Person und hier insbesondere die Insolvenz des Verbrauchers (im Gegensatz zum einzelkaufmännischen Unternehmen oder der Insolvenz des Selbstständigen) eine viel höhere Bedeutung.

Die Ergänzung der Ziele des Insolvenzverfahrens um das gegenüber der Befriedigungsfunktion gleichrangige Ziel der Entschuldung natürlicher Personen machte zugleich eine Anpassung der überwiegend auf die Unternehmensinsolvenz zugeschnittenen Regelungen erforderlich. Auf der einen Seite bietet die Insolvenzordnung für den Bereich der Unternehmensinsolvenz ein Instrumentarium, das für die Insolvenz des Menschen nicht erforderlich ist (Entscheidung über Fortführung oder Liquidierung des Unternehmens, Hinausschieben der Entscheidung über die Erfüllungswahl unter Eigentumsvorbehalt gekaufter Gegenstände bis zum Berichtstermin), auf der anderen Seite wäre das weitgehend formalisierte und damit bisweilen schwerfällige Verfahren dem Ansturm der unzähligen Verbraucherinsolvenzverfahren nicht gewachsen, so dass der Versuch unternommen werden musste, möglichst viele Verfahren im Vorfeld auszuscheiden. 1193

Diesen Bedürfnissen hat der Gesetzgeber im 9. Teil der Insolvenzordnung Rechnung zu tragen versucht. Der 9. Teil („Verbraucherinsolvenzverfahren und sonstige Kleinverfahren") normiert Sondervorschriften für Insolvenzverfahren natürlicher Personen, die keine selbstständige wirtschaftliche Tätigkeit ausüben und eine solche auch niemals ausgeübt haben. 1194

In welchen Fällen die besonderen Vorschriften des 9. Teils der InsO anwendbar sind, ergibt sich aus § 304 InsO. Aus Darstellungsgründen wird in der Folge von Verbraucherinsolvenzverfahren, Verbraucherinsolvenz oder Verbraucher gesprochen, wenngleich nicht jeder Mensch, auf den die §§ 304 ff. InsO anwendbar sind, Verbraucher ist, sondern z. B. auch ehemaliger Kleinunternehmer sein kann. 1195

2452 Rede der Bundesministerin der Justiz anlässlich der Tagung des Verbandes der Insolvenzverwalter Deutschlands e. V. am 28.10.2011 in Berlin.
2453 Referentenentwurf des Bundesministerium der Justiz eines Gesetzes zur Verkürzung des Restschuldbefreiungsverfahrens, zur Stärkung der Gläubigerrechte und zur Insolvenzfestigkeit von Lizenzen, Stand 07.12.2011.
2454 Näher Rn. 1261.

2.1 Natürliche Person

1196 Wegen des besonderen Verfahrensziels sind die Vorschriften des 9. Teils nur auf eine lebende natürliche Person anwendbar. Juristische Personen und rechtsfähige Personengesellschaften sind vom Verbraucherinsolvenzverfahren ausgeschlossen.

Stirbt eine natürliche Person vor der Entscheidung über den Insolvenzantrag, so ist über die Eröffnung eines Nachlassinsolvenzverfahrens zu entscheiden, sofern beim Eigenantrag die Erben das Eröffnungsverfahren fortführen oder im Falle des Fremdantrages der Gläubiger den Antrag umstellt.

2.2 Keine frühere selbstständige wirtschaftliche Tätigkeit

1197 Auf Personen, die eine selbstständige wirtschaftliche Tätigkeit ausüben, sind die Vorschriften des 9. Teils nicht anwendbar, § 304 Abs. 1 Satz 1 InsO.

Hat der Schuldner früher eine selbstständige wirtschaftliche Tätigkeit ausgeübt, sind die Regelungen des 9. Teils anwendbar, wenn

- seine Vermögensverhältnisse überschaubar sind
- und gegen ihn keine Forderungen aus Arbeitsverhältnissen

bestehen.

2.2.1 Begriff der selbstständigen Tätigkeit

1198 Selbstständig ist, wer

- eigenverantwortlich,
- auf eigenes Risiko
- und zu Erwerbszwecken

am Markt Leistungen anbietet.

Persönlich haftenden Gesellschaftern einer Personengesellschaft (GbR, OHG, KG) ist die selbstständige wirtschaftliche Tätigkeit der Gesellschaft zuzurechnen. Gleiches gilt für Mehrheitsgesellschafter von Kapitalgesellschaften und geschäftsführende Alleingesellschafter einer Gesellschaft mit beschränkter Haftung.[2455]

2.2.2 Wirtschaftliche Tätigkeit

1199 Wirtschaftlich tätig ist, wer in Gewinnerzielungsabsicht handelt. Dazu gehören nicht nur Kaufleute, sondern auch die Angehörigen der freien Berufe und jeder (kleine) Gewerbetreibende. Der Umfang der wirtschaftlichen Tätigkeit ist nicht entscheidend. Auch eine geringfügige oder nebenberuflich ausgeübte selbstständige Tätigkeit ist ausreichend, sofern sie nicht nur gelegentlich und in zu vernachlässigendem Umfang ausgeübt wird. Der Bundesgerichtshof hat dies 2011 nochmals ausdrücklich klargestellt: Eine nur gelegentlich ausgeübte Tätigkeit, die sich nicht zu einer einheitlichen Organisation verdichtet hat, ist keine selbstständige Erwerbstätigkeit.[2456]

[2455] AG Leipzig, B. v. 29.01.2010 – 491 IK 2141/09, ZInsO 2011, 2241.
[2456] BGH, B. v. 24.03.2011 – IX ZB 80/11, BB 2011, 1217.

Kapitel 5 Vereinfachtes Insolvenzverfahren

Entscheidend ist im Übrigen die Gewinnerzielungsabsicht. Ob tatsächlich Gewinne erzielt werden, ist nicht entscheidend. Bloße Liebhaberei erfolgt nicht zu Erwerbszwecken und reicht daher nicht aus.

2.2.3 Frühere selbstständige wirtschaftliche Tätigkeit

War der Schuldner früher selbstständig wirtschaftlich tätig, sind auf ihn die Vorschriften über das Verbraucherinsolvenzverfahren anwendbar, wenn 1200

- seine Vermögensverhältnisse überschaubar sind
- und gegen ihn keine Forderungen aus Arbeitsverhältnissen bestehen.

2.2.3.1 Nicht überschaubare Vermögensverhältnisse

Die Vermögensverhältnisse sind stets unüberschaubar, wenn der Schuldner mindestens 20 Gläubiger hat. In diesem Fall gilt eine unwiderlegliche Vermutung der Unüberschaubarkeit der Vermögensverhältnisse, § 304 Abs. 2 InsO. 1201

Entscheidend ist die Zahl der Gläubiger, nicht die der Forderungen.[2457]

Außerhalb der Vermutungsregel des § 304 Abs. 2 InsO können die Vermögensverhältnisse aber auch in anderen Fällen unüberschaubar sein.

Beispiele

- Absonderungsrechte in erheblichem Umfang;
- Auslandsbezug;
- das Bestehen zahlreicher Forderungen ist zweifelhaft;
- es sind komplexe Anfechtungssachverhalte zu prüfen;[2458]
- der Schuldner ist an verschiedenen Gesellschaften beteiligt;
- der Schuldner hält zahlreiche Grundstücksbeteiligungen.

Erforderlich ist eine objektive Unüberschaubarkeit nach Umfang und Struktur. Es reicht nicht aus, wenn nur der Schuldner den Überblick über seine wirtschaftlichen Verhältnisse verloren hat.

Bei Schuldnern, die früher eine selbstständige wirtschaftliche Tätigkeit ausgeübt haben, ist die fehlende Überschaubarkeit in der Praxis der Gerichte und gerichtlich bestellter Gutachter das Einfallstor für eine wertende Ermessensentscheidung des Gerichts.

2.2.3.2 Keine Forderungen aus Arbeitsverhältnissen

Auch ein Schuldner mit überschaubaren Vermögensverhältnissen unterliegt dem Regelinsolvenzverfahren, wenn aus einer früheren selbstständigen Tätigkeit noch Forderungen aus Arbeitsverhältnissen bestehen, § 304 Abs. 1 Satz 2, 2. Alt. Das Bestehen solcher Forderungen ist unwiderlegliches Kriterium dafür, dass diese Insolvenz sich für eine „Behandlung" im Verbraucherinsolvenzverfahren nicht eignet. Auch auf die Bundesagentur für Arbeit 1202

[2457] BGH, B. v. 22.09.2005 – IX ZB 55/04, ZIP 2005, 2070.
[2458] AG Leipzig, B. v. 29.01.2010 – 491 IK 2141/09, ZInsO 2011, 2241.

übergegangene offene Ansprüche auf Arbeitsentgelt bleiben Verbindlichkeiten aus Arbeitsverhältnissen.[2459]

2.3 Rechtsprechung

1203 Forderungen aus Arbeitsverhältnissen sind auch Forderungen der Sozialversicherungsträger und der Finanzverwaltung, die durch ein Arbeitsverhältnis veranlasst sind.[2460] Unter Ansprüche auf Arbeitsentgelt fallen auch die Forderungen der Bundesagentur für Arbeit wegen an Arbeitnehmer gezahlten Insolvenzgeldes.[2461]

Forderungen der Sozialversicherungsträger gegen den Geschäftsführer einer GmbH unter dem Gesichtspunkt der Durchgriffshaftung wegen unterlassener Zahlung von Sozialversicherungsbeiträgen und Löhnen sind Forderungen aus Arbeitsverhältnissen.[2462]

Nicht zu den Forderungen aus Arbeitsverhältnissen gehören Forderungen der Berufsgenossenschaft auf Zahlung von Unfallversicherungsbeiträgen, die allein vom Arbeitgeber zu entrichten sind.[2463]

Auch Beitragsforderungen der SOKA-Bau für das Wintergeld, die sich ebenfalls nur gegen den Arbeitgeber richten, sind keine Forderungen aus einem Arbeitsverhältnis.[2464]

Gleiches gilt für Ansprüche auf Rückzahlung eines Eingliederungszuschusses für Schwerbehinderte.[2465]

Der Schuldner braucht im Eröffnungsantrag nicht anzugeben, ob er das Regelinsolvenzverfahren oder das Verbraucherinsolvenzverfahren für einschlägig hält. Die Entscheidung kann er dem Gericht überlassen. In Zweifelsfällen sollte der Schuldner die im § 305 Abs. 1 InsO vorgeschriebenen Unterlagen zunächst nicht beifügen. Das Gericht wird ihn darauf hinweisen, wenn es die Vorschriften über das Verbraucher- und Kleininsolvenzverfahren für anwendbar hält, § 305 Abs. 3 Satz 1 InsO.

Diese Vorschrift gilt analog für den umgekehrten Fall, der Schuldner also die nach dieser Vorschrift erforderlichen Unterlagen beigefügt hat, das Gericht allerdings die Voraussetzungen des Regelinsolvenzverfahrens für gegeben ansieht.[2466]

Schränkt der Schuldner seinen Eröffnungsantrag ausdrücklich auf eine der beiden Verfahrensarten ein und hält das Gericht dieses nicht für ein-

---

2459 BGH, Urt. v. 20.01.2011 – IX ZR 238/08, VersR 2011, 765.
2460 BGH, B. v. 22.09.2005 – IX ZB 55/04, ZInsO 2005,1163.
2461 LG Dresden, B. v. 30.10.2003 – 5 T 20/03, ZVI 2004, 19; LG Halle, B. v. 23.11.2002 – 8 T 82/02, DZWIR 2003, 86, nunmehr auch BGH, Urt. v. 20.01.2011 – IX ZR 238/08, VersR 2011, 765.
2462 BGH, B. v. 22.09.2005 – IX ZB 55/04, ZInsO 2005, 1163; AG Dresden, B. v. 13.01.2005 – 531 IK 3364/04, ZVI 2005, 50.
2463 LG Düsseldorf, B. v. 16.05.2002 – 25 T 267/02, ZVI 2002, 325; LG Köln, B. v. 25.06.2002 – 19 T 70/02, NZI 2002, 505.
2464 AG Charlottenburg, B. v. 14.02.2003 – 103 IN 179/03, ZVI 2003, 362.
2465 AG Essen, B. v. 04.07.2002 – 163 IK 12/02, ZVI 2002, 274.
2466 LG Göttingen, B. v. 15.12.2006 – 10 T 130/06, ZInsO 2007, 166.

schlägig, ist der Antrag als unzulässig zurückzuweisen.[2467] Hiergegen ist die sofortige Beschwerde statthaft. Das Gleiche gilt, wenn das Gericht auf einen Gläubigerantrag hin das Verbraucherinsolvenzverfahren eröffnet, der Schuldner jedoch das Regelinsolvenzverfahren für anwendbar hält.[2468]

3. Verfahrensablauf

Die insolvente natürliche Person durchläuft, sofern sie sich zur Durchführung eines Insolvenzverfahrens entschließt, ein dreistufiges Verfahren, dem sich – sofern der Schuldner dies beantragt hat – das Restschuldbefreiungsverfahren anschließt.

1204

3.1 Außergerichtliches Schuldenbereinigungsverfahren

3.1.1 Normzweck

Zur Entlastung der Gerichte ist dem (vereinfachten) Insolvenzverfahren zwingend ein außergerichtlicher Einigungsversuch vorgeschaltet, § 305 Abs. 1 Nr. 1 InsO. Neben dem gesetzgeberischen Motiv einer Entlastung der Gerichte kann im Rahmen einer außergerichtlichen Einigung eine weitgehend flexibilisierte Entschuldung versucht werden:

1205

- Einbeziehung von Familienangehörigen in die Schuldbefreiung;
- Änderungen der Laufzeit bis zur Restschuldbefreiung;
- Zahlungen Dritter zur anteiligen Gläubigerbefriedigung.

Die Hoffnung des Gesetzgebers auf die Filterfunktion des außergerichtlichen Schuldenbereinigung hat sich nicht erfüllt: Die Filterfunktion blieb aus. Der außergerichtliche Einigungsversuch hat de facto nie Erfolg.[2469]

3.1.2 Außergerichtlicher Einigungsversuch

Der Schuldner und die ihn unterstützende Person müssen sich ernsthaft um eine außergerichtliche Einigung mit den Gläubigern bemüht haben.

1206

Daher schreibt § 305 Abs. 1 Nr. 1 InsO vor, dass die außergerichtliche Einigung auf der Grundlage eines Plans versucht worden ist. Erforderlich ist ein Gesamtkonzept. Verhandlungen mit einzelnen Gläubigern reichen nicht. Von einer Gesamtkonzeption kann nur gesprochen werden, wenn vor dem Versuch der außergerichtlichen Einigung eine Übersicht über das vorhandene Vermögen und das zu erwartende Einkommen einerseits und die Höhe der Verbindlichkeiten andererseits erstellt worden ist.

1207

Es ist zwar gesetzlich nicht vorgeschrieben, empfiehlt sich dennoch, den außergerichtlichen Schuldenbereinigungsplan bereits nach den für die Schuldenbereinigung im Eröffnungsverfahren geltenden Vorschriften der §§ 305 Abs. 1 Nr. 3 und 4 InsO aufzustellen. Scheitert die außergerichtliche

---

2467 OLG Köln, B. v. 11.09.2000 – 2 W 244/99, ZInsO 2000, 612; LG Frankfurt/Oder, B. v. 06.04.2000 – 6 (a) T 407/99, ZIP 2000, 1067.
2468 OLG Köln, B. v. 07.07.2000 – 2 W 61/00, NZI 2001, 216.
2469 Empirische Messungen hierzu: *Hofmeister*, Top oder Flop? – Der außergerichtliche Einigungsversuch nach der InsO, ZVI 2003, 12.

Teil 3 Insolvenzrechtverfahrensrecht

Einigung, kann auf die bereits erstellten Unterlagen für den nächsten Verfahrensschritt zurückgegriffen werden.

1208 Der Einigungsversuch muss ernsthaft sein. Hat der Schuldner kein pfändbares Vermögen und auch gegenwärtig kein pfändbares Einkommen, muss er seine Gläubiger wenigstens an einem künftigen pfändbaren Erwerb teilhaben lassen, in dem er künftiges pfändbares Einkommen an diese abtritt, sog. flexibler Nullplan. Ein Plan, der keine Zahlungen vorsieht und in dem der Schuldner sich künftige Erwerbschancen für sich selbst vorbehält, ist kein ernsthafter Einigungsversuch.

(Flexible) Nullpläne führen bei institutionellen Gläubigern regelmäßig zu standardisierten Absagen, bei privaten Gläubigern teilweise zu erzürnten Briefen. Soweit von dritter Seite finanzielle Mittel aufgebracht werden können, empfiehlt es sich, eine sofortige Einmalzahlung anzubieten.

1209 Der außergerichtliche Schuldenbereinigungsplan ist zivilrechtlich eine Vergleichsvereinbarung im Sinne des § 779 Abs. 1 BGB. Die Annahme des Plans durch alle Gläubiger schafft daher im Gegensatz zur Annahme des gerichtlichen Schuldenbereinigungsplans keinen Titel. Kommt der Schuldner also seinen Verpflichtungen nicht nach, müssen sich seine Gläubiger einen Titel erst verschaffen. Bereits vorhandene Titel über die ursprüngliche Forderung sind wertlos.

3.1.3 Bescheinigung einer geeigneten Person oder Stelle

1210 Der Versuch der außergerichtlichen Einigung muss durch eine Bescheinigung einer geeigneten Person oder Stelle nachgewiesen werden. Aus dieser muss sich ergeben, dass der Einigungsversuch mit den Gläubigern nicht länger als 6 Monate her ist. Obwohl sich dies nicht aus dem Gesetzeswortlaut ergibt, muss die bescheinigende Stelle auch diejenige sein, die bei dem Versuch mitgewirkt hat.

Die Länder haben aufgrund der Ermächtigung in § 305 Abs. 1 Nr. 1 InsO Ausführungsgesetze erlassen. Regelmäßig sind geeignet: Rechtsanwälte, Notare und Steuerberater, teilweise auch Wirtschaftsprüfer, Gerichtsvollzieher und insbesondere die von den Kommunen und Wohlfahrtsverbänden eingerichteten Schuldnerberatungsstellen.

1211 Lässt sich der Schuldner bei dem außergerichtlichen Einigungsversuch durch einen Rechtsanwalt unterstützen, kann Beratungshilfe in Anspruch genommen werden. Diese wird allerdings nur gewährt, wenn keine zumutbare andere Hilfemöglichkeit zur Verfügung steht. § 1 Abs. 1 Nr. 2 BerHG. Der Schuldner kann mit dieser Begründung zunächst an eine Schuldnerberatungsstelle verwiesen werden. Die Beratungshilfe kann ihm nicht verweigert werden, wenn dort die Wartezeit unzumutbar lang ist. Eine Wartezeit von mehr als 6 Monaten dürfte unzumutbar sein.

3.1.4 Scheiternsfiktion

1212 § 305a InsO regelt eine gesetzliche Fiktion: Der Versuch der außergerichtlichen Einigung gilt als gescheitert, wenn ein Gläubiger vollstreckt. Die Fiktion gilt allerdings nur dann, wenn vor der Vollstreckung bereits Verhandlungen

Kapitel 5 Vereinfachtes Insolvenzverfahren

zwischen dem Schuldner und dem antragstellenden Gläubiger begonnen hatten. Greift die Fiktion des § 305a InsO, muss der außergerichtliche Einigungsversuch nicht fortgesetzt werden. Der Schuldner kann sogleich einen Eröffnungsantrag stellen.

Vollstreckt ein Gläubiger während des außergerichtlichen Einigungsversuchs, kann daraus geschlossen werden, dass er die Zustimmung zur außergerichtlichen Einigung versagen wird. Daher gilt der Versuch gemäß § 305a InsO als gescheitert.

3.1.5 Rechtsprechung

Es liegt in der alleinigen Verantwortung der geeigneten Person oder Stelle, dass ernsthafte Bemühungen um eine außergerichtliche Einigung stattgefunden haben.[2470]

Die notwendige Bescheinigung muss durch diejenige Stelle ausgestellt werden, die den Schuldner beim Einigungsversuch unterstützt hat.[2471]

Eine inhaltliche Prüfung des außergerichtlichen Plans durch das Gericht erfolgt nicht. Ob eine ernsthafte außergerichtliche Einigung versucht worden ist, liegt allein in der Verantwortung der geeigneten Person oder Stelle.[2472]

1213

3.2 Gerichtliches Schuldenbereinigungsverfahren

3.2.1 Normzweck

Scheitert der Versuch der außergerichtlichen Schuldenbereinigung, ist der Eröffnung des vereinfachten Insolvenzverfahrens ein gerichtliches Schuldenbereinigungsverfahren vorgeschaltet. Dieses ist, da die Entscheidung über den zunächst zu stellenden Insolvenzantrag zunächst zurückgestellt wird, ein Zwischenverfahren.

Das außergerichtliche Schuldenbereinigungsverfahren ist ein weiterer Versuch, auf ein vereinfachtes Insolvenzverfahren zu verzichten und eine Schuldenbereinigung ohne ein formelles Insolvenzverfahren zu erreichen.

1214

3.2.2 Voraussetzungen

Das gerichtliche Schuldenbereinigungsverfahren setzt voraus, dass der außergerichtliche Einigungsversuch gescheitert ist und der Schuldner die in § 305 InsO genannten Unterlagen vorlegt (dazu unter 5.).

1215

[2470] OLG Schleswig, B. v. 01.02.2000 – 1 W 51/99, NZI 2000, 165.
[2471] *Hackling*, Die Bescheinigung durch geeignete Personen oder Stellen über das Scheitern der außergerichtlichen Einigung ohne Mitwirkung an der außergerichtlichen Einigung, ZVI 2006, 225; *Hergenröder*, Die Anerkennung geeigneter Stellen nach § 305 Abs. 1 Nr. 1 InsO, ZVI 2007, 448; a. A. OLG Schleswig, B. v. 01.02.2000 – 1 W 51/99, NZI 2000, 165.
[2472] OLG Schleswig, B. v. 01.02.2000 – 1 W 51/99, NZI 2000, 165; a. A. LG Berlin, B. v. 10.10.2007 – 86 T 367/07, ZInsO 2007, 1356.

3.2.3 Inhalt des Schuldenbereinigungsplans

1216 § 305 Abs. 1 Nr. 4 InsO stellt formale Voraussetzungen an den Inhalt des Schuldenbereinigungsplans. Im Übrigen gilt Privatautonomie. Regelmäßig lassen sich Pläne unterteilen in solche, die

- eine Einmalzahlung
- oder Ratenzahlungen

vorsehen. Innerhalb der Ratenzahlungspläne gibt es

- starre Pläne (feste Zahlung)
- oder flexible Pläne (ausgerichtet an den Einkommensverhältnissen des Schuldners).

1217 Sind überhaupt keine Zahlungen vorgesehen, handelt es sich um einen „Null-Plan". Von einem „flexiblen Null-Plan" spricht man, wenn der Plan vorsieht, dass die Gläubiger jedenfalls dann etwas erhalten, wenn sich die Einkommensverhältnisse des Schuldners wider Erwarten verbessern. Null-Pläne – auch solche, die nicht flexibel ausgestaltet sind – gelten mittlerweile allgemein als zulässig.

3.2.4 Verfahren

1218 Das gerichtliche Schuldenreinigungsverfahren beginnt, nachdem der Schuldner einen Insolvenzantrag gestellt und die in § 305 Abs. 1 InsO genannten Unterlagen eingereicht hat, nämlich

- eine Bescheinigung über das Scheitern des außergerichtlichen Einigungsversuchs;
- den Restschuldbefreiungsantrag oder die Erklärung, dass hierauf verzichtet werden soll;
- ein Vermögensverzeichnis nebst dessen Zusammenfassung (Vermögensübersicht);
- ein Gläubigerverzeichnis mit den gegen ihn gerichteten Forderungen;
- eine Erklärung über die Vollständigkeit und Richtigkeit der Verzeichnisse und der Vermögensübersicht;
- einen Schuldenbereinigungsplan;
- Angaben zur Person.

1219 Beantragt ein Gläubiger die Eröffnung des Verfahrens, so hat das Gericht zunächst dem Schuldner die Gelegenheit zu geben, ebenfalls einen Eröffnungsantrag zu stellen. Ist ein solcher noch nicht erfolgt, muss ein außergerichtlicher Einigungsversuch jetzt nachgeholt werden, § 306 Abs. 3 Satz 3 InsO. Hierüber hat ihn das Gericht zu belehren. Anschließend hat der Schuldner drei Monate Zeit, § 306 Abs. 3 Satz 3 InsO.

Werden die Unterlagen nicht vollständig eingereicht, weist das Gericht den Schuldner hierauf hin, § 305 Abs. 3 Satz 1 InsO. Der Insolvenzantrag gilt als zurückgenommen, wenn der Schuldner nicht innerhalb der dort geregelten Frist nachbessert.

1220 Bis zur Entscheidung über den Schuldenbereinigungsplan ruht das Verfahren über den Antrag auf Eröffnung des Insolvenzverfahrens, § 306 Abs. 1 Satz 1 InsO. Über die Eröffnung des Insolvenzverfahrens wird also vorläufig

Kapitel 5 Vereinfachtes Insolvenzverfahren

nicht entschieden. Insbesondere prüft das Gericht nicht das Vorliegen eines Insolvenzgrundes.[2473] Es kann aber Sicherungsmaßnahmen anordnen, § 306 Abs. 2 Satz 1 InsO.

Das Gericht entscheidet nach Anhörung des Schuldners, ob das gerichtliche Schuldenbereinigungsverfahren durchgeführt wird, § 306 Abs. 1 InsO. Es erfolgt eine Prognoseentscheidung. Beurteilt wird, ob die Annahme des Plans durch ausdrückliche oder stillschweigende Zustimmung der Gläubiger oder im Wege der Ersetzung einzelner Zustimmungen wahrscheinlicher ist als sein Scheitern.

Die Fortsetzung des Verfahrens über den Eröffnungsantrag ordnet das Gericht an, wenn es zu der Überzeugung kommt, dass der Schuldenbereinigungsplan voraussichtlich nicht angenommen werden wird, § 306 Abs. 1 Satz 3 InsO. Diese Entscheidung ist nicht anfechtbar[2474] und muss nicht begründet werden. 1221

Gelangt das Gericht zu dem Ergebnis, dass das Verfahren über den Schuldenbereinigungsplan durchzuführen ist, fordert es den Schuldner nach § 306 Abs. 1 Satz 2 InsO zur Einreichung der erforderlichen Unterlagen auf. Kommt er dem binnen zwei Wochen nicht nach, gilt sein Antrag auf Verfahrenseröffnung als zurückgenommen. Dagegen ist kein Rechtsmittel gegeben.[2475]

Sieht das Gericht von der Durchführung des gerichtlichen Schuldenbereinigungsverfahrens nicht ab, stellt es den Gläubigern den Schuldenbereinigungsplan und die Vermögensübersicht zu und fordert sie zur Stellungnahme auf, § 307 Abs. 1 InsO. Die Gläubiger werden darauf hingewiesen, dass ihre Zustimmung fingiert wird, wenn sie nicht reagieren, §307 Abs. 2 InsO. Werden Einwendungen nicht erhoben, gilt der Plan als angenommen, § 308 Abs. 1. Satz 1, 1. HS, 1. Alt. InsO Dieser hat die Wirkung eines Vergleichs.

Stimmen alle Gläubiger zu, ist ein Rechtsmittel nicht gegeben.

Hat mehr als die Hälfte der genannten Gläubiger zugestimmt und beträgt die Summe der Ansprüche der zustimmenden Gläubiger mehr als die Hälfte der benannten („doppelte Mehrheit"), ersetzt das Gericht auf Gläubiger- oder Schuldnerantrag die Zustimmung. Es darf jedoch keine Schlechterstellung erfolgen, § 309 Abs. 1 Satz 2 InsO. Eine Schlechterstellung liegt vor, wenn der Gläubiger nach dem Schuldenbereinigungsplan weniger erhält als ihm bei Durchführung des Insolvenzverfahrens bei anschließender Besserstellung zustünde. Dabei unterstellt das Gesetz, dass die Einkommens-, Vermögens- und Familienverhältnisse des Schuldners unverändert bleiben.

Bei einer Kopf- und Summenmehrheit der Zustimmungen ersetzt das Gericht fehlende Zustimmungen, sofern keine Schlechterstellung erfolgt.[2476]

[2473] BGH, B. v. 21.02.2008 – IX ZB 62/05, NZI 2008, 382.
[2474] LG Berlin, B. v. 21.01.2003 – 86 T 2/03, ZVI 2003, 77.
[2475] LG Düsseldorf, B. v. 09.11.2006 – 25 T 980/06, ZVI 2007, 180.
[2476] Beispiele für eine Schlechterstellung: *Landfermann*, in: HK, § 309 Rn. 19, 21, 23.

3.2.5 Rechtsfolgen

1222 Kommt ein Plan zustande, betrifft dieser nur die darin enthaltenen Gläubiger, § 308 Abs. 3 InsO. Alle anderen Gläubiger können ihre Forderung einklagen und auch vollstrecken.

3.3 Vereinfachtes eröffnetes Insolvenzverfahren

3.3.1 Erfolglosigkeit des gerichtlichen Schuldenbereinigungsverfahrens

1223 Scheitert der Schuldenbereinigungsplan, weil

- ein Schuldenbereinigungsverfahren nicht durchgeführt worden ist, nachdem das Gericht zu der Überzeugung gekommen ist, dass dieser keine Aussicht auf Erfolg hat oder
- Einwendungen gegen ihn erhoben wurden, die nicht ersetzt werden konnten,

wird das bis dahin ruhende Verfahren über den Insolvenzantrag von Amts wegen wieder aufgenommen, § 311 InsO.

Ein förmlicher Beschluss ist nicht erforderlich. Das Gericht hat unverzüglich über die Eröffnung des Insolvenzverfahrens zu entscheiden. Ob das Verfahren zu eröffnen ist, richtet sich nach den allgemeinen Regelungen. Im eröffneten Verfahren gelten die besonderen Vorschriften der §§ 311 ff. InsO.

3.3.2 Feststellung des Insolvenzgrundes

1224 Das Gericht prüft das Vorliegen eines Insolvenzgrundes, also drohende oder bestehende Zahlungsunfähigkeit, § 17 f. InsO. Stundungsvereinbarungen schließen Zahlungsunfähigkeit aus. Eine drohende Zahlungsunfähigkeit, die nur bei einem Eigenantrag des Schuldners Insolvenzgrund ist, schließt eine Stundungsvereinbarung nicht aus, wenn zu erwarten ist, dass der Schuldner auch die gestundeten Verbindlichkeiten auf Dauer nicht erfüllen kann. Denn § 18 InsO soll bei einer sich abzeichnenden Insolvenz verfahrensrechtliche Maßnahmen gegen die zu erwartende Gläubigergefährdung ja gerade vorverlagern.

3.3.3 Deckung der Verfahrenskosten

1225 Die Eröffnung des vereinfachten Insolvenzverfahrens kommt nur in Betracht, wenn die Verfahrenskosten gedeckt sind, und zwar

- aus dem vorhandenen Vermögen,
- durch Zahlung eines Dritten
- oder nach Stundung der Verfahrenskosten.

Dabei ist die Verfahrenskostenstundung gegenüber der Deckung aus der Masse, der Aufbringung der Kosten durch einen Dritten und ggf. der Aufbringung der Verfahrenskosten im Wege des Ehegattenunterhaltsanspruchs analog § 1360a BGB subsidiär.

3.3.4 Verfahrenseröffnung

1226 Liegen die Zulässigkeitsvoraussetzungen vor, wurde der Insolvenzgrund festgestellt und sind die Verfahrenskosten gedeckt, wird das Insolvenzverfahren durch Beschluss eröffnet, § 27 InsO. Es gelten die besonderen Vorschriften der §§ 312–314 InsO, im Übrigen die allgemeinen Vorschriften. Zu beachten ist auch § 5 Abs. 2 InsO: Danach kann das Gericht das Verfahren oder Teile davon schriftlich durchführen, wenn die Vermögensverhältnisse des Schuldners überschaubar sind und die Zahl der Gläubiger oder die Höhe der Verbindlichkeiten gering ist. Es handelt sich um eine Ermessensentscheidung des Gerichts.

3.3.5 Verfahrensablauf

3.3.5.1 Eröffnungsbeschluss

Die Verfahrenseröffnung erfolgt durch Beschluss. Sein notwendiger Inhalt ergibt sich aus § 27 Abs. 2 InsO. Er ist gemäß § 30 InsO bekanntzumachen und darüber hinaus dem Schuldner, den Drittschuldnern und den Gläubigern zuzustellen, § 30 Abs. 2 InsO. 1227

3.3.5.2 Bestellung des Treuhänders

Mit Verfahrenseröffnung bestellt das Gericht einen Treuhänder, § 313 Abs. 1 Satz 1 InsO. Die Vorschriften der §§ 56 ff. InsO über Rechte und Pflichten des Insolvenzverwalters gelten für ihn entsprechend. 1228

3.3.5.3 Forderungsanmeldung

Im Eröffnungsbeschluss werden die Gläubiger zur Anmeldung ihrer Forderungen aufgefordert, § 29 Abs. 1 Satz 1 InsO. Die Anmeldefrist endet frühestens zwei Wochen und spätestens drei Monate nach Verfahrenseröffnung. 1229

Das Gericht nutzt zweckmäßigerweise die längst mögliche Frist aus, um fortgesetzte Prüfungstermine zu vermeiden.

3.3.6 Insolvenzmasse

Was Gegenstand der Insolvenzmasse ist und damit dem Haftungsbeschlag der Insolvenz unterliegt, ergibt sich aus §§ 35, 36 InsO. 1230

§ 35 InsO regelt den Grundsatz der Massezugehörigkeit: Entscheidend ist nicht nur das, was dem Schuldner zum Zeitpunkt der Verfahrenseröffnung gehört sondern auch das, was er während des Insolvenzverfahrens erwirbt. Letzteres gilt nur dann nicht, wenn der Insolvenzverwalter von der Möglichkeit der „Freigabe" nach § 35 Abs. 2 InsO Gebrauch gemacht hat.

§ 36 Abs. 1 InsO regelt die Ausnahmen, insbesondere mit seinem Verweis auf die Unpfändbarkeitsvorschriften der ZPO: Unpfändbare Gegenstände sind grundsätzlich nicht Gegenstand der Insolvenzmasse. § 36 Abs. 2 InsO regelt die Rückausnahmen: Geschäftsunterlagen werden zu Betriebsfortführungszwecken benötigt und sind daher Masse.

Entsteht Streit über die Massezugehörigkeit, entscheidet hierüber das Insolvenzgericht, § 36 Abs. 4 InsO.

Für die Verbraucherinsolvenz sind insbesondere von Bedeutung:

3.3.6.1 Arbeitseinkommen/Sozialleistungen

1231 Arbeitseinkommen ist nach Maßgabe der §§ 850 ff. ZPO pfändbar und insoweit massezugehörig. Laufende Sozialleistungen sind wie Arbeitseinkommen pfändbar, § 54 Abs. 4 SGB I. Arbeitslosengeld I gemäß SGB III und Arbeitslosengeld II gemäß SGB II sind also mit ihrem pfändbaren Anteil Insolvenzmasse.

Hatte der Schuldner im Vorfeld der Insolvenz künftige Entgeltansprüche abgetreten, bleibt diese Abtretung für zwei Jahre nach Verfahrenseröffnung wirksam, § 114 Abs. 1 InsO.

3.3.6.2 Hausrat

1232 Hausrat ist Bestandteil der Insolvenzmasse, soweit er nach den Vorschriften der ZPO pfändbar ist. Eine Ausnahme gilt aber nach § 36 InsO: Stünde der Verwertungserlös erkennbar zum Wert außer Verhältnis, gehören diese Gegenstände nicht zur Insolvenzmasse. Das Interesse des Schuldners an der Weiternutzung ist gegen das Verwertungsinteresse abzuwägen (Verhältnismäßigkeitsgrundsatz!)

3.3.6.3 Mietsicherheit/Genossenschaftsanteile

1233 Eine zur Besicherung der Ansprüche des Vermieters geleistete Mietsicherheit (Kaution) ist nicht Bestandteil der Insolvenzmasse, soweit der Treuhänder die Erklärung gemäß § 109 Abs. 1 Satz 2 InsO abgibt und die Mietsicherheit in gesetzlich zulässiger Höhe gezahlt wurde.

Die gesetzlich zulässige Kautionshöhe hat der Treuhänder anhand der Nettokaltmiete zu berechnen. Derjenige Teil, der über den nach BGB zulässigen Teil hinausgeht, hat er vom Vermieter zur Zahlung an die Masse anzufordern.

Bewohnt der Schuldner eine genossenschaftliche Wohnung, hat der Verwalter die Mitgliedschaft in der Genossenschaft zu kündigen und die Genossenschaftsanteile zur Masse zu ziehen. Auf genossenschaftliche Nutzungsverhältnisse ist § 109 Abs. 1 Satz 2 InsO nicht analog anwendbar.[2477]

3.3.6.4 Bankkonto/Spargut haben

1234 Durch die Eröffnung des Insolvenzverfahrens erlischt der zwischen dem Schuldner und seinem Kreditinstitut geschlossene Girovertrag als Unterfall eines Geschäftsbesorgungsvertrages, § 115 Abs. 1, 116 Abs. 1 Satz 1 InsO . Die Kontokorrentabrede endet. Der Treuhänder kann das Konto aus der Masse freigeben. Die Freigabe ist der Verzicht des Insolvenzverwalters auf die Massebefangenheit eines an sich massebefangenen Vermögenswerts.

Führen dann Bank und Schuldner das Konto fort, ist dies vertraglich ein Neuabschluss. Das Verfügungsrecht des Treuhänders bezieht sich auf das Konto dann nicht mehr. Neue Zahlungseingänge auf dem Konto gehören, soweit sie nicht pfändungsfreier Neuerwerb sind, dennoch zur Masse.

[2477] BGH, Urt. v. 17.09.2009 – IX ZR 63/09, ZInsO 2009, 2104; a. A.: AG Duisburg, B. v. 23.02.2011 – 64 IK 248/10, ZInsO 2011, 934.

Kapitel 5 Vereinfachtes Insolvenzverfahren

Es bleibt dem Schuldner unbenommen, zur Auszahlung nicht massezugehöriger Einkünfte ein neues Girokonto zu eröffnen. Die ersuchte Bank wird diesem Wunsch regelmäßig nur nachkommen, wenn der Insolvenzverwalter dieses Konto im Vorhinein aus der Insolvenzmasse freigibt, mithin erklärt, dass weder Bestand noch Eingänge auf diesem Konto massebefangen sein sollen.

Seit dem 01. 07. 2010 hat der Schuldner einen Rechtsanspruch darauf, dass die Bank sein Kontokorrentkonto als sog. Pfändungsschutzkonto führt (sog. „P-Konto"). Seit dem 01. 01. 2012 sind die Vorschriften der ZPO über das P-Konto an Stelle der außer Kraft getretenen Vorschriften über die beschränkte Pfändbarkeit von Arbeitseinkommen und gleichgestellten Leistungen getreten.[2478]

3.3.6.5 Lebensversicherungen/Altersbezüge

Die Ruhestandsbezüge der abhängig Beschäftigten können nach § 54 SGB I i. V. m. §§ 850 Abs. 1, 850 c ZPO nur wie Arbeitseinkommen gepfändet werden. *1235*

Nach § 851 c Abs. 1 ZPO dürfen Ansprüche auf Leistungen, die aufgrund von Verträgen gewährt werden, nur wie Arbeitseinkommen gepfändet werden, wenn

- diese Leistungen lebenslang, nicht vor Vollendung des 60. Lebensjahres und regelmäßig oder nur bei Eintritt der Berufsunfähigkeit gewährt werden und
- über Ansprüche aus diesem Vertrag nicht verfügt werden darf und
- die Einsetzung von Dritten als Leistungsempfänger ausgeschlossen ist, es sei denn, es handelt sich um Hinterbliebene und
- die Zahlung einer kapitalisierten Leistung nicht vereinbart wurde, es sei denn, diese beschränkt sich auf den Todesfall.

Mehrere Altersvorsorgeleistungen oder Arbeitseinkommen sind zusammenzurechnen, soweit der Insolvenzverwalter dies verlangt, §§ 851c Abs. 3 i. V. m. 850 e Nr. 2, 2 a ZPO.

3.3.7 Abweichungen gegenüber der Regelinsolvenz

§§ 312–314 InsO regeln die Abweichungen – im Wesentlichen Vereinfachungen – des vereinfachten Insolvenzverfahrens gegenüber dem Regelsolvenzverfahrens. Sie tragen dem Umstand Rechnung, dass *1236*

- kein Unternehmen betroffen ist, über dessen Fortführung oder Abwicklung entschieden werden muss;
- sich die gesetzlichen Regelungen zur Behandlung eines Massenverfahrens eignen müssen.

2478 Zum Pfändungsschutzkonto: *Bitter*, Das neue Pfändungsschutzkonto (P-Konto) – eine Zwischenbilanz, ZIP 2011, 149; *Büchel*, Das neue Pfändungsschutzkonto in der Insolvenz des Schuldners, ZInsO 2010, 20; *du Carrois*, Das P-Konto und seine Auswirkungen im Insolvenzverfahren, ZInsO 2009, 1801.

Die Vereinfachungen in §§ 312–314 InsO dienen der Effizienzsteigerung und der Entlastung der Gerichte.

3.3.7.1 Veröffentlichungen

1237 Die öffentlichen Bekanntmachungen erfolgen nur auszugsweise, § 312 Abs. 1, 1. HS InsO. Auf weitere und wiederholte Veröffentlichungen, wie sie § 9 Abs. 2 InsO vorsieht, soll verzichtet werden. Diese Vorschrift war ursprünglich aus Kostengründen eingeführt worden. Seitdem Veröffentlichungen nur noch im Internet erfolgen, läuft diese Vereinfachung de facto leer.

3.3.7.2 Entfallen des Berichtstermins

1238 Ein Berichtstermin findet grundsätzlich nicht statt, § 312 Abs. 1 Satz 2 InsO. Er ist nicht sinnvoll, da diejenigen Punkte, über die der Verwalter im Berichtstermin berichtet und die Gläubiger abstimmen (Aussichten der Unternehmensfortführung, Möglichkeiten für einen Insolvenzplan), im Verbraucherinsolvenzverfahren nicht einschlägig sind. Die Frage der Anfechtung von Rechtshandlungen nach § 313 Abs. 2 InsO und die Möglichkeit einer vereinfachten Verteilung gemäß § 314 InsO kann im Prüfungstermin erörtert werden.

§ 312 Abs. 1 Satz 2 InsO schließt aber die Anberaumung einer Gläubigerversammlung nicht aus, sofern das Gericht eine solche für erforderlich hält oder dies gemäß § 75 Abs. 1 InsO beantragt wird.

3.3.7.3 Anfechtung von Rechtshandlungen

1239 Die Realisierung der Anfechtungsansprüche gemäß §§ 129 ff. InsO ist in der Verbraucherinsolvenz grundsätzlich Sache der Gläubiger, § 313 Abs. 2 Satz 1 InsO. Diese Beschränkung der Aufgaben des Treuhänders dient der Kostenreduzierung. Der Gläubiger, der einen Anfechtungsprozess führt, macht ein Recht der Insolvenzmasse geltend, kein eigenes Recht. Es gelten daher auch die Vorschriften der §§ 129 ff. InsO und nicht die Vorschriften des AnfG. Der Treuhänder hat dem Gläubiger die zur Anspruchsdurchsetzung notwendigen Informationen zu erteilen. Dasjenige, was der Gläubiger erfolgreich einklagt, hat er nach Abzug der Kosten an die Masse herauszugeben. Geht der Prozess verloren, kann er Kostenerstattung nur verlangen, wenn ihn die Gläubigerversammlung mit der Anspruchsdurchsetzung beauftragt hatte, § 313 Abs. 2 Satz 4 InsO. Alternativ kann die Gläubigerversammlung den Treuhänder mit der Anfechtung beauftragen, § 313 Abs. 2 InsO.

Umstritten ist, ob der Treuhänder, der diesen Auftrag nicht erhalten hat, die Anfechtbarkeit einer Rechtshandlung im Wege der Einrede geltend machen kann. Dies wird man bejahen müssen, da der Anspruch auch in diesem Fall ein solcher der Masse ist und das Kostenargument, das zu der Regelung in § 313 Abs. 2 InsO geführt hat, hier nicht einschlägig ist (str.[2479]).

[2479] *Landfermann*, in: HK, § 313 Rn. 14; a.A.: *Vallender*, in: Uhlenbruck, InsO, § 313 Rn. 74; *Kexel*, in: Graf-Schlicker, InsO-Komm, § 313 Rn. 22.

Kapitel 5 Vereinfachtes Insolvenzverfahren

3.3.7.4 Eingeschränktes Verwertungsrecht

Die Vorschriften über das Verwertungsrecht des Insolvenzverwalters gemäß §§ 166–169 InsO gelten im Verbraucherinsolvenzverfahren ebenso wenig wie das in § 165 InsO genannte Recht, nach § 172 ZVG die Zwangsversteigerung oder Zwangsverwaltung eines Grundstücks zu beantragen. Das Verwertungsrecht steht dem Gläubiger zu, § 313 Abs. 3 Satz 2 InsO. § 313 Abs. 3 Satz 3 InsO ordnet die entsprechende Anwendbarkeit von § 173 Abs. 2 InsO an: Das Gericht kann dem Gläubiger also eine Frist zur Verwertung setzen. Nach Ablauf der Frist ist der Treuhänder zur Verwertung berechtigt.

1240

Umstritten ist, ob sich die entsprechende Anwendbarkeit des § 173 Abs. 2 InsO auch auf Sicherheiten an Immobilien bezieht.[2480] Dies wird man bejahen müssen, da nach der Begründung zum RegE des ÄndG auch dieser Fall in die Regelung mit einbezogen werden sollte.[2481]

Ferner ist streitig, ob § 313 Abs. 3 InsO das Recht des Treuhänders zu einer freihändigen Veräußerung eines Grundstücks, die die Rechte der Grundpfandgläubiger bestehen lässt, unberührt lässt. Dies dürfte zu bejahen sein, da sich § 313 Abs. 3 InsO auf §§ 165 ff. InsO bezieht, das Verwertungsrecht gemäß § 159 InsO aber unberührt lässt.[2482]

3.3.7.5 Vereinfachte Verteilung

§ 314 InsO regelt eine Vereinfachung bei der Verteilung der Masse und normiert den Fall des bereits unter Geltung der KO üblichen Falls der „erkauften Freigabe". Auf Antrag des Treuhänders ordnet das Gericht an, dass von einer Verwertung teilweise oder ganz Abstand genommen wird. Der Schuldner hat eine Ausgleichszahlung an die Masse zu leisten und zwar in Höhe des fiktiven Verwertungserlöses.

1241

3.3.7.6 Zeitliche Erweiterung der Rückschlagsperre

Nach § 88 InsO werden Sicherheiten, die ein Gläubiger nicht früher als einen Monat auf Eröffnung des Insolvenzverfahrens durch Zwangsvollstreckung erworben hat, mit der Verfahrenseröffnung unwirksam. § 312 Abs. 1 Satz 3 InsO verlängert diese Monatsfrist auf drei Monate, sofern das Insolvenzverfahren auf den Antrag des Schuldners hin eröffnet wurde.

1242

Dadurch soll erreicht werden, dass Pfändungen während des außergerichtlichen Einigungsversuchs von der Rückschlagsperre umfasst werden.

Die Rückschlagsperre ordnet die Unwirksamkeit einer Sicherung an. Auf die Befriedigung des Gläubigers ist sie nicht anwendbar. In diesem Fall kommt nur eine Anfechtung in Betracht, die in der Verbraucherinsolvenz aber grundsätzlich den Gläubigern obliegt.

[2480] Ausführlich zum Streit: *Landfermann,* in: HK, § 313 Rn. 17 m. w. N.
[2481] *Landfermann,* in: HK, § 313 Rn. 17; BT-Drucks. 14/5680, 33, zu Nr. 29.
[2482] *Hergenröder,* Der Treuhänder im Spannungsfeld zwischen Gläubiger- und Schuldnerinteressen, ZVI 2005, 521 (526); *Kohte,* in: FK-InsO, § 313 Rn. 66 d.

3.3.8 Verfahrensabschluss und Sperrwirkung

1243 Der Verfahrensabschluss des vereinfachten Insolvenzverfahrens vollzieht sich nach den allgemeinen Vorschriften. Das Insolvenzverfahren endet

- regulär nach Schlussverteilung durch Aufhebung, § 200 Abs. 1 InsO,
- vorzeitig durch Einstellung mangels Masse, § 207 Abs. 1 Satz 1 InsO,
- vorzeitig nach Anzeige der Masseunzulänglichkeit, § 211 Abs. 1 InsO,
- wenn alle bekannten Insolvenzgläubiger zustimmen, § 213 InsO,
- wenn ein Insolvenzgrund nicht (mehr) besteht, § 212 InsO,
- wenn der Schuldner verstirbt.

Das Verbraucherinsolvenzverfahren geht nun – soweit der Schuldner dies beantragt hat – in das Restschuldbefreiungsverfahren über.

1244 Ein eröffnetes Insolvenzverfahren hindert die Eröffnung eines weiteren Insolvenzverfahrens über das Vermögen des Schuldners. Der Grundsatz, dass über das Vermögen einer Person auch nur ein Insolvenzverfahren eröffnet werden darf, gilt jedoch nicht ausnahmslos: Ein Zweitinsolvenzverfahren ist zulässig, wenn der Insolvenzverwalter zuvor die „Freigabe" der Selbstständigkeit nach § 35 Abs. 2 InsO erklärt hat.[2483]

4. Stundung der Verfahrenskosten

1245 Vor Einführung der Verfahrenskostenstundung, §§ 4 a–d InsO, wurde ein Insolvenzverfahren nicht eröffnet, wenn die erforderliche Masse nicht vorhanden und auch kein Dritter bereit war, die Verfahrenskosten aufzubringen oder vorzuschießen. Die Folge war, dass gerade in Fällen völlig mittelloser Schuldner Insolvenzverfahren nicht eröffnet werden und daher die Betroffenen Restschuldbefreiung nicht erlangen konnten. Eine analoge Anwendung der Prozesskostenhilfevorschriften kam und kommt nicht in Betracht.[2484]

Die Verfahrenskostenstundung nach §§ 4 a ff. InsO ermöglicht die Eröffnung eines Insolvenzverfahrens auf Antrag des Schuldners mit dem Ziel der Restschuldbefreiung auch in den Fällen, in denen es an jeder Masse fehlt und Dritte die Kosten aufzubringen nicht bereit sind. Sie ist auf alle natürlichen Personen und nicht nur auf Verbraucher im Sinne des § 304 InsO anwendbar.

4.1 Voraussetzungen

1246 Die Verfahrenskostenstundung ist gegenüber der Deckung der Kosten aus der Masse subsidiär. Der Sachverständige hat daher zu prüfen, ob die vorhandene Masse die Verfahrenskosten deckt und zwar selbstverständlich auch dann, wenn der Schuldner einen Antrag auf Stundung der Verfahrenskosten gestellt hat.

Stundung kann nur gewährt werden, wenn die entstehenden Verfahrenskosten nicht durch das Vermögen des Schuldners gedeckt sind und auch kein Dritter zur Übernahme der Verfahrenskosten bereit ist.

[2483] BGH, B. v. 09.06.2011 – IX ZB 175/10.
[2484] BGH, B. v. 16.03.2000 – IX ZB 2/00, BGHZ 144, 78.

Die Stundung setzt voraus:
- einen formlosen Stundungsantrag des Schuldners. Gläubiger können Stundung nicht beantragen, denn die Stundung dient alleine der Möglichkeit der Erlangung von Restschuldbefreiung. Stellen diese einen Insolvenzantrag und ist eine ausreichende Masse nicht vorhanden, wird der Insolvenzantrag mangels Masse zurückgewiesen; *1247*
- einen eigenen Insolvenzantrag und einen Restschuldbefreiungsantrag. Da die Verfahrenseröffnung im Wege der Stundung Restschuldbefreiung ermöglichen soll, ist der Stundungsantrag nur zulässig, wenn auch Restschuldbefreiung beantragt wird; *1248*
- eine Erklärung, ob einer der Versagungsgründe des § 290 Abs. 1 Nr. 1 und 3 InsO vorliegt. Ist dies der Fall, ist der Stundungsantrag unbegründet; *1249*
- fehlende Leistungsfähigkeit des Schuldners: Dabei ist vorrangig zu prüfen, ob eine ausreichende Masse vorhanden ist, ob ein Dritter bereit ist, die Verfahrenskosten vorzuschießen oder ob die Verfahrenskosten im Wege des Ehegattenunterhaltsanspruchs analog § 1360 a Abs. 4 BGB gedeckt werden können. Im Rahmen der Leistungsfähigkeit ist das Vermögen zu ermitteln und das pfändbare Einkommen des Schuldners zu bestimmen. Zukünftiger Erwerb ist zu berücksichtigen, soweit wahrscheinlich ist, dass dieser anfällt. Die Ansicht, der pfändbare Anteil des Einkommens sei für ein Jahr zu berücksichtigen, dürfte zu weitgehend sein. Entscheidend sind die Umstände des Einzelfalls: Verliert der Schuldner möglicherweise seine Arbeitsstelle? Sind Gehaltseinbußen zu befürchten? *1250*

Die Vorrangigkeit der Aufbringung der Verfahrenskostenstundung im Wege des Ehegattenunterhaltsanspruchs hat der BGH im Grunde anerkannt.[2485] Dies setzt aber voraus, dass der Ehegatte selbst leistungsfähig ist, die Verschuldung auf ehebedingten Verbindlichkeiten beruht, von denen beide Ehegatten im Rahmen der gemeinsamen Lebensführung profitiert haben und die Ehe noch nicht geschieden ist.

4.2 Gewährung

Über die Stundung wird nach Verfahrensabschnitten entschieden, § 4 a Abs. 3 Satz 2 InsO. Für das Eröffnungsverfahren, das gerichtliche Schuldenbereinigungsverfahren, das eröffnete Insolvenzverfahren und das Restschuldbefreiungsverfahren wird also separat entschieden. Die Stundung bewirkt, dass der Schuldner in der Regel bis zur Restschuldbefreiung keine Zahlungen auf die Verfahrenskosten leisten muss. *1251*

Das Insolvenzgericht prüft die vom Schuldner vorzutragenden Tatsachen. Sind die Angaben unvollständig, muss es den Schuldner hierauf hinweisen.[2486] Tatsachen, die der Schuldner nicht vorgetragen hat, darf das Gericht nur berücksichtigen, wenn es den Schuldner vorher angehört hat. Die Stundung gewährt der Richter durch Beschluss, sofern diese spätestens mit dem Eröffnungsbeschluss ergeht, danach der Rechtspfleger.

2485 BGH, B. v. 24.07.2003 – IX ZB 539/02, NZI 2003, 556.
2486 BGH, B. v. 24.07.2003 – IX ZB 539/02, BGHZ 156, 92.

4.3 Wirkung und Umfang

1252 Die Stundung erfasst die Kosten des Verfahrens (§ 54 InsO), also im Wesentlichen

- die Gerichtskosten
- und die Vergütung des vorläufigen Insolvenzverwalters/Insolvenzverwalters/Treuhänders.

Sie umfasst darüber hinaus die Auslagen des Treuhänders zur Erfüllung steuerrechtlicher Pflichten, wenn die Finanzverwaltung ihn hierzu aufgefordert hat und trotz Masselosigkeit nicht bereit ist, die Aufforderung an den Verwalter/Treuhänder zurückzunehmen.[2487]

1253 Die Stundung bewirkt, dass der Schuldner die Verfahrenskosten zunächst nicht aufbringen muss und zwar in der Regel bis zur Erteilung der Restschuldbefreiung. Die Verfahrenskosten werden während des Insolvenzverfahrens und der Wohlverhaltensperiode vorrangig aus der Insolvenzmasse berichtigt.

Wurde dem Schuldner Restschuldbefreiung erteilt, ist er zur Rückzahlung verpflichtet. Ist er dazu nicht in der Lage, kann das Gericht die Stundung verlängern (§ 4b Abs. 1 InsO).

Solange die gestundeten Verfahrenskosten nicht vollständig zurückgeführt sind, ist eine Quotenzahlung an die Gläubiger nicht denkbar (vgl. § 292 Abs. 1 Satz 1 InsO).

4.4 Beiordnung eines Rechtsanwalts

1254 Dem Schuldner kann, wenn dies erforderlich erscheint, ein Rechtsanwalt zur Vertretung beigeordnet werden (§ 4a Abs. 2 Satz 1 InsO), dessen Vergütung dann, wenn sie aus der Masse nicht aufgebracht werden kann, ebenfalls von der Stundung umfasst wird (§ 4a Abs. 3 Nr. 2 InsO).

Die Beiordnung kann erst nach Gewährung der Stundung erfolgen. Weder kann § 4a Abs. 2 InsO auf die Antragsphase ausgedehnt werden noch sind die Prozesskostenhilfevorschriften auf diesen Verfahrensabschnitt analog anwendbar.

Die Beiordnung eines Rechtsanwalts setzt voraus, dass die Vertretung durch einen Rechtsanwalt trotz der dem Gericht obliegenden Fürsorge erforderlich erscheint. Die Rechtsprechung hierzu ist sehr uneinheitlich.[2488]

4.5 Aufhebung

1255 Das Gericht kann unter bestimmten Umständen die Stundung aufheben. Die in § 4e InsO genannten Aufhebungsgründe weisen weitgehende Parallelen zu Pflichten des Schuldners während des Verfahrens und der Wohlverhaltensperiode auf.

2487 BGH, B. v. 22.07.04 – IX ZB 161/03, ZIP 2004, 1717.
2488 Wohl zu weitgehend LG Bonn, B. v. 02.09.2009 – 6 IN 239/09, kritisch *Martini*, Beiordnung eines Rechtsanwalts bei Stundung im Insolvenzeröffnungsverfahren, jurisPR-InsR 25/2009 Anm. 4.

4.6 Rechtsprechung

Unzulässigkeit von Ratenzahlungsanordnungen: 1256
Die Regelung in § 4b Abs. 1 InsO, die Ratenzahlungen des Schuldners vorsieht, ist nur auf die Zeit nach Erteilung der Restschuldbefreiung anwendbar. Die Verfahrenskostenstundung hat schon dann zu erfolgen, wenn der Schuldner nicht in der Lage ist, die Kosten für den gesamten Verfahrensabschnitt aufzubringen.[2489]
Beiordnung eines Rechtsanwalts:
Mangelnde Deutschkenntnisse des Schuldners sind ohne weiteres für sich gesehen ebenso wenig ein Grund für die Beiordnung eines Rechtsanwalts[2490] wie eine hohe Anzahl von Gläubigern.[2491]
Querfinanzierung der Treuhändervergütungen:
Die Tätigkeit des Treuhänders muss nicht in jedem einzelnen Fall kostendeckend und angemessen vergütet werden. Da jedoch die Anzahl der massearmen Verfahren den Großteil aller Verfahren ausmacht, kommt eine Querfinanzierung ohne weiteres nicht mehr in Betracht. Daher muss ein wirtschaftlicher Ausgleich bereits innerhalb der massearmen Verfahren erreicht werden. Für den Durchschnitt dieser Verfahren muss daher für den Treuhänder eine angemessene Vergütung zu erzielen sein.[2492] Dadurch ist nicht ausgeschlossen, dass der Treuhänder in Einzelfällen nach wie vor in Verfahren eingesetzt wird, in denen seine Vergütung nicht kostendeckend ist, sofern dieser regelmäßig bestellt wird und daher davon auszugehen ist, dass eine Querfinanzierung durch massereichere Verfahren erreicht werden kann.

5. Sonderfragen

5.1 Selbstständigkeit in der Verbraucherinsolvenz

Genauso wie der Selbstständige in der Insolvenz nicht daran gehindert werden kann, seine Selbstständigkeit aufzugeben und eine nicht selbstständige Tätigkeit aufzunehmen, kann der Verbraucher in eine selbstständige Tätigkeit wechseln. Nur bei besonderen Umständen, z.B. Verlusterzielungsabsicht, kann ein solches Verhalten einen Obliegenheitsverstoß gemäß § 295 Abs. 1 Nr. 1 InsO darstellen. 1257

Es gelten ansonsten für diese Selbstständigkeit gegenüber dem Regelinsolvenzverfahren keine Besonderheiten. Insbesondere muss der Treuhänder gemäß § 35 Abs. 2 InsO erklären, ob Vermögen aus dieser selbstständigen Tätigkeit zur Insolvenzmasse gehört und ob Ansprüche aus dieser Tätigkeit im Insolvenzverfahren geltend gemacht werden können.

In der Treuhandphase obliegt es dem Schuldner dann, die Gläubiger durch Zahlungen an den Treuhänder so zu stellen, „wie wenn er ein angemessenes Dienstverhältnis eingegangen wäre", § 295 Abs. 2 InsO. „Angemessen" ist ein Dienstverhältnis, das die Kenntnisse und Erfahrungen des

---
2489 BGH, B. v. 25.09.2003 – IX ZB 459/02, NZI 2003, 665.
2490 BGH, B. v. 18.12.2002 – IX ZA 22/02, ZInsO 2003, 124.
2491 LG Göttingen, B. v. 14.01.2003 – 10 T 71/02, NZI 2003, 454.
2492 BGH, B. v. 13.03.2008 – IX ZB 60/05, DZWIR 2008, 300.

Schuldners, die er durch Ausbildung und Vortätigkeiten erworben hat, nutzt. Erwirtschaftet der Schuldner dann höhere Überschüsse, ist er zu deren Herausgabe nicht verpflichtet!

1258 Die Feststellung, welcher Betrag abzuführen ist, ist schwierig. Um sich vor Versagungsanträgen zu schützen, sollte der Schuldner rechtzeitig Einvernehmen mit allen Gläubigern über die Höhe der zu leistenden Zahlungen erzielen. Der Treuhänder kann vermitteln. Festlegen darf er die Höhe der abzuführenden Zahlungen nicht. Tut er es dennoch, dürfte es am Verschulden des Schuldners fehlen, wenn Gläubiger später Versagung der Restschuldbefreiung mit der Begründung beantragen, der Schuldner habe zu wenig abgeführt.

Ob der selbstständige Schuldner wie ein Arbeitnehmer monatliche oder nur regelmäßige Zahlungen leistet, ist unerheblich. Theoretisch reicht es nach dem Gesetzeswortlaut aus, dass er am Ende der Abtretungsphase eine einmalige Zahlung leistet. Dies erschwert dem Gläubiger jedoch das Vorbringen von Versagungsgründen, so dass Teile der Literatur dies für unzulässig halten.

5.2 Steuerliche Pflichten des Treuhänders

1259 Der Treuhänder ist Vermögensverwalter im Sinne des § 34 Abs. 3 AO und Verfügungsberechtigter im Sinne des § 35 AO. Die steuerlichen Pflichten des Schuldners hat daher in Bezug auf das verwaltete Vermögen der Treuhänder zu erfüllen. Er hat daher auch die Steuererklärungen abzugeben, soweit die Insolvenzmasse berührt ist. Da für die nicht massebezogenen steuerrechtlichen Pflichten der Schuldner zuständig ist und nur der pfändbare Teil des Arbeitseinkommens des abhängig beschäftigten Schuldners Massebestandteil ist, hat der Treuhänder nicht die Verpflichtung zur Abgabe von Einkommensteuererklärungen für Einkünfte aus nicht selbstständiger Arbeit.

Die Steuererklärungspflicht des Treuhänders gilt unabhängig davon, ob in der Masse die erforderlichen Mittel zur Beauftragung eines Steuerberaters vorhanden sind. Besteht das Finanzamt auf der Abgabe der Steuererklärungen und fallen dadurch Kosten an, sind diese als unvermeidbare Verwaltungskosten Auslagen des Verwalters, die in Verfahren mit Verfahrenskostenstundung durch die Staatskasse zu ersetzen sind.[2493]

Der Treuhänder sollte versuchen – und dies ist ihm auch zuzumuten – im Verhandlungswege zu erreichen, von der Pflicht zur Abgabe der Steuererklärung befreit zu werden. Gelingt ihm dies nicht, verlangt er Erstattung der notwendigen Steuerberatungskosten als Auslagen gemäß § 63 Abs. 2 InsO durch die Staatskasse.

1260 Im Verfahren über das Vermögen eines verheirateten Schuldners steht gemäß § 26 Abs. 2 EStG das Wahlrecht der Ehegatten für eine Getrennt- oder Zusammenveranlagung zur Einkommensteuer in Bezug auf den Schuldner dem Verwalter bzw. Treuhänder zu. Es handelt sich nach der Rechtsprechung des BGH nicht um ein höchstpersönliches Recht, sondern ein Verwaltungsrecht, das auf den Verwalter/Treuhänder übergeht.[2494]

2493 BGH, B. v. 22.07.2004 – IX ZB 161/03, ZIP 2004, 1717.
2494 BGH, Urt. v. 24.05.2007 – IX ZR 8/06, ZInsO 2007, 656.

Kapitel 5 Vereinfachtes Insolvenzverfahren

6. Reform der Verbraucherinsolvenz und der Restschuldbefreiung

Nach einer seit 2003 anhaltenden Diskussion über die Reformbedürftigkeit der Verbraucherinsolvenz und der Restschuldbefreiung hatte das Bundesjustizministerium 2007 den Regierungsentwurf eines Entschuldungsgesetzes vorgestellt. Im April 2008 fand eine Sachverständigenanhörung statt. Nach anfänglicher Zustimmung zu dem vorgelegten Entwurf wurde auch Kritik laut. Der Gesetzesentwurf wurde in der 16. Legislaturperiode des Deutschen Bundestages nicht umgesetzt. Er sah im wesentlichen Folgendes vor: Zweiteilung des Verfahrens in massehaltige Insolvenzverfahren und masselose Verfahren, in denen das Insolvenzverfahren ersatzlos entfallen sollte, Stärkung der außergerichtlichen Einigungsmöglichkeit, ersatzlose Streichung der §§ 312-314 InsO, Verschärfung der Versagungsgründe, Verkürzung der Wohlverhaltensperiode bei Erreichung bestimmter Quoten.   1261

Nachdem dieser Entwurf nicht weiter verfolgt wurde, ist nunmehr beabsichtigt, die Vorschriften der Verbraucherinsolvenz innerhalb der Insolvenzordnung zu reformieren.

6.1 Verkürzung der Wohlverhaltensperiode

Die als zu lang empfundene Wohlverhaltensperiode soll auf 5 Jahre verkürzt werden, wenn die Kosten des Insolvenzverfahrens gedeckt sind. Eine weitere Verkürzung soll auf 3 Jahre erfolgen, wenn außerdem eine Quote von mindestens 25 % erreicht wird. Letztgenannte Änderung ist rechtspolitisch bedenklich. Sie benachteiligt – ähnlich wie die Rechtslage vor Einführung der Verfahrenskostenstundung – Schuldner, die ohne jegliches Vermögen und Einkünfte sind.   1262

6.2 Änderungen im Bereich der Versagung der Restschuldbefreiung

Versagungsanträge sollen künftig auch schriftlich gestellt werden können. Dies als Reaktion auf die praktisch geringe Neigung von Gläubigern, Versagungsanträge zu stellen, da diese bisher im Schlusstermin persönlich oder durch einen zugelassenen Vertreter gestellt werden müssen. Ferner sollen Versagungsanträge demnächst auch noch nach dem Schlusstermin gestellt werden können, und zwar dann, wenn der Gläubiger im Nachhinein Kenntnis von Versagungsgründen erlangt. Es gilt dann eine 6-monatige Frist. Die Versagungsgründe sollen auf Vermögensstraftaten ausgedehnt werden. Dies ist konsequent, da nicht einzusehen ist, dass z. B. eine rechtskräftige Verurteilung wegen Untreue oder Betrug zu Lasten von Gläubigern der Restschuldbefreiung nicht entgegenstehen soll.   1263

6.3 Abschaffung des gerichtlichen Schuldenbereinigungsverfahrens

Das ohnehin nur noch fakultative gerichtliche Schuldenbereinigungsverfahren wird abgeschafft. Aus diesem werden in das außergerichtliche Schuldenbereinigungsverfahren die Regelungen über die Ersetzungsmöglichkeit bei fehlender Gläubigerzustimmung und das Absehen vom Einigungsversuch bei offensichtlicher Aussichtslosigkeit übernommen.   1264

6.4 Sonstige Änderungen

1265 Das in § 114 Abs. 1 InsO geregelte Lohnabtretungsprivileg soll abgeschafft werden, eine Entscheidung über die Erteilung der Restschuldbefreiung soll auch bereits bei laufendem Insolvenzverfahren möglich sein, die Vorschrift des § 109 Abs. 1 Satz 2 InsO soll auf genossenschaftliche Nutzungsverhältnisse ausgedehnt werden.

Kapitel 6
Restschuldbefreiung der natürlichen Person

Redliche Schuldner erhalten die Gelegenheit, sich von ihren restlichen Verbindlichkeiten zu befreien, § 1 Satz 2 InsO. Es handelt sich um ein subjektives Recht des Schuldners und gleichzeitig um ein weiteres gesetzliches Ziel des Insolvenzverfahrens, das gleichrangig neben das Ziel der Gläubigerbefriedigung tritt. Die Gläubigerinteressen werden durch die Vorschriften über die Versagung der Restschuldbefreiung gewahrt. Die Restschuldbefreiung tritt gegenüber allen Insolvenzgläubigern unabhängig davon ein, ob sich diese am Verfahren beteiligt haben oder nicht. Das bedeutet, dass ein Gläubiger die Befreiung von seiner Verbindlichkeit nicht dadurch vermeiden kann, dass er seine Forderung nicht zur Insolvenztabelle anmeldet. Der Begriff der Redlichkeit in § 1 Satz 2 InsO hat keine eigenständige Bedeutung. Vielmehr liegt Unredlichkeit nur da vor, wo das Gesetz dies positivrechtlich regelt, also insbesondere in den Vorschriften über die Versagung der Restschuldbefreiung. 1266

Sofern der Schuldner dies beantragt hat, folgt das Restschuldbefreiungsverfahren dem vereinfachten Insolvenzverfahren zeitlich nach. Ohne Restschuldbefreiungsantrag wird Restschuldbefreiung nicht gewährt. Gezwungen werden kann der Schuldner nicht. Ein auf eigenen Insolvenzantrag des Schuldners eröffnetes Insolvenzverfahren ohne Restschuldbefreiungsantrag entspricht in seinen Rechtswirkungen dem früheren Konkursverfahren. Es tritt also nach Verfahrenseinstellung oder -aufhebung das freie Nachforderungsrecht der Gläubiger ein. 1267

1. Voraussetzungen
1.1 Antrag

Die Restschuldbefreiung setzt einen Antrag des Schuldners voraus, § 287 Abs. 1 Satz 1 InsO. Im Gegensatz zum Regelinsolvenzverfahren ist er schriftlich und unter Verwendung des vorgeschriebenen Musters zu stellen. Ein isolierter Restschuldbefreiungsantrag ist nicht möglich. Er muss zwingend mit einem eigenen Insolvenzantrag verbunden werden.[2495] Im Falle eines 1268

2495 BGH, B. v. 25.09.2003 – IX ZB 24/03, NZI 2004, 511.

Fremdantrages hat das Gericht den Schuldner darauf hinzuweisen, dass er zur Erlangung der Restschuldbefreiung auch einen Eigenantrag zu stellen hat. Es muss ihm eine angemessene Frist setzen, die es ihm ermöglicht, zuvor anwaltlichen Rat einzuholen.[2496] Ist der Hinweis unvollständig, fehlerhaft oder verspätet erfolgt, kann der Restschuldbefreiungsantrag ausnahmsweise auch noch nach Verfahrenseröffnung isoliert gestellt werden. Eine durch das Gericht gesetzte Frist ist keine Ausschlussfrist: Solange das Verfahren nicht eröffnet ist, kann der Antrag noch gestellt werden. Hat das Gericht ordnungsgemäß belehrt und kommt es sodann zur Eröffnung des Insolvenzverfahrens allein aufgrund eines Fremdantrages, ist eine Wiedereinsetzung in den vorigen Stand für den betroffenen Schuldner nicht möglich.

1269 Bei fehlerhaftem, unvollständigem oder verspätetem gerichtlichen Hinweis ist der Restschuldbefreiungsantrag nicht ausgeschlossen. Er kann im Falle eines Gläubigerantrages, der zur Verfahrenseröffnung führte, ausnahmsweise nach Verfahrenseröffnung isoliert nachgeholt werden.

1270 Wird ein Gläubigerantrag mangels Masse zurückgewiesen, kann der Schuldner auch dann unverzüglich einen eigenen Insolvenzantrag verbunden mit einem Antrag auf Restschuldbefreiung stellen, wenn er zuvor trotz gerichtlichen Hinweises keinen eigenen Insolvenzantrag und keinen Restschuldbefreiungsantrag gestellt hatte.[2497]

1271 Hat das Gericht fehlerfrei belehrt und kommt es sodann aufgrund des Gläubigerantrages zur Verfahrenseröffnung, ohne dass der Schuldner zuvor einen eigenen Insolvenzantrag und Restschuldbefreiungsantrag gestellt hatte, kann der Schuldner für die Dauer des Verfahrens keinen Eigenantrag und keinen Restschuldbefreiungsantrag stellen. Ein Parallelverfahren findet nicht statt.

1.2 Abtretungserklärung (§ 287 Abs. 2 InsO)

1272 Dem Antrag hat der Schuldner zwingend die Erklärung beizufügen, dass er den pfändbaren Anteil seiner Bezüge aus einem Dienstverhältnis oder an deren Stelle tretende laufende Bezüge für die Dauer von sechs Jahren nach Verfahrenseröffnung an den Treuhänder abtritt. War bereits zuvor eine Abtretung erfolgt, hat er hierauf hinzuweisen. Auch hier gelten wiederum Schriftform und Formularzwang.

Die Abtretungserklärung erfasst alle Vergütungen aus bestehenden oder künftigen Arbeits- oder sonstigen Dienstverhältnissen und alle Ruhestands-, Erwerbsunfähigkeits- und Arbeitslosigkeitsleistungen. Der Anspruch auf Erstattung von Lohnsteuer wird nicht erfasst.[2498] Solche Ansprüche lässt sich der Treuhänder, um sie für die Masse zu sichern, nach Verfahrenseröffnung regelmäßig vom Schuldner abtreten. Dies geschieht durch privatrechtliche Abtretungsvereinbarung.

Abtretungsverbote oder -beschränkungen (z. B. aus Tarifverträgen) sind in Bezug auf die Abtretung nach § 287 Abs. 2 InsO ohne Einfluss, § 287 Abs. 3 InsO.

2496 BGH, B. v. 17.02.2005 – IX ZB 176/03, ZInsO 2005, 310.
2497 BGH, B. v. 01.12.2005 – IX ZB 186/05, NZI 2006, 181.
2498 BGH, B. v. 12.01.2006 – IX ZB 239/04, NZI 2006, 246.

Kapitel 6 Restschuldbefreiung der natürlichen Person

Die Sechs-Jahres-Frist beginnt mit dem Wirksamwerden des Eröffnungsbeschlusses, nicht mit dessen Rechtskraft. Sofern das Insolvenzverfahren vor dem 01.12.2001 eröffnet wurde, beginnt die sieben- bzw. fünfjährige Wohlverhaltensperiode des früheren § 107 EG InsO (Altfallregelung) erst mit der Aufhebung des Insolvenzverfahrens.[2499] 1273

Eine Verkürzung der Wohlverhaltensperiode für Schuldner, die bereits vor dem 01.01.1997 zahlunfähig waren, findet seit dem 01.12.2001 für danach eröffnete Insolvenzverfahren nicht mehr statt. 1274

1.3 Anhörung der Gläubiger und des Treuhänders im Schlusstermin

Gläubiger und Treuhänder sind im Schlusstermin zum Restschuldbefreiungsantrag zu hören, § 289 Abs. 1 Satz 1 InsO. Das Gericht entscheidet durch Beschluss, Satz 2. 1275

1.4 Fehlen von Versagungsgründen

Die Restschuldbefreiung ist zu versagen, wenn ein Insolvenzgläubiger dies im Schlusstermin beantragt und einer der abschließenden Versagungsgründe des § 290 InsO vorliegt. Die Versagungsgründe sind abschließend. Das bedeutet, eine Auslegung ist nach allgemein anerkannten Methoden zulässig. Eine Ausweitung oder Analogie auf vergleichbare Fälle findet aber nicht statt. Dabei bezieht sich § 290 InsO auf Pflichtverletzungen bis zum Schlusstermin. Wird das Verfahren gemäß § 5 Abs. 2 Satz 1 InsO schriftlich durchgeführt, kann der Versagungsantrag schriftlich bis zum Prüfungstermin gestellt werden.[2500] 1276

Aus dem Katalog der Versagungsgründe des § 290 InsO sind insbesondere bedeutsam: 1277

- Verurteilung wegen einer Insolvenzstraftat, § 290 Abs. 1 Nr. 1 InsO: Ein Zusammenhang zwischen der Straftat und dem laufenden Insolvenzverfahren ist nicht erforderlich.
- Falsche Angaben des Schuldners zur Erlangung eines Kredits oder öffentlicher Leistungen, § 290 Abs. 1 Nr. 2 InsO in den letzten drei Jahren vor dem Insolvenzantrag: Es werden aus Gründen der Rechtsklarheit nur schriftliche Erklärungen berücksichtigt.
- Erteilung oder Versagung der Restschuldbefreiung in den letzten zehn Jahren vor dem Insolvenzantrag, § 290 Abs. 1 Nr. 3 InsO: Die fehlende Deckung der Mindestvergütung des Treuhänders nach § 298 InsO begründet keine Sperrfrist, da dem Schuldner hieraus kein Vorwurf gemacht werden kann. Daraus wird teilweise gefolgert, dass § 290 Abs. 1 Nr. 3 InsO einschränkend dahingehend auszulegen sei, dass bei fehlendem Verschulden im Sinne des § 296 InsO keine Sperrfrist in Gang gesetzt wird (str.).[2501]

[2499] BGH, B. v. 11.10.2007 – IX ZB 72/06, NZI 2008, 49.
[2500] BGH, B. v. 20.03.2003 – IX ZB 388/02, ZVI 2003, 170.
[2501] Ebenso *Landfermann*, in: HK, § 313 Rn. 16; a.A. *Kexel*, in: Graf-Schlicker, InsO, § 290 Rn. 14.

Teil 3 Insolvenzverfahrensrecht

- Vermögensverschwendung, Begründung unangemessener Verbindlichkeiten oder Verzögerung der Eröffnung des Insolvenzverfahrens, § 290 Abs. 1 Nr. 4 InsO: Sanktionierung nicht bei nachvollziehbaren wirtschaftlichen Verhaltensweisen (Beispiel: Luxus-Kreuzfahrt). Aus Nr. 4 ergibt sich keine Pflicht zur Stellung eines Insolvenzantrages für Privatpersonen! Vermieden werden soll, dass der Schuldner Insolvenzanträge der Gläubiger, z. B. durch falsche Angaben, hinauszögert.
- Verletzung der Auskunfts- und Mitwirkungspflichten, § 290 Abs. 1 Nr. 5 InsO: Die Erwerbsobliegenheit in der Wohlverhaltensperiode, § 295 Abs. 1 Nr. 1 InsO, ist keine Mitwirkungspflicht. Eine Vorverlagerung in das Insolvenzverfahren über § 290 Abs. 1 Nr. 5 InsO findet nicht statt.
- Falsche oder unvollständige Angaben in den Verzeichnissen, § 290 Abs. 1 Nr. 6 InsO.

1278   Ein Versagungsantrag ist nur zulässig, wenn der Gläubiger ihn glaubhaft macht, § 290 Abs. 2 InsO. Wenn der Gläubiger den Sachverhalt schlüssig darstellt und der Schuldner nicht bestreitet, reicht dies aus. Gelingt im Übrigen die Glaubhaftmachung, ermittelt das Gericht anschließend, ob der Versagungsgrund tatsächlich gegeben ist.

Der Gläubiger muss seinen Versagungsantrag im Schlusstermin glaubhaft machen. Ist die Glaubhaftmachung gelungen, ermittelt das Gericht, ob der Versagungsgrund wirklich gegeben ist. Mit dieser Zweistufigkeit soll vermieden werden, dass bloße Vermutungen eines Gläubigers oder Angaben ins Blaue das Gericht zu umfangreichen Ermittlungen nötigen.

1.5 Sperrfrist

Der Bundesgerichtshof hatte in den letzten Jahren in einer Reihe von Beschlüssen darüber zu entscheiden, ob ein sofortiges Rechtsschutzbedürfnis zur Stellung eines erneuten Antrags auf Eröffnung eines Insolvenzverfahrens und Erteilung der Restschuldbefreiung besteht, wenn kurze Zeit zuvor die Restschuldbefreiung versagt wurde. Ein solches Rechtsschutzbedürfnis besteht nach inzwischen ständiger Rechtsprechung nicht. Der BGH argumentiert, dass in § 290 Abs. 1 Nr. 3 InsO für den Fall der Versagung der Restschuldbefreiung im Schlusstermin eine Regelungslücke enthalten ist, die durch eine Sperrfrist zu schließen sei, die sich an der Frist für die Berücksichtigung von Falschangaben des Schuldners im Rahmen des § 290 Abs. 1 Nr. 2 InsO orientiert. Danach ist der Antrag des Schuldners auf Erteilung der Restschuldbefreiung in folgenden Fällen mit einer Sperrfrist von 3 Jahren unzulässig:

- Der Antrag wird binnen drei Jahren nach rechtskräftiger Versagung in einem früheren Verfahren wegen einer vorsätzlichen oder grob fahrlässigen Verletzung seiner Auskunfts- oder Mitwirkungspflicht gestellt.[2502]
- Der Schuldner nimmt seinen Antrag auf Verfahrenseröffnung und Kostenstundung zurück, nachdem ihm wegen eines Verstoßes gegen § 290 Abs. 1 Nr. 5 InsO die Kostenstundung versagt wurde.[2503]

2502 BGH, B. v. 16.07.2009 – IX ZB 219/08, ZInsO 2009, 1777.
2503 BGH, B. v. 06.10.2011 – IX ZB 114/11, NZI 2011.

2. Ankündigung der Restschuldbefreiung

Wurde kein Versagungsantrag gestellt oder war ein gestellter Antrag erfolglos, stellt das Gericht im Schlusstermin durch Beschluss fest, dass der Schuldner Restschuldbefreiung erlangt, wenn er den Obliegenheiten nach § 295 InsO nachkommt und die Voraussetzungen für eine Versagung nach §§ 297, 298 InsO nicht vorliegen, § 291 InsO.

1279

Wurden Insolvenzforderungen nicht angemeldet oder es wurden bereits alle Insolvenzgläubiger befriedigt, kann bereits im Schlusstermin die Restschuldbefreiung erteilt werden.[2504]

1280

3. Bestellung des Treuhänders

Grundsätzlich wird nach § 291 Abs. 2 InsO im gleichen Beschluss der Treuhänder bestellt. Für die Verbraucherinsolvenz wird der Treuhänder jedoch gemäß § 313 Abs. 1 Satz 2 InsO schon mit Verfahrenseröffnung bestellt. Sofern die Bestellung des Treuhänders im Eröffnungsbeschluss nicht ausdrücklich auf das Insolvenzverfahren beschränkt wurde, gilt sie für die Wohlverhaltensperiode fort.[2505] Eine ausdrückliche Weiter- oder erneute Bestellung ist dann nicht erforderlich.

1281

4. Obliegenheiten

Während der Laufzeit der Abtretungserklärung treffen den Schuldner die in § InsO geregelten Obliegenheiten. Die Sanktionsmöglichkeiten sind in § 296 InsO geregelt.

1282

Der Schuldner muss insbesondere

- eine angemessene Erwerbstätigkeit ausüben, § 295 Abs. 1 Nr. 1 InsO: Die Ausübung einer abhängigen Beschäftigung oder das Bemühen hierum ist die zentrale Obliegenheit des nicht selbstständigen Schuldners. Er muss auch eine zumutbare Beschäftigung annehmen, wenn er keine seiner Qualifikation entsprechende Beschäftigung findet. Die Erwerbsobliegenheit verfolgt keinen Selbstzweck, ist insbesondere keine erzieherische Maßnahme. Ist offensichtlich, dass der Schuldner keine Einkünfte im pfändbaren Bereich erzielen kann (Beispiel: ungelernte Schuldnerin mit Migrationshintergrund und mehreren unterhaltsberechtigten Kindern ohne bisherige berufliche Tätigkeit), ist die Nichtaufnahme einer Erwerbstätigkeit oder das fehlende Bemühen hierum kein Versagungsgrund.[2506]
- ein ihm angefallenes Erbe zur Hälfte an die Masse herausgeben, § 295 Abs. 2 Nr. 2 InsO: Durch die Beschränkung der Herausgabepflicht auf ½ soll vermieden werden, dass der Schuldner die Erbschaft ausschlägt.
- seine Mitteilungs- und Auskunftspflichten erfüllen, § 295 Abs. 2 Nr. 3 InsO

[2504] BGH, B. v. 17.03.2005 – IX ZB 214/04, ZInsO 2005, 597.
[2505] BGH, B. v. 17.06.2004 – IX ZB 92/03, ZVI 2004, 544.
[2506] BGH, B. v. 22.10.2009 – IX ZB 160/09 m. Anm. *Martini*, Erteilung der Restschuldbefreiung nach Ablauf der Abtretungserklärung auch wenn Insolvenzverfahren noch nicht abgeschlossen ist, jurisPR-InsR 1/2010 Anm. 1.

Teil 3 Insolvenzverfahrensrecht

- Zahlungen nur an den Treuhänder leisten, § 295 Abs. 2 Nr. 4 InsO.: Problematisch ist, ob der Schuldner vor Verfahrenseröffnung verwirkte Geldstrafen zahlen darf. Zahlt er nicht, muss er die Vollstreckung einer Ersatzfreiheitsstrafe fürchten. Zahlt er aus seinem unpfändbaren Vermögen, dürfte dies unschädlich sein, da dann die Voraussetzungen des § 296 Abs. 1, 1. HS InsO nicht vorliegen. Zahlt er nicht, kann die Vollstreckungsbehörde wegen Uneinbringlichkeit der Geldstrafe gemäß § 459e StPO eine Ersatzfreiheitsstrafe vollstrecken. U. U. greift die Härtefallregelung des § 459f StPO. Die Einzelheiten sind streitig.[2507]

Sanktionierbar sind Obliegenheitsverletzungen nur, wenn durch diese die Befriedigung der Insolvenzgläubiger beeinträchtigt wird, § 296 Abs. 1, 1. HS InsO. Es muss bei wirtschaftlicher Betrachtung eine konkret messbare Schlechterstellung der Gläubiger wahrscheinlich sein und diese muss von dem antragstellenden Gläubiger glaubhaft gemacht werden.[2508]

5. Entscheidung über die Restschuldbefreiung

1283 Nach Ablauf der Wohlverhaltensperiode tritt Restschuldbefreiung nicht automatisch ein. Vielmehr entscheidet das Gericht nach Anhörung der Insolvenzgläubiger, des Treuhänders und des Schuldners durch bekanntzumachenden Beschluss, § 300 InsO. Soweit kommt es nicht, wenn die Restschuldbefreiung vorzeitig versagt oder erteilt wird.

5.1 Vorzeitige Beendigung ohne Restschuldbefreiung

1284 Das Gericht versagt die Restschuldbefreiung auf Antrag in Fällen der Obliegenheitsverletzung nach § 296 InsO, bei Insolvenzstraftaten gemäß § 297 InsO und im Falle der fehlenden Deckung der Mindestvergütung des Treuhänders.

Ein vorzeitiges Scheitern des Verfahrens zur Restschuldbefreiung ist noch in weiteren, gesetzlich nicht geregelten, Fällen denkbar, nämlich:

- Der Schuldner nimmt seinen Restschuldbefreiungsantrag zurück.
- Der Schuldner verstirbt.

5.2 Vorzeitige Erteilung der Restschuldbefreiung

1285 In Ausnahmefällen wird die Restschuldbefreiung vorzeitig erteilt, nämlich wenn

- alle aus dem Schlussverzeichnis ersichtlichen Gläubiger voll befriedigt werden;
- alle Gläubiger außergerichtlich auf jegliche weitere Zahlungen verzichten;
- kein Gläubiger Forderungen angemeldet hat;

2507 Zur Problematik: *Vallender/Elschenbroich*, Konflikte zwischen dem Straf- und Insolvenzrecht bei der Vollstreckung von Geldstrafen im Verbraucherinsolvenz- und Restschuldbefreiungsverfahren NZI 2002, 130; *Landfermann*, in: HK, § 295 Rn. 20 m. w. N.
2508 BGH, B. v. 17. 07. 2008 – IX ZB 183/2007, NZI 2008, 623.

- der Schuldner sich einen Kredit beschafft und alle Gläubiger vorzeitig befriedigt (str.);[2509]
- der Schuldner sich mit allen Gläubigern verglichen hat

Darüber hinaus ist seit dem 03.12.2009 durch den IX. Zivilsenat des Bundesgerichtshofs geklärt, dass die Restschuldbefreiung auch dann vorzeitig erteilt werden kann, wenn die Abtretungsphase verstrichen ist, aber das Insolvenzverfahren noch andauert.[2510] Der Schuldner hat, wenn Versagungsgründe nicht gegeben sind, nach Ablauf der Abtretungsphase einen Rechtsanspruch auf Entscheidung über die Restschuldbefreiung. Es ist ihm nicht zuzumuten, das Ende des Insolvenzverfahrens abzuwarten, auf dessen Dauer er nur geringen Einfluss hat. Den Gläubigern ist aber vor Erteilung durch einen zusätzlichen Termin oder im schriftlichen Verfahren wie bei einem Schlusstermin die Gelegenheit zu geben, Versagungsgründe vorzubringen. Liegen diese nicht vor oder werden sie nicht glaubhaft gemacht, ist die Restschuldbefreiung zu erteilen. Bis zu deren Rechtskraft hat der Verwalter sodann den pfändbaren Neuerwerb zur Masse zu ziehen. Ist die Restschuldbefreiung rechtskräftig erteilt, hat er den zur Masse gezogenen Neuerwerb an den Schuldner auszukehren. Anderenfalls wird das Insolvenzverfahren fortgesetzt.

1286

5.3 Regelfristige Erteilung

Fehlt ein Versagungsantrag oder sind gestellte Versagungsanträge unzulässig oder unbegründet, erteilt das Gericht die Restschuldbefreiung, § 301 InsO.

1287

5.4 Wirkungen der Restschuldbefreiung

Die Wirkungen der Restschuldbefreiung ergeben sich aus §§ 301 f. InsO: Sie bezieht sich auch auf die Forderungen derjenigen Insolvenzgläubiger, die sich am Verfahren nicht beteiligt haben. Die Forderungen bestehen noch, sind aber nicht mehr durchsetzbar. Sie eignen sich also auch nicht zur Aufrechnung. Das freie Nachforderungsrecht gemäß § 201 InsO entsteht nicht. Einzelzwangsvollstreckungsmaßnahmen sind jetzt nicht mehr zulässig. Persönliche oder dingliche Sicherheiten bestehen fort.

1288

Die in § 302 InsO genannten Verbindlichkeiten sind von der Erteilung der Restschuldbefreiung ausgenommen. Der Gesetzgeber empfand es als unbillig, dass sich der Schuldner auch der Erfüllung der dort genannten Verbindlichkeiten entziehen kann.

1289

Praxisrelevant ist insbesondere § 302 Nr. 1 InsO: Verbindlichkeiten des Schuldners aus einer vorsätzlich begangenen unerlaubten Handlung werden nicht umfasst, wenn der Gläubiger die Forderung unter Angabe des Rechtsgrundes nach § 174 Abs. 2 InsO angemeldet hat.

2509 Vgl. BGH, B. v. 17.03.2005 – IX ZB 214/04, ZInsO 2005, 597; vgl. auch *Pape*, Vorzeitige Erteilung der Restschuldbefreiung bei fehlenden Forderungsanmeldungen, NZI 2004, 1.
2510 BGH, B. v. 03.12.2009 – IX ZB 247/08, NZI 2010, 111.

Daneben unterliegen Geldstrafen und diesen gemäß § 39 Abs. 1 Nr. 3 InsO gleichgestellte Forderungen nicht der Restschuldbefreiung.

1290 Von der Restschuldbefreiung werden nicht umfasst:

- Verbindlichkeiten des Schuldners aus einer vorsätzlich begangenen unerlaubten Handlung, wenn der Gläubiger diese Forderung unter Angabe dieses Rechtsgrundes zur Insolvenztabelle angemeldet hat und sie so festgestellt wurde;
- Geldstrafen, Geldbußen, Ordnungsgelder, Zwangsgelder sowie Nebenfolgen einer Straftat oder Ordnungswidrigkeit, die zu einer Geldzahlung verpflichten;
- Verbindlichkeiten aus zinslosen Darlehen, die dem Schuldner zur Begleichung der Verfahrenskosten gewährt wurden;
- gestundete, während der Wohlverhaltensperiode nicht zurückgezahlten, Verfahrenskosten;
- Forderungen der Neugläubiger;
- nicht vermögensrechtliche Ansprüche.

Erhalten bleiben den Insolvenzgläubigern Ansprüche gegen Mitschuldner, Ansprüche aus Vormerkungen und Ansprüche, die zur abgesonderten Befriedigung berechtigten.

5.5 Widerruf der Restschuldbefreiung

1291 Aus § 300 InsO ergibt sich, dass Verstöße des Schuldners gegen seine Obliegenheiten nicht mehr geltend gemacht werden können, sobald der Beschluss über die Erteilung der Restschuldbefreiung rechtskräftig geworden ist. Diese der Rechtssicherheit dienende Regelung erscheint unbillig, wenn im Nachhinein ein besonders schwerer Verstoß bekannt wird. In diesem Fall erlaubt § 303 InsO unter engen Voraussetzungen den Widerruf der Restschuldbefreiung.

1292 Stellt sich nachträglich heraus, dass der Schuldner Obliegenheiten vorsätzlich verletzt hat und er dadurch die Befriedigung der Insolvenzgläubiger erheblich beeinträchtigt hat, widerruft das Gericht die Restschuldbefreiung auf Antrag eines Gläubigers, § 303 Abs. 1 InsO. Es tritt das freie Nachforderungsrecht der Gläubiger ein: Die Gläubiger können aus dem Tabellenauszug unbeschränkt gegen den Schuldner vollstrecken.

Der Widerruf setzt gemäß § 303 InsO voraus:

- einen Antrag des Gläubigers,
- innerhalb eines Jahres nach Rechtskraft der Erteilung der Restschuldbefreiung,
- eine vorsätzliche Verletzung einer der Obliegenheiten des § 295 InsO,
- die erhebliche Beeinträchtigung der Befriedigungsaussichten der Insolvenzgläubiger,
- die Kenntnis des antragstellenden Gläubigers vom Obliegenheitsverstoß erst nach Rechtskraft der Erteilung der Restschuldbefreiung.

Kapitel 7
Eigenverwaltung

1. Grundlagen der Eigenverwaltung
1.1 Systematik der Eigenverwaltung

Die Eigenverwaltung hat in den Siebten Teil der Insolvenzordnung in den §§ 270 ff. InsO Eingang gefunden. Während in den §§ 270–273 InsO die Voraussetzungen für die Anordnung bzw. Aufhebung der Eigenverwaltung normiert sind, wird in den §§ 274–285 InsO *die Aufgaben- bzw. Kompetenzverteilung* zwischen dem eigenverwaltendem Schuldner und dem ihn beaufsichtigendem Sachwalter geregelt. Die Vorschriften zur Eigenverwaltung lassen sich insoweit in zwei verschiedene Regelungskomplexe aufteilen.[2511]

1293

Kerngedanke der Eigenverwaltung ist dabei, dass der Schuldner die Geschäftsführung betreffende Aufgaben wahrzunehmen hat, während der Sachwalter lediglich die unternehmerische Tätigkeit des Schuldners überwacht. Freilich hat der Sachwalter bezüglich bestimmter unternehmerischer Tätigkeiten u. U. Zustimmungsbefugnisse, dennoch kann im Rahmen der Eigenverwaltung von einer „kontrollierten Handlungsfreiheit"[2512] des Schuldners gesprochen werden. Den Sachwalter treffen dabei neben der Überwachung vor allem die insolvenzspezifischen Aufgaben wie die Führung der Insolvenztabelle oder die Geltendmachung von Rückgewähransprüchen aus anfechtbaren Handlungen. Ist im Laufe des Verfahrens unklar, ob der eigenverwaltende Schuldner oder der Sachwalter für eine bestimmte Aufgabe zuständig ist, sollte dieser gesetzliche Leitgedanke bei der Entscheidungsfindung beachtet werden.

Außerhalb der speziellen Regelungen der §§ 270 ff. InsO finden die allgemeinen Vorschriften des Regelinsolvenzverfahrens Anwendung.[2513] Daher ist auch im Rahmen der Eigenverwaltung die Programmnorm[2514] des § 1 InsO ebenso wie der Grundsatz der Gläubigerautonomie fest verankert.

[2511] *Haas/Kahlert*, in: Gottwald, Insolvenzrechts-Handbuch, § 86 Rn. 3.
[2512] So ausdrücklich *Haas/Kahlert*, in: Gottwald, Insolvenzrechts-Handbuch, § 86 Rn. 3.
[2513] *Uhlenbruck*, in: Uhlenbruck, InsO, § 270 Rn. 7ff.
[2514] Vgl. hierzu *Smid*, in: Leonhardt/Smid/Zeuner, InsO, § 1 Rn. 1ff.

1.2 Aufgabe der Eigenverwaltung und Intentionen des Insolvenzrechtsreformgesetzgebers

1294 Die Verwaltung seines Vermögens durch den Schuldner selbst[2515] in der Insolvenz wird von einer Reihe Rechtsordnungen als eine sinnvolle Form der Abwicklung des Verfahrens der Haftungsverwirklichung[2516] des insolventen Schuldners angesehen.[2517] Sie motiviert den Schuldner, zugunsten der Gläubiger eine bestmögliche Verwertung seines Vermögens zu erreichen. Damit wird das Ziel verfolgt, dass er den nachinsolvenzlichen Nachforderungsrechten der Insolvenzgläubiger nicht mehr ausgesetzt und durch eine Restschuldbefreiung dem schuldnerischen Unternehmensträger eine *Fortführung des Unternehmens* ermöglicht werden kann.[2518] Nach der Vorstellung des Gesetzgebers ist das Institut der Eigenverwaltung insbesondere auf die Sanierung und Fortführung insolventer Unternehmen zugeschnitten.

1295 Dennoch ist festzustellen, dass die Zahl der Anträge auf Anordnung der Eigenverwaltung weit hinter den Erwartungen zurückgeblieben ist. Die Gründe hierfür sind vielseitig aber wohl vor allem in der restriktiven Haltung der Gerichte bezüglich der Anordnung der Eigenverwaltung zu sehen. Damit einher geht aber auch die Sorge der Schuldner soweit sie einen frühzeitigen Antrag bei erst drohender Zahlungsunfähigkeit stellen, dass gegen ihren Willen mit der Ablehnung der Eigenverwaltung ein Insolvenzverwalter bestellt und das Regelinsolvenzverfahren eröffnet wird.

1296 Mit dem am 01.03.2012 inkraftgetretenen Gesetz zur weiteren Erleichterung der Sanierung von Unternehmen (ESUG)[2519] hat der Gesetzgeber die Weichen neu gestellt und zahlreiche vielversprechende Änderungen der Eigenverwaltung statuiert. Damit wird in erster Linie versucht, den bestehenden faktischen Hindernissen der Anordnung wirkungsvoll entgegentreten zu können. Sind die Vorschläge auch zu begrüßen, so sind die Regelungen dennoch nicht ausreichend und weitreichend genug. Als primärer Kritikpunkt ist in diesem Zusammenhang wohl anzuführen, dass auch das ESUG dem Schuldner kein Rechtsmittel gegen die ablehnende Entscheidung des Gerichts gewährt. Damit bleibt aber bei allen Bemühungen, durch eine Vereinfachung der Anordnungsvoraussetzungen mit der Neufassung des § 270 Abs. 2 InsO[2520] die Anordnung der Eigenverwaltung im Ergebnis noch immer in ein – nicht an das Gesetz gebundenes – Ermessen des Gerichts gestellt.

2515 *Koch*, Eigenverwaltung, S. 21 ff.; *Huhn*, Eigenverwaltung, Rn. 158 ff.
2516 Zu dieser „Grundfunktion" des Insolvenzrechts vgl. *Häsemeyer*, Rn. 1.11 ff.
2517 Aus der Literatur: *Huhn*, Eigenverwaltung, Rn. 161 ff.; et passim; *Wustrick*, Chancen und Risiken der Eigenverwaltung nach der Insolvenzordnung, NZI 2003, 65, 69 ff.
2518 Vgl. *Chalupsky/Ennöckel*, Unternehmensfortführung im Konkurs, passim; *Mönning*, Betriebsfortführung, Rn. 99 ff., 354 ff.
2519 BGBl. I 2011, 2582.
2520 *Pape*, Erleichterung der Sanierung von Unternehmen durch Stärkung der Eigenverwaltung, ZInsO 2010, 1582, 1593.

1.2.1 Möglichkeit einer gerichtlich kontrollierten Reorganisation und Sanierung

1.2.1.1 Überkommene Rechtslage

Die überkommene Beratungspraxis zielte entweder darauf ab, den Kredit des Schuldners durch *außergerichtliche Sanierungsversuche* solange wie möglich zu erhalten, was geradezu zwangsläufig mit fragwürdigen, die Masse aushöhlenden Kreditbesicherungen einherging. Oder man versuchte, die Eröffnung eines Insolvenzverfahrens dadurch zu vermeiden, dass man eine Situation herstellte, in der aufgrund der Unzulänglichkeit des schuldnerischen Vermögens eine Verfahrenseröffnung nicht in Betracht kam. Letztere Praktiken waren ebenso verbreitet[2521] als auch kriminell zu beurteilen.[2522]

1297

Wenn die Sanierungsoption, die das neue Insolvenzrecht nach dem erklärten Willen des Reformgesetzgebers eröffnen soll, angesichts des schwerfälligen (und durch die bevorstehende Reform voraussichtlich eher noch schwerfälliger werdenden)[2523] Insolvenzplanverfahrens überhaupt einen angebbaren Sinn erhalten soll, dann liegt er in dem Verfahren der Eigenverwaltung des Schuldners begründet.[2524] Denn nur unter der Voraussetzung, dass der Schuldner *sehr frühzeitig* und *unter Beibehaltung seiner Verwaltungsbefugnis* die Sanierung seines Unternehmens in Angriff zu nehmen rechtlich in Stand gesetzt wird,[2525] kann das Insolvenzrecht ihm eine Vielzahl von Sanierungshilfen bereitstellen, die über das bekannte Instrumentarium der übertragenden Sanierung hinausgehen.

1298

Demgegenüber birgt die bisherige außergerichtliche Sanierung des Schuldners ebenso eine Reihe von erheblichen Risiken, denn die Bestellung von Sicherheiten für aufzunehmende Sanierungskredite unterliegt gegebenenfalls der Insolvenzanfechtung. Die Beteiligung an außergerichtlichen Sanierungsversuchen kann sich darüber hinaus als Teilnahme an Insolvenzstraftaten darstellen und ferner Schadenersatzansprüche solcher Gläubiger auslösen, deren Rechte dabei geschmälert wurden. Diese vielfältigen Risiken sind dabei von den Beteiligten häufig in Kauf genommen worden, nicht etwa weil man auf diesem Wege die Einflussnahme eines Insolvenzverwalters ausschließen wollte, sondern es gab zur außergerichtlichen Sanierung jedenfalls – für den Zeitpunkt vor Eintritt der materiellen Insolvenz – schlechthin keine positiv rechtlich geregelte Alternative.

1299

Diese Situation wurde durch die Einführung des Institutes der Eigenverwaltung geändert. Der Eigenantrag des Schuldners, den er mit dem Antrag auf Anordnung der Eigenverwaltung zur *gerichtlich überwachten Durchführung einer Reorganisation* des Unternehmens stellt, gibt nunmehr den Weg

---

2521 RegEInsO Amtl. Begründung. Allg. Teil 1 b; vgl. auch *Smid*, Praxishandbuch Insolvenzrecht, § 1 Rn. 57 ff.

2522 In Deutschland vgl. den Bankrotttatbestand des § 283 StGB; eingehend zum Ganzen *Bittmann*, Insolvenzstrafrecht.

2523 Vgl. hierzu *Frind*, Zum Diskussionsentwurf für ein „Gesetz zur weiteren Erleichterung der Sanierung von Unternehmen", ZInsO 2010, 1473.

2524 *Smid/Wehdeking*, Soll die Anordnung der Eigenverwaltung voraussetzen, dass der Schuldner dem Insolvenzgericht einen „pre-packaged" Insolvenzplan vorlegt?, ZInsO 2010, 1713 ff.

2525 Statt aller *Wehdeking*, Masseverwaltung, Einl. Rn. 3 ff., 14 ff. 20 ff. et passim.

Teil 3   Insolvenzverfahrensrecht

zu einer weniger riskanten Sanierung frei. Der Schuldner erhält damit die Möglichkeit, eine Reorganisation in einem gerichtlich beaufsichtigten Verfahren durchzuführen, ohne die Verwaltungs- und Verfügungsbefugnis über sein Vermögen zu verlieren.[2526] Das hat gegenüber der außergerichtlichen Sanierung den Vorteil, dass der Schuldner bei der Durchführung der Reorganisation nur auf die Entscheidungen der Organe der Gläubigerselbstverwaltung trifft, namentlich die Entscheidungen der Gläubiger im Berichtstermin nach § 157 InsO und die von der Gläubigerversammlung bzw. gegebenenfalls des Gläubigerausschusses gemäß § 160 InsO. Die außerinsolvenzliche Rechtsverfolgung der Gläubiger durch *Leistungsklagen* (§ 87 InsO) und *Individualzwangsvollstreckungen* (§§ 89, 88 InsO) wird weiterhin ausgeschlossen und selbst Massegläubigern nur unter den eingeschränkten Voraussetzungen gemäß § 90 InsO gestattet. Das Verfahren unter Anordnung der Eigenverwaltung gewährleistet dem Schuldner anders ausgedrückt eine Atempause, die dem *Relief*[2527] entspricht, der dem *debtor in possession* durch den *automatic stay* im amerikanischen Recht zugutekommt.

1.2.1.2 Eigenständiges Sanierungsverfahren („Schutzschirmverfahren") nach § 270b InsO[2528]

1300   Mit § 270b InsO[2529] soll dem Schuldner zukünftig im Zeitraum zwischen dem Eröffnungsantrag und der Verfahrenseröffnung ein eigenständiges Sanierungsverfahren zur Verfügung gestellt werden. Hiernach hat der Schuldner, wenn er seinen Eröffnungsantrag bei drohender Zahlungsunfähigkeit oder Überschuldung gestellt und die Eigenverwaltung beantragt hat und überdies die angestrebte Sanierung nicht offensichtlich aussichtslos ist, die Chance, im Schutz eines besonderen Verfahrens in Eigenverwaltung einen Sanierungsplan zu erstellen, der anschließend durch einen Insolvenzplan umgesetzt werden soll.[2530] Mit dem Beschluss des Gerichts hat der Schuldner bis zu drei Monate Zeit, um unter einem Schutzschirm und unter der Kontrolle des Gerichts sowie eines vorläufigen Sachwalters unbehelligt solche Sanierungsmaßnahmen vorzubereiten. Der Vorteil in diesem Verfahren liegt darin, dass durch insolvenzgerichtliche vorläufige Anordnung dem Schuldner ein Moratorium gewährt wird, der ihm Schutz vor Individualvollstreckungen

---

2526   Huhn, Eigenverwaltung, Rn. 709 ff.

2527   Wittig/Tetzlaff, in: MüKo-InsO, § 270 Rn. 101 ff.

2528   Pape, Erleichterung der Sanierung von Unternehmen durch Stärkung der Eigenverwaltung, ZInsO 2010, 1582, 1594; Braun/Heinrich, Auf dem Weg zu einer (neuen) Insolvenzplankultur in Deutschland – Ein Beitrag zu dem Regierungsentwurf für ein Gesetz zur weiteren Erleichterung der Sanierung von Unternehmen, NZI 2011, 505, 511; Rattunde, AnwBl. 2012, 1, 2; skeptisch Hirte, Anmerkungen zum von § 270b RefE-InsO ESUG vorgeschlagenen „Schutzschirm", ZInsO 2011, 401, 403 ff.

2529   BGBl. I 2011, 2585; zum Ganzen eingehend Smid, Große Reform und Beseitigung der Insolvenzordnung durch ein neues Konkursverfahren?, DZWIR 2010, 397, 407 f.

2530   Damit wird das Junktim wenigstens ansatzweise hergestellt, dass der Gesetzgeber der Insolvenzrechtsreform der achtziger und neunziger Jahre des 20. Jahrhundert angedacht, aber verworfen hat, vgl. m.w.N. Smid/Wehdeking, Soll die Anordnung der Eigenverwaltung voraussetzen, dass der Schuldner dem Insolvenzgericht einen „prepackaged" Insolvenzplan vorlegt?, ZInsO 2010, 1713 ff.

bietet und ihm damit für einen begrenzten Zeitraum Ruhe vor dem unmittelbaren Zugriff seiner Gläubiger bietet.

Sind die Voraussetzungen nach § 270b Abs. 1 Satz 1 InsO gegeben, so hat das Gericht eine Frist von maximal drei Monaten zur Vorlage eines Insolvenzplans zu bestimmen. Den Nachweis der Anordnungsvoraussetzungen erbringt der Schuldner durch eine mit Gründen versehene Bescheinigung eines in Insolvenzsachen erfahrenen Steuerberaters, Wirtschaftsprüfers oder Rechtsanwalts oder einer Person mit vergleichbarer Qualifikation. Eine Anwendung der Maßstäbe des IDW Sanierungsstandards Nr. 6 wird ausdrücklich abgelehnt.[2531] Ergibt sich aus der Bescheinigung das Vorliegen der Anordnungsvoraussetzungen, bestimmt das Gericht eine Frist zur Vorlage des Plans und ernennt einen vorläufigen Sachwalter. Dabei soll es nunmehr nur in den Fällen von einem Vorschlag des Schuldners abweichen, wenn die benannte Person offensichtlich für das Amt ungeeignet ist.[2532] Dies ist insbesondere dann anzunehmen, wenn die Person, welche die Bescheinigung erteilt hat, als Sachwalter vorgeschlagen wird.[2533] Durch seinen – grundsätzlich bindenden – Vorschlag kann der Schuldner gewiss sein, dass die Sanierung durch das Insolvenzplanverfahren mit einer für ihn vertrauenswürdigen, gleichzeitig aber unabhängigen Person vorbereitet werden kann. Ziel dieser Regelung ist es dabei, ein weiteres Hindernis für eine frühzeitige Antragstellung durch den Schuldner auszuräumen indem er von Beginn an Einfluss und Klarheit über die Person des Sachwalters hat.[2534] Für die Dauer der gerichtlich bestimmten Frist sind keine vorläufigen Sicherungsmaßnahmen zu treffen. Gleichzeitig ist das Gericht verpflichtet, Maßnahmen der Zwangsvollstreckung gegen den Schuldner zu untersagen oder einzustellen (§ 21 Abs. 2 Nr. 3 InsO). In diesem Zusammenhang finden für Immobilien die Regelungen von § 30d und § 153b ZVG unter der Maßgabe Anwendung, dass anstelle des vorläufigen Insolvenzverwalters der vorläufige Sachwalter zuständig ist.[2535]

1301

Die Anordnung setzt die drohende Zahlungsfähigkeit des Schuldners[2536] voraus; folglich ist sie nach § 270b Abs. 3 InsO aufzuheben, wenn
- Zahlungsunfähigkeit eintritt (Nr. 1),
- die angestrebte Sanierung aussichtslos geworden ist (Nr. 2),
- der vorläufige Gläubigerausschuss die Aufhebung beantragt (Nr. 3),
- ein vorläufiger Gläubigerausschuss fehlt (Nr. 3),
- oder Umstände bekannt werden, die erwarten lassen, dass die Anordnung zu Nachteilen für die Gläubiger führen wird (Nr. 4).

1302

2531 Institut der Wirtschaftsprüfer (IDW) S 6, Anforderungen an die Erstellung von Sanierungskonzepten, veröffentlicht WPg Supplement 3/2010, 109 ff.

2532 *Frind* befürwortet mit guten Gründen die Anwendung der Inhabilitätsvorschrift des § 45 Abs. 3 BRAO, *Frind*, Die Praxis fragt, „ESUG" antwortet nicht, ZInsO 2011, 2249, 2261; es spricht viel dafür, dessen Maßstäbe weit im Wege der Analogie auch auf Unternehmensberater u. s. f. anzuwenden.

2533 *Wimmer*, jurisPR-InsR 5/2011 Anm. 1 Abschn. II. 3. b).

2534 *Wimmer*, jurisPR-InsR 5/2011 Anm. 1 Abschn. II. 3. b).

2535 RegE eines Gesetzes zur weiteren Erleichterung der Sanierung von Unternehmen, BR-Drucks. 127/11 v. 04. 03. 2011.

2536 *Befürwortend: Hirte*, Ohne Reflexion auf die Konsequenzen, ZInsO 2011, 401, 402.

In diesen Fällen ist das Eröffnungsverfahren nach den allgemeinen Vorschriften der §§ 21 bis 25 InsO sowie des § 270a InsO fortzuführen. Damit soll verhindert werden, dass unter dem Schutzschirm der gerichtlichen Anordnung das letzte Vermögen des Schuldners zu Lasten der Gläubiger vernichtet wird. Mit der Aufhebung des Verfahrens nach § 270b InsO stehen dem Gericht wieder alle im Eröffnungsverfahren bestehenden Optionen zur Verfügung. Bedenkt man, dass die Eigenantragstellung des Schuldners regelmäßig nach den AGB-Banken zum Fällig stellen der Kredite führt, fragt sich, wie diese Regelung zu bewerten ist. Wegen des notleidenden Kreditengagements verlangt sie den Banken eine – regelmäßig nicht zu erzielende – Stundungsentscheidung ab und erzwingt daher regelmäßig im Vorfeld der Eigenantragstellung, dass der Schuldner zur Durchführung des Verfahrens Neukredite bewilligt bekommt. Dies wird die Häufigkeit des Verfahrens bzw. seine erfolgreiche Durchführung nicht selten in Frage stellen.[2537]

Der Eintritt der Überschuldung während der Frist ist hingegen allein kein ausreichender Grund für die Aufhebung der Anordnung.

1303 Ist die gerichtlich festgesetzte Frist abgelaufen oder hat das Gericht nach § 270b Abs. 3 InsO seine Anordnung aufgehoben, so entscheidet es sodann über die Eröffnung des Insolvenzverfahrens. Insoweit gelten die allgemeinen Vorschriften. Ist es dem Schuldner innerhalb der Frist gelungen einen Insolvenzplan im Sinne eines „pre-packaged plans" vorzubereiten, legt er diesen dem Gericht vor. Über den Plan wird dann im eröffneten Insolvenzverfahren nach den allgemeinen Vorschriften über den Insolvenzplan entschieden.

1.2.2 Anreiz zur Eigenantragstellung

1304 Regelmäßig ist Grund für die Verzögerung von Insolvenzanträgen die Befürchtung der Antragsteller, dass ihm die Übernahme aller Entscheidungsgewalt zunächst durch den vorläufigen, dann durch den im eröffneten Verfahren bestellten Verwalter droht, der sein Geschäftslokal sodann schließt und ihn aus seinem „eigenen" Unternehmen drängt. Um diesen Akt der „Entmachtung" zu vermeiden, wird die Antragstellung nicht selten bis über den aufgrund rechtlicher Antragspflichten (vgl. § 15a InsO) über den letzten gebotenen Moment heraus gezögert. Ein Schuldner, den eine Insolvenzantragspflicht trifft oder der Insolvenzdelikte begangen hat, ist daher nach § 270 Abs. 2 Nr. 3 InsO von der Eigenverwaltung ausgeschlossen. Diese Vorgehensweise führt einerseits dazu, dass eine Sanierung des Unternehmens deshalb schlichtweg nicht mehr möglich sein wird, weil dadurch die noch vorhandenen Vermögenswerte aufgebraucht oder bei Seite geschafft werden, zum anderen führt dies regelmäßig zur Verwirklichung des Straftatbestandes der *Insolvenzverschleppung*.

1305 Die nur begrenzten Erfolge des deutschen Gesellschafts- und Insolvenzstrafrechts, welche die verspätete Antragstellung sanktionieren und damit eine frühzeitige Eigenantragstellung und Verfahrensauslösung durch den Schuldner fördern wollten, haben unmissverständlich deutlich gemacht, dass der einzige sinnvolle Anreiz zur frühzeitigen Verfahrenseinleitung darin

---

2537 Eingehend zu diesem Thema *Smid*, in: 13. Leipziger Insolvenzrechtstag 2012 (in Vorbereitung).

liegt, dem Schuldner die *Furcht vor einer Entmachtung* zu nehmen. Die Eigenantragsstellung des Schuldners erscheint ihm dabei, solange er noch zur Betriebsfortführung in der Lage ist, nur dann sinnvoll, wenn ihm nicht das Heft aus der Hand genommen wird und er weiterhin sein Unternehmen betreiben kann. Nur aber die frühzeitige Verfahrensauslösung wahrt die Chancen der Gläubiger, eine nennenswerte Befriedigung aus der Verwertung des schuldnerischen Vermögens zu erlangen. Dies hatte der Reformgesetzgeber deutlich im Auge, als er die Eigenverwaltung als Rechtsinstitut in seiner heutigen Form einführte.

Die frühzeitige Antragstellung hat den seinen Eigenantrag mit dem Antrag auf Anordnung der Eigenverwaltung verbindenden Schuldner bislang auch dann nicht vor der Gefahr bewahrt, dass selbst in den (in praxi kaum vorkommenden) Fällen drohender Zahlungsunfähigkeit das Gericht seinem Antrag auf Eigenverwaltung ablehnend gegenüberstand, die vorläufige Insolvenzverwaltung anordnete und durch deren Publizität (§ 23 Abs. 1 Satz 1 InsO) die Zahlungsunfähigkeit herbeiführte – woraus sich dann als Konsequenz die Eröffnung eines Regelinsolvenzverfahrens unter Bestellung eines Insolvenzverwalters gemäß § 27 Abs. 1 Satz 1 InsO ergab. Es liegt auf der Hand, dass auch verantwortungsbewusste und sanierungswillige Schuldner in Anbetracht dessen häufig von der Antragstellung absahen und den oben beschriebenen – mit größeren zivilrechtlichen Haftungsrisiken und strafrechtlichen Problemen verbundenen – Weg der außergerichtlichen Sanierungsbemühungen betrieben. Nicht zuletzt darin lässt sich wohl auch der Grund für die immer noch vorherrschende geringe praktische Bedeutung des Instituts der Eigenverwaltung festmachen.

1306

Dieser nicht zu unterschätzenden Problematik trägt nunmehr auch der Reformgesetzgeber mit der Einführung des § 270a Abs. 2 *InsO* Rechnung, der dem Schuldner den Weg zur Eigenverwaltung attraktiver gestalten soll. Beantragt der Schuldner schon bei drohender Zahlungsunfähigkeit die Eröffnung des Insolvenzverfahrens und verbindet er dies mit dem Antrag auf Eigenverwaltung, hat das Gericht dem Schuldner unter der Angabe von Gründen mitzuteilen, dass es die Eigenverwaltung ablehnen will.[2538] Gleichzeitig hat es dem Schuldner Gelegenheit zur Rücknahme des Insolvenzantrags zu geben. Mit dieser Neuregelung ist die frühzeitige Antragstellung für den Schuldner praktisch gefahrlos. Lehnt das Gericht seinen Antrag ab, hat er immer noch die Möglichkeit seinen Eröffnungsantrag zurückzunehmen ohne die Einsetzung eines Insolvenzverwalters fürchten zu müssen. Diese Maßnahme scheint daher geeignet die Zahl von frühzeitigen Eigenanträgen in Verbindung mit Anträgen auf Anordnung der Eigenverwaltung zu erhöhen und damit einhergehend die Sanierungschancen bei einer Vielzahl von Unternehmen erheblich zu steigern; freilich: Die Antragsrücknahme hilft dem Schuldner wegen § 15a InsO, mehr noch aber wegen des Wegfalls des automatic stay und der damit verbundenen Fortdauer von gegen sein Vermögen gerichteten Zwangsvollstreckungsmaßnahmen nicht weiter. Das Ge-

---

2538 Pape, Erleichterung der Sanierung von Unternehmen durch Stärkung der Eigenverwaltung, ZInsO 2010, 1582, 1594.

setz scheint auch insoweit einen eher appellativen Charakter gegenüber den Insolvenzgerichten zu haben.

1.2.3 Nutzung des schuldnerischen Sachverstandes

1307 Durch das Institut der Eigenverwaltung kann überdies der *individuelle Sachverstand* des Schuldners zur Abwicklung des Verfahrens genutzt werden.[2539] Häufig genug ist der Insolvenzverwalter gerade im Rahmen von Großinsolvenzen genötigt, mit dem bisherigen Management und auch der bisherigen Geschäftsführung zusammenzuarbeiten. So sieht sich der Insolvenzverwalter eines Automobilkonzerns beispielsweise häufig veranlasst, auf eine Entlassung des Vertriebsvorstands zu verzichten, weil er ansonsten kaum in der Lage sein wird Autos in Brasilien zu verkaufen. Damit wäre er aber nun nicht in der Lage seiner Aufgabe der Masseverwertung nachzukommen. Dem Insolvenzverwalter kam und kommt in derartigen Fallkonstellationen rechtstatsächlich auch heute schon in einer Reihe von Verfahren eher eine *kontrollierende Funktion* zu. Die Entscheidungen werden dabei von anderen, namentlich den gesellschaftsrechtlichen Organen der Schuldnerin vorbereitet und von dem Insolvenzverwalter nur noch dadurch in formeller Hinsicht getroffen, dass er diese betriebswirtschaftlichen Entscheidungen absegnet.

1308 Auch in tatsächlicher Hinsicht ist festzustellen, dass bei einem Industriebetrieb oder einem größeren Handelsunternehmen eine Einzelperson selbst bei Branchenkenntnis, nicht in der Lage sein wird Detailentscheidungen im Unternehmen zu treffen und darüber hinaus alle Vorgänge zu prüfen und zu überwachen. Der Insolvenzverwalter muss sich insoweit auf die Entscheidung des (notwendigerweise bisherigen) Managements verlassen. Eine Ausnahme gibt es freilich dann, wenn das bisherige Management so weit in die Vorgänge, die zur Krise geführt haben, involviert ist, dass man den Versuch unternimmt, es gleich komplett auszuwechseln und durch andere Manager zu ersetzen. Erfolgt ein solcher Austausch ist allerdings regelmäßig eine Betriebsschließung angezeigt, da ein solcher Betrieb zumeist entsprechend schlecht positioniert ist oder auch die Kosten des Managementwechsels nicht tragen kann.

1309 Eine Grenze für die Nutzung des schuldnerischen Sachverstandes findet sich allenfalls in der *Beschränkung der Berufsausübung* durch einen Zulassungsentzug aufgrund der Eröffnung des Insolvenzverfahrens. In diesem Zusammenhang ist beispielsweise auf § 14 Abs. 2 Nr. 7 der deutschen Bundesrechtsanwaltsordnung für Rechtsanwälte oder § 46 Abs. 2 Nr. 4 Steuerberatungsgesetz für Steuerberater hinzuweisen, die im Falle eines Vermögensverfalles die Rücknahme und den Widerruf der Zulassung zur Folge haben kann. Ein Automatismus ist damit aber nicht verbunden, vielmehr hängen die Notwendigkeit der Untersagung der Berufsausübung und damit die Möglichkeit der faktischen und rechtlichen Möglichkeit der Eigenverwaltung von Rechtsakten der zuständigen Kammern ab.

[2539] *Huhn*, Eigenverwaltung, Rn. 133, 175.

Der Sachverstand „des Schuldners" spielt indes in den großen Unternehmensinsolvenzfällen, in denen die Eigenverwaltung angeordnet worden ist, keine Rolle. Denn dort wird – wie in den Fällen „Kirch Media", „Ihr Platz" oder „Babcock" das bisherige Personal der Geschäftsleitung durch Insolvenzspezialisten ersetzt, die mit dem Sachwalter kooperieren. Die bisherigen organschaftlichen Vertreter des Schuldners sind dagegen häufig in den Augen der Gläubiger in einem Maße diskreditiert, dass die Eigenverwaltung schon aus diesem Grunde faktisch nicht möglich wäre.

1.2.4 Kostenvorteile gegenüber dem Regelinsolvenzverfahren

Die Eigenverwaltung wurde lange als Instrument verstanden, nicht zuletzt auch in Fällen masseunzulänglicher Verfahren[2540] eine *kostengünstige Abwicklung* zu ermöglichen.[2541] Wenngleich auch ein Sachwalter kostengünstiger als ein „Vollinsolvenzverwalter" ist. Diesem Argument lässt sich nicht entgegenhalten, das Management des insolvenzschuldnerischen Unternehmens müsse in diesen Fällen weiterbezahlt werden. Denn nicht selten ist dies auch im „Regelinsolvenzverfahren" der Fall, in dem sich der Insolvenzverwalter bei der Betriebsfortführung auf das vorhandene Management wird stützen müssen. Auch aus Sicht der Gläubiger ist daher die Einsparung, die mit der Vergütung des Sachwalters in Höhe von 60 % der Regelvergütung verbunden ist (vgl. § 12 Abs. 1 InsVV) durchaus nicht unerheblich; aus Sicht der absonderungsberechtigten Gläubiger (§§ 50, 51 InsO), an deren Absonderungsgut der Insolvenzverwalter im eröffneten Regelinsolvenzverfahren ein eigenes Verwertungsrecht hätte (§ 166 Abs. 1 und 2 InsO), kommen in dem Verfahren der Masseverwaltung durch den Schuldner in den Genuss der Regelung des § 281 Abs. 1 Satz 2 InsO, wonach Feststellungskosten gemäß § 171 Abs. 1 InsO nicht erhoben werden.[2542]

1310

Da gemäß § 12 InsVV die allgemeinen vergütungsrechtlichen Regelungen entsprechend heranzuziehen sind, kommt weiter zum Tragen, dass im Rahmen der Festsetzung der Verwaltervergütung nach der Judikatur des IX. Zivilsenats des BGH[2543] eine Gesamtbewertung anzustellen ist, in deren Rahmen insbesondere auch die Verfahrensabwicklung unter Heranziehung des Personals des schuldnerischen Unternehmens zu berücksichtigen ist; werden dort daher Insolvenzspezialisten rekrutiert und kooperieren diese mit dem Sachwalter, kommen sogar Abschläge von der 60%igen Vergütung gemäß § 12 Abs. 1 InsVV nach § 3 Abs. 2 lit. d) InsVV in Betracht.

Ein weiterer Gesichtspunkt darf, betrachtet man die ökonomische Seite der Eigenverwaltung und dabei ihre möglichen finanziellen Vorteile, nicht außer Betracht gelassen werden. Insbesondere in single asset real estate cases kommt es vor, dass die in der Immobilie als regelmäßig einzigen Massegegenstand ruhenden Wertreserven nur dann effektiv in dem über das Vermögen des Schuldners eröffneten Insolvenzverfahren realisiert und den

---

[2540] *Buchalik*, Faktoren einer erfolgreichen Eigenverwaltung, NZI 2000, 294.
[2541] RegE InsO, BT-Drucks. 12/2443, Vor § 231 S. 222f.; *Wittig/Tetzlaff*, in: MüKo-InsO, vor § 270 Rn. 6.; *Riggert*, in: Nerlich/Römermann, InsO, § 270 Rn. 26.
[2542] *Wehdeking*, in: Leonhardt/Smid/Zeuner, InsO, § 270 Rn. 20.
[2543] BGH, B. v. 24.07.2003 – IX ZB 607/02, ZIP 2003, 1757.

Gläubigern nutzbar gemacht werden können, wenn es gelingt, den Schuldner deutlich über das in § 97 InsO geregelte Maß hinaus hierzu zu motivieren. So können beispielsweise dem Schuldner in personam erteilte, noch wirksame Baugenehmigungen (etwa zu, zum Zeitpunkt der Verfahrenseröffnung nicht mehr genehmigungsfähigen Dachausbauten) sehr häufig nur unter der Voraussetzung genutzt werden, dass der Schuldner als debtor in possession agiert.

1.3 Vorbilder der deutschen Eigenverwaltung

1311 Die Belassung der Verwaltungs- und Verfügungsbefugnis beim Schuldner unter Aufsicht eines neutralen Dritten ist für das deutsche Insolvenz-/ Konkursrecht nicht völlig neu. Das konkursabwendende Vergleichsverfahren nach der *Vergleichsordnung* beruhte darauf, dem Schuldner die Verwaltungs- und Verfügungsbefugnis zu belassen und den Vergleichsverwalter nur mit Überwachungsaufgaben zu betrauen.[2544] Für die Gesetzgebung zur heutigen Insolvenzordnung waren dabei vor allem auch die Erfahrungen mit der Vergleichsordnung ausschlaggebend, das Institut der Eigenverwaltung in die Insolvenzordnung aufzunehmen.[2545] Anders als im Rahmen der Vergleichsordnung gelten im Rahmen der Eigenverwaltung die gleichen materiell-rechtlichen Regelungen wie im Regelinsolvenzverfahren. Dies hat den Vorteil, dass die Entscheidung zur Anordnung der Eigenverwaltung unabhängig etwaiger unterschiedlicher materiell-rechtlicher Regelungen erfolgen kann.

1312 Die konkrete Ausgestaltung des Rechts der Eigenverwaltung orientiert sich freilich nicht an deutschen rechtshistorischen Modellen des Vergleichsrechts, sondern rechtsvergleichend namentlich an dem nordamerikanischen Recht. Im US-amerikanischen *Bankruptcy Code* ist in dessen *Chapter 11* – also im Kontext der Regelungen über die Reorganisation des schuldnerischen Unternehmensträgers durch einen Plan – das Institut des debtor in possession. Diese schon lange im *Bankruptcy Code* verankerte Form der Eigenverwaltung ordnet an, dass der Schuldner die Aufgaben des *trustee* (Insolvenzverwalters) in Eigenverwaltung wahrnimmt. Dieses Institut im Insolvenzrecht der Vereinigten Staaten steht in einem engen sachlichen Zusammenhang mit dem Reorganisationsplan, den der deutsche Gesetzgeber als Insolvenzplan zum Kern des neuen einheitlichen Insolvenzrechts gemacht hat und sich dabei dazu entschieden hat, die Eigenverwaltung des Schuldners im Insolvenzverfahren zu normieren. Dabei hat sich der deutsche Gesetzgeber weithin am US-amerikanischen Recht orientiert.[2546] Das deutsche Recht geht aber sogar über die Regelungen des Verfahrens des debtor in possession nach Chapter 11-Verfahren hinaus. In Chapter 11 Bankruptcy Code bezieht der debtor in possession seine Legitimation aus der Reorganisation seines Unternehmens durch Plan, während für die Liquidationsverfah-

---

2544 Vgl. *Wittig/Tetzlaff*, in: MüKo-InsO, Vor §§ 270–285, Rn. 9.
2545 Begr. RegE InsO, BT-Drucks. 12/2443, § 222 f.
2546 Vgl. RegE InsO, BT-Drucks. 12/2443, S. 105f.; *Haas/Kahlert*, in: Gottwald, Insolvenzrechts-Handbuch, § 86 Rn.10.

ren des Chapter 7 zwingend die Einsetzung eines trustee vorgesehen ist[2547], kann jedenfalls nach dem Wortlaut des § 270 InsO die Eigenverwaltung nicht nur in Fällen einer geplanten Reorganisation des Schuldners, sondern auch im Rahmen des Liquidationsverfahrens angeordnet werden. Das deutsche Recht geht damit über das US-amerikanische Recht hinaus.

1.4 Eigenverwaltung und Reorganisation

Die Aufgabe eines Junktims von Eigenverwaltung und Vorlage eines Insolvenzplans durch den Schuldner, der debtor in possession werden will, ist eine schwerwiegende Abweichung von Chapter 11 Bankruptcy Code,[2548] dessen Regelungen für die Kernstücke der deutschen Insolvenzrechtsreform – Insolvenzplan und Eigenverwaltung – prägend war. Dieses Junktim aufzugeben war bereits 1994/1999 nicht überzeugend. Denn die Auflösung des sachlichen Zusammenhangs zwischen Eigenverwaltung und Insolvenzplan führt zu Friktionen in der praktischen Handhabung der Regeln über die Eigenverwaltung – genauer dazu, dass die Insolvenzgerichte sich überwiegend standhaft einer Anwendung der Vorschriften über die Anordnung des Insolvenzplans versagen.[2549]

1313

Mit der Aufgabe dieses Junktims in einer frühen Phase der Gesetzgebung hat es zu tun, dass die Anwendung der Regeln der Eigenverwaltung im Schrifttum nach wie vor als „Ausnahme"[2550] abgetan wird – was nach den hier angestellten Überlegungen zur Geltung des Verhältnismäßigkeitsgrundsatzes[2551] im Insolvenzverfahren nunmehr vor dem Hintergrund der kollektiven Erfahrungen der Insolvenzpraxis nachvollziehbar ist. Die diesem Befund wiedersprechende Behauptung, die Eigenverwaltung des Schuldners sei eng mit dem Insolvenzplan verbunden, ist früh von *Smid*[2552] aufgestellt, aber nicht nur nicht belegt worden, sondern stand nach allem äußeren Scheine schlechthin ebenso zum Gesetz wie zu den erklärten Absichten des Gesetzgebers in eklatantem Widerspruch. Der Gesetzgeber der InsO hatte das im Gesetzgebungsverfahren in den achtziger Jahren des 20. Jahrhunderts vorgesehene Junktim zwischen Eigenverwaltung und Insolvenzplan nicht vorgesehen. Stimmen der Literatur[2553] hatten denn auch unter Rückgriff auf die Motive des Gesetzgebers einhellig erklärt, die Anordnung der Eigenverwaltung sei vollständig unabhängig von der Vorlage eines Insolvenzplanes zu betrachten.[2554] Im Schrifttum war freilich darauf hingewiesen

---

2547 *Wittig/Tetzlaff*, in: MüKo-InsO, vor § 270 Rn. 20, 25.
2548 Hierzu fokussiert auf den Zusammenhang der Eigenverwaltung des Schuldners *Wehdeking*, Masseverwaltung, Kap. 1, Rn. 5 ff. m. w. N.
2549 Vgl. allein *Huhn*, Eigenverwaltung, Rn. 2.
2550 *Häsemeyer*, Rn. 8.06; so auch *Huhn*, Eigenverwaltung, Rn. 119 ff.
2551 *Roth*, Interessenwiderstreit im Insolvenzeröffnungsverfahren, S. 96 ff.
2552 *Smid*, Sanierungsverfahren nach neuem Insolvenzrecht, WM 1998, 2489.
2553 *Huhn*, Eigenverwaltung, Rn. 166 ff., bes. 279; *Riggert* in: Nerlich/Römermann, InsO, § 270 Rn. 24; *Vallender*, Eigenverwaltung im Spannungsfeld zwischen Schuldner- und Gläubigerautonomie, WM 1998, 2129, 2137; differenzierend *Schlegel*, Eigenverwaltung, 255 ff.
2554 *Flöther/Smid/Wehdeking*, Eigenverwaltung, Einf. Rn. 6.

worden, dass gleichwohl die Eigenverwaltung nur unter der Voraussetzung nicht nachteilig für die Gläubiger ist, wenn der Schuldner substantiiert darlegt, dass er als debtor in possession „nicht weiterwurschteln" wird – dass aber setzt regelmäßig die Vorlage eines Planes voraus.

Dem will der Gesetzgeber nunmehr mit § 270b InsO Rechnung tragen, der besagt, dass der Schuldner mit dem Antrag auf Anordnung der Eigenverwaltung die mit Gründen versehene Bescheinigung eines in Insolvenzsachen erfahrenen Steuerberaters, Wirtschaftsprüfers oder Rechtsanwalts oder einer Person mit vergleichbarer Qualifikation vorzulegen hat, aus der sich ergibt, dass eine Zahlungsunfähigkeit droht und die angestrebte Sanierung nicht offensichtlich aussichtslos ist. Ergibt sich aus der Bescheinigung das Vorliegen der Anordnungsvoraussetzungen, bestimmt das Gericht eine Frist zur Vorlage des Plans und ernennt einen vorläufigen Sachwalter.

1.5 Modell von Formen der Eigenverwaltung im deutschen Recht

1314 Wenngleich sich der Gesetzgeber im Rahmen der Überlegungen zur Einführung der Eigenverwaltung auch nicht ausdrücklich auf die *Zwangsverwaltung landwirtschaftlicher Grundstücke* berufen hat, so finden sich auch hier Grundzüge der Eigenverwaltung wieder.[2555] Nach § 150b ZVG sieht schließlich die Eigenverwaltung bei der Zwangsversteigerung eines landwirtschaftlichen, forstwirtschaftlichen oder gärtnerischen Grundstücks vor, um so die Erfahrung und Arbeitskraft des Schuldners zu nutzen. In der Tat kommt dabei auch hier der Gedanke zum Tragen, die Sachkunde des Schuldners zu nutzen. Diese Form der Eigenverwaltung hat ihren Grund dabei in der Alternative, die sich in Vollstreckungen in das Vermögen landwirtschaftlicher Betriebe den Gläubigern auftut – und die insbesondere durch § 811 ZPO in ihrer Effizienz beschränkt ist. Die Zerschlagung des landwirtschaftlichen Betriebes dient den Gläubigern häufig ebenso wenig, wie die Zwangsverwaltung durch einen nicht sachkundigen Verwalter. Auch das US-amerikanische Insolvenzrecht kennt in Chapter 11 USC Regelungen eines besonderen Verfahrens der Insolvenz landwirtschaftlicher Betriebe.[2556]

2. Materielle Voraussetzungen

1315 Die Voraussetzungen für die Anordnung der Eigenverwaltung ergeben sich aus § 270 InsO, es ist neben dem Antrag auf Eröffnung des Insolvenzverfahrens auch ein entsprechender Antrag des Schuldners zur Anordnung der Eigenverwaltung erforderlich. Eine *amtswegige Anordnung* durch das Insolvenzgericht kommt daher nicht in Betracht.[2557]

Zu unterscheiden ist, ob der Antrag gemäß § 270 InsO im Rahmen eines Eigenantrages des Schuldners gemäß § 13 InsO auf Eröffnung des Insolven-

---

2555 Vgl. *Smid*, Sanierungsverfahren nach neuem Insolvenzrecht, WM 1998, 2489, 2506; *Haas/Kahlert*, in: Gottwald, Insolvenzrechts-Handbuch, § 86 Rn.12.

2556 *Wittig/Tetzlaff*, in: MüKo-InsO, § 270 Rn. 12; *Haas/Kahlert*, in: Gottwald, Insolvenzrechts-Handbuch § 86 Rn. 11.

2557 *Wittig/Tetzlaff*, in: MüKo-InsO, § 270 Rn. 11; *Haas/Kahlert*, in: Gottwald, Insolvenzrechts-Handbuch, § 86 Rn. 3.

Kapitel 7 Eigenverwaltung

zverfahrens über sein Vermögen oder eines Fremdantrages eines Gläubigers gemäß § 14 InsO gestellt wird. Unten (Rn. 1322 f.) wird noch darauf einzugehen sein, dass im Falle der Antragstellung nach § 270 InsO bei vorangegangen Fremdantrag der antragstellende Gläubiger der begehrten Eigenverwaltung seine Zustimmung erteilen muss, andernfalls die Anordnung nicht zulässig ist.

2.1 Eröffnungsantrag des Schuldners

Die Anordnung der Eigenverwaltung ist vom Schuldner mit seinem Eröffnungsantrag[2558] zu beantragen und wird mit dem *Eröffnungsbeschluss angeordnet*. Ferner kann die Anordnung auch – allerdings dann nur aufgrund Gläubigerantrages, § 271 InsO – noch im *eröffneten Verfahren* erfolgen. Hier ist aber freilich zu berücksichtigen, dass ein solcher Fall selten gegeben sein wird, da ein Amtswechsel zwischen einem bereits eingesetzten Insolvenzverwalter und dem später mit der Eigenverwaltung betrauten Schuldner sehr häufig Verfahrensverzögerungen auslösen und weitere Nachteile für die Gläubiger nach sich ziehen wird.[2559] Dann aber steht § 270 Abs. 2 Nr. 3 InsO der Anordnung entgegen, denn die Anordnung der Eigenverwaltung darf nicht zu solchen Verzögerungen und sonstigen Nachteilen zu Lasten der Gläubiger führen. Das Gesetz eröffnet zwar auch die Möglichkeit der Anordnung der Eigenverwaltung des Schuldners im Falle eines nach § 14 Abs. 1 InsO gestellten Fremdantrags (vgl. § 270 Abs. 2 Nr. 2 InsO).[2560] Typischerweise ist aber der nach § 13 Abs. 1 InsO gestellte Eigenantrag des Schuldners Voraussetzung für die Anordnung der Eigenverwaltung (§ 270 Abs. 2 Nr. 1 InsO).

1316

2.1.1 Verfahrensrechtliche Anforderungen an den Antrag

Das Gesetz richtet keine besonderen Anforderungen an Form und Inhalt des Antrags auf Anordnung der Eigenverwaltung.[2561] Nach einer verbreiteten Meinung soll daher der Antrag des Schuldners nach § 270 InsO schriftlich oder zu Protokoll der Geschäftsstelle des Insolvenzgerichts gestellt werden.[2562] Diese Meinung ist freilich nicht auf der Höhe des geltenden (Gesetzes-)Rechts. Denn sie beruft sich darauf, wegen des – insoweit kaum zu leugnenden – engen Sachzusammenhangs zwischen Antrag auf Anordnung der Eigenverwaltung und Eigenantragsstellung des Schuldners hätten für die Form des Antrages gemäß § 270 InsO die gleichen Formvoraussetzungen Gültigkeit zu beanspruchen, die für den Eröffnungsantrag im Allgemeinen zu beobachten seien. Dies anerkannt, erzwingt freilich die Folgerung, dass auch für den Antrag gemäß § 270 InsO die – seit dem 01.07.2007 gesetzlich in § 13 Abs. 1 Satz 1 InsO angeordnete *Schriftform* zu beachten ist. Freilich: Dieser Streit mag schon deshalb einer nur theoretischen Natur sein, weil in

1317

2558 *Wittig/Tetzlaff*, in: MüKo-InsO, § 270 Rn. 17.
2559 *Huhn*, Eigenverwaltung, Rn. 1116.
2560 *Wittig/Tetzlaff*, in: MüKo-InsO, § 270 Rn. 21 ff.
2561 *Wittig/Tetzlaff*, in: MüKo-InsO, § 270 Rn. 12.
2562 *Wittig/Tetzlaff*, in: MüKo-InsO, § 270 Rn. 12.

den für die Eigenverwaltung in Betracht kommenden Fällen regelmäßig schon der Natur der Sache folgend allein schriftliche Stellungnahmen in Betracht kommen werden. Selbstverständlich kann sich der Antragsteller durch einen zugelassenen Rechtsanwalt vertreten lassen, was ihm im Falle seines Antrags nach § 270 Abs. 1 InsO auf Anordnung der Eigenverwaltung nachdrücklich anzuraten ist: Rückfragen des Insolvenzgerichts, können regelmäßig eher vom Rechtsbeistand des Schuldners als von diesem selber (oder von seinen organschaftlichen Vertretern) mit dem Insolvenzgericht geklärt werden. Nicht anders stellt sich dies allerdings in „größeren" Verfahren dar, in denen die Organträger der insolvenzschuldnerischen Gesellschaft gegen Insolvenz- und Sanierungspraktiker ausgetauscht worden sind.

1318 Die wirksame Antragstellung setzt naturgemäß voraus, dass der Antragsteller *verfahrensfähig* ist. Der Antragsteller hat bereits im Eröffnungsantrag, im Falle des § 270 Abs. 2 Nr. 2 InsO im Antrag nach § 270 Abs. 1 InsO, seine ladungsfähige Anschrift unter seiner genauen Bezeichnung anzugeben. Die Antragstellung ist aber dabei jedenfalls an keine weitere Form gebunden. Der Antrag muss jedenfalls zum Ausdruck bringen, dass der Schuldner das Verfahren selbst abwickeln und in diesem Rahmen auch die Verwaltungs- und Verfügungsbefugnis über sein Vermögen behalten will.[2563]

Nach einer Entscheidung des AG Potsdam hat der antragstellende Schuldner ebenso Umstände vorzutragen, welche das Insolvenzgericht erwarten lässt, dass durch die Anordnung der Eigenverwaltung keine Verfahrensverzögerungen noch sonstige Nachteile für die Gläubiger entstehen.[2564] Dem ist, soweit es um die Bestimmung der Zulässigkeitsvoraussetzungen des Antrags gemäß § 270 InsO geht, zuzustimmen. Im Folgenden ist aber näher zu erörtern, welche Darlegungslast dem Schuldner damit aufgebürdet werden kann, da in Fällen wie dem hier vorliegenden des Vortrages negativer Tatsachen regelmäßig sog. Anknüpfungstatsachen vorzubringen sind (arg. § 287 ZPO), deren Gegenstand in den weiteren Erörterungen näher dazustellen sein wird.

2.1.2 Antragsberechtigung

1319 Antragsberechtigt ist jedenfalls der Schuldner des künftigen Insolvenzverfahrens (§ 13 Abs. 1 Satz 2 InsO).[2565] Bei der Insolvenz natürlicher Personen ist dies der Betroffene.[2566] Handelt es sich um eine juristische Person hat für sie den Antrag der *organschaftliche Vertreter* zu stellen. Im Falle von Personen- und Personenhandelsgesellschaften ist der Antrag durch die geschäftsführungsbefugten Gesellschafter zu stellen.[2567] Es kommen m.a.W. die allgemeinen stellvertretungsrechtlichen Regelungen zur Anwendung.

2563 *Wittig/Tetzlaff*, in: MüKo-InsO, § 270, Rn. 12.
2564 Vgl. AG Potsdam, B. v. 07.06.2000 – 35 IN 224/00, DZWIR 2000, 343; *Uhlenbruck*, in: Uhlenbruck, InsO, § 270, Rn. 17.
2565 *Wittig/Tetzlaff*, in: MüKo-InsO, § 270, Rn. 13.
2566 *Haas/Kahlert*, in: Gottwald, Insolvenzrechts-Handbuch, § 87, Rn. 7; *Wittig/Tetzlaff*, in: MüKo-InsO, § 270, Rn. 13.
2567 Vgl. *Wittig/Tetzlaff*, in: MüKo-InsO, § 270, Rn. 14; *Haas/Kahlert*, in: Gottwald, Insolvenzrechts-Handbuch, § 87, Rn. 8; *Uhlenbruck*, in: Uhlenbruck, InsO, § 270, Rn. 18.

Anders als im Falle der Stellung des Eröffnungsantrags sieht das Gesetz im Rahmen des Antrags nach § 270 InsO keine dem § 15 InsO vergleichbare Regelung vor.[2568] Eine analoge Anwendung der Vorschrift kommt selbstverständlich nicht in Betracht, denn die Anträge nach § 13 InsO einer- und § 270 Abs. 1 InsO andererseits verfolgen unterschiedliche Ziele.[2569] Während für die Gesellschafter einer materiell-insolventen GmbH nach § 15a InsO gar eine Antragspflicht – auch gegen den Willen einer der Geschäftsführer – trifft, hat der Antrag nach § 270 Abs. 1 InsO schon insoweit eine gänzlich andere Bedeutung: Der Geschäftsführer hat schließlich nicht die Rechtsmacht, die Gesellschaft dazu zu verpflichten, das Insolvenzverfahren für die Gläubiger als Amtswalter in eigenen Angelegenheiten[2570] durchzuführen. Das Insolvenzgericht hat in diesen Fällen die Schuldnerin zu dem Antrag nach § 270 InsO anzuhören (§ 4 InsO i.V.m. § 139 ZPO), um ihr Gelegenheit zur Stellungnahme zu geben. 1320

2.1.3 Maßgebender Zeitpunkt für den Antrag

Der Schuldner kann dem Antrag auf Anordnung der Eigenverwaltung bis zur Entscheidung des Gerichts über die *Eröffnung des Insolvenzverfahrens* stellen.[2571] Danach ist ein entsprechender Antrag nicht mehr möglich. Dies ergibt sich aus § 270 Abs. 1 Satz 1 InsO wonach die Eigenverwaltung nur in Betracht kommt, wenn das Insolvenzgericht diese mit in dem Beschluss über die Eröffnung des Verfahrens anordnet.[2572] Ein Antrag nach Eintritt der Rechtskraft des Eröffnungsbeschlusses ist daher per se unzulässig.[2573] Der verspätete Antrag kann auch nicht im weiteren Verlauf des Verfahrens durch einen Antrag der Gläubigerversammlung nach § 271 InsO geheilt werden, denn die Vorschrift setzt zwingend eine zuvor erfolgte Ablehnung des schuldnerischen Antrags durch das Insolvenzgericht voraus.[2574] 1321

Wenn es auch nicht zwingende Voraussetzungen ist, so sollte der Schuldner dennoch seinen Antrag auf Anordnung der Eigenverwaltung zusammen mit dem Antrag auf Eröffnung des Insolvenzverfahrens stellen. Dies empfiehlt sich in den Fällen, in welchen der Schuldner noch nicht materiell insolvent ist. Gleiches gilt, wenn mit dem Antrag der Eigenverwaltung eine Restrukturierung und Sanierung verfolgt wird, wie die Erwägungen der Verfasser der §§ 270a und 270b E-InsO deutlich machen.

2568 Vgl. hierzu *Uhlenbruck*, in: Uhlenbruck, InsO, § 270 Rn. 18.
2569 Vgl. *Wittig/Tetzlaff*, in: MüKo-InsO, § 270, Rn. 14; *Haas/Kahlert*, in: Gottwald, Insolvenzrechts-Handbuch, § 87, Rn. 9; *Uhlenbruck*, in: Uhlenbruck, InsO, § 270 Rn. 18.
2570 *Flöther/Smid/Wehdeking*, Eigenverwaltung, Rn. 2.115 ff.
2571 *Haas/Kahlert*, in: Gottwald, Insolvenzrechts-Handbuch, § 87 Rn. 4; *Uhlenbruck*, in: Uhlenbruck, InsO, § 270 Rn. 18.
2572 *Riggert*, in: Braun, InsO, § 270 Rn. 3; *Uhlenbruck*, in: Uhlenbruck, InsO, § 270 Rn. 18; *Riggert*, in: Nerlich/Römermann, InsO, § 270 Rn. 19.
2573 Vgl. *Riggert*, in: Nerlich/Römermann, InsO, § 270 Rn. 19; *Haas/Kahlert*, in: Gottwald, Insolvenzrechts-Handbuch, § 87 Rn. 4.
2574 *Uhlenbruck*, in: Uhlenbruck, InsO, § 271 Rn. 2.

2.2 Fremdantrag eines Gläubigers

1322 Stellt nicht der Schuldner einen Eigenantrag, sondern hat ein Gläubiger einen Fremdantrag gestellt, schließt dies die Befugnis des Schuldners nicht aus, selbst einen Antrag auf Anordnung der Eigenverwaltung zu stellen.[2575] Der Antrag des Schuldners bleibt also insoweit zulässig. Aussichtsreich ist er dabei allerdings nur dann, wenn der die Verfahrenseröffnung beantragende Gläubiger dem Antrag gemäß § 270 Abs. 1 InsO auch zustimmt.[2576] Eine Regelung der Ersetzung der Zustimmung sieht das Gesetz in diesem Zusammenhang indes nicht vor.

Durch das ESUG gestrichen ist die gesetzliche Einschränkung, dass für den Fall, dass mehrere Gläubiger einen Antrag auf Eröffnung des Insolvenzverfahrens gestellt haben, auch jeder von Ihnen die von § 270 Abs. 2 Nr. 2 InsO geforderter Zustimmung erklären muss.[2577] Es fragt sich, ob der Reformgesetzgeber des ESUG damit nicht übers Ziel hinausgeschossen ist: Dass den Gläubigern, wenn und soweit sie den Eröffnungsantrag gestellt haben, die Entscheidung über die Zustimmung des Antrages auf Anordnung der Eigenverwaltung obliegt, war nachvollziehbar. Denn so kann verhindert werden, dass der Schuldner den auf Einsetzung eines – unabhängigen – Insolvenzverwalters gerichteten Antrag dadurch ins Leere laufen lassen kann, indem er selbst einen Antrag auf Anordnung der Eigenverwaltung nachschiebt.[2578] Ebenso wird so ein weiterer Anreiz für den Schuldner geschaffen, selbst frühzeitig einen Eröffnungsantrag zu stellen und damit auch die Sanierungsmöglichkeit am Leben zu erhalten.[2579]

1323 Mit der Streichung des § 270 Abs. 2 Nr. 2 InsO hat der Gesetzgeber nach alledem wenig bewirkt; er hat allein die von der h. L. ohnedies vorgeschlagene teleologische Reduktion der Vorschrift überflüssig gemacht.[2580]

2.3 Nachteile und Verfahrensverzögerung

1324 Zwingende Voraussetzung für die Anordnung der Eigenverwaltung ist nach § 270 Abs. 2 Nr. 3 InsO, dass nach den Umständen nicht zu erwarten ist, dass durch die Anordnung *Verzögerungen des Verfahrens oder sonstige Nachteile für die Gläubiger* herbeigeführt werden. Die Nachteile, die § 270 Abs. 2 Nr. 2 InsO für maßgeblich normiert, beziehen sich auf die Befriedigungschancen der Gläubiger. Sie sind nicht aus der Sicht des Sachwalters zu be-

---

2575 *Wittig/Tetzlaff*, in: MüKo-InsO, § 270 Rn. 21.
2576 Die Zustimmung ist als Verfahrenshandlung ausdrücklich und bedingungsfrei zu erklären.
2577 *Huhn*, Eigenverwaltung, Rn. 66 ff.; *Flöther/Smid/Wehdeking*, Eigenverwaltung, Kap. 2, Rn. 20; *Uhlenbruck*, in: Uhlenbruck, InsO, § 270 Rn. 19 der zutreffend auf den Schutzzweck des § 270 Abs. 2 Nr. 2 InsO hinweist.
2578 *Wittig/Tetzlaff*, in: MüKo-InsO, § 270 Rn. 22.
2579 *Uhlenbruck*, in: Festschrift für Metzeler, 94.
2580 AG Köln, B. v. 22.08.2005 – 71 IN 426/05; ZInsO 2005, 1006; *Wehdeking*, Behandlung „nachfolgender" Fremdanträge nach Eigenantrag des Schuldners und Antrag auf Anordnung der Eigenverwaltung, DZWIR 2005, 139; *Haas/Kahlert*, in: Gottwald, Insolvenzrechts-Handbuch, § 87 Rn. 10; *Wehdeking*, in: Leonhardt/Smid/Zeuner, InsO, § 270 Rn. 16.

urteilen. Daher spielt natürlich die gegenüber der des Insolvenzverwalters – vordergründig – geringere Vergütung des Sachwalters bei der Bestimmung des Vorliegens von Nachteilen im Sinne des § 270 Abs. 2 Nr. 3 InsO keine Rolle.[2581] Nicht vorausgesetzt wird allerdings, dass sich die Anordnung der Eigenverwaltung als voraussichtlich – für die Gläubiger – vorteilhaft erweist.[2582]

Insoweit muss das Gericht bei der Entscheidung über die Anordnung der Eigenverwaltung nicht mehr länger eine *Prognoseentscheidung* treffen.[2583] Denn Nachteile müssen nach der Neufassung des § 270 Abs. 2 Nr. 2 InsO „bekannt" sein. Liegt ein zulässiger Eigenantrag vor, hat das Insolvenzgericht daher von Amts wegen zu ermitteln, ob „Nachteile" vorliegen, also regelmäßig einen entsprechenden Gutachtenauftrag zu erteilen, § 5 Abs. 1 Satz 2 InsO.[2584] Es hat freilich bei Gerichtsnotorietät (§ 291 ZPO i.V.m. § 4 InsO) die Anordnung der Eigenverwaltung zu versagen, etwa wenn dem Gericht strafrechtliche Verurteilungen des Schuldners oder seiner Organträger bekannt sind.

Vorteile können neben Kostenersparnissen aus § 12 Abs. 1 InsVV in der Einsparung von Feststellungskosten gemäß § 171 Abs. 1 InsO liegen (vgl. oben Rn. 1310ff.). Allerdings kommt es nicht auf eine Vorteilhaftigkeit der Eigenverwaltung an, auch wenn sie die Gläubiger dazu bewegen kann, sich hinter die Initiative des Schuldners zu stellen. Denn die positiv-gesetzliche Regelung des § 270 InsO setzt allein voraus, dass die Anordnung der Eigenverwaltung nicht nachteilig sein darf.

2.3.1 Nachteile

Zur Prüfung der Nachteiligkeit sind nur und ausschließlich die *Befriedigungsaussichten der Gläubiger* zugrunde zu legen.[2585] Ungeeignete Anknüpfungspunkte sind insbesondere Befürchtungen durch bisherige schlechte Erfahrungen der Insolvenzpraxis mit eigenverwaltenden Schuldnern, oder gar die materielle Insolvenz des Schuldners und einer daraus folgenden wirtschaftlichen Leistungsunfähigkeit.[2586] Gerade für diese Schuldner ist schließlich das Institut der Eigenverwaltung überhaupt geschaffen worden.

1325

Um auf die Nachteiligkeit der Befriedigungsaussichten Rückschlüsse ziehen zu können, ist stets ein Blick auf die handelnden Personen zu richten. In diesem Zusammenhang ist zwischen natürlichen und juristischen Personen sowie Personen- und Personenhandelsgesellschaft zu unterscheiden.

2581 *Wehdeking*, in: Flöther/Smid/Wehdeking, Eigenverwaltung, Rn. 2.86.
2582 Dies wird aber schon aus verfahrensökonomischen Aspekten vor dem Hintergrund des § 12 Abs. 1 InsVV der Fall sein dürfte, werden doch erhebliche Kosten im Vergleich zur Bestellung eines Insolvenzverwalters gespart.
2583 Zum früheren Rechtszustand *Haas/Kahlert*, in: Gottwald, Insolvenzrechts-Handbuch, § 87 Rn. 15; *Uhlenbruck*, in: Uhlenbruck, InsO, § 270 Rn. 22.
2584 *Frind*, Die Praxis fragt, „ESUG" antwortet nicht, ZInsO 2011, 2249, 2261.
2585 *Wehdeking*, in: Flöther/Smid/Wehdeking, Eigenverwaltung, Rn. 2.86; *Haas/Kahlert*, in: Gottwald, Insolvenzrechts-Handbuch, § 87 Rn. 15.
2586 *Uhlenbruck*, in: Uhlenbruck, InsO, § 270 Rn. 28; *Wehdeking*, in: Leonhardt/Smid/Zeuner, InsO, § 270 Rn. 20.

2.3.1.1 Natürliche Personen

1326 Die Eigenverwaltung kann sich für die Gläubiger nachteilig erweisen, wenn der Schuldner sich als *persönlich unzuverlässig* erweist.[2587] Bei natürlichen Personen ist dies gegeben, wenn diese Straftaten zu Lasten ihrer Gläubiger begangen haben.[2588] Dabei kommen insbesondere *Vermögensstraftaten* nach § 263 StGB (Untreue), § 266 StGB (Betrug), sowie Insolvenzstraftaten gemäß § 266a StGB und Bankrottdelikte nach den §§ 283 ff. StGB in Betracht.

Weiterer Anknüpfungspunkt für die persönliche Unzuverlässigkeit des Schuldners ist die vorinsolvenzliche *Verletzung von Buchführungspflichten*.[2589] Dieses von Schuldnern nicht untypische Verhalten führt für Gutachter und Insolvenzverwalter zu nicht unerheblichen Schwierigkeiten. Eine Anordnung der Eigenverwaltung kommt in solchen Fällen nicht in Betracht, war der Schuldner schon in der Vergangenheit scheinbar nicht in der Lage die Grundvoraussetzungen und Mindestanforderungen für eine Geschäftsführung zu erfüllen. Hier ist es dann unerlässlich, dass die Masseverwaltung durch einen Insolvenzverwalter wahrgenommen wird, da sich der Schuldner hierfür als ungeeignet erwiesen hat.[2590] Auch *mangelnde intellektuelle Fähigkeiten* können zu dazu führen, dass der Schuldner nicht zur Eigenverwaltung in der Lage ist.[2591] Freilich ist in dabei allerdings zu bedenken, dass er vom Sachwalter bei der Durchführung des Verfahrens unterstützt wird. Vor diesem Hintergrund ist mit diesem Kriterium mithin ein äußerst vorsichtiger Umgang zu pflegen.

2.3.1.2 Juristische Personen und Personen- und Personenhandelsgesellschaften

1327 Liegt es zunächst nahe die oben genannten Anknüpfungspunkte auch bei den handelnden Protagonisten von juristischen Personen, sowie von Personen- und Personenhandelsgesellschaften, heranzuziehen, so ist ihr Verhalten nur bedingt aussagekräftig.[2592] Zwar werden sich frühere Geschäftsführer und Vorstandsmitglieder mitunter durch ihr vorinsolvenzliches Verhalten teilweise haftungsrechtlich verantwortlich oder gar strafbar gemacht haben, so kann der persönlichen Unzuverlässigkeit dennoch Abhilfe geschaffen werden. Hat die Gesellschaft, respektive die Hauptversammlung, die unzuverlässigen Personen abgelöst und beschlossen, dass beispielsweise ein Insolvenz- und Sanierungsexperte zum Vorstandsvorsitzenden oder Geschäftsführer berufen wird[2593], ist der Verdacht der persönlichen Unzuverlässigkeit wohl endgültig ausgeräumt.

2587 *Wehdeking*, in: Leonhardt/Smid/Zeuner, InsO, § 270 Rn. 24; *Haas/Kahlert*, in: Gottwald, Insolvenzrechts-Handbuch, § 87, Rn. 18 ff.
2588 *Uhlenbruck*, in: Uhlenbruck, InsO, § 270 Rn. 26; *Wehdeking*, in: Leonhardt/Smid/Zeuner, InsO, § 270 Rn. 24.
2589 *Wehdeking*, in: Leonhardt/Smid/Zeuner, InsO, § 270 Rn. 24.
2590 *Wehdeking*, in: Flöther/Smid/Wehdeking, Eigenverwaltung, Rn. 2.86.
2591 *Wehdeking*, in: Leonhardt/Smid/Zeuner, InsO, § 270 Rn. 26.
2592 Vgl. *Wehdeking*, in: Leonhardt/Smid/Zeuner, InsO, § 270 Rn. 27.
2593 So geschehen in den Verfahren der „Babcock-Borsig AG", AG Duisburg, B. v. 09.01.2002 – 62 IN 167/02, DZWIR 2002, 522 m. Anm. *Smid*; „PIN", „Ihr Platz", oder der „Kirch Media AG".

Kapitel 7 Eigenverwaltung

In diesem Zusammenhang sei darauf hinzuweisen, dass entgegen der Auffassung des AG Duisburg[2594] die Auswechselung der Organe der Gesellschaft nicht der gesetzgeberischen Intention, durch die Eigenverwaltung die besonderen Fähigkeiten des Schuldners nutzen zu können, widerspricht. Subjekt der Eigenverwaltung ist gerade nicht der Vorstand oder Geschäftsführer als organschaftlicher Vertreter, sondern die Gesellschaft selbst, handelnd in ihrer gesellschaftsrechtlichen Verfasstheit.[2595]

Entgegen einer im Schrifttum vertretenen Ansicht[2596] ist es nach alledem nicht ausschlaggebend, ob der Sachwalter im Falle der Anordnung der Eigenverwaltung es mit einem schuldnerischen Gesellschaftsorgan zu tun hätte, das keine oder doch wenigstens keine näheren Kenntnisse des Insolvenzrechts hat. Denn der Gesetzgeber hat jedenfalls die Eigenverwaltung als Instrument der Nutzung der Fachkenntnisse der Organe des schuldnerischen Unternehmens oder des Schuldners in personam, gewollt. Diejenigen Rechtshandlungen, die vertiefte insolvenzrechtliche Kenntnisse und die ihrer allgemeinen rechtlichen Bedingungen voraussetzen, wie besonders das Anfechtungsrecht oder z.B. die Gesamtklagen nach § 92 InsO, sind nicht im Rahmen der Befugnisse des eigenverwaltenden Schuldners, sondern denen des Sachwalters angesiedelt. Mangelnde Rechtskenntnisse des Schuldners – die ja zu erwarten sind, wenn es sich nicht gerade um die nach § 11 Abs. 2 InsO mögliche und faktisch nicht undenkbare Insolvenz einer Partnerschaft von Rechtsanwälten handelt – können daher nur dort durchschlagen, wo es um die Nichterfüllung von gegenseitigen Verträgen, die Behandlung von Arbeitsverträgen oder um die Verwertung von beweglichem Absonderungsgut geht. Insofern gehört es aber zu den Aufgaben des Sachwalters, den eigenverwaltenden Schuldner bei der Nutzung der entsprechenden insolvenzrechtlichen Institute auch durch rechtliche Hinweise zur Seite zu stehen. Dass der Sachwalter seine Aufgaben zu erfüllen hat, spricht aber nicht dafür, dass die Eigenverwaltung spezifische Nachteile für die Gläubiger auslöst. Hieraus ergeben sich auch nicht die vom Gesetz als Hinderungsgrund der Anordnung normierten Besorgnisse einer Verfahrensverzögerung. Denn der Sachwalter hat zur Wahrnehmung seiner Kontrollaufgaben ohnedies einen steten Kommunikationsprozess mit dem eigenverwaltenden Schuldner zu unterhalten; die dabei zu gebenden rechtlichen Hinweise halten daher das Verfahren nicht auf. Die teilweise Auswechselung der Organe der insolvenzschuldnerischen Gesellschaft als Instrument einer Eigenverwaltung ist jedenfalls der Praxis des deutschen Konkursrechts auch außerhalb des früheren Vergleichsverfahrens nicht unbekannt. So kann man die Handhabung des über das Vermögen der ARWED-Saarstahl AG eröffneten Konkursverfahrens[2597] als eine Erscheinungsform der Eigenverwaltung unter Einbeziehung eines externen Insolvenzverwalters begreifen.

Rechtliche oder insolvenzrechtliche Kenntnisse des organschaftlichen Vertreters sind aber für die Anordnung der Eigenverwaltung keine zwingende

1328

1329

2594 AG Duisburg, B. v. 01.09.2002 – 62 IN 167/02, DZWIR 2002, 522 m. Anm. *Smid.*
2595 AG Duisburg, B. v. 01.09.2002 – 62 IN 167/02, DZWIR 2002, 522 m. Anm. *Smid.*
2596 *Wehdeking,* in: Flöther/Smid/Wehdeking, Eigenverwaltung, Rn. 2.87.
2597 *Uhlenbruck,* in: Uhlenbruck, InsO, § 270 Rn. 5.

Voraussetzung. Schließlich ist der Sachwalter als ständiger Ansprechpartner für den eigenverwaltenden Schuldner stets verfügbar (arg. § 284 Abs. 1 Satz 1 InsO, der sogar über die Abstimmung im Rahmen der vom Sachwalter zu überwachenden Geschäftstätigkeit hinausgeht). In diesem Rahmen hat er den Schuldner auch bei der Anwendung insolvenzrechtlicher Regelungen beratend zur Seite zu stehen.

1330 Die Frage, ob die Gesellschaftsorgane – im bereits laufenden Insolvenzverfahren unter Anordnung der Eigenverwaltung – die Befugnis zur Abberufung und zum Austausch von Vorstandsmitgliedern bzw. Geschäftsführern hat, klärt nunmehr § 276a InsO. In seiner Begründung zu dieser Vorschrift weist der Reformgesetzgeber darauf, dass es nicht angebracht erscheint, den Gesellschaftsorganen diese Befugnis gänzlich zu nehmen. So könnten Wechsel in der Geschäftsleitung auch während eines Insolvenzverfahrens aus den verschiedensten Gründen erforderlich sein. Denn wie der Reformgesetzgeber zu Recht feststellt, wird die Eigenverwaltung bei einer Gesellschaft nicht für eine bestimmte natürliche Person als Geschäftsleiter angeordnet, sondern sie betrifft die (jeweilige) Geschäftsleitung der insolventen Gesellschaft. Um einen missbräuchlichen Austausch der Geschäftsleitung zu verhindern und die Unabhängigkeit der Geschäftsleitung von den übrigen Gesellschaftsorganen zu stärken, sieht § 276a Satz 2 InsO vor, dass für Abberufung und Neubestellung von Mitgliedern der Geschäftsleitung die Zustimmung des Sachwalters zwingende Wirksamkeitsvoraussetzung ist.

2.4 Sonderfälle

1331 Für die Anordnung der Eigenverwaltung spricht nicht generell, dass die Insolvenzschuldnerin einer hoheitlichen Kontrolle oder einer regelmäßigen unabhängigen Kontrolle unterliegt. Gerade die Insolvenz von Kreditinstituten, die der Aufsicht der BaFin unterliegen, oder von eingetragenen Genossenschaften, die wiederum der Aufsicht der genossenschaftlichen Prüfungsverbände unterliegen, zeigen, dass auch diese Aufsichts- und Prüfungsmechanismen eine Schieflage der Unternehmen nicht zu vermeiden im Stande waren. Eine umfassende Rechtfertigung für die Anordnung der Eigenverwaltung können diese Mechanismen daher jedenfalls nicht sein.

2.4.1 Eingetragene Genossenschaften

1332 Einen besonderen Bereich sinnvoller Antragstellung nach § 270 Abs. 1 InsO stellt dennoch der Fall der Insolvenz eingetragener Genossenschaften dar.[2598] Denn eingetragene Genossenschaften unterliegen gemäß § 53 ff. GenG der besonderen Aufsicht durch genossenschaftliche Prüfungsverbände. In einem solchen Fall empfiehlt es sich für die eingetragene Genossenschaft noch vor Stellung des Eigenantrages einen Vorratsbeschluss nach § 117 Abs. 1 GenG i.d.F. des Art. 49 Nr. 39 EGInsO über die Fortsetzung der eG nach Abschluss des Insolvenzverfahrens aufgrund der rechtskräftigen

---

[2598] Vgl. bereits zu einem frühen Zeitpunkt *Scheibner*, Zu Besonderheiten beim Insolvenzplan in eingetragenen Genossenschaften, DZWIR 1999, 8 ff.; *Wehdeking*, in: Leonhardt/Smid/Zeuner, InsO, § 270 Rn. 40.

Bestätigung eines die Fortführung der eG vorsehenden Insolvenzplans zu beschließen.[2599]

2.4.2 Finanzdienstleistungsunternehmen

Etwas anderes gilt wohl im Rahmen der Eigenverwaltung von insolventen Kreditinstituten.[2600] Die Anordnung der *Eigenverwaltung* ist hier nicht frei von Bedenken anzuordnen, denn die im KWG bereits in implementierten insolvenzabwendenden Mechanismen haben gerade im Vorfeld der Insolvenz nicht die Vermeidung der wirtschaftlichen Schieflage verhindern können.[2601] Daher erscheint die Anordnung der Eigenverwaltung in diesen Fällen wenig sinnvoll. Vielmehr ist dort ein Regelinsolvenzverfahren geboten, um Haftungsansprüche zugunsten der Gläubiger zu verwirklichen.[2602]

1333

3. Entscheidung des Gerichts

3.1 Absehen von vorläufigen Verfügungsverboten und Bestellung eines vorläufigen Sachwalters

Das Insolvenzgericht muss die Maßnahmen verhängen, die erforderlich erscheinen, die Vermögenslage des Schuldners zu schützen. Im Zeitraum zwischen Antragsstellung und Entscheidung des Insolvenzgerichts, stellt sich daher für das Insolvenzgericht auch die Frage vorläufiger Sicherungsmaßnahmen.

1334

Das Insolvenzgericht kann dabei von Rechts wegen, wenn dies für sachgerecht erachtet wird, auf Sicherungsmaßnahmen[2603] generell verzichten. Mit § 270a InsO ist dies spezifiziert worden für den Fall, dass der Schuldner seinen Eigenantrag mit dem Antrag nach § 270 InsO verbindet. In diesem Fall *soll* das Insolvenzgericht von dem Erlass eines allgemeinen Verfügungsverbotes gemäß § 21 Abs. 2 Nr. 1 InsO und der Anordnung der Zustimmungsverwaltung absehen. Statt eines vorläufigen Insolvenzverwalters ist nach § 270a Abs. 1 InsO ein vorläufiger Sachwalter zu bestellen.

Auf den vorläufigen Sachwalter finden sodann die Vorschriften über den Sachwalter nach §§ 274, 275 InsO entsprechende Anwendung.

3.2 Entscheidung über Anordnung oder „Versagung" der Anordnung der Eigenverwaltung mit Eröffnung des Insolvenzverfahrens

3.2.1 Ablehnender Beschluss

Hat sich gezeigt, dass die Voraussetzungen für die Anordnung der Eigenverwaltung nicht vorliegen, so hat das Gericht zwei Optionen. Es kann die Ablehnung des Antrags entweder im Eröffnungsbeschluss oder auch in einem gesonderten Beschluss treffen.[2604] Dies ergibt sich schon aus dem *argu-*

1335

2599 Wehdeking, in: Flöther/Smid/Wehdeking, Eigenverwaltung, Rn. 2.28.
2600 Vgl. zum Ganzen *Pannen*, Krise und Insolvenz bei Kreditinstituten, 15 ff.
2601 Wehdeking, in: Leonhardt/Smid/Zeuner, InsO, § 270 Rn. 41.
2602 Wehdeking, in: Leonhardt/Smid/Zeuner, InsO, § 270 Rn. 41.
2603 Vgl. *Wittig/Tetzlaff*, in: MüKo-InsO, Vor § 270 Rn. 39.
2604 *Häsemeyer*, Rn. 8.07.

mentum e contrario des § 270 Abs. 1 Satz 1 InsO, der insoweit nur verlangt, dass die Anordnung im Eröffnungsbeschluss zu treffen ist.[2605] War der schuldnerische Antrag in Verbindung mit einem Antrag auf Eröffnung des Insolvenzverfahrens wegen drohender Zahlungsunfähigkeit gestellt, so sollte das Insolvenzgericht den Schuldner darüber informieren, um ihm damit auch die Möglichkeit zu eröffnen seinen Antrag zurückzunehmen und die außergerichtlichen Sanierungsmöglichkeiten wieder aufleben zu lassen.

1336 Einen solchen gerichtlichen Hinweis bezüglich der Bedenken zur Anordnung der Eigenverwaltung sieht nunmehr auch die Vorschrift des § 270a Abs. 2 InsO vor. Damit wird dem Schuldner die Gelegenheit eingeräumt, seinen Insolvenzantrag zurückzunehmen und seine außergerichtlichen Sanierungsbemühungen wieder aufleben zu lassen. Diese vom Reformgesetzgeber beabsichtigte Änderung soll dabei vermeiden, dass ein Schuldner, dessen Unternehmen insolvent oder von einer Insolvenz bedroht ist, vor einem frühzeitigen Insolvenzantrag mit Antrag auf Eigenverwaltung nur deshalb Abstand nimmt, weil er befürchtet, dass das Gericht seinen Antrag auf Eigenverwaltung ablehnt und sodann – gegen seinen Willen – ein Regelinsolvenzverfahren unter Bestellung eines Insolvenzverwalters eröffnet.

Nach § 270 Abs. 3 InsO hat das Gericht, soweit die Anordnung nicht offensichtlich zu einer nachteiligen Veränderung der Vermögenslage des Schuldners führt, vor der Entscheidung über den Antrag dem vorläufigen Gläubigerausschuss oder, sofern ein solcher nicht bestellt wurde, den wesentlichen Gläubigern Gelegenheit zur Äußerung zu geben.

3.2.2 Stattgebender Beschluss

1337 Die Eigenverwaltung setzt eine *insolvenzgerichtliche Anordnung* voraus, die durch Beschluss ergeht.[2606] Die Eigenverwaltung wird dabei entweder im Eröffnungsbeschluss (§ 27 Abs. 1 Satz 2 InsO)[2607] angeordnet oder es ergeht, wenn die Anordnung erst nachträglich erfolgt, eine Entscheidung[2608] im eröffneten Verfahren mit gesondertem Beschluss gemäß § 271 InsO.[2609] Bei der Anordnung der Eigenverwaltung durch das Gericht handelt es sich vor dem Hintergrund des § 272 Abs. 1 Nr. 1 InsO um eine *vorläufige Entscheidung*, denn die letzte Entscheidung obliegt insoweit den Gläubigern.[2610] Um klarzustellen, dass es sich um ein Verfahren der Eigenverwaltung handelt, ist diese Anordnung *ausdrücklich* auszusprechen und im Eröffnungsbeschluss gemeinsam mit der Verfahrenseröffnung öffentlich bekannt zu machen, §§ 30, 9 InsO.[2611]

2605 Vgl. *Haas/Kahlert*, in: Gottwald, Insolvenzrechts-Handbuch, § 87 Rn. 32.
2606 *Wittig/Tetzlaff*, in: MüKo-InsO, Vor § 270 Rn. 40 ff.
2607 *Koch*, Eigenverwaltung, 1998, 76 ff.; *Wittig/Tetzlaff*, in: MüKo-InsO, Vor § 270 Rn. 41; *Haas/Kahlert*, in: Gottwald, Insolvenzrechts-Handbuch, § 87 Rn. 33.
2608 Für den Beschluss ist funktional ausschließlich der Rechtspfleger zuständig. Vgl. *Uhlenbruck*, in: Uhlenbruck, InsO, § 271 Rn. 4; *Wittig/Tetzlaff*, in: MüKo-InsO, § 271 Rn. 21.
2609 *Wehdeking*, in: Leonhardt/Smid/Zeuner, InsO, § 270 Rn. 7.
2610 BT-Drucks. 12/2443, S. 223; *Uhlenbruck*, in: Uhlenbruck, InsO, § 270 Rn. 17; *Wittig/Tetzlaff*, in: MüKo-InsO, Vor § 270 Rn. 40.
2611 *Wehdeking*, in: Leonhardt/Smid/Zeuner, InsO, § 270 Rn. 8.

Mit Blick auf die von Gesetzes wegen mögliche differenzierte Ausgestaltung der Reichweite der Befugnisse des Sachwalters im Verfahren der Eigenverwaltung gemäß § 277 InsO hat der Eröffnungsbeschluss ebenso wie der Beschluss gemäß § 21 Abs. 2 Nr. 2 i.V.m. 22 Abs. 2 InsO im Einzelnen genauestens anzugeben, ob das Insolvenzgericht eine Anordnung nach § 277 InsO erlässt und inwieweit die Wirksamkeit von Rechtsgeschäften des eigenverwaltenden Schuldners von der Zustimmung des Sachwalters abhängen soll.[2612] Dies muss dabei schon hinsichtlich der *statusrechtlichen Wirkungen* gelten, die der Eröffnungsbeschluss zeitigt.

3.2.3 Begründung des Anordnungs- und Ablehnungsbeschlusses
3.2.3.1 Anordnungsbeschluss

Ob die Eigenverwaltung angeordnet wird oder ihre nach § 270 InsO beantragte Anordnung versagt wird, beruht auf einer *Entscheidung* des Insolvenzgerichts. So banal diese Überlegung ist, so grundlegend kann sie für die weiteren Überlegungen sein: Verfahrensrechtlich betrachtet haben gerichtliche Entscheidungen unterschiedliche Funktionen im Verfahren.

1338

Die *Anordnung* der Eigenverwaltung jedenfalls stellt eine förmliche Entscheidung des Insolvenzgerichts dar, die im Eröffnungsbeschluss gemäß § 27 Abs. 1 Satz 2 InsO oder wie im Falle des § 271 InsO zwingend außerhalb des Eröffnungsbeschlusses durch isolierten Beschluss ergehen kann.

Nach der wohl herrschenden Ansicht ist der Anordnungsbeschluss nicht zu begründen, da es in der Hand der Gläubiger liege, ob sie die Aufhebung der Eigenverwaltung nach § 272 Abs. 2 Nr. 1 InsO beantragen.[2613] Nicht zuletzt deshalb hat der Eröffnungsbeschluss im Babcock-Verfahren[2614] für Aufsehen erregt, weil er überhaupt mit Gründen versehen worden ist – was bis dahin für Eröffnungsbeschlüsse unüblich war.[2615] Freilich steht es dem Insolvenzgericht frei, eine jede Entscheidung oder Verrichtung zu begründen. Ausschlaggebend aber ist: Nach allgemeinen prozessualen Gesichtspunkten bedarf der Anordnungsbeschluss jedenfalls deshalb nicht der Begründung, weil gegen ihn Rechtsmittel nicht gegeben sind (§ 6 Abs. 1 InsO). Mit der gerichtlichen Begründung müssen im Übrigen die Gläubiger in die Lage versetzt werden eine etwaige Entscheidung nach § 271 InsO sachgerecht treffen zu können.[2616]

Für die antragsentsprechende Anordnung der Eigenverwaltung gilt aber, dass sich hiergegen auch einzelne Gläubiger (§ 272 Abs. 1 Nr. 2 InsO)[2617] zur Wehr setzen können. Hierzu muss ihnen aber die Möglichkeit eröffnet wer-

---

[2612] Wittig/Tetzlaff, in: MüKo-InsO, § 275 Rn. 1; Wehdeking, in: Leonhardt/Smid/Zeuner, InsO, § 270 Rn. 8.
[2613] Wittig/Tetzlaff, in: MüKo-InsO, § 270 Rn. 58; a. A. Landfermann, in: HK, § 270 Rn. 14; Riggert, in: Nerlich/Römermann, InsO, § 270 Rn. 29; Wehdeking, in: Leonhardt/Smid/Zeuner, InsO, § 270 Rn. 9.
[2614] AG Duisburg, B. v. 01.09.2002, DZWIR 2002, 522; Smid, zur Entlassung des Insolvenzverwalters aus wichtigem Grund, DZWIR 2002, 493 ff.
[2615] Landfermann, in: HK, § 270 Rn. 6; Riggert, in: Nerlich/Römermann, InsO, § 270 Rn. 29.
[2616] Wittig/Tetzlaff, in: MüKo-InsO, § 270 Rn. 116.
[2617] Wittig/Tetzlaff, in: MüKo-InsO, § 272 Rn. 11ff.

den von den Gründen, die das Insolvenzgericht zu seiner Anordnung bewogen haben, Kenntnis zu erlangen. Soweit diese sich nicht aus dem Eröffnungs- als Anordnungsbeschluss selbst ergeben, müssen sie jedenfalls durch eine Bezugnahme auf die in der Insolvenzakte enthaltenen Verfügungen des Insolvenzgerichts, ggf. einer dortigen Bezugnahme auf das Gutachten gemäß § 22 Abs. 3 InsO, erkennbar sein.

3.2.3.2 Ablehnungsbeschluss

1339 Legt man die Judikatur des IX. Zivilsenats des BGH zur Unanfechtbarkeit der die Versagung der Anordnung der Eigenverwaltung beinhaltenden Entscheidung des Insolvenzgerichts aus, gilt folgendes: Ebenso wie der Anordnungsbeschluss bedarf dann auch der Ablehnungsbeschluss keiner Begründung.[2618]

Geht man dagegen davon aus, die Versagungsentscheidung sei anfechtbar, folgt die Notwendigkeit einer solchen Begründung gemäß § 270 Abs. 2 Nr. 2 InsO aus den bereits angesprochenen prozessualen Gründen. Denn der Rechtsmittelinstanz muss deutlich gemacht werden, welche Interessenabwägung das Insolvenzgericht zwischen dem Schuldner und seinen Gläubigern vorgenommen hat.

Eine Begründung der ablehnenden Entscheidung sieht nunmehr aber § 270 Abs. 4 InsO vor.

3.3 Rechtsmittel

1340 Seit der Gesetzgeber das Institut der Eigenverwaltung eingeführt hat, um dem Schuldner einen Anreiz zur möglichst frühzeitigen Stellung des Eigenantrags auf Eröffnung des Insolvenzverfahrens über sein Vermögen zu geben, herrschen Unklarheiten darüber, was geschieht, wenn das Insolvenzgericht der gesetzgeberischen Zielsetzung die kalte Schulter zeigt und das Insolvenzverfahren über das Vermögen des Antragstellers eröffnet, ohne seinem Begehren auf Anordnung der Eigenverwaltung nahe zu treten. Der Blick auf die positive Rechtslage ist in diesem Zusammenhang wohl wenig geeignet, Klarheit zu schaffen. Danach stellt sich das Bild folgendermaßen dar: § 270 InsO schweigt darüber, ob hierfür ein besonderer Beschluss des Insolvenzgerichts erforderlich ist oder ob dies stillschweigend durch Erlass eines Eröffnungsbeschlusses geschehen kann, mit dem ein Insolvenzverwalter über das Vermögen des Schuldners eingesetzt wird. Jedenfalls sieht das Gesetz *nicht ausdrücklich* eine Anfechtung der Versagung der Anordnung der Eigenverwaltung im Rechtsmittelzug vor, so dass nach § 6 Abs. 1 InsO die sofortige Beschwerde in diesen Fällen nicht eröffnet ist. Das scheint vordergründig durchaus systemkonform zu sein. Denn einer ersten Betrachtung stellt sich die Anordnung der Eigenverwaltung vor dem Hintergrund des Erlasses des Eröffnungsbeschlusses im Sinne von § 27 InsO als eine „Modifikation" der allgemeinen Regelungen dar, die verfahrensrechtlich betrachtet

---

[2618] *Uhlenbruck*, in: Uhlenbruck, InsO, § 270 Rn. 17; *Wittig/Tetzlaff*, in: MüKo-InsO, § 270 Rn. 116.

gegenüber der Eröffnung des Insolvenzverfahrens keine eigenständige Bedeutung erlangt.

Hat der Schuldner zugleich mit seinem Eigenantrag gemäß § 270 InsO die Anordnung der Eigenverwaltung beantragt und setzt das Insolvenzgericht im (antragsgemäß erlassenen) Eröffnungsbeschluss gemäß § 27 Abs. 1 Satz 1 InsO einen Insolvenzverwalter ein, ist evident, dass mit der Bestellung des Insolvenzverwalters incidenter der Antrag des Schuldners auf Anordnung der Eigenverwaltung verworfen wird.

Die Vorschrift des § 6 Abs. 1 InsO ordnet an, dass die Entscheidungen des Insolvenzgerichts nur insoweit mit der sofortigen Beschwerde angefochten werden können, wie es das Gesetz ausdrücklich bestimmt. § 270 InsO selbst sieht kein Rechtsmittel sowohl gegen die Anordnung als auch die Ablehnung des Antrags vor.[2619] Zwar wird in der Literatur teilweise vertreten, dass *dem Schuldner* im Rahmen des die Anordnung der Eigenverwaltung *ablehnenden Beschlusses*, die Beschwerde nach § 34 Abs. 2 InsO zustehe. Dies geht aber schon insoweit fehl, als dass § 34 Abs. 2 InsO die Möglichkeit der Anfechtung gegen den (gesamten) Eröffnungsbeschluss vorsieht, nicht aber eine isolierte Anfechtung nur hinsichtlich der ablehnenden Entscheidung bezüglich der Anordnung der Eigenverwaltung.[2620] Auch der BGH hat indes dem antragsstellenden Schuldner kein Rechtsmittel dagegen gegeben, sodass das Insolvenzgericht seinen Antrag ablehnt und sodann mit einem Eröffnungsbeschluss ein Insolvenzverwalter bestellt. Freilich wird auch in Art. 1 Nr. 38 des Gesetzes zur weiteren Erleichterung der Unternehmenssanierung kein Rechtsmittel gewährt, wenn das Gericht seinem Antrag nach § 270 InsO nicht entspricht. Ist dies auch zu bedauern, so gibt zumindest § 270a Abs. 2 InsO dem Schuldner zukünftig die Möglichkeit vor Eröffnung des Verfahrens – mit der Konsequenz der Fremdverwaltung – seinen Antrag zurückzunehmen. Daher können die Schuldner zukünftig den Antrag auf Anordnung der Eigenverwaltung wagen, ohne Gefahr zu laufen, dass ihnen am Ende ein Verfahren oktroyiert wird, dass sie nicht angestrebt haben.

Auch in der umgekehrten Situation – der *Anordnung der Eigenverwaltung* – steht dem *einzelnen Gläubiger* ebenso kein Anfechtungsmittel der gerichtlichen Entscheidung zu. Abgesehen davon, dass nach § 270 InsO auch hier kein Rechtsmittel vorgesehen ist, besteht in dieser Konstellation auch weniger ein Bedürfnis zur Anfechtungsermöglichung. Die Gläubiger sind durch ihre Entscheidungsmöglichkeit nach § 271 Abs. 1 Nr. 1, 2 InsO bereits hinreichend geschützt und haben es in ihrer Hand der Eigenverwaltung ein Ende zu bereiten.

3.4 Nachträgliche Anordnung der Eigenverwaltung

Die nachträgliche Anordnung der Eigenverwaltung kann ausschließlich im Verfahren nach § 271 InsO durch die Gläubiger beantragt werden. Nach

1341

2619 Vgl. hierzu *Wehdeking*, in: Leonhardt/Smid/Zeuner, InsO, § 270 Rn. 49ff.; *Riggert*, in: Nerlich/Römermann, InsO, § 270 Rn. 29; *Wittig/Tetzlaff*, in: MüKo-InsO, § 270 Rn. 118.
2620 *Haas/Kahlert*, in: Gottwald, Insolvenzrechts-Handbuch, § 87 Rn. 36.

dem Erlass des Eröffnungsbeschlusses kommt ein Antrag des Schuldners jedenfalls nicht mehr in Betracht.[2621]

Nach § 271 Satz 1 InsO kann die erste Gläubigerversammlung (im Berichtstermin) die insoweit vorläufige ablehnende Entscheidung des Gerichts bezüglich der Anordnung der Eigenverwaltung ändern und diese beschließen. Dieses in § 271 InsO statuierte Korrektiv entspricht dabei etwa der Befugnis der Gläubiger einen anderen Insolvenzverwalter zu wählen oder auch den Gläubigerausschuss anders zu besetzen (§§ 59, 68 Abs. 2 InsO) und ist zugleich Ausdruck der im Insolvenzverfahren geltenden Gläubigerautonomie. Im Interesse einer geordneten Verfahrensabwicklung kann die Gläubigerversammlung die Entscheidung nur in ihrer ersten Sitzung treffen, danach kann die Anordnung der Eigenverwaltung nicht mehr beschlossen werden.[2622]

3.4.1 Antrag auf Eigenverwaltung

1342 Ebenso wie bei § 270 Abs. 1 Satz 1 InsO wird auch im Rahmen der nachträglichen Anordnung der Eigenverwaltung zunächst gemäß § 271 InsO ein Antrag des Schuldners vorausgesetzt.[2623] Dies folgt dabei schon aus dem Wortlaut der Vorschrift, der begrifflich auf einen vorherigen Antrag des Schuldners abstellt, das Gericht abgelehnt hat. Der Antrag des Schuldners muss daher rechtzeitig gestellt und bis zur Entscheidung der Gläubigerversammlung nicht zurückgenommen worden sein.[2624] Da sich die Eigenverwaltung nur dann erfolgreich gestalten kann, wenn der Schuldner willens und motiviert ist zentrale Gestalt im Verfahren zu sein, sollte das Gericht ein verstärktes Augenmerk darauf legen, ob der Antrag des Schuldner noch immer fortwirkt, oder ob Anzeichen bestehen, dass er zwischenzeitlich von der Eigenverwaltung Abstand genommen hat.

Ob das Insolvenzgericht auch nachträglich die Eigenverwaltung anordnen kann, wenn vor Eröffnung des Insolvenzverfahrens kein Schuldnerantrag auf Eigenverwaltung gestellt und ein solcher mithin nicht abgelehnt wurde, war bisher umstritten.[2625] Der Reformgesetzgeber beseitigt diese Rechtsunsicherheit mit der Einführung des § 271 *InsO*.[2626] Hiernach ist nicht mehr ein vorheriger Schuldnerantrag mit entsprechendem ablehnendem Beschluss des Insolvenzgerichts vorausgesetzt. Nunmehr genügt es, dass die Gläubigerversammlung mit Zustimmung des Schuldners die Eigenverwaltung beantragt. Das Gericht hat die Anordnung sodann zu beschließen.[2627] Diese Neurege-

---

2621 *Koch*, Eigenverwaltung, 80f.; *Haas/Kahlert,* in: Gottwald, Insolvenzrechts-Handbuch, § 87 Rn. 39ff.

2622 *Wittig/Tetzlaff,* in: MüKo-InsO, § 271 Rn. 16; *Riggert,* in: Nerlich/Römermann, InsO, § 271 Rn. 3; *Wehdeking,* in: Leonhardt/Smid/Zeuner, InsO, § 271 Rn. 4.

2623 *Wittig/Tetzlaff,* in: MüKo-InsO, § 271 Rn. 3; *Uhlenbruck,* in: Uhlenbruck, InsO, § 271 Rn. 2; *Haas/Kahlert,* in: Gottwald, Insolvenzrechts-Handbuch, § 87 Rn. 39.

2624 *Haas/Kahlert,* in: Gottwald, Insolvenzrechts-Handbuch, § 87 Rn. 39.

2625 Ablehnend *Wittig/Tetzlaff,* in: MüKo-InsO, § 271 Rn. 3.

2626 BGBl. I 2011, 2582.

2627 RegE eines Gesetzes zur weiteren Erleichterung der Sanierung von Unternehmen, BR-Drucks. 127/11 v. 04.03.2011.

lung stärkt die Gläubigerautonomie umso stärker, sind sie doch auch ohne vorherigen Antrag des Schuldners in der Lage das Insolvenzverfahren unter Anordnung der Eigenverwaltung in die Wege zu leiten. Dies erscheint auch insoweit sinnvoll, als dass kein sachlicher Grund erkennbar ist, die Eigenverwaltung abzulehnen, wenn Schuldner und Gläubiger sich einig sind. Schließlich sind durchaus Fälle denkbar, in welchen der Schuldner – sei es durch schlechte Beratung oder die mutmaßliche Gewissheit, dass der Antrag ohnehin abgelehnt wird – zunächst auf einen entsprechenden Antrag verzichtet. Damit darf der Weg zur Anordnung der Eigenverwaltung aber nicht per se gesperrt werden. Die Änderung des Reformgesetzgebers ist vor diesem Hintergrund zu begrüßen.

Wie schon nach bisherigem Recht eröffnet § 271 InsO die Möglichkeit, dass der bis dahin amtierende Insolvenzverwalter zum Sachwalter bestellt werden kann.

3.4.2 Antrag der Gläubigerversammlung

Neben dem Antrag des Schuldners ist auch ein Antrag der Gläubigerversammlung zwingende Voraussetzung für die nachträgliche Anordnung.[2628] Für den Antrag nach § 271 InsO hat die Gläubigerversammlung einen entsprechenden Beschluss zu fassen. Dieser setzt gemäß § 76 Abs. 2 InsO eine Summenmehrheit der abstimmenden Gläubiger[2629] voraus.[2630] Eine doppelte Mehrheit (Kopf- und Summenmehrheit) wie im Rahmen der Abwahl des Insolvenzverwalters ist hingegen nicht erforderlich.[2631]

1343

3.4.3 Entscheidung des Gerichts

Sind die Voraussetzungen des § 271 InsO gegeben hat das Gericht die Eigenverwaltung durch Beschluss anzuordnen, ungeachtet dessen, ob Bedenken gegen die Anordnung vorliegen. Das Gesetz räumt daher dem Gericht ebenso wie im Falle des § 270 InsO kein Ermessen bezüglich der Anordnungsentscheidung ein. Das Gericht ist danach an den Beschluss der Gläubigerversammlung gebunden.[2632] Allein wenn ein Gläubigerantrag nach § 78 Abs. 1 InsO vorliegt, hat das Gericht ggf. den Beschluss der Gläubigerversammlung aufzuheben und damit die Anordnung der Eigenverwaltung zu verhindern. Es ist sodann nach § 271 Satz 2 InsO – anstelle eines Insolvenzverwalters – ein Sachwalter zu bestellen. Nach neuem Recht ist die Bestellung des Sachwalters in § 270c InsO[2633] geregelt.

1344

2628 *Haas/Kahlert*, in: Gottwald, Insolvenzrechts-Handbuch, § 87 Rn. 40; *Wittig/Tetzlaff*, in: MüKo-InsO, § 271 Rn. 15.
2629 Stimmberechtigt sind dabei auch die absonderungsberechtigten Gläubiger (§§ 52 Satz 1, 76 Abs. 2 i.V.m. § 77 InsO).
2630 *Wittig/Tetzlaff*, in: MüKo-InsO, § 271 Rn. 15; *Haas/Kahlert*, in: Gottwald, Insolvenzrechts-Handbuch, § 87 Rn. 41.
2631 *Wittig/Tetzlaff*, in: MüKo-InsO, § 271 Rn. 15.
2632 *Neumann*, Gläubigerautonomie, S. 366ff.; *Wehdeking*, in: Leonhardt/Smid/Zeuner, InsO, § 271 Rn. 2.
2633 BGBl. I 2011, 2582.

Auch bei der nachträglichen Anordnung der Eigenverwaltung ist der Beschluss öffentlich bekanntzumachen.[2634] Der Schuldner erlangt sodann seine Verfügungsbefugnis zurück und anstelle des Insolvenzverwalters ist ein Sachwalter zu bestellen. Vorzugswürdig erscheint dann § 271 Satz 2 InsO folgend den bisherigen Insolvenzverwalter zum Sachwalter zu ernennen, da dieser bereits hinreichend mit dem Unternehmen und seinen Strukturen vertraut ist.[2635] Eine Pflicht hierzu besteht aber freilich nicht, es liegt vielmehr im Ermessen des Gerichts eine geeignete Person als Sachwalter auszuwählen.[2636]

4. Allgemeine Wirkung des Eröffnungsbeschlusses bei Anordnung der Eigenverwaltung

4.1 Insolvenzbeschlag des schuldnerischen Vermögens

1345 Wird die Eigenverwaltung in Fällen der Eröffnung des Insolvenzverfahrens wegen materieller Insolvenz des Schuldners (§§ 17, 19 InsO) angeordnet, liegt es auf der Hand, dass die Verfahrenseröffnung zu einer haftungsrechtlichen Zuweisung des schuldnerischen Vermögens an die Gläubiger führt.[2637] Durch den Eröffnungsbeschluss wird das schuldnerische Vermögen „verstrickt" – also vom Konkursbeschlag erfasst.[2638] Denn infolge der Insolvenz des Schuldners bedarf es zur Gewährleistung der Gläubigergleichbehandlung und zum Schutz der Masse ihrer Beschlagnahme. Die Anordnung der Eigenverwaltung erfolgt in diesen Fällen nach dem oben ausgeführten ohnedies nur in solchen Ausnahmefällen, in denen das Insolvenzgericht davon ausgehen kann, dass die Fortsetzung der Geschäftstätigkeit des Schuldners keine Gläubigergefährdungen einschließt. Die Anordnung der Eigenverwaltung hat in diesen Fällen allein die Funktion, die Masse von den mit der Bestellung eines Insolvenzverwalters anfallenden Kosten zu entlasten, um die Gläubigerbefriedigung zu optimieren.[2639]

Wenn sich die Strukturfunktion „Konkursbeschlag" im Insolvenzverfahren/Sanierungsverfahren unter Eigenverwaltung des Schuldners nicht aus einer Verwertungsfunktion erklärt, bedarf es einer etwas komplexeren Erklärung. Ansatzpunkt ist die Veränderung, die das Verhältnis von Gläubigern und Schuldner durch die Eröffnung des Insolvenzverfahrens unter Anordnung der Eigenverwaltung in den Fällen erfährt, in denen der Schuldner *nicht materiell insolvent* ist. Bereits oben haben wir gesehen, dass der Schuldner mit seiner Antragsstellung die Vorteile zu erlangen sucht, die sich aus der Verfahrenseröffnung durch die Hemmung der Rechtsdurchsetzung einzelner Gläubiger ergeben. Die Risiken einer Unternehmensreorganisa-

---

2634 *Wehdeking*, in: Leonhardt/Smid/Zeuner, InsO, § 272 Rn. 1; *Haas/Kahlert*, in: Gottwald, Insolvenzrechts-Handbuch, § 87 Rn. 44.
2635 *Haas/Kahlert*, in: Gottwald, Insolvenzrechts-Handbuch, § 87 Rn. 44.
2636 *Riggert*, in: Nerlich/Römermann, InsO, § 271 Rn. 4; *Uhlenbruck*, in: Uhlenbruck, InsO, § 272 Rn. 8.
2637 Im Schrifttum wird dies nicht immer deutlich, vgl. *Wittig*, in: MüKo-InsO § 270 Rn. 67.
2638 *Henckel*, in: Jaeger/Lent, KO, 9. Aufl. § 1 Rn. 2; *Smid*, Praxishandbuch Insolvenzrecht, § 7, Rn. 2ff.
2639 Zum Ganzen: *Wehdeking*, in: Flöther/Smid/Wehdeking, Eigenverwaltung, Rn. 2.110.

tion, die von den Gläubigern durch die materiellen Folgen der Verfahrenseröffnung zwangsweise mitgetragen werden, wirken sich aber in sehr unterschiedlicher Weise aus, je nachdem, welche Rechtsstellung ein Gläubiger in concreto einnimmt. Für die dinglich gesicherten Gläubiger verbessert sich durch die Eröffnung des Insolvenzverfahrens unter Eigenverwaltung des Schuldners die Rechtslage regelmäßig deshalb, weil sie es sein werden, die ein Reorganisations- und Sanierungsprojekt finanzieren: Dass es sich bei einem Reorganisations- nach neuem Recht um ein „echtes" Insolvenzverfahren handelt und *handeln muss*, das gleichsam auf der Beschlagnahme des Schuldnervermögens beruht, wird vor diesem Hintergrund deutlich: Der Konkursbeschlag hat daher in diesen Verfahren eine *Sicherungsfunktion zugunsten der ungesicherten Gläubiger*.[2640]

4.2 Fortdauer des Insolvenzbeschlags des schuldnerischen Vermögens bei nachträglicher Anordnung der Eigenverwaltung

Dabei bewirkt die *nachträgliche* Anordnung der Eigenverwaltung nicht einfach eine Wiederherstellung der durch den vorangegangenen Eröffnungsbeschluss aufgehobenen Verfügungsbefugnis des Schuldners. Vielmehr wird der Schuldner als Amtswalter in eigenen Angelegenheiten bestellt, dessen Vermögen zugunsten der Gläubiger beschlagnahmt ist. Folglich ist der eigenverwaltende Schuldner der Herrschaft der Gläubiger unterstellt, die sie durch ihre verfahrensrechtlichen Organe ausüben (Teil 2, Kap. 3, Rn. 462). Wird die Verfügungsbefugnis des Schuldners nicht besonderen insolvenzgerichtlich angeordneten Beschränkungen unterworfen, scheint äußerlich die nachträgliche Anordnung der Eigenverwaltung die Wiederherstellung der Verfügungsbefugnis des Schuldners zu bewirken. Denn der Schuldner kann gegenüber Dritten auch dann wirksam handeln, wenn der Sachwalter nach § 275 InsO Einwendungen gegen die fraglichen Rechtshandlungen erhebt.[2641]

1346

4.3 Befugnisse des Schuldners zur Masseverwaltung

Die *materiellen* Befugnisse des Schuldners zur Verwertung von grundpfandrechtsbelasteten Immobilien (§§ 282 Abs. 1, 165 InsO, § 30d ZVG) bleibt im Übrigen davon unberührt, ob im Falle des § 271 InsO der Insolvenzvermerk gelöscht wird oder im Grundbuch bestehen bleibt. Das Grundbuchamt wird aber Rechtsänderungen nicht eintragen dürfen, denn der Sachwalter (regelmäßig der frühere Insolvenzverwalter) darf nicht (mehr) handeln, und der Schuldner ist wegen des Sperrvermerks grundrechtlich nicht zur Rechtsänderung legitimiert. *Verfahrensrechtlich* ist die Lage bei der nachträglichen Anordnung der Eigenverwaltung daher denjenigen einer Freigabe von Massebestandteilen durch den Insolvenzverwalter im Regelinsolvenzverfahren vergleichbar. Im Regelinsolvenzverfahren führt die Freigabe von Massebestandteilen durch den Insolvenzverwalter dazu, dass der Schuldner beim Insolvenzgericht beantragen kann, dass dieses das Grundbuchamt um

1347

2640 Wehdeking in: Flöther/Smid/Wehdeking, Eigenverwaltung, Rn. 2.112.
2641 *Uhlenbruck*, in: Uhlenbruck, InsO, § 275 Rn. 6; *Wittig*, in: MüKo-InsO, § 275 Rn. 9.

Löschung des Insolvenzvermerk ersucht (§ 32 Abs. 3 Satz 1 InsO). Diese Antragsbefugnis hat der Schuldner auch bei nachträglicher Anordnung der Eigenverwaltung gemäß § 271 InsO. Aber auch der mit der Anordnung nach § 271 InsO einzusetzende Sachwalter kann entspr. § 32 Abs. 3 Satz 2 InsO die Löschung des Insolvenzvermerks beantragen.

Zu den Einzelheiten unten Rn. 1357ff.

4.4 Einsetzung eines Sachwalters

1348 Im Insolvenzverfahren unter Anordnung der Eigenverwaltung wird im Gegensatz zum Regelinsolvenzverfahren kein Insolvenzverwalter, sondern gemäß § 270 c InsO ein Sachwalter bestellt. Die Rechte und Pflichten des Sachwalters sind dabei in den §§ 274–285 InsO geregelt, insbesondere ergibt sich aus diesen Vorschriften auch sein Verhältnis zum eigenverwaltendem Schuldner. Während der Schuldner in diesem Rahmen die laufenden Geschäfte führt, werden dem Sachwalter in erster Linie *Kontroll- und Unterstützungsfunktionen* zuteil. Daneben hat der Sachwalter, wie der Insolvenzverwalter, Aufgaben wahrzunehmen, die ihm im Interesse der Gläubiger übertragen worden sind.

4.5 Registerrechtlicher Insolvenzvermerk

1349 Anders als im Regelinsolvenzverfahren wird die Eintragung der Verfahrenseröffnung im Grundbuch und anderen sachenrechtlichen Registern für entbehrlich gehalten, § 270 Abs. 3 Satz 3 InsO.[2642] Eine Eintragung soll erst in dem Fall erfolgen, wenn dem Schuldner eine Verfügungsbeschränkung auferlegt wird.[2643] Die Regelung ist allerdings zweifelhaft, da auch im eigenverwalteten Verfahren die Masse zugunsten der Gläubiger beschlagnahmt wird (arg. §§ 35, 36 InsO).[2644]

Wird die Eigenverwaltung nach § 271 InsO nachträglich angeordnet und sind entsprechende Sperrvermerke in die Register eingetragen, sind diese entsprechend materiell unrichtig.[2645] Der insoweit vorher vom Gericht gegenüber dem Grundbuchamt ausgeführte Hoheitsakt der Eintragung lässt sich nicht mit einem bürgerlich-rechtlichen Berichtigungsanspruch beseitigen.[2646] Verfahrensrechtlich ähnelt die Lage dann derjenigen einer Freigabe von Massebestandteilen durch den Insolvenzverwalter. Der Schuldner kann daher beim Insolvenzgericht beantragen, dass der Vermerk aus dem Register gelöscht wird.[2647] Den Antrag kann neben dem Schuldner auch der Sachwalter stellen.

[2642] *Wehdeking*, in: Leonhardt/Smid/Zeuner, InsO, § 270 Rn. 46.
[2643] *Wehdeking*, in: Leonhardt/Smid/Zeuner, InsO, § 270 Rn. 46.
[2644] *Wehdeking*, in: Flöther/Smid/Wehdeking, Eigenverwaltung, Rn. 2.68.
[2645] *Wehdeking*, in: Leonhardt/Smid/Zeuner, InsO, § 271 Rn. 6.
[2646] *Wehdeking*, in: Leonhardt/Smid/Zeuner, InsO, § 271 Rn. 6.
[2647] *Wehdeking*, in: Leonhardt/Smid/Zeuner, InsO, § 270 Rn. 8.

4.6 Anhängige Prozesse („automatic stay")

Auch im Rahmen der Eigenverwaltung kommt es nach § 240 ZPO zur Unterbrechung bereits vor der Eröffnung des Verfahrens anhängiger Zivilprozesse, gleichwohl es – freilich anders als bei Eröffnung des Regelinsolvenzverfahrens – nicht zu einem „Austausch" der Parteien kommt.[2648] Prozessführungsbefugt ist nämlich nicht der Sachwalter sondern der eigenverwaltende Schuldner selbst.[2649] Mit seiner Stellung als „Amtswalter" in eigenen Angelegenheiten stehen ihm die Befugnisse zu, derer er zur ordnungsgemäßen Verwaltung seines Vermögens zu Gunsten der Gläubiger bedarf. Im Rubrum sollte dies durch eine Spezifikation deutlich gemacht werden.[2650]

1350

5. Aufhebung der Eigenverwaltung

Die Eigenverwaltung endet – wie das Regelinsolvenzverfahren auch – mit der Aufhebung (§ 200 InsO) oder mit der Einstellung des Verfahrens (§§ 207, 212, 213 InsO). Neben dem insoweit „regulären" Ende der Eigenverwaltung, infolge der Beendigung des Verfahrens selbst, kann die Eigenverwaltung auch aufgrund eines entsprechenden Antrags nach § 272 Abs. 1 InsO erfolgen.

1351

5.1 Antrag der Gläubigerversammlung

Das Insolvenzgericht hat ohne weitere Prüfung die Anordnung der Eigenverwaltung aufzuheben, wenn die Gläubigerversammlung einen entsprechenden Beschluss nach § 272 Abs. 1 Nr. 1 InsO fasst.[2651] Damit wird *unwiderleglich* festgestellt, dass die Eigenverwaltung den Interessen der Gläubiger zuwiderläuft (vgl. § 270 Abs. 2 Nr. 3 InsO). Für den Beschluss ist dabei eine Mehrheit der abstimmenden Gläubiger erforderlich.[2652] Im Gegensatz zum Antrag auf Anordnung der Eigenverwaltung durch die Gläubigerversammlung, der lediglich im Berichtstermin beschlossen werden muss, kann der Aufhebungsbeschluss in jeder Gläubigerversammlung getroffen werden.[2653] Damit wird der Gläubigerversammlung ein Schutzmittel an die Hand gegeben, um gegen den selbst verwaltenden Schuldner und seine Unternehmensführung im Zweifel vorgehen zu können.

1352

5.2 Gläubigerantrag

Trotz der Aufsicht durch den Sachwalter birgt die Eigenverwaltung für die Gläubiger nicht zu unterschätzende Gefahren. Aufgrund dessen ist es geboten, den Gläubigern unabhängig der Gläubigerversammlung die Möglichkeit einzuräumen, die Eigenverwaltung auch kurzfristig zu beenden. Eben

1353

2648 *Koch*, Eigenverwaltung, 245; OLG Naumburg, B. v. 02.05.2000 – 5 W 47/00, ZInsO 2000, 505.
2649 So zutreffend BGH, B. v. 07.12.2006 – V ZB 93/06, DZWIR 2007, 209.
2650 Etwa „NN als eigenverwaltender Insolvenzschuldner".
2651 *Haas/Kahlert*, in: Gottwald, Insolvenzrechts-Handbuch, § 88 Rn. 2.
2652 *Haas/Kahlert*, in: Gottwald, Insolvenzrechts-Handbuch, § 88 Rn. 2.
2653 *Wehdeking*, in: Leonhardt/Smid/Zeuner, InsO, § 272 Rn. 2.

diese Möglichkeit bietet die Vorschrift des § 272 Abs. 1 Nr. 2 InsO nach der nicht nur der Gläubigerversammlung, sondern auch einzelnen Insolvenzgläubigern respektive absonderungsberechtigten Gläubigern[2654] ein Antrag auf Aufhebung der Eigenverwaltung stellen können.[2655] Zum Antrag muss allerdings hinzukommen, dass die Voraussetzung des § 270 Abs. 2 Nr. 2 InsO weggefallen ist, m.a.W. muss sodann vorgetragen werden, dass die Aufrechterhaltung der Eigenverwaltung für die Gläubiger – nicht allein den Antragsteller![2656] – nachteilig sei.[2657] Der Antrag ist ebenso begründet, wenn die Voraussetzungen von vornherein nicht vorlagen.[2658] Dies folgt schon daraus, dass hier ein noch größeres Bedürfnis besteht auch dem einzelnen Gläubiger die Aufhebung auch noch nachträglich zu ermöglichen.[2659] Der Antragende hat dies gemäß § 272 Abs. 2 InsO im Rahmen seines Aufhebungsantrags glaubhaft zu machen (§§ 4 InsO, 294 ZPO). Das einfache Aufstellen von Behauptungen ist daher nicht ausreichend.

Vor der Entscheidung hat das Insolvenzgericht gemäß § 272 Abs. 2 Satz 2 InsO zunächst den Schuldner zu hören.[2660]

1354 Nach dem § 272 Abs. 1 Nr. 2 InsO ist erforderlich, dass dem Antragenden *offensichtlich erhebliche Nachteile drohen*. Nach neuem Recht wird der Antragende entsprechend den Voraussetzungen des § 272 Abs. 1 Nr. 2 InsO glaubhaft zu machen haben. Dies stellt im Vergleich zu § 270 Abs. 2 Nr. 2 InsO freilich eine höhere Schwelle dar. Diese Änderung erscheint aber insofern gerechtfertigt, als dass es im Interesse der Planungssicherheit geboten erscheint höhere Anforderungen an den Antrag auf Aufhebung der Eigenverwaltung zu stellen, wenn das Gericht nach seiner zeitlich vorhergehenden Prüfung zunächst die Eigenverwaltung angeordnet hatte.

5.3 Schuldnerantrag

1355 Neben der Gläubigerversammlung und einzelnen Gläubiger steht auch dem *Schuldner*[2661] die Befugnis zu, einen Antrag auf Anordnung der Aufhebung der Eigenverwaltung zu stellen. Die Einräumung dieses Antragsrechts ist dabei nur Konsequent und fügt sich in die Systematik der Eigenverwaltung ein. Ebenso wie die Anordnung der Eigenverwaltung stets einen Antrag des Schuldners voraussetzt, muss ihm freilich auch die Möglichkeit gegeben

---

2654 Nicht antragsberechtigt sind allerdings nachrangige Insolvenzgläubiger, denen wohl ein Rechtschutzbedürfnis regelmäßig in Abrede zu stellen ist.
2655 *Wehdeking*, in: Leonhardt/Smid/Zeuner, InsO, § 272 Rn. 2; *Haas/Kahlert*, in: Gottwald, Insolvenzrechts-Handbuch, § 88 Rn. 4.
2656 *Wittig/Tetzlaff*, in: MüKo-InsO, § 272 Rn. 18.
2657 *Haas/Kahlert*, in: Gottwald, Insolvenzrechts-Handbuch, § 88 Rn. 5; *Wittig/Tetzlaff*, in: MüKo-InsO, § 272 Rn. 16.
2658 *Wittig/Tetzlaff*, in: MüKo-InsO, § 272 Rn. 17.
2659 *Riggert*, in: Nerlich/Römermann, InsO, § 272 Rn. 3; *Wittig/Tetzlaff*, in: MüKo-InsO, § 272 Rn. 17.
2660 *Wittig/Tetzlaff*, in: MüKo-InsO, § 272 Rn. 23; *Wehdeking*, in: Leonhardt/Smid/Zeuner, InsO, § 272 Rn. 9.
2661 Ist der Schuldner keine natürliche, sondern eine juristische Person bzw. eine Gesellschaft ohne Rechtspersönlichkeit, richtet sich die Antragsbefugnis nach den gesellschaftsrechtlichen Vertretungsregeln.

werden sich hiervon zu lösen.[2662] Nur wenn der Schuldner bereit und willens ist, alles in seiner Macht stehende zu unternehmen, um eine bestmögliche Gläubigerbefriedigung zu erzielen, kommen die Vorteile der Eigenverwaltung zum Tragen.[2663] Kommt es aber vor, dass der Schuldner seine Bereitschaft hierzu im weiteren Verlauf des Insolvenzverfahrens verliert,[2664] besteht schon im Interesse der Gläubiger kein Grund ihn weiterhin mit dieser Aufgabe zu betrauen.

Die Aufhebung durch das Insolvenzgericht erfolgt sodann unabhängig einer etwaigen Gefährdung der Gläubigerinteressen.

5.4 Entscheidung des Insolvenzgerichts

Sind die Voraussetzungen gegeben hebt das Gericht die Eigenverwaltung mit Beschluss auf.[2665] Die Aufhebung führt dabei zwangsläufig zum Übergang in das Regelinsolvenzverfahren. Anstelle des Sachwalters hat das Gericht daher einen Insolvenzverwalter zu bestellen.[2666] Aus denselben Erwägungen, wie im umgekehrten Fall nach § 271 Satz 2 InsO, sieht § 272 Abs. 3 InsO vor, dass der bisherige Sachwalter zum Insolvenzverwalter bestellt werden kann. Wenngleich eine solche Vorgehensweise regelmäßig zweckmäßiger sein wird als einen anderen Verwalter zu bestellen, handelt es sich bei der Formulierung des Abs. 3 um keine Verpflichtung des Insolvenzgerichts.

1356

Eine weitere Anordnung der Eigenverwaltung wird aufgrund des § 271 InsO regelmäßig nicht mehr möglich sein, sodass der Entscheidung des Gerichts ein endgültiger Charakter beizumessen ist. Ebenso wie die Anordnung ist auch die Aufhebung der Eigenverwaltung öffentlich bekannt zu machen, Sperrvermerke nach § 32 InsO sind entsprechend nachzuholen.[2667]

Die Entscheidung des Gerichts kann gemäß § 272 Abs. 2 Satz 3 InsO angefochten werden. Dem Schuldner steht dabei, wie auch den Gläubigern, das Rechtsmittel der sofortigen Beschwerde zu.[2668] Dies gilt aber nur insoweit als das Gericht über den Antrag nach § 272 Abs. 2 Nr. 2 zu entscheiden hat. In Ermangelung eines ausdrücklichen Rechtsmittels in den übrigen Fällen des § 272 InsO, ist ein solches durch § 6 Abs. 1 InsO ausgeschlossen.[2669]

2662 *Wehdeking*, in: Leonhardt/Smid/Zeuner, InsO, § 272 Rn. 3; *Wittig/Tetzlaff*, in: MüKo-InsO, § 272 Rn. 27.
2663 *Wittig/Tetzlaff*, in: MüKo-InsO, § 272 Rn. 27.
2664 Amtl. Begr. zu § 333 RegEInsO, BT-Drucks. 12/2443, 224.
2665 *Haas/Kahlert*, in: Gottwald, Insolvenzrechts-Handbuch, § 88 Rn. 9; *Wittig/Tetzlaff*, in: MüKo-InsO, § 272 Rn. 30.
2666 *Wittig/Tetzlaff*, in: MüKo-InsO, § 272 Rn. 30; *Wehdeking*, in: Leonhardt/Smid/Zeuner, InsO, § 272 Rn. 10; *Haas/Kahlert*, in: Gottwald, Insolvenzrechts-Handbuch, § 88 Rn. 9.
2667 *Wehdeking*, in: Leonhardt/Smid/Zeuner, InsO, § 272 Rn. 11.
2668 *Wittig/Tetzlaff*, in: MüKo-InsO, § 272 Rn. 40; *Wehdeking*, in: Leonhardt/Smid/Zeuner, InsO, § 272 Rn. 12.
2669 *Uhlenbruck*, in: Uhlenbruck, InsO, § 272 Rn. 7; *Wittig/Tetzlaff*, in: MüKo-InsO, § 272 Rn. 41.

6. Rechtsstellung und Aufgabenverteilung zwischen Schuldner und Sachwalter

6.1 Rechtsstellung und Befugnisse des Schuldners

1357 Kern der Eigenverwaltungsanordnung ist, dass die Rechtsmacht des Schuldners *im Wesentlichen* unangetastet bleibt: Der Schuldner ist dann nach den § 270 ff. InsO, auch nach Eröffnung des Insolvenzverfahrens, weiterhin zur Verwaltung seines Vermögens berechtigt. Mit Erlass des Eröffnungsbeschlusses verwaltet der Schuldner sein Vermögen in einem Insolvenzverfahren.

6.1.1 Rechtsstellung

1358 Der Schuldner nimmt als zentrale Figur der Eigenverwaltung mithin die Stellung des Insolvenzverwalters ein.[2670] Trotz der Eröffnung des Insolvenzverfahrens ist er weiterhin berechtigt – unter Beachtung der Mitwirkungs- und Zustimmungsbefugnis des Sachwalters – die Masse zu verwalten und darüber zu verfügen.[2671] Dabei hat er freilich sein Handeln ausschließlich am Interesse der Gläubigergemeinschaft auszurichten und Individualinteressen zu vernachlässigen.

Neben der Übertragung der Verwaltungs- und Verfügungsbefugnis stehen dem Schuldner zudem weitere Gestaltungsrechte zu, die er im Einvernehmen mit dem Sachwalter auszuüben hat. Er ist nur dort nicht zuständig, wo das Gesetz die Aufgaben ausdrücklich dem Sachwalter zuordnet. Im Rahmen der Eigenverwaltung treten daher die haftungsrechtliche Zuweisung des Vermögens des Schuldners an die Gläubiger auf der einen und die konkursrechtlichen Verfügungs- und Verwaltungsbeschränkungen (§§ 80 ff. InsO) *auseinander*. Der Insolvenzbeschlag des Vermögens des Schuldners ist m. a. W. nicht abhängig von der in § 80 InsO normierten vollständigen Beschränkung der Rechtsmacht des Schuldners. Diese Amtswalterstellung wird für die Fälle deutlich, in denen „Eigner" des schuldnerischen Vermögens und die Verwaltung in personam wahrnehmenden Rechtssubjekts identisch sind. In diesem Fall stellt sich die Frage, in welchem Umfang der Amtswalter im eigenen Interesse auf das von ihm verwaltete Vermögen zugreifen darf.

6.1.2 Befugnisse und Pflichten des Schuldners

1359 Der Schuldner erlangt durch die Anordnung der Eigenverwaltung eine Reihe von Befugnissen, die im Regelinsolvenzverfahren dem Insolvenzverwalter deshalb zustehen, weil er die Aufgabe hat, die Gläubigergleichbehandlung sicherzustellen. Das hat damit zu tun, dass, wie es *Häsemeyer*[2672] treffend ausgedrückt hat, der Schuldner im eröffneten Verfahren der Eigenverwaltung *„Amtswalter in eigenen Angelegenheiten"* ist. Er erlangt mit der Verfahrenseröffnung Befugnisse, die seine ihm im rechtsgeschäftlichen Kontakt zu anderen zustehenden Befugnisse übersteigen und sich allein aus der besonderen haftungsrechtlichen Lage im Insolvenzverfahren erklären.

2670 *Haas/Kahlert*, in: Gottwald, Insolvenzrechts-Handbuch, § 89 Rn. 1.
2671 *Haas/Kahlert*, in: Gottwald, Insolvenzrechts-Handbuch, § 89 Rn. 1.
2672 *Häsemeyer*, Rn. 8.13.

6.1.2.1 Führung der Geschäfte

Mit der Anordnung der Eigenverwaltung erlangt der Schuldner – wie bereits ausgeführt – die Verwaltungs- und Verfügungsbefugnis über sein Vermögen zurück. Dies gilt auch dann, wenn dem Schuldner zunächst ein allgemeines Veräußerungsverbot auferlegt worden ist. Damit liegt das wirtschaftliche und auch das juristische Handeln wieder beim Schuldner und er hat dieser Befugnis entsprechend wieder die Führung der Geschäfte aufzunehmen.[2673] Es ist daher seine Aufgabe, fortan Einkäufe zu tätigen, Aufträge entgegenzunehmen und auszuführen und Art und Ausmaß der Sanierungsmaßnahmen zu bestimmen. Ferner nimmt weiterhin er die Arbeitgeberstellung gegenüber seinen Angestellten ein. 1360

Die vom eigenverwaltenden Schuldner begründeten Verbindlichkeiten sind dabei als Masseverbindlichkeiten nach § 55 Abs. 1 Satz 1 InsO zu kategorisieren.[2674]

Es obliegt auch dem Schuldner die massebezogenen Prozesse zu führen und die Entscheidung der Aufnahme solcher, die nach § 240 ZPO unterbrochen sind.[2675]

Mit der neu eingefügten Vorschrift des § 276a *InsO* soll das Verhältnis der Eigenverwaltung zu den gesellschaftsrechtlichen Bindungen der Geschäftsleitung geklärt werden. Grundgedanke der Neuregelung ist dabei, dass die Überwachungsorgane bei der Anordnung Eigenverwaltung im Wesentlichen keine weiter gehenden Einflussmöglichkeiten auf die Geschäftsführung haben sollen als es im Rahmen des Regelinsolvenzverfahrens der Fall wäre. Die Führung der Geschäfte ist in dieser Situation an den Interessen der Gläubiger auszurichten. Der Sachwalter, der Gläubigerausschuss und die Gläubigerversammlung überwachen dabei die wirtschaftlichen Entscheidungen der Geschäftsleitung. Eine zusätzliche Überwachung durch die Organe des Schuldners erscheint nach der Vorstellung des Reformgesetzgebers nicht erforderlich. Zusätzliche Einwirkungsmöglichkeiten von Aufsichtsrat oder Gesellschafterversammlung auf die Geschäftsführung können in dieser Situation wenig nützen, wohl aber hemmend und blockierend wirken. 1361

6.1.2.2 Mitwirkungsbefugnisse des Sachwalters

Die insoweit insolvenzverwalterähnliche Stellung des Schuldners findet ihre Schranken in den §§ 275–277 InsO, die einzelne Mitwirkungs- und Zustimmungserfordernisse des Sachwalters bestimmen. So kann der Schuldner gemäß § 275 Abs. 1 InsO beispielsweise Verbindlichkeiten, die nicht zum gewöhnlichen Geschäftsbetrieb gehören, nur im Einvernehmen mit dem Sachwalter begründen.[2676] Hierzu gehört der Abschluss verpflichtender Leistungsgeschäfte jeder Art mit Ausnahme sogenannter *Cashgeschäfte*.[2677] 1362

2673 *Haas/Kahlert*, in: Gottwald, Insolvenzrechts-Handbuch, § 89 Rn. 3.
2674 *Wittig/Tetzlaff*, in: MüKo-InsO, § 270 Rn. 73; *Haas/Kahlert*, in: Gottwald, Insolvenzrechts-Handbuch, § 89 Rn. 3.
2675 *Wehdeking*, in: Leonhardt/Smid/Zeuner, InsO, § 270 Rn. 47.
2676 *Haas/Kahlert*, in: Gottwald, Insolvenzrechts-Handbuch, § 89 Rn. 4; *Uhlbruck*, in: Uhlenbruck, InsO, § 275 Rn. 2.
2677 *Uhlenbruck*, in: Uhlenbruck, InsO, § 275 Rn. 2.

Ebenso hat der Schuldner vorab die Zustimmung der Gläubigerversammlung nach § 276 InsO einzuholen, wenn er Rechtshandlungen vorzunehmen beabsichtigt, die für das Insolvenzverfahren von besonderer Bedeutung sind.[2678] In diesem Zusammenhang sind die Regelbeispiele des § 160 Abs. 2 InsO maßgebend, beispielsweise die freihändige Veräußerung des Unternehmens, des Warenlagers im Ganzen oder die Beteiligungen an anderen Unternehmen.

Setzt sich der Schuldner über diese Erfordernisse hinweg und tätigt die Rechtsgeschäfte ohne die jeweilige Zustimmung, sind diese gleichwohl wirksam.[2679] Dennoch ist darauf hinzuweisen, dass Pflichtverletzungen des Schuldners nicht konsequent folgenlos sein müssen, denn dies freilich kann zur Aufhebung der Eigenverwaltung nach § 272 Abs. 1 Nr. 1, Nr. 2 InsO führen.

Eine weitere Einschränkung der schuldnerischen Rechtsmacht kann auf Antrag der Gläubigerversammlung nach § 277 Abs. 1 InsO, respektive auf Antrag absonderungsberechtigter oder einfacher Insolvenzgläubiger nach § 277 Abs. 2 InsO erfolgen. Das Gericht hat dann die Möglichkeit anzuordnen, dass bestimmte Rechtsgeschäfte nur mit der Zustimmung des Sachwalters möglich sind.[2680] Anders als die Zustimmungserfordernisse nach §§ 275, 276 InsO ist die Zustimmung dann Wirksamkeitsvoraussetzung.[2681]

6.1.2.3 Wahlrecht des Schuldners

1363 Ebenso wie der Insolvenzverwalter im Rahmen des Regelinsolvenzverfahrens steht dem eigenverwaltenden Schuldner nach § 279 InsO ein Wahlrecht hinsichtlich nicht erfüllter gegenseitiger Verträge zu.[2682] Es gelten insoweit die allgemeinen Regelungen, insbesondere hat der Schuldner seine Wahl allein am Interesse der Gläubiger an einer bestmöglichen Befriedung auszurichten.[2683] Wenngleich der Schuldner sein Wahlrecht lediglich im Einvernehmen mit dem Sachwalter ausüben soll, steht der Wirksamkeit der Erklärung die Missachtung dessen nicht entgegen.[2684] Eine Ausnahme hiervon besteht allerdings hinsichtlich der Rechte aus §§ 122, 126 InsO, die der Schuldner nur mit Zustimmung des Sachwalters auszuüben im Stande ist.[2685]

2678 *Uhlenbruck*, in: Uhlenbruck, InsO, § 275 Rn. 2; *Wehdeking*, in: Leonhardt/Smid/Zeuner, InsO, § 276 Rn. 2.
2679 *Wehdeking*, in: Leonhardt/Smid/Zeuner, InsO, § 275 Rn. 9; *Wittig/Tetzlaff*, in: MüKo-InsO, § 275 Rn. 12.
2680 *Wittig/Tetzlaff*, in: MüKo-InsO, § 277 Rn. 22.
2681 *Wehdeking*, in: Leonhardt/Smid/Zeuner, InsO, § 277 Rn. 4; *Wittig/Tetzlaff*, in: MüKo-InsO, § 277 Rn. 35.
2682 *Uhlenbruck*, in: Uhlenbruck, InsO, § 279 Rn. 1.
2683 *Haas/Kahlert*, in: Gottwald, Insolvenzrechts-Handbuch, § 89 Rn. 6; *Wittig/Tetzlaff*, in: MüKo-InsO, § 279 Rn. 7; *Wehdeking*, in: Flöther/Smid/Wehdeking, Eigenverwaltung, Rn. 2.147.
2684 *Wittig/Tetzlaff*, in: MüKo-InsO, § 279 Rn. 8; Uhlenbruck in: Uhlenbruck, InsO, § 279 Rn. 3.
2685 *Uhlenbruck*, in: Uhlenbruck, InsO, § 279 Rn. 4; *Wittig/Tetzlaff*, in: MüKo-InsO, § 279 Rn. 13 f.

6.1.2.4 Lebensführung des Schuldners

In Anlehnung an die Vorschrift des § 56 VerglO bestimmt § 278 InsO, dass der eigenverwaltende Schuldner berechtigt ist, für sich und die in § 100 Abs. 2 Satz 2 benannten Personen.[2686] Mittel aus der Insolvenzmasse zu entnehmen, die eine bescheidene Lebensführung unter Berücksichtigung der bisherigen Lebensverhältnisse gestattet. Was dabei für eine bescheidene Lebensführung von Nöten ist, muss im Einzelfall entschieden werden.[2687] Auf die Herkunft der Gelder kommt es in diesem Zusammenhang jedenfalls nicht an, sodass diese auch aus Massekrediten stammen können.[2688]

1364

Wenn und soweit – wie wohl in der Regel der Fall – der Schuldner die zur bescheidenen Lebensführung erforderlichen Mittel ganz, oder zumindest überwiegend, aus einer anderen Tätigkeit, deren Vergütung sich nach § 26 Abs. 1 Satz 2 InsO i. V. m. §§ 850 ff. ZPO als unpfändbar erweist, bestritten werden können, entfällt das Recht auf Mittel aus der Insolvenzmasse. Insofern ist das in § 278 InsO statuierte Entnahmerecht des Schuldners hierzu subsidiär.[2689]

Handelt es sich beim dem Schuldner um keine natürliche Person, so ist § 278 Abs. 1 InsO entsprechend auf die vertretungsberechtigten persönlich haftenden Gesellschafter anzuwenden.

6.1.2.5 Insolvenzspezifische Aufgaben des Schuldners

Im allgemeinen Regelinsolvenzverfahren steht nach § 178 Abs. 1 Satz 2 InsO ein Widerspruch des Schuldners der Feststellung der Forderung nicht entgegen. Nach § 283 Abs. 1 Satz 2 InsO hat das Bestreiten einer Forderung durch den Schuldner dagegen die Wirkung, dass es die Feststellung der Forderung hindert.[2690] Ihm wird ein besonderes, dem des Insolvenzverwalters entsprechendes Widerspruchsrecht eingeräumt, obwohl der Sachwalter und nicht der eigenverwaltende Schuldner die Tabelle führt[2691] und die Forderungen bei ihm anzumelden sind.[2692] § 283 Abs. 1 Satz 2 InsO erweitert insofern die Befugnisse des Schuldners erheblich und birgt aber damit auch die Gefahr, dass das Verfahren starken Verzögerungen unterworfen wird.

1365

Gemäß § 282 Abs. 1 Satz 1 InsO ist der Schuldner zur Verwertung der Masse, ebenso wie zur Verwertung von Gegenständen an denen Absonde-

---

2686 Namentlich seiner minderjährigen unverheirateten Kindern, seinem Ehegatten, seinem früheren Ehegatten, seinem Lebenspartner, seinem früheren Lebenspartner und dem anderen Elternteil seines Kindes.
2687 *Haas/Kahlert*, in: Gottwald, Insolvenzrechts-Handbuch, § 89 Rn. 7; *Wehdeking*, in: Leonhardt/Smid/Zeuner, InsO, § 278 Rn. 1.
2688 *Haas/Kahlert*, in: Gottwald, Insolvenzrechts-Handbuch, § 89 Rn. 7.
2689 *Wehdeking*, in: Leonhardt/Smid/Zeuner, InsO, § 278 Rn. 2; *Haas/Kahlert*, in: Gottwald, Insolvenzrechts-Handbuch, § 89 Rn. 7.
2690 *Uhlenbruck*, in: Uhlenbruck, InsO, § 283 Rn. 2; *Wittig/Tetzlaff*, in: MüKo-InsO, § 283 Rn. 8 ff.
2691 *Wittig/Tetzlaff*, in: MüKo-InsO, § 283 Rn. 5; Uhlenbruck in: Uhlenbruck, InsO, § 283 Rn. 2.
2692 *Uhlenbruck*, in: Uhlenbruck, InsO, § 283 Rn. 2; *Wittig/Tetzlaff*, in: MüKo-InsO, § 70 Rn. 80, 81.

rungsrechte bestehen, berechtigt.[2693] Die §§ 165ff. InsO gelten in Ermangelung einer abweichenden Bestimmung in § 282 InsO fort.[2694] Kosten der Feststellung werden gemäß § 282 Abs. 1 Satz 2 InsO in diesem Zusammenhang allerdings nicht erhoben, da der Schuldner wohl regelmäßig von der tatsächlichen Rechtslage hinreichende Kenntnis besitzt.[2695] Bei den Kosten der Verwertung sind nur die tatsächlich entstandenen Kosten sowie der anfallende Umsatzsteuerbetrag zu berechnen, § 282 Abs. 1 Satz 3 InsO.[2696] Das dem eigenverwaltenden Schuldner eingeräumte Verwertungsrecht soll dieser nach § 283 Abs. 2 InsO im Einvernehmen mit dem Sachwalter ausüben, allerdings führt die Missachtung dessen erneut nicht zur Unwirksamkeit der Rechtshandlung, die Verwertungshandlung bleibt wirksam.[2697]

Darüber hinaus ist der Schuldner gemäß § 283 Abs. 2 Satz 1 InsO auch zur anschließenden Verteilung des Erlöses berechtigt und verpflichtet. Voraussetzung hierfür ist gemäß § 283 Abs. 2 Satz 2 InsO, dass der Sachwalter das Verteilungsverzeichnis vorher geprüft und im Anschluss schriftlich erklärt hat, ob nach dem Ergebnis seiner eigenen Prüfung Einwände zu erheben sind.[2698]

Der Schuldner hat ferner nach § 281 Abs. Satz 1 InsO ein Verzeichnis der Massegegenstände, das Gläubigerverzeichnis und die Vermögensübersicht zu erstellen (§§ 151–153 InsO).[2699] Bei der Erfassung der Verbindlichkeiten sollte auch durch den Schuldner im Verfahren nach Anordnung der Eigenverwaltung das Augenmerk auf eventuell Mitverpflichtete oder Regresspflichtige gelegt werden. Zu den wesentlichen Pflichten des Schuldners gehören die Erstellung eines Verzeichnisses der Massegegenstände[2700] und die Erstellung eines Gläubigerverzeichnisses, auf deren Grundlage dann die Vermögensübersicht zu erarbeiten ist, in der die Gegenstände und die Verbindlichkeiten des Schuldners ähnlich wie in einer (Eröffnungs-)Bilanz, jedoch immer mit den tatsächlichen (ggf. Zerschlagungs- und Fortführungs-) Werten zusammengefasst und gegenübergestellt werden. Im Berichtstermin hat der Schuldner nach § 283 Abs. 2 i. V. m. § 156 Abs. 1 InsO Bericht über die wirtschaftliche Lage des Unternehmens und deren Ursachen sowie über etwaige Sanierungsmöglichkeiten zu erstatten.[2701]

2693 *Wehdeking*, in: Leonhardt/Smid/Zeuner, InsO, § 282 Rn. 2; *Wittig/Tetzlaff*, in: MüKo-InsO, § 282 Rn. 13.
2694 *Riggert*, in: Nerlich/Römermann, InsO, § 282 Rn. 3; *Wehdeking*, in: Leonhardt/Smid/Zeuner, InsO, § 282 Rn. 2.
2695 *Uhlenbruck*, in: Uhlenbruck, InsO, § 282 Rn. 5; *Wittig/Tetzlaff*, in: MüKo-InsO, § 282 Rn. 21.
2696 *Riggert*, in: Nerlich/Römermann, InsO, § 282 Rn. 5; *Uhlenbruck*, in: Uhlenbruck, InsO, § 282 Rn. 6; *Wehdeking*, in: Leonhardt/Smid/Zeuner, InsO, § 282 Rn. 3.
2697 *Haas/Kahlert*, in: Gottwald, Insolvenzrechts-Handbuch, § 89 Rn. 8; *Riggert*, in: Nerlich/Römermann, InsO, § 282 Rn. 6; *Wittig/Tetzlaff*, in: MüKo-InsO, § 282 Rn. 18.
2698 *Wittig/Tetzlaff*, in: MüKo-InsO, § 283 Rn. 22; *Haas/Kahlert*, in: Gottwald, Insolvenzrechts-Handbuch, § 89 Rn. 8.
2699 *Haas/Kahlert*, in: Gottwald, Insolvenzrechts-Handbuch, § 89 Rn. 9.
2700 Vgl. *Smid*, in: Leonhardt/Smid/Zeuner, InsO, § 153 Rn. 1 ff., 12.
2701 *Haas/Kahlert*, in: Gottwald, Insolvenzrechts-Handbuch, § 89 Rn. 9.

Darüber hinaus bestimmt § 281 Abs. 3 InsO, dass der Schuldner die allgemeinen handels- und steuerrechtlichen Pflichten zu erfüllen hat, dies gilt insbesondere für die Buchführung und Rechnungslegung.[2702] Insoweit greift auch im Rahmen der Eigenverwaltung § 155 Abs. 2 InsO ein. Bei der Bestellung eines Abschlussprüfers im Insolvenzverfahren gilt § 318 HGB mit der Maßgabe, dass die Bestellung ausschließlich durch das Registergericht auf Antrag des Schuldners erfolgt ist. Wurde für das Geschäftsjahr vor Eröffnung bereits ein Abschlussprüfer bestellt, stehen dem die §§ 270, 271 InsO nicht entgegen.[2703]

Der Schuldner hat ebenso die Schlussrechnung nach § 66 InsO zu erstellen.[2704] Die Gläubigerversammlung kann dem Schuldner auferlegen, zu bestimmten Zeitpunkten im Verfahren Zwischenrechnung zu legen.[2705] Die Pflicht zur insolvenzrechtlichen Rechnungslegung wird durch das Ende des Amtes ausgelöst. Den eigenverwaltenden Schuldner muss der neue Insolvenzverwalter bei Beendigung der Eigenverwaltung gemäß § 272 InsO im laufenden Verfahren ggf. auf Rechnungslegung verklagen.[2706] Handelt es sich bei der Insolvenzschuldnerin um eine juristische Person oder um eine Personenhandelsgesellschaft, kommen die §§ 101, 97 InsO entsprechend zur Anwendung.

Der Sachwalter hat sowohl die handelsrechtliche Rechnungslegung sowie die Schlussrechnung des Schuldners eingängig zu prüfen.[2707] Vor der Gläubigerversammlung prüft sodann das Insolvenzgericht nochmals den Schlussbericht des Schuldners und den entsprechenden Prüfbericht des Sachwalters, um etwa kollusives Zusammenwirken von Schuldner und Sachwalter ausschließen zu können.[2708]

6.1.2.6 Vorlage eines Insolvenzplans

Von erheblicher Bedeutung ist es, dass der Schuldner auch im Verfahren einer Anordnung der Eigenverwaltung zur Vorlage eines Insolvenzplans berechtigt ist, § 218 Abs. 1 InsO. Der vom Schuldner vorgelegte Insolvenzplan kann dabei gemäß § 218 Abs.1 Satz 2 InsO mit dem Eigenantrag des Schuldners verbunden werden.[2709] Nach § 284 Abs. 1 Satz 1 InsO kann auch die Gläubigerversammlung den Schuldner mit der Ausarbeitung und Vorlage eines Insolvenzplans „beauftragen".[2710] Hieran hat der Sachwalter sodann be-

1366

2702 *Wittig/Tetzlaff*, in: MüKo-InsO, § 281 Rn. 27; *Haas/Kahlert*, in: Gottwald, Insolvenzrechts-Handbuch, § 89 Rn. 9.
2703 *Wehdeking*, in: Leonhardt/Smid/Zeuner, InsO, § 281 Rn. 8.
2704 *Haas/Kahlert*, in: Gottwald, Insolvenzrechts-Handbuch, § 89 Rn. 9.; *Wehdeking*, in: Leonhardt/Smid/Zeuner, InsO, § 281 Rn. 8.
2705 *Wehdeking*, in: Leonhardt/Smid/Zeuner, InsO, § 281 Rn. 9.
2706 Zu diesen Befugnissen des Insolvenzverwalters vgl. *Bähner*, Die Prüfung der Schlußrechnung des Konkursverwalters, KTS 1991, 347, 358.
2707 *Wittig/Tetzlaff*, in: MüKo-InsO, § 281 Rn. 28.
2708 Vgl. *Wehdeking*, in: Leonhardt/Smid/Zeuner, InsO, § 281 Rn. 10.
2709 *Smid*, in: Leonhardt/Smid/Zeuner, InsO, § 218 Rn. 6, 17.
2710 *Uhlenbruck*, in: Uhlenbruck, InsO, § 284 Rn. 2; *Wittig/Tetzlaff*, in: MüKo-InsO, § 284 Rn. 4; *Haas/Kahlert*, in: Gottwald, Insolvenzrechts-Handbuch, § 89 Rn. 10.

ratend mitzuwirken, § 284 Abs. 1 Satz 2 InsO. Die Gläubigerversammlung kann diesen Auftrag allerdings auch dem Sachwalter erteilen, § 284 Abs. 1 Satz 1 InsO. Die Planbeauftragung des Schuldners durch die Gläubigerversammlung kann wohl nur die Funktion haben, den Schuldner zu einer ordnungsgemäßen Durchführung des Verfahrens anzuhalten. Die Eigenverwaltung mit dem Ziel der Zerschlagung des schuldnerischen Unternehmens anzuordnen wird regelmäßig ohnehin wenig Sinn haben, sodass dieses Verfahren typischerweise mit einem Insolvenzplanverfahren verknüpft sein wird. Die Beauftragung des Sachwalters setzt eine Aufhebung der Eigenverwaltung schon deshalb jedenfalls nicht voraus, weil damit eine Störung der Verfahrensabwicklung einhergehen würde.[2711] Diese Einflussnahme seitens der Gläubigerschaft dürfte rechtstatsächlich eher einen Ausnahmefall darstellen[2712], sie hat aber eine erhebliche normative Bedeutung, da sie das Gewicht der Gläubigerautonomie im deutschen Insolvenzverfahren unterstreicht.

Smid[2713] hat bereits früh darauf hingewiesen, dass die Eigenverwaltung des Schuldners eng mit dem Insolvenzplan verbunden sei, insoweit also ein Junktim[2714] bestehe. Der Gesetzgeber der InsO hatte das im Gesetzgebungsverfahren in den achtziger Jahren des 20. Jahrhunderts vorgesehene Junktim zwischen Eigenverwaltung und Insolvenzplan letztlich allerdings nicht vorgesehen. Daraus folgerten viele Stimmen der Literatur[2715], dass die Anordnung der Eigenverwaltung vollständig unabhängig von der Vorlage eines Insolvenzplanes zu betrachten sei.[2716] § 270b InsO bestimmt nunmehr die Möglichkeit im Rahmen eines neuen Sanierungsverfahrens mit Antragstellung Zeit zur Erstellung eines Insolvenzplanes zu erlangen, ohne dabei dem Zugriff der Gläubiger ausgesetzt zu sein.

6.1.2.7 Mitwirkungspflichten

1367 Auch den eigenverwaltenden Schuldner treffen im Rahmen des Insolvenzverfahrens verschiedene Mitwirkungspflichten. Nach § 274 Abs. 2 InsO findet § 22 Abs. 3 InsO entsprechende Anwendung. Daher ist der Schuldner verpflichtet dem Sachwalter Zutritt zu den Geschäftsräumen und Einsicht in die Geschäftspapiere und Unterlagen zu gewähren. Ebenso hat der Schuldner freilich dem Sachwalter die erforderlichen Auskünfte zu erteilen. Bei juristischen Personen und Gesellschaften ohne Rechtspersönlichkeit findet § 101 Abs. 1 InsO entsprechend Anwendung.

2711 *Uhlenbruck*, in: Uhlenbruck, InsO, § 284 Rn. 3.
2712 Vgl. auch *Wittig/Tetzlaff*, in: MüKo-InsO, § 284 Rn. 5.
2713 *Smid*, Sanierungsverfahren nach dem neuen Insolvenzrecht, WM 1998, 2489ff.
2714 *Smid/Wehdeking*, Soll die Anordnung der Eigenverwaltung voraussetzen, dass der Schuldner dem Insolvenzgericht einen „pre-packaged" Insolvenzplan vorlegt? ZInsO 2010, 1713ff.
2715 *Huhn*, Eigenverwaltung Rn. 166ff., bes. 279; *Vallender*, Eigenverwaltung im Spannungsfeld zwischen Schuldner- und Gläubigerautonomie, WM 1998, 2129, 2137. Differenzierend *Schlegel*, Eigenverwaltung, 255ff.
2716 *Flöther/Smid/Wehdeking*, Eigenverwaltung, Einf. Rn. 6.

6.2 Rechtsstellung und Befugnisse des Sachwalters
6.2.1 Auswahl des Sachwalters

§ 274 Abs. 1 Satz 2 InsO verweist für die Auswahl des Sachwalters auf § 56 Abs. 1 InsO. Danach ist zum Sachwalter eine für den jeweiligen Einzelfall geeignete, insbesondere geschäftskundige und von den Gläubigern und dem Schuldner unabhängige natürliche Person zu bestellen, insoweit gelten für die Auswahl die üblichen Kriterien.[2717] Im Rahmen des „Schutzschirmverfahrens" nach § 270b InsO hat das Gericht grundsätzlich dem Vorschlag des Schuldners hinsichtlich der Person des vorläufigen Sachwalters zu entsprechen. Eine Abweichung hiervon ist nur ausnahmsweise möglich, wenn die vorgeschlagene Person offensichtlich ungeeignet ist.[2718]

Im Falle des Mobilcom-Gründers *Gerhardt Schmidt* zog das vom AG Flensburg in Erwägung eine Vertrauensperson des Schuldners zum Sachwalter zu bestellen. In Anbetracht des Rechtsgebot der Unabhängigkeit des Sachwalters, erscheint es aber bedenklich, wenn der Sachwalter z. B. sich zum Vorstandsvorsitzenden einer einhundertprozentigen Tochter einer eigenverwaltenden AG-Holding bestellen lässt, da er insoweit als gesellschaftsrechtliches Organ einer juristischen Person, die überdies regelmäßig Gläubigerin und Drittschuldnerin der Insolvenzschuldnerin sein wird, nicht die unabhängige Stellung als Sachwalter in dem über die Konzernmutter eröffneten Insolvenzverfahren einnehmen kann, die das Gesetz erwartet. Denn für die Bestellung zum Sachwalter gilt ebenso wie bei der Bestellung des Insolvenzverwalters, dass es sich um eine vom Schuldner unabhängige Person handelt. Dies wird allerdings in solchen Fällen nicht gegeben sein. Ebenso wird es regelmäßig an der vorausgesetzten Unabhängigkeit fehlen, wenn ehemalige Berater des Schuldners das Amt des Sachwalters anstreben. Ob eine Person geeignet ist, lässt sich aber schwerlich pauschalisieren, sodass stets die Prüfung des Einzelfalles zu erfolgen hat.

1368

6.2.2 Rechte und Pflichten des Sachwalters

Die Rechtsstellung des Sachwalters richtet sich nach § 274 InsO, welcher an das überkommene Recht der §§ 39, 40 VerglO angelehnt ist.[2719] Die Rechte und Pflichten des Sachwalters werden in den §§ 274 bis 285 InsO geregelt und gegenüber der Rechtsstellung des Schuldners abgegrenzt. Dabei ist das Institut der Eigenverwaltung in erster Linie dadurch gekennzeichnet, dass die laufenden Geschäfte vom Schuldner in personam geführt werden und der Sachwalter die Geschäftsführung lediglich überwacht und unter-

1369

2717 *Wittig/Tetzlaff*, in: MüKo-InsO, § 274 Rn. 8; *Haas/Kahlert*, in: Gottwald, Insolvenzrechts-Handbuch, § 89 Rn. 28.
2718 *Frind* befürwortet mit guten Gründen die Anwendung der Inhabilitätsvorschrift des § 45 Abs. 3 BRAO BRAO (*Frind*, Die Praxis fragt, „ESUG" antwortet nicht, ZInsO 2011, 2249, 2261); es spricht viel dafür, dessen Maßstäbe weit im Wege der Analogie auch auf Unternehmensberater u.s.f. anzuwenden.
2719 *Haas/Kahlert*, in: Gottwald, Insolvenzrechts-Handbuch, § 89 Rn. 28; *Wittig/Tetzlaff*, in: MüKo-InsO, § 274 Rn. 19.

stützt.[2720] Insoweit verlagert das Gesetz im Rahmen der Eigenverwaltung die weitreichenderen Kompetenzen zugunsten des Schuldners.[2721]

Neben seiner Kontroll- und Unterstützungsfunktion hinsichtlich der Geschäftsführung obliegt dem Sachwalter auch die „besonderen Aufgaben" des Insolvenzverfahrens, die ihm „im Interesse der Gläubiger" eigens übertragen sind.[2722] Der Sachwalter hat – anders als unter Geltung von § 39 VerglO – nicht die Aufgabe, eine vergleichsweise Schuldenbereinigung zu befördern[2723], da die Insolvenzordnung eine solche Verpflichtung nicht vorsieht. Vielmehr hat der Sachwalter als Organ der Gläubigerselbstverwaltung[2724] die Ziele des Insolvenzverfahrens zu erreichen, namentlich die gleichmäßige Gläubigerbefriedigung. Zunächst trifft ihn daher die Aufgabe, die Gläubigerbefugnisse gleichsam zu „bündeln" und die „besonderen", im Gläubigerinteresse liegenden Aufgaben, insbesondere die Anfechtung von gläubigerbenachteiligenden Rechtshandlungen, zu verfolgen, § 280 InsO.[2725]

6.2.2.1 Insolvenzanfechtung/Gesamtschaden

1370 Nach § 280 InsO obliegt die Insolvenzanfechtung (§§ 129ff. InsO) sowie die Geltendmachung von Gesamtschäden (§§ 92, 93 InsO) allein dem Sachwalter, es handelt sich mithin um *ausschließliche Handlungsbefugnisse* des Sachwalters.[2726] Wie der Reformgesetzgeber zutreffend annahm, ist der Sachwalter für die Durchsetzung solcher Ansprüche mitunter besser geeignet. Dies ist schon insoweit einleuchtend als dass, sofern der eigenverwaltende Schuldner Schäden zulasten der Gläubigergemeinschaft verwirklicht hat, nicht er, sondern nur der Sachwalter diese Schäden geltend zu machen aktivlegitimiert sein sollte. Noch deutlicher wird dies, da durchaus Konstellationen denkbar sind, in welchen der Schuldner gezwungen wäre im Rahmen von §§ 92, 93 InsO Ansprüche gegen sich selbst zu verfolgen. Dies kann dem Schuldner aber wohl kaum zugemutete werden und erscheint ferner auch im Hinblick auf Interessenkonflikte als nicht sinnvoll.[2727]

Es liegt auf der Hand, dass all dies im Regelinsolvenzverfahren bei materieller Insolvenz des Schuldners zutrifft, aber durchaus nur eingeschränkt von Bedeutung ist, wenn das Verfahren als Verfahren der Reorganisation und Sanierung wegen drohender Zahlungsunfähigkeit eröffnet wird.

6.2.2.2 Tabellenführung und Prüfungspflichten

1371 Anders als im Regelinsolvenzverfahren nach § 174 Abs. 1 Satz 1 InsO erfolgt die Anmeldung von Forderungen nicht beim Insolvenzverwalter, sondern

---

2720 *Wittig/Tetzlaff*, in: MüKo-InsO, § 274 Rn. 18.
2721 *Wittig/Tetzlaff*, in: MüKo-InsO, § 274 Rn. 18.
2722 *Haas/Kahlert*, in: Gottwald, Insolvenzrechts-Handbuch, § 89 Rn. 38; *Wittig/Tetzlaff*, in: MüKo-InsO, § 274 Rn. 20.
2723 *Wittig/Tetzlaff*, in: MüKo-InsO, § 274 Rn. 20.
2724 *Wittig/Tetzlaff*, in: MüKo-InsO, § 274 Rn. 21.
2725 *Haas/Kahlert*, in: Gottwald, Insolvenzrechts-Handbuch, § 89 Rn. 38.
2726 *Wehdeking*, in: Leonhardt/Smid/Zeuner, InsO, § 280 Rn. 1; *Haas/Kahlert*, in: Gottwald, Insolvenzrechts-Handbuch, § 89 Rn. 38.
2727 *Haas/Kahlert*, in: Gottwald, Insolvenzrechts-Handbuch, § 89 Rn. 38.

nach neuem Recht gemäß § 270c Satz 2 InsO beim Sachwalter, dem die Führung der Tabelle obliegt. Der Sachwalter fungiert dabei als Hilfs- und Erkenntnisorgan des Insolvenzgerichts. Die Tabellenführung durch den Sachwalter entspricht im Übrigen der des Insolvenzverwalters im Regelinsolvenzverfahren nach den §§ 174ff. InsO.[2728] Neben dem Schuldner steht dabei auch gemäß § 283 Abs. 1 Satz 1 InsO das Recht zu, angemeldete Forderungen zu bestreiten.[2729] Er ist sogar gezwungen der Forderung zu widersprechen, wenn aufgrund der bisherigen Kenntnis des Sachwalters erhebliche Bedenken gegen den Bestand oder die Höhe der Forderung ergeben und der Schuldner diese nicht zerstreuen kann.

Der Sachwalter muss daher auch zwingend am Prüfungstermin teilnehmen. Im Falle seines Ausbleibens kann der Termin nicht abgehalten werden. Er kann sich im Prüfungstermin nicht durch einen Bevollmächtigten vertreten lassen; er kann aber Beistände – Wirtschaftsprüfer, Steuerberater u.s.f. – zuziehen.[2730] Ist der Sachwalter dennoch verhindert, sein Amt auszuüben, so kann entsprechend der Lage im Regelinsolvenzverfahren vom Insolvenzgericht ein Sonderverwalter bestellt werden.[2731]

Nach § 274 Abs. 2 Satz 1 InsO hat der Sachwalter überdies die wirtschaftliche Lage des Schuldners permanent zu prüfen.[2732] Dabei hat er nicht nur die Geschäftsführung und persönliche Lebensführung des Schuldners zu überprüfen, sondern muss sein Augenmerk auch stets darauf legen, dass noch eine kostendeckende Masse vorhanden ist. Die Anzeigepflicht nach § 285 InsO trifft schließlich den Sachwalter.[2733]

Der Sachwalter hat ferner gemäß § 281 Abs. 1 Satz 2 InsO die vom Schuldner vorgelegten Verzeichnisse und die Vermögensübersicht zu prüfen und jeweils schriftlich zu erklären, ob nach dem Ergebnis seiner Prüfung Einwendungen zu erheben sind.[2734]

Weitere Prüfungspflichten bestehen freilich hinsichtlich § 281 Abs.3 Satz 2 InsO (Schlussrechnung des Schuldners) und § 281 Abs. 3 Satz 2 InsO (Verteilungsverzeichnis).[2735]

6.2.2.3 Beratungsaufgaben des Sachwalters

Der Sachwalter wirkt gemäß § 284 Abs. 1 Satz 2 InsO beratend an der Ausarbeitung des Insolvenzplans mit, wenn der Auftrag der Gläubigerver-

1372

2728 *Uhlenbruck*, in: Uhlenbruck, InsO, § 270 Rn. 51; *Haas/Kahlert*, in: Gottwald, Insolvenzrechts-Handbuch, § 89 Rn. 31.
2729 *Uhlenbruck*, in: Uhlenbruck, InsO, § 274 Rn. 18.
2730 *Eickmann*, KTS 1986, 197, 203f. m.w.N.
2731 *Mohrbutter*, in: Mohrbutter/Ringtsmeier, Handbuch der InsVerw, Rn. 754.; *Rechel*, in: Leonhardt/Smid/Zeuner, InsO, § 56 Rn. 49; *Dahl*, Die Bestellung eines Sonderinsolvenzverwalters nach der InsO, ZinsO 2004, 1014, 1015.
2732 *Uhlenbruck*, in: Uhlenbruck, InsO, § 274 Rn. 19.
2733 *Wehdeking*, in: Leonhardt/Smid/Zeuner, InsO, § 280 Rn. 2 ff.; *Uhlenbruck*, in: Uhlenbruck, InsO, § 274 Rn. 19.
2734 *Wittig/Tetzlaff*, in: MüKo-InsO, § 274 Rn. 23; *Wehdeking*, in: Leonhardt/Smid/Zeuner, InsO, § 281 Rn. 5.
2735 *Wehdeking*, in: Leonhardt/Smid/Zeuner, InsO, § 281 Rn. 10; *Wittig/Tetzlaff*, in: MüKo-InsO, § 274 Rn. 23.

sammlung zur Ausarbeitung an den Schuldner gerichtet wird. Für den standesrechtlich[2736] gebundenen Sachwalter besteht daher mitunter eine Problematik hinsichtlich der ihm vom Gesetz auferlegten Unabhängigkeit und Unparteilichkeit (§ 56 Abs. 1 InsO).[2737] In diesem Zusammenhang ist daher darauf hinzuweisen, dass diese Beratungsaufgabe nicht als gesetzlich statuiertes Zwangsmandat missverstanden werden darf.

Im Gegensatz zum Regelinsolvenzverfahren besteht kein eigenes Planinitiativrecht des Sachwalters.[2738] Der insoweit klare Wortlaut des § 284 InsO sieht eine solche Befugnis begrifflich nicht vor, sondern macht den Sachwalter von einem entsprechenden Auftrag der Gläubigerversammlung abhängig. Auch die allgemeine Regelung des § 218 Abs. 1 InsO räumt das Planinitiativrecht nur dem Schuldner respektive – im Regelinsolvenzverfahren – dem dort eingesetzten Insolvenzverwalter ein.

6.2.2.4 Aufsichts- und Überwachungs- und Berichtspflichten

1373 In Ansehung, dass im Rahmen der Eigenverwaltung umgangssprachlich gesagt „der Bock zum Gärtner" gemacht wird, ist den Aufsichts- und Überwachungspflichten des Sachwalters und den damit einhergehenden Warnfunktionen, die der Sachwalter nach dem Gesetz sowohl dem Insolvenzgericht als auch den Gläubigern gegenüber wahrzunehmen hat, eine große Wichtigkeit beizumessen.

Nach § 274 Abs. 2 Satz 1 InsO hat der Sachwalter daher die wirtschaftliche Lage des Schuldners zu prüfen und die Geschäftsführung sowie die Ausgaben für die Lebensführung zu überwachen.[2739] Damit der Sachwalter den eigenverwaltenden Schuldner auch in tatsächlicher Hinsicht zu überwachen in der Lage ist, hat ihm das Gesetz mit den Befugnissen eines vorläufigen Insolvenzverwalters nach § 22 Abs. 3 InsO ausgestattet.[2740] Dies legitimiert den Sachwalter, die Geschäftsräume des Schuldners zu betreten und dort Nachforschungen anzustellen. Ebenso kann der Sachwalter vom Schuldner verlangen, dass dieser ihm Einsicht in seine Bücher und Geschäftspapiere gewährt. Wie auch dem vorläufigen Insolvenzverwalter hat der Schuldner dem Sachwalter alle erforderlichen Auskünfte zu erteilen. Zur Einhaltung dieser Pflicht sind dem Sachwalter die Zwangsmittel der §§ 97, 98, 101 Abs. 1 Satz 1, 2, Abs. 2 InsO an die Hand gegeben worden.[2741] Nicht zur Verfügung steht dem Sachwalter allerdings die Postsperre, da § 277 InsO nicht

---

2736 Den Rechtsanwalt, aber auch den Angehörigen steuerberatender Berufe.
2737 *Vallender*, Eigenverwaltung im Spannungsfeld zwischen Schuldner und Gläubigerautonomie, WM 1998, 2129, 2139; *Wittig/Tetzlaff*, in: MüKo-InsO, § 274 Rn. 9 eine Einzelfallprüfung empfiehlt – normativ-verbindliche Maßstäbe mithin abdankt, ebenso *Riggert*, in: Nerlich/Römermann, InsO, § 274 Rn. 14.
2738 *Uhlenbruck*, in: Uhlenbruck, InsO, § 284 Rn. 3; *Wittig/Tetzlaff*, in: MüKo-InsO, § 284 Rn. 12.
2739 *Wittig/Tetzlaff*, in: MüKo-InsO, § 274 Rn. 27 ff.
2740 *Haas/Kahlert*, in: Gottwald, Insolvenzrechts-Handbuch, § 89 Rn. 30; *Uhlenbruck*, in: Uhlenbruck, InsO, § 274 Rn. 19.
2741 *Haas/Kahlert*, in: Gottwald, Insolvenzrechts-Handbuch, § 89 Rn. 30; *Uhlenbruck*, in: Uhlenbruck, InsO, § 274 Rn. 19.

ausdrücklich auf § 99 InsO verweist. Dies wäre aber bei der InsO als nachkonstitutionellem Gesetz erforderlich, da § 99 InsO einen schwerwiegenden Grundrechtseingriff legitimiert.[2742]

Eine wichtige Pflicht trifft den Sachwalter nach § 274 Abs. 3 Satz 1 InsO die ihm auferlegt, unverzüglich dem Gläubigerausschuss und dem Insolvenzgericht die Feststellung solcher Umstände anzuzeigen[2743], die erwarten lassen, dass die Fortsetzung der Eigenverwaltung zu Nachteilen für die Gläubiger führen wird. Ist ein Gläubigerausschuss nicht bestellt worden, so ordnet § 274 Abs. 3 Satz 2 InsO an, anstelle des Gläubigerausschusses die Insolvenzgläubiger, die Forderungen angemeldet haben, und die absonderungsberechtigten Gläubiger hierüber in Kenntnis zu setzen. Damit verfügt der Sachwalter über ein Instrument, dass mit einem gewissen Droh- und Druckpotential gegen den Schuldner versehen ist, der hierdurch umso mehr angehalten sein wird, mit dem Sachwalter zu kooperieren und seine ihm obliegenden Pflichten zu erfüllen. Diese Pflicht und Befugnis[2744] des Sachwalters ist insoweit mit der Vorschrift des Treuhänders zu vergleichen.

Ferner hat der Sachwalter nach § 281 Abs. 2 Satz 2 InsO zu dem vom Schuldner an die Gläubigerversammlung zu erstattenden Bericht Stellung zu nehmen.

6.2.2.5 Mitwirkungsrechte

Das Gesetz sieht teilweise Zustimmungs- und auch Widerspruchsrechte des Sachwalters vor. Gemäß § 275 Abs. 1 Satz 2 InsO ist der Sachwalter berechtigt, der Eingehung von Verbindlichkeiten durch den Schuldner zu widersprechen, unabhängig davon, ob diese zur gewöhnlichen Geschäftsführung notwendig sind. Beabsichtigt der Schuldner hingegen die Eingehung von Verbindlichkeiten, die nicht dem gewöhnlichen Geschäftsbetrieb zuzuordnen sind, ist daher die Zustimmung Sachwalter erforderlich, § 275 Abs. 1 Satz 2 InsO.

1374

Auch an anderer Stelle hat der Schuldner seine ihm durch das Gesetz eröffneten Befugnisse nur im Einvernehmen mit dem Sachwalter auszuüben. So kann der Schuldner seine Rechte hinsichtlich des Wahlrechts bei gegenseitigen Verträgen (§§ 103–128 InsO) gemäß § 279 Satz 2 InsO nur im Einvernehmen mit dem Sachwalter ausüben.[2745] Nicht nur im Einvernehmen sondern nur mit Zustimmung kann der Schuldner gemäß § 279 Satz 3 InsO von seinen Rechten im Rahmen von arbeits- und betriebsverfassungsrechtlichen Befugnissen nach den §§ 120, 122, 126 InsO Gebrauch machen.[2746]

2742 *Uhlenbruck*, in: Uhlenbruck, InsO, § 274 Rn. 20; *Wehdeking*, in: Leonhardt/Smid/Zeuner, InsO, § 274 Rn. 5.
2743 *Wittig/Tetzlaff*, in: MüKo-InsO, § 274 Rn. 34 ff.; *Uhlenbruck*, in: Uhlenbruck, InsO, § 274 Rn. 21.
2744 Vgl. hierzu BGH, B. v. 01.07.2010 – IX ZB 84/09 – jurisPR-InsR 18/2010 mit Anm. *Schmücker*.
2745 *Uhlenbruck*, in: Uhlenbruck, InsO, § 279 Rn. 2; *Wittig/Tetzlaff*, in: MüKo-InsO, § 279 Rn. 8.
2746 *Uhlenbruck*, in: Uhlenbruck, InsO, § 279 Rn. 4.

Im Rahmen der Verwertung von Sicherungsguts hat der Schuldner ebenfalls gemäß § 282 Abs. 2 InsO im Einvernehmen mit dem Sachwalter zu verfahren.[2747] Ebenso kann der Sachwalter gemäß § 275 Abs. 2 InsO verlangen, dass sämtliche eingehenden Gelder an ihn zu entrichten sind und es allein seine Aufgabe ist, offene Rechnungen zu begleichen.

Lässt der Schuldner außer Acht, im Einvernehmen mit dem Sachwalter zu agieren, sind diese Rechtshandlungen zwar freilich nicht unwirksam[2748], der Sachwalter wird sich sodann aber regelmäßig gezwungen sehen, die Gläubiger über das Verhalten des Schuldners in Kenntnis zu setzten.

Eine andere Form der Mitwirkung sieht das Gesetz in § 284 Abs. 1 Satz 1 InsO. Hiernach kann auf Antrag der Gläubigerversammlung der Sachwalter verpflichtet werden einen Insolvenzplan zu erstellen.[2749] Entschließt sich die Gläubigerversammlung hingegen den Schuldner damit zu beauftragen, so hat der Sachwalter ihm dabei beratend zu unterstützen und die spätere Planerfüllung gemäß § 284 Abs. 2 InsO zu überwachen.[2750]

6.2.2.2.6 Zustimmungsbedürftigkeit

1375 Auf Antrag der Gläubigerversammlung, respektive unter besonderen Umständen auch auf Antrag einzelner absonderungsberechtigter und Insolvenzgläubiger, kann das Insolvenzgericht nach § 277 Abs. 1 InsO anordnen, dass bestimmte Rechtsgeschäfte per se nur mit Zustimmung des Sachwalters rechtlich wirksam sind.[2751] Wichtig ist in diesem Zusammenhang, dass die Rechtsgeschäfte in dem Beschluss hinreichend bestimmt sind;[2752] eine pauschalisierte Zustimmungsbedürftigkeit lässt sich dadurch jedenfalls nicht erreichen. Möglich ist hingegen einen Zustimmungsvorbehalt hinsichtlich bestimmbarer Geschäftsgruppen anzuordnen oder die Zustimmung an ein vorher festgelegtes Volumen zu knüpfen.[2753] Anders als die übrigen Mitwirkungsbefugnisse des Sachwalters, die insoweit keine Außenwirkung entfalten, gilt der Zustimmungsvorbehalt auch gegenüber der Sphäre außerhalb des Schuldners.[2754] Daher besteht bis zur Zustimmung durch den Sachwalter ein Schwebezustand.[2755] Der Sachwalter hat allerdings die Möglichkeit eine

---

2747 *Wehdeking*, in: Leonhardt/Smid/Zeuner, InsO, § 282 Rn. 2.
2748 *Wittig/Tetzlaff*, in: MüKo-InsO, § 279 Rn. 9; *Wehdeking*, in: Leonhardt/Smid/Zeuner, InsO, § 284 Rn. 1.
2749 *Wittig/Tetzlaff*, in: MüKo-InsO, § 284 Rn. 18; *Uhlenbruck*, in: Uhlenbruck, InsO, § 284 Rn. 3.
2750 *Uhlenbruck*, in: Uhlenbruck, InsO, § 284 Rn. 5.
2751 *Wittig/Tetzlaff*, in: MüKo-InsO, § 277 Rn. 22; *Haas/Kahlert*, in: Gottwald, Insolvenzrechts-Handbuch, § 89 Rn. 35 ff.
2752 *Haas/Kahlert*, in: Gottwald, Insolvenzrechts-Handbuch, § 89 Rn. 35; *Wittig/Tetzlaff*, in: MüKo-InsO, § 277 Rn. 22.
2753 *Uhlenbruck*, in: Uhlenbruck, InsO, § 277 Rn. 2; *Haas/Kahlert*, in: Gottwald, Insolvenzrechts-Handbuch, § 89 Rn. 35.
2754 *Wittig/Tetzlaff*, in: MüKo-InsO, § 277 Rn. 35; *Wehdeking*, in: Leonhardt/Smid/Zeuner, InsO, § 277 Rn. 4.
2755 *Wittig/Tetzlaff*, in: MüKo-InsO, § 277 Rn. 35; *Wehdeking*, in: Leonhardt/Smid/Zeuner, InsO, § 277 Rn. 4.

Kapitel 7   Eigenverwaltung

nachträgliche Genehmigung zu erteilen.[2756] Lehnt er die Erfüllung ab tritt absolute Nichtigkeit ein. Aufgrund der Außenwirkung ist die Zustimmungsbedürftigkeit nach § 277 Abs. 3 InsO öffentlich bekannt zu machen und in die entsprechenden Register einzutragen.[2757] Eine Eintragung in das Grundbuch ist insbesondere dann erforderlich, wenn und soweit sich die Zustimmungsbedürftigkeit auch auf das Grundstück erstreckt.

6.2.3 Insolvenzgerichtliche Aufsicht und Haftung

Da der Sachwalter neben dem Schuldner die Stellung eines Insolvenzverwalters jedenfalls dahingehend einnimmt, als er für das Insolvenzgericht Kontrollaufgaben wahrnimmt, unterliegt er auch der insolvenzgerichtlichen Aufsicht gemäß § 274 Abs. 1 i.V.m. §§ 58, 59 InsO.[2758] Für seine gesamte Amtstätigkeit ist entscheidend, dass er den Beteiligten des Verfahrens – also sowohl den Insolvenzgläubigern und absonderungsberechtigten Gläubigern als aber auch den Aussonderungsberechtigten und freilich auch dem Schuldner nach § 274 Abs. 1 i.V.m. 60, 61 InsO[2759] – persönlich für Schäden haftet, die diesen aus einer Pflichtverletzung erwachsen.

1376

Das Insolvenzgericht hat dabei keine Weisungsbefugnisse[2760], da es die Rechts-, und nicht die Fachaufsicht ausübt.[2761]

Hinsichtlich der Begründung von Masseverbindlichkeit, welchen der Sachwalter zustimmt, ordnet § 277 Abs. 1 Satz 3 InsO an, dass die Vorschrift des § 61 InsO[2762] entsprechend gilt. Ebenso kann der Sachwalter auch ggf. vom Schuldner in Anspruch genommen werden, wenn und soweit er seine Beratungspflichten verletzt.

Den Sachwalter trifft die Pflicht, darauf zu achten, dass der Schuldner Masseschulden und Massekosten vorweg aus der Masse befriedigt (vgl. § 53 InsO). Dies muss dabei im Falle einer unzulänglichen Masse unter Beachtung der vorgegebenen Rangfolge des § 209 InsO erfolgen. Verstößt der Schuldner dagegen und lässt der Sachwalter ihn gewähren, kann sich auch daraus eine persönliche Haftung des Sachwalters nach § 61 InsO ergeben. Der Sachwalter muss sich bei unzulänglicher Masse daher davon überzeugen, dass den vorhandenen Massegläubigern durch den Abschluss neuer Verträge und der Begründung neuer Verbindlichkeiten keine Nachteile entstehen und die Forderungen der neuen Gläubiger trotzdem voll erfüllt werden können.[2763]

2756 *Wehdeking*, in: Leonhardt/Smid/Zeuner, InsO, § 277 Rn. 4.
2757 *Uhlenbruck*, in: Uhlenbruck, InsO, § 277 Rn. 12; *Wehdeking*, in: Leonhardt/Smid/Zeuner, InsO, § 277 Rn. 7.
2758 *Uhlenbruck*, in: Uhlenbruck, InsO, § 274 Rn. 9.
2759 *Wehdeking*, in: Leonhardt/Smid/Zeuner, InsO, § 274 Rn. 9; *Uhlenbruck*, in: Uhlenbruck, InsO, § 274 Rn. 11 ff.
2760 Zum Ganzen *Koch*, Eigenverwaltung, S. 254; *Neumann*, Gläubigerautonomie, S. 374.
2761 Zur insolvenzgerichtlichen Aufsicht eingehend: *Rechel*, Die Aufsicht des Insolvenzgerichts, passim.
2762 *Wittig/Tetzlaff*, in: MüKo-InsO, § 274 Rn. 46f.; *Uhlenbruck*, in: Uhlenbruck, InsO, § 274 Rn. 13.
2763 BGH, Urt. v. 15. 02. 1984 – VIII ZR 213/82, BGHZ 90, 145, 153 f.

Kapitel 8
Sonderinsolvenzen

1. Nachlassinsolvenzverfahren

1377 § 11 Abs. 2 Nr. 2 InsO regelt die Zulässigkeit eines Sonderinsolvenzverfahrens über den Nachlass als abgegrenztes Sondervermögen.

Auf das Nachlassinsolvenzverfahren sind die Vorschriften des Regelinsolvenzverfahrens anwendbar, soweit nicht im Zehnten Teil der Insolvenzordnung, §§ 315–331 InsO, Sonderregelungen für das Nachlassinsolvenzverfahren enthalten sind.

1.1 Regelungszweck

1378 Durch den Tod einer natürlichen Person geht das Vermögen des Erblassers, d. h. sein Nachlass, auf den oder die Erben über, § 1922 BGB. Der oder die Erben haften für die Verbindlichkeiten des Nachlasses neben dem Nachlassvermögen mit ihrem gesamten eigenen Vermögen unbeschränkt. Durch die Eröffnung eines Nachlassinsolvenzverfahrens wird eine Haftungsbeschränkung für den oder die Erben dergestalt herbeigeführt, dass die Haftung auf das Nachlassvermögen beschränkt wird, § 1975 BGB. Eine zunächst mit dem Erbfall eingetretene haftungsrechtliche Vereinheitlichung von Nachlassvermögen und dem Vermögen des oder der Erben wird mit der Verfahrenseröffnung wieder aufgehoben, eine sog. Sonderung der beiden Vermögensmassen tritt ein. Eine bereits bestehende unbeschränkte Haftung des Erben steht einem Nachlassinsolvenzverfahren nicht entgegen, § 316 Abs. 1 InsO.

Zweck des Nachlassinsolvenzverfahrens ist eine geordnete, gleichmäßige Befriedigung aller Nachlassgläubiger.

Die Regelungen des Nachlassinsolvenzverfahrens (vgl. § 11 Abs. 3 InsO) finden auch bei einem aufgelösten und im Vereinsregister gelöschten Verein Anwendung, denn er gilt mit dem Verweis auf das Fiskalerbrecht in § 46 Satz 1 BGB ebenfalls als verstorben.[2764]

[2764] Heinrichs, in: Palandt, §§ 45–47 Rn. 4.

Kapitel 8   Sonderinsolvenzen

1.2 Anwendungsbereich
1.2.1 In subjektiver Hinsicht – verschiedene Stadien des Eintritts des Todes

Der Tod einer natürlichen Person kann vor einem Insolvenzverfahren oder in den verschiedenen Stadien eines Insolvenzverfahrens eintreten. Der Zeitpunkt des Eintritts des Todes hat unterschiedliche Auswirkungen auf die Abwicklung des Insolvenzverfahrens. Es existieren insoweit keine ausdrücklichen gesetzlichen Regelungen. 1379

1.2.1.1 Tod vor Stellung des Insolvenzantrages
Regelfall des Nachlassinsolvenzverfahrens ist der Eintritt des Todes des Erblassers vor Stellung eines Insolvenzantrages über sein Vermögen. 1380

1.2.1.2 Tod im Insolvenzeröffnungsverfahren
Hat der Schuldner selbst oder ein Gläubiger einen Antrag auf Eröffnung eines Insolvenzverfahrens gestellt und verstirbt der Schuldner vor Eröffnung des Insolvenzverfahrens wird das Verfahren mit dem oder den Erben als neuen Schuldner fortgesetzt.[2765] Eine Verfahrensunterbrechung findet nicht statt. Das Insolvenzverfahren wird als Nachlassinsolvenzverfahren eröffnet. Die Eröffnungsgründe entsprechen denen des Regelinsolvenzverfahrens. 1381

Sind die Erben nicht bekannt, hat das zuständige Nachlassgericht von Amts wegen einen Nachlasspfleger zu bestellen, der die Rechte und Pflichten der Erben wahrnimmt, § 1960 BGB.

1.2.1.3 Tod im eröffneten Insolvenzverfahren
Stirbt der Schuldner, über dessen Vermögen ein Regelinsolvenzverfahren eröffnet worden ist, nach Eröffnung des Insolvenzverfahrens wird das Verfahren von Amts wegen als Nachlassinsolvenzverfahren fortgesetzt, eine Verfahrensbeendigung tritt nicht ein. Das zum Zeitpunkt der Verfahrenseröffnung zuständige Insolvenzgericht fertigt ggf. einen Überleitungsbeschluss, der jedoch lediglich deklaratorische Wirkung hat.[2766] 1382

Handelt es sich beim Schuldner um einen Verbraucher im Sinne des § 304 InsO und ist das Insolvenzverfahren als Verbraucherinsolvenzverfahren eröffnet worden, wird das Verfahren ebenfalls als Nachlassinsolvenzverfahren fortgesetzt.[2767] Die Sonderregelungen der §§ 304 ff. InsO finden dann keine Anwendung mehr.

Eine Besonderheit besteht hier dahingehend, dass nach dem Tod des Schuldners eine Restschuldbefreiung nicht mehr erteilt werden kann.[2768] Wurden dem Schuldner die Kosten und Auslagen des Insolvenzverfahrens gemäß § 4a InsO gestundet, wird diese mit dem Tod des Schuldners ex nunc

---
[2765] BGH, Urt. v. 22.01.2004 – IX ZR 39/03, ZInsO 2004, 270.
[2766] *Wehr*, in: Bork/Koschmieder, Fachanwaltshandbuch, Rn. 16.82.
[2767] BGH, B. v. 21.02.2008 – IX ZB 62/05, DZWIR 2008, 292.
[2768] *Siegmann*, in: MüKo-InsO, Vor §§ 315 – 331 Rn. 6; *Edenhofer*, in: Palandt, § 1967, Rn. 2.

Teil 3 Insolvenzrechtverfahrensrecht

wirkungslos. Hintergrund ist, dass das Verfahrensziel der Restschuldbefreiung mit dem Tod des Schuldners entfallen ist. Befindet sich das Insolvenzverfahren bereits im Stadium der Restschuldbefreiung (sog. Wohlverhaltensphase) wird das Insolvenzverfahren mit dem Tod des Schuldners beendet. Als Beendigungsvorschrift wird nach herrschender Meinung § 299 InsO analog herangezogen.[2769]

1.2.2 In objektiver Hinsicht – erfasste Verbindlichkeiten

1383 Vom Nachlassinsolvenzverfahren werden Erblasserverbindlichkeiten, Erbfallverbindlichkeiten und Nachlasserbenverbindlichkeiten erfasst.

1.2.2.1 Erblasserverbindlichkeiten

1384 Erblasserverbindlichkeiten sind die vom Erblasser begründeten Verbindlichkeiten, soweit sie nicht mit dem Tod des Erblassers erlöschen.[2770] Dazu gehören u. a. auch Steuerverbindlichkeiten des Erblassers, auch wenn diese erst nach dem Erbfall fällig werden.

1.2.2.2 Erbfallverbindlichkeiten

1385 Erbfallverbindlichkeiten sind die den Erben treffenden Verbindlichkeiten, die aus Anlass des Todes/Erbfalls und in Bezug auf den Nachlass entstehen.[2771] Hierzu zählen u. a. Pflichtteilsansprüche, Vermächtnisse, Kosten der Beerdigung, Erbschaftssteuern, Verbindlichkeiten aus Rechtshandlungen eines Nachlasspflegers, Nachlassverwalters und Testamentsvollstreckers, die Kosten einer Nachlasspflegschaft, einer Nachlassverwaltung oder einer Testamentsvollstreckung.

1.2.2.3 Nachlasserbenverbindlichkeiten

1386 Nachlasserbenverbindlichkeiten resultieren aus Rechtshandlungen des Erben anlässlich des Erbfalls. Für diese Verbindlichkeiten haftet der Erbe mit seinem eigenen Vermögen.[2772] Hierunter fallen beispielsweise die Kosten einer Auflösung eines Unternehmens des Erblassers, Kosten, die der Erbe durch die Fortführung eines Unternehmens des Erblassers auslöst, aber auch beispielsweise Rückforderungsansprüche aus irrtümlich nach dem Tod an den Erben ausgezahlten Rentenansprüchen.[2773]

2769 *Siegmann*, in: MüKo-InsO, Vor §§ 315–331, Rn. 7.
2770 *Edenhofer*, in: Palandt, § 1967, Rn. 2.
2771 *Edenhofer*, in: Palandt, § 1967, Rn. 7.
2772 *Edenhofer*, in: Palandt, § 1967 Rn. 8.
2773 BGH, B. v. 18. 01. 1979 – VII ZB 19/78, BGHZ 73, 201.

1.3 Rechtliche Grundlagen

1.3.1 Erbrechtliche Grundlagen

Das Vermögen eines Erblassers geht gemäß § 1922 BGB mit seinem Tod auf den Erben über. Einer ausdrücklichen Annahme der Erbschaft bedarf es nicht. Mit einer ausdrücklichen Annahme wird der Erbe jedoch endgültig Erbe und verliert somit das Recht zur Ausschlagung, § 1943 BGB. Spätestens mit Ablauf der Ausschlagungsfrist fällt der Nachlass endgültig in das Vermögen des Erben.

1387

Mit der Annahme der Erbschaft haftet der Erbe für Nachlassverbindlichkeiten grundsätzlich unbeschränkt mit dem Nachlassvermögen und seinem eigenen Vermögen, dem sog. Eigenvermögen, § 1967 BGB. Es besteht eine vorläufig unbeschränkte, aber beschränkbare Erbenhaftung. Die grundsätzlich unbeschränkte Haftung kann nachträglich beschränkt werden. Vorausgesetzt es besteht nicht bereits eine unbeschränkte Haftung, kann eine Beschränkung der Haftung auf das Nachlassvermögen durch die in den §§ 1975–1992 BGB geregelten Maßnahmen ohne zeitliche Grenzen herbeigeführt werden.[2774]

Hat der Erbe keine Möglichkeit mehr, die Haftung auf den Nachlass zu beschränken, tritt eine unbeschränkte Haftung ein, § 2013 Abs. 1 Satz 1 BGB. Eine unbeschränkte Haftung tritt ein, wenn der Erbe eine ihm gesetzte Inventarfrist fruchtlos verstreichen lässt, § 1994 Abs. 1 Satz 2 BGB, vorsätzlich ein unrichtiges Inventarverzeichnis errichtet, § 2005 Abs. 1 Satz 1 BGB, oder bei einem rechtsgeschäftlichen Verzicht auf die Inventarbeschränkung gegenüber allen Nachlassgläubigern, §§ 311, 2012 Abs. 1 Satz 3 BGB. Im Falle der Weigerung zur Abgabe einer eidesstattlichen Versicherung gegenüber nur einem Gläubiger tritt die unbeschränkte Haftung nur gegenüber diesem einzelnen Gläubiger ein.[2775]

Der Erbe hat jedoch die Möglichkeit, die unbeschränkte Haftung nachträglich auf den Nachlass zu beschränken, §§ 1975–1992 BGB. Im Fall der wirksamen Haftungsbeschränkung haftet ausschließlich der Nachlass für die Nachlassverbindlichkeiten. Das Eigenvermögen des Erben und der Nachlass werden vermögensrechtlich getrennt, sog. Nachlasssonderung.

Durch eine Ausschlagung wird die Erbenstellung rückwirkend beseitigt,[2776] mit der wirksamen Ausschlagung entfällt mithin die Haftung für Nachlassverbindlichkeiten. Die sechswöchige Ausschlagungsfrist beginnt mit der Kenntnis des Anfalls und des Grundes der Berufung als Erbe, § 1944 Abs. 2 BGB. Mangels Erbenstellung haftet der Ausschlagende nicht für die Nachlassverbindlichkeiten, § 1967 Abs. 1 BGB. Eine Ausnahme regelt § 1959 BGB, wonach eine Haftung trotz Ausschlagung für Rechtsgeschäfte im Zusammenhang mit dem Erbe besteht. Mit der Ausschlagung des Erbes entfällt auch ein Pflichtteilsanspruch, da bei einer Ausschlagung kein Ausschluss von der Erbfolge gemäß § 2303 BGB vorliegt.[2777] Ausnahmen regeln die §§ 1371 Abs. 3, 2305, 2306 Abs. 1 Satz 2 BGB.

2774 *Edenhofer*, in: Palandt, BGB, Einf. Vor. § 1967, Rn. 2.
2775 *Edenhofer*, in: Palandt, BGB, § 2013, Rn. 2.
2776 *Edenhofer*, in: Palandt, § 1953, Rn. 1.
2777 *Lange*, in: MüKo-BGB, § 2303, Rn. 11.

Irrt sich der Erbe über die wirtschaftliche Lage des Nachlasses besteht die Möglichkeit, die Annahme der Erbschaft wegen eines Eigenschaftsirrtums nach §§ 119 ff., 1954–1957 BGB anzufechten. Voraussetzung ist eine kausale und objektive Fehlvorstellung über verkehrswesentliche Eigenschaften des Nachlasses.[2778] Nicht ausreichend ist eine fehlerhafte Bewertung der bekannten Vermögenswerte des Nachlasses oder eine fehlerhafte Einschätzung bekannter Verbindlichkeiten. Mit der Anfechtung der Annahme der Erbschaft wird die Haftung außerhalb der regelmäßigen Ausschlagungsfrist rückwirkend nachträglich ausgeschlossen. Die Anfechtungsfrist beträgt sechs Wochen ab Kenntnis des Anfechtungsgrundes. Die Anfechtung muss gegenüber dem zuständigen Nachlassgericht erklärt werden.

Wichtigstes Mittel zur Beschränkung der Erbenhaftung ist neben der Eröffnung eines Nachlassinsolvenzverfahrens die Anordnung einer Nachlassverwaltung, §§ 1975 ff. BGB. Eine Nachlassverwaltung kommt bei Vorliegen eines nicht überschuldeten oder zahlungsfähigen Nachlasses in Betracht, der jedoch unübersichtlich ist. Die Nachlassverwaltung dient der Ordnung des Nachlasses und einer vollständigen Befriedigung der Nachlassgläubiger. Sie bezieht sich auf den gesamten Nachlass, nicht nur auf einen Erbteil.[2779] Ist der Nachlass bereits geteilt, kann eine Nachlassverwaltung nicht mehr angeordnet werden. Der Antrag auf Anordnung einer Nachlassverwaltung ist beim zuständigen Nachlassgericht zu stellen. Sind mehrere Erben vorhanden kann der Antrag nur von den Erben gemeinschaftlich gestellt werden, § 2062 BGB. Voraussetzung ist eine die Kosten eines Nachlassverwaltungsverfahrens deckende Masse, § 1982 BGB, oder die Einzahlung eines ausreichenden Kostenvorschusses. Gemäß § 2013 BGB kann der Antrag auf Anordnung einer Nachlassverwaltung nicht mehr gestellt werden, wenn der Erbe bereits unbeschränkt haftet. Die Anordnung einer Nachlassverwaltung ist auch bei einem bereits eröffneten Nachlassinsolvenzverfahren ausgeschlossen. Besteht eine Nachlassverwaltung und wird über den Nachlass ein Insolvenzverfahren eröffnet, endet die Nachlassverwaltung gemäß § 1988 Abs. 1 BGB kraft Gesetzes mit Eröffnung des Insolvenzverfahrens. Ein Antrag auf Anordnung einer Nachlassverwaltung kann auch von einem Gläubiger gestellt werden. Voraussetzung ist dann jedoch die Darlegung einer Gefährdung seiner Befriedigungsaussicht. Der Gläubigerantrag ist gemäß § 1981 Abs. 2 Satz 2 BGB nur in einer Frist von zwei Jahren ab Annahme der Erbschaft zulässig.

Mit Anordnung der Nachlassverwaltung wird die Haftung der Erben auf den Nachlass beschränkt, §§ 1981 ff. BGB. Es tritt eine vermögensrechtliche Trennung zwischen Nachlass und dem Eigenvermögen des Erben durch eine sog. Nachlasssonderung ein. Gemäß § 1984 Abs. 1 BGB geht die Verwaltungs- und Verfügungsbefugnis über den Nachlass auf den Nachlassverwalter über.

Im Gegenzug dazu hat die Nachlasspflegschaft, die zur Sicherung des Nachlasses bis zu einer Annahme der Erbschaft und/oder der Ermittlung von

---

2778 *Edenhofer*, in: Palandt, § 1954, Rn. 6.
2779 *Edenhofer*, in: Palandt, § 1975, Rn. 2.

unbekannten Erben dient, § 1960 BGB, keine vermögensrechtlichen Auswirkungen. Reicht der Nachlass nicht zur Deckung der vorhandenen Verbindlichkeiten aus, kommt ein Nachlassinsolvenzverfahren in Betracht. Gemäß § 1975 BGB beschränkt sich die Haftung des Erben bei Eröffnung eines Nachlassinsolvenzverfahrens auf den Nachlass. Etwas anderes gilt dann, wenn die Überschuldung des Nachlasses ausschließlich auf Vermächtnissen oder Auflagen beruht. Hier ist zur Herbeiführung einer Haftungsbeschränkung eine Nachlassinsolvenz nicht erforderlich, in diesem Fall genügt dem Erben die Einrede der Überschwerung, § 1992 BGB. Der Erbe ist dann berechtigt, Vermächtnisse und Auflagen nach den Vorschriften der §§ 1990, 1991 BGB zu erfüllen; eine Haftung des Erben mit seinem Eigenvermögen besteht nicht.[2780]

1.3.2 Insolvenzrechtliche Grundlagen

1.3.2.1 Zulässigkeitsvoraussetzungen

Die insolvenzrechtlichen Zulässigkeitsvoraussetzungen eines Nachlassinsolvenzverfahrens sind in §§ 315–319 InsO geregelt. Für den seltenen Fall des Nachlassinsolvenzverfahrens mit Auslandsberührung finden ferner die Regelungen der EuInsVO Anwendung.[2781]

1.3.2.1.1 Örtliche Zuständigkeit

Für die Entscheidung über die Eröffnung eines Nachlassinsolvenzverfahrens ist nach § 315 InsO nicht das Nachlassgericht, sondern ausschließlich das Insolvenzgericht zuständig, in dessen Bezirk der Erblasser zum Zeitpunkt seines Todes seinen allgemeinen Gerichtsstand hatte. Grundsätzlich ist damit der letzte Wohnsitz des Erblassers maßgebend. Anders verhält es sich, wenn der Erblasser selbstständig wirtschaftlich tätig war und er diese Tätigkeit bis zu seinem Tod ausgeübt hat bzw. diese bis kurz vor seinem Ableben aufrecht erhalten hat. Die Regelung in § 315 InsO entspricht insoweit § 3 Abs. 1 Satz 2 InsO. In diesem Fall richtet sich die örtliche Zuständigkeit nach dem Ort des Mittelpunktes der selbstständigen wirtschaftlichen Tätigkeit des Erblassers. Diese Regelung zielt darauf ab, dass das Insolvenzverfahren über den Nachlass eines Einzelkaufmanns am Sitz des Unternehmens, an dem sich die Vermögenswerte und sämtliche relevanten Unterlagen befinden, durchgeführt werden soll.

1.3.2.1.2 Antragsberechtigte/Antragspflicht

Das Nachlassinsolvenzverfahren wird nur auf Antrag eingeleitet, § 13 Abs. 1 InsO. Gemäß § 317 Abs. 1 InsO sind neben jedem Erben, also auch Miterben, Vor- und Nacherben, auch Erbschaftskäufer, Nachlassverwalter, Nachlasspfleger, verwaltender Testamentsvollstrecker und jeder Nachlassgläubiger, berechtigt, einen Insolvenzantrag für den Nachlass zu stellen.

2780 Edenhofer, in: Palandt, § 1992 Rn. 1.
2781 So auch Mankowski, Internationale Nachlassinsolvenzverfahren, ZIP 2011, 1501 und AG Köln, B. v. 12.11.2010 – 71 IN 343/10, ZIP 2011, 631.

Der oder die Erben sind nach § 317 InsO berechtigt, einen Antrag auf Eröffnung eines Nachlassinsolvenzverfahrens zu stellen. Sind mehrere Erben vorhanden, kann jeder Erbe alleine einen entsprechenden Antrag stellen. Besondere Zulässigkeitsvoraussetzung ist zusätzlich nach § 317 Abs. 2 InsO die Glaubhaftmachung des Insolvenzgrundes durch den antragstellenden Erben. Bei einer Erbengemeinschaft sind die übrigen Erben zu hören, wenn der Antrag nicht von allen Erben gestellt wird. Bei mehreren Erben ist der Antrag auch noch nach Teilung des Nachlasses möglich, § 316 Abs. 2 InsO. Unzulässig ist hingegen die Eröffnung eines Insolvenzverfahrens über nur einen Erbteil, § 316 Abs. 3 InsO.

Der Erbe ist bereits dann antragsberechtigt, wenn er das Erbe noch nicht angenommen hat oder bereits eine unbeschränkte Erbenhaftung eingetreten ist, § 316 Abs. 1 InsO. Begründet wird dies damit, dass das Nachlassinsolvenzverfahren neben dem Schutz des Erben, sondern auch die Befriedigung der Nachlassgläubiger sicherstellen soll.

Wird die Erbschaft vom Erben ausgeschlagen, verliert er sein Recht, die Eröffnung des Nachlassinsolvenzverfahrens zu beantragen.[2782] Eine Ausschlagung des Erbes nach Eröffnung des Insolvenzverfahrens hat keinen Einfluss auf das bereits eröffnete Nachlassinsolvenzverfahren. Erfolgt dagegen die Ausschlagung im Insolvenzantragsverfahren, entfällt rückwirkend die Antragsberechtigung.

Ein Antragsrecht des Erben entfällt auch bei einer Anfechtung der Versäumung der Ausschlagungsfrist. Dies gilt auch dann, wenn die Wirksamkeit der Anfechtung noch nicht feststeht.[2783]

Den Erben trifft eine Antragspflicht gemäß § 1980 Abs. 1 BGB. Eine solche Antragspflicht hat der vorläufige Erbe dagegen nicht zu beachten. Eine Antragspflicht besteht allerdings nicht, wenn die Erbenstellung strittig ist, denn es fällt nicht in den Aufgabenbereich des Insolvenzgerichtes, die Erbenstellung zu klären.[2784] Der Erbe hat unverzüglich die Eröffnung des Nachlassinsolvenzverfahrens zu beantragen, wenn er von der Zahlungsunfähigkeit oder der Überschuldung des Nachlasses Kenntnis erlangt, § 1980 Abs. 1 Satz 1 BGB. Die auf Fahrlässigkeit beruhende Unkenntnis steht dem gleich, § 1980 Abs. 2 Satz 1 BGB. Eine Verletzung der Antragspflicht, die nicht für den Insolvenzgrund der drohenden Zahlungsunfähigkeit besteht, haftet der Erbe nach § 1980 Abs. 1 Satz 2 BGB den Gläubigern für den daraus entstandenen Schaden ohne weiteres Verschulden.[2785] Insbesondere verletzt der Erbe seine Insolvenzantragspflicht bereits dann, wenn er kein Aufgebot der Nachlassgläubiger nach §§ 1970 ff. BGB beantragt, obwohl sich ihm das Vorhandensein unbekannter Nachlassverbindlichkeiten hätte aufdrängen müssen. Mehrere Erben haften als Gesamtschuldner, §§ 823 Abs. 2, 840 Abs. 1, 421 ff. BGB.

Liegt bereits eine unbeschränkte Haftung des Erben vor, besteht nach § 2013 Abs. 1 BGB keine Antragspflicht mehr.

2782 *Schallenberg*, in: FK-InsO, § 317, Rn. 9.
2783 BGH, Urt. v. 19. 05. 2011 – IX ZB 74/10, ZVI 2011, 367.
2784 BGH, Urt. v. 08. 12. 2004 – IV ZR 199/03, FamRN 2005, 446.
2785 BGH, Urt. v. 02. 07. 1992 – IX ZR 256/91, NJW 1992, 2694.

Veräußert der Erbe sein Erbe bzw. seinen Erbteil im Wege des sog. Erbschaftskaufs, verliert er das Recht, einen Insolvenzantrag für den Nachlass zu stellen. Der Käufer tritt insolvenzrechtlich an die Stelle des Erben, ihm steht die Antragsbefugnis zu, § 330 Abs. 1 InsO. Der Erbe ist jedoch unter der Voraussetzung, dass er selbst Nachlassgläubiger ist, gemäß § 330 Abs. 2 InsO, antragsberechtigt. § 330 Abs. 3 InsO regelt den Anwendungsbereich für den Erwerb von Erbschaften auf sonstige Weise.

Ein Nachlassverwalter ist nicht nur antragsberechtigt, ihn trifft kraft ausdrücklicher gesetzlicher Anordnung in § 1985 Abs. 2 Satz 2 BGB eine Insolvenzantragspflicht bei Insolvenzreife.

Der Nachlasspfleger und der Testamentsvollstrecker, wenn ihnen die Verwaltung des gesamten Nachlasses übertragen wurde, §§ 2197 f. BGB, sind als Vertreter der unbekannten Erben ebenfalls antragsberechtigt. Sind mehrere Testamentsvollstrecker bestellt kann ein Insolvenzantrag für den Nachlass nur von allen gemeinschaftlich gestellt werden, § 2224 Abs. 1 BGB. Weder der Nachlasspfleger noch der Testamentsvollstrecker haben jedoch eine Insolvenzantragspflicht nach § 1980 BGB zu berücksichtigen. Beide können sich aber unabhängig davon gegenüber den Erben schadensersatzpflichtig machen, wenn sie durch das Unterlassen der Antragstellung ihre ihnen gegenüber bestehenden Pflichten schuldhaft verletzen.[2786] Eine solche Verpflichtung besteht gegenüber Gläubigern nicht.[2787]

Das Insolvenzverfahren kann auch auf Antrag eines Nachlassgläubigers eröffnet werden. Hier ist gemäß § 14 InsO ein rechtliches Interesse an der Verfahrenseröffnung erforderlich und der Gläubiger muss seine Forderung und den Eröffnungsgrund glaubhaft machen. Das Antragsrecht besteht nur für Nachlassgläubiger nicht für Eigengläubiger des Erben.

§ 317 Abs. 2 Satz 2 und Abs. 3 InsO regeln das Erfordernis der Anhörung der Erben für den Fall, dass der Insolvenzantrag nicht von allen Erben oder sonstigen Antragsberechtigten gestellt wird.

1.3.2.1.3 Antragsfrist

Die Stellung eines Insolvenzantrages für einen Nachlass ist grundsätzlich unbefristet möglich. Etwas anderes gilt für Nachlassgläubiger. Diese können einen Insolvenzantrag für den Nachlass nicht mehr stellen, wenn seit Annahme der Erbschaft zwei Jahre verstrichen sind, § 319 InsO. Die zweijährige Frist stellt eine Ausschlussfrist dar, ein nach Ablauf der Zwei-Jahres-Frist gestellter Antrag ist als unzulässig zurückzuweisen.

Mit Annahme der Erbschaft wird die Zwei-Jahres-Frist in Gang gesetzt. Hatte der Erblasser die Verwaltung des Nachlasses einem Testamentsvollstrecker übertragen, so spricht viel dafür, die Zwei-Jahres-Frist abweichend vom Wortlaut des § 319 InsO nicht vor Beendigung der Testamentsvollstreckung beginnen zu lassen.[2788]

1391

2786 *Schallenberg*, in: FK-InsO, § 317, Rn. 19, 22.
2787 BGH, Urt. v. 08.12.2004 – IV ZR 199/03, FamRN 2005, 446.
2788 *Marotzke*, in: Staudinger, BGB, § 1981, Rn. 20; *Lüer*, in: Uhlenbruck, InsO, § 319, Rn. 3.

1.3.2.2 Eröffnungsgründe

1392 § 320 InsO sieht als Gründe für die Eröffnung des Insolvenzverfahrens über den Nachlass folgende Gründe vor:

- Überschuldung,
- Zahlungsunfähigkeit und
- drohende Zahlungsunfähigkeit.

Die Eröffnungsgründe entsprechen denen für das Regelinsolvenzverfahren nach den §§ 17, 18 und 19 InsO.

1.3.2.2.1 Überschuldung des Nachlasses

1393 Ein Insolvenzgrund für das Nachlassinsolvenzverfahren ist gemäß § 320 InsO die Überschuldung im Sinne des § 19 InsO. Hier gelten keine Besonderheiten. Eine im Rahmen der Überschuldungsprüfung geforderte Fortbestehensprognose kann lediglich dort eine Rolle spielen, wo der Nachlass aktiv am Wirtschaftsleben teilnimmt und nicht bloß auseinanderzusetzen ist. Dies ist beispielsweise bei der Fortführung eines einzelkaufmännischen Handelsgeschäfts der Fall.

Die Prüfung der Überschuldung des Nachlasses erfordert, dass alle Nachlassverbindlichkeiten i.S.d. § 1967 Abs. 2 BGB dem Wert des Nachlasses gegenübergestellt werden.

Hierbei sind auf der Aktivseite u. a. die für den Fall der Insolvenzeröffnung wiederauflebenden Forderungen des Erben nach §§ 1976, 1977 BGB, 326 Abs. 1 InsO, die durch die Annahme der Erbschaft zunächst durch Konfusion erloschen sind, mit Eröffnung des Insolvenzverfahrens jedoch rückwirkend wieder aufleben, einzubeziehen. Zum Aktivvermögen gehören ebenso Ansprüche gegen den Erben aus der Verwaltung des Nachlasses und Gegenstände, an denen ein Gläubiger gemäß § 321 InsO ein Recht zur Absonderung erworben hat, die somit wieder vollumfänglich massezugehörig sind. Haftungsansprüche gegen Erben oder Nachlassverwalter nach §§ 1980 Abs. 1 Satz 2, 1985 Abs. 2 BGB entstehen ebenso wie Anfechtungsansprüche erst mit Verfahrenseröffnung und bleiben mithin im Überschuldungsstatus außer Betracht.

Auf der Passivseite sind sämtliche Nachlassverbindlichkeiten zu passivieren, d. h. Erblasserverbindlichkeiten, Erbfallverbindlichkeiten und Nachlasserbenverbindlichkeiten. Auch sind Ansprüche aus Vermächtnissen und Auflagen in die Passiva einzubeziehen.[2789] Nach § 1980 Abs. 1 Satz 3 BGB entfällt lediglich die Antragspflicht des Erben, wenn die Überschuldung nur auf angeordneten Vermächtnissen und Auflagen besteht.

Maßgeblicher Zeitpunkt für die Ermittlung einer Überschuldungslage ist nicht der Zeitpunkt des Erbfalls, sondern die Eröffnung des Insolvenzverfahrens.[2790]

[2789] Holzer, in: Kübler/Prütting/Bork, InsO, § 320, Rn. 4a.
[2790] Böhm, in: HmbK, § 320, Rn. 4.

1.3.2.2.2 Zahlungsunfähigkeit des Nachlasses

Gemäß § 320 Satz 1 InsO ist die Zahlungsunfähigkeit des Nachlasses Eröffnungsgrund für das Nachlassinsolvenzverfahren, welche wiederum nach § 17 Abs. 2 InsO zu beurteilen ist. Der Nachlass ist demzufolge zahlungsunfähig, wenn die vorhandenen liquiden Mittel die fälligen Verbindlichkeiten nicht decken. Zu berücksichtigen sind nur die im Nachlass vorhandenen liquiden Mittel, nicht das Eigenvermögen der Erben.

1394

1.3.2.2.3 Drohende Zahlungsunfähigkeit

Beantragt der Erbe oder auch alternativ der Nachlasspfleger, Nachlassverwalter oder Testamentsvollstrecker die Eröffnung des Nachlassinsolvenzverfahrens kann auch die drohende Zahlungsunfähigkeit nach § 18 InsO einen Insolvenzgrund darstellen. Zur Prüfung der drohenden Zahlungsunfähigkeit nach § 18 Abs. 2 InsO ist zu ermitteln, ob der Nachlass voraussichtlich nicht in der Lage sein wird, die bestehenden Zahlungspflichten im Zeitpunkt der Fälligkeit zu erfüllen.

1395

1.3.2.3 Rechtsfolgen der Eröffnung eines Nachlassinsolvenzverfahrens

Das Gericht hat mit Zulassung des Insolvenzantrages von Amts wegen zu prüfen, ob ein Eröffnungsgrund vorliegt und ob genügend Masse vorhanden ist, damit die Kosten des Insolvenzverfahrens gedeckt sind (§§ 5, 16, 26 InsO). Zudem kann das Insolvenzgericht im Rahmen des Eröffnungsverfahrens alle Sicherungsmaßnahmen des § 21 InsO ergreifen.

1396

Ist eine die Kosten eines Insolvenzverfahrens deckende Masse nicht vorhanden, wird der Insolvenzantrag mangels Masse abgelehnt. Dies führt dazu, dass eine Haftungsbeschränkung nach § 1975 BGB nicht eintritt. Der Erbe kann sich jedoch auf die Dürftigkeitseinrede nach § 1990 Abs. 1 BGB berufen. Der Erbe kann die Befriedigung eines Nachlassgläubigers insoweit verweigern, als der Nachlass nicht ausreicht. Als Nachweis über die Dürftigkeit des Nachlasses genügt dem beweispflichtigen Erben der gerichtliche Beschluss, dass der Insolvenzantrag mangels Masse zurückgewiesen wurde.

Ist eine die Kosten des Verfahrens deckende Masse vorhanden, erfolgt die Eröffnung des Nachlassinsolvenzverfahrens nach den allgemeinen Vorschriften der §§ 27 ff. InsO.

Nach herrschender Meinung ist der Erbe bzw. sind die Erben Schuldner des Insolvenzverfahrens. Der oder die Erben sind im Verfahren auskunftspflichtig, § 97 InsO, und ihnen stehen alle Rechte und Pflichten eines Schuldners zu.[2791]

Im Nachlassinsolvenzverfahren bestehen grundsätzlich keine Besonderheiten zum Regelinsolvenzverfahren. Es gelten jedoch die Sondervorschriften der §§ 321 ff. InsO. Möglich ist auch die Durchführung eines Insolvenzplanverfahrens. Die Anordnung einer Eigenverwaltung kommt im Nachlassinsolvenzverfahren grundsätzlich nicht in Betracht, da im Regelfall wechselseitige

---

2791 *Siegmann*, in: MüKo-InsO, § 315 Anh., Rn. 1.

Ansprüche des Erben und des Nachlasses bestehen und zu befürchten ist, dass dies zu Nachteilen der Gläubiger führt, § 270 Abs. 2 Nr. 3 InsO. Mit Eröffnung eines Nachlassinsolvenzverfahrens endet eine Nachlassverwaltung, § 1988 Abs. 1 BGB. Den Nachlassverwalter treffen analog § 101 InsO im Insolvenzverfahren Auskunfts- und Mitwirkungspflichten.

Eine angeordnete Nachlasspflegschaft bleibt bestehen, § 1960 BGB. Dies gilt ebenso für eine Testamentsvollstreckung. Dies gilt jedoch nur insoweit die Vermögens- und Verfügungsbefugnis über den Nachlass nicht auf den Insolvenzverwalter übergegangen ist.[2792]

Die Regelungen über Insolvenzgläubiger, § 38 InsO, werden im Nachlassinsolvenzverfahren durch die §§ 325–327 InsO ergänzt.

In der Regel endet das Verfahren durch Aufhebungsbeschluss nach Abhaltung des Schlusstermins oder nach rechtskräftiger Bestätigung des Insolvenzplans. Im Nachlassinsolvenzverfahren wird – im Gegensatz zum Verbraucherinsolvenzverfahren – eine Restschuldbefreiung nicht erteilt.

1.3.2.4 Besondere Regelungen im Nachlassinsolvenzverfahren

1.3.2.4.1 § 321 InsO

1397 § 321 InsO zielt darauf ab, dass Einzelzwangsvollstreckungsmaßnahmen von Nachlass- und Eigengläubigern des Erben in den Nachlass nach dem Erbfall und vor Eröffnung des Nachlassinsolvenzverfahrens nach § 321 InsO kein Recht auf abgesonderte Befriedigung gewähren. Die Wirkungen des § 89 InsO werden auf den Zeitpunkt des Erbfalls vorverlegt.[2793] Die Vorschrift erweitert mithin die Rückschlagsperre des § 88 InsO und das Vollstreckungsverbot des § 89 InsO.

§ 321 InsO ist nicht mehr einschlägig, soweit nicht nur eine Sicherung, sondern auch eine Befriedigung des Gläubigers vor Eröffnung des Insolvenzverfahrens eingetreten ist. In Betracht kommt dann jedoch eine Anfechtung nach §§ 129 ff. InsO.

1.3.2.4.2 § 323 InsO

1398 § 323 InsO schließt zur Beschleunigung der Abwicklung des Insolvenzverfahrens ein Zurückbehaltungsrecht des Erben gemäß § 273 BGB an Nachlassgegenständen wegen Ansprüchen nach §§ 1978 und 1979 BGB aus.[2794] Den Interessen der Erben wird durch die Einordnung dieser Ansprüche als Masseverbindlichkeit nach § 324 Abs. 1 Nr. 1 InsO ausreichend Rechnung getragen.

Der Ausschluss des Zurückbehaltungsrechts bezieht sich auf den gesamten Nachlass einschließlich etwaiger Ansprüche auf Auskunft, auf Rechnungslegung, auf Ansprüche auf Herausgabe von Surrogaten und die Ersatzverpflichtungen wegen Verwendung von Nachlassmitteln für eigene Zwecke gemäß § 668 BGB.[2795]

2792 *Böhm*, in: HmbK, Vorb. zu §§ 315 ff.
2793 *Böhm*, in: HmbK, § 321, Rn. 1.
2794 *Böhm*, in: HmbK, § 323, Rn. 1.
2795 *Böhm*, in: HmbK, § 323, Rn. 2.

Ansprüche von Testamentsvollstreckern, Nachlasspflegern und Nachlassverwaltern werden ebenso vom Zurückbehaltungsverbot des § 323 InsO erfasst. Die Regelung findet analoge Anwendung. In der Praxis spielt dies insbesondere bei Zurückbehaltungsrechten wegen Vergütungsansprüchen von Testamentsvollstreckern, Nachlasspflegern und Nachlassverwaltern eine Rolle.[2796]

1.3.2.4.3 § 324 InsO

Das Ziel, die Wirkungen der Eröffnung eines Insolvenzverfahrens (ähnlich wie bei § 321 InsO) auf den Zeitpunkt des Erbfalls zurück zu beziehen, wird dadurch erreicht, dass der Kreis der Masseverbindlichkeiten der §§ 54, 55 InsO für das Nachlassinsolvenzverfahren durch § 324 InsO auf bestimmte Forderungen erweitert wird. Begünstigt werden die Aufwendungen, die typischerweise nach einem Erbfall entstehen.

1399

Hierzu zählen nach § 324 Abs. 1 Nr. 2 InsO u. a. die Kosten der Beerdigung des Erblassers, wobei sich die Angemessenheit nach den Lebensumständen des Erblassers richtet.[2797] Strittig ist insoweit, ob nur der Erbe entsprechende Masseverbindlichkeiten geltend machen kann oder jeder Dritte, der die Kosten der Beerdigung trägt. [2798]

Zu den bevorrechtigten Masseverbindlichkeiten zählen nach § 324 Abs. 1 Nr. 4 InsO u. a. auch die Kosten einer Nachlassverwaltung und einer Nachlasspflegschaft.

Für den Fall der Vorbereitung einer Einstellung nach § 211 InsO wird den in Abs. 1 erwähnten Forderungen der Rang des § 209 Abs. 1 Nr. 3 InsO zugewiesen.[2799] Damit sind sie nachrangig gegenüber den in Nr. 1 und 2 dieser Vorschrift genannten Ansprüchen, jedoch vorrangig gegenüber Masseverbindlichkeiten aus §§ 100 und 123 InsO.

1.3.2.4.4 Besonderheiten bei der Insolvenzanfechtung

Der Insolvenzverwalter kann unter den Voraussetzungen der §§ 129 ff. InsO Rechtshandlungen des Erblassers anfechten. Soweit hier vom „Schuldner" die Rede ist, handelt es sich um Rechtshandlungen des Erblassers vor dem Erbfall.[2800]

1400

Zwischen dem Tod des Erblassers und dem Anfall des Erbes bzw. der Ausschlagung sind Handlungen des vorläufigen Erben relevant, nach Annahme die des Erben.

Die Anfechtungsvorschriften werden im Nachlassinsolvenzverfahren durch die Regelung § 322 InsO erweitert. Danach ist die Erfüllung von Pflichtteilsansprüchen, Vermächtnissen oder Auflagen durch den Erben in gleicher Weise wie eine unentgeltliche Leistung des Erben nach § 134 InsO

2796 *Marotzke*, in: HK, § 323, Rn. 3.
2797 BGH, Urt. v. 20.09.1973 – III ZR 148/71, NJW 1973, 2103.
2798 *Siegmann*. in: MüKo-InsO, § 324, Rn. 6.
2799 *Böhm*, in: HmbK, § 324, Rn. 1.
2800 *Döbereiner*, in: Gottwald, Insolvenzrechts-Handbuch, § 114, Rn. 37.

anfechtbar.[2801] Gemäß § 327 Abs. 1 InsO stellen Pflichtteilsansprüche, Vermächtnisse und Auflagen nachrangige Forderungen dar.

Nach § 328 InsO ist die Rückgewährpflicht des Anfechtungsgegners bei Anfechtungen von Rechtshandlungen des Erblassers jedoch insoweit beschränkt, als der Massezufluss nicht zur Erfüllung der in § 327 Abs. 1 InsO bezeichneten Verbindlichkeiten verwendet werden darf, denn insoweit fehlt das für die Anfechtung erforderliche Tatbestandsmerkmal der Gläubigerbenachteiligung. Eine Anfechtung soll Pflichtteilsberechtigten, Vermächtnisnehmern und durch Auflage Begünstigten nicht zugutekommen.

1.3.2.4.5 Besonderheiten bei Lebensversicherungen

1401 Zur Insolvenzmasse gehören alle pfändbaren Ansprüche und Rechte des Erblassers. Ob dies auch auf Lebensversicherungen zutrifft, hängt vom Einzelfall ab. Lebensversicherungen ohne Bestimmung eines Bezugrechts fallen in die Insolvenzmasse. Sind Lebensversicherungen mit einem unwiderruflichen Bezugsrecht ausgestattet, so fällt der Anspruch auf die Versicherungssumme nicht in die Insolvenzmasse, §§ 328, 330, 331 Abs. 1 BGB.[2802] Bei Einräumung lediglich eines widerruflichen Bezugsrechts besteht die Möglichkeit der Anfechtung gemäß § 134 Abs. 1 InsO und einer Inanspruchnahme des Bezugsberechtigten auf Herausgabe der Versicherungssumme.[2803] Zu beachten ist, dass mit Eintritt des Versicherungsfalls, d.h. dem Tod des Erblassers, aus einem widerruflichen kein unwiderrufliches Bezugsrecht zu Gunsten des Begünstigten wird.[2804]

Versicherungssummen, die nicht in den Nachlass fallen, die an Bezugsberechtigte gezahlt werden, unterfallen als freigiebige Zuwendungen den Regeln des Erbschafts- und Schenkungssteuergesetzes.

1.3.2.4.6 Besonderheiten bei der Fortführung eines Handelsgeschäftes

1402 Der Erbe eines selbstständig tätigen Kaufmanns – also dessen Gesamtrechtsnachfolger – haftet für Verbindlichkeiten des Erblasser bereits gemäß §§ 1922, 1967 BGB. Die erbrechtliche Haftung des Erben ist jedoch von der handelsrechtlichen Haftung gemäß § 27 HGB abzugrenzen.

§ 27 Abs. 1 HGB bestimmt, dass bei Fortführung eines zum Nachlass gehörenden Handelsgeschäftes § 25 HGB entsprechend anwendbar ist. Der Grund für die Regelung ist darin zu sehen,[2805] dass der Geschäftsverkehr darauf vertrauen soll, dass der Erbe anstelle des Erblassers voll einstehen werde, wenn er das ererbte Handelsgeschäft unverändert fortführt. § 27 Abs. 2 HGB räumt dem Erben allerdings eine dreimonatige Überlegungsfrist ab Kenntnis vom Anfall der Erbschaft ein. Innerhalb dieser Frist kann der

---

2801 *Kemper,* in: Kübler/Prütting/Bork, InsO, § 322, Rn. 2ff.
2802 OLG Hamm, Urt. v. 15.11.1990 – 27 U 68/90, NJW 1991, 707; OLG Hamm, Urt. v. 19.12.1997 – 20 U 150/97, NJW-RR 1998, 1062.
2803 BGH, Urt. v. 23.10.2003 – IX ZR 252/01, ZIP 2003, 2307.
2804 BGH, Urt. v. 27.04.2010 – IX ZR 245/09, ZIP 2010, 1964.
2805 *Burgard,* in: Staub, HGB, § 27, Rn. 6.

Erbe das Handelsgeschäft einstellen, mit der Folge, dass er nicht gemäß § 25 HGB unbeschränkt haftet.

Zudem eröffnet das Gesetz als Ausgleich die besondere Haftungsbeschränkungsmöglichkeit gemäß § 27 Abs. 2 HGB. Wenn der Erblasser Inhaber eines Einzelunternehmens war und der Erbe die Firma des Erblassers fortführt[2806] und das ererbte Handelsgeschäft kaufmännisch ist, ist nach handelsrechtlichen Grundsätzen diese Haftung ausschließbar. Sowohl § 25 Abs. 1 HGB als auch § 25 Abs. 2 HGB sind entsprechend anwendbar. Der Erbe kann durch Eintragung im Handelsregister und Bekanntmachung seine Haftung für sog. Altschulden ausschließen und ein sog. Altgläubiger kann ihn somit nicht nach §§ 25, 27 HGB in Anspruch nehmen, wohl aber immer aufgrund erbrechtlicher Haftung. Wenn neben dem Ausschluss nach §§ 27 Abs. 1, 25 Abs. 2 HGB die erbrechtlichen Haftungsbeschränkungsmöglichkeiten ausgeschöpft werden, entfällt auch diese Haftung.

Zu berücksichtigen ist in diesem Zusammenhang auch die gemäß § 75 AO bestehende Haftung des Betriebsübernehmers für Steuern, bei denen die Steuerpflicht aus dem Betrieb resultiert.

2. Insolvenzverfahren über das Gesamtgut einer fortgesetzten Gütergemeinschaft

1403 Wird eine Gütergemeinschaft – ein familienrechtlicher Güterstand – nach dem Tod eines Ehegatten zwischen dem überlebenden Ehegatten und den gemeinschaftlichen Abkömmlingen fortgesetzt, handelt es sich um eine fortgesetzte Gütergemeinschaft, §§ 1483 ff. BGB.

Gemäß § 332 Abs. 1 InsO finden die §§ 315–331 InsO auf das Insolvenzverfahren über das Gesamtgut einer fortgesetzten Gütergemeinschaft entsprechende Anwendung. Eine Besonderheit besteht gemäß § 332 Abs. 2 InsO insoweit, als nur Gläubiger verfahrensbeteiligt sind, deren Forderung schon zum Zeitpunkt des Eintritts der fortgesetzten Gütergemeinschaft als Gesamtgutsverbindlichkeiten vorhanden waren. Gemäß § 332 Abs. 3 InsO sind anteilsberechtigte Abkömmlinge nicht antragsberechtigt.

3. Insolvenzverfahren über das gemeinschaftlich verwaltete Gesamtgut einer Gütergemeinschaft

1404 Gemäß § 333 InsO kann über das von den Ehegatten gemeinschaftlich verwaltete Gesamtgut einer Gütergemeinschaft ein selbstständiges Insolvenzverfahren eröffnet werden.

Antragsberechtigt ist nach § 333 Abs. 1 InsO jeder Gläubiger, der die Erfüllung einer Verbindlichkeit aus dem Gesamtgut verlangen kann. Nach § 333 Abs. 2 InsO ist jeder Ehegatte antragsberechtigt. Bei einem Antrag beider Ehegatten ist auch die drohende Zahlungsunfähigkeit Insolvenzgrund, § 333 Abs. 2 Satz 3 InsO.

§ 334 InsO regelt die persönliche Haftung der Ehegatten.

2806 BGH, Urt. v. 10. 12. 1990 – II ZR 256/89, BGHZ 113, 132, 135 ff.

Teil 4
Rechnungslegung in der Insolvenz

Teil 4
Rechnungslegung in der Insolvenz

Kapitel 1
Interne Rechnungslegung

1. Das System der Rechnungslegung im Insolvenzverfahren

Hinsichtlich der Rechnungslegungspflichten des Insolvenzverwalters ist zu differenzieren zwischen interner und externer Rechnungslegung, wobei die externe Rechnungslegung die handelsrechtlichen und steuerrechtlichen Verpflichtungen betrifft, die interne Rechnungslegung sich demgegenüber auf insolvenzspezifische Verpflichtungen des Insolvenzverwalters bezieht. 1405

Hinsichtlich der externen Rechnungslegung normiert § 155 Abs. 1 InsO ausdrücklich, dass die handels- und steuerrechtlichen Pflichten des Schuldners zur Buchführung und zur Rechnungslegung unberührt bleiben und diese in Bezug auf die Insolvenzmasse durch den Insolvenzverwalter zu erfüllen sind. Abgesehen von diesen handels- und steuerrechtlichen Rechnungslegungspflichten ist der Insolvenzverwalter jedoch auch auf der Grundlage diverser insolvenzrechtlicher Vorschriften zur Rechnungslegung verpflichtet. Maßgeblich ist insoweit § 66 InsO, der in Abs. 1 Satz 1 regelt, dass der Insolvenzverwalter bei Beendigung seines Amtes gegenüber der Gläubigerversammlung Rechnung zu legen hat. Diese Schlussrechnung wird zuvor durch das Insolvenzgericht geprüft, das die Schlussrechnung zusammen mit den Belegen und einem Vermerk über die Prüfung auszulegen hat, § 66 Abs. 2 InsO. Soweit ein Gläubigerausschuss bestellt wurde, so hat dieser ebenfalls die Schlussrechnung zu prüfen, §§ 69, 66 Abs. 2 Satz 2 InsO. Des Weiteren können das Gericht (§ 58 Abs. 1 Satz 2 InsO), die Gläubigerausschussmitglieder (§§ 69 Satz 2, 66 Abs. 3 InsO) und die Gläubigerversammlung (§ 79 Satz 1 InsO) Sachstandsberichte verlangen. Darüber hinaus muss der Verwalter gegenüber den Aus- und Absonderungsberechtigten Rechenschaft ablegen, z. B. im Rahmen der Abrechnung nach §§ 167, 170 InsO. Wird ein Insolvenzplan durchgeführt, der vorsieht, dass eine Befriedigung aus den vom Schuldner erwirtschafteten Erträgen erfolgt, so ist ebenfalls eine Vermögensübersicht nebst Ergebnis- und Finanzplan zu erstellen, § 229 InsO.

Rechnungslegungspflichten		
insolvenzrechtliche, § 66 InsO, §§ 151–153 InsO, § 58 InsO	unternehmensbezogene, § 155 InsO	
	handelsrechtliche	steuerrechtliche

Abb. 66: Rechnungslegungspflichten

Teil 4 Rechnungslegung in der Insolvenz

1406   Insolvenzrechtliche Vorschriften zur Buchführung im Insolvenzverfahren existieren nicht, allerdings haben die Mitglieder des Gravenbrucher Kreises für die Insolvenzbuchhaltung einen speziellen Kontenrahmen entwickelt, der ab 2012 zur Anwendung gelangen soll. Durch dieses standardisierte Verfahren soll die Rechnungsprüfung für die Beteiligten vereinfacht und die Ermittlung aussagekräftiger Kennzahlen der Insolvenzverfahren ermöglicht werden.

2. Insolvenzrechtliche Rechnungslegung

1407   Die interne Rechnungslegung dient insbesondere als Informationsgrundlage für das Gericht, aber auch für die Gläubiger und den Schuldner selbst. Ohne die Verpflichtung des Verwalters zur Offenlegung wäre es den Beteiligten nicht möglich zu prüfen, ob der Verwalter sein Amt ordnungsgemäß ausgeübt hat oder ob ihm gegenüber eventuell Regressansprüche geltend zu machen sind. Gleichzeitig gibt die Rechnungslegung dem Insolvenzverwalter Gelegenheit zu einer Selbstkontrolle, d. h. Überprüfung der Qualitätsstandards sowie Erfolgskontrolle.

2.1 Aktuelle Entwicklung

1408   Nachdem in den letzten Jahren vereinzelt Untreuefälle unter Insolvenzverwaltern bekannt geworden sind und darüber hinaus der Ruf nach einer Vereinheitlichung der Verwalter- und Gerichtspraxis sowie einheitlicher Qualitätsstandards laut wurde, haben sich sowohl der Bundestag als auch der Fachausschuss Recht des IDW (Institut der Wirtschaftsprüfer in Deutschland e. V.) näher mit den Rechnungslegungspflichten und deren Ausführung im Insolvenzverfahren auseinandergesetzt.

2.1.1 Gesetz zur Verbesserung und Vereinfachung der Aufsicht im Insolvenzverfahren (GAVI)

1409   Am 14. 05. 2007 hat das Landesjustizministerium NRW einen Referentenentwurf eines „Gesetzes zur Vereinfachung der Aufsicht im Insolvenzverfahren (GAVI)" eingebracht. Dieser fand auf der Konferenz der Justizminister am 11./ 12. 06. 2008 in Celle große Zustimmung.[2807]

Der Bundestag wurde um eine möglichst umgehende Verabschiedung des GAVI gebeten[2808], allerdings ist der Entwurf im Rechtsausschuss stecken geblieben.

1410   Das GAVI verfolgt zunächst das Ziel einer besseren Kontrolle des Verwalters durch das Insolvenzgericht. Hierdurch sollen Untreuefälle, wie sie in den letzten Jahren vorgekommen sind, unmöglich gemacht werden, und zugleich ein einheitliches Qualitätsmerkmal auch zur Auswahl der Verwalter geschaffen werden.

[2807] Dem GAVI kommt eine besondere Bedeutung für den effektiven Schutz von Schuldnern und Gläubigern im Insolvenzverfahren zu.
[2808] BT-Drucks. 16/7251.

Ein weiteres Ziel ist die größere Transparenz des Verfahrens. Hierdurch soll einer Abwanderung von Insolvenzverfahren nach England entgegengewirkt werden. Allerdings ist wohl kaum anzunehmen, dass Grund für eine Abwanderung der Insolvenzverfahren nach England die geforderten Masseverzeichnisse (§§ 151ff. InsO) oder die Zahl der Berichte sind, sondern vielmehr fehlende Anfechtungsmöglichkeiten bzw. das Fehlen eines durchgreifenden Eigenkapitalrechtes. 1411

Letztlich soll den Gläubigern eine aktive Mitwirkung am Verfahren und gleichzeitig Kontrolle des Verwalters ermöglicht werden.

Für die interne insolvenzspezifische Rechnungslegung sind insbesondere folgende Regelungen des GAVI von Bedeutung: 1412

- § 5a InsO – GAVI
  Danach sollen die Tabellen und Verzeichnisse, die Zwischenberichte und die Schlussrechnung maschinell erstellt und bearbeitet werden können. Die Unterlagen sollen elektronisch bei Gericht eingereicht und dort zur Einsichtnahme durch die Berechtigten bereitgestellt werden.
- § 58 Abs. 2 InsO – GAVI
  Berichte sollen alle 6 Monate eingereicht werden. Dem ist jedoch entgegenzuhalten, dass bereits jetzt die Gerichte – abhängig von der Größe des Verfahrens – eine sechsmonatige Berichtsfrist anordnen können. Einer gesetzlichen Regelung mit einer vorgegebenen Frist bedarf es daher nicht.
- § 58a InsO – GAVI
  Die vorstehende Vorschrift regelt die Berichtsfristen des Verwalters. Danach sollen die Berichte mindestens eine fortgeschriebene Vermögensübersicht sowie das fortgeschriebene Verzeichnis der Massegegenstände entsprechend den §§ 151, 153 InsO sowie eine Übersicht über die Einnahmen und Ausgaben im Berichtszeitraum enthalten. Bei einer Fortführung des Geschäftsbetriebes ist anstelle der Übersicht und des Verzeichnisses das vorläufige Ergebnis der Betriebsfortführung mitzuteilen. Die Kontenbestände sind in geeigneter Form durch den Insolvenzverwalter nachzuweisen. Die Erstellung eines fortgeschriebenen Verzeichnisses der Massegegenstände dürfte jedoch in der Praxis mit erheblichen Problemen verbunden sein. Bei einer Betriebsfortführung dürfte dies annähernd unmöglich sein. Bei größeren Verfahren dürfte der entstehende Aufwand in keinem Verhältnis zum Nutzen stehen, zumal anzunehmen ist, dass bei einem kleinteiligen Anlage- und Umlaufvermögen ein Verkauf nicht einzeln, sondern im Paket erfolgt. Soweit der Kontostand in geeigneter Form nachzuweisen ist, ergibt sich daraus nicht die Anforderung des Originalbeleges, so dass hier weiterhin Manipulationen Tür und Tor geöffnet sind. Zudem ist keine Belegprüfung vorgeschrieben, so dass dem Gericht die Überprüfung der Rechtmäßigkeit getätigter Aufgaben nicht möglich ist. Darüber hinaus wäre es in diesem Zusammenhang sinnvoll gewesen, auch eine Vereinheitlichung des Buchungsrahmens vorzunehmen, um für eine bessere Übersichtlichkeit und Vergleichbarkeit der Verwalter zu sorgen.
- § 66 InsO – GAVI
  Abs. 1 der Vorschrift regelt zunächst das Vorgehen bei einer Betriebsfortführung. Nach Abs. 2 Satz 2 der Vorschrift hat das Insolvenzgericht zunächst die Vollständigkeit der eingereichten Unterlagen, die ordnungsge-

mäße Buchführung sowie die Verwaltung, Verwertung und Verwendung der Insolvenzmasse zu prüfen.

Auf das Erfordernis einer Eröffnungs- und Schlussbilanz wird weiterhin verzichtet. Darüber hinaus werden die einzelnen Konten nicht durch die Bildung von „Kennzahlen" zueinander in Verbindung gesetzt, so dass ein Maßstab zum Vergleich des Erfolgs der Verwaltertätigkeit fehlt. So wäre es angemessen, die Summe der Fremdkosten zu berücksichtigen und diese ins Verhältnis zur Verwaltervergütung zu setzen oder zu überprüfen, inwiefern die prognostizierte Masse von der tatsächlich im Verfahren erwirtschafteten Masse abweicht.[2809]

2.1.2 Rechnungslegungshinweise des IDW e.V.

1413 Am 13.06.2008 wurden drei IDW-Rechnungslegungshinweise[2810] verabschiedet. Zunächst zur Bestandsaufnahme im Insolvenzverfahren. Dies betrifft die Erstellung des Masseverzeichnisses, des Gläubigerverzeichnisses und der Vermögensübersicht, §§ 151–153 InsO. Die insolvenzspezifischen Rechnungslegungspflichten im Insolvenzverfahren beziehen sich auf die Rechnungslegung des vorläufigen und endgültigen Verwalters. Zuletzt werden die externen (handelsrechtlichen) Rechnungslegungspflichten im Insolvenzverfahren erfasst.

Wesentliche Neuregelungen ergeben sich aus diesen Rechnungslegungshinweisen des IDW nicht. Die Aktivseite soll sich an der Handelsbilanz orientieren, die Passivseite soll den Besonderheiten der Insolvenz Rechnung tragen. Allerdings ist anzunehmen, dass auch die bisherigen Rechnungslegungen ordentlicher Verwalterbüros diese Voraussetzungen erfüllen.

2.2 Verzeichnis der Massegegenstände (§ 151 InsO)

1414 Nach § 151 InsO hat der Insolvenzverwalter ein Verzeichnis der einzelnen Gegenstände der Insolvenzmasse aufzustellen. Hierfür ist eine Inventur vorzunehmen. Bei jedem Gegenstand ist dessen Wert (brutto) anzugeben. Zu erfassen sind auch solche Vermögenswerte, bei denen der Verwalter davon ausgeht, dass er sie nicht gewinnbringend für die Masse verwerten kann und daher aus der Masse freigeben wird. Ebenso sind Vermögenswerte aufzunehmen, für die ein Absonderungsrecht, §§ 49ff. InsO, zu Gunsten Dritter besteht. Dies gilt nicht für aussonderungspflichtige Gegenstände, § 47f. InsO. Ergeben sich bei Liquidation bzw. Fortführung unterschiedliche Werte, so sind beide Werte anzugeben. Hierdurch steht den Gläubigern die für die Entscheidung über die Stilllegung des schuldnerischen Unternehmens bzw. dessen Fortführung erforderliche Entscheidungsgrundlage zur Verfügung, vgl. § 29 Abs. 1 Nr. 1 InsO. Darüber hinaus ist dieses Verzeichnis maßgeblich

---

[2809] Für den vorläufigen Verwalter ist dies nunmehr in § 11 Abs. 2 InsVV normiert, nach dem der Verwalter das Insolvenzgericht spätestens mit Vorlage der Schlussrechnung auf eine Abweichung des tatsächlichen Wertes von dem der vorläufigen Verwaltervergütung zugrunde gelegten Wert hinzuweisen hat, sofern die Wertdifferenz 20/100, bezogen auf die Gesamtheit dieser Gegenstände, übersteigt.

[2810] IDW RH HFA 1.010, IDW RH HFA 1.011 und IDW RH HFA 1.012.

für die Entscheidung der Gläubiger über die Beauftragung des Insolvenzverwalters mit der Erstellung eines Insolvenzplanes, § 157 InsO.

Unter Berücksichtigung des § 58 a InsO (Entwurf) wäre künftig jedem Zwischenbericht ein Masseverzeichnis beizufügen, in dem unter Beibehaltung der einmal gewählten Nummerierung die weitere Entwicklung der Vermögensgegenstände nachzuvollziehen ist.

2.3 Gläubigerverzeichnis (§ 152 InsO)

Das Gläubigerverzeichnis nach § 152 InsO verschafft einen Überblick über die Insolvenzgläubiger und ihre Forderungen. Um einen Überblick über die Belastungen der Insolvenzmasse mit eventuellen Drittrechten zu ermitteln, sind in dem Gläubigerverzeichnis auch die absonderungsberechtigten Gläubiger und nachrangigen Insolvenzgläubiger (§ 39 InsO) aufzuführen. Bei den absonderungsberechtigten Gläubigern ist zusätzlich zu dem Gegenstand, an dem das Absonderungsrecht besteht, auch die Höhe des mutmaßlichen Ausfalls anzugeben. Des Weiteren ist anzugeben, welche Möglichkeiten der Aufrechnung bestehen. 1415

2.4 Vermögensübersicht (§ 153 InsO)

Unter Zugrundelegung des Verzeichnisses der Massegegenstände, § 151 InsO, sowie des Gläubigerverzeichnisses, § 152 InsO, hat der Insolvenzverwalter auf den Zeitpunkt der Eröffnung des Insolvenzverfahrens eine Vermögensübersicht zu erstellen, in der die Gegenstände der Insolvenzmasse und die Verbindlichkeiten des Schuldners aufgeführt und einander gegenüber gestellt werden, § 153 InsO. Dabei handelt es sich nicht um eine handelsrechtliche Bilanz mit dem Ziel einer Gewinnermittlung, sondern um eine Vermögensübersicht, mit der dem Gericht und den Gläubigern ermöglicht werden soll, sich schnell einen Überblick über das vorhandene Vermögen und die voraussichtlich zu erzielende Quote für die Insolvenzgläubiger zu verschaffen. Bei der Vermögensübersicht sind sowohl Liquidations- als auch Fortführungswert zu berücksichtigen. Nach § 58 a InsO (Entwurf) wäre eine aktuelle, fortgeschriebene Vermögensübersicht jedem Zwischenbericht beizufügen. 1416

2.5 Schlussrechnung (§ 66 InsO)

Gemäß § 66 Abs. 1 InsO ist der Insolvenzverwalter verpflichtet, bei Beendigung seines Amtes gegenüber der Gläubigerversammlung Rechnung zu legen. Vor der Gläubigerversammlung hat das Insolvenzgericht die Schlussrechnung zu prüfen, § 66 Abs. 2 Satz 1 InsO. Ist ein Gläubigerausschuss bestellt, so hat dieser ebenfalls eine Prüfung vorzunehmen, § 66 Abs. 2 Satz 2 InsO. Die Schlussrechnung soll Auskunft über die Geschäftsführung und Insolvenzabwicklung geben. Es handelt sich daher bei der Rechnungslegung durch den Insolvenzverwalter nicht um eine der handelsrechtlichen Rechnungslegungen, sondern um eine verfahrensspezifische privatrechtliche Abrechnung und einen Tätigkeitsbericht gegenüber dem Gericht und den Gläubigern. Die Schlussrechnung soll umfangreich über alle Tätigkeiten des 1417

Insolvenzverwalters aufklären. Wurde ein vorläufiger Insolvenzverwalter nach § 21 Abs. 2 Nr. 1 InsO bestellt, so ist dieser ebenfalls zur Rechnungslegung verpflichtet. Allerdings bestimmt sich der Umfang seiner Rechnungslegungspflicht danach, welche Befugnisse ihm erteilt worden sind (starker – schwacher vorläufiger Verwalter).[2811] Der mit Gesetz vom 07.12.2011[2812] neu eingeführte § 66 Abs. 1 Satz 2 InsO sieht zur Vereinfachung der Durchführung eines Insolvenzplans nunmehr vor, dass der Insolvenzplan insofern eine abweichende Regelung treffen kann. Nach Art. 103g EGInsO findet diese Regelung auf Insolvenzverfahren Anwendung, die ab dem 01.03.2012 beantragt wurden. Die Schlussrechnung wird im Schlusstermin gemäß § 197 Abs. 1 Nr. 1 InsO erörtert.

Die Schlussrechnung hat drei wesentliche Bestandteile:

- Einnahmen-Ausgaben-Rechnung (auch als Schlussrechnung bezeichnet),
- Schlussbericht,
- Schlussverzeichnis.

2.5.1 Schlussrechnung

1418 Zunächst sind alle Geschäftsvorfälle im Rahmen einer Einnahmen-/Ausgaben-Rechnung darzustellen und zusammenzufassen. Dabei sind die Einnahmen und Ausgaben entsprechend dem für die Insolvenzbuchhaltung gewählten Kontenrahmen darzustellen.

Die Überschussrechnung oder auch Schlussrechnung basiert auf der Summen- und Saldenliste und enthält das gesamte Rechnungswesen bis zum Zeitpunkt der Einreichung des Schlussberichts. Die Grundsätze einer ordnungsgemäßen Buchführung sind dabei einzuhalten. Dementsprechend sind die vollständigen Belege und Bankkontoauszüge beizufügen.

2.5.2 Schlussbericht

1419 Zudem ist es sinnvoll, die Einnahmen-/Ausgaben-Rechnung durch einen Schlussbericht, der umfassend die Tätigkeiten des Verwalters und die vorgenommenen Buchungen darstellt, zu ergänzen. Der Schlussbericht erleichtert das Verständnis des reinen Zahlenmaterials. Entsprechend den Empfehlungen des GAVI sollte sich dieser Schlussbericht an der Gliederung des Eröffnungsberichtes bzw. des Berichtes zur Gläubigerversammlung orientieren.[2813]

Als Erläuterung der Schlussrechnung sollte der Schlussbericht zumindest Auskunft zu den nachfolgenden Punkten geben:

- Zusammensetzung der Masse,
- Vermögen zum Zeitpunkt der Verfahrenseröffnung, § 35 Abs. 1 InsO,
- Abgrenzung zu unpfändbaren Gegenständen, § 36 InsO,

[2811] Siehe zum Amt des vorläufigen Verwalters Teil 2, Kap. 2, Rn. 403 ff.
[2812] BGBl. I 2011, 2582.
[2813] *Uhlenbruck*, Die Prüfung der Rechnungslegung des Insolvenzverwalters, ZIP 1982, 25; *Pink*, Rechnungslegungspflichten in der Insolvenz der Kapitalgesellschaft, ZIP 1997, 177.

- Neuerwerb,
- § 35 Abs. 1 InsO,
- Verwertungsergebnisse, Prozessführung,
- Freigaben,
- Ergebnis der Unternehmensfortführung,
- Aus- und Absonderung von Vermögenswerten, §§ 47, 49 ff. InsO,
- neu abgeschlossene Rechtsgeschäfte,
- Abwicklung von schwebenden Verträgen, §§ 103 ff. InsO,
- Arbeitsverhältnisse, § 113 InsO; evtl. Betriebsübergang, § 613 a BGB,
- Ergebnisse von Anfechtungen, §§ 129 ff. InsO.

2.5.3 Schlussverzeichnis

Darüber hinaus unterbreitet der Verwalter einen Vorschlag zur Verteilung der Masse. Es handelt sich hierbei um das nach § 188 InsO zu erstellende Schlussverzeichnis. Die Schlussverteilung darf allerdings nur mit Zustimmung des Insolvenzgerichts vorgenommen werden, § 196 Abs. 2 InsO. Ist ein Gläubigerausschuss bestellt, ist zuvor dessen Zustimmung einzuholen, § 187 Abs. 3 Satz 2 InsO.

1420

2.5.4 Gerichtliche Prüfung

Gemäß § 66 Abs. 2 Satz 1 InsO hat das Gericht, das den Verwalter während des Verfahrens zu beaufsichtigen hat, die Schlussrechnung zu prüfen.[2814] Hierüber ist ein Vermerk zu fertigen, der dann den Gläubigern als Anhaltspunkt zur Verfügung steht.

1421

Allerdings erstreckt sich die Prüfungspflicht des Gerichtes lediglich auf die Rechtmäßigkeit, also die rechnerische Richtigkeit der Schlussrechnung sowie die materielle Richtigkeit und Nachvollziehbarkeit. Bei der Überprüfung der Schlussrechnung wird dagegen nicht die Zweckmäßigkeit des Verwalterhandelns einer Überprüfung unterzogen.[2815] Zu prüfen ist allerdings insbesondere auch im Zusammenhang mit dem vom Verwalter gestellten Vergütungsantrag, inwieweit der Insolvenzverwalter Aufgaben an Dritte delegiert und deren Vergütung der Insolvenzmasse entnommen hat, obwohl es sich dabei um dem Insolvenzverwalter obliegende Regelaufgaben gehandelt hat.[2816]

Allgemein anerkannt ist, dass sich das Gericht bei der Prüfung der Schlussrechnung auch der Hilfe eines Sachverständigen bedienen kann.[2817] Insofern wird auf die Begründung in der RegE BT-Drucks. 12/2443, S. 131, verwiesen: „Das Gericht kann dabei seinerseits die Hilfe von Sachverständigen in Anspruch nehmen."

[2814] *Uhlenbruck*, Handelsbilanz contra Schlussrechnung – Der entmündigte Rechtspfleger?, ZIP 1982, 122; *Braun*, Handelsbilanz contra Schlussrechnung – Der entmündigte Rechtspfleger?, ZIP 1997, 1013.
[2815] *Eickmann*, in: HK, § 66 Rn. 10.
[2816] BGH, B. v. 11.11.2004 – IX ZB 48/04, ZInsO 2004, 1348.
[2817] OLG Hamm, Urt. v. 09.12.1985 – 15 W 441/85, ZIP 1986, 724; OLG Köln, B. v. 06.12.1989 – 2 W 173/89, ZIP 1990, 58.

Strittig ist, ob die Insolvenzmasse mit den Kosten der Beauftragung eines Sachverständigen belastet werden darf.[2818]

Kommt der Verwalter seiner Pflicht zur Schlussrechnungslegung nicht nach, kann das Gericht eine Frist zur Abgabe der Schlussrechnung setzen und ggf. ein Zwangsgeld nach § 58 Abs. 2 InsO festsetzen.

2.5.5 Prüfung durch den Gläubigerausschuss

1422 Gemäß § 69 InsO haben die Mitglieder des Gläubigerausschusses den Insolvenzverwalter bei seiner Geschäftsführung zu unterstützen und zu überwachen. Sie haben sich über den Gang der Geschäfte zu unterrichten sowie die Bücher und Geschäftspapiere einzusehen und den Geldverkehr und -bestand prüfen zu lassen. Die Prüfung des Geldverkehrs umfasst die Prüfung der Kasse und sonstiger Konten einschließlich der dazugehörigen Belege. Nur so kann das Ausschussmitglied seiner Kontrollpflicht nachkommen.[2819] Bei Beendigung des Insolvenzverfahrens hat der Gläubigerausschuss nach § 66 Abs. 2 Satz 2 InsO die Schlussrechnung des Verwalters nebst Belegen zu kontrollieren. Allerdings kann diese Aufgabe, wie sich bereits aus dem Wortlaut von § 69 Satz 2 InsO ergibt, an einen Kassenprüfer delegiert werden. Die Überwachung umfasst sowohl eine Kontrolle der in der Vergangenheit angefallenen Geschäftsvorfälle als auch die künftige Planung. Neben der Rechtmäßigkeit sollen – im Gegensatz zu den Prüfungspflichten des Insolvenzgerichts - auch die Zweckmäßigkeit und Wirtschaftlichkeit der Geschäftsführung überprüft werden.[2820]

2.6 Schlussrechnung bei vorheriger Anzeige der Masseunzulänglichkeit

1423 Nach § 211 Abs. 2 InsO hat der Verwalter bei vorheriger Anzeige der Masseunzulänglichkeit mit der Beendigung des Verfahrens zwei Schlussrechnungen einzureichen, nämlich für den Zeitraum bis zur Anzeige der Masseunzulänglichkeit und für den Zeitraum danach. Dadurch wird dem Gericht und den Gläubigern die Prüfung ermöglicht, ob sich der Verwalter an die Verteilungsreihenfolge des § 209 InsO gehalten hat. Nach dieser Vorschrift sind zunächst die Verfahrenskosten (§ 54 InsO), sodann die Neumasseverbindlichkeiten (§§ 55, 209 Abs. 1 Nr. 2 InsO) und zuletzt die Altmasseverbindlichkeiten (§§ 55, 209 Abs. 1 Nr. 3 InsO) zu befriedigen.

2818 Zum Teil wird vertreten, die Kosten des Sachverständigen seien Verfahrenskosten i. S. v. § 54 InsO, vgl. LG Heilbronn, B. v. 04.02.2009 – 1 T 30/09, ZInsO 2009, 667. Andere ordnen die Sachverständigenkosten als Masseverbindlichkeit i. S. v. § 55 InsO ein, vgl. *Hess*, in: InsO, § 66 Rn. 42. Hiergegen wird vertreten, mit den Gerichtskosten seien bereits alle Kosten abgegolten, so dass eine Belastung der Masse mit diesen Kosten nicht in Betracht komme, vgl. *Weitzmann*, Rechnungslegung und Schlussrechnungsprüfung, ZInsO 2007, 449; *Haertlein*, Die Einschaltung privater Sachverständiger bei der Schlussrechnungsprüfung durch das Insolvenzgericht, NZI 2009, 577.

2819 BGH, B. v. 29.11.2007 – IX ZB 231/06, Rn. 10 (zur Gesamtvollstreckungsordnung), ZInsO 2008, 105.

2820 OLG Celle, Urt. v. 03.06.2010 – 16 U 135/09, ZInsO 2010, 1233; OLG Rostock, B. v. 28.05.2004 – 3 W 11/04, ZInsO 2004, 814; Anmerkung: *Pape/Schmidt*, Kreditvergabe und Gläubigerausschuss, ZInsO 2004, 955.

Kapitel 2
Externe Rechnungslegung in der Insolvenz

1. Einführung und Abgrenzung
1.1 Einführung

Gerade in der Insolvenz von Unternehmen, einer Situation, die von Knappheit der Ressourcen in finanzieller wie in sachlicher Hinsicht gekennzeichnet ist, erhöht sich der ohnehin nicht geringe Umfang der zu erfüllenden Rechenschaftspflichten nochmals erheblich. Neben die schon in der vorinsolvenzlichen Phase existierenden handels- und steuerrechtlichen Rechnungslegungspflichten tritt noch die interne Rechnungslegungspflicht, d. h. die Verpflichtung zur Erstellung der notwendigen speziell insolvenzrechtlichen Rechenwerke nach der InsO.[2821] Die Erfüllung all dieser Pflichten ist zeit- und kostenintensiv. Es ist deshalb wenig überraschend, dass die insolvenzrechtliche Praxis sich intensiv mit der Frage befasst, welche konkreten Pflichten tatsächlich zu erfüllen sind und ob der Pflichtenumfang im Einzelfall reduziert werden kann oder muss, vor allem dann, wenn kein konkreter Nutzen für die Erreichung der Insolvenzziele mehr erkennbar ist.[2822]

1424

1.2 Ziele der externen Rechnungslegung

Die externe Rechnungslegung, die ihren Ausdruck vor allem im deutschen Bilanzrecht findet, war schon von jeher mehrdimensional ausgerichtet.[2823] Bereits *Leffson*[2824] unterschied die kaufmännischen Ziele, z. B. Festhalten der Kreditgeschäfte, Festhalten der Kapitaleinlagen der Gesellschafter, Ermittlung des Erfolges einzelner Geschäfte oder Rechnungsperioden, sowie gesetzgeberische Ziele, z. B. Sicherstellung des Gläubiger- und Schuldnerschutzes, Schutz anderer an der Unternehmung interessierter Gruppen, z. B. außenstehender Gesellschafter, Arbeitnehmer, der Öffentlichkeit und des Fiskus.

1425

2821 Vgl. insbesondere §§ 66, 151 bis 153 InsO.
2822 *Uhlenbruck,*, Aus- und Abwahl des Insolvenzverwalters – Eine Schicksalsfrage der Insolvenzreform, KTS 1989, 229.
2823 *Winnefeld*, Bilanz-Handbuch, Einführung Rn. 10.
2824 *Leffson*, GoB, S. 36.

1426 In der Insolvenz erfahren diese Ziele eine Fokussierung auf die Informationsfunktion: Die am Insolvenzverfahren interessierte Öffentlichkeit, aber auch der Insolvenzverwalter selbst, das Insolvenzgericht und die Gläubiger, ggf. jedoch auch potentielle Erwerber des schuldnerischen Unternehmens, sollen mit Informationen und Daten versorgt werden. Darüber hinaus erfüllt die externe Rechnungslegung auch eine Beweissicherungs- und Revisionsfunktion, da im Rahmen der Aufarbeitung und Fortführung der handelsrechtlichen Buchhaltung die Vermögens-, Finanz- und Ertragslage des schuldnerischen Unternehmens vor und während des Insolvenzverfahrens untersucht und dokumentiert wird. Die hieraus zu gewinnenden Informationen können wiederum Hinweise auf Möglichkeiten zur Masseanreicherung, z. B. durch Aufdeckung bislang nicht erkannter Anfechtungsmöglichkeiten liefern oder Geschädigten Informationen zur Klärung und Verfolgung etwaiger Schadensersatzansprüche zur Verfügung stellen.

1.3 Abgrenzung zur internen Rechnungslegung im Insolvenzverfahren

1427 Die externe Rechnungslegung im Insolvenzverfahren umfasst insbesondere die handelsrechtlichen und steuerrechtlichen Pflichten zur Buchführung und Rechnungslegung. Sie ist abzugrenzen von den internen Rechnungslegungspflichten des Insolvenzverwalters nach der Insolvenzordnung. Diese umfassen insbesondere die Erstellung des Verzeichnisses der Massegegenstände (§ 151 InsO), des Gläubigerverzeichnisses (§ 152 InsO), der Vermögensübersicht (§ 153 InsO), der Verwalterberichterstattung an das Insolvenzgericht (§ 58 InsO) sowie die Rechnungslegung zum Verfahrensabschluss (Schlussrechnung, § 66 InsO). Die interne Rechnungslegung im Insolvenzverfahren dient dazu, die Abwicklung des Verfahrens darzustellen und zu dokumentieren.[2825] Sie richtet sich an die Insolvenzgläubiger, den Insolvenzschuldner und das Insolvenzgericht. Die Ziele und der Adressatenkreis der internen insolvenzrechtlichen Rechnungslegung sind damit partiell identisch mit denen der externen Rechnungslegung. Allerdings sind die internen insolvenzrechtlichen Rechnungslegungspflichten speziell auf die notwendigen Informationen zur Erreichung der insolvenzrechtlichen Verfahrensziele zugeschnitten, während die externe Rechnungslegung ein viel breiteres Spektrum an Funktionen abzudecken hat. Soweit es um quantitative Informationen geht, greifen jedoch externe und interne Rechnungslegung in weiten Bereichen auf den gleichen Datenstamm zurück: nämlich auf die Geschäftsvorfälle des Schuldnerunternehmens. Die in der Buchführung aufzuzeichnenden Geschäftsvorfälle stellen damit die wesentliche Basis zur Erfüllung sämtlicher Rechnungslegungspflichten dar. Sie werden für die unterschiedlichen Rechnungslegungszwecke unterschiedlich aufbereitet und dargestellt und mit Zusatzinformationen versehen.

2825 *Pink*, Insolvenzrechnungslegung, S. 19.

2. Umfang der externen Rechnungslegungspflicht
2.1 Handelsrechtliche Buchführungspflicht
2.1.1 Zeitlicher und sachlicher Umfang

Der Gesetzgeber hat die Voraussetzungen einer ordnungsgemäßen Rechnungslegung in der InsO nur rudimentär geregelt.[2826] Die Literatur und Praxis hat verschiedene Rechnungslegungsstandards entwickelt, wobei sich eine einheitliche Standardisierung bis heute noch nicht herausgebildet hat.[2827] Das Institut der Wirtschaftsprüfer in Deutschland e.V. – IDW – hat mit drei IDW-Rechnungslegungshinweisen versucht, zu einer Standardisierung der insolvenzrechtlichen Rechnungslegung beizutragen.[2828] Dabei setzen diese Ansätze des IDW eine „ordnungsgemäße" Buchführung voraus; diese ist allerdings erfahrungsgemäß in den wenigsten Fällen beim insolventen Schuldnerunternehmen vorhanden.[2829]

1428

Gemäß § 155 Abs. 1 Satz 1 InsO bleiben die handels- und steuerrechtlichen Pflichten des Schuldners zur Buchführung und Rechnungslegung durch die Insolvenzverfahrenseröffnung unberührt. In Bezug auf die Insolvenzmasse hat der Insolvenzverwalter diese Pflichten zu erfüllen. Die Vorschrift des § 155 Abs. 1 InsO hat nach herrschender Meinung lediglich deklaratorische Bedeutung[2830], da auch schon nach der Konkursordnung davon ausgegangen wurde, dass der Verwalter die handels- und steuerrechtlichen Buchführungs- und Rechnungslegungspflichten zu erfüllen hat. Die Pflichten umfassen dabei sowohl Zeiträume vor, als auch nach Verfahrenseröffnung.[2831] Die Ausdehnung der Rechnungslegungspflichten in der Insolvenz auch auf Zeiträume vor Verfahrenseröffnung ist für sämtliche Fälle, in denen die Erstellung einer doppelten kaufmännischen Buchführung erforderlich ist, schon deswegen unumgänglich, weil anderenfalls in späteren Rechnungslegungsperioden keine bzw. keine zutreffenden Vortragswerte vorhanden wären. Ohne vorhandene Vortragswerte, d.h. die jeweiligen Schlussbestände der Bestandskonten zum Ende der vorangegangenen Rechnungslegungsperiode, die als Eröffnungsbestände in der aktuellen Rechnungslegungsperiode vorzutragen sind, könnte eine „isolierte" Rechnungslegungspflicht für Zeiträume nach Verfahrenseröffnung überhaupt nicht durchgeführt werden. Die Aufarbeitung der Vorperioden ist deswegen notwendige Voraussetzung für eine zutreffende Erledigung der Rechnungslegungsverpflichtungen für nachfolgende Perioden.

Dies kann allerdings zu erheblichen praktischen Schwierigkeiten führen. Häufig kommt es in den schuldnerischen Unternehmen im Vorfeld der Insol-

---

[2826] Vorschläge zu einer Reformierung der Insolvenzrechnungslegung bei *Haarmeyer/Hillebrand*, Diskrepanz zwischen gesetzlichem Anspruch und Wirklichkeit – Teil II, ZInsO 2010, 702ff.

[2827] Vgl. *Haarmeyer/Hillebrand*, Insolvenzrechnungslegung – Diskrepanz zwischen gesetzlichem Anspruch und Wirklichkeit – Teil I, ZInsO 2010, 412, 413.

[2828] Bestandsaufnahme im Insolvenzverfahren (IDW RH HFA 1.010); Insolvenzspezifische Rechnungslegung im Insolvenzverfahren (IDW RH HFA 1.011); Externe (handelsrechtliche) Rechnungslegung im Insolvenzverfahren (IDW RH HFA 1.012).

[2829] Vgl. *Haarmeyer/Hillebrand*, ZInsO 2010, 412, 413.

[2830] *Füchsl/Weishäupl*, in: MüKo-InsO, § 155, Rn. 1, m.w.N.

[2831] Vgl. IDW RH HFA 1.012, Rn. 5.

venz zu größeren Buchhaltungsdefiziten. Mitarbeiter der kaufmännischen Administration verlassen das Unternehmen oder werden für andere zur Krisenbewältigung als wichtiger empfundene Aufgaben eingeteilt, so dass keine Zeit mehr verbleibt, für eine ordnungsgemäße Buchhaltung Sorge zu tragen. Oftmals fehlt es auch an Geld, um den Steuerberater zu bezahlen, der seine Tätigkeit einstellt. Erfahrungsgemäß sind in einer Vielzahl von kleinen und mittleren Verfahren die Buchhaltungsdefizite in der Zeit vor Verfahrenseröffnung sehr groß. Aber selbst wenn die Buchführung und die entsprechenden Jahresabschlüsse noch erstellt wurden, trifft man häufig auf absichtliche oder unabsichtliche Bilanzierungsfehler, z. B. weil in dem Bemühen, die Vermögenslage besser darzustellen, Vermögensgegenstände überbewertet wurden.

1429 Allerdings trifft den Insolvenzverwalter keine uneingeschränkte Verpflichtung, Buchführungsdefizite aus der Zeit vor Verfahrenseröffnung zu beseitigen. Mit Urteil vom 29. 05. 1979[2832] hat der BGH festgestellt, dass der Verwalter sich „im Rahmen des ihm Zumutbaren" um die Vervollständigung einer bei Konkurseröffnung mangelhaften Buchführung bemühen muss, wenn diese im Blick auf die steuerlichen Anforderungen noch in Ordnung gebracht werden kann. Hieraus ergibt sich zum einen, dass dann, wenn Versuche der Reparatur der Buchhaltung als von vornherein untauglich eingestuft werden müssen, weil die Defizite so groß sind, dass ein den Grundsätzen ordnungsmäßiger Buchführung und insbesondere den steuerrechtlichen Anforderungen entsprechendes Rechenwerk nicht mehr herstellbar ist, eine Verpflichtung zur Aufarbeitung entfällt. Darüber hinaus ist hervorzuheben, dass der BGH eine Verpflichtung des Konkursverwalters nur im Rahmen des „Zumutbaren" sieht. Dabei hebt der BGH in der Urteilsbegründung ausdrücklich hervor, dass auch die Belastbarkeit der Masse mit den Kosten solcher Arbeiten bei der Beurteilung der Verantwortlichkeit des Konkursverwalters eine Rolle spielen kann. Weiter regt der BGH an, dass der Konkursverwalter sich u.U. mit dem Gemeinschuldner und mit der Finanzbehörde abstimmen möge, insbesondere wegen eventueller Erleichterungen der Buchführungspflicht.

1430 Die vom BGH ausgesprochene Beschränkung der Verpflichtung zur Aufarbeitung und Ergänzung von Buchhaltungsdefiziten aus der Zeit vor Verfahrenseröffnung führt dazu, dass der Verwalter nach pflichtgemäßem Ermessen entscheiden muss, ob die für die Beseitigung der Defizite einzusetzenden Mittel in einem angemessenen Verhältnis zu dem damit bezweckten Erfolg stehen. Es ist allerdings zu berücksichtigen, dass das Urteil des BGH noch zur Konkursordnung erging, d. h. vor der mit der Insolvenzordnung erfolgten erstmaligen ausdrücklichen gesetzlichen Verpflichtung des Insolvenzverwalters, die handels- und steuerrechtlichen Pflichten zu erfüllen. Da es sich bei der Regelung in § 155 Abs. 1 InsO jedoch ausweislich der Gesetzesbegründung lediglich um eine Klarstellung handelt,[2833] kann von

---

2832 BGH, Urt. v. 29. 05. 1979 – VI ZR 104/78, ZIP 1980, 25.
2833 Vgl. Begründung zu § 174 Regierungsentwurf, BR, Drucks. I/92, S. 172/173, abgedruckt bei *Uhlenbruck*, Das neue Insolvenzrecht, S. 511.

Kapitel 2   Externe Rechnungslegung in der Insolvenz

der weiteren Gültigkeit der vom BGH postulierten Grundsätze ausgegangen werden.

Häufig wird der Verwalter selbst nicht in der Lage sein, die notwendige Aufarbeitung und die erforderlichen Korrekturen selbst vorzunehmen, da es hierfür in der Regel umfassender und spezieller Kenntnisse und Fertigkeiten bedarf, die man üblicherweise vom Verwalter nicht erwarten muss. Es wird deswegen regelmäßig erforderlich sein, entsprechend qualifizierte externe Experten hinzuzuziehen. Hierfür können erhebliche Kosten für die Insolvenzmasse entstehen. Es ist deshalb sachgerecht, die notwendige Aufarbeitung der Buchhaltung zeitlich und sachlich auf zumutbare Maßnahmen zu beschränken. Das bedeutet, dass – gemessen an der Größe und der finanziellen Ausstattung der Insolvenzmasse – die Aufarbeitung der Buchhaltung in einem angemessenen Verhältnis zu dem dadurch erzielten Informationsgewinn stehen muss. Es ist in der Regel für die Information der Adressaten der externen Rechnungslegung ausreichend, die Buchführung in ihren wesentlichen Aussagen verlässlich auszugestalten. Es ist nicht gerechtfertigt, die zur Befriedigung der Insolvenzgläubiger vorgesehenen Mittel zur Erarbeitung von unwesentlichen Informationen zu verwenden.[2834]   *1431*

Zur Erfüllung der externen Rechnungslegungspflichten darf der Verwalter einen Steuerberater beauftragen[2835] oder Hilfskräfte beim Schuldnerunternehmen anstellen, um dort die Buchführung zu bearbeiten.[2836]   *1432*

Nicht jeder Insolvenzschuldner unterfällt der Buchführungspflicht gemäß § 155 InsO.[2837] Buchführungs- und Rechnungslegungspflichten ergeben sich vielmehr nur dann, wenn sich diese ohnehin aufgrund von Vorschriften außerhalb der Insolvenzordnung ergeben. Denn § 155 InsO statuiert keine eigenständige Buchführungspflicht. Die handelsrechtliche Buchführungspflicht besteht gemäß § 238 ff. HGB nur für Kaufleute. Gemäß § 1 Abs. 1 HGB ist Kaufmann, wer ein Handelsgewerbe betreibt. Handelsgewerbe ist dabei jeder Gewebebetrieb, es sei denn, dass das Unternehmen nach Art und Umfang einen in kaufmännischer Weise eingerichteten Geschäftsbetrieb nicht erfordert.[2838] Bei der Prüfung der Frage, ob ein solches minderkaufmännisches Gewerbe vorliegt, soll weniger auf betragsmäßige Merkmale, insbesondere Umsatzgrenzen, als vielmehr auf das Gesamtbild der Verhältnisse abgestellt werden.[2839] Lässt sich ein gewerbliches Unternehmen mit seiner Firma im Handelsregister eintragen, gilt es gemäß § 2 HGB auch dann als kaufmännisch, wenn es die Voraussetzung des § 1 HGB nicht erfüllt.   *1433*

Fraglich ist, ob die Verpflichtung zur Rechnungslegung entfällt, wenn jegliche gewerbliche Tätigkeit bereits endgültig eingestellt ist.[2840] Daraus ergäbe sich ein Wegfall der Kaufmannseigenschaft gemäß § 1 Abs. 1 HGB. Dies gelte auch, wenn nach wie vor eine Eintragung im Handelsregister vorhan-   *1434*

2834 *Rattunde/Schmid*, in: Leonhardt/Smid/Zeuner, InsO, § 155, Rn. 4.
2835 *Kübler*, in: Kübler/Prütting/Bork, InsO, § 155, Rn. 20; *Mundt*, Rechnungslegungspflichten in der Insolvenz (Teil 1), DStR 1997, 620, 624.
2836 *Kübler*, in: Kübler/Prütting/Bork, InsO, § 155, Rn. 20.
2837 *Maus*, in: Uhlenbruck, InsO, § 155, Rn. 2.
2838 Vgl. § 1 Abs. 2 HGB.
2839 *Hopt*, in: Baumbach/Hopt, HGB, § 1 Rn. 23.
2840 So *Füchsl/Weishäupl*, in: MüKo-InsO, § 155, Rn. 8 f.

Teil 4 Rechnungslegung in der Insolvenz

den ist, denn es läge mangels Gewinnerzielungsabsicht überhaupt kein Gewerbe mehr vor. Dem ist in Bezug auf Einzelkaufleute zuzustimmen. Dies gilt jedoch nicht für Personenhandelsgesellschaften und Kapitalgesellschaften. Kapitalgesellschaften sind Kaufleute kraft Rechtsform, die ihre Kaufmannseigenschaft bis zur Löschung im Handelsregister behalten. Personenhandelsgesellschaften sind als Kaufleute anzusehen, wenn sie im Handelsregister eingetragen sind. Denn auch ohne Gewerbebetrieb, nur bei Verwaltung eigenen Vermögens kann eine offene Handelsgesellschaft vorliegen.[2841]

Nimmt ein ursprünglich vollkaufmännisches Unternehmen im Laufe der Durchführung des Insolvenzverfahrens soweit ab, dass nur noch ein minderkaufmännisches Unternehmen vorliegt, entfällt auch insoweit von diesem Zeitpunkt an die Rechnungslegungspflicht.[2842] Es ist nicht erforderlich, dass das Unternehmen aus dem Handelsregister gelöscht wird, um das Ende der Buchführungspflicht herbeizuführen.[2843]

1435 Eine wichtige Neuerung ergibt sich in diesem Zusammenhang durch die mit dem Bilanzrechtsmodernisierungsgesetz vom 25.05.2009[2844] eingefügte Vorschrift des § 241a HGB. Danach sind Einzelkaufleute, die an den Abschlussstichtagen von zwei aufeinander folgenden Geschäftsjahren nicht mehr als 500.000 € Umsatzerlöse und 50.000 € Jahresüberschuss aufweisen, von der Verpflichtung Handelsbücher zu führen befreit. Allerdings kann der Einzelkaufmann auch bei Unterschreiten der genannten Größenkriterien freiwillig kaufmännische Bücher führen. In welcher Form Einzelkaufleute bei Inanspruchnahme der Befreiung Aufzeichnungen zu führen haben, d.h. was anstelle der Regelungen der §§ 238ff. HGB tritt[2845], bleibt offen. Da jedoch steuerrechtlich in derartigen Fällen eine Gewinnermittlung gemäß § 4 Abs. 3 EStG durch eine Einnahmen-Überschuss-Rechnung vorgeschrieben ist, ist zu erwarten, dass diese Methode der Gewinnermittlung, die bei Minderkaufleuten und Freiberuflern bereits jetzt allgemein üblich ist, auch in Fällen des § 241a HGB Anwendung finden wird.

§ 241a HGB ist erstmals für nach dem 31.12.2007 beginnende Geschäftsjahre anzuwenden.[2846] In der Insolvenz eines Einzelkaufmannes kann das Wahlrecht gemäß § 241a HGB vom Insolvenzverwalter ausgeübt werden, da ihm die Erfüllung der Rechnungslegungspflichten gemäß § 155 InsO obliegt.

1436 Neben den Einzelkaufleuten gehören die Personenhandelsgesellschaften (oHG, KG, Kap- & Co. Gesellschaften) sowie die Kapitalgesellschaften (AG, KGaA, GmbH, Kap.Gesellschaft & Co. KGaA) zu den Handelsgesellschaften, die gemäß § 6 Abs. 1 HGB zur Buchführung verpflichtet sind. Die Europäische wirtschaftliche Interessenvereinigung ist einer deutschen oHG gleichgestellt.[2847] Eingetragene Genossenschaften gelten gemäß § 17 Abs. 2 GenG als Kaufleute im Sinne des HGB, so dass auch die Genossenschaft der Buchfüh-

---

2841 Vgl. § 105 Abs. 2 HGB.
2842 Vgl. Begründung zu § 174 Regierungsentwurf, DR-Drucks. 1/92, S. 172/173, abgedruckt bei *Uhlenbruck*, Das neue Insolvenzrecht, 511.
2843 A.A. *Kübler*, in: Kübler/Prütting/Bork, InsO, § 155, Rn. 17.
2844 Vgl. BGBl. I, S. 1102.
2845 *Winkeljohann/Lawall*, in: Bilanzkommentar, § 241a, Rn. 7.
2846 Vgl. Art. 66 Abs. 1 HGB.
2847 *Winkeljohann/Klein*, in: Bilanzkommentar, § 238, Rn. 24.

rungspflicht unterliegt. Für Versicherungsvereine auf Gegenseitigkeit schreibt § 16 VAG vor, dass die Vorschriften über die Buchführung gemäß § 238 ff. HGB anzuwenden sind.

Die Buchführungspflicht des Insolvenzverwalters endet mit: 1437

- Übergang zum minderkaufmännischen Umfang des Gewerbebetriebes, es sei denn, es handelt sich um einen Kaufmann kraft Rechtsform,
- Aufhebung des Insolvenzverfahrens,
- Vollständiger Einstellung jeglicher gewerblicher Tätigkeit, soweit es sich um ein einzelkaufmännisches Unternehmen handelt.

2.1.2 Anforderungen an die Buchführung

Das HGB schreibt kein bestimmtes Buchführungssystem vor. Allerdings ist 1438 von den drei heute denkbaren Grundsystemen nur die doppelte kaufmännische Buchführung imstande, die Anforderungen, die vom Gesetz an die Buchführung gestellt werden, vollständig abzudecken. Denn nur die doppelte kaufmännische Buchführung mit der Führung von Erfolgskonten ist in der Lage, eine Gewinn- und Verlustrechnung zu erzeugen. Aus diesem Grund findet weder die einfache Buchführung (lediglich Führung von Bestandskonten ohne GuV-Konten) noch die kameralistische Buchführung (Erfassung von Zahlungsvorgängen mit Soll-Ist-Vergleich)[2848], durch die keine Bilanz abgeleitet werden kann, bei buchführungspflichtigen Kaufleuten Anwendung, allenfalls ergänzend.

Die Buchführung ist dabei als laufende systematische und in Geldgrößen vorgenommene Dokumentation von Geschäftsvorfällen eines kaufmännischen Unternehmens zu verstehen.[2849] Die Erstellung der doppelten kaufmännischen Buchführung erfordert die Anfertigung von Grundaufzeichnungen, d. h. die laufende Aufzeichnung der Geschäftsvorfälle des Unternehmens in chronologischer Reihenfolge. Daneben werden die Hauptbücher, die die Geschäftsvorfälle nach sachlichen Ordnungskriterien aufnehmen, geführt. Schließlich werden Nebenbücher angelegt, um die Informationen in den Hauptbüchern im Hinblick auf bestimmte nützliche Einzelinformationen zu erweitern (z. B. Nebenbuch für Anlagenbuchhaltung, Lohnbuchhaltung, Lagerbuchhaltung etc.).

Die Buchführung muss so beschaffen sein, dass sie einem sachverständi- 1439 gen Dritten innerhalb angemessener Zeit einen Überblick über die Geschäftsvorfälle und die Lage des Unternehmens vermitteln kann.[2850] Die konkrete Ausgestaltung der Buchführung hat sich an den Grundsätzen ordnungsmäßiger Buchführung zu orientieren. Die Grundsätze ordnungsmäßiger Buchführung sind ein Normbefehl in der Form eines unbestimmten Rechtsbegriffs.[2851]

2848 Einfache Buchhaltung, vgl. *Göbel/Voit*, in: Hofbauer, Rechnungslegung, Fach 5, Abschn. Buchführungssysteme, Rn. 23.
2849 *Winkeljohann/Klein*, in: Bilanzkommentar, § 238, Rn. 59.
2850 Vgl. § 238 Abs. 1 Satz 2 HGB.
2851 *Förschle/Uhsinger*, in: Bilanzkommentar, § 243, Rn. 12 m. w. N.

Teil 4 Rechnungslegung in der Insolvenz

1440   Neben der Verpflichtung zur Erstellung der Buchführung trifft den Kaufmann die Verpflichtung, zu Beginn seines Handelsgewerbes und auf das Ende eines jeden Geschäftsjahres ein Inventar, d. h. das Verzeichnis seiner Vermögensgegenstände und Schulden zu erstellen. Grundlage der Erstellung dieses Inventars ist die körperliche Bestandsaufnahme aller Vermögensgegenstände, die Inventur.

2.2 Handelsrechtliche Abschlüsse

2.2.1 Insolvenzrechnungslegung und Liquidationsrechnungslegung

1441   Die Insolvenzordnung schreibt nicht vor, welche besonderen Verpflichtungen zur Erstellung von Bilanzen bzw. genauer von Jahresabschlüssen in Insolvenzverfahren bestehen. § 155 Abs. 1 InsO ordnet lediglich an, dass die handels- und steuerrechtlichen Pflichten zur Buchführung und zur Rechnungslegung unberührt bleiben. In Bezug auf die Insolvenzmasse hat der Insolvenzverwalter diese Pflichten zu erfüllen. Darüber hinaus stellt § 155 Abs. 2 Satz 1 InsO klar, dass mit der Eröffnung des Insolvenzverfahrens ein neues Geschäftsjahr beginnt. Die Insolvenzordnung trifft also eine persönliche Zuordnung der Rechnungslegungspflichten zum Insolvenzverwalter, falls zur Insolvenzmasse ein rechnungslegungspflichtiges Unternehmen gehört. Der Pflichtenumfang selbst ergibt sich allein aus den einschlägigen handelsrechtlichen Vorschriften, insbesondere § 238 ff. HGB sowie aus weiteren einzelgesetzlichen Regelungen. Durch die Insolvenzordnung werden somit weder besondere Bilanzierungs- und Bewertungsvorschriften vorgegeben, noch vom allgemeinen gesetzlichen Rahmen abweichende externe Rechnungslegungswerke vorgeschrieben.

Allenfalls aus der Klarstellung, dass mit Eröffnung des Insolvenzverfahrens ein neues Geschäftsjahr zu laufen beginnt, ergibt sich zwingend die Tatsache, dass das bisher laufende Geschäftsjahr enden muss und zum Rumpfgeschäftsjahr wird, wodurch die mit Beendigung eines Geschäftsjahres üblicherweise einhergehenden Rechnungslegungspflichten ausgelöst werden.

1442   Uneinigkeit herrscht in der Literatur zu der Frage, ob im Insolvenzverfahren neben den Vorschriften des Dritten Buchs des HGB auch die spezialgesetzlichen Regelungen zur Rechnungslegung in der Liquidation, mithin § 154 HGB sowie § 270 AktG und § 71 GmbHG, anzuwenden sind.[2852]

Geht man mit der herrschenden Meinung[2853] davon aus, dass grundsätzlich mit dem von § 155 Abs. 2 Satz 1 InsO angeordneten Beginn des neuen Geschäftsjahres auch eine Eröffnungsbilanz zu erstellen ist, sind jedoch die Unterschiede je nachdem, ob man parallel zu einer direkten oder analogen Anwendung der gesellschaftsrechtlichen Liquidationsrechnungslegungsvor-

---

[2852] Zustimmend (zumindest für Aktengesellschaften und GmbH): *Kübler*, in: Kübler/Prüttig/Bork, InsO, § 155, Rn. 24, ablehnend für Personengesellschaften, da § 154 HGB nur die interne Rechnungslegung der Liquidatoren betreffe; „allenfalls ergänzend": *Maus*, in: Uhlenbruck, InsO, § 155, Rn. 12; ablehnend: *Mundt*, Rechnungslegungspflichten in der Insolvenz (Teil 1), DStR 1997, 664; differenzierend: *Scherrer/Heni*, Liquidationsrechnungslegung, 20.

[2853] Vgl. IDW RH HFA 1.012, Rn. 16 ff.; Begründung zum Regierungsentwurf zu § 174, BR-Drucks. I/1992, 172/173, abgedruckt bei *Uhlenbruck*, Das neue Insolvenzrecht, S. 511.

schriften auch in der Insolvenz kommen will, marginal. Denn § 154 HGB, der für die Liquidationsrechnungslegung von Personenhandelsgesellschaften einschlägig wäre, macht keinerlei inhaltliche Vorgaben zur Ausgestaltung der von den Liquidatoren zu Beginn und zum Ende der Liquidation zu erstellenden Bilanz. Es ist somit von der grundsätzlichen Geltung der allgemeinen Bilanzierungs- und Bewertungsvorschriften auszugehen. Für Kapitalgesellschaften gelten die spezialgesetzlichen Regelungen in §§ 270 AktG bzw. 71 GmbHG. Doch auch hieraus ergeben sich keine wesentlichen Änderungen gegenüber den allgemeinen handelsrechtlichen Vorschriften. Abs. 1 der jeweils nahezu identischen Vorschriften im Aktiengesetz bzw. GmbH-Gesetz ordnet an, dass zu Beginn der Liquidation eine Eröffnungsbilanz und ein erläuternder Bericht sowie auf den Schluss eines jeden Jahres ein Jahresabschluss und ein Lagebericht aufzustellen sind. Gemäß Abs. 2 Satz 2 sind auf die Eröffnungsbilanz und den erläuternden Bericht die Vorschriften über den Jahresabschluss entsprechend anzuwenden. Satz 3 des Abs. 2 stellt sodann klar, dass Vermögensgegenstände des Anlagevermögens wie Umlaufvermögen zu bewerten sind, soweit ihre Veräußerung innerhalb eines überschaubaren Zeitraumes beabsichtigt ist, oder diese Vermögensgegenstände nicht mehr dem Geschäftsbetrieb dienen. Dies gilt sowohl für die Eröffnungsbilanz als auch für Liquidationszwischenjahresabschlüsse. Auch hier ergeben sich keine Veränderungen gegenüber den allgemeinen handelsrechtlichen Rechnungslegungsvorschriften. Allein die Vorgabe, dass Anlagevermögen, dessen Veräußerung beabsichtigt ist, wie Umlaufvermögen zu bewerten ist, erweckt den Anschein einer besonderen Bewertungsvorschrift. Bei näherer Betrachtung zeigt sich jedoch, dass dies eine Selbstverständlichkeit ist. Gemäß § 247 Abs. 2 HGB sind im Anlagevermögen ohnehin nur die Gegenstände auszuweisen, die am Abschlussstichtag dazu bestimmt sind, dauernd dem Geschäftsbetrieb zu dienen. Bei Vermögensgegenständen, die demnächst veräußert werden sollen, ist genau dies nicht der Fall, so dass diese Gegenstände ohnehin vom Anlagevermögen in das Umlaufvermögen umzugliedern und dann natürlich auch wie Umlaufvermögen zu bewerten sind.

Als materielle Unterschiede, die sich aus einer originären oder analogen Anwendung von § 270 AktG und § 71 GmbHG gegenüber den allgemeinen handelsrechtlichen Bilanzierungs- und Bewertungsvorschriften ergeben, verbleiben somit nur die nachfolgend aufgeführten:

1. Gemäß §§ 270 Abs. 1 AktG bzw. 71 GmbHG ist auf den Schluss eines jeden Jahres ein Jahresabschluss und ein Lagebericht aufzustellen. Diese Verpflichtung ergibt sich aus den normalen handelsrechtlichen Rechnungslegungsvorschriften nur für mittelgroße und große Kapitalgesellschaften oder Kap & Co. Gesellschaften. In der Liquidation fordert das Gesetz einen Lagebericht unabhängig von der Größe der Kapitalgesellschaft, also auch für kleine Kapitalgesellschaften.
2. Die Liquidationseröffnungsbilanz ist um einen erläuternden Bericht zu erweitern. Unterstellt man eine Anwendbarkeit von § 270 AktG und § 71 GmbHG ist auch die Insolvenzeröffnungsbilanz auf den Stichtag der Verfahrenseröffnung um einen erläuternden Bericht zu erweitern.[2854]

1443

2854 Vgl. IDW RH HFA 1.012, Rn. 22.

Teil 4 Rechnungslegung in der Insolvenz

3. Gemäß Abs. 2 Satz 3 von § 270 AktG und § 71 GmbHG ist nicht nur Anlagevermögen, das demnächst veräußert werden soll, wie Umlaufvermögen zu bewerten, sondern auch Anlagevermögen, das nicht mehr dem Geschäftsbetrieb dient, unabhängig davon, ob eine alsbaldige Veräußerung beabsichtigt ist oder nicht. Dies stellt eine Änderung gegenüber den allgemeinen Bewertungsvorschriften des HGB dar.

1444 Mit Eröffnung des Insolvenzverfahrens wird die GmbH bzw. Aktiengesellschaft aufgelöst. Dabei ist das Insolvenzverfahren nicht alleine ein Gesamtvollstreckungsverfahren, sondern ein insolvenzspezifisches Liquidationsverfahren.[2855] Nach der hier vertretenen Auffassung sind deshalb die speziellen Regelungen zur Liquidationsrechnungslegung in Ergänzung der allgemeinen handelsrechtlichen Regelungen auch in der Insolvenz der Kapitalgesellschaft zu beachten.

2.2.2 Letzter Jahresabschluss der werbenden Gesellschaft vor Insolvenzeröffnung

1445 Gemäß § 155 Abs. 2 Satz 1 InsO beginnt mit der Eröffnung des Insolvenzverfahrens ein neues Geschäftsjahr. Dies setzt notwendigerweise voraus, dass das seit dem Ende des letzten regulären Geschäftsjahres laufende Geschäftsjahr zu einem Rumpfgeschäftsjahr verkürzt wird und endet.[2856] Auch wenn in der Phase der Einführung des neuen Insolvenzrechts anfänglich noch umstritten war, ob tatsächlich eine Schlussbilanz der werbenden Gesellschaft aufzustellen ist[2857], kann es inzwischen als herrschende Meinung angesehen werden, dass auf den Zeitpunkt vor Verfahrenseröffnung ein Jahresabschluss im Sinne des § 242 HGB zu erstellen ist, d. h. es ist für das Rumpfgeschäftsjahr vor Verfahrenseröffnung eine Bilanz und eine Gewinn- und Verlustrechnung sowie für Kapitalgesellschaften und Personengesellschaften, die keine natürliche Person als persönlich haftenden Gesellschafter haben, ein Anhang und, soweit die Größenmerkmale einer kleinen Kapitalgesellschaft überschritten werden, ein Lagebericht zu erstellen.[2858] Für diesen Jahresabschluss gelten wie für jeden anderen regulären Jahresabschluss auch die handelsrechtlichen Bilanzierungs- und Bewertungsvorschriften der §§ 242 ff. HGB. Dem Jahresabschluss ist ein auf eine Inventur zurückgehendes Inventar zugrunde zu legen. Insbesondere gelten dabei die handelsrechtlichen Vorschriften gemäß § 241 HGB zur Inventurvereinfachung.[2859] Bei der Aufstellung des Jahresabschlusses gelten insbesondere das Vollständigkeitsgebot, § 246 Abs. 1 HGB, sowie die Vorschriften über Bilanzierungsverbote uneingeschränkt. Weiter gelten ebenfalls die allgemeinen Bewer-

---

2855 *Schmidt*, in: Scholz, GmbHG-2002, Vor § 64 Rn. 54.
2856 Es sei denn, die Insolvenzverfahrenseröffnung erfolgt zufälligerweise auf den regulären bisherigen Bilanzstichtag.
2857 *Kunz/Mundt*, Rechnungslegung in der Insolvenz (Teil II), DStR 1997, 664, 665.
2858 *Pink*, in: Hofbauer, Rechnungslegung, Fach 5, Rn. 144; *Maus*, in: Uhlenbruck, InsO, § 155, Rn. 17; *Kübler*, in: Kübler/Prütting/Bork, InsO, § 155, Rn. 44; *Förschle/Weisang*, in: Budde/Förschle/Winkeljohann, Sonderbilanzen, Abschn. R, Rn. 60.
2859 Ablehnend zumindest für Zwecke der Eröffnungsbilanz: *Pink*, in: Hofbauer, Rechnungslegung, Fach 5, Rn. 153.

tungsgrundsätze gemäß § 252 HGB. Hierzu zählt insbesondere die sog. Going-concern-Prämisse nach § 252 Abs. 1 Nr. 2 HGB. Danach ist bei der Bewertung (und des Ansatzes) der Vermögensgegenstände und Schulden von der Fortführung der Unternehmenstätigkeit auszugehen, sofern dem nicht tatsächliche oder rechtliche Gegebenheiten entgegenstehen.

Die in der insolvenzrechtlichen Literatur in diesem Zusammenhang häufig anzutreffende Differenzierung danach, ob das schuldnerische Unternehmen zu diesem Zeitpunkt bereits eingestellt ist oder nicht[2860], fokussiert die Frage nach der Anwendung der Going-concern-Prämisse auf die Frage, ob der Geschäftsbetrieb zum Bilanzstichtag bereits eingestellt war oder nicht.

1446

Dass nicht von der Unternehmensfortführung auszugehen ist, wenn der Geschäftsbetrieb bereits eingestellt ist, erscheint als Selbstverständlichkeit und bedarf keiner weiteren Erläuterung. Allerdings kann auch wenn der Geschäftsbetrieb noch nicht eingestellt ist und über eine Einstellung auch noch nicht vom Insolvenzverwalter oder von der Gläubigerversammlung endgültig entschieden wurde, möglicherweise trotzdem nicht mehr von der Fortführung der Unternehmenstätigkeit auszugehen sein. Zur Beurteilung dieser Frage gelten die allgemeinen handelsrechtlichen Grundsätze.[2861] Die Eröffnung des Insolvenzverfahrens stellt für sich keinesfalls bereits einen zwingenden Grund für die Aufgabe der Fortführungsprämisse dar. Nach Auffassung des HFA des IDW[2862] ist der Jahresabschluss unter Annahme der Fortführung der Unternehmenstätigkeit aufzustellen, wenn aufgrund der wirtschaftlichen oder rechtlichen Verhältnisse davon ausgegangen werden kann, dass für einen Zeitraum von mindestens zwölf Monaten, gerechnet vom Abschlussstichtag an, weiter von der Fortführung der Unternehmenstätigkeit ausgegangen werden kann und bis zur Beendigung der Aufstellung des Jahresabschlusses keine fundierten Anhaltspunkte dafür vorliegen, dass die Annahme der Fortführung der Unternehmenstätigkeit zu einem nach diesem Zeitraum liegenden Zeitpunkt nicht mehr aufrecht zu erhalten sein wird. Um also von der Fortführung der Unternehmenstätigkeit bei der Aufstellung der Schlussbilanz der werbenden Gesellschaft noch ausgehen zu können, muss mit der Fortführung des Unternehmens für mindestens zwölf Monate zu rechnen sein und es dürfen bis zum Zeitpunkt der Aufstellung des Jahresabschlusses keine Anhaltspunkte für eine Einstellung nach diesem Zeitraum vorliegen. Ein späterer Wegfall der Going-concern-Prämisse ist selbst dann im Jahresabschluss zu berücksichtigen, wenn die Gründe für die Einstellung des Geschäftsbetriebes erst nach dem Bilanzstichtag eintreten.[2863] Solche Ereignisse können z. B. der Beschluss der Gläubigerversammlung über die Einstellung des Geschäftsbetriebes sein, der nach dem Bilanzstichtag gefasst wird. Allerdings ist klarstellend darauf hinzuweisen, dass es in diesen Fällen meis-

1447

2860 *Füchsl/Weishäupl*, in: MüKo-InsO, § 155, Rn. 7 ff.; *Förschle/Weisang*, in: Budde/Förschle/Winkeljohann, Sonderbilanzen, Abschn. R, Rn. 66.

2861 Hierzu insbesondere IDW PS 270 „Die Beurteilung der Fortführung der Unternehmenstätigkeit im Rahmen der Abschlussprüfung" v. 08.03.2006.

2862 IDW PS 270, Rn. 8.

2863 IDW ERS HFA 17 n. F., Entwurf einer Neufassung IDW Stellungnahme zur Rechnungslegung: Auswirkungen einer Abkehr von der Going-concern-Prämisse auf den handelsrechtlichen Jahresabschluss, Stand: 23.07.2010, Rn. 25.

tens noch nicht einmal des Rückgriffs auf die recht weitgehende Auffassung des IDW[2864] als wertaufhellendes Ereignis bedarf, da in der überwiegenden Anzahl der Insolvenzfälle die (wirtschaftlichen) Gründe für die Notwendigkeit der Einstellung des Geschäftsbetriebes bereits vor dem Bilanzstichtag gelegt sind. Die konkretisierende Willensbildung des Insolvenzverwalters oder der Gläubigerversammlung zur tatsächlichen Einstellung legt nur offen, was bereits vor dem Bilanzstichtag gegeben war.

1448 Folglich ist bei der Bewertung im letzten Jahresabschluss der werbenden Gesellschaft auf das Fortführungskonzept des Insolvenzverwalters abzustellen: Ist eine Fortführung auf Dauer beabsichtigt, so ist die Fortführungsprämisse beizubehalten, es sei denn, nach dem Bilanzstichtag und vor Beendigung der Aufstellung des Jahresabschlusses konkretisiert sich die Einstellung der Unternehmenstätigkeit. Ist das Unternehmen zum Bilanzstichtag bereits eingestellt oder hat der Insolvenzverwalter bereits den Entschluss gefasst, das Unternehmen einzustellen, ist nicht mehr von der Fortführung der Unternehmenstätigkeit bei der Bewertung auszugehen. Hat sich hinsichtlich der Frage der dauerhaften Fortführung oder Einstellung des Unternehmens noch keine Beschlussfassung konkretisiert, so ist eine Abwägung zu treffen: Sprechen mehr Gründe für eine Einstellung als für eine Fortführung, so ist von der Aufgabe der Going-concern-Prämisse auszugehen.[2865]

1449 Kann nicht mehr von der Fortführung der Unternehmenstätigkeit ausgegangen werden, so sind die Vermögensgegenstände und Schulden mit den Werten anzusetzen, die ihnen als Zeitwert unter Liquidationsgesichtspunkten beizulegen sind.[2866] Dabei gilt weiter das Anschaffungskostenprinzip.[2867]

1450 Fraglich ist, ob insolvenzspezifische Ansprüche (z. B. Aufrechnungen) und Verpflichtungen (z. B. Gerichtskosten) bereits in der Schlussbilanz der werbenden Gesellschaft zu berücksichtigen sind. Nach Auffassung des IDW[2868] soll dies nicht der Fall sein. Jedoch sollen andere Verpflichtungen im Zusammenhang mit der Aufgabe der Going-concern-Prämisse bereits nach allgemeinen Grundsätzen in der Schlussbilanz zu berücksichtigen sein. Nach anderer Auffassung ist zumindest für die durch die Abwicklung entstehenden Kosten eine Rückstellung in der Schlussbilanz des werbenden Unternehmens zu bilden. Außerdem sind die Kosten für Gericht, Insolvenzverwalter und Gläubigerausschuss sowie für die Freisetzung von Arbeitnehmern bereits zurückzustellen.[2869]

1451 Nach der hier vertretenen Auffassung ist die Frage unter Anwendung der allgemeinen Bilanzierungs- und Bewertungsgrundsätze des HGB zu beantworten: Verpflichtungen sind nach dem Vorsichtsgrundsatz gemäß § 252 Abs. 1 Nr. 4 HGB zu berücksichtigen, wenn sie bis zum Bilanzstichtag entstanden sind. Das bedeutet, dass Vermögensminderungen – hier in Form einer Rückstellung für die Kosten des Insolvenzverfahrens im Jahresab-

---

2864 IDW PS 270.
2865 Nach Auffassung des IDW RH HFA 1.012, Rn. 15 soll „in der Regel" nicht von der Unternehmensfortführung auszugehen sein.
2866 IDW ERS HFA 17 n.F., Rn. 20.
2867 *Pink*, in: Hofbauer, Rechnungslegung, Fach 5, Rn. 152.
2868 RH HFA 1.012, Rn. 14.
2869 *Pink*, in: Hofbauer, Rechnungslegung, Fach 5, Rn. 152.

schluss einzustellen sind, wenn sie wirtschaftlich oder rechtlich verursacht sind. Hervorzuheben ist, dass die wirtschaftliche Verursachung vor dem Bilanzstichtag ausreichend ist.[2870] Nach dem Vorsichts- bzw. Imparitätsprinzip sind deswegen die Kosten des Insolvenzverfahrens bereits in der Schlussbilanz der werbenden Gesellschaft einzustellen.

Anders verhält es sich hingegen mit Vermögensmehrungen, die aufgrund des Insolvenzverfahrens verursacht sind, z. B. Vermögensmehrungen durch zu erwartende Insolvenzanfechtungen. Diese dürfen nach dem Realisationsprinzip erst dann als Vermögensmehrung erfasst werden, wenn die wesentlichen wirtschaftlichen Ursachen bereits in der abgelaufenen Periode gelegt sind und sich die Ansprüche soweit konkretisiert haben, dass eine künftige Entstehung und Geltendmachung sicher ist.[2871] Dies ist z. B. für Schadensersatzansprüche erst dann der Fall, wenn sie durch ein rechtskräftiges Urteil oder durch Anerkenntnis der Gegenseite festgestellt sind.[2872] Die Überlegungen zu Schadensersatzansprüchen sind auch auf insolvenzspezifische Ansprüche zu übertragen. Zunächst setzt die Geltendmachung solcher Ansprüche die Eröffnung des Insolvenzverfahrens voraus, die zum Bilanzstichtag noch nicht vorliegt. Darüber hinaus kann sich der Anspruch auch erst hinreichend mit der Geltendmachung durch den Insolvenzverwalter konkretisieren, so dass bis zu diesem Zeitpunkt eine Aktivierung ausscheidet. 1452

Allenfalls in Grenzfällen dürfte eine Aktivierung von Ansprüchen aus anfechtbaren Rechtshandlungen denkbar sein, z. B. dann, wenn der Anfechtungsgegner bereits vor Verfahrenseröffnung erklärt hat, eine Forderung aus einer späteren Anfechtung zu begleichen.

2.2.3 Eröffnungsbilanz auf den Zeitpunkt der Verfahrenseröffnung

Wie bereits in den vorstehenden Abschnitten dargestellt, hat der Insolvenzverwalter nach herrschender Meinung eine Eröffnungsbilanz auf den Zeitpunkt der Verfahrenseröffnung zu erstellen.[2873] Die Begründung hierfür wird teilweise direkt aus § 155 Abs. 2 InsO i. V. m. handelsrechtlichen Vorschriften[2874] teilweise aus der analogen Geltung der Liquidationsrechnungslegungsvorschriften des HGB und des Aktien- bzw. GmbH-Gesetzes hergeleitet.[2875] Überwiegend wird aufgrund der analogen Anwendung der Aktien- bzw. GmbH-rechtlichen Liquidationsrechnungslegungsvorschriften die Beifügung eines erläuternden Berichts zur Eröffnungsbilanz für erforderlich gehalten.[2876] An den Inhalt des erläuternden Berichts sind die Anforderungen 1453

2870 *Kozikowski/Schubert*, in: Bilanzkommentar, § 249, Rn. 34.
2871 *Weber-Grellet*, in: Schmidt, EStG, § 5, Rn. 97 f.
2872 BFH, Urt. v. 15. 03. 2000 – II R 15/98, BStBl. II 2000, 588.
2873 *Maus*, in: Uhlenbruck, InsO, § 155, Rn. 18; *Kübler*, in: Kübler/Prütting/Bork, InsO § 155, Rn. 39; *Förschle/Weisang*, in: Budde/Förschle/Winkeljohann, Sonderbilanzen, Abschn. R, Rn. 75.
2874 IDW RH HFA 1.012, Rn. 16; *Kübler*, in: Kübler/Prütting/Bork, InsO, § 100 InsO, § 155, Rn. 39.
2875 *Pink*, in: Hofbauer, Rechnungslegung, Fach 5, Rn. 154.
2876 *Förschle/Weisang*, in: Budde/Förschle/Winkeljohann, Sonderbilanzen, Abschn. R, Rn. 75 m. w. N.

des § 270 Abs. 1 AktG bzw. § 71 GmbHG zu stellen.[2877] Gemäß § 270 Abs. 2 Satz 2 AktG bzw. § 71 Abs. 2 Satz 2 GmbHG sind auf den erläuternden Bericht die Vorschriften über den Jahresabschluss entsprechend anzuwenden. Das bedeutet nach herrschender Meinung, dass der Erläuterungsbericht zugleich die Funktionen von Anhang und Lagebericht erfüllt. Dabei sollen insbesondere im Hinblick darauf, dass auf den Zeitpunkt unmittelbar vor Erstellung der Eröffnungsbilanz die Schlussbilanz der werbenden Gesellschaft als vollständiger Jahresabschluss einschließlich Anhang und ggf. Lagebericht zu erstellen war, inhaltlich keine übertriebenen Anforderungen dahingehend zu stellen sein, dass sämtliche Bestimmungen des HGB über den Lagebericht und Anhang minutiös zu beachten sind.[2878] Nach zutreffender Auffassung reduzieren sich die Angabepflichten im Erläuterungsbericht auf das Maß, das notwendig ist, um ein den tatsächlichen Verhältnissen entsprechendes Bild der Vermögens- und Finanzlage der aufgelösten Kapitalgesellschaft darzustellen.[2879] D. h. insbesondere können die Angaben in Anhang und Lagebericht zur GuV bzw. die Darstellung des Geschäftsverlaufs im Lagebericht entfallen. Die in den gesetzlichen Vorschriften zum Anhang vorgesehenen Angaben zur Bilanz sind jedoch auch im Erläuterungsbericht zur Insolvenzeröffnungsbilanz zu machen.[2880] Im Rahmen der Darstellung der angewandten Bewertungsmethoden ist insbesondere darzustellen, ob bei der Bewertung von der Fortführung der Unternehmenstätigkeit ausgegangen wurde oder nicht und die Gründe für die getroffene Annahme sind zu erläutern.

1454 Grundlage für die Erstellung der Eröffnungsbilanz ist ein Inventar, das auf eine Inventur zurückzugehen hat, vgl. § 240 HGB. Die Inventur auf den Eröffnungsstichtag dient neben ihrem Zweck als Grundlage für die Erstellung der Eröffnungsbilanz auch als Grundlage für die Erstellung spezifischer insolvenzrechtlicher Rechenwerke, insbesondere des Verzeichnisses der Massegegenstände gemäß § 151 InsO sowie der Vermögensübersicht gemäß § 153 InsO. Während das Verzeichnis der Massegegenstände nach dem Gesetz nicht auf einen bestimmten Stichtag aufzustellen ist, ist die Vermögensübersicht auf den Zeitpunkt der Eröffnung des Insolvenzverfahrens aufzustellen. In der Praxis dient die zur Verfahrenseröffnung vorzunehmende Inventur regelmäßig als Grundlage für die insolvenzrechtlichen wie auch für die handelsrechtlichen Rechenwerke. Das Institut der Wirtschaftsprüfer hat mit einem umfangreichen Rechnungslegungshinweis[2881] zu den Grundsätzen zur Bestandsaufnahme in Insolvenzverfahren Stellung genommen.

2877 *Förschle/Weisang*, in: Budde/Förschle/Winkeljohann, Sonderbilanzen, Abschn. R, Rn. 75.
2878 *Schmidt*, in: Scholz, GmbHG-2002, § 71 Rn. 11; *Kleindiek*, in: Lutter/Hommelhoff, GmbHG, § 79, Rn. 1.
2879 *Förschle/Deubert*, in: Budde/Förschle/Winkeljohann, Sonderbilanzen, Abschn. T, Rn. 186 f.
2880 *Förschle/Deubert*, in: Budde/Förschle/Winkeljohann, Sonderbilanzen, Abschn. T, Rn. 186; nach *Pink* in: *Hofbauer*, Rechnungslegung, Fach 5, Rn. 155, soll es ausreichend sein, wenn die Besonderheiten der insolvenzrechtlichen Eröffnungsbilanz dargestellt, insbesondere die Bewertungsmethoden erläutert werden. Eine Erläuterung sämtlicher Bilanzposten sei hingegen nicht erforderlich; vielmehr reiche es insoweit aus, die wesentlichen Positionen darzustellen, die von der Höhe nach bedeutsam sind.
2881 IDW RH HFA 1.010 Bestandsaufnahme im Insolvenzverfahren v. 13.06.2008.

Durch die besonderen Zwecke des Insolvenzverfahrens und die zusätzlichen Angaben, die in den insolvenzrechtlichen Rechenwerken, insbesondere in der Vermögensübersicht zu machen sind, gehen der Inventurzweck und damit die im Rahmen der Inventur zusammenzustellenden Informationen über den Umfang einer Inventur, die allein handelsrechtlichen Rechnungslegungszwecken zu dienen hat, hinaus. Zum Beispiel sind bei den absonderungsberechtigten Gläubigern gemäß § 152 Abs. 2 Satz 3 InsO der Gegenstand, an dem das Absonderungsrecht besteht und die Höhe des mutmaßlichen Absonderungsrechtes zu bezeichnen. Dies setzt voraus, dass die Aufzeichnung der Vermögensgegenstände im Rahmen der Inventur so präzise ist, dass die Bearbeitung von Aus- und Absonderungsrechten sichergestellt ist. Soweit die Anwendung von Inventurvereinfachungsverfahren (vgl. § 240, 241 HGB) nicht im Einklang mit der Beschaffung der notwendigen Informationen für die Bearbeitung im Insolvenzverfahren steht, muss auf die Anwendung der Inventurvereinfachungsverfahren verzichtet werden.[2882]

Für die Bewertung in der Eröffnungsbilanz gelten die Ausführungen zum vorigen Abschnitt über die Schlussbilanz der werbenden Gesellschaft. Dies gilt insbesondere für die Frage, ob bei der Bewertung von der Fortführung der Unternehmenstätigkeit ausgegangen werden kann. 1455

Streitig ist nach wie vor die Frage, ob zwischen der Schlussbilanz der werbenden Gesellschaft und der Eröffnungsbilanz der Grundsatz des formellen Bilanzenzusammenhangs gemäß § 252 Abs. 1 Nr. 1 HGB anzuwenden ist. Gemäß § 252 Abs. 1 Nr. 1 HGB müssen die Wertansätze in der Eröffnungsbilanz des Geschäftsjahres mit denen der Schlussbilanz des vorhergehenden Geschäftsjahres übereinstimmen. Durch diesen auch als „Bilanzidentität" oder „Grundsatz der formellen Bilanzkontinuität" bezeichneten Grundsatz wird sichergestellt, dass während der gesamten Lebensdauer eines Unternehmens der Totalgewinn der Summe aller Periodengewinne entspricht. Nur so kann sichergestellt werden, dass sämtliche Gewinne des Unternehmens erfasst und nach Maßgabe der rechtlichen Bestimmungen in die Dispositionsbefugnis der Anteilseigner gestellt werden.[2883] 1456

Die herrschende Meinung geht davon aus, dass zwischen der Schlussbilanz der werbenden Gesellschaft und der Eröffnungsbilanz im Insolvenzverfahren (wie auch in der gesellschaftsrechtlichen Liquidationseröffnungsbilanz) der Grundsatz der Bilanzidentität nicht gilt.[2884] Die herrschende Meinung wird im Wesentlichen darauf gestützt, dass ansonsten die scheinbar vom Aktiengesetz in § 270 und vom GmbH-Gesetz in § 71 geforderte teilweise Neubewertung der Vermögensgegenstände in der Eröffnungsbilanz nicht möglich sei. 1457

Allerdings sind die konkreten Vorgaben zu einer Umbewertung in § 270 AktG bzw. § 71 GmbHG minimal. Allein in Abs. 2 Satz 3 der beiden weitgehend inhaltsgleichen Vorschriften ist vorgesehen, dass Vermögensgegenstände des Anlagevermögens wie Umlaufvermögen zu bewerten sind, soweit 1458

[2882] IDW RH HFA 1.010, Rn. 27, wonach eine Anwendung von Inventurvereinfachungsverfahren nur in Ausnahmefällen infrage kommt.
[2883] *Adler/Düring/Schmaltz*, HGB, § 252 HGB, Rn. 9 f.
[2884] *Maus*, in: Uhlenbruck, InsO § 155, Rn. 18; *Schulze/Osterloh*, in: Baumbach/Hueck, GmbHG, § 71, Rn. 14 ff.; *Schmidt*, in: Scholz, GmbHG-2002, § 71, Rn. 8.

Teil 4 Rechnungslegung in der Insolvenz

ihre Veräußerung innerhalb eines überschaubaren Zeitraumes beabsichtigt ist oder diese Vermögensgegenstände nicht mehr dem Geschäftsbetrieb dienen. In diesen Fällen ist jedoch ohnehin eine Umgliederung vom Anlagevermögen in das Umlaufvermögen gerechtfertigt, weil die Vermögensgegenstände am Abschlussstichtag nicht mehr dazu bestimmt sind, dauerhaft dem Geschäftsbetrieb der Gesellschaft zu dienen und somit nach der gesetzlichen Definition des § 247 Abs. 2 HGB nicht mehr zum Anlagevermögen gehören. Die vermeintliche Verpflichtung zur Umbewertung hat somit nur darstellenden bzw. wiederholenden Charakter des Inhalts der allgemeinen Definition des Anlagevermögens in § 247 Abs. 2 HGB.

1459 Gewichtiger sind hingegen die Argumente, die für eine Anwendung des Grundsatzes der Bilanzidentität auch für die Insolvenzeröffnungsbilanz sprechen:

Zunächst ist darauf hinzuweisen, dass sich, würde man den Grundsatz der Bilanzidentität zwischen Schlussbilanz der werbenden Gesellschaft und Eröffnungsbilanz der insolventen Gesellschaften aufgeben, Wertveränderungen außerhalb der Buchführung vollziehen würden, die somit nicht mehr abgebildet würden. Damit würde gegen den Grundsatz der Vollständigkeit der Buchführung, der zu den Grundsätzen ordnungsmäßiger Buchführung gehört, verstoßen werden.[2885] Die doppelte Buchführung, die ermöglichen soll, die Zusammensetzung des Unternehmenserfolges mithilfe einer Gewinn- und Verlustrechnung zu kontrollieren, wäre für sämtliche Wertänderungen, die zwischen Schluss- und Eröffnungsbilanz „geparkt" werden, zur einfachen Buchführung reduziert. Bereits bei den Ausführungen zur Schlussbilanz der werbenden Gesellschaft wurde darauf hingewiesen, dass Wertänderungen, die mit der Änderung der Unternehmensausrichtung auf die vollständige oder teilweise Liquidation ausgelöst werden, nicht erst in der Eröffnungsbilanz des Abwicklungsunternehmens, sondern bereits im ersten Jahresabschluss nach Eintritt der maßgeblichen Ereignisse, die für die spätere Durchführung der Abwicklung ausschlaggebend waren, zu berücksichtigen sind. D.h. wird der Beschluss zur Stilllegung gefasst, sind im ersten Jahresabschluss nach der Beschlussfassung die daraus für die Bewertung resultierenden Folgen zu ziehen. Der teilweise in der Literatur geäußerten Befürchtung, hierdurch würde es zu einer Vermischung von wertaufhellenden und wertbeeinflussenden Tatsachen kommen, kann nicht gefolgt werden. Denn die Wertveränderungen im Zusammenhang mit dem Beginn der Liquidation vollziehen sich nicht durch den rechtlichen Eintritt des Liquidationszeitpunktes, sondern durch den Eintritt der wirtschaftlichen Umstände, die zur Liquidation führen.[2886]

1460 Schließlich wird zutreffend darauf verwiesen, dass auch für die Ermittlung des steuerlichen Abwicklungsgewinnes gemäß § 11 KStG die Einhaltung des Grundsatzes der Bilanzidentität erforderlich ist. Denn steuerrechtlich wird das Ergebnis des Liquidationsvorganges als Vergleich zwischen dem Liquidationsanfangs- und dem Liquidationsendvermögen ermittelt. Wertverände-

---

2885 *Winnefeld*, Bilanz-Handbuch, Abschn. A, Rn. 58.
2886 *Kunz/Mundt*, Rechnungslegung in der Insolvenz (Teil II), DStR 1997, 664, 667.

rungen zwischen Schlussbilanz und Eröffnungsbilanz würden somit nicht mehr erfasst werden.[2887]

Betriebsaufgabebedingte Wertminderungen oder Einbuchung von insolvenzspezifischen Ansprüchen (z. B. Anfechtungsansprüchen) vollziehen sich mithin entweder in der Schlussbilanz der werbenden Gesellschaft oder als erster Geschäftsvorfall (also nach Erstellung der Eröffnungsbilanz) der Liquidations- bzw. insolventen Gesellschaft.[2888] Durch die Anwendung des Grundsatzes der Bilanzidentität ist somit Ansatz und Bewertung der Eröffnungsbilanz des Insolvenzverfahrens durch Ansatz und Bewertung in der Schlussbilanz der werbenden Gesellschaft vollständig bestimmt.

1461

2.2.4 Jahresabschlüsse für Geschäftsjahre, die während des Insolvenzverfahrens enden

Aus der grundsätzlichen Fortgeltung der handelsrechtlichen Buchführungs- und Rechnungslegungspflichten auch nach Verfahrenseröffnung ergibt sich, dass auf das Ende eines jeden Geschäftsjahres auch nach Verfahrenseröffnung ein Jahresabschluss zu erstellen ist, bestehend aus Bilanz, Gewinn- und Verlustrechnung, bei Kapitalgesellschaften erweitert um einen Anhang sowie für mittelgroße und große Kapitalgesellschaften bzw. Personengesellschaften, die keine natürliche Person als persönlich haftenden Gesellschafter haben, um einen Anhang und einen Lagebericht. Allerdings ist fraglich, wann in der Insolvenz das Geschäftsjahr endet: § 155 Abs. 2 Satz 1 InsO ordnet lediglich an, dass mit der Eröffnung des Insolvenzverfahrens ein neues Geschäftsjahr zu laufen beginnt. Die Begründung zum Gesetz[2889] weist lediglich darauf hin, dass das Geschäftsjahr auch im Insolvenzverfahren einen Zeitraum von höchstens zwölf Monaten umfasst. Dauert das Insolvenzverfahren länger, so beginnt ein neues Insolvenzgeschäftsjahr. Weiter wird darauf hingewiesen, dass die Umstellung des Wirtschaftsjahres in steuerrechtlicher Hinsicht nur wirksam sei, wenn nach § 4a Abs. 1 Satz 1 Nr. 2 Satz 2 EStG die Finanzbehörde dem zustimmt. Die Begründung zum Gesetz geht somit davon aus, dass mit dem Beginn eines neuen Geschäftsjahres in der Insolvenz auch automatisch eine Umstellung des Geschäftsjahres der insolventen Gesellschaft auf einen vom bisherigen Geschäftsjahr abweichenden Zeitraum vorsieht.[2890] Dem folgt, soweit erkennbar, die herrschende Meinung in der Literatur.[2891]

1462

Dabei wird in der Literatur die Zustimmung der Finanzverwaltung zu einer Umstellung des steuerlichen Wirtschaftsjahres für nicht erforderlich

1463

2887 *Scherrer/Heni*, Liquidationsrechnungslegung, S. 84.
2888 Im Ergebnis ebenso *Scherrer/Heni*, Liquidationsrechnungslegung, S. 85; *Förschle/Weisang*, in: Budde/Förschle/Winkeljohann, Sonderbilanzen, Abschn. R, Rn. 75; *Winnefeld*, Bilanz-Handbuch, Abschn. N, Rn. 1095.
2889 Begründung zu § 174 Regierungsentwurf, DR-Drucks. 1/92, S. 172/173, abgedruckt bei *Uhlenbruck*, Das neue Insolvenzrecht, S. 512.
2890 Ausnahme: Die Eröffnung des Insolvenzverfahrens fällt zufällig mit einem regulären Geschäftsjahresbeginn zusammen.
2891 *Maus*, in: Uhlenbruck, InsO § 155; Rn. 19, *Kübler*, in: Kübler/Prütting/Bork, InsO, § 155, Rn. 32; IDW RH HFA 1.012, Rn. 27.

Teil 4 Rechnungslegung in der Insolvenz

1464 gehalten, da es sich insoweit um eine zwingende gesetzliche Vorschrift handelt.[2892]

1464 Weiter wird dem Insolvenzverwalter grundsätzlich ein Wahlrecht zugestanden, wieder zum satzungsmäßigen Geschäftsjahr zurückzukehren.[2893] Macht der Insolvenzverwalter von diesem Wahlrecht Gebrauch, ist ein weiteres Rumpfgeschäftsjahr zu bilden, das von der Eröffnung des Insolvenzverfahrens bis zum Ende des regulären satzungsmäßigen Geschäftsjahres reicht.

2.2.5 Handelsrechtliche Schlussbilanz

1465 Aus der Sanierungsorientierung der Insolvenzordnung[2894] folgt, dass mit der Beendigung des Insolvenzverfahrens nicht immer zugleich auch die Zerschlagung des Unternehmens einhergeht. So stellt die Begründung zum Gesetzentwurf des § 155 InsO[2895] klar, dass mit der Beendigung des Verfahrens wiederum ein neues Geschäftsjahr beginnt. Dies wäre obsolet, wenn jedes Insolvenzverfahren mit der Vollbeendigung der Gesellschaft enden würde. Wird das Insolvenzverfahren nach Versilberung des Schuldnervermögens und Durchführung der Schlussverteilung durch Aufhebung (§ 200 InsO) beendet oder erfolgt eine Einstellung mangels Masse nach § 207 InsO soll nach herrschender Meinung auf diesen Zeitpunkt eine handelsrechtliche Schlussbilanz nebst GuV-Rechnung sowie für Kapitalgesellschaften und diesen gleichgestellte Personengesellschaften ein Anhang und ggf. ein Lagebericht aufzustellen sein. Dabei soll für die Aufstellung dieses letzten Jahresabschlusses noch der Insolvenzverwalter zuständig sein.[2896] Wird das Unternehmen dagegen nach Durchführung eines Insolvenzplanverfahrens fortgeführt, ist ebenfalls ein handelsrechtlicher Jahresabschluss auf den Zeitpunkt der Aufhebung des Insolvenzverfahrens zu erstellen, jedoch sollen hierfür wieder die Organe des vormals insolventen Unternehmens, also die Geschäftsführer bzw. der Vorstand, zuständig sein.[2897]

1466 Allerdings ist darauf hinzuweisen, dass die Auffassung des IDW zu kaum lösbaren Schwierigkeiten führt, da der Insolvenzverwalter mit Aufhebung des Insolvenzverfahrens bzw. Einstellung mangels Masse aus seinem Amt ausscheidet.[2898] Da die Erstellung des letzten Jahresabschlusses notwendigerweise erst nach dem Stichtag des Abschlusses erfolgen kann, ist der vom IDW auserkorene Aufgabenträger nicht mehr im Amt und kann diese Verpflichtung somit auch nicht mehr erfüllen.

1467 In der Literatur wird deswegen teilweise vertreten, dass der letzte Jahresabschluss im Rahmen von Abwicklungsinsolvenzen nicht auf den Stichtag

---

2892 *Maus,* in: Uhlenbruck, InsO § 155, Rn. 19; IDW RH HFA 1.012, Rn. 27.
2893 *Füchsl/Weishäupl,* in: MüKo-InsO, § 155, Rn. 18; *Kübler,* in: Kübler/Prütting/Bork, InsO, § 155, Rn. 32.
2894 Vgl. § 1 Satz 1 InsO.
2895 Begründung zu § 174 Regierungsentwurf (BR-Drucks. 1/92, S. 172/173 abgedruckt bei *Uhlenbruck,* Das neue Insolvenzrecht, S. 512.
2896 IDW RH HFA 1.012, Rn. 28; *Maus,* in: Uhlenbruck, InsO, § 155, Rn. 20.
2897 IDW RH HFA 1.012, Rn. 31; *Maus,* in: Uhlenbruck, InsO, § 155, Rn. 20.
2898 *Hintzen,* in: MüKo-InsO, § 200, Rn. 31; *Leonhardt/Smid/Zeuner,* InsO, § 200, Rn. 9.

der Verfahrensaufhebung bzw. Einstellung mangels Masse erstellt werden soll, sondern auf den Stichtag der Schlussverteilung.[2899]

In praktischer Hinsicht ist anzumerken, dass ein Abstellen auf den Zeitpunkt der Schlussverteilung sachgerecht erscheint. Denn dabei handelt es sich um die letzte wesentliche Verfahrenshandlung des Insolvenzverwalters und um den letzten wesentlichen Akt der Abwicklung der ehemals werbenden Gesellschaft. Fälle, in denen bei Abwicklungsinsolvenzen nach Verfahrensaufhebung Bilanzierungspflichten noch durch die Liquidatoren erfüllt werden, kommen praktisch nicht vor. Eine Erstellung der abschließenden Rechnungslegung der insolventen Gesellschaft wird, wenn überhaupt, regelmäßig nur zur Ermittlung des steuerlichen Abwicklungsendvermögens durchgeführt, um die Liquidationsbesteuerung gemäß § 11 KStG vornehmen zu können. Handelt es sich um massearme Verfahren, insbesondere um Fälle der Einstellung des Verfahrens gemäß § 207 InsO, sind regelmäßig ohnehin keine finanziellen Mittel zur Erfüllung der handelsrechtlichen Rechnungslegungspflichten mehr vorhanden, was ebenfalls dazu beiträgt, dass die Durchführung der abschließenden handelsrechtlichen Rechnungslegung praktisch nicht stattfindet. 1468

Das „Idealbild" einer Schlussbilanz in einer Abwicklungsinsolvenz würde auf der Aktivseite keinerlei Aktiva mehr ausweisen, da das Vermögen versilbert und die Erlöse an die Gläubiger verteilt sind. Auf der Passivseite würden sich die nicht mehr erfüllten Verbindlichkeiten des schuldnerischen Unternehmens in der nach einer eventuell erfolgten Quotenzahlung entsprechend verminderten Höhe wiederfinden. Da, wie vorstehend dargestellt, in der Praxis die Aufstellung der Schlussbilanz wenn überhaupt auf den Zeitpunkt der Vornahme der Schlussverteilung erfolgt, ändert sich das Bilanzbild geringfügig: Auf der Aktivseite wird der Restbestand an vorhandenen liquiden Mitteln, die zur Vornahme der Schlussverteilung sowie zur Bezahlung eventuell noch offener Masseverbindlichkeiten und Kosten des Verfahrens erforderlich sind, dargestellt. Auf der Passivseite finden sich die Verbindlichkeiten gegenüber den Insolvenzgläubigern sowie die Verbindlichkeiten aus noch nicht bezahlten Verfahrenskosten und eventuell noch nicht erfüllte Masseverbindlichkeiten. 1469

Darüber hinaus kann es zum Ausweis weiterer Verbindlichkeiten oder Rückstellungen dadurch kommen, dass entsprechende Passivposten zwar entstanden sind, jedoch im Insolvenzverfahren nicht geltend gemacht werden konnten. Typisches Beispiel hierfür sind nachrangige Verbindlichkeiten gemäß § 39 InsO, z. B. für die Zeit nach Verfahrenseröffnung laufende Zinsen und Säumniszuschläge oder Verbindlichkeiten aus Gesellschafterdarlehen, die gemäß § 39 Abs. 1 Nr. 5 InsO nachrangig sind. Auch wenn derartige Verbindlichkeiten im Rahmen des Insolvenzverfahrens nicht geltend gemacht werden können, sind sie gleichwohl als wirtschaftliche Belastung in der handelsrechtlichen Rechnungslegung der Gesellschaft abzubilden.

[2899] *Kübler*, in: Kübler/Prütting/Bork, InsO, § 155, Rn. 51; *Winnefeld*, Bilanz-Handbuch, Abschn. N, Rn. 1176; *Pink*, in: Hofbauer, Rechnungslegung, Fach 5, Rn. 151.

2.3 Konzernrechnungslegung in der Insolvenz

1470 Ist das insolvente Unternehmen Teil eines Konzerns im Sinne des §§ 290ff. HGB stellt sich für den Insolvenzverwalter grundsätzlich auch die Frage nach der Konzernrechnungslegung. Die gesetzlichen Vertreter einer Kapitalgesellschaft oder einer den Kapitalgesellschaften gleichgestellten Personengesellschaft im Sinne des § 264a HGB haben einen Konzernabschluss und einen Konzernlagebericht aufzustellen, wenn das Mutterunternehmen auf ein anderes Unternehmen (Tochterunternehmen) unmittelbar oder mittelbar einen beherrschenden Einfluss ausüben kann. Der Konzernabschluss ist innerhalb der ersten fünf Monate eines Geschäftsjahres bzw. bei kapitalmarktorientierten Unternehmen innerhalb der ersten vier Monate des Konzerngeschäftsjahres aufzustellen. Ggf. ist die Verlängerung der Aufstellungsfristen gemäß § 155 Abs. 2 Satz 2 InsO zu beachten. Ein beherrschender Einfluss eines Mutterunternehmens wird gemäß § 290 Abs. 2 HGB in den dort genannten Fällen unterstellt. Erfüllt die Insolvenzschuldnerin die Voraussetzungen nach § 290 HGB und greifen auch keine Befreiungsvorschriften[2900], so trifft den Verwalter grundsätzlich die Verpflichtung, einen Konzernabschluss und ggf. einen Konzernlagebericht aufzustellen.[2901]

1471 Allerdings ist zuvor sorgfältig zu prüfen, ob nicht durch die Insolvenzsituation die Voraussetzungen für die Pflicht zur Erstellung eines Konzernabschlusses im Einzelfall entfallen. So kommt es im Rahmen von Konzerninsolvenzen häufig vor, dass verschiedene Insolvenzverwalter für das Mutterunternehmen und die Tochterunternehmen bestellt werden. Der fremde Insolvenzverwalter der Tochtergesellschaft ist gegenüber dem beherrschenden Unternehmen nicht mehr weisungsgebunden. Die noch formal dem beherrschenden Unternehmen zustehende Stimmrechtsmehrheit, die nach dem Control-Konzept des § 290 Abs. 2 HGB eigentlich unwiderlegbar zum Vorliegen des beherrschenden Einflusses führen würde, kann nicht mehr durchgesetzt werden. In diesen Fällen ist regelmäßig davon auszugehen, dass erhebliche und andauernde Beschränkungen der Ausübung der Rechte des Mutterunternehmens in Bezug auf das Vermögen oder die Geschäftsführung des Tochterunternehmens vorliegen, so dass gemäß § 296 Abs. 1 Nr. 1 HGB eine Einbeziehung des insolventen Tochterunternehmens in den Konzernabschluss des Mutterunternehmens nicht erfolgen muss.[2902]

1472 Wurde die Beherrschung durch einen Beherrschungsvertrag hergestellt, ist darauf hinzuweisen, dass nach der einschlägigen Rechtsprechung des BGH[2903] die Eröffnung eines Insolvenzverfahrens über das Vermögen eines Vertragsteiles eines Unternehmensvertrages einen Grund für die automatische Beendigung des Beherrschungs- und Ergebnisabführungsvertrages darstellt. Allerdings wird in jüngerer Zeit zunehmend in Frage gestellt, ob in

---

2900 Hier ist insbesondere hinzuweisen auf § 291 HGB, befreiende Wirkung von EU/EWR-Abschlüssen, § 293, Größenabhängige Befreiung sowie hinsichtlich des Konsolidierungskreises auf § 296 (Verzicht auf die Einbeziehung) HGB.
2901 IDW RH HFA 1.012.
2902 IDW RH HFA 1.012, Rn. 34.
2903 BGH, Urt. v. 14.12.1987 – II ZR 170/87, NJW 1988, 1326; *Hüffer*, AktG, § 297, Rn. 22.

Anbetracht der verstärkten Sanierungsausrichtung des Insolvenzrechts nach Inkrafttreten der Insolvenzordnung die Beendigung des Unternehmensvertrages stets zwingend ist.[2904]

Aus praktischer Sicht ist darauf hinzuweisen, dass die Erstellung eines Konzernabschlusses in der Insolvenz selbst bei Vorliegen einer entsprechenden gesetzlichen Verpflichtung nach § 155 Abs. 1 InsO i.V.m. § 290 HGB nur in seltensten Fällen tatsächlich erfolgt. Dies liegt einerseits an den damit verbundenen hohen Kosten, die durch die vielfältigen Bilanzierungs- und Bewertungsfragen, die im Zusammenhang mit der Insolvenz ausgelöst werden, noch weiter in die Höhe getrieben werden. Da der Konzernabschluss nach herrschender Meinung in erster Linie der Information Außenstehender über die Lage des Konzerns dient, ergibt sich ein Widerspruch zwischen dem Interesse der Gläubiger an einer möglichst hohen Quote und dem Interesse der interessierten Öffentlichkeit an der Vermittlung der Information über die Lage des Konzerns. Grundsätzlich ist davon auszugehen, dass die Erstellung eines Konzernabschlusses vor allen Dingen in den Fällen angestrebt wird, in denen eine Aussicht besteht, den Konzern oder Teile davon als Ganzes zu sanieren, also in den Fällen, in denen ein Insolvenzplanverfahren in Frage kommt. 1473

2.4 Jahresabschlussprüfung in der Insolvenz

Gemäß § 316 HGB i.V.m. § 155 InsO sind der Jahresabschluss und der Lagebericht von Kapitalgesellschaften (und von Personengesellschaften, die gemäß § 264a HGB den Kapitalgesellschaften gleichgestellt sind) durch einen Abschlussprüfer zu prüfen. Hat keine Prüfung stattgefunden, kann der Jahresabschluss nicht festgestellt werden.[2905] Ist nach den vorstehend geschilderten Grundsätzen ausnahmsweise in der Insolvenz ein Konzernabschluss aufzustellen, so ist auch dieser gemäß § 316 Abs. 2 HGB vom Abschlussprüfer zu prüfen. 1474

Dass die Insolvenzordnung von einer Fortgeltung der Prüfungspflicht auch in der Insolvenz ausgeht, ergibt sich aus § 155 Abs. 3 InsO. Dort wird eine Sonderregelung für die Bestellung des Abschlussprüfers im Insolvenzverfahren getroffen. Danach gilt § 318 HGB zur Bestellung des Abschlussprüfers mit der Maßgabe, dass die Bestellung ausschließlich durch das Registergericht auf Antrag des Insolvenzverwalters erfolgt. Ist hingegen für das Geschäftsjahr vor der Eröffnung des Verfahrens bereits ein Abschlussprüfer bestellt, bleibt dieser im Amt. Diese Sonderregelung stellt eine Ausnahme zum allgemeinen Grundsatz des § 115 InsO dar, wonach normalerweise vor Verfahrenseröffnung erteilte Aufträge und Geschäftsbesorgungsverträge mit der Eröffnung des Insolvenzverfahrens erlöschen. Auffällig ist, dass § 155 Abs. 3 InsO die Fragen zur Prüferbestellung im Insolvenzverfahren keineswegs erschöpfend regelt. So bleibt zum Beispiel offen, wie zu verfahren ist, wenn eine Prüferbestellung noch für ein Jahr vor dem der Verfahrenseröff- 1475

2904 Müller, Abfindungsansprüche außenstehender Aktionäre in der Insolvenz des herrschenden Unternehmens, ZIP 2008, 1701 f. m.w.N.
2905 § 316 Abs. 1, Satz 2 HGB.

nung erfolgen muss.[2906] Aus dem Wortlaut des § 155 Abs. 3 Satz 1 InsO könnte geschlossen werden, dass sich die Bestellungskompetenz des Registergerichts auf Antrag des Verwalters ausschließlich auf Zeiträume nach Eröffnung beschränkt. Hinsichtlich der Prüferbestellung für die Zeiträume vor Verfahrenseröffnung würde dann § 318 HGB gelten mit der Konsequenz, dass der Abschlussprüfer grundsätzlich von den Gesellschaftern gewählt wird oder wenn der Abschlussprüfer bis zum Ablauf des Geschäftsjahres nicht gewählt worden ist, auf Antrag der gesetzlichen Vertreter, des Aufsichtsrates oder eines Gesellschafters vom zuständigen Registergericht zu bestellen ist.[2907] Schon aus praktischen Gründen erscheint es nicht sinnvoll, die Bestellung des Abschlussprüfers von einem Wahlakt der Gesellschafter oder von einer Bestellung durch das Registergericht nach Antrag eines Unternehmensorgans oder eines Gesellschafters abhängig zu machen. Regelmäßig bleiben die Unternehmensorgane oder die Gesellschafter, gerade wenn es um Formalakte wie die Bestellung des Abschlussprüfers geht, nach Verfahrenseröffnung untätig. Aus dem Wortlaut des § 155 Abs. 3 Satz 1 InsO ist auch nicht erkennbar, dass die Bestellungskompetenz des Abschlussprüfers für Bestellungsakte nach Verfahrenseröffnung nicht nach dem in § 155 Abs. 3 Satz 1 InsO festgelegten Verfahren erfolgen soll. Das in § 155 Abs. 3 Satz 1 InsO geregelte Bestellungsverfahren gilt somit für sämtliche Bestellungen von Abschlussprüfern, die nach Eröffnung des Verfahrens vollzogen werden, egal ob es sich um ein Geschäftsjahr vor oder nach Verfahrenseröffnung handelt.

1476 Grundsätzlich umfasst die Prüfungspflicht alle Jahresabschlüsse sowie für Aktiengesellschaften und Gesellschaften mit beschränkter Haftung auch die Eröffnungsbilanz auf den Zeitpunkt der Verfahrenseröffnung.[2908] Allerdings kann gemäß § 270 Abs. 3 AktG bzw. § 71 Abs. 3 GmbHG das zuständige Registergericht eine Befreiung von der Prüfung der Jahresabschlüsse nach Verfahrenseröffnung aussprechen, wenn die Verhältnisse der Gesellschaft so überschaubar sind, dass eine Prüfung im Interesse der Gläubiger und Aktionäre nicht geboten erscheint. Obwohl diese Befreiungsmöglichkeit nicht ausdrücklich für die Jahresabschlüsse von Personengesellschaften, bei denen kein persönlich haftender Gesellschafter eine natürliche Person ist und die damit bei Überschreitung der entsprechenden Größenmerkmale ebenfalls der Prüfungspflicht unterliegen, vorgesehen ist, ist kein Grund erkennbar, dass diesen die Erleichterung in Form der Befreiung von der Prüfungspflicht versagt bleiben soll. Insofern ist eine analoge Anwendung von § 270 Abs. 3 AktG bzw. 71 Abs. 3 GmbHG angezeigt. Darüber hinaus ist die Befreiungsmöglichkeit von der Prüfungspflicht über den Wortlaut der Norm hinaus auch auf die Prüfungspflicht hinsichtlich der Eröffnungsbilanz zu erstrecken.[2909]

2906 Grundsätzlich ablehnend hinsichtlich einer Verpflichtung des Insolvenzverwalters, Verstöße gegen die Prüfungspflicht für Jahre vor Verfahrenseröffnung nachzuholen: *Füchsl/Weishäupl*, in: MüKo-InsO, § 155 Rn. 21.
2907 § 318 Abs. 4 Satz 1 HGB.
2908 *Maus*, in: Uhlenbruck, InsO, § 155, Rn. 24.
2909 *Förschle/Weisang*, in: Budde/Förschle/Winkeljohann, Sonderbilanzen, Abschn. R, Rn. 76.

Kapitel 2 Externe Rechnungslegung in der Insolvenz

Keine abschließende Regelung trifft § 155 InsO auch für die Frage, ob Abschlussprüfer, die bereits für ein früheres Jahr als das Jahr der Verfahrenseröffnung bestellt waren, trotz Eröffnung des Insolvenzverfahrens im Amt bleiben, da § 155 Abs. 3 Satz 2 InsO dies alleine für den Abschlussprüfer des letzten Geschäftsjahres vor der Verfahrenseröffnung, sprich für das letzte Rumpfgeschäftsjahr der werbenden Gesellschaft, vorschreibt. Diese Frage stellt sich wenn – wie in Insolvenzfällen nicht selten anzutreffen – mehrere Jahre vor Verfahrenseröffnung noch nicht geprüft sind oder die Nichtigkeit von Jahresabschlüssen, die bereits festgestellt sind, gemäß § 256 AktG nachträglich festgestellt wird. Aus praktischen Gründen spricht vieles dafür, die Regelung des § 155 Abs. 3 Satz 2 InsO nicht über ihren unmittelbaren Wortlaut hinaus auch auf die Abschlussprüferbestellung früherer Jahre auszudehnen. Denn häufig bestehen Interessenkollisionen, z.B. weil der Abschlussprüfer, der noch frühere Jahre uneingeschränkt testiert hatte, im Hinblick auf befürchtete Regresse kaum noch unabhängig sein Prüfungsurteil treffen kann. Häufig sind Abschlussprüfer gleichzeitig auch als Berater der geprüften Unternehmen tätig, so dass auch hier eine Interessenkollision zu befürchten ist.[2910]

1477

2.5 Feststellung

Normalerweise erfolgt die Feststellung eines Jahresabschlusses durch die Gesellschafterversammlung oder für die Aktiengesellschaft durch Vorstand und Aufsichtsrat, ggf. durch die Hauptversammlung, wenn Vorstand und Aufsichtsrat die Feststellung der Hauptversammlung übertragen.[2911] Nach herrschender Meinung geht die Feststellungskompetenz für den Jahresabschluss nach Verfahrenseröffnung auf den Insolvenzverwalter über.[2912]

1478

2.6 Handelsrechtliche Offenlegungspflichten

Die handelsrechtlichen Offenlegungspflichten sind in §§ 325ff. HGB geregelt. Gemäß § 325 Abs. 1 HGB haben die gesetzlichen Vertreter von Kapitalgesellschaften den Jahresabschluss unverzüglich nach seiner Vorlage an die Gesellschafter, jedoch spätestens bis Ende des zwölften Monats nach dem Abschlussstichtag, zusammen mit dem Lagebericht, dem Bericht des Aufsichtsrats, der nach § 161 AktG vorgeschriebenen Erklärung (Erklärung zum corporate governance kodex) elektronisch beim Betreiber des Elektronischen Bundesanzeigers einzureichen. Als Kapitalgesellschaft in diesem Sinne sind auch Personengesellschaften, bei denen keine natürliche Person persönlich haftender Gesellschafter ist, anzusehen. Gemäß § 326 und § 327 HGB werden den kleinen und mittelgroßen Kapitalgesellschaften Erleichterungen bei der Offenlegung gewährt. Für kleine Kapitalgesellschaften ist es insbesondere ausreichend, dass die gesetzlichen Vertreter nur die Bilanz und den Anhang, der die Angaben zur Gewinn- und Verlustrechnung nicht enthalten muss,

1479

[2910] OLG Dresden, B. v. 30.09.2009 – 13 W 281/09, ZIP 2009, 2458.
[2911] §§ 172, 173 AktG.
[2912] *Maus*, in: Uhlenbruck, InsO, § 155, Rn. 24; *Kübler*, in: Kübler/Prütting/Bork, InsO, § 155, Rn. 72 m.w.N.

einreichen. Grundsätzlich ist nach Verfahrenseröffnung die Verpflichtung zur Offenlegung des Jahresabschlusses und der weiteren in § 325 Abs. 1 HGB bezeichneten Unterlagen vom Insolvenzverwalter zu erfüllen.[2913]

1480 Die Verletzung der Publizitätspflichten blieb bis zum Ende des Jahres 2006 regelmäßig ohne Sanktion. Mit Inkrafttreten des Gesetzes über das Elektronische Handelsregister und Genossenschaftsregister sowie das Unternehmensregister (EHUG) wurde die Verfolgung der Verletzung von Offenlegungspflichten ab 01.01.2007 spürbar verschärft. Nunmehr wird erstmals für das Geschäftsjahr 2006 die Erfüllung der Offenlegungspflichten gemäß § 329 HGB vom Betreiber des Elektronischen Bundesanzeigers überprüft und bei festgestellten Verletzungen gemäß § 335 HGB ein Ordnungsgeldverfahren eingeleitet. Die Ordnungsgeldverfahren werden vom Bundesamt für Justiz durchgeführt.

1481 Gemäß § 335 Abs. 1 HGB kann das Ordnungsgeld gegen die Mitglieder des vertretungsberechtigten Organs einer Kapitalgesellschaft oder gegen die Kapitalgesellschaft selbst durchgeführt werden. Im Umkehrschluss ergibt sich hieraus, dass das Ordnungsgeldverfahren nicht gegen den Insolvenzverwalter durchgeführt werden kann, da er weder die Kapitalgesellschaft selbst ist noch ein Mitglied des vertretungsberechtigten Organs der Kapitalgesellschaft. Dem Insolvenzverwalter kann somit auch kein Bescheid über die Festsetzung eines Ordnungsgeldes bekannt gegeben werden, mithin besteht auch keine Möglichkeit, das Ordnungsgeld als Masseverbindlichkeit zu qualifizieren.[2914]

1482 Allerdings ist es möglich, dass das Insolvenzgericht den Insolvenzverwalter bei unterlassener oder unvollständiger Offenlegung wegen Verletzung einer insolvenzspezifischen Pflicht unter Androhung von Zwangsgeld gemäß § 58 Abs. 2 InsO zur Pflichterfüllung anhält.[2915] Da einige Insolvenzgerichte dazu neigen, Insolvenzverwalter, gegen die sich entsprechende Zwangsmaßnahmen häufen, künftig nicht mehr zu bestellen, ist davon auszugehen, dass die Insolvenzverwalter den ihnen übertragenen Offenlegungspflichten nachkommen werden.[2916]

2.7 Externe Rechnungslegung in der Insolvenz nach steuerrechtlichen Vorschriften

1483 Nach § 155 Abs. 1 InsO hat der Insolvenzverwalter nicht nur die handelsrechtlichen, sondern auch die steuerrechtlichen Pflichten des Schuldners zur Buchführung und zur Rechnungslegung in Bezug auf die Insolvenzmasse zu erfüllen. Wie auch die handelsrechtlichen Pflichten bleiben die steuerrechtlichen Pflichten also von der Eröffnung des Insolvenzverfahrens unberührt.

2913 *Kübler*, in: Kübler/Prütting/Bork, InsO, § 155, Rn. 73b; *Maus*, in: Uhlenbruck, InsO, § 155, Rn. 14.

2914 Zutreffend im Ergebnis LG Bonn, B. v. 13.11.2008 – 30-T-275/08, DStR 2009, 498.

2915 *Maus*, in: Uhlenbruck, InsO, § 155, Rn. 14; *Grashoff*, Die handelsrechtliche Rechnungslegung durch den Insolvenzverwalter nach Inkrafttreten des EHUG, NZI 2008, 65, 69.

2916 Vgl. *Holzer*, Die Offenlegung der Jahresabschlüsse von Kapitalgesellschaften nach Eröffnung des Insolvenzverfahrens, ZVI 2007, 401, 405.

In Bezug auf die steuerrechtliche Pflichtenstellung hätte es dieser gesonderten Regelung in der Insolvenzordnung eigentlich nicht mehr bedurft, da der Insolvenzverwalter gemäß § 34 Abs. 3 AO ohnehin umfassend verpflichtet ist, die steuerrechtlichen Pflichten des Insolvenzschuldners zu erfüllen. Der Pflichtenkreis des Verwalters nach § 34 Abs. 3 AO ist weit gezogen; er hat alle steuerlichen Pflichten zu erfüllen, die dem Insolvenzschuldner oblägen hätten, wenn über dessen Vermögen nicht das Insolvenzverfahren eröffnet worden wäre.[2917] Dazu gehören insbesondere auch die steuerrechtlichen Buchführungs- und Bilanzierungs- bzw. Gewinnermittlungspflichten.

Die steuerlichen Buchführungspflichten sind in den §§ 140 ff. AO geregelt. Gemäß § 140 AO hat derjenige, der nach außersteuerlichen Vorschriften Bücher und Aufzeichnungen zu führen hat, diese Verpflichtung auch für die Besteuerung zu erfüllen. Man spricht insoweit auch von der „abgeleiteten Buchführungspflicht". Durch die Vorschrift des § 140 AO wird insbesondere die gesamte handelsrechtliche Verpflichtung zur Buchführung und Bilanzierung nach §§ 238 ff. HGB auch für Zwecke des Steuerrechts aktiviert. So kann zu Umfang und Reichweite der hierdurch ausgelösten steuerrechtlichen Verpflichtungen auf die vorstehenden Ausführungen zur handelsrechtlichen Rechnungslegungspflicht verwiesen werden. Von der abgeleiteten Buchführungspflicht wird auch die Verpflichtung zur Bilanzierung mit eingeschlossen.[2918] Aufgrund zahlloser steuerrechtlicher Sondervorschriften sind die handelsrechtlichen Bilanzierungs- und Bewertungsvorschriften steuerrechtlich zu modifizieren, so dass neben der Handelsbilanz noch zusätzlich eine Steuerbilanz zu erstellen sein kann. Dabei ist allerdings darauf hinzuweisen, dass es keine gesetzliche Verpflichtung gibt, eine Steuerbilanz zu erstellen; gemäß § 60 Abs. 2 EStDV genügt auch eine Überleitungsrechnung oder der Vermerk von Zusätzen oder Anmerkungen an den handelsrechtlichen Wertansätzen, soweit diese nach steuerrechtlichen Vorschriften nicht zu übernehmen sind.

1484

Der BGH hat jüngst entschieden, dass die Gesellschafter einer insolventen Personengesellschaft von dem Konkursverwalter (heute: Insolvenzverwalter) die Vorlage steuerlicher Jahresabschlüsse für die Konkursmasse (nunmehr: Insolvenzmasse) verlangen können.[2919] Für der Konkursmasse dadurch entstehende Kosten, die sie allein in fremden Interesse aufwenden muss, kann der Konkursverwalter Ersatz und einen entsprechenden Auslagenvorschuss fordern.[2920] Die Entscheidung des BGH ist zu begrüßen, da sie Rechtssicherheit herstellt. Der Anspruch der Gesellschafter muss aber nach hier vertretener Ansicht dann ausscheiden, wenn dem Insolvenzverwalter die Erstellung der Jahresabschlüsse aus tatsächlichen Gründen teilweise oder dauerhaft unmöglich ist, beispielsweise dann, wenn wesentliche Teile der Geschäftsunterlagen, die für die Buchführung benötigt werden, dem Insolvenzverwalter nicht zugänglich sind (z.B. aufgrund einer Beschlagnahme durch die Staatsanwaltschaft).

2917 BFH, Urt. v. 23.08.1994 – VII R 143/92, BStBl. II 1995, 194.
2918 *Tipke/Kruse*, AO. § 140, Rn. 3.
2919 BGH, Urt. v. 16.09.2010 – IX ZR 121/09, DStR 2010, 2364.
2920 BGH, Urt. v. 16.09.2010 – IX ZR 121/09, DStR 2010, 2364.

Teil 4   Rechnungslegung in der Insolvenz

1485   Neben den handelsrechtlichen Rechnungslegungsnormen existiert eine Vielzahl weiterer außersteuerrechtlicher Buchführungsvorschriften, deren Beachtung auch für Zwecke der Besteuerung erforderlich ist. Aufgrund der Ermächtigung in § 330 HGB wurden für die Gliederung von Jahresabschlüssen bestimmter Branchen durch Rechtsverordnung gesonderte Vorschriften getroffen. Hiervon sind z. B. Kredit- und Finanzdienstleistungsinstitute, Versicherungsunternehmen, Pflegeeinrichtungen, Verkehrs- und Wohnungsunternehmen betroffen.[2921] Weiter sind die Landesregierungen der Bundesländer gemäß § 38 Gewerbeordnung ermächtigt, durch Rechtsverordnung besonders überwachungsbedürftig erscheinenden Betrieben besondere Auflagen für die Buchführung zu erteilen. Hiervon sind z. B. Gebrauchtwagenhändler, Auskunfteien, Detekteien etc. betroffen. Darüber hinaus existiert eine Vielzahl von gesonderten bundeseinheitlich geregelten Buchführungs- und Aufzeichnungspflichten für Unternehmen verschiedener Branchen. Das Spektrum reicht von Unternehmen der Abfallwirtschaft über Apotheken, Bezirksschornsteinfegermeister, Buchmacher, Geflügelhalter, Krankenhäuser, Kreditinstitute, Lohnsteuerhilfevereine, Waffenhändler bis zum Handel mit Wildbret und Wild.[2922]

Die vorgenannten außersteuerrechtlichen Aufzeichnungspflichten sind nur dann für das Besteuerungsverhältnis relevant, wenn sie Bedeutung für das Steuerschuldverhältnis haben. Eine solche Bedeutung ist gegeben, wenn die Aufzeichnungen geeignet sind, die Kontrolle der Betriebsergebnisse des Steuerpflichtigen zu ermöglichen, was für zahlreiche gewerbe- und berufsrechtliche Aufzeichnungen zutrifft.[2923]

1486   Insbesondere nicht von der abgeleiteten Buchführungspflicht umfasst werden Freiberufler, die (ggf. auch) gewerbliche Einkünfte erzielen, da der steuerrechtliche und der handelsrechtliche Gewerbebegriff nicht deckungsgleich sind.[2924] Für diese Steuerpflichtigen kann jedoch eine abgeleitete Buchführungspflicht aus den vorstehend erwähnten berufsspezifischen bzw. gewerberechtlich orientierten Aufzeichnungspflichten resultieren. Bei Überschreiten der entsprechenden Grenzwerte kann darüber hinaus für diese Steuerpflichtigen eine Buchführungspflicht gemäß § 141 AO (vgl. unten) entstehen.

1487   Eine „originäre" steuerrechtliche Buchführungspflicht ergibt sich gemäß § 141 AO für gewerbliche Unternehmer sowie Land- und Forstwirte, wenn deren Betriebe bestimmte Größenmerkmale überschreiten und die Finanzbehörde auf den Beginn der Buchführungspflicht hingewiesen hat. Die Buchführungspflicht gemäß § 141 AO ist subsidiär gegenüber der Buchführungspflicht gemäß § 140 AO, d. h. ist bereits nach § 140 AO die Buchführungspflicht gegeben, entfällt eine Anwendung von § 141 AO.

1488   Gemäß § 141 Abs. 1 AO kann die Finanzbehörde insbesondere für gewerbliche Betriebe die Buchführungspflicht anordnen, wenn die Umsätze (ohne bestimmte steuerfreie Umsätze) mehr als 500.000 € im Kalenderjahr

---

[2921] *Hübschmann/Hepp/Spitaler*, AO/FGO, § 140, Rn. 8.
[2922] Im Einzelnen die Aufzählung bei *Hübschmann/Hepp/Spitaler*, AO/FGO, § 140, Rn. 10 und *Tipke/Kruse*, AO, § 140, Rn. 14.
[2923] *Hübschmann/Hepp/Spitaler*, AO/FGO, § 140, Rn. 32.
[2924] *Tipke/Kruse*, AO, § 140, Rn. 21.

betragen oder der Gewinn aus Gewerbebetrieb mehr als 50.000 € im Wirtschaftsjahr beträgt.

Die Vorschrift weist eine gewisse Ähnlichkeit zu der mit dem Bilanzrechtsmodernisierungsgesetz ins HGB eingefügten Befreiung von der Buchführungspflicht für Einzelkaufleute gemäß § 241a HGB auf. Allerdings sind die Betragsgrenzen und Berechnungsmodi nur angenähert, jedoch nicht vollständig identisch. So stellt § 241a HGB auf die Umsatzerlöse im Sinne des HGB, unabhängig von ihrer umsatzsteuerrechtlichen Behandlung ab. Ebenso ist die im HGB genannte Gewinngrenze von 50.000 € auf den handelsrechtlichen Jahresüberschuss bezogen und nicht auf den steuerrechtlichen Gewinn, wie die Grenze in § 141 AO. Außerdem greift die Befreiung von der handelsrechtlichen Buchführungspflicht grundsätzlich beim zweiten Unterschreiten der genannten Grenzen ein, während steuerrechtlich ein einmaliges Über- oder Unterschreiten ausreicht, wobei jedoch die Aufforderung durch das zuständige Finanzamt bzw. die Benachrichtigung durch das zuständige Finanzamt vom Ende der steuerrechtlichen Buchführungspflicht gemäß § 141 AO hinzutreten muss. Somit kann es dazu kommen, dass steuerrechtlich die Buchführungspflicht gemäß § 141 AO besteht, während dies handelsrechtlich nicht der Fall ist und umgekehrt.[2925] 1489

Als gewerbliche Unternehmer im Sinne des § 141 AO sind Steuerpflichtige anzusehen, die einen Gewerbebetrieb im Sinne des § 15 Abs. 2 oder 3 EStG oder § 2 Abs. 2 und 3 GewStG ausüben. Dies kann auch eine Personengesellschaft sein.[2926] Die Buchführungspflicht nach § 141 AO umfasst nach Auffassung des BFH[2927] auch das Sonderbetriebsvermögen der Gesellschafter.[2928] Für den Fall der Buchführungspflicht nach § 141 AO verweist § 141 Abs. 1 Satz 2 AO auf die §§ 238, 240 bis 242 Abs. 1, 243 bis 245 und 246 bis 256 HGB. Somit gelten neben den handelsrechtlichen Buchführungsvorschriften auch die handelsrechtlichen Ansatz- und Bewertungsvorschriften für die Buchführungspflicht nach § 141 AO, soweit sich aus den Steuergesetzen nicht etwas anderes ergibt. Auffällig ist, dass nur auf § 242 Abs. 1, nicht jedoch auf § 242 Abs. 2 HGB verwiesen wird. § 242 Abs. 2 HGB schreibt die jährliche Erstellung einer Gewinn- und Verlustrechnung vor. Hieraus wird geschlossen, dass keine doppelte, sondern eine einfache Buchführung zur Erfüllung der Verpflichtung nach § 141 AO ausreichend ist.[2929] 1490

Neben der Buchführungspflicht bestehen nach §§ 143, 144 AO Aufzeichnungspflichten für den Wareneingang und bei Wiederverkäufern für den Warenausgang. Allgemeine und spezielle Ordnungsvorschriften über die Ausgestaltung der Buchführung, den Ort der Buchführung, für Aufbewahrung und zur Einräumung des elektronischen Datenzugriffs enthalten die §§ 146 und 147 AO. In bestimmten Fällen, insbesondere bei Nichteinräumung des elektronischen Datenzugriffs im Rahmen einer Außenprüfung nach § 147 Abs. 6 AO kann die Finanzbehörde ein Verzögerungsgeld von bis 1491

2925 *Hübschmann/Hepp/Spitaler*, AO/FGO, § 140, Rn. 15.
2926 *Tipke/Kruse*, AO, § 141, Rn. 3.
2927 BFH, BStBl. II 1991, S. 401.
2928 Anderer Ansicht überzeugend: *Tipke/Kruse*, AO, § 141, Rn. 3a.
2929 *Tipke/Kruse*, AO, § 141, Rn. 26.

zu 250.000 € festsetzen, §146 Abs. 2 AO. Die Erledigung der Mitwirkungspflicht des Steuerpflichtigen in Form der Buchführung kann durch Zwangsgeldfestsetzung gemäß § 329 AO erzwungen werden.

2.8 Reduzierung des Pflichtenumfangs insbesondere bei Masseunzulänglichkeit

1492 In der Literatur werden immer wieder Forderungen erhoben, die überbordende Vielfalt der vom Insolvenzverwalter zu erstellenden Rechenwerke zu reduzieren. Die dabei verfolgten Ansätze bestehen zum einen in der möglichst rationellen Erledigung der bestehenden handels-, steuer- und insolvenzrechtlichen Rechnungslegungspflichten unter Ausnutzung aller angebotenen gesetzlichen Erleichterungen. So erscheint es sinnvoll und auch in weiten Bereichen möglich, die verschiedenen Rechnungslegungswerke unter Zuhilfenahme desselben Zahlenwerks zu erstellen.[2930] Dies ist jedoch eigentlich eine Selbstverständlichkeit, die keiner gesonderten Erwähnung bedarf. Darüber hinaus hat der Insolvenzverwalter, orientiert am Ziel einer kostengünstigen und rationellen sowie schnellen Verfahrensabwicklung zulässigerweise erlangbare mögliche Erleichterungen bei der Erfüllung der vielfältigen Rechnungslegungsverpflichtungen zu nutzen. So ist es gemäß § 148 AO möglich, dass die Finanzbehörde in einzelnen Fällen oder für bestimmte Gruppen von Fällen Erleichterungen zur Einhaltung der durch die Steuergesetze begründeten Buchführungs-, Aufzeichnungs- und Aufbewahrungspflichten gewährt, wenn die Einhaltung Härten für den Steuerpflichtigen mit sich bringt und die Erleichterungen die Besteuerung nicht beeinträchtigen. Allerdings ist darauf hinzuweisen, dass nach herrschender Meinung die Besteuerung beeinträchtigt wird, wenn durch die gewährten Erleichterungen die Festsetzung einer zu niedrigen Steuer resultieren kann.[2931] Eine Beeinträchtigung der Besteuerung soll somit bereits dann vorliegen, wenn die Besteuerung erst zu einem späteren Zeitpunkt sichergestellt ist, obwohl der Totalgewinn auch bei Gewährung der Erleichterung gleichbleibt.[2932] Folglich wird in der Praxis die vom Insolvenzverwalter am häufigsten begehrte Erleichterung, nämlich statt eine Gewinnermittlung durch doppelte Buchführung und Bilanzierung durchzuführen, eine Einnahmen-Überschuss-Rechnung verwenden zu dürfen, regelmäßig restriktiv gehandhabt. Darüber hinaus ist darauf hinzuweisen, dass die Finanzbehörde alleine die steuerrechtlichen Buchführungs-, Aufzeichnungs- und Aufbewahrungspflichten erleichtern kann, nicht hingegen die originären handelsrechtlichen Pflichten.

1493 Daneben kann der Insolvenzverwalter bei Vorliegen der Voraussetzungen des § 20 UStG die Ermittlung der Umsatzsteuer nach vereinnahmten Entgelten beantragen.

1494 Bei der Insolvenz über ein Einzelunternehmen kann der Insolvenzverwalter bei Unterschreiten der Umsatz- und Gewinngrenze nach § 241a HGB zur Nichtanwendung der handelsrechtlichen Vorschriften über Buchführung und Jahresabschluss optieren. Hierfür benötigt er nicht die Zustimmung der Fi-

---

2930 *Schmidt*, in: Scholz, GmbHG-2002, Vor § 64, Rn. 69.
2931 *Tipke/Kruse*, AO, § 148, Rn. 7; differenzierend *Hübschmann/Hepp/Spitaler*, AO/FGO, § 148, Rn. 6.
2932 *Tipke/Kruse*, AO, § 148, Rn. 9.

nanzverwaltung. In diesem Fall endet die abgeleitete Buchführungspflicht nach § 140 AO, die der Buchführung nach § 141 AO vorgreiflich ist. Deswegen wird in diesen Fällen regelmäßig keine Aufforderung der Finanzverwaltung an den Einzelunternehmer ergangen sein, gemäß § 141 AO Bücher zu führen und Abschlüsse zu machen. Dadurch steht dem Verwalter in derartigen Fällen regelmäßig die Möglichkeit der Gewinnermittlung durch Einnahmen-Überschuss-Rechnung und der Verzicht auf die Erstellung der handelsrechtlichen Buchführung offen.

Für Kapitalgesellschaften kann der Insolvenzverwalter gemäß §§ 270 Abs. 3 AktG bzw. 71 Abs. 3 GmbHG beim zuständigen Registergericht die Befreiung von der Verpflichtung zur Prüfung des Jahresabschlusses nach Verfahrenseröffnung beantragen, sofern die Verhältnisse überschaubar sind. *1495*

Eine weitere, zwar gesetzlich nicht vorgesehene, aber dafür in der Praxis umso häufiger bemühte Möglichkeit des Umgangs mit dem Problem der überbordenden Rechnungslegungs- sowie Steuererklärungspflichten ist die Bitte an das Finanzamt, die Besteuerungsgrundlagen für die Ertragsbesteuerung auf „Null" zu schätzen. Die Finanzämter entsprechen diesem Wunsch häufig. Diese Möglichkeit wird in der Praxis vor allem bei masseknappen Abwicklungsinsolvenzen über das Vermögen juristischer Personen gewählt. Denn hier ist oft durch das Zusammentreffen von hohen Verlustvorträgen und allenfalls geringen möglichen Gewinnen aus Verwertungshandlungen das Risiko der Verursachung eines Schadens durch die Nichterfüllung der umfänglichen Buchführungs- und Steuererklärungspflichten gering. Wenn gleichzeitig das Finanzamt der Ermittlung der Umsatzsteuer nach vereinnahmten Entgelten (§ 20 UStG) zustimmt, können die umsatzsteuerrechtlichen Besteuerungsgrundlagen aus der Einnahmen-Überschuss-Rechnung aus der Verwalterbuchhaltung abgeleitet werden. Zwar bleiben in diesen Fällen die handelsrechtlichen Rechnungslegungs- und Offenlegungspflichten regelmäßig unerfüllt. Da jedoch nach dem Wortlaut von § 335 Abs. 1 Satz 1 HGB nur gegen „Mitglieder des vertretungsberechtigten Organs" einer Kapitalgesellschaft ein Ordnungsgeldverfahren vorgesehen ist und der Insolvenzverwalter nach der herrschenden Amtstheorie nicht „Organ" bzw. „gesetzlicher Vertreter" der Kapitalgesellschaft ist,[2933] kann gegen den Insolvenzverwalter persönlich kein Ordnungsgeldverfahren durchgeführt werden.[2934] Mit anderen Worten: Die Pflichtverletzung bleibt ohne Sanktionen. Nicht nur der Insolvenzverwalter persönlich, sondern auch die von ihm verwaltete Insolvenzmasse hat nach dem eben zitierten Urteil des LG Bonn kein Ordnungsgeld mehr zu befürchten.[2935] *1496*

Dass diese Vorgehensweise nicht ohne Risiken für den Verwalter ist, liegt auf der Hand. Stellt sich später heraus, dass sich der Verwalter in seiner Einschätzung der Sachlage geirrt hat, setzt er sich diversen Haftungsrisiken gegenüber verschiedenen Beteiligten aus: Wurden Steuern zu niedrig festge- *1497*

2933 Vielmehr nimmt der Insolvenzverwalter seine Aufgaben mit Wirkung für und gegen die Insolvenzmasse als „Amtsträger" wahr.
2934 LG Bonn, B. v. 13.11.2008 – 30-T-275/08, DStR 2009, 498.
2935 Vgl. Anm. zu LG Bonn, B. v. 13.11.2008 – 30 T 275/08, von *Heni*, Ordnungsgeld gegen Insolvenzgesellschaft wegen Verstoßes gegen Offenlegungsvorschriften, ZInsO 2009, 510ff.

setzt und war hierfür die Verletzung der Buchführungspflichten durch den Verwalter ursächlich, droht eine Haftung gemäß § 69 AO. Wurden hingegen Steuern zu hoch festgesetzt, z. B. weil das Finanzamt die Besteuerungsgrundlagen nicht auf „Null" sondern auf einen davon abweichenden höheren Betrag geschätzt hat, droht eine Haftung für einen eventuell dadurch verursachten Quotenschaden gegenüber den übrigen Gläubigern nach § 60 InsO. Handelt es sich beim Schuldner nicht um eine juristische Person, die mit Beendigung des Insolvenzverfahrens aus dem Handelsregister gelöscht wird, sondern z. B. um eine natürliche Person, droht auch hier eine Haftungsinanspruchnahme, falls der Verwalter seine handels- und steuerrechtlichen Pflichten nicht zutreffend erfüllt hat, wenn bei Verfahrensbeendigung zu hohe Steuerverbindlichkeiten bestehen bleiben oder wenn Verlustvorträge unnötigerweise vergeudet wurden.

1498 Ein darüber hinausgehender Ansatz eine Reduzierung des Pflichtenumfangs zu rechtfertigen, besteht in Fällen der Masseunzulänglichkeit:

Gemäß § 208 InsO hat der Verwalter dem Insolvenzgericht anzuzeigen, wenn die Insolvenzmasse zwar noch ausreichend ist, um die Kosten des Insolvenzverfahrens zu decken, jedoch nicht mehr genügt, um die fälligen sonstigen Masseverbindlichkeiten zu erfüllen. Das Gericht hat gemäß § 208 Abs. 2 InsO die Masseunzulänglichkeit bekannt zu machen und den Massegläubigern eine gesonderte Nachricht zuzustellen. Eine Masseverbindlichkeit, die durch eine Rechtshandlung des Insolvenzverwalters begründet worden ist und nicht mehr erfüllt werden kann, führt zur Schadensersatzpflicht des Insolvenzverwalters gemäß § 61 InsO, es sei denn, der Verwalter konnte bei der Begründung der Verbindlichkeit nicht erkennen, dass die Masse zur Erfüllung voraussichtlich nicht ausreichend sein würde. Nach Auffassung des BGH entspricht es sachgerechter Amtsführung des Insolvenzverwalters, steuerliche Tätigkeiten, die besondere Kenntnisse erfordern oder über den allgemeinen, mit jeder Steuererklärung verbundenen, Arbeitsaufwand hinausgehen, einem Steuerberater zu übertragen. Dies trifft insbesondere für die Buchhaltungsarbeiten zu.[2936] Zutreffend wird in der Literatur darauf hingewiesen, dass die Erledigung von Buchführungs- und Bilanzierungsarbeiten regelmäßig die Einschaltung eines entsprechend qualifizierten Fachmannes erfordert. Die notwendige Qualifikation zur Erledigung der anfallenden Buchführungs- und Bilanzierungsarbeiten ist bei Insolvenzverwaltern nicht vorauszusetzen.[2937] Wenn aber einerseits eine im Insolvenzverfahren zu erledigende Pflicht als so kompliziert eingeschätzt wird, dass regelmäßig die Einschaltung eines externen Sachverständigen gerechtfertigt erscheint, steht

---

[2936] BGH, B. v. 22.04.2004 – IX ZB 161/03, DB 2005, 222; *Wiedenberg/Vogt*, Aufwendungen für Steuerberaterkosten bei masseunzulänglichen Insolvenzverfahren als Auslagen des Verwalters gemäß § 54 Nr. 2 InsO, ZIP 1999, 1662, 1664.

[2937] *Maus*, in: Uhlenbruck, InsO, § 155, Rn. 15, die darauf hinweisen, dass „sachverständige Dritte", deren Sachkunde den Maßstab für die Beurteilung dafür bildet, ob die Buchführung innerhalb angemessener Zeit den notwendigen Überblick verschafft, bei Buchhaltern, Wirtschaftsprüfern, vereidigten Buchprüfern, Steuerberatern und besonders für den Prüfungsdienst ausgebildeten Bediensteten der Finanzverwaltung zu vermuten ist, wohingegen Steuerrechtskenntnisse alleine nicht ausreichend sind; vgl. insoweit auch *Tipke/Kruse*, AO, § 145, Rn. 20.

dies im Widerspruch zur Behandlung der entsprechenden Kosten als Masseverbindlichkeit im Sinne des § 55 Abs. 1 Nr. 1 InsO. Oder anders formuliert: Es wäre widersprüchlich, dem Insolvenzverwalter eine Verpflichtung aufzuerlegen, die er nicht selbst erfüllen kann, ihn dabei jedoch in masseunzulänglichen Verfahren vor die Wahl zu stellen, die Pflicht zu verletzen oder die notwendigen Kosten auf eigene Rechnung zu begleichen, um einer Haftung gemäß § 61 InsO zu entgehen. Im Beschluss vom 22.07.2004[2938] hat der BGH letztlich offen gelassen, ob sämtliche steuerlichen Pflichten auch in masseunzulänglichen Verfahren erfüllt werden müssen. Eine starke Meinung in der Literatur tendiert dazu, bei masseunzulänglichen Abwicklungsinsolvenzen, bei denen keine schutzwürdigen Informationsinteressen erkennbar sind und bei denen die Entstehung eines Steuerschadens mit an Sicherheit grenzender Wahrscheinlichkeit ausgeschlossen werden kann, die Erfüllung der externen Rechnungslegungspflichten durch den Verwalter sachgerecht einzuschränken.[2939] Die Auffassung, dass in masseunzulänglichen Insolvenzverfahren der Pflichtenumfang zumindest in Bezug auf die Erstellung der Buchführung und der notwendigen Jahresabschlüsse einzuschränken ist, lässt sich dogmatisch aus den Zielen des Insolvenzverfahrens herleiten. Dies sind die bestmögliche Befriedigung der Insolvenzgläubiger und, soweit möglich, der Erhalt des Unternehmens. Es steht zwar außer Frage, dass das Insolvenzverfahren auch eine ordnungspolitische Funktion verfolgt.[2940] Diese stellt jedoch keinen Selbstzweck des Insolvenzverfahrens dar.[2941]

Im Gegensatz hierzu sieht jedoch der BFH[2942] auch in masseunzulänglichen Verfahren sowohl die Buchführungspflicht als auch die Verpflichtung zur Abgabe der erforderlichen Steuererklärungen als zwingend an, selbst wenn die hierfür erforderlichen Kosten der Beauftragung eines Steuerberaters nicht durch die Konkursmasse gedeckt sind. Der BFH rechtfertigt dies durch ein „übergeordnetes öffentliches Interesse" an der ordnungsgemäßen Abwicklung des Besteuerungsverfahrens. Vor dem Hintergrund der verfestigten Rechtsprechung des BFH hat der BGH in seinem Beschluss vom 22.07.2004[2943] die notwendigen Kosten für die Beauftragung eines Steuerberaters als Auslagen des Insolvenzverwalters und damit als Massekosten im Sinne des § 54 InsO eingestuft. Da es sich um ein Stundungsverfahren handelte, konnte der Insolvenzverwalter einen Kostenerstattungsanspruch gegenüber der Staatskasse geltend machen. Wird dieser Rechtsprechung folgend den notwendigen Steuerberaterkosten zumindest für die Erstellung der Buchführung und der Jahresabschlüsse der Charakter von Massekosten zu- 1499

2938 BGH, B. v. 22.07.2004 – IX ZB 161/03, DB 2005, 222.
2939 *Kübler*, in: Kübler/Prütting/Bork, InsO, § 155, Rn. 96; *Rattunde/Schmid*, in: Leonhardt/Smid/Zeuner, InsO, § 155, Rn. 21; *Kunz/Mundt*, Rechnungslegung in der Insolvenz (Teil II), DStR 1997, 664, 669 ff.; AG Duisburg, B. v. 27.04.2003 – 62 IN 241/02 m. Anm. v. *Beck/Hölzel*, EWiR 2003, 643.
2940 *Kübler*, in: Kübler/Prütting/Bork, InsO, § 155, Rn. 95 f.
2941 *Smid/Leonhardt*, in: Leonhardt/Smid/Zeuner, InsO, § 1 Rn. 58.
2942 BFH, Urt. v. 23.09.1994 – VII R 143/92, BStBl. II 1995, 194, BFH, B. v. 19.11.2007 – VII B 104/07, BFH/NV 2008, 334.
2943 BGH, B. v. 22.07.2004 – IX ZB 161/03, DB 2005, 222.

Teil 4 Rechnungslegung in der Insolvenz

gemessen, führt dies zum kuriosen Ergebnis, dass entsprechend knappe Verfahren gemäß § 26 Abs. 1 InsO nicht mehr eröffnet werden würden bzw. gemäß § 207 InsO einzustellen wären. Es liegt auf der Hand, dass dieses Ergebnis noch viel weniger den Zwecken der Insolvenzordnung entspricht, als die Nichterfüllung der Bilanzierungs- und Steuererklärungspflichten.[2944]

1500 Neben der hier favorisierten Lösung einer sachgerechten Einschränkung der Buchführungs- und Steuererklärungspflichten bei Massearmut lässt sich jedoch auch die Auffassung vertreten, dass die Pflichten grundsätzlich bestehen bleiben, ihre Nichterfüllung jedoch in den Fällen der Masseunzulänglichkeit ohne Sanktion bleibt, da den Verwalter kein Verschulden an der Nichterfüllung der Verpflichtung trifft.[2945]

1501 Im Ergebnis ist deswegen festzuhalten, dass in masseunzulänglichen Verfahren eine sachgerecht eingeschränkte Erledigung der Buchführungs- und Bilanzierungspflichten unter insolvenzrechtlichen Gesichtspunkten gerechtfertigt erscheint. Die Risiken für die betroffenen Insolvenzverwalter sind im Hinblick auf die handelsrechtliche Seite der Verpflichtungen gering. In steuerrechtlicher Hinsicht muss die insoweit abweichende finanzgerichtliche Rechtsprechung zur Kenntnis genommen werden, was vielfach jedoch durch die Vereinbarung bzw. Hinnahme von akzeptablen Schätzungen der Besteuerungsgrundlagen durch die Finanzverwaltung auch auf dieser Ebene zur konfliktfreien Bearbeitung der Verfahren führt. Dies schließt allerdings nicht aus, dass in Einzelfällen die Finanzverwaltung auf der vollständigen Erfüllung sämtlicher steuerlicher Pflichten bestehen und diese mit Zwangsmitteln durchsetzen wird.

2944 *Kübler*, in: Kübler/Prütting/Bork, InsO, § 155, Rn. 96.
2945 In diesem Sinne auch: LG Hagen, B. v. 11.05.2007 – 24 T2/07, ZInsO 2007, 895; zustimmend *Maus*, in: Uhlenbruck, InsO, § 155, Rn. 15.

Teil 5

Steuern in Sanierung und Insolvenz

Kapitel 1
Verfahrensfragen

1. Insolvenzsteuerrecht „versus" Steuerrecht

Eine eindeutige rechtliche Regelung, die das Verhältnis von Steuer- und Insolvenzrecht zueinander abschließend definiert, findet sich weder im Steuer- noch im Insolvenzrecht. In den Steuergesetzen ist die für das Verhältnis zwischen Insolvenzrecht und Steuerrecht zentrale Vorschrift des § 251 Abs. 2 AO, der jedoch nur statuiert, dass die Regelungen der Insolvenzordnung unberührt bleiben und in dieser Allgemeinheit keine Handlungsanweisung für den konkreten steuerlichen Einzelfall beinhaltet. In der Insolvenzordnung werden dagegen im Spannungsverhältnis zwischen Steuerrecht und Insolvenzrecht nur vereinzelt konkrete steuerliche Folgen der Tätigkeit des Insolvenzverwalters geregelt. So verpflichtet z. B. § 171 Abs. 2 Satz 3 InsO den absonderungsberechtigten Gläubiger zur Erstattung der Umsatzsteuer an die Masse, die bei Verwertung von beweglichen Massegegenständen entsteht. Oder nach § 155 Abs. 1 Satz 2 InsO hat der Insolvenzverwalter in Bezug auf die Insolvenzmasse die Pflichten zur handels- und steuerrechtlichen Rechnungslegung zu erfüllen.

1502

Generell bleibt es daher weiter bei dem schon durch die Rechtsprechung des RFH[2946] formulierten Grundsatz „Konkursrecht geht vor Steuerrecht", der nach Inkrafttreten der Insolvenzordnung am 01.01.1999 als Grundsatz **„Insolvenzrecht geht vor Steuerrecht"** weiter gilt.[2947] Für die Praxis heißt das, dass Höhe und Entstehung von Steuerforderungen sich weiter nach steuerrechtlichen Vorschriften richten und diese nur dort, wo eine Kollision mit einzelnen Vorschriften des Insolvenzrechts oder den Zielen des Insolvenzrechts möglich ist, sachgerecht eingeschränkt werden.[2948]

2946 RFH, Urt. v. 25.10.1926 – GrS 1/26, RFHE 19, 355.
2947 *Loose*, in: Tipke/Kruse, AO, § 251 Rn. 5.
2948 *Schmid*, in: Handbuch Krisen- und Insolvenzmanagement, 215.

2. Verfahrensrechtliche Stellung der Beteiligten

2.1 Stellung des Schuldners nach der Verfahrenseröffnung

1503 Mit der Eröffnung des Insolvenzverfahrens geht gemäß § 80 Abs. 1 InsO das Recht des Schuldners, das **zur Insolvenzmasse gehörende Vermögen zu verwalten** und über es zu verfügen, auf den Insolvenzverwalter über.

1504 Dennoch bleibt der **Schuldner Steuerpflichtiger** nach § 33 AO und **Steuerschuldner** nach § 43 AO. Der Schuldner verliert weder die Rechts- noch die Geschäftsfähigkeit und bleibt so Eigentümer der zur Insolvenzmasse gehörenden Gegenstände, Gläubiger der zur Insolvenzmasse gehörenden Forderungen und Schuldner der gegen die Insolvenzmasse gerichteten Forderungen. Aber der Verlust der Verfügungsbefugnis führt dazu, dass die Rechtshandlungen des Insolvenzverwalters den Schuldner persönlich berechtigen und verpflichten, und zwar auch für die Zeit **nach Beendigung des Insolvenzverfahrens**.[2949]

Im Insolvenzverfahren über das Vermögen einer **juristischen Person** und einer **Personengesellschaft** endet die Geschäftsführungs- und Vertretungsbefugnis der vertretungsberechtigten Organe, also der Geschäftsführer, sowie die Organstellung der nicht vertretungsberechtigten Organe (Aufsichtsrat, Gesellschafterversammlung).

1505 Der Schuldner verliert nach § 79 AO seine steuerliche Handlungsfähigkeit und daher gehen die **steuerrechtlichen Pflichten** auf den **Insolvenzverwalter** über, soweit sie sich auf die Insolvenzmasse beziehen (§ 34 AO). Daraus folgt jedoch nicht, dass der Gemeinschuldner seinerseits von allen steuerlichen Pflichten befreit ist. Vielmehr verbleibt es für den Schuldner bei den allgemeinen Mitwirkungspflichten nach den §§ 90 ff. AO. Diesen Mitwirkungspflichten kommt in der Praxis große Bedeutung zu, da der Gemeinschuldner in der Regel besser als der Insolvenzverwalter über Einzelheiten seiner steuerlich bedeutsamen Verhältnisse informiert ist und so insbesondere zu reinen Wissenserklärungen verpflichtet bleibt. Noch nicht eindeutig geklärt ist bisher die Frage, ob der Schuldner zur Erfüllung dieser Pflichten ein Einsicht- und Auskunftsrecht gegenüber dem Insolvenzverwalter hat.[2950] In der **Praxis** ergibt sich dieser Konflikt jedoch eher selten, da der Schuldner die geforderten Wissenserklärungen, z. B. über die Höhe und Art von angefallenen Sonderausgaben, unabhängig von den bei dem Insolvenzverwalter eingelagerten Unterlagen abgeben kann.

Zu beachten ist auch, dass der Schuldner nach § 153 AO verpflichtet bleibt, die Unrichtigkeit oder Unvollständigkeit einer Steuererklärung gegenüber dem Finanzamt zu berichtigen. Dies gilt zwar auch für Fehler des Insolvenzverwalters, aber die Berichtigungspflicht tritt nur ein, wenn der Gemeinschuldner die Unrichtigkeit oder Unvollständigkeit positiv kennt.

Die vorstehenden Grundsätze gelten nicht für **insolvenzfreies Vermögen** sowie **Neuerwerb** nach § 35 Abs. 2 Satz 1 InsO. Hier bleibt die Pflichtenstellung des Schuldners gegenüber der Finanzverwaltung unverändert.

2949 *Frotscher*, Besteuerung bei Insolvenz, 21.
2950 Vgl. einerseits BFH, Urt. v. 23.08.1994 – VII R 134/92, BFH/NV 1995, 570; andererseits FG Brandenburg, Urt. v. 12.05.2004 – 1 K 2447/01, ZIP 2005, 41.

Im **vorläufigen Insolvenzverfahren** ist danach zu differenzieren, welche Sicherungsmaßnahmen das Gericht anordnet. Bei Bestellung eines „**starken**" vorläufigen Insolvenzverwalters verliert der Schuldner das Verwaltungs- und Verfügungsrecht und es gelten daher die vorstehenden Regelungen zur steuerrechtlichen Stellung des Gemeinschuldners. Wird dagegen **kein allgemeines Verwaltungs- und Verfügungsverbot** angeordnet und nur ein „**schwacher**" Insolvenzverwalter bestellt, bleibt der Schuldner verfügungsberechtigt und hat uneingeschränkt die steuerlichen Pflichten zu erfüllen.[2951] Ob der Schuldner in diesem Fall Steuerforderungen auch begleichen darf, richtet sich nach den angeordneten Sicherungsmaßnahmen im Einzelfall. In der Regel muss der Schuldner zumindest die **laufende Umsatzsteuer** und **Lohnsteuer** abführen. Bei einem Verstoß gegen diese Pflicht droht nach der neueren Rechtsprechung die persönliche Inhaftnahme des Schuldners. Denn der BFH hat mit seinem Urteil vom 05.06.2007[2952] entschieden, dass die mögliche Anfechtbarkeit von Steuerzahlungen (nach §§ 130ff. InsO) einer Inhaftnahme des Geschäftsführers nicht entgegensteht.

1506

Im Verfahren mit **Eigenverwaltung** bleibt der Schuldner ebenfalls in der vollen steuerrechtlichen Pflichtenstellung. Bei der Begleichung von Steuerforderungen sind jedoch die § 283 Abs. 2 (Prüfungspflicht und Einverständniserklärung des Sachwalters bei Verteilung der Masse durch den Schuldner) und § 275 Abs. 2 InsO (Recht des Sachwalters zur alleinigen Entgegennahme und Auskehrung von Zahlungen) unter Umständen zu beachten.

1507

Im **Restschuldbefreiungsverfahren** erlangt der Schuldner seine volle Verwaltungs- und Verfügungsbefugnis über sein Vermögen zurück und damit auch seine steuerliche Pflichtenstellung.

Bei der Befriedigung von Steuerinsolvenzforderungen ist aber § 292 Abs. 2 InsO (Recht der Gläubigerversammlung, Überwachung durch Sachwalter anzuordnen) zu berücksichtigen.

2.2 Steuerrechtliche Stellung des Insolvenzverwalters

Der Insolvenzverwalter hat nach § 37 Abs. 3 AO **alle steuerlichen Pflichten** des Schuldners zu erfüllen. Diese Verpflichtung **beginnt** mit der Bestellung des Insolvenzverwalters und **endet** mit der Aufhebung bzw. Einstellung des Insolvenzverfahrens.[2953]

1508

Nicht zu dem Verwaltungsbereich des Insolvenzverwalters gehört ein an den Insolvenzschuldner gerichtetes **Strafverfahren**, so dass sich auch ein aus einer Betriebsprüfung übergeleitetes steuerstrafrechtliches Ermittlungsverfahren immer gegen den Insolvenzschuldner und nicht gegen den Insolvenzverwalter richtet.

Zu den umfangreichen steuerlichen Pflichten des Insolvenzverwalters gehören insbesondere:

- Allgemeine Mitwirkungspflichten (§ 90ff. AO),
- Aufzeichnungspflichten (§ 137ff. AO sowie spezialgesetzliche wie z.B. § 22 UStG),

---

[2951] BFH, B. v. 30.12.2004 – VII B 145/04, BFH/NV 2005, 665.
[2952] BFH, Urt. v. 05.06.2007 – VII R 65/05, BFH/NV 2007, 1942.
[2953] BFH, B. v. 08.08.1995 – VII R 25/94, ZIP 1996, 430.

Teil 5   Steuern in Sanierung und Insolvenz

- Buchführungspflichten (§§ 140 ff. AO),
- Erklärungspflichten (§§ 149 ff. AO sowie spezialgesetzliche wie z. B. § 18a UStG),
- Berichtigungspflichten (§ 153 AO),
- Aufbewahrungspflichten (§ 147 AO).

Erfüllt der Insolvenzverwalter die ihn nach § 34 AO treffenden steuerlichen Verpflichtungen nicht, so können gegen ihn persönlich **Zwangsmittel** festgesetzt werden.

1509   Allerdings kann der Insolvenzverwalter auch alle **steuerlichen Rechte** geltend machen, die dem Gemeinschuldner zustehen. Der Insolvenzverwalter kann daher z. B. nach § 9 UStG zur Umsatzsteuer optieren[2954] und er kann steuerliche Freistellungsbescheinigungen beantragen.[2955]

1510   **Mangelnde finanzielle Mittel** entbinden grundsätzlich nicht von der Verpflichtung, Bücher zu führen, die Gewinnermittlung vorzunehmen und Steuererklärungen abzugeben. Der BFH ist hier streng:[2956] solange sich die **Masseunzulänglichkeit** nicht herausgestellt hat, gelten die steuerlichen **Pflichten** uneingeschränkt. Die Pflicht zur Abgabe der Steuererklärung bleibt für den Insolvenzverwalter auch nach Eintritt der Masseunzulänglichkeit nach § 208 Abs. 3 InsO grundsätzlich bestehen, weil dieses Ereignis nur die Verteilungsmodalitäten einer eventuellen Quote berührt.[2957] Der als Insolvenzverwalter tätige Rechtsanwalt oder Steuerberater ist in diesem Fall zur Not selbst verpflichtet, die Bücher zu führen, die Gewinnermittlung zu machen und Steuererklärungen zu fertigen. Ausnahmen sind nur zulässig nach der Rechtsprechung, wenn es sich um besonders schwierige und umfangreiche Arbeiten handelt.[2958] Nur bei einer Einstellung mangels Masse gemäß §§ 207, 211 InsO entfallen nach Auffassung des BFH[2959] die Steuererklärungspflichten des Insolvenzverwalters mit sofortiger Wirkung. Für Stundungsverfahren hat der BGH[2960] eine beschränkte Erleichterung geschaffen, wonach in Ausnahmefällen eine Erstattung der angemessenen Kosten für die Beauftragung eines Steuerberaters als Auslagen möglich ist.

In der **Praxis** erfolgt der Kompromiss zwischen Funktion und Aufgabenbereich der Insolvenzverwaltung einerseits und Steuererklärungspflicht des Insolvenzverwalters andererseits dadurch, dass in Verfahren mit keiner oder geringer Insolvenzmasse und daher auch geringen Quotenaussichten, in denen sich die steuerlichen Sachverhalte für **Veranlagungszeiträume vor** Insolvenzeröffnung nur mit unvertretbarem Aufwand für den Insolvenzverwalter ermitteln lassen, die Besteuerungsgrundlagen durch die Finanzbehörde sinnvoller Weise durch eine **Schätzung** (§ 162 AO) ermittelt werden.

2954 BFH, Urt. v. 28.11.2002 – VII R 41/01, BStBl. II 2003, 337.
2955 BFH, B. v. 13.11.2002 – I B 147/02, BStBl. II 2003, 716.
2956 Vgl. BFH, Urt. v. 23.08.1994 – VII R 143/92, ZIP 1994, 1969.
2957 *Waza/Uhländer/Schmittmann*, Insolvenzen und Steuern, Rn. 502.
2958 BFH, B. v. 19.11.2007 – VII B 104/07, BFH/NV 2008, 334.
2959 BFH, B. v. 08.08.1995 – VII R 25/94, ZIP 1996, 430.
2960 BGH, B. v. 22.07.2004 – IX ZB 161/03, ZIP 2004, 1717.

2.2.1 Steuererklärungspflichten für die Zeit des Insolvenzverfahrens

Die Steuererklärungspflicht des Insolvenzverwalters besteht vor allem in Bezug auf die steuerlichen Masseverbindlichkeiten (§ 55 Abs. 1 Nr. 1, Abs. 2 InsO). Dazu zählen insbesondere die **umsatzsteuerlichen Masseverbindlichkeiten**, die betreffenden Voranmeldungen und Jahreserklärungen (§ 18 UStG). Dies kann zur Folge haben, dass die Umsatzsteuer eines einzigen Veranlagungszeitraumes in drei Steuererklärungen mit unterschiedlichen Steuernummern für Insolvenzforderungen, Masseverbindlichkeiten und insolvenzfreie Umsatzsteuer aufzuteilen ist. Daneben besteht natürlich bei Weiterbeschäftigung der Arbeitnehmer die Verpflichtung zur Abgabe der **Lohnsteueranmeldungen** (§ 41a EStG).

1511

Ist der Schuldner eine **natürliche Person**, die betrieblich tätig ist, hat der Insolvenzverwalter für die Insolvenzmasse die **Umsatzsteuer- und Gewerbesteuererklärung** abzugeben. In Bezug auf die **Ertragsteuern** hat der Insolvenzverwalter nur eine Erklärung über die einkommensteuerlichen Bemessungsgrundlagen abzugeben, soweit diese Besteuerungsgrundlagen ihre Wurzeln in der Insolvenzmasse haben, also z. B. Einkünfte, die der Insolvenzverwalter erzielt hat oder Sonderausgaben und außergewöhnliche Belastungen, wenn die Zahlungen aus der Insolvenzmasse geleistet wurden.[2961] Der Schuldner ist in diesem Zusammenhang lediglich zur Vorlage der zur Erstellung der Steuererklärung notwendigen Unterlagen verpflichtet. Der Verwalter kann sich folglich grundsätzlich seiner Verpflichtung zur Erstellung der Steuererklärungen nicht durch eine entsprechende Aufforderung an den Schuldner entledigen. Im Zuge der Vermeidung einer Haftungsinanspruchnahme darf der Verwalter nicht einmal auf Zusagen des Schuldners vertrauen, die Steuererklärungen selbst beim Finanzamt einzureichen.[2962]

1512

Hinsichtlich des **insolvenzfreien Vermögens**, der Besteuerungsgrundlagen des **zusammenveranlagten Ehegatten** und des **Neuerwerbs** nach § 35 Abs. 2 Satz 1 InsO treffen nicht den Insolvenzverwalter sondern uneingeschränkt den Insolvenzschuldner die steuerlichen Erklärungspflichten. Im Ergebnis bestehen daher für den Insolvenzverwalter und den Schuldner nur sogenannte „**Teilsteuererklärungspflichten**".

1513

Da die Finanzämter und auch die Insolvenzschuldner in der Praxis zunehmend die Erstellung von Einkommensteuererklärungen bei den Insolvenzverwaltern einfordern, können die Verwalter dem Konflikt zwischen Teilsteuererklärungspflicht einerseits und Ausschluss der Haftung für Erklärungen des Schuldners nur dadurch entgehen, dass entweder in einem Schreiben oder auf sonstige Weise die Bezugnahme einer Unterschrift des Verwalters auf die Teile der Einkommensteuererklärung, die die Masse betreffen, beschränkt wird.

Ist der Schuldner eine **juristische Person**, sind alle Steuererklärungen (**Körperschaft- und Gewerbe- und Umsatzsteuererklärung**) von dem Insolvenzverwalter abzugeben, da die Körperschaft keinen insolvenzfreien Bereich haben kann.

1514

[2961] *Frotscher*, Besteuerung bei Insolvenz, 36.
[2962] BGH, B. v. 18.12.2008 – IX ZB 197/07, NZI 2009, 327.

1515 Der Insolvenzverwalter im Insolvenzverfahren über das Vermögen einer **Personengesellschaft** hat lediglich die Gewerbesteuer- und Umsatzsteuererklärung abzugeben. Denn nach der gefestigten Rechtsprechung des BFH[2963] besteht keine Verpflichtung des Insolvenzverwalters zur Abgabe der Erklärung für die einheitliche und gesonderte Gewinnfeststellung nach § 179 ff. AO. Die Durchführung der einheitlichen Gewinnfeststellung gehört danach zu den insolvenzfreien Angelegenheiten, die die Gesellschafter persönlich und nicht die Insolvenzmasse betrifft. In der Praxis kann den Gesellschaftern vom Insolvenzverwalter zur Erstellung der Feststellungserklärung Einblick in die Buchhaltungsunterlagen gewährt werden.

In der Literatur wird die Auffassung des BFH zwar mit der Begründung kritisiert, dass der Verwalter durch sein Amt verpflichtet sei, sämtliche steuerlichen Pflichten der insolventen Gesellschaft zu erfüllen.[2964] Aber in der **Praxis** richten sich die Finanzbehörden nach der existierenden Rechtsprechung und die Erstellung von Erklärungen zur einheitlichen und gesonderten Feststellung wird vom Verwalter nicht gefordert.

2.2.2 Steuererklärungen für die Zeit vor Insolvenzeröffnung

1516 Von der Steuererklärungspflicht des Insolvenzverwalters werden nach der höchstrichterlichen Rechtsprechung grundsätzlich auch die vor der Eröffnung des Insolvenzverfahrens liegenden Steuerabschnitte umfasst, so dass der Insolvenzverwalter folglich auch Steuererklärungen für Veranlagungszeiträume vor Eröffnung des Insolvenzverfahrens abzugeben hat.[2965]

Aufgrund der ausdrücklichen Regelung des § 153 Abs. 1 Satz 2 AO hat der Insolvenzverwalter auch eine vor Eröffnung des Insolvenzverfahrens von dem Schuldner abgegebene **unrichtige** oder **unvollständige Steuererklärung** zu berichtigen, wenn der Verwalter während seiner Verwaltung die Unrichtigkeit oder Unvollständigkeit erkennt.

Problematisch sind in der Praxis die Fälle, in denen der Schuldner **ohne Freigabe** steuerrelevante Tätigkeiten ausübt. Erzeugt der Insolvenzverwalter nicht den Rechtsschein, dass der Schuldner mit seiner Billigung tätig ist, können die Einkünfte und die daraus resultierenden Steuern nicht der Masse zugerechnet werden. Noch nicht höchstrichterlich geklärt ist die Frage, wie die Steuerfolgen sind, wenn der Insolvenzverwalter die nicht gebilligte Tätigkeit nachträglich erkennt und die Erlöse zur Masse zieht. Hier wird man von einer nachträglichen Billigung ausgehen müssen, was zum Übergang auch der steuerlichen Pflichten führt.

2.2.3 Dauer der Insolvenz, Pflichten des Insolvenzverwalters

1517 Auf keinen Fall treffen den Insolvenzverwalter Steuererklärungspflichten für die Zeit nach **Beendigung** des Insolvenzverfahrens. Denn für diese Zeit hat der Insolvenzverwalter weder Rechte und Kompetenzen, noch Pflichten und

---

2963 BFH, Urt. v. 23.08.1994 – VII R 143/92, BStBl. II 1995, 194; BGH, B. v. 02.04.1998 – IX ZR 187/97, ZIP 1998, 1076.
2964 Zum Meinungsstand *Waza/Uhländer/Schmittmann*, Insolvenzen und Steuern, Rn. 500.
2965 BFH, B. v. 12.11.1992 – IV B 83/91, BStBl. II 1993, 265.

kann daher nicht Vermögensverwalter nach § 34 AO sein.[2966] Etwas anderes gilt jedoch für diejenigen steuerlichen Pflichten, die die **Zeit der Verwaltung** betreffen, die aber bei Beendigung des Insolvenzverfahrens noch nicht erfüllt sind. Denn die Beendigung des Amts als Insolvenzverwalter befreit ihn nach § 36 AO nicht von der Erfüllung dieser Pflichten.[2967]

Eine Ausnahme besteht nur, wenn der Insolvenzverwalter aus tatsächlichen oder rechtlichen Gründen nicht in der Lage ist, diese Pflichten zu erfüllen. In der **Praxis** kann in diesem Zusammenhang geltend gemacht werden, dass sämtliche Geschäftsunterlagen, die für die Erfüllung der noch ausstehenden steuerlichen Pflichten erforderlich sind, bereits ordnungsgemäß nach Abschluss des Verfahrens wieder an den Schuldner zurückgegeben wurden und daher aus tatsächlichen Gründen keine Steuererklärung mehr durch den Verwalter erstellt werden kann. Außerdem endet das Amt des Insolvenzverwalters mit Aufhebung des Insolvenzverfahrens, so dass der Verwalter dann keine rechtsverbindliche Erklärung für den Schuldner mehr abgeben kann und somit auch rechtliche Gründe der Erfüllung weiterer steuerlicher Pflichten durch den Verwalter entgegenstehen würden.

2.3 Stellung des vorläufigen Insolvenzverwalters

Dem **vorläufigen starken Insolvenzverwalter** steht nach § 22 Abs. 1 InsO die Verwaltung- und Verfügungsbefugnis zu. Er ist damit Vermögensverwalter im Sinne des § 34 Abs. 3 AO. Dennoch ist seine Pflichtenstellung nicht identisch mit der des endgültigen Verwalters. Unstreitig hat er die laufenden Umsatzsteuer-Voranmeldungen sowie die Lohnsteueranmeldungen abzugeben. Nicht geklärt ist jedoch, ob er auch Steuererklärungen für die Zeit vor Eröffnung des Insolvenzverfahrens erstellen und abgeben muss. Hiergegen könnte eingewendet werden, dass die Finanzbehörde abzuwägen hat, ob es angemessen ist, den vorläufigen Insolvenzverwalter trotz des vorläufigen Charakters und oft kurzen Dauer seiner Tätigkeit auf Erfüllung seiner Verpflichtungen in Anspruch zu nehmen, oder ob dies dem endgültigen Insolvenzverwalter überlassen bleiben kann.[2968] In der **Praxis** wird die Ermessensausübung des Finanzamtes im Hinblick auf die üblicherweise kurze Dauer der vorläufigen Insolvenzverwaltung zu gunsten des vorläufigen Verwalters ausfallen und außerdem kann der vorläufige Verwalter über Fristverlängerungsanträge die Abgabe der angeforderten Erklärungen bis zur Eröffnung des Verfahrens hinauszögern. *1518*

Zur **Abführung von Steuern** ist der starke vorläufige Verwalter insoweit nicht verpflichtet, als es sich um vor Anordnung des vorläufigen Insolvenzverfahrens begründete Steuerforderungen sowie um Forderungen handelt, die ohne das Zutun des vorläufigen Verwalters begründet wurden. *1519*

Soweit ein starker vorläufiger Insolvenzverwalter vor Eröffnung des Insolvenzverfahrens Verbindlichkeiten begründet, werden diese nach § 55 Abs. 2 InsO als Masseverbindlichkeiten eingeordnet. Dies gilt naturgemäß nur, wenn das Insolvenzverfahren auch tatsächlich eröffnet wird und betrifft ins-

---

2966 *Frotscher*, Besteuerung bei Insolvenz, 39.
2967 OFD Hannover, Verf. v. 07.02.2001, UR 2001, 364, Tz. 13.
2968 *Frotscher*, Besteuerung bei Insolvenz, 47.

besondere die Umsatzsteuer- und Einkommensteuer aus Umsätzen, die der vorläufige Insolvenzverwalter durchgeführt hat. Kontrovers wird diskutiert, ob den starken vorläufigen Insolvenzverwalter insoweit eine uneingeschränkte Steuerzahlungspflicht trifft.[2969]

1520 Beim **schwachen vorläufigen Insolvenzverwalter** hängt die steuerrechtliche Qualifikation von seinen rechtlichen und tatsächlichen Befugnissen ab. Die **Sicherungs- und Überwachungsanordnungen** oder die Verhängung eines **allgemeinen Zustimmungsvorbehalts** führen nicht dazu, dass der vorläufige schwache Verwalter zum Vermögensverwalter nach § 34 Abs. 3 AO wird. Dies gilt nach der Rechtsprechung selbst dann, wenn der schwache vorläufige Verwalter die ihm vom Insolvenzgericht übertragenen Verwaltungsbefugnisse überschreitet.[2970] Die steuerlichen Pflichten bleiben daher vollumfänglich bei dem Gemeinschuldner. Überträgt das Gericht dem vorläufigen Insolvenzverwalter aber unbedingt die **Kassenführung** so wird dieser zu einem Verfügungsberechtigten im Sinne von § 35 AO und hat die steuerlichen Zahlungsverpflichtungen einzuhalten. Die sonstigen steuerlichen Pflichten bleiben beim Schuldner.

Unter den Voraussetzungen des BGH[2971] sind die Steuerzahlungen des vorläufigen Insolvenzverwalters jederzeit anfechtbar.[2972] Lediglich die Handlungen des starken vorläufigen Verwalters sind der Anfechtung entzogen.

Zu beachten ist jedoch in diesem Zusammenhang, dass mit der Einfügung des **§ 55 Abs. 4 InsO** durch das Haushaltsbegleitgesetz 2011 auch die von einem schwachen vorläufigen Verwalter oder vom Schuldner mit Zustimmung des Verwalters begründeten Verbindlichkeiten aus dem Steuerschuldverhältnis nach Eröffnung als Masseverbindlichkeiten gelten. Diese Änderung gilt für alle Insolvenzverfahren, für die der **Antrag auf Eröffnung nach dem 31.12.2010** gestellt wurde. Die Gesetzesänderung hat viele Fragen für die Praxis aufgeworfen, die durch das BMF-Schreiben vom 17.01.2012[2973] aber in weiten Teilen geklärt wurden, vgl. ausführlich Teil 5, Kap. 1, Rn. 1565. Für die **Praxis** des vorläufigen Insolvenzverwalters sollte zur Sicherstellung der Möglichkeit der Ermittlung der etwaigen Masseschulden nach Eröffnung des Verfahrens bei dem Schuldner von Anfang an darauf hingewirkt werden, dass dieser die steuerlichen Buchführungs- und Aufzeichnungspflichten in der Zeit der vorläufigen Verwaltung ordnungsgemäß erfüllt. Von der Beantragung einer weiteren (vierten) Steuernummer rate ich aus Gründen der Übersichtlichkeit ab. Wichtig ist, dass eine **Zahlung von Steuerverbindlichkeiten**, die in der Zeit der vorläufigen Verwaltung begründet wurden, durch den vorläufigen Verwalter **nicht** erfolgen soll, da diese

---

[2969] Während *Frotscher*, Besteuerung bei Insolvenz, 48 und *Maus*, Umsatzsteuerrechtliche Folgen der Sicherheitenverwertung in der Insolvenz, ZIP 2000, 339 insoweit eine uneingeschränkte Steuerzahlungspflicht bejahen, vertritt *Onusseit*, Die steuerrechtlichen Rechte und Pflichten des Insolvenzverwalters in den verschiedenen Verfahrensarten nach der InsO, ZInsO 2000, 363, auch mit Hinweis auf BFH, Urt. v. 29.04.1996 – VII R 184/83, ZIP 1996, 849, jedoch eine andere Ansicht.
[2970] BFH, B. v. 27.05.2009 – VII B 156/08, BFH/NV 2009, 1591.
[2971] BGH, Urt. v. 09.12.2004 – IX ZR 108/04, ZIP 2005, 314.
[2972] Sondern auch BFH, B. v. 11.08.2005 – VII B 244/04, ZIP 2005, 1797.
[2973] BMF-Schreiben vom 17.01.2012 – IV A 3 – S 0550/10/10020-05, DStR 2012, 241.

Kapitel 1   Verfahrensfragen

Verbindlichkeiten erst mit Verfahrenseröffnung den Charakter von Masseverbindlichkeiten annehmen.

2.4 Stellung des Treuhänders und Sachwalters

Der Treuhänder in der Verbraucherinsolvenz (§ 313 InsO) hat eine dem Insolvenzverwalter entsprechende Stellung. Er hat daher genauso die steuerlichen Pflichten zu erfüllen, die das von ihm treuhänderisch verwaltete Vermögen des Insolvenzschuldners betreffen. In der Praxis beschränken sich die steuerlichen Fragen im vereinfachten Insolvenzverfahren üblicherweise auf die Erstellung der Teil-Einkommensteuererklärung und eventuell Umsatzsteuererklärung für die Einkünfte, die zur Insolvenzmasse gehören.

1521

Der **Sachwalter im Rahmen der Eigenverwaltung** (§ 275 Abs. 3 InsO) ist dagegen mangels Verwaltungs- und Verfügungsrecht (§ 270 Abs. 1 InsO) nicht zur Erfüllung der steuerlichen Pflichten des Schuldners verpflichtet.[2974]
Dies gilt auch soweit Verfügungen des Schuldners nach § 275 Abs. 1 InsO der Zustimmung des Sachwalters bedürfen. Denn das Zustimmungserfordernis führt nicht zur Verfügungsberechtigung des Sachwalters und macht ihn auch nicht zum Vermögensverwalter nach § 34 AO. Etwas anderes gilt aber, wenn der Sachwalter nach § 275 Abs. 2 InsO allein berechtigt ist, Zahlungen zu leisten und damit verfügungsberechtigt im Sinne des § 35 AO ist. Hier trifft ihn dann zwar die Pflicht zur Leistung von Steuerzahlungen, aber für die Erfüllung der übrigen steuerlichen Pflichten bleibt weiter der Schuldner verantwortlich.

1522

Der Treuhänder bei der Restschuldbefreiung nach § 292 InsO hat eine dem Sachwalter vergleichbare Stellung und daher keine steuerlichen Pflichten des Schuldners zu erfüllen.

1523

2.5   Haftung des Insolvenzverwalters für Steuerschulden
2.5.1   Haftung des Insolvenzverwalters

Für die Haftung des Insolvenzverwalters bestehen zwei verschiedene Grundlagen **(Dualität der Haftungsnorm)**. Nach §§ 60 ff. InsO haftet er für die Erfüllung der ihm nach der Insolvenzordnung obliegenden Verpflichtungen (insolvenzrechtliche Haftung). Nach § 69 AO haftet er als Vermögensverwalter im Sinne des § 34 AO für die Erfüllung der ihm auferlegten steuerrechtlichen Pflichten (steuerrechtliche Haftung).

1524

Während §§ 60 ff. InsO den Insolvenzverwalter in umfassender Weise unbegrenzt haften lassen, ist die Haftung nach § 69 AO an engere Voraussetzungen gebunden.

Das Konkurrenzverhältnis beider Vorschriften zueinander ist nach der Rechtsprechung des BGH[2975] wie folgt aufzulösen:

- Bei Verstoß gegen eine insolvenzrechtliche Vorschrift, greifen die §§ 60 ff. InsO (z. B. Verstoß gegen die quotengerechte Erfüllung von Insolvenzforderungen, die Nichtbeachtung der Rangfolge nach § 209 InsO bei Massearmut).

2974 *Frotscher*, Besteuerung bei Insolvenz, 50.
2975 BGH, Urt. v. 01.12.1988 – IX ZR 61/88, ZIP 1989, 50.

- Bei Verstoß gegen eine allgemeine steuerrechtliche Vorschrift, greift § 69 AO (z. B. die Verletzung von Steuererklärungspflichten).

§ 69 AO ist daher die speziellere Norm für den Fall der Nichterfüllung steuerrechtlicher Pflichten durch den Insolvenzverwalter und geht insoweit der insolvenzrechtlichen Haftung nach §§ 60 ff. InsO vor.[2976]

1525 Die Haftung des Insolvenzverwalters nach § 69 AO setzt den Eintritt eines **Vermögensschadens** voraus. Die Pflichtverletzung des Insolvenzverwalters muss also dazu geführt haben, dass Ansprüche aus dem Steuerschuldverhältnissen nicht oder nicht rechtzeitig festgesetzt oder erfüllt worden sind. Nicht rechtzeitig **festgesetzt** ist eine Steuer bereits bei verspäteter Abgabe einer Steueranmeldung. Nicht rechtzeitig **entrichtet** ist eine Steuer, wenn nach Eintritt der Fälligkeit eine Zahlung unterbleibt.[2977]

1526 Außerdem ist es erforderlich, dass zwischen der haftungsbegründenden Pflichtverletzung und dem dadurch verursachten Vermögensschaden ein **Kausalzusammenhang** besteht. Eine Haftung des Insolvenzverwalters **entfällt** mangels Kausalität nach der Rechtsprechung des BFH dann, wenn die Zahlungsmittel oder das vollstreckbare Vermögen auch bei ordnungsgemäßer Erfüllung der steuerlichen Pflichten nicht ausgereicht hätten, um die geschuldete Steuer begleichen zu können.[2978]

Eine haftungsrechtliche Inanspruchnahme des Insolvenzverwalters nach § 69 AO setzt darüber hinaus voraus, dass der Verwalter eine steuerliche Pflicht **grob fahrlässig** oder **vorsätzlich** unbeachtet gelassen hat. In diesem Zusammenhang kommen insbesondere bei Fortführung des insolventen Unternehmens Anmelde- und Entrichtungspflichten für Umsatz- und Lohnsteuer oder in Folge von Verwertungshandlungen entstandene Umsatzsteuer in Betracht (siehe zum Umfang der steuerlichen Pflichten des Insolvenzverwalters auch Rn. 1508 ff.).

Der Insolvenzverwalter kann sich einer Haftung nach § 69 AO nicht dadurch entziehen, dass er auf seine fehlenden steuerrechtlichen Spezialkenntnisse verweist.[2979] Vielmehr hat der Verwalter in diesem Fall zur Vermeidung einer Haftung, z. B. einen externen Steuerberater zu beauftragen und dabei zu berücksichtigen, dass dessen Honorar Masseverbindlichkeit nach § 55 Abs. 1 Nr. 1 InsO ist. Eine Ausnahme hierfür gilt nach der Rechtsprechung nur dann, wenn aufgrund der festgestellten Masseunzulänglichkeit kein Steuerberater oder Wirtschaftsprüfer mehr bereit ist, die Erfüllung der steuerlichen Angelegenheiten zu übernehmen.[2980] Bei Beauftragung eines Steuerberaters oder Wirtschaftsprüfers darf der Insolvenzverwalter dagegen auf die ordnungsgemäß Erledigung der steuerlichen Angelegenheiten vertrauen und ein Verschulden des beauftragten Beraters kann ihm nicht zugerechnet werden.[2981]

2976 *Sinz*, in: Uhlenbruck, InsO, § 60 Rn. 47; *Frotscher*, Besteuerung bei Insolvenz, 41.
2977 *Loose*, in: Tipke/Kruse, AO, § 69, Rn.18.
2978 BFH, Urt. v. 26. 08. 1992 – VII R 50/91, BStBl. II 1993, 8.
2979 BFH, Urt. v. 11. 11. 1986 – VII R 201/83, BFH/NV 1987, 212
2980 BFH, Urt. v. 23. 08. 1994 – VII R 143/92, BStBl. II 1995, 194.
2981 BFH, B. v. 04. 05. 2004 – VII B 318/03, BFH/NV 2004, 1363; BFH, Urt. v. 30. 06. 1995 – VII R 85/94, BFH/NV 1996, 2.

Der Insolvenzverwalter hat die Insolvenzmasse so zu verwalten, dass er zur **fristgerechten Tilgung** auch erst künftig fällig werdender Schulden in der Lage ist. So stellt es nach der Rechtsprechung des BFH eine haftungsbegründende Pflichtverletzung dar, wenn der Insolvenzverwalter, wie z. B. durch eine Globalzession zugunsten der kreditgebenden Bank keine Möglichkeit mehr hat, künftig fällig werdende Steuerschulden zu tilgen.[2982]

1527

Nach dem **Grundsatz der anteiligen Tilgung** der Steuerschulden und der Forderungen anderer Gläubiger kann eine Haftung des Insolvenzverwalters nur insoweit in Betracht kommen, als er aus den verfügbaren Mitteln die anderen Gläubiger im Vergleich zum Finanzamt überproportional befriedigt. Der dadurch der Finanzverwaltung zugefügte Vermögensschaden besteht in der Differenz zwischen dem Betrag, der sich bei Annahme einer gleichmäßigen Befriedigung aller Schuldner rechnerisch ergeben würde, und dem Steuerbetrag, der im Haftungszeitraum tatsächlich an das Finanzamt abgeführt wurde.[2983]

Eine **Ausnahme vom Grundsatz der anteiligen Tilgung** und die Haftung des Insolvenzverwalters für den vollständigen Umsatzsteuerbetrag hat der BFH für den Fall zugelassen, dass der Verwalter in einem Grundstückkaufvertrag auf die Umsatzsteuerbefreiung nach § 9 Abs. 1 UStG verzichtete, aber den gesamten Bruttokaufpreis an die absonderungsberechtigte Bank überwies und aufgrund der Masselosigkeit die Umsatzsteuer nicht an das Finanzamt entrichten konnte.[2984] Der Verwalter hätte zur Haftungsvermeidung den auf die Umsatzsteuer entfallenden Anteil des Kaufpreises durch eine Nettokaufpreisabrede mit der Bank zur Masse ziehen müssen.

In Bezug auf die **Anmeldung und die Entrichtung von Lohnsteuer** besteht jedoch abweichend vom Grundsatz der anteiligen Tilgung die Verpflichtung zur **vorrangigen Entrichtung**.[2985] Für den Fall, dass die Insolvenzmasse nicht ausreicht, um die arbeitsvertraglich vereinbarten Nettolöhne und die darauf entfallende Lohnsteuer zu entrichten, hat der Insolvenzverwalter daher eine Kürzung der Arbeitslöhne vorzunehmen.[2986] Der Verwalter kann sich in diesem Zusammenhang nicht darauf berufen, dass bei einer Kürzung der Arbeitslöhne mit Streiks oder Kündigungen zu rechnen sei und er sich daher in einer Zwangslage befinde.[2987]

1528

In diesem Zusammenhang ist aber eine aktuelle Entscheidung des BFH[2988] zur **Lohnsteuer bei Neuerwerb** herauszuheben, wonach eine Haftung des Insolvenzverwalters für nicht gezahlte Lohnsteuern für das Gehalt eines insolventen Geschäftsführers einer GmbH mit der Begründung abgelehnt wurde, dass in der bloßen Duldung der Fortführung der Geschäftsfüh-

---

2982 BFH, Urt. v. 28.11.2002 – VII R 41/01, ZIP 2003, 582.
2983 Vgl. im Einzelnen *Jatzke*, Die Haftung des (vorläufigen) Insolvenzverwalters nach §§ 69, 34 AO, ZIP 2007, 42.
2984 BFH, Urt. v. 16.12.2003 – VII R 42/01, BFH/NV 2004, 908.
2985 BFH, Urt. v. 01.08.2000 – VII R 110/99, BFH/NV 2001, 84.
2986 BFH, Urt. v. 15.04.1987 – VII R 160/83, BStBl. II 1988, 167.
2987 *Jatzke*, Die Haftung des (vorläufigen) Insolvenzverwalters nach §§ 69, 34 AO, ZIP 2007, 42.
2988 BFH, Urt. v. 21.07.2009 – VII R 49/08, DB 2009, 2583.

rungstätigkeit keine Handlung des Verwalters im Sinne des § 55 Abs. 1 Nr. 1 InsO gesehen werden könne und daher durch diese bloß geduldete Tätigkeit auch keine Masseverbindlichkeiten begründet werden konnten. Auch die Einführung des § 35 Abs. 2 InsO (Möglichkeit der ausdrücklichen Freigabe der selbstständigen Tätigkeit eines Insolvenzschuldners) ändert grundsätzlich nichts an diesem Ergebnis, wenn die Geschäftsführungstätigkeit als unselbstständig einzustufen ist.[2989]

1529 Die Haftungsschuld nach § 69 AO ist durch Haftungsbescheid nach § 191 Abs. 1 AO geltend zu machen. Gegen den Bescheid ist ausschließlich der Finanzrechtsweg eröffnet.

Ein **Haftungsanspruch** gemäß §§ 191, 34, 69 AO kann nur solange geltend gemacht werden, wie der Steueranspruch besteht. Daher kann ein Haftungsbescheid nicht mehr ergehen, sobald für die Steuerschuld ab dem Zeitpunkt der letzten Behördenentscheidung Festsetzungs- oder Zahlungsverjährung eingetreten ist.[2990]

2.5.2 Haftung des vorläufigen Insolvenzverwalters

1530 Der vorläufige Insolvenzverwalter haftet nach den gleichen Grundsätzen wie ein endgültiger Insolvenzverwalter. Er ist **vorläufiger starker** Insolvenzverwalter. Er ist Vertreter im Sinne § 34 AO und haftet daher für Verletzungen der steuerlichen Pflichten nach § 69 AO (für Einzelheiten siehe Rn. 1524 ff.).

Die Haftung des vorläufigen starken Insolvenzverwalters ist jedoch **ausgeschlossen**, wenn das vorgefundene Vermögen des Schuldners nicht einmal die Kosten des Verfahrens deckt und die Eröffnung des Insolvenzverfahrens gemäß § 26 Abs. 1 InsO aus diesem Grunde abzuweisen wäre.[2991]

1531 Ein **schwacher vorläufiger Insolvenzverwalter** ist kein gesetzlicher Vertreter nach § 34 AO und ihn treffen die steuerrechtlichen Pflichten nicht, so dass auch eine **Haftung** nach § 69 AO **entfällt**. Mit dieser Begründung wird auch die Haftung des schwachen vorläufigen Verwalters für Masseverbindlichkeiten nach **§ 55 Abs. 4 InsO** bei späterer Masseunzulänglichkeit abgelehnt.[2992] Der Haftung nach §§ 60, 61 InsO steht entgegen, dass durch die Duldung einer Umsatzsteuer auslösenden Handlung gerade keine insolvenzspezifische Pflicht verletzt wird.[2993] Etwas anderes gilt nur, wenn er aufgrund der konkreten Anordnungen Verfügungsberechtigter nach § 35 AO ist und als solcher auftritt. Er hat dann die Pflicht nach § 34 AO zu erfüllen und haftet auch nach schuldhafter kausaler Verletzung der steuerlichen Pflichten.

2989 *Bartone*, Haftung des Insolvenzverwalters für LSt-Schulden des Insolvenzschuldners bei Neuerwerb, DB 2010, 359.
2990 BFH, Urt. v. 12.10.1999 – VII R 98/98, BStBl. II 2000, 486; VG Gießen, Urt. v. 15.02.2007 – 8 E 4140/05, BeckRS 2007, 21205.
2991 Für den Konkursverwalter vgl. BFH, B. v. 19.12.1995 – VII R 53/95, ZIP 1996, 429.
2992 *Onusseit*, Zur Neuregelung des § 55 Abs. 4 InsO, ZInsO 2011, 641; *Nawroth*, Der neue § 55 Abs. 4 InsO – Die Gedanken sind frei ..., ZInsO 2011, 107.
2993 BGH, B. v. 14.10.2010 – IX ZB 224/08, ZInsO 2010, 2188.

2.6 Stellung der Finanzverwaltung

Die Finanzverwaltung ist in den steuerlichen Angelegenheiten der zentrale Ansprechpartner des Insolvenzverwalters. Durch die Insolvenz ändert sich grundsätzlich weder die örtliche, noch die interne Zuständigkeit. Ein Zuständigkeitsproblem kann bei Liquidation oder Insolvenz von Personengesellschaften oder juristischen Personen aber dann eintreten, wenn der Insolvenzverwalter oder Liquidator die Geschäftsführung im Zuständigkeitsbereich eines anderen Finanzamtes ausübt. Im Jahressteuergesetz 2008[2994] ist allerdings mit §§ 26 Abs. 3 AO eine Regelung eingefügt worden, wonach ein Zuständigkeitswechsel solange nicht stattfindet, wie

1532

- über einen Insolvenzantrag noch nicht entschieden wurde,
- ein eröffnetes Insolvenzverfahren noch nicht aufgehoben wurde oder
- sich eine Personengesellschaft oder juristische Person in Liquidation befindet.

Eine Änderung der Zuständigkeiten kann nunmehr nur noch über eine Zuständigkeitsvereinbarung nach § 27 AO erreicht werden, um professionellen „Firmenbestattern" die Ausnutzung der zeitlichen Komponente eines Zuständigkeitswechsels zur Unterschlagung von vorhandenen Vermögenswerten zu erschweren.

In der überwiegenden Zahl der Fälle bleibt daher die Veranlagungsstelle hinsichtlich der Einreichung von Steuererklärungen, Voranmeldungen etc. unverändert zuständig und vergibt zur Klarstellung der Verhältnisse aus verwaltungstechnischen Gründen eine **Massesteuernummer**, unter der die aus der Verwaltung der Insolvenzmasse resultierenden Steuern anzumelden und abzuführen sind. Im Fall der Freigabe eines Unternehmens (§ 35 InsO) wird eine **dritte Steuernummer** vergeben, unter der der Schuldner die im insolvenzfreien Bereich begründeten Steuerschulden anzumelden und abzuführen hat.

Besondere Bedeutung gewinnt die Vollstreckungsstelle, die für die Anmeldung von Steuerforderungen zur Tabelle zuständig ist (siehe unten Rn. 1568 ff.).

2.6.1 Das Finanzamt als Gläubiger

Das Finanzamt kann – wie jeder andere Gläubiger – bei Vorliegen von Insolvenzgründen gemäß §§ 17, 19 InsO[2995] Antrag auf Eröffnung eines **Insolvenzverfahrens** stellen. Insolvenzrechtlich gelten für den Insolvenzantrag einer Finanzbehörde keine Besonderheiten.

1533

Da die Eröffnung des Insolvenzverfahrens in aller Regel die Vernichtung der wirtschaftlichen Existenz des Schuldners bedeutet, ist das Finanzamt jedoch in seiner Entscheidung über einen Insolvenzantrag an **pflichtgemäße Ermessensausübung** gebunden (§ 5 AO). **Ermessensfehlerhaft** ist ein Insolvenzantrag in jedem Fall dann, wenn eine realistische Möglichkeit besteht, dass der Schuldner ohne Insolvenzverfahren seine Steuerverbindlichkeiten

---

[2994] Vgl. JStG 2008 v. 20.12.2007, BGBl. I 2007, 3150.
[2995] Vgl. Teil 2, Kap. 1, Rn. 309 ff.

noch tilgt.²⁹⁹⁶ **Ermessensfehlerfrei** ist die Stellung des Insolvenzantrags dagegen z. B. dann, wenn mit einer Besserung der wirtschaftlichen Lage des Schuldners in absehbarer Zeit nicht gerechnet werden kann, die Steuerrückstände weiter steigen und die Finanzbehörde alle erfolgversprechenden Mittel der Einzelvollstreckung ausgenutzt hat.²⁹⁹⁷

1534 Der Insolvenzantrag ist kein Verwaltungsakt, sondern schlichtes Verwaltungshandeln.²⁹⁹⁸ Als Rechtsmittel kommen daher nur die allgemeine Leistungsklage nach § 40 Abs. 1, 3. Alt. FGO (auf Rücknahme bzw. Unterlassen) und die einstweilige Anordnung nach § 114 FGO in Betracht. In diesem Verfahren kann insbesondere geltend gemacht werden, dass der Antrag ermessensfehlerhaft ist.

In der **Praxis** sollte der Insolvenzverwalter sich um **ein kooperatives Verhältnis** zu der Finanzverwaltung bemühen, in dem er die Probleme mit der Aufarbeitung der Buchhaltung und dem Nachholen von Steuererklärungspflichten offen kommuniziert und frühzeitig einvernehmliche Regelungen sucht, um im Gegenzug die das Insolvenzverfahren entlastenden Billigkeitsmaßnahmen wie Fristverlängerungen und Veranlagungen im Schätzungswege zu erreichen. Für beide Seiten sollte die Vermeidung unnötiger Massekosten, insbesondere in massearmen Verfahren oder bei geringen Quotenaussichten im Vordergrund stehen und der sachlich angemessenen Erfüllung der steuerlichen Pflichten der Vorrang gegeben werden.

2.6.2 Auskünfte des Finanzamtes an den Insolvenzverwalter

1535 Gegenüber der **vorläufigen „schwachen" Insolvenzverwaltung**, bei der dem Schuldner kein allgemeines Verfügungsverbot auferlegt und dem vorläufigen Insolvenzverwalter nur vereinzelte Pflichten übertragen wurden (§ 22 Abs. 2 InsO) sind Auskünfte der Finanzverwaltung nicht zulässig. Das Steuergeheimnis ist einem solchen Verwalter gegenüber uneingeschränkt zu wahren. Es liegt regelmäßig auch noch keine Offenbarungsbefugnis gegenüber dem Insolvenzgericht nach § 30 Abs. 4 Nr. 1 AO vor.

1536 Der **vorläufige „starke" Insolvenzverwalter** und der **Insolvenzverwalter** sind Vertreter gemäß § 34 Abs. 3 AO und Ihnen können deshalb alle Auskünfte über Verhältnisse des Schuldners erteilt werden, die diese zur Erfüllung der steuerlichen Pflichten benötigen. Soweit Steuerforderungen streitig sind, bei denen der Schuldner Gesamtschuldner zusammen mit anderen ist, steht das Steuergeheimnis einer Auskunftserteilung an den Insolvenzverwalter auch nicht hinsichtlich der Verhältnisse der anderen Gesamtschuldner entgegen.²⁹⁹⁹

1537 In der **Praxis** wird der Antrag des Insolvenzverwalters auf **Erteilung von Klartextkontoauszügen** zur Abstimmung von Steuerfestsetzungen für einzelne Veranlagungszeiträume und Zahlungen des Schuldners von Seiten der Finanzverwaltung oft mit der Begründung abgelehnt, dass der Kontoauszug

---

2996 *Tipke*, in: Tipke/Kruse, AO, § 52 Rn. 19; FG Berlin, Urt. v. 21. 09. 2004 – 7 – K 7182/04, EFG 2005, 11.
2997 FG Köln, Urt. v. 09. 11. 2004 – 15 K 4934/04, EFG 2005, 372.
2998 *Frotscher*, Besteuerung bei Insolvenz, 239.
2999 BFH, B. v. 15. 06. 2000 – IX B 13/00, BStBl. II 2000, 431.

allein zur Ermittlung von anfechtbaren Zahlungen des Gemeinschuldners an das Finanzamt diene. Nach der Rechtsprechung besteht aber dann ein Anspruch des Insolvenzverwalters auf Erteilung eines Kontoauszuges, wenn er substantiiert darlegt, inwieweit die Angaben aus dem Kontoauszug für die Erfüllung der steuerlichen Pflichten des Schuldners erforderlich sind und er sich aus der Buchhaltung des Schuldners die nötigen Informationen nicht hat beschaffen können bzw. die Beschaffung unzumutbar ist.[3000] Mit Urteil vom 17. 09. 2009 hat das FG Münster[3001] rechtskräftig entschieden, dass dem Antrag auf Erteilung eines Kontoauszuges auch dann stattzugeben ist, wenn der Insolvenzschuldner seine gegenüber dem Insolvenzverwalter bestehenden umfassenden Auskunfts- und Mitwirkungspflichten nicht erfüllt, da der Insolvenzverwalter dann keine Möglichkeit hat, sich die notwendigen Informationen auf andere Weise zu verschaffen. In diesen Fällen hat die Finanzbehörde etwaige Hinweise auf anfechtungsrelevante Sachverhalte in den Kontoauszügen hinzunehmen. Explizite Hinweise auf anfechtungsrelevante Sachverhalte können der Behörde allerdings nicht abverlangt werden.

Es besteht kein genereller Anspruch des Insolvenzverwalters auf Akteneinsicht, da die Abgabenordnung bewusst kein Recht auf Akteneinsicht regelt. So hat das FG des Saarlandes mit seiner Entscheidung vom 17. 12. 2009[3002] das so genannte „Abwehrinteresse" des Staates gegen etwaige Anfechtungsansprüche höher bewertet, als das Recht auf Akteneinsicht zur Prüfung von Anfechtungs- oder Amtshaftungsansprüchen. In der **Praxis** ist daher der Antrag auf Akteneinsicht mit der ordnungsgemäßen Durchführung des Besteuerungsverfahrens zu begründen (z. B. bei Beraterwechsel).

3. Wirkungen der Insolvenzeröffnung im Besteuerungsverfahren
3.1 Steuerermittlungsverfahren

Die Art und Weise der Ermittlung der Besteuerungsgrundlagen nach §§ 80, 90 bis 92, 93 ff. AO wird durch die Eröffnung des Insolvenzverfahrens nicht berührt. Denn im Gegensatz zum Steuerfestsetzungsverfahren ist das Ermittlungsverfahren nicht unmittelbar auf die Befriedigung des Gläubigers Finanzamt gerichtet, sondern nur auf die Ermittlung bestimmter Sachverhalte.

1538

Das Steuerermittlungsverfahren kann daher auch nach Eröffnung des Insolvenzverfahrens fortgesetzt werden mit der Besonderheit, dass der Insolvenzschuldner zwar auch nach Eröffnung verfahrensrechtlich **Beteiligter** im Sinne des § 78 AO bleibt, aber die steuerlichen Pflichten nach § 34 Abs. 3 AO vom Insolvenzverwalter wahrgenommen werden (siehe dazu Rn. 1508). Der Insolvenzverwalter hat dabei diejenigen steuerlichen Pflichten zu erfüllen, die ohne Eröffnung des Insolvenzverfahrens dem Insolvenzschuldner obliegen würden.[3003]

Außenprüfungen sind Teil des Ermittlungsverfahrens, so dass die Finanzbehörde auch nach Insolvenzeröffnung befugt bleibt, Betriebs- und Fahn-

1539

3000 FG Düsseldorf, Urt. v. 14. 05. 2008 – 4 K 242/07, ZIP 2009, 732.
3001 FG Münster, Urt. v. 17. 09. 2009 – 3 K 1514/08, ZIP 2009, 2400.
3002 FG Saarland, Urt. v. 17. 12. 2009 – 1 K 1598/08, EFG 2010, 616.
3003 *Loose*, in: Tipke/Kruse, AO, § 251 Rn. 37.

dungsprüfungen gemäß §§ 193 ff., 208, 404 AO durchzuführen.[3004] Im Regelfall wird das von einer Betriebsprüfung zu erwartende Steuerergebnis nach Eröffnung eines Insolvenzverfahrens nur zu geringen tatsächlichen Steuereinnahmen führen. In der **Praxis** sind daher Verhandlungen mit der Betriebsprüfungsstelle zum Abbruch einer laufenden Betriebsprüfung oder Absehen von der Außenprüfung zur Vermeidung von Zeit- und Kostenaufwand für beide Seiten Erfolg versprechend.

Üblich sind Außenprüfungen jedoch in insolvenzspezifischen Sonderfällen, wie

- wenn etwaige Mehrsteuern anderen Personen als dem Insolvenzschuldner auferlegt werden müssen oder können (einheitliche und gesonderte Gewinnfeststellung; Haftungsschuldner);
- zur Prüfung der Berechtigung und Höhe von Erstattungsforderungen;
- bei Steuerforderungen aus der Tätigkeit des Insolvenzverwalters;
- bei besonders hohen zu erwartenden Mehrsteuern.

Umsatzsteuer-Sonderprüfungen sind in Insolvenzfällen vorgesehen bei

- Zwangsverwaltungen von Grundstücken (Zuordnung der Umsätze, Aufteilung Vorsteuerabzug und Vorsteuerberichtigung gemäß § 15a UStG);
- Eröffnung von Insolvenzverfahren (Prüfung der Berechtigung und Höhe von Umsatzsteuer- und Vorsteuerkorrekturen, umsatzsteuerliche Beurteilung der Verwertungshandlungen);
- vorläufiger Insolvenzverwaltung (Prüfung des Lieferzeitpunktes vor oder nach Eröffnung).

Die **Bekanntgabe der Prüfungsanordnung** hat an den Insolvenzverwalter zu erfolgen, sofern die Insolvenzmasse betroffen ist. Für den Fall, dass bereits vor Eröffnung des Insolvenzverfahrens eine Prüfungsanordnung gegen den Insolvenzschuldner ergangen ist, muss das Finanzamt keine erneute Prüfungsanordnung gegen den Insolvenzverwalter erlassen.

3.2 Steuerfestsetzungsverfahren/Feststellungsverfahren

1540 Nach §§ 87, 89 InsO können Insolvenzforderungen nur nach den Vorschriften der Insolvenzordnung durchgesetzt werden und anstatt des Individualvollstreckungsverfahrens findet nunmehr das Kollektivverfahren der Insolvenzordnung Anwendung. Das Steuerfestsetzungsverfahren wird **unterbrochen** ab dem **Zeitpunkt**, in dem der Insolvenzschuldner seine Verfügungsbefugnis verliert. Das bedeutet also ab Eröffnung des Insolvenzverfahrens bzw. ab Bestellung eines vorläufigen starken Insolvenzverwalters mit Verfügungs- und Verwaltungsrecht.[3005]

Soweit die Steuerforderung **Insolvenzforderung**[3006] ist, kann sie daher nur entsprechend den §§ 174 bis 186 InsO durch Anmeldung zur Insolvenztabelle und Feststellung geltend gemacht werden.[3007]

3004 *Waza/Uhländer/Schmittmann*, Insolvenzen und Steuern, Rn. 517 m.w.N.
3005 BFH, B. v. 30.09.2004 – IV B 42/03, BFH/NV 2005, 365.
3006 Zur Abgrenzung siehe unten Rn. 1560 ff.
3007 BFH, Urt. v. 10.12.1975 – II R 150/67, BStBl. II 1976, 506; siehe hier auch unten Rn. 1568 ff.

Kapitel 1 Verfahrensfragen

Die Finanzverwaltung darf nach Eröffnung eines Insolvenzverfahrens keine Steuerbescheide mehr erlassen, die Steueransprüche betreffen, welche zur Insolvenztabelle anzumelden sind bzw. Auswirkungen auf zur Tabelle anzumeldende Steueransprüche haben können.[3008] Hier reicht die abstrakte Möglichkeit der Auswirkung auf Tabellenforderungen aus; unerheblich ist, ob sich die festgestellten Besteuerungsgrundlagen tatsächlich auf anzumeldende Steuerforderungen auswirken. Ein förmlicher Steuerbescheid über einen Steueranspruch, der eine Insolvenzforderung betrifft, ist **unwirksam**.[3009]

1541

Unwirksam sind nach der Rechtsprechung

- Änderungsbescheide nach § 164 Abs. 2 AO und §§ 172 ff. AO zuungunsten des Insolvenzschuldners[3010];
- Steuerfestsetzungen, die nach Anrechnung einer bereits geleisteten Zahlung zu einer – zur Eintragung in die Insolvenztabelle anzumeldenden – Nachforderung führen[3011];
- Steuerfestsetzungen, die (zunächst) nach Anrechnung keine Nachforderung ausweisen, weil bei einem späteren Streit über die Höhe des Anrechnungsbetrages nach Rechtskraft des Steuerbescheides unzulässigerweise titulierte Insolvenzforderungen entstehen könnten[3012];
- gesonderte Feststellung des vortragsfähigen Gewerbeverlustes nach § 10a GewStG;
- gesonderte Feststellung des verbleibenden Verlustabzugs nach § 10d EStG;
- Bescheide zur einheitlichen und gesonderten Feststellung des Gewinns nach §§ 179, 180 AO zum Zwecke der Besteuerung eines insolventen Gesellschafters einer Personengesellschaft.[3013]

Wirksam sind dagegen

- Erstattungsbescheide über eine vor Eröffnung begründete Steuererstattung, wenn sich daraus keine Zahllast ergibt[3014];
- Steuerbescheide, die für einen Besteuerungszeitraum vor Eröffnung des Insolvenzverfahrens eine Steuer von 0,00 € festsetzen[3015];
- Bescheide zur einheitlichen und gesonderten Feststellung des Gewinns nach §§ 179, 180 AO in der Insolvenz der Personengesellschaft;
- Gewinnfeststellungsbescheide zum Zweck der Besteuerung der nicht insolventen Gesellschafter bei Insolvenz einzelner Gesellschafter;
- Einheitswert- und Grundsteuermessbescheide auch soweit sie Zeiträume vor Verfahrenseröffnung betreffen.

3008 BFH, Urt. v. 18.12.2002 – I R 33/01, BStBl. II 2003, 630; BFH, Urt. v. 24.08.2004 – VIII R 14/02, BStBl. II 2005, 246; *Tipke*, in: Tipke/Kruse, AO, § 251 Rn. 44.
3009 BFH, Urt. v. 10.12.2008 – I R 41/07, BStBl. II 2009, 719.
3010 BFH, Urt. v. 07.03.1968 – IV R 278/66, BStBl. II 1968, 496.
3011 *Waza/Uhländer/Schmittmann*, Insolvenzen und Steuern, Rn. 528.
3012 *Welzel*, Steuerverfahrensrechtliche Besonderheiten während der Insolvenz des Steuerpflichtigen, DStZ 1999, 559.
3013 BFH, Urt. v. 24.08.2004 – VIII R 14/02, BStBl. II 2005, 246.
3014 Betreffend Umsatzsteuer: BFH, Urt. v. 13.05.2009 – XI R 63/07, BStBl. II 2010, 11.
3015 Betreffend Körperschaftsteuer: BFH, Urt. v. 10.12.2008 – I R 41/07, BStBl. II 2009, 719.

Teil 5 Steuern in Sanierung und Insolvenz

1542　In der **Praxis** tritt an die Stelle des Steuerbescheides eine sog. „nachrichtliche Mitteilung" als formlose Steuerberechnung ohne oder mit durchgestrichener Rechtsbehelfsbelehrung, die Grundlage für die zur Insolvenztabelle anzumeldenden Steuerforderungen ist. **Nachrichtliche Mitteilungen** sind keine Steuerbescheide im Sinne des § 155 AO. Auf der Grundlage dieser Steuerberechnungen kann ein **Abrechnungsbescheid** nach § 218 Abs. 2 AO ergehen. Der Abrechnungsbescheid ist an den Insolvenzverwalter mit Wirkung für die Insolvenzmasse zu richten.

1543　Der Erlass von **Feststellungsbescheiden** nach §§ 179 AO ist nach vorgenannten Grundsätzen ebenso unzulässig, soweit Besteuerungsgrundlagen festgestellt oder Steuermessbeträge festgesetzt werden, welche die Höhe der zur Insolvenztabelle anzumeldenden Steuerforderungen beeinflussen können.[3016] Andernfalls würde auch in diesem Zusammenhang der sich aus § 87 InsO ergebende Vorrang des Insolvenzverfahrens gegenüber dem Festsetzungs- und Feststellungsverfahren der AO unterlaufen. Allerdings hat das FG Brandenburg[3017] rechtskräftig entschieden, dass der Erlass von Einheitswert- und Grundsteuermessbescheiden nach Eröffnung zulässig ist, auch wenn auf deren Grundlage Grundsteuern für Besteuerungszeiträume vor Verfahrenseröffnung festgesetzt werden. Begründet wurde dies mit der dinglichen Wirkung gegenüber dem Rechtsnachfolger auf den der Gegenstand der Feststellung nach dem Feststellungszeitpunkt mit steuerlicher Wirkung gemäß §§ 182 Abs. 2 Satz 1, 184 Abs. 1 Satz 4 AO übergeht. Die rechtliche Wirkung der Einheitswert- und Grundsteuermessbescheide beschränke sich daher nicht auf das Verhältnis zwischen Insolvenzverwalter und Finanzamt, sondern bestehe in Bezug auf die jeweilige wirtschaftliche Einheit gegenüber dem jeweiligen Eigentümer fort.

Bei Feststellungsbescheiden für Personengesellschaften ist zu unterscheiden, ob sich durch die Feststellung Auswirkungen für die Insolvenzmasse ergeben oder nicht. Ist über das **Vermögen** der **Personengesellschaft** das Insolvenzverfahren eröffnet worden, kann ein Bescheid zur einheitlichen und gesonderten Feststellung des Gewinns nach §§ 179 Abs. 2 Satz 2, 180 Abs. 1 Nr. 2a) AO ergehen, weil sich hieraus keine Wirkungen für die Masse ergeben. Im Fall der Eröffnung des Verfahrens über das **Vermögen** eines **Gesellschafters**, kann das Feststellungsverfahren dagegen nur gegenüber den nicht insolventen Gesellschaftern fortgesetzt werden.[3018]

1544　Die **Bekanntgabe** aller Verwaltungsakte, die die Insolvenzmasse betreffen, hat an den Insolvenzverwalter mit dem Zusatz zu erfolgen, dass der Bescheid an ihn „als Insolvenzverwalter über das Vermögen des Insolvenzschuldners ..." ergeht.[3019] Für den Fall der Bestellung eines vorläufigen „schwachen" Insolvenzverwalters hat die Bekanntgabe bis zur Eröffnung des Verfahrens weiter an den Insolvenzschuldner zu erfolgen, während bei der „starken" vorläufigen Verwaltung der vorläufige Insolvenzverwalter der Bekanntgabeadressat ist.

3016 BFH, Urt. v. 01.04.2003 – I R 51/02, BStBl. II 2003, 779.
3017 FG Brandenburg, Urt. v. 14.09.2006 – 3 K 2728/03, EFG 2007, 708.
3018 *Frotscher*, Besteuerung bei Insolvenz, 247.
3019 Vgl. Rn. 2.9 Anwendungserlass zur AO i. d. F. v. 12.01.2004, BStBl. I 2004, 31.

Kapitel 1 Verfahrensfragen

Zu beachten ist im Zusammenhang mit der Bekanntgabe, dass gemäß §§ 115, 116 InsO mit Eröffnung des Insolvenzverfahrens der Beratungsauftrag und die Vollmacht eines **bevollmächtigten Steuerberaters/Wirtschaftsprüfers** enden und die bloße Vereinbarung zwischen Insolvenzschuldner und Bevollmächtigten hierauf keinen Einfluss haben kann, weil ansonsten die Verwaltungs- und Verfügungsberechtigung des Insolvenzverwalters beeinträchtigt sein könnte.[3020] In der Praxis entscheidet der Insolvenzverwalter, ob aus pragmatischen Gesichtspunkten die Fortführung des bestehenden Beratungsauftrages oder die Neubeauftragung eines ggf. spezialisierten Beraters für die ordnungsgemäße Erfüllung der steuerlichen Pflichten am besten ist.

Die nach Eröffnung des Insolvenzverfahrens begründeten Steueransprüche sind als Masseverbindlichkeiten grundsätzlich durch Steuerbescheid gegenüber dem Insolvenzverwalter geltend zu machen.

3.3 Erstattungsansprüche

Eine Erstattung von gezahlten Steuern kommt nur in Betracht, wenn eine Doppelzahlung bzw. irrtümliche Zahlung vorliegt oder die tatsächliche Steuerschuld feststeht, und sich daraus eine Überzahlung errechnen lässt (§ 37 Abs. 2 AO). 1545

Der Einfluss des Insolvenzverfahrens auf das steuerrechtliche Erstattungsverfahren ist gesetzlich nicht geregelt.

Unproblematisch ist der Fall, in dem bereits **vor Eröffnung** des Insolvenzverfahrens ein Steuerbescheid erlassen und angefochten wurde, weil die Steuer zu hoch festgesetzt war. Denn in diesem Fall kann der Insolvenzverwalter das durch die Eröffnung des Insolvenzverfahrens unterbrochene Rechtsbehelfsverfahren aufnehmen (dazu unten Rn. 1548) und auf der Grundlage der Entscheidung in diesem Verfahren erfolgt dann ggf. die Steuererstattung.

Probleme ergeben sich aber aus dem Konflikt, dass grundsätzlich **nach Eröffnung** des Insolvenzverfahrens keine Steuerbescheide mehr für Zeiträume vor Eröffnung ergehen dürfen, aber Voraussetzung für die Erstattung einer Steuer grundsätzlich deren Festsetzung nach §§ 37 Abs. 2, 218 AO[3021] ist. Etwas anderes gilt nur für Zahlungen, die ohne jeglichen rechtlichen Grund erfolgt sind, wie z. B. irrtümliche Zahlungen oder Doppelzahlungen. Hier ist eine Steuerfestsetzung nicht Voraussetzung für die Fälligkeit des Erstattungsanspruchs. 1546

Der BFH[3022] hat in diesem Zusammenhang entschieden, dass das Finanzamt durchaus berechtigt ist, nach Eröffnung des Insolvenzverfahrens einen Umsatzsteuerbescheid zu erlassen, in dem eine **negative Umsatzsteuer** für einen Besteuerungszeitraum vor Eröffnung festgesetzt wird, wenn sich daraus keine Zahllast ergibt. Begründet hat der BFH seine Entscheidung damit, dass zwar nach Eröffnung des Insolvenzverfahrens keine Bescheide mehr erlassen werden dürfen, in denen Besteuerungsgrundlagen festgestellt werden, die die Höhe der zur Tabelle anzumeldenden Steuerforderungen beein-

---
[3020] BFH, Urt. v. 11.10.2007 – IV R 52/04, BStBl. II 2009, 705.
[3021] Drüen, in: Tipke/Kruse, AO, § 37 Rn. 49.
[3022] BFH, Urt. v. 13.05.2009 – XI R 63/07, BStBl. II 2010, 11.

Teil 5   Steuern in Sanierung und Insolvenz

flussen könnten. Aber einem Bescheid, aus dem sich auch nach Abrechnung mit bereits ausgezahlten Steuern **keine Zahllast** ergäbe, fehle schon die abstrakte Eignung sich auf anzumeldende Steuerforderungen auszuwirken. Auch habe der Umsatzsteuerbescheid – anders als ein Grundlagenbescheid – keine Auswirkungen auf Folgescheide.

1547   Jedenfalls kann auch nach Eröffnung des Insolvenzverfahrens auf der Grundlage einer bloßen Berechnung/nachrichtlichen Mitteilung ein **Abrechnungsbescheid** nach § 218 Abs. 2 AO ergehen. Aus diesem Abrechnungsbescheid ergibt sich ein Erstattungsanspruch dann als Differenz zwischen dem Steueranspruch und der geleisteten Zahlungen. Obwohl der Abrechnungsbescheid ein Verwaltungsakt ist, kann er trotz der Regelungen des § 87 InsO erlassen werden. Denn nach § 87 InsO können Forderungen der Insolvenzgläubiger nur nach den Regelungen der Insolvenzordnung geltend gemacht werden und die hier diskutierten Erstattungsansprüche führen entweder zu einer Forderung der Insolvenzmasse oder lehnen allenfalls eine solche Forderung ab, so dass es auf jeden Fall nicht um eine Forderung eines Insolvenzgläubigers insoweit geht.[3023] Der Abrechnungsbescheid kann durch den Insolvenzverwalter angefochten werden und innerhalb dieses Rechtsbehelfsverfahrens kann dann auch die Höhe der Steuerberechnung überprüft werden.

Unproblematisch ist auch der Fall, dass die doppelt gezahlte oder überzahlte Steuer zu den Masseverbindlichkeiten nach § 55 Abs. 1 Nr. 1 InsO gehört, da dann das Erstattungsverfahren ohne insolvenzrechtliche Einschränkungen durchgeführt werden kann.

3.4 Rechtsbehelfsverfahren

1548   Durch die Eröffnung des Insolvenzverfahrens bzw. die Anordnung des allgemeinen Verfügungsverbots bei Einsetzung eines vorläufigen Insolvenzverwalters wird ein anhängiges Einspruchsverfahren analog § 240 Satz 1 bzw. Satz 2 ZPO solange unterbrochen, bis das Rechtsbehelfsverfahren entweder nach den für das eröffnete Insolvenzverfahren geltenden Vorschriften aufgenommen (§ 180 Abs. 2 InsO) oder das Insolvenzverfahren aufgehoben wird.[3024] Das gilt auch für den Lauf der Rechtsmittelfristen, so dass bei Eröffnung eines Insolvenzverfahrens irgendwann im Lauf der Einspruchsfrist kein Fristablauf erfolgt und damit keine Bestandskraft eintritt.

1549   Je nachdem, wie der Insolvenzverwalter auf die Anmeldung der Steuerforderungen zur Insolvenztabelle (siehe unten Rn. 1586) reagiert, ergeben sich hieraus Auswirkungen für das Steuerfestsetzungs- und das Einspruchsverfahren.

Für den Fall, dass vor Eröffnung ein **noch nicht bestandskräftiger Steuerbescheid** ergangen ist und vom Insolvenzschuldner noch **kein Einspruch** eingelegt wurde,

---

[3023] *Frotscher*, Besteuerung bei Insolvenz, 267; *Waza/Uhländer/Schmidtmann*, Insolvenzen und Steuern, Rn. 533.

[3024] BFH, B. v. 21.11.2001 – VII B 108/01, BFH/NV 2002, 315; *Loose*, in: Tipke/Kruse, AO, § 251 Rn. 49.

- führt der **Widerspruch** des Insolvenzverwalters im Prüfungstermin dazu, dass das Finanzamt gegenüber dem Insolvenzverwalter die **Aufnahme des Einspruchsverfahrens** erklären kann und hierdurch dann eine neue Einspruchsfrist in Gang gesetzt wird, innerhalb derer der Insolvenzverwalter Einspruch einlegen und dann das Rechtsmittelverfahren betreiben kann;
- und erklärt das Finanzamt trotz **Widerspruch** des Verwalters **nicht** die **Aufnahme** des Steuerstreits, so kann ein Änderung der angemeldeten Steuerforderung jederzeit auch ohne Einspruchsverfahren erfolgen;
- führt der **Widerspruch** des Insolvenzverwalters und die Tatsache, dass er seinen Widerspruch trotz Aufforderung des Finanzamts unter angemessener Fristsetzung nicht zurücknimmt und auch keine Aufnahme des Einspruchsverfahrens erklärt, zum Recht des Finanzamtes auf Aufnahme des Einspruchsverfahrens;[3025]
- führt der **fehlende Widerspruch** des Verwalters und/oder Insolvenzschuldners dazu, dass die Steuerforderung als festgestellt (§ 178 Abs. 1 InsO) gilt und ein Einspruchsverfahren ist nicht mehr möglich.

Erfolgte **vor Eröffnung die Einlegung eines Einspruchs**, ist das Einspruchsverfahren durch den Insolvenzverwalter aufzunehmen und fortzuführen (§ 85 InsO). Nach Beendigung des Einspruchsverfahrens durch Einspruchsentscheidung oder Rücknahme des Einspruchs ist die Anmeldung der streitgegenständlichen Steuerforderung zur Tabelle ggf. entsprechend zu berichtigen. Eine Verböserung in der Einspruchsentscheidung ist nichtig, so dass die ggf. höhere Steuerforderung zur Tabelle anzumelden ist.

In der **Praxis** wird der Insolvenzverwalter in der Regel zunächst die vom Finanzamt angemeldeten Forderungen im Prüfungstermin bestreiten und der Umfang der nachfolgenden steuerlichen Bearbeitung erfolgt auf der Grundlage der ökonomischen Verfahrensabwicklung unter Berücksichtigung der Vermeidung von unnötigen Massekosten, der ordnungsgemäßen Erfüllung der steuerlichen Pflichten des Insolvenzverwalters zur Vermeidung von Haftungstatbeständen und der Quotenaussichten.

Soweit vor Verfahrenseröffnung ein **Antrag auf Aussetzung der Vollziehung** gestellt wurde, besteht ab Eröffnung für diesen Antrag kein Rechtsschutzbedürfnis mehr, da Verwaltungsakte nicht mehr vollstreckt werden können. 1550

Mit Beendigung des Insolvenzverfahrens (§ 200 Abs. 1 InsO) wird ein die Insolvenzmasse betreffendes Einspruchsverfahren analog § 289 ZPO unterbrochen bis zur Aufnahme des Verfahrens durch den vormaligen Insolvenzschuldner. Während der Unterbrechung kann eine Einspruchsentscheidung weder dem Insolvenzschuldner noch dem ehemaligen Verwalter wirksam bekanntgegeben werden und die Klagefrist beginnt nicht zu laufen.[3026]

3.5 Finanzgerichtsverfahren

Genauso wie im Einspruchsverfahren wird auch ein vor Insolvenzeröffnung bereits anhängiges Klageverfahren vor dem Finanzgericht mit der Eröffnung 1551

3025 OFD Hannover, Verf. v. 26.02.2008 – S 0625-40-StO141, DStR 2008, 923.
3026 BFH, Urt. v. 06.07.2011 – II R 34/10, BFH/NV 2012, 10.

Teil 5 Steuern in Sanierung und Insolvenz

bzw. der Bestellung eines „starken" vorläufigen Insolvenzverwalters unterbrochen (§§ 155 FGO, 240 ZPO analog) bis zur Aufnahme des Finanzgerichtsverfahrens nach den nachfolgenden Grundsätzen oder durch Beendigung des Insolvenzverfahrens. Dabei unterbricht nicht nur die Insolvenz des Klägers, sondern auch die des notwendig Beigeladenen (§ 60 Abs. 3 FGO) sowie bei Streit über einen Gewinnfeststellungsbescheid die Insolvenz des Gesellschafters einer Personengesellschaft den finanzgerichtlichen Rechtsstreit. Die klagebefugten Gesellschafter sind in diesem Fall notwendige Streitgenossen.[3027]

Nicht unterbrochen werden Rechtsstreite, die das Vermögen des Insolvenzschuldners nicht unmittelbar berühren, also z. B. Rechtsstreite über

- die Feststellung des Einheitswertes eines Betriebsvermögens[3028];
- die einheitlich und gesonderte Gewinnfeststellung bei Insolvenz der Personengesellschaft;
- Anordnung einer Betriebsprüfung,
- Widerruf der Bestellung eines Steuerberaters.

1552 Wer den Rechtsstreit aufnehmen kann richtet sich danach, ob es sich um einen Aktivprozess im Sinne des § 85 InsO oder um einen Passivprozess nach § 86 InsO handelt. Ein **Aktivprozess** liegt dann vor, wenn über die Pflicht zu einer Leistung gestritten wird, die in die Insolvenzmasse gelangen soll. Bei einem **Passivprozess** macht das Finanzamt einen Anspruch zulasten der Masse geltend, so dass ein Verlieren des Prozesses zu einer Verringerung der Masse führen würde. Dabei kommt es nicht auf die Bezeichnung als Kläger oder Beklagter im Rubrum des Rechtsstreites an.[3029]

Aktivprozesse können nach § 85 InsO von Insolvenzverwalter, Finanzamt oder Insolvenzschuldner aufgenommen werden. Passivprozesse können nach §§ 87, 180 Abs. 2 InsO nur unter bestimmten Voraussetzungen und nur vom Insolvenzverwalter und vom Finanzamt aufgenommen werden. Da die streitige Forderung in Passivprozessen vom Finanzamt zur Tabelle anzumelden ist, richtet sich der weitere Prozessverlauf danach, ob die Forderung bestritten wird, oder nicht.

1553 Wird die streitige Forderung im Prüfungstermin von **niemand bestritten**,

- wirkt die Eintragung in die Tabelle wie ein rechtskräftiges Urteil und das Finanzgerichtsverfahren ist in der Hauptsache erledigt.

1554 Wird die streitige Forderung im Prüfungstermin nur vom **Insolvenzschuldner bestritten**,

- wirkt die Eintragung in die Tabelle zwar wie ein rechtskräftiges Urteil,
- aber nach Aufhebung des Insolvenzverfahrens kann der Fiskus nach § 201 Abs. 2 InsO aus der eingetragenen Forderung nicht in das insolvenzfreie Vermögen des Schuldners vollstrecken,
- nur das Finanzamt kann den Prozess aufnehmen, der dann ggf. als Feststellungsverfahren außerhalb des Insolvenzverfahrens fortgeführt wird und

---

3027 BFH, B. v. 30. 09. 2004 – IV B 42/03, BFH/NV 2005, 365.
3028 BFH, Urt. v. 07. 10. 1987 – II R 187/80, BStBl. II 1988, 23.
3029 BFH, Urt. v. 13. 11. 2007 – VII R 61/06, BStBl. II 2008, 790.

- nach Beendigung des Insolvenzverfahrens kann der Schuldner den unterbrochenen Prozess weiterführen.

Wird die streitige Forderung im Prüfungstermin vom **Insolvenzverwalter bestritten,** 1555

- muss das Finanzamt zur Feststellung der bestrittenen Forderung den Rechtsstreit aufnehmen (§ 179 Abs. 1 InsO), der dann als Insolvenzfeststellungsverfahren fortgeführt wird und
- kann daneben auch der Verwalter den Prozess aufnehmen (§ 180 Abs. 2 InsO).

Wird die streitige Forderung im Prüfungstermin vom **Insolvenzverwalter und vom Schuldner bestritten,** 1556

- kann das Finanzamt das Klageverfahren nicht nur gegenüber dem Insolvenzverwalter, sondern auch gegenüber dem Schuldner aufnehmen; Verwalter und Schuldner sind dann Streitgenossen (§ 59 FGO, § 60 ZPO) und
- der Verwalter kann ebenfalls das Finanzgerichtsverfahren aufnehmen.

In der **Praxis** gibt es Fälle, in denen der Insolvenzverwalter insbesondere aufgrund der ungeordneten Aktenlage von fehlenden Erfolgsaussichten eines anhängigen Finanzprozesses ausgeht, während der Schuldner meint, den Prozess erfolgreich führen zu können. Zur Vermeidung unnötiger Massekosten durch aufreibende Auseinandersetzungen zwischen Verwalter, Schuldner und Finanzgericht kann eine Löschung aus dem Prozessregister vom Insolvenzverwalter bei Gericht beantragt werden. Die Löschung in den Gerichtsregistern führt nicht zur Klagerücknahme[3030], sondern die Akte wird aus dem Geschäftsgang genommen und dadurch das Verfahren nur faktisch unterbrochen und nicht beendet. Nach Beendigung des Insolvenzverfahrens kann der Schuldner den Prozess dann wieder fortführen.[3031]

Einem **Antrag auf Aussetzung der Vollziehung** nach § 69 Abs. 3 FGO fehlt das Rechtsschutzinteresse, so dass er zurückgenommen werden sollte. Ansonsten ist er vom Finanzgericht als unzulässig zurückzuweisen. 1557

Mit Aufhebung des Insolvenzverfahrens entfällt die Prozessführungsbefugnis des Insolvenzverwalters selbst dann, wenn er Adressat des angefochtenen Steuerbescheides war. Etwas anderes gilt nur für den Fall, dass eine Nachtragsverteilung angeordnet wurde, weil damit praktisch eine erneute Insolvenzbeschlagnahme eintritt.[3032]

3.6 Vollstreckungsverfahren

Vor Eröffnung des Insolvenzverfahrens kann das Finanzamt grundsätzlich die Zwangsvollstreckung gegen den Schuldner betreiben. Dabei ist aber zu bedenken, dass nach § 88 InsO Zwangsvollstreckungsmaßnahmen im letzten Monat vor Eröffnung unwirksam sind, soweit sie sich auf die spätere Insolvenzmasse beziehen. Vollstreckungsmaßnahmen innerhalb des zweiten oder 1558

3030 FG München, B. v. 14.03.2007 – 10 K 1955/05, nicht veröffentlicht.
3031 BFH, B. v. 23.08.1993 – V B 135/91, BFH/NV 1994, 183.
3032 BFH, Urt. v. 06.07.2011 – II R 34/10, BFH/NV 2012, 10.

dritten Monats vor Eröffnung können nach §§ 131 Abs. 1 Nr. 2, 141 InsO anfechtbar sein.

Ab Eröffnung sind jegliche Einzelvollstreckungsmaßnahmen in Bezug auf Insolvenzforderungen nach §§ 249 ff. AO unzulässig. Etwas anderes gilt natürlich für Masseverbindlichkeiten nach § 55 InsO (siehe unten Rn. 1582 ff.).

1559 Nach Beendigung des Verfahrens durch Beschluss des Insolvenzgerichts sind Zwangsvollstreckungsmaßnahmen gegen den Schuldner nach § 201 Abs. 1 InsO grundsätzlich wieder zulässig. Eine Ausnahme hiervon besteht neben der Restschuldbefreiung nach §§ 286 ff. InsO auch für die außergerichtliche Schuldenbereinigung im Rahmen des Verbraucherinsolvenzverfahrens nach §§ 304 ff. InsO und das Insolvenzplanverfahren, in dem die Finanzverwaltung nach § 257 Abs. 1 Satz 1 InsO die Zwangsvollstreckung nur gegen die im rechtskräftigen Insolvenzplan und in der Tabelle gleichzeitig festgestellten unbestrittenen Forderungen betreiben kann.

4. Durchsetzung von Steuerforderungen im Insolvenzverfahren

4.1 Qualifizierung von Steuern als Insolvenzforderung oder Masseverbindlichkeit

1560 Die Regelungen, nach denen Steuerforderungen im Insolvenzverfahren geltend gemacht werden können, richten sich danach, ob die Steuerforderung als Insolvenzforderung oder Masseverbindlichkeit zu qualifizieren ist.

Insolvenzforderungen nach § 38 InsO

- können nach § 87 InsO nur nach den Vorschriften über das Insolvenzverfahren verfolgt werden und
- sind daher nach § 174 ff. InsO i. V. m. § 251 Abs. 3 AO zur Insolvenztabelle anzumelden, die angemeldete Forderung kann entweder widerspruchslos vom Insolvenzverwalter in die Tabelle eingetragen werden oder
- im Prüfungstermin erfolgt ein Widerspruch, worauf die Finanzbehörde die Feststellung ihrer Forderung mittels Feststellungsbescheid nach § 251 AO betreiben kann,
- die Befriedigung erfolgt entsprechend der Insolvenzquote.

Ist die Steuerforderung eine **Masseverbindlichkeit** nach § 55 Abs. 1 Nr. 1 InsO,

- so ist sie durch Steuerbescheid ganz normal festzusetzen und
- bei Massereichtum nach § 53 InsO vorweg aus der Masse zu zahlen,
- während im Fall der Masseunzulänglichkeit die Vorwegbefriedigung nur für Neumasseschulden gilt und Altmasseschulden nur quotal unter allen Massegläubigern befriedigt werden.

1561 Nach dem Grundsatz „Insolvenzrecht geht vor Steuerrecht" richtet sich die Einordnung einer Forderung als Insolvenzforderung oder Masseverbindlichkeit nach ständiger Rechtsprechung des BFH[3033] nicht nach § 38 AO, sondern ausschließlich nach § 38 InsO. Es kommt daher für die Einordnung nicht darauf an, ob der Steueranspruch zum Zeitpunkt der Eröffnung des Insolvenzverfahrens im steuerrechtlichen Sinne entstanden war, sondern allein darauf,

---

3033 BFH, Urt. v. 05. 10. 2004 – VII R 69/03, BFH/NV 2005, 397.

ob in diesem Zeitpunkt nach insolvenzrechtlichen Grundsätzen der **Rechtsgrund** für den Anspruch bereits gelegt war. Völlig unabhängig vom Zeitpunkt der Entstehung oder Fälligkeit ist danach darauf abzustellen, wann der die Steuerforderung begründende Tatbestand verwirklicht wurde. Dies ist für jeden Steueranspruch und jede Steuerart gesondert zu prüfen.[3034] Im Ergebnis kann eine Steuerforderung im insolvenzrechtlichen Sinne daher begründet sein, obwohl sie nach Steuerrecht noch gar nicht entstanden ist, weil der steuerliche Tatbestand aber bereits vor Eröffnung verwirklicht wurde.

Eine **Umsatzsteuerforderung** entsteht zwar nach § 13 Abs. 1 Nr. 1a UStG erst mit Ablauf des Voranmeldungszeitraums, in dem die Leistungen ausgeführt worden sind. Sie ist allerdings bereits zu dem Zeitpunkt begründet im Sinne des § 38 InsO, in dem die Leistung erbracht worden ist. Wird das Insolvenzverfahren während eines Voranmeldungszeitraums eröffnet, ist daher die Umsatzsteuer, die auf die vor Eröffnung ausgeführten Umsätze entfällt, als Insolvenzforderung zur Tabelle anzumelden, obwohl der Voranmeldungszeitraum erst nach Eröffnung abläuft. Einschränkungen hierzu gelten seit Einfügung des § 55 Abs. 4 InsO für die Steuerverbindlichkeiten, die in der Zeit der vorläufigen Insolvenzverwaltung durch den vorläufigen Verwalter oder durch den Schuldner mit Zustimmung des Verwalters begründet wurden, da diese ab Eröffnung als Masseverbindlichkeiten gelten (im Einzelnen hierzu Rn. 1520).

Wird ein Grundstückskaufvertrag zwar vor Eröffnung eines Insolvenzverfahrens abgeschlossen, aber tritt die vereinbarte aufschiebende Bedingung erst nach Eröffnung ein, so entsteht die **Grunderwerbsteuer** nach § 14 GrEStG zwar erst nach Eröffnung des Insolvenzverfahrens. Die Grunderwerbsteuer ist aber keine Masseverbindlichkeit, sondern Insolvenzforderung, weil sie durch Abschluss des Kaufvertrages vor Eröffnung bereits begründet wurde im insolvenzrechtlichen Sinne.

Da es für die Einordnung von Steuerforderungen als Insolvenzforderungen oder als Masseverbindlichkeit damit entscheidend auf den insolvenzrechtlichen Begriff des **„Begründetseins"** ankommt, ist schon in diesem Zusammenhang auf die **divergierende Rechtsprechung des V. und VII. Senats des BFH** zur Definition des „Begründetseins" hinzuweisen. Im Kern beruft sich der V. Senat des BFH zuletzt in seinem Urteil vom 30.04.2009[3035] nunmehr darauf, dass der steuerliche Tatbestand vollständig verwirklicht sein muss und qualifiziert damit die gesamte Umsatzsteuer aus einem vor Eröffnung begonnenen, aber erst nach Eröffnung beendeten Bauvorhaben als Masseverbindlichkeit. Der VII. Senat des BFH stellt dagegen im Rahmen der Beurteilung von Aufrechnungsverboten nur darauf ab, ob die betreffende Leistung vor oder nach Eröffnung des Insolvenzverfahrens erbracht worden ist[3036] und legt damit die Grundlage für ein möglichst hohes Aufrechnungspotenzial für die Finanzverwaltung mit Insolvenzforderungen (im Einzelnen hierzu unter Rn. 1592 ff.).

1562

3034 *Frotscher*, Besteuerung bei Insolvenz, 6. Aufl., 56; *Loose*, in Tipke/Kruse, AO, § 251, Tz. 70 ff.
3035 BFH, Urt. v. 30.04.2009 – V R 1/06, UR 2009, 673.
3036 BFH, Urt. v. 16.11.2004 – VII R 75/03, BStBl. II 2006, 193.

1563 Bei der Beurteilung, ob eine **Haftungsschuld** im Sinne des § 38 vor oder nach Eröffnung begründet ist, muss darauf abgestellt werden, wann der Gemeinschuldner die Tatbestandsmerkmale der Haftungsnorm erfüllt hat. Auf die für die Haftungsschuld maßgebende Steuerschuld kommt es dabei nicht an, weil der Grundsatz der Akzessorietät insoweit nicht gilt. Entscheidend ist daher, wann der Haftende die Handlung oder Unterlassung begangen hat, an die der steuerliche Haftungsanspruch anknüpft.[3037]

1564 Steuerforderungen, die nach Eröffnung des Insolvenzverfahrens begründet werden, sind danach als **Masseverbindlichkeiten** im Sinne des § 55 InsO zu qualifizieren. Bei Steuerforderungen handelt es sich genauer um Masseverbindlichkeiten nach § 55 Abs. 1 Nr. 1 2. Alternative InsO, soweit der Steueranspruch an einen Vermögensgegenstand der Masse anknüpft oder der Insolvenzverwalter den Steuertatbestand erfüllt hat.

1565 Bei Forderungen, die durch den **vorläufigen starken Insolvenzverwalter** begründet worden sind, fingiert § 55 Abs. 2 InsO, dass diese nach Eröffnung als Masseverbindlichkeit gelten, obwohl sie eigentlich im Hinblick auf ihre Begründung vor Eröffnung als Insolvenzforderung zu qualifizieren wären.

1566 Da die Insolvenzgerichte in der Praxis fast ausschließlich „schwache" vorläufige Insolvenzverwalter bestellen, die mangels Übergang der Verfügungsbefugnis keine Masseverbindlichkeiten begründen können und dem Fiskus hierdurch angabegemäß jährlich Steuerausfälle im dreistelligen Millionenbereich entstehen, wurde durch das Haushaltsbegleitgesetz 2011 (HBeglG 2011) § 55 InsO um folgenden Absatz 4 ergänzt:

„(4) Verbindlichkeiten des Insolvenzschuldners aus dem Steuerschuldverhältnis, die von einem vorläufigen Insolvenzverwalter oder vom Schuldner mit Zustimmung eines vorläufigen Insolvenzverwalters begründet worden sind, gelten nach Eröffnung des Insolvenzverfahrens als Masseverbindlichkeit."

Die Neuregelung ist auf alle Insolvenzverfahren anzuwenden, deren Eröffnung ab dem 01.01.2011 **beantragt** wird. Die Neuregelung wird als „Einführung des Fiskusprivilegs durch die Hintertür" betitelt und hat in Verwalterkreisen neben erheblicher Kritik auch viele Fragen aufgeworfen. Mit BMF-Schreiben vom 17.01.2012[3038] werden die meisten dieser Fragen zunächst beantwortet. Danach findet § 55 Abs. 4 InsO Anwendung auf den vorläufigen schwachen Insolvenzverwalter unabhängig davon, ob er **mit oder ohne Zustimmungsvorbehalt** im Sinne des § 21 Abs. 2 Nr. 2 InsO ausgestattet wurde (Rz. 2). Nach § 55 Abs. 4 InsO können Masseverbindlichkeiten entweder durch Handlungen des schwachen vorläufigen Insolvenzverwalters oder durch Handlungen des Insolvenzschuldners mit Zustimmung des schwachen vorläufigen Verwalters begründet werden, wobei die Zustimmung aktiv oder durch konkludentes Handeln erfolgen kann. Nur durch **ausdrücklichen Widerspruch** des vorläufigen Verwalters kann das Entstehen von Masseverbindlichkeiten danach verhindert werden (Rz. 3 und 4). Der Anwendungsbereich erstreckt sich auf **alle Steuerarten** einschließlich steuerlicher Nebenleistungen wie Säumniszuschläge, aber **Steuererstattungs-**

[3037] *Frotscher*,, Besteuerung bei Insolvenz, 57.
[3038] BMF-Schreiben v. 17.01.2012 – IV A 3-S 0550/10/10020-05, DStR 2012, 241.

ansprüche und Steuervergütungsansprüche werden von der Vorschrift nicht erfasst (Rz. 7 bis 9). Soweit bereits vor der Eröffnung des Insolvenzverfahrens eine **Steuerfestsetzung** (Steueranmeldung) der nach Verfahrenseröffnung als Masseverbindlichkeiten geltenden Steuerverbindlichkeiten gegenüber dem Insolvenzschuldner erfolgt ist, wirkt diese gegenüber der Insolvenzmasse fort und muss nicht erneut bekannt gegeben werden. Soweit noch keine Steuerfestsetzung gegenüber dem Insolvenzschuldner erfolgt ist, ist die entstandene Masseverbindlichkeit nach Eröffnung mittels Leistungsgebot gegenüber dem Insolvenzverwalter festzusetzen. Einwendungen gegen das Leistungsgebot sind im Wege des Einspruchs geltend zu machen (Rz. 34 ff).

Soweit eine Aufrechnungslage vor Eröffnung des Insolvenzverfahrens besteht, sind Steuerforderungen und Steuererstattungen ohne Einschränkungen **aufrechenbar** (Rz. 29). Eine **Anfechtungsmöglichkeit** von Zahlungen des Schuldners während der vorläufigen Verwaltung besteht nach Auffassung des BMF nicht, soweit es sich um Zahlungen auf spätere Masseverbindlichkeiten im Sinne des § 55 Abs. 4 InsO handelt. Denn das Finanzamt würde bei Befriedigung des Anfechtungsanspruchs eine Zahlung leisten, die es sofort wieder zurückfordern könnte und kann daher die Befriedigung des Anfechtungsanspruchs wegen Rechtsmissbräuchlichkeit verweigern (Rz. 40).

Insbesondere die weite Auslegung des Begriffs „Zustimmung", der für die Begründung der Masseverbindlichkeiten nach § 55 Abs. 4 InsO von erheblicher Bedeutung ist, wird sicher zukünftig die Gerichte beschäftigen und Anlass zu vielfältigen Auseinandersetzungen geben.[3039]

Steuern aus insolvenzfreier Tätigkeit des Insolvenzschuldners zählen dann nicht zu den Masseverbindlichkeiten, wenn der Insolvenzverwalter die Tätigkeit freigibt (siehe hierzu unten Rn. 1586). 1567

4.2 Anmeldung und Feststellung von Insolvenzforderungen

4.2.1 Anmeldung zur Tabelle

Bei Eröffnung des Insolvenzverfahrens begründete Steuerforderungen sind nach § 174 Abs. 1 Satz 1 InsO durch Anmeldung zu der beim Insolvenzverwalter geführten Insolvenztabelle geltend zu machen. Die Anmeldung hat schriftlich zu erfolgen und die Steuerbescheide bzw. nachrichtlichen Mitteilungen, die Grundlage für die angemeldeten Forderungen sind, sollten beigefügt werden, denn jede einzelne Steuerforderung muss nach Grund und Höhe für eine wirksame Anmeldung konkret bezeichnet sein. Auch bei Sammelanmeldungen gilt diese Substantiierungspflicht für jede Einzelforderung.[3040] Nach Auffassung des BFH[3041] ist die **Anmeldung von Steuerforderungen zur Insolvenztabelle** dann **wirksam** erfolgt, wenn die Forderung durch Betrag und Zeitraum bezeichnet und sichergestellt ist, dass nur bestimmte Sachverhalte erfasst sind, die zur Verwirklichung der jeweiligen gesetzlichen Steu- 1568

[3039] Für Einzelheiten zu den Auswirkungen des § 55 Abs. 4 InsO auf die Umsatzsteuer siehe Teil 5, Kap. 2, Rn. 1645.
[3040] BGH, Urt. v. 22.01.2009 – IX ZR 3/08, ZIP 2009, 483; BFH, Urt. v. 26.11.1987 – V R 130/82, BStBl. II 1988, 124.
[3041] BFH, Urt. v. 24.08.2011 – V R 53/09, DStR 2011, 2396.

ertatbestände geführt haben. Im Streifall meldete das Finanzamt „Umsatzsteuer 0503 in Höhe von 82.892,23 €" an, wobei diese Forderung nur die Vorsteuerkorrektur nach § 17 Abs. 2 UStG beinhaltete und andere umsatzsteuerrelevante Vorgänge für diesen Zeitraum völlig außer Acht ließ. Solange also aus dem Inhalt der Anmeldung eindeutig hervorgeht, auf welchem Steuertatbestand die Anmeldung beruht, steht der Wirksamkeit der Anmeldung die fehlende Vollständigkeit aller für den jeweiligen Zeitraum verwirklichten Steuertatbestände nicht entgegen.

Die Anmeldung ist **kein Steuerbescheid** oder sonstiger **Verwaltungsakt**, weil es an einer rechtsverbindlichen Regelung fehlt.[3042] Der Insolvenzverwalter trägt nämlich jede Forderung nach § 175 InsO zunächst ungeprüft in die Insolvenztabelle ein. Die Anmeldung ist daher rechtlich auch nicht **anfechtbar**.[3043]

1569 Die **Anmeldefrist** bestimmt das Gericht im Eröffnungsbeschluss (§ 28 Abs. 1 Satz 1 InsO). Sie beträgt mindestens zwei Wochen und höchstens drei Monate und ist **keine Ausschlussfrist**. Daher sind auch später angemeldete Forderungen zu berücksichtigen (§ 177 Abs. 1 Satz 1 InsO). Die Insolvenztabelle ist nach Ablauf der Anmeldefrist bis zum Prüfungstermin zur Einsicht der Beteiligten bei der Geschäftsstelle des Insolvenzgerichts niederzulegen (§ 175 Satz 2 InsO). Hinsichtlich der Höhe der anzumeldenden Steuerforderungen ist noch die **Abzinsungspflicht nach § 41 Abs. 2 InsO** zu beachten. Die Abzinsungspflicht gilt für Steuerforderungen, die im Zeitpunkt der Eröffnung des Insolvenzverfahrens zwar bereits nach § 38 AO entstanden, aber noch nicht fällig sind. Fälligkeit ist nach § 220 AO dann noch nicht eingetreten, wenn die gesetzliche oder die durch den Steuerbescheid eingeräumte Zahlungsfrist noch nicht abgelaufen ist. Der Zinssatz bestimmt sich nach § 246 BGB, derzeit in Höhe von 4 %. Abzuzinsen sind nur unverzinsliche Forderungen, so dass gestundete, ausgesetzte, hinterzogene und nach § 233a AO verzinsliche Steuern in voller Höhe angemeldet werden können. In der **Praxis** wird daher eine Abzinsung von Steuerforderungen kaum in Betracht kommen.

1570 Die **nachrangigen Insolvenzforderungen** nach § 39 InsO sind nur anzumelden, wenn das Insolvenzgericht hierzu besonders auffordert (§ 174 Abs. 3 InsO). Steuerliche nachrangige Insolvenzforderungen sind neben den Zinsen Zwangsgelder, Geldbußen und Vollstreckungskosten.

4.2.2 Anerkennung oder Widerspruch im Prüfungstermin

1571 Auf der Grundlage der vom Insolvenzverwalter erstellten und beim Insolvenzgericht niedergelegten Tabelle erfolgt in einer besonderen Gläubigerversammlung, dem sog. Prüfungstermin, die Prüfung der angemeldeten und eingetragenen Forderungen nach Betrag und Rang. Hier haben neben dem Insolvenzverwalter und dem Schuldner auch alle Gläubiger das Recht, dem Grunde und der Höhe nach zu widersprechen. Dieses Bestreiten erfordert jedoch die Teilnahme am Prüfungstermin, da der Widerspruch mündlich zu er-

---

3042 BFH, Urt. v. 26.11.1987 – V R 130/82, BStBl. II 1988, 124.
3043 *Waza/Uhländer/Schmittmann*, Insolvenzen und Steuern, Rn. 723.

klären ist.³⁰⁴⁴ Einzeln erörtert werden nur die bestrittenen Forderungen und schon im Prüfungstermin kann ein erhobener Widerspruch in der Diskussion beseitigt werden. Der weitere Verfahrensablauf hängt davon ab, ob und von wem gegen die Anmeldung der Forderung Widerspruch erhoben wird (§§ 178 ff. InsO).

Verläuft der **Prüfungstermin ohne Widerspruch** von Seiten des Insolvenzverwalters, des Schuldners oder eines Insolvenzgläubigers, so gilt die **Forderung als festgestellt** nach § 178 Abs. 1 InsO. Die bei Insolvenzeröffnung schwebenden Verwaltungs- und Gerichtsverfahren haben sich mangels Widerspruch erledigt und sind einzustellen (siehe dazu Rn. 1530 ff. sowie 1551 ff.). Wird nur gegen einen **Teilbetrag** einer Forderung Widerspruch erhoben, so gilt der andere Teil als anerkannt. 1572

Die Eintragung in die Insolvenztabelle wirkt für alle Insolvenzgläubiger wie ein rechtskräftiges Urteil gegen den Insolvenzschuldner (§ 251 Abs. 2 Satz 2 AO, §§ 178 Abs. 3, 201 Abs. 2 InsO). Der spätere Erlass eines Steuerbescheides ist überflüssig, weil damit Titel für die Verwaltungsvollstreckung ausschließlich der Auszug aus der Insolvenztabelle ist.³⁰⁴⁵ Insoweit besteht Einigkeit, aber **streitig** ist die konkrete Wirkung der Eintragung einer festgestellten Steuerforderung. Die Rechtsnatur des Tabelleneintrags hat Auswirkungen auf die Frage, ob die Finanzverwaltung eine festgestellte Forderung noch ändern kann oder muss, weil sich die Forderung nachträglich als materiell unrichtig herausstellt. Diskutiert werden in der Literatur im Wesentlichen drei unterschiedliche Auffassungen zu dem Tabelleneintrag und den hieraus resultierenden Änderungsmöglichkeiten: 1573

- bestandskräftiger Feststellungsbescheid nach § 251 Abs. 3 AO mit der Änderung nach §§ 130, 131 AO;
- bestandskräftiger Steuerbescheid mit Möglichkeit der Änderung nach § 172 ff. AO und
- bestandskräftiges Urteil mit Änderung nur unter den Voraussetzungen einer Nichtigkeits-Restitutionsklage nach §§ 578 ff. ZPO.³⁰⁴⁶

Das FG Düsseldorf hat mit Urteil vom 21.04.2010³⁰⁴⁷, gegen das aber Revision eingelegt wurde, nunmehr entschieden, die Eintragung einer Steuerforderung in die Insolvenztabelle wirke wie ein rechtskräftiges Urteil und eine Änderung komme danach nur unter den Voraussetzungen einer Nichtigkeits- bzw. Restitutionsklage nach §§ 578 ff. ZPO in Betracht. Nach Auffassung des FG Düsseldorf lässt der eindeutige Wortlaut des § 178 Abs. 3 InsO keinen Raum für eine Auslegung abweichend von der Urteilswirkung, so dass die Änderungsvorschriften der §§ 130 ff. bzw. §§ 172 ff. AO nicht anwendbar seien.

3044 *Uhlenbruck/Sinz*, § 176 InsO, Rn. 28.
3045 *Hübschmann/Hepp/Spitaler*, AO, § 251, Rn. 56 und 220 f.
3046 Zum Meinungsstreit vgl. *Waza/Uhländer/Schmittmann*, Rn. 740 ff.; *Roth/Schütz*, Wirkungen des § 178 Abs. 3 InsO bei widerspruchslos zur Tabelle festgestellten Steuerforderungen, ZInsO 2008, 186.
3047 FG Düsseldorf, Urt. v. 21.04.2010 – 5 K 4305/07 U – Revision eingelegt (Az. des BFH: 5 R 20/10), EFG 2010, 1579.

1574 Nicht vollständig geklärt ist die Streitfrage, ob die Bindungswirkung des Tabelleneintrags über den Wortlaut des § 178 Abs. 3 InsO auch für nicht am Insolvenzverfahren teilnehmende Dritte gilt. Der BFH hat in diesem Zusammenhang mit Urteil vom 13. 07.2006[3048] entschieden, dass trotz entsprechendem Tabelleneintrag das Finanzamt einen abgetretenen Erstattungsanspruch aus Vorsteuerkorrektur nach § 17 Abs. 1 UStG nicht von dem Zessionar zurückfordern kann, weil dieser am Insolvenzverfahren des Zedenten nicht beteiligt gewesen sei.[3049]

1575 Die **Rechtsunsicherheit bezüglich der Wirkung des Tabelleneintrags** im Insolvenzverfahren ist durch das Urteil des BFH vom 24.11. 2011[3050] vorerst **beendet**. Denn nach Auffassung des BFH kommt jedenfalls der widerspruchslosen Eintragung dieselbe Wirkung zu, wie der beim Bestreiten vorzunehmenden Feststellung gem. § 185 InsO i.V.m. § 251 Abs. 3 AO und kann daher unter den engen Voraussetzungen des § 130 AO geändert werden. Nach § 130 Abs. 1 AO kann auch ein unanfechtbarer Verwaltungsakt ganz oder teilweise zurückgenommen werden, wenn er rechtswidrig ist. Bei der Ermessensentscheidung über die Änderung des Tabelleneintrags hat die Finanzverwaltung daher jeweils abzuwägen, ob dem Prinzip der Gesetzmäßigkeit der Verwaltung und der Gerechtigkeit im Einzelfall oder dem Interesse der Allgemeinheit am Eintritt von Rechtsfrieden und Rechtssicherheit der Vorzug zu geben ist. Im Klartext hat die Behörde nach Meinung des BFH ihr Ermessen in der Regel fehlerfrei ausgeübt, wenn die Gründe für die Rechtswidrigkeit des Tabelleneintrags vom Schuldner bzw. Insolvenzverwalter mit einem fristgerecht eingelegten Einspruch schon hätten geltend gemacht werden können und keine besonderen Umstände vorliegen, die gegen das zeitnahe Vorbringen der Einwendungen sprechen. Allerdings hätte die fehlerhafte, von den Grundsätzen der BFH-Rechtsprechung abweichende Berechnung der eingetragenen Steuerforderung zur Folge, dass die Ermessensentscheidung eher zugunsten des Schuldners auszufallen hätte.

In der **Praxis** wird der Insolvenzverwalter, insbesondere unter Berücksichtigung der sehr eingeschränkten Änderungsmöglichkeiten, die angemeldeten Steuerforderungen grundsätzlich bestreiten. Mit einigen Finanzämtern kann jedoch erfahrungsgemäß erfolgversprechend dahingehend verhandelt werden, dass bei tatsächlich zu hohen festgestellten Steuerforderungen insoweit ein Verzicht zur Teilnahme an einer etwaigen Quotenausschüttung erklärt wird.

1576 Der alleinige **Widerspruch des Insolvenzschuldners** hindert nicht die Feststellung der Forderungen zur Insolvenztabelle und auch nicht deren Berücksichtigung bei der Verteilung der Masse. Durch den Widerspruch des Insolvenzschuldners wird lediglich bewirkt, dass die Finanzverwaltung nach Abschluss des Insolvenzverfahrens gegen den Insolvenzschuldner nicht aus dem Tabelleneintrag vollstrecken kann. Die Finanzverwaltung muss sich da-

---

3048 BFH, Urt. v. 13.07.2006 – V B 70/06, ZIP 2006, 1779.
3049 *Roth/Schütz*, Wirkungen des § 178 Abs. 3 InsO bei widerspruchslos zur Tabelle festgestellten Steuerforderungen, ZInsO 2008, 186.
3050 BFH, Urt. v. 24.11.2011 – V R 13/11, DB 2011, 2818.

her in diesen Fällen außerhalb des Insolvenzverfahrens gegen den Schuldner einen Titel verschaffen:

- **War vor Eröffnung noch kein Steuerbescheid erlassen,** kann die Finanzbehörde einen Feststellungsbescheid nach § 179 Abs. 1 InsO und § 251 Abs. 3 AO gegen den Schuldner erlassen.
- **War ein Steuerbescheid bereits erlassen, aber angefochten,** ist das durch die Insolvenzeröffnung unterbrochene Einspruchs- oder Gerichtsverfahren aufzunehmen (§ 184 Satz 2 InsO) und die insoweit ergangene Entscheidung bildet dann den Vollstreckungstitel (siehe dazu Rn. 1548 ff. sowie 1551 ff.).
- **War der Steuerbescheid schon bestandskräftig,** so kann die Finanzverwaltung nach Abschluss des Insolvenzverfahrens aus dem Bescheid gegen den Schuldner vollstrecken. Der Schuldner hat hier lediglich die Möglichkeit, Änderungsanträge nach §§ 129, 172 ff. AO oder einen Wiedereinsetzungsantrag nach § 110 AO zu stellen.

Im Falle des **Widerspruchs des Insolvenzverwalters oder eines Insolvenzgläubigers** richtet sich der weitere Verlauf danach, ob die bestrittene Steuerforderung bereits durch Steuerbescheid festgesetzt war oder nicht. Festgesetzte Steuerforderungen sind **tituliert** im Sinne von § 179 Abs. 2 InsO und der Insolvenzverwalter muss das weitere Widerspruchsverfahren durch Aufnahme der unterbrochenen Rechtsbehelfs- oder Gerichtsverfahren betreiben (siehe dazu im Einzelnen Rn. 1548 ff. sowie 1551 ff.). Aufgrund der bereits festgesetzten Steuer kommt der Erlass eines Feststellungsbescheides nach § 251 Abs. 3 AO in einem solchen Fall nicht mehr in Betracht.[3051]

Betrifft der Widerspruch dagegen eine nicht festgesetzte, also **nicht titulierte**, Steuerforderung, so muss das Finanzamt die Feststellung weiter betreiben und nachweisen, dass ihm der geltend gemachte Anspruch zusteht.

Nimmt der bestreitende Insolvenzverwalter den Widerspruch gegen eine Steuerforderung trotz Eintritts der Bestandskraft nicht zurück, kann das Finanzamt einen Feststellungsbescheid nach § 251 Abs. 3 InsO erlassen, obwohl eigentlich der Insolvenzverwalter wegen seines Widerspruchs zum Beitreiben der Forderung verpflichtet ist.[3052]

4.2.3 Feststellungsbescheid nach § 251 Abs. 3 AO

Hierzu erlässt das Finanzamt einen Feststellungsbescheid nach § 251 Abs. 3 AO, um das Bestehen, die Anmeldbarkeit und den Rang der Steuerforderung festzustellen. Der Feststellungsbescheid ist zwar mangels Festsetzung einer Steuer kein Steuerbescheid im Sinne des § 155 AO, aber er ist trotzdem mit dem Rechtsmittel des Einspruchs nach § 347 Abs. 1 Nr. 1 AO anzufechten.[3053] Die Feststellung des Steueranspruchs kann nur auf den Grund gestützt und nur auf den Betrag gerichtet werden, den das Finanzamt zur

---

3051 BFH, Urt. v. 23.02.2005 – VII R 63/03, BStBl. II 2005, 591.
3052 BFH, Urt. v. 23.02.2010 – VII R 48/07, ZIP 2010, 844.
3053 *Loose*, in Tipke/Kruse, AO, § 251, Rn. 68 f.

Tabelle angemeldet hat.[3054] Haftungsansprüche und Ansprüche auf steuerliche Nebenleistungen können ebenfalls Gegenstand des Feststellungsbescheides sein.

In der **Praxis** sollte durch Verhandlungen mit der Finanzbehörde vermieden werden, dass bereits in einem frühen Stadium des Insolvenzverfahrens Feststellungsbescheide erlassen werden, weil erfahrungsgemäß substantiierte Einwendungen gegen die festgestellten Steuerforderungen durch die oft ungeordnete Aktenlage nur mit größerem Zeitaufwand geltend gemacht werden können. Es besteht daher die Gefahr, ins Klageverfahren „getrieben" zu werden und hierdurch Kosten zu Lasten der Masse auszulösen. Erfahrungsgemäß ist die Finanzverwaltung der Argumentation zugänglich, dass ein Abschluss des Insolvenzverfahrens ohne vollständige Prüfung der bestrittenen Steuerforderungen nicht erfolgen kann und daher auch ohne Erlass eines Feststellungsbescheides eine materiell-rechtliche Prüfung der angemeldeten Steuerforderungen durch den Insolvenzverwalter rechtzeitig erfolgen wird.

4.2.4 Beitreibung nach Insolvenzbeendigung

1579 Nach Beendigung des Insolvenzverfahrens entfallen die insolvenzrechtlichen Beschränkungen, so dass die Finanzbehörde ihre im Insolvenzverfahren nicht befriedigten Forderungen nach den §§ 259 ff. AO beitreiben kann (§ 201 Abs. 1 InsO).[3055] Vollstreckungstitel ist der Tabelleneintrag und ein etwaiger früherer Vollstreckungstitel wird durch diesen ersetzt.[3056] Die Verjährungsfrist für die zur Tabelle festgestellten Steuerforderungen beträgt 5 Jahre gemäß § 228 AO; die 30jährige Frist des § 197 Abs. 1 Nr. 5 BGB gilt hier nicht.[3057]

1580 Etwas anderes gilt für den Fall, dass der Schuldner der Anmeldung widersprochen hat. Das Finanzamt kann nach Abschluss des Insolvenzverfahrens gegen den Insolvenzschuldner nicht aus dem Tabelleneintrag vollstrecken, weil der Eintrag nicht als Vollstreckungstitel wirkt (§ 201 Abs. 2 InsO). Wenn vor Eröffnung des Insolvenzverfahrens noch kein Steuerbescheid ergangen war, hat das Finanzamt nach Beendigung des Verfahrens das unterbrochene Steuerfestsetzungsverfahren durch Erlass eines Steuerbescheides abzuschließen. Für diese Fälle führt § 171 Abs. 13 AO zu einer Hemmung der Festsetzungsfrist bis zu 3 Monate nach Beendigung des Insolvenzverfahrens. War bereits vor Eröffnung ein Steuerbescheid erlassen, so hat das Finanzamt während oder nach Beendigung des Insolvenzverfahrens ein anhängiges Rechtsbehelfs- oder Finanzgerichtsverfahren aufzunehmen und weiter zu betreiben.

3054 *Hübschmann/Hepp/Spitaler*, § 251, Rn. 428; *Frotscher*, Besteuerung bei Insolvenz, 270.
3055 *Frotscher*, Besteuerung bei Insolvenz, 273; *Waza/Uhländer/Schmidtmann*, Rn. 739; *Schumacher*, in: MüKo-InsO, § 178, Rn. 89.
3056 BFH, B. v. 20. 07. 2000 – VII B 12/00, BFH/NV 2001, 144.
3057 BFH, Urt. v. 26. 04. 1988 – VII R 97/87, BStBl. II 1988, 865; *Frotscher*, 275.

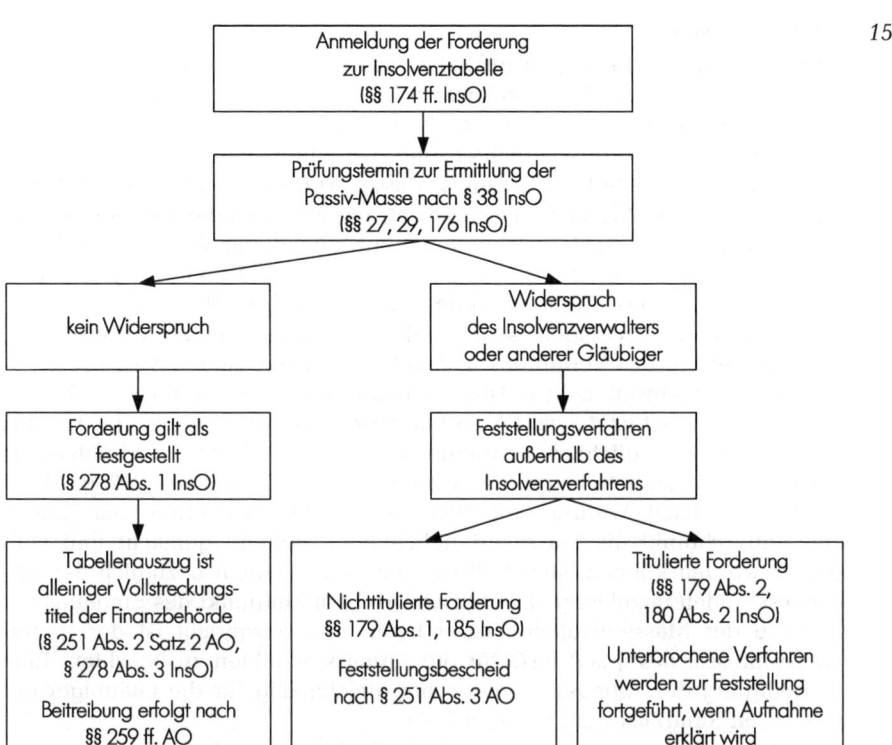

Abb. 67: Übersicht zum Verfahrensablauf

4.3 Durchsetzung von Masseverbindlichkeiten
4.3.1 Massereichtum
Im Gegensatz zu den Insolvenzforderungen schränkt das Insolvenzrecht bei Masseverbindlichkeiten das Steuerfestsetzungs- und Vollstreckungsverfahren nach der Abgabenordnung nicht ein. Steuerforderungen sind nach §§ 55 Abs. 1 Nr. 1, 53 InsO **vorweg aus der Masse zu befriedigen**. Schuldner der Masseverbindlichkeiten bleibt der Insolvenzschuldner nach §§ 55 InsO und daher haftet der Schuldner auch nur mit der Insolvenzmasse für die Masseverbindlichkeiten. **Bekanntgabeadressat** für Steuerbescheide zu Masseschulden ist aber der Insolvenzverwalter in seiner Eigenschaft als Verwalter der Masse.

Die Einschränkungen für die Zwangsvollstreckung nach §§ 90 InsO sind zu beachten (siehe hierzu Rn. 1558 ff.).

4.3.2 Massearmut

1583 Für den Fall, dass nach § 26 InsO **der Insolvenzantrag mangels Masse abgewiesen** wird, bleibt die Einzelzwangsvollstreckung erlaubt. Denn mit dem Beschluss über die Abweisung des Insolvenzantrages tritt keine Beschlagwirkung hinsichtlich des Vermögens des Schuldners ein.

1584 Erfolgt eine **Einstellung mangels Masse, weil sich nach Eröffnung herausstellt, dass die Masse nicht ausreicht, um alle Verfahrenskosten zu decken, erlischt die Beschlagwirkung erst mit Einstellung**. Die Finanzbehörde kann daher ihre Forderung gegen den Schuldner ab diesem Zeitpunkt wieder frei von den Beschränkungen des Insolvenzrechts vollstrecken.[3058]

1585 Davon zu unterscheiden ist der Fall der **Masseunzulänglichkeit**, wenn zwar die Kosten des Verfahrens gedeckt, aber die sonstigen Masseverbindlichkeiten (§ 55 InsO) nicht vollständig befriedigt werden können (§§ 208 bis 211 InsO). Hier ist jetzt zwischen Altmasseschulden, die bereits **vor** Anzeige der Masseunzulänglichkeit begründet wurden und Neumasseschulden, die entsprechend **danach** begründet wurden, zu unterscheiden (§ 209 Abs. 1 Nr. 2 und 3 InsO). Während die Neumasseschulden weiterhin vom Finanzamt unbeschränkt als Masseverbindlichkeiten geltend gemacht und vollstreckt werden können, sind Vollstreckungsmaßnahmen bezüglich der Altmasseschulden unzulässig (§ 210 InsO). Ab dem Zeitpunkt des Eingangs der Anzeige der Masseunzulänglichkeit beim Insolvenzgericht ist der Verteilungsschlüssel des § 209 InsO für die Altmasseschulden zu beachten. Eine Befriedigung der Altmasseschulden hat gleichmäßig für die Gläubiger der jeweiligen Rangklasse zu erfolgen.[3059]

Nicht ausdrücklich geregelt ist die Zulässigkeit der **Aufrechnung** gegen eine Masseschuld nach Erklärung der Masseunzulänglichkeit. In diesem Fall sind aber die §§ 94 bis 96 InsO sinngemäß anzuwenden.[3060]

4.4 Durchsetzung von Steuern aus insolvenzfreier Tätigkeit/Neuerwerb

1586 Die Fragen der Einordnung von Steuerforderungen entweder als Masseverbindlichkeiten zur Insolvenzmasse oder als uneingeschränkt vollstreckbare Forderungen des insolvenzfreien Vermögens mit den daraus resultierenden Folgen der Durchsetzungsmöglichkeiten ist in der Praxis relevant im Zusammenhang mit der Ausübung einer Tätigkeit des Schuldners nach Eröffnung des Insolvenzverfahrens (Neuerwerb nach § 35 InsO). Steuerforderungen gehören dann zum insolvenzfreien Vermögen des Insolvenzschuldners, wenn sie weder Insolvenzforderungen noch Masseverbindlichkeit sind.

1587 Aus der Zugehörigkeit des Neuerwerbs zur Insolvenzmasse (§ 35 Abs. 1 InsO) entstand bisher das Problem, dass die durch den Neuerwerb begründeten Steuern Verbindlichkeiten der Masse (§ 55 InsO) sein konnten. Denn Masseverbindlichkeiten werden nicht nur durch „Handlungen des Verwalters" (§ 55 Abs. 1 Nr. 1, 1. Alt. InsO), sondern auch „in anderer Weise", nämlich durch die Verwaltung, Verwertung und Verteilung der Insolvenzmasse

---

3058 BFH, B. v. 12. 03. 1998 – VII B 199/97, BFH/NV 1998, 1188.
3059 *Berscheid/Ries,* in: Uhlenbruck, InsO, § 209 Rn. 4 ff.
3060 BFH, Urt. v. 01. 08. 2002 – VII R 31/99, BStBl. 2002, 323.

begründet (§ 55 Abs. 1 Nr. 1, 2. Alt. InsO) und zur Verwaltung der Masse ist allein der Insolvenzverwalter befugt (§ 80 Abs. 1 InsO). Für die Beurteilung der steuerlichen Folgen aus dem Neuerwerb kommt es darauf an, ob das Insolvenzverfahren vor oder nach dem am 01.07.2007 in Kraft getretenen Gesetz zur Vereinfachung des Insolvenzverfahrens eröffnet wurde, da zumindest mit den neu eingefügten Abs. 2 und 3 in § 35 InsO die Modalitäten der Freigabe ausdrücklich geregelt wurden. Schon vor der Einführung der Regelungen zur Freigabe versuchten die Verwalter, das Entstehen von Masseverbindlichkeiten aus dem Neuerwerb dadurch zu lösen, dass sie das der selbstständigen Tätigkeit des Schuldners dienende Vermögen aus der Insolvenzmasse freigaben.[3061] Die Rechtsfolgen dieser Freigabe waren streitig und daher in der praktischen Handhabung problematisch, weil zur Vermeidung von Masseverbindlichkeiten die Freigabeerklärung einen unbedingten Verzicht auf die **Massezugehörigkeit** der freigegebenen Gegenstände enthalten muss.[3062] § 35 Abs. 2 InsO schafft nun insoweit Klarheit, als der Insolvenzverwalter gegenüber dem Schuldner erklären kann, ob Vermögen aus der selbstständigen Tätigkeit zur Insolvenzmasse gehört und ob Ansprüche aus dieser Tätigkeit im Insolvenzverfahren geltend gemacht werden können.

Die Freigabeerklärung wirkt in die Zukunft, also „ex nunc".[3063] Der **Inhalt der Freigabeerklärung** lautet entweder **positiv**, dass das Vermögen aus der selbstständigen Tätigkeit vom Insolvenzbeschlag erfasst wird und Ansprüche aus der Tätigkeit im Insolvenzverfahren als Masseverbindlichkeit geltend gemacht werden können oder **negativ**, dass das Vermögen aus der selbstständigen Tätigkeit nicht vom Insolvenzbeschlag erfasst wird und Ansprüche aus derselben Tätigkeit nicht im Insolvenzverfahren geltend gemacht werden können. Abweichender Inhalt ist unzulässig.[3064] Streitig ist in diesem Zusammenhang, was bis zur Freigabeerklärung des Verwalters für die Einordnung der Steuerverbindlichkeiten gilt, während ein Teil der Literatur[3065] die Auffassung vertritt, dass die Verbindlichkeiten aus der Zeit vor der Freigabeerklärung Masseverbindlichkeiten sind, ist die Gegenauffassung der Meinung, die Verbindlichkeiten richten sich gegen das insolvenzfreie Vermögen.[3066]

1588

Die steuerlichen Folgen der Freigabe nach § 35 Abs. 2 InsO sind noch nicht vollständig geklärt. Bezüglich der **Umsatzsteuer** ist durch die neue Rechtsprechung des BFH[3067] geklärt, dass nur unter den Voraussetzungen des § 55 InsO Masseverbindlichkeiten begründet werden können, und damit für beide Alternativen des Abs. 1 Nr. 1 Handlungen des Verwalters erforderlich sind. In dieser Klarheit gilt die Rechtsprechung jedoch nur für eine unternehmerische Tätigkeit, die im Wesentlichen mit Gegenständen ausgeführt

1589

3061 *Maus*, in: Uhlenbruck, InsO, § 80 Rn. 36.
3062 BFH, Urt. v. 07.04.2005 – V R 5/04, BFH/NV 2005, 1724; FG Thüringen, Urt. v. 06.12.2007 – 16 K 147/07, EFG 2008, 1485; FG München, Urt. v. 29.05.2008 – 14 K 3613/06, EFG 2008, 1384.
3063 *Lwowski/Peters*, in: MüKo-InsO, § 35 Rn. 103.
3064 *Hirte*, in: Uhlenbruck, InsO, § 35 InsO, Rn. 96.
3065 *Hirte*, in: Uhlenbruck, InsO, § 35 InsO, Rn. 99.
3066 *Onusseit*, Umsatzsteuer aufgrund unternehmerischer Tätigkeit des Schuldners nach Eröffnung des Insolvenzverfahrens, ZInsO 2010, 1482.
3067 BFH, Urt. v. 17.03.2010 – XI R 2/08, UR 2010, 619.

wird, die **nicht** zur Masse gehören. Für die Insolvenzfälle, die nach dem 01.07.2007 eröffnet wurden, ist diese Diskussion obsolet, da sich die Freigabe nach dem Wortlaut des § 35 Abs. 2 InsO auf das „Vermögen" der selbstständigen Arbeit und damit auf das gesamte Vermögen, das der gewerblichen Tätigkeit gewidmet ist, einschließlich der dazugehörigen Vertragsverhältnisse, bezieht.[3068]

Die ab dem Zeitpunkt der Freigabeerklärung begründeten Umsatzsteuern gehören damit zum insolvenzfreien Vermögen und können uneingeschränkt gegen den Schuldner geltend gemacht und vollstreckt werden.

1590 Die **Einkommensteuer** gehört zu den **Masseverbindlichkeiten**, wenn der Insolvenzverwalter das Vermögen aus der selbstständigen Tätigkeit nicht freigibt oder die selbstständige Tätigkeit wissentlich duldet.[3069] Einkünfte des Insolvenzschuldners aus einem Gewerbebetrieb, den der Insolvenzverwalter dagegen aus der Masse freigegeben hat, können keine Masseverbindlichkeit begründen, wenn die Einkünfte nicht zur Masse fließen. Wird der Schuldner vom Verwalter verpflichtet, Gewinne, die über ein vergleichbares unpfändbares Einkommen eines Arbeitnehmers hinausgehen, nach Maßgabe des § 850 ZPO an die Insolvenzmasse abzuführen, dann löst dieser Gewinnzufluss zur Masse Einkommensteuer als Masseverbindlichkeit aus.

1591 **Erstattungsansprüche** aus insolvenzfreier Tätigkeit fallen nicht in die Masse. Zu den Möglichkeiten der **Aufrechnung** siehe unter den nachfolgenden Rn.

4.5 Aufrechnung

1592 Die Frage nach der Möglichkeit einer Aufrechnung von Steuerforderungen, die zur Insolvenztabelle anzumelden wären, mit Gegenforderungen der Insolvenzmasse warf bis dato in der Praxis ganz erhebliche Probleme auf. Diese Problematik hat sich auch nicht durch das **Haushaltsbegleitgesetz 2011** erledigt, da die geplante Rechtsänderung, wonach die Aufrechnungsverbote der §§ 95, 96 InsO für die Finanzverwaltung nicht mehr gelten sollen, nicht umgesetzt wurde. Die umfassende Wiedereinführung des Fiskusprivilegs ist damit vorerst unterblieben.

Die Aufrechnung kann nach §§ 226 Abs. 1 i.V.m. §§ 87 ff. BGB erklärt werden, wenn

- **Gleichartigkeit** der beiden aufzurechnenden Forderungen, die sich beide auf einen Geldanspruch beziehen müssen,
- **Gegenseitigkeit**, wonach der Schuldner der einen Forderung gleichzeitig Gläubiger der anderen Forderung sein muss,
- **Fälligkeit** der Forderung, mit der aufgerechnet werden soll,
- **Erfüllbarkeit** der Forderung, gegen die aufgerechnet werden soll und
- kein Aufrechnungsverbot

gegeben sind.

3068 Werth, Die Besteuerung des Neuerwerbs im Insolvenzverfahren, DStZ 2009, 760 mit Hinweisen zum Gesetzesentwurf.

3069 Werth, Die Besteuerung des Neuerwerbs im Insolvenzverfahren, DStZ 2009, 760; Maus, in: Uhlenbruck, InsO, § 80 InsO, Rn. 38.

Kapitel 1 Verfahrensfragen

Das Finanzamt kann nach §§ 94 InsO im Insolvenzverfahren mit Forderungen aufrechnen, die vor Verfahrenseröffnung entstanden sind, ohne dass es deren vorheriger Festsetzung, Feststellung oder Anmeldung zur Insolvenztabelle bedarf.[3070] Dies gilt selbst in den Fällen des § 220 Abs. 2 Satz 2 AO, in denen die Fälligkeit eines Steueranspruchs von der Bekanntgabe der Festsetzung abhängig ist. Denn diese Vorschrift kann keine Anwendung finden, wenn der Anspruch des Finanzamtes wegen Eröffnung des Insolvenzverfahrens keiner Festsetzung durch Steuerbescheid mehr zugänglich ist.[3071] **Eine bestehende Aufrechnungslage wird durch die Insolvenzeröffnung nicht berührt.** Die Aufrechnung erfolgt durch **formlose Erklärung** gegenüber dem Insolvenzverwalter.

1593

> **Beispiel**
>
> Das Insolvenzverfahren wird am 01.09.2009 eröffnet. Der Insolvenzverwalter macht gegenüber dem Finanzamt ein Lohnsteuerguthaben in Höhe von 5.000 € aus der Lohnsteuer-Anmeldung 06/2009 geltend, der die Finanzverwaltung im Oktober zugestimmt hat. Die Finanzverwaltung rechnet im Oktober mit einer Umsatzsteuerforderung in Höhe von 8.000 € auf. Es handelt sich um die Umsatzsteuer-Vorauszahlung 07/2009, für die keine Umsatzsteuer-Voranmeldung abgegeben wurde. Das Finanzamt hat die Umsatzsteuer im November zur Tabelle angemeldet. Der Insolvenzverwalter hat der Anmeldung widersprochen.

1594

Die Aufrechnung ist möglich. Denn die Vorauszahlung für Juli 2009 wird mangels Voranmeldung mit ihrer Entstehung fällig. Zum Zeitpunkt der Aufrechnung im November 2009 steht der Forderung des Insolvenzverwalters in Höhe von 5.000 € damit eine aufrechenbare Gegenforderung des Finanzamtes in Höhe von 8.000 € gegenüber.

Auch eine **Umbuchungsmitteilung** gilt als wirksame Aufrechnungserklärung, obwohl der Zusatz, unter Umständen gegenteilige Buchungswünsche zu berücksichtigen, eigentlich gegen eine rechtlich eindeutige Willenserklärung spricht.[3072]

1595

Bestreitet der Insolvenzverwalter die Zulässigkeit der Aufrechnung, muss die Finanzbehörde einen Abrechnungsbescheid nach § 218 Abs. 2 AO erlassen. Inhaltsadressat des Abrechnungsbescheides ist der Insolvenzschuldner, während Bekanntgabeadressat aber der Insolvenzverwalter ist.[3073] Der Insolvenzverwalter kann gegen den Abrechnungsbescheid Einspruch einlegen und ggf. das Klageverfahren vor dem Finanzgericht betreiben.

Die Voraussetzungen der **Gegenseitigkeit** ist bei Aufrechnungen im Rahmen des Steuerschuldverhältnisses mit besonderen Schwierigkeiten behaftet. Grundsätzlich richtet sich die Gegenseitigkeit auf Seiten des Fiskus nach der sog. Ertragsberechtigung. Danach stehen dem Bund insbesondere Zölle und Verbrauchsteuern und den Ländern die Erbschaftsteuer und die Kraft-

1596

3070 BFH, Urt. v. 04.05.2004 – VII R 45/03, DStR 2004, 1172; BFH, Urt. v. 31.05.2005 – VII R 71/04, BFH/NV 2005, 2147.
3071 *Sinz*, in: Uhlenbruck, InsO, § 94 InsO, Rn. 20.
3072 BFH, Urt. v. 26.07.2005 – VII R 72/04, BStBl. II 2006, 350.
3073 *Loose*, in: Tipke/Kruse, AO, § 251, Rn. 103.

fahrzeugsteuer zu. Die besonders aufkommenstarken Steuerarten Einkommensteuer, Körperschaftsteuer und Umsatzsteuer stehen Bund und Ländern gemeinsam zu (Einkommen- und Körperschaftsteuer jeweils 50 % und Umsatzsteuer Bundesanteil 54 %, Landesanteil 46 %). Um Aufrechnungen auf der Seite des Fiskus in größerem Umfang möglich zu machen, bestimmt § 226 Abs. 4 AO, dass für die Gegenseitigkeit „auch" auf die Verwaltungshoheit abzustellen ist, da außer Zöllen und Verbrauchsteuern fast alle Steuern durch die Landesfinanzbehörden verwaltet werden, kann grundsätzlich auch mit oder gegen den jeweiligen Bundesanteil aufgerechnet werden, wenn die Steuern in derselben Behörde verwaltet werden.

1597 **Beispiel**

Das Land Berlin hat eine Forderung aus Umsatzsteuer zur Tabelle angemeldet. Der Insolvenzschuldner hatte vor der Eröffnung am Bau des Kanzleramtes mitgewirkt und hieraus Vergütungsansprüche gegen das Bundesbauamt geltend gemacht.

Gegenseitigkeit besteht nur in Höhe des Bundesanteils an der Umsatzsteuer von 54 %, da der Landesanteil an der Umsatzsteuer nicht von der Bundesbehörde verwaltet wird.

1598 Mangels Gegenseitigkeit kann das Finanzamt daher auch bei Insolvenz über das Vermögen einer **Personengesellschaft** eine Insolvenzforderung gegen die Gesellschaft nicht mit einem Erstattungsanspruch des Gesellschafters tilgen.[3074]

1599 Ist zum Zeitpunkt der Verfahrenseröffnung die Aufrechnungslage dadurch noch nicht gegeben, dass die aufzurechnende Steuerforderung noch aufschiebend bedingt oder nicht fällig war, so ist das Finanzamt dennoch zur Aufrechnung berechtigt, wenn seine Forderung vor dem Erstattungsanspruch der Insolvenzmasse unbedingt oder fällig wird, § 95 Abs. 1 InsO. Da durch die Rechtsprechung des BFH[3075] der Fälligkeitszeitpunkt nach § 220 Abs. 2 Satz 1 AO auf den Zeitpunkt des Entstehens der Steuerforderung vor verlagert wird, ist dem **Aufrechnungshemmnis des § 95 Abs. 1 Satz 3 InsO** in der Praxis weitgehend die Grundlage entzogen.

1600 Gleichwohl sind von der Finanzverwaltung erklärte Aufrechnungen oft **nach § 96 Abs. 1 InsO unzulässig**. Die Aufrechnung ist danach ausgeschlossen, wenn

- der Erstattungsanspruch der Masse, gegen den das Finanzamt aufrechnen will, erst nach Eröffnung des Insolvenzverfahrens entstanden ist (§ 96 Abs. 1 Nr. 1 InsO),
- das Finanzamt die zur Aufrechnung gestellte Forderung erst nach Eröffnung des Insolvenzverfahrens von einem anderen Gläubiger erworben hat (§ 96 Abs. 1 Nr. 2 InsO),
- das Finanzamt die Möglichkeit der Aufrechnung durch eine anfechtbare Rechtshandlung erlangt hat (§ 96 Abs. 1 Nr. 3 InsO),

---

3074 BFH, Urt. v. 24.07.1984 – VII R 6/81, BStBl. II 1984, 795; *Frotscher*, Besteuerung bei Insolvenz, 72.

3075 BFH, Urt. v. 04.05.2004 – VII R 45/03, BStBl. II 2004, 815; a. A. *Frotscher*, Besteuerung bei Insolvenz, 71 f.

- das Finanzamt mit einer Forderung gegen das nicht insolvenzverhaftete Vermögen des Insolvenzschuldners aufrechnen will (§ 96 Abs. 1 Nr. 4 InsO).

Sinn und Zweck des Aufrechnungsverbotes nach **§ 96 Abs. 1 Nr. 1 InsO** ist es zu verhindern, dass der Insolvenzgläubiger durch Aufrechnungserklärung eine Insolvenzforderung, die eigentlich nur quotal zu befriedigen ist, voll gezahlt bekommt und zusätzlich ein Massezufluss verhindert wird. Aufrechnungen des Finanzamtes sind aber immer dann zulässig, wenn der Erstattungsanspruch der Insolvenzmasse, gegen den mit Insolvenzforderungen aufgerechnet werden soll, bereits vor Eröffnung im insolvenzrechtlichen Sinn „begründet" wurde.[3076] Denn dann ist die Finanzbehörde nicht „nach", sondern bereits „vor" Eröffnung des Verfahrens etwas „zur Masse schuldig geworden" und es besteht kein Aufrechnungshindernis. Da nach der Rechtsprechung der Zeitpunkt des „Begründetseins" einer Steuerforderung vorverlagert wird auf den Zeitpunkt der Erfüllung des steuerrechtlichen Tatbestands, resultiert hieraus eine entsprechende Ausweitung der Aufrechnungsmöglichkeiten des Finanzamtes. Allerdings ist hier durch die Änderung der Rechtsprechung des VII. Senats des BFH[3077] mit Urteil vom 02.11.2010 eine Art „Eindämmung" erfolgt, weil der BFH die Aufrechnung der Vorsteuer aus der vorläufigen Verwaltervergütung mit Insolvenzforderungen des Fiskus als unzulässig erklärt hat (vgl. ausführlich Rn. 1619).

Kurz gesagt ist eine Aufrechnung dann zulässig, wenn Forderungen und Gegenforderungen den **gleichen Vermögensmassen** zuzurechnen sind. Gegen Erstattungsansprüche, die erst **nach** Insolvenzeröffnung begründet wurden, können grundsätzlich nur Ansprüche aufgerechnet werden, die als Masseverbindlichkeit vorweg zu befriedigen sind. Gegen Erstattungsansprüche, die **vor** Insolvenzeröffnung begründet wurden, kann mit Insolvenzforderungen aufgerechnet werden. Das Aufrechnungsverbot nach § 96 Abs. 1 Nr. 1 InsO wirkt auch dann, wenn ein Massegläubiger erst nach Anzeige der Masseunzulänglichkeit etwas zur Neumasse schuldig geworden ist.[3078] 1601

Die Aufrechnung ist **nach § 96 Abs. 1 Nr. 2 InsO** unzulässig, wenn der Insolvenzgläubiger seine Forderungen erst nach Verfahrenseröffnung erworben hat. Durch diese Regelung soll verhindert werden, dass das Finanzamt sich von einem anderen Finanzamt eine Forderung abtreten lässt und so die Aufrechnungslage erst herstellt. 1602

Nach **§ 96 Abs. 1 Nr. 3 InsO** ist die Aufrechnung außerdem unzulässig, wenn der Insolvenzgläubiger die Aufrechnungslage durch eine anfechtbare Rechtshandlung erlangt hat. 1603

3076 BFH, Urt. v. 05.10.2004 – VII R 69/03, BFH/NV 2005, 397.
3077 BFH, Urt. v. 02.11.2010 – VII R 6/10, ZIP 2011, 181.
3078 BFH, Urt. v. 04.03.2008 – VII R 10/06, ZIP 2008, 886; FG Köln, Urt. v. 18.01.2006 – 11 K 2199/05, EFG 2006, 553.

Teil 5   Steuern in Sanierung und Insolvenz

> **Beispiel**
>
> Der Insolvenzschuldner hat im letzten Monat vor Eröffnung des Insolvenzverfahrens nach Einleitung einer Kontopfändung die fällige Lohnsteuer für einen Vormonat bezahlt, um das Finanzamt zur einstweiligen Einstellung der Vollstreckungsmaßnahmen zu bewegen. Die Lohnsteueranmeldung wird nach Eröffnung auf 0 € korrigiert.

Eine Aufrechnung des Erstattungsanspruchs aus der geänderten Lohnsteueranmeldung mit Insolvenzforderungen ist nach § 96 Abs. 1 Nr. 3 InsO unzulässig, weil es sich bei der vor Insolvenz erfolgten Zahlung um eine anfechtbare Rechtshandlung nach § 131 Abs. 1 Nr. 1 InsO handelt.[3079]

1604   Mit Urteil vom 02.11.2010[3080] ändert der BFH seine fiskalfreundliche Rechtsprechung zu § 96 Abs. 1 Nr. 3 InsO und schließt sich der Auffassung des BGH zu den Voraussetzungen einer anfechtbaren Rechtshandlung an. Durch ein „prozessuales Missgeschick" wurde der BGH in die Lage versetzt darüber zu entscheiden, ob das Finanzamt die Möglichkeit zur Aufrechnung von zwischen Antragstellung und Eröffnung entstandenen Umsatzsteuerforderungen durch eine anfechtbare Rechtshandlung erlangt hat. Der BGH bejahte dies mit der Begründung, dass auch Handlungen des Schuldners oder Dritter unter den Tatbestand zu subsumieren seien, zu dem das Finanzamt zum Zeitpunkt der Entstehung der Umsatzsteuer bereits Kenntnis vom Antrag auf Eröffnung des Insolvenzverfahrens hatte (§ 130 Abs. 1 Satz 1 Nr. 2 InsO) und die vollständige Befriedigung durch die Aufrechnung eine Gläubigerbenachteiligung darstelle.

In Änderung seiner jahrelangen Rechtsprechung schloss der BFH sich der Auffassung des BGH an und versagte dem Finanzamt die Möglichkeit, Vorsteuern aus dem Honorar des vorläufigen Insolvenzverwalters mit Tabellenforderungen aufzurechnen. Denn die umsatzsteuerlichen Leistungen seien zwar zivilrechtlich keine Rechtsgeschäfte, aber Rechtshandlungen im Sinne des § 129 InsO.

1605   Durch die Einführung des § 55 Abs. 4 InsO mit Haushaltsbegleitgesetz 2011 ist die Rechtsprechungsänderung jedoch praktisch weitestgehend wieder aufgehoben. Nach § 55 Abs. 4 InsO gelten Verbindlichkeiten des Insolvenzschuldners aus dem Steuerschuldverhältnis, die von einem vorläufigen Insolvenzverwalter oder vom Schuldner mit Zustimmung eines vorläufigen Verwalters begründet worden sind, nach Eröffnung des Insolvenzverfahrens als Masseverbindlichkeiten.[3081]

1606   Abweichend von der Rechtsprechung des BGH und des BFH hat das FG Berlin-Brandenburg[3082] profiskalisch die Möglichkeit der Aufrechnung von Erstattungsansprüchen aus nach Eröffnung vorgenommenen Umsatzsteuerberichtigungen nach § 17 Abs. 1 und 2 Satz 1 UStG mit Tabellenforderungen bejaht. Das FG verneint die gläubigerbenachteiligende Wirkung der zur

---

3079 BFH, Urt. v. 22.10.2009 – IX ZR 147/06, ZIP 2010, 90; FG Brandenburg, Urt. v. 12.07.2005 – 3 K 1669/02, EFG 2006, 1480.
3080 BFH, Urt. v. 02.11.2010 – VII R 6/10, BStBl II 2011, 374.
3081 Siehe hierzu ausführlich Teil 5, Kap. 1, Rn. 1565.
3082 FG Berlin-Brandenburg Urt. v. 10.05.2011 – 5 K 5350/09, EFG 2011, 1593; Revision anhängig unter VII R 29/11.

Aufrechnung gestellten Umsatzsteuerforderungen, weil die diesen zugrundeliegenden Leistungen des Schuldners nicht isoliert zu betrachten seien, sondern in ihrer Gesamtheit zu einer Vermögensmehrung geführt haben. Außerdem sei die bloße Leistungserbringung des Insolvenzschuldners keine konkrete Rechtshandlung mit dem Ziel, die Insolvenzgläubiger zu benachteiligen und somit vom Normzweck des § 129 InsO nicht erfasst. Es bleibt spannend, ob der VII. Senat im Rahmen des bei ihm anhängigen Revisionsverfahrens (Az. VII R 29/11) an seiner Rechtsauffassung festhält.

Ein Aufrechnungsverbot besteht nach **§ 96 Abs. 1 Nr. 4 InsO**, wenn der Fiskus gegen einen Erstattungsanspruch der Insolvenzmasse mit einer Steuerforderung aufrechnen möchte, die zwar nach Insolvenzeröffnung begründet wurde, sich aber gegen das **insolvenzfreie Vermögen** des Schuldners richtet. Es kommt dabei nicht darauf an, ob der Erstattungsanspruch der Insolvenzmasse vor oder nach Eröffnung des Insolvenzverfahrens entstanden ist. 1607

Im **Insolvenzeröffnungsverfahren** gelten die Aufrechnungsverbote des § 96 InsO zwar noch nicht, aber es ist zu beachten, dass die durch den Fiskus erklärte Aufrechnung anfechtbar ist nach § 129 ff. InsO. 1608

Während der **Wohlverhaltensphase im Restschuldbefreiungsverfahren** gelten die Aufrechnungsverbote der §§ 95 und 96 InsO nicht, so dass das Finanzamt gegen Einkommensteuererstattungsansprüche aus Neuerwerb mit Insolvenzforderungen aufrechnen kann.[3083] Auch in der Phase zwischen Aufhebung des Insolvenzverfahrens und Beschluss des Insolvenzgerichts über die Restschuldbefreiung besteht kein insolvenzrechtliches Aufrechnungsverbot. Erst mit Erlangung der Restschuldbefreiung durch den Beschluss des Insolvenzgerichts ist eine Befriedigung des Finanzamtes durch Aufrechnung im Hinblick auf die Restschuldbefreiung nicht mehr möglich.[3084] 1609

Die Frage, ob nach bestätigtem Insolvenzplan eine Aufrechnungsmöglichkeit für das Finanzamt nur insoweit besteht, als dies im Plan ausdrücklich zugelassen ist, ist noch nicht abschließend geklärt.[3085]

4.5.1 Aufrechnung von Vorauszahlungsschulden

Steuererstattungsansprüche aufgrund von Steuervorauszahlungen entstehen im Zeitpunkt der Entrichtung der Steuer unter der aufschiebenden Bedingung, dass am Ende des Besteuerungszeitraums die geschuldete Steuer geringer ist, als die Vorauszahlung. Für die Frage, wann ein Steuererstattungsanspruch entstanden ist, kommt es maßgeblich auf den Zeitpunkt der Entrichtung der Vorauszahlung an.[3086] Erstattungsansprüche aus überzahlten Vorauszahlungen kann das Finanzamt daher nur insoweit mit Insolvenzforderungen aufrechnen, als die Tilgung der Vorauszahlungen vor Eröffnung des Insolvenzverfahrens erfolgte. 1610

[3083] BFH, Urt. v. 21.11.2006 – VII R 1/06; BFH/NV 2007, 303; FG Hamburg, Urt. v. 15.06.2006 – 2 K 5/05, EFG 2007, 86, rkr.
[3084] BFH, B. v. 07.01.2010 – VII B 118/09, BFH/NV 2010, 950.
[3085] Zum Streitstand vgl. *Joachim/Schwarz*, Beschränkungen der Aufrechnung des Insolvenzgläubigers nach einem bestätigten Insolvenzplan auf die Quote?, ZInsO 2009, 408.
[3086] BFH, Urt. v. 29.01.1991 – VII R 45/90, BFH/NV 1991, 791.

1611
> **Beispiel**
>
> Der Insolvenzschuldner hatte aufgrund eines Vorauszahlungsbescheides zum 15.02., 15.05., 15.08. und 15.11.2000 jeweils Gewerbesteuer-Vorauszahlungen in Höhe von 8.000 € zu leisten. Tatsächlich leistete der Schuldner jedoch keine Zahlungen und am 14.05.2000 wurde das Insolvenzverfahren eröffnet. Im Februar 2001 rechnete das Finanzamt mit einem Körperschaftsteuerguthaben zulässigerweise gegen die Gewerbesteuer-Vorauszahlungsschuld 2000 auf. Mit Bescheid vom 27.10.2004 wurde die Gewerbesteuer 2000 auf 0 € geändert festgesetzt und die Gewerbesteuer-Vorauszahlungen in Höhe von 32.000 € als Guthaben berücksichtigt.
>
> Die Aufrechnung des Guthabens aus Gewerbesteuer-Vorauszahlungen 2000 ist nur in Höhe von 8.000 € (Vorauszahlung 15.02.2000) mit Insolvenzforderungen zulässig, denn die im Februar 2001 durch das Finanzamt vorgenommene Aufrechnung wirkt auf den Zeitpunkt zurück, zu dem sich die Forderungen erstmals aufrechenbar gegenüberstanden. Die hierdurch erfolgte Tilgung der Vorauszahlung erfolgte nur in Bezug auf die am 15.02. fällige Vorauszahlung vor Eröffnung der Insolvenz, während die restlichen drei Vorauszahlungen erst nach Eröffnung „getilgt wurden". Der Erstattungsanspruch aus überzahlter Gewerbesteuer 2000 ist daher auch nur in Höhe von 8.000 € bereits vor Eröffnung entstanden und folglich auch nur dieser Teil aufrechenbar. Der weitergehenden Aufrechnung steht das Aufrechnungsverbot nach § 96 Abs. 1 Nr. 1 InsO entgegen.

4.5.2 Aufrechnung mit Erstattungszinsen

1612 Das Finanzamt kann Ansprüche auf Erstattungszinsen nur insoweit mit Insolvenzforderungen aufrechnen, als die Zinsen auf Zeiträume nach Eröffnung des Insolvenzverfahrens entfallen.[3087]

4.5.3 Aufrechnung mit Säumniszuschlägen

1613 Säumniszuschläge, die vor Eröffnung des Insolvenzverfahrens verwirkt worden sind und nach Eröffnung aus sachlichen Billigkeitsgründen erlassen werden, sind vor Insolvenzeröffnung begründet. Gegen den aus dem Erlass resultierenden Erstattungsanspruch kann das Finanzamt daher mit Insolvenzforderungen aufrechnen.[3088]

4.5.4 Aufrechnung mit Haftungsforderungen

1614 Das Finanzamt kann in einem Insolvenzverfahren mit Haftungsforderungen aufrechnen, die vor der Insolvenzeröffnung entstanden sind, ohne dass es dafür eines Haftungsbescheides, einer Feststellung nach § 251 AO oder einer Anmeldung zur Insolvenztabelle bedarf.[3089]

In der **Praxis** ist diese Aufrechnungsproblematik insbesondere in Fällen der Haftung der Organgesellschaft für Umsatzsteuern des Organträgers nach § 73 AO interessant. Eine Aufrechnungslage entsteht hier dadurch, dass nachträglich das Bestehen einer umsatzsteuerlichen Organschaft festgestellt wird und der Insolvenzverwalter die Rückzahlung der von der Organgesell-

---

3087 *Loose*, in: Tipke/Kruse, AO, § 226, Rn. 43 b m. w. N.
3088 BFH, B. v. 23.04.2007 – VII B 310/06, BFH/NV 2007, 1452.
3089 BFH, Urt. v. 10.05.2007 – VII R 18/05, BStBl. II 2007, 914.

schaft entrichteten Umsatzsteuern beantragt. Diese Erstattungsansprüche können nach Auffassung des BFH vom Finanzamt mit Insolvenzforderungen aufgerechnet werden, ohne dass es hierzu einer Festsetzung, Feststellung oder Anmeldung zur Insolvenztabelle bedarf, weil der Haftungsanspruch mit dem Ablauf der jeweiligen Voranmeldungszeiträume, auf die sich die Haftung bezieht, entsteht.[3090]

4.5.5 Aufrechnung bei Neuerwerb

Der Neuerwerb gehört nach § 35 Abs. 1 InsO zur Insolvenzmasse. Das Finanzamt kann daher gegen einen Erstattungsanspruch der Masse aus der neuen unternehmerischen Tätigkeit des Schuldners nicht mit Insolvenzforderungen aufrechnen, § 96 Abs. 1 Nr. 1 InsO. Gegen diesen Erstattungsanspruch kann auch nicht mit Steuerforderungen aus dem Neuerwerb aufgerechnet werden, da hier das Aufrechnungsverbot nach § 96 Abs. 1 Nr. 4 InsO entgegensteht.

1615

Gerade höchstrichterlich entschieden ist die Frage, inwieweit Steuererstattungsansprüche aus der **freigegebenen** Tätigkeit des Insolvenzschuldners aufrechenbar sind. Nach Auffassung des BFH kann ein durch die freigegebene Tätigkeit erworbener Umsatzsteuervergütungsanspruch mit vorinsolvenzlichen Steuerschulden des Insolvenzschuldners aufgerechnet werden.[3091]

Im Zusammenhang mit umsatzsteuerlichen Erstattungsansprüchen besteht jedoch die einheitliche Auffassung, dass die Umsatzsteuer und Vorsteuer für die Masse und den freigegebenen Neuerwerb grundsätzlich jeweils gesondert zu ermitteln, zu saldieren und anzumelden sind. Hierdurch soll vermieden werden, dass Umsatzsteuer, die aus der Masse zu befriedigen ist, durch die Saldierung mit Vorsteuern, die aus dem Neuerwerb resultieren, die Ansprüche der Neugläubiger mindern bzw. die Forderungen der Insolvenz- und Massegläubiger durch eine Verrechnung mit der Umsatzsteuer aus dem Neuerwerb gemindert werden.[3092]

1616

4.5.6 Aufrechnung unter Berücksichtigung des Umsatzsteuer-Saldierungsprinzips

Das Finanzamt muss bei der Aufrechnung sicherstellen, dass von der Aufrechnung nur ein Vergütungsanspruch erfasst wird, der seine Ursache in Vorsteuerabzugsbeträgen hat, die vor der Eröffnung im insolvenzrechtlichen Sinne begründet sind.[3093] Die Vorsteuerbeträge eines Besteuerungszeitraumes sind zunächst zwingend mit den gesamten Umsatzsteuern zu verrechnen, und zwar zunächst die Vorsteuerbeträge, die vor Insolvenzeröffnung begründet worden sind. Verbleibt danach ein Vorsteuervergütungsanspruch,

1617

3090 BFH, Urt. v. 10.05.2007 – VII R 18/05, ZIP 2007, 1514; *Loose,* in: Tipke/Kruse, § 73 AO, Tz. 8.
3091 BFH, B. v. 01.09.2010 – VII R 35/08, ZIP 2010, 2359.
3092 BFH, Urt. v. 18.10.2001 – V R 44/00, BStBl. II 2002, 171.
3093 BFH, Urt. v. 16.11.2004 – VII R 75/03, BStBl. II 2006, 193; BFH, Urt. v. 16.01.2007 – VII R 7/06, BStBl. II 2007, 745.

wird er entsprechend aufgeteilt, soweit er sich aus Vorsteuerbeträgen aus vor und nach Eröffnung ausgeführten Lieferungen und sonstigen Leistungen zusammensetzt. **Das Finanzamt darf dann nur denjenigen Teil des Vorsteuerguthabens aufrechnen, der auf vor der Insolvenzeröffnung erbrachte Unternehmerleistungen zurückzuführen ist.**

1618

Beispiel

	1	2	3
Umsatzsteuer aus Lieferungen und Leistungen	5.000	5.000	5.000
Vorsteuer – vor Insolvenzeröffnung	5.000	3.000	6.000
Vorsteuer – nach Insolvenzeröffnung	3.000	5.000	2.000
Vergütungsanspruch	3.000	3.000	3.000
Aufrechnung zulässig i.H.v.	0	0	1.000
Aufrechnung unzulässig i.H.v.	3.000	3.000	2.000

4.5.7 Aufrechnung Vorsteuer aus Vergütung des (vorläufigen) Insolvenzverwalters

1619 Das Finanzamt kann nach der geänderten Rechtsprechung des BFH[3094] gegenüber der Vorsteuer aus der Rechnung des vorläufigen Insolvenzverwalters nicht mit bestehenden Insolvenzforderungen aufrechnen. Der VII. Senat des BFH folgt in seinem neuen Urteil der Rechtsprechung des BGH[3095] und führt aus, dass der Vorsteuervergütungsanspruch aus der vorläufigen Verwaltervergütung durch eine Rechtshandlung im Sinne der §§ 129 ff. InsO bereits vor Eröffnung entstanden sei, nämlich durch die Leistungserbringung des vorläufigen Verwalters. Diese Rechtshandlung sei auch in Kenntnis des Fiskus von der Zahlungsunfähigkeit des Schuldners erfolgt und folglich anfechtbar nach §§ 130 InsO. Der Aufrechnung des Vorsteuervergütungsanspruchs aus der vorläufigen Verwaltervergütung stehe damit das Aufrechnungsverbot des § 96 Abs. 1 Nr. 3 InsO entgegen.

Diese geänderte Rechtsprechung ist für alle Insolvenzfälle zu beachten, deren Eröffnung vor dem 31.12.2010 beantragt wurde. Für die Fälle, deren Antrag nach dem 01.01.2011 gestellt wurde, gilt das HBeglG 2011 mit der Folge, dass die im vorläufigen Insolvenzverfahren entstandenen Umsatzsteuerforderungen nach § 55 Abs. 4 InsO nach Eröffnung als Masseforderungen gelten und daher eine Aufrechnung der Vorsteuer aus der vorläufigen Verwaltervergütung schon das Aufrechnungsverbot nach § 96 Abs. 1 Nr. 1 InsO entgegenstehen würde.

Da der BFH in seinem Urteil vom 02.11.2010 offen gelassen hat, wie sich die Saldierungsregel des § 16 Abs. 2 UStG auf die geänderte Rechtsprechung auswirkt, sind nachfolgend die Auswirkungen nach der bisherigen Rechtsprechung dargestellt.

3094 BFH, Urt. v. 02.11.2010 – VII 6/10, ZIP 2011, 181.
3095 BGH, Urt. v. 22.10.2009 – IX ZR 147/06, ZInsO 2009, 2334.

Kapitel 1   Verfahrensfragen

> **Beispiel**
>
> | | A | B | C | D |
> |---|---|---|---|---|
> | Umsatzsteuer aus Verwaltungstätigkeit | 1.000 | 1.000 | 0 | 1.000 |
> | Vorsteuer aus Vorleistungen nach Eröffnung | 500 | 800 | 0 | 1.100 |
> | Vorsteuer vorläufige Verwaltervergütung | 500 | 600 | 500 | 500 |
> | USt-Schuld/-erstattung | 0 | -300 | -500 | 600 |
> | Aufrechnung FA mit Tabellenforderungen | 0 | 300 | 500 | 500 |

1620

In der **Praxis** sollte versucht werden, die Abrechnung der Vergütung des vorläufigen Insolvenzverwalters so zu koordinieren, dass eine Saldierung mit Umsatzsteuern aus Verwertungsumsätzen möglich wird.

Der Vorsteueranspruch aus der Vergütung für den Insolvenzverwalter ist bei Masseunzulänglichkeit erst nach der Anzeige der Masseunzulänglichkeit begründet. Da es sich bei der Tätigkeit des Insolvenzverwalters nicht um einzeln abrechenbare Teilleistungen handelt, entsteht der Vorsteueranspruch erst mit Beendigung der Tätigkeit des Insolvenzverwalters und dieser Zeitpunkt liegt zeitlich nach dem Zeitpunkt der Anzeige. Die Aufrechnung etwaiger Erstattungsbeträge aus diesen Vorsteuern mit Masseverbindlichkeiten, die vor Anzeige der Masseunzulänglichkeit begründet wurden, ist daher nicht zulässig.[3096]

1621

4.5.8 Aufrechnung von Umsatzsteuer- und Vorsteuerberichtigungsansprüchen nach § 17 UStG

Die Frage, ob die Finanzbehörde die Auszahlung von Umsatzsteuer- und Vorsteuerberichtigungsansprüchen nach § 17 UStG an die Insolvenzmasse durch wirksame Aufrechnung verhindern kann, hängt entscheidend davon ab, ob der Berichtigungsanspruch vor oder nach Insolvenzeröffnung im Sinne des § 38 InsO begründet ist. Hierzu existieren unterschiedliche Auffassungen des VII. und des V. Senats des BFH. Im Kern ist der **VII. Senat** der Auffassung, dass der Umsatzsteuer-Erstattungsanspruch wegen Uneinbringlichkeit der Entgelte nach § 17 Abs. 2 Nr. 1 UStG bereits zum Zeitpunkt der Erbringung der Lieferung oder sonstigen Leistungen und damit vor Insolvenzeröffnung begründet ist.[3097] Eine **Aufrechnung** mit Insolvenzforderungen ist **möglich**.

1622

Der **V. Senat** des BFH geht dagegen davon aus, dass § 17 UStG einen eigenständigen materiell-rechtlichen Berichtigungstatbestand regelt und ein Erstattungsanspruch erst nach Insolvenzeröffnung mit der Vornahme der Umsatzsteuerberichtigung begründet wird.[3098] Eine **Aufrechnung** mit Insolvenzforderungen ist daher **unzulässig**.

3096 Frotscher, Besteuerung bei Insolvenz, 77 m. w. N.
3097 BFH, Urt. v. 20. 07. 2004 – VII R 28/03, BStBl. II 2005, 10; BFH, B. v. 06. 10. 2005 – VII B 309/04, BFH/NV 2006, 369.
3098 BFH, B. v. 13. 07. 2006 – V B 70/06, BStBl. II 2007, 415; BFH, Urt. v. 07. 12. 2006 – V R 2/05, BStBl. II 2007, 848.

In der Praxis sollte in geeigneten Insolvenzfällen die gerichtliche Auseinandersetzung überlegt werden, weil der hierfür zuständige VII. Senat des BFH durch seine geänderte Rechtsprechung zur unzulässigen Aufrechnung der Vorsteuer aus vorläufiger Verwaltervergütung (Rn. 1619) jedenfalls eine Tendenz der Annäherung an die Rechtsprechung erkennen lässt.

4.5.9 Aufrechnung mit Sondervorauszahlungen bei Dauerfristverlängerung

1623 Ein Umsatzsteuererstattungsanspruch, der aus Guthaben aus Sondervorauszahlungen bei Dauerfristverlängerung resultiert, ist im Zeitpunkt der Leistung der Sondervorauszahlung begründet. Die Aufrechenbarkeit mit Insolvenzforderungen ist daher in allen Fällen gegeben, in denen die Sondervorauszahlung bereits vor Insolvenzeröffnung geleistet wurde.[3099]

Für den Fall, dass die Dauerfristverlängerung widerrufen und die Sondervorauszahlung auf die Vorauszahlung für den letzten Voranmeldungszeitraum, für den die Fristverlängerung gilt, angerechnet wird, ist ein insoweit nicht verbrauchter Betrag der Sondervorauszahlung zunächst mit der Jahressteuer zu verrechnen. Verbleibt nach dieser Verrechnung ein Erstattungsanspruch, kann dieser mit Insolvenzforderungen aufgerechnet werden.

4.5.10 Aufrechenbarkeit des Vergütungsanspruchs nach Rechnungsberichtigung

1624 Der aus § 14 c Abs. 1 Satz 2 i. V. m. § 17 Abs. 1 UStG resultierende Erstattungsanspruch wegen Berichtigung des unrichtigen Steuerbetrages ist insolvenzrechtlich bereits in dem Besteuerungszeitraum begründet, in dem die unrichtige Rechnung erteilt wurde, so dass eine **Aufrechnung** mit Insolvenzforderungen möglich ist.[3100]

4.5.11 Aufrechnung nach Quotenauszahlung

1625 Der Anspruch auf erneute Berichtigung der Umsatzsteuer nach § 17 Abs. 2 Nr. 1 Satz 2 UStG ist bereits **vor Insolvenzeröffnung begründet**, so dass eine Aufrechnung mit Insolvenzforderungen durch das Finanzamt möglich ist. Denn nach Auffassung des VII. Senats des BFH[3101] wird bereits im Zeitpunkt der ursprünglichen Leistungserbringung ein aufschiebend bedingter Berichtigungsanspruch im Falle der Uneinbringlichkeit begründet. Auch in diesem Zusammenhang ist auf die abweichende Auffassung des V. Senats (siehe dazu Rn. 1622) hinzuweisen. In der Praxis sollte in geeigneten Insolvenzfällen die gerichtliche Auseinandersetzung überlegt werden, weil der hierfür zuständige VII. Senat des BFH durch seine geänderte Rechtsprechung zur unzulässigen Aufrechnung der Vorsteuer aus vorläufiger Verwaltervergütung (vgl. Rn. 1619) jedenfalls eine Tendenz der Annäherung an die Rechtsprechung des V. Senats des BFH und damit an die Wiederherstellung der Einheitlichkeit der Rechtsprechung erkennen lässt.

3099 BFH, Urt. v. 31.05.2005 – VII R 74/04, BFH/NV 2005, 1745.
3100 BFH, Urt. v. 04.02.2005 – VII R 20/04, BFH/NV 2005, 942; FG Schleswig-Holstein, Urt. v. 22.06.2010 – 4 K 80/07, ZInsO 2010, 1848.
3101 BFH, B. v. 12.08.2008 – VII B 213/07, BFH/NV 2008, 1819.

4.5.12 Aufrechnung von Kraftfahrzeugsteuern

Die Kraftfahrzeugsteuerschuld ist im Falle der Eröffnung eines Insolvenzverfahrens über das Vermögen des Kraftfahrzeughalters aufzuteilen auf die Tage vor und die Tage nach Eröffnung des Verfahrens. Eine Aufrechnung kommt nur dann in Betracht, wenn die Kfz-Steuer auch für die Zeiträume ab Verfahrenseröffnung bereits vor Insolvenzeröffnung vom Schuldner gezahlt wurde. Hier hat der BFH entschieden[3102], dass die auf den Zeitraum nach Eröffnung entfallende Vorauszahlung – unabhängig von der weiteren Nutzung des Kfz – mit Insolvenzforderungen aufrechenbar ist, weil sonst der Insolvenzschuldner Steuern vorausgezahlt hätte, die unstreitig für den Zeitraum ab Eröffnung zu den Masseverbindlichkeiten gehören.

1626

4.5.13 Aufrechnung von Grunderwerbsteuer

Die Aufrechnung des Finanzamtes gegen einen Grunderwerbsteuererstattungsanspruch gemäß § 16 GrEStG ist zulässig, wenn der Verkäufer von einem vor Eröffnung des Insolvenzverfahrens geschlossenen Kaufvertrag zurücktritt. Denn insolvenzrechtlich ist der Grunderwerbsteuer-Erstattungsanspruch durch den Zeitpunkt der Zahlung vor Eröffnung aufschiebend bedingt begründet.[3103]

1627

4.5.14 Aufrechnung gegen Anspruch auf Eigenheimzulage

Der Anspruch auf Eigenheimzulage für die dem Beginn der Eigennutzung folgenden Kalenderjahre wird insolvenzrechtlich mit dem Beginn des betreffenden Kalenderjahres jeweils neu begründet. Die Aufrechnung der Eigenheimzulage für Kalenderjahre nach Eröffnung des Insolvenzverfahrens ist daher unzulässig.[3104]

1628

4.5.15 Aufrechnung Körperschaftsteuerguthaben im Sinne von § 37 Abs. 1 Satz 1 KStG

Der BFH hat die Diskussion in Literatur und Praxis um die Zulässigkeit der Aufrechnung dieser Guthaben mit Urteil vom 23.02.2011[3105] beendet und entschieden, dass der Aufrechnung des Finanzamtes das Aufrechnungsverbot des § 96 Abs. 1 Nr. 1 InsO entgegensteht, wenn das jeweilige Insolvenzverfahren vor dem 31.12.2006 eröffnet wurde. Denn mangels Gewinnausschüttungsbeschluss sei keine begründete Aussicht für den Fiskus entstanden, dass dem Körperschaftsteuerguthaben schon vor Insolvenzeröffnung ein wirtschaftlicher Wert zukomme, gegen den das Finanzamt hätte aufrechnen können.

1629

3102 BFH, Urt. v. 16.11.2004 – VII R 62/03, BFH/NV 2005, 409.
3103 BFH, Urt. v. 17.04.2007 – VII R 27/06, BFH/NV 2007, 1391.
3104 BFH, Urt. v. 17.04.2007 – VII R 34/06, BStBl. II 2008, 215.
3105 BFH, Urt. v. 23.02.2011 – I R 20/10, Beck RS 2011, 95400.

4.5.16 Aufrechnung mit im Insolvenzplan erlassener Forderung

1630 Nach der für die Praxis desolaten Rechtsprechung des BGH[3106] ist nach Rechtskraft des Insolvenzplans und Aufhebung des Insolvenzverfahrens die Aufrechnung mit einer erlassenen Forderung zulässig. In dem zu entscheidenden Fall hatte das verklagte Land Umsatzsteuerforderungen gegen den Schuldner, die laut Insolvenzplan zu 93,65 % erlassen wurden, mit Werklohnansprüchen des Schuldners aufgerechnet. Der BGH ist der Auffassung, dass die Zustimmung der Gläubiger zum Insolvenzplan kein Verzicht auf die mögliche Aufrechnung sei. In der **Praxis** sollte daher bei Gestaltung des Insolvenzplans mit dem betreffenden Gläubiger ein Verzicht seines Aufrechnungsrechts verhandelt werden.

4.5.17 Aufrechnung im Rahmen der Nachtragsverteilung

1631 Inwieweit eine Aufrechnung des Finanzamtes von unbefriedigt gebliebenen Insolvenzforderungen mit Steuererstattungsansprüchen, die der Nachtragsverteilung vorbehalten waren, zulässig ist, wurde noch nicht höchstrichterlich entschieden. Das FG Berlin-Brandenburg hat dies mit Urteil vom 16.12.2010[3107] abgelehnt und die Revision beim BFH ist zum Aktenzeichen VII R 36/11 anhängig. Das FG führt in seiner Urteilsbegründung aus, dass der Insolvenzbeschlag bezüglich der Erstattungsansprüche in der Nachtragsverteilung trotz Aufhebung des Insolvenzverfahrens fortwirke und der aus bezahlter Einkommensteuer resultierende Erstattungsanspruch vom Finanzamt nicht aufgerechnet werden könne. Unabhängig vom Zeitpunkt der Ermittlung der konkreten Höhe der Einkommensteuererstattung für 2006 sei der Anspruch anteilig bis zur Aufhebung des Insolvenzverfahrens am 31.07.2006 bereits im Laufe des Verfahrens insolvenzrechtlich begründet worden.

3106 BGH, Urt. v. 19.05.2011 – IX ZR 222/08, ZInsO 2011, 1214.
3107 FG Berlin-Brandenburg Urt. v. 16.12.2010 – 10 K 15202/09, ZIP 2011, 1580.

Kapitel 2
Umsatzsteuer

1. Unternehmereigenschaft in der Insolvenz und verfahrensrechtliche Fragen

Der **Insolvenzschuldner** bleibt auch nach Eröffnung des Insolvenzverfahrens und trotz des Übergangs der Verwaltungs- und Verfügungsbefugnis auf den Insolvenzverwalter Unternehmer im Sinne des § 2 Abs. 1 Satz 1 UStG. Nach dem Grundsatz der Unternehmenseinheit gehören auch die Umsätze zum Unternehmen des Insolvenzschuldners, die nach Eröffnung des Insolvenzverfahrens durch den Insolvenzverwalter bewirkt werden.[3108]   1632

Zum Unternehmen des insolventen Unternehmers gehört neben den vom vorläufigen Insolvenzverwalter und vom Insolvenzverwalter mit der Insolvenzmasse getätigten Umsätzen auch der Neuerwerb. Selbst die unternehmerische Tätigkeit des Schuldners mit „freigegebenem Vermögen", das ihm vom Verwalter zur freien Verfügung überlassen wurde, gehört zu dem einheitlichen Unternehmen des Insolvenzschuldners. Denn umsatzsteuerlich kann ein Unternehmer grundsätzlich nur ein Unternehmen haben (§ 2 Abs. 1 Satz 2 UStG).[3109] Trotz dieser gefestigten höchstrichterlichen Rechtsprechung lässt das legendäre Urteil des V. Senats des BFH vom 09.12.2010[3110] vermuten, dass dieser Grundsatz durch die „moderne Dreiteilung" des insolventen Unternehmens nicht länger Bestand haben soll (siehe ausführlich Rn. 1639). Zur Frage, inwieweit aus der Tätigkeit des Schuldners im insolvenzfreien Bereich Masseverbindlichkeiten resultieren, vgl. Teil 5, Kap. 1, Rn. 1586 ff.   1633

In der **Praxis** schließt der **Grundsatz der Unternehmenseinheit** jedoch nicht aus, dass aus insolvenzrechtlichen Gründen das Finanzamt dem Insolvenzverwalter eine **gesonderte Massesteuernummer** für die Insolvenzmasse erteilt und für den insolvenzfreien Bereich eine **gesonderte Umsatzsteuerfestsetzung** ergeht.[3111] Da die Verwaltungs- und Verfügungsbefugnis aber auf den Insol-

---
3108 Ständige Rechtsprechung vgl. Hinweise in *Waza/Uhländer/Schmittmann*, Insolvenzen und Steuern, Rn. 1912 ff.
3109 *Stadie*, in: Rau/Dürrwächter/Flick, UStG, § 18, Anm. 807.
3110 BFH, Urt. v. 09.12.2010 – V R 22/10, DStR 2011, 720.
3111 BFH, Urt. v. 28.06.2000 – V R 87/99, BStBl. II 2000, 639.

venzverwalter übergegangen ist, gibt er für den Insolvenzschuldner die entsprechenden Umsatzsteuererklärungen ab. Für eine selbstständige Tätigkeit des Schuldners nach Eröffnung wird dann noch eine **dritte Steuernummer** vergeben.

1634 **Besteuerungszeitraum** bleibt das Kalenderjahr (§ 16 Abs. 1 Satz 2 UStG). Der Besteuerungszeitraum wird zwar durch die Eröffnung des Insolvenzverfahrens aus umsatzsteuerrechtlicher Sicht nicht unterbrochen, aber nach **insolvenzrechtlichen Grundsätzen** hat auch bei Insolvenzeröffnung innerhalb eines Voranmeldungszeitraumes eine Aufteilung der Steuer- und Vorsteuerbeträge in Insolvenzforderungen und Masseforderungen zu erfolgen (vgl. Rn. 1637 ff.).

1635 Da der Verwalter grundsätzlich verpflichtet ist, die steuerlichen Pflichten für den Insolvenzschuldner auch für Zeiträume vor Eröffnung zu erfüllen, sollte in der **Praxis** für Zeiträume **vor Eröffnung** des Insolvenzverfahrens mit dem Finanzamt eine Schätzung auf der Grundlage eingereichter betriebswirtschaftlicher Auswertungen für die Voranmeldungszeiträume verhandelt werden, für die der Schuldner noch keine Umsatzsteuer-Voranmeldungen eingereicht hat. Verfahrensrechtlich kann dies damit begründet werden, dass eine Voranmeldung nach § 168 AO einer Steuerfestsetzung unter Vorbehalt der Nachprüfung gleichsteht und die Festsetzung von Steuern nach Eröffnung des Verfahrens unzulässig ist (siehe Rn. 1540). Für den Fall, dass der **Geschäftsbetrieb** des Schuldners bereits vor Eröffnung des Verfahrens **eingestellt** wurde, bietet sich der Antrag auf eine „Null-Veranlagung" an, soweit verifiziert wurde, dass in dem betreffenden Voranmeldungszeitraum auch keine Verwertungsumsätze des vorläufigen Insolvenzverwalters erfolgt sind. Im Fall der angezeigten Massearmut und fehlender Buchhaltungsunterlagen bleibt in der Praxis nur der Verhandlungsweg mit dem Finanzamt zur Erfüllung der steuerlichen Pflichten des Insolvenzverwalters.

1636 Die **Besteuerungsart**, also Soll- oder Ist-Besteuerung wird nach Eröffnung des Insolvenzverfahrens grundsätzlich fortgesetzt. Ein Wechsel zur Ist-Besteuerung ist auf Antrag des Insolvenzverwalters möglich, wenn die Voraussetzungen des § 20 UStG gegeben sind. In der **Praxis** wird ein entsprechender Antrag des Insolvenzverwalters von der Finanzverwaltung erfahrungsgemäß im Hinblick auf die Erfüllung der Voraussetzungen des § 20 UStG großzügig gehandhabt.

2. Umsatzsteuerforderungen als Insolvenzforderungen/Masseverbindlichkeiten

1637 Für die Qualifizierung der Umsatzsteuerforderung als Masseverbindlichkeit oder Insolvenzforderung kommt es auch in diesem Zusammenhang darauf an, ob die Forderung bereits vor Eröffnung des Insolvenzverfahrens „**begründet**" war und damit zu den Insolvenzforderungen gehört oder eben erst nach Eröffnung mit der Folge, dass dann Masseverbindlichkeiten gegeben sind.[3112]

3112 Frotscher, Besteuerung bei Insolvenz, 173.

Kapitel 2   Umsatzsteuer

Auch in diesem Kontext wird die praktische Bedeutung der Unstimmigkeiten und Differenzen zwischen dem V. Senat des BFH (zuständig für Umsatzsteuer) und dem VII. Senat (zuständig für Aufrechnungen und Rückforderungsfragen nach der AO) deutlich. Kurz gesagt ist ein Umsatzsteueranspruch nach Auffassung des **VII. Senats** dann vor Eröffnung des Insolvenzverfahrens begründet im Sinne des § 38 InsO, wenn der **Zeitpunkt der Leistungserbringung** vor Eröffnung liegt[3113], während der **V. Senat** maßgeblich auf den Zeitpunkt abstellt, zu dem der **den Umsatzsteueranspruch begründende Tatbestand vollständig verwirklicht und damit abgeschlossen ist**.[3114]   1638

Diese Divergenz, die hier praktisch auf Kosten der betroffenen Steuerpflichtigen ausgetragen und hoffentlich in absehbarer Zeit vom Großen Senat des BFH endgültig geklärt wird, führt insbesondere dann zu unterschiedlichen Ergebnissen, wenn der umsatzsteuerliche Tatbestand zum Zeitpunkt der Insolvenzeröffnung noch nicht vollständig erfüllt ist.

> **Beispiel**   1639
>
> Das Insolvenzverfahren wird am 01.03.2009 eröffnet. Eine steuerpflichtige Leistung wird am 01.02.2009 zu einem Entgelt von 50.000 € zzgl. 19 % Umsatzsteuer vom Insolvenzschuldner ausgeführt. Die Rechnung wird am 15.02.2009 ausgestellt. Das Entgelt in Höhe von 59.500 € wird am 10.05.2009 durch den Insolvenzverwalter eingezogen.

Für den Fall, dass der Insolvenzschuldner aber der **Istbesteuerung** unterliegt, würde die Umsatzsteuerforderung in Höhe von 9.500 € nach Auffassung des **VII. Senats** als **Insolvenzforderung** zu qualifizieren sein, weil die Ausführung der Lieferung bereits vor Eröffnung des Insolvenzverfahrens beendet war. Der V. Senat stuft die Umsatzsteuerforderung dagegen als **Masseverbindlichkeit** ein, weil es im Rahmen der Ist-Besteuerung gemäß § 13 Abs. 1 Nr. 1 li. b) UStG entscheidend auf die Vereinnahmung des Entgelts ankommt und der Insolvenzverwalter hat das Entgelt erst nach Verfahrenseröffnung vereinnahmt.

Für den Fall der **Sollbesteuerung** stellt die Umsatzsteuer von 9.500 € nach der Rechtsprechung des VII. Senats des BFH eine Insolvenzforderung dar, weil der Lebenssachverhalt, der zur Entstehung der Steueransprüche führt, nämlich die Lieferung, bereits vor Eröffnung verwirklicht wurde. Obwohl § 13 Abs. 1 Nr. 1 lit. a) UStG für die Sollbesteuerung entscheidend auf die Lieferung abstellt, hat der V. Senat des BFH in seinem spektakulären Urteil vom 09.12.2010[3115] entschieden, dass nicht nur bei Istbesteuerung, sondern auch bei Sollbesteuerung die Entgeltvereinnahmung durch den Verwalter für eine vor Eröffnung ausgeführte Leistung eine **Masseverbindlichkeit** begründet. Der BFH hat sich zweier Kunstgriffe bedient, um den Fakt der Tatbestandsverwirklichung vor Eröffnung zu negieren und zum Ergebnis der

---

3113   BFH, Urt. v. 19.08.2008 – VII R 36/07, DStRE 2008, 1468.
3114   BFH, Urt. v. 29.01.2009 – V R 64/07, BStBl. II 2009, 682; instruktiv dazu *Gotthardt/Kubaczyrska*, Wirkungsweise des § 17 UStG – widerstreitende Rechtsprechung des V. und des VII. Senats des BFH, DStR 2009, 1015.
3115   BFH, Urt. v. 09.12.2010 – V R 22/10, DStR 2011, 720.

Masseverbindlichkeit zu kommen. Zum einen hat er trotz Grundsatz der Unternehmenseinheit das insolvente Unternehmen in die drei Unternehmensteile vorinsolvenzrechtlicher Teil, Insolvenzmasse und freigegebenes Vermögen aufgespalten, zwischen denen einzelne umsatzsteuerrechtliche Berechtigungen und Verpflichtungen nicht miteinander verrechnet werden können. Zum anderen seien sämtliche bei Verfahrenseröffnung noch nicht vereinnahmten Entgelte sozusagen „rechtlich uneinbringlich" und nach § 17 Abs. 2 Nr. 1 UStG zu korrigieren, weil der Entgeltanspruch ab Eröffnung nicht mehr durch den vorinsolvenzrechtlichen Unternehmensteil vereinnahmt werden könne. Bei späterer Vereinnahmung des Entgelts durch den Verwalter sei eine erneute Korrektur der Umsatzsteuer nach § 17 Abs. 2 Nr. 1 Satz 2 UStG durchzuführen, die dann insoweit eine Masseverbindlichkeit begründe.

Kein BFH-Urteil hat in den letzten Jahren größere Diskussionen in der Literatur und bei den Verwaltern hervorgerufen.[3116] Die Rechtsprechung ist auf alle Verfahren **anzuwenden**, die nach dem 31.12.2011 eröffnet werden.[3117]

1640 Für das Verhältnis dieser Rechtsprechung zu den Regelungen des **§ 55 Abs. 4 InsO** besteht nach Auffassung des Fiskus ein Vorrang von § 55 Abs. 4 InsO dergestalt, dass Umsatzsteuerverbindlichkeiten nach § 55 Abs. 4 InsO im Fall der Sollbesteuerung und ausstehenden Entgelts im Zeitpunkt der Eröffnung des Verfahrens nicht nach § 17 Abs. 2 Nr. 1 Satz 1 UStG zu korrigieren sind (Rz. 14 des BMF-Schreibens).[3118]

1641 Im Fall der **Forderungsabtretung vor Verfahrenseröffnung** und Einzug durch den Zessionar nach Eröffnung stellt sich die Frage, ob der Verwalter die hierauf entfallende Umsatzsteuer „erneut" nach § 17 Abs. 2 Nr. 1 Satz 2 UStG berichtigen und als Masseverbindlichkeit zu zahlen hat, obwohl die Masse keinen Zufluss hat und wie sich die Haftung des Zessionars nach § 13c UStG darauf auswirkt.

Ein etwaiger Erstattungsanspruch der Masse gegen den Zessionar könnte sich aus § 170 Abs. 2 InsO i.V.m. § 171 Abs. 2 Satz 3 InsO ergeben, wonach die Umsatzsteuer aus der Verwertung von zur Sicherung abgetretenen Forderungen vorweg an die Masse abzuführen ist.[3119] Mangels eindeutiger gesetzlicher Regelung sollte diese Problematik in der **Praxis** vorab mit den jeweiligen Banken durch den Verwalter geklärt werden.

Da auch vermehrt verfahrensrechtliche Bedenken gegen das Urteil vom 09.12.2010 geäußert werden,[3120] könnten die Verwalter in der **Praxis** entweder in einem gesonderten Schreiben zu den „strittigen" Umsatzsteuererklä-

---

3116 *Kahlert*, Der V. Senat als Schöpfer von Fiskusvorrechten im Umsatzsteuerrecht, DStR 2011, 921; *Wäger* (BFH-Richter V. Senat), Insolvenz und Umsatzsteuer, DStR 2011, 1925.
3117 BMF-Schreiben v. 09.12.2011 – IV D 2 – S7330/09/10001, BStBl. I 2011, 1273.
3118 BMF-Schreiben v. 17.01.2012 – IV A 3 – S 0550/10/10020-05, DStR 2012, 241.
3119 *Dobler*, Der BFH als Finanzierungshindernis?, ZInsO, 2011, 1775
3120 Exemplarisch *Schmittmann*, Umsatzsteuer aus Einzug von Altforderungen nach Insolvenzeröffnung, ZIP 2011, 1125; *Kahlert*, Der V. Senat als Schöpfer von Fiskusvorrechten im Umsatzsteuerrecht, DStR 2011, 921; *Wagner/Köhler*, Der BFH stärkt den Fiskus als Umsatzsteuergläubiger, BB 2011, 1510.

rungen und -voranmeldungen auf die Nichtanwendung dieser Rechtsprechung mit Erläuterung der entsprechenden steuerlichen Auswirkungen hinweisen oder Einspruch gegen die eingereichten Voranmeldungen einlegen, die ja nach § 168 AO als vorläufiger Steuerbescheid gilt.

In Fortführung der Linie seiner Rechtsprechung hat der V. Senat des BFH in seinem Urteil vom 24. 11. 2011[3121] ausführlich Stellung genommen zur Berechnung der zur Tabelle anzumeldenden Umsatzsteuer für den Zeitraum bis zur Insolvenzeröffnung in Abgrenzung zu Masseverbindlichkeiten für den Zeitraum danach. Maßgeblich bleibt nach seiner Auffassung, ob bei Eröffnung der **Tatbestand** für die in diesem Besteuerungszeitraum vorliegenden Steueransprüche, Vorsteuerbeträge und Berichtigungen (§§ 15a, 17 UStG) bereits **vollständig verwirklicht** ist. Die im Rahmen der Steuerberechnung nach §§ 16 UStG miteinander zu **saldierenden** Steueransprüche, Vorsteuerbeträge und Berichtigungen sind lediglich unselbstständige Besteuerungsgrundlagen und keine einzelnen Ansprüche mit verfahrensrechtlichem Eigenleben, so dass

- nur der Saldo nach §§ 16ff. UStG ein selbstständiger und somit aufrechenbarer oder abtretbarer Steuer- oder Vergütungsanspruch ist,
- die Steuerberechnung nach §§ 16ff. UStG selbst keine Aufrechnung ist und damit auch nicht den Beschränkungen nach §§ 94ff. InsO unterliegt,
- die Steuerberechnung nach §§ 16ff. UStG mangels gläubigerbenachteiligender Wirkung keine anfechtbare Rechtshandlung im Sinne der §§ 129ff. InsO ist.

1642

Hierzu hatte das FG Baden-Württemberg mit Urteil vom 06. 04. 2011[3122] anderslautend entschieden, dass Vorsteuerüberhänge, soweit sie auf Eingangsleistungen in der vorläufigen Insolvenzverwaltung beruhen, durch eine anfechtbare Rechtshandlung erlangt seien und damit nach § 96 Abs. 1 Nr. 3 InsO vom Finanzamt nicht aufgerechnet werden können vgl. Teil 5, Kap. 1, Rn. 1603. Das FG geht dabei davon aus, dass der Saldierungsgrundsatz des § 16 UStG aufgrund des Vorrangs des Insolvenzrechts vor dem Steuerverfahrensrecht durchbrochen wird:

1643

„Die steuerverfahrensrechtliche Verrechnung steuerrechtlich unselbständiger Ansprüche nach § 16 UStG ändert nichts daran, dass ein insolvenzrechtliches Aufrechnungsverbot nach Maßgabe des Insolvenzrechts zu prüfen ist. Ein danach bestehendes insolvenzrechtliches Aufrechnungsverbot kann nicht über die Besonderheiten der umsatzsteuerrechtlichen Verrechnung von Umsatz- und Vorsteuern überspielt werden. Dass eine Umsatzsteuerforderung oder ein Umsatzsteuerguthaben nicht durch die einzelnen Lieferungen oder sonstigen Leistungen entsteht, sondern erst aus der mit der Steueranmeldung gemäß § 16 UStG für den jeweiligen Voranmeldungszeitraum vorzunehmenden Steuerberechnung, ist für die vorliegende Frage daher unbeachtlich."

3121 BFH, Urt. v. 24. 11. 2011 – V R 13/11, DB 2011, 2818.
3122 Urt. v. 06. 04. 2011 – 1 K 808/08, EFG 2011, 1407, Revision anhängig unter VII 30/11.

Das FG Baden-Württemberg beruft sich zwar in seiner Urteilsbegründung auf das rechtsprechungsändernde Urteil des BFH vom 02.11.2010[3123], aber der VII. Senat hatte dort ausdrücklich offen gelassen, ob § 96 Abs. 1 Nr. 3 InsO auch dann anwendbar ist, wenn die umsatzsteuerrechtliche Zwangsverrechnung Anwendung findet. Da die Revision des FG-Urteils nunmehr ebenfalls beim VII. Senat anhängig ist, wird er diese Rechtsfrage entscheiden müssen. In der Praxis sollten bis zu einer Entscheidung größere entsprechende Fälle daher offen gehalten werden.

1644 In der **Praxis** werden etwaige Streitfragen in der überwiegenden Zahl der Fälle Anfechtungs- und Rückforderungsansprüche betreffen, für die der VII. Senat des BFH zuständig ist, so dass dies bei der Einschätzung von Erfolgsaussichten der streitigen Auseinandersetzungen mit dem Finanzamt zu berücksichtigen ist.

1645 Im Rahmen der **vorläufigen Insolvenzverwaltung** hängt die Qualifizierung der entstehenden Umsatzsteuer davon ab, ob der vorläufige Verwalter mit oder ohne Verfügungsmacht handelt bzw. seine Zustimmung zu Handlungen des Schuldners erteilt.

Der vorläufige „**starke**" Insolvenzverwalter, der mit Verfügungsmacht handelt, begründet durch die von ihm bewirkten Umsätze Masseverbindlichkeiten nach § 55 Abs. 2 InsO. Dabei kommt es nicht darauf an, ob der vorläufige Insolvenzverwalter die Massegegenstände freihändig oder im Wege der öffentlichen Versteigerung veräußert. Der vorläufige Insolvenzverwalter ist zwar auch dann nicht an der umsatzsteuerpflichtigen Verwertung von Massegegenständen gehindert, wenn nicht feststeht, ob er die Umsatzsteuer aus der Masse entrichten kann. Aber in diesem Fall ist das Haftungsrisiko nach § 61 Satz 1 InsO zu beachten.

Der vorläufige „**schwache**" Insolvenzverwalter ohne Verfügungsmacht kann seit Einführung des **§ 55 Abs. 4 InsO** durch das Haushaltsbegleitgesetz 2011 (HBeglG 2011) Masseverbindlichkeiten begründen, wenn er durch eigene Handlungen oder durch Zustimmung zu Handlungen des Insolvenzschuldners Umsatzsteuern auslöst.[3124] Sämtliche Umsatzsteuerverbindlichkeiten aus Lieferungen und sonstigen Leistungen sowie der Verlagerung der Steuerschuldnerschaft auf den Insolvenzschuldner nach § 13b UStG, die nach der Bestellung eines „schwachen" vorläufigen Insolvenzverwalters begründet werden, fallen in den Anwendungsbereich des § 55 Abs. 4 InsO. Ausgenommen sind nach Auffassung des Fiskus nur Umsatzsteuern, die auf Umsätzen beruhen, denen der „schwache" vorläufige Verwalter ausdrücklich widersprochen hat.[3125]

1646 Die Abgrenzung Insolvenzforderung/Masseverbindlichkeit gliedert sich daher für alle Insolvenzverfahren, für die der Antrag auf Eröffnung ab dem 01.01.2011 gestellt wurde, wie folgt:

3123 BFH, Urt. v. 02.11.2010 – VII R 6/10, BStBl. II 2011, 374.
3124 Vgl. Ausführungen zu den verfahrensrechtlichen Folgen Teil 5, Kap. 1, Rn. 1565.
3125 BMF-Schreiben v. 17.01.2012 – IV A 3 – S 0550/10/10020-05, DStR 2012, 241, Rz. 11 und 4.

Kapitel 2   Umsatzsteuer

Umsatzsteuer		
Insolvenzforderung	Masseverbindlichkeit	Insolvenzfreies Vermögen
▪ bis zur Bestellung vorläufiger Insolvenzverwalter	▪ ab Bestellung vorläufiger Insolvenzverwalter	▪ § 35 InsO Freigabe
▪ während vorläufiger Verwaltung ohne Zustimmung	▪ Vereinnahmung Entgelt nach Eröffnung	▪ Tätigkeit ohne Billigung

Abb. 68: Abgrenzung Insolvenzforderung/Masseverbindlichkeit

Mit der Einführung des § 55 Abs. 4 InsO sind je nach Ist-Besteuerung (§ 20 UStG) oder Soll-Besteuerung (§ 16 Abs. 1 Satz 1 UStG) und Zeitpunkt der Lieferung bzw. Entgeltvereinnahmung folgende Fälle zu unterscheiden:

Ist-Besteuerung – Lieferung und Entgeltvereinnahmung **vor Beginn** der vorläufigen Verwaltung

- Insolvenzforderungen
- Anmeldung unter alter Steuernummer im Voranmeldungszeitraum der Entgeltvereinnahmung

Ist-Besteuerung – Lieferung **vor Beginn** und Entgeltvereinnahmung **während** vorläufiger Verwaltung

- mit Eröffnung Masseverbindlichkeit (strittig, wenn Zustimmung/Handlung des vorläufigen Verwalters fehlt)
- Anmeldung unter alter Steuernummer im Voranmeldungszeitraum der Entgeltvereinnahmung

Ist-Besteuerung – Lieferung und Entgeltvereinnahmung **während** der vorläufigen Verwaltung

- mit Eröffnung Masseverbindlichkeit
- Anmeldung unter alter Steuernummer im Voranmeldungszeitraum der Entgeltvereinnahmung

Ist-Besteuerung – Lieferung **während** vorläufiger Verwaltung und Entgeltvereinnahmung **nach** Eröffnung

- Masseverbindlichkeit
- Anmeldung unter Masse-Steuernummer im Voranmeldungszeitraum der Entgeltvereinnahmung

Soll-Besteuerung – Lieferung und Entgeltvereinnahmung **vor Beginn** der vorläufigen Verwaltung

- Insolvenzforderungen
- Anmeldung unter alter Steuernummer im Voranmeldungszeitraum der Lieferung

Soll-Besteuerung – Lieferung **vor Beginn** und Entgeltvereinnahmung **während** vorläufiger Verwaltung

- Insolvenzforderungen
- Anmeldung unter alter Steuernummer im Voranmeldungszeitraum der Lieferung

Soll-Besteuerung – Lieferung und Entgeltvereinnahmung **während** vorläufiger Verwaltung

Teil 5 Steuern in Sanierung und Insolvenz

- mit Eröffnung Masseverbindlichkeit
- Anmeldung unter alter Steuernummer im Voranmeldungszeitraum der Lieferung

Soll-Besteuerung – Lieferung **während** vorläufiger Verwaltung und Entgeltvereinnahmung **nach** Insolvenzeröffnung

- mit Eröffnung Masseverbindlichkeit
- Anmeldung unter alter Steuernummer im Voranmeldungszeitraum der Lieferung

1647 Die Umsatzsteuer auf **Teilleistungen** (z. B. Mietzahlungen) sind nach den oben dargestellten Grundsätzen vor Eröffnung des Insolvenzverfahrens begründet und damit Insolvenzforderungen, soweit die jeweiligen Teilleistungen vor Eröffnung erbracht wurden.

1648 Bei **Anzahlungen**, die vor Eröffnung des Insolvenzverfahrens vereinnahmt wurden aber die Leistungserbringung erst nach Eröffnung erfolgt, existieren in der Literatur unterschiedliche Auffassungen. Einerseits wird vertreten mit Hinweis auf die Rechtsprechung des V. Senats des BFH, es komme entscheidend auf die Vereinnahmung der Anzahlung an, so dass die auf die An- oder Vorauszahlung entfallende Umsatzsteuer immer **Insolvenzforderung** sei. Andererseits wird argumentiert, dass für das insolvenzrechtliche Begründetsein nicht die Vereinnahmung, sondern die Ausführung der Leistung maßgebend sei und somit eine **Masseverbindlichkeit** anzunehmen sei.[3126]

In der **Praxis** kann bis zur Beilegung der Unstimmigkeiten zwischen der Rechtsprechung des V. und VII. BFH-Senats von der Qualifikation der Umsatzsteuer auf Anzahlungen als Insolvenzforderung ausgegangen werden, da etwaige Streitigkeiten letztendlich von dem für Umsatzsteuer zuständigen V. Senat entschieden werden würden.

1649 Bei einem **Widerruf der Dauerfristverlängerung** vor oder nach Eröffnung des Insolvenzverfahrens ist die geleistete Sondervorauszahlung in dem letzten Voranmeldungszeitraum anzurechnen, für den die Dauerfristverlängerung noch in Anspruch genommen werden konnte. Der nicht verbrauchte Betrag der Sondervorauszahlung ist nicht in diesem Voranmeldungszeitraum an die Masse zu erstatten, sondern mit der Jahressteuer zu verrechnen.[3127] Nur soweit die Sondervorauszahlung auch durch die Anrechnung auf die Jahressteuer noch nicht verbraucht ist, hat der Steuerpflichtige einen (aufschiebend bedingten) **Erstattungsanspruch**, der im Falle der Insolvenz in die Insolvenzmasse fällt. Da dieser Erstattungsanspruch aber insolvenzrechtlich bereits im Zeitpunkt der Leistung der Sondervorauszahlung und damit vor Insolvenzeröffnung begründet wurde, kann das Finanzamt den Erstattungsanspruch mit Insolvenzforderungen aufrechnen. § 96 Abs. 1 Nr. 1 InsO steht dieser Aufrechnung nicht entgegen.[3128] (vgl. Teil 5, Kap. 1, Rn. 1623).

3126 BFH, Urt. v. 30.04.2009 – V R 1/06, ZInsO 2009, 1659; Stadie, in Rau/Dürrwächter, UStG § 18, Anm. 832; a. A. Frotscher, Besteuerung bei Insolvenz, 178 f.
3127 BFH, Urt. v. 16.11.2008 – VII R 17/08, BFH/NV 2009, 994.
3128 BFH Urt. v. 31.05.2005 – VII R 74/04, BFH/NV 2005, 1745; FG Berlin-Brandenburg, Urt. v. 17.03.2009 – 5 K 433/05, EFG 2009, 1349.

In der **Praxis** kann der Insolvenzverwalter versuchen, Umsätze in den Voranmeldungszeitraum zu verlagern, in dem die Sondervorauszahlung nach Widerruf der Dauerfristverlängerung anzurechnen ist, womit dann die Sondervorauszahlung quasi vorrangig auf Umsatzsteuer angerechnet werden kann, die als Masseverbindlichkeit zu qualifizieren ist.

Spannend ist die Frage, ob das Finanzamt auch dann zur Aufrechnung befugt ist, wenn die **„Tilgung" der Sondervorauszahlung erst durch Aufrechnung nach Eröffnung** erfolgt und zu überlegen ist, ob diese Aufrechnung auf den Zeitpunkt zurückwirkt, zu dem die Sondervorauszahlung fällig und der aufgerechnete Erstattungsanspruch begründet war, also erstmalig eine Aufrechnungslage bestand. Soweit sich nach der Anrechnung der durch Aufrechnung getilgten Sondervorauszahlung auf die Jahressteuer dann ein Guthaben ergibt, ist fraglich, ob dieser Erstattungsanspruch an die Masse auszuzahlen oder vom Finanzamt mit Insolvenzforderungen aufgerechnet werden kann. 1650

Der BFH[3129] hat entschieden, dass die Zahlung durch Aufrechnung nicht erst bei Aufrechnungserklärung als geleistet gilt, sondern rückwirkend auf den Zeitpunkt der Fälligkeit der Forderung des „Aufrechnungsgegners" – hier der Sondervorauszahlung. Nur für den Fall, dass die Sondervorauszahlung erst nach Eröffnung fällig war, steht einer Aufrechnung des überschießenden Betrages durch das Finanzamt also § 96 Abs. 1 Nr. 1 InsO entgegen.

Für quartalsweise fällige Vorauszahlungen (z. B. zu Körperschaft- oder Gewerbesteuer) bedeutet die Anwendung dieser BFH-Rechtsprechung nach FG Berlin-Brandenburg vom 13.01.2010[3130], dass je nach Zeitpunkt der Fälligkeit der Vorauszahlungen vor oder nach Eröffnung auch nur teilweise eine Aufrechnungsmöglichkeit des Fiskus gegeben sein kann. 1651

3. Umsatzsteuer bei Neuerwerb/Freigabe

Für alle Insolvenzverfahren, die **nach dem 01.07.2007 eröffnet** werden, ist die Rechtslage durch die Einführung des § 35 Abs. 2 InsO geklärt. Denn bei der Freigabe nach § 35 Abs. 2 InsO wird das Vermögen vollständig aus dem Insolvenzbeschlag gelöst und der Schuldner gewinnt insoweit seine Verfügungsbefugnis zurück. Dem Umfang nach bezieht sich die wirksame Freigabeerklärung auf das gesamte Vermögen, das der gewerblichen Tätigkeit gewidmet ist, einschließlich der dazugehörigen Vertragsverhältnisse.[3131] Die wirksame Freigabe hat zur Folge, dass die Finanzverwaltung dem Insolvenzschuldner für seine neue unternehmerische Tätigkeit eine neue Steuernummer erteilt und die ab dem Zeitpunkt der Freigabeerklärung begründeten Umsatzsteuern uneingeschränkt gegen den Schuldner geltend gemacht und vollstreckt werden können. **Umsatzsteuervergütungsansprüche** gehören selbst dann zum Neuerwerb im Sinne des § 35 InsO, wenn dieser durch Ein- 1652

3129 BFH, Urt. v. 13.01.2000 – VII R 91/98, BStBl. II 2000, 246.
3130 FG Berlin-Brandenburg, Urt. v. 13.01.2010 – 12 K 6165/05-B (rkr), EFG 2010, 774 mit Hinweis auf BFH, Urt. v. 30.03.2006 – V R 60/04, BFH/NV 2006, 1434.
3131 Werth, Die Besteuerung des Neuerwerbs in Insolvenzverfahren, DStZ 2009, 760 mit Hinweis auf den Gesetzentwurf der Bundesregierung BT-Drucks. 16/3227 v. 02.11.2006.

satz pfändungsfreier Gegenstände erworben wurde und können daher vom Finanzamt mit Tabellenforderungen **verrechnet** werden. Da es sich insoweit um eine Verrechnung und nicht um eine Aufrechnung handelt, sind die Regelungen des § 226 AO und §§ 94 ff. InsO nicht anzuwenden.[3132]

1653 Da die Regelung des § 35 Abs. 2 InsO den Insolvenzverwalter nunmehr zwingt, zu der neuen selbstständigen Tätigkeit des Schuldners Stellung zu nehmen, führt im umgekehrten Fall der fehlenden Freigabe die Duldung der selbstständigen Tätigkeit des Schuldners zu der Massezugehörigkeit des Neuerwerbs und der daraus entstehenden Umsatzsteuerverbindlichkeiten.

Hinsichtlich der Rechtslage für die **bis zum 30.06.2007 eröffneten** Insolvenzverfahren und den Zeitraum **bis zur Freigabeerklärung** des Verwalters nach § 35 Abs. 2 InsO hat das neue Urteil des BFH vom 17.03.2010[3133] insoweit für Klarheit gesorgt, als

- die bloße Duldung einer Tätigkeit des Schuldners durch den Insolvenzverwalter nicht das Tatbestandsmerkmal „durch Handlungen des Insolvenzverwalters oder in anderer Weise durch die Verwaltung der Insolvenzmasse" des § 55 Abs. 1 Nr. 1 InsO erfüllt, so dass
- die Umsatzsteuer aus der geduldeten Tätigkeit des Schuldners jedenfalls dann nicht zu den Masseverbindlichkeiten zählt, wenn die unternehmerische Tätigkeit des Schuldners im Wesentlichen mit „Nicht-Massegegenständen" erbracht wird.

Diese Wesentlichkeitsgrenze war im Urteilsfall selbst dann nicht überschritten, als der Verwalter dem Schuldner für den Betrieb eines Hotels die Küche und das sonstige Inventar unentgeltlich überlassen hatte.

1654 Auch wenn der Schuldner unberechtigt einen Massegegenstand für seine nach Eröffnung aufgenommene Erwerbstätigkeit nutzt, zählt die hierdurch begründete Umsatzsteuer nicht zu den Masseverbindlichkeiten.[3134] Im Urteilsfall hatte der Schuldner die zur Masse gehörenden Büroräume unbefugt für seine Tätigkeit als Bauträger genutzt. Der BFH verneinte das Vorliegen einer „Verwertung von Massegegenständen" im Sinne des § 55 Abs. 1 Nr. 1 InsO, weil der Schuldner die Umsätze im Wesentlichen durch Einsatz seiner persönlichen Arbeitskraft und nicht durch die Nutzung des Massegegenstandes getätigt hatte.

In der **Praxis** kann daher auch in den Altfällen weitestgehend die Entstehung von Masseverbindlichkeiten durch die umsatzsteuerpflichtige neue unternehmerische Tätigkeit des Schuldners vermieden werden.

4. Umsatzsteuerliche Organschaft

4.1 Voraussetzungen und Rechtsfolgen

1655 Nach § 2 Abs. 2 Nr. 2 UStG liegt eine Organschaft vor, wenn die Organgesellschaft nach dem Gesamtbild der tatsächlichen Verhältnisse **finanziell, wirtschaftlich** und **organisatorisch** in das Unternehmen des Organträgers **eingegliedert** ist. Unternehmer im Sinne des Umsatzsteuergesetzes ist dann

---

3132 BFH, Urt. v. 01.09.2010 – VII R 25/09, BFH/NV 2011, 647.
3133 BFH, Urt. v. 17.03.2010 – XI R 2/08, UR 2010, 619.
3134 BFH, Urt. v. 08.09.2011 – V R 38/10, DB 2012, 31.

nur der Organträger mit der Folge, dass alle Umsätze und Vorsteuerbeträge nur noch beim Organträger umsatzsteuerlich berücksichtigt werden.

Organgesellschaft kann nur eine juristische Person sein, Organträger dagegen jeder Unternehmer im Sinne des Umsatzsteuergesetzes, also auch z. B. eine natürliche Person. **Unter der finanziellen Eingliederung** ist der Besitz der entscheidenden Anteilsmehrheit an der Organgesellschaft zu verstehen, die es ermöglicht, Beschlüsse in der Organgesellschaft durchzusetzen. **Wirtschaftliche Eingliederung** bedeutet, dass die Tätigkeit der Organgesellschaft in einem engen wirtschaftlichen Zusammenhang mit der Tätigkeit des Organträgers steht, z. B. Zuliefererbetrieb für Produktion des Organträgers. Die **organisatorische Eingliederung** ist gegeben, wenn der Organträger durch organisatorische Maßnahmen sichergestellt hat, dass sein Wille in der Organgesellschaft auch tatsächlich ausgeführt wird, z. B. durch Personalunion des Geschäftsführers der beiden Gesellschaften.

Aus umsatzsteuerlicher Sicht liegt nur noch ein Unternehmer vor, so dass Umsätze zwischen Organgesellschaft und Organträger als sog. „Innenumsätze" ohne umsatzsteuerliche Auswirkungen sind.[3135] 1656

Eine weitere Rechtsfolge der Organschaft ist die **Haftung** gemäß § 73 AO. Die Organgesellschaft haftet für **alle Umsatzsteuern innerhalb des Organkreises** ohne Rücksicht darauf, wo diese verursacht worden sind, also z.b. auch für Umsatzsteuern einer anderen Organgesellschaft des Organkreises.[3136] Dieser weite Umfang der Haftung einer Organgesellschaft ist in der Literatur nicht ganz unumstritten. Die gegenteilige Auffassung sieht die Haftung auf die Umsatzsteuerschulden beschränkt, die bei unterstellter Selbstständigkeit der Organgesellschaft bei ihr auch angefallen wären.[3137] In der **Praxis** sollte aber im Hinblick auf die BGH-Rechtsprechung von dem weiten Haftungsumfang ausgegangen werden.

4.2 Insolvenz der Organgesellschaft

Mit **Eröffnung** des Insolvenzverfahrens über das Vermögen einer Organgesellschaft **endet** die Organschaft auf jeden Fall, da die Verwaltungs- und Verfügungsmacht auf den Insolvenzverwalter übergeht und ab diesem Zeitpunkt nicht mehr gewährleistet ist, dass der Wille des Organträgers in der Organgesellschaft auch tatsächlich ausgeführt wird.[3138] Für den Fall, dass ein **vorläufiger schwacher Insolvenzverwalter** bestellt wird, endet die Organschaft nicht, sondern bleibt regelmäßig bis zur Eröffnung des Insolvenzverfahrens bestehen. Das gilt selbst dann, wenn das Gericht anordnet, dass Verfügungen des Schuldners nur mit Zustimmung des vorläufigen Insolvenzverwalters wirksam sind.[3139] Hieran ändert auch der für alle ab dem 1657

[3135] *Klenk*, in: Sölch/Ringleb, UStG, § 2 Rn. 95 ff.; *Stadie*, in Rau/Dürrwächter, § 2 UStG, Anm. 654.
[3136] *Loose*, in: Tipke/Kruse, § 73, Tz. 4 mit Hinweis auf BGH, Urt. v. 22. 10. 1992 – IX ZR 244/91, DB 1993, 368.
[3137] *Stadie*, in: Rau/Dürrwächter, UStG, § 2, Anm. 667 m. w. N..
[3138] BFH, Urt. v. 13. 03. 1997 – V R 96/96, BStBl. II 1997, 580.
[3139] BFH, B. v. 11. 11. 2008 – XI B 65/08, BFH/NV 2009 235; FG Baden-Württemberg, Urt. v. 08. 09. 2009 – 14 K 254/04, EFG 2010 555 – Revision eingelegt Az. BFH, XI R 28/09.

01.01.2011 beantragten Insolvenzverfahren geltende § 55 Abs. 4 InsO nichts, solange der Organträger zahlungsfähig und die Umsatzsteuer entrichtet ist. Anderenfalls haftet die Organgesellschaft nach § 73 Satz 1 AO, wobei nicht geklärt ist, ob es sich bei dieser Haftungsschuld um eine Masseverbindlichkeit im Sinne des § 55 Abs. 4 InsO handelt.[3140]

Mit Bestellung des **vorläufigen starken Insolvenzverwalters** endet die Organschaft dagegen, weil die Verwaltungs- und Verfügungsbefugnis auf den vorläufigen Insolvenzverwalter übergeht.

1658 Wird der Antrag der Organgesellschaft auf Eröffnung des Insolvenzverfahrens **mangels Masse abgelehnt**, so bleibt die Organschaft zunächst bestehen und endet erst, wenn die Liquidation der Organgesellschaft abgeschlossen und das vorhandene Gesellschaftsvermögen veräußert ist.[3141]

1659 In den Fällen der **Eigenverwaltung** endet die Organschaft nur dann, wenn dem Sachwalter derart weitreichende Verwaltungs- und Verfügungsbefugnisse eingeräumt werden, dass eine vom Willen des Organträgers abweichende Willensbildung möglich ist.

In der **Praxis** sollte im Fall der Einsetzung eines vorläufig schwachen Insolvenzverwalters geprüft werden, ob parallel zum Insolvenzverfahren die Zwangsverwaltung und die Zwangsversteigerung über das Betriebsgrundstück angeordnet wurde. Denn nach Ansicht des BFH[3142] entfällt die für eine Organschaft erforderliche wirtschaftliche Eingliederung eines Grundstücks jedenfalls, wenn für das Grundstück Zwangsverwaltung und Zwangsversteigerung angeordnet ist. Leider war in dem Fall vom BFH nicht zu entscheiden, ob schon die Anordnung der Zwangsverwaltung reicht, um die wirtschaftliche Eingliederung entfallen zu lassen, so dass insoweit noch keine Rechtsklarheit besteht.

4.3 Insolvenz des Organträgers

1660 Die **Eröffnung** des Insolvenzverfahrens über das Vermögen des Organträgers hat grundsätzlich **keine Auswirkungen** auf die umsatzsteuerliche Organschaft. Für das Fortbestehen der Organschaft ist deshalb darauf abzustellen, ob der Organträger unter Berücksichtigung der Verwaltungs- und Verfügungsbefugnis des Insolvenzverwalters weiterhin seinen Willen in der Organgesellschaft durchsetzen kann. Und dies wird in der Regel der Fall sein, weil der Insolvenzverwalter zur Sicherung der Masse entsprechende organisatorische Maßnahmen ergreifen wird, um sicherzustellen, dass sein Wille auch in der Organgesellschaft umgesetzt wird.

Die Organschaft wird jedoch beendet, wenn die geschäftliche Tätigkeit des Organträgers vollständig eingestellt ist, da dann mangels wirtschaftlichen Geschäftsbetriebes auch keine wirtschaftliche Eingliederung der Organgesellschaft mehr vorliegen kann.[3143]

[3140] *Staats*, Die umsatzsteuerliche Organschaft im vorläufigen Insolvenzverfahren, ZInsO 2011, 2174; offen gelassen in BMF-Schreiben v. 17.01.2012 – IV A 3 – S 0550/107/10020-05, DStR 2012, 241
[3141] BFH, B. v. 27.09.1991 – V B 78/91, BFH/NV 1992, 346.
[3142] BFH, Urt. v. 29.01.2009 – V R 67/07, BFH/NV 2009, 1331.
[3143] *Frotscher*, Besteuerung bei Insolvenz, 223.

4.4 Insolvenz des Organträgers und der Organgesellschaft

Nach Auffassung der Finanzverwaltung hängt die Frage des Weiterbestehens der Organschaft davon ab, ob für das Insolvenzverfahren des Organträgers und der Organgesellschaft derselbe Insolvenzverwalter oder verschiedene Verwalter bestellt werden können. Denn bei Bestellung **desselben Insolvenzverwalters** ist dieser in der Lage, seinen Willen sowohl in der Organgesellschaft, als auch beim Organträger durchzusetzen und die organisatorische Eingliederung bleibt danach bestehen. Bei Bestellung **verschiedener Insolvenzverwalter** kann der Verwalter des Organträgers dagegen seinen Willen in der Organgesellschaft regelmäßig nicht mehr durchsetzen, so dass die organisatorische Eingliederung entfällt und die Organschaft dann endet.[3144]

1661

Die Gegenauffassung[3145] ist der Meinung, dass die Organschaft bereits mit Einsatz des vorläufig starken Insolvenzverwalters bei der Organgesellschaft beendet sei, weil es für den Zeitpunkt der Beendigung einer Organschaft nicht auf das ungewisse Ereignis der Bestellung von identischen oder nichtidentischen Insolvenzverwaltern ankommen könne. In der **Praxis** besteht hier also noch Spielraum für Argumentation.

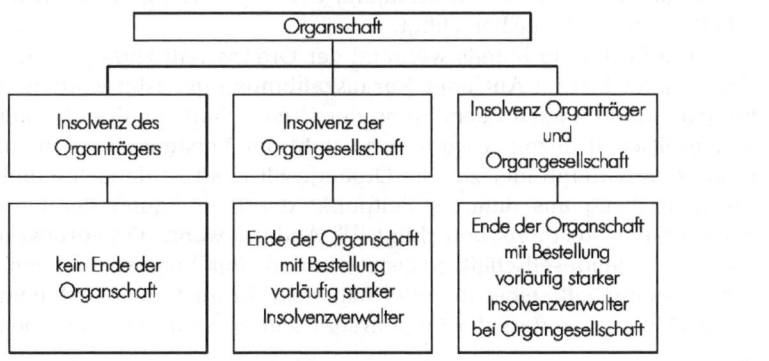

1662

Abb. 69: Folgen für die Organschaft im Falle der Insolvenz

4.5 Rechtsfolgen bei Beendigung der Organschaft

Ab dem Zeitpunkt der Beendigung der Organschaft sind Organträger und Organgesellschaft wieder zwei selbstständige Unternehmer, so dass die Organgesellschaft wieder eigene Umsatzsteuer-Voranmeldungen abzugeben hat, in denen die umsatzsteuerlichen Folgen aus den eigenen Umsätzen und den eigenen Leistungsbezügen erfasst werden.

1663

Entscheidend für die Zurechnung von Umsätzen und Vorsteueransprüchen zu Organträger oder Organgesellschaft ist der **Zeitpunkt des Leistungsbezugs**. Für Leistungen, die die Organgesellschaft vor Beendigung der Organschaft erbracht hat, schuldet demnach der **Organträger** die Umsatz-

---

3144 OFD Frankfurt am Main, Verf. v. 20.07.2009 – S 7105 A-21-St 110, DStR 2009, 1911; so auch *Frotscher*, Besteuerung bei Insolvenz, 6. Aufl., 223.
3145 *Waza/Uhländer/Schmittmann*, Insolvenzen und Steuern, Rn. 1940 m.w.N.

steuer. Liegt der Zeitpunkt der Leistungserbringung nach Beendigung der Organschaft ist Schuldnerin der Umsatzsteuer die **Organgesellschaft**. Unerheblich ist hierbei sowohl der Zeitpunkt der Rechnungserteilung, sowie auch der Zeitpunkt der gesetzlichen Entstehung der Umsatzsteuer mit Ablauf des Voranmeldungszeitraums.[3146]

1664 Hat der Organträger **An- und Vorauszahlungen** auf Umsätze aus Leistungen der Organgesellschaft, die nach Beendigung der Organschaft erbracht wurden, bereits der Umsatzbesteuerung unterworfen (§ 13 Abs. 1 Nr. 1 lit. a) Satz 4, lit. b) UStG), so bleibt diese Besteuerung auch nach Beendigung der Organschaft bestehen. Von der Organgesellschaft ist dementsprechend nur der im Zeitpunkt der Beendigung der Organschaft noch offene Restpreis zu versteuern.[3147]

1665 Auch für die Zuordnung von **Vorsteuerbeträgen** kommt es ausschließlich auf den Zeitpunkt der Leistungserbringung an, unabhängig davon, ob sämtliche materiell-rechtlichen Voraussetzungen des § 15 UStG erfüllt sind. Sofern Lieferungen/Leistungen noch **vor Beendigung** der Organschaft an die Organgesellschaft erfolgen, steht demnach der Vorsteuerabzug dem Organträger zu, unabhängig davon, wann die Rechnung erteilt wird.[3148] War **umgekehrt** der Leistungsbezug erst nach Beendigung der Organschaft, ist die Organgesellschaft vorsteuerabzugsberechtigt.

1666 Ist die Rechnung bereits während der Organschaft zugegangen und vom Organträger hierauf **An- oder Vorauszahlungen** geleistet worden, die **Leistungen** aber **erst nach Beendigung** der Organschaft von der ehemaligen Organgesellschaft bezogen worden, so steht der Vorsteuerabzug hieraus weiterhin dem Organträger zu. Die Organgesellschaft ist danach lediglich zum Vorsteuerabzug aus dem im Zeitpunkt der Beendigung der Organschaft noch offenen Restpreis berechtigt.[3149] Anders, wenn die **Vorauszahlungen** von der Organgesellschaft geleistet wurden. Für Vorauszahlungen, die die Organgesellschaft selber geleistet hat, steht ihr auch der Vorsteuerabzug in voller Höhe zu, so dass der Organträger den Vorsteuerabzug zu berichtigen hat.[3150]

1667 Bei **Berichtigungsansprüchen nach § 17 Abs. 2 Nr. 1 UStG** ist der **Zeitpunkt der Uneinbringlichkeit des Entgeltes** entscheidend:

- ist das Entgelt für eine während des Bestehens einer Organschaft bezogene Leistung erst nach **Beendigung der Organschaft** gemindert (z. B.

3146 *Stadie*, in: Rau/Dürrwächter, § 2 UStG, Anm. 724; *Klenk*, in: Sölch/Ringleb, § 2 UStG; OFD Frankfurt a. M., Verf. v. 20.07.2009 – S 7105 A-21-St 110, DStR 2009, 1911, Rn. 3.1.
3147 BFH, Urt. v. 21.06.2001 – V R 68/00, BStBl. II 2002, 255.
3148 OFD Hannover, Verf. v. 06.08.2007 – S 7105-49-StO 172, DStR 2007, 1962; *Klenk*, in: Sölch/Ringleb, § 2 UStG, Rn. 136; *Waza/Uhländer/Schmittmann*, Insolvenzen und Steuern, Rn. 1945; a. A. Stadie in: Rau/Dürrwächter, § 2 Anm. 725 mit der Begründung, dass mit Beendigung des Organschaftsverhältnisses wieder die allgemeinen Regeln gelten und daher der Zeitpunkt der Rechnungserteilung entscheidend für die Berechtigung zum Vorsteuerabzug sei.
3149 OFD Frankfurt a. M., Verf. v. 20.07.2009, Rn. 3.6; BFH, Urt. v. 21.06.2001 – V R 68/00, BStBl. II 2002, 255.
3150 *Birkenfeld*, Umsatzsteuer-Handbuch, § 44 Rn. 473.

durch Inanspruchnahme von Skonto) oder uneinbringlich geworden, richtet sich der Umsatzsteuerkorrektur- oder der Vorsteuerberichtigungsanspruch gegen die **Organgesellschaft**;

- ist die Minderung/Uneinbringlichkeit des Entgelts **vor der Organschaftsbeendigung** eingetreten oder folgt gleichzeitig durch die Insolvenzeröffnung sowohl die Organschaftsbeendigung als auch die Uneinbringlichkeit, richtet sich der Umsatzsteuerkorrektur- bzw. Vorsteuerberichtigungsanspruch gegen den **Organträger**.[3151]

> **Beispiel** 1668
>
> Die Organschaft zwischen A als Organträger und B-GmbH als Organgesellschaft wird am 18.04.2010 beendet. Die regelversteuernde B-GmbH hatte noch am 15.04.2010 Waren im Wert von 10.000 € zzgl. USt an den Kunden Z geliefert. Die am 16.04.2010 erteilte Rechnung wird von Z am 02.05.2010 unter Inanspruchnahme eines Skontos von 2% bezahlt.
>
> Die Berichtigung des Steuerbetrages aufgrund der Änderung der Bemessungsgrundlage hat nach § 17 Abs. 1 Satz 7 UStG in dem Voranmeldungszeitraum zu erfolgen, in dem die Änderung der Bemessungsgrundlage eingetreten ist. Die Änderung der Bemessungsgrundlage erfolgt durch die Zahlung des Z und ist daher im Voranmeldungszeitraum Mai 2010 zu erfassen. Der Korrekturbetrag steht der B-GmbH als nun eigenständiger Unternehmerin zu.

Die Frage, wer Schuldner eines **Vorsteuerberichtigungsanspruches nach** 1669 **§ 15a UStG** nach Beendigung einer Organschaft ist, ist noch nicht höchstrichterlich geklärt. Nach der Rechtsprechung des BFH zu § 17 UStG[3152] und der herrschenden Auffassung in der Literatur[3153] ist für die Praxis davon auszugehen, dass sich der Vorsteuerberichtigungsanspruch nach § 15a UStG nach dem Ende der Organschaft gegen die Organgesellschaft richtet, selbst wenn der Organträger Vorsteuerbeträge für die von der Organgesellschaft verwendeten Wirtschaftsgüter abgezogen hat.[3154]

Die **Anfechtung** der Leistungen einer insolventen Organgesellschaft kurz 1670 vor Eröffnung des Insolvenzverfahrens auf Umsatzsteuerschulden des Organträgers ist nur dann nach § 134 InsO zulässig, wenn die Steuerforderung gegenüber dem Organträger uneinbringlich war. Bei nachweislicher Zahlungsfähigkeit des Organträgers kann der Insolvenzverwalter den gezahlten Betrag also nicht durch Anfechtung zur Masse ziehen.[3155]

In der **Praxis** bietet die **unberücksichtigte Organschaft** eine Chance, Erstattungsansprüche zur Masse zu ziehen. Der Verwalter hat hierzu für die fälschlicherweise von der Organgesellschaft erklärten und gezahlten Umsatzsteuern korrigierte „Null-Meldungen" einzureichen. Es ist allerdings zu beachten, dass das Finanzamt unter Umständen mit Haftungsansprüchen

---

3151 Ständige Rechtsprechung, BFH, B. v. 05.12.2008 – V B 101/07, BFH/NV 2009, 432; BFH, Urt. v. 07.12.2006 – V R 2/05, DStR 2007, 440; a. A. *Stadie*, in: Rau/Dürrwächter, UStG, § 2, Anm. 726.2.

3152 BFH, Urt. v. 07.12.2006 – V R 2/05, DStR 2007, 440.

3153 OFD Frankfurt a.M., Verf. v. 20.07.2009 – S 7105 A-21-St 110, DStR 2009, 1911, Tz. 3.1; *Klenk*, in: Sölch/Ringleb, § 2 UStG, Rn. 138; *Birkenfeld*, Umsatzsteuer-Handbuch, § 44, Rn. 481.

3154 A. A. *Stadie*, in: Rau/Dürrwächter, UStG, § 2, Anm. 727.2.

3155 BFH, Urt. v. 23.09.2009 – VII R 43/08, ZIP 2009, 2455.

nach § 73 AO gegenüber der Organgesellschaft aufrechnen kann (vgl. hierzu Teil 5, Kap. 1, Rn. 1614).

5. Vorsteuer im Insolvenzverfahren

1671 Vorsteuern auf Leistungen, die **vor Eröffnung** des Insolvenzverfahrens erbracht wurden, mindern in erster Linie die als Insolvenzforderungen anzusetzende Umsatzsteuerschuld. Nur soweit ein Überschuss an Vorsteuern verbleibt, mindern sie die als Masseverbindlichkeit anzusetzende Umsatzsteuerschuld des gleichen Veranlagungszeitraums. Vorsteuerbeträge für nach Bestellung des schwachen vorläufigen Insolvenzverwalters bezogene Lieferungen und sonstige Leistungen fallen in den Anwendungsbereich des mit HBeglG 2011 eingeführten § 55 Abs. 4 InsO und sind vorrangig mit den Umsatzsteuern im Sinne des § 55 Abs. 4 InsO im betreffenden Voranmeldungszeitraum zu saldieren.[3156]

1672 Ist die Leistung dagegen **nach Eröffnung** gegenüber der Insolvenzmasse erbracht worden, erfolgt in erster Linie eine Minderung der als Masseverbindlichkeiten anzusetzenden Umsatzsteuer und erst dann die Minderung der Insolvenzforderung des gleichen Veranlagungszeitraums. Soweit ein Überschuss an Vorsteuern besteht, wird er in beiden Fällen an die Masse erstattet (vgl. Teil 5, Kap. 2, Rn. 1643 zum Saldierungsprinzip).

1673 Auch in diesem Zusammenhang soll kurz auf die **divergierende Rechtsprechung des VII. und V. Senats des BFH** hingewiesen werden. Die entscheidende Frage in diesem Zusammenhang ist, ob der Zeitpunkt der Rechnungserteilung für die Zuordnung des Vorsteueranspruchs der Vorsteuer zu den Insolvenz- oder den Masseforderungen relevant ist. Während es nach der Rechtsprechung des VII. Senats des BFH[3157] nicht auf die Rechnungserteilung, sondern den Zeitpunkt der Leistungserbringung maßgebend ankommt, stellt der V. Senat des BFH in seiner Grundsatzentscheidung vom 29.01.2009[3158] auf die vollständige umsatzsteuerliche Tatbestandsverwirklichung ab und damit käme es entscheidend auf den Zeitpunkt der Rechnungserteilung an.

In der **Praxis** sollten bis zu einer Klärung durch den Großen Senat des BFH die Erfolgsaussichten etwaiger Auseinandersetzungen mit dem Finanzamt danach beurteilt werden, ob es sich im konkreten Fall um eine umsatzsteuerrechtliche Streitfrage (V. Senat des BFH) oder eine abgabenrechtliche Streitfrage (VII. Senat des BFH) handelt.

1674 Der Abzug von Vorsteuern aus der **Rechnung des Insolvenzverwalters** ist nur unter der Voraussetzung möglich, dass das Insolvenzverfahren noch nicht mit dem Schlusstermin (§ 197 InsO) abgeschlossen oder dass im Schlusstermin eine Nachtragsverteilung vorbehalten ist. In der **Praxis** ist daher auf den Vorbehalt der Nachtragsverteilung zu achten, da sonst das Finanzamt den Erstattungsanspruch aus der Vergütung des Insolvenzverwalters mit Insolvenzforderungen aufrechnen kann.

3156 BMF-Schreiben v. 17.01.2012 – IV A 3 – S 0550/10/10020-05, DStR 2012, 241, Rz. 19, 30ff.
3157 Grundlegend BFH, Urt. v. 05.10.2004 – VII R 69/03, BStBl. II 2005, 195.
3158 BFH, Urt. v. 29.01.2009 – V R 64/07, BStBl. II 2009, 682.

Kapitel 2 Umsatzsteuer

Für die **Aufteilung der Vorsteuer** im Insolvenzverfahren ergibt sich keine Besonderheit, außer dass als Aufteilungsmaßstab alternativ zu dem Flächenmaßstab bei Grundstücken und der Kilometerleistung bei Fahrzeugen

- das Verhältnis der steuerfreien zu den steuerpflichtigen Umsätzen,
- das Verhältnis des zur Verteilung anstehenden Insolvenzvermögens (Teilungsmasse),
- der zeitliche Aufwand des Insolvenzverwalters für die im Zusammenhang mit steuerfreien und steuerpflichtigen Umsätzen erfolgten Tätigkeiten

in Betracht gezogen und mit dem Finanzamt diskutiert werden sollte, um die Liquidität für die Masse positiv zu beeinflussen. Auch die Möglichkeit der getrennten Rechnungserteilung des Lieferanten für den vorsteuerabzugsberechtigten Tätigkeitsbereich einerseits und den nicht abzugsberechtigten Teil andererseits sollte geprüft werden.

1675

6. Vorsteuerberichtigung nach § 17 UStG

Nach § 17 Abs. 2 Nr. 1 und Abs. 1 UStG hat der leistende Unternehmer den für seine Leistung geschuldeten Umsatzsteuerbetrag und der Leistungsempfänger den entsprechenden Vorsteuerabzug zu berichtigen, wenn das vereinbarte Entgelt für die steuerpflichtige Lieferung **uneinbringlich geworden ist** (§ 17 Abs. 2 Nr. 1 Satz 1 UStG). Wird das Entgelt **nachträglich vereinnahmt**, ist der Umsatzsteuerbetrag und der Vorsteuerabzug erneut zu berichtigen (§ 17 Abs. 2 Nr. 1 Satz 2 UStG). Die Berichtigung ist für den Besteuerungszeitraum vorzunehmen, in dem die Änderung der Bemessungsgrundlage eingetreten ist (§ 17 Abs. 1 Satz 7 UStG). Interessant ist in Insolvenzverfahren, ob der Vorsteuerrückforderungsanspruch bereits **vor Eröffnung** des Insolvenzverfahrens begründet wurde und damit als Insolvenzforderung vom Finanzamt zur Tabelle anzumelden ist oder von der Masse gefordert werden kann, weil der Anspruch erst **nach Eröffnung** begründet wurde. Es kommt damit entscheidend auf den Zeitpunkt der Uneinbringlichkeit an. Nach der gefestigten Rechtsprechung des BFH, zuletzt bestätigt durch Urteil vom 22.10.2009[3159] sind die dem Vorsteuerabzug zugrunde liegenden Entgeltforderungen aus Lieferungen und Leistungen an den späteren Insolvenzschuldner **spätestens im Zeitpunkt der Insolvenzeröffnung in voller Höhe uneinbringlich** unbeschadet einer möglichen Insolvenzquote.

1676

In der **Praxis** meldet das zuständige Finanzamt den Vorsteuerrückforderungsbetrag nach § 17 Abs. 2 Nr. 1 UStG regelmäßig als Insolvenzforderung zur Tabelle an. Aus Vereinfachungsgründen werden vom Finanzamt pauschal sämtliche geltend gemachten Vorsteuern aus den letzten sechs Monaten vor Insolvenzeröffnung zurückgefordert. Der Insolvenzverwalter hat zu entscheiden, ob dieser geschätzte Rückforderungsanspruch sich anhand der zur Tabelle angemeldeten Insolvenzforderungen abstimmen lässt oder sich aus vorhandenen Offenen-Posten-Listen des Insolvenzschuldners zum Zeitpunkt des Eintritts der Zahlungsunfähigkeit genauere Erkenntnisse und damit Einspruchsmöglichkeiten gegen die Höhe des Rückforderungsanspruchs des Finanzamtes ergeben.

1677

3159 BFH, Urt. v. 22.10.2009 – V R 14/08, ZIP 2010, 383.

Teil 5   Steuern in Sanierung und Insolvenz

1678   Die sog. **zweite Vorsteuerkorrektur** nach § 17 Abs. 2 Nr. 1 Satz 2 UStG kommt im Insolvenzverfahren entweder durch Erfüllung der uneinbringlich gewordenen Forderungen durch den Insolvenzverwalter oder die Auskehrung einer Quote an die Gläubiger in Betracht.
In der **Praxis** wurde bis zum Ergehen des neuen Grundsatzurteils des V. Senats des BFH vom 29. 01. 2009 zur Ist-Besteuerung[3160] der Rechtsprechung des VII. Senats des BFH gefolgt, wonach der Erstattungsanspruch aus der zweiten Vorsteuerkorrektur bereits vor **Insolvenzeröffnung begründet** war und das Finanzamt daher die Aufrechnung mit Insolvenzforderungen erklären konnte.[3161] Hier könnte jetzt aber die zitierte Rechtsprechung des V. Senats des BFH dazu führen, dass es für die Begründetheit des Erstattungsanspruchs entscheidend auf den **nach Eröffnung** liegenden Zeitpunkt der Quotenauszahlung bzw. Erfüllung der uneinbringlichen Forderungen durch den Insolvenzverwalter ankommt mit der Folge, dass eine Aufrechnung unzulässig wäre. Vor dem Hintergrund der divergierenden Rechtsprechung sind daher die Erfolgsaussichten von entsprechenden Rechtsbehelfsmöglichkeiten sorgfältig zu prüfen.
Für die Berichtigung nach § 17 Abs. 2 Nr. 1 UStG bei Beendigung der **Organschaft** (siehe 4.5).

1679   Im Fall der **Anfechtung** von Zahlungen des Insolvenzschuldners vor Insolvenz durch den Insolvenzverwalter wurde in der **Praxis** in der Vergangenheit davon ausgegangen, dass der Vorsteuerberichtigungsanspruch nach § 17 Abs. 2 Nr. 1 UStG bereits vor Insolvenzeröffnung (aufschiebend bedingt) zum Zeitpunkt der Zahlung begründet wurde.[3162] Die aktuelle Rechtsprechung des V. Senats des BFH[3163] stellt jedoch auf die vollständige Tatbestandsverwirklichung ab, so dass Uneinbringlichkeit erst bei Rückgewähr des Entgelts durch den Auftragnehmer nach erfolgreicher Anfechtung gegeben wäre und der Berichtigungsanspruch damit der Insolvenzmasse zuzuordnen ist.
Zu Vorsteuerberichtigung bei nicht erfüllten Verträgen siehe Rn. 1691 ff.

7. Vorsteuerberichtigung nach § 15a UStG

1680   Durch Verwertungshandlungen des **schwachen vorläufigen Verwalters** bzw. durch dessen Zustimmung zu Verwertungshandlungen des Schuldners ausgelöste Vorsteuerberichtigung nach § 15a UStG zählt nach Auffassung des Fiskus zu den Masseverbindlichkeiten im Sinne des **§ 55 Abs. 4 InsO**.[3164]
Durch Verwertungshandlungen des Insolvenzverwalters kann eine Vorsteuerberichtigung nach § 15a Abs. 1 UStG zu Ungunsten des Unternehmers ausgelöst werden. Der Vorsteuerberichtigungsanspruch entsteht in der Insolvenz regelmäßig daraus, dass der Insolvenzverwalter oder ein absonde-

---
3160 BFH, Urt. v. 29. 01. 2009 – V R 64/07, BStBl. II 2009, 682.
3161 BFH, B. v. 12. 08. 2008 – VII B 213/07, BFH/NV 2008, 1819.
3162 Grundsätze des BFH, Urt. v. 01. 04. 2008 – X B 201/07, BFH/NV 2008, 925.
3163 BFH, Urt. v. 29. 01. 2009 – V R 64/07, BStBl. II 2009, 682.
3164 BMF-Schreiben v. 17. 01. 2012 – IV A 3 – S 0550/10/10020-05, DStR 2012, 241.

rungsberechtigter Grundstücksgläubiger ein zur Insolvenzmasse gehörendes Grundstück innerhalb des Berichtigungszeitraums des § 15a Abs. 1 UStG veräußert oder versteigern lässt ohne nach § 9 UStG zur Steuerpflicht zu optieren, obwohl der Insolvenzschuldner aus den Anschaffungs- und/oder Bebauungskosten des Grundstücks Vorsteuern geltend gemacht hatte.

> **Beispiel**
>
> Der Schuldner hat im Jahr 2007 ein Hotel erbaut für 5.355.000 € und hierfür einen Vorsteuerabzug von 19 %, also 855.000 € in Anspruch genommen. Das Hotel wird ab Januar 2008 betrieben. Am 01.07.2010 wird das Insolvenzverfahren eröffnet und der Verwalter vermietet die Zimmer steuerfrei zu Wohnzwecken an Studenten.
>
> Ab 01.07.2010 sind die Voraussetzungen für den Vorsteuerabzug durch die steuerfreie Vermietung zu Wohnzwecken nach § 15 Abs. 2 Nr. 1 i. V. m. § 4 Nr. 12 UStG weggefallen. Der Berichtigungszeitraum beträgt zehn Jahre, so dass sich ein jährlicher Korrekturbetrag von 855.000 € ./. 10 = 85.500 € und ein monatlicher Korrekturbetrag von 85.500 € ./. 12 = 7.125 € ergibt. Der Vorsteuerkorrekturbetrag für 2010 beträgt 6 Monate x 7.125 € = 42.750 €. Für jedes volle Kalenderjahr der zukünftigen steuerfreien Vermietung beträgt der Korrekturbetrag 12 Monate x 7.125 € = 85.500 €.

1681

Nach der bisherigen Rechtsprechung des BFH gehört der Vorsteuerkorrekturbetrag nach § 15a UStG zu den **Masseverbindlichkeiten nach § 55 Abs. 1 Nr. 1 InsO**. So hat zuletzt der BFH mit Urteil vom 09.02.2011[3165] entschieden, dass der durch die abweichende Nutzung eines zur Masse gehörenden Grundstücks ausgelöste Berichtigungsanspruch nach § 15a UStG zu den Masseverbindlichkeiten zählt, weil es entscheidend auf den Zeitpunkt der tatsächlichen Änderung der Verhältnisse ankomme. Die Rechtsprechung der Finanzgerichte hierzu ist uneinheitlich. Das FG Münster hat mit Urteil vom 08.10.2009[3166] entschieden, dass der Vorsteuerberichtigungsanspruch nach § 15a zu den Masseverbindlichkeiten zählt und beruft sich dabei auf die Rechtsprechung des V. Senates des BFH zu § 17 UStG, wonach die Berichtigungsansprüche Tatbestände eigener Art darstellen und eben nicht auf den Zeitpunkt der ursprünglichen Leistungserbringung „zurückwirken".[3167]

Das FG Berlin-Brandenburg hat dagegen mit Beschluss vom 19.06.2008[3168] rechtskräftig entschieden, dass ernstliche Zweifel an der Qualifikation des Vorsteuerberichtigungsanspruchs nach § 15a UStG als Masseverbindlichkeit bestehen. Das FG beruft sich dabei auf die Rechtsprechung des VII. Senats des BFH[3169], wonach eine Rückzahlungsverpflichtung des Steuerpflichtigen, der vor Insolvenzeröffnung einen Steuervorteil erhalten hat, auch dann vor Eröffnung des Insolvenzverfahrens begründet ist, wenn die Rückzahlungsverpflichtung auf einem nach Eröffnung des Verfahrens eintretenden Ereignis beruht.

1682

3165 BFH, Urt. v. 09.02.2011 – XI R 35/09, ZIP 2011, 1222.
3166 FG Münster, Urt. v. 08.10.2009 – 5 K 1096/07, n.rk., Umsatzsteuerberater 2010, 101.
3167 BFH, Urt. v. 13.11.1986 – V R 59/79, BStBl. II 1987, 226; BFH, Urt. v. 09.04.1987 – V R 150/78, BStBl. II 1987, 527; so auch Stadie in: Rau/Dürrwächter, § 18 UStG.
3168 FG Berlin-Brandenburg, B. v. 19.06.2008 – 7 V 7032/08 rkr, ZIP 2008, 283.
3169 BFH, Urt. v. 17.04.2007 -VII R 27/06, BFH/NV 2007, 1391, so auch Frotscher, Besteuerung bei Insolvenz, 196 ff.

Teil 5 Steuern in Sanierung und Insolvenz

1683 Im Hinblick auf die bestehende Rechtsunsicherheit auf der Grundlage der Divergenz zwischen der Rechtsprechung des V. und VII. Senates und der Tatsache, dass es sich bei den in Rede stehenden Vorsteuerberichtigungsansprüchen nach § 15a UStG erfahrungsgemäß um hohe Beträge handelt, sollte in der **Praxis** zur Vermeidung von Haftungsansprüchen

- geprüft werden, ob durch die Option zur Steuerpflicht des Grundstücksverkaufs ein Vorsteuerberichtigungsanspruch verhindert werden kann;
- ob eine Geschäftsveräußerung im Ganzen im Sinne des § 1a UStG vorliegt und dadurch kein Vorsteuerberichtigungsanspruch entsteht;
- die Alternative der Freigabe des Grundstücks sorgfältig geprüft werden, da eine Verwertung in der Regel „für Rechnung der Insolvenzmasse" erfolgt und damit das Haftungsrisiko für die Masse weiter besteht;
- Im Falle einer Zwangsverwaltung die Verpflichtung des Zwangsverwalters zur Begleichung eines etwaigen Vorsteuerberichtigungsanspruchs nach § 15a UStG aus der von ihm verwalteten Masse **vorab** besprechen mit dem Zwangsverwalter.

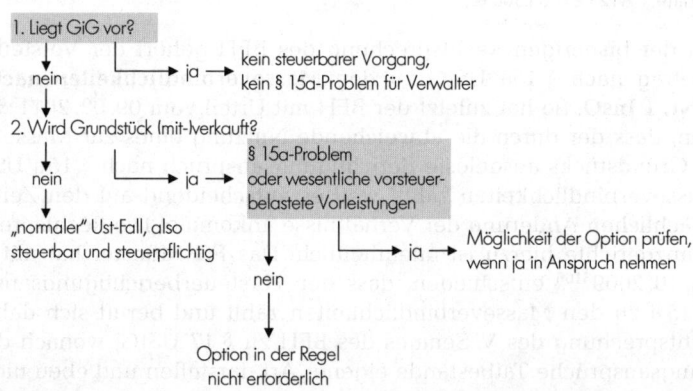

Abb. 70: Prüfungsschema

8. Umsatzsteuerkorrektur

1684 Die Außenstände des Insolvenzschuldners können vom Insolvenzverwalter in der Regel nur teilweise beigetrieben werden. Die häufigsten Gründe dafür sind Aufrechnung mit Gegenforderungen, Mängelrügen oder Insolvenz der Lieferanten. Für die Forderungen, die aufgrund von Insolvenz des Lieferanten oder Mängelrügen **uneinbringlich** sind, ist vom Insolvenzverwalter die Umsatzsteuer nach § 17 Abs. 1 Satz 1 Nr. 1 i.V.m. § 17 Abs. 2 Nr. 1 Satz 1 UStG zu korrigieren.

1685 In der **Praxis** erfolgt die Ermittlung des Umsatzsteuerkorrekturbetrages getrennt für Forderungsausfälle vor und nach Eröffnung, wobei sich die Zurechnung nach dem Zeitpunkt des Vorliegens des „Ausfallgrundes" richtet. Der Zeitpunkt des Forderungsausfalls ist bei Eröffnung eines Insolvenzverfahrens über das Vermögen des Lieferanten unproblematisch und kann sich darüber hinaus z. B. nach dem Datum eines gerichtlichen oder außergerichtlichen Vergleichs richten. Die Umsatzsteuerkorrektur hat nach § 17 Abs. 1

Satz 7 UStG in dem Besteuerungszeitraum zu erfolgen, in dem die Änderung der Bemessungsgrundlage eingetreten ist. Nach Auffassung des VII. Senats des BFH[3170] sind die Erstattungsansprüche aus Umsatzsteuerkorrektur jedoch insolvenzrechtlich bereits mit Leistungserbringung vor Eröffnung des Insolvenzverfahrens begründet und damit insgesamt als Insolvenzforderung zu qualifizieren. Der **VII. Senat des BFH bejaht** damit auch die **Aufrechnungsmöglichkeit** dieses Erstattungsanspruches mit Insolvenzforderungen.

Der **V. Senat des BFH** ist dagegen der Meinung, dass es auf die vollständige Verwirklichung des umsatzsteuerlichen Tatbestands ankomme und damit der Erstattungsanspruch aus Berichtigungen der Umsatzsteuer nach § 17 Abs. 1 UStG erst im Zeitpunkt des Forderungsausfalls begründet wird.[3171] Eine **Aufrechnungsmöglichkeit** wäre daher **zu verneinen**. Mit Urteil vom 09.12.2010[3172] hat der Senat in diesem Zusammenhang entschieden, dass sämtliche Entgelte, die im Zeitpunkt der Eröffnung noch nicht vom Schuldner vereinnahmt wurden, „aus Rechtsgründen" uneinbringlich werden und insoweit eine Umsatzsteuerkorrektur nach § 17 Abs. 2 Nr. 1 UStG zu erfolgen hat, wobei der Korrekturbetrag Insolvenzforderung ist. Bei späterer Vereinnahmung des Entgelts durch den starken vorläufigen Verwalter oder den Insolvenzverwalter ist eine erneute Korrektur nach § 17 Abs. 2 Nr. 2 UStG durchzuführen, die dann zu den Masseverbindlichkeiten zählt. Bei Bestellung eines schwachen vorläufigen Verwalters erfolgt keine Korrektur nach § 17 UStG, sondern die nach Eröffnung vereinnahmten Entgelte stellen mit Eröffnung sonstige Masseverbindlichkeiten nach **§ 55 Abs. 4 InsO** dar. Diese neue Rechtsprechung ist auf alle Insolvenzverfahren **anzuwenden**, die nach dem **31.12.2011** eröffnet werden.[3173]

In der **Praxis** ist zur Vermeidung etwaiger Auseinandersetzungen mit den Finanzbehörden die Möglichkeit der Saldierung mit Masseschulden aus Verwertungsumsätzen oder Vorsteuerkorrekturbeträgen nach § 15a UStG in demselben Besteuerungszeitraum zu prüfen. Einwendungen gegen etwaige Aufrechnungen des Finanzamtes von Erstattungsansprüchen aus Umsatzsteuerkorrektur nach § 17 Abs. 1 UStG mit Insolvenzforderungen sind im Hinblick auf die Zuständigkeit des VII. Senats des BFH für diese Rechtsstreitigkeiten mit geringen Erfolgsaussichten einzustufen.

9. Umsatzsteuer/Vorsteuer bei nicht vollständig erfüllten Verträgen
9.1 Umsatzsteuerkorrektur nach § 17 Abs. 2 Nr. 2 UStG

Der (vorläufige) Insolvenzverwalter hat nach **§ 103 Abs. 1 InsO ein Wahlrecht**, falls ein gegenseitiger Vertrag zum Zeitpunkt der Eröffnung des Insolvenzverfahrens noch nicht vollständig erfüllt ist. Der Verwalter kann einerseits die Vertragspflichten des Schuldners erfüllen und dann auch Erfüllung von dem anderen Teil verlangen. Andererseits besteht die Möglichkeit, die Erfüllung abzulehnen und damit auch auf die Erfüllung durch den Vertrags-

1686

3170 BFH, Urt. v. 20.07.2004 – VII R 28/03, BStBl. II 2005, 10.
3171 BFH, Urt. v. 29.01.2009 – V R 64/07, BStBl. II 2009, 682.
3172 BFH, Urt. v. 09.12.2010 – V R 22/10, DStR 2011, 720.
3173 BMF-Schreiben v. 09.12.2011 – IV D 2-S 7330/09/10001, BStBl. I 2011, 1273.

partner zu verzichten. Auf Aufforderung des Vertragspartners muss der Insolvenzverwalter unverzüglich erklären, ob er die Erfüllung wählt oder ablehnt, § 103 Abs. 2 InsO. Für den Fall, dass der spätere Insolvenzschuldner Leistungserbringer ist und der Insolvenzverwalter die weitere **Erfüllung** des Vertrages ablehnt, so gilt der bis zur Eröffnung des Insolvenzverfahrens fertig gestellte Teil des Vertragsgegenstandes, z.B. teilweise erstellter Rohbau eines Gebäudes, als Gegenstand der Lieferung nach § 3 Abs. 4 UStG. Die auf diese Lieferung entfallende Umsatzsteuer ist vor Eröffnung des Insolvenzverfahrens begründet und damit als **Insolvenzforderung** nach § 38 InsO zu qualifizieren.[3174]

1687   Bemessungsgrundlage für die Umsatzsteuer im Sinne des § 10 Abs. 1 Satz 1 UStG ist der objektive Wert des nicht fertig gestellten Vertragsgegenstandes, z.B. Bauwerkes, wobei dies in der Praxis regelmäßig den geleisteten Anzahlungen entsprechen wird. Sofern aber die Anzahlungen höher sind, als der Wert des unfertigen gelieferten Gegenstandes, kann der Insolvenzverwalter die Umsatzsteuer nach § 17 Abs. 2 Nr. 2 UStG berichtigen, sofern die Anzahlungen zuvor versteuert wurden. Wählt der Insolvenzverwalter dagegen die **Erfüllung** des Vertrages, so erfolgt die Lieferung des gesamten Werkes nach Eröffnung des Insolvenzverfahrens nach § 13 Abs. 1 Nr. 1 lit. a) UStG mit Ablieferung des fertigen Werkes, also im Zeitpunkt der Abnahme durch den Besteller. Die auf die gesamte Werklieferung entfallende Umsatzsteuer ist damit nach Eröffnung des Insolvenzverfahrens begründet und führt zu **Masseverbindlichkeiten** im Sinne des § 55 Abs. 1 Nr. 1 InsO.[3175] Soweit aber Anzahlungen vor Eröffnung der Insolvenz vereinnahmt wurden, ist die hierauf entfallende Umsatzsteuer Insolvenzforderung.

Im Hinblick auf die teilweise massive Liquiditätsbelastung der Insolvenzmasse durch die erläuterte Umsatzsteuerschuld als Masseverbindlichkeit wird in der **Praxis** versucht, die umsatzsteuerlichen Masseverbindlichkeiten dadurch zu mindern, dass mit dem Besteller unter Ablehnung des alten Vertrages ein neuer Vertrag über den noch nicht ausgeführten Teil des Werkvertrages abgeschlossen wird. Dieser **Neuabschluss** eines Vertrages unter gleichzeitiger Ablehnung der Erfüllung des alten Vertrages wird von der Finanzverwaltung als Missbrauch von Gestaltungsmöglichkeiten nach § 42 AO eingestuft.[3176] Daher ist das Risiko dieser Gestaltung sorgfältig abzuwägen.

1688   Handelt es sich hier um **Bauleistungen im Sinne des § 13b Satz 1 Nr. 4 UStG**, die nach dem 31.03.2004 erbracht wurden, so ist der Leistungsempfänger Schuldner der Umsatzsteuer. Die vorstehend diskutierten Probleme stellen sich daher in diesem Fall nicht.

1689   Für den Fall, dass der spätere Insolvenzschuldner Auftraggeber/**Leistungsbesteller** ist und der Insolvenzverwalter nach § 103 Abs. 2 InsO die weitere Erfüllung des Vertrages ablehnt, beschränkt sich der Leistungsaus-

---

3174 Für das Konkursverfahren ständige Rechtsprechung seit BFH, Urt. v. 02.02.1978 – V R 128/76, BStBl. II 1978, 483; *Frotscher*, Besteuerung bei Insolvenz, 201; *Waza/Uhländer/Schmittmann*, Insolvenzen und Steuern, Rn. 2174; *Stadie*, in: Rau/Dürrwächter, § 18 UStG, Anm. 861.

3175 BFH, Urt. v. 30.04.2009 – V R 1/06, UR 2009, 673.

3176 OFD Frankfurt a.M., Verf. v. 25.05.2007 – S-7100A-2/85-St 11, DStR 2007, 1910.

tausch auf den vom Werkunternehmer gelieferten Teil des Werkes, der nach § 105 InsO nicht mehr zurückgefordert werden kann. Die Vorsteuer auf die vom Insolvenzschuldner bereits geleisteten Anzahlungen bleibt erhalten. Für den Fall, dass darüber hinaus eine Quote auf den restlichen Vergütungsanspruch an den Lieferer ausgezahlt wird, gehört der Vorsteueranspruch zur Masse. Wählt der Insolvenzverwalter die **Erfüllung** des Vertrages, hat er die vereinbarte Vergütung nach § 55 Abs. 1 Nr. 2 InsO aus der Masse zu bezahlen. Ein etwaiger – den bisherigen Vorsteuerabzug aus den Anzahlungen übersteigender – Vorsteuerabzug steht der Insolvenzmasse zu.

	Insolvenz des leistenden Unternehmers	Insolvenz des Bestellers
Verwalter lehnt Erfüllung ab	Lieferung eines teilfertigen Werkes im Zeitpunkt der Eröffnung USt = Insolvenzforderung Bemessungsgrundlage: was der Leistungsempfänger aufwendet = i. d. R. die Anzahlungen	Lieferung eines teilfertigen Werkes, soweit dieses gemäß § 105 InsO nicht zurückgefordert werden kann Vorsteuer auf geleistete Anzahlungen bleibt erhalten, ggf. zzgl. Quote
Verwalter wählt Erfüllung	Lieferung des fertigen Werkes im Zeitpunkt der Verschaffung der Verfügungsmacht USt = Masseverbindlichkeit, USt auf vor Eröffnung vereinnahmte Anzahlungen wird abgesetzt, obwohl sie Insolvenzforderung ist.	Vergütung ist als Masseverbindlichkeit zu bezahlen, Vorsteuer aus Differenz zu Anzahlungen vor Eröffnung und Vergütung steht der Masse zu

Abb. 71: Umsatzsteuer im Falle von § 103 InsO

9.2 Vorsteuerberichtigung nach § 17 Abs. 2 UStG

Hat der Insolvenzschuldner für eine Lieferung oder eine sonstige Leistung vor Eröffnung der Insolvenz eine Anzahlung geleistet und den Vorsteuerabzug geltend gemacht, muss dieser Vorsteuerabzug nach § 17 Abs. 2 Satz 2 UStG i.V.m. § 17 Abs. 2 Nr. 2 UStG berichtigt werden, wenn die Lieferung oder sonstige Leistung nicht vollständig ausgeführt worden ist.

Die Zuordnung dieses Berichtigungsanspruchs zu Insolvenzforderungen oder Masseverbindlichkeiten richtet sich danach, zu welchem Zeitpunkt feststeht, dass die Leistung endgültig nicht erbracht wird. Eine **Insolvenzforderung** nach § 38 InsO liegt vor, wenn die vereinbarte Lieferung oder sonstige Leistung, z.B. bei nicht vollständig erfüllten Kaufvertrag vor Eröffnung des Insolvenzverfahrens nur teilweise gegenüber dem Käufer und späteren Insolvenzschuldner erfüllt wird. Werden die vereinbarte Lieferung oder sonstige Leistung erst nach Eröffnung des Insolvenzverfahrens nicht oder nicht vollständig an den Insolvenzverwalter erbracht, hat die Finanzbehörde den Vorsteuerberichtigungsanspruch als **Masseverbindlichkeit** nach § 55 Abs. 1 Nr. 1 InsO gegenüber der Insolvenzmasse festzusetzen.

Für den Fall, dass der Insolvenzverwalter nach **§ 103 Abs. 2 InsO** die Erfüllung eines Vertrages ablehnt, ist der Vorsteuerberichtigungsanspruch nach § 17 Abs. 1 Satz 2 UStG i.V.m. § 17 Abs. 2 Nr. 2 UStG nach der aktuellen geänderten Rechtsprechung des BFH[3177] als **Insolvenzforderung** zu qualifizieren. Nach Auffassung des BFH führt auch im Anwendungsbereich des § 103 InsO bereits die Verfahrenseröffnung zur Uneinbringlichkeit sämtlicher Forderungen gegen den Schuldner mit der Folge, dass der Vorsteuerberichtigungsanspruch bereits vor Eröffnung im insolvenzrechtlichen Sinn begründet ist und damit zu den Insolvenzforderungen zählt. Der BFH begründet dies damit, dass aus Gründen der Rechtssicherheit und Rechtsklarheit die Änderungen nach § 17 UStG bereits für den Voranmeldungszeitraum der Verfahrenseröffnung zu vollziehen seien und nicht von erst später eintretenden Umständen, wie einer Erfüllungswahl oder Ablehnung durch den Insolvenzverwalter nach § 103 InsO abhängen können.

1693 Wählt der Insolvenzverwalter dagegen die Erfüllung des Vertrages nach § 103 InsO und zahlt die uneinbringlich gewordene Forderung, so gehört der hieraus resultierende Vorsteueranspruch zur Insolvenzmasse. Denn nach Auffassung des BFH führt die Berichtigung nach § 17 UStG nicht zu einer rückwirkenden Änderung der ursprünglichen Steuerfestsetzung, sondern ist vielmehr als Besteuerungsgrundlage in der Umsatzsteuerfestsetzung für den Voranmeldungszeitraum zu berücksichtigen, in dem die Voraussetzungen für die Berichtigung – hier die Erfüllung der Forderungen durch den Insolvenzverwalter – vorliegen. Der **VII. Senat des BFH** wird auf der Grundlage seiner bisherigen Rechtsprechung wohl **dagegen** von einer rückwirkenden Änderung der ursprünglichen Steuerfestsetzung ausgehen und den Vorsteueranspruch bereits vor Eröffnung begründet sehen.

1694 Entsprechendes gilt bei **Lieferungen unter Eigentumsvorbehalt.** Zivilrechtlich verbleibt das Eigentum des Lieferanten an den gelieferten Waren zwar solange bestehen, bis die Waren vollständig bezahlt sind, aber umsatzsteuerrechtlich ist auch bei der Lieferung unter Eigentumsvorbehalt der Umsatz bereits mit Übergabe der Ware an den Erwerber ausgeführt. Hat der spätere Insolvenzschuldner den Vorsteueranspruch aus der Lieferung der Vorbehaltsware vor Eröffnung in Anspruch genommen und lehnt der Insolvenzverwalter die Erfüllung ab, ist der Vorsteuerberichtigungsanspruch in diesem Fall eine **Insolvenzforderung**, da er bereits vor Eröffnung des Insolvenzverfahrens im Sinne von § 38 InsO begründet war und die Ablehnung der Erfüllung des Vertrages durch den Insolvenzverwalter hierauf keine Auswirkungen hat.[3178] Wählt der Insolvenzverwalter **dagegen die Erfüllung** des Vorbehaltskaufes, ist nach der geänderten Rechtsprechung des BFH[3179] der Vorsteuerabzug im Zeitpunkt der Eröffnung zuerst zu korrigieren und bei Erfüllung der uneinbringlichen Forderung entsteht ein zweiter Vorsteueranspruch, der dann **Masseforderung** ist.

10. Sicherungsverwertung

1695 Bei der Übereignung von beweglichen oder unbeweglichen Gegenständen (Sicherungsgut) zu Sicherungszwecken räumt der **Sicherungsgeber**/Insol-

---
[3177] BFH, Urt. v. 22.10.2009 – V R 14/08, ZIP 2010, 383.
[3178] BFH, Urt. v. 13.11.1986 – V R 59/79, BStBl. II 1987, 226.
[3179] BFH, Urt. v. 22.10.2009 – V R 14/08, ZIP 2010, 383.

venzschuldner dem **Sicherungsnehmer**/Kreditgeber die Befugnis ein, das Sicherungsgut zu verwerten, wenn die gesicherte Forderung des Sicherungsnehmers bei Fälligkeit durch den Sicherungsgeber nicht gezahlt wird. Die Verwertung kann dabei im freihändigen Verkauf oder durch Zwangsversteigerung erfolgen. Bei Eröffnung des Insolvenzverfahrens über das Vermögen des Sicherungsgebers ist der Sicherungsfall spätestens eingetreten. In diesem Fall kann der Sicherungsnehmer gleichwohl nicht einfach verwerten, obwohl eigentlich die Voraussetzungen dazu vorliegen, sondern die Insolvenzordnung gibt ihm nach § 51 Nr. 1 InsO ein Recht zur abgesonderten Befriedigung, d.h. das Sicherungsgut gehört zwar zur Masse, aber der Sicherungsnehmer hat einen Anspruch auf vorzugsweise Befriedigung aus der Verwertung des Sicherungsguts bis zur Höhe seiner Forderung. Eine Ausnahme besteht nur, wenn er im **Besitz** des Sicherungsguts ist, dann ist der **Sicherungsnehmer** gleichwohl selbst zur Verwertung berechtigt (§ 173 Abs. 1 InsO).

Das Verwertungsrecht hat dagegen der **Insolvenzverwalter** für alle in seinem **Besitz** befindlichen sicherungsübereigneten Gegenstände. Der Verwalter kann dann alternativ das Sicherungsgut

- selbst verwerten (§ 166 Abs. 1 InsO), *1696*
- dem Sicherungsnehmer zur Verwertung überlassen (§ 170 Abs. 2 InsO),
- dem Sicherungsnehmer zur freien Verfügung überlassen (§ 168 Abs. 3 InsO),
- an den Sicherungsgeber/Insolvenzschuldner freigeben.

Die bloße Übertragung des Sicherungseigentums im Rahmen der Sicherungsabrede ist noch **keine Lieferung**, weil der Sicherungsnehmer dadurch noch nicht uneingeschränkt Eigentümer wird, sondern vielmehr das wirtschaftliche Eigentum beim Sicherungsgeber verbleibt.[3180] Eine Lieferung im umsatzsteuerlichen Sinn liegt vielmehr erst dann vor, wenn das Sicherungsgut tatsächlich verwertet wird. So ist auch die Freigabeerklärung als solche grundsätzlich noch keine Lieferung,[3181] unabhängig davon, ob die Freigabe an den Sicherungsnehmer oder den Insolvenzschuldner erfolgt.

10.1 Verwertung durch den Insolvenzverwalter

Verwertet der Insolvenzverwalter kraft eigener Verwertungsbefugnis nach *1697* § 166 Abs. 1 InsO das Sicherungsgut selbst, liegt nur eine steuerbare Lieferung zwischen Insolvenzmasse und Erwerber vor. Die durch die Verwertung entstandene Umsatzsteuer gehört zu den Masseverbindlichkeiten (§ 55 Abs. 1 Nr. 1 InsO) und der Verwalter kann die Umsatzsteuer nach § 171 Abs. 2 Satz 3 InsO aus dem Verwertungserlös für die Masse einbehalten. Über diesen sog. **einfachen Umsatz** legt der Insolvenzverwalter gegenüber dem Erwerber Rechnung unter Hinweis auf die Masse-Steuernummer und praktischerweise auf dem Rechnungsformular des schuldnerischen Unternehmens.

Es erfolgt zwar in diesem Zusammenhang keine Lieferung an den Sicherungsnehmer, aber da dieser aufgrund seines Absonderungsrechts Anspruch *1698* auf Auskehrung des Verwertungserlöses hat, erstellt der Verwalter eine „Abrechnung" für den Sicherungsnehmer, in der er den an den Sicherungsneh-

---
3180 BFH, Urt. v. 06.10.2005 – V R 20/04, BStBl. II 2006, 931.
3181 BFH, Urt. v. 19.07.2007 – V B 222/06, BFH/NV 2007, 2.210.

mer auszukehrenden bzw. auf dessen Insolvenzforderung anzurechnenden Betrag ermittelt. In dieser Abrechnung sind die **Kosten der Feststellung** (darüber, wo sich das Sicherungsgut befindet und wer Absonderungsrechte hieran hat) nach § 171 Abs. 1 Satz 2 InsO pauschal mit 4 % und die Verwertungskosten nach § 171 Abs. 2 Satz 1 InsO pauschal mit 5 % oder die höheren tatsächlichen Verwertungskosten in Abzug zu bringen:

Beispiel

"Abrechnung" an Bank mit gesetzlichen Pauschalen	
Verwertungserlös (inkl. USt)	119.000
./. USt-Belastung Masse (§ 170 Abs. 2 InsO)	– 19.000
./. Feststellungspauschale (§ 171 Abs. 1 InsO) 4 % v. 119.000	– 4.760
./. Verwertungspauschale (§ 171 Abs. 2 InsO) 5 % von 119.000	– 5.950
Auszahlung an Bank	**89.290**

1699 **Ungeklärt** ist noch, ob die Feststellungs- und Verwertungskostenpauschalen auf der Grundlage des Netto- oder Bruttoerlöses zu berechnen sind,[3182] aber in der **Praxis** wird in den meisten Fällen der Bruttoerlös als Bemessungsgrundlage genommen. Geklärt ist dagegen, dass der Einbehalt der Pauschalen oder der höheren tatsächlichen Kosten nach § 171 InsO **keinen umsatzsteuerbaren Vorgang** darstellt. Die tatsächlichen Verwertungskosten können bzw. müssen nur dann statt der 5 % Pauschale angesetzt werden, wenn sie entweder **erheblich höher, oder erheblich niedriger** als die Pauschale sind, § 171 Abs. 2 Satz 2 InsO. Strittig ist, wann von Erheblichkeit in diesem Sinne auszugehen ist; der Regierungsentwurf geht bei einer Überschreitung um 100 % davon aus.[3183] Jedenfalls kann der Verwalter **nicht** neben den konkreten Verwertungskosten die **Pauschale von 5 % zusätzlich** geltend machen.[3184]

Damit ist davon auszugehen, dass jede von § 171 InsO abweichende Erlösbeteiligung der Masse, z. B. bei Verwertung von unbeweglichen Wirtschaftsgütern, Entgelt für einen Leistungsaustausch ist und damit einen steuerbaren und steuerpflichtigen Vorgang darstellt. So hat der BFH entschieden[3185], dass bei Vereinbarung einer Erlösbeteiligung für die Masse im Rahmen des freihändigen Verkaufs eines Grundstücks durch den Verwalter für Rechnung des absonderungsberechtigten Grundpfandgläubigers (Bank) der Insolvenzverwalter neben der Grundstückslieferung an den Erwerber eine entgeltliche Geschäftsbesorgung für den Grundpfandgläubiger erbringt, die der Umsatzsteuer zu unterwerfen ist.[3186] Eine Stellungnahme der

---

3182 LG Halle/Saale, Urt. v. 05. 01. 2001 – 5 O 87/00, ZInsO 2001, 270 differenzierend nach Vorsteuerabzugsberechtigung der Masse; *Waza/Uhländer/Schmittmann*, Insolvenzen und Steuern, Rn. 2209 mit weiteren m. w. N.
3183 *Brinkmann*, in: Uhlenbruck, InsO, § 171 InsO, Rn. 4 m. w. N.
3184 BGH, Urt. v. 22. 02. 2007 – IX ZR 112/06, ZIP 2007, 686.
3185 BFH, Urt. v. 18. 08. 2005 – V R 31/04, BFH/NV 2005, 2328; FG Düsseldorf, Urt. v. 10. 06. 2009 – 5 K 3940/07, EFG 2009, 1882, Revision eingelegt.
3186 Zu Gestaltungsalternativen vgl. *Siebert*, Vereinbarte Beteiligung am Verwertungserlös steuerbar, UStB 2006, 49.

Finanzverwaltung für den Fall der Vereinbarung von höheren Erlösbeteiligungen der Masse, als in § 171 InsO geregelt, steht jedoch noch aus.

Vereinbaren der absonderungsberechtigte Grundpfandgläubiger und der Insolvenzverwalter, dass der Verwalter unter Verzicht auf die echte Zwangsverwaltung im Wege der sog. „**kalten Zwangsverwaltung**" die Mieten einzieht und hiervon einen bestimmten Betrag für die Masse einbehalten darf, führt der Insolvenzverwalter nach derzeitiger Rechtsprechung[3187] eine sonstige entgeltliche Leistung an den Grundpfandgläubiger aus. Der für die Masse einbehaltene Betrag ist damit umsatzsteuerpflichtig. 1700

Die **Einziehung** von zur Sicherheit **abgetretenen Forderungen**, also auch bei Vereinbarung einer Globalzession zwischen Sicherungsgeber und Sicherungsnehmer/Kreditgeber, durch den Insolvenzverwalter löst im Gegensatz zur Sicherungsverwertung **keinen steuerbaren Umsatz** aus. Denn die Umsatzsteuer entsteht bereits mit Ablauf des Voranmeldungszeitraums, in dem die Lieferung oder sonstige Leistung durch den Schuldner erbracht wurde. Da der Zeitpunkt der Leistungserbringung üblicherweise vor Eröffnung des Insolvenzverfahrens erfolgt sein wird, handelt es sich insoweit um eine Insolvenzforderung.[3188] Der Verwalter hat daher den Bruttobetrag des eingezogenen Forderungsbetrages abzüglich der pauschalen bzw. tatsächlich höheren Feststellungs- und Verwertungskosten nach § 170 Abs. 2 InsO an den Sicherungsnehmer auszukehren.[3189] Der Sicherungsnehmer haftet allerdings nach § 13 c UStG gegenüber dem Finanzamt sofern dieses hinsichtlich des Umsatzsteueranteils ausfällt. 1701

Jede **Massebeteiligung** über die gesetzlichen Pauschalen oder tatsächlich höheren Verwertungskosten hinaus ist m. E. auf der Grundlage der Rechtsprechung des BFH zur Erlösbeteiligung bei Verwertung von Immobilien[3190] als steuerbarer Leistungsaustausch zu werten und damit der Umsatzsteuer zu unterwerfen.

10.2 Verwertung durch den Sicherungsnehmer

Verwertet der Sicherungsnehmer das Sicherungsgut an einen Dritten liegt ein **Doppelumsatz** vor, wobei gleichzeitig mit der Lieferung des Sicherungsnehmers an den Erwerber eine Lieferung des Sicherungsgebers (Insolvenzschuldner) an den Sicherungsnehmer (Kreditgeber) stattfindet.[3191] Die aus der Lieferung resultierende Umsatzsteuer ist zwar Masseverbindlichkeit, aber nach § 170 Abs. 2 i.V.m. § 171 Abs. 2 Satz 3 InsO von dem Sicherungsnehmer aus dem Verwertungserlös an die Masse abzuführen. 1702

Die **Bemessungsgrundlage** für die Lieferung zwischen Insolvenzschuldner (Sicherungsgeber) und Sicherungsnehmer (Kreditgeber) ist nach § 10 Abs. 1 Satz 2 UStG die Gegenleistung abzüglich der Umsatzsteuer. Die Gegenleis- 1703

3187 FG Düsseldorf, Urt. v. 10.06.2009 – 5 K 3940/07, EFG 2009, 1882, Revision eingelegt Az: BFH, VR 28/09 (anhängig).
3188 BGH, Urt. v. 22.02.2007 – IX ZR 112/06, ZInsO 2007, 374.
3189 BGH, Urt. v. 22.02.2007 – IX ZR 112/06, ZInsO 2007, 374, a.A. *Stadie*, in: Rau/Dürrwächter, UStG, § 18 Anm. 858.
3190 BFH, Urt. v. 18.05.2005 – V R 31/04, BFH/NV 2005, 2328.
3191 *Martin*, in: Sölch/Ringleb, § 3 Rn. 120; BFH, Urt. v. 16.04.1997 – XI R 87/96, BStBl. II 1997, 585.

tung bestimmt sich danach, inwieweit die Insolvenzforderung des Sicherungsnehmers getilgt wird und ermittelt sich aus dem Verwertungserlös abzüglich Umsatzsteuer. Unstrittig ist, dass die dem verwertenden Sicherungsnehmer tatsächlich entstandenen Verwertungskosten auch von der Bemessungsgrundlage abgezogen werden können.[3192] Diese tatsächlichen Verwertungskosten sind allerdings im Hinblick auf den Vorsteuerabzug des Sicherungsnehmers netto abzuziehen. Ein Anspruch auf pauschale Verwertungskosten besteht nicht, außer der Verwalter beauftragt den Sicherungsnehmer mit der Verwertung im Namen und für Rechnung des Verwalters.[3193] Die Feststellungspauschale nach § 170 Abs. 2 InsO ist aber auch bei Verwertung durch den Sicherungsnehmer an die Masse abzuführen; ob sie indes die Bemessungsgrundlage für die Umsatzsteuer mindert ist in der Literatur noch streitig.[3194]

1704 Jedenfalls hat der Sicherungsnehmer die Umsatzsteuer nach § 170 Abs. 2 InsO vorweg aus dem Verwertungserlös an die Masse abzuführen. In der **Praxis** erstellt der verwertende Sicherungsnehmer in der Regel eine **Gutschrift** und eine **Abrechnung** zur Ermittlung der Bemessungsgrundlage:

> **Beispiel**
>
> Sicherungsnehmer erlöst bei Verwertung eines Fahrzeugs 119.000 € (brutto)
>
> 1. Ermittlung der Bemessungsgrundlage für die Lieferung der Masse an Sicherungsnehmer:
>
> | | € |
> |---|---:|
> | Bruttoerlös Sicherungsnehmer | 119.000,00 |
> | ./. USt. des Sicherungsnehmers | – 19.000,00 |
> | | 100.000,00 |
> | ./. Feststellungspauschale (4 % von 119.000 €) strittig | – 4.760,00 |
> | | 95.240,00 |
>
> 2. Gutschrift
>
> Entgelt/Ermittlung gemäß Anlage (wird auf unsere Forderung gemäß Deb.-Konto 424344 verrechnet)
>
> | | | |
> |---|---:|---:|
> | | | 95.240,00 |
> | zzgl. USt. | | 18.095,60 |
> | | € | 113.335,60 |
> | Wir überweisen Ihnen | | |
> | – den USt.-Betrag | 18.095,60 | |
> | – die Feststellungspauschale | 4.760,00 | |
> | | 22.855,60 | |
> | auf Ihr Verwalter-Sonderkonto | | |

1705 Verwertet der Sicherungsnehmer zwar nach Eröffnung hat aber das Sicherungsgut **bereits vor Eröffnung in Besitz genommen** (§ 173 Abs. 1 InsO), so kommt es zu einem Doppelumsatz und damit zu einer Umsatzsteuerpflicht

---

[3192] *Stadie*, in: Rau/Dürrwächter, UStG, § 18 Rn. 845; *Waza/Uhländer/Schmittmann*, Insolvenzen und Steuern, Rn. 2225.
[3193] *Brinkmann*, in: Uhlenbruck, InsO, § 171 InsO, Rn. 2a m. w. N.
[3194] Zum Streitstand vgl. *Waza/Uhländer/Schmittmann*, Insolvenzen und Steuern, Rn. 2225.

der Masse, obwohl dieser keine Liquidität zufließt. Da die Regelungen der §§ 170, 171 InsO nur Anwendung finden, wenn der Verwalter ein eigenes Verwertungsrecht hat und dieses ihm mangels Besitz nicht zusteht, hat der Sicherungsnehmer in diesem Fall in analoger Anwendung des § 13 b Abs. 1 Nr. 2 UStG aus dem Verwertungserlös die Umsatzsteuer vorweg an die Masse abzuführen.[3195]

Verwertet der Sicherungsnehmer nachdem er das Sicherungsgut gemäß § 168 Abs. 3 InsO vom Insolvenzverwalter **übernommen** hat, ist bereits die Übernahme als Lieferung im Sinne des § 1 UStG anzusehen. Der Sicherungsnehmer hat der Masse die aus der Veräußerung entstehende Umsatzsteuer zu ersetzen, wobei Bemessungsgrundlage der zwischen Sicherungsnehmer und Insolvenzverwalter vereinbarte Kaufpreis ist.[3196]

1706

10.3 Verwertung durch den Insolvenzschuldner nach Freigabe

Durch die Freigabe kann im Rahmen der Sicherungsverwertung die Entstehung von Masseverbindlichkeiten nicht verhindert werden. Denn jede Verwertung, bei der der Erlös der Masse zugutekommt, gilt als Verwertung für Rechnung der Insolvenzmasse und löst Masseverbindlichkeiten aus und hierfür reicht nach der Rechtsprechung, dass die besicherte Forderung des Sicherungsnehmers durch Verrechnung mit dem Verwertungserlös reduziert wird.[3197]

1707

In der **Praxis** wird der Schuldner daher bei der Freigabe von dem Verwalter auf die umsatzsteuerlichen Folgen der Verwertung des Sicherungsguts für die Masse hingewiesen und zur Mitteilung der Umstände des Verwertungsfalles aufgefordert, damit die Folgen hieraus für die Masse frühzeitig eingeschätzt werden können.

10.4 Verwertung außerhalb des Insolvenzverfahrens

Verwertung außerhalb des Insolvenzverfahrens bedeutet insbesondere vor Eröffnung des Verfahrens. Im Rahmen der **vorläufigen Insolvenzverwaltung** ist der vorläufige Verwalter vor allem bei Betriebsfortführungen oft auch gehalten, die Verwertung von Sicherungsgut vorzunehmen. Im vorläufigen Insolvenzverfahren finden die §§ 170, 171 InsO keine Anwendung, so dass die Einbehaltung von Kosten für die Feststellung oder Verwertung sowie der Umsatzsteuer nicht in Betracht kommt. Vielmehr regelt § 13 b Abs. 1 Nr. 2 UStG für die Sicherungsverwertung des Sicherungsgebers an den Sicherungsnehmer außerhalb des Insolvenzverfahrens den Übergang der Steuerschuldnerschaft auf den Leistungsempfänger/Sicherungsnehmer.

1708

§ 13 b Abs. 1 Nr. 2 UStG findet bis dato nur Anwendung bei Verwertung durch einen **schwachen vorläufigen Insolvenzverwalter** ohne Verfügungsbefugnis. Der **starke vorläufige Verwalter** liefert dagegen zwar für den Schuldner aber direkt an den Erwerber mit der Folge, dass nur ein einfacher Umsatz und kein Doppelumsatz vorliegt und der Sicherungsnehmer mangels Betei-

---
3195 BFH, Urt. v. 29. 03. 2007 – IX ZR 27/06, ZIP 2007, 1126.
3196 *Maus*, in: Uhlenbruck, InsO, § 171 InsO Rn. 8.
3197 BFH, Urt. v. 16. 08. 2001 – V R 59/99, BStBl. II 2003, 208.

ligung in der Lieferkette auch nicht Schuldner der Umsatzsteuer nach § 13 b Abs. 1 Nr. 2 UStG wird. Die Umsatzsteuer ist Masseverbindlichkeit nach § 55 Abs. 2 InsO.[3198] Das gleiche gilt für einen vorläufigen Insolvenzverwalter **mit besonderer Ermächtigung** zur Verwertung sicherungsübereigneter Gegenstände. Die geplante Änderung des § 55 InsO, wonach zukünftig auch der schwache vorläufige Verwalter Masseverbindlichkeiten begründet, hat m. E. keinen Einfluss auf die Anwendung des § 13 b Abs. 1 Nr. 2 UStG, weil es in diesem Zusammenhang auf die Verfügungsbefugnis ankommt und der schwache vorläufige Verwalter nach wie vor ohne Verfügungsbefugnis handelt.

1709 Verwertet der **Sicherungsnehmer** außerhalb des Insolvenzverfahrens liegt ein Doppelumsatz vor. Der Sicherungsnehmer schuldet als **Leistungsempfänger** die Umsatzsteuer nach § 13 b Abs. 1 Nr. 2 UStG für die Lieferung Sicherungsgeber an Sicherungsnehmer und als **Leistender** die Umsatzsteuer für die Lieferung Sicherungsnehmer an Erwerber nach § 13 a Abs. 1 Nr. 1 UStG. Dies gilt auch für den Fall, dass der vorläufige schwache Verwalter das Sicherungsgut an den Sicherungsnehmer zur Verwertung frei gibt.

1710 Im Fall der Verwertung durch den **Sicherungsgeber** vor Eröffnung **im Namen und für Rechnung des Sicherungsgebers** liegt ein Doppelumsatz vor und der Sicherungsnehmer schuldet ebenfalls als **Leistungsempfänger** die Umsatzsteuer nach § 13 b Abs. 1 Nr. 2 UStG für die Lieferung Sicherungsgeber an Sicherungsnehmer und als **Leistender** die Umsatzsteuer für die Lieferung Sicherungsnehmer an Erwerber nach § 13 a Abs. 1 Nr. 1 UStG.

1711 Erfolgt die Verwertung des Sicherungsgebers dagegen **im eigenen Namen aber für Rechnung des Sicherungsnehmers**, so liegt nach BFH Rechtsprechung ein sog. „Dreifachumsatz" vor:[3199]

- zwischen Sicherungsnehmer und Sicherungsgeber,
- die Sicherungsübereignung erstarkt zu einer Lieferung des Sicherungsgebers an den Sicherungsnehmer,
- zwischen Sicherungsnehmer und Erwerber des Sicherungsguts.

Auch hier hat der Sicherungsnehmer als Schuldner der Umsatzsteuer nach § 13 b Abs. 1 Nr. 2 UStG diese von der Gegenleistung einzubehalten und abzuführen.

11. Geschäftsveräußerung im Ganzen

1712 Bei der Verwertung von Unternehmen in Insolvenzverfahren kommt es sehr häufig vor, dass die Unternehmen im Ganzen z. B. an Auffanggesellschaften oder Konkurrenzunternehmen veräußert werden, so dass die nicht steuerbare Geschäftsveräußerung im Ganzen im Sinne des § 1 Abs. 1a UStG von großer Bedeutung ist. Eine Geschäftsveräußerung im Ganzen liegt vor, **wenn die wesentlichen Grundlagen eines Unternehmens oder eines gesondert geführten Betriebsteils an einen Unternehmer für dessen Unternehmen entgeltlich oder unentgeltlich übertragen werden**.[3200]

3198 OFD Frankfurt a. M., Verf. v. 03. 05. 2007 – S 7279 A-5-St 113, DStR 2007, 1483.
3199 BFH, Urt. v. 23. 07. 2009 – V R 27/07, BStBl. II 2010, 859.
3200 BFH, Urt. v. 07. 12. 2006 – I R 2/05, BB 2007, 592.

Besonderheiten für die Beurteilung des Vorliegens einer Geschäftsveräußerung im Ganzen ergeben sich für Insolvenzverfahren nicht, so dass die Rechtsprechung des BFH und EuGH zu den einzelnen Tatbestandsmerkmalen für die Beurteilung der Steuerbarkeit der Veräußerung maßgeblich bleibt:

Eine nichtsteuerbare Geschäftsveräußerung setzt voraus, dass der Erwerber beabsichtigt, das Unternehmen **fortzuführen** und **nicht** unmittelbar nach Erwerb die **sofortige Abwicklung** mit etwaiger Veräußerung des gesamten Warenbestandes durchführt.[3201] 1713

Unschädlich ist, wenn der Erwerber den Betrieb in seinem Zuschnitt geändert oder **modernisiert** fortführt.[3202] 1714

Die Geschäftsveräußerung setzt **kein „lebendes Unternehmen"** voraus, so dass auch vor Beginn der wirtschaftlichen Tätigkeit des Veräußerers, z.B. teilweise fertiggestelltes Gebäude, eine nichtsteuerbare Übertragung in Betracht kommt.[3203] 1715

Wichtig ist auch, dass sich die **wirtschaftliche Tätigkeit des Veräußerers und die tatsächliche Nutzung durch den Erwerber im Wesentlichen entsprechen**. Diese erforderlichen Übereinstimmung ist zum Beispiel nicht gegeben, wenn der Veräußerer plante, das Grundstück nach Errichtung des Gebäudes möglichst lukrativ zu veräußern und der Erwerber die nachhaltige Vermietung zum Unternehmensgegenstand hat; das Unternehmen des Veräußerers ist mit Errichtung und Verkauf abgeschlossen und konnte daher vom Erwerber nicht fortgeführt werden.[3204] 1716

Wenn nicht alle **wesentlichen Betriebsgrundlagen** übertragen werden, müssen die nicht mit übertragenen wesentlichen Betriebsgrundlagen aber zwingend langfristig zur Nutzung überlassen werden. Von „langfristiger Vermietung" ist nach BFH in diesem Zusammenhang jedenfalls dann auszugehen, wenn der Mietvertrag über zehn Jahre mit Verlängerungsoption abgeschlossen wird.[3205] 1717

Die Veräußerung ist nur dann nichtsteuerbar, wenn das gesamte Unternehmen an **einen Erwerber** veräußert wird, weil für unterschiedliche Käufer eine einheitliche Fortführung des Geschäftsbetriebes nicht möglich ist. Das gilt sogar dann, wenn einer der Erwerber die von ihm erworbenen Betriebsgrundlagen an den anderen Erwerber entgeltlich zur Nutzung überlässt.[3206] 1718

Eine nicht steuerbare Geschäftsveräußerung kann auch dann gegeben sein, wenn für den Verkauf **mehrere** zeitlich aufeinander folgende **Kaufverträge** abgeschlossen werden, soweit ein enger sachlicher und zeitlicher Zu- 1719

3201 EuGH, Urt. v. 27.11.2003 – Rs. C-497/01 Zita Modes, UR 2004, 219.
3202 BFH, E. v. 23.08.2007 – VR 14/05, BStBl. II 2008, 165.
3203 EuGH, E. v. 29.04.2004 – Rs. C-137/02, Faxworld, IStR 2004, 412; BFH, E. v. 08.03.2001 – V R 24/98, DStR 2001, 700; BFH, E. v. 21.03.2002 – V R 62/01, BStBl. II 2002, 559.
3204 BFH, E. v. 24.02.2005 – V R 45/02, BStBl. II 2007, 61.
3205 BFH, Urt. v. 28.11.2002 – V R 3/01, BStBl. II 2004, 665; BFH v. 23.08.2007 a.a.O.
3206 FG Köln, Urt. v. 14.11.2007 – 4 K 605/05, rkr.; BFH, E. v. 16.03.1982 – VII R 105/79, BStBl. II 1982, 483.

Teil 5   Steuern in Sanierung und Insolvenz

sammenhang zwischen den einzelnen Verträgen besteht und Vertragspartner ein und derselbe Erwerber ist.[3207]

1720   Bei einem **vermieteten Grundstück**, ist nach der Rechtsprechung von einer Geschäftsveräußerung auszugehen, wenn die Mietverträge mit übertragen werden, wobei eine Vermietungsquote von nur ca. 37 % ausreichend sein soll wenn die unvermieteten Flächen nachweislich zur Vermietung oder Verpachtung bereit stehen.[3208] Ist das Grundstück dagegen weder vermietet noch verpachtet, so ist eine Unternehmensfortführung nicht möglich und daher nicht von einer Geschäftsveräußerung im Ganzen auszugehen.[3209] Etwas anderes kann aber dann gelten, wenn im Rahmen eines Gesamtplans mit Kenntnis aller Beteiligten in unmittelbarem zeitlichen Zusammenhang mit der Veräußerung ein vorher verhandelter Mietvertrag abgeschlossen wurde.[3210]

1721   In der **Praxis** bietet es sich im Hinblick auf die meistens bestehende Unsicherheit hinsichtlich des Vorliegens der Voraussetzungen einer Geschäftsveräußerung im Ganzen und die üblicherweise betragsmäßig hohen Auswirkungen an, eine Klausel zur entsprechenden Vertragsanpassung für den Fall, dass die Finanzverwaltung den Kaufvertrag der Umsatzsteuer unterwerfen will, aufzunehmen:

1722   „Verkäufer und Käufer gehen übereinstimmend davon aus, dass es sich um eine Geschäftsveräußerung im Ganzen handelt. Dem Käufer ist bekannt, dass er im Falle einer Geschäftsveräußerung den Vorsteuerberichtigungszeitraum des Verkäufers fortführt und insoweit an die Stelle des Verkäufers tritt, § 15a Abs. 10 UStG.

Für den Fall, dass die Finanzverwaltung der Auffassung ist, es handelt sich nicht um eine Geschäftsveräußerung im Ganzen, verpflichtet sich der Käufer, in einer notariellen Urkunde folgenden ergänzenden Regelungen zuzustimmen:

Der Verkäufer verzichtet auf die Umsatzsteuerfreiheit der Grundstückslieferung. Da der Käufer Steuerschuldner der durch die Option ausgelösten Umsatzsteuer ist, verändert sich der Kaufpreis hierdurch nicht. Der Verkäufer wird unverzüglich eine Rechnung für die Grundstückslieferung ausstellen. Der Käufer garantiert, dass er das Grundstück in vollem Umfang seinem Unternehmen zuordnet. Für den Fall, dass der Käufer hiergegen verstößt, erhöht sich der Kaufpreis um den Betrag von € ……….. (19 % des Kaufpreises oder Betrag der § 15a UStG-Belastung, je nach dem, was höher ist)."

oder bei Lieferung **beweglicher Vermögensgegenstände**

„Für den Fall, dass die Finanzverwaltung der Auffassung ist, es handelt sich nicht um eine Geschäftsveräußerung im Ganzen, trägt der Käufer die auf die Kaufgegenstände etwa entfallende Umsatzsteuer zusätzlich zum Kaufpreis gegen eine den Vorgaben des § 14 Abs. 1 UStG entsprechende ordnungsgemäße Rechnung. Der Käufer wird seinen Anspruch auf Erstattung der Vorsteuer in der gesetzlich vorgesehenen Form (§ 46 Abs. 3 AO) zeitgleich mit Abgabe der Umsatzsteuer-Voranmeldung für den Monat des Rechnungserhaltes an den Verkäufer abtreten."

3207   BFH, E. v. 01.08.2002 – V R 17/01, BStBl. II 2004, 626.
3208   BFH, E. v. 30.04.2009 – V R 4/07, BFH/NV 2009, 1731.
3209   BFH, E. v. 10.11.2007 – V R 57/06, BFH/NV 2008, 509.
3210   BFH, E. v. 06.05.2010 – V R 25/09, BB 2010, 3066.

Kapitel 3
Ertragsteuern

1. Körperschaftsteuer
1.1 Grundlagen

Die Körperschaftsteuer wird gerne schlagwortartig als „Einkommensteuer der Körperschaften" bezeichnet. Und tatsächlich sind das Körperschaftsteuergesetz und das Einkommensteuergesetz nahe miteinander verwandt: Gemäß § 8 Abs. 1 KStG bestimmt sich das, was als Einkommen im Sinne des Körperschaftsteuergesetztes gilt und wie das Einkommen zu ermitteln ist, nach den Vorschriften des Einkommensteuergesetzes, die durch das Körperschaftsteuergesetz insoweit ergänzt werden.[3211]

1723

Neben der rechtlichen Verknüpfung der Vorschriften des Einkommensteuerrechts und des Körperschaftsteuerrechts können die beiden Steuerarten jedoch auch von Ihrer Belastungswirkung her nicht isoliert voneinander betrachtet werden. Denn früher oder später fließen die von einer Körperschaft erzielten Gewinne dem Anteilseigner der Körperschaft zu und werden dort – jedenfalls soweit es sich um eine natürliche Person handelt – der Einkommensteuer unterworfen. Wird bei diesem Schritt nicht beachtet, dass die entsprechenden Gewinne bereits auf der Ebene der Körperschaft einmal mit Ertragsteuern in Form der Körperschaftsteuer (vor-)belastet sind, kommt es zu einer doppelten Belastung mit Ertragsteuern. So war es bis zur Körperschaftsteuerreform im Jahr 1977. Ab 1977 wurde das sog. „Anrechnungsverfahren" angewandt, das die Doppelbelastung derselben Erträge mit Körperschaft- und mit Einkommensteuer dadurch zu verhindern suchte, dass die von der Körperschaft gezahlte Körperschaftsteuer beim Anteilseigner regelmäßig auf die Einkommensteuer angerechnet werden konnte. Das Anrechnungsverfahren wurde im Jahr 2000 mit dem Steuersenkungsgesetz durch das sog. „Halbeinkünfteverfahren" ersetzt. Statt einer Anrechnung der Körperschaftsteuer der Gesellschaft wurde nunmehr hingenommen, dass die Körperschaftsteuerbelastung auf der Gesellschaftsebene definitiv bleibt;

1724

[3211] Die im Einzelnen anwendbaren Vorschriften des Einkommensteuergesetzes ergeben sich aus R 32 KStR.

stattdessen wurden die so vorbelasteten Einkünfte vereinfacht gesagt nur noch zur Hälfte der Einkommensteuer des Anteilseigners unterworfen. Obwohl das Besteuerungssystem ab 2009 mit Einführung der sog. „Abgeltungsteuer" erneut massiv geändert wurde, existiert in einigen Bereichen das Halbeinkünfteverfahren – allerdings in der Form eines sog. „Teileinkünfteverfahrens"[3212] – weiter. Im Übrigen wird ab 2009 unter dem Regime der sog. „Abgeltungsteuer" die Dividendenbesteuerung mit einem festen Satz von 25 % vorgenommen, der regelmäßig durch den Quellenabzug von Kapitalertragsteuer in entsprechender Höhe auf der Ebene der ausschüttenden Gesellschaft erhoben wird und somit für den Anteilseigner „abgeltende Wirkung" entfaltet. Gleichzeitig wurde der Körperschaftsteuersatz auf der Ebene der Gesellschaft auf 15 % abgesenkt, während die Gewerbesteuer durch verschiedene Maßnahmen tendenziell erhöht wurde, so dass – je nach Gewerbesteuerhebesatz und gewerbesteuerlichen Hinzurechnungs- und Kürzungsfaktoren – die erwirtschafteten Erträge mit einer Gesamtsteuerbelastung auf der Ebene der Körperschaft von rd. 30 % vorbelastet sind.

1725   Körperschaftsteuerliche Problemstellungen in Sanierungs- und Insolvenzsituationen sind regelmäßig sehr komplex. Die oben dargestellte Verzahnung der Besteuerungsebenen der Körperschaft und der Anteilseigner führt regelmäßig dazu, dass sanierungs- oder insolvenzspezifische Fragestellungen unter Berücksichtigung beider Besteuerungsebenen zu betrachten sind. Dies gilt vor allem für die Durchführung von Sanierungsmaßnahmen durch den Anteilseigner, aber natürlich genauso für die Auswirkungen von Wertverlusten an den Beteiligungen bis hin zum insolvenzbedingten Totalverlust. Daneben gibt es im Themenbereich der Sanierung und Insolvenz von Körperschaften Fragestellungen, die auf die Ebene der Körperschaft beschränkt bleiben. Schließlich existieren besondere Fragestellungen, die sich nur im Fall der Insolvenz einer Körperschaft ergeben, wie z. B. die Trennung von Körperschaftsteuerforderungen in Insolvenzforderungen und Masseverbindlichkeiten. Einige körperschaftsteuerrechtliche Problemstellungen, wie z. B. die steuerliche Behandlung von Sanierungsgewinnen oder die Auswirkungen von Forderungsverzichtserklärungen, weisen keine wesentlichen Betrachtungsunterschiede im Hinblick darauf, ob die entsprechende Körperschaft außerhalb der Insolvenz saniert wird oder sich in einem Insolvenzverfahren befindet, auf. Denn unabhängig davon, ob ein Sanierungsplan für eine Körperschaft außerhalb der Insolvenz entwickelt wird oder ein Insolvenzplan für eine Gesellschaft, die sich im Insolvenzverfahren befindet, ergeben sich bei einem Forderungsverzicht nahezu identische körperschaftsteuerliche Fragestellungen: Wie ist die Vermögensmehrung, die durch den Wegfall von Verbindlichkeiten bewirkt wird, bei der Ermittlung des körperschaftsteuerlichen Einkommens zu würdigen? Besteht die Gefahr, dass es zur sog. „Mindestbesteuerung" nach § 10d Abs. 2 EStG trotz vorhandener ausreichender Verlustvorträge kommt? Können die Gesellschafter den durch sie ausgesprochenen

---

[3212] Teileinkünfteverfahren deshalb, weil nunmehr nicht weiter 50 % der Gewinnausschüttungen als einkommensteuerpflichtiges Einkommen gewertet werden, sondern – im Anwendungsbereich des Teileinkünfteverfahrens – 60 % und nur noch 40 % der Ausschüttungen steuerfrei bleiben, vgl. § 3 Nr. 40 EStG i. d. F. ab VZ 2009.

sanierungs-/insolvenzplanbedingten Forderungsverzicht steuerlich geltend machen? Eine gesonderte Abhandlung dieser Themen unter Berücksichtigung der Insolvenz- oder der Sanierungssituation ist deshalb entbehrlich. Soweit sich trotzdem Unterschiede zwischen der Sanierungs- und der Insolvenzsituation ergeben, wird nachfolgend jeweils gesondert darauf hingewiesen werden.

1.2 Wechselwirkungen zwischen Körperschaftsteuer und Einkommensteuer unter dem Regime der Abgeltungsteuer

Nachfolgend werden kurz die wesentlichen Grundzüge des derzeit gültigen Systems der Besteuerung des Einkommens von Körperschaften auf der Ebene der Körperschaft und der Anteilseigner dargestellt: 1726

Persönliche Steuerpflicht

Die persönliche Steuerpflicht ist in den §§ 1 bis 6 KStG geregelt. Nach § 1 KStG unterliegen der unbeschränkten Körperschaftsteuerpflicht insbesondere Kapitalgesellschaften, Genossenschaften, Versicherungs- und Pensionsfondsvereine auf Gegenseitigkeit, sonstige juristische Personen des privaten Rechts, nichtrechtsfähige Vereine, Anstalten, Stiftungen, etc. sowie Betriebe gewerblicher Art von juristischen Personen des öffentlichen Rechts, die ihre Geschäftsleitung oder ihren Sitz im Inland haben. Besteht unbeschränkte Körperschaftsteuerpflicht, so unterliegen sämtliche Einkünfte der entsprechenden Körperschaften der Körperschaftsteuer. Hingegen unterliegen ausländische Körperschaften, d.h. solche, die weder ihre Geschäftsleitung noch ihren Sitz im Inland haben, nur mit ihren inländischen Einkünften der Körperschaftsteuer, vgl. § 2 Abs. 1 KStG. Eine Vielzahl von Körperschaften sind von der Körperschaftsteuer befreit, die entsprechende Aufzählung findet sich in § 5 KStG. Hier sind vor allem gemeinnützige Körperschaften im Sinne der AO (vgl. § 5 Nr. 9 KStG) zu nennen. 1727

Einkommen

Die Körperschaftsteuer bemisst sich nach dem zu versteuernden Einkommen. Was als Einkommen gilt und wie das Einkommen zu ermitteln ist, bestimmt sich nach den Vorschriften des Einkommensteuergesetzes, ergänzt durch das Körperschaftsteuergesetz, vgl. § 8 Abs. 1 Satz 1 KStG. In den §§ 8a, 8b und 8c KStG sind umfangreiche Besonderheiten für die Ermittlung des Einkommens von Körperschaften in Abweichung von den Vorschriften des Einkommensteuergesetzes enthalten. § 8a KStG regelt die sog. „Zinsschranke", die Begrenzung des Betriebsausgabenabzuges für Zinsaufwendungen. § 8b KStG nimmt Dividenden, Veräußerungsgewinne u. ä. Einkünfte von der Bemessungsgrundlage aus. § 8c KStG beschränkt den Verlustabzug nach Anteilseignerwechsel. 1728

§ 11 KStG enthält Sondervorschriften zur Einkommensermittlung in der Liquidationsphase, § 14 KStG regelt die sog. „Organschaft", d. h. die Zusammenrechnung des körperschaftsteuerlichen Einkommens von Körperschaften, die in einem Ergebnisabführungsvertrag zusammengeschlossen sind, soweit bestimmte weitere Voraussetzungen erfüllt sind.

Tarif und Belastungswirkung

1729 Auf die Bemessungsgrundlage wird gemäß § 23 KStG der Körperschaftsteuersatz von 15 % angewandt. Das Zusammenspiel von Besteuerung der Körperschaft und Besteuerung des Anteilseigners im Rahmen der laufenden Besteuerung stellt sich wie folgt dar.[3213]

Zunächst werden auf der Ebene der Gesellschaft 15 % Körperschaftsteuer nach den vorstehend genannten Grundsätzen veranlagt. Hinzu kommt die Gewerbesteuerbelastung, die regelmäßig auch – je nach gewerbesteuerlichem Hebesatz und gewerbesteuerlichen Hinzurechnungen und Kürzungen – um die 15 % schwankt. Es ergibt sich somit eine Vorbelastung auf der Ebene der Körperschaft von rd. 30 %.

Auf der Ebene des Anteilseigners ist für die weitere steuerliche Behandlung danach zu unterscheiden, ob sich die Anteile im Privatvermögen des Anteilseigners als natürliche Person befinden oder in einem Betriebsvermögen, also wenn der Anteilseigner als natürliche Person die Anteile einem Einzelunternehmen zugeordnet hat oder der Anteilseigner Mitunternehmer einer Personenhandelsgesellschaft ist, die die Anteile hält. Andere Folgen ergeben sich wiederum, wenn der Anteilseigner eine weitere Kapitalgesellschaft ist.

1730 ■ Anteile an der Kapitalgesellschaft werden vom Anteilseigner im Privatvermögen gehalten:
Hier richtet sich die laufende Besteuerung von eventuellen Ausschüttungen nach § 20 Abs. 1 Nr. 1 EStG i.V. m. § 32d EStG. Danach werden die Einkünfte mit einem festen Steuersatz von 25 % belegt. Da für die entsprechenden Einkünfte bereits eine Kapitalertragsteuer von 25 % auf der Ebene der ausschüttenden Kapitalgesellschaft abgezogen wurde, ist die Besteuerung der Gewinnausschüttungen in diesem Grundfall durch die Abführung der Kapitalertragsteuer „erledigt". Die Kapitalertragsteuer entfaltet insofern abgeltende Wirkung. Ein Werbungskostenabzug durch den Anteilseigner über den sog. „Sparer-Pauschbetrag" in Höhe von 801 € hinaus ist in diesem Fall ausgeschlossen. D. h. insbesondere dann, wenn die tatsächlichen Werbungskosten höher als der Sparer-Pauschbetrag liegen, können sich für den Anteilseigner u. U. gravierende Nachteile ergeben.
In verschiedenen Fällen wird jedoch wiederum das Abgeltungsverfahren nicht angewandt: Dies sind zum Einen befürchtete Missbrauchsfälle, bei denen der Gesetzgeber die gezielte Ausnutzung des festen Tarifes von 25 % bei der Abgeltungssteuer durch entsprechende Steuergestaltungen verhindern wollte. In diesen Fällen wird das normale Veranlagungsverfahren angewandt und die Einkünfte werden dem allgemeinen – progressiven – Einkommensteuersatz unterworfen. Dies gilt zum Beispiel für Darlehensgewährungen unter nahestehenden Personen (§ 32d Abs. 2 lit. a EStG) sowie Darlehensgewährungen an eine Kapitalgesellschaft durch einen Anteilseigner, der zu mindestens 10 % an der Gesellschaft beteiligt ist, (vgl. § 32d Abs. 2 Nr. 1 lit. b EStG). Die Ausklammerung von der Ab-

---

[3213] Nachfolgend werden die Auswirkungen für den in der Praxis ganz überwiegend vorkommenden Fall der Kapitalgesellschaft dargestellt.

geltungssteuer muss jedoch nicht zwingend nachteilig sein, da in diesen Fällen gemäß § 32 d Abs. 2 Nr. 1 Satz 2 EStG auch die Pauschalierung des Werbungskostenabzuges entfällt.

Eine weitere Ausnahme vom System der Abgeltungssteuer besteht dann, wenn ein Steuerpflichtiger unmittelbar oder mittelbar zu mindestens 25 % an der Kapitalgesellschaft beteiligt ist oder zu mindestens 1 % beteiligt ist und beruflich für diese tätig ist. Dies soll es ermöglichen, dass bei wesentlich Beteiligten oder mitarbeitenden Gesellschaftern, insbesondere im Fall der Fremdfinanzierung der Beteiligung, die nachteilige Wirkung durch die Versagung bzw. Pauschalierung des Werbungskostenabzuges vermieden wird. Die Nichtanwendung des Abgeltungsverfahrens ist in diesem Fall antragsgebunden, vgl. § 32 d Abs. 2 Nr. 3 EStG.

Schließlich kann ein Steuerpflichtiger im Rahmen seiner Einkommensteuererklärung beantragen, dass seine Einkünfte aus Kapitalvermögen nicht nach den Regeln der Abgeltungssteuer, sondern nach dem allgemeinen Einkommensteuertarif besteuert werden. Allerdings bleibt es in diesem Fall bei der Nichtberücksichtigung der tatsächlichen Werbungskosten, § 32 d Abs. 6 EStG.[3214]

- Hält der Steuerpflichtige die Beteiligung in einem Betriebsvermögen (also in einem Betriebsvermögen eines Gewerbebetriebes, einer Land- und Fortwirtschaft oder einer selbstständigen Arbeit) wird ebenfalls das System der Abgeltungssteuer nicht angewandt. Gemäß § 20 Abs. 8 EStG werden in diesem Fall die Einkünfte primär der jeweiligen anderen Einkunftsart zugeordnet.[3215] In diesem Fall gilt das sog. „Teileinkünfteverfahren". Danach sind 40 % der Dividendenausschüttungen, aber auch von Gewinnen, die im Rahmen der Veräußerung entsprechender Anteile an Kapitalgesellschaften erzielt werden, steuerfrei, mithin bleiben 60 % der Einnahmen steuerpflichtig, § 3 Nr. 40 EStG. Im Gegenzug können Betriebsvermögensminderungen, Betriebsausgaben, Veräußerungskosten oder Werbungskosten, die mit diesen Einnahmen im Zusammenhang stehen, gemäß § 3c Abs. 2 EStG nur zu 60 % abgezogen werden. Im Ergebnis sollen damit 60 % der entsprechenden Nettoüberschüsse dem normalen (progressiven) Einkommensteuertarif unterworfen werden.
- Werden die Anteile an einer Kapitalgesellschaft schließlich von einer anderen Kapitalgesellschaft gehalten, entsteht eine weitere Fallgruppe: In diesen Fällen ist gemäß § 8 b KStG die entsprechende Dividendenausschüttung auf der Ebene der empfangenen Kapitalgesellschaft steuerfrei, jedoch werden 5 % dieser Bezüge als nichtabziehbare Betriebsausgabe behandelt (vgl. § 8 b Abs. 5 Satz 1 KStG), so dass die entsprechenden Dividenden im Ergebnis nicht vollständig steuerfrei bleiben.

3214 Vgl. *Weber-Grellet*, in: Schmidt, EStG, § 32 d Rn. 22.
3215 Dies gilt im Übrigen auch dann, wenn Einkünfte aus Kapitalvermögen im Rahmen der Erzielung von Einkünften aus Vermietung und Verpachtung erzielt werden.

Entsprechend der vorstehenden Dreiteilung der steuerlichen Handhabung der Dividendenausschüttungen ist auch bei der einkommensteuerlichen Behandlung von Anteilsveräußerungen[3216] zu differenzieren:

- Ist der Anteilseigner eine Privatperson und hält er die Anteile im Privatvermögen, ist zunächst danach zu differenzieren, ob es sich um eine sog. wesentliche Beteiligung im Sinne des § 17 EStG handelt. Dies ist der Fall, wenn der Anteilseigner zumindest mit 1 % an der entsprechenden Kapitalgesellschaft beteiligt war. Im Falle einer Veräußerung einer solchen Beteiligung ordnet § 17 EStG einen entsprechenden Gewinn (und unter bestimmten weiteren Voraussetzungen[3217] auch einen Verlust) den Einkünften aus Gewerbebetrieb zu. Der Gewinn bzw. Verlust wird dann entsprechend § 3 Nr. 40 lit. c EStG ebenfalls dem Teileinkünfteverfahren unterstellt, so dass im Ergebnis 60 % des Gewinnes oder Verlustes steuerlich berücksichtigt werden. Die Regelungen zur Abgeltungssteuer gelten in diesem Fall nicht, vgl. § 20 Abs. 8 EStG.

- Werden die Anteile im Privatvermögen gehalten, aber beträgt die Beteiligung weniger als 1 %, wird ein entsprechender Veräußerungsgewinn ab 2009 den Regelungen der Abgeltungssteuer unterworfen. Bisher war ein solcher Gewinn nur dann steuerpflichtig, wenn es sich um ein sog. Spekulationsgeschäft im Sinne des § 23 EStG handelte, also insbesondere dann, wenn der Zeitraum zwischen Anschaffung und Veräußerung der Anteile nicht mehr als ein Jahr betrug. Nunmehr werden entsprechende Veräußerungsgewinne unabhängig von der Besitzdauer stets der Abgeltungssteuer unterworfen, wobei insbesondere für Altbestände komplizierte Übergangsregelungen auf das System der Abgeltungssteuer zu beachten sind.[3218] Betrug die Beteiligung unter 1 % und wurde ein Verlust realisiert, so können die entsprechenden Verluste nicht mit den Einkünften aus anderen Einkunftsarten ausgeglichen werden, vgl. § 20 Abs. 6 Satz 2 EStG. Die Verluste werden gesondert vorgetragen und können mit positiven Einkünften, die der Steuerpflichtige in folgenden Veranlagungszeiträumen aus Kapitalvermögen erzielt, verrechnet werden. Eine weitere Beschränkung ergibt sich für Verluste aus Aktienveräußerungen (für nach dem 31.12.2008 angeschaffte Aktien). Diese dürfen nur mit anderen Gewinnen aus Aktienveräußerungen verrechnet bzw. vorgetragen und mit entsprechenden zukünftigen Gewinnen verrechnet werden, § 20 Abs. 6 Satz 5 EStG.

3216 In diesem Zusammenhang ist darauf hinzuweisen, dass im Falle der Sanierung oder Insolvenz häufig die Anteile an den betroffenen Kapitalgesellschaften entweder untergehen oder an Wert verlieren oder vom bisherigen Anteilseigner veräußert werden (müssen). Darüber hinaus erfahren die Anteilseigner oft weitere nachteilige Vermögensänderungen durch den Verlust von Gesellschafterdarlehen. Eine eventuelle steuerliche Berücksichtigung vollzieht sich in der Regel erst im Falle der Veräußerung oder des endgültigen Verlustes der Beteiligung im Rahmen der Liquidation bzw. der Insolvenz als Sonderfall der Liquidation. Vor diesem Hintergrund ist die grundsätzliche steuerliche Handhabung von Veräußerungsvorgängen von großer Relevanz bei Sanierungs- und Insolvenzfällen.

3217 Vgl. insoweit § 17 Abs. 2 Satz 6 EStG.

3218 *Korn/Strahl*, Steuerliche Hinweise zum Jahresende 2008, KÖSDI 2008, 16246.

- Werden Anteile an Kapitalgesellschaften in einem Betriebsvermögen gehalten, so gelten die obigen Ausführungen zum Teileinkünfteverfahren entsprechend.
- Werden schließlich die Anteile an einer Kapitalgesellschaft von einer anderen Kapitalgesellschaft gehalten, so sind die Gewinne und Verluste aus der Veräußerung der entsprechenden Anteile gemäß § 8 b KStG körperschaftsteuerfrei. Auch hier gelten 5 % des entsprechenden Gewinns gemäß § 8 b Abs. 3 KStG als nichtabziehbare Betriebsausgaben.

1.3 Verlustrück- und -vortrag, Mindestbesteuerung

Angesichts der Komplexität der Regelungen und der Vielzahl der Variationen, die schon alleine in den vorstehend geschilderten Grundfällen bestehen, stellt sich die Behandlung von Verlusten **auf der Ebene der Kapitalgesellschaft** schon fast trivial dar. Kapitalgesellschaften erwirtschaften gemäß § 8 Abs. 2 KStG ausschließlich Einkünfte aus Gewerbebetrieb. D.h. unabhängig von der originären Art ihrer Betätigung gelten sämtliche Einkünfte als solche aus Gewerbebetrieb. Hingegen können Vereine, Stiftungen etc. grundsätzlich sämtliche sieben Einkunftsarten des Einkommensteuergesetzes erzielen. Gemäß § 8 Abs. 1 Satz 1 KStG bestimmt sich die Einkommensermittlung der Kapitalgesellschaften auch nach den Vorschriften des Einkommensteuergesetzes. D. h. zunächst stellt die Kapitalgesellschaft ihren Jahresabschluss nach den handelsrechtlichen Vorschriften auf. Soweit nach den Vorschriften des Einkommensteuerrechts abweichende Ansatz- und Bewertungsvorschriften anzuwenden sind, ist die Handelsbilanz in eine Steuerbilanz zu transformieren. Das Ergebnis der Steuerbilanz ist sodann unter Berücksichtigung der weiteren steuerrechtlichen Vorschriften weiter zu modifizieren. Zum Beispiel sind aus dem Steuerbilanzergebnis steuerfreie Vermögensmehrungen, wie Investitionszulagen oder steuerfreie Beteiligungseinkünfte nach § 8 b Abs. 1 KStG herauszurechnen. Hingegen sind Hinzurechnungen z. B. für nichtabziehbare Betriebsausgaben oder verdeckte Gewinnausschüttungen vorzunehmen, vgl. im Einzelnen hierzu R 29 KStR. Ergibt sich dabei ein negativer Gesamtbetrag der Einkünfte, z. B. weil sich im Rahmen der Steuerbilanzerstellung ein Jahresfehlbetrag ergeben hat, der sich auch unter Berücksichtigung der weiteren Hinzurechnungen und Abzüge nicht beseitigen ließ, steht dieser negative Gesamtbetrag der Einkünfte für einen Verlustrücktrag und -vortrag gemäß § 10 d EStG zur Verfügung.

1731

Die Verluste können wahlweise auf den letzten vorangegangenen Veranlagungszeitraum bis zum Höchstbetrag von 511.500 € zurückgetragen werden. Darüber hinaus können die verbleibenden Verluste zeitlich unbeschränkt vorgetragen werden. Im Rahmen des Verlustvortrages können die so nicht ausgeglichenen Verluste der Vorjahre von den positiven Einkünften der folgenden Veranlagungszeiträume abgezogen werden. Dabei sind jedoch ab dem Veranlagungszeitraum 2004 die Regelungen der sog. **„Mindestbesteuerung"** zu beachten. Danach dürfen Verlustvorträge uneingeschränkt nur bis zu positiven Einkünften des späteren Veranlagungszeitraumes in Höhe von 1.000.000 € abgezogen werden. Übersteigen die positiven Einkünfte den Betrag von 1.000.000 €, so dürfen darüber hinaus vorhandene Verlustvorträge

1732

nur zu 60 % abgezogen werden, so dass von dem positiven Gesamtbetrag der Einkünfte der 1.000.000 € übersteigt, stets 40 % steuerpflichtig bleiben, egal wie hoch die noch vorhandenen Verlustvorträge sind. Dies kann sowohl in Sanierungs- als auch in Insolvenzfällen zu ganz erheblichen Problemen führen.

> **Beispiel**
>
> Die Biotec AG hat bei dem Versuch der Entwicklung eines neuen Kopfschmerzmittels Verlustvorträge in Höhe von 20.000.000 € erwirtschaftet. Da die Gesellschafter nicht mehr willens und in der Lage waren, zusätzliche Finanzierungsmittel für die weitere notwendige Entwicklung des Medikamentes aufzubringen, ist die Gesellschaft in Insolvenz gefallen. Die von der Gesellschaft geschaffenen Verfahren waren in vollem Umfang an die finanzierende Bank als Sicherheit übertragen worden. Im Rahmen der Verwertung der bisherigen Forschungsergebnisse erzielt die Bank einen Erlös von 6.000.000 €, wovon der Verwalter für die Insolvenzmasse einen Anteil von 4 % erhält, also 240.000 €.[3219] Der Buchwert der von der Gesellschaft selbst entwickelten Verfahren betrug 0 €, da selbst geschaffene immaterielle Vermögensgegenstände des Anlagevermögens nicht bilanziert werden durften. Durch die Verwertung ergibt sich ein Buchgewinn in Höhe von 6 Mio. € Von den vorhandenen Verlustvorträgen können direkt nur 1 Mio. € abgezogen werden. Von dem dann verbleibenden Gewinn in Höhe von 5 Mio. € dürfen nur 60 % mit den vorhandenen weiteren Verlustvorträgen verrechnet werden. Es verbleibt somit ein Gewinn in Höhe von 2 Mio. €, der der Körperschaftsteuer und der Gewerbesteuer[3220] zu unterwerfen ist. Steuersatz insgesamt vereinfacht 30 %. Steuerbelastung für die Insolvenzmasse € 600.000. Da der Verwalter nur einen Anteil am Verwertungserlös von 4 %, mithin von 240.000 € erlangen kann, verbleibt eine nicht durch entsprechende Liquiditätszuflüsse abgedeckte Belastung mit Körperschaft- und Gewerbesteuer in Höhe von 360.000 €.

1733 Gegen die vorstehend geschilderte Konzeption der Mindestbesteuerung bestehen erhebliche verfassungsrechtliche Bedenken.[3221] Gegen die Verfassungsmäßigkeit der gegenwärtigen Regelung wird einerseits vorgebracht, dass die zeitliche Streckung der Verluste bedenklich sei und insbesondere dort, wo stark schwankende Ergebnisse, (z. B. Schiffsbauindustrie, Bauindustrie) oder besonders lange Anlaufphasen (z. B. Biotechnologie, Softwareherstellung) zu verzeichnen sind, schon durch die mit der Mindestbesteuerung entstehenden Liquiditäts- und Zinseffekte eine verfassungsmäßig nicht tolerierbare Ungleichbehandlung erfolge. Noch gravierender seien die Fälle, in denen ein anderer Totalgewinn der Besteuerung unterworfen wird, weil die durch die Mindestbesteuerung hervorgerufenen Effekte definitiv werden: z. B. in Liquidations- und Insolvenzfällen.

Diese Bedenken werden auch vom BFH[3222] geteilt. Nach Auffassung des BFH bestehen ernstliche Zweifel an der Verfassungsmäßigkeit der Mindestbesteuerung, wenn die Verlustberücksichtigung in späteren Veranlagungs-

---

3219 Auf Probleme der Umsatzsteuerbelastung wird an dieser Stelle nicht eingegangen.
3220 Vgl. zur Anwendung der Mindestbesteuerung bei der Gewerbesteuer § 10a Satz 2 GewStG.
3221 Vgl. Orth, Mindestbesteuerung und Verlustnutzungsstrategien, FR 2005, 515, 525; Eckhoff, in: von Groll, DStJG, S. 11; Hallerbach, in: Herrmann/Heuer/Raupach, KStG, § 10d Anm. 12 f. m. w. N.
3222 BFH, B. v. 26. 08. 2010 – I B 49/10, DStR 2010, 2179.

zeiträumen – hier wegen Eingreifen der Beschränkung des § 8 c KStG – nicht mehr möglich ist. Da der Beschluss in einem Verfahren über die Aussetzung der Vollziehung erging, bleibt die Entscheidung in der Hauptsache abzuwarten.

Aus praktischer Sicht ist darauf hinzuweisen, dass in entsprechenden Fällen stets sämtliche Möglichkeiten der Sachverhaltsgestaltung und darüber hinaus der Beantragung von Billigkeitsmaßnahmen im Einzelfall ergriffen werden müssen.[3223] In Liquidations- und in Insolvenzfällen ist zusätzlich zu beachten, dass durch die Zusammenlegung des gesamten Liquidationsergebnisses im Liquidationszeitraum gemäß § 11 KStG eine Ergebnisverrechnung über die verschiedenen Jahre des Liquidationszeitraumes hinweg unter Umständen zu Entlastungswirkungen führen kann. Darüber hinaus ist nach der hier vertretenen Auffassung der nach § 10 d Abs. 2 Satz 1 EStG zulässige Direktabzug von 1 Mio. € mit der Anzahl der betroffenen Veranlagungszeiträume, über die sich der Liquidationszeitraum erstreckt, zu multiplizieren, so dass sich eine Vervielfältigung entsprechend der Anzahl der Jahre ergibt.

1734

1.4 Untergang von Verlustvorträgen, § 8 c KStG

1.4.1 Grundlagen

Die Bedeutung des Vorhandenseins von Verlustvorträgen in Insolvenz- und Sanierungsfällen liegt auf der Hand. Entstehende Gewinne, sei es durch die Sanierungsmaßnahmen selbst oder durch Wiederaufnahme des sanierten Geschäftsbetriebes und dadurch erzielte Erträge aus laufendem Geschäft, sollen in möglichst geringem Umfang mit Steuern belastet werden, insbesondere dann, wenn der innerhalb oder außerhalb des Insolvenzverfahrens sanierte Rechtsträger vorher entsprechende Verluste erlitten hatte. Die Schmälerung oder gar der gänzliche Entfall von Verlustvorträgen wirkt damit tendenziell sanierungsfeindlich.

1735

Entsprechend laut ist deshalb die Kritik an § 8 c KStG, einer Vorschrift, die primär zur Vernichtung vorhandener Verlustvorträge konzipiert zu sein scheint.[3224] War noch die Vorgängervorschrift, § 8 Abs. 4 KStG, die durch das Unternehmenssteuerreformgesetz aufgehoben wurde, zumindest in Grundzügen als Missbrauchsverhinderungsvorschrift erkennbar, scheint der Zweck des neuen § 8 c KStG, der mit Wirkung ab Veranlagungszeitraum 2008 eingeführt wurde, nur noch darin zu bestehen, bei mittelbarem oder unmittelbarem Wechsel des Anteilseigners einer Körperschaft die Verlustvorträge ganz oder teilweise abzuschneiden.[3225] Zwischenzeitlich wurde § 8 c durch eine – zunächst zeitlich bis zum 31.12.2009 anwendbare – Sanierungsklausel ergänzt, die das Abschneiden von Verlustvorträgen in bestimmten Fällen verhindert. Wegen der eingeschränkten Anwendbarkeit dieser Sanierungs-

1736

3223 Vgl. zu den entsprechenden Gestaltungsmaßnahmen IDW, Beiheft zu FN-IDW 12/2009.

3224 Allerdings handelt es sich nach der Gesetzesbegründung um eine Missbrauchsverhinderungsvorschrift, vgl. BT-Druck 16/5377, 88. Dies sollte vor allem im Rahmen von teleologischen Auslegungen nicht vergessen werden.

3225 *Olbing*, in: Streck, KStG, § 8 c, Rn. 1 m. w. N.

klausel wurde § 8 c KStG aber weiterhin kritisiert. Im Zuge des Wachstumsbeschleunigungsgesetzes wurden weitere Nachbesserungen am § 8 c KStG vorgenommen, insbesondere entfiel die zeitliche Begrenzung der Sanierungsklausel, vgl. § 34 Abs. 7 c KStG i. d. F. des Wachstumsbeschleunigungsgesetzes vom 30. 12. 2009.

Allerdings hat die EU-Kommission ein förmliches Prüfverhalten in Bezug auf die Sanierungsklausel in § 8 c Abs. 1 a KStG wegen bestehender Zweifel hinsichtlich der Vereinbarkeit der Vorschrift mit dem EU-Recht eingeleitet. Daraufhin hat das BMF[3226] verfügt, dass § 8 c Abs. 1 KStG bis zu einem abschließenden Beschluss der EU-Kommission nicht anzuwenden sei, selbst, wenn bereits eine verbindliche Auskunft erteilt wurde.

Am 26.01.2011 hat die Europäische Union entschieden, dass die Sanierungsklausel in § 8c KStG eine unzulässige Beihilfe im Sinne des Art. 107 Abs. 1 AEUV darstellt. Gegen diese Entscheidung hat die Bundesregierung Nichtigkeitsklage vor dem Gericht der Europäischen Union erhoben. Sollte Deutschland in dieser Klage obsiegen, würde die Sanierungsklausel rückwirkend wieder Anwendung finden. Anstelle der in dem Regierungsentwurf des Gesetzes zur Umsetzung der Beitreibungsrichtlinie (BeitrRLUmsG) ursprünglich geplanten Aufhebung der Regelung des § 8c Abs. 1a KStG ist nunmehr in § 34 Abs. 7 c Satz 3 und 4 KStG eine Suspendierung der Anwendung der Sanierungsklausel und in drei dort genannten Fällen – insbesondere falls vom EuG bzw. EuGH rechtskräftig festgestellt werden sollte, dass die Sanierungsklausel keine unzulässige Beihilfe darstellt – eine erneute Anwendung bzw. eine Weiteranwendung vorgesehen.

Das FG Hamburg hat mit Beschluss vom 04.04.2011[3227] dem Bundesverfassungsgericht die Frage vorgelegt, ob § 8c Satz 1 KStG i.d.F. des Unternehmensteuerreformgesetzes mit Art. 3 Abs. 1 des Grundgesetzes vereinbar ist, als bei einer unmittelbaren Übertragung von mehr als 25 % des gezeichneten Kapitals (im Streitfall 48 %) die bis zum schädlichen Beteiligungserwerb nicht ausgeglichenen oder abgezogenen Verluste insoweit nicht mehr abziehbar sind.[3228]

1737 Im Rahmen der Sanierung von Körperschaften innerhalb oder außerhalb der Insolvenz, aber auch bei der Durchführung von reinen Abwicklungs-Insolvenzverfahren ist die Prüfung von eventuellen Auswirkungen durch § 8 c KStG von großer Bedeutung.

Dies bezieht sich zum einen auf Vorgänge in der Vergangenheit, die – evtl. bislang unerkannt – die nachteiligen Folgen des § 8 c KStG ausgelöst haben können. Dies kann dazu führen, dass im Rahmen der beabsichtigten Maßnahmen „verplante" Verlustvorträge tatsächlich gar nicht mehr vorhanden sind und deshalb unerwartete, mithin auch nicht eingeplante Steuerlasten entstehen. Das kann zum Scheitern der Sanierung führen.

Daneben können im Rahmen der Sanierung geplante Maßnahmen, zum Beispiel ein Kapitalschnitt mit nachfolgender Kapitalerhöhung zum teilwei-

---

3226 BMF v. 30. 04. 2010 – IV C2 – S. 2745-a/08/10005/002, BStBl. I 2010, 482.

3227 FG Hamburg, B. v. 04. 04. 2011, 2 K 33/10, Vorlagebeschl. (Normenkontrollverfahren) an das BVerfG (2 BvL 6/11) DStR 2011, 1172.

3228 Vgl. weiterführend *Lang*, Verfassungswidrigkeit des § 8c KStG – eine Bestandsaufnahme, GmbHR 2012, 57.

sen oder vollständigem Untergang von Verlustvorträgen führen, trotz Sanierungsklausel!

1.4.2 Regelungsinhalt

Gemäß § 8 c Abs. 1 KStG gehen Verlustvorträge von Körperschaften in bestimmten Fällen der Anteilsübertragung teilweise oder ganz unter. Im Einzelnen:
Werden

- innerhalb von fünf Jahren
- mittelbar oder unmittelbar
- mehr als 25 %
- des gezeichnete Kapitals, der Mitgliedschaftsrechte, Beteiligungsrechte oder Stimmrechte an einer Körperschaft
- an einen Erwerber oder diesem nahestehende Personen übertragen,
- oder liegt ein vergleichbarer Sachverhalt vor,

1738

so sind insoweit die bis zum „schädlichen Beteiligungserwerb" nicht ausgeglichenen oder abgezogenen negativen Einkünfte (nicht genutzte Verluste) nicht mehr abziehbar. D. h. wird die Grenze von 25 % überschritten, gehen die Verlustvorträge anteilig unter. Darüber hinaus gehen die nicht genutzten Verluste vollständig unter, wenn innerhalb von fünf Jahren mittelbar oder unmittelbar mehr als 50 % übertragen werden, § 8 c Abs. 1 Satz 2 KStG.

Gegen die Regelung des § 8 c werden gravierende verfassungsrechtliche Bedenken erhoben.[3229] Eine Übersicht über das Meinungsspektrum gibt *Dötsch*.[3230]

Die einzelnen Tatbestandsmerkmale sowie die Reichweite und Rechtsfolgen der Norm sind derzeit noch stark umstritten. Die Verwaltung hat mit einem umfangreichen BMF-Schreiben[3231] ihre Auffassung zu diversen Streitfragen dargelegt. Streitig sind insbesondere folgende Punkte:

1739

- Handelt es sich bei der Vorschrift um eine Missbrauchsverhinderungsvorschrift oder um eine allgemeine Tatbestandsvoraussetzung für einen Verlustabzug?[3232] Die Interpretation der Vorschrift als Missbrauchsverhinderungsnorm ist von großer Bedeutung, wenn es im Einzelnen um die Auslegung und eine eventuelle teleologische Reduktion geht.

1740

- Nach Auffassung der Finanzverwaltung soll die Vorschrift des § 8 c über ihren Wortlaut – wo nur von **Körperschaften** die Rede ist hinaus – auch auf andere in § 1 Abs. 1 KStG genannte Personenvereinigungen und Vermögensmassen anzuwenden sein, wobei ausdrücklich auch Stiftungen und Anstalten des öffentlichen Rechts erwähnt werden.[3233]

1741

3229 *Roser*, in: Gosch, KStG, § 8 c, Abs. 26.
3230 *Dötsch*, in: Dötsch/Jost/Pung/Witt, KStG, § 8 c, Rn. 11.
3231 BMF v. 04. 07. 2008 – IV C 7-S-2745a/08/10001, BStBl. I 2008, 736.
3232 *Suchanek*, Verlustabzugsbeschränkungen für Körperschaften (§ 8 c Abs. 1 KStG): Das BMF-Schreiben v. 07. 04. 2008 aus Beratersicht, FR 2008, 904 m. w. N.
3233 *Dötsch*, in: Dötsch/Jost/Pung/Witt, KStG, § 8 c, Rn. 15; ablehnend: *Suchanek*, Verlustabzugsbeschränkung für Körperschaften, GmbHR 2008, 292.

Teil 5   Steuern in Sanierung und Insolvenz

1742 ■ Die Rechtsfolgen des § 8 c KStG sollen neben der gesetzlich ausdrücklich geregelten Anwendbarkeit auf den Zinsvortrag[3234] und auf gewerbesteuerliche Verlustvorträge[3235] auch auf andere spezielle Verlustvorträge, die auch für Kapitalgesellschaften festgestellt werden können, insbesondere nach § 2 a EStG, § 15 Abs. 4 EStG, § 15 a EStG und § 15 b EStG anwendbar sein.[3236] Dies wird in der Literatur abgelehnt, da es an einer entsprechenden gesetzlichen Verweisung fehle.[3237]

1743 ■ Kritisch gesehen wird ebenfalls die große Reichweite, die die Norm auch bei Umstrukturierungen innerhalb eines Konzerns dadurch entfalten kann, dass nach dem Gesetz sowohl mittelbare als auch unmittelbare Erwerbsvorgänge schädlich sind und nach der Auffassung der Finanzverwaltung sogar ein unmittelbarer Erwerb, selbst wenn der mittelbare Anteilseigner unverändert bleibt, schädlich sein soll.[3238] Das Problem der Verlustvortragsvernichtung bei Umstrukturierungen ist durch die mit dem Wachstumsbeschleunigungsgesetz vom 22. 12. 2009[3239] gelindert, aber keineswegs beseitigt worden. Nunmehr liegt zwar kein schädlicher Beteiligungserwerb vor wenn an dem übertragenden und am übernehmenden Rechtsträger dieselben Personen zu 100 % mittelbar oder unmittelbar beteiligt sind. Nach dem engen Wortlaut dieser Ausnahme reichen jedoch schon geringe Abweichungen in dem Beteiligungsverhältnis aus, um eine Anwendung zu verhindern.

1744 ■ Kritisiert wird weiterhin die große Unklarheit in der Anwendung der Norm, die dadurch hervorgerufen wird, dass nach dem Gesetzeswortlaut die Übertragung des gezeichneten Kapitals, der Mitgliedschaftsrechte, der Beteiligungsrechte oder der Stimmrechte die Rechtsfolgen auslösen können, wobei teilweise unbestimmte Rechtsbegriffe wie „Beteiligungsrechte" verwendet werden. Durch das Nebeneinander dieser Anknüpfungspunkte, die teilweise unabhängig voneinander erfüllt sein können, entstehen vielfältige Auslegungsprobleme.[3240]

1745 ■ Ein weiterer Hauptstreitpunkt ist die Auslegung des Begriffs der „vergleichbaren Sachverhalte", auf die § 8 c KStG ebenfalls angewandt werden soll. Die Finanzverwaltung hat hierzu in dem bereits zitierten BMF-Schreiben[3241] einen weitreichenden Katalog von Fällen aufgelistet, bei denen es sich um vergleichbare Sachverhalte handeln soll. Eine Definition des unklaren Rechtsbegriffs „vergleichbarer Sachverhalt" wird jedoch un-

---

3234 Vgl. § 8 a Abs. 1 Satz 3 KStG.
3235 Vgl. § 10 a Satz 8 GewStG.
3236 BMF v. 04. 07. 2008 – IV C 7-S-2745a/08/10001, BStBl. I 2008, 736, Rn. 2.
3237 *Olbing*, in: Streck, KStG, § 8 c, Rn. 72 m. w. N.
3238 Vgl. im Einzelnen BMF v. 04. 07. 2008 – IV C 7-S-2745a/08/10001, BStBl. I 2008, 736, Rn. 11; kritisch *Suchanek*, Verlustabzugsbeschränkungen für Körperschaften (§ 8 c Abs. 1 KStG): Das BMF-Schreiben v. 07. 04. 2008 aus Beratersicht, FR 2008, 904, 906.
3239 Vgl. BGBl. I 2009, 3950 (Wachstumsbeschleunigungsgesetz v. 22. 12. 2009).
3240 BMF v. 04. 07. 2008 – IV C 7-S-2745a/08/10001, BStBl. I 2008, 736, Rn. 8; *Roser,* in: Gosch, KStG, § 8 c, Rn. 30 ff.
3241 BMF v. 04. 07. 2008 – IV C 7-S-2745a/08/10001, BStBl. I 2008, 736.

terlassen.³²⁴² Die Regelung beinhaltet erhebliches Streitpotenzial und wird zu großen Risiken in der praktischen Handhabung der Vorschrift führen. Eine umfassende Darstellung einzelner „potenziell gefährlicher" Übertragungsmaßnahmen findet sich bei Roser.³²⁴³

- Kontrovers diskutiert wird schließlich noch die Frage der zeitlichen Komponenten im Tatbestand, insbesondere bei unterjährigem Beteiligungserwerb sowie die Handhabung der Fünf-Jahres-Frist.³²⁴⁴ *1746*

- Problematisch ist weiterhin die Frage der erforderlichen Zusammenrechnung der Erwerbe durch einen Erwerber oder der Erwerbe von diesem Erwerber nahestehender Personen. Zur Auslegung dieses Begriffs will die Finanzverwaltung³²⁴⁵ eine Abgrenzung nach den für die verdeckte Gewinnausschüttung entwickelten Kriterien gemäß H36 KStR 2006 vornehmen.³²⁴⁶ *1747*

- Mit dem Wachstumsbeschleunigungsgesetz wurde in § 8c n. F. eine Verschonungsregelung für die Verlustvorträge eingeführt, die im Zeitpunkt des schädlichen Beteiligungserwerbs von den vorhandenen stillen Reserven des inländischen Betriebsvermögens der Körperschaft gedeckt sind. Hintergrund dieser Regelung ist die Überlegung, dass der Verlustvortrag, der durch die Legung von stillen Reserven verursacht wurde, dann tolerierbar erscheint, wenn durch die zu erwartende Besteuerung bei der Auflösung der stillen Reserven im Inland entsprechende Erträge zu erwarten sind. Durch die zu erwartenden Erträge werden die „verschonten" Verlustvorträge kompensiert. Dabei werden die vorhandenen stillen Reserven bei einem schädlichen Beteiligungserwerb im Sinne des § 8c Abs. 1 Satz 2 KStG vollständig und bei einem schädlichen Beteiligungserwerb im Sinne des § 8c Abs. 1 Satz 1 KStG jeweils anteilig gegengerechnet. Dabei definiert § 8c Abs. 1 Satz 7 KStG i. d. F. des Wachstumsbeschleunigungsgesetzes die stillen Reserven als den Unterschiedsbetrag zwischen dem anteiligen bzw. gesamten in der steuerlichen Gewinnermittlung ausgewiesenen Eigenkapital und dem auf dieses Eigenkapital jeweils entfallenden gemeinen Wert der Anteile der Körperschaft, soweit diese im Inland steuerpflichtig sind. *1748*

Mit der steuerlichen Gewinnermittlung dürfte wohl die Steuerbilanz gemeint sein, auch wenn die steuerliche Gewinnermittlung genau genommen der Vergleich des Betriebsvermögens zu zwei Stichtagen ist. Fraglich ist, um welche Steuerbilanz es sich handeln kann. Da eine Bilanz naturgemäß stets nur zum Ende eines Geschäftsjahres aufgestellt wird, dürfte es sich um die Bilanz auf den letzten, dem schädlichen Beteiligungserwerb vorausgegangenen, Bilanzstichtag handeln.³²⁴⁷ Der gemeine Wert *1749*

3242 Vgl. hierzu kritisch *Suchanek*, Verlustabzugsbeschränkungen für Körperschaften (§ 8c Abs. 1 KStG): Das BMF-Schreiben v. 07.04.2008 aus Beratersicht, FR 2008, 904, 907.
3243 *Roser*, in: Gosch, KStG, § 8c, Rn. 56 ff.
3244 *Olbing*, in: Streck, KStG, § 8c, Rn. 55 ff.
3245 BMF v. 04.07.2008 – IV C 7-S-2745a/08/10001, BStBl. I 2008, 736, Rn. 25.
3246 Vgl. hierzu kritisch *Frotscher/Maaß*, KStG, § 8c Rn. 48 f.
3247 *Sistermann/Brinkmann*, Wachstumsbeschleunigungsgesetz: Die Änderungen bei der Mantelkaufregelung – Entschärfung der Verlustabzugsbeschränkungen durch Konzernklausel und Verschonung in Höhe der stillen Reserven, DStR 2009, 2633, 2636.

der Anteile ergibt sich aus § 11 Abs. 2 Bewertungsgesetz. Danach ist der gemeine Wert der Anteile grundsätzlich aus Verkäufen unter fremden Dritten abzuleiten, die weniger als ein Jahr vor dem Bewertungsstichtag liegen. Soweit also ein Anteilsverkauf dem schädlichen Beteiligungserwerb vorausging oder der schädliche Beteiligungserwerb selbst ein Anteilskauf unter fremden Dritten ist, kann der gemeine Wert der Anteile aus dem Kaufpreis abgeleitet werden. Ist dies nicht möglich, so ist gemäß § 11 Abs. 2 Satz 2 Bewertungsgesetz der Wert der Anteile der Kapitalgesellschaft unter Berücksichtigung der Ertragsaussichten oder nach einer anderen anerkannten auch im gewöhnlichen Geschäftsverkehr für nicht steuerliche Zwecke üblichen Methode zu ermitteln. D. h. es ist eine Unternehmensbewertung durchzuführen.[3248] Die Finanzverwaltung hat zur Bewertung von Anteilen an Kapitalgesellschaften für ertragsteuerliche Zwecke eine eigene Verwaltungsanweisung entwickelt.[3249] Der Steuerpflichtige wird hingegen regelmäßig gezwungen sein, eine Unternehmensbewertung in Auftrag zu geben, was mit erheblichen Kosten verbunden ist und in der späteren Auseinandersetzung mit der Finanzverwaltung erfahrungsgemäß Streitpotenzial birgt.

Die vorstehende Übersicht enthält nur eine Aufzählung der derzeit am stärksten diskutierten Auslegungsfragen des § 8c KStG. Sie ist nicht abschließend. Es offenbart sich unmittelbar, dass in allen Fällen der Gestaltung von Sanierungen durch die unklare Situation erhebliche Unsicherheit hervorgerufen wird. Dies hat sich nach Einführung einer „Sanierungsklausel" in § 8c Abs. 1a KStG nur tendenziell verbessert, aber es besteht aus der Sicht der Sanierungspraxis keineswegs eine befriedigende Situation, zumal die Anwendbarkeit der Sanierungsklausel derzeit ausgesetzt ist.[3250]

1.4.3 Sanierungsklausel

1750 Dass § 8c KStG grundsätzlich sanierungsfeindlich ist[3251], ist zumindest insoweit vom Gesetzgeber anerkannt worden, als dass er versucht hat, der schädlichen Wirkung durch die Aufnahme einer Sanierungsklausel in § 8c Abs. 1a KStG entgegenzuwirken.[3252] Allerdings ist die Anwendung der Sanierungsklausel wegen Versagung der Anerkennung durch die EU-Kommission und die dagegen von der Bundesrepublik Deutschland erhobenen Klage vor dem Europäischen Gerichtshof weiter ungewiss.[3253]

Die Sanierungsklausel des § 8c Abs. 1a KStG schränkt die Anwendung des Abs. 1 dahingehend ein, dass ein Beteiligungserwerb „zum Zweck der Sanierung des Geschäftsbetriebes der Körperschaft" unbeachtlich sei. Dabei

---

3248 Vgl. insoweit auch die Gesetzesbegründung zum Wachstumsbeschleunigungsgesetz, BT-Drucks. 17/15 v. 09. 11. 2009, 31.
3249 OFD Rheinland v. 15. 11. 2007 – S 2244 – 1008 – St 14, GmbHR 2008, 112, Verfügung zur Bewertung von Anteilen an Kapitalgesellschaften für ertragsteuerliche Zwecke.
3250 Vgl. § 34 Abs. 7c Satz 3 u. 4 KStG i.d.F. des Beitr. RL UmsG; BMF v. 30. 04. 2010 – IV C 2 – S 2745-a/08/10005 :002, BStBl. I 2010, 482.
3251 *Waza/Uhländer/Schmittmann*, Rn. 1808.
3252 Vgl. hierzu auch Gesetzesbegründung BT-Drucks 16/12674 v. 22. 04. 2009.
3253 BMF v. 30. 04. 2010 – IV C2-S 2745 – a/08/10005/002, BStBl. I 2010, 482.

definiert § 8c Abs. 1a Satz 2 KStG die **Sanierung** als eine Maßnahme, die darauf gerichtet ist, die Zahlungsunfähigkeit oder Überschuldung zu verhindern oder zu beseitigen und zugleich die wesentlichen Betriebsstrukturen zu erhalten. In § 8c Abs. 1a Satz 3 KStG werden drei Nachweismöglichkeiten für den Erhalt der wesentlichen Betriebsstrukturen vorgegeben.

Auch die Sanierungsklausel (sollte sie dann doch [wieder] anwendbar sein, vgl. insoweit § 34 Abs. 7c Satz 3 und 4 KStG) wirft bei ihrer genaueren Betrachtung eine Vielzahl von Interpretationsschwierigkeiten auf:

1.4.3.1 Begriff des Beteiligungserwerbs

Eine erste Schwierigkeit ergibt sich bei der Auslegung des Begriffes des Beteiligungserwerbs. Denn gemäß § 8c Abs. 1 KStG kann eine Vielzahl von Maßnahmen, z.B. der Abschluss einer Stimmrechtsbindungsvereinbarung oder die Ausgabe von Genußrechten, als ein einem Beteiligungserwerb „vergleichbarer Sachverhalt" zum Untergang von Verlustvorträgen führen. D.h. es ist zu fragen, ob jede dieser Maßnahmen[3254] einen Beteiligungserwerb im Sinne der Sanierungsklausel darstellt. Hiervon ist nach überwiegender Auffassung im Schrifttum auszugehen.[3255] Davon sind also auch Beteiligungserwerbe auf der Ebene einer Konzernobergesellschaft erfasst, die zu einem ansonsten schädlichen mittelbaren Anteilseignerwechsel bei der Untergesellschaft führen würden.[3256]

1751

1.4.3.2 Begriff der Sanierung

Um gemäß § 8c Abs. 1a KStG privilegiert zu sein, muss der Beteiligungserwerb **zum Zweck der Sanierung** des Geschäftsbetriebes erfolgen. Dabei definiert § 8c Abs. 1a Satz 2 KStG die Sanierung als eine Maßnahme, die darauf gerichtet ist, die Zahlungsunfähigkeit oder Überschuldung zu verhindern oder zu beseitigen und zugleich die wesentlichen Betriebsstrukturen zu erhalten.

1752

Die Auslegung des Begriffs der Sanierung wird im Schrifttum kontrovers diskutiert. Hierzu trägt auch eine etwas diffuse Begründung des Gesetzesentwurfs bei.[3257] In der Gesetzesbegründung heißt es u.a.:

1753

> „Der Erwerb erfolgt zum Zwecke der Sanierung, wenn er zum Zeitpunkt der drohenden oder eingetretenen Zahlungsunfähigkeit bzw. Überschuldung der Körperschaft stattfindet. Dieser Zeitpunkt entspricht dem Eintritt der „Krise" nach den Grundsätzen des Eigenkapitalersatzrechts vor MoMiG (vgl. Begründung zu § 39 Abs. 4 Satz 2 InsO, Drucksache 16/6140, S. 57)."

D.h. nach der Begründung des Gesetzes soll die Zweckbeziehung zwischen Beteiligungserwerb und Sanierung dadurch gegeben sein, dass ein zeitlicher

1754

3254 Vgl. hierzu BMF v. 04.07.2008 – IV C 7-S-2745a/08/10001, BStBl. I 2008, 736, Rn. 7; BMF, Pressemitteilung 04/11 v. 10.03.2011.
3255 *Ziegenhagen/Thewes*, Die neue Sanierungsklausel in § 8 c Abs. 1a KStG, BB 2009, 2116, m.w.N.
3256 Begründung zum Gesetzentwurf BT-Drucks. 16/13429 v. 17.06.2009, 51.
3257 BT-Drucks. 16/12674 v. 22.04.2009, 50f.

Teil 5 Steuern in Sanierung und Insolvenz

Zusammenhang besteht, nämlich dass der Beteiligungserwerb zum Zeitpunkt (hier müsste es wohl eher heißen: „... ab dem Zeitpunkt ...") der drohenden oder eingetretenen Zahlungsunfähigkeit bzw. der – so ist wohl zu interpretieren – drohenden oder eingetretenen Überschuldung der Körperschaft. Dieser Zeitpunkt soll dem Eintritt der Krise nach altem Eigenkapitalersatzrecht entsprechen. Dies ist jedoch mitnichten der Fall. Nach dem überkommenen Eigenkapitalersatzrecht war der Zeitpunkt der Krise gleichzusetzen mit dem Eintritt der Kreditunwürdigkeit. Kreditunwürdigkeit lag vor, wenn die Gesellschaft ihren Bedarf an Fremdkapital nicht mehr aus eigener Kraft zu marktüblichen Konditionen decken konnte.[3258] Eine Überschuldung oder Zahlungsunfähigkeit im insolvenzrechtlichen Sinne trat regelmäßig später als die Kreditunwürdigkeit ein. Eine **drohende** Überschuldung oder Zahlungsunfähigkeit konnte zeitlich vor, in den meisten Fällen gleichzeitig oder nach Vorliegen der Kreditunwürdigkeit eintreten. Die Gleichsetzung des Zeitpunktes der Krise nach überkommenem Eigenkapitalersatzrecht mit dem Zeitpunkt des Eintritts einer drohenden oder eingetretenen Zahlungsunfähigkeit oder Überschuldung (dies können im Übrigen vier verschiedene Zeitpunkte sein) ist deswegen eher irritierend als erhellend.[3259]

Da die Begründung des Gesetzes somit zur Erhellung des Begriffs der Sanierung wenig beitragen kann, ist eine Auslegung nach dem Wortlaut des Gesetzes und nach dem Sinn und Zweck der Regelung vorzunehmen. Nach dem Wortlaut des Gesetzes ist eine Sanierung eine Maßnahme, die darauf gerichtet ist, Zahlungsunfähigkeit oder Überschuldung zu verhindern oder zu beseitigen. Die Beseitigung von Zahlungsunfähigkeit oder Überschuldung setzt voraus, dass diese zunächst eingetreten sind. Es sind also hier die Fälle der bereits eingetretenen materiellen Insolvenz angesprochen. Das kling einfach, ist aber auch in der Praxis der Anwendung mit Risiken verbunden, denn die Messung bzw. die Feststellung des Zeitpunktes des Eintritts von Zahlungsunfähigkeit oder Überschuldung sind kompliziert und somit mit Unsicherheit behaftet.

1755 Eine Sanierungsmaßnahme kann allerdings auch darauf gerichtet sein zu verhindern, dass Zahlungsunfähigkeit oder Überschuldung überhaupt erst eintreten. Teilweise wird hier im Schrifttum auf den Begriff der „drohenden Zahlungsunfähigkeit" gemäß § 18 Abs. 2 InsO abgestellt. Eine gesetzliche Definition des Begriffs einer „drohenden Überschuldung" existiert indes nicht. Nach der hier vertretenen Auffassung wäre ein Abstellen auf den Begriff der drohenden Zahlungsunfähigkeit auch zu eng. Denn die drohende Zahlungsunfähigkeit liegt gemäß § 18 Abs. 2 InsO dann vor, wenn der Schuldner voraussichtlich nicht in der Lage sein wird, die bestehenden Zahlungspflichten im Zeitpunkt der Fälligkeit zu erfüllen. Der Zeitpunkt wird i. d. R. mit der Stellung einer negativen Fortführungsprognose im Rahmen der insolvenzrechtlichen Überschuldungsprüfung übereinstimmen. Liegt jedoch eine negative Fortführungsprognose vor, so wird in der überwiegenden Zahl der Fälle auch gleichzeitig von einer eingetretenen Überschuldung im

---

[3258] *Hueck/Fastrich*, in: Baumbach/Hueck, GmbHG, § 30 Anhang Rn. 43.
[3259] Vgl. insoweit auch *Ortmann-Babel/Bohlik/Gageur*, Mantelkauf: Passt nicht, immer noch zu weit! Zweifelsfragen und Lösungsansätze im Zusammenhang mit der Sanierungsklausel in § 8c Abs. 1a KStG, DStR 2009, 2173.

Sinne von § 19 Abs. 2 InsO auszugehen sein. Denn bei einer negativen Fortführungsprognose ist im Rahmen der Aufstellung einer Überschuldungsbilanz von den Zerschlagungswerten der Vermögensgegenstände auszugehen, die regelmäßig (und insbesondere bei Unternehmen in der Krise) deutlich unter den Fortführungswerten liegen und fast stets zu einer Insolvenzantragspflicht führen.[3260]

1756 Dies vorausgeschickt würde ein Abstellen auf das Vorliegen einer drohenden Zahlungsunfähigkeit das Sanierungsprivileg des § 8 Abs. 1a KStG in einer Weise einschränken, die nicht mehr mit dem Gesetzeszweck, nämlich der Erleichterung von Sanierungen auch außerhalb der Insolvenz in Einklang steht. Gemessen am Wortlaut des § 8 c Abs. 1a Satz 2 KStG, wonach eine Sanierungsmaßnahme eine Maßnahme ist, die darauf gerichtet ist, die ... Überschuldung zu verhindern ... sollte es für die Anwendung ausreichend sein, dass erkennbar ist, dass eine Überschuldung droht. Hierfür sind unterschiedliche Beweisanzeichen denkbar: Dies kann eine Unterbilanz sein[3261] oder der Nachweis durch Kreditangebote von Banken, aus denen sich ergibt, dass die Gesellschaft kein Fremdkapital zu marktüblichen Konditionen erhält[3262], aber auch andere typische Krisenanzeichen wie kurzfristiger und deutlicher Rückgang der Liquiditätskennzahlen, Kündigung von wesentlichen Kreditlinien, Auftreten wesentlicher/gravierender und nachhaltiger Verluste, etc. sein.[3263]

Solange weder die Finanzverwaltung noch die Rechtsprechung zu dieser Frage Abgrenzungskriterien entwickelt haben, bleibt in der konkreten Gestaltung von Sanierungsmaßnahmen ein erhebliches Risiko.

1757 Aus der Begründung des Gesetzes[3264] ergibt sich, dass ein Beteiligungserwerb zum Zweck der Sanierung voraussetzen soll, dass die Körperschaft aus der pflichtgemäßen Einschätzung eines objektiven Dritten im Zeitpunkt des Anteilserwerbs sanierungsfähig ist und die beabsichtigten Sanierungsmaßnahmen objektiv geeignet sind, die Körperschaft in absehbarer Zeit nachhaltig aus der Krise zu führen. Dies soll regelmäßig nur auf der Grundlage eines dokumentierten Sanierungsplans möglich sein. Aus dem Sanierungsplan soll sich auch der „subjektive Sanierungszweck" ergeben können.

1758 In der Literatur[3265] wird darüber hinaus gefordert, dass die von der Rechtsprechung zur Auslegung des bereits in den 90er Jahren des letzten Jahrhunderts abgeschafften § 3 Nr. 66 EStG – Steuerfreiheit von Sanierungsgewinnen – entwickelten Kriterien für die Beurteilung, ob eine Sanierung vorliegt, heranzuziehen sind. Es handelte sich um die Kriterien **Sanierungsabsicht** im Hinblick auf die Motivation der an der Durchführung der

---

3260 Vgl. Teil 2, Kap. 1, Rn. 309 ff.
3261 *Ziegenhagen/Thewes*, Die neue Sanierungsklausel in § 8 c Abs. 1 a KStG, BB 2009, 2116, 2117.
3262 *Ortmann-Babel/Bohlik/Gageur*, Mantelkauf: Passt nicht, immer noch zu weit! Zweifelsfragen und Lösungsansätze im Zusammenhang mit der Sanierungsklausel in § 8 c Abs. 1 a KStG, DStR 2009, 2173, 2174.
3263 Vgl. insoweit auch die Nennung möglicher Anzeichen dafür, dass die Fortführung der Unternehmenstätigkeit gefährdet sein kann in IDW PS 270, Tz. 11.
3264 BT-Drucks 17/13429, S. 50, 5.
3265 *Dörr*, § 8 c KStG wird saniert!, NWB 2009, 2050, 2053.

Sanierungsmaßnahmen Beteiligten, **Sanierungsbedürftigkeit** und **Sanierungsfähigkeit** der Körperschaft sowie **Sanierungeignung** der geplanten Sanierungsmaßnahmen. Ob dies gemessen am Wortlaut des Gesetzes zutreffend ist, muss jedoch bezweifelt werden. Denn § 8c Abs. 1a Satz 2 KStG liefert eine eigenständige Definition der Sanierung. Auch in der Begründung zum Gesetz werden nicht alle vier Kriterien, sondern nur die zwei Kriterien Sanierungsfähigkeit und Sanierungeignung angesprochen. Ob tatsächlich von Verwaltung und Rechtsprechung die Erfüllung aller Kriterien gefordert werden wird, kann zurzeit noch nicht abgesehen werden.

1759 Für die praktische Anwendung der Sanierungsklausel sollte jedoch der Hinweis in der Gesetzesbegründung, dass regelmäßig zum Nachweis der Sanierungseignung der Maßnahmen ein dokumentierter Sanierungsplan erforderlich sei, ernst genommen werden. Auch im BMF-Schreiben vom 27.03.2003[3266] zur Steuerbefreiung von Sanierungsgewinnen im Billigkeitswege wird die Erfüllung der o.g. Merkmale von Sanierungsmaßnahmen bei Vorlage eines Sanierungsplanes vermutet. Hinweise zur inhaltlichen Ausgestaltung von Sanierungsplänen ergeben sich aus dem IDW-Standard „Anforderung an die Erstellung von Sanierungskonzepten (IDW S 6)" vom 20.08.2009.[3267] Bei Vorlage eines Insolvenzplanes wird regelmäßig von der Erfüllung der o.g. Kriterien auszugehen sein.[3268]

1.4.3.3 Erhaltung der wesentlichen Betriebsstrukturen

1760 Nach § 8c Abs. 1a Satz 2 KStG muss die Sanierung darauf gerichtet sein, die wesentlichen Betriebsstrukturen zu erhalten. Nach § 8c Abs. 1a Satz 3 KStG setzt die Erhaltung der wesentlichen Betriebsstrukturen voraus, dass

a. die Körperschaft eine geschlossene Betriebsvereinbarung mit einer Arbeitsplatzregelung befolgt oder
b. die Summe der maßgeblichen jährlichen Lohnsummen der Körperschaft innerhalb von 5 Jahren nach dem Beteiligungserwerb 400% der Ausgangslohnsumme nicht unterschreitet, § 13a Abs. 1 Satz 3 und 4 und Abs. 4 des Erbschaft- und Schenkungsteuergesetzes gelten sinngemäß oder
c. der Körperschaft durch Einlagen wesentliches Betriebsvermögen zugeführt wird. Eine wesentliche Betriebsvermögenszuführung liegt vor, wenn der Körperschaft innerhalb von zwölf Monaten nach dem Beteiligungserwerb neues Betriebsvermögen zugeführt wird, das mindestens 25% des in der Steuerbilanz zum Schluss des vorangegangenen Wirtschaftsjahres erhaltenen Aktivvermögens entspricht.

Der Erhalt der wesentlichen Betriebsstrukturen wird somit vom Gesetz nur dann angenommen, wenn eines der drei o.g. Kriterien erfüllt ist. Dies engt die Anwendbarkeit der Sanierungsklausel weiter ein.

3266 BMF v. 27.03.2003 – IV A 6-S 2140-8/03, BStBl. I 2003, 240.
3267 IDW-Fachnachrichten 2009, S. 578; Neufassung im Entwurf: Vgl. IDW ES 6 v. 07.09.2011, WPG 2011, Supplement 4.
3268 Vgl. insoweit auch BMF v. 22.12.2009 – IV C 6-S-2140/07/10001-01.

Zu a) Betriebsvereinbarung

Die erste Möglichkeit, den Erhalt der wesentlichen Betriebsstrukturen im Sinne der Regelung zu erreichen, ist der Abschluss einer Betriebsvereinbarung mit Arbeitsplatzregelung. Hier wird zutreffend kritisiert, dass der Abschluss einer Betriebsvereinbarung[3269] das Vorhandensein eines Betriebsrats voraussetzt, da eine Betriebsvereinbarung ein Vertrag zwischen dem Arbeitgeber und dem Betriebsrat ist. Da jedoch bei weitem nicht jedes Unternehmen über einen Betriebsrat verfügt und insbesondere kleinere Unternehmen auch gesetzlich nicht verpflichtet sind, einen Betriebsrat zu unterhalten, bleibt diesen Unternehmen die Möglichkeit, auf diesem Wege den Erhalt der wesentlichen Betriebsstrukturen nachzuweisen, verschlossen.[3270]

1761

Die abgeschlossene Betriebsvereinbarung muss eine Arbeitsplatzregelung enthalten und die Vereinbarung muss von der Körperschaft befolgt werden. Nähere Vorgaben für Inhalt und Laufzeit der Betriebsvereinbarung sind aus dem Gesetz nicht ersichtlich.[3271] Weiter wird in der Literatur problematisiert, dass unklar ist, wann die entsprechende Betriebsvereinbarung abgeschlossen werden muss: vor oder nach dem Erwerb der Beteiligung.[3272] Nach der hier vertretenen Auffassung kommt es nicht darauf an, ob die entsprechende Betriebsvereinbarung vor oder nach dem Erwerb der Beteiligung abgeschlossen wird, sondern dass ein wirtschaftlicher Zusammenhang mit der beabsichtigten Sanierung der Körperschaft besteht. Gerade in Sanierungsfällen werden oftmals Aktivitäten parallel entfaltet. So wird die in der Krise befindliche Körperschaft selbst bereits parallel zu Verhandlungen mit eventuellen eintrittswilligen Kapitalgebern eine entsprechende Betriebsvereinbarung aushandeln und abschließen. Oft wird der Abschluss einer entsprechenden Betriebsvereinbarung Bedingung für darauf folgenden Eintritt weiterer Kapitalgeber sein.

Zu b) Lohnsummenregelung

Von einem Erhalt der wesentlichen Betriebsstrukturen kann auch ausgegangen werden, wenn die jährlichen Lohnsummen der Körperschaft fünf Jahre nach dem Beteiligungserwerb 400% der Ausgangslohnsumme nicht unterschreiten; § 13a Abs. 1 Satz 3 und 4 und Abs. 4 ErbStG gelten sinngemäß. Das bedeutet, dass in den Jahren nach dem Erwerb der Beteiligung die durchschnittliche Lohnsumme der letzten fünf Jahre vor dem Erwerb der Beteiligung um nicht mehr als 20 % unterschritten werden darf. Der Verweis auf die erbschaftsteuerlichen Vorschriften beinhaltet die Ermittlung der Ausgangslohnsumme. Problematisch ist jedoch der Hinweis auf § 13a Abs. 1 Satz 4 ErbStG. Dort heißt es, dass Satz 2 (des § 13a Abs. 1 ErbStG) nicht anwendbar sein soll, wenn die Ausgangslohnsumme 0 € beträgt oder der Be-

1762

3269 Vgl. § 77 Abs. 1 BetrVG.
3270 Vgl. kritisch *Lang*, Die neue Sanierungsklausel in § 8c KStG, DStZ 2009, 751, 754.
3271 *Ortmann-Babel/Bohlik/Gageur*, Mantelkauf: Passt nicht, immer noch zu weit! Zweifelsfragen und Lösungsansätze im Zusammenhang mit der Sanierungsklausel in § 8c Abs. 1a KStG, DStR 2009, 2173, 2175; OFD Rheinland, Verf.. v. 30.03.2010, DStZ, 2010, 929f.
3272 *Ziegenhagen/Thewes*, Die neue Sanierungsklausel in § 8c Abs. 1a KStG, BB 2009, 2116, 2117f.

trieb nicht mehr als zehn Beschäftige hat. Welcher Rückschluss aus der Verweisung im Rahmen der Anwendung der Sanierungsklausel zu ziehen ist, ist umstritten: Einerseits wird vertreten, dass durch den Verweis auf § 13 a Abs. 1 Satz 4 ErbStG den dort genannten kleinen Betrieben der Nachweis des Erhalts der wesentlichen Betriebsstrukturen auf diese Art und Weise verschlossen bleibt.[3273] Andere Autoren schließen daraus hingegen, dass bei den genannten kleineren Unternehmen stets vom Erhalt der wesentlichen Betriebsstrukturen auszugehen ist.[3274] Der zweiten Auffassung ist zuzustimmen. Es wäre schon unter Gleichbehandlungsgrundsätzen nicht vertretbar, kleineren Unternehmen diese Möglichkeit des Nachweises des Erhalts der wesentlichen Betriebsstrukturen generell zu verwehren.

Gleichwohl ist aus Sicherheitserwägungen im Rahmen der Gestaltung von Sanierungsmaßnahmen bis zu einer gerichtlichen Klärung der Frage möglichst darauf zu achten, dass zusätzlich eine Betriebsvereinbarung mit Arbeitsplatzregelung befolgt wird oder die Einlage wesentlichen Betriebsvermögens vorgenommen wird, so dass die Anwendbarkeit des Sanierungsprivilegs auf jeden Fall gesichert ist.

Zu c) Einlage wesentlichen Betriebsvermögens

1763 Eine wesentliche Betriebsvermögenszuführung liegt vor, wenn der Körperschaft innerhalb von zwölf Monaten nach dem Beteiligungserwerb neues Betriebsvermögen zugeführt wird, das mindestens 25 % des in der Steuerbilanz zum Schluss des vorangegangenen Wirtschaftsjahres enthaltenen Aktivvermögens entspricht. Werden nicht alle Anteile an der Körperschaft erworben sondern nur ein Teil, reduziert sich entsprechend des erworbenen Bruchteils auch der Anteil des zuzuführenden Aktivvermögens. Als Einlage gilt nach § 8 c Abs. 1a Satz 3 Nr. 3 Satz 4 KStG auch der Erlass von Verbindlichkeiten durch den Erwerber oder eine diesem nahestehende Person, soweit die Verbindlichkeiten werthaltig sind. Schließlich soll durch § 8 c Abs. 1a Satz 3 Nr. 3 Satz 5 und 6 KStG verhindert werden, dass das neue Betriebsvermögen nur kurzzeitig zugeführt wird und kurz danach durch entsprechende Leistungen der Kapitalgesellschaft das zugeführte Betriebsvermögen wieder entnommen wird. Deshalb sollen nach der Fassung der Norm nach Änderung durch das Wachstumsbeschleunigungsgesetz generell entsprechende Leistungen der Kapitalgesellschaft, die innerhalb von drei Jahren nach der Zuführung des neuen Betriebsvermögens erfolgen, den Wert des zugeführten Betriebsvermögens wiederum mindern.

Zunächst ist darauf hinzuweisen, dass die Zuführung des Betriebsvermögens im Wege der Einlage vorgenommen werden muss. Einlagen können Bareinzahlungen oder sonstige Wirtschaftsgüter sein.[3275] Einlagefähig im Sinne dieser Vorschrift sind nur bilanzierungsfähige Wirtschaftsgüter, nicht

---

3273 *Ortmann-Babel/Bohlik/Gageur*, Mantelkauf: Passt nicht, immer noch zu weit!, DStR 2009, 2173, 2176; *Lang*, Die neue Sanierungsklausel in § 8c KStG, DStZ 2009, 751, 755; OFD Rheinland, Verf. v. 30.03.2010; DStZ 2010, 929 f.

3274 *Ziegenhagen/Thewes*, Die neue Sanierungsklausel in § 8c Abs. 1a KStG, BB 2009, 2116; *Dörr*, § 8c KStG wird saniert!, NWB 2009, 2050, 2056; *Fey/Neyer*, Entschärfung der Mantelkaufregelung für Sanierungsfälle, DB 2009, 1368, 1373.

3275 § 4 Abs. 1 Satz 7 EStG.

aber Nutzungseinlagen.³²⁷⁶ Auch die Einbringung von Betrieben, Teilbetrieben oder Mitunternehmeranteilen oder ein Anteilstausch im Sinne der §§ 20, 21 Umwandlungssteuergesetz ist eine Einlage im Sinne von § 8c Abs. 1a Nr. 3 KStG.³²⁷⁷

Ob die Einlage wesentlich ist, bestimmt sich nach dem Verhältnis des Wertes der eingelegten Wirtschaftsgüter zu dem in der Steuerbilanz zum Schluss des vorangegangenen Wirtschaftsjahres enthaltenen Aktivvermögens. Aktivvermögen im vorstehenden Sinne ist das ausgewiesene Anlage- und Umlaufvermögen ohne Bilanzierungshilfen und aktive Rechnungsabgrenzungsposten.³²⁷⁸ Unklar ist, wie die Vergleichsgröße, also das ausgewiesene Aktivvermögen zu bewerten ist. In der Literatur wird überwiegend die Auffassung vertreten, dass eine Bewertung zum Buchwert zu erfolgen hat, da das Gesetz auf das in der Steuerbilanz enthaltene Aktivvermögen abstellt. Es erscheint somit naheliegend, Ansatz und Bewertung der Vergleichsgröße schlicht aus der vorliegenden letzten Steuerbilanz abzulesen. Dies ist auch im Hinblick auf die in Unternehmenskrisen angezeigte Notwendigkeit von schnellen, einfachen und klaren Handhabungen angemessen.³²⁷⁹ Allerdings wird in der Literatur auch die Auffassung vertreten, dass statt der Buchwerte die Teilweise anzusetzen sind.³²⁸⁰ Denn nach der bisherigen Verwaltungsauffassung zu § 8 Abs. 4 KStG sollte es auch dort auf die Teilwerte ankommen und darüber hinaus sollten auch nicht bilanzierte immaterielle Wirtschaftsgüter in die Vergleichsgröße mit einbezogen werden.

Nach der hier vertretenen Auffassung ist die Vergleichsgröße (also das aus der letzten Steuerbilanz ersichtliche Aktivvermögen) zum Buchwert anzusetzen. Hierfür spricht insbesondere die vom Gesetzgeber in § 8c Abs. 1a Satz 3 Nr. 3 Satz 4 KStG für erforderlich gehaltene Klarstellung, dass auch der Erlass von Verbindlichkeiten der vom Erwerber oder diesem nahestehende Personen als Zuführung neuen Betriebsvermögens gewertet wird, soweit die Verbindlichkeiten werthaltig sind. Dadurch bringt der Gesetzgeber zum Ausdruck, dass er von einem Ansatz zum Buchwert (bei Verbindlichkeiten der Rückzahlungsbetrag) grundsätzlich ausgeht und deswegen eine Einschränkung dahingehend für erforderlich hält, dass dort, wo der Teilwert der Verbindlichkeit geringer ist als der Buchwert, nur der Teilwert als Betriebsvermögensmehrung angesetzt werden darf.

Der Wert des zugeführten Betriebsvermögens mindert sich um den Wert von Leistungen, die innerhalb von drei Jahren nach der Zuführung des neuen Betriebsvermögens erfolgen. Leistungen im vorstehenden Sinne sollen alle Leistungen im Sinne des § 27 Abs. 1 Satz 3 KStG sein, also alle Aus-

1764

3276 *Ziegenhagen/Thewes*, Die neue Sanierungsklausel in § 8c Abs. 1a KStG, BB 2009, 2116, 2119.
3277 *Ortmann-Babel/Bohlik/Gageur*, Mantelkauf: Passt nicht, immer noch zu weit!, DStR 2009, 2173, 2177.
3278 *Ortmann-Babel/Bohlik/Gageur*, Mantelkauf: Passt nicht, immer noch zu weit!, DStR 2009, 2173, 2177.
3279 *Dörr*, § 8c KStG wird saniert!, NWB 2009, 2050, 2057; *Sistermann/Brinkmann*, Die neue Sanierungsklausel in § 8c KStG, DStR 2009, 1453, 1456; *Ortmann-Babel/Bohlik/ Gageur*, Mantelkauf: Passt nicht, immer noch zu weit!, DStR 2009, 2173, 2177.
3280 *Lang*, Die neue Sanierungsklausel in § 8c KStG, DStZ 2009, 751, 755.

kehrungen, die ihre Ursache im Gesellschaftsverhältnis haben.[3281] Dies beinhaltet sowohl offene als auch verdeckte Gewinnausschüttungen sowie Vorabausschüttungen und sonstige Leistungen der Körperschaft an ihre Anteilseigner. Damit besteht auch noch Jahre nach Durchführung der Sanierungsmaßnahme die Gefahr, dass z. B. durch die Aufdeckung von verdeckten Gewinnausschüttungen im Rahmen von Betriebsprüfungen das Sanierungsprivileg rückwirkend vernichtet wird.

1.4.3.4 Ausschluss der Anwendung der Sanierungsklausel

1765 Gemäß § 8c Abs. 1a Satz 4 KStG soll keine Sanierung vorliegen, wenn die Körperschaft ihren Geschäftsbetrieb im Wesentlichen eingestellt hat oder nach dem Beteiligungserwerb ein Branchenwechsel innerhalb eines Zeitraumes von fünf Jahren erfolgt. Die Einstellung des Geschäftsbetriebes hätte keiner expliziten Regelung als Ausschlussgrund für die Anwendung der Sanierungsklausel bedurft, da schon nach Satz 1 des § 8c Abs. 1a KStG die Sanierungsklausel den Beteiligungserwerb zum Zweck der Sanierung des Geschäftsbetriebes voraussetzt. Ist ein Geschäftsbetrieb nicht mehr vorhanden, kann dieser auch schwerlich saniert werden. Gleichwohl wird es in der Praxis zu Abgrenzungsproblemen kommen. Denn der Zeitpunkt, zu dem ein Geschäftsbetrieb im Wesentlichen eingestellt ist, ist gerade in Sanierungsfällen fließend. In Unternehmenskrisen kommt es vor allem im fortgeschrittenen Stadium oft zu Betriebsunterbrechungen oder zu gravierenden Reduzierungen des Geschäftsbetriebes. Hier ist zu fordern, dass ein Ausschluss von der Sanierungsklausel nur dann stattfindet, wenn die wesentliche Einstellung des Geschäftsbetriebes nachhaltig ist oder durch weitere äußere Merkmale klar wird, dass die werbende Tätigkeit bereits eingestellt ist oder kurzfristig eingestellt werden soll.

Problematisch ist weiterhin der Ausschluss der Sanierungsklausel bei einem Branchenwechsel innerhalb von fünf Jahren nach Beteiligungserwerb. Branchenwechsel ist der Wechsel von einer aktiven Tätigkeit zu einer anderen aktiven Tätigkeit.[3282] Fraglich ist, wie in diesem Zusammenhang der sog. Strukturwandel, d.h. ein Branchenwechsel, der sich ohne wesentliche Änderungen der personellen und sachlichen Ressourcen vollzieht, zu beurteilen ist.[3283] Ein solcher Strukturwandel sollte nach der früheren Verwaltungsauffassung zu § 8 Abs. 4 KStG nicht zu einer Versagung des dortigen Sanierungsprivilegs führen. In der Literatur wird gefordert, den Strukturwandel auch unter dem Regime der Neuregelung des § 8c Abs. 1a KStG nicht als schädlichen Branchenwechsel zu qualifizieren.[3284]

3281 *Ortmann-Babel/Bohlik/Gageur*, Mantelkauf: Passt nicht, immer noch zu weit!, DStR 2009, 2177.

3282 *Dörr*, § 8c KStG wird saniert!, NWB 2009, 2050, 2054.

3283 BMF-Schreiben v. 16. 04. 1999, BStBl. I 1999, 455 geändert durch BMF v. 02. 08. 2007, BStBl. I 2007, 624, Rn. 18.

3284 *Ziegenhagen/Thewes*, Die neue Sanierungsklausel in § 8c Abs. 1a KStG, BB 2009, 2120; *Dörr*, § 8c KStG wird saniert!, NWB 2009, 2054.

1.5 Gesellschafterdarlehen in Krise und Insolvenz

1.5.1 Einführung

Hat eine Kapitalgesellschaft Verbindlichkeiten gegenüber ihrem Gesellschafter, so erlangt die steuerrechtliche Behandlung dieser Verbindlichkeiten in der Krise der Gesellschaft regelmäßig besondere Bedeutung. Denn einerseits werden Gesellschafterforderungen gegen eine Kapitalgesellschaft gegenüber den Forderungen von Drittgläubigern sowohl in gesellschaftsrechtlicher als auch in steuerrechtlicher Hinsicht gerade in der Krise der Gesellschaft unterschiedlich behandelt. Andererseits werden Gesellschafterdarlehen im Rahmen von Sanierungsbemühungen regelmäßig zu Sanierungszwecken eingesetzt: Die klassischen Maßnahmen sind die verdeckte oder die offene Einlage (durch Verzicht oder „debt-equity-swap") ggf. mit oder ohne Besserungsabrede sowie der Rangrücktritt. Dadurch werden unterschiedliche handels- und steuerrechtliche Folgen auf der Ebene der Kapitalgesellschaft sowie auf der Ebene des Gesellschafters ausgelöst.

1766

Die Finanzverwaltung hat zur Behandlung von Gesellschafterdarlehen durch die BMF-Schreiben vom 21.10.2010 und vom 08.11.2010 erneut Stellung genommen.[3285]

Da in diesem Abschnitt die körperschaftsteuerlichen Auswirkungen angesprochen sind, wird vor allen Dingen die Situation einer Kapitalgesellschaft als Darlehensnehmerin aber auch als Darlehensgeberin, z. B. in Konzernsituationen, dargestellt.

1.5.2 Gesellschaftsrechtliche Grundlagen

Grundsätzlich sind Gesellschafterdarlehen als Verbindlichkeiten in der Handelsbilanz zu passivieren. Handelt es sich um eine Gesellschaft mit beschränkter Haftung, so sind Gesellschafterdarlehen gemäß § 42 Abs. 3 GmbHG gesondert auszuweisen oder im Anhang anzugeben.

1767

Gerät die darlehensempfangende Gesellschaft in eine Krise, so konnte sich die rechtliche Behandlung der Verbindlichkeiten gegenüber Gesellschaftern je nachdem, welche Rechtsform die darlehensempfangende Gesellschaft hatte, bis zur Einführung des Gesetzes zur Modernisierung des GmbH-Rechts und zur Bekämpfung von Missbräuchen (MoMiG) gravierend dadurch ändern, dass die Kapitalersatzregeln des GmbH-Rechts zur Anwendung kamen. Teilweise wurden die Eigenkapitalersatzregeln des GmbH-Rechts auch für Aktiengesellschaften angewandt. Mit dem MoMiG wurden die bisherigen einzelgesetzlichen Regelungen zugunsten einer rechtsformübergreifenden Systematik, die einheitlich in der Insolvenzordnung angesiedelt wurde, aufgegeben.[3286] War das alte Recht bisher dadurch gekennzeichnet, dass Gesellschafterdarlehen ab dem Eintritt der Krise der Gesellschaft grundsätzlich wie Eigenkapital behandelt werden sollten und damit auch dem Verbot der Rück-

---

3285 BMF-Schreiben v.m 21.10.2010 – IV C 6 – S 2244/08/10001, BStBl. I 2010, 832; BMF-Schreiben v. 8.11.2010 – IV C 6 – S 2128/07/10001, BStBl. I 2010, 1292; vgl. hierzu *Harle/Geiger*, Der steuerliche Umgang mit Gesellschafterdarlehen, BB 2011, 735ff.

3286 *Kleindiek*, in: Lutter/Hommelhoff, GmbHG, Anhang zu § 64, Rn. 93 ff.

zahlung unterlagen, verfolgt die Neuregelung nach dem MoMiG einen anderen Ansatz: Die Rückzahlung von Gesellschafterdarlehen ist auch in der Krise weiter möglich, jedoch kann die Rückzahlung innerhalb eines Jahres vor Insolvenzeröffnung nach den Regeln der Insolvenzanfechtung angefochten werden, § 135 Abs. 1 Nr. 2 InsO.[3287] Im Insolvenzverfahren sind gemäß § 39 Abs. 1 Nr. 5 InsO sämtliche Gesellschafterdarlehen oder Forderungen aus Rechtshandlungen, die einem Gesellschafterdarlehen wirtschaftlich entsprechen, nachrangig.[3288] Jedoch ist das alte Kapitalersatzrecht weiter anwendbar. Wurde ein entsprechendes Insolvenzverfahren vor dem 01. 11. 2008 eröffnet, findet weiter das alte Kapitalersatzrecht Anwendung, während für ab dem 01. 11. 2008 eröffnete Insolvenzverfahren die durch das MoMiG geänderte Fassung der Insolvenzordnung gilt, vgl. § 103 d EGInsO.

1.5.3 Rechtslage vor Einführung des MoMiG

1768 Nach altem Recht vollzog sich der Eigenkapitalschutz der GmbH (der in ähnlicher Art und Weise auch für die Aktiengesellschaft sowie für haftungsbeschränkte Personengesellschaften übernommen wurde) zunächst nach den Vorschriften der §§ 32 a und b GmbHG. Nach § 32 a Abs. 1 GmbHG a. F. konnte ein Gesellschafter, der seiner Gesellschaft in einem Zeitpunkt, zu dem die Gesellschafter als ordentliche Kaufleute Eigenkapital zugeführt hätten (Krise der Gesellschaft), statt dessen ein Darlehen gewährt, dieses nur noch als nachrangiger Insolvenzgläubiger geltend machen. Dies galt neben Gesellschafterdarlehen auch für solche Rechtshandlungen, die wirtschaftlich einer Darlehensgewährung entsprechen, vgl. § 32 a Abs. 3 Satz 1 GmbHG. Insbesondere waren hier sog. eigenkapitalersetzende Nutzungsüberlassungen, z. B. die Vermietung von Vermögensgegenständen durch den Gesellschafter an die Gesellschaft in deren Krise oder die Absicherung von Fremdgläubigern durch den Gesellschafter angesprochen. Nach § 32 b GmbHG hatte der Gesellschafter, der im letzten Jahr vor dem Antrag auf Eröffnung eines Insolvenzverfahrens das Darlehen zurückgezahlt erhalten hat, den zurückerhaltenen Betrag zu erstatten.

Ergänzt wurde die gesetzliche Regelung in §§ 32 a und b GmbHG durch die von Rechtsprechung und Literatur entwickelten sog. „Rechtsprechungsregeln", die weiter parallel zu den Regelungen in §§ 32 a und b GmbHG angewandt wurden.[3289]

In steuerrechtlicher Hinsicht waren die Kapitalersatzregeln insofern von Bedeutung, als dass der Bundesfinanzhof in seiner Rechtsprechung zur steuerrechtlichen Behandlung von Gesellschafterdarlehen auf der Ebene des Gesellschafters im Hinblick auf die Qualifikation als nachträgliche Anschaffungskosten auf die entsprechende Beteiligung wesentlich darauf abgestellt hat, ob das entsprechende Darlehen kapitalersetzend ist; denn dann wurde es als durch das Gesellschaftsverhältnis veranlasst angesehen, wodurch ein

---

3287 *Pflüger*, Auswirkungen des MoMiG auf Gesellschafterdarlehen in der Krise der GmbH, GStB 2009, 184.
3288 Ausnahmen: vgl. § 39 Abs. 4 und 5 InsO.
3289 *Hueck/Fastrich*, in: Baumbach/Hueck, GmbHG 2010, § 30 Anhang, Rn. 4.

Abzug von der Bemessungsgrundlage der Einkommensteuer grundsätzlich eröffnet war.[3290]

1.5.4 Situation nach dem MoMiG

Die wesentliche Neuerung in der Konzeption des Eigenkapitalschutzes des MoMiG besteht darin, dass der Gesetzgeber das Tatbestandsmerkmal der Krisenfinanzierung aufgegeben hat. Vielmehr sind nun sämtliche Gesellschafterdarlehen in der Insolvenz der Gesellschaft gemäß § 39 Abs. 1 Nr. 5 InsO grundsätzlich nachrangig. Ausnahmen bestehen lediglich noch für nichtgeschäftsführende Gesellschafter, die mit 10 % oder weniger am Haftkapital beteiligt sind (vgl. § 39 Abs. 5 InsO), und für Gesellschafter, die die Anteile bei drohender oder eingetretener Zahlungsunfähigkeit oder Überschuldung der Gesellschaft zum Zwecke der Sanierung erworben haben (vgl. § 39 Abs. 4 InsO).

1769

Die Neuregelung in der Insolvenzordnung ist rechtsformübergreifend, d.h. sie gilt für alle Gesellschaftsformen, die weder eine natürliche Person noch eine Gesellschaft, bei der eine natürliche Person Vollhafter ist[3291] als persönlich haftenden Gesellschafter haben.

1.5.5 Bilanzielle Behandlung der Gesellschafterdarlehen

Unabhängig davon, ob ein Gesellschafterdarlehen bereits als kapitalersetzendes Darlehen nach altem Recht behandelt wurde oder nicht, war dieses nach den handelsrechtlichen Vorschriften weiter unter den Verbindlichkeiten auszuweisen. Die Bewertung erfolgte bis zur Einführung des BilMoG grundsätzlich mit dem Rückzahlungsbetrag. Nach Einführung des BilMoG sind Verbindlichkeiten einschließlich der Verbindlichkeiten gegenüber Gesellschaftern gemäß § 253 Abs. 1 Satz 1 HGB mit ihrem Erfüllungsbetrag anzusetzen. Dies gilt in steuerrechtlicher Hinsicht nach dem Maßgeblichkeitsgrundsatz (vgl. § 5 Abs. 1 Satz 1 EStG) entsprechend. Handelt es sich um eine nicht kurzfristige unverzinsliche Verbindlichkeit, so ist steuerrechtlich eine Abzinsung gemäß § 6 Abs. 1 Nr. 3 EStG vorzunehmen.

1770

1.5.6 Einfluss von Sanierungsmaßnahmen
1.5.6.1 Verzicht auf Gesellschafterdarlehen

Der Verzicht des Gesellschafters auf eine Darlehensforderung gegen die Gesellschaft ist eine naheliegende Maßnahme, um die Situation in der Krise zu verbessern. Der Wegfall des Schuldpostens verbessert das Bilanzbild im handelsrechtlichen Jahresabschluss wie auch in einer eventuellen Überschuldungsbilanz. Gesellschafterforderungen stehen in der Krise auch in den meisten Fällen zur Verfügung, da kurzfristige Liquiditätshilfen typischerweise zunächst als Darlehen deklariert wurden, weil die Maßnahmen meist wegen

1771

3290 BFH, Urt. v. 24.04.1997 – VIII R 23/93, BStBl. II 1999, 342; BFH, Urt. v. 13.07.1999 – VIII R 31/98, BStBl. II 1999, 724.
3291 *Kleindiek*, in: Lutter/Hommelhoff, GmbHG, Anhang zu § 64 Rn. 103.

ihrer Eilbedürftigkeit nicht vorab näher untersucht und ggf. komplizierter ausgestaltet wurden.

Verzichtet ein Gesellschafter auf seine Darlehensforderung gegenüber einer Kapitalgesellschaft, kann dies unter handelsrechtlicher Wertung als offene oder verdeckte Einlage erfolgen. Soll der Forderungsverzicht zu einer Erhöhung des Nennkapitals führen, so gelten die gesellschaftsrechtlichen Vorschriften über Kapitalerhöhungen durch Sacheinlagen. Dabei ist zu beachten, dass nach herrschender Meinung eine offene Sacheinlage nur in Höhe des wahren Wertes der Forderung, der unter Berücksichtigung der Bonität der Schuldnerin, also der Gesellschaft, gegen die sich die Forderung richtet, festzustellen ist.[3292]

Soll der Verzicht nicht mit einer Erhöhung des Nennkapitals einhergehen, wird regelmäßig eine Einstellung in die Kapitalrücklage gemäß § 272 Abs. 2 Nr. 4 HGB vorzunehmen sein.[3293]

1772 In steuerrechtlicher Hinsicht gilt seit der Entscheidung des Großen Senats des BFH vom 09.06.1997[3294], dass (nur) in Höhe des werthaltigen Teils eine sog. verdeckte Einlage vorliegt, soweit der Gesellschafter die Forderung aus Gründen, die im Gesellschaftsverhältnis liegen, erlässt.

Befindet sich die Gesellschaft nicht in der Krise, wird die Forderung gegen die Gesellschaft regelmäßig in voller Höhe werthaltig sein, so dass eine verdeckte Einlage in Höhe des Nennkapitals anzunehmen ist. Befindet sich die Gesellschaft im Zeitpunkt des Erlasses hingegen in der Krise, wird der werthaltige Teil entsprechend geringer sein, im Zweifel gegen Null tendieren. Der nicht werthaltige Teil der Forderung ist als laufender Ertrag der Gesellschaft zu erfassen.[3295]

Korrespondierend kommt es beim verzichtenden Gesellschafter in Höhe des ausgesprochenen Verzichts zu einem Zufluss in Höhe des werthaltigen Teils. D.h. es wird unterstellt, dass in Höhe des werthaltigen Teils die Darlehensforderung „zurückgezahlt" wird, die der Gesellschafter sofort wieder einlegt. Wenn es sich bei der Forderung des Gesellschafters um eine Forderung handelt, die mit Zufluss beim Gesellschafter steuerpflichtige Einnahmen auslöst (z.B. Forderungen aus einer Pensionszusage oder Arbeitslohn), dann erzielt der verzichtende Gesellschafter in Höhe des werthaltigen Teils entsprechende steuerpflichtige Einnahmen. Darüber hinaus führt der Verzicht nach der bisherigen Rechtsprechung des BFH in Höhe des Zuflusses, also des werthaltigen Teils, beim Gesellschafter zur Erhöhung seiner Anschaffungskosten auf die Beteiligung im Sinne des § 17 EStG. In Höhe des nichtwerthaltigen Teils betragen die nachträglichen Anschaffungskosten 0 €.

3292 *Lutter*, in: Lutter/Hommelhoff, GmbHG, § 56, Rn. 9f.
3293 A.A. *Förschle/Kroner*, in: Bilanzkommentar, § 272 Rn. 417, die bei Verzicht zu Sanierungszwecken handelsrechtlich den Ausweis als außerordentlichen Ertrag für geboten halten.
3294 BFH, B. v. 09.06.1997 – GrS 1/94, BStBl. II 1998, 307.
3295 BFH, B. v. 09.06.1997 – GrS 1/94, BStBl. II 1998, 307; vgl. BMF-Schreiben v. 08.11.2010, BStBl. I 20; vgl. ausführlich zu den Folgen auf der Ebene des Gesellschafters unter Rn. 1850 ff.

Ob sich diese Sichtweise des BFH nach Inkrafttreten des MoMiG noch halten lassen wird, muss jedoch bezweifelt werden.[3296]

Eine verdeckte Einlage auf der Ebene der Kapitalgesellschaft kann ebenso anzunehmen sein, wenn der Forderungsverzicht nicht von dem Gesellschafter selbst, sondern von einer ihm nahestehenden Person ausgesprochen wird.[3297]

Die verdeckte Einlage erhöht das steuerliche Kapitalkonto des Gesellschafters im Sinne des § 27 KStG.[3298]

Werden die Anteile an der Gesellschaft beim verzichtenden Gesellschafter in einem Betriebsvermögen gehalten, kommt es in Höhe des werthaltigen Teils der Forderung zu nachträglichen Anschaffungskosten auf die Beteiligung. Lag der Buchwert der entsprechenden Forderung höher als der werthaltige Teil dieser Forderung, so entsteht in Höhe der Differenz ein Verlust auf der Ebene des Gesellschafters.[3299] Dabei ist jedoch fraglich, ob der entsprechende Verlust an der Darlehensforderung vollständig steuerlich berücksichtigungsfähig ist oder ob das Halbabzugs- bzw. Teilabzugsverbot des § 3c Abs. 2 EStG gilt.[3300]

Aus praktischer Sicht bereitet die Feststellung des werthaltigen Teils der Verbindlichkeit im Verzichtszeitpunkt regelmäßig große Schwierigkeiten. Die Finanzverwaltung (vgl. BMF-Schreiben v. 08.11.2010, BStBl. I 20) will (zumindest im Fall einer Betriebsaufspaltung) zunächst prüfen, ob das entsprechende Darlehen zur Erzielung von Zinseinkünften oder von Dividendeneinkünften diente. Eine Veranlassung durch Dividendeneinkünfte wird insbesondere angenommen, wenn das Darlehen unter nicht fremdüblichen Bedingungen, z. B. unverzinslich, niedrigverzinslich oder ungesichert vergeben wurde oder wenn es in der Krise stehen gelassen wurde. In diesen Fällen soll die Abschreibung der Darlehensforderung ganz oder teilweise dem Teilabzugsverbot des § 3c Abs. 2 EStG unterfallen.

Darüber hinaus ist der Bewertungsvorgang streitanfällig im Rahmen von späteren Betriebsprüfungen. Im Falle eines erforderlichen Verzichts wird in wesentlichen Fällen, in denen nicht ohnehin aufgrund der fortgeschrittenen Krise des Unternehmens ein werthaltiger Teil von Null anzunehmen ist, eine entsprechende Beweisvorsorge durch Erstellung unabhängiger Gutachten o. ä. angezeigt sein.

Handelt es sich bei dem verzichtenden Gesellschafter ebenfalls um eine Kapitalgesellschaft, kann der dem Verzicht regelmäßig vorangehende Wertverlust gemäß § 8b Abs. 3 Satz 4 KStG steuerlich nicht als Betriebsausgabe abgezogen werden, wenn die Beteiligung an der darlehensschuldenden Ge-

---

3296 Hierzu m. w. N. *Weber-Grellet,* in: Schmidt, EStG, § 17 Rn. 172.
3297 *Crezelius,* in: Schmidt/Uhlenbruck, Die GmbH in Krise, Sanierung und Insolvenz, Rn. 2443.
3298 *Streck,* Komm-KStG, § 27 Rn. 13.
3299 *Crezelius,* in: Schmidt/Uhlenbruck, Die GmbH in Krise, Sanierung und Insolvenz, Rn. 2446.
3300 Gegen Anwendung des Teilabzugsverbots: Fleischer, Besteuerung von Kapitalmaßnahmen der Gesellschafter in der Sanierung – Steine statt Brot?, Stbg 2009, 437, 442; *Korn,* KÖSDI, 2009, 16438; *Carlé/Urbach,* Beratung in der Krise: Steuerliche und zivilrechtliche Hinweise, KÖSDI, 2010, 16896.

sellschaft größer als 25 % ist. Dies gilt jedoch nicht, wenn der Gesellschafter nachweist, dass auch ein fremder Dritter das Darlehen unter sonst gleichen Umständen gewährt und noch nicht zurückgefordert hätte. Dieser Fremdvergleich wird jedoch in Krisensituationen nur schwerlich gelingen. Hierdurch entsteht eine Doppelbelastung: Einerseits muss die das Darlehen empfangende Gesellschaft bei Verzicht den nicht werthaltigen Teil – im Zweifel also den gesamten Nennbetrag – als Gewinn versteuern. Gleichzeitig kann der verzichtende Gesellschafter den Aufwand aus der Abwertung des Darlehens nach § 8 b Abs. 3 Satz 4 KStG nicht als Betriebsausgabe abziehen. Hierdurch können sich insbesondere bei mehrstufigen Konzernen mit zwischengeschalteten Holdinggesellschaften fatale Folgen ergeben, wenn die Muttergesellschaft an eine Tochtergesellschaft ein Darlehen gewährt, das an eine Enkelgesellschaft weitergereicht werden muss und hinsichtlich der Gesellschafterdarlehen auf beiden Ebenen ein Verzicht erklärt wird. Auf der Ebene der zwischenstehenden Tochtergesellschaft kommt es einerseits zu einer Gewinnerhöhung durch den Verzicht der Muttergesellschaft und andererseits zu nichtabziehbaren Aufwendungen nach § 8 b Abs. 3 KStG hinsichtlich des eigenen Verzichts gegenüber der Enkelgesellschaft.[3301]

1777 Eine andere Beurteilung auf der Ebene der sanierungsbedürftigen Kapitalgesellschaft ergibt sich jedoch, wenn der Forderungsverzicht nicht aus Gründen, die im Gesellschaftsverhältnis liegen erfolgt, sondern betrieblich veranlasst ist. Eine betriebliche Veranlassung liegt insbesondere dann vor, wenn auch ein Nichtgesellschafter bei Anwendung der Sorgfalt eines ordentlichen Kaufmannes der Gesellschaft den entsprechenden Vermögensvorteil eingeräumt hätte.[3302] Ein betrieblich bedingter Erlass liegt regelmäßig dann vor, wenn nach dem Willen des erlassenden Darlehensgläubigers der Erlass der Sanierung des schuldnerischen Unternehmens dienen soll.[3303] Im Fall von Gesellschafterdarlehen wird jedoch regelmäßig eine Veranlassung durch das Gesellschaftsverhältnis und keine betriebliche Veranlassung vermutet.[3304] Etwas anderes kann jedoch dann gelten, wenn der Gesellschafter gemeinsam mit anderen Gläubigern an einem Sanierungskonzept, das eine Vielzahl von Gläubigern zum Forderungsverzicht verpflichtet, mitwirkt.[3305] Ist der Verzicht betrieblich veranlasst (dies meint eine Veranlassung durch den Betrieb des Gesellschafters und kann sich somit nur bei der Fallkonstellation Darlehensgewährung aus dem Betriebsvermögen des Gesellschafters auswirken), so ist der Verlust der Darlehensforderung in voller Höhe steuerlich abzugsfähig.[3306]

3301 Hierzu *Letzgus*, Krisenentschärfung durch Wachstumsbeschleunigung – Sanierungslücke Forderungsverzicht?, BB 2010, 92.
3302 BFH v. 29.07.1997, VIII R 57/94, GmbHR 1998, 93.
3303 BFH v. 29.07.1997, VIII R 57/94, GmbHR 1998, 93.
3304 *Kohlhaas*, Die GmbH in der Krise – wie werthaltig sind Gesellschafterforderungen?, GmbHR 2009, 531, 533.
3305 *Helm/Krinninger*, Steuerrechtliche Folgen des Gesellschafterverzichts auf Forderungen gegenüber einer Kapitalgesellschaft, DB 2005, 1989, 1991.
3306 Vgl. BMF-Schreiben v. 08.11.2010, BStBl. I 20.

1.5.6.2 Forderungsverzicht mit Besserungsversprechen

Wie im vorstehenden Abschnitt dargestellt, können beim verzichtenden Gesellschafter nachträgliche Anschaffungskosten im Sinne des § 17 EStG auf seine Beteiligung entstehen. Ob dies der Fall ist und in welcher Höhe hängt zunächst davon ab, ob der Verzicht im Zusammenhang mit einer Unternehmenskrise bei der Beteiligungsgesellschaft ausgesprochen wird oder nicht. Erfolgt der Verzicht außerhalb der Krise, so ist regelmäßig von der Entstehung von Anschaffungskosten in Höhe des Nennwertes der Forderung auszugehen. Steht der Verzicht im Zusammenhang mit einer Krise bei der Beteiligungsgesellschaft, so ist zu unterscheiden: War bereits die Darlehenshingabe kapitalersetzend, d. h. wurde es erst in der Krise gewährt, ist der Nennwert der Forderung maßgeblich für die Höhe der entstehenden nachträglichen Anschaffungskosten.[3307] Hatte dagegen der Gesellschafter das Darlehen vor Beginn der Unternehmenskrise gewährt und in der Krise stehengelassen, sollte nur der Teil des Darlehens zu nachträglichen Anschaffungskosten führen, der dem Teilwert des Darlehens bei Eintritt der Krise entsprach.[3308]

1778

Dies hatte in der Praxis zur Folge, dass sich gerade in der Krise der einfache Erlass von in der Krise stehengelassenen Darlehensforderungen in doppelter Hinsicht nachteilig auswirken kann. Beim Gesellschafter kann der Vermögensverlust regelmäßig nicht steuerlich zum Abzug gebracht werden, da der gemeine Wert im Zeitpunkt des Eintritts der Krise regelmäßig 0 € beträgt. Bei der begünstigten Gesellschaft kommt es hingegen in Höhe des nichtwerthaltigen Teils (also i. d. R. in voller Höhe) zu steuerpflichtigen Erträgen, die bestenfalls mit vorhandenen Verlustvorträgen verrechnet werden. In ungünstigen Konstellationen (z. B. bei nicht vorhandenen Verlustvorträgen oder Eingreifen der Mindestbesteuerung) können unmittelbare Zahllasten entstehen.

Die dargestellten Probleme des einfachen Verzichts auf Gesellschafterdarlehen sowohl auf der Ebene der Gesellschaft als auch auf der Ebene des Gesellschafters haben dazu geführt, dass der einfache Verzicht auf Gesellschafterforderungen eher selten in der Sanierungspraxis eingesetzt wird.

Zu weniger nachteiligen Ergebnissen als der schlichte Forderungsverzicht führt ein Forderungsverzicht mit gleichzeitiger Besserungsvereinbarung. Dabei handelt es sich um einen Schulderlass, der unter der auflösenden Bedingung steht, dass bestimmte zukünftige Ereignisse eintreten, die darauf schließen lassen, dass sich die wirtschaftliche Lage des Schuldnerunternehmens gebessert hat. Eine Besserung der wirtschaftlichen Lage wird in der Praxis häufig dann angenommen, wenn das handelsbilanzielle Eigenkapital in nomineller Höhe wieder hergestellt ist und – vor Berücksichtigung der wieder auflebenden Verpflichtung aus dem Besserungsversprechen – ansonsten ein Bilanzgewinn ausgewiesen werden würde.

1779

Alternativ zur auflösenden Bedingung kann die Besserungsabrede zivilrechtlich auch so ausgestaltet sein, dass neben dem Verzicht eine neue Ver-

1780

3307 BFH, Urt. v. 10.11.1998 – VIII R 6/96, BStBl. II 1999, 348.
3308 BFH, Urt. v. 31.10.2000 – VIII R 47/98, BFH/NV 2001, 589.

bindlichkeit begründet wird, deren Entstehung unter die aufschiebende Bedingung des Eintritts der Besserungskriterien gestellt wird.

Neben dem Wiederaufleben der Verbindlichkeit kann zusätzlich vereinbart werden, dass für die Zeit zwischen Erlass und Eintritt der Besserung auch nachträglich Zinsen entstehen.[3309] Nach Auffassung des BFH[3310] und dem folgend der Finanzverwaltung[3311] ist es zulässig, eine schuldrechtliche Rückwirkung des Wiederauflebens der ursprünglichen Verbindlichkeit zu vereinbaren mit der Folge, dass auch die für die Zwischenzeit wieder auflebenden Zinszahlungsverpflichtungen als Betriebsausgabe durch die betroffene Gesellschaft abgezogen werden dürfen.

1781 Die steuerrechtlichen Folgen des Forderungsverzichts mit Besserungsschein richten sich zunächst danach, ob der Verzicht durch einen Gesellschafter oder durch einen Nichtgesellschafter ausgesprochen wird. Verzichtet ein Nichtgesellschafter auf die Forderung, so entsteht bei diesem Aufwand in Höhe des noch vorhandenen Restbuchwertes seiner Forderung, sofern die Forderung zu einem Betriebsvermögen gehört. Auf der Ebene der Schuldnerin der Forderung entsteht in voller Höhe Ertrag.[3312] Verzichtet ein Gesellschafter auf seine Forderung, so richten sich die Folgen des Verzichts grundsätzlich nach den im vorigen Abschnitt dargestellten Regeln. Unterschiede ergeben sich jedoch in dem Moment, in dem Besserungsabrede greift: Das Wiedereinbuchen der Verbindlichkeit vollzieht sich spiegelbildlich zu den Folgen der Ausbuchung der Verbindlichkeit im Erlasszeitpunkt: Hat die Ausbuchung der Verbindlichkeit bei Erlass zur verdeckten Einlage geführt, so gilt diese verdeckte Einlage nun als zurückgewährt.[3313]

1782 Hat die Ausbuchung der Verbindlichkeit zu einem Ertrag geführt, weil die Verbindlichkeit im Erlasszeitpunkt nicht mehr werthaltig war, so erfolgt die Wiedereinbuchung erfolgswirksam. D. h. die sanierte Gesellschaft bucht eine steuerwirksame Gewinnminderung in Höhe dieses Teils der Kraft der Besserungsvereinbarung wieder auflebenden Verbindlichkeit.[3314]

Dies führt in Krisensituationen, in denen Gesellschafter einen Verzicht auf ihre Gesellschafterdarlehen auszusprechen haben, regelmäßig zu Vorteilen in der steuerlichen Behandlung gegenüber einem unbedingten Verzicht: Zwar führt auch hier im ersten Schritt der Verzicht fast immer zu der Entstehung eines steuerbaren Ertrages auf der Ebene der Kapitalgesellschaft, da in der Krise die entsprechenden Gesellschafterdarlehen regelmäßig wertlos sind. Soweit in der laufenden Periode entsprechende Verluste entstanden sind, werden diese durch den Ertrag aus dem Forderungsverzicht kompensiert. Übersteigt der Ertrag aus dem Forderungsverzicht die Verluste aus der laufenden Periode kann es zur Entstehung von Steuerzahllasten kommen, es sei denn, es sind Verlustvorträge aus Vorperioden vorhanden, die zu einer Verrechnung herangezogen werden können. Hier ist jedoch die Problematik

---

3309 *Knebel*, Der Forderungsverzicht als Sanierungsmaßnahme, DB 2009, 1094, 1095.
3310 BFH, Urt. v. 30.05.1990 – I R 41/87, BStBl. II 1991, 588.
3311 BMF-Schreiben v. 02.12.2003, BStBl. I 2003, 648.
3312 *Knebel*, Der Forderungsverzicht als Sanierungsmaßnahme, DB 2009, 1094, 1095.
3313 BMF-Schreiben v. 02.12.2003, BStBl. I 2003, 648.
3314 *Crezelius*, in: Schmidt/Uhlenbruck, GmbH in Krise, Sanierung und Insolvenz, Rn. 2451.

der sog. Mindestbesteuerung gemäß § 10 d Abs. 2 EStG zu beachten, die auch nicht durch den Einsatz des Besserungsscheins gelöst werden kann.

Führt die Sanierung später zum Erfolg, wird jedoch das verbrauchte Verlustabzugsvolumen durch das erfolgswirksame Wiedereinbuchen der Verbindlichkeit wieder hergestellt. Hätte der Gesellschafter einen unbedingten Verzicht ausgesprochen, dann wäre seine Darlehensforderung gegen die Gesellschaft endgültig verloren gewesen. Bei einer späteren Besserung würde nicht die Darlehensverbindlichkeit wieder aufleben, sondern die Gesellschaft hätte entsprechende Überschüsse erzielt, die zwar für den Gesellschafter möglicherweise zur Entnahme zur Verfügung stehen, jedoch grundsätzlich für den Gesellschafter steuerpflichtiges Einkommen bedeuten würden. 1783

Gehört die wieder auflebende Darlehensforderung beim Gesellschafter zu einem Betriebsvermögen, so ist hinsichtlich der Folgen auf der Ebene des Gesellschafters dahingehend zu differenzieren, ob der ursprüngliche Erlass zu nachträglichen Anschaffungskosten auf die Beteiligung geführt hat oder aufwandswirksam war: Hat der Verzicht zu nachträglichen Anschaffungskosten geführt, liegt nunmehr eine Anschaffungskostenminderung vor.[3315] War der Verzicht auf der Ebene des Gesellschafters hingegen aufwandswirksam, ist die Wiedereinbuchung ertragswirksam.

Handelt es sich beim Gesellschafter um eine Kapitalgesellschaft, so ist der Verzicht unter dem Regime des § 8 b Abs. 3 Satz 4 KStG i. d. R. nicht gewinnmindernd gewesen. Dementsprechend ist auch die Wiedereinbuchung der Forderung nach herrschender Meinung unter analoger Anwendung des § 8 b Abs. 3 Satz 8 KStG nicht steuerbar.[3316] 1784

Das Instrument des Forderungsverzichts mit Besserungsabrede wurde in jüngerer Zeit auch häufig eingesetzt, um die nachteiligen Folgen des § 8 Abs. 4 KStG a.F. bzw. § 8 c KStG n. F. zu vermeiden. Sollte insbesondere im Sanierungsfällen die notleidende Gesellschaft an einen anderen Gesellschafter verkauft werden, so konnten die gemäß § 8 c KStG vom Untergang bedrohten Verlustvorträge vor der Übertragung durch einen Forderungsverzicht des Alt-Gesellschafters mit Besserungsabrede durch den dann entstehenden Gewinn (die gesellschaftsrechtliche Veranlassung und krisenbedingte Wertlosigkeit des Gesellschafterdarlehens unterstellt) verbraucht werden. Hierdurch wurde erreicht, dass im Zeitpunkt des „schädlichen Beteiligungserwerbs"[3317] überhaupt keine Verlustvorträge vorhanden waren, die durch § 8 Abs. 4 KStG aF. bzw.§ 8 c KStG n. F. vernichtet werden konnten. Die Finanzverwaltung will auf derartige Fälle (nach einer zur alten Rechtslage ergangenen Verwaltungsanweisung) die Rechtsfolgen des § 8 Abs. 4 KStG a. F. anwenden.[3318] Danach soll der Aufwand aus der Wiedereinbuchung der Verbindlichkeit im Besserungszeitpunkt steuerlich nicht abziehbar sein, wenn ein Ereignis im Sinne des § 8 Abs. 4 KStG a. F. zwischen

---

3315 *Crezelius*, in: Schmidt/Uhlenbruck, GmbH in Krise, Sanierung und Insolvenz, Rn. 2452.
3316 *Benzel/Linzbach*, Auswirkungen des Forderungsverzichts – Steuerliche Belastung und Beeinflussung der Steuerquote, DStR 2009, 1599, 1601.
3317 Vgl. insoweit § 8 c Abs. 1 Satz 1 KStG.
3318 BMF-Schreiben v. 02.12.2003, BStBl. I 2003, 648.

Erlass der Verbindlichkeit und Eintritt des Besserungsfalles lag. Die entsprechende Verwaltungsanweisung ist noch zur alten Fassung des Körperschaftsteuergesetzes ergangen. Es ist jedoch davon auszugehen, dass die Finanzverwaltung diese Auffassung auch auf die Folgevorschrift des § 8 c KStG anwenden wird. In der Literatur[3319] wird die Auffassung der Finanzverwaltung abgelehnt, da sie weder vom Wortlaut des Körperschaftsteuergesetzes noch durch § 42 AO gedeckt ist. Auch das FG München will in derartigen Fällen einen Gestaltungsmissbrauch annehmen.[3320]

1.5.6.3 Rangrücktritt

1785 Eine weitere in der Sanierungspraxis häufig verwandte Maßnahme unter Einsatz von Gesellschafterforderungen stellt der Rangrücktritt dar. Dieser unterscheidet sich vom Erlass dadurch, dass der erklärende Gläubiger, hier der Gesellschafter, im Rang hinter die Ansprüche anderer Gläubiger zurücktritt, d. h. dass er die Befriedigung seiner Forderung erst dann verlangen kann, wenn die vorrangigen Forderungen befriedigt sind. Wird die entsprechende Rangrücktrittserklärung zutreffend ausgestaltet, kann dadurch erreicht werden, dass die entsprechende Verbindlichkeit zwar sowohl in der Handels- wie auch in der Steuerbilanz weiter auszuweisen ist, in einer insolvenzrechtlichen Überschuldungsbilanz der Ausweis der Verbindlichkeit jedoch entfällt. Dadurch kann ohne komplizierte handelsrechtliche und steuerrechtliche Folgewirkungen, insbesondere auf der Ebene des Gesellschafters, in Kauf nehmen zu müssen, eine insolvenzrechtliche Überschuldung beseitigt werden.

Dabei ist jedoch darauf hinzuweisen, dass mit der durch das Finanzmarktstabilisierungsgesetz vom 17.10.2008 in Kraft getretenen Neufassung des Überschuldungsbegriffes in § 19 Abs. 2 InsO die Bedeutung der „Überschuldungsbilanz", in der sich der Rangrücktritt auswirken soll, abgenommen hat. Denn nach der Neuregelung ist stets dann, wenn die Fortführung des Unternehmens nach den Umständen überwiegend wahrscheinlich erscheint, die Aufstellung einer Überschuldungsbilanz ohnehin obsolet. D. h. die Bedeutung des Rangrücktritts als Sanierungsmaßnahme zur Abwendung einer Überschuldung konzentriert sich ohnehin nur noch auf Fälle, in denen keine positive Fortführungsprognose mehr gegeben ist, denn dann muss im nächsten Schritt eine Überschuldungsbilanz unter Annahme der Unternehmenseinstellung aufgestellt werden, in der ein Rangrücktritt zur Entlastung von Verbindlichkeiten genutzt werden kann.

Hinsichtlich der inhaltlichen Ausgestaltung des Rangrücktritts ist zwischen der Rechtslage vor und nach Inkrafttreten des Gesetzes zur Modernisierung des GmbH-Rechts und zur Bekämpfung von Missbräuchen (MoMiG) zu unterscheiden.

1786 Bis zum Inkrafttreten des MoMiG galten folgende Grundsätze: Verbindlichkeiten gegenüber Gesellschaftern waren, selbst wenn sie nach früherem

---

3319 *Hoffmann*, Forderungsverzicht des Gesellschafters einer Kapitalgesellschaft gegen Besserungsschein bei Gesellschafterwechsel, DStR 2004, 293; *Crezelius*, in: Schmidt/Uhlenbruck, GmbH in Krise, Sanierung und Insolvenz, Rn. 2453.
3320 FG München, Urt. v. 22.02.2011, 6 K 1451/05, Rev. eingelegt (Az. des BFH I R 23/11).

Recht als kapitalersetzend einzustufen waren, in der Handels- und Steuerbilanz wie auch in der Überschuldungsbilanz weiter als Verbindlichkeit zu passivieren. Hieran änderte sich erst dann etwas, wenn der Gesellschafter einen sog. „qualifizierten Rangrücktritt" ausgesprochen hatte. Von einem qualifizierten Rangrücktritt war auszugehen, wenn der Gesellschafter erklärte, „... er wolle wegen der genannten Forderungen erst nach der Befriedigung sämtlicher Gesellschaftsgläubiger und – bis zur Abwendung der Krise – auch nicht vor, sondern nur zugleich mit den Einlagerückgewähransprüchen seiner Mitgesellschafter berücksichtigt, also behandelt werden, als handele es sich bei seiner Gesellschafterleistung um statutarisches Kapital".[3321]

War die entsprechende Rangrücktrittserklärung weniger weitreichend, sprach man auch von einem „einfachen" oder einem „nicht qualifizierten" Rangrücktritt. Der einfache Rangrücktritt war nicht geeignet, die gewünschte entlastende Wirkung im Rahmen der Überschuldungsprüfung zu erzeugen.[3322]

In steuerrechtlicher Hinsicht war zu beachten, dass die Finanzverwaltung[3323] auf einen einfachen Rangrücktritt unter Umständen § 5 Abs. 2a EStG anwenden wollte. Gemäß § 5 Abs. 2a EStG darf eine Verbindlichkeit oder Rückstellung dann nicht angesetzt werden, wenn die Verpflichtung nur zu erfüllen ist, soweit künftig Einnahmen oder Gewinne anfallen. Wenn nun bei einer einfachen Rangrücktrittsvereinbarung vorgesehen war, dass die Rückzahlung der Verbindlichkeit nur dann zu erfolgen habe, wenn der Schuldner dazu aus zukünftigen Gewinnen oder aus einem Liquidationsüberschuss in der Lage sein sollte, nicht jedoch ausdrücklich bestimmt war, dass eine Tilgung auch aus anderem „freien" Vermögen erfolgen sollte, wollte die Finanzverwaltung § 5 Abs. 2a EStG anwenden mit der Folge, dass die entsprechende Verbindlichkeit bei Abgabe der Rangrücktrittserklärung (mit fehlender Bezugnahme auf eine Tilgungsmöglichkeit aus anderem „freien" Vermögen) erfolgswirksam auszubuchen sein sollte. Der Verwaltungsauffassung ist der Bundesfinanzhof entgegengetreten.[3324] § 5 Abs. 2a EStG ist nicht bereits dann anzuwenden, wenn eine Rangrücktrittsvereinbarung einen ausdrücklichen Bezug auf eine Tilgungsmöglichkeit aus sonstigem „freiem" Vermögen nicht enthält. Vielmehr sei ein nicht näher präzisierter Rangrücktritt, in dem eine ausdrückliche Bezugnahme auf eine Tilgung auch aus sonstigem freien Vermögen fehle, nicht dahingehend auszulegen, dass der Gläubiger für den Fall der Besserung auf die Rückzahlung des Darlehens aus einem Liquidationsüberschuss oder aus sonstigem freien Vermögen verzichte. Allerdings ließ der BFH in dem zitierten Urteil offen, ob nicht in anders gelagerten Fällen eine Anwendung von § 5 Abs. 2a EStG bei Vereinbarung eines (einfachen) Rangrücktritts möglich ist. Zumindest bestand zwischen Verwaltung und BFH hinsichtlich des qualifizierten Rangrücktritts im Sinne der vom BGH[3325] vorgegebenen Beschaffenheit Einig-

---

3321 BGH, Urt. v. 08.01.2001 – II ZR 88/99, DB 2001, 373.
3322 *Rätke*, Rangrücktrittsvereinbarung, BBK 2005, Fach 13, 4811.
3323 BMF-Schreiben v. 18.08.2004, BStBl. I 2004, 850 sowie BMF-Schreiben v. 08.09.2006, BStBl. I 2006, 497.
3324 BFH, Urt. v. 10.11.2005 – IV R 13/04, BStBl. II 2006, 618.
3325 BGH, Urt. v. 08.01.2001 – II ZR 88/99, DB 2001, 373.

keit, dass weiterhin eine steuerrechtliche Passivierungspflicht gegeben ist. Dies war für die Zwecke der Sanierungspraxis auch ausreichend, da zu Sanierungszwecken ohnehin ein qualifizierter Rangrücktritt ausgesprochen werden musste. Nunmehr hat sich jedoch der I. Senat des BFH[3326] zur steuerlichen Behandlung eines Rangrücktritts zu Wort gemeldet. In dem entschiedenen Fall lautete die Formulierung des Rangrücktritts wie folgt:

> *„Solange die Schuldnerin überschuldet ist, ist der Gläubigerin untersagt, über ihre Darlehensforderung zu verfügen, insbesondere sie abzutreten oder zu verwenden. Das Abtretungsverbot gilt nicht für den Fall der Veräußerung der von der Gläubigerin gehaltenen Geschäftsanteile an der Schuldnerin. Die Gläubigerin kann die Befriedigung ihrer Gesamtforderung nur aus künftigen Jahresüberschüssen, soweit sie bestehende Verlustvorträge übersteigen, oder ggf. aus deinem Liquidationsüberschuss verlangen."*

Daraus schloss der erkennende I. Senat des BFH, dass eine Rückzahlung nur aus künftigen Überschüssen, die die Verlustvorträge übersteigen, oder aus einem Liquidationsüberschuss zu leisten sei, so dass die entsprechenden Verbindlichkeiten mangels wirtschaftlicher Belastung nicht mehr auszuweisen seien. Im Streitfall hätten die Darlehen dann auch nicht als Einlagen behandelt werden dürfen, weil die Darlehen aus zukünftigen Gewinnen zu tilgen gewesen seien und ihnen deshalb nicht die Funktion von zusätzlichem Eigenkapital zukäme. Im entschiedenen Fall wurde der Rangrücktritt also wirtschaftlich dem Erlass der entsprechenden Verbindlichkeiten gleichgestellt. Allerdings weist der I. Senat auch darauf hin, dass es sich insoweit bei Rangrücktrittserklärungen anders verhielte, wenn diese auch aus sonstigem Vermögen des Schuldners zu bedienen sind.

Ob eine Tilgung auch aus sonstigem freien Vermögen (z.B. aus weiteren Kapitalerhöhungen) zu erfolgen hat, muss – wenn dies nicht ausdrücklich festgelegt ist – gegebenenfalls im Wege der Auslegung ermittelt werden.[3327]

1788 Unter der Herrschaft des MoMiG ab 01.11.2008 sind nunmehr sämtliche Gesellschafterdarlehen mit Ausnahme der in § 39 Abs. 4 und 5 InsO geregelten Fälle in der Insolvenz einer Kapitalgesellschaft bzw. einer den Kapitalgesellschaften gleichgestellten Personengesellschaft generell nachrangig hinter den in § 39 Abs. 1 Nr. 1 bis 4 InsO genannten Forderungen. Trotzdem verlangt der Gesetzgeber für den Nichtansatz eines Gesellschafterdarlehens im Überschuldungsstatus, dass zusätzlich ein Rangrücktritt vereinbart wird, § 19 Abs. 2 Satz 2 InsO. Dabei ist es jedoch ausreichend, dass ein Rangrücktritt im Sinne des § 39 Abs. 2 InsO ausgesprochen wird. D. h. dass es ausreichend ist, wenn zwischen Gläubiger und Schuldner der Nachrang nach den in § 39 Abs. 1 InsO bezeichneten Forderungen erklärt wird. Eine darüber hinausgehende Qualifikation im Sinne der vom BGH[3328] postulierten Gleichstellung mit statutarischem Eigenkapital ist nicht mehr erforderlich.[3329]

3326 BFH, Urt. v. 30.11.2011 – I R 100/10, DB 2012, 490.
3327 Vgl. hierzu auch BFH, Urt. v. 10.11.2005 – IV R 13/04, BStBl II 2006, 618.
3328 BGH, Urt. v. 08.01.2001 – II ZR 88/99, DB 2001, 373.
3329 *Ortmann-Babel/Bohlik/Gageur*, Aktuelle Beratungsschwerpunkte bei der Bilanzierung von Gesellschafterdarlehen, BB 2009, 2414, 2418.

Für die gegenwärtige Gestaltungspraxis ist darauf hinzuweisen, dass die Finanzverwaltung sich noch nicht dazu geäußert hat, wie die mit dem MoMiG eingetretene Änderung der Rechtslage in Bezug auf Rangrücktrittserklärungen und die Gefahr einer gewinnerhöhenden Ausbuchung der Verbindlichkeiten zu würdigen ist. Auch wenn nunmehr ein einfacher Rangrücktritt in den Rang des § 39 Abs. 2 InsO für insolvenzrechtliche Zwecke ausreichend ist, ist in Anbetracht der jüngsten Rechtsprechung des I. Senats des BFH[3330], die zwar noch zur Rechtslage vor Inkrafttreten des MoMiG ergangen ist, unbedingt zu empfehlen, eine Tilgungsmöglichkeit auch aus dem sonstigen freien Vermögen des Schuldners ausdrücklich klarzustellen.[3331]

1.6 Pensionsrückstellungen in Krise und Insolvenz

1.6.1 Grundlagen

Die Zusage von Altersversorgungen an Arbeitnehmer erfreute sich bislang großer Beliebtheit. Dabei standen die positiven Aspekte der Stärkung der Innenfinanzierungskraft der Unternehmen und erreichbare Steuerstundungseffekte im Mittelpunkt. In inhabergeprägten Unternehmen standen vor allem Pensionszusagen an Gesellschafter-Geschäftsführer im Vordergrund, die zum Aufbau der Altersversorgung der ansonsten oftmals nicht rentenversicherungspflichtigen Gesellschafter-Geschäftsführer beitrugen. In jüngerer Zeit ging allerdings die Neigung zur Erteilung von Direktzusagen an Arbeitnehmer und Gesellschafter-Geschäftsführer zurück, da die mit entsprechenden Zusagen verbundenen Nachteile durch die jüngste Wirtschafts- und Finanzkrise stärker ins Bewusstsein gerückt sind.

Häufig werden zur Ausfinanzierung der Pensionszusage sog. Rückdeckungsversicherungen abgeschlossen. Dies sind Lebensversicherungen, oft auf das Leben des Versorgungsberechtigten als versicherte Person, die durch die Kapitalgesellschaft als Versicherungsnehmer abgeschlossen werden und die im Erlebensfall auf den Zeitpunkt des Eintritts der Versorgungsverpflichtung an die Kapitalgesellschaft als Versicherungsnehmerin auszuzahlen sind. Hierdurch soll die Bereitstellung der notwendigen Liquidität bei Eintritt des Versorgungsfalles sichergestellt werden. Oft sind die entsprechenden Rückdeckungsversicherungen an die versicherten Personen zur Absicherung des Versorgungsanspruches verpfändet.

Vor allem in der Krise bieten sich vorhandene Pensionszusagen als Ansatzpunkt für Sanierungsmaßnahmen an.

1.6.2 Verzicht auf Pensionszusagen

Wurde eine Pensionszusage gegenüber einem Gesellschafter-Geschäftsführer erteilt, stellt sich in der Krise der Gesellschaft regelmäßig die Frage, ob ein Verzicht des betreffenden Gesellschafter-Geschäftsführers auf seinen Pensionsanspruch als Sanierungsmittel in Frage kommt. Handelsbilanziell führt

---

3330 BFH Urt. v. 30.11.2011 – I R 100/10, DB 2012, 490.
3331 *Fuhrmann*, Auswirkungen des MoMiG auf die steuerliche Beratungspraxis, NWB Fach 4, 5391, 5395.

der Verzicht auf den Pensionsanspruch zur Auflösung der entsprechenden Pensionsrückstellung, mithin zu einem Ertrag der Gesellschaft. Steuerrechtlich muss ebenfalls die gebildete Pensionsrückstellung grundsätzlich erfolgswirksam aufgelöst werden. Hinsichtlich der weiteren Behandlung dieses Ertrages ist zu unterscheiden, ob der Verzicht auf die Pensionszusage durch das Gesellschaftsverhältnis veranlasst ist oder ob eine betriebliche Veranlassung des Verzichts gegeben ist. Eine gesellschaftsrechtliche Veranlassung wird regelmäßig dann angenommen, wenn die Kapitalgesellschaft ihrem Gesellschafter einen Vermögensvorteil zuwendet, den sie bei Anwendung der Sorgfalt eines ordentlichen und gewissenhaften Geschäftsleiters einem Nichtgesellschafter nicht gewährt hätte.[3332]

1792 Liegt eine Veranlassung durch das Gesellschaftsverhältnis vor, so ist einem weiteren Schritt zu prüfen, ob und inwieweit der Anspruch des versorgungsberechtigten Gesellschafter-Geschäftsführers werthaltig ist. In Höhe des werthaltigen Teils des Anspruches fließt dem versorgungsberechtigten Gesellschafter-Geschäftsführer Arbeitslohn zu.[3333] Gleichzeitig tätigt der Gesellschafter-Geschäftsführer in Höhe des Zuflusses eine verdeckte Einlage durch den Verzicht auf die Pension. Es greift mithin derselbe Mechanismus, wie bereits im Abschnitt zur Darstellung des Verzichts auf Gesellschafterdarlehen erläutert. Es wird unterstellt, dass durch den Verzicht auf den Anspruch (hier auf den Pensionsanspruch) ein Zufluss beim verzichtenden Gesellschafter in Höhe des werthaltigen Teils des Anspruches vorliegt und sogleich eine Einlage in die Gesellschaft durch den Verzicht getätigt wird. Der Pensionszufluss ist lohnsteuerpflichtiger Arbeitslohn.[3334]

1793 Soweit eine verdeckte Einlage vorliegt, ist auf der Ebene der Kapitalgesellschaft der Gewinn aus der Auflösung der Pensionsrückstellung außerbilanziell um den Betrag der verdeckten Einlage zu mindern. Indes wird der Vorgang auf der Ebene der Kapitalgesellschaft nur in seltenen Ausnahmefällen erfolgsneutral sein. Denn der Gewinn aus der Ausbuchung der Pensionsrückstellung entsteht in Höhe des ausgewiesenen Buchwertes der Rückstellung. Die Rückstellung ist jedoch in der Steuerbilanz der Kapitalgesellschaft mit dem gemäß § 6a EStG ermittelten Teilwert anzusetzen. Für laufende Pensionen und unverfallbare Anwartschaften ist der Barwert der Verpflichtung anzusetzen. Für noch aktive Anwärter wird die Rückstellung ratierlich über die gesamte Zeit des Bestehens der Dienstzeit bis zum Eintritt des Rentenalters aufgebaut. Bei der Berechnung des Teilwertes ist ein Rechnungszins von 6 % steuerlich verbindlich vorgeschrieben. Sofern Rückstellungen in der Vergangenheit nicht gebildet wurden, dürfen sie mit steuerlicher Wirkung nicht mehr nachgeholt werden. Die Bewertung des Zuflusses beim verzichtenden Gesellschafter und der Betrag der verdeckten Einlage richten sich hingegen nach dem Teilwert der Forderung aus der Sicht des Gesellschafters.[3335] Dies ist der Betrag, der bei einem Geschäft unter fremden Dritten im Zeitpunkt des Verzichts zum Erwerb einer gleichhohen Pen-

---

3332 BFH, Urt. v. 14.03.2006 – I R 38/05, BFH/NV 2006, 1515.
3333 BFH, B. v. 09.06.1997 – GrS 1/94, BStBl. II 1998, 307.
3334 FinMin NRW, Erlass v. 17.12.2009, 2743-10-VB4, DB 2010, 587.
3335 BFH, Urt. v. 15.10.1997 – I R 58/93, BStBl. II 1998, 305.

sionsanwartschaft gegen einen Schuldner vergleichbarer Bonität hätte aufgewandt werden müssen.[3336] Bei der Ermittlung des Teilwertes soll es auch von Bedeutung sein, ob die Pension unfallbar ist oder ob sie ggf. voraussetzt, dass der Pensionsberechtigte bis zum Pensionsfall für den Verpflichteten nicht selbstständig tätig ist.[3337] Ist der nach diesen Grundsätzen ermittelte Teilwert der verdeckten Einlage höher als der Auflösungsbetrag der Rückstellung, so ist in Höhe des Differenzbetrages zum Stichtag des Forderungsverzichts ein zusätzlicher Aufwand auf der Ebene der Kapitalgesellschaft gegeben. Liegt hingegen der Teilwert der Pensionsanwartschaft unter dem Buchwert der Pensionsrückstellung, so ergibt sich in Höhe des Differenzbetrages ein laufender Gewinn der Kapitalgesellschaft, der steuerpflichtig ist.[3338]

Besteht eine Rückdeckungsversicherung, die an den versorgungsberechtigten Gesellschafter-Geschäftsführer verpfändet ist, ist diese bei der Beurteilung der Werthaltigkeit des Anspruchs mit zu berücksichtigen.[3339] 1794

In Höhe des nichtwerthaltigen Teils kommt es zu keinem Lohnzufluss beim verzichtenden Gesellschafter-Geschäftsführer.[3340]

Ist der Verzicht ausnahmsweise betrieblich veranlasst, ergeben sich die gleichen Konsequenzen wie hinsichtlich des nichtwerthaltigen Teils beim gesellschaftsrechtlich veranlassten Verzicht: Auf der Ebene der Kapitalgesellschaft ist die Pensionsrückstellung erfolgswirksam aufzulösen, dem steht jedoch keine verdeckte Einlage gegenüber. Es ergibt sich auch kein Lohnzufluss beim verzichtenden Gesellschafter-Geschäftsführer.[3341] 1795

Von einer betrieblichen Veranlassung des Verzichts ist nach Auffassung der Finanzverwaltung[3342] auszugehen, wenn die Pensionszusage im Zeitpunkt des Verzichts nicht finanzierbar ist. Nach dem Urteil des BFH vom 04.09.2002[3343] ist die Pensionsrückstellung dann nicht finanzierbar, wenn der Ansatz des nach § 6a Abs. 3 Satz 2 Nr. 2 EStG zu ermittelnden Barwertes der Pensionsanwartschaft im Rahmen einer insolvenzrechtlichen Überschuldungsbilanz zum Ausweis einer insolvenzrechtlichen Überschuldung führen würde. Insbesondere ist nicht auf eine in einer Handelsbilanz ausgewiesene bilanzielle Überschuldung abzustellen.

Die vorstehenden Zusammenhänge sind in der nachstehenden Übersicht zusammengefasst: 1796

3336 BFH, Urt. v. 15.10.1997 – I R 58/93, BStBl. II 1998, 305.
3337 BFH, Urt. v. 15.10.1997 – I R 58/93, BStBl. II 1998, 305.
3338 BFH, Urt. v. 15.10.1997 – I R 58/93, BStBl. II 1998, 305.
3339 *Demuth*, Beratungsakzente zur steuerlichen Verlustverwertung bei Kapitalgesellschaften, KÖSDI 2009, 16779, 16781.
3340 BFH, B. v. 09.06.1997 – GRS 1/94, BStBl. II 1998, 307.
3341 *Demuth*, Beratungsakzente zur steuerlichen Verlustverwertung bei Kapitalgesellschaften, KÖSDI 2009, 16779.
3342 OFD Hannover, Verfügung v. 18.12.2006, DB 2007, 135.
3343 BFH, Urt. v. 04.09.2001 – I R 7/01, BStBl. II 2005, 662.

Teil 5 Steuern in Sanierung und Insolvenz

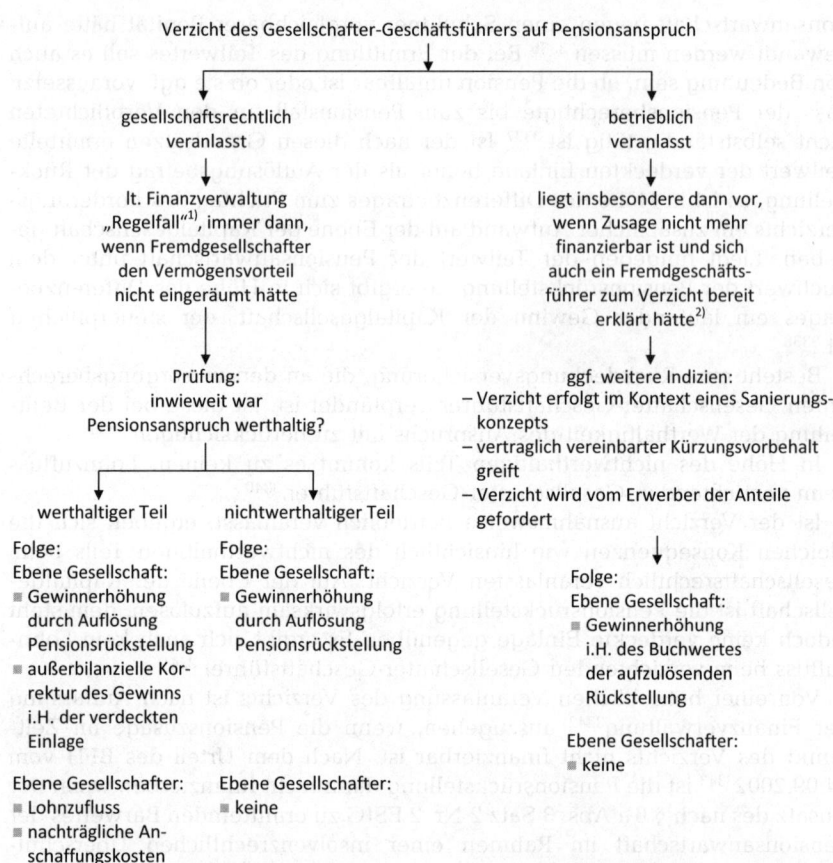

[1] Vgl. FinMin NRW, Erlass vom 17.12.2009, S. 2743-10-VB4 DB 2010, 587.
[2] Vgl. BFH, Urt. v. 08.11.2000 – I R 70/99, BStBl. I 2005, 653; ODF Hannover, Verfügung v. 15.12.2006 – S 2742-117-StO241, DB 2007, 135; BMF-Schreiben v. 06.09.2005 – IV B7-S 2742-69/05, BStBl. I 2005, 875.

Abb. 72: Verzicht auf Pensionsansprüche

1.6.3 Widerruf von Pensionszusagen

1797 Häufig enthalten Pensionszusagen Vorbehalte, nach denen es zulässig ist, die Pensionsleistungen zu kürzen oder ganz einzustellen, wenn sich die wirtschaftlichen Verhältnisse der zusagenden Kapitalgesellschaft wesentlich verschlechtern. Solche konkretisierten Kürzungsvorbehalte sind im Gegensatz zu allgemeinen Widerrufsvorbehalten, die die Kürzungen frei ins Belieben des Arbeitgebers stellen, grundsätzlich für die steuerliche Anerkennung der Pensionszusage unschädlich. Beispiele für die Formulierung unschädlicher Vorbehalte enthält R 6a Abs. 4 EStR. Allerdings sind entsprechende Kürzungsvorbehalte nach der Rechtsprechung des Bundesarbeitsgerichtes[3344] als problematisch einzustufen, so dass sie regelmäßig nur gegenüber Gesellschafter-Geschäftsführern volle Wirksamkeit entfalten.

Auch wenn der Widerruf teilweise dem Verzicht wirtschaftlich gleichgestellt wird,[3345] dürfte der Widerruf auf der Basis eines entsprechend konkretisierten Widerrufsvorbehaltes wegen Verschlechterung der wirtschaftlichen Verhältnisse der Kapitalgesellschaft entsprechend einer klaren und im Voraus getroffenen Regelung in der Pensionszusage anzuerkennen sein mit der Folge, dass kein Lohnzufluss auf Gesellschafterebene und keine verdeckte Einlage anzunehmen ist. Die steuerlichen Folgen vollziehen sich auf der Ebene der Kapitalgesellschaft durch Ausbuchung der Pensionsrückstellung und Erhöhung des steuerlichen Ertrages.

1.6.4 (Teil-)verzicht auf noch nicht erdiente Anwartschaftsrechte

Nach Auffassung der Literatur ist es zulässig, einen Teilverzicht auf die noch nicht erdienten Anwartschaftsrechte auszusprechen. Die nachteiligen Auswirkungen eines Zuflusses beim Gesellschafter-Geschäftsführer und einer verdeckten Einlage sollen nach Auffassung der Verwaltung[3346] für den bis zum Verzichtszeitpunkt bereits erdienten Anteil des Versorgungsanspruchs gelten. Hieraus kann im Umkehrschluss gefolgert werden, dass die negativen Folgen nicht für den noch nicht erdienten Anteil eintreten. In diesem Zusammenhang wird jedoch empfohlen, in der abzuschließenden Ergänzungsvereinbarung zur Versorgungszusage klarzustellen, dass die erdiente Anwartschaft „eingefroren" wird und kein weiteres Erdienen mehr voraussetzt.[3347] Dem stand jedoch die Sichtweise der OFD Hannover[3348] entgegen, wonach ein isolierter Verzicht nur auf den sog. „future-service", also den noch zu erdienenden Teil der Pensionsanwartschaft, nicht möglich sein sollte.[3349] Mit der Verfügung der OFD Niedersachsen vom 15.06.2011[3350] liegt nunmehr eine bundeseinheitlich abgestimmte Regelung vor, die die bisherigen Äußerungen der Finanzverwaltung ersetzt.[3351] Die OFD stellt klar, dass der Verzicht auf den „future-service" auch künftig regelmäßig keine negativen steuerlichen Folgen für den Gesellschafter-Geschäftsführer nach sich zieht. Zwar führt dieser Verzicht dem Grunde nach zu einer verdeckten Einlage und kann dementsprechend grundsätzlich zu einem Zufluss beim Gesellschafter-Geschäftsführer führen; es ist jedoch im Einzelfall zu

1798

3344 BAG, Urt. v. 17.06.2003 – 3 AZR 396/02, DB 2004, 324, m.w.N.
3345 *Demuth*, Beratungsakzente zur steuerlichen Verlustverwertung bei Kapitalgesellschaften, KÖSDI 2009, 16779, 16781.
3346 H 40 KStR 2004, Stichwort Verzicht auf Pensionsansprüche.
3347 *Demuth*, Beratungsakzente zur steuerlichen Verlustverwertung bei Kapitalgesellschaften, KÖSDI 2009, 16779, 16783.
3348 OFD Hannover, Verf. v. 11.08.2009 – S 2742-202-StO 241, DB 2009, 2461.
3349 Ebenfalls kritisch *Janssen*, Zwei gefährliche Irrtümer bei Pensionszusagen, NWB 2009, 796.
3350 OFD Niedersachsen v. 15.06.2011 – S 2742 – 202 – St 242, GmbHR 2011, 1176.
3351 Vgl. OFD Karlsruhe v. 17.9.2010 – S 274.2/107 – St 221, GmbHR 2010, 1288; OFD Frankfurt a.M. v. 04.11.2010 – S 2742 A – 10 – St 510, DB 2011, 501.

prüfen, in welcher Höhe eine verdeckte Einlage vorlag.[3352] Zu keiner verdeckten Einlage und zu keinem Zufluss von Arbeitslohn kommt es, wenn der Barwert der nach dem Verzicht verbleibenden Pensionsanwartschaft den im Verzichtszeitpunkt erdienten Ansprüchen entspricht.[3353] Wird ein Teilverzicht hinsichtlich des „future-service" in Betracht gezogen, sollte vorsorglich die Einholung einer verbindlichen Auskunft der zuständigen Finanzbehörde erwogen werden.

1.6.5 Abfindung einer Pensionsanwartschaft

1799 Sorgfältig zu trennen vom reinen Verzicht auf eine Pensionsanwartschaft sind die Fälle, in denen eine bestehende Pensionsanwartschaft durch Zahlung eines Einmalbetrages abgefunden wird.

Gemäß § 3 Abs. 1 BetrAVG sind Abfindungen von Pensionszusagen für Arbeitnehmer einschließlich Fremdgeschäftsführern und nicht beherrschenden Gesellschafter-Geschäftsführern auf enge Ausnahmefälle begrenzt, bei denen es sich um Kleinstfälle handelt. Darüber hinausgehende Abfindungsregelungen sind arbeitsrechtlich unzulässig. Somit stellt sich die Frage für eine Abfindung einer bestehenden Versorgungsanwartschaft lediglich für beherrschende Gesellschafter-Geschäftsführer.

Oft geht der Verzicht auf Versorgungsansprüche einher mit einer Abfindungszahlung seitens der verpflichteten Gesellschaft. Gerade dann, wenn die Gesellschaft Rückdeckungsversicherungen zur Finanzierung von Versorgungsanwartschaften abgeschlossen und an den Versorgungsberechtigten verpfändet hat, bietet sich ein Einsatz der für das Unternehmen ohnehin blockierten Rückdeckungsansprüche zur Entledigung von den in der Regel den Wert der Rückdeckungsversicherung übersteigenden Versorgungsverpflichtungen an. Im Rahmen der Abfindung von Pensionsansprüchen tritt neben der im vorstehenden Abschnitt beschriebenen Problematik der steuerlichen Behandlung der Verzichts zusätzlich noch die Gefahr einer verdeckten Gewinnausschüttung aus der durch die Zahlung der Abfindung bewirkten Vermögensminderung der Gesellschaft auf den Plan.

1800 Bei der Beurteilung des Vorganges „Verzicht auf eine Versorgungsanwartschaft gegen Abfindungsleistung durch die Gesellschaft" ist zunächst zu unterscheiden, ob es sich um versorgungsberechtigte Arbeitnehmer oder um die Situation eines versorgungsberechtigten Gesellschafter-Geschäftsführers handelt. Hinsichtlich der zivilrechtlichen Ausgangslage bei versorgungsberechtigten Arbeitnehmern, für die das Gesetz zur Verbesserung der betrieblichen Altersversorgung (BetrAVG) gilt, ist zu beachten, dass den rechtlichen Möglichkeiten einer Abfindungsleistung im Zusammenhang mit oder nach Beendigung des Arbeitsverhältnisses gemäß § 3 BetrAVG enge Grenzen gesetzt sind, soweit diese gesetzlich unverfallbar sind. Wird zulässigerweise[3354]

3352 Vgl. im Einzelnen *Klaus Altendorf*, „Einfrieren" einer Pensionszusage durch Verzicht auf den „future-service" – neue Erkenntnis der Finanzverwaltung?, GmbHR 2011, 1186, 1187 ff.

3353 OFD Niedersachsen v. 15.06.2011 – S2742-202-St242, GmbHR 2011, 1178.

3354 *Alt/Stadelbauer*, Abfindung von und Verzicht auf Pensionszusagen – Zulässigkeit und Konsequenzen, DStR 2009, 2551, 2553.

die Abfindung nicht im Zusammenhang mit dem Ausscheiden von Arbeitnehmern aus dem Betrieb vereinbart, führt dies mit Auszahlung der Abfindung beim Arbeitnehmer zu Zufluss von Arbeitslohn. Die Gesellschaft ist zur Einbehaltung von Lohnsteuer verpflichtet und es kommt zum Verbrauch der entsprechenden Pensionsrückstellungen. In Höhe einer etwaigen Differenz zwischen der Höhe der Abfindungsleistung und der anteilig aufzulösenden Rückstellung kommt es zu einem Gewinn oder Verlust auf der Ebene der leistenden Gesellschaft.

Handelt es sich um Versorgungsansprüche eines beherrschenden Gesellschafter-Geschäftsführers gelten die Beschränkungen des BetrAVG nicht. In zivilrechtlicher Hinsicht können Abfindungen deswegen frei vereinbart werden. Jedoch besteht hier grundsätzlich eine erhöhte Gefahr der steuerlichen Würdigung als verdeckte Gewinnausschüttung. Auch hier ist wiederum im ersten Schritt die Frage zu stellen, ob die Leistung der Abfindung betrieblich oder gesellschaftsrechtlich bedingt ist.

Eine verdeckte Gewinnausschüttung kann sich dabei zum einen aus einer gesellschaftsrechtlichen Veranlassung der Abfindung selbst ergeben, aber auch im Zusammenhang mit der Abfindung zu Tage tretenden Verstößen gegen die engen, teilweise formal anmutenden Voraussetzungen, die an die Anerkennung von Pensionszusagen grundsätzlich gestellt werden, z. B. bei Verstoß gegen das Schriftformerfordernis. Somit kann trotz möglicherweise anzunehmender betrieblicher Veranlassung des Vorganges einer Abfindung durch im Zuge der Durchführung der Maßnahme nicht beachtete Formerfordernisse gleichwohl eine verdeckte Gewinnausschüttung ausgelöst werden.[3355] Streitig ist, ob eine betriebliche Veranlassung dadurch gegeben sein kann, dass die Abfindung im Zusammenhang mit der Veräußerung der Anteile an der betreffenden Gesellschaft vorgenommen wird. So soll eine betriebliche Veranlassung dann vorliegen, wenn die Abfindung nicht auf bloßen Wunsch des beherrschenden Gesellschafters vereinbart wird, sondern der Erwerber der Geschäftsanteile ausdrücklich auf der Befreiung von den Pensionslasten besteht.[3356] Dieses Ergebnis erscheint insbesondere plausibel, wenn durch den Verzicht auf die Pensionszusage und den damit ermöglichten Verkauf erst die Fortführung der Unternehmenstätigkeit ermöglicht wird, da hier die betriebliche Veranlassung klar im Vordergrund steht.[3357]

Steht der Verzicht gegen Abfindung im Zusammenhang mit der Beendigung des Dienstverhältnisses des Gesellschafter-Geschäftsführers, gibt es ebenfalls gute Gründe, die für eine betriebliche Veranlassung sprechen.[3358] Dies gilt jedoch nur für unverfallbare Anwartschaften. Die Abfindung einer verfallbaren Pensionszusage ist regelmäßig eine verdeckte Gewinnausschüttung.[3359]

1801

3355 *Gosch* (Vorsitzender Richter des 1. Senats beim BFH), Abfindung von Versorgungszusagen an Gesellschafter-Geschäftsführer einer GmbH, DStR 2006, 1175.
3356 FG Münster, Urt. v. 23.03.2009 – 9 K 319/02, EFG 2009, 1779.
3357 *Alt/Stadelbauer*, Abfindung von und Verzicht auf Pensionszusagen – Zulässigkeit und Konsequenzen, DStR 2009, 2551, 2553 f.
3358 *Alt/Stadelbauer*, Abfindung von und Verzicht auf Pensionszusagen – Zulässigkeit und Konsequenzen, DStR 2009, 2551, 2553 f.
3359 *Schwedhelm*, in: Streck, KStG, § 8 Rn. 938 m.w.N.

Unklar ist, ob die Möglichkeit einer Abfindung bereits im Anstellungsvertrag oder in der ursprünglichen Versorgungszusage vereinbart sein muss oder ob die Vereinbarung später erfolgen kann. Überwiegend wird es für ausreichend erachtet, dass die Möglichkeit der Abfindung nicht bereits in der ursprünglichen Zusage, aber vor Zahlung vereinbart wird.[3360]

1802 Weiter ist Voraussetzung, dass die Fälligkeit der Abfindung erst mit Eintritt des Versorgungsfalls gegeben ist.[3361]

1803 Bisher ungeklärt ist, ob die Abfindungsmöglichkeit der Schriftform bedarf. Hierfür spricht sich die Finanzverwaltung aus.[3362]

Ebenfalls schädlich ist die eingeräumte Möglichkeit des Arbeitgebers, eine Abfindung in Höhe des Teilwertes nach § 6a Abs. 3 EStG vornehmen zu dürfen.[3363] Ebenso dürfte eine Abfindung, die in das Belieben des Begünstigten gestellt wird, zur verdeckten Gewinnausschüttung führen.

1804 Wird eine Abfindung im Rahmen eines weiter fortgesetzten, also laufenden Arbeitsverhältnisses vereinbart, ist auf jeden Fall eine genaue Einzelfallprüfung erforderlich, ob noch eine betriebliche oder bereits eine gesellschaftsrechtliche Veranlassung zugrunde liegt.[3364] Beurteilungsmaßstab ist dabei, ob ein Fremdgeschäftsführer in der gleichen Situation sich ebenfalls hätte abfinden lassen.[3365] Vor allen Dingen für diesen Fall, aber auch generell, muss die Abfindungsvereinbarung klar und nachvollziehbar rechtzeitig vorher schriftlich unter Definition der die Abfindungsmöglichkeit auslösenden Ereignisse und der Höhe der Abfindung vereinbart sein. Als die Abfindung auslösende Ereignisse sind z. B. der Verkauf des Unternehmens, aber auch ggf. das Interesse des Unternehmens an einer Auslagerung der Altersversorgung auf einen externen Träger denkbar.

Schließlich ist zu beachten, dass die Höhe der Kapitalabfindung mit dem Barwert erfolgen muss. Der Begünstigte soll sich prinzipiell nicht mit dem Anwartschaftsteilwert gemäß § 6a EStG begnügen müssen.[3366]

1805 Ist die Abfindung als betrieblich veranlasst anzuerkennen, ist die Abfindungsleistung Betriebsausgabe, der der Ertrag aus der Herabsetzung der Pensionsrückstellung gegenübersteht. Der die Abfindung erhaltende Gesellschafter-Geschäftsführer bezieht lohnsteuerpflichtigen Arbeitslohn, für den ggf. die Begünstigung „Fünftelregel" des § 34 Abs. 2 Nr. 2 i.V.m. § 24 Nr. 1 EStG zur Anwendung kommt.[3367]

1806 Handelt es sich hingegen um eine Abfindung, die durch das Gesellschaftsverhältnis veranlasst ist, liegt eine verdeckte Gewinnausschüttung in der Über-

---

3360 *Schwedhelm*, in: Streck, KStG, § 8 Anhang Rn. 937.

3361 *Alt/Stadelbauer*, Abfindung von und Verzicht auf Pensionszusagen – Zulässigkeit und Konsequenzen, DStR 2009, 2551, 2554.

3362 BMF-Schreiben v. 06.04.2005 – IV B 2-S-2176-10/05, BStBl. I 2005, 619; a. A. *Schwedhelm*, in: Streck Komm-KStG, § 8 Anhang, Rn. 937.

3363 BFH, Urt. v. 10.11.1998 – I R 49/97, BStBl. II 2005, 261.

3364 *Alt/Stadelbauer*, Abfindung von und Verzicht auf Pensionszusagen – Zulässigkeit und Konsequenzen, DStR 2009, 2551, 2554.

3365 *Alt/Stadelbauer*, Abfindung von und Verzicht auf Pensionszusagen – Zulässigkeit und Konsequenzen, DStR 2009, 2551, 2554.

3366 BFH, Urt. v. 10.11.1998 – I R 49/97, BStBl. II 2005, 261.

3367 *Drenseck*, in: Schmidt, EStG, § 24, Rn. 24 f.

tragung der Rückdeckungsversicherung. Insbesondere soll keine Saldierung des Wegfalls der Rückdeckungsversicherung, also der Vermögensminderung, mit der „Bereicherung" der GmbH durch den Wegfall der Versorgungsverpflichtung möglich sein.[3368] Dies führt auf der Ebene der betroffenen Gesellschaft dazu, dass einerseits die Vermögensminderung durch die Hergabe der Abfindungsleistung (oft besteht diese in der Übertragung der Rückdeckungsversicherung oder der Kündigung und Auszahlung durch die Gesellschaft) den steuerlichen Gewinn nicht mindern darf. Wurde die Abfindungsleistung erfolgswirksam gebucht, ist der Betrag der Abfindungsleistung dem Gewinn wieder hinzuzurechnen. Gleichzeitig verbleibt es beim Gewinn aus der Auslösung der Pensionsrückstellung. Dieser wird jedoch außerbilanziell durch die gleichzeitig anzunehmende verdeckte Einlage durch den „nicht mit der Abfindungsleistung zu saldierenden" Verzicht des Gesellschafter-Geschäftsführers neutralisiert.

Auf der Ebene des Gesellschafters kommt es zum Zufluss von Kapitaleinkünften aus dem Empfang der verdeckten Gewinnausschüttung (in Form der Abfindungsleistung), die der Abgeltungssteuer unterliegen. Gleichzeitig kommt es beim Gesellschafter zu einem weiteren Zufluss, da nach dem Beschluss des Großen Senats des BFH durch den Verzicht auf die Pensionszusage, soweit der Anspruch werthaltig ist, ein Zufluss ausgelöst wird, der Arbeitslohn darstellt.[3369] In Höhe des insoweit angenommenen Lohnzuflusses entstehen nachträgliche Anschaffungskosten auf die Beteiligung des Anteilseigners. Es kommt somit zum doppelten Nachteil auf der Ebene des Gesellschafters. Einerseits in der Form des Lohnzuflusses durch den Verzicht auf die Versorgungszusage und andererseits durch die Annahme der verdeckten Gewinnausschüttung bei der Abfindung des Anspruches.[3370]

Vor dem Hintergrund der äußerst nachteiligen Folgen, die sich insbesondere auf der Ebene des Gesellschafters ergeben können, sollte im Rahmen entsprechender Gestaltungen mit großer Sorgfalt auf die Einhaltung sämtlicher Voraussetzungen für die Anerkennung der betrieblichen Veranlassung des Verzichtes geachtet werden und ggf. eine verbindliche Auskunft zur Beseitigung bestehender Zweifelsfragen eingeholt werden.

1.7 Ertragsteuerliche Behandlung von Sanierungsgewinnen
1.7.1 Grundlagen

Wie die Ausführungen in den vorstehenden Abschnitten zeigen, bedeutet die dem Sanierungsbedürfnis oder einer Insolvenz vorausgegangene wirtschaftliche Notlage einer Kapitalgesellschaft bei weitem noch nicht, dass diese auch über (ausreichende) Verlustvorträge verfügt, um im Zuge von Sa-

1807

3368 *Gosch*, Abfindung von Versorgungszusagen an Gesellschafter-Geschäftsführer einer GmbH, DStR 2006, 1175, kritisch *Hoffmann*, Zur Frage der verdeckten Gewinnausschüttung bei im Zusammenhang mit einem Anteilsverkauf geleisteten Abfindungszahlungen für Verzicht auf Pensionszusage, GmbHR 2006, 824.
3369 BFH, B. v. 09.06.1997 – GRS 1/94, BStBl. II 1998, 307.
3370 Ausführlich *Hoffmann*, Zur Frage der verdeckten Gewinnausschüttung bei im Zusammenhang mit einem Anteilsverkauf geleisteten Abfindungszahlungen für Verzicht auf Pensionszusage, GmbHR 2006, 824 ff.

Teil 5 Steuern in Sanierung und Insolvenz

nierungsbemühungen erzielte Vermögensmehrungen und damit einhergehende steuerbare Erträge so weit zu kompensieren, dass tatsächlich keine Steuerzahllasten entstehen. Entsprechende Verlustvorträge können durch Vorgänge im Sinne des § 8 c KStG (früher § 8 Abs. 4 KStG) reduziert oder abgeschnitten worden sein. Darüber hinaus können durch Sanierungsmaßnahmen verursachte Gewinne trotz ausreichender vorhandener Verlustvorträge nach § 10 d Abs. 2 EStG im Rahmen der sog. „Mindestbesteuerung" gleichwohl Steuerzahllasten auslösen. Verlustvorträge können auch durch die Zwangshebung von stillen Reserven, z. B. weil eine finanzierende Bank auf die Verwertung eines mit stillen Reserven behafteten Grundstücks, das zur Sicherung von Krediten dient, drängte, verbraucht sein. Kommt es nun zu weiteren steuerbaren Vermögensmehrungen durch Forderungsverzichte – sei es durch einzelne oder durch mehrere Gläubiger, sei es im Rahmen einer außergerichtlichen Sanierung oder im Rahmen eines Insolvenzplans – können hierdurch steuerpflichtige Gewinne entstehen.

Bis einschließlich Veranlagungszeitraum 1997 konnten Gewinne, die aus dem sanierungsbedingten Schulderlass stammten, nach der Vorschrift des § 3 Nr. 66 EStG (in der bis zum Veranlagungszeitraum 1997 gültigen Fassung) steuerbefreit werden. § 3 Nr. 66 EStG wurde jedoch mit dem Gesetz zur Fortsetzung der Unternehmenssteuerreform vom 29. 10. 1997 abgeschafft.[3371]

1808 Die grundsätzliche Steuerpflicht von Sanierungsgewinnen erwies sich vor allem vor dem Hintergrund der Einführung der neuen Insolvenzordnung als extremes Sanierungshindernis. Drohte durch die Sanierungsmaßnahmen die Entstehung steuerpflichtiger Gewinne, waren Gläubiger kaum zu Zugeständnissen zu bewegen, wenn ihnen klar wurde, dass sie auf Teile (oder gar den Gesamtbetrag) ihrer Forderungen verzichten und dies bei Gesundung des Unternehmens dazu führt, dass sofort Verbindlichkeiten gegenüber den Fiskus entstehen.

1.7.2 BMF-Schreiben vom 27. 03. 2003[3372]

1809 Vor dem geschilderten Hintergrund hat sich das Bundesministerium der Finanzen entschlossen, der Misere durch Erlass einer Verwaltungsanweisung (Koordinierter Ländererlass) zumindest teilweise abzuhelfen. Im genannten BMF-Schreiben normiert die Verwaltung Fälle, in denen durch eine Kombination von Billigkeitsmaßnahmen (abweichende Festsetzung aus Billigkeitsgründen, Stundung, Erlass) ein Mittelabfluss durch Ertragsteuerzahlungen im Rahmen von Sanierungsmaßnahmen verhindert werden soll.

In dem genannten BMF-Schreiben wird zunächst die Sanierung als Maßnahme, die darauf gerichtet ist, ein Unternehmen oder einen Unternehmensträger (juristische oder natürliche Person) vor dem finanziellen Zusammenbruch zu bewahren und wieder ertragsfähig zu machen, definiert. Weiter wird klargestellt, dass Voraussetzung für die Gewährung der Billigkeitsmaßnahmen ist, dass das Unternehmen tatsächlich fortgeführt und nicht einge-

---

3371 Vgl. BGBl. 1997, 2590; BStBl. I 1997, 928.
3372 BFM-Schreiben v. 27. 03. 2003, BStBl. I 2003, 240.

stellt wird. Nur in Ausnahmefällen soll eine Anwendung der Billigkeitsregelung auch bei Einstellung des Unternehmens (z. B. wenn die Maßnahmen zur Finanzierung eines Sozialplanes dienen), zulässig sein. Dabei ist anzumerken, dass zu diesem Punkt mit BMF-Schreiben vom 22. 12. 2009[3373] eine wichtige Erweiterung vorgenommen wurde. Denn die Verwaltung versagte bisher die Begünstigung von Sanierungsgewinnen bei der Insolvenz natürlicher Personen, die ihre unternehmerische Tätigkeit mit Eintritt in die Insolvenz eingestellt haben, da insoweit kein Unternehmenserhalt und damit keine unternehmensbezogene Sanierung im Sinne des BMF-Schreibens vom 27. 03. 2003 vorlag. Nach Nr. 2. des nun ergangenen BMF-Schreibens vom 22. 11. 2009 soll dagegen die Begünstigung grundsätzlich auch für Fälle der Restschuldbefreiung im Sinne des §§ 286 ff. InsO und der Verbraucherinsolvenz der §§ 304 ff. InsO infrage kommen. Weiter stellt das BMF-Schreiben vom 22. 12. 2009 fest, dass Fälle der Planinsolvenz im Sinne der § 217 ff. InsO originär unter den Anwendungsbereich des BMF-Schreibens vom 27. 03. 2003 fallen.

Weiter wird im BMF-Schreiben vom 27. 03. 2003 klargestellt, dass ein Sanierungsgewinn, für den die Begünstigung infrage kommt, eine Erhöhung des Betriebsvermögens ist, die dadurch entsteht, dass Schulden zum Zweck der Sanierung ganz oder teilweise erlassen werden. Hierfür kommen sowohl Erlassvertrag als auch ein negatives Schuldanerkenntnis infrage. In diesem Zusammenhang ist darauf hinzuweisen, dass Gewinne, die im selben Veranlagungszeitraum, jedoch durch andere Sanierungsmaßnahmen, z. B. durch Veräußerung von nicht betriebsnotwendigem Vermögen, Realisierung von Verschmelzungsgewinnen o. ä. erzielt werden, nicht begünstigt sind.[3374] Voraussetzung für die Begünstigung eines solchen Sanierungsgewinnes ist weiter, dass die bereits von der Rechtsprechung zum Sanierungsgewinn im Sinne des § 3 Nr. 66 EStG (a.F.) entwickelten Kriterien

1810

- Sanierungsbedürftigkeit und
- Sanierungsfähigkeit des Unternehmens,
- Sanierungseignung des Schulderlasses,
- Sanierungsabsicht der Gläubiger

vorliegen. Hier ist zu erwarten, dass die Verwaltung auf die Rechtsprechung und Kommentierung zu § 3 Nr. 66 EStG (a. F.) zurückgreifen wird.[3375] Eine Begünstigung des Sanierungsgewinns, d.h. die Erfüllung der vorgenannten Voraussetzungen wird vom BMF-Schreiben vom 27. 03. 2003 vermutet, wenn ein Sanierungsplan vorliegt. Schwierigkeiten bereitet der Umstand, dass die Beschaffenheit und konkrete Ausgestaltung eines Sanierungsplanes im Sinne des BMF-Schreibens nicht näher definiert ist. In der Literatur wird teilweise die Auffassung vertreten, dass ein Plan, der den Anforderungen der Verlautbarungen des Fachausschusses Recht des Instituts der Wirtschaftsprüfer 1/1991 genügt, als Sanierungsplan im Sinne des BMF-Schreibens zu

---

[3373] BMF-Schreiben v. 22. 12. 2009 – IV C 6-S-2140/07/10001-01, BStBl. I 2010, 18.
[3374] OFD Hannover, Verfügung v. 11. 02. 2009 – S 2140-08-StO241, DStR 2009, 532.
[3375] *Janssen*, Erlass von Steuern auf Sanierungsgewinne, DStR 2003, 1055, 1056; OFD Hannover, Verfügung v. 11. 02. 2009, S 2140-8-StO241, DStR 2009, 532.

betrachten ist.[3376] Dabei ist jedoch darauf hinzuweisen, dass die ausgesprochene Verlautbarung des Fachausschusses Recht des Instituts der Wirtschaftsprüfer zwischenzeitlich durch den IDW-Standard: Anforderungen an die Erstellung von Sanierungskonzepten (IDW S 6), Stand 20.08.2009,[3377] ersetzt wurde. Die vom IDW erhobenen Ansprüche an Sanierungskonzepte sind umfangreich und beinhalten:

- die Beschreibung von Auftragsgegenstand und -umfang,
- die Darstellung der wirtschaftlichen Ausgangslage,
- die Darstellung von Krisenstadium und Ursachen,
- die Darstellung des Leitbilds des sanierten Unternehmens,
- die Maßnahmen zur Bewältigung der Unternehmenskrise,
- einen integrierten Unternehmensplan.

1811 Nach Auffassung des IDW[3378] kann nur auf der Grundlage dieser Kernbestandteile eine Aussage zur Sanierungsfähigkeit des Unternehmens getroffen werden. Würde dieser Maßstab allgemein für Sanierungspläne zugrunde gelegt, hieße dies jedoch, dass regelmäßig zur Vorlage eines Sanierungsplans umfangreiche Darstellungen zu machen sind und insbesondere auch ein integrierter Unternehmensplan, d.h. Planungsrechnungen mit Planertragsrechnungen, Planbilanzen und Liquiditätsplänen zu erstellen wären. Nach der hier vertretenen Auffassung sollten jedoch die Anforderungen nicht zu hoch gesteckt werden. Jeder Plan, aus dem sich plausibel die Erfüllung der im BMF-Schreiben genannten Kriterien ergibt, dürfte somit geeignet sein. Wenn in anderer Art und Weise als durch Vorlage einer integrierten Planungsrechnung die Sanierungsfähigkeit des Unternehmens und die Sanierungseignung des Schulderlasses glaubhaft gemacht werden können, erscheint diese verzichtbar zu sein. Insbesondere sollte die Vorlage von Planbilanzen verzichtbar sein, wenn sich nachweisen lässt, dass zukünftig keine Überschuldung vorliegt und insbesondere eine ausreichende Liquidität zur Fortführung der Unternehmenstätigkeit anhand einer Liquiditätsplanung nachgewiesen ist.

Wird im Rahmen von Insolvenzverfahren ein Insolvenzplan im Sinne der §§ 217 ff. InsO vorgelegt, ist von der Vorlage eines Sanierungsplanes im vorstehenden Sinn auszugehen.[3379]

1812 Liegen die Voraussetzungen für einen im Sinne des BMF-Schreibens begünstigten Sanierungsgewinn vor, sollen nach den dort getroffenen Regelungen im Wege der abweichenden Festsetzung zunächst sämtliche zur Verfügung stehenden Verluste und negativen Einkünfte unbeschadet etwaiger gesetzlicher Ausgleichs- und Verrechnungsbeschränkungen (z.B. gemäß § 2 Abs. 3, 2a, 2b, 10d, 15 Abs. 4, 15a, 23 Abs. 3 EStG) vorrangig mit dem Sanierungsgewinn verrechnet werden. Verbleibt danach ein Sanierungsgewinn, so ist die darauf entfallende Steuer zunächst bis auf weiteres zu stun-

---

3376 *Blöse*, Besteuerung von Sanierungsgewinnen – Gesteigerte Sanierungschancen durch das BMF-Schr. v. 27.03.2003, ZIP 2003, 690 ff., GmbHR 2003, 579, 589.
3377 WPg 2009, Supplement 4.
3378 IDW S 6, Tz. 8.
3379 Insoweit auch BMF-Schreiben v. 22.12.2009 – IV C 6-S-2140/07/10001-01, BStBl. I 2010, 18.

den. Die insoweit anteilig auf den Sanierungsgewinn entfallende Einkommensteuer ist durch eine „Schattenveranlagung" zu ermitteln.[3380] Die Stundung erfolgt vor dem Hintergrund, dass zunächst abgewartet werden soll, ob in einem späteren Veranlagungszeitraum Verluste entstehen, für die ein Verlustrücktrag zu beantragen ist, weil dieser ebenfalls primär mit dem Sanierungsgewinn verrechnet werden soll. Nach den Regelungen des BMF-Schreibens vom 27.03.2003 soll kein Anspruch auf Vornahme der Billigkeitsmaßnahme bestehen, falls der Steuerpflichtige einen Antrag auf Verzicht auf den Verlustrücktrag stellt. Wurde darüber hinaus der im Rahmen der Sanierungsmaßnahmen ausgesprochene Forderungsverzicht mit einem Besserungsschein versehen, so soll die Stundung solange aufrechterhalten bleiben, wie Zahlungen aus dem Besserungsschein möglich sind. Eventuelle Zahlungen aus dem Besserungsschein sollen zu einer nachträglichen Verringerung des Sanierungsgewinnes führen. Dementsprechend soll eine Stundung solange erforderlich sein, wie noch Zahlungen geleistet werden können. Verbleibt nach Ablauf der Stundung gleichwohl noch eine Steuerzahllast aus dem Sanierungsgewinn, so ist diese zu erlassen. Im Zusammenhang mit der dauerhaften Stundung bei Konstruktionen unter Verwendung von Besserungsversprechen, scheint die getroffene Regelung wenig praktikabel zu sein, da Gläubiger, die auf der Ausgabe von Besserungsscheinen bestehen, regelmäßig nicht bereit sind, eine Befristung des Besserungsversprechens dergestalt zu akzeptieren, dass nach einer bestimmten Anzahl von Jahren der Besserungsschein verfällt o. ä. Im Übrigen wäre es in Fällen, in denen über etliche Jahre keine (vollständige) Bedienung der Besserungsversprechen erfolgt, erforderlich, die entsprechenden Veranlagungen dauerhaft offen zu halten.[3381]

Weiter schreibt das BMF-Schreiben vor, dass die Billigkeitsmaßnahmen antragsgebunden sind.

1813

Schließlich wird noch klargestellt, dass die zuständigen Finanzämter nur über Billigkeitsmaßnahmen zur Einkommensteuer bzw. Körperschaftsteuer nebst Solidaritätszuschlag zu entscheiden haben. Zuständig für entsprechende Billigkeitsmaßnahmen in Bezug auf die Gewerbesteuer bleiben die jeweiligen Gemeinden. Dies ist abgabenrechtlich nicht zu beanstanden, führt jedoch zu dem Problem, dass entsprechende Anträge bei Unternehmen mit Betriebsstätten in mehreren Gemeinden für jede einzelne Gemeinde zu stellen sind und jede Gemeinde gesondert – ggf. unterschiedlich entscheiden kann.

Aufgrund der vielfältigen Auslegungsfragen im Zusammenhang mit dem zitierten BMF-Schreiben wird es in der Praxis regelmäßig empfehlenswert sein, eine verbindliche Auskunft im Sinne des § 89 Abs. 2 AO oder – soweit die Erteilung im Hinblick auf den Charakter einer Ermessensentscheidung abgelehnt wird – zumindest eine informelle Abstimmung einzuholen. Dies empfiehlt sich insbesondere im Hinblick auf die zwischenzeitlich ergangene divergierende finanzgerichtliche Rechtsprechung zur Anwendung des BMF-

1814

3380 Bayerisches Staatsministerium der Finanzen, 31-S-2140/017-50499/08 (Koordinierter Ländererlass v. 09.01.2009), DB 2009, 2462.

3381 In diesem Zusammenhang zum Problem etwaiger Stundungszinsen: *Janssen*, Erlass von Steuern auf Sanierungsgewinne, DStR 2003, 1055, 1057.

Schreibens. So hat das Finanzgericht München[3382] festgestellt, dass die Verwaltungsanweisung zur Steuerfreiheit von Sanierungsgewinnen gegen den Grundsatz der Gesetzmäßigkeit der Verwaltung verstoße und deswegen nicht anzuwenden sei. Gegen das Urteil ist Revision eingelegt. Eine Entscheidung des BFH steht noch aus.[3383] Unter dem 24. 04. 2008 hat wiederum das Finanzgericht Köln[3384] festgestellt, dass ein Steuererlass bei Sanierungsgewinnen sogar über die Voraussetzung des BMF-Schreibens vom 27. 03. 2003 hinaus in Betracht käme. Hinsichtlich dieses Verfahrens hat der BFH inzwischen entschieden.[3385] Zwar hat der erkennende X. Senat des BFH festgestellt, dass die begehrte Freistellung in dem zu entscheidenden Fall nicht zu gewähren war, da es sich nicht um eine unternehmensbezogene Sanierung im Sinne des BMF-Schreibens vom 27. 03. 2003 handelte, gleichzeitig wurde jedoch herausgestellt, dass das BMF-Schreiben vom 27. 03. 2003 nicht gegen den Grundsatz der Gesetzmäßigkeit der Verwaltung verstößt. Nach Ergehen der genannten finanzgerichtlichen Entscheidungen wird in der Literatur kontrovers diskutiert, welcher Auffassung der Vorzug zu geben ist.[3386] Zumindest ist zu konstatieren, dass die Beweggründe, die den Gesetzgeber im Rahmen des Gesetzes zur Fortsetzung der Unternehmenssteuerreform zur Streichung der Steuerbefreiung für Sanierungsgewinne bewogen haben, aufgrund veränderter steuerlicher Rahmenbedingungen nicht mehr aufrecht erhalten werden können. Die Streichung wurde seinerzeit vor allem damit gerechtfertigt, dass die Steuerbegünstigung seit Einführung des unbegrenzten Verlustvortrages ihre Berechtigung verloren habe. Dies kann jedoch im Hinblick auf die zwischenzeitlich eingeführten Verlustvortragsbeschränkungen des § 8 c KStG sowie der Mindestbesteuerung gemäß § 10 d Abs. 2 EStG nicht mehr uneingeschränkt gelten. Des Weiteren ist darauf hinzuweisen, dass der Gesetzgeber selbst im Rahmen der Streichung des § 3 Nr. 66 (a. F.) EStG darauf hingewiesen hat, dass einzelnen persönlichen oder sachlichen Härtefällen im Stundungs- oder Erlasswege begegnet werden könnte.[3387] Da weiter die Revision gegen das finanzgerichtliche Urteil des FG München beim VIII. Senat des BFH anhängig ist, kann trotz der positiven Entscheidung des X. Senats noch keine Entwarnung gegeben werden. Sollte sich die Auffassung des Finanzgerichts München am Ende doch noch durchsetzen, wäre dies von weitreichenden und nachteiligen Auswirkungen für die Sanierungs- und Insolvenzpraxis.

3382 FG München, Urt. v. 12. 12. 2007 – 1 K 4487/06, DStR 2008, 1687.
3383 Revision unter dem Az. VIII R 2/08 beim BFH anhängig.
3384 FG Köln, Urt. v. 24. 04. 2008 – 6 K 2488/06, EFG 2008, 1555.
3385 BFH, Urt. v. 14. 07. 2010 – X R 34/08, BFH/NV 2010, 1881.
3386 *Seer*, Der sog. Sanierungserlass vom 27. 03. 2003 als Rechtsgrundlage für Maßnahmen aus sachlichen Billigkeitsgründen, FR 2010, 306; *Kanzler*, Tod auf Raten – Steht die Steuerbefreiung des Sanierungsgewinns vor dem endgültigen Ableben?, FR 2008, 1116; *Kroninger/Korb*, Die Handhabung von Sanierungsgewinnen vor und nach dem Urteil des Finanzgerichts München vom 12. 12. 2007, BB 2008, 2656; *Geist*, Die Besteuerung von Sanierungsgewinnen – Zur Anwendbarkeit, Systematik und Auslegung des BMF-Schreibens vom 27. 03. 2003, BB 2008, 2658; Wagner, Sachliche Unbilligkeit der Besteuerung von Sanierungsgewinnen bei Nichtberücksichtigung korrespondierender Aufwandsposten, BB 2008, 2671; *Braun/Geist*, Zur Steuerfreiheit von Sanierungsgewinnen – Bestandsaufnahme und Empfehlungen, BB 2009, 2508.
3387 Vgl. BT-Drucks. 13/7480, 192.

Vor dem Hintergrund der zitierten finanzgerichtlichen Entscheidungen und der dadurch eingetretenen unklaren Rechtslage, empfiehlt es sich um so dringender, in entsprechenden Fällen eine Abstimmung mit der Finanzbehörde bzw. eine verbindliche Auskunft im Sinne des § 89 Abs. 2 AO einzuholen.

1.8 Körperschaftsteuer in der Insolvenz

1.8.1 Grundlagen

Neben den in den vorstehenden Abschnitten dargestellten Themenkreisen, die zwar in erster Linie sanierungsteuerrechtliche Aspekte betreffen, aber auch in der Insolvenz relevant werden können, sind weiter im materiellen insolvenzsteuerlichen Bereich besondere Fragestellungen, die sich nur in der Insolvenzsituation einer Körperschaft ergeben, zu behandeln. Zum einen geht es dabei um die Frage, inwieweit Körperschaftsteuerforderungen als Insolvenzforderungen zur Tabelle anzumelden oder als Masseverbindlichkeiten gegenüber dem Insolvenzverwalter oder im insolvenzfreien Bereich geltend zu machen sind. Darüber hinaus ergeben sich besondere insolvenzsteuerrechtliche Probleme bei Konzernstrukturen, in denen durch Ergebnisabführungsverträge körperschaftsteuerliche Organschaften bestehen. *1815*

1.8.2 Körperschaftsteuer als Insolvenzforderung oder als Masseverbindlichkeit

Die materielle Körperschaftsteuerpflicht erstreckt sich grundsätzlich auch auf den in der Abwicklung erzielten Gewinn.[3388] *1816*

Allerdings enthält § 11 KStG besondere Vorschriften über die Gewinnermittlung im Abwicklungszeitraum, d. h. dem Zeitraum nach Beginn der Abwicklung bis zur endgültigen Beendigung der Gesellschaft, d. h. in der Regel der Löschung im Handelsregister.

Wird das Insolvenzverfahren über das Vermögen einer Kapitalgesellschaft eröffnet, gilt diese kraft Gesetzes als aufgelöst.[3389] In körperschaftsteuerlicher Hinsicht ist somit festzuhalten, dass die Körperschaftsteuerpflicht auch in der Insolvenz der Körperschaft bestehen bleibt und die Notwendigkeit der Trennung von Körperschaftsteuerforderungen als zur Tabelle geltend zu machende Insolvenzforderungen oder als Masseverbindlichkeiten (oder in Grenzfällen als insolvenzfreie Verbindlichkeiten) erforderlich ist. Aufgrund der naturgemäß der Insolvenz einer Körperschaft vorausgehenden Verlustphase ist die Bedeutung von Körperschaftsteuerzahllasten in der Insolvenz in vielen Fällen gering. Gleichwohl kommt es dadurch, dass Verluste aufgrund der körperschaft- und einkommensteuerlichen Besonderheiten nicht oder nur eingeschränkt verwertet werden können, in der Praxis trotzdem nicht selten zu Körperschaftsteuerzahllasten trotz bestehender Insolvenzsituation. *1817*

Weiter ist von der Frage der Zuordnung zu den insolvenzrechtlich zu unterscheidenden Vermögenssphären auch das Schicksal eventueller Erstat- *1818*

3388 *Waza/Uhländer/Schmittmann*, Insolvenzen und Steuern, Rn. 1633.
3389 § 262 Abs. 1 Nr. 3 AktG, § 64 Abs. 1 Nr. 4 GmbHG, § 101 GenG.

tungsansprüche abhängig: Kann ein Körperschaftsteuer-Erstattungsanspruch zur Masse gezogen werden oder kann das Finanzamt diesen mit anderen Insolvenzforderungen aufrechnen?

Eine Körperschaftsteuerforderung ist Insolvenzforderung, soweit sie vor Verfahrenseröffnung begründet ist.[3390] Dabei ist das „Begründetsein" ein insolvenzrechtlicher und kein steuerrechtlicher Begriff.[3391] Das bedeutet, dass die Steuerforderung, um im insolvenzrechtlichen Sinne vor Verfahrenseröffnung begründet zu sein, nicht nach den Steuergesetzen entstanden sein muss. Es reicht vielmehr aus, wenn der Schuldrechtsorganismus, der die Grundlage für die spätere Entstehung der Steuerforderung bildet, vor Insolvenzeröffnung geschaffen ist.[3392] Dies sollte dann gegeben sein, wenn der zur Steuerentstehung führende Lebenssachverhalt im Wesentlichen vor Verfahrenseröffnung verwirklicht war.[3393] Diese im Wesentlichen vom VII. Senat des BFH entwickelte Rechtsprechung ist jedoch nicht unumstritten. Insbesondere der V. Senat des BFH vertritt die Auffassung, dass für die Abgrenzung von Insolvenzforderungen und Masseverbindlichkeiten darauf abzustellen sei, ob der bei Steuerentstehung zugrunde liegende Tatbestand vollständig vor Insolvenzverfahrenseröffnung verwirklicht ist. Dabei wird auf den steuerrechtlichen Tatbestand abgestellt.[3394]

1819 Für die Frage der Begründung der Körperschaftsteuer würde dies bedeuten, dass der zur Steuerentstehung führende Tatbestand vollständig verwirklicht sein muss. Gemäß § 38 AO entstehen die Ansprüche aus dem Steuerschuldverhältnis, sobald der Tatbestand verwirklicht ist, an den das Gesetz die Leistungspflicht knüpft. Die in der Jahresveranlagung festzusetzende Körperschaftsteuer entsteht nach § 30 Nr. 3 KStG mit Ablauf des Veranlagungszeitraums. Körperschaftsteuer-Vorauszahlungen entstehen mit Beginn des Kalendervierteljahres, in dem die Vorauszahlungen zu entrichten sind.[3395] Die vollständige steuerrechtliche Tatbestandsverwirklichung als Maßstab für die Begründung einer Forderung im insolvenzrechtlichen Sinne zu unterstellen hieße, dass die Körperschaftsteuer im Jahr der Insolvenzverfahrenseröffnung niemals Insolvenzforderung sein könnte, da die vollständige Tatbestandsverwirklichung nach den Steuergesetzen erst mit Ende des Veranlagungszeitraumes, der dem Kalenderjahr entspricht[3396] eintritt. Dieser Zeitpunkt läge immer nach einer unterjährig erfolgten Insolvenzverfahrenseröffnung.[3397] Praktikabel scheint deshalb eine Aufteilung der einheitlichen Ertragsteuerschuld auf die verschiedenen Vermögenssphären danach vorzunehmen, wann der Lebenssachverhalt, der für die Entstehung der späteren Steuer maßgeblich war, im Wesentlichen verwirklicht wurde.[3398]

3390 § 38 InsO.
3391 *Frotscher*, Besteuerung bei Insolvenz, S. 53.
3392 BFH, Urt. v. 21.09.1993 – VIII R 119/91, BStBl. II 1994, 83.
3393 *Onusseit/Kunz*, Steuern in der Insolvenz, 81 ff. m. w. N.
3394 BFH, Urt. v. 29.01.2009 – V R 64/07, ZInsO 2009, 920.
3395 § 30 Nr. 2 KStG.
3396 § 7 Abs. 3 KStG.
3397 Hierzu *Kling/Schüppen/Ruh*, MüKo-InsO, Anhang Insolvenzsteuerrecht, Rn. 43 ff.
3398 *Frotscher*, Besteuerung bei Insolvenz, 107 f.

Nach der Rechtsprechung des BFH[3399] ist die einheitlich (mit Ablauf des Veranlagungszeitraums) entstehende Steuerschuld danach aufzuteilen, wann, durch welche Vorgänge und in welchem Umfang die Steuerschuld im Laufe des Veranlagungszeitraumes begründet wurde. Danach bestimme sich, inwieweit es sich um eine Konkursforderung, um einen Masseanspruch oder um eine konkursfreie Forderung handele (die zitierten Urteile sind noch unter der Herrschaft der Konkursordnung ergangen). D. h. es sind „Teilveranlagungen" vorzunehmen und danach ist die einheitliche Steuerschuld nach dem Verhältnis der Teilveranlagungen aufzuteilen.[3400] Die Finanzverwaltung will hingegen die einheitliche Steuerschuld „... nach Maßgabe der in den einzelnen Abschnitten zu berücksichtigenden Besteuerungsmerkmalen prozentual aufteilen".[3401]

1820

Zu der vorstehend dargestellten Diskussion um die Aufteilung der einheitlichen Ertragsteuerschuld ist anzumerken, dass diese vor allen Dingen für den Bereich der Einkommensteuer und deren Aufteilung geführt wurde. In der praktischen Handhabung ist für den Bereich der Körperschaftsteuer regelmäßig noch ein weiterer Umstand zu berücksichtigen: Soweit es sich beim Insolvenzschuldner um einen zur handelsrechtlichen Buchführung verpflichteten Kaufmann, also insbesondere um eine Kapitalgesellschaft handelt, folgen die steuerrechtlichen Gewinnermittlungsvorschriften den handelsrechtlichen Grundsätzen, soweit für die Zwecke der Besteuerung keine Abweichung vorgesehen ist.[3402] D. h. das, was der Besteuerung zugrunde zu legen ist, richtet sich zunächst nach dem Gewinn, der ausweislich der entsprechenden handelsrechtlichen Jahresabschlüsse, die unter Umständen nach steuerrechtlichen Vorschriften anzupassen sind, erzielt wurde. Die Grundlage für die steuerrechtliche Gewinnermittlung stellt der handelsrechtliche Jahresabschluss dar. Gemäß § 155 Abs. 2 Satz 1 InsO beginnt mit der Eröffnung des Insolvenzverfahrens ein neues Geschäftsjahr. Denknotwendigerweise muss damit das bisherige Geschäftsjahr geendet haben. Folglich ergibt sich für alle bilanzierungspflichtigen Kaufleute der Gewinn, der bis zur Eröffnung des Insolvenzverfahrens erzielt wurde, aus dem handelsrechtlichen Jahresabschluss für das der Insolvenzverfahrenseröffnung vorhergehende Rumpfgeschäftsjahr.[3403] Dementsprechend dürfte bei allen bilanzierenden Insolvenzschuldnern, zu denen insbesondere die Kapitalgesellschaften zählen, die Grundlage für die Aufteilung der Körperschaftsteuer

---

3399 BFH, Urt. v. 11.11.1993 – XI R 73/92, BFH/NV 1994, 477; BFH, Urt. v. 29.03.1984 – IV R 271/83, BStBl. I 1984, 602.
3400 *Maus*, Steuern im Insolvenzverfahren, Rn. 391.
3401 BMF-Schreiben v. 17.12.1998, BStBl. I 1998, 1500.
3402 § 8 Abs. 1 KStG i. V. m. § 5 Abs. 1 Satz 1 EStG.
3403 Ohne hier auf die Diskussion eingehen zu wollen, ob das mit der Insolvenzeröffnung beginnende Geschäftsjahr ein neues zwölfmonatiges Geschäftsjahr ist, sodass kraft Gesetzes ab Verfahrenseröffnung ein abweichendes Geschäftsjahr entsteht (so wohl *Maus*, in: Uhlenbruck, InsO, § 155, Rn. 16) oder ein (zweites) Rumpfgeschäftsjahr zu bilden ist, ist für die Zwecke der Besteuerung auf jeden Fall der nächste reguläre Geschäftsjahresschluss zugrunde zu legen, wenn dieser mit dem Schluss des Kalenderjahres identisch ist. Denn die Umstellung des steuerrechtlichen Wirtschaftsjahres von einem vom Kalenderjahr abweichenden Zeitraum würde der Zustimmung der Finanzverwaltung bedürfen, § 4a Abs. 1 Nr. 2 Satz 2 EStG.

auf den Zeitraum vor und nach Verfahrenseröffnung durch das Verhältnis der Teilergebnisse für das Rumpfgeschäftsjahr vor Verfahrenseröffnung und das Rumpfgeschäftsjahr nach Verfahrenseröffnung gegeben sein.[3404] Eine Ableitung aus den Ergebnissen der Rumpfgeschäftsjahre im Jahr der Verfahrenseröffnung ist nicht nur praktisch sinnvoll, sondern entspricht auch den vom BFH für die Aufteilung der einheitlichen Einkommensteuerschuld postulierten Grundsätze, wonach ausschlaggebend sei, wann und durch welche Vorgänge und in welchem Umfang die Steuerschuld im Laufe des Veranlagungszeitraums begründet wurde. Denn diese Umstände fließen in die Gewinnermittlung für die jeweiligen Teilzeiträume durch Anwendung der handelsrechtlichen Grundsätze ordnungsmäßiger Buchführung und der gesetzlichen Vorschriften für den Jahresabschluss automatisch in die Gewinnermittlung ein.

Schließlich ist in Verfahren, deren Eröffnung nach dem 31.12.2010 beantragt wurde, nach der Neuregelung des § 55 Abs. 4 InsO zu beachten, dass Körperschaftsteuern als Masseverbindlichkeiten zu behandeln sind, die von einem vorläufigen Insolvenzverwalter oder vom Insolvenzschuldner mit Zustimmung des vorläufigen Insolvenzverwalters begründet wurden. Die Regelung wurde eingeführt, um Steuerschulden, die aus der Fortführung von schuldnerischen Betrieben mit Zustimmung eines „schwachen" vorläufigen Verwalters entstehen und damit eigentlich Insolvenzforderungen, die nur quotal zu befriedigen sind, darstellen, durch Umqualifikation zu Masseverbindlichkeiten für den Fiskus zu sichern. Die neue Vorschrift stellt die Verwalterpraxis vor erhebliche praktische Probleme. Denn es ist nun – neben den Insolvenzforderungen und Masseverbindlichkeiten eine weitere Vermögenssphäre abzugrenzen. Die notwendigen Informationen dazu müssten aus der Buchführung der Schuldnerin abgeleitet werden, deren Erstellung der vorläufige schwache oder mit allgemeinen Zustimmungsvorbehalt ausgestattete Verwalter nicht erzwingen kann. Die im Jahr der Verfahrenseröffnung einheitlich entstehende Steuer muss mithin zukünftig nach den vorstehenden Grundsätzen zusätzlich auf den Bereich der vom vorläufigen Verwalter begründeten Insolvenzforderungen, die als Masseverbindlichkeiten umzuqualifizieren sind, aufgeteilt werden.[3405]

1821 Regelmäßig unproblematisch ist die Aufteilung von Körperschaftsteuerzahllasten, soweit diese auf Veranlagungszeiträume vor dem Jahr der Verfahrenseröffnung oder nach dem Jahr der Verfahrenseröffnung entfallen. Diese werden entsprechend ihrer zeitlichen Zugehörigkeit entweder als Insolvenzforderungen oder als Masseschulden behandelt, wobei darauf hinzuweisen ist, dass eine Behandlung der Körperschaftsteuer als Masseschulden nur insoweit zulässig ist, als diese gemäß § 55 Abs. 1 Nr. 1 InsO durch Handlungen des Insolvenzverwalters oder in anderer Weise durch die Verwaltung, Verwertung und Verteilung der Insolvenzmasse begründet wurden.

3404 Zur Frage des mehrjährigen Abwicklungszeitraumes gemäß § 11 KStG, vgl. den nachfolgend Abschnitt.
3405 BMF v. 17.01.2012 – IV A3-5-0550/10/10020-05, Rz. 20f., DStR 2012, 241.

1.8.3 Besonderer Gewinnermittlungszeitraum gemäß § 11 KStG

Gemäß § 7 Abs. 3 KStG ist die Körperschaftsteuer eine Jahressteuer. Die Grundlagen für ihre Festsetzung sind jeweils für ein Kalenderjahr zu ermitteln. Bei buchführungspflichtigen Körperschaften, also insbesondere bei Kapitalgesellschaften, ist der Gewinn nach dem Wirtschaftsjahr zu ermitteln, für das sie regelmäßig Abschlüsse machen.[3406] Ermittelt die Körperschaft ihren Gewinn nach einem vom Kalenderjahr abweichenden Wirtschaftsjahr, so gilt der Gewinn aus Gewerbebetrieb als in dem Kalenderjahr bezogen, in dem das jeweilige Wirtschaftsjahr endet.

1822

Beispiel

Insolvenzeröffnung am 01.04.2010. Der Geschäftsbetrieb wird trotz Eröffnung des Insolvenzverfahrens zunächst weiter fortgeführt und nicht abgewickelt. Der Insolvenzverwalter stellt fest, dass das bisherige mit dem Kalenderjahr übereinstimmende Geschäftsjahr auch nach Insolvenzeröffnung beibehalten wird. Im Jahr 2010 enden zwei Rumpfgeschäftsjahre, nämlich das vom 01.01.2010 bis zum 01.04.2010 sowie das vom 01.04.2010 mit Verfahrenseröffnung beginnende Geschäftsjahr bis zum 31.12.2010. Der Gewinn gilt im Veranlagungszeitraum 2010 als bezogen, eine etwaig daraus resultierende Körperschaftsteuer ist auf die Zeit vor Verfahrenseröffnung und nach Verfahrenseröffnung nach dem Verhältnis der in den beiden Rumpfgeschäftsjahren erzielten Teilgewinne aufzuteilen.

Gemäß § 11 KStG wird von dem Grundsatz, dass der Gewinn, der in dem im jeweiligen Veranlagungszeitraum endenden Wirtschaftsjahr erzielt wird, der Besteuerung zugrunde zu legen ist, für den Fall der Auflösung und Abwicklung einer Körperschaft eingeschränkt. Grundsätzlich ist der Besteuerung im Abwicklungszeitraum der Gewinn zugrunde zu legen, der im (gesamten) Abwicklungszeitraum erzielt wird. Dabei soll der Abwicklungs-Besteuerungszeitraum drei Jahre nicht überschreiten, § 11 Abs. 1 Satz 2 KStG. Dabei wird der in dem Abwicklungszeitraum zugrunde zu legende Gewinn durch Vergleich des Abwicklungsanfangsvermögens mit dem Abwicklungsendvermögen ermittelt. Somit wird die Körperschaftsteuer für den Abwicklungszeitraum mehrjährig – das Gesetz spricht davon, dass der Besteuerungszeitraum drei Jahre nicht übersteigen soll – ermittelt. Längere Abwicklungszeiträume als drei Jahre sind zulässig, wenn besondere Umstände vorliegen.[3407] Der auf bis zu drei Jahre verlängerte Besteuerungszeitraum hat den Vorteil, dass Gewinne und Verluste, die während des 3-Jahreszeitraumes erzielt werden, untereinander verrechnet werden können, so dass Steuerzahlungen aufgrund von schwankenden Periodenergebnissen möglicherweise vermieden werden können. Darüber hinaus dient die Vorschrift der Arbeitsersparnis.

1823

Gemäß § 11 Abs. 7 KStG gilt die besondere Gewinnermittlungsvorschrift auch dann, wenn die Abwicklung unterbleibt, weil über das Vermögen der Körperschaft ein Insolvenzverfahren eröffnet worden ist. In diesem Fall sind die Abs. 1 bis 6 des § 11 KStG sinngemäß anzuwenden. Denn nach den ein-

1824

3406 § 7 Abs. 4 Satz 1 KStG.
3407 FG Hamburg, EFG 2006, 1857; *Olgemüller*, in: Streck, KStG, § 11, Rn. 8, a. A. *Graffe*, in: Dötsch/Jost/Pung/Witt, KStG, § 11 Rn. 18.

schlägigen handelsrechtlichen Vorschriften[3408] gilt eine Kapitalgesellschaft mit Eröffnung des Insolvenzverfahrens über ihr Vermögen als aufgelöst. Somit ist im Insolvenzverfahren zwar auch grundsätzlich vom verlängerten Besteuerungszeitraum auszugehen. Der Beginn des mehrjährigen Besteuerungszeitraumes ist jedoch nicht mit der Insolvenzverfahrenseröffnung gleichzusetzen, sondern beginnt erst dann, wenn tatsächlich der Geschäftsbetrieb durch den Insolvenzverwalter abgewickelt wird.[3409] Aus praktischer Sicht ist jedoch anzumerken, dass in den meisten Insolvenzverfahren, in denen in zeitlicher Nähe zur Insolvenzverfahrenseröffnung der Geschäftsbetrieb eingestellt und die Abwicklung begonnen wird, vereinfachend von einem mit der Insolvenzverfahrenseröffnung zusammenfallenden Abwicklungszeitpunkt ausgegangen wird.

1825 Erfolgt die Auflösung im Laufe eines Wirtschaftsjahres, so gewährt R 51 Abs. 1 Satz 3 KStR ein Wahlrecht zur Bildung eines Rumpfwirtschaftsjahres. Das Rumpfwirtschaftsjahr reicht dann vom Schluss des vorangegangenen Wirtschaftsjahres bis zur Auflösung. Wird auf die Bildung des Rumpfwirtschaftsjahres verzichtet, erstreckt sich der Abwicklungszeitraum vom Ende des letzten regulären Wirtschaftsjahres bis zum Ende des zunächst auf drei Jahre befristeten Abwicklungszeitraumes.[3410] Dieses Wahlrecht ist von großer praktischer Bedeutung: Denn häufig kommt es im Abwicklungszeitraum zur Entstehung von Gewinnen durch die Hebung von stillen Reserven, wenn der Insolvenzverwalter entsprechend niedrig bewertete Vermögensgegenstände im Zuge der Abwicklung veräußert. Hierdurch kann es insbesondere nach den Vorschriften zur sog. Mindestbesteuerung gemäß § 10d Abs. 3 EStG zur Entstehung von Ertragsteuerlasten kommen, da selbst bei Vorhandensein ausreichender Verlustvorträge diese nur eingeschränkt mit den entsprechenden Gewinnen verrechnet werden können. Hingegen entstehen oft erhebliche Verluste kurz vor Insolvenzverfahrenseröffnung ggf. im letzten Jahresabschluss der werbenden Gesellschaft, also im Rumpfgeschäftsjahr, das vor der Verfahrenseröffnung endet, dadurch, dass bei der Bewertung der Vermögensgegenstände im Jahresabschluss nicht mehr von der Fortführung der Unternehmenstätigkeit, sondern von der Zerschlagung ausgegangen werden muss. Dies führt häufig zu außerplanmäßigen Abschreibungen, sofern bei einzelnen Vermögensgegenständen im Rahmen der Zerschlagung davon ausgegangen werden muss, dass der zu erzielende Einzelveräußerungspreis unterhalb des Buchwertes liegt. Diese Verluste können durch Verzicht auf die Bildung eines Rumpfwirtschaftsjahres gemäß R 51 Abs. 1 KStR in den Abwicklungszeitraum mit einbezogen werden und dort unmittelbar mit Abwicklungsgewinnen verrechnet werden.

1.8.4 Körperschaftsteuerrechtliche Organschaft

1826 Ist die Insolvenzschuldnerin Teil einer körperschaftsteuerlichen Organschaft, ergeben sich hierdurch regelmäßig gravierende steuerrechtliche Auswirkun-

---

[3408] § 262 Abs. 1 Nr. 3, § 264 Abs. 1 AktG, §§ 60 Abs. 1 Nr. 4, 66 Abs. 1 GmbHG, §§ 101, 117 GenG.
[3409] *Waza/Uhländer/Schmittmann*, Rn. 1665; RFH RStBl. 39, 355.
[3410] *Graffe*, in: Dötsch/Jost/Pung/Witt, KStG, § 11 Rn. 20.

gen. Eine körperschaftsteuerliche Organschaft liegt vor, wenn eine Kapitalgesellschaft mit Sitz im Inland sich wirksam verpflichtet, ihren ganzen Gewinn an ein anderes gewerbliches Unternehmen im Rahmen eines Ergebnisabführungsvertrages abzuführen und die Organgesellschaft in das Unternehmen des Organträgers finanziell eingegliedert ist. D. h. dem Organträger muss die Mehrheit der Stimmrechte an der Organgesellschaft zuzurechnen sein. Der Ergebnisabführungsvertrag muss mindestens auf fünf Jahre fest abgeschlossen sein und während seiner gesamten Geltungsdauer tatsächlich durchgeführt werden. Eine vorzeitige Beendigung des Vertrages durch Kündigung ist unschädlich, wenn ein wichtiger Grund vorliegt.

1.8.4.1 Insolvenz der Organgesellschaft

Sind die vorgenannten gesetzlichen Voraussetzungen nicht mehr erfüllt, entfällt die körperschaftsteuerliche Organschaft mit der Folge, dass die Ergebnisse der Organgesellschaft nicht mehr länger dem Organträger zuzurechnen sind. Von dem Zeitpunkt an, zu dem mit steuerrechtlicher Wirkung die Organschaft nicht mehr gegeben ist, muss die Organgesellschaft selbst ihre Gewinne der Körperschaftsteuer unterwerfen bzw. kann von ihr erzielte Verluste selbst verwerten, soweit dies möglich ist. Nach *Frotscher*[3411] soll bei Eröffnung des Insolvenzverfahrens über das Vermögen der Organgesellschaft die Organschaft enden, da eine finanzielle Eingliederung von da an nicht mehr bestehen soll. Denn das Verwaltungs- und Verfügungsrecht geht auf den Insolvenzverwalter über, sodass der Organträger ab diesem Zeitpunkt seinen Willen in der Organgesellschaft nicht mehr durchsetzen kann. Vor dem Hintergrund, dass im Gesetz für eine finanzielle Eingliederung lediglich gefordert ist, dass dem Organträger die Mehrheit der Stimmrechte aus den Anteilen an der Organgesellschaft „zusteht", erscheint es fraglich, ob hiermit verbunden sein soll, dass die Stimmrechte auch tatsächlich dergestalt ausgeübt werden können, dass der Wille des Organträgers in der Organgesellschaft auch tatsächlich durchgesetzt werden kann. So sollen schuldrechtliche Vereinbarungen hinsichtlich der Stimmrechtsausübung, wie Stimmrechtsvollmacht, Stimmbindungsverpflichtung etc., der finanziellen Eingliederung im Verhältnis zum Inhaber der Beteiligung nicht entgegenstehen.[3412] Für die Zurechnung der Stimmrechte ist allein auf das wirtschaftliche Eigentum abzustellen.[3413] Die noch nach früherer Rechtslage zusätzlich geforderten Eingliederungskriterien der sog. wirtschaftlichen und organisatorischen Eingliederung wurden ab Veranlagungszeitraum 2001 gestrichen. Aus diesem Grund ist nach der hier vertretenen Auffassung die Eröffnung des Insolvenzverfahrens über das Vermögen der Organgesellschaft für das Merkmal der finanziellen Eingliederung nicht von Bedeutung.[3414]

1827

3411 *Frotscher*, Besteuerung bei Insolvenz, 151.
3412 *Dötsch/Witt*, in: Dötsch/Jost Pung/Witt, KStG, § 14 Rn. 122.
3413 *Olbing*, in: Streck, KStG, § 14 Rn. 43.
3414 *Neumann*, in: Gosch, KStG, Rn. 129, Stichwort: Insolvenz; anderer Ansicht *Frotscher*, Besteuerung bei Insolvenz, 151 f.; im Ergebnis auch *Waza/Uhländer/Schmittmann*, Rn. 1656.

Hiervon zu unterscheiden ist jedoch das Schicksal des Ergebnisabführungsvertrages bei Insolvenz der Organgesellschaft.

1828 Unter dem Regime der Konkursordnung sah die herrschende Meinung, gestützt auf die Rechtsprechung des BGH[3415] die Eröffnung des Insolvenzverfahrens als Auslöser für eine automatische Beendigung des Ergebnisabführungsvertrages an, selbst wenn dies im Vertrag nicht ausdrücklich verankert war. Ob diese Grundsätze auch auf die Rechtslage nach Einführung der Insolvenzordnung übertragen werden können, wird im Schrifttum kontrovers diskutiert.[3416] Aufgrund der mit der Insolvenzordnung angestrebten Möglichkeit der Sanierung der insolventen Unternehmen kann vor allen Dingen für Fälle der Konzerninsolvenz an der automatischen Beendigung von Ergebnisabführungsverträgen nicht mehr in jedem Fall ein Interesse bestehen. Daher wird in der insolvenzrechtlichen Literatur statt einer automatischen Beendigung ein außerordentliches Kündigungsrecht für beide Vertragsteile im Sinne des § 297 Abs. 1 Satz 2 AktG befürwortet.[3417] Egal, ob die Beendigung des Ergebnisabführungsvertrages im Insolvenzverfahren durch Kündigung oder durch automatische Beendigung herbeigeführt wird: die Beendigung ist gemäß § 14 Abs. 1 Nr. 3 KStG lediglich für das Jahr der Beendigung schädlich, selbst wenn die Beendigung innerhalb der ersten fünf Jahre des Bestehens erfolgt.[3418] Bei Beendigung während eines Wirtschaftsjahres wirkt die Beendigung zurück auf das Ende des letzten vorangegangenen Wirtschaftsjahres.[3419]

1829 Die tatsächliche Durchführung des Ergebnisabführungsvertrages, die ebenfalls Tatbestandsmerkmal für die steuerliche Anerkennung ist, wird hingegen mit Eröffnung des Insolvenzverfahrens über das Vermögen einer Organgesellschaft regelmäßig gestört werden. Hat die Organgesellschaft noch Gewinne erzielt, die bislang nicht abgeführt wurden, wird dies nach Verfahrenseröffnung über das Vermögen der Organgesellschaft regelmäßig nicht mehr nachgeholt werden können, da die entsprechende Gewinnauszahlungsforderung des Organträgers Insolvenzforderung ist. Anders verhält es sich hingegen mit Verlustausgleichsansprüchen der Organgesellschaft gegenüber dem Organträger. Diese werden vom Insolvenzverwalter eingefordert werden, sodass bei Begleichung der Verlustausgleichsforderung eine tatsächliche Durchführung des Ergebnisabführungsvertrages stattfindet. Allerdings ist dies aufgrund der Tatsache, dass eine isolierte Insolvenz der Organgesellschaft in der Praxis selten ist, da die der Insolvenzeröffnung über das Vermögen der Organgesellschaft vorangegangene Verlustphase regelmäßig bereits zum Entstehen entsprechender Verlustausgleichsansprüche gegenüber dem Organträger geführt hat, eher ein theoretischer Fall. Denn solange der Organträger imstande ist, die Verlustausgleichsansprüche der Organgesellschaft zu erfüllen, wird die Organgesellschaft selbst nicht in In-

---

3415 BGH, Urt. v. 14.12.1987 – II ZR 170/87, NJW 1988, 1326.
3416 *Hüffer*, AktG, § 297 Rn. 22a m. w. N.; *Bultmann*, Der Gewinnabführungsvertrag in der Insolvenz, ZInsO 2007, 785; *Fichtelmann*, GStB 2009, 435.
3417 *Bultmann*, Der Gewinnabführungsvertrag in der Insolvenz, ZInsO 2007, 785, 790 m. w. N.
3418 *Olbing*, in: Streck, KStG, § 14 Rn. 105 ff.
3419 § 14 Abs. 1 Satz 1 Nr. 3 KStG.

solvenz fallen. D.h. die Insolvenz der Organgesellschaft tritt erst dann ein, wenn der Organträger nicht mehr in der Lage ist, die Verlustausgleichsansprüche der Organgesellschaft zu erfüllen. Dann kommt es zur Simultaninsolvenz von Organgesellschaft und Organträger.

1.8.4.2 Insolvenz des Organträgers

Hier gelten die vorstehenden Ausführungen zur automatischen Beendigung bzw. zur Kündigungsmöglichkeit des Ergebnisabführungsvertrages entsprechend. Die Organgesellschaft kann den Ergebnisabführungsvertrag aus wichtigem Grund kündigen, wenn nicht bereits eine automatische Beendigung durch Eröffnung des Insolvenzverfahrens über das Vermögen des Organträgers angenommen wird. Hat die Organgesellschaft einen Gewinn erwirtschaftet, wird der Insolvenzverwalter des Organträgers regelmäßig auf der Abführung des Gewinns bestehen, so dass die Organschaft weiter tatsächlich durchgeführt wird. Hat keine Seite den Gewinnabführungsvertrag außerordentlich gekündigt und ist keine automatische Beendigung im Sinne der BGH-Rechtsprechung zur Konkursordnung anzunehmen, bleibt die Organschaft weiter intakt. Hat die Organgesellschaft einen Verlust erwirtschaftet, ist der Organträger zum Ausgleich verpflichtet. Der Anspruch der Organgesellschaft auf Verlustausgleich wäre, soweit der Verlust auf Zeiträume vor Eröffnung des Insolvenzverfahrens über das Vermögen des Organträgers entfällt, als Insolvenzforderung geltend zu machen. Die Erfüllung dieses Anspruches würde mithin für geraume Zeit nicht erfolgen, sodass von einer Nichtdurchführung des Ergebnisabführungsvertrages auszugehen ist. Erfolgt die Nichtdurchführung in den ersten fünf Jahren des Bestehens des Ergebnisabführungsvertrages, wäre dies schädlich mit Rückwirkung auf den Beginn der Fünf-Jahres-Frist.[3420] Die Nichtdurchführung in den späteren Jahren führt hingegen nur dazu, dass die Schädlichkeit im Wirtschaftsjahr der Nichtdurchführung eintritt.

1830

1.8.4.3 Gleichzeitige Insolvenz von Organträger und Organgesellschaft

Kommt es gleichzeitig zur Insolvenz über das Vermögen von Organträger und von Organgesellschaft, gelten die Ausführungen zur automatischen Beendigung bzw. zur Kündigung sinngemäß. Folglich könnte eine Kündigung vom Insolvenzverwalter ausgesprochen werden, wenn der Ergebnisabführungsvertrag nicht bereits automatisch beendet sein sollte. Wird der Ergebnisabführungsvertrag aus wichtigem Grund gekündigt, wirkt die Kündigung auf das Ende des letzten Wirtschaftsjahres zurück. Wird der Ergebnisabführungsvertrag nicht gekündigt, so ist darauf abzustellen, ob der Vertrag tatsächlich weiter durchgeführt wird. Da die Ergebnisabführung in Form der Gewinnabführung oder eines Verlustausgleichs regelmäßig dem Insolvenzzweck nicht entsprechen wird, wird in den meisten Fällen die Organschaft an der Nichtdurchführung scheitern.[3421]

1831

3420 *Olbing,* in: Streck, KStG, § 14 Rn. 111.
3421 *Frotscher,* Besteuerung bei Insolvenz, 152.

2. Einkommensteuer

2.1 Grundlagen

1832 Die einkommensteuerrechtlichen Fragestellungen im Zusammenhang mit Sanierungsmaßnahmen oder Insolvenzfällen haben teilweise unterschiedliche Inhalte, überlagern sich aber auch. In Krisensituationen, in denen es um den Einsatz von Sanierungsmaßnahmen zur Abwehr einer Insolvenz geht, stehen naturgemäß vor allem Fragen der einkommensteuerrechtlichen Verlustberücksichtigung und Verlustnutzung sowie nach den steuerrechtlichen Auswirkungen von Sanierungsmaßnahmen im Vordergrund. Diese Fragestellungen bleiben grundsätzlich auch in der Insolvenzsituation relevant: Denn einerseits werden Sanierungsmaßnahmen auch im eröffneten Insolvenzverfahren durchgeführt, so dass hier ebenso die entsprechenden einkommensteuerlichen Auswirkungen auf den Insolvenzschuldner oder die Gesellschafter des schuldnerischen Unternehmens zu prüfen sind. Weiter ist für den Insolvenzschuldner, wenn es sich um die Insolvenz einer natürlichen Person handelt, die Nutzung von Verlusten, die im Vorfeld der Insolvenz oder im Insolvenzverfahren angefallen sind, oft von Bedeutung: Kann doch durch die Nutzung vorhandener Verlustvorträge nach einer Insolvenz zunächst der Anfall von Einkommensteuern vermieden werden, was für die wirtschaftliche Gesundung des früheren Insolvenzschuldners nur vorteilhaft sein kann.

Neben diesen Fragen treten jedoch zusätzlich besondere einkommensteuerrechtliche Fragestellungen im Rahmen der Insolvenz von natürlichen Personen oder von Personenhandelsgesellschaften hinzu, z.B. die Trennung von Insolvenzforderungen und Masseverbindlichkeiten oder die steuerrechtlichen Folgen von Verwertungshandlungen.

In diesem Abschnitt werden deshalb zunächst allgemeine Fragestellungen, die sowohl in vorinsolvenzlichen Sanierungsfällen als auch innerhalb von Insolvenzfällen eine Rolle spielen, behandelt. Danach wird auf spezielle insolvenzsteuerrechtliche Sonderprobleme im Zusammenhang mit der Einkommensteuer eingegangen.

2.2 Steuersubjekt der Einkommensteuer

1833 Steuersubjekt der Einkommensteuer sind natürliche Personen. Sie sind zugleich auch Schuldner der Einkommensteuer.[3422] Besitzt eine natürliche Person einen Wohnsitz oder ihren gewöhnlichen Aufenthalt im Inland, so unterliegt sie der unbeschränkten Einkommensteuerpflicht. Ist das nicht der Fall, so kann eine natürliche Person der beschränkten Einkommensteuerpflicht unterliegen, wenn sie inländische Einkünfte im Sinne des § 49 EStG hat.[3423] Die Besteuerungsgrundlage für die Einkommensteuer bildet das zu versteuernde Einkommen gemäß § 2 Abs. 5 EStG. In das zu versteuernde Einkommen gehen die sieben in § 2 Abs. 1 EStG genannten Einkunftsarten ein. Das deutsche Einkommensteuerrecht verwendet also einen synthetischen Einkommensbegriff, d.h. das Einkommen synthetisiert sich aus den Einkünften

---
3422 Vgl. § 1 Abs. 1 Satz 1 EStG.
3423 Vgl. § 1 Abs. 4 EStG.

aus den verschiedenen vom Gesetz abschließend aufgezählten Einkunftsarten.[3424]

Nicht Subjekt der Einkommensteuer sind Körperschaften, d. h. insbesondere Kapitalgesellschaften, Genossenschaften, Versicherungs- und Pensionsfondsvereine auf Gegenseitigkeit sowie sonstige Körperschaften, diese unterliegen der Körperschaftsteuer. Ebenfalls nicht Subjekt der Einkommensteuer sind Personengesellschaften und Personenhandelsgesellschaften, die Gesellschaft bürgerlichen Rechts, die offene Handelsgesellschaft, die Kommanditgesellschaft und ähnliche Rechtsformen. Sie unterliegen weder der Körperschaftsteuer noch der Einkommensteuer. Ihre Gewinne werden den Gesellschaftern zugerechnet und bei diesen der individuellen Einkommensteuer bzw. Körperschaftsteuer unterworfen.

2.3 Verluste und Verlustnutzung

2.3.1 System der steuerlichen Berücksichtigung von Verlusten

Die Verpflichtung, nicht nur Gewinne oder Überschüsse bei der Bemessung der Einkommensteuer zu berücksichtigen sondern auch Verluste, entspringt dem objektiven Nettoprinzip. Die Einkommensteuer besteuert jeweils nur das Netto-Einkommen, d. h. den Gewinn bzw. den Überschuss der Einnahmen über die Ausgaben, die dem Erwerb des Überschusses gedient haben.[3425] Sind die Erwerbsaufwendungen oder die Betriebsausgaben höher als die Erträge bzw. Einnahmen, so ergibt sich ein Verlust. Dieses Netto-Prinzip ist wiederum Ausdruck des Grundsatzes der Besteuerung nach der wirtschaftlichen Leistungsfähigkeit. Der für den Erwerb getätigte Aufwand, der die Leistungsfähigkeit gemindert hat, muss sich deswegen bei der Bemessung der Steuer auswirken.[3426]

1834

Die einkommensteuerrechtliche Systematik der Verlustverrechnung vollzieht sich wie folgt:

In der ersten Stufe sind bei der Bildung der Summe der Einkünfte positive und negative Einkünfte eines Kalenderjahres zu saldieren (sog. horizontaler Verlustausgleich). Ergibt sich hierbei insgesamt ein negativer Betrag (Summe der Einkünfte), wird dieser regelmäßig auch zu einem negativen Gesamtbetrag der Einkünfte führen.[3427] Verbleibt ein negativer Gesamtbetrag der Einkünfte, so kann dieser in einem zweiten Schritt im Wege des sog. Verlustabzuges gemäß § 10 d EStG überperiodisch geltend gemacht werden. Man spricht in diesem Zusammenhang auch vom „vertikalen Verlustausgleich". Dabei dürfen negative Einkünfte, die bei der Ermittlung des Gesamtbetrags der Einkünfte nicht ausgeglichen werden, bis zu einem Betrag von 511.500 €, bei zusammenveranlagten Ehegatten bis zu einem Betrag von 1.023.000 €,

---

3424 *Lang*, in: Tipke/Lang, Steuerrecht, § 9 Rn. 1.
3425 *Weber-Grellet*, in: Schmidt, EStG, § 2 Rn. 10.
3426 *Kirchhof*, in: Kirchhof/Söhn/Mellinghof, Einkommensteuergesetz, § 2 Rn. C 115.
3427 Der Gesamtbetrag der Einkünfte ist die Summe der Einkünfte aus den sieben Einkunftsarten vermindert um den Altersentlastungsbetrag, den Entlastungsbetrag für Alleinerziehende und den Abzug nach § 13 Abs. 3 EStG, so dass eine negative Summe der Einkünfte nach Abzug eventueller weiterer Komponenten nicht positiv werden wird.

zurückgetragen werden auf den unmittelbar vorangegangenen Veranlagungszeitraum. Auf den Verlustrücktrag kann auf Antrag des Steuerpflichtigen verzichtet werden.[3428] Soweit die negativen Einkünfte nicht durch den Verlustrücktrag verbraucht werden, können diese zeitlich uneingeschränkt vorgetragen werden. Der Verlustabzug steht nur demjenigen Steuerpflichtigen zu, der den Verlust auch wirtschaftlich getragen hat. Dabei war bis zum Beschluss des Großen Senats des BFH vom 17.12.2007[3429] nach Rechtsprechung und Verwaltungsauffassung anerkannt, dass der Erbe berechtigt war, einen vom Erblasser nicht mehr verbrauchten Verlustabzug geltend zu machen, soweit der Erbe wirtschaftlich belastet war. Hiervon ist der Große Senat des BFH mit dem zitierten Beschluss[3430] abgerückt.[3431]

2.3.2 Einschränkungen der Verlustberücksichtigung

1835 Die vorstehend dargestellten Grundsätze zur Verlustberücksichtigung werden durch einzelne Normen des Einkommensteuerrechts in vielfältiger Weise eingeschränkt.

> **Beispiele**
>
> ■ Abzugsverbote für bestimmte Aufwendungen, z.B. § 4 Abs. 5 EStG, § 9 Abs. 5 EStG, § 5 Abs. 4, 4a, 4b EStG;
> ■ Ausgleichs- und Verrechnungsbeschränkungen für besondere Einkünfte, z.B. negative Auslandseinkünfte, § 2a EStG; gewerbliche Tierzucht- und Tierhaltung, § 15 Abs. 4 Satz 1 EStG, Verluste von Kommanditisten und ähnlichen haftungsbeschränkten Rechtsformen, § 15a EStG; Einkünfte aus sonstigen Leistungen, § 22 Nr. 3 Satz 3 EStG; Einkünfte aus privaten Veräußerungsgeschäften, § 23 Abs. 3 Satz 7f EStG; § 15b EStG.

Schließlich wurde durch das Steuerentlastungsgesetz 1999/2000/2002 die sog. Mindestbesteuerung eingeführt. Dadurch wird die Abzugsfähigkeit von Verlustvorträgen in nachfolgenden Veranlagungszeiträumen beschränkt. Gemäß § 10d Abs. 2 EStG können Verlustvorträge in den folgenden Veranlagungszeiträumen nur noch bis zur Höhe von 1 Mio. € unbeschränkt abgezogen werden. Darüber hinaus dürfen Verluste nur zu 60 % des 1 Mio. € übersteigenden Gesamtbetrags der Einkünfte abgezogen werden. Hierdurch wird in den entsprechenden Perioden trotz bestehender Verlustvorträge die Entstehung von Einkommensteuer ausgelöst und die Nutzung der Verlustvorträge wird zeitlich gestreckt.

1836 Allerdings kann es dazu kommen, dass die Verlustvorträge in bestimmten Konstellationen gänzlich abgeschnitten werden, z.B. wenn ein Steuerpflichtiger seinen Wohnsitz ins Ausland verlegt oder verstirbt.[3432]

Hinsichtlich der verfassungsrechtlichen Bedenken gegen die Mindestbesteuerung im Einzelnen sei auf die Ausführungen im vorstehenden Abschnitt

---

3428 § 10d Abs. 1 Satz 5 EStG.
3429 BFH, B. v. 17.12.2007 – GrS 2/04, DB 2008, 675.
3430 BFH, B. v. 17.12.2007 – GrS 2/04, DB 2008, 675.
3431 Allerdings mit einer Übergangsregelung für Erbfälle, die bis zum Tage der Veröffentlichung des Beschlusses des Großen Senats eingetreten waren.
3432 Lang, in: Tipke/Lang, Steuerrecht, § 9 Rn. 66.

zur Körperschaftsteuer unter Rn. 1731 ff., Verlustrück- und -vortrag, Mindestbesteuerung, verwiesen. Die verfassungsrechtlichen Bedenken werden auch vom BFH geteilt. Dieser hat mit Beschluss vom 26.08.2010[3433] festgestellt, dass es ernstlich zweifelhaft ist, ob die Regelung verfassungsrechtlichen Anforderungen entspricht, wenn die Verlustverrechnung in späteren Veranlagungszeiträumen endgültig ausgeschlossen ist. Da es sich nur um einen Beschluss in einem Aussetzungsverfahren handelt, bleibt die Entscheidung in der Hauptsache abzuwarten.

Die Mindestbesteuerung erweist sich in vielen Sanierungsfällen als äußerst hinderlich.[3434] Schon durch die Durchführung der Sanierungsmaßnahmen selbst können im Jahr der Sanierung Gewinne entstehen. Aber auch nach erfolgreicher Sanierung können vorzeitig Steuerabflüsse durch Einkommensteuern durch laufende Gewinne entstehen, obwohl übersteigende Verlustvorträge vorhanden sind. Die entsprechenden Liquiditätsabflüsse stehen dann nicht mehr zur weiteren Schuldentilgung oder den Neuaufbau des Unternehmens zur Verfügung.

1837

Dabei können entsprechende Gewinne einerseits durch die Sanierungsmaßnahmen selbst (z.B. Forderungsverzichte), aber auch durch insolvenz- oder sanierungsbedingte Veräußerung von mit stillen Reserven behafteten Vermögensgegenständen entstehen. Die dadurch ausgelöste Einkommensteuerzahllast kann den Sanierungserfolg nachhaltig gefährden. Insofern müssen alle sachverhaltsgestaltenden Maßnahmen in Betracht gezogen werden, um eventuelle Gewinne aus dem Jahr der Sanierungsmaßnahmen in die Verlustentstehungsjahre vorzuverlagern. Als potenziell geeignete Maßnahmen seien hier die Vornahme von Zuschreibungen, die Gewährung von unverzinslichen Darlehen, die zur Gewinnentstehung durch Abzinsung führen oder z.B. gewinnrealisierende Umwandlungsmaßnahmen genannt. Handelt es sich um Gewinne, die durch den Erlass von Forderungen realisiert werden, so kommt ein Antrag auf Billigkeitsmaßnahmen zur Steuerfreistellung von Sanierungsgewinnen nach dem BMF-Schreiben vom 27.03.2003[3435] in Betracht. [3436]

2.4 Steuerliche Auswirkungen von Forderungsverzicht und Rangrücktritt

2.4.1 Überblick

Die einkommensteuerrechtlichen Folgen von einzelnen Sanierungsmaßnahmen können unterschiedlich sein je nach dem, in welcher Form die wirtschaftliche Aktivität, mit der die Durchführung einer Sanierungsmaßnahme in Zusammenhang steht, vorgenommen wurde. Unterschiede ergeben sich

1838

3433 BFH, B. v. 26.08.2010 – I B 49/10, DStR 2010, 2179.
3434 *Gilz/Kuth*, Mindestbesteuerung – Situation im Insolvenzverfahren – Gleichzeitig ein Appell an den Gesetzgeber, DStR 2005, 184; *Lang/Englisch*, Zur Verfassungswidrigkeit der neuen Mindestbesteuerung, StuW 2005, 3.
3435 BMF v. 27.03.2003 – IV A 6-S 2140-8/03, BStBl. I 2003, 240.
3436 Allerdings muss hier auf das Risiko hingewiesen werden, dass die Anwendbarkeit des Sanierungserlasses von der finanzgerichtlichen Rechtsprechung (vgl. FG München, Urt. v. 12.12.2007 – 1 K 4487/06, EFG 2008, 615 (nicht rechtskräftig) in Frage gestellt ist; vgl. auch Rn. 1809 ff.

z. B. daraus, ob es sich um die einkommensteuerlichen Auswirkungen bei einem Gesellschafter einer Kapitalgesellschaft handelt oder um den Gesellschafter einer Personengesellschaft. Wiederum anders sind die Folgen, wenn es sich um eine natürliche Person mit einer alleine von ihr durchgeführten Aktivität, z. B. den Betrieb eines Einzelunternehmens oder die Fremdvermietung eines Mehrfamilienwohnhauses handelt.

Die nachfolgenden Ausführungen betreffen nur solche Maßnahmen, die unmittelbar auf die einkommensteuerlichen Verhältnisse der Steuerpflichtigen einwirken. D. h. die schier unerschöpfliche Vielzahl von betriebswirtschaftlichen Maßnahmen,[3437] die ertrags- und liquiditätsverbessernde Wirkungen erzielen sollen (z. B. Verkürzung von Zahlungszielen, Eliminierung von Verlustaufträgen, Straffung der Vergütungsstruktur, etc.), aber nur mittelbar auf die einkommensteuerliche Situation der Unternehmer/Gesellschafter einwirken, wird nicht behandelt.

2.4.2 Natürliche Personen – Einzelunternehmer
2.4.2.1 Forderungsverzicht durch Drittgläubiger

1839 Die einkommensteuerrechtlichen Folgen eines von einem Gläubiger ausgesprochenen Forderungsverzichts beim Schuldner hängen davon ab, ob die entsprechende Verbindlichkeit beim Schuldner zu einem Betriebsvermögen gehörte oder Privatvermögen war, sowie davon ob der Verzicht durch den Gläubiger betrieblich veranlasst ist oder möglicherweise private Gründe hat.

Verbindlichkeit privat veranlasst
Wurde die Valuta aus der Eingehung der entsprechenden Verbindlichkeit nicht für Zwecke verwendet, die der Erzielung von steuerbaren Einkünften im Sinne des Einkommensteuergesetzes dienten (z. B. privater Konsumentenkredit, Kredit zur Finanzierung eines privaten Wohnzwecken dienenden Einfamilienhauses), ergeben sich aus einem Erlass der entsprechenden Verbindlichkeit keine einkommensteuerrechtlichen Folgen. Allerdings ist darauf hinzuweisen, dass – falls persönliche Motive des Gläubigers dem Erlass der Schuld zugrunde lagen – möglicherweise schenkungsteuerliche Auswirkungen zu beachten sind.

> **Beispiel**
>
> Eltern haben den Bau des zu privaten Wohnzwecken dienenden Einfamilienhauses ihrer Tochter durch ein Darlehen finanziert und verzichten nun auf die Rückzahlung.

Schuld gehört zu Betriebsvermögen eines gewerblichen, land- und forstwirtschaftlichen oder selbstständigen Betriebsvermögens

1840 Hier handelt es sich um Steuerpflichtige mit Gewinneinkünften, kurz um sog. „Gewinnermittler". Wird der Gewinn durch Bilanzierung ermittelt, war die Schuld in der Bilanz zu passivieren. Der durch den Erlass bedingte Wegfall der Schuld führt dann zur Erhöhung des Betriebsvermögens. Ist der Verzicht durch den Gläubiger betrieblich veranlasst gewesen, so ergibt sich für

---

[3437] WP Handbuch, Abschn. F, Rn. 160 ff.

den Schuldner durch den Wegfall der Schuld ein einkommensteuerpflichtiger Ertrag.[3438] War der Verzicht hingegen privat veranlasst – was bei Fremdgläubigern eher der Ausnahmefall sein dürfte – ist der Vorgang erfolgsneutral als Einlage zu behandeln.[3439] Eine betriebliche Veranlassung des Verzichts liegt vor, wenn es sich um eine betriebliche Schuld des Schuldners handelt, weil die Entstehung der Verbindlichkeit durch den Betrieb veranlasst war und nun der Verzicht des Gläubigers zumindest nicht aus privaten Gründen erfolgt. Private Gründe liegen insbesondere dann vor, wenn für den Erlass persönliche Motive ausschlaggebend sind. Vor allem wenn ein persönliches Näheverhältnis zwischen Gläubiger und Schuldner besteht, erhöht sich die Wahrscheinlichkeit für das Vorliegen privater Erlassgründe. Bei fremden Dritten werden beim Erlass betrieblicher Schulden dagegen regelmäßig betriebliche Gründe vorliegen, z. B. die Absicht, die Geschäftsbeziehung zu erhalten oder die Teilnahme an einer Maßnahme im Rahmen eines Sanierungsplanes, an der mehrere oder sogar alle Gläubiger teilnehmen.

Handelt es sich um einen Überschussrechner (Gewinnermittlung gemäß § 4 Abs. 3 EStG, nachfolgend auch kurz: „4 III-Rechner") ist zu differenzieren: 1841

Zunächst ist wiederum zu untersuchen, ob der Erlass aus betrieblichen oder aus privaten Gründen erfolgt. Erfolgt der Erlass aus privaten Gründen, liegt eine Einlage vor, die erfolgsneutral zu behandeln ist. Ggf. sind schenkungsteuerliche Konsequenzen zu beachten.

Handelt es sich um einen betrieblich veranlassten Erlass, ist weiter zu differenzieren: 1842

Handelt es sich um eine Verbindlichkeit, die aus der Finanzierung von laufendem Aufwand herrührt (z. B. Lohnaufwand oder Bezug von Fremdleistungen zur Herstellung von Vorratsvermögen), soll der Wegfall der Verbindlichkeit erfolgsneutral sein.[3440] Hintergrund ist die Überlegung, dass bei einem 4 III-Rechner ein entsprechender steuerwirksamer Aufwand durch den Konsum der Leistung erst im Zeitpunkt der Zahlung wirksam wird. Fällt die Zahlungsverpflichtung weg, kommt es mithin nicht mehr zur Zahlung, so ist es auch nicht erforderlich, einen schon erfassten Aufwand zu korrigieren, so dass durch die Nichtberücksichtigung des Wegfalls der Verbindlichkeit der Vorgang insgesamt erfolgsneutral bleibt. Damit entspricht das hier erreichte Ergebnis auch dem Ergebnis beim Wegfall einer betrieblichen Verbindlichkeit eines bilanzierenden Steuerpflichtigen.

Handelt es sich bei der aus betrieblichen Gründen nicht mehr zu begleichenden Drittverbindlichkeit um eine Darlehensverbindlichkeit, so wird nach herrschender Meinung eine Gewinnerhöhung angenommen.[3441] Diente die Verbindlichkeit der Anschaffung von Wirtschaftsgütern, so ist weiter zu differenzieren, ob es sich um Wirtschaftsgüter des Anlage- oder des Umlaufvermögens handelte. Handelte es sich um Umlaufvermögen, so vollzieht sich der Vorgang regelmäßig erfolgsneutral. Es gelten die Ausführungen zu Verbind- 1843

3438 *Weber-Grellet*, Verzicht und Einlage, BB 1995, 243, 244.
3439 *Weber-Grellet*, Verzicht und Einlage, BB 1995, 243, 244.
3440 *Heinicke*, in: Schmidt, EStG, § 4, Rn. 404.
3441 *Wied*, in: Blümich, EStG, § 4, Rn. 187.

lichkeiten, die zur Finanzierung von betrieblichem Aufwand eingegangen wurden. Handelte es sich um die Finanzierung von Anlagevermögen, so wird nach herrschender Meinung davon ausgegangen, dass bei dem Wegfall einer Verbindlichkeit zur Finanzierung von abnutzbarem Anlagevermögen eine gewinnerhöhende Ausbuchung zu erfolgen hat, gleichzeitig jedoch die AfA-Berechtigung erhalten bleibt.[3442] Handelt es sich hingegen um nicht abnutzbares Anlagevermögen, z. B. Grundstücke, ist der Vorgang erfolgsneutral zu behandeln, jedoch sind die aufgezeichneten Anschaffungskosten für das nicht abnutzbare Anlagegut um den Erlassbetrag zu vermindern, so dass eine spätere Veräußerung des Anlagegutes zu einem entsprechend höheren Gewinn führt.[3443] Die Anschaffungs- und Herstellungskosten für abnutzbare Wirtschaftsgüter des Anlagevermögens sind erst im Zeitpunkt der Veräußerung oder Entnahme als Betriebsausgabe zu berücksichtigen, § 4 Abs. 3 Satz 4 EStG.

1844 Eine Übersicht zu den vorstehend geschilderten Zusammenhängen ergibt sich aus der nachfolgenden Abbildung.

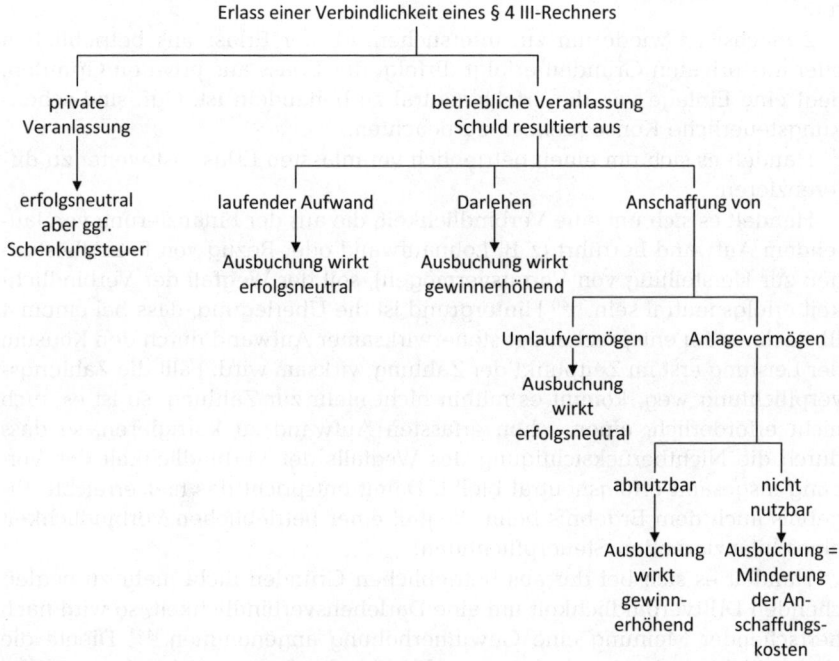

Abb. 73: Schulderlass beim 4 III-Rechner

Die vorstehenden Ausführungen zeigen, dass für den Regelfall – Erlass einer Betriebsschuld aus betrieblichen Gründen – sowohl bei bilanzierenden Kaufleuten als auch bei 4 III-Rechnern der Erlass gewinnerhöhende Wirkung

---

3442 *Heinicke*, in: Schmidt, EStG, § 4, Rn. 404.
3443 *Heinicke*, in: Schmidt, EStG, § 4, Rn. 404.

hat (bzw. beim 4 III-Rechner der entsprechende Betriebsaufwand gar nicht erst entsteht). Gerade im Bereich von Einzelunternehmern sind oftmals nur geringe oder überhaupt keine vortragsfähigen Verluste im Sinne des § 10 d EStG vorhanden, die zu einer Kompensation des durch einen Erlass hervorgerufenen Gewinnes dienen könnten. Denn häufig geht dem Sanierungsbedarf beim Einzelunternehmer keine wesentliche (steuerliche) Verlustphase voraus, da auch in der Krise noch kleine Gewinne oder ausgeglichene Ergebnisse erzielt werden, die jedoch bei weitem nicht ausreichend sind, um den privaten Lebensunterhalt des Unternehmers zu decken, der grundsätzlich aus steuerpflichtigen Gewinnen zu finanzieren wäre. Ist der private Lebensunterhalt größer als die durch das Einzelunternehmen abgeworfenen Gewinne, wird „aus der Substanz gelebt", was zur Sanierungsnotwendigkeit führt. Eine Vermögensmehrung durch Erlass von Verbindlichkeiten mündet dann unmittelbar in steuerpflichtigen Gewinnen.[3444]

2.4.2.2 Forderungsverzicht mit Besserungsschein

Zivilrechtlich gesehen handelt es sich beim Forderungsverzicht um einen Erlassvertrag zwischen Gläubiger und Schuldner[3445] gemäß § 397 Abs. 1 BGB. Mit dem Erlöschen der Forderung durch den Erlassvertrag werden regelmäßig auch die gegebenen Sicherheiten entfallen.[3446] Will der Gläubiger sich die Chance einer späteren Befriedigung seiner Forderung noch erhalten, so kann der Erlassvertrag unter einer auflösenden Bedingung abgeschlossen werden. Die auflösende Bedingung in Form einer Besserungsvereinbarung sieht regelmäßig vor, dass die Gläubigerforderung, die erlassen wurde ganz oder teilweise wieder auflebt, wenn eine Besserung der Vermögensverhältnisse des Schuldners eingetreten ist. Die Zahlungsverpflichtung knüpft sich regelmäßig an das spätere Entstehen von Gewinnen im Allgemeinen oder an Gewinne, die über bestimmte Grenzwerte, z. B. den Betrag eines bestimmten Eigenkapitals hinaus entstehen.

1845

Der Eintritt des Besserungsfalles führt dazu, dass die auflösende Bedingung hinsichtlich des Erlasses eintritt, mithin, dass die ursprüngliche Verbindlichkeit wieder auflebt. Es ist zulässig, daneben zu vereinbaren, dass auch Zinsen für den Zeitraum, in dem der Erlass Bestand hatte, wieder aufleben.[3447]

1846

Die steuerlichen Wirkungen des Erlasses mit Besserungsschein sind im Erlasszeitpunkt grundsätzlich dieselben wie bei einem bedingten Erlass.[3448]

3444 Es sei denn, es liegen die Voraussetzungen für die Annahme eines steuerfreien Sanierungsgewinnes im Sinne des BMF v. 27.03.2003 – IV A 6-S 2140-8/03, BStBl. I 2003, 240, wobei jedoch die Anwendbarkeit z. Zt. durch die insoweit divergierende finanzgerichtliche Rechtsprechung in Frage gestellt ist.
3445 *Schmidt/Uhlenbruck*, GmbH in Krise, Sanierung und Insolvenz, Rn. 2.215.
3446 *Taraschka*, Zur bilanzsteuerrechtlichen Behandlung des Rangrücktritts, DStR 2006, 109, 110.
3447 Vgl. *Knebel*, Der Forderungsverzicht als Sanierungsmaßnahme, DB 2009, 1094, der darauf hinweist, dass der Besserungsschein auch so vereinbart werden kann, dass im Zuge des unbedingten Verzichts eine neue Verbindlichkeit begründet wird, die unter der aufschiebenden Bedingung späterer Gewinnerzielung steht.
3448 BMF v. 02.12.2003 – IV A 2-S-2743-5/03, BStBl. I 2003, 648.

D.h. die vorstehend geschilderten Grundsätze zum unbedingten Erlass einer Verbindlichkeit gelten insoweit auch hier.

Mit Eintritt des Besserungsfalls ist die erlassene Verbindlichkeit wiederum in Höhe des eingetretenen Besserungsbetrages als Verbindlichkeit vermögensmindernd einzubuchen. Die steuerlichen Folgen des Wiedereinbuchens der Verbindlichkeit vollziehen sich nach überwiegender Auffassung im Schrifttum spiegelbildlich zu den Folgen der Ausbuchung der Verbindlichkeit: Handelte es sich um eine Einlage, so ist das Wiedereinbuchen der Verbindlichkeit als Entnahme zu behandeln. Handelte es sich um einen steuerpflichtigen Ertrag, so ist das Wiedereinbuchen der Verbindlichkeit als steuermindernder Aufwand zu behandeln.[3449]

1847 Der Forderungsverzicht mit Besserungsschein ist ein in der Praxis häufig anzutreffendes Sanierungsinstrument, da dieses für den Gläubiger den Vorteil bietet, dass er seine Forderung nicht endgültig aufgeben muss und noch eine Aussicht auf teilweise oder vollständige Befriedigung behält; für den Schuldner entsteht der Vorteil, dass die erlassene Verbindlichkeit unmittelbar aus der Handelsbilanz wie auch aus einem eventuellen Überschuldungsstatus herausfällt bzw. im Rahmen einer Zahlungsunfähigkeitsprüfung nicht mehr in Ansatz zu bringen ist. Darüber hinaus besteht zwar die wirtschaftliche Belastung im Zeitpunkt des Eintritts der Besserung, die jedoch dadurch gelindert wird, dass ein eventueller steuerpflichtiger Ertrag im Zeitpunkt des Erlasses nunmehr durch das steuerwirksame Wiedereinbuchen der Verbindlichkeit kompensiert wird.

2.4.2.3 Rangrücktritt

1848 Während der Erlassvertrag mit oder ohne Besserungsschein zunächst zum Erlöschen der entsprechenden Verbindlichkeit führt, greift der Rangrücktritt nicht in den dinglichen Bestand der Verbindlichkeit ein, sondern verhindert nur (schuldrechtlich) dass die entsprechende Verbindlichkeit weiter in einem Überschuldungsstatus zu passivieren ist. Da die Überschuldung, die mittels Überschuldungsstatus zu messen ist, kein Insolvenzgrund für eine natürliche Person ist, ist der Rangrücktritt ein Sanierungsmittel, das bei der Sanierung von natürlichen Personen weniger oft anzutreffen ist.

Folglich braucht an dieser Stelle auch nicht auf die Änderungen, die im Hinblick auf Gesellschafterdarlehen durch das MoMiG[3450] für die Behandlung von Gesellschafterdarlehen im Überschuldungsstatus und in der Rangfolge des § 39 InsO gebracht hat, eingegangen zu werden.

Obwohl der Rangrücktritt, wie eingangs erwähnt, den rechtlichen Bestand der Verbindlichkeit unberührt lässt, kann der Rangrücktritt zur Anwendung von § 5 Abs. 2a EStG führen. Nach § 5 Abs. 2a EStG dürfen Verbindlichkeiten oder Rückstellungen, die nur dann zu erfüllen sind, wenn zukünftig Einnahmen oder Gewinne anfallen, erst dann passiviert werden, wenn die ent-

---

3449 BMF v. 02. 12. 2003 – IV A 2-S-2743-5/03, BStBl. I 2003, 648; *Knebel*, Der Forderungsverzicht als Sanierungsmaßnahme, DB 2009, 1094; *Korn*, Steuerliche Charakterisierung von Rückflüssen aus Besserungsscheinen nach Übertragung der Geschäftsanteile, GmbHR 2007, 624.
3450 BGBl. I 2008, 2026.

sprechenden Einnahmen oder Gewinne angefallen sind. In welchen Fällen und bei welcher Formulierung des Rangrücktritts im Einzelnen ein Anwendungsfall des § 5 Abs. 2a EStG gegen sein kann, wurde vor allem vor Einführung der Änderungen durch das MoMiG[3451] insbesondere im Anschluss an ein Urteil des BGH[3452] durch Literatur und Finanzverwaltung teilweise kontrovers diskutiert.[3453] In dem zitierten Urteil hatte der BGH postuliert, dass es – nach altem Recht – eines sog. qualifizierten Rangrücktrittes bedürfe, um eine Verbindlichkeit nicht mehr im Überschuldungsstatus ausweisen zu müssen. Die Finanzverwaltung wollte auf Rangrücktrittsvereinbarungen, in deren Wortlaut der Hinweis auf eine spätere Tilgung der mit dem Rangrücktritt belegten Verbindlichkeit aus „sonstigem freien Vermögen" fehlte, § 5 Abs. 2a EStG anwenden, wonach Schuldposten, die nur zu erfüllen sind, soweit künftig Einnahmen oder Gewinne anfallen, bis zum Anfall der entsprechenden Einnahmen oder Gewinne nicht als Passivposten in der Bilanz angesetzt werden dürfen. Die Folge wäre gewesen, dass alle Verbindlichkeiten unter Rangrücktritt, in denen der von der Finanzverwaltung geforderte Hinweis fehlte, erfolgswirksam auszubuchen gewesen wären.[3454] Dieser Auffassung der Finanzverwaltung ist der BFH mit Urteil vom 10.11.2005 entgegengetreten.[3455] Die Finanzverwaltung hat sich der Entscheidung des BFH im Ergebnis angeschlossen.[3456] Allerdings hat sich unlängst der I. Senat des BFH nochmals in die Diskussion eingeschaltet und klargestellt, dass wenn eine Tilgung der Rangrücktrittsverbindlichkeit ausschließlich aus zukünftigen Gewinnen oder Liquidationsüberschüssen vereinbart ist, wirtschaftlich ein Fall des § 5 Abs. 2a EStG vorläge, sodass die Verbindlichkeit auszubuchen ist.[3457] Anders wäre die Beurteilung jedoch, wenn eine Tilgung auch aus sonstigem Vermögen des Schuldners vereinbart worden wäre.[3458]

An diesem Ergebnis soll sich auch nichts durch die in Bezug auf Gesellschafterdarlehen veränderte Situation nach dem MoMiG etwas ändern.[3459] Allerdings ist hier der Hinweis angezeigt, dass sich die Finanzverwaltung zum neuen Recht noch nicht geäußert hat. Folglich sollte bei der Gestaltung von Rangrücktrittsvereinbarungen darauf geachtet werden, dass eine Tilgung aus sonstigem Vermögen des Schuldners vereinbart wird, um eine Anwendung von § 5 Abs. 2a EStG nach Möglichkeit zu vermeiden.

1849

Darüber hinaus ist für die hier betrachteten Verbindlichkeiten von Einzelunternehmern gegenüber Drittgläubigern darauf hinzuweisen, dass ein an die üblichen Formulierungen für Gesellschaften mit beschränkter Haftung,

---

3451 BGBl. I 2008, 2026.
3452 BGH, Urt. v. 08.01.2001 – II ZR 88/99, DStR 2001, 175.
3453 *Kahlert/Gehrke*, Der Rangrücktritt nach MoMiG im GmbH-Recht: Insolvenz- und steuerrechtliche Aspekte, DStR 2010, 227, 231 m.w.N.
3454 BMF v. 18.08.2004 – IV A 6-S 2133-2/04, BStBl. I 2004, 850.
3455 BFH, Urt. v. 10.11.2005 – IV R 13/04, BStBl. II 2006, 618.
3456 BMF v. 08.09.2006 – IV B 2 – S 2133 – 10/06, BStBl. I 2006, 497.
3457 BFH, Urt. v. 30.11.2011 – I R 100/10, DB 2012, 490; vgl. auch hierzu die Ausführungen unter Abschnitt 1.5.6.3 „Rangrücktritt".
3458 BFH, Urt. v. 30.11.2011 – I R 100/10, DB 2012, 490.
3459 *Kahlert/Gehrke*, Der Rangrücktritt nach MoMiG im GmbH-Recht: Insolvenz- und steuerrechtliche Aspekte, DStR 2010, 227, 232.

insbesondere gegenüber ihren Gesellschaftern angelehnter Rangrücktritt aus eingangs dargestellten Gründen kaum praktische Bedeutung hat. Anwendungsfälle werden hier eher in Anforderungen seitens Drittkreditgebern liegen, die verlangen, dass bestimmte andere Verbindlichkeiten (zu denken ist z. B. an Ehegattendarlehen o. ä.) in den Nachrang treten. Hier werden mitunter andere Formulierungen für die entsprechenden Rangrücktrittserklärungen eingesetzt, als die in der GmbH-Sanierungspraxis verbreiteten. Deswegen ist bei derartigen frei formulierten Rangrücktrittserklärungen stets darauf zu achten, dass diese nicht als Erlass der Schuld interpretiert werden können oder dass eine Tilgung der Schuld ausschließlich an das zukünftige Entstehen von Gewinnen geknüpft wird, so dass ein originärer Anwendungsfall von § 5 Abs. 2a EStG gegeben wäre.

2.4.3 Gesellschafter von Kapitalgesellschaften
2.4.3.1 Grundlagen

1850 Wie schon in dem Abschnitt „Körperschaftsteuer" dargestellt, ergeben sich komplizierte Wechselwirkungen zwischen der Besteuerungsebene der Gesellschaft und des Gesellschafters, wenn es um die Behandlung von Gesellschafterdarlehen in der Krise geht. Erklärt beispielsweise ein Gesellschafter einer GmbH, der an dieser zu 50 % beteiligt ist, den Verzicht auf ein Gesellschafterdarlehen zum Zwecke der Sanierung der Gesellschaft, so ergeben sich Besteuerungswirkungen einerseits auf der Ebene der GmbH, bei der der Wegfall des Passivpostens „Gesellschafterdarlehen" bilanziell und ertragsteuerlich zu würdigen ist. Andererseits kann der Vermögensverlust, den der verzichtende Gesellschafter erleidet, bei diesem einkommensteuerliche Folgen entfalten. Dabei hatte sich insbesondere in den 90er Jahren des letzten Jahrhunderts eine umfangreiche Judikatur des BFH zu den Fragen ob, und wenn ja, in welcher Höhe Auswirkungen auf der Ebene des Gesellschafters zu berücksichtigen sind, entwickelt. Hierbei spielte die gesellschaftsrechtliche Veranlassung von entsprechenden Darlehensverlusten eine wesentliche Rolle. Diese wurde regelmäßig dann angenommen, wenn es sich um kapitalersetzende Darlehen im Sinne des Gesellschaftsrechtes handelte. Durch die Aufgabe des Kapitalersatzrechtes im Zuge der Reformierung des GmbH-Rechtes durch das MoMiG[3460] ist dieser Rechtsprechung gegenwärtig die Grundlage entzogen. Nachfolgend wird eine Übersicht über die Rechtslage bis zum Inkrafttreten des MoMiG am 23.10.2008 gegeben. Neben die Auswirkungen der Aufgabe des Kapitalersatzrechtes tritt die Modifikation des Systems der Besteuerung von Kapitaleinkünften durch das Unternehmenssteuerreformgesetz ab 2008. Denn nunmehr wurden – anders als bisher – erstmals Gewinne (und Verluste) aus der Veräußerung von sonstigen Kapitalforderungen in die Besteuerung von Kapitaleinkünften nach § 20 EStG miteinbezogen. Auch diese Neuerung entfaltet Wirkungen in Bezug auf den Verlust von Gesellschafterdarlehen.

1851 Der Einsatz eines Darlehens eines Gesellschafters einer Kapitalgesellschaft an diese zu Sanierungszwecken, insbesondere durch Verzicht auf die

---

3460 BGBl. I 2008, 2026.

Forderung, kann bei dem Gesellschafter zu verschiedenen ertragsteuerrechtlichen Auswirkungen führen. Einerseits kann durch die Verzichtserklärung ein Zufluss von steuerpflichtigem Einkommen beim Gesellschafter fingiert werden.[3461] Dies geschieht in den Fällen, in denen der Forderung des Gesellschafters z. B. eine Tätigkeit für die GmbH zugrunde liegt oder es handelt sich um gestundete Zinsforderungen o. ä. Verzichtet nun der Gesellschafter auf diesen Anspruch, wird unterstellt, dass er wirtschaftlich über diesen Anspruch verfügen kann, was einem Zufluss im Sinne des Einkommensteuerrechts gleichkommt. Das gilt jedoch nur insoweit, als die Forderung des Gesellschafters tatsächlich werthaltig war. Denn war die Gesellschaft wirtschaftlich nicht in der Lage, die Verbindlichkeit gegenüber dem Gesellschafter zu begleichen, trat insoweit auch keine Verfügungsmacht auf der Ebene des Gesellschafters ein. Dementsprechend unterschied der BFH in seiner Rechtsprechung hinsichtlich des Verzicht auf derartige Forderungen zunächst danach, inwieweit die entsprechende Forderung werthaltig war oder nicht. Hinsichtlich des werthaltigen Teils kam es zum Zufluss beim Gesellschafter, der – soweit es sich um Zufluss von grundsätzlich steuerpflichtigen Einnahmen handelte, z. B. Arbeitslohn – entsprechend auch als steuerpflichtiges Einkommen beim Gesellschafter zu erfassen war. Gleichzeitig konnte der Verzichtsbetrag zu nachträglichen Anschaffungskosten im Sinne des § 17 EStG auf die Beteiligung des Gesellschafters führen und sich so bei einer späteren Veräußerung oder dem Verlust der Beteiligung steuermindernd auswirken.

Dabei unterliegen eventuelle Verluste nach § 17 EStG dem Teileinkünfteverfahren, d.h. sie dürfen gemäß § 3c Abs. 2 EStG nur zu 60 % abgezogen werden.[3462]

2.4.3.2 Verlust von Gesellschafterdarlehen – altes Recht

Grundsätzlich ist die Hingabe von Darlehen und deren Rückzahlung ergebnisneutral und hat keine einkommensteuerrechtlichen Auswirkungen. Der Vorgang vollzieht sich allein auf der Vermögensebene. Lediglich gezahlte Zinsen werden als Einkünfte aus Kapitalvermögen der Einkommensteuer unterworfen. Die Berücksichtigung des Verlustes einer Darlehensforderung war nur dann möglich, wenn diese zu nachträglichen Anschaffungskosten auf eine wesentliche Beteiligung an einer Kapitalgesellschaft im Sinne des § 17 EStG geführt hatte und die Beteiligung nun veräußert wird oder die Kapitalgesellschaft liquidiert wurde. Da ein Gewinn oder ein Verlust im Sinne des § 17 EStG dadurch zu ermitteln ist, dass dem Veräußerungserlös (abzüglich mit der Veräußerung in Zusammenhang stehender Veräußerungskosten)

1852

3461 BFH, B. v. 09.06.1997 – GrS 1/94, BStBl. II 1998, 307.
3462 Ausnahme: bis zum Veranlagungszeitraum 2010 konnten Betriebsvermögensminderungen und Verluste aus § 17 Abs. 4 EStG sogar in voller Höhe geltend gemacht werden, soweit keine tatsächlichen Beteiligungseinnahmen anfielen; vgl. BFH, Urt. v. 25.06.2009 – IX R 42/08, BStBl. II 2010, 220; BMF v. 28.06.2010 – IV C6-S-2244/09/10002, BStBl. I 2010, 599. Durch Neufassung des § 3c Abs. 2 Satz 2 EStG gilt jedoch ab Veranlagungszeitraum 2011 auch insoweit wieder das Teileinkünfteverfahren, sodass noch ein anteiliger Abzug möglich ist.

die Anschaffungskosten für die veräußerten Anteile gegenübergestellt werden und der so ermittelte Differenzbetrag als Gewinn oder Verlust der Einkommensteuer zu unterwerfen ist (allerdings nach dem Teileinkünfteverfahren), konnte sich (nur) insofern ein Verlust einer Darlehensforderung gegenüber der veräußerten Kapitalgesellschaft auswirken.

Um eine Auswirkung in Form nachträglicher Anschaffungskosten im Sinne des § 17 EStG zu entfalten, war es nicht unbedingt erforderlich, dass der Gesellschafter als Darlehensgläubiger eine Verzichtserklärung abgibt. Nach herrschender Meinung sollte es ausreichend sein, dass die Forderung wertlos wird.[3463]

1853 Nach dem Tatbestand des § 17 EStG werden Einkünfte aus der Veräußerung von Anteilen an einer Kapitalgesellschaft den Einkünften aus Gewerbebetrieb zugeordnet, wenn der Veräußerer innerhalb der letzten fünf Jahre an der Kapitalgesellschaft unmittelbar oder mittelbar zu mindestens 1 % beteiligt war. Dabei ist Veräußerungsgewinn der Betrag, um den der Veräußerungspreis nach Abzug der Veräußerungskosten die Anschaffungskosten übersteigt. Einer Veräußerung gleichgestellt sind die verdeckte Einlage von entsprechenden Anteilen, die Liquidation (§ 17 Abs. 4 EStG) und der Wohnsitzwechsel ins Ausland im Sinne des § 6 AStG. Der BFH hat die Berücksichtigung von Darlehensverlusten als nachträgliche Anschaffungskosten bislang nach ständiger Rechtsprechung an die Voraussetzung geknüpft, dass der Darlehensverlust gesellschaftsrechtlich veranlasst sein musste. Dies war nach der maßgeblichen Rechtsprechung des BFH dann der Fall, wenn das Darlehen im gesellschaftsrechtlichen Sinne kapitalersetzend war. Nach Auffassung des BFH sollte ein Darlehen dann durch das Gesellschaftsverhältnis veranlasst sein, wenn im Zeitpunkt seiner Gewährung oder Weitergewährung die Gesellschaft entweder bereits insolvenzreif war oder zwar noch nicht insolvenzreif war, aber die Rückzahlung bereits so stark gefährdet war, dass ein ordentlicher Kaufmann das Risiko einer Kreditgewährung zu denselben Bedingungen wie der Gesellschafter nicht mehr eingegangen wäre. Dies sollte in Übereinstimmung mit der Rechtsprechung des Bundesgerichtshofes danach zu beurteilen sein, ob die Gesellschaft unter den bestehenden Verhältnissen von einem Dritten noch einen Kredit zu marktüblichen Bedingungen erhalten hätte.

1854 Aus der Rechtsprechung des BFH ergaben sich im Wesentlichen vier Fallgruppen.[3464]

1. **Hingabe des Darlehens in der Krise**
   Wurde das Darlehen erst nach Beginn der Unternehmenskrise gegeben, wurde regelmäßig der Nennwert des Darlehens als nachträgliche Anschaffungskosten anerkannt.

2. **Stehengelassene Darlehen**
   Hiermit waren Darlehen gemeint, die bereits vor Eintritt der Krise hingegeben waren und die der Gesellschafter trotz zwischenzeitlicher Verschlechterung der wirtschaftlichen Lage (Eintritt der Krise im Sinne des Kapitalersatzrechtes) nicht abzog, sondern der Gesellschaft beließ. Hier

---

3463 BFH, B. v. 04.08.1999 – VIII B 68/99, GmbHR 1999, 1211.
3464 BMF v. 08.06.1999 – IV C 2-S 2244-12/99, BStBl. I 1999, 545.

wurden Anschaffungskosten in Höhe des gemeinen Wertes der Darlehensforderung im Zeitpunkt des Eintritts der Krise anerkannt. Häufig dürften die Darlehen jedoch mit Eintritt der Krise wirtschaftlich wertlos gewesen sein, so dass der gemeine Wert „Null" und damit die steuerliche Auswirkung nicht gegeben war.

3. **Krisenbestimmte Darlehen**
Hier sollte es sich um Darlehen handeln, für die der Gesellschafter zu einem früheren Zeitpunkt mit bindender Wirkung gegenüber der Gesellschaft oder den Gläubigern erklärt hatte, dass er die Darlehen auch in einer Krise stehenlassen würde. Auch diese Darlehen sollten mit dem Nennwert als nachträgliche Anschaffungskosten zu berücksichtigen sein.

4. **Finanzplandarlehen**
Hier handelte es sich um Darlehen, die im Rahmen der Gesamtfinanzierung des Unternehmens, die aus einer Kombination von Eigen- und Fremdfinanzierung erreicht werden sollte, von vornherein in die erforderliche Kapitalausstattung mit einkalkuliert waren. Auch diese Darlehen sollten mit dem Nennwert Berücksichtigung finden.

Die Begriffe des Kapitalersatzes bzw. der Unternehmenskrise wurden dem Gesellschaftsrecht entnommen. Nach § 32a Abs. 1 GmbHG a. F. war ein Darlehen kapitalersetzend, wenn ein ordentlicher Kaufmann in der Krise anstelle der Darlehensgewährung Eigenkapital zugeführt hätte. Gesellschaftsrechtlich wurden solche Darlehen dem Eigenkapital der Gesellschaft gleichgestellt mit der Folge, dass eine Rückzahlung während der Krise nach Gesellschaftsrecht unzulässig war und im Rahmen einer späteren Insolvenz zurückgefordert werden konnte. 1855

Die Grundsätze des Kapitalersatzrechtes galten über die GmbH hinaus auch für sog. unternehmerisch beteiligte Aktionäre, d. h. solche, die mit über 25 % des Aktienkapitals beteiligt waren.[3465] Für den unternehmerisch beteiligten Aktionär konnte es nach den vorstehend dargestellten Grundsätzen ebenso zur Entstehung von nachträglichen Anschaffungskosten auf seine Beteiligung kommen. Wurde die Grenze von 25 % bei der Aktiengesellschaft nicht überschritten, galt hier ebenso wie für den mit weniger als 10 % beteiligten GmbH-Gesellschafter, für den die Grundsätze über kapitalersetzende Gesellschafterdarlehen ebenfalls nicht galten, dass es auch hier nicht zu nachträglichen Anschaffungskosten auf die Beteiligung kommt. Anders verhielt es sich hingegen bei Anwendung des sog. Sanierungsprivileges nach der zwischenzeitlich abgeschafften Regelung des § 32a Abs. 3 Satz 3 GmbHG a. F. Erwarb ein Darlehensgeber in der Krise der Gesellschaft Geschäftsanteile zum Zweck der Überwindung der Krise, führte dies für seine bestehenden oder neu gewährten Kredite nicht zur Anwendung der alten Kapitalersatzregeln. Trotzdem erkennt der BFH[3466] auch in diesen Fällen die Entstehung von entsprechenden nachträglichen Anschaffungskosten auf die Beteiligung an.

3465 BGH, Urt. v. 26.03.1984 – II ZR 171/83, NJW 1984, 1893.
3466 BFH, Urt. v. 19.08.2008 – IX R 63/05, BStBl. II 2009, 5.

2.4.3.3 Verlust von Gesellschafterdarlehen – neues Recht

1856 Mit der Einführung des Gesetzes zur Modernisierung des GmbH-Rechts (MoMiG)[3467] wurde der Begriff der kapitalersetzenden Darlehen aufgegeben. § 32 a und b GmbHG wurden gestrichen. Die Behandlung der Gesellschafterdarlehen wurde vollständig in die Insolvenzordnung verlagert. Nunmehr sind Gesellschafterdarlehen im Insolvenzverfahren der Gesellschaft nach § 39 Abs. 1 Nr. 5 InsO grundsätzlich nachrangig. Dies gilt rechtsformübergreifend für alle Rechtsformen, die keine natürliche Person als persönlich haftenden Gesellschafter haben. Eine Ausnahme vom generellen Nachrang von Gesellschafterdarlehen besteht gemäß § 39 InsO. Für den Fall, dass ein Gläubiger bei drohender oder eingetretener Zahlungsunfähigkeit der Gesellschaft oder bei Überschuldung Anteile zum Zweck der Sanierung erworben hat oder für nicht geschäftsführende Gesellschafter, die mit 10 % oder weniger am Haftkapital beteiligt sind.

Darüber hinaus sind Sicherungen, die ein Gesellschafter für ein nachrangiges Darlehen im Sinne des § 39 Abs. 1 Nr. 5 InsO erhalten hat, die letzten 10 Jahre vor dem Antrag auf Eröffnung des Insolvenzverfahrens oder Befriedigungen, die der Gesellschafter im letzten Jahr vor dem Eröffnungsantrag erhalten hat, anfechtbar nach § 135 InsO bzw. nach dem Anfechtungsgesetz.

Fraglich ist nun, welche Folgerungen aus der Tatsache zu ziehen sind, dass mit der Aufgabe des Begriffes des kapitalersetzenden Darlehens der Dreh- und Angelpunkt der diesbezüglich ergangenen BFH-Rechtsprechung weggefallen ist.

1857 Die hierzu im Schrifttum vertretenen Meinungen reichen von einer Fortgeltung der überkommenen Kapitalersatzgrundsätze im Bereich des Steuerrechts bis hin zu einer generellen Berücksichtigung von Gesellschafterdarlehen als nachträgliche Anschaffungskosten mit ihrem Nennwert. Im Einzelnen:

(1) Fortgeltung der Kapitalersatzgrundsätze für steuerrechtliche Zwecke[3468]

Diese Auffassung wird damit gerechtfertigt, dass die Rechtsprechung des BFH am Sinn und Zweck des steuerlichen Anschaffungskostenbegriffs orientiert gewesen sei und der BFH in der einschlägigen Rechtsprechung die zivilrechtlichen Wertungen nicht unreflektiert übernommen, sondern grundsätzlich nur in den jeweiligen steuerlichen Kontext gerückt hat.[3469] Dem kann nach der hier vertretenen Auffassung jedoch entgegengehalten werden, dass der Gesellschafter in seiner Finanzierungsentscheidung natürlich auch von den rechtlichen Rahmenbedingungen, unter denen er die Gesellschaft auf die eine oder andere Art finanziert, geprägt ist. Deshalb erscheint fraglich, ob nicht mehr existente rechtliche Regelungen zur Interpretation einer gesellschaftsrechtlichen oder nicht gesellschaftsrechtlichen Veranlassung einer Darlehenshingabe herangezogen werden können.

3467 BGBl. I 2008, 2026.
3468 *Dötsch/Jost/Pung/Witt*, KStG, § 17 EStG Rn. 331.
3469 *Dötsch/Jost/Pung/Witt*, KStG, § 17 EStG Rn. 331.

Kapitel 3 Ertragsteuer

(2) Nach *Heuermann*[3470] soll eine gesellschaftsrechtliche Veranlassung der Darlehenshingabe dann anzunehmen sein, wenn das Darlehen innerhalb der nach dem MoMiG nun entscheidenden Jahresfrist vor der Insolvenzantragstellung hingegeben wurde. Darüber hinaus sollen nach Heuermann die Grundsätze über Finanzplandarlehen und das „krisenbestimmte" Darlehen weiter anzuwenden sein.[3471] *Heuermann* stützt diese Auffassung darauf, dass ein Gesellschafter, der innerhalb eines Jahres vor dem Eröffnungsantrag ein Darlehen gewährt, mit einer Anfechtung von geleisteten Tilgungen nach § 135 Abs. 1 Nr. 2 InsO rechnen muss. Hieraus wird auf die gesellschaftsrechtliche Veranlassung im Zeitpunkt der Hingabe geschlossen. Eine Berücksichtigung kann dann mit dem Nennwert erfolgen. Ist ein Darlehen vor der maßgeblichen Jahresfrist gewährt und stehengelassen worden, so gelten die bisher bekannten Grundsätze über stehengelassene Darlehen bei Eintritt der Krise. Ergänzend sollen Darlehen, die nicht im Bereich des § 17 EStG zu berücksichtigen sind, zur außerplanmäßigen AfA im Bereich der Kapitaleinkünfte nach § 20 Abs. 1 Nr. 7 i. V. m. Abs. 2 Nr. 7 EStG berechtigen, allerdings nur dann, wenn der Gesellschafter die besonderen Voraussetzungen nach § 32d Abs. 2 Nr. 1 EStG erfüllt, d. h. die Besteuerung der Kapitaleinkünfte nicht durch Abgeltung und pauschalierten Werbungskostenabzug, sondern durch Veranlagung vorgenommen wird.

(3) Teilweise wird eine Berücksichtigung des Ausfalls der entsprechenden Gesellschafterdarlehen vollständig abgelehnt.[3472]

(4) Eine zunehmende Anzahl von Stimmen spricht sich für die generelle Berücksichtigung aller Gesellschafterdarlehen und Sicherheiten mit ihrem Nennwert im Rahmen des § 17 EStG aus.[3473] Dieser Auffassung wird auch hier gefolgt. Die durch die gesetzlichen Änderungen nach dem MoMiG eingetretene Situation, insbesondere der generelle Nachrang von Gesellschafterdarlehen, führt im Ergebnis dazu, dass jegliche Darlehenshingabe durch den Gesellschafter in Kenntnis der gesetzlichen Nachrangigkeit getätigt wird. Diese Konstellation wird somit dem Typus des „krisenbestimmten Darlehens"[3474] vergleichbar; dann ist es auch konsequent, beide Fälle gleich zu behandeln.

Mit Schreiben vom 21. 10. 2010 hat sich die Finanzverwaltung (vgl. BMF-Schreiben v. 21. 10. 2010, BStBl. I 2010, 832) dahingehend positioniert, dass auch unter der Herrschaft des MoMiG an den bisher bekannten Begriff der Krise im Rahmen der steuerrechtlichen Beurteilung angeknüpft werden soll.

3470 *Heuermann*, Finanzierungshilfen eines nach § 17 EStG qualifiziert beteiligten Gesellschafters nach Abgeltungssteuer und MoMiG, DB 2009, 2173.

3471 *Heuermann*, Finanzierungshilfen eines nach § 17 EStG qualifiziert beteiligten Gesellschafters nach Abgeltungssteuer und MoMiG, DB 2009, 2173, 2176.

3472 Vgl. *Levedag*, GmbH-Report 2007, R 182.

3473 *Hölzle*, Nachträgliche Anschaffungskosten auf Kapitalbeteiligungen in der Fassung des RegE – MoMiG, DStR 2007, 1185; *Bode*, Nachträgliche Anschaffungskosten beim Ausfall von Gesellschafterdarlehen nach MoMiG und Einführung der Abgeltungssteuer, DStR 2009, 1781; *Fuhrmann*, NWB, Fach 4, 5.391; *Weber-Grellet*, in: Schmidt, Komm-EStG, § 17, Rn. 174; *Schwedhelm/Olbing/Binnewies*, Aktuelles zum Jahreswechsel 2009/2010 rund um die GmbH, GmbHR 2009, 1233, 1238.

3474 Vgl. hierzu BFH, Urt. v. 10. 11. 1998 – III R 6/96, BStBl. II 1999, 348.

Es sollen somit die bisherigen vier Fallgruppen auch nach neuem Recht weiter gelten. Allerdings werden die krisenbestimmten Darlehen in zwei Untergruppen aufgeteilt: Ergibt sich die Krisenbestimmung des Darlehens daraus, dass schon zu einem früheren Zeitpunkt mit bindender Wirkung gegenüber der Gesellschaft und den Gläubigern erklärt wird, dass der Gesellschafter das Darlehen auch in der Krise stehen lassen wird, sollen sich nachträgliche Anschaffungskosten in Höhe des Nennwertes der Beteiligung ergeben. Beruht die Krisenbestimmung des Darlehens dagegen nur auf den gesetzlichen Bestimmungen (§§ 39, 135 InsO, § 6 AnfG), soll dagegen der gemeine Wert der Darlehensforderung im Zeitpunkt des Beginns des Anfechtungszeitraumes (1 Jahr vor dem Insolvenzantrag) maßgeblich sein.

Bei Darlehen, die unter das Sanierungsprivileg des § 39 Abs. 1 Nr. 5, Abs. 4 InsO fallen, sollen nachträgliche Anschaffungskosten in Höhe des Nennwertes anerkannt werden. Greift dagegen das sog. „Kleinanlegerprivileg" gem. § 39 Abs. 1 Nr. 5, Abs. 5 InsO, wonach der Nachrang der Darlehen von nicht geschäftsführenden Gesellschaftern, die mit 10 % oder weniger beteiligt sind, nicht eintritt, soll auch – wie schon bisher[3475] – der Verlust berücksichtigt werden. In diesem Zusammenhang ist allerdings darauf hinzuweisen, dass der Verlust einer Darlehensforderung ausnahmsweise auch zu Werbungskosten aus nichtselbstständiger Arbeit führen kann, wenn der Darlehensgeber gleichzeitig Arbeitnehmer der darlehensempfangenden Gesellschaft war und der Arbeitnehmer das Risiko des Verlustes aus beruflichen Gründen auf sich genommen hat.[3476]

2.4.3.4 Rangrücktrittserklärungen und Verzicht mit Besserungsschein

1858 Gibt der Gesellschafter einer GmbH hinsichtlich seiner Forderung gegenüber der Gesellschaft eine Rangrücktrittserklärung ab, ergeben sich allein durch die Abgabe der Erklärung keine einkommensteuerlichen Auswirkungen auf seiner Ebene. Allerdings kann die Rangrücktrittserklärung als Indiz für eine Krisenbestimmung der entsprechenden Forderung gewertet werden.[3477] Wird eine Rangrücktrittserklärung bereits in der ursprünglichen Vereinbarung über die Gewährung des Darlehens mit aufgenommen, kann hierin ein Indiz für eine Krisenbestimmung von vornherein gesehen werden.

Hinsichtlich von Forderungsverzichtserklärungen mit Besserungsschein wird auf die vorstehenden allgemeinen Ausführungen zu dieser Form der Sanierung verwiesen. Die Auswirkungen des Verzichts selber richten sich nach den vorstehend unter Rn. 1852 ff. und 1856 ff. dargestellten Grundsätzen. D. h. letztlich wird steuerrechtlich nicht die Aussprache des Verzichts relevant sondern der Verlust der Darlehensforderung durch das Wertloswerden, wenn die Hingabe des Darlehens durch das Gesellschaftsverhältnis veranlasst war. In diesem Kontext können die entsprechenden Forderungen Auswirkungen auf die Besteuerungsebene des Gesellschafters, insbesondere im Hinblick auf die Entstehung von nachträglichen Anschaffungskosten im

---

3475 Vgl. BFH, Urt. v. 02.04.2008, BStBl. II 2008, 706.
3476 Vgl. BFH, Urt. v. 25.11.2010, BFH-NV 2011, 680.
3477 *Weber-Grellet*, in: Schmidt, EStG, § 17, Rn. 171.

Sinne des § 17 EStG, die bei Verkauf oder Liquidation der Gesellschaft relevant werden, ergeben.

Der Fall, dass nach Eintritt eines Verlustes im Sinne des § 17 EStG später noch eine Besserungszahlung geleistet wird, dürfte im Hinblick darauf, dass die Anwendung von § 17 EStG die Veräußerung oder die Liquidation der Gesellschaft voraussetzt, allenfalls theoretischer Natur sein.

2.4.4 Gesellschafter von Personenhandelsgesellschaften

2.4.4.1 Steuerrechtliche Behandlung von Forderungen eines Gesellschafters gegen die Personengesellschaft – Grundsätze

Betätigt sich eine Personengesellschaft gewerblich, so weist sie ihren Gesellschaftern Einkünfte aus Gewerbebetrieb zu, soweit die Gesellschafter als Mitunternehmer des Betriebes anzusehen sind.[3478] Zu den Einkünften aus Gewerbebetrieb zählen auch Vergütungen, die der Gesellschafter von der Gesellschaft für seine Tätigkeit im Dienst der Gesellschaft, also z. B. für seine Arbeit als Geschäftsführer sowie für die Hingabe von Darlehen, also Darlehenszinsen, oder für die Überlassung von anderen Wirtschaftsgütern, z. B. Mieten für Maschinen, die der Gesellschafter der Personengesellschaft zur Nutzung überlassen hat, erhält. Die Ermittlung des Gewinns des Mitunternehmers erfolgt dabei nach herrschender Meinung „zweistufig".[3479] Dabei umfasst die erste Stufe den Gewinn, ermittelt aus der Gesamthandsbilanz der Personengesellschaft einschließlich etwaiger Mehr- oder Mindergewinne aus den Ergänzungsbilanzen der Gesellschafter. Die zweite Stufe umfasst den Gewinn, der sich aus den Sonderbilanzen der einzelnen Gesellschafter ergibt. In den Sonderbilanzen wird der Aufwand und der Ertrag, der sich aus den einzelnen aktiven und passiven Wirtschaftsgütern des Sonderbetriebsvermögens der jeweiligen Mitunternehmer ergibt, erfasst. Dabei umfasst das Sonderbetriebsvermögen alle Wirtschaftsgüter, die objektiv und erkennbar zum unmittelbaren Einsatz im Betrieb der Personengesellschaft selbst bestimmt sind (sog. notwendiges Sonderbetriebsvermögen I) oder Wirtschaftsgüter, die unmittelbar der Begründung oder Stärkung der Beteiligung an der Personengesellschaft dienen (sog. notwendiges Sonderbetriebsvermögen II).[3480] Darüber hinaus kann auch sog. gewillkürtes Sonderbetriebsvermögen existieren.[3481] Weiter gehen in die zweite Stufe der additiven Gewinnermittlung Sondervergütungen des Mitunternehmers im Sinne des § 15 Abs. 1 Nr. 2 Satz 2 EStG sowie etwaige Sonderbetriebseinnahmen und -ausgaben ein. Die Ermittlung des Gesamtgewinnes über alle Ebenen wird in einer „Gesamtbilanz der Mitunternehmerschaft" abgebildet.[3482] Dabei ist zu beachten, dass Ansprüche auf die Bezahlung von Sondervergütungen im Sinne des § 15 Abs. 1 Nr. 2 Satz 1 EStG in der Sonderbilanz einerseits und die korrespondierenden Verpflichtungen in der Gesamthandsbilanz der Personen-

1859

3478 Vgl. § 15 Abs. 1 Nr. 2 EStG.
3479 BFH, Urt. v. 13.10.1998 – VIII R 78/97, BStBl. II 1999, 163.
3480 *Wacker*, in: Schmidt, EStG, § 15, Rn. 513 ff.
3481 BFH, Urt. v. 25.11.1997 – VIII R 4/94, BStBl. II 1998, 461.
3482 BFH, Urt. v. 02.12.1997 – VIII R 15/96, BStBl. II 2008, 174.

gesellschaft andererseits zu bilanzieren sind, d. h. stets in gleicher Höhe auszuweisen sind. Das Imparitätsprinzip greift insoweit nicht.[3483] Forderungen des Gesellschafters der Personengesellschaft gegen diese zählen aus der Sicht der „Gesamtbilanz" zu dem dort auszuweisenden Eigenkapital. Denn in der Gesamtbilanz heben sich die Forderung in der Sonderbilanz und die Verbindlichkeit in der Gesamthandsbilanz gegeneinander auf.

1860 Aus diesen Grundsätzen folgt, dass das Imparitätsprinzip bei der Bewertung der Forderung des Mitunternehmers, gegenüber der Personengesellschaft, die in seinem Sonderbetriebsvermögen auszuweisen ist, keine Anwendung findet. Die Forderung kann in der Sonderbilanz während des Bestehens der Gesellschaft bzw. solange die mitunternehmerische Beteiligung aufrechterhalten wird, nicht mit steuerrechtlicher Wirkung abgeschrieben werden.[3484]

Der Verlust, z. B. aus einer Darlehensforderung des Mitunternehmers gegenüber seiner Mitunternehmerschaft wird also erst dann steuerlich wirksam, wenn die Gesellschaft ihren Gewerbebetrieb im Ganzen aufgibt oder veräußert bzw. der Mitunternehmer seinen Mitunternehmeranteil aufgibt oder veräußert.[3485] Weiter kommt eine Berücksichtigung eines Verlustes aus der Minderung des Wertes der Forderung gegenüber der Gesellschaft auch dann in Betracht, wenn die entsprechende Forderung an einen Nichtgesellschafter abgetreten wird.[3486]

Ausnahmsweise können Forderungen eines Gesellschafters gegen die Personengesellschaft dann nicht dem Sonderbetriebsvermögen zuzuordnen sein, wenn sie zu einem eigenen Betriebsvermögen des Gesellschafters gehören und dieser Betrieb nicht ausschließlich für die Personengesellschaft tätig ist und die Forderungen aus laufenden Lieferungs- oder Leistungsbeziehungen dieses Betriebes zu der Personengesellschaft stammen.[3487]

2.4.4.2 Forderungsverzicht des Gesellschafters gegenüber der Personengesellschaft

1861 Wie im vorhergehenden Abschnitt dargestellt, wirkt sich das Wertloswerden der im Sonderbetriebsvermögen ausgewiesenen Forderung des Gesellschafters noch nicht aus, solange die Gesellschaft bzw. die Mitunternehmerschaft aufrecht erhalten bleibt und die Forderung nicht an Dritte abgetreten oder übertragen wird.

Verzichtet jedoch der Gesellschafter auf seine Forderung, z. B. weil die Gesellschaft sanierungsbedürftig ist, wird nach herrschender Meinung danach differenziert, ob der Verzicht aus gesellschaftlichen Gründen erklärt wird oder betrieblich veranlasst ist.[3488] Die vom BFH zum Forderungsver-

---
[3483] BFH, Urt. v. 28.03.2000 – VIII R 13/99, BStBl. II 2000, 612.
[3484] *Wacker*, in: Schmidt, EStG, § 15, Rn. 544.
[3485] BFH, Urt. v. 05.06.2003 – IV R 36/02, BStBl. II 2003, 871.
[3486] BFH, Urt. v. 01.03.2005 – VIII R 5/03, BFH/NV 2005, 1523.
[3487] *Wacker*, in: Schmidt, EStG, § 15, Rn. 549.
[3488] *Demuth*, Gesellschafterforderungen im Ertragsteuerrecht – Entstehung, Verzinsung, Verzicht, KÖSDI 2008, 16177, 16184.

zicht eines Gesellschafters einer Kapitalgesellschaft entwickelten Grundsätze[3489] sollen hier sinngemäß gelten.

Ist der Verzicht betrieblich veranlasst, z. B. weil die Gesellschaft als Abnehmer erhalten bleiben soll, gilt Folgendes: Soweit die Forderung im Zeitpunkt des Verzichts noch werthaltig ist, soll auf der Ebene der Personengesellschaft eine Einlage und beim Gesellschafter eine Entnahme vorliegen.[3490] In Höhe des nicht mehr werthaltigen Teils der Forderung soll bei der Personengesellschaft ein steuerpflichtiger Ertrag und beim Gesellschafter ein abzugsfähiger Aufwand vorliegen.[3491] 1862

Ist hingegen der Verzicht durch das Gesellschaftsverhältnis zur Personengesellschaft veranlasst, was nach herrschender Meinung wohl den Regelfall darstellt,[3492] so soll dieser Fall wie eine unentgeltliche Übertragung eines Wirtschaftsgutes aus dem eigenen Betriebsvermögen oder Sonderbetriebsvermögen in das Gesamthandsvermögen behandelt werden. In diesem Fall ist § 6 Abs. 5 Satz 3 EStG einschlägig, so dass unabhängig vom wahren Wert des überführten Wirtschaftsgutes (also der Forderung) eine Einlage zum Buchwert zu erfolgen hat, so dass sich der Vorgang insgesamt erfolgsneutral vollzieht. 1863

Nach *Demuth*[3493] soll unabhängig davon, ob der Vorgang gesellschaftsrechtlich oder betrieblich veranlasst ist, stets eine erfolgsneutrale Behandlung des Verzichts – d. h. Eigenkapitalmehrung in der Gesamthandsbilanz in Höhe des Nennwertes, entsprechende Entnahme in der Sonderbilanz – angezeigt sein. Dem ist im Hinblick auf den Grundsatz der korrespondierenden Bilanzierung zuzustimmen, zumal aus dem Wortlaut des § 6 Abs. 5 Satz 3 EStG keine ausdrückliche Beschränkung der Buchwertfortführung auf die Überführung von Wirtschaftsgütern, die gesellschaftsrechtlich motiviert sind, erkennbar ist.

Das so geschaffene Mehrkapital ist dem Gesellschafter zuzurechnen, der den Verzicht ausgesprochen hat[3494], soweit die Gesellschafter untereinander nichts anderes vereinbaren.

Hiervon abzugrenzen sind Konstellationen, in denen die Forderung einer Schwesterpersonengesellschaft, die eigengewerblich tätig ist, gewerblich geprägt oder Besitzgesellschaft bei mitunternehmerischer Betriebsaufspaltung ist, zusteht. In diesem Fall gilt der Grundsatz der korrespondieren Bilanzierung nicht, weil die Forderung nicht zum Sonderbetriebsvermögen gehört mit der Folge, dass erforderliche Teilwertabschreibungen mit steuerlicher Wirkung vorgenommen werden können, es sei denn, schon bei Entstehung der Forderung lag eine Entnahme vor, z. B. weil die Schwesterper- 1864

3489 BFH, B. v. 09.06.1997 – GrS I/94, BStBl. II 1998, 307; BFH, Urt. v. 29.07.1997 – VIII R 57/94, BStBl. II 1998, 652.
3490 *Wacker*, in: Schmidt, EStG, § 15, Rn. 550.
3491 *Pyszka*, Forderungsverzicht des Gesellschafters gegenüber seiner Personengesellschaft, BB 1998, 1557, a. A. *Demuth*, Gesellschafterforderungen im Ertragsteuerrecht – Entstehung, Verzinsung, Verzicht, KÖSDI 2008, 16177, 16184.
3492 FG Münster, Urt. v. 09.07.2002 – 1 K 430/99 F, EFG 2003, 30.
3493 *Demuth*, Gesellschafterforderungen im Ertragsteuerrecht – Entstehung, Verzinsung, Verzicht, KÖSDI 2008, 16177, 16184.
3494 *Wacker*, in: Schmidt, EStG, § 15, Rn. 550.

sonengesellschaft allein auf Veranlassung ihres Gesellschafters das Darlehen herausgelegt hat, das ggf. auch nicht ausreichend besichert war.

2.4.4.3 Rangrücktritt und Besserungsschein

1865 Der Rangrücktritt greift nicht in den dinglichen Bestand der Verbindlichkeit ein, sondern ändert nur die Rangfolge der Befriedigung der Verbindlichkeiten des Schuldners. D. h. je nach Gehalt der Rangrücktrittsvereinbarung wird klargestellt, dass die mit dem Rangrücktritt belegte Verbindlichkeit nach anderen, ggf. nach sämtlichen anderen Verbindlichkeiten des Schuldners zu befriedigen ist.

Der Rangrücktritt wird regelmäßig als probates Mittel zur Reduzierung oder Beseitigung einer insolvenzrechtlich drohenden Überschuldung eingesetzt. Denn Verbindlichkeiten unter Rangrücktritt sind – zutreffende Ausgestaltung des Rangrücktritts vorausgesetzt – nicht im Überschuldungsstatus zu passivieren, obwohl die Verbindlichkeit rechtlich weiter Bestand hat. Bis zur Einführung des MoMiG[3495] musste zwischen dem sog. " „einfachen" und dem sog. „qualifizierten" Rangrücktritt unterschieden werden.[3496] Die Verbindlichkeit durfte im Überschuldungsstatus nur dann entfallen, wenn der Gläubiger erklärt hatte, er wolle erst dann mit seiner Forderung befriedigt werden, wenn sämtliche Gesellschaftsgläubiger befriedigt sind und die Leistung an ihn gleichrangig mit den Einlagenrückgewähransprüchen der Mitgesellschafter erfolgt. D. h. wenn er sich mit seiner Forderung so behandeln lässt, als würde es sich um statutarisches Eigenkapital handeln.

Die genaue Ausgestaltung der erforderlichen „Tiefe des Rangrücktritts" war in der Literatur heftig umstritten.[3497]

1866 Mit Einführung des MoMiG wurde durch die Neufassung des § 19 Abs. 2 Satz 2 InsO klargestellt, dass es zukünftig d. h. nach Einführung des MoMiG zum 01.11.2008 ausreichend ist, wenn die Forderungen im Insolvenzverfahren im Nachrang hinter den in § 39 Abs. 1 Nr. 1–5 bezeichneten Forderungen befriedigt werden.[3498]

1867 Nach Ergehen der zitierten BGH-Entscheidung vom 08.01.2001 wurde in der steuerrechtlichen Literatur intensiv die Frage erörtert, ob die Abgabe einer Rangrücktrittserklärung die Ausbuchung der entsprechenden Verbindlichkeit nach sich ziehen kann. Denn die Finanzverwaltung hatte in einem BMF-Schreiben[3499] die Auffassung vertreten, dass bei Rangrücktrittsvereinbarungen, bei denen im Wortlaut ein Hinweis auf die Möglichkeit einer Tilgung aus „sonstigem freien Vermögen" fehlte, einen Anwendungsfall des § 5 Abs. 2a EStG vorläge. Nach § 5 Abs. 2a EStG sind Verbindlichkeiten oder Rückstellungen für Verpflichtungen, die nur zu erfüllen sind, soweit künftig Einnahmen oder Gewinne anfallen, nicht anzusetzen. Gegen diese Auffassung wandte sich der BFH mit Urteil vom 10.11.2005.[3500] Der BFH

3495 Vgl. BGBl. I 2008, 2026.
3496 BGH, Urt. v. 08.01.2001 – II ZR 88/99, DStR 2001, 175.
3497 *Uhlenbruck,* in: Uhlenbruck/Hirte/Vallender, InsO, § 19, Rn. 117.
3498 *Uhlenbruck,* in: Uhlenbruck/Hirte/Vallender, InsO, § 19, Rn. 118.
3499 BMF v. 18.08.2004 – IV A 6-S 2133-2/04, BStBl. I 2004, 850.
3500 BFH, Urt. v. 10.11.2005 – IV R 13/04, BStBl. II 2006, 618.

vertrat die Auffassung, dass alleine aus dem Umstand, dass eine Bezugnahme auf die Tilgungsmöglichkeit aus freiem Vermögen in der entsprechenden Rangrücktrittsvereinbarung fehlte, keinesfalls geschlossen werden könne, die entsprechende Verbindlichkeit sei nach § 5 Abs. 2a EStG auszubuchen. Dies gilt sowohl für „einfache" als auch für "qualifizierte" Rangrücktrittsvereinbarungen. Der Auffassung des BFH hat sich zwischenzeitlich die Finanzverwaltung angeschlossen.[3501]

Hieran soll sich auch nach neuem Recht nichts ändern.[3502] Wird hingegen im Zusammenhang mit einer Rangrücktrittsvereinbarung zusätzlich eine Erklärung des Gehalts abgegeben, dass eine zukünftige Tilgung ausschließlich nur noch dann stattzufinden hat, wenn künftige Gewinne oder Einnahmen anfallen, kann ein originärer Anwendungsfall des § 5 Abs. 2a EStG gegeben sein.

Für die Forderungen des Gesellschafters einer Personengesellschaft gegenüber dieser Gesellschaft bedeutet dies, dass die Abgabe einer Rangrücktrittserklärung hinsichtlich seiner Forderung zunächst steuerlich ohne Auswirkung bleibt. Die im vorstehenden Abschnitt dargestellten Grundsätze, insbesondere das Prinzip der korrespondierenden Bilanzierung, führen dazu, dass der Rangrücktritt alleine keine steuerlichen Folgen auslöst. Diese entstehen erst, wenn die Beteiligung aufgegeben wird oder auf die Forderung verzichtet wird. *1868*

Wird eine Erklärung dahingehend abgegeben, dass alleine eine Tilgung *1869* aus zukünftigen Überschüssen oder Einnahmen zu erfolgen hat und ist insbesondere auch eine Tilgung aus zukünftigen Kapitalrückzahlungen (vorrangig vor den Einlagenrückgewähransprüchen der übrigen Gesellschafter) ausgeschlossen, so könnte nach den vorstehenden Grundsätzen ein Anwendungsfall des § 5 Abs. 2a EStG vorliegen. In diesem Fall ist fraglich, ob die entsprechende Ausbuchung auf der Ebene der Gesamthand erfolgswirksam oder erfolgsneutral zu erfolgen hat. Nach der hier vertretenen Auffassung ist in diesem Fall von einer erfolgsneutralen Einlage in Höhe des Nennwertes der entsprechenden Verbindlichkeit auszugehen. Im Sonderbetriebsvermögen kommt es zu einer entsprechenden erfolgsneutralen Entnahme.[3503] Die Rechtsfolgen sind denen des Verzichts auf die entsprechende Forderung gleichzusetzen.

Erfolgt ein Forderungsverzicht mit Besserungsschein, d.h. mit einer Vereinbarung, wonach der Verzicht – ggf. rückwirkend – entfällt, wenn zukünftig bestimmte Merkmale eintreten, die auf eine Besserung der wirtschaftlichen Lage schließen lassen, z. B. wenn das bilanzielle Eigenkapital durch zukünftige Gewinne wieder aufgefüllt ist o. ä., ist gleichwohl nach herrschender Meinung im Zeitpunkt der Aussprache des bedingten Erlasses die entsprechende Verbindlichkeit auszubuchen.[3504] Die steuerlichen Folgen im Verzichtszeitpunkt ergeben sich wie unter Rn. 1861ff. dargestellt. Tritt in ei- *1870*

3501 BMF v. 08.09.2006 – IV B 2 – S 2133 – 10/06, BStBl. I 2006, 497.
3502 *Kahlert/Gehrke*, Der Rangrücktritt nach MoMiG im GmbH-Recht: Insolvenz- und steuerrechtliche Aspekte, DStR 2010, 227, 232.
3503 *Demuth*, Gesellschafterforderungen im Ertragsteuerrecht – Entstehung, Verzinsung, Verzicht, KÖSDI 2008, 16177, 16184.
3504 Vgl. im Übrigen zum Besserungsschein Rn. 1845ff.

ner späteren Periode die Besserung ein, so ist die insoweit wieder auflebende Verbindlichkeit wieder einzubuchen. Dabei vollzieht sich die Wiedereinbuchung spiegelbildlich zu den steuerlichen Folgen der Ausbuchung.[3505] D. h. war die Ausbuchung als erfolgsneutrale Einlage auf der Ebene der Gesamthandsbilanz zu beurteilen, wird das Wiedereinbuchen der Verbindlichkeit wie eine erfolgsneutrale Entnahme auf der Ebene der Gesamthandsbilanz dargestellt.

1871 Wurde die Beteiligung zwischenzeitlich aufgegeben, der Besserungsschein jedoch zurückbehalten, stellt sich die Frage, wie in diesem Fall zu verfahren ist. Durch den erfolgten Erlass wurde das Kapitalkonto des Gesellschafters in der Gesamthandsbilanz entsprechend erhöht. Hierdurch wurde im Rahmen der Ermittlung des Aufgabegewinns des Mitunternehmers bzw. des Veräußerungsgewinns für die Veräußerung seines Mitunternehmeranteils ein entsprechend höherer Posten in Ansatz gebracht. Erhält der ehemalige Mitunternehmer nun doch eine Leistung auf die zunächst erlassene Forderung im Rahmen der Besserungsvereinbarung, so dürfte nach der hier vertretenen Auffassung unter Beachtung der Grundsätze der Rechtsprechung des Großen Senats[3506] von einer rückwirkenden Änderung des Aufgabe- bzw. Veräußerungsgewinns des Mitunternehmeranteils auszugehen sein.[3507]

2.5 Einkommensteuerliche Folgen der Insolvenzeröffnung

1872 Die Eröffnung des Insolvenzverfahrens über das Vermögen einer Person lässt den Einkommensbegriff im Sinne des Einkommensteuerrechtes zunächst unberührt.[3508] D. h. es bleibt bei der Synthetisierung des Einkommens durch die Ermittlung der verschiedenen Einkünfte aus den unterschiedlichen Einkunftsarten. Allerdings ergeben sich eine Reihe von Besonderheiten, z. B. durch die Anordnung der Bildung eines neuen Geschäftsjahres gemäß § 155 Abs. 2 Satz 1 InsO. Trotzdem bleibt es bei dem Grundsatz, dass die Ermittlung der Einkünfte und die Berechnung der Einkommensteuer allein nach den Vorschriften des Steuerrechts zu erfolgen haben. Die insolvenzrechtlich gebotene Trennung der Vermögenssphäre des Schuldners in Vermögen, das vor Eröffnung des Insolvenzverfahrens erworben und in solches, das nach Eröffnung des Insolvenzverfahrens erworben wurde, hat für die Ermittlung des Einkommens keine Bedeutung, wohl jedoch für die Geltendmachung einer ermittelten Einkommensteuer für das Jahr der Insolvenzverfahrenseröffnung. Denn die Einkommensteuer, die vor Eröffnung des Insolvenzverfahrens begründet wurde, ist als Insolvenzforderung, die, die nach Eröffnung des Insolvenzverfahrens begründet wurde als Masseverbindlichkeit oder als insolvenzfreie Verbindlichkeit geltend zu machen.

3505 BMF v. 16.12.2003 – IV A 2 – S 2743 – 5/03, DB 2004, 35.
3506 BFH, B. v. 19.07.1993 – GrS 2/92, NJW 1994, 1236.
3507 *Wacker*, in: Schmidt, EStG, § 16, Rn. 360 ff.
3508 *Frotscher*, Besteuerung bei Insolvenz, 83.

2.5.1 Trennung von Insolvenzforderungen und Masseschulden

2.5.1.1 Einkommensteuerliche Umsetzung der insolvenzrechtlichen Vermögenssphären

Auch nach der Eröffnung des Insolvenzverfahrens über das Vermögen einer natürlichen Person bleibt diese weiter Steuerschuldner der Einkommensteuer.[3509] Das Insolvenzrecht greift nicht in die Entstehung oder die Ermittlung der Höhe der Steuern ein. Durch das Insolvenzrecht wird lediglich eine Zuordnung von Vermögensgegenständen und Verbindlichkeiten des Schuldners zu bestimmten Vermögensmassen bewirkt und es werden Anordnungen darüber getroffen, mit welchen aktiven Vermögensgegenständen welche passiven Vermögensgegenstände als Verbindlichkeiten in welcher Reihenfolge zu tilgen sind.[3510] Die insolvenzrechtlich relevanten Vermögensmassen sind zum einen die Insolvenzmasse, der gemäß § 35 InsO das gesamte Vermögen, das dem Schuldner zur Zeit der Eröffnung des Verfahrens gehört und das er während des Verfahrens erlangt, zuzurechnen ist. Hiervon grenzt § 36 InsO Vermögensgegenstände ab, die unpfändbar sind. Diese gehören nicht zur Insolvenzmasse.

1873

Als negative Vermögensmasse stehen der Insolvenzmasse die Ansprüche der Insolvenzgläubiger, also die Insolvenzforderungen, gegenüber. Die Insolvenzforderungen sind die Vermögensansprüche, die zur Zeit der Eröffnung des Insolvenzverfahrens gegen den Schuldner begründet waren, § 38 InsO.

Nach § 35 Abs. 1 InsO wird auch das Vermögen, das der Schuldner während des Verfahrens erlangt, der Insolvenzmasse zugeordnet. Hiervon macht jedoch § 35 Abs. 2 InsO, der mit Wirkung zum 01.07.2007 eingeführt wurde, eine wichtige Ausnahme: Beginnt der Schuldner nach Eröffnung des Insolvenzverfahrens eine selbstständige Tätigkeit, so wäre nach der Grundregel des § 35 Abs. 1 InsO Vermögen, das er aus dieser neuen selbstständigen Tätigkeit erlangt (sog. Neuerwerb) der Insolvenzmasse zuzurechnen, würde also der Befriedigung der Insolvenzgläubiger dienen. Nach § 35 Abs. 2 InsO hat sich jedoch der Insolvenzverwalter gegenüber dem Schuldner zu erklären, ob er das Vermögen aus der selbstständigen Tätigkeit zur Insolvenzmasse zieht und ob Ansprüche aus dieser Tätigkeit im Insolvenzverfahren geltend gemacht werden können oder nicht.

Bis zur Schaffung dieser Möglichkeit der Erklärung war umstritten, ob der Verwalter gleichwohl eine sog. „Freigabeerklärung" für eine neue Tätigkeit des Schuldners abgeben konnte.[3511] Zumindest ist für die Rechtslage nach Einführung der § 35 Abs. 2 und 3 InsO ab 01.07.2007 festzuhalten, dass bei Abgabe der entsprechenden Erklärung hinsichtlich des Vermögens, das der Schuldner im Rahmen der Ausübung der freigegebenen Tätigkeit erzielt, eine weitere Vermögenssphäre entsteht, der auch die entsprechenden Verbindlichkeiten, die durch diese Tätigkeit verursacht sind, zugeordnet werden einschließlich der eventuell aus der Tätigkeit entstehenden Steuerverbindlichkeiten.

1874

3509 *Tipke/Kruse*, AO, § 251, Rn. 71.
3510 *Frotscher*, Besteuerung bei Insolvenz, 82.
3511 *Holzer*, in: Kübler/Prütting/Bork, InsO, § 35, Rn. 105.

Schließlich ist als dritte Vermögenssphäre der (passive) Vermögensbereich der Masseverbindlichkeiten zu nennen. Masseverbindlichkeiten sind nach § 55 InsO die Verbindlichkeiten, die:

- durch Handlungen des Insolvenzverwalters oder
- in anderer Weise durch die
  - Verwaltung,
  - Verwertung und
  - Verteilung

der Insolvenzmasse begründet werden,

ohne zu den Kosten des Insolvenzverfahrens zu gehören.

Für Insolvenzverfahren, deren Eröffnung ab dem 01.01.2011 beantragt wird, zählen auch Verbindlichkeiten aus dem Steuerschuldverhältnis, die von einem vorläufigen Insolvenzverwalter oder vom Schuldner mit Zustimmung eines vorläufigen Insolvenzverwalters begründet worden sind, nach Verfahrenseröffnung zu den Masseverbindlichkeiten, § 55 Abs. 4 InsO. Hierzu gehören nach Auffassung der Finanzverwaltung[3512] auch Verbindlichkeiten aus Ertragsteuern, mithin auch Einkommensteuerverbindlichkeiten. Indes ist noch völlig unklar, wie der danach als Masseverbindlichkeit zu befriedigende Teil einer eventuellen Einkommensteuerschuld zu ermitteln ist.

1875 Weiter zählen zu den Masseverbindlichkeiten Verbindlichkeiten aus gegenseitigen Verträgen, bei denen der Verwalter die Erfüllung wählt bzw. die für die Zeit nach der Eröffnung des Insolvenzverfahrens erfüllt werden müssen sowie Verbindlichkeiten aus einer ungerechtfertigten Bereicherung der Masse.[3513]

1876 Zu den Masseverbindlichkeiten können auch Steuerverbindlichkeiten, insbesondere Einkommensteuerverbindlichkeiten des Insolvenzschuldners, zählen. In diesem Fall wird der Insolvenzverwalter zum Vollstreckungsschuldner.[3514] Da die Masseverbindlichkeiten nach den Kosten des Insolvenzverfahrens jedoch vor den Insolvenzforderungen befriedigt werden müssen, hat der Fiskalgläubiger regelmäßig ein hohes Interesse daran, dass Steueransprüche in möglichst großem Umfang als Masseverbindlichkeiten behandelt werden.

Jede Einkommensteuerverbindlichkeit des Insolvenzschuldners ist deswegen zunächst danach zu untersuchen, ob sie im Zeitpunkt der Verfahrenseröffnung bereits begründet war. Dann handelt es sich um eine Insolvenzforderung im Sinne des § 38 InsO. Ist dies nicht der Fall, so ist im nächsten Schritt zu prüfen, ob es sich um eine Masseverbindlichkeit im Sinne des § 55 InsO handelt. Ist dies der Fall, so ist sie vorweg aus der Insolvenzmasse zu befriedigen.

Alle sonstigen Steueransprüche sind insolvenzfrei.[3515]

3512 BMF, Schr. v. 17.01.2012 – IV A3-S-0550/10/10020-05, DStR 2012, 241, Rz. 20 f.
3513 Vgl. § 55 Abs. 1 Nr. 2 und 3 InsO.
3514 FG München, B. v. 17.09.1996, 1-V-334/96, EFG 1997, 48.
3515 BFH, Urt. v. 18.05.2010 – X R 60/08, DB 2010, 1678.

Die dargestellten Zusammenhänge verdeutlicht die nachfolgende Übersicht: 1877

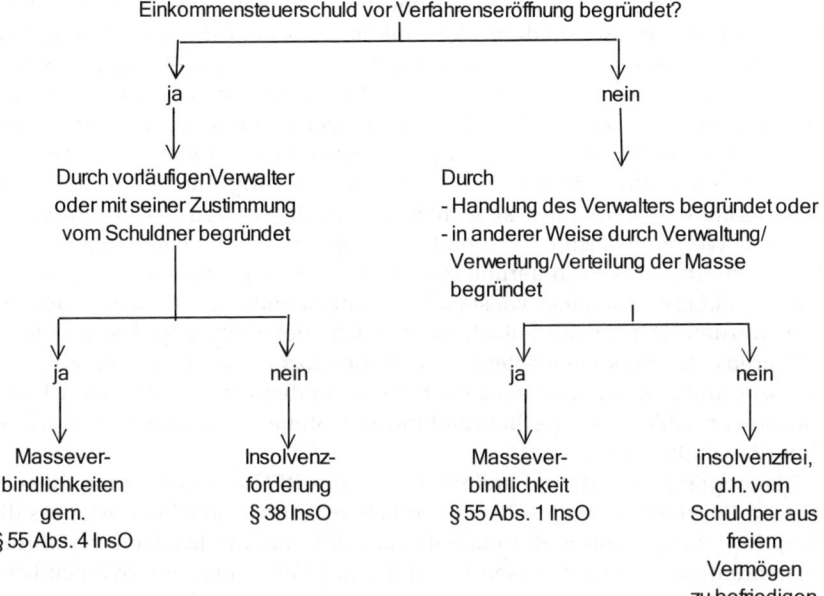

Abb. 74: Insolvenzrechtliche Einteilung von Einkommensteuerschulden

Der Zeitpunkt des „Begründetseins" der (Abgaben-)Forderung ist somit von herausragender Bedeutung für deren insolvenzrechtliche Behandlung.

2.5.1.2 Insolvenzrechtliches Begründetsein von Einkommensteuerschulden

Der Zeitpunkt des Begründetseins im insolvenzrechtlichen Sinne entscheidet 1878 darüber, ob eine Forderung als Insolvenzforderung einzustufen ist und damit der quotalen Befriedigung im Insolvenzverfahren unterliegt oder ob sie gegebenenfalls bei einer Begründung nach Verfahrenseröffnung aus dem insolvenzfreien Bereich oder als Masseverbindlichkeit zu befriedigen ist, wodurch sich in der Regel die Befriedigungschancen des Gläubigers deutlich erhöhen. Dementsprechend umstritten ist diese Rechtsfrage. Einigkeit besteht noch dahingehend, dass die Entstehung der Steuer im abgaberechtlichen Sinn, z. B. der Einkommensteuer mit Ablauf des Veranlagungszeitraums, also mit dem Ende des Kalenderjahres, nicht mit dem insolvenzrechtlichen Begründetsein gleichgesetzt werden kann.[3516] Streit besteht jedoch hinsichtlich der Frage, ob das insolvenzrechtliche Begründetsein einer Steuerforderung voraussetzt, dass der Tatbestand, an den das Steuergesetz die Entstehung der Steuer knüpft, **vollständig** erfüllt sein muss oder ob eine Verwirklichung des maßgeblichen Lebenssachverhaltes, der für die spätere Steuerentstehung ursächlich ist, ausreicht. Für eine vollständige Tatbestandsverwirklichung vo-

---
3516 Vgl. hierzu *Frotscher*, Besteuerung bei Insolvenz, S. 105 ff.

tiert der für die Umsatzsteuer zuständige V. Senat des BFH.[3517] Obwohl die vorstehende Differenzierung fast haarspalterisch klingt, ist die Bedeutung im Einzelfall nicht zu unterschätzen. Fordert man z. B. dem V. Senat des BFH folgend auch für die Begründung der Einkommensteuer die vollständige Verwirklichung des gesetzlichen Tatbestandes, der zur Entstehung der Steuer führt, so stößt man schnell an Grenzen: Einkommensteuerentstehung lässt sich nämlich nicht auf einzelne steuerrealisierende Tatbestände herunterbrechen. Die Einkommensteuer ist Ergebnis einer Vielzahl von Einzelereignissen, z. B. dem Zufluss einer Einnahme, der Realisierung einer Forderung eines bilanzierenden Kaufmanns, aber auch des Abflusses von Erwerbsaufwand, z. B. von Werbungskosten. Alle einkommensrelevanten Komponenten eines Zeitabschnitts – des Besteuerungszeitraums – werden zusammengefasst und erst dann könnte von einer vollständigen Tatbestandsverwirklichung gesprochen werden. Dann wäre jedoch für das Jahr der Eröffnung des Insolvenzverfahrens die Einkommensteuer nie Insolvenzforderung, da der Besteuerungszeitraum der Einkommensteuer das Kalenderjahr ist, § 25 Abs. 1 EStG, und dessen Ablauf für die Begründung der Steuer in insolvenzrechtlichem Sinn notwendig wäre.

1879 Demgegenüber vertreten andere Senate des BFH die Auffassung, dass es für eine Begründung im insolvenzrechtlichen Sinne ausreichend ist, dass die Hauptforderung in ihrem Kern bereits vor Eröffnung des Insolvenzverfahrens entstanden ist. Das ist insbesondere dann der Fall, wenn der zivilrechtliche Sachverhalt, der zur Entstehung der Steueransprüche führt, bereits vor Eröffnung des Insolvenzverfahrens verwirklicht worden ist.[3518] Die Abgrenzung, wann der zivilrechtliche Tatbestand verwirklicht bzw. wann der Sachverhalt im Kern abgeschlossen ist, so dass es zur Begründung der Einkommensteuer kommt, bereitet im Einzelfall erhebliche Probleme. Denkt man alleine an die erheblichen Periodenverschiebungen, die durch die verschiedenen einkommensteuerrechtlichen Arten der Ermittlung des Gewinns aus Gewerbebetrieb, d.h. einerseits durch Bilanzierung, anderseits durch Ermittlung des Überschusses der Betriebseinnahmen über die Betriebsausgaben gemäß § 4 Abs. 3 EStG, entstehen können, zeigt sich, wie groß das Spektrum der auftretenden Fragen ist. So vertritt der X. Senat des BFH[3519] die Auffassung, dass es im Rahmen der Gewinnermittlung nach § 4 Abs. 3 EStG nicht auf den Zeitpunkt des Zuflusses einer Einnahme ankommt, um der daraus resultierenden Steuer den Charakter einer Masseverbindlichkeit zu geben. Vielmehr sei entscheidend, wann der Schuldrechtsorganismus, der zur Entstehung der Forderung führte (im entschiedenen Streitfall ein Anfechtungsanspruch, den die Insolvenzverwalterin realisiert hatte), verwirklicht wurde. Da der Schuldrechtsorganismus als Anfechtungsanspruch schon vor Verfahrenseröffnung durch Vollzug der anfechtbaren Rechtshandlung verwirklicht wurde, war die resultierende Einkommensteuer als Insolvenzforderung einzustufen.

1880 Weitere Zweifelsfragen im Zusammenhang mit dem Begründetsein von Einkommensteuerforderungen ergeben sich z. B. in den Fällen, in denen er-

---
3517 BFH, Urt. v. 29. 01. 2009 – V R 64/07, DStR 2009, 851.
3518 BFH, Urt. v. 05. 10. 2004 – VII R 69/03, DStR 2005, 190 m. w. N.
3519 BFH, Urt. v. 01. 04. 2008 – X B 201/07, BFH/NV 2008, 925.

hebliche stille Reserven vor Verfahrenseröffnung gelegt wurden, die nach Verfahrenseröffnung realisiert werden oder in denen Rückstellungen gebildet wurden, die nach Verfahrenseröffnung aufgelöst werden müssen. Weitere Schwierigkeiten bei der Ermittlung des Zeitpunkts der Begründung einer Einkommensteuerforderung bereitet die Tatsache, dass die Einkommensteuerschuld als Jahressteuer auch von einer Vielzahl von Dauereinflussfaktoren beeinflusst wird. So beeinflussen u. a. der Familienstand des Steuerpflichtigen, die Höhe des Jahreseinkommens und das seines Ehegatten (Progression), die Anzahl der Kinder oder das Vorhandensein eventueller Verlustvorträge die Höhe der Steuerschuld ganz erheblich. Diese Einflussfaktoren können nicht einem bestimmten Zeitpunkt im Veranlagungszeitraum zugeordnet werden.

Als Zwischenergebnis kann folglich an dieser Stelle vermerkt werden, dass eine Abgrenzung des als Insolvenzforderung geltend zu machenden Teils der einheitlichen Einkommensteuerschuld des Eröffnungsjahres nach dem Verhältnis der in ihrem Kern vor Verfahrenseröffnung verwirklichten einkommenserhöhenden und einkommenmindernden Sachverhalte zu den danach verwirklichten Sachverhalten vorzunehmen ist. In der Praxis erfolgt dies durch die Ermittlung von „Teileinkünften".[3520] Zur konkreten Durchführung der Aufteilungsrechnung vgl. unter Rn. 1887 ff. *1881*

2.5.1.3 Einkommensteuern als Masseverbindlichkeit

Soweit die Steuerschuld nach dem Zeitpunkt der Begründung untersucht wurde und so der Teil der Steuerschuld, der Insolvenzforderung sein kann, abgegrenzt ist, muss vom verbleibenden Teil der Einkommensteuer der Schuldanteil, der als Masseverbindlichkeit anzusehen ist, abgetrennt werden. Masseverbindlichkeiten sind solche Verbindlichkeiten, die durch die Verwaltung, Verwertung oder Verteilung der Masse oder aus sonstigen Handlungen des Insolvenzverwalters entstehen. Auch hier ergeben sich vielfältige Abgrenzungsfragen: *1882*

Als Verwertung der Insolvenzmasse soll auch die ertragbringende Nutzung der zur Insolvenzmasse gehörenden Vermögensgegenstände anzusehen sein.[3521] Folglich sind Zinserträge, die aus der Anlage von Masse-Geldbeständen durch den Verwalter resultieren, den Teileinkünften, die zu Einkommensteuer als Masseschuld führen, zuzuordnen.

Für die Begründung von Kraftfahrzeugsteuer als Masseverbindlichkeit soll, selbst in Fällen, in denen sich das Kraftfahrzeug nicht einmal mehr im Besitz des Schuldners befindet, allein die zur „Insolvenzmasse gehörende Rechtsposition als Halter des Kraftfahrzeugs" ausreichend sein.[3522] Eine

---

3520 BFH, Urt. v. 11.11.1993 – XI R 73/92, BFH/NV 1994, 477.
3521 BFH, Urt. v. 15.03.1995 – I R 82/93, HFA 1995, 507.
3522 BFH, Urt. v. 29.08.2007 – IX R 4/07, ZIP 2007, 2081; nunmehr differenzierend BFH, Urt. v. 08.09.2011 – II R 54/10, BFH/NV 2012, 133, der darauf abstellt, ob das Fahrzeug Teil der Insolvenzmasse ist oder nicht. Hat der Insolvenzverwalter eine sog. echte Freigabe des Fahrzeugs erklärt, entfällt ein Bezug der Kfz-Steuer zur Insolvenzmasse, da durch die Freigabeerklärung das Fahrzeug aus der Insolvenzmasse entlassen und in das insolvenzfreie Schuldnervermögen zurückfällt.

Masseverbindlichkeit hinsichtlich der Umsatzsteuer soll sogar vorliegen, wenn ein mit Grundpfandrechten belastetes Grundstück nach Freigabe durch den Konkursverwalter steuerpflichtig veräußert wird, da selbst in diesem Fall – obwohl der Verwertungserlös in voller Höhe den absonderungsberechtigten Grundpfandrechtsgläubigern zugutekommt – insofern eine Bereicherung der Konkursmasse stattfinden würde.[3523]

1883 Einkünfte, die daraus resultieren, dass der Insolvenzschuldner an einer Personengesellschaft beteiligt ist und im Rahmen der einheitlichen und gesonderten Feststellung der Personengesellschaft dem Schuldner Gewinne zugewiesen werden, führen – soweit diese Gewinne auf den Zeitraum nach Verfahrenseröffnung entfallen – zur Entstehung von Einkommensteuer als Masseverbindlichkeit.[3524] Denn durch das Halten der Beteiligung an der Personengesellschaft sei die Steuerverbindlichkeit „in anderer Weise" durch die Verwaltung der Insolvenzmasse[3525] begründet worden. Der BFH sah in dem entschiedenen Fall für die Entstehung einer entsprechenden Masseschuld auch keinen Hinderungsgrund darin, dass aus dem zugewiesenen Gewinn kein Zufluss von Liquidität zur Masse zu erwarten war, weil der Gewinn der Personengesellschaft aus der Auflösung einer Rückstellung resultierte. Dies ist problematisch, zumal der BFH mit Urteil vom 29.03.1984[3526] darauf abgestellt hatte, dass Einkommensteuer, die durch die Verwertung von Vermögensgegenständen sowohl im Interesse von absonderungsberechtigten Gläubigern als auch im Interesse der Konkursmasse entsteht, nur insoweit zu Masseverbindlichkeiten führte, als der Veräußerungserlös auch tatsächlich zur Masse gelangt ist. Nach Auffassung des FG Düsseldorf[3527] ist auch nach Inkrafttreten der Insolvenzordnung daran festzuhalten, dass eine Einkommensteuerschuld, die infolge der Veräußerung eines dem Insolvenzschuldner gehörenden Grundstücks entsteht, nur insoweit als Masseschuld geltend zu machen ist, wie der Veräußerungserlös zur Masse gelangt ist.

1884 Die zitierten jüngeren Urteile des BFH verdeutlichen, dass eine Tendenz in der Rechtsprechung besteht, den Kreis der Masseverbindlichkeiten zugunsten des Steuergläubigers weit zu ziehen. Der Insolvenzverwalter kann sich vor dem Entstehen von unüberschaubaren Masseverbindlichkeiten, gerade beim Vorhandensein von Beteiligungen an Personengesellschaften, möglicherweise durch eine schnelle Freigabe der Beteiligung aus der Insolvenzmasse schützen. Allerdings besteht hier oft das Problem, dass am Anfang des Insolvenzverfahrens noch gar nicht absehbar ist, ob die Beteiligung nicht einen Vermögensvorteil für die Masse bedeuten kann. Die Prüfung der Werthaltigkeit einer solchen Beteiligung nimmt oft einige Zeit in Anspruch, während derer anfallende Gewinne auf der Ebene der Beteiligungsgesellschaft zu Masseverbindlichkeiten führen können.

1885 Schwierige Abgrenzungsfragen zwischen Masseverbindlichkeiten und insolvenzfreiem Bereich ergeben sich auch bei der Aufnahme einer neuen

---

3523 BFH, Urt. v. 16.08.2001 – V R 59/99, BB 2002, 32.
3524 BFH, Urt. v. 18.05.2010 – X R 60/08, BFH/NV 2010, 1685.
3525 § 55 Abs. 1 Nr. 1 InsO.
3526 BFH, Urt. v. 29.03.1984 – IV R 271/83, NJW 1985, 511.
3527 FG Düsseldorf, Urt. v. 02.02.2011 – 7 K 3953/10 E-Rev. eingelegt (Az. des BFH IV R 23/11), EFG 2011, 1920.

selbstständigen Tätigkeit durch den Insolvenzschuldner. Dabei ist zwischen der Rechtslage bis zum 30. 06. 2007 und der Rechtslage ab 01.07.2007 zu unterscheiden. Denn zum 01. 07. 2007 wurde § 35 InsO um die Abs. 2 und 3 erweitert. Der Gesetzgeber hat dabei die Möglichkeit geschaffen, dass der Insolvenzverwalter gegenüber dem Schuldner, der eine selbstständige Tätigkeit ausübt oder auszuüben beabsichtigt, zu erklären hat, ob er das Vermögen aus der selbstständigen Tätigkeit zur Insolvenzmasse ziehen und ob Ansprüche aus dieser Tätigkeit im Insolvenzverfahren geltend gemacht werden können. Bis zur Einfügung der Absätze 2 und 3 des § 35 InsO war umstritten, ob der Insolvenzverwalter eine neue selbstständige Tätigkeit des Insolvenzschuldners als Ganzes aus der Insolvenzmasse freigeben kann.[3528] Darüber hinaus war die „Freigabe" des Neuerwerbs des Schuldners aus seiner selbstständigen Tätigkeit bzw. die Freigabe der selbstständigen Tätigkeit als solche mit nicht unerheblichen Risiken für den Insolvenzverwalter behaftet.[3529] In steuerrechtlicher Hinsicht war umstritten, ob Steuerschulden, die durch die neue selbstständige Tätigkeit des Schuldners ausgelöst werden, als Masseverbindlichkeiten anzusehen sind. Mit Urteil vom 07. 04. 2005[3530] hatte der V. Senat des BFH entschieden, dass Umsatzsteuer, die der Schuldner im Rahmen einer neu aufgenommenen Erwerbstätigkeit verursacht, dann nicht zu den Masseschulden im Sinne des § 55 Abs. 1 Nr. 1 InsO gehört, wenn dieser die Tätigkeit im Wesentlichen durch seine Arbeit und nur mit Hilfe von nach § 811 Nr. 15 ZPO unpfändbaren Gegenständen erbringt. Werden hingegen Gegenstände der Insolvenzmasse im Rahmen der neuen Tätigkeit des Schuldners eingesetzt, sollte dies als ertragbringende Nutzung der Insolvenzmasse anzusehen sein, so dass die Umsatzsteuer, die dadurch begründet wird, als Masseschuld anzusehen ist. Dem ist nunmehr der XI. Senat des BFH[3531] entgegengetreten. Nach Auffassung des XI. Senats des BFH ist die durch den neuen Betrieb des Schuldners verursachte Umsatzsteuer nicht bereits deshalb als Masseverbindlichkeit anzusehen, weil der Schuldner mit Billigung des Insolvenzverwalters dabei auch Massegegenstände verwendet. Dies gelte zumindest dann, wenn die vom neuen schuldnerischen Unternehmen erbrachten Leistungen nicht im Wesentlichen auf der Nutzung von Massegegenständen beruhen.

Zur Frage der aus einer neuen Tätigkeit des Schuldners resultierenden Einkommensteuer hat der BFH mit Urteil vom 24. 02. 2011[3532] festgestellt, dass alleine aus dem Umstand, dass pfändbare Anteile des Arbeitslohnes als Neuerwerb zur Insolvenzmasse gelangen, nicht zu schließen ist, dass eine entsprechende Einkommensteuerabschlusszahlung als Masseverbindlichkeit anzusehen ist. Denn die Arbeitstätigkeit des Schuldners sei keine Verwaltungsmaßnahme des Insolvenzverwalters. Aus der Zugehörigkeit des Lohnanspruches zur Masse folge nicht, dass alle mit dieser Forderung zusammenhängenden Verbindlichkeiten stets Masseverbindlichkeiten sind.

1886

3528 *Hirte*, in: Uhlenbruck/Hirte/Vallender, InsO, § 35, Rn. 90.
3529 *Hirte*, in: Uhlenbruck/Hirte/Vallender, InsO, § 35 Rn. 90.
3530 BFH, Urt. v. 07. 04. 2005 – V R 5/04, ZIP 2005, 1376.
3531 BFH, Urt. v. 17. 03. 2010 – XI R 2/08, ZIP 2010, 1405.
3532 BFH, Urt. v. 24. 02. 2011 – VI R 21/10, BStBl. II 2011, 520.

Weiter hat der BFH mit Urteil vom 18. 05. 2010[3533] festgestellt, dass zumindest dann, wenn der Insolvenzschuldner eine Tätigkeit ohne Wissen und Billigung durch den Insolvenzverwalter ausgeübt hat, und die Erträge tatsächlich nicht zur Masse gelangt sind, die durch den Schuldner verursachte Einkommensteuer keine Masseverbindlichkeit darstellt.

Nach der hier vertretenen Auffassung kann – nach alter Rechtslage, also vor Einfügung von § 35 Abs. 2 und 3 InsO, – Einkommensteuer aus einer neuen Tätigkeit des Schuldners dann als Masseverbindlichkeit anzusehen sein, wenn die neue Tätigkeit des Schuldners überwiegend durch Einsatz von zum Zeitpunkt des Einsatzes noch zur Masse gehörigen Gegenständen verursacht wird, z. B. wenn der Insolvenzverwalter die noch in der Insolvenzmasse vorhandenen und nicht freigegebenen Vermögensgegenstände des Anlagevermögens dem Schuldner zur Nutzung überlässt. Ob der Neuerwerb zur Masse gezogen wird oder nicht, ist für die Qualifikation der entstehenden Steuerverbindlichkeiten hingegen nicht relevant.[3534]

Für die Rechtslage nach Einfügung der Abs. 2 und 3 in § 35 InsO, mithin für Insolvenzverfahren, die nach dem 30. 06. 2007 eröffnet wurden, ist eine weitgehende Klärung der vorstehend dargestellten Zweifelsfragen zu erwarten. Denn der Insolvenzverwalter hat nun hinsichtlich einer ausgeübten oder beabsichtigten selbstständigen Tätigkeit des Insolvenzschuldners zu erklären, ob das Vermögen aus der selbstständigen Tätigkeit zur Insolvenzmasse gehört und Ansprüche aus dieser Tätigkeit im Insolvenzverfahren geltend gemacht werden können. Dabei ist darauf hinzuweisen, dass es in diesem Zusammenhang nicht möglich ist, dass der Verwalter etwa erklärt, das Vermögen zur Insolvenzmasse zu ziehen, während die daraus resultierenden Ansprüche nicht im Insolvenzverfahren verfolgt werden könnten.[3535] D. h. wenn sich der Verwalter dafür entscheidet, das Vermögen aus der neu ausgeübten selbstständigen Tätigkeit des Insolvenzschuldners zur Masse zu ziehen, diese auch für die dadurch begründeten Verbindlichkeiten einzustehen hat. Hierzu gehören auch Steuerverbindlichkeiten. Optiert der Insolvenzverwalter für eine Zugehörigkeit des aus der selbstständigen Tätigkeit gewonnenen Vermögens zur Insolvenzmasse, ist ggf. eine Aufteilungsrechnung zur Ermittlung der durch die neue Tätigkeit verursachten Einkommensteuerschulden erforderlich. Da, wie bereits angesprochen, in die Einkommensteuerberechnung auch außerhalb der Einflusssphäre des Insolvenzverwalters liegende Faktoren eingehen, wie zum Beispiel die Einkünfte des Ehegatten bei Zusammenveranlagung, ist die für die Abgabe der Erklärung erforderliche Prognose der Vorteilhaftigkeit für die Insolvenzmasse entsprechend schwierig.

Schließlich können in Verfahren, deren Eröffnung nach dem 31. 12. 2010 beantragt wurde, Einkommensteuern als Masseschulden als Masseverbindlichkeiten zu behandeln sein, die von einem vorläufigen Insolvenzverwalter oder vom Insolvenzschuldner mit Zustimmung des vorläufigen Insolvenzverwalters begründet werden, § 55 Abs. 4 InsO. Die Regelung wurde eingeführt, um Steuerschulden, die aus der Fortführung von schuldnerischen Betrieben

---

3533 BFH, Urt. v. 18. 05. 2010 – X R 11/09, BFH/NV 2010, 2114.
3534 BFH, Urt. v. 17. 03. 2010 – IX R 2/08, ZIP 2010, 1405.
3535 Holzer, in: Kübler/Prütting/Bork, InsO, § 35, Rn. 112.

mit Zustimmung eines „schwachen" vorläufigen Verwalters entstehen und damit eigentlich Insolvenzforderungen, die nur quotal zu befriedigen sind, darstellen, durch Umqualifikation zu Masseverbindlichkeiten für den Fiskus zu sichern. Die neue Vorschrift stellt die Verwalterpraxis vor erhebliche praktische Probleme. Denn es ist nun – neben den drei vorbeschriebenen Vermögenssphären – noch ein vierter Bereich abzugrenzen. Die notwendigen Informationen dazu müssten aus der Buchführung des Schuldners abgeleitet werden, deren Erstellung der vorläufige schwache oder mit allgemeinem Zustimmungsvorbehalt ausgestattete Verwalter nicht erzwingen kann. Die im Jahr der Verfahrenseröffnung einheitlich entstehende Steuer muss mithin zukünftig nach den nachfolgenden Grundsätzen zusätzlich auf den Bereich der vom vorläufigen Verwalter begründeten Insolvenzforderungen, die als Masseverbindlichkeiten umzuqualifizieren sind, aufgeteilt werden.

2.5.2 Aufteilung der Einkommensteuerschuld

Wie in den vorstehenden Abschnitten dargestellt, ist die Einkommensteuerschuld aufzuteilen. Vor Verfahrenseröffnung begründete Einkommensteuerschulden stellen vorbehaltlich § 55 Abs. 4 InSO Insolvenzforderungen dar. Dabei ist die Behandlung von Veranlagungsjahren, die vor dem Jahr der Verfahrenseröffnung liegen, recht einfach. Hier liegen stets Insolvenzforderungen vor. Das Veranlagungsjahr, in dem die Insolvenzverfahrenseröffnung stattfindet, bereitet hingegen große Probleme, denn die einheitliche Einkommensteuerschuld ist aufzuteilen. Gegebenenfalls sind drei Teilbeträge zu bilden, nämlich der Teil, der vor Verfahrenseröffnung begründet wurde (= Insolvenzforderung) sowie der Teil der nach Verfahrenseröffnung begründet wurde, der wiederum in einen Teil, der als Masseschuld anzusehen ist, sowie ein Teil, der als insolvenzfreie Verbindlichkeit anzusehen ist, aufzuspalten sein kann. Die Zuordnungsgrundsätze wurden in den vorstehenden Abschnitten dargestellt. Die konkrete Aufteilungsrechnung erfolgt nach den Vorgaben des BFH im Urteil vom 11.11.1993,[3536] in dem jeweils für die genannten Bereiche nach den vorstehend dargestellten Zuordnungsgrundsätzen „Teileinkünfte" gebildet werden, die jeweils ins Verhältnis zu setzen sind. Mit dem daraus ermittelten jeweiligen Anteil wird sodann die einheitliche Einkommensteuerschuld aufgeteilt und den verschiedenen Vermögenssphären zugeordnet.

1887

Beispiel 1

1888

Der Schuldner betreibt einen Gewerbebetrieb. Zum 01.11.2010 wird das Insolvenzverfahren eröffnet. Die Teileinkünfte stellen sich wie folgt dar:

Vor Verfahrenseröffnung begründete negative Einkünfte aus Gewerbebetrieb	– 30
Nach Verfahrenseröffnung begründeter laufender Verlust	– 20,
zzgl. Gewinn + 100, der daraus entstand, dass ein zum Betriebsvermögen gehörendes unbebautes Grundstück mit Gewinn von +100 veräußert wurde.	+ 100
Entstehende Einkommensteuer für den Veranlagungszeitraum 2010	+ 15

3536 BFH, Urt. v. 11.11.1993 – XI R 73/92, BFH/NV 1994, 477.

Nach den vorstehend geschilderten Grundsätzen ist die Einkommensteuer in voller Höhe Masseverbindlichkeit, denn der Gewinn aus der Veräußerung des Grundstückes ist durch die Verwertung der Insolvenzmasse begründet. Gewinn nach Eröffnung mithin +80, Gesamteinkünfte +50 (–30 +80), Einkommensteuer von 15 ist nur durch Verwertungshandlungen begründet.

> **Beispiel 2**
>
> Der Schuldner unterhielt einen Gewerbebetrieb. Am 01.11.2010 wird das Insolvenzverfahren über sein Vermögen eröffnet.
>
> | | |
> |---|---|
> | Vor Verfahrenseröffnung begründeter Gewinn aus Gewerbebetrieb | + 30 |
> | Nach Verfahrenseröffnung begründeter Gewinn | + 80 |
> | (resultiert aus Verkauf eines unbebauten Grundstücks, bei dem ein Gewinn von + 100 € erzielt wurde und einem laufenden Verlust von – 20 €) | |
> | Gesamteinkünfte | 110 |
> | daraus resultierende Einkommensteuer für den Veranlagungszeitraum 2010 | + 40 |
>
> Die Einkommensteuer ist im Verhältnis 27 % (30/110 × 100), zu 73 % (80/110 × 100) aufzuteilen. Folglich 10,8 = Insolvenzforderung, 29,2 = Masseverbindlichkeit.

1889   In der Literatur wird gegen die vom BFH propagierte Aufteilung eingewandt, dass diese nur dann zu zutreffenden Ergebnissen führen würde, wenn der Einkommensteuertarif linear wäre. Aufgrund des progressiven Einkommensteuertarifs würde bei der vom BFH propagierten Methode außer Acht gelassen werden, dass höhere Einkünfte auch zu höheren Steuersätzen führen. Zur Abhilfe wird deswegen gefordert[3537], eine Aufteilungsrechnung im Sinne einer fiktiven getrennten Veranlagung im Sinne §§ 268 ff. AO vorzunehmen. Dabei müssten Sonderausgaben und außergewöhnliche Belastungen nach Anlass zugerechnet und zur Verfügung stehende Pauschbeträge zeitanteilig berücksichtigt werden. Die so ermittelten Steuerschulden auf Basis von konkret durchgeführten Teilveranlagungen ermöglichen es, Progressionseffekte jedenfalls mit einzubeziehen.

Derzeit ist noch unklar, wie dies für ab 01.01.2011 eröffnete Verfahren gültige Neuregelung des § 55 Abs. 4 InsO, nach der Verbindlichkeiten aus dem Steuerschuldverhältnis, die durch einen vorläufigen Insolvenzverwalter oder dem Schuldner mit Zustimmung des vorläufigen Insolvenzverwalters begründet wurden, als Masseverbindlichkeiten gelten, in die vorstehend dargestellten Aufteilungsgrundsätze einzupassen ist. Denn die vom Gesetzestext vorgenommene Qualifizierung grenzt die betroffenen Steuerverbindlichkeiten nicht zeitlich sondern sachlich ab, was angesichts der vielen Determinanten der Höhe der Einkommensteuerschuld[3538] zu kaum sinnvoll lösbaren Abgrenzungsproblemen führt. Denn selbstverständlich führen nicht **alle** einkommensrelevanten Ereignisse nach Beginn der vorläufigen Verwaltung zu Steuerverbindlichkeiten im Sinne des § 55 Abs. 4 InsO, sondern nur

---

3537 *Waza/Uhländer/Schmittmann*, Insolvenzen und Steuern, Rn. 1461, Frotscher, Besteuerung bei Insolvenz, 110.
3538 Vgl. insoweit Rn. 1880.

die vom vorläufigen Verwalter bzw. mit dessen Zustimmung vorgenommenen. Der Versuch einer exakten Lösung würde eine Aufteilung sämtlicher einkommensteuerrechtlich relevanten Vorgänge in solche, die vom vorläufigen Verwalter bzw. mit dessen Zustimmung vorgenommen werden einerseits und alle sonstigen Vorgänge andererseits erfordern – ein kaum mit vertretbarem Aufwand durchführbares Unterfangen. Die Praxis wird sich deshalb bis auf weiteres mit Näherungslösungen bzw. mit Schätzungen behelfen müssen.

2.5.3 Einkommensteuer-Vorauszahlungen und Abschlusszahlungen

Einkommensteuer-Vorauszahlungen gemäß § 36 Abs. 2 EStG entstehen jeweils mit Beginn des Kalendervierteljahres, in dem sie zu entrichten sind, § 37 Abs. 1 Satz 2 EStG, also am 01.01., 01.04., 01.07. und 01.10. eines Jahres. Im Jahr der Verfahrenseröffnung richtet sich die Zuordnung der Einkommensteuer-Vorauszahlungsschuld als Insolvenzforderung oder als Masseverbindlichkeit nach dem Entstehungszeitpunkt. D.h. bei Eröffnung des Insolvenzverfahrens am 15.04. eines Jahres ist die zum 01.04. entstandene Einkommensteuer-Vorauszahlung Insolvenzforderung. Die späteren Vorauszahlungen stellen dagegen Masseverbindlichkeiten dar, es sei denn, sie betreffen den insolvenzfreien Bereich des Schuldners.[3539]

1890

Hiervon zu trennen ist die Frage, ob und wie die Vorauszahlungen und Steuerabzugsbeträge auf die einheitliche Jahressteuerschuld unter Berücksichtigung insolvenzrechtlicher Gegebenheiten angerechnet werden. Dies richtet sich nach dem insolvenzrechtlichen Charakter der Einkommensteuerschuld, der nach den in den vorstehenden Abschnitten geschilderten Grundsätzen zu beurteilen ist. D.h. Vorauszahlungen und Steuerabzugsbeträge können gemäß § 36 Abs. 2 EStG nur jeweils mit dem Teil der Einkommensteuerschuld verrechnet werden, der sich auf dieselbe einkommensteuerrechtliche Vermögensmasse bezieht. Wurde mithin eine Einkommensteuer-Vorauszahlung nach Verfahrenseröffnung als Masseverbindlichkeit angesehen und befriedigt, so ist diese Vorauszahlung mit dem Teil der Jahreseinkommensteuerschuld zu verrechnen, der ebenfalls als Masseschuld anzusehen ist.[3540]

1891

Ergibt sich, dass die geleisteten Vorauszahlungen auf die Einkommensteuer als Masseschuld höher waren als der als Masseschuld zu berücksichtigende Teil der Einkommensteuerschuld, so ist ein entsprechender Erstattungsanspruch an die Masse auszukehren. Eine Verrechnung mit Steuerschulden, die zur Insolvenztabelle anzumelden sind, selbst der Einkommensteuern des Veranlagungszeitraumes der Insolvenzeröffnung, scheidet gemäß § 96 Nr. 1 InsO aus.[3541] Ergibt sich hingegen ein Erstattungsanspruch, weil die vor Verfahrenseröffnung geleisteten Vorauszahlungen oder Steueranrechnungsbeträge höher sind als die zur Tabelle als Insolvenzforderung geltend zu machende anteilige Einkommensteuerjahresschuld, so ist der ent-

---

3539 *Waza/Uhländer/Schmittmann*, Insolvenzen und Steuern, Rn. 1533 ff.
3540 BFH, Urt. v. 29.03.1984 – IV R 271/83, BB 1984, 1471; *Frotscher*, Besteuerung bei Insolvenz, S. 148.
3541 *Frotscher*, Besteuerung bei Insolvenz, S. 148.

sprechende Erstattungsanspruch mit sonstigen Insolvenzforderungen aufrechenbar.

2.5.4 Ehegattenveranlagung

1892 Gemäß § 26 Abs. 1 EStG können unbeschränkt steuerpflichtige Ehegatten, die während des Veranlagungszeitraumes zumindest für eine gewisse Zeit nicht dauernd getrennt gelebt haben, zwischen getrennter Veranlagung und Zusammenveranlagung wählen. Gemäß § 26 Abs. 2 EStG werden Ehegatten stets getrennt veranlagt, wenn einer der Ehegatten die getrennte Veranlagung wählt. Dieses Wahlrecht besteht grundsätzlich auch in der Insolvenz eines Ehegatten. Die Ausübung des Wahlrechts, einer Zusammenveranlagung zu widersprechen, steht nach herrschender Meinung dem Insolvenzverwalter zu.[3542]

Aus der Möglichkeit, eine Zusammenveranlagung durchführen zu lassen, ergeben sich einerseits selbstverständlich Konsequenzen für die Höhe der Jahreseinkommensteuer, zum anderen Gestaltungsmöglichkeiten des Insolvenzverwalters im Verfahren.

1893 Regelmäßig wird der Insolvenzverwalter die Tendenz haben, einer Zusammenveranlagung nur dann zuzustimmen, wenn hierdurch Vorteile für die Insolvenzmasse zu erwarten sind. Bei der im Insolvenzverfahren einer natürlichen Person relativ häufig anzutreffenden Konstellation, dass der in Insolvenz gefallene Ehegatte steuerliche Verluste erleidet, während der andere Ehegatte positives Einkommen (z.B. aus der Ausübung einer nichtselbstständigen Tätigkeit) bezieht und hierdurch Einkommensteuern entstehen, ist fraglich, ob der Insolvenzverwalter ohne Vorteil für die Insolvenzmasse einer Zusammenveranlagung zustimmen kann. Denn dadurch werden die Verluste, die der Insolvenzschuldner erlitten hat, mit dem positiven Einkommen des Ehegatten verrechnet. Die steuerlichen Verluste stehen in der weiteren Abwicklung des Insolvenzverfahrens nicht mehr in der Form eines Verlustvortrages zur Verfügung bzw. können auch nicht durch Verlustrücktrag zurückgetragen werden und dadurch gegebenenfalls in Steuererstattungsansprüche zu Gunsten der Insolvenzmasse verwandelt werden.

1894 Kommt es im Rahmen der Zusammenveranlagung zu einer Rückerstattung von Einkommensteuervorauszahlungen des nichtinsolventen Ehegatten, so stehen diese Einkommensteuerrückerstattungen regelmäßig auch tatsächlich dem nichtinsolventen Ehegatten zu. Denn gemäß § 37 Abs. 2 AO hat grundsätzlich derjenige einen Erstattungsanspruch gegenüber dem Finanzamt, auf dessen Rechnung die Zahlung bewirkt worden ist. Derjenige, auf dessen Rechnung die Zahlung bewirkt worden ist, ist nicht zwingend derjenige, auf dessen Kosten tatsächlich die Zahlung erfolgt ist, sondern derjenige, auf dessen Steuerschuld nach dem Willen des Zahlenden geleistet werden sollte.[3543] Dies ist beim Lohnsteuerabzug typischer Weise der Arbeitnehmer, auf dessen Kosten der Lohnsteuerabzug vorgenommen wurde. Allerdings gilt nach § 36 Abs. 4 Satz 3 EStG eine Besonderheit:

[3542] Maus, Steuern im Insolvenzverfahren, Rn. 384; Frotscher, Besteuerung bei Insolvenz, S. 97 m. w. N.
[3543] Maus, Steuern im Insolvenzverfahren, Rn. 389.

Die Auszahlung an einen Ehegatten wirkt auch für und gegen den anderen Ehegatten, obwohl die Ehegatten nicht Gesamtgläubiger des Erstattungsanspruchs sind. Folglich kann das Finanzamt mit befreiender Wirkung auch auf das von den Ehegatten in der Einkommensteuererklärung angegebene Konto überweisen, sofern die Anweisung nicht zuvor widerrufen wurde.[3544] Allerdings darf die Finanzbehörde, wenn sie davon ausgehen musste, dass der andere Ehegatte nicht damit einverstanden ist, nur an den materiell erstattungsberechtigten Ehegatten, d.h. an den Ehegatten, auf dessen Rechnung die Steuerzahlung bewirkt wurde, auszahlen.[3545]

Aus Sicht des Insolvenzverwalters ist deswegen in Zusammenveranlagungsfällen darauf zu achten, dass die Insolvenzmasse nicht „entschädigungslos" um steuerlich verwertbare Verlustvorträge gebracht wird. In derartigen Fällen haben Insolvenzverwalter regelmäßig versucht, mit dem nichtinsolventen Ehegatten in Verbindung treten, um eine einvernehmliche Aufteilung eines durch die Zusammenveranlagung erhofften Steuerminderungs- bzw. Erstattungsbetrages zu vereinbaren. Allerdings hat der BGH[3546] nunmehr entschieden, dass der Verwalter des insolventen Ehegatten verpflichtet ist, der Zusammenveranlagung zuzustimmen, wenn sich der nichtinsolvente Ehegatte im Gegenzug verpflichtet, den Schuldner zukünftig von eventuellen Nachteilen aus der Zusammenveranlagung freizustellen. Darüber hinaus sollte der Insolvenzverwalter sicherstellen, dass Erstattungen von Steuern, die früher auf Rechnung des Insolvenzschuldners gezahlt wurden, nicht vom Finanzamt an den anderen Ehegatten geleistet werden. Entsprechende Kontoverbindungen sind zu kontrollieren, gegebenenfalls gegenüber dem Finanzamt zu berichtigen.

In der Praxis ist es weit verbreitet, die Aufteilung der einheitlichen Steuerschuld unter zusammenveranlagten Ehegatten durch die Vornahme einer getrennten Abrechnung im Sinne der §§ 268 ff. AO vornehmen zu lassen. In diesem Zusammenhang ist jedoch darauf hinzuweisen, dass hierbei keine Zuordnung von Erstattungsansprüchen bzw. „negativen" Steuerbeträgen an denjenigen Ehegatten, der zu einer Zusammenveranlagung nur Verluste beisteuert, vorgenommen wird. Auch vor diesem Hintergrund ist eine Vereinbarung des Insolvenzverwalters des insolventen Ehegatten mit dem nichtinsolventen Ehegatten hinsichtlich der Aufteilung der Einkommensteuer bzw. einer Nachteilsausgleichsverpflichtung sinnvoll.

Vom Wahlrecht zur getrennten Veranlagung von Ehegatten ist das Lohnsteuerklassenwahlrecht zu unterscheiden. Dieses steht nicht dem Insolvenzverwalter, sondern dem Insolvenzschuldner zu.[3547]

3544 *Waza/Uhländer/Schmittmann*, Insolvenzen und Steuern, Rn. 1409.
3545 BFH, Urt. v. 25. 07. 1989 – VII R 118/87, NJW 1990, 2491.
3546 Vgl. BGH, Urt. v. 18. 11. 2011 – IX ZR 240/07, DB 2011, 50.
3547 BFH, Urt. v. 27. 07. 2011 – VI R 9/11, BFH/NV 2011, 2111; vgl. *Kahlert*, Wahl der Steuerklasse im Insolvenzverfahren, DB 2011, 2516.

2.5.5 Auflösung stiller Reserven

1896 In der insolvenzrechtlichen Literatur wird nach wie vor die Frage nach dem insolvenzrechtlichen Charakter der Einkommensteuern, die durch die Auflösung stiller Reserven entstehen, diskutiert.

> **Beispiel 1**
>
> Eröffnung des Insolvenzverfahrens über das Vermögen eines Einzelunternehmers am 01.07.2010. Am 02.07.2010 veräußert der Insolvenzverwalter im Rahmen einer übertragenden Sanierung das gesamte Betriebsvermögen des Einzelunternehmens an einen Erwerber. Da sich die Insolvenzsituation bereits im Jahr 2009 abzeichnete, hat der Steuerberater, der den Jahresabschluss für das Einzelunternehmen zum 31.12.2009 aufstellte, vorsorglich die im Anlagevermögen ausgewiesenen maschinellen Anlagen auf einen Erinnerungswert von 1 € abgeschrieben. Der Insolvenzverwalter erzielt nun für die im Betriebsvermögen enthaltenen Maschinen einen Veräußerungserlös von 2 Mio. €, der durch Eingreifen der Mindestbesteuerung trotz vorhandener Verlustvorträge zu einer Einkommensteuerzahllast von 180.000 € führt.

Im vorstehenden Beispielsfall wird deutlich, dass der Gewinn nach Verfahrenseröffnung durch die zu hohe Abschreibung in einem Jahr vor Verfahrenseröffnung verursacht wurde.

> **Beispiel 2**
>
> Ausgangsfall wie im Beispiel 1, jedoch wurde die stille Reserve durch die Übertragung einer 6b-Rücklage auf das Betriebsgrundstück im Jahr 1994 gelegt. Die stille Reserve wurde somit eindeutig viele Jahre vor der Verfahrenseröffnung gelegt.

In derartigen Fällen stellt sich die Frage, ob die Einkommensteuer, die nach Verfahrenseröffnung entsteht, durch die Verwertungsmaßnahme oder durch das Legen der stillen Reserve begründet ist. Dementsprechend wäre die Einkommensteuer als Masseverbindlichkeit oder als Insolvenzforderung anzusehen.

Der BFH hat in ständiger Rechtsprechung in derartigen Fällen[3548] eine Begründung durch die Veräußerung des mit den stillen Reserven behafteten Vermögensgegenstandes angenommen und damit die Einkommensteuer als Masseschuld behandelt. Dagegen wird in der Literatur eingewandt, dass durch die Veräußerung des mit den stillen Reserven behafteten Vermögensgegenstandes lediglich tatsächlich entstandene Gewinne der Vergangenheit, nämlich Gewinne, die in den Jahren der Ansammlung der stillen Reserven erwirtschaftet, aber der Besteuerung noch nicht unterworfen wurden, nun nachversteuert werden. Nach Verfahrenseröffnung wird kein weiterer Gewinn erwirtschaftet.[3549] Auch wenn die in der Literatur vorgebrachten Argumente aus wirtschaftlicher Sicht nachzuvollziehen sind, muss doch gesehen werden, dass unter Anwendung allgemeiner insolvenzsteuerrechtlicher

---

3548 BFH, Urt. v. 07.11.1963 – IV 210/62 S, BStBl. III 1964, 70; BFH, Urt. v. 29.03.1984 – IV R 271/83, BStBl. II 1984, 602; BFH, Urt. v. 11.11.1993 – XI R 73/92, BFH/NV 1994, 477; BFH, Urt. v. 18.05.2010 – X R 60/08, BFH/NV 2010, 1685.

3549 *Maus*, Steuern im Insolvenzverfahren, Rn. 379 m.w.N.

Grundsätze, wonach sich zwar die Geltendmachung von Steuern nach insolvenzrechtlichen, die Messung der Höhe und die Entstehung der Steuer sich jedoch nach steuerrechtlichen Grundsätzen zu richten hat, dem BFH hier Recht zu geben ist. Denn maßgeblich für die Gewinnentstehung ist die Veräußerung des mit den stillen Reserven behafteten Vermögensgegenstandes oder z.b. für den Fall der Auflösung einer Rückstellung der Wegfall des Grundes für die einmal gebildete Rückstellung. Ohne diese Ereignisse kommt es nicht zur Gewinnrealisation. Liegen diese Ereignisse nach Verfahrenseröffnung, ist die dementsprechende Zuordnung der dadurch verursachten Steuern zur Phase nach Verfahrenseröffnung und damit zu den dort zur Verfügung stehenden insolvenzrechtlich relevanten Vermögensmassen durchaus zu vertreten. Regelmäßig werden entsprechende Einkommensteuerschulden auch als Masseverbindlichkeit zu behandeln sein, da sie entweder durch Verwertungshandlungen des Insolvenzverwalters, zum Beispiel bei der Veräußerung von massezugehörigen Gegenständen, oder auf sonstige Art und Weise durch die Verwaltung der Insolvenzmasse entstehen. Hier hat der BFH unlängst entschieden,[3550] dass bereits das Halten von Vermögensgegenständen, durch die Einkommensteuerverbindlichkeiten verursacht werden können, Masseschulden begründet.

Im Urteil vom 29.03.1984[3551] hat der BFH erkannt, dass die Einkommensteuer aus derartigen Vorgängen nur insoweit zur Masseschuld wird, wie auch der erzielte Verwertungserlös zur Masse gelangt. Dies stellte einen gewissen Schutz der Insolvenzmasse vor Masseschulden, auf deren Höhe und Entstehung der Insolvenzverwalter möglicherweise überhaupt keinen Einfluss hat, dar.

Beispiel 1

Zur Insolvenzmasse gehört ein Grundstück, das erhebliche stille Reserven beinhaltet. Das Grundstück ist mit Grundpfandrechten wertausschöpfend belastet. Der Grundpfandrechtsgläubiger betreibt die Zwangsversteigerung. Im Rahmen der Zwangsversteigerung werden die stillen Reserven realisiert. Der gesamte Zwangsversteigerungserlös fließt zum Grundpfandrechtsgläubiger.

Nach Maßgabe des BFH-Urteils vom 29.03.1984[3552] wäre die aus der Verwertung resultierende Einkommensteuer keine Masseverbindlichkeit. Ob hieran auch nach dem Urteil des X. Senats des BFH vom 18.05.2010 weiter festzuhalten sein wird, erscheint jedoch nicht sicher. Denn dort hielt der BFH es nicht für erforderlich, dass ein Zufluss zur Insolvenzmasse erfolgt. Hier wurde es (im Fall der Realisation einer stillen Reserve durch Auflösung einer Rückstellung) für ausreichend gehalten, dass die Insolvenzmasse durch die Verminderung der sie treffenden Verpflichtungen durch den Wegfall der drohenden Inanspruchnahme aus der Rückstellung entlastet wurde.

Die Frage, ob Einkommensteuer auch zukünftig nur bei Vorliegen einer liquiditätsmäßigen Bereicherung der Insolvenzmasse als Masseverbindlich-

---
3550 BFH, Urt. v. 18.05.2010 – X R 60/08, BFH/NV 2010, 1685.
3551 BFH, Urt. v. 29.03.1984 – IV R 271/83, NJW 1985, 511.
3552 BFH, Urt. v. 29.03.1984 – IV R 271/83, NJW 1985, 511.

keit anzusehen sein wird, ist nach einer entsprechenden Entscheidung des FG Düsseldorf beim BFH anhängig.[3553]

1898 Zu weitgehend erscheint jedenfalls die Auffassung des BFH[3554] zur Umsatzsteuer, wonach sogar nach Freigabe eines mit Grundpfandrechten belasteten Grundstückes durch den Konkursverwalter die Umsatzsteuer aus der späteren Verwertung des Grundstückes zur Masseschuld wird. Der BFH rechtfertigt in der zitierten Entscheidung die Behandlung als Masseschuld damit, dass der Konkursmasse der Verwertungserlös „zugute gekommen sei". Auch wenn man in dem dort entschiedenen Sachverhalt schon an einem „Zugutekommen" für die Insolvenzmasse zweifeln muss, da der Erlös in voller Höhe an den absonderungsberechtigten Gläubiger ausgekehrt wurde, kann dies jedoch im Ergebnis dahingestellt bleiben. Denn es ist für den Charakter einer Steuerschuld als Masseverbindlichkeit nicht erheblich, ob die Insolvenzmasse von der Verwertung profitiert hat oder nicht. Es kommt allein auf die Erfüllung der insolvenzrechtlichen Voraussetzungen des § 55 InsO an. Steuererhöhende Tatbestände, die aus der Verwertung freigegebenen Vermögens resultieren oder die ganz allgemein von freigegebenem Vermögen ausgehen, können deshalb niemals Masseverbindlichkeiten begründen.

Gleichwohl wird die Rechtsprechung des V. Senats des BFH sowie die jüngste Rechtsprechung des X. Senats in der Praxis zur Kenntnis genommen werden müssen und – soweit dies möglich ist – entsprechende Vorkehrungen, z. B. durch Abschluss von Verwertungsvereinbarungen mit Grundpfandrechtgläubigern, die eine Erstattung der zu erwartenden Steuerbelastungen sicherstellen, zu treffen haben.

2.5.6 Einkommensteuerfragen im Zusammenhang mit Personengesellschaften

2.5.6.1 Insolvenz der Personengesellschaft

1899 Über das Vermögen einer Personengesellschaft, insbesondere der Gesellschaft bürgerlichen Rechts, der offenen Handelsgesellschaft oder der Kommanditgesellschaft kann ein Insolvenzverfahren eröffnet werden, § 11 Abs. 2 Nr. 1 InsO. Nicht insolvenzfähig ist die stille Gesellschaft. Durch die Eröffnung des Insolvenzverfahrens über ihr Vermögen werden die offene Handelsgesellschaft und die Kommanditgesellschaft aufgelöst, § 131 Abs. 1 Nr. 3 HGB. Dies gilt ebenso für die Gesellschaft bürgerlichen Rechts.[3555] Trotz Eröffnung des Insolvenzverfahrens über das Vermögen einer Personengesellschaft bleiben deren handels- und steuerrechtliche Pflichten zunächst weiter bestehen. Betreibt die Gesellschaft einen Gewerbebetrieb oder einen Betrieb der selbstständigen Arbeit im steuerrechtlichen Sinne, so gilt dieser durch die Eröffnung des Insolvenzverfahrens nicht zwingend als aufgegeben. Es kommt vielmehr auf die tatsächlichen Verhältnisse an, also ob der Insolvenzverwalter den Geschäftsbetrieb tatsächlich fortführt oder einstellt.[3556] Die

---

3553 FG Düsseldorf, Urt. v. 02.02.2011 – 7 K 3953/10, E-Rev. eingelegt (Az. des BFH: VI R 23/11), EFG 2011, 1920.
3554 BFH, Urt. v. 16. 08. 2001 – V R 59/99, BB 202, 32.
3555 Vgl. § 728 Abs. 1 Satz 1 BGB.
3556 *Waza/Uhländer/Schmittmann*, Insolvenzen und Steuern, Rn. 1503.

handelsrechtlichen und steuerrechtlichen Pflichten der insolventen Personengesellschaft bleiben nach § 155 Abs. 1 InsO unberührt und sind in Bezug auf die Insolvenzmasse durch den Insolvenzverwalter zu erfüllen. Das bedeutet konkret, dass der Insolvenzverwalter die handelsrechtlichen Jahresabschlüsse, die Steuerbilanzen sowie die betrieblichen Steuererklärungen (also insbesondere Umsatzsteuer- und Gewerbesteuererklärungen) abzugeben hat. Die Erklärung zur Feststellung des Gewinns der Personengesellschaft im Rahmen der einheitlichen und gesonderten Feststellung der Einkünfte gehört hingegen zu den insolvenzfreien Angelegenheiten.[3557]

Da die Personengesellschaft einkommensteuerrechtlich Gewinnerzielungssubjekt aber nicht Steuersubjekt ist, ist die Einkommensteuer, die aus den von der Personengesellschaft erzielten Einkünften resultiert, nicht Masseschuld in der Insolvenz über das Vermögen der Personengesellschaft.[3558] Denn durch das Insolvenzrecht kann nur eine Zuordnung von Vermögensgegenständen und Schulden zu den verschiedenen insolvenzrechtlichen Vermögensmassen getroffen werden. Wenn jedoch eine Steuerschuldnerschaft der Gesellschaft kraft Gesetzes schlicht nicht vorgesehen ist, ändert hieran auch das Insolvenzrecht nichts.

1900

Gewinne oder Verluste, die im Rahmen der Insolvenz der Personengesellschaft von dieser erwirtschaftet werden, sind mithin bei der Einkommensteuerveranlagung der Gesellschafter der Personengesellschaft zu berücksichtigen. Die daraus eventuell resultierenden Einkommensteuern sind im Insolvenzverfahren über das Vermögen der Gesellschaft nicht geltend zu machen, weder als Insolvenzforderung noch als Masseschuld.

1901

Werden Gewinne erwirtschaftet, ist die Insolvenzmasse Nutznießer dieser Situation: Die Einkommensteuern werden beim Gesellschafter veranlagt. Der Gewinn kann insoweit ungeschmälert bei der Insolvenzmasse verbleiben. Umgekehrt verhält es sich für den Fall der Erwirtschaftung von Verlusten. Denn auch hier erleidet die Insolvenzmasse den – ggf. liquiditätswirksamen – Verlust. Steuerminderungen oder Steuererstattungen ergeben sich jedoch wiederum nur auf der Ebene des Gesellschafters.[3559]

Für den Gesellschafter können sich in diesem Zusammenhang gravierende Konsequenzen ergeben, da es bei ihm zu einer Gewinnzurechnung ohne Liquiditätszufluss kommen kann. Soweit der Gesellschafter für die entsprechenden Verbindlichkeiten der Personengesellschaft einzustehen hat, z. B. weil er unbeschränkt mit seinem Privatvermögen dafür haftet, kann dieses Ergebnis wirtschaftlich damit gerechtfertigt werden, dass durch die Verminderung der Schuldenmasse auch eine Bereicherung des Gesellschafters eintritt. Bei beschränkt haftenden Gesellschaftern ergibt sich dieser unmittelbare Zusammenhang nicht. Gleichwohl muss auch hier das Ergebnis der Zurechnung von steuerlich erheblichem Gewinn als Ausfluss der Systematik der transparenten Besteuerung von Personengesellschaften hingenommen werden. In der Regel hat der beschränkt haftende Gesellschafter in der Zeit

1902

3557 *Tipke/Kruse*, AO, § 251, Rn. 38; BFH, B. v. 12.11.1992 – IV B 83/91, ZIP 1993, 374.
3558 BFH, Urt. v. 05.03.2008 – X R 60/04, BStBl. II 2008, 787.
3559 *Waza/Uhländer/Schmidtmann*, Insolvenzen und Steuern, Rn. 1504 ff.

vor Insolvenz entsprechende Verlustzuweisungen erhalten, die nun „korrigiert" werden.

Soweit beim betroffenen Gesellschafter kein Vortrag an verrechenbaren Verlusten gem. § 15 a EStG vorhanden ist, bleibt nur der Einsatz von Billigkeitsmaßnahmen der AO, z. B. abweichende Festsetzung aus Billigkeitsgründen, Stundung, Erlass.

2.5.6.2 Beteiligung des Insolvenzschuldners an einer Personengesellschaft

1903 Ist nicht die Personengesellschaft selbst in Insolvenz gefallen sondern ihr Gesellschafter, ist zunächst zu prüfen, welche Folgen sich durch die Gesellschafterinsolvenz in gesellschaftsrechtlicher Hinsicht ergeben:

Die Gesellschaft bürgerlichen Rechts wird gemäß § 728 Abs. 2 BGB nach der gesetzlichen Normalregelung durch die Eröffnung des Insolvenzverfahrens über das Vermögen eines Gesellschafters aufgelöst. Diese Regelung wird jedoch oftmals in den Gesellschaftsverträgen dahingehend modifiziert, dass der in Insolvenz gefallene Gesellschafter mit Eröffnung des Verfahrens aus der Gesellschaft ausscheidet und die Gesellschaft von den verbliebenen Gesellschaftern fortgesetzt wird.

Bei der offenen Handelsgesellschaft bzw. Kommanditgesellschaft scheidet der in Insolvenz gefallene Gesellschafter gemäß § 131 Abs. 3 Satz 2 HGB mangels abweichender gesellschaftsvertraglicher Regelung mit Verfahrenseröffnung aus der Gesellschaft aus.

Wird die Personengesellschaft auf Grund Vereinbarung abweichender vertraglicher Regelungen mit dem insolventen Gesellschafter fortgesetzt, werden diesem im Rahmen der einheitlichen und gesonderten Feststellung der Einkünfte der Personengesellschaft weiter Einkünfte aus seiner Beteiligung an dieser zugewiesen. Dies können Gewinne oder Verluste sein. Handelt es sich um Gewinne, so sind die daraus resultierenden Einkommensteuerverbindlichkeiten als Masseverbindlichkeiten anzusehen.[3560] Dies gilt unabhängig davon, ob die entsprechenden Gewinne zu einer Liquiditätsmehrung in der Insolvenzmasse des Gesellschafters führen oder nicht.

2.5.6.3 Betriebsaufgabe und Betriebsveräußerung in der Insolvenz

1904 Gehört zur Insolvenzmasse ein Betrieb im Sinne des Einkommensteuergesetzes, d.h. insbesondere ein gewerblicher oder ein der selbstständigen Arbeit dienender Betrieb, so kann im Rahmen der Insolvenz der Tatbestand der Betriebsveräußerung oder der Betriebsaufgabe erfüllt werden. Unter den Voraussetzungen des § 16 EStG kann der entstehende Aufgabegewinn nach § 34 Abs. 1 und 2 Nr. 1 EStG tarifbegünstigt sein. Eine Betriebsveräußerung im Sinne des § 16 EStG liegt vor, wenn das wirtschaftliche Eigentum an allen wesentlichen Betriebsgrundlagen in einem einheitlichen Vorgang auf einen Erwerber übertragen und damit die bisher in diesem Betrieb mit diesen wesentlichen Betriebsgrundlagen entfaltete gewerbliche Betätigung des Veräußerers endet.[3561] Werden alle wesentlichen Betriebsgrundlagen auf verschie-

---

3560 BFH, Urt. v. 18.05.2010 – X R 60/08, BFH/NV 2010, 1685.
3561 Wacker, in: Schmidt, EStG, § 16, Rn. 90.

dene (auch nicht gesellschaftsrechtlich verbundene) Personen übertragen, liegt zwar regelmäßig keine Betriebsveräußerung vor, jedoch kann eine Betriebsaufgabe im Sinne des § 16 Abs. 3 EStG oder eine nicht begünstigte allmähliche Abwicklung gegeben sein.

Eine Betriebsaufgabe im Sinne des § 16 Abs. 3 EStG liegt vor, wenn aufgrund eines Entschlusses des Steuerpflichtigen, den Betrieb aufzugeben, die bisher in diesem Betrieb entfaltete gewerbliche Tätigkeit endgültig eingestellt wird und alle wesentlichen Betriebsgrundlagen in einem einheitlichen Vorgang innerhalb kurzer Zeit veräußert oder ins Privatvermögen überführt werden.[3562] Der Gewinn, der im Rahmen einer Betriebsaufgabe oder einer Betriebsveräußerung im vorstehenden Sinne realisiert wird, kann unter weiteren Voraussetzungen gemäß § 34 EStG eine Tarifbegünstigung erhalten: Zum einen ist nach § 34 Abs. 1 EStG die sog. „Fünftelregelung" anzuwenden: Das bedeutet, die Einkommensteuer auf den begünstigten Gewinn beträgt das Fünffache des Unterschiedsbetrages zwischen der Einkommensteuer, die sich ohne den begünstigten Gewinn ergeben würde, und der Einkommensteuer, die sich zzgl. eines Fünftels der begünstigten Einkünfte ergeben würde. Hierdurch soll eine gewisse Progressionsglättung erreicht werden. Hat der Einkommensteuerpflichtige das 55. Lebensjahr vollendet oder ist er im sozialversicherungsrechtlichen Sinne dauernd berufsunfähig, werden weitere Vergünstigungen gewährt: Der Veräußerungsgewinn wird auf Antrag nur zur Einkommensteuer herangezogen, soweit er 45.000 € übersteigt. Allerdings ermäßigt sich der Freibetrag um den Betrag, um den der Veräußerungsgewinn 136.000 € übersteigt.[3563] Außerdem ist in diesem Fall eine besondere weitere Vergünstigung zu gewähren: Bis zu einem Gesamtaufgabegewinn von 5 Mio. € kann ein besonderer Steuersatz, der 56 % des durchschnittlichen Einkommensteuersatzes des Steuerpflichtigen beträgt, angewendet werden.

1905

Problematisch ist im vorstehenden Zusammenhang die Anforderung, dass sich eine Betriebsaufgabe innerhalb eines kurzen Zeitraumes vollziehen muss. In der Regel soll keine Betriebsaufgabe mehr vorliegen, wenn sich die Gewinnrealisierung in mehr als zwei Veranlagungszeiträumen vollzieht.[3564] Die Rechtsprechung hat noch keine feste zeitliche Grenze entwickelt.[3565]

In der Insolvenz einer Personengesellschaft ergeben sich besondere Schwierigkeiten, falls das Kapitalkonto eines Gesellschafters durch Verlustzuweisungen und/oder Entnahmen negativ geworden ist und dieses Kapitalkonto vom Gesellschafter nicht mehr auszugleichen ist. Durch den Wegfall des negativen Kapitalkontos kann es zur weiteren Hinzurechnung von Aufgabegewinnen kommen. Handelt es sich bei dem Gesellschafter der insolventen Personengesellschaft um einen voll haftenden Gesellschafter, droht ihm regelmäßig eine Haftungsinanspruchnahme gemäß § 128 HGB für die Schulden der insolventen Personengesellschaft. Der Haftungsanspruch wird während der Dauer des Insolvenzverfahrens vom Insolvenzverwalter der Ge-

1906

3562 *Wacker,* in: Schmidt, EStG, § 16, Rn. 173.
3563 Vgl. § 16 Abs. 4 EStG.
3564 BFH, Urt. v. 17.10.1991 – IV R 97/89, DStR 1992, 320.
3565 BFH, Urt. v. 12.12.2000 – VIII R 10/99, DStR 2001, 343, verneinend für 20 Monate; BFH, Urt. v. 26.10.1989 – IV R 25/88, BStBl. II 1990, 373: 9 Monate sind noch ein kurzer Zeitraum.

sellschaft gemäß § 93 InsO alleine geltend gemacht. Gleicht der insolvente Gesellschafter Verbindlichkeiten der Gesellschaft im Rahmen seiner Haftungsinanspruchnahme aus, so gleicht dies tendenziell sein negatives Kapitalkonto aus, wodurch sich der ihm zuzurechnende Gewinn entsprechend vermindert.

1907   Handelt es sich beim betroffenen Gesellschafter der Personengesellschaft um einen beschränkt haftenden Gesellschafter, z. B. um einen Kommanditisten, ist zu beachten, dass die Entstehung des negativen Kapitalkontos in der Regel mit der Zuweisung von lediglich mit späteren Gewinnen aus derselben Einkunftsquelle verrechenbaren vorzutragenden Verlusten gemäß § 15 a EStG einhergeht. Verfügt ein Kommanditist über einen solchen Verlustvortrag, so ist dieser mit einem Gewinn aus dem Wegfall des negativen Kapitalkontos vorweg zu verrechnen. Nur ein eventuell überschießender Gewinn führt zur Entstehung von Einkommensteuer beim Gesellschafter.

Zeitlich vollzieht sich die Betriebsveräußerung im Zeitpunkt des Nutzen- und Lastenwechsels hinsichtlich des veräußerten Betriebes. Schwieriger ist die zeitliche Zuordnung der Betriebsaufgabe. Die Eröffnung des Insolvenzverfahrens alleine stellt noch keine Betriebsaufgabe dar. Da die Betriebsaufgabe tatsächlich aus mehreren Teilakten besteht, soll sich der steuerliche Berücksichtigungszeitpunkt grundsätzlich nach der Verwirklichung des einzelnen Aufgabeteilaktes richten.[3566] Allerdings ist es in der Praxis durchaus gebräuchlich, den Aufgabegewinn mit Hilfe einer Aufgabebilanz, in der die Vermögensgegenstände und Schulden mit den ihnen im Rahmen der Betriebsaufgabe beizulegenden Werten, d.h. entweder den im Rahmen der Veräußerung erzielten Werten oder bei einer Entnahme ins Privatvermögen der gemeinen Werte angesetzt werden. Damit wird auch die Betriebsaufgabe letztlich als punktuelles Ereignis gehandhabt und in der Regel zu Beginn der Betriebsaufgabe steuerlich erfasst.

Liegt keine Betriebsaufgabe im Sinne des § 16 EStG vor, sondern wird der Geschäftsbetrieb allmählich abgewickelt, so vollzieht sich die Realisation der entsprechenden Vorgänge nach den normalen steuerlichen Grundsätzen im Rahmen der jährlich weiter durchzuführenden Gewinnermittlung.

2.5.7 Restschuldbefreiung und Sanierungsgewinne

1908   Gemäß § 286 InsO kann einer natürlichen Person unter bestimmten Voraussetzungen hinsichtlich der im Insolvenzverfahren nicht erfüllten Verbindlichkeiten gegenüber den Insolvenzgläubigern eine Restschuldbefreiung erteilt werden. Zu den Voraussetzungen der Erteilung der Restschuldbefreiung zählt insbesondere, dass der Schuldner seine pfändbaren laufenden Bezüge für die Zeit von 6 Jahren nach der Eröffnung des Insolvenzverfahrens an einen Treuhänder abtritt. Nach Verstreichen der Laufzeit der Abtretungserklärung entscheidet das Insolvenzgericht durch Beschluss über die Erteilung der Restschuldbefreiung, § 300 Abs. 1 InsO.

1909   Handelt es sich bei den im Rahmen des Restschuldbefreiungsverfahrens zum Erlass anstehenden Verbindlichkeiten um Privatvermögen, hat die Rest-

---
3566 BFH, Urt. v. 19. 05. 2005 – IV R 17/02, DStR 2005, 1093.

schuldbefreiung keine steuerlichen Auswirkungen. Handelt es sich jedoch um betriebliche Schulden, z. B. aus der Ausübung eines Gewerbebetriebes oder eines freien Berufes, kann sich durch die mit der Restschuldbefreiung eintretende Vermögensmehrung ein einkommensteuerbarer Gewinn ergeben.

Die Vermögensmehrung aus der Erteilung der Restschuldbefreiung entsteht im Zeitpunkt der Wirksamkeit der Restschuldbefreiung. Es handelt sich insoweit nach Auffassung der Finanzverwaltung nicht um ein rückwirkendes Ereignis im Sinne des § 175 Abs. 1 Nr. 2 AO.[3567] Dies führt zu Problemen in den Fällen, in denen der Schulderlass sich auf betriebliche Schulden bezieht und eventuell noch im Zusammenhang mit dem Eintritt der Insolvenz vorhandene Verlustvorträge zwischenzeitlich durch positive Einkünfte des Insolvenzschuldners oder des Ehegatten konsumiert wurden.

Eine Anwendung des BMF-Schreibens vom 27.03.2003 über die Gewährung von steuerlichen Billigkeitsmaßnahmen für Sanierungsgewinne[3568] ist gemäß Tz. 2 im vorliegenden Fall nicht unmittelbar möglich, da die Begünstigung ausdrücklich nicht gewährt werden soll, um dem Steuerpflichtigen einen schuldenfreien Übergang in sein Privatleben oder den Aufbau einer anderen Existenzgrundlage zu ermöglichen. Vielmehr sollen nur sog. unternehmensbezogene Sanierungsmaßnahmen, also solche, die auf den Erhalt eines Unternehmens gerichtet sind, begünstigt werden.

1910

Allerdings hat das BMF mit einem weiteren Schreiben[3569] die Gewährung der im BMF-Schreiben vom 27.03.2003 beschriebenen Billigkeitsmaßnahmen ausdrücklich nun auch für die Fälle der Restschuldbefreiung gemäß §§ 286 ff. InsO und auch einer Verbraucherinsolvenz (vgl. § 304 ff. InsO) vorgesehen.

Somit kann zukünftig auch für die Fälle der Restschuldbefreiung ein entsprechender Antrag auf Gewährung der Billigkeitsmaßnahmen im Sinne des BMF-Schreibens vom 27.03.2003 gestellt werden.

Allerdings hat der BFH mit Urteil vom 14.07.2010[3570] für einen Fall, in dem es sich nicht um eine unternehmensbezogene Sanierung handelte, festgestellt, dass die Begünstigung nach dem BMF-Schreiben vom 27.03.2003 nicht zu gewähren war. In dem entschiedenen Sachverhalt handelte es sich um einen Schulderlass außerhalb eines Insolvenzverfahrens, also um keinen Fall der Restschuldbefreiung bzw. einer Verbraucherinsolvenz. Allerdings setzt sich der erkennende X. Senat des BFH im Urteil vom 14.07.2010 eingehend mit der Frage auseinander, ob die Verwaltung berechtigt war,[3571] eine Einbeziehung von Gewinnen aus Restschuldbefreiungen nach der InsO in den Anwendungsbereich des Erlasses vom 27.03.2003 zu treffen, ohne eine entsprechende Regelung für außerhalb der Insolvenzordnung verein-

---

3567 BMF v. 22.12.2009 – IV C 6 – S 2140/07/10001 – 01, BStBl. I 2010, 18.
3568 BMF v. 27.03.2003 – IV A 6-S 2140-8/03, BStBl. I 2003, 240 (Koordinierter Ländererlass).
3569 BMF v. 22.12.2009 – IV C 6 – S 2140/07/10001 – 01, BStBl. I 2010, 18 (Koordinierter Ländererlass).
3570 BFH, Urt. v. 14.07.2010 – X R 34/08, DStR 2010, 1268.
3571 BMF v. 22.12.2009 – IV C 6 – S 2140/07/10001 – 01, BStBl. I 2010, 18 (Koordinierter Ländererlass).

barte unternehmerbezogene Sanierungen zu treffen, was im Ergebnis bejaht wird.[3572]

Im Ergebnis ist somit festzuhalten, dass zwar durch die Gewährung der Restschuldbefreiung, sofern betriebliche Verbindlichkeiten erlassen werden, eine einkommensteuerbare Vermögensmehrung ausgelöst werden kann, hierfür jedoch das Billigkeitsinstrumentarium des Erlasses vom 27.03.2003 zur Anwendung gebracht werden darf.

1911 Schwieriger verhält es sich dagegen in Fällen, in denen eine Sanierung außerhalb der Regelungen der Insolvenzordnung durch Einigung mit den Gläubigern erreicht wird und es sich nicht um eine unternehmensbezogene Sanierung handelt. Werden in solchen Fällen betriebliche Verbindlichkeiten erlassen, ohne dass es sich um eine unternehmensbezogene Sanierung handelt, z. B. weil das Unternehmen eingestellt oder veräußert wurde, kommt es zu grundsätzlich steuerbaren Vermögensmehrungen, die bei Übersteigen von vorhandenen Verlustvorträgen Ertragsteuern auslösen können.

Hinsichtlich der einkommensteuerrechtlichen Behandlung von Gewinnen aus dem Erlass von Verbindlichkeiten unter Berücksichtigung des BMF-Schreibens vom 27.03.2003[3573] wird auf den entsprechenden Abschnitt im Bereich Körperschaftsteuer Rn. 1807ff. verwiesen.

3. Gewerbesteuer

3.1 Grundlagen

1912 Nach ihrer ursprünglichen Konzeption sollte die Gewerbesteuer eine Objektsteuer sein, die losgelöst von persönlichen Besteuerungsmerkmalen des Steuerschuldners an das Objekt „Gewerbebetrieb" anknüpft. Ihre Konzeption sollte dem sog. „Äquivalenzprinzip" folgen, nach dem die Gemeinden als Ausgleich für die Belastungen, die die Gewerbebetriebe in ihrem Hoheitsgebiet verursachen, berechtigt sein sollten, eine Gewerbesteuer zu erheben.[3574] Durch vielfältige Modifikationen hat sich jedoch die tatsächliche Ausgestaltung der Gewerbesteuer immer weiter von diesen Leitbildern entfernt und steht seit Jahren im Zentrum von intensiven Diskussionen über eine umfassende Reformierung des Systems der Gemeindefinanzen.

Ausgehend vom Objektcharakter der Gewerbesteuer wird nach wie vor als Gegenstand der Gewerbesteuer der Gewerbebetrieb selbst herangezogen und nicht der Gewerbeertrag, obwohl die Höhe der Steuer – nach Wegfall der Gewerbekapitalsteuer – nur noch an der Höhe des Gewerbeertrages bemessen wird. Dabei ist der Gewerbeertrag nicht identisch mit dem Gewinn aus Gewerbebetrieb im Sinne des Einkommensteuergesetzes oder des Körperschaftsteuergesetzes. Der Gewinn bildet gemäß § 7 GewStG jedoch die Grundlage für die daraus vorzunehmende Ableitung des Gewerbeertrages, in dem dieser durch die Vornahme diverser Hinzurechnungen (§ 8

3572 BFH, Urt. v. 14.07.2010 – X R 34/08, DStR 2010, 1268.

3573 BMF v. 27.03.2003 – IV A 6-S 2140-8/03, BStBl. I 2003, 240 (Koordinierter Ländererlass).

3574 *Montag*, in: Tipke/Lang, Steuerrecht, § 12 Rn. 1.

GewStG) oder Kürzungen (§ 9 GewStG) modifiziert wird. Durch Anwendung einer Steuermesszahl von zurzeit 3,5 % auf den Gewerbeertrag ergibt sich der Gewerbesteuermessbetrag. Auf diesen Steuermessbetrag kann die hebeberechtigte Gemeinde dann den von ihr festzusetzenden Hebesatz anwenden. Der Hebesatz muss gemäß § 16 Abs. 4 GewStG mindestens 200 % betragen. Unterhält der Betrieb Betriebsstätten in mehreren Gemeinden, so ist der Messbetrag nach § 28 ff. GewStG den einzelnen Gemeinden anteilig zuzurechnen (sog. „Zerlegung"). Die Gewerbesteuer entsteht gemäß § 18 GewStG mit Ablauf des Erhebungszeitraumes, für den die Festsetzung vorgenommen wird. Erhebungszeitraum ist das Kalenderjahr.

3.2 Gewerbesteuerliche Verlustvorträge und Sanierungsgewinne

Grundsätzlich ergeben sich bei der Verlustbehandlung in der Krise und in der Insolvenz ähnliche Probleme wie im Bereich der Körperschaftsteuer und der Einkommensteuer. Auch die Gewerbesteuer kennt Verlustvorträge, jedoch keinen Verlustrücktrag. Der gewerbesteuerliche Verlustvortrag im Sinne des § 10 a GewStG ist die Summe der Fehlbeträge aus vorangegangenen Erhebungszeiträumen, die sich bei der Ermittlung des maßgebenden Gewerbeertrages ergeben haben. Ihre jeweilige Höhe ist gemäß § 10 a Satz 6 GewStG gesondert festzustellen.

1913

Die Höhe der gewerbesteuerlichen Verlustvorträge wird in den seltensten Fällen mit der der einkommensteuerlichen oder körperschaftsteuerlichen Verlustvorträge identisch sein. Das liegt daran, dass die Gewerbesteuer einerseits keinen Verlustrücktrag kennt, zum anderen ist die Höhe der vortragsfähigen gewerbesteuerlichen Verluste durch die gemäß §§ 8 und 9 GewStG vorzunehmenden Hinzurechnungen und Kürzungen beeinflusst. Hierdurch kann es zum Teil zu erheblichen Abweichungen der Höhe der Verlustvorträge in der Einkommensteuer- bzw. Körperschaftsteuer und andererseits der Gewerbesteuer kommen. Dies ist im Rahmen der Steuerplanung von Sanierungsmaßnahmen von erheblicher Bedeutung. Ähnlich der Regelung in § 10 d Abs. 2 EStG darf auch bei der Gewerbesteuer nur ein Sockelbetrag von 1 Mio. € direkt mit den Gewerbeerträgen späterer Erhebungszeiträume verrechnet werden. Darüber hinausgehende Gewinne dürfen nur bis zu 60 % um weitere gewerbesteuerliche Verlustvorträge gekürzt werden. Voraussetzung für den Abzug von Gewerbeverlusten aus früheren Veranlagungszeiträumen ist, dass der Gewerbebetrieb, bei dem die Verluste in Ansatz gebracht werden sollen, mit dem Gewerbebetrieb, in dem die Verluste entstanden sind, identisch ist (sog. Unternehmensidentität).

Beginnt ein Insolvenzschuldner nach Eröffnung des Insolvenzverfahrens eine neue Tätigkeit, so fällt der Neuerwerb gemäß § 35 InsO in die Masse, es sei denn, der Verwalter erklärt gemäß § 35 Abs. 2, dass das Vermögen aus der selbstständigen Tätigkeit nicht zur Insolvenzmasse gehört und somit auch keine Ansprüche aus der Tätigkeit des Schuldners im Insolvenzverfahren geltend gemacht werden können. Es stellt sich die Frage, ob gewerbesteuerliche Verlustvorträge aus der bisherigen Tätigkeit des Schuldners mit eventuellen positiven Gewerbeerträgen aus der Neuerwerbstätigkeit des Schuldners ausgeglichen werden können. Dies wird in der Literatur über-

1914

wiegend abgelehnt,[3575] da es zwischen dem bisherigen Betrieb und dem neuen Betrieb an der notwendigen Unternehmensidentität fehle. Nach der hier vertretenen Auffassung ist jedoch zu differenzieren: Für die Frage der Unternehmensidentität kommt es darauf an, ob das Unternehmen, das den Verlust erwirtschaftet hat, nach dem Gesamtbild der Verhältnisse, das sich aus den wesentlichen Merkmalen des Betriebes ergibt, identisch ist. Derartige Merkmale sind z. B. die Art der Betätigung, der Kunden- und Lieferantenkreis, die Arbeitnehmerschaft, die Geschäftsleitung, die Betriebsstätten sowie das Aktivvermögen.[3576] Gestützt auf diese Merkmale, ist es durchaus denkbar, dass z. B. ein Einzelunternehmer eine Tätigkeit aufnimmt, die sachlich weitgehend identisch mit der bisherigen Tätigkeit ist. Es ist kein Grund erkennbar, weshalb in solchen Fällen nicht eine Verrechnung der vorhandenen Gewerbeverluste mit eventuellen Erträgen aus der neuen Tätigkeit möglich sein soll.

Darüber hinaus ordnet § 10 a Satz 10 GewStG die entsprechende Anwendung von § 8 c KStG an, soweit es sich beim Gewerbebetrieb um eine Kapitalgesellschaft handelt oder eine Mitunternehmerschaft, die an einer Kapitalgesellschaft bzw. einer Körperschaft beteiligt ist. Das bedeutet, dass schädliche Anteilsübertragungen im Sinne des § 8 c KStG auch die gewerbesteuerlichen Verlustvorträge, die vor der schädlichen Anteilsübertragung entstanden sind, von einer späteren Verrechnung ausschließen. Wegen weiterer Erläuterungen wird auf die Ausführungen zur Körperschaftsteuer, Rn. 1878 ff. verwiesen.

1915 Neben der Unternehmensidentität ist weitere Voraussetzung für die Geltendmachung der Verlustvorträge, dass auch sog. „Unternehmeridentität" besteht. Unternehmeridentität liegt nicht mehr vor, wenn der Gewerbebetrieb als Ganzes auf einen anderen Unternehmer übertragen wird oder wenn einzelne Mitunternehmer einer Personengesellschaft wechseln.

Die Verlustnutzung vorhandener gewerbesteuerlicher Verlustvorträge im Rahmen von Sanierungen ist wegen der zusätzlichen gewerbesteuerlichen Beschränkungen noch problematischer als die Nutzung von einkommensteuerlichen und körperschaftsteuerlichen Verlustvorträgen. In diesem Zusammenhang erlangt die mögliche Steuerbefreiung von Sanierungsgewinnen, die durch den Wegfall von Schulden des Gewerbebetriebes verursacht werden, umso größere Bedeutung. Das BMF-Schreiben vom 27. 03. 2003[3577] regelt zwar die Voraussetzungen, nach denen Sanierungsgewinne durch eine Kombination von Billigkeitsmaßnahmen (abweichende Festsetzung aus Billigkeitsgründen, Stundung, Erlass) von Ertragsteuerlasten freizustellen sind; ordnet jedoch ausdrücklich unter Tz. 15 an, dass für die Stundung und den Erlass der Gewerbesteuer die jeweilige Gemeinde zuständig ist. Daraus kann jedoch nicht geschlossen werden, dass es den zuständigen Finanzämtern versagt ist, bei der Festsetzung des Gewerbesteuermessbetrages bereits

---

3575 *Frotscher*, Besteuerung bei Insolvenz, 170; *Waza/Uhländer/Schmittmann*, Insolvenzen und Steuern, Rn. 11882.

3576 Vgl. R 10 a.2 GewStRL.

3577 BMF-Schreiben (Koordinierter Ländererlass – IV A6-S-2140-8/03) v. 27. 03. 2003, BStBl. I 2003, 240.

die im BMF-Schreiben vom 27. 03. 2003 vorgesehenen Maßnahmen zur abweichenden Festsetzung aus Billigkeitsgründen bereits anzuwenden.[3578]

3.3 Gewerbesteuerpflicht in der Insolvenz

Die Eröffnung eines Insolvenzverfahrens über das Vermögen eines Gewerbetreibenden lässt die Gewerbesteuerpflicht unberührt, § 4 Abs. 2 GewStDV. Allerdings setzt das Bestehen der Gewerbesteuerpflicht das Vorhandensein eines Gewerbebetriebes voraus. Das Vorhandensein eines Gewerbebetriebes knüpft sich entweder an die Eigenschaft eines Gewerbetriebes kraft Rechtsform oder an die Ausübung der werbenden Tätigkeit. Mit der Einstellung jeglicher werbender Tätigkeit endet die Gewerbesteuerpflicht. Es liegt auf der Hand, dass dies nicht zwingend der Zeitpunkt der Eröffnung des Insolvenzverfahrens ist, aber sein kann, wenn zu diesem Zeitpunkt auch die werbende Tätigkeit eingestellt wird. Kapitalgesellschaften bleiben hingegen auch nach Einstellung der werbenden Tätigkeit bis zur Vollbeendigung der Gewerbesteuer unterworfen. Wird der Betrieb eines Einzelgewerbetreibenden oder einer Personengesellschaft vom Insolvenzverwalter fortgeführt, so bleibt auch die Gewerbesteuerpflicht in der Insolvenz weiter bestehen bis zur Beendigung der werbenden Tätigkeit. Allerdings unterliegt der Aufgabegewinn im Sinne des § 16 EStG nicht der Gewerbesteuer. Dies ist in Abwicklungsinsolvenzen von großer Bedeutung, da hier wesentliche Gewinne – wenn überhaupt noch – nur durch die Hebung von stillen Reserven im Rahmen der Abwicklung realisiert werden. Allerdings enthält § 7 Satz 2 GewStG von dem Grundsatz, dass solche Gewinne nicht der Gewerbesteuer unterliegen, eine wichtige Ausnahme: Denn diese Gewinne werden wiederum dann doch der Gewerbesteuer unterworfen, wenn sie nicht auf eine natürliche Person als unmittelbar beteiligter Mitunternehmer entfallen. D. h. sind z. B. an einer Personenhandelsgesellschaft, die einen Gewerbebetrieb unterhält, Kapitalgesellschaften oder weitere Personenhandelsgesellschaften beteiligt, unterliegt ein Aufgabe- oder Veräußerungsgewinn im Sinne des § 16 EStG insoweit doch der Gewerbesteuer. Hieraus können sich bei der Insolvenz von Personenhandelsgesellschaften, z. B. von gewerblichen Immobilienfonds, im Einzelfall erhebliche Auswirkungen ergeben.

1916

3.4 Ermittlung des Gewerbeertrages in der Insolvenz

Wie im vorstehenden Abschnitt dargestellt, ergeben sich bis zur Einstellung der betrieblichen Tätigkeit durch die Eröffnung eines Insolvenzverfahrens keine materiellen Auswirkungen für die Ermittlung der Gewerbesteuer. Nach Beginn der Abwicklung, d. h. nach Einstellung der werbenden Tätigkeit endet die Gewerbesteuerpflicht bei Personengesellschaften und Einzelunternehmern, abgesehen von der im vorstehenden Abschnitt geschilderten Ausnahme für Personengesellschaften, an denen natürliche Personen als unmittelbar beteiligte Gesellschafter beteiligt sind. Für Kapitalgesellschaften dauert hingegen die Gewerbesteuerpflicht weiter an. Dabei schreibt § 16 GewStDV vor, dass der Gewerbeertrag, der im Zeitraum der Abwicklung

1917

[3578] Seer, Der sog. Sanierungserlass vom 27. 03. 2003 als Rechtsgrundlage für Maßnahmen aus sachlichen Billigkeitsgründen, FR 2010, 306, 309 f.

Teil 5 Steuern in Sanierung und Insolvenz

entstanden ist, einheitlich zu ermitteln und auf die Jahre des Abwicklungszeitraums zu verteilen ist. D.h. hier wird ähnlich dem Modell der Liquidationsbesteuerung bei Körperschaften nach § 11 KStG der Ertrag für den gesamten Abwicklungszeitraum einheitlich ermittelt und sodann auf die einzelnen Jahre des Abwicklungszeitraumes zeitanteilig verteilt.[3579]

1918 Im Jahr der Eröffnung des Insolvenzverfahrens ist der Gewerbeertrag einheitlich für den gesamten Erhebungszeitraum zu ermitteln. Wird nach Verfahrenseröffnung die werbende Tätigkeit eingestellt, endet für Einzelunternehmen und Personengesellschaften zu diesem Zeitpunkt die Gewerbesteuerpflicht. Der bis zu diesem Zeitpunkt angefallene Gewerbeertrag muss auf die insolvenzrechtlich relevanten Vermögensmassen aufgeteilt werden. Dabei gelten grundsätzlich die für die Einkommensteuer dargestellten Grundsätze. Danach wird die Aufteilung zwischen dem Teil der Gewerbesteuer, der als Insolvenzforderung geltend zu machen ist, und dem Teil der Gewerbesteuer, der ggf. als Masseverbindlichkeit anfällt, nach dem Verhältnis der Teileinkünfte vorgenommen.[3580] Hinsichtlich der Frage des Begründetseins von Teileinkünften wird auf die Ausführungen zur Einkommensteuer unter Rn. 1878 ff. verwiesen.

Eine Parallelität der Behandlung zur Einkommensteuer ergibt sich auch für die Zuordnung von Gewerbesteuer-Vorauszahlungen. Diese sind jeweils zum 15.02., 15.05., 15.08. und 15.11. eines Jahres zu leisten. Sie entstehen jeweils zu Beginn des Kalendervierteljahres, zu dem sie zu leisten sind. Die Anrechnung der Vorauszahlungen auf die Jahressteuerschuld erfolgt nach den für die Einkommensteuer dargestellten Grundsätzen.[3581]

Nach Verfahrenseröffnung ist das Finanzamt analog § 240 ZPO gehindert, Steuerbescheide, die zu der Titulierung von Steuerforderungen, die zur Insolvenztabelle anzumelden sein können, festzusetzen. Dies betrifft nicht ausschließlich Steuerbescheide, die eine entsprechende Steuer als Zahllast ausweisen, sondern nach der Rechtsprechung des BFH auch Gewerbesteuermessbescheide, da hierdurch Besteuerungsgrundlagen verbindlich festgeschrieben werden, da hierdurch Besteuerungsgrundlagen verbindlich festgeschrieben werden, die Kraft eines Grundlagenbescheides Insolvenzforderungen determinieren könnten.[3582]

4. Lohnsteuer

4.1 Grundlagen

1919 Die Lohnsteuer stellt keine eigenständige Steuerart, sondern nur eine besondere Erhebungsform der Einkommensteuer dar. Es handelt sich um eine Quellensteuer auf Arbeitslohn, soweit der Arbeitslohn von einem inländischen Arbeitgeber gezahlt wird.[3583]

[3579] *Waza/Uhländer/Schmittmann*, Insolvenzen und Steuern, Rn. 1867.
[3580] *Frotscher*, Besteuerung bei Insolvenz, 170.
[3581] Vgl. Rn. 1910 ff.
[3582] BFH, Urt. v. 02.07.1997, BStBl. II 1998, 428.
[3583] Der guten Ordnung halber sei noch auf den Fall des § 38 Abs. 1 Nr. 2 EStG hingewiesen, wonach in bestimmten Fällen der Arbeitnehmerüberlassung auch ausländische Arbeitgeber zum Lohnsteuerabzug herangezogen werden können.

Der Arbeitgeber ist nach näherer Maßgabe der §§ 38 ff. EStG verpflichtet, von dem an den Arbeitnehmer auszuzahlenden Bruttoarbeitslohn Lohnsteuer einzubehalten und an das zuständige Finanzamt abzuführen. Gleichwohl bleibt gemäß § 38 Abs. 2 EStG Schuldner der Lohnsteuer der Arbeitnehmer. Dies entspricht ihrem Charakter als Vorauszahlung auf die mit Ablauf des Kalenderjahres entstehende Einkommensteuer. Der Arbeitgeber wird dabei als durch das Gesetz Beauftragter im Interesse des Finanzamtes und des Arbeitnehmers tätig.[3584]

Eine wichtige Ausnahme von dem Grundsatz, dass Steuerschuldner der Lohnsteuer der Arbeitnehmer ist, besteht für die Fälle der Pauschalbesteuerung von Arbeitslohn, vgl. §§ 40 Abs. 3, 40a Abs. 5, § 40b Abs. 5 EStG. Hier ist der Arbeitgeber Schuldner der Lohnsteuer. Nur im Rahmen der Pauschalierung richtet sich deswegen der Zahlungsanspruch des Finanzamtes direkt gegen den Arbeitgeber. In den übrigen (normalen) Fällen der Lohnzahlung besteht kein Zahlungsanspruch des Finanzamtes gegenüber dem Arbeitgeber. Erst wenn der Arbeitgeber seine Dienstleistungspflicht zur Einbehaltung und Abführung der Lohnsteuer verletzt, entsteht unter den Voraussetzungen des § 42d EStG ein direkter Anspruch des Finanzamtes gegen den Arbeitgeber in Form eines Haftungsanspruches.

1920

4.2 Insolvenz des Arbeitnehmers

Da es sich bei der Lohnsteuer, wie im vorstehenden Abschnitt dargestellt, um eine besondere Erhebungsform der Einkommensteuer handelt, die wie eine Vorauszahlung auf die Jahreseinkommensteuerschuld angerechnet wird, gelten hier dieselben Grundsätze wie für die Anrechnung der gemäß § 37 EStG zu entrichtenden quartalsweisen Einkommensteuer-Vorauszahlungen. Es wird deswegen auf die Ausführungen unter Rn. 1890 ff. verwiesen.

1921

Dabei ist darauf hinzuweisen, dass die Aufteilung der Einkommensteuerschuld im Jahr der Verfahrenseröffnung zur Ermittlung des Teils, der als Insolvenzforderung sowie des Teils, der als Masseschuld bzw. insolvenzfreie Verbindlichkeit geltend zu machen ist, nach dem Verhältnis der Teileinkünfte vorzunehmen ist. Das Verhältnis der Teileinkünfte wird wiederum danach gebildet, wann die Steuerschuld nach insolvenzrechtlichen Grundsätzen begründet wurde. Dabei ist hinsichtlich der Einkommensteuerjahresschuld auf den Zeitpunkt, zu dem der Arbeitnehmer die Arbeitsleistung erbracht hat, abzustellen. Der Zeitpunkt, zu dem der Arbeitslohn dem Arbeitnehmer zufließt, ist in diesem Zusammenhang nicht entscheidend. Bezieht der Arbeitnehmer Arbeitslohn ohne dass der Arbeitgeber Lohnsteuer einbehalten hat, hat das Finanzamt den fehlenden Lohnsteuerbetrag nach § 38 Abs. 4 EStG beim Arbeitnehmer nachzufordern (unabhängig von einer möglichen Haftung des Arbeitgebers gemäß § 40, 42d EStG). Der insolvenzrechtliche Charakter dieser Lohnsteuerforderung richtet sich nach herrschender Meinung nicht nach dem Zeitpunkt, zu dem der Lohnzufluss er-

---

[3584] *Drenseck*, in: Schmidt, EStG, § 38 Rn. 1.

folgt ist, sondern ebenfalls alleine nach dem Zeitpunkt, zu dem der Arbeitnehmer die Arbeitsleistung erbracht hat.[3585]

Leistet der Insolvenzverwalter an den Insolvenzschuldner Zahlungen aus der Insolvenzmasse, weil der Insolvenzschuldner besondere Leistungen (z. B. Mitwirkung im Rahmen der Betriebsfortführung) erbracht hat, so handelt es sich bei diesen Zahlungen nicht um steuerpflichtigen Arbeitslohn, da die Insolvenzmasse selbst in diesem Fall nicht Arbeitgeber im lohnsteuerrechtlichen Sinne sein kann.[3586]

4.3 Insolvenz des Arbeitgebers

1922 Wurden vor Verfahrenseröffnung noch vom Arbeitgeber Löhne ausgezahlt, ohne dass dabei die Lohnsteuer in ausreichender Höhe einbehalten und abgeführt wurde, kann das Finanzamt den Arbeitgeber gemäß § 42 d EStG als Haftenden in Anspruch nehmen. Der Haftungsanspruch entsteht mit Verwirklichung des haftungsbegründenden Tatbestandes. Allerdings wird die Haftungsschuld erst fällig, wenn diese nach § 191 AO durch einen Haftungsbescheid festgesetzt wird. Die insolvenzrechtliche Begründung des Haftungsanspruches ist durch die Nichtabführung der Lohnsteuer durch den Arbeitgeber im Zeitpunkt der Auszahlung des Arbeitslohnes verwirklicht worden, somit vor Verfahrenseröffnung. Der Haftungsanspruch ist als Insolvenzforderung geltend zu machen.[3587] War die Haftungsschuld vor Verfahrenseröffnung noch nicht durch Haftungsbescheid festgesetzt, gilt die Haftungsforderung als betagte Forderung im Sinne des § 41 InsO und ist mit dem abgezinsten Betrag zur Tabelle anzumelden. Da der ursprüngliche Fälligkeitszeitpunkt von dem Zeitpunkt abhängt, zu dem der Haftungsbescheid erlassen worden wäre (was durch die verfahrensunterbrechende Wirkung der Eröffnung des Insolvenzverfahrens nicht mehr möglich ist) ist der Abzinsungsbetrag sachgerecht zu schätzen.[3588]

1923 War im Zeitpunkt der Verfahrenseröffnung Arbeitslohn rückständig und zahlt der Insolvenzverwalter diesen nach Verfahrenseröffnung aus, trifft ihn die Verpflichtung zur Einbehaltung und Abführung der Lohnsteuer. Verletzt er diese Pflicht, so haftet der Arbeitgeber für die Lohnsteuer; der entstehende Haftungsanspruch ist Masseverbindlichkeit im Sinne des § 55 Abs. 1 InsO. Neben der Arbeitgeberhaftung besteht in diesen Fällen regelmäßig auch eine persönliche Haftung des Insolvenzverwalters nach Maßgabe der §§ 34, 69 AO.[3589] Ebenso verhält es sich, wenn der Insolvenzverwalter Arbeitnehmer nach Verfahrenseröffnung weiterbeschäftigt und in diesem Zusammenhang Arbeitslöhne auszahlt. Der Arbeitslohnanspruch des Arbeitnehmers ist ein Bruttolohnanspruch, der Verwalter hat ihn dadurch zu erfüllen, dass er den Nettolohn an den Arbeitnehmer auszahlt und die Lohnsteuer an die Finanzverwaltung abführt. Verletzt der Insolvenzverwalter

---

[3585] *Waza/Uhländer/Schmittmann*, Insolvenzen und Steuern, Rn. 1588 ff.; *Frotscher*, Besteuerung bei Insolvenz, Rn. 155.
[3586] *Frotscher*, Besteuerung bei Insolvenz, 156.
[3587] *Maus*, Steuern im Insolvenzverfahren, Rn. 449.
[3588] *Frotscher*, Besteuerung bei Insolvenz, 158.
[3589] *Waza/Uhländer/Schmittmann*, Rn. 1585.

seine Verpflichtung zur Einbehaltung und Abführung der Lohnsteuer, haftet die Insolvenzmasse nach Maßgabe des § 42d EStG und der Insolvenzverwalter persönlich nach Maßgabe der §§ 34 und 69 AO.

Uneinheitlich ist die Beurteilung des insolvenzrechtlichen Charakters pauschalierter Lohnsteuer: Nach Auffassung von *Waza/Uhländer/Schmittmann*[3590] wird die pauschale Lohnsteuer mit der endgültigen Entscheidung des Arbeitgebers über die Frage, ob das Pauschalierungswahlrecht in Anspruch genommen wird, begründet. Das insolvenzrechtliche Begründetsein richte sich somit nach dem Zeitpunkt, zu dem die endgültige Entscheidung über die Inanspruchnahme des Pauschalierungswahlrechts getroffen wird, unabhängig von der Zahlung des Arbeitslohnes. Dem gegenüber vertreten *Frotscher*[3591] und *Maus*[3592] die Auffassung, dass sich der insolvenzrechtliche Begründungszeitpunkt der pauschalierten Lohnsteuer nach dem Zeitpunkt richtet, zu dem die Arbeitsleistung erbracht wurde. Denn anders als die Lohnsteuer in normalen Fällen richtet sich der Anspruch auf pauschalierte Lohnsteuer direkt gegen den Arbeitgeber, er ist dessen eigene Steuerschuld. Diese wird mit der Erbringung der Arbeitsleistung durch den Arbeitnehmer begründet. Auf die Auszahlung des Arbeitslohnes kommt es in diesem Zusammenhang nicht an.

4.4 Lohnsteuerfragen im Zusammenhang mit Insolvenzgeldzahlungen

Arbeitslosengeld und Insolvenzgeld (vgl. § 183 SGB III) sind einkommensteuerfrei gemäß § 3 Nr. 2 EStG, unterstehen jedoch dem sog. Progressionsvorbehalt gemäß § 32b Abs. 1 Nr. 1a EStG. Dies gilt auch für den Fall, dass das Insolvenzgeld nach § 188 Abs. 1 SGB III an einen Dritten gezahlt wird, wenn der Arbeitnehmer seinen Anspruch auf Insolvenzgeld im Rahmen einer sog. Insolvenzgeldvorfinanzierung an ein Kreditinstitut abgetreten hat. Erhält der Arbeitnehmer Insolvenzgeld, so geht der Nettolohnanspruch gemäß § 187 SGB III auf die Bundesagentur über. Zahlt der Insolvenzverwalter später auf die Insolvenzforderung der Bundesanstalt, die durch den Übergang der Nettolohnansprüche gemäß § 187 SGB III entstanden ist, eine Quote, so stellt sich die Frage, ob es sich hierbei um einen Zufluss von Arbeitslohn beim Arbeitnehmer handelt. Dies ist mit der herrschenden Meinung[3593] abzulehnen. Durch die Zahlung des Insolvenzverwalters an die Bundesanstalt wird nämlich der Arbeitnehmer nicht bereichert. Das steuerfreie Insolvenzgeld hat er bereits erhalten. Beides stellt keinen Arbeitslohn dar. Der Arbeitnehmer wird durch die Zahlung des Insolvenzverwalters auch nicht von einer eigenen Verbindlichkeit befreit. Damit tritt beim Arbeitnehmer keine Bereicherung ein.[3594]

Allerdings steht dem Arbeitnehmer in Höhe der Differenz zwischen seinem Bruttolohnanspruch und dem auf die Bundesanstalt für Arbeit überge-

1924

[3590] *Waza/Uhländer/Schmittmann*, Insolvenzen und Steuern, Rn. 1585f.
[3591] *Frotscher*, Besteuerung bei Insolvenz, 162.
[3592] *Maus*, Steuern im Insolvenzverfahren, Rn. 451.
[3593] *Maus*, Steuern im Insolvenzverfahren, Rn. 452; Frotscher, Besteuerung bei Insolvenz, 162f.
[3594] Vgl. auch SenFin Berlin, Erl. v. 30.09.2011 – III B-S2342-11/2007, DB 2011, 2742.

gangenen Nettolohnanspruch eine Insolvenzforderung zu. Kommt es zur (quotalen) Zahlung auf diese Insolvenzforderung, fließt dem Arbeitnehmer insoweit Nettolohn zu, für den Lohnsteuer einzubehalten und abzuführen ist.[3595]

3595 *Maus*, Steuern im Insolvenzverfahren, Rn. 452; Frotscher, Besteuerung bei Insolvenz, 164, 165.

Teil 6
Gesetzesübergreifende Bezüge

Kapitel 1
Arbeits- und Sozialrecht

1. Einführung

Mit der Eröffnung des Insolvenzverfahrens geht die Verwaltungs- und Verfügungsbefugnis über das zur Insolvenzmasse gehörende Vermögen auf den Insolvenzverwalter über. Alle Arbeitsverhältnisse werden von ihm nunmehr unmittelbar fortgeführt. Er tritt in die bisherige Rechtsstellung des Arbeitgebers ein und übernimmt dessen bisherige Funktion mit allen Rechten und Pflichten.

In den allerseltensten Fällen wird der Insolvenzverwalter einen operativ rentablen Betrieb vorfinden. Vielmehr wird er sich regelmäßig mit der Situation konfrontiert sehen, dass für die in dem Betrieb zu erledigenden Arbeiten zu viele Mitarbeiter beschäftigt werden oder die Betriebstätigkeit des Betriebes generell defizitär ist. Im ersten Fall ist eine Reduzierung der nicht benötigten Arbeitsplätze im Rahmen einer Sanierung, im zweiten Fall die Stilllegung des Betriebes und Entlassung aller Arbeitnehmer erforderlich.

In der Insolvenz stehen aus arbeitsrechtlicher Sicht die individual- und kollektivrechtlichen Fragen zur Kündigung und Betriebsänderung im Vordergrund. Die arbeitsrechtlichen Bestimmungen und Grundsätze, wie sie außerhalb eines Insolvenzverfahrens gelten, ändern sich durch die Verfahrenseröffnung grundsätzlich nicht, sondern werden lediglich teilweise ergänzt bzw. modifiziert. Das Arbeitsrecht in der Insolvenz kann daher nur im Zusammenhang mit den allgemeinen arbeitsrechtlichen Regelungen betrachtet werden. In der folgenden Darstellung werden die allgemeinen individual- und kollektivrechtlichen Fragen zur Betriebsänderung und Kündigung aufgegriffen und die Besonderheiten in der Insolvenz erläutert. Die Darstellung zeigt zunächst die bei Sanierungsversuchen typischerweise bestehende arbeitsrechtliche Situation, wie sie auch außerhalb eines Insolvenzverfahrens besteht. Diese Situation besteht also für jeden sanierenden Unternehmer und nicht nur für den Insolvenzverwalter. Daher wird im ersten Teil generell von Arbeitgeber oder Unternehmer gesprochen. Im zweiten Teil werden dann die arbeitsrechtlichen Besonderheiten aufgezeigt, wie sie nur im eröffneten Insolvenzverfahren und damit ausschließlich für den Insolvenzverwalter gelten.

2. Sanierung und Kündigungsschutz

1927 Ob nun der Insolvenzverwalter oder generell ein Unternehmer einen bestehenden Betrieb aufgeben oder den Umfang der betrieblichen Tätigkeit einschränken möchte, ist zumindest aus arbeitsrechtlicher Sicht alleine seine unternehmerische Entscheidung. Bei einem Kleinstbetrieb, in dem der Kündigungsschutz auf die Arbeitsverhältnisse keine Anwendung findet, ist die Entlassung von Mitarbeitern rechtlich weitestgehend unproblematisch. Gilt aber der allgemeine Kündigungsschutz, können für eine Kündigung hohe Risiken bestehen. Das Risiko des Arbeitgebers liegt vor allem darin, dass, stellt sich eine Kündigung in einem Kündigungsschutzprozess später als unwirksam heraus, nicht nur das Arbeitsverhältnis fortbesteht, sondern der Arbeitgeber zur rückwirkenden Zahlung des Lohnes verpflichtet ist. Hat der Arbeitnehmer inzwischen keinen anderen Verdienst gehabt, ohne dass er Verdienstmöglichkeiten böswillig unterlassen hat, dann können gerade bei einem Prozess über mehrere Instanzen ganz erhebliche Nachzahlungen auflaufen.

Eine erfolgreiche Sanierung bedarf stets einer konkreten Planung der benötigten und abzubauenden Arbeitsplätze. Eine konkrete Personalplanung ist nicht nur aus betriebswirtschaftlichen, sondern auch aus rechtlichen Überlegungen unbedingt erforderlich. Kommt es später zu einem Kündigungsschutzprozess, so muss der Insolvenzverwalter ebenso wie jeder andere Arbeitgeber nachvollziehbar darlegen, dass seine Entscheidung, Personal abzubauen und zukünftig mit weniger Arbeitnehmern auskommen zu wollen, nachvollziehbar und vernünftig ist. Kern der Planung bei einer Sanierung muss die Gegenüberstellung des Ist-Zustandes mit dem Soll-Zustand sein. Festzustellen ist also, welche Arbeitnehmer mit welchen Arbeiten beschäftigt werden, welche Arbeitnehmer zukünftig mit welchen Arbeiten beschäftigt werden sollen und welche Arbeitsplätze dadurch dauerhaft wegfallen. Folgende Überlegungen sollten also mindestens angestellt werden:

1928
- Welche Maßnahme in dem Betrieb soll getroffen werden (unternehmerische Entscheidung)?
- Welche Arbeitsplätze sind davon betroffen bzw. fallen weg?
- Welche Arbeitnehmer sind davon betroffen?
- Welche von den betroffenen Arbeitnehmern unterfallen dem Kündigungsschutzgesetz (KSchG)?
- Welche Arbeitnehmer unterfallen Sonderkündigungsschutzregeln?
- Wann enden (wirksam) befristete Arbeitsverhältnisse?
- Gibt es mehrere vergleichbare Arbeitnehmer auf den wegfallenden Arbeitsplätzen?
- Welche von den vergleichbaren Arbeitnehmern sind sozial weniger schutzwürdig?
- Mitbestimmungsrechte des Betriebsrates?

2.1 Allgemeiner Kündigungsschutz
2.1.1 Räumlicher Anwendungsbereich

1929 Ob Arbeitsverhältnisse dem Kündigungsschutz unterliegen, richtet sich gemäß § 23 KSchG nach der Betriebsgröße.

2.1.1.1 Betriebe mit bis zu fünf Arbeitnehmern

Werden fünf oder weniger Arbeitnehmer in einem Betrieb beschäftigt, so findet der Kündigungsschutz für die Beschäftigten keine Anwendung. In solchen Kleinstbetrieben steht es dem Arbeitgeber grundsätzlich frei zu entscheiden, ob und welchem Arbeitnehmer er jeweils kündigen möchte. Die Kündigung eines Arbeitsverhältnisses darf aber auch in Kleinstbetrieben zumindest nicht willkürlich oder aus unsachlichen Motiven erfolgen. Kommen für eine Kündigung aus betrieblichen Gründen etwa mehrere Arbeitnehmer in Betracht, so muss auch in Kleinstbetrieben ein gewisses Maß an sozialer Rücksichtnahme beachtet werden. So darf ein durch langjährige Mitarbeit erdientes Vertrauen eines Arbeitnehmers in den Fortbestand seines Arbeitsverhältnisses bei der Kündigungsentscheidung zumindest nicht unberücksichtigt bleiben.[3596] Es muss aber eben nur ein Mindestmaß an sozialer Rücksichtnahme eingehalten werden, welches letztlich Willkür ausschließt. Dieses Rücksichtnahmegebot ist in keiner Weise mit der sozialen Rechtfertigung einer Kündigung, wie sie das Kündigungsschutzgesetz für die Wirksamkeit einer Kündigung verlangt, vergleichbar.

1930

2.1.1.2 Betriebe mit mehr als fünf und bis zehn Arbeitnehmern

Bei Betrieben mit mehr als fünf und maximal zehn Arbeitnehmern gelten die Bestimmungen über den Kündigungsschutz, wenn diese schon vor dem Stichtag 31.12.2003 galten. Bestand das Arbeitsverhältnis mit dem nunmehr zu kündigenden Arbeitnehmer bereits am 31.12.2003, waren am 31.12.2003 mehr als fünf Arbeitnehmer beschäftigt und sind von diesen Arbeitnehmern immer noch mehr als fünf in dem Betrieb, dann findet der Kündigungsschutz grundsätzlich Anwendung. Seit dem 31.12.2003 darf die Zahl der seinerzeit beschäftigten Arbeitnehmer aber nicht auf fünf oder darunter gesunken sein. In diesem Fall würde der Kündigungsschutz für die Arbeitsverhältnisse in dem Betrieb wegfallen.

1931

Bestand das Arbeitsverhältnis mit dem zu kündigenden Arbeitnehmer am 31.12.2003 noch nicht, so gelten die Bestimmungen über den allgemeinen Kündigungsschutz für diesen Arbeitnehmer auch nicht. Ob andere „Altarbeitnehmer" Kündigungsschutz haben, ist für solche „neuen" Arbeitnehmer irrelevant. Zu dieser Zweiteilung des Kündigungsschutzes kam es 2004 im Rahmen der Agenda 2010, als der Kündigungsschutz durch die Erhöhung des Schwellenwertes von fünf auf zehn Arbeitnehmer gelockert worden ist. Arbeitnehmer in Betrieben, auf die der Kündigungsschutz bereits angewandt wurde, sollten durch die Reform den Kündigungsschutz nicht wieder verlieren.

2.1.1.3 Betriebe mit mehr als zehn Arbeitnehmern

In Betrieben mit mehr als zehn Arbeitnehmern gelten die Bestimmungen über den allgemeinen Kündigungsschutz immer.

1932

3596 BVerfG, B. v. 27.01.1998 – 1 BvL 15/87, NZA 1998, 470.

2.1.1.4 Feststellung der Anzahl der beschäftigten Arbeitnehmer

1933 Bei der Ermittlung der Schwellenwerte werden Arbeitnehmer die mehr als 30 Stunden beschäftigt sind voll, also mit dem Wert 1,0, Beschäftigte zwischen 20 und 30 Stunden mit dem Wert 0,5 und die bis zu 20 Stunden Beschäftigten mit dem Wert 0,3 gezählt. Der zu kündigende Arbeitnehmer wird mitgezählt.

Als Arbeitnehmer im Sinne des KSchG gelten nicht nur die Vollzeitkräfte, sondern auch Aushilfs- und Teilzeitbeschäftigte, die in Nebenbeschäftigung Tätigen oder auch Werkstudenten. Auch Geschäftsführer, soweit sie nicht auch Vertretungsorgan der Gesellschaft sind, sowie leitende Angestellte sind hier als Arbeitnehmer zu zählen.

Auszubildende, Volontäre und (echte) Praktikanten hingegen gelten hier nicht als Arbeitnehmer. Für diese Personen gilt der allgemeine Kündigungsschutz nicht, so dass diese Personen auch nicht bei der Ermittlung des Schwellenwertes berücksichtigt werden.[3597]

Entscheidend ist, wie viele Arbeitnehmer im Zeitpunkt der Kündigungserklärung in dem Betrieb regelmäßig beschäftigt werden, also die den Betrieb im Allgemeinen kennzeichnende regelmäßige Beschäftigtenzahl. Hier muss auf die bisherige personelle Situation geschaut und die zukünftige Entwicklung eingeschätzt werden. Es kommt nicht darauf an, wie viele Arbeitnehmer ununterbrochen effektiv im Kündigungszeitpunkt gerade zufällig tätig sind. Auch Arbeitnehmer, die etwa zeitweise wegen Mutterschutzes nicht im Betrieb arbeiten, werden bei der Ermittlung der Beschäftigtenzahl mitberücksichtigt. Geht eine Arbeitnehmerin in Erziehungsurlaub, wird die Beschäftigtenzahl regelmäßig dann nicht verändert, wenn vor und nach dem Erziehungsurlaub der Betrieb mit der gleichen Beschäftigtenzahl unverändert ausgestattet ist.[3598]

2.1.2 Persönlicher Anwendungsbereich

1934 Finden die Kündigungsschutzbestimmungen aufgrund der Betriebsgröße grundsätzlich Anwendung, kommt es des Weiteren auf die Dauer des Arbeitsverhältnisses an. Ein Arbeitsverhältnis unterliegt erst dann gemäß § 1 KSchG dem allgemeinen Kündigungsschutz, wenn es in dem Unternehmen des Arbeitgebers mindestens sechs Monate bestanden hat. Die Wartefrist beginnt mit dem Tag, für den die Arbeitsaufnahme vereinbart worden ist.[3599] Entscheidend für den Ablauf der sechsmonatigen Wartefrist ist der Tag des Zugangs der Kündigung an den Arbeitnehmer und nicht etwa das Ende der Kündigungsfrist. Der Arbeitgeber kann also noch am letzten Tag der Wartezeit kündigen und dadurch den Kündigungsschutz vermeiden.[3600] Hat das Arbeitsverhältnis etwa am 01.01. begonnen und geht die Kündigung am 30.06. dem Arbeitnehmer zu, so hat das Arbeitsverhältnis noch keine sechs Monate bestanden. Erst wenn die Kündigung am 01.07. zugeht, wäre die Wartefrist von sechs Mona-

---

3597 Vgl. *Oetker*, in: ErfK , § 1, KSchG, Rn. 25 ff.
3598 BAG, Urt. v. 31.01.1991 – 2 AZR 356/90, NZA 1991, 562.
3599 BAG, Urt. v. 27.06.2002 – 2 AZR 382/01, JuS 2003, 613.
3600 H. M., vgl. *Oetker*, in: ErfK, § 1, KSchG, Rn. 49.

ten erfüllt. Arbeitnehmer und Arbeitgeber können zwar die Wartefrist verkürzen, nicht aber verlängern. Eine Vereinbarung zwischen Arbeitnehmer und Arbeitgeber dahingehend, dass das Kündigungsschutzgesetz erst nach mehr als sechs Monaten gelten soll, wäre unwirksam. Auf die Wartezeit angerechnet werden die Zeiten einer beruflichen Ausbildung in dem Unternehmen. Ohne Anrechnung bleiben die Zeiten eines vorherigen „echten" Praktikums, eines freien Mitarbeiterverhältnisses oder die Zeit, welche ein Arbeitnehmer als Leiharbeiternehmer in dem Unternehmen vor seiner Übernahme beschäftigt war.[3601]

Bestand vorher schon einmal ein Arbeitsverhältnis zu dem Unternehmen und war dieses beendet, so wird dessen Zeit nur dann in die Wartezeit des neuen Arbeitsverhältnisses eingerechnet, wenn zwischen den beiden Arbeitsverhältnissen ein enger zeitlicher und sachlicher Zusammenhang besteht.[3602] Geht das vorherige Arbeitsverhältnis ohne zeitliche Unterbrechung in ein neues über, so ist die Unterbrechung für die Wartezeit unschädlich. Grundsätzlich gilt: Je länger die beiden Arbeitsverhältnisse unterbrochen waren, umso gewichtiger muss der sachliche Grund sein, der für einen Zusammenhang der Arbeitsverhältnisse spricht. Eine feste zeitliche Grenze besteht nicht. Bereits bei einer Unterbrechung von mehr als sechs Wochen kann grundsätzlich davon ausgegangen werden, dass kein sachlicher Zusammenhang zwischen dem alten und dem neuen Arbeitsverhältnis mehr vorliegt.[3603] Es müssten bei solch einer Unterbrechung schon ganz außergewöhnliche Umstände vorliegen, um noch zu einem sachlichen Zusammenhang und somit zu einer Anrechnung des damaligen Arbeitsverhältnisses zu gelangen. *1935*

2.1.3 Dringende betriebliche Gründe

Liegen die Voraussetzungen „räumlicher Anwendungsbereich" und „persönlicher Anwendungsbereich" vor, so muss eine Kündigung eines Arbeitsverhältnisses gemäß § 1 Abs. 1 KSchG sozial gerechtfertigt sein, andernfalls wäre die Kündigung unwirksam. Bei einer Sanierung oder Stilllegung eines Betriebes kann der Grund für die soziale Rechtfertigung immer nur ein betriebsbedingter sein. Die anderen in § 1 KSchG genannten personen- oder verhaltensbedingten Gründe kommen nicht zum Tragen. Der Arbeitsplatz muss dauerhaft wegfallen und für den betroffenen Arbeitnehmer darf keine weitere Beschäftigungsmöglichkeit im Unternehmen bestehen. Kommen für einen wegfallenden Arbeitsplatz mehrere Arbeitnehmer in Betracht, so muss zwischen diesen Arbeitnehmern eine Sozialauswahl durchgeführt werden. *1936*

2.1.3.1 Die unternehmerische Entscheidung

Ein betriebsbedingter Grund setzt immer eine unternehmerische Organisationsentscheidung voraus, mit welcher der Arbeitgeber auf eine bestimmte wirtschaftliche Situation des Betriebes reagiert. Die wirtschaftliche Situation kann sich aus Gründen, die außerhalb oder innerhalb des Betriebes liegen, *1937*

3601 Vgl. *Linck,* in: Schaub, ArbR-Hdb, § 130 Rn. 22.
3602 BAG, Urt. v. 22. 09. 2005 – 6 AZR 607/04, NZA 2006, 429.
3603 BAG, Urt. v. 19. 06. 2007 – 2 AZR 94/06, NZA 2007, 1103.

ergeben. Gründe außerhalb des Betriebes wären etwa in einem Umsatzeinbruch nach Wegfall eines Kunden zu sehen, innerbetriebliche Gründe in einer Zusammenlegung von Abteilungen zur Kosteneinsparung. Es ist aber nicht die bestimmte wirtschaftliche Situation selbst, die zum Wegfall von Arbeitsplätzen führt, sondern die Reaktion des Unternehmers auf diese Umstände. Erst die Umsetzung einer Entscheidung des Arbeitgebers, Arbeitsplätze abzubauen, kann auch zum Wegfall der Beschäftigungsmöglichkeit führen. Die wirtschaftliche Situation selbst ist immer nur der Auslöser für die Entscheidung zum Arbeitsplatzabbau. Ob und wie ein Arbeitgeber auf bestimmte wirtschaftliche Situationen seines Betriebes reagieren möchte, ist seine Entscheidung.[3604] Auch wenn es etwa betriebswirtschaftlich sinnvoll wäre, zukünftig weniger Arbeitnehmer zu beschäftigen, bleibt der Unternehmer in seiner Entscheidung frei, wie er seinen Betrieb organisieren möchte. Erst wenn er sich zu einer organisatorischen Maßnahme entschließt, deren Umsetzung das Bedürfnis für die Weiterbeschäftigung eines oder mehrerer Arbeitnehmer entfallen lässt, liegen dringende betriebliche Erfordernisse vor.[3605]

2.1.3.2 Eingeschränkte gerichtliche Kontrolle

1938 Der Unternehmer kann grundsätzlich frei entscheiden, wie viele Arbeitnehmer er zukünftig beschäftigen will.[3606] Trifft er eine entsprechende Entscheidung, durch die der Bedarf an einem oder mehreren Arbeitnehmern entfällt, kann diese von den Arbeitsgerichten nur eingeschränkt überprüft werden. Die Überprüfung durch die Arbeitsgerichte beschränkt sich darauf, ob die Entscheidung des Unternehmers im Zeitpunkt der Kündigung auch vorlag und nicht etwa erst im Nachhinein konstruiert wurde, die Entscheidung sich so ausgewirkt hat, dass der Beschäftigungsbedarf für den konkreten Arbeitnehmer entfallen ist und ob die Umsetzung der Entscheidung nicht gegen Gesetze oder Tarifverträge verstößt.[3607]

Die Überprüfung durch die Arbeitsgerichte beschränkt sich des Weiteren darauf, ob die Entscheidung des Unternehmers offenbar unvernünftig, willkürlich oder unsachlich ist.[3608] Ob dem Arbeitsgericht die unternehmerische Entscheidung als wirtschaftlich sinnvoll oder notwendig erscheint, darf von den Richtern nicht bewertet werden. Es ist nicht Sache der Gerichte, dem Arbeitgeber eine bessere oder richtigere Unternehmenspolitik vorzuschreiben und damit in dessen Kostenkalkulation einzugreifen. Zu der vom Grundgesetz garantierten unternehmerischen Freiheit gehört auch das Recht des Unternehmers, sein Unternehmen aufzugeben, selbst darüber zu entscheiden, welche Größenordnung es haben soll und festzulegen, ob bestimmte Arbeiten weiter im eigenen Betrieb ausgeführt oder an Subunternehmer vergeben werden sollen.[3609]

3604 Vgl. ausführlich *Linck,* in: Hoyningen-Huene, KSchG; § 1 Rn. 687 ff.
3605 BAG, Urt. v. 25.04.2002 – 2 AZR 260/01, NZA 2003, 605.
3606 St. Rspr. vgl. BAG, Urt. v. 06.07.2006 – 2 AZR 442/05, NJW 2007, 460.
3607 St. Rspr. vgl. BAG, Urt. v. 29.03.1990 – 2 AZR 369/89, DStR 1991, 523.
3608 St. Rspr. vgl. BAG, Urt. v. 06.07.2006 – 2 AZR 442/05, NJW 2007.
3609 BAG, Urt. v. 26.09.2002 – 2 AZR 636/01, NJW 2003, 2116.

Hat der Arbeitgeber eine innerbetriebliche Organisationsentscheidung beschlossen und durchgeführt, so wird auch vermutet, dass diese Entscheidung aus sachlichen Gründen und nicht etwa rechtsmissbräuchlich erfolgt ist. Deshalb muss im Kündigungsschutzprozess der Arbeitnehmer darlegen und notfalls beweisen, dass die getroffene innerbetriebliche Strukturmaßnahme offensichtlich unsachlich, unvernünftig oder willkürlich ist. Die Arbeitsgerichte kontrollieren die Entscheidung des Unternehmers ausschließlich auf einen etwaigen Missbrauch. Diese Kontrolle zielt weder darauf ab, dem Arbeitgeber organisatorische Vorgaben zu machen, noch die Stichhaltigkeit der Erwägungen zu prüfen, die ihn gerade zu dem von ihm gewählten Konzept geführt haben.[3610]

Rechtsmissbräuchlich wäre eine unternehmerische Entscheidung, wenn sie etwa gegen gesetzliche und tarifliche Normen verstößt und diese Normen das betroffene Arbeitsverhältnis schützen sollen.[3611]

Ebenfalls wäre es missbräuchlich, lediglich Organisationsstrukturen im Betrieb formal zu ändern, ohne dass der tatsächliche Arbeitsbedarf entfällt, um dadurch bestimmte Arbeitnehmer hinauszudrängen. Die Gefahr eines Missbrauches besteht etwa dann, wenn eine Hierarchieebene gestrichen werden soll und dadurch Arbeitnehmer dieser Hierarchieebene gekündigt werden. In solchen Fällen trifft den Arbeitgeber in einem Kündigungsschutzprozess eine gesteigerte Darlegungslast, damit das Arbeitsgericht die Entscheidung auf Unsachlichkeit oder Willkür hin überprüfen kann. Der Arbeitgeber muss konkret darlegen, in welchem Umfang die bisher von dem betroffenen Arbeitnehmer ausgeführten Tätigkeiten zukünftig entfallen sollen und wie diese Tätigkeiten von den verbleibenden Arbeitnehmern erledigt werden können.[3612]

Die unternehmerische Entscheidung selbst wird auch nicht daraufhin überprüft, ob sie dringend war. Nur die aus der Entscheidung resultierende Kündigung muss dringend sein. Es kommt darauf an, dass eine Entscheidung vorliegt, die zum Wegfall des Arbeitsplatzes und der Wegfall des Arbeitsplatzes zur Kündigung des konkreten Arbeitnehmers führt. Der Wegfall des Arbeitsplatzes muss die einzige Möglichkeit zur Umsetzung der unternehmerischen Entscheidung sein.

Entscheidet sich der Unternehmer zum Arbeitsplatzabbau, so muss er dies vor einer Kündigung nicht nach außen kommunizieren. Ein förmlicher und wirksamer Gesellschaftsbeschluss ist zumindest für die Frage der Wirksamkeit der Kündigung irrelevant und somit nicht erforderlich.[3613] Besteht aber ein Betriebsrat, so muss die Entscheidung dem Betriebsrat im Rahmen der Betriebsratsanhörung mitgeteilt werden. In einem späteren Kündigungsschutzprozess muss die unternehmerische Entscheidung dargelegt werden.

Durch die unternehmerische Entscheidung muss der Beschäftigungsbedarf für den konkreten Arbeitnehmer auf Dauer wegfallen. Insgesamt ist nicht entscheidend, ob ein bestimmter funktioneller Arbeitsplatz weggefallen ist, wie

---

3610 BAG, Urt. v. 23.04.2008 – 2 AZR 1110/06, NJW 2008, 3309.
3611 BAG, Urt. v. 07.12.2000 – 2 AZR 391/99, NJW 2001, 2737.
3612 St. Rspr. vgl. BAG, Urt. v. 13.02.2008 – 2 AZR 1041/06, NZA 2008, 819.
3613 BAG, Urt. v. 11.03.1998 – 2 AZR 414/97, NJW 1998, 3371.

oft umgangssprachlich gesagt wird, sondern ob und in welchem Umfang das Beschäftigungsbedürfnis für den betreffenden Arbeitnehmer nicht mehr besteht.[3614]

2.1.3.3 Unternehmerische Entscheidung: Betriebsstilllegung

1941 Erforderlich ist, dass der Betrieb dauerhaft und nicht nur vorübergehend stillgelegt werden soll. Eine Betriebsstilllegung setzt den ernstlichen und endgültigen Entschluss des Unternehmers voraus, die Betriebs- und Produktionsgemeinschaft zwischen Arbeitgeber und Arbeitnehmer zu beenden. An einem endgültigen Entschluss zur Betriebsstilllegung fehlt es, wenn der Arbeitgeber im Zeitpunkt der Kündigung noch in Verhandlungen über eine Veräußerung des Betriebs steht und dennoch wegen einer Betriebsstilllegung kündigt. Ist aber im Zeitpunkt des Zugangs der Kündigung die Betriebsstilllegung endgültig geplant und bereits eingeleitet, behält sich der Arbeitgeber aber eine Betriebsveräußerung vor, falls sich eine Chance hierfür bietet und gelingt dann später doch noch eine Veräußerung des Betriebes, bleibt es bei der sozialen Rechtfertigung der Kündigung, wobei dann aber ein Wiedereinstellungsanspruch in Betracht kommen kann.[3615]

Indikatoren für einen endgültigen Stilllegungsentschluss wären etwa die Nichtannahme neuer Aufträge, die Information der Kunden über die beabsichtigte Stilllegung oder die Beendigung der Miet- und Leasingverträge zum nächstmöglichen Zeitpunkt.

Kündigungen wegen einer Betriebsstilllegung können bereits dann ausgesprochen werden, wenn sich der Arbeitgeber für die Stilllegung entschieden hat. Er muss mit den Kündigungserklärungen nicht abwarten, bis der Betrieb tatsächlich stillgelegt worden ist. Er kann die Kündigung bereits dann erklären, wenn die betrieblichen Umstände einer Betriebsstilllegung schon „greifbare Formen" angenommen haben und eine vernünftige, betriebswirtschaftliche Betrachtung die Prognose rechtfertigt, dass bis zum Ablauf der einzuhaltenden Kündigungsfrist die Stilllegung durchgeführt sein wird.[3616]

Bei einer Betriebsstilllegung ist es nicht erforderlich, dass alle Arbeitnehmer erst am letzten Tag aus dem Betrieb ausscheiden. Gegen eine endgültige Stilllegungsabsicht spricht auch nicht, dass einzelne Arbeitnehmer bis zum Ablauf der jeweiligen Kündigungsfristen noch Restarbeiten ausführen. Wegen noch auszuführender Restarbeiten muss der Arbeitgeber sich auch nicht überlegen, welche Arbeitnehmer sozial schutzwürdiger wären und die Kündigungsfristen entsprechend danach ausrichten.

2.1.3.4 Kündigung als letztes Mittel

2.1.3.4.1 Freier Arbeitsplatz

1942 Für den von der Kündigung betroffenen Arbeitnehmer darf keine Weiterbeschäftigungsmöglichkeit auf einem anderen Arbeitsplatz bestehen. Findet

---
3614 St. Rspr. vgl. BAG, Urt. v. 07. 12. 2000 – 2 AZR 391/99, NJW 2001, 2737.
3615 St. Rspr. vgl. BAG, Urt. v. 29. 09. 2005 8 AZR 647/04, NZA 2006, 720.
3616 St. Rspr. vgl. BAG, Urt. v. 19. 06. 1991 – 2 AZR 127/91, NZA 1991, 891.

Kapitel 1   Arbeits- und Sozialrecht

sich keine Möglichkeit, den zu kündigenden Arbeitnehmer anderweitig weiter zu beschäftigen, so wäre die Kündigung nicht dringend und somit sozial ungerechtfertigt. Eine Möglichkeit zur Weiterbeschäftigung des Arbeitnehmers muss nicht nur in dem Betrieb, in dem er beschäftigt war, fehlen, sondern auch in anderen Betrieben des Unternehmens.[3617] Eine etwaige Möglichkeit einer Weiterbeschäftigung innerhalb des Konzerns ist aber ohne Bedeutung.[3618] Berücksichtigt werden bei der Frage nach einer Weiterbeschäftigungsmöglichkeit grundsätzlich nur die im Zeitpunkt der Kündigung freien Arbeitsplätze oder solche, die bis zum Ablauf der Kündigungsfrist frei werden.[3619] Im letzteren Fall muss im Zeitpunkt der Kündigung zumindest mit hinreichender Sicherheit absehbar sein, dass bei Ablauf der Kündigungsfrist ein anderer Arbeitsplatz frei ist oder frei wird, auf dem der zu kündigende Arbeitnehmer beschäftigt werden könnte.[3620] Auch Arbeitsplätze, die noch in absehbarer Zeit nach dem Ablauf der Kündigungsfrist frei werden, können relevant sein. Was als absehbar gilt, ist immer eine Frage des Einzelfalls. Als zeitlichen Maßstab kann man hier die Einarbeitungszeit eines neuen Mitarbeiters anlegen.[3621]

2.1.3.4.2   Freier gleichwertiger Arbeitsplatz

Besteht ein freier Arbeitsplatz in dem Unternehmen, so ist zunächst zu prüfen, ob der Arbeitgeber dem Arbeitnehmer diesen Arbeitsplatz auch zuweisen kann. Ob ein entsprechendes Weisungsrecht besteht, richtet sich danach, was im Arbeitsvertrag vereinbart worden ist. Sieht der Arbeitsvertrag vor, dass der Arbeitgeber den Arbeitnehmer auf einen gleichwertigen Arbeitsplatz versetzen kann und ist ein solcher Arbeitsplatz unbesetzt, so muss der Arbeitgeber dem Arbeitnehmer diesen Arbeitsplatz zuweisen. Wird dem Arbeitnehmer der freie Platz nicht zugewiesen, wäre eine Kündigung wegen Wegfalls der bisherigen Beschäftigungsmöglichkeit nicht dringend. Weigert sich der Arbeitnehmer auf dem neuen Arbeitsplatz tätig zu werden, obwohl er nach dem Arbeitsvertrag dazu verpflichtet ist, kann dies einen verhaltensbedingten Grund zur Kündigung des Arbeitsverhältnisses darstellen. Ein vertragswidriges Verhalten des Arbeitnehmers kann eine Kündigung aber grundsätzlich immer nur dann rechtfertigen, wenn der Arbeitgeber den Arbeitnehmer vorher abgemahnt hat. Mit der Abmahnung muss dem Arbeitnehmer klargemacht werden, dass bei Fortsetzung seines Verstoßes gegen die Vereinbarungen des Arbeitsvertrages die Kündigung erfolgen wird.

1943

2.1.3.4.3   Freier nicht gleichwertiger Arbeitsplatz

Besteht zwar in dem Unternehmen ein freier Arbeitsplatz, wäre der Arbeitnehmer aber aufgrund seines bisherigen Arbeitsvertrages zu der Arbeit auf diesem freien Platz nicht verpflichtet, so muss der Arbeitgeber dem Arbeit-

1944

3617 Vgl. BAG, Urt. v. 17.05.1984 – 2 AZR 109/83, NZA 1985, 489.
3618 BAG, Urt. v. 27.11.1991 – 2 AZR 255/91, NZA 1992, 644.
3619 BAG, Urt. v. 01.03.2007 – 2 AZR 650/05, DB 2007, 1540 L.
3620 St. Rspr. vgl. BAG, Urt. v. 29.03.1990 – 2 AZR 369/89, NJW 1991, 587.
3621 BAG, Urt. v. 15.12.1994 – 2 AZR 327/94, NJW 1995, 1982.

nehmer diesen freien Arbeitsplatz zunächst zu geänderten Bedingungen des Arbeitsvertrages anbieten.[3622]

Für eine Annahme des Angebotes ist dem Arbeitnehmer eine Überlegungsfrist von mindestens einer Woche einzuräumen.[3623] Lehnt der Arbeitnehmer das Angebot ab, so wäre eine nunmehr ausgesprochene Beendigungskündigung aus betriebsbedingten Gründen dennoch grundsätzlich sozialwidrig. Der Arbeitgeber ist auch bei einer Ablehnung des Angebotes zunächst gehalten, eine Änderungskündigung auszusprechen. Aufgrund der Änderungskündigung würde dann das bisherige Arbeitsverhältnis aus dringenden betrieblichen Gründen nach Ablauf der Kündigungsfrist beendet und im Anschluss daran zu geänderten Bedingungen, welche eine Beschäftigung auf dem freien Arbeitsplatz vorsehen, fortgesetzt werden. Lediglich für den Fall, dass der Arbeitnehmer vorher klar und eindeutig zum Ausdruck gebracht haben sollte, er werde die geänderten Arbeitsbedingungen auf keinen Fall akzeptieren, wäre eine sofortige Beendigungskündigung zulässig.[3624]

Der Kündigungsgrund ergibt sich in diesem Fall aber nicht unmittelbar daraus, dass der Arbeitnehmer das Änderungsangebot abgelehnt hat. Aufgrund seiner endgültigen Ablehnung steht vielmehr fest, dass eine Weiterbeschäftigungsmöglichkeit auch auf einem anderen Arbeitsplatz in dem Unternehmen nicht mehr besteht. In einem Kündigungsschutzprozess kann sich der Arbeitnehmer, der die geänderten Bedingungen endgültig abgelehnt hat, nicht mehr erfolgreich darauf berufen, die betriebsbedingte Kündigung sei wegen einer anderweitigen Beschäftigungsmöglichkeit unzulässig.

Der Arbeitnehmer hat keinen Anspruch auf einen höherwertigen Arbeitsplatz, so dass ein freier höherwertiger Arbeitsplatz nicht angeboten werden muss.[3625] Kommen mehrere zu kündigende Arbeitnehmer für einen freien Arbeitsplatz in Betracht, so hat die Auswahl unter diesen Arbeitnehmern nach den Kriterien der Sozialauswahl zu erfolgen.

Ist ein Arbeitsplatz frei, der Arbeitnehmer aber nicht hinreichend qualifiziert, ist der Arbeitgeber grundsätzlich verpflichtet, dem Arbeitnehmer zumutbare Qualifizierungsmaßnahmen anzubieten. Zumutbar sind solche Maßnahmen zur Qualifizierung dann, wenn ein sinnvoller Einsatz auf dem freien Arbeitsplatz nach der Weiterbildung möglich ist und sich Kosten und Zeit im vertretbaren Rahmen halten. Für die Frage, welche Kosten als vertretbar anzusetzen sind, lässt sich kaum ein Maßstab finden. Hier wird es immer auf die Umstände des Einzelfalls ankommen, insbesondere auf die Ausgangsqualifizierung. Als Maßstab, welche Dauer einer Qualifizierung vertretbar sein könnte, kann die Dauer der Kündigungsfrist angelegt werden.

[3622] BAG, Urt. v. 21.04.2005 – 2 AZR 132/04, NJW 2006, 398.
[3623] BAG, Urt. v. 27.09.1984 – 2 AZR 62/83, NZA 1985, 455.
[3624] BAG, Urt. v. 21.04.2005 – 2 AZR 132/04, NZA 2005, 1289.
[3625] BAG, Urt. v. 29.03.1990 – 2 AZR 369/89, NJW 1991, 587.

2.1.4 Sozialauswahl

Kommen für eine Kündigung aus dringenden betrieblichen Gründen mehrere vergleichbare Arbeitnehmer in Betracht, so muss der Arbeitgeber unter diesen eine Sozialauswahl durchführen. Gemäß § 1 Abs. 3 Satz 1 KSchG ist eine Kündigung dann unwirksam, wenn der Arbeitgeber bei der Kündigung soziale Gesichtspunkte nicht ausreichend berücksichtigt hat. Um sich eine Vorstellung zu machen, was ausreichend ist, kann man sich an der gleichnamigen Schulnote orientieren. Es geht eben nicht darum, ob der Arbeitgeber nach den Vorstellungen des Gerichts die bestmögliche, also sehr gute, Sozialauswahl vorgenommen hat.[3626] Erst wenn die Sozialauswahl als mangelhaft oder schlechter einzustufen ist, wäre eine Kündigung aus diesem Grund unwirksam. Die Sozialauswahl findet in 3 Stufen statt:

1945

2.1.4.1 Vergleichbarkeit der Arbeitnehmer
2.1.4.1.1 Arbeitnehmer in demselben Betrieb

Die Sozialauswahl bezieht sich immer nur auf die in dem Betrieb beschäftigten Arbeitnehmer. Alle Arbeitnehmer des Betriebes sind in den Sozialauswahlvorgang einzubeziehen. Ob die Arbeitnehmer innerhalb des Betriebes in verschiedenen Betriebsabteilungen eingesetzt sind, ist irrelevant. Da die Sozialauswahl nicht auf Betriebsteile oder Betriebsabteilungen beschränkt ist, sind auch dann alle Arbeitnehmer eines Betriebes in der Sozialauswahl zu berücksichtigen, wenn der Betrieb aus räumlich weit auseinander liegenden einzelnen Betriebsteilen besteht (z. B. Zentrale und Verkaufsfilialen). Dies gilt auch dann, wenn die Betriebsteile als selbstständige Betriebe im Sinne des Betriebsverfassungsgesetzes gelten.[3627]

1946

Da die Sozialauswahl betriebsbezogen ist, bleiben alle anderen Arbeitnehmer, die in anderen Betrieben des gleichen Unternehmens oder Konzerns beschäftigt sind, außen vor.[3628] Auch wenn Arbeitsverträge eine Versetzung in einen anderen Betrieb des Unternehmens erlauben, bleibt es dabei, dass die Sozialauswahl ausschließlich innerhalb des Betriebes durchgeführt wird.[3629]

2.1.4.1.2 Tatsächliche Einsetzbarkeit auf einem anderen Arbeitsplatz

Der Kreis der in die soziale Auswahl einzubeziehenden vergleichbaren Arbeitnehmer bestimmt sich in erster Linie nach arbeitsplatzbezogenen Merkmalen, also nach der ausgeübten Tätigkeit. Der Arbeitnehmer, dessen Arbeitsplatz wegfällt, muss aufgrund seiner Qualifikation und bisherigen Tätigkeit in der Lage sein, ohne eine längere Einarbeitungszeit den Arbeitsplatz eines anderen Arbeitnehmers tatsächlich besetzen zu können.[3630] Be-

1947

3626 BAG, Urt. v. 05.12.2002 – 2 AZR 549/01, NZA 2003, 791.
3627 BAG, Urt. v. 03.06.2004 – 2 AZR 577/03, NZA 2005, 175.
3628 BAG, Urt. v. 22.03.2001 – 8 ZR 565/00, NZA 2002, 1349.
3629 BAG, Urt. v. 02.06.2005 – 2 AZR 158/04, NJW 2005, 3446.
3630 BAG, Urt. v. 09.09.2010 – 2 AZR 446/09, ZTR 2011, 296.

trägt die Einarbeitungszeit drei Monate, so wäre dies bereits zu lang.[3631] Die zeitliche Grenze für eine noch vernünftige Einarbeitungszeit wird man bei drei bis sechs Wochen ziehen.[3632]

2.1.4.1.3 Rechtliche Einsetzbarkeit auf einem anderen Arbeitsplatz

Ferner muss der Arbeitgeber auch rechtlich in der Lage sein, den Arbeitnehmer, dessen Arbeitsplatz wegfällt, auf einem anderen Arbeitsplatz einzusetzen. Die Tätigkeit auf dem anderen Arbeitsplatz muss von dem bestehenden Arbeitsvertrag umfasst sein. Der Arbeitgeber muss den Arbeitnehmer, dessen Arbeitsplatz wegfällt, also aufgrund des im Arbeitsvertrag vereinbarten Weisungsrechtes auf den anderen Arbeitsplatz versetzen dürfen. Darf er den Arbeitnehmer nicht versetzen, so liegt auch keine Vergleichbarkeit vor. Der Arbeitgeber ist nicht verpflichtet, etwa durch eine Änderungskündigung, eine Vergleichbarkeit zwischen Arbeitnehmern erst herbeizuführen.[3633] Unerheblich ist grundsätzlich auch, ob ein Arbeitnehmer bereit wäre, zu weit schlechteren Arbeitsbedingungen zu arbeiten.

2.1.4.1.4 Weitere Vergleichbarkeitsmerkmale

1948 In die soziale Auswahl sind grundsätzlich nur die Arbeitnehmer einzubeziehen, die länger als sechs Monate beschäftigt sind. Ein Arbeitnehmer, der noch keine sechsmonatige Unternehmenszugehörigkeit aufweist, hat keinen Kündigungsschutz und kann somit auch nicht einem anderen Arbeitnehmer vorgezogen werden. Dies gilt auch dann, wenn der Arbeitnehmer ohne Kündigungsschutz die besseren Sozialdaten aufweisen würde.[3634]

Ob Vollzeit und Teilzeitkräfte miteinander vergleichbar sind, richtet sich nach der Entscheidung des Arbeitgebers, wie er die zu erledigenden Arbeiten organisieren möchte. Sollen die zu erledigenden Arbeiten aus zumindest nicht offensichtlich unsachlichen Gründen von Voll- oder Teilzeitkräften ausgeführt werden, fehlt es an einer Vergleichbarkeit.[3635] Etwas anderes gilt nur, wenn der Arbeitgeber lediglich die Anzahl der zu arbeitenden Stunden abbauen will, ohne dass eine organisatorische Entscheidung über die Gestaltung der Arbeitszeit getroffen worden ist.[3636]

Arbeitnehmer, die aufgrund eines befristeten Arbeitsvertrages beschäftigt werden, können nur dann in die Sozialauswahl mit einbezogen werden, wenn in dem Arbeitsvertrag die Möglichkeit einer ordentlichen Kündbarkeit auch vereinbart worden ist.

Arbeitnehmer, deren ordentliche Kündigung durch Gesetz ausgeschlossen ist, werden nicht in den Kreis der vergleichbaren Arbeitnehmer mit einbezogen. Somit fallen Mitglieder des Betriebsrates oder der Personalvertretung

---

3631 BAG, Urt. v. 05.05.1994 – 2 AZR 917/93, NJW 1994, 3370.
3632 Vgl. *Stahlhacke/Preis/Vossen*, Kündigung und Kündigungsschutz, Rn. 1044.
3633 BAG, Urt. v. 29.03.1990 – 2 AZR 369/89, NZA 1991, 181.
3634 BAG, Urt. v. 25.04.1985 – 2 AZR 140/84, NJW 1986, 274.
3635 BAG, Urt. v. 03.02.1998 – 2 AZR 341/98, AuA 1999, 519.
3636 BAG, Urt. v. 07.12.2006 – 2 AZR 748/05, NJOZ 2008, 99.

aus der Sozialauswahl stets raus.[3637] Dies gilt auch dann, wenn deren Sonderkündigungsschutz bald ausläuft und sie zu dem gleichen Termin gekündigt werden könnten, wie der „normal" kündbare Arbeitnehmer.[3638] Personen, deren Kündigung zwar gesetzlich nicht ausgeschlossen ist, für die jedoch die Zustimmung der zuständigen Behörde eingeholt werden muss, werden nur dann in die Sozialauswahl einbezogen, sofern die Zustimmung der Behörde bereits vorliegt. Der Arbeitgeber ist aber nicht verpflichtet, für diese Personen zunächst die behördliche Zustimmung zur Kündigung einzuholen, damit diese Arbeitnehmer dann in die Sozialauswahl mit einbezogen werden können.[3639]

2.1.4.2 Feststellung der sozialen Schutzbedürftigkeit

Ist der Kreis der vergleichbaren Arbeitnehmer ermittelt, ist deren soziale Schutzbedürftigkeit festzustellen. Die soziale Schutzbedürftigkeit richtet sich gemäß § 1 Abs. 3 Satz 1 KSchG ausschließlich nach den vier Grundkriterien:

- Betriebszugehörigkeit,
- Lebensalter,
- Unterhaltspflichten,
- Schwerbehinderung.

Der Arbeitgeber muss die vier im Gesetz ausdrücklich bezeichneten Grunddaten berücksichtigen. Ob er darüber hinaus andere Gesichtspunkte einbeziehen darf, ist dem Gesetz nicht unmittelbar zu entnehmen. Jedenfalls aber braucht der Arbeitgeber neben den vier im Gesetz vorgeschriebenen Kriterien keine weiteren zu berücksichtigen.[3640]

2.1.4.2.1 Betriebszugehörigkeit

Das Sozialkriterium Betriebszugehörigkeit bezieht sich nicht auf die Zeitspanne, in welcher der Arbeitnehmer in dem konkreten Betrieb gearbeitet hat. Gemeint ist mit diesem Kriterium vielmehr die Dauer des Arbeitsverhältnisses zu dem Arbeitgeber.[3641] Zur Betriebszugehörigkeit gehören auch die Zeiten der Berufsausbildung, Elternzeit und krankheitsbedingte Fehlzeiten. Ist der Betrieb gemäß § 613a BGB übergegangen, so sind auch die Betriebszugehörigkeitszeiten zu dem vorherigen Arbeitnehmer anzurechnen.

Sind durch Vertrag längere Betriebszugehörigkeitszeiten vereinbart worden, so sind grundsätzlich die vereinbarten Zeiten relevant. Eine Vereinbarung über längere Zugehörigkeiten, aufgrund derer ein Arbeitnehmer evtl. bessere Sozialdaten erlangt als er tatsächlich hätte, darf aber nicht zur Umgehung oder Beeinflussung einer Sozialauswahl getroffen worden sein. Werden längere Betriebszugehörigkeitszeiten vereinbart, muss vielmehr ein sachlicher Grund vorliegen. Ein sachlicher Grund läge etwa vor, wenn sich

---

3637 BAG, Urt. v. 17.11.2005 – 6 AZR 118/05, NZA 2006, 370.
3638 BAG, Urt. v. 21.04.2005 – 2 AZR 241/04, NJW 2006, 108.
3639 Vgl. *Linck,* in: Schaub, ArbR-Hdb, § 135 Rn. 15.
3640 BAG, Urt. v. 09.11.2006 – 2 AZR 812/05, NZA 2007, 549.
3641 BAG, Urt. v. 06.02.2003 – 2 AZR 623/01, NZA 2003, 1295.

Arbeitnehmer und Arbeitgeber auf eine bestimmte Dauer der Zugehörigkeit in einem Vergleich geeinigt haben, um den Streit über diese Frage beizulegen.[3642]

2.1.4.2.2 Lebensalter

1951 So wenig die Bestimmung des Lebensalters Schwierigkeiten macht, umso schwieriger ist die Bestimmung der Gewichtung dieses Kriteriums. Denn das europarechtliche Verbot der Diskriminierung wegen des Alters wirkt sich nicht nur zugunsten älterer Personen aus, sondern schützt auch die jüngeren Arbeitnehmer. Zwar darf das Kriterium Lebensalter nach wie vor herangezogen werden[3643]; die in der Vergangenheit geltende Annahme, dass die Chancen auf dem Arbeitsmarkt mit zunehmenden Alter sinken, dürfte so aber nicht mehr gelten, zumindest soweit es sich um qualifizierte Arbeitnehmer handelt. Auch dass ältere Menschen an einen Ort eher gebunden sind als jüngere, kann nicht mehr allgemein angenommen werden, da die Mobilität generell zugenommen hat und Wohnort und Arbeitsort für immer mehr Menschen weit auseinander liegen.[3644] Insoweit dürfte dem Lebensalter zumindest bis zum 50. Lebensjahr kein Gewicht mehr zukommen.[3645]

2.1.4.2.3 Unterhaltspflichten

1952 Bei dem Sozialauswahlkriterium Unterhaltsverpflichtungen wird berücksichtigt, dass von dem Einkommen des Arbeitnehmers auch noch andere Personen abhängig sind. Zu berücksichtigen sind die gesetzlichen Unterhaltspflichten, auch soweit sie im Ausland erfüllt werden.[3646] Unterhaltspflichten bestehen gegenüber den leiblichen oder adoptierten Kindern, dem (geschiedenen) Ehepartner oder gegenüber bedürftigen Eltern. Außen vor bleiben alle freiwilligen Unterstützungen, wie etwa Unterhaltszahlungen in nichtehelichen Lebensgemeinschaften. Unerheblich ist, ob die nichteheliche Lebensgemeinschaft eine Bedarfsgemeinschaft bildet, die bei der Gewährung von Arbeitslosengeld II (sog. Hartz IV) berücksichtigt wird.[3647] Ein Doppelverdienst der Ehepartner kann mit berücksichtigt werden.[3648]

2.1.4.2.4 Schwerbehinderung

1953 Schwerbehindert sind die Arbeitnehmer, die gemäß § 2 Abs. 2 SGB IX als schwerbehindert oder gleichgestellt gelten. Die Schwerbehinderung muss nicht unbedingt festgestellt sein. Der Arbeitgeber kann eine Schwerbehin-

---

3642 BAG, Urt. v. 02.06.2005 – 2 AZR 480/04, NJW 2006, 315.
3643 BAG, Urt. v. 05.11.2009 – 2 AZR 676/08, NJW 2010, 1395.
3644 Vgl. auch *Kaiser/Dahm*, Sozialauswahl ohne Lebensalter, NZA 2010, 473.
3645 Vgl. auch *Hoyningen-Huene*, in: Hoyningen-Huene, KSchG, § 1 Rn. 938, der die Grenze bei 40 Jahren sieht. Ab 40 Jahren soll die Bedeutung dann signifikant ansteigen.
3646 LAG Niedersachsen, Urt. v. 12.12.2003 – 10 Sa 247/03, NZA-RR 2005, 524.
3647 Vgl. *Linck*, in: Schaub, ArbR-Hdb, § 135 Rn. 33 ff.
3648 BAG, Urt. v. 05.12.2002 – 2 AZR 549/01, NZA 2003, 791.

derung auch berücksichtigen, wenn lediglich ein Antrag des Arbeitnehmers vorliegt, der allerdings hinreichende Aussichten haben müsste.[3649]

2.1.4.2.5 Ermittlung der Sozialdaten

Die Sozialdaten muss der Arbeitgeber bei den Arbeitnehmern ermitteln, wobei er sich grundsätzlich auf die Daten verlassen kann, die ihm der Arbeitnehmer bereits mitgeteilt hat. Lebensalter und Betriebszugehörigkeit lassen sich in aller Regel zuverlässig aus den Personalakten entnehmen. Unterhaltspflichten hingegen können sich laufend ändern und ergeben sich auch nicht ohne weiteres aus der Lohnsteuerkarte.

1954

Grundsätzlich ist der Arbeitnehmer verpflichtet, dem Arbeitgeber seine Sozialdaten mitzuteilen.[3650] Insgesamt darf der Arbeitgeber auf die ihm bekannten Daten vertrauen, wenn er keinen Anlass zu der Annahme hat, die Daten könnten nicht zutreffen. Dabei kann die Lohnsteuerkarte einen wichtigen Anhaltspunkt bieten.[3651] Der Arbeitgeber kann auf alle Fälle dann auf die Angaben in der Lohnsteuerkarte zurückgreifen, wenn der Arbeitnehmer eine entsprechende Anfrage unbeantwortet gelassen hat. Des Weiteren kann der Arbeitgeber darauf vertrauen, dass die Eintragungen in der Lohnsteuerkarte die tatsächlichen Verhältnisse wiedergeben, wenn der Arbeitnehmer die Lohnsteuerkarte ohne weitere Erläuterung übergibt. Ist aber seit Übergabe der Lohnsteuerkarte schon geraume Zeit vergangen, so ist es auch durchaus wahrscheinlich, dass sich Unterhaltsverpflichtungen geändert haben. Der Arbeitgeber sollte also, will er nicht Gefahr laufen, eine Sozialauswahl auf Grundlage falscher Daten auszuführen, sich dann bei den Arbeitnehmern erkundigen, ob die Angaben auf der Lohnsteuerkarte die tatsächlichen Verhältnisse wiedergeben.

Die Erkundigung nach einer Schwerbehinderung oder Gleichstellung ist notwendig und auch zulässig. Verweigert der Arbeitnehmer die Beantwortung einer entsprechenden Frage, dann kann er sich später bei der Überprüfung der Sozialauswahl nicht auf seine Schwerbehinderung berufen.[3652]

2.1.4.2.6 Gewichtung der Sozialdaten

Während früher oft dem Lebensalter oder der Betriebszugehörigkeit eine höhere Bedeutung vor anderen Sozialauswahlkriterien zugemessen wurde, stehen diese Kriterien nunmehr gleich nebeneinander. Keinem der Auswahlkriterien kommt eine überragende Bedeutung zu.[3653] Da der Arbeitgeber nur zu einer ausreichenden Berücksichtigung der sozialen Gesichtspunkte verpflichtet ist, steht ihm bei der Gewichtung der Auswahlkriterien ein Wertungsspielraum zu.[3654] Der Gesetzgeber hat bewusst keine Vorgaben gemacht, wie die Sozialauswahl konkret durchzuführen ist. Dem Arbeitgeber

---
3649 BAG, Urt. v. 17.03.2005 – 2 AZR 4/04, NJOZ 2005, 3561.
3650 BAG, Urt. v. 06.07.2006 – 2 AZR 520/05, LSK 2006, 490258.
3651 BAG, Urt. v. 17.01.2008 – 2 AZR 405/06, NZA – RR 2008 571.
3652 Vgl. *Kiel,* in: Ascheid/Preis/Schmidt, Kündigungsrecht, § 1 Rn. 735.
3653 BAG, Urt. v. 05.12.2002 – 2 AZR 549/01, NZA 2003, 791.
3654 BAG, Urt. v. 02.06.2005 – 2 AZR 480/04, NJW 2006, 315.

können hinsichtlich der Gewichtung der drei Sozialauswahlkriterien auch keine abstrakten Vorgaben gemacht werden. Es ist auch nicht möglich, fallübergreifende, schematische Wertungsgesichtspunkte vorzugeben.[3655] Nicht jeder Fehler in der Sozialauswahl führt auch zu deren gesamten Fehlerhaftigkeit. Nur wenn der gekündigte Arbeitnehmer deutlich weniger schutzwürdig ist als ein anderer vergleichbarer Arbeitnehmer, wäre die Sozialauswahl nicht mehr ausreichend. Nur dann kann sich der gekündigte Arbeitnehmer erfolgreich auf eine Fehlerhaftigkeit der Sozialauswahl berufen.[3656]

2.1.4.3 Leistungsträgerregelung

1955 Nach § 1 Abs. 3 Satz 2 KSchG sind Arbeitnehmer, deren Weiterbeschäftigung wegen ihrer Kenntnisse, Fähigkeiten oder Leistungen im berechtigten betrieblichen Interesse liegt (sog. Leistungsträger), nicht in die Sozialauswahl einzubeziehen. Nicht erforderlich ist, dass der Arbeitgeber auf bestimmte Leistungsträger schlicht nicht verzichten kann. Es genügt, dass ein Arbeitnehmer einen fassbaren und nachvollziehbaren Vorteil für den Betrieb von nicht unerheblicher wirtschaftlicher Bedeutung mit sich bringt.[3657]

Diese Leistungsträger fallen aber nicht von vornherein aus der Sozialauswahl heraus. Die Sozialauswahl wird vielmehr modifiziert. Die betrieblichen Interessen an einer Weiterbeschäftigung des sozial schwächeren Leistungsträgers müssen gegen die Interessen des sozial schutzwürdigeren Arbeitnehmers abgewogen werden. Je sozial schutzwürdiger ein Arbeitnehmer gegenüber einem anderen Arbeitnehmer ist, umso schwerer muss das betriebliche Interesse an einer Weiterbeschäftigung des Leistungsträgers wiegen.[3658]

2.1.4.4 Erhaltung einer ausgewogenen Personalstruktur

1956 Bei Massenentlassungen kann schnell das Problem eintreten, dass eine Überalterung der Belegschaft eintritt. Die jüngeren Arbeitnehmer sind in aller Regel weniger sozial schutzbedürftig, so dass diese von einer Massenentlassung zuerst betroffen wären und es zu einem „Ausbluten" des jüngeren Teils der Belegschaft kommen kann. Um eine Überalterung der Belegschaft im Rahmen eines Personalabbaus zu verhindern, können gemäß § 1 Abs. 3 Satz 2 KSchG diejenigen Arbeitnehmer nicht in die Sozialauswahl mit einbezogen werden, deren Weiterbeschäftigung zur Sicherung einer ausgewogenen Personalstruktur im berechtigten betrieblichen Interesse liegt. Der Gesetzgeber sieht aber außerhalb eines Insolvenzverfahrens nur die Erhal-

---

3655 BAG, Urt. v. 05.12.2002 – 2 AZR 549/01, NZA 2003, 791.
3656 BAG, Urt. v. 05.12.2002 – 2 AZR 549/01, NZA 2003, 791.
3657 Vgl. ausführlich *Kiel*, in: Ascheid/Preis/Schmidt, Kündigungsrecht, § 1 Rn. 750 ff.
3658 BAG, Urt. v. 12.04.2002 – 2 AZR 706/00, NJW 2002, 3797; für ein generelles Herausnehmen der Leistungsträger aus der Sozialauswahl wohl die h. M. im Schrifttum vgl. *Hoyningen-Huene*, in: Hoyeningen-Huene, KSchG, § 1 KSchG Rn. 961.

tung der vorhandenen Personalstruktur als legitimes Ziel, nicht deren Verbesserung.[3659]

Besteht ein berechtigtes betriebliches Bedürfnis an dem Erhalt einer ausgewogenen Altersstruktur, kann der Arbeitgeber Altersgruppen bilden und dann innerhalb dieser Altersgruppen die soziale Auswahl vornehmen. Durch die Altersgruppenbildung werden die jüngeren Arbeitnehmer von den älteren Arbeitnehmern stufenweise abgegrenzt. Dadurch verdrängen die deutlich älteren Arbeitnehmer nicht mehr die deutlich jüngeren aufgrund ihrer längeren Betriebszugehörigkeiten und ihres höheren Lebensalters. Im Idealfall bleibt das Altersgefüge vor und nach den Kündigungen identisch. Das Kündigungsschutzgesetz macht dem Arbeitgeber keine Vorgaben für die Bildung der entsprechenden Altersgruppen. Dem Arbeitgeber wird vielmehr ein gewisser Beurteilungsspielraum eingeräumt. Ob ein berechtigtes betriebliches Bedürfnis am Erhalt einer ausgewogenen Altersstruktur besteht, richtet sich nach den speziellen Betriebszwecken und ggf. deren Umsetzung.[3660]

In einem späteren Kündigungsschutzprozess muss der Arbeitgeber darlegen, wie sich die Personalstruktur darstellen würde, wenn die „normale" Sozialauswahl vorgenommen würde und inwieweit dies zu einer erheblichen Verzerrung der Personalstruktur und konkreten Nachteilen für den Betrieb führt. Es muss dargelegt werden, wie viel Prozent der potenziell zu kündigenden Arbeitnehmer vor Ausspruch der Kündigung den jeweiligen Altersgruppen angehörten und wie die einzelnen Kündigungen dann auf die einzelnen Altersgruppen verteilt worden sind, damit die bislang bestehende Altersstruktur erhalten bleibt.[3661]

Die Bildung von Altersgruppen bei Massenkündigungen aufgrund einer Betriebsänderung ist auch keine unzulässige Diskriminierung wegen des Lebensalters. Hier liegt grundsätzlich ein legitimes Ziel vor, da bei Massenkündigungen im Rahmen einer Betriebsänderung regelmäßig die Erhaltung einer altersmäßig ausgewogenen Personalstruktur gefährdet ist.[3662]

1957

Die Bildung von Altersgruppen führt zwangsläufig zu Verzerrungen, unabhängig davon, in welchen Altersschritten sie durchgeführt wird. Solche Verzerrungen werden aber hingenommen und lassen die soziale Auswahl nicht aus diesem Grund sozial ungerechtfertigt werden.[3663]

Generell sieht die Rechtsprechung die Bildung von Zehnerschritten als unbedenklich.[3664]

Folgende Gruppenbildungen wurden etwa als zulässig gebilligt:

- bis zum vollendeten 25. Lebensjahr
- älter als 25 Jahre bis zum vollendeten 35. Lebensjahr
- älter als 35 Jahre bis zum vollendeten 45. Lebensjahr
- älter als 45 Jahre bis zum vollendeten 55. Lebensjahr

3659 BAG, Urt. v. 23.11.2000 – 2 AZR 533/99, NJW 2001, 3282.
3660 BAG, Urt. v. 23.11.2000 – 2 AZR 533/99, NJW 2001, 3282.
3661 BAG, Urt. v. 20.04.2005 – 2 AZR 201/04, NJW 2005, 2475.
3662 BAG, Urt. v. 12.03.2009 – 2 AZR 418/07, NZA 2009, 1023.
3663 BAG, Urt. v. 20.04.2005 – 2 AZR 201/04, NJW 2005, 2475.
3664 BAG, Urt. v. 12.03.2009 – 2 AZR 418/07, NZA 2009, 1023.

Teil 6   Gesetzesübergreifende Bezüge

- älter als 55 Jahre[3665]
- bis einschließlich 30 Jahre
- 31 Jahre bis einschließlich 40 Jahre
- 41 Jahre bis einschließlich 50 Jahre
- 51 Jahre bis einschließlich 60 Jahre
- ab 61 Jahre[3666]

2.1.4.5 Punkteschema in Tarifvertrag oder Betriebsvereinbarung

1958 Nach § 1 Abs. 4 KSchG kann in einem Tarifvertrag, in einer Betriebsvereinbarung oder Richtlinie nach dem Personalvertretungsgesetz festgelegt werden, wie die sozialen Kriterien Betriebszugehörigkeit, Lebensalter, Unterhaltspflichten und Schwerbehinderung zueinander gewichtet werden.

Bestehen in einem Tarifvertrag, der für die Betriebe des Arbeitgebers gilt, solche Auswahlrichtlinien, gelten diese Richtlinien für alle Arbeitnehmer. Ohne Relevanz ist, ob die Arbeitnehmer tarifgebunden sind oder nicht.

Wird die Gewichtung der Sozialkriterien mit dem Betriebsrat vereinbart, muss eine schriftliche und von beiden Seiten unterzeichnete Betriebsvereinbarung (vgl. § 77 Abs. 2 BetrVG) abgeschlossen werden. Irgendwelche formlosen Absprachen sind unbeachtlich. Bei der Festlegung der Gewichtung der Sozialkriterien haben die Betriebsparteien einen großen Bewertungsspielraum, so dass sie einzelne Kriterien hervorheben und andere wiederum weniger berücksichtigen können. Andere, als die vom Gesetz vorgegebenen Kriterien dürfen jedoch nicht in die Betriebsvereinbarung aufgenommen werden, da die gesetzlich genannten Kriterien abschließend sind.[3667]

Die Betriebsparteien haben somit die Möglichkeit, die Sozialauswahlkriterien quantitativ in einem Punkteschema festzulegen und an Hand dieses Schemas die Sozialauswahl vorzunehmen.

Wurden Auswahlrichtlinien vereinbart und die Sozialauswahl nach den vereinbarten Gewichtungen vorgenommen, dann kann die Sozialauswahl nur noch auf grobe Fehlerhaftigkeit überprüft werden. In einer Schulnote ausgedrückt würde dies der Note „sechs" entsprechen. Grob fehlerhaft ist eine Sozialauswahl, wenn die Gewichtung der sozialen Kriterien Lebensalter, Betriebszugehörigkeit, Unterhaltspflichten und Schwerbehinderung jede Ausgewogenheit vermissen lassen.[3668]

2.1.4.6 Punkteschema des Arbeitgebers

1959 Punkteschemata können auch generell für die Durchführung der Sozialauswahl bei Massenentlassungen vom Arbeitgeber angewandt werden, ohne dass diese Auswahlrichtlinie mit dem Betriebsrat oder in einem Tarifvertrag vereinbart worden ist. Die Sozialauswahl bei Massenentlassungen mittels eines Punkteschemas vorzunehmen ist sogar empfehlenswert, da hierdurch

---
3665 BAG, Urt. v. 06.11.2008 – 2 AZR 523/07, NJW 2009, 2326.
3666 BAG, Urt. v. 12.03.2009 – 2 AZR 418/07, NZA 2009, 1023.
3667 Vgl. Linck, in: Hoyningen-Huene, KSchG, § 1 KSchG Rn. 970.
3668 BAG, Urt. v. 21.01.1999 – 2 AZR 624/98, NJW 1999, 3797.

das Ergebnis der sozialen Auswahl in einem späteren Kündigungsschutzprozess nachvollziehbar darlegt werden kann. Die Verwertung einer allein vom Arbeitgeber aufgestellten Punktetabelle reduziert aber nicht den Bewertungsmaßstab von „ausreichend" auf „ungenügend". Berücksichtigt der Arbeitgeber die ausdrücklich in § 1 Abs. 3 Satz 1 KSchG genannten Auswahlkriterien „Betriebszugehörigkeit", „Lebensalter", „Unterhaltspflichten" und „Schwerbehinderung" in seinem Punkteschema und ordnet dann die betroffenen Arbeitnehmer entsprechend ein, muss er im Anschluss daran nicht noch einmal eine individuelle Abschlussprüfung vornehmen.[3669]

Besteht ein Betriebsrat, so muss der Arbeitgeber berücksichtigen, dass ein Punkteschema für die soziale Auswahl nach § 95 Abs. 1 BetrVG mitbestimmungspflichtig ist. Das Mitbestimmungsrecht besteht nicht nur, wenn der Arbeitgeber das Schema generell auf alle künftigen betriebsbedingten Kündigungen anwenden will, sondern auch bei Anwendung auf konkret bevorstehende Kündigungen.[3670] Beachtet der Arbeitgeber das Mitbestimmungsrecht nicht und benutzt ein Punktesystem ohne Beteiligung des Betriebsrates, so berührt dies die Wirksamkeit der Kündigung aber nicht.[3671]

Folgendes Punkteschema wurde beispielsweise von der Rechtsprechung[3672] bei der Frage, ob die sozialen Gesichtspunkte ausreichend berücksichtigt worden sind, nicht beanstandet:

Lebensalter:	– 1 Punkt bis maximal 55 Jahre
Betriebszugehörigkeit:	– bis zu 10 Jahren 1 Punkt ab dem 11. Jahr 2 Punkte
Unterhaltspflichten:	– je unterhaltsberechtigtem, auf der Lohnsteuerkarte eingetragenem Kind 3 Punkte
Familienstand:	– verheiratet 4 Punkte
Schwerbehinderteneigenschaft:	– ab 50 % 5 Punkte, darüber pro je weiteren 10 % MDE jeweils 1 weiterer Punkt

Abb. 75: Punkteschema

2.1.4.7 Fehlerhafte Sozialauswahl bei Verwendung eines Punkteschemas

Nach der früheren Rechtsprechung führte eine fehlerhafte Sozialauswahl zu einem Domino-Effekt. Wurde ein Arbeitnehmer, der gegenüber einem anderen Arbeitnehmer sozial schwächer war, nicht gekündigt, so konnten sich alle Arbeitnehmer auf diesen Fehler berufen. Die Folge war, dass die Sozialauswahl auch bei den Arbeitnehmern als fehlerhaft galt, die im Vergleich zu diesem nicht gekündigten Arbeitnehmer weniger schutzwürdig waren. Diese Rechtsprechung, nach der ein einziger Fehler die gesamte Sozialauswahl quasi vergiftete, wurde aufgegeben. Nunmehr gilt, dass sich ein Auswahlfehler bei der Anwendung eines Punktesystems auch auf die Kündigung des jeweils gekündigten Arbeitnehmers konkret ausgewirkt haben

1960

3669 BAG, Urt. v. 09.11.2006 – 2 AZR 812/05, NJW 2007, 2429.
3670 BAG, B. v. 26.07.2005 – 1 ABR 29/04, NZA 2005, 1372.
3671 BAG, Urt. v. 09.11.2006 – 2 AZR 812/05, NJW 2007, 2429.
3672 BAG Urt. v. 09.11.2006 – 2 AZR 812/05, NZA 2007 549.

muss. Wäre also der gekündigte Arbeitnehmer auch bei richtiger Anwendung des Punktesystems zu kündigen gewesen, dann führt bei diesem Arbeitnehmer ein Fehler bei der Sozialauswahl an anderer Stelle nicht zur Unwirksamkeit der Kündigung.[3673]

2.1.5 Kündigung aufgrund Interessenausgleichs mit Namensliste

1961 Mit § 1 Abs. 5 KSchG wurde eine, in der Vergangenheit bereits schon einmal aus dem Kündigungsschutzgesetz entfernte, Möglichkeit wieder eingeführt, Kündigungen, welche aufgrund von Betriebsänderungen notwendig werden, einfach, rechtssicher und zugleich sozial ausgewogen zu gestalten.[3674] Die Bestimmung des § 1 Abs. 5 KSchG entspricht im Kern der Bestimmung des § 125 InsO. Bei einer Kündigung eines Arbeitnehmers, der in eine mit dem Betriebsrat vereinbarte Namensliste aufgenommen worden ist, wird die Betriebsbedingtheit der Kündigung vermutet und der Überprüfungsmaßstab der Sozialauswahl herabgesenkt. Der im Insolvenzverfahren geltende § 125 InsO geht nur insoweit weiter, als dass das Auswahlkriterium „Schwerbehinderung" nicht zu den erforderlichen Auswahlkriterien gehört und nicht nur die Sicherung einer vorhandenen Personalstruktur, sondern auch deren Verbesserung legitimes Ziel ist.

2.1.5.1 Betriebsänderung

Voraussetzung für den Abschluss eines Interessenausgleiches mit Namensliste ist, dass in einem Unternehmen mit mehr als 20 wahlberechtigten Arbeitnehmern eine Betriebsänderung geplant wird und ein Betriebsrat besteht. In diesem Fall ist der Arbeitgeber gemäß § 111 Abs. 1 BetrVG verpflichtet, mit dem Betriebsrat über den Abschluss eines Interessenausgleiches zu verhandeln. Arbeitgeber und Betriebsrat können sich auf einen Interessenausgleich einigen, in dem die zu kündigenden Arbeitnehmer in einer Namensliste aufgeführt werden.

2.1.5.2 Namensliste

1962 Die Liste muss die Vor- und Nachnamen der betroffenen Arbeitnehmer enthalten. Es reicht nicht aus, die betroffenen Arbeitnehmer abstrakt, etwa nur durch Angabe der Personalnummern, zu bezeichnen.[3675] Die Namensliste kann entweder direkt in die Vereinbarung über den Interessenausgleich aufgenommen oder an diesen angehängt werden. Wird die Liste an den Interessenausgleich angehängt, aber nicht noch einmal unterschrieben, muss diese mit dem Interessenausgleich körperlich fest verbunden werden, etwa durch eine Heftmaschine. Es genügt nicht, dass der Interessenausgleich auf die Liste nur Bezug nimmt.[3676] Zu empfehlen ist, stets die Namensliste zu unterzeichnen. In diesem Fall genügt es bereits, dass der Interessenausgleich

---
3673 BAG, Urt. v. 09.11.2006 – 2 AZR 812/05, NJW 2007, 2429.
3674 BAG, Urt. v. 06.09.2007 – 2 AZR 715/06, NZA 2008, 633.
3675 Vgl. *Stahlhacke/Preis/Vossen*, Kündigung und Kündigungsschutz, Rn. 1161.
3676 BAG, Urt. v. 06.07.2006 – 2 AZR 520/05, NZA 2007, 266.

auf die Namensliste oder umgekehrt die Namensliste auf den Interessenausgleich Bezug nimmt.[3677] Dadurch kann in einem späteren Kündigungsschutzverfahren einem Streit, ob eine formwirksame Namenliste vorliegt, von vornherein begegnet werden.

Ein bereits abgeschlossener Interessenausgleich kann auch noch nachträglich um eine Namensliste ergänzt werden. Erforderlich ist, dass zwischen Interessenausgleich und Namensliste ein hinreichender zeitlicher Zusammenhang besteht. Dies ist der Fall, wenn Arbeitnehmer und Betriebsrat nach Abschluss des Interessenausgleiches über die Namensliste weiter verhandeln. Starre zeitliche Grenzen gibt es hier nicht.[3678]

2.1.5.3 Vermutung: betriebsbedingter Grund

Gelingt es dem Arbeitgeber mit dem Betriebsrat einen Interessenausgleich mit einer Liste der zu kündigenden Arbeitnehmer abzuschließen, so erlangt der Arbeitgeber in einem späteren Kündigungsschutzverfahren erhebliche Vorteile. Gemäß § 1 Abs. 5 KSchG wird in diesem Fall vermutet, dass für die Kündigung der in der Namensliste aufgeführten Arbeitnehmer dringende betriebliche Gründe im Sinne des § 1 Abs. 1 KSchG vorliegen. Die Vermutung bezieht sich auch darauf, dass in dem Unternehmen keine anderen Beschäftigungsmöglichkeiten für den betroffenen Arbeitnehmer bestehen.[3679]

1963

In einem Kündigungsschutzprozess ist nun nicht mehr der Arbeitgeber darlegungs- und beweispflichtig dafür, dass ein dringender betrieblicher Grund für die Kündigung vorliegt, der eine zukünftige Beschäftigung des Arbeitnehmers nicht mehr zulässt. Der beklagte Arbeitgeber kann sich vielmehr einfach auf die gesetzliche Vermutung berufen. Er braucht im Kündigungsschutzverfahren lediglich noch vorzutragen, dass eine Betriebsänderung gemäß § 111 BetrVG vorliegt, derentwegen ein wirksamer Interessenausgleich abgeschlossen wurde und der Arbeitnehmer dort namentlich aufgeführt ist. Weitere Tatsachen zur Rechtfertigung der Kündigung muss er im Prozess nicht mehr darlegen.[3680] Nunmehr liegt es an dem Arbeitnehmer, diese Vermutung zu widerlegen und zu beweisen, dass dringende betriebliche Gründe, die seiner Weiterbeschäftigung entgegenstehen, eben gerade nicht bestehen.[3681] Der Arbeitnehmer dagegen hat vor dem Arbeitsgericht konkrete Tatsachen vorzutragen, welche den gesetzlich vermuteten Umstand ausschließen. Der Arbeitnehmer muss den vollen Gegenbeweis erbringen, wobei verbleibende Zweifel zu seinen Lasten gehen.[3682]

In aller Regel wird es dem Arbeitnehmer kaum möglich sein, die gesetzlich vermuteten betriebsbedingten Gründe zu widerlegen. Seine Prozesschancen in einem Kündigungsschutzprozess sind denkbar schlecht, wenn auch nicht stets aussichtslos. Kann der Arbeitnehmer etwa konkret einwenden, der Betriebsrat und der Arbeitgeber hätten sich mit anderweitigen Be-

1964

3677 BAG, Urt. v. 22.01.2004 – 2 AZR 111/02, NZA 2006, 64.
3678 BAG, Urt. v. 26.03.2009 – 2 AZR 296/07, NZA 2009, 1151.
3679 BAG, Urt. v. 06.09.2007 – 2 AZR 715/06, NZA 2008, 50931.
3680 BAG, Urt. v. 17.11.2005 – 6 AZR 107/05, NZA 2006, 661.
3681 BAG, Urt. v. 07.05.1998 – 2 AZR 536/97, NJW 1998, 3586.
3682 BAG, Urt. v. 26.04.2007 – 8 AZR 695/05, NJOZ 2008, 108.

schäftigungsmöglichkeiten bei ihren Beratungen gar nicht erst befasst und trägt er darüber hinaus konkrete Anhaltspunkte für eine anderweitige Beschäftigungsmöglichkeit vor, muss der Arbeitgeber darlegen und beweisen, dass auch die Frage der möglichen Weiterbeschäftigung Gegenstand der Beratungen mit dem Betriebsrat war.[3683]

Es genügt in einem Kündigungsschutzprozess jedoch nicht, dass der Arbeitgeber einfach nur den Interessenausgleich vorlegt. Er muss auch darlegen und notfalls beweisen, dass eine Betriebsänderung im Sinne des § 111 BetrVG tatsächlich geplant und der Arbeitgeber somit zur Verhandlung über einen Interessenausgleich wegen dieser Betriebsänderung verpflichtet war. Ein freiwilliger Interessenausgleich ohne das Vorliegen der Voraussetzungen des § 111 BetrVG genügt nicht. Soll etwa ein Betrieb gar nicht stillgelegt werden, sondern liegt tatsächlich ein geplanter Betriebsübergang vor, so wäre dies keine Betriebsänderung im Sinne des § 111 BetrVG.[3684] Für die von einem Betriebsübergang betroffenen Arbeitnehmer kann auch ein Interessenausgleich mit Namensliste nicht zu einer Vermutung eines betriebsbedingten Grundes gemäß § 1 Abs. 5 KSchG führen.[3685] Wird etwa nicht ein Betrieb oder ein wesentlicher Betriebsteil, sondern nur ein unwesentlicher Betriebsteil, z. B. eine unselbstständige Verkaufsfiliale, stillgelegt, so ist auch dies für sich keine Betriebsänderung. Sofern hier ein Interessensausgleich mit Namensliste vereinbart wird, ohne dass eine Betriebsänderung wegen Erreichens des Schwellenwertes des § 17 KSchG vorliegt, treten nicht die Folgen des § 1 Abs. 5 KSchG ein.[3686]

In einem Kündigungsschutzprozess bleibt der Arbeitgeber auch bei einer Kündigung auf Grundlage eines Interessensausgleichs mit Namensliste verpflichtet, dem Arbeitnehmer auf dessen Verlangen die Gründe zu nennen, die zu der getroffenen Sozialauswahl geführt haben. Sobald der Arbeitgeber diese Auskunft erteilt hat, trägt der Arbeitnehmer in dem Verfahren vor dem Arbeitsgericht die volle Darlegungslast dafür, dass die Sozialauswahl grob fehlerhaft ist.[3687]

Auch dafür, dass der Interessenausgleich zwischen Arbeitgeber und Betriebsrat formwirksam zu Stande gekommen ist, trägt der Arbeitgeber die Darlegungs- und Beweislast.

2.1.5.4 Herabsetzung des Prüfungsmaßstabes der Sozialauswahl

1965 Der Prüfungsmaßstab für die Sozialauswahl wird bei der Kündigung eines in einer Namensliste aufgeführten Arbeitnehmers erheblich herabgesenkt. Gemäß § 1 Abs. 5 KSchG kann die Sozialauswahl nur noch auf grobe Fehlerhaftigkeit überprüft werden. Erst wenn eine grob fehlerhafte Sozialauswahl vorliegt, wäre eine aus solch einer Sozialauswahl resultierende Kündigung sozial nicht gerechtfertigt und damit unwirksam.

3683 BAG, Urt. v. 06. 09. 2007 – 2 AZR 715/06, NZA 2008, 633.
3684 BAG, Urt. v. 26. 04. 2007 – 8 AZR 695/05, NZA 2008, 72.
3685 BAG, Urt. v. 28. 08. 2003 – 2 AZR 377/02, BB 2004 Heft 19, 1056 für § 125 InsO.
3686 BAG, Urt. v. 03. 04. 2008 – 2 AZR 879/06, NJW 2008, 2940.
3687 BAG, Urt. v. 22. 01. 2004 – 2 AZR 111/02, NZA 2006, 64.

Dieser Prüfungsmaßstab der groben Fehlerhaftigkeit gilt nicht nur für die sozialen Kriterien und deren Gewichtung sondern für die gesamte vorgenommene Sozialauswahl. Daher kann auch die Bildung von Gruppen, innerhalb derer die Sozialauswahl durchgeführt wird, nur noch auf grobe Fehler hin überprüft werden.[3688] Für die Gruppenauswahl genügt es, wenn gute nachvollziehbare und ersichtlich nicht auf Missbrauch zielende Überlegungen für die getroffene Eingrenzung des auswahlrelevanten Personenkreises sprechen.[3689] Grobe Fehlerhaftigkeit läge erst dann vor, wenn sich für die konkrete Gruppenbildung keine vernünftigen und nachvollziehbaren Gründe finden lassen, sondern die Gruppen willkürlich nach einem gewünschten Ergebnis zusammengestellt worden sind. Die Gruppenbildung muss insgesamt nach objektiven und angemessenen Kriterien erfolgen, welche von den einzelnen Personen losgelöst sind. Grob fehlerhaft wäre etwa die Bildung von Altersgruppen, wenn diese unsystematisch wechselnde Zeitsprünge, etwa in Form von 12er, 8er und 10er Jahresschritten, aufweisen.[3690]

Grob fehlerhaft ist eine soziale Auswahl erst dann, wenn ein ins Auge springender schwerer Fehler vorliegt und der Interessenausgleich jede Ausgewogenheit vermissen lässt. Betriebsrat und Arbeitgeber haben hier einen weiten Spielraum bei der von ihnen vorgenommen Sozialauswahl. Das Gesetz unterstellt, dass dieser Spielraum von den beiden Betriebsparteien auch grundsätzlich angemessen und vernünftig genutzt wird. Nur wo dies nicht der Fall ist, sondern der vom Gesetzgeber gewährte Spielraum verlassen wird, so dass nicht mehr von einer „sozialen" Auswahl die Rede sein kann, kann grobe Fehlerhaftigkeit angenommen werden.[3691]

Eine Sozialauswahl ist nicht grob fehlerhaft, wenn nur ein marginaler Punkteabstand von einem Punkt zu einem anderen Arbeitnehmer besteht.[3692] Wird aber etwa vorsätzlich von einer Auswahlrichtlinie nach § 95 Abs. 1 Satz 1 BetrVG abgewichen, führt auch eine nur marginale Abweichung zur groben Fehlerhaftigkeit der Sozialauswahl.[3693]

Wurde die Sozialauswahl nicht betriebsbezogen, sondern abteilungsbezogen durchgeführt, ist diese grob fehlerhaft.[3694]

Grob fehlerhaft ist es auch, einfach den überwiegenden Teil der Belegschaft (etwa 18 von 25 Arbeitnehmern) als Leistungsträger ohne triftige Gründe zu qualifizieren und aus dem auswahlrelevanten Arbeitnehmerkreis herauszunehmen. Die vom Gesetzgeber als Ausnahmefall konzipierte Möglichkeit der Herausnahme von Leistungsträgern aus der Sozialauswahl gemäß § 1 Abs. 3 Satz 2 KSchG würde dadurch zum Regelfall, was mit den Grundsätzen einer Sozialauswahl nicht vereinbar ist.[3695]

Grobe Fehlerhaftigkeit der Sozialauswahl würde auch vorliegen, wenn bei der Bestimmung des Kreises vergleichbarer Arbeitnehmer die Aus-

---

3688 BAG, Urt. v. 12.03.2009 – 2 AZR 418/07, NZA 2009, 1023.
3689 BAG, Urt. v. 21.09.2006 – 2 AZR 284/06, BeckRS 2007, 44268.
3690 LAG Hamm, Urt. v. 05.06.2003 – 4 (16) Sa 1976/02, NZA – RR 2004, 132.
3691 BAG, Urt. v. 17.01.2008 – 2 AZR 405/06, DB 2008, 1688.
3692 BAG, Urt. v. 17.01.2008 – 2 AZR 405/06, DB 2008, 1688.
3693 Vgl. LAG Hamm, Urt. v. 06.04.2011 – 6 Sa 2023/10, EzA-SD 2011 Nr. 21, 12.
3694 LAG Niedersachsen, Urt. v. 17.01.2008 – 7 Sa 730/06.
3695 LAG Hamm, Urt. v. 06.12.2006 – 2 Sa 867/06, BeckRS 2007, 44249.

tauschbarkeit offensichtlich verkannt worden ist oder bei der Anwendung des Ausnahmetatbestandes des § 1 Abs. 3 Satz 2 KSchG die betrieblichen Interessen augenfällig überdehnt worden sind.[3696]

2.1.5.5 Wesentliche Sachlagenänderung

1966 Hat sich die Sachlage aber nach dem Abschluss des Interessenausgleiches, und zwar im Zeitpunkt der Kündigung, wesentlich geändert, greift die gesetzliche Vermutung der Betriebsbedingtheit der Kündigung nicht und die Sozialauswahl unterliegt weiterhin dem normalen Überprüfungsmaßstab „ausreichend". Die Sachlage hat sich dann wesentlich geändert, wenn nicht ernsthaft bezweifelt werden kann, dass Arbeitgeber oder Betriebsrat bei Kenntnis dieser neuen Sachlage den bisherigen Interessenausgleich so nicht abgeschlossen hätten. Das wäre etwa der Fall, wenn sich im Nachhinein herausstellt, dass die geplante Betriebsänderung nicht oder anders durchgeführt oder dass die Anzahl der mit der Betriebsänderung verbundenen Kündigungen erheblich verringert werden soll.[3697] Keine hier relevante nachträgliche Änderung des Sachverhalts läge vor, wenn sich nach Abschluss des Interessenausgleiches herausstellt, dass einer der von der Kündigung betroffenen Arbeitnehmer auf einem anderen Arbeitsplatz beschäftigt werden könnte.[3698]

2.1.5.6 Interessenausgleich mit Namensliste und Betriebsratsanhörung

1967 Der Abschluss eines Interessenausgleiches mit Namensliste ersetzt nicht die Anhörung des Betriebsrates gemäß § 102 BetrVG. Die Betriebsratsanhörung unterliegt hier nicht einmal erleichterten Anforderungen. In aller Regel wird der Betriebsrat aber über die Umstände der Kündigung schon ausführlich im Rahmen der Verhandlungen über den Interessenausgleich informiert worden sein, so dass er sich ein eigenes Bild über die beabsichtigte Kündigung machen konnte. Ist der Kündigungssachverhalt dem Betriebsrat schon aus den Verhandlungen über den Interessenausgleich bekannt, braucht er dem Betriebsrat bei der Anhörung nach § 102 BetrVG vom Arbeitgeber nicht erneut mitgeteilt zu werden.[3699]

Die Betriebsratsanhörung kann also praktischerweise mit den Verhandlungen über den Interessenausgleich verbunden werden. Aus dem Interessenausgleich muss sich dann eindeutig ergeben, dass der Arbeitgeber auch die Anhörung des Betriebsrates zu den beabsichtigten Kündigungen einleitet und der Abschluss des Interessenausgleiches auch die abschließende Stellungnahme des Arbeitgebers zu den beabsichtigten Kündigungen darstellt. In einem späteren Prozess, in dem der Arbeitgeber auf ein entsprechendes Bestreiten des Arbeitnehmers die ordnungsgemäße Anhörung des Betriebsrates vortragen muss, kann der Arbeitgeber auf den Kenntnisstand des Betriebsrates aus den Verhandlungen über den Abschluss des Interes-

---

3696 BAG, Urt. v. 20.09.2006 – 6 AZR 249/05, NZA 2007, 387.
3697 BAG, Urt. v. 22.01.2004 – 2 AZR 111/02, NZA 2006, 64.
3698 BAG, Urt. v. 23.10.2008 – 2 AZR 163/07, BeckRS 2009, 60407.
3699 BAG, Urt. v. 20.05.2009 – 2 AZR 532/98, NZA 1999, 1101.

senausgleiches Bezug nehmen. Trägt der Arbeitgeber in einem Prozess vor, dem Betriebsrat seien bei den Verhandlungen alle erforderlichen Angaben über die Gruppe der für vergleichbar gehaltenen Arbeitnehmer und deren Sozialdaten gemacht worden, so genügt er seiner Darlegungslast. Erst wenn der Arbeitnehmer diesen Vortrag konkret bestreiten kann, muss der Arbeitgeber die Kenntnisse des Betriebsrates weiter substantiieren und ggf. beweisen.[3700] In einem Interessenausgleich sollte daher auch festgehalten werden, dass der Betriebsrat über sämtliche Sozialdaten aller Arbeitnehmer vollständig unterrichtet worden ist.

2.2 Besonderer Kündigungsschutz

Unabhängig von dem allgemeinen Kündigungsschutz besteht ein besonderer Kündigungsschutz für bestimmte schutzwürdige Personen. Die hier nachfolgend benannten Personengruppen mit einem besonderen Kündigungsschutz sind am häufigsten in einem Betrieb anzutreffen. Darüber hinaus kann ein besonderer Kündigungsschutz auch für andere Personen gesetzlich angeordnet sein.[3701]

1968

2.2.1 Kündigungsschutz aufgrund des Betriebsverfassungsgesetzes

Die betriebsbedingte Kündigung von Arbeitnehmervertretern wie Mitgliedern des Betriebsrates, ist gemäß § 15 Abs. 1 und 2 KSchG grundsätzlich unwirksam. Dies gilt ebenso für ehemalige Mitglieder bis zur Dauer von einem Jahr nach Beendigung ihrer Amtszeit. Diese Personen können nur aus wichtigem Grund fristlos gekündigt werden. Während der Amtszeit muss zudem vorher die Zustimmung des Betriebsrates gemäß § 103 BetrVG eingeholt oder, wenn der Betriebsrat die Zustimmung nicht erteilt, die Zustimmung durch das Arbeitsgericht ersetzt werden.

1969

Auch die ordentliche Kündigung von Bewerbern einer Betriebsratswahl oder eines Mitgliedes des Wahlvorstandes ist gemäß § 15 Abs. 3 KSchG grundsätzlich unwirksam. Nur eine fristlose Kündigung aus wichtigem Grund ist hier möglich, wobei ebenfalls vor Ausspruch der Kündigung die Zustimmung des Betriebsrates gemäß § 103 BetrVG eingeholt oder bei einer Verweigerung die Zustimmung gerichtlich ersetzt werden muss. Für Bewerber beginnt der Kündigungsschutz mit der Aufstellung des Wahlvorschlages, für Mitglieder des Wahlvorstandes mit seiner Bestellung. Ab Bekanntgabe des Ergebnisses der Wahl endet der besondere Kündigungsschutz sechs Monate später.

Wird der Betrieb stillgelegt, so ist die Kündigung gemäß § 15 Abs. 4 KSchG zulässig, aber frühestens zum Zeitpunkt der Stilllegung des Betriebes. Nur ausnahmsweise und zwar wenn zwingende betriebliche Erfordernisse vorliegen, ist eine Kündigung zu einem früheren Termin möglich. Grundsätzlich gilt, dass Betriebsratsmitglieder vorrangig bis zuletzt in dem Betrieb zu beschäftigen sind, jedenfalls solange noch Arbeit da ist.[3702]

3700 BAG, Urt. v. 21. 02. 2002 – 2 AZR 581/00, NJOZ 2003, 1631.
3701 Vgl. weitere Sondergesetze in: *Gottwald*, Insolvenzrechts-Handbuch, 1666.
3702 Vgl. *Linck*, in: Hoyningen-Huene, KSchG, § 15 KSchG Rn. 171.

Wird eine Betriebsabteilung geschlossen, so muss gemäß § 15 Abs. 5 KSchG das Betriebsratsmitglied bzw. die anderen in § 15 KSchG geschützten Personen in eine andere Betriebsabteilung übernommen werden. Der Arbeitgeber ist hier auch verpflichtet, notfalls in einer anderen Betriebsabteilung einen freien Arbeitsplatz herbeizuführen, indem ein anderer Arbeitnehmer gekündigt wird.[3703]

2.2.2 Schwerbehinderte Menschen

1970 Schwerbehinderte und Ihnen gleichgestellte Personen im Sinne des § 2 SGB IX genießen besonderen Kündigungsschutz. Schwerbehinderte Menschen sind gemäß § 2 Abs. 2 SGB IX Personen mit einem Grad der Behinderung von mindestens 50, ihnen gleichgestellte Personen gemäß § 2 Abs. 3 SGB IX mit einem Grad von mindestens 30 bis 50, wenn sie ohne die Gleichstellung einen geeigneten Arbeitsplatz nicht erlangen oder nicht behalten können. Der besondere Kündigungsschutz gilt gemäß § 90 Abs. 1 Nr. 1 SGB IX erst für Arbeitnehmer, deren Arbeitsverhältnis im Zeitpunkt des Zugangs der Kündigung länger als sechs Monate bestanden hat (Wartezeit). Ausnahmen vom Sonderkündigungsschutz sind in § 90 Abs. 1 Nr. 2 und 3 und Abs. 2 SGB IX geregelt. Voraussetzung für den Sonderkündigungsschutz ist gemäß § 90 Abs. 2a SGB IX, dass der Arbeitnehmer dem Arbeitgeber im Zeitpunkt der Kündigung den Sonderkündigungsschutz auch nachgewiesen hat. Ist die Schwerbehinderung nicht offensichtlich, so wird der Nachweis durch Vorlage des Feststellungsbescheides erbracht. Der Sonderkündigungsschutz besteht auch dann, wenn der Arbeitnehmer zwar einen Antrag gestellt, die zuständige Behörde aber noch keine Entscheidung gefällt hat, ohne dass dies von dem Arbeitnehmer wegen fehlender Mitwirkung verschuldet worden ist.[3704]

Besteht Sonderkündigungsschutz, so bedarf gemäß § 85 SGB IX jede Kündigung der vorherigen Zustimmung des Integrationsamtes. Eine ohne Zustimmung des Integrationsamtes ausgesprochene Kündigung ist nichtig. Der Antrag auf Zustimmung muss gemäß § 87 Abs. 1 SGB IX schriftlich und in doppelter Ausführung bei dem für den Betrieb zuständigen Integrationsamt gestellt werden. Das Integrationsamt klärt den Sachverhalt von Amts wegen auf und entscheidet nach pflichtgemäßem Ermessen. Relevant ist der Sachverhalt im Zeitpunkt der Kündigung. Nicht berücksichtigt werden Tatsachen und Umstände, die nach dem Zugang der Kündigung eintreten.[3705] Das Integrationsamt überprüft nicht, ob die Kündigung im Sinne des Kündigungsschutzgesetzes sozial gerechtfertigt wäre. Diese Überprüfung ist allein Aufgabe der Arbeitsgerichte.[3706]

Im Falle einer endgültigen Betriebsstilllegung hat das zuständige Amt gemäß § 89 Abs. 1 Satz 1 SGB IX bei seiner Entscheidung kein Ermessen mehr. Es muss die Zustimmung erteilen, wenn zwischen dem Tag der Kündigung und dem Tag, bis zu dem Gehalt bezahlt wird, mindestens drei Monate lie-

---

[3703] BAG, Urt. v. 18.10.2000 – 2 AZR 494/99, NVwZ-RR 2003, 260.
[3704] Vgl. *Schaub*, in: Schaub, ArbR-Hdb, § 179 Rn. 10.
[3705] BVerwG, B. v. 07.03.1991 – 5 B 114/89, NZA 1991, 511.
[3706] BVerwG, Urt. v. 02.07.1992 – 5 C 51/90, NVwZ 1993, 587.

gen. Bei Betriebseinschränkungen soll die Behörde die Zustimmung erteilen, wenn die Gesamtzahl der verbleibenden schwerbehinderten Arbeitnehmer zur Erfüllung der Beschäftigungspflicht nach § 71 SGB IX ausreicht. Kann aber der schwerbehinderte Arbeitnehmer auf einem anderen Arbeitsplatz im Betrieb (nur denkbar bei Betriebseinschränkung) oder in einem anderen Betrieb des Arbeitgebers beschäftigt werden, stimmt der Arbeitnehmer dem auch zu und ist die Versetzung für den Arbeitgeber auch zumutbar, so ist das Ermessen des Amtes bei seiner Entscheidung nicht mehr eingeschränkt.

Das Integrationsamt soll die Entscheidung innerhalb eines Monats ab dem Tag des Eingangs des Antrages treffen. Wird innerhalb dieser Frist keine Entscheidung getroffen, so gilt die Zustimmung gemäß § 88 Abs. 5 Satz 2 SGB IX als erteilt. Die Zustimmungserteilung wird wirksam mit deren Zugang beim Arbeitgeber.[3707] Ab diesem Zeitpunkt kann der Arbeitgeber die Kündigung des Arbeitsverhältnisses gemäß § 88 Abs. 3 SGB IX innerhalb eines Monats erklären.

Legt der Arbeitnehmer gegen die Zustimmung Widerspruch oder Anfechtungsklage ein, so hat dies gemäß § 88 Abs. 4 SGB IX keine aufschiebende Wirkung. Der Arbeitgeber kann die Kündigung also auch aussprechen, wenn der Arbeitnehmer gegen die Entscheidung des Integrationsamtes einen Rechtsbehelf eingelegt hat. Nur wenn der Arbeitnehmer die aufschiebende Wirkung des Widerspruchs gerichtlich wiederhergestellt hat (§ 80 VwGO), ist der Arbeitgeber an dem Ausspruch der Kündigung gehindert. Erreicht aber der Arbeitnehmer erst nach Ausspruch der Kündigung die gerichtliche Entscheidung zur aufschiebenden Wirkung, so wird hierdurch die Wirksamkeit der Kündigung nicht berührt.[3708] Wird die Zulässigkeitserklärung in dem Rechtsbehelfsverfahren aufgehoben, so wird die ausgesprochene Kündigung rückwirkend unwirksam.[3709]

2.2.3 Elternzeit

Nehmen Väter oder Mütter Elternzeit, so besteht Sonderkündigungsschutz gemäß § 18 Bundeselterngeld- und Elternzeitgesetz (BEEG). Ab dem Zeitpunkt, an dem der Arbeitnehmer die Elternzeit von dem Arbeitgeber verlangt hat, begrenzt auf maximal acht Wochen vor Beginn der Elternzeit, und während der Elternzeit darf der Arbeitgeber das Arbeitsverhältnis nicht kündigen. Erst nach Beendigung der Elternzeit ist eine Kündigung wieder zulässig. Eine dennoch erfolgte Kündigung wäre nichtig.

In besonderen Fällen kann die Kündigung während der Elternzeit durch die entsprechend zuständige Behörde für Arbeitsschutz für zulässig erklärt werden. Ein besonderer Fall liegt vor, wenn das am Fortbestand des Arbeitsverhältnisses vorrangige Interesse des Arbeitnehmers wegen außergewöhnlicher Umstände hinter das Interesse des Arbeitgebers an einer Beendigung zurücktreten muss. Als besonderer Fall gilt die endgültige Betriebsstilllegung.[3710]

3707 BAG, Urt. v. 16.10.1991 – 2 AZR 332/91, NZA 1992, 503.
3708 Vgl. *Schaub*, in: Schaub, ArbR-Hdb, § 179 Rn. 46.
3709 BVerwG, Urt. v. 18.08.1977 – V C 8.77, BecksRS 1977, 30441061.
3710 BVerwG, Urt. v. 30.09.2009 – 5 C 32/08, NJW 2010, 2074.

2.2.4 Mutterschutz

1972 Gemäß § 9 Mutterschutzgesetz (MuSchG) ist die Kündigung einer Schwangeren unzulässig. Der Kündigungsschutz endet 4 Monate nach der Geburt des Kindes. Nimmt die Mutter im Anschluss an die viermonatige Frist Elternzeit, greift der Kündigungsschutz des § 18 BEEG.

Unzulässig ist die Kündigung nur dann, wenn der Arbeitgeber im Zeitpunkt der Kündigung die Schwangerschaft in irgendeiner Weise kennt. Weiß der Arbeitgeber von der Schwangerschaft bei Ausspruch der Kündigung nichts, kann ihn die Schwangere noch innerhalb von zwei Wochen nach Zugang der Kündigung von der Schwangerschaft informieren, um den Kündigungsschutz zu erhalten. Auch nach Ablauf der zwei Wochen ist eine Mitteilung noch möglich, sofern die Schwangere die Mitteilung unverzüglich nachholt und die Verzögerung von ihr nicht zu vertreten war. Die Überschreitung der Zweiwochenfrist ist von der schwangeren Frau bereits dann nicht mehr zu vertreten, wenn sie nicht auf einen gröblichen Verstoß gegen das von einem ordentlichen und verständigen Menschen im eigenen Interesse zu erwartende Verhalten zurückzuführen ist (sog. „Verschulden gegen sich selbst"). Eine unverschuldete Versäumung der Zwei-Wochen-Frist liegt also immer dann vor, wenn die Arbeitnehmerin während dieser Frist keine Kenntnis von ihrer Schwangerschaft hat. Darüber hinaus auch, wenn die Arbeitnehmerin zwar beim Zugang der Kündigung von ihrer Schwangerschaft bereits weiß oder während des Laufs der Zwei-Wochen-Frist von ihr erfährt, aber durch sonstige Umstände an der rechtzeitigen Mitteilung unverschuldet gehindert ist.[3711] Die Rechtsprechung ist hier sehr großzügig. So wird der Schwangeren auch eine angemessene Zeit eingeräumt, sich erst einmal Rechtsrat einzuholen, auch wenn dadurch die Zweiwochenfrist überschritten wird.[3712] Geht eine Kündigung der Schwangeren während des Urlaubes zu, so genügt es, dass sie nach ihrer Rückkehr den Arbeitgeber informiert.[3713]

Nur in besonderen Fällen kann gemäß § 9 Abs. 3 Satz 1 MuSchG die Kündigung einer Schwangeren auf Antrag des Arbeitgebers für zulässig erklärt werden. Die endgültige Stilllegung des Betriebes wäre ein entsprechender Fall, der die Ausnahme des Kündigungsverbotes von Schwangeren bildet.[3714]

2.3 Kündigungsform

1973 Die Kündigung eines Arbeitsverhältnisses muss gemäß § 623 BGB ausnahmslos schriftlich erklärt werden. Schriftform bedeutet gemäß § 126 BGB, dass die Kündigungserklärung von dem Erklärenden eigenhändig unterschrieben sein muss. Dem Arbeitnehmer muss die unterschriebene Kündigung des Weiteren im Original zugehen. Es genügt nicht, ihm die Kündigung nur per E-Mail oder per Telefax zu übermitteln. Wird die Schriftform nicht gewahrt, so ist die Kündigung nichtig und entfaltet keine Wirksamkeit.

3711 BAG, Urt. v. 26.09.2002 – 2 AZR 392/01, BecksRS 2003, 40757.
3712 BAG, Urt. v. 26.09.2002 – 2 AZR 392/01, BecksRS 2003, 40757.
3713 BAG, Urt. v. 13.06.1996 – 2AZR 736/95, NJW 1997, 610.
3714 BVerwG, Urt. v. 18.08.1977 – V C 8.77, BecksRS 1977, 30441061.

2.4 Kündigungsbegründung

Die Kündigung eines Arbeitsverhältnisses muss grundsätzlich nicht begründet werden. Etwas anderes gilt nur dann, wenn ein Tarifvertrag oder der Arbeitsvertrag regelt, dass die Kündigung für ihre Wirksamkeit auch die Gründe für die Kündigung enthalten muss. Die Kündigungsgründe müssen in diesen Ausnahmefällen dann so benannt werden, dass in einem späteren Prozess klar ist, auf welche Umstände sich die Kündigung stützen soll.[3715]

1974

Gesetzliche Bestimmungen, die eine Kündigungsbegründung verlangen, gibt es nur ausnahmsweise. So bedarf die Kündigung eines Berufsausbildungsverhältnisses nach der Probezeit gemäß § 22 Abs. 3 BBiG der Begründung. Auch die Kündigung einer Schwangeren bzw. Mutter nach § 9 Abs. 3 MuSchG muss den zulässigen Kündigungsgrund angeben.

Die Kündigungsfrist muss in der Kündigungserklärung nicht mitgeteilt werden. Wird in der Kündigungserklärung versehentlich eine zu kurze Frist angegeben, so endet das Arbeitsverhältnis grundsätzlich erst mit Ablauf der zutreffenden Kündigungsfrist.[3716]

Wird eine Kündigungsfrist angeben, die über die eigentliche gültige Kündigungsfrist hinausgeht, so gilt die in dem Schreiben genannte Kündigungsfrist. Werden mehrere Kündigungstermine in dem Schreiben genannt, ohne dass hinreichend klar ist, welcher Termin gelten soll, ist eine Kündigung unbestimmt und damit nicht wirksam.[3717]

2.5 Kündigung durch Vertreter

Zur Kündigung berechtigt sind die Parteien des Arbeitsvertrages. Bevollmächtigt der Arbeitgeber andere Personen mit dem Ausspruch der Kündigung, so muss die Bevollmächtigung durch eine Vollmacht im Original – beglaubigte Kopien genügen hier nicht – gegenüber dem zu kündigenden Arbeitnehmer nachgewiesen werden. Wird die Bevollmächtigung nicht durch Vorlage der Originalvollmacht nachgewiesen, ist die Kündigung zwar nicht ohne weiteres unwirksam, der Arbeitnehmer kann die Kündigungserklärung gemäß § 174 BGB jedoch unverzüglich zurückweisen. „Unverzüglich" bedeutet nicht „sofort". Der Arbeitnehmer hat hier eine kurze Überlegungszeit, so dass die Zurückweisung in der Regel innerhalb ca. einer Woche erfolgen müsste.[3718] Die Zurückweisung einer Kündigung wegen nicht beigefügter Vollmacht kann man als außerordentlich beliebt bezeichnen und bringt dem Arbeitgeber in aller Regel erhebliche Nachteile. Die Kündigungserklärung wird bei einer unverzüglichen Zurückweisung unwirksam. Um das Arbeitsverhältnis zu beenden, kann der Arbeitgeber nur eine neue Kündigung erklären. Besteht ein Betriebsrat, so muss dieser vor Ausspruch der neuen Kündigung sogar erneut angehört werden, auch wenn der Betriebsrat der ersten Kündigung zugestimmt hat. Bis es zu einer neuen

1975

3715 BAG, Urt. v. 10.02.1999 – 2 AZR 176/98, NZA 1999, 602.
3716 BAG, Urt. v. 18.04.1985 – 2 AZR 197/84, NZA 1986, 229.
3717 BAG, Urt. v. 21.10.1981 – 7 AZR 407/79, nicht veröffentlicht.
3718 Vgl. BAG, Urt. v. 31.08.1979 – 7 AZR 674/77, AP Nr. 3 § 174.

Kündigungserklärung kommt, vergeht also einige Zeit, welche die ursprüngliche Kündigungsfrist faktisch verlängert.

1976 Will der Arbeitgeber generell Personen bevollmächtigen, Kündigungen auszusprechen, so kann er die Mitarbeiter darüber durch Rundschreiben, Aushänge oder Mitteilungen im Intranet informieren. In diesem Fall hätte der Arbeitgeber die Belegschaft über die Bevollmächtigung in Kenntnis gesetzt, so dass einzelne Arbeitnehmer später eine Kündigung nicht mehr gemäß § 174 BGB wegen nicht nachgewiesener Bevollmächtigung zurückweisen können.

Wird in dem Unternehmen ein Personalabteilungsleiter eingesetzt, so gilt dieser bereits aufgrund seiner Position auch als bevollmächtigt, Kündigungen für den Arbeitgeber auszusprechen.[3719] Bei einer Kündigung durch den Personalabteilungsleiter muss die Vollmacht folglich nicht mehr nachgewiesen werden. Eine Zurückweisung der Kündigung gemäß § 174 BGB scheidet aus.

Wird die Kündigung durch einen Vertreter unterzeichnet, so muss die Vertretung durch einen entsprechenden Zusatz, etwa „i. V." (in Vertretung), deutlich gemacht werden.[3720] Das in Geschäftsbriefen oft gebräuchliche Kürzel „i. A." (im Auftrag) sollte bei einer Kündigung nicht verwendet werden. Dieses Kürzel alleine macht nach Auffassung der Rechtsprechung jedenfalls keine Vertretung deutlich. Ergibt sich nicht evtl. noch aus anderen Umständen, dass hier ein Vertretungsverhältnis und kein Auftragsverhältnis vorliegt, so wäre die Schriftform nicht eingehalten und eine „i. A." unterzeichnete Kündigung unwirksam.[3721]

2.6 Kündigungszugang

1977 Die Kündigung muss dem Arbeitnehmer zugehen. Erst dann kann sie wirksam werden. Der Arbeitgeber muss im Streitfall nachweisen, dass und wann die Kündigung dem Arbeitnehmer zugegangen ist. Wird das Kündigungsschreiben persönlich übergeben und lässt sich der Arbeitgeber dies quittieren, so ist der Nachweis über die Quittung unproblematisch. Sofern der Arbeitnehmer den Empfang nicht quittieren möchte, sollte ein Zeuge hinzugezogen werden. Da ein späterer Zeugenbeweis immer mit dem Risiko verbunden ist, dass der Zeuge sich nicht mehr hinreichend erinnern kann, sollte der Zeuge unmittelbar nach der Übergabe schriftlich bestätigen, dass die Übergabe in seinem Beisein erfolgt ist.

Wird das Kündigungsschreiben per Post mittels „Einschreiben/Rückschein" verschickt, besteht das Risiko, dass der Postbote dieses Schreiben nur zur Abholung hinterlegt und den Arbeitnehmer nur über die Niederlegung schriftlich benachrichtigt. Holt der Arbeitnehmer das Schreiben später nicht auf der Post ab, so wäre ihm die Kündigung auch nicht zugegangen. Dem Arbeitnehmer kann auch nicht vorgehalten werden, er habe den Zugang vereitelt, weil er trotz Benachrichtigung das Kündigungsschreiben nicht abgeholt habe.

3719 BAG, Urt. v. 20. 08. 1997 – 2 AZR 518/96 – NZA 1997, 1343.
3720 BAG, Urt. v. 20. 09. 2006 – 6 AZR 82/06, NJW 2007, 1084.
3721 LAG Rheinland Pfalz, Urt. v. 19. 12. 2007 – 7 Sa 530/07, NZA-RR 2008, 403.

Kapitel 1   Arbeits- und Sozialrecht

Auch „Einwurfeinschreiben" sind problematisch. Der Beleg über den Einwurf eines Einschreibens in den Briefkasten wird von der Rechtsprechung nicht als Zugangsnachweis akzeptiert. Kommt es im Prozess zum Streit, ob die Kündigung per Post durch Einwurf in den Briefkasten zugestellt worden ist, müsste der Postbote als Zeuge vernommen werden.[3722]
Wird ein Kündigungsschreiben in den Briefkasten eingeworfen, so ist für die Frage, ob das Schreiben noch am selben oder erst am kommenden Tag als zugegangen gilt, die Uhrzeit des Einwurfes relevant. Erfolgt der Einwurf zu einer Tageszeit, in der üblicherweise Post zugestellt wird, dann gilt die Kündigung noch am selben Tag als zugegangen. Hier ist immer auf die für den Ort üblichen Postzustellzeiten abzustellen.[3723] In Ballungsräumen ist es inzwischen üblich, dass Post auch weit nach der Mittagszeit zugestellt wird. Eine zumindest bis zum frühen Nachmittag in den Briefkasten eingeworfene Kündigung gilt dann noch am selben Tag als zugestellt.[3724]

2.7 Kündigungsfristen

Eine Kündigung kann das Arbeitsverhältnis erst nach Ablauf der Kündigungsfrist beenden. Der Gesetzgeber gibt in § 622 BGB für alle Arbeitsverhältnisse gesetzliche Mindestkündigungsfristen vor. In einem Arbeitsvertrag können für Kündigungen des Arbeitgebers zwar längere, aber niemals kürzere Kündigungsfristen als die gesetzlich normierten wirksam vereinbart werden.

1978

2.7.1 Grundkündigungsfrist

Die Grundkündigungsfrist beträgt gemäß § 622 Abs. 1 BGB vier Wochen (= 28 Kalendertage) zum Fünfzehnten oder zum Ende eines Kalendermonats. Die Frist beginnt gemäß § 187 Abs. 1 BGB an dem Tag, der auf den Zugang der Kündigung folgt. Soll Kündigungstermin etwa Dienstag der 15. 06. sein, dann muss die Kündigung bis zum Dienstag dem 18. 05. zugegangen sein. Geht sie erst am 19. 05. zu, wird das Arbeitsverhältnis erst zum 30. 06. beendet. Würde etwa der 18. 05. auf einen Sonntag fallen, dann muss die Kündigung dennoch bis zu diesem Sonntag zugehen. Die Regelung des § 193 BGB gilt hier nicht.[3725]

1979

Die Grundkündigungsfrist kann gemäß § 622 Abs. 5 BGB unter den folgenden Bedingungen abgekürzt werden:

1980

- Es wurde eine Probezeit von maximal sechs Monaten vereinbart: Die Kündigungsfrist beträgt zwei Wochen.
- Ein Arbeitnehmer wird nur zur vorübergehenden Aushilfe eingestellt: Die Kündigungsfrist kann frei vereinbart werden und zwar bis zur Fristlosigkeit. Für den Arbeitnehmer darf aber keine längere Kündigungsfrist als für den Arbeitgeber gelten. Wird das Arbeitsverhältnis über drei Monate

---
3722   LAG Rheinland Pfalz, B. v. 23. 05. 2008 – 10 Ta 64/08, BeckRS 2008, 54354.
3723   BAG, Urt. v. 08. 12. 1983 – 2 AZR 337/82, NJW 1984, 1651.
3724   LArbG Berlin-Brandenburg, Urt. v. 11. 06. 2010 – 6 Sa 747/10 Rn 30.
3725   BAG, Urt. v. 05. 03. 1970 – 2 AZR 112/69, BAGE 22, 304.

hinaus fortgesetzt, gelten diese vereinbarten abgekürzten Fristen nicht mehr.

- Der Arbeitgeber beschäftigt nicht mehr als 20 Arbeitnehmer (ohne Auszubildende, Teilzeitkräfte bis 20 Stunden gelten als ½ und bis 30 Stunden als 0,75): Die Kündigungsfrist kann auf vier Wochen und mehr vereinbart werden, ohne dass die Kündigung zu einem bestimmten Termin zu erfolgen hat.

2.7.2 Verlängerung der Grundkündigungsfrist

1981 Die Grundkündigungsfrist verlängert sich bei Kündigungen durch den Arbeitgeber je nach Dauer des Arbeitsverhältnisses wie folgt:

Das Arbeitsverhältnis bestand bei Zugang der Kündigung	Kündigungsfrist
zwei Jahre	ein Monat zum Ende eines Kalendermonats
fünf Jahre	zwei Monate zum Ende eines Kalendermonats
acht Jahre	drei Monate zum Ende eines Kalendermonats
zehn Jahre	vier Monate zum Ende eines Kalendermonats
zwölf Jahre	fünf Monate zum Ende eines Kalendermonats
fünfzehn Jahre	sechs Monate zum Ende eines Kalendermonats
zwanzig Jahre	sieben Monate zum Ende eines Kalendermonats

Abb. 76: Verlängerte Kündigungsfristen

Es werden nunmehr alle Beschäftigungszeiten in dem Betrieb oder Unternehmen mit eingerechnet. Die bisherige Bestimmung in § 622 Abs. 2 Satz 2 BGB, dass Beschäftigungszeiten bis zur Vollendung des 25. Lebensjahres nicht mehr gelten sollen, widerspricht europäischem Unionsrecht und ist nicht mehr anzuwenden.[3726]

2.7.3 Abweichung durch Tarifvertrag

1982 Von den gesetzlichen Kündigungsfristen kann gemäß § 622 Abs. 4 BGB nur durch Tarifverträge abgewichen werden. Die Kündigungsfristen eines Tarifvertrages gelten dann, wenn Arbeitnehmer und Arbeitgeber tarifgebunden sind. Des Weiteren sind die Kündigungsfristen eines Tarifvertrages auf das Arbeitsverhältnis anzuwenden, wenn zwischen Arbeitnehmer und Arbeitgeber vereinbart worden ist, dass auf das Arbeitsverhältnis ein geltender Tarifvertrag insgesamt angewandt wird. Eine Vereinbarung, nach der nur die Kündigungsfristen eines Tarifvertrages für das Arbeitsverhältnis gelten sollen, nicht aber die anderen Regelungen des Tarifvertrages, wäre unwirksam. In solch einem Fall gelten die gesetzlichen Kündigungsfristen.

3726 EuGH, Urt. v. 19.01.2010 – C – 555/07, ZInsO 2010, 297.

Kapitel 1   Arbeits- und Sozialrecht

2.8   Massenentlassungsanzeige

2.8.1   Voraussetzung

Ab einer Betriebsgröße von 20 Arbeitnehmern kann der Arbeitgeber bei einer beabsichtigten Entlassung mehrerer Arbeitnehmer gemäß § 17 KSchG verpflichtet sein, die geplanten Entlassungen zunächst bei der Bundesagentur für Arbeit anzuzeigen. Die Anzeigenpflicht besteht in den folgenden Fällen:

1983

Betriebsgröße	Innerhalb von 30 Kalendertagen geplant: Kündigung oder andere vom Arbeitgeber veranlasste Beendigungen wie Aufhebungsvertrag oder Eigenkündigung
21 bis 59 Arbeitnehmer	ab 6 Arbeitnehmer
60 bis 499 Arbeitnehmer	10 % oder mehr als 25 Arbeitnehmer
ab 500 Arbeitnehmer	mindestens 30 Arbeitnehmer

Abb. 77: Massenentlassungsanzeigepflicht

2.8.2   Beteiligung des Betriebsrates

Besteht ein Betriebsrat, so ist dieser gemäß § 17 Abs. 2 KSchG rechtzeitig schriftlich zu unterrichten. Ihm sind die Entlassungsgründe, die Zahl und die Berufsgruppen der zu kündigenden Arbeitnehmer, der Zeitraum, in dem die Entlassungen vorgenommen werden sollen, die vorgesehenen Kriterien für die Auswahl der zu entlassenden Arbeitnehmer sowie die für die Berechnung etwaiger Abfindungen vorgesehenen Kriterien mitzuteilen. Hier besteht aber nur eine Pflicht zur Unterrichtung- und Beratung mit dem Betriebsrat. Eine Einigung vor der Durchführung einer Massenentlassung muss mit dem Betriebsrat nicht erzielt werden.[3727]

2.8.3   Inhalt der Anzeige

Gemäß § 17 Abs. 3 Satz 4 KSchG muss die Anzeige mindestens den Namen des Arbeitgebers, den Sitz und die Art des Betriebs, die Zahl und die Berufsgruppen der zu kündigenden und in der Regel beschäftigten Arbeitnehmer, die Entlassungsgründe, die Tage, in denen die Entlassungen vorgenommen werden sollen und die vorgesehenen Kriterien für die Auswahl der zu entlassenden Arbeitnehmer enthalten. Die Bundesagentur gibt entsprechende Formulare aus. Fehlen zwingend erforderliche Angaben oder sind diese falsch und wird die Agentur für Arbeit dadurch in ihrer sachlichen Prüfung beeinträchtigt, ist die Anzeige unwirksam.[3728]

1984

Zu einer wirksamen Massenentlassungsanzeige gehört auch, dass der Arbeitgeber die Stellungnahme des Betriebsrats zu den beabsichtigten Entlassungen beifügt. Liegt eine Stellungnahme des Betriebsrats nicht vor, muss der Arbeitgeber glaubhaft machen, dass er den Betriebsrat mindestens zwei Wochen vor Erstattung der Massenentlassungsanzeige gemäß § 17 Abs. 2 Satz 1 KSchG unterrichtet hat und den Stand der Beratungen darlegen. Andernfalls wäre die Anzeige unwirksam.[3729]

3727   BAG, Urt. v. 21.05.2008 – 8 AZR 84/07, NZA 2008, 753.
3728   LAG Rheinland Pfalz, Urt. v. 26.08.2011 – 7 Sa 672/10, Beck RS 2011, 78098.
3729   LAG Hamm, Urt. v. 06.06.1986 – 16 Sa 2220/85.

Eine zunächst fehlende Stellungnahme des Betriebsrats kann aber nachgereicht werden, sofern der Betriebsrat mindestens zwei Wochen vor Erstattung der Anzeige unterrichtet worden ist.[3730]

2.8.4 Folgen einer unterlassenen oder unwirksamen Anzeige

1985 Liegt keine (wirksame) Anzeige an die Bundesagentur für Arbeit vor Ausspruch der Kündigungen vor, so wären die Kündigungen unwirksam.[3731]

2.8.5 Folgen einer wirksamen Massenentlassungsanzeige

Kündigungen können unmittelbar nach dem Eingang der wirksamen Massenentlassungsanzeige bei der Bundesagentur ausgesprochen werden. Die wirksame Massenentlassungsanzeige führt gemäß § 18 Abs. 1 KSchG zu einer Sperrfrist von regelmäßig einem Monat. Fristbeginn ist der Tag des Eingangs der Anzeige bei der Bundesagentur für Arbeit. Vor Ablauf dieser Sperrfrist kann eine Kündigung das Arbeitsverhältnis nicht beenden, auch wenn die eigentliche Kündigungsfrist kürzer ist. Insoweit führt die Sperrfrist faktisch zu einer Mindestkündigungsfrist.[3732] Auf Kündigungen von Arbeitsverhältnissen, deren Kündigungsfristen länger als die Sperrfrist sind, hat die Sperrfrist also keine Auswirkung.

Die Sperrfrist des § 18 KSchG dient vor allem arbeitsmarktpolitischen Zwecken und soll der Bundesagentur die Möglichkeit verschaffen, rechtzeitig Maßnahmen zur Vermeidung oder wenigstens zur Verzögerung von Belastungen des Arbeitsmarkts einzuleiten und für anderweitige Beschäftigung der Entlassenen zu sorgen.

Vor Ablauf der Sperrfrist können Kündigungen nur wirksam werden, wenn die Bundesagentur für Arbeit dem zustimmt. Hierfür ist ein besonderer Antrag des Arbeitgebers erforderlich.

Die Bundesagentur kann die Sperrfrist gemäß § 18 Abs. 2 KSchG auf maximal zwei Monate verlängern.

Nach Ablauf der Sperrfrist verbleiben dem Arbeitgeber noch 90 Tage, um die jeweiligen Kündigungen auszusprechen. Hat die Bundesagentur die Zustimmung zur Beendigung des Arbeitsverhältnisses vor Ablauf der Sperrfrist erteilt, läuft die 90 Tagesfrist ab dem Tag, ab dem die Kündigung vorzeitig wirksam werden sollte. Nach Ablauf der 90 Tagesfrist müsste gemäß § 18 Abs. 4 KSchG eine neue Anzeige eingereicht werden, sofern noch die Voraussetzungen des § 17 Abs. 1 KSchG vorliegen.

2.9 Wirksamkeit einer Kündigung und Kündigungsschutzklage

1986 Will ein Arbeitnehmer geltend machen, dass eine Kündigung sozial ungerechtfertigt oder aus anderen Gründen rechtsunwirksam ist, so muss er gemäß § 4 KSchG innerhalb von drei Wochen die Klage beim Arbeitsgericht erheben. Das Klagebegehren besteht darin, festzustellen, dass das Arbeits-

---

3730 BAG, Urt. v. 21.05.2008 – 8 AZR 84/07, NZA 2008, 753.
3731 BAG, Urt. v. 23.03.2006 – 2 AZR 343/05, NZA 2006, 971.
3732 BAG, Urt. v. 06.11.2008 – 2 AZR 935/07, NZA 2009, 1013.

verhältnis durch die unwirksame Kündigung nicht beendet worden ist. Die Frist zur Erhebung der Klage beginnt mit der Zustellung der Kündigung. Ist die Zustimmung einer Behörde zur Kündigung erforderlich, so beginnt die Dreiwochenfrist mit der Bekanntgabe der Entscheidung der Behörde an den Arbeitnehmer.

Ob eine rechtsunwirksame Kündigung auch unwirksam bleibt, hängt also allein vom Verhalten des Arbeitnehmers ab. Greift der Arbeitnehmer eine konkrete Kündigung nicht fristgerecht mit der Kündigungsschutzklage an, so gilt die zunächst noch unwirksame Kündigung gemäß § 7 KSchG nach Ablauf der Klagefrist als von Anfang an wirksam. Die nun wirksame Kündigung beendet dann ein Arbeitsverhältnis.

Jeder Unwirksamkeitsgrund muss mit der Kündigungsschutzklage angegriffen werden.[3733] Durch die kurze Klagefrist und die Fiktion, dass nach Ablauf der Frist die Kündigung von Anfang an als rechtswirksam gilt, soll schnell Klarheit darüber herrschen, ob das Arbeitsverhältnis beendet worden ist oder sich der Arbeitgeber auf eine Streitigkeit über diese Frage einstellen muss.

1987

Wurde die Kündigung nicht schriftlich gemäß § 623 BGB erklärt, so kann dies aber noch nach Ablauf der Drei-Wochen-Frist geltend gemacht werden, da § 4 KSchG nur für schriftlich erklärte Kündigungen gilt.[3734] Eine zu kurze Kündigungsfrist muss auch nicht innerhalb der Drei-Wochen-Frist des § 4 KSchG mit einer Klage angegriffen werden.[3735] Ergibt sich aber aus dem Kündigungsschreiben, dass das Arbeitsverhältnis nur zu dem in dem Kündigungsschreiben angegebenen Zeitpunkt enden soll und nicht hilfsweise zum nächst zulässigen Termin, so muss der Arbeitnehmer auch dies innerhalb der Drei-Wochen-Frist mit einer Klage beim Arbeitsgericht angreifen. Versäumt er die Frist, endet das Arbeitsverhältnis zu dem in dem Kündigungsschreiben angegebenen Termin.[3736]

3. Sanierung und Mitbestimmung des Betriebsrates
3.1 Betriebsratsanhörung vor Kündigung

Besteht in einem Betrieb ein Betriebsrat, so muss dieser gemäß § 102 BetrVG vor jeder Kündigung angehört werden. Die Anhörungsverpflichtung besteht immer, also auch dann, wenn das Kündigungsschutzgesetz keine Anwendung findet.[3737] Wird eine Kündigung ausgesprochen, ohne dass der Betriebsrat vorher angehört worden ist, ist die Kündigung gemäß § 102 Abs. 1 Satz 3 BetrVG unwirksam. Auf die Frage, ob ein Kündigungsgrund vorliegt, kommt es dann nicht mehr an. Eine Kündigung ist auch dann unwirksam, wenn der Betriebsrat zwar angehört wurde, diese Anhörung aber nicht ordnungsgemäß war.[3738] Wurde eine Kündigung bereits ausgesprochen, ohne

1988

3733 Vgl. Gründe im Einzelnen Kiel, in: ErfK, § 4 KSchG Rn. 4.
3734 BAG, Urt. v. 28.06.2007 – 6 AZR 873/06, NZA 2007, 972.
3735 BAG, Urt. v. 06.07.2006 – 2 AZR 215/05, NZA 2006, 1405.
3736 BAG, Urt. v. 01.09.2010 – 5 AZR 700/09, BeckRS 2010, 72996.
3737 BAG, Urt. v. 18.05.1994 – 2 AZR 920/93.
3738 St. Rspr. vgl. BAG, Urt. v. 06.10.2005 – 2 AZR 316/04.

dass der Betriebsrat angehört worden ist, kann die Anhörung auch nicht mehr nachgeholt werden.

Eine einmal durchgeführte Anhörung wird mit Ausspruch der Kündigung praktisch verbraucht. Weist der Arbeitnehmer etwa eine ausgesprochene Kündigung zurück, weil die Vertretungsbefugnis nicht nachgewiesen worden ist, so muss der Betriebsrat vor einer erneut auszusprechenden Kündigung auch erneut angehört werden, obwohl sich die Kündigungsgründe selbst nicht geändert haben. Eine neuerliche Anhörung ist aber dann nicht notwendig, wenn die ursprüngliche Kündigung zunächst nicht zugestellt werden konnte und lediglich ein neuer Zustellversuch unternommen werden soll. In diesem Fall ist die Kündigung noch nicht ausgesprochen worden, so dass die Betriebsratsanhörung auch noch nicht verbraucht worden ist.

Die Anhörungspflicht besteht nur vor beabsichtigten Kündigungen des Arbeitgebers. Möchte der Arbeitgeber das Arbeitsverhältnis durch einen Auflösungsvertrag beenden, so hat der Betriebsrat kein Beteiligungsrecht gemäß § 102 BetrVG. Eine Anhörungspflicht besteht auch dann nicht, wenn der Arbeitnehmer freigestellt werden soll.[3739]

3.1.1 Form und Umfang

1989 Die Anhörung unterliegt keiner besonderen Form, kann also sowohl schriftlich als auch mündlich durchgeführt werden. Eine schriftliche Anhörung ist zu empfehlen, da der Arbeitgeber in einem späteren Prozess leichter nachweisen kann, welche Kündigungsgründe er dem Betriebsrat mitgeteilt hat.

Der Arbeitgeber muss dem Betriebsrat all die Tatsachen mitteilen, die aus seiner subjektiven Sicht die Kündigung begründen sollen. An Hand der von dem Arbeitgeber mitgeteilten Gründe muss der Betriebsrat in die Möglichkeit versetzt werden, sich ein eigenes Bild von den Kündigungsgründen zu machen, um gegebenenfalls auf den Arbeitgeber hinsichtlich seiner Kündigungsentscheidung einwirken zu können. Die Betriebsratsanhörung zielt nicht darauf ab, dass der Betriebsrat die Wirksamkeit der Kündigung überprüfen soll. Der Betriebsrat ist kein Gericht, das über Anträge des Arbeitgebers entscheidet, sondern Partner des Arbeitgebers in einem vertrauensvoll zu führenden Gespräch.[3740]

1990 Die Anhörung ist nicht ordnungsgemäß durchgeführt, mit der Folge der Unwirksamkeit der Kündigung, sofern der Arbeitgeber dem Betriebsrat den Kündigungssachverhalt bewusst falsch oder unvollständig darstellt. Teilt der Arbeitgeber dem Betriebsrat relevante Tatsachen in Bezug auf die Kündigung aber nur deshalb nicht mit, weil er auf diese Tatsachen die Kündigung nicht stützen will, so ist die Anhörung selbst ordnungsgemäß. Eine solche unvollständige, aber dennoch wirksame Anhörung verwehrt es dem Arbeitgeber später allerdings, in einem Kündigungsschutzprozess noch Gründe nachzuschieben, die über den Sachverhalt hinausgehen, welche dem Betriebsrat in der Anhörung mitgeteilt worden sind.[3741]

3739 BAG, Urt. v. 22.01.1998 – 2 AZR 266/97, BeckRS 1998, 30368271.
3740 BAG, Urt. v. 28.08.2003 – 2 AZR 377/02, BeckRS 2004, 40173.
3741 St. Rspr. vgl. BAG, Urt. v. 06.10.2005 – 2 AZR 316/04, NZA 2006, 990.

Zu einer ordnungsgemäßen Anhörung gehört die Angabe wer genau und warum gekündigt werden und ob die Kündigung ordentlich unter Einhaltung einer bestimmten Kündigungsfrist oder fristlos erfolgen soll. Dem Betriebsrat müssen grundsätzlich Anschrift des Arbeitnehmers, Lebensalter, Betriebszugehörigkeit, Unterhaltspflichten und Schwerbehinderteneigenschaft mitgeteilt werden.[3742] Diese Daten benötigt der Betriebsrat, um etwa eine Sozialauswahl oder die Einhaltung der Kündigungsfrist beurteilen zu können. Wurde eine Sozialauswahl durchgeführt, so muss der Arbeitgeber auch die Gründe, die zu der Sozialauswahl geführt haben, mitteilen. Auch wenn es sich um einen kleinen Betrieb handelt, dessen Arbeitsverhältnisse nicht dem Kündigungsschutz unterfallen, müssen die Sozialdaten grundsätzlich vollständig in der Anhörung genannt werden.

War keine Sozialauswahl durchzuführen, etwa weil der Betrieb endgültig stillgelegt und alle Arbeitnehmer entlassen werden sollen, so müssen zumindest etwaige Unterhaltspflichten und der Familienstand nicht genannt werden, da diese für die Kündigung keine Relevanz haben.[3743] Über die Dauer der Betriebszugehörigkeit muss aber noch informiert werden, da diese für die Kündigungsfrist relevant sein kann. Die Nennung des Lebensalters ist hingegen für die Kündigungsfrist inzwischen seit dem Urteil des Europäischen Gerichtshofes zur Unanwendbarkeit des § 622 Abs. 2 Satz 2 BGB nicht mehr von Bedeutung.

Möchte der Insolvenzverwalter einen Betrieb endgültig stilllegen und ein Arbeitsverhältnis mit der maximalen Frist von drei Monaten gemäß § 113 InsO kündigen, so muss er dem Betriebsrat auch nicht mehr die Dauer der Betriebszugehörigkeit nennen, da diese Daten für die Kündigungsfrist keine Rolle mehr spielen.[3744]

Der Arbeitgeber muss den Kündigungssachverhalt so genau umschreiben, dass der Betriebsrat ohne eigene Nachforschungen in der Lage ist, die Stichhaltigkeit der Kündigung zu überprüfen.[3745] Bei einer betriebsbedingten Kündigung muss konkret mitgeteilt werden, aus welchen Gründen nach Auffassung des Arbeitgebers die Beschäftigungsmöglichkeit des jeweiligen Arbeitnehmers wegfällt. Es genügt nicht, die Kündigung nur mit pauschalen Beschreibungen wie etwa „Wegfall des Arbeitsplatzes" oder „Auftragsmangel" zu umschreiben. Sieht der Arbeitgeber keine Möglichkeit, den Arbeitnehmer auf einem anderen Arbeitsplatz zu beschäftigen, so reicht es aber aus, dass er dies dem Betriebsrat ohne nähere Gründe so mitteilt.[3746]

Der Arbeitgeber sollte stets vor Augen haben, dass er in einem späteren Kündigungsschutzverfahren nur die Tatsachen und Umstände zur Begründung der Kündigung anführen kann, die er auch dem Betriebsrat genannt hat.[3747] Daher sollten die Kündigungsgründe in dem Anhörungsverfahren nach Möglichkeit so detailliert benannt werden, wie dies später auch in ei-

---

3742 BAG, Urt. v. 16.09.1993 – 2 AZR 267/93, NJW 1994, 1365.
3743 BAG, Urt. v. 13.05.2004 – 2 AZR 329/03, NZA 2004, 1037.
3744 BAG, Urt. v. 20.09.2006 – 6 AZR 219/06.
3745 BAG, Urt. v. 05.12.2002 – 2 AZR 697/01, NZA 2003, 849.
3746 BAG, Urt. v. 17.02.2000 – 2 AZR 913/98, NJW 2000, 3801.
3747 St. Rspr. vgl. BAG, Urt. v. 06.10.2005 – 2 AZR 316/04, NZA 2006, 990

nem Kündigungsschutzverfahren erfolgen muss. Nur Gründe, die erst nach Ausspruch der Kündigung bekannt geworden sind und somit dem Betriebsrat gar nicht vorgetragen werden konnten, können nachträglich noch zur Begründung der Kündigung in ein Kündigungsschutzverfahren eingebracht werden.

3.1.2 Fristbeginn und Fristende

1991 Die Mitteilung, dass der Arbeitgeber die Anhörung einleite, erfolgt gegenüber dem Betriebsratsvorsitzenden oder im Fall seiner Verhinderung gegenüber dessen Vertreter (vgl. § 26 Abs. 2 BetrVG). Der Betriebsrat kann einzelne Mitglieder auch beauftragen, die Erklärungen zur Anhörung entgegenzunehmen.[3748] Wird ein Anhörungsschreiben einem Betriebsratsmitglied übergeben, das nicht entsprechend bevollmächtigt ist, beginnt die Anhörungsfrist noch nicht. Sie wird erst dann in Gang gesetzt, wenn dieses Schreiben dem Vorsitzenden bzw. im Verhinderungsfall seinem Stellvertreter zugeht.[3749]

Die Anhörungsfrist beträgt bei einer ordentlichen Kündigung eine Woche. Sie wird ab Zugang der mündlichen oder schriftlichen Mitteilung der Kündigungsabsicht an das zuständige Betriebsratsmitglied berechnet. Grundsätzlich muss dem Betriebsrat die Mitteilung während der Arbeitszeit zugehen. Wird ein Schreiben nach Beendigung der Arbeitszeit in ein Fach des Betriebsrates eingelegt, dann geht die Mitteilung erst am nächsten Tag zu. Der Tag der Mitteilung wird bei der Fristberechnung nicht mitgezählt. Eine etwa an einem Donnerstag in Gang gesetzte Anhörungsfrist bezüglich einer ordentlichen Kündigung endet am darauffolgenden Donnerstag um 24.00 Uhr. Fällt das Ende der Frist auf einen Samstag, Sonntag oder gesetzlichen Feiertag, so endet die Anhörungsfrist an dem darauffolgenden Werktag. Erst nach Fristablauf ist das Anhörungsverfahren grundsätzlich abgeschlossen, so dass die Kündigung ausgesprochen werden kann.

Ist die Frist abgelaufen, kann der Arbeitgeber die Kündigung aussprechen. Auch wenn der Betriebsrat einer beabsichtigten betriebsbedingten Kündigung widersprochen hat, so ist der Arbeitgeber nicht gehindert, die Kündigung zu erklären. Ein Widerspruch des Betriebsrates kann lediglich gemäß § 102 Abs. 5 BetrVG zur Folge haben, dass der Arbeitgeber bis zur Beendigung einer Kündigungsschutzklage zur Weiterbeschäftigung des Arbeitnehmers verpflichtet wird.

Vor dem regulären Fristende kann nur dann eine Kündigung wirksam erklärt werden, wenn der Betriebsrat sich bereits endgültig, gleich ob positiv oder negativ, zu der Kündigung erklärt hat. Solange der Betriebsrat nur schweigt ist nicht auszuschließen, dass er sich noch äußern könnte. Erst wenn der Betriebsrat mitteilt, er werde sich nicht zu der Kündigung äußern, wäre dies als eine abschließende Stellungnahme zu sehen, auch wenn mit dieser Äußerung keine Stellungnahme zu den Kündigungsgründen verbunden ist.[3750] Sollte nicht eindeutig sein, ob eine Äußerung des Betriebsrates

---

3748 BAG, Urt. v. 06.10.2005 – 2 AZR 316/04, NZA 2006, 990.
3749 BAG, Urt. v. 27.08.1982 – 7 AZR 30/80, NJW 1983, 2835.
3750 BAG, Urt. v. 12.03.1987 – 2 AZR 176/86, NZA 1988, 137.

oder ein Verhalten dahingehend zu werten ist, dass der Betriebsrat sich nicht mehr zu der Kündigung äußern wird, muss das Fristende abgewartet werden, will der Arbeitgeber nicht Gefahr laufen, dass die Kündigung unwirksam ist.

3.2 Interessenausgleich
3.2.1 Unternehmensgröße

In Unternehmen mit in der Regel mehr als 20 wahlberechtigten Arbeitnehmern besteht gemäß § 111 BetrVG bei Betriebsänderungen ein Mitbestimmungsrecht des Betriebsrates. Zu beachten ist, dass für dieses Mitbestimmungsrecht des Betriebsrates nicht die Betriebsgröße, sondern die Unternehmensgröße relevant ist. Somit kann auch bei Betriebsänderungen in Betrieben mit weniger als 21 Arbeitnehmern ein Mitbestimmungsrecht bestehen, wenn das Unternehmen die Schwelle von mehr als 20 Arbeitnehmern übersteigt. *1992*

3.2.2 Rechtzeitige Unterrichtung des Betriebsrates

Bringt die geplante Betriebsänderung wesentliche Nachteile für die gesamte oder erhebliche Teile der Belegschaft mit sich, ist der Arbeitgeber verpflichtet, den für den betroffenen Betrieb zuständigen Betriebsrat umfassend zu unterrichten und mit ihm die geplante Betriebsänderung zu beraten. Partner des Unternehmers ist grundsätzlich der Betriebsrat des von der Änderung betroffenen Betriebes. Ausnahmsweise kann auch der Gesamtbetriebsrat zuständig sein (vgl. § 50 Abs. 2 BetrVG). *1993*

Das Betriebsverfassungsgesetz geht davon aus, dass die in § 111 BetrVG genannten Betriebsänderungen stets zu wesentlichen Veränderungen für die Arbeitnehmer führen. Der Betriebsrat soll bei geplanten Betriebsänderungen rechtzeitig über die Planungen umfassend informiert werden, damit er im Interesse der Arbeitnehmer auf das Ob und das Wie der geplanten Betriebsänderung Einfluss nehmen kann.[3751] Schon die Planung einer Betriebsänderung löst das Mitbestimmungsrecht aus und nicht erst die Umsetzung. Solange der Arbeitgeber zunächst Vorüberlegungen zu einer noch zu planenden Betriebsänderung anstellt, hat der Betriebsrat noch keinen Anspruch auf Unterrichtung und Beratung über die denkbaren Auswirkungen des Vorhabens. Ist aber ein bestimmtes Konzept zu der geplanten Betriebsänderung entwickelt worden und besteht die Absicht, dieses Konzept nicht nur als Planspiel in der Schublade zu lassen, sondern auch durchzuführen, wird das Mitbestimmungsrecht des Betriebsrates ausgelöst.[3752] Allerdings sollte der Unternehmer mit dem Betriebsrat schon im eigenen Interesse so früh wie möglich die Verhandlungen aufnehmen und nicht erst in letzter Minute. Zögert der Unternehmer die Aufnahme von Verhandlungen hinaus, so kann er evtl. später bei der Umsetzung seiner Planungen unter Zeitdruck geraten. *1994*

3751 BAG, Urt. v. 14.09.1976 – 1 AZR 784/75, NJW 1977, 727.
3752 LAG Düsseldorf, B. v. 27.08.1985 – 16 TaBV 52/85, NZA 1986, 371.

1995 Die Unterrichtung des Betriebsrates muss umfassend sein. Ihm müssen alle Gründe für die geplante Betriebsänderung dargelegt werden, so dass er sich ein vollständiges eigenes Bild machen kann.[3753] Alle Planungsunterlagen, welche die Betriebsänderung betreffen, müssen dem Betriebsrat zugänglich gemacht werden. Ihm müssen alle für die geplante Betriebsänderung relevanten wirtschaftlichen und sozialen Daten mitgeteilt werden.[3754] Hierzu gehören auch Gutachten von Wirtschaftsprüfern, Bilanzzahlen, interne Planungspapiere etc. Es kommt nicht darauf an, dass sich der Betriebsrat ausreichend informiert fühlt sondern darauf, dass er tatsächlich die erforderlichen Informationen vom Arbeitgeber erhalten hat. Unerheblich ist daher, ob der Betriebsrat noch weitere Informationen beim Arbeitgeber angefordert hat.[3755]

Der Arbeitgeber kann sich hier nicht darauf berufen, dass es sich um geheime Betriebsinterna handelt, da die Betriebsratsmitglieder gemäß § 79 Abs. 1 BetrVG zur Geheimhaltung verpflichtet sind, wenn der Arbeitgeber die Betriebsinterna als geheimhaltungsbedürftig bezeichnet. Der Betriebsrat kann mündlich oder schriftlich über die geplante Betriebsänderung unterrichtet werden. Wann mit den Beratungen begonnen wird, entscheiden die Betriebsparteien. Fordert der Unternehmer den Betriebsrat zur Aufnahme von Beratungen auf, so darf dieser den Beratungsbeginn nicht mutwillig hinauszögern. Beraten wird darüber, ob und wie die Betriebsänderung durchgeführt wird. Die Länge der Beratungen richtet sich nach dem Einzelfall. Je nach Häufigkeit der Zusammenkünfte zwischen Betriebsrat und Arbeitgeber kann man einen Zeitraum von drei Wochen als grobe Richtlinie nehmen.

3.2.3 Gang der Verhandlungen

1996 Zwischen Arbeitgeber und Unternehmer soll eine Einigung über einen Interessenausgleich zu Stande kommen, sie muss es aber nicht. Kommt es nicht zu einer Einigung, können eine der Parteien oder beide gemäß § 111 Abs. 2 Satz 1 BetrVG die Bundesagentur für Arbeit um Vermittlung ersuchen. Sofern auch durch diesen Vermittlungsversuch der Bundesagentur noch keine Einigung erfolgt, können der Unternehmer oder der Betriebsrat die Einigungsstelle anrufen. Die Einigungsstellen werden gemäß § 76 BetrVG bei Meinungsverschiedenheiten gebildet und paritätisch unter dem Vorsitz einer neutralen Person besetzt. Die Einigungsstelle kann aber hinsichtlich eines zu verhandelnden Interessensausgleiches nur vermittelnd tätig sein. Eine Regelung hinsichtlich der geplanten Betriebsänderung durch einen bindenden Spruch kann sie nicht herbeiführen.

3.2.4 Gegenstand eines Interessenausgleiches

1997 Gegenstand eines Interessenausgleichs ist, ob und wie die geplante Betriebsänderung durchgeführt wird. In einem Interessenausgleich können etwa Kündigungsverbote, Versetzungs- und Umschulungspflichten verein-

---

3753 Vgl. *Fitting*, BetrVG, § 111 BetrVG Rn. 111.
3754 LAG Hamm, B. v. 05.03.1986 – 12 Ta BV 164/85, NZA 1986, 651.
3755 Vgl. *Zwanziger*, § 122, Rn. 21.

bart werden.[3756] Kommt ein Interessenausgleich zu Stande, so muss dieser von beiden Parteien gemäß § 111 Abs. 1 Satz 1 BetrVG unterzeichnet werden. Andernfalls wäre die Einigung nicht wirksam. Der Interessenausgleich muss in der Vereinbarung nicht zwingend als solcher benannt werden. Allein entscheidend ist, dass eine Einigung der Betriebspartner über das Ob und Wie einer geplanten Betriebsänderung schriftlich festgehalten und diese Einigung in der Vertragsurkunde mit ausreichender Deutlichkeit sichtbar wird. Ein Interessenausgleich ist eine besondere Vereinbarung kollektiver Art, aus der sich keine unmittelbaren Wirkungen auf die Einzelarbeitsverhältnisse nach § 77 Abs. 4 BetrVG ergeben.[3757] Ein Interessenausgleich enthält also keine Ansprüche der Arbeitnehmer.

3.2.5 Mitbestimmungspflichtige Betriebsänderungen

Wann eine mitbestimmungspflichtige Betriebsänderung vorliegt, ergibt sich aus § 111 Satz 3 BetrVG.

1998

3.2.5.1 Einschränkung und Stilllegung des Betriebes oder von Betriebsteilen

3.2.5.1.1 Betriebsstilllegung

Betriebsstilllegung bedeutet Auflösung der Betriebs- und Produktions- oder Dienstleistungsgemeinschaft zwischen Arbeitgeber und Arbeitnehmer. Eine geplante Betriebsstilllegung liegt vor, wenn der Unternehmer die bisherige wirtschaftliche Betätigung in der ernstlichen Absicht einstellen will, den bisherigen Betriebszweck dauernd oder doch zumindest für eine wirtschaftlich nicht unerhebliche Zeitspanne aufzugeben.[3758]

1999

Mit der Durchführung einer Stilllegung wird begonnen, sobald der Unternehmer diese durch unumkehrbare Maßnahmen einleitet. Wird lediglich die Produktion eingestellt oder werden die Arbeitnehmer freigestellt, so sind dies noch keine unumkehrbaren Maßnahmen.[3759]

3.2.5.1.2 Betriebseinschränkung

Eine mitbestimmungspflichtige Betriebseinschränkung kann eintreten, wenn die Leistungsfähigkeit des Betriebes erheblich und nicht nur vorübergehend reduziert wird.

2000

Eine Betriebsänderung im Sinne des § 111 BetrVG kann auch durch einen für den Betrieb erheblichen Personalabbau erfolgen. Um festzustellen, ab welcher Anzahl der geplanten Entlassungen ein erheblicher Personalabbau vorliegt, sind zunächst die in § 17 KSchG genannten Zahlen maßgebend.[3760] Bei einer Betriebsgröße von unter 21 Arbeitnehmern – hier sieht § 17 KSchG keine Massenentlassungsanzeigenverpflichtung vor – liegt eine Betriebseinschränkung im Sinne des § 111 Satz 3 Nr. 1 BetrVG vor, wenn mindestens

---

3756 BAG, Urt. v. 17.09.1991 – 1 ABR 23/91, NZA 1992, 227.
3757 BAG, Urt. v. 20.04.1994 – 10 AZR 186/93, NZA 1995, 89.
3758 BAG, Urt. v. 27.06.1995 – 1 ABR 62/94, NZA 1996, 164.
3759 BAG, Urt. v. 22.11.2005 – 1 AZR 407/04, NZA 2006, 736.
3760 St. Rspr. vgl. BAG B. v. 28.03.2006 – 1 ABR 5/05, NZA 2006, 932.

6 Arbeitsplätze abgebaut werden sollen.[3761] Mitzuzählen sind stets alle Arbeitnehmer, die ihren Arbeitsplatz verlieren sollen und zwar unabhängig davon, ob dies durch Kündigung oder durch vom Arbeitgeber veranlasste Aufhebungsverträge oder durch Arbeitnehmerkündigungen geschieht.[3762] Ein Personalabbau, der als Betriebsänderung gewertet wird, liegt also in folgenden Fällen vor:

Betriebsgröße	Geplanter Personalabbau
7 bis 59 Arbeitnehmer	ab 6 Arbeitnehmer
60 bis 499 Arbeitnehmer	10 % oder mehr als 25 Arbeitnehmer
ab 500 Arbeitnehmer	mindestens 30 Arbeitnehmer

Abb. 78: Betriebseinschränkung

Innerhalb welchen Zeitraumes der Personalabbau dann durchgeführt wird, ist nicht erheblich. Auch wenn sich der Arbeitgeber entscheidet, einen erheblichen Personalabbau in kleinen Schritten durchzuführen, wobei die jeweiligen Entlassungswellen nicht die Schwellenwerte des § 17 KSchG erreichen, greift das Mitbestimmungsrecht. Entscheidend ist allein, wie viele Arbeitsplätze aufgrund der Entscheidung des Unternehmers insgesamt abgebaut werden sollen. Liegt zwischen den einzelnen Entlassungswellen nur ein kurzer Zeitraum, ist dies ein Indiz für eine einheitliche betriebsändernde Unternehmerentscheidung.[3763]

3.2.5.2 Verlegung des Betriebs oder von wesentlichen Betriebsteilen

2001 Gemeint ist jede Veränderung der örtlichen Lage des Betriebes oder Betriebsteiles, sofern diese nicht nur geringfügig ist. Hier genügt bereits eine Verlegung über eine Distanz von 4,3 km innerhalb des Stadtgebietes.[3764] Die Verlegung eines Betriebes wird in aller Regel mit der Schließung des alten Betriebes einhergehen, so dass hier gleichzeitig auch eine Betriebsänderung im Sinne des § 111 Satz 3 Nr. 1 BetrVG vorliegt.

3.2.5.3 Zusammenschluss mit anderen Betrieben oder Betriebsspaltung

2002 Ein Zusammenschluss mit anderen Betrieben liegt vor, wenn sich mehrere Betriebe vereinigen oder ein Betrieb den anderen Betrieb aufnimmt. Spaltung ist die Teilung eines bisher einheitlichen Betriebes in mehrere neue, organisatorisch selbstständige Einheiten. Die Spaltung erfolgt durch gesellschaftsrechtliche Spaltungsvorgänge (§ 123 UmwG) oder rechtsgeschäftliche Übertragungsakte. Wird also ein Betriebsteil aus einem Betrieb ausgegliedert, um ihn auf ein anderes Unternehmen zu übertragen, so liegt ein Fall der Spaltung im Sinne des § 111 Satz 3 Nr. 3 BetrVG vor.[3765] Sofern ein unwesentlicher Betriebsteil stillgelegt wird, ist dies keine Spaltung. Nur die

---

3761 Vgl. Urt. v. 09.11.2010 – 1 AZR 708/09; NZA 2011, 466–468.
3762 BAG, Urt. v. 23.08.1988 – 1 AZR 276/87, NZA 1989, 31.
3763 BAG, B. v. 28.03.2006 – 1 ABR 5/05, NZA 2006, 932.
3764 BAG, B. v. 17.08.1982 – 1 ABR 40/80, NJW 1983, 1870.
3765 BAG, B. v. 10.12.1996 – 1 ABR 32/96, NZA 1997, 898.

Schließung eines wesentlichen Betriebsteils löst das Mitbestimmungsrecht aus.[3766]

Wird ein Betrieb oder Betriebteil ausschließlich an einen Betriebserwerber veräußert, ohne dass damit eine Zusammenlegung mit einem anderen Betrieb verbunden ist, liegt kein Fall des § 111 Satz 3 BetrVG vor. Ein rechtsgeschäftlicher Betriebsübergang für sich, der die bestehende Betriebsstruktur nicht ändert, ist keine Betriebsänderung im Sinne des § 111 BetrVG und begründet somit kein Mitbestimmungsrecht des Betriebsrates.[3767]

3.2.5.4 Grundlegende Änderungen von Betriebsorganisation, Betriebszweck oder Betriebsanlagen

Eine grundlegende Änderung der Betriebsorganisation liegt vor, wenn die Gliederung des Betriebes oder sein Aufbau einschneidend verändert wird wie beispielsweise durch Änderung der Anzahl der Betriebsabteilungen, Zusammenschluss von Betriebsabteilungen, Einführung von Gruppenarbeit, die Einführung „flacher Hierarchien" Verringerung der Fertigungstiefe oder Outsourcing.[3768]

2003

Der Betriebszweck wird bei einer Umstellung der Produktion oder des Dienstleistungsangebotes verändert. Eine Änderung der Betriebsanlagen meint Änderung der Betriebsmittel wie Maschinen oder Räume. Die Änderungen müssen immer grundlegend, also erheblich sein und nicht nur unwesentliche Auswirkungen auf den Betriebsablauf haben.

3.2.5.5 Neue Arbeitsmethoden und Fertigungsverfahren

Arbeitsmethoden und Fertigungsverfahren betreffen die menschliche Arbeitskraft, wie etwa die Einführung von Fließbandarbeit.

2004

3.2.6 Verstoß gegen das Mitbestimmungsrecht
3.2.6.1 Nachteilsausgleich

Beginnt der Unternehmer die Betriebsänderung, ohne zunächst einen Interessenausgleich überhaupt versucht zu haben, so kann ein Arbeitnehmer gemäß § 113 BetrVG vom Unternehmer die Zahlung einer Abfindung verlangen, sofern er aufgrund der begonnenen Maßnahme entlassen wird oder andere wirtschaftliche Nachteile erleidet. Der Unternehmer beginnt mit der Durchführung einer Betriebsänderung und löst somit den Nachteilsausgleichanspruch aus, wenn er unumkehrbare Maßnahmen ergreift und damit vollendete Tatsachen schafft. Bei einer Betriebsänderung in Form der Stilllegung ist dies der Fall, sobald der Unternehmer mit der endgültigen Auflösung der betrieblichen Organisation beginnt. Dies ist etwa dann der Fall, wenn er die bestehenden Arbeitsverhältnisse zum Zwecke der Betriebsstilllegung kündigt.[3769] Ob dem Arbeitnehmer auch Nachteile entstanden wären, wenn der

2005

3766 BAG, B. v. 18.03.2008 – 1 ABR 77/06, NZA 2008, 957.
3767 BAG, B. v.17.02.1981 – 1 ABR 101/78 – Nr. 3a), NJW 1981, 2716.
3768 Vgl. *Kania*, in: ErfK, § 111 BetrVG Rn. 17.
3769 BAG, Urt. v. 30.05.2006 – 1 AZR 25/05, NJW 2007, 110.

Arbeitgeber einen Interessenausgleich rechtzeitig versucht hätte, spielt keine Rolle.[3770]

3.2.6.2 Ordnungswidrigkeit

2006 Zudem handelt der Unternehmer in aller Regel auch ordnungswidrig im Sinne des § 121 BetrVG, wenn er sich über das Beteiligungsrecht des Betriebsrates hinwegsetzt. Eine Ordnungswidrigkeit kann hier mit einer Geldbuße bis zu 10.000 € geahndet werden.

3.2.6.3 Unterlassung der Betriebsänderung

2007 Heftig umstritten und von den Landesarbeitsgerichten unterschiedlich beantwortet ist die Frage, ob der Betriebsrat durch eine einstweilige Anordnung eine Betriebsänderung, insbesondere Kündigungen, unterbinden kann, wenn der Arbeitgeber keinen Interessenausgleich versucht hat.[3771]

3.3 Sozialplan

2008 Eine Betriebsänderung löst grundsätzlich eine Sozialplanpflicht aus. Während der Betriebsrat hinsichtlich eines Interessenausgleiches nur einen Anspruch auf Unterrichtung und Beratung mit dem evtl. Ziel einer Einigung hat, kann er den Abschluss eines Sozialplanes erzwingen (sog. erzwingbare Mitbestimmung). Dies gilt unabhängig davon, ob der Unternehmer vor der geplanten Betriebsänderung einen Interessenausgleich überhaupt versucht hat oder die Verhandlungen zu einer Einigung geführt haben oder nicht. Zunächst durchlaufen die Verhandlungen über den Sozialplan, ebenso wie die Verhandlungen über den Interessenausgleich, die Vermittlungsstadien (vgl. § 112 Abs. 2 BetrVG). Während nach einem erfolglosen Vermittlungsversuch der Bundesagentur für Arbeit und der Einigungsstelle die Verhandlungen über einen Interessenausgleich gescheitert sind, entscheidet bei einem Scheitern der Verhandlungen über die Aufstellung des Sozialplans gemäß § 112 Abs. 4 BetrVG nunmehr die Einigungsstelle. Sie ersetzt eine nicht zustande gekommene Vereinbarung zwischen Arbeitgeber und Betriebsrat durch einen Spruch. Bei ihrer Entscheidung hat sich die Einigungsstelle an den Vorgaben des § 112 Abs. 5 BetrVG zu orientieren.

3.3.1 Ausnahmen von der Erzwingbarkeit

2009 Nicht jede Betriebsänderung wegen eines erheblichen Personalabbaus führt auch zu einem notfalls erzwingbaren Sozialplan. Besteht die geplante Betriebsänderung allein aus einem Personalabbau, müssen gemäß § 121a Abs. 1 BetrVG besondere Schwellenwerte erreicht sein:

3770 Vgl. *Kania*, in: ErfK, § 113 BetrVG Rn. 9.
3771 Vgl. mit Nachweisen Rechtsprechung *Kania*, in: ErfK, § 111 BetrVG Rn. 27.

Regelmäßig im Betrieb beschäftigte Arbeitnehmer	zu entlassene Arbeitnehmer wegen betriebsbedingter Kündigung oder Aufhebungsverträge (nur vom Arbeitgeber veranlasst)
unter 60	20 % aber mindestens 6
60 – 249	20 % oder mindestens 37
250 – 499	15 % oder mindestens 60
ab 500	10 % aber mindestens 60

Abb. 79: Mindestumfang Personalabbau für erzwingbaren Sozialplan

Erst wenn diese Schwellenwerte erreicht sind, kann ein Sozialplan vom Betriebsrat durch den Spruch der Einigungsstelle erzwungen werden. Werden diese Schwellenwerte nicht erreicht, so muss der Unternehmer bei einem erheblichen Personalabbau lediglich einen Interessenausgleich versuchen. Es bleibt dem Arbeitgeber aber unbenommen, einen Sozialplan auf freiwilliger Basis abzuschließen.

Besteht eine Betriebsänderung nicht ausschließlich aus einem Personalabbau, sondern liegt auch aus anderen Gründen eine Betriebsänderung, etwa wegen einer Betriebsstilllegung, vor, so greift die Ausnahmevorschrift des § 112a BetrVG nicht mehr ein. Ein Sozialplan kann dann durch Spruch der Einigungsstelle erzwungen werden.[3772]

Des Weiteren werden gemäß § 112a Abs. 2 BetrVG Betriebe von Unternehmen in den ersten vier Jahren ihrer Gründung von der Sozialplanverpflichtung entbunden. Hierdurch sollen Neugründungen erleichtert werden. Junge Unternehmen sollen von dem Risiko entbunden werden, bei einem Scheitern in den ersten vier Jahren mit einem Sozialplan belastet zu werden.[3773] Diese Privilegierung richtet sich ausschließlich nach dem Alter des Unternehmens, nicht nach dem Alter des Betriebes. Daher gilt die Ausnahme von der Sozialplanpflicht auch dann, wenn ein junges Unternehmen einen Betrieb übernimmt, der älter als vier Jahre ist.[3774]

3.3.2 Gegenstand eines Sozialplans

Durch den Sozialplan sollen wirtschaftliche Nachteile der von einer Betriebsänderung betroffenen Arbeitnehmer ausgeglichen oder gemildert, nicht aber erbrachte Leistungen für den Betrieb oder eine Betriebszugehörigkeit nachträglich vergütet werden.[3775] Den Inhalt des Sozialplanes können die Parteien soweit frei gestalten, wie dies mit dem Zweck eines Sozialplanes, die Nachteile der Arbeitnehmer zu mildern, vereinbar ist.[3776] Die Regelungen des Sozialplanes dürfen nicht zwingende gesetzliche Vorschriften umgehen oder anderweitig regeln. Zu beachten sind vor allem die Grundsätze des § 75 BetrVG, der jede Diskriminierung von einzelnen Arbeitnehmern oder Grup-

2010

3772 BAG, B. v. 28.03.2006 – 1 ABR 5/05, NZA 2006, 932.
3773 Vgl. *Kania*, in: ErfK, §§ 112, 112a BetrVG Rn 17.
3774 St. Rspr. vgl. BAG, B. v. 27.06.2006 – 1 ABR 18/05, NZA 2007, 106.
3775 BAG, Urt. v. 06.05.2003 – 1 ABR 11/02, NZA 2004, 108.
3776 BAG, Urt. v. 19.06.2007 – 1 AZR 340/06, NZA 2007, 1357.

pen von Arbeitnehmern verbietet und die Behandlung nach den Grundsätzen von Recht und Billigkeit gebietet. Zu den Grundsätzen von Recht und Billigkeit gehört insbesondere der Gleichheitsgrundsatz. Dieser verbietet eine sachfremde Schlechterstellung einzelner Arbeitnehmer oder Arbeitnehmergruppen gegenüber anderen Arbeitnehmern oder Arbeitnehmergruppen in vergleichbarer Lage.

Bei der Ausgestaltung von Sozialplänen haben die Betriebsparteien einen weiten Beurteilungs- und Gestaltungsspielraum und dürfen typisieren und pauschalisieren. Sie können grundsätzlich frei darüber entscheiden, ob, in welchem Umfang und in welcher Weise sie die mit einer Betriebsänderung einhergehenden wirtschaftlichen Nachteile ausgleichen oder abmildern wollen.[3777] Sozialplanleistungen dürfen nicht vom Verzicht auf die Erhebung einer Kündigungsschutzklage abhängig gemacht werden. Hier würde die Funktion des Sozialplanes verfehlt. Eine Regelung, die eine Leistung aus dem Sozialplan daran knüpft, dass der Arbeitnehmer keine Kündigungsschutzklage erhebt, hat nichts mit dem Ausgleich wirtschaftlicher Nachteile zu tun.[3778] Solch eine Regelung kann nur in einer freiwilligen Betriebsvereinbarung getroffen werden.

Besteht ein sachlicher Grund, so können Arbeitnehmer auch von Sozialplanleistungen ausgenommen werden. Ein Sozialplan kann vorsehen, dass Arbeitnehmer, denen infolge der Betriebsänderung gekündigt worden ist, abfindungsberechtigt sind, während Arbeitnehmer, die ihr Arbeitsverhältnis durch eine Eigenkündigung oder einen Aufhebungsvertrag beendet haben, keine Abfindung erhalten. Allerdings dürfen eine Eigenkündigung oder der Aufhebungsvertrag nicht von dem Arbeitgeber veranlasst worden sein.[3779]

3.3.2.1 Abfindungsregelungen

2011 Besteht die Betriebsänderung in einem Personalabbau, werden die Betriebsparteien sich über Abfindungszahlungen an die Arbeitnehmer einigen. In aller Regel werden Abfindungen nach bestimmten Berechnungsmethoden ermittelt, welche die Parameter Verdienst, Lebensalter und Betriebszugehörigkeit enthalten. Die Betriebsparteien sind aber nicht verpflichtet, sich an eine bestimmte Berechnungsmethode, die für alle Arbeitnehmer Gültigkeit hat, zu orientieren. Abfindungen können auch individuell festgelegt werden.[3780]

Um spätere Streitigkeiten zu verhindern, wird in aller Regel ein Stichtag in Sozialplänen vereinbart, der für die Berechnung der einzelnen Parameter relevant ist. Die Verwendung von solchen Stichtagsregelungen ist grundsätzlich zulässig. Eventuell damit verbundene Härten, die sich für einzelne Arbeitnehmer ergeben, werden hingenommen, solange der Stichtag sachlich gerechtfertigt ist.[3781]

3777 BAG, Urt. v. 11.11.2008 – 1 AZR 475/07, NZA 2009, 210.
3778 BAG, Urt. v. 31.05.2010 – 1 AZR 254/04, NZA 2005, 997.
3779 BAG, Urt. v. 19.07.1995 – 10 AZR 885/94, NZA 1996, 271.
3780 BAG, Urt. v. 12.12.1985 – 1 AZR 40/84, NZA 1985, 717.
3781 BAG, Urt. v. 26.05.2009 – 1 AZR 212/08.

3.3.2.1.1 Betriebszugehörigkeit

Ob die Betriebsparteien die Betriebszugehörigkeit überhaupt als für die Abfindung relevanten Parameter mit einbeziehen, steht in ihrem Ermessen. Daher können sie auch festlegen, welche Zeiten als Betriebszugehörigkeit im Sinne des Berechnungsmodus zählen sollen. Grundsätzlich zählt als Betriebszugehörigkeit die Beschäftigungszeit bei dem bisherigen Arbeitgeber. In dem Sozialplan kann festgelegt werden, dass nur diese Zeiten, nicht aber die Zeiten bei einem anderen Arbeitgeber, gelten und zwar auch dann, wenn der Arbeitgeber den Betrieb im Wege des Betriebsüberganges erworben hat.[3782] Wenn die Betriebsparteien bei der Höhe der Sozialplanabfindung auf die Dauer der Betriebszugehörigkeit abstellen, müssen Elternzeiten berücksichtigt werden. Eine Regelung, welche die Elternzeiten aus der Dauer der Betriebszugehörigkeit herausnimmt, widerspricht den Wertungen des Grundgesetzes, welche über § 75 Abs. 1 BetrVG auch von den Betriebsparteien zu beachten sind.[3783]

2012

3.3.2.1.2 Bruttomonatsverdienst

Auch hier steht es im Ermessen der Betriebsparteien im Sozialplan festzulegen, was sie unter „Bruttomonatsverdienst" verstehen.

2013

Es ist zulässig, die zuletzt bezogene Monatsvergütung zu nehmen. Dies ist sachlich gerechtfertigt, da sich der durch den Arbeitsplatzverlust ergebende Nachteil aus dem Verlust der zuletzt bezogenen Vergütung ergibt. Das letzte monatliche Gehalt als Bezugsgröße verstößt auch nicht gegen das Verbot, Teilzeitbeschäftigte zu benachteiligen.[3784]

Auch andere Bemessungsgrundlagen sind möglich. So kann etwa das durchschnittliche Jahresbruttogehalt oder das Durchschnittsgehalt der letzten Monate zu Grunde gelegt werden. Je länger der Betrachtungszeitraum bei der Ermittlung des Bruttomonatsverdienstes, umso genauer werden die tatsächlichen Vermögenseinbußen der Arbeitnehmer berücksichtigt und Zufälle, die zu Härten bei einzelnen Arbeitnehmern führen können, vermieden.

Zulässig ist es auch, maximale Abfindungshöhen festzulegen.[3785] Durch eine Deckelung der Abfindung können insbesondere überproportionale Begünstigungen älterer Arbeitnehmer vermieden werden, die sich daraus ergeben, dass eine lange Betriebszugehörigkeit mit einem hohen Lebensalter einhergeht.

3.3.2.1.3 Weitere soziale Gesichtspunkte

Unterhaltsverpflichtungen und Schwerbehinderungen werden in aller Regel in Sozialplänen dadurch berücksichtigt, dass auf den Grundabfindungsbetrag Zuschläge in bestimmter Höhe bezahlt werden.[3786]

2014

3782 LAG, Urt. v. 15.01.2002 – 12 Sa 2251/01, BeckRS 2004, 42507.
3783 BAG, Urt. v. 21.10.2003 – 1 AZR 407/02, NJW-Spezial 2004, 85.
3784 BAG, Urt. v. 22.09.2009 – 1 AZR 316/08, ZIP 2009, 2356.
3785 BAG, Urt. v. 19.10.1999 – 1 AZR 838/98, NZA 2000, 732.
3786 Vgl. Koch in: *Schaub*, ArbR-Hdb, § 244, Rn. 48g.

Sozialpläne dürfen auch eine nach Lebensalter oder Betriebszugehörigkeit gestaffelte Abfindungsregelung vorsehen.[3787] Es ist auch möglich, bei Arbeitnehmern, die nach ihrem Ausscheiden rentenberechtigt sind, Sozialplanleistungen zu reduzieren oder diese sogar ganz auszuschließen.[3788] Ein Sozialplan kann die Kürzung einer Abfindung für den Fall der Ablehnung eines zumutbaren Weiterbeschäftigungsangebots vorsehen.[3789]

3.3.2.2 Transfersozialpläne

2015 Ein Sozialplan kann auch regeln, dass den Arbeitnehmern angeboten wird, in eine Transfergesellschaft zu wechseln, die öffentlich geförderte Leistungen nach den §§ 216a, 216b SGB III vorsieht. In dem Sozialplan wird dann unter anderem die finanzielle Ausstattung der Transfergesellschaft durch den Unternehmer geregelt.

4. Sanierung und Betriebsübergang

4.1 Betriebsübertragung durch Rechtsgeschäft

2016 Wird ein Betrieb oder ein Betriebsteil durch ein Rechtsgeschäft von dem bisherigen Inhaber auf einen neuen Inhaber übertragen, so knüpft § 613a BGB an diesen Vorgang zwingende Folgen. Diese Folgen des § 613a BGB treten nur bei einer Übertragung des Betriebes durch Rechtsgeschäft ein, wie etwa Kauf, Pacht oder Schenkung. Bei einer Übertragung von Gesellschaftsanteilen findet § 613a BGB keine Anwendung, da sich die Person des Betriebsinhabers hier nicht ändert.[3790] Auch der Eintritt des Insolvenzverwalters in die Rechte und Pflichten des Arbeitsvertrages aufgrund der Eröffnung des Insolvenzverfahrens führt nicht zur Anwendung des § 613a BGB. Durch das den Betrieb übertragende Rechtsgeschäft muss der neue Betriebsinhaber nicht zwingend Eigentümer der Betriebsmittel werden. Gleichgültig ist auch, ob etwa ein Kauf unter einer aufschiebenden Bedingung erfolgt und diese evtl. noch nicht eingetreten ist. Ob ein Betriebsübergang stattfindet, können die Vertragsparteien nicht bestimmen. Entscheidend sind nur die tatsächlichen Umstände.[3791]

4.2 Übergang der Arbeitsverhältnisse

2017 Gemäß § 613a Abs. 1 Satz 1 BGB gehen sämtliche Arbeitsverhältnisse auf den Erwerber über. Der Erwerber tritt bei einem Betriebsübergang von Gesetzes wegen in die bisherige Rechtsstellung des alten Arbeitgebers ein und übernimmt dessen Rechte und Pflichten aus dem Arbeitsvertrag. Diese Vorschrift, die einen gesetzlichen Übergang der Arbeitsverträge normiert, schützt die Arbeitnehmer vor dem Verlust ihres Arbeitsplatzes in Folge einer Übertragung eines Betriebes. Ohne den gesetzlichen Übergang ihres Ar-

---

3787 BAG, Urt. v. 12.04.2011 – 1 AZR 764/09, NZA 2011, 988.
3788 BAG, Urt. v. 26.05.2009 – 1 AZR 198/08, NZA 2009, 849.
3789 BAG, Urt. v. 06.11.2007 – 1 AZR 960/06, NZA 2008, 232.
3790 BAG, Urt. v. 14.08.2007 – 8 AZR 803/06, NZA 2007, 1428.
3791 BAG, Urt. v. 31.01.2008 – 8 AZR 2/07, ZIP 2008, 2376.

beitsverhältnisses würden die Arbeitnehmer bei einem Betriebsübergang ihren Arbeitsplatz verlieren. Denn der bisherige Arbeitgeber hätte nach einer Übertragung des Betriebes keine Möglichkeiten mehr, die Arbeitnehmer weiter zu beschäftigen, so dass ein betriebsbedingter Kündigungsgrund bestünde. Durch § 613a BGB folgen die Arbeitsverhältnisse nun dem Betrieb. Der neue Inhaber des Betriebes wird neuer Arbeitgeber aller in dem Betrieb beschäftigten Arbeitnehmer, während die Arbeitsverhältnisse zu dem alten Arbeitgeber mit dem Betriebsübergang enden. Nunmehr ist der neue Inhaber des Betriebes Schuldner für alle Verbindlichkeiten aus den Arbeitsverhältnissen und zwar auch für solche Ansprüche, die vor dem Betriebsübergang entstanden sind. Er muss also auch Lohnansprüche der Arbeitnehmer, die bereits der alte Inhaber schuldig geblieben ist, bedienen.[3792]

4.3 Fortgeltung von Tarifverträgen und Betriebsvereinbarungen

Tarifnormen und Betriebsvereinbarungen, die vor dem Betriebsübergang für das jeweilige Arbeitsverhältnis Rechte und Pflichten geregelt haben, behalten auch nach dem Betriebsübergang gemäß § 613a Abs. 1 Satz 2 BGB grundsätzlich ihre Gültigkeit. Nicht der Tarifvertrag oder die Betriebsvereinbarung in ihrer kollektivrechtlichen Form gelten bei dem Erwerber fort, sondern die einzelnen Normen, die im Zeitpunkt des Betriebsüberganges für das Arbeitsverhältnis gegolten haben.[3793] Ändert sich eine Tarifnorm nach dem Betriebsübergang, so wirkt diese Änderung nicht mehr für das übergegangene Arbeitsverhältnis. Durch § 613a BGB bleibt nur der Status quo im Zeitpunkt des Betriebsüberganges erhalten und zwar für die Dauer eines Jahres nach dem Betriebsübergang. Innerhalb dieses Zeitraumes dürfen diese Regelungen nicht einseitig zum Nachteil des Arbeitnehmers geändert werden. Änderungskündigungen sind in diesem Zeitraum also ausgeschlossen. Zu beachten ist, dass die Sperrfrist nur für kollektivrechtliche Normen Anwendung findet, welche nunmehr nach dem Betriebsübergang als Vertragsrecht weiter gelten. Einzelvertraglich vereinbarte Bestimmungen des Arbeitsvertrages unterliegen nicht dieser Sperrfrist von einem Jahr. Das Änderungsverbot entfällt gemäß § 613a Abs. 1 Satz 4 BGB bereits dann vor Ablauf der Jahresfrist, wenn der Tarifvertrag oder die Betriebsvereinbarung nicht mehr gelten.

2018

Der Grundsatz der Fortgeltung der Tarifnormen und Betriebsvereinbarungen gilt dann nicht, wenn die Rechte und Pflichten, die bei dem bisherigen Inhaber in einem Tarifvertrag oder einer Betriebsvereinbarung geregelt sind, bei dem neuen Inhaber ebenfalls bereits in einem Tarifvertrag oder einer Betriebsvereinbarung geregelt werden. Der bei dem neuen Inhaber geltende Tarifvertrag wird aber nur dann auf das übergegangene Arbeitsverhältnis angewendet, wenn der Arbeitnehmer kraft Mitgliedschaft oder Allgemeinverbindlichkeit an diesen Tarifvertrag auch gebunden ist. Durch diese Regelung wird das – seit neuestem nicht mehr streng geltende – Prinzip der sog. Tarifeinheit gewahrt, welches u.a. besagt, dass für jeden Betrieb im Allge-

---

3792 BAG, Urt. v. 18.08.1976 – 5 AZR 95/75, NJW 1977, 1168.
3793 BAG, Urt. v. 13.11.1985 – 4 AZR 309/84, NZA 1986, 422.

meinen nur ein Tarifvertrag gelten soll. Ein Arbeitnehmer benötigt den Schutz der bisher für ihn geltenden tariflichen Vorschriften dann nicht mehr, wenn er durch neue, für den Betriebserwerber geltende Tarifvorschriften geschützt ist. Ob die neuen tariflichen Vorschriften bereits beim Betriebsübergang vorlagen oder erst einige Zeit danach bei dem Erwerber gelten, ist ohne Belang. Auch wenn erst nach dem Übergang des Betriebes zunächst noch die bisherigen Tarifnormen gelten und nunmehr durch einen neuen Tarifvertrag abgelöst werden, so gelten die Normen des neuen Tarifvertrages, selbst wenn diese für den Arbeitnehmer ungünstiger sind.[3794]

4.4 Haftung von altem und neuem Inhaber

2019 Arbeitsverhältnisse, die bereits vor dem Betriebsübergang beendet worden sind, gehen nicht auf den Betriebserwerber über, so dass für Ansprüche aus diesen Arbeitsverhältnissen alleine der bisherige Inhaber haftet. Für Ansprüche aus den übergegangenen Arbeitsverhältnissen ordnet § 613a Abs. 2 BGB eine besondere gesamtschuldnerische Haftung von Veräußerer und Erwerber an. Beide haften demnach als Gesamtschuldner für die Erfüllung solcher Ansprüche, die vor dem Betriebsübergang entstanden und fällig geworden sind.[3795] Für Ansprüche, die zwar im Zeitpunkt des Betriebsübergangs bereits entstanden, aber erst danach innerhalb eines Jahres fällig werden, haftet der neue Inhaber voll und der bisherige Inhaber anteilig. Die anteilige Haftung des bisherigen Inhabers bezieht sich auf den Teil der Ansprüche, der bis zum Zeitpunkt des Betriebsüberganges entstanden ist. Bei Jahressonderzahlungen etwa haftet der bisherige Inhaber anteilig für den Teil des Jahres, in dem er noch Inhaber des Betriebes war. Sind die Ansprüche vor Betriebsübergang entstanden, werden aber erst nach Ablauf eines Jahres fällig, so haftet nur noch der neue Inhaber allein.

Durch § 613a BGB wird nur die Haftung gegenüber dem Arbeitnehmer geregelt. Einen internen Ausgleich zwischen dem alten und neuen Inhaber normiert diese Vorschrift nicht. Veräußerer und Erwerber regeln dies im Allgemeinen in dem Vertrag über den Erwerb des Betriebes bzw. Betriebsteils. Aber nur der interne Ausgleich kann in dem Vertrag geregelt werden. Ebenso wenig wie Veräußerer und Erwerber die zwingende Folge des Überganges der Arbeitsverhältnisse durch vertragliche Regelungen irgendwie beeinflussen können, steht die Haftungsregelung des § 613a Abs. 2 BGB zur Disposition der Vertragsparteien.

4.5 Kündigungsverbot

2020 Da der Übergang der Arbeitsverhältnisse zum Schutz der Arbeitnehmer zwingende rechtliche Folge eines Betriebsüberganges ist, der nicht zur Disposition des bisherigen und des neuen Inhabers steht, ist auch die Kündigung wegen eines Betriebsüberganges gemäß § 613a Abs. 4 BGB ausgeschlossen. Dieses Kündigungsverbot gilt in allen Fällen und zwar unabhängig davon, ob für das Arbeitsverhältnis Kündigungsschutz besteht. Aber nur

---

[3794] BAG, Urt. v. 19.03.1986 – 4 AZR 640/84, NZA 1986, 687.
[3795] BAG, Urt. v. 22.06.1978 – 3 AZR 832/76, DB 1978, 1795.

die Kündigung wegen des Betriebsüberganges ist verboten, nicht die Kündigung aus anderen Gründen, auch wenn diese mit dem Betriebsübergang in einem Zusammenhang stehen. Gibt es also neben dem Betriebsübergang einen sachlichen Grund, der aus sich heraus eine Kündigung rechtfertigen würde, dann kann die Kündigung auf diesen Grund gestützt werden. Eine Kündigung erfolgt nur dann wegen eines Betriebsüberganges und wäre somit unwirksam, wenn der Betriebsübergang der tragende Grund und nicht lediglich der äußere Anlass ist. Will ein Betriebsübernehmer etwa Arbeitnehmer nicht übernehmen, die seiner Ansicht nach zu teuer sind und kündigt der bisherige Betriebsinhaber deshalb das Arbeitsverhältnis, dann wäre diese Kündigung allein wegen eines Betriebsüberganges erfolgt und damit unwirksam.[3796]

4.6 Umgehungsverbot

Eine Umgehung der rechtlichen Folgen eines Betriebsüberganges ist verboten. Dieses Verbot betrifft nicht nur einen bestimmten Weg zum Ziel, sondern auch das Ziel „Umgehung der gesetzlichen Folgen eines Betriebsüberganges" selbst.[3797] Ziel eines Vertrages darf folglich nicht sein, den gesetzlichen Eintritt eines zukünftigen Betriebserwerbers in das Arbeitsverhältnis mit seinen bestehenden Rechten und Pflichten verhindern zu wollen. Wird ein Arbeitnehmer mit dem Hinweis auf eine geplante Betriebsveräußerung und bestehende Arbeitsplatzangebote bei dem Betriebserwerber dazu veranlasst, sein Arbeitsverhältnis mit dem bisherigen Arbeitgeber selbst zu kündigen oder einen Auflösungsvertrag zu schließen, um dann später mit dem Betriebserwerber einen neuen Arbeitsvertrag abzuschließen, liegt eine Umgehung des § 613a BGB vor. Der Aufhebungsvertrag würde gegen ein gesetzliches Verbot verstoßen und wäre gemäß § 134 BGB nichtig.[3798]

2021

4.7 Unterrichtungspflicht und Widerspruchsrecht
4.7.1 Unterrichtungspflicht

Der bisherige sowie der neue Inhaber sind gemäß § 613a Abs. 5 BGB verpflichtet, die betroffenen Arbeitnehmer über den Betriebsübergang zu informieren. Da es genügt, dass einer der beiden Arbeitgeberseiten diese Pflicht erfüllt, wird in den meisten Fällen bereits im Übernahmevertrag geregelt, wer die Arbeitnehmer über den Betriebsübergang unterrichtet. Die Unterrichtung muss mindestens in Textform (vgl. § 126b BGB) erfolgen. Neben dem klassischen Brief kann der Arbeitnehmer also auch per E-Mail oder Fax unterrichtet werden.

2022

Die Punkte, über welche die Arbeitnehmer informiert werden müssen, sind in § 613a Abs. 5 Nr. 1–4 BGB aufgelistet. Der Umfang der Unterrichtung richtet sich an deren Zweck. Zweck der Unterrichtung ist es, dem Arbeitnehmer eine verlässliche Entscheidungsgrundlage zu geben, ob er dem Betriebsübergang widersprechen will oder nicht.

3796 BAG, Urt. v. 20.09.2006 – 6 AZR 249/05, NZA 2007, 387.
3797 BAG, Urt. v. 23.11.2006 – 8 AZR 349/06, NZA 2007, 866.
3798 BAG, Urt. v. 19.03.2009 – 8 AZR 722/07, NJW 2009, 3260.

Die Unterrichtung muss vollständig, richtig und auch für juristische Laien verständlich sein. Sie muss sich auf den jeweils konkreten Arbeitsplatz beziehen. Dabei kann auch ein Standardschreiben benutzt werden, soweit dieses etwaige Besonderheiten des jeweiligen Arbeitsverhältnisses hinreichend berücksichtigt. Es genügt nicht, dass nur der Wortlaut des Gesetzes wiedergegeben wird. Die Anforderungen, welche die Rechtsprechung an die Unterrichtungspflicht stellt, sind sehr hoch. Verlangt wird eine verständliche, arbeitsplatzbezogene und zutreffende Information, welche u.a. Angaben über die Identität des Erwerbers, den Gegenstand und rechtlichen Grund des Betriebsübergangs sowie eine korrekte Darstellung der rechtlichen Folgen für den Arbeitnehmer enthalten.[3799]

4.7.1.1 Zeitpunkt des Betriebsüberganges

2023 Mitzuteilen ist, wann der Betrieb übergehen wird oder übergegangen ist.

4.7.1.2 Grund des Überganges

2024 Hierunter ist in aller Regel der Rechtsgrund für den Betriebsübergang gemeint wie Kaufvertrag, Pachtvertrag, Umwandlung etc. Darüber hinaus müssen die unternehmerischen Gründe mitgeteilt werden, welche sich auf die Entscheidung des Arbeitnehmers, ob er dem Übergang widersprechen will oder nicht, auswirken können. Hat sich der vorherige Inhaber etwa entschlossen, die Betriebsaktivitäten bei sich einzustellen, so muss dies geäußert werden. Erst dann weiß der Arbeitnehmer, dass es bei dem bisherigen Inhaber keinen Arbeitsplatz mehr gibt, den er nach einem Widerspruch dort noch besetzen kann.

4.7.1.3 Rechtliche, wirtschaftliche und soziale Folgen des Überganges

2025 Hingewiesen werden muss auf den Eintritt des Übernehmers in die Rechte und Pflichten aus dem bestehenden Arbeitsverhältnis gemäß § 613a Abs. 1 BGB. Des Weiteren darauf, welche Tarifnormen und Betriebsvereinbarungen bei dem Betriebserwerber gelten, inwieweit beim Veräußerer geltende Tarifverträge und Betriebsvereinbarungen durch beim Erwerber geltende Tarifverträge bzw. Betriebsvereinbarungen abgelöst werden, ferner auf die gesamtschuldnerische Haftung von Veräußerer und Übernehmer gemäß § 613a Abs. 2 BGB.

Tarifverträge und Betriebsvereinbarungen müssen soweit benannt werden, dass der Arbeitnehmer sich die entsprechenden detaillierten Informationen selbst besorgen kann. Es muss darauf hingewiesen werden, ob die Normen kollektivrechtlich oder individualrechtlich fortwirken. Die Hinweise über die rechtlichen Folgen müssen präzise und juristisch fehlerfrei sein. Bei schwierigen Rechtsfragen soll es immerhin genügen, dass sich der Arbeitgeber auf einen zuvor gewissenhaft geprüften Rechtsstandpunkt bezieht.[3800] Da man eine Grenze, wann eine Rechtsfrage schwierig ist und wann nicht,

---

3799 BAG, Urt. v. 13.07.2006 – 8 AZR 305/05, NJW 2007, 246.
3800 BAG, Urt. v. 13.07.2006 – 8 AZR 305/05, NZA 2006, 1268.

kaum finden wird, beinhaltet gerade die Anforderung an eine juristisch fehlerhafte Darstellung der rechtlichen Folgen des Betriebsüberganges ein hohes Gefahrenpotential.

Weiter muss angegeben werden, ob eventuell der Betriebserwerber nur die beweglichen Anlageteile des Betriebs, nicht jedoch das Betriebsgrundstück mit übernommen hat.[3801] Ist die wirtschaftliche Situation des Übernehmers signifikant schlechter als die des Veräußerer, so gehört auch dieser Punkt in eine ordnungsgemäße Unterrichtung.[3802] Eine für einen möglichen Widerspruch relevante Information ist es auch, wenn der Betrieb quasi verramscht worden ist und unter dem neuen Inhaber wirtschaftlich nicht überlebensfähig ist.[3803] Auch die Mitteilung darüber, ob ein Betriebsrat besteht, kann für die Entscheidung des Arbeitnehmers relevant sein und gehört somit zu den Informationspflichten.[3804]

4.7.1.4 Maßnahmen für Arbeitnehmer

Über solche Maßnahmen, die zumindest ein Stadium konkreter Planung erreicht haben, muss unterrichtet werden. Hierzu gehören etwa die Planung eines Interessenausgleiches und Sozialplanes.[3805] Auch über andere konkret geplante Vorhaben, welche die berufliche Entwicklung der Arbeitnehmer, wie etwa Weiterbildungsmaßnahmen wegen geplanter Produktionsumstellung, betreffen, muss informiert werden.[3806]

2026

4.7.1.5 Person des neuen Inhabers

Über die in § 613a Abs. 5 Nr. 1–4 BGB genannten Punkte hinaus ist weiter erforderlich, dass der Betriebsübernehmer mit Firmenbezeichnung und Anschrift genannt wird, so dass er identifizierbar ist.[3807]

2027

4.7.2 Widerspruchsrecht

Der Arbeitnehmer kann gemäß § 613a Abs. 6 BGB innerhalb eines Monats nach der ordnungsgemäßen Unterrichtung über den Betriebsübergang diesem schriftlich widersprechen. Der Widerspruch kann gegenüber dem bisherigen oder dem neuen Inhaber erklärt werden. Der fristgerechte schriftliche Widerspruch des Arbeitnehmers, der nicht begründet werden muss, bewirkt, dass das Arbeitsverhältnis zu dem bisherigen Arbeitgeber fortbesteht und das Arbeitsverhältnis nicht auf den Erwerber übergegangen ist.

2028

Die Monatsfrist des § 613a Abs. 6 BGB beginnt mit dem Zugang der ordnungsgemäßen Unterrichtung. Erfolgte keine Unterrichtung oder war diese

---

3801 BAG, Urt. v. 31.01.2008 – 8 AZR 1116/06, NZI 2008, 257149.
3802 Vgl. *Preis*, in: ErfK , § 613a BGB Rn. 88b.
3803 LAG München, Urt. v. 19.09.2008 – 3 Sa 128/08.
3804 Vgl. *Preis*, in: ErfK , § 613a BGB Rn. 88b.
3805 BAG, Urt. v. 13.07.2006 – 8 AZR 305/05, NZA 2006, 1268.
3806 Vgl. *Preis*, in: ErfK, § 613a BGB Rn. 89.
3807 BAG, Urt. v. 13.07.2006 – 8 AZR 305/05, NZA 2006, 1268.

nicht ordnungsgemäß, wird die Monatsfrist nicht in Gang gesetzt.[3808] Die Folge ist, dass ein Arbeitnehmer ohne eine ordnungsgemäße Unterrichtung jederzeit dem Betriebsübergang widersprechen könnte.

Allerdings kann das Widerspruchsrecht verwirkt werden.[3809] Hierzu genügt es aber nicht, dass nur eine gewisse Zeit verstrichen ist, seit der Arbeitnehmer Kenntnis von einem Betriebsübergang gehabt hat (sog. Zeitmoment). Hier muss auch ein Verhalten des Arbeitnehmers hinzukommen, aus dem der bisherige Arbeitgeber schließen und vertrauen kann, der Arbeitnehmer werde sein Widerspruchsrecht nicht mehr ausüben (sog. Umstandsmoment). Dass der Arbeitnehmer einfach widerspruchslos über einen längeren Zeitraum weitergearbeitet hat, erfüllt dieses Umstandsmoment aber noch nicht. Zu betrachten ist jeweils der Einzelfall. Zeit- und Umstandsmoment stehen immer in einer Wechselwirkung zueinander. Je mehr ein Verhalten eines Arbeitnehmers dahingehend verstanden werden muss, er werde von seinem Widerspruchsrecht keinen Gebrauch machen, umso schneller kann der Anspruch verwirken.[3810] Beendet der Arbeitnehmer das Arbeitsverhältnis mit dem Betriebserwerber, so ist im Allgemeinen das Umstandsmoment erfüllt.[3811]

4.7.3 Vorliegen eines Betriebs- und Betriebsteilübergangs

2029 Die Frage, ob ein Betrieb oder Betriebsteil im Sinne des § 613a BGB übergegangen ist, wird entscheidend durch die Rechtsprechung des Europäischen Gerichtshofes geprägt. Nach der Rechtsprechung des BAG und des EuGH liegt der Übergang eines Betriebes bzw. Betriebsteiles dann vor, wenn eine beim Veräußerer bestehende und auf Dauer angelegte wirtschaftliche Einheit unter Wahrung ihrer Identität aufgrund eines Rechtsgeschäftes auf einen Erwerber übergeht. Da die Rechtsprechung auf die konkrete wirtschaftliche Einheit abstellt, ist die im Gesetz vorgenommene Unterscheidung zwischen Betrieb und Betriebsteil letztlich überflüssig. Zu beachten ist, dass ein Betriebsteil nur dann eine wirtschaftliche Einheit im Sinne des § 613a BGB darstellt, wenn diese innerhalb eines Betriebes eine selbstständig abtrennbare organisatorische Einheit bildet, die innerhalb des betrieblichen Gesamtzweckes einen Teilzweck verfolgt.[3812]

Ganz vereinfacht ausgedrückt muss der Kern einer wirtschaftlichen Einheit, so wie sie beim Veräußerer bestand, von dem Erwerber fortgeführt werden. Wird ein Betrieb von einem Erwerber so fortgeführt, wie er schon von dem Veräußerer betrieben worden ist, so ist die Frage nach dem Vorliegen eines Betriebs- oder Betriebsteilüberganges schnell beantwortet. In vielen anderen Fällen lässt sich aber ungleich schwerer vorhersagen, wie die Gerichte in dieser Frage entscheiden werden.

Ob ein Betriebsübergang vorliegt, wird von der Rechtsprechung durch die Betrachtung und Würdigung aller Umstände des jeweiligen Einzelfalls er-

---
3808 BAG, Urt. v. 27.11.2008 – 8 AZR 174/07, NZA 2009, 552.
3809 BAG, Urt. v. 12.11.2009 – 8 AZR 530/07, NZA 2010, 761.
3810 BAG, Urt. v. 27.11.2008 – 8 AZR 174/07, NZA 2009, 552.
3811 BAG, Urt. v. 23.07.2009 – 8 AZR 357/08, NZA 2010, 393.
3812 BAG, Urt. v. 27.10.2005 – 8 AZR 45/05, NZA 2006, 263.

mittelt. Bei der Gesamtwürdigung werden folgende Teilaspekte begutachtet.[3813]

4.7.3.1 Art des betreffenden Unternehmens oder Betriebes

Die Art des Unternehmens ist entscheidend für die Frage, welche Bedeutung die Übernahme von sächlichen und immateriellen Betriebsmitteln zukommt. In einem Betrieb des produzierenden Gewerbes bilden in aller Regel die Produktionsmittel den Kern der wirtschaftlichen Einheit. Aber auch immaterielle Betriebsmittel, wie etwa Fertigungsmethoden, Patente, Lizenzen oder Software können für den Betrieb/Betriebsteil von relevanter Bedeutung sein.[3814] Bei Handels- und Dienstleistungsbetrieben machen vor allem die immateriellen Betriebsmittel den wesentlichen wirtschaftlichen Wert des Betriebes aus.

2030

4.7.3.2 Etwaiger Übergang der materiellen Betriebsmittel

Hierzu zählen ein etwaiger Übergang von Grundstücken, aufstehenden Gebäuden, Produktionsanlagen bzw. -mittel, Rohstoffe sowie Halb- und Fertigfabrikate.[3815] Die materiellen Betriebsmittel müssen nicht im Eigentum des Betriebsveräußerers stehen. Entscheidend ist nur, dass der neue Betriebsinhaber die materiellen Betriebsmittel weiter nutzen darf. Gehen für den Betrieb wesentliche materielle Betriebsmittel über, so ist dies zunächst ein starkes Indiz für einen Betriebsübergang. Allerdings muss auch die bisherige Betriebsorganisation, in welche diese Betriebsmittel eingebunden sind, im Wesentlichen von dem Erwerber beibehalten und fortgeführt werden.[3816] Allein der Erwerb von materiellen Aktiva für sich führt noch nicht zu einem Betriebsübergang.

2031

Gliedert der Erwerber eine wirtschaftliche Einheit in eine andere Organisation ein, wird die übernommene Einheit nicht unter Wahrung ihrer Identität fortgeführt, sondern verliert ihre bisherige Identität.[3817]

4.7.3.3 Wert der immateriellen Aktiva im Zeitpunkt des Übergangs

Hier ist zu betrachten, ob für den Betrieb wertvolle immaterielle Betriebsmittel übergegangen sind. So können „Know-how" und „Goodwill" für die Stellung eines Betriebes auf dem Markt entscheidende Faktoren sein. Werden entsprechende entscheidende immaterielle Aktiva erworben, kann dies ein Umstand sein, der für einen Betriebsübergang spricht.

2032

Eine Vergabe von Aufgaben, die bisher im eigenen Unternehmen erledigt worden sind (sog. Outsourcing), an externe Dienstleister führt grundsätzlich nicht zu einem Betriebsübergang. In solchen Fällen handelt es sich lediglich um eine sog. Funktionsnachfolge. Hier sind allein die ausgeführten Tätigkei-

---

3813 St. Rspr. vgl. BAG, Urt. v. 25.06.2009 – 8 AZR 258/08, NZA 2009, 1412.
3814 Vgl. *Schaub*, in: Schaub, ArbR-Hdb, § 117 Rn. 16.
3815 *Schaub*, in: Schaub, ArbR-Hdb, § 117 Rn. 17.
3816 BAG, Urt. v. 13.05.2004 – 8 AZR 331/03, NZA 2004, 1295.
3817 BAG, Urt. v. 24.04.2008 – 8 AZR 268/07, NZA 2008, 1314.

ten identisch. Allein die Identität der ausgeführten Tätigkeiten führt im Rahmen der vorzunehmenden Gesamtbetrachtung nicht dazu, dass ein Betriebsteil übergeht.[3818]

4.7.3.4 Übernahme von Arbeitnehmern

2033 Gerade im Handels- und Dienstleistungssektor kommt es im Wesentlichen auf die menschliche Arbeitskraft und nicht auf die Produktionsmittel an. Hier kann auch die Gesamtheit der Arbeitnehmer sich als wirtschaftliche Einheit darstellen. Die Identität der wirtschaftlichen Einheit wird dann gewahrt, wenn ein neuer Betriebsinhaber die Tätigkeit weiterführt und einen nach Zahl und Sachkunde wesentlichen Teil des Personals übernimmt, das sein Vorgänger bereits gezielt für diese Tätigkeit eingesetzt hatte.[3819] Je geringer die Qualifikationsanforderungen an die Belegschaft für die Ausführung der Tätigkeiten sind, umso höher muss die Anzahl der übernommenen Arbeitnehmer sein, um den Übergang einer wirtschaftlichen Einheit anzunehmen.[3820] Bei Reinigungskräften etwa, an deren Sachkunde keine besonderen Anforderungen zu stellen sind, hat die Rechtsprechung bei Übernahme von 85 % der Belegschaft die Übernahme eines nach Zahl und Sachkunde wesentlichen Teils der Arbeitnehmer angenommen.[3821] Dagegen wurde die Übernahme von 75 % der Belegschaft noch nicht als Übernahme der Hauptbelegschaft angesehen.[3822]

Werden die Arbeitnehmer mit den besonderen Kenntnissen und Fähigkeiten übernommen, die quasi das Gerüst der Belegschaft darstellen und das wesentliche Know-how repräsentieren, kann auch dies für einen Betriebsübergang sprechen.[3823] Selbst wenn nur ein Arbeitnehmer übernommen wird, der aber das wesentliche Know-how des Betriebes verkörpert, so kann dies bereits ein starkes Indiz für die Übernahme des Betriebes sein.[3824] Hier werden allerdings in aller Regel noch andere Umstände für einen Betriebsübergang sprechen.

4.7.3.5 Übergang der Kundschaft

2034 Der etwaige Übergang von Kundenbeziehungen ist ebenfalls ein zu berücksichtigendes Indiz. Überträgt ein Unternehmen etwa die Vertriebsberechtigung für ein bestimmtes Vertragsgebiet, so spricht dies für einen Betriebsübergang.[3825]

3818 EuGH, Urt. v. 11.03.1997 – C – 13/95, NJW 1997, 2039.
3819 BAG, Urt. v. 25.06.2009 – 8 AZR 258/08, NZA 2009, 1412.
3820 BAG, Urt. v. 21.01.1999 – 8 AZR 680/97.
3821 BAG, Urt. v. 11.12.1997 – 8 AZR 729/96, NZA 1998, 534.
3822 BAG, Urt. v. 10.12.1998 – 8 AZR 676/97, NJW 1999, 1884.
3823 BAG, Urt. v. 14.05.1998 – 8 AZR 418/96, NZA 1999, 483.
3824 BAG, Urt. v. 09.02.1994 – 2 AZR 781/93, NZA 1994, 612.
3825 EuGH, Urt. v. 07.03.1996 – C – 171/94, NJW 1996, 1199.

4.7.3.6 Grad der Ähnlichkeit der Tätigkeiten vor und nach dem Übergang

Je ähnlicher die Art der ausgeübten Tätigkeit vor und nach einem Übergang ist, umso stärker das Indiz für das Vorliegen eines Betriebsüberganges. Bei Produktionsbetrieben ergibt sich die Ähnlichkeit der Tätigkeit aus der Übernahme der Produktionsmittel und der Beibehaltung der Betriebsorganisation, innerhalb derer die Produktionsmittel eingesetzt werden. Bei Dienstleistungsbetrieben ist zu betrachten, inwieweit sich die am Markt nunmehr angebotene Dienstleistung mit der bisherigen deckt.

2035

4.7.3.7 Dauer einer eventuellen Unterbrechung der Tätigkeit

Wird der Betrieb endgültig stillgelegt, kann es später nicht mehr zu einem Betriebsübergang kommen. Je länger die Betriebstätigkeit eingestellt war, umso weniger ist davon auszugehen, dass es später zu einem Betriebsübergang kommt. Hiervon zu unterscheiden ist der Fall, dass der Betrieb nicht endgültig stillgelegt sondern die betriebliche Tätigkeit nur unterbrochen und dann wieder von einem neuen Inhaber aufgenommen worden ist. Wird ein Betrieb schon bald nach seiner Stilllegung wiedereröffnet oder die Produktion durch den Erwerber wieder aufgenommen, spricht dies gegen die ernsthafte Absicht, den Betrieb endgültig stillzulegen. Bei Schließung einer Filiale über neun Monate hinweg ist jedenfalls von einer endgültigen Stilllegung auszugehen, die einen Betriebsübergang ausschließt.[3826] Ein Zeitraum von sechs Monaten zwischen Schließung und Neueröffnung einer Gaststätte spricht ebenfalls gegen einen Betriebsübergang.[3827]

2036

4.7.3.8 Weitere Merkmale

Über diese Merkmale hinaus sind für die Feststellung der Identität der Einheit die Merkmale Personal, Führungskräfte, Arbeitsorganisation, Betriebsmethoden und Betriebsmittel zu berücksichtigen. Diese Merkmale werden allerdings in aller Regel bereits in die oben genannten Punkte mit einfließen. Welches Gewicht den einzelnen Aspekten bei der Gesamtbetrachtung zukommt, richtet sich nach der ausgeübten Tätigkeit und den Produktions- oder Betriebsmethoden.

2037

4.8 Transfergesellschaft als Sanierungselement
4.8.1 Transfergesellschaft statt Kündigung

Transfergesellschaften, auch Beschäftigungs- und Qualifizierungsgesellschaften genannt, sind Instrumente der Arbeitsförderung. Sie verfolgen das Ziel, konkret von Entlassung bedrohte Arbeitnehmer aufzunehmen und sie durch Qualifizierungsmaßnahmen in Beschäftigung neu zu vermitteln. Eine Überführung von Arbeitnehmern in eine Transfergesellschaft kommt bei Betriebsänderungen im Sinne des § 111 BetrVG in Betracht und zwar unabhängig von der Betriebsgröße und dem Bestand eines Betriebsrates. Arbeitgeber und Arbeitnehmer vereinbaren hier die Aufhebung des Arbeitsverhältnisses

2038

3826 BAG, Urt. v. 22.05.1997 – 8 AZR 101/96, NJW 1997, 3188.
3827 BAG, Urt. v. 11.09.1997 – 8 AZR 555/95, NJW 1998, 1253–1255.

wobei der Arbeitnehmer gleichzeitig mit der Transfergesellschaft den Beginn eines Beschäftigungsverhältnisses, welches auf maximal ein Jahr begrenzt ist, vereinbart (sog. dreiseitiger Vertrag). Der Arbeitnehmer scheidet somit aufgrund des Aufhebungsvertrages aus dem Betrieb aus und tritt in die Transfergesellschaft ein.

Ob der Arbeitnehmer einem entsprechenden dreiseitigen Vertrag zustimmt oder nicht, ist seine freie Entscheidung. Möchte ein Arbeitgeber den Arbeitnehmern eine Überführung in eine Transfergesellschaft anbieten, muss diese von dem Unternehmer nicht extra gegründet und eingerichtet werden. Hier gibt es professionelle Betreiber von Transfergesellschaften, die ihre Dienste in Zusammenarbeit mit der Bundesagentur für Arbeit anbieten.

2039 In einer Transfergesellschaft herrscht Kurzarbeit Null. Die in die Gesellschaft transferierten Arbeitnehmer erhalten unter den Voraussetzungen des § 216b SGB III Transferkurzarbeitergeld für maximal ein Jahr. Der Unternehmer wird in aller Regel, um die Attraktivität eines Wechsels in die Transfergesellschaft zu erhöhen, das Kurzarbeitergeld auf bis zu 80 % aufstocken. Die Sozialversicherungsbeiträge trägt grundsätzlich, wie auch bei „normaler" Kurzarbeit, der Arbeitgeber. Die Kosten für die Qualifizierungsmaßnahmen übernimmt der Arbeitgeber gemeinsam mit der Bundesagentur für Arbeit.

Die Einschaltung einer Transfergesellschaft macht nur Sinn, wenn der ganz überwiegende Teil der Arbeitnehmer, die ansonsten entlassen werden, dem Wechselangebot zustimmt. Die Wirksamkeit des dreiseitigen Vertrages kann an die Bedingung geknüpft werden, dass ein bestimmter Prozentsatz der Arbeitnehmer das Angebot annimmt. Erfahrungsgemäß ist die Akzeptanz der Arbeitnehmer, das Angebot auf Wechsel in eine Transfergesellschaft anzunehmen, durchaus groß.

Der Unternehmer vereinbart mit der Transfergesellschaft, mit welchen finanziellen Mitteln diese ausgestattet wird. Je besser er die Transfergesellschaft finanziell ausstattet, umso attraktiver wird es für die von der Entlassung bedrohten Arbeitnehmer, das Arbeitsverhältnis mit dem Unternehmen zu beenden und in die Transfergesellschaft zu wechseln. Die Kehrseite einer für die Arbeitnehmer attraktiven Transfergesellschaft liegt aber natürlich darin, dass sich hier auch der Anreiz erhöht, die maximale Verweildauer in der Transfergesellschaft auszunutzen.

Ob es sich für den Unternehmer rechnet, Arbeitnehmern den Eintritt in eine Transfergesellschaft anzubieten, kann immer nur für den konkreten Einzelfall festgestellt werden. Hier sind die Kosten der Transfergesellschaft den Kosten gegenüber zu stellen, die bei einer Kündigung anfallen. Bei den Kündigungskosten sind nicht nur die fortlaufenden Löhne bis zum Ablauf der Kündigungsfrist, sondern auch die Prozessrisiken der kommenden Kündigungsschutzverfahren zu berücksichtigen.

4.8.2 Transfergesellschaft und Betriebsübergang

2040 Die Einschaltung einer Transfergesellschaft kann gezielt als Sanierungsinstrument eingesetzt werden. Können die Arbeitnehmer in eine Transfergesellschaft überführt werden, so dass der Betrieb mitarbeiterlos wird, kann dies die Chancen auf eine Veräußerung erhöhen. Soweit ein Erwerber später den

Betrieb übernimmt, würden die Folgen des § 613a BGB nicht eintreten. Da die Arbeitnehmer bei einem wirksamen dreiseitigen Vertrag aus dem Betrieb bereits ausgeschieden wären, können deren Arbeitsverhältnisse bei einer anschließenden Veräußerung des Betriebes nicht mehr auf den Erwerber von Gesetzes wegen übergehen. Ein Erwerber hat die Möglichkeit, vormalige Arbeitnehmer aus der Transfergesellschaft zu rekrutieren und mit ihnen neue Arbeitsverträge, auch zu schlechteren Bedingungen, zu vereinbaren.

Die Überführung der Arbeitnehmer in eine Transfergesellschaft kann nicht nur ein Instrument sein, einen Betrieb für potentielle Erwerber generell attraktiv zu machen, sondern auch im Zusammenhang mit einem konkret geplanten Betriebsübergang eingesetzt werden. Unternehmer und Erwerber können grundsätzlich vereinbaren, dass es nur dann zu einem Erwerb des Betriebes kommt, wenn vorher die Arbeitnehmer in eine Transfergesellschaft überführt worden sind.

Scheidet ein Arbeitnehmer aus dem Betrieb durch einen Aufhebungsvertrages aus, tritt sogleich in die Transfergesellschaft ein und kommt es danach zu einem Betriebsübergang, ist dies keine Umgehung der Folgen eines Betriebsüberganges, sofern die dreiseitige Vereinbarung auf das endgültige Ausscheiden des Arbeitnehmers aus dem Betrieb gerichtet ist. Durch den Aufhebungsvertrag muss die Kontinuität des alten Arbeitsvertrages endgültig beendet und nicht nur unterbrochen werden. Es kommt vor allem darauf an, dass der Arbeitnehmer freiwillig einen Aufhebungsvertrag abschließt, die Transfergesellschaft zwischengeschaltet ist und dem Arbeitnehmer keine sichere Aussicht gegeben wird, von dem späteren Betriebserwerber wieder eingestellt zu werden.[3828]

Dass sich Arbeitnehmer in solchen Situationen immer Hoffnungen darauf machen, nach Unterzeichnung der dreiseitigen Vereinbarung später von dem Erwerber auch übernommen zu werden, führt nicht dazu, von einem unwirksamen Umgehungsgeschäft auszugehen. Auch die Gefahr, dass ein Betriebserwerber verbergen kann, dass er sich schon entschieden hat, wen er aus der Transfergesellschaft übernehmen will und wen nicht und die Drucksituation des Arbeitnehmers zwingen nicht dazu, mehr zu verlangen, als dass dem Arbeitnehmer die Wiedereinstellung zumindest nicht sicher in Aussicht gestellt wird. Andernfalls würden Sanierungsmöglichkeiten für notleidende Betriebe mit wenigstens teilweisem Arbeitsplatzerhalt praktisch unmöglich gemacht.[3829]

In der Praxis kommt es oft vor, dass Arbeitnehmer nur einen Tag in der Transfergesellschaft bleiben und daraufhin ein neues Vertragsverhältnis mit dem Betriebserwerber abschließen. Dies sollte unproblematisch sein, solange es beim Ausscheiden aus dem „alten" Betrieb und Eintritt in die Transfergesellschaft keine wie auch immer geartete Zusage auf eine Übernahme in den „neuen" Betrieb gibt. Eine verbotene Umgehung der Rechtsfolgen des § 613a BGB liegt aber dann vor, wenn von vornherein aus den Arbeitnehmern, die zunächst für einen Tag in die Transfergesellschaft überwechseln,

---

3828 BAG, Urt. v. 23.11.2006 – 8 AZR 349/06, ZIP 2007, 643.
3829 BAG, Urt. v. 18.08.2005 – 8 AZR 523/04, NZA 2006, 145.

eine bestimmte Anzahl von Arbeitnehmern ausgelost werden soll, die dann, je nach Losglück, vom Betriebserwerber übernommen werden oder nicht.[3830] Bei Abschluss der dreiseitigen Vereinbarung darf der Arbeitnehmer nicht getäuscht werden. Wird ihm vermittelt, der Betrieb werde stillgelegt, obwohl tatsächlich ein Betriebsübergang geplant ist, so wäre diese Vereinbarung wegen Umgehung des § 613 a BGB unwirksam. Der Arbeitnehmer hätte in diesem Fall nicht freiwillig den Aufhebungsvertrag abgeschlossen. Des Weiteren könnte der Arbeitnehmer seine Zustimmungserklärung zu dem Aufhebungsvertrag auch wegen arglistiger Täuschung anfechten und Schadenersatz verlangen.

5. Sanierung und die besonderen arbeitsrechtlichen Regelungen in der Insolvenz

5.1 Geltungsbereich

2042 Zu den oben genannten allgemeinen Regelungen treten im eröffneten Insolvenzverfahren die besonderen Vorschriften der §§ 113, 120–128 InsO.

In der Zeit der vorläufigen Insolvenzverwaltung gelten diese Bestimmungen nicht. In den überwiegenden Fällen ordnet das Insolvenzgericht nach dem Eröffnungsantrag an, dass Verfügungen des Schuldners nur noch mit Zustimmung des Insolvenzverwalters wirksam werden. Hier bleibt der Schuldner der Arbeitgeber, kann aber etwa Kündigungen wirksam nur unter Zustimmung des vorläufigen Insolvenzverwalters aussprechen. Ordnet das Insolvenzgericht an, dass dem Schuldner ein allgemeines Verfügungsverbot auferlegt wird, geht gemäß § 22 Abs. 1 InsO die Verwaltungs- und Verfügungsbefugnis über das Vermögen des Schuldners bereits im vorläufigen Verfahren auf den vorläufigen Insolvenzverwalter über. Der vorläufige „starke" Verwalter nimmt nun eine Rechtsposition ein, welche dem des Insolvenzverwalters nach Eröffnung gleicht.[3831] Dies führt aber nicht dazu, dass bereits während der vorläufigen starken Insolvenzverwaltung auch die §§ 113, 120–128 InsO Anwendung finden. Nach der Systematik der Insolvenzordnung gelten diese Vorschriften erst ab der Eröffnung des Insolvenzverfahrens.[3832]

5.2 Insolvenzeröffnung als Kündigungsgrund

2043 Der Gesetzgeber hat keinen insolvenzbedingten Kündigungsgrund normiert. Weder der Insolvenzverwalter noch der Arbeitnehmer können das Arbeitsverhältnis nur aufgrund des Insolvenzereignisses kündigen. Auch wenn das Insolvenzverfahren von vornherein massearm ist, der Insolvenzverwalter folglich die Vergütung des Arbeitnehmers nicht bezahlen kann, führt dies allein nicht zu einem Kündigungsgrund.[3833]

3830 BAG, Urt. v. 18. 08. 2011 – 8 AZR 312/10, ZIP 2011, 2426.(wobei die rechtliche Verweildauer in der Transfergesellschaft von einem Tag allerdings dahin gewertet wurde, dass die Übernahme in die Transfergesellschaft nur zum Schein erfolgt sei).
3831 BAG, Urt. v. 31. 07. 2002 – 10 AZR 275/01, NZA 2002, 1332.
3832 BAG, Urt. v. 20. 01. 2005 – 2 AZR 134/04, NZA 2006, 1352.
3833 BAG, Urt. v. 25. 10. 1968 – 2 AZR 23/68, NJW 1969, 525.

5.3 Kündigungsfrist und Unkündbarkeit

5.3.1 Abkürzung der Kündigungsfristen

Entscheidende Ausnahme von dem Grundsatz, dass im Insolvenzverfahren die Vorschriften über die Kündigung von Arbeitsverhältnissen unverändert bleiben, ist die Regelung des § 113 InsO. Durch diese Vorschrift werden die bisher geltenden Kündigungsfristen grundlegend abgeändert. Insolvenzverwalter und Arbeitnehmer können das Arbeitsverhältnis nach der Eröffnung mit einer Kündigungsfrist von maximal drei Monaten kündigen. Bei der Drei-Monats-Frist des § 113 InsO handelt es sich um eine Höchstgrenze. Ist die Kündigungsfrist für ein Arbeitsverhältnis kürzer als drei Monate, bleibt es auch nach Eröffnung des Insolvenzverfahrens bei der kürzeren Frist. Von der Vorschrift werden alle Kündigungsfristen, also sowohl die vertraglich vereinbarten, die gesetzlichen sowie die tarifvertraglichen, erfasst.[3834]

2044

5.3.2 Aufhebung einer Unkündbarkeit

In der Insolvenz wird gemäß § 113 InsO nicht nur die Kündigungsfrist verkürzt, sondern auch ein etwaiger Ausschluss der Kündigung aufgehoben.[3835] Befristete Arbeitsverhältnisse enden außerhalb der Insolvenz gemäß § 620 BGB grundsätzlich erst nach Ablauf der vereinbarten Befristung. Sofern eine Kündigungsmöglichkeit in einem befristeten Arbeitsvertrag nicht ausdrücklich vereinbart worden ist, kann dieses Arbeitsverhältnis außerhalb der Insolvenz nicht ordentlich gekündigt werden. In der Insolvenz ist nunmehr jedes befristete Arbeitsverhältnis ordentlich kündbar, auch wenn der Arbeitsvertrag eine Kündigungsmöglichkeit nicht vorsieht. Als Kündigungsfrist gilt in diesem Fall die Drei-Monats-Frist des § 113 InsO, nicht die gesetzliche Kündigungsfrist des § 622 BGB.[3836]

2045

Sieht ein Tarifvertrag die Unkündbarkeit eines Arbeitsverhältnisses vor, so wird auch dieser Ausschluss der Kündigung durch § 113 InsO aufgehoben und das Arbeitsverhältnis ordentlich kündbar.[3837] Durch § 113 InsO sollen im Interesse der Insolvenzmasse allzu lange Bindungen an nicht mehr sinnvolle Arbeitsverhältnisse verhindert werden. Auch eine Verpflichtung in einer Betriebsvereinbarung, zur Sicherung des Standortes keine betriebsbedingten Kündigungen auszusprechen, bindet den Insolvenzverwalter aufgrund der Vorschrift des § 113 InsO nicht mehr.[3838]

Auch für den Fall, dass ein zuvor abgespaltener Unternehmensteil später in die Insolvenz geht, gilt § 113 InsO. Denn § 323 UmwG verbietet nur Verschlechterungen in der kündigungsrechtlichen Stellung, welche unmittelbare Folge einer Spaltung sind. Wird ein abgespaltener Betrieb in der Insolvenz später stillgelegt, ist eine Kündigung auf Grund der Stilllegung möglich. Die Kündigung erfolgt dann nicht auf Grund der Spaltung des Un-

---

3834 BAG, Urt. v. 16.06.1999 – 4 AZR 191/98, NJW 2000, 972.
3835 BAG, Urt. v. 22.09.2005 – 6 AZR 526/04, NZA 2006, 658.
3836 BAG, Urt. v. 06.07.2000 – 2 AZR 695/99, NZA 2001, 23.
3837 BAG, Urt. v. 20.09.2006 – 6 AZR 249/05, NZA 2007, 387.
3838 BAG, Urt. v. 22.09.2005 – 6 AZR 526/04, NZA 2006, 658.

ternehmens, sondern wegen der späteren insolvenzbedingten Betriebsstilllegung.[3839]

5.3.3 Anwendungsbereich

2046 Nicht nur Arbeitsverhältnisse, sondern alle Dienstverhältnisse fallen unter den Anwendungsbereich des § 113 InsO. Die Regelung gilt auch für Berufsbildungsverhältnisse und die Anstellungsverhältnisse der Organe juristischer Personen. Anstellungsverhältnisse mit Geschäftsführern oder Vorständen können somit ebenfalls nach der Eröffnung des Insolvenzverfahrens von dem Insolvenzverwalter ohne Rücksicht auf eine fest vereinbarte Dauer mit der Höchstfrist von drei Monaten gekündigt werden. Nicht unter § 113 InsO fallen Dienstverhältnisse, die zwar vereinbart, aber noch nicht begonnen worden sind. Für diese Vertragsverhältnisse gilt § 103 InsO. Der Insolvenzverwalter kann sich entscheiden, ob er von dem Arbeitnehmer die Erfüllung des Vertrages verlangt oder ablehnt.[3840]

Die Abkürzung der Kündigungsfrist auf maximal drei Monate sowie die Aufhebung eines Ausschlusses der Kündigung gilt für die gesamte Dauer des Insolvenzverfahrens. Auch nachdem der Insolvenzverwalter einen Betrieb jahrelang fortgeführt hat, kann er die Arbeitsverhältnisse noch mit der kurzen Frist des § 113 InsO kündigen. Für Arbeitsverhältnisse, in die der Insolvenzverwalter nicht durch die Eröffnung des Insolvenzverfahrens eingetreten ist, sondern die er selber abgeschlossen hat, gilt § 113 InsO jedoch nicht.

Der Insolvenzverwalter kann auch dann mit der abgekürzten Kündigungsfrist des § 113 InsO kündigen, wenn er vor der Insolvenzeröffnung als vorläufiger Verwalter seine Zustimmung zu einer Kündigung gegeben hat, die eine längere Kündigungsfrist vorsieht. Hierin liegt keine unzulässige „Nachkündigung" oder „Wiederholungskündigung". Sinn des § 113 InsO ist, dass alle Arbeitsverhältnisse mit der Höchstfrist von drei Monaten beendet werden können.[3841]

Von § 113 InsO nicht erfasst werden gesetzlich vorgeschriebene Kündigungsverbote oder Einschränkungen. Der gesetzliche Sonderkündigungsschutz ist insolvenzfest.

5.3.4 Schadensersatzanspruch des Gekündigten

2047 Kündigt der Insolvenzverwalter das Arbeitsverhältnis, so kann der Gekündigte gemäß § 113 Abs. 1 Satz 3 InsO wegen der vorzeitigen Beendigung des Arbeitsverhältnisses Schadensersatz verlangen. Ein Anspruch auf Schadensersatz besteht für den Zeitraum zwischen dem Zeitpunkt der vorzeitigen Beendigung, welche aufgrund der Regelung des § 113 InsO zulässig wurde, und dem Zeitpunkt, zu dem die Kündigung außerhalb des Insolvenzverfahrens erst zulässig gewesen wäre (sog. Verfrühungsschaden). War die Kündigung eines befristeten Arbeitsverhältnisses ausgeschlossen, so ist der

---
3839 BAG, Urt. v. 22.09.2005 – 6 AZR 526/04, NZA 2006, 658.
3840 H. M. vgl. Hess, Sanierungshandbuch, Kap. 25 Rn. 367.
3841 BAG, Urt. v. 26.07.2007 – 8 AZR 769/06, NZA 2008, 112.

ursprünglich vereinbarte Beendigungszeitpunkt für diesen Verfrühungsschaden relevant. Der Schadenersatzanspruch bezieht sich also auf den entgangenen Verdienst zwischen Beendigung aufgrund der Verwalterkündigung und dem ursprünglich vereinbarten Befristungszeitpunkt. Bei einem ursprünglich unkündbaren Arbeitsverhältnis kommt es für die Berechnung des entgangenen Verdienstes darauf an, welche Kündigungsfrist relevant gewesen wäre, wenn das Arbeitsverhältnis nicht kündbar gewesen wäre.[3842]

Der Schadenersatzanspruch aufgrund des § 113 InsO ist nicht Masse-, sondern Insolvenzforderung. Dieser Anspruch muss also gemäß § 174 ff. InsO zur Insolvenztabelle angemeldet werden und wird nur entsprechend der Verteilungsquote berücksichtigt. 2048

Nur wenn der Insolvenzverwalter im eröffneten Insolvenzverfahren die Kündigung auf Grundlage des § 113 InsO erklärt, besteht ein Anspruch auf Erstattung des Verfrühungsschadens. Kündigt der Arbeitnehmer das Arbeitsverhältnis oder wird dieses durch einen Aufhebungsvertrag beendet, steht dem Arbeitnehmer kein Schadensersatzanspruch zu.

5.4 Wettbewerbsverbote

Vielfach finden sich in Arbeitsverträgen Vereinbarungen über nachvertragliche Wettbewerbsverbote. Der Arbeitnehmer kann sich verpflichten, innerhalb einer bestimmten Zeit nach Beendigung des Arbeitsverhältnisses nicht für ein Konkurrenzunternehmen tätig zu sein, wofür er eine Karenzentschädigung erhält (vgl. § 74 ff. HGB). Kündigt der Insolvenzverwalter das Arbeitsverhältnis, so greift ein vereinbartes Wettbewerbsverbot, an dem der Insolvenzverwalter aber in den allermeisten Fällen kein Interesse haben wird. Da Wettbewerbsverbote gegenseitige Verträge sind, kann der Insolvenzverwalter gemäß § 103 InsO wählen, ob er auf die Einhaltung der Vereinbarung durch den Arbeitnehmer besteht oder die Erfüllung ablehnt. Lehnt der Insolvenzverwalter die Erfüllung des Wettbewerbsverbotes ab, ist dieses hinfällig und der Arbeitnehmer kann ohne Einschränkungen über seine Arbeitskraft verfügen. Ansprüche wegen einer entgangenen Karenzentschädigung kann er dann als Insolvenzforderung geltend machen. Gibt der Insolvenzverwalter keine entsprechende Erklärung ab, so kann der Arbeitnehmer ihn auffordern zu erklären, ob er auf die Einhaltung des Wettbewerbsverbotes besteht oder die Erfüllung ablehnt. Erklärt sich der Insolvenzverwalter hierzu nicht, ist das Wettbewerbsverbot für den Arbeitnehmer nicht weiter verbindlich.[3843] 2049

5.5 Betriebsverfassungsrecht in der Insolvenz

Der Insolvenzverwalter muss, wie jeder andere Arbeitgeber auch, die Beteiligungsrechte der Betriebsverfassungsorgane beachten. Im Insolvenzverfahren ergeben sich jedoch einige Besonderheiten. 2050

3842 BAG, Urt. v. 16.05.2007 – 8 AZR 772/06, ZInsO 2007, 1117.
3843 Vgl. *Eisenbeis/Mues*, in: Wimmer, Handbuch Insolvenzrecht, Kap. 7 Rn. 151 ff.

5.5.1 Interessenausgleich

2051 Beabsichtigt der Insolvenzverwalter in einem Unternehmen mit mehr als regelmäßig 20 wahlberechtigten Arbeitnehmern eine Betriebsänderung im Sinne des § 111 BetrVG, so muss auch er den Betriebsrat unterrichten und einen Interessenausgleich versuchen. Der Verwalter kann sich nicht darauf berufen, dass eine Beteiligung des Betriebsrates wegen der schlechten wirtschaftlichen Situation nicht erforderlich sei und es zu der beabsichtigten Betriebsänderung ohnehin keinerlei Alternative gäbe. Bei dem Interessenausgleich, den der Arbeitgeber mit dem Betriebsrat versuchen muss, geht es meistens auch nicht um die Entscheidung, ob die Betriebsänderung überhaupt erfolgen soll sondern wie. Der Betriebsrat soll hier zumindest die Möglichkeit haben, im Interesse der Arbeitnehmer auf Modalitäten der Änderung, wie etwa den Zeitpunkt von Entlassungen und Freistellungen oder die Beschäftigung von Arbeitnehmern mit Abwicklungsarbeiten, Einfluss zu nehmen. Welche Vorstellungen der Betriebsrat hierzu entwickelt und welche Modalitäten er dem Arbeitgeber vorschlägt, ist seine Sache.[3844]

2052 Steht eine Betriebsstilllegung im Raum, werden oft noch schnell Betriebsräte gewählt, um einen Sozialplan zu erreichen. Ob der Betriebsrat vor oder nach der Eröffnung des Insolvenzverfahrens gebildet worden ist, ist unerheblich. Die Verpflichtung des Insolvenzverwalters, den Betriebsrat über eine geplante Betriebsänderung zu unterrichten, diese mit ihm zu beraten und den Versuch eines Interessenausgleichs zu unternehmen, besteht auch dann, wenn der Betriebsrat erst nach der Eröffnung des Insolvenzverfahrens gewählt worden ist. Entscheidend ist, dass im Zeitpunkt des Beginns der Durchführung der Betriebsänderung der Betriebsrat bereits besteht.[3845] Wird der Betriebsrat aber erst gewählt, nachdem mit der Durchführung der Betriebsänderung bereits begonnen worden ist, kann er weder den Versuch eines Interessenausgleichs noch den Abschluss eines Sozialplans verlangen.[3846]

5.5.2 Nachteilsausgleich

2053 Unterlässt der Insolvenzverwalter den Versuch eines Interessenausgleichs, haben auch in der Insolvenz die Arbeitnehmer gemäß § 113 BetrVG einen Anspruch auf Nachteilsausgleich. Die Regelung des § 113 BetrVG gilt auch im Insolvenzverfahren ohne Einschränkung. Bei der Festsetzung der Höhe der Abfindung ist das Vorliegen der Insolvenzsituation irrelevant. Denn der Anspruch auf Nachteilsausgleich nach § 113 Abs. 3 BetrVG hängt grundsätzlich weder von der finanziellen Leistungsfähigkeit noch von der individuellen Leistungsbereitschaft des Arbeitgebers ab. Die Funktion des Anspruches auf Nachteilsausgleich liegt eben auch darin, ein betriebsverfassungswidriges Verhalten des Arbeitgebers zu sanktionieren.[3847]

[3844] BAG, Urt. v. 22.07.2003 – 1 AZR 541/02, NZA 2004, 93.
[3845] BAG, Urt. v. 18.11.2003 – 1 AZR 30/03, NZA 2004, 220.
[3846] BAG, B. v. 20.04.1982 – 1 ABR 3/80, NJW 1982, 2334.
[3847] BAG, Urt. v. 22.07.2003 – 1 AZR 541/02, NJW 2004, 875.

5.5.3 Straffung des Interessenausgleichverfahrens

5.5.3.1 Verkürzung des Verhandlungsweges

Außerhalb der Insolvenz sieht § 112 Abs. 2 BetrVG vor, dass zunächst ein Vermittlungsversuch über die Bundesagentur für Arbeit stattfindet, sofern keine Einigung der Parteien zustande kommt und soweit nur eine der Parteien diesen Vermittlungsversuch möchte. Erst wenn auch dieser Schritt zu keinem Ergebnis führt, kann die Einigungsstelle als letzte Stufe angerufen werden, um zu einem Abschluss der Einigungsbemühungen zu kommen. Erst nachdem der Arbeitgeber den in § 112 BetrVG vorgegebenen Verhandlungsweg auch zu Ende gegangen ist, können keine Nachteilsausgleichansprüche gemäß § 113 BetrVG mehr entstehen.[3848] Im Insolvenzverfahren wird gemäß § 122 InsO das Verfahren über die Interessenausgleichsverhandlungen nach § 112 Abs. 2 BetrVG abgekürzt. Nunmehr kann die Einigungsstelle als letzte Stufe von einer der beiden Parteien bereits dann angerufen werden, wenn die bisherigen Verhandlungen keine Einigung gebracht haben. Hierdurch entfällt also eine Zwischenstufe im Verhandlungsablauf, nämlich der Vermittlungsversuch der Bundesagentur für Arbeit. Nur in dem Fall, dass Insolvenzverwalter und Betriebsrat gemeinsam um die Vermittlung der Bundesagentur für Arbeit bitten, wird dieser Vermittlungsweg in der Insolvenz noch eröffnet.

2054

5.5.3.2 Zustimmung zur Betriebsänderung durch das Arbeitsgericht

In einem Insolvenzverfahren besteht ein hoher Zeitdruck. Fährt der Betrieb operativ nur noch Verluste ein und besteht keine Aussicht auf eine erfolgreiche Sanierung, muss der Insolvenzverwalter den Betrieb umgehend stilllegen. Bestehen noch Sanierungschancen, so sind diese in aller Regel auch mit einem erheblichen Personalabbau verbunden. Alle entsprechenden Maßnahmen müssen vom Insolvenzverwalter möglichst schnell umgesetzt werden, will er eine Schmälerung der Insolvenzmasse möglichst vermeiden. Bis die in § 112 BetrVG vorgesehenen Möglichkeiten zur Herbeiführung eines Interessenausgleiches zwischen Insolvenzverwalter und Betriebsrat ausgeschöpft sind, kann viel wertvolle Zeit vergehen. Der Betriebsrat hat im Gegensatz zum Arbeitgeber auch nicht zwingend ein Interesse an einem schnellen Abschluss eines Interessenausgleiches. Er kann versuchen die Verhandlungen über den Interessenausgleich gemächlich zu führen, um dem Arbeitgeber über ein Entgegenkommen einer schnellen Einigung möglichst viele Zugeständnisse für einen Sozialplan abzuringen.

2055

5.5.3.2.1 Sinn des § 122 InsO

In einem Insolvenzverfahren kann nunmehr das Verfahren über die Herbeiführung eines Interessenausgleiches durch § 122 InsO abgekürzt werden. Der Insolvenzverwalter ist nicht mehr gezwungen, zunächst über die Einigungsstelle zu gehen, bevor er einen Interessenausgleich abschließend versucht hat. Kommt es innerhalb von drei Wochen nach schriftlicher Aufforde-

2056

3848 BAG, Urt. v. 20.11.1970 – 1 AZR 409/69, DB 1971, 534.

rung oder dem Beginn der Verhandlungen mit dem Betriebsrat nicht zum Abschluss eines Interessenausgleiches, so kann der Insolvenzverwalter gemäß § 122 Abs. 1 InsO bei dem Arbeitsgericht beantragen, dass die Betriebsänderung durchgeführt wird, ohne dass noch das Verfahren nach § 112 Abs. 2 BetrVG, also die Anrufung der Einigungsstelle, vorangegangen ist. Erteilt das Arbeitsgericht daraufhin die Zustimmung zur Betriebsänderung, darf der Verwalter die geplante Betriebsänderung umsetzen, ohne Nachteilsausgleichsansprüchen gemäß § 113 Abs. 3 BetrVG ausgesetzt zu sein. Der Gesetzgeber hat dem Insolvenzverwalter diese Möglichkeit eingeräumt, da nach Eintritt der Insolvenz eben häufig die unverzügliche Einstellung der Unternehmenstätigkeit erforderlich ist, um weitere Verluste möglichst zu vermeiden. Auch Sanierungschancen können entscheidend beeinträchtigt werden, wenn es dem Verwalter nicht gelingt, einzelne unrentable Betriebe oder Betriebsteile des Unternehmens sofort stillzulegen.

Zustimmungsverfahren nach § 122 InsO werden aber tatsächlich nur in sehr wenigen Fällen durchgeführt. Bereits die Möglichkeit, die Mitbestimmung des Betriebsrates notfalls durch eine gerichtliche Zustimmung zur Betriebsänderung zu beschneiden, hat das gewünschte Ziel, das Interessenausgleichsverfahren in der Insolvenz zu beschleunigen, erreicht.

5.5.3.2.2 Unterrichtung des Betriebsrates

2057 Der Insolvenzverwalter muss den Betriebsrat zunächst über die geplante Betriebsänderung umfassend und rechtzeitig informieren. Die Informations- und Unterrichtungspflichten in der Insolvenz sind genauso umfangreich wie außerhalb eines Insolvenzverfahrens. Der Betriebsrat hat auch hier so informiert zu werden, dass er in der Lage ist, sich ein vollständiges Bild von der geplanten Betriebsänderung zu machen, um entsprechende Verhandlungen führen zu können.

5.5.3.2.3 Die Drei-Wochen-Frist

2058 Unterrichtet der Verwalter den Betriebsrat rechtzeitig und umfassend und kommt innerhalb von drei Wochen nach Beginn der Verhandlungen oder nach schriftlicher Aufforderung zur Aufnahme von Verhandlungen kein Interessensausgleich zustande, kann der Insolvenzverwalter nunmehr das Arbeitsgericht anrufen. Die Drei-Wochen-Frist des § 122 InsO beginnt in dem Zeitpunkt, in dem der Betriebsrat umfassend unterrichtet worden ist.[3849]

Dadurch, dass die Drei-Wochen-Frist, die ordnungsgemäße Unterrichtung vorausgesetzt, bereits mit der schriftlichen Aufforderung des Insolvenzverwalters beginnt, hat der Betriebsrat letztlich keine Möglichkeit, den Beginn der Verhandlungen mitzubestimmen und dadurch den Lauf der Frist zu beeinflussen. Durch eine schriftliche Aufforderung kann der Insolvenzverwalter auch Klarheit über den Beginn der Drei-Wochen-Frist herbeiführen. Da die Frage, wann Verhandlungen begonnen haben, nicht selten nur schwierig beantwortbar ist, wird der Verwalter in aller Regel diesen Weg gehen.

[3849] ArbG Gelsenkirchen, B. v. 17. 05. 2006 – 2 BV 15/06, dbr 2006, Nr 10, 39.

5.5.3.2.4 Anrufung des Arbeitsgerichts

Entscheidet sich der Insolvenzverwalter dafür, durch das Arbeitsgericht die Zustimmung zur Betriebsänderung einzuholen, bedeutet dies nicht zwingend den Abbruch der Verhandlungen mit dem Betriebsrat. Die Möglichkeit, dennoch durch parallel laufende Verhandlungen zu einem Interessenausgleich zu kommen, bleibt bestehen. Für den Insolvenzverwalter ist es sogar ratsam, die Verhandlungen mit dem Betriebsrat nicht abzubrechen, sondern parallel zu dem arbeitsgerichtlichen Verfahren fortzuführen und auch die Einigungsstelle anzurufen. Denn ein Insolvenzverwalter wird stets auch die Möglichkeit eines Unterliegens vor dem Arbeitsgericht in Betracht ziehen. Wartet er zunächst eine Entscheidung des Gerichtes ab, kann bei einer Abweisung des Antrages wertvolle Zeit verloren gegangen sein. Zwar soll das Arbeitsgericht gemäß § 61a Abs. 3–6 ArbGG die Beschlusssache vorrangig erledigen, jedoch gehen auch bei solch einem Verfahren in aller Regel mehrere Wochen ins Land.

2059

5.5.3.2.5 Eingeschränkte Rechtsmittelmöglichkeit

Einziges Rechtsmittel gegen die Entscheidung des Arbeitsgerichts ist gemäß § 122 Abs. 3 InsO die Rechtsbeschwerde zum Bundesarbeitsgericht, sofern das Arbeitsgericht dieses Rechtsmittel in seiner Entscheidung zugelassen hat. Eine Nichtzulassungsbeschwerde hat der Gesetzgeber ausgeschlossen. Das grundsätzlich auf einen Rechtszug begrenzte besondere Beschlussverfahren soll hier der besonderen Eilbedürftigkeit einer Konfliktlösung im Falle der Insolvenz Rechnung tragen.[3850] Wurde die Rechtsbeschwerde zugelassen und eingelegt, hat diese aufschiebende Wirkung.

2060

5.5.3.2.6 Abwägung der gegenseitigen Interessen

Das Arbeitsgericht erteilt gemäß § 122 Abs. 2 InsO auf Antrag des Insolvenzverwalters hin die Zustimmung zu der geplanten Betriebsänderung, wenn es die wirtschaftliche Lage des Unternehmens auch unter Berücksichtigung der sozialen Belange der Arbeitnehmer erfordert, dass die Betriebsänderung ohne vorheriges Verfahren vor der Einigungsstelle durchgeführt wird. Die wirtschaftlichen Belange des Unternehmens müssen folglich gegen die sozialen Belange der Arbeitnehmer abgewogen werden. Das Arbeitsgericht prüft zuerst, ob die wirtschaftliche Lage des Unternehmens für sich betrachtet die sofortige Umsetzung der Betriebsänderung notwendig macht. Ist dies der Fall, so ist weiter festzustellen, ob die sozialen Belange der Arbeitnehmer dennoch die Durchführung eines Einigungsstellenverfahrens nach § 112 BetrVG erfordern.[3851] Die wirtschaftliche Lage wird dann eine sofortige Umsetzung der geplanten Betriebsänderung erfordern, wenn nur hierdurch die zur Befriedigung der Gläubiger erforderliche Masse erhalten bleibt Da in einer Insolvenz regelmäßig ein verlustreiches operatives Geschäft eine Betriebsänderung notwendig machen wird, müssen die laufenden Verluste aber so er-

2061

3850 BAG, B. v. 14.08.2001 – 2 ABN 20/01, BB 2001 Heft 49, 2535.
3851 ArbG Lingen, B. v. 09.07.1999 – 2 BV 4/99, ZIP 1999, 1892.

heblich sein, dass es nicht vertretbar ist, weiter mit der Durchführung der Betriebsänderung abzuwarten. Die Zustimmung des Arbeitsgerichtes wäre auch dann zu erteilen, wenn gute Veräußerungschancen ohne die sofortige Umsetzung der geplanten Betriebsänderung nicht wahrgenommen werden könnten.[3852]

5.5.4 Sozialplan in der Insolvenz

2062 Auch im Insolvenzverfahren gelten die Bestimmungen des Betriebsverfassungsgesetzes über den Sozialplan. Um zu verhindern, dass die Insolvenzmasse übermäßig mit den Kosten eines erzwingbaren Sozialplanes belastet wird, begrenzt § 123 InsO aber dessen Volumen. Schließt der Insolvenzverwalter einen freiwilligen, nicht erzwingbaren Sozialplan ab, dann gilt diese Deckelung jedoch nicht. Hier hat es der Insolvenzverwalter schließlich selbst in der Hand, ob und in welchem Umfang er einen Sozialplan aufstellt. Liegt kein wirtschaftlich sinnvoller Grund für den Abschluss eines freiwilligen Sozialplanes vor, kann sich der Verwalter gegenüber den Gläubigern schadenersatzpflichtig machen.[3853]

5.5.4.1 Absolute Obergrenze

2063 Ein zwischen Insolvenzverwalter und Betriebsrat nach der Eröffnung des Insolvenzverfahrens vereinbarter Sozialplan wird gemäß § 123 Abs. 1 InsO auf maximal 2,5 Monatsgehälter der von der Entlassung betroffenen Arbeitnehmer begrenzt. Zur Berechnung der einzelnen Monatsgehälter verweist § 123 InsO auf die Regelung des § 10 KSchG. Relevant ist also der durchschnittliche monatliche Bruttoverdienst der einzelnen Arbeitnehmer, einschließlich der geldwerten Sachleistungen. Aufwandsentschädigungen gehören hierzu nicht, da diese keinen Entgeltcharakter haben.

Diese Obergrenze ist absolut. Sie gilt auch, wenn ein Insolvenzplan zustande kommt.[3854] Welche Folgen es hat, wenn diese Obergrenze überschritten wird, hat die Rechtsprechung bisher nicht geklärt. In der Literatur wird teilweise vertreten, dass der Sozialplan in diesem Fall unwirksam ist.[3855] Andere Ansichten meinen, dass in diesem Fall der Sozialplan auf die Obergrenze herabzukürzen sei.[3856]

5.5.4.2 Relative Obergrenze

2064 Damit die Insolvenzmasse nicht von den Sozialplananspruchen aufgezehrt wird, begrenzt § 123 Abs. 2 Satz 2 InsO die Belastung der Masse. Maximal ein Drittel der Insolvenzmasse, welche ohne den Sozialplan für die Verteilung an die Gläubiger zur Verfügung stehen würde, darf für die Erfüllung der Ansprüche aus einem Sozialplan verwendet werden. Übersteigen die So-

---

3852 Vgl. *Hess*, Sanierungshandbuch, Kap. 28 Rn. 110.
3853 Vgl. *Zwanziger*, § 123, Rn. 9.
3854 Vgl. *Plössner*, in: Mohrbutter/Ringstmeier, Handbuch der InsVerw, § 29, Rn. 160.
3855 Vgl. *Ahrendt*, in: HmbK, § 123 Rn 6.
3856 Vgl. *Löwisch/Caspers*, in: MüKo-InsO, § 123, Rn. 65.

zialplanforderungen diese relative Obergrenze, so müssen sie anteilig gekürzt werden.

5.5.4.3 Sozialplanforderungen als Masseverbindlichkeit

Forderungen aus einem Sozialplan, der nach der Eröffnung des Insolvenzverfahrens aufgestellt worden ist, gelten gemäß § 123 Abs. 2 Satz 1 InsO als Masseverbindlichkeiten. Wegen der relativen Obergrenze kann man diese aber nur als zweitklassige Masseverbindlichkeiten bezeichnen. 2065

5.5.4.4 Verbot von Leistungsklage und Zwangsvollstreckung

Eine Zwangsvollstreckung in die Insolvenzmasse wegen einer Sozialplanforderung ist gemäß § 123 Abs. 3 Satz 2 InsO unzulässig. Daher ist auch eine Leistungsklage gegen den Insolvenzverwalter wegen Forderungen aus einem von ihm vereinbarten Sozialplan mangels Rechtsschutzbedürfnis stets unzulässig. Dies gilt auch dann, wenn der Sozialplan erst nach Anzeige einer Masseunzulässigkeit vereinbart wird.[3857] Der Arbeitnehmer kann einen Anspruch aus einem Sozialplan nur mittels einer Feststellungsklage durch die Arbeitsgerichte feststellen lassen. Ein rechtliches Interesse an einer Feststellung kann vorliegen, sofern der Insolvenzverwalter einen Anspruch grundsätzlich oder wegen seiner Höhe nach bestreiten sollte. 2066

5.5.4.5 Widerruf insolvenznaher Sozialpläne

Wurde innerhalb von drei Monaten vor der Eröffnung des Insolvenzverfahrens ein Sozialplan aufgestellt, so kann dieser gemäß § 124 Abs. 1 InsO vom Betriebsrat oder dem Insolvenzverwalter widerrufen werden. Für den Widerruf sieht das Gesetz keine Frist vor. Der Insolvenzverwalter muss hier abwägen. Da nach einem Widerruf der Anspruch des Betriebsrates auf einen Sozialplan wiederauflebt, wird ein Widerruf nur sinnvoll sein, wenn die Ansprüche der Arbeitnehmer aus dem alten Sozialplan bei Insolvenzeröffnung noch nicht vollständig erfüllt worden sind und ein neuer Sozialplan aufgrund der Obergrenzen die Masse weniger belasten würde. 2067

Widerruft der Insolvenzverwalter den bisherigen Sozialplan, so kann er gemäß § 124 Abs. 3 Satz 1 InsO von den Arbeitnehmern die aus dem Sozialplan bereits erhaltenen Leistungen grundsätzlich nicht zurückfordern. Damit wird aber nicht ausgeschlossen, diese Leistungen evtl. im Wege der Insolvenzanfechtung zur Insolvenzmasse zu ziehen.[3858] Die Chancen einer erfolgreichen Insolvenzanfechtung sind aber meistens gering. In den Fällen einer freiwilligen Zahlung vor der Insolvenz aufgrund des alten Sozialplanes müsste der Insolvenzverwalter dem Arbeitnehmer eindeutige Kenntnis von der Zahlungsunfähigkeit oder des Insolvenzantrages nachweisen. Dies erweist sich in aller Regel als schwierig. Ein „normaler" Arbeitnehmer außerhalb von Leitungsfunktionen hat in den meisten Fällen keine Übersicht über die Finanzlage eines Unternehmens. Vielmehr wird er, etwa wenn Zahlungs-

---

3857 BAG, Urt. v. 22.07.2010 – 6 AZR 249/09, StBW 2010, 896.
3858 Vgl. *Löwisch/Caspers*, in: MüKo-InsO, § 124, Rn. 20.

schwierigkeiten bekannt sind, hieraus nur allgemeine Schlussfolgerungen ziehen können. Damit erlangt ein Arbeitnehmer aber keine Kenntnisse, die ein eindeutiges Urteil über die Liquiditätsgesamtlage des Unternehmens ermöglichen.[3859]

Wird nach dem Widerruf ein neuer Sozialplan aufgestellt, so werden bei der Berechnung der absoluten Obergrenze die bereits bezahlten Sozialplanleistungen gemäß § 124 Abs. 3 Satz 2 InsO mitberücksichtigt.

Wird ein insolvenznaher Sozialplan nicht widerrufen, dann sind die Forderungen aus diesem Sozialplan keine Masseverbindlichkeiten, sondern Insolvenzforderungen. Dies ist auch dann der Fall, wenn der Sozialplananspruch erst nach der Eröffnung des Insolvenzverfahrens entsteht, weil der Arbeitnehmer erst dann ausscheidet.[3860] Nur wenn der Sozialplan vor Insolvenzeröffnung von einem vorläufigen „starken Insolvenzverwalter" (Insolvenzverwalter mit Verfügungsbefugnis) mit dem Betriebsrat vereinbart worden ist, sind Sozialplanansprüche Masseverbindlichkeiten.[3861]

5.5.4.6 Widerruf insolvenzferner Sozialpläne und anderer Betriebsvereinbarungen

2068 Aber auch Sozialpläne, die früher als drei Monate vor dem Insolvenzantrag abgeschlossen worden sind, können in der Insolvenz beendet werden. Gemäß § 120 Abs. 1 InsO besteht für alle Betriebsvereinbarungen – somit auch für Sozialpläne – deren Erfüllung die Masse belasten, die Möglichkeit, diese zu kündigen. Die Kündigungsfrist beträgt maximal drei Monate.

Zwar sieht § 120 Abs. 1 InsO vor, dass Insolvenzverwalter und Betriebsrat über eine einvernehmliche Herabsetzung der Leistungen aus der Betriebsvereinbarung verhandeln sollen, dies ist aber nicht Voraussetzung für dieses besondere Kündigungsrecht des § 120 InsO. Ist der Insolvenzverwalter der Auffassung, eine Kündigung sei für die Masse günstiger als eine Reduktion der Leistungen, machen Verhandlungen mit dem Betriebsrat keinen Sinn. Da durch § 120 Abs. 1 InsO keine Beratungspflicht begründet wird, kann der Insolvenzverwalter auch ohne vorherige Beratung die Wirkungen aus einer Betriebsvereinbarung durch eine Kündigung beseitigen.[3862] Zu beachten ist aber, dass Regelungen über mitbestimmungspflichtige Angelegenheiten nach § 77 Abs. 6 BetrVG nachwirken, bis sie durch eine andere Abmachung ersetzt werden.

5.6 Massenkündigung im Insolvenzverfahren

2069 Eine Sanierung, die zur Entlassung von Arbeitnehmern führt, belastet das Insolvenzverfahren immer mit dem Risiko der zu erwartenden Kündigungsschutzprozesse. Soll der Betrieb stillgelegt werden, ist das Prozessrisiko gering, da sich der betriebsbedingte Grund ohne weiteres darlegen und beweisen lässt. Eine Sozialauswahl scheidet bei einer Kündigung aller Arbeit-

---

3859 BGH, Urt. v. 19.02.2009 – IX ZR 62/08, NZI 2009, 228.
3860 BAG, Urt. v. 27.10.1998 – 1 AZR 94/98, NZI 1999, 334 (zur Konkursordnung).
3861 BAG, Urt. v. 31.07.2002 – 10 AZR 275/01, NJW 2003, 989.
3862 Vgl. *Eisenbeis*, in: FK-InsO, § 120 Rn. 7.

nehmer aus. Im Falle einer endgültigen Einstellung der Betriebstätigkeit, deren Notwendigkeit sich meist schon vor Eröffnung des Insolvenzverfahrens offen abgezeichnet hat, sieht sich der Insolvenzverwalter in den meisten Fällen auch nur noch wenigen Kündigungsschutzverfahren gegenüber. Auch wenn Arbeitnehmer zunächst Klagen gegen Kündigungen erhoben haben, so ist die Betriebsstilllegung bis zur mündlichen Verhandlung in den meisten Fällen bereits vollzogen. Häufig sehen die klagenden Arbeitnehmer dann keinen Sinn mehr, ihre Klagen noch weiterzuverfolgen.

Entscheidet sich der Insolvenzverwalter nicht für eine Schließung sondern für eine Sanierung mit einem entsprechenden teilweisen Personalabbau, sieht die Situation anders aus. Hier lässt sich weit schwieriger darlegen, dass eine Kündigung durch dringende betriebliche Gründe bedingt und die Sozialauswahl ordnungsgemäß war. Da das Prozessrisiko des Insolvenzverwalters in solchen Fällen höher ist und der Betrieb bestehen bleibt, steigt auch die Bereitschaft der Arbeitnehmer, eine einmal erhobene Kündigungsschutzklage bis zu Ende zu führen. Schwebende Kündigungsschutzverfahren reduzieren zudem die Chancen einer Übertragung des Betriebes auf einen Dritten. Das finanzielle Risiko, welches ein laufendes Kündigungsschutzverfahren immer mit sich bringt, wird ein Erwerber nur gegen einen entsprechenden finanziellen Ausgleich übernehmen, der sich im Kaufpreis niederschlägt. *2070*

Die Insolvenzordnung hat nun die Intention, im Rahmen von Sanierungen Kündigungsverfahren für den Insolvenzverwalter und die betroffenen Arbeitnehmer berechenbarer zu machen. Die Tätigkeit der Arbeitsgerichte soll erleichtert und Kündigungsschutzverfahren beschleunigt werden.[3863] *2071*

Hierzu werden, sofern die Sanierung eine Betriebsänderung gemäß § 111 BetrVG darstellt, dem Insolvenzverwalter zwei Instrumentarien an die Hand gegeben. Der Verwalter kann versuchen mit dem Betriebsrat einen Interessenausgleich, in dem die zu kündigenden Arbeitnehmer benannt sind, abzuschließen. Folge ist, dass das Vorliegen eines betriebsbedingten Grundes vermutet wird und die Sozialauswahl nur auf grobe Fehlerhaftigkeit hin überprüft werden kann. Diese Option entspricht ganz überwiegend der Regelung in § 1 Abs. 5 KSchG. Die ausgesprochenen Kündigungen erhalten ein hohes Maß an Rechtssicherheit. Nach dem Willen des Gesetzgebers soll die soziale Rechtfertigung einer in Anwendung einer Namensliste ausgesprochenen betriebsbedingten Kündigung nur noch in Ausnahmefällen infrage gestellt werden können.[3864] Zudem führen Kündigungen aufgrund eines Interessenausgleichs mit Namensliste gemäß § 128 Abs. 2 InsO zu der Vermutung, dass die Kündigung eines Arbeitsverhältnisses nicht wegen eines Betriebsüberganges erfolgt.

Während außerhalb des Insolvenzverfahrens der Arbeitgeber, will er die beabsichtigen Kündigung quasi rechtssicher machen, darauf angewiesen ist, dass ein Betriebsrat überhaupt besteht und er sich mit diesem einigt, geht die Insolvenzordnung weiter. Besteht kein Betriebsrat oder kommt es nicht zu einer Einigung, so kann der Insolvenzverwalter durch das Arbeitsgericht

---
3863 BAG, Urt. v. 17.11.2005 – 6 AZR 107/05, NJW 2006, 1837.
3864 BAG, Urt. v. 17.11.2005 – 6 AZR 107/05, NJW 2006, 1837.

feststellen lassen, dass die Kündigungen bestimmter Arbeitsverhältnisse durch dringende betriebliche Gründe bedingt und sozial gerechtfertigt sind.

5.6.1 Interessenausgleich mit Namensliste

5.6.1.1 Betriebsänderung

2072 Die Bestimmung des § 125 InsO deckt sich im Wesentlichen mit der Bestimmung des § 1 Abs. 5 KSchG. Auch in einem Insolvenzverfahren ist eine erleichterte Kündigung aufgrund eines Interessenausgleiches mit Namensliste nur möglich, wenn der Insolvenzverwalter gemäß § 111 BetrVG eine „echte" Betriebsänderung in einem Unternehmen mit mehr als 20 Arbeitnehmern plant. Liegt keine Betriebsänderung vor, weil der Insolvenzverwalter etwa einen Betrieb gar nicht stilllegen sondern veräußern will, so kann auch ein Interessensausgleich mit Namensliste nicht zu der Vermutungswirkung des § 125 InsO für die vom Betriebsübergang betroffenen Arbeitnehmer führen.[3865]

5.6.1.2 Vermutung: betriebsbedingter Grund

2073 Ebenso wie im Falle des § 1 Abs. 5 KSchG wird das Kündigungsschutzgesetz für Kündigungen aufgrund eines Interessenausgleiches mit Namensliste modifiziert angewandt. Auch gemäß § 125 InsO wird vermutet, dass die Kündigung der Arbeitsverhältnisse der in der Namensliste bezeichneten Arbeitnehmer durch dringende betriebliche Erfordernisse, die einer Weiterbeschäftigung in dem Betrieb entgegenstehen, bedingt ist. Der Insolvenzverwalter ist in einem Kündigungsschutzverfahren nicht mehr darlegungs- und beweispflichtig dafür, dass ein dringender betrieblicher Grund für die Kündigung vorliegt, der eine zukünftige Beschäftigung nicht mehr zulässt. Es ist vielmehr an dem Arbeitnehmer nun zu beweisen, dass dringende betriebliche Erfordernisse, die seiner Weiterbeschäftigung entgegenstehen, eben gerade nicht bestehen.[3866] Die Darlegungs- und Beweislast wird auch hier, wie im Fall des § 1 Abs. 5 KSchG, umgekehrt.

5.6.1.3 Herabsetzung des Überprüfungsmaßstabes und Einschränkung der Überprüfung der Sozialauswahl

2074 Auch bei einer Kündigung auf Grundlage eines zwischen Insolvenzverwalter und Betriebsrat vereinbarten Interessenausgleiches mit Namensliste wird der Prüfungsmaßstab für die Sozialauswahl erheblich herabgesenkt. Die soziale Auswahl des in die Namensliste aufgenommenen Arbeitnehmers kann nunmehr nur noch auf grobe Fehlerhaftigkeit überprüft werden. Die Überprüfung ist zudem auf die Kriterien „Betriebszugehörigkeit", „Lebensalter" und „Unterhaltspflicht" beschränkt. Der Auswahlgesichtspunkt „Schwerbehinderung" fällt, im Gegensatz zu einem Interessenausgleich mit Namensliste nach § 1 Abs. 5 KSchG, aus der Überprüfung heraus.

3865 BAG, Urt. v. 28.08.2003 – 2 AZR 377/02, DB 2004, 937.
3866 BAG, Urt. v. 07.05.1998 – 2 AZR 536/97, NJW 1998, 3586.

Gemäß § 125 InsO ist die soziale Auswahl nicht als grob fehlerhaft anzusehen, wenn eine ausgewogene Personalstruktur erhalten oder auch erst geschaffen werden soll. Insoweit geht § 125 InsO hier über die Regelung des § 1 Abs. 3 Satz 2 KSchG hinaus. Während außerhalb eines Insolvenzverfahrens Arbeitnehmer nur dann nicht in die Sozialauswahl mit einbezogen werden müssen, wenn dies zur Sicherung einer bereits bestehenden ausgewogenen Personalstruktur dient, können in der Insolvenz bestehende Personalstrukturen verändert und damit verbessert werden.

Der Maßstab „grobe Fehlerhaftigkeit", an dem die Sozialauswahl zu messen ist, gilt auch in der Insolvenz für die gesamte Sozialauswahl.[3867]

Arbeitnehmer, etwa Betriebsratsmitglieder, deren Arbeitsverhältnis einem Sonderkündigungsschutz unterliegt, sind auch in der Insolvenz grundsätzlich nicht in eine Sozialauswahl einzubeziehen. Auch in der Insolvenz des Arbeitgebers genießen diese Personen den besonderen Kündigungsschutz.[3868]

5.6.1.4 Spätere Änderung der Sachlage

Ändert sich nach dem Zustandekommen des Interessenausgleiches die Sachlage wesentlich, so entfällt auch gemäß § 125 InsO die vermutete Betriebsbedingtheit der Kündigung. Dafür, dass eine wesentliche Änderung eingetreten ist, hat der Arbeitnehmer in einem Kündigungsschutzprozess die Darlegungs- und Beweislast. Die Sachlage muss sich nach Abschluss des Interessenausgleiches und vor dem Zugang der Kündigung wesentlich geändert haben.[3869]

2075

Eine wesentliche Änderung der Sachlage würde auch in der Insolvenz der Fall darstellen, dass ein Interessenausgleich im Hinblick auf eine geplante Betriebsstilllegung vereinbart worden ist, nach Abschluss des Interessenausgleiches dann aber doch noch ein Betriebserwerber gefunden werden konnte.[3870]

Steht im Zeitpunkt der Kündigung fest, dass nicht die Stilllegung sondern eine Veräußerung erfolgen soll, so kann der Interessenausgleich mit Namensliste aber ohnehin nicht mehr zur Vermutung von § 125 InsO führen, weil die Vermutung dann widerlegt ist.[3871]

5.6.1.5 Spätere Änderung der Sachlage und Wiedereinstellungsanspruch

Ist die wesentliche Änderung der Sachlage erst nach Zugang der Kündigung eingetreten, bleibt es bei der Vermutung der Betriebsbedingtheit der Kündigung gemäß § 125 InsO. Hat sich die Sachlage nach Zugang der Kündigung aber noch vor Ablauf der Kündigungsfrist geändert, so kann dem Arbeitnehmer ein Wiedereinstellungsanspruch zustehen.

2076

Grundsätzlich besteht ein Wiedereinstellungsanspruch, wenn sich zwischen Ausspruch der Kündigung und dem Ablauf der Kündigungsfrist unvor-

---

3867 BAG, Urt. v. 17.11.2005 – 6 AZR 107/05, NZA 2006, 661.
3868 BAG, Urt. v. 17.11.2005 – 6 AZR 118/05, NZA 2006, 661.
3869 Vgl. Hess, Sanierungshandbuch, Kap. 28 Rn. 449.
3870 LAG Hamm 11.03.2009 – 2 Sa 1429/08.
3871 BAG, Urt. v. 26.09.2005 – 8 AZR 647/04, NZA 2006, 720.

hergesehen eine Weiterbeschäftigungsmöglichkeit ergibt. Wurde ein Arbeitnehmer wegen einer beabsichtigten Betriebsstilllegung gekündigt, kann er eine Wiedereinstellung verlangen, sofern der Betrieb tatsächlich nicht wie ursprünglich geplant stillgelegt worden ist, sondern noch während des Laufs der Kündigungsfrist ein Betriebsübergang stattfindet. Kommt es nach Ablauf der Kündigungsfrist zu einem Betriebsübergang, so besteht außerhalb eines Insolvenzverfahrens ein Wiedereinstellungsanspruch, wenn während des Laufs der Kündigungsfrist der Betriebsübergang bereits beschlossen, aber noch nicht vollzogen worden ist.[3872]

In einem Insolvenzverfahren scheidet ein Wiedereinstellungsanspruch bei einem Betriebsübergang nach Ablauf der Kündigungsfrist aus. Ein Wiedereinstellungsanspruch in der Insolvenz widerspräche dem Konzept der Insolvenzordnung, die auf schnelle Abwicklung und Sanierung abzielt. Die Insolvenzordnung beruht auf dem Konzept, dass die bei oder sogar zur Betriebsveräußerung in der Insolvenz erforderliche Personalreduktion von dem Insolvenzverwalter unter erleichterten Bedingungen vorgenommen werden kann, um die Erwerber des Betriebes nicht damit zu belasten. Hierzu dient auch die Vermutung zu Gunsten der Wirksamkeit von Kündigungen. Bei einem Wiedereinstellungsanspruch würde die durch §§ 125–128 InsO erstrebte Rechtssicherheit gefährdet, wenn die Wirksamkeit von Kündigungen durch den Insolvenzverwalter dem Erwerber gar nichts nutzten, weil dieser sich Wiedereinstellungsansprüchen gegenübersieht. Dies könnte zu einem Scheitern einer übertragenden Sanierung und damit auch zu einer Zerschlagung wirtschaftlicher Werte führen. Wird ein Betriebsübergang aber absichtlich erst nach Ablauf der Kündigungsfrist vollzogen, um gezielt Wiedereinstellungsansprüchen auszuweichen, so wäre dies rechtsmissbräuchlich.[3873]

5.6.1.6 Vermutung: keine Kündigung wegen Betriebsübergang

2077 Der Abschluss eines Interessenausgleiches mit Namensliste aufgrund einer Betriebsänderung führt zu einer doppelten Vermutung. Neben der Vermutung der Betriebsbedingtheit der Kündigung wird nun gemäß § 128 InsO auch vermutet, dass die Kündigung nicht wegen eines Betriebsüberganges erfolgt.

Auch diese gesetzliche Vermutung des § 128 Abs. 2 InsO führt im Kündigungsschutzprozess zur Beweislastumkehr, ist also widerlegbar.[3874] Die Vermutung wäre etwa dann widerlegt, wenn ein Interessenausgleich mit Namensliste wegen vollständiger Stilllegung des Betriebes geschlossen worden ist, die betrieblichen Aktivitäten aber tatsächlich von einer „Auffanggesellschaft" fortgesetzt worden sind.[3875]

3872 BAG, Urt. v 25.09.2008 – 8 AZR 607/07, NZA-RR 2009, 469.
3873 BAG, Urt. v. 28.10.2004 – 8 AZR 199/04, NZA 2005, 405.
3874 BAG, Urt. v. 29.09.2005 – 8 AZR 647/04, NZA 2006, 720.
3875 LAG Hamm, Urt. v. 19.09.2007 – 2 Sa 1844/06, AuA 2008, 434.

5.6.2 Beschlussverfahren zum Kündigungsschutz

Gelingt es dem Insolvenzverwalter zunächst oder auch abschließend nicht, mit dem Betriebsrat einen Interessenausgleich mit Namensliste abzuschließen, so eröffnet ihm § 126 InsO die Möglichkeit, durch das Arbeitsgericht die Betriebsbedingtheit der Kündigungen und deren soziale Rechtfertigung bindend feststellen zu lassen. Selbiges gilt, wenn der Betrieb keinen Betriebsrat hat und somit der Abschluss eines Interessenausgleiches mit Namensliste von vornherein nicht möglich wäre. Im Insolvenzverfahren besteht somit eine erweiterte Möglichkeit des Insolvenzverwalters, hinsichtlich beabsichtigter Kündigungen schnell Rechtssicherheit zu erlangen, ohne von dem Bestehen eines Betriebsrates oder seiner Zustimmung abhängig zu sein. Diese Möglichkeit besteht nicht nur für Beendigungs- sondern auch für Änderungskündigungen. 2078

5.6.2.1 Betriebsänderung

Liegen die Voraussetzungen des § 111 BetrVG vor, ist dem Insolvenzverwalter der Weg über § 126 InsO grundsätzlich eröffnet. Umstritten ist die Frage, ob dieser Weg auch dann möglich ist, wenn das Unternehmen weniger als 20 Arbeitnehmer hat oder aufgrund der geringen Anzahl der zu entlassenden Arbeitnehmer nicht die Schwelle einer Betriebsänderung erreicht wird. Die überwiegende Auffassung in der Literatur geht davon aus, dass ein Verfahren nach § 126 InsO nur möglich sei, wenn auch die Voraussetzungen des § 111 BetrVG vorliegen. Die Rechtsprechung hat diese Frage bisher offen gelassen.[3876] Für die generelle Anwendung des § 126 InsO, unabhängig von den Voraussetzungen des § 111 BetrVG, spricht das Bedürfnis, auch in kleineren Betrieben Sanierungen dadurch zu erleichtern, dass schnell Rechtssicherheit über Kündigungen geschaffen wird.[3877] 2079

5.6.2.2 Betriebe mit Betriebsrat

Der Insolvenzverwalter kann den Antrag nach § 126 InsO stellen, wenn er den Betriebsrat rechtzeitig und umfassend informiert hat und innerhalb von drei Wochen nach Verhandlungsbeginn oder schriftlicher Aufforderung zur Aufnahme von Verhandlungen kein Interessenausgleich mit Namensliste zu Stande gekommen ist. Diese Voraussetzung entspricht den Anforderungen an den Antrag nach § 122 InsO. 2080

Reicht der Insolvenzverwalter den Antrag beim Arbeitsgericht ein, kann er parallel dazu weiterhin versuchen, mit dem Betriebsrat einen Interessenausgleich mit Namensliste abzuschließen. Will der Betriebsrat sich seine Mitwirkungsmöglichkeiten erhalten, so kommt er an dieser Stelle in Zugzwang. Schon die Ankündigung, bei Scheitern der Verhandlungen das Verfahren nach § 126 InsO durchzuführen, kann durchaus eine Einigungsbereitschaft auf Seiten des Betriebsrates erhöhen. Kommt es vor einer gerichtlichen Ent-

---

3876 BAG, B. v. 29.06.2000 – 8 ABR 44/99, NZI 2000, 495.
3877 Vgl. *Löwisch/Caspers*, in: MüKo-InsO, § 126 Rn 5 ff.

scheidung noch zum Abschluss eines entsprechenden Interessenausgleiches, wäre der Antrag dann vom Insolvenzverwalter zurückzunehmen. Wurde bereits ein Interessenausgleich im Sinne von § 125 InsO abgeschlossen, ist ein Antrag nach § 126 InsO dann unzulässig, soweit mit dem Interessenausgleich eine umfassende Regelung der Folgen der konkreten jeweiligen Betriebsänderung angestrebt wurde. Kommt es nach Abschluss eines Interessenausgleiches mit Namensliste zu einer weiteren Betriebsänderung, welche von dem vorherigen Interessenausgleich nicht erfasst ist, so steht diese neue Betriebsänderung einem Antrag nach § 126 InsO aber nicht mehr im Wege. Wird also etwa zunächst ein Interessenausgleich mit Namensliste wegen eines Personalabbaus abgeschlossen und stellt sich später heraus, dass weitere Arbeitsplätze abgebaut werden müssen, liegt eine neue Betriebsänderung vor. Für die dann auszusprechenden Kündigungen wäre, sofern nicht ein neuer Interessenausgleich mit Namensliste abgeschlossen wird, das Verfahren nach § 126 InsO zulässig.[3878]

5.6.2.3 Betriebe ohne Betriebsrat

2081 In Betrieben ohne Betriebsrat kann der Antrag nach § 126 InsO sofort gestellt werden, da hier ein Interessenausgleich mit Namensliste nicht abgeschlossen werden kann.

5.6.2.4 Verfahren vor dem Arbeitsgericht
5.6.2.4.1 Zuständigkeit und Beteiligte

2082 Örtlich zuständig ist das Arbeitsgericht, in dessen Bezirk der von der geplanten Betriebsänderung betroffene Betrieb liegt. Da es sich um ein arbeitsgerichtliches Beschlussverfahren handelt, untersucht das Gericht den Sachverhalt von Amts wegen. Dennoch hat der Verwalter den Antrag so zu begründen, wie er dies bei einem Kündigungsschutzverfahren tun müsste. Von ihm sind also die betriebsbedingten Gründe darzulegen und die Gründe zu benennen, die zu der Sozialauswahl geführt haben.[3879] Irgendwelche Beweiserleichterungen bestehen in dem Verfahren nicht.[3880]

Beteiligt werden gemäß § 126 Abs. 2 Satz 1 InsO an dem Beschlussverfahren der Insolvenzverwalter, der Betriebsrat und die jeweiligen betroffenen Arbeitnehmer. Diejenigen Arbeitnehmer, die sich mit der Beendigung des Arbeitsverhältnisses oder, im Falle einer Änderungskündigung, mit den geänderten Arbeitsbedingungen bereits einverstanden erklärt haben, gehören nicht zum Kreis der zu beteiligenden Personen. Veräußert der Insolvenzverwalter den Betrieb, so ist auch der Betriebserwerber gemäß § 128 Abs. 1 InsO an dem Verfahren zu beteiligen.

3878 BAG B. v. 20.01.2000 – 2 ABR 30/99, NZI 2000, 498.
3879 Vgl. *Eisenbeis/Mues*, in: Wimmer, Handbuch Insolvenzrecht, 7. Kap. Rn. 335.
3880 Vgl. *Gallner*, in: ErfK, § 126 InsO Rn. 4.

5.6.2.4.2 Feststellungen des Arbeitsgerichtes

Der Antrag des Insolvenzverwalters ist auf die Feststellung gerichtet, dass die Kündigung bestimmter, in dem Antrag zu benennender, Arbeitnehmer durch dringende betriebliche Erfordernisse bedingt und sozial gerechtfertigt ist.

Die betriebsbedingten Gründe werden von dem Gericht wie in einem Kündigungsschutzprozess geprüft. Nach dem Wortlaut des § 126 InsO wird die Sozialauswahl auf die Überprüfung der Kriterien Betriebszugehörigkeit, Lebensalter und Unterhaltspflichten hin beschränkt. Der Insolvenzverwalter kann sich bei der Sozialauswahl aber auch auf die Leistungsträgerklausel gemäß § 1 Abs. 3 Satz 2 KSchG berufen. Andernfalls wäre er bei der Durchführung der Sozialauswahl eingeschränkt, was nicht mit dem Zweck des § 126 InsO vereinbar wäre. Die Sozialauswahl soll in dem Verfahren nach § 126 InsO nur noch eingeschränkt überprüft werden können, nicht aber dem Insolvenzverwalter bei der Durchführung der Sozialauswahl einschränken. Ihm muss die Möglichkeit bleiben, für den Betrieb wichtige Leistungsträger aus der Sozialauswahl herauszunehmen.[3881] Bei der Überprüfung der Sozialauswahl wird von dem Arbeitsgericht der übliche Maßstab „ausreichend" und nicht der Maßstab der „groben Fehlerhaftigkeit" angewandt.

Das Verfahren nach § 126 InsO ist nur auf die Frage gerichtet, ob die Kündigung im Sinne des § 1 KSchG sozial gerechtfertigt ist, nicht ob diese aus anderen Gründen unwirksam sein könnte, etwa wegen Vorliegen eines Sonderkündigungsschutzes.[3882]

5.6.2.4.3 Eingeschränkte Rechtsmittelmöglichkeit

Auch für die Entscheidungen in dem Verfahren nach § 126 InsO gibt es nur noch äußerst eingeschränkte Überprüfungsmöglichkeiten. Auch hier können, wie in dem Verfahren nach § 122 InsO, die Beschlüsse des Arbeitsgerichtes nicht mit der Beschwerde zum Landesarbeitsgericht angegriffen werden. Nur sofern das Arbeitsgericht die Rechtsbeschwerde zugelassen hat, ist der Weg für eine Überprüfung durch das Bundesarbeitsgericht eröffnet. Ohne Zulassung der Rechtsbeschwerde wird der Beschluss des Arbeitsgerichtes rechtskräftig. Soweit die Rechtsbeschwerde durch das Arbeitsgericht zugelassen worden ist, kann jeder der Beteiligten dieses Rechtsmittel einlegen. Legt ein an dem Verfahren Beteiligter kein Rechtsmittel ein, so wird die Entscheidung des Arbeitsgerichtes ihm gegenüber rechtskräftig, auch wenn andere Beteiligte die vom Arbeitsgericht zugelassene Beschwerde beim Bundesarbeitsgericht erhoben haben.[3883]

5.6.2.5 Keine Betriebsratsanhörung vor Verfahrenseinleitung

Der Insolvenzverwalter hat den Betriebsrat gemäß § 102 BetrVG nur vor den jeweiligen Kündigungen anzuhören, nicht jedoch vor der Einleitung des Verfahrens nach § 126 InsO. Zwar hat sich der Insolvenzverwalter im Zeitpunkt

---
3881 Vgl. Eisenbeis/Mues, in: Wimmer, Handbuch Insolvenzrecht, 7. Kap. Rn. 336.
3882 BAG, B. v. 29.06.2000 – 8 ABR 44/99, NZI 2000, 495.
3883 BAG, B. v. 29.06.2000 – 8 ABR 44/99, NZI 2000, 495.

der Einleitung des Verfahrens schon zu einer Kündigung entschlossen, jedoch kann der Betriebsrat auf den Kündigungsentschluss noch während des Verfahrens nach § 126 InsO einwirken. Eine vorherige Anhörung gemäß § 102 BetrVG würde zudem eine Verzögerung mit sich bringen, welche mit dem Willen des Gesetzgebers, das Verfahren möglichst schnell durchzuführen, nicht vereinbar wäre.[3884]

5.6.2.6 Kündigung und Beschlussverfahren

2086 Der Insolvenzverwalter ist berechtigt, Kündigungen auszusprechen, bevor er das Beschlussverfahren nach § 126 InsO einleitet.[3885] Der Insolvenzverwalter kann zunächst den Arbeitnehmern kündigen und dann abwarten, welcher der gekündigten Arbeitnehmer innerhalb der Dreiwochenfrist die Kündigungsschutzklage erhebt. Hinsichtlich der Arbeitnehmer, welche die Kündigung mit einer Klage angegriffen haben, kann er dann den Antrag nach § 126 InsO stellen. Die einzelnen Kündigungsschutzklagen der Arbeitnehmer müssen dann gemäß § 127 Abs. 2 InsO ausgesetzt werden.

Möchte der Verwalter nicht zunächst abwarten, ob einzelne Arbeitnehmer innerhalb der Drei-Wochen-Frist die Kündigung angreifen, so steht es ihm auch frei, sofort nach Ausspruch der Kündigungen den Antrag nach § 126 InsO zu stellen. Erhebt ein Arbeitnehmer, der in dem Antrag nach § 126 InsO benannt ist, keine Kündigungsschutzklage, wäre von dem Insolvenzverwalter dann der Antrag hinsichtlich dieses Arbeitnehmers wieder zurückzunehmen. Ein Rechtsschutzbedürfnis für den Antrag nach § 126 InsO besteht schließlich nur für die Arbeitnehmer, bei denen die Frage der Wirksamkeit der Kündigung durch das Gericht zu überprüfen ist. Ist die Klagefrist verstrichen, gilt die Kündigung gemäß § 7 KSchG als von Anfang an rechtswirksam. Nimmt der Insolvenzverwalter den Antrag nicht zurück, müsste das Gericht diesen als unzulässig abweisen.[3886]

Auch wenn nur (noch) ein Arbeitnehmer gegen seine Kündigung klagt, so kann auch hinsichtlich dieses Arbeitnehmers noch das Verfahren nach § 126 InsO durchgeführt werden. Zweck der Vorschrift ist zwar die Bündelung und Konzentration verschiedener Kündigungsschutzprozesse, jedoch auch die zügige Schaffung von Rechtssicherheit in der Insolvenz, gerade im Hinblick auf sanierende Übertragungen.[3887] Auch ein einziger Arbeitnehmer kann durchaus eine etwa geplante übertragende Sanierung noch gefährden.

Für die Arbeitnehmer, deren Arbeitsverhältnis nicht dem Kündigungsschutz unterliegt, ist die Durchführung des Verfahrens nach § 126 InsO überflüssig und wäre mangels Rechtsschutzbedürfnis auch unzulässig. In diesem Verfahren wird schließlich nur die Rechtswirksamkeit der Kündigung im Hinblick auf die Frage der Betriebsbedingtheit und ordnungsgemäßen Sozialauswahl entschieden.

[3884] Vgl. *Zwanziger*, § 126, Rn. 53.
[3885] BAG, B. v. 29.06.2000 – 8 ABR 44/99, NZI 2000, 495.
[3886] ArbG Offenbach, B. v. 17.02.2000 – 5 BV 23/99.
[3887] Vgl. *Löwisch/Caspers*, in: MüKo-InsO, § 126 InsO Rn 9, a.A. LAG München B. v. 02.01.2003 – 4 Ta 292/02, ZInsO 2003, 339.

5.6.2.7 Bindungswirkung der Entscheidung des Arbeitsgerichtes

Während der Dauer des Verfahrens nach § 126 InsO müssen gemäß § 127 Abs. 2 InsO bereits laufende Kündigungsschutzverfahren der Arbeitnehmer, die im Antrag nach § 126 InsO benannt sind, auf Antrag des Insolvenzverwalters ausgesetzt werden. Stellt das Arbeitsgericht in dem Verfahren nach § 126 InsO rechtskräftig fest, dass dringende betriebliche Gründe im Sinne des § 1 Abs. 2 KSchG vorliegen und die Sozialauswahl den Anforderungen des § 1 Abs. 3 KSchG genügt hat, so ist diese Entscheidung gemäß § 127 Abs. 1 InsO für die laufenden oder zukünftigen Kündigungsschutzprozesse bindend. In den jeweiligen Kündigungsschutzverfahren kann nunmehr nur noch überprüft werden, ob die Kündigung evtl. aus anderen Gründen (z.B. ordentliche Betriebsratsanhörung, Sonderkündigungsschutz etc.) unwirksam ist. Dass die jeweilige Kündigung gemäß § 1 KSchG sozial gerechtfertigt ist, steht mit der Rechtskraft des Beschlusses des Arbeitsgerichtes fest. 2087

Die Bindungswirkung entfällt gemäß § 127 Abs. 1 Satz 2 InsO nur dann, wenn sich der Sachverhalt nach Schluss der vor dem Arbeitsgericht durchgeführten mündlichen Verhandlung wesentlich geändert hat. Entscheidet das Arbeitsgericht ohne mündliche Verhandlung im schriftlichen Verfahren (§ 83 Abs. 4 Satz 2 ArbGG), so ist der Zeitpunkt der Verkündung des Beschlusses maßgeblich. Eine wesentliche Änderung liegt dann vor, sofern sich der Sachverhalt nach Schluss der mündlichen Verhandlung entscheidend geändert hat und somit nicht mehr in der Entscheidung berücksichtigt werden konnte. Unerhebliche Änderungen der Sachlage bleiben unberücksichtigt. Klassisches Beispiel ist der Fall, dass zunächst die Stilllegung geplant, sich aber nunmehr doch ein Betriebsübernehmer gefunden hat.[3888]

5.7 Betriebsveräußerung in der Insolvenz

5.7.1 Anwendung des § 613 a BGB

Auch in der Insolvenz findet § 613a BGB Anwendung. Veräußert der Insolvenzverwalter also einen Betrieb an einen Erwerber, so gehen die Arbeitsverhältnisse auf diesen von Gesetzes wegen über. Diese Rechtsfolge erschwert natürlich die Bemühungen des Insolvenzverwalters, das betriebliche Anlagevermögen bestens zu verwerten. Ein Erwerber ist auch in der Insolvenz stets gut beraten, bereits vor einem Erwerb von Teilen des Anlagevermögens zu prüfen, ob nicht ein Betriebsübergang vorliegt. 2088

5.7.1.1 Keine Haftung des Erwerbers für Insolvenzforderungen

Außerhalb eines Insolvenzverfahrens haftet der neue Arbeitgeber neben dem bisherigen Inhaber für die rückständigen Ansprüche aus dem Arbeitsverhältnis. Dass bis zur Eröffnung des Insolvenzverfahrens etwa rückständige Lohnansprüche aufgelaufen sind, liegt in der Natur der Sache. Würde nun der Erwerber eines Betriebes für alle noch ausstehenden Löhne der Arbeitnehmer haften, so wäre eine Veräußerung des Betriebes nahezu ausgeschlossen oder die Haftung würde sich zumindest entsprechend im Kaufpreis 2089

[3888] Vgl. *Zwanziger*, § 127 Rn. 3.

niederschlagen. Eine Haftung des Betriebserwerbers für sämtliche Lohnrückstände würde die Arbeitnehmer bevorzugen und die übrigen Gläubiger benachteiligen. Bei einem Erwerb aus der Insolvenz wird § 613a BGB daher nur eingeschränkt angewandt. Der Erwerber haftet hier nicht für Ansprüche von Arbeitnehmern, die vor der Eröffnung des Insolvenzverfahrens entstanden sind.[3889]

Diese Haftungseinschränkung gilt aber nur, wenn der Betriebsübergang auch tatsächlich vor der Eröffnung des Insolvenzverfahrens erfolgt ist. Geht der Betrieb bereits vor Verfahrenseröffnung über, bleibt es bei der uneingeschränkten Haftung des Erwerbers für die schon vor dem Betriebsübergang entstandenen Ansprüche.[3890] Zu beachten ist bei einem Erwerb in einem Insolvenzverfahren, dessen Eröffnung bereits einige Zeit zurück liegt, dass oft Arbeitnehmeransprüche gegen den Insolvenzverwalter bestehen. Für solche Masseforderungen gilt die insolvenzrechtliche Beschränkung des Eintritts der Haftung nach § 613a Abs. 1 Satz 1 BGB nicht.[3891] Gerade wenn der Geschäftsbetrieb nicht mehr aufrecht erhalten wird und die Arbeitnehmer vom Insolvenzverwalter freigestellt werden, können erheblich Lohnrückstände auflaufen. Geht in dieser Situation ein Betrieb oder Betriebsteil vom Insolvenzverwalter auf den Erwerber über, so haftet der Erwerber auch für diese rückständigen Masseverbindlichkeiten. Die Haftung des Insolvenzverwalters bzw. der Masse bleibt zwar neben der Haftung des Erwerbers bestehen, der Rückgriffanspruch kann sich jedoch als wenig werthaltig herausstellen, wenn in dem Insolvenzverfahren die Masseunzulänglichkeit besteht.

Für Betriebsrenten führt die eingeschränkte Haftung bei einem Betriebsübergang nach Eröffnung des Insolvenzverfahrens dazu, dass der Erwerber nur die bei ihm erdienten Versorgungsleistungen schuldet. Unverfallbare Ansprüche, die vor der Eröffnung des Insolvenzverfahrens erdient worden sind, werden durch den Pensionssicherungsverein aufgefangen.

5.7.1.2 Personalabbau durch Sanierungskonzept

2090 Gemäß § 613a Abs. 4 BGB ist eine Kündigung wegen eines Betriebsüberganges ausgeschlossen. Dieses eigenständige Kündigungsverbot gilt auch in einem Insolvenzverfahren. Da dieses Kündigungsverbot nur die Fälle betrifft, in denen der geplante Betriebsübergang der tragende Grund ist, sind Kündigungen aufgrund von Sanierungskonzepten möglich, auch wenn diese einen Betriebsübergang erst ermöglichen sollen. Der Insolvenzverwalter kann also, auch wenn er den Betrieb verkaufen will, zunächst ein eigenes Sanierungskonzept entwickeln. Spricht er auf Grundlage des Sanierungskonzeptes dann Kündigungen aus, können die Kündigungen aus sich heraus gerechtfertigt sein und sind nicht wegen eines beabsichtigten Betriebsüberganges unwirksam.

Der Insolvenzverwalter ist aber nicht darauf beschränkt ein eigenes Konzept zu entwickeln, um den Betrieb für mögliche Erwerber attraktiv zu machen. Auch ein Erwerber kann ein Sanierungskonzept erstellen, das bereits

---

[3889] St. Rspr. vgl. BAG, Urt. v. 19.12.2006 – 9 AZR 230/06, BB 2007, 1281.
[3890] BAG, Urt. v. 20.06.2002 – 8 AZR 459/01, NZA 2003, 318.
[3891] Str. Rspr. vgl. BAG, B. v. 09.12.2009 – 7 ABR 90/07, NZA 2010, 461.

vor dem Betriebsübergang von dem Insolvenzverwalter umgesetzt wird. Die Rechtsprechung erkennt sowohl innerhalb als auch außerhalb eines Insolvenzverfahrens Kündigungen aufgrund eines Sanierungskonzeptes des Erwerbers an. Sinn und Zweck des Kündigungsverbotes des § 613a Abs. 4 BGB ist es, den Erwerber an einer freien Auslese der ihm genehmen Arbeitnehmer zu hindern. Es ist aber nicht Sinn des Kündigungsverbotes, den Erwerber bei einer voraussehbar fehlenden Beschäftigungsmöglichkeit zu verpflichten, einen Arbeitnehmer zunächst zu übernehmen und das Arbeitsverhältnis noch einmal künstlich zu verlängern, bis der Erwerber dann selbst die Kündigung aussprechen kann. Erforderlich ist immer ein verbindliches Konzept des Erwerbers, dessen Durchführung im Zeitpunkt des Zugangs der Kündigungserklärung bereits greifbare Formen angenommen hat. Allein die Forderung eines Erwerbers, die Belegschaft müsse vor dem Betriebsübergang verkleinert werden, reicht nicht.[3892]

6. Sozialrecht in der Insolvenz

6.1 Insolvenzgeld

Arbeitsentgeltansprüche der Arbeitnehmer im Vorfeld einer Insolvenz werden durch das in den §§ 185 ff. SGB III ff. geregelte Insolvenzgeld geschützt. Das Insolvenzausfallgeldrecht hat in erster Linie den Zweck, für Arbeitnehmer die Folgen der Zahlungsunfähigkeit beim Unternehmer zu mildern.[3893] Das Insolvenzgeld wird durch die Arbeitgeber im Umlageverfahren finanziert. Die „Umlage U3" wird mit dem monatlichen Gesamtsozialversicherungsbeitrag an die Krankenkassen als Einzugsstellen abgeführt. 2091

6.2 Anspruchsberechtigte Personen

6.2.1 Arbeitnehmer

Anspruch auf Insolvenzgeld haben gemäß § 183 SGB III nur Arbeitnehmer. Im Arbeitsförderungsrecht sind dies gemäß § 7 Abs. 1 SGB IV die in nichtselbstständiger Arbeit Beschäftigten. Anhaltspunkte für das Vorliegen einer nichts selbstständigen Beschäftigung sind vor allem die Weisungsgebundenheit im Hinblick auf Zeit, Dauer und Ort der zu leistenden Arbeit sowie die Einbindung in den Betrieb. Selbstständig tätig ist dagegen, wer über seine Arbeitskraft aufgrund eigener Disposition frei verfügen kann. Nicht relevant ist, dass das Beschäftigungsverhältnis etwa versicherungspflichtig ist. Die Abgrenzung zwischen selbstständiger und abhängiger Beschäftigung kann sich im Einzelfall als sehr schwierig darstellen. 2092

6.2.2 GmbH-Geschäftsführer

Geschäftsführer einer GmbH, die keine Beteiligung an der von ihnen vertretenen Gesellschaft halten, gelten im Sinne des Arbeitsförderungsrechts als 2093

[3892] BAG, Urt. v. 20.03.2003 – 8 AZR 97/02, NZA 2003, 1027.
[3893] BSG, Urt. v. 22.09.1993 – 10 RAr 9/91, ZIP 1993, 1716.

Arbeitnehmer und gehören somit zu den insolvenzgeldberechtigten Personen.

Ob ein geschäftsführender Gesellschafter hier als Arbeitnehmer anzusehen ist, richtet sich danach, ob und in welchem Umfang er Einfluss auf die Geschicke der Gesellschaft nehmen kann. Je größer sein Einfluss in der Gesellschaft, umso weniger ist er weisungsgebunden. Hier sind vor allem die von dem Geschäftsführer gehaltenen Geschäftsanteile ein wichtiges Indiz. Hält der Geschäftsführer mehr als 50 % der Geschäftsanteile, so gilt er als Unternehmer und nicht als Arbeitnehmer, da er mit seiner Mehrheit die Gesellschaft dominiert. Aufgrund seiner gesellschaftsrechtlichen Stellung kann er maßgeblichen Einfluss auf die Willensbildung der GmbH ausüben und damit Weisungen an sich verhindern.[3894]

Aber auch wenn der Geschäftsanteil aufgrund seiner gesellschafsrechtlichen Stellung Weisungen der Gesellschafter nicht verhindern könnte, ist er dennoch Unternehmer, wenn sein tatsächlicher Einfluss die Geschicke der Gesellschaft maßgeblich bestimmt. Dies kann etwa dann vorkommen, wenn die übrigen Geschäftsanteile von Familienmitgliedern gehalten werden, diese sich aber aus den Angelegenheiten der Gesellschaft vollständig heraushalten. Ausschlaggebend ist, ob der Geschäftsführer seine Tätigkeit im Wesentlichen frei gestalten kann.[3895] Dies hat zur Folge, dass nicht nur bei einem Geschäftsführer, der über weniger als 50 % des Stammkapitals verfügt sondern selbst bei einem Geschäftsführer ohne Kapitalbeteiligung eine selbstständige Tätigkeit vorliegen kann.

6.2.3 Vorstand einer Aktiengesellschaft

2094 Mitglieder des Vorstandes einer Aktiengesellschaft sind grundsätzlich keine Arbeitnehmer und haben daher keinen Anspruch auf Insolvenzgeld.[3896]

6.3 Inlandsbeschäftigung

2095 Der Arbeitnehmer muss in der Bundesrepublik Deutschland beschäftigt worden sein. Auch Arbeitnehmer, die von Deutschland ins Ausland zur Ausübung ihrer Beschäftigung entsandt worden sind, werden gemäß § 4 SGB IV als Inlandsbeschäftigte angesehen, sofern die Tätigkeit im Ausland zeitlich begrenzt ist. Dagegen gelten Arbeitnehmer, die aus dem Ausland nach Deutschland für eine zeitlich begrenzte Tätigkeit entsandt worden sind, gemäß § 5 SGB IV nicht als in Deutschland Beschäftigte.

6.4 Insolvenzereignis

6.4.1 Insolvenz des Arbeitgebers

2096 Gemäß § 183 Abs. 1 SGB III besteht Anspruch eines Arbeitnehmers auf Insolvenzgeld, wenn eines der in der Vorschrift genannten Insolvenzereignisse hinsichtlich des Vermögens des Arbeitgebers eintritt. Wer Arbeitgeber des

---

3894 BSG, Urt. v. 22.11.1974 – 1 RA 251/73, BB 1975, 282.
3895 BSG, Urt. v. 08.12.1987 – 7 RAr 14/86, ZIP 1988, 913.
3896 BSG, Urt. v. 22.04.1987 – 10 RAr 6/86, ZIP 1987, 924.

Arbeitnehmers ist, richtet sich grundsätzlich nach dem Arbeitsvertrag. Somit ist Arbeitgeber immer derjenige, der aufgrund des Arbeitsvertrages das Arbeitsentgelt schuldet.[3897] Bei Leiharbeitnehmern kommt es darauf an, ob eine erlaubte Arbeitnehmerüberlassung vorliegt. Ist dies der Fall, so ist Arbeitgeber der Verleiher. Liegt keine erlaubte Arbeitnehmerüberlassung vor, so gilt der Entleiher gemäß § 10 Abs. 1 Satz 1 AÜG als Arbeitgeber.

6.4.2 Insolvenzereignisse

2097 Die Insolvenzereignisse, die den Anspruch auf Insolvenzgeld begründen können, sind in § 183 Abs. 1 Nr. 1–3 SGB III aufgezählt. Entscheidend ist immer das zuerst eingetretene Insolvenzereignis, welches eventuell später eingetretene sperrt. Gemäß § 183 Abs. 1 Satz 2 SGB III begründet auch ein ausländisches Insolvenzereignis einen Anspruch auf Insolvenzgeld für die in Deutschland beschäftigten Arbeitnehmer.

6.4.2.1 Eröffnung des Insolvenzverfahrens

2098 Das Insolvenzgericht muss einen Beschluss über die Eröffnung des Insolvenzverfahrens über das Vermögen des Arbeitgebers erlassen haben. Ein Beschluss über die Anordnung der vorläufigen Verwaltung genügt nicht. Die Beschlüsse werden von dem Insolvenzgericht im Internet unter http://www.insolvenzbekanntmachungen.de veröffentlicht.

6.4.2.2 Abweisung des Eröffnungsantrages mangels Masse

2099 Das Insolvenzgericht weist den Antrag auf Eröffnung des Insolvenzverfahrens mangels Masse ab, wenn das Vermögen des Arbeitgebers voraussichtlich nicht ausreichen wird, um die Kosten des Insolvenzverfahrens zu decken. Nur wenn die Abweisung des Antrages aus diesem Grund erfolgt, liegt ein Insolvenzereignis im Sinne des § 183 Abs. 1 Nr. 2 SGB III vor. Erfolgt die Abweisung eines Antrages aus einem anderen Grund, etwa wegen Unzulässigkeit, handelt es sich nicht um ein Insolvenzereignis im Sinne des § 183 Abs. 1 Nr. 2 SGB III. In Betracht kann dann aber ein Insolvenzereignis nach Nr. 3 kommen.[3898]

Wird der Insolvenzantrag mangels Masse abgewiesen, so wird dies nicht von dem Insolvenzgericht veröffentlicht. Der Arbeitgeber ist gemäß § 183 Abs. 4 SGB III verpflichtet, den Abweisungsbeschluss des Insolvenzgerichtes dem Betriebsrat oder, wenn ein Betriebsrat nicht besteht, den Arbeitnehmern mitzuteilen.

6.4.2.3 Vollständige Beendigung der Betriebstätigkeit ohne Insolvenzverfahren

6.4.2.3.1 Einstellung der Betriebstätigkeit

2100 Die Betriebstätigkeit muss vollständig eingestellt worden sein. Es dürfen keine Arbeiten mehr für den Betriebszweck geleistet werden, wobei reine

---
3897 BSG, Urt. v. 28. 06. 1983 – 10 RAr 26/81, ZIP 1983, 1224.
3898 BSG, Urt. v. 22. 09. 1993 – 10 RAr 9/91, ZIP 1993, 1716.

Abwicklungsarbeiten hierzu nicht mehr zählen. Die Betriebstätigkeit darf nicht nur in Teilbereichen eingestellt worden sein. Bei einem Betrieb, der sowohl produziert als auch die produzierten Waren verkauft, liegt also keine Einstellung der Betriebstätigkeit vor, wenn etwa nur die Produktion eingestellt worden ist.[3899]

6.4.2.3.2 Kein Insolvenzantrag

2101 Es darf kein zulässiger Insolvenzantrag gestellt worden ist. Ein unzulässiger Insolvenzantrag, weil er etwa von einer nicht vertretungsberechtigten Person gestellt worden ist, ist kein Insolvenzantrag im Sinne des 183 Abs. 1 Nr. 3 SGB III und gilt hier somit als nicht gestellt. Solch ein unzulässiger Antrag ist unbeachtlich.[3900]

6.4.2.3.3 Offensichtliche Masselosigkeit

2102 Die Durchführung eines Insolvenzverfahrens muss offensichtlich mangels Masse nicht in Betracht kommen.

Ob ein Insolvenzverfahren mangels Masse abgelehnt werden würde, ist für den Arbeitnehmer, der in aller Regel keine Einblicke in die finanziellen Interna eines Unternehmens hat, natürlich nur schwer feststellbar. Anhand äußerer Umstände lassen sich aber entsprechende Rückschlüsse ziehen. Das Wort offensichtlich ist hier mehr in dem Sinne von „anscheinend" als in dem Sinne von „zweifelsfrei" zu verstehen.[3901] Ein Insolvenzverfahren kommt etwa dann offensichtlich mangels Masse regelmäßig nicht in Betracht, wenn der Arbeitgeber die Lohnzahlungen unter Hinweis auf die Zahlungsunfähigkeit eingestellt hat, die betriebliche Tätigkeit vollständig beendet und ein Insolvenzeröffnungsantrag nicht gestellt worden ist.[3902] Auch wenn zahlreiche arbeitsrechtliche Versäumnisurteile gegen den Arbeitgeber ergangen sind, ist dies ein Indiz dafür, dass nach einer Betriebseinstellung keine hinreichende Masse für die Eröffnung eines Insolvenzverfahrens zur Verfügung steht.[3903]

6.4.3 Insolvenzgeldzeitraum

2103 Anspruch auf Insolvenzgeld besteht gemäß § 183 Abs. 1 Satz 1 SGB III für die letzten drei Monate des Arbeitsverhältnisses, die vor dem Insolvenzereignis bestanden. Abzustellen ist auf den rechtlichen Bestand des Arbeitsverhältnisses und nicht auf das Beschäftigungsverhältnis. Der Insolvenzgeldzeitraum umfasst daher auch Zeiten, in denen zwar die Beschäftigung beendet worden ist, aber das Arbeitsverhältnis noch andauert.[3904] Nimmt ein freigestellter Arbeitnehmer eine Beschäftigung bei einem anderen Arbeitge-

---

3899 BSG, Urt. v. 05.06.1981 – 10/8b RAr 3/80, ZIP 1981, 1112.
3900 BSG, Urt. v. 22.09.1993 – 10 RAr 9/91, ZIP 1993, 1716.
3901 BSG, Urt. v. 23.11.1981 – 10/8b RAr 6/80, ZIP 1982, 469.
3902 BSG, Urt. v. 23.11.1981 – 10/8b RAr 6/80, ZIP 1982, 469.
3903 BSG, Urt. v. 27.09.1994 – 10 RAr 7/93, ZIP 1994, 1875.
3904 BSG, B. v. 25.08.2008 – B 11 AI 64/08.

ber auf, während das Arbeitsverhältnis bei der Insolvenzfirma noch andauert, hat er dennoch Anspruch auf Insolvenzgeld, wobei er sich aber den anderweitig erzielten Verdienst auf den Vergütungsanspruch anrechnen lassen muss.[3905]

Der Tag, an dem das Insolvenzereignis eintritt, gehört nicht mehr zum Insolvenzgeldzeitraum.[3906] Wird z. B. das Insolvenzverfahren am 01.05. eröffnet und besteht das Arbeitsverhältnis noch, so liegt der Insolvenzgeldzeitraum zwischen dem 30.04. und 01.02. Endete das Arbeitsverhältnis bereits am 15.04., dann liegt der Insolvenzgeldzeitraum zwischen dem Tag der Beendigung am 15.04. und dem 16.01.

Erfährt ein Arbeitnehmer von dem Abweisungsbeschluss zunächst nichts und arbeitet weiter, so tritt an die Stelle des Insolvenzereignisses die entsprechende Kenntnis des Arbeitnehmers von dem Insolvenzereignis. Hat ein Arbeitnehmer etwa nach einer Abweisung des Insolvenzantrages mangels Masse am 15.04. noch bis zum 30.04. gearbeitet und erst danach, also ab dem 01.05., von dem Insolvenzereignis erfahren, liegt der Insolvenzgeldzeitraum in der Zeit vom 01.02. bis 30.04.

Da der Insolvenzgeldzeitraum nicht nur die drei Monate vor dem Insolvenzereignis umfasst, sondern die letzten drei Monate des Arbeitsverhältnisses, die dem Insolvenzereignis vorausgehen, macht es bei drohender Insolvenz und einem Rückstand von drei Monatsgehältern für einen Arbeitnehmer Sinn zu überlegen, das Arbeitsverhältnis selbst fristlos zu kündigen. In diesem Fall würde das Insolvenzgeld den gesamten Lohnrückstand abdecken. Eine Eigenkündigung wäre sinnvoll, wenn der Arbeitnehmer davon ausgehen kann, dass sein Arbeitsplatz ohnehin im Zuge einer Insolvenz wegfallen wird und in einem eröffneten Verfahren auch keine Masse zur Zahlung der laufenden Löhne zur Verfügung steht. Eine Sperrzeit für den Bezug von Arbeitslosengeld ist nicht zu befürchten, da die Eigenkündigung wegen erheblichen Lohnrückstandes kein versicherungswidriges Verhalten im Sinne des § 144 SGB III darstellt. Schadenersatzansprüche des Arbeitnehmers, insbesondere ein Abfindungsanspruch, der sich ergeben kann, weil der Arbeitnehmer wegen des Zahlungsverzuges zur fristlosen Kündigung veranlasst worden ist, sind jedoch nicht insolvenzgeldfähig.

6.4.4 Arbeitsentgelt

Gemäß § 183 Abs. 1 Satz 3 SGB III gehören zu den durch Insolvenzgeld gesicherten Ansprüchen auf Arbeitsentgelt alle Ansprüche des Arbeitnehmers auf Bezüge aus dem Arbeitsverhältnis. Alle Leistungen des Arbeitgebers, ob es sich um Geld- oder Sachleistungen handelt, die er als Gegenleistung für die vom Arbeitnehmer erbrachte Arbeit schuldet, gehören zum insolvenzgesicherten Arbeitsentgelt.[3907]

2104

Der Anspruch auf das Arbeitsentgelt muss innerhalb des Insolvenzgeldzeitraumes erarbeitet worden sein. Es kommt also nicht auf die Fälligkeit des

---
3905 BSG, B. v. 25.08.2008 – B 11 Al 64/08.
3906 BSG, Urt. v. 22.03.1995 – 10 RAr 1/94, ZIP 1995, 935.
3907 Vgl. Alphabetische Übersicht der insolvenzbegründenden Arbeitsentgeltansprüche bei *Arens/Brand*, § 3 Rn 194 ff.

Anspruches an, sondern wann der Anspruch begründet worden ist. Für rückständigen Lohn ist der Zeitraum entscheidend, in dem die Arbeit als Gegenleistung für den Entgeltanspruch erbracht worden ist.[3908]

Wurde das Insolvenzverfahren eröffnet, so erstellt der Insolvenzverwalter auf Verlangen der Agentur für Arbeit gemäß § 314 SGB III eine Insolvenzgeldbescheinigung. Diese weist die Höhe des Arbeitsentgeltes, die gesetzlichen Abzüge und die bereits geleisteten Zahlungen für die letzten drei Monate vor Verfahrenseröffnung aus.

6.4.5 Antragsfrist

2105 Der Antrag auf Insolvenzgeld muss gemäß § 324 Abs. 3 Satz 1 SGB III innerhalb von zwei Monaten nach dem Insolvenzereignis bei der Arbeitsagentur gestellt werden. Der Antrag kann zur Wahrung der Frist in jeder Form eingereicht werden. Die Zwei-Monats-Frist ist eine Ausschlussfrist, so dass nach deren Ablauf der Insolvenzgeldanspruch nicht mehr besteht. Zu beachten ist, dass die Frist unabhängig davon läuft, ob der Arbeitnehmer von dem Insolvenzereignis tatsächlich Kenntnis hat.

Hat der Arbeitnehmer die Zwei-Monats-Frist aus Gründen versäumt, die er nicht zu vertreten hat, so kann er den Antrag noch nachholen. Er kann den Insolvenzgeldantrag dann innerhalb von zwei Monaten stellen, nachdem der Hinderungsgrund weggefallen ist. Hinderungsgrund ist das unverschuldete Nichtkennen des Insolvenzereignisses. Die Nachfrist beginnt also ab dem Zeitpunkt, an dem der Arbeitnehmer das Insolvenzereignis kennt oder dieses hätte kennen müssen.[3909]

Hat der Arbeitnehmer einen Rechtsanwalt beauftragt, so muss es sich der Arbeitnehmer zurechnen lassen, wenn der Anwalt die Einhaltung der Frist versäumt. Ein mit der Durchsetzung eines arbeitsrechtlichen Anspruches mandatierter Anwalt hat sich, wenn konkrete Anhaltspunkte für ein Insolvenzereignis vorliegen, entsprechend zu erkundigen. Unterlässt er dies, dann kann sich der Arbeitnehmer in solch einem Fall nicht erfolgreich auf eine Unkenntnis des Insolvenzereignisses berufen.[3910]

6.5 Anspruchsausschluss

2106 Ein Anspruch auf Insolvenzgeld wird gemäß § 184 Abs. 1 Nr. 1–3 SGB III für bestimmte Arbeitsentgeltansprüche ausgeschlossen:

6.5.1 Arbeitsentgeltansprüche wegen oder nach Beendigung des Arbeitsverhältnisses

2107 Vereinbaren Arbeitgeber und Arbeitnehmer, dass sich das Arbeitsentgelt wegen der Beendigung eines Arbeitsverhältnisses erhöhen soll, so würde dies nicht zur Erhöhung des Insolvenzgeldes führen. Insoweit sind auch Ab-

---

3908 BSG, Urt. v. 04.03.2009 – B11 AL 8/08 R, NJW 2009, 3740.
3909 BSG, Urt. v. 26.08.1983 – 10 RAr 1/82, ZIP 1983, 1353.
3910 LSG NRW, Urt. v. 23.06.2009 – L 1 AL 61/07, ZInsO 2010, 440.

findungen, die wegen der Beendigung des Arbeitsverhältnisses gezahlt werden, nicht durch Insolvenzgeld gesichert.

Für Urlaubsabgeltungsansprüche besteht kein Anspruch auf Insolvenzgeld, da dieser Anspruch für den Urlaub entsteht, der wegen der Beendigung des Arbeitsverhältnisses nicht mehr genommen werden kann.[3911]

6.5.2 Angefochtene und anfechtbar erworbene Arbeitsentgeltansprüche

Nach Eröffnung des Insolvenzverfahrens kann der Insolvenzverwalter bestimmte Rechtshandlungen, welche die Gläubiger benachteiligen, gemäß § 129 ff. InsO anfechten. Kommt es zu einer erfolgreichen Anfechtung einer Vereinbarung über ein bestimmtes Arbeitsentgelt, so besteht für dieses Arbeitsentgelt kein Anspruch auf Insolvenzgeld. Dies würde etwa Vereinbarungen betreffen, welche im Hinblick auf die drohende oder eingetretene Insolvenz des Arbeitgebers dem Arbeitnehmer noch schnell einen Lohn versprechen, ohne dass eine adäquate Gegenleistung erbracht werden soll. Hintergrund solcher Vereinbarungen ist in den allermeisten Fällen, einem Arbeitnehmer auf Kosten der Sozialversicherungsträger noch etwas Gutes zukommen lassen zu wollen. Ficht der Insolvenzverwalter aber nicht an, so tritt der Ausschluss auch nicht ein, selbst wenn die Anfechtungsvoraussetzungen vorgelegen hätten. 2108

Wird das Insolvenzverfahren nicht eröffnet, kann eine Anfechtung durch den Insolvenzverwalter nicht erfolgen. Hier prüft die Arbeitsagentur, ob die Rechtshandlung, welche den Anspruch auf ein Arbeitsentgelt begründet hat, insolvenzrechtlich anfechtbar gewesen wäre.

6.5.3 Leistungsverweigerungsrecht des Insolvenzverwalters

Arbeitsentgeltansprüche, die der Insolvenzverwalter wegen eines Rechts zur Leistungsverweigerung nicht erfüllt, sind vom Insolvenzgeldanspruch ausgeschlossen. Leistungsverweigerungsrechte wären unter anderem: Eintritt der Verjährung, Versäumung tarifvertraglicher Ausschlussfristen oder Verwirkung des Anspruchs. 2109

6.6 Höhe des Insolvenzgeldes

Gemäß § 185 SGB III wird das Insolvenzgeld in Höhe des Nettoarbeitsentgeltes ausbezahlt. Der Bruttolohn vermindert sich also um die vom Arbeitgeber gesetzlich abzuführenden Steuern und Sozialversicherungsbeiträge. Die Höhe des Insolvenzgeldes (brutto) ist begrenzt auf die Höhe der Beitragsbemessungsgrenzen der gesetzlichen Rentenversicherung. Für das Jahr 2012 beträgt die Beitragsbemessungsgrenze monatlich in den alten Bundesländern 5.600 € und in den neuen Bundesländern 4.800 €. 2110

[3911] BSG, Urt. v. 20.02.2002 – B 11 AL 71/01, ZInsO 2002, 689.

6.7 Vorschuss auf das Insolvenzgeld

2111 Auf Antrag des Arbeitnehmers kann ihm die Arbeitsagentur gemäß § 186 SGB III einen Vorschuss auf das Insolvenzgeld zahlen, wenn ein Antrag auf Eröffnung des Insolvenzverfahrens bereits gestellt und das Arbeitsverhältnis bereits beendet worden ist sowie die Voraussetzungen für den Insolvenzgeldanspruch mit hinreichender Wahrscheinlichkeit erfüllt werden. Die Arbeitsagentur entscheidet durch pflichtgemäßes Ermessen, ob der Vorschuss gewährt wird und in welcher Höhe. Der bezahlte Vorschuss wird auf das Insolvenzgeld angerechnet.

6.8 Vorfinanzierung des Insolvenzgeldes zur Aufrechterhaltung des Geschäftsbetriebes

2112 Die Aufrechterhaltung des Geschäftsbetriebes bis zur Insolvenzeröffnung stellt den vorläufigen Insolvenzverwalter vor das Problem, dass er die Arbeitnehmer nur dann zur Weiterarbeit bewegen können wird, wenn die Gehaltsansprüche zeitnah erfüllt werden können. Denn obwohl der Arbeitsentgeltanspruch durch das Insolvenzgeld gesichert ist, können Arbeitnehmer wegen des rückständigen Arbeitsentgeltes ihre Arbeitsleistung bis zum Ausgleich der rückständigen Gehälter verweigern oder das Arbeitsverhältnis fristlos kündigen. Für den vorläufigen Insolvenzverwalter besteht nun die Möglichkeit, die Gehälter über den späteren Insolvenzgeldanspruch der Arbeitnehmer mittelbar aufzubringen. In der Praxis wird den Arbeitnehmern angeboten, ihren Arbeitsentgeltanspruch an eine mit dem vorläufigen Verwalter zusammenarbeitende Bank zu verkaufen. Der Arbeitnehmer erhält als Kaufpreis dann kurzfristig den Betrag, der dem verkauften Arbeitsentgeltanspruch (netto) entspricht. Das Finanzinstitut wird durch den Verkauf Inhaber des Arbeitsentgeltanspruches und damit auch Inhaber des späteren Insolvenzgeldanspruches, den sie dann gegenüber der Bundesagentur für Arbeit geltend macht.

Diese Vorfinanzierung des Insolvenzgeldes bedarf gemäß § 188 Abs. 4 SGB III der Zustimmung der Arbeitsagentur. Andernfalls hätte die finanzierende Bank keinen Anspruch auf das Insolvenzgeld. Die Agentur für Arbeit darf gemäß § 188 Abs. 4 SGB III einer Übertragung des Arbeitsentgeltes an die Bank nur dann zustimmen, sofern durch diese Finanzierung voraussichtlich ein erheblicher Teil der Arbeitsplätze erhalten bleiben kann.

Kapitel 2
Gesellschaftsrecht

1. Einleitung

Im Rahmen der Insolvenzordnung existiert kein eigenständiger Bereich, der sich mit den Gesellschaftsinsolvenzen befasst. Allerdings sind für Gesellschaftsinsolvenzen diverse Sonderregelungen zu beachten. Durch das Gesetz zur Modernisierung des GmbH-Rechts und zur Bekämpfung von Missbräuchen (MoMiG), das mit Wirkung zum 01.11.2008 in Kraft getreten ist, wurden jedoch zumindest für den Bereich der Insolvenzantragspflicht sowie der Gesellschafterdarlehen versucht, die diesbzgl. Regelungen in die Insolvenzordnung zu integrieren. 2113

Insbesondere aufgrund der fehlenden persönlichen Haftung der Gesellschafter bei juristischen Personen erlangt das Insolvenzverfahren über das Vermögen von Gesellschaften für die Gläubiger eine besondere Bedeutung. Dem Insolvenzverwalter obliegt es zu klären, inwiefern die Gesellschafter der Gesellschaft im Innenverhältnis haften. Die hierfür möglicherweise in Betracht kommenden Ansprüche werden nachfolgend unter den Punkten Kapitalerbringung und Kapitalerhaltung (Rn. 2154 ff. und 2253 ff.) näher dargestellt werden.

Des Weiteren wird dazu ausgeführt, ob die Insolvenz der Gesellschaft Einfluss auf deren Organisations- und Finanzverfassung hat (Rn. 2137 ff.).

Vor allen diesen Punkten ist jedoch zu klären, welche Formen von Gesellschaften überhaupt insolvenzfähig sind und welche Besonderheiten dbzgl. zu beachten sind.

2. Insolvenzfähigkeit

2.1 Allgemeines

Die Insolvenzfähigkeit entscheidet darüber, ob über eine abgrenzbare Vermögensmasse ein Insolvenzverfahren eröffnet werden kann. Die Insolvenzfähigkeit ist in § 11 Abs. 1 InsO geregelt. Danach kann ein Insolvenzverfahren über das Vermögen jeder natürlichen und jeder juristischen Person eröffnet werden. Der nicht rechtsfähige Verein steht insoweit einer juristischen Person gleich. Dazu näher siehe Teil 3, Kap. 1, Rn. 1002. 2114

2.2 Juristische Personen

2115 Welche Gesellschaftsformen zu den hier besonders interessierenden juristischen Personen zählen, ist der für die jeweilige Gesellschaftsform geltenden spezialgesetzlichen Regelung zu entnehmen. Zu den juristischen Personen zählen danach die GmbH (§ 13 GmbHG), die AG (§ 1 AktG), die KGaA (§ 278 Abs. 1 AktG), die eingetragene Genossenschaft (§§ 2, 17 GenG), der rechtsfähige Verein (§§ 21, 22 BGB) sowie rechtsfähige Stiftungen (§§ 80, 86, 42 BGB).

Die Insolvenzfähigkeit beginnt grds. mit der Eintragung in das jeweilige Register, was zum Entstehen der Gesellschaft führt. In diesem Moment erlangt sie eine eigene Rechtspersönlichkeit.

2.2.1 Entstehen

2116 Allerdings erfolgt das Entstehen der juristischen Person in mehreren Schritten. Vor der Eintragung im Handelsregister besteht die Gesellschaft als solche nicht. Gesetzlich normiert ist dies in den § 11 Abs. 1 GmbHG, § 41 Abs. 1 Satz 1 AktG, § 13 GenG, § 21 BGB.[3912] Jedoch wird durch den Abschluss des Gesellschaftsvertrages und die Bildung eigenen Vermögens bereits vor der Erlangung der Rechtsfähigkeit als juristischer Person eine sogenannte Vor-Gesellschaft gebildet, die bis zur Eintragung in das Register fortbesteht. Als notwendige Vorstufe zu der mit der Eintragung entstehenden juristischen Person als werdende Gesellschaft ist die Vor-Gesellschaft bereits ein eigenständiges, von ihren Gründern und Gesellschaftern verschiedenes körperschaftlich strukturiertes Rechtsgebilde mit eigenen Rechten und Pflichten.[3913] Diese Vor-Gesellschaft ist grds. nach den Vorschriften, die für die bezweckte Rechtsform gelten, zu beurteilen. Anders ist dies nur insoweit, als es auf den Eintritt der Rechtsfähigkeit mit Eintragung im Register ankommt.

2117 Fehlt es dagegen an dem Abschluss eines Gesellschaftsvertrages und haben sich die künftigen Gesellschafter (mind. zwei) erst zusammengeschlossen, um eine Gesellschaft zu gründen, so spricht man von einer Vorgründungsgesellschaft.

Zusammenschluss zur Gründung einer Gesellschaft	Abschluss eines Gesellschaftsvertrages und Bildung eigenen Vermögens	Eintragung im Handelsregister
Vorgründungsgesellschaft	Vor-Gesellschaft	Gesellschaft entsteht
Insolvenzfähig bei Bildung eigenen Vermögens (GbR) oder Aufnahme des Geschäftsbetriebes (OHG)	insolvenzfähig	insolvenzfähig

Abb. 80: Abgrenzung Vorgründungsgesellschaft, Vor-Gesellschaft, Gesellschaft

---

[3912] Anders ist dies nur für die rechtsfähige Stiftung, § 80 Abs. 1 BGB.
[3913] Für die AG: BGH, B. v. 16.03.1992 – II ZB 17/91, NJW 1992, 1824; für die GmbH: BGH, Urt. v. 28.11.1997 – V ZR 178–96, NJW 1998, 1079, 1080.

Die Insolvenzfähigkeit beginnt stets mit Entstehung der juristischen Person bzw. ihrer Vor-Gesellschaft – ggf. Vorgründungsgesellschaft als GbR oder OHG –, sobald zweckgerichtete Vermögensmassen gebildet werden und endet mit der Vollbeendigung, d.h. Löschung im Handelsregister und Verteilung des gesamten Vermögens, § 11 InsO.[3914]

2118

2.2.2 Sonderfälle

Da die Insolvenzrechtsfähigkeit, aber auch die im Übrigen auf die Gesellschaftsform anzuwendenden Regelungen, von ihrer juristischen Einordnung abhängen, sollen im Folgenden einige Sonderfälle näher dargestellt werden:

2119

2.2.2.1 Vorgründungsgesellschaft

Es handelt sich bei der bereits erwähnten Vorgründungsgesellschaft um eine eigenständige Gesellschaft, deren Ziel der Abschluss eines Gesellschaftsvertrages und Gründung einer Gesellschaft ist. Ist dieses Ziel erreicht (Abschluss des GmbH-Vertrages bzw. spätestens mit Entstehen der GmbH), so endet die Vorgründungsgesellschaft, § 726 BGB.

2120

Die Regelungen des GmbHG finden keine Anwendung.[3915] Insbesondere gilt nicht die Handelnden-Haftung nach § 11 Abs. 2 GmbHG.

Die Insolvenzfähigkeit der Vorgründungsgesellschaft richtet sich danach, ob bereits eigenes Gesellschaftsvermögen gebildet wurde oder nicht bzw. ob bereits der Geschäftsbetrieb aufgenommen wurde. Ist dies nicht der Fall, so ist die Vorgründungsgesellschaft nicht insolvenzfähig.[3916] Hat sie bereits eigenes Vermögen gebildet, so stellt sie eine Gesellschaft bürgerlichen Rechts (GbR) dar, §§ 705, 718 BGB. Die GbR ist wiederum nach § 11 Abs. 2 Nr. 1 InsO insolvenzfähig. Wurde bereits der gemeinsame Geschäftsbetrieb aufgenommen, so erfüllt dies die Voraussetzungen der Gründung einer offenen Handelsgesellschaft (OHG), §§ 105, 123 Abs. 2 HGB. Diese ist ebenfalls nach § 11 Abs. 2 Nr. 1 InsO insolvenzfähig.

2.2.2.2 Vor-Gesellschaft

Mit Abschluss des notariellen Gesellschaftsvertrages entsteht eine Vorgesellschaft, die bereits weitgehend dem GmbH-Recht untersteht, als Träger von Rechten und Pflichten nach außen hin im Rechtsverkehr auftreten kann und mit der Eintragung im Handelsregister ohne weiteres mit allen Rechten und Verbindlichkeiten in der dann rechtlich entstehenden GmbH aufgeht.[3917] Vertreten wird die Vor-Gesellschaft durch ihre Geschäftsführer.

2121

Wurde bereits eigenes Vermögen gebildet, so erstreckt sich das Insolvenzverfahren auch nur auf dieses Gesellschaftsvermögen. Gelangt die Gesellschaft zur Eintragung, so gehen Vermögen und Verbindlichkeiten voll auf

---

3914 Vgl. *Ehricke*, in: Jaeger, InsO, § 11 Rn. 18, 25 ff.; BGH, Urt. v. 09.10.2003 – VII ZR 122/01, DB 2003, 2542 m.w.N.
3915 BGH, Urt. v. 07.05.1984 – II ZR 276/83, NJW 1984, 2164.
3916 *Ott/Vuia*, in: MüKo-InsO, § 11 InsO, Rn. 15.
3917 BGH, Urt. v. 09.03.1981 – II ZR 54/80, NJW 1981, 1373.

die eingetragene Gesellschaft über (kein sog. Vorbelastungsverbot).[3918] Der Übergang der Verbindlichkeiten ist auch nicht auf solche „notwendigen" Verbindlichkeiten beschränkt, die im Zusammenhang mit der Gründung der Gesellschaft stehen. So wie alle Vermögenswerte, auch solche die z. B. aus den Barmitteln angeschafft wurden, auf die Gesellschaft übergehen, so gehen auch alle „nicht notwendigen" Verbindlichkeiten über.

Die Haftung der Gründer aus Verbindlichkeiten der Vorgesellschaft erlischt mit der Eintragung der GmbH.[3919]

Zur Insolvenzfähigkeit der Vor-Gesellschaft stellt der BGH[3920] folgendes fest:

„Dass die Vorgesellschaft zu einer GmbH insolvenzrechtsfähig sei, wird, soweit ersichtlich, weder von der Rechtsprechung noch im Schrifttum in Frage gestellt. Diese vielfach als allgemeine Meinung bezeichnete Auffassung steht im Einklang mit der Rechtsprechung des Bundesgerichtshofs zur Parteifähigkeit der Vor-GmbH im Zivilprozess (vgl. BGH, Urt. v. 28.11.1997, V ZR 178/96, NJW 1998, 1079), die wiederum darauf aufbaut, dass die Vorgesellschaft als notwendige Vorstufe zu der mit der Eintragung entstehenden juristischen Person eigene Rechte und Verbindlichkeiten begründen kann (vgl. z. B. BGH, Beschl. v. 16.03.1992, II ZB 17/91, BGHZ 117, 323)."

Die Pflicht zur Stellung des Insolvenzantrags ergibt sich aus § 15a InsO.

2.2.2.3 GmbH & Co. KG

2122 Bei der häufig gewählten Rechtsform einer Kommanditgesellschaft handelt es sich um eine Personengesellschaft, die dadurch geprägt ist, dass bei einigen der Gesellschafter die Haftung gegenüber den Gesellschaftsgläubigern auf den Betrag einer bestimmten Einlage beschränkt ist (Kommanditisten), während bei dem anderen Teil der Gesellschafter eine Beschränkung der Haftung nicht stattfindet (persönlich haftende Gesellschafter), § 161 Abs. 1 HGB. Bei der GmbH & Co. KG ergibt sich nunmehr die Besonderheit, dass es sich bei dem persönlich haftenden Gesellschafter um eine GmbH handelt, deren Haftung wiederum auf ihre Stammeinlage beschränkt ist. Bei der GmbH & Co. KG sind beide Gesellschaften jeweils für sich insolvenzfähig. Die KG ist als Sonderfall der Personengesellschaft gemäß § 11 Abs. 2 Nr. 1 InsO insolvenzfähig, die GmbH (Komplementärin) nach § 11 Abs. 1 InsO. Da die GmbH für die Verbindlichkeiten der GmbH haftet, wird diese im Falle der Insolvenz der KG in der Regel selbst Insolvenz anmelden müssen.

2.2.2.4 AG

2123 Aus § 1 Abs. 1 AktG ergibt sich, dass die Aktiengesellschaft eine Gesellschaft mit eigener Rechtspersönlichkeit ist. Für die Verbindlichkeiten der

---

[3918] BGH, Urt. v. 09.03.1981 – II ZR 54/80, NJW 1981, 1373; Bayer, in: Lutter/Hommelhoff, GmbHG, § 11 Rn. 32.
[3919] BGH, Urt. v. 09.03.1981 – II ZR 54/80, NJW 1981, 1373.
[3920] BGH, B. v. 09.10.2003 – IX ZB 34/03, NJW-RR 2004, 258.

Gesellschaft haftet den Gläubigern nur das Gesellschaftsvermögen. Typisch für die Aktiengesellschaft ist, dass diese ein in Aktien zerlegtes Grundkapital hat. Der persönlich haftende Gesellschafter kann auch eine juristische Person sein, dies muss allerdings aus der Firma eindeutig hervorgehen.[3921] Die Insolvenzfähigkeit folgt aus § 11 Abs. 1 InsO.

2.2.2.5 KGaA

Gemäß § 278 Abs. 1 AktG ist die Kommanditgesellschaft auf Aktien eine Gesellschaft mit eigener Rechtspersönlichkeit und eigenem Vermögen, bei der mindestens ein Gesellschafter den Gesellschaftsgläubigern unbeschränkt haftet (persönlich haftender Gesellschafter) und die übrigen an dem in Aktien zerlegten Grundkapital beteiligt sind, ohne persönlich für die Verbindlichkeiten der Gesellschaft zu haften (Kommanditaktionäre). Als juristische Person ist die KGaA nach § 11 Abs. 1 InsO insolvenzfähig.

2124

2.2.2.6 OHG

Nach § 105 Abs. 1 HGB ist eine Gesellschaft, deren Zweck auf den Betrieb eines Handelsgewerbes unter gemeinschaftlicher Firma gerichtet ist, eine offene Handelsgesellschaft, wenn bei keinem der Gesellschafter die Haftung gegenüber den Gesellschaftsgläubigern beschränkt ist. Der Begriff des Handelsgewerbes wird in § 1 Abs. 2 HGB definiert: Ein Handelsgewerbe ist jeder Gewerbebetrieb, es sei denn, dass das Unternehmen nach Art oder Umfang einen in kaufmännischer Weise eingerichteten Geschäftsbetrieb nicht erfordert. Ein Gewerbebetrieb liegt wiederum vor, wenn eine erkennbar planmäßige, auf Dauer angelegte, selbstständige, auf Gewinnerzielung ausgerichtete oder jedenfalls wirtschaftliche Tätigkeit am Markt unter Ausschluss freiberuflicher, wissenschaftlicher und künstlerischer Tätigkeit vorliegt.[3922] Gemäß § 123 Abs. 1 HGB tritt die Wirksamkeit der offenen Handelsgesellschaft im Verhältnisse zu Dritten mit dem Zeitpunkt ein, in welchem die Gesellschaft in das Handelsregister eingetragen wird. Beginnt die Gesellschaft ihre Geschäfte schon vor der Eintragung, so tritt die Wirksamkeit mit dem Zeitpunkte des Geschäftsbeginns ein, soweit nicht aus § 2 oder § 105 Abs. 2 HGB sich ein anderes ergibt, § 123 Abs. 2 HGB. Die Insolvenzfähigkeit der OHG ergibt sich aus § 11 Abs. 2 Nr. 1 InsO und beginnt somit bereits mit der Aufnahme der Geschäftstätigkeit. Die Gesellschafter der OHG haften für die Verbindlichkeiten der OHG akzessorisch, §§ 128 – 130 HGB.

2125

2.2.2.7 Partnerschaftsgesellschaft

Gemäß § 1 Abs. 1 PartGG ist die Partnerschaft eine Gesellschaft, in der sich Angehörige freier Berufe zur Ausübung ihrer Berufe zusammenschließen. Sie übt kein Handelsgewerbe aus. Angehörige einer Partnerschaft können nur natürliche Personen sein. Im Innenverhältnis wird das Verhältnis der Gesellschafter zueinander durch den Partnerschaftsvertrag geregelt. Nach Au-

2126

3921 BGH, B. v. 24.02.1997 – II ZB 11/96, NJW 1997, 1923.
3922 *Baumbach/Hopt*, HGB, § 1 HGB Rn. 12.

ßen wird die Partnerschaft mit der Eintragung in das Partnerschaftsregister wirksam, § 7 Abs. 1 PartGG. Die rechtliche Selbstständigkeit ergibt sich aus § 7 Abs. 2 PartGG i.V.m. § 124 Abs. 1 HGB. Die Insolvenzfähigkeit der Partnerschaft bestimmt § 11 Abs. 2 Nr. 1 InsO.

2.2.2.8 GbR

2127 Verpflichten sich die Gesellschafter durch einen Gesellschaftsvertrag gegenseitig, die Erreichung eines gemeinsamen Zweckes in der durch den Vertrag bestimmten Weise zu fördern, insbesondere die vereinbarten Beiträge zu leisten, so liegt eine Gesellschaft bürgerlichen Rechts (GbR) vor, § 705 BGB. Für die Verbindlichkeiten der GbR haften die Gesellschafter gesamtschuldnerisch, akzessorisch und unbeschränkt. Da nach §§ 105 Abs. 1, 1 Abs. 2 HGB eine OHG bereits dann vorliegt, wenn ein Handelsgewerbe betrieben wird, liegt im Umkehrschluss zu § 1 Abs. 2 HGB eine GbR im gewerblichen Bereich nur noch dann vor, wenn das Unternehmen nach Art oder Umfang einen in kaufmännischer Weise eingerichteten Geschäftsbetrieb nicht erfordert. Darüber hinaus bleibt der Bereich der freiberuflichen, wissenschaftlichen oder künstlerischen Tätigkeit. Die Insolvenzfähigkeit der GbR ergibt sich aus § 11 Abs. 2 Nr. 1 InsO.

2.2.2.9 Nicht rechtsfähiger Verein

2128 § 54 BGB regelt für die nicht rechtsfähigen Vereine, dass auf diese die Vorschriften über die Gesellschaft (§ 705 BGB) Anwendung finden. In entsprechender Anwendung der Rechtsprechung des BGH[3923] zur GbR dürfte nunmehr auch die Rechtsfähigkeit des nicht rechtsfähigen Vereins anerkannt sein.[3924] Die Insolvenzfähigkeit ergibt sich aus § 11 Abs. 1 Satz 2 InsO.

2.2.2.10 Ausländische Kapitalgesellschaften

2129 Hinsichtlich der Rechtsfähigkeit ausländischer Kapitalgesellschaften ist das Recht des Gründungsstaates entscheidend.[3925] Nach dem durch das MoMiG neu eingefügten § 15a InsO kommt es jetzt nicht mehr auf die Rechtsform an, so dass für ausländische Gesellschaften mit im Inland belegenem Vermögen nunmehr ein Insolvenzantrag gestellt werden kann.

2.2.2.11 Konzern

2130 Als Konzern bezeichnet man den Zusammenschluss mehrerer rechtlich selbstständiger Unternehmen zu einer wirtschaftlichen Einheit unter einer einheitlichen Leitung. Eine Regelung hierzu findet sich in § 15 AktG, wonach verbundene Unternehmen rechtlich selbstständige Unternehmen sind, die im

---

[3923] BGH, Urt. v. 29.01.2001 – II ZR 331/00, NJW 2001, 1056, 1058.
[3924] *Reuter*, in: MüKo-BGB § 54, Rn. 16.
[3925] BGH, Urt. v. 13.03.2003 – VII ZR 370/98, BB 2000, 1106; EuGH, Urt. v. 09.03.1999 – Rs. C-212–97, NJW 1999, 2027 (Centros); „Überseering" EuGH, ZIP 2002, 2037; „Inspire Art" EuGH, NJW 2003, 3331.

Verhältnis zueinander in Mehrheitsbesitz stehende Unternehmen und mit Mehrheit beteiligte Unternehmen (§ 16 AktG), abhängige und herrschende Unternehmen (§ 17 AktG), Konzernunternehmen (§ 18 AktG), wechselseitig beteiligte Unternehmen (§ 19 AktG) oder Vertragsteile eines Unternehmensvertrags (§§ 291, 292 AktG) sind.

Die Konzernproblematik wird in der InsO nicht geregelt. Da die dem Konzern angehörenden Gesellschaften ihre rechtliche Selbstständigkeit nicht aufgeben, ist der Konzern an sich nicht insolvenzfähig. Die Insolvenzfähigkeit der dem Konzern angehörenden Gesellschaften richtet sich nach ihren eigenen Regeln. In Betracht kommt allenfalls ein gemeinsamer Gerichtsstand, der sich aus der zentralen Leitung durch die Konzernmutter ergibt.[3926]

2.2.3 Ende der Insolvenzfähigkeit

2131 Die Insolvenzfähigkeit endet gemäß § 11 Abs. 3 InsO nicht bereits mit der Auflösung einer juristischen Person oder Gesellschaft ohne Rechtspersönlichkeit. Die Insolvenzfähigkeit erlischt vielmehr erst mit der Vollbeendigung, d.h. Löschung im Handelsregister und Verteilung des gesamten Vermögens. Solange noch Sondervermögen vorhanden ist, bleibt die juristische Person oder Gesellschaft ohne Rechtspersönlichkeit insolvenzfähig.

3. Insolvenzantragsrecht und Insolvenzantragspflicht

3.1 Antragsrecht

2132 Die Antragsbefugnis ist in den §§ 14, 15 InsO geregelt. Danach steht zunächst jedem Gläubiger ein Antragsrecht zu, § 14 Abs. 1 InsO. Für juristische Personen regelt § 15 Abs. 1 InsO das Antragsrecht. Abs. 1 enthält insofern den Grundsatz, dass jedes Mitglied des Vertretungsorgans berechtigt ist, für eine juristische Person einen Insolvenzantrag zu stellen. Unerheblich ist dabei, ob lediglich eine gemeinschaftliche Vertretungsbefugnis besteht. Nicht antragsberechtigt sind demgegenüber Prokuristen bzw. die Gesellschafter, Aktionäre, Genossen und Vereinsmitglieder. Dies gilt ebenso für den Aufsichtsrat. Für Gesellschaften ohne Rechtspersönlichkeit (OHG, KG, GbR) regelt § 15 Abs. 1 a.E. InsO, dass jeder persönlich haftende Gesellschafter antragsbefugt ist. Keine Antragsbefugnis hat daher der nur mit seiner Einlage haftende Kommanditist. Ist keiner der persönlich haftenden Gesellschafter eine natürliche Person, so ist deren organschaftlicher Vertreter antragsbefugt, § 15 Abs. 3 Satz 1 InsO. Bei einer GmbH & Co KG ist also der Geschäftsführer der Komplementär-GmbH zur Antragstellung berechtigt.

2133 Ist die Gesellschaft bereits aufgelöst, so geht das Recht zur Stellung eines Insolvenzantrags auf den Abwickler über. Für den Fall, dass nicht alle Berechtigten den Antrag stellen, regelt § 15 Abs. 2 Satz 1 InsO, dass der Eröffnungsgrund (§§ 16 ff. InsO) glaubhaft zu machen ist. Hierdurch soll verhindert werden, dass Streitigkeiten innerhalb der Gesellschaft mit dem Mittel der Stellung eines Insolvenzantrages ausgetragen werden. Darüber hinaus

---

3926 So wurden für alle Gesellschaften der PIN-Gruppe Insolvenzverfahren beim AG Köln eröffnet.

hat das zuständige Insolvenzgericht die übrigen Antragsberechtigten anzuhören, § 15 Abs. 2 Satz 2 InsO. Dazu näher siehe Teil 3, Kap. 1, Rn. 1002 ff.

Übersicht:
- § 14 Abs. 1 InsO – jeder Gläubiger (nur Recht, keine Verpflichtung)
- § 15 Abs. 1 InsO – grds. jedes Mitglied des Vertretungsorgans:
  - GmbH – Geschäftsführer (§ 35 GmbHG), jeder alleine,
  - AG – Vorstand (§ 78 AktG),
  - KGaA – Vorstand und jeder persönlich haftende Gesellschafter (§ 15 Abs. 1 a. E. InsO),
  - Genossenschaft – Vorstand (§§ 24 – 26 GenG),
  - Verein – Vorstand (§ 26 Abs. 2 BGB),
  - Stiftung – Vorstand (§ 86 Satz 1 BGB),
  - für alle: Liquidator (§ 15 Abs. 1 a.E. InsO).
- § 18 Abs. 3 InsO – Ausnahme:
  Bei Insolvenzantrag wegen drohender Zahlungsunfähigkeit muss der Geschäftsführer die alleinige Vertretungsmacht haben oder alle Gesellschafter müssen gemeinsam den Antrag stellen.
- § 15a Abs. 3 InsO – Ausnahme:
  Bei Führungslosigkeit der Gesellschaft besteht eine Insolvenzantragspflicht und damit -recht der Gesellschafter; dies gilt unabhängig von den Mehrheitsverhältnissen, also auch für den Minderheitsgesellschafter.

3.2 Antragspflicht

2134 Die Pflicht zur Stellung eines Insolvenzantrags ergab sich für den Schuldner bis zur Einführung des MoMiG am 23.10.2008 aus spezialgesetzlichen Vorschriften wie z.B. § 64 Abs. 1 GmbHG für die GmbH oder § 92 Abs. 2 AktG für die AG. Durch das MoMiG wurde nunmehr § 15a InsO eingeführt, der die Insolvenzantragspflicht juristischer Personen und Gesellschaften ohne Rechtspersönlichkeit regelt. Zur Stellung des Insolvenzantrags sind nunmehr die Mitglieder des Vertretungsorgans oder die Abwickler verpflichtet, § 15a Abs. 1 InsO. Diese haben bei Zahlungsunfähigkeit (§ 17 InsO) oder Überschuldung (§ 19 InsO) ohne schuldhaftes Zögern, spätestens aber nach Eintritt der Zahlungsunfähigkeit oder Überschuldung, einen Insolvenzantrag zu stellen. Bei Gesellschaften ohne Rechtspersönlichkeit, bei denen keine natürliche Person haftet, gilt dies für den organschaftlichen Vertreter, § 15a Abs. 1 Satz 2 InsO. Existiert kein organschaftlicher Vertreter mehr, so sind die Gesellschafter unabhängig von ihren Mehrheitsverhältnissen zur Stellung des Insolvenzantrags verpflichtet, § 15a Abs. 3 InsO.

2135 Da die Vorgründungsgesellschaft noch keine juristische Person ist und auf sie auch nicht die Vorschriften des GmbHG Anwendung finden, besteht für sie keine Antragspflicht nach § 15a Abs. 1 InsO. Anders ist dies für die Vor-GmbH, auf die § 15a InsO nach herrschender Meinung anzuwenden ist.[3927]

2136 Die Pflicht zur Stellung des Insolvenzantrags wird flankiert durch Schadensersatzansprüche gegen die Geschäftsführer/Vorstände/Liquidatoren bei

---

[3927] *Hirte*, in: Uhlenbruck, InsO, § 11 Rn. 40 f.; *Ehricke*, in: Jaeger, InsO, § 11 Rn. 19; a. A. *Haas*, Vor-GmbH und Insolvenz, DStR 1999, 985.

Zahlungen nach Eintritt der Insolvenzreife, § 64 Satz 1 GmbHG, § 130 a Abs. 2 HGB, § 92 Abs. 2 AktG, § 99 GenG. Darüber hinaus ist § 15 a InsO Schutzgesetz im Sinne von § 823 Abs. 2 BGB.

4. Einfluss des Insolvenzverfahrens auf die interne Organisation der Gesellschaft

Wird das Insolvenzverfahren über das Vermögen einer Gesellschaft eröffnet, so sind hiervon auch die Gesellschafter und Organe der Gesellschaft betroffen. 2137

4.1 Übergang des Verwaltungs- und Verfügungsrechts auf den Verwalter (§ 80 InsO)

Mit der Insolvenzeröffnung geht die Verwaltungs- und Verfügungsbefugnis von den Organen auf den Insolvenzverwalter über. 2138

4.2 Konsequenzen der Insolvenzeröffnung für den Rechtsträger

4.2.1 Auflösung der Gesellschaft

Durch die Eröffnung des Insolvenzverfahrens über ihr Vermögen werden die juristischen Personen aufgelöst. Dies ist für die GmbH in § 60 Abs. 1 Nr. 4 GmbHG, die AG in § 262 Abs. 1 Nr. 3 AktG, die KGaA in § 289 Abs. 1 AktG i. V. m. §§ 161 Abs. 2, 131 Abs. 1 Nr. 3 HGB, die eingetragene Genossenschaft in § 101 GenG, den rechtsfähige Verein in § 42 Abs. 1 BGB sowie die rechtsfähige Stiftung in §§ 86, 42 Abs. 1 BGB geregelt. Dieselbe Wirkung hat ein Beschluss, mit dem die Eröffnung eines Insolvenzverfahrens mangels Masse (§ 26 InsO) abgelehnt wird. Dies ergibt sich für die GmbH aus § 60 Abs. 1 Nr. 5 GmbHG, die AG aus § 262 Abs. 1 Nr. 4 AktG, die KGaA aus § 289 Abs. 2 Nr. 1 AktG und die eingetragene Genossenschaft aus § 81 a Nr. 1 GenG. 2139

Durch die Auflösung der juristischen Person ändert sich ihr Gesellschaftszweck, der nunmehr auf eine vollständige Liquidation ausgerichtet ist.[3928]

4.2.2 Beendigung der Rechtsfähigkeit

Von der Auflösung der Gesellschaft zu unterscheiden ist die Beendigung ihrer Rechtsfähigkeit. So wie die Gesellschaft ihre Rechtsfähigkeit durch Eintragung in das jeweilige Register erlangt hat, verliert sie diese durch die Löschung im Register. Die Löschung im Register setzt wiederum voraus, dass die Gesellschaft vollständig liquidiert wurde. Hierzu gehört u.a. die vollständige Verwertung und Verteilung des Vermögens. 2140

Allerdings stellt der BGH[3929] ausdrücklich fest, dass ein Insolvenzantrag so lange gestellt werden kann, wie noch keine Vollbeendigung eingetreten ist. Eine Vollbeendigung tritt jedoch erst ein, wenn die Gesellschaft tatsäch-

---
[3928] Ott/Vuia in: MüKo-InsO, § 11 Rn. 70.
[3929] BGH, B. v. 16.12.2004 – IX ZB 6/04, NZI 2005, 225.

lich vermögenslos ist.[3930] Es muss also vom Gläubiger nur schlüssig vorgetragen werden, dass die gelöschte Gesellschaft noch verteilbares Vermögen besitzt.

4.2.3 Sonderfall GmbH & Co. KG

2141 Eine Besonderheit ergibt sich für die GmbH & Co. KG, wenn neben der Komplementärin nur ein einziger Kommanditist beteiligt ist. Fällt die GmbH als Komplementärin in Insolvenz, so scheidet sie nach §§ 161 Abs. 2, 131 Abs. 3 Nr. 2 HGB aus der KG aus. Da die Existenz einer KG wiederum voraussetzt, dass an ihr mehrere Gesellschafter beteiligt sind, führt dies zum Ende der KG. Allerdings bleibt die Eröffnung eines Insolvenzverfahrens so lange möglich, wie noch Vermögen der KG vorhanden ist. Das Insolvenzverfahren wird formal über das Vermögen des letzten Gesellschafters, aber beschränkt auf das Vermögen der KG eröffnet.[3931]

4.3 Einfluss auf die Gesellschafter und Organe

2142 Durch die Insolvenzeröffnung wird grundsätzlich nicht in die Gesellschafterstellung eingegriffen.[3932]

Die Organisationsverfassung der Gesellschaft bleibt bestehen, alle originär organschaftlichen Handlungen werden von der Insolvenz nicht berührt. Somit sind die Gesellschaftsorgane weiterhin für alle insolvenzfreien Angelegenheiten zuständig. Hierzu zählt zunächst die Bestellung des Geschäftsführers bzw. des Aufsichtsrates, die weiterhin von der Gesellschafter- bzw. Hauptversammlung vorgenommen wird. Der Aufsichtsrat der AG bestellt den Vorstand. Des Weiteren hat die Gesellschafterversammlung den Jahresabschluss festzustellen. Wird das Insolvenzverfahren auf Antrag des Schuldners eingestellt (§ 213 InsO) oder nach der Bestätigung eines Insolvenzplans, der den Fortbestand der Gesellschaft vorsieht, aufgehoben, so können die Gesellschafter die Fortsetzung der Gesellschaft beschließen, § 60 Abs. 1 Nr. 4 GmbHG bzw. § 274 Abs. 1 Satz 1 AktG. Die Dienstverhältnisse der Organe kann der Insolvenzverwalter kündigen, §§ 113 ff. InsO, die Organstellung nicht. Die Organe bleiben auch in der Insolvenz über ihre Treuepflicht gebunden. Dabei muss die Gesellschaft Vergütungen grundsätzlich nicht leisten. Ausnahmen gelten nur für den Fall, dass Leistungen konkret in Anspruch genommen werden oder die Sanierung der Gesellschaft auch und gerade durch Gesellschaftermaßnahmen erfolgt (Kapitalerhöhung usw.). In diesem Falle sind Vergütungsansprüche Masseverbindlichkeiten im Sinne des § 55 InsO. Soweit der Insolvenzverwalter die Organe in Anspruch nimmt und

---

3930 BGH, Urt. v. 29.09.1967 – V ZR 40/66, NJW 1968, 297; BGH, B. v. 23.02.1970 – II ZB 5/69, NJW 1970, 1044.

3931 *Ott/Vuia*, in: MüKo-InsO, § 11 Rn. 26.

3932 Anders ist dies für die persönliche Insolvenz eines Gesellschafters, da die Satzung der Gesellschaft regelmäßig vorsieht, dass dessen Gesellschaftsanteil in diesem Fall zwangsweise eingezogen wird. Diese vertragliche Regelung ist allerdings nur dann wirksam, wenn sie einen angemessenen Ausgleich des ausgeschlossenen Gesellschafters vorsieht. Dazu näher *Lutter*, in: Lutter/Hommelhoff, GmbHG, § 34 Rn. 42 ff.

Zusagen erteilt, muss er sie aus Gesellschaftsmitteln bezahlen. Demgegenüber können die Gesellschaftsorgane selbst keine Masseverbindlichkeiten (§ 55 InsO) begründen.

Gibt der Insolvenzverwalter Vermögen aus der Insolvenzmasse frei, da z. B. nach seiner Einschätzung die Kosten einer Verwertung in keinem Verhältnis zum für die Masse zu erzielenden Erlös stehen, so obliegt den organschaftlichen Vertretern die Verwaltung dieses Vermögensgegenstandes. Es handelt sich um sog. insolvenzfreies Vermögen. 2143

4.4 Finanzverfassung

Auch die Finanzverfassung der Gesellschaft bleibt bestehen. Das bedeutet, dass Kapitalmaßnahmen nur mit Zustimmung der Gesellschafterversammlung vorgenommen werden können. Für die Gesellschafter ist dies zur Abwendung einer Krise, zur Sanierung oder um eine in Liquidation befindliche Gesellschaft wieder fortzuführen, zu erwägen. Kapitalerhöhungsbeschlüsse können bis zur Vollbeendigung der Gesellschaft gefasst werden.[3933] 2144

Soweit vor oder in der Insolvenz wirksame Kapitalerhöhungen durchgeführt werden, resultiert daraus grundsätzlich ein Anspruch der Insolvenzmasse auf Einlage, einerlei ob dadurch die Insolvenz beseitigt wird. Vor der Eintragung der Kapitalmaßnahme als Wirksamkeitsvoraussetzung stellt die eingetretene Insolvenz allerdings einen wichtigen Grund für den Übernehmer zur Lösung von seiner Leistungspflicht dar; die Gesellschafter können bis zu diesem Zeitpunkt jederzeit mit einfacher Mehrheit den Kapitalerhöhungsbeschluss aufheben[3934] und – auch gegen den Willen des Verwalters – den Einlagenantrag zurücknehmen. Voreinzahlungen auf die Einlageschuld für erst zukünftig zu beschließende Kapitalerhöhungen sind grundsätzlich unzulässig und begründen regelmäßig bei späterer Kapitalerhöhung ggf. einen vom Insolvenzverwalter geltend zu machenden Anspruch der Gesellschaft auf Einzahlung.[3935] 2145

Gegebenenfalls können die Rechte der Gesellschafter durch ihre gesellschaftsrechtlichen Treuepflichten eingeschränkt sein, so dass sie z. B. einer Kapitalerhöhung oder einem Kapitalschnitt zustimmen müssen. 2146

4.5 Besonderheiten bei börsennotierter Aktiengesellschaft

Das BVerwG[3936] hat hierzu festgestellt, dass die wertpapierhandelsspezifischen Pflichten nicht den Insolvenzverwalter, sondern ausschließlich den Vorstand treffen. 2147

Zu diesen Pflichten zählen die Ad-hoc-Publizitätspflichten nach § 15 WpHG (Veröffentlichung von Insiderwissen), die Mitteilungspflichten nach

---

3933 Roth, in: Roth/Altmeppen, GmbHG, § 55 Rn. 10.
3934 BGH, Urt. v. 07.11.1994 – II ZR 248/93, NJW 1995, 460; a. A. Roth, in: Roth/Altmeppen, GmbHG, § 55, Rn. 10, der davon ausgeht, dass bereits die Geschäftsgrundlage für die Kapitalerhöhung weggefallen ist.
3935 Vgl. BGH, Urt. v. 07.11.1994 – II ZR 248/93, DB 1995, 208 f.; ZIP 1995, 28.
3936 BVerwG, Urt. v. 13.04.2005 – 6 C 4/04, NJW-RR 2005, 1207.

Teil 6   Gesetzesübergreifende Bezüge

§§ 21 ff. WpHG, die Überwachung von Unternehmensabschlüssen nach §§ 37n ff. WpHG und die Veröffentlichung von Unternehmensabschlüssen nach §§ 37v ff. WpHG.

2148 In der neuen Fassung des § 11 Abs. 1 WpHG (gültig seit 20. 01. 2007) wird ausdrücklich geregelt, dass der Insolvenzverwalter den Schuldner bei der Erfüllung der Pflichten nach diesem Gesetz zu unterstützen hat, insbesondere indem er aus der Insolvenzmasse die hierfür erforderlichen Mittel bereitstellt.

Somit ist keine Änderung der gesellschaftsrechtlichen Zuständigkeit erfolgt, fraglich ist allerdings die Kostentragungspflicht. Mit Uhlenbruck[3937] hat wohl eine Auslegung dahingehend zu erfolgen, dass die Maßnahme nicht nur dem „Wohl der Gesellschaft" dient, sondern auch im Interesse der Gläubiger (§ 1 Abs. 1 Satz 1 InsO) liegt. Dies dürfte insbesondere auf die Sanierung des Unternehmens im Rahmen eines Insolvenzplans und die damit verbundenen Kosten zutreffen.

5. Gesellschaftsrechtsspezifische Ansprüche – Insolvenzmasse

Im Falle der Insolvenz wird der Insolvenzverwalter insbesondere das Bestehen eventueller gesellschaftsrechtlicher Ansprüche prüfen. Diese können sich ergeben aus:

- Kapitalaufbringung,
- Kapitalerhaltung,
- Zurückgezahlte Gesellschafterdarlehen,
- Insolvenzverschleppung,
- Verletzung der Sorgfaltspflichten durch den Geschäftsführer.

5.1   Einleitung

5.1.1   Allgemeines

2149 Gesellschaftsansprüche gegen Gesellschafter auf Einlagenleistung gehören zur Insolvenzmasse. Der Insolvenzverwalter kann diese jederzeit und ohne Gesellschafterbeschluss einziehen. Für die GmbH gilt der Gleichbehandlungsgrundsatz, aber auch die gesamtschuldnerische Haftung der Gesellschafter, § 19 GmbHG. Für die Einzahlung der Einlage ist der Gesellschafter grundsätzlich beweispflichtig.[3938] Es empfiehlt sich daher dringend, die Einzahlungsbelege – wegen der gesamtschuldnerischen Haftung der Rechtsvorgänger gemäß §§ 21, 22 GmbHG auch bei Verkauf von Geschäftsanteilen – nachweisfähig aufzubewahren. Die begrenzte Aufbewahrungspflicht für Geschäftsunterlagen nach § 257 HGB exkulpiert nicht, gleichwohl bei lang zurückliegenden Gesellschaftsgründungen Beweiserleichterungen bei substan-

---

3937 *Uhlenbruck*, Kosten gesellschaftsrechtlicher Pflichten und Sanierungsmaßnahmen in der Insolvenz, NZI 2007, 313.
3938 BGH, Urt. v. 15. 06. 1992 – II ZR 229/91, NJW 1992, 2229; BGH, Hinweisbeschluss v. 09. 07. 2007 – II ZR 222/06, NJW 2007, 3067.

tiiertem Vorbringen gegeben sein können.³⁹³⁹ Zudem empfiehlt es sich, bei der Zahlung als Betreff ausdrücklich „Einzahlung Stammkapital" anzugeben, um eine eindeutige Zuordnung zu ermöglichen.

Während für die AG die Einzahlung eindeutig in § 54 Abs. 3 AktG geregelt ist, gibt es hinsichtlich der Einzahlung bei der GmbH viele Probleme, die z. T. auch noch nicht höchstrichterlich entschieden sind (freie Verfügbarkeit, vorübergehende Einlage, Scheineinzahlung).³⁹⁴⁰ 2150

Beachtet werden müssen auch die Besonderheiten für Zahlungen bereits vor Gründung oder im Vorgriff auf künftige Bareinlageverpflichtungen: Nur unter besonderen Voraussetzungen sind diese Zahlungen als Einlageleistungen und damit schuldbefreiend zu qualifizieren, regelmäßig aber befreien sie nicht!³⁹⁴¹ 2151

Weitere Ansprüche der Gesellschaft – auch gg. die Geschäftsführer! – können bestehen aufgrund falscher Bewertung der Einlage und Angaben, §§ 9, 9a, 56 Abs. 2 GmbHG, und Rückzahlungen des für den Erhalt des Stammkapitals erforderlichen Vermögens, §§ 30, 31 GmbHG.³⁹⁴² Gleiches gilt für die AG, §§ 54, 57, 63 ff. AktG und die KG.³⁹⁴³ 2152

5.1.2 Gesellschaftsgründung

Regelmäßig erfolgt die Gründung einer Gesellschaft in mehreren Schritten. Zunächst finden sich mehrere Personen zusammen und beschließen die Gründung einer Gesellschaft – „Vorgründungsgesellschaft". Sodann kommt es zum Abschluss des Gesellschaftsvertrags – „Vor-GmbH" – und letztlich zur Eintragung der Gesellschaft – „GmbH". Hieraus ergeben sich verschiedene Haftungskonstellationen, weshalb im Folgenden eine nach dem Gründungsstadium differenzierte Darstellung erfolgt. 2153

5.2 Kapitalaufbringung bei Eintragung der GmbH (§§ 19 ff., 5 ff. GmbHG)

Ein besonderes Augenmerk wird der Verwalter auf die wirksame Einzahlung des Stammkapitals richten. Es handelt sich um einen Anspruch der Gesellschaft gegen ihre Gesellschafter. Die Höhe der zu leistenden Einlage ergibt sich aus dem für den Geschäftsanteil festgesetzten Nennbetrag, § 14 Satz 2 GmbHG. Zu unterscheiden sind hier die Fälle der Bargründung und der Sachgründung. Für letztere gelten weitere Besonderheiten. Darüber hinaus ist zu beachten, dass der Gesellschafter nach § 19 Abs. 2 Satz 2 GmbHG nicht gegen seine Bareinlageverpflichtung aufrechnen darf, es sei denn dies 2154

3939 Dafür: OLG Frankfurt, Urt. v. 28.02.2002 – 16 U 57/01, NZG 2002, 822; dagegen: OLG Koblenz, Urt. v. 07.03.2002 – 6 U 1220/00, NZG 2002, 821; BGH, Hinweisbeschluss v. 09.07.2007 – II ZR 222/06, NJW 2007, 3067 – es unterliegt der tatrichterlichen Beurteilung, ob der entspr. Nachweis auf Grund unstreitiger oder erwiesener Indiztatsachen als geführt anzusehen ist; BGH, Urt. v. 13.09.2004 – II ZR 137/02, ZIP 2005, 28: Beweismaß für lang zurückliegende Vorgänge unterliege tatrichterlicher Würdigung.
3940 *Roth*, in: Roth/Altmeppen, GmbHG, § 19 Rn. 27 ff., 47 ff.; *Brandes*, Die Rechtsprechung des BGH zur GmbH, WM 1995, 644 ff.
3941 *Brandes*, Die Rechtsprechung des BGH zur GmbH, WM 1995, 641, 646, 648.
3942 *Lutter/Hommelhoff*, GmbHG, § 9 Rn. 1, § 9a Rn. 9 ff., § 30 Rn. 51 ff., § 56 Rn. 28.
3943 Zur GmbH & Co. KG: *Heidinger*, in: Michalski, GmbHG, § 31 Rn. 99 f.

war so im Gründungsbericht nach § 5 Abs. 4 GmbHG bereits vorgesehen, wobei es sich dann tatsächlich um eine Sachgründung handelt.

Zu unterscheiden sind die qualifizierten Voraussetzungen für die Einzahlung der Mindesteinlage vor Eintragung der GmbH, § 7 Abs. 2 GmbHG, von der Einforderung der Restsumme nach Eintragung der GmbH im Handelsregister. Denn für die vor der Eintragung zu erbringenden Einlagen gelten verschärfte Bedingungen. Zuvor sollen aber die allgemeinen Grundlagen des Stammkapitals dargestellt werden.

5.2.1 Stammkapital

5.2.1.1 GmbH (§ 5 GmbHG)

2155 Das Stammkapital muss mindestens 25.000 € betragen, § 5 Abs. 1 GmbHG. Der Nennbetrag des Gesellschaftsanteils muss auf ganze Euro lauten, § 25 Abs. 2 GmbHG.

Die Gesellschaftsanteile können geteilt oder zusammengelegt werden, § 46 Nr. 4 GmbHG.

2156 Ein gutgläubiger Erwerb des Gesellschaftsanteils ist möglich, wenn der Veräußerer als Inhaber des Geschäftsanteils in der im Handelsregister aufgenommenen Gesellschafterliste angegeben ist, § 16 Abs. 3 Satz 1 GmbHG. Voraussetzung ist allerdings, dass die Liste seit mehr als 3 Jahren unrichtig ist und die Unrichtigkeit dem tatsächlich Berechtigten zuzurechnen ist, § 16 Abs. 3 Satz 2 GmbHG. Ein gutgläubiger Erwerb ist allerdings bei Kenntnis oder fahrlässiger Unkenntnis von der mangelnden Berechtigung ausgeschlossen, § 16 Abs. 3 Satz 3 GmbHG.

2157 Grundsätzlich ist der Gesellschaftsvertrag in notarieller Form zu errichten, § 2 Abs. 1 GmbHG. Allerdings kann die Gesellschaft, wenn sie höchstens drei Gesellschafter und einen Geschäftsführer hat, in einem vereinfachten Verfahren nach einem gesetzlich vorgegebenen „Musterprotokoll" gegründet werden, § 2 Abs. 1a GmbHG. Modifikationen des Vertrages dürfen dann allerdings nicht vorgenommen werden.

5.2.1.2 Besonderheiten der Unternehmergesellschaft (§ 5a GmbHG)

2158 Durch das MoMiG neu eingeführt wurde die Unternehmergesellschaft, die ein geringeres Kapital als das Mindestkapital im Sinne von § 5 Abs. 1 GmbHG aufweist, § 5 a Abs. 1 GmbHG. Dafür muss das Kapital bei der Einzahlung bereits voll eingezahlt sein. Sachgründungen sind ausgeschlossen, § 5a Abs. 2 GmbHG. Dies schließt auch eine Neugründung der Unternehmergesellschaft durch Abspaltung aus, da es sich hierbei um eine Sacheinlage handeln würde.[3944] Allerdings soll das Sacheinlagenverbot nach § 5a Abs. 2 Satz 2 GmbHG nicht für eine den Betrag des Mindestkapitals nach § 5 Abs. 1 GmbHG erreichende oder übersteigende Erhöhung des Stammkapitals einer Unternehmergesellschaft gelten.[3945] Die Eintragung der angemel-

---

[3944] BGH, B. v. 11.04.2011 – II ZB 9/10, ZIP 2011, 1054; OLG Frankfurt, B. v. 09.03.2010 – 20 W 7/10, ZIP 2010, 1798.

[3945] BGH, B. v. 19.04.2011 – II ZB 25/10, ZIP 2011, 955; a.A. OLG München, B. v. 23.09.2010 – 31 Wx 149/10, ZIP 2010, 1991.

deten Kapitalerhöhung soll bereits dann zulässig sein, wenn die Hälfte des Mindestkapitals nach § 7 Abs. 2 S.2 GmbHG eingezahlt ist und zur freien Verfügung des Geschäftsführers steht.[3946] Zudem muss eine Rücklage zur Verlustdeckung und Kapitalerhöhung gebildet werden, § 5a Abs. 3 GmbHG. Bereits bei drohender Zahlungsunfähigkeit muss in Abweichung zu § 49 Abs. 3 GmbHG eine Gesellschafterversammlung einberufen werden, § 5a Abs. 4 GmbHG. Für die Unternehmergesellschaft gilt eine zwingende Firmierung (§ 5a Abs. 1 GmbHG): „Unternehmergesellschaft (haftungsbeschränkt)" oder „UG (haftungsbeschränkt)". Der Zusatz „haftungsbeschränkt" darf nicht abgekürzt werden.

Gesellschaft, § 5 GmbHG	Unternehmergesellschaft, § 5a GmbHG
■ Mindeststammkapital € 25.000, § 5 Abs. 1 GmbHG ■ Sacheinlage möglich, § 5 Abs. 4 GmbHG ■ Keine Volleinzahlung erforderlich, § 7 Abs. 2 GmbHG ■ Einberufung Gesellschafterversammlung bei Verlust der Hälfte des Stammkapitals, § 49 Abs. 3 GmbHG	■ Kein Mindeststammkapital, § 5a Abs. 1 GmbHG ■ Sacheinlage ausgeschlossen, § 5a Abs. 2 Satz 2 GmbHG ■ Volleinzahlung, § 5a Abs. 2 Satz 1 GmbHG ■ Einberufung Gesellschafterversammlung bei drohender Zahlungsunfähigkeit, § 5a Abs. 4 GmbHG ■ Rücklagenbildung, § 5a Abs. 3 GmbHG

Abb. 81: Unterschiede GmbH – Unternehmergesellschaft

5.2.2 Mindesteinlage (§ 7 Abs. 2 GmbHG)

Die Anmeldung der Gesellschaft beim Handelsregister darf nach § 7 Abs. 2 GmbHG erst erfolgen, wenn auf jede Stammeinlage mindestens ein Viertel des Nennbetrags (§§ 7 Abs. 2 Satz 1, 5 Abs. 3 GmbHG) und insgesamt mindestens die Hälfte des Mindeststammkapitals von 25.000 €, also 12.500 € erbracht ist, §§ 7 Abs. 2 Satz 2, 5 Abs. 1 GmbHG n.F. Für die Unternehmergesellschaft gilt, dass das Stammkapital bereits bei der Eintragung voll eingezahlt sein muss, § 5a Abs. 2 Satz 1 GmbHG. Wurde das Stammkapital bei der Unternehmergesellschaft zwar mit weniger als 25.000 €, aber mehr als 12.500 € festgesetzt, so müssen die Gesellschafter also zunächst einen höheren Betrag aufbringen als bei der GmbH.

Bei der Anmeldung der GmbH zur Eintragung beim Handelsregister muss der Geschäftsführer zudem gemäß § 8 Abs. 2 GmbHG versichern, dass die nach § 7 Abs. 2 und 3 GmbHG zu erbringenden Einlagen zu seiner freien Verfügung stehen.

5.2.2.1 Leistung der Einlage

Vor Eintragung der GmbHG im Handelsregister ist die Einlage an die Vor-GmbH zu erbringen. Eine Besonderheit besteht für die Einpersonen-GmbH.

3946 OLG Hamm, B. v. 05.05.2011 – 27 W 24/11, GmbHR 2011, 655; OLG Stuttgart, B. v. 13.10.2011 – 8 W 341/11, GmbHR 2011, 1275; a.A. OLG München, B. v. 23.09.2010 – 31 Wx 149/10, ZIP 2010, 1991.

Da diese nur einen einzigen Gesellschafter hat, muss dieser – am besten durch Anlage eines eigenen Kontos – sicherstellen, dass die Einlageleistung von seinem sonstigen Vermögen getrennt gehalten wird.

Wurde die Leistung auf ein auf den Gesellschafter lautendes Konto vorgenommen, so ist fraglich, ob hierdurch eine wirksame Einzahlung erfolgte, wenn das Konto später auf die Gesellschaft übertragen wird. Hierzu stellt der BGH[3947] fest, dass eine Tilgung der Einlageverpflichtung noch nicht in dem Zeitpunkt des Zahlungseingangs eintritt, da der Gesellschafter das Geld auch für eigene Zwecke nutzen könnte. Dies ist erst dann der Fall, wenn das Guthaben später tatsächlich zur Begleichung von Gesellschaftsverbindlichkeiten eingesetzt wird. Der Gesellschafter hat dann zu beweisen, dass aus der von ihm geleisteten Einlagezahlung tatsächlich nur Verbindlichkeiten der Gesellschaft beglichen wurden, was ihm in der Regel nicht möglich sein wird. Der Nachweis dürfte nur hinsichtlich des zum Zeitpunkt der Umschreibung auf die GmbH vorhandenen Kontoguthabens gelingen.

2162 Die Einlage muss aus Mitteln des Gesellschafters oder Mitteln, die ihm von Dritten zur Verfügung gestellt wurden, erbracht werden. Stammt die Einzahlung aus dem Vermögen der Gesellschaft oder hat die Gesellschaft sich hierfür verbürgt oder sonst Sicherheiten zur Verfügung gestellt, so ist die Einzahlung unwirksam. Dies ist z. B. dann der Fall, wenn die GmbH für den Kredit einer Bank an den Gesellschafter Sicherheiten zur Verfügung stellt.[3948]

2163 Allerdings erfordert die Erfüllung der Einlageschuld keine ausdrückliche Tilgungsbestimmung des Gesellschafters. Ausreichend ist, dass die Zahlung diesem Schuldverhältnis objektiv eindeutig zugeordnet werden kann.[3949] Besteht Streit, ob Zahlungen des Gesellschafters als Darlehen oder auf seine Einlageschuld erfolgt sind, muss die Gesellschaft beweisen, dass ihr neben der Stammeinlage noch weitere Forderungen (z. B. aus einem Darlehensvertrag) zustanden. Erst wenn dieser Beweis erbracht wurde, muss der Gesellschafter die Tilgung der Stammeinlageschuld beweisen.[3950]

2164 Wurde die Stammeinlage in der Satzung noch nicht in voller Höhe fällig gestellt und auch keine anderweitige Regelung zur Fälligkeit der über die Mindesteinlage hinaus ausstehenden Einlage getroffen, so wird die Einlageforderung durch einen Beschluss der Gesellschafterversammlung gemäß § 46 Nr. 2 GmbHG fällig gestellt. Allerdings ist die freiwillige Zahlung auf die Stammeinlage trotz fehlender Fälligkeit gemäß § 271 Abs. 2 BGB wirksam.[3951] Nachteile erleidet die Gesellschaft hierdurch nicht. Bei einer Veräußerung des Geschäftsanteils haften Veräußerer und Erwerber ab dem Zeitpunkt der Aufnahme in die Gesellschafterliste beim Handelsregister gemeinschaftlich, § 16 Abs. 2 GmbHG.

3947 BGH, Urt. v. 29.01.2001 – II ZR 183/00, NJW 2001, 1647.
3948 BGH, Urt. v. 30.06.1958 – II ZR 213/56, NJW 1958, 1351; für die AG: BGH, Urt. v. 05.04.1993 – II ZR 195/91, NJW 1993, 1983.
3949 BGH, Urt. v. 22.03.2010 – II ZR 12/08 – ADCOCOM, NJW 2010, 1948; OLG München, Urt. v. 27.04.2006, 23 U 5655/05, DB 2006, 1720.
3950 OLG Stuttgart, Urt. v. 19.12.1986 – 2 U 57/86, NJW 1987, 1032.
3951 OLG Naumburg, Urt. v. 23.02.1999 – 7 U (Hs) 25/98, NZG 2000, 44.

5.2.2.2 Versicherung des Geschäftsführers (§§ 8 Abs. 2, 7 Abs. 2 GmbHG)

Die Leistung muss zur freien Verfügung des Geschäftsführers stehen: 2165
Dies ist grundsätzlich auch bei Einzahlungen auf ein debitorisches Konto der Fall, wenn der Gesellschaft in entsprechender Höhe wieder ein Kredit zur Verfügung steht.

Die Einzahlung ist unwirksam, wenn der Kredit gekündigt wurde und die Bank mit dem Schuldsaldo verrechnen darf oder das Kontoguthaben gepfändet wurde.

Wird eine Bankbestätigung über die Einzahlung vorgelegt, besteht bei Falschangaben ein entsprechender Haftungstatbestand der Bank, §§ 188 Abs. 2, 37 Abs. 1 Satz 3 AktG (analog).

5.2.2.3 Voreinzahlung

Die Einzahlungsverpflichtung entsteht erst mit dem Abschluss des Gesell- 2166
schaftsvertrages, also mit dem Entstehen der Vor-GmbH. Wird noch vor diesem Zeitpunkt, also noch an die Vorgründungsgesellschaft, eine Zahlung erbracht, so liegt keine wirksame Einzahlung vor. Denn die von einer solchen Gesellschaft erworbenen Vermögensgegenstände und die von ihr begründeten Rechte und Pflichten gehen mit der GmbH-Gründung nicht ohne weiteres auf die Vorgesellschaft und später auf die GmbH selbst über, sondern müssen, wenn diese sie übernehmen soll, durch besonderes Rechtsgeschäft auf sie übertragen werden.[3952]

Wird eine Stammeinlage schon vor Gründung der GmbH auf ein später 2167
von dieser übernommenes laufendes Konto eingezahlt, werden sodann unter Verwendung dieses Geldes die Geschäfte aufgenommen und übernimmt nach Beurkundung der Satzung die Gesellschaft das auf diese Weise entstandene Unternehmen, so ist hiermit die Bareinlageverpflichtung nicht erfüllt.[3953]

Erfolgt die Zahlung an eine Vorgründungsgesellschaft, die nicht identisch 2168
mit einer Vor-GmbH ist, so ist die Übertragung des Kontoguthabens erforderlich; eine Tilgung erfolgt nur, soweit das Kapital bei Gründung unverändert vorhanden ist. Tatsächlich liegt keine Bareinlage, sondern eine verdeckte Sacheinlage vor.

Somit genügt bei Voreinzahlungen an die Vorgründungsgesellschaft im 2169
Gegensatz zur Einzahlung der Mindesteinlage an die Vor-GmbH die Einzahlung auf ein debitorisches Konto nicht, auch wenn die Bank weitere Verfügungen zulässt![3954] Ebenso darf der eingezahlte Betrag nicht für sonstige Ausgaben verwendet worden sein oder der als Sacheinlage eingebrachte Gegenstand bereits veräußert worden sein.

3952 BGH, Urt. v. 07.05.1984 – II ZR 276/83, NJW 1984, 2164.
3953 BGH, Urt. v. 22.06.1992 – II ZR 30/91, NJW 1992, 2698.
3954 BGH, Urt. v. 15.03.2004 – II ZR 210/01, NJW 2004, 515.

5.2.3 Sachgründung (§§ 7 Abs. 3, 5 Abs. 4 GmbHG)

5.2.3.1 Sacheinlage

2170   Wurde im Gesellschaftsvertrag von Anfang an geregelt, dass die Einlage nicht in Geld zu erbringen ist, so liegt eine Sacheinlage vor. Bei der Erbringung von Sacheinlagen besteht die Gefahr, dass der vom Gesellschafter angenommene Wert des Gegenstandes von dessen tatsächlichem Wert abweicht. Für eine Sachgründung gelten daher verschärfte Bedingungen. Die Sachgründung muss zunächst die Voraussetzungen der §§ 5 Abs. 4, 56 GmbHG erfüllen, d. h. es muss nach Satz 1 eine Festlegung im Gesellschaftsvertrag erfolgen und zudem nach Satz 2 ein Sachgründungsbericht erstellt werden. In dem Sachgründungsbericht sind die für die Angemessenheit der Leistungen für Sacheinlagen wesentlichen Umstände darzulegen und beim Übergang eines Unternehmens auf die Gesellschaft die Jahresergebnisse der beiden letzten Geschäftsjahre anzugeben.

2171   Darüber hinaus regelt § 7 Abs. 3 GmbHG, dass sich die Sacheinlagen bereits vor der Anmeldung der Gesellschaft zur Eintragung im Handelsregister zur freien Verfügung des Geschäftsführers befinden müssen.

2172   Nach § 8 Abs. 1 Nr. 5 GmbHG müssen der Anmeldung zudem Unterlagen beigefügt sein, aus denen sich die Werthaltigkeit der Sacheinlage ergibt.

Im Gegensatz zur relativ einfachen Prüfung der Erbringung einer Bareinlage, wird hierdurch dem Registergericht ermöglicht, auch die wirksame Erbringung einer Sacheinlage zu überprüfen. Diese Prüfung erstreckt sich auch auf die Kontrolle des Wertes der Sacheinlage im Verhältnis zu dem hierfür in Ansatz gebrachten Nennbetrag, §§ 9c Abs. 1 Satz 2, 57a GmbHG.

2173   Für etwaige Wertverluste zwischen der Zurverfügungstellung und Anmeldung stellt § 9 Abs. 1 GmbHG ausdrücklich fest, dass der Gesellschafter für die Wertdifferenz Ausgleich in Geld zu leisten hat. Nicht ausgeschlossen hierdurch sind jedoch zwischenzeitliche Verfügungen über die Sache.

2174   Ferner muss es sich um eine sacheinlagefähige Leistung handeln. Gemäß § 27 Abs. 2 AktG können z. B. Verpflichtungen zu Dienstleistungen nicht Gegenstand von Sacheinlagen oder Sachübernahmen sein, was nach h. M. im GmbH-Recht entsprechend gilt.[3955] Hintergrund hierfür ist, dass die Durchsetzung von Dienstleistungsverpflichtungen auf Schwierigkeiten stößt (vgl. §§ 887, 888 Abs. 3 ZPO) und sie deshalb als Einlagen nicht geeignet sind. Anders ist dies zu beurteilen, wenn die Dienstleistung bereits erbracht wurde und der Anspruch auf Vergütung der Dienstleistung eingebracht werden soll.

5.2.3.2 Sachübernahme

2175   Eine Sachübernahme liegt vor, wenn eine Bargründung mit der in der Satzung verbundenen Vereinbarung erfolgt, dass die Gesellschaft einen bestimmten Gegenstand vom Gesellschafter entgeltlich erwirbt und der von der Gesellschaft geschuldete Kaufpreis auf die Bareinlagenverpflichtung des Gesellschafters angerechnet wird, § 19 Abs. 5 i. V. m. § 5 Abs. 4 Satz 1 GmbHG.

3955 Vgl. Ulmer, in: Ulmer/Habersack/Winter/Siebeck, GmbHG, § 5 Rn. 60 f.; Winter/Westermann, in: Scholz, GmbHG, § 5 Rn. 52.

Ein Sachgründungsbericht nach § 5 Abs. 4 Satz 2 GmbHG ist in diesem Fall nicht erforderlich.

5.2.4 Sacheinlage, verdeckte

5.2.4.1 Vorliegen einer verdeckten Sacheinlage

Eine verdeckte Sacheinlage liegt nach der Qivive-Entscheidung des BGH vor,[3956] wenn die gesetzlichen Regeln für Sacheinlagen dadurch unterlaufen werden, dass zwar eine Bareinlage vereinbart wird, die Gesellschaft aber bei wirtschaftlicher Betrachtung von dem Einleger aufgrund einer im Zusammenhang mit der Übernahme der Einlage getroffenen Absprache einen Sachwert erhalten soll.[3957] Hierbei ist ein enger zeitlicher und sachlicher Zusammenhang erforderlich. Entsprechendes gilt bei verdeckter Einbringung sonstiger Gegenstände, welche als Sacheinlage eingebracht werden könnten.

2176

Demnach scheidet das Vorliegen einer verdeckten Sacheinlage bereits aus, wenn die erbrachte Leistung an sich nicht sacheinlagefähig ist (ex. Dienstleistungen, vgl. § 27 Abs. 2, 2. HS AktG).[3958]

2177

Eine typische verdeckte Sacheinlage liegt vor, wenn der Gesellschafter oder ein gleichgestellter Dritter im Anschluss an eine Bareinlage an die Gesellschaft etwas veräußert, wobei das soeben erbrachte Stammkapital zur Begleichung des Kaufpreises dient und dies nicht in der Satzung festgelegt ist. Gleiches gilt für den Fall, dass Forderungen des Gesellschafters in Stammkapital umgewidmet werden, da die Gesellschaft dann keine neue Liquidität, sondern nur die Befreiung von einer Verbindlichkeit erhalten hat.[3959] Richtig wäre es gewesen, den Kaufgegenstand/die Forderung unmittelbar im Rahmen einer Sachgründung einzubringen. Dann wäre dieser Umstand für Außenstehende aus dem Handelsregister ersichtlich gewesen und zugleich hätte eine Überprüfung der Werthaltigkeit der Sacheinlage durch das Gericht stattgefunden. Demgegenüber darf die Bareinlage zur Rückzahlung eines von einem Dritten gewährten Darlehens verwendet werden.[3960] Anders ist dies nur zu beurteilen, wenn bei wirtschaftlicher Betrachtungsweise die Mittel zur Erbringung der Bareinlage von dem Dritten gewährt wurden.[3961]

2178

Ob eine verdeckte Sacheinlage vorliegt, ist nach folgenden Kriterien zu prüfen: Zunächst muss ein sachlicher und zeitlicher Zusammenhang zwi-

2179

3956 BGH, Urt. v. 16.02.2009 – II ZR 120/07, Rn. 8 – „Qivive", NJW 2009, 2375.
3957 BGH, Urt. v. 07.07.2003 – II ZR 235/01, NJW 2003, 3127.
3958 In der „Qivive – Entscheidung" (BGH, Urt. v. 16.02.2009 – II ZR 120/07, Rn. 12, NJW 2009, 2375) wurde mit dem Gesellschafter eine Bareinlage vereinbart. Dieser sollte zudem gemäß eines zeitgleich abgeschlossenen „Media-Vertrages" entgeltliche Werbeleistungen für die Schuldnerin erbringen sowie einen Internetauftritt erstellen. Die Entscheidung wurde fortgeführt von BGH, Urt. v. 01.02.2010 – II ZR 173/08, NJW 2010, 1747 – „Eurobike" – bzgl. Dienstleistungen im zeitlichen Zusammenhang mit einer Kapitalerhöhung einer AG. Danach ist zu prüfen, ob eine gegen § 19 Abs. 5 GmbHG verstoßende Einlagenrückzahlung vorliegt.
3959 OLG Köln, Urt. v. 20.05.2010 – 18 U 122/09, GmbHR 2010, 1213: Es erfolgte zunächst eine Darlehensrückzahlung und sodann die Einzahlung des Betrages als Bareinlage.
3960 OLG Köln, Urt. v. 31.03.2011 – 18 U 171/10, ZIP 2011, 863.
3961 BGH, Urt. v. 12.04.2011 – II ZR 17/10, ZIP 2011, 1101.

schen der Einlageleistung und dem Erwerbsgeschäft bestehen. Der sachliche Zusammenhang ist gegeben, wenn der Kaufgegenstand als Sacheinlage hätte erbracht werden können (Sacheinlagetauglichkeit). Des Weiteren muss als subjektives Element eine Umgehungsabrede bzw. Vorabsprache vorliegen.

Liegen die objektiven Kriterien vor, so besteht ein beweiskräftiges Indiz für das Vorhandensein einer Umgehungsabrede[3962]; Ex. Betragsidentität; Zeitraum von sechs Monaten.

Eine Ausnahme besteht lediglich für Verkehrsgeschäfte, wenn keine Umgehungsabrede vorliegt.

5.2.4.2 Rechtsfolgen

2180 Wie nachfolgend näher dargelegt werden wird, hat das Vorliegen einer verdeckten Sacheinlage vor und nach Inkrafttreten des MoMiG zum 01.11.2008 unterschiedliche Rechtsfolgen. In beiden Fällen wird der Gesellschafter von seiner Einlagepflicht nicht befreit, § 19 Abs. 5 GmbHG a. F. bzw. § 19 Abs. 4 Satz 1 GmbHG n. F. Allerdings unterscheiden sich die Rechtsfolgen, die hieran anknüpfen insoweit, als bei Vorliegen der Voraussetzungen von § 19 Abs. 4 Satz 3–5 GmbHG n. F. der Wert des nunmehr eingebrachten Vermögensgegenstandes auf die fortbestehende Geldeinlagepflicht anzurechnen ist.

2181 Aufgrund der Neuregelungen des MoMiG weichen die Rechtsfolgen von verdeckter Sacheinlage und einem Hin- und Herzahlen (§ 19 Abs. 5 GmbHG n. F., dazu später) nunmehr von einander ab, so dass ein besonderes Augenmerk auf deren Unterscheidung zu richten ist.

2182 Nach der Übergangsregelung des § 3 Abs. 4 Satz 1 EGGmbHG[3963] entfaltet § 19 Abs. 4 GmbHG auch echte Rückwirkungen für bereits erbrachte verdeckte Sacheinlagen. Von Teilen der Literatur wird daher eine verfassungskonforme Auslegung von § 19 Abs. 4 GmbHG dahingehend befürwortet, dass § 19 Abs. 4 GmbHG erst auf verdeckte Sacheinlagen ab Inkrafttreten des MoMiG (01.11.2008) angewendet wird.[3964] Der BGH hat jedoch mit Urteil vom

---

3962 BGH, Urt. v. 16.01.2006 – II ZR 76/04 – „Cash-Pool", ZIP 2006, 665.

3963 § 3 Abs. 4 EGGmbHG lautet wie folgt: [1]§ 19 Abs. 4 und 5 des Gesetzes betreffend die Gesellschaften mit beschränkter Haftung in der ab dem 01.11.2008 geltenden Fassung gilt auch für Einlagenleistungen, die vor diesem Zeitpunkt bewirkt worden sind, soweit sie nach der vor dem 01.11.2008 geltenden Rechtslage wegen der Vereinbarung einer Einlagenrückgewähr oder wegen einer verdeckten Sacheinlage keine Erfüllung der Einlagenverpflichtung bewirkt haben. [2]Dies gilt nicht, soweit über die aus der Unwirksamkeit folgenden Ansprüche zwischen der Gesellschaft und dem Gesellschafter bereits vor dem 01.11.2008 ein rechtskräftiges Urteil ergangen oder eine wirksame Vereinbarung zwischen der Gesellschaft und dem Gesellschafter getroffen worden ist; in diesem Fall beurteilt sich die Rechtslage nach den bis zum 01.11.2008 geltenden Vorschriften.

3964 Der BGH hatte hierzu zunächst keine Entscheidung getroffen und mangels Entscheidungsreife eines ihm vorliegenden Falles von einer Vorlage an das BVerfG nach Art. 100 Abs. 1 GG abgesehen, BGH, Urt. v. 20.07.2009 – II ZR 273/07, Rn. 38, ZIP 2009, 1561; für Verfassungswidrigkeit: *Bormann*, Die Kapitalaufbringung nach dem Regierungsentwurf des MoMiG, GmbHR 2007, 897, 901, anderseits *Fuchs*, Die Neuregelung zur verdeckten Sacheinlage durch das MoMiG und ihre Rückwirkung, BB 2009, 170, 174.

22.03.2010[3965] festgestellt, dass die rückwirkende Anwendung von § 19 Abs. 4 GmbHG keinen durchgreifenden verfassungsrechtlichen Bedenken begegnet. Da für die Unternehmergesellschaft die Erbringung von Sacheinlage ausgeschlossen ist, § 5a Abs. 2 Satz 2 GmbHG, und daher auch die Neuregelung in § 19 Abs. 4 GmbHG auf sie keine Anwendung findet, verbleibt es zumindest für die Unternehmergesellschaft bei den bisherigen Grundsätzen zur verdeckten Sacheinlage.

2183

Daher werden nachfolgend zunächst die vor Inkrafttreten des MoMiG und jetzt noch für die Unternehmergesellschaft geltenden Rechtsfolgen dargestellt.

5.2.4.2.1 Rechtsfolgen vor Inkrafttreten des MoMiG bzw. für die Unternehmergesellschaft[3966]

- Nach der alten Rechtslage entfaltete eine verdeckte Sacheinlage keine Tilgungswirkung, die Einlageforderung bestand daher fort.

2184

- Zudem hatte der Geschäftsführer die Versicherung nach § 8 Abs. 2 GmbHG falsch abgegeben, so dass ein Anspruch gegen den Geschäftsführer nach § 9a GmbHG geltend gemacht werden konnte.
- Der Kaufvertrag und die dingliche Verfügung waren wegen Gesetzesumgehung analog § 27 Abs. 3 Satz 1 AktG unwirksam.
- Die Rückabwicklung hatte über § 812 BGB zu erfolgen: Die Gesellschaft hatte einen Anspruch auf Erstattung des gezahlten Kaufpreises, der Gesellschafter einen Anspruch auf Herausgabe der Sachleistung. Im Insolvenzfall bestand für den Gesellschafter ein Aussonderungsanspruch bzw. Schadensersatzanspruch nach §§ 989, 990 BGB. Eine zwischenzeitliche Entwertung der Sache ging zu Lasten des Gesellschafters. Die Ansprüche waren zu saldieren.
- Aufgrund des Aufrechnungsverbotes nach § 19 Abs. 2 Satz 2 GmbHG konnte keine einseitige Aufrechnung des Gesellschafters mit der Saldoforderung gegen die fortbestehende Einlageforderung vorgenommen werden.
- Die Saldoforderung war gemäß § 39 Abs. 1 Nr. 5 InsO eine nachrangige Insolvenzforderung.

Allerdings bestand eine Heilungsmöglichkeit der verdeckten Sacheinlage ex nunc. Hierzu waren folgende Voraussetzungen zu erfüllen:

2185

3965 BGH, Urt. v. 22.03.2010 – II ZR 12/08 – „ADCOCOM", NJW 2010, 1948 – grundlegend zu den Voraussetzungen der verdeckten Sacheinlage; mit Anmerkungen von *Altmeppen*, NJW 2010, 1955, der darauf hinweist, dass die „verdeckte Sacheinlage" zuvor gesetzlich nicht geregelt war, sondern es sich nur um eine von der Rechtsprechung entwickelte Lehre gehandelt habe, und daher mangels gesetzlichen Vertrauenstatbestandes keine bedenklichen Rückwirkungen entstehen könnten.

3966 Mit der wohl herrschenden Meinung ist davon auszugehen, dass § 5a Abs. 2 Satz 2 GmbHG n.F. ein gesetzliches Verbot i.S.v. § 134 BGB darstellt, das Rechtsgeschäft nichtig ist und daher auch keine Anrechnung nach § 19 Abs. 4 GmbHG n.F. erfolgen kann; so auch *Schreiber*, Die Unternehmergesellschaft als Rechtsformvariante im Gefüge des GmbH-Rechts, DZWIR 2009, 492, 495; *Weber*, Die Unternehmergesellschaft (haftungsbeschränkt), BB 2009, 842, 846.

- Es war ein notarieller Gesellschafterbeschluss mit satzungsändernder Mehrheit über die Umwandlung der Bareinlage in eine Sacheinlage zu fassen, in dem die einzubringende Forderung konkret zu bezeichnen war.
- Ein Bericht über die Umwandlung war beim Handelsregister einzureichen.
- Der Nachweis der Werthaltigkeit der Sacheinlage unmittelbar zum Zeitpunkt der Eintragung im Handelsregister war durch eine testierte Bilanz zu führen.
- Der Geschäftsführer hatte die Werthaltigkeit und freie Verfügbarkeit zu versichern.

Dies bedeutete, dass in der Insolvenz keine Heilungsmöglichkeit mehr bestand. Darüber hinaus oblag dem Gesellschafter das Risiko eines zwischenzeitlichen Wertverlustes der Sacheinlage.

2186 Weitere Ansprüche bestanden gegen den Geschäftsführer wegen der falschen Versicherung aus § 9a GmbHG sowie § 43 Abs. 2 GmbHG (allg. Erstattungspflicht des Geschäftsführers). Die Mitgesellschafter hafteten für einen eventuellen Ausfall nach § 24 GmbHG.

5.2.4.2.2 Rechtslage nach Inkrafttreten des MoMiG (§ 19 Abs. 4 GmbHG)

2187 Nach § 19 Abs. 4 GmbHG n.F. wird nunmehr eine bilanzielle Betrachtung vorgenommen.

Eine Legaldefinition der verdeckten Sacheinlage ist in § 19 Abs. 4 Satz 1 GmbHG enthalten. Danach liegt eine verdeckte Sacheinlage vor, wenn eine Geldeinlage eines Gesellschafters bei wirtschaftlicher Betrachtung und aufgrund einer im Zusammenhang mit der Übernahme der Geldeinlage getroffenen Abrede vollständig oder teilweise als Sacheinlage zu bewerten ist (dies entspricht den alten, vom BGH entwickelten Voraussetzungen). Bei einer Ein-Personen-Gesellschaft tritt an die Stelle der Verwendungsabsprache ein entsprechendes Vorhaben des Alleingesellschafters.

2188 Auch nach der Neuregelung besteht die Einlageverpflichtung fort, § 19 Abs. 4 Satz 1, 2. Teil GmbHG.

2189 Allerdings wird in § 19 Abs. 4 Satz 2 GmbHG abweichend von der bisherigen Regelung die Wirksamkeit des dinglichen und schuldrechtlichen Rechtsgeschäfts statuiert.

2190 Zudem wird nach § 19 Abs. 4 Satz 3 GmbHG der Wert der verdeckten Sacheinlage auf die Einlageverpflichtung im Zeitpunkt der Anmeldung angerechnet, was insoweit den Regelungen zur Sacheinlage entspricht, § 9 Abs. 1 GmbHG. Dies erfolgt frühestens mit der Eintragung der Gesellschaft, § 19 Abs. 4 Satz 4 GmbHG, und bedarf keiner weiteren Erklärungen des Gesellschafters. Da die Anrechnung erst mit der Eintragung erfolgt und grds. die Einlageverpflichtung des Gesellschafters fortbesteht, müsste das Registergericht, das das Bestehen einer verdeckten Sacheinlage erkennt, die falsche Anmeldung zurückweisen.[3967]

2191 Die Beweislast für die Werthaltigkeit der Sacheinlage trifft den Gesellschafter, § 19 Abs. 4 Satz 5 GmbHG. Abzustellen ist auf den Zeitpunkt der

---

[3967] Roth in: Roth/Altmeppen, GmbHG, § 19 Rn. 75.

Anmeldung, § 9 GmbHG, bzw. bei einer späteren Übertragung des Vermögensgegenstandes auf diesen späteren Zeitpunkt. Es empfiehlt sich daher für den Gesellschafter, entsprechende Unterlagen aufzubewahren.

Hinsichtlich der Werthaltigkeit der verdeckten Sacheinlage können sich somit folgende Konstellationen ergeben: 2192

- Besteht ein geringerer Wert der Sacheinlage, so hat der Gesellschafter eine Bareinlage in Höhe der Wertdifferenz zu erbringen.

> **Beispiel**
>
> Der Gesellschafter hat eine Einlage von 25.000 € zu erbringen und zahlt diesen Betrag in bar an die Gesellschaft. Unmittelbar danach verkauft er der Gesellschaft sein Auto zu einem Kaufpreis von 25.000 €, obwohl das Auto tatsächlich nur einen Wert von 20.000 € hatte. In diesem Fall müsste der Gesellschafter noch weitere 5.000 € an die Gesellschaft zahlen.

- Hat die verdeckte Sacheinlage tatsächlich einen höheren Wert als die Einlageverpflichtung, so sind die Regelungen über die verdeckte Sacheinlage für das gesamte Rechtsgeschäft anwendbar, wenn eine unteilbare Leistung vorliegt. Es besteht kein Ausgleichsanspruch des Gesellschafters. Dies entspricht den Regelungen zur Erbringung einer Sacheinlage nach § 5 Abs. 4 GmbHG.

> **Beispiel**
>
> Der Gesellschafter hat eine Einlage von 25.000 € zu erbringen und zahlt diesen Betrag in bar an die Gesellschaft. Unmittelbar danach verkauft er der Gesellschaft sein Auto zu einem Kaufpreis von 25.000 €, obwohl das Auto tatsächlich einen Wert von € 30.000 hatte. Der Gesellschafter hat keinen Anspruch auf Zahlung von 5.000 € gegen die Gesellschaft.

- Problematisch ist der Fall, in dem an den veräußernden Gesellschafter ein Kaufpreis gezahlt werden soll, der höher ist als seine Stammeinlage. Man spricht hier von einer *gemischt verdeckten Sacheinlage*. In dieser Konstellation hat der Gesellschafter lediglich einen Anspruch auf Zahlung für den Mehrwert der Sacheinlage. Wird an den Gesellschafter mehr gezahlt als der tatsächliche Mehrwert, so besteht die Einlageforderung in Höhe des zu viel gezahlten Betrages fort.

> **Beispiel**
>
> Der Gesellschafter hat eine Einlage von 25.000 € zu erbringen und zahlt diesen Betrag in bar an die Gesellschaft. Unmittelbar danach verkauft er der Gesellschaft sein Auto zu einem Kaufpreis von 35.000 €, obwohl das Auto tatsächlich nur einen Wert von 30.000 € hatte. In diesem Fall dürfte der Gesellschafter nur eine Zahlung von 30.000 € erhalten. Würde an ihn der vereinbarte Kaufpreis von 35.000 € gezahlt, so bestünde die Einlageforderung weiterhin in Höhe von 5.000 €.

Da die Anrechnung erst mit der Anmeldung erfolgt, darf der Geschäftsführer, der bei Gründung einer Gesellschaft meist auch Gesellschafter ist, bei Kenntnis der verdeckten Sacheinlage nicht die vollständige Einzahlung des Stammkapitals versichern. 2193

Ansonsten macht er sich nach § 82 Abs. 1 Nr. 1 und Nr. 3 GmbHG strafbar bzw. setzt sich einer Haftung nach § 9a GmbHG aus. Es ist daher trotz der nunmehr geschaffenen Anrechnungsmöglichkeit von einer „bewussten" Erbringung einer verdeckten Sacheinlage abzuraten, stattdessen sollte der Weg einer Sacheinlage einschließlich der damit verbundenen besonderen Voraussetzungen gewählt werden.

5.2.4.2.3 Scheitern der Eintragung

2194 Scheitert die Eintragung der GmbH, weil z. B. das Handelsregister die Eintragung zurückweist (§ 9c GmbHG) oder die Gesellschafter ihre Gründungsabsicht vor Eintragung aufgeben, so fehlt es an dem die Anrechnung auslösenden Moment der Eintragung im Handelsregister. Dies führt jedoch nicht zum gleichzeitigen Erlöschen der Verpflichtung des Gesellschafters zur Erbringung der vereinbarten Bareinlage. Diese wird eventuell benötigt, um von der Gesellschaft bereits begründete Verbindlichkeiten zu befriedigen.

5.2.4.2.4 Haftung des Steuerberaters bei Fehlberatung

2195 Hat der Gesellschafter aufgrund falscher Beratung zur Durchführung einer Kapitalerhöhung bei einer GmbH den verbotenen Weg einer verdeckten Sacheinlage gewählt, so bemisst sich der Schadensersatzanspruch des Gesellschafters, falls die von ihm und der Gesellschaft im Zuge des verdeckten Geschäfts erbrachten Zahlungen bereicherungsrechtlich zu saldieren sind, nach der Höhe der von ihm noch zu erbringenden Bareinlage zuzüglich eines Wertverlusts an dem von ihm verdeckt eingebrachten Sachwert.[3968] Die Verjährungsfrist wegen einer Fehlberatung beginnt erst zu laufen, wenn die Gesellschaft die fortbestehende Bareinlageverpflichtung geltend macht.[3969]

Verdeckte Sacheinlage, § 19 Abs. 4 GmbHG
▪ Einlageverpflichtung besteht fort, § 19 Abs. 4 Satz 1, 2. Teil GmbHG
▪ Wirksamkeit des dinglichen und schuldrechtlichen Rechtsgeschäfts, § 19 Abs. 4 Satz 2 GmbHG
▪ Anrechnung auf die Einlageverpflichtung im Zeitpunkt der Anmeldung, § 19 Abs. 4 Satz 3 GmbHG
▪ Einlagefähigkeit
▪ Beweislast für Werthaltigkeit beim Gesellschafter, § 19 Abs. 4 Satz 5 GmbHG

Abb. 82: Verdeckte Sacheinlage

5.2.5 Hin- und Herzahlen (§ 19 Abs. 5 GmbHG)

2196 Aufgrund der für die verdeckte Sacheinlage in § 19 Abs. 4 GmbHG vorgesehenen Anrechnungsmöglichkeit ist nach Inkrafttreten des MoMiG eine Unterscheidung zwischen verdeckter Sacheinlage sowie Hin- und Herzahlen erforderlich.

[3968] BGH, Urt. v. 19.05.2009 – IX ZR 43/08, Rn. 20, ZIP 2009, 1427.
[3969] BGH, Urt. v. 19.05.2009 – IX ZR 43/08, Rn. 28, ZIP 2009, 1427.

Bei der verdeckten Sacheinlage (§ 19 Abs. 4 GmbHG) wird an Stelle der Barleistung ein anderer einlagefähiger Vermögenswert eingebracht. Es handelt sich um eine Spezialvorschrift gegenüber § 19 Abs. 5 GmbHG, der das Hin- und Herzahlen regelt. Ein solches liegt vor, wenn die Leistung nicht endgültig zur freien Verfügung des Geschäftsführers (§ 8 Abs. 2 GmbHG) stand. 2197

Den Tatbestand des Hin- und Herzahlens hat der BGH ebenfalls in seiner „Qivive-Entscheidung"[3970] definiert. Eine freie Verfügbarkeit fehlt danach, wenn der Einlagebetrag absprachegemäß umgehend wieder an den Einleger, sei es als Darlehen[3971] oder auch aufgrund einer Treuhandabrede[3972], zurückfließen soll. Im Ergebnis soll die Einlageforderung durch eine in dieser Hinsicht schwächere schuldrechtliche Forderung ersetzt werden. 2198

5.2.5.1 Vorliegen eines Hin- und Herzahlens

Unter dem Begriff des Hin- und Herzahlens werden also die folgenden Konstellationen zusammengefasst: 2199

- Zunächst ist hierunter das klassische Hin- und Herzahlen zu verstehen, d. h. der Gesellschafter zahlt zunächst seine Einlage an die Gesellschaft, die Bareinlage wird jedoch anschließen in einem engen zeitlichen Zusammenhang und aufgrund einer zuvor oder später getroffenen Abrede an einen Gesellschafter oder gleichgestellten Dritten zurückgezahlt.
- Des Weiteren existieren die Fälle des Her- und Hinzahlens, in denen die Einlagezahlung aus Mitteln der Gesellschaft erfolgt, d. h. dem Gesellschafter werden z. B. bei einer Kapitalerhöhung zuvor Darlehen oder in sonstiger Weise Mittel überlassen.

Von diesen Fällen ist die vorherige Rückzahlung eines Altdarlehens des Gesellschafters bzw. Verrechnung mit dessen Darlehensforderung zu unterscheiden. Dabei erhält die Gesellschaft keine Zahlung, sondern erlangt lediglich die Befreiung von einer Verbindlichkeit, nämlich der Darlehensforderung des Gesellschafters. Es handelt sich daher um eine verdeckte Sacheinlage, die von einem Hin- und Herzahlen zu unterscheiden ist. Es ist für die AG allgemein anerkannt, dass eine Darlehensforderung, die ein Aktionär gegen die Aktiengesellschaft hat, als Sacheinlage in die Gesellschaft eingebracht werden kann. Gegenstand der Sacheinlage ist die Forderung. Die Verpflichtung zur Leistung der Sacheinlage wird entweder dadurch erfüllt, dass die Forderung auf die Gesellschaft übertragen wird, so dass sie durch Konfusion erlischt, oder dadurch, dass der Aktionär sie erlässt.[3973] Eine Tilgung erfolgt allerdings nur in einer Höhe, in der die Gesellschaft die Darlehensforderung entsprechend ihrem Leistungsvermögen erfüllen kann; denn danach bemisst sich ihre Werthaltigkeit.

[3970] BGH, Urt. v. 16.02.2009 – II ZR 120/07, Rn. 15, NJW 2009, 2375.
[3971] BGH, Urt. v. 21.11.2005 – II ZR 140/04, NJW 2006, 509; BGH, Urt. v. 10.12.2007 – II ZR 180/06, Rn. 7, DStR 2008, 311.
[3972] BGH, Urt. v. 09.01.2006 – II ZR 72/05, NJW 2006, 906.
[3973] BGH, Urt. v. 15.01.1990 – II ZR 164/88, Rn. 23, NJW 1990, 982.

- Beim Cash-Pool erfolgt die Zahlung auf ein am Cash-Pool teilnehmendes Konto. Die gezahlte Einlage wird sodann automatisch auf das Zentralkonto weitergeleitet. Zwar kann die Gesellschaft bei von ihr zu leistenden Zahlungen auf das Zentralkonto der Muttergesellschaft zugreifen, der Betrag steht aber nicht zur freien Verfügung der Gesellschaft. Zum Cash-Pool näher siehe unten Rn. 2208.

5.2.5.2 Gleichgestellte Dritte

2200 Ein Hin- und Herzahlen liegt auch vor, wenn die Zahlung an eine Gesellschaft erfolgt, die zwar nicht mit dem Gesellschafter identisch ist, der Gesellschafter jedoch durch die Leistung an den Dritten mittelbar in gleicher Weise begünstigt wird, wie durch eine unmittelbare Leistung an sich selbst, was unter anderem bei der Leistung an ein von dem oder den Gesellschaftern beherrschtes Unternehmen der Fall ist.[3974]

5.2.5.3 Rechtsfolge

2201 Grundsätzlich tilgt ein Hin- und Herzahlen des Einlagebetrages in geringem zeitlichem Abstand die Einlageschuld nicht, weil in solchem Fall nicht davon ausgegangen werden kann, dass die Leistung zur freien Verfügung der Gesellschaft gestanden hat (§ 54 Abs. 3 Satz 1 AktG; § 8 Abs. 2 GmbHG).[3975] Dies hat sich auch durch die Neuregelung des MoMiG nicht geändert, vgl. § 19 Abs. 5 Satz 1 GmbHG n. F.

Ziel des nunmehr durch das MoMiG neu eingefügten § 19 Abs. 5 GmbHG ist es insbesondere, eine wirksame Kapitalaufbringung auch bei einer Beteiligung an einem Cash-Pool-System zu ermöglichen. Unter den besonderen Voraussetzungen des § 19 Abs. 5 GmbHG tritt nunmehr eine Erfüllung der Einlageverpflichtung ein, eine spätere Verschlechterung des Anspruches auf Rückgewähr des Darlehens ändert daran nichts.

Nach der Übergangsregelung des § 3 Abs. 4 Satz 1 EGGmbHG entfaltet § 19 Abs. 5 GmbHG auch echte Rückwirkungen für bereits erbrachte verdeckte Sacheinlagen.

5.2.5.3.1 Sonderfall § 19 Abs. 5 GmbHG

2202 Nach § 19 Abs. 5 GmbHG muss das Hin- und Herzahlen folgende Voraussetzungen erfüllen, damit eine Erfüllung der Einlageforderung eintritt:
- Nach Satz 1, 1. Teil muss vor Erbringung der Einlage eine Vereinbarung zwischen dem Gesellschafter und der Gesellschaft geschlossen werden. Erfolgt die Vereinbarung später, so tritt keine Erfüllung ein, stattdessen kommt ein Erstattungsanspruch nach § 30 Abs. 1 GmbHG wegen Verletzung der Vorschriften zur Kapitalerhaltung in Betracht.
- Gemäß Satz 1, 2. Teil muss diese Vereinbarung bei wirtschaftlicher Betrachtung eine Einlagenrückgewähr darstellen. Die Leistung muss also an den Gesellschafter erfolgen bzw. ihm zuzurechnen sein.

3974 BGH, Urt. v. 02.12.2002 – II ZR 101/02, NJW 2003, 825.
3975 BGH, Urt. v. 21.11.2005 – II ZR 140/04, Rn. 7, NJW 2006, 509.

- Laut Satz 1, 3. Teil darf die Vereinbarung keine verdeckte Sacheinlage darstellen, da andernfalls vorrangig § 19 Abs. 4 GmbHG anzuwenden wäre.
- Nach Satz 1, 4. Teil muss ein vollwertiger, jederzeit fälliger oder durch fristlose Kündigung jederzeit fällig zu stellender Anspruchs auf Rückgewähr der Leistung bestehen. So hat der BGH[3976] z.B. in einem Fall des Cash-Pools eine sofortige Fälligkeit verneint, weil der geschlossene Cash-Managementvertrag nicht jederzeit fristlos gekündigt werden konnte. Insofern ist auf eine objektive Vollwertigkeit abzustellen und eine Forderungsbewertung nach § 253 HGB vorzunehmen. Eine teilweise Werthaltigkeit ist nicht ausreichend. Für die Bewertung der Darlehensforderung ist der Zeitpunkt der Gewährung der Sacheinlage entscheidend, spätere negative Entwicklungen sind unerheblich. Es ist keine Verzinsung oder Besicherung des Darlehensanspruches erforderlich, dies kann allerdings die Bewertung der Vollwertigkeit beeinflussen.
- Gemäß Satz 2 hat eine Offenlegung des Hin- und Herzahlens bei der Anmeldung nach § 8 Abs. 1 GmbHG zu erfolgen. Gleichzeitig ist die Vollwertigkeit des Rückgewähranspruches nachzuweisen.[3977] Zum Teil wird in der Literatur vertreten, dass die Verletzung der Offenlegung im Sinne von Satz 2 keine Auswirkung auf den Eintritt der Erfüllungswirkung nach Satz 1 hat.[3978] Dem ist der BGH jedoch nicht gefolgt.[3979]

Liegen die Voraussetzungen von § 19 Abs. 5 GmbHG vor, so ist die Einlageverpflichtung erfüllt. Eine spätere Verschlechterung des Rückgewähranspruches ändert daran nichts.

Fehlt auch nur eine der Voraussetzungen, so bleibt es bei der alten Rechtslage.

Die Beweislast für das Vorliegen der Voraussetzungen des § 19 Abs. 5 GmbHG liegt bei dem durch § 19 Abs. 5 GmbHG begünstigten Gesellschafter.

Wird die Darlehensforderung später wertlos und hat es der Geschäftsführer unterlassen, die Forderung rechtzeitig einzufordern, so haftet er für den entstandenen Schaden nach § 43 Abs. 2 GmbHG.

5.2.5.3.2 Regelfall ohne Eingreifen von § 19 Abs. 5 GmbHG/Rechtslage vor Inkrafttreten des MoMiG

In diesem Fall tilgt ein Hin- und Herzahlen des Einlagebetrages in geringem zeitlichem Abstand die Einlageschuld nicht, § 19 Abs. 5 Satz 1 GmbHG. Die Einlageforderung besteht also noch. Ein wirksamer Darlehensvertrag ist nicht zustande gekommen, da die schuldrechtlich Abrede und die dingliche Verfügung unwirksam sind, analog § 27 Abs. 3 Satz 1 AktG.

Allerdings besteht eine Heilungsmöglichkeit, wenn der Gesellschafter die vermeintliche Darlehensforderung an die Gesellschaft zurückzahlt. Tatsäch-

---
3976 BGH, Urt. v. 20.07.2009 – II ZR 273/07 „Cash-Pool II", ZIP 2009, 1561.
3977 OLG München, B. v. 17.02.2011 – 31 Wx 246/10, ZIP 2011, 567.
3978 *Roth*, in: Roth/Altmeppen, GmbHG, § 19 Rn. 108.
3979 BGH, Urt. v. 20.07.2009 – II ZR 273/07, Rn. 14 „Cash-Pool II", ZIP 2009, 1561.

lich erfüllt er dann aufgrund der Unwirksamkeit des Darlehensvertrages die noch offene Einlageforderung.[3980]

Hin- und Herzahlen, § 19 Abs. 5 GmbHG
■ Vereinbarung zwischen Gesellschaft und Gesellschafter, § 19 Abs. 5 Satz 1, 1. Teil GmbHG ■ Über Einlagenrückgewähr, § 19 Abs. 5 Satz 1 2. Teil GmbHG ■ Vor Erbringung der Einlage, § 19 Abs. 5 Satz 1, 1. Teil GmbHG ■ Jederzeit fälliger und vollwertiger Rückgewähranspruch, § 19 Abs. 5 Satz 1, 4. Teil GmbHG ■ Keine verdeckte Sacheinlage, da sonst vorrangig § 19 Abs. 4 GmbHG
Wenn die Voraussetzungen von § 19 Abs. 5 GmbHG nicht erfüllt sind:
■ Einlageschuld besteht fort ■ Schuldrechtlich Abrede und dingliche Verfügung sind unwirksam, analog § 27 Abs. 3 Satz 1 AktG ■ Heilungsmöglichkeit

Abb. 83: Hin- und Herzahlen

5.2.6 Cash-Pool

2208 Beim Cash-Pool besteht die Besonderheit darin, dass die geleistete Einlage an den Gesellschafter zurückfließen kann, wenn sie auf ein in einen Cash-Pool eingebundenes Konto der Gesellschaft eingezahlt wird, von dort auf ein Zentralkonto weitergeleitet wird und der Gesellschafter über dieses Zentralkonto mittelbar oder unmittelbar verfügungsberechtigt ist.

2209 Unproblematisch sind dagegen die Fälle, in denen der einzahlende Gesellschafter zwar ebenfalls am Cash-Pool teilnimmt, aber keinen mittelbaren oder unmittelbaren Einfluss auf das Cash-Pool-Management hat.

2210 Liegt eine verdeckte Sacheinlage vor oder fließt die Einlage durch ein verbotenes Hin- und Herzahlen an den Gesellschafter zurück, so wird die Einlageverpflichtung nicht erfüllt.[3981]

2211 Entscheidend für die Einordnung ist, ob der Saldo auf dem Zentralkonto des Cash-Pools im Zeitpunkt der Weiterleitung zulasten der Gesellschaft negativ oder positiv ist.[3982] Bei einem negativen Saldo liegt eine verdeckte Sacheinlage vor, bei einem positiven Saldo ein Hin- und Herzahlen.

2212 Als verdeckte Sacheinlage wird es angesehen, wenn die gesetzlichen Regeln für Sacheinlagen dadurch unterlaufen werden, dass zwar eine Bareinlage vereinbart wird, die Gesellschaft aber bei wirtschaftlicher Betrachtung von dem Einleger aufgrund einer im Zusammenhang mit der Übernahme der Einlage getroffenen Absprache einen Sachwert erhalten soll.[3983] Der Gesellschaft fließt im wirtschaftlichen Ergebnis infolge der Weiterleitung der Bareinlage auf das Zentralkonto nicht der vereinbarte Barbetrag, sondern die Befreiung von der Verbindlichkeit aus der Cash-Pool-Verbindung zu. Sie erhält damit nicht den Barbetrag, sondern mit dem Verzicht des Gesellschafters auf die

---
3980 BGH, Urt. v. 21.11.2005 – II ZR 140/04, NJW 2006, 509.
3981 BGH, Urt. v. 16.02.2009 – II ZR 120/07, Rn. 18 „Qivive", ZIP 2009, 713.
3982 BGH, Urt. v. 20.07.2009 – II ZR 273/07, Rn. 10 und 11 „Cash-Pool II", ZIP 2009, 1561.
3983 BGH, Urt. v. 16.01.2006 – II ZR 76/04, Rn. 11 „Cash-Pool I", ZIP 2006 S. 665, NJW 2006, 1736.

Darlehensrückzahlung einen Sachwert.[3984] In diesem Fall ist die Einlageforderung nicht erfüllt, allerdings kommt eine Anrechnung nach § 19 Abs. 4 GmbHG n. F. in Betracht. Selbst wenn die Gesellschaft später Zahlungen aus dem Cash-Pool erhält, so führt dies nicht zum Erlöschen der Einlageverpflichtung.

Bei einem ausgeglichenen oder zugunsten der Gesellschaft positiven Saldo des Zentralkontos liegt ein reines Hin- und Herzahlen vor. Mit der Weiterleitung auf das Zentralkonto gewährt die Gesellschaft dem Gesellschafter ein Darlehen. D. h. die Forderung der Gesellschaft auf Einzahlung des Stammkapitals wird gegen eine Forderung der Gesellschaft auf Rückzahlung des Darlehens getauscht. Liegen die besonderen Voraussetzungen des § 19 Abs. 5 GmbHG vor, so wird die Einlageforderung trotz der Rückzahlung erfüllt. Dazu muss die Rückzahlungsforderung (das Darlehen) allerdings vollwertig und jederzeit fällig sein.[3985]

2213

Auch wenn die Gesellschaft im Rahmen des Cash-Pools verfügen kann, so führt dies nicht zu einer jederzeitigen Fälligkeit. Dies gilt ebenso, wenn der Cash-Management-Vertrag nicht jederzeit ohne Einschränkungen gekündigt werden kann. An der freien Verfügbarkeit fehlt es ebenfalls, wenn der Cash-Pool-Manager später Zahlungen für die Gesellschaft an deren Gläubiger vornimmt. Denn diese Zahlungen und deren Verbuchung im Rahmen des Zero-Balancing lassen sich anders als im Fall der beabsichtigten Darlehensrückzahlung nicht eindeutig der Einlageforderung zuordnen.[3986]

2214

Übersteigt die Einlagezahlung den negativen Saldo des Cash-Pool-Kontos so liegt in Höhe des negativen Saldos eine verdeckte Sacheinlage, im Übrigen ein Hin- und Herzahlen vor.

2215

Cash-Pool	
Positiver Saldo des Zentralkontos	Negativer Saldo des Zentralkontos
▪ Hin- und Herzahlen	▪ Verdeckte Sacheinlage

Abb. 84: Cash-Pool

5.2.7 Kapitalerhöhung

Auch bei der Kapitalerhöhung ist ähnlich wie bei der Gesellschaftsgründung zunächst ein satzungsändernder Kapitalerhöhungsbeschluss der Gesellschafter erforderlich, § 53 GmbHG. Die Erklärung des Gesellschafters zur Übernahme des Gesellschaftsanteils hat in notarieller Form zu erfolgen, § 55 Abs. 1 GmbHG.

2216

Für die Einzahlung gelten die Vorschriften der §§ 7 Abs. 2 und Abs. 3, 19 Abs. 5 GmbHG entsprechend, § 56a GmbHG. D. h. es muss nur ein Viertel der Einlage erbracht sein. Übernimmt ein Alt-Gesellschafter weitere Anteile, so werden seine bereits geleisteten Einlagen auf den neuen Anteil angerechnet. Dies setzt allerdings voraus, dass diese wirtschaftlich noch im Vermögen

2217

3984 BGH, Urt. v. 20.07.2009 – II ZR 273/07, Rn. 10 „Cash-Pool II"", ZIP 2009, 1561.
3985 BGH, Urt. v. 16.02.2009 – II ZR 120/07, Rn. 15 „Qivive", ZIP 2009, 713.
3986 BGH, Urt. v. 20.07.2009 – II ZR 273/07, Rn. 22 „Cash-Pool II", ZIP 2009, 1561.

Teil 6 Gesetzesübergreifende Bezüge

der Gesellschaft vorhanden sind und keine Unterbilanz eingetreten ist.[3987] Auch Sacheinlagen sind zulässig, § 56 GmbHG. Dies gilt allerdings nicht für die Unternehmergesellschaft wegen § 5 a Abs. 2 Satz 2 GmbHG.

2218 In der Praxis erfolgt die Leistung auf die Kapitalerhöhung häufig dadurch, dass dem Kapitalkonto des Gesellschafters gutzuschreibende Gewinne mit der zu erbringenden Einlage verrechnet werden („Schütt-aus-hol-zurück"-Verfahren). Es handelt sich hierbei um eine verdeckte Sacheinlage, die grds. nicht zur Erfüllung der Einlageforderung führt. Allerdings kann unter den besonderen Voraussetzungen des § 19 Abs. 4 GmbHG eine Anrechnung erfolgen bzw. die unwirksame Einzahlung geheilt werden.

2219 Haben die Gesellschafter bereits vor Fassung des Kapitalerhöhungsbeschlusses eine Zahlung auf die künftige Einlage vorgenommen, so ist dies unproblematisch, wenn der gezahlte Betrag im Zeitpunkt des Erhöhungsbeschlusses noch als solcher,[3988] nicht nur wertmäßig,[3989] im Vermögen der Gesellschaft vorhanden ist. Die Erfüllungswirkung tritt dann mit der Übernahmeerklärung des Gesellschafters, § 55 Abs. 1 GmbHG, ein.[3990] Die Einzahlung darf allerdings nicht auf ein debitorisches Konto vorgenommen werden.[3991]

2220 Besteht akuter Sanierungsbedarf und dringender Liquiditätsbedarf, so ist es häufig nicht möglich, die formalen Schritte der Kapitalerhöhung in der vorgegebenen Reihenfolge umzusetzen. Ausnahmsweise können daher Voreinzahlungen unter engen Voraussetzungen als wirksame Erfüllung der später übernommenen Einlageschuld anerkannt werden.[3992] Nämlich dann, wenn die Beschlussfassung über die Kapitalerhöhung im Anschluss an die Voreinzahlung mit aller gebotenen Beschleunigung nachgeholt wird, ein akuter Sanierungsfall vorliegt, andere Maßnahmen nicht in Betracht kommen und die Rettung der sanierungsfähigen Gesellschaft scheitern würde, falls die übliche Reihenfolge der Durchführung der Kapitalerhöhungsmaßnahme beachtet werden müsste.[3993] Die Darlegungs- und Beweislast trägt der Gesellschafter.[3994]

2221 Zu beachten ist daher die Erfüllung folgender Voraussetzungen
- Vorliegen eines akuten Sanierungsfalls,
- Handeln des Gesellschafters mit Sanierungswillen,
- objektive Sanierungsfähigkeit,

3987 *Roth*, in: Roth/Altmeppen, GmbHG, § 56 a Rn. 3.
3988 BGH, Urt. v. 15. 03. 2004 – II ZR 210/01, NJW 2004, 2592.
3989 OLG Celle, Urt. v. 31. 08. 2010 – 9 U 25/10, ZInsO 2010, 1843 (Das OLG Celle lehnte eine Anwendung von § 19 Abs. 4 GmbHG ab, da eine Bareinzahlung und nicht die Einbringung eines Anspruchs aus ungerechtfertigter Bereicherung als Sacheinlage gewollt gewesen sei.); OLG Nürnberg, Urt. v. 13. 10. 2010 – 12 U 1528/09, DZWIR 2011, 167.
3990 OLG Jena, Urt. v. 14. 06. 2006 – 6 U 1021/05, ZIP 2006, 1862.
3991 BGH, Urt. v. 15. 03. 2004 – II ZR 210/01, NJW 2004, 2592.
3992 BGH, Urt. v. 26. 06. 2006 – II ZR 43/05, NJW 2007, 515; OLG Nürnberg, Urt. v. 13. 10. 2010 – 12 U 1528/09, DZWIR 2011, 167.
3993 OLG Celle, Urt. v. 31. 08. 2010 – 9 U 25/10, ZInsO 2010, 1843; OLG Nürnberg, Urt. v. 13. 10. 2010 – 12 U 1528/09, DZWIR 2011, 167.
3994 OLG Thüringen, Urt. v. 14. 06. 2006 – 6 U 1021/05, ZIP 2006, 1862.

- objektive Geeignetheit der Vorauszahlung, die Gesellschaft zu sanieren,
- eindeutige Bezeichnung der Voreinzahlung als künftige Einlage,
- enger zeitlicher Zusammenhang zwischen Voreinzahlung und Kapitalerhöhung,
- Offenlegung der Voreinzahlung in dem Kapitalerhöhungsbeschluss und der Anmeldung unter Angabe des genauen Datums der Einzahlung.

Scheitert die Voreinzahlung daran, dass später kein Kapitalerhöhungsbeschluss gefasst wird, so liegt eine rechtsgrundlose Zahlung vor, die der Gesellschafter nach § 812 BGB zurückfordern kann. 2222

5.2.8 Vorratsgesellschaft/Mantelkauf

Da die Gründung einer Gesellschaft in der Regel einige Zeit in Anspruch nimmt, aber gleichzeitig die vorherige Aufnahme der Geschäftstätigkeit mit den bereits geschilderten Haftungsgefahren verbunden ist, wird häufig auf bereits bestehende Gesellschaften zurückgegriffen. Verbessert wurde diese Situation durch die Zulassung der Unternehmergesellschaft (haftungsbeschränkt) und eine beschleunigte Bearbeitung bei den Handelsregistern. Die bereits bestehenden Gesellschaften können danach unterschieden werden, ob sie bereits einmal wirtschaftlich aktiv waren oder nicht. 2223

Ein Mantelkauf liegt vor, wenn die „gekaufte" Gesellschaft schon einmal geschäftlich tätig war, der Geschäftsbetrieb aber zwischenzeitlich eingestellt und die Vermögenswerte veräußert wurde. Dann verbleibt lediglich eine leere Hülle, die veräußert wird. Als Abgrenzungskriterien von der bloßen Umorganisation oder Sanierung einer noch aktiven GmbH können äußere Anzeichen wie die Veräußerung der Geschäftsanteile, die Änderung des Unternehmensgegenstandes, eine Sitzverlegung, die Umfirmierung und die Neubestellung von Geschäftsführern herangezogen werden.[3995] Es muss sich aber tatsächlich um eine „leere Hülse" handeln. Die Gesellschaft darf also kein aktives Unternehmen betreiben, an das die Fortführung des Geschäftsbetriebs – sei es auch unter wesentlicher Umgestaltung, Einschränkung oder Erweiterung seines Tätigkeitsgebiets – in irgendeiner wirtschaftlich oder gewichtbaren Weise anknüpfen kann.[3996] Dies ist nicht der Fall, wenn die Aufnahme der nach außen gerichteten Geschäftstätigkeit vorbereitet wird.[3997] 2224

Eine Vorratsgesellschaft liegt dagegen vor, wenn diese ihren Geschäftsbetrieb noch nicht aufgenommen hat. 2225

Die Verwendung solcher Gesellschaften (auch der Mantelkauf) stellt wirtschaftlich eine Neugründung dar, d.h. es gelten die registergerichtlichen Kontrollvorschriften der §§ 7 ff. GmbHG, aber auch die Vorschriften zur Kapitalausstattung der §§ 19 ff. GmbHG. 2226

Daher hat der Geschäftsführer die „wirtschaftliche Neugründung" offenzulegen und erneut eine Versicherung nach § 8 Abs. 2 GmbHG abzugeben. Gleichzeitig ist die Geschäftsaufnahme bzgl. der Vorratsgesellschaft bzw. die

---
3995 OLG Schleswig, Urt. v. 07.09.2006, WM 2007, 449.
3996 BGH, B. v. 18.01.2010 – II ZR 61/09 Rn. 6, ZIP 2010, 621.
3997 BGH, B. v. 18.01.2010 – II ZR 61/09 Rn. 8, ZIP 2010, 621.

Wiederaufnahme der Geschäftstätigkeit für den Mantelkauf anzuzeigen.[3998] Wichtig ist dabei, dass die Versicherung nach § 8 Abs. 2 GmbHG nicht auf das Mindestkapital von 25.000 € begrenzt ist, sondern sich auf das satzungsmäßige Stammkapital bezieht.[3999] D.h. der Geschäftsführer muss versichern, dass die Gesellschaft im Zeitpunkt der Offenlegung noch ein Mindestvermögen in Höhe der statutarischen Stammkapitalziffer besitzt, von dem sich ein Viertel – wenigstens aber 12.500 € – wertmäßig in der freien Verfügung der Geschäftsführung befinden, § 7 Abs. 2 Satz 1 GmbHG.[4000] Hintergrund für diese Entscheidung ist der gute Glaube an den Inhalt des Handelsregisters und das darin angegebene Stammkapital.

2227 Bis zur Anmeldung haften die Gesellschafter nach Maßgabe der Vorbelastungshaftung und zwar bezogen auf den Stichtag der Offenlegung der wirtschaftlichen Neugründung gegenüber dem Registergericht.[4001]

2228 Darüber hinaus liegt bis zur Anmeldung der Wiederaufnahme eine falsche Anmeldung im Sinne des § 9a Abs. 1 GmbHG vor, so dass auch der Geschäftsführer der Gesellschaft neben den Gesellschaftern haftet.[4002] Eine Haftung scheidet allerdings nach Auffassung des KG Berlin aus, wenn das statuarische Stammkapital bei Aufnahme der Geschäftstätigkeit vorhanden war, da in diesem Fall wirtschaftlich das beabsichtigte Ergebnis erreicht wurde.[4003]

2229 Des Weiteren kommt neben der Vorbelastungshaftung auch eine Handelndenhaftung analog § 11 Abs. 2 GmbHG in Betracht, wenn vor Offenlegung der wirtschaftlichen Neugründung die Geschäfte aufgenommen werden, ohne dass alle Gesellschafter dem zugestimmt haben.[4004]

2230 Erst mit der Anmeldung entfällt die unbeschränkte persönliche Haftung der Gesellschafter.

2231 Liegt eine fehlerhafte Anmeldung vor, weil z.B. nicht auf die Geschäftsaufnahme hingewiesen wurde, so kommt es nicht zu einer Enthaftung der Gesellschafter; diese sind weiterhin zum Ausgleich einer eintretenden Unterbilanz verpflichtet.

2232 Die Verjährung des Anspruches aus der Vorbelastungshaftung beginnt analog § 9 Abs. 2 GmbHG mit der wirtschaftlichen Neugründung und ihrer Anzeige beim Handelsregister.

3998 BGH, B. v. 09.12.2002 – II ZB 12/02, NJW 2003, 892 (zur Vorratsgesellschaft); BGH, Beschl. v. 07.07.2003 – II ZB 4/02, NJW 2003, 3198 (zum Mantelkauf).
3999 BGH, B. v. 07.07.2003 – II ZB 4/02, Rn. 13 u. 14, NJW 2003, 3198.
4000 OLG Nürnberg, B. v. 18.04.2011 – 12 W 631/11, GmbHR 2011, 582.
4001 BGH, B. v. 07.07.2003 – II ZB 4/02, Rn. 13 u. 14, NJW 2003, 3198; BGH, Urt. v. 12.07.2011 – II ZR 71/11, GmbHR 2011, 1032; a.A. KG Berlin, Urt. v. 07.12.2009 – 23 U 24/09 (nicht rechtskräftig, anhängig beim BGH zu – II ZR 13/10), ZIP 2010, 582.
4002 BGH, Urt. v. 12.07.2011 – II ZR 71/11, GmbHR 2011, 1032.
4003 KG Berlin, Urt. v. 07.12.2009 – 23 U 24/09 (nicht rechtskräftig, anhängig beim BGH zu – II ZR 13/10), ZIP 2010, 582; a.A: für die Mantelverwertung OLG München, Urt. v. 11.03.2010, 23 U 2814/09, ZIP 2010, 579, das bei fehlender Offenlegung der wirtschaftlichen Neugründung eine zeitlich unbefristete Unterbilanzhaftung auch des Erwerbers eines Geschäftsanteils annimmt, obwohl dieser die offenen Einlagen nachgezahlt hatte.
4004 BGH, B. v. 07.07.2003 – II ZB 4/02, Rn. 13, 14, NJW 2003, 3198.

Problematisch ist aufgrund der Änderung der Verjährungsfrist (bis 14.12.2004 – fünf Jahre; jetzt zehn Jahre) und der neuen Rechtsprechung des BGH zur Offenlegung der wirtschaftlichen Neugründung[4005] der Beginn der Verjährungsfrist für die sog. Altfälle. Für diese ist nach Auffassung des BGH darauf abzustellen, wann die Neugründung nach außen dokumentiert wurde. In dem vom BGH zu entscheidenden Fall erfolgte dies durch die Verlegung des Geschäftssitzes.[4006]

5.2.9 Verjährung/Verzinsung des Anspruchs auf die Einlageleistung

5.2.9.1 Verjährung

Der Anspruch auf die Erbringung verjährt nach § 19 Abs. 6 Satz 1 GmbHG in zehn Jahren ab der Entstehung (Fälligkeit) des Anspruchs. Im Insolvenzverfahren gilt die Besonderheit, dass für die kurzfristig verjährenden Ansprüche für sechs Monate eine Ablaufhemmung gilt, § 19 Abs. 6 Satz 2 GmbHG. Hierdurch soll dem Insolvenzverwalter Gelegenheit gegeben werden, das Bestehen der Ansprüche genau zu prüfen. Darüber hinaus bedarf es – wenn lt. Gesellschaftsvertrag zunächst nur die Mindesteinlage zu erbringen war – zur Einforderung der Resteinlage keines Beschlusses der Gesellschafterversammlung. Es ist ausreichend, dass der Insolvenzverwalter den Gesellschafter zur Zahlung auffordert.

2233

Die Verjährungsfristen haben sich in der Vergangenheit mehrfach geändert. Für die Altfälle gilt daher eine Übergangsregelung. War der Anspruch auf Erbringung der Einlage bereits vor dem 01.01.2002 entstanden und zum 31.12.2004 noch nicht verjährt, so verjährt der Anspruch spätestens zum 31.12.2011.

5.2.9.2 Verzinsung (§ 20 GmbHG)

Zahlt der Gesellschafter bei Fälligkeit nicht, so hat er den geforderten Betrag zu verzinsen. Die Fälligkeit tritt mit der Einforderung nach vorherigem Gesellschafterbeschluss ein.[4007] Ist nach der Satzung bereits ein Termin der Fälligkeit bestimmt, so bedarf es keiner weiteren Einforderung. Eine Mahnung nach § 286 Abs. 1 BGB ist nicht erforderlich. Der Anspruch ist gemäß § 288 Abs. 1 BGB mit 5 % über dem Basiszinssatz zu verzinsen.[4008]

2234

5.2.10 Folgen der Nichteinzahlung/Kaduzierung (§§ 21 ff. GmbHG)

Nach § 16 Abs. 2 GmbHG haftet der Erwerber eines Geschäftsanteils ab seiner Aufnahme in die Gesellschafterliste beim Handelsregister neben dem Veräußerer für rückständige Einlageleistungen gesamtschuldnerisch. Gerade im Rahmen eines Insolvenzverfahrens wird jedoch häufig die Situation eintreten, dass ein Gesellschafter selbst illiquide ist und daher der Insolvenzverwalter für die Gesellschaft den Anspruch auf Einzahlung der Stammein-

2235

4005 BGH, B. v. 07.07.2003 – II ZB 4/02, Rn. 13, 14, NJW 2003, 3198.
4006 BGH, B. v. 26.11.2007 – II ZA 15/06, DStR 2008, 933 – zum Mantelkauf.
4007 Ein solcher ist im Falle der Insolvenz nicht erforderlich.
4008 www.bundesbank.de/presse/presse_zinssaetze.php.

lage nicht durchsetzen kann. Besondere Bedeutung kommt in diesen Fällen der Kaduzierung von Gesellschaftsanteilen, §§ 21 ff. GmbHG, zu. Durch die Kaduzierung wird der Gesellschafter aus der Gesellschaft ausgeschlossen und sein Anteil eingezogen. In der Folge tritt eine Haftung des Rechtsvorgängers ein.

5.2.10.1 Kaduzierung des Gesellschaftsanteils (§ 21 GmbHG)

2236 Nachdem der Gesellschafter auf eine erste Zahlungsaufforderung nicht reagiert hat, ist der Gesellschafter unter Fristsetzung erneut zur Zahlung aufzufordern. Dabei sind folgende Voraussetzungen einzuhalten:

5.2.10.1.1 Säumnis des Gesellschafters (§ 21 Abs. 1 Satz 1 GmbHG)

2237 Der Gesellschafter ist nur dann in Verzug mit der Einzahlung des Gesellschaftsanteils, wenn ihn zuvor eine erste Zahlungsaufforderung erreicht hat. Es empfiehlt sich daher, diese so zu versenden, dass im späteren Kaduzierungsverfahren ein Zugang nachgewiesen werden kann.

5.2.10.1.2 Androhung der Kaduzierung (§ 21 Abs. 1 Satz 1 GmbHG)

2238 In dem Schreiben, mit dem der Gesellschafter erneut zur Zahlung aufgefordert wird, ist diesem gleichzeitig anzudrohen, dass er bei Nichtzahlung aus der Gesellschaft ausgeschlossen wird. Wichtig ist, bei der Zahlungsaufforderung den Betrag und bei mehreren Anteilen die Anteile, auf die die Einzahlung erfolgen soll, genau zu bezeichnen.

5.2.10.1.3 § 21 Abs. 1 Satz 2 GmbHG

2239 Die mit der Androhung der Kaduzierung verbundene Aufforderung zur Zahlung muss mittels eingeschriebenen Briefes erfolgen. Dieses Erfordernis dient der späteren Beweisführung. Wurde dies vergessen und stattdessen ein einfacher Brief oder ein Fax übersandt, so kann der Gesellschafter zwar bis zum Beweis des Gegenteils den Zugang bestreiten, sich aber nicht darauf berufen, es sei mangels Einhaltung der Form keine wirksame Zahlungsaufforderung erfolgt.

5.2.10.1.4 § 21 Abs. 1 Satz 3 GmbHG

2240 Die gesetzte Frist muss mindestens einen Monat betragen, § 21 Abs. 1 Satz 3 GmbHG. Die Frist beginnt ab Zugang des Schreibens. Andernfalls ist die Kaduzierung nicht wirksam angedroht. Das darauf gestützte Kaduzierungsverfahren scheitert.

5.2.10.1.5 Erklärung des Ausschlusses (§ 21 Abs. 2 GmbHG)

2241 Nach Ablauf der Frist kann der Gesellschafter seines Geschäftsanteils und der eventuell geleisteten Teilzahlung verlustig erklärt werden. Am besten orientiert man sich am Wortlaut des Paragraphen. Die Erklärung hat wiederum mittels eingeschriebenen Briefes zu erfolgen.

5.2.10.1.6 Folgen der Kaduzierung

Mit dem Ausschluss des Gesellschafters geht dessen Anteil auf die Gesellschaft über. Der Anteil erlischt also nicht. 2242

Der Ausschluss führt dazu, dass die Rechtsvorgänger in Anspruch genommen werden können (§ 22 GmbHG). Ist dies nicht erfolgreich, so kann versucht werden, den Anteil durch Versteigerung zu verwerten (§ 23 GmbHG). Die Haftung des ausgeschlossenen Gesellschafters besteht für den Ausfall fort (§ 21 Abs. 3 GmbHG). Scheitert auch dies, so haften eventuelle Mitgesellschafter (§ 24 GmbHG).

5.2.10.2 Inanspruchnahme der Rechtsvorgänger (§ 22 GmbHG)

Wurde der Gesellschaftsanteil wirksam kaduziert, so haften alle Rechtsvorgänger des ausgeschlossenen Gesellschafters, § 22 Abs. 1 GmbHG. Allerdings haftet zunächst nur der unmittelbare Rechtsvorgänger. Ist von diesem keine Zahlung zu erhalten, so haftet wiederum dessen Rechtsvorgänger, § 22 Abs. 2 GmbHG (sog. Staffelregress). 2243

Im Interesse der Aufbringung des Stammkapitals ist der Nachweis der Zahlungsunfähigkeit des vorhaftenden Gesellschafters erleichtert. Diese wird vermutet, wenn der eigentlich zur Zahlung verpflichtete Vorgesellschafter nicht binnen eines Monats nach Erhalt der Zahlungsaufforderung und Übersendung einer entsprechenden Benachrichtigung an den Rechtsnachfolger zahlt, § 22 Abs. 2, 2. HS GmbHG. Es empfiehlt sich daher, die Benachrichtigung zeitgleich mit der Aufforderung abzusenden, um die Inanspruchnahme nicht zu verzögern. 2244

Jedoch ist die Haftung des Rechtsvorgängers begrenzt auf die Einlagen, die innerhalb einer Frist von 5 Jahren seit Wirksamwerden des Gesellschafterwechsels gegenüber der Gesellschaft eingefordert werden, § 22 Abs. 3 GmbHG. Wirksam wird der Rechtswechsel gegenüber der Gesellschaft mit der Aufnahme in die beim Handelsregister einzureichenden Gesellschafterliste, §§ 16 Abs. 1, 40 GmbHG.[4009] Nach herrschender Meinung reicht für eine Begründung der Haftung nach § 22 GmbHG die fristgerechte Einforderung gegenüber dem jeweils letzterwerbenden Gesellschafter, um die Haftung des Rechtsvorgängers auszulösen.[4010] 2245

Zahlt der Rechtsvorgänger, so erwirbt er den Gesellschaftsanteil des ausgeschlossenen Gesellschafters, § 22 Abs. 4 GmbHG. 2246

5.2.10.3 Verwertung des Anteils (§ 23 GmbHG)

Konnte auch von den Rechtsvorgängern keine Zahlung erlangt werden, so muss die Gesellschaft versuchen, den Gesellschaftsanteil zu verwerten, bevor sie den ausgeschlossenen Gesellschafter oder die Mitgesellschafter in Anspruch nehmen kann. Dies erfolgt grds. im Wege einer öffentlichen Ver- 2247

4009 Früher wurde auf die Anmeldung des Rechtswechsels bei der Gesellschaft abgestellt, § 16 Abs. 1 GmbHG a. F., ausreichend war die Kenntniserlangung durch die Gesellschaft.

4010 *Emmerich*, in: Scholz, GmbHG, § 22 Rn. 15; *Altmeppen*, in: Roth/Altmeppen, GmbHG, § 22 Rn. 6; LG Osnabrück, Urt. v. 30.04.2010 – 15 O 420/09, ZInsO 2010, 1846.

steigerung. Für eine freihändige Veräußerung unter dem Nennwert muss die Zustimmung des ausgeschlossenen Gesellschafters eingeholt werden. Ist die Gesellschaft selbst insolvent, so kann hierauf verzichtet werden, da von vornherein mit keinem Erlös zu rechnen ist.

5.2.10.4 Haftung des Ausgeschlossenen (§ 21 Abs. 3 GmbHG)

2248 Können die Rechtsvorgänger nicht erfolgreich in Anspruch genommen werden und ist auch kein Erlös aus der Verwertung des Gesellschaftsanteils zu erzielen, so haftet der ausgeschlossene Gesellschafter für den noch offenen Betrag.

5.2.10.5 Ausfallhaftung der Mitgesellschafter (§ 24 Satz 1 GmbHG)

2249 Waren alle anderen Versuche der Inanspruchnahme erfolglos, so haften auch die Mitgesellschafter auf den Ausfall. Entscheidend ist, wer zum Zeitpunkt der Fälligkeit der jeweiligen Einlageleistung Gesellschafter war. Der Anspruch auf Zahlung des Fehlbetrages entsteht in diesem Zeitpunkt aufschiebend bedingt durch den Eintritt der Voraussetzungen nach GmbHG §§ 21–23 GmbHG.[4011] Somit haften auch zwischenzeitlich ausgeschiedene (Gründungs-)Gesellschafter anteilig auf die zum Zeitpunkt ihres Ausscheidens bereits eingeforderten Einlagen. Zu Mitgesellschaftern im Sinne von § 24 GmbHG zählen nicht der ausgeschlossene Gesellschafter, sein Rechtsvorgänger oder ein eventueller Erwerber (§ 23 GmbHG).[4012] Hinsichtlich des Nachweises der zuvor erfolglosen Inanspruchnahme der Rechtsvorgänger gilt weiterhin die Vermutung des § 22 Abs. 2 GmbHG. Allerdings muss hinsichtlich der vergeblichen Inanspruchnahme des Ausgeschlossenen nach § 21 Abs. 3 GmbHG nunmehr die Erfolglosigkeit oder Aussichtslosigkeit von der Gesellschaft bewiesen werden.[4013]

Da mit der Ausfallhaftung der Mitgesellschafter nach § 24 GmbHG die Kapitalaufbringung sichergestellt werden soll, verjährt der Anspruch ebenso wie die Einlageforderung in zehn Jahren, § 19 Abs. 6 GmbHG.

5.2.10.6 Keine Befreiung von den Rechtsfolgen der §§ 21 ff. GmbHG, § 25 GmbHG

2250 Nach § 25 GmbHG sind die Vorschriften der §§ 21–24 GmbHG zwingendes Recht.

5.2.11 Weitere Ansprüche im Zusammenhang mit der Einlageforderung

2251 Bei bewussten Falschangaben im Zusammenhang mit der Errichtung der Gesellschaft besteht eine Haftung der Gesellschafter und des Geschäftsführers nach §§ 9a, 9b GmbHG. Bei einer Kapitalerhöhung ergibt sich die Haftung aus § 57 Abs. 4 GmbHG. Die Ansprüche verjähren gemäß § 9b Abs. 2 GmbHG fünf Jahre nach der Eintragung im Handelsregister.

[4011] BGH, Urt. v. 13.05.1996 – II ZR 275/94, NJW 1996, 2306.
[4012] *Hueck/Fastrich*, in: Baumbach/Hueck, GmbHG, § 23 Rn. 4.
[4013] OLG Celle, Urt. v. 27.07.1994 – 9 U 125/93, GmbHR 1994, 801.

Darüber hinaus haftet der Geschäftsführer gegebenenfalls nach § 43 GmbHG. Dieser Anspruch verjährt nach § 43 Abs. 4 GmbHG fünf Jahre nach Verjährungseintritt der Stammeinlageforderung gegenüber dem Gesellschafter. 2252

5.3 Kapitalerhaltung nach Eintragung der GmbH

Im Interesse des Gläubigerschutzes ist in den §§ 30 ff. GmbHG geregelt, unter welchen Bedingungen Zahlungen der Gesellschaft an ihre Gesellschafter zulässig sind. 2253

5.3.1 Auszahlungsverbot (§ 30 GmbHG)

Danach darf an die Gesellschafter kein Aktivvermögen ausgezahlt werden, soweit dadurch eine Unterbilanz (Unterdeckung) entsteht oder vertieft oder sogar eine Überschuldung herbeigeführt wird. 2254

5.3.1.1 Unterbilanz

Eine Unterbilanz besteht, wenn ein teilweiser oder vollständiger Verlust des Stammkapitals eingetreten ist. Dies ist durch die Aufstellung einer Unterbilanz-Rechnung festzustellen. Diese orientiert sich an den Vorschriften des HGB zur Aufstellung einer Bilanz, § 266 HGB. 2255

Aktivseite

- Für die Vermögenswerte sind die fortgeführten Buchwerte des letzten Jahresabschlusses gemäß §§ 42 GmbHG; 242 ff., 252 HGB in Ansatz zu bringen.[4014]
- Stille Reserven dürfen nicht aufgelöst werden.
- Ein selbst geschaffener Firmenwert, der also nicht entgeltlich § 248 Abs. 2 HGB a. F. erworben wurde, durfte bislang nicht aktiviert werden. Durch das Bilanzrechtsmodernisierungsgesetz (BilMoG) vom 25.05.2009[4015] hat sich dies allerdings geändert.[4016]
- Hat die Gesellschaft eigene Anteile erworben (§ 33 GmbHG), so sind diese zwar mit ihrem Anschaffungswert zu aktivieren, jedoch durch die Bildung einer entsprechenden Rücklage zu neutralisieren.
- Offene Einlageforderungen sind ebenfalls zu berücksichtigen, hierbei ist auch zu prüfen, ob nicht ein unzulässiges Hin- und Herzahlen vorliegt und die Einlageforderung evtl. fortbesteht.
- Rechnungsabgrenzungsposten sind nicht anzusetzen.

4014 BGH, Urt. v. 07.11.1988 – II ZR 46/88, NJW 1989, 982; BGH, Urt. v. 19.09.2005 – II ZR 229/03, ZIP 2005, 2016, 2017; BGH, Urt. v. 08.11.2004 – II ZR 300/02, ZIP 2005, 82, 83.

4015 BGBl. I S. 1102.

4016 § 248 Abs. 2 HGB n. F.: ¹Selbst geschaffene immaterielle Vermögensgegenstände des Anlagevermögens können als Aktivposten in die Bilanz aufgenommen werden. ²Nicht aufgenommen werden dürfen selbst geschaffene Marken, Drucktitel, Verlagsrechte, Kundenlisten oder vergleichbare immaterielle Vermögensgegenstände des Anlagevermögens.

Teil 6   Gesetzesübergreifende Bezüge

Passivseite
- Gesellschafterdarlehen sind in Ansatz zu bringen.
- Eine Rangrücktrittserklärung ist nur maßgeblich für den Überschuldungsstatus, dagegen sind Darlehensverbindlichkeiten in der Handels- und Steuerbilanz und somit auch bei der Unterbilanz weiter zu passivieren.[4017] Hieran hat sich auch nach der Einführung des MoMiG und der damit einhergehenden Einfügung des § 19 Abs. 2 Satz 2 InsO nichts geändert, da dieser nur die Feststellung der Überschuldung betrifft.
- Nach § 249 Abs. 1 HGB zu bildende Rückstellungen sind ebenfalls zu berücksichtigen.
- Rechnungsabgrenzungsposten sind nicht anzusetzen.

Vergleicht man nun die Aktiva mit den Passiva, so muss der im Handelsregister eingetragene Betrag des Stammkapitals, § 3 Abs. 1 Nr. 3 GmbHG, durch den Differenzbetrag gedeckt sein. Andernfalls dürfen keine Auszahlungen an die Gesellschafter erfolgen.

5.3.1.2 Überschuldung

2256   Noch gravierender ist es, wenn durch die Auszahlung nicht nur das Stammkapital der Gesellschaft angegriffen wird, sondern sogar die Verbindlichkeiten gegenüber Dritten nicht mehr befriedigt werden können.

Hinsichtlich der Feststellung der Überschuldung wird verwiesen auf Teil 2, Kap. 1, Rn. 347 ff.

5.3.1.3 Bedeutung der Gegenleistung

2257   Unter den oben genannten Bedingungen darf eine Auszahlung an die Gesellschafter nicht erfolgen. Hiervon zu unterscheiden sind allerdings Leistungen der Gesellschaft, denen eine vollwertige Leistung des Gesellschafters gegenüber steht.

Zu erwähnen ist in diesem Zusammenhang die Gewährung eines Darlehens an den Gesellschafter.

Nachdem die Rechtsprechung zunächst von einer bilanziellen Betrachtung ausging, hat der BGH in seinem sog. November-Urteil vom 24.11.2003[4018] festgestellt, dass Kreditgewährungen an Gesellschafter, die nicht aus dem freien Vermögen der Gesellschaft erfolgen, grds. als verbotene Auszahlungen zu bewerten sind, auch wenn der Rückzahlungsanspruch gegen den Gesellschafter vollwertig ist. Dies führte insbes. bei in einen Cash-Pool einbezogenen Gesellschaften zu erheblichen Problemen.

Als Konsequenz hat der Gesetzgeber im Rahmen des MoMiG eine Neuregelung vorgenommen und in § 30 Abs. 1 Satz 2 GmbHG ausdrücklich festgehalten, dass lediglich darauf abzustellen ist, ob ein vollwertiger Rückgewähranspruch besteht. Der BGH[4019] ist daraufhin auch für die Altfälle zur bilanziellen Betrachtungsweise zurückgekehrt.

4017   BGH, Urt. v. 29.09.2008 – II ZR 234/07, ZIP 2008, 2217.
4018   BGH, Urt. v. 24.11.2003 – II ZR 171/01, NJW 2004, 1111.
4019   BGH, Urt. v. 01.12.2008 – II ZR 102/07 Rn. 12, NJW 2009, 850.

5.3.1.4 Auszahlung

Unter das Kapitalerhaltungsgebot von § 30 GmbHG fallen Leistungen aller Art, die wirtschaftlich das Gesellschaftsvermögen verringern. Dazu zählen zum Beispiel: Gewinnausschüttungen, Entnahmen. Ausgenommen von dem Auszahlungsverbot sind allerdings Gegenleistungen für Verkehrsgeschäfte.

2258

5.3.1.5 Leistung an den Gesellschafter

Grds. bezieht sich das Auszahlungsverbot auf Leistungen an die Gesellschafter. Allerdings werden auch Leistungen an Dritte erfasst, wenn der Gesellschafter hierdurch mittelbar begünstigt wird, ex. Tilgung von Gesellschafterverbindlichkeiten.

2259

Für den Dritten, der dem Gesellschafter wirtschaftlich oder persönlich nahe steht, ist eine solche Zahlung nicht ungefährlich, da der BGH festgestellt hat, dass aus §§ 30, 31 GmbHG auch ein Anspruch gegen den Dritten besteht, wenn dieser den Kapitalverstoß gekannt hat oder hätte erkennen müssen, es liegt dann eine Leistung an den Dritten vor (gesamtschuldnerische Haftung mit Gesellschafter).[4020]

Dies gilt ebenso für Leistungen an mit dem Gesellschafter verbundene Unternehmen.

Hält der Gesellschafter einen Geschäftsanteil treuhänderisch für einen Dritten und erhält der Dritte eine Leistung, so ist diese der Leistung an einen Gesellschafter gleichzustellen.

5.3.1.6 Ausnahme Rückzahlung von Gesellschafterdarlehen, § 30 Abs. 1 Satz 3 GmbHG n. F. – Änderungen durch das MoMiG

Durch das MoMiG wurde in § 30 Abs. 1 GmbHG neu ein Satz 3 eingefügt, wonach das Rückzahlungsverbot nicht für die Rückzahlung von Gesellschafterdarlehen und vergleichbare Sachverhalte gilt. Stattdessen ist eine Anfechtbarkeit nach § 135 Abs. 1 u. 2 InsO zu prüfen. § 30 Abs. 1 Satz 3 GmbHG entfaltet allerdings keine Rückwirkung auf Insolvenzverfahren, die vor dem 01.11.2008 eröffnet wurden.[4021] Nach Art. 103 d EGInsO finden auf diese Verfahren weiterhin die bis dahin geltenden gesetzlichen Vorschriften Anwendung. Dies gilt ebenso für die zu diesen Vorschriften herausgebildete Rechtsprechung.[4022] Ab dem Stichtag 01.11.2008 ist auf dann eröffnete Insolvenzverfahren das neue Recht und somit § 30 Abs. 1 Satz 3 GmbHG anwendbar.

2260

5.3.1.7 Beweislast

Die Gesellschaft muss die Unterbilanz beweisen. Zu ihren Gunsten wird allerdings angenommen, dass bei einer Unterbilanz zum Beginn und Ende des

2261

4020 BGH, Urt. v. 28.09.1981 – II ZR 223/80, NJW 1982, 386.
4021 OLG Köln, Urt. v. 11.12.2008 – 18 U 138/07, ZInsO 2009, 392, die Revision wurde zugelassen BGH, Hinweisbeschluss v. 01.03.2010 – II ZR 13/09.
4022 BGH, Urt. v. 26.01.2009 – II ZR 260/07, DStR 2009, 699; ZInsO 2009, 674; OLG Jena, Urt. v. 18.03.2009 – 6 U 761/07, ZIP 2009, 2098.

Geschäftsjahrs auch in dem dazwischen liegenden Zeitraum eine Unterbilanz bestand.[4023] Sind keine geordneten Geschäftsaufzeichnungen vorhanden, auf deren Grundlage der Insolvenzverwalter seiner Darlegungspflicht nachkommen kann, ergeben sich aber hinreichende Anhaltspunkte dafür, dass das Stammkapital der Gesellschaft schon im Gründungsstadium angegriffen oder verbraucht worden ist oder dass sogar darüber hinausgehende Verluste entstanden sind, ist es Sache der Gesellschafter darzulegen, dass eine Unterbilanz nicht bestanden hat.[4024]

5.3.2 Rückerstattungsanspruch (§ 31 GmbHG)

2262 § 31 Abs. 1, Abs. 2 GmbHG regeln die Haftung des Empfängers. Diese erstreckt sich auf den gesamten, nicht durch Eigenkapital gedeckten Fehlbetrag.

Die Mitgesellschafter haften dagegen nach § 31 Abs. 3 GmbHG nur auf den Betrag der Stammkapitalziffer, der zur Befriedigung der Gesellschaftsgläubiger erforderlich ist. Nach § 31 Abs. 4 GmbHG kann auf den Erstattungsanspruch nicht verzichtet werden. Ansprüche nach § 31 Abs. 1 GmbHG verjähren in zehn Jahren, solche nach § 31 Abs. 3 GmbHG in fünf Jahren, § 31 Abs. 5 GmbHG.

Im Einzelnen ergibt sich folgende Prüfungsreihenfolge:

5.3.2.1 Auszahlungsverbot (§ 30 Abs. 1 GmbHG)

2263 Es muss eine gegen § 30 GmbHG verstoßende Auszahlung erfolgt sein.

5.3.2.2 Erstattungspflicht (§ 31 Abs. 1 GmbHG)

2264 Die Rückzahlungsverpflichtung wird sofort fällig. Da es sich um einen § 19 GmbHG vergleichbaren Anspruch (Einzahlung Stammkapital) handelt, darf der Anspruch nicht gestundet werden.

Die Gesellschaft kann allerdings, wenn es sich um einen vollwertigen und fälligen Gegenanspruch des Gesellschafters handelt, verrechnen. Dem Gesellschafter selbst ist dies jedoch nach § 19 Abs. 2 Satz 2 GmbHG untersagt.[4025]

2265 Der Anspruch entfällt nicht, wenn das Vermögen der Gesellschaft anderweitig bis zur Höhe der Stammkapitalziffer nachhaltig wieder hergestellt worden ist.[4026] Begründet wird dies damit, dass eine Abhängigkeit der Erstattungsforderung vom Fortbestand der Unterbilanz es der Gesellschaft faktisch unmöglich machen würde, die Erstattungsforderung durch Veräußerung an Gesellschaftsgläubiger oder sonstige Dritte zu verwerten, weil dem Erwerber der Forderung in diesem Falle entgegengehalten werden könnte,

---

4023 *Altmeppen*, in: Roth/Altmeppen, GmbHG, § 30 Rn. 16.
4024 BGH, Urt. v. 17.02.2003 – II ZR 281/00, ZIP 2003, 625.
4025 A. A. *Altmeppen*, in: Roth/Altmeppen, GmbHG, § 31 Rn. 28.
4026 BGH, Urt. v. 29.05.2000 – II ZR 118/98, NJW 2000, 2577; mit dieser Entscheidung hat der BGH seine frühere Rechtsprechung aufgegeben, Urt. v. 11.05.1987 – II ZR 226/86, NJW 1988, 139.

dass die Forderung inzwischen auf Grund der Zahlung des Veräußerungsentgelts oder der Tilgung der Gesellschaftsverbindlichkeit als Gegenleistung für die Übertragung der Forderung – und einer damit verbundenen Wiederauffüllung des Stammkapitals – erloschen sei.

5.3.2.3 Anspruch der Gesellschaft

Da es sich um einen Anspruch der Gesellschaft handelt, kann dieser im Wege der Zwangsvollstreckung vom Gläubiger gepfändet werden. 2266

Ebenso kann der Anspruch abgetreten werden, wenn die Gegenleistung hierfür vollwertig ist.

5.3.2.4 Gutgläubigkeit (§ 31 Abs. 2 GmbHG)

Bei Gutgläubigkeit ist der Anspruch beschränkt auf den zur Befriedigung der Gesellschaftsgläubiger erforderlichen Betrag, § 31 Abs. 2 GmbHG. Der Gesellschafter ist bösgläubig, wenn er weiß, dass eine Unterbilanz oder Überschuldung besteht oder dass infolge der Auszahlung das zur Deckung des Stammkapitals erforderliche Vermögen angegriffen wird. Einer Kenntnis steht Unkenntnis in Folge grober Fahrlässigkeit gleich. 2267

Die Erstattung von gemäß § 30 GmbHG verbotenen Auszahlungen ist im Sinne von § 31 Abs. 2, 3 GmbHG zur Gläubigerbefriedigung erforderlich, wenn und soweit die GmbH nach den Grundsätzen einer Überschuldungsbilanz (bei Ansatz von Liquidationswerten) überschuldet ist, wobei auch Rückstellungen für ungewisse Verbindlichkeiten (§ 249 Abs. 1 HGB) zu berücksichtigen sind.[4027] Im Falle der Insolvenz ist also eine Erforderlichkeit immer gegeben.

5.3.2.5 Sonderfälle

Bestellt die Gesellschaft *Sicherheiten für Verbindlichkeiten des Gesellschafters*, so spricht man von sog. aufsteigenden Sicherheiten. Problematisch ist in diesem Fall, wann die Leistung erfolgt, mit Bestellung oder Verwertung. Dies ist sowohl für die Frage relevant, ob der Empfänger der Leistung zu diesem Zeitpunkt Gesellschafter war, als auch für den Zeitpunkt der Feststellung der Unterbilanz bzw. Überschuldung. Insofern wird eine bilanzielle Betrachtung vorgenommen, d. h. bei schuldrechtlichen Verpflichtungen (z. B. aus einer Bürgschaft) kommt es auf den Zeitpunkt der Inanspruchnahme, bei dinglichen Sicherheiten auf den Zeitpunkt der Bestellung an. 2268

Besondere Beachtung verdient auch die Konstellation, in der zwischen der Gesellschaft und der Gesellschafterin ein *Beherrschungs- und Gewinnabführungsvertrag* besteht. Der abhängigen GmbH steht im Vertragskonzern analog § 302 Abs. 1 AktG ein Anspruch auf Verlustausgleich zu. Nach dieser Vorschrift ist der andere Vertragsteil der abhängigen Gesellschaft gegenüber verpflichtet, jeden während der Vertragsdauer „sonst entstehenden Jahresfehlbetrag" auszugleichen, der ohne Berücksichtigung der Ausgleichsforderung in der Gewinn- und Verlustrechnung (GuV) der abhängigen Gesell- 2269

4027 BGH, Urt. v. 22.09.2003 – II ZR 229/02, NJW 2003, 3629.

schaft auszuweisen wäre. Da dieser Anspruch bereits dann entsteht, wenn ein Verlust angefallen ist und es nicht darauf ankommt, dass das Stammkapital angegriffen ist, findet das Aufrechnungsverbot nach § 19 Abs. 2 Satz 2 GmbHG keine Anwendung. Es ist daher zulässig, dass die herrschende Gesellschaft dem beherrschten Unternehmen Mittel zur Verfügung stellt, die auf einen bereits bestehenden oder noch entstehenden Anspruch auf Verlustausgleich nach § 302 AktG angerechnet werden. Allerdings gelten die Grundsätze des Eigenkapitalersatzes §§ 30, 31 GmbHG auch im GmbH-Vertragskonzern und sind daneben anwendbar.[4028]

5.3.2.6 Verjährung – 10 Jahre ab Auszahlung (§ 31 Abs. 5 GmbHG)

2270 Nach der aktuellen Gesetzeslage[4029] verjährt der Anspruch gegen den Gesellschafter in zehn Jahren, ab Gewährung der Leistung, d. h. bei Krediten ab deren Auszahlung und bei Sicherheiten ab deren Bestellung (dinglich) bzw. Inanspruchnahme (Bürgschaft).

Davor wurde danach unterschieden, ob der Gesellschafter gut- oder bösgläubig war.[4030]

5.3.2.7 Sonstiges

2271 Der Anspruch ist zu verzinsen. Je nachdem ob man den Anspruch der Einzahlung des Stammkapitals gleichsetzt oder nicht, ist der Anspruch nach § 20 GmbHG i. V. m. § 288 BGB ohne Mahnung oder nach §§ 286, 288 BGB nach vorheriger Mahnung mit 5 % über dem Basiszinssatz zu verzinsen.[4031]

Neben dem allgemeinen Gerichtsstand des Wohnorts, § 13 ZPO, kann der Gesellschafter nach § 22 ZPO auch am allgemeinen Gerichtsstand der Gesellschaft verklagt werden.

5.3.2.8 Haftung der Mitgesellschafter subsidiär (§ 31 Abs. 3 GmbHG)

2272 Ist eine Erstattung durch den Empfänger nicht zu erlangen, so haften die Mitgesellschafter anteilig auf den Betrag des Stammkapitals beschränkt.[4032]

Der Anspruch verjährt nach § 31 Abs. 5 Satz 1 GmbHG in fünf Jahren.

5.3.2.9 Ansprüche gegen den Geschäftsführer

2273 Gegenüber dem Geschäftsführer besteht zunächst ein Regressanspruch nach § 31 Abs. 6 GmbHG, der 5 Jahre nach dem nicht gegenüber dem Gesellschafter geltend gemachten Rückgriffanspruch verjährt.

4028 BGH, Urt. v. 10. 07. 2006 – II ZR 238/04, DStR 2006, 1564.
4029 Verjährungsanpassungsgesetz v. 09. 12. 2004, BGBl. I, 3214.
4030 Dazu näher *Altmeppen*, in: Roth/Altmeppen, GmbHG, 5. Aufl., § 31 Rn. 30 ff.
4031 Vgl. *Altmeppen*, in: Roth/Altmeppen, GmbHG, § 31 Rn. 28 und 7.
4032 Der eigene Anteil des nach § 31 Abs. 3 GmbHG in Anspruch genommenen Gesellschafters ist vom Stammkapital nicht abzuziehen, BGH, Urt. v. 22. 09. 2003 – II ZR 229/02, NJW 2003, 3629.

Darüber hinaus haftet der Geschäftsführer der Gesellschaft für verbotene Auszahlungen gemäß § 43 Abs. 3 GmbHG. Bei weisungsgemäßem Handeln besteht ein Ersatzanspruch, soweit das Geld zur Befriedigung der Gläubiger erforderlich ist, § 43 Abs. 3 Satz 3 GmbHG. Der Anspruch verjährt ebenfalls in 5 Jahren ab der verbotenen Auszahlung.

5.4 Eigenkapitalersatz (§§ 32a ff. GmbHG a. F.)

5.4.1 Gesetz zur Modernisierung des GmbH-Rechts und zur Bekämpfung von Missbräuchen (MoMiG)

Durch das Gesetz zur Modernisierung des GmbH-Rechts und zur Bekämpfung von Missbräuchen (MoMiG) vom 23.10.2008 wurde mit Wirkung zum 01.11.2008 das gesamt Kapitalersatzrecht neu geregelt. Nach Art. 103d EGInsO finden auf Insolvenzverfahren, die vor dem 01.11.2008 eröffnet wurden, weiterhin die bis dahin geltenden gesetzlichen Vorschriften Anwendung. Dies gilt ebenso für die zu diesen Vorschriften herausgebildete Rechtsprechung.[4033] Ab dem Stichtag 01.11.2008 ist auf dann eröffnete Insolvenzverfahren das neue Recht anwendbar.

2274

Hintergrund für die Reform des deutschen GmbH-Rechts war die Angst, auf europäischer Ebene nicht mehr konkurrenzfähig zu sein. Befürchtet wurde insbesondere die Abwanderung in die Rechtsform der englischen Limited. Kritikpunkt war u.a. das Mindeststammkapital von 25.000 € sowie die weitreichenden Haftungsgefahren für die Gesellschafter und potentielle Investoren. Hierdurch sah man mögliche Sanierungen als unnötig erschwert an. An Stelle der ausufernden Rechtsprechung zum Kapitalersatzrecht wurde eine einfache und leicht zu durchschauende Regelung angestrebt.

Durch das MoMiG wurden die §§ 32a, 32b GmbHG und §§ 129a, 172a HGB abgeschafft. Stattdessen wurde für Gesellschafterdarlehen ein rein insolvenzrechtliches Konzept gewählt, bei dem jedoch die alten Regelungen zum Teil gleichlautend übernommen wurden.

Hinsichtlich der Auslandsgesellschaften mit Sitz in Deutschland ist allerdings festzuhalten, dass auf diese weiterhin das materielle Gesellschaftsrecht des Gründungsstaates Anwendung findet, nicht jedoch die deutschen Regelungen des Eigenkapitalersatzrechtes, auch wenn dieses nunmehr in der InsO geregelt ist.[4034]

Ausdrücklich aufgegeben wurde das Merkmal der Krise.

Unter Beibehaltung der Mindestbeteiligung von 10% bzw. des Kleingesellschafterprivilegs (§ 39 Abs. 1 Nr. 5 InsO n. F./§ 32a Abs. 3 Satz 2 GmbHG a. F.) stellt § 135 Abs. 1 Nr. 2 InsO n. F. nunmehr lediglich darauf ab, ob der Gesellschafter innerhalb des letzten Jahres vor Stellung des Insolvenzantrages oder danach eine Rückzahlung erhalten hat.

4033 BGH, Urt. v. 26.01.2009 – II ZR 260/07, DStR 2009, 699, ZInsO 2009, 674.

4034 So *Schröder*, in: HmbK-InsO, § 135 Rn. 12; *Goette*, Zu den Folgen der Anerkennung ausländischer Gesellschaften mit tatsächlichem Sitz im Inland für die Haftung ihrer Gesellschafter und Organe, ZIP 2006, 541; a. A. AG Hamburg, B. v. 26.11.2008 – 67g IN 352/08, ZIP 2009, 532; *Karsten Schmidt*, Verlust der Mitte durch „Inspire Art"? – Verwerfungen im Unternehmensrecht durch Schreckreaktionen der Literatur, ZHR 168 (2004), 493, Arg.: es handelt sich nach der Reform nicht mehr um Gesellschafts-, sondern Insolvenzanfechtungsrecht; zudem wurde das Kriterium der Krise abgeschafft.

Teil 6   Gesetzesübergreifende Bezüge

5.4.2 Rechtslage vor Inkrafttreten des MoMiG

2275   Gewährten Gesellschafter (oder ihnen gleichgesetzte Dritte) der Gesellschaft in der Krise ein Darlehen, anstatt ihr Eigenkapital zuzuführen, so konnten sie den Anspruch auf Rückgewähr im Insolvenzverfahren nur als nachrangige Insolvenzgläubiger verfolgen (§ 39 Nr. 5 InsO).[4035] Wurden Zinsen oder Darlehen an die Gesellschafter vor Verfahrenseröffnung zurückgewährt, bestanden Anfechtungsansprüche (§ 135 InsO).[4036]

2276   Hintergrund der Regelungen zum Kapitalersatzrecht ist nach der Rechtsprechung des BGH die Finanzierungsfolgenverantwortung des Gesellschafters.[4037] Der tragende Grund für die Qualifizierung von Gesellschafterleistungen als eigenkapitalersetzend ist sowohl bei der ersten Gewährung solcher Leistungen als auch bei ihrem späteren Stehenlassen der gleiche: Muss der Gesellschafter erkennen, dass die Gesellschaft in Zukunft ohne seine Hilfe nicht mehr lebensfähig ist, so muss er ihr entweder seine weitere Unterstützung versagen und dadurch die Liquidation der Gesellschaft herbeiführen oder er hat, wenn er sich zur Fortsetzung seiner Hilfe entschließt, diese der Gesellschaft auf eigene Gefahr zu belassen, bis ihr Stammkapital wieder nachhaltig auf andere Weise gedeckt ist (vgl. BGHZ 81, 252, 257 m. w. N.).[4038]

§ 32a GmbHG

(1) Hat ein Gesellschafter der Gesellschaft in einem Zeitpunkt, in dem ihr die Gesellschafter als ordentliche Kaufleute Eigenkapital zugeführt hätten (Krise der Gesellschaft), statt dessen ein Darlehen gewährt, so kann er den Anspruch auf Rückgewähr des Darlehens im Insolvenzverfahren über das Vermögen der Gesellschaft nur als nachrangiger Insolvenzgläubiger geltend machen.

(2) Hat ein Dritter der Gesellschaft in einem Zeitpunkt, in dem ihr die Gesellschafter als ordentliche Kaufleute Eigenkapital zugeführt hätten, statt dessen ein Darlehen gewährt und hat ihm ein Gesellschafter für die Rückgewähr des Darlehens eine Sicherung bestellt oder hat er sich dafür verbürgt, so kann der Dritte im Insolvenzverfahren über das Vermögen der Gesellschaft nur für den Betrag verhältnismäßige Befriedigung verlangen, mit dem er bei der Inanspruchnahme der Sicherung oder des Bürgen ausgefallen ist.

[4035] Zu den Voraussetzungen und Rechtsfolgen des Eigenkapitalersatzes siehe für die GmbH: *Lutter*, in: Lutter/Hommelhoff, GmbHG, 16. Aufl., §§ 32 a/b, Rn. 7; *Brandes*, Die Rechtsprechung des BGH zur GmbH, WM 1995, 641, 648 ff.; für die AG: *Schmidt*, Gesellschaftsrecht, § 29 I 2., 884 ff.

[4036] BGH, Urt. v. 14.12.1959 – II ZR 187/57, BHGZ 31, 258; BGH, Urt. v. 26.11.1979 – II ZR 104/77, BGHZ 75, 334; BGH, Urt. v. 24.03.1980 – II ZR 213/77, BGHZ 76, 326; BGH, Urt. v. 13.07.1981 – II ZR 256/79, BGHZ 81, 252; BGH Urt. v. 21.09.1981 – II ZR 104/80, BGHZ 81, 311; BGH, Urt. v. 26.03.1984 – II ZR 14/84, BGHZ 90, 370 und den Lagergrundstückfällen, zuletzt BGH, Urt. v. 14.07.1998 – XI ZR 272/97, NJW 1998, 3200.

[4037] BGH, Urt. v. 07.11.1994 – II ZR 270/93, NJW 1995, 326.

[4038] BGH, Urt. v. 27.11.1989 – II ZR 43/89, ZIP 1990, 98.

(3) ¹Diese Vorschriften gelten sinngemäß für andere Rechtshandlungen eines Gesellschafters oder eines Dritten, die der Darlehensgewährung nach Abs. 1 oder 2 wirtschaftlich entsprechen. ²Die Regeln über den Eigenkapitalersatz gelten nicht für den nicht geschäftsführenden Gesellschafter, der mit zehn vom Hundert oder weniger am Stammkapital beteiligt ist. ³Erwirbt ein Darlehensgeber in der Krise der Gesellschaft Geschäftsanteile zum Zweck der Überwindung der Krise, führt dies für seine bestehenden oder neugewährten Kredite nicht zur Anwendung der Regeln über den Eigenkapitalersatz.

§ 32 b GmbHG

¹Hat die Gesellschaft im Fall des § 32a Abs. 2, 3 das Darlehen im letzten Jahr vor dem Antrag auf Eröffnung des Insolvenzverfahrens oder nach diesem Antrag zurückgezahlt, so hat der Gesellschafter, der die Sicherung bestellt hatte oder als Bürge haftete, der Gesellschaft den zurückgezahlten Betrag zu erstatten; § 146 der Insolvenzordnung gilt entsprechend. ²Die Verpflichtung besteht nur bis zur Höhe des Betrags, mit dem der Gesellschafter als Bürge haftete oder der dem Wert der von ihm bestellten Sicherung im Zeitpunkt der Rückzahlung des Darlehens entspricht. ³Der Gesellschafter wird von der Verpflichtung frei, wenn er die Gegenstände, die dem Gläubiger als Sicherung gedient hatten, der Gesellschaft zu ihrer Befriedigung zur Verfügung stellt. ⁴Diese Vorschriften gelten sinngemäß für andere Rechtshandlungen, die der Darlehensgewährung wirtschaftlich entsprechen.

Ergänzt werden diese Vorschriften durch § 135 InsO a. F.:

§ 135 InsO a.F.

Anfechtbar ist eine Rechtshandlung, die für die Forderung eines Gesellschafters auf Rückgewähr eines kapitalersetzenden Darlehens oder für eine gleichgestellte Forderung

1. *Sicherung gewährt hat, wenn die Handlung in den letzten zehn Jahren vor dem Antrag auf Eröffnung des Insolvenzverfahrens oder nach diesem Antrag vorgenommen worden ist;*
2. *Befriedigung gewährt hat, wenn die Handlung im letzten Jahr vor dem Eröffnungsantrag oder nach diesem Antrag vorgenommen worden ist.*

Die Voraussetzungen der §§ 32a ff. GmbHG im Einzelnen:

5.4.2.1 Geltungsbereich

Neben der GmbH finden die §§ 32a ff. GmbHG a. F. auch auf die OHG (§ 129a HGB a. F.) und die KG (§ 172a HGB a. F.), bei der kein persönlich haftender Gesellschafter eine natürliche Person ist, Anwendung. Sie gelten ebenso für die Vor-GmbH und die aufgelöste GmbH. Die Grundsätze über kapitalersetzende Gesellschafterdarlehen sind gleichfalls auf die AG anzuwenden.[4039]

4039 BGH, Urt. v. 26.03.1984 – II ZR 171/83, NJW 1984, 1893.

5.4.2.2 Gesellschafterdarlehen

2278 Das Gesellschafterdarlehen hat zwei Komponenten: es muss ein Darlehen vorliegen, das von einem Gesellschafter ausgereicht wurde.

5.4.2.2.1 Darlehen – Stehenlassen eines Darlehens

2279 Nach § 488 Abs. 1 BGB wird der Darlehensgeber durch den Darlehensvertrag verpflichtet, dem Darlehensnehmer einen Geldbetrag in der vereinbarten Höhe zur Verfügung zu stellen. Der Darlehensnehmer ist verpflichtet, einen geschuldeten Zins zu zahlen und bei Fälligkeit das zur Verfügung gestellte Darlehen zurückzuerstatten. Entsprechendes gilt für Sachdarlehen, § 607 BGB.

2280 Einen Sonderfall bildet die eigenkapitalersetzende Nutzungsüberlassung. Eine solche ist nur anzunehmen, wenn der Gesellschafter der Gesellschaft Gegenstände zur Nutzung überlassen hat und diese trotz der eingetretenen Krise in der Gesellschaft belassen hat, obwohl er diese hätte zurückverlangen können. In diesen Fällen sind in der Krise erfolgte Zahlungen anfechtbar bzw. kann der Insolvenzverwalter die Gegenstände auch im Rahmen des Insolvenzverfahrens weiter nutzen.

5.4.2.2.2 Gesellschafter

2281 Darlehensgeber muss vorliegend ein Gesellschafter sein. Dies sind die Inhaber des Stammkapitals.[4040] Die Gesellschafterstellung hat im Zeitpunkt der Gewährung des Darlehens bzw. dessen Belassung in der Gesellschaft vorzuliegen. Wird das Stammkapital von einem Treuhänder treuhänderisch für einen Treugeber gehalten, so hat dieser die Stellung eines Gesellschafters, auch wenn er das Stimmrecht dem Treugeber überlässt.[4041]

Ein späteres Ausscheiden aus der Gesellschaft hat keinen Einfluss auf das Bestehen des Anspruches nach §§ 32a ff. GmbHG.

2282 Erwirbt der Darlehensgeber erst später die Gesellschafterstellung, so kommt ein Anspruch nach §§ 32a ff. GmbHG nur in Betracht, wenn das Darlehen bereits im Hinblick auf den geplanten Erwerb der Gesellschafterstellung ausgereicht wurde oder das Darlehen nach Erwerb der Gesellschafterstellung stehengelassen wurde.

2283 Belässt ein Gesellschafter in einer wirtschaftlichen Krise (siehe unten) eine schon früher gewährte Hilfe bis zu einer nachhaltigen wirtschaftlichen Gesundung in der Gesellschaft, so handelt es sich um ein Stehenlassen seiner Gesellschafterdarlehen auf unbestimmte Zeit, welches der Gewährung eines eigenkapitalersetzenden Darlehens gleichsteht.[4042]

2284 Nach § 32a Abs. 3 GmbHG gelten die Vorschriften des Eigenkapitalersatzrechts auch für Dritte, die einem Gesellschafter gleichgestellt sind. Dies ist jedenfalls dann der Fall, wenn der Dritte das Darlehen aus Mitteln des Gesellschafters gewährt. Zu prüfen ist dies zunächst in den Fällen, in denen

---

4040 Bei der AG ist ein Anteilsbesitz von min. 25 % erforderlich, BGH, Urt. v. 26.03.1984 – II ZR 171/83, NJW 1984, 1893.
4041 BGH, Urt. v. 19.09.1988 – II ZR 255/87, NJW 1988, 3143.
4042 BGH, Urt. v. 27.11.1989 – II ZR 43/89, ZIP 1990, 98.

der Gesellschaft von nahen Angehörigen eines Gesellschafters Mittel zur Verfügung gestellt werden. Allerdings muss es sich tatsächlich um Mittel des Gesellschafters gehandelt haben. Handelt es sich bei dem Dritten um ein verbundenes Unternehmen, so ist es nach BGH[4043] ausreichend, dass der Gesellschafter an diesem Unternehmen maßgeblich beteiligt ist. Dies ist dann der Fall, wenn es sich um einen Mehrheitsgesellschafter handelt, der beherrschenden Einfluss auf das kreditgebende Unternehmen ausübt, also dessen Geschäftspolitik bestimmen und Weisungen an dessen Geschäftsführer – etwa zur Vergabe des Kredits – durch entsprechenden Gesellschafterbeschluss (§ 46 Nr. 6 GmbHG) durchsetzen kann. Des Weiteren stellt der BGH darauf ab, ob zwischen Gesellschafter und Drittem eine wirtschaftliche Einheit besteht, wie es bei Unternehmen der Fall sein kann, die im Sinne der §§ 15ff. AktG mit einem Gesellschafter oder der Gesellschaft verbunden sind.[4044]

Die Regelungen des Kapitalersatzes gelten nicht für Gesellschafter, die mit weniger als 10 % an der Gesellschaft beteiligt sind, sofern sie nicht die Geschäftsführung inne haben, § 32a Abs. 3 Satz 2 GmbHG. 2285

Eine weitere Ausnahme gilt für Gesellschafter, die ihre Gesellschafterstellung erst zum Zwecke der Sanierung erwerben. In diesen Fällen sind sowohl bereits vor dem Erwerb der Gesellschafterstellung ausgereichte als auch danach gewährte Darlehen privilegiert, § 32a Abs. 3 Satz 3 GmbHG. Dieses Privileg kommt allerdings nur echten Neu-Gesellschaftern zu Gute. 2286

5.4.2.3 Krise
5.4.2.3.1 Insolvenzrechtliche Krise

Darüber hinaus muss das Darlehen in der Krise gewährt worden sein. Dies ist jedenfalls dann der Fall, wenn das Darlehen zur Abwendung einer insolvenzrechtlichen Krise, also der Zahlungsunfähigkeit (§ 17 InsO) oder Überschuldung (§ 19 InsO) gewährt wurde. 2287

Wird das Darlehen in der Krise „stehengelassen" und verzichtet der Gesellschafter auf seine Kündigungsmöglichkeit bei Eintritt der Krise, so wird das Darlehen „infiziert".

5.4.2.3.2 Kreditunwürdigkeit

Des Weiteren spricht man von einer Krise im Sinne der §§ 32a ff. GmbHG, wenn eine Kreditunwürdigkeit der Gesellschaft eingetreten ist, sie also nicht in der Lage ist, sich das Darlehen aus eigener Kraft anderweitig auf dem freien Markt zu marktüblichen Konditionen zu besorgen. 2288

Die Kreditunwürdigkeit beurteilt sich nach *Lutter/Hommelhoff*[4045] nach folgenden Kriterien:

- Kündigung eines Kredits,

[4043] BGH, Urt. v. 21.06.1999 – II ZR 70/98, NJW 1999, 2822.
[4044] BGH, Urt. v. 19.09.1988 – II ZR 255/87, NJW 1988, 3143.
[4045] *Lutter/Hommelhoff*, GmbHG, §§ 32a/b Rn. 20.

Teil 6   Gesetzesübergreifende Bezüge

- Weigerung anderer Gläubiger, sich an einem Gesellschaftskredit zu beteiligen,
- Fehlende Kreditlinie bei der Bank,
- Fehlendes Vertrauen in die Gesellschafter,
- Fehlende Ertragsaussichten,
- Fehlendes Vertrauen in das Produkt des Unternehmens,
- Fehlende stille Reserven[4046],
- Umfang, in dem das Stammkapital bereits verloren ist[4047],
- Verhältnis von Rohertrag und Kosten,
- Nichtbedienung fälliger Verbindlichkeiten,
- Abgabe von Rangrücktrittserklärungen durch die Gesellschafter[4048],
- Forderung eines fremden Kreditgebers nach der Stellung (zusätzlicher) Sicherheiten durch den Gesellschafter.[4049]

5.4.2.4 Fortbestehen der Krise, ansonsten endet die Verstrickung

2289   Das Darlehen ist der Gesellschaft so lange als eigenkapitalersetzend verhaftet, wie die Voraussetzungen der Krise vorliegen. Bessert sich die Situation der Gesellschaft später durchgreifend, so kann das Darlehen – ohne die Folgen der §§ 32a ff. GmbHG auszulösen – zurückgezahlt werden.[4050]

5.4.2.5 Kleingesellschafterprivileg/Sanierungsprivileg

2290   Die Regelungen des Eigenkapitalersatzes gelten jedoch nicht für Gesellschafter mit einer Beteiligung von bis zu 10 % (Kleingesellschafterprivileg) und für diejenigen, die im Rahmen von Sanierungen Beteiligungen an der Gesellschaft erlangen (Sanierungsprivileg), § 32 a Abs. 3 GmbHG. Voraussetzung hierfür ist jedoch, dass die Gesellschaft objektiv sanierungsfähig war.[4051]

5.4.2.6 Rechtsfolgen

5.4.2.6.1 Anspruch analog §§ 30, 31 GmbHG

2291   Sind die Voraussetzungen des § 32a GmbHG erfüllt, so ist das ausgereichte Darlehen wie Eigenkapital zu behandeln. Es gilt daher zunächst, dass nach § 30 Abs. 1 GmbHG das zur Erhaltung des Stammkapitals erforderliche Vermögen der Gesellschaft an die Gesellschafter nicht ausgezahlt werden darf. Auch nach der Einführung des MoMiG und dessen Reglung im neu einge-

---

4046   BGH, Urt. v. 11.12.1995 – II ZR 128/94, ZIP 1996, 273; BGH, Urt. v. 04.12.1995 – II ZR 281/94, ZIP 1996, 275; OLG Frankfurt, Urt. v. 22.12.1999 – 21 U 58/59, NZG 2000, 546.
4047   BGH, Urt. v. 07.03.2005 – II ZR 138/03, ZIP 2005, 807, 808.
4048   BGH, Urt. v. 27.11.1989 – II ZR 43/89, ZIP 1990, 98, 100.
4049   BGH, Urt. v. 14.10.1985 – II ZR 280/84, NJW 1986, 429; OLG Frankfurt a.M., Urt. v. 22.12.1999 – 21 U 58/99, NZG 2000, 546.
4050   BGH, Urt. v. 02.12.1996 – II ZR 243/95 Rn. 16, NJW-RR 1997, 606; *Schmidt*, in: Scholz, GmbHG, §§ 32a, 32b Rn. 54.
4051   BGH, B. v. 08.12.2005 – IX ZB 308/04, ZInsO 2006, 148.

fügten Satz 3 des § 30 Abs. 1 GmbHG, wonach die Regelungen der Kapitalerhaltung in § 30 Abs. 1 Satz 1 GmbHG nicht auf Gesellschafterdarlehen anzuwenden sind, bleibt es für die Altfälle bei der Anwendung der sog. Rechtsprechungsregeln.[4052] § 30 Abs. 1 Satz 3 GmbHG n. F. findet hierauf keine Anwendung.[4053] Eine ausdrückliche Rückwirkung auf in der Vergangenheit liegende Auszahlungen bei schon eröffnetem Insolvenzverfahren hat der Gesetzgeber – anders als bei den verdeckten Sacheinlagen nach § 19 GmbHG n. F., hierzu § 3 Abs. 4 EGGmbHG – nicht angeordnet.

Wird das Darlehen dennoch getilgt, so müssen diese Zahlungen, welche den Vorschriften des § 30 GmbHG zuwider geleistet worden sind, gemäß § 31 Abs.1 GmbHG analog der Gesellschaft erstattet werden. Hierzu näher siehe oben Rn. 2152 ff.

Wie wichtig dem BGH die Rückerstattung der unter Verletzung der Vorschriften des Eigenkapitalersatzes ausgezahlten Beträge ist, ergibt sich auch aus seiner Entscheidung vom 26. 01. 2009.[4054] In dem zu entscheidenden Fall hatte der Gesellschafter der Gesellschaft ein eigenkapitalersetzendes Darlehen gewährt. In der Folge wurde von der Gesellschafterversammlung eine Kapitalerhöhung beschlossen. Der Gesellschafter erhielt daraufhin von der Gesellschaft eine gegen § 32a GmbHG a. F. verstoßende Rückzahlung seines Darlehens und verwandte diesen Betrag dafür, die auf ihn entfallende Stammkapitalerhöhung zu erbringen. Der BGH entschied, dass trotz der getroffenen Tilgungsbestimmung „Kapital Stammeinlage" der gezahlte Betrag vorrangig auf den Rückzahlungsanspruch nach §§ 30, 31 GmbHG anzurechnen sei. Der Anspruch auf Erbringung der Einlage bestand also fort. Die Tilgungsbestimmung war unwirksam. Der angegebene Zahlungszweck könne nicht erreicht werden. Die Einlageschuld könne nicht mit Beträgen, die unter Verstoß gegen die Kapitalerhaltungsvorschriften (§ 30 GmbHG a. F.) entnommenen worden sind, erfüllt werden. Das Her- und Hinzahlen der Beträge verschleiere, dass der Gesellschaft kein Kapital zugeführt, vielmehr versucht werde, mit einem nicht durchsetzbaren Darlehensrückzahlungsanspruch unter Umgehung des Gebots realer Kapitalaufbringung aufzurechnen.

2292

Die Regelungen zur Erstattungspflicht der Mitgesellschafter (§ 31 Abs. 3 GmbHG) sowie des Geschäftsführers (§ 43 Abs. 3 GmbHG) gelten entsprechend.

2293

5.4.2.6.2 Anspruch nach §§ 32 a ff. GmbHG a.F. i.V.m. § 135 InsO a.F.

Des Weiteren ist die Rückzahlung nach § 32a GmbHG a. F. i. V. m. § 135 Nr. 2 InsO a. F. anfechtbar, wenn die Befriedigung im letzten Jahr vor dem Eröffnungsantrag oder danach vorgenommen wurde.

2294

5.4.2.6.3 Sonstige Folgen

Gesellschafterdarlehen sind grds. passivierungspflichtig (Handelsbilanz und steuerliche Gewinnermittlung). Dies gilt auch beim Vorliegen einer Rang-

2295

4052 BGH, Urt. v. 26. 01. 2009 – II ZR 260/07, DZWIR 2009, 369.
4053 OLG Köln, Urt. v. 11. 12. 2008 – 18 U 138/07, ZInsO 2009, 392, BGH, Beschluss v. 01. 03. 2010 – II ZR 13/09, ZInsO 2010, 1069.
4054 BGH, Urt. v. 26. 01. 2009 – II ZR 217/07, ZIP 2009, 662.

rücktrittserklärung, da der Rangrücktritt nicht zu einer Nichtexistenz der Forderung führt.

Durch den Rangrücktritt wird geregelt, dass der Gläubiger sich mit einer nachrangigen Befriedigung seines Anspruchs nach § 39 Abs. 1 Nr. 5, Abs. 2 InsO einverstanden erklärt. Zu unterscheiden ist jedoch bei der Rangrücktrittserklärung, ob der Gläubiger lediglich erklärt, mit einer nachrangigen Befriedigung hinter anderen Ansprüchen von Gesellschaftsgläubigern zurückzutreten und erst wieder dann eine Erfüllung zu verlangen, sobald und soweit der Schuldner hierzu aufgrund zukünftiger Gewinne, eines Liquidationserlöses oder sonstigen freien Vermögens in der Lage ist (einfacher Rangrücktritt), oder er sogar soweit auf seine Forderung verzichtet, dass er eine Erfüllung nur zusammen mit den Einlagenrückgewähransprüchen der Mitgesellschafter verlangt (qualifizierter Rangrücktritt). Nach der Rechtsprechung des BGH zum alten Recht führte allein der qualifizierte Rangrücktritt zu einer Nichtberücksichtigung der Forderung im Überschuldungsstatus.

Dies wurde durch das MoMiG geändert. Danach regelt § 19 Abs. 2 Satz 2 InsO ausdrücklich, dass Gesellschafterdarlehen bei der Erstellung einer Überschuldungsbilanz nicht zu berücksichtigen sind.

5.4.2.7 Vom Gesellschafter besicherte Darlehen eines Dritten (§§ 32 a Abs.2, 32 b GmbHG a. F.)

2296 Die Regelungen des Eigenkapitalersatzes gelten auch für solche Darlehen, die zwar eigenkapitalersetzende Funktion haben, nicht jedoch von dem Gesellschafter selbst, sondern stattdessen von einem Dritten gewährt worden sind, der Gesellschafter sich für dieses Darlehen allerdings verbürgt oder sonst eine Sicherheit gestellt hat.

5.4.2.7.1 Eigenkapitalersetzendes Darlehen

2297 Somit ist zunächst zu prüfen, ob das Darlehen, wenn es von dem Gesellschafter selbst gewährt worden wäre, eigenkapitalersetzend gewesen wäre, siehe oben.

5.4.2.7.2 Bestellung einer Sicherheit für ein Drittdarlehen

2298 Ist dies der Fall, so muss für das Darlehen des Dritten vom Gesellschafter eine Sicherheit gestellt worden sein. Hierfür kommt z.B. eine Sicherungsübereignung von Vermögensgegenständen, die Bestellung einer Grundschuld an einem Grundstück des Gesellschafters oder die Übernahme einer Bürgschaft[4055] in Betracht. Handelt es sich nicht um die Sicherheit eines Gesellschafters selbst, so ist zu prüfen, ob es sich um die Sicherheit eines nahen Angehörigen oder eines verbundenen Unternehmens handelt.[4056]

[4055] BGH, Urt. v. 20.07.2009 – II ZR 36/08, NZI 2009, 659.
[4056] BGH, Urt. v. 26.01.2009 – II ZR 260/07, DZWIR 2009, 369: nach § 32 a Abs. 3 GmbHG a. F. steht die Stundung einer Forderung einer Darlehensgewährung gleich.

5.4.2.7.3 Rechtsfolgen

Der Dritte kann grds. frei entscheiden, ob er die Gesellschaft in Anspruch nimmt oder sich aus der Sicherheit, die ihm vom Gesellschafter bestellt wurde, befriedigt. Anders ist dies im Falle der Eröffnung eines Insolvenzverfahrens über das Vermögen der Gesellschaft. In diesem Fall kann der Dritte seinen Anspruch zur Tabelle anmelden, nimmt an einer Verteilung aber nur insoweit teil, als er sich aus der vom Gesellschafter gestellten Sicherheit nicht befriedigen konnte, § 32a Abs. 2 GmbHG a.F. D.h. der Dritte muss sich vorrangig aus der Gesellschafter-Sicherheit befriedigen. 2299

Hat neben dem Gesellschafter auch die Gesellschaft selbst eine Sicherheit gestellt, so steht es dem Dritten frei, sich zunächst aus der Sicherheit des Gesellschafters oder der Gesellschaft zu befriedigen. Befriedigt sich der Dritte zuerst aus der Sicherheit der Gesellschaft, so führt dies allerdings nicht dazu, dass die vom Gesellschafter gestellte Sicherheit nunmehr auf die Gesellschaft übergeht.[4057] Für die Inanspruchnahme der Sicherheit durch den Dritten kann jedoch der Gesellschafter in Anspruch genommen werden, § 32a GmbHG a.F. 2300

Durch die Anrechnung des Erlöses aus der Sicherheit der Gesellschaft auf den Darlehensrückzahlungsanspruch der Bank ist der Gesellschafter in Höhe der geleisteten Zahlungen zu einem Zeitpunkt, als das Gesellschaftsvermögen die Stammkapitalziffer unterschritten hat, von der Inanspruchnahme aus der Bürgschaft auf Kosten der Schuldnerin befreit worden. Dies steht einer Auszahlung aus dem Vermögen der Schuldnerin gleich. 2301

Grds. hat die Gesellschaft einen Anspruch auf Freistellung gegenüber dem Gesellschafter. Der Höhe nach ist dieser Anspruch begrenzt auf den Betrag, der zur Wiederherstellung der Stammkapitalziffer benötigt wird, § 30 Abs. 1 GmbHG analog. Wurde die Gesellschaft bereits von dem Dritten in Anspruch genommen, so hat sie einen Erstattungsanspruch nach § 31 Abs. 1 GmbHG analog.[4058] 2302

Entscheidend für die Höhe der Rückerstattung ist der Umfang der Befreiung von der eigenkapitalersetzenden Bürgschaft, die der Gesellschafter erlangt hat. Diese richtet sich allein danach, in welcher Höhe die durch die Bürgschaft besicherte Darlehensforderung zurückgeführt worden und damit erloschen ist.[4059] Auf den Wert der neben der Bürgschaft des Gesellschafters von der Schuldnerin selbst gestellten Sicherheit kommt es nicht an.[4060]

Im Falle der Insolvenzeröffnung entfällt die Begrenzung auf die Wiederherstellung der Stammkapitalziffer, stattdessen ist der volle Wert der vom Gesellschafter gestellten Sicherheit zu ersetzen, § 32b Satz 1 und 2 GmbHG a.F., bzw. kann der Gesellschafter seiner Verpflichtung auf Freistellung dadurch nachkommen, dass er der Gesellschaft die gestellte Sicherheit zur Befriedigung zur Verfügung stellt, § 32b Satz 3 GmbHG a.F. 2303

4057 BGH, Urt. v. 14.10.1985 – II ZR 280/84, NJW 1986, 430.
4058 BGH, Urt. v. 20.07.2009 – II ZR 36/08, NZI 2009, 659.
4059 BGH, Urt. v. 14.03.2005 – II ZR 129/03, NZI 2005, 471.
4060 BGH, Urt. v. 20.07.2009 – II ZR 36/08, NZI 2009, 659.

5.4.3 Rechtslage nach Inkrafttreten des MoMiG

2304 Durch die Neuregelung des MoMiG wurde das Kapitalersatzrecht und insbesondere das Erfordernis der Feststellung einer Krise abgeschafft. Stattdessen wird nach § 135 Abs. 1 Nr. 2 InsO n. F. nunmehr geregelt, dass alle Rückzahlungen, die binnen der Jahresfrist vor Stellung des Insolvenzantrages an den Gesellschafter geleistet wurden, anfechtbar sind. Erfasst werden alle Darlehen unabhängig von einem eigenkapitalersetzenden Charakter. Gleichgestellt sind alle gestundeten Forderungen, auch aus Miete und Pacht. Dies kommt einer unwiderlichen Vermutung einer Krise in der Jahresfrist gleich.[4061] Außerhalb des Insolvenzverfahrens sei auf §§ 6, 6a Anfechtungsgesetz (AnfG) verwiesen. Eine Anwendung von § 142 InsO (Bargeschäftsprivileg) im Rahmen von § 135 InsO kommt nicht in Betracht.[4062]

2305 Im Übrigen verweist § 135 Abs. 1 InsO nunmehr auf den neugefassten § 39 Abs. 1 Nr. 5 InsO, wonach Forderungen auf Rückgewähr eines Gesellschafterdarlehens oder Forderungen aus Rechtshandlungen, die einem solchen Darlehen wirtschaftlich entsprechen, nachrangig sind.

In § 39 Abs. 4 InsO ist ausdrücklich geregelt, dass § 39 I Nr. 5 InsO nur für die Fälle gilt, in denen kein persönlich haftender Gesellschafter eine natürliche Person ist. Somit ist § 39 I Nr. 5 InsO auf die Vorgesellschaft anwendbar, da in diesem Fall die Gesellschafter, die ein Gesellschafterdarlehen erbracht haben, nicht persönlich haften. Demgegenüber haften die Gesellschafter einer Vorgründungsgesellschaft den Gläubigern der Gesellschaft unbeschränkt persönlich und können daher ihre Forderung als nicht nachrangige Insolvenzgläubiger im Sinne von § 38 InsO zur Tabelle anmelden.

Abschaffung des Eigenkapitalersatzes

- Verbot der Auszahlung des Stammkapitals an Gesellschafter gilt nicht für die Rückgewähr von Gesellschafterdarlehen, § 30 Abs. 1 Satz 3 GmbHG
- Merkmal der Krise gestrichen
- §§ 32a, 32b GmbHG gestrichen
- § 135 InsO gilt für Gesellschafterdarlehen jeglicher Art unabhängig vom Merkmal „kapitalersetzend"
- Nachrang der Gesellschafterdarlehen, § 39 Abs. 1 Nr. 5 InsO
  Ausnahme: Sanierungsprivileg, § 39 Abs. 4 InsO Kleingesellschafterprivileg, § 39 Abs. 5 InsO

Abb. 85: Abschaffung des Eigenkapitalersatzes

5.4.3.1 Kleingesellschafterprivileg

2306 Das Kleingesellschafterprivileg (§ 35 Abs. 3 Satz 2 GmbHG a. F.) wurde in § 39 Abs. 5 InsO übernommen. Entscheidend ist, dass auch im letzten Jahr vor der Antragstellung keine höhere Beteiligung vorlag.

[4061] *Altmeppen*, Das neue Recht der Gesellschafterdarlehen in der Praxis, NJW 2008, 3601.

[4062] *Henkel*, Das Bargeschäftsprivileg gilt nicht im Rahmen von § 135 Abs. 1 InsO, ZInsO 2009, 1577.

5.4.3.2 Sanierungsgesellschafter

Die Ausnahmeregelung für alte oder neue Darlehen von Gesellschaftern, die die Gesellschafterstellung erst zum Zwecke der Sanierung erworben haben (§ 35 Abs. 3 Satz 3 GmbHG), findet sich in § 39 Abs. 4 Satz 2 InsO wieder. Die Privilegierung gilt bis zur nachhaltigen Sanierung der Gesellschaft. Ist die Sanierung endgültig gescheitert, muss der Gesellschafter sein Darlehen wieder zurückfordern, da es andernfalls nach Ablauf der Jahresfrist wieder verhaftet wäre.[4063]

2307

5.4.3.3 Stehenlassen von Darlehen/Neugesellschafter/ausgeschiedener Gesellschafter

Mit der Neufassung des § 135 InsO erübrigt sich nunmehr auch die Diskussion zum Stehenlassen von Darlehen bzgl. neu eingetretener Gesellschafter bzw. der Tilgung von Darlehen von zwischenzeitlich ausgeschiedenen Gesellschaftern; in beiden Fällen ist nur noch darauf abzustellen, ob binnen der Jahresfrist eine Rückzahlung geleistet wurde. In letzterem Fall muss zudem der Austritt als Gesellschafter binnen der Jahresfrist erfolgt sein.[4064] Ist der Gesellschafter außerhalb des kritischen Jahres ausgetreten, sind an ihn geleistete Zahlungen jedenfalls nach § 135 InsO nicht anfechtbar.

2308

5.4.3.4 Abtretung des Darlehens

Hat der Gesellschafter seine Darlehensforderung an einen unbeteiligten Dritten abgetreten, so ist für die Bewertung des Darlehens entscheidend, wann die Abtretung erfolgt ist. Geschah dies innerhalb der Jahresfrist, so sind alle Rückzahlungen, die der Dritte erhalten hat, von ihm zu erstatten. Lag die Abtretung außerhalb der Jahresfrist, so ist das Darlehen nicht verhaftet, d.h. auch solche Rückzahlungen, die binnen der Jahresfrist erfolgten, sind nicht zu erstatten.[4065]

2309

5.4.3.5 Eigenkapitalersetzende Nutzungsüberlassung quasi abgeschafft

Hinsichtlich der früher unter dem Konstrukt der eigenkapitalersetzenden Nutzungsüberlassung zusammengefassten Fälle erfolgte eine Neuregelung in § 135 Abs. 3 InsO:

2310

> [1]Wurde dem Schuldner von einem Gesellschafter ein Gegenstand zum Gebrauch oder zur Ausübung überlassen, so kann der Aussonderungsanspruch während der Dauer des Insolvenzverfahrens, höchstens aber für eine Zeit von einem Jahr ab der Eröffnung des Insolvenzverfahrens nicht geltend gemacht werden, wenn der Gegenstand für die Fortführung des Unternehmens des Schuldners von erheblicher Bedeutung ist. [2]Für den

---

4063 *Altmeppen*, Das neue Recht der Gesellschafterdarlehen in der Praxis, NJW 2008, 3601.

4064 *Altmeppen*, Das neue Recht der Gesellschafterdarlehen in der Praxis, NJW 2008, 3601.

4065 *Altmeppen*, Das neue Recht der Gesellschafterdarlehen in der Praxis, NJW 2008, 3601.

Gebrauch oder die Ausübung des Gegenstandes gebührt dem Gesellschafter ein Ausgleich; bei der Berechnung ist der Durchschnitt der im letzten Jahr vor Verfahrenseröffnung geleisteten Vergütung in Ansatz zu bringen, bei kürzerer Dauer der Überlassung ist der Durchschnitt während dieses Zeitraums maßgebend.

Durch den Verweis in Satz 2 auf die im letzten Jahr vor der Verfahrenseröffnung geleistete Vergütung und den auch vom Verwalter zu leistenden Ausgleich für die Nutzung ist nunmehr klargestellt, dass die „eigenkapitalersetzende Nutzungsüberlassung" vom Gesetzgeber missbilligt und nunmehr abgeschafft wurde.

5.4.3.6 Rechtsfolgen

2311   Die Rechtsfolge für Darlehen der Gesellschafter ergibt sich aus § 39 Abs. 1 Nr. 5 InsO, diese sind in der Insolvenz nachrangig zu befriedigen.

Sind im letzten Jahr vor dem Eröffnungsantrag Rückzahlungen geleistet worden, so können diese im Falle der Eröffnung des Insolvenzverfahrens nach § 135 Abs. 1 Nr. 2 InsO vom Verwalter angefochten werden. Außerhalb des Insolvenzverfahrens besteht für die Gläubiger eine Anfechtungsmöglichkeit nach § 6 AnfG n. F.

Für die Erstellung der Überschuldungsbilanz nach § 19 InsO regelt nunmehr dessen Abs. 2 Satz 2, dass eigenkapitalersetzende Darlehen nicht zu berücksichtigen sind.

5.4.3.7 Vom Gesellschafter besicherte Darlehen eines Dritten

2312   Diese werden nunmehr in § 44a InsO geregelt, der insoweit die Formulierung des § 32a Abs. 2 GmbHG a. F. übernommen hat. Da allerdings nach der Gesetzesänderung das Eigenkapitalersatzrecht abschließend in der InsO geregelt ist, darf auf die Regelungen zur Kapitalerhaltung im GmbHG nicht mehr zurückgegriffen werden. Dies bedeutet, dass die Gesellschaft keinen Freistellungsanspruch mehr gegenüber dem Gesellschafter analog §§ 30, 31 GmbHG geltend machen kann. Die Anfechtbarkeit der Sicherheitenbestellung binnen der Jahresfrist ergibt sich aus § 135 Abs. 2 InsO, der Umfang der Erstattungspflicht aus § 143 Abs. 3 InsO.[4066]

2313   Strittig ist, ob der besicherte Gläubiger nunmehr gezwungen ist, zunächst den Gesellschafter in Anspruch zu nehmen und seine Forderung nur nachrangig im Insolvenzverfahren geltend machen kann. Dies könnte sich aus der Verweisung von § 44a InsO auf § 39 Abs. 1 Nr. 5 InsO ergeben.[4067] Dem ist jedoch entgegenzuhalten, dass sich auch die Anfechtungsmöglichkeit des § 135 InsO nur gegen den Gesellschafter und nicht den gesicherten Gläubiger richtet.[4068]

4066 Außerhalb des Insolvenzverfahrens aus §§ 6a, 11 Abs. 3 AnfG.
4067 *Gehrlein*, Die Behandlung von Gesellschafterdarlehen durch das MoMiG, BB 2008, 846, 852.
4068 *Oepen*, Maßgabe im Übermaß – Korrekturbedarf im neuen § 44a InsO, NZI 2009, 300.

Kapitel 2   Gesellschaftsrecht

Gesellschafter besicherte Darlehen eines Dritten, § 44a InsO

- Nachrang der Forderung des Gesellschafters bei Inanspruchnahme der Sicherheit, § 39 Abs. 1 Nr. 5 InsO
- Forderungsanmeldung durch den Dritten in voller Höhe, dieser nimmt nur mit dem Ausfall an Verteilung teil
- Kein Freistellungsanspruch der Gesellschaft gegen den Gesellschafter

---

Abb. 86: Gesellschafter besicherte Darlehen eines Dritten

5.4.3.8 Eigenkapitalersatz von Geschäftsführergehältern

Die Frage, ob Dienstleistungen eines geschäftsführenden Gesellschafters einer eigenkapitalersetzenden Nutzungsüberlassung gleichzustellen sind, hat sich nunmehr durch die Änderungen des MoMiG erübrigt. Denn in § 135 Abs. 3 Satz 2 wird klargestellt, dass zwar vom Insolvenzverwalter das Nutzungsrecht weiter ausgeübt werden darf, er hierfür jedoch einen Ausgleich zu leisten hat, bei dessen Berechnung der Durchschnitt der im letzten Jahr vor Verfahrenseröffnung geleisteten Vergütung in Ansatz zu bringen ist.   2314

Dies bedeutet zunächst, dass die Forderungen des geschäftsführenden Gesellschafters für den Zeitraum seit Verfahrenseröffnung bis zum Wirksamwerden der Kündigung Masseverbindlichkeiten darstellen. Für den Zeitraum zwischen Wirksamwerden der Kündigung und eigentlichem Auslaufen des Vertrages kann ein Schadensersatzanspruch als Tabellenforderung geltend gemacht werden, der lediglich abzuzinsen ist. Nur in Fällen exorbitanter Gehälter kann in Erwägung gezogen werden, aufgrund der für den Gesellschafter gegenüber der Gesellschaft bestehenden Treuepflichten eine Minderung der vereinbarten Vergütung in Betracht zu ziehen.   2315

Für den Zeitraum vor Verfahrenseröffnung sind die Forderungen des geschäftsführenden Gesellschafters dann als Forderungen zur Tabelle (§ 38 InsO) zu berücksichtigen, wenn sich dieser in der Vergangenheit – wenn auch unregelmäßig – Gehalt entnommen hat. Nur für den Fall, dass der geschäftsführende Gesellschafter über einen längeren Zeitraum auf die Entnahme seines Gehaltes verzichtet hat, kommt in Betracht, das nicht entnommene Gehalt als ein der Gesellschaft gewährtes Darlehen zu werten. In diesem Fall sind sämtliche Forderungen des geschäftsführenden Gesellschafters bis zur Verfahrenseröffnung lediglich als nachrangige Tabellenforderungen im Sinne des § 39 Abs. 1 Nr. 5 InsO zu berücksichtigen. Wichtig ist allerdings, dass sich der geschäftsführende Gesellschafter in diesem Zeitraum tatsächlich kein Gehalt entnommen haben darf. Darüber hinaus besteht eine Ausnahme für geschäftsführende Gesellschafter, die mit 10% oder weniger am Haftkapital beteiligt sind, § 39 Abs. 5 InsO.   2316

5.5   Handelndenhaftung vor Eintragung im Handelsregister
5.5.1 Einleitung

Nach § 11 Abs. 2 GmbHG haftet derjenige, der vor der Eintragung im Namen der Gesellschaft gehandelt hat persönlich und solidarisch. Hintergrund dieser Regelung ist, dass die Gesellschaft nur begrenzt auf ihr Stammkapital haftet, dessen Erbringung aber bis zur Eintragung im Handelsregister nicht   2317

Amberger   1095

sichergestellt ist. Allerdings ist § 11 Abs. 2 GmbHG erst dann einschlägig, wenn der Gesellschaftsvertrag notariell beurkundet wurde.

Eine kurze Zusammenfassung soll das nachfolgende Schaubild geben:

Haftungsmodell	
Vorgründungsgesellschaft	▪ Unbeschränkte persönliche Haftung der Gesellschafter, § 708 BGB bzw. § 128 HGB ▪ Grds. kein Übergang der Verbindlichkeiten auf (Vor-) Gesellschaft ▪ Außenhaftung, im Insolvenzverfahren Geltendmachung durch den Verwalter, § 93 InsO ▪ Ggf. Haftung als Vertreter ohne Vertretungsmacht, § 179 BGB
Vor-Gesellschaft	▪ Handelndenhaftung, § 11 Abs. 2 GmbHG, bis zur Eintragung im HR ▪ Innenhaftung der Gesellschafter bei Scheitern der Eintragung – Verlustdeckungshaftung ▪ Verlustdeckungshaftung ▪ Vorbelastungshaftung
Gesellschaft	▪ Grds. nur Haftung des Gesellschaftsvermögens, § 13 Abs. 2 GmbHG ▪ Innenhaftung der Gesellschafter nach Eintragung für Verbindlichkeiten der Vor-Gesellschaft – Vorbelastungshaftung/Unterbilanzhaftung ▪ Innenhaftung der Gesellschafter – Erhaltung Stammkapital, §§ 30, 31 GmbHG ▪ Innenhaftung der Gesellschafter – Existenzvernichtungshaftung, § 826 BGB ▪ Innenhaftung des Geschäftsführers, §§ 43, 64 Satz 1 GmbHG, § 823 Abs. 2 BGB i.V.m. Schutzgesetz

Abb. 87: Haftung bei Vorgründungsgesellschaft, Vor-Gesellschaft und Gesellschaft

5.5.2 Vorgründungsgesellschaft

2318 Bei der vor Abschluss des Gründungsvertrages schon bestehenden, die spätere Gesellschaftstätigkeit vorbereitenden Personenvereinigung handelt sich um eine eigenständige Gesellschaft bürgerlichen Rechts oder, wenn bereits ein Handelsgeschäft betrieben wird, um eine offene Handelsgesellschaft, für deren Schulden alle Beteiligten unbeschränkt persönlich haften (§ 708 BGB bzw. § 128 HGB). Der Anspruch wird im Insolvenzverfahren vom Insolvenzverwalter geltend gemacht, § 93 InsO.

2319 Die Rechte und Verbindlichkeiten gehen mit der GmbH-Gründung nicht automatisch auf die Vorgesellschaft oder später auf die GmbH über, sondern müssen, wenn sie in die GmbH eingebracht werden sollen, durch besonderes Rechtsgeschäft übertragen werden. Erforderlich hierfür ist eine Schuldübernahme, wofür wiederum die Genehmigung des Gläubigers erforderlich ist, §§ 414, 415 BGB.

Ist dies nicht der Fall, so endet die persönliche Haftung der Gesellschafter erst mit Erfüllung der Verbindlichkeit.

Wird im Namen der zu gründenden GmbH gehandelt, so tritt eine Haftung der GmbH nur bei Genehmigung des Rechtsgeschäfts ein, § 177 BGB. Andernfalls haftet der (faktische) Geschäftsführer nach § 179 BGB als Handelnder ohne Vertretungsmacht. 2320

Die Regelungen des GmbHG sind auf die Vorgründungsgesellschaft nicht anwendbar, daher ist auch § 11 Abs. 2 GmbHG nicht einschlägig, selbst wenn der Geschäftsführer im Namen der GmbH aufgetreten ist, da der Gläubiger über die Möglichkeit der Inanspruchnahme der Gesellschafter nach § 708 BGB bzw. § 128 HGB gesichert ist. 2321

Etwas anderes gilt nur dann, wenn die Eintragung der GmbH als aufschiebende Bedingung vereinbart wurde.

5.5.3 Vor-GmbH

Die Vor-GmbH entsteht mit dem Abschluss des notariellen Vertrages und endet mit Eintragung der GmbH im Handelsregister. Im Gegensatz zur Vorgründungsgesellschaft handelt es sich bei der Vor-GmbH um eine echte Vorstufe zur GmbH. Mit der Eintragung im Handelsregister erfolgt ein automatischer Übergang auf die GmbH. Eine Einzelübertragung der Aktiva und Passiva ist wegen der Identität bzw. Kontinuität der Gesellschaften nicht erforderlich. 2322

Die Regelungen des GmbHG sind anwendbar, soweit nicht die Rechtsfähigkeit der GmbH, die erst mit der Eintragung eintritt, erforderlich ist. 2323

Für die Verbindlichkeiten haftet zunächst das Gesellschaftsvermögen auch der späteren GmbH. 2324

Von der Vor-GmbH dürfen auch vor der Eintragung der GmbH im Handelsregister Vorbelastungen vorgenommen werden. Nachdem der BGH das Vorbelastungsverbot aufgegeben hat, gehen die Rechte und Pflichten aus solchen Geschäften mit der Eintragung der GmbH voll auf diese über.[4069] Anders ist dies bei der Vor-AG wegen § 41 Abs. 2 AktG. 2325

5.5.4 Haftung des Geschäftsführers gemäß § 11 Abs. 2 GmbHG bei Handeln für die spätere GmbH oder Vor-GmbH

Ist vor der Eintragung der Gesellschaft im Handelsregister im Namen der Gesellschaft gehandelt worden, so haften die Handelnden persönlich und solidarisch, § 11 Abs. 2 GmbHG. Die Haftungsbegrenzung des § 13 Abs. 2 GmbHG auf das Gesellschaftsvermögen gilt für die Vor-GmbH gerade nicht. 2326

5.5.4.1 Handelnder

Nach § 11 Abs. 2 GmbHG haftet, wer nach Außen als organschaftlicher Vertreter/Geschäftsführer für die Vor-GmbH oder spätere GmbH auftritt. Daher haftet auch der faktische Geschäftsführer, z.B. bei unwirksamer Geschäftsführerbestellung, § 6 Abs. 2 GmbHG. Diejenigen, die dagegen nur als Be- 2327

[4069] BGH, Urt. v. 09.03.1981 – II ZR 54/80, NJW 1981, 1373.

vollmächtigte eines organschaftlichen Vertreters handeln z. B. Prokuristen etc. werden von der Haftung nach § 11 Abs. 2 GmbHG nicht erfasst. Es haftet der organschaftliche Vertreter, für den der Bevollmächtigte tätig ist. Mehrere Handelnde haften ggf. als Gesamtschuldner, §§ 421 BGB.

5.5.4.2 Im Namen der Gesellschaft

2328 Voraussetzung des Anspruches ist des Weiteren, dass der Handelnde im Namen der Vor-GmbH oder der noch einzutragenden GmbH aufgetreten ist.[4070] Will der Handelnde eine persönliche Haftung ausschließen, so kann das Rechtsgeschäft unter der aufschiebenden Bedingung der Eintragung der GmbH im Handelsregister geschlossen werden. Allerdings muss die für die GmbH abgegebene Erklärung von dieser später genehmigt werden, um gegen sie zu wirken, § 177 BGB.

5.5.4.3 Geltendmachung in der Insolvenz

2329 Der Anspruch steht dem Dritten und nicht der Gesellschaft zu. Umstritten ist, ob der Anspruch im Insolvenzfall durch den Insolvenzverwalter nach §§ 92, 93 InsO geltend zu machen ist. Hiergegen wird eingewandt, dass § 93 InsO nur auf Fälle der Außenhaftung von Gesellschaftern anzuwenden ist, es sich vorliegend jedoch um einen Anspruch gegen den Geschäftsführer handelt und zudem im Falle der Vor-GmbH gerade keine Außenhaftung der Gesellschafter besteht.[4071]

5.5.4.4 Ende des Anspruchs

2330 Die Haftung nach § 11 Abs. 2 GmbHG endet mit der Eintragung der GmbH im Handelsregister. Dem Gläubiger haftet nur noch das Gesellschaftsvermögen, § 13 Abs. 2 GmbHG. Eine Ausnahme gilt nur für die Fälle, in denen der Handelnde ohne Vertretungsmacht gehandelt hat, § 179 BGB, oder sein Handeln von der eingeräumten Vertretungsmacht nicht mehr umfasst war.

5.5.4.5 Ersatzansprüche des organschaftlichen Vertreters

2331 Bei pflichtgemäßem Handeln steht dem Geschäftsführer ein Erstattungsanspruch nach §§ 611, 675, 670 BGB zu bzw. können die gemäß § 11 Abs. 2 GmbHG in Anspruch genommen Geschäftsführer ihren Regressanspruch mittels der Verlustdeckungshaftung (siehe unten Rn. 2350) bei den Gesellschaftern durchsetzen.

4070 BGH, Urt. v. 09. 03. 1981 – II ZR 54/80, NJW 1981, 1373: Eine Vor-GmbH kann persönlich haftende Gesellschafterin einer Kommanditgesellschaft sein. Handelt ihr Geschäftsführer im Namen der Kommanditgesellschaft und löst er hierdurch die Haftung der Vor-GmbH nach § 128 HGB aus, so haftet er bis zur Eintragung der GmbH persönlich nach § 11 Abs. 2 GmbHG.
4071 *Kroth*, in: Braun, InsO, § 93 InsO Rn. 8; *Lüke*, in: Kübler/Prütting/Bork, InsO, § 93 Rn. 11; a. A. *Schmidt*, in: Kölner Schrift zur InsO, 1199 ff., Rn. 23 a. E.

5.5.5 Gründerhaftung – Ansprüche der Gesellschaft aus Innenhaftung

Gemäß Urteil des BGH vom 27.01.1997[4072] besteht eine einheitliche Gründerhaftung der Gesellschafter in Form einer bis zur Eintragung der Gesellschaft andauernden Verlustdeckungs- und Vorbelastungs- (Unterbilanz-)haftung als Innenhaftung gegenüber der Gesellschaft. 2332

Zu unterscheiden ist die Verlustdeckungshaftung, wonach die Gesellschafter bei Nichteintragung der GmbH für sämtliche Anlaufverluste haften, von der Vorbelastungshaftung, wonach die Gesellschafter bei Eintragung der GmbH für alle vor Eintragung begründeten Verbindlichkeiten haften. Das Unterscheidungskriterium ist das Gelingen der Eintragung der GmbH im Handelsregister.

Hinsichtlich der hier unter dem Begriff der Vorbelastungshaftung zusammengefassten Fälle wird teilweise weiter differenziert zwischen der Unterbilanzhaftung für Verbindlichkeiten, die bis zur Anmeldung beim Handelsregister begründet wurden, und der Vorbelastungshaftung für Verbindlichkeiten, die zwischen Anmeldung und Eintragung im Handelsregister begründet wurden. Teilweise werden die Begriffe auch gleichbedeutend benutzt.

5.5.5.1 Vorbelastungshaftung analog §§ 9, 19 GmbHG – Kapitalaufbringung

Die Gesellschafter haften, wenn das *Nettovermögen bei Eintragung kleiner als die Stammkapitalziffer* ist, im Innenverhältnis nach dem Verhältnis ihrer Anteile auf die volle Differenz und sind somit nicht Gesamtschuldner. Diese Haftung ist nicht auf den Betrag der noch nicht eingezahlten Einlagen beschränkt, sondern umfasst die Verluste, die vom Gesellschaftsvermögen nicht abgedeckt werden. 2333

Anspruchsinhaber ist die Gesellschaft. Somit muss ein Dritter erst gegen die Vor-GmbH vorgehen, um dann deren Anspruch gegen die Gründer zu pfänden. 2334

In der Insolvenz ist der Anspruch durch den Verwalter geltend zu machen, § 80 InsO. Die Vorbelastungshaftung geht mit Eintragung der GmbH in der Unterbilanzhaftung auf. 2335

Bei Verlusten zwischen notarieller Gründung und Anmeldung der Eintragung entsteht mit der Anmeldung ein Anspruch auf Ausgleich, da der Geschäftsführer bei der Anmeldung die vollständige Deckung des Kapitals versichern muss. 2336

Zu den Anspruchsvoraussetzungen im Einzelnen wie folgt:

5.5.5.1.1 Eintragung ins Handelsregister
Der Anspruch entsteht mit der Eintragung der Gesellschaft im Handelsregister.[4073] 2337

4072 BGH, Urt. v. 27.01.1997 – II ZR 123/94 NJW 1997, 1507.
4073 BGH, Urt. v. 09.03.1981 – II ZR 54/80, BGHZ 80, 129, 142.

5.5.5.1.2 Anwendbarkeit von §§ 19 ff. GmbHG

2338 Grundgedanke der Vorbelastungshaftung ist die Sicherstellung der vollständigen Kapitalaufbringung. D. h. der Anspruch aus der Vorbelastungshaftung ist ebenso wie der Anspruch aus der Unterbilanzhaftung grundsätzlich wie ein Anspruch auf Leistung fehlender Bareinlagen zu behandeln und unterliegt deshalb denselben strengen Regeln der Kapitalaufbringung wie die ursprüngliche Einlageschuld.[4074]

2339 Nach § 19 Abs. 1 GmbHG besteht zunächst eine anteilige Haftung der Gesellschafter nach dem Verhältnis ihrer Anteile.

2340 § 19 Abs. 2 Satz GmbHG schließt einseitig eine Aufrechnung seitens des Gesellschafters aus. Die Gesellschaft ihrerseits könnte dagegen weiterhin die Aufrechnung erklären. Zumeist wird dies jedoch aufgrund der Insolvenz der Gesellschaft an der Vollwertigkeit des Anspruches des Gesellschafters scheitern.

2341 Kann die Einlage von einem Gesellschafter nicht eingezogen werden, so haften die übrigen Mitgesellschafter für den Fehlbetrag im Verhältnis ihrer Anteile, § 24 GmbHG.

5.5.5.1.3 Haftungsumfang

2342 Der Haftungsumfang ist durch Erstellen einer sogenannten Vorbelastungs- oder Unterdeckungs-Bilanz zu ermitteln. Besteht eine positive Fortführungsprognose, so sind Fortführungswerte, ansonsten Liquidationswerte anzusetzen. Hat die Ingangsetzung der Vor-GmbH in der Zeit zwischen Aufnahme der Geschäftstätigkeit und Eintragung der Gesellschaft ausnahmsweise zu einer Organisationseinheit geführt, die als Unternehmen anzusehen ist, das über seine einzelnen Vermögenswerte hinaus einen eigenen Vermögenswert (Firmenwert) repräsentiert, so hat die Bewertung des Vermögens in der Vorbelastungsbilanz nach der Ertragswertmethode zu erfolgen.[4075]

2343 Jedenfalls bei Fehlen einer Rangrücktrittsvereinbarung sind auch eigenkapitalersetzende Gesellschafterdarlehen in die Vorbelastungsbilanz der GmbH als Verbindlichkeiten einzustellen.[4076]

2344 Die danach eingetretene Unterbilanz ist von den Gesellschaftern zu ersetzen. Gründungskosten sind hiervon allerdings ausgenommen.

2345 Die Unterbilanzhaftung entfällt auch nicht dadurch, dass der vorhandene Fehlbetrag in der Folgezeit im Verlauf der weiteren Geschäftstätigkeit anderweitig ausgeglichen wird.[4077] Dies gilt auch für die Fälle, in denen die Gesellschaft über nicht ausgeschüttete Gewinne oder über eine auflösungsfähige Kapitalrücklage im Sinne des § 272 Abs. 2 Nr. 4 HGB verfügt.[4078]

4074 Vgl. BGH, Urt. v. 06.12.1993 – II ZR 102/93, BGHZ 124, 282, 286; sowie BGH, Urt. v. 16.01.2006 – II ZR 65/04, BGHZ 165, 391.
4075 BGH, Urt. v. 09.11.1998 – II ZR 190/97, NJW 1999, 283; BGH, Urt. v. 16.01.2006 – II ZR 65/04, NJW 2006, 1594.
4076 BGH, Urt. v. 06.12.1993 – II ZR 102/93, NJW 1994, 724.
4077 BGH, Urt. v. 16.01.2006 – II ZR 65/04, BGHZ 165, 391.
4078 BGH, Urt. v. 16.01.2006 – II ZR 65/04, BGHZ 165, 391.

5.5.5.1.4 Beweislast

Die Gesellschaft bzw. im Falle der Insolvenz der Insolvenzverwalter haben die Unterbilanz zu beweisen. Der Gesellschafter hat dann substantiiert darzulegen, dass andere Werte anzusetzen sind. 2346

5.5.5.1.5 Verjährung

Der Anspruch verjährt § 9 Abs. 2 GmbHG – analog – in zehn Jahren seit Entstehen/Eintragung der Gesellschaft. Für Altfälle – Unterbilanz vor dem 15.12.2004 – gilt eine kürzere Verjährungsfrist von nur fünf Jahre (§ 9 Abs. 2 GmbHG a. F.). 2347

5.5.5.1.6 Geschäftsführerhaftung

Der Geschäftsführer haftet nach § 43 Abs. 2 GmbHG für die Unterbilanz, wenn der Anspruch von ihm nicht gegen die Gesellschafter durchgesetzt wurde. 2348

5.5.5.1.7 Vor-Aktiengesellschaft

Die Vorbelastungshaftung gilt ebenso für die noch nicht im Handelsregister eingetragene Aktiengesellschaft, § 41 Abs. 1 AktG. 2349

5.5.5.2 Verlustdeckungshaftung bei Nichteintragung der GmbH

Scheitert die Eintragung der GmbH im Handelsregister, so muss unverzüglich ein Liquidationsverfahren nach §§ 60 ff. GmbHG eingeleitet werden, um die Haftung auf die Verlustdeckungshaftung zu begrenzen. 2350

Es handelt sich hierbei wiederum um einen Anspruch der Gesellschaft aus der Innenhaftung der Gesellschafter. Die Gründer haften anteilsmäßig gemäß § 19 Abs. 1 GmbHG.

Will ein Gläubiger diesen Anspruch geltend machen, so muss er gegen die Gesellschaft vorgehen und deren Anspruch pfänden. 2351

Erfolgt keine sofortige Liquidation der Vor-GmbH, so tritt ausnahmsweise eine unbeschränkte Außenhaftung der Gesellschafter ein. Zu diesen Ausnahmefällen zählen im Einzelnen:

5.5.5.2.1 Vermögenslosigkeit der Vor-GmbH

Begründet wurde die Aufgabe der unmittelbaren Außenhaftung der Gesellschafter damit, dass die Gläubiger durch die Aufgabe des Vorbelastungsverbots und die Vorbelastungshaftung der Gesellschafter gegenüber der Gesellschaft wirtschaftlich nicht schlechter gestellt würden, weil sie im Wege der Pfändung den Verlustdeckungsanspruch der Vorgesellschaft gegen die Gründer verwerten können.[4079] 2352

Anders ist dies jedoch in Fällen der masselosen Insolvenz, in denen der BGH dem Gläubiger ausnahmsweise einen direkten Zugriff im Rahmen ei-

---
4079 BGH, Urt. v. 27.01.1997 – II ZR 123/94, BGHZ 134, 333.

ner Außenhaftung gestattet.[4080] Dies gilt ebenso für die Fälle, in denen zwar ein Insolvenzverfahren eröffnet, jedoch wegen Masselosigkeit wieder eingestellt wurde.[4081]

5.5.5.2.2 Fehlender Geschäftsführer/nur ein Gläubiger

2353 Existiert kein Geschäftsführer mehr oder ist nur ein Gläubiger vorhanden, so wäre es ebenfalls ein unnötiger Formalismus, den Gläubiger darauf zu verweisen, erst die Gesellschaft in Anspruch zu nehmen, um deren Anspruch zu pfänden.[4082]

5.5.5.2.3 Einpersonen-Vor-GmbH

2354 Ebenso kann der Gläubiger einer Gesellschaft in Ermangelung einer Eintragung der Gesellschaft den Alleingesellschafter der GmbH unmittelbar als Haftungsschuldner in Anspruch nehmen.[4083]

5.5.5.3 Aufgabe der Gründungsabsicht

2355 Scheitert die Eintragung in das Handelsregister oder wird die Gründung der GmbH aus anderen Gründen aufgegeben, so findet das Recht der Vorgesellschaft jedenfalls ab dem späteren Wegfall des Gründungsziels keine Anwendung. Dies gilt auch dann, wenn die Gesellschaft trotzdem noch werbend tätig ist. Damit liegt eine sog. unechte oder fehlgeschlagene Vorgesellschaft vor.[4084]

In diesem Fall unterliegt die Gesellschaft dem Recht der BGB-Gesellschaft oder der OHG.

2356 Mit der Aufgabe des Ziels, die GmbH zur Entstehung zu bringen, entfällt zugleich auch die beschränkte persönliche Haftung der Gesellschafter in der Vorgesellschaft, und zwar mit der Folge, dass die Gesellschafter auch für die während der Phase der Vorgesellschaft eingegangenen Verbindlichkeiten in vollem Umfang persönlich haften (§ 705 BGB, § 128 HGB). Denn mit der Aufgabe der Eintragungsabsicht ist der einzige Grund dafür entfallen, den Gläubigern der Vorgesellschaft zu versagen, die Gründer persönlich in Anspruch zu nehmen, der darin liegt, dass die Kapitalgesellschaft notwendig ein Vorstadium durchlaufen muss und deren Gläubiger erwarten dürfen, sich wegen ihrer Ansprüche an eine alsbald entstehende GmbH mit einem gesetzlich kontrollierten und garantierten, notfalls auf dem Wege der Unterbilanzhaftung aufzufüllenden Haftungsfonds halten zu können.[4085]

4080 BGH, Urt. v. 27.01.1997 – II ZR 123/94, BGHZ 134, 333.
4081 BAG, Urt. v. 25.01.2006 – 10 AZR 238/05, ZIP 2006, 1044.
4082 BGH, Urt. v. 27.01.1997 – II ZR 123/94, BGHZ 134, 333.
4083 BGH, Urt. v. 19.03.2001 – II ZR 249/99, NJW 2001, 2092; BGH, Urt. v. 27.01.1997 – II ZR 123/94, BGHZ 134, 333.
4084 OLG Dresden, Urt. v. 17.12.1997 – 12 U 2364/97, NZG 1998, 311.
4085 BGH, Urt. v. 04.11.2002 – II ZR 204/00, NJW 2003, 429, 430.

Diese unbeschränkte Außenhaftung der Gesellschafter besteht auch für Altschulden, also auch solche, die nach Aufnahme der Geschäftstätigkeit bis zum Scheitern der Eintragung entstanden sind.[4086]

Dasselbe gilt, wenn die Gründung nicht mit Nachdruck betrieben wurde, d.h. wenn das Anmeldungsverfahren länger als sechs Monate dauert.

2357

Will der Gesellschafter eine unbeschränkte Außenhaftung vermeiden, so muss er unverzüglich ein Liquidationsverfahrens nach §§ 60ff. GmbHG einleiten.[4087] In diesen Fällen bleibt es bei der Verlustdeckungshaftung als Innenhaftung.[4088]

2358

5.5.5.4 Auswirkungen des MoMiG auf die Vor-GmbH

Grundsätzlich haben die Neuregelungen des MoMiG keinen Einfluss auf die Vor-GmbH. Eine Ausnahme gilt nur für die neu eingeführte Unternehmergesellschaft, § 5a GmbHG. Da bei dieser Gesellschaftsform die Mindesteinlage nach § 5 Abs. 1 GmbHG von 25.000 € unterschritten wird, darf die Anmeldung erst erfolgen, wenn das Stammkapital in voller Höhe eingezahlt ist, § 5a Abs. 2 Satz 1 GmbHG. Sacheinlagen sind ausgeschlossen, § 5a Abs. 2 Satz 2 GmbHG.

2359

5.5.6 Haftung der Gründungsgesellschafter gegenüber Gläubigern im Außenverhältnis

Mit Urteil vom 27.01.1997[4089] hat der BGH die bis dahin bestehende Rechtsprechung[4090] zur Außenhaftung der Gesellschafter einer Vor-GmbH aufgegeben und sich stattdessen für eine reine Innenhaftung der Gesellschafter gegenüber der Gesellschaft in der Form einer Verlustdeckungshaftung entschieden.

2360

Eine Haftung der Gesellschafter gegenüber den Gläubigern im Außenverhältnis existiert danach grds. nicht mehr.

Eine Ausnahme besteht nur für die Fälle, in denen es nicht zur Eintragung der Gesellschaft kommt und gleichzeitig die Vor-GmbH vermögenslos ist, nur einen Gläubiger hat oder es sich um eine Ein-Personen-GmbH handelt.

5.5.7 Haftung des organschaftlichen Vertreters nach § 64 Satz 1 GmbHG

Da auf die Vor-GmbH § 15a InsO nach herrschender Meinung[4091] anzuwenden ist und somit eine Pflicht zur Stellung eines Insolvenzantrags besteht, haftet der Geschäftsführer der Gesellschaft gemäß § 64 Satz 1 GmbHG auf Ersatz von Zahlungen, die nach Eintritt der Zahlungsunfähigkeit der Gesellschaft oder nach Feststellung ihrer Überschuldung geleistet werden.

2361

4086 BGH, Urt. v. 04.11.2002 – II ZR 204/00, NJW 2003, 429.
4087 BGH, Urt. v. 28.11.1997 – V ZR 178/96, NJW 1998, 1079, 1080.
4088 BGH, Urt. v. 04.11.2002 – II ZR 204/00, NJW 2003, 429.
4089 BGH, Urt. v. 27.01.1997 – II ZR 123/94, NJW 1997, 1507.
4090 BGH, Urt. v. 09.03.1981 – II ZR 54/80, BGHZ 80, 129, 144; BGH, Urt. v. 07.05.1984 – II ZR 276/83, BGHZ 91, 148, 152.
4091 *Hirte*, in: Uhlenbruck, InsO, § 11 Rn. 40f.; *Ehricke*, in: Jaeger, InsO, § 11, Rn. 19.

Zu den Voraussetzungen eines Anspruchs nach § 64 Satz 1 GmbHG im Einzelnen unter Rn. 2401 ff.

5.6 Haftung bei Gründung einer Aktiengesellschaft (§ 46 AktG)

2362 § 46 AktG regelt eine verschuldensabhängige Haftung der Gründer einer Aktiengesellschaft gegenüber der Gesellschaft.
Geregelt werden die nachfolgenden Tatbestände:

5.6.1 Verantwortlichkeit für die Richtigkeit und Vollständigkeit der Angaben (§ 46 Abs. 1 Satz 1 AktG)

2363 Die Gründer sind der Gesellschaft als Gesamtschuldner verantwortlich für die Richtigkeit und Vollständigkeit der Angaben, die zum Zwecke der Gründung der Gesellschaft über Übernahme der Aktien, Einzahlung auf die Aktien, Verwendung eingezahlter Beträge, Sondervorteile, Gründungsaufwand, Sacheinlagen und Sachübernahmen gemacht worden sind.

5.6.2 Verantwortlichkeit für die Eignung der das Geld entgegen nehmenden Stelle (§ 46 Abs. 1 Satz 2, 1. HS AktG)

2364 Die Gründer sind dafür verantwortlich, dass die zur Annahme von Einzahlungen auf das Grundkapital bestimmte Stelle (§ 54 Abs. 3 AktG) hierzu geeignet ist.

5.6.3 Verantwortlichkeit für die freie Verfügbarkeit der Einlagen (§ 46 Abs. 1 Satz 2, 2. HS AktG)

2365 Die Gründer müssen gewährleisten, dass die eingezahlten Beträge zur freien Verfügung des Vorstands stehen.

5.6.4 Haftung für die Einlagen, Sachübernahmen und Gründungsaufwand (§ 46 Abs. 2 AktG)

2366 Wird die Gesellschaft von Gründern durch Einlagen, Sachübernahmen oder Gründungsaufwand vorsätzlich oder aus grober Fahrlässigkeit geschädigt, so sind ihr alle Gründer als Gesamtschuldner zum Ersatz verpflichtet.

5.6.5 Haftung für Mitgesellschafter (§ 46 Abs. 4 AktG)

2367 Die Gründer trifft ein Auswahlverschulden, wenn ein Aktionär zahlungsunfähig oder unfähig ist, seine Sacheinlage zu leisten. Diejenigen, die hiervon bei der Aufnahme Kenntnis hatten, haften als Gesamtschuldner.

5.6.6 Haftungsausschluss (§ 46 Abs. 3 AktG)

2368 Ein Gründer haftet nicht, wenn er die die Ersatzpflicht begründenden Tatsachen weder kannte noch bei Anwendung der Sorgfalt eines ordentlichen Geschäftsmannes kennen musste.

5.6.7 Haftung der tatsächlich an der Gesellschaft wirtschaftlich Beteiligten (§ 46 Abs. 5 AktG)

Neben den Gründern sind in gleicher Weise Personen verantwortlich, für deren Rechnung die Gründer Aktien übernommen haben. Hierdurch soll eine Schädigung der Gesellschaft durch mittellose Strohmänner verhindert werden. 2369

5.6.8 Haftung Dritter (§ 47 AktG)

Nach § 47 AktG wird der Kreis der nach § 46 AktG Haftenden in bestimmten Fällen erweitert auf denjenigen, der eine Vergütung erhalten hat und dabei wusste, dass diese nicht als Gründungsaufwand angegeben wird (§ 47 Nr. 1 AktG), denjenigen, der bei der Schädigung der Gesellschaft durch Einlagen oder Sachübernahmen mitgewirkt hat (§ 47 Nr. 2 AktG) und den Emittenten (§ 47 Abs. 3 AktG). 2370

5.6.9 Verjährung (§ 51 AktG)

Die Ansprüche verjähren in fünf Jahren. Die Verjährung beginnt mit der Eintragung der Gesellschaft bzw. bei erst danach begangenen Taten mit deren Vornahme. 2371

5.7 Existenzvernichtungshaftung nach Eintragung der GmbH (§ 826 BGB)

Grundsätzlich besteht im Außenverhältnis nach § 13 Abs. 2 GmbHG nur eine Haftung des Gesellschaftsvermögens. Dies setzt allerdings voraus, dass die Zweckbindung des Gesellschaftsvermögens respektiert wird. Wird dieses Gesellschaftsvermögen jedoch durch die Gesellschafter dem Zugriff der Gläubiger entzogen, so führte dies – soweit der Nachteil nicht durch §§ 30, 31 GmbHG ausgeglichen werden konnte – zu einer eigenständigen Haftungsfigur, der sog. Durchgriffshaftung.[4092] Voraussetzung war ein gezielter, betriebsfremden Zwecken dienender Eingriff des Gesellschafters in das Gesellschaftsvermögen, der sog. „existenzvernichtenden Eingriff", Managementfehler bei dem Betrieb des Gesellschaftsunternehmens reichten dafür nicht aus.[4093] Daneben hatte der BGH aber auch stets Ansprüche nach § 826 BGB angenommen.[4094] 2372

Mit seinem sog. „Trihotel"-Urteil[4095] hat der BGH das bisherige Konzept einer eigenständigen Haftungsfigur, die an den Missbrauch der Rechtsform 2373

[4092] BGH, Urt. v. 17.09.2001 – II ZR 178/99, NZI 2001, 641 – „Bremer Vulkan"; BGH, Urt. v. 24.06.2002 – II ZR 300/00, ZIP 2002, 1578 – „KBV"; Altmeppen, Zur Entwicklung eines neuen Gläubigerschutzkonzeptes in der GmbH, ZIP 2002, 1553 ff.; Ulmer, Haftung von GmbH-Gesellschaftern, JZ 2002, 1049 ff.; Jawansky, Die Geltendmachung von Ansprüchen aus existenzvernichtendem Eingriff gegen GmbH-Gesellschafter durch den Insolvenzverwalter, DB 2003, 2757 ff.
[4093] BGH, Urt. v. 13.12.2004 – II ZR 256/02, ZIP 2005, 250 – Handelsvertreter.
[4094] BGH, Urt. v. 24.06.2002 – II ZR 300/00, ZIP 2002, 1578 – KBV; BGH, Urt. v. 20.09.2004 – II ZR 302/02, ZIP 2004, 2138 – Rheumaklinik.
[4095] BGH, Urt. v. 16.07.2007 – II ZR 3/04, ZIP 2007, 1552, mit Bespr. v. Hölzle, DZWIR 2007, 397.

anknüpft und als Durchgriffs-(außen-)haftung des Gesellschafters gegenüber den Gesellschaftsgläubigern ausgestaltet, aber mit einer Subsidiaritätsklausel im Verhältnis zu den §§ 30, 31 BGB versehen ist, aufgegeben. Stattdessen knüpft er die Existenzvernichtungshaftung des Gesellschafters an die missbräuchliche Schädigung des im Gläubigerinteresse zweckgebundenen Gesellschaftsvermögens an und ordnet sie als schadensersatzrechtliche Innenhaftung gegenüber der Gesellschaft als eine besondere Fallgruppe der sittenwidrigen vorsätzlichen Schädigung § 826 BGB zu. Im Gegensatz zur früheren Durchgriffshaftung sind die Schadensersatzansprüche aus Existenzvernichtungshaftung gemäß § 826 BGB gegenüber Erstattungsansprüchen aus §§ 31, 30 GmbHG nicht mehr subsidiär; vielmehr besteht zwischen ihnen Anspruchskonkurrenz.

5.7.1 Voraussetzungen

5.7.1.1 Eingriff

2374 Voraussetzung ist ein missbräuchlicher kompensationsloser Eingriff des Gesellschafters in das im Gläubigerinteresse zweckgebundene Gesellschaftsvermögen, also ein pflichtwidriger Eingriff des Gesellschafters in Gesellschaftsvermögen unter Außerachtlassung der gebotenen Rücksichtnahme auf die Erhaltung der Fähigkeit der Gesellschaft zur Bedienung ihrer Verbindlichkeiten. Die Sittenwidrigkeit liegt nicht allein in dem Entzug des Vermögens, der auch über §§ 30, 31 GmbHG abgedeckt wäre, sondern in der dauerhaften Beeinträchtigung der Erfüllung der Verbindlichkeiten der Gesellschaft.

5.7.1.2 Existenzvernichtend

2375 Dadurch verursacht eine ins Gewicht fallende Beeinträchtigung der Fähigkeit, Verbindlichkeiten zu bedienen mit der Folge der Insolvenz – insolvenzverursachend oder -vertiefend. Allerdings kommt eine Existenzvernichtungshaftung auch im Stadium der Liquidation der Gesellschaft (§§ 69 ff. GmbHG) in Betracht[4096], da in diesem Fall § 73 Abs. 1 und Abs. 2 GmbHG den Erhalt des Gesellschaftsvermögens im Interesse der Gläubiger in besonderer Weise hervorhebt.

5.7.1.3 Zumindest Eventualvorsatz

2376 Dem handelnden Gesellschafter müssen Tatsachen bewusst sein, die den Eingriff sittenwidrig machen, während ein Bewusstsein der Sittenwidrigkeit nicht erforderlich ist. Eine derartige Sittenwidrigkeit betrifft nicht nur die Fälle, in denen die Vermögensentziehung geschieht, um den Zugriff der Gläubiger auf dieses Vermögen zu verhindern, sondern ist auch dann anzunehmen, wenn die faktische dauerhafte Beeinträchtigung der Erfüllung der Verbindlichkeiten die voraussehbare Folge des Eingriffs ist und der Gesellschafter diese Rechtsfolge in Erkenntnis ihres möglichen Eintritts billigend in Kauf genommen hat.[4097]

4096 BGH, Urt. v. 09.02.2009 – II ZR 292/07, NJW 2009, 2127 – Sanitary.
4097 BGH, Urt. v. 16.07.2007 – II ZR 3/04, Rn. 30, ZIP 2007, 1552 – Trihotel.

5.7.1.4 Anspruchsgegner

Der Anspruch richtet sich gegen alle Gesellschafter, die an dem existenzvernichtenden Eingriff mitgewirkt haben. 2377

5.7.1.5 Mittelbare Gesellschafter

Wegen des existenzvernichtenden Eingriffs haftet auch derjenige, der zwar nicht an der GmbH, wohl aber an einer Gesellschaft beteiligt ist, die ihrerseits Gesellschafterin der GmbH ist (Gesellschafter-Gesellschafter), jedenfalls wenn er einen beherrschenden Einfluss auf die Gesellschafterin ausüben kann.[4098] 2378

5.7.1.6 Umfang des Anspruchs

Die Höhe des Anspruchs entspricht dem durch den pflichtwidrigen Eingriff verursachten Schaden. 2379

5.7.1.7 Verjährung

Gemäß §§ 195, 199 Abs. 1 BGB verjähren Schadensersatzansprüche grds. drei Jahre nach Ablauf des Jahres, in dem der Anspruch entstanden ist und der Gläubiger Kenntnis hiervon und von der Person des Schädigers erlangt hat. Bei Identität von Organ und Schädiger ist dessen Kenntnis bedeutungslos. Daneben gilt unabhängig von der Kenntnis des Gläubigers eine zehnjährige Verjährung ab dem Tag des Entstehens des Anspruches, §§ 199 Abs. 3 Nr. 1, 852 Satz 2 BGB. Der Anspruch verjährt unabhängig von Entstehen und Kenntnis in 30 Jahren, §§ 199 Abs. 3 Nr. 2, 852 Satz 2 BGB. Es gilt jeweils die kürzere Frist, § 199 Abs. 3 Satz 2 BGB. 2380

5.7.1.8 Geltendmachung durch den Insolvenzverwalter

Im Fall der Eröffnung des Insolvenzverfahrens ist der – originär der Gesellschaft zustehende – Anspruch wegen Existenzvernichtung aus § 826 BGB vom Insolvenzverwalter geltend zu machen. Anders als nach dem früheren Außenhaftungsmodell bedarf es keiner Analogie zu § 93 InsO. 2381

5.7.2 Fälle

Typische Fälle der Existenzvernichtungshaftung sind: 2382

- Abzug zur dauerhaften Gewinnerzielung erforderlichen Vermögens,
- Abschluss riskanter Verträge, deren Vorteil nicht der Gesellschaft, sondern dem Gesellschafter oder mit ihm verbundenen Unternehmen zufließt,
- Spekulation auf Kosten der Gläubiger,
- Willkürlicher Entzug zur Nutzung überlassener Gegenstände des Anlagevermögens,

---

4098 BGH, Urt. v. 13.12.2004 – II ZR 206/02, ZIP 2005, 117 – Autovertragshändler.

- Verlagerung personeller Ressourcen, ohne die eine dauerhafte Gewinnerzielung nicht möglich ist.

5.7.3 Gleichzeitige Verletzung von § 266 Abs. 1 StGB (Untreue)

2383 In der Regel wird bei Vorliegen eines existenzvernichtenden Eingriffs auch der Vorwurf der Untreue, § 266 StGB, zu begründen sein. Bei Beeinträchtigungen des Stammkapitals, Entzug der Produktionsgrundlagen und Gefährdung der Liquidität liegt eine Verletzung der Vermögensbetreuungspflicht des Gesellschafters vor.[4099] In diesem Fall ergibt sich ein Schadensersatzanspruch aus § 823 Abs. 2 BGB.

5.8 Innenhaftung des Geschäftsführers

2384 Gemäß § 43 Abs. 2 GmbHG/§ 93 Abs. 2 AktG haftet der Geschäftsführer bei Verletzung von Sorgfaltspflichten der Gesellschaft auf Schadensersatz. Bei weisungsgebundenem Verhalten gilt dies jedoch nicht im Innenverhältnis, § 37 Abs. 1 GmbHG. Ausgenommen sind allerdings Ansprüche Dritter, § 37 Abs. 2 GmbHG.

2385 Gemäß § 64 Satz 1 GmbHG/§ 93 Abs. 3 Nr. 6 AktG haftet der Geschäftsführer für Zahlungen, die er nach Eintritt der Zahlungsunfähigkeit oder auch Feststellung der Überschuldung aus dem Vermögen der Gesellschaft leistet, es sei denn, diese sind auch nach diesem Zeitpunkt mit der Sorgfalt eines ordentlichen Geschäftsmannes vereinbar. Hierzu zählen solche Leistungen, für die eine vollwertige Gegenleistung in die Insolvenzmasse gelangt ist.

2386 Der Insolvenzverwalter ist nicht verpflichtet, vorrangig die vom Geschäftsführer gezahlten Beträge gegenüber den Gläubigern anzufechten. Allerdings sind dem Geschäftsführer solche Ansprüche im Rahmen des Urteils abzutreten; gleichzeitig ist ihm vorzubehalten, die von ihm geleisteten Zahlungen zur Tabelle nachzumelden.

5.8.1 Innenhaftung des Geschäftsführers (§ 43 GmbHG)

2387 Nach § 43 Abs. 1 GmbHG hat der Geschäftsführer in den Angelegenheiten der Gesellschaft die Sorgfalt eines ordentlichen Geschäftsmannes anzuwenden. Geschäftsführer, welche ihre Obliegenheiten verletzen, haften der Gesellschaft solidarisch für den entstandenen Schaden, § 43 Abs. 2 GmbHG. Es handelt sich um eine reine Innenhaftung.

2388 Die Gesellschafterversammlung beschließt die Geltendmachung von Ersatzansprüchen gegenüber dem Geschäftsführer, § 46 Nr. 8 GmbHG. Gegebenenfalls kann der Beschluss nachgeholt werden.[4100] Die verjährungsunterbrechende Wirkung einer ohne diesen Beschluss erhobenen Klage tritt trotzdem ein. Im Insolvenzfall wird der Anspruch vom Insolvenzverwalter geltend gemacht, § 92 InsO. Außerhalb des Insolvenzverfahrens hat der Gläubiger daher nur die Möglichkeit, den Anspruch der Gesellschaft gegen

---
4099 BGH, B. v. 31.07.2009 – 2 StR 95/09, NJW 2009, 3666.
4100 BGH, Urt. v. 03.05.1999 – II ZR 119/98, DStR 1999, 907.

ihren Geschäftsführer zu pfänden und sich zur Einziehung überweisen zu lassen, §§ 829, 835 ZPO.

5.8.1.1 Sorgfaltsmaßstab

§ 43 GmbHG entspricht §§ 93 AktG, 34 GenG (Sorgfaltspflicht und Verantwortlichkeit der Vorstandsmitglieder). Maßstab für Pflichterfüllung des Geschäftsführers ist danach die Sorgfalt eines ordentlichen Geschäftsmannes. Standard ist dabei allerdings nicht die Sorgfalt, die ein Kaufmann in eigenen Angelegenheiten anwenden würde, sondern die Sorgfalt, die ein ordentlicher Geschäftsmann in verantwortlich leitender Position bei selbstständiger treuhänderischer Wahrung fremder Vermögensinteressen zu beachten hat.[4101] Dabei können auch Art und Größe sowie Struktur des Unternehmens für den zu setzenden Maßstab von entscheidender Bedeutung sein. Insbes. kann sich der Geschäftsführer nicht darauf berufen, dass er seiner Aufgabe nicht gewachsen war.[4102] Der Geschäftsführer kann gegenüber der Gesellschaft nicht einwenden, die Gesellschafterversammlung habe ihn schlecht ausgewählt oder nicht genügend überwacht.[4103] Die persönliche Eignung ist nicht von Belang.

2389

Eine Sorgfaltspflichtverletzung liegt z. B. vor, wenn der Geschäftsführer in die Kasse greift oder sich ein höheres Honorar überweist als ihm nach seinem Anstellungsvertrag zusteht, denn für Änderungen des Anstellungsvertrages des Geschäftsführers ist als Annex zu § 46 Nr. 5 GmbHG ein Beschluss der Gesellschafterversammlung erforderlich.[4104] Ein Anspruch aus § 43 Abs. 2 GmbHG kann auch darin begründet sein, dass der Geschäftsführer pflichtwidrig keine geeigneten Sanierungsmaßnahmen ergreift oder aber einen Insolvenzantrag zu früh stellt.[4105]

5.8.1.2 Weisungsgebundenheit (§ 37 Abs. 1 GmbHG)

Der Geschäftsführer ist allerdings bei seinem Handeln an die Weisungen der Gesellschafter gebunden, § 37 Abs. 1 GmbHG. Hält er sich an die Weisungen, so haftet er der Gesellschaft auch nicht im Innenverhältnis für die ihr hieraus entstehenden Schäden. Das gilt sogar dann, wenn es dadurch zu einer Beeinträchtigung des Stammkapitals oder zur Insolvenz der GmbH kommt[4106], solange kein Verstoß gegen § 30 GmbHG vorliegt. Dies gilt sogar dann, wenn der Geschäftsführer gleichzeitig Alleingesellschafter ist.

2390

4101 OLG Zweibrücken, Urt. v. 22.12.1998 – 8 U 98/98, NZG 1999, 506; OLG Celle, Urt. v. 15.03.2000 – 9 U 209/99, NZG 2000, 1178; Zöllner/Noack, in: Baumbach/Hueck, GmbHG, § 43 Rn. 7
4102 OLG Zweibrücken, Urt. v. 22.12.1998 – 8 U 98/98, NZG 1999, 506.
4103 BGH, Urt. v. 14.03.1983 – II ZR 103/82, NJW 1983, 1856.
4104 BGH, B. v. 26.11.2007 – II ZR 161/06, DStR 2008, 158: Es besteht dann auch ein Erstattungsanspruch der Gesellschaft aus § 812 BGB gegen den Geschäftsführer wegen der auf die erhöhte Vergütung geleisteten Lohnsteuer.
4105 Wicke, GmbHG, § 64 Rn. 18.
4106 BGH, Urt. v. 31.01.2000 – II ZR 189/99, NJW 2000, 1571.

2391 Eine Haftung des Geschäftsführers für durch ihn herbeigeführte Minderungen des Gesellschaftsvermögens besteht bei weisungsgemäßem Verhalten nur im Rahmen der Fälle der §§ 30, 33, 43 Abs. 3, 64 GmbHG.[4107]

2392 Der Geschäftsführer haftet der Gesellschaft allerdings dann auf Schadensersatz, wenn er die Weisung pflichtwidrig herbeigeführt hat oder die Weisung nichtig war.[4108] Konnte der Geschäftsführer die Nichtigkeit nicht erkennen, so ist dies im Rahmen des Verschuldens zu berücksichtigen. Bei einer bloßen Anfechtbarkeit des Beschlusses haftet der Geschäftsführer erst ex nunc mit Feststellung der Nichtigkeit. Ist die Unanfechtbarkeit des Beschlusses eingetreten, so hat der Geschäftsführer diesen umzusetzen.

5.8.1.3 Weisungsunabhängige Haftung

2393 Unabhängig von eventuellen Weisungen der Gesellschafter haftet der Geschäftsführer nach § 43 Abs. 3 GmbHG, wenn den Bestimmungen des § 30 GmbHG zuwider Zahlungen aus dem zur Erhaltung des Stammkapitals erforderlichen Vermögen der Gesellschaft gemacht oder den Bestimmungen des § 33 GmbHG zuwider eigene Geschäftsanteile der Gesellschaft erworben worden sind.

5.8.1.4 Entlastung/Vergleich

2394 Hat die Gesellschafterversammlung dem Geschäftsführer nach § 46 Nr. 5 GmbHG Entlastung erteilt, so können mit Ausnahme des Anspruches aus § 43 Abs. 3 GmbHG keine Ansprüche mehr gegen den Geschäftsführer geltend gemacht werden. Aus §§ 43 Abs. 3 Satz 2, 9 b Abs. 1 Satz 1 GmbHG ergibt sich, dass für diese Ansprüche grds. ein Verzicht ausgeschlossen ist. Dies gilt nicht, wenn der Ersatzpflichtige zahlungsunfähig ist und sich zur Abwendung des Insolvenzverfahrens mit seinen Gläubigern vergleicht oder wenn die Ersatzpflicht in einem Insolvenzplan geregelt wird, § 9 b Abs. 1 Satz 2 GmbHG.

5.8.1.5 Mehrere Geschäftsführer/Delegation

2395 Der Geschäftsführer ist auch für die Erfüllung der öffentlich-rechtlichen Pflichten, wie z. B. die Abführung der Arbeitnehmerbeiträge zur Sozialversicherung, verantwortlich. Der Geschäftsführer braucht jedoch die in sein Ressort fallenden Pflichten nicht in eigener Person zu erfüllen. Er kann sie auch delegieren.[4109] Es trifft ihn dann jedoch eine Überwachungspflicht.[4110] Eine solche Überwachungspflicht kommt vor allem in finanziellen Krisensituationen zum Tragen, in denen die laufende Erfüllung der Verbindlichkeiten nicht mehr gewährleistet erscheint.[4111]

[4107] BGH, Urt. v. 31.01.2000 – II ZR 189/99, NJW 2000, 1571.
[4108] *Altmeppen*, in: Roth/Altmeppen, GmbHG, § 43 Rn. 116.
[4109] BGH, Urt. v. 15.10.1996 – VI ZR 319/95, NJW 1997, 130.
[4110] BGH, B. v. 28.05.2002 – 5 StR 16/02, NJW 2002, 2480.
[4111] BGH, Urt. v. 15.10.1996 – VI ZR 319/95, NJW 1997, 130, zur Frage der Haftung des Geschäftsführers für nicht abgeführte Arbeitnehmeranteile zur Sozialversicherung.

5.8.1.6 Beweislast

Die Gesellschaft trifft die Darlegungs- und Beweislast dafür, dass und inwieweit ihr durch ein Verhalten des Geschäftsführers in dessen Pflichtenkreis ein Schaden erwachsen ist, wobei ihr die Erleichterungen des § 287 ZPO zugutekommen können, während der Geschäftsführer analog § 93 Abs. 2 Satz 2 AktG darzulegen und erforderlichenfalls zu beweisen hat, dass er seinen Sorgfaltspflichten nachgekommen ist, ihn kein Verschulden trifft und der Schaden auch bei pflichtgemäßem Alternativverhalten eingetreten wäre.[4112] Die Beweislastumkehr wird damit begründet, dass der Geschäftsführer die Umstände seines Verhaltens und damit auch die Gesichtspunkte überschauen kann, die für die Beurteilung der Pflichtmäßigkeit seines Verhaltens sprechen, während die von ihm verwaltete Gesellschaft in diesem Punkt immer in einer Beweisnot wäre. Gegebenenfalls muss die Gesellschaft dem Geschäftsführer Einsicht in die dafür maßgeblichen Unterlagen gewähren. Allerdings muss die Gesellschaft darlegen, inwieweit ihr durch ein pflichtwidriges Verhaltes des Geschäftsführers ein Schaden entstanden ist.[4113]

2396

5.8.1.7 Verjährung

Ebenso wenig entsteht dadurch, dass der Geschäftsführer gegen ihn gerichtete Schadensersatzansprüche aus § 43 Abs. 2 GmbHG verjähren lässt, erneut ein Schadensersatzanspruch. Der Geschäftsführer ist nicht verpflichtet, gegen sich selbst gerichtliche Maßnahmen zu ergreifen, um die Verjährung gemäß § 43 Abs. 4 GmbHG zu unterbrechen. In Betracht kommen kann allenfalls eine Hinweispflicht auf die Verjährung von Regressansprüchen, die jedoch bei einer Einmanngesellschaft ins Leere geht.[4114]

2397

Gemäß § 43 Abs. 4 GmbHG verjähren Ansprüche aus § 43 Abs. 2 und 3 GmbHG in fünf Jahren. Die Verjährung beginnt gemäß § 200 Satz 1 BGB mit der Entstehung des Anspruchs, also dem Eintritt des Schadens dem Grunde nach, ohne dass der Schaden in dieser Phase schon bezifferbar sein muss; es genügt die Möglichkeit einer Feststellungsklage.[4115] Auf die Kenntnis der Gesellschafter oder der Gesellschaft von den anspruchsbegründenden Tatsachen kommt es – selbst bei deren Verheimlichung durch den Geschäftsführer – nicht an.[4116] Die subjektive Anknüpfung des Verjährungsbeginns in § 199 Abs. 1 BGB gilt nur für die „regelmäßige" (§ 195 BGB), nicht aber für die spezialgesetzliche Verjährungsfrist gemäß § 43 Abs. 4 GmbHG.

2398

Schadensersatzansprüche gegen einen GmbH-Geschäftsführer wegen gemäß § 30 Abs. 1 GmbHG verbotener Auszahlungen (§ 43 Abs. 3 GmbHG) verjähren gemäß § 43 Abs. 4 GmbHG in fünf Jahren ab der jeweiligen Zahlung. Unterlässt der Geschäftsführer die Geltendmachung von Rückforderungsansprüchen der Gesellschaft gegen den Zahlungsempfänger (§ 31

2399

4112 BGH, Urt. v. 04.11.2002 – II ZR 224/00, NJW 2003, 358; BGH, B. v. 26.11.2007 – II ZR 161/06, DStR 2008, 158.
4113 BGH, Urt. v. 04.11.2002 – II ZR 224/00, NJW 2003, 358, für einen Fall, in dem es der Geschäftsführer unterlassen hatte, Kurzarbeit zu beantragen.
4114 OLG Köln, Urt. v. 29.06.2000 – 18 U 31/00, NZG 2000, 1137.
4115 BGH, Urt. v. 23.03.1987 – II ZR 190/86, NJW 1987, 1887.
4116 BGH, Urt. v. 21.02.2005 – II ZR 112/03, DStR 2005, 659.

Abs. 1 GmbHG) bis zum Eintritt der Verjährung dieser Ansprüche, wird dadurch nicht eine weitere Schadensersatzverpflichtung gemäß § 43 Abs. 2 GmbHG mit einer erst von da an laufenden Verjährungsfrist gemäß § 43 Abs. 4 GmbHG ausgelöst.[4117] Die Verjährung ist für jede einzelne Zahlung getrennt zu beurteilen und beginnt nicht erst mit Veranlassung der letzten Zahlung.[4118]

2400   Hiervon zu unterscheiden sind eventuell daneben bestehende Ansprüche gegen den Geschäftsführer aufgrund unerlaubter Handlung (§ 823 BGB),[4119] für die die regelmäßige Verjährungsfrist des § 195 BGB von drei Jahren Anwendung findet. Besonderheiten ergeben sich hinsichtlich des Verjährungsbeginns aus § 199 BGB (Kenntnis). Der Schadensersatzanspruch verjährt danach je nach Konstellation spätestens in 30 Jahren von der Begehung der Pflichtwidrigkeit an. Hat der Ersatzpflichtige durch die unerlaubte Handlung auf Kosten des Verletzten etwas erlangt, so hat er dies unabhängig von der Verjährung des Schadensersatzanspruchs herauszugeben. Die Verjährung dieses Herausgabeanspruchs richtet sich nach § 852 Satz 2 BGB. Für Ansprüche, die sich gegen den geschäftsführenden Gesellschafter aus Verletzung seiner gesellschafterlichen Treuepflicht[4120] richten, ist ebenfalls die regelmäßige Verjährungsfrist nach §§ 195, 199 BGB anwendbar.

5.8.2   Haftung des Geschäftsführers nach § 64 Satz 1 GmbHG/§ 130 a Abs. 2 HGB
5.8.2.1   Einleitung

2401   Gemäß § 64 Satz 1 GmbHG sind die Geschäftsführer der Gesellschaft zum Ersatz von Zahlungen verpflichtet, die nach Eintritt der Zahlungsunfähigkeit der Gesellschaft (§ 17 InsO) oder nach Feststellung ihrer Überschuldung (§ 19 InsO) geleistet werden. Hierdurch soll sichergestellt werden, dass das bei Eintritt der Insolvenzreife vorhandene Vermögen erhalten bleibt und zur gleichmäßigen Befriedigung aller Insolvenzgläubiger zur Verfügung steht (§ 1 InsO). Das gleiche Ziel verfolgt die in § 15 a Abs. 1 InsO kodifizierte Insolvenzantragspflicht, die zusätzlich strafbewehrt ist, § 15 a Abs. 4 InsO.[4121] Eine Ausnahme besteht nur für Zahlungen, die auch nach diesem Zeitpunkt mit der Sorgfalt eines ordentlichen Geschäftsmanns vereinbar sind, § 64 Satz 2 GmbHG. Gleiches gilt nach § 130 a Abs. 2 und 3 HGB für die OHG bzw. die KG.

§ 64 GmbHG ist dabei keine Schadensersatznorm, sondern enthält einen Ersatzanspruch eigener Art.[4122] Er ist seiner Natur nach darauf gerichtet, das Gesellschaftsvermögen wieder aufzufüllen, damit es im Insolvenzverfahren

---
4117 BGH, Urt. v. 29.09.2008 – II ZR 234/07, NJW 2009, 68.
4118 *Zöllner/Noack*, in: Baumbach/Hueck, GmbHG, § 43 Rn. 57.
4119 Z. B. mit BGH, Urt. v. 21.02.2005 – II ZR 112/03, DStR 2005, 659, eine Untreue (§ 823 Abs. 2 BGB i.V. m. § 266 StGB) wegen der Anmietung von für die Gesellschaft nutzlosen Maschinen.
4120 Z. B. wegen einer Vermögensentnahme ohne Willen der Mitgesellschafter, BGH, Urt. v. 14.09.1998 – II ZR 175/97, BB 1999, 338.
4121 *Haas*, in: Baumbach/Hueck, GmbHG, § 64 Rn. 1.
4122 BGH, Urt. v. 18.03.1974 – II ZR 2/72, NJW 1974, 1088.

zur ranggerechten und gleichmäßigen Befriedigung aller Gesellschaftsgläubiger zur Verfügung steht.[4123]

Durch den durch das MoMiG neu eingeführten Satz 3, wonach vom Geschäftsführer auch an Gesellschafter veranlasste Zahlungen zu erstatten sind, die zur Zahlungsunfähigkeit der Gesellschaft führen mussten, sofern dies auch bei Beachtung der in Satz 2 bezeichneten Sorgfalt nicht erkennbar war, wurde die Geschäftsführerhaftung erweitert und gleichzeitig die vorrangige Befriedigung der Gläubiger gestärkt. Für die Anwendbarkeit von § 64 Satz 3 GmbHG ist darauf abzustellen, ob die Vorschrift bereits zum Zeitpunkt der Vornahme der Zahlung in Kraft war.[4124]

Haftung nach § 64 Satz 1 GmbHG
■ Insolvenzreife
■ Erkennbarkeit
■ Zahlung/Leistung mit der Folge einer Masseschmälerung
■ Sorgfaltspflichtverletzung, § 64 Satz 2 GmbHG
■ Verschärfte Haftung bei Zahlung an Gesellschafter, die zur Zahlungsunfähigkeit führen, § 64 Satz 3 GmbHG

Abb. 88: Haftung nach § 64 Satz 1 GmbHG

5.8.2.1.1 Anspruchsinhaber

Der Anspruch wird durch den Insolvenzverwalter geltend gemacht. Im Falle einer Abweisung des Insolvenzantrags mangels Masse kann der Anspruch von den Gläubigern gepfändet werden.[4125]

2402

5.8.2.1.2 Anspruchsgegner

Der Anspruch richtet sich gegen den Geschäftsführer, allerdings haftet auch der faktische Geschäftsführer[4126], also derjenige, der die Geschäftsführung mit Einverständnis der Gesellschafter ohne förmliche Bestellung faktisch übernommen und ausgeübt hat. Für die Begründung der Pflichtenstellung als faktischer Geschäftsführer reicht das Einverständnis einer Mehrheit der Gesellschafter aus, sofern diese Gesellschaftermehrheit nach den gesellschaftsvertraglich getroffenen Bestimmungen ausreichend wäre, auch eine formelle Bestellung eines Geschäftsführers zu beschließen. Eine Haftung des Vorstandes eines eingetragenen Vereins bei Insolvenzverschleppung analog § 64 GmbHG besteht nicht, da § 42 Abs. 2 Satz 2 BGB insoweit keine planwidrige Lücke enthält.[4127]

2403

Im Einzelnen müssen folgende Anspruchsvoraussetzungen erfüllt sein:

4123 BGH, Urt. v. 08.01.2001 – II ZR 88/99, NJW 2001, 1280.
4124 *Haas*, in: Baumbach/Hueck, GmbHG, § 64 Rn. 4.
4125 BGH, Urt. v. 11.09.2000 – II ZR 370/99, ZIP 2000, 1896.
4126 BGH, Urt. v. 11.07.2005 – II ZR 235/03, ZIP 2005, 1550; Schleswig-Holsteinisches OLG, Urt. v. 04.05.2007 – 5 U 100/06, ZInsO 2007, 948.
4127 BGH, B. v. 08.02.2010 – II ZR 156/09, ZIP 2010, 1080; bestätigend OLG Karlsruhe, Urt. v. 19.06.2009 – 14 U 137/07, ZIP 2009, 1716.

5.8.2.2 Insolvenzreife

2404 Zunächst muss die Gesellschaft für einen Anspruch aus § 64 Satz 1 GmbHG zahlungsunfähig oder überschuldet sein. Insofern sei auf die Ausführungen zu §§ 17, 19 InsO in Teil 2, Kap. 1 verwiesen.

2405 Die Insolvenzreife ist vom Insolvenzverwalter zu beweisen. Allerdings genügt der Insolvenzverwalter seiner Darlegungslast zum Merkmal der Überschuldung, wenn er eine Handelsbilanz mit dem Ausweis eines nicht durch Eigenkapital gedeckten Fehlbetrags vorlegt und erläutert, ob und gegebenenfalls welche Abweichungen nach Insolvenzrecht bestehen und dass danach eine Überschuldung im insolvenzrechtlichen Sinne gegeben ist.[4128] Die Handelsbilanz, aus der sich die bilanzielle Überschuldung ergibt, indiziert die rechnerische Überschuldung der Gesellschaft. Weitere Darlegungen des Insolvenzverwalters zu stillen Reserven oder sonstigen, in der Handelsbilanz nicht erfassten Vermögenswerten sind nur erforderlich, wenn Anhaltspunkte für solche Reserven bestehen oder vom Anspruchsgegner behauptet werden.[4129] Dabei muss die Gesellschaft bzw. der Insolvenzverwalter nicht jede denkbare Möglichkeit ausschließen, sondern nur naheliegende Anhaltspunkte – beispielsweise stille Reserven bei Grundvermögen – und die von dem Gesellschafter insoweit aufgestellten Behauptungen widerlegen.[4130]

Kann der Insolvenzverwalter die Insolvenzreife mit Hilfe der Handelsbilanz per 31.12. eines Jahres beweisen, so gilt der Nachweis für erst danach veranlasste Zahlungen nur dann nicht als geführt, wenn der beklagte Geschäftsführer darlegt, dass im Zeitpunkt der Auftragserteilung die Überschuldung nachhaltig beseitigt und damit die Antragspflicht – wieder – entfallen war.[4131]

2406 Das Zahlungsverbot des § 64 Satz 1 GmbHG gilt ab Eintritt der Insolvenzreife und nicht erst ab dem Ende der Insolvenzantragsfrist.[4132]

5.8.2.3 Kenntnis von der Insolvenzreife

2407 Subjektive Anspruchsvoraussetzung ist die Erkennbarkeit der Insolvenzreife. Die Beweislast für eine fehlende Erkennbarkeit trifft den Geschäftsführer.[4133] Es ist also keine positive Kenntnis von den Insolvenzgründen erforderlich.[4134]

5.8.2.4 Zahlungen

2408 Der Begriff der „Zahlungen" im Sinne von § 64 GmbHG ist – dem Zweck der Vorschrift entsprechend – weit auszulegen.[4135] In der Rechtsprechung wird die Auffassung vertreten, dass unter den Begriff „Zahlungen" im Sinne

---

4128 BGH, B. v. 05.11.2007 – II ZR 262/06, ZInsO 2007, 1349.
4129 OLG Celle, Urt. v. 07.05.2008 – 9 U 191/07, ZIP 2008, 2079.
4130 BGH, Urt. v. 07.03.2005 – II ZR 138/03, DStR 2005, 1150.
4131 BGH, Urt. v. 12.03.2007 – II ZR 315/05, NJW 2007, 3130.
4132 BGH, Urt. v. 16.03.2009 – II ZR 280/07, DStR 2009, 1157.
4133 BGH, Urt. v. 29.11.1999 – II ZR 273/98, NJW 2000, 668.
4134 BGH, Urt. v. 14.05.2007 – II ZR 48/06, DStR 2007, 1174.
4135 BGH, Urt. v. 29.11.1999 – II ZR 273/98, ZIP 2000, 184.

des § 64 GmbHG alle geldwerten Leistungen fallen, die aus dem Gesellschaftsvermögen erbracht werden.[4136]

Auch der Scheckeinzug auf ein debitorisches Konto wird als „Zahlung" im Sinne von § 64 GmbHG angesehen[4137], da auch hier der Insolvenzmasse zugunsten der Befriedigung eines Gläubigers – nämlich der Bank, die saldieren kann – ein Betrag entzogen wird, der anderenfalls zur (teilweisen) Befriedigung aller Insolvenzgläubiger zur Verfügung stünde. Gleiches gilt für den Fall, dass der Geschäftsführer einen Drittschuldner durch die Verwendung einer Rechnung und den darin enthaltenen Hinweis auf das (debitorisch geführte) Konto dazu veranlasst, Zahlung auf das debitorische Konto zu leisten.[4138] Grundsätzlich gebietet es die vom Geschäftsführer zu wahrende Sorgfaltspflicht, in einer solchen Situation ein neues, kreditorisch geführtes Konto bei einer anderen Bank zu eröffnen und den aktuellen Gesellschaftsschuldnern die geänderte Bankverbindung unverzüglich bekannt zu geben. Unter § 64 GmbHG fällt auch die Zahlung an einen Firmenbestatter, selbst wenn dieser die empfangenen Gelder für die Gesellschaft treuhänderisch verwalten soll.[4139]

2409

Mit entsprechenden Erwägungen wird § 64 GmbHG auch bei Gutschriften aufgrund von Lastschrifteinzügen und bei Vereinnahmung sonstiger Gutschriften z. B. aufgrund Cash-Managements auf einem debitorischen Bankkonto der GmbH angewandt.[4140] Hierunter fällt auch der Sachverhalt, dass der Geschäftsführer bei Insolvenzreife der Gesellschaft Mittel von einem Dritten zu dem Zweck erhält, eine bestimmte Schuld zu tilgen, und kurze Zeit später dementsprechend die Zahlung an den Gesellschaftsgläubiger bewirkt[4141] bzw. wenn der Geschäftsführer mit Geldern, die von anderen Konzerngesellschaften auf das Geschäftskonto der GmbH gezahlt worden sind, Schulden dieser Gesellschaften begleicht.[4142] Gegen die Verpflichtung, die Masse nicht zu schmälern, kann aber nicht nur durch die Weggabe von Geld oder etwa durch die Weggabe von Waren oder anderen Gegenständen verstoßen werden, sondern auch durch die Gewährung anderer Leistungen

2410

4136 OLG Düsseldorf, Urt. v. 19.01.1995 – 6 U 272/93, NJW-RR 1996, 1443; BT-Drucks. 16/6140 zur Änderung von § 64 GmbHG: Der Begriff der „Zahlungen" ist ... nicht auf reine Geldleistungen beschränkt, sondern erfasst auch sonstige vergleichbare Leistungen zu Lasten des Gesellschaftsvermögens, durch die der Gesellschaft im Ergebnis Liquidität entzogen wird.
4137 BGH, Urt. v. 29.11.1999 – II ZR 273/98, ZIP 2000, 184.
4138 BGH, Urt. v. 26.03.2007 – II ZR 310/05, ZInsO 2007, 542; OLG Oldenburg, B. v. 10.03.2004 – 1 W 2/04, ZIP 2004, 1315.
4139 *Altmeppen,*: in Roth/Altmeppen, GmbHG, § 64 Rn. 11; LG Berlin, Urt. v. 06.03.2006 – 14 O 448/05, ZIP 2006, 865.
4140 OLG Düsseldorf, B. v. 12.03.1999 – 22 W 12-99, NJW-RR 1999, 1411.
4141 BGH, Urt. v. 31.03.2003 – II ZR 150/02, ZInsO 2003, 468.
4142 BGH, Urt. v. 05.05.2008 – II ZR 38/07, DStR 2008 S. 1346, im zu entscheidenden Fall war die Haftung aber nach § 64 Satz 2 GmbHG ausgeschlossen, weil er bei den Auszahlungen angesichts des Zusammentreffens der Massesicherungspflicht mit der – durch § 266 StGB strafbewehrten – Pflicht zur weisungsgemäßen Verwendung der fremden Gelder mit der Sorgfalt eines ordentlichen Geschäftsmanns gehandelt hatte.

aus dem Gesellschaftsvermögen. Hierzu zählt die Erbringung von Leistungen, die vom Empfänger nicht bezahlt wurden.[4143]

Allerdings muss der Insolvenzverwalter darlegen und beweisen, dass die die Masse schmälernde Zahlung von dem Geschäftsführer veranlasst worden ist. Hieran fehlt es, wenn die Belastung des Kontos auf einer Kontopfändung beruht.[4144]

2411 Wie oben bereits dargelegt ist § 64 GmbHG keine Schadensersatznorm, sondern enthält einen Ersatzanspruch eigener Art. Der Geschäftsführer hat daher den Wert der masseschmälernden Leistung zu ersetzen. Bei der Erbringung von Leistungen an Dritte, für die keine Gegenleistung erbracht wird, ist daher nicht die nicht mehr eintreibbare Forderung, sondern der objektive Wert, den die erbrachte Leistung hatte, zu ersetzen. Dieser Wert entspricht den in den Rechnungen enthaltenen Kostenanteilen, die sich prinzipiell dadurch ermitteln lassen, dass von den jeweiligen Rechnungsendbeträgen der jeweilige Gewinn abgezogen wird.[4145]

Nachfolgend wird das Vorliegen einer Masseschmälerung am Beispiel der Zahlungen von und auf ein Bankkonto der insolventen Gesellschaft erörtert:

5.8.2.4.1 Zahlung von einem Bankkonto

2412 Eine masseschmälernde Leistung im Sinne von § 64 GmbHG liegt dann vor, wenn sich das Bankkonto des insolventen Unternehmens im Guthaben befand. In diesem Fall erlangt ein einzelner Gläubiger (der Zahlungsempfänger) Befriedigung für seine Forderung, während die vorhandenen Mittel für die übrigen Gläubiger verloren gehen.

Befindet sich das Konto dagegen im Soll, so liegt grundsätzlich keine Gläubigerbenachteiligung vor, weil lediglich die Verbindlichkeiten des einen Gläubigers gegen neue Verbindlichkeiten eines anderen Gläubigers (der Bank, deren Forderung sich vergrößert hat) ersetzt werden. Dies ist jedoch anders zu beurteilen, wenn die Zahlung unter Ausnutzung einer eingeräumten, durch Sicherheiten abgedeckten Kreditlinie erfolgt. In diesem Fall werden die Sicherheiten durch die Inanspruchnahme des zusätzlichen Kredits der Insolvenzmasse entzogen.[4146]

5.8.2.4.2 Zahlung auf ein Bankkonto

2413 Zahlungen auf ein im Guthaben befindliches Konto der Gesellschaft sind naturgemäß nur masseerhöhend. Demgegenüber sind Zahlungen auf ein im Soll befindliches Konto gläubigerbenachteiligend. Die Forderung der Gesell-

---

4143 OLG Düsseldorf, Urt. v. 19.01.1995 – 6 U 272/93, NJW-RR 1996, 1443.
4144 BGH, Urt. v. 16.03.2009 – II ZR 32/08, ZInsO 2009, 917.
4145 OLG Düsseldorf, Urt. v. 19.01.1995 – 6 U 272/93, NJW-RR 1996, 1443.
4146 OLG Celle, Urt. v. 23.04.1997 – 9 U 189/96, GmbHR 1997, 901; OLG Köln, Urt. v. 15.05.2008 – 18 U 43/06, BeckRS 2008, 13222; OLG Köln, Urt. v. 10.01.2008 – 18 U 203/06, GmbHR 2008, 1098; BGH, Urt. v. 26.03.2007 – II ZR 310/05, ZIP 2007, 1006, der für die Nichtberücksichtigung von Zahlungen von einem debitorisch geführten Konto im Rahmen des § 64 GmbHG ausdrücklich darauf abstellt, dass die Bank über keine Gesellschaftssicherheiten verfügt.

schaft gegen den Drittschuldner erlischt, wohingegen nur die Bank nach Gutschrift auf dem Konto mit ihren Forderungen saldieren kann. Gegenteiliges ergibt sich auch nicht daraus, dass die Verminderung des Debets infolge der Scheckeinlösung eventuell nur vorübergehend ist, weil dadurch der Spielraum des Kontokorrentkredits wieder erweitert und der GmbH die Möglichkeit gegeben wird, über den zugeflossenen Betrag sogleich – bis zur Höhe ihres Kreditlimits – wieder verfügen zu können.[4147]

5.8.2.5 Sorgfaltspflichtverletzung

§ 64 Satz 2 GmbHG schließt eine Erstattungspflicht aus, wenn die geleistete Zahlung mit der Sorgfalt eines ordentlichen Geschäftsmannes vereinbar war. Dies ist vom Geschäftsführer zu beweisen.

Maßstab für die Prüfung, ob eine Zahlung des Geschäftsführers im Sinne von § 64 Satz 2 GmbHG mit der Sorgfalt eines ordentlichen Geschäftsmanns vereinbar ist, sind nicht allein die allgemeinen Verhaltenspflichten des Geschäftsführers, sondern insbesondere auch der Zweck des § 64 GmbHG, Masseverkürzungen der insolvenzreifen Gesellschaft und eine bevorzugte Befriedigung einzelner Gesellschaftsgläubiger zu verhindern.[4148]

Mit der Sorgfalt eines ordentlichen Geschäftsmannes vereinbar sind daher nur solche Zahlungen, durch die größere Nachteile für die Insolvenzmasse abgewendet werden sollen.[4149] Anerkannt wurde dies für Zahlungen auf die Wasser-, Strom- und Heizrechnungen, da ohne diese Zahlungen der Betrieb im Zweifel sofort hätte eingestellt werden müssen, was jede Chance auf Sanierung oder Fortführung im Insolvenzverfahren zunichte gemacht hätte.[4150] Voraussetzung hierfür dürfte allerdings das Bestehen einer geringen Sanierungsaussicht sein. Als nicht mit der Sorgfalt eines ordentlichen Kaufmanns vereinbar wurden Zahlungen an Leasingunternehmen (für Firmenfahrzeuge) und Sozialversicherungsträger eingeschätzt, weil diese nicht erforderlich seien, um einen planlosen Zusammenbruch zu verhindern.[4151] Als sorgfaltswidrig wurde ebenfalls die Beauftragung und spätere Bezahlung eines Sanierers zu einem Zeitpunkt beurteilt, als der Geschäftsführer bereits einen Insolvenzantrag hätte stellen müssen.[4152]

Auch die Zahlung des *Geschäftsführergehalts* stellt einen Sorgfaltspflichtverstoß dar.[4153]

Hinsichtlich der Zahlung der Arbeit*nehmer*anteile zur Sozialversicherung ist anerkannt, dass diese Zahlung mit der Sorgfalt eines ordentlichen Geschäftsmannes vereinbar ist. Hintergrund hierfür ist, dass es sich bei diesen Geldern um Fremdgeld handelt, für das dem Geschäftsführer eine Vermö-

---

4147 BGH, Urt. v. 29.11.1999 – II ZR 273/98, ZIP 2000, 184.
4148 BGH, Urt. v. 08.01.2001 – II ZR 88/99, NJW 2001, 1280.
4149 BGH, B. v. 05.11.2007 – II ZR 262/06, ZInsO 2007, 1349.
4150 BGH, B. v. 05.11.2007 – II ZR 262/06, ZInsO 2007, 1349.
4151 OLG Dresden, Urt. v. 21.09.2004 – 2 U 1441/04, GmbHR 2005, 173.
4152 BGH, B. v. 05.02.2007 – II ZR 51/06, DStR 2007, 1544.
4153 BGH, Urt. v. 22.09.2003 – II ZR 229/02, DStR 2003, 2128.

gensbetreuungspflicht obliegt. Verletzt er diese, so macht er sich nach § 266 StGB strafbar.[4154]

Demgegenüber hat der BGH für die Arbeit*geber*beiträge zur Sozialversicherung entschieden, dass der Geschäftsführer für deren Zahlung nach Eintritt der Krise bzw. Insolvenzreife haftet.[4155]

2418 Eine Ausnahme besteht allenfalls, wenn infolge der Zahlung ein Gegenwert in das Gesellschaftsvermögen gelangt und dort verblieben ist, weil dann der Sache nach lediglich ein Aktivatausch vorliegt.[4156]

Sorgfaltspflichtverletzung, § 64 Satz 2 GmbHG	
Grds. keine Zahlungen ■ Geschäftsführergehalt ■ Arbeitgeberanteile zur Sozialversicherung	Ausnahmen: ■ Abwendung größerer Nachteile für die Insolvenzmasse ■ Verhinderung eines planlosen Zusammenbruchs / Erhaltung Sanierungschance im Insolvenzverfahren ■ Zahlung Arbeitnehmeranteile zur Sozialversicherung wegen §§ 266 f. StGB

Abb. 89: Sorgfaltspflichtverletzung i. S. v. § 64 Satz 2 GmbHG

5.8.2.6 Zahlungen an Gesellschafter nach § 64 Satz 3 GmbHG

2419 Durch die Ergänzung des § 64 GmbHG um den neu eingefügten Satz 3 wird die Haftung des Geschäftsführers auf Zahlungen an Gesellschafter erweitert, die die Zahlungsunfähigkeit der Gesellschaft zur Folge haben mussten, es sei denn, dies war aus Sicht eines sorgfältigen Geschäftsführers nicht erkennbar. Zum Teil ergeben sich hieraus Überschneidungen mit dem Tatbestand des existenzvernichtenden Eingriffs.[4157]

§ 64 Satz 3 GmbHG ergänzt die §§ 129 ff. InsO und das Anfechtungsgesetz, da die Durchsetzung von Anfechtungsansprüchen häufig an den kurzen Anfechtungsfristen und dem nicht zu beweisenden Gläubigerbenachteiligungsvorsatz und einer entsprechenden Kenntnis des Empfängers scheitert.

Darüber hinaus ergänzt § 64 Satz 3 GmbHG die Regelungen zur Existenzvernichtungshaftung der Gesellschafter; die bisherige straf- wie zivilgerichtliche Rechtsprechung zur Haftung des Gesellschafters für existenzgefährdende bzw. -vernichtende Eingriffe wird dadurch nicht berührt.[4158]

Des Weiteren wird in Ergänzung der durch das MoMiG eingeführten bilanziellen Betrachtungsweise ein Solvenztest eingeführt.[4159] Es haftet jetzt

---

4154 BGH, Urt. v. 05. 05. 2008 – II ZR 38/07, DStR 2008, 1346; BGH, B. v. 09. 08. 2005 – 5 StR 67/05, DStR 2005, 1867.
4155 BGH, Urt. v. 08. 06. 2009 – II ZR 147/08, DStR 2009, 1710.
4156 BGH, Urt. v. 31. 03. 2003 – II ZR 150/02, DStR 2003, 1133.
4157 Ausführlich zu § 64 Satz 3 GmbHG: *Knof*, Die neue Insolvenzverursachungshaftung nach § 64 Satz 3 RegE-GmbHG (Teil I), DStR 2007, 1537.
4158 BGH, B. v. 31. 07. 2009 – 2 StR 95/09, NJW 2009, 3666; BT-Drucks. 16/6140; *Bittermann*, Strafrechtliche Folgen des MoMiG, NStZ 2009, 113.
4159 BT-Drucks. 16/6140.

nicht mehr nur der Empfänger der Leistung, sondern auch derjenige, der diese zu verantworten hat.

Unter § 64 Satz 3 GmbHG fallen nicht nur Zahlungen an Gesellschafter, sondern auch Leistungen an Dritte, die mit dem Gesellschafter wirtschaftlich oder rechtlich eng verbunden sind.[4160] Dies ergibt sich in Analogie zu § 39 Abs. 1 Nr. 5 InsO.[4161]

2420

Die Beweislast für die Kausalität von Zahlung und Zahlungsunfähigkeit der Gesellschaft obliegt der Gesellschaft bzw. dem Insolvenzverwalter. Werden der Gesellschaft durch eine Gegenleistung des Gesellschafters im Ergebnis in gleichem Maße wieder liquide Vermögenswerte zugeführt, so ist keine Kausalität gegeben.[4162] Weiterhin muss eine unmittelbare Kausalität vorliegen, dafür ist ein zeitlicher Abstand nicht schädlich, allerdings muss sich in diesem Moment klar abzeichnen, dass die Gesellschaft unter normalem Verlauf der Dinge ihre Verbindlichkeiten nicht mehr wird erfüllen können.

2421

5.8.2.7 Verschulden

Grundsätzlich muss der Geschäftsführer Weisungen der Gesellschafter befolgen. Die Weisungsgebundenheit endet jedoch dort, wo der Geschäftsführer durch Ausführung der Weisung eine ihn treffende gesetzliche Pflicht verletzt und sich selbst gegenüber der Gesellschaft ersatzpflichtig macht. Durch den Verweis in § 64 Satz 4 GmbHG auf § 43 Abs. 3 GmbHG ist klargestellt, dass sich der Geschäftsführer nicht auf einen Beschluss der Gesellschafter berufen kann bzw. sich nachträglich Entlastung erteilen lassen kann. Hat der Geschäftsführer Zweifel, ob eine Zahlung, die er in Erfüllung eines Gesellschafterbeschlusses an die Gesellschafter leisten soll, gegen § 64 Satz 3 GmbHG verstößt, so muss er sein Amt niederlegen, statt die von den Gesellschaftern gewünschte Zahlung vorzunehmen.[4163]

2422

5.8.2.8 Umfang des Ersatzanspruchs

Der Erstattungsanspruch ist auf Ersatz des objektiven Werts der masseschmälernden Leistung gerichtet.[4164] Der Geschäftsführer kann nicht einwenden, der Insolvenzverwalter müsse zunächst vorrangig eventuell in Betracht kommende Anfechtungsansprüche gegen die Zahlungsempfänger durchsetzen. Allerdings ist dem Geschäftsführer in dem Urteil vorzubehalten, seinen Gegenanspruch, der sich nach Rang und Höhe mit dem Betrag deckt, den der begünstigte Gesellschaftsgläubiger im Insolvenzverfahren erhalten hätte, nach Erstattung an die Masse gegen den Insolvenzverwalter zu verfolgen. Etwa bestehende Erstattungsansprüche der Masse gegen Dritte sind Zug um Zug an den Geschäftsführer abzutreten.[4165]

2423

4160 *Wicke*, GmbHG, § 64 Rn. 27.
4161 *Utsch/Utsch*, Utsch und Utsch untersuchen massenschmälernde Zahlungen i. S. v. § 64 GmbHG, ZInsO 2009, 2271.
4162 BT-Drucks. 16/6140.
4163 BT-Drucks. 16/6140.
4164 BGH, Urt. v. 08.01.2001 – II ZR 88/99, NJW 2001, 1280.
4165 BGH, Urt. v. 08.01.2001 – II ZR 88/99, NJW 2001, 1280.

5.8.2.9 Verjährung

2424   Nach §§ 64 Satz 4, 43 Abs. 4 GmbHG verjährt der Anspruch in fünf Jahren.

5.8.3 Haftung des Vorstands einer AG wegen Sorgfaltspflichtverletzung (§ 93 AktG)

2425   Nach § 93 Abs. 1 Satz 1 AktG haben die Vorstandsmitglieder bei ihrer Geschäftsführung die Sorgfalt eines ordentlichen und gewissenhaften Geschäftsleiters anzuwenden. Verletzen die Vorstandsmitglieder ihre Pflichten, so sind sie der Gesellschaft zum Ersatz des daraus entstehenden Schadens als Gesamtschuldner verpflichtet, § 93 Abs. 2 Satz 1 AktG. Ist streitig, ob sie die Sorgfalt eines ordentlichen und gewissenhaften Geschäftsleiters angewandt haben, so trifft sie die Beweislast, § 93 Abs. 2 Satz 2 AktG.

Insofern gelten obige Ausführungen zu § 64 GmbHG entsprechend.

2426   Der Gesellschaft gegenüber tritt die Ersatzpflicht nicht ein, wenn die Handlung auf einem gesetzmäßigen Beschluss der Hauptversammlung beruht, § 93 Abs. 4 Satz 1 AktG. Dadurch, dass der Aufsichtsrat die Handlung gebilligt hat, wird die Ersatzpflicht nicht ausgeschlossen, § 93 Abs. 4 Satz 2 AktG. Die Gesellschaft kann erst drei Jahre nach der Entstehung des Anspruchs und nur unter eingeschränkten Bedingungen auf Ersatzansprüche verzichten oder sich über sie vergleichen, § 93 Abs. 4 Satz 3 AktG.

2427   Der Ersatzanspruch der Gesellschaft kann auch von den Gläubigern der Gesellschaft geltend gemacht werden, soweit sie von dieser keine Befriedigung erlangen können, § 93 Abs. 5 Satz 1 AktG. Ist ein Insolvenzverfahren über das Vermögen der Gesellschaft eröffnet, so ist der Anspruch vom Insolvenzverwalter geltend zu machen, § 93 Abs. 5 Satz 4 AktG.

2428   Der Anspruch verjährt nach § 93 Abs. 6 AktG in 5 Jahren.

5.8.4 Haftung des Vorstands einer AG wegen Zahlungen nach Insolvenzreife (§ 93 Abs. 2 Satz 1 AktG)

2429   Für den Vorstand einer AG gilt entsprechend § 64 Satz 1 GmbHG nach § 92 Abs. 2 Satz 1 AktG ebenfalls ab Eintritt der Insolvenzreife ein Zahlungsverbot. Insofern sei auf obige Ausführungen verwiesen, vgl. Rn. 2401 ff.

Stellt der Aufsichtsrat einer AG fest, dass die Gesellschaft insolvenzreif ist, hat er darauf hinzuwirken, dass der Vorstand rechtzeitig einen Insolvenzantrag stellt und keine Zahlungen leistet, die mit der Sorgfalt eines ordentlichen und gewissenhaften Geschäftsleiters nicht vereinbar sind. Verstößt er hiergegen schuldhaft, kann er der Gesellschaft gegenüber zum Schadensersatz verpflichtet sein.[4166]

5.8.5 Exkurs: Inanspruchnahme des Steuerberaters

2430   Zwischen der Gesellschaft und ihrem Steuerberater besteht ein Geschäftsbesorgungsvertrag, der gegebenenfalls auch Schutzwirkungen zu Gunsten des Geschäftsführers entfalten kann.[4167] Hierdurch steht dem Insolvenzverwalter ein weiterer – eventuell solventer – Anspruchsgegner zur Verfügung.

[4166] BGH, Urt. v. 16.03.2009 – II ZR 280/07, DStR 2009, 1157.
[4167] BGH, Urt. v. 02.04.1998 – III ZR 245/96, DStR 1998, 823.

Gemäß § 33 StBerG haben Steuerberater, Steuerbevollmächtigte und Steuerberatungsgesellschaften die Aufgabe, im Rahmen ihres Auftrags ihre Auftraggeber in Steuersachen zu beraten, sie zu vertreten und ihnen bei der Bearbeitung ihrer Steuerangelegenheiten und bei der Erfüllung ihrer steuerlichen Pflichten Hilfe zu leisten. Dazu gehören auch die Hilfeleistungen in Steuerstrafsachen und in Bußgeldsachen wegen einer Steuerordnungswidrigkeit sowie die Hilfeleistung bei der Erfüllung von Buchführungspflichten, die auf Grund von Steuergesetzen bestehen, insbesondere die Aufstellung von Steuerbilanzen und deren steuerrechtliche Beurteilung.

Hieraus ergeben sich für den Steuerberater zahlreiche Aufklärungspflichten, deren Umfang von den Einzelheiten seines Auftrags abhängt. Ist der Steuerberater auch mit der Erstellung der Jahresabschlüsse beauftragt, so muss er prüfen, ob er Fortführungs- oder nur Liquidationswerte in Ansatz bringen darf. Stellt er eine bilanzielle Überschuldung fest, muss er den Geschäftsführer auf das Erfordernis der Aufstellung einer Überschuldungsbilanz und gegebenenfalls die Stellung eines Insolvenzantrags hinweisen.[4168] Diese Hinweispflicht gilt ebenso für einen mit Vergleichsverhandlungen beauftragten Rechtsanwalt.[4169] Es empfiehlt sich daher, die Einhaltung der Hinweispflicht genau zu dokumentieren, um im Falle eines Prozesses die entsprechenden Nachweise erbringen zu können.

Verletzt der Steuerberater seine Hinweispflichten, so haftet er nach § 280 BGB, es sei denn, er hat die Pflichtverletzung nicht zu vertreten, § 280 Satz 2 BGB. Zu vertreten hat er grds. Vorsatz und Fahrlässigkeit, § 276 BGB. Der Schadensersatzanspruch richtet sich nach § 249 BGB. Wird der Steuerberater vom Geschäftsführer in Anspruch genommen, so ist diesem eventuell ein Mitverschulden nach § 254 BGB anzurechnen. Hinsichtlich einer Haftung aus § 280 BGB hat das LG Koblenz allerdings festgestellt, dass eine Hinweispflicht nicht besteht, wenn der Geschäftsführer die Überschuldung positiv kannte.[4170]

5.8.6 Haftung nach § 823 Abs. 2 BGB i. V. m. sonstigen Schutzgesetzen

Bei Verletzung eines „Schutzgesetzes" kommt darüber hinaus ein Schadensersatzanspruch nach § 823 Abs. 2 BGB in Betracht. Schutzgesetze im Sinne von § 823 Abs. 2 BGB sind hinsichtlich einer Inanspruchnahme des Geschäftsführers insbesondere § 266 StGB (Untreue)[4171] und die Insolvenzstraftaten der §§ 283, 283a, 283c, 14, 283d StGB.

2431

4168 *Wagner/Zabel*, Insolvenzverschleppungshaftung nach § 64 II GmbHG wegen Überschuldung – Anreicherung der Masse durch Haftungsverlagerung auf den Steuerberater, NZI 2008, 660.
4169 BGH, Urt. v. 26.10.2000 – IX ZR 289/99, ZIP 2001, 33.
4170 LG Koblenz, Urt. v. 22.07.2009 – 15 O 397/08, EWiR 2010, 317 (nachgehend OLG Koblenz, 5 U 987/09).
4171 Brandenburgisches OLG, Urt. v. 05.06.2008 – 12 U 116/07, BeckRS 2008, 13147; LG Saarbrücken, Urt. v. 05.06.2008 – 9 O 152/07, BeckRS 2010, 03468.

Ansprüche neben § 64 Satz 1 GmbHG – Innenhaftung
▪ § 823 Abs. 2 BGB i. V. m. § 15a InsO – quasi Innenhaftung für Schaden der Altgläubiger ▪ § 43 Abs. 2 GmbHG ▪ § 823 Abs. 2 BGB i.V. m. §§ 266, 283, 283a, 283c, 14, 283d StGB

Abb. 90: Sonstige Ansprüche

5.9 Außenhaftung des Geschäftsführers

5.9.1 Haftung wegen Insolvenzverschleppung (§ 823 Abs. 2 BGB i. V. m. § 15a InsO)

2432 Verletzt der Geschäftsführer seine Insolvenzantragspflicht schuldhaft, so haftet er den Gläubigern persönlich auf Schadensersatz. § 15a InsO (früher § 64 Abs. 1 GmbHG a. F.) ist insoweit ein Schutzgesetz im Sinne von § 823 Abs. 2 BGB.[4172]

5.9.1.1 Antragsgegner

2433 Der Anspruch richtet sich gegen jeden, der nach § 15a InsO zur Insolvenzantragstellung verpflichtet ist. Dies sind neben den Mitgliedern des Vertretungsorgans oder dem Abwickler bei Fehlen eines organschaftlichen Vertreters auch die Gesellschafter.

5.9.1.2 Insolvenzreife

2434 Insofern sei auf obige Ausführungen zu § 64 GmbHG verwiesen.[4173]

Darlegungs- und beweispflichtig für den Tatbestand der Konkursverschleppung ist die Gesellschaft bzw. der Insolvenzverwalter.[4174]

Scheitert die Erstellung eines Überschuldungsstatus allerdings daran, dass die hierfür erforderlichen Unterlagen nicht mehr vorliegen, weil diese bei der Auflösung der Schuldnerin „verschwunden" sind, so kann der Nachweis als geführt gelten.[4175]

5.9.1.3 Unterlassener Insolvenzantrag

2435 Gemäß § 15a Abs. 1 InsO ist der Insolvenzantrag ohne schuldhaftes Zögern, spätestens aber 3 Wochen nach Eintritt der Insolvenzreife zu stellen. Die Frist beginnt nicht erst mit der positiven Feststellung der Insolvenzreife zu laufen, sondern bereits mit deren Erkennbarkeit. Die Beweislast für eine fehlende Erkennbarkeit trifft den Geschäftsführer.[4176]

4172 BGH, Urt. v. 05. 02. 2007 – II ZR 234/05, ZInsO 2007, 376.
4173 Vgl. Rn. 2404 ff., Teil 2, Kap. 1, Rn. 309 ff., Teil 2, Kap. 2, Rn. 403 ff., Teil 2, Kap. 3, Rn. 485 ff.
4174 BGH, Urt. v. 25. 07. 2005 – II ZR 390/03, NJW 2005, 3137; BGH, Urt. v. 12. 03. 2007 – II ZR 315/05, NJW 2007, 3130.
4175 BGH, Urt. v. 12. 03. 2007 – II ZR 315/05, NJW 2007, 3130 – es liegt eine Verletzung der Pflicht zur Führung und Aufbewahrung von Büchern und Belegen vor, § 257 HGB, § 74 Abs. 2 GmbHG.
4176 BGH, Urt. v. 29. 11. 1999 – II ZR 273/98, NJW 2000, 668.

5.9.1.4 Verschulden

Für die Haftung des Geschäftsführers reicht die Erkennbarkeit der Insolvenzreife aus; das Verschulden des Geschäftsführers wird vermutet.[4177] Den Vorstand/Geschäftsführer trifft die Darlegungs- und Beweislast dafür, dass er seine Insolvenzantragspflicht nicht schuldhaft verletzt hat.[4178]

Allerdings verletzt ein organschaftlicher Vertreter einer Gesellschaft seine Insolvenzantragspflicht nicht schuldhaft, wenn er bei fehlender eigener Sachkunde zur Klärung des Bestehens der Insolvenzreife der Gesellschaft den Rat eines unabhängigen, fachlich qualifizierten Berufsträgers einholt, diesen über sämtliche für die Beurteilung erheblichen Umstände ordnungsgemäß informiert und nach eigener Plausibilitätskontrolle der ihm daraufhin erteilten Antwort dem Rat folgt und von der Stellung eines Insolvenzantrags absieht.[4179]

2436

5.9.1.5 Anspruchsinhaber

Zu unterscheiden ist zwischen den sog. Altgläubiger, deren Forderungen bereits bei Eintritt der Insolvenzreife bestanden, und den Neugläubigern, die ihre Forderungen erst nach der Insolvenzreife erworben haben.

Die Altgläubiger erhalten lediglich ihren Quotenschaden ersetzt, also den Schaden, den sie dadurch erlitten haben, dass sich die Insolvenzquote aufgrund der verspäteten Insolvenzantragstellung verringert hat. Es handelt sich um einen Gesamtschadensanspruch, der vom Insolvenzverwalter geltend zu machen ist – quasi Innenhaftung.

Die Neugläubiger bekommen dagegen ihren Schaden in voller Höhe ersetzt. Denn bei einer rechtzeitigen Insolvenzantragstellung hätten sie keinen Vertrag mit der insolventen Gesellschaft abgeschlossen. Da es sich um einen Individualschaden handelt, kann der Anspruch vom Neugläubiger auch nach der Insolvenzeröffnung gegenüber dem Geschäftsführer geltend gemacht werden.[4180] Erhöht sich das von der Gesellschaft in Anspruch genommene Kreditvolumen eines Kontokorrentkredits im Stadium der Insolvenzverschleppung, so ist die Bank hinsichtlich des Differenzschadens Neugläubigerin.[4181]

2437

5.9.1.6 Schaden

5.9.1.6.1 Neugläubiger

Der Anspruch des Neugläubigers richtet sich auf Ersatz des negativen Interesses.[4182] Der Schadensersatzanspruch ist nicht um die auf die Neugläubiger entfallende Insolvenzquote zu kürzen; vielmehr ist dem Geschäftsführer entsprechend § 255 BGB i.V.m. §§ 273 f. BGB ein Anspruch auf Abtretung

2438

4177 BGH, Urt. v. 29.11.1999 – II ZR 273/98, NJW 2000, 668.
4178 BGH, Urt. v. 14.05.2007 – II ZR 48/06, DStR 2007, 1174.
4179 BGH, Urt. v. 14.05.2007 – II ZR 48/06, DStR 2007, 1174.
4180 BGH, Urt. v. 06.06.1994 – II ZR 292/91, NJW 1994, 2220.
4181 BGH, Urt. v. 05.02.2007 – II ZR 234/05, ZInsO 2007, 376.
4182 BGH, Urt. v. 05.02.2007 – II ZR 234/05, ZInsO 2007, 376.

der Insolvenzforderung des Neugläubigers gegen die Gesellschaft zuzubilligen.[4183]

2439 In die Schadensberechnung des negativen Interesses sind auch die Zinsen einzubeziehen. Sind die von der Bank gewährten Kredite allerdings refinanziert, kann die Bank im Rahmen des negativen Interesses nur die Refinanzierungskosten ersetzt verlangen.[4184]

2440 Nicht umfasst von § 823 Abs. 2 BGB i.V.m. § 15a InsO ist der Schaden der Bundesanstalt für Arbeit, den diese wegen der Zahlung von Insolvenzausfallgeld erleidet. Hierbei fehlt es an dem erforderlichen Vertrauenstatbestand, da es sich um eine gesetzliche Zahlungsverpflichtung der Bundesanstalt für Arbeit (oder auch der Sozialversicherungsträger bzgl. der Beitragsschulden) handelt.[4185] In Betracht kommt dann allerdings ein Anspruch nach § 826 BGB wegen vorsätzlicher sittenwidriger Schädigung.[4186]

5.9.1.6.2 Altgläubiger

2441 Demgegenüber erhalten die Altgläubiger lediglich ihren Quotenschaden ersetzt. Dies bedeutet, dass der Insolvenzverwalter darlegen muss, welche Masse bei einer rechtzeitigen Insolvenzantragstellung für eine Verteilung an die Altgläubiger zur Verfügung gestanden hätte, um hieraus die fiktive Quote zu diesem Zeitpunkt zu ermitteln. Diese Quote ist mit den tatsächlichen Konkursforderungen der (im Konkurs noch vorhandenen) Altgläubiger zu multiplizieren; von diesem Ergebnis ist der auf die Altgläubiger entfallende Masseanteil abzuziehen, der sich aus dem Verhältnis ihrer Forderungen zur Summe der Konkursforderungen ergibt.[4187]

5.9.2 Haftung nach § 823 Abs. 2 BGB i.V.m. § 14 Abs. 1 Nr. 1 sowie einem Schutzgesetz (StGB)

2442 Verletzt der Geschäftsführer eine Vermögensbetreuungspflicht im Sinne des § 266 Abs. 1 StGB, weil er z.B. einen vertraglich vereinbarten Sicherheitseinbehalt nicht auf ein Sperrkonto eingezahlt hat, so kann sich hieraus ein Schadensersatzanspruch aus § 823 Abs. 2 BGB i.V.m. § 266 StGB ergeben.[4188] Daneben kommt auch eine Verletzung von §§ 263, 265b StGB (Kreditbetrug) in Betracht.[4189]

4183 BGH, Urt. v. 05.02.2007 – II ZR 234/05, ZInsO 2007, 376; BGH, Urt. v. 08.01.2001 – II ZR 88/99, NJW 2001, 1280; insoweit Aufgabe von BGH, Urt. v. 06.06.1994 – II ZR 292/91, NJW 1994, 2220.
4184 BGH, Urt. v. 05.02.2007 – II ZR 234/05, ZInsO 2007, 376.
4185 BGH, Urt. v. 08.03.1999 – II ZR 159/98, DStR 1999, 988.
4186 BGH, Urt. v. 18.12.2007 – VI ZR 231/06, ZIP 2008, 361; BGH, Urt. v. 26.06.1989 – II ZR 289/88, NJW 1989, 3277.
4187 BGH, Urt. v. 30.03.1998 – II ZR 146/96, DStR 1998, 651.
4188 Thüringer OLG, Urt. v. 20.05.2009 – 4 U 73/08, NJW-Spezial 2009, 477.
4189 BGH, Urt. v. 25.07.2005 – II ZR 390/03, DStR 2005, 1743.

5.9.3 Haftung nach § 826 BGB

Muss Insolvenzgeld gezahlt werden, weil der Geschäftsführer keinen Insolvenzantrag stellt, obwohl er erkennt, dass die Gesellschaft nicht zu sanieren ist, haftet er gegenüber der Bundesanstalt für Arbeit aus § 826 BGB.[4190] Nach der Formulierung des BGH ist dafür erforderlich, dass der Geschäftsführer den als unabwendbar erkannten „Todeskampf" eines Unternehmens so lange wie möglich hinauszögert, wenn dabei die Schädigung der Unternehmensgläubiger billigend in Kauf genommen wird.[4191] Ein Verstoß gegen die guten Sitten scheidet aus, wenn der Geschäftsführer den Antrag unterlassen hat, weil er die Krise den Umständen nach als überwindbar und darum Bemühungen um ihre Behebung durch einen Sanierungsversuch als lohnend und berechtigt ansehen durfte.[4192] Ein Schaden im Sinne von § 826 BGB ist allerdings nicht entstanden, wenn das Insolvenzgeld auch bei rechtzeitiger Antragstellung hätte gezahlt werden müssen.[4193] Beweispflichtig ist hierfür die Bundesanstalt für Arbeit. Dies gilt auch für den Fall, dass die Eröffnung des Insolvenzverfahrens mangels Masse abgelehnt worden ist.[4194]

2443

6. Folgen für die Gesellschaft nach Beendigung der Insolvenz

Nach § 196 InsO erfolgt nach Beendigung der Verwertung der Masse eine Schlussverteilung. Sollte danach noch ein Überschuss verbleiben, so regelt § 199 Satz 2 InsO die Verteilung dieses Betrages. Danach hat der Verwalter jeder am Schuldner beteiligten Person den Teil des Überschusses herauszugeben, der ihr bei einer Abwicklung außerhalb des Insolvenzverfahrens zustünde. Dadurch wird verhindert, dass sich an das Insolvenzverfahren eine Liquidation der Gesellschaft anschließt.

2444

Liegen keine Anhaltspunkte dafür vor, dass die Gesellschaft noch Vermögen besitzt (z.B. aus der Masse freigegebene Gegenstände oder bei dem Vorbehalt einer Nachtragsverteilung), so ist sie von Amts wegen zu löschen, § 141a Abs. 1 Satz 2 FGG. Dadurch wird sichergestellt, dass eine Löschung im Interesse des Gläubigerschutzes auch erfolgt, wenn die Organe selbst keinen Löschungsantrag stellen oder nicht mehr auffindbar sind.

Die Löschung der Gesellschaft im Handelsregister hat deren Vollbeendigung zur Folge, § 74 Abs. 1 Satz 2 GmbHG, § 273 Abs. 1 Satz 2 AktG.

4190 BGH, Urt. v. 26.06.1989 – II ZR 289/88, NJW 1989, 3277; BGH, Urt. v. 18.12.2007 – VI ZR 231/06, ZIP 2008, 361.
4191 BGH, Urt. v. 26.06.1989 – II ZR 289/88, NJW 1989, 3277.
4192 BGH, Urt. v. 26.06.1989 – II ZR 289/88, NJW 1989, 3277.
4193 BGH, Urt. v. 18.12.2007 – VI ZR 231/06, ZIP 2008, 361; BGH, Urt. v. 13.10.2009 – VI ZR 288/08, ZIP 2009, 2439.
4194 BGH, Urt. v. 13.10.2009 – VI ZR 288/08, ZIP 2009, 2439.

Kapitel 3
Strafrecht und Strafverfahrensrecht

1. Vorbemerkung

2445 Nulla poena sine crimen, sine culpa, sine lege stricta:
Keine Strafe ohne Verbrechen, Gesetz und Schuld. Diese grundlegenden Prinzipien des Strafrechts haben in Deutschland Verfassungsrang. Dies ist zu einem Großteil nur aus den Erfahrungen zu erklären, die unser Gemeinwesen in der Zeit des nationalsozialistischen Unrechts erfahren hat. Auch hieraus folgen weitere grundlegende Prinzipien des deutschen Strafrechts: der Verhältnismäßigkeitsgrundsatz der Strafe, die Abschaffung der Todesstrafe, die Bestrafung nur bei Schuld, die Entwicklung des rechtfertigenden und übergesetzlichen Notstandes.

Diese Regelungen sind neben anderen allgemeinen Regelungen wie Vorschriften über Täterschaft und Teilnahme, Vorsatz und Schuld sowie den Bedingungen der Strafbarkeit gleichsam „vor die Klammer gezogen" und bilden den Allgemeinen Teil des Strafgesetzbuchs, das im Grundsatz seit dem Jahr 1877 gilt.

2446 Die eigentlichen Straftatbestände oder Delikte, für den Bereich der Vermögensdelikte also z. B. Betrug, Unterschlagung, Diebstahl usw., bilden den Besonderen Teil des Strafgesetzbuchs. Sie sind einer Analogie nicht zugänglich. Während im Zivilrecht, in dem es um die Regelung von Rechtsbeziehungen der Bürger untereinander geht, auch die rd. 2.000 Vorschriften des Bürgerlichen Gesetzbuchs bei weitem nicht ausreichen, um alle denkbaren Tatbestände und Ansprüche zu regeln und daher Analogien und Erweiterungen möglich und auch notwendig sind, ist dies im wesentlich knapperen Strafgesetzbuch mit seinen rd. 300 Vorschriften nicht zulässig. Wenn der Staat, der für sich in Anspruch nimmt, zu regeln, was Recht und Unrecht ist, ein Verhalten für strafrechtlich relevant hält, muss er diesen Tatbestand regeln. Ansonsten kann er das gegen seine Vorstellungen handelnde Subjekt nicht bestrafen: nulla poena sine lege stricta.

2447 Das materielle Recht korrespondiert stets mit dem Verfahrensrecht: Recht haben und Recht bekommen sind auch im Zivilrecht verschiedene Dinge, wenn auch zwei Seiten der gleichen Medaille. Ebenso ist im Bereich des Strafrechts das Verfahrensrecht kodifiziert und zwar überwiegend in der Strafprozessordnung.

Kapitel 3 Strafrecht und Strafverfahrensrecht

Wichtigste Quelle des materiellen Strafrechts ist das Strafgesetzbuch (StGB). Der Besondere Teil des StGB regelt in §§ 80–358 die einzelnen Straftaten, der Allgemeine Teil regelt die für alle Straftaten gültigen Regeln der Strafbarkeitsvoraussetzungen (§ 1–37), die Rechtsfolgen (§§ 38–76 a) und die Strafverfolgungsvoraussetzungen (§§ 77–79 b).

Ein Großteil strafrechtlicher Tatbestände befindet sich außerhalb des StGB in Spezialgesetzen, den sog. strafrechtlichen Nebengesetzen, die jedoch entgegen ihrer Bezeichnung eine erhebliche praktische Bedeutung haben. Geregelt sind Delikte z. B. 2448

- in der Abgabenordnung (AO),
- im Betäubungsmittelgesetz (BtMG),
- im Wirtschaftsstrafgesetz (WiStrG),
- im Waffengesetz.

Die Spezialgesetze regeln nur die einzelnen Delikte. Der allgemeine Teil des StGB gilt gemäß Art. 1 EGStGB auch für diese Delikte.

Strafgesetze sind nur solche Vorschriften, die als Rechtsfolge ausdrücklich Strafe vorsehen. Normen mit anderen Rechtsfolgen sind keine Strafgesetze. Das Ordnungswidrigkeitengesetz (OwiG) enthält daher keine Strafgesetze.

2. Strafrecht Allgemeiner Teil
2.1 Grundlagen der Strafbarkeit
2.1.1 Handlung

Voraussetzung jeder Straftat ist eine Handlung des Täters, die entweder in einem aktiven Tun oder in einem Unterlassen bestehen kann. Was Handlung in diesem Sinne ist, ist Gegenstand zahlreicher Handlungslehren.[4195] Allen Handlungslehren ist gemein, dass sie versuchen, eine für alle Straftatbestände allgemeingültige strafrechtliche Definition der Handlung zu finden und quasi vor die Klammer zu ziehen. Die Rechtsprechung geht diesen Weg nicht mit. Es ist daher notwendig, innerhalb der Prüfung des jeweiligen Straftatbestandes festzustellen, ob der Täter durch willensgesteuertes Verhalten die Möglichkeit hatte, den zum Erfolg führenden Kausalverlauf zu beeinflussen.[4196] 2449

Ungeachtet der zur Handlungslehre vertretenen Theorien hat jede strafrechtlich relevante Handlung folgende tatbestandliche Voraussetzungen:

- Ein menschliches Verhalten: Daraus folgt, dass nur natürliche Personen strafbar seien können. Bei juristischen Personen ist auf die Menschen abzustellen, die die deliktische Handlung selbst begangen haben oder denen sie wie eine eigene zurechenbar ist.
- Ein äußerliches Verhalten, das auch in einem Unterlassen liegen kann. Vorgänge, die sich nur im Inneren des Menschen abspielen, also Gedanken und Wünsche, sind keine Handlungen im strafrechtlichen Sinne.

[4195] Kausale Handlungslehre, finale Handlungslehre, soziale Handlungslehre, personaler Handlungsbegriff.

[4196] *Brammsen*, Inhalt und Elemente des Eventualvorsatzes – Neue Wege in der Vorsatzdogmatik, JZ 1989, 71, 75.

- Ein willensbeherrschtes Verhalten: Erforderlich ist, dass der Wille des Menschen mitwirkt. Vorsatz und Schuld haben damit nichts zu tun, so dass auch Kleinkinder und Betrunkene noch handeln können.

Keine Handlungen im strafrechtlichen Sinne sind:

- Nach außen tretende menschliche Verhaltensweisen im Zustand völliger Bewusstlosigkeit (körperliche Reaktion in Ohnmacht, im Vollrausch, im Tiefschlaf).
- Ein körperliches Verhalten, das in keiner Weise auf menschliches Verhalten zurückzuführen ist, sondern ausschließlich durch äußerliche unwiderstehliche Gewalt auf mechanische Weise erzwungen wird, z. B. das Stürzen eines Menschen. Demgegenüber lässt Gewalt durch Einwirkung auf den Willen des Gezwungenen Einordnung als strafrechtlich relevante Handlung unberührt: Eine Handlung, die ein Mensch also unter der Androhung oder Anwendung von Folter begeht, ist eine Handlung im strafrechtlichen Sinn. Ein Mensch, der stürzt und dabei z. B. allein durch sein Körpergewicht einen anderen verletzt, begeht keine strafrechtlich relevante Handlung.
- Ebenfalls keine strafrechtlich relevante Handlung sind Reflexe, bei denen ohne Mitwirkung des Bewusstseins der Person durch einen physiologischen Reiz oder eine sonstige willensunabhängige Bewegung ausgelöst wird. Davon abzugrenzen sind Affekt- und Kurzschlusshandlungen, bei denen das Willenselement zwar stark zurückgedrängt, jedoch noch vorhanden ist.

2.1.2 Gesetzlichkeitsprinzip

2450 Einer der grundlegenden Prinzipien des Strafrechts ist in Art. 103 Abs. 2 GG und § 1 StGB niedergelegt:

Eine Tat kann nur bestraft werden, wenn die Strafbarkeit gesetzlich bestimmt war, bevor die Tat begangen wurde.

Darüber hinaus gilt gemäß § 2 Abs. 1 StGB das *Rückwirkungsverbot*: Straf- und Nebenfolgen bestimmen sich nach dem Gesetz, das zum Tatzeitpunkt galt.

Daraus folgt:

Keine Straftat ohne Gesetz – nullum crimen sine lege
keine Strafe ohne Gesetz – nulla poena sine lege.

Der Bürger muss wissen, wann der Staat ein Verhalten bestraft, damit er sein Verhalten hieran ausrichten kann, da das Strafrecht nicht nur der Sanktion strafwürdigen Verhaltens dient, sondern auch der Prävention künftigen strafwürdigen Verhaltens. Der Normadressat muss absehen können, welche Handlungen verboten sind und mit welchen Sanktionen er bei einer Rechtsverletzung zu rechnen hat. Er soll ferner darauf vertrauen dürfen, bei rechtskonformen Verhalten nicht mit strafrechtlichen Sanktionen rechnen zu müssen.[4197]

[4197] BVerfG, Urt. v. 20.03.2002 – 2 BvR 794/95, NJW 2002, 1779.

Eine Handlung, die im Zeitpunkt ihrer Begehung straffrei war, darf nicht rückwirkend für strafbar erklärt werden. Dabei sind im Bereich des materiellen Strafrechts sowohl rückwirkende Strafbegründung als auch rückwirkende Strafverschärfung verboten.[4198] Das Rückwirkungsverbot gilt für *Ob und Wie der Strafbarkeit*, also

- für neugeschaffene Tatbestände oder Tatbestände,
- Normen, die die Strafbarkeit gegenüber bisher vorhandenen Straftatbeständen erweitern,
- den Wegfall von Rechtfertigungs- und Schuldausschließungsgründen,
- die Änderung von Bedingungen der Strafbarkeit zu Lasten des Täters,
- die Änderung von persönlichen Strafausschließungs- oder Strafaufhebungsgründen zu Lasten des Täters.

Das Rückwirkungsverbot gilt jedoch gemäß § 2 Abs. 6 StGB nicht für Maßregeln der Besserung und Sicherung. Nach herrschender Meinung gilt es auch nicht für Verfahrensvorschriften.[4199] Ferner gilt es nach h. M. nicht für die Aufgabe einer bisher gefestigten Rechtsprechung zur Auslegung eines Strafgesetzes.[4200]

2.1.3 Bestimmtheitsgrundsatz

Die Voraussetzungen der Strafbarkeit und die den Täter treffenden Rechtsfolgen müssen vor der Tat so konkret umschrieben sein, dass der Adressat der Norm voraussehen kann, ob ein Verhalten strafbar ist oder er zumindest eine Bestrafung riskiert. Dabei gilt der Grundsatz: Je höher der Strafrahmen, desto höher die Anforderungen an die gesetzliche Präzisierung der Strafbarkeit.[4201]

2451

Zulässig sind nichtsdestotrotz sogenannte Blanketttatbestände, also diejenigen Strafnormen, die Bezug nehmen auf ein anderes Gesetz. Zulässig sind auch Generalklauseln und wertungsausfüllungsbedürftige Begriffe in Strafnormen. Der Grund hierfür ist, dass ansonsten ein Großteil fragwürdiger Verhaltensweisen aufgrund der Vielgestaltigkeit des Lebens nicht strafbewehrt wäre, weil es schlicht unmöglich ist, jeden denkbaren Lebenssachverhalt in einen eigenen Straftatbestand zu fassen. Generalklauseln sind allerdings verfassungsrechtlich nur dann zulässig, wenn die Strafnorm selbst immer noch eine zuverlässige Grundlage für die Inhaltsbestimmung durch Auslegung bietet oder aber auf Grund einer gefestigten Rechtsprechung eine hinreichende Bestimmtheit möglich ist.[4202]

2.1.4 Rückwirkungs- und Analogieverbot

Nach § 2 Abs. 1 StGB sind Strafe und Rechtsfolgen dem Gesetz zu entnehmen, das *zur Zeit der Tat* gilt.

2452

4198 BVerfG, B. v. 26.02.1969 – 2 BvL 15, 23/68, BVerfGE 25, 269.
4199 BVerfG, B. v. 26.02.1969 – 2 BvL 15, 23/68, BVerfGE 25, 269, 286.
4200 BVerfG, B. v. 11.11.1964 – 1 BvR 488/62, 562/63, 216/64, BVerfGE 18, 224, 240.
4201 BVerfG, B. v. 06.05.1987 – 2 BvL 11/85, BVerfGE 75, 329, 343.
4202 BVerfG, B. v. 21.11.2002 – 2 BvR 2202/01, NJW 2003, 1030.

Die Zeit der Tat ergibt sich aus § 8 StGB: Entscheidend ist, wann der Täter gehandelt hat oder im Fall des Unterlassens hätte handeln müssen. Ändert sich das Gesetz zwischen Beendigung der Tat und der Entscheidung über die Bestrafung des Täters, ist gemäß § 2 Abs. 3 StGB das mildere Gesetz anzuwenden.

2453 Lückenfüllende Rechtsfortbildung zu Lasten des Täters ist im Strafrecht verboten: nullum crimen sine lege: *kein Verbrechen ohne Gesetz*. Der Wortsinn des Strafgesetzes bildet die äußerste Grenze zulässiger Auslegung der Strafrechtsnorm.[4203] Im Gegensatz zu anderen Rechtsgebieten ist also das Schließen einer planwidrigen Regelungslücke durch Analogie (Ausdehnung eines Merkmals oder Rechtssatzes über den durch die Auslegung begrenzten Wortsinn hinaus auf vergleichbare vom möglichen Wortsinn nicht mehr erfasste Sachverhalte) *verboten*. Die Möglichkeit der Auslegung lässt dies unberührt. Die Grundsätze der Auslegungsmethodik (grammatikalische, systematische, subjektiv-historische, verfassungskonforme Auslegung) sind auch im Strafrecht anwendbar.

2454 Zum Grundsatz des nullum crimen sine lege tritt der Grundsatz des nulla poena sine culpa: Keine Strafe ohne Schuld. Die Schuld beschreibt die persönliche Verantwortlichkeit des Täters für seine Tat. Es geht nicht um eine moralische oder sittliche Belastung des Täters, sondern um das Einstehenmüssen für die Tat. Dem Täter wird vorgeworfen, dass er sich nach seinen Fähigkeiten hätte rechtmäßig verhalten können.

2455 Das Schuldprinzip hat Verfassungsrang.[4204] Moralische oder sittliche Momente in der Person des Täters können ausschließlich im Bereich der Strafzumessung berücksichtigt werden.

> **Beispiel**
>
> Unter dem Eindruck erheblicher wirtschaftlicher Probleme als Folge seiner Ehescheidung, die den Täter an den Rand der Insolvenz gebracht hat und seit Jahren sein Leben bestimmt, hinterzieht der später verurteilte Täter Steuern. Die familiären und finanziellen Probleme lassen die Schuld unberührt. Seine eigene Situation kann nur im Rahmen der Strafzumessung berücksichtigt werden.

Das Schuldprinzip gilt jedoch nicht für Maßregeln der Sicherung und Besserung gemäß §§ 61 ff. StGB, da durch diese präventive Zwecke verfolgt werden, z. B. die Entziehung der Fahrerlaubnis gemäß § 69 StGB oder die Anordnung eines Berufsverbots gemäß § 70 StGB.

2.1.5 Täterschaft und Teilnahme

2456 Während bei der Fahrlässigkeitstat jeder fahrlässig und zurechenbar handelnde Verursacher eines Erfolges Täter der Fahrlässigkeitstat ist (sog. Einheitstäterbegriff), können die Beteiligten einer Vorsatztat Täter oder Teilnehmer sein (vgl. § 28 Abs. 2 StGB).

Der Täter verwirklicht das tatbestandliche Unrecht direkt, der Teilnehmer indirekt über die Tatbestandsverwirklichung des Täters.

[4203] BVerfG, B. v. 04.12.2003 – 2 BvR 1107/03, wistra 2004, 99.
[4204] BVerfG, B. v. 05.03.1968 – 1 BvR 579/67, BVerfGE 23, 127, 132.

Kapitel 3 Strafrecht und Strafverfahrensrecht

Innerhalb des Begriffs des Täters ist gemäß § 25 StGB zu unterscheiden zwischen dem

- unmittelbaren Täter, § 25 Abs. 1, 1. Alt. StGB und dem
- mittelbaren Täter, § 25 Abs. 1, 2. Alt. StGB.

Der unmittelbare Täter begeht die Straftat in eigener Person, der mittelbare Täter indirekt, indem er das Handeln eines von ihm beherrschten Menschen steuert.

Gegenüber dem Täter, der „seine" Tat begeht, nimmt der Teilnehmer an der Tat eines anderen teil. Innerhalb der Teilnehmer ist zu unterscheiden zwischen

- dem Anstifter, § 26 StGB
- und dem Gehilfen, § 27 StGB.

Anstifter ist, wer einen anderen zu einer Vorsatztat bestimmt, mithin durch psychische Einwirkung den Tatentschluss zur Vorsatztat *eines anderen* hervorruft.

Gehilfe ist derjenige, der die vorsätzliche Tat *eines anderen* fördert.

Beispiel

Ein Bankmitarbeiter, der auf die Frage seines Kunden, wie er Steuern sparen könne, diesem rät, unversteuertes Geld in die Schweiz zu transferieren und ihn über die ihm bis dato unbekannten steuerlichen Folgen aufklärt, macht sich wegen Anstiftung strafbar. Wegen Beihilfe macht er sich beispielsweise strafbar, wenn er den zur Steuerhinterziehung entschlossenen Kunden dadurch unterstützt, dass er zusagt, er könne sich auf die Hilfe der schweizerischen Tochter seiner Hausbank verlassen, die ihm beim Geldtransfer helfe.

Tauglicher Täter einer Straftat kann nur ein Mensch sein, nicht eine juristische Person oder sonstige Organisation. Bei Delikten, die im Zusammenhang mit einer juristischen Person stehen, ist daher immer auf die für sie handelnde natürliche Person abzustellen.

Beispiel

Leitet ein Pharmaunternehmen rechtswidrig Gifte in einen Fluss ein, kann strafrechtlich nicht das Unternehmen als solches zur Verantwortung gezogen werden, wohl aber dessen Organe, Betriebsleiter usw.

Darüber hinaus kann nicht Täter sein, wer eine vom Straftatbestand vorausgesetzte Subjektqualität nicht aufweist, so dass eigenhändige Delikte, die eine höchstpersönliche Begehung voraussetzen, nicht in mittelbarer Täterschaft begangen werden.

Beispiel

Meineid, § 154 StGB, daher nur Anstiftung oder Beihilfe möglich.

Auch wer bei einem Sonderdelikt die geforderte Subjektsqualität nicht aufweist, kann nicht Täter sein.

Teil 6   Gesetzesübergreifende Bezüge

> **Beispiel**
>
> Nur ein Amtsträger oder ein für den öffentlichen Dienst besonders Verpflichteter kann sich wegen Vorteilsannahme gemäß § 331 StGB strafbar machen. Ein anderer kann nur Anstifter oder Gehilfe sein.

2.1.6 Vorsatz, Fahrlässigkeit und Schuld

2457 „Nulla poena sine culpa" ist einer der zentralen Prinzipien des Strafrechts: keine Strafe ohne Schuld. Die Schuld betrifft das Einstehenmüssen des Täters für seine Tat. Ihm wird vorgeworfen, dass er sich nicht nach seinen Fähigkeiten rechtmäßig verhalten hat, obwohl er den Unterschied zwischen Recht und Unrecht hätte erkennen können. Der Schuldgrundsatz hat Verfassungsrang.

Von der Schuld zu trennen sind als subjektive Tatbestandselemente Vorsatz und Fahrlässigkeit. Der Vorsatz ist das subjektive Spiegelbild zum objektiven Tatbestand.

Der Täter handelt, wie sich aus einem Umkehrschluss zu § 16 StGB ergibt, vorsätzlich, wenn er die Umstände in seine Vorstellung der Tat aufgenommen hat, die den objektiven Tatbestand ausmachen, genauer:

- vorsätzlich handelt, wer bei Beginn der Tat zumindest billigend in Kauf nimmt, dass durch sein Verhalten alle Umstände, die zu einem gesetzlichen Tatbestand gehören, verwirklicht werden.

Einige Tatbestände lassen demgegenüber Fahrlässigkeit genügen, vgl. § 15 StGB. Dem Täter ist Fahrlässigkeit vorzuwerfen, wenn er unvorsätzlich, aber vorwerfbar, eine Rechtsverletzung durch aktives Tun oder – im Falle einer Garantenstellung – durch pflichtwidriges Unterlassen herbeigeführt hat.

Die Abgrenzung des sog. bedingten Vorsatzes von der groben Fahrlässigkeit kann im Einzelfall schwierig sein. Allgemein gilt: vertraut der Täter darauf, dass schon nichts passieren wird („es wird schon gut gehen"), handelt er fahrlässig. Vorsätzlich handelt er, wenn er die Rechtsfolge, wenn auch als unerwünschtes Nebenziel in Kauf nimmt („und wenn schon").

2.2 Rechtsfolgen der Tat

2458 Das StGB weist ein zweispuriges Rechtsfolgensystem auf, das

- Strafen (Haupt- und Nebenstrafen), für deren Zumessung die Schuld des Täters die Grundlage ist, und
- Maßregeln der Besserung und Sicherung gemäß 61 ff. StGB kennt, die unabhängig von der Schuld resozialisierenden oder präventiven Charakter haben.

2.2.1 Strafen

2459 Innerhalb der Strafe ist zwischen Haupt- und Nebenstrafe zu unterscheiden.

Hauptstrafen sind
- die Freiheitsstrafe gemäß §§ 38 ff. StGB,
- die Geldstrafe gemäß § 40 StGB.

Nebenstrafe ist
- das Fahrverbot gemäß § 44 StGB.

Im Jugendstrafrecht gelten Besonderheiten.

Innerhalb der Freiheitsstrafe wird unterschieden zwischen
- lebenslanger Freiheitsstrafe (z. B. bei Mord, § 211 StGB) und
- zeitiger Freiheitsstrafe.

Sofern das Gesetz nichts anders bestimmt, ist die Freiheitsstrafe zeitig. Ihr Höchstmaß beträgt 15 Jahre, ihr Mindestmaß einen Monat, § 38 Abs. 2 StGB.

Im Falle der Gesamtstrafenbildung darf das Höchstmaß von 15 Jahren nicht überschritten werden, § 54 Abs. 2 StGB. Eine Freiheitsstrafe unter sechs Monaten darf gemäß § 47 Abs. 1 StGB nur ausnahmsweise verhängt werden, wenn besondere Umstände, die in der Tat oder der Persönlichkeit des Täters liegen, die Verhängung einer Freiheitsstrafe zur Einwirkung auf den Täter zur Verteidigung der Rechtsordnung unerlässlich machen. Im Falle der Verurteilung zu einer Freiheitsstrafe von nicht mehr als einem Jahr erfolgt bei günstiger Sozialprognose des Verurteilten die Aussetzung der Vollstreckung der Freiheitsstrafe zur Bewährung, § 56 Abs. 1 StGB. 2460

Bei einer Strafe bis zu zwei Jahren kann die Strafe zur Bewährung ausgesetzt werden, § 56 Abs. 2 StGB. Die Bewährungszeit, die zwischen 2 bis 5 Jahren beträgt, kann mit Auflagen, Weisungen, und Bewährungshilfe flankiert sein, §§ 56a ff. StGB. Nach Ablauf der Bewährungszeit wird die Strafe erlassen, § 56 StGB. Die Aussetzung zur Bewährung kann gemäß § 56 f. StGB widerrufen werden. Sobald 2/3 der Strafzeit verbüßt sind, kann die restliche Zeit gemäß § 57 StGB zur Bewährung ausgesetzt werden. 2461

Auch eine lebenslange Freiheitsstrafe kann nach 15 Jahren der verbüßten Strafe nach § 57a StGB zur Bewährung ausgesetzt werden.

Weitere Hauptstrafe neben der Freiheitstrafe ist die Geldstrafe, die niemals allein angedroht wird, sondern wahlweise neben Freiheitstrafe (und zwar grundsätzlich dann, wenn deren gesetzliches Mindestmaß von einem Monat nicht erhöht ist) und gemäß § 47 Abs. 2 StGB auch dann, wenn das Gesetz sie zwar nicht ausdrücklich androht, im konkreten Anwendungsfall aber nur eine kürzere Freiheitsstrafe als sechs Monate in Betracht käme. Es gilt das Tagessatzsystem: 2462

Durch die Anzahl der Tagessätze wird die Schuld des Täters ohne Rücksicht auf seine wirtschaftlichen Verhältnisse gewürdigt. Durch die Höhe des Tagessatzes wird die Strafe den wirtschaftlichen Verhältnissen des Täters angepasst. Die Mindestzahl der Tagessätze ist 5, die Höchstzahl 360, bei Gesamtstrafe 720, §§ 40 Abs. 1, 54 Abs. 2 StGB. Ausgangspunkt für die Berechnung des Tagessatzes ist das Nettoeinkommen des Täters (die Gesamtheit aller Einkünfte nach Abzug der Steuern, Sozialabgaben, Werbungskosten und Unterhaltsverpflichtung.

Unter den Voraussetzungen des §§ 52 Abs. 3, 41 StGB kann Geldstrafe neben einer Freiheitsstrafe verhängt werden. Es handelt sich um Gewinnsuchttaten, so dass diese Möglichkeit für den Bereich der Wirtschafts- und Steuerkriminalität von besonderem Belang ist.

2.2.2 Maßnahmen

2463 § 61 StGB regelt die von den Strafen zu trennenden Maßregeln der Besserung und Sicherung.

Innerhalb der Maßregeln ist zwischen freiheitsentziehenden und nicht freiheitsentziehenden Maßregeln zu unterscheiden.

Freiheitsentziehende Maßregeln sind:

- die Unterbringung in einem psychiatrischen Krankenhaus,
- die Unterbringung in einer Entziehungsanstalt,
- die Anordnung von Sicherungsverwahrung.

Maßregeln ohne Freiheitsentzug sind:

- die Führungsaufsicht,
- die Entziehung der Fahrerlaubnis,
- das Berufsverbot.

2464 Alle Maßregeln der Besserung und Sicherung stehen unter dem Grundsatz der Verhältnismäßigkeit, § 62 StGB. Sicherungsverwahrung nach § 66 StGB und Führungsaufsicht nach § 68 StGB können nur neben einer Strafe angeordnet werden.

Die übrigen Maßregeln setzen keine Verurteilung wegen schuldhaft begangener Tat voraus und können daher z. B. auch gegen einen Schuldunfähigen angeordnet werden.

2.2.3 Nebenfolgen

2465 Nebenfolgen einer Straftat können sein:

- gemäß § 45 StGB der Verlust der Amtsfähigkeit, der Wählbarkeit oder Verlust des Stimmrechts,
- im Sinne der StPO der Verfall gemäß §§ 73–73e StGB (Abschöpfung rechtswidrig erlangter Vermögensvorteile),
- die Einziehung gemäß § 74 f. StGB,
- die Unbrauchbarmachung gemäß § 74d StGB.

3. Grundfragen des Strafverfahrensrechts

2466 Im Gegensatz zum Strafgesetzbuch sind die Regelungen über die Realisierung des strafrechtlichen Bestrafungsanspruchs, die Verfolgung der Straftat und deren Ahndung anderweitig geregelt.

3.1 Quellen des Strafverfahrensrechts

2467 Als Teil des öffentlichen Rechts mit der Gesetzgebungskompetenz beim Bund dient das Strafverfahrensrecht der Durchsetzung des materiellen Strafrechts, also der Verwirklichung des ausschließlich dem Staat zustehenden Strafanspruchs. Seine wesentliche Quelle ist die Strafprozessordnung (StPO). Weitere strafverfahrensrechtliche Regelungen finden sich in folgenden Gesetzen:

- GVG,
- EGGVG,

Kapitel 3   Strafrecht und Strafverfahrensrecht

- JGG,
- EGStPO,
- GG,
- EMRK,
- StGB (hinsichtlich der Fragen des Strafantrages und der Verjährung),
- DRiG,
- weiteren Nebengesetzen wie dem BZRegG.

3.2 Aufnahme strafrechtlicher Ermittlungen

Der Staat, der für sich den Strafanspruch in Anspruch nimmt, hat dafür zu sorgen, dass dieser Strafanspruch auch verwirklicht wird. Diesem Zweck dient die Staatsanwaltschaft, die gemäß § 143 GVG für strafrechtliche Ermittlungen zuständig ist. Sie muss gemäß § 160 StPO den Sachverhalt erforschen, wenn sie Kenntnis von einer Straftat erhält. Kenntnis erhält sie von Amts wegen – so dass sie wegen des Legalitätsprinzips bei Vorliegen zureichender tatsächlicher Anhaltspunkte für eine Straftat ermitteln muss (§ 152 Abs. 2 StPO) oder infolge einer Strafanzeige. Die Staatsanwaltschaft ermittelt in alle Richtungen, also auch im Hinblick auf mögliche den Täter entlastende Umstände. Die Polizei fungiert, sofern sie durch die Staatsanwaltschaft eingeschaltet wird, als deren Hilfsorgan.

2468

3.3 Abschluss strafrechtlicher Ermittlungen

Haben die aufgrund eines Anfangsverdachts geführten Ermittlungen der Staatsanwaltschaft und ihrer Hilfsorgane einen genügenden Anlass zur Erhebung der öffentlichen Klage gegeben (§ 170 Abs. 1 StPO), erhebt die Staatsanwaltschaft Anklage, es sei denn

2469

- es liegen die Voraussetzungen des § 407 StPO (Strafbefehlsverfahren) vor;
- es kommt eine Einstellung des Verfahrens in Betracht;
- die Voraussetzungen der Verweisung auf den Privatklageweg liegen vor (§ 376 StPO).

Bis zur Eröffnung des Hauptverfahrens kann die öffentliche Klage zurückgenommen werden.

Kommt es zur Anklageerhebung durch die Staatsanwaltschaft, wird vor der Hauptverhandlung gemäß §§ 199 ff. StPO in einem Zwischenverfahren über die Eröffnung der Hauptverhandlung entschieden. Das Zwischenverfahren dient dem Schutz des Beschuldigten vor einer offensichtlich unbegründeten Anklage. Die praktische Bedeutung des Zwischenverfahrens ist in der Praxis gering.

2470

Nachdem das Gericht seine Zuständigkeit geprüft hat, eröffnet es gemäß § 203 StPO die Hauptverhandlung, wenn der Beschuldigte der Tat hinreichend verdächtig ist. Der Beschuldigte wird zum Angeschuldigten. Ansonsten lehnt es die Eröffnung der Hauptverhandlung ab.

2471

3.4 Ergebnis strafrechtlicher Ermittlungen

Aufgrund der Verpflichtung der Staatsanwaltschaft, auch den Beschuldigten entlastende Umstände zu ermitteln, kann das Ermittlungsverfahren auch da-

2472

durch enden, dass ein hinreichender Tatverdacht nicht als gegeben angesehen wird. Die Staatsanwaltschaft hat dann die Möglichkeit, die Ermittlungen überhaupt sogleich einzustellen. Sie hat aber daneben bei Vergehen die Möglichkeit:

- unter den Voraussetzungen des § 153 StPO von der Verfolgung abzusehen (Einstellung wegen Geringfügigkeit),
- das Ermittlungsverfahren nach Erfüllung von Auflagen einstweilen gemäß § 153a StPO einzustellen.

2473 Die Möglichkeit der Einstellung des Verfahrens nach § 153a StPO, die der Gesetzgeber bei der Schaffung dieser Vorschrift 1974 zur Zurückdrängung der Bestrafung im Bereich der Kleinkriminalität eingeführt hatte, hatte die Praxis mehr und mehr auch in den Bereich der mittleren Kriminalität ausgedehnt. Der Gesetzgeber ist dieser extensiven Auslegung später gefolgt und hat die Voraussetzung, dass die Schuld gering sein müsse, dahingehend abgeändert, dass die Schwere der Schuld dem Absehen von der Erhebung der öffentlichen Klage nicht entgegenstehen dürfe.

3.5 Besondere Verfahrensarten
3.5.1 Strafbefehlsverfahren (§§ 407 ff. StPO)

2474 Haben die Ermittlungen genügenden Anlass zur Erhebung der Anklage gegeben, können die Rechtsfolgen der Straftat ohne Hauptverhandlung durch Strafbefehl festgelegt werden, wenn

- für das Hauptverfahren der Strafrichter oder das Schöffengericht zuständig wären,
- die Tat ein Vergehen ist,
- die Staatsanwaltschaft dies schriftlich beantragt.

Die Staatsanwaltschaft stellt diesen Antrag, wenn sie nach dem Ergebnis der Ermittlungen eine Hauptverhandlung nicht für erforderlich hält.

Auf Rechtsfolgenseite lässt der Strafbefehl folgendes zu:

- Geldstrafe,
- Verwarnung mit Strafvorbehalt,
- Fahrverbot,
- Verfall,
- Einziehung,
- Vernichtung und Unbrauchbarmachung,
- Bekanntgabe der Verurteilung gegen eine juristische Person oder Personenvereinigung,
- Entziehung der Fahrerlaubnis mit einer Sperre bis zu zwei Jahren,
- ein Absehen von Strafe,
- Freiheitsstrafe bis zu einem Jahr mit Aussetzung zur Bewährung, soweit der Angeschuldigte einen Verteidiger hat.

Der Inhalt des Strafbefehls ergibt sich aus § 409 StPO. Gegen den Strafbefehl ist der Rechtsbehelf des Einspruchs gegeben, § 410 StPO, der im Falle der Zulässigkeit dazu führt, dass nunmehr die Hauptverhandlung stattfindet.

3.5.2 Beschleunigtes Verfahren (§§ 417 ff. StPO)

Wie das Strafbefehlsverfahren und das Sicherungsverfahren nach §§ 413 ff. StPO ist das beschleunigte Verfahren eine besondere Verfahrensart der Strafprozessordnung. Die praktische Bedeutung ist trotz zwischenzeitlicher Änderungen nach wie vor gering.[4205] Die wesentlichen Unterschiede zum Normalverfahren sind:

- Möglichkeit der mündlichen Anklageerhebung (§ 418 Abs. 3 StPO);
- Entbehrlichkeit der Ladung des Beschuldigten, sofern er sich freiwillig zur Hauptverhandlung stellt oder dem Gericht vorgeführt wird (§ 418 Abs. 2 Satz 1 StPO);
- Verkürzungsfrist der Ladung auf 24 Stunden (§ 418 Abs. 2 Satz 3 StPO);
- Fehlen eines Eröffnungsbeschlusses (§ 418 Abs. 1 StPO);
- Abweichungen im Beweisantragsrecht und bei der Beweisaufnahme. Insbesondere kann bei der Beweisaufnahme die Vernehmung von Zeugen, Sachverständigen und Mitbeschuldigten im weit größeren Umfang als im Normalverfahren durch Verlesung ersetzt werden (§ 420 StPO).

2475

3.6 Rechtsbehelfe

Es dient der Gewährung effektiven Rechtsschutzes, wenn ein gerichtliches Urteil durch eine höhere Instanz überprüft werden kann. Dies gilt im Strafverfahrensrecht umso mehr als im Zivilverfahrensrecht, da es hier zumeist um vermögenswerte Ansprüche geht, dort jedoch der Staat teilweise weitgehend in die Freiheitsrechte des Menschen eingreifen kann.

2476

Die Strafprozessordnung kennt folgende Rechtsmittel:

2477

- Beschwerde, § 304 ff. StPO,
- Berufung, §§ 312 ff. StPO,
- Revision, § 333 ff. StPO.

Darüber kennt sie zahlreiche Rechtsbehelfe, u. a.

2478

- den Antrag auf gerichtliche Entscheidung, §§ 161a Abs. 3, 172 Abs. 2, 458 StPO,
- Wiedereinsetzung in den vorigen Stand,
- Haftprüfungsantrag.

Im Gegensatz zu den Rechtsbehelfen haben Rechtsmittel einen Devolutiveffekt, eröffnen also eine höhere Instanz. Als wichtigste Rechtsmittel richten sich Berufung und Revision gegen Urteile. Im Gegensatz zur Berufung, die zu einer vollständigen Urteilsüberprüfung führt, soweit es angefochten wurde, wird in der Revision das Urteil nur auf eine Rechtsverletzung hin geprüft. Die Revision erfordert daher im Gegensatz zur Berufung das Vorliegen eines absoluten oder relativen Revisionsgrundes gemäß § 337 f. StPO.

2479

4205 *Bürgle*, Die Neuregelung des beschleunigten Verfahrens durch das Verbrechensbekämpfungsgesetz – ein Erfolg?, StV 1998, 514.

3.7 Gesetz zur Regelung der Verständigung im Strafverfahren

2480 Der Bundestag hat am 28.05.2009 das Gesetz zur Regelung der Verständigung im Strafverfahren beschlossen.[4206] Das Gesetz greift tief in die Regelung des Strafprozesses ein und regelt erstmalig umfassend den sog. „deal", also die Verständigung zwischen dem Angeklagten, dem Gericht und der Staatsanwaltschaft über die Rechtsfolgen der Tat. Das Gesetz lässt diese Verständigung nunmehr ausdrücklich zu, wie sich aus § 257c StPO ergibt. Eine Beschränkung von Rechtsmitteln findet nicht statt, § 35a StPO.

4. Ausgewählte Straftatbestände

2481 Straftatbestände finden sich innerhalb des Strafgesetzbuchs, aber auch in strafrechtlichen Nebengesetzen, im Steuerrecht (z. B. der AO), in der Insolvenzordnung und in den jeweiligen gesellschaftsspezifischen Gesetzen (z. B. GmbHG, AktG). Innerhalb des Strafgesetzbuchs ist zwischen den spezifischen Insolvenzdelikten auf der einen Seite und den übrigen Straftatbeständen zu unterscheiden, wobei unter den letztgenannten hier nur die Delikte mit Vermögensbezug (im Gegensatz zu den Delikten gegen den Menschen, z. B. Mord) von Bedeutung sind.

4.1 Insolvenzverschleppung (§ 15a Abs. 4, 5 InsO)
4.1.1 Allgemeines

2482 Mit Inkrafttreten des MoMiG[4207] wurde die zuvor in zahlreichen Einzelgesetzen geregelte Insolvenzantragspflicht in § 15a InsO neu normiert. Zugleich wurden die zuvor für die einzelnen Gesellschaftsformen spezialgesetzlich geregelten Strafrechtsnormen vereinheitlicht.[4208] Ziel war unter anderem eine Anwendbarkeit der Strafrechtsvorschriften auf ausländische Rechtsformen.[4209] § 15a Abs. 4 InsO ist echtes Unterlassungsdelikt: strafbar ist das Unterlassen der (richtigen) Stellung eines Insolvenzantrages. Es ist gleichzeitig Sonderdelikt, da Täter nur die in §§ 15a Abs. 1, 2 und 3 InsO aufgezählten Personen sein können.

Durch das Gesetz zur Erleichterung der Sanierung von Unternehmen (ESUG) wurde § 15a InsO geringfügig modifiziert: u.a. wurde das Wort „Insolvenzantrag" – der übrigen Gesetzesterminologie folgend – durch „Eröffnungsantrag" ersetzt.

4.1.2 Täterkreis

2483 Taugliche Täter dieses Sonderdelikts sind
- Mitglieder des Vertretungsorgans oder die Abwickler juristischer Personen (§ 15a Abs. 1 Satz 1 InsO);

[4206] BT-Drucks. 16/11736; 16/12310; 16/13095.
[4207] BGBl. 2008 I, 2026.
[4208] § 84 GmbHG, § 401 AktG, § 148 GenG, §§ 130 b, 177a HGB in § 15a Abs. 4, 5 InsO rechtsformübergreifend geregelt.
[4209] *Weyand*, Strafrechtliche Aspekte des MoMiG im Zusammenhang mit juristischen Personen, ZInsO 2008, 702, 703.

- Organschaftliche Vertreter, zur Vertretung der Gesellschaft ermächtigte Gesellschafter oder Abwickler einer Gesellschaft ohne Rechtspersönlichkeit, bei der kein persönlich haftender Gesellschafter eine natürliche Person ist (§ 15a Abs. 1 Satz 2, Abs. 2 InsO);[4210]
- Jeder Gesellschafter einer GmbH sowie jedes Mitglied des Aufsichtsrats einer Aktiengesellschaft oder einer Genossenschaft, soweit diese Gesellschaften führungslos sind (§ 15a Abs. 3 InsO).

Der Gesetzgeber wollte nunmehr auch Organe ausländischer juristischer Personen erfassen, die dem deutschen Insolvenzrecht unterliegen. Ob dies ohne eine Verletzung der europarechtlich geschützten Niederlassungsfreiheit überhaupt erreichbar ist, ist umstritten.[4211]

Tauglicher Täter ist, wer zur Insolvenzantragstellung verpflichtet ist. Dazu gehören auch der faktische Geschäftsführer wegen fehlerhafter Bestellung und der sonstige faktische Geschäftsführer aufgrund faktischer Betrachtungsweise.[4212]

Bei mehreren Organen ist jeder zur Antragstellung verpflichtet. Die Erfüllung der Antragspflicht durch ein Organ wirkt zugunsten aller Pflichtigen. Auch der nicht allein vertretungsberechtigte Geschäftsführer ist zur Antragstellung verpflichtet, so dass es auf die gesellschaftsvertraglichen Regelungen nicht ankommt.[4213] Eine interne Aufgabenverteilung zwischen den Geschäftsführern entbindet den Geschäftsführer von der Pflicht zur Insolvenzantragstellung nur bei strikter Trennung zwischen kaufmännischer und technischer Geschäftsführung, da in diesem Fall unter Umständen die Kenntnis von der Krise oder der Vorsatz entfallen können.[4214]

Der ehemalige Geschäftsführer ist kein tauglicher Täter. Etwas anderes gilt unter Umständen, wenn er sein Amt in Kenntnis der Krise niedergelegt hat oder abberufen wird. Im Falle des Ausscheidens als Geschäftsführer nach Kriseneintritt macht er sich strafbar, wenn die dreiwöchige Insolvenzantragspflicht bereits abgelaufen war. Scheidet er vor Ende der Antragsfrist aus, ist er verpflichtet, entweder noch einen Insolvenzantrag zu stellen oder einen etwaigen neuen Geschäftsführer zu veranlassen, den Antrag zu stellen. Weiß er, dass kein neuer Geschäftsführer bestellt werden wird oder legt er zur Unzeit und damit rechtsmissbräuchlich und unwirksam nieder, bleibt die Insolvenzantragspflicht bestehen.[4215]

4210 Durch das ESUG wurde in Absatz 2 m. W. z. 01.03.2012 der Einschub „persönlich haftender" aufgenommen. Damit soll klargestellt werden, dass die Pflicht zur Stellung eines Insolvenzantrages nur entfällt, wenn bei einer solchen Konstruktion eine natürliche Person persönlich haftet. Es reicht also nicht aus, dass eine natürliche Person lediglich beschränkt haftender Gesellschafter ist, wie etwa der Kommanditist bei einer KG (Begr. RegE InsO zu § 15a E-InsO).

4211 *Hirte*, Neuregelungen mit Bezug zum gesellschaftsrechtlichen Gläubigerschutz und im Insolvenzrecht durch das Gesetz zur Modernisierung des GmbH-Rechts und zur Bekämpfung von Missbräuchen (MoMiG), ZInsO 2008, 689, 699, m.w.N.; *Bischoff*, Missbrauch der Limited in Deutschland, ZInsO 2009, 164, 169.

4212 H.M.: BGH, Urt. v. 10.05.2000 – 3 StR 101/00, NJW 2000, 2285.

4213 BGH, Urt. v. 08.11.1989 – 3 StR 249/89, wistra 1990, 97.

4214 BGH, Urt. v. 08.11.1989 – 3 StR 249/89, wistra 1990, 97.

4215 BGH, B. v. 30.07.2003 – 5 StR 221/03, NJW 2003, 3787.

Weisungen der Gesellschaft an ein Vertretungsorgan, keinen Insolvenzantrag zu stellen, sind rechtswidrig und unwirksam. Folgt das Organ den Weisungen, lässt dies seine Strafbarkeit unberührt.[4216]

§ 15a Abs. 3 InsO erweitert den Täterkreis im Falle der Führungslosigkeit einer GmbH auf jeden Gesellschafter, im Fall der Führungslosigkeit einer Aktiengesellschaft oder einer Genossenschaft auf jedes Mitglied des Aufsichtsrates. Dies gilt nur dann nicht, wenn diese Person von der Zahlungsunfähigkeit von der Überschuldung oder der Führungslosigkeit keine Kenntnis hatte. Es handelt sich um einen Auffangtatbestand zu § 15a Abs. 1 und 2 InsO.

2487 Führungslosigkeit liegt gemäß § 10 Abs. 2 InsO vor, wenn die Gesellschaft keinen organschaftlichen Vertreter hat, ein solcher also nie bestellt oder abberufen wurde oder sein Amt niedergelegt hat oder verstorben ist. Führungsunwilligkeit und Führungsverhinderung stehen einer Führungslosigkeit nicht gleich.[4217]

4.1.3 Objektiver Tatbestand

2488 Tathandlung ist entweder das Unterlassen der Stellung eines Insolvenzantrages oder das nicht rechtzeitige Stellen.

2489 Dritte Tatbestandsalternative ist das „nicht richtige" Stellen eines Insolvenzantrages. Was hierunter zu verstehen ist, hat der Gesetzgeber nicht geregelt. Die Anforderung an Insolvenzanträge ergeben sich aus § 13 InsO, der durch das ESUG eine erhebliche Änderung erfahren hat. Man wird davon ausgehen müssen, dass „nicht richtig" gestellte Insolvenzanträge nur solche sind, die inhaltlich nicht den Mindestanforderungen genügen, um zulässig im Sinne des Gesetzes zu sein. Mindestanforderungen an einen zulässigen Insolvenzantrag waren vor der Änderung des § 13 InsO durch das ESUG die Mitteilung von Tatsachen, die die wesentlichen Merkmale eines Eröffnungsgrundes erkennen lassen.[4218]

Nachdem § 13 InsO in der Neufassung nunmehr erhöhte Anforderungen an den Antrag stellt, u.a. Gläubiger- und Schuldnerverzeichnisse fordert, ist fraglich, ob schon die Nichterfüllung dieser Mehranforderungen zu einer Strafbarkeit führt. Dies wird man ablehnen müssen, da das Ziel der Insolvenzantragspflicht des § 15a InsO auch dann erreicht werden kann, wenn einer den Anforderungen des „neuen" § 13 InsO nicht ausreichender Insolvenzantrag vorliegt.[4219] Die verpflichtende Vorlage von Gläubiger- und Schuldnerverzeichnissen beispielsweise soll einen ordnungsgemäßen Ablauf des Insolvenzverfahrens gewährleisten.[4220] Ob die Tathandlung des „nicht richtig"

[4216] BGH, Urt. v. 17.02.2003 – II ZR 340/01, GmbHR 2003, 544.
[4217] AG Hamburg, B. v. 27.11.2008 – 67c IN 478/08, NZI 2009, 63; *Hirte*, in: Uhlenbruck, InsO, § 15a, Rn. 62; a.A. *Gehrlein*, Die Behandlung von Gesellschafterdarlehen durch das MoMiG, BB 2008, 846.
[4218] BGH, B. v. 12.12.2002 – IX ZB 426/02, NZI 2003, 147.
[4219] Ebenso *Hirte/Mock*, Das Gesetz zur weiteren Erleichterung der Sanierung von Unternehmen, DB 2011, 632.
[4220] Begr. RegE InsO zu § 13, S. 33.

gestellten Insolvenzantrages in der Praxis eine eigenständige Bedeutung erlangen wird, ist offen.[4221]

Die Pflicht zur Stellung eines Insolvenzantrages besteht bei Zahlungsunfähigkeit oder Überschuldung.

Die Insolvenzverschleppung ist vollendet in dem Zeitpunkt, in dem die gebotene Handlung hätte vorgenommen werden müssen, das heißt spätestens nach Ablauf der Drei-Wochen-Frist.[4222]

4.1.4 Subjektiver Tatbestand

Auf subjektiver Seite setzt der Tatbestand Vorsatz voraus, wobei bedingter Vorsatz ausreichend ist. Der Vorsatz muss sich auf die Zahlungsunfähigkeit und/oder Überschuldung beziehen. Unkenntnis oder Fehleinschätzungen der Krisenmerkmale stellen einen Tatbestandsirrtum dar, der den Vorsatz ausschließt. Das bedeutet, dass auch die unrichtige Bewertung von Aktiva und Passiva und die falsche Prognose der Dauer erheblicher Zahlungsschwierigkeiten vorsatzausschließend wirken. Kennt der Täter maßgebliche Tatsachen, zieht er daraus aber den falschen Schluss, kommt nur eine Strafbarkeit wegen fahrlässiger Begehung gemäß § 15 a Abs. 5 InsO in Betracht. 2490

Bei Krisenanzeichen ist der Geschäftsführer verpflichtet, die Zahlungsunfähigkeit oder eine Überschuldung notfalls durch Dritte feststellen zu lassen, um den Fahrlässigkeitsvorwurf zu vermeiden.

Der Fahrlässigkeitsvorwurf bezieht sich auf sämtliche Tatbestandsmerkmale des Abs. 4. Den Fahrlässigkeitsvorwurf kann der Täter nur ausräumen, wenn er die Unternehmenssituation bei Vorliegen von Krisenanzeichen laufend überprüft.[4223]

4.1.5 Rechtswidrigkeit und Schuld

Der Irrtum des Täters darüber, dass ein vermeintlich taugliches Sanierungskonzept die Rechtswidrigkeit der Insolvenzverschleppung entfallen lässt, stellt einen Verbotsirrtum dar, der gemäß § 17 StGB regelmäßig vermeidbar sein dürfte. Der Vorwurf vorsätzlicher Begehung bleibt bestehen. Die Strafe kann allenfalls gemildert werden. 2491

Im Übrigen gelten die allgemeinen Rechtfertigungsgründe: Denkbar wäre höchstens eine rechtfertigende Pflichtenkollision zwischen der Insolvenzantragspflicht auf der einen Seite und dem Interesse an der Fortführungssanierung des Unternehmens auf der anderen Seite. Es kommt grundsätzlich ein rechtfertigender Notstand gemäß § 34 StGB in Betracht, der jedoch regelmäßig daran scheitern dürfte, dass das Interesse an der Fortführung des Unternehmens gegenüber der Insolvenzantragspflicht nicht überwiegen dürfte. 2492

Daher dürfte das Versäumen der Insolvenzantragstellung nur in ganz krassen Ausnahmefällen notstandsfähig sein.

[4221] Weyand, Strafrechtliche Aspekte des MoMiG im Zusammenhang mit juristischen Personen, ZInsO 2008, 702, 705.
[4222] BGH, Urt. v. 04.04.1979 – 3 StR 488/78, NJW 1980, 406.
[4223] OLG Düsseldorf, Urt. v. 20.11.1998 – 22 U 25/9, NZI 1999, 156.

4.1.6 Täterschaft und Teilnahme

2493 Der fehlerhaft bestellte Geschäftsführer ist tauglicher Täter. Auch der Strohmann oder faktische Geschäftsführer, also derjenige, der bestimmenden Einfluss auf Geschäftsvorgänge hat und die tatsächliche Verfügungsmacht ausübt, kann tauglicher Täter sein.

4.2 Bankrott (§§ 283 StGB)
4.2.1 Allgemeines

2494 Die Buchführung dient nicht nur der Information des betroffenen Unternehmens über seine Vermögens- und Ertragslage, sondern auch der Feststellung einer möglichen Insolvenzreife. Die Buchhaltung ist ferner Informationsgrundlage der Gesellschafter. Sie dient darüber hinaus Informationszwecken des Fiskus und ggf. der Arbeitnehmer des Unternehmens. Aufgrund dieser weitreichenden Bedeutung werden Verstöße gegen die Buchführungspflicht strafrechtlich geahndet. Außerhalb der Krise ergibt sich die Strafbarkeit aus § 283b StGB, in der Krise aus § 283 Abs. 1 lit. 5–7 StGB.

In der Praxis haben die Buchführungsdelikte vor allem auf Grund ihrer relativ einfachen Nachweisbarkeit eine große Bedeutung.

2495 Der in § 283 StGB geregelte Bankrott ist der zentrale Straftatbestand des Insolvenzstrafrechts. Schutzzweck ist die Vermeidung der Verringerung der den Gläubigern zur Verfügung stehenden Haftungsmasse. § 283 Abs. 1 StGB regelt Verhaltensweisen nach Eintritt der Krise, während Abs. 2 Verhaltensweisen zum Gegenstand hat, die die Krise auslösen. Die in § 283 Abs. 1 StGB geregelten Delikte sind abstrakte Gefährdungsdelikte, setzen also keinen besonderen Erfolg voraus. Abs. 2 erstreckt § 283 Abs. 1 lit. 1–8 StGB auf Taten vor Beginn der Krise, verlangt aber zusätzlich, dass die Verhaltensweise des Täters zu Zahlungsunfähigkeit oder Überschuldung geführt hat.

2496 Als objektive Strafbarkeitsbedingung regelt Abs. 6, dass die Tat nur dann strafbar ist, wenn der Täter seine Zahlungen eingestellt hat, über sein Vermögen das Insolvenzverfahren eröffnet oder der Insolvenzantrag mangels Masse zurückgewiesen wurde. Als objektive Strafbarkeitsbedingung ist Abs. 6 vorsatz- und schuldunabhängig.

4.2.2 Täterkreis

2497 § 283 StGB ist Sonderdelikt. Täter kann nur der Gemeinschuldner sein. Dazu zählt auch der Verbraucher im Sinne des § 304 InsO, wobei auf diesen § 283 Abs. 1 lit. 5–7 StGB nicht anwendbar sind, da nur der Kaufmann buchführungspflichtig ist. Die Schuldner- bzw. Kaufmannseigenschaft ist ein strafbarkeitsbegründendes besonderes persönliches Merkmal im Sinne der §§ 28 Abs. 1, 14 Abs. 1 StGB. Die Strafe des Teilnehmers (Anstifters oder Gehilfen) ist daher nach §§ 28 Abs. 1, 49 Abs. 1 StGB zwingend zu mildern.

Unmittelbar regelt § 283 StGB nur die selbst handelnde natürliche Person. Die Zurechnung bei juristischen Personen und anderen Personenverbindungen erfolgt über § 14 StGB.

4.2.3 Objektiver Tatbestand

Im Rahmen des objektiven Tatbestandes setzt § 283 Abs. 1 StGB eine eingetretene Überschuldung, Zahlungsunfähigkeit oder eine drohende Zahlungsunfähigkeit voraus. Abs. 2 setzt voraus, dass Überschuldung oder Zahlungsunfähigkeit (nicht drohende!) durch die Handlung des Täters herbeigeführt wurden. 2498
Die Tathandlungen der einzelnen Verhaltensweisen setzen folgendes voraus:

4.2.3.1 § 283 Abs. 1 Nr. 1 StGB

Hinsichtlich des Vermögens nimmt das Gesetz inzident Bezug auf §§ 35, 36 InsO. 2499

Ein „Beiseiteschaffen" liegt vor, wenn das Handeln des Täters geeignet ist, die Durchsetzung von Gläubigerrechten zumindest wesentlich zu erschweren.[4224] 2500

Ein „Verheimlichen" liegt vor, wenn der Täter einen massezugehörigen Gegenstand gegenüber den Gläubigern oder dem Insolvenzverwalter verbirgt[4225], z. B. durch Verschweigen, Verleugnen oder Vortäuschen den Gläubigerzugriff hindernder Rechte. Diese Verhaltensweise erfolgt häufig durch Unterlassen. Die Garantenstellung des Schuldners folgt aus § 97 Abs. 1 InsO. 2501

Die Alternative des Zerstörens, Beschädigens oder Unbrauchbarmachens in einer den Anforderungen einer ordnungsgemäßen Wirtschaft widersprechenden Weise fungiert als Auffangtatbestand für andere unredliche vermögensmindernde Aktivitäten. Die drei Alternativen sind vom Wortsinn her klar. 2502

Weiterhin muss das Verhalten wirtschaftswidrig sein. Es handelt sich dabei um einen unbestimmten Rechtsbegriff, der rechtmäßige von rechtswidrigen Verhaltensweisen trennt und zeigt, dass auch in der Krise nicht jegliches Wirtschaften verboten ist. Wann ein wirtschaftswidriges Verhalten vorliegt, ist Frage des Einzelfalls und darüber branchen- und situationsabhängig. Entscheidend können gesetzliche Bestimmungen sein, Handelsbräuche oder die Verkehrssitte. Was zivilrechtlich erlaubt ist, kann nicht strafbar sein. 2503

> **Beispiel**
>
> Ein Modeunternehmer, der zu den üblichen Zeiten einen Ausverkauf der Ware der letzten Saison durchführt, handelt verkehrsüblich. Ein Elektronikhändler, der aktuelle Computermodelle unter Einstandspreis verkauft, verramscht. Anders vielleicht dann, wenn er darauf angewiesen ist, sein Lager zu räumen.

Daran zeigt sich, dass sich Verallgemeinerungen verbieten.

[4224] RG, Urt. v. 15.02.1932 – II 1381/31, RGSt 66, 131.
[4225] RG, Urt. v. 02.05.1930 – I 296/30, RGSt 64, 140.

4.2.3.2 § 283 Abs. 1 Nr. 2 StGB

2504 § 283 Abs. 1 Nr. 2 StGB unterscheidet zwischen bestimmten Risikogeschäften und unwirtschaftlichen Ausgaben. Während im ersten Fall das Eingehen dieser Geschäfte tatbestandsmäßig ist, wenn es den Anforderungen einer ordnungsgemäßen Wirtschaft widerspricht, müssen im zweiten Fall übermäßige Beträge verbraucht worden oder eine entsprechende Zahlungspflicht (zu der auch eine unvollkommene Verbindlichkeit gehört) begründet worden sein.

2505 Nach der ersten Alternative wird den Anforderungen einer ordnungsgemäßen Wirtschaft widersprochen, wenn das Geschäft sich als zweifelsfrei unvertretbar erweist.

Verlustgeschäfte zeichnet aus, dass sie von vornherein absehbar nachteilig waren (Verkauf unter Einstandspreis).

Bei Spekulationsgeschäften ist der Täter in der Hoffnung auf einen übermäßigen Gewinn ein besonders hohes Risiko eingegangen.

Differenzgeschäfte sind solche nach § 764 BGB und Gegengeschäfte, die in der Absicht eingegangen wurden, Gewinn aus dem Unterschied zwischen An- und Verkaufspreis zu erzielen, ohne dass der Gegenstand des Geschäfts eine ausschlaggebende Rolle spielte. Hierzu zählen auch Waren- und Devisentermingeschäfte.

2506 Für die zweite Alternative muss der Täter durch unwirtschaftliche Ausgaben, Spiel oder Wette übermäßige Beträge verbrauchen oder schuldig werden. Während unter Verbrauch das tatsächliche Ausgeben verstanden wird, wird unter Schuldigwerden die Belastung des Vermögens durch Verbindlichkeiten verstanden. Beträge sind übermäßig, wenn sie die durch die wirtschaftliche Lage des Täters gesteckten Grenzen übersteigen und zu dessen Vermögen in keinem angemessenen Verhältnis stehen.

Ausgaben sind unwirtschaftlich, wenn sie in keinem angemessenen Verhältnis zum Vermögen und Einkommen des Täters stehen und über das Notwendige und Übliche hinausgehen.[4226]

Spiel und Wette orientieren sich an § 762 BGB und zeichnen sich durch die beiderseitige Übernahme des Risikos und die Abhängigkeit des Pflichtenprogramms vom Zufall oder von subjektiver Ungewissheit aus.

4.2.3.3 § 283 Abs. 1 Nr. 3 StGB

2507 Der Begriff der „Waren oder Wertpapiere" ist mangels spezialgesetzlicher Definition wie im Zivilrecht zu verstehen. Waren sind demnach bewegliche Sachen, die Gegenstand des Handelsverkehrs sein können, Wertpapiere sind solche, bei denen das Recht aus dem Papier dem Recht am Papier folgt.

2508 Ein „Beschaffen" liegt vor, wenn der Täter die tatsächliche Verfügungsmacht erhält, in der Regel also den Besitz.[4227] Das schuldrechtliche Verpflichtungsgeschäft reicht allein nicht aus.

2509 Der Täter beschafft sie sich auf „Kredit" nicht nur dann, wenn der Lieferung auch ein Darlehensvertrag zugrunde liegt, sondern bereits dann, wenn

---

4226 BGH, Urt. v. 06.06.1952 – 1 StR 113/52, BGHSt 3, 23.
4227 RG, Urt. v. 17.09.1928 – II 607/28, RGSt 62, 258.

sie nicht Zug um Zug bezahlt werden. Zahlungsziel oder Zahlungsaufschub reichen daher aus.

„Unter Wert" gibt der Täter die Waren ab, wenn er sie unter Marktpreis aus seinem Vermögen abgibt.[4228] Die Abgabe muss dabei „erheblich" unter Wert sein. Bei 25 % ist diese Grenze überschritten. Wird diese Grenze nicht erreicht, kommt eine Strafbarkeit nach § 283 Abs. 1 Nr. 8 StGB in Betracht. Die Veräußerung unter Wert kann ausnahmsweise durch eine ordnungsgemäße Wirtschaft gedeckt sein, wenn etwa ein Preissturz droht, die Ware sonst verdirbt, bei gebotenem Räumungsverkauf oder wenn gleichwohl ein Gewinn verbleibt.

2510

4.2.3.4 § 283 Abs. 1 Nr. 4 StGB

Im Gegensatz zu § 283 Abs. 1 Nrn. 1 bis 3 StGB, die Verminderungen der Aktiva erfassen, befasst sich § 283 Abs. 1 Nr. 4 StGB mit der Mehrung der Passiva. Die Gläubiger sollen vor Quotenschmälerungen geschützt werden.

2511

Beruft sich der Täter auf ein tatsächlich nicht bestehendes Recht gegenüber einem Dritten, so wird dies vorgetäuscht.[4229] Arbeitet der Täter mit dem angeblichen Gläubiger zusammen und tut kund, dass diesem gegenüber Rechte bestünden, so erkennt er erdichtete Rechte an.[4230]

4.2.3.5 § 283 Abs. 1 Nr. 5 StGB

§ 283 Abs. 1 Nr. 5 StGB hat als Formaldelikt eine erhebliche praktische Bedeutung. Die Vorschrift bezieht sich auf die Verletzung der handelsrechtlichen Vorschriften der kaufmännischen Buchführung.

2512

In der ersten Alternative wird das gänzliche Unterlassen jeder Buchführung unter Strafe gestellt. Ist ein Minimum an Buchführung vorhanden, so kann eine Bestrafung nach der ersten Alternative bereits nicht mehr erfolgen.[4231]

Eine mangelhafte Buchführung steht einer unterlassenen gleich, sofern dadurch die Übersicht über das Vermögen zumindest erschwert wurde. Hierzu zählen die sprichwörtliche Waschkorbbuchhaltung, das verspätete Buchen, das häufig anzutreffende Aufgeben der Buchhaltung in der Krise und das Auslassen ganzer Buchungszeiträume.

Nach § 283 Abs. 1 Nr. 5 StGB kann sich nur strafbar machen, wer nach Handelsrecht buchführungspflichtig ist.

4.2.3.6 § 283 Abs. 1 Nr. 6 StGB

Entgegen dem Wortlaut ist § 283 Abs. 1 Nr. 6 StGB einschränkend dahingehend auszulegen, dass tauglicher Täter nur der Gemeinschuldner oder der unter den Voraussetzungen des § 14 StGB Handelnde sein kann.

2513

4228 RG, Urt. v. 23. 05. 1938 – 3 D 271/38, RGSt 72, 190.
4229 BGH GA/H 53, S. 74.
4230 BGH GA/H 53, S. 74.
4231 BGH, Urt. v. 03. 07. 1953 – 2 StR 452/52, BGHSt 4, 270, 274; BGH, B. v. 18. 01. 1995 – 2 StR 693/94, NStZ 1995, 347.

Während Nr. 5 nur Handelsbücher erfasst, erfasst Nr. 6 auch sonstige aufbewahrungspflichtige Unterlagen (vgl. § 257 HGB).

> **Beispiel**
>
> Buchführungsbelege, Inventare, Eröffnungsbilanzen, Jahresabschlüsse und Handelsbriefe.

2514 Mit Ausnahme des Unbrauchbarmachens entsprechend die Tathandlungen denen des § 283 Abs. 1 Nr. 1 StGB. Geschützt ist nicht die Substanz der Bücher als solche, sondern ihr Inhalt.

> **Beispiel**
>
> Das Auseinandernehmen einer nicht paginierten Loseblattsammlung ist daher tatbestandsmäßig, da die losen Blätter unbrauchbar sind.

Tatbestandseinschränkend verlangt Nr. 6 wie Nr. 5, dass die Übersicht über den Vermögensstand erschwert wird.

4.2.3.7 § 283 Abs. 1 Nr. 7 StGB

2515 Diese Alternative sanktioniert die unterlassene Aufstellung der Handelsbilanz in der vorgeschriebenen Zeit oder die Aufstellung mit der Folge der Erschwerung der Übersicht über den Vermögensstand. Nr. 7a ist ein Tätigkeitsdelikt, Nr. 7b ein abstraktes Gefährdungs- und Dauerunterlassungsdelikt. Im Übrigen lehnt sich Nr. 7 an die Tathandlungen des Nr. 5 an.

Tauglicher Täter kann nur der Kaufmann oder über § 14 StGB dessen Organ sein.

Nr. 7a erfasst formelle und inhaltliche Bilanzverstöße. Der Mangel muss, ggf. mit weiteren, geeignet sein, den Überblick über das zu bilanzierende Vermögen zu erschweren.

Die Alternative der Nr. 7b ist mit fruchtlosem Ablauf der Aufstellungsfrist gegeben, die Tat ist dann also vollendet.

4.2.3.8 § 283 Abs. 1 Nr. 8 StGB

2516 § 283 Abs. 1 Nr. 8 StGB enthält einen generalklauselartigen Auffangtatbestand. Er kann immer dann Anwendung finden, wenn keiner der in Nrn. 1–7 erfassten speziellen Tathandlungen gegeben ist. Dadurch können etwa Firmenbestattungen durch die unrichtige geschäftliche Mitteilung der Unternehmensverhältnisse strafbar sein.[4232]

4.2.3.9 § 283 Abs. 2 StGB

2517 § 283 Abs. 2 StGB erfasst als Erfolgsdelikt Handlungen außerhalb der Krise, durch die die Insolvenzreife herbeigeführt wird. Die Tathandlung muss für die Krise kausal sein. Mitursächlichkeit reicht aus.

[4232] BGH, B. v. 24.03.2009 – 5 StR 353/08, wistra 2009, 274.

4.2.4 Subjektiver Tatbestand

§ 283 Abs. 1 bis 3 StGB setzt Vorsatz des Täters voraus, Abs. 4 erweitert die Strafbarkeit auf solche Fälle, in denen die Tathandlung zwar vorsätzlich begangen wurde, der Täter die Krise aber fahrlässig nicht kannte oder sie wenigstens leichtfertig herbeiführte. Eine Fahrlässigkeitsstrafbarkeit sieht § 283 Abs. 5 StGB für § 283 Abs. 1 Nrn. 2, 5 und 7 StGB, auch i. V. m. Abs. 2, vor.

2518

4.2.5 Besonders schwerer Fall des Bankrotts

Der Strafrahmen des Bankrotts erhöht sich in besonders schweren Fällen auf Freiheitsstrafe von sechs Monaten bis zu zehn Jahren. Ein besonders schwerer Fall kann in einem der beiden Regelfälle vorliegen, darüber hinaus immer, wenn die Tat das von § 283 StGB erfasste durchschnittliche Maß kriminellen Handelns überschreitet.

2519

> **Beispiel**
>
> Großinsolvenzen mit sehr hohen Schäden oder sehr vielen Betroffenen.

Ein Regelfall ist gegeben, wenn der Täter aus Gewinnsucht handelt oder wissentlich viele Personen in die Gefahr des Verlustes ihrer ihm anvertrauten Vermögenswerte oder in wirtschaftliche Not bringt.

2520

Gewinnsucht nach dem ersten Regelbeispiel liegt vor, wenn das Erwerbsstreben des Täters ein ungewöhnliches, sittlich besonders anstößiges Maß aufweist.[4233]

Nach dem zweiten Regelbeispiel müssen wissentlich viele Personen, mindestens zehn Tatopfer, darunter auch juristische Personen[4234], in wirtschaftliche Not gebracht werden. Wirtschaftliche Not liegt dann vor, wenn die Tatopfer ihren notwendigen Lebensunterhalt nicht mehr bestreiten können oder im geschäftlichen Bereich ihre Daseinsgrundlage gefährdet ist. Dabei genügt bereits der Verlust eines Teils des anvertrauten Vermögens, sofern dieser schon einen großen Wert hat.

4.3 Verletzung der Buchführungspflicht (§ 283 b StGB)

§ 283 b StGB stellt als abstraktes Gefährdungsdelikt die von § 283 Abs. 1 Nrn. 5–7 StGB erfassten Bankrotthandlungen auch für den Fall unter Strafe, dass sich zum Zeitpunkt der Tatbegehung der Schuldner noch nicht in der Krise befand, die Krise nicht nachweisbar ist oder sie ihm unbekannt oder nicht nachweislich bekannt war, ohne dass er hierbei fahrlässig gehandelt hätte. Die Tat ist Sonderdelikt, da nur der Schuldner Täter sein kann. Sie erfasst darüber hinaus nur den Kaufmann oder nach § 134 StGB seinen Vertreter. Die Tathandlungen sind deckungsgleich mit denen des § 283 Abs. 1 Nrn. 5–7 StGB.

2521

Die objektive Strafbarkeitsbedingung des § 283 Abs. 6 StGB ist gemäß § 283 b Abs. 3 StGB auch hier anwendbar: Die Tat ist also nur strafbar, wenn

---

[4233] BGH, Urt. v. 30.10.1951 – 1 StR 423/51, BGHSt 1, 388, 389.
[4234] BGH, B. v. 09.11.2000 – 3 StR 371/00, NStZ 2001, S. 319.

der Täter seine Zahlungen eingestellt hat, das Insolvenzverfahren eröffnet oder mangels Masse zurückgewiesen wurde.

4.4 Gläubigerbegünstigung (§ 283 c StGB)
4.4.1 Allgemeines

2522 Nach § 283 c StGB macht sich strafbar, wer trotz Zahlungsunfähigkeit einem Gläubiger eine überobligationsmäßige Befriedigung oder Sicherheit gewährt, sofern er ihn dadurch gegenüber den übrigen Gläubigern begünstigt. Es handelt sich um ein Erfolgsdelikt.

4.4.2 Täterkreis

2523 Als privilegierter Spezialfall des Bankrotts (§ 283 StGB) ist die Gläubigerbegünstigung ein Sonderdelikt und wie der Bankrott nur durch den Schuldner begehbar.

4.4.3 Objektiver Tatbestand

2524 Der Tatbestand kann nur bei bestehender Zahlungsunfähigkeit (nicht drohender Zahlungsfähigkeit und auch nicht Überschuldung) begangen werden. Der Bevorteilte muss Gläubiger sein, also einen vermögenswerten Anspruch gegen den Schuldner besitzen. Der Täter muss den Gläubiger befriedigen oder ihm eine Sicherheit gewähren.

> **Beispiel**
>
> Befriedigung durch Aufrechnung mit einer Altforderung. Nachträgliche Bestellung einer Sicherheit, die ursprünglich nicht vereinbart war, z. B. eine Grundschuld oder ein Pfandrecht.

2525 Darüber hinaus darf die Forderung nicht bestehen, noch nicht fällig sein oder es darf auf deren Befriedigung in dieser Art und Weise kein Anspruch bestehen (inkongruente Deckung).

> **Beispiel**
>
> Kein Anspruch in dieser Art und Weise besteht, wenn statt der geschuldeten Zahlung erfüllungshalber eine Forderung gegen Dritten überlassen wird.

2526 Weiterhin muss der Gläubiger durch die Handlung begünstigt, also gegenüber den anderen Gläubigern besser gestellt sein, und es muss ein Nachteil bei den übrigen Gläubigern eingetreten sein.[4235] Ein Nachteil ist regelmäßig gegeben, da durch die Begünstigung eine Quotenverschlechterung auf Seiten der verbleibenden Gläubiger eintritt.

2527 Schließlich besteht eine Strafbarkeit über den Verweis in § 283c Abs. 3 StGB auf § 283 Abs. 6 StGB nur in der Krise.

[4235] BGH, Urt. v. 22. 10. 1953 – 4 StR 128/53, BGHSt 5, 55.

4.4.4 Subjektiver Tatbestand

Die Umstände der Zahlungsunfähigkeit müssen dem Täter bekannt sein, wobei bedingter Vorsatz nicht genügt. Durch die Handlung muss der Täter den Gläubiger absichtlich oder wissentlich begünstigen, es muss ihm also entweder auf die Begünstigung ankommen oder er muss sicher wissen, dass der andere begünstigt wird.

Geht der Täter nicht von der Zahlungsunfähigkeit oder der Inkongruenz der Deckung aus, unterliegt er einem vorsatzausschließenden Tatbestandsirrtum (§ 16 StGB). Da Fahrlässigkeit nicht mit Strafe bedroht ist, bleibt der Täter straflos.

Glaubt der Täter hingegen, er dürfe vorzeitig erfüllen oder auch ohne entsprechende Vereinbarung statt Geld eine Sachleistung erbringen, unterliegt er einem Verbotsirrtum, der kaum vermeidbar sein dürfte (§ 17 StGB).

2528

4.4.5 Täterschaft und Teilnahme

Der Gläubiger, der sich darauf beschränkt, Leistungen anzunehmen, ist als notwendiger Teilnehmer straflos.[4236] Anstiftung oder Beihilfe folgen allgemeinen Regeln.

2529

> **Beispiel**
>
> Strafbarkeit als Anstifter, wenn der um sein Honorar fürchtende Berater den Schuldner auffordert, ihm nachträglich eine Sicherheit für seine nicht bezahlte Honorarforderung zu stellen.

4.5 Schuldnerbegünstigung (§ 283d StGB)

4.5.1 Allgemeines

Die Schuldnerbegünstigung stellt Handlungen Dritter unter Strafe, die die Insolvenzmasse schmälern und stellt die Kehrseite der Gläubigerbegünstigung dar. Es handelt sich um ein abstraktes Gefährdungsdelikt mit dem Ziel der Sicherung der Masse.

2530

4.5.2 Täterkreis

Täter kann außer dem Schuldner jedermann sein, also auch ein Gläubiger, aber auch der Insolvenzverwalter oder der Steuerberater des Schuldners.

2531

4.5.3 Objektiver Tatbestand

Die Tathandlungen orientieren sich an denen des Bankrotts (§ 283 Abs. 1 Nr. 1 StGB). Die Handlungen müssen entweder in Kenntnis der drohenden oder eingetretenen Zahlungsunfähigkeit oder nach Zahlungseinstellung, in einem Insolvenzverfahren oder einem Verfahren zur Entscheidung über die Eröffnung des Insolvenzverfahrens eines anderen begangen werden. Es ge-

2532

4236 BGH, Urt. v. 19.01.1993 – 1 StR 518/92, NJW 1993, 1279.

nügt jede Handlung zu Gunsten des Schuldners oder mit seiner Einwilligung.
Die Strafbarkeit besteht nur in der Krise (§ 283 Abs. 4 StGB).

4.5.4 Subjektiver Tatbestand

2533 Hinsichtlich der Tatbestandsmerkmale genügt bedingter Vorsatz. Lediglich die drohende Zahlungsunfähigkeit muss positiv bekannt sein, sodass diesbezüglich bedingter Vorsatz nicht genügt.

4.5.5 Besonders schwerer Fall der Schuldnerbegünstigung

2534 Auch für die Schuldnerbegünstigung gibt es einen besonders schweren Fall. Er orientiert sich an dem besonders schweren Fall des Bankrotts (§ 283 a StGB).

4.6 Betrug (§ 263 StGB)
4.6.1 Allgemeines

2535 Der Betrugstatbestand stellt den zentralen Straftatbestand innerhalb der Vermögensdelikte dar. Er schützt das Individualvermögen und mittelbar auch wirtschaftliche Allgemeininteressen. Über die Einbeziehung der Vermögensgefährdung in den Schaden hat § 263 StGB den Charakter eines konkreten Gefährdungsdelikts angenommen.

2536 Im Vorfeld eines Insolvenzverfahrens fallen regelmäßig Gläubiger mit ihren Forderungen aus, wenn der Schuldner in der Hoffnung auf eine Sanierung weiter wirtschaftet. Dem Betrug kommt daher eine zentrale Bedeutung zu. Er fungiert mitunter als Vorbote der Insolvenz.

> **Beispiel**
> Einkauf beim Lieferanten auf Ziel in Kenntnis der wirtschaftlichen Situation.

Zumeist werden nämlich durch die Gläubiger an die Staatsanwaltschaft herangetragen, die damit häufig ihre finanzielle Befriedigung vorantreiben wollen.

2537 Der Täter, dem es darauf ankommt, sich einen rechtswidrigen Vermögensvorteil zu verschaffen, ruft durch eine Täuschungshandlung über Tatsachen bei einem anderen einen Irrtum hervor und erreicht dabei, dass dieser über sein Vermögen oder das Vermögen eines Dritten, über das er verfügen kann, verfügt und dadurch dieses Vermögen schädigt.

Kapitel 3   Strafrecht und Strafverfahrensrecht

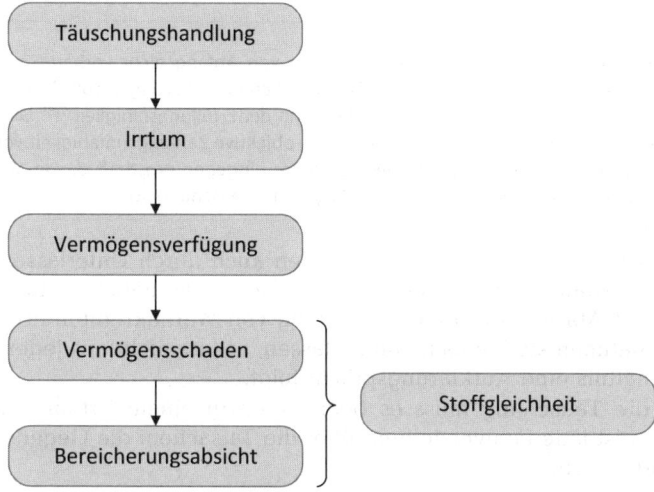

Abb. 91: Systematik des Betrugstatbestandes

4.6.2 Täterkreis

Täter des Betruges kann jedermann sein, also neben dem Schuldner selbst auch seine Angestellten. Handelt der Angestellte weisungsgemäß, so ist der Schuldner mittelbarer Alleintäter.[4237] Kennt der Angestellte die Zahlungsunfähigkeit, so kann er auch Mittäter sein. Ist der Angestellte selbst entscheidungsbefugt, so kommt er als alleiniger Täter in Betracht.

Der Gesellschafter kann durch Anweisungen an den Geschäftsführer als Anstifter beteiligt sein. Eine Mittäterschaft des Gesellschafters kommt bei der Übertragung von Gesellschaftsanteilen in Betracht, wenn über die Kapitalausstattung der Gesellschaft getäuscht wird.

2538

4.6.3 Objektiver Tatbestand

Tathandlung ist die Täuschung über Tatsachen.

Tatsachen sind alle konkreten Geschehnisse und Zustände der Vergangenheit oder Gegenwart, die die Außenwelt oder psychische Vorgänge betreffen und dem Beweis zugänglich sind.[4238] Keine Tatsachen sind demgemäß Werturteile, Meinungsäußerungen und Auffassungen persönlicher Art.

Täuschung ist ein Verhalten (oder bei pflichtwidriges Unterlassen), das objektiv irreführt oder einen Irrtum unterhält und damit die Vorstellung eines anderen einwirkt. Mitursächlichkeit ist ausreichend.

2539

4237 BGH, B. v. 25.07.2002 – 1 StR 192/02, StV 2003, 447.
4238 *Otto*, Die neue Rechtsprechung zum Betrugstatbestand, Jura 2002, 606.

> **Beispiel**
>
> Der Waren auf Kredit bestellende Kaufmann, der von Anfang nicht vorhatte, zu zahlen, täuscht über seine Zahlungsbereitschaft. Das Eingehen einer Vertragsverpflichtung enthält konkludent die Erklärung des Erfüllungswillens und der Erfüllungsfähigkeit.[4239] Dies ist bei der Eingehung von Geschäften, bei denen bereits objektive Zahlungsunfähigkeit vorlag, regelmäßig nicht anzunehmen. Durfte der Schuldner hingegen ernsthaft davon ausgehen, dass er die Zahlungsfrist einhalten kann, so liegt keine Täuschung vor.[4240]

Die Täuschung kann in Ausnahmefällen auch durch Unterlassen begangen werden, wenn im Einzelfall bei langjährigen Geschäftsbeziehungen Lieferungen auf Abruf oder unter Gewährung von Warenkrediten erfolgen.[4241] Diese Ausnahmen sind jedoch eng zu fassen, sodass nicht aus jedem Dauerschuldverhältnis eine Aufklärungspflicht folgt.

2540 Durch die Täuschung muss es beim Täter zu einem Irrtum gekommen sein. Irrtum ist jede Fehlvorstellung über die Tatsachen, die Gegenstand der Täuschung waren.

> **Beispiel**
>
> Der Gläubiger irrt über die Zahlungsfähigkeit des Schuldners. Ein Irrtum liegt aber nicht vor, wenn der Gläubiger bereits aus anderen Quellen über die Zahlungsunfähigkeit unterrichtet ist oder trotz anhaltender Zahlungsstockungen weiter beliefert.[4242]

2541 Durch den Irrtum muss es zu einer Vermögensverfügung gekommen sein. Das ist jedes Tun, Dulden oder Unterlassen, das unmittelbar zu einer Vermögensminderung führt.[4243] Dieses ungeschriebene Tatbestandsmerkmal soll sicherstellen, dass § 263 StGB seinen Charakter als Selbstschädigungsdelikt behält.

2542 Durch die Vermögensverfügung muss ein Vermögensschaden eintreten; der wirtschaftliche Gesamtwert des Vermögens muss verringert sein.[4244] Der Schaden liegt in der Insolvenz zumeist darin, dass die versprochene Gegenleistung durch den Schuldner nicht erbracht wird.

Ein Vermögensschaden liegt auch schon bei einer konkreten Vermögensgefährdung vor, wenn eine endgültige Einbuße nahe liegt[4245] und die Gefährdung der Wertminderung gleichkommt[4246].

4239 BGH, Urt. v. 03.06.1960 – 4 StR 121/60, BGHSt 15, 24.
4240 BGH, Urt. v. 25.11.1980 – 5 StR 356/80, NJW 1981, 354.
4241 BGH, B. v. 22.03.1988 – 1 StR 106/88, wistra 1988, 262.
4242 BGH, B. v. 26.01.1989 – 1 StR 636/88, StV 1990, 19.
4243 BGH, Urt. v. 11.03.1960 – 4 StR 588/59, BGHSt 14, 170.
4244 BGH, B. v. 18.06.1961 – 1 StR 606/60, BGHSt 16, 220.
4245 BGH, B. v. 18.02.1998 – 2 StR 531/97, NStZ 1998, 570.
4246 BGH, B. v. 09.02.1995 – 4 StR 662/94, wistra 1995, 222, 223.

> **Beispiel**
>
> So kann eine nachträgliche Stundungsvereinbarung die Aussichten auf die Durchsetzung der Forderung verschlechtern,[4247] sofern nicht bereits zum Zeitpunkt der Stundungsvereinbarung Zahlungsunfähigkeit vorlag.[4248] Auch in der Rücknahme eines Insolvenzantrages kann eine Vermögensgefährdung liegen, wenn durch das Insolvenzverfahren jedenfalls ein Teil der Forderung beglichen hätte werden können.[4249]

4.6.4 Subjektiver Tatbestand

Betrug ist nur bei vorsätzlicher Begehung strafbar. Der Vorsatz muss sich darauf beziehen, durch die Täuschung einen Irrtum herbeizuführen. Ferner muss das Bewusstsein hinzukommen, durch die Irrtumserregung eine Vermögensverfügung und dadurch eine unmittelbare Vermögensbeschädigung herbeizuführen. Bedingter Vorsatz ist ausreichend. 2543

Hinzukommen muss die Absicht, sich oder einem Dritten einen Vermögensvorteil zu verschaffen. Auf diese Bereicherungsabsicht muss es dem Täter ankommen. An dieser Absicht fehlt es, wenn die Vorteilserlangung nur eine notwendige, dem Täter aber unerwünschte, Nebenfolge eines von ihm erstrebten anderen Erfolges ist. Der Vermögensvorteil muss ferner rechtswidrig sein, sodass die angestrebte Erfüllung einer Verbindlichkeit nicht strafbar ist. 2544

Der Vermögensschaden und die Bereicherungsabsicht müssen stoffgleich sein. Stoffgleichheit liegt vor, wenn der Täter den Vermögensvorteil unmittelbar aus dem Vermögen des Geschädigten in der Weise anstrebt, dass der Vorteil die Kehrseite des Schadens ist.[4250] 2545

> **Gegenbeispiel**
>
> Daran fehlt es etwa, wenn der Vorstand einer Aktiengesellschaft falsche Mitteilungen an die Öffentlichkeit lanciert, um den Aktienkurs zu steigern.[4251]

4.6.5 Besonders schwerer Fall des Betrugs

In Abs. 5 ist der besonders schwere Fall des Betrugs geregelt, der zu einer Strafrahmenerhöhung auf sechs Monate bis zehn Jahre Freiheitsstrafe führt. Die genannten fünf Alternativen sind nur exemplarisch aufgeführt und nicht abschließend. 2546

4247 BGH, B. v. 08.09.1992 – 4 StR 373/92, wistra 1993, 17.
4248 BGH, B. v. 30.01.2003 – 3 StR 437/02, wistra 2003, 232.
4249 BGH, B. v. 22.05.2001 – 5 StR 75/01, wistra 2001, 463.
4250 BGH, Urt. v. 06.04.1954 – 5 StR 74/54, BGHSt 6, 115.
4251 BGH, Urt. v. 19.07.2004 – II ZR 402/02, JZ 2005, 90.

4.7 Kreditbetrug (§ 265b StGB)

4.7.1 Allgemeines

2547 Der Kreditbetrug stellt als abstraktes Gefährdungsdelikt bestimmte Täuschungshandlungen im Vorfeld einer Kreditvergabe unter Strafe. Dabei kommt es auf die Gewährung des Kredits nicht an.

4.7.2 Täterkreis

2548 Täter kann neben dem Kreditnehmer jedermann sein, der für das Unternehmen handelt, also auch der die Bilanz erstellende Wirtschaftsprüfer.

4.7.3 Objektiver Tatbestand

2549 Sowohl der Kreditgeber als auch der Kreditnehmer müssen ein Betrieb oder Unternehmen sein, das einen in kaufmännischer Weise eingerichteten Gewerbebetrieb erfordern (§ 265 b Abs. 2 Nr. 1 StGB). Dies können neben dem Ist-Kaufmann, Personengesellschaften und juristischen Personen auch Anwaltskanzleien, Steuerberaterkanzleien, Arztpraxen und landwirtschaftliche Betriebe umfassen.

Der in § 265 b Abs. 3 Nr. 2 StGB definierte Kreditbegriff ist weit zu fassen. Nicht erfasst ist jedoch ein Privatkredit des Betriebsinhabers, da dieser nicht für den Betrieb oder das Unternehmen bestimmt ist.

2550 Tathandlung nach Nr. 1 ist die Vorlage von unrichtigen oder unvollständigen Unterlagen oder schriftliche unrichtige oder unvollständige Angaben über wirtschaftliche Verhältnisse, die für den Kreditnehmer vorteilhaft sind und für die Entscheidung über einen solchen Antrag erheblich sind.

Inhaltlich unrichtig oder unvollständig sind die Unterlagen, etwa Bilanzen oder Urteile, erst dann, wenn dies eindeutig feststeht und keine widersprechende Auffassung mehr vertretbar ist.[4252] Denn es bereitet in der Praxis erhebliche Schwierigkeiten vollkommen richtige Unterlagen zu erstellen. Die Angaben sind nicht unvollständig, wenn auf die Unvollständigkeit – auch mündlich – hingewiesen wird.

Erheblichkeit liegt vor, wenn ein Punkt betroffen ist, der bei Berücksichtigung von Art und Inhalt des Geschäfts und der konkreten Verhältnisse bei der Betrachtung zur Tatzeit für die Entscheidung über einen solchen Antrag von Bedeutung sein kann.[4253]

> **Beispiel**
>
> Die Abgabe der eidesstattlichen Versicherung der Vermögenslosigkeit, nicht aber die Konfessionszugehörigkeit.

Zudem müssen nach Nr. 2 Verschlechterungen der wirtschaftlichen Verhältnisse angezeigt werden, die für die Entscheidung über einen Kreditantrag erheblich sind. Treten Verschlechterungen nach der Abgabe der Unter-

---

[4252] BGH, Urt. v. 08.12.1981 – 1 StR 706/81, NJW 1982, 775.
[4253] BGH, Urt. v. 08.12.1981 – 1 StR 706/81, BGHSt 30, 285, 290.

lagen ein, müssen diese nicht mehr mitgeteilt werden, auch wenn dadurch die Kreditvergabe verhindert worden wäre.

4.7.4 Subjektiver Tatbestand

Ausreichend ist bedingter Vorsatz hinsichtlich der Tatbestandsmerkmale. Ein Tatbestandsirrtum nach § 16 StGB kann vorliegen, wenn der Täter die Unterlagen für richtig hält oder nicht von der Entscheidungserheblichkeit ausgeht.

2551

4.7.5 Täterschaft und Teilnahme

Werden Unterlagen verwendet, die dem Kreditnehmer überlassen wurden, so kommt Beihilfe in Betracht.[4254] Dies kann etwa bei Steuerberatern der Fall sein, die eine Vermögensübersicht erstellen, die sich nur auf die Angaben des Kreditnehmers stützen, ohne dass zumindest ein vorläufiger Zusammenhang mit der Buchhaltung erkennbar ist.[4255] Handeln Angestellte des Kreditnehmers auf dessen Anweisung, so können sie der Beihilfe strafbar sein.

2552

4.8 Untreue (§ 266 StGB)
4.8.1 Allgemeines

Die Untreue stellt einen der komplexesten Straftatbestände innerhalb der Vermögensdelikte dar. In der Insolvenz schützt die Untreue vornehmlich das Gesellschaftsvermögen gegen Minderungen durch vertretungsberechtigte Personen. Sie umfasst eigennütziges Handeln und geht damit über den Bankrott hinaus, der auch im Interesse der Gesellschaft begangen werden muss. Da in der Krise auch eigene Interessen der Entscheidungsträger in den Vordergrund treten, kommt der Untreue eine besondere Bedeutung zu.

2553

4.8.2 Objektiver Tatbestand

Die Untreue gliedert sich in zwei Tatbestandsalternativen, wobei der Missbrauchstatbestand ein unselbstständiger Spezialfall des Treuebruchtatbestandes ist.[4256]

Beide Alternativen bedürfen einer Vermögensbetreuungspflicht, also einer besonders herausgehobenen Hauptpflicht, bei der dem Täter in gewissem Rahmen ein selbstständig verantwortlicher Entscheidungsspielraum bleibt.[4257]

2554

4254 BGH, Urt. v. 14.09.1983 – 3 StR 157/83, wistra 1984, 25.
4255 LG Mannheim, Urt. v. 15.11.1984, wistra 1985, 158.
4256 BGH, Urt. v. 26.07.1972 – 2 StR 62/72, BGHSt 24, 387; BGH, Urt. v. 22.11.2005 – 1 StR 571/04, NJW 2006, 454.
4257 BGH, Urt. v. 13.06.1985 – 4 StR 213/85, BGHSt 33, 244; BGH, B. v. 23.08.1995 – 5 StR 371/95, BGHSt 41, 224.

Teil 6   Gesetzesübergreifende Bezüge

> **Beispiel**
>
> Einer Vermögensbetreuungspflicht können etwa Vorstandsmitglieder und Aufsichtsratsmitglieder einer Aktiengesellschaft[4258], der Geschäftsführer einer GmbH[4259] oder eines Vereins[4260], Anlageberater[4261] und Bankmitarbeiter[4262] unterliegen.

Beide Alternativen müssen wie beim Betrug zu einem Vermögensnachteil führen. Auch bei der Untreue genügt eine schadensgleiche Vermögensgefährdung.[4263] Wird der Nachteil durch zeitgleich eintretende wirtschaftliche Vorteile kompensiert, entfällt der Schaden.[4264] Ebenso, wenn der Täter willentlich eigene flüssige Mittel zum Ersatz bereit hält.[4265]

4.8.2.1 Missbrauchstatbestand

2555   Der Missbrauchstatbestand erfordert, dass der Täter die ihm durch Gesetz, behördlichen Auftrag oder Rechtsgeschäft eingeräumte Befugnis, über fremdes Vermögen zu verfügen oder einen anderen zu verpflichten, missbraucht und dadurch dem, dessen Vermögensinteressen er zu betreuen hat, einen Nachteil zufügt. Grundsätzlich ist eine Handlung strafbar, wenn der Täter zum Nachteil des Geschäftsherrn durch sein rechtliches Können im Außenverhältnis sein rechtliches Dürfen im Innenverhältnis überschreitet.[4266]

2556   Die Verfügungs- oder Verpflichtungsbefugnis muss den Täter nach außen befähigen, Vermögensrechte eines anderen wirksam zu ändern, zu übertragen oder aufzuheben oder einen anderen mit einer Verbindlichkeit zu belasten. Zumeist wird diese Befugnis durch Vollmacht, also durch Rechtsgeschäft übertragen.

Der Missbrauch ist nur durch rechtsgeschäftliches Handeln möglich, wobei die Kompetenzen im Innenverhältnis überschritten werden.

> **Beispiel**
>
> Beispiel: Der Geschäftsführer einer GmbH zahlt sich überhöhte Provisionen.[4267] Diese Vereinbarung ist ihm aufgrund seiner Vertretungsberechtigung möglich, widerspricht aber seiner Pflicht, zum Besten der Gesellschaft zu handeln.

4258   BGH, Urt. v. 21.12.2005 – 3 StR 470/04, NJW 2006, 522; BGH, Urt. v. 06.12.2001 – 1 StR 215/01, BGHSt 47, 187.
4259   BGH, Urt. v. 25.04.2006 – 1 StR 519/05, NStZ 2006, 401.
4260   BGH, Urt. v. 27.02.1975 – 4 StR 571/74, NJW 1975, 1234.
4261   BGH, Urt. v. 22.05.1991 – 3 StR 87/91, NStZ 1991, 489.
4262   BGH, Urt. v. 15.11.2001 – 1 StR 185/01, BGHSt 47, 148; BGH, Urt. v. 06.04.2000 – 1 StR 280/99, BGHSt 46, 30.
4263   BGH, B. v. 17.08.2006 – 4 StR 117/06StV, 2007, 31.
4264   BGH, Urt. v. 09.02.2006 – 5 StR 423/05, NStZ-RR 2006, 175.
4265   BGH, B. v. 13.12.1994 – 1 StR 622/94, StV 1995, 302.
4266   BGH, Urt. v. 16.06.1953 – 1 StR 67/53, BGHSt 5, 61.
4267   BGH wistra 1993, 225.

4.8.2.2 Treuebruchtatbestand

Tatbestandsmäßig handelt, wer durch ein vermögensrelevantes Verhalten, sei es rechtsgeschäftlich, tatsächlich oder durch Unterlassen, seine Pflicht zur Betreuung fremden Vermögens verletzt. 2557

Die Vermögensbetreuungspflicht im Rahmen des Treuebruchtatbestandes kann über den Missbrauchstatbestand hinaus auch durch eine Treuepflicht begründet werden. Dies umfasst zum einen nicht wirksam entstandene Betreuungsverhältnisse, die aber zu einem tatsächlichen Herrschaftsverhältnis führten.[4268]

> **Beispiel**
>
> Der faktische Geschäftsführer einer GmbH.

Zum anderen werden nicht mehr bestehende Betreuungsverhältnisse erfasst, wenn die tatsächliche Herrschaftsbeziehung über das fremde Vermögen weiter besteht. Letzte Alternative ist für Strohmannverhältnisse von Bedeutung, wenn der entlassene Geschäftsführer die tatsächliche Herrschaft weiter ausübt. 2558

Der Tatbestand ist nicht erfüllt, wenn der Täter im wirksamen pflichtgemäßen Einverständnis mit dem Vermögensinhaber handelt.[4269] Auch wenn alle Gesellschafter einer GmbH zustimmen (z. B. bei einer Ein-Mann-GmbH) kann eine Handlung des Geschäftsführers pflichtwidrig und strafbar sein, wenn nämlich entgegen § 30 GmbHG das Stammkapital angegriffen wird[4270] oder die Existenz der Gesellschaft so in Gefahr gebracht wird, dass sie ihre Verbindlichkeiten nicht mehr erfüllen kann. Das einvernehmliche Handeln ist dann nur für die Strafzumessung von Bedeutung.[4271] 2559

4.8.3 Subjektiver Tatbestand

Bedingter Vorsatz genügt. Dieser muss sich auf die Pflichtenstellung, die Pflichtverletzung und den Vermögensnachteil beziehen. Geht der Täter von einem Einverständnis des Geschäftsherrn aus, liegt ein vorsatzausschließender Tatbestandsirrtum, § 16 StGB vor.[4272] 2560

4.8.4 Täterschaft und Teilnahme

Täter kann nur sein, wen die Vermögensbetreuungspflicht trifft. Außenstehende können Beihilfe leisten oder Anstifter sein. 2561

4268 BGH, B. v. 01.04.1954 – BGHSt 6, 109, 113.
4269 BGHSt 3, 23.
4270 BGHSt 3, 40; BGH, Urt. v. 06.05.2008 – 5 StR 34/08, NStZ 2009, 153; BGH, B. v. 30.08.2011 – 3 StR 228/11, NZG 2011, 1238.
4271 BGH wistra 1987, 65.
4272 BGH, Urt. v. 06.06.1952 – 1 StR 113/52, BGHSt 3, 23.

4.8.5 Besonders schwerer Fall der Untreue

2562 Ein besonders schwerer Fall der Untreue liegt unter denselben Voraussetzungen wie beim Betrug vor (§§ 266 Abs. 2, 263 Abs. 3 StGB).

4.9 Vorenthalten und Veruntreuen von Arbeitsentgelt (§ 266 a StGB)

4.9.1 Allgemeines

2563 Im Zusammenhang mit der Krise eines Unternehmens kommt es immer wieder zur Nichtabführung von Sozialversicherungsbeiträgen hinsichtlich der Arbeitsverhältnisse der Mitarbeiter. Ein solches Verhalten ist bei vorsätzlichem Handeln gemäß § 266 a Abs. 1 StGB als Sonderdelikt strafbar. Dass insbesondere in der Krise des Unternehmens mitunter auf die Abführung der Sozialversicherungsbeiträge verzichtet wird, lässt sich damit erklären, dass durch ein solches Verhalten zunächst kurzfristig ca. 35 % der Bruttolöhne eingespart werden können. Das Nichtabführen der Sozialversicherungsanteile ist damit ein beliebtes Mittel illegaler Kreditschöpfung.

2564 Geschütztes Rechtsgut des § 266 a Abs. 1 und 2 StGB ist das Interesse der Solidargemeinschaft an der Sicherstellung des Aufkommens der Mittel für die Sozialversicherung,[4273] während in § 266 a Abs. 3 StGB das Vermögen des betroffenen Arbeitnehmers geschützt wird. Die Nichtabführung des Arbeitgeberanteils unterfällt dem Tatbestand nicht. § 266 a StGB hat daher untreueartigen Charakter.

4.9.2 Täterkreis

2565 Tauglicher Täter des § 266 a Abs. 1–3 StGB ist der Arbeitgeber und über § 14 StGB der für den Arbeitgeber verantwortlich Handelnde, also etwa der Geschäftsführer einer GmbH. Es muss also eine abhängige Beschäftigung vorliegen, womit Selbstständige nicht erfasst werden. Über Abs. 5 werden bestimmte Personen dem Arbeitgeber gleichgestellt.

4.9.3 Objektiver Tatbestand

2566 Die Vorschrift umfasst in den Abs. 1–3 drei mögliche Tatbestandsalternativen.

4.9.3.1 Vorenthalten von Arbeitnehmerbeiträgen (§ 266 a Abs. 1 StGB)

2567 Die Tathandlung des § 266 a Abs. 1 StGB besteht im Vorenthalten von fälligen Arbeitnehmerbeiträgen (vgl. § 23 SGB IV) gegenüber der Einzugsstelle. Einzugsstellen sind die Kranken- und Ersatzkassen. Vorenthalten sind die Beiträge, wenn sie nicht vollständig bis zum Ablauf des Fälligkeitstages abgeführt werden.[4274] Dies ist unabhängig von der Lohnzahlung an den Arbeitnehmer, es reicht also, wenn der gesamte Bruttolohn an den Arbeitnehmer ausgekehrt wird, wie etwa bei vereinbarten Schwarzarbeitsverhältnissen.

4273 BGH, Urt. v. 16.05.2000 – VI ZR 90/99, NJW 2000, 2993.
4274 BGH, B. v. 28.05.2002 – 5 StR 16/02, BGHSt 47, 320.

Die Zahlung muss tatsächlich oder rechtlich möglich sein, sodass etwa bei Krankheit oder bei Zahlungsverboten durch die Eröffnung eines Insolvenzverfahrens der Tatbestand nicht erfüllt wird. Werden Teilzahlungen entrichtet, so werden diese zu Gunsten des Täters zunächst auf den Arbeitnehmeranteil verrechnet,[4275] sodass eine Strafbarkeit wegen Abs. 2 verbleibt.

4.9.3.2 Vorenthalten von Arbeitgeberbeiträgen (§ 266 a Abs. 2 StGB)

Der Arbeitgeber muss gegenüber der Einzugsstelle unrichtige oder unvollständige Angaben über sozialversicherungsrechtlich erhebliche Tatsachen machen (Nr. 1) oder diese Stelle über solche Tatsachen pflichtwidrig in Unkenntnis lassen (Nr. 2).

2568

Erhebliche Tatsachen sind alle, von denen das Bestehen der Beitragspflicht oder die Höhe der zu zahlenden Beiträge materiell abhängt. Die Pflichtwidrigkeit eines In-Unkenntnis-Lassens setzt eine sozialrechtliche Mitteilungspflicht voraus, die sich vornehmlich aus den Meldepflichten des § 28 a SGB IV ergibt. Wird eine Erklärung unrichtig oder unvollständig abgegeben, so ist allein Nr. 1 verwirklicht, sodass es auf eine Pflichtverletzung nach Nr. 2 nicht mehr ankommt.

Es müssen durch die fehlerhafte Information Arbeitgeberbeiträge vorenthalten werden und zwar unabhängig von der Lohnzahlung an den Arbeitnehmer. Arbeitgeberbeiträge sind neben den Anteilen an der Renten-, Pflege- und Krankenversicherung auch Beiträge zur Arbeitsförderung, zur gesetzlichen Unfallversicherung (§ 150 SGB VII) und die Beiträge zur Sozialversicherung bei geringfügig Beschäftigten (§ 8 SGB IV, § 249 b SGB V, § 172 SGB VI), gering entlohnten Auszubildenden und bei Beschäftigten im freiwilligen sozialen Jahr (§ 20 SGB VI).

4.9.3.3 Einbehalten sonstiger Lohnbestandteile (§ 266 a Abs. 3 StGB)

Abs. 3 regelt das Verheimlichen der Nichtabführung von sonstigen Lohnanteilen, die vom Arbeitgeber einbehalten wurden und für den Arbeitnehmer an einen anderen zu zahlen sind. Die Vorschrift hat in der Praxis nur geringe Bedeutung und ist anzuwenden, wenn der Arbeitgeber Lohnbestandteile, die nicht unter Abs. 1 oder Abs. 2 fallen, einzubehalten hat und nicht ordnungsgemäß abführt, z. B. wenn der Arbeitgeber die Zahlung der von ihm zu erbringenden Arbeitnehmersparzulage in der Lohnabrechnung zwar ausweist, aber in Wirklichkeit nicht abführt. Erfasst sind etwa auch Pfändungen oder freiwillige Leistungen an Rentenversicherungen oder Zahlungen an Unterhalts- oder Darlehensgläubiger.

2569

Keine Strafbarkeit liegt vor, wenn der Arbeitgeber nicht heimlich handelt und ihm die Nichtzahlung spätestens zum Fälligkeitstermin – auch mündlich – anzeigt. Denn dann kann der Arbeitnehmer selbst für den Ausgleich sorgen.

4275 BGH, B. v. 22. 05. 1991 – 2 StR 453/90, NJW 1991, 2918.

4.9.4 Subjektiver Tatbestand

2570 Bei allen Tatbestandsalternativen ist Vorsatz erforderlich, bedingter Vorsatz ist ausreichend. Die Absicht, sich einen Vermögensvorteil zu verschaffen oder die Einzugsstelle zu schädigen, ist nicht erforderlich.

4.9.5 Täterschaft und Teilnahme

2571 Arbeitgeber und die nach § 14 StGB verantwortlich Handelnden können Mittäter nach § 25 StGB sein. Bei Büroangestellten, insbesondere Personalbearbeitern und Lohnbuchhaltern des Arbeitgebers, kommt Beihilfe gemäß § 27 StGB in Betracht.

4.9.6 Besonders schwerer Fall

2572 In besonders schweren Fällen beträgt die Strafbarkeit 6 Monate bis 10 Jahre. Ein solcher liegt in der Regel, aber nicht nur vor, wenn eines der genannten drei Regelbeispiele verwirklicht ist.

4.9.7 Strafausschließung

2573 Bereits eine verspätete Abführung löst die Strafbarkeit aus, auch wenn die Beträge nachentrichtet werden.

Nach § 266a Abs. 6 StGB besteht jedoch die Möglichkeit durch rechtzeitige Offenbarung der Zahlungsunfähigkeit persönliche Straffreiheit zu erlangen.[4276] Die Regelung, die an den zivilrechtlichen Begriff des Unvermögens anknüpft, ist verfassungskonform dahingehend einzuschränken, dass der Arbeitgeber in den Fällen, in denen weder bereits die Unmöglichkeit noch die Unzumutbarkeit normgemäßen Verhaltens nach allgemeinen Regeln zur Straflosigkeit führen, Straffreiheit erlangen kann. Ein Absehen von Strafe kann nur dort in Betracht kommen, wo grundsätzlich Strafe verwirkt ist. § 266a Abs. 6 Satz 1 StGB erfasst daher insbesondere Fälle der auf Verschulden beruhenden Zahlungsunfähigkeit des Arbeitgebers.

Die Strafe entfällt nachträglich – ohne richterliches Ermessen – nach § 266a Abs. 6 Satz 2 StGB, wenn die Beiträge innerhalb einer von der Einzugsstelle bestimmten Frist entrichtet werden.

4.10 Pfandkehr (§ 289 StGB)

2574 Die Pfandkehr schützt Pfand-, Zurückbehaltungs-, Nutzungs-, und Gebrauchsrechte an Sachen gegen Wegnahme zu Gunsten des Eigentümers. Die Tat ist bereits durch Wegnahme der geschützten Sache vollendet.

Dies betrifft in der Insolvenz zumeist Vermieterpfandrechte an den eingebrachten Sachen, obwohl der Vermieter der Wegnahme widersprochen hat.

[4276] Hierzu *Winkelbauer*, Die strafbefreiende Selbstanzeige im Beitragsstrafrecht, wistra 1988, 16.

4.11 Verstrickungsbruch (§ 136 Abs. 1 StGB)

Der Verstrickungsbruch schützt Sachen, die gepfändet oder dienstlich in Beschlag genommen wurden vor dem Entzug der Verstrickung. Tathandlung ist das Zerstören, Unbrauchbarmachen, Beschädigen oder sonstige Entziehung der Sache aus der Verstrickung.

2575

Mit der Beschlagnahme werden Sachen zeitweise und zwangsweise zur Verfügung der Behörde bereitgestellt, um öffentliche oder private Belange zu sichern.[4277] Durch die Eröffnung des Insolvenzverfahrens wird das zur Masse gehörige Vermögen beschlagnahmt, auch wenn es nicht in Besitz genommen wird.[4278] Die Vorschrift schützt daher die Insolvenzmasse vollumfänglich.

4.12 Falsche Versicherung an Eides statt (§ 156 StGB)

Eine falsche Versicherung an Eides statt begeht, wer jedenfalls bedingt vorsätzlich vor einer zur Abnahme von Eiden zuständigen Stelle eine solche Versicherung falsch abgibt oder unter Berufung auf eine solche Versicherung falsch aussagt.

2576

Die eidesstattliche Versicherung ist eine selbstständige Beteuerung minderen Gewichts, die teilweise gesetzlich vorgeschrieben ist. Zuständige Stellen sind solche, die überhaupt eidesstattliche Versicherungen entgegennehmen und hierzu im gegenständlichen Verfahren über den Gegenstand abnehmen.[4279]

> **Beispiel**
>
> Gerichte, Gerichtsvollzieher

Vor der Insolvenz kommen Verstöße zumeist im Zwangsvollstreckungsverfahren nach §§ 900, 807 Abs. 1 ZPO vor, indem der Schuldner gegenüber dem Gerichtsvollzieher Angaben über den Stand des Vermögens und über bestimmte Vermögensverfügungen machen muss. Diese Angaben sind unrichtig, wenn der Schuldner mehr angibt, als er hat oder wenn er Vermögen verschweigt.[4280]

2577

In der Insolvenz ist der Schuldner nach §§ 20, 97 InsO zu Mitwirkung und Auskunft gegenüber Gericht und Insolvenzverwalter verpflichtet. Das Gericht kann anordnen, dass der Schuldner an Eides statt versichert, er habe die von ihm verlangte Auskunft nach bestem Wissen und Gewissen richtig und vollständig erteilt (§ 98 InsO).

4277 RG, Urt. v. 30.03.1931 – III 193/31, RGSt 65, 249.
4278 RG, Urt. v. 29.04.1908 – III 156/08- RGSt 41, 256.
4279 BGH, Urt. v. 05.01.1951 – 2 StR 29/50, BGHSt 1, 16.
4280 BGH, Urt. v. 01.04.1960 – 4 StR 450/59, BGHSt 14, 345.

4.13 Steuerhinterziehung (§ 370 AO)

4.13.1 Allgemeines

2578 Die Praxis zeigt, dass in der Krise befindliche Unternehmen häufig ihren steuerlichen Pflichten nur noch unzureichend oder überhaupt nicht mehr nachkommen. Fehlen einem Unternehmen unmittelbar vor Eintritt der materiellen Insolvenz die liquiden Geldmittel zur Erfüllung aller zu diesem Zeitpunkt fälligen Verbindlichkeiten, hat die Nichtzahlung fälliger Steuern zur mutmaßlichen Erhaltung der Liquiditätssicht aus Unternehmen anscheinend deshalb einen gewissen Charme, weil sie nicht kurzfristig zum Erliegen des Geschäftsbetriebes führt. Während Unternehmen, die laufend Waren auf Kredit beziehen und auf diese Waren zur Fortsetzung ihrer Unternehmenstätigkeit angewiesen sind, davon ausgehen können, dass ihre Lieferanten kurzfristig nur noch gegen Vorkasse liefern, wenn ältere Rechnungen nicht bezahlt werden, so scheint die Nichterfüllung steuerlicher Pflichten scheinbar zunächst sanktionslos zu sein. Wenn dann nach einigen Wochen oder Monaten der Fiskus vollstreckt oder Haftungsbescheide gegen die Organe der Gesellschaft ergehen, geht es jedoch umso schneller.

2579 In der Praxis ist festzustellen, dass betroffene Unternehmen häufig weitergehend zur Beschaffung kurzfristiger Liquidität nicht nur festgesetzte oder erklärte Steuern nicht oder nicht rechtzeitig abführen, sondern gar noch falsche Erklärungen abgeben, im besten Fall, um eine Reduzierung der Steuerlast zu erreichen, im weitestgehenden Fall im Bereich der Vorsteuer, um Vorsteuererstattungen zu erhalten. Die Neigung, Falschangaben zu machen, wird durch eine geringe Risikowahrscheinlichkeit der Entdeckung gefördert. Anspruch und Wirklichkeit klaffen im Steuerstrafrecht weit auseinander. Die Finanzämter haben nicht die personellen und sächlichen Voraussetzungen, um in kurzer Zeit Millionen von Veranlagungen auf Richtigkeit und Vollständigkeit zu überprüfen und sie können sich immer nur auf einzelne Teilbereiche beschränken.

Auf der anderen Seite ist das Gemeinwesen auf Steuern zur Erfüllung der eigenen Aufgaben angewiesen. Der Gewährleistung des Steueranspruchs des Staates und der Steuergerechtigkeit dient das Steuerstrafrecht in § 369 ff. AO.

2580 Wichtigstes Delikt ist hierbei § 370 AO, die Steuerhinterziehung, also der Straftatbestand, der die Verkürzung des gesetzlichen Steueranspruchs unter Strafe stellt.

4.13.2 Objektiver Tatbestand

Unter Strafe stehen

2581
- unrichtige oder unvollständige Angaben gegenüber den Finanzbehörden oder anderen Behörden über steuerlich erhebliche Tatsachen (§ 370 Abs. 1 Nr. 1 AO),
- das pflichtwidrige In-Unkenntnis-Lassen der Finanzbehörden über steuerlich erhebliche Tatsachen (§ 370 Abs. 1 Nr. 2 AO) oder
- das pflichtwidrige Unterlassen der Verwendung von Steuerzeichen oder Steuerstemplern.

Durch eine dieser Tatbestandsalternativen muss es zu einer Steuerverkürzung oder aber zu einer Erlangung nicht gerechtfertigter Steuervorteile für den Täter oder einen anderen gekommen sein.

Es handelt sich um Blankettvorschriften, da § 370 AO selbst nicht regelt, was unter unrichtigen, unvollständigen Angaben usw. zu verstehen ist, so dass eine Subsumtion des konkreten Sachverhalts unter die einschlägigen Steuergesetze zu erfolgen hat.

§ 370 Abs. 4 AO definiert, wann Steuern verkürzt sind, nämlich dann, wenn sie nicht in voller Höhe oder nicht rechtzeitig festgesetzt werden und zwar auch dann, wenn die Steuer vorläufig oder unter Vorbehalt der Nachprüfung festgesetzt wird oder eine Steueranmeldung einer Steuerfestsetzung unter Vorbehalt der Nachprüfung gleichsteht. § 370 Abs. 4 Satz 2 AO normiert, dass unter Steuervorteilen auch Steuervergütungen zu subsumieren sind.

4.13.3 Subjektiver Tatbestand

Strafbar ist vorsätzliches Handeln, § 369 Abs. 2 AO i.V.m. § 15 StGB.   2582

4.13.4 Besonders schwerer Fall

In Abs. 3 der Vorschrift werden Regelbeispiele für einen besonders schweren Fall beschrieben, der die Strafandrohung auf sechs Monate bis zehn Jahre Freiheitsstrafe erhöht.   2583

4.14 Weitere Straftatbestände

Während die Insolvenzdelikte in §§ 283 ff. StGB nur strafbar sind, wenn der Schuldner zahlungsunfähig ist, gibt es eine Reihe von Delikten, die außerhalb und losgelöst von der Krise begangen werden können. Diese sind teilweise außerhalb des Strafgesetzbuchs geregelt.   2584

Mit Strafe bedroht ist nach § 82 Abs. 2 Nr. 2 GmbHG, wer als Geschäftsführer, Liquidator, Mitglied eines Aufsichtsrats oder ähnlichen Organs in einer öffentlichen Mitteilung die Vermögenslage der Gesellschaft unwahr darstellt oder verschleiert, wenn die Tat nicht in § 331 Nr. 1 oder Nr. 1a HGB mit Strafe bedroht ist.

Ähnliches gilt für unrichtige Darstellungen in der Hauptversammlung oder gegenüber Prüfern oder verbundenen Unternehmen für Mitglieder des Vorstands, des Aufsichtsrats oder als Abwickler von Aktiengesellschaften, § 400 Abs. 1 AktG.

Ein Delikt außerhalb der Krise ist ferner die unrichtige Darstellung nach § 331 HGB, die Bilanzmanipulationen als abstraktes Gefährdungsdelikt unter Strafe stellt und über § 335b StGB auch für Offene Handelsgesellschaften und Kommanditgesellschaften gilt.

Mit Strafe bedroht ist auch die Verletzung der Verlustanzeigepflicht des § 84 GmbHG, wenn der Geschäftsführer einer GmbH es unterlässt, den Gesellschaftern einen Verlust in Höhe der Hälfte des Stammkapitals anzuzeigen.

Vereitelt der Schuldner im Vorfeld der Insolvenz Zwangsvollstreckungen in der Absicht, die Befriedigung des Gläubigers zu verhindern dadurch, dass er Bestandteile des schuldnerischen Vermögens beiseiteschafft oder veräußert , liegt ein Vereiteln der Zwangsvollstreckung vor, § 288 StGB. Dies gilt jedoch nur bis zur Insolvenzeröffnung, da diese eine Vollstreckungssperre nach § 89 InsO auslöst.

5. Strafrechtliche Risiken von Verfahrensbeteiligten

5.1 Allgemeines

2585 Nicht nur der Schuldner bzw. im Falle der Personenvereinigung seine (ggf. auch faktischen) Organe als zentrale Personen des Insolvenzverfahrens sind strafrechtlichen Risiken ausgesetzt. Auch der Insolvenzverwalter selbst, Berater (Sanierungsberater, Rechtsanwälte, Steuerberater), institutionelle Gläubiger wie Banken und sog. „Firmenbestatter" können als Verfahrensbeteiligte erheblichen strafrechtlichen Risiken ausgesetzt sein.

5.2 Insolvenzverwalter

5.2.1 Allgemeine Schädigungsverbote

2586 Mit Eröffnung des Insolvenzverfahrens geht die Verwaltungs- und Verfügungsbefugnis auf den Insolvenzverwalter über, § 80 InsO. Er tritt – untechnisch gesprochen – im Hinblick auf das Vermögen an die Stelle des Schuldners, hat die Masse in Besitz zu nehmen und sodann im Interesse der Gläubiger zu erhalten und später zu verwerten. Das gleiche gilt für den sog. starken vorläufigen Insolvenzverwalter. Er hat das Vermögen zu sichern und zu erhalten, § 22 Abs. 1 Satz 2 Nr. 1 InsO. Für den vorläufigen und endgültigen Insolvenzverwalter folgt daraus selbstverständlich ein allgemeines Schädigungsverbot. Der Insolvenzverwalter ist Vermögensverwalter. Er verwaltet fremdes Geld im eigenen Namen treuhänderisch, aber fremdnützig. Der (starke vorläufige) Insolvenzverwalter ist Inhaber einer Verfügungsbefugnis im Sinne des § 266 StGB und darüber hinaus Treuepflichtiger nach diesem Straftatbestand. Er kann sich, da ihn eine Vermögensfürsorgepflicht trifft, bei Verletzung dieser Pflicht wegen Untreue gemäß § 266 StGB strafbar machen. Dieser Themenkreis ist aufgrund einiger spektakulärer Fälle der letzten Jahre, in denen sich Insolvenzverwalter an den Massen vergangen und dadurch erheblichen Schaden für die Gesamtheit der Gläubiger und einen ganzen Berufsstand verursacht haben, in den Fokus der Öffentlichkeit gerückt.

2587 Eine Strafbarkeit wegen Untreue kommt danach in Betracht, wenn der Insolvenzverwalter massevorteilhafte Geschäfte nicht abschließt, Masse verschleudert, die Masse mit seinem Privatvermögen vermischt oder insolvenzzweckwidrige Masseverbindlichkeiten begründet. Compliance wird daher auch mehr und mehr für Insolvenzverwalter ein Thema.

2588 Insbesondere der vorläufige Insolvenzverwalter ohne Verfügungsbefugnis, der ohne hierzu durch das Gericht im Wege der Einzelfallermächtigung ermächtigt zu sein, Bestellungen für den Schuldner aufgibt oder Bestellungen gegenzeichnet, riskiert unter Umständen eine Strafbarkeit wegen Betruges gemäß § 263 StGB, wenn es nicht gelingt, Bestellungen vor Ende der vorläufigen Insolvenzverwaltung (regelmäßig also mit Eröffnung des Insolvenzverfahrens) zu bezahlen.

Ob der sog. schwache vorläufige Insolvenzverwalter eine Treuepflicht im Sinne des § 266 StGB begründet, ist zweifelhaft, wenn ein Zustimmungsvorbehalt angeordnet wurde.[4281]

2589

5.2.2 Spezifische insolvenzrechtliche Pflichten

Den (vorläufigen starken) Insolvenzverwalter treffen, da er im Wesentlichen an die Stelle des Gemeinschuldners tritt, weitgehende Pflichten, insbesondere im Bereich des Steuerrechts und der Rechnungslegung (§ 155 InsO), deren Nichterfüllung gemäß § 370 AO geahndet werden kann.

2590

Im Bereich des Arbeitsrechts tritt er an Stelle des Arbeitgebers und hat als solcher im Sinne des § 266a Abs. 1 StGB sozialversicherungsrechtliche Pflichten.

Den (starken) vorläufigen Insolvenzverwalter treffen auch umweltstrafrechtliche Verantwortlichkeiten – insbesondere im Bereich des produzierenden Gewerbes eine nicht zu unterschätzende Gefahr – sanktioniert in den §§ 324 ff. StGB.

5.2.3 Weitere strafrechtliche Risiken

An weiteren strafrechtlichen Risiken sind zu nennen:

2591

- Insidergeschäfte im Sinne des § 14 WpHG,
- Bestechung im Sinne des § 334 StGB („Erkaufen" der Richtergunst).

5.3 Kreditinstitute

Unternehmenskrisen werden häufig zunächst von der Hausbank bemerkt. Diese hat mehrere Möglichkeiten zu reagieren. Sie kann neue (Sanierungs-)Kredite gewähren oder Kredite kündigen. Sie kann aber insbesondere in den Fällen, in denen sie das Vertrauen in die Unternehmensführung verloren hat, versuchen, die Werthaltigkeit ihrer Forderungen oder Sicherheiten dadurch sicherzustellen, dass sie originäre Aufgaben der Schuldnerin an sich zieht, beispielsweise indem sie den Zahlungsverkehr ihres Kunden übernimmt. In einem solchen Fall kommt über § 14 StGB eine Anwendung der §§ 283 ff. StGB in Betracht, wenn das Handeln der Bank auch im Interesse des Kunden erfolgte. Fehlt dieses Merkmal, das nach der Rechtsprechung des BGH Voraussetzung einer Haftung nach §§ 283 ff. StGB ist, kommt eine Strafbarkeit wegen Untreue gemäß § 266 StGB in Betracht.

2592

Kommt es zur faktischen Geschäftsführung durch ein Kreditinstitut, kommt eine Strafbarkeit wegen Insolvenzverschleppung gemäß § 15a InsO in Betracht, da tauglicher Täter auch der faktische Geschäftsführer sein kann. Ansonsten ist eine Strafbarkeit aus Teilnahme gemäß §§ 26 f. StGB möglich.

2593

4281 *Schramm*, Untreue durch Insolvenzverwalter, NStZ 2000, 398.

5.4 Sanierungs- und Steuerberater

2594 Sanierungsberater, häufig Rechtsanwälte, Steuerberater und Wirtschaftsprüfer, werden häufig vorinsolvenzlich zu Zwecken der Insolvenzvermeidung eingesetzt. Diese Berufsgruppen sind zwangsläufig entweder bereits vorher (Steuerberater) oder mit Mandatsbeginn mit der wirtschaftlichen Situation des späteren Schuldners vertraut. Ebenso wie bei der Hausbank kommt unter Umständen eine faktische Geschäftsführung und damit eine Strafbarkeit nach §§ 283 ff. StGB und § 15 a InsO in Betracht. Wirkt der Steuerberater bei der Vergabe von Krediten mit, so kann jedenfalls eine Beihilfe nach § 265 b StGB, Kreditbetrug, vorliegen. In Betracht zu ziehen ist auch eine Strafbarkeit nach § 332 HGB oder Steuerhinterziehung nach § 370 AO oder eine Ordnungswidrigkeit durch Steuerverkürzung nach § 378 AO.

5.5 Firmenbestatter

2595 Von „Firmenbestattung" – besser: Unternehmensbestattung – spricht man, wenn insolvenzreife Unternehmen zum Zwecke der Vermeidung zivil- und strafrechtlicher Verantwortlichkeit der Organe veräußert werden, häufig an ausländische Briefkastenfirmen, der Sitz verlegt, die Firma geändert und ein neuer (üblicherweise vermögensloser) Geschäftsführer bestellt wird. Dies alles geschieht mit dem Ziel, den Gläubigern die Durchsetzung ihrer Ansprüche unmöglich zu machen. Häufig verschwinden die Geschäftsunterlagen. Regelmäßig bezahlen die veräußernden Gesellschafter erhebliche Honorare an den „Aufkäufer".[4282]

Diese Art der Unternehmensentsorgung ist häufig mit einer Strafbarkeit wegen Bankrotts gemäß § 283 StGB verbunden, insbesondere nach § 283 Abs. 1 Nrn. 1, 5–8 StGB.[4283] Darüber hinaus kommt eine Strafbarkeit des Altgeschäftsführers wegen § 266 StGB in Betracht, insbesondere wenn er das „Entsorgungshonorar" dem schuldnerischen Vermögen entnimmt. Häufig sind Gehälter durch den Altgeschäftsführer nicht mehr bezahlt worden, was eine Strafbarkeit nach § 266 a Abs. 1 StGB zur Folge haben kann.

[4282] Zur Problematik: *Rattunde*, Die Übernahme konkursreifer Gesellschaften und die Folgen, DZWiR 1998, 271; *Ogiermann*, Die Strafbarkeit des systematischen Aufkaufs konkursreifer Unternehmen, wistra 2000, 250.
[4283] B. v. 24. 03. 2009 – 5 StR 353/08, wistra 09, 274.

Teil 7
Die Rolle des Steuerberaters in der Krise des Mandanten

1. Vorbemerkung und Abgrenzung

In der Krise eines Wirtschaftssubjektes – dies kann ein Unternehmen oder eine Privatperson sein – nimmt der Steuerberater fast immer eine besondere Stellung ein. Oft ist der Steuerberater zentrale Vertrauensperson und Ansprechpartner für alle wirtschaftlichen, steuerrechtlichen, aber auch viele rechtliche Fragen, die den Unternehmer bewegen. In der Krise ist er häufig der erste Ansprechpartner. Oftmals wird der Impuls zum Dialog über nachteilige Entwicklungen vom Steuerberater auch selbst ausgehen, wenn er Anzeichen dafür aus der Buchhaltung erkennen kann.

2596

Für den Steuerberater bedeutet die Krise des Mandanten eine Gratwanderung: Er sieht sich mit einer fachlich hoch anspruchsvollen Beratungsaufgabe konfrontiert, die in einem berufs- und haftungsrechtlichen Minenfeld zu bewältigen ist.

Im nachfolgenden Abschnitt wird das Steuerberatungsmandat im Vorfeld der Insolvenz und nach Eintritt der Insolvenz dargestellt. Dabei werden berufs- und haftungsrechtliche Fragen nur insoweit angesprochen, wie dies für die Darstellung unbedingt erforderlich ist.

2. Das Steuerberatungsmandat im Vorfeld der Krise
2.1 Pflichten des Steuerberaters vs. berufsrechtliche Grenzen
2.1.1 Im Vollmandat

Der Steuerberater kann in unterschiedlichen Auftragskonstellationen mit der Krise des Mandanten konfrontiert sein. Zum einen muss die Situation des typischen Steuerberatungs-„Vollmandats" oder „Dauermandats" betrachtet werden. Dies sind Mandatsverhältnisse, in denen der Steuerberater mit der laufenden Beratung, meist auch mit der Erstellung der Finanzbuchhaltung und der Lohnbuchhaltung, der Jahresabschlüsse und der Steuererklärungen beauftragt ist. Hiervon zu unterscheiden sind Beratungsverhältnisse, in denen der Steuerberater punktuell, d.h. ohne mit der umfassenden laufenden Betreuung des Mandanten beauftragt zu sein, in Einzelfragen – und hier besonders interessierend mit der Beratung zum Zweck der Sanierung des Mandatsunternehmens – beauftragt wird.

2597

Teil 7 Die Rolle des Steuerberaters in der Krise des Mandanten

2598 Im typischen umfassenden Mandat gleicht der Steuerberater einem „Hausarzt".[4284] Das Bild ist passend: Der Steuerberater nimmt in derartigen Mandatsbeziehungen regelmäßig eine besondere Vertrauensstellung ein. Dies ist umso ausgeprägter, je größer der Funktionsumfang der Aufgaben ist, die vom Unternehmen an den Steuerberater ausgelagert sind. Besonders bei kleinen und mittelständischen Unternehmen ist dies in großem Maße der Fall. Hier fällt dem Steuerberater oft die Funktion eines externen Rechnungswesenleiters zu.

2599 Meist erhofft sich der Mandant auch Unterstützung durch den Steuerberater bei der möglichen Früherkennung einer Krise seines Unternehmens.[4285] Die Einrichtung eines Frühwarnsystems im Sinne von § 91 Abs. 2 AktG ist nur für Aktiengesellschaften gesetzlich vorgeschrieben. Gleichwohl geht die herrschende Meinung davon aus, dass § 91 Abs. 2 AktG eine Ausstrahlungswirkung auf andere Gesellschaftsformen besitzt.[4286] Das Erfordernis der Einrichtung eines Risikofrüherkennungssystems etabliert sich mithin nach und nach als Grundsatz ordnungsgemäßer Geschäftsführung.[4287] Die konkrete Ausgestaltung des Risikofrüherkennungssystems hängt von den individuellen Verhältnissen des Unternehmens ab. Kleine Unternehmen mit überschaubaren Verhältnissen benötigen naturgemäß ein weniger ausgeprägtes System als mittelgroße und große Unternehmen.

2600 Der Steuerberater hat seinen Mandanten auf die Notwendigkeit der Auseinandersetzung mit den latenten Risiken, die der Geschäftsbetrieb des Mandanten mit sich bringt, hinzuweisen. Der Mandant hat zu entscheiden, ob und inwieweit er den Steuerberater in die Implementierung und die laufenden Maßnahmen zur Risikoüberwachung einbindet. Aber auch wenn der Mandant keinen ausdrücklichen Auftrag zur „laufenden Risikoüberwachung" erteilt, hat der Steuerberater den Mandanten ungefragt über erkannte oder offenkundige Insolvenzrisiken zu unterrichten.[4288]

Stellt der Steuerberater im Rahmen der laufenden Mandatsbetreuung Umstände fest, die auf eine krisenhafte Entwicklung des Mandanten hindeuten können, so trifft ihn die Pflicht, den Mandanten umgehend auf die festgestellten Tatsachen hinzuweisen.[4289] Die Warn- und Hinweispflicht des Steuerberaters, der erkennt, dass Anzeichen für eine Unternehmenskrise beim Mandanten vorliegen, besteht auch unabhängig davon, ob es sich um ein Dauermandat/Vollmandat oder um ein auf eine bestimmte Teilfrage be-

---

4284 *Schmidt,* in: Schmidt/Uhlenbruck, Die GmbH in Krise, Sanierung und Insolvenz, Rn. 1.182.
4285 *Waza/Uhländer/Schmittmann,* Insolvenzen und Steuern, Rn. 2.922.
4286 *Maus,* in: Schmidt/Uhlenbruck, Die GmbH in Krise, Sanierung und Insolvenz, Rn. 1.114.
4287 WP-Handbuch 2006, Bd. I, Abschn. P, Rn. 14.
4288 *Schmidt,* in: Schmidt/Uhlenbruck, Die GmbH in Krise, Sanierung und Insolvenz, Rn. 1.182, der vor allem auf die besondere Vertrauensstellung des Steuerberaters hinweist, die zu einer besonderen Verantwortung des Steuerberaters führt.
4289 *Bales,* Zivil- und strafrechtliche Haftungsgefahren für Berater und Insolvenzverwalter in der Krise und der Insolvenz, ZinsO 2010, 2073, 2077.

schränktes Mandat handelt. Die Hinweispflicht ergibt sich als allgemeine vertragliche Nebenpflicht (§ 242 BGB).[4290]

Hat der Steuerberater seinem Mandanten die erforderlichen Warnhinweise gegeben – ggf. verbunden mit dem Hinweis, sich hinsichtlich der rechtlichen Fragen entsprechend spezialisierten Rat eines Rechtsanwaltes einzuholen – treffen den Steuerberater keine darüber hinausgehenden Pflichten.[4291]

In jüngster Zeit ist die Frage aufgetaucht, ob der Steuerberater bei drohender oder bestehender Insolvenzreife des Unternehmens sogar gehalten ist, das Mandat unverzüglich zu beenden, um eine straf- bzw. zivilrechtliche Haftung zu vermeiden.[4292]

2601

Das OLG Celle[4293] befasste sich jüngst mit der *zivilrechtlichen Haftung* des Steuerberaters in der Krise und führte zunächst aus, dass es Zweck der Steuerberatung ist, dem Auftraggeber fehlende Sach- und Rechtskunde auf diesem Gebiet zu ersetzen. Die pflichtgemäße Steuerberatung verlangt daher sachgerechte Hinweise über die Art, die Größe und die mögliche Höhe eines Steuerrisikos, um den Auftraggeber in die Lage zu versetzen, eigenverantwortlich seine Rechte und Interessen zu wahren und Fehlentscheidungen zu vermeiden[4294], wobei sich die daraus abzuleitenden konkreten Pflichten nach den Umständen des Einzelfalles richten. Zu Tätigkeiten außerhalb des Berufsbildes des Steuerberaters gehört grundsätzlich auch die Wirtschaftsberatung gemäß § 57 Abs. 3 Nr. 3 StBerG, zu der der Steuerberater aber grundsätzlich befugt sei. Dem Steuerberater erteilte Sonderaufträge habe indes der Mandant darzulegen und zu beweisen, denn der Steuerberater ist im Allgemeinen nur zur steuerlichen Beratung verpflichtet und aufgrund des bestehenden Steuerberatungsmandats originär nicht dazu berufen, die GmbH hinsichtlich der Stellung eines Insolvenzantrages zu beraten; dies ist originäre Aufgabe der Geschäftsführer einer GmbH. Das OLG Celle führt sodann weiter aus, welcher Aufträge es seitens des Mandanten bedarf, um eine Haftung des Steuerberaters auszulösen.[4295] Die einen nicht durch Eigenkapital gedeckten Fehlbetrag ausweisende Handelsbilanz reicht dafür jedenfalls nicht aus, da sie nicht zwangsläufig das Vorhandensein einer Überschuldung gemäß § 19 InsO dokumentiert, sondern allenfalls indizielle Bedeutung hat.[4296] Soll ein Überschuldungsstatus erstellt werden, muss dies

---

4290 *Zugehör*, Höchstpersönliche (Lebens-, Glaubens-, Gewissens-)Entscheidungen des Mandanten und Haftung des steuerlichen Beraters (Teil I), DStR 2003, 1124; BGH, Urt. v. 22.02.1991 – V ZR 299/89, NJW 1991, 1673.

4291 *Hölzle*, Das Steuerberatungsmandat in der Insolvenz des Mandanten – Mandatsfragen im Vorfeld der Insolvenz, im vorläufigen und im eröffneten Insolvenzverfahren, DStR 2003, 2075; BGH, Urt. v. 04.03.1987 – IV A ZR 222/85, DB 1987, 1293.

4292 Näheres dazu bei *Kaiser/Oetjen*, Die Pflicht des Beraters zur Mandatskündigung in der Krise des Mandanten, DStR 2011, 2488 ff..

4293 OLG Celle, Urt. v. 06.04.2011 – 3 U 190/10, ZInsO 2011, 1004 ff.

4294 OLG Celle, Urt. v. 06.04.2011 – 3 U 190/10, ZInsO 2011, 1004 ff., unter Bezugnahme auf BGH, Urt. v. 15.07.2007 – IX ZR 34/04, NJW 2008, 440.

4295 Vgl. auch *Hoth*, Anmerkung zu OLG Celle, Urt. v. 06.04.2011 – 3 U 190/10, ZInsO 2011, 1009f.

4296 Vgl. OLG Celle, Urt. v. 06.04.2011 – 3 U 190/10, ZInsO 2011, 1004ff.

vom Mandanten ausdrücklich beauftragt werden. Nimmt der Berater an Bank- und Sanierungsgesprächen teil, müssen in diesem Zusammenhang erteilte Ratschläge zutreffend sein, da sie eine Haftung auslösen. Folgt der Mandant den Ratschlägen seines Steuerberaters, die unbedingt schriftlich zu dokumentieren sind, nicht, lösen diese keine Haftung aus.[4297]

2602 Eine etwaige *Strafbarkeit* des Steuerberaters prüfte jüngst das OLG Köln.[4298] Im Ergebnis stellte das Gericht fest, dass ein Steuerberater, der seinen Mandanten mehrfach auf die schlechte finanzielle Situation des Unternehmens und die Konsequenzen einer möglichen Insolvenzverschleppung hingewiesen und ihm dabei pflichtgemäßes Handeln eindringlich nahegelegt hat, bei weiterer Betreuung dieses Mandanten nicht den Straftatbestand der Beihilfe zur Insolvenzverschleppung erfüllt.

2603 In der Literatur wird weiter überwiegend vertreten, dass der Steuerberater die Verpflichtung habe, den Mandanten auf eingetretene Insolvenzantragsgründe hinzuweisen.[4299] Hier ist m. E. wie folgt zu differenzieren: Die Beantwortung der Frage, ob ein Insolvenzgrund vorliegt, ist aufwändig und kompliziert, denn es muss ggf. unter Zuhilfenahme von Liquiditätsbilanzen und Prognoserechnungen festgestellt werden, ob eine Zahlungsunfähigkeit vorliegt oder unter möglicherweise umfangreicher Umbewertung der Vermögens- und Schuldposten eine Überschuldungsbilanz aufgestellt werden. Abgesehen davon, dass es sich zumindest bei einem isolierten Auftrag zur Feststellung, ob solche Gründe gegeben sind, wohl um reine Rechtsberatung handeln dürfte, dürfte eine sichere Aussage zu diesen Fragen aus den Erkenntnissen, die der Steuerberater im Rahmen des normalen Vollbetreuungsmandats ohne zusätzliche Ermittlungen ableiten kann, nur in besonders gelagerten Fällen möglich sein. Ein in diesem Sinne besonders gelagerter Fall könnte z.B. dann vorliegen, wenn Zahlungseinstellung im Sinne des § 17 Abs. 2 Satz 2 InsO vorliegt. Denn die Zahlungseinstellung wird regelmäßig anhand von typischen Verhaltensmerkmalen des Schuldners wie Nichtbezahlung von Löhnen und Gehältern, von Steuern und Sozialversicherungsabgaben etc. abgeleitet. Diese Kriterien kann der Steuerberater aus den Informationen, die er im Rahmen seiner alltäglichen Mandatsbetreuung erhält, feststellen. Liegen keine Anzeichen für eine Zahlungseinstellung vor, kann jedoch gleichwohl ein Insolvenzgrund beim Mandanten eingetreten sein. Stellt der Steuerberater im Rahmen seiner Tätigkeit Umstände fest, die darauf hindeuten, dass unabhängig vom Vorliegen einer Zahlungseinstellung gleichwohl Überschuldung oder Zahlungsunfähigkeit gegeben sein könnten, hat er jedoch seinen Mandanten darauf hinzuweisen, dass ein Insolvenzgrund vorliegen könnte. Er hat dies mit der Aufforderung an den Mandanten zu verbinden, sich unverzüglich Gewissheit darüber zu verschaffen, ob tatsächlich ein Insolvenzgrund eingetreten ist. Dem betroffenen Steuerberater sollte jedoch klar sein, dass ein erstmaliger Hinweis zu einem

---

[4297] Vgl. *Hoth*, ZInsO 2011, 1010.
[4298] Vgl. OLG Köln, Urt. v. 03.12.2010 – III-1-Ws-146/10, DStR 2011, 1195.
[4299] *Hölzle*, Das Steuerberatungsmandat in der Insolvenz des Mandanten – Mandatsfragen im Vorfeld der Insolvenz, im vorläufigen und im eröffneten Insolvenzverfahren, DStR 2003, 2075 m.w.N.

2. Das Steuerberatungsmandat im Vorfeld der Krise

Zeitpunkt, zu dem sich bereits der Verdacht aufdrängt, es könnte ein Insolvenzgrund eingetreten sein, eigentlich zu spät kommt. Denn regelmäßig sind aus dem Zahlenwerk, das der Steuerberater bei Anfertigung der Buchhaltung oder der Jahresabschlüsse vorgelegt bekommt, bereits zu früheren Zeitpunkten Anhaltspunkte für die krisenhafte Entwicklung ableitbar.

Hat der Steuerberater den Mandanten auf die Umstände, die seiner Meinung nach auf eine krisenhafte Entwicklung schließen lassen, hingewiesen oder hat der Mandant den Steuerberater von sich aus vorher angesprochen, weil er selbst Erkenntnisse gewonnen hat, die auf eine Fehlentwicklung in seinem Unternehmen hindeuten, hat der Steuerberater zu prüfen, wie weiter zu verfahren ist. Häufig ist es der Wunsch des Mandanten, dass der Steuerberater die weiteren Sanierungsmaßnahmen „in die Hand nimmt". Dies ist auch sinnvoll, da der Steuerberater in der Regel über umfassende Kenntnisse über das Unternehmen und sein Umfeld verfügt. Allerdings erfordern die Maßnahmen zur Krisenanalyse und -bewältigung umfassende rechtliche und betriebswirtschaftliche Spezialkenntnisse. Der Steuerberater muss deshalb kritisch prüfen, ob und inwieweit er selbst die notwendigen Fachkenntnisse zur Bewältigung dieser Aufgabe besitzt. Fühlt er sich der Aufgabe nicht gewachsen, hat er den Mandanten auf die Grenzen seiner Beratungsmöglichkeiten hinzuweisen und ihm die Einholung fachkundigen Rats von Dritten zu empfehlen. Die Mitwirkung an der erforderlichen Sanierungsberatung ist mithin nicht vom umfassenden laufenden Mandat des Steuerberaters umfasst.[4300]

Neben den fachlichen Einschränkungen hat der Steuerberater vor der Vereinbarung eines weitergehenden Sanierungsmandats mit seinem Mandanten eventuelle Restriktionen durch das Rechtsdienstleistungsgesetz (RDG) zu beachten, vgl. hierzu auch Abschnitt 2.1.2 „Spezialmandat Sanierungsberatung".

Zusammenfassend ist Folgendes festzuhalten: 2604

- Den Steuerberater treffen im Dauermandatsverhältnis umfassende Hinweis- und Warnpflichten gegenüber dem Mandanten. Diese beinhalten:
- den Hinweis auf die Notwendigkeit der Einrichtung eines Risikofrüherkennungssystems;
- den Hinweis auf Tatsachen, die auf Fehlentwicklungen, insbesondere das Vorliegen einer wirtschaftlichen Krise des Mandantenunternehmens hindeuten können;
- insbesondere den Hinweis darauf, dass möglicherweise ein Insolvenzgrund eingetreten sein könnte, wenn sich hierfür Anhaltspunkte aus den dem Steuerberater vorliegenden Informationen ergeben;
- falls der Steuerberater sicher erkennen kann, dass tatsächlich ein Insolvenzgrund eingetreten ist, der entsprechende Hinweis an den Mandanten mit der Empfehlung, ggf. weitergehenden Rechtsrat einzuholen.

4300 *Fahlbusch*, Sanierungsberatung und Insolvenzverwaltung durch den Steuerberater – Eine risikoanalytische Skizze, Stbg 2008, 123, 124.

Wenn der Mandant dem Steuerberater die weitere Begleitung der Sanierung anträgt, hat der Steuerberater kritisch zu prüfen, ob er über die erforderlichen Spezialkenntnisse zur Annahme des Sanierungsmandats verfügt.

2.1.2 Spezialmandat Sanierungsberatung

2605 Wird dem Steuerberater ein Mandat im Zusammenhang mit der Sanierung eines Unternehmens angetragen, hat er zunächst zu prüfen, ob er die notwendigen Spezialkenntnisse für die Bewältigung der komplexen betriebswirtschaftlichen, rechtlichen und steuerrechtlichen Fragen besitzt. Darüber hinaus ist zu klären, ob das Mandat vom zulässigen Bereich mit der steuerlichen Beratung zu vereinbarenden wirtschaftberatenden Tätigkeit des Steuerberaters[4301] umfasst ist, oder ob es sich um eine möglicherweise für den Steuerberater nach dem RDG unzulässige Rechtsberatung handelt. Ob der Steuerberater sich im Bereich der Sanierungsberatung noch im zulässigen Bereich oder bereits im unzulässigen Bereich bewegt, war schon nach dem bis zum 30.06.2008 in Kraft befindlichen Rechtsberatungsgesetz (RBerG) umstritten. Nach der überwiegenden Meinung in der Literatur sollte zumindest die rechtliche Komponente in der Beratung zu einem Sanierungskonzept oder einem Insolvenzplanverfahren so gewichtig sein, dass diese den Schwerpunkt der Beratung bildeten, weshalb dies durch den Steuerberater einen Verstoß gegen § 5 Nr. 2 RBerG darstellen sollte.[4302] Fraglich ist jedoch, ob sich durch das zum 01.07.2008 in Kraft getretene RDG hieran etwas geändert hat. Denn nach dem RBerG durfte der Steuerberater nur dann rechtsberatend tätig werden, wenn dies in einem unmittelbaren Zusammenhang mit der eigentlichen Berufstätigkeit des Steuerberaters (steuerliche Beratung) stand und diese Aufgabe ohne die Rechtsberatung nicht sachgerecht erledigt werden konnte.[4303] Nach dem nunmehr geltenden RDG ist dagegen jede Rechtsdienstleistung im Zusammenhang mit einer anderen Tätigkeit erlaubt, wenn sie als Nebenleistung zum Berufs- oder Tätigkeitsbild gehört.[4304] Es kommt also nicht mehr darauf an, dass ein so starker Zusammenhang zwischen der beruflichen Hauptaufgabe und der rechtsberatenden Tätigkeit besteht, dass die berufliche Hauptaufgabe ohne die rechtsberatende Tätigkeit nicht sachgerecht erledigt werden kann. Ob sich hierdurch letztlich jegliche Sanierungsberatung des Steuerberaters als zulässig nach dem RDG darstellt, ist zur Zeit noch umstritten.[4305] Jedenfalls mehren sich die Stimmen, die davon ausgehen, dass die rechtliche Beratung im Rahmen der Entwicklung und Umsetzung eines Sanierungskonzeptes oder Insolvenzplanes sowie die Durchführung von Sanie-

---

4301 Vgl. § 57 Abs. 3 Nr. 3 StBerG.
4302 *Hölzle*, Das Steuerberatungsmandat in der Insolvenz des Mandanten – Mandatsfragen im Vorfeld der Insolvenz, im vorläufigen und im eröffneten Insolvenzverfahren, DStR 2003, 2075, 2076.
4303 *Hölzle*, Das Steuerberatungsmandat in der Insolvenz des Mandanten – Mandatsfragen im Vorfeld der Insolvenz, im vorläufigen und im eröffneten Insolvenzverfahren, DStR 2003, 2075, 2076.
4304 Vgl. § 5 Abs. 1 Satz 1 RDG.
4305 *Fahlbusch*, Sanierungsberatung und Insolvenzverwaltung durch den Steuerberater – Eine risikoanalytische Skizze, Stbg 2008, 123, 126 f.

rungsverhandlungen und -beratungen grundsätzlich zulässig sind, solange sie Nebenleistungen darstellen.[4306]

Für eine weitgehende Zulässigkeit der Sanierungsberatung durch Steuerberater spricht auch die Neuregelung in § 270b InsO, der durch das Gesetz zur weiteren Erleichterung der Sanierung von Unternehmen (ESUG) in die Insolvenzordnung eingefügt wurde. Danach hat ein Insolvenzschuldner, der das durch das ESUG neu geschaffene sog. „Schutzschirmverfahren" in Anspruch nehmen möchte, eine Bescheinigung eines in Insolvenzsachen erfahrenen Steuerberaters, Wirtschaftsprüfers, Rechtsanwalts oder einer Person mit vergleichbarer Qualifikation vorzulegen, aus der sich ergibt, dass drohende Zahlungsunfähigkeit oder Überschuldung, aber keine Zahlungsunfähigkeit vorliegt und die angestrebte Sanierung nicht offensichtlich aussichtslos ist. Hierdurch wird vom Gesetzgeber klargestellt, dass Steuerberater grundsätzlich als berufen angesehen werden, das Vorliegen oder Nichtvorliegen von einzelnen Insolvenzauslösetatbeständen festzustellen, wenn sie entsprechende Erfahrung in Insolvenzsachen besitzen. Die Feststellung und Bescheinigung nach § 270b InsO kann folglich auch keinen Verstoß gegen die Beschränkungen durch das RDG darstellen.[4307] Bis zur Herausbildung einer zuverlässigen herrschenden Meinung zum Umfang der ohne Verstoß gegen das RDG möglichen Beratung sollte der als Sanierungsberater tätig werdende Steuerberater gleichwohl aus Vorsichtsgründen folgende Hinweise beachten:

- Die rechtlichen Aspekte der Sanierungsberatung sollten sowohl nach der mit dem Mandanten getroffenen Vereinbarung als auch im Rahmen der tatsächlichen Bearbeitung des Mandates erkennbar Nebenleistung bleiben und nicht die Haupttätigkeit ausmachen, es sei denn, es handelt sich um einen Auftrag zur Erteilung einer Bescheinigung nach § 270b InsO.
- Im Rahmen des Beratungsvertrages sollte der Schwerpunkt auf die steuerlichen Kernkompetenzen des Steuerberaters gelegt werden, d.h. auf die steuerrechtliche und betriebswirtschaftliche Beratung.
- Drohen die rechtlichen Aspekte übergewichtig zu werden, sollte die Tätigkeit an einen Rechtsanwalt ausgegliedert werden, und zwar durch unmittelbare Beauftragung durch den Mandanten.[4308]
- Der Steuerberater sollte sich vor Mandatsannahme ein umfassendes Bild über die Situation des Unternehmens und die daraus abzuleitenden erforderlichen Arbeiten im Rahmen der sanierenden Tätigkeit verschaffen. Dies ermöglicht es ihm, im abzuschließenden Mandatsvertrag präzise zu beschreiben, welche Aufgaben von ihm zu erledigen sind.

4306 *Fahlbusch*, Sanierungsberatung und Insolvenzverwaltung durch den Steuerberater – Eine risikoanalytische Skizze, Stbg 2008, 123, 127; *Lühn/Ahrens*, Zusätzliche Beratungsfelder für Steuerberater nach dem Rechtsdienstleistungsgesetz, GStB 2010, 254, 255. *Gräfe*, Haftungsgefahren des Steuerberaters/Wirtschaftsprüfers in der Unternehmenskrise des Mandanten (Teil I), DStR 2010, 618, 623.

4307 Vgl. hierzu differenzierend: *Hölzle*, Eigenverwaltung im Insolvenzverfahren nach ESUG – Herausforderungen für die Praxis, ZIP 2012, 158.

4308 Hier hilft auch nicht die Beauftragung eines Rechtsanwalts im Innenverhältnis, der die rechtsberatende Tätigkeit für den Steuerberater erbringt, vgl. *Waza/Uhländer/Schmittmann*, Insolvenzen und Steuern, Rn. 2947.

2606 Die Folgen eines Verstoßes gegen die Beschränkungen des RDG können gravierend sein: Der Beratungsvertrag ist gemäß § 134 BGB insgesamt nichtig. Die Nichtigkeit erfasst also auch eventuell zulässige Tätigkeiten, die im selben Vertrag mit vereinbart werden.[4309] Trotz der Nichtigkeit haftet der Steuerberater nach Vertragsgrundsätzen.[4310] Darüber hinaus läuft der Steuerberater Gefahr, seinen Versicherungsschutz durch die Vermögensschadenhaftpflichtversicherung zu verlieren.

2.2 Honorarvereinbarung und Honorarsicherung

2.2.1 Honorarvereinbarung

2607 Auf die Notwendigkeit einer ausdrücklichen Mandatsvereinbarung in Bezug auf das Sanierungsmandat wurde bereits im vorstehenden Abschnitt hingewiesen. Ist der Mandatsvertrag wegen Verstoß gegen das Rechtsdienstleistungsgesetz nichtig, hat der Steuerberater auch regelmäßig keinen Vergütungsanspruch aus dem nichtigen Geschäftsbesorgungsvertrag. Ausnahmsweise kann dem Steuerberater dessen ungeachtet eine Vergütung zustehen, wenn er trotz des nichtigen Mandatsvertrages im Rahmen eines Dauermandates Leistungen erbracht hat und ihm nicht bewusst war, dass er gegen ein gesetzliches Verbot verstieß, so dass ihm aus ungerechtfertigter Bereicherung (§§ 812 ff. BGB) trotzdem ein Anspruch zustehen kann.

2608 Üblicherweise wird im Bereich der Sanierungsberatung das Honorar nach dem erforderlichen Zeitaufwand durch Zugrundelegung von Stundensätzen für die beauftragten Berater[4311] oder als Pauschalhonorar vereinbart. In kaum einer anderen Beratungssituation ist es dringlicher, das Honorar klar und eindeutig unter Beachtung der einschlägigen berufsrechtlichen Regelungen (Steuerberatergebührenverordnung) festzulegen und zeitnah abzurechnen, wie im Rahmen von Insolvenzsituationen. Denn der Berater steht in doppelter Hinsicht im Risiko, seinen Honoraranspruch zu verlieren. Einerseits besteht die Gefahr, dass durch die eingeschränkte Liquidität des Krisenunternehmens das Honorar nicht mehr bezahlt wird, wenn der Berater in Vorleistung getreten ist. Zum anderen besteht die Gefahr, dass das vereinnahmte Honorar bei gescheiterten Sanierungen in der anschließenden Insolvenz vom Insolvenzverwalter nach den Regelungen des Anfechtungsrechts zurück verlangt wird.

Zur allgemeinen Sicherung des Honoraranspruchs kommen vor allen Dingen zwei Instrumente in Betracht: Zum einen kann sich der Berater für seinen Honoraranspruch Sicherheiten durch den Mandanten oder von Dritten bestellen lassen. Allerdings ist darauf hinzuweisen, dass die Verwertung von Sicherheiten, wenn diese in Anspruch genommen werden müssen, regelmäßig aufwändig und mit weiteren Risiken behaftet ist. Darüber hinaus können erhaltene Sicherheiten ebenfalls nach den Regeln der Insolvenzanfechtung vom Insolvenzverwalter zurückgefordert werden. Sinnvoller ist es deswegen, durch Vereinbarung von Vorschüssen, die zeitnah erhoben und abgerechnet

---

4309 *Waza/Uhländer/Schmittmann*, Insolvenzen und Steuern, Rn. 2947
4310 BGH, Urt.v. 30.09.1999 – IX ZR 139/98, DStR 1999,1863.
4311 *Waza/Uhländer/Schmittmann*, Insolvenzen und Steuern, Rn. 2961.

2. Das Steuerberatungsmandat im Vorfeld der Krise

werden, das Vorleistungsrisiko des Steuerberaters gänzlich zu umgehen. Dies ist auch unter anfechtungsrechtlichen Gesichtspunkten angezeigt.

2.2.2 Honorarsicherung

Wurde das Honorar oder wurden zumindest Teile des Honorars vereinnahmt und kommt es später zum Scheitern der Sanierung und zur Eröffnung des Insolvenzverfahrens, muss sich der Steuerberater regelmäßig mit Versuchen des Insolvenzverwalters, das Honorar im Wege der Insolvenzanfechtung zurückzuverlangen, auseinandersetzen. 2609

Eine Insolvenzanfechtung setzt voraus, dass Rechtshandlungen vor Eröffnung des Insolvenzverfahrens vorgenommen worden sind, die die Insolvenzgläubiger benachteiligen, § 129 Abs. 1 Satz 1 InsO (sog. „kongruente Deckung"). Gemäß § 130 InsO ist eine Rechtshandlung, durch die einem Insolvenzgläubiger eine Sicherung oder Befriedigung gewährt oder ermöglicht worden ist, anfechtbar,

- wenn sie in den letzten drei Monaten vor dem Insolvenzantrag vorgenommen wurde, wenn zur Zeit der Handlung der Schuldner zahlungsunfähig war und der Gläubiger zu dieser Zeit die Zahlungsunfähigkeit kannte (§ 130 Abs. 1 Satz 1 Nr. 1 InsO) oder
- wenn sie nach dem Eröffnungsantrag vorgenommen worden ist und wenn der Gläubiger zur Zeit der Handlung die Zahlungsunfähigkeit oder den Eröffnungsantrag kannte (§ 130 Abs. 1 Satz 1 Nr. 2 InsO).

Dabei wird teilweise auch die Auffassung vertreten, dass der Steuerberater bei langfristiger dienstvertraglicher Bindung zu seinem Auftraggeber regelmäßig in einem Näheverhältnis im Sinne von § 138 Abs. 1 Nr. 3 InsO steht, wodurch die Vermutung der Kenntnis der Zahlungsunfähigkeit gemäß § 130 Abs. 3 InsO gegeben ist.[4312]

Weiter sind nach § 131 InsO Rechtshandlungen, die dem Insolvenzgläubiger eine Sicherung oder Befriedigung gewährt oder ermöglicht haben, die der Insolvenzgläubiger nicht oder nicht in der Art oder nicht zu der Zeit zu beanspruchen hatte, anfechtbar, wenn 2610

- die Handlung im letzten Monat vor dem Antrag auf Eröffnung des Insolvenzverfahrens oder nach diesem Antrag vorgenommen worden ist (§ 131 Abs. 1 Satz 1 Nr. 1 InsO),
- die Handlung innerhalb des zweiten oder dritten Monats vor dem Eröffnungsantrag vorgenommen worden ist und der Schuldner zur Zeit der Handlung zahlungsunfähig war (§ 131 Abs. 1 Satz 1 Nr. 2 InsO) oder
- die Handlung innerhalb des zweiten oder dritten Monats vor dem Eröffnungsantrag vorgenommen worden ist und dem Gläubiger zur Zeit der Handlung bekannt war, dass die Handlung die Insolvenzgläubiger benachteiligte (§ 131 Abs. 1 Satz 1 Nr. 3 InsO).

Schließlich sind Rechtshandlungen, die der Schuldner in den letzten **zehn Jahren** vor dem Antrag auf Eröffnung des Insolvenzverfahrens oder nach diesem Antrag mit dem Vorsatz, seine Gläubiger zu benachteiligen, vorgenommen hat, anfechtbar, wenn der andere Teil zur Zeit der Handlung den 2611

4312 Vgl. AG Viersen, Urt. v. 05.02.2008 – 32 C 233/07, ZInsO 2009, 1452.

Teil 7   Die Rolle des Steuerberaters in der Krise des Mandanten

Vorsatz des Schuldners kannte. Die Kenntnis des Benachteiligungsvorsatzes wird vermutet, wenn der andere Teil wusste, dass die Zahlungsunfähigkeit des Schuldners drohte und dass die Handlung die Gläubiger benachteiligte.[4313]

2612   Es zeigt sich, dass insbesondere die Honorarzahlungen an den Steuerberater, die innerhalb der letzten drei Monate vor Verfahrenseröffnung vorgenommen wurden, besonders anfechtungsgefährdet sind. War der Schuldner zur Zeit der Zahlung bereits zahlungsunfähig und kannte der Steuerberater diesen Umstand, kann das Honorar nach § 130 Abs. 1 Nr. 1 InsO von dem Insolvenzverwalter angefochten werden. Erschwerend kommt hinzu, dass gemäß § 130 Abs. 2 InsO der Kenntnis der Zahlungsunfähigkeit oder des Eröffnungsantrags die Kenntnis von Umständen gleichsteht, die zwingend auf die Zahlungsunfähigkeit oder den Eröffnungsantrag schließen lassen. Diese Vorschrift ist für Steuerberater besonders bedeutsam, da sie entweder aus ihrem laufenden Mandat oder aber im Rahmen ihrer Tätigkeit als Sanierungsberater in der Regel über besonders umfangreiche und tiefgehende Informationen zur wirtschaftlichen Situation des Schuldners verfügen. Deshalb wird sich der Steuerberater häufig die Kenntnis von Umständen, die auf die Zahlungsunfähigkeit des Schuldners schließen lassen, zurechnen lassen müssen.

2613   Darüber hinaus besteht für den Steuerberater die Gefahr der Geltendmachung eines Anfechtungsanspruchs auf der Basis der sog. inkongruenten Deckung nach § 131 InsO, falls sein Honoraranspruch im Zeitpunkt der Bezahlung nicht oder nicht in der angegebenen Höhe fällig war. Dies kann sich aus unterschiedlichen Umständen ergeben:

a) Gemäß § 9 der Steuerberatergebührenverordnung (StBGebV) kann der Steuerberater die Vergütung nur aufgrund einer von ihm unterzeichneten und dem Auftraggeber mitgeteilten Berechnung einfordern. Gemäß § 9 StBGebV sind in der Berechnung die Beträge der einzelnen Gebühren und Auslagen, die Vorschüsse, eine kurze Bezeichnung des jeweiligen Gebührentatbestandes, die Bezeichnung der Auslagen sowie die angewandten Vorschriften der StBGebV und bei Wertgebühren auch der Gegenstandswert anzugeben.
Verstößt der Steuerberater bei der Rechnungslegung gegen die Formvorschrift des § 9 StBGebV, wird der Honoraranspruch nicht fällig. Die Zahlung auf nicht fällige Ansprüche, ist jedoch stets inkongruent nach § 131 InsO.[4314]

b) Verlangt der Steuerberater ein höheres, als nach der StBGebV vorgesehenes Honorar, muss entweder eine ausdrückliche schriftliche Erklärung des Auftraggebers, die nicht in der Vollmacht enthalten sein darf, vorliegen oder es muss eine Vergütungsvereinbarung, die von anderen Vereinbarungen deutlich abgesetzt ist und in der Art und Umfang des Auftrages bezeichnet sind, abgeschlossen werden.

4313   Vgl. § 133 Abs. 1 InsO.

4314   *Hölzle*, Das Steuerberatungsmandat in der Insolvenz des Mandanten – Mandatsfragen im Vorfeld der Insolvenz, im vorläufigen und im eröffneten Insolvenzverfahren, DStR 2003, 2075, 2077.

2. Das Steuerberatungsmandat im Vorfeld der Krise

Werden diese Formvorschriften missachtet, gilt das zu lit. a) Gesagte: auch hier wird das Honorar nicht fällig, darüber hinaus wird nur das gesetzliche Honorar geschuldet, d.h. nur in dieser Höhe kann eine Insolvenzforderung geltend gemacht werden.

c) Anfechtungsrelevant sind darüber hinaus auch Fälle der Schlechtleistung, d.h. wenn ein Honorar für eine mangelhafte Beratungsleistung, z.B. für einen von vornherein untauglichen Sanierungsversuch verlangt wird.[4315]

Der Steuerberater kann vor dem Hintergrund der geschilderten Rechtslage der Anfechtung – einmal abgesehen von Fällen der Schlechtleistung bzw. der von vornherein nicht sachgerechten Sanierungsbemühungen – entgehen, indem er die Voraussetzungen eines Bargeschäfts gemäß § 142 InsO erfüllt. Nach § 142 InsO ist eine Leistung des Schuldners, für die unmittelbar eine gleichwertige Gegenleistung in sein Vermögen gelangt, nur anfechtbar, wenn die Voraussetzungen des § 133 Abs. 1 InsO (vorsätzliche Gläubigerbenachteiligung) gegeben sind. Dies setzt Folgendes voraus: 2614

- Leistung und Gegenleistung des Bargeschäfts müssen vertraglich vereinbart sein: der Steuerberater muss die vertraglich geschuldete Leistung erbringen, sonst liegt eine inkongruente Deckung vor.[4316]
- Leistung und Gegenleistung müssen gleichwertig sein.[4317]
- Zwischen Leistung und Gegenleistung muss ein enger zeitlicher Zusammenhang bestehen.[4318]

Der Steuerberater muss deswegen entweder sicherstellen, dass eine erbrachte Beratungsleistung innerhalb kürzester Zeit bezahlt wird. Sicherer ist es jedoch, wenn der Steuerberater die Erbringung von Vorleistungen vermeidet und seinerseits vor dem Tätigwerden einen Vorschuss abfordert. Doch auch hier müssen die Voraussetzungen des Bargeschäfts gewahrt bleiben. Unmittelbarkeit setzt voraus, dass die Tätigkeit des Beraters unmittelbar nach Erhalt der Vorschussleistung durchgeführt wird. Ein enger zeitlicher Zusammenhang wird nur für den Teil der Beratungsleistungen anzunehmen sein, der innerhalb von 30 Tagen nach dem Erhalt der Vergütung erbracht wird.[4319]

In praktischer Hinsicht bedeutet dies für den Steuerberater im insolvenznahen Umfeld, dass er jeweils einen Vorschuss in Höhe der Honorare, die für die zu erwartenden Leistungen innerhalb der nächsten 30 Tage angemessen sind, erhebt und diesen auch tatsächlich durch entsprechende Leistungen unterlegt. Wurde versehentlich ein zu hoher Vorschuss erhoben, sind nicht verbrauchte Restbeträge zurückzuerstatten.[4320] Wird der Steuerberater weiter tätig, obwohl der Vorschuss verbraucht ist oder die vom BGH postu- 2615

4315 BGH, Urt. v. 04.12.1997 – IX ZR 47-97, ZIP 1998, 248, 251; vgl. auch BGH, Urt. v. 26.10.2000 – IX ZR 289/99, ZIP 2001, 33.
4316 *Hölzle*, Das Steuerberatungsmandat in der Insolvenz des Mandanten – Mandatsfragen im Vorfeld der Insolvenz, im vorläufigen und im eröffneten Insolvenzverfahren, DStR 2003, 2075, 2077.
4317 *Hirte*, in: Uhlenbruck, InsO, § 142 Rn. 7.
4318 *Ehricke*, in: Kübler/Prütting/Bork, InsO, § 142 Rn. 13f.
4319 BGH, Urt. v. 06.12.2007 – IX ZR 113/06, ZInsO 2008, 101.
4320 Vgl. *Waza/Uhländer/Schmittmann*, Insolvenzen und Steuern, Rn. 2999.

lierte 30-Tage-Grenze überschritten ist, läuft er Gefahr, eventuell später hierfür empfangene Honorare zurückbezahlen zu müssen.

3. Das Steuerberatermandat nach eingetretener Insolvenz
3.1 Einführung

2616 Grundsätzlich bleiben die steuerlichen Rechnungslegungs- und Aufzeichnungspflichten auch nach Insolvenzverfahrenseröffnung bestehen.[4321] In Bezug auf die Insolvenzmasse hat der Insolvenzverwalter die handels- und steuerrechtlichen Pflichten des Schuldners zu erfüllen. Hierfür bedient sich der Insolvenzverwalter jedoch regelmäßig selbst der Hilfe von Steuerberatern. Der Insolvenzverwalter ist berechtigt, die Erledigung steuerlicher Tätigkeiten, die besondere Kenntnisse erfordern oder deren Umfang über das hinausgeht, was mit der Erstellung einer Steuererklärung allgemein verbunden ist, einem Steuerberater zu übertragen.[4322]

3.2 Mandatsbeendigung

2617 Der Steuerberatungsvertrag, der in der Regel als Geschäftsbesorgungsvertrag mit Dienstvertragscharakter[4323] zu qualifizieren ist[4324], endet gemäß § 116 i.V.m. § 115 InsO grundsätzlich mit der Verfahrenseröffnung. Die dem Steuerberater erteile Vollmacht erlischt gemäß § 117 InsO. Die Beendigung der Geschäftsbesorgung kraft Gesetzes dient dem Zweck, die Masse gegen Fremdeinflüsse abzuschirmen.[4325] Gemäß § 115 Abs. 2 InsO hat der Steuerberater jedoch gleichwohl eventuell erforderliche Maßnahmen der Notgeschäftsbesorgung noch durchzuführen. D.h. insbesondere wenn anderenfalls die Versäumung von Fristen droht, ist der Steuerberater berechtigt und verpflichtet, auch nach Verfahrenseröffnung alle notwendigen Maßnahmen zu ergreifen, um Nachteile für die Insolvenzmasse zu verhindern. Der Steuerberater hat dann eventuelle fristwahrende Maßnahmen zu ergreifen.[4326]

Die Verpflichtung des Steuerberaters zum Tätigwerden gemäß § 115 Abs. 2 InsO besteht unabhängig davon, ob eine kostendeckende Insolvenzmasse vorhanden ist und damit auch dann, wenn die vorhandene Insolvenzmasse zur Bezahlung des Honoraranspruchs des Steuerberaters nicht ausreichend ist.[4327] Eine Haftung des Insolvenzverwalters gemäß § 61 InsO für die entsprechende Honorarschuld scheidet aus, da die Masseverbindlichkeit nicht durch eine Handlung des Insolvenzverwalters begründet wurde. Der

---

4321 Vgl. § 155 InsO.
4322 BGH, B. v. 22.06.2004 – IX ZB 161/03, ZInsO 2004, 970.
4323 Dienste höherer Art, § 627 BGB, vgl. BGH NJW 70, 1596.
4324 Vgl. *Sprau*, in: Palandt, § 675 Rn. 26.
4325 Hierzu kritisch *Tintelnot*, in: Kübler/Prütting/Bork, InsO, § 115, 116 Rn. 2.
4326 BGH, Urt. v. 28.11.1996 – IX ZR 36/96, WM 1997, 321.
4327 *Hölzle*, Das Steuerberatungsmandat in der Insolvenz des Mandanten – Mandatsfragen im Vorfeld der Insolvenz, im vorläufigen und im eröffneten Insolvenzverfahren, DStR 2003, 2075, 2080.

Steuerberater ist insoweit einem Risiko ausgesetzt, das jedoch jedem Mandatsverhältnis innewohnt und zum Berufsbild des Steuerberaters gehört.[4328]

3.3 Mandatserteilung durch den Insolvenzverwalter

Unabhängig davon, dass der Steuerberater, der bereits vor Verfahrenseröffnung mandatiert war, gemäß § 115 Abs. 2 InsO zur Notgeschäftsführung verpflichtet sein kann, wird das Mandat nicht selten vom Insolvenzverwalter nach Verfahrenseröffnung fortgesetzt. Bereits im vorstehenden Abschnitt wurde dargestellt, dass die Beauftragung eines externen Steuerberaters durch den Insolvenzverwalter grundsätzlich sachgerecht und nicht insolvenzzweckwidrig ist.[4329] Dies gilt jedoch nicht uneingeschränkt, sondern nur dann, wenn die steuerlichen Tätigkeiten besondere Kenntnisse erfordern oder der Umfang über das für die Erstellung einer Steuererklärung übliche Maß hinausgeht. In diesem Fall ist der Insolvenzverwalter jedoch berechtigt, die Kosten für die Beauftragung des Steuerberaters als Massekosten in Form eines Vorschusses nach den Regeln für die Entnahme von Auslagen aus der Masse zu entnehmen. Ggf. kann der Insolvenzverwalter einen entsprechenden Anspruch auf Vorschuss gegenüber der Staatskasse geltend machen.[4330]

2618

Im Rahmen des Vergütungsfestsetzungsantrages hat der Insolvenzverwalter jedoch darzustellen, welche externen Fachleute er beauftragt hat und welches Entgelt für die fälligen Leistungen aus der Masse gewährt wurde. Das Insolvenzgericht prüft die Angemessenheit der Beauftragung und Vergütung.[4331]

2619

In diesem Zusammenhang ist jedoch darauf hinzuweisen, dass die Insolvenzverwalter regelmäßig sorgfältig erwägen, ob das Mandat des bisherigen Steuerberaters nach Verfahrenseröffnung fortgeführt werden soll. Hierfür sprechen die Kenntnis des schuldnerischen Betriebes, der besonderen geschäftlichen Verhältnisse des Schuldners und das Vorhandensein der angelegten Buchführung und der Vorjahresdaten. Andererseits besteht häufig die Besorgnis der Befangenheit des bisherigen Steuerberaters. Denn regelmäßig muss im Rahmen der steuerlichen Bearbeitung nach Verfahrenseröffnung auch die Buchführung der Zeiträume vor Verfahrenseröffnung aufgearbeitet werden und eventuell noch ausstehende Jahresabschlüsse und Steuererklärungen müssen erstellt werden. Hierbei ergeben sich im Rahmen der Bearbeitung oft Anhaltspunkte für die Leistung von anfechtbaren Zahlungen, auch an den ehemaligen Steuerberater. Des Weiteren hat der Insolvenzverwalter auch möglichen Haftungsansprüchen gegen den bisherigen Berater nachzugehen. Hieraus ergibt sich oft eine Interessenkollision zwischen dem Insolvenzverwalter und dem bisherigen steuerlichen Berater. Außerdem sind für die steuerliche Bearbeitung im eröffneten Insolvenzverfahren häufig spezielle Kenntnisse des Insolvenzsteuerrechts gefragt, über die nicht jeder

---

[4328] *Hölzle*, Das Steuerberatungsmandat in der Insolvenz des Mandanten – Mandatsfragen im Vorfeld der Insolvenz, im vorläufigen und im eröffneten Insolvenzverfahren, DStR 2003, 2075, 2080.

[4329] *Waza/Uhländer/Schmittmann*, Insolvenzen und Steuern, Rn. 3052.

[4330] BGH, B. v. 22. 07. 2004 – IX ZB 161/03, ZInsO 2004, 970.

[4331] *Schmittmann*, Steuerberatungskosten im Insolvenzverfahren, InsbürO 2005, 288, 289.

Steuerberater in ausreichendem Maße verfügt. Vor diesem Hintergrund besteht eine verbreitete Neigung der Insolvenzverwalter, das Steuerberatungsmandat nicht mit dem bis zur Verfahrenseröffnung mandatierten Berater fortzusetzen.

2620 Die herrschende Meinung[4332] geht davon aus, dass das Honorar des Steuerberaters im eröffneten Verfahren eine Masseverbindlichkeit darstellt.[4333] Sieht man die Kosten des Steuerberaters als Masseverbindlichkeiten an, so besteht auch im eröffneten Verfahren für den Steuerberater ein Honorarrisiko: Tritt nach Tätigwerden aber vor Bezahlung des Steuerberaters Masseunzulänglichkeit ein, so sind zunächst die Masseverbindlichkeiten zu begleichen, die nach Anzeige der Masseunzulänglichkeit begründet worden sind. Die Steuerberatungskosten, die vor Anzeige der Masseunzulänglichkeit begründet wurden, sind als Altmasseverbindlichkeiten vom Ausfall bedroht. Ggf. kann der Steuerberater sein Honorar im Wege der persönlichen Haftungsinanspruchnahme des Insolvenzverwalters gemäß § 61 InsO retten. Dies setzt voraus, dass der Insolvenzverwalter nicht belegen kann, dass er bei Eingehung der Masseverbindlichkeit nicht absehen konnte, dass Masseunzulänglichkeit eintritt. Vor dem Hintergrund dieses Risikos kann es auch im eröffneten Insolvenzverfahren für den Steuerberater anzuraten sein, für seine Vergütung angemessene Vorschüsse im Sinne des § 8 StBGebV zu fordern.

3.4 Auskunftsanspruch des Insolvenzverwalters

2621 Ist ein Insolvenzantrag gestellt und hat das Gericht die vorläufige Insolvenzverwaltung angeordnet, so stellt sich die Frage, ob der bisher mandatierte Steuerberater (dessen Mandat bis zur Verfahrenseröffnung grundsätzlich fortbesteht) gegenüber dem vorläufigen Insolvenzverwalter zur Auskunftserteilung verpflichtet ist. Denn naturgemäß verfügt der bisherige Steuerberater über wesentliche verfahrensrelevante Informationen, die im Zusammenhang mit dem regelmäßig mit der Anordnung der vorläufigen Insolvenzverwaltung verbundenen Auftrag des Gerichts, ein Gutachten über das Vorliegen von Insolvenzgründen und über die Frage, ob eine für die Durchführung des Insolvenzverfahrens eine ausreichende Insolvenzmasse zu erwarten ist, sachdienlich sein können. Gemäß § 20 InsO ist nur der Schuldner selbst gegenüber dem Insolvenzgericht auskunftspflichtig, mithin nicht der Steuerberater. Im Gegenteil: Der Steuerberater ist gemäß § 57 Abs. 1 StBerG grundsätzlich zur Verschwiegenheit verpflichtet. Er darf somit nicht unbefugt Informationen, die er im Rahmen seiner beruflichen Tätigkeit erlangt hat, offenbaren. Dies gilt auch gegenüber dem Insolvenzgericht.

2622 Gegenüber dem vorläufigen Insolvenzverwalter ist wie folgt zu differenzieren: Wurde dem Insolvenzschuldner gemäß § 22 Abs. 1 Satz 1 InsO ein allgemeines Verfügungsverbot aufgelegt, so geht die Verwaltungs- und Verfügungsbefugnis über das Vermögen des Schuldners auf den vorläufigen Insol-

---

4332 *Kübler*, in: Kübler/Prütting/Bork, § 155 Rn. 91 m.w.N.
4333 Anders wohl: BGH, B. v. 22.07.2004 – IX ZB 161/03, ZInsO 2004, 970, der im entschiedenen Fall im Honorar des Steuerberaters erstattungs- und vorschussfähige Auslagen als Verfahrenskosten im Sinne von § 54 Nr. 2 InsO sah.

3. Das Steuerberatermandat nach eingetretener Insolvenz

venzverwalter über. Man spricht insoweit auch von „starker vorläufiger Insolvenzverwaltung". In diesem Fall übt der Insolvenzverwalter auch die Rechte und Pflichten aus dem mit dem Steuerberater bestehenden Mandatsvertrag aus. Hierzu gehört auch das Recht des Insolvenzverwalters als „Mandant", vom Steuerberater Auskunft zu verlangen. Der Steuerberater kann sich insofern auch nicht auf seine berufliche Schweigepflicht berufen. Ob dem vorläufig starken Verwalter darüber hinaus auch das Recht zusteht, den Steuerberater von seiner Schweigepflicht zu entbinden, ist umstritten.[4334] Allerdings ist der Schuldner aufgrund seiner Mitwirkungspflicht gezwungen, seinen Steuerberater von dessen Schweigepflicht gegenüber Dritten zu entbinden, wenn dieser sich auf seine Verpflichtung zur Verschwiegenheit beruft.[4335]

Anders ist die Situation des vorläufigen Verwalters, auf den nicht die Verwaltungs- und Verfügungsbefugnis über das Vermögen des Schuldners übergegangen ist (sog. „schwacher vorläufiger Verwalter"). Ihm gegenüber ist der Steuerberater zur Verschwiegenheit verpflichtet und da der schwache vorläufige Insolvenzverwalter auch nicht die Rechte aus dem Mandatsvertrag gegenüber dem Steuerberater vertritt, kann er auch nicht auf der Basis des Geschäftsbesorgungsvertrages die entsprechenden Auskünfte verlangen.[4336] Die etwaige Verpflichtung des Schuldners im Rahmen seiner Mitwirkungspflicht gemäß § 20 InsO, den Steuerberater von der Verschwiegenheitsverpflichtung zu entbinden, besteht jedoch auch im Fall der schwachen vorläufigen Verwaltung. 2623

Im eröffneten Verfahren ist die Situation des Steuerberaters der gegenüber dem starken vorläufigen Verwalter vergleichbar. Der Insolvenzverwalter übt die Rechte des Mandanten aus dem (beendeten) Geschäftsbesorgungsvertrag aus. Hieraus können dem Steuerberater nachvertragliche Auskunftspflichten entstehen, wenn der Verwalter sich die benötigten Informationen nicht anderweitig beschaffen kann und diese dringend benötigt. Kann der Verwalter sich die Informationen auf andere Weise beschaffen, treffen den Steuerberater keine Auskunftspflichten mehr.[4337] 2624

3.5 Zurückbehaltungsrecht des Steuerberaters im eröffneten Insolvenzverfahren

Im eröffneten Insolvenzverfahren stellt sich für den bisher mandatierten Steuerberater häufig die Frage, inwieweit er verpflichtet ist, in seinem Besitz befindliche Unterlagen und Daten an den Insolvenzverwalter herauszugeben. Der Insolvenzverwalter hat naturgemäß ein starkes Interesse daran, möglichst schnell sämtliche Unterlagen, die über den Schuldner verfügbar sind, in seinen Besitz zu bringen. Anderseits hat der Steuerberater häufig noch offene Honorarforderungen gegenüber dem Schuldner, so dass sich die Frage stellt, 2625

4334 *Uhlenbruck*, in: Uhlenbruck, InsO, § 20 Rn. 13; LG Köln, B. v. 05.07.2004 – 19 T 81/04, NZI 2004, 671.
4335 *Uhlenbruck*, in: Uhlenbruck, InsO, § 20 Rn. 13.
4336 *Hölzle*, Das Steuerberatungsmandat in der Insolvenz des Mandanten – Mandatsfragen im Vorfeld der Insolvenz, im vorläufigen und im eröffneten Insolvenzverfahren, DStR 2003, 2075, 2078.
4337 BGH, Urt. v. 24.10.1996 – IX ZR 4/96, NJW 1997, 254.

inwieweit dem Steuerberater in derartigen Fällen ein Zurückbehaltungsrecht an den in seinem Besitz befindlichen Unterlagen zusteht. Da das rechtsgrundlose Zurückhalten der Mandantenunterlagen ggf. eine Berufspflichtverletzung darstellen kann[4338], ist die Kenntnis der zivil- bzw. berufsrechtlichen Voraussetzungen des Zurückbehaltungsrechts unabdingbar. Zunächst ist nach der Qualität der sich im Besitz des Steuerberaters befindlichen Unterlagen wie folgt zu unterscheiden:

- Zur sog. „Handakte" des Steuerberaters im Sinne von § 66 Abs. 3 Steuerberatungsgesetz (StBerG) gehören Schriftstücke, die der Steuerberater aus Anlass seiner beruflichen Tätigkeit von dem Auftraggeber oder für den Auftraggeber erhalten hat, nicht jedoch der Briefwechsel zwischen dem Steuerberater und seinem Mandanten, sowie Schriftstücke, die dieser bereits in Urschrift oder Abschrift erhalten hat.
- Hiervon abzugrenzen sind die Arbeitsergebnisse des Steuerberaters, d.h. Unterlagen, die der Steuerberater im Rahmen der Durchführung des Auftrages selbst gefertigt hat, wie z. B. Jahresabschlüsse, Steuererklärungen, Saldenlisten, Sachkonten.
- Interne Arbeitspapiere des Steuerberaters, d. h. Aufzeichnungen, die dieser sich für interne Zwecke im Rahmen der Durchführung des Auftrages gefertigt hat. Diese gehören weder zu den Arbeitsergebnissen noch zur Handakte.

2626   Dem Mandanten steht gemäß § 667 BGB (und somit im eröffneten Insolvenzverfahren dem Insolvenzverwalter) ein Herausgabeanspruch hinsichtlich aller Unterlagen, die der Steuerberater zur Ausführung des Auftrages erhalten hat und die er aus der Geschäftsbesorgung erlangt hat, zu. Dem gegenüber hat der Steuerberater gemäß § 66 Abs. 2 StBerG das Recht gegenüber dem Auftraggeber, die Herausgabe der Handakten zu verweigern, bis sein Honorar vollständig bezahlt ist. Dies gilt jedoch nicht, soweit die Berufung des Steuerberaters auf sein Zurückbehaltungsrecht nach den Umständen des Einzelfalls unangemessen ist, insbesondere bei nur geringfügigen Honorarrückständen. Nicht geringfügig ist eine Honorarforderung, wenn sie ca. 1.500 € beträgt.[4339] Nach Eröffnung des Insolvenzverfahrens verliert dieses Zurückbehaltungsrecht nach herrschender Meinung jedoch seinen Sinn. Denn das Zurückbehaltungsrecht des Steuerberaters an den Handakten dient der Sicherung und Durchsetzung seines Honoraranspruchs. Im Insolvenzverfahren kann der Steuerberater seinen Honoraranspruch jedoch ohnehin nur noch nach den Regelungen der Insolvenzordnung geltend machen. Das „Druckmittel" der Zurückbehaltung der Handakte verliert damit seinen Sinn. Der Steuerberater hat mithin seine Handakte an den Insolvenzverwalter herauszugeben. Der Herausgabeanspruch an der Handakte setzt jedoch voraus, dass zwischen dem Honoraranspruch des Steuerberaters und den herausverlangten Handakten „Konnexität" gegeben ist, d. h. dass die Steuerberaterleis-

---

[4338] Vgl. *Weber*, Das Zurückbehaltungs- und Leistungsverweigerungsrecht des Steuerberaters nach Mandatsbeendigung, DStR 2011, 2168 ff. m.w.N.

[4339] *Hölzle*, Das Steuerberatungsmandat in der Insolvenz des Mandanten – Mandatsfragen im Vorfeld der Insolvenz, im vorläufigen und im eröffneten Insolvenzverfahren, DStR 2003, 2075, 2079.

tung, die den offenen Gebührenanspruch verursacht hat, auf demselben rechtlichen Verhältnis wie der Herausgabeanspruch an den Handakten beruht.[4340]

Anders ist die Situation jedoch bei den Arbeitsergebnissen, die der Steuerberater für den Mandanten erarbeitet hat. Der Herausgabeanspruch gemäß § 667 BGB umfasst nicht die Arbeitsergebnisse des Steuerberaters.[4341] Hierzu zählt z. B. die vom Steuerberater im Rahmen der Erstellung des Jahresabschlusses gefertigte Hauptabschlussübersicht. Fraglich ist in diesem Zusammenhang, ob das Zurückbehaltungsrecht auch die Buchhaltungsausdrucke aus dem DATEV-System umfasst. Denn diese können einerseits als Arbeitsergebnisse des Steuerberaters gewertet werden und damit – als nicht zur Handakte gehörig – auch nicht von der Verpflichtung zur Herausgabe nach Verfahrenseröffnung umfasst sein. Der BGH[4342] unterscheidet danach, ob es sich bei den Buchführungsdaten lediglich um Daten handelt, die vom Mandanten zum Zwecke der Geschäftsbesorgung zur Verfügung gestellt wurden und nicht selbst ein Arbeitsergebnis des Steuerberaters darstellen oder ob die gespeicherten Daten bereits das vertraglich geschuldete Arbeitsergebnis selbst darstellen. Der BGH vergleicht im zitierten Urteil die gespeicherten Daten mit dem Fall, in dem der mit der Geschäftsbesorgung Beauftragte selbst Akten anlegt und diese sortiert und die Unterlagen in eine Ordnung einfügt, um sie später zu bearbeiten. In dem entschiedenen Fall wurde zumindest nichts Gegenteiliges vorgetragen, so dass der beklagte Steuerberater verurteilt wurde, einer Übertragung der bei der DATEV gespeicherten Buchführungsdaten auf einen neuen (vom Insolvenzverwalter mandatierten) Steuerberater zuzustimmen.[4343]

Der Steuerberater wird somit im Zweifel regelmäßig verpflichtet sein, bei der DATEV gespeicherte Buchführungsdaten an den Insolvenzverwalter herauszugeben bzw. einem Datenübertrag an den nunmehr beauftragten Steuerberater zuzustimmen, auch wenn er noch offene Honorarrückstände hat. Etwas anderes gilt nur dann, wenn er glaubhaft machen kann, dass die Daten selbst ein Arbeitsergebnis darstellen. Dies könnte etwa dann der Fall sein, wenn der Steuerberater mit der selbstständigen Erstellung der Finanzbuchhaltung beauftragt war und vom Mandanten lediglich Belege erhalten hat, die der Steuerberater zu analysieren, zu kontieren und zu buchen hatte.

Keine Herausgabepflicht trifft den Steuerberater hinsichtlich der von ihm selbst erstellten internen Arbeitsunterlagen, weder vor noch nach der Eröffnung des Insolvenzverfahrens.

Eine Übersicht über die vorstehend geschilderten Zusammenhänge ergibt sich aus nachfolgender Abbildung:

4340 KG Berlin, Urt. v. 28.09.2002 – 14 U 132/01, GI 2002, 256.
4341 Vgl. BGH, Urt. v. 25.10.1988 – XI ZR 3/88, DStR 1989, 259.
4342 Vgl. BGH, Urt. v. 11.03.2004 – IX ZR 178/03, DB 2004, 1665.
4343 Vgl. LG Hannover, B. v. 04.03.2009 – 44 StL 19/06, NZI 2010, 119.

Unterlagen des Steuerberaters	Vor Eröffnung	Nach Eröffnung
1. Handakte (§ 66 Abs. 2 StBerG): a) Unterlagen, die der StB vom Mandanten erhält oder für ihn erhält (Belege, Verträge, etc.) b) Unterlagen, die der Berater i. R. d. Geschäftsbesorgung erlangt, z. B. Steuerbescheide, Gerichtsentscheidungen, etc.	Zurückbehaltungsrecht, soweit nicht nur geringfügige Honorarforderungen, § 66 Abs. 2 StBerG, und kein anderweitiger Verstoß gegen Treu und Glauben, aber Konnexität erforderlich	kein Zurückbehaltungsrecht, da Forderungen nur nach den Vorschriften der InsO durchsetzbar sind. Zurückbehaltungsrecht verliert damit seinen Sinn
2. Arbeitsergebnisse des StB, z. B. gefertigte Steuererklärungen, Jahresabschlüsse, Saldenlisten, Sachkonten, etc.	Einrede des nicht erfüllten Vertrages, Zurückbehaltungsrecht	Weiter Zurückbehaltungsrecht, aber insbesondere streitig für gespeicherte Buchhaltungsdaten bei der DATEV
3. Interne Arbeitspapiere des StB	keine Herausgabepflicht	keine Herausgabepflicht

Abb. 92: Zurückbehaltungsrecht des Steuerberaters

4. ESUG – Kurze Darstellung und Ausblick

2629 Das **Gesetz zur weiteren Erleichterung der Sanierung von Unternehmen** (ESUG) ist am 13. 12. 2011 im Bundesgesetzblatt verkündet worden und tritt am 01. 03. 2012 in Kraft.[4344] Das Gesetz soll einen Mentalitätswechsel für eine andere Insolvenzkultur in Deutschland einleiten und zielt darauf ab, das Recht stärker auf die Sanierung überlebensfähiger Unternehmen auszurichten.[4345] Insgesamt soll das Insolvenzverfahren für alle Beteiligten effektiver und planbarer ausgestaltet werden. Insbesondere soll die Gläubigerautonomie gestärkt werden. Das Gesetz sieht bereits im Eröffnungsverfahren die Einsetzung eines vorläufigen Gläubigerausschusses vor, der bei bestimmten Unternehmen ein wichtiges Mitspracherecht bei der Auswahl des Insolvenzverwalters und der Anordnung der Eigenverwaltung hat. Zudem können Schuldner mit dem Insolvenzantrag die Eigenverwaltung beantragen, um Sanierungsmaßnahmen vorbereiten zu können, wenn der Antrag wegen Überschuldung oder drohender Zahlungsunfähigkeit, aber nicht wegen Zahlungsunfähigkeit gestellt wird und die Sanierung nicht offensichtlich aussichtslos ist. Das Gericht bestellt dann einen vorläufigen Sachwalter, der personenverschieden von dem Aussteller der Bescheinigung über die Sanierungsfähigkeit zu sein hat. Während der nächsten drei Monate befindet sich das Unternehmen im sog. „Schutzschirmverfahren". In dieser Zeit darf der

---

[4344] BGBl. I 2011, 2582.
[4345] Vgl. Überblick bei *Waza/Uhländer/Schmittmann*, Insolvenzen und Steuern, Rn. 159 ff. m.w.N.

4. ESUG – Kurze Darstellung und Ausblick

Schuldner – bei entsprechender gerichtlicher Anordnung – Masseverbindlichkeiten begründen und Verfügungen treffen.

Insbesondere die Neuregelungen zum Schutzschirmverfahren und die wichtigen Änderungen zum Insolvenzplan und zur Eigenverwaltung eröffnen dem an der Übernahme von Sanierungsmandaten interessierten Steuerberater, Wirtschaftsprüfer bzw. Fachberater für Sanierung und Insolvenzverwaltung (DStV e.V.) neue Tätigkeitsfelder. Aufgrund des bisherigen Mandatsverhältnisses zu dem sich in der Krise befindlichen Unternehmen hat der Steuerberater die Möglichkeit, sich bei Gericht um das Mandat des sog. (vorläufigen) Sachwalters zu bewerben. Das sog. Vorbefassungsverbot, das einer gerichtlichen Bestellung bislang entgegenstand, entfällt.[4346] Darüber hinaus muss das schuldnerische Unternehmen den Nachweis führen, dass eine Sanierung nicht offensichtlich aussichtslos ist und dass drohende Zahlungsunfähigkeit oder Überschuldung, aber keine Zahlungsunfähigkeit vorliegt.[4347] Dieser Nachweis wird durch eine mit Begründung versehene Bescheidung „eines in Insolvenzsachen erfahrenen Steuerberaters, Wirtschaftsprüfers oder Rechtsanwalts oder einer Person mit vergleichbarer Qualifikation" erbracht.[4348] Darunter fallen beispielsweise auch Steuerbevollmächtigte oder vereidigte Buchprüfer, die zur geschäftsmäßigen Hilfestellung in Steuersachen befugt sind.[4349]

2630

[4346] Vgl. § 56 Abs. 1 Satz 3 InsO n.F.
[4347] Vgl. § 270b InsO n.F.
[4348] Vgl. auch zur Mindestgliederung einer entsprechenden Bescheinigung: *Kerz*, Sanierungsbescheinigungen als neues Tätigkeitsfeld, DStR 2012, 204.
[4349] Vgl. INDat-Report, Ausgabe 1, 2011, S. 9.

Teil 8
Sonderaspekte

Kapitel 1
Die Verwertung von Immobilien im Insolvenzverfahren

1. Einleitung

Der Verkauf von Immobilien vornehmlich in der Form von Grundstücken, Wohnungs- und Teileigentum im Sinne des Wohnungseigentumsgesetzes (WEG) sowie von Erbbaurechten spielt im Rahmen von Insolvenzverfahren als Verwertungshandlung des Insolvenzverwalters eine erhebliche Rolle. 2631

Dies gilt nicht lediglich in den – in der Praxis eher seltenen – Fällen, in denen die Immobilie im Grundbuch nicht oder nur unwesentlich mit Grundpfandrechten, also mit Grundschulden oder Hypotheken, belastet ist, sondern auch bei Belastung mit Grundpfandrechten in einer den Wert der Immobilie ausschöpfenden oder gar übersteigenden Höhe.

Zwar können Grundpfandrechtsgläubiger im Falle einer Insolvenz ihr Pfandrecht ungeachtet der von dem Gemeinschuldner auf den Insolvenzverwalter übergegangenen Verfügungsbefugnis weiter verwerten, und zwar entweder im Wege der Zwangsverwaltung und/oder der Zwangsversteigerung der Immobilie. Dies ergibt sich aus §§ 49, 165 InsO. 2632

Jedoch wird ein Grundpfandrechtsgläubiger diese nach dem ZVG eröffneten Wege in den Fällen eines laufenden oder bevorstehenden Insolvenzverfahrens nicht selten scheuen, zumindest aber nur als die schlechtere Alternative neben der freihändigen Verwertung durch den Insolvenzverwalter ansehen. Erlöse im Rahmen eines Zwangsversteigerungsverfahrens für den Grundpfandgläubiger sind regelmäßig deutlich niedriger als die im Rahmen eines Verkaufs erzielbaren Kaufpreise. So werden nach den statistischen Erhebungen bundesweit bei Zwangsversteigerungen im Schnitt nur etwa 40 % bis 80 %, im Mittel etwa 70 %[4350] der im jeweiligen Versteigerungsverfahren festgesetzten Verkehrswerte der zu versteigernden Immobilie erreicht.

Die Gründe hierfür sind vielfältig. Zwangsversteigerungsverfahren sind (a) langwierig, (b) kostenaufwendig und (c) in ihrem Abschluss sowohl für den die Zwangsversteigerung betreibenden Gläubiger als auch für einen Erwerbsinteressenten nur bedingt kalkulierbar. 2633

a) Statistisch beträgt die Dauer eines Zwangsversteigerungsverfahrens für ein Grundstück bis zum ersten Versteigerungstermin im Schnitt 14 Mo- 2634

4350 *Wilhelm*, Sachenrecht, 269; Deutsches Ärzteblatt 1996, A-979.

Teil 8 Sonderaspekte

nate, bis zum zweiten Versteigerungstermin weitere acht Monate.[4351] Im Rahmen des Verfahrens muss zunächst ein Gutachten erstellt werden, das Gericht muss danach allen Beteiligten Gelegenheit zur Stellungnahme zur beabsichtigten Verkehrswertfestsetzung geben. Die maßgeblichen gerichtlichen Beschlüsse sind stets allen Beteiligten zuzustellen, was sich im Einzelfall als durchaus schwierig erweisen kann, so etwa bei der Beteiligung von natürlichen oder juristischen Personen im Ausland.

2635 b) Neben den – im Zweifel von Grundpfandrechtsgläubigern zu verauslagenden[4352] – Kosten des Gerichts sind auch die Kosten des Sachverständigen vorzustrecken, die bei größeren Objekten durchaus zu einer relevanten finanziellen Größe werden. Zudem laufen die Zinsansprüche der Grundpfandrechtsgläubiger weiter. Schließlich muss während des andauernden Zwangsversteigerungsverfahrens zugleich bestmöglich verhindert werden, dass die Immobilie etwa durch unzureichende Bewirtschaftung einen Wertverlust erleidet. Ist ein Zwangsverwalter im Amt, wird er anfallende Kosten aus den Mieteinnahmen zu decken suchen. Sonst droht aber ein Wertverlust durch Schädigungen, wenn nicht der Gläubiger ausnahmsweise selbst die Kosten verauslagt.

2636 c) Ungewiss ist der Verlauf eines Zwangsversteigerungsverfahrens insoweit, als der Grundpfandgläubiger damit rechnen muss, dass für das Objekt der Zuschlag bei einem deutlich unter dem festgesetzten Verkehrswert liegenden Gebot erteilt wird. Während der Grundpfandgläubiger bei dem ersten Versteigerungstermin nach § 74a ZVG noch die Möglichkeit hat, einen Zuschlag zu verhindern, wenn das Gebot nicht wenigstens 7/10 des Verkehrswertes erreicht, besteht diese Möglichkeit in dem zweiten Versteigerungstermin nicht mehr. Die Interessenten wiederum streben einen möglichst geringen Erwerbspreis an, sodass nicht selten beim ersten Versteigerungstermin keine vernünftigen Gebote abgegeben werden. Umgekehrt hat ein Erwerbsinteressent vor dem Termin keine Sicherheit, dass er mit seinem Gebot zum Zuge kommt. Der Aufwand des Erwerbsinteressenten, für den Fall des Zuschlags eine Finanzierung zu sichern, kann sich daher leicht als vergeblich erweisen.

Weiter hat ein Erwerbsinteressent im Rahmen des Versteigerungsverfahrens nur bedingt die Möglichkeit, sich von der Beschaffenheit des ihn interessierenden Objekts eine vertiefte Kenntnis zu verschaffen. Als Erkenntnisquelle dient ihm im Zweifel allein das vom Gericht nach § 74a Abs. 5 ZVG veranlasste Gutachten der Sachverständigen, das sich indes häufig in der Bewertung des Objekts aufgrund einer Inaugenscheinnahme erschöpft und ausdrücklich unter dem Vorbehalt ergeht, dass etwa bestimmte Teile des Objekts nicht besichtigt werden konnten und keine näheren Untersuchungen der baulichen Beschaffenheit durchgeführt wurden.

2637 Zur Lösung der vorstehenden Schwierigkeiten versuchen die Grundpfandgläubiger in der Praxis ab und an, mit einem Erwerbsinteressenten eine Vereinbarung über eine sogenannte Ausbietungsgarantie zu schließen.

[4351] Jahresbericht der Argetra GmbH, Datenbank für Immobilien in der Zwangsversteigerung 2009/2010.

[4352] *Binz/Dörndorfer/Petzold/Zimmermann*, Gerichtskostengesetz, § 15 Rn. 1.

Kapitel 1 Die Verwertung von Immobilien im Insolvenzverfahren

Nach einer solchen Ausbietungsgarantie verpflichtet sich der Garant, in dem anstehenden Versteigerungstermin ein Gebot in mindestens der vereinbarten Höhe abzugeben und sodann im Zuschlagsfalle entsprechende Zahlung zu leisten.[4353] In einem solchen Fall muss der Grundpfandgläubiger nicht befürchten, dass gerade in einem zweiten Versteigerungstermin der Zuschlag bei einem aus seiner Sicht zu geringen Gebot erteilt wird. Häufig sind diese Ausbietungsgarantien weiter mit Verpflichtungen des Grundpfandgläubigers verbunden, sich hinsichtlich eines Teils des zu entrichtenden Gebots für befriedigt zu erklären, wenn der Garant vor einem etwaigen höheren Gebot eines Dritten vollständig oder aber jedenfalls bis zu einem gewissen Grenzbetrag geschützt werden soll. Auch kann der Gläubiger sich verpflichten, den Abschluss weiterer Ausbietungsgarantien mit Dritten zu unterlassen.

Auch über eine solche Ausbietungsgarantie werden jedoch die beschriebenen Probleme des Zwangsversteigerungsverfahrens nicht verhindert, sondern allenfalls gemindert. Da die Ausbietungsgarantie zudem selbst gemäß § 311b Abs. 1 Satz 1 BGB der notariellen Form bedarf[4354], weil der Garant (mittelbar) die Verpflichtung zum Eigentumserwerb begründet, erscheint der Verkauf der Immobilie unter Ablösung der eingetragenen Grundpfandrechte oft als der letztlich für alle Beteiligten bessere Weg.

Hierzu ist der Insolvenzverwalter in der Lage.

Bezüglich einer Immobilie stellt das Gesetz dem Insolvenzverwalter grundsätzlich mehrere Verwertungsmöglichkeiten zur Verfügung: Die Zwangsversteigerung bzw. die Zwangsverwaltung, die freiwillige Versteigerung, die Freigabe und die freihändige Veräußerung. 2638

Die gerichtliche Zwangsversteigerung bzw. die Zwangsverwaltung spielen als Instrumente für den Insolvenzverwalter in der Praxis eine untergeordnete Rolle. Bezüglich der Nachteile der Zwangsversteigerung gilt das vorstehend Gesagte. Die Zwangsverwaltung führt nicht zu dem vom Insolvenzverwalter in der Regel angestrebten Ergebnis, die Insolvenzmasse endgültig und bestmöglich zu verwerten. 2639

Die freiwillige Versteigerung (vulgo: Auktion) wird in der Praxis eher bei Objekten mit geringerem Wert gewählt. Rechtlich handelt es sich um einen Immobilienkaufvertrag mit einem formalisierten Verfahren zur Ermittlung des Meistbietenden. Auch hier werden die Vertragsbedingungen nicht individuell verhandelt, sondern vorgegeben. Im Rahmen des formalisierten Verkaufs von zahlreichen Immobilien sind die Auktionshäuser in der Regel nicht imstande, oder bereit, auf Besonderheiten des Einzelfalls wie etwa einer gewünschten Option zur Umsatzsteuer des Verkäufers einzugehen. Außerdem besteht hier für den Veräußerer und den Erwerber ebenfalls das Problem des ungewissen Verfahrensausgangs. 2640

Unter der Freigabe wird allgemein die Erklärung des Insolvenzverwalters verstanden, den in Rede stehenden Gegenstand/Vermögenswert aus der In- 2641

4353 *Böttcher*, Komm-ZVG, § 71 Rn. 50.
4354 OLG Hamburg, Urt. v. 12.07.2002 – 11 U 227/01, WM 2003, 376.

Teil 8 Sonderaspekte

solvenzmasse freizugeben und damit aus dem Haftungsverband der Insolvenzmasse im Sinne des § 35 InsO zu entlassen.[4355]
Von der Freigabe wird der Insolvenzverwalter im Zweifel nur dann Gebrauch machen, wenn er gerade nicht die Möglichkeit sieht, einen Verwertungserlös zu erzielen, bzw. wenn er sogar die Begründung einer weitergehenden Haftung durch seinen Besitz an der Immobilie befürchtet, dies etwa infolge der Verletzung von Verkehrssicherungspflichten oder dem Auftreten beseitigungspflichtiger Bodenbelastungen im Sinne des Bundesbodenschutzgesetzes.

2642 Der freihändige Verkauf einer Immobilie durch den Insolvenzverwalter kann demgegenüber sowohl aus dessen Sicht als auch aus der des gesicherten Grundpfandgläubigers die zügige, kalkulierbare und im Vergleich kostengünstigere Verwertungsmöglichkeit darstellen.
Der Insolvenzverwalter ist hierbei in der Lage, die Immobilie frei dem Markt zum Erwerb anzubieten und mit dem Interessenten binnen kürzester Zeit einen auf die konkrete Situation abgestimmten Kaufvertrag abzuschließen.

2643 Natürlich ist der Insolvenzverwalter auf entsprechende Nachfrage angewiesen. Heute darf es als Standard angesehen werden, dass Insolvenzverwalter ihre Immobilien über ihre Homepage anbieten. Marktkundige, insbesondere Immobilienvermittler, wissen hiervon und bewerben die Immobilien weiter. So wird einem relativ großen Publikum die Immobilie bekannt, was aus Sicht des Insolvenzverwalters und der Verfahrensgläubiger die Wahrscheinlichkeit erhöht, dass der bestmögliche Verkaufspreis realisiert werden kann.
Vereinzelt sollen Insolvenzverwalter auch Exklusivvereinbarungen mit Immobilienvermittlern schließen, doch fällt hierfür eine mit der Insolvenzordnung vereinbare Begründung schwer. Der denkbare Kreis der Kaufinteressenten wird verkleinert, und der Verkauf wird potentiell unnötig verteuert, wenn jegliche Interessenten an den Exklusivmakler verwiesen werden und diesem einen Maklerlohn zahlen sollen. Dies steht im Widerspruch zu der Pflicht des Insolvenzverwalters, zur Insolvenzmasse gehörende Gegenstände bestmöglich zu verwerten.[4356] Da die Verwertungsaktivität nach §§ 159, 80 InsO zu der originären Amtstätigkeit des Insolvenzverwalters gehört, die mit Ausnahme besonderer Fälle durch die Vergütung des Insolvenzverwalters abgegolten ist, kann auch die Notwendigkeit der Koordinierung des Verkaufsprozesses nicht als Begründung für Exklusivvereinbarungen herangezogen werden; dies ist Aufgabe des Insolvenzverwalters selbst. Exklusivvertriebsvereinbarungen sind daher als grundsätzlich unzulässig anzusehen; nur in Ausnahmefällen wird eine Rechtfertigung für eine solche Vereinbarung bestehen.

2644 Der Inhalt der Veräußerungsverträge des Insolvenzverwalters entspricht jedenfalls weitestgehend den im Rahmen von normalen Verkehrsgeschäften verwendeten Immobilienkaufverträgen, also solchen Verträgen, an denen nur „lebende" Marktteilnehmer teilnehmen, und ist daher dem Rechtsverkehr durchaus vertraut.

4355 *Reul/Heckschen/Wienberg*, Insolvenzrecht in der Kautelarpraxis, D.I.
4356 *Ott/Vuia*, in: MüKo-InsO, § 80 Rn. 48.

Kapitel 1 Die Verwertung von Immobilien im Insolvenzverfahren

Da sich indes durch den Verkauf aus einem Insolvenzverfahren jedenfalls aus Sicht des Insolvenzverwalters doch ein besonderer Regelungsbedarf ergibt, weichen die Immobilienveräußerungsverträge in der Regel in den entsprechenden Punkten von der Norm ab. Auf solche Besonderheiten soll nachstehend eingegangen werden.

2. Rechtsmacht zum Verkauf

2.1 Verkauf durch den Insolvenzverwalter

Der Insolvenzverwalter handelt materiellrechtlich und prozessual jeweils im eigenen Namen und aus eigenem Recht, jedoch mit Wirkung für und gegen die Masse.[4357] Er wird hierbei aufgrund gesetzlicher Verpflichtung tätig.[4358]   2645

Die zentrale Norm stellt insoweit § 80 Abs. 1 InsO dar. Danach geht mit der Eröffnung des Insolvenzverfahrens das Recht des Schuldners, das zur Insolvenzmasse gehörende Vermögen zu verwalten und hierüber zu verfügen, auf den Insolvenzverwalter über. Dementsprechend ist der Insolvenzverwalter ab diesem Zeitpunkt grundsätzlich befugt, ein zur Insolvenzmasse gehörendes Grundstück zu verwalten und es ggf. zu verkaufen. Der Insolvenzverwalter kann damit auch etwa jegliche Rechte eines Grundstückseigentümers als Vermieter ausüben, also neue Mietverträge abschließen oder bestehende Verträge ändern und kündigen, die Mieten einziehen und bei Bedarf entsprechende Prozesse auf Räumung oder Mietzahlung führen. Hiermit korrespondierend treffen ihn für die Zeit seit Eröffnung des Insolvenzverfahrens auch entsprechende Vermieterpflichten.

Die Verfügungsbefugnis des Insolvenzverwalters ist mit Eröffnung des Insolvenzverfahrens – mit den nachstehend unter Rn. 2657 beschriebenen Einschränkungen – grundsätzlich erschöpfend. Sie ist also insbesondere nicht etwa in der Weise eingeschränkt, dass der Insolvenzverwalter zu Verfügungen nur in dem Umfang berechtigt wäre, wie dies tatsächlich den Belangen des Insolvenzverfahrens entspricht.[4359] Für seine Verfügungsbefugnis und damit etwa sein Recht zum Verkauf einer Immobilie sind in etwa die gleichen Grundsätze heranzuziehen, wie sie bei der ebenfalls grundsätzlich allumfassenden Vertretungsbefugnis des Geschäftsführers einer Gesellschaft mit beschränkter Haftung als ihrem Organ sind – nur bei evidenten Missbrauchsfällen muss sich der Vertragspartner entgegenhalten lassen, dass die Verfügungsbefugnis erkennbar zu unlauteren Zwecken eingesetzt werde und dementsprechend dem konkreten Rechtsgeschäft die Wirksamkeit versagt bleibt.[4360] Zu denken ist hierbei etwa an den Fall einer erkennbaren Schenkung ohne Grund oder den einer eindeutigen Bevorzugung eines Gläubigers. Die Hürden sind allerdings derart hoch, dass solche Fälle absolute Ausnahmeerscheinungen bleiben werden.   2646

[4357] *Ott/Vuia*, in: MüKo-InsO, § 80 Rn. 77; *Buth/Hermanns* (2') § 33 Rn. 23.
[4358] Auf den für die Praxis nicht relevanten Theorienstreit zur rechtlichen Einordnung der Insolvenzverwalterstellung soll hier nicht weiter eingegangen werden. Für die Darstellung der vertretenen Theorien (Amtstheorie, Vertretertheorie, Organtheorie) vergleiche *Ott/Vuia*, in: MüKo-InsO, § 80 InsO, Rn. 20ff.
[4359] *Ott/Vuia*, in: MüKo-InsO, § 80 Rn. 60ff.
[4360] *Ott/Vuia*, in: MüKo-InsO, § 80 Rn. 61.

Unterhalb dieser Schwelle ändert sich an der Verfügungsbefugnis des Insolvenzverwalters nichts. Ein möglicher Verstoß gegen ihm obliegende Pflichten führt gegebenenfalls zu einer Haftung des Insolvenzverwalters nach § 60 InsO wegen unrechtmäßiger Amtsführung, berührt die Wirksamkeit seiner Rechtshandlung aber nicht.[4361]

2.2 Verkauf durch den vorläufigen Insolvenzverwalter (Sequester)

2647   Auf den Antrag auf Eröffnung des Insolvenzverfahrens kann das Gericht zusammen mit der Anordnung des vorläufigen Insolvenzverfahrens nach §§ 21, 22 InsO einen vorläufigen Insolvenzverwalter bestellen.

Das Gesetz gibt hierbei dem Gericht die Möglichkeit, die Rechtsmacht des vorläufigen Verwalters unterschiedlich auszugestalten.

2648   Wird ein sogenannter Zustimmungsvorbehalt nach §§ 22, 21 Abs. 2 Nr. 2, 2. Alt. InsO angeordnet, so bleibt die Verfügungsbefugnis bei dem Gemeinschuldner. Zur Wirksamkeit seiner Verfügungen ist aber die Zustimmung des vorläufigen Insolvenzverwalters erforderlich. Dieser vorläufige Insolvenzverwalter wird auch „schwacher" vorläufiger Insolvenzverwalter genannt; ihm fehlt grundsätzlich die Rechtsmacht zur Verfügung über Gegenstände der Insolvenzmasse.[4362] Das Gericht kann diesem schwachen vorläufigen Insolvenzverwalter allerdings einzelne Befugnisse übertragen, zu denen auch die Verfügungsmacht über ein Grundstück gehören kann, so dass dann auch die Rechtsmacht zum Verkauf der Immobilie besteht. Diese Ermächtigung muss sich in diesem Fall aber ausdrücklich aus dem Gerichtsbeschluss ergeben.

2649   Nach § 22 InsO ist es auch möglich, den vorläufigen Insolvenzverwalter als „starken" Insolvenzverwalter zu bestellen, und zwar nach § 22 Abs. 1 Satz 1 InsO. Wird dem Insolvenzschuldner bei Verfahrenseröffnung ein allgemeines Verfügungsverbot auferlegt, geht nach dieser Vorschrift die umfassende Verwaltungs- und Verfügungsbefugnis bereits auf den vorläufigen Insolvenzverwalter über.

Im Rahmen des rechtlichen Könnens hätte der starke vorläufige Verwalter damit also wie ein Insolvenzverwalter nach Verfahrenseröffnung auch die Möglichkeit, ein Grundstück zu verkaufen. Im Falle des Erwerbs von einem sogenannten starken vorläufigen Insolvenzverwalter erwirbt der Käufer also einen gegenüber diesem bzw. der (späteren) Insolvenzmasse als Masseverbindlichkeit durchsetzbaren Anspruch, für dessen Erfüllung der vorläufige Insolvenzverwalter (subsidiär) auch persönlich haftet.[4363]

2650   Die Funktion des vorläufigen Insolvenzverwalters erschöpft sich grundsätzlich in der Aufarbeitung des Sachverhaltes, der Feststellung der Insolvenzmasse und ihrer Sicherung. Das gilt unabhängig davon, ob der vorläufige Insolvenzverwalter als schwacher oder als starker Verwalter bestellt wird. Da ein Verkauf regelmäßig über die Sicherung und Erhaltung des

---

[4361] *Bork*, Einführung Insolvenzrecht, Rn. 127.
[4362] *Gogger*, Insolvenzgläubiger-Handbuch, 67 f.
[4363] *Haarmeyer*, in: MüKo-InsO, § 22 Rn. 27; *Beck/Depré*, Praxis der Insolvenz, § 47 Rn. 4 ff.

Schuldnervermögens hinausgeht, ist der Verkauf in dieser Phase eines Insolvenzverfahrens grundsätzlich unzulässig.[4364]

Hiervon ausgenommen sind Fälle, in denen der Verkauf mit den Pflichten des vorläufigen Insolvenzverwalters im Einklang steht. In diesem Sinne denkbar wären etwa Fälle, in denen der Verkauf der Abwendung einer Gefahr bzw. Verschlechterung des Status quo dient.[4365] Sofern etwa bei einer Immobilie durch Beschädigungen erhebliche Reparaturen kurzfristig erforderlich sind und sich der vorläufige Insolvenzverwalter hierzu nicht in der Lage sieht, kann es zur Vermeidung eines Wert- und damit Vermögensverlustes für die Insolvenzmasse die richtige Entscheidung sein, das Objekt bereits in dieser Phase zu verkaufen, damit der Erwerber sofort mit den erforderlichen Maßnahmen beginnen kann. Auch kann ein umgehender Verkauf geboten sein, wenn sich die Möglichkeiten hierzu absehbar und dauerhaft verschlechtern werden oder sich etwa eine besonders günstige Verwertungsmöglichkeit ergibt. Zusammenfassend ist der Verkauf dann als zulässig anzusehen, wenn sich eine besondere Situation ergibt, bei der ein Abwarten der Verfahrenseröffnung nicht möglich ist.[4366] Im Außenverhältnis sind aber Verkäufe durch den vorläufigen starken Insolvenzverwalter stets wirksam[4367], dies wiederum mit der Grenze des evidenten Missbrauchs (siehe oben unter Rn. 2647).

2.3 Verkauf durch den Treuhänder (Verbraucherinsolvenzverfahren)

In sogenannten vereinfachten Verfahren im Sinne der §§ 311 ff. InsO , auch Verbraucherinsolvenzverfahren genannt, die bei dem Geschäftszeichen des Insolvenzgerichts daran zu erkennen sind, dass sie nicht mit den Buchstaben „IN", sondern mit den Buchstaben „IK" bezeichnet werden, wird anstelle eines Insolvenzverwalters ein sogenannter Treuhänder bestellt, § 313 InsO.

2651

Ob ein Treuhänder allein im Außenverhältnis berechtigt ist, über eine Immobilie des Schuldners zu verfügen, ist nach derzeitigem Meinungsstand zumindest für die Fälle nicht zweifelhaft, in denen keine Grundpfandrechte oder andere Absonderungsrechte existieren.[4368] Es wird insoweit davon ausgegangen, dass der Treuhänder „anstelle des Insolvenzverwalters" bestellt werde und dementsprechend die gleichen Rechte und Pflichten habe, insbesondere also auch die Verfügungs- und damit die Verwertungsbefugnis.[4369]

2652

Aber auch bei belasteten Immobilien kann die Verfügungsbefugnis als geklärt angesehen werden. Keine Probleme mehr bereitet insoweit § 313 Abs. 3 InsO. Nach dem Wortlaut dieser Vorschrift ist der Treuhänder nicht

2653

4364 *Mönning* in: Nerlich/Römermann, InsO, § 22 Rn. 38.
4365 *Kirchhof*, in: HK, § 22 InsO, Rn. 6 ff.; *Mönning*, in: Nerlich/Römermann, InsO, § 22 Rn. 39.
4366 *Haarmeyer*, in: MüKo-InsO, § 22 Rn. 76.
4367 *Haarmeyer*, in: MüKo-InsO, § 22 Rn. 24.
4368 Zum Meinungsstand vgl. *Reul/Heckschen/Wienberg*, Insolvenzrecht in der Kautelarpraxis, D.VI.1.
4369 *Reul/Heckschen/Wienberg*, Insolvenzrecht in der Kautelarpraxis, M.I.3.; *Hintzen*, Grundstücksverwertung durch den Treuhänder in der Verbraucherinsolvenz, ZInsO 2003, 586.

zur Verwertung von Gegenständen berechtigt, an denen Pfandrechte oder andere Abfindungsrechte bestehen; das Verwertungsrecht steht dem Gläubiger zu. Diese Vorschrift wurde von einem Teil der Literatur so ausgelegt, dass der Treuhänder nicht die (alleinige) Verfügungsbefugnis für Immobilien habe, die mit einem Grundpfandrecht oder einem sonstigen Absonderungsrecht belastet sind.[4370] Es dürfte aber inzwischen als geklärt gelten,[4371] dass es sich bei § 313 Abs. 3 InsO lediglich um eine Einschränkung im Innenverhältnis handelt. Dieser hätte es allerdings gar nicht bedurft. Der Treuhänder hat die umfassende Verwertungsbefugnis, darf diese jedoch nur in Abstimmung mit dem Grundpfandgläubiger vornehmen. Das ist faktisch ohnehin der Fall, wenn die Immobilie wertausschöpfend belastet ist, da der Treuhänder die Immobilie anderenfalls gar nicht frei von Lasten im Grundbuch verkaufen könnte. Wenn umgekehrt der Wert der Immobilie und der entsprechend realisierbare Kaufpreis höher als die Forderung des gesicherten Grundpfandgläubigers ist, macht die Bindung an den Grundpfandgläubiger keinen wirklichen Sinn, da dieser ohnehin in voller Höhe abgelöst wird.

2.4 Auswirkungen des § 160 InsO

2654 In der Praxis sind Immobilienkaufverträge unter Mitwirkung des Insolvenzverwalters als Verkäufer häufig mit einem Rücktrittsrecht für den Insolvenzverwalter für den Fall versehen, dass die Gläubigerversammlung dem Kaufvertrag widersprechen sollte. Dieser Verkäufervorbehalt ist durch § 160 InsO motiviert.

Gemäß § 160 InsO hat der Insolvenzverwalter für besonders bedeutsame Rechtshandlungen die Zustimmung der Gläubigerversammlung bzw. des Gläubigerausschusses einzuholen. Der Gläubigerausschuss bzw. die Gläubigerversammlung stellen das die Gläubiger vertretende Organ im Insolvenzverfahren dar. Gemäß § 160 Abs. 2 Nr. 1 InsO ist die Zustimmung insbesondere erforderlich, wenn eine Immobilie veräußert werden soll.

Das Motiv für diese Regelung liegt auf der Hand. Wenn der Insolvenzverwalter einen besonders wertvollen Gegenstand aus der Insolvenzmasse veräußert, soll den Gläubigern die Möglichkeit gegeben werden, die Bedingungen des Veräußerungsvertrages, insbesondere die Gegenleistung und etwa eingegangene Haftungsrisiken, zu prüfen und im Notfall die angestrebte Verwertungshandlung zu untersagen. Festzuhalten ist jedoch, dass § 160 InsO keine Außenwirkung entfaltet. Wenn ein Insolvenzverwalter also eine Immobilie veräußert, ohne die Gläubigerversammlung oder den Gläubigerausschuss mit dem Fall befasst zu haben, ändert dies an der Wirksamkeit des Rechtsgeschäfts nichts, § 164 InsO.

2655 In der Praxis spielt die Gläubigerversammlung bei Immobilienverkäufen indes keine große Rolle, auch wenn das Rücktrittsrecht regelmäßig vorbehalten[4372] wird. Jedenfalls bei ganz oder nahezu vollständig wertausschöpfend

---

[4370] *Uhlenbruck*, InsO, § 313 Rn. 90a.
[4371] LG Hamburg, B. v. 01.10.1999 – 321 T 85/99, Rpfleger 2000, 37; *Kesseler*, MittBayNot 2007, 22; *Smid*, § 173 InsO Rn. 7.
[4372] Alternativ kann die Zustimmung der Gläubigerversammlung auch als aufschiebende Bedingung für die Wirksamkeit des (schuldrechtlichen) Vertrages vorgesehen werden, was etwa zu einer späteren Fälligkeit der Grunderwerbsteuer führt.

belasteten Immobilien interessiert der Verkauf die anderen Gläubiger in dem Insolvenzverfahren kaum, weil aufgrund der entsprechend getroffenen Vereinbarungen zwischen dem Insolvenzverwalter und dem Grundpfandgläubiger dieser den Kaufpreis nahezu vollständig als Ablösebetrag für sein Grundpfandrecht vereinnahmt und dem Insolvenzverwalter lediglich eine Massebeteiligung für seine Verwertungshandlung für die Insolvenzmasse verbleibt. Nicht zuletzt aus diesem Grund wurde in § 160 Abs. 1 InsO im Jahr 2007 ein neuer Satz 3 aufgenommen. Danach gilt die Zustimmung der Gläubigerversammlung als erteilt, wenn sie sich bei dem anberaumten Termin zur Abstimmung über den Verkauf als beschlussunfähig erweist.

Aus Sicht eines Erwerbers ist indes nicht zu verkennen, dass das vorbehaltene Rücktrittsrecht letztlich für den Insolvenzverwalter bzw. den Grundpfandrechtsgläubiger eine Möglichkeit darstellt, einen bereits geschlossenen Kaufvertrag noch rückgängig zu machen, wenn etwa nach Vertragsabschluss ein weiterer Erwerbsinteressent mit einem erheblich höheren Kaufpreisgebot auf der Bildfläche erscheint oder nachträglich Haftungsrisiken des Verkäufers erkannt werden. Sollte dann der Grundpfandgläubiger auf der Gläubigerversammlung bewirken, dass dem geschlossenen Vertrag widersprochen wird, so könnte der Insolvenzverwalter von dem Kaufvertrag zurücktreten und den Kaufvertrag mit dem Dritten neu abschließen. Dem Vorwurf der Treuwidrigkeit wäre der Insolvenzverwalter in einem solchen Fall wohl nicht ausgesetzt, da sich mit Blick auf die Pflicht des Insolvenzverwalters zur bestmöglichen Verwertung der Insolvenzmasse (siehe oben unter Rn. 2636) in einem solchen Fall gerade eine bessere Verkaufsmöglichkeit realisieren lässt. Aus Sicht des Käufers besteht daher durchaus ein Interesse, dass ein solches Rücktrittsrecht nicht vereinbart wird. Der Insolvenzverwalter kann die Zustimmung der Gläubigerversammlung auch vor Vertragsabschluss auf der Grundlage eines Entwurfs für den konkreten Verkauf oder aber auch allgemein „zur bestmöglichen Verwertung" einholen. Das beschriebene Szenario sollte indes in der Praxis eine absolute Ausnahme bilden. 2656

2.5 Zwangsverwaltungs- und Zwangsversteigerungsverfahren

Auch wenn nach den vorstehenden Ausführungen grundsätzlich von einer umfassenden Verfügungsbefugnis des jeweils amtierenden Verwalters ausgegangen werden kann, ergeben sich Einschränkungen, wenn zeitgleich ein Zwangsverwaltungs- oder Zwangsversteigerungsverfahren initiiert ist. 2657

Mit der Zwangsverwaltung geht die Verwaltungsbefugnis (je nach zeitlicher Abfolge vom Gemeinschuldner oder vom Insolvenzverwalter) auf den Zwangsverwalter über; dieser übt den Besitz aus und ist für die Dauer seines Amtes Träger der Rechte und Pflichten aus Verträgen[4373], die Dritte zu Nutzungen der Immobilie berechtigen, also insbesondere aus einem Miet- oder Pachtvertrag. 2658

Die Zwangsversteigerung kann in den Eigentumswechsel durch Zuschlagserteilung münden, vgl. § 57 ZVG. Dies kann ein Insolvenzverwalter nur in Ausnahmefällen verhindern. Zwar hat er nach § 30 d ZVG die Mög- 2659

[4373] Böttcher, Komm-ZVG, § 152 Rn. 5; Kindl/Meller-Hannich/Wolf, Zwangsvollstreckung, § 152 Rn. 1.

lichkeit, eine bereits eingeleitete Zwangsversteigerung einstweilen einstellen zu lassen. Dies kann er aber nur dann, wenn die „angemessene Verwertung der Masse" durch die Versteigerung wesentlich erschwert würde. Der Verkauf des Grundstücks durch den Verwalter selbst ist hierbei nicht gemeint[4374], sondern Fälle, in denen das Grundstück etwa für eine Betriebsfortführung notwendig ist.

2660 Für die bei Verkauf geschuldete Verschaffung von unbelastetem Eigentum und Besitz wird der Insolvenzverwalter hier also eine Abstimmung mit dem betreibenden Gläubiger suchen müssen (vgl. auch nachfolgend unter Rn. 2682 ff.).

3. Angaben zum Kaufgegenstand und seiner Beschaffenheit

2661 Der Insolvenzverwalter befindet sich regelmäßig in der Situation, dass er die Beschaffenheit und die Historie der Immobilie nicht bzw. nur zum Teil und jedenfalls nicht über einen längeren Zeitraum kennt. So ist der Insolvenzverwalter etwa häufig damit konfrontiert, dass die üblichen Dokumentationen zu einer Immobilie, beispielsweise Versicherungsunterlagen, Korrespondenz mit Behörden und Dritten, Mietunterlagen wie etwa Mieterakten, Energieausweise oder Bescheide zur Grundsteuer und sonstigen öffentlichen Abgaben, nicht bzw. nicht vollständig vorliegen.

Um seinen Kenntnisstand zu verbessern und insbesondere auch eine belastbare Grundlage für eine Verwertungshandlung zu liefern, wird der Insolvenzverwalter regelmäßig zunächst ein Verkehrswertgutachten erstellen lassen. So haben er, der Grundpfandgläubiger, Immobilienvermittler und Erwerbsinteressenten im Zweifel eine erste Grundlage für die Einschätzung und Bewertung der Immobilie. Als weitere Erkenntnisquelle dienen dem Insolvenzverwalter eine entsprechend beauftragte Objektverwaltung und, wenn eine entsprechende Kooperationsbereitschaft besteht, der Gemeinschuldner.

Auf der Grundlage dieser Erkenntnisquellen wird sich der Insolvenzverwalter ein Bild von der Immobilie machen und dieses im Kaufvertrag bei den Angaben zur Beschaffenheit der Immobilie wiedergeben. Hierbei wird er schon aus Eigeninteresse auf etwaige Mängel bzw. Nachteile der Immobilie hinweisen, auch wenn ihn insoweit keine Aufklärungspflicht treffen sollte. Mit der Dokumentation solcher Missstände im weitesten Sinne bewirkt der Insolvenzverwalter (wie auch jeder andere Verkäufer), dass diese Umstände rechtlich nicht mehr als Mängel gewertet werden, sondern als Angaben zur Beschaffenheit. Die Frage nach einer Gewährleistung bzw. einem wirksamen Gewährleistungsauschluss stellt sich für diese Umstände also gar nicht erst.

2662 Im Übrigen wird der Insolvenzverwalter regelmäßig keine Angaben zum Objekt abgeben, um das Haftungsrisiko möglichst gering zu halten. Nach den Verträgen ist es dementsprechend regelmäßig Sache des Käufers, sich

---

4374 *Kindl/Meller-Hannich/Wolf*, Zwangsvollstreckung, § 30d Rn. 6; *Mönning/Zimmermann*, Die Einstellungsanträge des Insolvenzverwalters gem. §§ 30 d I, 153 b I ZVG im eröffneten Insolvenzverfahren, NZI 2008, 134, 136.

eigenverantwortlich ein Bild vom Kaufgegenstand zu verschaffen und hierzu die erforderlichen Untersuchungen vorzunehmen.

4. Kaufpreis und Umsatzsteuer

Bei der Vereinbarung des Kaufpreises bestehen im Vergleich zu einem Kaufvertrag zwischen üblichen Marktteilnehmern grundsätzlich keine Unterschiede. Wie schon erwähnt, wird sich der Insolvenzverwalter bei der Kaufpreisbemessung an dem regelmäßig eingeholten Sachverständigengutachten orientieren, wobei allerdings bei wertauschöpfend belasteten Immobilien ein Mindestpreis mit dem Grundpfandgläubiger abzustimmen ist.[4375]   2663

Der Verkauf einer Immobilien unterliegt grundsätzlich nicht der Umsatzsteuer; es handelt sich nach § 4 Nr. 9a UStG um ein umsatzsteuerfreies Rechtsgeschäft. Bei Immobilien mit einer nicht rein privaten Nutzung in den vergangenen zehn Jahren, also insbesondere bei Gewerbeimmobilien, ist allerdings durch den Insolvenzverwalter das Risiko einer Vorsteuerberichtigung angemessen zu würdigen und bei der Vertragsgestaltung zu berücksichtigen, so dass auch der Erwerber nachhaltig betroffen sein kann.   2664

Soweit der Gemeinschuldner oder ein Rechtsvorgänger des Gemeinschuldners hinsichtlich der Immobilie und ihrer Bebauung (etwa wegen des Erwerbspreises oder der Errichtungskosten für die Bebauung) Vorsteuern geltend gemacht haben, muss die mögliche Vorsteuerberichtigungspflicht gemäß § 15a UStG berücksichtigt werden. Nach § 15a Abs. 1 Satz 2 UStG beträgt der Berichtigungszeitraum bei Immobilien zehn Jahre. Die Aufgabe oder wesentliche Änderung der Grundstücksnutzung innerhalb dieses Zeitraums führt zum entsprechenden Berichtigungsanspruch des Finanzamtes, also der Verpflichtung zur Rückzahlung der gezogenen Vorsteuerbeträge, wobei sich die Berichtigungspflicht jedes Jahr um 10 % vermindert. Die Berichtigungspflicht des Insolvenzverwalters besteht beim Verkauf nur dann nicht, wenn es sich bei der Veräußerung nach § 15a Abs. 10 UStG um eine (Teil-)Geschäftsveräußerung im Ganzen im Sinne des § 1 Abs. 1a UStG handelt, der Erwerber also die bisherige Geschäftstätigkeit im umsatzsteuerlichen Sinne fortführt.

Der Insolvenzverwalter wird bei dem Verkauf daher grundsätzlich zu prüfen haben, ob abstrakt ein Vorsteuerberichtigungsrisiko besteht oder zumindest nicht ausgeschlossen werden kann. In diesen Fällen geht er nur dann kein Haftungsrisiko ein, soweit er gesichert von einer Geschäftsveräußerung im Ganzen ausgehen kann. Dies wird etwa bei dem Verkauf einer gewerblich genutzten Immobilie mit der Absicht zur Fortführung der bestehenden Mietverhältnisse unproblematisch anzunehmen sein, hingegen nicht, wenn der Erwerber beispielsweise ganz oder teilweise eine Eigennutzung beabsichtigt, sei sie auch ihrerseits gewerblicher Natur.

Will der Insolvenzverwalter im letztgenannten Fall die Vorsteuerberichtigung vermeiden, muss er bezogen auf den Immobilienverkauf zur Umsatzsteuer optieren. Die Option ist beurkundungsbedürftig und dementspre-

---

[4375] *Lwowski/Tetzlaff,* in: MüKo-InsO, § 165 Rn. 179; *Raab,* Probleme bei der Immobilienverwertung aus der Sicht des Insolvenzverwalters, DZWIR 2006, 234, 235.

chend Bestandteil des Kaufvertrages. Die Option wird derweil den Kauf für den Erwerber verteuern, wenn er nicht die Vorsteuer selbst wieder im Rahmen seines Vorsteuerabzugs geltend machen kann. Man muss sich also einigen.

2665 Verkauft der Insolvenzverwalter eine Immobilie, ohne diese Problematik ausreichend berücksichtigt zu haben, so stellt die dann geschuldete Vorsteuerberichtigung eine Masseverbindlichkeit dar, für deren Erfüllung der Insolvenzverwalter (subsidiär) auch persönlich nach §§ 60, 61 InsO haftet.

Wichtig ist an dieser Stelle, dass die Annahme einer Geschäftsveräußerung im Ganzen im steuerlichen Sinne nicht zu einer Haftung des Erwerbers für sonstige Steuerschulden des Gemeinschuldners führt, vgl. § 75 Abs. 2 Abgabenordnung.

5. Kaufpreisfälligkeitsvoraussetzungen

2666 Bei den Zahlungsvoraussetzungen werden in der Praxis häufig die gleichen Fälligkeitsvoraussetzungen vorgesehen wie bei normalen Grundstückskaufverträgen. Diese bestehen regelmäßig in der Bestätigung der Vertragswirksamkeit, der Eintragung (oder „Sicherstellung" der Eintragung)[4376] einer Vormerkung nach § 883 BGB für den Käufer zur Absicherung des Eigentumsverschaffungsanspruchs, dem Vorliegen von Negativbescheinigungen über gesetzliche Vorkaufsrechte oder entsprechenden Verzichterklärungen sowie in der Sicherstellung der vertraglich vereinbarten Lastenfreiheit in Abteilung II und/oder III des Grundbuchs.

Mit diesen Fälligkeitsvoraussetzungen lassen sich in der Praxis auch die Immobilienkaufverträge verkaufender Insolvenzverwalter regelmäßig unproblematisch abwickeln. Bei genauer Betrachtung sind einzelne Fälligkeitsregelungen inhaltlich anzupassen.

5.1 Vertragswirksamkeit

2667 Damit der Vertrag wirksam zustande kommt, muss der Insolvenzverwalter bei Abschluss des Kaufvertrages noch Inhaber dieses Amtes sein. In der Praxis wird insoweit allgemein mit der dem Insolvenzverwalter nach § 56 Abs. 2 InsO erteilten Verwalterbescheinigung gearbeitet. Diese gesiegelte Urkunde bescheinigt die erfolgte Verwalterbestellung. Sie wird bei Vertragsabschluss im Original vorgelegt, damit der Notar eine beglaubigte Kopie mit der Urkunde verbinden kann.

2668 Mit öffentlichem Glauben ausgestattet ist diese Verwalterbescheinigung indessen nicht; es gibt keine Fiktion etwa entsprechend § 172 BGB[4377], wonach die Vertretungsmacht bestehen bleibt, bis die Vollmachtsurkunde dem Vollmachtgeber zurückgegeben oder für kraftlos erklärt wird. Ist der Verwalter bei Vertragsabschluss nicht mehr im Amt, wird die Insolvenzmasse nicht

---

[4376] Der Notar kann auf Ersuchen der Beteiligten nach Antragstellung die Prüfung vornehmen, ob nach dem Grundbuch, den Grundakten und der Markentabelle mit Ausnahme der Gerichtskosten für die Eintragung Hindernisse ersichtlich sind, die der Eintragung der Vormerkung an ranggerechter Stelle entgegenstehen.

[4377] *Uhlenbruck*, in: Uhlenbruck, InsO, § 56 Rn. 57.

gebunden. Es bedürfte daher an sich ergänzend einer Rückversicherung bei dem Insolvenzgericht, dass der Verwalter am Beurkundungstag noch unverändert amtierte. Das Gesetz sieht die Erteilung solcher Bescheinigungen allerdings nicht vor. Bei den Vertragsgestaltungen in der Praxis wird dieser Umstand, etwa durch einen Auftrag an den Notar, sich zum relevanten Stichtag durch Rückfrage bei dem Insolvenzgericht Gewissheit zu verschaffen, nur selten berücksichtigt.

5.2 Eigentumsvormerkung und § 878 BGB

Bei Immobilien-Kaufverträgen nach deutschem Recht wird für die Fälligkeit von Zahlungen regelmäßig auf die Eintragung einer Vormerkung für den Erwerber nach § 883 BGB abgestellt, die den Anspruch auf Eigentumsverschaffung sichert.

2669

Im Rang nach der Vormerkung im Grundbuch eingetragene Lasten bzw. sonstige Änderungen im Grundbuchinhalt, die den durch die Vormerkung Berechtigten beeinträchtigen würden, sind gegenüber dem Vormerkungsberechtigten „relativ unwirksam", so dass der Berechtigte aus der Vormerkung gegenüber dem Inhaber des ihn benachteiligenden Rechts gemäß § 888 BGB die Herstellung des Zustandes verlangen kann, der ohne die beeinträchtigende Änderung bestünde. Gedacht ist hier letztlich daran, den Käufer vor dem Verkauf der Immobilie an einen Dritten zu schützen, aber ebenso vor sonstigen ihn benachteiligenden sonstigen Eintragungen wie etwa Zwangssicherungshypotheken usw.

Diese Schutzwirkung hat die Vormerkung, die ein Insolvenzverwalter als Verkäufer zur Eintragung im Grundbuch bewilligt hat, aber nur dann, wenn er den Zeitpunkt der Eintragung der Vormerkung erlebt und er zudem bis dahin auch unverändert Insolvenzverwalter ist.

Die insoweit relevante Vorschrift ist § 878 BGB, die besagt, dass eine Erklärung nicht dadurch unwirksam wird, dass der Berechtigte in der Verfügung beschränkt wird, nachdem die Erklärung für ihn bindend geworden ist und der Antrag auf Eintragung bei dem Grundbuchamt gestellt worden ist. Diese Vorschrift bedeutet mit anderen Worten, dass ein Verlust der Verfügungsbefugnis vor Eintragung unschädlich ist, wenn sich die Beteiligten über die Eintragung vor dem Verlust zumindest geeinigt haben und der Antrag auf Eintragung bereits gestellt war.

Nach der Rechtsprechung[4378], die allerdings von der Literatur[4379] vehement kritisiert wird, findet § 878 BGB auf einen Insolvenzverwalter (und ebenso auf einen Testamentsvollstrecker) keine Anwendung mit der Folge, dass ein Ableben des Insolvenzverwalters vor Eintragung der Vormerkung ebenso wie eine Amtsenthebung dazu führen, dass der Erwerber in seinem Erwerbsanspruch nicht gesichert ist. Würde etwa das Verfahren aufgehoben mit der Folge, dass der Gemeinschuldner seine Verfügungsbefugnis wiedererlangte, wäre der Gemeinschuldner zwar aus dem durch den Insolvenzverwalter (noch wirksam) abgeschlossenen Kaufvertrag selbst gebunden. Wenn

2670

[4378] Beispielsweise OLG Frankfurt, Urt. v. 26.11.1979 – 20 W 724/79, Rpfleger 1980, 63; BayObLG, B. v. 20.08.1998 – 2Z BR 45/98, Rpfleger 1999, 25.
[4379] *Kesseler*, Die Insolvenz des Bauträgers, RNotZ 2004, 176, 214.

der Gemeinschuldner dies aber etwa nicht weiß oder aber „nicht wissen will" und er das Grundstück anderweitig verkauft oder belastet, hat der Käufer als Vertragspartei des (früheren) Insolvenzverwalters das Nachsehen. Für Schäden könnte (subsidiär nach dem Vertragspartner) auch der Notar einzustehen haben, wenn er den Käufer auf diese Risiken der Vertragsgestaltung nicht hingewiesen und in Betracht kommende Regelungen zur Sicherung erläutert hat, vgl. § 19 BNotO.

Die Problematik wiederholt sich dann später in gleicher Weise bei der Eintragung der Eigentumsumschreibung auf den Käufer aufgrund der erklärten Auflassung und der bewilligten Grundbucheintragung als dem Abschluss der Vertragsabwicklung.

Wegen der nach der Rechtsprechung nicht anwendbaren Vorschrift des § 878 BGB müsste sich daher das Grundbuchamt sowohl auf den Zeitpunkt der Eintragung der Eigentumsvormerkung als auch auf den Zeitpunkt der Eigentumsumschreibung vergewissern, dass der Insolvenzverwalter noch lebt und amtiert; nur dann wäre an sich die jeweilige Eintragung auf den Erwerber zulässig. In der Praxis lässt sich das Grundbuchamt auf den Zeitpunkt des Eingangs des jeweiligen Eintragungsantrages entweder die Ausfertigung der Verwalterbescheinigung im Original vorlegen oder eine beglaubigte Kopie, die nach dem Zeitpunkt des Antragseingangs erstellt wurde.

Als Konsequenz der dargestellten Rechtslage wird jedenfalls von einem Teil der Notare in den Kaufpreiszahlungsregelungen vorgesehen, dass die Zahlung (bzw. Auszahlung vom Notar-Anderkonto) des Kaufpreises erst erfolgt, wenn die Umschreibung des Eigentums auf den Käufer erfolgt ist und sich der Notar durch entsprechende Erkundigungen bei Gericht und gegenüber dem verkaufenden Insolvenzverwalter vergewissert hat, dass dieser zum Zeitpunkt der Eigentumsumschreibung lebt und noch amtierte.

Letzteres scheint indes bei praktischer – den Vertragsparteien allerdings darzulegender – Betrachtung nicht zwingend erforderlich. Man wird es als ausreichend ansehen dürfen, wenn die Zahlung bzw. Auszahlung auf den Zeitpunkt erfolgt, zu dem für den Käufer die Eintragung der Eigentumsvormerkung im Grundbuch erfolgt ist und sich der Notar zusätzlich vom Fortbestehen der Insolvenzverwaltereigenschaft des Verkäufers vergewissert hat. In diesem Fall ist der Eigentumsverschaffungsanspruch des Käufers über § 883 BGB gesichert und notfalls durchsetzbar, selbst wenn die Verwaltereigenschaft tatsächlich vor Eigentumsumschreibung beendet sein sollte, und zwar sowohl gegenüber einem neuen Insolvenzverwalter als auch gegenüber dem Gemeinschuldner im Falle der Verfahrensbeendigung.

5.3 Vorkaufsrechte

2671 Zum Vertragsvollzug gehört typischerweise auch die Einholung von Bescheinigungen über das Nichtbestehen bzw. über den Verzicht auf Vorkaufsrechte. Relevant ist insoweit § 471 BGB, wonach ein Vorkaufsrecht grundsätzlich nicht ausgeübt werden kann, wenn der Verkauf aus einer Insolvenzmasse erfolgt. Die Vorschrift erleichtert den Verkauf von Immobilien aus der Insolvenzmasse. Der Gesetzgeber hat insoweit den Interessen des Insolvenzverfahrens und seiner Beteiligten den Vorrang vor den Interessen der Vorkaufsberechtigten eingeräumt.

Die Vorschrift umfasst nach gesicherter Erkenntnis zumindest die für die Praxis bedeutsamsten Vorkaufsrechte. Originär erfasst ist das schuldrechtliche, also vertraglich eingeräumte Vorkaufsrecht im Sinne der §§ 463 ff. BGB. Aber auch das gesetzliche Vorkaufsrecht des Mieters im Sinne des § 577 BGB findet beim Verkauf durch den Insolvenzverwalter keine Anwendung. Schließlich besteht auch kein gesetzliches Vorkaufsrecht der Gemeinden nach den §§ 24 ff. BauGB, weil in § 28 Abs. 2 Satz 1 BauGB auf die Vorschriften über das Vorkaufsrecht nach BGB (§§ 463 ff. BGB) verweist.   2672

Bezüglich sonstiger gesetzlicher Vorkaufsrechte bedarf es einer Prüfung im Einzelfall. Soweit die Vorschriften auf die Regelungen über das Vorkaufsrecht nach BGB verweisen, wird § 471 BGB anwendbar sein. In Fällen gesetzlicher Vorkaufsrechte ohne ausdrückliche Regelungen zu ihrem Inhalt muss die Rechtslage als unklar bezeichnet werden.   2673

Keine Anwendung findet § 471 BGB im Falle eines dinglichen, im Grundbuch eingetragenen Vorkaufsrechts im Sinne der §§ 1098 ff. BGB. Gemäß § 1098 Abs. 1 Satz 2 BGB gilt das Vorkaufsrecht auch im Falle eines Verkaufs durch den Insolvenzverwalter.   2674

5.4 Heimfall nach ErbbauRG

Beim Verkauf eines Erbbaurechts sind eventuell die Vorschriften über den sogenannten Heimfall zu berücksichtigen, §§ 2 Nr. 4, 3, 32 ff. ErbbauRG.   2675

Als Inhalt des Erbbaurechts kann auch die Verpflichtung des Erbbauberechtigten vereinbart werden, das Erbbaurecht beim Eintritt bestimmter Voraussetzungen auf den Grundstückseigentümer zu übertragen (Heimfall, vgl. § 2 Nr. 4 ErbbauRG), dies grundsätzlich gegen eine angemessene Vergütung, die allerdings abdingbar ist. Einer der üblicherweise vereinbarten Gründe für die Begründung der Übertragungsverpflichtung ist die Insolvenz des Erbbauberechtigten.

Der Heimfallanspruch entsteht mit wirksamer Ausübungserklärung gegenüber dem Erbbauberechtigten.[4380] Mit wirksamer Ausübung des Heimfallrechts hat der Grundstückseigentümer einen dinglichen Anspruch auf Übertragung des Erbbaurechts an ihn.[4381] Der Heimfallanspruch richtet sich nach herrschender Meinung[4382] gegen den jeweiligen Erbbauberechtigten. Er kann also auch gegenüber dem Rechtsnachfolger geltend gemacht und durchgesetzt werden, selbst wenn die Voraussetzungen für die Entstehung des Anspruchs in der Person eines früheren Erbbauberechtigten eingetreten sind.   2676

Im Falle des Verkaufs des Erbbaurechts durch den Insolvenzverwalter könnte der Grundstückseigentümer den Anspruch damit auch gegenüber dem Käufer geltend machen. Da es nach § 32 Abs. 1 Satz 2 ErbbauRG auch möglich ist und der Praxis entspricht, als Gegenleistung für diese Übertragung einen unter dem Verkehrswert liegenden Betrag zu vereinbaren, kann

---

4380 *von Oefele*, in: MüKo-InsO, § 3 ErbbauRG Rn. 3.
4381 *von Oefele*, in: MüKo-InsO, § 2 ErbbauRG Rn. 29.
4382 OLG Karlsruhe, Urt. v. 31.05.2000 – 19 U 232/98, NZM 2001, 1053.

sich die Ausübung des Heimfallanspruchs für den Grundstückseigentümer als wirtschaftlich attraktiv und den Käufer als großer Schaden erweisen.

Vor Verkauf bedarf es daher der Einholung einer Verzichtserklärung des Grundstückseigentümers zu dem Heimfallanspruch, es sei denn, es ist bereits Verjährung eingetreten. Der Anspruch verjährt binnen sechs Monaten ab Kenntnis des Grundstückseigentümers von den Voraussetzungen des Heimfallanspruches, ohne Kenntnis mit Ablauf von zwei Jahren vom Eintreten der Voraussetzungen an.

5.5 Sicherung der Lastenfreiheit im Grundbuch

2677 Die vertraglich geschuldete Lastenfreiheit in Abteilung II und III des Grundbuches muss der Insolvenzverwalter als Verkäufer in gleicher Weise sicherstellen wie jede andere Person als Verkäufer. Zu den erforderlichen Abstimmungen mit Grundpfandgläubigern wird auf den nachstehenden Abschnitt 6, Rn. 2682 ff. verwiesen.

5.6 Genehmigungen und Zustimmungserfordernisse

2678 Genehmigungen für Immobilienkaufverträge können nach zahlreichen gesetzlichen Bestimmungen in Betracht kommen, so etwa nach der Grundstücksverkehrsordnung (GVO) im Beitrittsgebiet wegen möglicher Restitutionsansprüche oder nach dem Baugesetzbuch in einem Sanierungsgebiet im Sinne der § 144 ff. BauGB. Hier gibt es keine Privilegierungen für den Verkauf durch einen Insolvenzverwalter; die Genehmigungen sind also wie auch sonst üblich im Rahmen der Vertragsabwicklung durch den Notar einzuholen.

2679 Zivilrechtlich ist insbesondere an das Erfordernis der Zustimmung des WEG-Verwalters bei Wohnungs- und Teileigentumsverkäufen sowie der Zustimmung des Grundstückseigentümers beim Verkauf eines Erbbaurechts zu denken.

2680 Nach § 12 WEG (Wohnungseigentumsgesetz) kann in der Gemeinschaftsordnung als der „Verfassung" einer Wohnungseigentümergemeinschaft bindend vorgesehen werden, dass ein Wohnungs- bzw. Teileigentümer zur Veräußerung der Zustimmung des WEG-Verwalters oder (selten) Dritter bedarf. In den meisten Fällen sieht die Gemeinschaftsordnung selbst vor, dass die Zustimmung im Falle des Verkaufs durch einen Insolvenzverwalter nicht erforderlich ist. Zwingend ist diese Privilegierung aber nicht. Ohne die nach der Gemeinschaftsordnung erforderliche Zustimmung ist der Kaufvertrag also (schwebend) unwirksam; so dass die Gemeinschaftsordnung vorsorglich unter diesem Gesichtspunkt geprüft werden sollte, wenn im Grundbuch Zustimmungserfordernisse nicht erwähnt sind. Die ausdrückliche Aufzählung von in der Gemeinschaftsordnung vorgesehenen Veräußerungsbeschränkungen im Bestandsverzeichnis des Grundbuchs ist nicht konstitutiv, sondern nur deklaratorisch, da es nach § 874 BGB zulässig ist, wegen des Inhalts eines Rechts auf die – bei den Grundakten verwahrte – Eintragungsbewilligung zu verweisen. Auf die Erteilung der Zustimmung besteht allerdings grundsätzlich ein Anspruch; sie darf nur aus wichtigem Grund verweigert werden.

Gemäß § 5 Abs. 1 ErbbauRG kann als Inhalt des Erbbaurechts vereinbart werden, dass die Veräußerung der Zustimmung des Eigentümers des mit dem Erbbaurecht belasteten Grundstücks bedarf. Auch insoweit findet man in der Praxis fast immer die Regelung, wonach der Verkauf durch den Insolvenzverwalter nicht der Zustimmung bedarf. Wiederum besteht auf ihre Erteilung gemäß § 7 Abs. 1 ErbbauRG ein Rechtsanspruch vorbehaltlich eines wichtigen Grundes. *2681*

Gemäß § 5 Abs. 2 ErbbauRG kann als Inhalt des Erbbaurechts aber weiter vereinbart werden, dass die Belastung des Erbbaurechts mit Grundpfandrechten der Zustimmung des Eigentümers bedarf. Auf ihre Erteilung besteht gemäß § 7 Abs. 2 ErbbauRG nicht ohne weiteres ein Anspruch, sondern nur, wenn die Belastung „mit den Regeln einer ordnungsgemäßen Wirtschaft" vereinbar ist. Diese Tatbestandsvoraussetzung bereitet in der Praxis durchaus Schwierigkeiten, und ist etwa bei einer zur Finanzierung des Kaufpreises beabsichtigten Belastung des Erbbaurechts mit einer Grundschuld in gleicher Höhe nicht ohne weiteres als gegeben anzunehmen. Von diesem Zustimmungserfordernis für Belastungen sind die Verkäufe durch den Insolvenzverwalter nach den Erbbaurechtsverträgen regelmäßig nicht befreit. Der Insolvenzverwalter kann daher zwar womöglich ohne Mitwirkung des Grundstückseigentümers verkaufen, nicht aber die Möglichkeit der Fremdfinanzierung durch eine Vollmacht für Grundpfandrechtsbestellungen sicherstellen. Hier ist also nach Möglichkeit im Vorfeld eine Abstimmung mit dem Grundstückseigentümer vorzunehmen, um eine reibungslose Vertragsabwicklung zu gewährleisten. Zu denken ist hier gegebenenfalls an die Alternative, eine bereits eingetragene Grundschuld, deren Gläubiger aus dem Kaufpreis abgelöst werden soll, nicht zu löschen, sondern dem den Kaufpreis finanzierenden Kreditinstitut des Käufers abtreten zu lassen. Die Zustimmung zur Grundschuldabtretung wird regelmäßig nicht erforderlich sein.

6. Abstimmungen mit Grundpfandgläubigern beim Verkauf
6.1 Aus dem Kaufpreis ablösbare Belastungen

Sofern der beim Verkauf realisierbare Kaufpreis über dem Ablösebetrag des Grundpfandgläubigers liegt, ergeben sich grundsätzlich keinerlei Abstimmungsbedürfnisse und -schwierigkeiten. Der Insolvenzverwalter verkauft, und der Notar fordert bei dem abzulösenden Grundpfandgläubiger die Löschungsunterlagen unter Treuhandauflage an. Bei Eintreten der Fälligkeitsvoraussetzungen wird der Gläubiger befriedigt und sein Grundpfandrecht aufgrund entsprechender, dem Notar erteilter Löschungsunterlagen gelöscht. Allenfalls bei einer drohenden Zwangsversteigerung kann sich Abstimmungsbedarf mit dem Gläubiger ergeben, da im Falle eines Zuschlags an einen Bieter der Insolvenzverwalter seinem Käufer das Eigentum nicht wie geschuldet verschaffen könnte. Die Abstimmung mit dem Gläubiger wird aber regelmäßig gelingen, wenn der Kaufpreis vor dem Versteigerungstermin zumindest hinterlegt oder seine Zahlung anderweitig sichergestellt werden kann. *2682*

6.2 Den Kaufpreis übersteigende Belastungen, Massebeteiligung, Haftungsfreistellung

2683 Ist die Immobilie wertausschöpfend belastet, sind also die Forderungen der gesicherten Gläubiger höher als der realisierbare Kaufpreis, was in Insolvenzverfahren regelmäßig der Fall ist, so ist der Insolvenzverwalter letztlich zum Verkauf der Immobilie nur imstande, wenn er sich über die Modalitäten des Verkaufs mit dem oder den gesicherten Gläubigern geeinigt hat.

In diesem Sinne bedarf es einer Einigung über die wirtschaftlichen Faktoren eines Verkaufs, insbesondere über einen Mindestkaufpreis, eine – umsatzsteuerpflichtige[4383] – Massebeteiligung als „Beitrag" des Gläubigers für die Insolvenzmasse für die Durchführung der Verwertungshandlung und in der Regel eine Haftungsfreistellung, wonach der Insolvenzverwalter von Risiken des Vertrages freigestellt wird.

6.2.1 Massebeteiligung

2684 In der Regel wird der Insolvenzverwalter für seine Verwertungsbemühungen nur einen Betrag in Höhe von etwa 3 bis 5 % des Kaufpreises als die sogenannte Massebeteiligung vereinbaren[4384], dies zuzüglich der gesetzlichen Umsatzsteuer. Dieser Betrag verbleibt der Insolvenzmasse, den Rest vereinnahmt der Gläubiger im Rahmen der Vertragsabwicklung. Der Gläubiger berücksichtigt die getroffene Vereinbarung entweder bereits durch Reduzierung des Ablösebetrages, den er dem amtierenden Notar als Voraussetzung für die Löschung seines Grundpfandrechts benennt, oder er zahlt den Betrag nachträglich an den Insolvenzverwalter aus.

Diese Verwertungshandlung des Insolvenzverwalters, also der Verkauf der Immobilie bei Vereinbarung eines der Insolvenzmasse verbleibenden Betrages, gilt nach der Rechtsprechung des Bundesfinanzhofs[4385] als Ausübung einer umsatzsteuerpflichtigen Tätigkeit.

6.2.2 Haftungsfreistellung

2685 Ein Insolvenzverwalter macht seine Bereitschaft zur Verwertung einer wertausschöpfend belasteten Immobilie regelmäßig zusätzlich davon abhängig, dass ihn der Grundpfandgläubiger von den mit dem Veräußerungsvertrag verbundenen Risiken freistellt. Die Erklärung hierfür ist naheliegend. Der Insolvenzverwalter ist bei einem solchen Verkauf im Grunde genommen nur eine Art verlängerter Arm des Grundpfandgläubigers, dem an einem möglichst hohen Kaufpreis gelegen ist, der ihm dann als Ablösebetrag für sein Grundpfandrecht zufließt. Letztlich kann man den Grundpfandgläubiger in solchen Konstellationen als den wirtschaftlichen Eigentümer der Immobilie bezeichnen. Der Insolvenzverwalter hingegen generiert für die Insolvenzmasse lediglich die Massebeteiligung und damit einen im Vergleich zum Kaufpreis geringen Betrag. Aufgrund dieser Gewichtung ist es regelmäßig

---

[4383] BFH, Urt. v. 18.08.2005 – V R 31/04, ZInsO 2005, 1214; *Dithmar/Schneider*, in: Braun, InsO, § 165 InsO Rn. 18.

[4384] *Raab*, Probleme bei der Insolvenzverwertung aus Sicht des Insolvenzverwalters, DZWIR 2006, 234, 235.

[4385] BFH, Urt. v. 18.08.2005 – V R 31/04, ZInsO 2005, 1214.

nicht gerechtfertigt, dass der Insolvenzverwalter für sich und die Insolvenzmasse relevante Risiken und Kostentragungspflichten mit dem Verkauf eingeht; von solchen Belastungen ist er durch den Gläubiger freizustellen. Hierzu gehören insbesondere die Kosten für die Löschung der vom Erwerber nicht übernommenen Lasten im Grundbuch, etwaige Rückstände an öffentlichen Lasten sowie die Haftung wegen im Einzelfall übernommener Garantien bezüglich der Objektbeschaffenheit. Im Einzelfall kann es vorkommen, dass der Grundpfandgläubiger zur Erteilung einer Haftungsfreistellung nicht bereit ist. In diesem Fall wird der Insolvenzverwalter den Verkauf entweder ablehnen oder allenfalls in einer Art verkaufen, die jegliche erdenkliche Risiken ausschließt und potentielle Kosten allein dem Erwerber auferlegt.

6.3 Anspruch auf Löschung nachrangiger Grundpfandrechte

Nicht selten sind die zur Insolvenzmasse gehörenden Immobilien mit nachrangigen Grundpfandrechten belastet, die im Falle einer Zwangsversteigerung angesichts ihnen vorgehender Grundpfandrechte und der gesicherten Forderungen keine Aussicht auf (Teil-) Befriedigung hätten (sogenannte Schornsteinhypotheken). In der Praxis war es über lange Zeit verbreitet, dass sich solche Gläubiger von einem Insolvenzverwalter für die notwendige Erteilung einer Löschungsbewilligung zumindest eine geringe Geldzahlung versprechen ließen. Diskutiert wurde in der Vergangenheit, ob diese sogenannten Lästigkeitsprämien wegen offensichtlicher Insolvenzzzweckwidrigkeit zurückgefordert werden können. Diese Frage hat der Bundesgerichtshof nun im Grundsatz entschieden.[4386] Da nachrangige Grundpfandrechte im Insolvenzverfahren bei wertausschöpfender vorrangiger Belastung keinen Wert darstellen, widerspricht die Vereinbarung einer hierauf bezogenen Lästigkeitsprämie dem Insolvenzzweck der gleichmäßigen Gläubigerbefriedigung und ist deshalb nichtig. Offen gelassen wurde vom Bundesgerichtshof allerdings ausdrücklich, ob eine andere Bewertung der Vereinbarung einer Lästigkeitsprämie geboten wäre, wenn diese einen derart günstigen Kaufvertragsabschluss ermöglicht hätte, dass ein Massezuwachs erzielt worden wäre. Es ist daher abzuwarten, wie sich die Rechtsprechung des Bundesgerichtshofs zu dieser Frage zukünftig entwickelt.

2686

7. Haftung für Rechts- und Sachmängel

Bezüglich der Haftung für Sach- und Rechtsmängel der Immobilie wird der Insolvenzverwalter im Regelfall in einem noch stärkeren Maße als ein normaler Verkehrsteilnehmer um einen umfassenden Haftungsausschluss bemüht sein.

2687

7.1 Abgrenzung zu Beschaffenheitsangaben

Wie bereits erwähnt, wird er zunächst, soweit ihm etwa andere als lediglich unerhebliche bzw. ohne weiteres erkennbare Mängel bekannt sind, diese auch dem Erwerber durch entsprechende Dokumentation in dem Kaufver-

2688

4386 BGH, B. v. 20.03.2008 – IX ZR 68/06, ZIP 2008, 884.

trag offenbaren, da der Mangel sodann eine Beschaffenheitsangabe darstellt. Dann spielt aber dieser Umstand für die Frage nach einem wirksamen Haftungsausschluss keine Rolle.

7.2 Verbraucher oder Unternehmer im Sinne des Gesetzes

2689 Im Zusammenhang mit Regelungen über den Ausschluss der Haftung für Mängel ist von Relevanz, ob der Insolvenzverwalter als Unternehmer im Sinne von § 14 BGB oder als Verbraucher im Sinne von § 13 BGB einzustufen ist, da Haftungsausschlüsse im ersten genannten Fall gegenüber Verbrauchern als Käufer nur in einem eingeschränkten Maße möglich sind. Bezüglich der Einstufung eines Insolvenzverwalters liegen noch keine höchstrichterlichen Entscheidungen vor.

2690 Man wird wohl von einer Unternehmereigenschaft jedenfalls dann auszugehen haben, wenn der Gemeinschuldner seinerseits Unternehmer war,[4387] wie es etwa bei allen Handelsgesellschaften der Fall ist. In der Insolvenz eines Verbrauchers soll der Insolvenzverwalter dagegen selbst nur als Verbraucher zu behandeln sein,[4388] was ihm gegenüber Verbrauchern als Erwerber den weitergehenden Haftungsausschluss ermöglicht. Bis zu einer Entscheidung durch die Rechtsprechung ist hier für die Praxis jedenfalls naheliegend, den Insolvenzverwalter vorsorglich als Unternehmer anzusehen. Dies gilt umso mehr, als Insolvenzverwalter recht häufig für ihre Immobilienverwertungen ähnliche Vertragstexte verwenden, so dass im Zweifel auch der Bereich der allgemeinen Geschäftsbedingungen eröffnet ist und auf diesem Weg ein Teil der Verbrauchervorschriften ohnehin Anwendung findet.

7.3 Keine Privilegierung bei Haftungsausschlüssen

2691 Unabhängig von der Einstufung des Insolvenzverwalters als Unternehmer oder Verbraucher beim Verkauf muss jedenfalls im Ergebnis davon ausgegangen werden, dass der Insolvenzverwalter im Hinblick auf Haftungsausschlüsse keine Privilegien kraft Amtes für sich beanspruchen kann.

So ist im Gesetzgebungsverfahren zu dem Schuldrechtsmodernisierungsgesetz erörtert worden, ob der Verkauf aus der Insolvenzmasse durch den Insolvenzverwalter von dem Begriff des Verbrauchsgüterkaufs ausgenommen werden solle. Dieser Vorschlag wurde von der Bundesregierung abgelehnt. Der Insolvenzverwalter solle nicht anders behandelt werden als der Gemeinschuldner selbst.[4389]

Zuletzt diskutiert wurde auch, ob der Insolvenzverwalter im Rahmen von Kaufverträgen mit dem Käufer vereinbaren könne, dass dessen eventuelle Gewährleistungsansprüche nicht als Masseverbindlichkeiten, sondern als bloße Insolvenzforderungen behandelt werden.[4390] Rechtsprechung liegt

---

4387 *Ellenberger*, in: Palandt, § 14 Rn. 2.
4388 *Hertel*, in: Amann/Brambring/Hertel, Vertragspraxis nach neuem Schuldrecht, 350; *Reul/Heckschen/Wienberg*, Insolvenzrecht in der Kautelarpraxis, M.I.5.; *Heinrichs*, in: Palandt, § 14 Rn. 2.
4389 BT-Drucks. 14/6857, S. 62 zu Nr. 103.
4390 *Marotzke*, Gegenseitige Verträge im neuen Insolvenzrecht, ZInsO 2002, 501, 508.

hierzu noch nicht vor. Es steht allerdings zu befürchten, dass eine solche Vereinbarung als eine Verkürzung der Gewährleistungsansprüche bewertet und hierin ein Verstoß gegen § 309 Nr. 8 lit. b BGB gesehen wird.

Schließt der Insolvenzverwalter selbst einen Vertrag ab, so übernimmt er dementsprechend eine Haftung nach den allgemeinen Vorschriften des Zivilrechts und begründet damit Masseverbindlichkeiten im Sinne des § 55 Abs. 1 InsO, wobei ihm für Haftungseinschränkungen nur die auch allgemein zivilrechtlich vorgesehenen Möglichkeiten zur Verfügung stehen.

7.4 Keine Zurechnung von Gemeinschuldnerwissen

Wichtig ist dabei, dass sich der Insolvenzverwalter bei seinem Handeln nicht die Kenntnis und das Verhalten des Gemeinschuldners zurechnen lassen muss.[4391] Der Gemeinschuldner ist insbesondere auch kein Erfüllungsgehilfe des verkaufenden Insolvenzverwalters.[4392]

2692

7.5 Haftung für öffentliche Lasten

Nicht selten bestehen im Insolvenzverfahren bezogen auf Immobilien erhebliche Rückstände an öffentlichen Lasten. Soweit diese grundstücksbezogen sind, muss der Käufer durchaus eine gegebenenfalls erst später erfolgende Inanspruchnahme von dritter Seite fürchten.

2693

In diesem Zusammenhang sind all diejenigen Rückstände von Relevanz, die aufgrund besonderer gesetzlicher Vorschriften „verdinglicht" sind, also unabhängig von einer etwa daneben stehenden persönlichen Haftung bestehen und auch gegenüber dem jeweiligen Eigentümer des Objekts geltend gemacht werden können. Hierunter fallen insbesondere die Grundsteuer, vgl. §§ 11 und 12 GrStG, Erschließungskosten nach § 134 Abs. 2 BauGB und Beiträge nach dem Kommunalabgabengesetz (des jeweiligen Bundeslandes). Gemeinsam ist den öffentlichen Lasten, dass sie auch ohne Eintragung im Grundbuch bei der Zwangsversteigerung des Grundbesitzes in der Rangklasse des § 10 Abs. 1 Nr. 3 ZVG befriedigt werden.[4393] Der jeweilige Gläubiger kann den Ausgleich der Rückstände im Zweifel auch gegenüber dem Erwerber fordern und, wenn die Zahlung unterbleibt, ein Versteigerungsverfahren einleiten. Nach der zuletzt ergangenen Entscheidung des Bundesgerichtshofs[4394] kann von dem Gläubiger wohl letztlich nicht verlangt werden, dass er die abgesonderte Befriedigung im Rahmen des Verkaufs durch den Insolvenzverwalter fordert[4395] und sonst den Anspruch verwirkt.

4391 *Kroth*, in: Braun, InsO, § 80 InsO, Rn. 25; *Eickmann*, in: HK, § 80 Rn. 14.
4392 *Wittkowski*, in: Nerlich/Römermann, InsO, § 80 Rn. 44.
4393 *Reul/Heckschen/Wienberg*, Insolvenzrecht in der Kautelarpraxis, M.III.
4394 BGH, Urt. v. 18.02.2010 – IX ZR 101/09, ZInsO 2010, 914.
4395 Die Rechtsprechung betont dabei aber immer wieder, dass die Befriedigung des Abgabengläubigers durch Zwangsvollstreckung eine Ermessensentscheidung darstellt, bei der Erwägungen darüber angestellt werden müssen, ob die dingliche Haftung des Grundstücks im konkreten Fall geboten erscheint. So kann sich eine sogenannte Ermessensreduzierung auf Null zugunsten des Erwerbers ergeben, wenn die Behörde nicht mit ausreichend Nachdruck oder infolge pflichtwidriger Verzögerung die Verwirklichung des Anspruchs gegen den Abgabenschuldner betrieben hat, vgl. etwa VG Halle (Saale), B. v. 02.12.2003; VG Augsburg, Urt. v. 15.01.2008, Au 1 K 07.818.

7.6 Haftung der Insolvenzmasse und des Verwalters

2694 Der Insolvenzverwalter verpflichtet mit dem von ihm abgeschlossenen Rechtsgeschäft originär ausschließlich die Insolvenzmasse.[4396] Masseverbindlichkeiten sind gemäß § 53 InsO vorweg zu berichtigen, also zu erfüllen. Ein möglicher Haftungsanspruch des Erwerbers gegenüber dem Insolvenzverwalter, etwa wegen sich als unzutreffend erweisender Angaben zum Objekt, würde dementsprechend zunächst ausschließlich aus der Insolvenzmasse zu befriedigen sein.

Für den Fall, dass die Insolvenzmasse zur Erfüllung dieses Anspruchs unzureichend ist oder aber das Insolvenzverfahren etwa bereits abgeschlossen wurde, hätte der Erwerber dann allenfalls die Möglichkeit, sich auf eine persönliche Haftung des Insolvenzverwalters nach § 61 InsO zu stützen.

Dieser Anspruch besteht aber nicht automatisch, sobald sich die Masse zur Erfüllung des Anspruchs des Käufers als unzureichend erweist. Vielmehr ist Voraussetzung hierfür, dass der Insolvenzverwalter bei Begründung der Verbindlichkeit die künftige Masseunzulänglichkeit, auch Massearmut genannt, nicht erkennen konnte. Den Insolvenzverwalter trifft insoweit die Beweislast, dass er angesichts der Liquiditätsplanung und Vermögenssituation der Masse von einer Erfüllung der von ihm eingegangenen Masseverbindlichkeiten ausgehen konnte.[4397]

2695 Bei einem Verkauf von Bestandsimmobilien wird ein Gewährleistungsanspruch des Käufers wegen einer Abweichung der Ist- von der Sollbeschaffenheit der Immobilie allenfalls in Betracht kommen, soweit der Insolvenzverwalter ausnahmsweise auf Veranlassung des Käufers entsprechende Angaben abgibt (siehe oben unter 3., Rn. 2661). Gewährleistungsansprüche stehen allerdings bei Vertragsabschluss gerade nicht fest, sondern ergeben sich zumeist erst deutlich später während der Gewährleistungsfrist.

Mit solchen Ansprüchen rechnet der Insolvenzverwalter daher regelmäßig gerade nicht, und er muss es wohl auch nicht.[4398] Gewährleistungsansprüche sind regelmäßig nicht bereits bei oder unmittelbar nach Vertragsabschluss bekannt, sondern werden häufig erst deutlich später geltend gemacht. Wenn keine Anhaltspunkte für solche Ansprüche bestehen, kann vom Insolvenzverwalter schlecht verlangt werden, auf ein abstraktes und letztes auch nicht quantifizierbares Risiko hin, eine Rücklage zu bilden und so den endgültigen Abschluss des Insolvenzverfahrens hinaus zu zögern. Auch Kapitalgesellschaften sind etwa nach dem Gesetz nicht gehalten, wegen abstrakt denkbarer Gewährleistungsansprüche ihrer Vertragspartner entsprechende Rückstellungen zu bilden mit der Folge, dass Gewinnausschüttungen nur eingeschränkt möglich wären.[4399]

Anderes kann daher nur gelten, wenn entweder im Vertrag konkrete Zusicherungen und Garantien abgegeben werden, die ein konkretes Inan-

---

[4396] *Uhlenbruck*, in: Uhlenbruck, InsO, § 53 Rn. 2.
[4397] BGH, Urt. v. 17.12.2004 – IX ZR 185/03, ZIP 2005, 311.
[4398] *Ringstmeier/Homann*, Insolvenzrecht; Schuldrechtsreform, ZIP 2002, 505, 510.
[4399] §§ 150, 300 AktG haben nicht die Rücklage für mögliche Gewährleistungsansprüche im Blick, sondern einen Verlustausgleich, vgl. *Kropff*, in: MüKo-InsO, § 150 HGB, Rn. 28; im GmbHG gibt es keine Regelung zur Rücklagenbildung. Entsprechendes kann nur für die OHG und die KG nach § 249 HGB in Betracht kommen.

spruchnahmerisiko in sich bergen, oder der Insolvenzverwalter sonst Anhaltspunkte für eine drohende Inanspruchnahme hat.[4400]

Aus diesem Grund wird man von einem Insolvenzverwalter auch nicht verlangen können, dass er etwa für theoretisch in Betracht kommende, aber sich nicht im Ansatz aufdrängende Gewährleistungsansprüche im Insolvenzverfahren eine Rücklage bildet.[4401]

Etwas anderes mag für die Fälle gelten, in denen der Insolvenzverwalter selbst nicht lediglich eine Bestandsimmobilie verkauft, sondern auch die Durchführung beispielsweise einer Werkleistung erbringt. Hier kann wegen einer höheren Wahrscheinlichkeit des Auftretens von Gewährleistungsmängeln eine Rücklagenbildung in Betracht kommen.

Erwogen wird für diese Fälle, dass der Insolvenzverwalter dem Erwerber durch individualvertragliche Abrede für den Fall der Vereinbarung eines Gewährleistungsausschlusses einen geringeren Verkaufspreis anbietet.[4402] Inwieweit dies zulässig ist, wurde indes durch die Gerichte noch nicht beantwortet.

Liegen aber Anhaltspunkte für Gewährleistungsansprüche nicht vor, kommt auch eine persönliche Haftung des Insolvenzverwalters nach den §§ 60, 61 InsO nicht in Betracht, selbst wenn er keine Rücklagen gebildet hat und der Gewährleistungsanspruch aus der Masse nicht entsprechend § 53 InsO bzw. nach Vertragsabschluss erfüllt werden kann.

8. Regelungen zur Übergabe des Kaufgegenstandes

Vereinbarungen der Insolvenzverwalter zu Objektübergaben entsprechen zunächst den auch sonst gängigen Regelungen. Die Übergabe erfolgt nach den üblichen vertraglichen Vereinbarungen in Abhängigkeit von der Kaufpreiszahlung bzw. ihrer Sicherstellung etwa in Form der Hinterlegung auf einem Notaranderkonto. 2696

8.1 Harmonisierung mit Aufhebung der Zwangsverwaltung

Erörtert wurde bereits, dass auch ein Insolvenzverwalter keinen Besitz auf den vertraglich vereinbarten Zeitpunkt (z. B. „Tag oder Monatserster nach Kaufpreiszahlung") übertragen kann, wenn zu diesem Zeitpunkt eine Zwangsverwaltung bestehen sollte. Diese endet erst mit dem Aufhebungsbeschluss des Vollstreckungsgerichts, der wiederum erst erlassen wird, wenn der die Zwangsverwaltung betreibende Gläubiger seinen Antrag zurücknimmt. Hierzu ist er fast immer erst auf den Zeitpunkt bereit, zu dem er aus dem Verkaufserlös wie gefordert befriedigt wurde. 2697

Zwar kann der Insolvenzverwalter mit dem die Zwangsverwaltung betreibenden und am Verkauf interessierten Gläubiger vereinbaren, dass wirt-

---

[4400] *Reul/Heckschen/Wienberg*, Insolvenzrecht in der Kautelarpraxis, M.II.5.e.; *Ringstmeier/Homann*, Insolvenzrecht; Schuldrechtsreform, ZIP 2002, 505, 509.
[4401] *Marotzke*, Gegenseitige Verträge im neuen Insolvenzrecht, ZInsO 2002, 501, 506.
[4402] DNotI-Report, Gesetz zur Änderung des AGBG, 1996, 138, 139; *Brambring*, Sachmängelhaftung beim Bauträgervertrag und bei ähnlichen Verträgen, NJW 1987, 97, 102; *Kesseler*, Die Insolvenz des Bauträgers, RNotZ 2004, 177, 214.

schaftlich eine Abrechnung auf den kaufvertraglich vereinbarten Übergabestichtag erfolgen soll. Das führt in der Praxis indes zu dem Problem, dass der Zwangsverwalter zwingend auf den Zeitpunkt gegenüber dem Gericht abrechnet, zu dem sein Amt endet.

Seine Abrechnung würde also eine auf den vertraglichen Stichtag bezogene Abgrenzung und Abrechnung zwischen den Vertragsparteien nicht ersetzen. Bei der Vertragsgestaltung ist es aus diesen Erwägungen heraus sinnvoll, als Übergabestichtag den Tag der Aufhebung der Zwangsverwaltung festzulegen. In diesem Fall wird der Zwangsverwalter auf den auch zwischen den Vertragsparteien vereinbarten Stichtag abrechnen und auf Geheiß des Insolvenzverwalters das Objekt direkt an den Käufer übergeben können.

8.2 Übergang von Miet- und Pachtverträgen

2698   Auch beim Verkauf durch einen Insolvenzverwalter gehen bezogen auf den Kaufgegenstand bestehende Miet- und Pachtverträge auf den Käufer als neuen Vermieter bzw. Verpächter über, §§ 566, 578 BGB. Diese erst auf den Zeitpunkt der Eigentumsumschreibung eintretende Rechtsfolge wird auch mit einem Insolvenzverwalter als Verkäufer in der Praxis auf den Zeitpunkt des wirtschaftlichen Übergangs vorgezogen.

8.3 Sonderkündigungsrechte

2699   Für Käufer von Gewerbeimmobilien interessant ist das Sonderkündigungsrecht des Käufers gemäß § 111 InsO. Nach dieser Vorschrift kann der Erwerber bestehende Miet- und Pachtverträge außerordentlich mit der jeweiligen gesetzlichen Kündigungsfrist kündigen. Er muss dies nach der Vorschrift unverzüglich tun, sobald er Eigentümer des Kaufgegenstandes geworden ist. In diesem Zusammenhang ist es daher bedeutsam, von der durch das Grundbuchamt zu vollziehenden Eigentumsumschreibung rechtzeitig zu erfahren. Für die Ausübung dieses Kündigungsrechts kommt es auf die subjektive Kenntnis von der erfolgten Eigentumsumschreibung nicht an. Der Käufer ist also gut beraten, durch Kontakt mit dem Grundbuchamt und dem amtierenden Notar die Kenntniserlangung von der Umschreibung sicherzustellen.

Dieses besondere Kündigungsrecht besteht dagegen nicht bei Mietverträgen über Wohnraum. Entsprechendes ergibt sich aus der Verweisung in § 111 InsO auf die Kündbarkeit nach der gesetzlichen Kündigungsfrist. Nach dem Willen des Gesetzgebers[4403] umfasst diese Verweisung auch den § 573 BGB, der zum Kapitel der Vorschriften der §§ 549 ff. BGB zur Miete gehört.

Nach § 573 BGB ist das Recht zur Kündigung des Wohnraummietverhältnisses auf bestimmte Ausnahmen wie etwa den Eigenbedarf des Eigentümers beschränkt. Der Verkauf durch den Insolvenzverwalter ist insoweit also nicht privilegiert.

4403 BT-Drucks. 12/2443, 147.

8.4 Überleitung von Mietsicherheiten

Für den Käufer von wesentlicher Bedeutung ist die Überleitung von Mietsicherheiten. 2700
Es kommt bei Objekten aus Insolvenzverfahren regelmäßig vor, dass die Mietsicherheiten entgegen der gesetzlichen Verpflichtung nicht gesondert vom Vermögen des Gemeinschuldners verwahrt wurden, also vermengt wurden, oder schlichtweg nicht mehr vorhanden sind. Der Insolvenzverwalter ist nicht verpflichtet, solche Mietsicherheiten etwa aus den laufenden Einnahmen aufzufüllen.[4404] Anderes gilt inzwischen für einen Zwangsverwalter.[4405] Dieser soll zur entsprechenden Auffüllung der Mietsicherheit verpflichtet sein. Unterlässt er dies, haftet er im Zweifel persönlich.

Im Insolvenzverfahren stellen Ansprüche wegen geleisteter Mietsicherheiten des Mieters lediglich eine Insolvenzforderung dar.[4406] Der Insolvenzverwalter wird dementsprechend aus Anlass der Übergabe des Objekts an den Erwerber auch keine Mietsicherheiten übertragen können. 2701

Nach § 566a Satz 1 BGB haftet der Käufer aber als neuer Vermieter dem Mieter auf Herausgabe einer geleisteten Mietsicherheit. Ob dies womöglich deshalb nicht gelten kann, weil sich die Forderung des Mieters durch die Eröffnung des Insolvenzverfahrens in eine reine Insolvenzforderung umgewandelt hat und nur in diesem Sinne fortbesteht, ist höchstrichterlich nicht entschieden. Es muss hier jedenfalls davon ausgegangen werden, dass eine entsprechende Käuferhaftung besteht, so dass fehlende Mietsicherheiten den Käufer zu einer Senkung seines Kaufgebotes motivieren können, wenn nicht etwa der Grundpfandgläubiger mit einer entsprechenden Auffüllung aus dem Kaufpreis einverstanden ist. 2702

Doch auch für den Insolvenzverwalter (wie für jeden Verkäufer) ist § 566a BGB relevant, diesmal der Satz 2. Danach haftet ein Verkäufer als bisheriger Vermieter dem Mieter als Gesamtschuldner, falls der Mieter die Mietsicherheit von dem Erwerber als neuen Vermieter nicht erhält, etwa weil diese die Mietsicherheit nicht gesondert verwahrt hat und zur Zahlung außer Stande ist. Aus diesem Grund wird die Übergabe der Mietsicherheiten oft von entsprechendem Einverständnis des Mieters abhängig gemacht. Wird die Zustimmung mit befreiender Wirkung für den Insolvenzverwalter verweigert, gewährt dieser die Mietsicherheit zur Vermeidung der fortbestehenden Haftung an den Mieter zurück und verweist den Erwerber darauf, die Mietsicherheit neu anzufordern. Da ein Insolvenzverwalter aber grundsätzlich nicht damit rechnen muss, dass der Erwerber die Mietsicherheit pflichtwidrig mit eigenem Vermögen vermengt oder sie unterschlägt, würde er eine persönliche Haftung nach § 61 InsO wohl nicht zu befürchten haben, wenn er die Mietsicherheit ohne Zustimmung des Mieters überträgt und sich das Risiko doch realisiert. Entscheidungen hierzu liegen aber bislang nicht vor. 2703

4404 *Eckert*, in: MüKo-InsO, § 108 InsO Rn. 81; *Uhlenbruck*, in: Uhlenbruck, InsO, § 108 Rn. 24.
4405 *Kniep*, in: Hannemann/Wiegner, Münchener Anwaltshandbuch Mietrecht, § 38 Rn. 25; *Streyl*, Die Kaution in Zwangsverwaltung und Insolvenz des Vermieters, GuT 2009, 368 ff..
4406 *Uhlenbruck*, in: Uhlenbruck, InsO, § 108 Rn. 25.

8.5 Wohngeldrückstände

2704 Bei Wohnungs- oder Teileigentum in der Insolvenzmasse bestehen nicht selten Wohngeldrückstände.

Nach der bisherigen Rechtslage stellten die Rückstände in der Regel kein größeres Problem dar. So hatten sie lediglich den Status einer reinen Insolvenzforderung[4407] ohne jegliche Absonderungsrechte der Wohnungseigentümergemeinschaft. Der Insolvenzverwalter hat die Rückstände also selbst nicht ausgeglichen und war hierzu bei einem Verkauf der Wohnung allenfalls dann motiviert, wenn infolge einer entsprechenden Anordnung in der Gemeinschaftsordnung bestimmt ist, dass ein Erwerber für Rückstände des Veräußerers haftet. Anders als für den Fall des Sondereigentumserwerbs im Rahmen einer Zwangsversteigerung, bei der gemäß § 56 ZVG keine Haftung eines Erstehers für Rückstände aus der Zeit vor dem Zuschlag möglich ist bzw. angeordnet werden kann, ergibt sich aus dem Gesetz keine entsprechende Einschränkung für den Fall des Erwerbs von einem Insolvenzverwalter.[4408] Hier gilt daher, dass der Erwerber in einem solchen Fall auf den Ausgleich der Rückstände aus Mitteln des Kaufpreises bestehen oder aber sein Kaufgebot entsprechend reduzieren sollte. Eine Aufklärungspflicht des Insolvenzverwalters über das Vorhandensein von Wohngeldrückständen soll grundsätzlich nicht bestehen, weil der Erwerber mit solchen rechnen und sich dementsprechend selbst erkundigen müsse.[4409]

Besteht eine solche Regelung in der Gemeinschaftsordnung hingegen nicht, konnte den Erwerber nach bisheriger Rechtslage ein nicht ausgeglichener Rückstand an Wohngeldzahlungen allenfalls mittelbar in der Weise treffen, dass die Wohnungseigentümergemeinschaft zur Deckung ihrer laufenden Kosten eine Sonderumlage beschließt, an der sich der Käufer dann ggf. anteilig entsprechend dem Umlageschlüssel zu beteiligen hat.

2705 Die Rechtslage hat sich allerdings inzwischen zu Gunsten der Wohnungseigentümergemeinschaft geändert.

Im Rahmen der Novelle des Wohnungseigentumsgesetzes vom 26.03.2007[4410] wurde auch § 10 Abs. 1 Nr. 2 ZVG neu gefasst. Nach dieser Vorschrift gehören die Ansprüche der Wohnungseigentümergemeinschaft auf Zahlung der Wohngeldbeträge (einschließlich Instandhaltungsrücklage und den Nebenleistungen, wie etwa der Prozesskosten für die Erlangung des Vollstreckungstitels) nun der zweiten Rangklasse an und gehen daher auch allen Grundpfandrechten vor, soweit es sich um laufende und die rückständigen Beträge aus dem Jahr der Beschlagnahme und den zwei Jahren zuvor handelt. Die Privilegierung genießen diese Ansprüche aber nur begrenzt auf einen Betrag in Höhe von 5% des in dem Versteigerungsverfahren nach § 74a ZVG festgelegten Verkehrswerts der Immobilie.

4407 *Sinz,* in: Uhlenbruck, InsO, § 55 Rn. 35.
4408 Zur Haftung des Insolvenzverwalters für Wohngeldrückstände vgl. AG Koblenz, Urt. v. 10.12.2009 – 133 C 1461/09 WEG, ZInsO 2010, 777; LG Berlin, Urt. v. 22.07.2009 – 85 S 18/09 WEG, ZWE 2010, 228.
4409 AG Leipzig v. 16.05.07 – 104 C 10628/06, InVo 2007, 333.
4410 Art. 2 des Gesetzes zur Änderung des Wohnungseigentumsgesetzes und anderer Gesetze.

Die Rechtsfolgen dieser Gesetzesänderung waren zunächst nicht klar und sind es auch jetzt wohl noch nicht ganz. Der Bundesgerichtshof hat nun aber mit seinem Beschluss vom 12.02.2009[4411] den privilegierten Wohngeldrückständen dinglichen Charakter bescheinigt („Recht auf Befriedigung aus dem Grundstück") und damit die zuvor strittige Frage entschieden, ob es sich um dingliche oder (lediglich) um privilegierte persönliche Ansprüche handelt. Dem Inhalt nach handelt es sich um ein „Grundpfandrecht ohne Grundbucheintragung".[4412]

Damit wurde auch ein Absonderungsrecht der Wohnungseigentümergemeinschaft im Insolvenzverfahren gemäß § 49 InsO bejaht. Als Konsequenz hiervon kann die Wohnungseigentümergemeinschaft solche privilegierten Ansprüche nun auch dann verfolgen, wenn zum Zeitpunkt der Insolvenzverfahrenseröffnung noch keine Beschlagnahme im Sinne des § 20 ZVG bestanden hatte. Die Wohnungseigentümergemeinschaft kann also auch erst im laufenden Insolvenzverfahren ein Versteigerungsverfahren initiieren und die Versteigerung erwirken.

Zudem ist es, wenn die Rückstände dinglichen Charakters sein sollen, nun auch möglich, diese Rückstände gegenüber einem Rechtsnachfolger geltend zu machen und, wenn dieser nicht zahlt, durch Vollstreckung in das Wohnungseigentum zu realisieren. Nicht geklärt dürfte insoweit allerdings sein, wie der für das Vollstreckungsverfahren benötigte Titel gegen den Rechtsnachfolger erwirkt werden soll, zumal das Privileg des § 10 ZVG nur für Ansprüche in Höhe von 5 % des in dem Versteigerungsverfahren nach § 74a ZVG festgelegten Verkehrswerts gilt. Es dürfte hier also schwer fallen, den zu titulierenden Anspruch zu bezeichnen und der Höhe nach zu beweisen.

Dass Wohngeldrückstände nun grundsätzlich dinglicher Natur sein sollen, kann der Entscheidung des Bundesgerichtshofs dagegen nicht entnommen und findet im Gesetz keine Grundlage. Hier bleiben die Entwicklung in der Praxis und konkretisierende Gerichtsentscheidungen abzuwarten.

Ungeachtet dieser offenen Fragen muss beim Verkauf durch den Insolvenzverwalter nun eine mögliche Haftung des Erwerbers für Rückstände des Gemeinschuldners in Betracht gezogen werden, so dass im Rahmen des Verkaufs die Klärung bzw. ein Ausgleich der Wohngeldrückstände erfolgen sollte, soweit sie evident 5 % des Werts der Immobilie nicht übersteigen. Um für den Erwerber Rechtssicherheit zu erlangen, wird es sinnvoll sein, mit der Wohnungseigentümergemeinschaft eine Einigung herzustellen und als Teil hiervon einen Vollstreckungsverzicht gegen den Erwerber und Rechtsnachfolger zu erwirken. Da diese Einigung jedenfalls bei wertausschöpfend belasteten Immobilien nur im Einvernehmen mit dem Grundpfandrechtsgläubiger realisierbar ist, wird die Realisierung der freihändigen Verwertung komplexer als bisher.

4411 BGH, B. v. 12.02.2009 – IX ZB 112/06, ZInsO 2009, 830.
4412 *Böttcher*, Komm-ZVG, § 10 ZVG, Rn. 19.

9. Vollmachten in Kaufverträgen

2706 Oft sehen notarielle Kaufverträge Vollzugsvollmachten für Angestellte des amtierenden Notars vor. Mit diesen soll etwaigen Abwicklungsschwierigkeiten begegnet werden, so etwa einer Zwischenverfügung des Grundbuchamtes.

In diesem Zusammenhang ist von Bedeutung, dass ein Insolvenzverwalter seinerseits den Beschränkungen des § 181 BGB unterliegt[4413], so dass er keine Vollmachten unter Befreiung von dieser Vorschrift erteilen kann.

Hier reicht es dann aber, wenn für den Insolvenzverwalter ein anderer Bevollmächtigter handelt als für die andere Vertragspartei. Dieser Einschränkung der Verfügungsmacht des Insolvenzverwalters kann daher durch die Bevollmächtigung mehrerer Personen im Vertrag begegnet werden.

4413 *Jauernig*, BGB, § 181 Rn. 2.

Kapitel 2
Die internationale Zuständigkeit

1. Einführung und Abgrenzung

Beinahe jede unternehmerische Insolvenz, aber auch Insolvenzen von Verbrauchern, haben mehr oder weniger ausgeprägte Beziehungen zu Volkswirtschaften anderer Staaten und damit Beziehungen zum Insolvenzrecht anderer Staaten. Schuldner haben Lieferanten und Abnehmer in anderen Ländern, sie haben dort ggf. Niederlassungen. Genauso wie wirtschaftliches Handeln sich nicht mehr allein in einer Volkswirtschaft abspielt, beschränkt sich damit die Insolvenz als ein der Marktwirtschaft systemimmanentes Phänomen nicht mehr auf diese. Grundsätzlich erhebt jeder Staat, der über ein kodifiziertes Gesamtvollstreckungsrecht verfügt, für sich den Anspruch, den Vermögensbeschlag auf alle Vermögenswerte zu beziehen, gleichgültig wo diese belegen sind. 2707

In diesem Zusammenhang stellen sich ganz grundsätzliche Fragen:
- Welcher Staat ist international zuständig, wenn ein Sachverhalt Auslandsbezug aufweist?
- Wie sind Konflikte zu regeln?
- Das Recht welchen Staates ist anzuwenden?

> **Beispiel**
>
> Die Insolvenz eines deutschen Unternehmens umfasst aus deutscher Sicht selbstverständlich das Gesellschaftsvermögen in der Schweiz. Davon unabhängig sind die Fragen zu beurteilen, ob die Schweiz die nationalen deutschen Regeln anerkennt, auf ein eigenes Insolvenzverfahren verzichtet und wie Konflikte zwischen den Rechtsordnungen der souveränen Nationalstaaten zu regeln sind.

Ein internationales für alle Staaten bindendes (Insolvenz)recht gibt es nicht. Grundsätzlich regelt jeder Staat durch sein eigenes internationales Recht Sachverhalte mit Auslandsbezug. Die nationalen Normen der verschiedenen Rechtsordnungen verweisen sodann – unabhängig voneinander – auf eine anzuwendende Rechtsordnung (sog. Kollisionsnormen) oder aber, es wird eine eigenständige Rechtsfolge angeordnet (sog. Sachnormen).[4414] 2708

[4414] Lorenz, in: Beck'scher Online-Kommentar BGB, Art. Einl. IPR Rn. 76.

Der deutsche Gesetzgeber hat das (deutsche) internationale Insolvenzrecht in den §§ 335ff. InsO geregelt. Darüber hinaus enthält die Verordnung (EG) Nr. 1346/2000 des Rates vom 29. 05. 2000 über Insolvenzverfahren (EuInsVO) umfassende Regelungen zur Behandlung von Insolvenzfällen, die einen Bezug zu einem europäischen Mitgliedstaat haben.

2709 Die Frage der internationalen Zuständigkeit ist darüber hinaus wegweisend für den weiteren Verlauf eines Insolvenzverfahrens. Denn sowohl § 335 InsO als auch Art. 4 EuInsVO legen als grundlegende Kollisionsnormen fest, dass, soweit nichts anderes bestimmt ist, für das Insolvenzverfahren und seine Wirkungen das Recht des Staates anzuwenden ist, in dem das Verfahren eröffnet wurde (lex fori concursus).[4415]

2710 Ausnahmen von diesem Grundsatz regeln das deutsche internationale Recht in den §§ 336 ff. InsO und Art. 5 ff. EuInsVO, z. B. zum Schutz dinglicher Rechte und Arbeitnehmerrechte. Die Regelungen des § 336 InsO und des Art. 6 EuInsVO bestimmen, dass dingliche Rechte von der Eröffnung eines Insolvenzverfahrens nicht berührt werden. Gemäß Art. 10 EuInsVO gilt für die Wirkungen eines Insolvenzverfahrens auf ein Arbeitsverhältnis das Recht des Mitgliedstaates, das auf den Arbeitsvertrag anzuwenden ist. § 337 InsO verweist auf die Verordnung (EG) Nr. 593/2008 des Europäischen Parlaments und des Rates vom 17. 06. 2008 über das auf vertragliche Schuldverhältnisse anzuwendende Recht (Rom I).[4416] Erklärt sich ein deutsches Gericht für international zuständig, ist – soweit nichts anderes bestimmt – auch im Weiteren deutsches Recht anzuwenden, sog. Universalitätsprinzip.[4417]

2711 Ausnahmen von diesem Prinzip lässt die EuInsVO durch die Einführung sog. Territorialinsolvenzverfahren gemäß Art. 3 Abs. 2 – 4 EuInsVO zu (Sekundär- und Partikularinsolvenzverfahren). Die Wirkungen dieser Verfahren beschränken sich gemäß Art. 3 Abs. 2 Satz 2 EuInsVO auf das Vermögen, das sich im Gebiet des eröffnenden Staates befindet sog. Territorialprinzip.[4418]

Zur Beantwortung der Frage der internationalen Zuständigkeit ist zwischen Fällen mit Auslandsbezug zu einem Drittstaat der Europäischen Union, die den Regelungen der EuInsVO[4419] unterworfen sind und zu einem Drittstaat außerhalb der europäischen Union (und Dänemark) zu unterscheiden.

4415 *Reinhart*, in: MüKo-InsO, Vorbem. vor §§ 335 ff. InsO, Rn. 49; *Stephan*, in: HK, Art. 4 Rn. 1.
4416 VO (EG) 593/2008 v. 17. 06. 2008 (ROM I), ABl. L 177 v. 04. 07. 2008, S. 6.
4417 *Lüer*, in: Uhlenbruck, Vorbem. zu §§ 335 – 338 Rn. 28.
4418 *Undritz*, in: HmbK, Art. 3 EuInsVO Rn. 42.
4419 Außer Dänemark, vgl. Punkt 2.1.4.

Kapitel 2 Die internationale Zuständigkeit

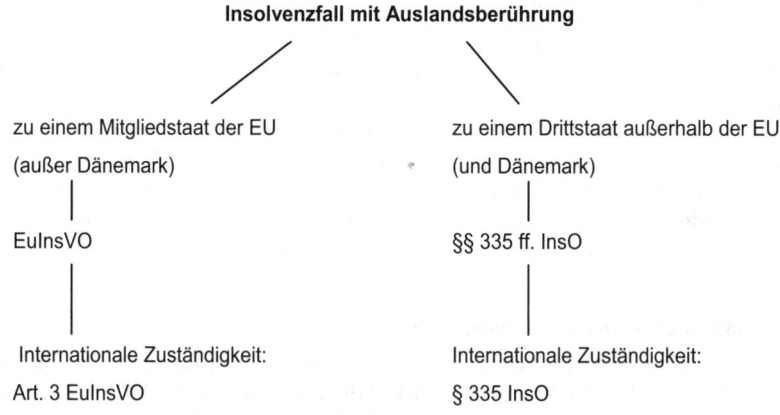

Abb. 93: Insolvenz mit Auslandsberührung

2. Insolvenzverfahren mit Auslandsbezug zu einem Mitgliedstaat der Europäischen Union
2.1 Anwendungsbereiche
2.1.1 Zeitlicher Anwendungsbereich
Die EuInsVO ist am 31.05.2002 in Kraft getreten und gemäß Art. 43 EuInsVO auf Insolvenzverfahren anzuwenden, die nach dem 31.05.2002 eröffnet worden sind.

2712

2.1.2 Sachlicher Anwendungsbereich
Der sachliche Anwendungsbereich ist in Art. 1 Abs. 1 EuInsVO festgelegt. Danach gilt die Verordnung für Gesamtverfahren, welche die Insolvenz des Schuldners und den vollständigen oder teilweisen Vermögensbeschlag gegen den Schuldner, sowie die Bestellung eines Verwalters zur Folge haben.

2713

Gesamtverfahren sind gemäß Art. 2 Satz 1 lit. a EuInsVO Insolvenzverfahren, die in Anhang A der Verordnung und gemäß lit. c Liquidationsverfahren – ein Insolvenzverfahren im Sinne von lit. a, das zur Liquidation des Schuldnervermögens führt und zwar auch dann, wenn dieses Verfahren durch einen Vergleich oder eine andere, die Insolvenz des Schuldners beendende Maßnahme oder wegen unzureichender Masse beendet wird – die in Anhang B der Verordnung aufgeführt sind.

Bezogen auf deutsches Verfahrensrecht sind das Konkursverfahren, gerichtliche Vergleichsverfahren, Gesamtvollstreckungsverfahren und Insolvenzverfahren[4420]. Bei den in Anhang A und B der Verordnung aufgeführten Verfahren handelt es sich um eine abschließende Aufzählung.[4421]

4420 Vgl. Anhang A und B EuInsVO.
4421 *Reinhart*, in: MüKo-InsO, Art. 1 EuInsVO Rn. 2 m. w. N.

2.1.3 Persönlicher Anwendungsbereich

2714 Die Verordnung umfasst die Insolvenz natürlicher und juristischer Personen. Es gelten keine besonderen Vorschriften über die Insolvenz eines Nichtkaufmanns, sog. Verbraucher.

Gemäß Art. 1 Abs. 2 EuInsVO gilt die Verordnung nicht für Insolvenzverfahren über das Vermögen von Versicherungsunternehmen, Kreditinstituten, Wertpapierfirmen, die Dienstleistungen erbringen, welche die Haltung von Geldern oder Wertpapieren Dritter umfassen, oder von Organismen für gemeinsame Anlagen (Investmentfonds und Investmentgesellschaften).[4422]

2.1.4 Räumlicher Anwendungsbereich

2715 Die EuInsVO gilt als Rechtsverordnung in jedem Mitgliedstaat der EU unmittelbar, Art. 288 AEUV (vormals Art. 249 Abs. 2 Satz 2 EGV[4423]). Lediglich Dänemark hat einen Vorbehalt erklärt und sich von der Wirkung der Verordnung ausgeschlossen. Damit sind Insolvenzfälle mit ausschließlichem Bezug zum Staat Dänemark nicht vom Anwendungsbereich der Verordnung umfasst.[4424]

2716 Unstreitig entfaltet die EuInsVO ihre Wirkung zwischen den Mitgliedstaaten und ist vorrangig gegenüber den jeweiligen nationalen Vorschriften – aus deutscher Sicht also insbesondere den §§ 335 ff. InsO vorrangig – anzuwenden.[4425]

2717 Inwieweit europäische nationale Gerichte die EuInsVO in Insolvenzfällen mit Auslandsbezug zu Drittstaaten zu beachten haben, ist nicht eindeutig geregelt. Als Ziel nennt die Präambel der Verordnung in Nr. 2 und 4 ein reibungsloses bzw. ordnungsgemäßes Funktionieren des Binnenmarktes und spricht in der Verordnung selbst von Mitgliedstaaten und nicht von Drittstaaten, abgesehen von Art. 44 Abs. 3a EuInsVO, nach dem die Verordnung in einem Mitgliedstaat keine Anwendung findet, soweit dieser vor Inkrafttreten der Verordnung mit einem Drittstaat ein Übereinkommen geschlossen hat, das mit der Verordnung unvereinbar ist.[4426]

Ziel und Zweck der Verordnung ist somit die Regelung von Insolvenzverfahren innerhalb der europäischen Union. Der Rückschluss, dass die EuInsVO in Fällen, in denen sowohl ein Auslandsbezug zu einem innereuropäischen als auch außereuropäischen Staat besteht, keine Anwendung findet, ist jedoch nicht zulässig. Die Folge wären erhebliche Abgrenzungsschwierigkeiten. Ferner würde es dem Ziel der Regelung von Binnensachverhalten widersprechen. Denn Insolvenzfälle, die eine Berührung zu einem Mitgliedstaat haben, dürften in zahlreichen Fällen darüber hinaus auch ir-

---

[4422] *Jung*, in: Schulze/Zuleeg/Kadelbach, Europarecht § 20 Finanzdienstleistungsrecht, Rn. 65.
[4423] Der „Vertrag zur Gründung der Europäischen Gemeinschaft" (EGV) ist durch Inkrafttreten des Lissabon-Vertrags am 01.12.2009 in „Vertrag über die Arbeitsweise der Europäischen Union" umbenannt worden.
[4424] OLG Frankfurt am Main, B. v. 24.01.2005 – 20 W 527/04, NJOZ 2005, 2532.
[4425] *Reinhart*, in: MüKo-InsO, Vorbem. vor §§ 335 ff. Rn. 84, *Stephan*, in: HK, Vorbem. vor §§ 335 ff. Rn. 17.
[4426] Hierzu ausführlich: *Reinhart*, in: MüKo-InsO, Art. 1 EuInsVO Rn. 13 ff.

gendeinen gearteten Berührungspunkt mit einem Drittstaat haben und sei es „nur" eine von vielen Lieferantenbeziehungen; die EuInsVO würde ihren Wirkungskreis verlieren.

Deswegen lässt die herrschende Meinung einen Berührungspunkt zu einem anderen Mitgliedstaat ausreichen, um den Anwendungsbereich zu eröffnen, unabhängig davon, ob weitere Berührungspunkte zu einem Drittstaat bestehen.[4427]

In Lehre und Rechtsprechung wird darüber hinaus vertreten, dass die EuInsVO auf Insolvenzfälle anzuwenden sei, die lediglich einen Auslandsbezug zu einem außereuropäischem Drittstaat aufweisen, also keinen Berührungspunkt zu einem anderen Mitgliedstaat der Europäischen Union haben.[4428]   2718

Wie bereits ausgeführt, ist Ziel und Zweck der Verordnung jedoch die Regelung von Insolvenzverfahren unter den Mitgliedstaaten und nicht eines Mitgliedstaates im Verhältnis zu Drittstaaten. Die herrschende Meinung geht deswegen zutreffend davon aus, dass in diesen Fällen das jeweilige autonome internationale Insolvenzrecht der Mitgliedstaaten anwendbar ist.[4429]

2.2 Internationale Zuständigkeit gemäß Art. 3 EuInsVO – Mittelpunkt der hauptsächlichen Interessen (COMI)

Gemäß Art. 3 Abs. 1 Satz 1 EuInsVO sind für die Eröffnung des Insolvenzverfahrens die Gerichte des Mitgliedstaats zuständig, in dessen Gebiet der Schuldner den Mittelpunkt seiner hauptsächlichen Interessen hat (sog. „center of main interests": COMI).   2719

Gemäß Art. 3 Abs. 1 Satz 2 EuInsVO wird bei Gesellschaften und juristischen Personen bis zum Beweis des Gegenteils vermutet, dass der Mittelpunkt ihrer hauptsächlichen Interessen der Ort des satzungsmäßigen Sitzes ist.   2720

Art. 2 EuInsVO definiert diverse Rechtsbegriffe der Verordnung, so z.B. den Begriff des Verwalters, des Gerichts oder den der Niederlassung. Der zentrale Rechtsbegriff COMI hingegen wird nicht legal definiert.   2721

Erwägungsgrund Nr. 13 der Verordnung lässt sich jedoch entnehmen, dass als Mittelpunkt der hauptsächlichen Interessen der Ort gelten sollte, an

---

4427 Reinhart, in: MüKo-InsO, Art. 1 EuInsVO, Rn. 14; Herchen, Scheinauslandsgesellschaften im Anwendungsbereich der Europäischen Insolvenzverordnung, ZInsO 2003, 742, 743 ff.; AG Hamburg, B. v. 16. 08. 2006 – 67a IE 1/06; ZIP 2006, 1006: „Die räumliche Anwendbarkeit der EuInsVO setzt einen grenzüberschreitenden Bezug des Insolvenzfalls voraus. Hierfür genügt bereits das Vorhandensein eines Gläubigers mit gewöhnlichem Aufenthalt, Wohnsitz oder Sitz in einem anderen Mitgliedstaat.".

4428 High Court of Justice Chancery Division Companies Court, Urt. v. 07. 02. 2003, ZIP 2003, 813; Reinhart, in: MüKo-InsO, Art. 1 EuInsVO Rn. 16; Herchen, Scheinauslandsgesellschaften im Anwendungsbereich der Europäischen Insolvenzverordnung, ZInsO 2003, 742, 747.

4429 Undritz, in: HmbK, Art. 1 EuInsVO Rn. 7; Eidenmüller, Europäische Verordnung über Insolvenzverfahren und zukünftiges deutsches internationales Insolvenzrecht, IPrax 2001, 2 ff.; Pannen/Riedemann, Der Begriff des „centre of main interests" i. S. d. Art. 3 EuInsVO im Spiegel aktueller Fälle aus der Rechtsprechung, NZI 2004, 646, 651; Leible/Staudinger, Die europäische Verordnung über Insolvenzverfahren, KTS 2000, 533, 538; Balz, Das neue Europäische Insolvenzübereinkommen, ZIP 1996, 948.

Teil 8 Sonderaspekte

dem der Schuldner für gewöhnlich der Verwaltung seiner Interessen nachgeht und damit für Dritte feststellbar ist.

2722 Der COMI eines Einzelunternehmers oder Freiberuflers entspricht dem Ort der wirtschaftlichen Tätigkeit bzw. dem Sitz der (Haupt-)Niederlassung.[4430]

2723 Bei Verbrauchern befindet sich der COMI am Ort des Wohnsitzes bzw. des gewöhnlichen Aufenthalts.[4431]

2724 Abgrenzungsschwierigkeiten entstehen bei Gesellschaften aufgrund der Vermutungsregel des Art. 3 Abs. 1 Satz 2 EuInsVO insbesondere in den Fällen, in denen die Gesellschaft (auch) in Mitgliedstaaten operativ und/oder verwaltend wirtschaftlich tätig ist, die nicht der Staat des satzungsmäßigen Sitzes sind. Die Auslegung zur Bestimmung des COMI ist in diesen Fällen Gegenstand umfangreicher Rechtsprechung nationaler europäischer Gerichte. Es lassen sich zwei Theorien erkennen. Darüber hinaus hat der Europäische Gerichtshof in zwei wesentlichen Urteilen Stellung zur Bestimmung des COMI bezogen.

2.2.1 Rechtsprechung nationaler Gerichte
2.2.1.1 Mind-of-Management-Theorie

2725 Insbesondere englische, aber auch kontinentaleuropäische Gerichte, stellten auf den Ort der zentralen Verwaltung ab. Dies sollte der Ort sein, wo die strategischen Unternehmensentscheidungen getroffen wurden („mind of management") und/oder wo die Schuldnerin zentral verwaltet wurde („head office functions").[4432]

> **Beispiel: „Daisytek"**[4433]
>
> Die Daisytek-Unternehmensgruppe war ein internationaler Konzern, bestehend aus einer amerikanischen Mutter, einer englischen Zwischenholding und verschiedenen Tochtergesellschaften in verschiedenen Mitgliedstaaten der Europäischen Union, u.a. drei deutschen Gesellschaften, wovon die größte die ISA Deutschland GmbH war. Der Konzern war im Geschäftsbereich Handel mit Computerzubehör tätig.
> Der High Court of Justice Leeds erklärte sich auch in Hinblick auf die drei deutschen Gesellschaften für zuständig, da diese von einer englischen Zwischenholding mit Sitz in Bradford verwaltet worden seien. Die Tätigkeit der Zwischenholding umfasste das Finanz- und Rechnungswesen. Ferner bestand zu Gunsten der Zwischenholding ein Zustimmungsvorbehalt ab einem gewissen Einkaufsvolumen. Auch hatten die deutschen Gesellschaften bei der Führung ihres operativen Geschäftes die durch die Zentrale in England entworfene Managementstrategie zu berücksichtigen.

4430 *Undritz,* in: HmbK, Art. 3 EuInsVO Rn. 18; *Dahl,* Internationales Insolvenzrecht in der EU, NJW-Spezial 2009, 245.
4431 LG Göttingen, B. v. 04. 12. 2007 – 10 T 146/07, ZInsO 2007, 1358, 1359; *Dahl,* Internationales Insolvenzrecht in der EU, NJW-Spezial 2009, 245.
4432 *Lüer,* in: Uhlenbruck, Art. 3 EuInsVO Rn. 33; *Undritz,* in: HmbK, Art. 3 EuInsVO Rn. 9; *Reinhart,* in MüKo-InsO, Art. 3 EuInsVO Rn. 8; *Smid,* Judikatur zum internationalen Insolvenzrecht, DZWIR 2004, 397; *Pannen/Riedemann,* Der Begriff des „centre of main interests" i.S.d. Art. 3 I 1 EuInsVO im Spiegel aktueller Fälle aus der Rechtsprechung, NZI 2004, 646, 647, *Herchen,* Aktuelle Entwicklungen im Recht der internationalen Zuständigkeit zur Eröffnung von Insolvenzverfahren: Der Mittelpunkt der (hauptsächlichen) Interessen im Mittelpunkt der Interessen, ZInsO 2004, 825, 826.
4433 High Court of Justice Leeds, Urt. v. 16. 05. 2003, NZI 2004, 219.

Kapitel 2   Die internationale Zuständigkeit

2.2.1.2 Business-Activity-Theorie

Kontinentaleuropäische Gerichte stellen überwiegend auf den Ort des operativen Geschäfts der Gesellschaft ab, also die Umsetzung der Entscheidungen der Geschäftsleitung („business activities"). Entscheidend sind dabei nicht interne Organisationsstrukturen, sondern für Gläubiger erkennbare äußere Umstände.[4434]

2726

Beispiel: „EMBIC"[4435]

Die EMBIC-Garantie-Versicherungs-Vertrieb GmbH war eine Tochtergesellschaft der Warranty Holdings International Ltd., über deren Vermögen bereits in England ein Insolvenzverfahren eröffnet worden war. Das Amtsgericht Mönchengladbach erklärte sich mit Beschluss vom 27.04.2004 für zuständig. Bei der Entscheidung wurde nicht der Ort der strategischen Geschäftsentscheidung, sondern der Ort der werbenden Tätigkeit der Gesellschaft für die Bestimmung des COMI als maßgeblich erachtet. Begründet wurde dies damit, dass konzerninterne Entscheidungsprozesse für Gläubiger nicht erkennbar seien. Der Geschäftszweck der Gesellschaft lag in Deutschland, Kundenbeziehungen bestanden zu deutschen Unternehmen, die Arbeitnehmer waren in Deutschland tätig, von wo aus auch die Personalbuchhaltung und Bankgeschäfte erfolgten.

2.2.2 Rechtsprechung des EuGH

Eurofood[4436]

Zum Sachverhalt:[4437]

Die Eurofood IFSC Ltd. (im Folgenden: Eurofood) wurde 1997 in Irland als „company limited by shares" mit satzungsmäßigem Sitz in Dublin gegründet. Sie war eine 100%ige Tochtergesellschaft der Parmalat SpA, einem großen italienischen Lebensmittelkonzern. Ihr Hauptgeschäftszweck war die Beschaffung von Finanzmitteln für ebendiese.

2727

Am 24.12.2003 ließ das italienische Ministerium für Produktionstätigkeiten die Parmalat SpA nach dem Decreto legge Nr. 347 vom 23.12.2003 über Eilmaßnahmen zur industriellen Umgestaltung insolventer Großunternehmen zum Verfahren der außerordentlichen Verwaltung zu und bestellte einen außerordentlichen Verwalter.

Am 07.01.2003 beantragte die Bank of America NA beim High Court of Dublin (Irland) die Eröffnung eines Zwangsliquidationsverfahrens („compulsory winding up by the court") wegen Zahlungsunfähigkeit. Der High Court entsprach dem Antrag am gleichen Tage und bestellte einen provisional li-

---

[4434] *Lüer*, in: Uhlenbruck, Art. 3 EuInsVO Rn. 33; *Reinhart*, in: MüKo-InsO, Art. 3 EuInsVO Rn. 21; *Undritz*, in: HmbK, Art. 3 EuInsVO Rn. 10; *Herchen*, Aktuelle Entwicklungen im Recht der internationalen Zuständigkeit zur Eröffnung von Insolvenzverfahren: Der Mittelpunkt der (hauptsächlichen) Interessen im Mittelpunkt der Interessen, ZInsO 2004, 825.
[4435] AG Mönchengladbach, B. v. 27.04.2004 – 19 IN 54/04, ZIP 2004, 1064.
[4436] EuGH, Urt. v. 02.05.2006 – C-341/04, ZInsO 2006, 484–489.
[4437] EuGH, Urt. v. 02.05.2006 – C-341/04, ZInsO 2006, 484.

Teil 8 Sonderaspekte

quidator, den er u.a. dazu befugte, das Vermögen der Gesellschaft in Besitz zu nehmen und ihre Geschäfte zu führen.

Am 09.02.2004 ließ das italienische Ministerium für Produktionstätigkeiten die außerordentliche Verwaltung über das Vermögen der Eurofood zu und bestellte einen außerordentlichen Verwalter. Am 10.02.2004 wurde beim Tribunale civile e penale Parma (Italien) die Feststellung der Insolvenz von Eurofood beantragt. Am 20.04.2004 erklärte sich das italienische Gericht für zuständig, weil sich der COMI von Eurofood in Italien befunden habe.

Mit Urteil vom 10.02.2004 eröffnete der High Court of Dublin das Zwangsliquidationsverfahren rückwirkend zum Zeitpunkt der Antragstellung, dem 21.01.2004, also mit Wirkung vor Entscheidung des Gerichtes in Parma, Italien, bestellte einen Liquidator und beschloss die Liquidation der Gesellschaft. Zur Begründung führte er aus, dass sich der COMI der Gesellschaft in Irland befinde und das Gericht nicht an die Entscheidung des italienischen Gerichtes gebunden sei, da ein ordre-public-Verstoß gemäß Art. 26 EuInsVO[4438] vorliege.

Der italienische außerordentliche Verwalter legte Beschwerde gegen diesen Beschluss beim Supreme Court of Ireland ein. Dieser setzte das Verfahren zunächst aus und stellte dem EuGH Fragen zur Vorabentscheidung.

Zur Urteilsbegründung:

2728 Der EuGH beantwortete die Vorlagefragen zur Auslegung des COMI in einer der seitdem zentralen Entscheidungen über die Zuständigkeit nationaler Gerichte bei internationalen Insolvenzen.

2729 Er stellte zunächst fest, dass der Begriff des Mittelpunkts der hauptsächlichen Interessen der Verordnung eigen sei. Er habe eine autonome Bedeutung und müsse deshalb einheitlich und unabhängig von nationalen Rechtsvorschriften ausgelegt werden.[4439]

2730 Aus dem 13. Erwägungsgrund der Verordnung gehe hervor, dass der Mittelpunkt der hauptsächlichen Interessen nach objektiven und zugleich für Dritte feststellbaren Kriterien zu bestimmen sei. Diese Objektivität und diese Möglichkeit der Feststellung durch Dritte seien erforderlich, um Rechtssicherheit und Vorhersehbarkeit bei der Bestimmung des für die Eröffnung eines Hauptinsolvenzverfahrens zuständigen Gerichts zu garantieren. Diese Rechtssicherheit und Vorhersehbarkeit seien umso wichtiger, als die Bestimmung des zuständigen Gerichts nach Art. 4 Abs. 1 EuInsVO die des anwendbaren Rechts nach sich ziehe.[4440]

2731 Die Vermutungsregel des Art. 3 Abs. 1 Satz 2 EuInsVO könne bei der Bestimmung des Mittelpunkts der hauptsächlichen Interessen deswegen nur widerlegt werden, wenn objektiv und für Dritte feststellbare Elemente belegen würden, dass in Wirklichkeit die Lage nicht derjenigen entspräche, die die Verortung am genannten satzungsmäßigen Sitz widerspiegeln solle.[4441]

4438 Vgl. Punkt 2.5.1.
4439 EuGH, Urt. v. 02.05.2006 – C-341/04, ZInsO 2006, 484, 486.
4440 EuGH, Urt. v. 02.05.2006 – C-341/04, ZInsO 2006, 484, 486.
4441 EuGH, Urt. v. 02.05.2006 – C-341/04, ZInsO 2006, 484, 486.

Dies gelte z.B. für den Fall einer „Briefkastenfirma", die am satzungsmäßigen Sitz keiner Tätigkeit nachgehe.[4442]
Sofern die Schuldnerin am satzungsmäßigen Sitz ihrer Tätigkeit nachgehe, reiche die Tatsache allein, dass ihre wirtschaftlichen Entscheidungen von einer Muttergesellschaft mit Sitz in einem anderem Mitgliedstaat kontrolliert werden oder kontrolliert werden könnten, nicht aus, um die Vermutung des Art. 3 Abs. 1 Satz 2 EuInsVO zu widerlegen.[4443]

Der Supreme Court of Ireland hat nach Erlass des „Eurofood"-Urteils mit Entscheidung vom 03.07.2006 die Beschwerde des italienischen außerordentlichen Verwalters zurückgewiesen und die Entscheidung des High Court of Dublin (Irland) über die Eröffnung des Liquidationsverfahrens und Löschung der Gesellschaft bestätigt.[4444] 2732

Interedil[4445]
Zum Sachverhalt:[4446]
Die Interedil Srl. (im Folgenden: Interedil) wurde in der Rechtsform einer „socià a responsabilità limitada" nach italienischem Recht mit satzungsmäßigem Sitz in Monopoli (Italien) gegründet. Am 18.07.2001 erfolgten ihre Sitzverlegung nach London (Vereinigtes Königreich) und Löschung aus dem italienischen Unternehmensregister. Die Eintragung im Gesellschaftsregister des Vereinigten Königsreich erfolgte mit dem Vermerk „FC" („Foreign Company", ausländische Gesellschaft). 2733

Der EuGH führt in seiner Sachverhaltsdarstellung aus, dass nach Angaben von Interedil die Gesellschaft im Zuge der Sitzverlegung von der britischen Gruppe Canopus übernommen worden sei und dass Verträge über den Verkauf des Betriebs verhandelt und beschlossen worden seien. Das Eigentum von Immobilien der Gesellschaft in Tarent (Italien) sei als Bestandteil der Unternehmensveräußerung auf die Windowmist Limited übergegangen. Am 22.07.2002 sei Interedil sodann im englischen Gesellschaftsregister gelöscht worden.

Am 28.03.2003 beantragte ein Gläubiger beim Tribunale di Bari (Italien) die Eröffnung eines Insolvenzverfahrens („fallimento"). Interedil beantragte beim Corte suprema di cassazione eine Vorabentscheidung über die Zuständigkeit des Tribunale di Bari, da der Sitz der Gesellschaft nach England verlegt worden sei und deswegen englische Gerichte und nicht italienische zuständig wären.

Das Tribunale di Bari hielt die Einwendung offensichtlich für unbegründet, wartete eine Entscheidung des Corte suprema di cassazione nicht ab,

---
4442 EuGH, Urt. v. 02.05.2006 – C-341/04, ZInsO 2006, 484, 486.
4443 EuGH, Urt. v. 02.05.2006 – C 341/04, ZInsO 2006, 484, 486.
4444 *Reinhart* in: MüKo-InsO, Art. 3 EuInsVO Rn. 29, mit dem Hinweis auf die Veröffentlichung der Entscheidung des Supreme Court of Ireland, Eurofood IFSC Ltd. Re Companies Act 1963-2001, (2006) IESC 41, im Internet unter http://www.bailii.org/ie/cases/IESC/2006/S41.html.
4445 EuGH, Urt. v. 20.10.2011 – C 396/09, NZI 2011, 990.
4446 EuGH, Urt. v. 20.10.2011 – C 396/09, NZI 2011, 990.

sondern eröffnete am 24.05.2004 das Insolvenzverfahren über das Vermögen von Interedil, wogegen die Insolvenzschuldnerin Beschwerde einlegte.

Das Corte suprema di cassazione entschied am 20.05.2005 italienische Gerichte für zuständig. Die Vermutungsregel des Art. 3 Abs. 1 Satz 2 EuInsVO sei widerlegt, weil der COMI nicht am satzungsmäßigen Sitz liege. Dies könne aufgrund verschiedener Umstände widerlegt werden. In Italien befänden sich Immobilienbesitz, ein Mietvertrag über zwei Hotelkomplexe und ein Vertrag mit einem Geldinstitut. Darüber hinaus sei die Sitzverlegung dem Unternehmensregister in Bari (Italien) nicht mitgeteilt worden. Das Tribunale die Bari hatte wiederum aufgrund der „Eurofood"-Entscheidung des EuGH Zweifel an der Rechtsauffassung des Corte suprema di cassazione, setzte das Verfahren aus und legte seine Fragen zur Vorabentscheidung dem EuGH vor.

Zur Urteilsbegründung:

2734 In seiner Entscheidung vom 20.10.2011 räumte der EuGH dem tatsächlichen Verwaltungssitz Priorität ein.

Zunächst bestimmt er in Leitsatz Nr. 3 der Entscheidung:

„Bei der Bestimmung des Mittelpunkts der hauptsächlichen Interessen einer Schuldnergesellschaft ist dem Ort der Hauptverwaltung dieser Gesellschaft, wie er anhand von objektiven und durch Dritte feststellbaren Faktoren ermittelt werden kann, der Vorzug zu geben. Wenn sich die Verwaltungs- und Kontrollorgane einer Gesellschaft am Ort ihres satzungsmäßigen Sitzes befinden und die Verwaltungsentscheidungen der Gesellschaft in durch Dritte feststellbare Weise an diesem Ort getroffen werden, lässt sich die in dieser Vorschrift aufgestellte Vermutung nicht widerlegen. Befindet sich der Ort der Hauptverwaltung einer Gesellschaft nicht an ihrem satzungsmäßigen Sitz, können das Vorhandensein von Gesellschaftsaktiva und das Bestehen von Verträgen über deren finanzielle Nutzung in einem anderen Mitgliedstaat als dem des satzungsmäßigen Sitzes der Gesellschaft nur dann als zur Widerlegung dieser Vermutung ausreichende Faktoren angesehen werden, wenn eine Gesamtbetrachtung aller relevanten Faktoren, die von Dritten überprüfbare Feststellung zulässt, dass sich der tatsächliche Mittelpunkt der Verwaltung und der Kontrolle der Gesellschaft sowie der Verwaltung ihrer Interessen in diesem anderen Mitgliedstaat befinden."[4447]

2735 In der Urteilsbegründung führt der EuGH ferner aus, dass die Vermutungsregel des. 3 Abs. 1 Satz 2 EuInsVO und die Bezugnahme auf den Ort der Verwaltung der Interessen im 13. Erwägungsgrund der Verordnung die Intention des Unionsgesetzgebers zeigen würden, dass dem Ort der Hauptverwaltung der Gesellschaft als Zuständigkeitskriterium der Vorzug zu geben sei.[4448]

4447 EuGH, Urt. v. 20.10.2011 – C 396/09, NZI 2011, 990.
4448 EuGH, Urt. v. 20.10.2011 – C 396/09, NZI 2011, 990, 993.

Der Gerichtshof habe bereits unter Bezugnahme auf den Erwägungsgrund Nr. 13 der Verordnung in seiner „Eurofood"-Entscheidung festgestellt, dass der Mittelpunkt der hauptsächlichen Interessen nach objektiven und zugleich für Dritte feststellbaren Kriterien zu bestimmen sei, um die Rechtssicherheit und Vorhersehbarkeit bei der Bestimmung des für die Eröffnung eines Hauptinsolvenzverfahrens zuständigen Gerichts zu garantieren. Ausreichend sei es, wenn die zur Bestimmung des Ortes, an dem die Gesellschaft für gewöhnlich ihre Interessen verwalte, zu berücksichtigenden konkreten Umstände bekannt gemacht worden oder zumindest so transparent seien, dass Dritte, insbesondere die Gläubiger dieser Gesellschaft, davon Kenntnis haben könnten.[4449]

2736

Die Vermutungsregel des Art. 3 Abs. 1 Satz 2 EuInsVO könne jedoch widerlegt werden, sofern sich der Ort der Hauptverwaltung einer Gesellschaft aus der Sicht von Dritten nicht am Ort des satzungsmäßigen Sitzes befinde; wenn objektive und für Dritte feststellbare Elemente belegen würden, dass in Wirklichkeit die Lage nicht derjenigen entspräche, die die Verortung der hauptsächlichen Interessen an diesem satzungsmäßigen Sitz widerspiegeln solle.[4450]

2737

Der EuGH konkretisiert im Folgenden, dass zu den berücksichtigenden Faktoren u.a. alle Orte, an denen eine Gesellschaft eine wirtschaftliche Tätigkeit ausübe, und alle Orte, an denen sie Vermögenswerte besitze, gehören könnten, sofern diese Orte für Dritte erkennbar seien. Erforderlich sei eine Gesamtbetrachtung unter Berücksichtigung der Umstände des Einzelfalls.[4451]

2738

Bezogen auf den konkreten Fall urteilte der EuGH, dass Immobilien der Gesellschaft in einem anderen Mitgliedstaat als dem ihres satzungsmäßigen Sitzes, über die sie Mietverträge abgeschlossen habe, und der in diesem Mitgliedstaat bestehende Vertrag mit einem Finanzinstitut, als objektive und – angesichts der damit verbundenen öffentlichen Wahrnehmbarkeit – als von Dritte feststellbare Faktoren in diesem Sinne seien. Der EuGH weist jedoch im Folgenden daraufhin, dass Gesellschaftsaktiva und Verträge über deren Nutzung zur Widerlegung der Vermutungsregel des Art. 3 Abs. 1 Satz 2 EuInsVO nur ausreichend seien, sofern eine Gesamtbetrachtung aller Umstände nicht dazu führe, dass der COMI sich in diesem Mitgliedstaat und nicht am satzungsmäßigem Sitz befinde.[4452]

2739

2.2.3 Stellungnahme

Der EuGH stellt in seiner „Interedil"-Entscheidung klar, dass zunächst aus Gläubigersicht darauf abzustellen ist, wo sich die Hauptverwaltung der Gesellschaft befindet. Ist dies nach dem objektiven Empfängerhorizont am Ort des satzungsmäßigen Sitzes, ist das Gericht dieses Ortes zuständig. Sofern dies für den Gläubiger nicht erkennbar ist, ist auf weitere Faktoren abzustellen.

2740

4449 EuGH, Urt. v. 20.10.2011 – C 396/09, NZI 2011, 990, 993.
4450 EuGH, Urt. v. 20.10.2011 – C 396/09, NZI 2011, 990, 993.
4451 EuGH, Urt. v. 20.10.2011 – C 396/09, NZI 2011, 990, 993.
4452 EuGH, Urt. v. 20.10.2011 – C 396/09, NZI 2011, 990, 993.

Teil 8   Sonderaspekte

2741 Die Widerlegung der Vermutung, dass die Verwaltung einer Gesellschaft nicht am satzungsmäßigen Sitz liegt, soll im Rahmen einer Gesamtbetrachtung der Umstände des Einzelfalles erfolgen. Die möglichen einzubeziehenden Faktoren lässt der EuGH offen; Immobilienbesitz und Bankkonten können als objektive Faktoren zur Bestimmung des COMI herangezogen werden.[4453]

2742 Fraglich ist somit zunächst, woraus ein objektiver Dritter auf den Verwaltungssitz einer Gesellschaft schließen kann:

Betriebliche Verwaltung im engeren Sinne wird definiert als *„die Grundfunktion im betrieblichen Geschehen, die nur mittelbar den eigentlichen Zweckaufgaben des Betriebes (Beschaffung, Produktion, Absatz) dient, indem sie den reibungslosen Betriebsablauf durch Betreuung des ganzen Betriebes gewährleistet".*[4454]

Die Gesellschaft muss also in diesem Sinne nach außen erkennbar handeln. Dies wird sie jedoch – zumindest nach dem objektiven Empfängerhorizont – regelmäßig von dem Ort aus tun, von dem sie tatsächlich geschäftlich aktiv tätig ist, wo sie also Geschäftsräume hat, Kundenbeziehungen unterhält, Arbeitsverhältnisse begründet, Leistungen erbringt und entgegennimmt, ihre Bankgeschäfte tätigt.[4455] oder, wie der EuGH ausführt, der Belegenheitsort von im Eigentum der Gesellschaft stehenden Immobilien ist.[4456]

2743 Reine gesellschaftsinterne Entscheidungen, die nach außen nicht offenkundig werden, können im Umkehrschluss der Rechtsprechung des EuGH zur Bestimmung des COMI nicht maßgeblich sein, da sie aus Gläubigerperspektive nicht wahrnehmbar sind.

2744 Hierfür spricht auch, dass der EuGH in seiner „Interedil"-Entscheidung zur Frage der Verlegung des COMI vor Antragstellung wie folgt ausführt:

„… liegt nämlich dem Begriff des Mittelpunkts der hauptsächlichen Interessen das Anliegen zu Grunde, eine Verknüpfung mit dem Ort herzustellen, mit dem die Gesellschaft objektiv und für Dritte erkennbar die engsten Beziehungen unterhält. Es ist daher folgerichtig, in einem solchen Fall dem Ort den Vorzug zu geben, an dem die Schuldnergesellschaft zum Zeitpunkt ihrer Löschung und der Einstellung jeglicher Tätigkeit den letzten Mittelpunkt ihrer hauptsächlichen Interessen hatte …":[4457]

Die Formulierung „engste Beziehungen" ist zutreffend. Die EuInsVO geht zwar davon aus, dass dies der Sitz der Verwaltung sein sollte, er muss es aber eben nicht sein.

4453 EuGH, Urt. v. 20. 10. 2011 – C 396/09, NZI 2011, 990, 993.
4454 Gabler Wirtschaftslexikon, http://wirtschaftslexikon.gabler.de/Archiv/2121/verwaltung-v8.html.
4455 So zumindest vor der „Interedil"-Rechtsprechung des EuGH: *Undritz*, in: HmbK, Art. 3 EuInsVO Rn. 14; m. w. N.: *Herchen*, Aktuelle Entwicklungen im Recht der internationalen Zuständigkeit zur Eröffnung von Insolvenzverfahren: Der Mittelpunkt der (hauptsächlichen) Interessen im Mittelpunkt der Interessen; ZInsO 2004, 825, 827 f.; *Wimmer*, Anmerkungen zum Vorlagebeschluss des irischen Supreme Court in Sachen Parmalat, ZInsO 2005, 119, 123.
4456 EuGH, Urt. v. 20. 10. 2011 – C 396/09, NZI 2011, 990, 993.
4457 EuGH, Urt. v. 20. 10. 2011 – C 396/09, NZI 2011, 990, 994.

Kapitel 2   Die internationale Zuständigkeit

> **Beispiel**
>
> Für den Insolvenzantrag einer polnischen Gesellschaft mit Sitz in Breslau, die von einem deutschen Geschäftsführer geleitet wird, deren ausschließlicher Geschäftszweck Bauleistungen in Deutschland sind und die in Polen weder operativ noch verwaltend tätig ist, sind deutsche Gerichte international zuständig.
>
> Der Fall abgewandelt:
> Polnische Gerichte wären international zuständig, wenn die Verwaltung der polnischen Gesellschaft, die ausschließlich in Deutschland operativ tätig ist, für Dritte erkennbar aus Polen erfolgt. Anhaltspunkte hierfür könnten z.b. der Versand von Rechnungen aus Polen, ein polnisches Geschäftskonto, die Angabe einer deutschen Zweigstelle neben dem (tatsächlich bestehenden) polnischen Hauptsitz auf dem Briefkopf des Unternehmens etc. sein.

Im Einzelfall kann die Abgrenzung jedoch unverändert schwierig sein und bietet schuldnerischen Unternehmen, Gläubigervertretern und Insolvenzrichtern Auslegungsspielraum.

Internationale Zuständigkeit gemäß Art. 3 EuInsVO

1. Anwendungsbereich eröffnet, Art. 1 EuInsVO
2. Zuständigkeit der Gerichte des Mittelpunktes der hauptsächlichen Interessen zuständig (COMI)
   - Verbraucher: Ort des Wohnsitzes bzw. des gewöhnlichen Aufenthalts
   - Einzelunternehmers / Freiberufler: i.d.R. Ort der wirtschaftlichen Tätigkeit bzw. der Sitz der (Haupt-)Niederlassung
   - Gesellschaften / juristische Personen:
     - Vermutungsregel Art. 3 Abs. 1 Satz 2 EuInsVO: satzungsmäßiger Sitz
     - Widerlegung: COMI befindet sich objektiv für Dritte erkennbar in einem anderen Mitgliedstaat

Abb. 94: Internationale Zuständigkeit gemäß Art. 3 EuInsVO

2.3 Ortsveränderung des COMI oder unzulässiges „forum shopping"?

Operativ tätige Unternehmen unterliegen einem Wandel. Niederlassungen im Ausland werden gegründet und geschlossen, neue Produktionsstätten eröffnet oder der Verwaltungssitz einer Gesellschaft verlegt. Diese Umstände können dazu führen, dass sich der Ort des COMI ändert, was sich auf die internationale Zuständigkeit auswirkt.

Der EuGH hat mit Urteil vom 17.01.2006 „Staubitz-Schreiber"[4458] entschieden, dass maßgeblicher Zeitpunkt zur Bestimmung des COMI der Zeitpunkt der Antragstellung sei. Im Sinne der perpetuatio fori bleibe ein einmal örtlich oder sachlich zuständiges Gericht zuständig, auch wenn sich später die zuständigkeitsbegründenden Tatsachen so ändern, dass ein anderes Gericht zuständig wäre.

In seiner Begründung verwies der EuGH auf den Erwägungsgrund Nr. 4 der Verordnung, ein sog. „forum shopping" zum Nachteil der Gläubiger zu verhindern.[4459] Antragsteller sollen nicht den für die Gesellschaft bzw. die

2745

[4458] EuGH, Urt. v. 17. 01. 2006 – C 1/04, ZInsO 2006, 86.
[4459] EuGH, Urt. v. 17. 01. 2006 – C 1/04, ZInsO 2006, 86.

handelnden Personen „günstigsten" Gerichtsstand wählen können. Ferner solle der Gläubiger, der einen Fremdantrag gestellt hat, nicht gezwungen sein, auf eine (vermeintliche) Verlegung des COMI mit einem erneuten Insolvenzantrag bei dem nunmehr (vermeintlich) zuständigen Gericht reagieren zu müssen.[4460]

2746 Für ein insolventes Unternehmen und seine Organe kann es vorteilhafter sein, einen Insolvenzantrag nicht in Deutschland, sondern z.B. in England zu stellen. Gründe hierfür sind unter anderem die mögliche Reduzierung von Haftungsrisiken der Organe der Gesellschaft (insbesondere der Geschäftsleitung) und Anfechtungsrisiken von im Vorfeld des Insolvenzantrags erfolgten Rechtshandlungen (ggf. bewusste Vermögensverschiebungen im Vorfeld der Antragstellung zur Sicherung von Vermögen vor dem Zugriff der Gläubiger/ eines Insolvenzverwalters) oder der stärkere Einfluss der Gläubiger auf die Bestellung der Person des Verwalters.[4461] Das englische Verfahrensrecht biete z.B. den Sicherungsgläubigern Einflussnahme auf die Bestellung eines Administrators.[4462]

Auch für einen Einzelunternehmer kann es von Interesse sein, einen Insolvenzantrag in einem anderen Mitgliedstaat zu stellen und hierfür seinen Geschäftssitz (vermeintlich) ins Ausland zu verlegen oder für einen Verbraucher seinen Wohnsitz. Das slowakische Recht kennt z.B. ebenfalls den Weg der Restschuldbefreiung. Das Verfahren dauert dort jedoch (nur) 3 Jahre.[4463]

Ob ein ausländisches – z.B. das englische – Rechtssystem gegenüber dem deutschen weniger Risiken für die Insolvenzschuldnerin und ihre Organe bietet, kann pauschal sicherlich nicht beantwortet werden und ist vom Einzelfall abhängig. Fakt ist jedoch, sollte ein Insolvenzverfahren in England gestellt werden, obwohl die Gesellschaft oder der Einzelunternehmer eigentlich in Deutschland operativ tätig ist bzw. war, die Abwicklung der Insolvenz alleine aufgrund der örtlichen Ferne und der verschiedenen Sprachen und Rechtssysteme für einen englischen Verwalter schwieriger sein dürfte als für einen deutschen Verwalter, infolgedessen sich also auch der Zugriff auf Vermögenswerte und die Durchsetzung von etwaigen Haftungsansprüchen erschwert.[4464]

Der Vorteil des Einflusses der Gläubiger auf die Bestellung eines Administrators dürfte sich hingegen durch die Einführung des Gesetzes zur weiteren Erleichterung der Sanierung von Unternehmen (ESUG)[4465] relativiert haben.

Die Änderung des Ortes des COMI eines Unternehmens ist per se nicht problematisch. Die bewusste Verlegung des COMI im Vorfeld der Insolvenzantragstellung ist jedoch insbesondere im Zusammenhang mit der Einstellung des Geschäftsbetriebes unter den genannten Aspekten näher zu be-

---

[4460] *Undritz*, in: HmbK, Art. 3 EuInsVO Rn. 29.
[4461] *Undritz*, in: HmbK, Art. 3 EuInsVO Rn. 39.
[4462] *Undritz*, Rescue Culture und Unternehmenssanierung in England und Wales nach dem Enterprise Act 2002, NZI 2007, 574.
[4463] *Gieseler/Krüger*, in: MüKo-InsO, Anhang „Slowakische Republik" Rn. 9.
[4464] Zu den Möglichkeiten eines Antrags auf Eröffnung eines Sekundärinsolvenzverfahrens vgl. Punkt 2.6. Territorialinsolvenzverfahren.
[4465] BGBl. I 2011, 2582; vgl. Teil 2, Kap. 2.

trachten. Und zwar insbesondere in zwei Konstellationen: Einstellung des Geschäftsbetriebes vor Antragstellung und Sitzverlegung und Einstellung des Geschäftsbetriebes vor Antragstellung im Mitgliedstaat, der nicht dem satzungsmäßigen Sitz entspricht.

Beispiel a)

Ein deutsches Kaffeehandel-Unternehmen mit Sitz in Düsseldorf zerstreitet sich mit seinem italienischen Lieferanten und gerät darüber in eine Liquiditätskrise bis hin zur Zahlungsunfähigkeit. Da der Geschäftsführer davon ausging, die wirtschaftlichen Schwierigkeiten noch beseitigen zu können, stellte er bei Eintritt der Zahlungsunfähigkeit keinen Insolvenzantrag, sondern begründete zur Aufrechterhaltung des Geschäftsbetriebes neue Verbindlichkeiten. Nachdem die Steuererklärungen für die zwei vorangegangenen Geschäftsjahre nicht abgegeben wurden, denn für die Beauftragung eines Steuerberaters war kein Geld mehr vorhanden, erließ das zuständige Finanzamt Feststellungsbescheide und vollstreckte nach Eintritt der Rechtskraft fruchtlos. Der Geschäftsführer zog die Reißleine und stellte den Geschäftsbetrieb ein; seine Bemühungen im Vorfeld von Banken Liquidität zu bekommen, waren gescheitert. Aufgrund des verschleppten Insolvenzantrages, die Gesellschaft war schon seit Monaten zahlungsunfähig, sah er sich nunmehr zum einen strafrechtlicher Verfolgung ausgesetzt (§ 15a Abs. 4 InsO, „Insolvenzverschleppung") und zum anderen zivilrechtlichen Haftungsansprüchen gegen ihn persönlich als Geschäftsführer (z.B. gemäß § 64 Satz 1 GmbHG, wonach der Geschäftsführer einer Gesellschaft für Auszahlungen nach Eintritt der Insolvenzreife der Gesellschaft haftet, es sei denn, sie waren mit der Sorgfalt eines ordentlichen Geschäftsmanns vereinbar, sog. „privilegierten Zahlungen").
Um sich der Verfolgung dieser Ansprüche zu entziehen, zumindest aber die Verfolgung wesentlich zu erschweren, verlegte der Geschäftsführer den satzungsmäßigen Sitz der Gesellschaft kurz vor Antragstellung nach London und stellte dort beim High Court einen Insolvenzantrag (bzw. einen Antrag auf ein mit einem deutschen Insolvenzverfahren vergleichbaren Verfahren nach englischem Recht).

Beispiel b)

Einziger Geschäftszweck einer englischen Limited ist es, Elektrofahrräder in Deutschland zu konstruieren und zu verkaufen. Sie entfaltet keinerlei Aktivitäten am Ort ihres satzungsmäßigen Sitzes in London. Vor Insolvenzantragstellung in London stellt die Gesellschaft ihren operativen und verwaltenden Geschäftsbetrieb in Deutschland vollständig ein.

Der EuGH führt hierzu in seiner „Interedil"-Entscheidung aus, dass bei Sitzverlegung vor Antrag auf Eröffnung eines Insolvenzverfahrens gemäß Art. 3 Abs. 1 Satz 2 EuInsVO zu vermuten sei, dass sich der Mittelpunkt der hauptsächlichen Interessen des Schuldners am neuen satzungsmäßigen Sitz befinde, so dass grundsätzlich die Gerichte des Mitgliedstaats, in dessen Gebiet sich dieser neue Sitz befindet, für die Eröffnung eines Hauptinsolvenzverfahrens zuständig werden, sofern die in Art. 3 Abs. 1 Satz 2 EuInsVO aufgestellte Vermutung nicht durch den Nachweis widerlegt werde, dass die Verlegung des satzungsmäßigen Sitzes nicht zu einem Wechsel des Mittelpunkts der hauptsächlichen Interessen geführt habe.[4466]

2747

Dem Begriff des Mittelpunkts der hauptsächlichen Interessen liege das Anliegen zu Grunde, eine Verknüpfung mit dem Ort herzustellen, mit dem

2748

[4466] EuGH, Urt. v. 20. 10. 2011 – C 396/09, NZI 2011, 990, 993.

die Gesellschaft objektiv und für Dritte erkennbar die engsten Beziehungen unterhalte. Es sei daher folgerichtig, in einem solchen Fall dem Ort den Vorzug zu geben, an dem die Schuldnergesellschaft zum Zeitpunkt ihrer Löschung und der Einstellung jeglicher Tätigkeit den letzten Mittelpunkt ihrer hauptsächlichen Interessen hatte.[4467]

2749 Im Unterschied zum „Interedil"-Fall wurden die Gesellschaften der Beispiele a) und b) (noch) nicht aus den jeweiligen Handelsregistern gelöscht, sodass die Vermutungsregel des Art. 3 Abs. 1 Satz 2 EuInsVO gelten könnte. Auch im „Interedil"-Fall lag jedoch zwischen Sitzverlegung und Löschung ein Jahr. Wertungsmäßig dürfte damit zu Fällen, in denen keine Löschung der Gesellschaft im Handelsregister vor Antragstellung erfolgte, kein Unterschied bestehen. So entschied der BGH unter Verweis auf die „Interedil"-Rechtsprechung in einem vergleichbaren Fall, in dem die Schuldnerin noch nicht aus dem (niederländischen) Handelsregister gelöscht war. Der Eintrag im Handelsregister spiele nur eine untergeordnete Rolle. Entscheidend sei die Intention des Unionsgesetzgebers, die Insolvenzfälle für Gläubiger vorhersehbar zu machen. Dieses Interesse wäre gefährdet, sofern es bei Sitzverlegung in einen anderen Mitgliedstaat nach Einstellung des Geschäftsbetriebes zu einem Zuständigkeitswechsel käme. Ein Gläubiger müsse darauf vertrauen können, dass an dem Ort des vormaligen Mittelpunkts der hauptsächlichen Interessen des Schuldners ein Insolvenzverfahren durchgeführt werde.[4468]

2750 Wertungsmäßig kann es auch keinen Unterschied machen, ob wie im „Interedil"-Fall der satzungsmäßige Sitz vor Antragstellung verlegt wird oder – wie im Fall der Limited – gleich bleibt. Entscheidend ist, wovon die Gläubiger ausgehen durften. Konnten sie einmal davon ausgehen, dass der COMI an einem bestimmten Ort ist, müssen sie hierauf im Sinne der „Interedil"-Entscheidung und der Rechtsprechung des BGH[4469] vertrauen können, auch wenn die Gesellschaft ihren Geschäftsbetrieb einstellt, es sei denn, die Änderung der zuständigkeitsbegründenden Umstände waren für sie erkennbar.[4470]

2751 Anderenfalls käme es zu einem unzulässigen „forum shopping" (vgl. Erwägungsgrund 4 der Verordnung). Denn die Organe einer insolventen Gesellschaft hätten es in Fällen, in denen zu keinem Zeitpunkt eine administrative oder operative Tätigkeit der Insolvenzschuldnerin am satzungsmäßigem Sitz stattgefunden hat, in der Hand, vor Insolvenzantragstellung den Geschäftsbetrieb einzustellen, um somit die Zuständigkeit der Gerichte des satzungsmäßigen Sitzes zu begründen,[4471] bzw. durch Sitzverlegung im Zuge der Antragstellung und Einstellung des Geschäftsbetriebes die Zuständigkeit eines anderen Mitgliedstaates zu begründen.

[4467] EuGH, Urt. v. 20. 10. 2011 – C 396/09, NZI 2011, 990, 994.
[4468] BGH, B. v. 01. 12. 2011 – IX ZB 232/10, ZInsO 2012 143, 144.
[4469] BGH, B. v. 01. 12. 2011 – IX ZB 232/10, ZInsO 2012 143, 144.
[4470] A. A.: bei vollständiger Einstellung des Geschäftsbetriebes: BayObLG, B. v. 19. 09. 2003 – 1 Z AR - 102/03, ZInsO 2003, 1142; OLG Hamm, B. v. 14. 01. 2000 – 1 Sbd 100/99, NZI 2000, 220.
[4471] *Undritz*, in: HmbK, Art. 3 EuInsVO Rn. 32.

Sollte hingegen tatsächlich die Verlegung der aktiven und nach außen erkennbaren Verwaltung einer Gesellschaft an den Ort des satzungsmäßigen Sitzes erfolgt sein oder – im Fall des deutschen Kaffeehändlers – nicht nur eine Sitzverlegung, sondern auch eine tatsächliche für Dritte erkennbare Verlegung der Verwaltung, ist im Sinne der „Interedil"-Entscheidung des EuGH von einer Verlegung des COMI auszugehen, auch wenn die Gesellschaft ihre Geschäftstätigkeit eingestellt hat:

2752

> **Beispiel c)**
>
> Der dargestellte Fall der Limited abgewandelt:
> Nachdem die Gesellschaft Ihren Geschäftsbetrieb in Deutschland eingestellt hat, zieht der Director der Limited nach London und kümmert sich aktiv um die Abwicklung des Unternehmens. Er informiert alle Gläubiger, Vertragspartner, das Finanzamt und Krankenkassen hierüber, verhandelt mit Interessenten über den Verkauf des Anlagevermögens und vereinnahmt die letzten offenen Forderungen auf ein neu eingerichtetes Geschäftskonto bei einer englischen Bank, von wo aus er auch letzte (Teil-)Zahlungen an Gläubiger leistet.

2.4 Konzerninsolvenzrecht?

Nicht geregelt hat der europäische Gesetzgeber die Insolvenz eines Konzerns. Wie sich in den o.a. Beispielen zur „Mind-of-Management-Theorie" und „Business-Activity-Theorie" sowie den dargestellten Entscheidungen des EuGH („Eurofood" und „Interedil") gezeigt hat, ist im Fall eines Unternehmens mit diversen Schwester- und Tochtergesellschaften im europäischen Ausland internationales Insolvenzrecht aufgrund der mannigfaltigen länderübergreifenden Verknüpfungen und Geschäftsbeziehungen von großer Bedeutung. Da es an einer Regelung fehlt, die eine besondere Zuständigkeit für Konzernsachverhalte begründet, ist im Falle der Konzerninsolvenz die internationale Zuständigkeit für jede Gesellschaft separat zu prüfen.[4472]

2753

> **Beispiel**
>
> Die Insolvenz einer französischen Muttergesellschaft führt dazu, dass der Hauptauftraggeber dreier deutscher Tochtergesellschaften ausfällt. Die deutschen Gesellschaften geraten hierdurch ebenfalls in Vermögensverfall und stellen Insolvenzanträge.

Im Sinne der vorangegangenen Ausführungen muss entschieden werden, ob der Verwaltungssitz der Tochtergesellschaften für Dritte erkennbar am satzungsmäßigen Sitz der Muttergesellschaft lag, infolgedessen französische Gerichte international zuständig wären, oder die Tochtergesellschaften autark nach außen auftraten und lediglich konzerninternen Weisungen der Muttergesellschaft unterlagen und damit deutsche Gerichte international zuständig wären.

[4472] *Undritz*, in: HmbK, Art. 3 EuInsVO Rn. 7.

Ein sog. Konzerngerichtsstand ist damit nicht per se ausgeschlossen, er muss sich jedoch nach den dargestellten objektiven, für Dritte erkennbare, Maßstäben richten.[4473]

2.5 Bindungswirkung, Art. 16 EuInsVO

2.5.1 Grundsätze

2754 Nicht in jedem Fall ist die Frage der internationalen Zuständigkeit eines nationalen europäischen Gerichts eindeutig und ohne Zweifel bestimmbar, insbesondere da klare eindeutige Anknüpfungspunkte zur Bestimmung des COMI weiterhin fehlen. Deswegen kommt es vor, dass europäische nationale Gerichte die Frage der Zuständigkeit unterschiedlich entscheiden und zwei Hauptinsolvenzverfahren in verschiedenen Ländern über das Vermögen der gleichen Gesellschaft eröffnet werden.

Gemäß Art. 16 Abs. 1 Satz 1 EuInsVO wird die Eröffnung eines Insolvenzverfahrens durch ein nach Art. 3 EuInsVO zuständiges Gericht eines Mitgliedstaates in allen übrigen Mitgliedstaaten anerkannt, soweit die Entscheidung im Staat der Verfahrenseröffnung wirksam ist. Dies gilt gemäß Art. 16 Abs. 1 Satz 2 EuInsVO auch dann, wenn in den übrigen Mitgliedstaaten über das Vermögen des Schuldners wegen seiner Eigenschaft ein Insolvenzverfahren nicht eröffnet werden könnte.

Der EuGH konkretisiert in seiner „Eurofood"-Entscheidung, dass Art. 16 Abs. 1 Satz 1 EuInsVO dahingehend auszulegen sei, dass die übrigen Mitgliedstaaten eine Entscheidung anzuerkennen haben, ohne dass sie die Zuständigkeit des Gerichtes des Eröffnungsstaates überprüfen können.[4474]

Art. 102 § 3 Abs. 1 Satz 1 EGInsO regelt auf nationaler deutscher Ebene darüber hinaus, dass ein bei einem inländischen Insolvenzgericht gestellter Antrag auf Eröffnung eines Verfahrens über das zur Insolvenzmasse gehörende Vermögen unzulässig ist, sofern das Gericht eines anderen Mitgliedstaates ein Hauptinsolvenzverfahren eröffnet hat.

2755 Einschränkend wirkt der in Art. 26 EuInsVO kodifizierte ordre-public-Vorbehalt: Jeder Mitgliedstaat kann sich weigern, ein in einem anderen Mitgliedstaat eröffnetes Insolvenzverfahren anzuerkennen oder eine in einem solchen Verfahren ergangene Entscheidung zu vollstrecken, soweit diese Anerkennung oder diese Vollstreckung zu einem Ergebnis führt, das offensichtlich mit seiner öffentlichen Ordnung, insbesondere mit den Grundprinzipien oder den verfassungsmäßig garantierten Rechten und Freiheiten des Einzelnen, unvereinbar ist.

2.5.2 „Eröffnung eines Insolvenzverfahrens" im Sinne von Art. 16 EuInsVO

2756 Der Begriff der „Eröffnung eines Insolvenzverfahrens" ist nicht legal definiert. Sollte ein englisches Gericht z.B. feststellen, dass in Deutschland über

---

[4473] Pannen/Riedemann, Der Begriff des „centre of main interests" i. S. d. Art. 3 EuInsVO im Spiegel aktueller Fälle aus der Rechtsprechung, NZI 2004, 646.
[4474] EuGH, Urt. v. 02. 05. 2006 – C 341/04, ZInsO 2006, 484.

das Vermögen der in England antragstellenden Gesellschaft bereits eine vorläufige Insolvenzverwaltung angeordnet wurde, hat es sich zu fragen, ob dies die Bindungswirkung des Art. 16 Abs. 1 Satz 1 EuInsVO auslöst.

Anerkannt ist zunächst, dass der Zeitpunkt der Insolvenzantragstellung nicht maßgeblich sein kann und dass eine rechtskräftige Eröffnungsentscheidung die Bindungswirkung auslöst.[4475]

Der EuGH führt darüber hinaus in seiner „Eurofood"-Entscheidung aus, dass als „Eröffnung eines Insolvenzverfahrens" im Sinne der Verordnung nicht nur eine Entscheidung zu sehen sei, die in dem für das Gericht, das die Entscheidung erlassen habe, geltenden Rechts des Mitgliedstaates förmlich als Eröffnungsentscheidung bezeichnet werde, sondern auch die Entscheidung, die in Folge eines auf die Insolvenz des Schuldners gestützten Antrages auf Eröffnung eines in Anhang A der Verordnung genannten Verfahrens ergehe, wenn diese Entscheidung den Vermögensbeschlag i. S. d. Art. 1 Abs. 1 EuInsVO gegen den Schuldner zur Folge habe und durch sie ein in Anhang C der Verordnung genannter Verwalter bestellt werde.

In Bezug auf deutsches nationales Insolvenzrecht löst damit die Bestellung eines sog. „starken" vorläufigen Verwalters, wenn also dem schuldnerischen Unternehmen ein Verfügungsverbot auferlegt wurde und die Verwaltungs- und Verfügungsbefugnis auf den vorläufigen Insolvenzverwalter übergegangen ist (Vermögensbeschlag gegen den Schuldner), die Bindungswirkung aus.[4476] Denn ein deutsches Insolvenzverfahren ist ein in Anhang A EuInsVO aufgeführtes Verfahren und der vorläufige Insolvenzverwalter ist gemäß Anhang C EuInsVO ein Verwalter im Sinne von Art. 16 EuInsVO.

Streitig ist, ob die Bestellung eines vorläufigen „schwachen" Insolvenzverwalters, wenn also Vermögensverfügungen nur noch mit Zustimmung des vorläufigen Insolvenzverwalters wirksam sind, in Hinblick auf den Vermögensbeschlag ausreichend ist. Dies wird ganz überwiegend bejaht.[4477]

Da nach der Rechtsprechung des EuGH maßgeblich ist, ob die Entscheidung den Vermögensbeschlag des Schuldners zur Folge hat, dürfte es konsequent sein, auch eine vorläufige Insolvenzverwaltung mit Zustimmungsvorbehalt ausreichen zu lassen, denn diese hat ebenfalls zur Folge, dass der

---

[4475] *Reinhart,* in: MüKo-InsO, Art. 16 EuInsVO Rn. 8 m. w. N.
[4476] OLG Innsbruck, B. v. 08. 07. 2008 – 1 R 176/08d, NZI 2008, 700.
[4477] *Undritz,* in: HmbK, Art. 3 EuInsVO Rn. 25; *Herchen,* Wer zuerst kommt, mahlt zuerst! Die Bestellung eines „schwachen" vorläufigen Insolvenzverwalters als Insolvenzverfahrenseröffnung im Sinne der EuInsVO, NZI 2006, 435; *Reinhart,* Die Bedeutung der EuInsVO im Insolvenzeröffnungsverfahren – Verfahren bei internationaler Zuständigkeit nach Art. 102 EGInsO, NZI 2009, 73, 74; *Werner/Schuster,* in: FK-InsO, Art. 3 EuInsVO Rn. 19; LG Patra (Griechenland), B. v. 02. 05. 2007 – 316/07, ZIP 2007, 1875; sowie insbesondere Handelsgericht von Nanterre (Frankreich), Urt. v. 08. 07. 2011, NZI 2011, 752 (AlkorVenilia-GmbH); a. A.: *Paulus,* Der EuGH und das moderne Insolvenzrecht, NZG 2006, 609, 613.

Schuldner nicht mehr über sein Vermögen ohne Zustimmung des vorläufigen Verwalters verfügen kann.[4478]

Für diese Auslegung spricht im Übrigen auch, dass Art. 1 Abs. 1 EuInsVO zwischen vollständigem und teilweisem Vermögensbeschlag nicht unterscheidet.

2.5.3 Wirkung der Anerkennung

2760 Art. 17 EuInsVO bestimmt, dass die Eröffnung eines Verfahrens nach Art. 3 Abs. 1 EuInsVO in jedem anderen Mitgliedstaat die Wirkungen entfaltet, die das Recht des Staates der Verfahrenseröffnung dem Verfahren beilegt, ohne dass es hierfür irgendwelcher Förmlichkeiten bedarf, sofern die Verordnung nichts anderes bestimmt und solange in diesem Mitgliedstaat kein Verfahren nach Art. 3 Abs. 2 EuInsVO (Sekundär- und Partikularinsolvenzverfahren, vgl. Punkt 2.6.) eröffnet ist.

Das AG Duisburg[4479] entschied im Insolvenzverfahren über eine Gesellschaft des Babcock-Borsig Konzerns zutreffend, dass die Bindungswirkung eines durch ein deutsches Insolvenzgericht erlassenen Eröffnungsbeschlusses auch den Beschlag von Vermögen in Griechenland zur Folge hat.

Die Eröffnungsentscheidung hat also in allen Mitgliedstaaten die gleichen Wirkungen (z.B. Übergang der Verwaltungs- und Verfügungsbefugnis auf den bestellten Verwalter),[4480] sog. Universalitätsprinzip.[4481]

2.6 Territorialinsolvenzverfahren (Sekundär- und Partikularinsolvenzverfahren)

2761 Der Unionsgesetzgeber regelt in Art. 3 Abs. 2–4 EuInsVO die Zulässigkeit sog. Territorialinsolvenzverfahren.

Gemäß Art. 3 Abs. 2 Satz 1 EuInsVO sind, sofern der Schuldner den Mittelpunkt seiner hauptsächlichen Interessen im Gebiet eines Mitgliedstaates hat, die Gerichte eines anderen Mitgliedstaates (nur) dann zur Eröffnung eines Insolvenzverfahrens befugt, wenn der Schuldner dort eine Niederlassung unterhält. Die Wirkungen sind gemäß Satz 2 auf das im Gebiet dieses Mitgliedstaates belegende Vermögen des Schuldners beschränkt.

Zu unterscheiden sind Sekundär- und Partikularinsolvenzverfahren. Sofern ein Insolvenzverfahren einem bereits eröffneten Hauptinsolvenzverfahren folgt, handelt es sich gemäß Art. 3 Abs. 3 Satz 1 EuInsVO um ein Sekundärverfahren.

2762 Vor der Eröffnung eines Insolvenzverfahrens kann gemäß Art. 3 Abs. 4 EuInsVO ein Partikularverfahren eröffnet werden, wenn nach den Rechtsvorschriften des Mitgliedstaates, in dem der Schuldner den Mittelpunkt seiner hauptsächlichen Interessen hat, die Eröffnung eines Insolvenzverfahrens nicht möglich ist (lit. a) oder falls die Eröffnung eines Partikularverfahrens von einem Gläubiger beantragt wird, der seinen Wohnsitz, gewöhnlichen

---

4478 *Undritz*, in: HmbK, Art. 3 EuInsVO Rn. 25, m. w. N.
4479 AG Duisburg, B. v. 10. 12. 2002 – 62 IN 190/02, ZInsO 2003, 476.
4480 *Reinhart*, in: MüKo-InsO, Art. 17 EuInsVO Rn. 2 – Theorie der „Wirkungserstreckung".
4481 *Kindler*, in: MüKo-BGB, A. Einleitung Rn. 4–8.

Kapitel 2 Die internationale Zuständigkeit

Aufenthalt oder Sitz in dem Mitgliedstaat hat, in dem sich die betreffende Niederlassung befindet oder dessen Forderung auf einer sich aus dem Betrieb dieser Niederlassung ergebenden Verbindlichkeiten beruht (lit. b). Ein Partikularinsolvenzverfahren wird mit Eröffnung des Hauptinsolvenzverfahrens gemäß Art. 36 EuInsVO wie ein Sekundärinsolvenzverfahren behandelt.[4482]

Maßgeblich ist also der Rechtsbegriff der Niederlassung, der in Art. 2 Satz 1 lit. h EuInsVO legal definiert ist: Für die Zwecke dieser Verordnung ist eine „Niederlassung" jeder Tätigkeitsort, an dem der Schuldner einer wirtschaftlichen Aktivität von nicht vorübergehender Art nachgeht, die den Einsatz von Personal und Vermögenswerten voraussetzt.

2763

Der EuGH entschied in seiner „Interedil"-Entscheidung, dass die Verknüpfung der Ausführung der wirtschaftlichen Tätigkeit i.S.v. Art. 2 lit. h EuInsVO mit dem Vorhandensein von Personal zeige, dass ein Mindestmaß an Organisation und eine gewisse Stabilität erforderlich seien. Im Umkehrschluss ergebe sich daraus, dass einzelne Vermögenswerte oder das Bestehen einer Bankverbindung grundsätzlich nicht den Erfordernissen für eine Qualifizierung als „Niederlassung" genüge.[4483]

Ferner sei bei der Auslegung des Begriffes „Niederlassung", ebenso wie bei der Bestimmung des Mittelpunkts der hauptsächlichen Interessen auf objektive und durch Dritte feststellbarer Umstände abzustellen. Das Bestehen einer Niederlassung im Gebiet eines Mitgliedstaates nach Art. 3 Abs. 2 EuInsVO begründe die Zuständigkeit der Gerichtejjjjjjjjjjjjjjj dieses Mitgliedstaates zur Eröffnung eines Sekundärinsolvenzverfahrens über das Vermögen des Schuldners, deswegen müsse die Rechtssicherheit und die Vorhersehbarkeit garantiert werden.[4484]

Ähnlich wie bei der Bestimmung des COMI kommt es auch hier zu Abgrenzungsschwierigkeiten.

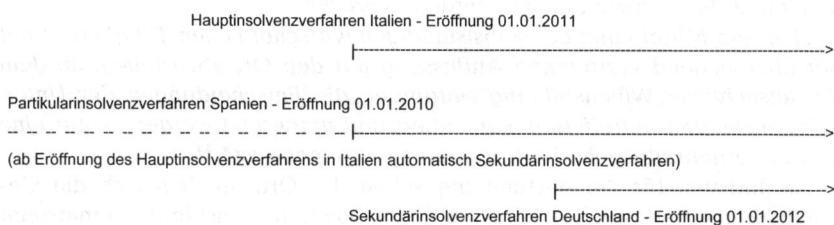

Abb. 95: Territorialinsolvenzverfahren

[4482] *Undritz*, in: HmbK, Art. 36 EuInsVO Rn. 1.
[4483] EuGH, Urt. v. 20. 10. 2011 – C 396/09, NZI 2011, 990, 994.
[4484] EuGH, Urt. v. 20. 10. 2011 – C 396/09, NZI 2011, 990, 994.

3. Insolvenzverfahren mit Auslandsbezug zu Drittstaaten außerhalb der Europäischen Union

3.1 Anwendungsbereich

2764 In Fällen mit ausschließlichem Auslandsbezug zu außereuropäischen Drittstaaten bzw. europäischen Staaten, die nicht dem Anwendungsbereiches der EuInsVO unterliegen, finden die Vorschriften der §§ 335ff. InsO Anwendung. Die Frage der internationalen Insolvenzeröffnungszuständigkeit deutscher Gerichte ist nicht ausdrücklich geregelt. Eine international geltende Zuständigkeitsregelung existiert ebenfalls nicht. Es ist deswegen auf den im internationalen Zivilprozessrecht geltenden Grundsatz der Doppelfunktionalität der Vorschriften über die örtliche Zuständigkeit zurückzugreifen. Die Bestimmungen über die örtliche Zuständigkeit begründen zugleich in entsprechender Anwendung die internationale Zuständigkeit deutscher Gerichte.[4485] Der deutsche Gesetzgeber hat in § 3 Abs. 1 Satz 1 InsO geregelt, dass örtlich zuständig ausschließlich das Insolvenzgericht ist, in dessen Bezirk der Schuldner seinen allgemeinen Gerichtsstand hat. § 4 InsO erklärt die Zivilprozessordnung ergänzend für anwendbar, soweit die Insolvenzordnung keine Regelung enthält.

Die Zuständigkeit richtet sich danach grundsätzlich nach dem allgemeinen Gerichtsstand gemäß §§ 12ff. ZPO. Darüber hinaus bestimmt § 3 Abs. 1 Satz 2 InsO für den Fall, dass der Mittelpunkt einer selbstständigen wirtschaftlichen Tätigkeit des Schuldners an einem anderen Ort liegt, dass ausschließlich das Insolvenzgericht zuständig ist, in dessen Bezirk sich dieser Ort befindet.

3.2 Mittelpunkt der selbstständigen Tätigkeit, § 3 Abs. 1 Satz 2 InsO

2765 Der Rechtsbegriff des Mittelpunktes der selbstständigen wirtschaftlichen Tätigkeit ist nicht legal definiert.

2766 Unter einer selbstständigen wirtschaftlichen Tätigkeit ist jede auf Gewinnerzielung gerichtete Tätigkeit in nicht abhängiger Stellung zu verstehen, ohne dass Gewinn erzielt werden muss.[4486]

2767 *„Für den Mittelpunkt der selbstständigen wirtschaftlichen Tätigkeit ist mit der überwiegend vertretenen Auffassung auf den Ort abzustellen, an dem die tatsächliche Willensbildung stattfindet, die Entscheidungen der Unternehmensleitung getroffen, dokumentiert und umgesetzt werden, wofür eine gewisse organisatorische Verfestigung zu verlangen ist".*[4487]

2768 Als Indizien für die Bestimmung sollen der Ort, an dem sich die Geschäftsräume und die Geschäftsunterlagen sowie das zuständige Finanzamt befinden und an dem die Gewerbeerlaubnis erteilt ist, herangezogen werden können.[4488]

4485 OLG Köln, B. v. 23. 04. 2001 – 2 W 82/01, NZI 2001, 380.
4486 OLG Hamm, B. v. 24. 06. 1999 – 1 Sbd 16/99, ZInsO 1999, 533, 534.
4487 AG Essen, B. v. 01. 09. 2009 – 166 IN 119/09, ZIP 2009, 1826 – Leitsatz der Redaktion m. w. N.; *Kirchhof*, in: HK, § 3 Rn. 9, *Ganter*, in: MüKo-InsO, § 3 Rn. 10, *Rüther*, in: HmbK, § 3 Rn. 13; OLG Brandenburg, B. v. 19. 06. 2002 – 1 AR 27/02, ZInsO 2002, 767.
4488 *Uhlenbruck*, in: Uhlenbruck, § 3 Rn. 4.

Auch das AG Köln stellte in seiner kontrovers diskutierten (da im Vorfeld der Antragstellung ein sog. Lenkungsausschuss begründet wurde) „Pin-AG"-Entscheidung auf das operative Geschäft ab:

„... Hinsichtlich der Schuldnerin kann an die Lage der Geschäftsräume, die örtlichen Tätigkeitsfelder der Mitarbeiter, die Art und die Zahl der Kunden sowie den Schwerpunkt der vertraglichen Beziehungen ebenso gedacht werden wie an den Ort, an dem die für das operative Geschäft wesentlichen Entscheidungen getroffen werden und ihren Niederschlag finden ..."[4489]

Ganter[4490] weist daraufhin, dass der Verwaltungssitz maßgeblich sei, sofern sich ein Unternehmen in Betriebsstätte und Verwaltungssitz gliedert und diese örtlich getrennt sind. In diesem Zusammenhang wird zutreffend im Schrifttum darauf hingewiesen, dass im Sinne der Rechtsprechung des EuGH aus Gründen der Rechtssicherheit und Vorhersehbarkeit für die Gläubiger auf die objektive Erkennbarkeit abzustellen sei.[4491] Dem ist insbesondere unter Berücksichtigung der EuGH-Rechtsprechung („Eurofood" und „Interedil") zuzustimmen.

2769

Internationale Zuständigkeit gemäß § 335 InsO

- Grundsatz der Doppelfunktionalität: Vorschriften über die örtliche Zuständigkeit begründen zugleich in entsprechender Anwendung die internationale Zuständigkeit deutscher Gerichte
- Folge: § 3 InsO findet Anwendung
  - allgemeiner Gerichtsstand gemäß §§ 3 Abs. 1, 4 InsO i.V.m. §§ 12 ff. ZPO
  - Gericht des Mittelpunkts der selbstständigen wirtschaftlichen Tätigkeit des Schuldners, § 3 Abs.1 Satz 2 InsO

Abb. 96: Internationale Zuständigkeit gemäß § 335 InsO

3.3 Bindungswirkung, § 343 InsO

§ 343 InsO bestimmt, dass die Eröffnung eines ausländischen Insolvenzverfahrens grundsätzlich anerkannt wird. Dies gilt jedoch gemäß § 343 Abs. 1 Satz 2 InsO nicht, wenn die Gerichte des Staates der Verfahrenseröffnung nach deutschem Recht nicht zuständig sind und/oder soweit die Anerkennung zu einem Ergebnis führt, das mit wesentlichen Grundsätzen des deutschen Rechts, insbesondere den Grundrechten, offensichtlich unvereinbar ist (sog. ordre-public-Vorbehalt).

2770

3.4 Einstellung des Geschäftsbetriebes im Zuge der Antragstellung

Hat die schuldnerische Gesellschaft ihre wirtschaftliche Tätigkeit bei Antragstellung eingestellt, ist gemäß § 3 Abs. 1 Satz 1 InsO wiederum auf den satzungsmäßigen Sitz abzustellen. Die Sitzverlegung könne jedoch unbe-

2771

[4489] AG Köln, B. v. 01.02.2008 – 73 IN 628/07, ZInsO 2008, 215, 217.
[4490] *Ganter*, in: MüKo-InsO, § 3 Rn. 10a.
[4491] *Kirchhof*, in: HK, § 3 Rn. 9; *Rüther*, in: HmbK, § 3 Rn. 13.

achtlich sein, wenn sie nur zum Zweck der Zuständigkeitserschleichung z. B. im Rahmen einer sog. Firmenbestattung erfolgt sei.[4492] Motivation einer solchen gelenkten Zuständigkeit ist in der Regel, dass sich die Organe des schuldnerischen Unternehmens der zivilrechtlichen und strafrechtlichen Verantwortung ihres Handelns entziehen wollen.

3.5 Konzerninsolvenzrecht?

2772 Im Falle der Konzerninsolvenz, die auch der deutsche Gesetzgeber nicht ausdrücklich geregelt hat, ist die Zuständigkeit für jede Tochtergesellschaft autark zu prüfen.[4493] Eine Konzernstruktur reiche alleine nicht aus, um eine zentrale Zuständigkeit aller Konzerngesellschaften am Sitz der Muttergesellschaft zu begründen. Werden hingegen die unternehmerischen Leitentscheidungen durch die Muttergesellschaft getroffen und umgesetzt, wäre für den gesamten Konzern, also auch für alle Tochtergesellschaften, das Insolvenzgericht des Ortes der Muttergesellschaft zuständig. Die allgemeine Konzernleitungsmacht der Muttergesellschaft soll hierfür nicht ausreichend sein.[4494]

In diesem Sinne nahm das LG Dessau[4495] die örtliche Zuständigkeit einer Konzerntochter am Sitz der Muttergesellschaft an, weil das gesamte Rechnungswesen, der Ein- und Verkauf, das Vertragswesen und der Zahlungsverkehr durch die Konzernmutter an ihrem Sitz vorgenommen wurde.

4. UNCITRAL-Modal Law on Cross-Border Insolvency[4496]

2773 Das UNCITRAL-Modellgesetz über grenzüberschreitende Insolvenzverfahren wurde am 15.12.1997 von der UN-Vollversammlung gebilligt. Die enthaltenen Regelungen sind mit der EuInsVO vergleichbar.[4497] In den Folgejahren haben zunehmend mehr Staaten ihr autonomes, internationales Insolvenzrecht an die Bestimmungen angepasst.[4498]

Die Ziele des Gesetzes sind in der Präambel festgehalten. Es sollen effektive Mechanismen im Umgang mit grenzüberschreitenden Insolvenzverfahren geschaffen werden. Die Gerichte und involvierten staatlichen Institutionen sollen bei ihrer Zusammenarbeit unterstützt werden. Ziel ist es ferner, Rechtssicherheit zu schaffen sowie eine effiziente Insolvenzverwaltung im Sinne der Gläubiger, des Schuldners und weiterer betroffener Personen zu erreichen. Die Werthaltigkeit der Vermögenswerte des Schuldners sollen geschützt und eine Sanierung gefördert werden.

4492 BayObLG, B. v. 08. 09. 2003 – 1 ZAR 86/03, ZInsO 2003, 1045.
4493 *Frind*, Forum PINning?, ZInsO 2008, 363, 364; *Kirchhof/Lwowski/Stürner*, in: MüKo-InsO, Internationales Insolvenzrecht Rn. 8ff.
4494 OLG Brandenburg, B. v. 19. 06. 2002 – 1 AR 27/02, ZInsO 2002, 767.
4495 LG Dessau, B. v. 30. 03. 1998 – 7 T 123/98, ZIP 1998, 1007.
4496 Abgedruckt in: HmbK, Anhang zu §§ 335 ff.
4497 *Dimmer*, Die UNCITRAL-Modellbestimmungen über grenzüberschreitende Insolvenzverfahren, ZIP 1997, 2220.
4498 *Undritz*, in: HmbK, Vorbem. zu §§ 335ff. Rn. 21.

Teil 9

Der Fachberater für Sanierung und Insolvenzverwaltung (DStV e.V.) – berufs-, haftungs- und versicherungsrechtliche Aspekte

1. Einführung

Steuerberater sind die ersten Ansprechpartner kleiner und mittlerer Unternehmen, wenn es um betriebswirtschaftliche Fragen geht. Das gilt naturgemäß auch dann, wenn Unternehmen in eine wirtschaftliche Krise geraten. Sanierung und Insolvenzverwaltung sind deshalb wichtige Themen für Steuerberater.[4499]

2774

[4499] *Arens/Schäfer*, Der Steuerberater als Krisenmanager. Sanierung und Insolvenz des Mandantenunternehmens; *Deffland*, Unternehmen in der Krise – Sanierung, Insolvenz und Abwicklung. Die Leistungen des Steuerberaters für das Unternehmen in der Krise von der betriebswirtschaftlichen Beratung zur Insolvenzberatung, StB 2005, 292–300; *Fahlbusch*, Sanierungsberatung und Insolvenzverwaltung durch den Steuerberater – Eine risikoanalytische Skizze, Stbg 2008, 123–128; *Frege*, Grundlagen und Grenzen der Sanierungsberatung, NZI 2006, 545–552; *Frese/Siemer*, Der Steuerberater als Sanierungsberater und Insolvenzverwalter, in: Pestke/Grotherr u. a., Betriebswirtschaftliche und rechtliche Beratung durch den Steuerberater I, 135–180; *Frisch*, Lukrativer Posten, Consultant 3/2007, 48 ff.; *Haarmeyer/Maus*, Der Steuerberater als Insolvenzverwalter, Stbg 2001, 283–288; *Haubruck*, Beratung in Unternehmenskrisen – Prozessorientierte Darstellung aus der Sicht des Steuerberaters, BBKM 8/2007, 187–195; *Leibner*, Der Steuerberater als Krisen- und Insolvenzberater – Handbuch für die Beratungspraxis; *Leibner/Uhlenbruck*, Die Sanierung von Krisenunternehmen als Herausforderung für die Beratungspraxis, KTS 4/2004, 505–523; *Pink*, Krisenbewältigung durch den Steuerberater; Römermann, Beratungsfeld Krise: Was Steuerberater daraus machen können, Stbg 2008, 459 ff.; *ders.*, Beratungsfeld Insolvenz: Was Steuerberater daraus machen können, Stbg 2008, 495 ff.; *Scheffler/Beigel*, Der Steuerberater als Insolvenzberater, DStR 2000, 1277–1284; *Schlarb/Hub/Blum*, Der Steuerberater als Sanierungsberater; *Uhlenbruck/Leibner*, Die Sanierung von Krisenunternehmen als Herausforderung für die Beratungspraxis, KTS 2004, 505–524 ; *Uppenbrink*, Steuerberater als Sanierungsberater, Consultant 11/2001, 50–55; *Uppenbrink*, Steuerberater als Unternehmenssanierer, in: Neufang/DStl, Deutsche Steuerberater-Richtlinien, Gruppe 4, S 70, 1–36; *Weidekind*, Der Steuerberater als Insolvenzberater – Chancen durch betriebswirtschaftliche Anforderungen der Insolvenzreform und des Insolvenzplanes, DSWR 1997, 258–259; *dies.*, Prüfung der Sanierungsfähigkeit und Sanierungswürdigkeit durch den Steuerberater – Das neue Insolvenzrecht beschert dem Berufsstand neue Tätigkeitsgebiete, DSWR 1998, 192–193; *Weidekind/Rödl*, Der Steuerberater als Insolvenzberater – Neue Aufgaben nach der Insolvenzordnung 1999; *Werdan/Ott/Rauch*, Das Steuerberatungsmandat in der Krise, Sanierung und Insolvenz – Vom Normalmandat zum Insolvenzmandat, DB 50/2006, S. XII.

Teil 9 Berufs-, haftungs- und versicherungsrechtliche Aspekte

Andererseits stellen diese Gebiete besondere und stetig steigende Anforderungen an die Berater. Teilweise wurde eine zu geringe Beschäftigung von Steuerberatern, Wirtschaftsprüfern und Rechtsanwälten mit dem Thema Sanierungsberatung beklagt.[4500] „Normale" Steuerberater könnten damit überfordert sein.[4501] Beratungschancen blieben vielfach ungenutzt.[4502]

Vor diesem Hintergrund hat der Deutsche Steuerberaterverband (DStV) nach Ankündigung im Jahre 2005[4503] im Jahre 2006 die besondere Qualifizierungs-Bezeichnung „Fachberater für Sanierung und Insolvenzverwaltung (DStV e. V.)" geschaffen.[4504] Diese Bezeichnung können alle nach § 3 StBerG zur unbeschränkten Hilfeleistung in Steuersachen befugten Personen, also in erster Linie Steuerberater und Steuerbevollmächtigte, aber auch Rechtsanwälte, Wirtschaftsprüfer sowie vereidigte Buchprüfer erwerben.

Zum Fachberater für Sanierung und Insolvenzverwaltung (DStV e. V.) gibt es bereits eine Reihe von Untersuchungen und Darstellungen im Schrifttum.[4505] Die Rechtsprechung hat sich geäußert[4506] und auch die neue Berufsordnung der Bundessteuerberaterkammer greift das Phänomen des Fachberaters auf.[4507]

Lesenswert ist darüber hinaus der Prozess „Krisenberatung" im Gemeinsamen Qualitätssicherungshandbuch der Bundessteuerberaterkammer, des Deutschen Steuerberaterverbandes und der DATEV.[4508]

4500 *Maus*, Sanierungsberatung, in: Römermann, Steuerberater-Handbuch Neue Beratungsfelder, 707, 710, Rn. 2.
4501 *Maus*, Sanierungsberatung, in: Römermann, Steuerberater-Handbuch Neue Beratungsfelder, 712, Rn. 7; *Bock*, Brauchen wir eine neue Steuerberatergeneration?, KMU 2/2005, 60.
4502 *Haarmeyer/Maus*, Insolvenzverwaltung, in: Römermann, Steuerberater-Handbuch Neue Beratungsfelder, 581, 591, Rn. 34.
4503 *Pestke*, Die Globalisierung als Chance, das Berufsbild des Steuerberaters fortzuentwickeln, Stbg 4/2005 (Editorial).
4504 Fachberater-Richtlinien v. 05.12.2006, www.dstv.de, Rubrik „Fachberater".
4505 *Ehlers*, Der „Fachberater (DStV e.V.)" – Überblick über mögliche Pflichten und Haftung am Beispiel des Fachberaters für Sanierung und Insolvenzverwaltung, NWB Nr. 20/2008, 1889–1900/Fach 30, 1783–1794; *ders.*, Der Fachberater für Sanierung und Insolvenzverwaltung (DStV e.V.) – Fragen zum Zugang zur Insolvenzverwaltung: Verdienst, Auswahl und Bestellung, Haftung, BBB 2/2009, 43–51; *Fuldner*, Fachberater für Sanierung und Insolvenzverwaltung (DStV e.V.), Haufe Index 2027819, Stand: 19.10.2008; siehe auch *Pestke*, Der Fachberater für Sanierung und Insolvenzverwaltung (DStV), KSI 2007, 75–78.
4506 FG Rheinland-Pfalz Urt. v. 12.11.2008 – 2 K 1569/08, Stbg 2009, 28 ff. mit Anm. *Pestke*; BFH Urt. v. 23.02.2010 – VII R 24/09, DB 2010, 892 = Stbg 2010, 225 mit Anm. *Pestke*; BVerfG v. 09.07.2010 – 1 BvR 1198/10, BB 2010, 1694 = Stbg 2010, 370 f. mit Anm. *Pestke/Michel*; siehe auch OLG Hamburg, B. v. 21.09.2009 – 2 Va 4/09, Stbg 2010, 180 ff. mit Anm. *Pestke*, welches die Zulässigkeit des Fachberaters für Sanierung und Insolvenzverwaltung (DStV e.V.) ebenfalls bestätigt hat.
4507 § 9 Abs. 3 und 4 BOStB n. F., www.bstbk.de, Rubrik „Berufsrecht".
4508 Er umfasst den gesamten Bereich der Krisenberatung und der vorinstanzlichen Sanierungsberatung.

2. Besondere Ausgestaltung des Fachberaters

Wer die Bezeichnung Fachberater für Sanierung und Insolvenzverwaltung (DStV e.V.) führen möchte, muss über nachgewiesene besondere theoretische Kenntnisse und nachgewiesene praktische Erfahrungen auf dem Gebiet der Sanierung und Insolvenzverwaltung verfügen. Außerdem muss er sich kontinuierlich in diesem Fachgebiet fortbilden. Das Nähere ist in den so genannten Fachberaterrichtlinien des DStV geregelt.[4509]

Nach der Anlage 2 zu den DStV-Fachberaterrichtlinien sind von einem Fachberater für Sanierung und Insolvenzverwaltung (DStV e.V.) in einem vom DStV akkreditierten Lehrgang eines beliebigen Lehrgangsveranstalters besondere, d.h. über das übliche Maß der beruflichen Tätigkeit hinausgehende Kenntnisse in folgenden Bereichen zu erwerben:

- Materielles Insolvenzrecht
  - Insolvenzgründe
  - Wirkungen des Insolvenzantrags
  - Wirkungen der Verfahrenseröffnung
  - Das Amt des vorläufigen Insolvenzverwalters
  - Das Amt des Insolvenzverwalters
  - Sicherung und Verwaltung der Masse
  - Aussonderung im Insolvenzverfahren
  - Absonderung im Insolvenzverfahren
  - Aufrechnung im Insolvenzverwahren
  - Abwicklung der Vertragsverhältnisse
  - Insolvenzgläubiger
  - Insolvenzanfechtung
  - Arbeitsrecht in der Insolvenz
  - Sozialrecht in der Insolvenz
  - Steuerrecht in der Insolvenz
  - Gesellschaftsrecht in der Insolvenz
  - Insolvenzstrafrecht
  - Grundzüge des internationalen Insolvenzrechts
- Insolvenzverfahrensrecht
  - Insolvenzeröffnungsverfahren
  - Regelverfahren
  - Planverfahren
  - Verbraucherinsolvenz
  - Restschuldbefreiungsverfahren
  - Sonderinsolvenzen
- Betriebswirtschaftliche Grundlagen
  - Buchführung
  - Bilanzierung
  - Bilanzanalyse
  - Rechnungslegung in der Insolvenz
  - Betriebswirtschaftliche Fragen des Insolvenzplans (Sanierung)
  - Betriebswirtschaftliche Fragen der übertragenden Sanierung
  - Betriebswirtschaftliche Fragen der Liquidation.

4509 Siehe oben Einleitung, Rn. 1.

Außerdem müssen berufs-, haftungs- und versicherungsrechtliche Aspekte der Tätigkeit auf dem Gebiet der Sanierung und Insolvenzverwaltung bekannt sein.

Der Fachlehrgang muss eine Mindestdauer von 120 Zeitstunden umfassen. Die erfolgreiche Teilnahme an einem solchen Fachlehrgang ist durch mindestens zwei bestandene Klausurarbeiten nachzuweisen.[4510]

2777 Darüber hinaus müssen praktische Erfahrungen auf dem Fachgebiet nachgewiesen werden. Hier geht es – je nach Dauer der Berufszugehörigkeit – um den Nachweis von mindestens zwei oder fünf Fällen (§ 3 Abs. 1 DStV-Fachberaterrichtlinien).[4511] Der Nachweis der praktischen Erfahrungen ist durch ausgeübte Sanierungsberatungen oder Insolvenzverwaltungen oder durch auf das Fachgebiet bezogene Tätigkeiten (z. B. Erstellung von Gutachten) zu erbringen, die diesen in ihrem Schwierigkeitsgrad mindestens entsprechen.

Von diesen Kenntnissen und Erfahrungen profitieren die betreffenden Steuerberater und ihre Mandantschaft in verschiedenen Bereichen.

3. Einsatzgebiete des Fachberaters
3.1 Jahresabschlusserstellung und laufende Beratung

2778 Steuerberater müssen mit möglichen Insolvenzgründen und ihren betriebswirtschaftlichen Grundlagen heute schon deshalb vertraut sein, weil sie im Rahmen der Jahresabschlusserstellung die Going Concern-Prämisse zu prüfen haben.[4512] Außerdem müssen sie über insolvenzrechtliche Kenntnisse verfügen, weil sie den Mandanten u. U. aufgrund vertraglicher Schutzpflichten[4513] auf seine insolvenzrechtliche Verantwortung (Überprüfung der insolvenzrechtlichen Situation, ggf. Pflicht zur Stellung eines Insolvenzantrags) hinzuweisen haben können.[4514] Über das übliche Maß hinausgehende Kenntnisse verschaffen den Steuerberatern und ihren Mandanten bei diesen Fragen zusätzliche Sicherheit.

4510 Siehe oben Einleitung, Rn. 2f.
4511 Siehe oben Einleitung, Rn. 4.
4512 Fuchsen, Risiken des Steuerberaters bei der Jahresabschlusserstellung in Krisenfällen des Mandanten, Erhöhtes Haftungsrisiko aufgrund der aktualisierten Verlautbarungen zur Jahresabschlusserstellung, KSI 2010, 256, 259, 260.
4513 BGH v. 26.10.2000 – IX ZR 289/99, GI 2001, 109; OLG Hamm v. 27.03.2009 – 25 U 58/07, DStR 2010, 1403.
4514 Vgl. Fuchsen, Risiken des Steuerberaters bei der Jahresabschlusserstellung in Krisenfällen des Mandanten, Erhöhtes Haftungsrisiko aufgrund der aktualisierten Verlautbarungen zur Jahresabschlusserstellung, KSI 2010, 256, 259, 260; siehe auch Gräfe/Lenzen/Schmeer, Steuerberaterhaftung, 211; siehe auch OLG Schleswig-Holstein, Urt. v. 02.09.2011 – 17 U 14/11, GWR 2011, 506 sowie OLG Celle, Urt. v. 06.04.2011 – 3 U 190/10, ZInsO 2011, 1004-1009.

3.2 Risikomanagement-Beratung

Auch im Rahmen von Risikomanagement-Beratungen, d. h. Beratungen über die Einführung und Ausgestaltung von RM-Systemen[4515] (vgl. §§ 91 Abs. 2 AktG), kommen Steuerberatern und ihren Mandanten die im Rahmen der Fachberaterausbildung gewonnenen besonderen Kenntnisse zugute, z. B. bei der Frage, worauf Frühwarnsysteme unter Insolvenzgesichtspunkten ausgerichtet sein müssen (Risikoprophylaxe).[4516] Obwohl eine dem § 91 Abs. 2 AktG entsprechende Regelung für die GmbH fehlt, werden für deren Geschäftsführer entsprechende Verpflichtungen aus § 43 Abs. 1 GmbHG angenommen.[4517]

2779

3.3 Krisenberatung

Ergeben sich Anzeichen für eine bedrohliche Lage des Mandantenunternehmens, ist eine Krisenberatung erforderlich, insbesondere über das richtige Verhalten beim möglichen Vorliegen von Insolvenzgründen.[4518] Da der Steuerberater hier Aufklärungs- und Hinweispflichten haben kann (siehe oben Rn. 2778), nutzen ihm die im Rahmen der Fachberaterweiterbildung erworbenen Kenntnisse in besonderer Weise.

2780

Darüber hinaus sind ihm entsprechende Kenntnisse auch zur Absicherung seiner eigenen Honoraransprüche von Vorteil.[4519]

4515 Allgemein zu Risikomanagement-Beratungen durch den Steuerberater: *Pollanz*, Der Steuerberater als Risikomanagementberater; *Schiffer/von Schubert*, Risikomanagement im Mittelstand aus der Sicht des steuerlichen Beraters, steuer-journal.de 18/2005, 31–35; *Mörtenkötter*, Risikomanagement – Leitfaden zur Umsetzung für den Mandanten und Berater, Profile – Verbandsnachrichten 2/2008, 23–25; *Peemöller*, Risikomanagement – Gefahren erkennen, DATEV magazin 2/2009, 8–11.

4516 Siehe oben Teil 1, Kap. 1, Rn. 31–46. Siehe auch *Weidekind*, Neues Insolvenzrecht – Die Bedeutung eines Frühwarnsystems für den Steuerberater als Chancen- und Krisenmanager, DSWR Sonderheft 1998, 103–109; *Kirschbaum/Enters*, Unternehmensberatung durch Steuerberater zur Früherkennung und Verhinderung von Unternehmenskrisen, Steuerberaterkongressreport 1999; 173–215; *Deffland*, Unternehmen in der Krise – Sanierung, Insolvenz und Abwicklung. Die Leistungen des Steuerberaters für das Unternehmen in der Krise von der betriebswirtschaftlichen Beratung zur Insolvenzberatung, StB 2005, 292, 293; *Römermann*, Beratungsfeld Krise: Was Steuerberater daraus machen können, Stbg 2008, 459, 460 f.

4517 *Deffland*, Unternehmen in der Krise – Sanierung, Insolvenz und Abwicklung. Die Leistungen des Steuerberaters für das Unternehmen in der Krise von der betriebswirtschaftlichen Beratung zur Insolvenzberatung, StB 2005, 292, 293.

4518 *Römermann*, Beratungsfeld Insolvenz: Was Steuerberater daraus machen können, Stbg 2008, 485 ff.

4519 Stichwort Insolvenzanfechtung, siehe oben Teil 2, Kap. 11, Rn. 869 ff.; *Blöse*, Anfechtbarkeit von Sanierungshonoraren durch den Insolvenzverwalter, Betriebswirtschaftliche Mandantenbetreuung 5/2008, 115–119; *Feiter*, Gebührenrückforderung: Steuerberaterhonorar unterliegt dem Risiko der Insolvenzanfechtung, Kanzleiführung professionell 6/2008, 105–107; DStV-Broschüre „Der Steuerberater in der Insolvenz des Mandanten – Das richtige Verhalten des Steuerberaters in Bezug auf Hinweispflichten, Strafbarkeitsrisiken und Sicherung der Gebührenansprüche", Beilage zu Stbg 7/2010, S. 15 ff.

Teil 9 Berufs-, haftungs- und versicherungsrechtliche Aspekte

3.4 Außergerichtliche Sanierungsberatung

2781 Im Rahmen der Sanierungsberatung sind zwei Sanierungsformen zu unterscheiden:

- die außergerichtliche, vorinsolvenzliche Sanierung einerseits[4520], und
- die Sanierung nach eingetretener Insolvenz (insolvenzrechtliche Sanierung) andererseits[4521].

Im Folgenden werden unter dem Begriff „Sanierungsberatung" ausschließlich die außergerichtlichen Sanierungsbemühungen verstanden.[4522] Darunter können fallen:

- Sanierungsgutachten: Prüfung ob eine Sanierung noch möglich und sinnvoll ist (Ist-Analyse),
- Sanierungskonzepte: Vorschläge für Maßnahmen, die aus der Krise herausführen sollen (Soll-Beschreibung)[4523],
- Prüfung von Sanierungskonzepten Dritter,
- Sanierungsverhandlungen.

Zum Ablauf einer außergerichtlichen Sanierungsberatung siehe auch den Prozess Krisenberatung im gemeinsamen Qualitätshandbuch von BStBK, DStV und DATEV.

3.5 Insolvenzverwaltung mit dem Ziel der insolvenzrechtlichen Sanierung

2782 Die folgenden Ausführungen beruhen auf *Elsner*, Vereinbare Tätigkeiten des Steuerberaters – Insolvenzverwalter, in: Beck'sches Steuerberaterhandbuch 2010/2011, S. 1979 ff., S. 1984 ff. Rn. 36–45:

Das Insolvenzverfahren ist ein gerichtliches Vollstreckungsverfahren, das die gleichmäßige Befriedigung aller Gläubiger eines Schuldners (früher des „Gemeinschuldners") zum Ziel hat, § 1 InsO. Das Insolvenzverfahren wird nur auf Antrag des Schuldners oder eines Gläubigers eingeleitet, § 13 InsO. Zuständig für die Durchführung des Verfahrens ist grundsätzlich das Insolvenzgericht (Amtsgericht), in dessen Bezirk der Gemeinschuldner seinen Wohnsitz bzw. seine gewerbliche Niederlassung hat (§ 3 InsO).

Das Insolvenzverfahren gliedert sich in das Insolvenzeröffnungsverfahren (§§ 21 ff. InsO), in dem entschieden wird, ob es zur Eröffnung eines In-

---

4520 Siehe oben Teil 1, Kap. 2, Rn. 47 ff. (Stichwort Krisenbewältigung = Maßnahmen, die dazu dienen, eine Überschuldung und/oder Zahlungsunfähigkeit möglichst noch abzuwenden); *Maus*, in: Römermann, Steuerberater Handbuch Neue Beratungsfelder, 743 ff.
4521 Siehe oben Teil 1, Kap. 2, Rn. 47 ff., z. B. übertragende Sanierung und Insolvenzplan, Rn. 48; *Maus*, in: Römermann, Steuerberater-Handbuch Neue Beratungsfelder, 745 ff.
4522 Zum Begriff der Sanierungsberatung und zu den an sie zu stellenden Mindestanforderungen OLG Celle v. 23.10.2003 – 16 U 199/02, NJW 2003, 3638, lt. R, S. 14, dazu auch *Maus*, in: Römermann, Steuerberater-Handbuch Neue Beratungsfelder, 712 ff. Siehe auch *Schellberg*, Sanierungsmanagement; *Hohberger/Damlachi*, Sanierung im Mittelstand. Expansive bis restriktive Unternehmenssanierung, Sanierungsgutachten und Insolvenzplan.
4523 *Römermann*, Beratungsfeld Insolvenz: Was Steuerberater daraus machen können, Stbg 2008, 495, 500 f., siehe auch *Rockel/Andersch*, Erstellung von Sanierungskonzepten als berufstypische Tätigkeit eines Wirtschaftsprüfers, Wpg 2009, 246–253. Zu Haftungsgefahren in diesem Zusammenhang vgl. OLG Düsseldorf, Urt. v. 07.02.2008 – I-5 U 64/07, juris.

solvenzverfahrens kommt, und in das eigentliche Insolvenzverfahren (§§ 27 ff. InsO).

3.5.1 Insolvenzeröffnungsverfahren

Wird ein Antrag auf Einleitung eines Insolvenzverfahrens gestellt, bestellt das Gericht i. d. R. einen vorläufigen Insolvenzverwalter, § 21 InsO. 2783

Es kann sich um einen so genannten schwachen vorläufigen Insolvenzverwalter nach § 21 Abs. 2 Nr. 1 i. V. m. § 22 Abs. 2 InsO handeln oder aber um einen so genannten starken vorläufigen Insolvenzverwalter nach § 21 Abs. 2 Nr. 2 i. V.m. § 22 Abs. 1 InsO. Während der Schuldner beim so genannten schwachen vorläufigen Insolvenzverwalter seine Verwaltungs- und Verfügungsbefugnisse grundsätzlich behält, gehen im Falle des starken vorläufigen Insolvenzverwalters die Verwaltungs- und Verfügungsbefugnisse des Schuldners auf den vorläufigen Insolvenzverwalter über.

Die Aufgaben des vorläufigen Insolvenzverwalters sind in § 22 InsO beschrieben. 2784

Der vorläufige Insolvenzverwalter hat demnach die Aufgabe,

- das Vermögen des Schuldners zu sichern und zu erhalten,
- das Unternehmen des Schuldners bis zur Entscheidung über die Eröffnung des Insolvenzverfahrens fortzuführen und
- zu prüfen, ob das Vermögen des Schuldners die Kosten des Verfahrens decken wird (§ 22 Abs. 1 InsO).

Darüber hinaus kann das Gericht den vorläufigen Insolvenzverwalter beauftragen, als Sachverständiger zu prüfen, ob ein Eröffnungsgrund vorliegt und welche Aussichten für eine Fortführung des Unternehmens bestehen (§ 22 Abs. 1 Nr. 3 InsO). [4524]

3.5.2 Insolvenzverfahren

Bei der Eröffnung des Insolvenzverfahrens ernennt das Insolvenzgericht den (endgültigen) Insolvenzverwalter, § 56 InsO. 2785

Er führt unter anderem einen Berichts- und einen Prüfungstermin durch (§ 29 InsO).

Grundsätzlich kann jede geschäftskundige natürliche Person, die vom Schuldner und den Gläubigern rechtlich und wirtschaftlich unabhängig ist, das Amt des Insolvenzverwalters ausüben, § 56 Abs. 1 InsO. Dazu können auch Steuerberater gehören. Juristische Personen können indes nicht Insolvenzverwalter sein (§ 56 InsO).

An Stelle des gerichtlich ernannten Verwalters können die Insolvenzgläubiger in der ersten Gläubigerversammlung eine andere Person zum Insolvenzverwalter wählen (§ 57 InsO).

Bei der Bestellung eines Steuerberaters (oder Rechtsanwalts) zum Insolvenzverwalter kommt kein Vertragsverhältnis zustande, sondern ein gesetzliches Schuldverhältnis. [4525]

[4524] Haberhauer/Meeh, Aufgaben des vorläufigen Insolvenzverwalters zwischen Antrag und Eröffnung des Insolvenzverfahrens, DStR 1995, 1442–1447.
[4525] BGH, Urt. v. 17.01.1985 – IX ZR 59/84, NJW 1985, 1161 – zum Rechtsanwalt als Konkursverwalter.

3.5.3 Aufgaben des Insolvenzverwalters allgemein

2786 Zweck der Insolvenzverwaltertätigkeit ist es, eine möglichst günstige Befriedigung der Gläubiger zu erreichen (§ 1 Satz 1 InsO). Je nach Lage des Einzelfalles kann dies eine Verwertung der Masse erfordern (Liquidation) oder eine Sanierung und Befriedigung aus den laufenden Erträgen des Schuldnerunternehmens (übertragende Sanierung oder Insolvenzplanverfahren). Bei seiner gesamten Tätigkeit steht der Insolvenzverwalter unter der Aufsicht des Insolvenzgerichts (§ 58 InsO).

Der Insolvenzverwalter hat nach der Eröffnung des Verfahrens das gesamte zur Insolvenzmasse gehörende Vermögen des Schuldners in Besitz und Verwaltung zu nehmen und es zu verwerten, § 148 InsO.[4526]

Die Verwaltungs- und Verfügungsbefugnis hinsichtlich des insolvenzbefangenen Vermögens geht kraft Gesetzes vom Schuldner auf den Insolvenzverwalter über, § 80 InsO. Der Insolvenzverwalter kann deshalb z. B. im eigenen Namen zur Insolvenzmasse gehörende Forderungen einklagen.

Über die zu der Insolvenzmasse gehörenden Gegenstände muss der Insolvenzverwalter Aufzeichnungen fertigen. Er hat ein Inventar und eine Insolvenzeröffnungsbilanz anzufertigen, §§ 151, 153, 175 InsO.

Der Gläubigerversammlung ist über den Stand des Verfahrens Bericht zu erstatten (§ 79 InsO). Diese entscheidet, ob das Unternehmen zerschlagen werden soll oder ob es fortgeführt wird.

2787 Im Rahmen eines bereits eingeleiteten Insolvenzverfahrens sind sanierungstechnisch v. a. von Bedeutung

- die übertragende Sanierung[4527] und
- der Insolvenzplan.[4528]

In beiden Bereichen sind besonders betriebswirtschaftliche Kenntnisse vonnöten.[4529]

[4526] Siehe auch *Fuldner*, Fachberater für Sanierung und Insolvenzverwaltung DStV e.V., Haufe Index 2027819, Kapitel 15 – Checklisten.

[4527] *Frese/Siemer*, Der Steuerberater als Sanierungsberater und Insolvenzverwalter, in: Pestke/Grotherr u. a., Betriebswirtschaftliche und rechtliche Beratung durch den Steuerberater I, 135, 146; *Deffland*, Unternehmen in der Krise – Sanierung, Insolvenz und Abwicklung. Die Leistungen des Steuerberaters für das Unternehmen in der Krise von der betriebswirtschaftlichen Beratung zur Insolvenzberatung, StB 2005, 292, 299; *Römermann*, Beratungsfeld Insolvenz: Was Steuerberater daraus machen können, Stbg 2008, 495, 501.

[4528] Siehe oben Teil 1, Kap. 2, Rn. 48; *Hermanns/Buth*, Der Insolvenzplan als Sanierungsplan, DStR 1997, 1178–1184; *Scheffler/Beigel*, Der Steuerberater als Insolvenzberater, DStR 2000,1277–1284; *Frese/Siemer*, Der Steuerberater als Sanierungsberater und Insolvenzverwalter, in: Pestke/Grotherr u. a., Betriebswirtschaftliche und rechtliche Beratung durch den Steuerberater I, 135, 146, 169 f.; *Deffland*, Unternehmen in der Krise – Sanierung, Insolvenz und Abwicklung. Die Leistungen des Steuerberaters für das Unternehmen in der Krise von der betriebswirtschaftlichen Beratung zur Insolvenzberatung, StB 2005, 292, 299; *Voß/Seidl/Weidner*, Über das Insolvenzplanverfahren zum optimierten Unternehmensverkauf, BBB 4/2007, 106–111; *Römermann*, Beratungsfeld Insolvenz: Was Steuerberater daraus machen können, Stbg 2008, 495, 501; letzterer auch zur Eigenverwaltung §§ 270 ff. InsO.

[4529] *Weidekind/Rödl*, Der Steuerberater als Insolvenzberater, 24 ff.

4. Berufsrechtliche Aspekte der Tätigkeit des Fachberaters

Übergreifend betrachtet ist hier auch das vom Deutschen Bundestag am 27.10.2011 verabschiedete und am 13.12.2011 im Bundesgesetzblatt verkündete Gesetz zur weiteren Erleichterung der Sanierung von Unternehmen (ESUG), von Bedeutung, insbesondere bezüglich der Stärkung der Gläubigermitwirkung bei der Auswahl des Insolvenzverwalters, der Förderung der Eigenverwaltung, eines sog. Schutzschirmverfahrens und der Stärkung des Insolvenzplanverfahrens.[4530]

3.6 Insolvenzverwaltung mit dem Ziel der Abwicklung

Ist eine insolvenzrechtliche Sanierung nicht mehr möglich, wird das insolvente Unternehmen abgewickelt. 2788

Die zur Insolvenztabelle angemeldeten Forderungen der Gläubiger werden vom Insolvenzverwalter geprüft und im Prüfungstermin anerkannt bzw. bestritten. [4531]

Nach Berücksichtigung von Masseverbindlichkeiten und Massekosten werden die vorhandenen Vermögensgegenstände entsprechend den Rangvorschriften der Insolvenzordnung an die Insolvenzgläubiger verteilt. Insofern spricht man von der Schlussverteilung (§ 196 InsO).

3.7 Mitwirkung in Gläubigerausschüssen

Eine gewisse Bedeutung kommt auch der Tätigkeit des Steuerberaters in Gläubigerausschüssen zu. Darauf wird unten (Rn. 2836 ff.) noch näher eingegangen. 2789

4. Berufsrechtliche Aspekte der Tätigkeit des Fachberaters
4.1 Zulässigkeit der vom Fachberater entfalteten Tätigkeiten nach dem StBerG
4.1.1 Jahresabschlusserstellung und laufende Beratung

Bei der Erstellung von Jahresabschlüssen, die auch unter Going Concern- 2790
Gesichtspunkten durchzuführen ist, und der laufenden steuerlichen Beratung handelt es sich um Vorbehaltsaufgaben des Steuerberaters, deren Zulässigkeit nicht zweifelhaft ist, auch soweit dabei außersteuerliche Fragen mit einfließen (§ 33 StBerG).

4.1.2 Risikomanagement-Beratung

Insofern handelt es sich um eine betriebswirtschaftliche Beratung, die dem 2791
Steuerberater nach § 57 Abs. 3 Nr. 3 StBerG gestattet ist.

4.1.3 Krisenberatung

Die entsprechenden Tätigkeiten sind dem Steuerberater erlaubt nach § 57 2792
Abs. 3 Nr. 2 und 3 StBerG.

4530 *Wimmer*, DB 9/2011, S. M 1; s. a. unten Rn. 2855 ff.
4531 *Elsner*, Vereinbare Tätigkeiten des Steuerberaters, in: Beck'sches Steuerberaterhandbuch 2010/2011, S. 1985, Rn. 41.

4.1.4 Außergerichtliche Sanierungsberatung

2793 Es handelt sich um eine dem Steuerberater erlaubte wirtschaftsberatende oder gutachtliche Betätigung nach § 57 Abs. 3 Nr. 3 StBerG.

4.1.5 Insolvenzverwaltung als insolvenzrechtliche Sanierung

2794 Ist der Steuerberater selbst zum Insolvenzverwalter bestellt und befasst er sich in dieser Eigenschaft mit der insolvenzrechtlichen Sanierung, so ergibt sich seine berufsrechtliche Befugnis hierzu aus § 57 Abs. 3 Nr. 2 i.V.m. § 15 Nr. 9 BOStB n. F. Erstellt er einen Insolvenzplan im Auftrag des Insolvenzverwalters, so ist ihm dies nach §§ 57 Abs. 3 Nr. 2 und 3 StBerG erlaubt.

4.1.6 Insolvenzverwaltung als Abwicklung

2795 Wenn der Steuerberater als Insolvenzverwalter eine Abwicklung des Unternehmens betreibt, so fällt auch dies unter § 57 Abs. 3 Nr. 2 i.V.m. § 15 Nr. 9 BOStB n. F. und ist demnach zulässig.

4.2 Vergütung der vom Fachberater entfalteten Tätigkeiten
4.2.1 Jahresabschlusserstellung und laufende Beratung

2796 Die Erstellungsarbeit einschließlich der Berücksichtigung von Going Concern-Gesichtspunkten fällt unter den Anwendungsbereich des § 35 StBGebV.

4.2.2 Risikomanagement-Beratung

2797 Bei der Beratung über die Einrichtung eines Risikomanagement-Systems handelt es ich um eine betriebswirtschaftliche Beratung, für die die Steuerberatergebührenverordnung nicht anwendbar ist (§ 1 StBGebV). Grundlage der Berechnung von Honoraren ist deshalb regelmäßig eine zwischen den Parteien getroffene Honorarvereinbarung (§ 611 BGB i.V. m. § 4 StBGebV) oder es gilt die übliche Vergütung als geschuldet (§ 612 BGB).

4.2.3 Krisenberatung

2798 Um in der Krisenberatung – Prüfung von Insolvenzgründen – beurteilen zu können, ob eine Insolvenzantragspflicht des Mandanten vorliegt, reichen die aus der Finanzbuchführung oder dem Jahresabschluss gewonnenen Erkenntnisse allein nicht aus.[4532] Die Beurteilung, ob eine Zahlungsunfähigkeit vorliegt, kann nur im Rahmen eines Verbindlichkeiten- und Zahlungsplans erfolgen, bei dem eine Liquiditätsrechnung durchzuführen ist. Dasselbe gilt bei der drohenden Zahlungsunfähigkeit.[4533]

Ob eine Kapitalgesellschaft überschuldet ist, lässt sich nicht allein aus den Buchwerten einer Bilanz oder einer Zwischenbilanz erkennen, weil für eine

---

4532 OLG Celle, Urt. v. 06.04.2011 – 3 U 190/10, ZInsO 2011, 1004–1009.
4533 *Schwamberger*, in: Meyer/Goez/Schwamberger, StBGebV, 109.

Überschuldungsbilanz sowohl auf der Aktivseite der Bilanz als auch bei den Rückstellungen und Verbindlichkeiten unter Umständen erhebliche Korrekturen vorgenommen werden müssen.[4534]

Weil es sich hierbei nicht um Tätigkeiten im Sinne des § 33 StBerG handelt, können diese nicht nach der StBGebV abgerechnet werden.[4535] 2799

Der Steuerberater sollte bei derartigen Tätigkeiten vorab eine schriftliche Vereinbarung über die Honorierung treffen (§ 4 StBGebV). Hierbei kann in Teilschritten vorgegangen werden.[4536] Aufgrund des hohen Risikos, das auch der Steuerberater bei einer falschen Beurteilung eingeht, sollte er einen Stundensatz von mindestens 150 € vereinbaren. Eine pauschale Vereinbarung mit einer Festsumme birgt das Risiko in sich, dass der Zeitaufwand erheblich höher werden könnte, als er kalkuliert war.[4537]

4.2.4 Außergerichtliche Sanierungsberatung

Die außergerichtliche Sanierungsberatung muss gesondert in Auftrag gegeben werden. 2800

Die Honorierung sollte in der Regel nach Zeitaufwand vereinbart werden, weil der Umfang der erforderlichen Tätigkeiten im Voraus nicht immer eindeutig abgeschätzt werden kann. Da diese Tätigkeiten im Wesentlichen den Berufsträger selbst fordern und ein nicht unerhebliches Risiko bergen, wird in der Literatur empfohlen, einen Stundensatz von mindestens 150 € zugrunde zu legen.[4538] Die Rechtsprechung hat Stundensätze für die betriebswirtschaftliche Beratung in Höhe von 125 € anerkannt.[4539]

Ein denkbarer anderer Weg besteht darin, die Vergütung in Abstimmung mit dem Mandanten anhand von Wertgebühren zu berechnen. Als Gegenstandswert kann dann z. B. der Bilanzwert herangezogen werden.[4540]

4.2.5 Insolvenzverwaltung als insolvenzrechtliche Sanierung

Gem. § 63 InsO hat der Verwalter für seine Geschäftsführung Anspruch auf eine angemessene Vergütung und auf Erstattung angemessener Auslagen (§ 63 Abs. 1 Satz 1 InsO). Grundlage für die Berechnung der Vergütung ist gemäß § 62 Abs. 1 Satz 1 InsO die Insolvenzmasse am Ende des Insolvenzverfahrens.[4541] 2801

4534 *Schwamberger*, in: Meyer/Goez/Schwamberger, StBGebV, 109.
4535 *Schwamberger*, in: Meyer/Goez/Schwamberger, StBGebV, 109.
4536 *Maus*, in: Römermann, Steuerberater Handbuch Neue Beratungsfelder, 764, Rn. 133.
4537 *Schwamberger*, in: Meyer/Goez/Schwamberger, StBGebV, 122.
4538 *Schwamberger*, in: Meyer/Goez/Schwamberger, StBGebV, 122.
4539 OLG Köln, Urt. v. 22. 01. 2004 – 8 U 67/03; laut *Kuhls*, in: Kuhls/Meurers/Maxl u. a., Steuerberatungsgesetz, werden für Unternehmens-, betriebswirtschaftliche und Vermögensberatung Stundensätze von 75–250 € gezahlt; siehe auch DStV-Broschüre „Die vereinbaren Tätigkeiten der Steuerberater – Zulässigkeit, Versicherung, Vergütung", 2. Aufl., Beilage zu Stbg 5/2009, 14.
4540 *Schäfer*, Unternehmensberatung durch Steuerberater, DStR 1997, 794 ff.
4541 *Haarmeyer/Maus*, Insolvenzverwaltung, in: Römermann, Steuerberater Handbuch Neue Beratungsfelder, 591 f.

Die Vergütung und die Auslagen werden gem. § 64 InsO vom Insolvenzgericht festgesetzt, das dem Verwalter auch Vorschüsse genehmigen kann.

2802 Einzelheiten zur Vergütung sind in der aufgrund der Verordnungsermächtigung in § 65 InsO ergangenen insolvenzrechtlichen Vergütungsverordnung (InsVV) geregelt. § 3 InsVV räumt die Möglichkeit ein, die Regelsätze in schwierigen und aufwändigen Insolvenzverfahren zu erhöhen.

Neben der eigentlichen Insolvenzverwaltervergütung kann der Insolvenzverwalter, wenn er besondere fachliche Qualifikationen hat und entsprechende Aufgaben normalerweise Externen übertragen werden, besondere Gebühren verlangen (z. B. ein Steuerberater für seine steuerberatenden Tätigkeiten oder eine Abschlusstätigkeit, siehe § 5 Abs. 2 InsVV).[4542]

2803 Exkurs: Wird der Steuerberater, der nicht selbst Insolvenzverwalter ist, von einem Insolvenzverwalter mit bestimmten Dienstleistungen betraut (z. B. Zahlungspläne, Gläubiger- und Schuldneraufstellungen), so kann er wegen seiner Honoraransprüche weitgehend beruhigt sein: Der Insolvenzverwalter würde gem. § 61 InsO für derartige, so genannte Masseverbindlichkeiten, selber haften, so dass davon auszugehen ist, dass er den Auftrag nicht erteilen würde, wenn die Kosten nicht aus der Masse beglichen werden könnten.

4.2.6 Insolvenzverwaltung als Abwicklung

2804 Es gelten die allgemeinen Regeln über die Vergütung des Insolvenzverwalters.

4.3 Werbemöglichkeiten für die vom Fachberater entfalteten Tätigkeiten

2805 Weitgehend unbestritten war schon in der Vergangenheit, dass die Fachberaterbezeichnungen des DStV in Praxisbroschüren und auf Internetseiten benutzt werden durften. Auseinandersetzungen gab es vornehmlich um die Frage, ob sie auch auf Briefbögen und Visitenkarten Verwendung finden dürfen.

Die Rechtsprechung hat inzwischen entschieden, dass Steuerberater diese Bezeichnung dort führen dürfen, wenn sie sie räumlich von der Berufsbezeichnung und dem dazugehörigen Namen absetzen.[4543]

Beispiele möglicher Gestaltungen finden sich auf den Internetseiten des DStV (www.dstv.de) unter der Rubrik „Fachberater", und zwar auch für den Fall monoprofessioneller oder interprofessioneller Sozietäten. Was kleinformatige Werbeträger wie Visitenkarten, Telefonbucheinträge oder Stempel angeht, soll eine „Absetzung" der Zusatzbezeichnung von der Berufsbezeichnung Steuerberater auch durch optische Gestaltungsmittel erreichbar sein.[4544]

[4542] *Ehlers*, Der Fachberater für Sanierung und Insolvenzverwaltung DStV e.V. – Fragen zum Zugang zur Insolvenzverwaltung, Verdienst, Auswahl und Bestellung, Haftung, BBB 2/2009, 43 ff.
[4543] Siehe oben Einleitung, Rn. 9 m. w. N.
[4544] Vgl. LG Freiburg, Urt. v. 01.06.2011 – StL 2/11 – 3 StV 115/09, DStR 2011, 1482 mit Anm. *Rechner*.

4. Berufsrechtliche Aspekte der Tätigkeit des Fachberaters

Bei vereidigten Buchprüfern und Wirtschaftsprüfern dürfte nichts anderes gelten (verfassungskonforme Auslegung des § 18 Abs. 2 WPO).[4545] Nur, ob auch Rechtsanwälten das Führen der Bezeichnung „Fachberater für Sanierung und Insolvenzverwaltung (DStV e.V.)" nach ihrem Berufsrecht möglich ist, bedarf noch der Klärung.[4546]

2806

Daneben ist auch die Nennung von entsprechenden Tätigkeitsschwerpunkten möglich.[4547]

4.4 Zulässigkeit der vom Fachberater entfalteten Tätigkeiten nach dem RDG

4.4.1 Jahresabschlusserstellung und laufende Beratung

Soweit im Rahmen der Jahresabschlusserstellung Rechtsvorschriften angewendet werden, handelt es sich um eine zulässige steuerliche Beratung (§ 33 StBerG).

2807

4.4.2 Risikomanagement-Beratung

Da es sich bei der Beratung über betriebswirtschaftliche Frühwarnsysteme um eine wirtschaftsberatende Tätigkeit handelt (siehe oben Rn. 2791), steht das RDG einer solchen Tätigkeit von Nicht-Anwälten nicht entgegen.

2808

4.4.3 Krisenberatung

Der Hinweis auf die mögliche Notwendigkeit einer Prüfung ist noch keine Rechtsdienstleistung, sondern eine Äußerung wirtschaftlichen Inhalts im Vorfeld rechtlicher Erörterung.

2809

Da die Krisenberatung i.d.R. im Zusammenhang mit einem steuerlichen Mandat steht, darf der Steuerberater sie regelmäßig ohne Verstoß gegen das RDG erbringen.

Wenn der das Unternehmen betreuende Steuerberater das Vorliegen von Insolvenzgründen selbst prüft und/oder den Geschäftsführer darüber belehrt, dass ein Insolvenzantrag zu stellen ist, stellt dies nämlich nach BVerwG keine unzulässige Rechtsberatung dar, sondern eine erlaubte Nebentätigkeit.[4548]

[4545] Krummbiegel, Zulässigkeit des Führens der Bezeichnung „Fachberater (DStV)" durch Wirtschaftsprüfer und vereidigte Buchprüfer, DB 2007, 2582 ff.; siehe auch Schreiben der WPK an die BStBK v. 27.03.2009; a.A. vor dem WPK-Schreiben noch Tecketmeyer, in: Hense/Ulrich, WPO, Kommentar, § 18 Rn. 19 und Precht, a.a.O., § 52 Rn. 27.

[4546] Vgl. bejahrend Reibel, Fachberaterbezeichnungen im Bereich Sanierung und Insolvenz – Eine zulässige Spezialisierung auch für Rechtsanwälte?, KSI 2008, 32 ff.; zweifelnd bis ablehnend BFH v. 23.02.2010 – VII R 24/09, DB 2010, 892 und BVerfG v. 09.07.2010 – 1 BvR 1198/10, BB 2010, 1694, die die Frage allerdings nicht zu entscheiden brauchten.

[4547] Gehre/Koslowski, StBerG, § 57a Rn. 29.

[4548] BVerwG Urt. v. 27.10.2004 – 6 C 30/03, NJW 2005, 1293, 1295, 1297: danach ist zwar die „Insolvenzberatung" genannte umfassende Beratung in Insolvenzverfahren (inklusive handels-, vertrags-, anfechtungs-, arbeits-, sozial- und gesellschaftsrechtlicher Aspekte) Rechtsberatung/Rechtsdienstleistung, die Prüfung des Vorliegens von Insolvenzgründen, die Beantwortung der Frage, ob Insolvenzantrag zu stellen ist, und die außergerichtliche Sanierungsberatung sind jedoch als zulässige Nebentätigkeiten zu einer erlaubten Haupttätigkeit anzusehen.

In jedem Falle ist dem Steuerberater zu raten, entsprechende Vorkehrungen zu treffen, um sein Honorar realisieren zu können (vgl. DStV-Broschüre „Die vereinbaren Tätigkeiten der Steuerberater – Zulässigkeit, Versicherung, Vergütung, 2. Aufl., Beilage zu Stbg 5/2009).

4.4.4 Außergerichtliche Sanierungsberatung

2810 Die Sanierungsberatung bedarf i. d. R. eines gesonderten Auftrags.[4549] Sie ist nicht bereits Gegenstand eines steuerlichen Beratungsmandats, da sie eine wirtschaftliche Beratung umfasst.[4550] Sie ist in der Regel mit dem RDG vereinbar.[4551] Geht es um die Umsetzung von Sanierungskonzepten, könnte dies anders zu beurteilen sein.

Bereits die Annahme einer Rechtsdienstleistung scheint bei diesen Tätigkeiten allerdings fraglich, da es sich um eine schematische Anwendung des Rechts im Sinne einer bloßen Stellvertretung handeln dürfte. Der Schuldner würde hier regelmäßig keine Subsumtion anstellen, sondern wirtschaftlich argumentieren, so dass man dies auch für seinen Verhandlungsführer annehmen muss. Die Sanierung ist in erster Linie der Betriebswirtschaft zuzuordnen. Hier sind Steuerberater aufgrund ihrer profunden betriebswirtschaftlichen Ausbildung sachnäher als Rechtsanwälte.

Früher stufte die Rechtsprechung die Umsetzung von Sanierungskonzepten als Rechtsberatung und somit als erlaubnispflichtige Tätigkeit nach dem RBerG ein.[4552]

2811 Mit einer Entscheidung des BGH zu Art. 1 § 5 Nr. 2 RBerG[4553], die sich mit Tätigkeiten eines Wirtschaftsprüfers auseinandersetzte, wandelte sich das Bild. Auch aufgrund weiterer Rechtsprechung zum alten Rechtsberatungsrecht war letztendlich bereits zu Zeiten des RBerG anerkannt, dass es sich bei der Entwicklung eines Sanierungskonzepts und bei Sanierungsverhandlungen mit Gläubigern des Auftraggebers um eine wirtschaftliche Betätigung handeln kann, die erlaubnisfrei erbracht werden darf.

Auch nach Einführung des RDG hat sich diese Rechtsprechung verfestigt: So entschied das OLG Karlsruhe[4554], dass eine Bank nicht gegen die Vor-

---

4549 *Maus*, in: Römermann, Steuerberater Handbuch Neue Beratungsfelder, 707, 766.
4550 Vgl. *Haubruck*, Beratung in Unternehmenskrisen, BBKM 2007, 187, 190 ff.
4551 *Maus*, in: Römermann, Steuerberater Handbuch Neue Beratungsfelder, 715, Rn. 13; *Lühn/Arens*, Zusätzliche Beratungsfelder für Steuerberater nach dem Rechtsdienstleistungsgesetz, Gestaltende Steuerberatung (GStB) 2010, 254, 255.
4552 OLG Hamburg, Urt. v. 02.07.1985 – 9 U 87/84, Stbg 1987, 100 ff. mit Anm. *Späth* (StB-Fall); BGH, Urt. v. 08.05.1970 – 1 ZR 62/68, DB 1970,1221 f.; vgl. auch BGH, Urt. v. 04.11.1985 – 6 U 189/83, LEXinform – Nr. 78124; LG Mosbach, Urt. v. 14.02.1986, KfH O 119/85, GI 1987,12; OLG Schleswig-Holstein, B. v. 05.10.1988 – 2 W 120/87, GI 1989, 245; OLG München, B. v. 18.12.1990 – 3 Ob OWi 132/90, GI 1991, 207 (Unternehmensberater-Fall); OLG Hamburg v. 02.07.1985, Stbg 1987, 100; BGH, Urt. v. 01.02.1962 – 7 ZR 212/60, NJW 1962, 807 und BB 1962, 324 (StB-Fall); OLG Karlsruhe, Urt. v. 04.12.1964 – 8 U 121/64, BB 1965, 602 f. (Moratorium) (StB-Fall); OLG Hamm, Urt. v. 07.10.1988 – 25 U 59/88, StB 1989,48 ff.
4553 BGH, Urt. v. 04.11.1987 – 4a ZR 158/86, NJW 1988, 561 ff.
4554 OLG Karlsruhe, Urt, v. 09.07.2008 – 6 U 51/08, NWB Nr. 34/2008, 3178 = Stbg 2008, 463 ff.

4. Berufsrechtliche Aspekte der Tätigkeit des Fachberaters

schriften des RDG verstößt, wenn sie auf das Zustandekommen eines Sanierungskonzepts hinwirkt. Auch die Umsetzung von Sanierungskonzepten durch Nicht-Anwälte kann demnach zulässig sein und stellt nicht zwangsläufig eine unzulässige Rechtsdienstleistung dar. Vielmehr ist davon auszugehen, dass die Zulässigkeit nach neuem Recht (RDG) allgemein anerkannt ist.[4555] So hat auch der BGH[4556] entschieden, dass eine lenkende Wirtschaftsberatung mit dem Ziel der Sanierung durch einen Steuerberater zulässig ist und insbesondere keinen Verstoß gegen den RDG darstellt.[4557]

Vertragsentwürfe über Sanierungsverhandlungsergebnisse dürften als Nebenleistung zu einer überwiegend wirtschaftlichen Tätigkeit zulässig sein. Sie schließen das Gesamtgeschehen lediglich durch eine bloße Stellvertretung ab und geben ihm keine eigene Prägung.[4558]   2812

Dabei dürften die besonderen Rechtskenntnisse bei Fachberatern für Sanierung und Insolvenzverwaltung (DStV e.V.) zu berücksichtigen sein. Gemäß § 5 RDG ist nämlich für die Beurteilung der Frage der Nebenleistung relevant, über welche Rechtskenntnisse der betreffende Dienstleister verfügt. Bekanntlich sind Grundzüge des Insolvenzrechts Bestandteil der Steuerberaterprüfung (§ 37 Abs. 3 Nr. 5 StBerG). Der Fachberater für Sanierung und Insolvenzverwaltung (DStV e.V.) erlangt jedoch *über das übliche Maß hinausgehende* Rechtskenntnisse auf dem Gebiet des Insolvenzrechts und weist diese nach. Es ist davon auszugehen, dass diese nachgewiesenen Kenntnisse bei der Bemessung dessen, was er als Nebenleistung erbringen darf, zu berücksichtigen sind und die rechtlichen Handlungsmöglichkeiten erweitern.[4559]   2813

4.4.5 Insolvenzverwaltung als insolvenzrechtliche Sanierung

Die Aufstellung eines Sanierungsplans durch einen vom Insolvenzverwalter beauftragten Steuerberater folgt den eben zur außergerichtlichen Sanierung dargestellten Grundsätzen.   2814

Wird der Steuerberater als Insolvenzverwalter tätig, gilt folgendes: Rechtsdienstleistungen, die typischerweise von einem Insolvenzverwalter erbracht werden, sind nach § 8 Abs. 1 Nr. 1 RDG zulässig. Rechtsdienstleistungen, die von Insolvenzverwaltern nicht typischerweise erbracht werden, sind nach § 5 Abs. 1 RDG zu beurteilen und können danach zulässig sein.[4560]

4.4.6 Insolvenzverwaltung als Abwicklung

Auch hier gilt die Erlaubnisvorschrift des § 8 Abs. 1 Nr. 1 RDG.   2815

4555 *Hirtz*, in: Grunewald/Römermann, RDG, § 5 Rn. 160 i.V.m. 204.
4556 BGH, Urt. v. 12.05.2011 – III ZR 107/10, Stbg 2011, 521-526, m. Anm. *Pestke*.
4557 Vgl. auch *Mutschler*, Wirksamkeit eines Sanierungsberatervertrags bei fehlender Gefahr der Verletzung von Berufspflichten, DStR 2011, 1874–1875.
4558 BGH v. 18.05.1995 – III ZR 109/94, DB 1995, 1558 – Energieberatung.
4559 *Ehlers*, Der Fachberater (DStV e.V.), NWB Fach 30, 1723, 1732f. und NWB Fach 30, 1783, 1784.
4560 *Pestke*, Das RDG aus der Sicht der Steuerberater – Neue Möglichkeiten Teil 1, StB 2008, 502, 514.

4.5 Umschlagen einer Insolvenzverwaltertätigkeit in eine (unzulässige) gewerbliche Tätigkeit des Steuerberaters?

2816 Steuerlich wurde die Insolvenzverwalter-Tätigkeit von Rechtsanwälten vom Bundesfinanzhof mitunter der Gewerblichkeit zugeordnet. Dies stellt sich in jüngster Zeit durch eine Rechtsprechungsänderung wieder anders dar.[4561]

Davon zu unterscheiden ist die Frage der *berufsrechtlichen* Gewerblichkeit. Grundsätzlich ist die Tätigkeit eines Rechtsanwalts oder Steuerberaters als Insolvenzverwalter eine freiberufliche Tätigkeit. In Sonderfällen kann die Tätigkeit aber zu einer berufsrechtlichen Gewerblichkeit führen.[4562]

4.5.1 Gewerblichkeit durch die Gestaltung der Kanzlei

2817 Mitunter kann die Ausgestaltung der Kanzlei, insbesondere eine übergroße Führungsspanne, zur Annahme einer berufsrechtlichen Gewerblichkeit führen. Zu berücksichtigen ist in diesem Zusammenhang aber, dass – wenn der Insolvenzverwalter Steuerberater ist, also eine vereinbare Tätigkeit ausübt – die Berufsgrundsätze nur nach Verhältnismäßigkeitsgesichtspunkten gelten.[4563]

Im Übrigen sieht das StBerG seit dem 8. Änderungsgesetz die Möglichkeit von Ausnahmegenehmigungen vor (§ 57 Abs. 4 Nr. 1, 2. HS StBerG). Dazu heißt es in der neuen Berufsordnung u. a.:

§ 16 – Gewerbliche Tätigkeit n. F.

(1) Eine Ausnahme vom Verbot der gewerblichen Tätigkeit im Sinne des § 57 Abs. 4 Nr. 1 StBerG kann von der zuständigen Steuerberaterkammer zugelassen werden, soweit durch die Tätigkeit eine Verletzung von Berufspflichten nicht zu erwarten ist.

Eine Ausnahmegenehmigung kann unter dieser Voraussetzung insbesondere erteilt werden bei Ausübung gewerblicher Tätigkeiten im Rahmen vereinbarer Tätigkeiten, (...)

4.5.2 Gewerblichkeit durch die Verwaltung gewerblicher Mandantenunternehmen

2818 Der Insolvenzverwalter (vorläufiger und endgültigen Insolvenzverwalter) kann im Rahmen seiner Aufgabe verpflichtet sein, ein Mandantenunternehmen vorübergehend fortzuführen, vgl. § 22 Abs. 1 Nr. 2 InsO, § 157 InsO. Dem trug § 39 Abs. 2 BOStB a. F. Rechnung, indem er dem Steuerberater eine Notgeschäftsführung erlaubte, sofern sie auf einer gerichtlichen Bestellung (wie hier des Insolvenzverwalters) beruhte. In der Literatur[4564] sind allerdings Bedenken erhoben worden, dass mögliche Interessenkollisionen, die mit einer gewerblichen Betätigung einhergehen, allein durch die gericht-

---

4561 BFH Urt. v. 15.12.2010 – VIII R 50/09, juris.
4562 *Maxl*, in: Kuhls/Meurers/Maxl u. a., StBerG, § 57, Rn. 410.
4563 Vgl. BGH, E. v. 12.10.2004 – WpSt (R) 1/04, WPK-Magazin 1/2005, 48, siehe auch *Deckenbrock/Fleckner*, Berufsgerichtliche Verfahren gegen mehrfach qualifizierte Berufsträger – Insolvenzverwaltung durch Wirtschaftsprüfer, NJW 2005 1165, 1168.
4564 *Maxl*, Die Berufsordnung der Steuerberater, NWB Nr. 33/1997, 2837, 2849.

liche Bestellung nicht ausgeschlossen werden und allenfalls bei eingestellter Geschäftstätigkeit des Unternehmens hinnehmbar seien. Diese Auffassung dürfte allerdings zu weit gehen, denn das Ziel der Insolvenzordnung kann mitunter am besten durch eine Unternehmensfortführung erreicht werden. Wenn Steuerberater zu Insolvenzverwaltern ernannt werden und ihnen diese Tätigkeit nach der Berufsordnung erlaubt ist, würde es keinen Sinn machen, wenn der Steuerberater zugleich von der Notgeschäftsführung noch aktiver Unternehmen ausgeschlossen wäre, die zu den Aufgaben des Insolvenzverwalters gehört.[4565] Dies dürfte auch unter der neuen Insolvenzordnung gelten.

4.6 Interessenkollisionen oder widerstreitende Interessen?

Es wurde die Auffassung vertreten, dass – da der Insolvenzverwalter sowohl vom Schuldner als auch von allen Gläubigern unabhängig sein muss (§ 56 InsO, § 22 Abs. 2 Nr. 1 InsO) – ein Steuerberater nicht zum Insolvenzverwalter des eigenen Mandanten ernannt werden dürfe. So wiesen *Haarmeyer/Maus*[4566] darauf hin, dass nicht als unabhängig gelten könne, wer in dem anstehenden Verfahren zuvor bereits als von den Anteilseignern eingesetzter Gutachter zur Erstellung eines Vermögensstatus tätig war, da diese Aufgaben ein Auftrags- bzw. Geschäftsbesorgungsverhältnis zu den Anteilseignern voraussetzen und die Gefahr einer Interessenkollision bestehe. mit Inkrafttreten des ESUG wurde diesbezüglich aber eine neue Rechtslage geschaffen, die diese Bedenken ausräumt (siehe auch Rn. 2856).

2819

Nach BGH[4567] ist ein Insolvenzverwalter schon dann nicht als geeignet anzusehen, wenn der Hauptgläubiger eines Insolvenzverfahrens zu den Mandanten der Sozietät des Insolvenzverwalters gehört, auch wenn der Insolvenzverwalter selbst das Mandat nicht betreut hat.

Auch die Einschaltung der eigenen Sozietät durch den Insolvenzverwalter wird teilweise als problematisch betrachtet.[4568]

In jedem Falle ist der Insolvenzverwalter verpflichtet, seine Beziehungen zum Schuldner und zu allen Gläubigern offen zu legen. Sollte sich nachträglich herausstellen, dass Unabhängigkeit nicht besteht, kann das Insolvenzgericht den Verwalter gem. § 59 InsO entlassen.[4569]

5. Haftungsrechtliche Aspekte der Tätigkeit des Fachberaters
5.1 Jahresabschlusserstellung und laufende Beratung

Wenn der Steuerberater bei der Jahresabschlusserstellung entgegen § 252 Abs. 1 Nr. 2 HGB i. V. m. der Verlautbarung der Bundessteuerberaterkammer

2820

4565 *Weidekind/Rödl*, Der Steuerberater als Insolvenzberater, 36.
4566 Insolvenzverwaltung, in: Römermann, Steuerberater Handbuch Neue Beratungsfelder, 581, 583, Rn. 5.
4567 BGH, B. v. 22.04.2004 – IX ZB 154/03, ZInsO 2004, 614.
4568 A. A. *Jacoby*, Die Einschaltung der eigenen Sozietät durch den Insolvenzverwalter, ZIP 2005, 1060–1063 m. w. N.
4569 *Weidekind/Rödl*, Der Steuerberater als Insolvenzberater, 34 f.

zur Jahresabschlusserstellung durch Steuerberater nicht die Going Concern-Prämisse prüft, kann dies zu einer Haftung führen.[4570] Hierbei ist auch auf § 13 BOStB n. F. hinzuweisen.

§ 13 – Auftragserfüllung

(1) Der Auftrag ist unter Einhaltung der Grundsätze pflichtgemäßer Berufsausübung sowie unter Beachtung der Verlautbarungen und Hinweise der Bundessteuerberaterkammer auszuführen. Der Auftrag ist unverzüglich zurückzugeben, wenn seine Durchführung nach diesen Grundsätzen nicht möglich ist.

5.2 Risikomanagement-Beratung

2821 Wenn das Frühwarnsystem nicht funktioniert, kommt eine Haftung aus Verletzung eines Vertrages über betriebswirtschaftliche Fragen in Betracht (§ 280 BGB).

5.3 Krisenberatung

2822 Für die Grundzüge der Haftung gelten die obigen Ausführungen.[4571, 4572]

In diesem Zusammenhang ist auch die grundsätzliche Hinweispflicht des Beraters zu erwähnen, der andernfalls für Insolvenzverschleppungsschäden zur Verantwortung gezogen werden kann.

Verneint oder bejaht der Berater die Voraussetzungen zu Unrecht, so liegt zwar eine Falschberatung vor, die zur Haftung führen kann, indes liegt kein Verstoß gegen das RDG vor, so dass diesbezügliche Anspruchsgrundlagen oder Versicherungsausschlüsse nicht in Betracht kommen.

4570 *Fuchsen*, Risiken des Steuerberaters bei der Jahresabschlusserstellung in Krisenfällen des Mandanten – Erhöhtes Haftungsrisiko aufgrund der aktualisierten Verlautbarungen zur Jahresabschlusserstellung, KSI 2010, 256, 259; siehe auch *Farr/Niemann*, DStR 2010, 1095, 1097.

4571 Siehe oben Teil 1, Kap. 1, Rn. 20 und Teil 7, Rn. 2596 ff.

4572 Zu den zivilrechtlichen Haftungsgefahren, denen der StB im Zusammenhang mit krisenbelasteten Unternehmen ausgesetzt ist, vgl. u. a. *Sundermeier/Gruber*, Die Haftung des Steuerberaters in der wirtschaftlichen Krise des Mandanten, DStR 2000, 929–937; *Uppenbrink*, Steuerberaterhaftung im Zuge der Insolvenzordnung, StB 2002, 312–314; *Lange*, DStR 2007, 954; *Gilgan*, Beratungspflichten in der Krise des Mandanten, BBKM 12/2007, 294 ff.; *Ehlers*, Das Haftungspotential gegenüber Beratern in der Krise, NZI 2008, 211–216; *Kohlhaas*, Haftung des Steuerberaters für Insolvenzverschleppungsschäden, Steuerberater Magazin 8/2009, 50–55; *Kuss*, Rechtliche Aspekte der Sanierung für die Unternehmensleitung und den Sanierungsberater, Wpg 2009, 326–339; *Merten*, Neue Ansprüche gegen den Berater bei unterlassenem Hinweis auf die Insolvenzantragspflicht?, Steuerjournal 13/2009, 43–47; zu den strafrechtlichen Gefahren: u. a. *Weyand*, Strafbarkeitsrisiko des Steuerberaters: Buchführungs- und Bilanzdelikte in Insolvenzverfahren, StuB 1999, 178–184; *Wagner*, Der Steuerberater in der Zwickmühle – Die Wahl zwischen Mandatsniederlegung oder Beihilfe zur Insolvenzverschleppung, ZInsO 2009, 449–458; allgemein auch *Bales*, Zivil- und strafrechtliche Haftungsgefahren für Berater und Insolvenzverwalter in der Krise und der Insolvenz, ZInsO 2010, 2073 ff. und *Schmittmann*, Überlegungen zur Haftung des Sanierungsberaters, ZInsO 2011, 545–552.

5. Haftungsrechtliche Aspekte der Tätigkeit des Fachberaters

5.4 Außergerichtliche Sanierungsberatung

Es ist Sache des Mandanten, den Berater mit der Sanierungsberatung zu beauftragen. Ohne dieses besondere Mandat kann nicht verlangt werden, dass der Steuerberater den Weg aus der Krise findet.[4573]

2823

5.5 Tätigkeit als Insolvenzverwalter
5.5.1 Zivilrechtliche Haftung

Der Insolvenzverwalter haftet allen am Insolvenzverfahren Beteiligten, d. h. Insolvenzgläubigern, dem Schuldner, Aus- und Absonderungsberechtigten sowie den Massegläubigern für die Erfüllung seiner Pflichten (§§ 60, 61 InsO).[4574]

2824

Zu den insolvenzspezifischen Pflichten gehört nicht nur die ordnungsgemäße, sondern auch die optimale Verfahrensabwicklung.[4575] Außerdem haftet der Insolvenzverwalter persönlich auch für Schäden, die als Folge unzulänglicher Masse eintreten, wenn die voraussichtliche Masseunzulänglichkeit bei der Begründung der Verbindlichkeit vorhersehbar war. Die Vorhersehbarkeit wird zu seinen Ungunsten vermutet (§ 61 InsO). Die §§ 60, 61 InsO gelten auch für den vorläufigen Insolvenzverwalter (§ 21 Abs. 2 Nr. 1 InsO). Weitere Beispiele zum Haftungspotenzial des Insolvenzverwalters finden sich bei Ehlers, Fachberater für Sanierung und Insolvenzverwaltung (DStV e.V.), BBB 2/2009, 43, 49.

Besondere Haftungsgefahren können sich im Einzelfall ergeben, wenn der Insolvenzverwalter selbst Berufsträger ist und eine Sozietät oder Berufsgesellschaft, der er angehört, mit der Bearbeitung rechtlicher, steuerlicher oder betriebswirtschaftlicher Angelegenheiten betraut (s. o. Interessenkollisionen oder widerstreitende Interessen, Rn. 2817).

2825

5.5.2 Haftung nach Steuerrecht

Der Insolvenzverwalter und der so genannte starke vorläufige Insolvenzverwalter sind nach überwiegender Meinung[4576] Vermögensverwalter im Sinne des § 34 Abs. 3 AO und haben mithin die steuerlichen Pflichten des Schuldners zu erfüllen (§ 34 Abs. 1 AO). Die Haftung nach Steuerrecht tritt neben die Haftung nach Insolvenzrecht.

2826

4573 Ausführlich *Maus*, in: Römermann, Steuerberater-Handbuch Neue Beratungsfelder, 766, Rn. 136; *Lüke*, Haftungsrecht überdacht – Überlegungen zur Systematik der Insolvenzverwalterhaftung, ZIP 2005, 1113 ff.; *Bales*, Zivil- und strafrechtliche Haftungsgefahren für Berater und Insolvenzverwalter in der Krise und der Insolvenz, ZInsO 2010, 2073, 2075.

4574 *Haarmeyer/Maus*, Insolvenzverwaltung, in: Römermann, Steuerberater-Handbuch Neue Beratungsfelder, 592 f., *Pape*, Das Risiko der persönlichen Haftung des Insolvenzverwalters aus § 61 InsO, ZInsO 2003, 1013 ff.

4575 *Haarmeyer/Maus*, Insolvenzverwaltung, in: Römermann, Steuerberater-Handbuch Neue Beratungsfelder, 593.

4576 Vgl. *Haarmeyer/Maus*, Insolvenzverwaltung, in: Römermann, Steuerberater-Handbuch Neue Beratungsfelder, 593 m. w. N.

5.6 Haftungsverschärfung bei Fachberatern für Sanierung und Insolvenzberatung in den vorgenannten Gebieten?

2827 Das Führen des Fachberatertitels bewirkt grundsätzlich eine Verschärfung der Haftungsmaßstäbe.[4577] Diese verschärften Maßstäbe gelten auch schon bei einem einfachen, laufenden Mandat, soweit Inhalt z.B. mögliche Insolvenzgründe und die daraus resultierenden Aufklärungs- und Hinweispflichten sind. Insoweit handelt es sich um das (negative) Pendant zu den steigenden Marktchancen auf diesem Fachgebiet.

6. Versicherungsrechtliche Aspekte der Tätigkeit des Fachberaters
6.1 Versicherungsschutz für vereinbare Tätigkeiten allgemein

2828 Versicherungen nehmen eine so genannte Deckungseinschränkung vor, der zufolge vereinbare Tätigkeiten nicht immer in vollem Umfang von dem Versicherungsschutz umfasst sind. Zusätzlich wird regelmäßig verlangt, dass vereinbare Tätigkeiten auch berufsüblich sind.

Für die Beurteilung, inwieweit sich der Versicherungsschutz auf vereinbare Tätigkeiten erstreckt, gelten folgende generelle Deckungseinschränkungen:

- Zum einen sind Tätigkeiten nicht versichert, mit denen gegen das RDG verstoßen wird.
- Ausgeschlossen ist weiterhin der Versicherungsschutz für Haftpflichtansprüche wegen Schäden, die aufgrund eines Verstoßes des Versicherungsnehmers im Bereich des unternehmerischen Risikos entstanden sind (vgl. Teil 3 A Ziff. 5.3 AVB). Dieser Ausschluss entspricht der Regelung in § 57 Abs. 4 Nr. 1 StBerG, der zufolge jedenfalls eine Tätigkeit, die als überwiegend gewerblich einzustufen ist, nicht zugleich eine mit dem Berufsbild des Steuerberaters vereinbare Tätigkeit sein kann. Die steuerrechtliche Einordnung bestimmter Tätigkeiten ist für die Frage der Vereinbarkeit nicht relevant.
- Soll eine vereinbare Tätigkeit mitversichert sein, so darf sie nicht den überwiegenden Teil der von dem Steuerberater ausgeübten Tätigkeit darstellen (vgl. Teil 3 B III AVB). Für eine abschließende Beurteilung müssen die konkreten Umstände des Einzelfalls herangezogen werden. Zu berücksichtigen sind bei dieser Betrachtung u.a. das Honorarvolumen, der zeitliche Aufwand und die Anzahl der Mitarbeiter, die mit diesen Aufgaben befasst sind. Kommt man unter Abwägung aller Gesichtspunkte hierbei zu der Bewertung, dass die steuerberatende Tätigkeit lediglich als Nebentätigkeit ausgeübt wird und die vereinbare Tätigkeit den überwiegenden Umfang einnimmt, so wäre ein Versicherungsschutz für die

---

[4577] *Ehlers,* Der Fachberater (DStV e.V.) – Überblick über mögliche Pflichten und Haftung am Beispiel des Fachberaters für Sanierung und Insolvenzverwaltung, NWB Nr. 20/2008, 1889 ff./Fach 30, 1783 ff.; zu der vergleichbaren Initiative bei Fachanwälten vgl. *Schultz,* in: Gaier/Wolf/Göcken, Anwaltliches Berufsrecht, Kommentar, Kapitel „Die zivilrechtliche Haftung des Anwalts", 1956 Rn. 73 mit Hinweis auf *Vollkommer/Heinemann,* Anwaltshaftung, Rn. 408 f.; *Borgmann,* in: Borgmann/Jungk/Grams, Anwaltshaftung, Kap. V Rn. 30, *Schlee,* in: Zugehör/Fischer/Sieg, Handbuch der Anwaltshaftung, Rn. 978.

6. Versicherungsrechtliche Aspekte der Tätigkeit des Fachberaters

vereinbare Tätigkeit, die dann tatsächlich gerade keine Nebentätigkeit darstellen würde, ausgeschlossen. Beruft sich der Versicherer in einem Versicherungsfall auf die Deckungseinschränkung, so ist er hierfür beweispflichtig. Das bedeutet, dass er den – mitunter schwer zu führenden – Beweis antreten muss, dass die vereinbare Tätigkeit überwiegend ausgeübt wird.[4578]

Um Haftungsrisiken zu verringern, empfiehlt es sich, mit dem Versicherer im Vorfeld aufgrund der individuellen Tätigkeitsstruktur zu klären, ob eine bestimmte Tätigkeit von der Deckungseinschränkung ausdrücklich von vornherein ausgenommen werden kann oder ggf. eine Zusatzdeckung zur Pflichtversicherung für bestimmte Tätigkeiten in Erwägung zu ziehen. Dabei sollte auch eine eventuelle Erhöhung der Deckungssumme in Betracht gezogen werden. Der Einwand einer wissentlichen Pflichtverletzung wird dem Steuerberater oder Fachberater in der Regel nicht mit Erfolg entgegengesetzt werden können.[4579] 2829

6.2 Jahresabschlusserstellung und laufende Beratung

Diese Tätigkeit ist versichert nach der allgemeinen Berufshaftpflichtversicherung (vgl. § 67 StBerG). 2830

6.3 Risikomanagement-Beratung

Hierbei handelt es sich um eine berufsübliche Leistung, die ebenfalls versichert ist. 2831

6.4 Krisenberatung

Diese Beratungspflicht ergibt sich regelmäßig aus dem steuerlichen Mandat und ist daher versichert. 2832

Wurde die Krisenberatung isoliert in Auftrag gegeben und vom Steuerberater fehlerhaft bearbeitet, so ist diese Tätigkeit als betriebswirtschaftliche berufsübliche Betätigung versichert.

6.5 Außergerichtliche Sanierungsberatung

Solange die Grenzen des RDG, also der unerlaubten Rechtsdienstleistung, nicht überschritten werden, was nach der hier vertretenen Auffassung nur selten der Fall sein wird (siehe oben Rn. 2810 ff.), besteht Versicherungs- 2833

4578 *Ehlers*, Der Fachberater (DStV e.V.) – Überblick über mögliche Pflichten und Haftung am Beispiel des Fachberaters für Sanierung und Insolvenzverwaltung, NWB Nr. 20/2008, 1889 ff./Fach 30, 1783, 1793.

4579 A.A. wohl *Ehlers*, Der Fachberater (DStV e.V.) – Überblick über mögliche Pflichten und Haftung am Beispiel des Fachberaters für Sanierung und Insolvenzverwaltung, NWB Nr. 20/2008, 1889 ff./Fach 30, 1783, 1792 unter Hinweis auf OLG Koblenz, Urt. v. 15.06.1979 – 10 U 711/78, VersR 1980, 643; vgl., *Haarmeyer/Maus*, Insolvenzverwaltung, in: Römermann, Steuerberater-Handbuch Neue Beratungsfelder, 593 m.w.N.

schutz im Rahmen der Bedingungen für die außergerichtliche Sanierungsberatung.[4580]

6.6 Tätigkeit als Insolvenzverwalter

2834 Soweit die Tätigkeit als Insolvenzverwalter nicht überwiegend ausgeübt wird, besteht im Rahmen der Allgemeinen Versicherungsbedingungen grundsätzlich Versicherungsschutz durch die Berufshaftpflichtversicherung.[4581] Hierbei ist aber zu beachten, das für rein unternehmerische Entscheidungen – insbesondere bei Fortführung des Geschäftsbetriebs des Gemeinschuldners – regelmäßig kein Versicherungsschutz zu erlangen ist.[4582]

Die AVB der berufsständischen Pflichtversicherung des Steuerberaters sehen keine Deckung für unternehmerische Risiken vor. Die gem. Teil 3 A Ziff. 5.3 AVB vorgesehene Deckungseinschränkung für Schäden aus diesem Bereich muss unbedingt beachtet werden, wenn der Steuerberater als Insolvenzverwalters tätig wird. In diesem Fall bewegt er sich fast zwangsläufig in der unternehmerischen Sphäre des Schuldners.[4583] Die normale Berufshaftpflichtversicherung bietet insofern nur eine begrenzte Absicherung. Führt der Insolvenzverwalter Unternehmen (vorübergehend) weiter, so muss der Versicherungsschutz dem erweiterten Risiko angepasst werden.

Dies gilt auch in Bezug auf weitere berufstypische Risiken des Insolvenzverwalters, wie z. B. das Sachschadenrisiko bei der Verwaltung leer stehender Immobilien, die Haftung für Mitarbeiter des Insolvenzschuldners oder die Wahrnehmung von Organstellungen im verwalteten Unternehmen.

2835 Eine Absicherung dieser Risiken ist nur durch Abschluss einer Vermögensschaden-Haftpflichtversicherung für Insolvenzverwalter zu erreichen. Die so genannten Allgemeinen Versicherungsbedingungen für Insolvenzrisiken (AVB-I) tragen dem unternehmerischen Risiko des Insolvenzverwalters Rechnung[4584], so dass sich der Abschluss einer besonderen Haftpflichtversicherung für Insolvenzverwalter empfiehlt.[4585]

7. Tätigkeit des Fachberaters in Gläubigerausschüssen

2836 Die folgenden Ausführungen beruhen auf *Elsner*, Vereinbare Tätigkeiten des Steuerberaters, in: Beck'sches Steuerberaterhandbuch 2010/2011, S. 1979 ff., 1983 Rn. 26–30.

4580 DStV-Broschüre „Die vereinbaren Tätigkeiten der Steuerberater – Zulässigkeit, Versicherung, Vergütung, 2. Aufl., Beilage zu Stbg 5/2009, 17.
4581 *Hartmann/Heimann*, Haftungsrisiken und Versicherungsschutz, in: Römermann, Steuerberater-Handbuch Neue Beratungsfelder, 129, 155.
4582 *Elsner*, Vereinbare Tätigkeiten des Steuerberaters, in: Beck'sches Steuerberaterhandbuch 2010/2011, S. 1985 Rn. 43.
4583 *Hartmann/Heimann*, Insolvenzverwaltung, in: Römermann, Steuerberater-Handbuch Neue Beratungsfelder, 155, Rn. 77.
4584 Einzelheiten bei *Hartmann/Heimann*, Insolvenzverwaltung, in: Römermann, Steuerberater-Handbuch Neue Beratungsfelder, 155, Rn. 77.
4585 *Elsner*, Vereinbare Tätigkeiten des Steuerberaters, in: Beck'sches Steuerberaterhandbuch 2010/2011, S. 1985 Rn. 43.

7. Tätigkeit des Fachberaters in Gläubigerausschüssen

7.1 Allgemein

Der Gläubigerausschuss kann entweder vor der ersten Gläubigerversammlung gemäß §§ 67, 68 InsO durch das Insolvenzgericht (vorläufiger Gläubigerausschuss) oder direkt durch die Gläubigerversammlung konstituiert werden. Der Gläubigerausschuss wird im ersten Fall ggf. durch die Gläubigerversammlung bestätigt oder wieder abgewählt. Es können auch andere Mitglieder gewählt werden. 2837

Im Insolvenzverfahren können sich die Gläubiger daher zur Wahrung ihrer Interessen und zur Unterstützung des Insolvenzverwalters eines Gläubigerausschusses bedienen. Dieser wird von der Gläubigerversammlung gewählt, wenn die Versammlung die Bestellung eines Gläubigerausschusses beschließt (§ 68 InsO). Er ist das Selbstverwaltungsorgan der Insolvenzgläubiger, mit dem der Einfluss der beteiligten Gläubiger auf den Ablauf des Insolvenzverfahrens sichergestellt wird.

Die Aufgabe der Mitglieder des Gläubigerausschusses besteht in der Unterstützung und Überwachung des Insolvenzverwalters. Zur Wahrnehmung dieser Aufgabe sind sie berechtigt, sich durch Einsicht in die Bücher und Schriften des Verwalters vom Gang der Geschäfte zu unterrichten. Der Gläubigerausschuss kann vom Insolvenzverwalter Berichterstattung verlangen und hat monatlich den Geldverkehr und -bestand zu prüfen (§ 69 Satz 2 InsO). 2838

Gemäß § 67 InsO soll der Ausschuss aus Vertretern der Absonderungsberechtigten, der Gläubiger mit den höchsten Forderungen, der Kleingläubiger und ggf. der Arbeitnehmer bestehen. Auch können Nicht-Gläubiger bestellt werden, z. B. wenn diese eine besondere Sachkunde in das Verfahren einbringen können, wovon z. b. bei einem Steuerberater, insbesondere einem Fachberater für Sanierung und Insolvenzverwaltung (DStV e.V.), oder einem Fachanwalt für Insolvenzrecht auszugehen ist. 2839

Die rechtlichen Grundlagen ergeben sich aus den §§ 67–73 ff. InsO. Weitere Vorschriften finden sich an verschiedenen Stellen der InsO, z. B. § 158 InsO, wonach die Zustimmung des Gläubigerausschusses eingeholt werden muss, wenn der Insolvenzverwalter vor dem Berichtstermin das Unternehmen des Schuldners stilllegen oder veräußern will.

Der Insolvenzverwalter bedarf der Zustimmung des Gläubigerausschusses, wenn er Rechtshandlungen vornimmt, die für das Insolvenzverfahren von besonderer Bedeutung sind (§ 160 InsO). Die Zustimmung ist insbesondere in folgenden Fällen erforderlich, 2840

- Weiterveräußerung des Geschäfts oder des Warenlagers des Gemeinschuldners im Ganzen, der Beteiligung des Schuldners an einem anderen Unternehmen oder des Rechtes auf den Bezug wiederkehrender Einkünfte,
- freihändige Veräußerung von Immobilien,
- Aufnahme eines Darlehens, das die Insolvenzmasse erheblich belasten würde (siehe auch § 61 InsO),
- Einleitung von Rechtsstreitigkeiten mit erheblichem Streitwert, die Ablehnung der Aufnahme oder der Abschluss eines Vergleichs zur Beilegung oder Vermeidung eines solchen Rechtsstreits.

Bis zur Entscheidung der Gläubigerversammlung kann der Insolvenzverwalter mit Zustimmung des Gläubigerausschusses, wenn ein solcher bestellt ist, dem Schuldner den notwendigen Unterhalt gewähren (§ 100 InsO).

Vor der Vornahme einer Abschlags- oder der Schlussverteilung hat der Insolvenzverwalter die Zustimmung des Gläubigerausschusses einzuholen (§ 187 Abs. 3 InsO).

Der Gläubigerausschuss wirkt mit an der Aufstellung eines Insolvenzplans (§ 218 InsO).

Er kann einen Antrag auf Entlassung des Insolvenzverwalters (§ 59 Abs. 1 InsO) und auf Einberufung der Gläubigerversammlung stellen (§ 75 InsO).

Der Gläubigerausschuss kann Entscheidungen treffen über den Ort und die Art der Verwaltung von Geld, Wertpapieren und Kostbarkeiten (§ 149 InsO).

Ihm ist im Berichtstermin Gelegenheit zur Stellungnahme zum Bericht des Insolvenzverwalters zu geben (§ 156 Abs. 2 InsO).

Auch zur Schlussrechnung des Verwalters kann er eine Stellungnahme abgeben (§ 66 Abs. 2 InsO).

Das Insolvenzgericht hört auch den Gläubigerausschuss vor einer Entscheidung über die Einstellung des Verfahrens an (§ 214 InsO).

7.2 Vereinbare Tätigkeit

2841 Steuerberater dürfen gem. § 15 Nr. 9 BOStB n. F. als Mitglied eines Gläubigerausschusses tätig werden.

7.3 Vergütungsmodalitäten

2842 Die Mitglieder des Gläubigerausschusses können neben einer angemessenen Vergütung für ihre Tätigkeit Erstattung ihrer Auslagen verlangen. Die Rechtsgrundlage ergibt sich aus § 73 InsO. Vergütungen und Auslagen werden vom Insolvenzgericht festgesetzt. Maßgeblich hierfür ist die Insolvenzrechtliche Vergütungsverordnung (InsVV). Ihr zufolge beträgt die Vergütung der Mitglieder des Gläubigerausschusses 25 € bis 50 € pro Stunde je nach Umfang der Tätigkeit (§ 17 InsVV).

7.4 Frage der Rechtsberatung

2843 Im Hinblick auf rechtliche Beratungsinhalte war nach altem Rechtsberatungsrecht eine Tätigkeit im Gläubigerausschuss gemäß Art. 1 § 3 Abs. 6 RBerG zulässig.

Auch nach neuem Recht dürfte von einer Zulässigkeit auszugehen sein. Dann sind sowohl Rechtsdienstleistungen in dem zugewiesenen Aufgaben- und Zuständigkeitsbereich, also dem Berufs- und Tätigkeitsbild, erlaubt, als auch damit im Zusammenhang stehende Nebenleistungen (§ 5 RDG).[4586]

[4586] DStV-Broschüre „Die vereinbaren Tätigkeiten der Steuerberater – Zulässigkeit, Versicherung, Vergütung", 2. Aufl., Beilage zu Stbg 5/2009, 23.

7. Tätigkeit des Fachberaters in Gläubigerausschüssen

Vorrangig sind in diesem Rahmen jedoch die wirtschaftlichen Beratungsanteile, wie: 2844

- Unterstützung des Verwalters bei seiner Geschäftsführung,
- Informationspflicht über den Gang der Geschäfte und Einsehen der Bücher und Geschäftspapiere (§ 69 InsO),
- Entscheidung über die Schließung oder die Weiterführung des Geschäftsbetriebes des Schuldners (§ 158 Abs. 1 InsO) und die Gewährung von Unterhalt an den Gemeinschuldner und dessen Familie (§ 100 Abs. 2 InsO),
- Anträge auf Entlassung des Verwalters (§ 59 InsO),
- Einberufung der Gläubigerversammlung (§ 75 InsO),
- Verwaltung von Geld, Wertpapieren und Kostbarkeiten (§ 149 InsO),
- Stellungnahme zum Bericht des Verwalters (§ 156 Abs. 2 InsO), zur Schlussrechnung
- des Verwalters (§ 66 Abs. 2 InsO), zur Einstellung des Verfahrens (§ 214 InsO) und
- auch beratende Tätigkeit, z. B. bei der Aufstellung des Insolvenzplans (§ 218 InsO)
- sowie die Zustimmung zu bedeutsamen Rechtshandlungen des Verwalters (§ 160 InsO).

7.5 Haftungsrisiken

Die Mitglieder des Gläubigerausschusses haften allen am Insolvenzverfahren Beteiligten für die ordnungsgemäße Erfüllung der ihnen obliegenden Pflichten (§ 71 InsO). Die Haftung setzt Verschulden voraus. Insbesondere ihre Überwachungspflichten hinsichtlich des Insolvenzverwalters müssen sie sorgfältig wahrnehmen. Hierzu gehört, dass sie die Berichte und Unterlagen des Insolvenzverwalters nicht nur zur Kenntnis nehmen, sondern auch überprüfen.[4587]   2845

7.6 Versicherungsschutz

Versicherungsschutz besteht nach Teil 3 B III AVB-WSR, soweit diese Tätigkeiten im Gläubigerausschuss nicht überwiegend ausgeübt werden. Andernfalls ist ein gesonderter Versicherungsschutz nötig und möglich.[4588]   2846

Unter dem Aspekt des RDG gilt für die Mitgliedschaft im Gläubigerausschuss grundsätzlich das zur Insolvenzverwaltung Gesagte entsprechend. Da der Gläubigerausschuss den Insolvenzverwalter zu überwachen und zu unterstützen hat, bewegen sich dessen Mitglieder in der gleichen rechtlichen Sphäre wie der Insolvenzverwalter, und es ergeben sich entsprechende Haftungsrisiken. Den Mitgliedern des Gläubigerausschusses ist daher zu empfehlen, dieses Haftungsrisiko durch eine spezielle Haftpflichtversicherung abzudecken.[4589]

[4587] OLG Koblenz, Konkurs-, Treuhand- und Schiedsgericht (KTS) 1956, 159.
[4588] DStV-Broschüre „Die vereinbaren Tätigkeiten der Steuerberater – Zulässigkeit, Versicherung, Vergütung", 2. Aufl., Beilage zu Stbg 5/2009, 23.
[4589] *Elsner*, Vereinbare Tätigkeiten des Steuerberaters, in: Beck'sches Steuerberaterhandbuch 2010/2011, S. 1983 Rn. 29.

8. Tätigkeit des Fachberaters als Insolvenzverwalter
8.1 Rechtsgrundlagen der Bestellung zum Insolvenzverwalter

2847 Rechtsgrundlage ist § 56 i.V.m. §§ 22 Abs. 1, 156 Abs. 1, 157, 219, 220, 221, 229 InsO.[4590]

Wird das Insolvenzverfahren eröffnet, so muss das Insolvenzgericht mit dem Eröffnungsbeschluss (§ 27 InsO) einen Insolvenzverwalter benennen. Bereits zuvor kann das Gericht als vorläufige Maßnahme nach Eingehen eines Antrags auf Eröffnung des Insolvenzverfahrens (§ 21 InsO) im Rahmen der Anordnung von Sicherungsmaßnahmen einen vorläufigen Insolvenzverwalter bestellen (§ 21 InsO).

Die Anforderungen an einen Insolvenzverwalter ergeben sich aus § 56 InsO, wonach eine geeignete, geschäftskundige und von den Gläubigern und Schuldnern unabhängige natürliche Person zu bestellen ist, die aus dem Kreis aller zur Übernahme von Insolvenzverwaltungen bereiten Personen auszuwählen ist. Der Insolvenzverwalter muss fachlich geeignet und in persönlicher und wirtschaftlicher Hinsicht sowohl vom Gläubiger, als auch vom Schuldner unabhängig sein. Was die erforderliche Unabhängigkeit angeht, so ist in § 56 Abs. 1 InsO Folgendes aufgenommen worden:

Die erforderliche Unabhängigkeit wird nicht schon dadurch ausgeschlossen, dass die Person

1. vom Schuldner oder von einem Gläubiger vorgeschlagen worden ist,
2. den Schuldner vor dem Eröffnungsantrag in allgemeiner Form über den Ablauf eines Insolvenzverfahrens und dessen Folgen beraten hat.

2848 Für die fachliche Eignung des Steuerberaters als Insolvenzverwalter spricht insbesondere die fundierte betriebswirtschaftliche Ausbildung. Außerdem ist er aufgrund berufsrechtlicher Vorschriften und durch das Steuerberatungsgesetz besonderen Pflichten unterworfen: Er ist zur Unabhängigkeit verpflichtet, muss eigenverantwortlich handeln und der Tätigkeit gewissenhaft und sachlich nachgehen. Zudem ist er als Berufsgeheimnisträger zur Verschwiegenheit verpflichtet.

2849 In der ersten Gläubigerversammlung, die auf die Bestellung des Insolvenzverwalters folgt, können die Gläubiger entweder den vom Gericht bestellten Insolvenzverwalter im Amt bestätigen, oder aber einen neuen Insolvenzverwalter wählen (§ 57 InsO). Der Insolvenzverwalter hat in diesem Termin die wirtschaftliche Lage des Schuldners und deren Ursachen darzustellen. Es muss erörtert werden, ob und inwieweit das Unternehmen im Ganzen oder nur in Teilen erhalten bleiben kann. Der Insolvenzplan muss diese Möglichkeiten aufzeigen und erläutern, wie sich die unterschiedlichen Möglichkeiten und Maßnahmen auf die Befriedigung der Gläubiger auswirken (§ 156 Abs. 1 InsO). Wie das Verfahren fortgeführt wird, entscheidet die Gläubigerversammlung: Sie kann die Stilllegung oder die vorläufige Fortführung des Unternehmens beschließen und den Insolvenzverwalter mit der Erstellung eines Insolvenzplanes beauftragen (§ 157 InsO). Der Insolvenzverwalter benötigt für die Erstellung des Insolvenzplans sehr gute betriebswirtschaftlicher Kenntnisse und sollte über entsprechende Erfahrungen verfügen.

[4590] Siehe zu allem auch *Elsner*, Vereinbare Tätigkeiten des Steuerberaters – Insolvenzverwalter, in: Beck'sches Steuerberaterhandbuch 2010/2011, 1979, 1984 ff. Rn. 36–45.

8. Tätigkeit des Fachberaters als Insolvenzverwalter

Der Insolvenzplan kann folgende Abwicklungsvorschläge beinhalten: 2850
a) die Liquidation des Unternehmens,
b) dessen Übernahme bzw. Übertragung oder
c) dessen Sanierung.

Außerdem werden die jeweils zu der Maßnahme gehörenden, geplanten Maßnahmen und deren Auswirkung auf die Befriedigung der Gläubiger und auf die Rechtsstellung der Beteiligten erläutert (§ 219, 220, 221 InsO). Zu einem Übertragungs- oder Sanierungsplan gehört eine Übersicht über das Vermögen in Form einer Planbilanz, ein Ergebnisplan als Gewinn- und Verlust-Plan sowie ein Finanzplan, der die prognostizierte finanzielle Entwicklung darstellt (§ 229 InsO). Die Sanierungsfähigkeitsprüfung entscheidet letztlich über die Fortführung des Unternehmens und den Erhalt von Arbeitsplätzen, so dass dieser Prüfung eine erhebliche Bedeutung zukommt.

Wird eine Unternehmensfortführung beschlossen, so unterliegt der Insolvenzverwalter den gleichen handels- und steuerrechtlichen Rechnungslegungspflichten wie jeder Unternehmer.

Der Steuerberater kann neben der Tätigkeit als Insolvenzverwalter auch 2851 als Gutachter im Insolvenzverfahren in Anspruch genommen werden. In diesem Rahmen kann er eine Einschätzung vornehmen über die finanzielle Lage des Unternehmens, die Ursachen, die zur Einleitung des Insolvenzverfahrens geführt haben und eine Prognose über die weitere wirtschaftliche Entwicklung erstellen.

8.2 Aufnahme des Fachberaters in Vorauswahllisten

Der Fachberater Sanierung und Insolvenzverwaltung (DStV e.V.) hat einen 2852 Anspruch auf Aufnahme in Vorauswahllisten.

War ein Steuerberater noch nicht als Insolvenzverwalter tätig, so darf die Aufnahme in die Vorauswahlliste – entgegen bestimmter Verbandsmeinungen und entgegen OLG Hamburg vom 21.09.2009[4591] nicht mit fehlenden Erfahrungen „als Insolvenzverwalter" begründet werden. Verlangt werden dürfen nur Erfahrungen „in Insolvenzsachen".[4592] Dies darf nicht mit Erfahrungen „als Insolvenzverwalter" verwechselt werden. Auch diejenigen, die für oder mit einem Insolvenzverwalter gearbeitet und dabei entsprechende Erfahrungen gesammelt haben, haben Anspruch auf Aufnahme in die Vorauswahlliste.[4593]

8.3 Auswahl des Fachberaters als Insolvenzverwalter durch das Insolvenzgericht

Die Auswahl des Fachberaters kommt insbesondere dann in Betracht, wenn 2853 es in dem betreffenden Insolvenzverfahren um die Sanierung eines Unternehmens geht. In diesem Bereich bringt der Steuerberater i.d.R. wesentlich

---
[4591] OLG Hamburg E. v. 21.09.2009 – 2 V a 4/09, Stbg 2010, 180 ff.
[4592] BVerfG B. v. 19.07.2006 – 1 BvR 1351/06, ZInsO 2006, 869–870.
[4593] *Ehlers*, Der Fachberater für Sanierung und Insolvenzverwaltung (DStV e.V.), BBB 2/2009, 43, 47.

bessere, betriebswirtschaftliche Kenntnisse und Erfahrungen mit als ein Rechtsanwalt.

Während die Abwicklung eines Unternehmens überwiegend rechtlicher Natur sein mag, ist die Sanierung ein überwiegend wirtschaftlicher Vorgang, für den sich Steuerberater aufgrund der betriebswirtschaftlich ausgerichteten Ausbildung besser eignen als Rechtsanwälte.

2854 In der Vergangenheit war festzustellen, dass das Betätigungsfeld der Insolvenzverwaltung vor allem von Rechtsanwälten besetzt wurde (75 %), während Steuerberater nur in 15 % aller Fälle eingesetzt wurden.[4594] Ein Vergleich der Erfolgsquote, also der Anteil der erfolgreichen Sanierungen an den insgesamt verwalteten Unternehmen, zeigte allerdings bei den wirtschaftlich ausgebildeten Verwaltern wie Steuerberatern und Wirtschaftsprüfern deutlich bessere Ergebnisse als bei den Juristen, die i. d. R. keine wirtschaftliche Ausbildung genossen haben.[4595]

War der Steuerberater/Fachberater bereits mit Vorfragen der Insolvenz befasst[4596] und/oder verfügt er über ein DStV-Qualitätssiegel über gute Kanzleiorganisation, sind dies weitere gute Argumente dafür, den Steuerberater/Fachberater zu beauftragen. Hierbei werden ähnliche Anforderungen gestellt wie nach der InsO und der InsO Excellence.

Problematisch bleibt, dass die Gerichte vielfach noch die rechtlichen Qualifikationen in den Vordergrund stellen, während die vom Insolvenzverfahren Betroffenen eher die betriebswirtschaftlichen Fähigkeiten des Insolvenzverwalters als maßgeblich ansehen.[4597] Ebenso wirkt es sich negativ für die Steuerberater aus, dass abgelehnten Bewerbern kein Rechtsschutz gewährt wird, wenn es darum geht, eine Auswahlentscheidung überprüfen zu lassen. Nach der Rechtsprechung des Bundesverfassungsgerichts gibt es kein subjektives öffentliches Recht des abgelehnten Bewerbers auf Bestellung zum Insolvenzverwalter.[4598]

8.4 Auswahl des Fachberaters durch den vorläufigen Gläubigerausschuss

2855 Mit dem am 01.03.2012 in Kraft getretenen Gesetz zur weiteren Erleichterung der Sanierung von Unternehmen[4599] wurde der Schwerpunkt des geltenden Insolvenzrechts insoweit verlagert, als insolvenzgefährdeten Unter-

---

4594 *Holzer*, Die Entscheidungsträger im Insolvenzverfahren, Rn. 242.
4595 *Gessner/Rhode/Strate/Ziegert*, Die Praxis der Insolvenzabwicklung in der der BRD, 79, 208, 223.
4596 Siehe oben Teil 2, Kap. 3, Rn. 487: Gutachten zum Vorliegen von Insolvenzgründen oder Beauftragung als vorläufiger Insolvenzverwalter.
4597 *Haarmeyer/Maus* , Insolvenzverwaltung, in: Römermann, Steuerberater-Handbuch Neue Beratungsfelder, 582f. unter Hinweis auf die Untersuchung von *Degenhardt*, ZInsO 2004, 1061 ff.; siehe auch *Degenhardt/Borchers*, Das Anforderungsprofil des Insolvenzverwalters – Ergebnisse einer Befragung von Insolvenzgerichten und Kreditinstituten, ZInsO 2001, 337, 342; *Michel*, Der Steuerberater als Sanierungsberater und Insolvenzverwalter – Hat sich die Insolvenzordnung in dieser Hinsicht bewährt?, BB 15/2010, S. V bis VII.
4598 *Ehlers*, Der Fachberater für Sanierung und Insolvenzverwaltung (DStV e.V.) – Fragen zum Umgang zur Insolvenzverwaltung, Verdienst, Auswahl und Bestellung, Haftung, BBB 2/2009, 43, 48.
4599 BGBl. I 2011, 2582.

8. Tätigkeit des Fachberaters als Insolvenzverwalter

nehmen zunächst die Sanierung erleichtert werden soll. Daneben soll eine stärkere Gläubigerbeteiligung erfolgen.

Neu eingefügt ist § 56a InsO „Gläubigerbeteiligung bei der Verwalterbestellung"

(1) Vor der Bestellung des Verwalters ist dem vorläufigen Gläubigerausschuss Gelegenheit zu geben, sich zu den Anforderungen, die an den Verwalter zu stellen sind, und zur Person des Verwalters zu äußern, soweit dies nicht offensichtlich zu einer nachteiligen Veränderung der Vermögenslage des Schuldners führt.

(2) Das Gericht darf von einem einstimmigen Vorschlag des vorläufigen Gläubigerausschusses zur Person des Verwalters nur abweichen, wenn die vorgeschlagene Person für die Übernahme des Amtes nicht geeignet ist. Das Gericht hat bei der Auswahl des Verwalters die vom vorläufigen Gläubigerausschuss beschlossenen Anforderungen an die Person des Verwalters zugrunde zu legen.

(3) Hat das Gericht mit Rücksicht auf eine nachteilige Veränderung der Vermögenslage des Schuldners von einer Anhörung nach Absatz 1 abgesehen, so kann der vorläufige Gläubigerausschuss in seiner ersten Sitzung einstimmig eine andere Person als die bestellte zum Insolvenzverwalter wählen.

Die Voraussetzungen, wann ein vorläufiger Gläubigerausschuss zu bestellen ist, ergeben sich aus § 22a InsO. Sie sind grundsätzlich nur auf Unternehmen einer bestimmten Größe zugeschnitten.

Es bleibt zu hoffen, dass die Einflussmöglichkeit der Gläubiger sich positiv auf die bisherige Praxis der Verwalterauswahl auswirken wird.

8.5 Weitere Einsatzmöglichkeiten

Nach § 270a und § 270b InsO gilt nunmehr ein besonderes Verfahren: 2856

§ 270a „Eröffnungsverfahren"

(1) Ist der Antrag des Schuldners auf Eigenverwaltung nicht offensichtlich aussichtslos, so soll das Gericht im Eröffnungsverfahren davon absehen,

1. *dem Schuldner ein allgemeines Verfügungsverbot aufzuerlegen oder*
2. *anzuordnen, dass alle Verfügungen des Schuldners nur mit Zustimmung eines vorläufigen Insolvenzverwalters wirksam sind.*

Anstelle des vorläufigen Insolvenzverwalters wird in diesem Fall ein vorläufiger Sachwalter bestellt, auf den die §§ 274 und 275 entsprechend anzuwenden sind.

(2) Hat der Schuldner den Eröffnungsantrag bei drohender Zahlungsunfähigkeit gestellt und die Eigenverwaltung beantragt, sieht das Gericht jedoch die Voraussetzungen der Eigenverwaltung als nicht gegeben an, so hat es seine Bedenken dem Schuldner mitzuteilen und diesem Gelegenheit zu geben, den Eröffnungsantrag vor der Entscheidung über die Eröffnung zurückzunehmen.

Teil 9 Berufs-, haftungs- und versicherungsrechtliche Aspekte

2857 § 270b „Vorbereitung einer Sanierung"

(1) Hat der Schuldner den Eröffnungsantrag bei drohender Zahlungsunfähigkeit oder Überschuldung gestellt und die Eigenverwaltung beantragt und ist die angestrebte Sanierung nicht offensichtlich aussichtslos, so bestimmt das Insolvenzgericht auf Antrag des Schuldners eine Frist zur Vorlage eines Insolvenzplans. Die Frist darf höchstens drei Monate betragen. Der Schuldner hat mit dem Antrag eine mit Gründen versehene Bescheinigung eines in Insolvenzsachen erfahrenen Steuerberaters, Wirtschaftsprüfers oder Rechtsanwalts oder einer Person mit vergleichbarer Qualifikation vorzulegen, aus der sich ergibt, dass drohende Zahlungsunfähigkeit oder Überschuldung, aber keine Zahlungsunfähigkeit vorliegt und die angestrebte Sanierung nicht offensichtlich aussichtslos ist.

(2) In dem Beschluss nach Absatz 1 bestellt das Gericht einen vorläufigen Sachwalter nach § 270 a Abs. 1, der personenverschieden von dem Aussteller der Bescheinigung nach Absatz 1 zu sein hat. Das Gericht kann von dem Vorschlag des Schuldners nur abweichen, wenn die vorgeschlagene Person offensichtlich für die Übernahme des Amtes nicht geeignet ist; dies ist vom Gericht zu begründen. Das Gericht kann vorläufige Maßnahmen nach § 21 Absatz 1 und 2 Nummer 1a, 3 bis 5 anordnen; es hat Maßnahmen nach § 21 Absatz 2 Nummer 3 anzuordnen, wenn der Schuldner dies beantragt.

(3) Auf Antrag des Schuldners hat das Gericht anzuordnen, dass der Schuldner Masseverbindlichkeiten begründet. § 55 Absatz 2 gilt entsprechend.

(4) Das Gericht hebt die Anordnung nach Absatz 1 vor Ablauf der Frist auf, wenn

1. die angestrebte Sanierung aussichtslos geworden ist;

2. der vorläufige Gläubigerausschuss die Aufhebung beantragt oder

3. ein absonderungsberechtigter Gläubiger oder ein Insolvenzgläubiger die Aufhebung beantragt und Umstände bekannt werden, die erwarten lassen, dass die Anordnung zu Nachteilen für die Gläubiger führen wird; der Antrag ist nur zulässig, wenn kein vorläufiger Gläubigerausschuss bestellt ist und die Umstände vom Antragsteller glaubhaft gemacht werden.

Der Schuldner oder der vorläufige Sachwalter haben dem Gericht den Eintritt der Zahlungsunfähigkeit unverzüglich anzuzeigen. Nach Aufhebung der Anordnung oder nach Ablauf der Frist entscheidet das Gericht über die Eröffnung des Insolvenzverfahrens.

2858 In dem sog. Schutzschirmverfahren erhält der Schuldner durch Beschluss des Gerichts bis zu drei Monate Zeit, Sanierungsmaßnahmen vorzubereiten. Es wird kein Insolvenzverwalter bestellt, sondern ein vorläufiger Sachwalter. Der Schuldner darf den Sachwalter vorschlagen, das Gericht bei Ungeeignetheit davon abweichen. Die Bestellung eines anderen Sachwalters ist zu begründen. Auf Antrag ordnet das Gericht an, dass der Schuldner Masseverbindlichkeiten begründen kann. Gemäß § 270a Abs. 1 InsO soll dem Schuldner kein allgemeines Verfügungsverbot auferlegt, noch sollen seine

Verfügungen unter Zustimmungsvorbehalt gestellt werden. Es bleibt die Gefahr, dass die Gläubiger nach Kenntnis von der Antragsstellung ihre Forderungen fällig stellen oder Verträge kündigen. Das Verfahren bietet dafür keinen Schutz durch ein Moratorium o.ä., der Schuldner soll vielmehr im Vorfeld des Antrags eine Einigung mit den Hauptgläubigern erzielen.

Der Steuerberater kann eine Bescheinigung nach § 270b Abs. 1 InsO erstellen. Dann darf er jedoch nicht mehr als vorläufiger Sachwalter bestellt werden, da gemäß § 270b Abs. 2 InsO Personenverschiedenheit vorliegen muss.

8.6 Spätere Reformen

In einer späteren Insolvenzrechtsreform, so hat es die Politik angekündigt, soll die Auswahl von Insolvenzverwaltern grundsätzlich neu geregelt werden. Manche Überlegungen gehen sogar soweit, ein eigenes Berufsgesetz für Insolvenzverwalter zu erlassen. Auch insofern erweist sich die Einführung des Fachberaters für Sanierung und Insolvenzverwaltung (DStV e.V.) als ein Schritt in die richtige Richtung. 2859

9. Zukunft des Fachberaters

Ein Steuerberater, der den Fachberater für Sanierung und Insolvenzverwaltung (DStV e.V.) erwirbt, profitiert davon in vielerlei Hinsicht. Er erwirbt im Bereich der Krisenberatung notweniges Rüstzeug, gewinnt Sicherheit, kann Haftungsgefahren ausweichen und eine bessere Honorarsicherung betreiben. Die erworbenen Kenntnisse werden ihm auch zugutekommen, wenn es darum geht, ein Risikomanagement-System einzuführen oder die Ergebnisse eines bestehenden RMS zu bewerten. 2860

Unabhängig davon, dass der Fachberater sich im Bereich der Insolvenzverwaltungen weiter etablieren wird, bietet v.a. das Tätigkeitsgebiet der Sanierungsberatung vielfältige Möglichkeiten, für die Mandanten zu wirken. In Zusammenarbeit mit dem Insolvenzverwalter können Sanierungsgutachten, Sanierungspläne und Insolvenzpläne erstellt werden.[4600] Zudem kann eine Unterstützung bei der Erfüllung von Buchführungs- und Steuer-Pflichten erfolgen. Die von dem Fachberater für Sanierung und Insolvenzverwaltung (DStV e.V.) nachgewiesenen besonderen theoretischen und praktischen Erfahrungen bieten ihm dabei einen erheblichen Wettbewerbsvorteil im Markt. 2861

Steuerberater, die keine vertieften Erfahrungen auf dem Fachgebiet haben, werden in zunehmendem Maße Teil-Kooperation mit entsprechend spezialisierten Fachberatern eingehen.

[4600] Zur interprofessionellen Zusammenarbeit in diesem Bereich und zur Bedeutung des Wissensmanagements in der Insolvenzverwaltung, *Dobler,* Wissensmanagement in der Insolvenzverwaltung, ZInsO 2011, 178–181.

Anhang: Fachberaterrichtlinien mit Anlage 2

Anhang: Fachberaterrichtlinien mit Anlage 2

Anhang

Richtlinien
des Deutschen Steuerberaterverbandes
zur Anerkennung von „Fachberatern (DStV e.V.)"*

Stand 23.12.2011

Präambel

Ausgehend von

- der zunehmenden Komplexität wirtschaftlicher Vorgänge
- der damit einhergehenden gestiegenen Nachfrage nach spezialisierter Beratung
- der damit verbundenen Möglichkeit zur Spezialisierung
- den positiven Erfahrungen der Rechtsanwälte und der ratsuchenden Bevölkerung mit Fachanwaltschaften neben Tätigkeitsschwerpunkten
- der übereinstimmenden Auffassung von der zunehmenden Bedeutung bestimmter Sachgebiete neben den Vorbehaltsaufgaben des Steuerberaterberufs
- der Rechtsprechung des Bundesverfassungsgerichts zur Berufsfreiheit und
- der traditionell liberalen Verbandsauffassung zur Werbung

in dem Bewusstsein, dass

- Steuerberater heute einem verstärkten Wettbewerb von außen ausgesetzt sind
- die Konkurrenten verstärkt Fortbildung betreiben und Spezialisierungshinweise benutzen und
- deshalb auch Steuerberater über solche Qualifikationen und Darstellungsmöglichkeiten verfügen sollten

in der Absicht,

- eine hohe Qualität und eine bundeseinheitliche Wiedererkennbarkeit für Spezialisierungshinweise zu gewährleisten
- dem Beratung suchenden Publikum guten Rat und Orientierung zu geben
- die den Kammern eröffneten Regelungsmöglichkeiten zu Vorbehaltsaufgaben (§ 86 Abs. 4 Nr. 11 StBerG) um ein vergleichbares Angebot im Bereich der vereinbaren Tätigkeiten zu ergänzen und
- die von Steuerberatern betreuten Tätigkeitsfelder auszuweiten

hat der Vorstand des Deutschen Steuerberaterverbandes folgende Richtlinien beschlossen:

---

* beschlossen am 05.12.2006, geändert am 23.01.2007, 19.09.2007, 05.06.2008, 27.01.2009, 24.03.2009, 15.12.2009, 20.12.2010 und 23.12.2011.

Anhang

§ 1
Voraussetzungen und Verfahren der Anerkennung

(1) Fachberaterbezeichnungen des DStV können natürlichen Personen verliehen werden, die nach § 3 Steuerberatungsgesetz (StBerG) zur unbeschränkten Hilfeleistung in Steuersachen befugt sind. Die Verleihung setzt einen Antrag der jeweiligen Person voraus.

(2) Es können folgende Fachberaterbezeichnungen verliehen werden:

1. Fachberater/-in für Rating (DStV e.V.)
2. Fachberater/-in für Sanierung und Insolvenzverwaltung (DStV e.V.)
3. Fachberater/-in für internationale Rechnungslegung (DStV e.V.)
4. Fachberater/-in für Testamentsvollstreckung und Nachlassverwaltung (DStV e.V)
5. Fachberater/-in für Unternehmensnachfolge (DStV e.V.)
6. Fachberater/-in für Mediation (DStV e.V.)
7. Fachberater/-in für Controlling und Finanzwirtschaft (DStV e.V.)
8. Fachberater/-in für Vermögens- und Finanzplanung (DStV e.V.).

Im Fall des Abs. 2 Ziff. 6 ist auch die Bezeichnung „Mediator/-in (DStV e.V.)" zulässig.

(3) Die Verleihung und Aufrechterhaltung der Fachberaterbezeichnungen des DStV erfordern

1. den Nachweis besonderer theoretischer Kenntnisse (§ 2) und praktischer Erfahrungen (§ 3) in dem jeweiligen Fachgebiet und
2. ständige Fortbildung in dem jeweiligen Fachgebiet (§ 5).

§ 2
Nachweis der besonderen theoretischen Kenntnisse

(1) Der Nachweis der besonderen theoretischen Kenntnisse auf dem jeweiligen Fachgebiet erfolgt durch die erfolgreiche Teilnahme an einem Fachlehrgang, der die Voraussetzungen der Absätze 2 bis 6 erfüllt. Besondere theoretische Kenntnisse liegen vor, wenn diese auf dem Fachgebiet erheblich das Maß dessen übersteigen, das üblicherweise durch die berufliche Ausbildung und praktische Erfahrung im Beruf vermittelt wird.

(2) Die in den jeweiligen Fachlehrgängen zu vermittelnden erforderlichen besonderen theoretischen Kenntnisse ergeben sich für die einzelnen Fachberater/innen wie folgt:

1. Fachberater/-in für Rating (DStV e.V.)	aus Anlage 1
2. Fachberater/-in für Sanierung und Insolvenzverwaltung (DStV e.V.)	aus Anlage 2
3. Fachberater/-in für internationale Rechnungslegung (DStV e.V.)	aus Anlage 3
4. Fachberater/-in für Testamentsvollstreckung und Nachlassverwaltung (DStV e.V.)	aus Anlage 4
5. Fachberater/-in für Unternehmensnachfolge (DStV e.V.)	aus Anlage 5
6. Fachberater/-in für Mediation (DStV e.V.)	aus Anlage 6
7. Fachberater/-in für Controlling und Finanzwirtschaft (DStV e.V.)	aus Anlage 7
8. Fachberater/-in für Vermögens- und Finanzplanung (DStV e.V.)	aus Anlage 8

(3) Der Fachlehrgang muss – ohne Berücksichtigung der Leistungskontrollen – eine Mindestdauer von 120 Zeitstunden in allen relevanten Bereichen des Fachgebietes umfassen.

(4) Die erfolgreiche Teilnahme an einem solchen Fachlehrgang ist durch mindestens zwei unter Aufsicht angefertigte schriftliche Klausurarbeiten, die sämtlich bestanden sind, mit einer Gesamtbearbeitungszeit von mindestens 270 Minuten nachzuweisen.

(5) Eine Klausurarbeit mit einer Bearbeitungszeit von mindestens 90 Minuten ist in jedem Fall durchzuführen. Die anderen unter Absatz 4 genannten Voraussetzungen können aus gewichtigen fachlichen Gründen im Einzelfall unter Mitwirkung der Hochschule oder der fachlich entsprechend qualifizierten und berechtigten Hochschullehrerin/ des fachlich entsprechend qualifizierten und berechtigten Hochschullehrers durch gleichwertige andere Voraussetzungen (z.B. Hausarbeiten oder Fallstudien) ersetzt werden. Für Teilnehmer mit einer schweren Behinderung ist die Bearbeitungszeit angemessen zu verlängern.

(6) Die Prüfungsaufgaben werden vom jeweiligen Veranstalter gestellt. Eine Hochschule oder eine fachlich entsprechend qualifizierte und berechtigte Hochschullehrerin/ ein fachlich entsprechend qualifizierter und berechtigter Hochschullehrer bestätigt dem DStV vorab, dass zur Lösung der Prüfungsaufgaben besondere theoretische Kenntnisse nach Abs. 1 Satz 2 erforderlich sind. Die Bewertung der Arbeiten wird unter der verantwortlichen Leitung einer Hochschule oder einer fachlich entsprechend qualifizierten und berechtigten Hochschullehrerin/ eines fachlich entsprechend qualifizierten und berechtigten Hochschullehrers und unter der Beteiligung des Veranstalters durchgeführt.

(7) Das Vorliegen der Voraussetzungen eines Lehrgangs nach den Absätzen 2 bis 6 bestätigt der DStV dem Veranstalter eines Fachlehrgangs auf Antrag bei Vorlage aussagekräftiger Unterlagen über die Lehrgangsinhalte, Dozenten, Prüfungsaufgaben und die beteiligte Hochschule auf der Grundlage entsprechender Akkreditierungsrichtlinien.

§ 3
Nachweis praktischer Erfahrungen

(1) Die praktischen Erfahrungen sind nachzuweisen entweder

    a. durch eine vor der Antragstellung durchgängig mindestens drei Jahre lang ausgeübte Tätigkeit als Person nach § 3 StBerG und zwei Fälle, die der Antragsteller persönlich in dem jeweiligen Fachgebiet bearbeitet hat, oder

    b. durch fünf Fälle, die der Antragsteller als Person nach § 3 StBerG persönlich in dem jeweiligen Fachgebiet bearbeitet hat.

Was unter einem Fall im Sinne dieser Vorschrift zu verstehen ist, ergibt sich aus der die jeweilige Fachberaterbezeichnung regelnden Anlage.

(2) Die Fälle müssen vom Antragsteller innerhalb der letzten drei Jahre vor Antragstellung bearbeitet worden sein und sind dem DStV nachzuweisen. Hierzu sind sie gemeinsam mit dem Antrag auf Anerkennung als Fachberater (DStV e.V.) auf einem entsprechenden Vordruck des DStV einzureichen. Dabei sind Aktenzeichen, Gegenstand und Zeitraum,

Art und Umfang der Tätigkeit sowie der Verfahrensstand anzugeben. Der Antragsteller hat die Richtigkeit und Vollständigkeit der Angaben an Eides statt zu versichern. Vertrauliche Daten sind, wenn sie eingereicht werden, vom Antragsteller in eigener Verantwortung unkenntlich zu machen.

§ 4
Verfahren der Anerkennung

(1) Anträge auf Anerkennung als Fachberater/-in (DStV e.V) sind auf Verlangen mit aussagefähigen Unterlagen beim DStV einzureichen. Über Anträge entscheidet ein vom Vorstand des DStV berufener Fachausschuss. Der Fachausschuss setzt sich aus einem Mitglied des Präsidiums des DStV oder des DStI und mindestens einer qualifizierten Person aus jedem Fachgebiet im Sinne des § 1 Absatz 2 zusammen. Die qualifizierten Personen sollen Inhaber der jeweiligen Fachberaterbezeichnung (DStV e.V.) oder in gleichwertiger Weise ausgewiesene Personen sein. Der Ausschuss tagt in der Besetzung mit dem Mitglied des Präsidiums nach Satz 3 und einer qualifizierten Person aus dem Fachgebiet, für das der Antragsteller die Führung des Titels „Fachberater ... (DStV e.V.)" begehrt. Der Ausschuss kann sich eine Geschäftsordnung geben.

(2) Zum Nachweis der besonderen theoretischen Kenntnisse oder der praktischen Erfahrungen führt der Fachausschuss ein Fachgespräch mit dem Antragsteller. Der Ausschuss kann auf das Fachgespräch verzichten, wenn er das Vorliegen der erforderlichen besonderen theoretischen Kenntnisse oder der praktischen Erfahrungen bereits nach dem Gesamteindruck der vorgelegten Zeugnisse und schriftlichen Unterlagen feststellen kann. Bei der Ladung zum Fachgespräch sind Hinweise auf die Bereiche zu geben, die Gegenstand des Fachgesprächs sein werden. Das Fachgespräch ist zu protokollieren. Es soll sich inhaltlich an den in der Praxis in dem jeweiligen Bereich überwiegend vorkommenden Fällen ausrichten. Die Dauer des Fachgesprächs soll höchstens 60 Minuten, mindestens jedoch 45 Minuten betragen.

(3) Wird der Antrag auf Anerkennung als Fachberater/-in (DStV e.V)nicht in demselben Jahr gestellt, in dem der Lehrgang endet, ist ab dem Kalenderjahr, das auf die Lehrgangsbeendigung folgt, Fortbildung in Art und Umfang von § 5 nachzuweisen.

(4) Derselben Person dürfen höchstens zwei Fachberaterbezeichnungen des DStV verliehen werden.

§ 5
Fortbildungsverpflichtung

Wer die Bezeichnung „Fachberater/-in (DStV e.V.)" führt, muss jährlich auf dem entsprechenden Fachgebiet mindestens an einer Fortbildungsveranstaltung dozierend oder hörend teilnehmen oder auf diesem Gebiet wissenschaftlich publizieren. Die Gesamtdauer der Fortbildung darf zehn Zeitstunden nicht unterschreiten. Die Pflicht zur Fortbildung besteht erstmals ab dem auf die Lehrgangsbeendigung folgenden Jahr und ist dem DStV unaufgefordert bis zum 31.03. eines Jahres für das vorangegangene Jahr nachzuweisen. Ein Lehrgang gilt mit dem Schluss der letzten planmäßigen Unterrichtseinheit als beendet.

§ 6
Register

Der DStV führt ein „Register der Fachberater (DStV e.V.)" im Internet.

§ 7
Erlöschen der Fachberaterbezeichnung

(1) Die Fachberaterbezeichnung (DStV e.V.) erlischt, ohne dass es eines weiteren Grundes bedarf, mit dem Tag, an dem die gemäß § 51 DVStB erforderliche Versicherung oder die Befugnis zur unbeschränkten Hilfeleistung in Steuersachen erlischt. Sie erlischt im Übrigen, wenn der Nachweis der jährlichen Fortbildung gemäß § 5 nicht erbracht wird. In diesem Fall kann der Fachausschuss auf Antrag das Wiedereinsetzen in die Fachberaterbezeichnung im begründeten Einzelfall gegen Auflagen beschließen, wenn ihr Erlöschen eine unbillige Härte darstellt. Vom Zeitpunkt des Erlöschens an dürfen die Fachberaterbezeichnung und sonstige darauf bezogene Hinweise wie Logos nicht mehr benutzt werden. Das Erlöschen der erforderlichen Versicherung gemäß § 51 DVStB oder der Befugnis zur unbeschränkten Hilfeleistung in Steuersachen sind dem DStV unverzüglich mitzuteilen. Aus dem von dem DStV geführten Register der Fachberater (DStV e.V.) ist der betroffene Fachberater zu streichen.

(2) Die Fachberaterbezeichnung (DStV e.V.) darf nicht zu unlauteren oder sittenwidrigen Zwecken benutzt werden. Für die Einhaltung etwaiger berufsrechtlicher sowie wettbewerbsrechtlicher Vorschriften, insbesondere bei der Führung der Bezeichnung sowie des DStV-Fachberaterlogos, ist der Fachberater (DStV e.V.) selbst verantwortlich.

§ 8
Gebühren

Für die Anerkennung als Fachberater/-in (DStV e.V) ist mit Antragstellung eine einmalige Gebühr in Höhe von 500,- Euro zu entrichten. Der Antrag wird erst nach Zahlung der Gebühr bearbeitet. Wird die Anerkennung versagt, erfolgt keine Rückerstattung der Gebühr.

Anlage

Fachberater/-in für Sanierung und Insolvenzverwaltung
(DStV e.V.)
Stand: 19.06.2009

(1) Besondere Kenntnisse

In dem Lehrgang zur Erlangung der Bezeichnung **„Fachberater für Sanierung u Insolvenzverwaltung (DStV)"** sind Kenntnisse in folgenden Bereichen zu erwerben:

- Materielles Insolvenzrecht
    - Insolvenzgründe
    - Wirkungen des Insolvenzantrags
    - Wirkungen der Verfahrenseröffnung
    - Das Amt des vorläufigen Insolvenzverwalters
    - Das Amt des Insolvenzverwalters
    - Sicherung und Verwaltung der Masse
    - Aussonderung im Insolvenzverfahren
    - Absonderung im Insolvenzverfahren
    - Aufrechnung im Insolvenzverwahren
    - Abwicklung der Vertragsverhältnisse
    - Insolvenzgläubiger
    - Insolvenzanfechtung
    - Arbeitsrecht in der Insolvenz
    - Sozialrecht in der Insolvenz
    - Steuerrecht in der Insolvenz
    - Gesellschaftsrecht in der Insolvenz
    - Insolvenzstrafrecht
    - Grundzüge des internationalen Insolvenzrechts

---

[*] beschlossen am 05.12.2006, geändert am 05.06.2008 und 19.06.2009

- Insolvenzverfahrensrecht
    - Insolvenzeröffnungsverfahren
    - Regelverfahren
    - Planverfahren
    - Verbraucherinsolvenz
    - Restschuldbefreiungsverfahren
    - Sonderinsolvenzen

- Betriebswirtschaftliche Grundlagen
    - Buchführung
    - Bilanzierung
    - Bilanzanalyse
    - Rechnungslegung in der Insolvenz
    - Betriebswirtschaftliche Fragen des Insolvenzplans (Sanierung)
    - Betriebswirtschaftliche Fragen der übertragenden Sanierung
    - Betriebswirtschaftliche Fragen der Liquidation

- Berufs-, haftungs- und versicherungsrechtliche Aspekte (bei aktuellem Anlass)

(2) **Lehrgangsvoraussetzungen**

Der Fachlehrgang muss eine Mindestdauer von 120 Zeitstunden umfassen. Die erfolgreic Teilnahme an einem solchen Fachlehrgang ist durch mindestens zwei unter Aufsi angefertigte schriftliche Klausurarbeiten, die sämtlich bestanden sind, mit ei Gesamtbearbeitungszeit von mindestens 270 Minuten nachzuweisen.

(3) **Praktische Erfahrungen**

Der Nachweis der praktischen Erfahrungen ist durch ausgeübte Sanierungsberatungen o Insolvenzverwaltungen oder durch auf das Fachgebiet bezogene Tätigkeiten (z.B. Erstellt von Gutachten) zu erbringen, die diesen in ihrem Schwierigkeitsgrad mindeste entsprechen.

Literaturverzeichnis

In alphabetischer Reihenfolge nach dem Namen bzw. den Namen des Autors/Herausgebers. Dort, wo das Werk einen eigenständigen Namen hat (z. B. Hamburger Kommentar), ist dieser aufgeführt.

Hinweis: Dort, wo Kommentare nicht in der aktuellen hier wiedergegebenen Auflage zitiert worden sind, sondern in einer Vorauflage, ist dies dadurch kenntlich gemacht, dass die zitierte Aufl. in Parenthese hinter das Werk gesetzt wurde.

Adler, Hans/Düring, Walther/Schmaltz, Kurt: Rechnungslegung und Prüfung der Unternehmen, Kommentar zum HGB, 6. Aufl. 2009 – Zitierweise: Adler/Düring/Schmaltz

Amann, Hermann/Brambring, Günter/Hertel, Christian: Vertragspraxis nach neuem Schuldrecht, 2. Aufl. 2002 – Zitierweise: Amann/Brambring/Hertel, Vertragspraxis nach neuem Schuldrecht

Andres, Peter/Leithaus, Josef: Kommentar Insolvenzordnung, 2. Aufl. 2010 – Zitierweise: Andres/Leithaus, InsO

Ansoff, Harry Igor: Management-Strategie, 1. Aufl. 1966 – Zitierweise: Ansoff, Management-Strategie

Arbeitskreis für Insolvenz- und Schiedsgerichtswesen e.V. (Hrsg): Kölner Schrift zur Insolvenzordnung, 2. Aufl. 2000 – Zitierweise: Kölner Schrift zur InsO

Arens, Wolfgang/Brand, Jürgen: Arbeits- und Sozialrecht in der Insolvenz, 1. Aufl. 2008 – Zitierweise: Arens/Brand

Arens, Wolfgang/Schäfer, Hans-Jürgen: Der Steuerberater als Krisenmanager. Sanierung und Insolvenz des Mandantenunternehmens, DStI-Praxisleitfaden Nr. 3, 1. Aufl. 2001 – Zitierweise: Arens/Schäfer, Der Steuerberater als Krisenmanager. Sanierung und Insolvenz des Mandantenunternehmens

Ascheid, Reiner/Preis, Ulrich/Schmidt, Ingrid: Kündigungsrecht, 4. Aufl. 2012 – Zitierweise: Ascheid/Preis/Schmidt, Kündigungsrecht

Literaturverzeichnis

Bales, Klaus/Brinkmann, Jochen H.: Sanierung von Unternehmen durch Kreditinstitute, Management und Berater, 2. Aufl. 2007 – Zitierweise: Sanierung von Unternehmen durch Kreditinstitute

Bamberger, Heinz Georg/Roth, Herbert: Kommentar zum Bürgerlichen Gesetzbuch, 2. Aufl. 2007 – Zitierweise: Bamberger/Roth, BGB

Baumbach, Adolf/Hueck, Flfred: GmbH-Gesetz, 19. Aufl. 2010 – Zitierweise: Baumbach/Hueck, GmbHG

Baumbach, Adolf/Hopt, Klaus: Kommentar zum Handelsgesetzbuch, 33. Aufl. 2008 – Zitierweise: Baumbach/Hopt, HGB

Baumbach, Adolf/Lauterbach, Wolfgang/Albers, Jan/Hartmann, Peter: Kommentar zur Zivilprozessordnung, 67. Aufl. 2009 – Zitierweise: Baumbach/Lauterbach/Albers/Hartmann, ZPO

Baur, Fritz/Stürner, Rolf: Sachenrecht, 18. Aufl. 2009 – Zitierweise: Baur/Stürner, Sachenrecht

Baur, Walter: Sanierungen – Wege aus Unternehmenskrisen, 1. Aufl. 1978 – Zitierweise: Baur, Sanierungen – Wege aus Unternehmenskrisen

Beck, Siegfried/Depré, Peter: Praxis der Insolvenz: Ein Handbuch für die Beteiligten und ihre Berater, 2. Aufl. 2010 – Zitierweise: Beck/Depré, Praxis der Insolvenz

Becker, Christoph: Insolvenzrecht, 3. Aufl. 2010 – Zitierweise: Becker, Insolvenzrecht

Beck'sches Steuerberaterhandbuch 2010/2011 – Zitierweise: Beck'sches Steuerberaterhandbuch 2010/2011

Berner, Susanne: Sicherheitenpools der Lieferanten und Banken im Insolvenzverfahren, 1. Aufl. 2006 – Zitierweise: Berner, Sicherheitenpools der Lieferanten und Banken

Betteray, Wolfgang van: Festschrift für Friedrich Wilhelm Metzeler, 2003 – Zitierweise: Festschrift für Metzeler

Bickhoff, Nils/Blatz, Michael. u. a.: Die Unternehmenskrise als Chance, 1. Aufl. 2004 – Zitierweise: Bickhoff/Blatz, Die Unternehmenskrise als Chance

Binz, Karl Josef/Dörndorfer, Josef/Petzold, Rainer/Zimmermann, Walter: Gerichtskostengesetz. Gesetz über Gerichtskosten in Familiensachen. Justizvergütungs- und -entschädigungsgesetz: Kommentar, 2. Aufl. – Zitierweise: Binz/Dörndorfer/Petzold/Zimmermann, Gerichtskostengesetz

Birkenfeld, Wolfram: Das große Umsatzsteuerhandbuch, 2010 – Zitierweise: Birkenfeld, Umsatzsteuer-Handbuch

Bittmann, Folker: Insolvenzstrafrecht, 1. Aufl. 2004 – Zitierweise: Bittmann, Insolvenzstrafrecht

Blersch, Jügen/Goetsch, Hans-W./Hass Ulrich: Berliner Kommentar Insolvenzrecht, 2008 – Zitierweise: Blersch, in: Blersch/Goetsch/Haas, BK-InsO 2008

Böker, Hans-Gerd: Die Mietsicherungs- oder Mieterdienstbarkeit – Verhinderung des Sonderkündigungsrechts nach § 111 InsO/§ 57a ZVG, in: Schriften zum deutschen, europäischen und internationalen Insolvenzrecht, Bd. 14, 1. Aufl. 2008 – Zitierweise: *Böker*, Mietsicherungs- und Mieterdienstbarkeit

Borgmann, Brigitte/Jungk, Antje/Grams, Holger: Anwaltshaftung, 4. Aufl. 2005 – Zitierweise: Borgmann/Jungk/Grams, Anwaltshaftung
Bork, Reinhard: Handbuch des Insolvenzanfechtungsrecht, 1. Aufl. 2006 – Zitierweise: Bork, Handbuch des Insolvenzanfechtungsrechts
Borns, Hubert: RKW-Handbuch Personalplanung, 2. Aufl. 1990 – Zitierweise: Borns, RKW-Handbuch Personalplanung
Bork, Reinhardt: Einführung in das Insolvenzrecht, 5. Aufl. 2009 – Zitierweise: Bork, Einführung Insolvenzrecht
Bork, Reinhard/Koschmieder, Kurt-Dieter (Hrsg.): Fachanwaltshandbuch Insolvenzrecht, 1. Aufl. 2010 – Zitierweise: Bearbeiter, in: Bork/Koschmieder, Fachanwaltshandbuch
Böttcher, Roland: Gesetz über die Zwangsversteigerung und die Zwangsverwaltung, Kommentar, 5. Aufl. 2010 – Zitierweise: Böttcher, Komm-ZVG
Brandis, Peter/Broer Frank u. a.: EStG, KStG, GewStG, Kommentar, 108. Aufl. 2010 – Zitierweise: Bearbeiter, in: Blümich, EStG
Braun, Eberhard: Kommentar zur Insolvenzordnung, 4. Aufl. 2010 – Zitierweise: Braun, InsO
Braun, Eberhardt/Uhlenbruck, Wilhelm: Unternehmensinsolvenz: Grundlagen, Gestaltungsmöglichkeiten, Sanierung mit der Insolvenzordnung, Düsseldorf, 1997 – Zitierweise: Braun/Uhlenbruck, Unternehmensinsolvenz
Brühl, Volker/Göpfert, Burkhard: Unternehmensrestrukturierung – Strategien und Konzepte, 1. Aufl. 2004 – Zitierweise: Brühl/Göpfert, Unternehmensrestrukturierung
Brunner, Franz J.: Japanische Erfolgskonzepte. Kaizen, KVP, Lean Production Management, Total Productive Maintenance, Shopfloor Management, Toyota Production Management, 1. Aufl. 2008 – Zitierweise: Brunner, Japanische Erfolgskonzepte
Budde, Wolfgang Dieter/Förschle, Gerhart/Winkeljohann, Norbert: Sonderbilanzen. Von der Gründungsbilanz bis zur Liquidationsbilanz, 4. Aufl. 2008 – Zitierweise: Bearbeiter, in: Budde/Förschle/Winkeljohann, Sonderbilanzen
Bundessteuerberaterkammer K.d.ö.R.: Berufsrechtliches Handbuch, Stand: Januar 2007 – Zitierweise: Bundessteuerberaterkammer K.d.ö.R., Berufsrechtliches Handbuch
Buth, Andrea K./Hermanns, Michael (Hrsg.): Restrukturierung, Sanierung und Insolvenz, 3. Aufl. 2009 – auch zitiert in 2. Aufl. 2004 – Zitierweise: Buth/Hermanns, Buth/Hermanns (2')
Canaris, Claus-Wilhelm: Bankvertragsrecht, 4. Aufl. 2005 – Zitierweise: Canaris, Bankvertragsrecht
Chalupsky, Ernst/Ennöckel, Wolfgang: Unternehmensfortführung im Konkurs, Wien, 1985 – Zitierweise: Chalupsky/Ennöckel, Unternehmensfortführung im Konkurs
Coenenberg, Adolf G.: Jahresabschluss und Jahresabschlussanalyse, 17. Aufl. 2009 – Zitierweise: Coenenberg, Jahresabschluss und Jahresabschlussanalyse

Literaturverzeichnis

Crone, Henning/Werner, Andreas: Handbuch modernes Sanierungsmanagement, 2. Aufl. 2010 – Zitierweise: Bearbeiter in: Werner/Crone, Handbuch modernes Sanierungsmanagement

Dietrich, Thomas/Hanau, Peter/Schaub, Günter: Erfurter Kommentar zum Arbeitsrecht, 12. Aufl., 2012 – Zitierweise: ErfK

Dörner, Dietrich/Hense, Burkhardt/Gelhausen, Friedrich: Wirtschaftsprüfer-Handbuch 2008. Wirtschaftsprüfung, Rechnungslegung, Beratung, Band II, 13. Aufl. 2007 – Zitierweise: WP-Handbuch 2008, Band II

Dötsch, Ewald/Jost, Werner/Witt, Georg/Pung, Alexandra: Die Körperschaftsteuer, Kommentar zum Körperschaftsteuergesetz usw., 2010 – Zitierweise: Bearbeiter, in: Dötsch/Jost/Pung/Witt, KStG

Drenseck, Walter/Heinicke, Wolfgang u. a.: Einkommensteuergesetz, EStG, Kommentar, 30. Aufl. 2011 – Zitierweise: Schmidt/Drenseck, EStG,

Ellrott, Helmut/Förschle, Gerhardt/Hoyos, Martin/Winkeljohann, Norbert: Beck'scher Bilanzkommentar, 7. Aufl. 2010 – Zitierweise: Bilanzkommentar

Evertz, Derik/Krystek, Ulrich: Restrukturierung und Sanierung von Unternehmen, 2010 – Zitierweise: Bearbeiter, in Evertz, Krystek: Restrukturierung und Sanierung von Unternehmen

Faulhaber, Peter/Landwehr, Norbert/Grabow, Hans-Joachim: Turnaround-Management in der Praxis, 4. Aufl. 2009 – Zitierweise: Faulhaber/Landwehr/Grabow, Turnaround-Management in der Praxis

Festschrift für Albrecht Zeuner zum siebzigsten Geburtstag, 1994 – Zitierweise: Festschrift für Zeuner

Festschrift für Duden, 1999 – Zitierweise: Festschrift für Duden

Festschrift für Georg Döllerer, Handelsrecht und Seerecht, 1988 – Zitierweise: Bearbeiter, in: Festschrift für Döllerer

Festschrift für Hans Friedhelm Gaul zum 70. Geburtstag, 1997 – Zitierweise: Festschrift für Gaul

Festschrift für Wilhelm Uhlenbruck, Insolvenzrecht in Wissenschaft und Praxis, 2000– Zitierweise: Festschrift für Uhlenbruck

Finanz Colloquium Heidelberg: Problematische Firmenkundenkredite, Krise, Sanierung, Insolvenz, 2. Aufl. 2006 – Zitierweise: Bearbeiter, in: Problematische Firmenkundenkredite

Fitting, Karl/Kaiser, Heinrich/Engels, Gerd/Heither, Friedrich/Schmidt, Ingrid: Handkommentar zum Betriebsverfassungsgesetz, 25. Aufl. 2010 – Zitierweise: Fitting, BetrVG

Flöther, Lucas/Smid, Stefan/Wehdeking, Silke: Die Eigenverwaltung in der Insolvenz, 1. Aufl. 2005 – Zitierweise: Flöther/Smid/Wehdeking, Eigenverwaltung

Franken, Thomas/Dahl, Michael: Mietverhältnisse in der Insolvenz, 2. Aufl. 2006 – Zitierweise: Franken/Dahl, Mietverhältnisse in der Insolvenz

Frankfurter Kommentar zur InsO: *Wimmer, Klaus,* 6. Aufl. 2011 – Zitierweise: FK-InsO

Literaturverzeichnis

Franz, Ottmar: RKW-Handbuch Führungstechnik und Organisation, 2. Band, Stand: 44. Ergänzungslieferung, März 2002 – Zitierweise: Bearbeiter, in: Franz, RKW-Handbuch Führungstechnik und Organisation

Frotscher, Gerrit: Besteuerung bei Insolvenz, 7. Aufl. 2010 – Zitierweise: Frotscher, Besteuerung bei Insolvenz

Gaier, Reinhard/Wolf, Christian/Göcken, Stephan: Anwaltliches Berufsrecht, Kommentar, 2010 – Zitierweise: Gaier/Wolf/Göcken, Anwaltliches Berufsrecht, Kommentar

Gehre, Horst/Koslowski, Günter: StBerG, 6. Aufl. 2009 – Zitierweise: Gehre/Koslowski, StBerG

Geib, Gerd/Gelhausen, Hans Fr./Gelhausen, Wolf D.: Wirtschaftsprüfer-Handbuch 2006. Wirtschaftsprüfung, Rechnungslegung, Beratung, Band I, 13. Aufl. 2006 – Zitierweise: WP-Handbuch 2006, Band I

Gerhardt, Walter/Kreft, Gerhart: Aktuelle Probleme der Insolvenzanfechtung: InsO, KO, GesO, AnfG, 10. Aufl. 2006 – Zitierweise: Gerhardt/Kreft, Aktuelle Probleme der Insolvenzanfechtung

Gerkan, Hartwig von/Hommelhoff, Peter: Handbuch des Kaptalersatzrechts, 1. Aufl. 2002 – Zitierweise: Gerkan/Hommelhoff, Kapitalersatzrecht

Gessner, V./Rhode, B./Strate, G./Ziegert, K. A.: Die Praxis der Insolvenzabwicklung in der BRD – Zitierweise: Gessner/Rhode/Strate/Ziegert, Die Praxis der Insolvenzabwicklung in der BRD

Gogger, Martin: Insolvenzgläubiger-Handbuch, 2. Aufl. 2004 – Zitierweise: Gogger, Insolvenzgläubiger-Handbuch

Gosch, Dietmar/Bauschatz, Peter: Körperschaftsteuergesetz: KStG, Kommentar, 2. Aufl. 2009 – Zitierweise: Bearbeiter, in: Gosch, KStG

Gottwald, Peter (Hrsg.): Insolvenzrechts-Handbuch, 4. Aufl. 2010 – auch zitiert in 3. Aufl. 2008 – Zitierweise: Bearbeiter, in: Gottwald, Insolvenzrechts-Handbuch; Bearbeiter, in: Gottwald, Insolvenzrechts-Handbuch (3')

Graf-Schlicker, Marie Luise: Kommentar zur Insolvenzordnung, 2. Aufl. 2010 – Zitierweise: Bearbeiter, in: Graf-Schlicker, InsO-Komm

Gräfe, Jürgen/Lenzen, Rolf/Schmeer, Andreas: Steuerberaterhaftung, 4. Aufl. 2006 – Zitierweise: Gräfe/Lenzen/Schmeer, Steuerberaterhaftung

Grotherr, Siegfried: Handbuch der internationalen Steuerplanung, 2. Aufl. 2002 – Zitierweise: Grotherr, Handbuch internationale Steuerplanung

Groß, Paul J.: Sanierung durch Fortführungsgesellschaften, 2. Aufl. 1988 – Zitierweise: Groß, Sanierung durch Fortführungsgesellschaften

Grunewald, Barbara/Römermann, Volker: RDG, Kommentar, 2008 – Zitierweise: Grunewald/Römermann, RDG, Kommentar

Haarmeyer, Hans/Wutzke, Wolfgang/Förster, Karsten: Handbuch zur Insolvenzordnung: InsO/EGInsO, 4. Aufl. 2010 – Zitierweise: Haarmeyer/Wutzke/Förster, Handbuch Insolvenzordnung

Hadding, Walter/Hopt, Klaus J./Schimansky, Herbert: Die neue Insolvenzordnung, 1. Aufl. 1999 – Zitierweise: Hadding/Hopt/Schimansky, Die neue Insolvenzordnung

Hahn, Dietger/Taylor, Bernard: Strategische Unternehmensplanung – Strategische Unternehmensführung, 5. Aufl. 1990 – Zitierweise: Bearbeiter, in: Hahn/Taylor, Strategische Unternehmensplanung

Literaturverzeichnis

Hamburger Kommentar zum Insolvenzrecht, Hrsg. *Andreas Schmidt*, 3. Aufl. 2009 – Zitierweise: Bearbeiter, in: HmbK

Hannemann, Thomas/Wiegner, Michael: Münchener Anwaltshandbuch Mietrecht, 3. Aufl. 2009 – Zitierweise: Hannemann/Wiegner, Münchener Anwaltshandbuch Mietrecht

Happ, Wilhelm/Huntemann, Eva: Gläubiger in der Gesamtvollstreckung, 1. Aufl. 1996 – Zitierweise: Happ/Huntemann, Gläubiger in der Gesamtvollstreckung

Häsemeyer, Ludwig: Insolvenzrecht, 4. Aufl. 2007 – Zitierweise: Häsemeyer

Hauschildt, Jürgen/Leker, Lenz: Krisendiagnose durch Bilanzanalyse, 2. Aufl. 2000 – Zitierweise: Bearbeiter, in: Hauschildt/Leker, Krisendiagnose durch Bilanzanalyse

Heidelberger Kommentar zur Insolvenzordnung, Hrsg. *Gerhardt Kreft*, 5. Aufl. 2009 – Zitierweise: Bearbeiter, in: HK

Hellmann, Friedrich: Konkursrecht und Konkursprozess, München 2007 – Zitierweise: Hellmann, Konkursrecht

Heni, Bernhardt: Konkursabwicklungsprüfung, Wiesbaden 1988 (Dissertation) – Zitierweise: Heni, Konkursabwicklungsprüfung

Hense, Burkhard/Ulrich, Dieter: WPO, Kommentar, 2008 – Zitierweise: Hense/Ulrich, WPO, Kommentar

Hess, Harald: Insolvenzrecht – Großkommentar in drei Bänden, Band 1, §§ 1– 112, 3. Aufl. 2006 – Zitierweise: Hess, InsO

Hess, Harald: Sanierungshandbuch, 4. Aufl. 2009 – Zitierweise: Hess, Sanierungshandbuch

Hess, Harald/Weis, Michaela/Wienberg, Rüdiger: Kommentar zur Insolvenzordnung, 2. Aufl. 2001 – Zitierweise: Hess/Weis/Wienberg, InsO

Hirte, Heribert/Bücker, Thomas: Grenzüberschreitende Gesellschaften, 2. Aufl. 2006 – Zitierweise: Bearbeiter, in: Hirte/Bücker, Grenzüberschreitende Gesellschaften

Hofbauer, Max: Bonner Handbuch Rechnungslegung, Loseblatt, Stand: 10/2010 – Zitierweise: Hofbauer, Rechnungslegung

Holzer, Johannes: Die Entscheidungsträger im Insolvenzverfahren, 2004 – Zitierweise: Holzer, Die Entscheidungsträger im Insolvenzverfahren

Hommel, Ulrich/Knecht, Thomas C./Wohlenberg, Holger: Handbuch Unternehmensrestrukturierung, 1. Aufl. 2006 – Zitierweise: Bearbeiter, in: Hommel/Knecht/Wohlenberg, Handbuch Unternehmensrestrukturierung

Hoyningen-Huene, Gerrick/Linck, Rüdiger/Hueck,Alfred: Kommentar zum Kündigungsschutzgesetz, 14. Aufl. 2007 – Zitierweise: Hoyningen-Huene, KSchG

Huhn, Christoph: Die Eigenverwaltung im Insolvenzverfahren, 1. Aufl. 2003 – Zitierweise: Huhn, Eigenverwaltung

Hübschmann, Walter/Hepp/Spitaler, Armin: Kommentar zur Abgabenordnung und Finanzgerichtsordnung, 1. Aufl. 2010 – Zitierweise: Hübschmann/Hepp/Spitaler, AO/FGO

Jaeger, Ernst: Insolvenzordnung – Großkommentar, Band 1, §§ 1–55, 1. Aufl. 2004 – Zitierweise: Jaeger, InsO

Jaeger, Ernst: Insolvenzordnung – Großkommentar, Band 2, §§ 56–102, 1. Aufl. 2007 – Zitierweise: Jaeger, InsO, Band 2

Jaeger, Ernst: Konkursordnung mit Einführungsgesetzen, Kommentar, 6. und 7. Aufl. 1931 – Zitierweise: Jaeger, KO

Jaeger, Ernst/Lent, Friedrich: Konkursordnung mit Einführungsgesetzen, Kommentar, §§ 1–42, 8. Aufl. 1958 – Zitierweise: Jaeger/Lent, KO

Jatzke, Harald/Klenk, Friedrich/Kronthaler, Ludwig u. a.: Umsatzsteuergesetz, Kommentar, 64. Aufl. 2010 – Zitierweise: Bearbeiter, in: Sölch/Ringleb, UStG

Jauernig, Othmar: Bürgerliches Gesetzbuch (BGB), Kommentar, 10. Aufl. 2007 – Zitierweise: Jauernig, BGB

Kern, Werner: Industrielle Produktionswirtschaft, 5. Aufl. 1992 – auch zitiert in der 4. Aufl. 1990 – Zitierweise: Kern, Industrielle Produktionswirtschaft; Kern, Industrielle Produktionswirtschaft (4')

Kilger, Joachim/Schmidt, Karsten: Kommentar zur Konkursordnung, 17. Aufl. 1997 – Zitierweise: Kilger/Schmidt, KO

Kindl, Johann/Meller-Hannich, Caroline/Wolf, Hans-Joachim: Gesamtes Recht der Zwangsvollstreckung: Handkommentar, 1. Aufl. 2010 – Zitierweise: Kindl/Meller-Hannich/Wolf, Zwangsvollstreckungen

Kindler, Peter/Nachmann, Josef: Handbuch Insolvenzrecht in Europa, 1. Aufl. 2010 – Zitierweise: Bearbeiter, in: Kindler/Nachmann, Handbuch Insolvenzrecht in Europa

Kirchhof, Paul/Söhn, Hartmut/Mellinghof, Rudolf: Einkommensteuergesetz, Kommentar, 214. Ergänzungslieferung 11/2010 – Zitierweise: Bearbeiter, in: Kirchhof/Söhn/Mellinghof, Einkommensteuergesetz

Koch, Asja: Die Eigenverwaltung nach der Insolvenzordnung, 1998 – Zitierweise: Koch, Eigenverwaltung

Kölner Schrift zur Insolvenzordnung, 3. Aufl. 2009 – (auch zitiert in der 2. Aufl. 2000) – Hrsg.: Arbeitskreis für Insolvenz- und Schiedsgerichtswesen e.V. – Zitierweise: Kölner Schrift zur InsO; Kölner Schrift zur InsO (2')

Konrad, L.: Strategische Früherkennung: Eine kritische Analyse des „Weak signals"-Konzeptes, Dissertation, Bochum 1991 – Zitierweise: Konrad, Strategische Früherkennung: Eine kritische Analyse des „Weak signals"-Konzeptes

Krystek, Ulrich/Müller-Stewens, Günter: Frühaufklärung für Unternehmen, 1. Aufl. 1993 – Zitierweise: Krystek/Müller-Stewens, Frühaufklärung für Unternehmen

Krystek, Ulrich: Unternehmenskrisen, 1. Aufl. 1987 – Zitierweise: Krystek, Unternehmenskrisen

Kübler, Bruno/Prütting, Hans/Bork, Reinhardt: Kommentar zur Insolvenzordnung, Loseblatt, Stand: August 2010 – Zitierweise: Bearbeiter, in: Kübler/Prütting/Bork, InsO

Kuhls, Clemens/Meurers, Theo/Maxl, Peter u. a.: Steuerberatungsgesetz, 2. Aufl. 2004 – Zitierweise: Kuhls/Meurers/Maxl u. a., Steuerberatungsgesetz

Kuhn, Georg/Uhlenbruck, Wilhelm: Kommentar zur Insolvenzordnung, 11. Aufl. 1994 – Zitierweise: Kuhn/Uhlenbruck, InsO

Literaturverzeichnis

Lambrecht, Martin: Grundlagen des Jahresabschlusses und der Jahresabschlussanalyse, 1. Aufl. 2010 – Zitierweise: Lambrecht, Grundlagen Jahresabschluss und Jahresabschlussanalyse

Leffson, Ulrich: Grundsätze ordnungsmäßiger Buchführung, 5. Aufl. 1980 – Zitierweise: Leffson, GoB

Leibner, Wolfgang: Der Steuerberater als Krisen- und Insolvenzberater – Handbuch für die Beratungspraxis, 2004 – Zitierweise: Leibner, Der Steuerberater als Krisen- und Insolvenzberater – Handbuch für die Beratungspraxis

13. Leipziger Insolvenzrechtstag: Dokumentation des Symposiums vom 20. Februar 2012 (in Vorbereitung) – Zitierweise: *Bearbeiter*, in: 13. Leipziger Insolvenzrechtstag 2012

Leonhardt, Peter/Smid, Stefan/Zeuner, Mark (Hrsg.): Kommentar zur InsO, 3. Aufl. 2010 – Zitierweise: Bearbeiter, in: Leonhardt/Smid/Zeuner, InsO

Levy, Leopold: Konkursrecht, 2. Aufl. 1926 – Zitierweise: Levy, Konkursrecht

Liebl, Franz: Schwache Signale und Künstliche Intelligenz im strategischen Issue Management, 1. Aufl. 1991 – Zitierweise: Liebl, Schwache Signale und Künstliche Intelligenz im strategischen Issue Management

Lüdicke, Sistermann, Unternehmensteuerrecht Gründung, Finanzierung Umstrukturierung Übertragung Liquidation, 2008, – Zitierweise: *Bearbeiter*, in Lüdicke, Sistermann, Unternehmensteuerrecht

Lüke, Wolfgang: Persönliche Haftung des Verwalters in der Insolvenz, 2. Aufl. 1996 – Zitierweise: Lüke, Persönliche Haftung des Verwalters in der Insolvenz

Lutter, Marcus/Hommelhoff, Detlef: GmbH Gesetz, 17. Aufl. 2009 – Zitierweise: Lutter/Hommelhoff, GmbHG

Maus, Karl-Heinz: Steuern im Insolvenzverfahren, 1. Aufl. 2004 – Zitierweise: Maus, Steuern im Insolvenzverfahren

Meyer, Horst/Goez, Christoph/Schwamberger, Gerald: StBGebV, 6. Aufl. 2010 – Zitierweise: Meyer/Goez/Schwamberger, StBGebV

Michalski, Lutz: Kommentar zum GmbHG, 1. Aufl. 2002 – Zitierweise: Bearbeiter, in: Michalski, GmbHG

Mohrbutter, Harro/Ringstmeier, Andreas: Handbuch der Insolvenzverwaltung, 8. Aufl. 2007 – Zitierweise: Mohrbutter/Ringstmeier, Handbuch der InsVerw

Mönning, Rolf-Dieter: Betriebsfortführung in der Insolvenz, Köln, 1997 – Zitierweise: Mönning, Betriebsfortführung

Müller, Klaus: Sachenrecht, 4. Aufl. 1997 – Zitierweise: Müller, Sachenrecht

Münchener Anwaltshandbuch Sanierung und Insolvenz, 1. Aufl. 2006, Hrsg.: *Jörg Nerlich* und *Georg Kreplin* – Zitierweise: MAH Sanierung und Insolvenz

Münchener Kommentar zum BGB, 4. Aufl. 2000, Hrsg.: *Rebmann, Kurt/Rixecker, Roland/Säcker, Franz F.* – Zitierweise: MüKo-BGB

Münchener Kommentar zur Insolvenzordnung, 2. Aufl. 2007/2008 – (auch zitiert in 1. Aufl. 2001), Hrsg. *Hans-Peter Kirchhof* – Zitierweise: Bearbeiter, in: MüKo-InsO; Bearbeiter, in: MüKo-InsO-2001

Literaturverzeichnis

Münchener Kommentar zur Zivilprozessordnung, 3. Aufl. 2007, Hrsg.: *Rauscher, Thomas/Wax, Peter/Wenzel, Joachim* – Zitierweise: Bearbeiter, in: MüKO-ZPO

Musielak, Hans-Joachim/Lackmann, Rolf: Kommentar zur Zivilprozessordnung, 2. Aufl. 2000 – Zitierweise: Musielak/Lackmann, ZPO

Nerlich, Jörg/Römermann, Volker: Kommentar zur Insolvenzordnung, Loseblatt, Stand: März 2009 – Zitierweise: Nerlich/Römermann, InsO

Neufang, Bernd/DStI: Deutsche Steuerberater-Richtlinien, 2001 – Zitierweise: Neufang/DStI, Deutsche Steuerberater-Richtlinien

Neumann, Friedrich: Die Gläubigerautonomie in einem künftigen Insolvenzverfahren, Eine rechtsvergleichende Betrachtung, 1. Aufl. 1995 – Zitierweise: Neumann, Gläubigerautonomie

Nicklisch, Heinrich (Hrsg.): Handwörterbuch der Betriebswirtschaftslehre, Band 1, 2. Aufl. 1938 – Zitierweise: Bearbeiter, in: Handwörterbuch der Betriebswirtschaftslehre, Bd. 1

Obermüller, Manfred: Insolvenzrecht in der Bankpraxis, 7. Aufl. 2007 – Zitierweise: Obermüller, Insolvenzrecht in der Bankpraxis

Obermüller, Manfred/Hess/Harald: Eine systematische Darstellung des neuen Insolvenzrechts, 4. Aufl. 2003 – Zitierweise: Obermüller/Hess

Pannen, Klaus: Krise und Insolvenz bei Kreditinstituten, 3. Aufl. 2009 – Zitierweise: Pannen, Krise und Insolvenz bei Kreditinstituten

Pape, Gerhard/Uhlenbruck, Wilhelm/Voigt-Salus, Joachim: Insolvenzrecht, München, 2. Aufl. 2010 – Zitierweise: Bearbeiter, in: Pape/Uhlenbruck/Voigt-Salus, Insolvenzrecht

Palandt, Otto: Kommentar zum Bürgerlichen Gesetzbuch, 71. Aufl. 2012 – Zitierweise: Palandt

Pechmann, Franz Stefan: Fälle der unzulässigen Aufrechnung mit Konkursforderungen, 1995 – Zitierweise: Pechmann, Fälle der unzulässigen Aufrechnung

Perridon, Louis/Steiner, Manfred: Finanzwirtschaft der Unternehmung, 10. Aufl. 2002 – Zitierweise: Perridon/Schneider, Finanzwirtschaft

Pestke, Axel/Grotherr, Siegfried u. a.: Betriebswirtschaftliche und rechtliche Beratung durch den Steuerberater I, Reihe Beratungsakzente, hrsg. von Streck, Michael/DStI, Band 38, 2003 – Zitierweise: Pestke/Grotherr u. a., Betriebswirtschaftliche und rechtliche Beratung durch den Steuerberater I

Pfeiffer, Werner/Weiss, Enno: Lean Management, 2. Aufl. 1994 – Zitierweise: Pfeiffer/Weiss, Lean Management

Pink, Andreas: Krisenbewältigung durch den Steuerberater, DSG – Institut Steuern und Recht, 2005 – Zitierweise: Pink, Krisenbewältigung durch den Steuerberater

Pink, Andreas: Insolvenzrechnungslegung, 1995 – Zitierweise: Pink, Insolvenzrechnungslegung

Pohlmann, Ulrich: Befugnisse und Funktionen des vorläufigen Insolvenzverwalters, 1998 – Zitierweise: Pohlmann

Pollanz, Manfred: Der Steuerberater als Risikomanagementberater, DATEV-Beraterausgabe, 2000 – Zitierweise: Pollanz, Der Steuerberater als Risikomanagementberater

Prütting, Hans: Insolvenzrecht in Wirtschaft und Praxis, Festschrift für Wilhelm Uhlenbruck zum 70. Geburtstag, 2000 – Zitierweise: FS Uhlenbruck

Rau, Günther/Dürrwächter, Erich/Flick, Hans: Umsatzsteuergesetz (UStG), Kommentar, 6. Ordner, 1. Aufl. 2005 – Zitierweise: Bearbeiter, in: Rau/Dürrwächter/Flick, UStG

Rechel, Hans-Peter: Schriften zum deutschen, europäischen und internationalen Insolvenzrecht – Die Aufsicht des Insolvenzgerichts über den Insolvenzverwalter, Band 15, 1. Aufl. 2009 – Zitierweise: Rechel, Die Aufsicht des Insolvenzgerichts

Reibnitz, Ute von: Szenariotechnik. Instrumente für die unternehmerische und persönliche Erfolgsplanung, 2. Aufl. 1992 – Zitierweise: Reibnitz, Szenariotechnik

Reinicke, Dietrich/Tiedke, Klaus: Kreditsicherung, 5. Aufl. 2006 – Zitierweise: Reinicke/Tiedke, Kreditsicherung

Reul, Adolf /Heckschen, Heribert/Wienberg, Rüdiger: Insolvenzrecht in der Kautelarpraxis, 1. Aufl. – Zitierweise: Reul/Heckschen/Wienberg, Insolvenzrecht in der Kautelarpraxis

Römermann, Volker: Steuerberater Handbuch Neue Beratungsfelder, hrsg. vom DStI, 2005 – Zitierweise: Römermann, Steuerberater Handbuch Neue Beratungsfelder

Rosenberg, Leo/Gaul, Hans Friedhelm/Schilken, Eberhard: Zwangsvollstreckungsrecht, 11. Aufl. 1997 – Zitierweise: Rosenberg/Gaul/Schilken

Roth, Jan: Interessenwiderstreit im Insolvenzeröffnungsverfahren, Reihe: Studien zum europäischen Privat- und Prozessrecht, Band 8, Frankfurt/M u. a., 2004 – Zitierweise: Roth, Interessenwiderstreit im Insolvenzeröffnungsverfahren

Roth, Günter/Altmeppen, Holger: Kommentar zum GmbHG, 5. Aufl. 2005 – Zitierweise: Roth/Altmeppen, GmbHG

Rowedder, Heinz/Fuhrmann, Hans/Koppensteiner, Hans-Georg: Gestz betreffend die Gesellschaften mit beschränkter Haftung, 3. Aufl. 2002 – Zitierweise: Rowedder, in: Rowedder, GmbHG

Savigny, Friedrich Carl von: System des heutigen römischen Rechts, Band 8, 1849 – Zitierweise: Savigny, System des heutigen römischen Rechts

Schaub, Günter/Koch, Ulrich/Linck, Rüdiger: Arbeitsrechtshandbuch – Systematische Darstellung und Nachschlagewerk für die Praxis, 11. Auflage 2005 – Zitierweise: Schaub, ArbR-Hdb

Schellberg, Bernhardt: Sanierungsmanagement, Sofortmaßnahmen in der Unternehmenskrise, 1. Aufl. 2008 – Zitierweise: Schellberg, Sanierungsmanagement, Sofortmaßnahmen in der Unternehmenskrise

Scherrer, Gerhardt/Heni, Bernhardt: Liquidations-Rechnungslegung, 3. Aufl. 2009 – Zitiert als: Scherrer/Heni, Liquidations-Rechnungslegung

Schlarb, Eberhard/Hub, Heinz-Günther/Blum, Ralf: Der Steuerberater als Sanierungsberater, DATEV Beratungsausgabe – Zitierweise: Schlarb/Hub/Blum, Der Steuerberater als Sanierungsberater

Schlegel, Stephan: Die Eigenverwaltung in der Insolvenz, 1. Aufl. 1999 – Zitierweise: Schlegel, Eigenverwaltung

Schmeisser, Wilhelm/Bretz, Michael/Keßler, Jürgen: Handbuch Krisen- und Insolvenzmanagement – wie mittelständische Unternehmen die Krise schaffen, 1. Aufl. 2004 – Zitierweise: Handbuch Krisen- und Insolvenzmanagement

Schmidt, Karsten: Gesellschaftsrecht, 3. Aufl. 2007 – Zitierweise: Schmidt, Gesellschaftsrecht

Schmidt, Karsten: Handelsrecht, 4. Aufl. 1994 – Zitierweise: Schmidt, Handelsrecht

Schmidt, Karsten/Uhlenbruck, Wilhelm: Die GmbH in Krise, Sanierung und Insolvenz, 4. Aufl. 2009 – Zitierweise: Bearbeiter, in: Schmidt/Uhlenbruck, Die GmbH in Krise, Sanierung und Insolvenz

Schmidt, Ludwig: Kommentar zum Einkommensteuergesetz, 29. Aufl. 2010 – Zitierweise: Bearbeiter, in: Schmidt, EStG

Scholz, Franz: Kommentar zum GmbH-Gesetz in drei Bänden, 10. Aufl. 2010 – (auch zitiert in der 9. Aufl. 2002) – Zitierweise: Scholz, GmbHG; Scholz, GmbHG-2002

Scholz, Frank: GmbH-Gesetz – mit Anhang Konzernrecht Bd. 1: §§ 1–44. Bd. 2: §§ 45–87: 2 Bände, 9. Aufl. 2002 – Zitierweise: K. Schmidt, in: Scholz, GmbHG

Schulze, Reiner/Zuleeg, Manfred/ Kadelbach, Stefan: Europarecht, 2. Auflage 2010 – Zitierweise: Bearbeiter, in: Schulze/Zuleeg/Kadelbach

Schütte, Dieter/Horstkotte, Michael/Rohn, Steffen/Schubert, Mathias: Die öffentliche Körperschaft als Insolvenzgläubiger, 1. Aufl. 2006 – Zitierweise: Schütte/Horstkotte/Rohn/Schubert, Die öffentliche Körperschaft als Insolvenzgläubiger

Seefelder, Günter: Unternehmenssanierung, 2. Aufl. 2007 – Zitierweise: Seefelder, Unternehmenssanierung

Serick, Rolf: Eigentumsvorbehalt und Sicherungsübertragung, Band I, Heidelberg 1963 – Zitierweise: Serick, Eigentumsvorbehalt und Sicherungsübertragung

Smid, Stefan: Kommentar zur Gesamtvollstreckungsordnung, 3. Aufl. 1997 – Zitierweise: Smid, GesO

Smid, Stefan: Kreditsicherheiten in der Insolvenz, 2. Aufl. 2008 – Zitierweise: Smid, Kreditsicherheiten

Smid, Stefan: Schriften zum deutschen, europäischen und internationalen Insolvenzrecht – Neue Fragen des deutschen und internationalen Insolvenzrechts, Band 1, Kiel 2005 – Zitierweise: Smid, Neue Fragen des Insolvenzrechts

Smid, Stefan: Praxishandbuch Insolvenzrecht, 5. Aufl. 2009 – Zitierweise: Smid, Praxishandbuch Insolvenzrecht

Smid, Stefan/Rattunde, Rolf: Der Insolvenzplan, 2. Aufl. 2005 – Zitierweise: Smid/Rattunde, Insolvenzplan

Staub, Hermann: Großkommentar Handelsgesetzbuch, Band 1 §§ 1–47b, 5. Aufl. 2009 – Zitierweise: Bearbeiter, in: Staub, HGB

Literaturverzeichnis

Stahlhacke, Eugen/Preis, Ulrich/Vossen, Reinhardt: Kündigung und Kündigungsschutz im Arbeitsverhältnis, 10. Aufl. 2010 – Zitierweise: Stahlhacke/Preis/Vossen, Kündigung und Kündigungsschutz

Staudinger Kommentar zum Bürgerlichen Gesetzbuch mit Einführungsgesetz und Nebengesetzen, Buch 2: §§ 433–487, 2004 – Zitierweise: Bearbeiter, in: Staudinger, BGB

Staudinger Kommentar zum Bürgerlichen Gesetzbuch mit Einführungsgesetz und Nebengesetzen, Buch 5: §§ 1967–2063, 14. Aufl. 2002 – Zitierweise: Bearbeiter, in: Staudinger, BGB

Staudinger Kommentar zum Bürgerlichen Gesetzbuch mit Einführungsgesetz und Nebengesetzen, Eckpfeiler des Zivilrechts – N. Kauf, Neubearbeitung 2011 – Zitierweise: Bearbeiter, in: Staudinger, BGB

Steuerberaterkongressreport 1999 – Zitierweise: Steuerberaterkongressreport 1999

Streck, Michael/Schwedhelm, Rolf u. a.: Körperschaftsteuergesetz: KStG mit Nebengesetzen, Kommentar, 7. Aufl. 2008 – Zitierweise: Bearbeiter, in: Streck, KStG

Stürner, Rolf: Die Sicherung der Pfandbrief- und Obligationengläubiger vor einer Insolvenz der Hypothekenbank, 1. Aufl. 1998 – Zitierweise: Stürner

Thomas, Heinz/Putzo, Hans: Kommentar zur Zivilprozessordnung, 31. Aufl. 2010 – Zitierweise: Bearbeiter, in: Thomas/Putzo, ZPO

Tipke, Klaus/Kruse, Heinrich W.: Abgabenordnung, Loseblatt, Stand: 06/2010 – Zitiert als: Tipke/Kruse, AO

Töpfer, Armin/Afheldt, Heik: Praxis der strategischen Unternehmensplanung, 1. Aufl. 1983 – Zitierweise: Bearbeiter, in: Töpfer/Afheldt, Praxis der strategischen Unternehmensplanung

Uhlenbruck, Wilhelm: Das neue Insolvenzrecht – Insolvenzordnung und Einführungsgesetz nebst Materialien, 1. Aufl. 1994 – Zitierweise: Uhlenbruck, Das neue Insolvenzrecht

Uhlenbruck, Siegfried Wilhelm/Delhaes, Karl: Konkurs- und Vergleichsverfahren – Handbuch der Rechtspraxis Band 3, 1977 – Zitierweise: Uhlenbruck/Delhaes, Konkurs- und Vergleichsverfahren

Uhlenbruck, Wilhelm/Hirte, Heribert/Vallender, Heinz: Kommentar zur Insolvenzordnung, 13. Aufl. 2010 – (auch zitiert in der 12. Aufl. 2003) – Zitierweise: Uhlenbruck, InsO; Uhlenbruck, InsO (12')

Ulmer, Peter/Habersack, Mathias/Winter, Martin/Siebeck, Mohr: Kommentar zum GmbHG, 1. Aufl. 2005 – Zitierweise: Bearbeiter, in: Ulmer/Habersack/Winter/Siebeck, GmbHG

Unterbusch, Silke: Der vorläufige Insolvenzverwalter – unter besonderer Berücksichtigung aktueller Probleme der Betriebsfortführung, Hamburg 2006 (Dissertation) – Zitierweise: Unterbusch

Verband der Vereine Creditreform e.V.: Insolvenzen Neugründungen Löschungen, 1. Halbjahr 2010 – Zitierweise: Verband der Vereine Creditreform e.V., Insolvenzen Neugründungen Löschungen, 1. Halbjahr 2010

Verband der Vereine Creditreform e.V.: Insolvenzen, Neugründungen Löschungen, Jahresbericht 2010 – Zitierweise: Verband der Vereine Creditreform e.V., Insolvenzen, Neugründungen Löschungen, Jahresbericht 2010

Verband der Vereine Creditreform e.V.: Insolvenzen, Neugründungen Löschungen, Jahresbericht 2009 – Zitierweise: Verband der Vereine Creditreform e.V., Insolvenzen, Neugründungen Löschungen, Jahresbericht 2009

Vieweg, Klaus/ Werner, Almuth: Sachenrecht, Köln, 2. Aufl. 2007 – Zitierweise: Vieweg/Werner, Sachenrecht

Vollkommer, Max/Heinemann, Jörg: Anwaltshaftung, 3. Aufl. 2009 – Zitierweise: Vollkommer/Heinemann, Anwaltshaftung

Waza, Thomas/Uhländer, Christoph/Schmittmann, Jens: Insolvenzen und Steuern, 9. Auflage 2011 – Zitierweise: Waza/Uhländer/Schmittmann, Insolvenzen und Steuern

Wehdeking Silke: Masseverwaltung des insolventen Schuldners, 1. Aufl. 2005 – Zitierweise: Wehdeking, Masseverwaltung

Weidekind, Sabine-Sofie/Rödl, Bernd: Der Steuerberater als Insolvenzberater – Neue Aufgaben nach der Insolvenzordnung 1999, DATEV-Beraterausgabe zu vereinbaren Tätigkeiten – Zitierweise: Weidekind/Rödl, Der Steuerberater als Insolvenzberater – Neue Aufgaben nach der Insolvenzordnung 1999

Weisemann, Ulrich/Smid, Stefan: Handbuch der Unternehmensinsolvenz, 1999 – Zitierweise: Weisemann/Smid, Handbuch der Unternehmensinsolvenz

Westermann, Harm Peter: Sachenrecht, 6. Aufl. 1990 – Zitierweise: Westermann, Sachenrecht

Wicke, Hartmut: Kommentar zum Gesetz betreffend die Gesellschaften mit beschränkter Haftung, 1. Auflage 2008 – Zitierweise: Wicke, GmbHG

Wiecorek, Bernhard/Schütze, Rolf/Salzmann, Stephan: Kommentar zur Zivilprozessordnung, 3. Aufl. 1999 – Zitierweise: Wiecorek/Schütze/Salzmann, ZPO

Wieling, Hans Josef: Sachenrecht, 5. Aufl., 2007 – Zitierweise: Wieling, Sachenrecht

Wilhelm, Ian: Sachenrecht, 4. Aufl. 2010 – Zitierweise. Wilhelm, Sachenrecht

Wimmer, Klaus/Dauernheim, Jörg/Wagner, Martin/Gietl, Josef: Handbuch des Fachanwalts Insolvenzrecht, 4. Aufl. 2009 – Zitierweise: Wimmer, Handbuch Insolvenzrecht

Winnefeld, Robert: Bilanz-Handbuch, 3. Aufl. 2002 – Zitierweise: Winnefeld, Bilanz-Handbuch

Wöber, André /Siebenlist, Oliver: Sanierungsberatung für Mittel- und Kleinbetriebe, Erfolgreiches Consulting in der Unternehmenskrise, 1. Aufl. 2009 – Zitierweise: Wöber, André /Siebenlist, Oliver, Sanierungsberatung für Mittel- und Kleinbetriebe

Wöhe, Günter/Döring, Ulrich: Einführung in die Allgemeine Betriebswirtschaftslehre, 24. Aufl. 2010 – Zitierweise: Wöhe/Döring, Einführung in die Allgemeine Betriebswirtschaftslehre

Zeuner, Mark: Die Anfechtung in der Insolvenz, 1999 – Zitierweise: Zeuner, Die Anfechtung in der Insolvenz

Literaturverzeichnis

Zöller, Richard/Heget, Kurt: Kommentar zur Zivilprozessordnung, 21. Aufl. 1999 – Zitierweise: Zöller/Hegert, ZPO
Zugehör, Horst/Fischer, Gero/Sieg, OliverI Handbuch der Anwaltshaftung, 2. Aufl. 2006 – Zitierweise: Zugehör/Fischer/Sieg, Handbuch der Anwaltshaftung
Zwanziger, Bertram: Das Arbeitsrecht der Insolvenzordnung, 4. Aufl. 2010 – Zitierweise: Zwanziger

Stichwortverzeichnis

Die Zahlen verweisen auf Randnummern.

A

Abfindungsregelungen 2011
Ablehnungsbeschluss 1335, 1339
Abschlussprüfer 1474
Abschreibungsquote 73, 77
Absonderung 406, 629, 1102 f.
- Ersatzabsonderung 662
- Funktion 629
- Nutzung und Verwertung beweglichen Sicherungsgutes 652
- Verfahrenskostenbeiträge 667
- Verwertung 648
- Verwertung des Absonderungsgutes 645
- Verwertung durch Gebrauch des Nutzungspotentials 663
- Verwertungsverzögerungen 664
Absonderungsberechtigte 633, 668, 675
- Anspruch 666
Absonderungsberechtigte Gläubiger 535, 817, 850
Absonderungsrechte 630
Abtretungsbeschränkungen 1272
Abtretungserklärung 1272
Abtretungsverbote 1272
Abwicklung 2788, 2795
Abwicklung von Vertragsverhältnissen 701
- Dauerschuldverhältnisse, Miete, Pacht, Darlehen, Dienstverhältnis (§§ 108–112 InsO) 768
- Eigentumsvorbehalt abgeschlossener Verträge 763
- Finanzleistungen 747
- Fixgeschäfte 746
- gegenseitiger Vertrag 716
- Rechtsfolgen 778
- Schiedsabrede 789
- Sonderregelungen 763
- Unabdingbarkeit der §§ 103–118 InsO 712
- Verträge im Synallagma 717
- Wahlrecht des Insolvenzverwalters nach § 103 InsO 715
Abwicklungskosten 389
AG
- Auflösung 2139
- Gesellschaftsvermögen 2123
- Haftung bei Gründung 2362
- Haftung des Vorstands 2425
- Haftung Dritter 2370
- Haftung wegen Insolvenzverschleppung 2432
- Insolvenz 2444
- Insolvenzfähigkeit 2123
- Vor-Aktiengesellschaft 2349
Allgemeines Verfügungsverbot 1016, 1021
Altersbezüge 1235
Amtsermittlungsgrundsatz 408
Analogie im Strafrecht 2453
Analogieverbot 2452
Anfangsverdacht 2469
Anfechtung 1239, 1397

Stichwortverzeichnis

Anfechtungsgesetz (AnfG) 1239
Anfechtungsprozess 344
Ankündigung der Restschuldbefreiung 1279
Anlageintensität 72
Anlagenabnutzungsgrad 72
Anmeldung und Feststellung von Insolvenzforderungen
- Prüfungstermin 1571
- Tabelle 1568, 1575
- Widerspruch des Insolvenzschuldners 1576
- Widerspruch des Insolvenzverwalters 1577

Anordnungsbeschluss 1338
Anschaffungskostenprinzip 1449
Anstifter 2456, 2529, 2538, 2561
Anstiftung
- Insolvenzverschleppung 127

Antragsbefugnis 1390
Antragsberechtigte 1390
- Erben 1390
- Erbschaftskäufer 1390
- Nachlassgläubiger 1390
- Nachlasspfleger 1390, 1398
- Nachlasspflegschaft 1396
- Nachlassverwalter 1390, 1396, 1398
- Nachlassverwaltung 1396
- Testamentsvollstrecker 1398
- verwaltender Testamentsvollstrecker 1390

Antragsfrist 1391
Antragspflicht 1390
- AG 2134
- eingetragene Genossenschaft 2134
- GbR 2134
- GmbH 2134
- GmbH & Co. KG 2134
- Insolvenzantragsfrist 2134
- juristische Personen 2134
- KG 2134
- KGaA 2134
- OHG 2134
- Verein 2134
- Vor-Gesellschaft 2134
- Vorgründungsgesellschaft 2134

Antragsrecht 1390
- AG 2132
- ausländische Kapitalgesellschaften 2132
- eingetragene Genossenschaft 2132
- GbR 2132
- GmbH 2132
- GmbH & Co. KG 2132
- Insolvenzantragsfrist 2132
- juristische Personen 2132
- KGaA 2132
- OHG 2132
- Partnergesellschaft 2132
- rechtsfähige Stiftung 2132
- Verein 2132
- Vorgründungsgesellschaft 2132

Arbeitseinkommen 1231
Auffanggesellschaft 280
Aufhebung der Eigenverwaltung 1351
- Antrag der Gläubigerversammlung 1352
- Entscheidung des Insolvenzgerichts 1356
- Gläubigerantrag 1353
- Schuldnerantrag 1355

Aufhebung des Insolvenzverfahrens 1049, 1173
Aufklärungs- und Hinweispflichten 21 f.
Aufrechenbarkeit, Vergütungsanspruch 1624
Aufrechnung 681, 1104, 1566, 1592
- Aufrechnungsbefugnis 685
- Aufrechnungserklärung 683 f.
- Aufrechnungshemmnis 1599
- Aufrechnungslage 682, 1593
- Aufrechnungsverbote 692, 1600
- aufschiebend bedingte Forderungen 689
- Eigenheimzulage 1628
- Eintritt der Aufrechnungslage im Insolvenzverfahren 686
- Erstattungszinsen 1612
- Erwerb der Gegenforderung durch anfechtbare Rechtshandlung 696

- Erwerb der Gegenforderung nach Eröffnung 695
- fehlende Gleichartigkeit 690
- Gegenforderung 687, 698
- Gegenseitigkeit 694
- Grenzen der Aufrechnungsbefugnis 691
- Grunderwerbsteuer 1627
- Haftungsforderungen 1614
- Konzernverrechnungsklausel 700
- Kraftfahrzeugsteuer 1626
- Neuerwerb 1615
- Quotenauszahlung 1625
- Säumniszuschläge 1613
- Sondervorauszahlungen bei Dauerfristverlängerung 1623
- Steuerforderungen und Steuererstattungen 1566
- Umsatzsteuer- und Vorsteuerberichtigungsansprüchen 1622
- Umsatzsteuer-Saldierungsprinzip 1617
- Vergütung des (vorläufigen) Insolvenzverwalters 1619
- von Steuerforderungen 1592
- Vorauszahlungsschulden 1610

Aufsicht des Insolvenzgerichts 424
Aufzeichnungspflichten 1491
Auskünfte 427
- Auskunftspflicht 427
Auskunfts- und Mitwirkungspflichten 1010, 1072
- Verletzung 1277
Auskunftserteilung 2621
Ausländische Kapitalgesellschaften, Insolvenzfähigkeit 2129
Auslandsvermögen 1072
Ausschlagung 1387
Aussonderung 406, 610 f., 613, 1101 f.
- Anspruch 614, 618
- dingliche Aussonderungsansprüche 619
- Funktion 607
- Rechte 609
Aussonderungs-
- Sicherungsgeber 618

Aussonderungsberechtigte Gläubiger 534, 819
Auszahlungsverbot 336
Außergerichtliche Einigung 1206
Außergerichtliche Sanierungsberatung 2781, 2793
Außergerichtliches Schuldenbereinigungsverfahren 1205

B
Bankkonto 1234
Bankrott 2494 f., 2523, 2553
Bankruptcy Code 1312
Beendigung 432
Befriedigungsfunktion 1185, 1193
Befugnisse 425 f.
Beherrschungsvertrag 339
Beihilfe, Insolvenzverschleppung 127
Beiordnung eines Rechtsanwalts 1254
Beratungshilfe 1211
Bereinigung der Masse 1101
Berichtstermin 1022, 1065, 1068 f., 1106–1108
- entfallen 1238
Berufsordnung der Bundessteuerberaterkammer 2774
Berufsrechtliche Aspekte 2774, 2790
Bescheinigung einer geeigneten Person oder Stelle 1210
Beschleunigtes Verfahren (§§ 417 ff. StPO) 2475
Beschränkung der Berufsausübung 1309
Bestätigung des Insolvenzplans 1172
Besteuerungsebenen 1725
Betriebsaufgabe und Betriebsveräußerung in der Insolvenz 1904
Betriebseinschränkung 2000
Betriebsfortführung 454 f.
- Liquiditätsplanung 454
Betriebsratsanhörung 1988
- Form und Umfang 1989
- Fristbeginn und Fristende 1991
Betriebsstilllegung 1941, 1999

Stichwortverzeichnis

Betriebsübergang 2016
- Folgen des Überganges 2025
- Widerspruchsrecht 2028
Betriebsveräußerung in der Insolvenz 2088
Betrug 2446, 2535 f., 2543 f., 2562
Beweislast und Gläubigerversammlung 906
Bewertungsgrundsätze 366
Bilanzanalyse 34, 71, 77
Bilanzielle Überschuldung 353
Bilanzierung 20, 38, 78, 327 f., 365, 512, 605, 967, 1365, 1441, 1470, 1483, 1749, 1763, 1770, 1820, 1863, 1896, 2187, 2255, 2257, 2295, 2405, 2430, 2515, 2548, 2584, 2597, 2603
Bilanzierungshilfen 374
Bilanzrechtsmodernisierungsgesetz 1435, 1489
Bindungswirkung, § 343 InsO 2770
Bindungswirkung, Art. 16 EuInsVO 2754
- „Eröffnung eines Insolvenzverfahrens" 2756
- Grundsätze 2754
- Wirkung der Anerkennung 2760
Blanketttatbestände 2451
Börsennotierte Aktiengesellschaft
- Ad-hoc-Publizitätspflichten 2147
- AG 2147
- Insolvenzeröffnung 2147
Branchenvergleich 80
Break-Even-Point 148
Bücher und Geschäftspapiere 425
- EDV-Datenträger 425
Buchführung 20, 38, 42, 512, 532, 605 f., 1326, 1365, 1405, 1412, 1418, 1428, 1483, 1508, 1510, 1820, 2494, 2497, 2512, 2521, 2596 f., 2603, 2619
Buchführungspflicht 1326, 1484, 1487, 2521
Buchhaltungsdefizit 1428

C
Cashpooling 338, 341
- Hin- und Herzahlen 2213

- Kapitalaufbringung 2208
- verdeckte Sacheinlage 2212
Internationale Zuständigkeit
- „center of main interests" 2719
Chapter 11 Bankruptcy Code 1154
COMI 995, 2719
- „Briefkastenfirma" 2731
- „Interedil"-Entscheidung 2740, 2747
- Art. 3 EuInsVO 2719
- Business-Activity-Theorie 2726
- Mind-of-Management-Theorie 2725
- Mittelpunkt der hauptsächlichen 2721
- Satzungsmäßiger Sitz 2737
- Verlegung des COMI 2744
- Vermutungsregel 2731
- Verwaltungssitz 2742

D
Debt-Equity-Swap 245, 260, 1154
Deckungsbeitrag 91
- Deckungsbeitragsrechnung 216
- Stückdeckungsbeitrag 216
Deckungseinschränkung 2828
Doppelte kaufmännische Buchführung 1438
Doppelte Mehrheit 1221
Drohende Zahlungsunfähigkeit 395 f., 399, 401
Dürftigkeit des Nachlasses 1396
Dürftigkeitseinrede 1396

E
Ehegattenunterhaltsanspruch 1250
Eigenantragstellung 1304
Eigenkapital 254
- Eigenkapitalquote 73 f.
Eigenkapitalersatz
- ausgeschiedener Gesellschafter 2308
- eigenkapitalersetzende Nutzungsüberlassung 2310
- eigenkapitalersetzendes Darlehen 2297
- Fortbestehen der Krise 2289
- Geschäftsführergehälter 2314

- Gesellschafter 2281
- Gesellschafter besicherte Darlehen eines Dritten 2296, 2312
- Gesellschafterdarlehen 2278
- Kleingesellschafterprivileg 2290, 2306
- Kreditunwürdigkeit 2288
- Krise 2287
- MoMiG 2274, 2304
- Neugesellschafter 2308
- Rechtsfolgen 2291, 2311
- Sanierungsgesellschafter 2307
- Sanierungsprivileg 2290
- Stehenlassen von Darlehen 2308

Eigentumsvorbehalt 623, 625
- einfacher ~ 621
- erweiterter und verlängerter ~ 628

Eigenvermögen 1387

Eigenverwaltung 456, 1293, 1313, 1342, 1507
- Anordnung oder Versagung 1335
- Aufgabe 1294
- Aufgaben des Schuldners 1365
- Aufhebung 1351
- Befugnis 1322
- Befugnisse und Pflichten des Schuldners 1359
- Entscheidung des Gerichts 1344
- Eröffnungsantrag 1316
- Führung der Geschäfte 1360
- Grundlagen 1293
- juristische Personen und Personen- und Personenhandelsgesellschaften 1327
- Kostenvorteile 1310
- materielle Voraussetzungen 1315
- Mitwirkungspflichten 1367
- Nachteile 1325
- nachträgliche Anordnung 1341
- natürliche Personen 1326
- Rechtsmittel 1340
- Rechtsstellung 1358
- Sonderfälle 1331
- Vereitelung 1334
- Verfahrensverzögerung 1324

- Vorlage eines Insolvenzplans 1366
- Zustimmung 1322

Einbehalten sonstiger Lohnbestandteile 2569

Eingetragene Genossenschaft 1332
- Auflösung 2139

Einheitstäterbegriff 2456

Einkommensteuer 1590, 1832
- Auflösung stiller Reserven 1896
- Aufteilung 1887
- Ehegattenveranlagung 1892
- Forderungsverzicht 1838
- horizontaler Verlustausgleich 1834
- Personengesellschaften 1899
- Rangrücktritt 1838
- Steuersubjekt 1833
- Verlustberücksichtigung 1835
- Verluste und Verlustnutzung 1834
- Vorauszahlungen und Abschlusszahlungen 1890

Einkommensteuererklärung 1259

Einkommensteuerliche Folgen der Insolvenzeröffnung 1872
- Masseverbindlichkeit 1882
- Trennung von Insolvenzforderungen und Masseschulden 1873

Einkommensteuerschulden
- Begründetsein 1878

Einstellung 1113

Einstellungsbeschluss 1119

Eintragung der Vormerkung 751

Einzelermächtigung des vorläufigen Insolvenzverwalters 1026, 1028, 1030

Entlassung 431

Entschuldungsgesetz 1261

Entschuldungsverfahren 1189

Erbhaftung
- Haftungsbeschränkung 1378, 1387, 1402
- Nachlasspfleger 1381
- Nachlasspflegschaft 1387
- Nachlasssonderung 1387
- Nachlassverwalter 1387
- Sonderung 1378

1305

Stichwortverzeichnis

- unbeschränkte Haftung 1378, 1387, 1390
- Erbschaft 1282, 1387
- Anfechtung der Annahme 1387
- Erfolgskrise 24
- Erfüllungsinteresse 743
- Erfüllungswahl 725, 727, 734, 739
- Aufrechnung 735
- Erfüllungsanspruch gegen den Schuldner nach Abschluss des Verfahrens 744
- Nichterfüllungswahl 740
- Pfändung, Abtretung 736
- Schadensersatzanspruch 741
- Sonderregelungen bei vorgemerkten Ansprüchen 749
- Vorleistung des Gläubigers 738
- Vorleistung des Schuldners 737
- Erkaufte Freigabe 1241
- Erlöschenstheorie 703, 705
- Abwicklung von Vertragsverhältnissen 703, 705
- Ermessen 409
- Ermessensentscheidung 1226
- Ermessensspielraum 409
- Ermittlung des Gewerbeertrages 1917
- Ermittlungsverfahren 2472
- Eröffnungsantrag
- Antragsberechtigung 1319
- verfahrensrechtliche Anforderungen 1317
- Zeitpunkt 1321
- Eröffnungsbeschluss 1065–1067, 1069, 1077, 1109, 1316
- Wirkung des ~ 1345
- Eröffnungsbilanz 1453
- Eröffnungsgründe 1381, 1392
- Eröffnungsverfahren 2856
- Ersatzfreiheitsstrafe 1282
- Erstattungsansprüche 1545
- Ertragsteuerliche Behandlung von Sanierungsgewinnen 1807
- Ertragsteuern, Körperschaftsteuer 1723
- Erwerbstätigkeit 1282
- ESUG 1048, 1063, 2787
- EuInsVO 995, 1072

Existenzvernichtender Eingriff 280
Existenzvernichtungshaftung
- Altgläubiger 2441
- GmbH 2372
- Haftung der Gesellschafter 2372
- Insolvenzverwalter 2381
- Kapitalerhaltung 2372
- mittelbare Gesellschafter 2378
- Neugläubiger 2438
- Schaden 2438
Externe Rechnungslegung 1425

F

Fachberater
- Einsatzgebiete 2778
- Register im Internet 10
Fachberaterbezeichnungen
- Anerkennung 9
- Anträge auf Anerkennung 6
- BOStB 9
- Briefbögen 9, 2805
- Briefköpfe 9
- Erlöschen der Befugnis 8
- Fachberaterausschuss 5
- Fortbildung 8
- Führen der Bezeichnung 8
- Geschäftspapiere 9
- Internetauftritt 9, 2805
- Praxisbroschüren 9, 2805
- Verleihung 5
- Visitenkarten 9, 2805
- Werbemöglichkeiten 2805
- Werbezwecke 9
Fachberaterkonzept des DStV 1
Fachberaterrichtlinien 2, 2775
- Durchführung von Fachgesprächen 7
- Fachlehrgang 2, 2776
- Klausurarbeiten 3
- Nachweis 4
- praktische Erfahrungen 2777
Factoring 115, 276
Fahrlässigkeit 2457, 2528
Falsche Versicherung an Eides statt 2576
Feststellung der Insolvenzforderungen 988, 990, 995, 1008, 1105
Financial Covenants 46

Finanzanlagen 376
Finanzdienstleistungsunternehmen 1333
Finanzgerichtsverfahren 1551
Finanzinvestoren 240, 254
Finanzplanung 342, 360
Finanzverwaltung 249, 1203
Firmenbestatter 2585, 2595
Firmenbestattung 997
Firmenwert 373
Forderungen 381
- aus Arbeitsverhältnissen zur Abgrenzung zwischen Verbraucher- und Regelinsolvenz 1202
Forderungsabtretung 1641
- vor Verfahrenseröffnung 1641
Forderungsanmeldung 822
- Anmeldefrist 830
- Anspruchsgrund 827
- Feststellungsbescheid 834
- Forderung 828
- Prüfungstermin 829
- Sammelanmeldungen 826
- Tabelle 828
- Unterlagen 824
- Verjährung 827
- Vollstreckungstitel 825
- Widerspruch 831, 833
Forderungseinzug 116, 276
Forderungsfeststellungsprozess 836
- Originaltitel 838
- Rechtsweg 836
- Sachantrag 837
- Sachurteilsvoraussetzung 837
- Widerspruch 839
- Wirkung des Urteils 838
Forderungsverfolgung 821
Fortbestehensprognose 364, 369
Fortführung eines einzelkaufmännischen Handelsgeschäfts 1393
Fortführung eines zum Nachlasse gehörenden Handelsgeschäfts 1402
Fortführungsfähigkeit 51
Fortführungsprognose 289, 357–359, 401
Fortsetzung des Verfahrens über den Eröffnungsantrag 1221

forum shopping 2.3
Freigabe 515, 589, 1234
- Anzeigepflicht 597
- aus der Masse 1087
- Erklärungsempfänger 592
- Freigabebefugnis 589
- Freigabeerklärung 590
- Masseverbindlichkeiten 596
- Neuerwerb 594
- Pflicht zur ~ 593
- Umsatzsteuer 590
- Umsatzsteuerverbindlichkeiten 595
Freiheitsstrafe 2459–2462, 2474, 2519, 2546, 2583
Fremdantrag eines Gläubigers 1322
Fremdkapitalquote 73

G
GbR
- Insolvenzfähigkeit 2127
- Vorgründungsgesellschaft 2318
Gehilfe 2456
Geldbußen 1290
Gemeinkosten 95
Gemeinschaftliche Gläubigerbefriedigung 1185
Generalklauseln 2451
Genossenschaftsanteile 1233
Genussrecht 266
Gesamtstrafenbildung 2460
Geschäftsleiterpflichten 364
Geschäftsräume 425
Geschäftsunterlagen 1230
Gesellschafter 1163
Gesellschafter von Kapitalgesellschaften 1850
- Rangrücktrittserklärungen und Verzicht 1858
- Verlust von Gesellschafterdarlehen – altes Recht 1852
- Verlust von Gesellschafterdarlehen – neues Recht 1856
Gesellschafter von Personenhandelsgesellschaften
- Einführung des MoMiG 1865
- Forderungsverzicht 1861

Stichwortverzeichnis

- Rangrücktritt 1865
- steuerrechtliche Behandlung von Forderungen 1859

Gesellschafterdarlehen 391

Gesellschafterdarlehen in Krise und Insolvenz 1766
- bilanzielle Behandlung 1770
- Forderungsverzicht 1778
- gesellschaftsrechtliche Grundlagen 1767
- MoMiG 1768
- Rangrücktritt 1785
- Sanierungsmaßnahmen 1771
- Verzicht 1771

Gesellschaftsgründung 2153
- Beschluss 2153
- Eintragung 2153
- Gesellschaftsvertrag 2153

Gesellschaftsrecht 2113

Gesetz zur weiteren Erleichterung der Sanierung von Unternehmen 994, 2855
- Einstimmiger Vorschlag 1048
- Offensichtliche Ungeeignetheit 1048
- Vorläufiger Gläubigerausschuss 1048

Gesetzlichkeitsprinzip 2450

Gewerbesteuer 1912
- Äquivalenzprinzip 1912
- Verlustvorträge und Sanierungsgewinne 1913

Gewerbesteuerpflicht 1916

Gewerbliche Tätigkeit des Steuerberaters 2816

Gewerblichkeit
- Gestaltung der Kanzlei 2817
- Verwaltung gewerblicher Mandantenunternehmen 2818

Gewinnerzielungsabsicht 1199

Girovertrag 1234

Glaubhaftmachung des Insolvenzantrages 993, 999

Gläubigerausschuss 520, 843, 856, 1055 f., 1058, 1109, 1118, 1417, 2654
- Aufgabe 857
- Aufsicht 520

- Beschlüsse 860
- Einsetzung 858
- Entlassung 862
- Frage der Rechtsberatung 2843
- Gläubigerautonomie 843
- Größenmerkmale 867
- Haftung 865
- Haftungsrisiken 2845
- Mitglied 859
- Mitwirkung in 2789
- Tätigkeit des Fachberaters 2836
- vereinbare Tätigkeit 2841
- Vergütungsmodalitäten 2842
- Versicherungsschutz 2846
- Vorläufiger Gläubigerausschuss 843, 866, 1048

Gläubigerbefriedigung 989, 1041 f., 1078, 1106

Gläubigerbegünstigung 2522 f., 2530

Gläubigerbenachteiligung 882, 890
- und Insolvenzanfechtung 878

Gläubigerbeteiligung bei der Verwalterbestellung 2855

Gläubigergruppen 808

Gläubigerversammlung 495, 520, 843, 1022, 1041, 1048, 1055 f., 1068, 1109, 1115, 2654
- Abstimmung 848
- Aufgaben 846
- Aufsicht 520
- Auswahl des Fachberaters 2855
- Beruf 465
- Beschluss, aufgehobener 851
- Einberufung 844
- Einkünfte 467, 468
- Freiberufliche Tätigkeit 467
- Gewerbliche Tätigkeit 469
- Gläubigerautonomie 843, 850
- Ladung 845
- Neuwahl des Insolvenzverwalters 497
- Normvoraussetzungen 899
- Schlusstermin 1417
- Unabhängigkeit 478, 479
- Verhandlungsleitung 847
- vorläufiger Insolvenzverwalter 1417

Stichwortverzeichnis

- Zustimmung 2654
Gläubigerverzeichnis 585
Gleichbehandlungsgrundsatz 1185
GmbH
- Haftung wegen Insolvenzverschleppung 2432
- Insolvenz 2444
- Scheitern der Eintragung 2194
- Stammkapital 2155
- Unterbilanz 2255, 2335
- Vor-GmbH 2326
- Vorgründungsgesellschaft 2318
GmbH & Co. KG
- Auflösung 2141
- Haftung wegen Insolvenzverschleppung 2432
- Insolvenz der Komplementärin 2141
- Insolvenzfähigkeit 2122, 2141
- Kommanditgesellschaft 2122
Going Concern-Gesichtspunkte 2790
Going Concern-Prämisse 363, 1446 f., 1450, 2778
Gründerhaftung
- Haftung der Gesellschafter 2332
Gruppenbildung 1164

H
Haftung 435, 2687
- Gemeinschuldnerwissen 2692
- Hilfskräfte 436
- Insolvenzverwalter 1050, 2687
- Masseverbindlichkeiten 435
- Schadensersatz 434 f.
Haftung der Gesellschaft
- Außenhaftung 2360
- Haftung der Mitgesellschafter 2272
Haftung der Gesellschafter
- Ausfallhaftung der Mitgesellschafter 2249
- bewusste Falschangaben 2251
- Haftung bei Gründung 2362
- Haftung des Ausgeschlossenen 2248
- Inanspruchnahme der Rechtsvorgänger 2243

- Kapitalerhöhung 2251
- Mitgesellschafter 2341
- Vorgründungsgesellschaft 2318
Haftung des Geschäftsführers
- § 43 GmbHG 2387
- Ansprüche gegen den Geschäftsführer 2273
- bewusste Falschangaben 2251
- Delegation 2395
- Entlastung 2394
- Geschäftsführer 2252
- Haftung des Vorstands einer AG 2425
- Haftung nach § 823 Abs. 2 BGB 2431
- Haftung nach § 826 BGB 2443
- Haftung wegen Insolvenzverschleppung 2432
- Innenhaftung des Geschäftsführers 2384
- nach § 130a Abs. 2 HGB 2401
- nach § 64 Satz 1 GmbHG 2401
- Unterbilanz 2348
- Vor-GmbH 2326, 2361
- Weisungsgebundenheit 2390
- Zahlungen an Gesellschafter 2419
Haftung des Insolvenzverwalters 1524 f.
Haftung des Steuerberaters 2430
Haftung des Verwalters 2694
Haftungsrechtliche Aspekte 2820
- außergerichtliche Sanierungsberatung 2823
- Krisenberatung 2822
- Risikomanagement-Beratung 2821
- Steuerrecht 2826
- Tätigkeit als Insolvenzverwalter 2824
- Zivilrecht 2824
Haftungsvorschriften 437
- Hilfskräfte 436
- Masseverbindlichkeiten 435
- Schadensersatz 434 f.
Handelndenhaftung
- Ende des Anspruchs 2330
- Ersatzansprüche 2331

Stichwortverzeichnis

- Haftung der Gesellschafter 2317
- Haftung des Geschäftsführers 2317
- Handelnder 2327
- im Namen der Gesellschaft 2328
- Insolvenz 2329
- Vor-Gesellschaft 2317
- Vor-GmbH 2326

Handelsgeschäft 1402
Handelsregister
- Anmeldung 2160
- Eintragung 2160
- Leistung der Einlage 2161
- Löschung 2444
- Scheitern der Eintragung 2194
- Versicherung des Geschäftsführers 2165

Hauptstrafe 2462
Hauptverhandlung 2470 f., 2474 f.
Haushaltsbegleitgesetz 2011 1000
Hausrat 1232
Hin- und Herzahlen 2196
- Rechtsfolge 2201
- Unterscheidung 2196

Honorarsicherung 2609
Honorarvereinbarung 2607
- Masseverbindlichkeit 2620

I

IDW S 6 24, 272, 283
Immaterielle Vermögensgegenstände 372
Immobiliarvollstreckung, Zwangsverwaltungs- und Zwangsversteigerungsverfahren 2657
Immobilien, Verwertungsrecht des Treuhänders 1240
Informationstechnik 173
Initiativrecht 1158
Inkongruente Deckung 911
- Beweislast 924
- Normvoraussetzungen 910
- und Insolvenzanfechtung 908
- Zeitraum 921

Innenhaftung 2332
Insolvenz des Vorbehaltskäufers 766

Insolvenzanfechtung 869, 1370, 1400
- Anfechtungsberechtigte 873
- Anfechtungsgegner 874
- Grundlagen 869
- im Zusammenhang mit Gesellschafterdarlehen 961
- unmittelbar gläubigerbenachteiligende Rechtshandlungen 925
- wegen unentgeltlicher Leistung 947
- wegen vorsätzlicher Gläubigerbenachteiligung 931

Insolvenzantragsbefugnis
- Abwickler 2133
- Führungslosigkeit 2133

Insolvenzantragsfrist
- Kommanditgesellschaft 2122
- Schadensersatzansprüche 2136

Insolvenzantragspflicht 47, 1390
- Abwickler 2134
- Gesellschafter 2134
- Mitglieder des Vertretungsorgans 2134
- MoMiG 2134
- organschaftlicher Vertreter 2134
- Schadensersatzansprüche 2136

Insolvenzantragsverfahren *siehe* Insolvenzeröffnungsverfahren
Insolvenzbeschlag 1345
Insolvenzeröffnung 2139
- Auflösung 2139
- Finanzverfassung 2144
- Gesellschafterstellung 2142
- insolvenzfreie Angelegenheiten 2142

Insolvenzeröffnung als Kündigungsgrund
- Kündigungsfrist 2044
- Unkündbarkeit 2044

Insolvenzeröffnungsverfahren 988, 1025, 1029, 1033, 1064, 2783
Insolvenzfähigkeit 993, 997, 1002 f., 1005–1007, 1043, 2114
- AG 2115
- Auflösung 2139
- eingetragene Genossenschaft 2115

- Ende 2131
- GmbH 2115
- juristische Personen 2114
- KGaA 2115
- Kommanditgesellschaft 2122
- rechtsfähige Stiftungen 2115
- rechtsfähiger Verein 2115
- Vorgründungsgesellschaft 2114

Insolvenzforderung 1052, 1083, 1105

Insolvenzgeldvorfinanzierung 455

Insolvenzgericht, Auswahl des Fachberaters 2853

Insolvenzgläubiger 529, 1012, 1052–1056, 1059, 1078, 1080 f., 1083, 1085, 1096, 1105 f., 1112, 1117 f., 1120

Insolvenzgründe 309, 991, 999, 1022, 1061 f., 1064, 1116, 1224
- drohende Zahlungsunfähigkeit 1390, 1392, 1395
- Überschuldung 1392 f.
- Zahlungsunfähigkeit 1392, 1394

Insolvenzmasse 546, 1230, 1498, 1503
- Absonderung 554
- Anfechtung 554
- Ansprüche gegen Gesellschafter 2149
- Arbeitskraft des Schuldners 551
- Auskunft 565
- Aussonderungsrechte 554
- Beschlagnahme 548
- Bewertung 582
- Dauerschuldverhältnisse 579
- Freigabe 561
- Inbesitznahme 561
- Ist-Masse 548
- Lastschriften 564
- Masseverzeichnis 580
- Neuerwerb 554, 556
- Postsperre 565
- Rechnungslegung 605
- Sicherung 560
- Siegelung 563, 575
- Soll-Masse 554
- Steuererklärungspflichten 606
- Umfang 548

- Verwahrung und Verwaltung 577
- Zurückbehaltungsrechte 573
- Zwangsmaßnahmen 568

Insolvenzplan 1154, 2787
- ~arten 1160
- Bestätigung 1172
- ~fähigkeit 1155
- gestaltender Teil 1163
- Vorlage eines ~ 1366

Insolvenzrechnungslegung 1441

Insolvenzrecht für Staaten 1043

Insolvenzrechtliche Rechnungslegung
- aktuelle Entwicklung 1408
- gerichtliche Prüfung 1421
- Gläubigerversammlung 1417
- Gläubigerverzeichnis 1415
- Masseunzulänglichkeit 1423
- Prüfung 1417
- Prüfung durch den Gläubigerausschuss 1422
- Schlussrechnung 1417, 1423
- Vermögensübersicht 1416
- Verzeichnis der Massegegenstände 1414

Insolvenzrechtliche Sanierung 2794

Insolvenzreife 24, 47

Insolvenzschuldner, Haftung des Insolvenzverwalters 533

Insolvenzstatistik 16
- Unternehmensinsolvenzen nach Rechtsformen 17
- Unternehmensinsolvenzen nach Umsatzgrößen 17

Insolvenzsteuerrecht 1502

Insolvenzstraftat 1277

Insolvenzverfahren 2785

Insolvenzverschleppung 127, 2432, 2482, 2489, 2491, 2593
- Anspruchsinhaber 2437

Insolvenzvertragsrecht 701

Insolvenzverwalter 458, 990, 1008, 1015 f., 1019 f., 1022–1026, 1028, 1041, 1046–1051, 1056, 1059 f., 1063, 1065, 1067–1069, 1072, 1076 f., 1080, 1084 f., 1087–1091,

1093–1096, 1099–1103,
1105–1108, 1115, 1118 f.
- Abwahl des ~ 497
- Amt 459, 473
- Aufgaben 2786
- Aufgaben und Pflichten 501
- Aufsicht 519
- Auswahl 484, 2859
- Beruf 464
- Berufsgrundsätze 471, 476, 478
- Bestellung 459, 472, 487, 2847
- endgültiger 2785
- Entlassung 524
- Fachberaters als ~ 2847
- fachliche Eignung des Steuerberaters 2848
- Gewerbebetrieb 467
- Haftung des ~ 528
- Neuwahl des ~ 497
- Pflichtverletzung 526
- Sonderverwalter 516
- Unabhängigkeit 478, 482

Insolvenzverwalter des eigenen Mandanten 2819
Insolvenzverwaltung 2788, 2794, 2795
Interessenausgleich 1992
Interessenausgleich mit Namensliste 2072
Interessenausgleichverfahren 2054
Interessenkollisionen 2819
Internationale Zuständigkeit
- COMI 2719
- Drittstaaten außerhalb der Europäischen Union 2764
- EuInsVO 2709 ff.
- Kollisionsnormen 2708
- lex fori concursus 2709
- Mitgliedstaat der Europäischen Union 2712
- Sachnormen 2708
- Sekundär- und Partikularinsolvenzverfahren 2711
- Territorialinsolvenzverfahren 2711
- Territorialprinzip 2711
- UNCITRAL-Modal Law on Cross-Border Insolvency 2773

- Universalitätsprinzip 2710
Interne Rechnungslegungspflichten 1427
Inventarisierung 1107
Investitionsquote 73
Istbesteuerung 1639

J
Jahresabschluss 1445, 1462
Jahresabschlusserstellung 2778, 2790, 2820
Junktim 1313
Juristische Personen
- Auflösung 2139
- Beendigung der Rechtsfähigkeit 2140
- Entstehen 2116
Just-in-Time 169

K
Kaduzierung 2235
- Ausfallhaftung der Mitgesellschafter 2249
- Folgen 2242
- Haftung des Ausgeschlossenen 2248
- Inanspruchnahme der Rechtsvorgänger 2243
- Verwertung des Anteils 2247
Kapitalaufbringung
- AG 2150
- Aufbewahrungspflicht 2149
- Ausfallhaftung der Mitgesellschafter 2249
- Bargründung 2154
- Beweis 2149
- Folgen der Nichteinzahlung 2235
- GmbH 2154
- Haftung der Gesellschafter 2154
- Haftung des Ausgeschlossenen 2248
- Hin- und Herzahlen 2196
- Inanspruchnahme der Rechtsvorgänger 2243
- Leistung der Einlage 2161
- Sachgründung 2154, 2170
- Scheitern der Eintragung 2194

- Verjährung 2233
- Versicherung des Geschäftsführers 2165
- Verwertung des Anteils 2247
- Verzinsung 2234

Kapitalerhaltung
- AG 2253
- an Dritte 2259
- Ansprüche gegen den Geschäftsführer 2273
- Auszahlung 2258
- Auszahlungsverbot 2254
- Beweislast 2261
- bilanzielle Betrachtungsweise 2257
- Gesellschafter 2259
- Gesellschafterdarlehen 2260
- GmbH 2253
- GmbH & Co. KG 2253
- Haftung der Gesellschafter 2253
- Haftung der Mitgesellschafter 2272
- Unterbilanz 2255
- Verjährung 2270

Kapitalerhöhung 255, 257
- GmbH 2216
- Kapitalaufbringung 2216
- Voreinzahlungen 2220

Kapitalherabsetzung 235
- ordentliche 255
- vereinfachte 255

Kapitalstruktur 73
Kapitalumschlag 77
Kaufpreisfälligkeitsvoraussetzungen 2666
- Eigentumsvormerkung und § 878 BGB 2669
- Genehmigungen und Zustimmungserfordernisse 2678
- Heimfall nach ErbbauRG 2675
- Lastenfreiheit im Grundbuch 2677
- Vertragswirksamkeit 2667
- Vorkaufsrechte 2671

Kaufvertrag
- Formvorschriften 1147
- Inhalte 1146
- Kaufvertragsmuster 1148

Kennzahlen 71, 182, 301
KG
- Auflösung 2139
- Übergang 2138

KGaA
- Auflösung 2139
- Insolvenzfähigkeit 2124
- persönlich haftender Gesellschafter 2124

Kommissionsgeschäfte 615
Kongruente Deckung 900
- und Insolvenzanfechtung 897
- Zeitraum 901

Konkursordnung 1042, 1060, 1113
Konzern, Insolvenzfähigkeit 2130
Konzerninsolvenzrecht 2753, 2772
Konzernrechnungslegung 1470
Körperschaftsteuer 1726
- Einkommen 1728
- Gewinnermittlungszeitraum 1822
- Insolvenzforderung 1816
- Masseverbindlichkeit 1816
- persönliche Steuerpflicht 1727
- Tarif und Belastungswirkung 1729

Körperschaftsteuer in der Insolvenz 1815
Körperschaftsteuerrechtliche Organschaft 1826

Kosten
- Einzelkosten 65
- Fixkosten 150, 189, 217
- Gemeinkosten 65
- Herstellungskosten 212
- Komplexitätskosten 213
- Kostenarten 66, 161
- Kostenstellen 66, 161
- Kostenträger 161
- Materialkosten 214
- Personalkosten 192
- Produktstückkosten 212
- Stückkosten 218
- variable Kosten 150

Kreditbetrug 2547, 2594
Kreditunwürdigkeit 15
Krise 1070, 1072
- Liquiditätskrise 47, 100, 111, 294

1313

Stichwortverzeichnis

- ~stadien 289
- strategische 47

Krisenbegriff
- aus betriebswirtschaftlicher Sicht 13
- aus rechtlicher Sicht 15

Krisenberatung 12, 2792

Krisenfrüherkennung 31
- durch Kredit- und Finanzierungsinstitute 44
- durch Steuerberater 36
- Frühwarnkennzahlen 35
- Kennzahlen zur Krisenfrüherkennung 34
- operative Früherkennung 34
- Steuerberater in der Krisenfrüherkennung 43
- strategische Früherkennung 33, 41

Kunden 222

Kündigung
- Abweichung durch Tarifvertrag 1982
- Bevollmächtigung 1975
- durch Vertreter 1975
- Kündigungsbegründung 1974
- Kündigungsfrist 1978
- Kündigungsgründe 1974
- Kündigungszugang 1977
- Massenentlassungen 1956, 2069
- Sanierung und Mitbestimmung des Betriebsrates 1988
- Schriftform 1973
- Übernahme von Arbeitnehmern 2033
- Verlängerung der Grundkündigungsfrist 1981

Kündigung aufgrund Interessenausgleichs 1961
- Betriebsratsanhörung 1967
- Prüfungsmaßstab 1965
- wesentliche Sachlagenänderung 1966

Kündigungsfristen 1978
- Grundkündigungsfrist 1980

Kündigungsschutz
- allgemeiner Kündigungsschutz 1929
- persönlicher Anwendungsbereich 1934
- räumlicher Anwendungsbereich 1929
- soziale Rechtfertigung 1936
- Überprüfung durch die Arbeitsgerichte 1938

Kündigungsschutzklage 1986
Kündigungsschutzprozess 1964
Kündigungsverbot 2020
Kündigungszugang 1977

L

Lastschriften 506, 564
Lean Management 177
Lean Production 177 f.
Lebensversicherung 1235, 1401
Leistungsfähigkeit 1250
Leistungsträgerregelung 1955
Lieferanten 244
Liquidationsplan 1160
Liquidationsrechnungslegung 1441
Liquidität
- 1. Grades 75
- 2. Grades 75
- 3. Grades 75
- Liquiditätsplanung 101, 154, 205

Liquiditätsbilanz 327, 329, 334, 343
Liquiditätskrise 24, 295
Liquiditätslücke 319, 323
Liquiditätsstruktur 75
Lohnsteuer 1272, 1919
- Arbeitgeberhaftung 1923
- Insolvenz des Arbeitgebers 1922
- Insolvenz des Arbeitnehmers 1921
- Insolvenzgeldzahlungen 1924
- Progressionsvorbehalt 1924
- Quellensteuer 1919

M

Management 152
Mandatsbeendigung 2617
Mandatserteilung 2618
MaRisk 44, 238, 282
Marktanteil
- relativer 90

Massegläubiger 536f., 820, 1050, 1057f., 1080, 1105, 1118f.
- Haftung des Insolvenzverwalters 537

Massekosten 992, 1026, 1058–1060, 1113–1115

Massekostendeckung 990, 1060, 1063, 1185

Massekredit 1177

Massenentlassungen 1956

Massenentlassungsanzeige 1983

Massenkündigung im Insolvenzverfahren 2069

Masseschulden 1059

Masseunzulänglichkeit 1060, 1080, 1114, 1119, 1498

Masseverbindlichkeiten 1023f., 1026, 1029, 1050, 1057, 1059f., 1063, 1080, 1095, 1112, 1398
- Massearmut 1583
- Massereichtum 1582
- Masseunzulänglichkeit 1585

Masseverwaltung 1347
- materielle Befugnisse 1347

Massezugehörigkeit 673

Maßregeln der Besserung und Sicherung 2450, 2458, 2463f.

Materialaufwandquote 77

Mezzanine-Kapital 264

Miet und Pacht 2698
- Mietsicherheiten 1233, 2700
- Sonderkündigungsrechte 2699
- Wohngeldrückstände 2704

Mindestbesteuerung 1835

Mitarbeiterbefragung 81

Mitbestimmungspflichtige Betriebsänderungen 1998

Mittelpunkt der selbstständigen wirtschaftlichen Tätigkeit 994–996, 1046, 2765ff.

Mitwirkungspflichten 1367

MoMiG 392, 2274, 2482, 2484, 2487, 2489
- Gesellschafterdarlehen 2260
- Hin- und Herzahlen 2196
- verdeckte Sacheinlage 2187

N

Nachforschungen 425

Nachforschungsrecht 425

Nachhaftung 1187

Nachlassinsolvenzverfahren 1196, 1377
- Antragsberechtigte 1390
- Dürftigkeit 1396
- Fortführung eines zum Nachlass gehörenden Handelsgeschäfts 1402
- Haftung 1378ff., 1387

Nachlassverbindlichkeiten 1387
- Erbfallverbindlichkeiten 1383, 1385, 1393
- Erblasserverbindlichkeiten 1383f., 1393
- Nachlasserbenverbindlichkeiten 1383, 1386, 1393

Nachlassvermögen 1378, 1387

Nachrangige Insolvenzgläubiger 815

Nachträgliche Anordnung 1346

Nebenfolgen einer Straftat 2465

Nebenstrafe 2459

Nicht rechtsfähiger Verein, Insolvenzfähigkeit 2128

Normung 168

Notgeschäftsführung 1100

nulla poena sine culpa 2454, 2457

Nullplan, flexibler 1208, 1217

nullum crimen sine lege 2450, 2453f.

O

Objektive Strafbarkeitsbedingung 2496, 2521

Obliegenheiten 1282

Obstruktionsverbot 1170

Offenlegungspflicht 1479

Öffentliche Bekanntmachung 404

OHG
- Beginn 2125
- Haftung 2125
- Insolvenzfähigkeit 2125

Operative Krisenfrüherkennung 42

Ordnungsfunktion 1185

Ordnungsgelder 1290

1315

Organisation 159
- Funktionssystem 159
- Liniensystem 159
- Matrixorganisation 159
- Spartenorganisation 159
- Stabliniensystem 159
Örtliche Unzuständigkeit 995
Outsourcing 184

P

par condicio creditorum 814
Parteifähigkeit 993, 997, 1002
Partnerschaftsgesellschaft
- Insolvenzfähigkeit 2126
Pensionsrückstellungen in Krise und Insolvenz 1790
- Abfindung 1799
- Verzicht auf Pensionszusagen 1791
- Widerruf von Pensionszusagen 1797
Pensionsverpflichtungen 387
Personal
- Personalabbau 199
- Personalaufwandquote 77
- Personalbedarf 195
- Personaleinsatzplanung 199
- Personalkosten 192
- Personalstruktur 195
Pfandkehr 2574
Pfandrecht 631 f.
- gesetzliches ~ 632
- Grundpfandgläubiger 631
- Pfändungspfandrecht 632
- rechtsgeschäftliches ~ 632
Pflichten des Insolvenzverwalters 1508
Plananlagen 1165
Plankonkurrenz 1161
Planüberwachung 1173
Portfolio-Analyse 89, 225
Postsperre 1016, 1033, 1072
Prepackaged plan 1160
Prioritätsprinzip 1185
Produkt 208
- Image 209
Produkt- und Absatzkrise 24

Produktion, Produktionsprozess 176
Prognoseentscheidung 1324
Prognosezeitraum 398
Prozessführung 598
Prozessorganisation 172
Prüfungspflicht 1476
Prüfungstermin 1065, 1069, 1105
Publizitätspflicht 1480
Punkteschema 1958
- fehlerhafte Sozialauswahl 1960

Q

Qualifizierte Rangrücktrittserklärung 392
Qualitätskosten 180
Querfinanzierung der Treuhändervergütungen 1256

R

Rangrücktritt, qualifizierter 233 f.
Ratenzahlungen 1216
Ratenzahlungsanordnung 1256
Ratinganalyse 32
Ratingverfahren 44 f.
RDG
- außergerichtliche Sanierungsberatung 2810
- Insolvenzverwaltung als Abwicklung 2815
- Insolvenzverwaltung als insolvenzrechtliche Sanierung 2814
- Jahresabschlusserstellung 2807
- Krisenberatung 2809
- Risikomanagement-Beratung 2808
Rechnerische Überschuldung 354
Rechnungsabgrenzungsposten 382
Rechnungslegung 384, 440, 1405
- insolvenzrechtliche 1407
- interne und externe 1405
- Schlussrechnung 440
- Überschussrechnung 440
Rechnungslegungspflichten 1432, 1492
- interne 1427
- Masseunzulänglichkeit 1492
- Ordnungsgeldverfahren 1496

Rechtsbehelfsverfahren 1548
- Beendigung des Insolvenzverfahrens 1550
- Widerspruch des Insolvenzverwalters 1549
Rechtsfähige Stiftung, Auflösung 2139
Rechtsfolgen der Tat 2458, 2480
Rechtshandlung 876 f., 898
- bedingte und befristete 888
- Darlegungs- und Beweislast 890
- mehraktige 886
- und Insolvenzanfechtung 876
- Unterlassung 887
- Zeitpunkt der Vornahme 885
Redlichkeit 1266
Reform der Verbraucherinsolvenz 1189, 1261
Reformdiskussion 1184
Reformen 2859
Regelinsolvenzverfahren 999, 1041
Renditefähigkeit 52
Rentabilität
- Eigenkapital~ 77
- Gesamtkapital~ 77
- Umsatz~ 77
Reorganisation 1297, 1313
Restschuldbefreiung
- Antrag 1248
- Verfahren 1187 f., 1204, 1243, 1251, 1267, 1282, 1507
- Widerruf 1291
- Wirkung 1288
Restschuldbefreiung und Sanierungsgewinne 1908
Risikofrüherkennungssystem 31 f.
Risikomanagement 31
Risikomanagement-Beratung 2779, 2791
Rückerstattungsanspruch
- Haftung der Gesellschafter 2262
- Kapitalerhaltung 2262
Rückforderungsverbot 707
Rückschlagsperre 1078, 1085, 1242
Rückwirkungsverbot 2450

S
Sacheinlage, verdeckte
- Cash-Pool 2212
- Haftung des Steuerberaters 2195
- Kapitalaufbringung 2176
- Rechtsfolgen 2180
- Sacheinlagefähigkeit 2177
- Unterscheidung 2196
Sachverständiger 995
Sachwalter 1348, 1522
- Aufsichts- und Überwachungs- und Berichtspflichten 1373
- Auswahl des ~ 1368
- Beratungsaufgaben des Sachwalters 1372
- Insolvenzgerichtliche Aufsicht und Haftung 1376
- Mitwirkungsbefugnisse 1362
- Mitwirkungsrechte 1374
- Rechte und Pflichten 1369
- Rechtsstellung und Befugnisse 1368
- Zustimmungsbedürftigkeit 1375
Sale-and-Lease-back 114
Sanierung 135, 1297
- Arbeitsverhältnis 141
- außergerichtliche 47
- außergerichtliche Sanierungsversuche 1297
- eigenständiges Sanierungsverfahren 1300
- finanzwirtschaftliche 228
- Leasingraten 138
- leistungswirtschaftliche 228
- Liquiditätsplanung 138
- Löhne und Gehälter 138
- Mieten 138
- Mietverhältnis 141
- Vorläufiger Insolvenzverwalter 135
- Vorläufiges Insolvenzverfahren 136
Sanierung und Kündigungsschutz 1927
Sanierungsberater 2585, 2594
Sanierungsberatung 2605
- außergerichtliche 2781
- durch Steuerberater 2605
- Spezialmandat 2605
Sanierungsfähigkeit 50

Sanierungsgutachten 2781
Sanierungskonzept
- IDW S 6 283, 308
- „Kernbestandteile" eines Sanierungskonzepts 288
- Rechtliche Anforderungen 285
Sanierungskonzepte 282, 2781
- Prüfung 2781
Sanierungskredit 273
Sanierungsplan 1160
Sanierungsverhandlungen 2781
Scheiternsfiktion 1212
Schlechterstellung 1221
Schlussbericht 1419
Schlussbilanz 1465
Schlussrechnung 1365, 1418
- Bestandteile 1417
- Schlusstermin 1417
Schlusstermin 1275
Schlussverteilung 797, 1112
- Abschlagsverteilung 800
- absonderungsberechtigte Gläubiger 803
- bestrittene Forderungen 802
- Teilungsmasse 796
- Verteilungsverzeichnis 801
- Zuständigkeit 799
- Zustimmung 798
Schlussverzeichnis 1420
Schuldenbereinigungsplan 1216
- außergerichtlicher 1207
Schuldenbereinigungsverfahren, gerichtliches 1214
Schuldnerantrag 993
Schuldnerbegünstigung 2530, 2534
Schuldnerischer Betrieb, Fortführung 454
Schuldrechtliche Aussonderungsansprüche 612
Schuldturmproblematik 1187
Schutzschirmverfahren 2630, 2858
Schwacher vorläufiger Insolvenzverwalter 1520
Selbständige wirtschaftliche Tätigkeit 995
Selbstständigkeit 1257
Sicherheiten 165
Sicherheitenpool 680

Sicherung 403
Sicherungsabrede 637
- und Sicherungseigentum 637
Sicherungseigentum 634, 636
- besitzloses Pfandrecht 635
- Einzelzwangsvollstreckung 639
- Erwerb 638
- Insolvenzverfahren 639 f.
- Zwangsvollstreckung 641
Sicherungsmaßnahmen 409, 443, 989, 1008, 1012–1015, 1025 f., 1040, 1220, 1506
Sicherungsmittel 409
Sicherungspool 673
Sicherungsverwertung 1695
- Verwertung außerhalb des Insolvenzverfahrens 1708
- Verwertung durch den Insolvenzschuldner nach Freigabe 1707
- Verwertung durch den Sicherungsnehmer 1702
Sicherungszessionar 678
Sicherungszweck 409, 433
Sollbesteuerung 1639
Sonderdelikt 2456, 2482, 2497, 2521, 2523, 2563
Sonderkündigungsschutz 1970
Sonderposten 385
Sondervermögen 608
Sozialauswahl 1945
Soziale Schutzbedürftigkeit 1949
Sozialleistungen 1231
Sozialplan 388
Sozialplan in der Insolvenz 2062
Sozialrecht in der Insolvenz 2091
Sozialversicherungsträger 1203
Sparguthaben 1234
Stakeholderkrise 24
Stammkapital
- Folgen der Nichteinzahlung 2235
- Gesellschaftsvertrag 2157
- gutgläubiger Erwerb 2156
- Kapitalaufbringung 2155
- Leistung der Einlage 2161
- Mindesteinlage 2159
- Voreinzahlungen 2220
Standardisierung 168

Stichwortverzeichnis

Stapelanträge 1000
Starker vorläufiger Insolvenzverwaltung 2622
Stattgebender Beschluss 1337
Stellenplanmethode 203
Steuerberatungskosten 1259
Steuerberatungsmandat
- Dauermandat 2597
- Hinweispflicht des Steuerberaters 2600
- nach eingetretener Insolvenz 2616
- Sanierungsmandat 2603
- Vollmandat 2597
- Vorfeld der Krise 2597
- Zurückbehaltungsrecht 2625
Steuererklärungspflicht 1511
Steuerermittlungsverfahren 1538
Steuerfestsetzungsverfahren 1540
Steuerforderungen 1560
Steuerhinterziehung 2456, 2578, 2580, 2594
Steuerliche Buchführungspflicht 1484, 1487
Steuerliche Pflichten des Treuhänders 1259
Steuerrechtliche Pflichten 441
Stichtag 394
Stimmliste 1169
Strafbefehlsverfahren 2474 f.
Strafrechtliche Risiken von Verfahrensbeteiligten 2585
Strategie
- Schrumpfungs~ 130
- Stabilisierungs~ 130
- Wachstums~ 130
Strategiekrise 24
Stundung 112, 239, 245
Stundung der Verfahrenskosten 1245
Stundungsantrag 1247
SWOT-Analyse 85, 225

T
Tabellenführung und Prüfungspflichten 1371
Täter 2449, 2451 f., 2454–2457, 2460, 2468, 2482–2484, 2486, 2490, 2493, 2496 f., 2505 f., 2508–2511, 2513, 2515, 2518, 2520 f., 2524, 2528, 2531, 2537 f., 2540, 2544 f., 2548, 2551, 2554–2556, 2559–2561, 2565, 2581, 2593
Täterschaft und Teilnahme 2445, 2456, 2493, 2529, 2552, 2561, 2571
Teilbare Leistungen 707
Teilleistung 708, 710
Pensionsrückstellungen in Krise und Insolvenz
- (Teil-)verzicht 1798
Territorialinsolvenzverfahren
- Niederlassung 2763
- Partikularverfahren 2762
- Sekundärverfahren 2761
Tod des Schuldners 1379
- nach Eröffnung des Insolvenzverfahrens 1382
- vor Eröffnung des Insolvenzverfahrens 1381
- vor Stellung eines Insolvenzantrages 1380
Transfergesellschaft 2038
- als Sanierungsinstrument 2040
- Ziel 2038
Transfersozialpläne 2015
Treugeber 617
Treuhänder 617, 1228, 1521
Treuhandverhältnisse 617

U
Überschuldung 310, 347, 349
Überschuldungsbegriff 356
Überschuldungsbilanz 365, 368, 378 f., 383, 385, 391, 394
Überschuldungsprüfung 364
Überschuldungsstatus 370
Übertragende Sanierung 2787
- „Asset Deal" 1121
- Arbeitnehmer 1138
- Gläubigermitbestimmung 1139
- Kaufpreisgestaltung 1132
- Kaufvertrag 1146
- Rechtskauf 1121
Übertragungsplan 1160

Umgehungsverbot 2021
Umlaufintensität 72
Umsatzsteuer 1589, 1632, 2663
- Besteuerungsart 1636
- Besteuerungszeitraum 1634
- Neuerwerb/Freigabe 1652
Umsatzsteuerforderung als Masseverbindlichkeit 1637
Umsatzsteuerkorrektur 1684
Umsatzsteuerliche Organschaft
- Insolvenz 1657
- Rechtsfolgen 1655
- Voraussetzungen 1655
Unentgeltlichkeit 950
Universalinsolvenz 1043–1045
Unterbilanz 352
Unterbilanzhaftung
- GmbH 2332
- Haftung der Gesellschafter 2332
Unternehmensbestattung *siehe Firmenbestatter*
Unternehmensfortführung 449, 455
Unternehmenskrise 11, 18
- Beratung in der Unternehmenskrise 11, 19
- endogene Krisenursachen 28
- Erkennen der Krise 18
- exogene Ursachen 27
- Krisenneigung des Mandats 38
- Krisenphasen 26
- Krisensegmente 29
- Krisensymptome 37
- Krisenursachen 29
- Krisenverlauf 24
- Krisenwahrnehmung 25
- Typologie der Unternehmenskrise 23
- Ursachen 27
Unternehmergesellschaft 2158
- Firmierung 2158
- Kapitalaufbringung 2158
- Mindestkapital 2158
- MoMiG 2158
- Rücklage 2158
- Stammkapital 2158
- verdeckte Sacheinlage 2184
Unterrichtungspflicht 2022

Untreue 2383, 2553f., 2562, 2586f., 2589, 2592
Unüberschaubarkeit der Vermögensverhältnisse 1201

V
Veräußerung durch Insolvenzverwalter und Absonderung 658
Verein, Auflösung 2139
Vereinfachtes eröffnetes Insolvenzverfahren 1223
Vereinfachtes Insolvenzverfahren 1185
Verfahrensablauf 1581
Verfahrensabschluss 1243
Verfahrenskosten 1225
Verfügungsbefugnis 721
Vergehen 2472
Vergleichbarkeit der Arbeitnehmer 1946
- besonderer Kündigungsschutz 1968
- Sozialauswahl 1946
- Vergleichbarkeitsmerkmale 1948
Vergleichsordnung 1311
Vergütung 438, 2796
- außergerichtliche Sanierungsberatung 2800
- Bemessungsgrundlage 438
- Insolvenzverwaltung als Abwicklung 2804
- Insolvenzverwaltung als insolvenzrechtliche Sanierung 2801
- Jahresabschlusserstellung 2796
- Krisenberatung 2798
- Mindestvergütung 438
- Regelvergütung 438
- Risikomanagement-Beratung 2797
Vergütungsanspruch 438
- Bemessungsgrundlage 438
- Mindestvergütung 438
- Regelvergütung 438
Verhältnismäßigkeitsgrundsatz 2445
Verletzung von Buchführungspflichten 1326, 2521

Verlustdeckungshaftung
- Aufgabe der Gründungsabsicht 2355
- GmbH 2350
- Haftung der Gesellschafter 2350
- Kapitalaufbringung 2350

Verlustrück- und -vortrag, Mindestbesteuerung 1731

Verlustvortrag
- Grundlagen 1735
- Regelungsinhalt 1738
- Sanierungsklausel 1750
- Untergang 1735

Vermögensstruktur 72 f.
Vermögensübersicht 587
Vermögensverschwendung 1277
Vermutungsregel 320
Veröffentlichungen 1237
Versagungsgründe 1276
Verschuldungsgrad 73
- dynamischer 75

Versicherungsrechtliche Aspekte 2828
- außergerichtliche Sanierungsberatung 2833
- Jahresabschlusserstellung 2830
- Krisenberatung 2832
- Risikomanagement-Beratung 2831
- Tätigkeit als Insolvenzverwalter 2834

Versicherungsschutz 2828
Verstrickungsbruch 2575
Verteilung 795, 1110
- der Masse 1106

Verwaltungs- und Verfügungsbefugnis 1014, 1021 f., 1042, 1065, 1076 f., 1087, 1090, 1106, 1118

Verwaltungs- und Verfügungsrecht 2138
- Konsequenzen für den Rechtsträger 2139

Verwaltungs- und Verfügungsverbot 1506

Verwertung 655
- Abstimmungen mit Grundpfandgläubigern 2682
- der Masse 1106
- Immobilien 2631
- Insolvenzverwalter 2645
- Treuhänder 2651
- vorläufiger Insolvenzverwalter 2647

Verwertung der Insolvenzmasse 790
- Verwertungspflicht 790

Verwertungsbefugnis 653, 656
- und Absonderung 654

Verwertungserlös bei Freigabe
- und Absonderung 661

Verwertungsrecht 1240
Vollstreckungsschutz 405
Vollstreckungsverbot 1078, 1080, 1084
Vollstreckungsverfahren 1558

Vorauswahllisten
- Aufnahme des Fachberaters 2852

Vorbehaltsaufgaben des Steuerberaters 2790

Vorbelastungshaftung
- GmbH 2333
- Haftung der Gesellschafter 2333
- Kapitalaufbringung 2333
- Vor-Aktiengesellschaft 2349

Vorbereitung einer Sanierung 2857

Voreinzahlung
- Kapitalaufbringung 2166
- Stammkapital 2166
- Voreinzahlung auf das Stammkapital 2166

Voreinzahlung auf das Stammkapital
- an die Vorgründungsgesellschaft 2166

Vorenthalten und Veruntreuen von Arbeitsentgelt 2563

Vorenthalten von Arbeitgeberbeiträgen 2568

Vorenthalten von Arbeitnehmerbeiträgen 2567

Vor-Gesellschaft
- Einpersonen-Vor-GmbH 2354
- Haftung 2121
- Insolvenzfähigkeit 2121

- unechte oder fehlgeschlagene Vorgesellschaft 2355
- Vor-Aktiengesellschaft 2349
- Vor-GmbH 2326

Vor-GmbH 2322
- Haftung des Geschäftsführers 2326
- Handeln für die spätere GmbH 2326

Vorgründungsgesellschaft
- GbR 2120
- Insolvenzfähigkeit 2120
- persönliche Haftung der Gesellschafter 2319

Vorläufige Insolvenzverwaltung 1645, 2622
- § 55 Abs. 4 InsO 1531, 1566, 1645
- Beendigung 431
- Ist-Besteuerung 1646
- Masseunzulänglichkeit 1531
- Soll-Besteuerung 1646

Vorläufiger Gläubigerausschuss 1008, 1035, 2855
- Anforderungsprofil 1038
- Einsetzung 416
- Mitglied 414
- Mitwirkung bei der Verwalterbestellung 420
- Schwellenwerte 416
- Spezialisierungspflicht 1046
- Vergütung 423
- Vorschlagsrecht 413
- Zusammensetzung 418
- Zwang 415

Vorläufiger Insolvenzverwalter 57, 410, 990, 1008, 1014, 1016, 1018 f., 1021, 1025 f., 1029, 1109, 2784
- Entlassung 431
- Haftung des ~ 1530
- Postsendungen für den Schuldner 430
- Prozessführung 1557
- Schadensersatz 434 f.
- starker Insolvenzverwalter 451, 1518
- steuerrechtlichen Pflichten 1531
- Unabhängigkeit 410

Vorläufiger Verwalter mit Verwaltungs- und Verfügungsbefugnis 435, 448
- Masseverbindlichkeiten 452
- starker vorläufiger Verwalter 442, 448, 454 f.
- Verfügungsbeschränkungen 452
- Verfügungsverbot 448

Vorläufiger Verwalter ohne Verwaltungs- und Verfügungsbefugnis 442
- besonderes Verfügungsbefugnis 447
- Masseverbindlichkeiten 446 f.
- partielle Verwaltungs- und Verfügungsbefugnis 447
- schwacher vorläufiger Insolvenzverwalter 442, 446
- überwachender Berater 443
- Zustimmung des vorläufigen Verwalters 445
- Zustimmungsvorbehalt 445

Vormerkung 750

Vormerkungsgleiche Sicherungen 755

Vorratsgesellschaft/Mantelkauf
- Kapitalaufbringung 2223

Vorsatz 2445, 2449, 2457, 2485, 2490, 2518, 2528, 2533, 2543, 2551, 2560, 2570

Vorsätzlich begangene unerlaubte Handlung 1290

Vorsteuer 1671
- Anfechtung 1679
- Vorsteuerberichtigung 1676
- Vorsteuerkorrektur 1678

Vorsteuerberichtigung 1680

W

Wahlrecht 721 f., 730, 737

Wahlrecht des Verwalters 723

Wasserfallprinzip 1059

Wettbewerbsfähigkeit 52, 129

Widerruf der Dauerfristverlängerung 1649

Widerruf der Restschuldbefreiung 1291

Widerspruchsrecht 2022

Wirkungen der Restschuldbefreiung 1288
Wohlverhaltensperiode, Verkürzung 1274
Wohnräume 425
Wohnung 425

Z
Zahlungseinstellung 315
Zahlungsstockung 318, 321
Zahlungsunfähigkeit 310, 313, 323, 326
Zahlungsunfähigkeitsprüfung 334
Zahlungsziel 117, 164
Zero-Base-Budgeting 95

Zur Absonderung berechtigte Gläubiger 841
Zurückbehaltungsrecht 2625
– Eröffnung des Insolvenzverfahrens 2626
– Herausgabeanspruch 2626
Zuständigkeit, gerichtliche 994
Zustellungen 412
Zustimmungsfiktionen 1170
Zustimmungsvorbehalt 1020, 1027
Zwangsgelder 1290
Zwangsmaßnahmen 1034
Zweistufigkeit 357
Zwischenverfahren 2470